COLEÇÃO
DESVENDANDO
Bancas&Carreiras



# MAGISTRATURA ESTADUAL

## CESPE | Cebraspe

Organizadores
LEONARDO GARCIA
ROBERVAL ROCHA

COLEÇÃO
DESVENDANDO
Bancas&Carreiras

Coordenador
José Roberto Mello Porto

# MAGISTRATURA ESTADUAL

## CESPE | Cebraspe

2ª edição | revista, atualizada e ampliada

2019

EDITORA JusPODIVM
www.editorajuspodivm.com.br

EDITORA *Jus*PODIVM
www.editorajuspodivm.com.br

Rua Território Rio Branco, 87 – Pituba – CEP: 41830-530 – Salvador – Bahia
Tel: (71) 3045.9051
• Contato: https://www.editorajuspodivm.com.br/sac





**Diagramação:** Isabella Giordano *(giordano.bella@gmail.com)*

**Capa:** Maitê Coelho *(maitescoelho@yahoo.com.br)*

**Colaborador de Revisão:** Angelo Marsili

M194 Magistratura estadual: CESPE Cebraspe/ coordenador José Roberto Mello Porto. – 2. ed. rev., atual. e ampl. – Salvador: Editora JusPodivm, 2019
1.392 p. (Desvendando Bancas e Carreiras / organizadores Leonardo Garcia, Roberval Rocha)

Vários autores.
ISBN 978-85-442-2983-5.

1. Magistraturas. I. Porto, José Roberto Mello. II. Rocha, Roberval. III. Garcia, Leonardo. IV. Título.

CDD 341.412

# APRESENTAÇÃO

A coleção *Desvendando Bancas & Carreiras*, elaborada com base na estratégia que melhor prepara para concursos públicos – a metodologia *Questão vem primeiro* – tem por objetivo sistematizar e direcionar seus estudos e, assim, possibilitar melhor conhecimento da banca (ou da carreira, ou de ambos) que elabora as questões de prova.

Para saber como uma banca (ou órgão de carreira jurídica) elabora as questões, é preciso conhecer de que forma os conteúdos foram cobrados nos últimos exames. Assim, disponibilizamos questões para que o candidato possa ler/estudar e ao mesmo tempo compreender como são tratados os temas que caem nas provas.

O mais importante nesta coleção não é selecionar questões de determinada banca e/ou carreira e simplesmente comentá-las. Isso faria com que o candidato desperdiçasse seu tempo lendo mais do que o necessário para entender o perfil das provas da banca e/ou carreira. Aqui, o foco está na solução das provas mais recentes.

As bancas, de maneira geral, mudam o perfil de elaboração de questões ao longo dos anos. Aquelas que antes só cobravam "letra de lei", por exemplo, passaram a cobrar jurisprudência dos tribunais superiores. Outras, que cobravam jurisprudência, passam a se centrar em recursos repetitivos, repercussão geral e súmulas, e assim por diante.

Conhecer como a banca e/ou determinada carreira elabora as questões para o concurso que você realizará é fundamental para planejar estudos e revisões. Estar alerta para a tendência mais atualizada de explorar e exigir os conteúdos do certame evita perda de tempo e maximiza o rendimento dos estudos, descartando tópicos com pouca probabilidade de serem cobrados.

Desta forma, os comentários e anotações das questões, além de servirem para o estudo/aprendizado do tema cobrado, também auxiliam na identificação do "modus operandi" da banca/carreira daquele concurso específico que será enfrentado, sempre especificando como a resposta daquela questão foi encontrada (se por letra de lei; súmula, recurso repetitivo ou repercussão geral; jurisprudência (simples) dos tribunais superiores; doutrina etc.).

Recomendamos que, antes do estudo das questões, não deixe assistir ao vídeo indicado no *QR Code* a seguir, para que você conheça melhor a finalidade do livro e como ele poderá auxiliá-lo nos estudos e na revisão, facilitando a sua tão almejada aprovação! Assista ao vídeo do professor Leonardo Garcia explicando como utilizar este livro na sua preparação. Para acessar o conteúdo, é necessário instalar um aplicativo leitor de *QR Code* no seu *smartphone* ou *tablet*. Um exemplo de aplicativo para Android é o "QR Code Reader" (*http://editoraj.us/baixar-qr-android*). Para IOS (iPhone, iPad), há a opção do "QR Code Reader and Scanner" (*http://editoraj.us/baixar-qr-ios*). Abra o aplicativo, posicione a câmera do celular sobre o código abaixo e, em instantes, a tela do aparelho será direcionada para o vídeo.

Após a leitura deste livro, com o olhar do entendimento do perfil da banca e/ou carreira (veja no primeiro vídeo o que é dito sobre os "óculos do concurso"), certamente o candidato estará preparado para estudar com o devido foco e, também, fazer uma revisão mais afiada antes da prova, evitando perda de tempo e aumentando suas chances de aprovação.

Esperamos que gostem desta nova proposta apresentada pela coleção *Desvendando Bancas & Carreiras*.

Boa sorte e bons estudos. Contem conosco!

***Roberval Rocha***

***Leonardo Garcia***

# SOBRE COORDENAÇÃO E AUTORIA

## COORDENADOR

**José Roberto Mello Porto**

Defensor Público do Estado do Rio de Janeiro. Doutorando e Mestre em Direito Processual (UERJ). Pós-graduado em Direito Privado (UCAM). Professor da Fundação Escola Superior da Defensoria Pública do Estado do Rio de Janeiro (FESUDEPERJ), do Supremo Concursos (Belo Horizonte) e do Curso Fórum (Rio de Janeiro). Instagram e facebook: @joserobertomelloporto

## AUTORES

### DIREITO CIVIL

**Lívia Corrêa Batista Guimarães**

Defensora Pública do Estado do Rio de Janeiro. Graduada em Direito pela Universidade Federal do Rio de Janeiro. Pós-graduada em Direito Público e Privado pela Escola de Magistratura do Estado do Rio de Janeiro – EMERJ. Autora de artigos publicados em revistas especializadas.

**Tadeu Valverde**

Defensor Público do Estado do Rio de Janeiro. Professor de Direito Civil e Direito da Criança e do Adolescente da Fesudeperj, Femperj e Emerj. Coautor do livro Questões Discursivas, Peças Práticas e Prova Oral Comentada dos Concursos da DPE.

### DIREITO DA CRIANÇA E DO ADOLESCENTE

**Gustavo Cives Seabra**

Defensor Público do Estado do Rio de Janeiro. Ex-Defensor Público no Espírito Santo. Professor do curso SupremoTV. Professor da Fesudeperj – Fundação Escola Superior da Defensoria Pública do Rio de Janeiro. Professor do curso Sobredireito. Membro da banca examinadora do II e III concurso para residente jurídico na Defensoria Pública do Rio de Janeiro. Graduado pela PUC/RJ e especialista em direito processual civil pela PUC/RJ. Instagram e facebook: @gustacives. Telegram: @estudecomgustavocives

## DIREITO DO CONSUMIDOR

**Fabio Schwartz**

Defensor Público do Estado do Rio de Janeiro. Mestre em Direito Econômico e Desenvolvimento pela Universidade Cândido Mendes – Centro – RJ. Especialista em Responsabilidade Civil e Direito do Consumidor pela UNESA. Doutorando em Direitos, Instituições e Negócios pela Universidade Federal Fluminense. Professor de Direito do Consumidor na Fundação Escola Superior da Defensoria Pública do Estado do Rio de Janeiro – FESUDEPERJ. Professor do CEI – Círculo de Estudos pela Internet. Professor do programa de pós-graduação da AVM – Cândido Mendes. Membro da Comissão de Professores de Direito do Consumidor do BRASILCON. Autor do livro Manual de Direito do Consumidor: Tópicos & Controvérsias – Editora Processo.

## DIREITO PROCESSUAL CIVIL

**Rodrigo Sardinha de Freitas Campos**

Advogado. Graduado em Direito pela Universidade do Estado do Rio de Janeiro. Graduado em Direito Penal Comparado, Direito Falimentar e Filosofia do Direito pela Università degli Studi di Firenze – Florença – Itália.

## DIREITO CONSTITUCIONAL

**Thaianne Barbosa de Moraes Cavalcante**

Delegada de Polícia Civil no Estado do Rio de Janeiro. Pós-Graduada em Direito Público pela UCP. Ex-Assessora Jurídica do MPRJ. Professora de cursos preparatórios para concursos públicos. Professora na Pós-Graduação de diversas instituições.

**José Marcos Vieira Rodrigues Filho**

Procurador do Município do Rio de Janeiro (PGM/RJ). Ex-Assessor de Ministro do STF. Mestre em Direito Público pela Universidade do Estado do Rio de Janeiro (UERJ). Graduado em Direito pela Universidade do Estado do Rio de Janeiro (UERJ). Advogado e sócio do escritório Benjó, Garcia e Rodrigues Advogados. Professor de cursos preparatórios para concursos.

## DIREITO ELEITORAL

**Rafael Rodrigues de Andrade**

Advogado. Mestre em Direito. Atualmente ocupa o cargo de Subsecretário Adjunto de Infraestrutura da Secretaria de Estado de Administração Penitenciária do Estado do Rio de Janeiro. Professor Universitário. Ocupou os cargos de Procurador Especial Fazendário do Município de Cabo Frio RJ, Procurador Jurídico, Sub-Procurador Geral e Procurador Geral do Município de São Pedro da Aldeia - RJ, Procurador Geral do Município de Araruama - RJ, Procurador Jurídico do Município de Cabo Frio - RJ, Procurador Geral do Município de Seropédica, apresentador do programa de televisão Noite Jurídica.

## DIREITO PENAL

**Aloysio Berardo Falcão**

Delegado de Polícia Civil do Estado do Rio de Janeiro. Graduado em Direito pela Universidade Católica de Pernambuco (UNICAP), Pós-Graduado em Ciências Penais pela Universidade Anhanguera Uniderp (LFG), Coach formado e certificado pela Sociedade Brasileira de Coaching e Professor de Direito Penal e Processual Penal para Concursos Públicos.

**Edézio Ramos**

Delegado de Polícia do Rio de Janeiro. Mestre em Direito pela UCAM. Pós-graduado em Direito Penal e Criminologia pela UCAM. Professor das Universidades Santa Úrsula, Mackenzie-Rio e Faculdades São José. Professor de Cursos Preparatórios na Área Jurídica. Membro Honorário do Instituto dos Advogados do Brasil. Palestrante na área jurídica. Ex-inspetor de polícia da Polícia Civil do Rio de Janeiro. Aprovado no concurso de escrivão de Polícia Civil do Rio de Janeiro em 2001.

## DIREITO PROCESSUAL PENAL

**Rafael Bomfim Lins**

Defensor Público do Estado do Rio de Janeiro. Pós-graduando em Processo Penal e Garantias Fundamentais. Integrante do Estudos Defensoria. Professor de curso preparatório para concurso.

**Raphael Castilho Barilli**

Delegado de Polícia no Estado do Rio de Janeiro. Mestrando em Direito – Universidade Federal do Rio de Janeiro. Especialista em Direito Público – Universidade Cândido Mendes.

## DIREITO ADMINISTRATIVO

**Lucas Appel Mazo**

Defensor Público do Estado do Rio Grande do Sul. Graduado pela Universidade Regional Integrada do Alto Uruguai e das Missões – URI – Santo Ângelo/RS. Professor de cursos preparatórios para concursos públicos.

## DIREITO AMBIENTAL

**Diogo Peixoto Dias Silva**

Procurador do Município de Nova Iguaçu. Ex-Procurador do Município de Curitiba. Graduado pela Universidade Federal do Rio de Janeiro – UFRJ.

## DIREITO EMPRESARIAL

**Suhel Sarhan Júnior**

Advogado. Mestre e Especialista em Direito Empresarial pela Universidade Presbiteriana Mackenzie. Cursos de Extensão pela Harvard University (Cambridge) e University of Toronto (Canadá). Professor de Direito Empresarial do Damásio Educacional, nos cursos preparatórios para OAB, Carreiras Jurídicas e Pós-graduação. Professor de Direito Empresarial e Civil nos cursos de Graduação e Pós-graduação do Unisal – Lorena. Autor das obras "Direito Empresarial à Luz do Código Civil e da Lei de Falência e de Recup. de Empresas", "Função Social da Empresa e seu Princípio da Preservação", "Direito Empresarial: Manual Teó rico e Prático" e "Curso de Direito Empresarial". Citado algumas vezes pelo Superior Tribunal de Justiça. Agraciado com o prêmio "Láurea de Mérito Docente", concedido pela Seccional da OAB/SP. Autor de artigos científicos.

## DIREITO TRIBUTÁRIO

**William Akerman**

Defensor Público do Estado do Rio de Janeiro. Ex-Procurador do Estado do Paraná (PGE/PR). Especialista em Direito Público pela Universidade Católica de Petrópolis (UCP). Graduado em Direito pela Universidade do Estado do Rio de Janeiro (UERJ). Integrante da banca de penal e processo penal do I Concurso para Residência Jurídica da Defensoria Pública do Estado do Rio de Janeiro. Autor de obras jurídicas voltadas para concursos pela Editora JusPodivm. Professor de cursos preparatórios para concursos.

**Paulo da Gama-Rosa Cardoso Filho**

Procurador do Estado do Paraná. Formado em Direito pelo UniCeub/DF. Especialista em Direito Público. Foi aprovado em diversos concursos jurídicos, dentre eles, os de Procurador do Estado de Goiás e de Procurador do município de Florianópolis (SC).

# SUMÁRIO

# ANÁLISE DE CONTEÚDO

O Anexo IV da Resolução nº 75/2009 do Conselho Nacional de Justiça (CNJ), que dispõe sobre os concursos públicos para ingresso na carreira da Magistratura em todos os ramos do Poder Judiciário nacional, impõe uma relação mínima de matérias do concurso para provimento do cargo de juiz de direito substituto da Justiça Estadual e do Distrito Federal e Territórios.

A divisão da disciplinas é feita por "blocos", na forma da tabela abaixo. No livro, o catálogo das questões segue essa mesma estrutura.

*Tabela 01*

| BLOCO UM | BLOCO DOIS | BLOCO TRÊS |
|---|---|---|
| Dir. Civil | Dir. Penal | Dir. Empresarial |
| Dir. Processual Civil | Dir. Processual Penal | Dir. Tributário |
| Dir. Consumidor | Dir. Constitucional | Dir. Ambiental |
| Dir. Criança e Adolescente | Dir. Eleitoral | Dir. Administrativo |

A seguir, são apresentadas as **Tabelas de Conteúdo das Respostas** das questões. Que traçam um panorama geral do perfil do Banca Organizadora e servem para orientar os estudos do candidato postulante às vagas dessa carreira jurídica específica.

## 1. TABELAS DE CONTEÚDO DAS RESPOSTAS

A tabela abaixo indica a frequência com que determinado tipo de conteúdo é exigido nas alternativas das respostas às questões destes concursos:

*Tabela 02*

| CONTEÚDO GERAL (SINTÉTICO) | QUESTÕES | % |
|---|---|---|
| Lei | 1033 | 80,5% |
| Jurisprudência | 471 | 36,7% |
| Teoria/Doutrina | 396 | 30,8% |
| Súmula/OJ | 224 | 17,4% |

Essa distribuição também pode ser assim visualizada:

***Gráfico 01***

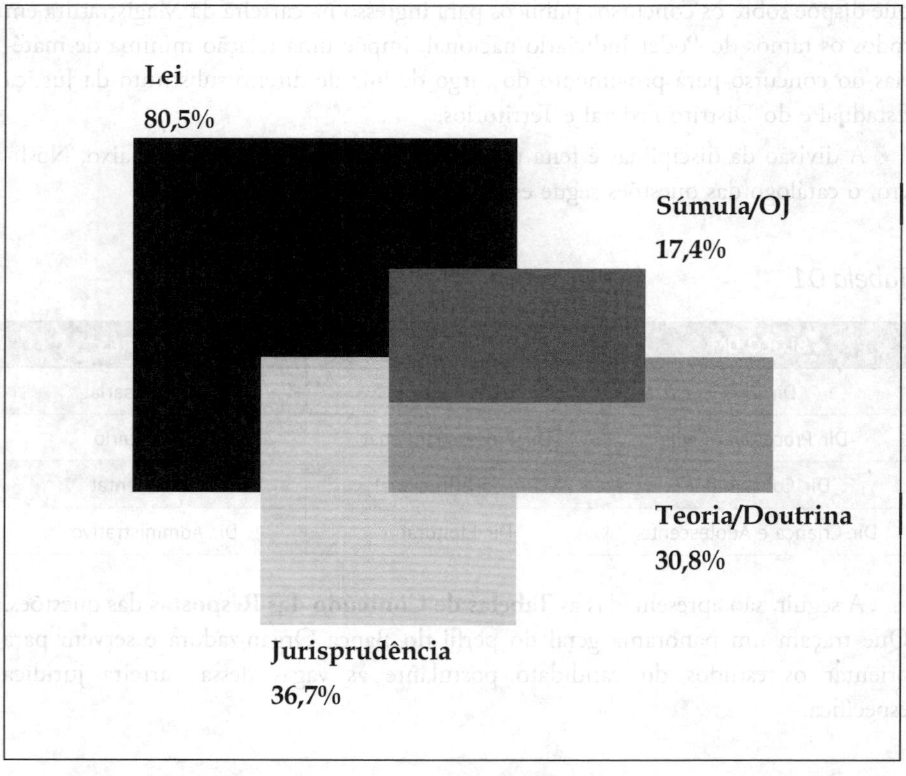


As porcentagens "somam mais de 100%" apenas para mostrar que existem questões de concurso que cobram mais de um tipo de conteúdo para ser respondida.

Exemplo: lei + jurisprudência; lei + teoria/doutrina; jurisprudência + súmula/OJ etc.

Conforme ilustrado, **1033** questões cobraram o que está escrito em **LEI**, mas, a solução de várias dessas perguntas também exigiu outros conhecimentos concomitantes (jurisprudência, súmula/OJ e/ou teoria/doutrina).

As tabelas seguintes mostram esses conteúdos "decompostos" e, também, "combinados" entre si, na ordem de percentual dos conteúdos – isolados ou combinados – que mais aparecem nas provas.

Na tabela de conteúdo geral analítico, abaixo, percebe-se que praticamente **38%** das questões nos concursos desta carreira são elaborados com base **somente na lei**. Assim, o estudo da **letra da lei** (códigos e legislação especial) é fundamental para uma boa preparação.

Para analisar mais produndamente quais são os temas mais cobrados e, consequentemente, os artigos mais exigidos, sugerimos consultar o livro *EDITAL SISTEMATIZADO MAGISTRATURA ESTADUAL*.

Esse nível de exigência pode ser conferido logo na primeira das tabelas de distribuição (Conteúdo Geral – Sintético), acima, em que se verifica que aproximadamente **80%** das questões exigiu, de algum modo (isolada ou combinada com outros tipos de conteúdo) o conhecimento da lei para se acertar o gabarito.

*Tabela 03*

| CONTEÚDO | QUESTÕES | % |
|---|---|---|
| SOMENTE LEI | 481 | 37,46% |
| Lei e Jurisprudência | 176 | 13,71% |
| Lei e Teoria/Doutrina | 158 | 12,31% |
| SOMENTE TEORIA/DOUTRINA | 74 | 5,76% |
| Lei, Jurisprudência e Teoria/Doutrina | 73 | 5,69% |
| SOMENTE JURISPRUDÊNCIA | 62 | 4,83% |
| Lei, Jurisprudência e Súmula/OJ | 59 | 4,60% |
| Jurisprudência e Súmula/OJ | 45 | 3,50% |
| Lei e Súmula/OJ | 44 | 3,43% |
| Jurisprudência e Teoria/Doutrina | 36 | 2,80% |
| Lei, Súmula/OJ e Teoria/Doutrina | 27 | 2,10% |
| SOMENTE SÚMULA/OJ | 21 | 1,64% |
| Lei, Jurisprudência, Súmula/OJ e Teoria/Doutrina | 15 | 1,17% |
| Súmula/OJ e Teoria/Doutrina | 8 | 0,62% |
| Jurisprudência, Súmula/OJ e Teoria/Doutrina | 5 | 0,39% |
| TOTAL | 1284 | 100% |

Na tabela abaixo, analisa-se a distribuição das questões que exigem o conhecimento da **jurisprudência esparsa** e como os conteúdos (isolados ou combinados com outros tipos de itens) são estatisticamente exigidos nas provas.

*Tabela 04*

| JURISPRUDÊNCIA | QUESTÕES | % |
|---|---|---|
| **Lei e Jurisprudência** | **176** | **13,71%** |
| **Lei, Jurisprudência e Teoria/Doutrina** | **73** | **5,69%** |
| **SOMENTE JURISPRUDÊNCIA** | **62** | **4,83%** |
| **Lei, Jurisprudência e Súmula/OJ** | **59** | **4,60%** |
| **Jurisprudência e Súmula/OJ** | **45** | **3,50%** |
| **Jurisprudência e Teoria/Doutrina** | **36** | **2,80%** |
| **Lei, Jurisprudência, Súmula/OJ e Teoria/Doutrina** | **15** | **1,17%** |
| **Jurisprudência, Súmula/OJ e Teoria/Doutrina** | **5** | **0,39%** |
| TOTAL | 471 | 37% |

Na próxima tabela, tem-se a distribuição das questões que exigem o conhecimento da **lei** e como os conteúdos (isolados ou combinados com outros tipos de itens) são estatisticamente exigidos nas provas.

*Tabela 05*

| LEI | QUESTÕES | % |
|---|---|---|
| **SOMENTE LEI** | **481** | **37,46%** |
| **Lei e Jurisprudência** | **176** | **13,71%** |
| **Lei e Teoria/Doutrina** | **158** | **12,31%** |
| **Lei, Jurisprudência e Teoria/Doutrina** | **73** | **5,69%** |
| **Lei, Jurisprudência e Súmula/OJ** | **59** | **4,60%** |
| **Lei e Súmula/OJ** | **44** | **3,43%** |
| **Lei, Súmula/OJ e Teoria/Doutrina** | **27** | **2,10%** |
| **Lei, Jurisprudência, Súmula/OJ e Teoria/Doutrina** | **15** | **1,17%** |
| TOTAL | 1033 | 80% |

O quadro seguinte mostra a distribuição das questões que exigem o conhecimento da **jurisprudência específica** e como os conteúdos (isolados ou combinados com outros tipos de itens) são estatisticamente exigidos nas provas.

*Tabela 06*

| SÚMULA/OJ | QUESTÕES | % |
|---|---|---|
| Lei, Jurisprudência e Súmula/OJ | 59 | 4,60% |
| Jurisprudência e Súmula/OJ | 45 | 3,50% |
| Lei e Súmula/OJ | 44 | 3,43% |
| Lei, Súmula/OJ e Teoria/Doutrina | 27 | 2,10% |
| SOMENTE SÚMULA/OJ | 21 | 1,64% |
| Lei, Jurisprudência, Súmula/OJ e Teoria/Doutrina | 15 | 1,17% |
| Súmula/OJ e Teoria/Doutrina | 8 | 0,62% |
| Jurisprudência, Súmula/OJ e Teoria/Doutrina | 5 | 0,39% |
| TOTAL | 224 | 17% |

Na última tabela, analisa-se a distribuição das questões que exigem o conhecimento de **teoria** e de **doutrina** e como os conteúdos (isolados ou combinados com outros tipos de itens) são estatisticamente exigidos nas provas.

*Tabela 07*

| TEORIA/DOUTRINA | QUESTÕES | % |
|---|---|---|
| Lei e Teoria/Doutrina | 158 | 12,31% |
| SOMENTE TEORIA/DOUTRINA | 74 | 5,76% |
| Lei, Jurisprudência e Teoria/Doutrina | 73 | 5,69% |
| Jurisprudência e Teoria/Doutrina | 36 | 2,80% |
| Lei, Súmula/OJ e Teoria/Doutrina | 27 | 2,10% |
| Lei, Jurisprudência, Súmula/OJ e Teoria/Doutrina | 15 | 1,17% |
| Súmula/OJ e Teoria/Doutrina | 8 | 0,62% |
| Jurisprudência, Súmula/OJ e Teoria/Doutrina | 5 | 0,39% |
| TOTAL | 396 | 31% |

## 2. GRÁFICO-RESUMO

O gráfico abaixo apresenta uma suma de todas as disciplinas, e contém dados que demonstram quais os "tipos de conteúdo da resposta" (jurisprudência esparsa; súmulas/OJ's, teoria/doutrina ou texto de lei) mais frequentes nas provas desta Banca e, também, os modos de combinação entre estes "tipos" que mais são observados nas respostas das questões.

Tudo isso para que o leitor possa melhor orientar seus estudos, calcado em estatística indicativa do perfil de exigência de conteúdo que a Organizadora mais utiliza nesses certames.

*Gráfico 02*

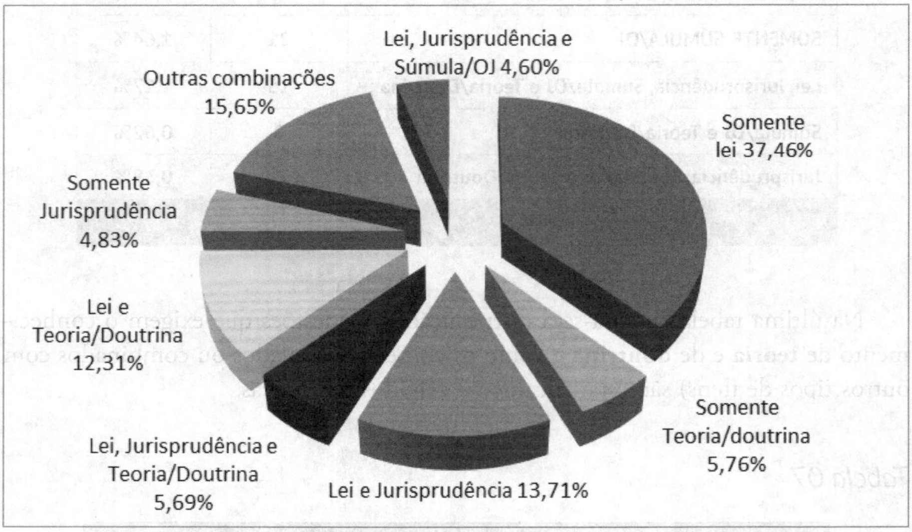

# BLOCO I

# 1

# DIREITO CIVIL

## 1. DAS PESSOAS

### 1.1. Das Pessoas Naturais

**1. (Cespe/TJ/DFT/Juiz/2014)** Assinale a opção correta à luz do entendimento jurisprudencial predominante no STJ.

a) Admite-se a alteração do regime de bens dos casamentos celebrados após a vigência do Código Civil de 2002, independentemente de qualquer ressalva em relação a direitos de terceiros, inclusive dos entes públicos, em respeito ao princípio da autonomia dos consortes.

b) A paternidade socioafetiva decorrente de adoção à brasileira impede a anulação do registro de nascimento para o reconhecimento da paternidade biológica, ainda quando requerida pelo filho adotado nessas circunstâncias.

c) Permite-se a averbação, no termo de nascimento do filho, da alteração do patronímico materno em decorrência do casamento, mas não a averbação do nome de solteira da genitora, caso esta, em decorrência de divórcio ou separação judicial, deixe de utilizar o nome de casada.

d) A prática conhecida como adoção à brasileira, assim como a adoção legal, rompe definitivamente os vínculos civis entre o filho e os pais biológicos, desfazendo, por consequência, todos os consectários legais da paternidade biológica, como os registrais, os patrimoniais e os hereditários.

e) O direito de reconhecimento da origem genética insere-se nos atributos da própria personalidade, de modo que, entre o vínculo socioafetivo decorrente da adoção à brasileira e os vínculos biológicos decorrentes do nascimento, devem prevalecer os vínculos biológicos, sempre que o filho assim desejar.

ANOTAÇÕES/COMENTÁRIOS

(a) Errada. A possibilidade de modificação do regime de bens foi criada pelo Código Civil de 2002 em seu art. 1.639, § 2º, segundo o qual: "É admissível alteração do regime de bens, mediante autorização judicial em pedido motivado de ambos os cônjuges, apurada a procedência das razões invocadas e ressalvados os direitos de terceiros". A regra foi praticamente repetida pelo caput do art. 734 do Novo Código de Processo Civil: "A alteração do regime de bens do casamento, observados os requisitos legais, poderá ser requerida, motivadamente, em petição assinada por ambos os cônjuges, na qual serão expostas as razões que justificam a alteração, ressalvados os direitos de terceiros". Ao contrário do que o enunciado afirma, são ressalvados os direitos de terceiros.

(b) Errada. Segundo o entendimento do STJ, aquele que reconheceu filho alheio como próprio, ciente desse fato, prática conhecida como adoção à brasileira, não pode pleitear a anulação do registro de nascimento, pois não há erro. Porém, o filho que foi reconhecido pode demandar a anulação de tal registro de nascimento.

(c) Errada. A 3ª Turma do STJ manteve a decisão que autorizou uma mãe a alterar o seu sobrenome no registro dos filhos. Ela voltou a usar o nome de solteira após o divórcio. O Ministério Público do Distrito Federal alegou que, no registro de nascimento, os dados consignados deveriam atender à realidade da ocasião do parto. Ressaltou que a retificação só poderia ocorrer na hipótese de erro ou omissão. Além disso, alegou que a Lei 8.560/92 não teria aplicação porque trata de investigação de paternidade de filhos fora do casamento. Porém, em seu voto, o relator, ministro do STJ Sidnei Beneti, destacou ser perfeita a analogia com a Lei 8.560/92, que assegura o direito de alterar o sobrenome materno no registro de nascimento do filho em razão de casamento. Para o relator, se o registro civil pode ser modificado posteriormente ao nascimento para constar o nome de seu genitor ou genitora adotado com o casamento, é razoável admitir o mesmo direito para a situação oposta e correlata no registro civil do nome do genitor decorrente da separação. Ele considerou justo o motivo da retificação em razão da inexistência de eventuais prejuízos a terceiros, de violação da ordem pública e de ferimento aos bons costumes.

(d) Errada. De acordo com o STJ, a filiação socioafetiva, desenvolvida com os pais que constam no registro civil, não afasta os direitos de filho resultantes da filiação biológica. O filho pode inclusive postular a anulação da paternidade socioafetiva e obter o reconhecimento da paternidade biológica e até mesmo ver deferida a multiparentalidade, fazendo constar como genitores o pai socioafetivo e o biológico.

(e) Certa. O STJ vem entendendo que deve prevalecer a paternidade socioafetiva sobre a biológica para garantir os direitos dos filhos, na esteira do princípio do melhor interesse da prole, sem que, necessariamente, essa afirmação seja verdadeira quando é o filho que busca a paternidade biológica em detrimento da socioafetiva. Por isso, o filho pode optar pela paternidade biológica, mesmo que em prejuízo da paternidade socioafetiva.

*Para responder, tem que estudar: lei e jurisprudência.*

*Gabarito: E*

**2. (Cespe/TJ/AM/Juiz/2016)** Assinale a opção correta a respeito da pessoa natural e da pessoa jurídica.

a) Será tido como inexistente o ato praticado por pessoa absolutamente incapaz sem a devida representação legal.

b) Pelo critério da idade, crianças são consideradas absolutamente incapazes e adolescentes, relativamente incapazes.

c) As fundações são entidades de direito privado e se caracterizam pela união de pessoas com o escopo de alcançarem fins não econômicos.

d) Para se adquirir a capacidade civil plena, é necessário alcançar a maioridade civil, mas é possível que, ainda que maior de dezoito anos, a pessoa natural seja incapaz de exercer pessoalmente os atos da vida civil.

e) O reconhecimento da morte presumida, quando for extremamente provável a morte de quem estava com a vida sob risco, independe da declaração da ausência.

ANOTAÇÕES/COMENTÁRIOS

(a) Errada. De acordo com o artigo 166, inciso I, Código Civil, o ato praticado por pessoa absolutamente incapaz sem a devida representação legal é nulo, e não inexistente.

(b) Errada. De acordo com o artigo 3º, do Código Civil, são absolutamente incapazes os menores de 16 anos. E o artigo 4º, I, do Código Civil, dispõe que: são relativamente incapazes os maiores de 16 e menores de 18 anos. A Lei 8069/90 considera criança a pessoa até doze anos de idade incompletos, e adolescente aquela entre doze e dezoito anos de idade incompletos. Portanto, crianças e adolescentes até 16 anos de idade são considerados absolutamente incapazes. Os adolescentes com idade entre 16 e 17 anos são considerados relativamente incapazes.

(c) Errada. Fundações caracterizam-se pela universalidade de bens, podendo ser públicas ou privadas, nos termos dos artigos 41, inciso V e 44, inciso III, do Código Civil.

(d) Errada. Pode-se afirmar que a capacidade civil plena pode ser adquirida antes da maioridade civil, considerando que uma pessoa menor de 18 anos pode ser emancipada, nas hipóteses do artigo 5º, parágrafo único, do Código Civil.

(e) Certa. O artigo 7º, inciso I, do Código Civil, prevê que o reconhecimento da morte presumida pode ser declarado, sem decretação de ausência, se extremamente provável a morte de quem estava em perigo de vida.

*Para responder, tem que estudar: lei.*

*Gabarito: E*

**3. (Cespe/TJ/PB/Juiz/2015)** Acerca das pessoas naturais, assinale a opção correta.

a) A emancipação voluntária depende de decisão judicial e de averbação no cartório do registro civil do lugar onde estiver registrada a pessoa emancipada.

b) A comoriência é a presunção de simultaneidade de óbitos e o seu reconhecimento depende da demonstração de que os comorientes faleceram nas mesmas condições de tempo e local, não se podendo comprovar qual morte precedeu às demais.

c) O registro civil das pessoas naturais é obrigatório e tem natureza constitutiva.

d) A legislação civil brasileira admite o reconhecimento de morte sem a existência de cadáver e sem a necessidade de declaração de ausência.

e) Os menores de dezesseis anos são absolutamente incapazes, de fato e de direito, e, mesmo que representados, não têm legitimação para determinados atos.

## ANOTAÇÕES/COMENTÁRIOS

(a) Errada. A emancipação voluntária é prevista no artigo 5º, parágrafo único, I, do Código Civil, que dispõe: "I – pela concessão dos pais, ou de um deles na falta do outro, mediante instrumento público, independentemente de homologação judicial, ou por sentença do juiz, ouvido o tutor, se o menor tiver dezesseis anos completos;" Portanto, a emancipação voluntária não depende, necessariamente, de decisão judicial, eis que pode se dar por concessão dos pais, mediante instrumento público, sem homologação do juiz, ou por sentença judicial, desde que ouvido o tutor. Por conseguinte, em ambos os casos, a emancipação voluntária deverá ser registrada, e não averbada, no cartório do Registro Civil de Pessoas Naturais (artigo 91, parágrafo único, da Lei 6.015/73)

(b) Errada. Em consonância com o artigo 8º do Código Civil, há comoriência quando não é possível aferir qual dos indivíduos faleceu em primeiro lugar, independentemente da morte ter ocorrido, ou não, no mesmo local.

(c) Errada. O registro civil das pessoas naturais tem natureza declaratória, eis que as mesmas possuem personalidade, ainda que não registradas. No caso das pessoas jurídicas, o aludido registro terá natureza constitutiva, eis que sem tal formalidade as mesmas não terão personalidade jurídica.

(d) Certa. A morte presumida, sem declaração de ausência, é reconhecida nas hipóteses do artigo 7º do Código Civil, quando o indivíduo desaparecido em campanha ou feito prisioneiro não for encontrado após 2 anos do término da guerra ou quando for extremamente provável a morte de quem estava em perigo de vida.

(e) Errada. De acordo com o artigo 3º do Código Civil, os menores de 16 anos não possuem capacidade de fato ou exercício, uma vez que são considerados absolutamente incapazes. Por outro lado, cumpre ressaltar que os mesmos possuem capacidade de direito ou de gozo, conforme estabelece o artigo 1º do Código Civil, bem como são legitimados para certos atos, devendo ser representados pelos pais ou tutores.

*Para responder, tem que estudar: lei e teoria/doutrina.*

*Gabarito: D*

**4. (Cespe/TJ/DFT/Juiz/2014)** Acerca da prescrição e da proteção jurídica à intimidade, assinale a opção correta.

a) A tutela da dignidade da pessoa humana na sociedade da informação inclui o direito ao esquecimento.

b) O interesse público na divulgação de casos judiciais sempre deverá prevalecer sobre a privacidade ou intimidade dos envolvidos.

c) A exibição não autorizada de imagem de vítima de crime amplamente noticiado à época dos fatos, ainda que uma única vez, gera, por si só, direito de compensação por danos morais aos seus familiares.

d) À pretensão de cobrança de cotas condominiais aplica-se a regra geral da prescrição decenal, contada a partir do vencimento de cada parcela, conforme disposto no vigente Código Civil.

e) A veracidade de uma notícia confere a ela inquestionável licitude, razão pela qual não há qualquer obstáculo à sua divulgação, dado o direito à informação e à liberdade de imprensa.

ANOTAÇÕES/COMENTÁRIOS

(a) Certa. De acordo com o Enunciado 531, VI Jornada de Direito Civil do Conselho da Justiça Federal: "A tutela da dignidade da pessoa humana na sociedade da informação inclui o direito ao esquecimento. Os danos provocados pelas novas tecnologias de informação vêm se acumulando nos dias atuais. O direito ao esquecimento tem sua origem histórica no campo das condenações criminais. Surge como parcela importante do direito do ex-detento à ressocialização. Não atribui a ninguém o direito de apagar fatos ou reescrever a própria história, mas apenas assegura a possibilidade de discutir o uso que é dado aos fatos pretéritos, mais especificamente o modo e a finalidade com que são lembrados."

(b) Errada. Dizer que sempre o interesse público na divulgação de casos judiciais deverá prevalecer sobre a privacidade ou intimidade dos envolvidos viola o próprio texto da Constituição Federal, considerando que o seu artigo 5º, inciso LX, prevê que "a lei só poderá restringir a publicidade dos atos processuais quando a defesa da intimidade ou o interesse social o exigirem."

(c) Errada. A exibição não autorizada de imagem de vítima de crime amplamente noticiado à época dos fatos, uma única vez, não gera, por si só, direito de compensação por danos morais aos seus familiares, conforme estabelecido no Informativo 527 do STJ.

(d) Errada. De acordo com o entendimento do STJ, o débito decorrente de não pagamento das prestações de condomínio é considerado dívida líquida. Portanto, aplica-se a prescrição de 05 (cinco) anos, conforme o disposto no artigo 206, § 5º, inciso I, Código Civil.

(e) Errada. Embora a notícia inverídica seja um obstáculo à liberdade de informação, a veracidade da notícia não confere a ela inquestionável licitude, nem transforma a liberdade de imprensa em direito absoluto e ilimitado, conforme estabelecido no Informativo 527 do STJ.

*Para responder, tem que estudar: lei, jurisprudência e teoria/doutrina.*

*Gabarito: A*

## 1.2. Das Pessoas Jurídicas

5. **(Cespe/TJ/BA/Juiz/2012)** A respeito das pessoas jurídicas, assinale a opção correta.
   a) A quebra de "affectio societatis" mostra-se causa suficiente à exclusão de sócio minoritário.
   b) As novas disposições sobre a desconsideração da personalidade jurídica constantes no Código Civil implicaram mudança nas disposições relativas a essa matéria constantes no CDC.
   c) A fundação constituída "inter vivos" será extinta se o instituidor não lhe transferir a propriedade do bem dotado.
   d) Na transformação, é extinta a personalidade anterior à alteração para o novo modelo societário.
   e) Na interpretação das normas relativas à empresa, deve-se considerar o princípio da função social.

ANOTAÇÕES/COMENTÁRIOS

(a) Errada. A quebra do "affectio societatis" não é causa para a exclusão do sócio minoritário, mas apenas para dissolução parcial da sociedade, com base no Enunciado 67 da I Jornada CJF.

(b) Errada. A teoria da desconsideração da personalidade jurídica – "disregard doctrine" – fica positivada no Código Civil de 2002, mantidos os parâmetros existentes nos microssistemas legais (CDC) e na construção jurídica sobre o tema, conforme o Enunciado 51 da I Jornada CJF.

(c) Errada. O artigo 64 do Código Civil prevê que, na fundação constituída por negócio jurídico "inter vivos", o instituidor é obrigado a transferir a propriedade, ou outro direito real, sobre os bens dotados e, se não o fizer, serão registrados, em nome dela, por mandado judicial.

(d) Errada. O ato de transformação independe de dissolução ou liquidação da sociedade, e obedecerá aos preceitos reguladores da constituição e inscrição próprios do tipo em que vai converter-se, conforme o artigo 1.113 do Código Civil.

(e) Certa. Dispõe o Enunciado 53 da I Jornada CJF que deverá ser levado em consideração o princípio da função social na interpretação das normas relativas à empresa, a despeito da falta de referência expressa.

*Para responder, tem que estudar: lei e teoria/doutrina.*

*Gabarito: E*

**6. (Cespe/TJ/DFT/Juiz/2016)** No que se refere às pessoas, assinale a opção correta.

a) A declaração de ausência é a condição eficiente ao recebimento da indenização do seguro de vida da pessoa desaparecida.

b) Está consolidado o entendimento, na doutrina e na jurisprudência, que a oposição de consciência ou de crença pode ser exercida por representante legal de adolescente para impedir transfusão de sangue, ainda que urgente e necessária.

c) Dentre as pessoas jurídicas de direito público interno, estão as autarquias, as associações públicas, as entidades de caráter privado que se tenha dado estrutura de direito público.

d) Conforme entendimento prevalente do STJ, a dissolução da sociedade comercial, ainda que irregular, não é causa que, isolada, baste à desconsideração da personalidade jurídica.

e) A emancipação voluntária dos pais é ato revogável, com efeitos a partir do ato de revogação.

## ANOTAÇÕES/COMENTÁRIOS

(a) Errada. De acordo com entendimento do STJ, não basta a declaração de ausência como condição eficiente ao recebimento da indenização do seguro de vida da pessoa desaparecida, existe a necessidade de aguardar a abertura da sucessão definitiva, quando será presumida a morte da pessoa natural, na forma dos artigos 6º e 37 do Código Civil.

(b) Errada. De acordo com o Enunciado 403, V Jornada de Direito Civil do Conselho da Justiça Federal: "O Direito à inviolabilidade de consciência e de crença, previsto no artigo 5º, inciso VI, da Constituição Federal, aplica-se à pessoa que se nega a tratamento médico, inclusive transfusão de sangue, com ou sem risco de morte, em razão do tratamento ou da falta dele, desde que observados os seguintes critérios: a) capacidade civil plena, excluído o suprimento pelo representante ou assistente; b) manifestação de vontade livre, consciente e informada; e c) oposição que diga respeito exclusivamente à própria pessoa do declarante."

(c) Errada. Nos termos do artigo 41, incisos IV e V, parágrafo único, Código Civil, dentre as pessoas jurídicas de direito público interno estão as autarquias, inclusive as associações públicas e demais entidades de caráter público criadas por lei, assim como as pessoas jurídicas de direito público, a que se tenha dado estrutura de direito privado, e não o contrário.

(d) Certa. De acordo com o Enunciado 282, IV Jornada de Direito Civil do Conselho da Justiça Federal: "O encerramento irregular das atividades da pessoa jurídica, por si só, não basta para caracterizar abuso da personalidade jurídica."

(e) Errada. De acordo com o entendimento da doutrina (Carlos Roberto Gonçalves, dentre outros), a emancipação voluntária dos pais é irrevogável. Porém, a irrevogabilidade não se confunde com invalidade do ato, que pode ser reconhecida através de ação anulatória. Observa-se que a revogação decorre de simples vontade dos pais, sendo inadmissível. No entanto, a invalidade decorre da existência de vício. Ex.: Coação, erro, descumprimento de formalidades legais, etc.

*Para responder, tem que estudar: lei, jurisprudência e teoria/doutrina.*

*Gabarito: D*

**7. (Cespe/TJ/RN/Juiz/2013)** Assinale a opção correta a respeito do domicílio.

a) O domicílio das pessoas jurídicas restringe-se ao lugar de funcionamento das respectivas diretorias e administrações.

b) Aos contratantes não é permitido especificar, nos contratos escritos, o domicílio onde se exercitem e cumpram os direitos e obrigações dos contratos.

c) Considera-se domicílio da pessoa natural que viva alternadamente em várias residências tão somente o lugar onde ela permaneça por mais tempo, sendo a pluralidade de domicílios permitida apenas às pessoas jurídicas.

d) Considera-se o domicílio da pessoa natural que não tenha residência habitual o lugar de seu nascimento.

e) O marítimo, o incapaz, o servidor público, o militar e o preso têm domicílio necessário.

## ANOTAÇÕES/COMENTÁRIOS

(a) Errada. Na medida em que o domicílio das pessoas jurídicas não se restringe apenas ao local de funcionamento das respectivas diretorias e administrações, mas também ao local onde elegerem domicílio especial no seu estatuto ou atos constitutivos, em conformidade com o artigo 75, IV, Código Civil.

(b) Errada. Em consonância com o artigo 78 do Código Civil, é permitido aos contratantes especificar, nos contratos escritos, o domicílio onde se exercitem e cumpram os direitos e obrigações dele resultantes.

(c) Errada. Os artigos 70 e 71 do Código Civil estabelecem que se considera domicílio o lugar onde a pessoa natural estabelece a sua residência com ânimo definitivo. Na hipótese da pessoa natural que tiver diversas residências, onde, alternadamente, viva, considerar-se-á domicílio seu qualquer delas. Por isso, a pessoa natural também poderá possuir pluralidade de domicílios.

(d) Errada. A pessoa natural que não tenha residência habitual terá como domicílio o lugar onde for encontrada, de acordo com o artigo 73 do Código Civil.

(e) Certa. Estabelece o artigo 76 do Código Civil que possuem domicílio necessário o incapaz, o servidor público, o militar, o marítimo e o preso.

*Para responder, tem que estudar: lei.*

*Gabarito: E*

## 1.3. Do Domicílio

**8. (Cespe/TJ/PA/Juiz/2012)** A respeito do domicílio da pessoa natural, assinale a opção correta.

a) Se a pessoa possuir mais de um domicílio, o local onde ela exercer atividade profissional será considerado o domicílio para fins legais.

b) Para a lei, o elemento subjetivo mostra-se importante na definição do domicílio.

c) O domicílio profissional é tratado pela lei como residual.

d) É considerado especial o domicílio do itinerante.

e) A definitividade não é critério legal para se estabelecer o domicílio.

ANOTAÇÕES/COMENTÁRIOS

(a) Errada. De acordo com o artigo 71 e 72, caput e parágrafo único, Código Civil, à pessoa que possua diversas residências, será considerado como domicílio qualquer uma delas. Será considerado domicílio o local onde a pessoa natural exercer atividade profissional nas relações concernentes à profissão e, se exercida em lugares diversos, cada um deles constituirá domicílio para as relações que lhe correspondem.

(b) Certa. Conforme disposição do artigo 70, Código Civil, o domicílio da pessoa natural é o local onde ela estabelece sua residência com ânimo definitivo, caracterizando-se como elemento subjetivo o ânimo de permanecer definitivamente em determinado local.

(c) Errada. É considerado domicílio o local onde a pessoa natural exercer atividade profissional nas relações concernentes à profissão e, se exercida em lugares diversos, cada um deles constituirá domicílio para as relações que lhe correspondem, conforme artigo 72, Código Civil.

(d) Errada. O domicílio da pessoa que não possui residência fixa ou habitual e que não tem um lugar estabelecido para o exercício de sua profissão, ou empregue a vida em viagens, será o local onde vier a ser encontrado, conforme previsão do artigo 73, Código Civil.

(e) Errada. O ânimo definitivo de permanecer em determinado local é critério para estabelecer o domicílio da pessoa natural, conforme artigo 70 do Código Civil.

*Para responder, tem que estudar: lei.*

*Gabarito: B*

9. **(Cespe/TJ/MA/Juiz/2013)** Assinale a opção correta no que se refere a disposições gerais do Código Civil.

a) Caso um profissional que tenha negócios nas cidades A, B e C seja demandado judicialmente por fato ocorrido na cidade C e a demanda tenha relação com o exercício de sua profissão, essa cidade será considerada o domicílio do profissional para esse fim.

b) Devem ser registrados em registro público os nascimentos, casamentos e óbitos; a emancipação por outorga dos pais ou por sentença do juiz; a interdição por incapacidade absoluta ou relativa e a sentença declaratória do restabelecimento de sociedade conjugal e de ausência e de morte presumida.

c) Consideram-se interessados para o requerimento de declaração de ausência e de abertura provisória da sucessão, após três anos do desaparecimento da pessoa do seu domicílio, sem dela haver notícia, o cônjuge não separado judicialmente, os herdeiros necessários, legítimos ou testamentários; os que tiverem sobre os bens do ausente direito dependente de sua morte e os credores do ausente.

d) Entre os bens reciprocamente considerados, o bem principal é o que existe sobre si, absoluta e concretamente, e acessório, aquele cuja existência supõe a do principal; assim, quando se vende um imóvel, o vendedor, de acordo com essa regra, não pode retirar, por exemplo, o condicionador de ar instalado em um dos cômodos da casa se a retirada não estiver previamente pactuada, uma vez que o acessório segue o principal.

ANOTAÇÕES/COMENTÁRIOS

(a) Certa. A previsão legal está no artigo 72 do Código Civil, que consagra o domicílio profissional, ou seja, se uma pessoa natural desempenha atividade de natureza profissional, seja em um único local, seja em diversos lugares, seu domicílio em relação ao exercício profissional será o local em que tal atividade é desempenhada, logo, a cidade C será considerada o domicílio profissional para esse fim.

(b) Errada. O restabelecimento da sociedade conjugal deverá ser averbado e não registrado, consoante o artigo 10, I, Código Civil. Os demais atos deverão ser registrados, conforme o artigo 9º do Código Civil: "I – os nascimentos, casamentos e óbitos; II – a emancipação por outorga dos pais ou por sentença do juiz; III – a interdição por incapacidade absoluta ou relativa; IV – a sentença declaratória de ausência e de morte presumida".

(c) Errada. O requerimento de declaração de ausência e de abertura provisória da sucessão encontra previsão legal no artigo 26 do Código Civil que dispõe que, decorrido um ano da arrecadação dos bens do ausente, ou, se ele deixou representante ou procurador, em se passando três anos, poderão ser requeridos por seus interessados. O Código Civil dispõe em seu artigo 27, II, que serão considerados os herdeiros presumidos, legítimos ou testamentários, diferentemente do "herdeiro necessário" trazido na alternativa, tendo em vista que o herdeiro necessário é espécie do gênero herdeiro legítimo. Em relação aos credores, verifica-se no inciso IV do referido diploma legal que os únicos credores que serão considerados são os de obrigações vencidas e não pagas, não se estendendo a todos os credores do ausente.

(d) Errada. Neste caso o ar condicionado trata-se de uma pertença, uma vez que é considerado pertença o bem que, não constituindo parte integrante, se destina, de modo duradouro, ao uso, ao serviço ou ao aformoseamento de outro, com base no artigo 93 do Código Civil. Por essa razão, não segue necessariamente a lei geral de gravidade jurídica, segundo a qual o acessório seguirá a sorte do principal; elas conservam sua identidade e não se incorporam à coisa a que se juntam.

*Para responder, tem que estudar: lei.*

*Gabarito: A*

## 2. DOS BENS

**10. (Cespe/TJ/BA/Juiz/2019)** De acordo com o Código Civil, são bens móveis

a) os direitos à sucessão aberta.

b) os materiais que estejam separados provisoriamente de um prédio, para nele serem reempregados.

c) os materiais provenientes da demolição de um prédio.

d) as edificações que, estando separadas do solo, puderem ser movimentadas para outro local, conservando sua unidade.

e) os materiais empregados em alguma construção.

**ANOTAÇÕES/COMENTÁRIOS**

(a) Errada. Direito à sucessão aberta é considerado imóvel por determinação legal (artigo 80, II, CC)

(b) Errada. Os materiais separados provisoriamente de um prédio, mantém o caráter de imóvel (artigo 81, II, CC)

(c) Certa. Materiais provenientes de demolição de um prédio readquirem o caráter de bem móvel (artigo 84 CC)

(d) Errada. Edificações, ainda que separadas do solo e que possam ser movimentadas para outro local são imóveis (artigo 81, I, CC)

(e) Errada. Materiais empregados em alguma construção são considerados imóveis (artigo 81, II, CC)

*Para responder, tem que estudar: lei*

*Gabarito: C*

**11. (Cespe/TJ/CE/Juiz/2012)** Caso uma pessoa adquira um trator para melhor explorar sua propriedade rural, esse bem, de acordo com o Código Civil brasileiro, caracteriza-se como:

a) bem infungível.
b) bem imóvel por determinação legal.
c) bem imóvel por acessão industrial.
d) benfeitoria.
e) pertença.

ANOTAÇÕES/COMENTÁRIOS

(a) Errada. Considerando que o trator pode ser substituído por outro equivalente e bem infungível é aquele que não pode ser substituído por outro da mesma espécie, qualidade e quantidade, conforme artigo 85, Código Civil.

(b) Errada. Previstos no artigo 80 do Código Civil, bem imóvel por determinação legal é aquele considerado imóvel por determinação legislativa, como é o caso dos direitos reais sobre imóveis, e as ações que os asseguram, e o direito de sucessão aberta. Trata-se de bens incorpóreos que, na realidade, não são móveis ou imóveis, mas que, por vontade do legislador, são considerados imóveis para maior segurança das relações jurídicas.

(c) Errada. Bem imóvel por acessão industrial ou artificial, segundo a doutrina, é tudo aquilo que o homem incorpora permanentemente ao solo, como as construções e plantações, não sendo o caso do trator.

(d) Errada. Benfeitorias são as obras feitas pelo proprietário, possuidor ou detentor de um bem, com o objetivo de conservá-lo, melhorá-lo ou proporcionar deleite ou recreio. São subdivididas em necessárias, úteis e voluptuárias (artigo 96, CC).

(e) Certa. No rol de bens reciprocamente considerados, encontram-se as pertenças, que são bens móveis que, não constituindo partes integrantes, se destinam, de modo duradouro, ao uso, ao serviço ou ao aformoseamento de outro, sendo o caso do trator, conforme estabelecido no artigo 93 do Código Civil.

*Para responder, tem que estudar: lei e teoria/doutrina.*

*Gabarito: E*

**12. (Cespe/TJ/AM/Juiz/2016)** A propósito dos bens e do domicílio, assinale a opção correta com fundamento nos dispositivos legais, na doutrina e no entendimento jurisprudencial pátrio.

a) Possuem domicílio necessário ou legal o militar, o incapaz, o servidor público, a pessoa jurídica de direito privado e o preso.

b) Pelo princípio da gravitação jurídica, a propriedade dos bens acessórios segue a sorte do bem principal, podendo, entretanto, haver disposição em contrário pela vontade da lei ou das partes.

c) O atributo da fungibilidade de um bem decorre exclusivamente de sua natureza.

d) Os rendimentos são considerados produto da coisa, já que sua extração e sua utilização não diminuem a substância do bem principal.

e) Ao possuidor de boa-fé faculta-se o exercício do direito de retenção para ver-se indenizado das benfeitorias úteis e voluptuárias, quando estas não puderem ser levantadas sem prejuízo ao bem principal.

ANOTAÇÕES/COMENTÁRIOS

(a) Errada. Possuem domicílio necessário apenas o incapaz, o servidor público, o militar, o marítimo e o preso; não havendo previsão legal para a pessoa jurídica de direito privado, conforme artigo 76 do Código Civil.

(b) Certa. Consagrado como um Princípio Geral do Direito Civil, o Princípio da Gravitação Jurídica estabelece que o bem acessório acompanha o bem principal, salvo disposição especial em contrário ("acessorium sequeatur principale"). Segundo a doutrina, tal regra estava prevista no art. 59 do Código Civil de 1916 e, apesar de não reproduzida no Código Civil de 2002, continua tendo aplicação direta, como Princípio Geral do Direito Civil Brasileiro, com base na análise dos dispositivos do Código Civil atual. Como um desses comandos, pode ser citado o art. 92 do Código Civil, que, em sua parte final, enuncia que o bem acessório é "aquele cuja existência supõe a do principal".

(c) Errada. A fungibilidade pode decorrer não apenas da natureza do bem, mas também da vontade das partes.

(d) Errada. Rendimentos são frutos civis e não produtos da coisa. Os frutos são as utilidades que o bem produz sem perda de sua substância, sendo renováveis, enquanto o produto gera a perda da substância do bem. Ex.: Ouro é produto, pois a sua retirada diminui as reservas existentes na mina. Rendimento é fruto, pois a sua retirada não afeta o capital principal que o gerou.

(e) Errada. Segundo o art. 1.219 do Código Civil, o possuidor de boa-fé tem direito à indenização das benfeitorias necessárias e úteis, bem como às voluptuárias, se não lhe forem pagas, a levantá-las, quando o puder sem detrimento da coisa, e poderá exercer o direito de retenção pelo valor das benfeitorias necessárias e úteis.

*Para responder, tem que estudar: lei e teoria/doutrina.*

*Gabarito: B*

**13. (Cespe/TJ/PB/Juiz/2015)** Assinale a opção correta com relação a bens.

a) O entendimento sumulado pelo STF é no sentido de que, em regra, o adquirente de imóvel responde pelas benfeitorias realizadas pelo locatário.

b) A lei veda a instituição de bem de família por um dos cônjuges sem a outorga do outro.

c) A proteção dos bens corpóreos e dos incorpóreos pode ser realizada por meio de tutela possessória.

d) A infungibilidade de um bem pode decorrer da manifestação de vontade da parte.

e) Os produtos são acessórios produzidos com periodicidade, e sua retirada não prejudica a substância da coisa principal.

ANOTAÇÕES/COMENTÁRIOS

(a) Errada. De acordo com a Súmula 158, STF: "Salvo estipulação contratual averbada no registro imobiliário, não responde o adquirente pelas benfeitorias do locatário."

(b) Errada. Considerando que não há vedação na lei sobre a instituição do bem de família ainda que sem a outorga do outro cônjuge. Portanto, não há motivos para a restrição, pois não se verifica qualquer das hipóteses do artigo 1647 do Código Civil.

(c) Errada. A proteção de bens incorpóreos não pode ser realizada por meio de tutela possessória. É possível extrair esse entendimento da Súmula 228, STJ: "É inadmissível o interdito proibitório para a proteção do direito autoral."

(d) Certa. A doutrina entende que a infungibilidade do bem pode decorrer da lei ou da vontade das partes.

(e) Errada. Segundo a doutrina, os produtos são as utilidades que se retiram da coisa, diminuindo-lhe a quantidade, porque não se reproduzem periodicamente, como as pedras e os metais, que se extraem das pedreiras e das minas. Distinguem-se dos frutos porque a colheita desses não diminui o valor nem a substância da fonte.

*Para responder, tem que estudar: lei, súmula/OJ e teoria/doutrina.*

*Gabarito: D*

BLOCO I

# 3. DOS FATOS JURÍDICOS

## 3.1. Do Negócio Jurídico

**14. (Cespe/TJ/BA/Juiz/2019)** Dino, pai de três filhos e atualmente em seu segundo casamento, resolveu adquirir um imóvel, em área nobre de Salvador, para com ele presentear o caçula, único filho da sua atual união conjugal. A fim de evitar eventuais problemas com os outros dois filhos, tidos em casamento anterior, Dino decidiu fazer a seguinte operação negocial:

- vendeu um dos seus cinco imóveis e, com o dinheiro obtido, adquiriu o imóvel para o filho caçula; e
- colocou na escritura pública de venda e compra, de comum acordo com os vendedores do referido imóvel, o filho caçula como comprador do bem.

Alguns meses depois, os outros dois filhos tomaram conhecimento das transações realizadas e resolveram ajuizar ação judicial contra Dino, alegando que haviam sofrido prejuízos.

Nessa situação hipotética, conforme a sistemática legal dos defeitos e das invalidades dos negócios jurídicos, os dois filhos prejudicados deverão alegar, como fundamento jurídico do pedido, a ocorrência de

(a) reserva mental, também conhecida como simulação unilateral, que deve ensejar a declaração de inexistência do negócio jurídico de venda e compra e o retorno das partes ao status quo ante.

(b) causa de anulabilidade por dolo, vício de vontade consistente em artifício, artimanha, astúcia tendente a viciar a vontade do destinatário ou de terceiros.

(c) simulação relativa, devendo ser reconhecida a invalidade da venda e compra e declarada a validade da doação, que importará adiantamento da legítima.

(d) simulação absoluta, devendo ser reconhecida a invalidade da venda e compra e da doação, com retorno ao status quo ante.

(e) simulação relativa, devendo ser reconhecida a invalidade da compra e venda e declarada a validade da doação, o que, contudo, não implicará adiantamento da legítima.

**ANOTAÇÕES/COMENTÁRIOS**

a) Errada. Não se trata de reserva mental (artigo 110 CC) pois, os destinatários da declaração de vontade tinham conhecimento que se tratava de simulação relativa subjetiva. Na verdade o negócio era uma doação para o seu filho caçula e não um compra e venda.

b) Errada. Não se trata de anulabilidade. O negócio simulado (compra e venda) é nulo e o negócio dissimulado (doação) é válido (artigo 167 CC). Devendo o filho futuramente trazer a colação o bem doado, quando do falecimento do pai (artigo 2002 CC).

c) Certa, na forma do artigo 167 do Código Civil e do Enunciado 153 CJF.

d) Errada. Conforme exposto nos itens acima, se trata de simulação relativa, pois as partes pretendiam realizar negócio diverso do ostensivamente indicado.

e) Errada. A doação feita pelo pai ao filho implica em adiantamento da legítima (artigo 544 CC)

*Para responder, tem que estudar: lei e teoria/doutrina.*

*Gabarito: C*

**15. (Cespe/TJ/RN/Juiz/2013)** Mário, de dezesseis anos de idade, e Maria, de dezoito anos de idade, celebraram, de forma consciente, voluntária e direta, contrato verbal de compra e venda de uma bicicleta, por meio do qual Mário ficou obrigado a entregar a Maria o bem mediante o recebimento do preço ajustado. Considerando a situação hipotética apresentada e as regras relativas aos negócios jurídicos, assinale a opção correta.

a) Supondo-se que o negócio tenha sido celebrado com a devida assistência, a inclusão de termo inicial, como cláusula do negócio jurídico, suspenderia o exercício e a aquisição do direito.

b) Caso Mário invocasse coação na celebração do contrato, alegando fundado temor de dano iminente e considerável à sua pessoa, a apreciação do vício pelo julgador ocorreria apenas quando da análise do plano da eficácia do negócio jurídico.

c) O negócio jurídico é nulo de pleno direito, pois Mário, não tendo plena capacidade para os atos da vida civil ao tempo do negócio, deveria ter sido devidamente assistido por responsável legal.

d) Na hipótese retratada, mesmo sem a assistência ao menor, estão presentes os pressupostos de existência do negócio jurídico.

e) Maria, plenamente capaz ao tempo do negócio, verificando posteriormente que não mais tenha interesse na bicicleta, poderá invocar, em benefício próprio, a incapacidade relativa de Mário.

*ANOTAÇÕES/COMENTÁRIOS*

(a) Errada. O artigo 131 do Código Civil dispõe que a inclusão do termo inicial suspende o exercício, mas não a aquisição do direito.

(b) Errada. A apreciação da coação pelo julgador envolve o plano da validade, eis que o negócio seria anulável (artigo 171, II, CC).

(c) Errada. Considerando que Mário é relativamente incapaz, o negócio jurídico realizado sem a devida assistência é anulável, nos termos do artigo 171, I, Código Civil.

(d) Certa. O negócio jurídico celebrado entre as partes, embora anulável, é existente, na medida em que estão presentes os elementos que determinam a sua existência, quais sejam: manifestação da vontade, partes, objeto e forma.

(e) Errada. Prevê o artigo 105 do Código Civil – "A incapacidade relativa de uma das partes não pode ser invocada pela outra em benefício próprio".

*Para responder, tem que estudar: lei e teoria/doutrina.*

*Gabarito: D*

**16. (Cespe/TJ/CE/Juiz/2018)** Elemento acidental do negócio jurídico, a condição possui, entre outras, as seguintes características:

a) impositividade e certeza.
b) acessoriedade e voluntariedade.
c) legalidade e futuridade.
d) involuntariedade e incerteza.
e) legalidade e brevidade.

ANOTAÇÕES/COMENTÁRIOS

(a) Errada. A condição deriva da vontade das partes (voluntariedade) e faz o negócio jurídico depender de evento futuro e incerto (incerteza) (artigo 121 CC)

(b) Certa. A condição deriva da vontade das partes (voluntariedade) (artigo 121 CC) e tem caráter acessório, eis que é elemento acidental e não essencial do negócio jurídico.

(c) Errada. A condição deriva da vontade das partes (aritgo 121 CC) e não da lei.

(d) Errada. Vide item C

(e) Errada. Vide item C

*Para responder, tem que estudar: lei e teoria/doutrina.*

*Gabarito: B*

**17. (Cespe/TJ/CE/Juiz/2018)** Maria decidiu alugar um imóvel de sua propriedade para Ana, que, no momento da assinatura do contrato, tinha dezessete anos de idade.

Nessa situação hipotética, o contrato celebrado pelas partes é

a) nulo, uma vez que foi firmado por pessoa absolutamente incapaz, condição que pode servir de argumento para Ana extinguir o contrato.
b) anulável, portanto passível de convalidação, ressalvado direito de terceiros.

c) válido, desde que tenha sido formalizado por escritura pública, visto que tem por objeto um imóvel.
d) nulo, porque Ana deveria ter sido representada por um de seus genitores.
e) válido, ainda que Ana não possua capacidade de direito para celebrar o contrato de aluguel.

ANOTAÇÕES/COMENTÁRIOS

(a) Errada. O negócio jurídico é anulável eis que Ana tinha 17 anos, sendo relativamente incapaz (artigo 4º, I e 171, I, CC). O ato anulável é passível de convalidação na forma do artigos 172 e 173 CC, ressalvados os direitos de terceiros.

(b) Certa. Vide item A

(c) Errada. Não é exigida escritura pública para contrato de locação de imóvel na Lei 8245/91.

(d) Errada. Vide item A.

(e) Errada. Vide item A.

*Para responder, tem que estudar: lei e teoria/doutrina.*

*Gabarito: B*

**18. (Cespe/TJ/PB/Juiz/2015)** Acerca da interpretação dos negócios jurídicos e do princípio da boa-fé objetiva, assinale a opção correta.

a) A boa-fé objetiva limita os direitos subjetivos e constitui fonte de obrigação aos contratantes, de forma a estabelecer deveres implícitos que não estão previstos expressamente no contrato.
b) Os negócios jurídicos que estabeleçam benefício devem ter interpretação ampla.
c) De acordo com o Código Civil de 2002, não é permitido que o silêncio de um dos participantes seja interpretado como caracterizador de concordância com o negócio.
d) A boa-fé objetiva importa para a interpretação dos contratos, mas não pode ser fundamento para relativização da força obrigatória das avenças.
e) O negócio jurídico celebrado com reserva mental de um dos contratantes, com ou sem conhecimento do outro, deve ser considerado inexistente.

ANOTAÇÕES/COMENTÁRIOS

(a) Certa. A boa-fé objetiva é aferida a partir das condutas de qualquer sujeito de uma relação contratual, de forma a estabelecer deveres implícitos que não precisam estar previstos expressamente no contrato. O artigo 113 do Código Civil estabelece que a boa-fé objetiva é parâmetro de interpretação e o artigo 422 do Código Civil aduz que as partes têm a obrigação de atuar com boa-fé. O artigo 187, CC, considera como ilícito o ato praticado excedendo os limites impostos pela boa-fé objetiva.

(b) Errada. De acordo com o artigo 114 do Código Civil: "Os negócios jurídicos benéficos e a renúncia interpretam-se estritamente".

(c) Errada. De acordo com o artigo 111 do Código Civil: "O silêncio importa anuência, quando as circunstâncias ou os usos o autorizarem, e não for necessária a declaração de vontade expressa".

(d) Errada. De acordo com o artigo 113 do Código Civil, a boa-fé importa para a interpretação dos contratos e pode ser utilizada como fundamento para relativizar a força obrigatória das avenças, pois o negócio que excede os limites impostos pela boa-fé é ilícito (artigo 187, CC). Por exemplo, se a cláusula penal for excessiva, contrariando os ditames da boa-fé objetiva, deve ser reduzida (artigo 413 CC).

(e) Errada. De acordo com o artigo 110 do Código Civil: "A manifestação de vontade subsiste ainda que o seu autor haja feito a reserva mental de não querer o que manifestou, salvo se dela o destinatário tinha conhecimento". A doutrina é controvertida se o caso é de inexistência (Nelson Nery Jr) ou de nulidade (Flavio Tartuce). Porém tal controvérsia só existe se o destinatário tiver conhecimento da reserva mental. Não existindo conhecimento da reserva mental, o negócio será válido.

*Para responder, tem que estudar: lei e teoria/doutrina.*

*Gabarito: A*

**19. (Cespe/TJ/AC/Juiz/2012)** Considerando que os vícios incidentes sobre a vontade, regulados no Código Civil sob a denominação defeitos do negócio jurídico, estão relacionados à formação ou à origem do negócio e atuam no plano da validade, assinale a opção correta.

a) A finalidade da revisão judicial do negócio que culmine em lesão é proteger a pessoa que, ao contratar, esteja em uma situação de inferioridade em relação à outra parte e, por essa razão, se submeta a uma prestação desproporcional; presentes os requisitos legais da lesão, deve o juiz anular o negócio jurídico, e não incitar os contratantes a uma revisão judicial da avença.

b) Por não ser considerado erro acidental, o erro de cálculo serve como fundamento para invalidar o negócio jurídico.

c) Ainda que juridicamente relevante, a reticência não pode ser invocada para invalidar o negócio jurídico.

d) Os vícios de consentimento prejudicam a exteriorização do negócio jurídico, atuando sobre o consentimento; já os vícios sociais se mostram quando há uma divergência entre a vontade exteriorizada e a ordem legal.

e) A sistemática em relação aos defeitos do negócio foi alterada no novo Código Civil: além de serem incorporados ao sistema dois novos vícios, a lesão e o estado de perigo, ainda se considera a simulação como causa de anulação, e não mais de nulidade.

**ANOTAÇÕES/COMENTÁRIOS**

(a) Errada. Nesse caso, cumpre mencionar o Princípio da Conservação Contratual ou Função Social do Contrato consoante o artigo 157, § 2º, do Código Civil que dispõe: "Não se decretará a anulação do negócio, se for oferecido suplemento suficiente, ou se a parte favorecida concordar com a redução do proveito", bem como o Enunciado 149 CJF – Art. 157: Em atenção ao princípio da conservação dos contratos, a verificação da lesão deverá conduzir, sempre que possível, à revisão judicial do negócio jurídico e não à sua anulação, sendo dever do magistrado incitar os contratantes a seguir as regras do art. 157, § 2º, do Código Civil.

(b) Errada. O erro de cálculo não é capaz de invalidar o negócio jurídico, mas tão somente autoriza a retificação da declaração de vontade, de acordo com o artigo 143 do Código Civil.

(c) Errada. A reticência é sinônimo de "reserva mental", instituto regulado no artigo 110 do Código Civil. Portanto, a RESERVA MENTAL ou RETICÊNCIA ESSENCIAL, quando ilícita e conhecida do destinatário, é vício social similar à simulação absoluta gerando a nulidade do negócio jurídico, segundo Flávio Tartuce. Logo, a reticência poderá ser invocada para invalidar o negócio jurídico se a parte contrária dela tiver conhecimento. Observa-se que outra parte da doutrina entende que a reserva mental ou reticência gera inexistência do negócio; neste sentido, Nelson Nery Jr.

(d) Certa. Segundo Cristiano Chaves de Farias e Nelson Rosenvald: "os vícios de consentimento dizem respeito a hipóteses nas quais a manifestação de vontade do agente não corresponde ao íntimo interno do agente. Ou seja, detecta-se mácula na vontade declarada, exteriorizando divergência entre a vontade que se percebe e o real desejo do declarante. São vícios de vontade o erro, dolo, a coação, a lesão e o estado de perigo. Já nos vícios sociais a vontade é exteriorizada em conformidade com a intenção do agente. No entanto, há uma deliberada vontade de prejudicar terceiro ou burlar a lei, motivo pelo qual o vício não é interno, mas externo, de alcance social". É vício social a fraude contra credores.

(e) Errada. O negócio jurídico simulado é nulo conforme o artigo 167 do Código Civil, motivo pelo qual não há que se falar em anulabilidade.

*Para responder, tem que estudar: lei e teoria/doutrina.*

*Gabarito: D*

**20. (Cespe/TJ/ES/Juiz/2011)** Pedro, ao chegar com seu filho gravemente doente em um hospital particular, concordou em pagar quantia exorbitante para submetê-lo a cirurgia, ante a alegação do médico de que o tempo necessário para levar a criança a outro hospital poderia acarretar-lhe a morte. Nessa situação hipotética, caracteriza-se, como causa de invalidação do negócio:

a) o dolo, porque o pai foi induzido a aceitar condições que o prejudicavam.
b) o estado de perigo, porquanto o pai se encontrava em situação de extrema necessidade.
c) a lesão, porquanto o médico se aproveitou da situação.
d) o erro, porque o pai assumiu a prestação com vício de vontade.
e) a coação, porquanto foi incutido no pai o dano iminente ao filho.



ANOTAÇÕES/COMENTÁRIOS

(a) Errada. O dolo pode ser caracterizado como um artifício para enganar alguém. Ocorre dolo quando alguém é induzido ao erro por outra pessoa, o que não corresponde ao enunciado da questão, eis que o representante da criança se encontrava premido da necessidade real de salvar pessoa da sua família de grave dano conhecido pela outra parte, o que corresponde à invalidação do negócio por estado de perigo (artigo 156 CC).

(b) Certa. De acordo com o artigo 156, Código Civil: "Configura-se o estado de perigo quando alguém, premido da necessidade de salvar-se, ou a pessoa de sua família, de grave dano conhecido pela outra parte, assume obrigação excessivamente onerosa". Sendo assim, a invalidação do negócio pode ocorrer, considerando o estado de perigo.

(c) Errada. De acordo com o artigo 157, Código Civil: "Ocorre a lesão quando uma pessoa, sob premente necessidade, ou por inexperiência, se obriga a prestação manifestamente desproporcional ao valor da prestação oposta". Conforme já esclarecido, no enunciado anterior, o caso é de estado de perigo, pois a obrigação exorbitante foi assumida com a intenção de salvar a vida do seu familiar. Caso inexistisse o risco de vida, poderia se configurar a lesão.

(d) Errada. De acordo com o artigo 138 do Código Civil: "São anuláveis os negócios jurídicos, quando as declarações de vontade emanarem de erro substancial que poderia ser percebido por pessoa de diligência normal, em face das circunstâncias do negócio". Inexistiu erro, eis que o risco de vida era efetivo.

(e) Errada. De acordo com o artigo 151 do Código Civil: "A coação, para viciar a declaração da vontade, há de ser tal que incuta ao paciente fundado temor de dano iminente e considerável à sua pessoa, à sua família, ou aos seus bens". Conforme já esclarecido, o pai pretendia salvar a vida do seu filho de uma situação de perigo real, conhecida pela outra parte, o que configura estado de perigo (artigo 156, CC), sendo que o enunciado não relata qualquer "ameaça" ou "coação" perpetrada pelo médico.

*Para responder, tem que estudar: lei e teoria/doutrina.*

*Gabarito: B*

**21. (Cespe/TJ/PR/Juiz/2017)** Assinale a opção correta em relação às pessoas naturais e à teoria geral do negócio jurídico.

a) É taxativa, ou seja, não conta com ressalva legal, a regra de que negócio jurídico existente, porém inválido, não gera efeitos, ainda que tenha sido celebrado de boa-fé pelos contratantes.

b) São absolutamente incapazes de exercer pessoalmente os atos da vida civil os excepcionais sem desenvolvimento mental completo.

c) A teoria da personalidade condicional define que haverá elemento acidental no negócio jurídico que subordine a validade dos direitos de nascituro a evento futuro e incerto.

d) Em algumas situações, o ato-fato jurídico praticado pelo menor absolutamente incapaz produz efeitos.

ANOTAÇÕES/COMENTÁRIOS

(a) Errada. O negócio jurídico inválido poderá sim gerar efeitos. O Código Civil de 2002, em busca da conservação dos negócios jurídicos, permite que, havendo boa-fé e tratando-se de negócio jurídico inválido, as partes convertam o negócio, aproveitando-o e o tornando válido na forma do artigo 170, que preceitua que se o negócio nulo contiver os requisitos de outro, pode o mesmo subsistir, desde que seja possível supor que as partes tenham querido, se houvessem previsto a nulidade. Outro exemplo é o artigo 172, que dispõe: "O negócio anulável pode ser confirmado pelas partes, salvo direito de terceiro" e o artigo 183: "A invalidade do instrumento não induz a do negócio jurídico sempre que este puder provar-se por outro meio".

(b) Errada. Com a reforma do Código Civil promovida pelo Estatuto da Pessoa com Deficiência (Lei 13.146/15), somente os menores de 16 anos são, atualmente, considerados absolutamente incapazes. Assim, é o que prevê o artigo 3º do Código Civil: "São absolutamente incapazes de exercer pessoalmente os atos da vida civil os menores de 16 anos".

(c) Errada. De acordo com a teoria da personalidade condicionada, a personalidade civil começa com o nascimento com vida, mas o nascituro titulariza direitos submetidos à condição suspensiva ou direitos eventuais. Nesses termos, o artigo 2º do Código Civil dispõe que: "A personalidade civil da pessoa começa com o nascimento com vida, mas a lei põe a salvo, desde a concepção, os direitos do nascituro". Logo, o nascituro possui direitos sob condição suspensiva, um elemento acidental do negócio jurídico. Contudo, tal elemento está alocado no plano da eficácia, e não da validade, como menciona o enunciado, pois afeta as consequências jurídicas e práticas do negócio. Apenas para relembrar, são elementos acidentais do negócio jurídico a condição, o termo e o encargo.

(d) Certa. No ato-fato jurídico, ressalta-se a consequência do ato, o fato resultante, sem se levar em consideração a vontade de pratica-lo. Assim, por exemplo, não se considera nula a compra de um doce feita por uma criança de oito anos de idade, malgrado não tenha ela capacidade para emitir a vontade qualificada que se exige nos contratos de compra e venda. Em se tratando de ato dotado de ampla aceitação social, deve ser enquadrado na noção de ato-fato jurídico.

*Para responder, tem que estudar: lei e teoria/doutrina.*

*Gabarito: D*

## 3.2. Da Prescrição e da Decadência

**22. (Cespe/TJ/RN/Juiz/2013)** Com base no que dispõe o Código Civil sobre a prescrição e a decadência, assinale a opção correta.

a) O reconhecimento do direito pelo devedor constitui causa de interrupção da prescrição.

b) É válida a renúncia à decadência fixada em lei, desde que feita por pessoa capaz ou devidamente representada.

c) Os prazos decadenciais não se suspendem, mesmo quando correrem contra pessoa absolutamente incapaz.

d) Quando referentes a direitos indisponíveis, os prazos de prescrição podem ser alterados por acordo das partes.

e) A prescrição não corre contra os absolutamente incapazes nem contra os relativamente incapazes.

ANOTAÇÕES/COMENTÁRIOS

(a) Certa. De acordo com o artigo 202, inciso VI, Código Civil, a interrupção da prescrição poderá ocorrer por qualquer ato inequívoco, ainda que extrajudicial, que importe o reconhecimento do direito pelo devedor.

(b) Errada. Dispõe o artigo 209 do Código Civil: "É nula a renúncia à decadência fixada em lei".

(c) Errada. O artigo 207, Código Civil, prevê que, em regra, não se aplicam à decadência as normas que impedem, suspendem ou interrompem a prescrição. Porém, o artigo 208, Código Civil, estabelece exceções: "Aplica-se à decadência o disposto nos artigos 195 e 198, inciso I". Assim, nos termos do artigo 198, inciso I, Código Civil, não corre a prescrição e nem a decadência contra os incapazes de que trata o artigo 3º, Código Civil, ou seja, os absolutamente incapazes.

(d) Errada. O artigo 192, Código Civil, é taxativo e não estabelece qualquer exceção: "Os prazos de prescrição não podem ser alterados por acordo das partes".

(e) Errada. Nos termos do artigo 198, inciso I, Código Civil, a prescrição não corre contra os absolutamente incapazes. No entanto, como o dispositivo é omisso em relação aos relativamente incapazes, a prescrição corre normalmente em relação a eles.

*Para responder, tem que estudar: lei.*

*Gabarito: A*

**23. (Cespe/TJ/CE/Juiz/2018)** Em um contrato, as partes pactuaram livremente o prazo de trinta dias para o exercício de eventual direito de arrependimento.

Esse prazo possui natureza

a) prescricional e pode ser reconhecido de ofício pelo juiz.
b) prescricional e somente pode ser suscitado pelas partes.
c) decadencial e pode ser reconhecido de ofício pelo juiz.
d) decadencial e somente pode ser suscitado pelas partes.
e) diversa da prescricional ou decadencial.

ANOTAÇÕES/COMENTÁRIOS

(a) Errada. Tal prazo é decadencial e convencional, por isso, deve ser alegado pelas partes, não podendo ser conhecido de ofício pelo juiz (artigo 211 CC).

(b) Errada. Vide item A

(c) Errada. Juiz só pode conhecer de ofício decadência legal (artigo 210 CC)

(d) Certa. Vide item A.

(e) Errada. Vide item A

*Para responder, tem que estudar: lei.*

*Gabarito: D*

**24. (Cespe/TJ/DFT/Juiz/2015)** À luz da legislação e da jurisprudência pertinentes, assinale a opção correta no que se refere aos fatos jurídicos.

a) Na denominada simulação relativa, quando o negócio jurídico pactuado tem por objeto encobrir outro de natureza diversa, a legislação impede que o negócio jurídico dissimulado subsista.
b) As declarações das partes que estejam consubstanciadas em documento público não podem ser elididas, razão pela qual o juiz, ao apreciar determinado negócio jurídico, estará impedido de formar sua convicção em sentido contrário ao que constar do documento registrado.
c) Situação hipotética: O adquirente de determinado bem móvel, cento e vinte dias após a data da aquisição, constatou que o bem continha vício que, por sua própria natureza, somente poderia ser por ele conhecido com o decurso do tempo. Imediatamente após a constatação, o adquirente apresentou em juízo pretensão redibitória e a parte contrária invocou a ocorrência da decadência. Assertiva: Nessa situação, o juiz não poderá declarar a decadência, já que o autor exercitou o seu direito no prazo legal.
d) Se, no âmbito de uma ação judicial, o indivíduo reconhecer voluntariamente filho havido fora do casamento, mediante manifestação direta e

expressa perante o juiz, ainda assim a validade do ato de reconhecimento dependerá de escritura pública ou particular arquivada em cartório.

e) Caso a quitação de determinado negócio jurídico tenha sido dada em escritura pública e tenha sido objeto de questionamento judicial, não poderá o juiz afastar a validade do ato, já que a quitação dada em escritura pública gera a presunção absoluta do pagamento.

## ANOTAÇÕES/COMENTÁRIOS



(a) Errada. Consoante o Enunciado 153, CJF, na simulação relativa, o negócio simulado (aparente) é nulo, mas o dissimulado será válido se não ofender a lei nem causar prejuízos a terceiros. Destaca-se, ainda, que há dois tipos de simulação: simulação absoluta e simulação relativa. Ambas conduzem à invalidade do negócio jurídico (nulidade absoluta). Na simulação absoluta, as partes celebram um negócio jurídico, aparentemente normal, mas que não visa a produzir efeito jurídico algum. Na simulação relativa, as partes celebram um negócio jurídico destinado a encobrir um outro negócio jurídico de efeitos jurídicos proibidos por lei, como uma máscara. Segundo preconiza o artigo 167, CC, à luz do princípio da conservação, na simulação relativa, sendo possível, o juiz poderá aproveitar o negócio dissimulado.

(b) Errada. Os documentos que gozam de fé pública ostentam presunção relativa de veracidade, que pode ser afastada mediante a produção de provas em sentido contrário, conforme já entendeu o STJ.

(c) Certa. STJ, Informativo 554. Quando o vício oculto, por sua natureza, só puder ser conhecido mais tarde (art. 445, § 1º, CC), o adquirente de bem móvel terá o prazo de trinta dias (art. 445, caput, do CC), a partir da ciência desse defeito, para exercer o direito de obter a redibição ou abatimento no preço, desde que o conhecimento do vício ocorra dentro do prazo de cento e oitenta dias da aquisição do bem. O prazo decadencial para exercício do direito de obter a redibição ou abatimento no preço de bem móvel é o previsto no caput do art. 445 do CC, isto é, trinta dias. O § 1º do art. 445 do CC apenas delimita que, se o vício somente se revelar mais tarde, em razão de sua natureza, o prazo de 30 dias fluirá a partir do conhecimento desse defeito, desde que revelado até o prazo máximo de 180 dias, com relação aos bens móveis. Desse modo, no caso de vício oculto em coisa móvel, o adquirente tem o prazo máximo de cento e oitenta dias para perceber o vício e, se o notar neste período, tem o prazo de decadência de trinta dias, a partir da verificação do vício, para ajuizar a ação redibitória. Nesse sentido, o enunciado 174 do CJF dispõe que: "Em se tratando de vício oculto, o adquirente tem os prazos do caput do art. 445 para obter redibição ou abatimento do preço, desde que os vícios se revelem nos prazos estabelecidos no parágrafo primeiro, fluindo, entretanto, a partir do conhecimento do defeito". REsp 1.095.882.

(d) Errada. O indivíduo que reconhecer voluntariamente filho havido fora do casamento, mediante manifestação direta e expressa perante o juiz, terá o reconhecimento de paternidade válido e irrevogável, dispensando qualquer escritura pública ou particular arquivada em cartório para a validade do ato, com base no artigo 1.609, IV, Código Civil.

(e) Errada. Conforme o Informativo 541: Direito civil e processual civil. Presunção relativa de veracidade da quitação dada em escritura pública. A quitação dada em escritura pública gera presunção relativa do pagamento, admitindo prova em contrário que evidencie a invalidade do instrumento eivado de vício que o torne falso. Com efeito, nos termos do art. 215 do CC, a escritura lavrada em cartório tem fé pública, o que significa dizer que é documento dotado de presunção de veracidade. O que ocorre com a presunção legal do referido dispositivo é a desnecessidade de se provar os fatos contidos na escritura (à luz do que dispõe o CPC) e a inversão do ônus da prova, em desfavor de quem, eventualmente, suscite a sua invalidade. Outro não é o motivo pelo qual os arts. 214 e 216 da Lei 6.015/1976 (Lei de Registros Públicos) assim preveem: "As nulidades de pleno direito do registro, uma vez provadas, invalidam-no, independentemente de ação direta" e "O registro poderá também ser retificado ou anulado por sentença em processo contencioso, ou por efeito do julgado em ação de anulação ou de declaração de nulidade de ato jurídico, ou de julgado sobre fraude à execução". Portanto, a quitação dada em escritura pública não é uma "verdade indisputável", na medida em que admite a prova de que o pagamento não foi efetivamente realizado, evidenciando, ao fim, a invalidade do instrumento em si, porque eivado de vício que o torna falso. Assim, entende-se que a quitação dada em escritura pública presume o pagamento, até que se prove o contrário. REsp 1.438.432.

*Para responder, tem que estudar: lei, jurisprudência e teoria/doutrina.*

*Gabarito: C*

**25. (Cespe/TJ/DFT/Juiz/2015)** No que se refere aos institutos da prescrição e da decadência no direito civil, assinale a opção correta.

a) As causas suspensivas dos prazos prescricionais se justificam pela ausência da inércia do credor e envolvem, assim, uma atitude deliberada do credor em direção à preservação do seu direito.

b) O rol das causas suspensivas da prescrição previstas na lei civil é, ao contrário do que ocorre com o das causas interruptivas, exemplificativo – "numerus apertus".

c) É admissível, por expressa convenção, renunciar previamente à prescrição, desde que a situação não envolva direito de pessoa incapaz.

d) O juiz deve conhecer, de ofício, a decadência prevista em lei ou a convencionada livremente pelos interessados.

e) Se, de negócio nulo, resultarem consequências patrimoniais capazes de ensejar pretensões, será possível a incidência, quanto a estas, da prescrição.

ANOTAÇÕES/COMENTÁRIOS

(a) Errada. As causas impeditivas e suspensivas da prescrição são as mesmas, dependendo, todavia, do momento em que ocorrem. A causa impeditiva obsta o início do curso do prazo. As causas suspensivas cessam o prazo já em curso, que voltará a fluir de onde parou. As causas impeditivas e suspensivas não se caracterizam pela ausência de inércia do credor, mas em questões morais, práticas e de proteção ao absolutamente incapaz ou a pessoa que se encontra em determinadas situações. Ex.: A prescrição não corre durante o poder familiar, durante a sociedade conjugal, contra os absolutamente incapazes, contra as pessoas que estão fora do país a serviço da União, Estados ou Municípios, etc. (artigos 197 ao 200, CC). As causas que envolvem uma atitude deliberada do credor para preservação do seu direito são as interruptivas (artigo 202, CC).

(b) Errada. O rol de causas suspensivas e interruptivas do prazo prescricional está adstrito ao previsto na legislação civil, portanto, é taxativo, e encontra-se previsto nos artigos 197 a 204, Código Civil.

(c) Errada. A renúncia da prescrição somente pode ocorrer após a sua consumação e sem prejuízo a terceiros, conforme previsão do artigo 191 do Código Civil.

(d) Errada. O conhecimento de ofício da decadência refere-se apenas à decadência legal, conforme disposição dos artigos 210 e 211 do Código Civil.

(e) Certa. De acordo com o Enunciado 536, VI Jornada de Direito Civil do Conselho da Justiça Federal: "Resultando do negócio jurídico nulo consequências patrimoniais capazes de ensejar pretensões, é possível, quanto a estas, a incidência da prescrição."

*Para responder, tem que estudar: lei e teoria/doutrina.*

*Gabarito: E*

**26. (Cespe/TJ/DFT/Juiz/2016)** Suponha que, entabulado contrato facultativo de seguro de vida e acidentes pessoais, em decorrência do sinistro, o segurado pleiteou da seguradora o respectivo pagamento. Assinale a opção correta no que se refere à prescrição.

a) O prazo prescricional anual é interrompido com o pedido administrativo do pagamento, bem como com o pagamento parcial, diante da nova pretensão de complementação.

b) O prazo prescricional anual é interrompido com o pedido administrativo do pagamento, voltando a correr por inteiro a partir de eventual negativa da seguradora.

c) O prazo prescricional trienal é suspenso com o pedido administrativo de pagamento, voltando a correr a partir de eventual negativa da seguradora.

d) O prazo prescricional anual é suspenso com o pedido administrativo do pagamento, voltando a correr pelo tempo restante a partir da eventual negativa da seguradora, mas se há pagamento parcial o prazo é interrompido voltando a correr por inteiro.

e) Na hipótese de resseguro, o prazo prescricional é diverso do previsto para a ação do segurado contra o segurador.

ANOTAÇÕES/COMENTÁRIOS

(a) Errada. O prazo é anual, mas o pedido administrativo apenas suspende o prazo prescricional, consoante STJ: "Súmula 229. O pedido do pagamento de indenização à seguradora suspende o prazo de prescrição até que o segurado tenha ciência da decisão".

(b) Errada. O pedido administrativo não interrompe o prazo prescricional, mas tão somente o suspende até que o segurado tenha ciência da decisão, com fulcro na Súmula 229 do STJ.

(c) Errada. O artigo 206, § 1º, II, Código Civil estabelece que o prazo prescricional é anual, ou seja, é de um ano, e não três, como diz a alternativa.

(d) Certa. O STJ decidiu no REsp 1.418.347 (Recurso repetitivo, Tema 883), a saber: "(...) a suspensão do prazo de prescrição se dá apenas durante a tramitação administrativa do pedido de indenização securitária, voltando a fluir da data da ciência da recusa da seguradora (Súmula 229/STJ). Por outro lado, se o pleito é acolhido, há, como visto, a interrupção do lapso prescricional para se postular a indenização integral, caso venha ela a ser paga apenas parcialmente.". Esse ainda é o posicionamento atual do STJ (vide: EDcl no REsp 1163239).

(e) Errada. Segundo entendimento do STJ, o prazo prescricional é o mesmo entre segurado/seguradora e seguradora/Instituto de Resseguros do Brasil – IRB. "Quanto à prescrição, a lei previu, para qualquer pretensão decorrente do contrato de seguro privado, o prazo de um ano (artigo 178, parágrafo 6º, do Código Civil de 1916 e artigo 206 do Código Civil de 2002). Nisso se inclui o seguro do segurador, isto é, o resseguro." REsp 1.170.057).

*Para responder, tem que estudar: jurisprudência e súmula/OJ.*

*Gabarito: D*

## 3.3. Da Prova

**27. (Cespe/TJ/PI/Juiz/2012)** Em referência à prova no âmbito civil, assinale a opção correta.

a) Não havendo impugnação, não se discutirá a exatidão de cópia reprográfica de documento particular, ainda que não autenticada.

b) É lícito ao juiz exigir, em qualquer caso, para a instrução do processo, que o hospital forneça prontuário e arquivos médicos do réu.

c) Não se admite recusa de prestação de depoimento por testemunha, ainda que o fato a ser relatado possa causar desonra a amigo íntimo.

d) Caso acompanhe a realização da perícia que determinou, o juiz não poderá repelir as conclusões dela em momento posterior.

e) Reprodução de título de crédito por microfilme não tem o mesmo valor do original para fins de protesto, ainda que autenticada por tabelião.

ANOTAÇÕES/COMENTÁRIOS

(a) Certa. Não dependem de prova os fatos incontroversos, na forma do artigo 374, III, CPC. Por isso, apesar do artigo 223 do Código Civil dispor que: "A cópia fotográfica de documento, conferida por tabelião de notas, valerá como prova de declaração da vontade, mas, impugnada sua autenticidade, deverá ser exibido o original. Parágrafo único. A prova não supre a ausência do título de crédito, ou do original, nos casos em que a lei ou as circunstâncias condicionarem o exercício do direito à sua exibição". Tem prevalecido o entendimento que inexistindo impugnação ou controvérsia, não se discutirá a exatidão de cópia reprográfica de documento particular (artigo 411, III e 425, IV, CPC).

(b) Errada. Não pode ser exigida pelo juiz, em qualquer caso, a apresentação pelo hospital de prontuários ou arquivos médicos do réu. Até mesmo porque o ônus da prova, em regra, recai sobre o autor (artigo 373, I, CPC).

(c) Errada. De acordo com o artigo 229, inciso II, Código Civil, que se encontra atualmente revogado pelo CPC de 2015, mas que estava em vigor à época da prova: "Ninguém pode ser obrigado a depor sobre fato que não possa responder sem desonra própria, de seu cônjuge, parente em grau sucessível, ou amigo íntimo".

(d) Errada. De acordo com o entendimento do STJ, o juiz não é obrigado a acolher o laudo pericial, situação que se encontra em consonância com o Princípio do Livre Convencimento do Magistrado, que poderá repelir as conclusões da perícia (artigo 479, CPC).

(e) Errada. De acordo com o artigo 39, Lei 9492/97: "A reprodução de microfilme ou do processamento eletrônico da imagem, do título ou de qualquer documento arquivado no Tabelionato, quando autenticado pelo Tabelião de Protesto, por seu Substituto ou Escrevente autorizado, guarda o mesmo valor do original, independentemente de restauração judicial".

*Para responder, tem que estudar: lei e jurisprudência.*

*Gabarito: A*

**28. (Cespe/TJ/CE/Juiz/2012)** Acerca da prova, no âmbito civil, assinale a opção correta.

a) No caso de fraude contra credor, a má-fé não pode ser presumida.

b) Se a prova for obtida ilicitamente, será vedado ao juiz permitir sua utilização.

c) O fato de uma pessoa ter sido testemunha em determinado contrato não constitui impedimento para ela testemunhar em juízo.

d) Caso o declarante se equivoque sobre a natureza do negócio jurídico, a confissão poderá ser revogada.

e) Cópia autenticada de título de crédito é considerada prova hábil quando perdido o título.

ANOTAÇÕES/COMENTÁRIOS

(a) Errada. Dispõe o artigo 163 do Código Civil que as garantias de dívidas que o devedor insolvente tiver dado a algum credor presumem-se fraudatórias dos direitos dos outros credores.

(b) Errada. Embora haja enormes controvérsias doutrinárias a respeito do tema, existe posição firmada do STF, de que a prova obtida por meios ilícitos e as provas dela derivadas não podem ser admitidas no processo, salvo por razões de legítima defesa. A teoria da proporcionalidade, desenvolvida, sobretudo, pelo direito alemão, autoriza a utilização da prova ilícita, quando os bens jurídicos que se pretende proteger são mais elevados do que aqueles que se pretende preservar com a vedação. Assim, se a prova foi colhida com violação ao direito de intimidade, mas serve para preservar, por exemplo, a vida, seria autorizada".

(c) Certa. O fato de a pessoa ter sido testemunha no contrato não gera impedimento, suspeição e nem incapacidade para testemunhar, na forma do artigo 447, CPC.

(d) Errada. O Código Civil estabelece que a confissão é irrevogável, mas pode ser anulada se decorreu de erro de fato ou de coação, em conformidade com o artigo 214.

(e) Errada. Estabelece o Código Civil, em seu artigo 233 que: "A cópia fotográfica de documento, conferida por tabelião de notas, valerá como prova de declaração de vontade, mas, impugnada sua autenticidade, deverá ser exibido o original. Parágrafo único: A prova não supre a ausência de título de crédito, ou do original, nos casos em que a lei ou as circunstâncias condicionarem o exercício do direito à sua exibição". Tal disposição funda-se no princípio da cartularidade, básico no direito cambial.

*Para responder, tem que estudar: lei, jurisprudência e teoria/doutrina.*

*Gabarito: C*

# 4. DO DIREITO DAS OBRIGAÇÕES

## 4.1. Das Modalidades das Obrigações

**29. (Cespe/TJ/RN/Juiz/2013)** No que se refere ao direito das obrigações, assinale a opção correta.

a) Em se tratando de solidariedade passiva, impossibilitada a prestação por culpa de um dos devedores solidários, subsiste para todos o encargo de pagar o equivalente e as perdas e danos.

b) Nas obrigações alternativas, se o título deferir a opção a terceiro e este não quiser, ou não puder exercê-la, a escolha passará automaticamente ao devedor.

c) A obrigação de dar coisa certa compreende apenas os acessórios dela expressamente mencionados.

d) Na obrigação de dar coisa incerta, indicada ao menos pelo gênero e pela quantidade, a escolha cabe ao credor, se o contrário não resultar do título da obrigação, não podendo ele escolher a melhor nem sendo obrigado a receber a pior.

e) Nas obrigações não divisíveis, havendo pluralidade de credores, poderá cada um deles exigir a dívida inteira; o devedor ou devedores se desobrigarão pagando a todos conjuntamente ou a um, dando este caução de ratificação dos outros credores.

**ANOTAÇÕES/COMENTÁRIOS**

(a) CC. Art. 279 Impossibilitando-se a prestação por culpa de um dos devedores solidários, subsiste para todos o encargo de pagar o equivalente; mas pelas perdas e danos só responde o culpado.

(b) CC. Art. 252. Nas obrigações alternativas, a escolha cabe ao devedor, se outra coisa não se estipulou. (...). § 4º Se o título deferir a opção a terceiro, e este não quiser, ou não puder exercê-la, caberá ao juiz a escolha se não houver acordo entre as partes.

(c) CC. Art. 233. A obrigação de dar coisa certa abrange os acessórios dela embora não mencionados, salvo se o contrário resultar do título ou das circunstâncias do caso.

(d) CC. Art. 244. Nas coisas determinadas pelo gênero e pela quantidade, a escolha pertence ao devedor, se o contrário não resultar do título da obrigação; mas não poderá dar a coisa pior, nem será obrigado a prestar a melhor.

(e) CC. Art. 260. Se a pluralidade for dos credores, poderá cada um destes exigir a dívida inteira; mas o devedor ou devedores se desobrigarão, pagando: I – a todos conjuntamente; II – a um, dando este caução de ratificação dos outros credores.

***Para responder, tem que estudar: lei.***

*Gabarito: E*

**30. (Cespe/TJ/PB/Juiz/2011)** Em relação às obrigações, assinale a opção correta.

a) Tratando-se de solidariedade passiva legal, admite-se a renúncia tácita da solidariedade pelo credor em relação a determinado devedor.

b) Se, na transmissão das obrigações, o cedente, maliciosamente, realizar a cessão do mesmo crédito a diversos cessionários, a primeira cessão promovida deverá prevalecer em relação às demais.

c) Estipulada cláusula penal para o caso de total inadimplemento da obrigação, o credor poderá exigir cumulativamente do devedor a pena convencional e o adimplemento da obrigação.

d) Nas denominadas obrigações "in solidum", embora os liames que unem os devedores aos credores sejam independentes, a remissão da dívida feita em favor de um dos credores beneficia os outros.

e) Se, na obrigação de restituir coisa certa, sobrevierem melhoramentos ou acréscimos à coisa restituível por acessão natural, o credor deverá pagá-los ao devedor.

ANOTAÇÕES/COMENTÁRIOS

(a) O Código Civil de 2002 continua admitindo a renúncia à solidariedade, de forma parcial (a favor de um devedor) ou total (a favor de todos os devedores) no seu artigo 282, caput. Além disso, conforme dicção do Enunciado 348 da Jornada de Direito Civil/CJF, a renúncia à solidariedade pode se dar de forma expressa (decorrentes dos termos expressos da quitação) ou de forma tácita (deriva das circunstâncias do recebimento da prestação pelo credor).

(b) CC. Art. 291. Ocorrendo várias cessões do mesmo crédito, prevalece a que se completar com a tradição do título do crédito cedido.

(c) CC. Art. 410. A cláusula penal estipulada para os casos de inadimplemento total da obrigação diferem daquela estipulada para os casos de mora (art. 411). Assim, no primeiro caso não cabe escolha ao credor, sendo certo que a cláusula penal converter-se-á em benefício do credor.

(d) As obrigações "in solidum", diferentemente das obrigações solidárias, são aquelas em que os liames que unem os devedores são independentes, embora ligados pelo mesmo fato. Assim, nesse tipo de obrigação, a remissão da dívida feita em favor de um dos devedores não beneficia os outros.

(e) CC. Art. 241. Se, no caso do art. 238 (obrigação de restituir coisa certa), sobrevier melhoramento ou acréscimo à coisa, sem despesa ou trabalho do devedor, lucrará o credor, desobrigado de indenização.

*Para responder, tem que estudar: lei e teoria/doutrina.*

*Gabarito: A*

**31. (Cespe/TJ/AM/Juiz/2016)** Acerca do direito das obrigações, assinale a opção correta.

a) Na hipótese de pluralidade de devedores obrigados ao pagamento de objeto indivisível, presume-se a existência de solidariedade passiva, a qual, entretanto, é afastada na hipótese de conversão da obrigação em perdas e danos.

b) Nas obrigações "in solidum", todos os devedores, embora estejam ligados ao credor por liames distintos, são obrigados pela totalidade da dívida.

c) Caso um credor solidário faleça e seu crédito seja destinado a três herdeiros, cada um destes poderá exigir, por inteiro, a dívida do devedor comum, já que a morte não extingue a solidariedade anteriormente estabelecida.

d) Havendo pluralidade de credores e devedores, importa verificar se as obrigações são solidárias ou indivisíveis, já que, nas solidárias, poderá o devedor opor a todos os credores exceção pessoal que tenha contra apenas um deles, enquanto, nas indivisíveis, a exceção pessoal não se estende aos demais credores.

e) Nas obrigações de dar coisa incerta, se for silente o contrato, terá o devedor a atuação na fase de concentração do débito, cabendo-lhe entregar ao credor a melhor coisa.



ANOTAÇÕES/COMENTÁRIOS

(a) Em primeiro lugar, a solidariedade não se presume, nos termos do artigo 265 do Código Civil, mas resulta da lei ou da vontade das partes. Além disso, uma vez convertida a obrigação em perdas e danos, esta perde o seu caráter indivisível (art. 263).

(b) As obrigações "in solidum", diferentemente das obrigações solidárias, são aquelas em que os liames que unem os devedores são independentes, embora ligados pelo mesmo fato. Assim, surgirão devedores da mesma obrigação que serão responsáveis por esta na sua totalidade, embora a fonte da sua responsabilidade seja diversa.

(c) CC. Art. 270. Se um dos credores solidários falecer deixando herdeiros, cada um destes só terá direito a exigir e receber a quota do crédito que corresponder ao seu quinhão hereditário, salvo se a obrigação for indivisível.

(d) CC. Art. 281. O devedor demandado pode opor ao credor as exceções que lhe forem pessoais e as comuns a todos; não lhe aproveitando as exceções pessoais a outro codevedor.

(e) CC. Art. 244. Nas coisas determinadas pelo gênero e pela quantidade, a escolha pertence ao devedor, se o contrário não resultar do título da obrigação; mas não poderá dar a coisa pior, nem será obrigado a prestar a melhor.

*Para responder, tem que estudar: lei e teoria/doutrina.*

*Gabarito: B*

**32. (Cespe/TJ/DFT/Juiz/2014)** Assinale a opção correta, considerando as modalidades de obrigações, os contratos bancários e a responsabilidade civil.

a) A suspensão indevida do abastecimento de água não configura dano moral "in re ipsa", razão por que não cabe qualquer pedido de reparação de dano.

b) Assim como ocorre com as taxas condominiais, o fornecimento de água é obrigação que se transmite imediatamente ao adquirente do serviço, concomitantemente com a transferência do domínio ou da posse da coisa a que se refere, sendo ele responsável pelo pagamento dos débitos do contrato de fornecimento de água, a despeito do fato de ter adquirido o imóvel após o faturamento do serviço.

c) Não é exigida a constituição de renda para o pagamento de pensão vitalícia em decorrência de ação de indenização por danos materiais e morais, por se tratar de ônus exagerado ao devedor da obrigação de reparar.

d) É legal a cobrança de tarifa de abertura de crédito e de tarifa de emissão de carnê, por instituição bancária, desde que haja previsão contratual específica.

e) O contrato de fornecimento de água vincula apenas a concessionária e o solicitante do abastecimento, de modo que a contraprestação pela oferta do serviço não tem natureza jurídica de obrigação "propter rem", na medida em que não se vincula à titularidade do imóvel.

## ANOTAÇÕES/COMENTÁRIOS

(a) "1. O corte indevido de fornecimento de água é causa suficiente e necessária para gerar abalo moral. É inegável que a interrupção do fornecimento de serviço básico como a água agride os direitos da personalidade, porque priva o consumidor de serviço vital, não havendo que se falar em mero aborrecimento. 2. A responsabilização do agente causador opera-se por força do simples fato da violação, ou seja, a prova do dano se verifica 'in re ipsa'. Uma vez verificado o evento danoso, surge a necessidade da reparação, não havendo que se cogitar da prova do prejuízo. (...)". (TJDFT, APC 20080110193924).

(b, e) "A responsabilidade por débito relativo ao consumo de água e serviço de esgoto é de quem efetivamente obteve a prestação do serviço. Trata-se de obrigação de natureza pessoal, não se caracterizando como obrigação 'propter rem'. Assim, o inadimplemento é do usuário que obteve a prestação do serviço, razão por que não cabe responsabilizar o atual usuário por débito pretérito relativo ao consumo de água de usuário anterior". AgRg no REsp 1.327.162, (Informativo de Jurisprudência 505 do STJ)

(c) Súmula 313, STJ: "Em ação de indenização, procedente o pedido, é necessária a constituição de capital ou caução fidejussória para a garantia de pagamento da pensão, independentemente da situação financeira do demandado".

(d) "6. A Tarifa de Abertura de Crédito (TAC) e a Tarifa de Emissão de Carnê (TEC) não foram previstas na Tabela anexa à Circular BACEN 3.371/2007 e atos normativos que a sucederam, de forma que não mais é válida sua pactuação em contratos posteriores a 30.4.2008. 7. A cobrança de tais tarifas (TAC e TEC) é permitida, portanto, se baseada em contratos celebrados até 30.4.2008, ressalvado abuso devidamente comprovado caso a caso, por meio da invocação de parâmetros objetivos de mercado e circunstâncias do caso concreto, não bastando a mera remissão a conceitos jurídicos abstratos ou à convicção subjetiva do magistrado. 8. Permanece legítima a estipulação da Tarifa de Cadastro, a qual remunera o serviço de "realização de pesquisa em serviços de proteção ao crédito, base de dados e informações cadastrais, e tratamento de dados e informações necessários ao início de relacionamento decorrente da abertura de conta de depósito à vista ou de poupança ou contratação de operação de crédito ou de arrendamento mercantil, não podendo ser cobrada cumulativamente" (Tabela anexa à vigente Resolução CMN 3.919/2010, com a redação dada pela Resolução 4.021/2011). (...). 10. Teses para os efeitos do art. 543-C do CPC: 1ª Tese: Nos contratos bancários celebrados até 30.4.2008 (fim da vigência da Resolução CMN 2.303/96), era válida a pactuação das tarifas de abertura de crédito (TAC) e de emissão de carnê (TEC), ou outra denominação para o mesmo fato gerador, ressalvado o exame de abusividade em cada caso concreto". (...). (REsp 1255573)

*Para responder, tem que estudar: jurisprudência e súmula/OJ.*

*Gabarito: E*



**33. (Cespe/TJ/PA/Juiz/2012)** Quatro pessoas contraíram um empréstimo de R$ 100.000,00, tendo ficado estipulada, no contrato, a solidariedade entre elas quanto ao pagamento do débito. Contudo, a obrigação contratual não foi cumprida. A respeito dessa situação, assinale a opção correta.

a) Aceitando o credor o recebimento parcial da dívida, presume-se a renúncia da solidariedade, mas não do restante da dívida.

b) Se o devedor solidário demandado chamar os outros ao processo, na sentença deverá ser fixado o valor a ser pago ao credor por cada um.

c) A lei admite que o credor exija de um ou de mais de um devedor solidário o pagamento parcial ou total da dívida comum.

d) Caso um dos devedores faleça, qualquer herdeiro poderá ser acionado pelo credor, ficando, então, suscetível de responder por um quarto da dívida, nas forças da herança, após a partilha.

e) Aquele que solver a dívida poderá cobrar R$ 75.000,00 de apenas um dos outros três, se os demais devedores forem insolventes.

ANOTAÇÕES/COMENTÁRIOS

(a, c) CC. Art. 275. O credor tem direito a exigir e receber de um ou de alguns dos devedores, parcial ou totalmente, a dívida comum; se o pagamento tiver sido parcial, todos os demais devedores continuam obrigados solidariamente pelo resto.

(b) Nos casos em que demanda é proposta em face de apenas um dos devedores solidários, este terá direito a chamar ao processo os coobrigados. Tal procedimento tem a finalidade de abreviar o acertamento do direito de cada um dos coobrigados. A interpretação a ser dada ao artigo 132 do Código de Processo Civil é que a sentença de procedência da ação valerá como título executivo em favor daquele que satisfizer a dívida, de forma que, na ação originária, será determinado pelo juiz o pagamento da totalidade da dívida pelo demandado e, este, por sua vez, terá direito de exigi-la dos outros coobrigados, na proporção que lhes tocar, ou do devedor principal, na sua totalidade.

(d) CC. Art. 276. Se um dos devedores solidários falecer deixando herdeiros, nenhum destes será obrigado a pagar senão a quota que corresponder ao seu quinhão hereditário, salvo se a obrigação for indivisível; mas todos reunidos serão considerados como um devedor solidário em relação aos demais devedores.

(e) CC. Art. 283. O devedor que satisfez a dívida por inteiro tem direito a exigir de cada um dos codevedores a sua quota, dividindo-se igualmente por todos a do insolvente, se o houver, presumindo-se iguais, no débito, as partes de todos os codevedores.

*Para responder, tem que estudar: lei.*

*Gabarito: C*

## 4.2. Da Transmissão das Obrigações

**34. (Cespe/TJ/AM/Juiz/2016)** Em cada uma das seguintes opções, é apresentada uma situação hipotética, seguida de uma assertiva a ser julgada conforme institutos relacionados ao adimplemento das obrigações. Assinale a opção que apresenta a assertiva correta.

a) Após ter efetuado o pagamento de determinada dívida, Lauro constatou que, antes desse pagamento, tal dívida se encontrava prescrita. Nessa situação, Lauro poderá requerer a restituição do valor pago, mas o credor só estará obrigado a devolver o principal, sem atualização monetária nem incidência de juros de mora.

b) Em situação típica de solidariedade passiva, Jorge era credor de Matias, Pedro e Vênus, mas, verificando a crítica situação financeira de Matias, resolveu perdoar-lhe a dívida. Nessa situação, não pode o credor comum conceder remissão da dívida a apenas um dos codevedores, razão por que o perdão concedido a Matias alcançará Pedro e Vênus.

c) João foi fiador de Pedro em contrato de locação e pagou a dívida inteira referente a seis meses de aluguéis em atraso. Nessa situação, houve sub-rogação legal e João adquiriu todos os direitos, ações, privilégios e garantias do credor primitivo, podendo, inclusive, consoante entendimento pacificado pelo STJ, penhorar o atual imóvel residencial do locatário afiançado.

d) Verificando que seu amigo Paulo não tinha condições de quitar dívida em dinheiro contraída com Manoel, Carlos dirigiu-se ao credor e disse querer assumir a obrigação. Nessa situação, se Manoel aceitar Carlos como novo devedor, em substituição a Paulo, não será necessária a concordância deste, hipótese em que haverá novação subjetiva passiva por expromissão.

e) Júlio tem direito a indenização correspondente a R$ 5.000 em razão da meação de bens comuns que ficaram com sua ex-cônjuge Maria. Entretanto, Júlio deve a Maria R$ 2.000 a título de alimentos. Nessa situação, Júlio poderá compensar as dívidas, já que, na hipótese, há reciprocidade de obrigações, sendo as dívidas líquidas, atuais e vencidas.

ANOTAÇÕES/COMENTÁRIOS

(a) CC. Art. 882: Não se pode repetir o que se pagou para solver dívida prescrita, ou cumprir obrigação judicialmente inexigível.

(b) CC. Art. 277: O pagamento parcial feito por um dos devedores e a remissão por ele obtida não aproveitam aos outros devedores, senão até à concorrência da quantia paga ou relevada.

(c) "A teor do artigo 1º da Lei 8.009/90, o bem imóvel destinado à moradia da entidade familiar é impenhorável. Excetua-se a obrigação decorrente de fiança concedida em contrato de locação, isto é, autoriza-se a constrição de imóvel pertencente a fiador. 2. Sub-roga-se o fiador nos direitos do locador tanto nos privilégios e garantias do contrato primitivo quanto nas limitações (arts. 346 e 831, CC; art. 3º, VII, Lei 8.009/90). 3. A transferência dos direitos inerentes ao locador em razão da sub-rogação não altera prerrogativa inexistente para o credor originário. O locatário não pode sofrer constrição em imóvel que reside, seja em ação de cobrança de débitos locativos, seja em regressiva". (...). (REsp 1081963)

(d) CC. Art. 362: A novação por substituição do devedor pode ser efetuada independentemente de consentimento deste.

(e) CC. Art. 1.707: Pode o credor não exercer, porém lhe é vedado renunciar o direito a alimentos, sendo o respectivo crédito insuscetível de cessão, compensação ou penhora.

*Para responder, tem que estudar: lei e jurisprudência.*

*Gabarito: D*

**35. (Cespe/TJ/DFT/Juiz/2015)** Assinale a opção correta acerca da transmissão das obrigações nos termos do Código Civil.

a) Salvo disposição em contrário, a cessão de um crédito não abrange seus acessórios.

b) Na assunção de dívida, o novo devedor pode opor ao credor as exceções, de qualquer natureza, que competiam ao devedor primitivo.

c) A cessão de crédito tem plena e imediata eficácia em relação ao devedor, independentemente de este ter sido notificado da cessão feita ou ter dado ciência dessa cessão.

d) Na falta de previsão contrária, vige a regra pela qual o cedente do crédito responde pela solvência do devedor.

e) O silêncio do credor notificado da assunção de dívida deve ser interpretado como recusa, mas, na hipótese de assunção de débito garantido por hipoteca, o silêncio, decorrido o prazo de trinta dias, deve ser interpretado como anuência.

ANOTAÇÕES/COMENTÁRIOS

(a) CC. Art. 287: Salvo disposição em contrário, na cessão de um crédito abrangem-se todos os seus acessórios.

(b) CC. Art. 302: O novo devedor não pode opor ao credor as exceções pessoais que competiam ao devedor primitivo.

(c) CC. Art. 290: A cessão do crédito não tem eficácia em relação ao devedor, senão quando a este notificada; mas por notificado se tem o devedor que, em escrito público ou particular, se declarou ciente da cessão feita.

(d) CC. Art. 296: Salvo estipulação em contrário, o cedente não responde pela solvência do devedor.

(e) CC. Art. 299: (...). Parágrafo único. Qualquer das partes pode assinar prazo ao credor para que consinta na assunção da dívida, interpretando-se o seu silêncio como recusa; Art. 303: O adquirente de imóvel hipotecado pode tomar a seu cargo o pagamento do crédito garantido; se o credor, notificado, não impugnar em trinta dias a transferência do débito, entender-se-á dado o assentimento.

*Para responder, tem que estudar: lei.*

*Gabarito: E*

**36. (Cespe/TJ/DFT/Juiz/2016)** Em atenção ao direito das obrigações, assinale a opção correta.

a) Se há assunção cumulativa, compreende-se como estabelecida a solidariedade obrigacional entre os devedores.

b) A multa moratória e a multa compensatória podem ser objeto de cumulação com a exigência de cumprimento regular da obrigação principal.

c) A obrigação portável ("portable") é aquela em que o pagamento deve ser feito no domicílio do devedor, ficando o credor, portanto, obrigado a buscar a quitação.

d) Na solidariedade passiva, a renúncia e a remissão são tratados, quanto aos seus efeitos, de igual forma pelo Código Civil.

e) Na assunção de dívida, a oposição da exceção de contrato não cumprido é permitida ao assuntor em face do devedor primitivo, mas vedada em face do credor.

ANOTAÇÕES/COMENTÁRIOS

(a) Na assunção cumulativa, de acordo com o Enunciado 16 da Jornada de Direito Civil/CJF, dois ou mais devedores se tornam responsáveis pelo débito com a concordância do credor. Nesses casos, a solidariedade não se presume, seguindo a regra geral prevista no artigo 265 do Código Civil de que a solidariedade apenas decorre da lei ou da vontade das partes.

(b) A multa compensatória, na esteira da melhor doutrina e jurisprudência, tem a função de antecipar as perdas e danos. Por outro lado, a multa moratória serve como punição pelo retardamento no cumprimento da obrigação. Conforme se extrai do acórdão do STJ a seguir, a cláusula penal moratória não compensa o inadimplemento e pode ser exigida cumulativamente com a obrigação principal enquanto a multa compensatória somente tem lugar nos casos de inadimplemento absoluto da obrigação, não podendo ser esta também exigida pelo credor: DIREITO CIVIL. PROMESSA DE COMPRA E VENDA DE IMÓVEL EM CONSTRUÇÃO. INADIMPLEMENTO PARCIAL. ATRASO NA ENTREGA DO IMÓVEL. MORA. CLÁUSULA PENAL. PERDAS E DANOS. CUMULAÇÃO. POSSIBILIDADE. 1. A obrigação de indenizar é corolário natural daquele que pratica ato lesivo ao interesse ou direito de outrem. Se a cláusula penal compensatória funciona como pré-fixação das perdas e danos, o mesmo não ocorre com a cláusula penal moratória, que não compensa nem substitui o inadimplemento, apenas pune a mora. 2. Assim, a cominação contratual de uma multa para o caso de mora não interfere na responsabilidade civil decorrente do retardo no cumprimento da obrigação que já deflui naturalmente do próprio sistema. 3. O promitente comprador, em caso de atraso na entrega do imóvel adquirido pode pleitear, por isso, além da multa moratória expressamente estabelecida no contrato, também o cumprimento, mesmo que tardio da obrigação e ainda a indenização correspondente aos lucros cessantes pela não fruição do imóvel durante o período da mora da promitente vendedora. (...). (REsp 1355554)

(c) Em relação ao lugar do pagamento, a obrigação é classificada em: (i) *portable*, quando se estipula que o local de cumprimento é o domicílio do credor; (ii) *quérable*, quando o pagamento ocorre no domicílio do devedor. (Manual de Direito Civil, Flávio Tartuce)

(d) A renúncia e a remissão da obrigação possuem tratamentos distintos dados pelo Código Civil. Inclusive, nos termos do Enunciado 350 da Jornada de Direito Civil/CJF, "a renúncia à solidariedade diferencia-se da remissão, em que o devedor fica inteiramente liberado do vínculo obrigacional, inclusive no que tange ao rateio da quota do eventual codevedor insolvente, nos termos do art. 284".

(e) CC. Art. 302: O novo devedor não pode opor ao credor as exceções pessoais que competiam ao devedor primitivo.

***Para responder, tem que estudar: lei, jurisprudência e teoria/doutrina.***

*Gabarito: E*

## 4.3. Do Adimplemento e Extinção das Obrigações

**37. (Cespe/TJ/AC/Juiz/2012)** De acordo com as disposições do Código Civil e da jurisprudência dos tribunais pátrios, assinale a opção correta no que se refere a contratos, obrigações e capacidade para os negócios jurídicos.

a) Constitui requisito especial na formação dos contratos a colheita do acordo de vontades, que deve ser livre e espontâneo, não sendo, em nenhuma hipótese, aceito o silêncio como forma de manifestação tácita.
b) Diante de uma obrigação alternativa, deve-se respeitar a vontade dos contratantes e, na falta de estipulação ou de presunção contrária, a escolha entre as alternativas caberá ao credor.
c) É válido e irrecobrável o pagamento espontâneo, feito por maior de idade, para cumprir obrigação de dívidas inexigíveis, como as prescritas ou as de jogo.
d) É válido o ato praticado por pessoa declarada incapaz caso se comprove que essa pessoa estava lúcida no momento em que praticou o ato.
e) Em razão da tradicional proibição do pacta corvina, é defeso aos pais, por ato entre vivos, partilhar o seu patrimônio entre os descendentes.

ANOTAÇÕES/COMENTÁRIOS

(a) CC. Art. 111: O silêncio importa anuência, quando as circunstâncias ou os usos o autorizarem, e não for necessária a declaração de vontade expressa.

(b) CC. Art. 252: Nas obrigações alternativas, a escolha cabe ao devedor, se outra coisa não se estipulou.

(c) CC. Art. 882: Não se pode repetir o que se pagou para solver dívida prescrita, ou cumprir obrigação judicialmente inexigível.

(d) De acordo com a doutrina, "A respeito do antigo inciso II do art. 3º do Código Civil, o comando tratava das pessoas que tivessem doença ou deficiência mental, congênita ou adquirida em vida de caráter duradouro e permanente, e que não estivessem em condições de administrar seus bens ou praticar atos jurídicos de qualquer espécie. A norma expressava "pessoas que, por enfermidade ou deficiência mental, não tiverem o necessário discernimento para a prática dos atos da vida civil". Por oportuno, nosso ordenamento nunca admitiu os chamados intervalos lúcidos, pelo fato de a incapacidade mental estar revestida desse caráter permanente. (Manual de Direito Civil, Flávio Tartuce)

(e) CC. Art. 2018: É válida a partilha feita por ascendente, por ato entre vivos ou de última vontade, contanto que não prejudique a legítima dos herdeiros necessários.

*Para responder, tem que estudar: lei e teoria/doutrina.*

*Gabarito: C*

**38. (Cespe/TJ/PI/Juiz/2012)** Acerca do adimplemento contratual, assinale a opção correta.

a) Não pode o credor recusar a imputação feita pelo devedor na dívida maior, quando o montante entregue só quitar a dívida menor.

b) É lícito aos contratantes incluir, na avença superior a um ano, cláusula de escala móvel, com o objetivo de estabelecer revisão a ser aplicada por ocasião dos pagamentos.

c) O pagamento que o devedor de boa-fé efetuar ao credor putativo só será válido se provado que reverteu em benefício seu.

d) O pagamento estipulado em cotas sucessivas não se presume pela apresentação da quitação da última cota.

e) Caso o credor seja incapaz, o devedor, de acordo com a lei, deverá, sempre, consignar o pagamento do valor devido àquele.

ANOTAÇÕES/COMENTÁRIOS

(a) CC. Art. 313. O credor não é obrigado a receber prestação diversa da que lhe é devida, ainda que mais valiosa.

(b) CC. Art. 316. É lícito convencionar o aumento progressivo de prestações sucessivas.

(c) "1. Pela aplicação da teoria da aparência, é válido o pagamento realizado de boa-fé a credor putativo. 2. Para que o erro no pagamento seja escusável, é necessária a existência de elementos suficientes para induzir e convencer o devedor diligente de que o recebente é o verdadeiro credor. 3. Em caso de responsabilidade civil contratual, os juros são contados a partir da citação. 4. Encontra óbice na Súmula 7/STJ a revisão, em sede de recurso especial, de questão referente à fixação de honorários advocatícios que não sejam irrisórios ou exorbitantes". (...). (REsp 1044673)

(d) CC. Art. 322. Quando o pagamento for em quotas periódicas, a quitação da última estabelece, até prova em contrário, a presunção de estarem solvidas as anteriores.

(e) CC. Art. 310. Não vale o pagamento cientemente feito ao credor incapaz de quitar, se o devedor não provar que em benefício dele efetivamente reverteu.

*Para responder, tem que estudar: lei e jurisprudência.*

*Gabarito: B*

**39. (Cespe/TJ/CE/Juiz/2012)** Marina comprometeu-se com Carla a entregar-lhe determinada quantia em dinheiro quando esta terminasse o curso superior. Ao perceber que Carla havia entregue a monografia de conclusão do curso, Marina entregou-lhe o valor prometido. Um mês depois, ela descobriu que Carla ainda não havia terminado o curso. Com base nessa situação hipotética, assinale a opção correta.

a) De acordo com o STJ, Marina deverá comprovar que incidiu em erro ao efetuar o pagamento a Carla antes do implemento da condição.

b) Marina terá direito à restituição do valor pago se demonstrar que Carla recebeu o dinheiro imbuída de má-fé.

c) Marina não terá direito à restituição do indébito porque a lei equipara o pagamento antes do implemento da condição ao pagamento de obrigação natural.

d) Para Marina fazer jus à restituição do valor pago, deverá apenas demonstrar que efetuou o pagamento antes do implemento da condição.

e) No caso, entende-se que, ao realizar o pagamento de forma antecipada, Marina abriu mão do implemento da condição.

*ANOTAÇÕES/COMENTÁRIOS*

(a) Como se pode perceber pela leitura dos artigos 876 e 877 do Código Civil, Carla tem a obrigação de devolver a quantia paga indevidamente por Marina, estando esta obrigada a prova que fez o pagamento por erro. Portanto, não se trata de entendimento jurisprudencial do STJ, mas sim interpretação da literalidade da lei.

(b, c, d, e) CC. Art. 876. Todo aquele que recebeu o que lhe não era devido fica obrigado a restituir; obrigação que incumbe àquele que recebe dívida condicional antes de cumprida a condição.

*Para responder, tem que estudar: lei.*

*Gabarito: D*

## 4.4. Do Inadimplemento das Obrigações

**40. (Cespe/TJ/ES/Juiz/2011)** Considerando a celebração de contrato entre duas pessoas, para a construção de uma casa onde o contratante pretenda residir com a sua família, assinale a opção correta.

a) Ainda que possível cláusula penal compensatória estipulada para o caso de a inexecução ser insuficiente para compensar os prejuízos sofridos, não será lícito ao contratante ajuizar ação buscando perdas e danos.

b) Será anulável pena convencional pactuada após a celebração da avença se a cláusula penal não respeitar a forma do contrato principal.

c) Se houver cumulação contratual de cláusulas penais – moratória e compensatória –, apenas esta última será válida.

d) Ocorrendo inadimplemento contratual do contratante, o juiz poderá reduzir o montante da indenização se a culpa for considerada pequena.

e) De acordo com entendimento do STJ, o inadimplemento dessa espécie de contrato enseja a compensação do contratante por danos morais.

ANOTAÇÕES/COMENTÁRIOS

(a) CC. Art. 416, parágrafo único. Art. 416. (...)Parágrafo único. Ainda que o prejuízo exceda ao previsto na cláusula penal, não pode o credor exigir indenização suplementar se assim não foi convencionado. Se o tiver sido, a pena vale como mínimo da indenização, competindo ao credor provar o prejuízo excedente.

(b) O contrato acessório não precisa respeitar a forma do contrato principal, salvo quando exigido por lei.

(c) CC. Art. 411. Quando se estipular a cláusula penal para o caso de mora, ou em segurança especial de outra cláusula determinada, terá o credor o arbítrio de exigir a satisfação da pena cominada, juntamente com o desempenho da obrigação principal.

(d) A alternativa pretende fazer com que o candidato confunda o teor dos artigos 413 ("A penalidade deve ser reduzida equitativamente pelo juiz se a obrigação principal tiver sido cumprida em parte, ou se o montante da penalidade for manifestamente excessivo, tendo-se em vista a natureza e a finalidade do negócio") e 944, parágrafo único ("Se houver excessiva desproporção entre a gravidade da culpa e o dano, poderá o juiz reduzir, equitativamente, a indenização") do Código Civil.

(e) De acordo com a jurisprudência do STJ, o inadimplemento contratual, por si só, não tem o condão de fazer surgir o direito do consumidor a pleitear danos morais, salvo casos em que se comprove a situação de angústia ou humilhação do contratante. Nesse sentido: RECURSO ESPECIAL. AÇÃO DE RESCISÃO DE COMPROMISSO DE COMPRA E VENDA DE IMÓVEL. MORA DA CONSTRUTORA PROMITENTE VENDEDORA. RESTITUIÇÃO INTEGRAL DAS PARCELAS PAGAS. CABIMENTO. IMPONTUALIDADE NA ENTREGA DO IMÓVEL. DANO MORAL. INEXISTÊNCIA, EM REGRA (...). I – O consumidor está autorizado, por nosso ordenamento jurídico, a pleitear a rescisão contratual, bem como a devolução imediata dos valores pagos. II – Decorrente da rescisão contratual, em virtude da mora injustificada da Construtora, promitente vendedora, a devolução integral das parcelas pagas é medida de rigor e está em consonância com a orientação preconizada por esta Corte Superior. III – Todavia, salvo circunstância excepcional que coloque o contratante em situação de extraordinária angústia ou humilhação, não há dano moral. Isso porque o dissabor inerente à expectativa frustrada decorrente de inadimplemento contratual se insere no cotidiano das relações comerciais e não implica lesão à honra ou violação da dignidade humana. (...). (REsp 1129881)

*Para responder, tem que estudar: lei e jurisprudência.*

*Gabarito: A*

**41. (Cespe/TJ/MA/Juiz/2013)** Com base no entendimento sumulado do STJ, assinale a opção correta.

a) Embora a cobrança de comissão de permanência exclua a exigibilidade dos juros remuneratórios, moratórios e da multa contratual, o valor da referida comissão, quando estabelecidos tais encargos, é limitado pelo somatório dos juros moratórios e remuneratórios.
b) Os juros de mora na indenização do seguro DPVAT fluem a partir da promulgação da sentença.
c) É penhorável o único imóvel residencial do devedor mesmo que o bem esteja locado a terceiros e a renda obtida com a locação seja revertida para a subsistência ou a moradia da família do devedor.
d) Na execução de crédito relativo a cotas condominiais, este não tem preferência sobre o crédito hipotecário.

*ANOTAÇÕES/COMENTÁRIOS*

(a) STJ. Súmula 472. A cobrança de comissão de permanência – cujo valor não pode ultrapassar a soma dos encargos remuneratórios e moratórios previstos no contrato – exclui a exigibilidade dos juros remuneratórios, moratórios e da multa contratual.

(b) STJ. Súmula 426. Os juros de mora na indenização do seguro DPVAT fluem a partir da citação.

(c) STJ. Súmula 486. É impenhorável o único imóvel residencial do devedor que esteja locado a terceiros, desde que a renda obtida com a locação seja revertida para a subsistência ou a moradia da sua família.

(d) STJ. Súmula 478. Na execução de crédito relativo a cotas condominiais, este tem preferência sobre o hipotecário.

*Para responder, tem que estudar: súmula/OJ.*

*Gabarito: A*

## 4.5. Dos Contratos em Geral

**42. (Cespe/TJ/CE/Juiz/2018)** Contrato de prestações certas e determinadas no qual as partes possam antever as vantagens e os encargos, que geralmente se equivalem porque não envolvem maiores riscos aos pactuantes, é classificado como

a) benéfico.
b) aleatório.
c) bilateral imperfeito.
d) derivado.
e) comutativo.

ANOTAÇÕES/COMENTÁRIOS

(a) Os negócios jurídicos benéficos ou gratuitos são aqueles que somente oneram uma das partes, proporcionando à outra uma vantagem sem qualquer contraprestação. Um exemplo de contrato benéfico é a doação pura.

(b) Os contratos aleatórios são aqueles em que a prestação de uma das partes não é conhecida no momento da sua celebração, pelo fato de depender da álea, que é um fator desconhecido. Os contratos aleatórios estão previstos nos artigos 458 a 461 do Código Civil.

(c) Os contratos bilaterais imperfeitos são aqueles que, originalmente, eram unilaterais, mas que, por fato superveniente, passa a ser bilateral. Em outras palavras, o contrato bilateral imperfeito subordina-se ao regime dos contratos unilaterais porque as contraprestações não nasceram com a celebração do contrato, mas de fato eventual, superveniente à sua formação.

(d) O contrato derivado é aquele que decorre de um contrato principal, como ocorre, por exemplo, com a sublocação.

(e) Correta. O contrato comutativo é aquele em que as partes já possuem conhecimento acerca das prestações, ou seja, essas são conhecidas previamente pelas partes. Podemos citar, como contrato comutativo, a compra e venda (o vendedor sabe previamente o preço a ser pago e o comprador qual é a coisa a ser entregue) e o contrato de locação (as partes sabem o que será locado e o valor do aluguel).

*Para responder, tem que estudar: teoria/doutrina.*

*Gabarito: E*

**43. (Cespe/TJ/DFT/Juiz/2016)** A respeito dos contratos regidos pelo Código Civil, assinale a opção correta.

a) Na promessa de fato de terceiro, decorre do tratamento legal do Código Civil que o promitente responda pela ratificação e pela execução da obrigação.

b) O mandatário não se responsabiliza, ainda que agindo em nome próprio, desde que o negócio seja de conta do mandante.

c) No contrato de fiança, a sub-rogação opera-se automaticamente, salvo se o adimplemento pelo fiador tenha sido voluntário.

d) No que se refere ao contrato preliminar, a outra parte desobriga-se diante da inércia do estipulante.

e) A doação remuneratória, tal como a pura, não sujeita o doador às consequências do vício redibitório.

ANOTAÇÕES/COMENTÁRIOS

(a) Em caso de promessa por fato de terceiro, o promitente, nos termos do artigo 439 do Código Civil, somente é responsável pela execução do contrato e não pela ratificação. Tanto é que nos casos de inexecução do contrato, o promitente responderá por perdas e danos.

(b) CC. Art. 663. Sempre que o mandatário estipular negócios expressamente em nome do mandante, será este o único responsável; ficará, porém, o mandatário pessoalmente obrigado, se agir no seu próprio nome, ainda que o negócio seja de conta do mandante.

(c) CC. Art. 831. O fiador que pagar integralmente a dívida fica sub-rogado nos direitos do credor; mas só poderá demandar a cada um dos outros fiadores pela respectiva quota.

(d) CC. Art. 465. Se o estipulante não der execução ao contrato preliminar, poderá a outra parte considerá-lo desfeito, e pedir perdas e danos.

(e) CC. Art. 441. A coisa recebida em virtude de contrato comutativo pode ser enjeitada por vícios ou defeitos ocultos, que a tornem imprópria ao uso a que é destinada, ou lhe diminuam o valor. Parágrafo único. É aplicável a disposição deste artigo às doações onerosas.

*Para responder, tem que estudar: lei.*

*Gabarito: D*

**44. (Cespe/TJ/PI/Juiz/2012)** De acordo com a legislação de regência, a comissão de concessão de crédito cobrada por instituição financeira para fornecer crédito ao mutuário deve incidir apenas uma vez, no início do contrato. Caso haja qualquer outra cobrança do encargo, configura-se:

a) reserva mental por parte da instituição, o que enseja a anulação da avença.
b) declaração de nulidade parcial, o que possibilita redução do negócio jurídico.
c) erro essencial, que enseja a anulação do negócio.
d) violação do princípio da boa-fé objetiva, que baliza a interpretação dos contratos.
e) lesão, o que acarretará a nulidade do contrato se a instituição não se abstiver da cobrança indevida.

ANOTAÇÕES/COMENTÁRIOS

(a) De acordo com o artigo 110 do Código Civil, nos casos de reserva mental, considera-se que a manifestação de vontade subsiste, não sendo caso de anulação da avença, a não ser que o destinatário dessa manifestação de vontade tivesse conhecimento.

(b) Não há redução do negócio jurídico decorrente da declaração de nulidade parcial, mas apenas declaração da ilegalidade da cobrança.

(c) O erro é o falso conhecimento ou noção equivocada sobre um fato e está relacionado ao momento de formação do contrato, não tendo ligação com o descrito na questão. Além disso, conforme o artigo 138 do Código Civil, o erro essencial gera a anulabilidade do negócio jurídico.

(d) "A comissão de concessão de crédito, cobrada pela instituição financeira para fornecer crédito ao mutuário, incide apenas uma vez, no início do contrato. Qualquer outra cobrança do referido encargo é ilícita. A cobrança mensal do referido encargo viola preceitos de boa-fé objetiva, razão pela qual não deve ser admitida". (REsp 908.835)

(e) A lesão, de acordo com o disposto no artigo 157 do Código Civil, ocorre quando uma pessoa, sob premente necessidade, ou por inexperiência, se obriga a prestação manifestamente desproporcional ao valor da prestação oposta. A consequência para o negócio jurídico em casos de lesão é a anulabilidade e não a anulação.

*Para responder, tem que estudar: lei e teoria/doutrina.*

*Gabarito: D*

**45. (Cespe/TJ/CE/Juiz/2012)** A respeito do vício redibitório, assinale a opção correta, conforme as disposições do Código Civil.

a) Adquirida mais de uma coisa conjuntamente, o adquirente não pode rejeitar apenas a que apresente vício redibitório.

b) Se as partes convencionarem a entrega de quantidade exata de determinada mercadoria, a entrega em menor quantidade autoriza o ajuizamento da ação "quanti minoris".

c) A possibilidade de remoção do defeito apresentado não afasta a responsabilidade do alienante em responder pelo vício redibitório.

d) Caso o defeito de um veículo surja durante a garantia convencional, o prazo para reclamação não se esgotará antes do vencimento de tal garantia.

e) Ainda que a alienação tenha sido realizada de boa-fé, o alienante da coisa que apresente defeito deve restituir o valor recebido acrescido das despesas do contrato.

**ANOTAÇÕES/COMENTÁRIOS**

(a) CC. Art. 503. Nas coisas vendidas conjuntamente, o defeito oculto de uma não autoriza a rejeição de todas.

(b) A ação "quanti minoris" é aquela que se pleiteia o abatimento proporcional do preço, entretanto, em decorrência da qualidade da coisa entregue, há o requerimento do abatimento. É diverso do que ocorre na ação edilícia em que o pedido é formulado em razão da quantidade da coisa que foi entregue em menor quantidade.

(c) CC. Art. 442. Em vez de rejeitar a coisa, redibindo o contrato (art. 441), pode o adquirente reclamar abatimento no preço.

(d) CC. Art. 446. Não correrão os prazos do artigo antecedente na constância de cláusula de garantia; mas o adquirente deve denunciar o defeito ao alienante nos trinta dias seguintes ao seu descobrimento, sob pena de decadência.

(e) CC. Art. 443. Se o alienante conhecia o vício ou defeito da coisa, restituirá o que recebeu com perdas e danos; se o não conhecia, tão-somente restituirá o valor recebido, mais as despesas do contrato.

*Para responder, tem que estudar: lei e teoria/doutrina.*

*Gabarito: E*

**46. (Cespe/TJ/PB/Juiz/2015)** André e Bernardo, filhos de Carla e Daniel, obrigaram-se solidariamente perante Eduardo e Fernando a entregar-lhes dez sacas de café em dezembro de 2014. No entanto, por problemas na colheita, André e Bernardo ficaram impossibilitados de cumprir com a entrega das sacas. Para ajudar seus filhos, como proposta, Carla e Daniel obrigaram-se solidariamente a dar quarenta sacas de milho em substituição à antiga obrigação. Eduardo e Fernando aceitaram a proposta e, assim, adimpliram a dívida de André e Bernardo. Com relação a essa situação hipotética, assinale a opção correta no que se refere à teoria das obrigações.

a) A existência de solidariedade ativa permite que Eduardo oponha a Fernando exceção pessoal que tenha em relação a André.

b) Na obrigação da entrega das dez sacas de café, a solidariedade de André e Bernardo é presumida, não havendo necessidade de que ela seja constituída por um ato de vontade das partes.

c) Caso houvesse a conversão em perdas e danos, o vínculo de solidariedade de André e Bernardo deveria ser afastado, de forma que Eduardo e Fernando só poderiam exigir de cada devedor a metade do valor total.

d) O acordo de Eduardo e Fernando com Carla e Daniel, que substituiu a obrigação da entrega das dez sacas de café pela entrega de quarenta sacas de milho, independe da concordância de André e Bernardo.

e) Caso Eduardo venha a falecer, cada um de seus herdeiros poderá exigir de Carla e Daniel as quarenta sacas de milho.

**ANOTAÇÕES/COMENTÁRIOS**

(a) Nos termos do artigo 274 do Código Civil, "O julgamento contrário a um dos credores solidários não atinge os demais; o julgamento favorável aproveita-lhes, a menos que se funde em exceção pessoal ao credor que o obteve", dessa forma, não se admite que um dos credores solidários (Eduardo) oponha a outro credor (Fernando) exceções pessoais, que não se transferem, dada que estas podem ser manejadas exclusivamente por aqueles a que se referem.

(b) CC. Art. 265. A solidariedade não se presume; resulta da lei ou da vontade das partes.

(c) CC. Art. 271. Convertendo-se a prestação em perdas e danos, subsiste, para todos os efeitos, a solidariedade.

(d) CC. Art. 362. A novação por substituição do devedor pode ser efetuada independentemente de consentimento deste.

(e) CC. Art. 270. Se um dos credores solidários falecer deixando herdeiros, cada um destes só terá direito a exigir e receber a quota do crédito que corresponder ao seu quinhão hereditário, salvo se a obrigação for indivisível.

*Para responder, tem que estudar: lei.*

*Gabarito: D*



## 4.6. Das Várias Espécies de Contrato

### *4.6.1. Da Compra e Venda*

**47. (Cespe/TJ/PB/Juiz/2011)** A respeito das disposições aplicáveis a contratos de compra e venda, assinale a opção correta.

a) Na venda com reserva de domínio, o Código Civil estabelece que o vendedor somente pode executar a referida cláusula após a constituição do comprador em mora, mediante protesto de título ou interpelação judicial ou extrajudicial.

b) O direito de retrato não é suscetível de cessão por ato inter vivos, mas é cessível e transmissível por ato "causa mortis", podendo os herdeiros e legatários exercê-lo somente no prazo decadencial de três anos, contado da conclusão da compra e venda.

c) Nesse tipo de contrato, a fixação do preço pode ser deixada ao arbítrio de terceiro designado pelos contratantes ou de uma das partes.

d) Na venda ad corpus, não havendo correspondência entre a área efetivamente encontrada e as dimensões constantes do documento, o comprador lesado poderá exigir o implemento da área ou abatimento no preço.

e) Denomina-se venda a contento a cláusula que sujeita o contrato a condição suspensiva, produzindo efeitos somente após o comprador se assegurar de que a coisa realmente possui as qualidades garantidas pelo vendedor.

ANOTAÇÕES/COMENTÁRIOS

(a) CC. Art. 525. O vendedor somente poderá executar a cláusula de reserva de domínio após constituir o comprador em mora, mediante protesto do título ou interpelação judicial.

(b) CC. Art. 507. O direito de retrato, que é cessível e transmissível a herdeiros e legatários, poderá ser exercido contra o terceiro adquirente.

(c) CC. Art. 485. A fixação do preço pode ser deixada ao arbítrio de terceiro, que os contratantes logo designarem ou prometerem designar. Se o terceiro não aceitar a incumbência, ficará sem efeito o contrato, salvo quando acordarem os contratantes designar outra pessoa.

(d) CC. Art. 500, § 3º Não haverá complemento de área, nem devolução de excesso, se o imóvel for vendido como coisa certa e discriminada, tendo sido apenas enunciativa a referência às suas dimensões, ainda que não conste, de modo expresso, ter sido a venda ad corpus.

(e) CC. Art. 509. A venda feita a contento do comprador entende-se realizada sob condição suspensiva, ainda que a coisa lhe tenha sido entregue; e não se reputará perfeita, enquanto o adquirente não manifestar seu agrado.

*Para responder, tem que estudar: lei.*

*Gabarito: B*

**48. (Cespe/TJ/MA/Juiz/2013)** Considerando a interpretação do Código Civil segundo a jurisprudência do STJ, assinale a opção correta.

a) Segundo a jurisprudência do STJ, não é abusiva a cláusula de cobrança de juros compensatórios incidentes em período anterior à entrega das chaves nos contratos de compromisso de compra e venda de imóveis em construção sob o regime de incorporação imobiliária.

b) Em caso de distrato de contrato de compra e venda de imóvel, sendo estabelecidas arras penitenciais, os valores pagos a título de sinal devem ser considerados para fins de cálculo do valor a ser restituído.

c) O apontamento de título a protesto sem o efetivo registro mostra-se suficiente para ensejar dano moral.

d) A teoria do adimplemento substancial não é aceita pelo STJ.

ANOTAÇÕES/COMENTÁRIOS

(a) "1. Na incorporação imobiliária, o pagamento pela compra de um imóvel em fase de produção, a rigor, deve ser à vista. Nada obstante, pode o incorporador oferecer prazo ao adquirente para pagamento, mediante parcelamento do preço. Afigura-se, nessa hipótese, legítima a cobrança de juros compensatórios. 2. Por isso, não se considera abusiva cláusula contratual que preveja a cobrança de juros antes da entrega das chaves, que, ademais, confere maior transparência ao contrato e vem ao encontro do direito à informação do consumidor (art. 6º, III, do CDC), abrindo a possibilidade de correção de eventuais abusos". (...). (EREsp 670.117)

(b) "1. A jurisprudência desta Corte Superior prega ser possível a resilição contratual do compromisso de compra e venda por iniciativa do devedor, quando ele não possuir mais condições econômicas para arcar com o pagamento das prestações pactuadas com a promitente-vendedora (construtora ou incorporadora), mormente se estas se tornarem excessivamente onerosas. (...). 4. O arrependimento do promitente comprador só importa em perda do sinal se as arras forem penitenciais, não se estendendo às arras confirmatórias". (...). (AgRg no Ag 717.840)

(c) "2. Nas hipóteses em que a notificação é feita diretamente no endereço indicado pelo apresentante, seja por portador do Tabelionato, seja por correspondência registrada com aviso de recebimento, como é usual, não há qualquer publicidade do apontamento do título para protesto (REsp 1.017.970). 3. Nessas circunstâncias, em regra, não tendo sido efetivamente lavrado ou registrado o protesto do título, descabe indenização por dano moral". (REsp 1005752)

(d) "1. É pela lente das cláusulas gerais previstas no Código Civil de 2002, sobretudo a da boa-fé objetiva e da função social, que deve ser lido o art. 475, segundo o qual "a parte lesada pelo inadimplemento pode pedir a resolução do contrato, se não preferir exigir-lhe o cumprimento, cabendo, em qualquer dos casos, indenização por perdas e danos". 2. Nessa linha de entendimento, a teoria do substancial adimplemento visa a impedir o uso desequilibrado do direito de resolução por parte do credor, preterindo desfazimentos desnecessários em prol da preservação da avença, com vistas à realização dos princípios da boa-fé e da função social do contrato. 3. No caso em apreço, é de se aplicar a da teoria do adimplemento substancial dos contratos, porquanto o réu pagou: "31 das 36 prestações contratadas, 86% da obrigação total (contraprestação e VRG parcelado) e mais R$ 10.500,44 de valor residual garantido". O mencionado descumprimento contratual é inapto a ensejar a reintegração de posse pretendida e, consequentemente, a resolução do contrato de arrendamento mercantil, medidas desproporcionais diante do substancial adimplemento da avença". (...). (REsp 1051270)

*Para responder, tem que estudar: jurisprudência.*

*Gabarito: A*

## *4.6.2. Da Troca ou Permuta, Do Contrato Estimatório*

**49. (Cespe/TJ/DFT/Juiz/2016)** No que se refere ao contrato estimatório do Direito Civil, assinale a opção correta.

a) Pode ter por objeto bem fungível, e a restituição, se for o caso, será por coisa de igual gênero, qualidade e quantidade.

b) Os riscos são do consignante, que suporta a perda ou deterioração da coisa.

c) Após a entrega da coisa, a posse é exercida em nome do consignante, que a mantém de forma mediata ou indireta.

d) O preço de estima é ato unilateral do consignatário e, se não alcançado em determinado lapso temporal, emerge o dever de restituir a coisa.

e) Em decorrência da natureza própria do contrato, especialmente a obtenção da posse e o poder de disposição, o Código Civil exige a forma escrita.

ANOTAÇÕES/COMENTÁRIOS

(a) CC. Art. 534. Pelo contrato estimatório, o consignante entrega bens móveis ao consignatário, que fica autorizado a vendê-los, pagando àquele o preço ajustado, salvo se preferir, no prazo estabelecido, restituir-lhe a coisa consignada.

(b) CC. Art. 535. O consignatário não se exonera da obrigação de pagar o preço, se a restituição da coisa, em sua integridade, se tornar impossível, ainda que por fato a ele não imputável.

(c) CC. Art. 534. Pelo contrato estimatório, o consignante entrega bens móveis ao consignatário, que fica autorizado a vendê-los, pagando àquele o preço ajustado, salvo se preferir, no prazo estabelecido, restituir-lhe a coisa consignada.; Art. 537. O consignante não pode dispor da coisa antes de lhe ser restituída ou de lhe ser comunicada a restituição.

(d) CC. Art. 534. Pelo contrato estimatório, o consignante entrega bens móveis ao consignatário, que fica autorizado a vendê-los, pagando àquele o preço ajustado, salvo se preferir, no prazo estabelecido, restituir-lhe a coisa consignada.

(e) O Código Civil não exige que o contrato estimatório tenha forma escrita, de forma que se aplica, nesses casos, o artigo 122 do Código Civil.

*Para responder, tem que estudar: lei.*

*Gabarito: A*

### *4.6.3. Da Doação*

**50. (Cespe/TJ/PA/Juiz/2012)** Pedro, percebendo que seu patrimônio seria consumido pelas dívidas que havia contraído com Marcos, decidiu doar ao seu irmão, sem qualquer encargo, seu único imóvel. Considerando-se essa situação hipotética, é correto afirmar que:

a) Marcos somente poderá promover a anulação da doação se houver ação executiva em andamento.
b) qualquer credor de Pedro poderá promover a anulação da doação.
c) não é necessária a demonstração da má-fé do irmão, para que Marcos anule a doação.
d) o negócio realizado é, à luz do Código Civil, ineficaz em relação a Marcos.
e) não é necessário, para anular a doação, que Marcos demonstre que o prejuízo por ele sofrido tenha dela decorrido.

ANOTAÇÕES/COMENTÁRIOS

(a) Trata-se de caso de fraude contra credores, instituto previsto nos artigos 158 a 165 do Código Civil, e não se exige a existência de ação executiva em andamento para que se promova a anulação do negócio jurídico, diferentemente do que ocorre na fraude à execução, em que se exige que ao menos a execução tenha sido ajuizada (art. 593 do Código de Processo Civil).

(b) CC. Art. 158. Os negócios de transmissão gratuita de bens ou remissão de dívida, se os praticar o devedor já insolvente, ou por eles reduzido à insolvência, ainda quando o ignore, poderão ser anulados pelos credores quirografários, como lesivos dos seus direitos. § 2º Só os credores que já o eram ao tempo daqueles atos podem pleitear a anulação deles.

(c) O instituto da fraude contra credores exige como requisito, trazido pela doutrina e jurisprudência, o "consilium fraudis", ou seja, o conluio fraudulento entre o alienante e o adquirente. Assim, torna-se necessária a demonstração da má-fé de Marcos, adquirente do bem através da doação. Entretanto, de acordo com o artigo 159 do Código Civil, presume-se a má-fé do adquirente "quando a insolvência for notória, ou houver motivo para ser conhecida do outro contratante". Sendo assim, o fato do adquirente ser irmão do devedor faz com que a insolvência deva ser conhecida por ele.

(d) CC. Art. 158. Os negócios de transmissão gratuita de bens ou remissão de dívida, se os praticar o devedor já insolvente, ou por eles reduzido à insolvência, ainda quando o ignore, poderão ser anulados pelos credores quirografários, como lesivos dos seus direitos.

(e) Marcos deve demonstrar o dano por ele sofrido em decorrência da doação fraudulenta. Isso porque um dos pressupostos apontados pela doutrina e jurisprudência para configuração da fraude contra credores é o "eventos damni", ou seja, o prejuízo provocado ao credor, que será demonstrado objetivamente através da análise se a disposição dos bens levou o devedor à insolvência ou agravou tal estado.

*Para responder, tem que estudar: lei e teoria/doutrina.*

*Gabarito: C*

**51. (Cespe/TJ/PA/Juiz/2012)** Ricardo, casado com Carla, pretende proceder à doação pura e simples de bem imóvel de sua propriedade a seu único filho, Rafael, de quatorze anos de idade. Acerca dessa situação hipotética, assinale a opção correta.

a) A doação só será válida sem a outorga uxória se o regime de casamento for o da separação de bens.

b) Mesmo que Ricardo não demonstre os motivos da revogação, a doação poderá ser revogada antes de Rafael completar dezoito anos de idade.

c) Se Rafael já tiver filhos quando falecer, o bem não poderá retornar ao patrimônio de Ricardo.

d) O nascimento de outro filho do casal não tornará a doação ineficaz.

e) Aplica-se ao caso a aceitação tácita do donatário para aperfeiçoamento da doação.

*ANOTAÇÕES/COMENTÁRIOS*

(a) CC. Art. 1.647. Ressalvado o disposto no art. 1.648, nenhum dos cônjuges pode, sem autorização do outro, exceto no regime da separação absoluta: (...). IV – fazer doação, não sendo remuneratória, de bens comuns, ou dos que possam integrar futura meação.

(b) CC. Art. 555. A doação pode ser revogada por ingratidão do donatário, ou por inexecução do encargo.

(c) CC. Art. 547. O doador pode estipular que os bens doados voltem ao seu patrimônio, se sobreviver ao donatário.

(d) PROCESSUAL CIVIL. CIVIL. RECURSO ESPECIAL. SUCESSÃO. DOAÇÃO. VALIDADE. DOAÇÃO DE PAIS A FILHOS. INOFICIOSIDADE. EXISTÊNCIA. ARTS.: 134, 1.176, 1.576, 1.721 E 1.722 DO CC-16. 1. Recurso especial no qual se discute a validade de doação tida como inoficiosa, efetuada pelo "de cujus" aos filhos do primeiro casamento. Inventário de O.L.P., aberto em 1999. 2. A existência de sentença homologatória de acordo, em separação judicial, pela qual o antigo casal doa imóvel aos filhos, tem idêntica eficácia da escritura pública. 3. A caracterização de doação inoficiosa é vício que, se não invalida o negócio jurídico originário – doação -, impõe ao donatário-herdeiro a obrigação protraída no tempo de, à época do óbito do doador, trazer o patrimônio à colação, para igualar as legítimas, caso não seja herdeiro necessário único, no grau em que figura. 4. A busca da invalidade da doação, ante o preterimento dos herdeiros nascidos do segundo relacionamento do de cujus, somente é cabível se, e na medida em que, seja constatado um indevido avanço da munificência sobre a legítima, fato aferido no momento do negócio jurídico. 5. O sobejo patrimonial do de cujus é o objeto da herança, apenas devendo a fração correspondente ao adiantamento da legítima, "in casu", já embutido na doação aos dois primeiros descendentes, ser equalizado com o direito à legítima dos herdeiros não contemplados na doação, para assegurar a esses outros, a respectiva quota da legítima, e ainda, às respectivas participações em eventuais sobras patrimoniais. (...). (REsp 1198168)

(e) CC. Art. 543. Se o donatário for absolutamente incapaz, dispensa-se a aceitação, desde que se trate de doação pura.

*Para responder, tem que estudar: lei e jurisprudência.*

*Gabarito: D*

**52. (Cespe/TJ/PI/Juiz/2012)** Assinale a opção correta no que se refere a doação e seus efeitos.

a) Com o advento do Código Civil de 2002, a promessa de doação que seja ato de liberalidade passou a encerrar manifestação de vontade válida e, portanto, exigível na via judicial.

b) A doação feita pelo pai a um dos filhos, sem a anuência dos demais descendentes, configura negócio jurídico anulável.

c) Serão válidas as doações promovidas, na constância do casamento, por cônjuges que contraírem matrimônio pelo regime da separação legal de bens em razão da idade superior à prevista na lei civil.

d) Não configura fraude à execução, por falta do elemento subjetivo da má-fé, a doação de imóvel penhorado aos filhos menores dos executados que os reduza à insolvência, mesmo que a penhora não seja registrada.

e) São nulas as doações feitas por homem casado à sua companheira, após a separação de fato de sua esposa.



## ANOTAÇÕES/COMENTÁRIOS

(a) "2. Inviável juridicamente a promessa de doação ante a impossibilidade de se harmonizar a exigibilidade contratual e a espontaneidade, característica do "animus donandi". Admitir a promessa de doação equivale a concluir pela possibilidade de uma doação coativa, incompatível, por definição, com um ato de liberalidade. 3. Há se ressaltar que, embora alegue a autora ter o pacto origem em concessões recíprocas envolvendo o patrimônio familiar, nada a respeito foi provado nos autos. Deste modo, o negócio jurídico deve ser tomado como comprometimento à efetivação de futura doação pura. 4. Considerando que a presente demanda deriva de promessa de doação pura e que esta é inexigível judicialmente, revele-se patente a carência do direito de ação, especificamente, em razão da impossibilidade jurídica do pedido". (REsp 730.626)

(b) CC. Art. 544. A doação de ascendentes a descendentes, ou de um cônjuge a outro, importa adiantamento do que lhes cabe por herança.

(c) Processual civil. Recurso especial. Ação de conhecimento sob o rito ordinário. Casamento. Regime da separação legal de bens. Cônjuge com idade superior a sessenta anos. Doações realizadas por ele ao outro cônjuge na constância do matrimônio. Validade. São válidas as doações promovidas, na constância do casamento, por cônjuges que contraíram matrimônio pelo regime da separação legal de bens, por três motivos: (i) o CC/16 não as veda, fazendo-o apenas com relação às doações antenupciais; (ii) o fundamento que justifica a restrição aos atos praticados por homens maiores de sessenta anos ou mulheres maiores que cinquenta, presente à época em que promulgado o CC/16, não mais se justificam nos dias de hoje, de modo que a manutenção de tais restrições representam ofensa ao princípio da dignidade da pessoa humana; (iii) nenhuma restrição seria imposta pela lei às referidas doações caso o doador não tivesse se casado com a donatária, de modo que o Código Civil, sob o pretexto de proteger o patrimônio dos cônjuges, acaba fomentando a união estável em detrimento do casamento, em ofensa ao art. 226, § 3º, da Constituição Federal. (REsp 471.958)

(d) "1. No caso em que o imóvel penhorado, ainda que sem o registro do gravame, foi doado aos filhos menores dos executados, reduzindo os devedores a estado de insolvência, não cabe a aplicação do verbete contido na súmula 375, STJ. É que, nessa hipótese, não há como perquirir-se sobre a ocorrência de má-fé dos adquirentes ou se estes tinham ciência da penhora. 2. Nesse passo, reconhece-se objetivamente a fraude à execução, porquanto a má-fé do doador, que se desfez de forma graciosa de imóvel, em detrimento de credores, é o bastante para configurar o ardil previsto no art. 593, II, do CPC. 3. É o próprio sistema de direito civil que revela sua intolerância com o enriquecimento de terceiros, beneficiados por atos gratuitos do devedor, em detrimento de credores, e isso independentemente de suposições acerca da má-fé dos donatários (v.g. arts. 1.997, 1.813, 158 e 552 do Código Civil de 2002)". (REsp 1163114)

(e) "As doações feitas por homem casado à sua companheira, após a separação de fato de sua esposa, são válidas, porque, nesse momento, o concubinato anterior dá lugar à união estável; a "contrario sensu", as doações feitas antes disso são nulas". (REsp 408.296)

*Para responder, tem que estudar: lei e jurisprudência.*

*Gabarito: C*

### 4.6.4. Da Locação de Coisas, Do Empréstimo

**53. (Cespe/TJ/PR/Juiz/2017)** Assinale a opção correta a respeito das espécies de contratos.

a) Em contrato de comodato, jamais o comodatário poderá pleitear restituição ao comodante das despesas realizadas com o uso e gozo da coisa.

b) No contrato de prestação de serviço, o aliciamento de pessoa já obrigada em contrato escrito anterior é causa violadora da boa-fé subjetiva.

c) Devido ao fato de o contrato de empreitada ser personalíssimo, em regra, nessa modalidade de contrato, a morte do empreiteiro é causa de extinção do contrato.

d) Não será devida a remuneração ao corretor, no contrato de corretagem em que se obtenha o resultado almejado pela mediação, se tal contrato for desfeito posteriormente pelas partes.

ANOTAÇÕES/COMENTÁRIOS

(a) CC. Art. 584. O comodatário não poderá jamais recobrar do comodante as despesas feitas com o uso e gozo da coisa emprestada.

(b) CC. Art. 608. Aquele que aliciar pessoas obrigadas em contrato escrito a prestar serviço a outrem pagará a este a importância que ao prestador de serviço, pelo ajuste desfeito, houvesse de caber durante dois anos.

(c) CC. Art. 626. Não se extingue o contrato de empreitada pela morte de qualquer das partes, salvo se ajustado em consideração às qualidades pessoais do empreiteiro.

(d) CC. Art. 725. A remuneração é devida ao corretor uma vez que tenha conseguido o resultado previsto no contrato de mediação, ou ainda que este não se efetive em virtude de arrependimento das partes.

*Para responder, tem que estudar: lei.*

*Gabarito: A*

## 4.6.5. Da Empreitada, Do Depósito

**54. (Cespe/TJ/PB/Juiz/2015)** No que se refere a contrato de empreitada, assinale a opção correta.

a) Na empreitada mista, a responsabilidade do empreiteiro refere-se à solidez e segurança do trabalho realizado em razão dos materiais utilizados, excluídos os problemas de solidez decorrentes do solo.

b) Desde que o contrato de empreitada e o projeto sejam escritos, o dono da obra não é obrigado a pagar ao empreiteiro por aumentos e acréscimos que, mesmo que não ignorados por ele, não foram autorizados por escrito.

c) Salvo se ajustado em consideração às qualidades pessoais do empreiteiro, o contrato de empreitada não se extingue com a morte de qualquer um dos contratantes.

d) No silêncio do contrato, a presunção é de que o empreiteiro contratado utilizará seu próprio material na obra.

e) A empreitada de mão de obra caracteriza-se pela relação de subordinação do empreiteiro com o dono da obra.

ANOTAÇÕES/COMENTÁRIOS

(a) CC. Art. 618. Nos contratos de empreitada de edifícios ou outras construções consideráveis, o empreiteiro de materiais e execução responderá, durante o prazo irredutível de cinco anos, pela solidez e segurança do trabalho, assim em razão dos materiais, como do solo.

(b) CC. Art. 619. Salvo estipulação em contrário, o empreiteiro que se incumbir de executar uma obra, segundo plano aceito por quem a encomendou, não terá direito a exigir acréscimo no preço, ainda que sejam introduzidas modificações no projeto, a não ser que estas resultem de instruções escritas do dono da obra.

(c) CC. Art. 626. Não se extingue o contrato de empreitada pela morte de qualquer das partes, salvo se ajustado em consideração às qualidades pessoais do empreiteiro.

(d) CC. Art. 610, § 1º. A obrigação de fornecer os materiais não se presume; resulta da lei ou da vontade das partes.

(e) "A respeito da natureza jurídica do negócio em questão, trata-se de um contrato bilateral (sinalagmático), oneroso, comutativo, consensual e informal. Como se nota, as características são as mesmas da prestação de serviço, diante da grande similaridade entre os dois negócios jurídicos". (Manual de Direito Civil, Flávio Tartuce)

*Para responder, tem que estudar: lei e teoria/doutrina.*

*Gabarito: C*

### *4.6.6. Do Mandato*

**55. (Cespe/TJ/PR/Juiz/2017)** Lúcia, advogada, celebrou com Aldo contrato de prestação de serviços advocatícios, com previsão de pagamento exclusivamente "ad exitum". No curso do processo, antes do julgamento, Aldo revogou unilateralmente o mandato. Inconformada, Lúcia ajuizou ação de cobrança de honorários após o julgamento do mérito favorável a Aldo. A respeito dessa situação hipotética, assinale a opção correta à luz da legislação aplicável ao caso e da jurisprudência do STJ.

a) Após a revogação do mandato, Lúcia poderá exigir honorários pelo trabalho executado.

b) A pretensão de Lúcia será exercitável após a prolação de sentença favorável aos pedidos formulados por Aldo.

c) A eficácia da revogação do mandato entre as partes ocorre no momento da comunicação de Aldo ao juízo.

d) A obrigação assumida por Lúcia foi de meio, pois caberia a ela empreender todos os meios e recursos adequados no processo.

ANOTAÇÕES/COMENTÁRIOS

(a, b) Na hipótese de estipulação do pagamento de honorários, na modalidade "ad exitum", verifica-se a presença de condição suspensiva, consistente no resultado favorável do processo, para que sejam devidos honorários ao advogado. Portanto, não há direito de executar essa modalidade de honorários enquanto não sobrevier a condição imposta no contrato. Nesse sentido: "1. A contagem de prazos para se aferir eventual ocorrência de prescrição deve observar o princípio da "actio nata", que orienta somente iniciar o fluxo do lapso prescricional se existir pretensão exercitável por parte daquele que suportará os efeitos do fenômeno extintivo. É o que se extrai da disposição contida no art.189 da lei material civil. 2. No caso concreto, a remuneração pela prestação dos serviços advocatícios foi condicionada ao sucesso da demanda judicial. Em tal hipótese, a revogação do mandato, por ato unilateral do mandante, antes de ocorrida a condição estipulada, não implica início da contagem do prazo prescricional. (REsp 805.151)

(c) O artigo 682 do Código Civil dispõe sobre as hipóteses em que se extingue o contrato de mandato e, dentre elas, está prevista a revogação do contrato. Assim, por interpretação sistêmica do disposto no artigo 686, que prevê que "A revogação do mandato, notificada somente ao mandatário, não se pode opor aos terceiros (...)", conclui-se que a eficácia da revogação do contrato entre mandante e mandatário se dá no momento em que o mandante informa o mandatário acerca da revogação e não da comunicação ao juízo.

(d) A obrigação assumida por Lúcia é de resultado, tendo em vista que a remuneração devida em decorrência do contrato somente se deve no caso de resultado favorável à demanda.

*Para responder, tem que estudar: lei, jurisprudência e teoria/doutrina.*

*Gabarito: B*



### *4.6.7. Do Transporte*

**56. (Cespe/TJ/PR/Juiz/2017)** Ana, maior de sessenta e cinco anos de idade, valendo-se da gratuidade constitucional do transporte coletivo urbano, ingressou em ônibus da empresa Transpark S.A. e declarou o valor da bagagem em R$ 10.000, o que foi aceito pela transportadora. Durante o trajeto, o veículo que estava à frente do ônibus freou abruptamente, sem causa aparente. O motorista do coletivo, visando não colidir, perdeu o controle do carro e caiu em uma ponte, ocasionando perda de bens e lesões em vários passageiros, entre eles, Ana, que ingressou em juízo pleiteando danos morais e estéticos, além de danos materiais pela perda total da bagagem. A empresa, por sua vez, alegou a ocorrência de fato exclusivo de terceiro, o que ficou comprovado mediante laudo pericial da polícia civil. Nessa situação hipotética, de acordo com o Código Civil, com o entendimento doutrinário sobre o tema e com a jurisprudência do STJ:

a) por se tratar de transporte gratuito, não se pode cogitar a incidência da cláusula de incolumidade.

b) ainda que demonstrado o fato exclusivo de terceiro, a responsabilidade da empresa não é elidida em relação a Ana.

c) a transportadora não poderia exigir de Ana a declaração do valor da bagagem, com vistas à limitação da indenização, pois essa conduta viola o princípio da reparação integral dos danos.

d) os danos estéticos são espécie de danos morais, razão pela qual os pedidos não podem ser cumulados.

**ANOTAÇÕES/COMENTÁRIOS**

(a) Não se trata de transporte gratuito, conhecido como "carona", conforme prevê o artigo 736 do Código Civil.

(b) CC. Art. 735. A responsabilidade contratual do transportador por acidente com o passageiro não é elidida por culpa de terceiro, contra o qual tem ação regressiva.

(c) CC. Art. 734. Parágrafo único. É lícito ao transportador exigir a declaração do valor da bagagem a fim de fixar o limite da indenização.

(d) STJ. Súmula 387. É lícita a cumulação das indenizações de dano estético e dano moral.

*Para responder, tem que estudar: lei e súmula/OJ.*

*Gabarito: B*

### 4.6.8. Do Seguro

**57. (Cespe/TJ/ES/Juiz/2011)** Considerando a celebração de contrato para a garantia de eventuais prejuízos decorrentes de sinistro ocorrido com veículo, assinale a opção correta.

a) Não é nula cláusula contratual que isente a responsabilidade da seguradora quando o veículo circula, habitualmente, em região distinta da declarada no contrato de seguro.

b) Eventual atraso do segurado em pagar prêmio complementar implica suspensão automática do contrato de seguro.

c) Caso o veículo seja segurado, ante declaração falsa do segurado, por valor maior do que valha à época do contrato, ocorrendo o sinistro, o pagamento do valor por parte da seguradora deverá ser reduzido.

d) Caso o segurado preste declarações inexatas no questionário de risco, será autorizada a perda automática da indenização securitária.

e) O fato de terceiro a quem o segurado entregue seu veículo o dirigir embriagado configura agravamento direto do risco por parte do segurado.

ANOTAÇÕES/COMENTÁRIOS

(a) Civil e consumidor. Recurso Especial. Ação de indenização por danos materiais. Cláusula limitativa de seguro que prevê a localidade de circulação habitual do veículo. Validade. Furto do veículo. Informação falsa e omissão relevante. Violação ao princípio da boa-fé objetiva. Hipótese em que o contrato de seguro de veículo prevê isenção de responsabilidade do segurador, quando o segurado omite ou presta informação falsa a respeito da localidade de circulação habitual do veículo. É válida cláusula contratual que isenta a responsabilidade da seguradora, quando o veículo circula, habitualmente, em região distinta da declarada no contrato de seguro, pois é com base nas informações prestadas pelo segurado, que a seguradora avalia a aceitação dos riscos e arbitra o valor da prestação a ser paga. De acordo como o princípio da boa-fé objetiva, deve-se esperar do segurado a prestação de informações que possam influenciar na aceitação do contrato e na fixação do prêmio. Na presente hipótese, o segurado, ao firmar contrato em localidade diversa da circulação habitual do veículo e ali indicar endereço residencial, certamente, omitiu informação relevante. Recurso especial conhecido e provido. (REsp 988.044)

(b) O mero atraso no pagamento de prestação do prêmio do seguro não importa em desfazimento automático do contrato, para o que se exige, ao menos, a prévia constituição em mora do contratante pela seguradora, mediante interpelação. (REsp 316.552)

(c) Constatada a perda total do bem segurado, deve a seguradora responder pelo valor fixado na apólice, sobre o qual foi calculado e pago o prêmio. (REsp 241.807)

(d) CC. Art. 766. Se o segurado, por si ou por seu representante, fizer declarações inexatas ou omitir circunstâncias que possam influir na aceitação da proposta ou na taxa do prêmio, perderá o direito à garantia, além de ficar obrigado ao prêmio vencido.

(e) Na linha da orientação firmada por este Tribunal, a culpa exclusiva do condutor do veículo segurado na ocorrência de acidente de trânsito, por dirigir embriagado, não é causa de perda do direito ao seguro, por não configurar agravamento do risco, previsto no art. 1.454 do Código Civil, que deve ser imputado à conduta direta do próprio segurado. (REsp 223.119)

*Para responder, tem que estudar: lei e jurisprudência.*

*Gabarito: A*



**58. (Cespe/TJ/MA/Juiz/2013)** Assinale a opção correta acerca dos contratos em espécie.

a) No contrato de mútuo com fins econômicos, presumem-se devidos juros, os quais, sob pena de redução, não poderão exceder a taxa previamente estipulada, permitida a capitalização mensal, desde que expressamente pactuada entre as partes.

b) De acordo com o estabelecido no Código Civil, quando a cláusula de irrevogabilidade for condição de um negócio bilateral, ou tiver sido estipulada no exclusivo interesse do mandatário, o mandante que o revogar deverá pagar perdas e danos.

c) Consoante disposição expressa no Código Civil acerca do contrato de corretagem, o corretor funciona como mandatário, obrigando-se a obter para o mandante um ou mais negócios conforme o disposto nas cláusulas do mandato.

d) Segundo a jurisprudência do STJ, descabe ação de terceiro prejudicado ajuizada, direta e exclusivamente, em face da seguradora do causador do dano, porque, no seguro de responsabilidade civil facultativo, a obrigação da seguradora de ressarcir os danos sofridos por terceiros pressupõe a responsabilidade civil do segurado, a qual, de regra, não poderá ser reconhecida em demanda em que este não haja intervindo, sob pena de vulneração do devido processo legal e da ampla defesa.

ANOTAÇÕES/COMENTÁRIOS

(a) CC. Art. 591. Destinando-se o mútuo a fins econômicos, presumem-se devidos juros, os quais, sob pena de redução, não poderão exceder a taxa a que se refere o art. 406, permitida a capitalização anual.

(b) CC. Art. 684. Quando a cláusula de irrevogabilidade for condição de um negócio bilateral, ou tiver sido estipulada no exclusivo interesse do mandatário, a revogação do mandato será ineficaz.

(c) CC. Art. 722. Pelo contrato de corretagem, uma pessoa, não ligada a outra em virtude de mandato, de prestação de serviços ou por qualquer relação de dependência, obriga-se a obter para a segunda um ou mais negócios, conforme as instruções recebidas.

(d) "1. A controvérsia dos autos cinge-se à possibilidade de o terceiro prejudicado no acidente automobilístico promover a ação convocando à lide, em litisconsórcio passivo, o segurado e a seguradora, no seguro de responsabilidade civil facultativo. (...). 3. Se o réu segurado convocado para a ação iria mesmo denunciar a lide à seguradora, nenhum prejuízo haverá para esta pelo fato de ter sido convocada a juízo, como promovida, a requerimento do terceiro autor da ação. Em ambos os casos haverá de defender-se em litisconsórcio passivo com o réu, respondendo solidariamente com este pela reparação do dano decorrente do acidente, até os limites dos valores segurados contratados". (REsp 710.463)

*Para responder, tem que estudar: lei e jurisprudência.*

*Gabarito: D*

**59. (Cespe/TJ/AM/Juiz/2016)** A respeito dos contratos regidos pelo Código Civil, assinale a opção correta.

a) No contrato de transporte de pessoas, a responsabilidade do transportador pelo acidente com o passageiro será afastada quando for comprovada culpa exclusiva de terceiro.

b) Se o suicídio do segurado ocorrer dentro do prazo dos dois primeiros anos de vigência do contrato de seguro de vida, seus beneficiários não terão direito a indenização, ainda que não premeditado o suicídio, mas o segurador será obrigado a devolver o montante da reserva técnica já formada.

c) No silêncio do contrato, o empreiteiro contratado deve contribuir para execução da obra com seu trabalho e com os materiais necessários à sua conclusão.

d) Na venda ad corpus, o imóvel é alienado com especificação de sua área, de modo que, na falta de correspondência entre a área mencionada e a efetiva área adquirida, poderá o comprador reclamar a resolução do contrato ou o abatimento proporcional do preço.

e) O pacto de retrovenda é condição resolutiva expressa que permite ao credor reaver, a qualquer tempo, o imóvel alienado, desde que restitua ao adquirente o preço recebido, acrescido de todas as despesas por ele realizadas.

**ANOTAÇÕES/COMENTÁRIOS**

(a) CC. Art. 735. A responsabilidade contratual do transportador por acidente com o passageiro não é elidida por culpa de terceiro, contra o qual tem ação regressiva.

(b) CC. Art. 798. O beneficiário não tem direito ao capital estipulado quando o segurado se suicida nos primeiros dois anos de vigência inicial do contrato, ou da sua recondução depois de suspenso, observado o disposto no parágrafo único do artigo antecedente.

(c) CC. Art. 610, § 1º A obrigação de fornecer os materiais não se presume; resulta da lei ou da vontade das partes.

(d) CC. Art. 500, § 3º Não haverá complemento de área, nem devolução de excesso, se o imóvel for vendido como coisa certa e discriminada, tendo sido apenas enunciativa a referência às suas dimensões, ainda que não conste, de modo expresso, ter sido a venda ad corpus.

(e) CC. Art. 505. O vendedor de coisa imóvel pode reservar-se o direito de recobrá-la no prazo máximo de decadência de três anos, restituindo o preço recebido e reembolsando as despesas do comprador, inclusive as que, durante o período de resgate, se efetuaram com a sua autorização escrita, ou para a realização de benfeitorias necessárias.

*Para responder, tem que estudar: lei.*

*Gabarito: B*

## 4.7. Da Responsabilidade Civil

**60. (Cespe/TJ/RN/Juiz/2013)** Joana, com dezesseis anos de idade, órfã de mãe, pegou, sem o conhecimento do pai, com o qual vive e sob cuja autoridade se encontra, as chaves do veículo de propriedade dele e saiu dirigindo pela cidade. Em determinado trecho, para não atropelar uma criança, que indevidamente caminhava pela pista, Joana desviou o veículo e atingiu o automóvel de Pedro, que estava parado em um estacionamento. Desesperada, tentando fugir do local, atingiu o veículo de Paulo. Considerando a situação hipotética apresentada e as regras acerca da responsabilidade civil, assinale a opção correta.

a) A responsabilidade do pai de Joana pelo ato praticado pela filha incapaz é objetiva, sendo desnecessária a comprovação da culpa de Joana para que ele seja responsabilizado.

b) Por ter agido em estado de necessidade ao desviar o veículo para não atingir a criança que caminhava pela pista Joana não tem o dever de indenizar Pedro, nem o teria se fosse maior e capaz.

c) Caso Paulo tome conhecimento de que o pai de Joana não dispõe de meios suficientes para reparar os danos causados pela filha e de que a menor seja proprietária de vasto patrimônio deixado por herança pela genitora, Joana, mesmo sendo menor relativamente incapaz, poderá responder pelos prejuízos causados a Paulo.

d) Se Joana fosse órfã de pai e mãe, somente se demonstrada culpa da parte do tutor nomeado, este responderia civilmente pelos atos praticados pela menor.

e) Na responsabilidade civil subjetiva, a comprovação de ausência de comportamento doloso de Joana é suficiente para afastar o dever jurídico de indenizar.

ANOTAÇÕES/COMENTÁRIOS

(a) CC. Art. 932, I e 933. De fato, a responsabilidade dos pais em relação aos filhos menores que estejam sob sua autoridade é objetiva, entretanto, para que o pai de Joana seja responsável pelos danos decorrentes do acidente, é preciso aferir se Joana teve culpa na ocorrência do dano.

(b) CC. Art. 929. Ainda que Joana tenha agido em estado de necessidade, o artigo 929 do Código Civil prevê que a pessoa lesada terá direito a ressarcimento se não for culpada pelo perigo.

(c) CC. Art. 928. O incapaz responde pelos prejuízos que causar, se as pessoas por ele responsáveis não tiverem obrigação de fazê-lo ou não dispuserem de meios suficientes.

(d) CC. Art. 932, II. Nos termos do artigo 932, inciso II, do Código Civil, o tutor é responsável pelos atos praticados pelos pupilos, de forma objetiva, sendo sua responsabilidade equiparada pela lei a dos pais em relação aos filhos.

(e) Na responsabilidade civil subjetiva, exige-se a comprovação da existência dos seguintes requisitos: dano, conduta, nexo de causalidade e culpa. Assim, não basta que se comprove que não houve por parte de Joana a prática de uma conduta dolosa, sendo necessária a comprovação de que não houve culpa em sentido amplo de Joana na ocorrência do evento.

*Para responder, tem que estudar: lei e teoria/doutrina.*

*Gabarito: C*

**61. (Cespe/TJ/DFT/Juiz/2014)** Considerando o entendimento jurisprudencial predominante no STJ, assinale a opção correta no que se refere a responsabilidade civil e alimentos.

a) A fixação dos alimentos definitivos em valor superior ao dos provisórios não autoriza a cobrança retroativa da diferença verificada entre eles.

b) Se os alimentos definitivos forem fixados em valor inferior ao dos provisórios, o alimentante poderá cobrar do alimentado o que tenha sido pago a maior.

c) A cláusula penal moratória compensa o inadimplemento, o que impede a responsabilização civil do promitente vendedor pelo valor referente aos lucros cessantes.

d) A responsabilidade civil pré-negocial, ou seja, a que se verifica na fase preliminar do contrato, não é regulada pelo Código Civil ora vigente.

e) O promitente comprador, no caso de atraso na entrega do imóvel adquirido, tem direito de exigir, além do cumprimento da obrigação e do pagamento do valor da cláusula penal moratória prevista no contrato, a indenização correspondente aos lucros cessantes pela não fruição do imóvel durante o período da mora.



## ANOTAÇÕES/COMENTÁRIOS

(a) "1. Na linha dos precedentes desta Corte, os alimentos definitivos, quando fixados em valor inferior ao dos provisórios, não geram para o alimentante o direito de pleitear o que foi pago a maior, tendo em vista irrepetibilidade própria da verba alimentar. 2. Todavia, quando fixados definitivamente em valor superior ao dos provisórios, terão efeito retroativo (Lei 5.478/68, art. 13, § 2º), facultando-se ao credor pleitear a diferença. 3. Recurso Especial provido para assegurar a retroatividade do valor maior, fixado pela sentença. (REsp 1318844)

(b) "A jurisprudência deste Tribunal Superior é na vertente de possuir efeitos imediatos a decisão que arbitra os alimentos provisórios, integrando tal direito temporário o patrimônio do alimentando, de sorte que a sentença a qual altera, posteriormente, esse provimento precário, fixando alimentos definitivos em valores inferiores, não tem o condão de retroagir em prejuízo daquele que recebe a aludida prestação. Assim, a sentença que arbitra alimentos definitivos opera "ex nunc", não podendo ser usada para beneficiar o alimentante inadimplente. Destarte, o valor dos alimentos provisórios é devido desde a data em que foram fixados até a data em que proferida a sentença que os reduziu". (AgRg no REsp 1042059)

(c, e) "1. A obrigação de indenizar é corolário natural daquele que pratica ato lesivo ao interesse ou direito de outrem. Se a cláusula penal compensatória funciona como pré-fixação das perdas e danos, o mesmo não ocorre com a cláusula penal moratória, que não compensa nem substitui o inadimplemento, apenas pune a mora. 2. Assim, a cominação contratual de uma multa para o caso de mora não interfere na responsabilidade civil decorrente do retardo no cumprimento da obrigação que já deflui naturalmente do próprio sistema. 3. O promitente comprador, em caso de atraso na entrega do imóvel adquirido pode pleitear, por isso, além da multa moratória expressamente estabelecida no contrato, também o cumprimento, mesmo que tardio da obrigação e ainda a indenização correspondente aos lucros cessantes pela não fruição do imóvel durante o período da mora da promitente vendedora". (REsp 1355554)

(d) De acordo com o artigo 422 do Código Civil, "os contratantes são obrigados a guardar, assim na conclusão do contrato, como em sua execução, os princípios de probidade e boa-fé" e, por decorrência, em todas as etapas da contratação, exige-se que as partes ajam de acordo com a boa-fé, podendo ocorrer responsabilização de uma das partes por descumprimento da boa-fé na fase preliminar, o que pode acarretar a condenação por danos morais em decorrência da quebra da confiança.

*Para responder, tem que estudar: jurisprudência e teoria/doutrina.*

*Gabarito: E*

**62. (Cespe/TJ/PA/Juiz/2012)** Acerca da responsabilidade por fato de outrem, assinale a opção correta.

a) De acordo com o STJ, se ocorrer dano pessoal por mau serviço prestado pelo hotel contratado para a hospedagem de cliente que tenha adquirido pacote turístico, a agência de viagens comercializadora do pacote não poderá ser responsabilizada.

b) Locadora de veículos tem responsabilidade subsidiária pelos danos causados a terceiro pelo locatário no decorrer da utilização do carro locado.

c) Se, ao conduzir veículo de propriedade dos pais, o filho menor, culposamente, causar dano a terceiro, a vítima, para obter reparação civil, terá de demonstrar que o dano foi causado pelo menor, por "culpa in vigilando" dos pais.

d) Estará afastada a responsabilidade dos pais pela reparação de danos a terceiro causados por filho menor emancipado por outorga, dada a perda do poder de direção dos atos do filho.

e) Em regra, o patrão é responsável pela reparação de dano decorrente de ato praticado por seu preposto, ainda que com desvio de suas atribuições.

ANOTAÇÕES/COMENTÁRIOS

(a) "2. Esta eg. Corte tem entendimento no sentido de que a agência de turismo que comercializa pacotes de viagens responde solidariamente, nos termos do art. 14 do Código de Defesa do Consumidor, pelos defeitos na prestação dos serviços que integram o pacote. (...). 4. Já quanto aos danos morais, o v. acórdão recorrido violou a regra do art. 14, § 3º, II, do CDC, ao afastar a responsabilidade objetiva do fornecedor do serviço. Como registram a r. sentença e o voto vencido no julgamento da apelação, ficaram demonstrados outros diversos percalços a que foram submetidos os autores durante a viagem, além daqueles considerados no v. acórdão recorrido, evidenciando os graves defeitos na prestação do serviço de pacote turístico contratado pelo somatório de falhas, configurando-se os danos morais padecidos pelos consumidores". (...). (REsp 888.751)

(b) Súmula 492, STF. A empresa locadora de veículos responde, civil e solidariamente com o locatário, pelos danos por este causados a terceiro, no uso do carro locado.

(c) A responsabilidade civil dos pais em relação aos atos praticados pelos filhos, de acordo com os artigos 932 e 933 do Código Civil, é objetiva, de forma que não se exige a comprovação de culpa, ainda que in elegendo dos pais, para que haja a responsabilização.

(d) "A emancipação voluntária, diversamente da operada por força de lei, não exclui a responsabilidade civil dos pais pelos atos praticados por seus filhos menores". (AgRg no Ag 1239557)

(e) CC. Art. 932. São também responsáveis pela reparação civil: (...). III – o empregador ou comitente, por seus empregados, serviçais e prepostos, no exercício do trabalho que lhes competir, ou em razão dele;

*Para responder, tem que estudar: lei, jurisprudência e súmula/OJ.*

*Gabarito: E*

**63. (Cespe/TJ/DFT/Juiz/2016)** A respeito da responsabilidade civil, assinale a opção correta.

a) De acordo com o Código Civil, a possibilidade legal de redução equitativa da indenização pelo juiz é aplicável às hipóteses de responsabilidade subjetiva e objetiva.

b) Se houver concorrência de culpas e danos a ambas as partes, cada qual deve arcar com seus respectivos prejuízos.

c) Nos termos explicitados no Código Civil, a gradação de culpa possui relevância para a configuração do ato ilícito.

d) Segundo a atual orientação do STJ, a reparação pela lesão extrapatrimonial deve seguir o método denominado bifásico na aferição do valor da indenização.

e) Conforme jurisprudência prevalente do STJ, a cobrança indevida já traz em si a ilicitude, bastando a prova de que se deu por meio judicial para se impor a devolução em dobro, prevista no Código Civil.

ANOTAÇÕES/COMENTÁRIOS

(a) A possibilidade de redução equitativa da indenização pelo juiz, prevista no parágrafo único do artigo 940, pela literalidade da lei, não pode ser aplicada às hipóteses de responsabilidade objetiva, entretanto, a doutrina, no enunciado 380 da Jornada de Direito Civil/CJF, admite tal hipótese.

(b) A concorrência de culpas não é aceita como uma hipótese de exclusão do dever de indenizar, como ocorre com a legítima defesa, bem como não se trata de hipótese de exclusão do nexo de causalidade, como ocorre com o fato exclusivo da vítima. Sendo assim, trata-se de hipótese de abrandamento do valor da indenização, mas não da sua total exclusão.

(c) A configuração do ato ilícito, de acordo com o artigo 186 do Código Civil, não traz a gradação da culpa (culpa leve, média ou grave) como um dos seus elementos.

(d) As Turmas da Seção de Direito Privado têm adotado o método bifásico como parâmetro para valorar a compensação dos danos morais. No particular, o Tribunal de origem levou em conta a gravidade do fato em si, a jurisprudência local acerca da matéria, tendo em vista o interesse jurídico lesado, bem como as condições pessoais da ofendida e do ofensor, de modo a arbitrar a quantia considerada razoável, diante das circunstâncias concretas, para compensar o dano moral suportado pela recorrida. (...). (REsp 1669680)

(e) "1. O eg. Tribunal de origem, à luz das circunstâncias fáticas da causa, concluiu que não há falar em indenização por dano moral, pois, quando da inclusão do nome da autora nos órgãos de proteção ao crédito, esta se encontrava inadimplente. Destarte, no caso, a alteração de tais conclusões demandaria a análise do acervo fático-probatório dos autos, o que é vedado pela Súmula 7 do STJ. 2. A Segunda Seção desta Corte firmou o entendimento de que a devolução em dobro dos valores pagos indevidamente somente é possível quando demonstrada a má-fé do credor, o que não ocorreu no caso dos autos. 3. In casu, a inexistência de má-fé da parte recorrida foi expressamente reconhecida pelas instâncias ordinárias. Tal conclusão somente pode ser afastada por meio de novo exame do acervo fático-probatório constante dos autos, providência, contudo, vedada na via estreita do recurso especial (Súmula 7/STJ)." (AgInt no AREsp 1118535)

*Para responder, tem que estudar: jurisprudência e teoria/doutrina.*

*Gabarito: D*

**64. (Cespe/TJ/DFT/Juiz/2014)** Assinale a opção correta a respeito da responsabilidade civil.

a) O estado de necessidade exclui o dever de indenizar.

b) Consoante entendimento do STJ, cabe indenização por danos morais em razão de irregular anotação do nome do consumidor em cadastros de proteção ao crédito, ainda que se comprove prévia anotação regular do nome da mesma pessoa no mesmo cadastro, por dívida preexistente.

c) De acordo com entendimento do STJ, o termo inicial da correção monetária, na hipótese de indenização por dano moral, é a data do evento.

d) Em caso de transporte de cortesia, a responsabilidade do transportador é subjetiva.

e) Para o reconhecimento de dano moral decorrente da simples devolução indevida de cheque, é necessário que o autor da ação demonstre violação a direito da personalidade.

ANOTAÇÕES/COMENTÁRIOS

(a) CC. Art. 929. Se a pessoa lesada, ou o dono da coisa, no caso do inciso II do art. 188, não forem culpados do perigo, assistir-lhes-á direito à indenização do prejuízo que sofreram.

(b) Ação de compensação por danos morais. Inscrição em cadastro de proteção ao crédito sem prévia notificação. Legitimidade passiva do órgão mantenedor do cadastro restritivo. Dano moral reconhecido, salvo quando já existente inscrição desabonadora regularmente realizada, tal como ocorre na hipótese dos autos. (...). Orientação 2: A ausência de prévia comunicação ao consumidor da inscrição do seu nome em cadastros de proteção ao crédito, prevista no art. 43, § 2º do CDC, enseja o direito à compensação por danos morais, salvo quando preexista inscrição desabonadora regularmente realizada. (...). (REsp 1061134)

(c) STJ. Súmula 362. A correção monetária do valor da indenização do dano moral incide desde a data do arbitramento.

(d) STJ. Súmula 145. No transporte desinteressado, de simples cortesia, o transportador só será civilmente responsável por danos causados ao transportado quando incorrer em dolo ou culpa grave.

(e) STJ. Súmula 388. A simples devolução indevida de cheque caracteriza dano moral, independentemente de prova do prejuízo sofrido pela vítima.

*Para responder, tem que estudar: lei, jurisprudência e súmula/OJ.*

*Gabarito: D*



**65. (Cespe/TJ/DFT/Juiz/2014)** De acordo com o disposto no Código Civil e com o entendimento jurisprudencial predominante no STJ, assinale a opção correta.

a) A decisão que reconhece a aquisição da propriedade de bem imóvel por usucapião não desconstitui hipoteca judicial que tenha gravado anteriormente o referido bem, onerando o novo proprietário.

b) Na hipótese de desconsideração da personalidade jurídica de sociedade limitada modesta, com apenas dois sócios detentores, cada um deles, de 50% do capital social, não é possível responsabilizar pelas dívidas dessa sociedade o sócio que, de acordo com o contrato social, não exerça funções de gerência ou administração.

c) Empresa jornalística tem o dever de indenizar caso divulgue fatos investigativos que envolvam pessoa física que seja posteriormente absolvida judicialmente.

d) A responsabilidade da imprensa pelas informações por ela veiculadas é de caráter subjetivo, não se cogitando a aplicação da teoria do risco ou a responsabilidade objetiva.

e) A alteração de regimento interno de condomínio edilício depende de votação com observância do quórum mínimo de dois terços dos condôminos, nos termos do disposto no Código Civil.

**ANOTAÇÕES/COMENTÁRIOS**

(a) "Assegurada ao primitivo credor hipotecário participação na posterior ação de usucapião, não se pode ter como ilegal a decisão que reconhece ser a usucapião modo originário de aquisição da propriedade e, portanto, prevalente sobre os direitos reais de garantia que anteriormente gravavam a coisa". (REsp 620.610)

(b) "1. Possibilidade de a desconsideração da personalidade jurídica da sociedade limitada atingir os bens de sócios que não exercem função de gerência ou administração. 2. Em virtude da adoção da Teoria Maior da Desconsideração, é necessário comprovar, para fins de desconsideração da personalidade jurídica, a prática de ato abusivo ou fraudulento por gerente ou administrador. 3. Não é possível, contudo, afastar a responsabilidade de sócia majoritária, mormente se for considerado que se trata de sociedade familiar, com apenas duas sócias." (REsp 1315110) (c, d) "1. Discussão acerca da potencialidade ofensiva de matéria publicada em jornal de grande circulação, que aponta possível envolvimento ilícito de magistrado com ex-deputado ligado ao desabamento do edifício Palace II, no Rio de Janeiro. (...). 4. A liberdade de informação deve estar atenta ao dever de veracidade, pois a falsidade dos dados divulgados manipula em vez de formar a opinião pública, bem como ao interesse público, pois nem toda informação verdadeira é relevante para o convívio em sociedade. 5. A honra e imagem dos cidadãos não são violados quando se divulgam informações verdadeiras e fidedignas a seu respeito e que, além disso, são do interesse público. 6. O veículo de comunicação exime-se de culpa quando busca fontes fidedignas, quando exerce atividade investigativa, ouve as diversas partes interessadas e afasta quaisquer dúvidas sérias quanto à veracidade do que divulgará. 7. Ainda que posteriormente o magistrado tenha sido absolvido das acusações, o fato é que, conforme apontado na sentença de primeiro grau, quando a reportagem foi veiculada, as investigações mencionadas estavam em andamento. 8. A diligência que se deve exigir da imprensa, de verificar a informação antes de divulgá-la, não pode chegar ao ponto de que notícias não possam ser veiculadas até que haja certeza plena e absoluta da sua veracidade. O processo de divulgação de informações satisfaz verdadeiro interesse público, devendo ser célere e eficaz, razão pela qual não se coaduna com rigorismos próprios de um procedimento judicial, no qual se exige cognição plena e exauriente acerca dos fatos analisados. 9. Não houve, por conseguinte, ilicitude na conduta da recorrente, tendo o acórdão recorrido violado os arts. 186 e 927 do CC/02 quando a condenou ao pagamento de compensação por danos morais ao magistrado. (...). (REsp 1297567)

(e) CC. Art. 1351. Depende da aprovação de 2/3 (dois terços) dos votos dos condôminos a alteração da convenção; a mudança da destinação do edifício, ou da unidade imobiliária, depende da aprovação pela unanimidade dos condôminos.

*Para responder, tem que estudar: lei e jurisprudência.*

*Gabarito: D*

**66. (Cespe/TJ/DFT/Juiz/2014)** De acordo com o entendimento do STJ sobre a responsabilidade civil e com o disposto na Lei de Registros Públicos relativamente ao registro civil de pessoas naturais, assinale a opção correta.

a) A regra geral, no direito brasileiro, é a da imutabilidade ou definitividade do nome civil, incluída a observância de determinada ordem quanto aos apelidos de família, vedando-se que a ordem no sobrenome dos filhos seja distinta daquela presente no sobrenome dos pais.

b) A doença preexistente não informada no momento da contratação do seguro exime a seguradora de honrar sua obrigação, ainda que o óbito decorra de causa diversa da doença omitida.

c) A perda de uma chance, caracterizada pela violação direta ao bem juridicamente protegido, qual seja, a chance concreta, real, com alto grau de probabilidade de gerar um benefício ou de evitar um prejuízo, consubstancia modalidade autônoma de indenização.

d) À hipótese de um paciente acometido de doença grave falecer em decorrência de erro médico não se aplica a teoria da responsabilidade civil decorrente da perda de uma chance, haja vista a ausência de nexo causal direto entre a conduta do médico e o dano, lesão gerada pela perda da vida, uma vez que o prejuízo causado terá como causa direta e imediata a própria doença do paciente, e não o erro médico.

e) A fixação de indenização decorrente da aplicação da teoria da perda de uma chance deve corresponder ao valor integral do dano final experimentado pela vítima.



## ANOTAÇÕES/COMENTÁRIOS

(a) "1. Tanto o art. 57, como o art. 109, da Lei 6.015/73, expressamente, dispõem sobre a necessidade de intervenção do Ministério Público nas ações que visem, respectivamente, à alteração do nome e a retificação de registro civil. 2. A regra geral, no direito brasileiro, é a da imutabilidade ou definitividade do nome civil, mas são admitidas exceções, como as dos arts. 56 e 57 da Lei de Registros Públicos. 3. A lei não faz nenhuma exigência de observância de uma determinada ordem no que tange aos apelidos de família, seja no momento do registro do nome do indivíduo, seja por ocasião da sua posterior retificação. Também não proíbe que a ordem do sobrenome dos filhos seja distinta daquela presente no sobrenome dos pais. (REsp 1323677)

(b) "(...). 4. Para fins securitários, a morte acidental evidencia-se quando o falecimento da pessoa decorre de acidente pessoal, sendo este definido como um evento súbito, exclusivo e diretamente externo, involuntário e violento. Já a morte natural configura-se por exclusão, ou seja, por qualquer outra causa, como as doenças em geral, que são de natureza interna, feitas exceções às infecções, aos estados septicêmicos e às embolias resultantes de ferimento visível causado em decorrência de acidente coberto, os quais serão também considerados, nessas situações, morte acidental (Resolução CNSP 117/2004). 5. Constatada a morte acidental do segurado, ocasionada por infecção, septicemia ou embolia, resultante de ferimento visível causado em decorrência de acidente coberto (evento externo, súbito, involuntário, violento e lesionante), é de ser reconhecido o direito à indenização securitária decorrente da garantia morte por acidente. 6. Quando se tratar de morte acidental e não de morte natural por doença, o silêncio do segurado acerca da enfermidade preexistente no questionário de risco não enseja a aplicação da pena do art. 766 do CC, já que a informação sonegada em nada concorreu para a ocorrência do dano, não guardando relação com o sinistro gerado. Inteligência do enunciado 585 da VII Jornada de Direito Civil. 7. A matéria relativa à correção monetária é de ordem pública, de modo que a alteração do termo inicial de ofício pelo tribunal não configura 'reformatio in pejus'. (...)". (REsp 1673368)

(c) "A perda da chance, em verdade, consubstancia uma modalidade autônoma de indenização, passível de ser invocada nas hipóteses em que não se puder apurar a responsabilidade direta do agente pelo dano final (...). A chance em si – desde que seja concreta, real, com alto grau de probabilidade de obter um benefício ou de evitar um prejuízo – é considerada um bem autônomo e perfeitamente reparável" (Manual de Direito Civil, Flávio Tartuce).

(d, e) "1. O STJ vem enfrentando diversas hipóteses de responsabilidade civil pela perda de uma chance em sua versão tradicional, na qual o agente frustra à vítima uma oportunidade de ganho. Nessas situações, há certeza quanto ao causador do dano e incerteza quanto à respectiva extensão, o que torna aplicável o critério de ponderação característico da referida teoria para a fixação do montante da indenização a ser fixada. 2. Nas hipóteses em que se discute erro médico, a incerteza não está no dano experimentado, notadamente nas situações em que a vítima vem a óbito. A incerteza está na participação do médico nesse resultado, à medida que, em princípio, o dano é causado por força da doença, e não pela falha de tratamento. 3. Conquanto seja viva a controvérsia, sobretudo no direito francês, acerca da aplicabilidade da teoria da responsabilidade civil pela perda de uma chance nas situações de erro médico, é forçoso reconhecer sua aplicabilidade. Basta, nesse sentido, notar que a chance, em si, pode ser considerada um bem autônomo, cuja violação pode dar lugar à indenização de seu equivalente econômico, a exemplo do que se defende no direito americano. Prescinde-se, assim, da difícil sustentação da teoria da causalidade proporcional. 4. Admitida a indenização pela chance perdida, o valor do bem deve ser calculado em uma proporção sobre o prejuízo final experimentado pela vítima. A chance, contudo, jamais pode alcançar o valor do bem perdido. É necessária uma redução proporcional. (...)". (REsp 1254141)

*Para responder, tem que estudar: jurisprudência e teoria/doutrina.*

*Gabarito: C*

**67. (Cespe/TJ/PR/Juiz/2017)** Lucas, menor de idade, filho de Mara e Júlio, praticou ato ilícito que culminou na morte de Pablo. Após tomar conhecimento do evento, Joana, mãe da vítima, ajuizou ação compensatória de danos morais contra Mara e Júlio, em decorrência da conduta praticada por seu filho. Durante a instrução processual, Júlio demonstrou que não mantinha mais vínculo matrimonial com Mara e que o menor estava coabitando com a mãe e sob a guarda desta. Comprovou, também, que Lucas não estava em sua companhia no momento da prática do ilícito e que, dias antes, Mara havia comprado uma arma, de forma irregular, que fora usada no cometimento do crime. Com referência a essa situação hipotética, assinale a opção correta à luz da legislação aplicável ao caso, do entendimento doutrinário sobre o tema e da jurisprudência do STJ.

a) A responsabilidade de Lucas é objetiva, assim como a de seus pais, Mara e Júlio.

b) O pleito de Joana deve ser julgado improcedente em relação a Júlio, pois o contexto fático demonstrou situação que exclui sua responsabilidade.

c) O limite humanitário da indenização, aplicável a Lucas, não é extensivo a seus pais, devido ao princípio da reparação integral do dano.

d) Há presunção absoluta do dever de vigilância dos pais em relação ao filho Lucas, decorrente do poder familiar.



ANOTAÇÕES/COMENTÁRIOS

(a) A responsabilidade dos pais de Lucas, Mara e Júlio é objetiva, na forma do artigo 932, I, do Código Civil (teoria do risco criado). Entretanto, entende-se que para que os pais se responsabilizem pelos atos dos filhos menores, é preciso que se verifique a culpa do filho menor na ocorrência do dano.

(b, d) "I. Como princípio inerente ao pátrio poder ou poder familiar e ao poder-dever, ambos os genitores, inclusive aquele que não detém a guarda, são responsáveis pelos atos ilícitos praticados pelos filhos menores, salvo se comprovarem que não concorreram com culpa para a ocorrência do dano. II. A responsabilidade dos pais, portanto, se assenta na presunção juris tantum de culpa e de culpa in vigilando, o que, como já mencionado, não impede de ser elidida se ficar demonstrado que os genitores não agiram de forma negligente no dever de guarda e educação. Esse é o entendimento que melhor harmoniza o contido nos arts. 1.518, § único e 1.521, inciso I do Código Civil de 1916, correspondentes aos arts. 942, § único e 932, inciso I, do novo Código Civil, respectivamente, em relação ao que estabelecem os arts. 22 do Estatuto da Criança e do Adolescente, e 27 da Lei 6.515/77, este recepcionado no art. 1.579, do novo Código Civil, a respeito dos direitos e deveres dos pais em relação aos filhos. III. No presente caso, sem adentrar-se no exame das provas, pela simples leitura da decisão recorrida, tem-se claramente que a genitora assumiu o risco da ocorrência de uma tragédia, ao comprar, três ou quatro dias antes do fato, o revólver que o filho utilizou para o crime, arma essa adquirida de modo irregular e guardada sem qualquer cautela. IV. Essa realidade, narrada no voto vencido do v. acórdão recorrido, é situação excepcional que isenta o genitor, que não detém a guarda e não habita no mesmo domicílio, de responder solidariamente pelo ato ilícito cometido pelo menor, ou seja, deve ser considerado parte ilegítima". (REsp 777.327)

(c) O artigo 928 do Código Civil estabelece que o menor somente responde subsidiariamente, quando os pais não tiverem a obrigação de fazê-lo ou não dispuserem de meios necessários. O limite humanitário, previsto no parágrafo único do mencionado artigo, deriva do princípio da dignidade, a fim de resguardar o mínimo existencial da pessoa, o que vale para os pais responsáveis. Portanto, para que o menor responda pelos prejuízos causados não é necessário reduzir a situação econômica dos pais à miséria, pois em relação a eles também se deve observar o limite humanitário.

*Para responder, tem que estudar: lei, jurisprudência e teoria/doutrina.*

*Gabarito: B*

**68. (Cespe/TJ/CE/Juiz/2018)** Pedro descobriu que seu nome havia sido inscrito em órgãos de restrição ao crédito por determinada instituição financeira em decorrência do inadimplemento de contrato fraudado por terceiro. Nesse caso hipotético, a instituição financeira

a) não responderá civilmente, uma vez que se trata de fato de terceiro, mas deverá proceder à retirada do registro negativo no nome de Pedro.
b) não responderá civilmente, porque a fraude configura uma excludente de caso fortuito externo.
c) responderá civilmente na modalidade objetiva integral.
d) responderá civilmente apenas se Pedro comprovar que sofreu prejuízos devido à inscrição de seu nome nos órgãos de restrição ao crédito.
e) responderá civilmente na modalidade objetiva, com base no risco do empreendimento.

## ANOTAÇÕES/COMENTÁRIOS

(a, b) De acordo com a Súmula 479 do Superior Tribunal de Justiça, "as instituições financeiras respondem objetivamente pelos danos gerados por fortuito interno relativo a fraudes e delitos praticados por terceiros no âmbito de operações bancárias". Portanto, para a jurisprudência, o fato exclusivo de terceiro somente exclui a responsabilidade quando constituir fortuito externo (fato estranho à atividade desenvolvida). No caso descrito, trata-se de fortuito interno, de modo que não haverá exclusão da responsabilidade civil da instituição financeira.

(c) A responsabilidade civil da instituição financeira, no caso descrito, é objetiva, com base no enunciado de Súmula 479 do STJ, entretanto, não é integral. A responsabilidade objetiva integral não admite hipóteses excludentes da responsabilidade civil, o que não é o caso, já que os danos gerados por fortuito externo afastam a responsabilidade da instituição financeira. A teoria da responsabilidade civil aqui adotada é a teoria do risco do empreendimento, conforme artigo 927, parágrafo único, do Código Civil, que prevê: "Haverá obrigação de reparar o dano, independentemente de culpa, nos casos especificados em lei, ou quando a atividade normalmente desenvolvida pelo autor do dano implicar, por sua natureza, risco para os direitos de outrem".

(d) De acordo com entendimento majoritário do Superior Tribunal de Justiça, a inscrição indevida nos serviços de proteção ao crédito gera dano moral in re ipsa, prescindindo de comprovação dos danos sofridos. Nesse sentido: "PROCESSUAL CIVIL. AGRAVO INTERNO NO AGRAVO EM RECURSO ESPECIAL. AÇÃO DECLARATÓRIA DE INEXISTÊNCIA DE DÉBITO C/C INDENIZAÇÃO POR DANOS MORAIS. INSCRIÇÃO DO NOME DO AUTOR NOS CADASTROS DE PROTEÇÃO AO CRÉDITO. AUSÊNCIA DE AFRONTA AO ART. 1.022 DO CPC/2015. DANO MORAL IN RE IPSA. ASTREINTES. VALOR DOS DANOS MORAIS. REEXAME DE CONTEÚDO FÁTICO-PROBATÓRIO. SÚMULA N. 7/STJ. RAZOABILIDADE. DECISÃO MANTIDA. (...) 3. Consoante a jurisprudência desta Corte, "nos casos de protesto indevido de título ou inscrição irregular em cadastros de inadimplentes, o dano moral se configura in re ipsa, isto é, prescinde de prova" (REsp n. 1.059.663/MS, Relatora Ministra NANCY ANDRIGHI, DJe 17/12/2008).

4. Somente em hipóteses excepcionais, quando irrisório ou exorbitante o valor da indenização por danos morais arbitrado na origem, a jurisprudência desta Corte permite o afastamento do óbice da Súmula n. 7 do STJ para possibilitar sua revisão. No caso, a quantia arbitrada na origem é razoável, não ensejando a intervenção desta Corte. (...) (AgInt no AREsp 1214839/SC, Rel. Ministro ANTONIO CARLOS FERREIRA, QUARTA TURMA, julgado em 26/02/2019, DJe 08/03/2019)".

(e) Correta. Nos termos da Súmula 479 do Superior Tribunal de Justiça, "as instituições financeiras respondem objetivamente pelos danos gerados por fortuito interno relativo a fraudes e delitos praticados por terceiros no âmbito de operações bancárias". E, como já mencionado, a teoria utilizada é a do risco do empreendimento, trazida pelo artigo 927, parágrafo único, do Código Civil.

*Para responder, tem que estudar: lei e jurisprudência.*

*Gabarito: E*

## 4.8. Das Preferências e Privilégios Creditórios

**69. (Cespe/TJ/CE/Juiz/2012)** No que se refere à declaração de insolvência civil, assinale a opção correta.

a) A nulidade sobre alguma dívida pode ser alegada por qualquer dos credores, desde que em autos apartados aos da insolvência.

b) Créditos com privilégio geral são os que assim sejam estabelecidos pelo credor no momento em que se obriga.

c) Ainda que o valor do bem que garante um crédito real não seja suficiente para satisfazer o crédito, este não perderá a sua ordem de preferência no concurso entre as várias classes de credores.

d) Declarada a insolvência, inicia-se uma discussão entre credores, não podendo mais o devedor impugnar créditos.

e) Salvo os créditos considerados prioritários por lei especial, os créditos dos credores com direito real de garantia preferem ao pessoal, qualquer que seja a espécie deste.

**ANOTAÇÕES/COMENTÁRIOS**

(a) De acordo com o artigo 1.052 do CPC, as disposições sobre insolvência civil do CPC/73 permanecem vigentes até a edição de lei nova específica. Sendo assim, pela inteligência do disposto nos artigos 768 e 772 do CPC/73, entende-se que as alegações de nulidade de alguma dívida são feitas nos mesmos autos da insolvência.

(b) CC. Art. 965. Os créditos de privilégio geral são os dispostos no artigo 765 do Código Civil, de modo que não há livre escolha pelo credor.

(c) Em relação aos créditos com garantia real, somente terá preferência até o limite do valor do bem, perdendo a preferência em relação ao excedente do crédito.

(d) De acordo com o artigo 1052 do CPC, as disposições sobre insolvência civil do CPC/73 permanecem vigentes até a edição de lei nova específica. Sendo assim, de acordo com o artigo 768, parágrafo único do CPC/73, "no prazo, a que se refere este artigo, o devedor poderá impugnar quaisquer créditos".

(e) CC. Art. 961. O crédito real prefere ao pessoal de qualquer espécie; o crédito pessoal privilegiado, ao simples; e o privilégio especial, ao geral.

*Para responder, tem que estudar: lei.*

*Gabarito: E*

# 5. DO DIREITO DAS COISAS

## 5.1. Da Posse

**70. (Cespe/TJ/PB/Juiz/2015)** Com base no Código Civil e à luz da jurisprudência dominante do STJ, assinale a opção correta a respeito do direito das coisas.

a) Associação de moradores constituída com o objetivo de defesa e preservação de interesses comuns da respectiva área habitacional pode cobrar cotas condominiais do proprietário, ainda que este não seja seu associado, conforme jurisprudência prevalente do STJ.

b) Na usucapião tabular, o lapso temporal para aquisição da propriedade é de dez anos.

c) A cessação dos atos de posse e o não pagamento dos ônus fiscais relativos ao bem resultam em presunção relativa de abandono do imóvel urbano.

d) No constituto-possessório, subentende-se a tradição quando o transmitente continua na posse do bem.

e) É do promitente vendedor a responsabilidade pelo pagamento das obrigações condominiais, independentemente da efetiva imissão, na posse, pelo promitente comprador, até que seja registrado o compromisso de compra e de venda.

**ANOTAÇÕES/COMENTÁRIOS**

(a) "As taxas de manutenção criadas por associações de moradores não obrigam os não associados ou que a elas não anuíram". (REsp 1439163, repetitivo)

(b) A usucapião tabular é a espécie prevista no artigo 1.242, parágrafo único, do Código Civil, que dispõe sobre o prazo de cinco anos para a aquisição da propriedade.

BLOCO I

(c) CC. Art. 1276, § 2º. Presumir-se-á de modo absoluto a intenção a que se refere este artigo, quando, cessados os atos de posse, deixar o proprietário de satisfazer os ônus fiscais.

(d) No constituto possessório, o possuidor possuía em nome próprio e passa a possuir em nome alheio, de forma que a tradição ocorre de forma ficta.

(e) "A legitimidade passiva da ação de cobrança de despesas condominiais deve ser analisada à luz das circunstâncias do caso concreto, ora recaindo sobre o promitente vendedor ora sobre o promissário comprador, a depender se este se imitiu na posse do bem e se o condomínio teve ciência da alienação da unidade autônoma". (...). (AgRg no REsp 1542365)

***Para responder, tem que estudar: lei, jurisprudência e teoria/doutrina.***

*Gabarito: D*

**71. (Cespe/TJ/DFT/Juiz/2016)** A respeito da posse e do direito das coisas, assinale a opção correta.

a) A posse "ad interdicta" dá ensejo à prescrição aquisitiva originária pela usucapião.

b) A propriedade, conforme disposição legal, incide exclusivamente sobre bens corpóreos.

c) A resolução da propriedade determinada por causa originária, prevista no título, produzirá efeitos "ex nunc" e "inter partes".

d) A sentença que reconhece a usucapião tem natureza constitutiva.

e) A posse pode ser adquirida por terceiro, sem mandato do pretendente, caso em que a aquisição depende de ratificação.

**ANOTAÇÕES/COMENTÁRIOS**

(a) A posse "ad interdicta" é aquela que pode ser defendida através dos interditos possessórios, podendo ser traduzida como a posse justa. Por outro lado, a posse que dá ensejo à aquisição da propriedade pela usucapião pode ser justa ou injusta, sendo conhecida como posse "ad usucapionem".

(b) O Código Civil não dispõe que a propriedade somente incide sobre bens corpóreos.

(c) Jornada de Direito Civil/CJF. Enunciado 509: A resolução da propriedade, quando determinada por causa originária, prevista no título, opera "ex tunc" e "erga omnes"; se decorrente de causa superveniente, atua "ex nunc" e "inter partes".

(d) A sentença que reconhece a usucapião tem natureza declaratória. Nesse sentido: "(...). 2. A usucapião é modo originário de aquisição da propriedade; ou seja, não há transferência de domínio ou vinculação entre o proprietário anterior e o usucapiente. 3. A sentença proferida no processo de usucapião (art. 941 do CPC) possui natureza meramente declaratória (e não constitutiva), pois apenas reconhece, com oponibilidade erga omnes, um direito já existente com a posse 'ad usucapionem', exalando, por isso mesmo, efeitos 'ex tunc'. O efeito retroativo da sentença se dá desde a consumação da prescrição aquisitiva. 4. O registro da sentença de usucapião no cartório extrajudicial não é essencial para a consolidação da propriedade imobiliária, porquanto, ao contrário do que ocorre com as aquisições derivadas de imóveis, o ato registral, em tais casos, não possui caráter constitutivo. Assim, a sentença oriunda do processo de usucapião é tão somente título para registro (arts. 945 do CPC; 550 do CC/1916; 1.241, parágrafo único, do CC/2002) – e não título constitutivo do direito do usucapiente, buscando este, com a demanda, atribuir segurança jurídica e efeitos de coisa julgada com a declaração formal de sua condição. 5. O registro da usucapião no cartório de imóveis serve não para constituir, mas para dar publicidade à aquisição originária (alertando terceiros), bem como para permitir o exercício do 'ius disponendi' (direito de dispor), além de regularizar o próprio registro cartorial. (REsp 118.360)

(e) CC. Art. 1205. A posse pode ser adquirida: (...). II – por terceiro sem mandato, dependendo de ratificação.

*Para responder, tem que estudar: lei, jurisprudência e teoria/doutrina.*

*Gabarito: E*

**72. (Cespe/TJ/PA/Juiz/2012)** No que se refere a posse, assinale a opção correta.

a) Para merecer proteção possessória, o possuidor deverá demonstrar que a posse é justa.

b) A mudança de intenção do possuidor altera o caráter da posse.

c) Para cessar a clandestinidade, não se exige que a vítima demonstre ciência do esbulho.

d) Ao esbulhador não será reconhecida posse plena e exclusiva.

e) Não sendo clandestina, precária ou violenta, a posse não terá vícios.

*ANOTAÇÕES/COMENTÁRIOS*

(a) "A posse, mesmo que injusta, ainda é posse e pode ser defendida por ações do juízo possessório, não contra aquele de quem se tirou a coisa, mas sim em face de terceiros. Isso porque a posse somente é viciada em relação a uma determinada pessoa (efeitos 'inter partes'), não tendo o vício efeitos contra todos, ou seja, erga omnes" (Manual de Direito Civil, Flávio Tartuce).

(b) "Superada a análise da aquisição, no tocante à transmissão da posse, prevê o art.1.206 do Código Civil em vigor que 'a posse transmite-se aos herdeiros ou legatários do possuidor com os mesmos caracteres'. Trata-se de expressão do princípio da continuidade do caráter da posse que, em regra, mantém os atributos da sua aquisição. Esse importante regramento também é retirado do art. 1.203 do CC, pelo qual, salvo prova em contrário, entende-se manter a posse o mesmo caráter com que foi adquirida, consagração da regra de que ninguém pode, por si só, mudar a causa que fundamenta a posse" (Manual de Direito Civil, Flávio Tartuce).

(c) A posse clandestina é aquela mantida às escondidas, na surdina, de forma que a clandestinidade cessa a partir do momento em que a posse passa a ser conhecida pela sociedade, ainda que desconhecida pela vítima.

(d) O esbulhador poderá ter posse plena e exclusiva sobre a coisa enquanto mantiver o poder sobre ela.

(e) A posse justa é aquela que não possui os vícios da violência, clandestinidade e precariedade (art. 1200, CC).

*Para responder, tem que estudar: lei e teoria/doutrina.*

*Gabarito: C*

**73. (Cespe/TJ/CE/Juiz/2012)** Pedro, viúvo, pai de Caio, Eduardo e Leonardo, faleceu, deixando a propriedade de uma fazenda no interior do Ceará. Caio reside na fazenda e seus dois irmãos, no Rio de Janeiro. Antes do início do inventário, durante uma semana em que Caio viajou, a fazenda foi invadida por cinco famílias. Caio, então, procurou um advogado para ajuizar ação possessória com a finalidade de ser reintegrado na posse da referida fazenda. Considerando essa situação hipotética, assinale a opção correta.

a) Caio somente poderá defender sua parte ideal do imóvel.
b) Caio poderá ajuizar sozinho a ação, desde que com a anuência dos demais herdeiros.
c) Caio poderá ajuizar sozinho a ação para a defesa da posse de todo o imóvel.
d) Todos os irmãos deverão integrar o polo ativo, mas, antes, deverá ser dado início ao inventário.
e) Há, no caso, litisconsórcio necessário.

ANOTAÇÕES/COMENTÁRIOS

(a, b, c, d, e) De acordo com o artigo 1791 do Código Civil, a herança é coisa indivisa, ainda que sejam vários herdeiros. Portanto, quando a coisa indivisa é possuída por diversas pessoas, entende-se que os atos possessórios podem ser exercidos por qualquer uma delas, desde que não se excluam os demais compossuidores (art. 1199, CC).

*Para responder, tem que estudar: lei.*

*Gabarito: C*

**74. (Cespe/TJ/PR/Juiz/2017)** À luz do Código Civil, do entendimento doutrinário sobre o tema e da jurisprudência do STJ, assinale a opção correta a respeito da responsabilidade civil e da obrigação de indenizar.

a) A embriaguez do segurado que conduz veículo automotor, por si só, é causa suficiente para exclusão da garantia, pois houve o agravamento do risco.

b) No caso de violação da posse, se a coisa se perder e deixar de existir, a indenização em favor do possuidor terá de ser estimada pelo seu valor ordinário e de afeição.

c) A aplicação da teoria da perda de uma chance restringe-se aos danos materiais.

d) A responsabilização do dono de animal pelos danos por este ocasionados a terceiros decorre do instituto da culpa presumida.

ANOTAÇÕES/COMENTÁRIOS

(a) "A embriaguez do segurado, por si só, não exime o segurador do pagamento de indenização prevista em contrato de seguro de vida, sendo necessária a prova de que o agravamento de risco dela decorrente influiu decisivamente na ocorrência do sinistro." (AgRg no AREsp 57.290)

(b) CC. Art. 952. Havendo usurpação ou esbulho do alheio, além da restituição da coisa, a indenização consistirá em pagar o valor das suas deteriorações e o devido a título de lucros cessantes; faltando a coisa, dever-se-á reembolsar o seu equivalente ao prejudicado.

(c) A teoria da perda de uma chance é modalidade autônoma de dano, ao lado do dano moral, material e danos estéticos. Sendo assim, entende-se que a chance real e séria perdida será indenizável quando repercutir no patrimônio material ou extrapatrimonial da vítima.

(d) CC. Art. 936. O dono, ou detentor, do animal ressarcirá o dano por este causado, se não provar culpa da vítima ou força maior.

*Para responder, tem que estudar: lei, jurisprudência e teoria/doutrina.*

*Gabarito: B*

**75. (Cespe/TJ/PR/Juiz/2017)** Acerca do direito das coisas, assinale a opção correta à luz do Código Civil e do entendimento doutrinário sobre o tema.

a) Caso seja instituído o usufruto em favor de dois usufrutuários, o falecimento de um deles gerará de pleno direito o acréscimo ao sobrevivente.

b) Ao efetuar o desdobramento da posse, o proprietário perde a condição de possuidor.

c) Para fins de proteção possessória, deve ser demonstrado algum vício objetivo da posse, não sendo imprescindível a constatação de má-fé do esbulhador.

d) O conceito de multipropriedade, que perpassa a análise de uso compartilhado, fere o atributo de exclusividade da propriedade.



## ANOTAÇÕES/COMENTÁRIOS

(a) CC. Art. 1411. Constituído o usufruto em favor de duas ou mais pessoas, extinguir-se-á a parte em relação a cada uma das que falecerem, salvo se, por estipulação expressa, o quinhão desses couber ao sobrevivente.

(b) O desdobramento da posse está previsto no artigo 1.197, o qual prevê "a posse direta, de pessoa que tem a coisa em seu poder, temporariamente, em virtude de direito pessoal, ou real, não anula a indireta, de quem aquela foi havida, podendo o possuidor direto defender a sua posse contra o indireto". Assim, conclui-se que o proprietário, possuidor indireto, não perde a posse quando ocorre o desdobramento.

(c) CC. Art. 1210, § 2º. Não obsta à manutenção ou reintegração na posse a alegação de propriedade, ou de outro direito sobre a coisa.

(d) "1. O sistema time-sharing ou multipropriedade imobiliária, conforme ensina Gustavo Tepedino, é uma espécie de condomínio relativo a locais de lazer no qual se divide o aproveitamento econômico de bem imóvel (casa, chalé, apartamento) entre os cotitulares em unidades fixas de tempo, assegurando-se a cada um o uso exclusivo e perpétuo durante certo período do ano. 2. Extremamente acobertada por princípios que encerram os direitos reais, a multipropriedade imobiliária, nada obstante ter feição obrigacional aferida por muitos, detém forte liame com o instituto da propriedade, se não for sua própria expressão, como já vem proclamando a doutrina contemporânea, inclusive num contexto de não se reprimir a autonomia da vontade nem a liberdade contratual diante da preponderância da tipicidade dos direitos reais e do sistema de numerus clausus. 3. No contexto do Código Civil de 2002, não há óbice a se dotar o instituto da multipropriedade imobiliária de caráter real, especialmente sob a ótica da taxatividade e imutabilidade dos direitos reais inscritos no art. 1.225. 4. O vigente diploma, seguindo os ditames do estatuto civil anterior, não traz nenhuma vedação nem faz referência à inviabilidade de consagrar novos direitos reais. Além disso, com os atributos dos direitos reais se harmoniza o novel instituto, que, circunscrito a um vínculo jurídico de aproveitamento econômico e de imediata aderência ao imóvel, detém as faculdades de uso, gozo e disposição sobre fração ideal do bem, ainda que objeto de compartilhamento pelos multiproprietários de espaço e turnos fixos de tempo. 5. A multipropriedade imobiliária, mesmo não efetivamente codificada, possui natureza jurídica de direito real, harmonizando-se, portanto, com os institutos constantes do rol previsto no art. 1.225 do Código Civil; e o multiproprietário, no caso de penhora do imóvel objeto de compartilhamento espaço-temporal (time-sharing), tem, nos embargos de terceiro, o instrumento judicial protetivo de sua fração ideal do bem objeto de constrição. 6. É insubsistente a penhora sobre a integralidade do imóvel submetido ao regime de multipropriedade na hipótese em que a parte embargante é titular de fração ideal por conta de cessão de direitos em que figurou como cessionária." (REsp 1546165)

*Para responder, tem que estudar: lei, jurisprudência e teoria/doutrina.*

*Gabarito: C*

## 5.2. Da Propriedade

**76. (Cespe/TJ/DFT/Juiz/2015)** De acordo com a jurisprudência do STJ, assinale a opção correta relativamente ao direito das coisas e ao direito das sucessões.

a) O ato "inter vivos" de disposição patrimonial representado pela cessão gratuita da meação aos herdeiros constitui cessão de direitos hereditários, para a qual é dispensada a escritura pública.

b) A acessão artificial configura modo de aquisição originária da propriedade imóvel, razão pela qual não é devida indenização ao possuidor que tenha semeado e plantado, ainda que de boa-fé, em terreno alheio.

c) A jurisprudência considera que o instrumento de compra e venda configura justo título, apto a ensejar a declaração de usucapião ordinária, pois o promitente comprador tem o direito à adjudicação compulsória do imóvel independentemente do registro e, quando registrado, o compromisso de compra e venda passa a integrar a categoria de direito real pela legislação civil.

d) A legislação civil não conferiu ao cônjuge sobrevivente, casado sob o regime de separação convencional, a condição de herdeiro necessário que concorre com os descendentes do cônjuge falecido.

e) Caso sobrevenha descendente sucessível ao testador, o qual não era conhecido quando da elaboração do ato, não será possível o rompimento do testamento em todas as suas disposições, ainda que o referido descendente sobreviva ao testador.

ANOTAÇÕES/COMENTÁRIOS

(a) CC. Art. 541. A doação far-se-á por escritura pública ou instrumento particular.

(b) CC. Art. 1.255. Aquele que semeia, planta ou edifica em terreno alheio perde, em proveito do proprietário, as sementes, plantas e construções; se procedeu de boa-fé, terá direito a indenização.

(c) STJ. Súmula 239. O direito à adjudicação compulsória não se condiciona ao registro do compromisso de compra e venda no cartório de imóveis.

(d) De acordo com o artigo 1.829, I do Código Civil, "A sucessão legítima defere-se na ordem seguinte, aos descendentes, em concorrência com o cônjuge sobrevivente, salvo se casado este com o falecido no regime da comunhão universal, ou no da separação obrigatória de bens (art. 1.640, parágrafo único); ou se, no regime da comunhão parcial, o autor da herança não houver deixado bens particulares". Além disso, o enunciado 210 da Jornada de Direito Civil/CJF, "O artigo 1.829, I, do CC/02 só assegura ao cônjuge sobrevivente o direito de concorrência com os descendentes do autor da herança quando casados no regime da separação convencional de bens ou, se casados nos regimes da comunhão parcial ou participação final nos aquestos, o falecido possuísse bens particulares, hipóteses em que a concorrência se restringe a tais bens, devendo os bens comuns (meação) serem partilhados exclusivamente entre os descendentes."

(e) CC. Art. 1.973. Sobrevindo descendente sucessível ao testador, que não o tinha ou não o conhecia quando testou, rompe-se o testamento em todas as suas disposições, se esse descendente sobreviver ao testador.

*Para responder, tem que estudar: lei, súmula/OJ e teoria/doutrina.*

*Gabarito: C*

**77. (Cespe/TJ/DFT/Juiz/2014)** Acerca do direito das coisas e do direito de família, assinale a opção correta à luz do Código Civil.

a) Adquire a propriedade integral por usucapião familiar o ex-cônjuge ou ex-companheiro que exercer posse direta sobre imóvel urbano de até 250 m², utilizando-o para sua moradia ou de sua família, por dois anos ininterruptamente, sem oposição e com exclusividade, cuja propriedade divida com o consorte que tenha abandonado o lar, desde que não seja proprietário de outro imóvel urbano ou rural.

b) No caso de condomínio edilício, as áreas suscetíveis de utilização independente, tais como apartamentos, escritórios, salas, lojas, sobrelojas e abrigos para veículos, sujeitam-se à propriedade exclusiva, podendo ser alienadas e gravadas livremente por seus proprietários, independentemente de qualquer autorização expressa na convenção de condomínio.

c) As disposições relativas à guarda e à prestação de alimentos aos filhos menores não se estendem aos maiores incapazes.

d) Caso não haja acordo entre a mãe e o pai no que diz respeito à guarda do filho, terá de ser aplicada, necessariamente, a guarda compartilhada.

e) No registro do título de propriedade adquirido por meio da usucapião familiar especial, sendo o autor da ação judicialmente considerado hipossuficiente, não incidirão nem serão acrescidas, a nenhum título, taxas, custas e contribuições para o estado ou o DF sobre os emolumentos do registrador.

**ANOTAÇÕES/COMENTÁRIOS**

(a) CC. Art. 1.240-A. Aquele que exercer, por 2 (dois) anos ininterruptamente e sem oposição, posse direta, com exclusividade, sobre imóvel urbano de até 250m² (duzentos e cinquenta metros quadrados) cuja propriedade divida com ex-cônjuge ou ex-companheiro que abandonou o lar, utilizando-o para sua moradia ou de sua família, adquirir-lhe-á o domínio integral, desde que não seja proprietário de outro imóvel urbano ou rural.

(b) CC. Art. 1.331. § 1º. As partes suscetíveis de utilização independente, tais como apartamentos, escritórios, salas, lojas e sobrelojas, com as respectivas frações ideais no solo e nas outras partes comuns, sujeitam-se a propriedade exclusiva, podendo ser alienadas e gravadas livremente por seus proprietários, exceto os abrigos para veículos, que não poderão ser alienados ou alugados a pessoas estranhas ao condomínio, salvo autorização expressa na convenção de condomínio.

(c) CC. Art. 1590. As disposições relativas à guarda e prestação de alimentos aos filhos menores estendem-se aos maiores incapazes.

(d) CC. Art. 1.584, § 2º. Quando não houver acordo entre a mãe e o pai quanto à guarda do filho, encontrando-se ambos os genitores aptos a exercer o poder familiar, será aplicada a guarda compartilhada, salvo se um dos genitores declarar ao magistrado que não deseja a guarda do menor.

(e) O parágrafo 2º do artigo 1.240 possuía a seguinte redação: "No registro do título do direito previsto no caput, sendo o autor da ação judicialmente considerado hipossuficiente, sobre os emolumentos do registrador não incidirão e nem serão acrescidos a quaisquer títulos taxas, custas e contribuições para o Estado ou Distrito Federal, carteira de previdência, fundo de custeio de atos gratuitos, fundos especiais do Tribunal de Justiça, bem como de associação de classe, criados ou que venham a ser criados sob qualquer título ou denominação." Entretanto, tal parágrafo foi vetado, o que justifica a incorreção da alternativa.

*Para responder, tem que estudar: lei.*

*Gabarito: A*

**78. (Cespe/TJ/CE/Juiz/2018)** João propôs ação de usucapião extraordinária em uma das varas cíveis da comarca de Fortaleza – CE.

Nessa situação hipotética,

a) a sentença servirá de título para registro no cartório de imóveis, em caso de procedência da ação.

b) a petição inicial deve conter comprovação dos requisitos de boa-fé e do justo título de João.

c) o requisito temporal não pode ser completado no curso do processo, em nenhuma hipótese.

d) o juiz deverá verificar se o autor comprovou a posse ininterrupta por pelo menos cinco anos.

e) o período de posse precária poderá ser considerado para fins de verificação do cumprimento do requisito temporal dessa modalidade de usucapião.

ANOTAÇÕES/COMENTÁRIOS

(a) Correta, nos termos do artigo 1.238 do Código Civil: "Aquele que, por quinze anos, sem interrupção, nem oposição, possuir como seu um imóvel, adquire-lhe a propriedade, independentemente de título e boa-fé; podendo requerer ao juiz que assim o declare por sentença, a qual servirá de título para o registro no Cartório de Registro de Imóveis".

(b) A usucapião extraordinária está prevista no artigo 1.238, caput, do Código Civil, acima transcrito, o qual não exige a presenção dos requisitos da boa-fé e do justo título. Caso estejam presentes os requisitos da boa-fé e justo título, aplica-se o previsto no artigo 1.242, caput, do Código Civil, que traz a modalidade da usucapião ordinária.

(c) A sentença da ação de usucapião tem caráter declaratório e, por isso, a jurisprudência do Superior Tribunal de Justiça entende que: "RECURSO ESPECIAL. DIREITO CIVIL E PROCESSUAL CIVIL. USUCAPIÃO EXTRAORDINÁRIA. PRESCRIÇÃO AQUISITIVA. PRAZO. IMPLEMENTAÇÃO. CURSO DA DEMANDA. POSSIBILIDADE. FATO SUPERVENIENTE. ART. 462 DO CPC/1973. CONTESTAÇÃO. INTERRUPÇÃO DA POSSE. INEXISTÊNCIA. ASSISTENTE SIMPLES. ART. 50 DO CPC/1973. (...) 2. Cinge-se a controvérsia a definir se é possível o reconhecimento da usucapião de bem imóvel na hipótese em que o requisito temporal (prazo para usucapir) previsto em lei é implementado no curso da demanda. 3. A decisão deve refletir o estado de fato e de direito no momento de julgar a demanda, desde que guarde pertinência com a causa de pedir e com o pedido. Precedentes. 4. O prazo, na ação de usucapião, pode ser completado no curso do processo, em conformidade com o disposto no art. 462 do CPC/1973 (correspondente ao art. 493 do CPC/2015). 5. A contestação não tem a capacidade de exprimir a resistência do demandado à posse exercida pelo autor, mas apenas a sua discordância com a aquisição do imóvel pela usucapião. 6. A interrupção do prazo da prescrição aquisitiva somente poderia ocorrer na hipótese em que o proprietário do imóvel usucapiendo conseguisse reaver a posse para si. Precedentes. 7. Na hipótese, havendo o transcurso do lapso vintenário na data da prolação da sentença e sendo reconhecido pelo tribunal de origem que estão presentes todos os demais requisitos da usucapião, deve ser julgado procedente o pedido autoral. (...) (REsp 1361226/MG, Rel. Ministro RICARDO VILLAS BÔAS CUEVA, TERCEIRA TURMA, julgado em 05/06/2018, DJe 09/08/2018)".

(d) O artigo 1.238 do Código Civil, que traz a modalidade de usucapião extraordinária, que prevê: "Aquele que, por quinze anos, sem interrupção, nem oposição, possuir como seu um imóvel, adquire-lhe a propriedade, independentemente de título e boa-fé; podendo requerer ao juiz que assim o declare por sentença, a qual servirá de título para o registro no Cartório de Registro de Imóveis". Assim, o prazo exigido é de quinze anos.

(e) A posse precária é aquela obtida com abuso de confiança ou de direito e, de acordo com o artigo 1.208 do Código Civil: "Não induzem posse os atos de mera permissão ou tolerância assim como não autorizam a sua aquisição os atos violentos, ou clandestinos, senão depois de cessar a violência ou a clandestinidade". Assim, aquelas que tem posse precária não possuem posse plena, sendo meros detentores, de modo que o período de posse precária não pode ser utilizada para fins de verificação do cumprimento do lapso temporal para usucapião.

*Para responder, tem que estudar: lei, jurisprudência e teoria/doutrina.*

*Gabarito: A*

## 5.3. Do Usufruto, Do Uso, Da Habitação

**79. (Cespe/TJ/PB/Juiz/2011)** Com base na jurisprudência do STJ e na doutrina, assinale a opção correta acerca dos institutos da posse e dos direitos reais.

a) A confusão não extingue a hipoteca, pois a garantia pode incidir em bem próprio.

b) Um particular que ocupar, de boa-fé, lotes localizados em terras públicas terá direito a indenização pelas benfeitorias necessárias e úteis, sob pena de retenção.

c) O penhor convencional, que só pode decorrer de ato entre vivos, exige que as partes acordem sobre o valor e as condições de pagamento.

d) O direito real de uso é instituído pelas mesmas modalidades do usufruto e, tal como este, pode ser cedido a título gratuito.

e) A renúncia ao usufruto não alcança o direito real de habitação, que decorre de lei e se destina a proteger o cônjuge sobrevivente, mantendo-o no imóvel destinado à residência da família.

ANOTAÇÕES/COMENTÁRIOS

(a) A confusão extingue a hipoteca, pois há consolidação da propriedade nas mãos do credor. A hipoteca é direito de garantia sobre coisa alheia e, ao se tornar própria, a hipoteca automaticamente se extingue.

(b). (...). Assim, a hipótese não é de omissão, mas de inconformismo com o que restou decidido no acórdão". (...). Ademais, infere-se que o acórdão recorrido encontra-se em consonância com a jurisprudência desta Corte, assentada no sentido de que restando configurada a ocupação indevida de bem público, não há falar em posse, mas em mera detenção, de natureza precária, o que afasta o direito de retenção por benfeitorias e o almejado pleito indenizatório à luz da alegada boa-fé. Sobre o tema: "OCUPAÇÃO DE BEM PÚBLICO. INDENIZAÇÃO. BENFEITORIA IRREGULARMENTE EDIFICADA. DESCABIMENTO. (...). 2. A pretensão de indenização pela construção do edifício em logradouro público não encontra amparo na jurisprudência do STJ, pois houve "irregularidade na edificação do imóvel que lhe serve de sede, que foi construído sem qualquer licença e em desacordo com a legislação municipal", o que afasta o almejado pleito indenizatório à luz da alegada boa-fé". (REsp 1470182)

(c) O penhor convencional é forma tradicional do instituto que tem por objeto bem móveis ocorrendo a transmissão da posse do devedor para o credor, podendo ocorrer por ato "inter vivos" e causa mortis. (Manual de Direito Civil, Flávio Tartuce)

(d) CC. Arts. 1.393 c/c art. 1.413. De acordo com o artigo 1.413 do Código Civil, "São aplicáveis ao uso, no que não for contrário à sua natureza, as disposições relativas ao usufruto" e, por sua vez, no artigo 1.393 do mesmo diploma, o exercício do usufruto (e, consequentemente, do uso) pode ser cedido a título oneroso ou gratuito.

(e) De acordo com o artigo 1.831 do Código Civil, o direito real de habitação é garantido ao cônjuge sobrevivente, qualquer que seja o regime de bens, relativamente ao imóvel que servia de residência para a família. Além disso, no REsp 565.820/PR, foi decidido que a renúncia ao usufruto não alcança o direito real de habitação: "Embargos de terceiro. Direito real de habitação. Art. 1.611, § 2º, do Código Civil de 1916. Usufruto. Renúncia do usufruto: repercussão no direito real de habitação. Registro imobiliário do direito real de habitação. 1. A renúncia ao usufruto não alcança o direito real de habitação, que decorre de lei e se destina a proteger o cônjuge sobrevivente mantendo-o no imóvel destinado à residência da família. 2. O direito real de habitação não exige o registro imobiliário."

*Para responder, tem que estudar: lei, jurisprudência e teoria/doutrina.*

*Gabarito: E*

**80. (Cespe/TJ/AM/Juiz/2016)** Acerca da posse, dos direitos reais e dos direitos reais de garantia, assinale a opção correta à luz da legislação e da jurisprudência.

a) O usufrutuário tem o direito de ceder o exercício do usufruto, a título gratuito ou oneroso, independentemente de autorização do nu-proprietário.

b) O penhor industrial deve ser constituído mediante a lavratura de instrumento público ou particular e levado a registro no cartório de títulos e documentos.

c) O ocupante irregular de bem público tem direito de retenção pelas benfeitorias realizadas se provar que foram feitas de boa-fé.

d) Quando da constituição de penhor, anticrese ou hipoteca, admite-se a imposição de cláusula comissória no contrato.

e) A decisão judicial que reconhece a aquisição da propriedade de bem imóvel por usucapião, a despeito dos efeitos "ex tunc", não prevalece sobre a hipoteca judicial que tenha anteriormente gravado o bem.

ANOTAÇÕES/COMENTÁRIOS

(a) CC. Art. 1.393. Não se pode transferir o usufruto por alienação; mas o seu exercício pode ceder-se por título gratuito ou oneroso.

(b) CC. Art. 1.448. Constitui-se o penhor industrial, ou o mercantil, mediante instrumento público ou particular, registrado no Cartório de Registro de Imóveis da circunscrição onde estiverem situadas as coisas empenhadas.

(c). (...). Assim, a hipótese não é de omissão, mas de inconformismo com o que restou decidido no acórdão". (...). Ademais, infere-se que o acórdão recorrido encontra-se em consonância com a jurisprudência desta Corte, assentada no sentido de que restando configurada a ocupação indevida de bem público, não há falar em posse, mas em mera detenção, de natureza precária, o que afasta o direito de retenção por benfeitorias e o almejado pleito indenizatório à luz da alegada boa-fé. Sobre o tema: "OCUPAÇÃO DE BEM PÚBLICO. INDENIZAÇÃO. BENFEITORIA IRREGULARMENTE EDIFICADA. DESCABIMENTO. (...). 2. A pretensão de indenização pela construção do edifício em logradouro público não encontra amparo na jurisprudência do STJ, pois houve "irregularidade na edificação do imóvel que lhe serve de sede, que foi construído sem qualquer licença e em desacordo com a legislação municipal", o que afasta o almejado pleito indenizatório à luz da alegada boa-fé. (REsp 1470182)

(d) CC. Art. 1.428. É nula a cláusula que autoriza o credor pignoratício, anticrético ou hipotecário a ficar com o objeto da garantia, se a dívida não for paga no vencimento.

(e) "Assegurada ao primitivo credor hipotecário participação na posterior ação de usucapião, não se pode ter como ilegal a decisão que reconhece ser a usucapião modo originário de aquisição da propriedade e, portanto, prevalente sobre os direitos reais de garantia que anteriormente gravavam a coisa". (REsp 620.610)

*Para responder, tem que estudar: lei e jurisprudência.*

*Gabarito: A*

**81. (Cespe/TJ/DFT/Juiz/2014)** Assinale a opção correta acerca do direito das sucessões.

a) O direito real de habitação tem por finalidade impedir que os herdeiros deixem o companheiro sobrevivente sem moradia e ao desamparo, visto que este não tem qualquer participação na herança do de cujus.

b) Será correta a sentença que, em ação de inventário, homologue a partilha sem manifestação acerca do direito real de habitação da viúva meeira em relação ao imóvel em que o casal tenha residido, porquanto, para tanto, exige-se o ajuizamento de ação própria.

c) Ao cônjuge sobrevivente assegura-se o direito real de habitação relativamente ao imóvel destinado à residência da família, desde que seja o único daquela natureza a inventariar e o regime de bens do casamento tenha sido o da comunhão universal.

d) O objetivo do legislador, ao criar o instituto do direito real de habitação, foi o de promover a proteção ao cônjuge supérstite que, desfavorecido de fortuna, corresse o risco de cair em situação de penúria ou grande inferioridade em comparação àquela de que desfrutava quando vivo o consorte, de modo que, mesmo havendo dois imóveis a serem inventariados, pode-se garantir ao cônjuge supérstite o direito real de habitação por sua utilidade, como fonte de sobrevivência.

e) O direito real de habitação não pode ser estendido ao companheiro.



ANOTAÇÕES/COMENTÁRIOS

(a) A finalidade da norma que estabelece o direito real de habitação do companheiro sobrevivente é garantir o direito à moradia deste, bem como garantir o mínimo existencial necessário para a sua sobrevivência. Entretanto, não é correta a afirmativa de que o companheiro não tem qualquer participação na herança do de cujus, como se pode concluir pela dicção do artigo 1.790 do Código Civil.

(b) Não se exige a propositura de ação própria para que a viúva meeira tenha garantido o direito real de habitação, por se tratar de direito personalíssimo e irrenunciável do cônjuge sobrevivente, bem como ostentar natureza de norma de ordem pública.

(c) CC. Art. 1.831. Ao cônjuge sobrevivente, qualquer que seja o regime de bens, será assegurado, sem prejuízo da participação que lhe caiba na herança, o direito real de habitação relativamente ao imóvel destinado à residência da família, desde que seja o único daquela natureza a inventariar.

(d, e) DIREITO DAS SUCESSÕES. RECURSO ESPECIAL. SUCESSÃO ABERTA NA VIGÊNCIA DO CÓDIGO CIVIL DE 2002. COMPANHEIRA SOBREVIVENTE. DIREITO REAL DE HABITAÇÃO. ART. 1.831 DO CÓDIGO CIVIL DE 2002. (...). 2. É bem verdade que o art. 1.790 do Código Civil de 2002, norma que inovou o regime sucessório dos conviventes em união estável, não previu o direito real de habitação aos companheiros. Tampouco a redação do art. 1.831 do Código Civil traz previsão expressa de direito real de habitação à companheira. Ocorre que a interpretação literal das normas conduziria à conclusão de que o cônjuge estaria em situação privilegiada em relação ao companheiro, o que deve ser rechaçado pelo ordenamento jurídico. 3. A parte final do § 3º do art. 226 da Constituição Federal consiste, em verdade, tão somente em uma fórmula de facilitação da conversão da união estável em casamento. Aquela não rende ensejo a um estado civil de passagem, como um degrau inferior que, em menos ou mais tempo, cederá vez a este. 4. No caso concreto, o fato de haver outros bens residenciais no espólio, um utilizado pela esposa como domicílio, outro pela companheira, não resulta automática exclusão do direito real de habitação desta, relativo ao imóvel da Av. Borges de Medeiros, Porto Alegre-RS, que lá residia desde 1990 juntamente com o companheiro Jorge Augusto Leveridge Patterson, hoje falecido. 5. O direito real de habitação concede ao consorte supérstite a utilização do imóvel que servia de residência ao casal com o fim de moradia, independentemente de filhos exclusivos do de cujus, como é o caso. (REsp 1329993)

*Para responder, tem que estudar: lei, jurisprudência e teoria/doutrina.*

*Gabarito: D*

## 5.4. Do Direito do Promitente Comprador

**82. (Cespe/TJ/BA/Juiz/2012)** No que se refere aos direitos reais, assinale a opção correta.

a) No caso de o beneficiário não usar o imóvel por prazo superior a um ano, restará configurada causa legal de extinção do direito de habitação.

b) O superficiário deverá efetuar ao proprietário do solo pagamento pela transferência do direito de superfície a terceiros, salvo estipulação contratual em contrário.

c) O direito real de servidão de trânsito exige que reste configurado o encravamento do imóvel dominante.

d) A morte do usufrutuário casado é causa de transmissão do usufruto ao cônjuge sobrevivente, qualquer que seja o regime de casamento.

e) O fato de o adimplemento contratual afigurar-se economicamente insuportável para o promitente comprador lhe confere a direito de obter a resilição do compromisso de compra e venda.

ANOTAÇÕES/COMENTÁRIOS

(a) O direito de habitação, entre os direitos reais sobre coisa alheia, é o mais restrito, por apenas ceder um atributo do direito de usar (habitar o imóvel) ao beneficiário, entretanto, não há na lei determinação de qualquer prazo que extingue o direito em razão do não uso, tendo em vista que o direito decorre da lei ou da vontade das partes.

(b) CC. Art. 1.372. Parágrafo único. Não poderá ser estipulado pelo concedente, a nenhum título, qualquer pagamento pela transferência.

(c) "O direito real de servidão de trânsito, ao contrário do direito de vizinhança à passagem forçada, prescinde do encravamento do imóvel dominante, consistente na ausência de saída pela via pública, fonte ou porto". (Manual de Direito Civil, Flávio Tartuce)

(d) CC. Art. 1.410. O usufruto extingue-se, cancelando-se o registro no Cartório de Registro de Imóveis: I – pela renúncia ou morte do usufrutuário;

(e) "1. O entendimento firmado no âmbito da Segunda Seção é no sentido de ser possível a resilição do compromisso de compra e venda, por parte do promitente comprador, quando se lhe afigurar economicamente insuportável o adimplemento contratual. 2. É direito do consumidor, nos termos da jurisprudência cristalizada da Corte, a restituição dos valores pagos ao promitente vendedor, sendo devida a retenção de percentual razoável a título de indenização, o qual ora se fixa em 25% do valor pago". (REsp 702.787)

*Para responder, tem que estudar: lei, jurisprudência e teoria/doutrina.*

*Gabarito: E*

BLOCO I

## 5.5. Do Penhor, da Hipoteca e da Anticrese

**83. (Cespe/TJ/BA/Juiz/2012)** Em relação aos direitos reais de garantia, assinale a opção correta.

a) O prazo para pagamento, se não constar no contrato de hipoteca, será determinado pelos usos do lugar hipotecado.

b) Se o valor do bem dado em garantia por terceiro não satisfizer a dívida, o terceiro continuará obrigado pelo restante da dívida.

c) O condômino que deseje dar em garantia sua parte ideal necessitará do consentimento dos demais condôminos.

d) Sendo divisível o bem dado em garantia, esta será paulatinamente extinta pela amortização da dívida.

e) É nulo o pacto comissório, mas, vencida a dívida, o devedor poderá dar a coisa em pagamento.

ANOTAÇÕES/COMENTÁRIOS

(a) CC. Art. 1.424. Os contratos de penhor, anticrese ou hipoteca declararão, sob pena de não terem eficácia: (...). II – o prazo fixado para pagamento;

(b) CC. Art. 1.427. Salvo cláusula expressa, o terceiro que presta garantia real por dívida alheia não fica obrigado a substituí-la, ou reforçá-la, quando, sem culpa sua, se perca, deteriore, ou desvalorize.

(c) CC. Art. 1.335. São direitos do condômino: I – usar, fruir e livremente dispor das suas unidades;

(d) CC. Art. 1.421. O pagamento de uma ou mais prestações da dívida não importa exoneração correspondente da garantia, ainda que esta compreenda vários bens, salvo disposição expressa no título ou na quitação.

(e) CC. Art. 1.428. É nula a cláusula que autoriza o credor pignoratício, anticrético ou hipotecário a ficar com o objeto da garantia, se a dívida não for paga no vencimento.

*Para responder, tem que estudar: lei.*

*Gabarito: E*

**84. (Cespe/TJ/ES/Juiz/2011)** Assinale a opção correta com referência ao penhor.

a) Pode o juiz autorizar a venda de um dos bens empenhados para obtenção de valores para pagamento do débito.

b) O contrato de penhor não se reveste de forma solene, bastando a tradição da coisa para que o contrato se aperfeiçoe.

c) É defeso ao credor pignoratício pretender ressarcimento do devedor pelo vício da coisa dada em garantia.

d) Mesmo em contrato de consumo por adesão, não será considerada abusiva cláusula de alienação extrajudicial do bem.

e) Ao contrário do que ocorre com a hipoteca, no contrato de penhor, é lícita a pactuação de cláusula comissória.

ANOTAÇÕES/COMENTÁRIOS

(a) CC. Art. 1.434. O credor não pode ser constrangido a devolver a coisa empenhada, ou uma parte dela, antes de ser integralmente pago, podendo o juiz, a requerimento do proprietário, determinar que seja vendida apenas uma das coisas, ou parte da coisa empenhada, suficiente para o pagamento do credor.

(b) CC. Art. 1.432. O instrumento do penhor deverá ser levado a registro, por qualquer dos contratantes; o do penhor comum será registrado no Cartório de Títulos e Documentos.

(c) CC. Art. 1.433. O credor pignoratício tem direito: (...). III – ao ressarcimento do prejuízo que houver sofrido por vício da coisa empenhada;

(d) No contrato consumerista por adesão, considera-se cláusula abusiva aquela que determina a alienação extrajudicial do bem, exigindo-se a alienação judicial do bem, para maior segurança do consumidor.

(e) CC. Art. 1.428. Parágrafo único. Após o vencimento, poderá o devedor dar a coisa em pagamento da dívida.

*Para responder, tem que estudar: lei e teoria/doutrina.*

*Gabarito: A*

**85. (Cespe/TJ/RN/Juiz/2013)** A respeito do penhor, da hipoteca e da anticrese, assinale a opção correta.

a) O credor pignoratício é obrigado a defender a posse do bem empenhado e a dar ciência ao dono do respectivo bem a respeito das circunstâncias que possam tornar necessário o exercício da ação possessória.

b) Uma vez paga a dívida, é obrigação do credor pignoratício restituir a coisa, podendo, no entanto, permanecer com os frutos e acessões, independentemente da concordância do devedor.

c) De acordo com a legislação civil, somente quem puder alienar poderá também empenhar, hipotecar ou dar em anticrese, sendo, portanto, ineficazes as garantias reais estabelecidas por qualquer um que não seja dono, ainda que adquira supervenientemente a propriedade dos bens oferecidos.

d) Em caso de dívida não paga até o vencimento, será válida a cláusula que autoriza o credor pignoratício, anticrético ou hipotecário a ficar com o objeto da garantia, se houver concordância expressa das partes envolvidas.

e) Constitui-se o penhor pela manifestação de vontade do devedor, transferindo-se a posse ao credor pignoratício apenas na hipótese de não pagamento da dívida.

BLOCO I

ANOTAÇÕES/COMENTÁRIOS

(a) CC. Art. 1.435. O credor pignoratício é obrigado: (...). II – à defesa da posse da coisa empenhada e a dar ciência, ao dono dela, das circunstâncias que tornarem necessário o exercício de ação possessória;

(b) CC. Art. 1.435. O credor pignoratício é obrigado: (...). IV – a restituí-la, com os respectivos frutos e acessões, uma vez paga a dívida;

(c) CC. Art. 1.420. Só aquele que pode alienar poderá empenhar, hipotecar ou dar em anticrese; só os bens que se podem alienar poderão ser dados em penhor, anticrese ou hipoteca.

(d) CC. Art. 1.428. É nula a cláusula que autoriza o credor pignoratício, anticrético ou hipotecário a ficar com o objeto da garantia, se a dívida não for paga no vencimento.

(e) CC. Art. 1.431. Constitui-se o penhor pela transferência efetiva da posse que, em garantia do débito ao credor ou a quem o represente, faz o devedor, ou alguém por ele, de uma coisa móvel, suscetível de alienação.

*Para responder, tem que estudar: lei.*

*Gabarito: A*

**86. (Cespe/TJ/PA/Juiz/2012)** Considerando que determinado credor exija que a obrigação objeto do contrato seja garantida por hipoteca, assinale a opção correta.

a) Não há óbice para que o devedor loteie o imóvel hipotecado.
b) Somente por convenção das partes poderá ser constituída nova hipoteca sobre o mesmo bem.
c) Bem de família, legal ou convencional, não poderá ser objeto dessa hipoteca.
d) Se a obrigação for de fazer, não caberá o reforço pela hipoteca.
e) Se o devedor for absolutamente incapaz, não será lícita a constrição de bem seu.

ANOTAÇÕES/COMENTÁRIOS

(a) CC. Art. 1.488. Se o imóvel, dado em garantia hipotecária, vier a ser loteado, ou se nele se constituir condomínio edilício, poderá o ônus ser dividido, gravando cada lote ou unidade autônoma, se o requererem ao juiz o credor, o devedor ou os donos, obedecida a proporção entre o valor de cada um deles e o crédito.

(b) CC. Art. 1.476. O dono do imóvel hipotecado pode constituir outra hipoteca sobre ele, mediante novo título, em favor do mesmo ou de outro credor.

(c) CIVIL. DIREITO REAL DE GARANTIA. HIPOTECA. VALIDADE. AVERBAÇÃO NO CARTÓRIO DE REGISTRO DE IMÓVEIS. NÃO

OCORRÊNCIA. BEM DE FAMÍLIA. EXCEÇÃO À REGRA DA IMPENHORABILIDADE. HIPÓTESE CONFIGURADA. 1. Nos termos do art. 3º, V, da Lei 8.009/90, ao imóvel dado em garantia hipotecária não se aplica a impenhorabilidade do bem de família na hipótese de dívida constituída em favor da entidade familiar. 2. A hipoteca se constitui por meio de contrato (convencional), pela lei (legal) ou por sentença (judicial) e desde então vale entre as partes como crédito pessoal. Sua inscrição no cartório de registro de imóveis atribui a tal garantia a eficácia de direito real oponível erga omnes. 3. A ausência de registro da hipoteca não afasta a exceção à regra de impenhorabilidade prevista no art. 3º, V, da Lei 8.009/90; portanto, não gera a nulidade da penhora incidente sobre o bem de família ofertado pelos proprietários como garantia de contrato de compra e venda por eles descumprido. 4. Recurso especial provido. (REsp 1455554)

(d) A hipoteca é direito real e permite gravar, na coisa imóvel ou bem hipotecável, o direito de promover sua venda judicial assegurando preferência a determinado credor. Portanto, não há que se falar que a hipoteca é incompatível com as obrigações dentre elas a de fazer.

(e) De acordo com o artigo 116 do Código Civil, "a manifestação de vontade pelo representante, nos limites de seus poderes, produz efeitos em relação ao representado". Sendo assim, o bem do absolutamente incapaz pode ser constrito por meio de hipoteca.

*Para responder, tem que estudar: lei, jurisprudência e teoria/doutrina.*

*Gabarito: A*

## 6. DO DIREITO DE FAMÍLIA

### 6.1. Do Direito Pessoal

**87. (Cespe/TJ/PB/Juiz/2011)** Considerando as disposições legais e doutrinárias a respeito do direito de família, assinale a opção correta.

a) Tanto o casamento nulo quanto o anulável requerem, para a sua invalidação, pronunciamento judicial em ação própria, visto que ao juiz é vedado declarar de ofício a invalidade.

b) Os pais que tenham consentido, mediante ato escrito, casamento de filho menor de dezoito anos de idade poderão revogar a autorização, inclusive durante a celebração do casamento, desde que por ato escrito.

c) É admitida a alteração de regime de bens entre os cônjuges, independentemente de autorização judicial.

d) De acordo com o Código Civil, a relação concubinária mantida simultaneamente ao matrimônio gera, após o seu encerramento, direito a indenização e direitos hereditários.

e) No denominado casamento religioso com efeitos civis, o registro tem natureza meramente probatória, não constituindo ato essencial para a atribuição dos efeitos civis.

ANOTAÇÕES/COMENTÁRIOS

(a) Certa. "Conforme aponta a doutrina quase que com unanimidade, diante do princípio da não intervenção, a nulidade do casamento não pode ser reconhecida de ofício, mas apenas o impedimento matrimonial, de acordo com o artigo 1.522, CC. Como ocorre com a nulidade absoluta, a anulabilidade do casamento não pode ser reconhecida de ofício." (Flávio Tartuce, Manual de Direito Civil). No entanto, qualquer interessado ou o Ministério Público podem promover ação direta de decretação de nulidade do casamento nos termos do art. 1.549, CC, *in litteris*: "Art. 1.549, CC. A decretação de nulidade de casamento, pelos motivos previstos no artigo antecedente, pode ser promovida mediante ação direta, por qualquer interessado, ou pelo Ministério Público."

(b) Errada. A revogação da autorização não precisa ser, necessariamente, por ato escrito, nos termos do art. 1.518 do CC: "Art. 1.518. Até a celebração do casamento podem os pais ou tutores revogar a autorização."

(c) Errada. De acordo com o § 2º do artigo 1.639 do Código Civil: "É admissível alteração do regime de bens, mediante autorização judicial em pedido motivado de ambos os cônjuges, apurada a procedência das razões invocadas e ressalvados os direitos de terceiros."

(d) Errada. Em que pese a não regulamentação pelo Código Civil, a jurisprudência do STJ firmou-se no sentido de que a relação concubinária, mantida simultaneamente a matrimônio, não gera, após seu encerramento, direito à indenização patrimonial ou direitos hereditários (STJ, REsp 874443).

(e) Errada. De acordo com o artigo 1.515 do Código Civil: "O casamento religioso, que atender às exigências da lei para a validade do casamento civil, equipara-se a este, desde que registrado no registro próprio, produzindo efeitos a partir da data de sua celebração". Assim, o registro é condição de validade para o casamento religioso com efeitos civis. Todavia, feito o registro, os efeitos do casamento serão contados da data da celebração do mesmo.

*Para responder, tem que estudar: lei, jurisprudência e teoria/doutrina.*

*Gabarito: A*

**88. (Cespe/TJ/BA/Juiz/2019)** Com relação ao reconhecimento voluntário de filhos tidos fora do casamento, julgue os seguintes itens.

I. O Código Civil admite o reconhecimento voluntário de paternidade por declaração direta e expressa perante o juiz, desde que manifestada em ação própria, denominada ação declaratória de paternidade. Nesse caso, o ato jurídico é irrevogável.

II. De acordo com o Código Civil, o reconhecimento voluntário de paternidade por meio do testamento é revogável pelo testador, por constituir ato de última vontade, mutável a qualquer tempo antes do falecimento do testador.

III. O reconhecimento de filiação pode preceder o nascimento do filho e, até mesmo, ser posterior ao falecimento deste. Nesse último caso, admite-se o reconhecimento post mortem se o filho deixar descendentes.

Assinale a opção correta.

a) Apenas o item II está certo.
b) Apenas o item III está certo.
c) Apenas os itens I e II estão certos.
d) Apenas os itens I e III estão certos.
e) Todos os itens estão certos.

ANOTAÇÕES/COMENTÁRIOS

Item I errado, pois o reconhecimento voluntário da paternidade pode ocorrer por manifestação direta e expressa perante o juiz, qualquer que seja a natureza da ação (artigo 1609, IV, CC)

Item II errado. Qualquer reconhecimento de paternidade é irrevogável, ainda que realizado em testamento (artigo 1610 CC), porém as demais cláusulas do testamento, sem relação com o reconhecimento de paternidade, poderão ser revogadas.

Item III certo, na forma do artigo 1609, parágrafo único, CC.

*Para responder, tem que estudar: lei e teoria/doutrina.*

*Gabarito: B*

## 6.2. Do Direito Patrimonial

### *6.2.1. Do Regime de Bens entre os Cônjuges*

**89. (Cespe/TJ/PR/Juiz/2017)** Silas e Laura conviveram em regime de união estável a partir de 2005, sem contrato escrito, e tiveram dois filhos, Artur e Bruno. Laura faleceu, e, até então, existia um único bem adquirido durante a convivência dela com Silas. Após o falecimento de Laura, Silas, em 2012, à época com sessenta anos de idade, casou-se com Beatriz, sob o regime da separação de bens. Dessa união não advieram filhos. Transcorridos alguns anos, Silas faleceu e deixou o mesmo bem para inventariança. Então, Artur e Bruno ingressaram em juízo para serem imitidos na posse. Considerando essa situação hipotética à luz do Código Civil, assinale a opção correta.

a) Era obrigatória, para a celebração do casamento entre Silas e Beatriz, a adoção do regime da separação de bens.

b) Aplica-se às relações patrimoniais entre Silas e Laura o regime da comunhão parcial de bens.

c) Na sucessão de Laura, Silas tem direito a metade da herança, respeitada sua meação.

d) Beatriz não terá assegurado seu direito real de habitação em decorrência do regime de bens do casal.

**ANOTAÇÕES/COMENTÁRIOS**

(a) Errada. Não era obrigatório o regime de separação, pois Silas não era maior de 70 anos, de acordo com o Art. 1.641 do CC que aduz: "É obrigatório o regime de separação de bens no casamento: II – da pessoa maior de 70 anos".

(b) Certa. Laura (falecida) e Silas conviviam em união estável. Assim, salvo contrato escrito, aplica-se às relações patrimoniais, no que couber, o regime de comunhão parcial de bens, consoante o artigo 1.725 do Código Civil.

(c) Errada. O STF assim decidiu: "No sistema constitucional vigente, é inconstitucional a diferenciação de regimes sucessórios entre cônjuges e companheiros, devendo ser aplicado, em ambos os casos, o regime estabelecido no artigo 1.829 do Código Civil. STF. Plenário. RE 646721 e RE 878694 (repercussão geral). (Info 864)." Portanto, dada a inconstitucionalidade acima referida, aplica-se o art. 1.829, I, do CC (por força do regime da comunhão parcial de bens, aplicável, salvo disposição em contrário, à união estável). Assim, no regime de comunhão parcial, Silas somente concorreria com os descendentes caso houvesse bens particulares deixados pela de cujus (artigo 1829, I, CC); o que não é o caso, pois o único bem deixado foi havido pelo casal na constância da convivência, sendo bem comum. Assim, na sucessão de Laura, Silas não teria direito à herança, mas apenas à meação.

(d) Errada. Beatriz terá direito real de habitação, embora os filhos tenham o direito hereditário sobre o imóvel, adquirindo-o automaticamente pela regra sucessória (droit de saisine, transmissão automática prevista no art. 1.784 do Código de 2002), a viúva continuará nele residindo até que venha a falecer. O cônjuge sobrevivente tem direito real de habitação sobre o imóvel em que residia o casal, desde que seja o único dessa natureza e que integre o patrimônio comum ou particular do cônjuge falecido no momento da abertura da sucessão (STJ, REsp 1273222).

*Para responder, tem que estudar: lei, jurisprudência e teoria/doutrina.*

*Gabarito: B*

**90. (Cespe/TJ/PR/Juiz/2017)** César, casado sob o regime da comunhão universal de bens, separou-se de fato de sua esposa, Lina, em 2003. No ano de 2005, após o falecimento de seus pais, César iniciou união estável com Lídia. Posteriormente, no ano de 2006, Hugo, irmão de César, que não possuía vínculo matrimonial ou de convivência, sem descendentes, faleceu, deixando bens.

Iniciado o processo de inventário por César, Lina ingressou pleiteando o reconhecimento da sua qualidade de meeira. Considerando essa situação hipotética à luz do Código Civil, do entendimento doutrinário sobre o tema e da jurisprudência do STJ, assinale a opção correta.

a) Segundo a ordem de vocação hereditária estabelecida no Código Civil, César não é herdeiro de Hugo.

b) A separação de fato de César e Lina é causa que enseja o encerramento do regime de bens entre eles.

c) A união estável havida entre César e Lídia não é reconhecida pelo ordenamento jurídico.

d) Com o falecimento de Hugo, a transmissão da herança ao herdeiro ocorrerá mediante a imissão na posse, a qual, entretanto, será condicionada ao ajuizamento, pelo interessado, de manifestação nesse sentido.

**ANOTAÇÕES/COMENTÁRIOS**

(a) Errada. De acordo com o artigo 1.829, inciso IV, Código Civil, a sucessão legítima abrange os colaterais, sendo assim, Cesar é herdeiro de Hugo, pois este não tinha descendentes, ascendentes, companheiro ou cônjuge.

(b) Certa. De acordo com o artigo 1.683 do Código Civil, aplicável por analogia a todos os regimes de bens, o patrimônio a ser partilhado deve ser aquele existente a data em que cessou a convivência, sob pena de existir enriquecimento sem causa.

(c) Errada. O artigo 1.723 do Código Civil aduz que é reconhecida como entidade familiar a união estável, configurada na convivência pública, contínua e duradoura e estabelecida com o objetivo de constituição de família. O casamento anterior, nesse caso, não impede a união estável, em razão da separação de fato (artigo 1.723, § 1º, CC).

(d) Errada. Aberta a sucessão, a herança transmite-se, desde logo, aos herdeiros legítimos e testamentários, conforme disposto no artigo 1.784 Código Civil, que consagra o princípio de saisine.

*Para responder, tem que estudar: lei, jurisprudência e teoria/doutrina.*

*Gabarito: B*

## *6.2.2. Do Usufruto e da Administração dos Bens de Filhos Menores*

**91. (Cespe/TJ/MA/Juiz/2013)** No que se refere ao direito das coisas, assinale a opção correta.

a) Conforme disposição expressa no Código Civil, o direito do promitente comprador à adjudicação compulsória não está condicionado ao registro do compromisso de compra e venda no cartório de imóveis.

b) Segundo a jurisprudência do STJ, o genitor que, após a separação do casal, resida sozinho em imóvel transferido aos filhos deve pagamento de alugueres, equivalente a 50% do valor da locação do imóvel, em razão do usufruto isolado do patrimônio pertencente à prole.

c) De acordo com o que estabelece o Código Civil, o registro da sentença de usucapião e do formal de partilha são fatos aquisitivos do domínio.

d) São três os sistemas referentes ao sistema registral estabelecidos pelo direito comparado: o romano, o francês e o alemão, tendo o ordenamento jurídico brasileiro adotado o sistema francês de aquisição da propriedade imobiliária.



ANOTAÇÕES/COMENTÁRIOS

(a) Errada. O Código Civil exige o registro no cartório de imóveis (artigo 1.417, CC), mas a Súmula 239/STJ e Enunciado 95 da I Jornada de Direito Civil dispensam: STJ. Súmula 239. Adjudicação Compulsória – Registro do Compromisso de Compra e Venda: "O direito à adjudicação compulsória não se condiciona ao registro do compromisso de compra e venda no cartório de imóveis." Em verdade, a ausência de registro faz com que o direito obrigacional não alcance terceiros, mas tão somente o vendedor. Na prática, se o contrato for registrado, ele terá força de direito real, oponível contra todos. Caso contrário, havendo descumprimento do contrato pelo vendedor, que alienou o bem para terceiro, poderá o promitente comprador apenas requerer reparação por perdas e danos sofridos, sem o direito a adjudicar o bem.

(b) Certa. A jurisprudência do STJ admite o pagamento de aluguel pelo ex-cônjuge que utiliza exclusivamente imóvel transferido aos filhos após a separação do casal. Nesse sentido: "(...). 1. Pretensão originária formulada no sentido de que o ex-cônjuge que ocupa imóvel doado aos filhos, pague o equivalente a 50% do valor de locação do imóvel, pelo usufruto, em caráter exclusivo, do bem pertencente à prole. 2. O exercício do direito real de usufruto de imóvel de filho, com base no Poder Familiar, compete aos pais de forma conjunta, conforme o disposto no art. 1.689, I, do CC de 2002. 3. A aplicação direta do regramento, contudo, apenas é possível na constância do relacionamento, pois, findo o casamento, ou a união estável, no mais das vezes, ocorre a separação física do casal, fato que torna inviável o exercício do usufruto de forma conjunta. 4. Nessa hipótese, é factível cobrança do equivalente à metade da locação do imóvel, pois a simples ocupação do bem por um dos ex-consortes representa impedimento de cunho concreto, ou mesmo psicológico, à utilização simultânea pelo outro usufrutuário".

(c) Errada. A sentença judicial nas ações de usucapião tem natureza meramente declaratória, vez que apenas declara a existência de um direito pré-existente. E mais, a autora Maria Helena Diniz ensina que "transitando em julgado a sentença, o herdeiro receberá os bens que lhe couberem e um formal de partilha, que terá força executiva contra o inventariante, os demais herdeiros e seus sucessores, a título singular ou universal". Desse modo, uma vez homologada a partilha por sentença, o herdeiro que houver recebido o bem poderá reivindicá-lo diretamente do inventariante, herdeiro ou legatário que o detenha ou possua.

(d) Errada. A questão está incorreta, visto que o Brasil adotou o sistema misto ou eclético em matéria de aquisição da propriedade imobiliária, por misturar elementos do sistema francês (que se satisfaz com o título para a transferência da propriedade imobiliária), do sistema alemão (que exige o registro para aquisição da propriedade imobiliária) e do sistema romano (que se contenta com a tradição ou com a usucapião como modo de transmissão da propriedade de imóveis). A diferença do sistema brasileiro em relação ao alemão é a de que, neste, há presunção absoluta de fé pública no registro, ao passo que, no Brasil, a presunção é relativa. No Brasil, a invalidade do título derruba o registro, à diferença do que sucede na Alemanha. No Brasil, o registro Torrens é exceção e espelha o sistema germânico (art. 277 da Lei 6.015/73). De qualquer forma, é fato que definir qual o sistema adotado pelo Brasil é tema controverso. Prevalece a tese de que foi adotado o sistema misto ou eclético, conforme exposto acima.

*Para responder, tem que estudar: lei, jurisprudência, súmula/OJ e teoria/doutrina.*

*Gabarito: B*

### *6.2.3. Dos Alimentos*

**92. (Cespe/TJ/DFT/Juiz/2016)** Acerca das ações de alimentos, assinale a opção correta.

a) A ação de alimentos não prossegue se o demandado for citado por edital, devendo ser suspenso o processo, que tem natureza personalíssima, enquanto o devedor não for localizado.
b) Na ação de alimentos gravídicos, o prazo para a parte ré citada apresentar resposta é de dez dias.
c) A fixação liminar de alimentos gravídicos, em princípio, perdurará até a sentença final ou até quando uma das partes requeira a revisão desses.
d) Mesmo com o estabelecimento do regime de guarda compartilhada, é possível a fixação da pensão alimentícia em desfavor de um dos genitores.
e) Na ação de alimentos, existe a isenção legal de custas processuais, por já existir, na hipótese, a presunção da hipossuficiência da pessoa requerente.

ANOTAÇÕES/COMENTÁRIOS

(a) Errada. De acordo com o artigo 5º, Lei 5.478/68: "O escrivão, dentro de 48 (quarenta e oito) horas, remeterá ao devedor a segunda via da petição ou do termo, juntamente com a cópia do despacho do juiz, e a comunicação do dia e hora da realização da audiência de conciliação e julgamento. (...). § 4º. Impossibilitada a citação do réu por qualquer dos modos acima previstos, será ele citado por edital afixado na sede do juízo e publicado 3 (três) vezes consecutivas no órgão oficial do Estado, correndo a despesa por conta do vencido, a final, sendo previamente a conta juntada aos autos. § 5º. O edital deverá conter um resumo do pedido inicial, a íntegra do despacho nele exarado, a data e a hora da audiência".

(b) Errada. De acordo com o artigo 7º, Lei 11.804/08: "O réu será citado para apresentar resposta em 5 (cinco) dias".

(c) Errada. De acordo com o artigo 6º, parágrafo único, Lei 11.804/08: "Convencido da existência de indícios da paternidade, o juiz fixará alimentos gravídicos que perdurarão até o nascimento da criança, sopesando as necessidades da parte autora e as possibilidades da parte ré. Parágrafo único. Após o nascimento com vida, os alimentos gravídicos ficam convertidos em pensão alimentícia em favor do menor até que uma das partes solicite a sua revisão".

(d) Certa. De acordo com o artigo 1.703, Código Civil: "Para a manutenção dos filhos, os cônjuges separados judicialmente contribuirão na proporção de seus recursos". E a guarda compartilhada não dispensa, não faz desaparecer nem cessar a obrigação alimentar.

(e) Errada. De acordo com o artigo 1º, Lei 5.478/68: "A ação de alimentos é de rito especial, independente de prévia distribuição e de anterior concessão do benefício de gratuidade. (...). § 2º A parte que não estiver em condições de pagar as custas do processo, sem prejuízo do sustento próprio ou de sua família, gozará do benefício da gratuidade, por simples afirmativa dessas condições perante o juiz, sob pena de pagamento até o décuplo das custas judiciais. § 3º Presume-se pobre, até prova em contrário, quem afirmar essa condição, nos termos desta lei. § 4º A impugnação do direito à gratuidade não suspende o curso do processo de alimentos e será feita em autos apartados".

*Para responder, tem que estudar: lei e teoria/doutrina.*

*Gabarito: D*

**93. (Cespe/TJ/MA/Juiz/2013)** Assinale a opção correta em relação ao direito de família, segundo a jurisprudência do STJ.

a) A pensão alimentícia é prevista legalmente como hipótese de exceção à impenhorabilidade do bem de família, todavia somente os alimentos decorrentes do vínculo familiar autorizam essa exceção, haja vista a interpretação teleológica e sistemática, o que justifica o tratamento da matéria no livro IV do Código Civil, referente ao direito de família.

b) Aos cônjuges é permitido incluir ao seu nome o sobrenome do outro, ainda que após a data da celebração do casamento, devendo o respectivo requerimento ser feito administrativamente no cartório onde tenha sido celebrado o casamento, para fins de averbação no assento de casamento, conforme disposição do Código Civil.

c) A apelação contra decisão favorável ao alimentante, em ação de exoneração de alimentos, será recebida apenas no efeito devolutivo, não se aplicando ao caso, portanto, o efeito suspensivo.

d) Em face do princípio do adimplemento substancial, considera-se suficiente para a revogação da prisão civil do devedor de alimentos o pagamento parcial dos alimentos devidos.

## ANOTAÇÕES/COMENTÁRIOS

(a) Errada. A pensão alimentícia é prevista no art. 3º, III, da Lei 8.009/1990 como hipótese de exceção à impenhorabilidade do bem de família. E tal dispositivo não faz qualquer distinção quanto à causa dos alimentos, se decorrentes de vínculo familiar ou de obrigação de reparar danos. Na espécie, foi imposta pensão alimentícia em razão da prática de ato ilícito – acidente de trânsito –, ensejando-se o reconhecimento de que a impenhorabilidade do bem de família não é oponível à credora da pensão alimentícia. REsp 1.186.225.

(b) Errada. Aos cônjuges é permitido incluir ao seu nome o sobrenome do outro, ainda que após a data da celebração do casamento, porém deverá ser por meio de ação judicial. O registro de nascimento da pessoa natural, com a identificação do nome civil, em regra, é imutável. Contudo, a lei permite, em determinas ocasiões, sua alteração. Ao oficial de cartório somente é permitido alterar um nome, independentemente de ação judicial, nos casos previstos em lei, como é a hipótese do art. 1565, § 1º do CC, o qual possibilita a inclusão do sobrenome de um dos nubentes no do outro, durante o processo de habilitação do casamento. O STJ entendeu que essa possibilidade deve-se estender ao período de convivência do casal, enquanto perdurar o vínculo conjugal. Porém, nessa hipótese, o nome deve ser acrescido por intermédio da ação de retificação de registros públicos, nos termos dos arts. 57 e 109 da Lei de Registros Públicos (Lei 6.015/1973). (STJ, Info 503, REsp 910.094: "(...) 1. O art. 1.565, § 1º, do Código Civil de 2002 autoriza a inclusão do sobrenome de um dos nubentes no nome do outro, o que se dá mediante solicitação durante o processo de habilitação, e, após a celebração do casamento, com a lavratura do respectivo registro. Nessa hipótese, a alteração do nome de um ou de ambos os noivos é realizada pelo oficial de registro civil de pessoas naturais, sem a necessidade de intervenção judicial. 2. Dada a multiplicidade de circunstâncias da vida humana, a opção conferida pela legislação de inclusão do sobrenome do outro cônjuge não pode ser limitada, de forma peremptória, à data da celebração do casamento. Podem surgir situações em que a mudança se faça conveniente ou necessária em período posterior, enquanto perdura o vínculo conjugal. Nesses casos, já não poderá a alteração de nome ser procedida diretamente pelo oficial de registro de pessoas naturais, que atua sempre limitado aos termos das autorizações legais, devendo ser motivada e requerida perante o Judiciário, com o ajuizamento da ação de retificação de registro civil prevista nos arts. 57 e 109 da Lei 6.015/73. Trata-se de procedimento judicial de jurisdição voluntária, com participação obrigatória do Ministério Público".

(c) Certa. No informativo 501, o STJ decidiu que a apelação interposta contra sentença que julgar pedido de alimentos ou pedido de exoneração do encargo de prestar alimentos deve ser recebida apenas no efeito devolutivo.

(d) Errada. Segundo posicionamento do STJ, o pagamento parcial da dívida de alimentos não enseja o afastamento do decreto de prisão por dívida de alimentos, sendo insuficiente para tal fim. Neste sentido: "1. A jurisprudência desta Corte firmou entendimento no sentido de que, no descumprimento da prestação alimentícia na forma judicialmente estipulada, não constitui constrangimento ilegal o decreto de prisão civil por débito referente às três parcelas anteriores à propositura da execução e as vencidas no curso do processo (Súmula 309/STJ). 2. O pagamento parcial do débito alimentar não é suficiente para suspender a ordem de prisão civil". (STJ, RHC 26.502).

*Para responder, tem que estudar: lei, jurisprudência, súmula/OJ e teoria/doutrina.*

*Gabarito: C*

**94. (Cespe/TJ/PB/Juiz/2015)** Com relação ao direito de família, assinale a opção correta à luz da jurisprudência dominante do STJ.

a) O princípio da imutabilidade absoluta de regime de bens é resguardado pelo Código Civil de 2002.

b) A separação de fato não põe fim ao regime matrimonial de bens.

c) É admissível o levantamento do saldo de conta vinculada ao FGTS para a satisfação de crédito alimentar atual.

d) A constituição de nova família, independentemente de alteração da possibilidade do alimentante, é causa suficiente para a revisão do valor da prestação de alimentos prestados aos filhos havidos na união anterior.

e) O curador é competente para fixar a sua remuneração pela administração do patrimônio do interditado.

ANOTAÇÕES/COMENTÁRIOS

(a) Errada. Existe a possibilidade de alteração do regime de bens pelas partes, mediante autorização judicial, conforme artigo 1.639, § 2º, Código Civil: "É admissível alteração do regime de bens, mediante autorização judicial em pedido motivado de ambos os cônjuges, apurada a procedência das razões invocadas e ressalvados os direitos de terceiros".

(b) Errada. De acordo com o entendimento do STJ, a separação de fato põe fim ao regime matrimonial de bens, utilizando-se por analogia o artigo 1.683, CC.

(c) Certa. Com base no entendimento do STJ e no teor do enunciado 572 do CJF é admissível o levantamento do saldo de conta vinculada ao FGTS para a satisfação de crédito alimentar atual.

(d) Errada. Na fixação de alimentos, é necessário verificar o binômio necessidade e possibilidade. Sendo assim, a constituição de nova família, por si só, não é causa suficiente para a revisão do valor da prestação, eis que nem sempre acarreta mudança na equação financeira dos envolvidos.

(e) Errada. De acordo com o entendimento do STJ, o Judiciário é quem tem competência para fixar a remuneração do curador, podendo este fazer um requerimento. Tal entendimento encontra base no artigo 1.752, CC, aplicável à curatela com fulcro no artigo 1.774, CC.

*Para responder, tem que estudar: lei, jurisprudência e teoria/doutrina.*

*Gabarito: C*

**95. (Cespe/TJ/DFT/Juiz/2014)** Acerca do direito de família, assinale a opção correta.

a) Os filhos menores somente serão colocados em tutela se os pais tiverem falecido ou forem declarados ausentes.

b) Pode o juiz fixar alimentos denominados gravídicos com fundamento em prova meramente indiciária da paternidade.

c) O casamento nulo, ainda que contraído de boa-fé por ambos os cônjuges, só produz efeitos, até a data da sentença anulatória, em relação aos filhos do casal.

d) Para que o divórcio seja decretado pelo julgador, é necessário que estejam previamente decididas todas as questões relativas aos alimentos entre os cônjuges, bem como ao nome, à guarda dos filhos e à partilha dos bens do casal.

e) Quando litigioso, o divórcio depende de prévia separação judicial ou comprovado transcurso de dois anos de separação de fato.

ANOTAÇÕES/COMENTÁRIOS

(a) Errada. Além das hipóteses mencionadas, os filhos menores serão submetidos à tutela quando os pais decaírem do poder familiar, de acordo com o artigo 1.728 do Código Civil.

(b) Certa. Tal previsão encontra respaldo na Lei 11.804/08, que em seu artigo 6º dispõe: "convencido da existência de indícios da paternidade, o juiz fixará alimentos gravídicos que perdurarão até o nascimento da criança, sopesando as necessidades da parte autora e as possibilidades da parte ré. Parágrafo único. Após o nascimento com vida, os alimentos gravídicos ficam convertidos em pensão alimentícia em favor do menor até que uma das partes solicite a sua revisão".

(c) Errada. O casamento nulo, ainda que contraído de boa-fé por ambos os cônjuges, produzirá efeitos até a data da sentença anulatória em relação a estes, bem como aos filhos, de acordo com o artigo 1.561 do Código Civil.

(d) Errada. Questões sobre alimentos, nome do cônjuge, guarda dos filhos e partilha de bens podem ser resolvidas posteriormente, não impedindo a decretação do divórcio, consoante o artigo 1.581 do Código Civil, a Súmula 197, STJ, e entendimento doutrinário e jurisprudencial.

(e) Errada. Após a Emenda Constitucional 66/2010, não é exigido o transcurso de qualquer prazo para a decretação do divórcio (artigo 226, § 6º, da CF). Nesse sentido, o enunciado nº. 517 do CJF: "Art. 1.580. A Emenda Constitucional 66/2010 extinguiu os prazos previstos no art. 1.580 do Código Civil, mantido o divórcio por conversão".

*Para responder, tem que estudar: lei, jurisprudência, súmula/OJ e teoria/doutrina.*

*Gabarito: B*



### *6.2.4. Do Bem de Família*

**96. (Cespe/TJ/AC/Juiz/2012)** No que se refere ao enfrentamento jurisprudencial do bem de família, assinale a opção correta.

a) A vaga de garagem com matrícula própria no registro de imóveis constitui bem de família para efeito de penhora.

b) O terreno não edificado não caracteriza bem de família, pois não serve à moradia familiar.

c) É inconstitucional a penhora de bem de família do fiador em contrato de locação.

d) Não faz jus aos benefícios da lei que regulamenta o bem de família o devedor que não resida no único imóvel que lhe pertença, só utilizando o valor obtido com a locação desse bem para complementar a renda familiar.

e) A execução de dívida oriunda de pensão alimentícia não pode ensejar a penhorabilidade do bem de família.

*ANOTAÇÕES/COMENTÁRIOS*

(a) Errada. De acordo com a Súmula 449, STJ: "A vaga de garagem que possui matrícula própria no registro de imóveis não constitui bem de família para efeito de penhora".

(b) Certa. De acordo com o artigo 1.712, Código Civil: "O bem de família consistirá em prédio residencial urbano ou rural, com suas pertenças e acessórios, destinando-se em ambos os casos a domicílio familiar, e poderá abranger valores mobiliários, cuja renda será aplicada na conservação do imóvel e no sustento da família".

(c) Errada. O STF já decidiu pela constitucionalidade da penhora do bem de família do fiador na locação (artigo 3º, VII, da Lei 8.009/90). (RE-AGR 477953: "O Plenário do STF, ao julgar o RE 407.688, decidiu pela possibilidade de penhora do bem de família de fiador, sem violação do art. 6º da Constituição do Brasil".

(d) Errada. O STJ assentou entendimento no sentido da impenhorabilidade no AGRG no REsp 975858-SP: "1. Esta Corte Superior assentou entendimento de que é possível a afetação da impenhorabilidade do imóvel em razão da Lei 8.009/90, ainda que o imóvel esteja locado a terceiros". Contudo, a renda auferida deve ser utilizada para que a família resida em outro imóvel alugado ou para a própria manutenção da entidade familiar, nos termos do artigo 1.712, Código Civil.

(e) Errada. De acordo com o artigo 3º, inciso III, Lei 8.009/1990: "A impenhorabilidade é oponível em qualquer processo de execução civil, fiscal, previdenciária, trabalhista ou de outra natureza, salvo se movido: III – pelo credor da pensão alimentícia, resguardados os direitos, sobre o bem, do seu coproprietário que, com o devedor, integre união estável ou conjugal, observadas as hipóteses em que ambos responderão pela dívida".

*Para responder, tem que estudar: lei, jurisprudência, súmula/OJ e teoria/doutrina.*

*Gabarito: B*

**97. (Cespe/TJ/AM/Juiz/2016)** A respeito do direito de família, assinale a opção correta.

a) Dos nubentes que optam pelo regime de comunhão universal de bens não se exige a formulação de pacto antenupcial, ato solene lavrado por escritura pública.

b) É considerado bem de família, insuscetível de penhora, o único imóvel residencial do devedor no qual resida seu familiar, ainda que ele, proprietário, não habite no imóvel.

c) O fato de um casal de namorados projetar constituir família no futuro caracteriza a união estável se houver coabitação.

d) O casamento putativo não será reconhecido de ofício pelo juiz.

e) Se não houver transação em sentido contrário, as verbas indenizatórias integram a base de cálculo da pensão alimentícia.

ANOTAÇÕES/COMENTÁRIOS

(a) Errada. De acordo com o artigo 1.640 do Código Civil: "Não havendo convenção, ou sendo ela nula ou ineficaz, vigorará, quanto aos bens entre os cônjuges, o regime da comunhão parcial". Parágrafo único. "Poderão os nubentes, no processo de habilitação, optar por qualquer dos regimes que este código regula. Quanto à forma, reduzir-se-á a termo a opção pela comunhão parcial, fazendo-se o pacto antenupcial por escritura pública, nas demais escolhas".

(b) Certa. Constitui bem de família, insuscetível de penhora, o único imóvel residencial do devedor em que resida seu familiar, ainda que o proprietário nele não habite. Decisão do STJ, em caso oriundo de Santa Catarina, concluiu que "deve ser dada a maior amplitude possível à proteção consignada na lei que dispõe sobre o bem de família (Lei 8.009/1990), que decorre do direito constitucional à moradia estabelecido no caput do art. 6º da CF, para concluir que a ocupação do imóvel por qualquer integrante da entidade familiar não descaracteriza a natureza jurídica do bem de família". Segundo Esteves Lima, "a Lei 8.009/1990 protege, em verdade, o único imóvel residencial de penhora. Se esse imóvel encontra-se cedido a familiares, filhos, enteados ou netos, que nele residem, ainda continua sendo bem de família". Ele refere que "a circunstância de o devedor não residir no imóvel não constitui óbice ao reconhecimento do favor legal". E observa que o art. 5º da Lei 8.009/1990 considera não só a utilização pelo casal, geralmente proprietário do imóvel residencial, mas pela entidade familiar. O voto é didático: "basta uma pessoa da família do devedor residir para obstar a constrição judicial". O STJ já vinha reconhecendo como impenhorável o imóvel residencial cuja propriedade seja de pessoas sozinhas, nos termos da Súmula 364. Esta dispõe que "o conceito de impenhorabilidade de bem de família abrange o imóvel pertencente a pessoas solteiras, separadas e viúvas". (EREsp 1.216.187-SC).

(c) Errada. O STJ assim já se pronunciou sobre o tema (REsp 1.454.643): "O propósito de constituir família, alçado pela lei de regência como requisito essencial à constituição da união estável (a distinguir, inclusive, esta entidade familiar do denominado "namoro qualificado"), não consubstancia mera proclamação, para o futuro, da intenção de constituir uma família. É mais abrangente. Esta deve se afigurar presente durante toda a convivência, a partir do efetivo compartilhamento de vidas, com irrestrito apoio moral e material entre os companheiros. É dizer: a família deve, de fato, restar constituída. Tampouco a coabitação, por si, evidencia a constituição de uma união estável, ainda que possa vir a constituir, no mais das vezes, um relevante indício..."

(d) Errada. Admite-se o reconhecimento "ex officio" da putatividade na própria sentença da ação declaratória de nulidade ou anulatória. É que a produção dos seus efeitos decorre de um comando legal, fundado na boa-fé, portanto, independe de formulação expressa de pedido pela parte, mitigando o princípio dispositivo (CPC, art. 2º). (Cristiano Chaves, Curso de Direito Civil).

(e) Errada. O STJ se posicionou no seguinte sentido: "1. Os alimentos incidem sobre verbas pagas em caráter habitual, aquelas incluídas permanentemente no salário do empregado. A verba alimentar incide, portanto, sobre vencimentos, salários ou proventos, valores auferidos pelo devedor no desempenho de sua função ou de suas atividades empregatícias, decorrentes dos rendimentos ordinários do devedor. 2. As parcelas denominadas auxílio-acidente, cesta-alimentação e vale-alimentação, que tem natureza indenizatória, estão excluídas do desconto para fins de pensão alimentícia porquanto verbas transitórias. 3. Não há falar em negativa de prestação jurisdicional se o tribunal de origem motiva adequadamente sua decisão, solucionando a controvérsia com a aplicação do direito que entende cabível à hipótese, apenas não no sentido pretendido pela parte. 4. Rever as conclusões que conduziram à fixação do percentual do desconto incidente no salário do alimentante demandaria o reexame de matéria fático-probatória, o que é inviável em sede de recurso especial, nos termos da Súmula 7 do STJ. (REsp: 1159408)

*Para responder, tem que estudar: lei, jurisprudência e teoria/doutrina.*

*Gabarito: B*

**98. (Cespe/TJ/PR/Juiz/2017)** Pedro alugou um imóvel pertencente a Maria. Os fiadores, João e Mateus, não renunciaram ao benefício de ordem nem optaram expressamente pelo benefício da divisão. Diante da ausência de pagamento de Pedro, Maria ajuizou ação de despejo cumulada com cobrança de alugueres vencidos e vincendos. Julgado procedente o pedido, na fase de execução do julgado, ante a ausência de bens de Pedro e João, foi penhorado imóvel de Mateus, o qual argumentou que o bem era destinado à sua residência com os filhos menores. Considerando essa situação hipotética à luz da legislação aplicável ao caso e da jurisprudência do STJ, assinale a opção correta

a) É reconhecido benefício de ordem em favor de João, ainda que Pedro seja insolvente.

b) Um dos pressupostos para o conhecimento de ações semelhantes à impetrada por Maria é a demonstração de atraso de, no mínimo, três meses no pagamento do aluguel.

c) Mateus poderia alegar o benefício da divisão e exigir de João a parte que lhe cabe no pagamento.

d) A penhora realizada sobre o bem de família de Mateus foi legítima.

## ANOTAÇÕES/COMENTÁRIOS

(a) Errada. Conforme previsão contida no artigo 828, inciso III, Código Civil: "Não aproveita este benefício ao fiador: III – se o devedor for insolvente, ou falido". Sendo assim, não pode ser reconhecido o benefício de ordem em favor de João, pois Pedro não possui bens, ou seja, está insolvente. Por isso seria impossível João indicar os bens livres do devedor, conforme exige o artigo 827, parágrafo único, CC.

(b) Errada. No caso da ação de despejo por falta de pagamento, a Lei 8.245/1991 traz a possibilidade do ajuizamento no dia seguinte ao da data-limite fixada para pagamento, pois o locatário estará inadimplente e será responsável por todos os ônus contratuais decorrentes do atraso.

(c) Errada. Para obtenção do benefício de divisão, é necessário que os fiadores o tenham estipulado. Porém, no presente caso, João e Mateus, não optaram expressamente pelo benefício da divisão, conforme exposto no artigo 829, Código Civil: "A fiança conjuntamente prestada a um só débito por mais de uma pessoa importa o compromisso de solidariedade entre elas, se declaradamente não se reservarem o benefício de divisão. Parágrafo único. Estipulado este benefício, cada fiador responde unicamente pela parte que, em proporção, lhe couber no pagamento".

(d) Certa. Trata-se de expressa previsão no artigo 3º da Lei 8.009/90, que dispõe sobre a possibilidade de penhora do bem de família: "A impenhorabilidade é oponível em qualquer processo de execução civil, fiscal, previdenciária, trabalhista ou de outra natureza, salvo se movido: VII – por obrigação decorrente de fiança concedida em contrato de locação". Além disso, consta na Súmula 549, STJ, que: "É válida a penhora de bem de família pertencente a fiador de contrato de locação".

*Para responder, tem que estudar: lei, jurisprudência e súmula/OJ.*

*Gabarito: D*

## 6.3. Da União Estável

**99. (Cespe/TJ/CE/Juiz/2012)** Considere que Carlos e Regina convivam em união estável e decidam celebrar contrato de convivência. Nessa situação:

a) o contrato somente produzirá efeitos patrimoniais.

b) o contrato pode ser celebrado por meio de escritura particular, desde que atestado por duas testemunhas e levado a registro.

c) se o casal já tiver filhos, o contrato não produzirá efeitos.

d) celebrado o contrato, este não poderá ser modificado antes de cinco anos.

e) o regime de bens escolhido no contrato terá efeitos retroativos.

ANOTAÇÕES/COMENTÁRIOS

(a) Certa. Segundo o artigo 1.725 do Código Civil: "Na união estável, salvo contrato escrito entre os companheiros, aplica-se às relações patrimoniais, no que couber, o regime da comunhão parcial de bens".

(b) Errada. Excetuando-se a forma escrita, não são postas quaisquer outras exigências formais para a celebração do contrato de união estável, tais como testemunhas ou instrumento público (artigo 1.725, CC).

(c) Errada. Condicionar a produção de efeitos do contrato à existência ou não de filhos não possui qualquer embasamento legal. No entanto, não pode haver diferenciação entre filhos havidos ou não na constância do casamento (artigo 227, § 6º, CF), e os direitos dos filhos são resguardados pela Constituição e pela legislação infraconstitucional.

(d) Errada. O contrato de convivência pode ser alterado a qualquer tempo, inclusive quanto a questões patrimoniais, desde que tal modificação produza efeitos futuros, ou seja, não retroativos. Esse é o posicionamento dominante na doutrina e jurisprudência do STJ.

(e) Errada. O contrato de convivência não produzirá efeitos retroativos, mas tão somente a partir de sua elaboração, conforme já mencionado no item "D".

*Para responder, tem que estudar: lei, jurisprudência e teoria/doutrina.*

*Gabarito: A*

**100. (Cespe/TJ/DFT/Juiz/2015)** De acordo com a jurisprudência do STJ, assinale a opção correta no que concerne ao instituto da união estável.

a) Diante da inaplicabilidade de analogia com a legislação referente às relações estáveis heteroafetivas, é vedado o reconhecimento post mortem de união homoafetiva.

b) Apesar de não estar previsto no Código Civil, o companheiro supérstite tem o direito real de habitação sobre o imóvel de propriedade do falecido onde o casal residia.

c) É permitida a alienação de bem imóvel adquirido na constância de união estável independentemente da autorização de um dos companheiros.

d) Em uma eventual ação de alimentos que seja posterior à dissolução de união estável homoafetiva, é juridicamente impossível o pedido de alimentos formulado pelo ex-companheiro.

e) Caso um senhor, convivente em união estável, preste fiança sem a outorga uxória de sua companheira, tal fiança será nula.

ANOTAÇÕES/COMENTÁRIOS

(a) Errada. Não pode existir qualquer discriminação em razão da orientação sexual das pessoas. O regime jurídico das uniões estáveis heteroafetivas é idêntico ao das uniões homoafetivas. O STJ já decidiu ser possível reconhecimento post mortem de união estável homoafetiva: "(...). Demonstrada a convivência, entre duas pessoas do mesmo sexo, pública, contínua e duradoura, estabelecida com o objetivo de constituição de família, sem a ocorrência dos impedimentos do artigo 1.521 do CC/02, com a exceção do inc. VI quanto à pessoa casada separada de fato ou judicialmente, haverá, por consequência, o reconhecimento dessa parceria como entidade familiar, com a respectiva atribuição de efeitos jurídicos dela advindos. (REsp 930.460)".

(b) Certa. O STJ e o STF entendem que o direito real de habitação assegurado aos cônjuges, também deve ser deferido aos companheiros. Nesse sentido, também o enunciado 117 do CJF: "O direito real de habitação deve ser estendido ao companheiro, seja por não ter sido revogada a previsão da Lei 9.278/96, seja em razão da interpretação analógica do art. 1.831, informado pelo art. 6º, caput, da CF."

(c) Errada. O tema é controvertido. Para a 3ª Turma do STJ, a regra do artigo 1.647, inciso I, Código Civil pode ser aplicada à união estável, desde que tenha sido dada publicidade aos eventuais adquirentes a respeito da existência desta união. Se um imóvel foi alienado pelo companheiro sem a anuência de sua companheira, a anulação dessa alienação somente será possível se no registro de imóveis onde está inscrito o bem, houvesse a averbação (uma espécie de anotação/observação feita no registro) de que o proprietário daquele imóvel vive em união estável. (REsp 1.424.275, Informativo 554, STJ).

(d) Errada. De acordo com o entendimento do STJ, é juridicamente possível o pedido de alimentos decorrente do rompimento de união estável homoafetiva. (REsp 1.302.467, Informativo 558, STJ). No mesmo sentido, já se posicionou o STF.

(e) Errada. De acordo com o entendimento do STJ, ainda que a união estável esteja formalizada por meio de escritura pública, é válida a fiança prestada por um dos conviventes sem a autorização do outro. (REsp 1.299.866, Informativo 535, STJ).

*Para responder, tem que estudar: lei, jurisprudência e teoria/doutrina.*

*Gabarito: B*

**101. (Cespe/TJ/DFT/Juiz/2014)** A respeito dos institutos da alienação parental e união estável, assinale a opção correta.

a) Por ausência de previsão legal acerca da união homoafetiva, o TJDFT decidiu que a união de pessoas do mesmo sexo deve ser reconhecida como sociedade de fato.

b) A jurisprudência do STJ firmou entendimento de que o casamento válido não impede o reconhecimento da união estável, desde que se comprove a separação de fato ou judicial.

c) O STJ consolidou entendimento de que, por ausência de previsão legal, não se poderá aplicar à união estável o regime obrigatório de separação de bens para as hipóteses em que, no início do relacionamento, os conviventes já contem com mais de sessenta anos de idade.

d) A lei enumera de forma exaustiva os atos que configuram alienação parental.

e) A consequência automática do reconhecimento, pelo julgador, da alienação parental é a alteração da guarda da criança ou adolescente, para fins de preservação da integridade psicológica destes.

ANOTAÇÕES/COMENTÁRIOS

(a) Errada. No julgamento da ADPF 132 e da ADI 4.277, o STF entendeu pela aplicação, por analogia, de todas as regras da união estável heteroafetiva para união estável homoafetiva. Como a decisão tem efeitos vinculantes e erga omnes, não se pode admitir outras forma de interpretação que não seja o enquadramento da união homoafetiva como família, com incidência dos mesmos dispositivos legais relativos à união estável. Inf. 625-STF.

(b) Certa. O STJ já pacificou entendimento no sentido de que a existência de casamento válido não obsta o reconhecimento de união estável quando há separação de fato ou judicial do casal. Nesse sentido, o artigo 1.723, § 1º, CC.

(c) Errada. O inciso II do art. 1.641 foi alterado em 2010 e a idade para separação obrigatória passou a ser 70 anos, não mais 60, como vigorava anteriormente. Tem prevalecido o entendimento no STJ que tal causa de separação obrigatória se aplica às uniões estáveis quando o companheiro ou a companheira possuir idade superior a 70 anos.

(d) Errada. A enumeração dos atos que configuram alienação parental é exemplificativa, de acordo com o artigo 2º da Lei 12.318/10.

(e) Errada. Não se trata de consequência automática, mas de uma das possíveis decisões do juízo, conforme o caso concreto. Lei 12.318/10: "Art. 6º. Caracterizados atos típicos de alienação parental ou qualquer conduta que dificulte a convivência de criança ou adolescente com genitor, em ação autônoma ou incidental, o juiz poderá, cumulativamente ou não, sem prejuízo da decorrente responsabilidade civil ou criminal e da ampla utilização de instrumentos processuais aptos a inibir ou atenuar seus efeitos, segundo a gravidade do caso: V – determinar a alteração da guarda para guarda compartilhada ou sua inversão".

*Para responder, tem que estudar: lei, jurisprudência e teoria/doutrina.*

*Gabarito: B*

## 6.4. Da Tutela, da Curatela e da Tomada de Decisão Apoiada

**102. (Cespe/TJ/DFT/Juiz/2016)** Com fundamento na jurisprudência do STJ, assinale a opção correta acerca do direito de família.

a) O contrato de união estável pode ter efeitos retroativos, se os conviventes que o assinam tiverem o objetivo de eleger o regime de bens aplicável ao período de convivência anterior a sua assinatura.

b) Em regra, a pensão alimentícia devida a ex-cônjuge deve ser fixada por tempo indeterminado.

c) Nas ações de interdição não ajuizadas pelo MP, a função de defensor do interditando deve ser exercida pelo próprio parquet, o que dispensa a nomeação de curador à lide.

d) Desde que não haja disposição transacional nem decisão judicial em sentido contrário, o aviso prévio deve integrar a base de cálculo da pensão alimentícia.

e) As verbas indenizatórias, auxílio-acidente, vale-cesta e vale-alimentação, integram a base de cálculo para fins de desconto de pensão alimentícia.

ANOTAÇÕES/COMENTÁRIOS

(a) Errada. O entendimento jurisprudencial dominante é no seguinte sentido: "Não é lícito aos conviventes atribuírem efeitos retroativos ao contrato de união estável, a fim de eleger o regime de bens aplicável ao período de convivência anterior à sua assinatura (REsp 1.383.624)."

(b) Errada. De acordo com o entendimento do STJ, em regra, a pensão alimentícia devida a ex-cônjuge deve ser fixada por tempo determinado, sendo cabível a pensão alimentar sem marco final tão somente quando o alimentado (ex-cônjuge) se encontrar em circunstâncias excepcionais, como de incapacidade laboral permanente, saúde fragilizada ou impossibilidade prática de inserção no mercado de trabalho. REsp 1.496.948.

(c) Certa. Esta seria a assertiva correta considerando o exposto no artigo 1.770 do Código Civil: "Nos casos em que a interdição for promovida pelo Ministério Público, o juiz nomeará defensor ao suposto incapaz; nos demais casos o Ministério Público será o defensor". Porém, o presente artigo foi revogado pela Lei 13.105/2015.

(d) Errada. Desde que não haja disposição transacional ou judicial em sentido contrário, o aviso prévio não integra a base de cálculo da pensão alimentícia. Isso porque, segundo a doutrina, o aviso prévio é o "pagamento que vai ser efetuado pelo empregador ao empregado pela prestação de serviços durante o restante do contrato de trabalho, ou a indenização substitutiva pelo não cumprimento do aviso prévio por qualquer das partes".

(e) Errada. Segundo Informativo 533, STJ: "As verbas auxílio-acidente, vale-cesta e vale-alimentação não integram a base de cálculo para fins de desconto de pensão alimentícia. Isso porque os alimentos incidem sobre verbas pagas em caráter habitual, não se aplicando a quaisquer daquelas que não ostentem caráter usual ou que sejam equiparadas a verbas de indenização".

*Para responder, tem que estudar: lei, jurisprudência e teoria/doutrina.*

*Gabarito: C*

**103. (Cespe/TJ/CE/Juiz/2018)** A curatela de pessoa com deficiência é medida protetiva extraordinária

a) que impõe aos curadores o dever de representar os curatelados e de prestar semestralmente contas de sua atuação ao juiz.
b) incompatível com a nomeação de curador provisório, haja vista a natureza definitiva da curatela.
c) que afetará somente os atos relacionados aos direitos de natureza patrimonial e negocial indicados na sentença.
d) que poderá ser instituída por iniciativa do próprio interditando, mediante escritura pública, conforme o CPC.
e) proporcional às necessidades e às circunstâncias de cada caso, sendo um instituto igual ao da modalidade de decisão apoiada.

ANOTAÇÕES/COMENTÁRIOS

(a) Errada. Os curadores assistem os curatelados, pois deficiência não é causa de incapacidade e a impossibilidade de expressar a vontade é considerada causa de incapacidade relativa (artigo 4º, III, CC), logo o curador poderá, se for o caso, assistir o curatelado. A prestação de contas é anual (artigo 84, §4º, da Lei 13.146/15).

(b) Errada. A curatela é temporária, podendo ser revista a qualquer tempo. É admissível a curatela provisória. A curatela deve durar o menor tempo possível (artigo 84, §3º, da Lei 13.146/15).

(c) Certa. Na forma do artigo 85 da Lei 13.146/15.

(d) Errada. É inadmissível curatela por escritura pública, sendo tal modalidade revogada pela Lei 13.146/15 (vide revogado artigo 1780 CC). A curatela requerida pelo próprio interditando é de cabimento controvertido na doutrina, em razão da revogação do artigo 1768, IV, CC, pelo novo CPC.

(e) Errada. A curatela deve ser proporcional às necessidades do curatelado, porém não é instituto idêntico a tomada de decisão apoiada. A curatela envolve relativamente incapaz. A tomada de decisão apoiada envolve pessoa capaz. Inclusive a regulamentação jurídica da curatela (artigo 1767 e seguintes CC) é diversa da regulamentação da tomada de decisão apoiada (artigo 1783-A CC)

*Para responder, tem que estudar: lei.*

*Gabarito: C*

# 7. DO DIREITO DAS SUCESSÕES

## 7.1. Da Sucessão em Geral

**104. (Cespe/TJ/BA/Juiz/2012)** Acerca do direito das sucessões, assinale a opção correta.

a) Testamento feito por deficiente mental se valida com a superveniência da capacidade.

b) É vedada a retratação da renúncia à herança, ainda que essa retratação não prejudique os credores.

c) Lei nova, se mais benéfica aos herdeiros, pode disciplinar sucessão aberta na vigência de lei anterior.

d) Falecido o herdeiro testamentário antes da morte do testador, seus descendentes, se houver, o sucederão.

e) Estando mortos todos os filhos do "de cujus", os netos sucederão no direito à herança, de acordo com as quotas destinadas aos seus respectivos pais.

ANOTAÇÕES/COMENTÁRIOS

(a) Errada. De acordo com o artigo 1.861 do Código Civil: "A incapacidade superveniente do testador não invalida o testamento, nem o testamento do incapaz se valida com a superveniência da capacidade".

(b) Certa. De acordo com o artigo 1.812 do Código Civil: "São irrevogáveis os atos de aceitação ou de renúncia da herança".

(c) Errada. De acordo com o artigo 1.787 do Código Civil: "Regula a sucessão e a legitimação para suceder a lei vigente ao tempo da abertura daquela".

(d) Errada. É imprescindível, para o recebimento da herança ou legado, que o herdeiro ou legatário sobreviva ao testador. De acordo com o artigo 1.939 do Código Civil, que se aplica à herança: "Caducará o legado: V – se o legatário falecer antes do testador". Ademais, o direito de representação, previsto no artigo 1.851 e seguintes, CC, aplica-se apenas à sucessão legítima, não podendo ser utilizado na sucessão testamentária.

(e) Errada. No caso em tela, morrendo uma pessoa que só tenha netos e todos os filhos sejam falecidos, não há direito de representação. Os netos herdarão por cabeça e não pelas "quotas destinadas aos respectivos pais" (sucessão por estirpe). Significa dizer que a herança será dividida igualmente entre todos os netos. Nesse caso, os netos receberão quotas iguais (herdarão por cabeça). "(...) os filhos sucedem por cabeça (per capita), e os netos, por estirpe ('in stirpes'). Se, no entanto, todos os filhos já faleceram, deixando filhos, netos do finado, estes receberão quotas iguais, por direito próprio, operando-se a sucessão por cabeça, pois encontram-se todos no mesmo grau." (Carlos Roberto Gonçalves, Direito Civil Brasileiro).

*Para responder, tem que estudar: lei e teoria/doutrina.*

*Gabarito: B*

**105. (Cespe/TJ/MA/Juiz/2013)** Com base na jurisprudência do STJ, assinale a opção correta.

a) A aplicação financeira de proventos de aposentadoria mantida por um dos consortes durante a vigência do matrimônio, sob o regime de comunhão universal de bens, não deve ser partilhada em inventário, dado o caráter alimentar do investimento.

b) A Caixa Econômica Federal é parte ilegítima para responder por vícios de construção nos casos em que ela, ao mesmo tempo, promova o empreendimento, tenha responsabilidade na elaboração do projeto com suas especificações, escolha a construtora e(ou) negocie os imóveis, visto que essas atividades, que visam garantir o sucesso do empreendimento, são inerentes à de agente financeiro em estrito senso.

c) A aplicação da sanção imposta pelo Código Civil em referência à demanda de repetição de indébito, consistente na exigência de pagamento em dobro por dívida já paga, pressupõe a existência de pagamento indevido, sendo prescindível a demonstração de má-fé do credor.

d) A sucessão aberta é considerada bem imóvel, por isso a constituição de procurador com poder especial para renunciar a herança de valor superior a trinta vezes o maior salário mínimo só terá validade se realizada por instrumento público ou termo judicial.

## ANOTAÇÕES/COMENTÁRIOS

(a) Errada. De acordo com entendimento do STF: "1. Não se conhece da tese de afronta ao art. 535, I e II do CPC formulada genericamente, sem indicação do ponto relevante ao julgamento da causa supostamente omitido no acórdão recorrido. Aplicação da Súmula 284/STF, ante a deficiência nas razões recursais. 2. Os proventos de aposentadoria, percebidos por cônjuge casado em regime de comunhão universal e durante a vigência da sociedade conjugal, constituem patrimônio particular do consorte ao máximo enquanto mantenham caráter alimentar. Perdida essa natureza, como na hipótese de acúmulo do capital mediante depósito das verbas em aplicação financeira, o valor originado dos proventos de um dos consortes passa a integrar o patrimônio comum do casal, devendo ser partilhado quando da extinção da sociedade conjugal. Interpretação sistemática dos comandos contidos nos artigos 1.659, VI e 1.668, V, 1565, 1566, III e 1568, todos do Código Civil. (REsp 1053473)". O mesmo entendimento vem sendo seguido pelo STJ.

(b) Errada. De acordo com o entendimento do STJ no REsp 1163228/AM: "Nas hipóteses em que atua na condição de agente financeiro em sentido estrito, não ostenta a CEF legitimidade para responder por pedido decorrente de vícios de construção na obra financiada". Na assertiva em análise, há responsabilidade civil da CEF, sendo parte legítima para responder por vício da construção, pois a sua atuação não se limitou a ser apenas agente financiador, indo além, atuando como agente executor, promovendo e elaborando o projeto, escolhendo a construtora dentre outras atuações.

(c) Errada. De acordo com o Informativo 506, STJ: "A aplicação da sanção prevista no artigo 1.531 do CC/1916 (mantida pelo art. 940 do CC/2002) – pagamento em dobro por dívida já paga – pressupõe tanto a existência de pagamento indevido quanto a má-fé do credor. Assim, em que pese o fato de a condenação ao pagamento em dobro do valor indevidamente cobrado prescindir de reconvenção ou propositura de ação própria, podendo ser formulado em qualquer via processual, torna-se imprescindível a demonstração da má-fé do credor". REsp 1.005.939.

(d) Certa. De acordo com o artigo 80, inciso II, Código Civil: "Consideram-se imóveis para os efeitos legais: (...). II – o direito à sucessão aberta". Assim como a previsão do artigo 108, Código Civil: "Não dispondo a lei em contrário, a escritura pública é essencial à validade dos negócios jurídicos que visem à constituição, transferência, modificação ou renúncia de direitos reais sobre imóveis de valor superior a trinta vezes o maior salário mínimo vigente no País". E conforme artigo 1.806, Código Civil: "A renúncia da herança deve constar expressamente de instrumento público ou termo judicial".

*Para responder, tem que estudar: lei, jurisprudência e teoria/doutrina.*

*Gabarito: D*

**106. (Cespe/TJ/PB/Juiz/2015)** No que se refere à exclusão da herança por indignidade, assinale a opção correta.

a) A reabilitação, em testamento ou em outro ato autêntico, é ato personalíssimo do ofendido.

b) O rol das causas enumeradas na lei civil para exclusão da herança por indignidade é exemplificativo – "numerus apertus".

c) O ato infracional equiparado ao homicídio doloso praticado por menor de dezoito anos de idade contra ascendente não é causa de indignidade hábil à exclusão da herança.

d) Como os efeitos da sentença que decreta a indignidade são pessoais, o excluído terá direito ao usufruto e à administração dos bens que couberem a seus filhos.

e) O direito de demandar a exclusão do herdeiro extingue-se em quatro anos, contados a partir da data em que ocorrer o fato objeto da indignidade.

ANOTAÇÕES/COMENTÁRIOS

(a) Certa. De acordo com o artigo 1.818 do Código Civil: "Aquele que incorreu em atos que determinem a exclusão da herança será admitido a suceder, se o ofendido o tiver expressamente reabilitado em testamento, ou em outro ato autêntico".

(b) Errada. Ao contrário do que aduz a assertiva, o rol das causas de exclusão da herança por indignidade é taxativo, ou seja, "numerus clausus", devendo necessariamente ser praticado algum dos atos previstos no artigo 1.814, CC.

(c) Errada. De acordo com o artigo 1.814 do Código Civil: "São excluídos da sucessão os herdeiros ou legatários: I – que houverem sido autores, coautores ou partícipes de homicídio doloso, ou tentativa deste, contra a pessoa de cuja sucessão se tratar, seu cônjuge, companheiro, ascendente ou descendente". Logo tal disposição incide tanto em caso de crime, como na hipótese de ato infracional.

(d) Errada. De acordo com o artigo 1.816 do Código Civil: "São pessoais os efeitos da exclusão; os descendentes do herdeiro excluído sucedem, como se ele morto fosse antes da abertura da sucessão. Parágrafo único. O excluído da sucessão não terá direito ao usufruto ou à administração dos bens que a seus sucessores couberem na herança, nem à sucessão eventual desses bens".

(e) Errada. De acordo com o parágrafo único do artigo 1.815 do Código Civil: "O direito de demandar a exclusão do herdeiro ou legatário extingue-se em quatro anos, contados da abertura da sucessão".

*Para responder, tem que estudar: lei e teoria/doutrina.*

*Gabarito: A*

## 7.2. Da Sucessão Legítima

**107. (Cespe/TJ/AM/Juiz/2016)** Em relação ao direito das sucessões, assinale a opção correta.

a) Não havendo descendentes ou ascendentes, os herdeiros colaterais do autor da herança concorrem com o cônjuge sobrevivente.

b) Em se tratando de casamento sob o regime de comunhão parcial de bens, o cônjuge supérstite concorrerá com os descendentes do cônjuge falecido apenas em relação aos bens particulares deste.

c) Será rompido o testamento válido se o legatário for excluído da sucessão ou falecer antes do legante.

d) Não goza da igualdade de condições com filho legítimo o filho adotado no ano de 1980, se a morte do autor da herança tiver ocorrido antes da vigência da Lei n. 10.406/2002.

e) Tratando-se de sucessão colateral, o direito de representação estende-se ao sobrinho-neto do autor da herança.

ANOTAÇÕES/COMENTÁRIOS

(a) Errada. Nos termos do artigo 1.838, Código Civil: "Em falta de descendentes e ascendentes, será deferida a sucessão por inteiro ao cônjuge sobrevivente". Além disso, o artigo 1.839, Código Civil, prevê que: "Se não houver cônjuge sobrevivente, nas condições estabelecidas no art. 1.830, serão chamados a suceder os colaterais até o quarto grau".

(b) Certa. De acordo com o artigo 1.829, inciso I, Código Civil: "A sucessão legítima defere-se na ordem seguinte: I – aos descendentes, em concorrência com o cônjuge sobrevivente, salvo se casado este com o falecido no regime da comunhão universal, ou no da separação obrigatória de bens (art. 1.640, parágrafo único); ou se, no regime da comunhão parcial, o autor da herança não houver deixado bens particulares." O Enunciado 270 da III Jornada de Direito Civil do Conselho da Justiça Federal afirma que o artigo 1.829, inciso I, só assegura ao cônjuge sobrevivente o direito de concorrência com os descendentes do autor da herança quando casados no regime da separação convencional de bens ou, se casados nos regimes da comunhão parcial ou participação final nos aquestos, o falecido possuísse bens particulares, hipóteses em que a concorrência restringe-se a tais bens, devendo ocorrer a partilha dos bens comuns (meação) exclusivamente entre os descendentes.

(c) Errada. De acordo com o artigo 1.973, Código Civil: "Sobrevindo descendente sucessível ao testador, que não o tinha ou não o conhecia quando testou, rompe-se o testamento em todas as suas disposições, se esse descendente sobreviver ao testador." Além disso, o artigo 1.974, Código Civil, dispõe: "Rompe-se o testamento feito na ignorância de existirem outros herdeiros necessários". Mas não se rompe o testamento se o testador dispuser da sua metade, não contemplando os herdeiros necessários de cuja existência saiba, ou quando os exclua dessa parte, nos termos do artigo 1.975, Código Civil. Portanto, não será rompido o testamento válido se o legatário for excluído da sucessão ou falecer antes do legante, sendo estas hipóteses de caducidade, nos termos do artigo 1.939, incisos IV e V, CC.

(d) Errada. O artigo 227, § 6º, da Constituição Federal assegura a igualdade jurídica entre os filhos, sendo proibida qualquer discriminação. Nesse sentido: "A Constituição da República de 1988 igualou os filhos, naturais ou adotivos (art. 227, § 6º). Com isso, os filhos adotivos passaram a ter os mesmos direitos hereditários que os filhos naturais, ainda que a adoção tenha ocorrido antes de 1988". (TJRS; AI 70031514110)".

(e) Errada. De acordo com o artigo 1.853, Código Civil: "Na linha transversal (colateral), somente se dá o direito de representação em favor dos filhos de irmãos do falecido, quando com irmãos deste concorrerem". Por isso só há direito de representação na linha colateral em favor dos sobrinhos, quando concorrerem com os tios. Tal regra não beneficia o sobrinho-neto, eis que o direito de representação é uma norma de exceção, e norma de exceção não pode ser interpretada extensivamente.

*Para responder, tem que estudar: lei, jurisprudência e teoria/doutrina.*

*Gabarito: B*

**108. (Cespe/TJ/CE/Juiz/2018)** Conforme classificação doutrinária, a herança, antes da formalização da partilha, pode ser considerada um bem de indivisibilidade

a) convencional e uma universalidade de fato.
b) convencional e uma universalidade de direito.
c) legal e uma universalidade de direito.
d) legal e uma universalidade de fato.
e) natural e uma universalidade de direito.

ANOTAÇÕES/COMENTÁRIOS

(a) Errada. A herança é legalmente indivisível até a partilha (artigo 1791 e parágrafo único, CC), sendo uma universalidade de direito.

(b) Errada. Vide item A

(c) Certa. Vide item A

(d) Errada. Vide item A

(e) Errada. Vide item A

*Para responder, tem que estudar: lei e teoria/doutrina.*

*Gabarito: C*

**109. (Cespe/TJ/DFT/Juiz/2016)** A propósito do direito das sucessões, com fundamento nos dispositivos legais, na doutrina e no entendimento jurisprudencial pátrio, assinale a opção correta.

a) A herança é considerada um bem divisível, antes mesmo da partilha.
b) O filho do autor da herança tem o direito de exigir de seus irmãos a colação dos bens recebidos por doação, a título de adiantamento da legítima, ainda que não tenha sido concebido ao tempo da liberalidade.
c) O cônjuge supérstite pode opor o direito real de habitação aos irmãos do cônjuge falecido, caso eles já fossem, antes da abertura da sucessão, coproprietários do imóvel em que ela e o marido residiam.
d) O testador só poderá dispor de um terço da herança no caso de haver herdeiros necessários.
e) O cumprimento de legado de coisa que se determine pelo gênero é impossibilitado quando a coisa não mais existir entre os bens deixados pelo testador.

ANOTAÇÕES/COMENTÁRIOS

(a) De acordo com o art. 1.791 do Código Civil: "A herança defere-se como um todo unitário, ainda que vários sejam os herdeiros". Parágrafo único. "Até a partilha, o direito dos coerdeiros, quanto à propriedade e posse da herança, será indivisível, e regular-se-á pelas normas relativas ao condomínio". Conforme Flávio Tartuce (Manual de Direito Civil): "(...) a herança é um bem indivisível antes da partilha. Nos termos do art. 1.791 do CC, a herança defere-se como um todo unitário, ainda que vários sejam os herdeiros. Pelo mesmo comando legal, até a partilha, o direito dos coerdeiros, quanto à propriedade e posse da herança, será indivisível, e regular-se-á pelas normas relativas ao condomínio. Forma-se, então, um condomínio eventual *pro indiviso* em relação aos bens que integram a herança, até o momento da partilha entre os herdeiros".

(b) Certa. Com base nos artigos 2.002 e 2.003 do Código Civil, o filho pode exigir dos irmãos a colação dos bens recebidos por doação. O STJ já decidiu que a colação deve ser realizada, ainda que o filho não tivesse sido concebido ao tempo da liberalidade. Nesse sentido: "(...). 2. Para efeito de cumprimento do dever de colação, é irrelevante o fato de o herdeiro ter nascido antes ou após a doação, de todos os bens imóveis, feita pelo autor da herança e sua esposa aos filhos e respectivos cônjuges. O que deve prevalecer é a ideia de que a doação feita de ascendente para descendente, por si só, não é considerada inválida ou ineficaz pelo ordenamento jurídico, mas impõe ao donatário obrigação protraída no tempo de, à época do óbito do doador, trazer o patrimônio recebido à colação, a fim de igualar as legítimas, caso não seja aquele o único herdeiro necessário (arts. 2.002, parágrafo único, e 2.003 do CC/2002). 3. No caso, todavia, a colação deve ser admitida apenas sobre 25% dos referidos bens, por ter sido esse o percentual doado aos herdeiros necessários, já que a outra metade foi destinada, expressamente, aos seus respectivos cônjuges. Tampouco, há de se cogitar da possível existência de fraude, uma vez que na data da celebração do contrato de doação, o herdeiro preterido, ora recorrido, nem sequer havia sido concebido". (REsp 1298864).

(c) Errada. A 3ª Turma do STJ indeferiu o direito real de habitação à viúva em relação ao imóvel em que residia com o marido, considerando que o bem era copropriedade do falecido e dos irmãos. Entenderam que o direito real de habitação do cônjuge sobrevivente não se aplica a esse tipo de situação, já que o condomínio entre o marido falecido e os irmãos foi constituído antes do óbito. Atualmente, o direito real de habitação se encontra estabelecido no art. 1.831 do Código Civil de 2002 e, como primeira distinção que se deve fazer em relação à fixação que havia no Código Civil de 1.916, é a aplicação do direito real de habitação a todo e qualquer cônjuge, casado sob qualquer regime de bens, desde que o imóvel utilizado para moradia do casal, pertença ao falecido ou aos cônjuges ou companheiros, e que seja o único bem de natureza residencial a inventariar.

(d) Errada. De acordo com o artigo 1.789 do Código Civil: "Havendo herdeiros necessários, o testador só poderá dispor da metade da herança", bem como no artigo 1.846 do mesmo diploma legal: "Pertence aos herdeiros necessários, de pleno direito, a metade dos bens da herança, constituindo a legítima".

(e) Errada. De acordo com o artigo 1.915 do Código Civil: "Se o legado for de coisa que se determine pelo gênero, será o mesmo cumprido, ainda que tal coisa não exista entre os bens deixados pelo testador". Vale lembrar a distinção entre legado de coisa genérica (art. 1.915, supracitado) e legado de coisa singular (art. 1.916). Conforme Flávio

Tartuce: "Legado de coisa genérica – se o legado for de coisa que se determine pelo gênero, será o mesmo cumprido, ainda que tal coisa não exista entre os bens deixados pelo testador (art. 1.915 do CC). Legado de coisa singular – se o testador legar coisa sua, singularizando-a, só terá eficácia o legado se, ao tempo do seu falecimento, ela se achava entre os bens da herança (art. 1.916 do CC). Se a coisa legada existir entre os bens do testador, mas em quantidade inferior à do legado, este será eficaz apenas quanto à existente".

*Para responder, tem que estudar: lei, jurisprudência e teoria/doutrina.*

*Gabarito: B*

**110. (Cespe/TJ/RN/Juiz/2013)** Patrick, casado com Malva, faleceu em razão de acidente automobilístico em que viajava toda a família, deixando as filhas Pietra, de quarenta e cinco anos de idade, e Marcela, de quarenta anos de idade, frutos de seu casamento. Deixou, ainda, os netos Henrique, de vinte e um anos de idade, interditado por decisão judicial, e Alex, de dezoito anos de idade, ambos da prole da filha Manuela, pré-morta. Considerando essa situação hipotética e o direito das sucessões, assinale a opção correta.

a) Após conclusão da perícia para apuração das causas do acidente que vitimou Patrick, será excluído da sucessão, por sentença declaratória de indignidade, o herdeiro que seja condenado como autor, coautor ou partícipe de homicídio doloso ou culposo praticado contra Patrick.

b) Se Malva for casada no regime da comunhão parcial de bens, somente concorrerá com os filhos e netos de Patrick se não houver bens particulares do falecido.

c) Os netos de Patrick, da prole da filha pré-morta, concorrerão em igualdade de condições com os demais herdeiros necessários, cabendo a cada um deles o mesmo quinhão que caberá aos filhos de Patrick.

d) Sendo todos os herdeiros maiores de dezoito anos de idade, o inventário poderá processar-se na forma administrativa, perante o cartório extrajudicial.

e) Qualquer que seja o regime de bens do casamento, a Malva, cônjuge sobrevivente, é assegurado o direito real de habitação relativo ao imóvel destinado à residência da família, desde que seja o único daquela natureza a inventariar.

**ANOTAÇÕES/COMENTÁRIOS**

(a) Errada. Considerando que somente serão excluídos da partilha os herdeiros ou legatários que houverem sido autores, coautores ou partícipes apenas de homicídio doloso, conforme previsão do artigo 1.814, inciso I, Código Civil: "São excluídos da sucessão os herdeiros ou legatários: I – que houverem sido autores, coautores ou partícipes de homicídio doloso, ou tentativa deste, contra a pessoa de cuja sucessão se tratar, seu cônjuge, companheiro, ascendente ou descendente".

(b) Errada. Malva somente concorrerá com os descendentes se existirem bens particulares do falecido. De acordo com o artigo 1.829, inciso I, Código Civil: "A sucessão legítima defere-se na ordem seguinte: I – aos descendentes, em concorrência com o cônjuge sobrevivente, salvo se casado este com o falecido no regime da comunhão universal, ou no da separação obrigatória de bens (art. 1.640, § único); ou se, no regime da comunhão parcial, o autor da herança não houver deixado bens particulares".

(c) Errada. Os netos, nesse caso, herdarão por direito de representação, logo, terão de dividir o quinhão que caberia à herdeira pré-morta. De acordo com o artigo 1.851, Código Civil: "Dá-se o direito de representação, quando a lei chama certos parentes do falecido a suceder em todos os direitos, em que ele sucederia, se vivo fosse". Assim como o artigo 1.855, Código Civil: "O quinhão do representado partir-se-á por igual entre os representantes".

(d) Errada. Nos termos do artigo 2.016, Código Civil, será sempre judicial a partilha se os herdeiros divergirem, assim como se algum deles for incapaz. No presente caso, o neto do falecido, Henrique, de vinte e um anos de idade, é interditado por decisão judicial.

(e) Certa. Considerando o estabelecido no artigo 1.831, Código Civil: "Ao cônjuge sobrevivente, qualquer que seja o regime de bens, será assegurado, sem prejuízo da participação que lhe caiba na herança, o direito real de habitação relativamente ao imóvel destinado à residência da família, desde que seja o único daquela natureza a inventariar".

*Para responder, tem que estudar: lei e teoria/doutrina.*

*Gabarito: E*

## 7.3. Da Sucessão Testamentária

**111. (Cespe/TJ/BA/Juiz/2019)** À luz do Código Civil e da teoria das invalidades dos atos e negócios jurídicos, a elaboração de testamento conjuntivo nas modalidades simultânea, recíproca ou correspectiva é ato eivado de vício de

a) anulabilidade em qualquer uma das três modalidades.
b) nulidade em qualquer uma das três modalidades.
c) ineficácia em qualquer uma das três modalidades.
d) nulidade, nas modalidades recíproca e correspectiva, e anulabilidade na modalidade simultânea.
e) anulabilidade, na modalidade correspectiva, e nulidade nas modalidades recíproca e simultânea.

ANOTAÇÕES/COMENTÁRIOS

O testamento é ato personalíssimo, por isso só pode ser elaborado individualmente. Se duas ou mais pessoas, em um só instrumento, fizerem disposições de última vontade, este testamento será considerado conjuntivo e por isso será nulo (artigo 1863 c/c 166, VII, CC). Logo testamento conjuntivo é o elaborado em conjunto. Pouco importa a espécie do testamento conjuntivo, seja ele simultâneo (duas pessoas ou mais pessoas testam em favor de outra), recíproco (duas pessoas ou mais fazem disposição estabelecendo que a que sobreviver será a herdeira) ou correspectivo (duas ou mais pessoas fazem disposições testamentárias em retribuição de outras), o mesmo será nulo.

A, C, D e E, erradas, conforme acima explicado.

*Para responder, tem que estudar: lei e teoria/doutrina.*

*Gabarito: B*



**112. (Cespe/TJ/CE/Juiz/2012)** Suponha que uma pessoa tenha falecido e deixado testamento válido no qual tenha disposto a propriedade da casa onde residia a sua caseira, ficando o restante dos seus bens aos herdeiros necessários. Nessa situação:

a) tendo sido a casa alienada a terceiros, considera-se revigorado o legado se for obtida a anulação do negócio por ocorrência de simulação.

b) ao contrário do que ocorre com os herdeiros necessários, a caseira somente adquirirá a propriedade após o encerramento da partilha.

c) a posse direta do imóvel será conferida à caseira por consentimento dos demais herdeiros, não lhe sendo lícito obtê-la por sua própria autoridade.

d) o imóvel, por ser bem individualizado e em razão de os legatários não concorrerem para o resgate de débitos, deverá ser entregue à caseira desde logo.

e) se for verificado que, após o testamento, a casa foi demolida e reconstruída com algumas transformações, estará configurada a caducidade do legado.

ANOTAÇÕES/COMENTÁRIOS

(a) Errada. O legado caduca quando o bem é alienado, na forma do artigo 1.939, II, CC, independentemente de posterior invalidação do negócio.

(b) Errada. Com relação à aquisição do legado, o legatário, quando da abertura da sucessão, adquire a propriedade da coisa certa existente no montante, salvo se o legado estiver em condição suspensiva conforme versa o artigo 1.923 do Código Civil: "Art. 1.923. Desde a abertura da sucessão, pertence ao legatário a coisa certa, existente no acervo, salvo se o legado estiver sob condição suspensiva".

(c) Certa. Em relação à posse, a abertura da sucessão confere ao legatário somente o direito à solicitação da mesma aos herdeiros, não podendo obtê-la por sua própria autoridade, conforme aduz o § 1º do artigo 1.923 do Código Civil.

(d) Errada. De acordo com o § 1º do artigo 1.923 do Código Civil: "Não se defere de imediato a posse da coisa, nem nela pode o legatário entrar por autoridade própria", motivo pelo qual não há que se falar em entrega imediata do imóvel à caseira. E deve ser observado que os legados também podem concorrer para o pagamento de dívidas, sendo realizada a sua redução ou até mesmo utilização integral do bem para o adimplemento de obrigações do falecido (artigo 1967, § 1º, CC).

(e) Errada. De acordo com o artigo 1.939 do Código Civil: "Caducará o legado: I- se, depois do testamento, o testador modificar a coisa legada, ao ponto de já não ter a forma nem lhe caber a denominação que possuía". Logo, no caso narrado, a casa foi reconstruída só com algumas transformações, ou seja, não é caso de caducidade.

*Para responder, tem que estudar: lei e teoria/doutrina.*

*Gabarito: C*

**113. (Cespe/TJ/DFT/Juiz/2014)** Acerca do direito das sucessões, assinale a opção correta.

a) Na hipótese de o herdeiro mais próximo renunciar à herança, poderão seus filhos recebê-la por direito de representação.

b) Permite-se a substituição fideicomissária em favor de pessoa já concebida ao tempo da morte do testador.

c) Ao beneficiado pela deserdação incumbe a prova da veracidade da causa alegada pelo testador, com observância do prazo, que começa a fluir da data da abertura da sucessão.

d) De acordo com o princípio de saisine, somente em relação aos herdeiros legítimos ocorre a transmissão automática da herança.

e) Se houver justa causa declarada no testamento, poderá o testador estabelecer cláusula de inalienabilidade, impenhorabilidade e incomunicabilidade, ainda que os bens a serem gravados integrem a legítima.

## ANOTAÇÕES/COMENTÁRIOS

(a) Errada. Em regra, ninguém pode suceder representando herdeiro renunciante. Se, porém, ele for o único legítimo da sua classe, ou se todos os outros da mesma classe renunciarem a herança, poderão os filhos vir à sucessão, por direito próprio, e por cabeça, conforme estabelecido no artigo 1.811, Código Civil.

(b) Errada. De acordo com o artigo 1.952, Código Civil: "A substituição fideicomissária somente se permite em favor dos não concebidos ao tempo da morte do testador".

(c) Errada. Conforme artigo 1.965, parágrafo único, Código Civil: "Ao herdeiro instituído, ou àquele a quem aproveite a deserdação, incumbe provar a veracidade da causa alegada pelo testador. Parágrafo único. O direito de provar a causa da deserdação extingue-se no prazo de 4 anos, a contar da data da abertura do testamento".

(d) Errada. Considerando que, aberta a sucessão, a herança transmite-se, desde logo, aos herdeiros legítimos e testamentários, e não somente aos herdeiros legítimos, conforme exposto no artigo 1.784, Código Civil.

(e) Certa. Pois, de acordo com o artigo 1.848, Código Civil, salvo se houver justa causa declarada no testamento, não pode o testador estabelecer cláusula de inalienabilidade, impenhorabilidade e de incomunicabilidade sobre os bens da legítima.

*Para responder, tem que estudar: lei.*

*Gabarito: E*



## 7.4. Do Inventário e da Partilha

**114. (Cespe/TJ/PB/Juiz/2011)** Com base no disposto no Código Civil e considerando o entendimento do STJ no que se refere às sucessões, assinale a opção correta.

a) O prazo de decadência para impugnar a validade do testamento é de cinco anos, contado da abertura da sucessão.

b) Caso o bem sonegado não esteja mais em poder do sonegador, por ter sido por ele alienado, o juiz deverá, em ação de sonegados, declarar nula a alienação.

c) O direito de exigir a colação dos bens recebidos a título de doação em vida do "de cujus" é privativo dos herdeiros necessários, visto que a finalidade do instituto é resguardar a igualdade das legítimas.

d) O ato de aceitação da herança é revogável, e o de renúncia a ela, irrevogável.

e) A incapacidade superveniente do testador invalida o testamento.

ANOTAÇÕES/COMENTÁRIOS

(a) Errada. De acordo com o artigo 1.859 do Código Civil: "Extingue-se em cinco anos o direito de impugnar a validade do testamento, contado o prazo da data do seu registro".

(b) Errada. De acordo com o artigo 1.995 do Código Civil: "Se não se restituírem os bens sonegados, por já não os ter o sonegador em seu poder, pagará ele a importância dos valores que ocultou, mais as perdas e danos".

(c) Certa. STJ, REsp 167.421, Informativo STJ 459: "Discute-se, na hipótese, a legitimidade do Testamenteiro e da Viúva, ora recorrentes, para procederem à imputação, de modo a forçar as Herdeiras legítimas a trazerem para conferência e imputação em suas cotas da legítima todos os bens recebidos do Autor da herança. A Turma reiterou o entendimento de que o direito de exigir a colação dos bens recebidos a título de doação em vida do de cujus é privativo dos herdeiros necessários, pois a finalidade do instituto é resguardar a igualdade das suas legítimas. (...).".

(d) Errada. De acordo com o artigo 1.812 do Código Civil: "São irrevogáveis os atos de aceitação ou de renúncia da herança".

(e) Errada. De acordo com o artigo 1.861 do Código Civil: "A incapacidade superveniente do testador não invalida o testamento, nem o testamento do incapaz se valida com a superveniência da capacidade".

*Para responder, tem que estudar: lei e jurisprudência.*

*Gabarito: C*

**115. (Cespe/TJ/MA/Juiz/2013)** Acerca do direito das sucessões, assinale a opção correta.

a) O instituto da colação diz respeito, tão somente, à sucessão legítima; assim, o herdeiro testamentário não tem legitimidade ativa para exigir à colação bem sonegado por herdeiro necessário.
b) Configura-se o direito de representação quando a lei chama certos parentes do falecido a suceder em todos os direitos em que ele sucederia se vivo fosse, sendo titulares desse direito os ascendentes e os descendentes.
c) É nulo, e não ineficaz, o legado de coisa certa que não pertença ao testador no momento da abertura da sucessão.
d) Constituem hipóteses de deserdação de herdeiros e legatários a ofensa física, a injúria grave, as relações ilícitas com madrasta e(ou) padrasto.

**ANOTAÇÕES/COMENTÁRIOS**

(a) Certa. De acordo com o entendimento do STJ: "O herdeiro testamentário não tem legitimidade ativa para exigir à colação bem sonegado por herdeiro necessário (descendente sucessivo) em processo de inventário e partilha". (STJ, AgRg AG 639452)

(b) Errada. O direito de representação dá-se na linha reta descendente, mas nunca na ascendente, conforme estabelecido no artigo 1.852, Código Civil.

(c) Errada. De acordo com o artigo 1.912, Código Civil: "É ineficaz o legado de coisa certa que não pertença ao testador no momento da abertura da sucessão."

(d) Errada. O artigo 1.961, Código Civil, prevê que apenas os herdeiros necessários podem ser deserdados.

*Para responder, tem que estudar: lei e jurisprudência.*

*Gabarito: A*

# 8. LEIS ESPECIAIS

## 8.1. Estatuto do Idoso (Lei 10.741/03)

**116. (Cespe/TJ/AM/Juiz/2016)** No que se refere aos estatutos do idoso e da criança e do adolescente, assinale a opção correta.

a) A obrigação de prestar alimentos ao idoso é recíproca e conjunta em relação a todos os coobrigados.

b) O princípio da proteção integral e a aplicação de medidas de proteção à criança e ao adolescente, previstas no ECA, justificam a imperatividade na obediência à ordem cronológica do registro de pessoas interessadas na adoção.

c) A prática de ato infracional análogo ao delito de tráfico de entorpecentes permite a aplicação de medida de internação do adolescente infrator.

d) A superveniência da maioridade civil é causa de extinção da medida socioeducativa imposta ao adolescente infrator.

e) No âmbito dos direitos fundamentais da pessoa idosa, o respeito abrange a preservação do direito às ideias e crenças.

*ANOTAÇÕES/COMENTÁRIOS*

(a) Lei 10.741/03. Art. 12. A obrigação alimentar é solidária, podendo o idoso optar entre os prestadores.

(b) Lei 8.069/90. Art. 197-E, § 1º. A ordem cronológica das habilitações somente poderá deixar de ser observada pela autoridade judiciária nas hipóteses previstas no § 13 do art. 50 desta Lei, quando comprovado ser essa a melhor solução no interesse do adotando.

(c) STJ. Súmula 492. O ato infracional análogo ao tráfico de drogas, por si só, não conduz obrigatoriamente à imposição de medida socioeducativa de internação do adolescente.

(d) Lei 8.069/90. Art. 121, § 5º. A liberação será compulsória aos vinte e um anos de idade.

(e) Lei 10.741/03. Art. 10, § 2º. O direito ao respeito consiste na inviolabilidade da integridade física, psíquica e moral, abrangendo a preservação da imagem, da identidade, da autonomia, de valores, ideias e crenças, dos espaços e dos objetos pessoais.

*Para responder, tem que estudar: lei e súmula/OJ.*

*Gabarito: E*

**117. (Cespe/TJ/MA/Juiz/2013)** Eliete foi contratada para cuidar da alimentação e higiene pessoal de Clotilde, idosa de setenta e nove anos de idade. Uma semana depois da contratação da cuidadora, Clotilde queixou-se a seus filhos que Eliete costumava deixá-la sozinha ao anoitecer. Os filhos de Clotilde providenciaram a instalação de câmeras de vigilância na casa, e, após três dias, constataram que Eliete saía da casa, diariamente, depois das dezoito horas, e só retornava por volta da meia-noite, deixando Clotilde sozinha no imóvel, privando-a da refeição noturna e dos cuidados com sua higiene pessoal, uma vez que a fralda geriátrica só era trocada na manhã do dia seguinte. Em face dessa situação hipotética, assinale a opção correta.

a) Instaurado procedimento sumaríssimo por não ter Eliete aceito proposta de pena, o MP deverá oferecer denúncia, não podendo ser dispensado o exame de corpo de delito como prova da materialidade delitiva.

b) Oferecida a denúncia pelo MP, ocorre preclusão ao oferecimento da proposta de pena.

c) Caso seja oferecida denúncia oral contra Eliete e ela não estiver presente à audiência, o juiz decretará sua revelia e designará audiência de instrução e julgamento, na qual serão ouvidas Clotilde e as testemunhas, admitido o interrogatório de Eliete caso esta compareça espontaneamente.

d) Oferecida a denúncia contra Eliete, ela deverá ser citada, sendo designada data para a instrução e julgamento; aberta a respectiva audiência, o juiz concederá a palavra ao defensor de Eliete para responder à acusação, e o juiz receberá ou não a denúncia. Havendo recebimento, serão ouvidas Clotilde e as testemunhas de acusação e de defesa, interrogando-se a seguir Eliete, desde que presente ao ato processual, passando-se imediatamente aos debates orais e à prolação da sentença, cujo relatório poderá ser dispensado.

## ANOTAÇÕES/COMENTÁRIOS

(a) Lei 9.099. Art. 77, § 1º. Para o oferecimento da denúncia, que será elaborada com base no termo de ocorrência referido no art. 69 desta Lei, com dispensa do inquérito policial, prescindir-se-á do exame do corpo de delito quando a materialidade do crime estiver aferida por boletim médico ou prova equivalente.

(b) Lei 9.099. Art. 79. No dia e hora designados para a audiência de instrução e julgamento, se na fase preliminar não tiver havido possibilidade de tentativa de conciliação e de oferecimento de proposta pelo Ministério Público, proceder-se-á nos termos dos arts. 72, 73, 74 e 75 desta Lei.

(c) Lei 9.099. Art. 78. Oferecida a denúncia ou queixa, será reduzida a termo, entregando-se cópia ao acusado, que com ela ficará citado e imediatamente cientificado da designação de dia e hora para a audiência de instrução e julgamento, da qual também tomarão ciência o Ministério Público, o ofendido, o responsável civil e seus advogados.

(d) Lei 10.741/03. Art. 94. Aos crimes previstos nesta Lei, cuja pena máxima privativa de liberdade não ultrapasse 4 (quatro) anos, aplica-se o procedimento previsto na Lei no 9.099, de 26 de setembro de 1995, e, subsidiariamente, no que couber, as disposições do Código Penal e do Código de Processo Penal.

*Para responder, tem que estudar: lei.*

*Gabarito: D*

## 8.2. Lei de Direitos Autorais (Lei 9.610/98)

**118. (Cespe/TJ/BA/Juiz/2012)** No que concerne a direitos autorais, assinale a opção correta.

a) Direitos conexos aos do autor não gozam de proteção no direito autoral.

b) À obra de gênero diferente pode ser dado título de obra já existente.

c) A constituição do direito autoral ocorre com o registro da obra.

d) O autor da obra feita sob encomenda não gozará de forma plena dos direitos autorais.

e) A omissão do nome do autor na obra implica presunção relativa de anonimato.

ANOTAÇÕES/COMENTÁRIOS

(a) A Lei 9.610/98, no Título V, que versa sobre os direitos conexos, em seu artigo 89, há a seguinte previsão: "As normas relativas aos direitos de autor aplicam-se, no que couber, aos direitos dos artistas intérpretes ou executantes, dos produtores fonográficos e das empresas de radiodifusão."

(b) Lei 9.610/98. Art. 10. A proteção à obra intelectual abrange o seu título, se original e inconfundível com o de obra do mesmo gênero, divulgada anteriormente por outro autor.

(c) Lei 9.610/98. Art. 18. A proteção aos direitos de que trata esta Lei independe de registro.

(d) "Quanto às obras sob encomenda, a lei autoral não possui regulamentação específica quanto à titularidade dos direitos autorais, cabendo às partes, em contratos – de prestação de serviços e de trabalho – fixarem exceções ao preceito geral que determina que "salvo disposição em contrário, os direitos em obras sob encomenda remanescem com o criador originário". (Fonte: Site Migalhas)

(e) Lei 9.610. Art. 52. A omissão do nome do autor, ou de coautor, na divulgação da obra não presume o anonimato ou a cessão de seus direitos.

*Para responder, tem que estudar: lei e teoria/doutrina.*

*Gabarito: B*

**119. (Cespe/TJ/ES/Juiz/2011)** Com base na jurisprudência edificada no STJ sobre os direitos autorais, assinale a opção correta.

a) A pena pecuniária imposta a contrafator de programas de computador é restrita ao valor de mercado dos programas apreendidos.

b) Para a responsabilização do agente que reproduz obra de arte sem a prévia e expressa autorização do seu autor, deve ser aferida a sua culpa.

c) Não configura infração à legislação autoral a autorização de uso de software e módulos atinentes a ensino a distância por universidade contratante a outras para as quais não tenham sido licenciados os produtos, se coligadas.

d) A utilização de obras musicais em espetáculos gratuitos promovidos pela municipalidade não enseja a cobrança de direitos autorais.

e) A simples circunstância de serem publicadas fotografias sem a indicação de autoria é suficiente para dar ensejo a indenização por danos morais.

*ANOTAÇÕES/COMENTÁRIOS*

(a) A pena pecuniária imposta ao infrator não se encontra restrita ao valor de mercado dos programas apreendidos. Inteligência do art. 102 da Lei 9.610/98, "sem prejuízo da indenização cabível". A fixação do valor da indenização pela prática da contrafação deve servir, entre outras coisas, para desestimular a prática ofensiva, sem, no entanto, implicar enriquecimento sem causa do titular dos direitos autorais violados. (REsp 1136676)

(b) É objetiva a responsabilidade do agente que reproduz obra de arte sem a prévia e expressa autorização do seu autor. Reconhecida a responsabilidade do contrafator, aquele que adquiriu a obra fraudulenta e obteve alguma vantagem com ela, material ou imaterial, também responde pela violação do direito do autor, sem espaço para discussão acerca da sua culpa pelo evento danoso. 3. Recurso improvido. (REsp 1123456)

(c) Configura infração à legislação autoral a autorização de uso de software e módulos atinentes a ensino à distância por outras universidades a ela coligadas, para as quais não licenciados os produtos. (...). (REsp 1127220)

(d) A utilização de obras musicais em eventos públicos gratuitos que são promovidos pela municipalidade enseja, à luz da Lei 9.610/98, a cobrança de direitos autorais, a qual não mais está condicionada à auferição de lucro direto ou indireto pelo ente promotor. (...). (AgRg no Ag 1069838)

(e) A simples circunstância de as fotografias terem sido publicadas sem a indicação de autoria – como restou incontroverso nos autos – é o bastante para render ensejo à reprimenda indenizatória por danos morais. (...). (REsp 750.822)

*Para responder, tem que estudar: jurisprudência.*

*Gabarito: E*

**120. (Cespe/TJ/PA/Juiz/2012)** No que se refere aos direitos autorais, assinale a opção correta.

a) Obra publicada sob pseudônimo está fora do âmbito da proteção dos direitos de autor.

b) De acordo com o STJ, a exteriorização da obra não é essencial à proteção dos direitos do autor.

c) Segundo a jurisprudência, a proteção dos direitos autorais de programa de computador depende do registro.

d) Aquele que adapta obra original é, assim como o autor da obra, titular de direito autoral.

e) Os direitos autorais podem ser objeto de proteção possessória.

ANOTAÇÕES/COMENTÁRIOS

(a) Lei 9.610. Art. 12. Para se identificar como autor, poderá o criador da obra literária, artística ou científica usar de seu nome civil, completo ou abreviado até por suas iniciais, de pseudônimo ou qualquer outro sinal convencional.

(b) É pacífico que o direito autoral protege a criação de uma obra, caracterizada como sua exteriorização sob determinada forma, não a ideia em si nem um tema determinado. É plenamente possível a coexistência, sem violação de direitos autorais, de obras com temáticas semelhantes. (art. 8º, I, da Lei 9.610/1998). (...). (REsp 1189692)

(c) Lei 9.609/98. Art. 2º, § 3º. A proteção aos direitos de que trata esta Lei independe de registro.

(d) Lei 9.610. Art. 14. É titular de direitos de autor quem adapta, traduz, arranja ou orquestra obra caída no domínio público, não podendo opor-se a outra adaptação, arranjo, orquestração ou tradução, salvo se for cópia da sua.

(e) Os direitos autorais não podem ser objeto de proteção possessória, uma vez que não se trata de coisa corpórea. (REsp 65.859)

*Para responder, tem que estudar: lei e jurisprudência.*

*Gabarito: D*

## 8.3. Lei de Introdução às Normas do Direito Brasileiro (DL 4.657/42)

**121. (Cespe/TJ/AM/Juiz/2016)** A respeito da eficácia da lei no tempo e no espaço, assinale a opção correta conforme a LINDB.

a) Para ser aplicada, a norma deverá estar vigente e, por isso, uma vez que ela seja revogada, não será permitida a sua ultratividade.

b) Tendo o ordenamento brasileiro optado pela adoção, quanto à eficácia espacial da lei, do sistema da territorialidade moderada, é possível a aplicação da lei brasileira dentro do território nacional e, excepcionalmente, fora, e vedada a aplicação de lei estrangeira nos limites do Brasil.

c) Quando a sucessão incidir sobre bens de estrangeiro residente, em vida, fora do território nacional, aplicar-se-á a lei do país de domicílio do defunto, quando esta for mais favorável ao cônjuge e aos filhos brasileiros, ainda que todos os bens estejam localizados no Brasil.

d) Não havendo disposição em contrário, o início da vigência de uma lei coincidirá com a data da sua publicação.

e) Quando a republicação de lei que ainda não entrou em vigor ocorrer tão somente para correção de falhas de grafia constantes de seu texto, o prazo da "vacatio legis" não sofrerá interrupção e deverá ser contado da data da primeira publicação.

ANOTAÇÕES/COMENTÁRIOS

(a) LINDB. Art. 2º, § 3º. Salvo disposição em contrário, a lei revogada não se restaura por ter a lei revogadora perdido a vigência.

(b) LINDB. Art. 9º. Para qualificar e reger as obrigações, aplicar-se-á a lei do país em que se constituírem.

(c) LINDB. Art. 10. A sucessão por morte ou por ausência obedece à lei do país em que domiciliado o defunto ou o desaparecido, qualquer que seja a natureza e a situação dos bens.

(d) LINDB. Art. 1º. Salvo disposição contrária, a lei começa a vigorar em todo o país quarenta e cinco dias depois de oficialmente publicada.

(e) LINDB. Art. 1º, § 3º Se, antes de entrar a lei em vigor, ocorrer nova publicação de seu texto, destinada a correção, o prazo deste artigo e dos parágrafos anteriores começará a correr da nova publicação.

*Para responder, tem que estudar: lei.*

*Gabarito: C*

**122. (Cespe/TJ/PI/Juiz/2012)** O fato de um juiz, transcendendo a letra da lei, utilizar de raciocínio para fixar o alcance e a extensão da norma a partir de motivações políticas, históricas e ideológicas caracteriza o exercício da interpretação:

a) teleológica.

b) sistemática.

c) histórica.

d) lógica.

e) doutrinária.

ANOTAÇÕES/COMENTÁRIOS

(a) A interpretação teleológica é aquela que deriva da natureza da norma, buscando adaptar o sentido e o alcance da lei às exigências sociais, levando em consideração a finalidade pela qual a norma foi editada (art. 5º, LINDB).

(b) A interpretação sistemática leva em consideração o sistema jurídico como um todo, buscando interpretar a norma como parte integrante de um todo.

(c) A interpretação histórica se fundamenta nas condições de meio e momento de elaboração da norma, considerando a lei como uma realidade cultural.

(d) A interpretação lógica é aquela em que o intérprete busca o significa da norma nos fatos e motivos políticos, históricos e ideológicos que culminaram na sua criação.

(e) A interpretação doutrinária é aquela realizada cientificamente por doutrinadores, juristas e mestres do direito e normalmente são vistas em livros, pareceres e obras científicas.

*Para responder, tem que estudar: teoria/doutrina.*

*Gabarito: D*



**123. (Cespe/TJ/PB/Juiz/2011)** À luz das disposições legais e da jurisprudência acerca da vigência e da eficácia da lei, assinale a opção correta.

a) A norma declarada inconstitucional é nula "ab origine" e, em regra, não se revela apta à produção de efeito algum, sequer o de revogar a norma anterior, que volta a viger plenamente nesse caso.

b) As regras de direito intertemporal, segundo as quais as obrigações devem ser regidas pela lei vigente ao tempo em que se constituíram, não são aplicáveis quando a obrigação tiver base extracontratual.

c) O fato de, antes da entrada em vigor de determinada lei, haver nova publicação de seu texto para simples correção não é capaz, por si só, de alterar o prazo inicial de vigência dessa lei.

d) Como, em regra, a lei vigora até que outra a modifique ou revogue, lei nova que estabeleça disposições especiais a par das já existentes revoga ou modifica a lei anterior.

e) A repristinação ocorre com a revogação da lei revogadora e, salvo disposição em contrário, é amplamente admitida no sistema normativo pátrio.

ANOTAÇÕES/COMENTÁRIOS

(a) "3. No caso dos autos, contudo, outra é a situação fática. Em se tratando de lei tida por inconstitucional, não houve esta nem ingressar o mundo jurídico, sendo, pois, inexistente 'ab origine', e, portanto, nula 'ex tunc' em seus efeitos, isto é, sem aptidão jurídica para revogar lei anterior que, por isso mesmo, permaneceu vigente, o que não caracteriza hipótese da repristinação vedada no parágrafo 3º do artigo 2º da Lei de Introdução ao Código Civil. 4. "A não repristinação é regra aplicável aos casos de revogação de lei, e não aos casos de inconstitucionalidade. É que a norma inconstitucional, porque nula 'ex tunc', não teve aptidão para revogar a legislação anterior, que, por isso, permaneceu vigente" (...). (AgRg no Ag 1320065)

(b) Consoante as regras de direito intertemporal, as obrigações regem-se pela lei vigente ao tempo em que se constituíram, quer tenham elas base contratual ou extracontratual. No campo dos contratos, os vínculos e seus efeitos jurídicos regem-se pela lei vigente ao tempo em que se celebraram. (...). (REsp 568.503)

(c) LINDB. Art. 1º, § 3º. Se, antes de entrar a lei em vigor, ocorrer nova publicação de seu texto, destinada a correção, o prazo deste artigo e dos parágrafos anteriores começará a correr da nova publicação.

(d) LINDB. Art. 2º, § 2º. A lei nova, que estabeleça disposições gerais ou especiais a par das já existentes, não revoga nem modifica a lei anterior.

(e) LINDB. Art. 2º, § 3º. Salvo disposição em contrário, a lei revogada não se restaura por ter a lei revogadora perdido a vigência.

*Para responder, tem que estudar: lei.*

*Gabarito: A*

**124. (Cespe/TJ/PB/Juiz/2011)** Com relação aos institutos da interpretação e da integração da lei, assinale a opção correta.

a) Segundo a doutrina, os princípios gerais do direito expressam-se nas máximas jurídicas, nos adágios ou brocardos, sendo todas essas expressões fórmulas concisas que representam experiência secular, com valor jurídico próprio.

b) A interpretação histórica tem por objetivo adaptar o sentido ou a finalidade da norma às novas exigências sociais, em atenção às demandas do bem comum.

c) Implícito no sistema jurídico civil, o princípio segundo o qual ninguém pode transferir mais direitos do que tem é compreendido como princípio geral de direito, podendo ser utilizado como meio de integração das normas jurídicas.

d) No direito civil, não há doutrina que admita a hierarquia na utilização dos mecanismos de integração das normas jurídicas constantes no Código Civil.

e) Não há distinção entre analogia legis e analogia juris, uma vez que ambas se fundamentam em um conjunto de normas para a obtenção de elementos que permitam sua aplicação em casos concretos.

**ANOTAÇÕES/COMENTÁRIOS**

(a) "Os princípios gerais do direito não se confundem com as máximas jurídicas, os adágios ou brocardos, que nada mais são do que fórmulas concisas representativas de uma experiência secular, sem valor jurídico próprio, mas dotados de valor pedagógico (...)" (Direito Civil Esquematizado, Carlos Roberto Gonçalves)

(b) A interpretação histórica "é o melhor método para apurar a vontade do legislador e os objetivos que visava atingir. Consiste na pesquisa das circunstâncias que nortearam a sua elaboração, de ordem econômica, política e social, bem como do pensamento dominante ao tempo de sua formação". (Direito Civil Esquematizado, Carlos Roberto Gonçalves)

(c) "Em sua maioria, no entanto, os princípios gerais do direito estão implícitos no sistema jurídico civil, como o de que 'ninguém pode valer-se da própria torpeza' (...), o de que 'ninguém pode transferir mais direitos do que tem' (...)" (Direito Civil Esquematizado, Carlos Roberto Gonçalves)

(d) LINDB. Art. 4º. Quando a lei for omissa, o juiz decidirá o caso de acordo com a analogia, os costumes e os princípios gerais de direito.

(e) A analogia legis "consiste na aplicação de uma norma existente, destinada a reger caso semelhante ao previsto", enquanto a analogia juris "baseia-se em um conjunto de normas para obter elementos que permitam a sua aplicação ao caso concreto sub judice e não previsto, mas similar". (Direito Civil Esquematizado, Carlos Roberto Gonçalves)

*Para responder, tem que estudar: lei e teoria/doutrina.*

*Gabarito: C*

**125. (Cespe/TJ/RN/Juiz/2013)** Consoante a Lei de Introdução às Normas do Direito Brasileiro, assinale a opção correta.

a) A lei posterior somente revoga a anterior quando expressamente o declare, podendo a revogação ser total (ab-rogação) ou parcial (derrogação).

b) As regras de aplicação da lei no espaço estabelecem que deve ser aplicada a lei brasileira quando a obrigação resultante de contrato tenha de ser cumprida no Brasil, ainda que o domicílio do proponente seja em outro país.

c) Na sucessão por morte ou por ausência de estrangeiro, a lei do domicílio do herdeiro ou legatário regula a capacidade para suceder, independentemente do lugar do domicílio do falecido ou ausente.

d) A prova dos fatos ocorridos em país estrangeiro rege-se pela lei brasileira quanto ao ônus e aos meios de produzir-se, não admitindo os tribunais brasileiros provas que a lei brasileira desconheça.

e) A referida lei prevê, como métodos de integração das normas, em ordem preferencial e taxativa, a analogia, os costumes, os princípios gerais de direito e a equidade.

ANOTAÇÕES/COMENTÁRIOS

(a) LINDB. Art. 2º. § 1º A lei posterior revoga a anterior quando expressamente o declare, quando seja com ela incompatível ou quando regule inteiramente a matéria de que tratava a lei anterior.

(b) LINDB. Art. 9º. Para qualificar e reger as obrigações, aplicar-se-á a lei do país em que se constituírem. (...). § 2º A obrigação resultante do contrato reputa-se constituída no lugar em que residir o proponente.

(c) LINDB. Art. 10. § 2º A lei do domicílio do herdeiro ou legatário regula a capacidade para suceder.

(d) LINDB. Art. 13. A prova dos fatos ocorridos em país estrangeiro rege-se pela lei que nele vigorar, quanto ao ônus e aos meios de produzir-se, não admitindo os tribunais brasileiros provas que a lei brasileira desconheça.

(e) LINDB. Art. 4º. Quando a lei for omissa, o juiz decidirá o caso de acordo com a analogia, os costumes e os princípios gerais de direito.

*Para responder, tem que estudar: lei.*

*Gabarito: C*

**126. (Cespe/TJ/DFT/Juiz/2014)** Considerando as disposições da Lei de Introdução às Normas do Direito Brasileiro e a posição doutrinária a respeito da interpretação dessas normas, assinale a opção correta.

a) Uma lei nova que estabeleça disposições gerais revoga leis especiais anteriores dedicadas à mesma matéria.

b) No ordenamento jurídico brasileiro, admite-se a repristinação tácita.

c) Entre as fontes de interpretação das normas, considera-se autêntica a interpretação realizada pelos próprios tribunais.

d) A utilização dos costumes como método de integração das normas de direito material depende de expressa previsão legal.

e) A lei do país de origem do falecido estrangeiro poderá ser utilizada para regular a sucessão de seus bens localizados no Brasil.

*ANOTAÇÕES/COMENTÁRIOS*

(a) LINDB. Art. 2º. § 2º. A lei nova, que estabeleça disposições gerais ou especiais a par das já existentes, não revoga nem modifica a lei anterior.

(b) LINDB. Art. 2º. § 3º. Salvo disposição em contrário, a lei revogada não se restaura por ter a lei revogadora perdido a vigência.

(c) A interpretação autêntica ou legislativa "é a feita pelo próprio legislador, por outro ato", enquanto a interpretação judicial ou jurisprudencial "é a fixada pelos Tribunais". (Direito Civil Esquematizado, Carlos Roberto Gonçalves)

(d) LINDB. Art. 4º. Quando a lei for omissa, o juiz decidirá o caso de acordo com a analogia, os costumes e os princípios gerais de direito.

(e) LINDB. Art. 10. § 1º. A sucessão de bens de estrangeiros, situados no País, será regulada pela lei brasileira em benefício do cônjuge ou dos filhos brasileiros, ou de quem os represente, sempre que não lhes seja mais favorável a lei pessoal do de cujus.

*Para responder, tem que estudar: lei e teoria/doutrina.*

*Gabarito: E*

**127. (Cespe/TJ/PB/Juiz/2015)** Acerca da eficácia da lei no tempo e no espaço, assinale a opção correta.

a) O direito brasileiro veda o denominado efeito repristinatório das normas, mesmo que previsto expressamente, de modo que uma lei nova não pode prever a recuperação da vigência de lei já revogada.

b) Caso uma lei cujo prazo de vigência não se tenha iniciado seja novamente publicada para correção de erro material constante da publicação anterior, o prazo da "vacatio legis" será contado a partir da primeira publicação, salvo se outra data nela vier expressa.

c) A contagem do prazo para a entrada em vigor das leis que estabeleçam período de vacância deve ser feita nos termos da regra geral do direito civil, de modo a se excluir a data da publicação da lei e se incluir o último dia do prazo.

d) No que se refere à eficácia espacial da lei, o ordenamento pátrio adotou o sistema da territorialidade moderada, de forma a permitir a aplicação de lei brasileira dentro do território nacional e, excepcionalmente, fora, sem, contudo, admitir a aplicação de lei estrangeira nos limites do Brasil.

e) Em razão da denominada ultratividade da norma, mesmo revogado, o Código Civil de 1916 tem aplicação às sucessões abertas durante a sua vigência, ainda que o inventário tenha sido proposto após o advento do Código Civil de 2002.

ANOTAÇÕES/COMENTÁRIOS

(a) LINDB. Art. 2º. § 3º. Salvo disposição em contrário, a lei revogada não se restaura por ter a lei revogadora perdido a vigência.

(b) LINDB. Art. 1º. § 3º. Se, antes de entrar a lei em vigor, ocorrer nova publicação de seu texto, destinada a correção, o prazo deste artigo e dos parágrafos anteriores começará a correr da nova publicação.

(c) LC 95/98. Art. 8º, § 1º. A contagem do prazo para entrada em vigor das leis que estabeleçam período de vacância far-se-á com a inclusão da data da publicação e do último dia do prazo, entrando em vigor no dia subsequente à sua consumação integral.

(d) Embora o Brasil adote o sistema da territorialidade moderada, "(...) essa realidade levou o Estado a permitir que a lei estrangeira, em determinadas hipóteses, tenha eficácia em seu território, sem comprometer a soberania nacional, admitindo assim o sistema da extraterritorialidade". (Direito Civil Esquematizado – Volume 1, Carlos Roberto Gonçalves)

(e) CC. Art. 2.041. As disposições deste Código relativas à ordem da vocação hereditária (arts. 1.829 a 1.844) não se aplicam à sucessão aberta antes de sua vigência, prevalecendo o disposto na lei anterior (Lei 3.071, de 1º de janeiro de 1916).

*Para responder, tem que estudar: lei.*

*Gabarito: E*

**128. (Cespe/TJ/DFT/Juiz/2016)** A respeito da hermenêutica e da aplicação do direito, assinale a opção correta.

a) Diante da existência de antinomia entre dois dispositivos de uma mesma lei, à solução do conflito é essencial a diferenciação entre antinomia real e antinomia aparente, porque reclamam do interprete solução distinta.

b) Os tradicionais critérios hierárquico, cronológico e da especialização são adequados à solução de confronto caracterizado como antinomia real, ainda que ocorra entre princípios jurídicos.

c) A técnica da subsunção é suficiente e adequada à hipótese que envolve a denominada eficácia horizontal de direitos fundamentais nas relações privadas.

d) Diante da existência de antinomia entre dois dispositivos de uma mesma lei, o conflito deve ser resolvido pelos critérios da hierarquia e(ou) da sucessividade no tempo.

e) A aplicação do princípio da especialidade, em conflito aparente de normas, afeta a validade ou a vigência da lei geral.

ANOTAÇÕES/COMENTÁRIOS

(a) No caso de antinomia aparente, o conflito entre os dispositivos será resolvido através dos critérios cronológico, especialidade e hierárquico. Por outro lado, no caso de antinomia real, o conflito não é resolvido mediante os critérios citados, mas sim pelos critérios trazidos pelos artigos 4º e 5º da LINDB.

(b) No caso de antinomia aparente e não real, o conflito entre os dispositivos será resolvido através dos critérios cronológico, especialidade e hierárquico.

(c) A técnica da subsunção é a que ocorre quando o fato é típico e se enquadra perfeitamente no conceito abstrato da norma. Não é o que ocorre com os princípios constitucionais, quando, em situações de conflito, há que utilizar a técnica da ponderação.

(d) Em casos de antinomia (conflito entre dois dispositivos) da mesma norma, o critério a ser utilizado é o da especialidade, pois em termos cronológico e hierárquico as normas não poderão ser diferenciadas.

(e) Em caso de conflito aparente entre normas, o princípio da especialidade não afeta a validade ou vigência da norma geral.

*Para responder, tem que estudar: teoria/doutrina.*

*Gabarito: A*

## 8.4. Lei de Locações (Lei 8.245/91)

**129. (Cespe/TJ/AM/Juiz/2016)** A respeito da locação de imóveis urbanos, assinale a opção correta.

a) Os juros de mora decorrentes de inadimplemento em contrato de locação fluem a partir do vencimento de cada parcela em atraso, exceto em relação ao fiador, caso em que fluem a partir da sua citação no processo de execução.

b) A prorrogação do contrato de fiança acessório da locação por prazo indeterminado depende de pactuação expressa.

c) O antigo proprietário de imóvel locado não tem legitimidade para cobrar os aluguéis que tenham vencido em data anterior à alienação do imóvel, o que cabe somente ao novo proprietário.

d) Na hipótese em que, na data de vencimento, o valor do aluguel seja cobrado com incidência de desconto de bonificação, a multa, em caso de atraso no pagamento, deverá incidir sobre o valor do aluguel com o referido desconto.

e) A data do trânsito em julgado é o termo inicial do prazo de trinta dias para o cumprimento voluntário da sentença que determina a desocupação de imóvel alugado.

### ANOTAÇÕES/COMENTÁRIOS

(a) "1. A mora ex re independe de qualquer ato do credor, como interpelação ou citação, porquanto decorre do próprio inadimplemento de obrigação positiva, líquida e com termo implementado, cuja matriz normativa é o art. 960, primeira parte, do Código Civil de 1916, reproduzido no Código Civil atual no caput do art. 397. Destarte, como consignado no acórdão recorrido, se o contrato de locação especifica o valor do aluguel e a data de pagamento, os juros de mora fluem a partir do vencimento das prestações, a teor do artigo 397 do Código Civil. 2. Nos termos da Súmula 214/STJ, o fiador na locação não responde por obrigações resultantes de aditamento ao qual não anuiu e, por razões de equidade, também não pode responder por despesas judiciais antes de sua citação, visto que não lhe foi concedida possibilidade de satisfazer a obrigação que afiançou. Contudo, a fiança, por ser tão somente garantia pessoal, pela qual o fiador se obriga a satisfazer ao credor uma obrigação assumida pelo devedor (locatário), não constitui obrigação distinta da contraída pelo afiançado, compreendendo, salvo pactuação em contrário, os acessórios da obrigação principal". (...). (REsp 1264820)

(b) "2. A prorrogação do contrato principal, a par de ser circunstância prevista em cláusula contratual – previsível no panorama contratual -, comporta ser solucionada adotando-se a mesma diretriz conferida para fiança em contrato de locação – antes mesmo da nova redação do art. 39 da Lei do Inquilinato pela Lei 12.112/2009 -, pois é a mesma matéria disciplinada pelo Código Civil. (...). 4. Com efeito, não há falar em nulidade da disposição contratual que prevê prorrogação da fiança, pois não admitir interpretação extensiva significa tão somente que o fiador responde, precisamente, por aquilo que declarou no instrumento da fiança. 5. Porém, independentemente das disposições contratuais, é reconhecida a faculdade do fiador de, no período de prorrogação contratual, promover notificação resilitória, nos moldes do disposto no art. 835 do Código Civil". (REsp 1253411)

(c) "2. O locador-alienante tem legitimidade para cobrar os aluguéis vencidos anteriormente à alienação do imóvel, somente cabendo ao adquirente direito sobre tais parcelas caso o alienante assim disponha em contrato. A alienação não altera a relação obrigacional entre o locatário e o locador no período anterior à venda do imóvel. O locatário se tornará obrigado perante o novo proprietário, por força de sub-rogação legal, somente após o negócio jurídico, nos termos do art. 8º, § 2º, da Lei 8.245/91". (REsp 1228266)

(d) "4. Portanto, desde que na data normal de vencimento seja cobrado o valor cheio do aluguel, serão lícitos: a) os descontos dados para pagamento em datas precedentes, a título de bônus pontualidade; e b) a incidência da multa contratual, quando do pagamento após o vencimento, tendo como base de cálculo da sanção o valor cheio do aluguel. 5. Deve-se verificar no contrato a compatibilidade entre as datas para a incidência de abono pontualidade e de multa por impontualidade. (REsp 832.293)

(e) "(...). 3. No caso, a nova regência legal processual relativa ao prazo de desocupação fulminou o prazo que constou, sob a lei anterior, da parte final da sentença, isto é, a nova lei substituiu, "ope legis", como é lícito à lei realizar, sem necessidade, mesmo, de que o Juízo o declarasse, o momento do início do prazo (trânsito em julgado) e a quantidade do prazo (seis meses), por novo momento (prolação da sentença) e novo prazo (trinta dias). 4. Necessária a intimação pessoal da locatária, por meio de mandado de despejo, com o prazo de 30 (trinta) dias (Lei 8.245/91, art. 74, com a redação da Lei 12.112/2009) para a desocupação do imóvel na execução provisória". (REsp 1307530)

*Para responder, tem que estudar: jurisprudência.*

*Gabarito: D*

**130. (Cespe/TJ/ES/Juiz/2011)** Considerando a celebração de contrato de locação de imóvel comercial com o fim de o locatário nele apenas residir com a família, assinale a opção correta.

a) Caso a locação tenha sido contratada oralmente, o locatário não poderá lançar mão do direito de inerência.

b) Não caracteriza inadimplemento o fato de o locatário decidir, no curso do contrato, utilizar o imóvel para exercer o comércio.

c) Embora o imóvel seja locado para fins de residência, o contrato é regido pelas regras da locação comercial.

d) Para substituir as chaves e o segredo das portas, o locatário deverá pedir autorização ao locador.

e) O locador não poderá dar o imóvel locado em dação em pagamento sem antes conceder ao locatário o direito de preferência.

ANOTAÇÕES/COMENTÁRIOS

(a) Lei 8.245/90. Art. 51. Nas locações de imóveis destinados ao comércio, o locatário terá direito a renovação do contrato, por igual prazo, desde que, cumulativamente: I – o contrato a renovar tenha sido celebrado por escrito e com prazo determinado; II – o prazo mínimo do contrato a renovar ou a soma dos prazos ininterruptos dos contratos escritos seja de cinco anos; III – o locatário esteja explorando seu comércio, no mesmo ramo, pelo prazo mínimo e ininterrupto de três anos.

(b) CC. Art. 570. Se o locatário empregar a coisa em uso diverso do ajustado, ou do a que se destina, ou se ela se danificar por abuso do locatário, poderá o locador, além de rescindir o contrato, exigir perdas e danos.

(c) Na Lei 8.245/90, no Capítulo II, são previstas "Disposições especiais" e, dentre elas, há disposições destinadas às locações residenciais e às não residenciais.

(d) De acordo com o artigo 569 do Código Civil, o locatário deverá "servir-se da coisa alugada para os usos convencionados ou presumidos". Assim, a troca das chaves do imóvel faz parte da segurança do locatário, podendo este fazê-lo sem que seja necessária a autorização do locador.

(e) Lei 8.245/90. Art. 27. No caso de venda, promessa de venda, cessão ou promessa de cessão de direitos ou dação em pagamento, o locatário tem preferência para adquirir o imóvel locado, em igualdade de condições com terceiros, devendo o locador dar-lhe conhecimento do negócio mediante notificação judicial, extrajudicial ou outro meio de ciência inequívoca.

*Para responder, tem que estudar: lei.*

*Gabarito: E*

**131. (Cespe/TJ/DFT/Juiz/2016)** A respeito da locação dos imóveis urbanos da Lei n. 8.245/1991, assinale a opção correta.

a) Conforme entendimento consolidado do STJ, o prazo de prorrogação da ação renovatória é igual ao do contrato de locação, sem limitação de interregno máximo.

b) É assente na jurisprudência do STJ que a cláusula de renúncia à indenização por benfeitorias viola a boa-fé objetiva e rende ensejo à nulidade.

c) Nas locações comerciais, exige-se a anuência do locador no trespasse empreendido pelo locatário, conforme jurisprudência prevalente do STJ.

d) Conforme entendimento do STF, a penhora de bem de família do fiador do contrato de locação viola o direito social à moradia.

e) A responsabilidade dos fiadores, no caso de prorrogação da locação por tempo indeterminado, depende de previsão contratual estabelecendo a manutenção da garantia até a entrega das chaves.

ANOTAÇÕES/COMENTÁRIOS

(a) "1. O prazo máximo da renovação contratual será de 5 anos, ainda que a vigência da avença locatícia, considerada em sua totalidade, supere esse período, nos termos da jurisprudência desta Corte". (AgRg no AREsp 633.632)

(b) STJ. Súmula 335. Nos contratos de locação, é válida a cláusula de renúncia à indenização das benfeitorias e ao direito de retenção.

(c) "(...). 4. Afigura-se destemperado o entendimento de que o art. 13 da Lei do Inquilinato não tenha aplicação às locações comerciais, pois, prevalecendo este posicionamento, o proprietário do imóvel estaria ao alvedrio do inquilino, já que segundo a conveniência deste, o locador se veria compelido a honrar o ajustado com pessoa diversa daquela constante do instrumento, que não rara as vezes, não possuirá as qualidades essenciais exigidas pelo dono do bem locado (capacidade financeira e idoneidade moral) para o cumprir o avençado. 5. Liberdade de contratar. As pessoas em geral possuem plena liberdade na escolha da parte com quem irão assumir obrigações e, em contrapartida, gozar de direitos, sendo vedado qualquer disposição que obrigue o sujeito a contratar contra a sua vontade". (...). (REsp 1202077)

(d) A penhorabilidade do bem de família do fiador do contrato de locação, objeto do art. 3º, inc. VII, da Lei 8.009, de 23 de março de 1990, com a redação da Lei 8.245, de 15 de outubro de 1991, não ofende o art. 6º da Constituição da República. (STF, RE 407688 AC)

(e) Lei 8.245/90. Art. 39. Salvo disposição contratual em contrário, qualquer das garantias da locação se estende até a efetiva devolução do imóvel, ainda que prorrogada a locação por prazo indeterminado, por força desta Lei.

*Para responder, tem que estudar: lei, jurisprudência e súmula/OJ.*

*Gabarito: C*

**132. (Cespe/TJ/DFT/Juiz/2014)** No que se refere ao contrato de locação de imóveis não residenciais, assinale a opção correta.

a) Uma distribuidora de petróleo que, legalmente impedida de comercializar diretamente seus produtos, subloque totalmente o imóvel de que seja locatária a um revendedor varejista, tem legitimidade, segundo a jurisprudência do STJ, para propor ação renovatória da locação.

b) Em se tratando de ação renovatória de aluguel, é necessária a citação do fiador caso este tenha apresentado declaração pública com a petição inicial da ação renovatória, garantindo assumir os encargos do contrato que se pretende renovar.

c) Em se tratando de contestação a ação renovatória de aluguel, ao proprietário é permitido alegar ter proposta de terceiro para a locação, em condições melhores, devendo juntar prova documental da referida proposta por este subscrita e por duas testemunhas, não havendo vedação legal ao fato de o terceiro ser do mesmo ramo de exploração do locatário.

d) Contrato de locação empresarial celebrado com autarquia, na condição de locadora, é regido pela Lei n. 8.245/1991, que trata das locações de imóveis urbanos, com a possibilidade de previsão de cláusulas exorbitantes, conforme a Lei n. 8.666/1993.

e) A ação renovatória busca assegurar não apenas os valores praticados segundo o contrato de locação celebrado entre as partes, mas também a "juris locato" e o direito de inerência.

**ANOTAÇÕES/COMENTÁRIOS**

(a) "1. O Tribunal a quo consigna que a recorrente é parte ilegítima para propor a ação renovatória de locação, pois houve a sublocação total do bem em discussão. A reforma do acórdão, neste aspecto, demandaria interpretação de cláusula contratual e revolvimento do contexto fático-probatório, providências vedadas pelas Súmulas 5/STJ e 7/STJ. 2. De acordo com o entendimento do STJ, a distribuidora de petróleo não possui legitimidade ativa para propor ação de renovação do contrato de aluguel, nos termos do art. 51, § 1º, da Lei 8.245/91, quando subloca totalmente o imóvel ao revendedor varejista". (AgRg no AREsp 496.098)

(b) "Na ação renovatória de aluguel, é desnecessária a citação do fiador quando é apresentada declaração desse conjuntamente com a petição inicial da ação renovatória, em que o garante assume os encargos do contrato que se pretende renovar". (AgRg no Ag 1017282)

(c) Lei 8245/90. Art. 72. A contestação do locador, além da defesa de direito que possa caber, ficará adstrita, quanto à matéria de fato, ao seguinte: I – não preencher o autor os requisitos estabelecidos nesta lei; II – não atender, a proposta do locatário, o valor locativo real do imóvel na época da renovação, excluída a valorização trazida por aquele ao ponto ou lugar; III – ter proposta de terceiro para a locação, em condições melhores; IV – não estar obrigado a renovar a locação (incisos I e II do art. 52).

(d) Lei 8.245/90. Art. 1º, parágrafo único. Continuam regulados pelo Código Civil e pelas leis especiais: a) as locações: 1. de imóveis de propriedade da União, dos Estados e dos Municípios, de suas autarquias e fundações públicas;

(e) "(...). 3. Não se discute, na via processual da renovatória, apenas o quantum, como na revisional, mas sim o 'iuris locato'. Desta forma, inaplicável, à espécie, a ocorrência de continência entre as Ações Renovatória e Revisional. Certo é que as partes são as mesmas e a causa de pedir remota, também (contrato de locação). Contudo, isto leva à hipótese de conexão e não continência. Isto porque, os objetos são distintos e não há elementos da causa menor que se fazem, da mesma forma, presentes na maior. Evidencia-se, claramente, uma diversidade no fim almejado no pedido (objeto) de cada ação". (...). (REsp 305.835)

*Para responder, tem que estudar: lei e jurisprudência.*

*Gabarito: E*

**133. (Cespe/TJ/PB/Juiz/2015)** Acerca dos contratos de locação de imóveis urbanos, assinale a opção correta à luz da jurisprudência dominante do STJ.

a) O prazo máximo de prorrogação do contrato de locação estabelecido em ação renovatória é de cinco anos.

b) Para a instrução de ação renovatória de locação, é dispensável que o contrato seja escrito, podendo as cláusulas contratuais ser comprovadas por outros meios de produção de prova.

c) Na ação renovatória, para o exercício da retomada para uso próprio, o locador não precisa indicar o ramo de atividade a ser explorado no imóvel.

d) Durante a prorrogação do contrato, o fiador não é responsável por garantir a satisfação do crédito decorrente, ainda que exista cláusula contratual estabelecendo a garantia por fiança até o momento da devolução do imóvel urbano.

e) Devido ao fato de que a lei assegura ao locatário o direito de indenização e retenção pelas benfeitorias, será nula cláusula inserida em contrato de locação urbana de renúncia ao referido direito.

**ANOTAÇÕES/COMENTÁRIOS**

(a) "O prazo da prorrogação de contrato de locação estabelecido por força de ação renovatória deve ser igual ao do ajuste anterior, observado o limite máximo de cinco anos. Inteligência do artigo 51 da Lei 8.245/91". (REsp 182.713)

(b) Lei 8.245/90. Art. 71. Além dos demais requisitos exigidos no art. 282 do Código de Processo Civil, a petição inicial da ação renovatória deverá ser instruída com: I – prova do preenchimento dos requisitos dos incisos I, II e III do art. 51;

(c) Lei 8.245/90. Art. 52, § 1º. Na hipótese do inciso II, o imóvel não poderá ser destinado ao uso do mesmo ramo do locatário, salvo se a locação também envolvia o fundo de comércio, com as instalações e pertences.

(d) Lei 8.245/90. Art. 39. Salvo disposição contratual em contrário, qualquer das garantias da locação se estende até a efetiva devolução do imóvel, ainda que prorrogada a locação por prazo indeterminado, por força desta Lei.

(e) STJ. Súmula 335. Nos contratos de locação, é válida a cláusula de renúncia à indenização das benfeitorias e ao direito de retenção.

*Para responder, tem que estudar: lei e súmula/OJ.*

*Gabarito: A*

## 8.5. Lei dos Cartórios (Lei 8.935/94)

**134. (Cespe/TJ/DFT/Juiz/2015)** Acerca dos registros públicos e da Lei n. 8.935/1994, assinale a opção correta.

a) O juízo competente deve zelar para que os serviços notariais e de registros sejam prestados com rapidez e qualidade satisfatória, incumbindo aos notários e oficiais de registros, mediante autorização judicial, a adoção de sistemas de computação, microfilmagem, disco ótico e outros meios de reprodução.
b) A perda de delegação da atividade notarial e de registro deve ocorrer por sentença judicial transitada em julgado, vedada a perda por decisão administrativa.
c) As serventias de registros públicos têm personalidade jurídica, razão pela qual a pretensão indenizatória decorrente de serviços notariais deve ser dirigida ao tabelionato e não ao titular do cartório.
d) O incidente de suscitação de dúvida relativa a exigência feita por oficial de cartório configura procedimento de natureza administrativa e a decisão que o julga, embora exarada por magistrado, não tem natureza jurisdicional.
e) Cabem ao juízo competente a escolha e a nomeação dos substitutos dos notários e dos oficiais de registros para o desempenho de funções inerentes ao cargo.

**ANOTAÇÕES/COMENTÁRIOS**

(a) Lei 8.935/94. Art. 41. Incumbe aos notários e aos oficiais de registro praticar, independentemente de autorização, todos os atos previstos em lei necessários à organização e execução dos serviços, podendo, ainda, adotar sistemas de computação, microfilmagem, disco ótico e outros meios de reprodução.

(b) Lei 8.935/94. Art. 35. A perda da delegação dependerá: (...). II – de decisão decorrente de processo administrativo instaurado pelo juízo competente, assegurado amplo direito de defesa.

(c) Lei 8.935/94. Art. 22. Os notários e oficiais de registro são civilmente responsáveis por todos os prejuízos que causarem a terceiros, por culpa ou dolo, pessoalmente, pelos substitutos que designarem ou escreventes que autorizarem, assegurado o direito de regresso.

(d) Lei 6.015/73. Art. 204. A decisão da dúvida tem natureza administrativa e não impede o uso do processo contencioso competente.

(e) Lei 8.935/94. Art. 20. Os notários e os oficiais de registro poderão, para o desempenho de suas funções, contratar escreventes, dentre eles escolhendo os substitutos, e auxiliares como empregados, com remuneração livremente ajustada e sob o regime da legislação do trabalho.

***Para responder, tem que estudar: lei.***

*Gabarito: D*

## 8.6. Lei dos Registros Públicos (Lei 6.015/73)

**135. (Cespe/TJ/CE/Juiz/2018)** Conforme o Código Civil e a Lei de Registros Públicos, depende de averbação a

a) sentença de divórcio.
b) declaração de emancipação.
c) sentença de interdição.
d) certidão de nascimento.
e) certidão de óbito.

ANOTAÇÕES/COMENTÁRIOS

(a) Certa. As sentenças de divórcio são averbadas (artigo 100 da Lei 6015/73 c/c 1571, IV, CC), as sentenças de emancipação, interdição e ausência são registradas (artigo 89 da Lei 6015/73). Nascimentos e óbitos também são registrados (artigo 50 e 77 da Lei 6015/73).

(b) Errada. Vide item A

(c) Errada. Vide item A

(d) Errada. Vide item A

(e) Errada. Vide item A

*Para responder, tem que estudar: lei e teoria/doutrina.*

*Gabarito: A*

**136. (Cespe/TJ/DFT/Juiz/2014)** Assinale a opção correta em relação aos registros públicos.

a) As crianças nascidas mortas e as que morrerem logo após o parto devem ser registradas apenas no livro de natimortos.
b) A escritura de compra e venda de imóvel deve ser lavrada pelo tabelião do cartório de notas do local onde estiver situado o bem, sob pena de nulidade do negócio.
c) O direito de regresso, previsto na Lei n. 8.935/1994, é assegurado ao notário somente nas hipóteses em que o preposto, agindo com dolo, no exercício de atividade própria da serventia, cause dano a terceiro.
d) De acordo com a Lei n. 8.935/1994, compete ao Poder Judiciário a fiscalização da atividade notarial e de registro, de forma que a perda da delegação somente pode ocorrer por sentença transitada em julgado e prolatada em razão do ajuizamento de ação para esse fim, com observância dos princípios da ampla defesa e do contraditório.

e) A lei assegura a gratuidade do assento do registro civil de nascimento e de óbito, bem como da primeira certidão respectiva, independentemente da declaração ou comprovação da condição de pobreza.

**ANOTAÇÕES/COMENTÁRIOS**

(a) Lei 6.015/73. Art. 33. Haverá, em cada cartório, os seguintes livros, todos com 300 (trezentas) folhas cada um: (...). V – "C Auxiliar" – de registro de natimortos;

(b) Lei 6.015/73. Art. 167, I, item 9 c/c Art. 169. Art. 167. No Registro de Imóveis, além da matrícula, serão feitos. I – o registro: (...). 9) dos contratos de compromisso de compra e venda de cessão deste e de promessa de cessão, com ou sem cláusula de arrependimento, que tenham por objeto imóveis não loteados e cujo preço tenha sido pago no ato de sua celebração, ou deva sê-lo a prazo, de uma só vez ou em prestações; Art. 169. Todos os atos enumerados no art. 167 são obrigatórios e efetuar-se-ão no Cartório da situação do imóvel (...).

(c) Lei 8.935/94. Art. 22. Os notários e oficiais de registro são civilmente responsáveis por todos os prejuízos que causarem a terceiros, por culpa ou dolo, pessoalmente, pelos substitutos que designarem ou escreventes que autorizarem, assegurado o direito de regresso.

(d) Lei 8.935/94. Art. 35. A perda da delegação dependerá: I – de sentença judicial transitada em julgado; ou II – de decisão decorrente de processo administrativo instaurado pelo juízo competente, assegurado amplo direito de defesa; Art. 37. A fiscalização judiciária dos atos notariais e de registro, mencionados nos arts. 6º a 13, será exercida pelo juízo competente, assim definido na órbita estadual e do Distrito Federal, sempre que necessário, ou mediante representação de qualquer interessado, quando da inobservância de obrigação legal por parte de notário ou de oficial de registro, ou de seus prepostos.

(e) Lei 6.015/73. Art. 30, § 2º. O estado de pobreza será comprovado por declaração do próprio interessado ou a rogo, tratando-se de analfabeto, neste caso, acompanhada da assinatura de duas testemunhas.

*Para responder, tem que estudar: lei.*

*Gabarito: E*

**137. (Cespe/TJ/CE/Juiz/2018)** Conforme o Código Civil e a Lei de Registros Públicos, depende de averbação a

a) sentença de divórcio.
b) declaração de emancipação.
c) sentença de interdição.
d) certidão de nascimento.
e) certidão de óbito.

**ANOTAÇÕES/COMENTÁRIOS**

(a) Correta. Nos termos do artigo 10, I, do Código Civil: "Far-se-á averbação em registro público: I – das sentenças que decretarem a nulidade ou anulação do casamento, o divórcio, a separação judicial e o restabelecimento da sociedade conjugal".

(b) Nos termos do artigo 9º, inciso II, do Código Civil: "Serão registrados em registro público: (...) II – a emancipação por outorga dos pais ou por sentença do juiz;".

(c) De acordo com o artigo 9º, inciso III, do Código Civil, "Serão registrados em registro público: (...) III – a interdição por incapacidade absoluta ou relativa;".

(d, e) Nos termos do artigo 9º, inciso I, do Código Civil: "Serão registrados em registro público: I – os nascimentos, casamentos e óbitos;".

*Para responder, tem que estudar: lei.*

*Gabarito: A*

**138. (Cespe/TJ/BA/Juiz/2019)** À luz da legislação pertinente, da jurisprudência e da doutrina, julgue os itens a seguir, a respeito de registro de imóveis.

I. De acordo com o STJ, o procedimento de dúvida registral previsto na Lei de Registros Públicos tem natureza administrativa, não constituindo prestação jurisdicional.

II. Para garantir o princípio da legalidade registral, o registrador deve fazer um prévio controle dos títulos apresentados para registro, via procedimento de qualificação registral, verificando a obediência aos requisitos legais e concluindo pela aptidão ou inaptidão dos títulos para registro.

III. O princípio da especialidade ou especialização registral é consagrado na Lei de Registros Públicos: caso o imóvel não esteja matriculado ou registrado em nome do outorgante, o oficial deverá exigir a prévia matrícula e o registro do título anterior.

Assinale a opção correta.

a) Nenhum item está certo.

b) Apenas os itens I e II estão certos.

c) Apenas os itens I e III estão certos.

d) Apenas os itens II e III estão certos.

e) Todos os itens estão certos.

**ANOTAÇÕES/COMENTÁRIOS**

(I) Correta. De acordo com decisão do Superior Tribunal de Justiça, o procedimento de dúvida registral tem natureza administrativa. Nesse sentido: "RECURSO ESPECIAL. DIREITO ADMINISTRATIVO. CIVIL. PROCESSUAL CIVIL. PROCEDIMENTO DE DÚVIDA REGISTRAL. NATUREZA ADMINISTRATIVA. IMPUGNAÇÃO POR TERCEIRO INTERESSADO. IRRELEVÂNCIA. CAUSA. AUSÊNCIA. NÃO

CABIMENTO DE RECURSO ESPECIAL. 1. O procedimento de dúvida registral, previsto no art. 198 e seguintes da Lei de Registros Públicos, tem, por força de expressa previsão legal (LRP, art. 204), natureza administrativa, não qualificando prestação jurisdicional. (...) (REsp 1570655/GO, Rel. Ministro ANTONIO CARLOS FERREIRA, SEGUNDA SEÇÃO, julgado em 23/11/2016, DJe 09/12/2016)". Além disso, o artigo 204 da Lei 6.015/73, prevê que a decisão da dúvida tem natureza administrativa e não impede o uso do processo contencioso competente.

(II) Correta. Nos termos do artigo 156 da Lei 6.015/73, "O oficial deverá recusar registro a título e a documento que não se revistam das formalidades legais". Trata-se de decorrência do princípio da legalidade registral, como colocado na afirmativa.

(III) Incorreta. O princípio que decorre da assertiva é o da anterioridade registral, previsto no artigo 195 da Lei de Registros Públicos: "Se o imóvel não estiver matriculado ou registrado em nome do outorgante, o oficial exigirá a prévia matrícula e o registro do título anterior, qualquer que seja a sua natureza, para manter a continuidade do registro".

*Para responder, tem que estudar: lei e teoria/doutrina.*

*Gabarito: B*

# 2

# DIREITO DA CRIANÇA E DO ADOLESCENTE

## 1. DAS DISPOSIÇÕES PRELIMINARES

**1. (Cespe/TJ/AC/Juiz/2012)** No que tange aos princípios gerais orientadores do ECA, assinale a opção correta.

a) O princípio da prioridade absoluta não pode ser interpretado de forma isolada, devendo ser interpretado de forma integrada aos demais sistemas de defesa da sociedade. Dessa forma, a decisão do administrador público entre a construção de uma creche e a de um abrigo para idosos, ambos necessários, deverá recair sobre a segunda, dada a prevalência da lei mais recente, no caso, o Estatuto do Idoso.

b) Buscando efetivar o princípio da prioridade absoluta, o legislador incluiu no ECA um rol taxativo de preceitos a serem seguidos.

c) O princípio do melhor interesse tem aplicação limitada ao público infanto-juvenil cujos direitos reconhecidos no ECA forem ameaçados ou violados por ação ou omissão da sociedade ou do Estado, ou por falta, omissão ou abuso dos pais ou responsável.

d) De acordo com o princípio da centralização, inovação promovida pelo ECA, a União tem competência para criar normas gerais e específicas de atendimento a crianças e adolescentes para sanar omissão dos governos estaduais e municipais.

e) Com importância reconhecida desde o século XIX, o princípio do melhor interesse foi adotado pela comunidade internacional, em 1959, na Declaração dos Direitos da Criança e, por esse motivo, malgrado a diferença de enfoque, foi incluído no Código de Menores de 1979, ainda que sob a égide da doutrina da situação irregular.

ANOTAÇÕES/COMENTÁRIOS

(a) Errada. O princípio da prioridade absoluta está explícito no ECA (art. 4º) e no Estatuto do Idoso – artigo 3º da Lei 10.741 de 2003. Não há prevalência entre um e outro. A escolha do administrador deverá ser casuística. O critério cronológico – prevalência da lei mais recente – não será determinante à hipótese.

(b) O rol de direitos é exemplificativo. Assim ocorre em todo o Estatuto ante o teor do artigo 3º do ECA: "A criança e o adolescente gozam de todos os direitos fundamentais inerentes à pessoa humana, sem prejuízo da proteção integral de que trata esta Lei, assegurando-se-lhes, por lei ou por outros meios, todas as oportunidades e facilidades, a fim de lhes facultar o desenvolvimento físico, mental, moral, espiritual e social, em condições de liberdade e de dignidade." A doutrina assim se manifesta: "através da proteção integral, o Estatuto procura prever e disciplinar uma gama de instrumentos jurídicos de tutela da criança e do adolescente. O art. 3º, ao mencionar 'sem prejuízo da proteção integral', busca demonstrar que a proteção do Ordenamento Jurídico pátrio a crianças e adolescentes não se esgota no Estatuto; qualquer diploma legislativo ou ato normativo que trata de criança e adolescente deve garantir-lhes oportunidades de pleno desenvolvimento." (Guilherme Barros, Leis Especiais para Concursos)

(c) O ECA se aplica a toda e qualquer criança e adolescente, e não somente àquelas que estiverem em situação de risco (art. 98). A propósito: "Art. 3º, PU. Os direitos enunciados nesta Lei aplicam-se a todas as crianças e adolescentes, sem discriminação de nascimento, situação familiar, idade, sexo, raça, etnia ou cor, religião ou crença, deficiência, condição pessoal de desenvolvimento e aprendizagem, condição econômica, ambiente social, região e local de moradia ou outra condição que diferencie as pessoas, as famílias ou a comunidade em que vivem."

(d) Proteção à infância e à juventude é matéria sujeita à competência concorrente (artigo 24, XV da CF). Nesse sentido, vale transcrever os § § 2º e 3º do dispositivo constitucional: "§ 2º A competência da União para legislar sobre normas gerais não exclui a competência suplementar dos Estados. § 3º Inexistindo lei federal sobre normas gerais, os Estados exercerão a competência legislativa plena, para atender a suas peculiaridades."

(e) Certa. O princípio 7 da Declaração dos Direitos das Crianças possui a seguinte redação: "Os melhores interesses da criança serão a diretriz a nortear os responsáveis pela sua educação e orientação". No mesmo sentido é o artigo 5º do já revogado Código de Menores: "Art. 5º. Na aplicação desta Lei, a proteção aos interesses do menor sobrelevará qualquer outro bem ou interesse juridicamente tutelado." Em relação a esse princípio, a professora Cristiane Dupret tece as seguintes considerações: "Muito cuidado deve-se tomar ao interpretar a nova doutrina em conjunto com o princípio do superior interesse do menor, pois este já era citado na legislação menorista de 1979. No entanto, a ótica do superior interesse do menor permitiu, por muitos anos, que situações absurdas fossem impostas principalmente aos adolescentes em conflito com a lei, sob a justificativa de que determinadas medidas que não possuíam a natureza de pena seriam impostas para o bem do menor, sempre com o argumento de que o adulto, em especial o julgador, saberia exatamente o que seria o superior interesse do menor." (Cristiane Dupret, Curso de direito da criança e do adolescente)

*Para responder, tem que estudar: lei e teoria/doutrina.*

*Gabarito: E*

## 2. DOS DIREITOS FUNDAMENTAIS

### 2.1. Do Direito à Vida e à Saúde

**2. (Cespe/TJ/RN/Juiz/2013)** Acerca dos direitos fundamentais das crianças e dos adolescentes, assinale a opção correta.

a) A criança e o adolescente constituem mero objeto jurídico do ECA, e não sujeito de direitos.

b) O direito de ir e vir da criança é absoluto, não comportando qualquer tipo de restrição.

c) O direito ao respeito está implícito no direito de a criança e o adolescente participarem da vida familiar e comunitária, sem discriminação, por isso não é previsto expressamente no ECA.

d) São direitos fundamentais das crianças e adolescentes, entre outros, o direito à vida, à saúde, à liberdade, ao respeito, à convivência familiar e comunitária, à educação, à cultura, ao esporte, ao lazer, à profissionalização e à proteção no trabalho.

e) A colocação em família substituta estrangeira será feita mediante concessão de guarda ou tutela ou mediante processo de adoção, nos termos do ECA.

ANOTAÇÕES/COMENTÁRIOS

(a) Assertiva errada. "A proteção de direitos infanto-juvenis é uma marca importante do Estatuto, cujo artigo 3º indica que crianças e adolescentes gozam de todos os direitos fundamentais inerentes à pessoa. (...). Se, à luz do ordenamento anterior, havia a percepção de que elas eram objeto de tutela, agora desponta o tratamento jurídico de sujeitos de direito." (Guilherme Barros, Direito da Criança e do Adolescente)

(b) Art. 16, I do ECA: "O direito à liberdade compreende os seguintes aspectos: I – ir, vir e estar nos logradouros públicos e espaços comunitários, ressalvadas as restrições legais."

(c) O direito ao respeito é previsto expressamente no artigo 17 do ECA.

(d) Assertiva correta, de acordo com o artigo 227 da CF, 4º do ECA e Capítulo V (artigos 60 e seguintes) também do Estatuto.

(e) Artigo 31 do ECA: "A colocação em família substituta estrangeira constitui medida excepcional, somente admissível na modalidade de adoção."

*Para responder, tem que estudar: lei e teoria/doutrina.*

*Gabarito: D*

**3. (Cespe/TJ/RN/Juiz/2013)** Em relação às políticas públicas de saúde asseguradas pelo ECA à criança e ao adolescente, assinale a opção correta.

a) O juiz de direito deverá determinar a internação compulsória de criança ou adolescente portador de transtorno mental ou dependente químico, para tratamento psiquiátrico, independentemente do esgotamento de outras propostas terapêuticas.

b) O princípio da separação dos poderes impede o juiz de direito de se imiscuir nas políticas públicas de saúde voltadas às crianças e aos adolescentes, ainda que verificada omissão dos gestores.

c) A vara da infância e juventude é competente para julgar, em favor de criança ou adolescente, ações relativas a internação compulsória nas quais a fazenda pública figure como ré.

d) Caso seja necessário submeter à internação compulsória a criança portadora de transtorno mental ou que sofra dependência de substância química, deve-se, primeiramente, interditá-la para, posteriormente, submetê-la à medida.

e) Os processos judiciais para garantia do direito à saúde da criança e adolescente somente terão tramitação prioritária se se tratar de doença grave, que ofereça risco à integridade do paciente.

ANOTAÇÕES/COMENTÁRIOS

(a) Assertiva contrária ao artigo 4º da Lei 10.216 de 2001: "Art. 4º. A internação, em qualquer de suas modalidades, só será indicada quando os recursos extra-hospitalares se mostrarem insuficientes."

(b) O magistrado pode e deve se valer de ativismo para efetivar políticas públicas de saúde em favor de crianças e adolescentes. Não há discricionariedade do administrador nesse particular.

(c) Certa, de acordo com o artigo 148, IV do ECA: "Art. 148. A Justiça da Infância e da Juventude é competente para: (...). IV – conhecer de ações civis fundadas em interesses individuais, difusos ou coletivos afetos à criança e ao adolescente, observado o disposto no art. 209."

(d) A interdição não tem relação com a internação compulsória. A interdição visa a conferir um curador a uma pessoa que não pode se autodeterminar. A internação compulsória é aquela determinada pela Justiça (art. 6º, III da Lei 10.216 de 2001).

(e) Assertiva contrária ao artigo 152, § 1º do ECA: "É assegurada, sob pena de responsabilidade, prioridade absoluta na tramitação dos processos e procedimentos previstos nesta Lei, assim como na execução dos atos e diligências judiciais a eles referentes."

*Para responder, tem que estudar: lei.*

*Gabarito: C*

## 2.2. Do Direito à Convivência Familiar e Comunitária

### *2.2.1. Disposições Gerais*

**4. (Cespe/TJ/ES/Juiz/2011)** O art. 229 da CF dispõe que os pais têm o dever de assistir, criar e educar os filhos menores. A respeito desse assunto, assinale a opção correta.

a) A inobservância das medidas de proteção à criança, como, por exemplo, a matrícula em estabelecimento oficial de ensino, enseja, de imediato, a perda do poder familiar.

b) O ECA acrescenta ao rol de deveres dos pais o dever de cumprir e fazer cumprir as determinações judiciais.

c) Cabem aos pais no exercício do poder familiar a administração e o usufruto dos bens dos filhos, podendo deles dispor a qualquer tempo e de qualquer modo.

d) O poder familiar dos pais condenados em virtude de crime será suspenso se a pena imposta exceder a três anos de prisão.

e) Em caso de castigos imoderados ou de abandono, o poder familiar dos pais será suspenso, garantidos o contraditório e a ampla defesa.

ANOTAÇÕES/COMENTÁRIOS

(a) A perda do poder familiar não é imediata. Necessário procedimento contraditório: Art. 24 do ECA: "A perda e a suspensão do poder familiar serão decretadas judicialmente, em procedimento contraditório, nos casos previstos na legislação civil, bem como na hipótese de descumprimento injustificado dos deveres e obrigações a que alude o artigo 22".

(b) Trata-se da literalidade do artigo 22 do ECA: "Aos pais incumbe o dever de sustento, guarda e educação dos filhos menores, cabendo-lhes ainda, no interesse destes, a obrigação de cumprir e fazer cumprir as determinações judiciais."

(c) Errada, pois contrário ao artigo 1.691 do Código Civil: "Não podem os pais alienar, ou gravar de ônus real os imóveis dos filhos, nem contrair, em nome deles, obrigações que ultrapassem os limites da simples administração, salvo por necessidade ou evidente interesse da prole, mediante prévia autorização do juiz."

(d) A assertiva contraria o artigo 92, II do Código Penal e 23, § 2º do ECA. Vejamos, respectivamente: "Art. 92. São também efeitos da condenação: (...). II – a incapacidade para o exercício do pátrio poder, tutela ou curatela, nos crimes dolosos, sujeitos à pena de reclusão, cometidos contra filho, tutelado ou curatelado." Artigo 23, § 2º do ECA: "A condenação criminal do pai ou da mãe não implicará a destituição do poder familiar, exceto na hipótese de condenação por crime doloso sujeito à pena de reclusão contra outrem igualmente titular do mesmo poder familiar ou contra filho, filha ou outro descendente."

(e) Trata-se de caso de extinção do poder familiar e não suspensão. Vejamos o artigo 1.638 do Código Civil: "Perderá por ato judicial o poder familiar o pai ou a mãe que: I – castigar imoderadamente o filho; II – deixar o filho em abandono."

*Para responder, tem que estudar: lei.*

*Gabarito: B*

### *2.2.2. Da Família Substituta*

**5. (Cespe/TJ/BA/Juiz/2019)** A respeito da colocação de criança ou adolescente em família substituta, procedimento previsto no ECA, assinale a opção correta.

a) Para decidir sobre a concessão de guarda provisória ou sobre o estágio de convivência, a autoridade judiciária deverá determinar a realização de estudo social ou, se possível, de perícia por equipe interprofissional.

b) Nas hipóteses em que a perda ou a suspensão do poder familiar constituir pressuposto lógico da medida principal de colocação em família substituta, o interessado será cientificado do processo, porém não poderá apresentar defesa, devendo ajuizar demanda específica e adequada para buscar a sua pretensão.

c) Na hipótese de os pais concordarem com o pedido de colocação da criança em família substituta, será dispensada a assistência por advogado ou defensor público nos procedimentos judiciais, desde que o aceite seja registrado em cartório.

d) O consentimento dos titulares do poder familiar para a colocação da criança em família substituta é retratável até a data de publicação da sentença constitutiva da adoção.

e) Em situações excepcionais nas quais se verifiquem reais benefícios à criança, é possível que o consentimento dos pais biológicos quanto à colocação da criança em família substituta seja dado antes do nascimento do infante.

**ANOTAÇÕES/COMENTÁRIOS**

**Alternativa A:** assertiva correta, de acordo com o artigo 167 do ECA: "*A autoridade judiciária, de ofício ou a requerimento das partes ou do Ministério Público, determinará a realização de estudo social ou, se possível, perícia por equipe interprofissional, decidindo sobre a concessão de guarda provisória, bem como, no caso de adoção, sobre o estágio de convivência.*"

**Alternativa B:** assertiva errada. O procedimento é contraditório (artigo 169 do ECA): *Nas hipóteses em que a destituição da tutela, a perda ou a suspensão do poder familiar constituir* *pressuposto lógico da medida principal de colocação em família substituta, será observado o procedimento contraditório previsto nas Seções II e III deste Capítulo.*

**Alternativa C:** Assertiva contrária ao artigo 166, § 1º, inciso I do ECA: *Se os pais forem falecidos, tiverem sido destituídos ou suspensos do poder familiar, ou houverem aderido expressamente ao pedido de colocação em família substituta, este poderá ser formulado diretamente em cartório, em petição assinada pelos próprios requerentes, dispensada a assistência de advogado. (Redação dada pela Lei nº 12.010, de 2009)*

*§ 1º Na hipótese de concordância dos pais, o juiz: (Redação dada pela Lei nº 13.509, de 2017)*

*I – na presença do Ministério Público, ouvirá as partes, devidamente assistidas por advogado ou por defensor público, para verificar sua concordância com a adoção, no prazo máximo de 10 (dez) dias, contado da data do protocolo da petição ou da entrega da criança em juízo, tomando por termo as declarações."*

**Alternativa D:** a assertiva estaria correta antes da alteração do ECA pela lei 13.509/17. Atualmente o Estatuto disciplina a matéria da seguinte forma: "*O consentimento é retratável até a data da realização da audiência especificada no § 1º deste artigo, e os pais podem exercer o arrependimento no prazo de 10 (dez) dias, contado da data de prolação da sentença de extinção do poder familiar.*"

**Alternativa E:** a assertiva foi considerada errada por ser contrária ao artigo 166, § 6º do ECA: "*O consentimento somente terá valor se for dado após o nascimento da criança.*"

Todavia, guardamos ressalvas ao enunciado. Isso porque o artigo 13, § 1º do Estatuto afirma que "*As **gestantes** ou mães que manifestem interesse em entregar seus filhos para adoção serão obrigatoriamente encaminhadas, sem constrangimento, à Justiça da Infância e da Juventude.*" Se a lei trata das "gestantes" conclui-se que é possível o consentimento antes do nascimento. O que o artigo 166, § 6º do ECA traz é a **validade** do consentimento. Em outras palavras: o consentimento pode ser anterior ao nascimento, mas ele só terá validade após o nascimento. A distinção é uma minúcia, mas nos parece que o enunciado dava margem à dúvidas.

*Para responder, tem que estudar: lei.*

*Gabarito: A*

---

**6. (Cespe/TJ/BA/Juiz/2019)** Com referência a adoção, guarda, medidas pertinentes aos pais ou responsáveis e direitos fundamentais da criança e do adolescente, julgue os itens a seguir.

I. A princípio, para a constatação da adoção à brasileira, o estudo psicossocial da criança, do pai registral e da mãe biológica não se mostra imprescindível.

II. A omissão na lei previdenciária impede que os infantes recebam pensão por morte do guardião, uma vez que, pelo critério da especialidade, não basta a norma prevista no ECA que declara a condição de dependente de crianças e adolescentes, porque ela se afigura como meramente programática.

III. O descumprimento da obrigação de prestação material do pai que dispõe de recursos ao filho gera a responsabilização do genitor e o seu dever de pagamento de indenização por danos morais.

IV. Diante da efetiva comprovação de hipossuficiência financeira do genitor, o juiz deverá deixar de aplicar multa por descumprimento dos deveres inerentes ao poder familiar, tendo em vista o seu caráter exclusivamente preventivo e pedagógico.

Estão certos apenas os itens

a) I e III.

b) I e IV.

c) II e IV.

d) I, II e III.

e) II, III e IV.

## ANOTAÇÕES/COMENTÁRIOS

Item I: a constatação da adoção à brasileira é uma análise objetiva, ou seja, se, por exemplo, um homem vai ao registrador e afirma que a criança que acabou de nascer é sua filha, o que não coincide com a verdade biológica, estará caracterizada a adoção à brasileira.

Item II: o item é contrário ao Tema 732 do STJ: "*O menor sob guarda tem direito à concessão do benefício de pensão por morte do seu mantenedor, comprovada sua dependência econômica, nos termos do art. 33, § 3º do Estatuto da Criança e do Adolescente, ainda que o óbito do instituidor da pensão seja posterior à vigência da Medida Provisória 1.523/96, reeditada e convertida na Lei 9.528/97. Funda-se essa conclusão na qualidade de lei especial do Estatuto da Criança e do Adolescente (8.069/90), frente à legislação previdenciária.*"

Item III: assertiva correta, conforme informativo 609 do STJ (**REsp 1.087.561-RS**) – "*Cinge-se a controvérsia a definir se é possível a condenação em danos morais do pai que deixa de prestar assistência material ao filho. Inicialmente, cabe frisar que o dever de convivência familiar, compreendendo a obrigação dos pais de prestar auxílio afetivo, moral e psíquico aos filhos, além de assistência material, é direito fundamental da criança e do adolescente, consoante se extrai da legislação civil, de matriz constitucional (Constituição Federal, art. 227). Da análise dos artigos 186, 1.566, 1.568, 1.579 do CC/02 e 4º, 18-A e 18-B, 19 e 22 do ECA, extrai-se os pressupostos legais inerentes à responsabilidade civil e ao dever de cuidado para com o menor, necessários à caracterização da conduta comissiva ou omissiva ensejadora do ato ilícito indenizável. Com efeito, o descumprimento voluntário do dever de prestar assistência material, direito fundamental da criança e do adolescente, afeta a integridade física, moral, intelectual e psicológica do filho, em prejuízo do desenvolvimento sadio de sua personalidade e atenta contra a sua dignidade, configurando ilícito civil e, portanto, os danos morais e materiais causados são passíveis de compensação pecuniária. Ressalta-se que – diferentemente da linha adotada pela Terceira Turma desta Corte, por ocasião do julgamento do REsp 1.159.242-SP, Rel. Min. Nancy Andrighi – a falta de afeto, por si só, não constitui ato ilícito, mas este fica configurado diante do descumprimento do dever jurídico de* *adequado amparo material. Desse modo, estabelecida a correlação entre a omissão voluntária e injustificada do pai quanto ao amparo material e os danos morais ao filho dali decorrentes, é possível a condenação ao pagamento de reparação por danos morais, com fulcro também no princípio da dignidade da pessoa humana (art. 1º, III, da Constituição Federal).”*

Item IV: assertiva contrária ao noticiado no informativo 636 do STJ (REsp 1.658.508-RJ): *“A hipossuficiência financeira ou a vulnerabilidade familiar não é suficiente para afastar a multa pecuniária prevista no art. 249 do ECA.”*

*Para responder, tem que estudar: jurisprudência.*

*Gabarito: A*



**7. (Cespe/TJ/AM/Juiz/2016)** Com referência aos institutos da família natural e da família substituta, da guarda, da tutela e da adoção, assinale a opção correta.

a) O conceito de família natural abrange o de família extensa, como aquela formada pelos pais ou qualquer deles e seus descendentes, inclusive parentes próximos e vizinhos com os quais a criança ou adolescente conviva e mantenha vínculos de afinidade e afetividade.

b) A colocação em família substituta far-se-á mediante guarda, tutela ou adoção, após definida a situação jurídica da criança ou adolescente por meio de suspensão ou destituição do poder familiar, salvo quando ambos os genitores forem falecidos.

c) Os grupos de irmãos colocados sob adoção, tutela ou guarda terão de permanecer com a mesma família substituta, ressalvada a suspeita da existência de risco de abuso ou outra situação que justifique razoavelmente o rompimento definitivo dos vínculos fraternais.

d) O deferimento da guarda de criança ou adolescente em preparação para adoção não impede o exercício do direito de visitas pelos pais, assim como o dever de prestar alimentos, que serão objeto de regulamentação específica, a pedido do interessado ou do MP.

e) Entre outras exigências legais, criança ou adolescente indígenas ou provenientes de comunidade remanescente de quilombo encaminhados para adoção, tutela ou guarda devem prioritariamente ser colocados em família substituta de sua comunidade ou junto a membros da mesma etnia.

## ANOTAÇÕES/COMENTÁRIOS

(a) Família natural e família extensa não se confundem. Artigo 25, caput do ECA: “Entende-se por família natural a comunidade formada pelos pais ou qualquer deles e seus descendentes.” Artigo 25, parágrafo único: “Entende-se por família extensa ou ampliada aquela que se estende para além da unidade pais e filhos ou da unidade do casal, formada por parentes próximos com os quais a criança ou adolescente convive e mantém vínculos de afinidade e afetividade.”

(b) A guarda não pressupõe a suspensão ou destituição do poder familiar: "O exercício do direito de visitas e o dever de prestar alimentos só estarão impedidos durante guarda exercida por terceiros se houver expressa e fundamentada determinação em contrário, emanada da autoridade judiciária competente, ou quando a medida for aplicada em preparação para adoção. A referida alteração nada mais traz do que um reflexo da característica fundamental da guarda: ela não pressupõe a destituição do poder familiar." (Luciano Rossato et al, Estatuto da criança e do adolescente)

(c) Errada, pois se deve evitar o rompimento definitivo dos vínculos fraternais: Art. 29, § 4º: "Os grupos de irmãos serão colocados sob adoção, tutela ou guarda da mesma família substituta, ressalvada a comprovada existência de risco de abuso ou outra situação que justifique plenamente a excepcionalidade de solução diversa, procurando-se, em qualquer caso, evitar o rompimento definitivo dos vínculos fraternais."

(d) A alternativa está em dissonância com o artigo 33, § 4º do ECA: "Salvo expressa e fundamentada determinação em contrário, da autoridade judiciária competente, ou quando a medida for aplicada em preparação para adoção, o deferimento da guarda de criança ou adolescente a terceiros não impede o exercício do direito de visitas pelos pais, assim como o dever de prestar alimentos, que serão objeto de regulamentação específica, a pedido do interessado ou do Ministério Público."

(e) Certa, com base no artigo 28, § 6º, II do ECA: "Em se tratando de criança ou adolescente indígena ou proveniente de comunidade remanescente de quilombo, é ainda obrigatório: (...). II – que a colocação familiar ocorra prioritariamente no seio de sua comunidade ou junto a membros da mesma etnia."

*Para responder, tem que estudar: lei e teoria/doutrina.*

*Gabarito: E*

**8. (Cespe/TJ/ES/Juiz/2011)** Acerca da colocação de criança ou adolescente em família substituta, assinale a opção correta.

a) Para a colocação de criança ou adolescente indígena em família substituta, o órgão federal responsável pela política indigenista deve, necessariamente, manifestar-se.

b) A colocação de criança ou adolescente em família substituta estrangeira constitui medida excepcional, somente admissível, residindo ou não a família no Brasil, na modalidade de adoção.

c) A decisão judicial de colocação de criança ou adolescente em família substituta pode ser substituída por outra de qualquer natureza.

d) A criança ou o adolescente devem ser ouvidos por equipe interprofissional, respeitados seu estágio de desenvolvimento e grau de compreensão, antes da colocação em família substituta.

e) Crianças ou adolescentes indígenas podem ser adotados, desde que sejam considerados e respeitados seus costumes e tradições, ainda que incompatíveis com os direitos fundamentais reconhecidos pela CF.

*ANOTAÇÕES/COMENTÁRIOS*

(a) Certa, conforme artigo 28, § 6º, inciso III do ECA: "Em se tratando de criança ou adolescente indígena ou proveniente de comunidade remanescente de quilombo, é ainda obrigatório: (...). III – a intervenção e oitiva de representantes do órgão federal responsável pela política indigenista, no caso de crianças e adolescentes indígenas, e de antropólogos, perante a equipe interprofissional ou multidisciplinar que irá acompanhar o caso."

(b) O ECA não utiliza a expressão "residindo ou não a família no Brasil". Art. 31: "A colocação em família substituta estrangeira constitui medida excepcional, somente admissível na modalidade de adoção." É preciso esclarecer que a chamada adoção internacional não tem conceito vinculado à nacionalidade dos adotantes, mas sim à residência habitual. Art. 51. "Considera-se adoção internacional aquela na qual o pretendente possui residência habitual em país-parte da Convenção de Haia, de 29 de maio de 1993, Relativa à Proteção das Crianças e à Cooperação em Matéria de Adoção Internacional, promulgada pelo Decreto no 3.087, de 21 junho de 1999, e deseja adotar criança em outro país-parte da Convenção."

(c) A colocação em família substituta ocorre mediante guarda, tutela e adoção. Essas modalidades não são fungíveis. Cada uma tem suas próprias características e finalidades.

(d) O erro da assertiva está no verbo "devem". Artigo 28, § 1º do ECA: "Sempre que possível, a criança ou o adolescente será previamente ouvido por equipe interprofissional, respeitado seu estágio de desenvolvimento e grau de compreensão sobre as implicações da medida, e terá sua opinião devidamente considerada."

(e) A alternativa contraria o artigo 28, § 6º, inciso I do ECA: "Em se tratando de criança ou adolescente indígena ou proveniente de comunidade remanescente de quilombo, é ainda obrigatório: I – que sejam consideradas e respeitadas sua identidade social e cultural, os seus costumes e tradições, bem como suas instituições, desde que não sejam incompatíveis com os direitos fundamentais reconhecidos por esta Lei e pela Constituição Federal."

*Para responder, tem que estudar: lei.*

*Gabarito: A*

**9. (Cespe/TJ/CE/Juiz/2012)** Considerando os direitos fundamentais das crianças e dos adolescentes, assinale a opção correta.

a) A colocação da criança ou adolescente em família substituta deve ser precedida de sua preparação gradativa e acompanhamento posterior, realizados pela equipe interprofissional a serviço da justiça da infância e da juventude.

b) A inclusão da criança ou adolescente em programas de acolhimento institucional terá preferência a seu acolhimento familiar, observado, em qualquer caso, o caráter temporário e excepcional da medida.

c) A manutenção de criança ou adolescente em sua família ou a reintegração a esta são obrigatórias, exceto se não forem encontrados parentes, em qualquer grau.

d) A perda e a suspensão do poder familiar devem ser decretadas judicialmente, em procedimento contraditório, exclusivamente no caso de descumprimento injustificado dos deveres e obrigações previstos no ECA.

e) Para a colocação em família substituta, sempre que possível, a criança ou o adolescente serão previamente ouvidos pelo juiz e pelo promotor de justiça, e, em se tratando de pessoa com mais de dez anos de idade, será necessário o seu consentimento colhido em audiência.

## ANOTAÇÕES/COMENTÁRIOS

(a) Trata-se da literalidade do artigo 28, § 5º do ECA: "A colocação da criança ou adolescente em família substituta será precedida de sua preparação gradativa e acompanhamento posterior, realizados pela equipe interprofissional a serviço da Justiça da Infância e da Juventude, preferencialmente com o apoio dos técnicos responsáveis pela execução da política municipal de garantia do direito à convivência familiar."

(b) É justamente o oposto: o acolhimento familiar prefere ao acolhimento institucional. O artigo 34, § 1º do ECA vem assim vazado: "A inclusão da criança ou adolescente em programas de acolhimento familiar terá preferência a seu acolhimento institucional, observado, em qualquer caso, o caráter temporário e excepcional da medida, nos termos desta Lei."

(c) A manutenção de criança e adolescente em sua família (natural) não é obrigatória, mas sim preferencial. Artigo 19, § 3 º:" A manutenção ou a reintegração de criança ou adolescente à sua família terá preferência em relação a qualquer outra providência, caso em que será esta incluída em serviços e programas de proteção, apoio e promoção, nos termos do § 1º do art. 23, dos incisos I e IV do caput do art. 101 e dos incisos I a IV do caput do art. 129 desta Lei." (a redação do dispositivo foi alterada após a elaboração da questão em comento, mas a essência permaneceu).

(d) Art. 24 do ECA: "A perda e a suspensão do poder familiar serão decretadas judicialmente, em procedimento contraditório, nos casos previstos na legislação civil, bem como na hipótese de descumprimento injustificado dos deveres e obrigações a que alude o art. 22".

(e) Vejamos o artigo 28 do ECA e seus parágrafos "§ 1º. Sempre que possível, a criança ou o adolescente será previamente ouvido por equipe interprofissional, respeitado seu estágio de desenvolvimento e grau de compreensão sobre as implicações da medida, e terá sua opinião devidamente considerada; § 2º. Tratando-se de maior de 12 (doze) anos de idade, será necessário seu consentimento, colhido em audiência."

*Para responder, tem que estudar: lei.*

*Gabarito: A*

**10. (Cespe/TJ/DFT/Juiz/2016)** Considerando que a colocação em família substituta far-se-á mediante guarda, tutela ou adoção, assinale a opção correta.

a) A ação de guarda proposta por um dos genitores pode ser decidida em favor do outro genitor, desde que formulado pedido reconvencional.

b) A colocação em família substituta admite a transferência de criança ou adolescente a terceiro, desde que o fato seja comunicado ao Juízo da Infância no prazo de vinte e quatro horas, para a regularização respectiva.

c) A adoção é ato personalíssimo. Admite-se, entretanto, a adoção por procuração quando o adotante estiver em local diverso.

d) Em caso de adoção póstuma, nuncupativa ou "post mortem", considera-se definitivamente materializado o parentesco civil desde o trânsito em julgado da sentença proferida, produzindo, a partir de então, todos os seus efeitos.

e) Aquele que for nomeado tutor por ato de última vontade firmado pelos pais do pupilo deverá, no prazo de trinta dias contado da abertura da sucessão, ingressar com pedido destinado ao controle judicial do ato.

## ANOTAÇÕES/COMENTÁRIOS

(a) A ação de guarda é dúplice e exatamente por isso é dispensável pedido reconvencional. A improcedência do pedido já possui o efeito de conceder a guarda ao demandado: "1. As ações dúplices são regidas por normas de direito material, e não por regras de direito processual. 2. Em ação de guarda de filho menor, tanto o pai como a mãe podem perfeitamente exercer de maneira simultânea o direito de ação, sendo que a improcedência do pedido do autor conduz à procedência do pedido de guarda à mãe, restando evidenciada, assim, a natureza dúplice da ação. Por conseguinte, em demandas dessa natureza, é lícito ao réu formular pedido contraposto, independentemente de reconvenção. (...). (REsp 1085664).

(b) A autorização judicial deve ser prévia. Art. 30 do ECA: "A colocação em família substituta não admitirá transferência da criança ou adolescente a terceiros ou a entidades governamentais ou não governamentais, sem autorização judicial."

(c) A adoção realmente é um ato personalíssimo. Justamente por isso o artigo 39, § 2º do ECA é enfático ao dizer que "É vedada a adoção por procuração."

(d) A adoção póstuma vem descrita no artigo 42, § 6º do ECA: "A adoção poderá ser deferida ao adotante que, após inequívoca manifestação de vontade, vier a falecer no curso do procedimento, antes de prolatada a sentença." Nesse caso o parentesco civil é materializado na data da morte. A sentença possui efeito retroativo. Art. 47, § 7º: "A adoção produz seus efeitos a partir do trânsito em julgado da sentença constitutiva, exceto na hipótese prevista no § 6º do art. 42 desta lei, caso em que terá força retroativa à data do óbito."

(e) Certa, de acordo com o artigo 37 do ECA: "O tutor nomeado por testamento ou qualquer documento autêntico, conforme previsto no parágrafo único do art. 1.729

da Lei 10.406, de 10 de janeiro de 2002. Código Civil, deverá, no prazo de 30 (trinta) dias após a abertura da sucessão, ingressar com pedido destinado ao controle judicial do ato, observando o procedimento previsto nos arts. 165 a 170 desta lei."

*Para responder, tem que estudar: lei e jurisprudência.*

*Gabarito: E*

**11. (Cespe/TJ/PI/Juiz/2012)** No que diz respeito à colocação do menor em família substituta assinale a opção correta.

a) Tanto a adoção quanto a tutela visam suprir a carência de representação legal.

b) Um dos principais efeitos da destituição da tutela é o de a remoção do tutor extinguir por inteiro seu vínculo pessoal e jurídico com o pupilo, incluindo-se a responsabilidade de ordem patrimonial.

c) A tutela de pessoa maior de dezoito anos de idade será deferida desde que a sua incapacidade absoluta seja previamente reconhecida por sentença com trânsito em julgado.

d) Sempre que possível, a criança com mais de oito anos de idade sujeita à colocação em família substituta será previamente ouvida, além de ser necessário o seu consentimento, colhido em audiência.

e) Dada a provisoriedade do termo de guarda, a responsabilidade do guardião sobre o menor pode ser revogada, por exemplo, por comprovação de negligência.

## ANOTAÇÕES/COMENTÁRIOS

(a) A adoção forma vínculo de parentesco. De acordo com a doutrina: "O vínculo mais tênue é o de guarda, que se destina a uma fase transitória no curso do processo de tutela e adoção ou a situações peculiares de eventual ausência de pais ou responsáveis. Em seguida, tem-se a tutela, que demanda a efetiva suspensão ou perda do poder familiar, implica o dever de guarda e de administração de bens – além de conter efeitos previdenciários. Por sua vez, a adoção cria um vínculo jurídico definitivo e irrevogável entre adotante e adotado. Inclusive, é vedada a adoção por procuração." (Estatuto da Criança e do Adolescente, Guilherme Freire de Melo Barros). O que se percebe é que a adoção forma vínculo de parentesco. Não se limita a suprir representação legal.

(b) A responsabilidade de ordem patrimonial permanece. Vejamos dispositivos do Código Civil: "Art. 1.757. Os tutores prestarão contas de dois em dois anos, e quando, por qualquer motivo, deixarem o exercício da tutela ou toda vez que o juiz achar conveniente." "Art. 1.758. Finda a tutela pela emancipação ou maioridade, a quitação do menor não produzirá efeito antes de aprovadas as contas pelo juiz, subsistindo inteira, até então, a responsabilidade do tutor."

(c) Art. 36: "A tutela será deferida, nos termos da lei civil, a pessoa de até 18 (dezoito) anos incompletos."

(d) O consentimento é para os maiores de 12 anos. Vejamos dispositivos do Estatuto: "Artigo 28. (...). §. 1º Sempre que possível, a criança ou o adolescente será previamente ouvido por equipe interprofissional, respeitado seu estágio de desenvolvimento e grau de compreensão sobre as implicações da medida, e terá sua opinião devidamente considerada. § 2º. Tratando-se de maior de 12 (doze) anos de idade, será necessário seu consentimento, colhido em audiência."

(e) Alternativa correta de acordo com o artigo 35 do ECA: "A guarda poderá ser revogada a qualquer tempo, mediante ato judicial fundamentado, ouvido o Ministério Público." Considerando os deveres do guardião de assistência material, moral e educacional à criança ou adolescente (artigo 33 do ECA), a negligência pode ensejar a revogação da guarda.

*Para responder, tem que estudar: lei e teoria/doutrina.*

*Gabarito: E*

**12. (Cespe/TJ/PB/Juiz/2011)** No que se refere à colocação de criança ou adolescente em família substituta, assinale a opção correta.

a) Salvo expressa e fundamentada determinação judicial em contrário, ou se a medida for aplicada em preparação para adoção, o deferimento da guarda de criança ou adolescente a terceiros não impede que os pais exerçam o seu direito de visita nem que cumpram o dever de lhe prestar alimentos.

b) O deferimento da tutela do menor a pessoa maior de dezoito anos incompletos pressupõe prévia decretação da perda ou suspensão do poder familiar e não implica dever de guarda, o que só se efetiva após os dezoito anos completos.

c) A adoção, medida excepcional e irrevogável, concedida apenas quando esgotados os recursos de manutenção da criança ou do adolescente na família natural ou extensa, pode ser realizada mediante procuração.

d) Na colocação da criança ou do adolescente em família substituta, somente este, cuja opinião deve ser devidamente considerada, deve ser previamente ouvido por equipe interprofissional, respeitado o seu grau de compreensão sobre as implicações dessa medida.

e) A colocação de criança ou de adolescente em família substituta estrangeira constitui medida excepcional, admissível nas modalidades de adoção, guarda e tutela.

**ANOTAÇÕES/COMENTÁRIOS**

(a) Certa, de acordo com o artigo 33, § 4º do ECA: "Salvo expressa e fundamentada determinação em contrário, da autoridade judiciária competente, ou quando a medida for aplicada em preparação para adoção, o deferimento da guarda de criança ou adolescente a terceiros não impede o exercício do direito de visitas pelos pais, assim como o dever de prestar alimentos, que serão objeto de regulamentação específica, a pedido do interessado ou do Ministério Público."

(b) A tutela não é deferida aos maiores de 18 anos. Artigo 36 do ECA: "A tutela será deferida, nos termos da lei civil, a pessoa de até 18 (dezoito) anos incompletos."

(c) Art. 39, § 2º: "É vedada a adoção por procuração."

(d) A criança também deve ser previamente ouvida. Artigo 28, § 1º: "Sempre que possível, a criança ou o adolescente será previamente ouvido por equipe interprofissional, respeitado seu estágio de desenvolvimento e grau de compreensão sobre as implicações da medida, e terá sua opinião devidamente considerada."

(e) Art. 31: "A colocação em família substituta estrangeira constitui medida excepcional, somente admissível na modalidade de adoção."

*Para responder, tem que estudar: lei.*

*Gabarito: A*

**13. (Cespe/TJ/ES/Juiz/2011)** Assinale a opção correta em relação a guarda, tutela e adoção.

a) A tutela é uma medida precária, deferida, nos termos da lei civil, a pessoa de até dezoito anos de idade completos.
b) Por ser um sucedâneo do poder familiar, o tutor só pode ser destituído do seu poder pela via judicial.
c) O processo de adoção e seus incidentes competem exclusivamente à vara da infância e da juventude, incluindo-se a adoção de maiores de dezoito anos de idade.
d) Pessoas solteiras não podem adotar, visto que a lei exige a adoção conjunta como forma de garantir a estabilidade familiar.
e) A guarda, por constituir medida precária, resulta, necessariamente, em pedido de tutela ou adoção.

ANOTAÇÕES/COMENTÁRIOS

(a) Art. 36 do ECA: "A tutela será deferida, nos termos da lei civil, a pessoa de até 18 (dezoito) anos incompletos."

(b) Alternativa correta diante da combinação dos artigos 38 e 24 do ECA: "Art. 38. Aplica-se à destituição da tutela o disposto no art. 24." "Art. 24. A perda e a suspensão do poder familiar serão decretadas judicialmente, em procedimento contraditório, nos casos previstos na legislação civil, bem como na hipótese de descumprimento injustificado dos deveres e obrigações a que alude o art. 22."

(c) A adoção de maiores de 18 anos é permitida, conforme artigo 1.619 do CC: "A adoção de maiores de 18 (dezoito) anos dependerá da assistência efetiva do poder público e de sentença constitutiva, aplicando-se, no que couber, as regras gerais da Lei no

8.069, de 13 de julho de 1990. Estatuto da Criança e do Adolescente." Em relação à competência, a doutrina assim se manifesta: "Diante dessa conclusão poderia surgir o seguinte questionamento: se, após a Lei 12.010/2009, o Estatuto passou a reger toda a adoção (de criança, adolescente e adulto), a regra disposta no art. 40 não se torna inócua? A resposta é não. Isso porque o Estatuto passa a ser aplicado para todas as adoções, mas somente no que tange às regras de direito material, não havendo qualquer alteração quanto às regras processuais e de competência. Assim, continua havendo diferença quanto à competência. Em regra, se o pedido de adoção for de criança ou adolescente, a competência será da Vara da Infância e Juventude; mas se for adulto, competente será a Vara de Família. Note-se que o critério para tal determinação é a condição do adotando quando do ajuizamento do pedido de adoção (se criança, adolescente ou adulto)." (Luciano Rossato et al, Estatuto da criança e do adolescente)

(d) Vejamos o noticiado no informativo 567 de 2017 do STJ: "É possível a inscrição de pessoa homoafetiva no registro de pessoas interessadas na adoção (art. 50 do ECA), independentemente da idade da criança a ser adotada. A legislação não veda a adoção de crianças por solteiros ou casais homoafetivos, tampouco impõe, nessas hipóteses, qualquer restrição etária. Ademais, sendo a união entre pessoas do mesmo sexo reconhecida como uma unidade familiar, digna de proteção do Estado, não se vislumbra, no contexto do "pluralismo familiar" (REsp 1.183.378-RS, DJe 1º/2/2012), pautado nos princípios da igualdade e da dignidade da pessoa humana, a possibilidade de haver qualquer distinção de direitos ou exigências legais entre as parcelas homoafetiva (ou demais minorias) e heteroafetiva da população brasileira(...)". (REsp 1.540.814)

(e) Art. 33, § 2º do ECA: "Excepcionalmente, deferir-se-á a guarda, fora dos casos de tutela e adoção, para atender a situações peculiares ou suprir a falta eventual dos pais ou responsável, podendo ser deferido o direito de representação para a prática de atos determinados."

***Para responder, tem que estudar: lei, jurisprudência e teoria/doutrina.***

***Gabarito: B***

**14. (Cespe/TJ/DFT/Juiz/2014)** A respeito da adoção, da guarda e da perda do poder familiar, assinale a opção correta de acordo com o ECA e com a jurisprudência do STJ.

a) Será vedado ao juiz julgar procedente o pedido de adoção póstuma quando a ação for ajuizada após o falecimento do adotante, mesmo que haja provas contundentes da inequívoca vontade do de cujus em adotar, como o tratamento do adotando como se filho fosse e o conhecimento público dessa condição.

b) O juiz deve adotar a ordem cronológica de inscrição dos pretendentes à adoção do cadastro próprio como critério absoluto para o deferimento da adoção, mesmo que, por questões fáticas, fique comprovado haver forte vínculo afetivo entre a criança e os guardiões de fato.

c) O trânsito em julgado de sentença criminal condenatória na qual tenha sido estipulada pena restritiva de liberdade acima de oito anos de reclusão implica a destituição do poder familiar do pai ou da mãe sentenciados, ainda que a vítima do crime eventualmente praticado não tenha sido o próprio filho.

d) A criança e o adolescente têm o direito de visitar, periodicamente, a mãe ou o pai privado de liberdade, para fins de manutenção da convivência familiar, desde que autorizada judicialmente, após a comprovação de que o ambiente penitenciário não irá prejudicar o regular desenvolvimento psicológico do infante.

e) Ao neto que vive sob a guarda judicial conferida ao avô é assegurada a condição de dependente, tendo ele direito, por exemplo, à pensão por morte, mesmo que haja norma legal previdenciária em sentido contrário.

## ANOTAÇÕES/COMENTÁRIOS

(a) O STJ admite a adoção póstuma mesmo quando o procedimento não foi iniciado: "A Lei 8.069/1990, em seu art. 42, § 6º, estabelece que "a adoção poderá ser deferida ao adotante que, após inequívoca manifestação de vontade, vier a falecer no curso do procedimento, antes de prolatada a sentença". Em situações excepcionais, em que demonstrada a inequívoca vontade em adotar, diante da longa relação de afetividade, pode ser deferida adoção póstuma ainda que o adotante venha a falecer antes de iniciado o processo de adoção." (REsp 1677903).

(b) O artigo 50, § 13 do ECA traz exceções à ordem do cadastro de adotantes. "§ 13. Somente poderá ser deferida adoção em favor de candidato domiciliado no Brasil não cadastrado previamente nos termos desta lei quando: I – se tratar de pedido de adoção unilateral; II – for formulada por parente com o qual a criança ou adolescente mantenha vínculos de afinidade e afetividade; III – oriundo o pedido de quem detém a tutela ou guarda legal de criança maior de 3 (três) anos ou adolescente, desde que o lapso de tempo de convivência comprove a fixação de laços de afinidade e afetividade, e não seja constatada a ocorrência de má-fé ou qualquer das situações previstas nos arts. 237 ou 238 desta lei."

(c) Art. 23, § 2º: "A condenação criminal do pai ou da mãe não implicará a destituição do poder familiar, exceto na hipótese de condenação por crime doloso sujeito à pena de reclusão contra outrem igualmente titular do mesmo poder familiar ou contra filho, filha ou outro descendente."

(d) Desnecessária autorização judicial. Art. 19, § 4º do ECA: "Será garantida a convivência da criança e do adolescente com a mãe ou o pai privado de liberdade, por meio de visitas periódicas promovidas pelo responsável ou, nas hipóteses de acolhimento institucional, pela entidade responsável, independentemente de autorização judicial."

(e) Essa questão já foi controvertida, mas, à época da prova, o STJ já se inclinava na linha da assertiva. Atualmente, a Corte Superior pacificou a controvérsia: "O menor sob guarda tem direito à concessão do benefício de pensão por morte do seu mantenedor, comprovada sua dependência econômica, nos termos do art. 33, § 3º do Estatuto da

Criança e do Adolescente, ainda que o óbito do instituidor da pensão seja posterior à vigência da Medida Provisória 1.523/96, reeditada e convertida na Lei 9.528/97. Funda-se essa conclusão na qualidade de lei especial do Estatuto da Criança e do Adolescente (8.069/90), frente à legislação previdenciária." REsp 1.411.258. Informativo 619 de 2018. Obs.: a Lei 9.528/97 retirou do rol de dependentes o "menor sob guarda" ao passo que o artigo 33, § 3º do ECA diz que "a guarda confere à criança ou adolescente a condição de dependente, para todos os fins e efeitos de direito, inclusive previdenciários." A antinomia das regras levou alguns a entenderem que a Lei 9.528/97, por ser posterior, teria revogado o ECA. Todavia, o STJ decidiu de forma diversa, como acima mencionado.

*Para responder, tem que estudar: lei e jurisprudência.*

*Gabarito: E*

**15. (Cespe/TJ/PA/Juiz/2012)** Com o estabelecimento da doutrina de proteção integral como diretriz básica e única do atendimento de crianças e adolescentes, o legislador pátrio rompeu definitivamente com a doutrina da situação irregular – admitida pelo Código de Menores (Lei n. 6.697/1979) –, agindo em consonância com a CF e documentos internacionais aprovados com amplo consenso na comunidade das nações. No que concerne aos direitos fundamentais das crianças e dos adolescentes, assinale a opção correta de acordo com o ECA.

a) É vedado à autoridade judiciária autorizar a permanência da criança e do adolescente em programa de acolhimento institucional por mais de dois anos.

b) A legislação considera extensa ou ampliada a família que se estende para além da unidade pais e filhos ou da unidade do casal, incluindo parentes consanguíneos, independentemente da convivência ou dos vínculos de afinidade e afetividade.

c) A colocação em família substituta faz-se mediante guarda, tutela ou adoção, sendo obrigatório, no caso de criança ou adolescente indígena ou proveniente de comunidade remanescente de quilombo, que se considerem e respeitem a sua identidade social e cultural, os seus costumes e tradições e as suas instituições, desde que não sejam incompatíveis com os direitos fundamentais reconhecidos pela CF e pelo ECA.

d) Ao completar dezoito anos de idade, o adotado tem direito de conhecer sua origem biológica e de ter, mediante prévio consentimento dos pais biológicos, acesso irrestrito ao processo que resultou na aplicação da medida de adoção e a seus eventuais incidentes.

e) Incumbe ao poder público proporcionar assistência psicológica à gestante e à mãe, respectivamente, nos períodos pré e pós-natal, para, entre outros objetivos, prevenir ou minorar as consequências do estado puerperal, exceto se houver interesse da gestante ou mãe em entregar a criança para adoção.

ANOTAÇÕES/COMENTÁRIOS

(a) É possível prolongar o período mediante decisão fundamentada. Obs: o artigo 19, § 2º do ECA previa prazo inicial de 2 anos para o acolhimento. Atualmente o prazo é de 18 meses, mas isso não influenciou no gabarito da questão: "Art. 19, § 2º. A permanência da criança e do adolescente em programa de acolhimento institucional não se prolongará por mais de 18 (dezoito) meses, salvo comprovada necessidade que atenda ao seu superior interesse, devidamente fundamentada pela autoridade judiciária. (redação dada pela Lei 13.509/17)"

(b) Art. 25, PU: "Entende-se por família extensa ou ampliada aquela que se estende para além da unidade pais e filhos ou da unidade do casal, formada por parentes próximos com os quais a criança ou adolescente convive e mantém vínculos de afinidade e afetividade."

(c) Certa, de acordo com o artigo 28, § 6º, I do ECA: "§ 6º. Em se tratando de criança ou adolescente indígena ou proveniente de comunidade remanescente de quilombo, é ainda obrigatório: I – que sejam consideradas e respeitadas sua identidade social e cultural, os seus costumes e tradições, bem como suas instituições, desde que não sejam incompatíveis com os direitos fundamentais reconhecidos por esta Lei e pela Constituição Federal."

(d) Não se faz necessário prévio consentimento dos pais biológicos. Artigo 48: "O adotado tem direito de conhecer sua origem biológica, bem como de obter acesso irrestrito ao processo no qual a medida foi aplicada e seus eventuais incidentes, após completar 18 (dezoito) anos."

(e) Essa assistência também deve ser prestada a mães que entendam por entregar seus filhos. Art. 8º, "§ 4º. Incumbe ao Poder Público proporcionar assistência psicológica à gestante e à mãe, no período pré e pós-natal, inclusive como forma de prevenir ou minorar as consequências do estado puerperal. § 5º. A assistência referida no § 4º deste artigo deverá ser prestada também a gestantes e mães que manifestem interesse em entregar seus filhos para adoção, bem como a gestantes e mães que se encontrem em situação de privação de liberdade."

*Para responder, tem que estudar: lei.*

*Gabarito: C*

## 2.2.3. *Da Família Substituta (Adoção)*

**16. (Cespe/TJ/DFT/Juiz/2014)** Em outubro de 2013, a autoridade judiciária foi comunicada do nascimento de Rosa, cuja irmã, Marli, nascida em junho de 2012, encontra-se acolhida na instituição A, da qual Ana é dirigente. No comunicado, consta ser necessário o acolhimento institucional de Rosa, já que sua mãe, usuária frequente de drogas e moradora de rua, manifestou o desejo de que a filha fosse adotada e deixou o hospital sem a criança. Considerando essa situação hipotética, assinale a opção correta à luz da legislação sobre os direitos da criança e do adolescente.

a) A inclusão de Marli e de Rosa em programa de acolhimento institucional, ainda que constitua medida temporária e excepcional, tem preferência à sua inclusão em programa de acolhimento familiar.

b) Dada possibilidade de ruptura decorrente de eventual adoção de Marli, institucionalizada há mais de um ano, é desaconselhável propiciar o estabelecimento de vínculo afetivo entre as irmãs, razão por que Rosa deve ser encaminhada a outra instituição de acolhimento.

c) O hospital poderia, sem prévia determinação da autoridade competente, ter encaminhado Rosa diretamente para a instituição de acolhimento A, na qual Ana, relativamente às crianças acolhidas, exerce o poder familiar, para todos os efeitos de direito.

d) Deve-se garantir que Marli e Rosa sejam adotadas pela mesma família, salvo se comprovada a existência de situação que justifique a excepcionalidade de solução diversa, caso em que se deve evitar o rompimento definitivo dos vínculos fraternais.

e) O acolhimento institucional de Marli e de Rosa, medida provisória e excepcional, implica privação de liberdade, podendo ser utilizado apenas como forma de transição para colocação em família substituta, se não for possível a reintegração familiar.

**ANOTAÇÕES/COMENTÁRIOS**

(a) O acolhimento familiar tem preferência ao institucional. Artigo 34, § 1º do ECA: "A inclusão da criança ou adolescente em programas de acolhimentos familiar terá preferência a seu acolhimento institucional, observado, em qualquer caso, o caráter temporário e excepcional da medida, nos termos desta lei."

(b) Alternativa contrária ao artigo 28, § 4º do ECA: "Os grupos de irmãos serão colocados sob adoção, tutela ou guarda da mesma família substituta, ressalvada a comprovada existência de risco de abuso ou outra situação que justifique plenamente a excepcionalidade de solução diversa, procurando-se, em qualquer caso, evitar o rompimento definitivo dos vínculos fraternais."

(c) Artigo 101, § 3º: "Crianças e adolescentes somente poderão ser encaminhados às instituições que executam programas de acolhimento institucional, governamentais ou não, por meio de uma Guia de Acolhimento, expedida pela autoridade judiciária, na qual obrigatoriamente constará, dentre outros:"

(d) Alternativa correta conforme artigo 28, § 4º do ECA: "Os grupos de irmãos serão colocados sob adoção, tutela ou guarda da mesma família substituta, ressalvada a comprovada existência de risco de abuso ou outra situação que justifique plenamente a excepcionalidade de solução diversa, procurando-se, em qualquer caso, evitar o rompimento definitivo dos vínculos fraternais."

(e) Artigo 101, § 1º do ECA: "O acolhimento institucional e o acolhimento familiar são medidas provisórias e excepcionais, utilizáveis como forma de transição para reintegração familiar ou, não sendo esta possível, para colocação em família substituta, não implicando privação de liberdade."

*Para responder, tem que estudar: lei.*

*Gabarito: D*

**17. (Cespe/TJ/PB/Juiz/2015)** De acordo com as normas previstas no ECA sobre adoção e acolhimento familiar e institucional e com o entendimento do STJ a respeito desse tema, assinale a opção correta.

a) Em situações excepcionais e de urgência, visando preservar o vínculo familiar, as entidades que mantiverem programa de acolhimento institucional necessitarão de determinação da autoridade competente para efetuar acolhimento de crianças e adolescentes.

b) A adoção de pessoa maior e capaz pelo padrasto independe do consentimento do pai biológico, desde que estabelecido o vínculo afetivo entre adotante e adotando e existente manifestação livre de vontade de quem pretenda adotar e de quem possa ser adotado.

c) Em se tratando de infante fruto de inseminação artificial heteróloga, por doador desconhecido, realizada mediante planejamento de casal homossexual, o STJ tem entendido não ser possível a adoção unilateral da criança pela companheira da mãe biológica da adotanda.

d) A fim de impedir a perpetuação da chamada "adoção à brasileira", o STJ mitigou a aplicação do princípio do melhor interesse da criança e firmou entendimento de que a observância do cadastro de adotantes, ou seja, a preferência das pessoas cronologicamente cadastradas para adotar determinada criança, não contempla exceções.

e) A mãe ou o pai podem manter a convivência com a criança e o adolescente em situação de acolhimento institucional, por meio de visitas periódicas condicionadas à autorização judicial, após regular trâmite processual.

**ANOTAÇÕES/COMENTÁRIOS**

(a) A assertiva é contrária ao artigo 93 do ECA: "As entidades que mantenham programa de acolhimento institucional poderão, em caráter excepcional e de urgência, acolher crianças e adolescentes sem prévia determinação da autoridade competente, fazendo comunicação do fato em até 24 (vinte e quatro) horas ao Juiz da Infância e da Juventude, sob pena de responsabilidade."

(b) A assertiva é correta de acordo com posição do STJ: "Cinge-se a controvérsia a definir a possibilidade de ser afastado o requisito do consentimento do pai biológico em caso de adoção de filho maior por adotante com quem já firmada a paternidade socioafetiva. 2. O ECA deve ser interpretado sob o prisma do melhor interesse do adotando, destinatário e maior interessado da proteção legal. 3. A realidade dos autos, insindicável nesta instância especial, explicita que o pai biológico está afastado do filho por mais de 12 (doze) anos, o que permitiu o estreitamento de laços com o pai socioafetivo, que o criou desde tenra idade. 4. O direito discutido envolve a defesa de interesse individual e disponível de pessoa maior e plenamente capaz, que não depende do consentimento dos pais ou do representante legal para exercer sua autonomia de vontade. 5. O ordenamento jurídico pátrio autoriza a adoção de maiores pela via judicial quando constituir efetivo benefício para o adotando (art. 1.625 do Código Civil). 6. Estabelecida uma relação jurídica paterno-filial (vínculo afetivo), a adoção de pessoa maior não pode ser refutada sem justa causa pelo pai biológico, em especial quando existente manifestação livre de vontade de quem pretende adotar e de quem pode ser adotado. 7. Recurso especial não provido. (REsp 1444747)

(c) A assertiva é contrária ao entendimento do STJ: "A adoção unilateral prevista no art. 41, § 1º, do ECA pode ser concedida à companheira da mãe biológica da adotanda, para que ambas as companheiras passem a ostentar a condição de mães, na hipótese em que a menor tenha sido fruto de inseminação artificial heteróloga, com doador desconhecido, previamente planejada pelo casal no âmbito de união estável homoafetiva, presente, ademais, a anuência da mãe biológica, desde que inexista prejuízo para a adotanda. O STF decidiu ser plena a equiparação das uniões estáveis homoafetivas às uniões estáveis heteroafetivas, o que trouxe, como consequência, a extensão automática das prerrogativas já outorgadas aos companheiros da união estável tradicional àqueles que vivenciem uma união estável homoafetiva. Assim, se a adoção unilateral de menor é possível ao estrato heterossexual da população, também o é à fração homossexual da sociedade. Deve-se advertir, contudo, que o pedido de adoção se submete à norma-princípio fixada no art. 43 do ECA, segundo a qual "a adoção será deferida quando apresentar reais vantagens para o adotando". (...). (REsp 1.281.093).

(d) A ordem do cadastro de adotantes possui exceção contemplada no próprio Estatuto. São os casos de adoção intuito personae, indicados no artigo 50, § 13 do ECA.

(e) Desnecessária autorização judicial. Artigo 19, § 4º: "Será garantida a convivência da criança e do adolescente com a mãe ou o pai privado de liberdade, por meio de visitas periódicas promovidas pelo responsável ou, nas hipóteses de acolhimento institucional, pela entidade responsável, independentemente de autorização judicial."

*Para responder, tem que estudar: lei e jurisprudência.*

*Gabarito: B*

**18. (Cespe/TJ/PI/Juiz/2012)** Com referência ao instituto da adoção, assinale a opção correta.

a) Toda sentença de adoção transitada em julgado produz efeitos "ex tunc".

b) Com o falecimento dos adotantes, restabelece-se o poder familiar dos pais naturais.

c) Cabe ao MP a função de custos legis do cadastro de adotantes e da convocação criteriosa dos interessados, podendo, no caso de discordância dos critérios utilizados, propor medida judicial.

d) O pedido de adoção, ainda que unilateral, não poderá ser deferido a candidato domiciliado no Brasil não cadastrado previamente.

e) A adoção depende do consentimento dos pais ou do representante legal do adotando, não se exigindo forma específica para a permissão.

*ANOTAÇÕES/COMENTÁRIOS*

(a) Os efeitos "ex tunc" são os retroativos. Em regra, a sentença de adoção possui efeitos "ex nunc". Art. 47, § 7º: "A adoção produz seus efeitos a partir do trânsito em julgado da sentença constitutiva, exceto na hipótese prevista no § 6º do art. 42 desta lei, caso em que terá força retroativa à data do óbito."

(b) Ao descrever as características da adoção, a doutrina assim nos ensina: "Outra característica da adoção é a incaducabilidade, haja vista que a morte dos adotantes não restabelece o poder familiar dos pais naturais."

(c) Alternativa em conformidade com o artigo 50, § 12 do ECA: "A alimentação do cadastro e a convocação criteriosa dos postulantes à adoção serão fiscalizadas pelo Ministério Público."

(d) A adoção unilateral é uma das hipóteses de adoção "intuito personae". Artigo 50, § 13. "Somente poderá ser deferida adoção em favor de candidato domiciliado no Brasil não cadastrado previamente nos termos desta lei quando: I – se tratar de pedido de adoção unilateral."

(e) A concordância deve se dar com respeito ao artigo 166, § 1º do ECA: "§ 1º Na hipótese de concordância dos pais, o juiz: I – na presença do Ministério Público, ouvirá as partes, devidamente assistidas por advogado ou por defensor público, para verificar sua concordância com a adoção, no prazo máximo de 10 (dez) dias, contado da data do protocolo da petição ou da entrega da criança em juízo, tomando por termo as declarações." A redação do dispositivo era diferente à época da prova, mas a essência permanece.

*Para responder, tem que estudar: lei.*

*Gabarito: C*

**19. (Cespe/TJ/CE/Juiz/2012)** Em relação às regras da adoção previstas no ECA, assinale a opção correta.

a) A adoção internacional somente deve ser deferida se não for encontrado interessado com residência permanente no Brasil, após consulta aos cadastros local, estadual e nacional de pessoas ou casais habilitados à adoção.

b) A guarda de fato autoriza, por si só, a dispensa da realização do estágio de convivência.

c) Somente podem adotar os maiores de vinte e um anos, independentemente de estado civil e da opção sexual.

d) Enquanto não localizados casal ou pessoa interessados na adoção, a criança ou o adolescente devem ser colocados sob acolhimento institucional.

e) Para a adoção conjunta, é indispensável que os adotantes sejam casados civilmente ou mantenham união estável, comprovada a estabilidade da família, sendo vedada a adoção ao casal divorciado.



ANOTAÇÕES/COMENTÁRIOS

(a) Apesar de a redação legal ter sido alterada após a prova, a essência da assertiva permanece. Trata-se de afirmação correta, de acordo com o artigo 51, § 1º, II do ECA: "§ 1º A adoção internacional de criança ou adolescente brasileiro ou domiciliado no Brasil somente terá lugar quando restar comprovado: (...). II – que foram esgotadas todas as possibilidades de colocação da criança ou adolescente em família adotiva brasileira, com a comprovação, certificada nos autos, da inexistência de adotantes habilitados residentes no Brasil com perfil compatível com a criança ou adolescente, após consulta aos cadastros mencionados nesta Lei."

(b) Artigo 46, § 2º do ECA: "A simples guarda de fato não autoriza, por si só, a dispensa da realização do estágio de convivência."

(c) Art. 42: "Podem adotar os maiores de 18 (dezoito) anos, independentemente do estado civil."

(d) Artigo 50, § 11 do ECA: "Enquanto não localizada pessoa ou casal interessado em sua adoção, a criança ou o adolescente, sempre que possível e recomendável, será colocado sob guarda de família cadastrada em programa de acolhimento familiar."

(e) Artigo 41, § 4º: "Os divorciados, os judicialmente separados e os ex-companheiros podem adotar conjuntamente, contanto que acordem sobre a guarda e o regime de visitas e desde que o estágio de convivência tenha sido iniciado na constância do período de convivência e que seja comprovada a existência de vínculos de afinidade e afetividade com aquele não detentor da guarda, que justifiquem a excepcionalidade da concessão."

*Para responder, tem que estudar: lei.*

*Gabarito: A*

## 3. DA PREVENÇÃO

**20. (Cespe/TJ/DFT/Juiz/2015)** Cada uma das próximas opções apresenta uma situação hipotética que envolve crianças e adolescentes. Assinale a opção que apresenta situação em que os direitos das crianças e dos adolescentes estão sendo respeitados, conforme previsto no ECA.

a) Diana, de dezessete anos de idade, viajou desacompanhada para São Paulo. Na pousada em que havia feito reserva, os atendentes ligaram para os pais de Diana para saber se eles autorizariam a hospedagem da adolescente. O check-in foi feito após o consentimento dado pelo telefone.

b) Mariana, devido ao fato de ter nascido durante o período em que sua mãe cumpria pena restritiva de liberdade em estabelecimento prisional, não pôde ser amamentada por sua genitora e, devido à impossibilidade de conviver com a mãe, foi entregue, após o nascimento, aos seus tios, que a mantiveram sob sua guarda até que a mãe cumprisse a reprimenda e recuperasse a liberdade.

c) João Pedro, de treze anos de idade, analfabeto, mudou-se do Paraná para Brasília juntamente com sua família. Em Brasília, sua mãe tentou matriculá-lo em uma escola e foi informada pela direção do estabelecimento que, devido ao fato de o ano letivo estar em curso, a matrícula do adolescente não poderia ser realizada. Diante do ocorrido, a mãe procurou auxílio em um posto de assistência social e o adolescente foi inserido em estágio não remunerado em empresa que ofertava curso de alfabetização.

d) Paula, de doze anos de idade, residente em Brasília, após ter decidido visitar sua madrinha em Fortaleza, viajou desacompanhada em companhia aérea que permitiu o seu embarque independentemente da autorização dos pais.

e) Marcos, de onze anos de idade, foi a uma banca de revistas próxima a sua residência e o dono do estabelecimento permitiu que ele folheasse todas as revistas, inclusive aquelas que continham fotografias pornográficas.

## ANOTAÇÕES/COMENTÁRIOS

(a) Na primeira parte da assertiva, vemos que a adolescente viajou para São Paulo desacompanhada dos pais. Não há qualquer problema nisso, visto que o adolescente maior de dezesseis anos só precisa de autorização para viajar ao exterior (artigo 84 do ECA). O artigo 83 do Estatuto se refere somente à criança e adolescente menor de dezesseis anos. Por outro lado, a autorização para ingressar na pousada deveria ter sido dada por escrito e não por telefone, de acordo com a combinação do artigo 82 e 250 do Estatuto: "Art. 82. É proibida a hospedagem de criança ou adolescente em hotel, motel, pensão ou estabelecimento congênere salvo se autorizado ou acompanhado pelos pais ou responsável. Art. 250. Hospedar criança ou adolescente desacompanhado dos pais ou responsável, ou sem autorização escrita desses ou da autoridade judiciária, em hotel, pensão, motel ou congênere: Pena – multa de três a vinte salários de referência, aplicando-se o dobro em caso de reincidência."

(b) Trata-se de situação contrária ao artigo 8º, § 10 do ECA: "Incumbe ao poder público garantir, à gestante e à mulher com filho na primeira infância que se encontrem sob custódia em unidade de privação de liberdade, ambiência que atenda às normas sanitárias e assistenciais do Sistema Único de Saúde para o acolhimento do filho, em articulação com o sistema de ensino competente, visando ao desenvolvimento integral da criança."

(c) O fato descrito não está em consonância com o ECA. Artigo 54. É dever do Estado assegurar à criança e ao adolescente: I – ensino fundamental, obrigatório e gratuito, inclusive para os que a ele não tiveram acesso na idade própria (...). § 1º. O acesso ao ensino obrigatório e gratuito é direito público subjetivo." Art. 60 do ECA: "É proibido qualquer trabalho a menores de quatorze anos de idade, salvo na condição de aprendiz." Obs.: vide artigo 7º XXXIII da CF que dispõe de forma diferente, apesar de diversas provas buscarem a literalidade do ECA.

(d) Paula, aos 12 anos, é considerada adolescente (artigo 2º do ECA). Dessa forma, pode fazer a viagem desacompanhada, pois o artigo 83 do Estatuto se refere apenas à criança.

(e) Houve violação ao artigo 78 e seu parágrafo único do ECA: "Art. 78. As revistas e publicações contendo material impróprio ou inadequado a crianças e adolescentes deverão ser comercializadas em embalagem lacrada, com a advertência de seu conteúdo. Parágrafo único. As editoras cuidarão para que as capas que contenham mensagens pornográficas ou obscenas sejam protegidas com embalagem opaca."

*Para responder, tem que estudar: lei.*

*Gabarito: D*

**21. (Cespe/TJ/RN/Juiz/2013)** Assinale a opção correta com base no que dispõe o ECA a respeito da prevenção geral e especial de ameaça ou violação dos direitos da criança e do adolescente.

a) A autorização judicial é indispensável para viagens de criança ou adolescente ao exterior, ainda que ambos estejam acompanhados dos pais ou responsável, ou viajem na companhia de um dos pais, autorizado expressamente pelo outro, por meio de documento com firma reconhecida.

b) Portaria assinada por juiz da vara da infância e juventude é instrumento hábil para autorizar o acesso de adolescente a estabelecimento comercial que explore jogos de bilhar, sinuca ou congênere.

c) É proibida à criança e ao adolescente a venda de fogos de estampido e de artifício, inclusive os incapazes de provocar qualquer dano físico.

d) Estabelecimentos como hotel, motel, pensão ou congênere devem exigir de seus hóspedes a exibição de documentos, a fim de lhes verificar a idade, dispensada a exibição de certidão de nascimento de criança ou adolescente acompanhado dos pais ou responsável.

e) Nenhuma criança poderá viajar desacompanhada dos pais ou responsável para fora da comarca onde reside sem expressa autorização judicial, dispensando-se, entretanto, a autorização quando se tratar de comarca contígua à da residência da criança, se na mesma unidade da Federação, ou incluída na mesma região metropolitana.

**ANOTAÇÕES/COMENTÁRIOS**

(a) A assertiva é contrária aos incisos do artigo 84 do ECA: "Art. 84. Quando se tratar de viagem ao exterior, a autorização é dispensável, se a criança ou adolescente: I – estiver acompanhado de ambos os pais ou responsável; II – viajar na companhia de um dos pais, autorizado expressamente pelo outro através de documento com firma reconhecida."

(b) Não há exceção ao artigo 80 do ECA que vem assim vazado: "Os responsáveis por estabelecimentos que explorem comercialmente bilhar, sinuca ou congênere ou por casas de jogos, assim entendidas as que realizem apostas, ainda que eventualmente, cuidarão para que não seja permitida a entrada e a permanência de crianças e adolescentes no local, afixando aviso para orientação do público."

(c) "Art. 81. É proibida a venda à criança ou ao adolescente de: (...). IV – fogos de estampido e de artifício, exceto aqueles que pelo seu reduzido potencial sejam incapazes de provocar qualquer dano físico em caso de utilização indevida."

(d) A lei não chega a minúcias acerca do documento que deve ser apresentado, mas sem a certidão de nascimento resta inviável verificar se a criança ou adolescente é filha da pessoa que se apresenta como pai. "Art. 82. É proibida a hospedagem de criança ou adolescente em hotel, motel, pensão ou estabelecimento congênere, salvo se autorizado ou acompanhado pelos pais ou responsável."

(e) Assertiva correta, de acordo com o artigo 83, § 1º do ECA: "Art. 83. Nenhuma criança poderá viajar para fora da comarca onde reside, desacompanhada dos pais ou responsável, sem expressa autorização judicial. § 1º A autorização não será exigida quando: a) tratar-se de comarca contígua à da residência da criança, se na mesma unidade da Federação, ou incluída na mesma região metropolitana." Essa redação era a vigente à época da prova. Atualmente a redação é a seguinte: Art. 83. Nenhuma criança ou adolescente menor de 16 (dezesseis) anos poderá viajar para fora da comarca onde reside desacompanhado dos pais ou dos responsáveis sem expressa autorização judicial. (Redação dada pela Lei nº 13.812, de 2019) § 1º A autorização não será exigida quando: a) tratar-se de comarca contígua à da residência da criança ou do adolescente menor de 16 (dezesseis) anos, se na mesma unidade da Federação, ou incluída na mesma região metropolitana; (Redação dada pela Lei nº 13.812, de 2019)

*Para responder, tem que estudar: lei.*

*Gabarito: E*

# 4. DA POLÍTICA DE ATENDIMENTO

**22. (Cespe/TJ/BA/Juiz/2012)** A respeito das entidades e programas de atendimento previstos no ECA, assinale a opção correta.

a) As entidades não governamentais somente poderão funcionar depois de registradas no cadastro nacional do CNJ, órgão incumbido de comunicar o registro ao conselho tutelar e à autoridade judiciária da respectiva localidade.

b) São medidas aplicáveis a todas as entidades de atendimento que descumprirem obrigações previstas no ECA: advertência, suspensão total ou parcial do repasse de verbas públicas, interdição de unidades ou suspensão de programa e cassação do registro.

c) Sob pena de violação dos princípios da inércia, da imparcialidade e do devido processo legal, é vedado ao juiz fiscalizar de ofício as entidades governamentais e não governamentais de atendimento a crianças e adolescentes.

d) O dirigente de entidade que desenvolve programa de acolhimento institucional é equiparado ao tutor, para todos os efeitos de direito, devendo remeter ao MP, no máximo a cada seis meses, relatório circunstanciado acerca da situação de cada criança ou adolescente acolhido e de sua família.

e) As entidades que mantenham programa de acolhimento institucional poderão, em caráter excepcional e de urgência, acolher crianças e adolescentes sem prévia determinação da autoridade competente, devendo comunicar o fato ao juiz da infância e da juventude em até vinte e quatro horas, sob pena de responsabilidade.



**ANOTAÇÕES/COMENTÁRIOS**

(a) Artigo 91: "As entidades não governamentais somente poderão funcionar depois de registradas no Conselho Municipal dos Direitos da Criança e do Adolescente, o qual comunicará o registro ao Conselho Tutelar e à autoridade judiciária da respectiva localidade."

(b) Tais medidas são aplicáveis às entidades não governamentais. As governamentais não são destinatárias de suspensão total ou parcial de verbas públicas, nem cassação do registro. A base para essa diferenciação está no artigo 97 incisos I e II do ECA.

(c) Art. 95: "As entidades governamentais e não governamentais referidas no art. 90 serão fiscalizadas pelo Judiciário, pelo Ministério Público e pelos Conselhos Tutelares."

(d) Art. 92, § 1º: "O dirigente de entidade que desenvolve programa de acolhimento institucional é equiparado ao guardião, para todos os efeitos de direito."

(e) Alternativa correta de acordo com o artigo 93 do ECA: "As entidades que mantenham programa de acolhimento institucional poderão, em caráter excepcional e de urgência, acolher crianças e adolescentes sem prévia determinação da autoridade competente, fazendo comunicação do fato em até 24 (vinte e quatro) horas ao Juiz da Infância e da Juventude, sob pena de responsabilidade."

*Para responder, tem que estudar: lei.*

*Gabarito: E*

**23. (Cespe/TJ/CE/Juiz/2012)** A respeito das normas de política de atendimento previstas no ECA, assinale a opção correta.

a) É vedado, em qualquer hipótese, às entidades mantenedoras de programa de acolhimento institucional acolher crianças e adolescentes sem prévia determinação da autoridade competente, sob pena de responsabilidade.

b) São linhas de ação da política de atendimento as campanhas de estímulo ao acolhimento, sob forma de guarda, de crianças e adolescentes afastados do convívio familiar e de estímulo à adoção, especificamente inter-racial, de crianças maiores ou de adolescentes, com necessidades específicas de saúde ou com deficiências e de grupos de irmãos.

c) São diretrizes da política de atendimento a centralização do atendimento, mediante a criação de órgãos públicos federais responsáveis pela regulamentação das ações a serem tomadas nos níveis estaduais e municipais, mediante repasse de verbas periódicas aos demais entes da Federação.

d) As entidades de atendimento são responsáveis pela manutenção das próprias unidades, assim como pelo planejamento e execução de programas de proteção e socioeducativos destinados a crianças e adolescentes, em regime de orientação e apoio sociofamiliar, apoio socioeducativo em meio aberto, colocação familiar e abrigo, mas não no que se refere a liberdade assistida, semiliberdade e internação.

e) As entidades governamentais e não governamentais devem requerer à autoridade judiciária a inscrição de seus programas, especificando os regimes de atendimento; uma vez deferida, a inscrição deve ser comunicada ao conselho municipal dos direitos da criança e do adolescente e ao conselho tutelar.

## ANOTAÇÕES/COMENTÁRIOS

(a) Alternativa em descompasso com o artigo 93 do Estatuto: "As entidades que mantenham programa de acolhimento institucional poderão, em caráter excepcional e de urgência, acolher crianças e adolescentes sem prévia determinação da autoridade competente, fazendo comunicação do fato em até 24 (vinte e quatro) horas ao Juiz da Infância e da Juventude, sob pena de responsabilidade."

(b) Assertiva correta, de acordo com o artigo 87, inciso VII do ECA: "Art. 87. São linhas de ação da política de atendimento: (...). VII – campanhas de estímulo ao acolhimento sob forma de guarda de crianças e adolescentes afastados do convívio familiar e à adoção, especificamente inter-racial, de crianças maiores ou de adolescentes, com necessidades específicas de saúde ou com deficiências e de grupos de irmãos."

(c) Assertiva em descompasso com o artigo 88 do ECA. "Artigo 88. São diretrizes da política de atendimento: I – municipalização do atendimento."

(d) Vejamos os equívocos da assertiva: "Art. 90. As entidades de atendimento são responsáveis pela manutenção das próprias unidades, assim como pelo planejamento e execução de programas de proteção e socioeducativos destinados a crianças e adolescentes, em regime de: (...) VI – liberdade assistida; VII – semiliberdade; VIII – internação."

(e) A inscrição é direta no Conselho Municipal dos Direitos da Criança e do Adolescente. Artigo 90, § 1º: "As entidades governamentais e não governamentais deverão proceder à inscrição de seus programas, especificando os regimes de atendimento, na forma definida neste artigo, no Conselho Municipal dos Direitos da Criança e do

Adolescente, o qual manterá registro das inscrições e de suas alterações, do que fará comunicação ao Conselho Tutelar e à autoridade judiciária."

*Para responder, tem que estudar: lei.*

*Gabarito: B*

**24. (Cespe/TJ/DFT/Juiz/2014)** Acerca das diretrizes da política de atendimento dos direitos da criança e do adolescente e considerando a legislação constitucional aplicável, assinale a opção correta.

a) A política de atendimento inclui políticas e programas destinados a promover o afastamento da família biológica e a garantir o efetivo exercício do direito à convivência familiar de crianças e adolescentes por meio da adoção.

b) A política de atendimento dos direitos da criança e do adolescente funciona por meio de conjunto articulado de ações governamentais e não governamentais, cabendo à esfera federal a coordenação, a proposição de normas gerais e a execução de programas específicos.

c) Constituem diretrizes da política de atendimento a existência de serviço de identificação e localização de pais, responsável, crianças e adolescentes desaparecidos e a mobilização da opinião pública para a indispensável participação dos diversos segmentos da sociedade.

d) Da composição do Conselho dos Direitos da Criança e do Adolescente do DF devem participar, com direito a voto, o MP, a defensoria pública e a autoridade judiciária da infância e da juventude.

e) A criação dos conselhos dos direitos da criança e do adolescente atende à previsão constitucional de participação da população, por meio de organizações representativas, na formulação das políticas e no controle das ações de garantia dos direitos da criança e do adolescente.

## ANOTAÇÕES/COMENTÁRIOS

(a) Não há que se falar em "afastamento da família biológica". "Artigo 88. São diretrizes da política de atendimento: (...). VI – integração operacional de órgãos do Judiciário, Ministério Público, Defensoria, Conselho Tutelar e encarregados da execução das políticas sociais básicas e de assistência social, para efeito de agilização do atendimento de crianças e de adolescentes inseridos em programas de acolhimento familiar ou institucional, com vista na sua rápida reintegração à família de origem ou, se tal solução se mostrar comprovadamente inviável, sua colocação em família substituta, em quaisquer das modalidades previstas no art. 28 desta lei."

(b) A parte final da assertiva, que indica a incumbência da esfera federal, não encontra amparo no ECA. Artigo 86: "A política de atendimento dos direitos da criança e do adolescente far-se-á através de um conjunto articulado de ações governamentais, da União, dos Estados, do Distrito Federal e dos Municípios."

(c) A assertiva está incorreta, já que o serviço de identificação e localização de pais, responsável, crianças e adolescentes desaparecidos é uma linha de ação (artigo 87) e não uma diretriz (artigo 88). "Art. 87. São linhas de ação da política de atendimento: (...). IV – serviço de identificação e localização de pais, responsável, crianças e adolescentes desaparecidos."

(d) A lei distrital 5.244 de 2013, que trata dos Conselhos dos Direitos da Criança e do Adolescente do DF, não contém essa previsão. O ECA também não possui norma no sentido da assertiva.

(e) Certa. O Artigo 227 da CF confere deveres a diversos atores (família, sociedade e Estado) para defesa dos direitos da criança e adolescente. Já o § 7º diz que "no atendimento dos direitos da criança e do adolescente levar-se-á em consideração o disposto no artigo 204." Por sua vez, o artigo 204, inciso II da CF prevê a "participação da população, por meio de organizações representativas, na formulação das políticas e no controle das ações em todos os níveis."

*Para responder, tem que estudar: lei.*

*Gabarito: E*

**25. (Cespe/TJ/PB/Juiz/2011)** Assinale a opção correta com base no que dispõe o ECA a respeito de ato infracional, medidas socioeducativas, entidades de atendimento e direito à saúde.

a) As entidades governamentais de atendimento ao menor que descumprirem as obrigações relacionadas ao desenvolvimento de programas de internação estão sujeitas às seguintes penalidades: advertência, suspensão total do repasse de verbas, interdição das unidades ou suspensão do programa.

b) As entidades não governamentais de atendimento a crianças e adolescentes somente podem funcionar depois de registradas no conselho municipal dos direitos da criança e do adolescente, que deve comunicar o registro, cuja validade máxima é de quatro anos, ao conselho tutelar e ao juiz da localidade.

c) Nenhum adolescente pode ser privado de sua liberdade senão em flagrante de ato infracional, permitindo-se a sua prisão preventiva ou temporária desde que decretada por ordem escrita e fundamentada da autoridade judiciária competente.

d) O prazo máximo da internação provisória do adolescente, para a aplicação de medida socioeducativa, é de até sessenta dias, constituindo a privação da liberdade verdadeira medida cautelar.

e) As situações de suspeita ou confirmação de maus-tratos contra criança ou adolescente devem ser imediata e concomitantemente informadas ao MP, ao juiz da localidade e ao conselho tutelar, sem prejuízo de outras providências.

*ANOTAÇÕES/COMENTÁRIOS*

(a) A assertiva é incorreta, pois descreve as medidas aplicáveis às entidades não governamentais. Em relação às governamentais incide o art. 97, inciso I: "Art. 97. São medidas aplicáveis às entidades de atendimento que descumprirem obrigação constante do art. 94, sem prejuízo da responsabilidade civil e criminal de seus dirigentes ou prepostos: I – às entidades governamentais: a) advertência; b) afastamento provisório de seus dirigentes; c) afastamento definitivo de seus dirigentes; d) fechamento de unidade ou interdição de programa."

(b) Alternativa correta ante a combinação do artigo 91, caput e seu § 2º: "Art. 91. As entidades não governamentais somente poderão funcionar depois de registradas no Conselho Municipal dos Direitos da Criança e do Adolescente, o qual comunicará o registro ao Conselho Tutelar e à autoridade judiciária da respectiva localidade. (...). § 2º. O registro terá validade máxima de 4 (quatro) anos, cabendo ao Conselho Municipal dos Direitos da Criança e do Adolescente, periodicamente, reavaliar o cabimento de sua renovação, observado o disposto no § 1º deste artigo."

(c) Não há que se falar em "prisão preventiva" ou "prisão temporária", pois esses institutos são afetos ao direito processual penal. Artigo 106 do ECA: "Nenhum adolescente será privado de sua liberdade senão em flagrante de ato infracional ou por ordem escrita e fundamentada da autoridade judiciária competente."

(d) Art. 108 do ECA: "A internação, antes da sentença, pode ser determinada pelo prazo máximo de quarenta e cinco dias".

(e) A assertiva foi proposta antes da alteração do caput do artigo 13 pela Lei 13.010/2014. Entretanto, a essência é a mesma: a comunicação imediata é ao Conselho Tutelar: "os casos de suspeita ou confirmação de castigo físico, de tratamento cruel ou degradante e de maus-tratos contra criança ou adolescente serão obrigatoriamente comunicados ao Conselho Tutelar da respectiva localidade, sem prejuízo de outras providências legais."

*Para responder, tem que estudar: lei.*

*Gabarito: B*

## 5. DAS MEDIDAS DE PROTEÇÃO

**26. (Cespe/TJ/AM/Juiz/2016)** O conselho tutelar determinou à autoridade municipal competente a medida de proteção consistente em matrícula e frequência obrigatórias em estabelecimento oficial de ensino fundamental para criança com seis anos de idade. Acerca dessa situação hipotética e de aspectos relativos à atuação e às competências do conselho tutelar, assinale a opção correta.

a) Na situação em tela, uma vez documentada a violação de direitos da criança, a decisão do conselho tutelar prescindiria da oitiva da criança e dos pais.

b) Caso, na hipótese dada, se tratasse de pais moradores de rua, a medida mais adequada para a criança seria a de internação em estabelecimento educacional.

c) Na hipótese considerada, a autoridade municipal poderá deixar de cumprir a determinação, uma vez que não há previsão legal de garantia de oferta, pelo município, de educação formal para crianças com até seis anos de idade.

d) Não há possibilidade legal de os pais da criança em questão se oporem à decisão do conselho tutelar sob o fundamento de liberdade de consciência.

e) A decisão do conselho tutelar, na situação em apreço, somente poderá ser revista pela autoridade judiciária a pedido de quem tenha legítimo interesse.

**ANOTAÇÕES/COMENTÁRIOS**

(a) Errada, vez que se contrapõe ao princípio disposto no artigo 100, parágrafo único, XII do ECA: "Art. 100. Na aplicação das medidas levar-se-ão em conta as necessidades pedagógicas, preferindo-se aquelas que visem ao fortalecimento dos vínculos familiares e comunitários. Parágrafo único. São também princípios que regem a aplicação das medidas: (...). XII – oitiva obrigatória e participação: a criança e o adolescente, em separado ou na companhia dos pais, de responsável ou de pessoa por si indicada, bem como os seus pais ou responsável, têm direito a ser ouvidos e a participar nos atos e na definição da medida de promoção dos direitos e de proteção, sendo sua opinião devidamente considerada pela autoridade judiciária competente, observado o disposto nos § § 1º e 2º do art. 28 desta lei."

(b) A internação em estabelecimento educacional é uma medida socioeducativa e não se compatibiliza com o caso (art. 112, VI do ECA). A medida mais adequada seria a inclusão em serviços e programas oficiais ou comunitários de proteção, apoio e promoção da família, da criança e do adolescente (art. 101, IV do ECA)"

(c) Há previsão constitucional para tanto: "Art. 208. O dever do Estado (lato sensu) com a educação será efetivado mediante a garantia de: I – educação básica obrigatória e gratuita dos 4 (quatro) aos 17 (dezessete) anos de idade, assegurada inclusive sua oferta gratuita para todos os que a ela não tiveram acesso na idade própria."

(d) Os pais podem se opor à decisão do Conselho Tutelar. Inclusive é possível ingressar com pedido de revisão judicial, conforme artigo 137 do ECA.

(e) Trata-se da literalidade do artigo 137 do ECA: "As decisões do Conselho Tutelar somente poderão ser revistas pela autoridade judiciária a pedido de quem tenha legítimo interesse."

*Para responder, tem que estudar: lei.*

*Gabarito: E*

**27. (Cespe/TJ/PI/Juiz/2012)** Assinale a opção correta a respeito das medidas protetivas destinadas a crianças e adolescentes.

a) As medidas protetivas não podem ser aplicadas de forma cumulativa.
b) Não podem constar da guia de acolhimento da criança os motivos de sua retirada do convívio com a família de origem.
c) O MP tem competência para determinar o afastamento da criança do convívio familiar, devendo comunicar o fato ao juiz competente em até quarenta e oito horas.
d) Determinado o acolhimento familiar da criança ou do adolescente, deve o acolhido ser afastado da família de origem.
e) Um dos princípios que norteiam a adoção de medidas protetivas é o da intervenção mínima das autoridades e das instituições.

**ANOTAÇÕES/COMENTÁRIOS**

(a) Alternativa em descompasso com o artigo 99 do ECA: "As medidas previstas neste Capítulo poderão ser aplicadas isolada ou cumulativamente, bem como substituídas a qualquer tempo."

(b) Essa informação deve constar na guia. Artigo 101, § 3º "Crianças e adolescentes somente poderão ser encaminhados às instituições que executam programas de acolhimento institucional, governamentais ou não, por meio de uma Guia de Acolhimento, expedida pela autoridade judiciária, na qual obrigatoriamente constará, dentre outros: (...). IV – os motivos da retirada ou da não reintegração ao convívio familiar."

(c) Trata-se de competência exclusiva da autoridade judiciária. Artigo 101, § 2º: "Sem prejuízo da tomada de medidas emergenciais para proteção de vítimas de violência ou abuso sexual e das providências a que alude o art. 130 desta lei, o afastamento da criança ou adolescente do convívio familiar é de competência exclusiva da autoridade judiciária e importará na deflagração, a pedido do Ministério Público ou de quem tenha legítimo interesse, de procedimento judicial contencioso, no qual se garanta aos pais ou ao responsável legal o exercício do contraditório e da ampla defesa."

(d) Assertiva incorreta, pois contraria o artigo 92, § 4º do ECA: "Salvo determinação em contrário da autoridade judiciária competente, as entidades que desenvolvem programas de acolhimento familiar ou institucional, se necessário com o auxílio do Conselho Tutelar e dos órgãos de assistência social, estimularão o contato da criança ou adolescente com seus pais e parentes, em cumprimento ao disposto nos incisos I e VIII do caput deste artigo."

(e) Certa. O princípio da intervenção mínima vem previsto no artigo 100, PU, inciso VII do ECA, assim disposto: "a intervenção deve ser exercida exclusivamente pelas autoridades e instituições cuja ação seja indispensável à efetiva promoção dos direitos e à proteção da criança e do adolescente."

*Para responder, tem que estudar: lei.*

*Gabarito: E*

**28. (Cespe/TJ/CE/Juiz/2012)** Considerando as alterações propostas pela Lei n. 12.010/2009 em relação ao regramento das medidas de proteção à criança e ao adolescente, assinale a opção correta.

a) Verificada a possibilidade de reintegração familiar, o responsável pelo programa de acolhimento familiar ou institucional deve entregar a criança ou o adolescente aos pais ou parente mais próximo, mediante termo de responsabilidade, e deve comunicar o fato ao conselho tutelar.

b) A autoridade judiciária deve determinar ao conselho tutelar que mantenha cadastro contendo informações atualizadas sobre as crianças e adolescentes em regime de acolhimento familiar e institucional sob sua responsabilidade, com dados pormenorizados sobre a situação jurídica de cada um, bem como as providências tomadas para sua reintegração familiar ou colocação em família substituta.

c) São princípios que regem a aplicação das medidas de proteção: a condição da criança e do adolescente como sujeitos de direitos; a proteção integral e prioritária; a responsabilidade primária e solidária do poder público; o interesse superior da sociedade.

d) De acordo com o princípio da responsabilidade parental, a intervenção deve ser efetuada de modo que os parentes até o terceiro grau assumam os seus deveres para com a criança e o adolescente, após as providências tomadas pelo poder público.

e) Crianças e adolescentes somente podem ser encaminhados às instituições que executam programas de acolhimento institucional, governamentais ou não, por meio de guia de acolhimento expedida pela autoridade judiciária, na qual, obrigatoriamente, deverá constar, entre outras informações, a sua identificação e a qualificação completa de seus pais ou de seu responsável, se conhecidos.

### ANOTAÇÕES/COMENTÁRIOS

(a) O responsável pelo programa não faz a entrega diretamente. Ele deve comunicar à autoridade judiciária. Artigo 101, § 8º: "Verificada a possibilidade de reintegração familiar, o responsável pelo programa de acolhimento familiar ou institucional fará imediata comunicação à autoridade judiciária, que dará vista ao Ministério Público, pelo prazo de 5 (cinco) dias, decidindo em igual prazo."

(b) A própria autoridade judiciária mantém o cadastro. Artigo 101, § 11: "A autoridade judiciária manterá, em cada comarca ou foro regional, um cadastro contendo informações atualizadas sobre as crianças e adolescentes em regime de acolhimento familiar e institucional sob sua responsabilidade, com informações pormenorizadas sobre a situação jurídica de cada um, bem como as providências tomadas para sua reintegração familiar ou colocação em família substituta, em qualquer das modalidades previstas no art. 28 desta lei."

(c) Os princípios das medidas de proteção estão dispostos no artigo 100, parágrafo único do ECA. A condição da criança e adolescente como sujeito de direitos consta no inciso I. A proteção integral e prioritária é o inciso II. A responsabilidade primária e solidária do Poder Público é o inciso III. O erro da assertiva é mencionar o interesse superior "da sociedade". De acordo com o inciso IV, o interesse superior é "da criança e do adolescente."

(d) Não há que se falar em parentes até terceiro grau, mas somente os pais. Artigo 100, parágrafo único, IX: "Responsabilidade parental: a intervenção deve ser efetuada de modo que os pais assumam os seus deveres para com a criança e o adolescente."

(e) Essa alternativa foi considerada correta por reproduzir a literalidade do artigo 101, § 3º, inciso I do ECA: "§ 3º Crianças e adolescentes somente poderão ser encaminhados às instituições que executam programas de acolhimento institucional, governamentais ou não, por meio de uma Guia de Acolhimento, expedida pela autoridade judiciária, na qual obrigatoriamente constará, dentre outros: I – sua identificação e a qualificação completa de seus pais ou de seu responsável, se conhecidos." Apesar do teor legal, o próprio ECA, no artigo 93, admite o acolhimento em caráter excepcional e de urgência de crianças e adolescentes, devendo ser feita comunicação ao juiz da infância em 24 horas.

*Para responder, tem que estudar: lei.*

BLOCO I

***Gabarito: E***

**29. (Cespe/TJ/BA/Juiz/2012)** No que concerne às medidas de proteção e às medidas pertinentes aos pais ou responsável previstas no ECA, assinale a opção correta.

a) Verificada a hipótese de maus-tratos, opressão ou abuso sexual cometidos pelos pais ou responsável da criança ou do adolescente, o juízo da infância e da juventude poderá determinar, como medida cautelar, a prisão preventiva dos agressores e a fixação provisória de alimentos aos seus dependentes, desde que constatada a insuficiência de outras medidas anteriormente aplicadas para reprimir os infratores.

b) Verificada a ameaça ou a violação dos direitos da criança e do adolescente, a autoridade competente poderá determinar, entre outras medidas, o acolhimento institucional, a inclusão em programa de acolhimento familiar, a colocação em família substituta e a internação provisória.

c) O acolhimento institucional e o acolhimento familiar, medidas provisórias e excepcionais, por implicarem privação de liberdade, são utilizáveis como forma de transição para a reintegração familiar ou, não sendo esta possível, para a colocação em família substituta.

d) Sem prejuízo da tomada de medidas emergenciais para a proteção de vítimas de violência ou abuso sexual, o afastamento da criança ou adolescente do convívio familiar é de competência exclusiva da autoridade judiciária e importará na deflagração, a pedido do MP ou de quem tenha legítimo interesse, de procedimento judicial contencioso, por meio do qual se garanta aos pais ou ao responsável legal o exercício do contraditório e da ampla defesa.

e) As únicas medidas aplicáveis aos pais ou responsável são: a perda da guarda, a destituição da tutela, a suspensão ou destituição do poder familiar, e a internação compulsória em clínica de tratamento a alcoólatras e toxicômanos.

**ANOTAÇÕES/COMENTÁRIOS**

(a) O artigo 130 e seu parágrafo único do ECA não se referem à prisão preventiva e não condicionam a medida à "insuficiência de outras medidas anteriormente aplicadas para reprimir os infratores". Por isso, a alternativa está errada. Entretanto, se os pais estiverem respondendo criminalmente, é possível, em tese, a decretação da prisão preventiva, mas a base não será o ECA e sim o Código de Processo Penal. Feita essa ressalva, transcreve-se o dispositivo cobrado nesse item: "Art. 130. Verificada a hipótese de maus-tratos, opressão ou abuso sexual impostos pelos pais ou responsável, a autoridade judiciária poderá determinar, como medida cautelar, o afastamento do agressor da moradia comum. Parágrafo único. Da medida cautelar constará, ainda, a fixação provisória dos alimentos de que necessitem a criança ou o adolescente dependentes do agressor."

(b) Nas hipóteses do artigo 98, a autoridade competente poderá se valer das medidas de proteção descritas no artigo 101 do ECA. A internação provisória não é uma delas e vem regrada no artigo 108 e seu parágrafo único do ECA: "Art. 108. A internação, antes da sentença, pode ser determinada pelo prazo máximo de quarenta e cinco dias. Parágrafo único. A decisão deverá ser fundamentada e basear-se em indícios suficientes de autoria e materialidade, demonstrada a necessidade imperiosa da medida."

(c) Art. 101, § 1º do ECA: "O acolhimento institucional e o acolhimento familiar são medidas provisórias e excepcionais, utilizáveis como forma de transição para a reintegração familiar ou, não sendo esta possível, para colocação em família substituta, não implicando privação de liberdade."

(d) Certa, com base no artigo 101, § 2º do ECA: "Sem prejuízo da tomada de medidas emergenciais para proteção de vítimas de violência ou abuso sexual e das providência a que alude o art. 130 desta lei, o afastamento da criança ou adolescente do convívio familiar é de competência exclusiva da autoridade judiciária e importará na deflagração, a pedido do Ministério Público ou de quem tenha legítimo interesse, de procedimento judicial contencioso, no qual se garanta aos pais ou ao responsável legal o exercício do contraditório e da ampla defesa."

(e) O artigo 129 do ECA prevê outras medidas aplicáveis aos pais, sendo certo que a internação compulsória em clínica de tratamento não está inclusa no rol.

*Para responder, tem que estudar: lei.*

*Gabarito: D*

**30. (Cespe/TJ/PI/Juiz/2012)** No que se refere às medidas de proteção aplicadas a crianças e adolescentes, assinale a opção correta.

a) As medidas de proteção são aplicadas às crianças; as socioeducativas, aos adolescentes.

b) As medidas de proteção poderão ser aplicadas isolada ou cumulativamente, mas não podem ser substituídas a qualquer tempo.

c) O acolhimento, seja institucional ou familiar, equipara-se à internação, visto que afasta o menor do seio familiar.

d) Deve-se verificar sempre a possibilidade de reintegração familiar do menor e, caso esta se mostre inviável, caberá ao conselho tutelar propor, no prazo de quarenta e cinco dias, ação de destituição do poder familiar.

e) Somente a autoridade judiciária poderá determinar o afastamento do menor do lar e dos pais ou responsáveis, garantindo-lhes ampla defesa; a guia de acolhimento do menor deve ser expedida com todos os dados necessários sobre a família e os motivos do afastamento do convívio familiar.



ANOTAÇÕES/COMENTÁRIOS

(a) Crianças que cometem atos infracionais terão como resposta a aplicação de medida de proteção (artigo 105). Todavia, aos adolescentes não se aplica exclusivamente medida socioeducativa. A uma porque, se estiverem em situação de risco, (artigo 98 do ECA) podem receber medida de proteção; a duas porque, mesmo que tenham praticado ato infracional, a resposta pode ser também a aplicação de medida de proteção, conforme artigo 112, VII do ECA.

(b) Artigo 99 do ECA: "As medidas previstas neste Capítulo poderão ser aplicadas isolada ou cumulativamente, bem como substituídas a qualquer tempo."

(c) A internação é uma medida de privação da liberdade e isso não ocorre com o acolhimento institucional e familiar. Artigo 101, § 1º: "O acolhimento institucional e o acolhimento familiar são medidas provisórias e excepcionais, utilizáveis como forma de transição para reintegração familiar ou, não sendo esta possível, para colocação em família substituta, não implicando privação de liberdade."

(d) A reintegração familiar é o caminho mais adequado para crianças e adolescentes em acolhimento institucional (artigo 101, §§ § 7º, 8º e 9º do ECA). Todavia, se inviável, o MP (e não o Conselho Tutelar) ingressará com ação de destituição do poder familiar. Transcreve-se o artigo 101, § 10 do ECA, que teve sua redação alterada após a aplicação da prova, mas a essência permanece: "Recebido o relatório, o Ministério Público terá o prazo de 15 (quinze) dias para o ingresso com a ação de destituição do poder familiar, salvo se entender necessária a realização de estudos complementares ou de outras providências indispensáveis ao ajuizamento da demanda."

(e) Alternativa correta ante a combinação do artigo 101, § § 2º e 3º: "§ 2º. Sem prejuízo da tomada de medidas emergenciais para proteção de vítimas de violência ou abuso sexual e das providências a que alude o art. 130 desta lei, o afastamento da criança ou adolescente do convívio familiar é de competência exclusiva da autoridade judiciária e importará na deflagração, a pedido do Ministério Público ou de quem tenha legítimo interesse, de procedimento judicial contencioso, no qual se garanta aos pais ou ao responsável legal o exercício do contraditório e da ampla defesa. § 3º. Crianças e adolescentes somente poderão ser encaminhados às instituições que executam programas de acolhimento institucional, governamentais ou não, por meio de uma Guia de Acolhimento, expedida pela autoridade judiciária, na qual obrigatoriamente constará, dentre outros: I – sua identificação e a qualificação completa de seus pais ou de seu responsável, se conhecidos; II – o endereço de residência dos pais ou do responsável, com pontos de referência; III – os nomes de parentes ou de terceiros interessados em tê-los sob sua guarda; IV – os motivos da retirada ou da não reintegração ao convívio familiar."

*Para responder, tem que estudar: lei.*

*Gabarito: E*

# 6. DA PRÁTICA DE ATO INFRACIONAL

## 6.1. Das Garantias Processuais

**31. (Cespe/TJ/BA/Juiz/2012)** O ECA define o ato infracional, delimita o seu alcance, prevê, para crianças e adolescentes infratores, direitos individuais, garantias processuais e medidas socioeducativas em rol taxativo. A respeito desse assunto, assinale a opção correta.

a) A autoridade judiciária competente pode decretar a regressão da medida socioeducativa sem ouvir o adolescente, desde que os motivos sejam graves.

b) Excepcionalmente, em razão de grave abalo da ordem pública, é permitida a internação provisória do menor infrator por prazo superior a quarenta e cinco dias, desde que a instrução do processo de apuração da infração esteja encerrada.

c) Aplicam-se às medidas socioeducativas as normas gerais de prescrição constantes no Código Civil brasileiro, dada a ausência de previsão expressa no ECA a tal respeito.

d) No procedimento para a aplicação de medida socioeducativa, é nula a desistência de outras provas em face da confissão do adolescente.

e) Em procedimento de apuração de ato infracional praticado por adolescente, é dispensável a presença do defensor na audiência de apresentação.

ANOTAÇÕES/COMENTÁRIOS

(a) A assertiva é contrária à súmula 265 do STJ: "É necessária a oitiva do menor infrator antes de decretar-se a regressão da medida socioeducativa." Nesse sentido também é o teor do artigo 43, § 4º, II da Lei do SINASE (Lei 12.594/2012): "§ 4º. A substituição por medida mais gravosa somente ocorrerá em situações excepcionais, após o devido processo legal, inclusive na hipótese do inciso III do art. 122 da Lei 8.069, de 13 de julho de 1990 (Estatuto da Criança e do Adolescente), e deve ser: (...). II – precedida de prévia audiência, e nos termos do § 1º do art. 42 desta Lei."

(b) A jurisprudência amplamente majoritária não admite a ampliação do prazo de 45 dias para internação provisória: "1. Consoante o disposto no art. 108, parágrafo único, da Lei 8.069/90, a internação preventiva somente pode perdurar pelo prazo de 45 (quarenta e cinco) dias, sendo que o seu elastério constitui, nos termos da jurisprudência dos Tribunais Pátrios, constrangimento ilegal, pois "em jogo a liberdade de locomoção daqueles a quem a Constituição assegura o mais amplo acesso aos direitos de prestação positiva e um particular conjunto normativo-tutelar (artigos 227 e 228 da Constituição Federal)." (STF, HC 93.784)

(c) A prescrição das medidas socioeducativas tem como base a prescrição no Código Penal e não no Código Civil. Vejamos a posição do STJ: "Esta Corte aplica as normas do Código Penal à prescrição relativa aos procedimentos por ato infracional do ECA. Não havendo fixação de prazo máximo de sujeição, o lapso prescricional é de quatro anos. Todavia, à luz do princípio da proporcionalidade, se a medida socioeducativa for por prazo fixo, ou se a pena máxima do delito análogo for igual ou inferior a dois anos, empregam-se tais quantitativos para o cômputo." (HC 321729).

(d) Certa, de acordo com o verbete sumular 342 do STJ: "No procedimento para aplicação de medida socioeducativa, é nula a desistência de outras provas em face da confissão do adolescente."

(e) A audiência de apresentação equivale ao interrogatório dos maiores de idade. É indispensável a presença da defesa técnica. Artigo 207 do ECA: "Nenhum adolescente a quem se atribua a prática de ato infracional, ainda que ausente ou foragido, será processado sem defensor."

*Para responder, tem que estudar: lei, jurisprudência e súmula/OJ.*

*Gabarito: D*

## 6.2. Das Medidas Socioeducativas

**32. (Cespe/TJ/BA/Juiz/2019)** No que tange a atos infracionais e medidas socioeducativas, assinale a opção correta, com base no ECA e na jurisprudência do STJ.

a) A superveniência da maioridade penal interfere na apuração de ato infracional cometido antes dos dezoito anos completos e na aplicabilidade de medida socioeducativa em curso.

b) É ilegal a determinação de cumprimento da medida socioeducativa de liberdade assistida antes do trânsito em julgado da sentença condenatória.

c) O ato infracional análogo ao tráfico de drogas autoriza, por si só, a imposição de medida socioeducativa de internação do adolescente em razão da gravidade da conduta delitiva.

d) Por ser uma consequência natural do processo de ressocialização, a progressão da medida socioeducativa prescinde do juízo de convencimento do magistrado, que fica vinculado ao relatório multidisciplinar individual do adolescente.

e) É possível a aplicação de medida socioeducativa de liberdade assistida no caso de ato infracional análogo a furto qualificado, porém essa medida deve atender à atualidade, observando-se a necessidade e a adequação.

## ANOTAÇÕES/COMENTÁRIOS

**Alternativa A:** assertiva contrária à súmula 605 do STJ – "A superveniência da maioridade penal não interfere na apuração de ato infracional nem na aplicabilidade de medida socioeducativa em curso, inclusive na liberdade assistida, enquanto não atingida a idade de 21 anos."

**Alternativa B:** no HC 346.380-SP o STJ fixou que a execução das medidas socioeducativas pode ser feita com o advento da sentença. Não é necessário o trânsito em julgado.

**Alternativa C:** assertiva contrária à súmula 492 do STJ: "O ato infracional análogo ao tráfico de drogas, por si só, não conduz obrigatoriamente à imposição de medida socioeducativa de internação do adolescente."

**Alternativa D:** assertiva contrária ao HC 462563 do STJ: "A decisão sobre a possibilidade de progressão de medida socioeducativa é de livre convencimento do juiz, o qual deverá apresentar justificativa idônea, não estando vinculado apenas ao relatório multidisciplinar do paciente. Nessa linha de consideração, tem-se que a progressão da medida aplicada revela-se como sucedâneo natural ao processo de ressocialização, à medida que o jovem assimila a sua finalidade socioeducativa."

**Alternativa E:** assertiva em conformidade com o entendimento do STJ a seguir ementado: ESTATUTO DA CRIANÇA E DO ADOLESCENTE. HABEAS CORPUS. ATO INFRACIONAL EQUIPARADO AO DELITO DE FURTO QUALIFICADO. MEDIDA SOCIOEDUCATIVA DE LIBERDADE ASSISTIDA. VIOLAÇÃO AO PRINCÍPIO DA ATUALIDADE, EM RAZÃO DO TRANSCURSO DE MAIS DE 2 (DOIS) ANOS DA PRÁTICA DO ATO INFRACIONAL. CONSTRANGIMENTO ILEGAL EVIDENCIADO. HABEAS CORPUS CONCEDIDO.

1. Em se tratando de ato infracional análogo a furto qualificado, é possível a aplicação de medida socioeducativa de liberdade assistida, tendo em vista o expresso permissivo constante do inciso 112, inciso IV, do Estatuto da Criança e do Adolescente.

2. Não obstante, há que ser reconhecida a ausência de atualidade da medida, pois aplicada sem a baliza da necessidade e da adequação, em consonância com seus fins pedagógicos, tendo em vista o transcurso do tempo – mais 2 (dois) anos – desde a data do fato, e mais de 1 ano após a sentença absolutória, devendo ser revogada a liberdade assistida.

3. Habeas corpus concedido para revogar a medida de liberdade assistida.

(HC 447.600/SP, Rel. Ministro NEFI CORDEIRO, SEXTA TURMA, julgado em 16/10/2018)

*Para responder, tem que estudar: jurisprudência e súmula/OJ.*

*Gabarito: E*

**33. (Cespe/TJ/AC/Juiz/2012)** A respeito de ato infracional, direitos individuais, garantias processuais e medidas socioeducativas, assinale a opção correta.

a) Nenhum adolescente será privado de sua liberdade sem o devido processo legal, sendo-lhe asseguradas igualdade na relação processual, autodefesa e, na falta de advogado particular ou de defensor público, defesa técnica provida pelo conselho tutelar.

b) A liberdade assistida será adotada sempre que se afigurar a medida mais adequada para o fim de acompanhar, auxiliar e orientar o adolescente e será fixada pelo prazo máximo de seis meses, podendo, a qualquer tempo, ser revogada ou substituída por outra medida menos gravosa, ouvido o orientador, o MP e o defensor.

c) A imposição de medidas como obrigação de reparar o dano, prestação de serviços à comunidade, liberdade assistida, inserção em regime de semiliberdade e internação em estabelecimento educacional pressupõe a existência de provas suficientes da autoria e da materialidade da infração, ressalvada a hipótese de remissão, podendo a advertência ser aplicada sempre que houver prova da materialidade e indícios suficientes da autoria.

d) A medida socioeducativa pode ser aplicada tanto a criança quanto a adolescente que tiver praticado ato infracional.

e) Caso o adolescente porte a carteira de estudante como único documento civil de identificação, aos órgãos policiais de proteção e judiciais será vedado promover a sua identificação compulsória.

ANOTAÇÕES/COMENTÁRIOS

(a) A defesa técnica não é exercida pelo Conselho Tutelar. Se o adolescente não constituir advogado, a Defensoria Pública atuará no caso. A igualdade na relação processual está prevista no artigo 111, II; a autodefesa se infere do artigo 111, V, e a necessidade de defesa técnica por advogado ou Defensor Público está prevista no artigo 111, incisos III e IV, todos os dispositivos do ECA.

(b) O prazo de 6 meses é o mínimo e não o máximo: "§ 2º. A liberdade assistida será fixada pelo prazo mínimo de seis meses, podendo a qualquer tempo ser prorrogada, revogada ou substituída por outra medida, ouvido o orientador, o Ministério Público e o defensor."

(c) Alternativa correta de acordo com o artigo 114, caput e parágrafo único do ECA: "Art. 114. A imposição das medidas previstas nos incisos II a VI do art. 112

pressupõe a existência de provas suficientes da autoria e da materialidade da infração, ressalvada a hipótese de remissão, nos termos do art. 127. Parágrafo único. A advertência poderá ser aplicada sempre que houver prova da materialidade e indícios suficientes da autoria."

(d) Errada. Artigo 105 do ECA: "Ao ato infracional praticado por criança corresponderão as medidas previstas no artigo 101" (o artigo 101 trata das medidas de proteção e não socioeducativas).

(e) O artigo 5º, LVIII da CF prevê que "o civilmente identificado não será submetido a identificação criminal, salvo nas hipóteses previstas em lei." A carteira de estudante não é um documento oficial e, por isso, é possível a identificação compulsória.

*Para responder, tem que estudar: lei.*

*Gabarito: C*

**34. (Cespe/TJ/ES/Juiz/2011)** No que se refere a medida socioeducativa, assinale a opção correta.

a) A medida de internação não comporta prazo determinado, devendo ser reavaliada a cada três anos.
b) A medida de semiliberdade pode ser aplicada desde o início, quando, pelo estudo técnico, se verificar que é adequada e suficiente do ponto de vista pedagógico. A possibilidade de atividades externas é inerente a essa espécie de medida e depende de autorização judicial.
c) Tratando-se de medida de obrigação de reparar o dano, o magistrado deve determinar a restituição da coisa ao seu verdadeiro proprietário, ainda que o ato infracional tenha sido praticado por criança.
d) Não se computa, no prazo máximo de internação, o tempo de internação provisória.
e) A aplicação da medida de liberdade assistida, uma das mais rigorosas, prevê a manutenção do adolescente em entidades de atendimento.

ANOTAÇÕES/COMENTÁRIOS

(a) A reavaliação é, no máximo, a cada seis meses. Artigo 121, § 2º do ECA: "A medida não comporta prazo determinado, devendo sua manutenção ser reavaliada, mediante decisão fundamentada, no máximo a cada seis meses."

(b) A realização de atividades externas independe de autorização judicial. Artigo 120: "O regime de semiliberdade pode ser determinado desde o início, ou como forma de transição para o meio aberto, possibilitada a realização de atividades externas, independentemente de autorização judicial."

(c) A banca examinadora considerou essa assertiva como verdadeira. A primeira parte está de acordo com o artigo 116 do ECA: "Em se tratando de ato infracional com reflexos patrimoniais, a autoridade poderá determinar, se for o caso, que o adolescente restitua a coisa, promova o ressarcimento do dano, ou, por outra forma, compense o prejuízo da vítima." No que tange à prática de ato infracional por criança, o artigo 105 é enfático em prever como resposta somente medidas de proteção. O rol dessas medidas é exemplificativo, mas não parece cabível se valer disso para aplicar medida que em essência é socioeducativa. No mais, como diz a doutrina, "note-se que qualquer ilícito, com dano, gerado por menor de 18 anos, pode ser indenizado pelos seus pais, em ação civil autônoma. Porém, o objetivo deste dispositivo é incumbir o jovem de arcar com o prejuízo que sua conduta causou, dando-lhe consciência da relevância da reparação" (Guilherme Nucci, Estatuto da Criança e do Adolescente comentado). Ora, nessa linha, considerando que a responsabilidade é pessoal da criança/adolescente, discordamos do gabarito dado pela banca examinadora.

(d) De acordo com a doutrina: "Detração anômala: valendo-se do disposto no art. 42 do Código Penal, em benefício do adolescente, deve-se computar no teto de três anos o período de internação provisória, se houver." (Guilherme Nucci, Estatuto da Criança e do Adolescente comentado)

(e) A liberdade assistida não é uma medida rigorosa. Sua execução se dá com auxílio de orientador que deverá promover socialmente o adolescente, supervisionar a frequência e o aproveitamento escolar, diligenciar no sentido da profissionalização do adolescente e apresentar relatório do caso (artigo 119 do ECA). O adolescente não é mantido em entidade de atendimento.

*Para responder, tem que estudar: lei e teoria/doutrina.*

*Gabarito: C*

**35. (Cespe/TJ/MA/Juiz/2013)** Júnior, criado, na companhia da mãe, desempregada, na casa de propriedade da avó materna, que era arrimo da família, logrou estabelecer-se com economia própria aos dezessete anos de idade, emancipando-se legalmente. Certo dia, sem o conhecimento da avó, Júnior dirigiu o carro desta e envolveu-se em acidente de trânsito, causando dano a terceiro. Em face dessa situação hipotética, assinale a opção correta.

a) O adolescente deverá responder pessoalmente pelo dano causado a terceiro no acidente de trânsito, podendo figurar como réu em ação de indenização, sem estar assistido.

b) O grupo familiar a que pertence Júnior não caracteriza "família extensa", conforme definição contida no ECA, dado o reduzido número de integrantes.

c) Por ser emancipado, Júnior é considerado capaz, perdendo, com isso, a sua condição de adolescente para os fins de proteção previstos no ECA.

d) Antes da emancipação, a avó poderia deter a guarda legal do neto, por ser ela arrimo de família e proprietária da casa onde ambos moravam junto com a mãe do adolescente, que era desempregada.

ANOTAÇÕES/COMENTÁRIOS

(a) A responsabilidade subsidiária prevista no artigo 928 do Código Civil se destina somente ao incapaz: "O incapaz responde pelos prejuízos que causar, se as pessoas por ele responsáveis não tiverem obrigação de fazê-lo ou não dispuserem de meios suficientes." Cessando a incapacidade pela emancipação, a responsabilidade não mais restará condicionada à insuficiência de meios dos responsáveis. Portanto, a alternativa é correta.

(b) A avó é uma integrante da família extensa/ampliada. Artigo 25, parágrafo único: "Entende-se por família extensa ou ampliada aquela que se estende para além da unidade pais e filhos ou da unidade do casal, formada por parentes próximos com os quais a criança ou adolescente convive e mantém vínculos de afinidade e afetividade."

(c) O critério do ECA não é influenciado pela capacidade civil. A proteção do Estatuto engloba crianças e adolescentes, inclusive os emancipados. De acordo com a doutrina no ECA "adota-se um critério cronológico absoluto, sem qualquer menção à condição psíquica ou biológica" (Luciano Rossato et al, Estatuto da criança e do adolescente)

(d) A guarda de Júnior por parte da avó é possível, mas o fundamento não é o fato da avó ser arrimo de família e proprietária da casa onde todos moravam. O que se verifica é o melhor interesse da criança e do adolescente.

*Para responder, tem que estudar: lei e teoria/doutrina.*

*Gabarito: A*

**36. (Cespe/TJ/PI/Juiz/2012)** Com relação à prática de ato infracional, assinale a opção correta.

a) A prestação de serviços à comunidade consiste na realização de tarefas gratuitas de interesse geral, por período não inferior a seis meses.

b) A liberdade assistida será fixada pelo prazo mínimo de seis meses, presumindo-se que poderá ser fixada pelo tempo que o juiz da infância e da juventude considerar necessário.

c) A aplicação do regime de semiliberdade deve ser reavaliada a cada seis meses e não comporta prazo máximo.

d) As medidas socioeducativas só devem ser aplicadas em face da existência de provas suficientes da autoria e da materialidade da infração, ressalvada a hipótese de remissão.

e) A concessão de remissão não impede que se aplique qualquer medida socioeducativa.

ANOTAÇÕES/COMENTÁRIOS

(a) O período máximo é de seis meses. Artigo 117: "A prestação de serviços comunitários consiste na realização de tarefas gratuitas de interesse geral, por período não excedente a seis meses, junto a entidades assistenciais, hospitais, escolas e outros estabelecimentos congêneres, bem como em programas comunitários ou governamentais."

(b) Alternativa correta de acordo com o artigo 118, § 2º do ECA: "A liberdade assistida será fixada pelo prazo mínimo de seis meses, podendo a qualquer tempo ser prorrogada, revogada ou substituída por outra medida, ouvido o orientador, o Ministério Público e o defensor."

(c) O erro da assertiva diz respeito à ausência de prazo máximo. Aplicam-se à semiliberdade as regras da internação e por isso o período máximo é de três anos. Artigo 121, § 3º: "Em nenhuma hipótese o período máximo de internação excederá a três anos."

(d) A regra é aplicar medida socioeducativa se houver provas suficientes da autoria e materialidade da infração (artigo 114, caput do ECA). Entretanto, de acordo com o parágrafo único do mesmo dispositivo "a advertência poderá ser aplicada sempre que houver prova da materialidade e indícios suficientes da autoria."

(e) A remissão pode ser aplicada em conjunto com medida socioeducativa, desde que não seja semiliberdade ou internação. Artigo 127 do ECA: "A remissão não implica necessariamente o reconhecimento ou comprovação da responsabilidade, nem prevalece para efeito de antecedentes, podendo incluir eventualmente a aplicação de qualquer das medidas previstas em lei, exceto a colocação em regime de semiliberdade e a internação."

*Para responder, tem que estudar: lei.*

*Gabarito: B*

---

**37. (Cespe/TJ/PB/Juiz/2011)** Considerando o que dispõe o ECA a respeito da medida de internação, assinale a opção correta.

a) A desinternação deve ser precedida de autorização judicial, ouvidos o MP e o DP.

b) A medida de internação restringe-se aos casos de ato infracional cometido mediante grave ameaça ou violência a pessoa.

c) A internação deve ser cumprida em entidade exclusiva para adolescentes, no mesmo local destinado ao abrigo, atendida rigorosa separação por critérios de idades, compleição física e gravidade da infração.

d) Durante a internação, medida excepcional, não é permitida a realização de atividades externas, salvo expressa determinação judicial em contrário.

e) A internação não comporta prazo determinado, devendo ser reavaliada a sua manutenção, mediante decisão fundamentada, no máximo a cada seis meses.

ANOTAÇÕES/COMENTÁRIOS

(a) O artigo 121, § 6º diz que apenas o MP deve ser ouvido: "Em qualquer hipótese a desinternação será precedida de autorização judicial, ouvido o Ministério Público."

(b) Há outras hipóteses de internação, conforme artigo 122, incisos II e III do ECA: "Art. 122. A medida de internação só poderá ser aplicada quando: (...). II – por reiteração no cometimento de outras infrações graves; III – por descumprimento reiterado e injustificável da medida anteriormente imposta."

(c) Artigo 123: "A internação deverá ser cumprida em entidade exclusiva para adolescentes, em local distinto daquele destinado ao abrigo, obedecida rigorosa separação por critérios de idade, compleição física e gravidade da infração."

(d) É justamente o oposto: cabe atividade externa, salvo vedação judicial. Artigo 121, § 1º do ECA: "Será permitida a realização de atividades externas, a critério da equipe técnica da entidade, salvo expressa determinação judicial em contrário".

(e) Certa, de acordo com o artigo 121, § 2º do ECA: "A medida não comporta prazo determinado, devendo sua manutenção ser reavaliada, mediante decisão fundamentada, no máximo a cada seis meses."

*Para responder, tem que estudar: lei.*

*Gabarito: E*

## 6.3. Da Remissão

**38. (Cespe/TJ/CE/Juiz/2012)** A respeito do procedimento de apuração de ato infracional atribuído a adolescente, assinale a opção correta.

a) Concedida a remissão pelo representante do MP, mediante termo fundamentado, os autos serão conclusos à autoridade judiciária, que, discordando, deve remeter os autos ao procurador-geral de justiça, por meio de despacho fundamentado.

b) Oferecida a representação, cabe à autoridade judiciária designar audiência de apresentação do adolescente, independentemente da intimação de seus pais para comparecerem à sessão.

c) A internação do menor, decretada ou mantida pela autoridade judiciária, não pode ser cumprida em estabelecimento prisional, salvo se não houver, na comarca ou em todo o território do respectivo estado, entidade que preencha os requisitos previstos no ECA, não podendo ultrapassar, nesse caso, o prazo máximo de quarenta e cinco dias, sob pena de responsabilização da autoridade.

d) Independentemente da natureza do ato infracional praticado, pelo adolescente, em caso de flagrante, a autoridade policial deve lavrar boletim de ocorrência circunstanciado.

e) A remissão como forma de extinção ou suspensão do processo pode ser aplicada a qualquer momento do processo de conhecimento ou de execução, desde que preenchidos os respectivos requisitos legais.

ANOTAÇÕES/COMENTÁRIOS

(a) Certa, ante a combinação do artigo 181, caput e seu parágrafo segundo: "Art. 181. Promovido o arquivamento dos autos ou concedida a remissão pelo representante do Ministério Público, mediante termo fundamentado, que conterá o resumo dos fatos, os autos serão conclusos à autoridade judiciária para homologação. (...). § 2º Discordando, a autoridade judiciária fará remessa dos autos ao Procurador-Geral de Justiça, mediante despacho fundamentado, e este oferecerá representação, designará outro membro do Ministério Público para apresentá-la, ou ratificará o arquivamento ou a remissão, que só então estará a autoridade judiciária obrigada a homologar."

(b) Os pais devem ser intimados. "Art. 184. Oferecida a representação, a autoridade judiciária designará audiência de apresentação do adolescente, decidindo, desde logo, sobre a decretação ou manutenção da internação, observado o disposto no art. 108 e parágrafo. § 1º O adolescente e seus pais ou responsável serão cientificados do teor da representação, e notificados a comparecer à audiência, acompanhados de advogado."

(c) O prazo para esses casos é de 5 dias. Artigo 185, § 2º: "Sendo impossível a pronta transferência, o adolescente aguardará sua remoção em repartição policial, desde que em seção isolada dos adultos e com instalações apropriadas, não podendo ultrapassar o prazo máximo de cinco dias, sob pena de responsabilidade."

(d) Assertiva incorreta, já que se o ato for cometido mediante violência ou grave ameaça a pessoa a autoridade deve lavrar auto de apreensão e não boletim de ocorrência. "Artigo 173. Em caso de flagrante de ato infracional cometido mediante violência ou grave ameaça a pessoa, a autoridade policial, sem prejuízo do disposto nos arts. 106, parágrafo único, e 107, deverá: I – lavrar auto de apreensão, ouvidos as testemunhas e o adolescente."

(e) "Artigo 188. A remissão, como forma de extinção ou suspensão do processo, poderá ser aplicada em qualquer fase do procedimento, antes da sentença."

*Para responder, tem que estudar: lei.*

*Gabarito: A*

**39. (Cespe/TJ/PB/Juiz/2015)** Marcos, adolescente com quinze anos de idade, foi flagrado em local público, vendendo maconha a dois adultos. Em razão disso, foi apresentada representação pela prática de ato infracional análogo ao crime de tráfico de entorpecentes, decretando-se sua internação provisória. Após a instrução probatória, a autoria e a materialidade do fato foram provadas, inclusive por meio de confissão, e certificou-se nos autos que era o primeiro ato infracional supostamente cometido por Marcos. Considerando as normas previstas no ECA sobre ato infracional, as garantias processuais e medidas socioeducativas, e o entendimento do STJ, assinale a opção correta acerca da situação hipotética descrita e de aspectos a ela correlatos.

a) Diante da gravidade do ato infracional supostamente cometido por Marcos, o juiz poderá aplicar-lhe a medida socioeducativa de internação mediante decisão devidamente motivada.
b) Conforme entendimento do STJ, a oitiva informal do adolescente é pressuposto para o oferecimento da representação, pois serve para auxiliar o representante do MP a decidir sobre a necessidade de representação para aplicação de medida socioeducativa.
c) Em razão da gravidade do ato infracional supostamente cometido por Marcos, a internação provisória deste poderá exceder o prazo de quarenta e cinco dias, respeitado o limite máximo de noventa dias.
d) Conforme entendimento do STJ, o magistrado poderá conceder remissão cumulada com as medidas de caráter sociopedagógico que julgar necessárias para orientação e reeducação do adolescente, salvo nas hipóteses em que a medida socioeducativa for de semiliberdade e internação.
e) Diante da confissão do adolescente em instrução processual que apure a suposta prática de crime previsto no ECA, é possível à defesa desistir da oitiva de testemunhas.

**ANOTAÇÕES/COMENTÁRIOS**

(a) Assertiva incorreta por contrariar a jurisprudência sumulada do STJ. Súmula 492: "O ato infracional análogo ao tráfico de drogas, por si só, não conduz obrigatoriamente à imposição de medida socioeducativa de internação do adolescente."

(b) A posição do STJ é contrária à assertiva: "A ausência de oitiva informal não gera a nulidade da representação se os elementos presentes já bastarem, por si sós, à formação do convencimento do magistrado". (HC 121.733)

(c) O prazo de quarenta e cinco dias para internação provisória, exposto no artigo 108 do ECA, não pode ser flexibilizado.

(d) Assertiva correta, com base no artigo 126, parágrafo único e 127 do ECA: "Art. 126. (...). Parágrafo único. Iniciado o procedimento, a concessão da remissão pela autoridade judiciária importará na suspensão ou extinção do processo. Art. 127. A remissão não implica necessariamente o reconhecimento ou comprovação da responsabilidade, nem prevalece para efeito de antecedentes, podendo incluir eventualmente a aplicação de qualquer das medidas previstas em lei, exceto a colocação em regime de semiliberdade e a internação."

(e) A assertiva contraria a jurisprudência sumulada do STJ. Súmula 342: "No procedimento para aplicação de medida socioeducativa, é nula a desistência de outras provas em face da confissão do adolescente."

*Para responder, tem que estudar: lei, jurisprudência e súmula/OJ.*

*Gabarito: D*

**40. (Cespe/TJ/PA/Juiz/2012)** Um delegado de polícia enviou ao promotor de justiça boletim circunstanciado de ocorrência, relatando lesão corporal leve supostamente praticada por uma adolescente de quinze anos de idade contra outra adolescente, também de quinze anos de idade, em briga ocorrida durante a aula de educação física, nas dependências da escola onde ambas estudavam. Após ouvir, informalmente, as jovens e seus respectivos pais e analisar os autos, o promotor de justiça constatou que a única lesão resultante da briga era um hematoma no braço da adolescente, causado por um soco desferido pela agressora, que confessou ter agredido a colega durante um jogo de vôlei. Nessa situação, de acordo com o que dispõe o ECA acerca do MP e do procedimento de apuração de ato infracional, o promotor de justiça:

a) pode conceder remissão cumulada com medida socioeducativa de semiliberdade, como forma de suspensão do processo, independentemente de homologação do juiz.
b) não pode conceder remissão, que é da competência exclusiva do juiz.
c) pode promover o arquivamento dos autos, independentemente de homologação do juiz.
d) deve, como forma de exclusão do processo, conceder remissão cumulada com medida socioeducativa de internação, submetendo sua decisão à homologação do juiz.
e) pode conceder remissão cumulada com medida socioeducativa de advertência, como forma de exclusão do processo, devendo submeter a decisão à homologação do juiz.

## ANOTAÇÕES/COMENTÁRIOS

(a) A remissão não pode ser cumulada com semiliberdade: "Art. 127. A remissão não implica necessariamente o reconhecimento ou comprovação da responsabilidade, nem prevalece para efeito de antecedentes, podendo incluir eventualmente a aplicação de qualquer das medidas previstas em lei, exceto a colocação em regime de semiliberdade e a internação."

(b) O promotor também pode conceder remissão. Artigo 126 do ECA: "Antes de iniciado o procedimento judicial para apuração de ato infracional, o representante do Ministério Público poderá conceder a remissão, como forma de exclusão do processo, atendendo às circunstâncias e consequências do fato, ao contexto social, bem como à personalidade do adolescente e sua maior ou menor participação no ato infracional."

(c) O arquivamento passa pelo crivo judicial. Artigo 181: "Promovido o arquivamento dos autos ou concedida a remissão pelo representante do Ministério Público, mediante termo fundamentado, que conterá o resumo dos fatos, os autos serão conclusos à autoridade judiciária para homologação."

(d) A remissão não pode ser cumulada com internação: "Art. 127. A remissão não implica necessariamente o reconhecimento ou comprovação da responsabilidade, nem prevalece para efeito de antecedentes, podendo incluir eventualmente a aplicação de qualquer das medidas previstas em lei, exceto a colocação em regime de semiliberdade e a internação."

(e) Certa, ante a combinação dos artigos 127 e 181, já transcritos acima.

*Para responder, tem que estudar: lei.*

*Gabarito: E*

**41. (Cespe/TJ/DFT/Juiz/2015)** De acordo com as disposições do ECA, assinale a opção correta a respeito da responsabilização das crianças e dos adolescentes em razão do cometimento de atos infracionais.

a) Compete ao MP conceder a remissão como forma de exclusão do processo; no entanto, se não concordar com a remissão, o juiz deverá remeter os autos ao procurador-geral de justiça.

b) No caso de ato infracional de natureza leve, será aplicada medida de proteção substitutiva às medidas socioeducativas, razão por que a representação para o início do procedimento de apuração poderá ser feita pelo conselho tutelar.

c) Para efeito de processamento do ato infracional, a criança ou o adolescente, ainda que tenha sido civilmente identificado, deverá ser submetido a identificação especial.

d) As crianças com deficiência não podem ser responsabilizadas pelo cometimento de atos infracionais, sendo possível aplicar-lhes medidas de proteção em substituição a medidas socioeducativas.

e) A medida socioeducativa de internação comporta prazo determinado não superior a três anos, devendo o juiz considerar, na sentença, o fato de ter havido, ou não, reiteração no cometimento de infrações graves.

ANOTAÇÕES/COMENTÁRIOS

(a) Alternativa correta de acordo com a combinação do artigo 126, com 181, § 2º do ECA. Artigo 126 do ECA: "Antes de iniciado o procedimento judicial para apuração de ato infracional, o representante do Ministério Público poderá conceder a remissão, como forma de exclusão do processo, atendendo às circunstâncias e consequências do fato, ao contexto social, bem como à personalidade do adolescente e sua maior ou menor participação no ato infracional." "Art. 181. Promovido o arquivamento dos autos ou concedida a remissão pelo representante do Ministério Público, mediante termo fundamentado, que conterá o resumo dos fatos, os autos serão conclusos à autoridade judiciária para homologação. (...). § 2º Discordando, a autoridade judiciária fará remessa dos autos ao Procurador-Geral de Justiça, mediante despacho fundamentado, e este oferecerá representação, designará outro membro do Ministério Público para apresentá-la, ou ratificará o arquivamento ou a remissão, que só então estará a autoridade judiciária obrigada a homologar."

(b) O Conselho Tutelar não tem atribuição para iniciar procedimento de apuração de ato infracional atribuído a adolescente. Trata-se de atribuição do Ministério Público.

(c) A assertiva contraria o artigo 109 do ECA: "O adolescente civilmente identificado não será submetido à identificação compulsória pelos órgãos policiais, de proteção e judiciais, salvo para efeito de confrontação, havendo dúvida fundada."

(d) Toda e qualquer criança que pratique ato infracional fica sujeita exclusivamente a medidas de proteção. Artigo 105: "Ao ato infracional praticado por criança corresponderão as medidas previstas no art. 101."

(e) A internação não comporta prazo determinado, apesar de sujeita ao limite de 3 anos. Artigo 121, § 2º do ECA: "A medida não comporta prazo determinado, devendo sua manutenção ser reavaliada, mediante decisão fundamentada, no máximo a cada seis meses."

*Para responder, tem que estudar: lei.*

*Gabarito: A*

## 7. DO CONSELHO TUTELAR

**42. (Cespe/TJ/RN/Juiz/2013)** No que se refere ao conselho tutelar, assinale a opção correta.

a) Em cada município e em cada região administrativa do DF, deve haver, no mínimo, um conselho tutelar como órgão integrante da administração pública local, composto de cinco membros, escolhidos pela população local para mandato de três anos, permitida uma recondução mediante novo processo de escolha.

b) Aos membros do conselho tutelar são assegurados, além dos direitos previstos em lei municipal ou distrital, os seguintes: cobertura previdenciária, gozo de férias anuais remuneradas, acrescidas de um terço do valor da remuneração mensal, licenças maternidade e paternidade, salário família e gratificação natalina.

c) Entre as atribuições do conselho tutelar inclui-se a de representar ao MP para fins de propositura de ações de perda ou suspensão do poder familiar, desde que esgotadas todas as possibilidades de manutenção da criança ou do adolescente junto à família natural.

d) O conselho tutelar é órgão jurisdicional, permanente e autônomo, encarregado pela sociedade de zelar pelo cumprimento dos direitos da criança e do adolescente, definidos na Lei n. 8.069/1990.

e) À pessoa que esteja no exercício efetivo da função de conselheiro é assegurada prisão especial, em caso de crime comum, até o julgamento definitivo da ação.

ANOTAÇÕES/COMENTÁRIOS

(a) O mandato é de quatro anos. Artigo 132 do ECA: "Art. 132. Em cada Município e em cada Região Administrativa do Distrito Federal haverá, no mínimo, 1 (um) Conselho Tutelar como órgão integrante da administração pública local, composto de 5 (cinco) membros, escolhidos pela população local para mandato de 4 (quatro) anos, permitida recondução por novos processos de escolha."

(b) As vantagens concedidas em decorrência do exercício do cargo de conselheiro tutelar estão previstas no artigo 134 do ECA. A assertiva está errada unicamente porque não há salário família para os conselheiros. As demais vantagens encontram respaldo legal.

(c) Alternativa correta de acordo com o artigo 136, inciso XI do ECA: "Art. 136. São atribuições do Conselho Tutelar: (...). XI – representar ao Ministério Público para efeito das ações de perda ou suspensão do poder familiar, após esgotadas as possibilidades de manutenção da criança ou do adolescente junto à família natural."

(d) O Conselho Tutelar não é órgão jurisdicional. Artigo 131: "O Conselho Tutelar é órgão permanente e autônomo, não jurisdicional, encarregado pela sociedade de zelar pelo cumprimento dos direitos da criança e do adolescente, definidos nesta Lei."

(e) A redação original do artigo 135 do ECA continha essa previsão, mas a Lei 12.696/2012 afastou a prisão especial para conselheiros.

*Para responder, tem que estudar: lei.*

*Gabarito: C*

**43. (Cespe/TJ/DFT/Juiz/2015)** Lucas apresentou complicações respiratórias ao nascer e precisou ficar internado em unidade de terapia intensiva por alguns dias. Nazaré, mãe de Lucas, fugiu do hospital logo após o parto, mas, dois dias depois, retornou para visitá-lo e requereu a declaração de nascido vivo do recém-nascido para providenciar o registro de nascimento da criança. Na ocasião, ela estava acompanhada de Sebastião, que alegou ser o pai de Lucas, e os dois foram entrevistados pelo serviço social do hospital. Na entrevista, eles informaram que eram moradores de uma invasão próxima e que tinham outros dois filhos, de dois e quatro anos de idade, que viviam sob sua guarda e eram atendidos por creche não governamental. O casal, que chegou ao hospital em precárias condições de higiene, também aparentava estar sob o efeito de álcool e de drogas. Ao serem indagados sobre o estado em que se encontravam, os dois explicaram que trabalhavam como catadores de material reciclável e afirmaram que, embora estivessem embriagados, devido ao fato de terem resolvido comemorar o nascimento de seu filho, eles não eram usuários habituais de álcool. Ao ser questionada sobre o motivo de ter fugido do hospital após o parto, Nazaré respondeu que, quando seu segundo filho nasceu, ela ficou internada e não pôde cuidar do filho mais velho, que estava doente no período, e teve medo de que situação semelhante se repetisse. O serviço social do hospital elaborou relatório descrevendo esses fatos e o enviou ao juízo da infância e da juventude. A respeito dessa situação hipotética, assinale a opção correta à luz das disposições do ECA.

a) A atitude de Nazaré configura abandono de filho recém-nascido, fato que autoriza a imediata suspensão do poder familiar e o encaminhamento da criança para adoção.

b) O conselho tutelar deve ser acionado para acompanhar a situação da família de Lucas e, depois que todas as possibilidades de manutenção da criança na família estiverem esgotadas, caberá ao referido conselho representar ao MP.

c) Quando Lucas receber alta, o hospital deverá entregá-lo a abrigo de sua confiança, de modo que a criança possa continuar recebendo os cuidados médicos necessários.

d) A situação precária de vida de Nazaré e Sebastião viola os direitos dos filhos, os quais devem ser acolhidos em instituição durante o processo de perda do poder familiar e o posterior encaminhamento das crianças a família substituta.

e) Em razão das informações contidas no relatório encaminhado pela assistência social ao juízo da infância e da juventude, a declaração de nascimento da criança somente deverá ser entregue após prévia autorização do juiz prevento.

## ANOTAÇÕES/COMENTÁRIOS

(a) Não há que se falar em "imediata" suspensão do poder familiar com encaminhamento para adoção. O procedimento é necessariamente judicial sob o manto do contraditório. Artigo 24: "A perda e a suspensão do poder familiar serão decretadas judicialmente, em procedimento contraditório, nos casos previstos na legislação civil, bem como na hipótese de descumprimento injustificado dos deveres e obrigações a que alude o art. 22."

(b) Trata-se de típico caso em que a atuação do Conselho Tutelar se faz necessária, pois a criança está em situação de risco (artigo 98 do ECA). A parte final da assertiva encontra respaldo no artigo 136, XI do ECA: "Art. 136. São atribuições do Conselho Tutelar: (...). XI – representar ao Ministério Público para efeito das ações de perda ou suspensão do poder familiar, após esgotadas as possibilidades de manutenção da criança ou do adolescente junto à família natural."

(c) Não cabe ao hospital entregar crianças ao "abrigo" (entidade de acolhimento). Apesar da existência de casos excepcionais (artigo 93 do ECA), a regra é que a retirada do convívio familiar seja competência exclusiva da autoridade judiciária. Artigo 101, § 2º: "Sem prejuízo da tomada de medidas emergenciais para proteção de vítimas de violência ou abuso sexual e das providências a que alude o art. 130 desta lei, o afastamento da criança ou adolescente do convívio familiar é de competência exclusiva da autoridade judiciária e importará na deflagração, a pedido do Ministério Público ou de quem tenha legítimo interesse, de procedimento judicial contencioso, no qual se garanta aos pais ou ao responsável legal o exercício do contraditório e da ampla defesa."

(d) A condição financeira não é base para suspensão e destituição do poder familiar. O caminho adequado é inscrever a família em programas oficiais de proteção, apoio e promoção. "Artigo 23. A falta ou a carência de recursos materiais não constitui motivo suficiente para a perda ou a suspensão do poder familiar. § 1º Não existindo outro motivo que por si só autorize a decretação da medida, a criança ou o adolescente será mantido em sua família de origem, a qual deverá obrigatoriamente ser incluída em serviços e programas oficiais de proteção, apoio e promoção."

(e) A Declaração de Nascido Vivo (DNV) deve ser entregue independente da situação da família da criança. "Artigo 10. Os hospitais e demais estabelecimentos de atenção à saúde de gestantes, públicos e particulares, são obrigados a: (...). IV – fornecer declaração de nascimento onde constem necessariamente as intercorrências do parto e do desenvolvimento do neonato."

*Para responder, tem que estudar: lei.*

*Gabarito: B*

**44. (Cespe/TJ/DFT/Juiz/2014)** Ao analisar autos de ação penal em curso, um magistrado constatou que os filhos de um réu preso, de sete e nove anos de idade, não estavam matriculados na escola. Nessa situação hipotética:

a) o magistrado não pode adotar, de ofício, qualquer medida, já que a informação em apreço é estranha ao processo criminal.
b) deve-se determinar vista dos autos ao MP, para que este se manifeste a respeito e adote medidas de sua atribuição previstas no ECA.
c) cópias de peças pertinentes e suficientes à análise do caso devem ser encaminhadas ao conselho tutelar da localidade de residência das crianças.
d) deve-se determinar a colocação das crianças em família substituta.
e) cópias de peças pertinentes e suficientes à análise do caso devem ser encaminhadas à delegacia especial de proteção à criança e do adolescente.

ANOTAÇÕES/COMENTÁRIOS

(a) Assertiva incorreta. Diante dos fatos narrados, o magistrado pode tomar medidas de ofício, como será visto na alternativa certa dessa questão.

(b) Essa providência não é errada, mas certamente não é a mais eficiente. Além disso, salvo em casos de "Vara Única", em que o Juiz, Promotor e Defensor tratam de todas as matérias (As atribuições do Promotor e do Defensor Público nem sempre coincidem com a competência da Vara, mas optamos por explicar dessa forma porque é a regra, e, por ser mais didático), a atribuição para o caso não será do Promotor que atua na Vara Criminal, mas sim daquele com atribuição para infância e juventude.

(c) Assertiva correta, já que indica o caminho mais efetivo para resolução do problema apresentado. O Conselho Tutelar pode aplicar medidas protetivas (artigo 136, I do

ECA); dentre elas está a "matrícula e frequência obrigatórias em estabelecimento oficial de ensino fundamental" (artigo 101, III do ECA).

(d) A colocação em família substituta é excepcional. Essa excepcionalidade não se faz presente no caso, bastando, como dito acima, providenciar a matrícula em estabelecimento de ensino. Artigo 19 do ECA: "É direito da criança e do adolescente ser criado e educado no seio de sua família e, excepcionalmente, em família substituta, assegurada a convivência familiar e comunitária, em ambiente que garanta seu desenvolvimento integral"

(e) A Delegacia não possui atribuição para providenciar a matrícula das crianças na escola.

*Para responder, tem que estudar: lei.*

*Gabarito: C*



**45. (Cespe/TJ/AC/Juiz/2012)** Márcio, conselheiro tutelar, recebeu denúncia anônima, por telefone, a respeito do funcionamento de uma boate, instalada em uma casa no centro da cidade, onde meninas adolescentes eram supostamente mantidas para a prática de prostituição. Com base na situação hipotética apresentada, nas atribuições do conselho tutelar e nas medidas de proteção previstas no ECA, assinale a opção correta.

a) Márcio, representando o conselho tutelar local, deverá ajuizar, imediatamente, ação cautelar, com pedido de liminar, com vistas à interdição temporária do estabelecimento.

b) Confirmada a existência de adolescentes desacompanhadas de pais ou representantes legais na referida residência, Márcio deverá providenciar o encaminhamento das menores aos seus responsáveis legais ou, na falta destes, o acolhimento institucional, comunicando o MP, via relatório minucioso, dos fatos e providências.

c) Márcio deverá, imediatamente, requisitar à polícia civil abertura de inquérito policial para investigação criminal do caso e, assim que forem tomadas as providências cabíveis, fiscalizar a atuação policial, a fim de evitar violação dos direitos fundamentais das adolescentes envolvidas.

d) Confirmada a existência de adolescentes desacompanhadas de pais ou representantes legais na referida casa, o conselheiro tutelar deverá determinar a imediata internação provisória das menores em entidade exclusivamente destinada a adolescentes, distinta de abrigo, obedecida rigorosa separação por critérios de idade, compleição física e gravidade da infração, pelo prazo máximo de quarenta e cinco dias.

e) O conselheiro deverá convocar, com urgência, reunião do conselho tutelar com o promotor de justiça, o defensor público, o juiz da infância e juventude e as polícias civil e militar, para definição de plano estratégico de combate à prostituição local de adolescentes.

ANOTAÇÕES/COMENTÁRIOS

(a) O Conselho Tutelar não possui legitimidade para ingressar com a ação. O Conselho pode se valer do artigo 194 do ECA e iniciar um procedimento de apuração de infração administrativa, mas não teria maiores efeitos práticos e imediatos na situação das adolescentes.

(b) Esse item foi considerado correto pela banca examinadora. Discordamos do gabarito, vez que o Conselho Tutelar não pode aplicar medida protetiva de acolhimento institucional. Ao que parece, a banca se valeu da literalidade do artigo 136, I do ECA que permite ao Conselho a aplicação das medidas previstas no artigo 101, I a VII (o último inciso é justamente o acolhimento institucional). Todavia, a Lei 12.010/2009 ao incluir o § 2º no artigo 101 foi enfática ao determinar a competência da autoridade judiciária para esses casos: "Sem prejuízo da tomada de medidas emergenciais para proteção de vítimas de violência ou abuso sexual e das providências a que alude o art. 130 desta lei, o afastamento da criança ou adolescente do convívio familiar é de competência exclusiva da autoridade judiciária e importará na deflagração, a pedido do Ministério Público ou de quem tenha legítimo interesse, de procedimento judicial contencioso, no qual se garanta aos pais ou ao responsável legal o exercício do contraditório e da ampla defesa." Destaque-se que a banca Cespe costuma considerar possível ao Conselho Tutelar aplicar acolhimento institucional. Mesmo que considerada a medida excepcional do artigo 93 do ECA, a assertiva se demonstra equivocada porque a comunicação deve ser feita ao Juiz e não ao Ministério Público.

(c) Não cabe ao Conselho "requisitar" (ordem/determinação) a abertura de inquérito e não lhe compete fiscalizar a atuação policial.

(d) A assertiva está errada, vez que internação provisória só é aplicada durante o procedimento de apuração de ato infracional. Além disso, "a aplicação de medidas socioeducativas ao adolescente, pela prática de ato infracional, é de competência exclusiva do juiz" – súmula 108 do STJ.

(e) Não cabe ao Conselheiro convocar as autoridades ali descritas. Ademais, seria inócua para o combate eficiente no caso, pois as meninas permaneceriam submetidas à prostituição durante a convocação/realização/conclusão da reunião. A urgência do caso não aconselharia providência tão burocrática.

*Para responder, tem que estudar: lei e súmula/OJ.*

*Gabarito: B*

**46. (Cespe/TJ/CE/Juiz/2012)** O conselho tutelar de determinada cidade do interior do estado X recebeu, pelo telefone do Disque Denúncia Nacional, do Programa Nacional de Enfrentamento da Violência Sexual contra Crianças e Adolescentes, da Secretaria de Direitos Humanos da Presidência da República, denúncia anônima acerca de abusos sexuais constantes sofridos por adolescente de treze anos de idade. Os abusos eram cometidos pelo próprio pai da adolescente, com o consentimento da mãe. Nessa situação hipotética, de acordo com o que dispõe o ECA, constitui atribuição do conselho tutelar:

a) ajuizar, perante o juízo da infância e juventude local, ação de destituição de poder familiar, com pedido liminar de afastamento provisório da adolescente do lar familiar e a respectiva colocação em acolhimento institucional.
b) requisitar, em face da gravidade do fato, a prisão preventiva dos pais da adolescente vítima de abusos sexuais.
c) determinar, após ouvir reservadamente a adolescente e confirmar os indícios de abusos sexuais, o seu acolhimento institucional, com acompanhamento psicológico, advertir os pais e enviar ao MP e à autoridade judiciária relatório circunstanciado do ocorrido e das providências tomadas.
d) comunicar o fato imediatamente à polícia civil, ao MP, à defensoria pública e à autoridade judiciária, para que tomem as medidas cabíveis ao caso, e aguardar ordens de atuação.
e) instaurar inquérito civil para a apuração dos fatos e inquirir todos os familiares envolvidos, devendo a adolescente vitimada ser ouvida por equipe interdisciplinar composta necessariamente por assistente social e psicólogo.

## ANOTAÇÕES/COMENTÁRIOS

(a) O Conselho Tutelar não possui capacidade postulatória para ajuizar ação de destituição do poder familiar. Suas atribuições estão no artigo 136 do ECA. De acordo com o inciso XI, o Conselho pode "representar ao Ministério Público para efeito das ações de perda ou suspensão do poder familiar, após esgotadas as possibilidades de manutenção da criança ou do adolescente junto à família natural."

(b) "Requisitar" significa "ordenar". Cabe somente ao magistrado determinar a prisão preventiva de uma pessoa, sendo certo que o Conselho Tutelar não tem legitimidade para pedir prisão preventiva.

(c) Esse item foi considerado correto pela banca examinadora. Discordamos do gabarito, vez que o Conselho Tutelar não pode aplicar medida protetiva de acolhimento institucional. Ao que parece, a banca se valeu da literalidade do artigo 136, I do ECA que permite ao Conselho a aplicação das medidas previstas no artigo 101, I a VII (o último inciso é justamente o acolhimento institucional). Todavia, a Lei 12.010/2009 ao incluir o § 2º no artigo 101 foi enfática ao determinar a competência da autoridade judiciária para esses casos: "Sem prejuízo da tomada de medidas emergenciais para proteção de vítimas de violência ou abuso sexual e das providências a que alude o art. 130 desta lei, o afastamento da criança ou adolescente do convívio familiar é de competência exclusiva da autoridade judiciária e importará na deflagração, a pedido do Ministério Público ou de quem tenha legítimo interesse, de procedimento judicial contencioso, no qual se garanta aos pais ou ao responsável legal o exercício do contraditório e da ampla defesa." Destaque-se que a banca Cespe costuma considerar possível ao Conselho Tutelar aplicar acolhimento institucional. O que pode ser feito pelo Conselho Tutelar é inserir a criança/adolescente em acolhimento institucional, de forma emergencial, com posterior comunicação ao juízo competente, de acordo com o artigo 93 do ECA.

(d) Essas comunicações são possíveis, mas não se mostram efetivas em virtude da urgência do caso.

(e) Dentre as atribuições do Conselho Tutelar não se enquadra a instauração de inquérito civil.

*Para responder, tem que estudar: lei.*

*Gabarito: C*

**47. (Cespe/TJ/PB/Juiz/2011)** No que se refere ao conselho tutelar, assinale a opção correta.

a) O processo de escolha dos membros do conselho tutelar é estabelecido por lei estadual.

b) São impedidos de servir no mesmo conselho: marido e mulher; ascendentes e descendentes até o segundo grau; sogro e genro ou nora; irmãos; cunhados, durante o cunhadio; tio e sobrinho; bem como padrasto ou madrasta e enteado.

c) O conselho tutelar constitui órgão permanente e autônomo, não jurisdicional, encarregado pela sociedade de zelar pelo cumprimento dos direitos da criança e do adolescente.

d) Em cada estado, deve haver, no mínimo, um conselho tutelar, composto de cinco membros, escolhidos pela comunidade local para mandato de cinco anos, permitida uma reeleição.

e) Para a candidatura a membro do conselho tutelar, são exigidos os seguintes requisitos: reconhecida idoneidade moral; idade superior a trinta e cinco anos; residência no município onde se localiza o conselho.

**ANOTAÇÕES/COMENTÁRIOS**

(a) Artigo 139 do ECA: "O processo para a escolha dos membros do Conselho Tutelar será estabelecido em lei municipal e realizado sob a responsabilidade do Conselho Municipal dos Direitos da Criança e do Adolescente, e a fiscalização do Ministério Público.

(b) O erro da assertiva está no trecho "descendentes até o segundo grau". Vejamos o que diz o Estatuto: "Art. 140. São impedidos de servir no mesmo Conselho marido e mulher, ascendentes e descendentes, sogro e genro ou nora, irmãos, cunhados, durante o cunhadio, tio e sobrinho, padrasto ou madrasta e enteado."

(c) Assertiva correta, ante o teor do artigo 131 do ECA: "O Conselho Tutelar é órgão permanente e autônomo, não jurisdicional, encarregado pela sociedade de zelar pelo cumprimento dos direitos da criança e do adolescente, definidos nesta Lei."

(d) Deve haver um Conselho por Município; além disso, o mandato é de quatro anos. Artigo 132 do ECA: "Art. 132. Em cada Município e em cada Região Administrativa do Distrito Federal haverá, no mínimo, 1 (um) Conselho Tutelar como órgão integrante da administração pública local, composto de 5 (cinco) membros, escolhidos pela população local para mandato de 4 (quatro) anos, permitida recondução por novos processos de escolha."

(e) A idade deve ser superior a 21 anos e não 35 anos. "Art. 133. Para a candidatura a membros do Conselho Tutelar, serão exigidos os seguintes requisitos: I – reconhecida idoneidade moral; II – idade superior a vinte e um anos; III – residir no município."

*Para responder, tem que estudar: lei.*

*Gabarito: C*



**48. (Cespe/TJ/MA/Juiz/2013)** No que tange ao conselho tutelar, encarregado pela sociedade de zelar pelo cumprimento dos direitos da criança e do adolescente, assinale a opção correta.

a) O ECA estabelece os vinte e um anos de idade como a idade mínima para a candidatura a membro do conselho tutelar; entretanto, com a redução da maioridade civil, após a entrada em vigor do novo Código Civil, passou-se a admitir a candidatura de pessoas de dezoito anos de idade para o referido conselho.

b) O exercício da função de conselheiro tutelar confere ao seu titular condição de idoneidade moral juris tantum, assegurando-lhe prisão especial, em caso de crime comum, até o julgamento definitivo.

c) Cabe ao conselho tutelar, além de fiscalizar as entidades de atendimento, deflagrar, mediante representação, procedimentos de apuração de irregularidade nessas entidades.

d) Em municípios com menos de dois mil habitantes, é dispensável, de acordo com o ECA, a criação de conselho tutelar, pois, em face do princípio constitucional da eficiência, a pouca demanda não justifica os custos advindos da implantação do órgão.

**ANOTAÇÕES/COMENTÁRIOS**

(a) A alteração do Código Civil não modificou a idade para candidatura a membro do Conselho Tutelar, que permanece em 21 anos: "Art. 133. Para a candidatura a membro do Conselho Tutelar, serão exigidos os seguintes requisitos: (...). II – idade superior a vinte e um anos."

(b) A redação original do artigo 135 do ECA fazia essa previsão. Todavia, a assertiva está errada, vez que a Lei 12.696/2012 alterou o dispositivo que passou a ter a seguinte redação: "O exercício efetivo da função de conselheiro constituirá serviço público relevante e estabelecerá presunção de idoneidade moral."

(c) Certa, ante a combinação do artigo 95 com o 194 do ECA. "Art. 95. As entidades governamentais e não governamentais referidas no art. 90 serão fiscalizadas pelo Judiciário, pelo Ministério Público e pelos Conselhos Tutelares. Art. 194. O procedimento para imposição de penalidade administrativa por infração às normas de proteção à criança e ao adolescente terá início por representação do Ministério Público, ou do Conselho Tutelar, ou auto de infração elaborado por servidor efetivo ou voluntário credenciado, e assinado por duas testemunhas, se possível."

(d) Deve existir, no mínimo, um Conselho Tutelar por Município. Não existe diferenciação com base na população local.

*Para responder, tem que estudar: lei.*

*Gabarito: C*

# 8. DO ACESSO À JUSTIÇA

## 8.1. Da Justiça da Infância e da Juventude

**49. (Cespe/TJ/AC/Juiz/2012)** Em relação às normas de acesso à justiça estabelecidas no ECA, assinale a opção correta.

a) Embora seja compreendido como regra de competência territorial, o art. 147, I e II, do ECA apresenta natureza de competência absoluta, porque a necessidade de assegurar ao infante a convivência familiar e comunitária e a de lhe ofertar a prestação jurisdicional de forma prioritária conferem caráter imperativo à determinação da competência.

b) É vedada a divulgação de atos judiciais, policiais e administrativos que digam respeito a adolescentes aos quais se atribua autoria de ato infracional, e a notícia a respeito do fato não deve identificar, por meio de fotografia, referência a nome, apelido, filiação, parentesco ou residência, o adolescente, permitindo-se apenas o uso das iniciais do nome e sobrenome do menor.

c) A assistência judiciária gratuita será prestada, por meio de defensor público ou de advogado nomeado, a todos que comprovarem renda familiar abaixo do salário mínimo.

d) A justiça da infância e da juventude é absolutamente competente para conhecer qualquer ação de guarda, de tutela, de destituição do poder familiar e de suprimento da capacidade ou do consentimento para o casamento.

e) Compete à equipe interprofissional fornecer subsídios por escrito, mediante laudos, ou verbalmente, na audiência, assim como desenvolver trabalhos de aconselhamento, orientação, encaminhamento, prevenção e outros, tudo sob a imediata subordinação ao entendimento técnico da autoridade judiciária.

**ANOTAÇÕES/COMENTÁRIOS**

(a) Certa, em compasso com o entendimento do STJ sobre o assunto: "Embora seja compreendido como regra de competência territorial, o art. 147, I e II, do ECA apresenta natureza de competência absoluta, nomeadamente porque expressa norma cogente que, em certa medida, não admite prorrogação." (REsp 1404036)

(b) Não é permitido indicar as iniciais do nome e sobrenome do adolescente. "Art. 143. É vedada a divulgação de atos judiciais, policiais e administrativos que digam respeito a crianças e adolescentes a que se atribua autoria de ato infracional. Parágrafo único. Qualquer notícia a respeito do fato não poderá identificar a criança ou adolescente, vedando-se fotografia, referência a nome, apelido, filiação, parentesco, residência e, inclusive, iniciais do nome e sobrenome."

(c) Não há o critério objetivo exposto na questão (renda familiar abaixo do salário mínimo). A assistência judiciária é dada a todos que dela necessitarem. Artigo 141, § 1º: "A assistência judiciária gratuita será prestada aos que dela necessitarem, através de defensor público ou advogado nomeado."

(d) A competência da Justiça da Infância para esses casos depende de a criança ou adolescente estar em situação de risco (artigo 98 do ECA). Artigo 148, parágrafo único alíneas "a", "b" e "c": "Parágrafo único: Quando se tratar de criança ou adolescente nas hipóteses do art. 98, é também competente a Justiça da Infância e da Juventude para o fim de: a) conhecer de pedidos de guarda e tutela; b) conhecer de ações de destituição do poder familiar, perda ou modificação da tutela ou guarda; c) suprir a capacidade ou o consentimento para o casamento."

(e) O equívoco da assertiva está no trecho em que menciona subordinação ao entendimento técnico do juiz. Artigo 151: "Compete à equipe interprofissional dentre outras atribuições que lhe forem reservadas pela legislação local, fornecer subsídios por escrito, mediante laudos, ou verbalmente, na audiência, e bem assim desenvolver trabalhos de aconselhamento, orientação, encaminhamento, prevenção e outros, tudo sob a imediata subordinação à autoridade judiciária, assegurada a livre manifestação do ponto de vista técnico."

*Para responder, tem que estudar: lei e jurisprudência.*

*Gabarito: A*

**50. (Cespe/TJ/PB/Juiz/2011)** Com relação à competência da justiça da infância e da juventude, assinale a opção correta.

a) Compete ao juízo menorista conhecer da ação de regulamentação de visitas.

b) As ações judiciais de competência da justiça da infância e da juventude sujeitam-se, como regra, a custas e emolumentos.

c) A competência da justiça é determinada pelo lugar onde se encontre a criança ou o adolescente, independentemente de serem conhecidos o domicílio e a identidade dos pais ou responsável.

d) No caso de ato infracional, são competentes para o processo e o julgamento da ação tanto a autoridade do lugar em que o ato foi praticado quanto a do lugar onde se produziu ou deveria ter-se produzido o resultado.

e) Nas hipóteses de aplicação das medidas de proteção a criança ou adolescente, a justiça da infância e da juventude é competente para conhecer de ações de alimentos.

**ANOTAÇÕES/COMENTÁRIOS**

(a) A ação de regulamentação de visitas não está incluída no rol do artigo 148, caput e não se encontra em seu parágrafo único.

(b) Assertiva em descompasso com o artigo 141, § 2º do ECA: "As ações judiciais da competência da Justiça da Infância e da Juventude são isentas de custas e emolumentos, ressalvada a hipótese de litigância de má-fé."

(c) Errada, já que em primeiro lugar a competência se determina pelo domicílio dos pais ou responsável. "Artigo 147. A competência será determinada: I – pelo domicílio dos pais ou responsável; II – pelo lugar onde se encontre a criança ou adolescente, à falta dos pais ou responsável."

(d) A competência é do lugar da ação ou omissão: "Art. 147, § 1º Nos casos de ato infracional, será competente a autoridade do lugar da ação ou omissão, observadas as regras de conexão, continência e prevenção."

(e) Certa. Com efeito, se foram aplicadas medidas de proteção a criança ou adolescente, havia situação de risco (artigo 98 do ECA). Nesse caso, incide o artigo 148, parágrafo único, alínea "g" do Estatuto: "Parágrafo único. Quando se tratar de criança ou adolescente nas hipóteses do art. 98, é também competente a Justiça da Infância e da Juventude para o fim de: (...). g) conhecer de ações de alimentos."

*Para responder, tem que estudar: lei.*

*Gabarito: E*

**51. (Cespe/TJ/DFT/Juiz/2016)** A respeito do acesso à Justiça da Infância e da Juventude e da Competência da referida Justiça, assinale a opção correta.

a) Em razão da competência absoluta da Justiça da Infância e da Juventude, o "habeas corpus" impetrado em face de ato praticado por delegado da Polícia Federal, que deixa de apresentar adolescente ao MP do DF, no prazo legal, é da competência da Vara da Infância e da Juventude do DF.

b) De acordo com o STJ, o princípio do juízo imediato, previsto no ECA, sobrepõe-se às regras gerais previstas no CPC, tal como o princípio da "perpetuatio jurisdictionis", privilegiando a celeridade e a eficácia em relação à criança. Assim, será legítima a modificação do foro em que tramita a ação, quando houver a mudança do domicílio da criança e de seus responsáveis, mesmo já iniciada a ação.

c) As notícias que envolvam a prática de ato infracional poderão conter identificação da criança e do adolescente mediante mera indicação de iniciais do nome e do sobrenome, desde que não divulgadas fotografias ou imagens do rosto do menor.

d) A propositura das ações judiciais da competência da Justiça da Infância e da Juventude depende do recolhimento de custas e emolumentos, salvo impossibilidade financeira comprovada ou ajuizamento da causa pelo MP ou pela DP.

e) A autorização para o exercício de atividades artísticas por criança ou adolescente, como, por exemplo, contracenar em novelas televisivas, é da competência da Vara da Infância e da Juventude da Circunscrição Judiciária do domicílio do menor.

**ANOTAÇÕES/COMENTÁRIOS**

(a) A assertiva narra um ato coator em que o adolescente foi vítima. O habeas corpus, nesse caso, é julgado pela Justiça Federal de primeira instância – artigo 109, VII da CF.

(b) Certa, de acordo com a jurisprudência do STJ sobre o assunto: "PROCESSO CIVIL. CONFLITO NEGATIVO DE COMPETÊNCIA. AÇÃO DE DESTITUIÇÃO DE PODER FAMILIAR. ALTERAÇÃO DE DOMICÍLIO DA CRIANÇA E DAQUELES QUE DETÉM SUA GUARDA. ESTATUTO DA CRIANÇA E DO ADOLESCENTE.PRINCÍPIO DA PERPETUATIO JURISDICTIONES X JUIZ IMEDIATO. PREVALÊNCIA DESTE ÚLTIMO NA HIPÓTESE CONCRETA.1. (...). 2. O princípio do juiz imediato vem estabelecido no art. 147, I e II, do ECA, segundo o qual o foro competente para apreciar e julgar as medidas, ações e procedimentos que tutelam interesses, direitos e garantias positivados no ECA, é determinado pelo lugar onde a criança ou o adolescente exerce, com regularidade, seu direito à convivência familiar e comunitária. 3. Embora seja compreendido como regra de competência territorial, o art. 147, I e II, do ECA apresenta natureza de competência absoluta, nomeadamente porque expressa norma cogente que, em certa medida, não admite prorrogação. 4. A jurisprudência do STJ, ao ser chamada a graduar a aplicação subsidiária do art. 87 do CPC frente à incidência do art. 147, I e II, do ECA, manifestou-se no sentido de que deve prevalecer a regra especial em face da geral, sempre guardadas as peculiaridades de cada processo." (REsp 1404036)

(c) Essa assertiva é contrária ao artigo 143, parágrafo único do ECA: "Qualquer notícia a respeito do fato não poderá identificar a criança ou adolescente, vedando-se fotografia, referência a nome, apelido, filiação, parentesco, residência e, inclusive, iniciais do nome e sobrenome."

(d) A regra é oposta à alternativa. Artigo 141, § 2º do ECA: "As ações judiciais da competência da Justiça da Infância e da Juventude são isentas de custas e emolumentos, ressalvada a hipótese de litigância de má-fé."

(e) A competência territorial do ECA está prevista no artigo 147. O local onde se encontra a criança/adolescente é um critério de fixação de competência, porém atua de forma subsidiária ao domicílio dos pais ou responsável. "Artigo. 147. A competência será determinada: I – pelo domicílio dos pais ou responsável; II – pelo lugar onde se encontre a criança ou adolescente, à falta dos pais ou responsável."

*Para responder, tem que estudar: lei e jurisprudência.*

*Gabarito: B*

## 8.2. Dos Procedimentos

**52. (Cespe/TJ/BA/Juiz/2012)** Assinale a opção correta no que tange ao procedimento de jurisdição voluntária de habilitação de pretendentes à adoção.

a) Contará a favor dos postulantes a sua participação, ainda que facultativa, em programa oferecido pela justiça da infância e da juventude, preferencialmente com apoio dos técnicos responsáveis pela execução da política municipal de garantia do direito à convivência familiar, que inclua preparação psicológica, orientação e estímulo à adoção inter-racial, de crianças maiores ou de adolescentes, de crianças ou de adolescentes com necessidades específicas de saúde ou com deficiências e de grupos de irmãos.

b) O programa oferecido pela justiça da infância e juventude sempre incluirá o contato com crianças e adolescentes em regime de acolhimento familiar ou institucional em condições de serem adotados, a ser realizado sob a orientação, supervisão e avaliação da equipe técnica da justiça da infância e da juventude, com o apoio dos técnicos responsáveis pelo programa de acolhimento familiar ou institucional e pela execução da política municipal de garantia do direito à convivência familiar.

c) Deferida a habilitação do postulante à adoção, este será inscrito no cadastro mantido pela autoridade judiciária, e a sua convocação para a adoção deve ser feita, obrigatoriamente, de acordo com a ordem cronológica de habilitação e conforme a disponibilidade de crianças ou adolescentes adotáveis, não acarretando qualquer tipo de sanção ao postulante a recusa sistemática à adoção das crianças ou adolescentes indicados.

d) Após receber a petição inicial, deve a autoridade judiciária, no prazo de quarenta e oito horas, oferecer vista dos autos ao conselho tutelar, que, no prazo de cinco dias, deverá apresentar relatório minucioso a respeito das condições materiais e psicológicas dos postulantes.

e) Deve, obrigatoriamente, intervir no feito equipe interprofissional a serviço da justiça da infância e da juventude, que deverá elaborar estudo psicossocial com subsídios que permitam aferir a capacidade e o preparo dos postulantes para o exercício de uma paternidade ou maternidade responsável, à luz dos requisitos e princípios do ECA.

**ANOTAÇÕES/COMENTÁRIOS**

(a) A participação no programa é obrigatória e não facultativa. O artigo 197-C, § 1º do ECA teve a redação alterada após a aplicação da prova, mas a essência permanece: "§ 1º É obrigatória a participação dos postulantes em programa oferecido pela Justiça da Infância e da Juventude, preferencialmente com apoio dos técnicos responsáveis pela execução da política municipal de garantia do direito à convivência familiar e dos grupos de apoio à adoção devidamente habilitados perante a Justiça da Infância e da Juventude, que inclua preparação psicológica, orientação e estímulo à adoção inter-racial, de crianças ou de adolescentes com deficiência, com doenças crônicas ou com necessidades específicas de saúde, e de grupos de irmãos."

(b) Errada, pois não é sempre que isso ocorrerá, mas sim "sempre que possível e recomendável". "Art. 197-C, § 2º: Sempre que possível e recomendável, a etapa obrigatória da preparação referida no § 1º deste artigo incluirá o contato com crianças e adolescentes em regime de acolhimento familiar ou institucional, a ser realizado sob orientação, supervisão e avaliação da equipe técnica da Justiça da Infância e da Juventude e dos grupos de apoio à adoção, com apoio dos técnicos responsáveis pelo programa de acolhimento familiar e institucional e pela execução da política municipal de garantia do direito à convivência familiar."

(c) À época da prova, o artigo 197-E, § 2º tinha a seguinte redação: "A recusa sistemática na adoção das crianças ou adolescentes indicados importará na reavaliação da habilitação concedida." Esse dispositivo foi revogado pela Lei 13.509/2017, que incluiu o § 4º, nestes termos: "Após 3 (três) recusas injustificadas, pelo habilitado, à adoção de crianças ou adolescentes indicados dentro do perfil escolhido, haverá reavaliação da habilitação concedida." Tanto na redação antiga como na atual, a assertiva se mostra equivocada, vez que há sanção ao postulante que recusa adoções.

(d) A vista não é ao Conselho Tutelar, mas sim ao Ministério Público. Artigo 197-B: "A autoridade judiciária, no prazo de 48 (quarenta e oito) horas, dará vista dos autos ao Ministério Público, que no prazo de 5 (cinco) dias poderá: (...)"

(e) Assertiva correta, de acordo com o artigo 197-C do ECA: "Intervirá no feito, obrigatoriamente, equipe interprofissional a serviço da Justiça da Infância e da Juventude, que deverá elaborar estudo psicossocial, que conterá subsídios que permitam aferir a capacidade e o preparo dos postulantes para o exercício de uma paternidade ou maternidade responsável, à luz dos requisitos e princípios desta lei."

*Para responder, tem que estudar: lei.*

*Gabarito: E*

**53. (Cespe/TJ/DFT/Juiz/2014)** No que se refere à justiça da infância e da juventude, aos aspectos processuais, aos procedimentos especiais e recursos, assinale a opção correta de acordo com o ECA e o entendimento do STJ.

a) Caberá recurso de apelação contra a sentença que julgar procedente pedido de adoção nacional ou internacional, devendo, em ambos os casos, o recurso ser recebido exclusivamente no efeito devolutivo.

b) Durante a apuração de ato infracional, havendo confissão judicial do adolescente, após regular entrevista reservada com o seu defensor, as partes poderão desistir da produção de outras provas, sem que isso acarrete qualquer nulidade.

c) O padrasto carece de legitimidade ativa e interesse de agir para postular a destituição do poder familiar do pai biológico, ainda que pretenda adotar o infante.

d) O juízo da infância e da juventude é competente para disciplinar, por meio de portaria de caráter geral e abstrato, o horário máximo de permanência, nas ruas, de crianças e adolescentes desacompanhados dos pais ou responsável legal.

e) No procedimento de colocação da criança ou adolescente em família substituta, dispensa-se a assistência de advogado caso os pais sejam falecidos, hajam aderido expressamente ao pedido de colocação em família substituta, ou, ainda, seu poder familiar tenha sido destituído ou suspenso.

## ANOTAÇÕES/COMENTÁRIOS

(a) Na adoção internacional a apelação é recebida também no efeito suspensivo. Artigo 199-A: "A sentença que deferir a adoção produz efeito desde logo, embora sujeita a apelação, que será recebida exclusivamente no efeito devolutivo, salvo se se tratar de adoção internacional ou se houver perigo de dano irreparável ou de difícil reparação ao adotando."

(b) Essa assertiva contraria a jurisprudência consolidada na súmula 342 do STJ: "No procedimento para aplicação de medida socioeducativa, é nula a desistência de outras provas em face da confissão do adolescente."

(c) O pretenso adotante tem legitimidade para postular a destituição do poder familiar. Isso porque, para a adoção é preciso destituir o vínculo de parentesco anterior, salvo nas hipóteses de multiparentalidade, atualmente admitidas pela jurisprudência. O teor do artigo 155 do ECA esclarece a questão: "O procedimento para a perda ou a suspensão do poder familiar terá início por provocação do Ministério Público ou de quem tenha legítimo interesse."

(d) Inviável determinações de caráter genérico. Artigo 149, § 2º: "As medidas adotadas na conformidade deste artigo deverão ser fundamentadas, caso a caso, vedadas as determinações de caráter geral."

(e) Certa, de acordo com o artigo 166 do ECA: "Se os pais forem falecidos, tiverem sido destituídos ou suspensos do poder familiar, ou houverem aderido expressamente ao pedido de colocação em família substituta, este poderá ser formulado diretamente em cartório, em petição assinada pelos próprios requerentes, dispensada a assistência de advogado."

***Para responder, tem que estudar: lei e súmula/OJ.***

***Gabarito: E***

**54. (Cespe/TJ/PB/Juiz/2011)** Em relação aos crimes, infrações administrativas e procedimentos, bem como ao direito à profissionalização e à proteção do trabalho, assinale a opção correta de acordo com o que dispõe o ECA.

a) Em caso de apuração de ato infracional atribuído a adolescente, o prazo máximo e improrrogável para a conclusão do procedimento, estando o adolescente internado provisoriamente, será de quarenta e cinco dias.

b) A internação de adolescente infrator decretada ou mantida pelo juiz deve ser cumprida em estabelecimento prisional com condições adequadas para abrigar adolescentes.

c) É vedado trabalho noturno realizado entre as vinte e quatro horas de um dia e as cinco horas do dia seguinte a adolescente empregado, aprendiz, em regime familiar de trabalho, aluno de escola técnica, assistido em entidade governamental ou não governamental.

d) Constitui crime vender ou locar a criança ou a adolescente programação em vídeo em desacordo com a classificação atribuída pelo órgão competente.

e) A maioria dos crimes definidos nesse estatuto é de ação pública incondicionada.

**ANOTAÇÕES/COMENTÁRIOS**

(a) Certa, de acordo com o artigo 183 do ECA: "O prazo máximo e improrrogável para a conclusão do procedimento, estando o adolescente internado provisoriamente será de quarenta e cinco dias."

(b) A internação não pode ser cumprida em estabelecimento prisional. Artigo 123: "A internação deverá ser cumprida em entidade exclusiva para adolescentes, em local distinto daquele destinado ao abrigo, obedecida rigorosa separação por critérios de idade, compleição física e gravidade da infração."

(c) O horário vedado é entre 22 horas de um dia e cinco horas do dia seguinte. Artigo 67 do ECA: "Ao adolescente empregado, aprendiz, em regime familiar de trabalho, aluno de escola técnica, assistido em entidade governamental ou não governamental, é vedado trabalho: I – noturno, realizado entre as vinte e duas horas de um dia e as cinco horas do dia seguinte."

(d) Assertiva errada, vez que não se trata de crime, mas sim de infração administrativa. "Artigo 256. Vender ou locar a criança ou adolescente fita de programação em vídeo, em desacordo com a classificação atribuída pelo órgão competente."

(e) O erro da assertiva está na palavra "maioria". Na verdade, todos os crimes definidos no ECA são de ação pública incondicionada.

*Para responder, tem que estudar: lei.*

*Gabarito: A*

**55. (Cespe/TJ/PB/Juiz/2011)** Assinale a opção correta a respeito de procedimentos previstos no ECA.

a) Havendo motivo grave, poderá o juiz, independentemente da oitiva do MP, decretar, liminar ou incidentalmente, a suspensão do poder familiar até o julgamento definitivo da causa, ficando a criança ou adolescente confiado a pessoa idônea, mediante termo de responsabilidade.

b) No pedido de modificação de guarda, é dispensável a oitiva da criança e do adolescente.

c) O prazo máximo para conclusão do procedimento de perda ou suspensão do poder familiar é de cem dias.

d) O adolescente apreendido por força de ordem judicial ou em flagrante de ato infracional deve ser, desde logo, encaminhado à autoridade judiciária.

e) O procedimento para a perda ou suspensão do poder familiar inicia-se por provocação do MP ou de quem tenha legítimo interesse.

ANOTAÇÕES/COMENTÁRIOS

(a) A decisão deve se dar após a oitiva do MP. Artigo 157 do ECA: "Havendo motivo grave, poderá a autoridade judiciária, ouvido o Ministério Público, decretar a suspensão do poder familiar, liminar ou incidentalmente, até o julgamento definitivo da causa, ficando a criança ou adolescente confiado a pessoa idônea, mediante termo de responsabilidade."

(b) Alternativa em descompasso com o artigo 161, § 3º: "Se o pedido importar em modificação de guarda, será obrigatória, desde que possível e razoável, a oitiva da criança ou adolescente, respeitado seu estágio de desenvolvimento e grau de compreensão sobre as implicações da medida."

(c) O prazo máximo é de 120 dias. Artigo 163: "O prazo máximo para conclusão do procedimento será de 120 (cento e vinte) dias, e caberá ao juiz, no caso de notória inviabilidade de manutenção do poder familiar, dirigir esforços para preparar a criança ou o adolescente com vistas à colocação em família substituta (redação da Lei 13.509/2017)." A redação apresentada não é a mesma da época em que aplicada a prova, mas isso não interfere no desacerto da alternativa

(d) A assertiva é incorreta. Quase todas as bancas fazem assertivas com esse estilo. É interessante que o candidato memorize o seguinte: apreensão por força de ordem judicial ☒ encaminhamento à autoridade judiciária. Apreensão em flagrante de ato infracional ☒ encaminhamento à autoridade policial. Nesse sentido: "Art. 171. O adolescente apreendido por força de ordem judicial será, desde logo, encaminhado à autoridade judiciária. Art. 172. O adolescente apreendido em flagrante de ato infracional será, desde logo, encaminhado à autoridade policial competente."

(e) Certa, de acordo com o artigo 155 do ECA: "O procedimento para a perda ou a suspensão do poder familiar terá início por provocação do Ministério Público ou de quem tenha legítimo interesse."

*Para responder, tem que estudar: lei.*

*Gabarito: E*

**56. (Cespe/TJ/AC/Juiz/2012)** Com relação às regras gerais relacionadas ao procedimento de colocação de criança ou adolescente em família substituta, assinale a opção correta de acordo com o estabelecido no ECA.

a) Se os pais da criança ou do adolescente forem falecidos, tiverem sido destituídos ou suspensos do poder familiar, ou houverem aderido expressamente ao pedido de colocação em família substituta, os próprios requerentes desse pedido poderão formulá-lo diretamente em cartório, em petição devidamente assinada, com a assistência obrigatória de advogado ou defensor público.

b) O consentimento para a colocação da criança em família substituta, feito, por escrito, pelos titulares do poder familiar, antes ou depois do nascimento da criança, terá validade independentemente de audiência perante o juízo da infância e juventude, mas deve ser precedido de orientações e esclarecimentos prestados por equipe interprofissional, em especial, no caso de adoção, sobre a irrevogabilidade da medida.

c) A autoridade judiciária, de ofício ou a requerimento das partes ou do MP, deve determinar a realização de estudo social ou, se possível, perícia por equipe interprofissional, para decidir sobre a concessão de guarda provisória, bem como, no caso de adoção, sobre o estágio de convivência. Deferida a concessão da guarda provisória ou do estágio de convivência, a criança ou o adolescente será entregue ao interessado, mediante termo de responsabilidade.

d) Nas hipóteses em que a destituição da tutela, a perda ou a suspensão do poder familiar constituir pressuposto lógico da medida principal de colocação da criança ou do adolescente em família substituta, o interessado será cientificado do processo, mas não poderá intervir nos autos como parte, assistente ou interessado, devendo procurar a via adequada para pleitear sua pretensão.

e) A colocação de criança ou adolescente sob a guarda de pessoa inscrita em programa de acolhimento familiar será comunicada pela autoridade judiciária ao MP, ao conselho tutelar e à defensoria pública, no prazo máximo de cinco dias, para que sejam tomadas as providências cabíveis ao adequado encaminhamento do menor.

**ANOTAÇÕES/COMENTÁRIOS**

(a) Desnecessária a assistência de advogado ou Defensor Público nesses casos. Artigo 166 do ECA: "Se os pais forem falecidos, tiverem sido destituídos ou suspensos do poder familiar, ou houverem aderido expressamente ao pedido de colocação em família substituta, este poderá ser formulado diretamente em cartório, em petição assinada pelos próprios requerentes, dispensada a assistência de advogado.

(b) Assertiva incorreta, com base nos dispositivos adiante transcritos. Artigo 166, § 4º: "O consentimento prestado por escrito não terá validade se não for ratificado na audiência a que se refere o § 1º deste artigo" (a redação à época da prova era diferente, mas a essência permanece). Art. 166, § 6º: "O consentimento somente terá valor se for dado após o nascimento da criança".

(c) Certa, com base no artigo 167, caput e parágrafo único do ECA. "Art. 167. A autoridade judiciária, de ofício ou a requerimento das partes ou do Ministério Público, determinará a realização de estudo social ou, se possível, perícia por equipe interprofissional, decidindo sobre a concessão de guarda provisória, bem como, no caso de adoção, sobre o estágio de convivência. Parágrafo único. Deferida a concessão da guarda provisória ou do estágio de convivência, a criança ou o adolescente será entregue ao interessado, mediante termo de responsabilidade."

(d) O interessado poderá intervir no feito. Artigo 206 do ECA: "A criança ou o adolescente, seus pais ou responsável, e qualquer pessoa que tenha legítimo interesse na solução da lide poderão intervir nos procedimentos de que trata esta Lei, através de advogado, o qual será intimado para todos os atos, pessoalmente ou por publicação oficial, respeitado o segredo de justiça."

(e) Não há comunicação às instituições mencionadas na assertiva. Art. 170, parágrafo único: "A colocação de criança ou adolescente sob a guarda de pessoa inscrita em programa de acolhimento familiar será comunicada pela autoridade judiciária à entidade por este responsável no prazo máximo de 5 (cinco) dias."

*Para responder, tem que estudar: lei.*

*Gabarito: C*

**57. (Cespe/TJ/PI/Juiz/2012)** Em relação à suspensão e à perda do poder familiar, assinale a opção correta.

a) A norma segundo a qual a conduta dos genitores deve ser compatível com a moral e os bons costumes é meramente orientadora, dado o seu caráter subjetivo, razão por que seu descumprimento não acarreta sanção.

b) O proferimento, pelo juízo criminal, de sentença absolutória de acusação de maus-tratos contra menor impede a proposição de ação cível.

c) A destituição do poder familiar pode ocorrer quando os pais reincidirem nas faltas que conduzem à suspensão desse poder.

d) Perdem o poder familiar os pais condenados, pela prática de crime, a pena superior a dois anos de reclusão.

e) A perda do poder familiar implica a cessação da responsabilidade civil do genitor por ato ilícito praticado pelo filho.

## ANOTAÇÕES/COMENTÁRIOS

(a) A prática de atos contrários à moral e aos bons costumes pode acarretar na sanção de perda do poder familiar. De acordo com o Código Civil: "Art. 1.638. Perderá por ato judicial o poder familiar o pai ou a mãe que: (...). III – praticar atos contrários à moral e aos bons costumes."

(b) A doutrina assim se manifesta sobre o assunto: "A relação entre a sentença penal absolutória e a demanda civil ex delicto de conhecimento é de ordem lógica: o motivo absolutório pode tornar inquestionável a inexistência do dever de indenizar por parte do réu absolvido. Toda vez que o juiz penal reconhecer, de forma categórica, que inexistiu lastro fático (inexistência do fato) ou que dado acusado não concorreu para a infração penal (negativa de autoria) ou, ainda, que o acusado agiu de acordo com a lei sem ofender direitos de terceiros (excludentes), forma-se coisa julgada criminal que encerra a discussão quanto aos elementos que poderiam constituir ilícito cível. Embora se diga que, nessas hipóteses, não cabe ação civil ex delicto, a rigor, o que não tem lugar é o dever reparatório do acusado absolvido por tais razões. A ação civil ex delicto pode até ser movida contra outra pessoa. Se for ajuizada contra o acusado absolvido por esses fundamentos que repercutem na esfera civil, a petição inicial será indeferida, porquanto existirá coisa julgada criminal com efeitos civis." (Nestor Távora, Curso de Direito Processual Penal). Vale citar também o artigo 66 do CPP: "Não obstante a sentença absolutória no juízo criminal, a ação civil poderá ser proposta quando não tiver sido, categoricamente, reconhecida a inexistência material do fato." Ante tais considerações, a assertiva é incorreta.

(c) Assertiva correta, pois em consonância com o artigo 1.638, IV do Código Civil: "Art. 1638. Perderá por ato judicial o poder familiar o pai ou a mãe que: (...). IV – incidir, reiteradamente, nas faltas previstas no artigo antecedente."

(d) O caso não é de perda, mas de suspensão. Artigo 1.637, parágrafo único do CC: "Suspende-se igualmente o exercício do poder familiar ao pai ou à mãe condenados por sentença irrecorrível, em virtude de crime cuja pena exceda a dois anos de prisão." Não se deve confundir esse dispositivo com o artigo 23, § 2º do ECA, esse sim tratando de destituição do poder familiar: "A condenação criminal do pai ou da mãe não implicará a destituição do poder familiar, exceto na hipótese de condenação por crime doloso, sujeito à pena de reclusão, contra o próprio filho ou filha."

(e) A banca examinadora considerou essa assertiva incorreta. Discordamos dessa posição. O artigo 932, inciso I do CC é enfático no seguinte sentido: "Art. 932. São também responsáveis pela reparação civil: I – os pais, pelos filhos menores que estiverem sob sua autoridade e em sua companhia." Oportuno citar também o enunciado 450 do CJF: "Considerando que a responsabilidade dos pais pelos atos danosos praticados pelos filhos menores é objetiva, e não por culpa presumida, ambos os genitores, no exercício do poder familiar, são, em regra, solidariamente responsáveis por tais atos, ainda que estejam separados, ressalvado o direito de regresso em caso de culpa exclusiva de um dos genitores". A leitura a contrario sensu indica que não há responsabilidade civil do pai cujo poder familiar foi destituído.

*Para responder, tem que estudar: lei e teoria/doutrina.*

*Gabarito: C*

**58. (Cespe/TJ/CE/Juiz/2012)** O promotor de justiça de uma comarca do interior do estado Y tomou conhecimento, por meio de boletim de ocorrência, de que um adolescente de quinze anos fora apreendido, pela terceira vez, por furto. Narra o expediente que a última apreensão decorreu do furto de produtos de um supermercado local, no valor total de R$ 50,00. Essa infração cometida na companhia de outros três adolescentes, todos recrutados por ele, que tenham a tarefa de despistar os empregados do estabelecimento comercial, a fim de facilitar o êxito da empreitada. Considerando essa situação hipotética e as normas previstas no ECA acerca do procedimento de apuração, pelo MP, de ato infracional, assinale a opção correta.

a) O promotor de justiça, após ouvir informalmente o adolescente e, se possível, os pais do menor, deverá adverti-los da ilicitude do ato e conceder ao adolescente remissão como forma de suspensão do processo, pelo prazo de três anos.

b) O promotor de justiça, após ouvir informalmente o adolescente e, se possível, os pais do menor, deve, confirmadas a gravidade do fato e sua reiteração, representar o adolescente à autoridade judiciária para aplicação de medida socioeducativa, requerendo, na mesma peça, a sua internação provisória.

c) Verificando, ao analisar os autos, que se trata de adolescente hipossuficiente, cuja família não tem condições de pagar advogado, o promotor de justiça deverá remeter os autos para o defensor público ou defensor dativo, de modo que estes possam requerer a revogação da apreensão em flagrante do adolescente.

d) O promotor de justiça deverá conceder ao adolescente a remissão como forma de exclusão do processo, aplicando o princípio da insignificância em razão do ínfimo valor da res furtiva, e adverti-lo do cometimento de atos infracionais.

e) Em face da gravidade do fato, o promotor de justiça, antes mesmo de ouvir o adolescente, deve expedir mandado de internação provisória contra o menor, comunicar o fato a seus pais e lhes informar sobre o direito de o filho ser assistido pela defensoria pública.

**ANOTAÇÕES/COMENTÁRIOS**

(a) A remissão concedida pelo promotor antes do início do procedimento é uma forma de exclusão do processo e não suspensão. Art. 126: "Antes de iniciado o procedimento judicial para apuração de ato infracional, o representante do Ministério Público poderá conceder a remissão, como forma de exclusão do processo, atendendo às circunstâncias e consequências do fato, ao contexto social, bem como à personalidade do adolescente e sua maior ou menor participação no ato infracional."

(b) A oitiva informal está prevista no artigo 179 do ECA: "Apresentado o adolescente, o representante do Ministério Público, no mesmo dia e à vista do auto de apreensão, boletim de ocorrência ou relatório policial, devidamente autuados pelo cartório judicial e com informação sobre os antecedentes do adolescente, procederá imediata e informalmente à sua oitiva e, em sendo possível, de seus pais ou responsável, vítima e testemunhas." A segunda parte da assertiva merece total atenção. O ato análogo a furto não se demonstra grave. Todavia, o próprio enunciado afirma "confirmadas a gravidade do fato e sua reiteração". Portanto, o candidato não deveria exercer juízo de valor sobre a gravidade ou não do ato, já que o enunciado dizia que estava confirmada a gravidade e a reiteração. Logo, cabível a internação com base no artigo 122, II do ECA e, pelo mesmo motivo, viável a internação provisória. Diante disso, a alternativa está correta.

(c) Não há previsão legal nesse sentido.

(d) Essa postura seria contraditória. Com efeito, se reconhecida a incidência do princípio da insignificância, não haveria ato infracional a apurar. Por isso, incabível também aplicar medida socioeducativa, mesmo que seja a advertência, pois essa exige prova da materialidade (art. 114, parágrafo único do ECA).

(e) O promotor não expede o mandado de internação provisória. Ele pede ao juiz a decretação de tal providência. Além disso, deve ocorrer a oitiva informal, de acordo com o artigo 179 do ECA.

*Para responder, tem que estudar: lei.*

*Gabarito: B*

**59. (Cespe/TJ/BA/Juiz/2012)** Policiais militares flagraram José, adolescente com quinze anos de idade, cometendo infração equiparada a crime de roubo, em coautoria com três imputáveis, mediante o uso de arma de fogo carregada. Considerando a situação hipotética apresentada e as normas previstas no ECA para o procedimento de apuração de ato infracional atribuído a adolescente, assinale a opção correta.

a) Oferecida a representação, a autoridade judiciária deve designar audiência de apresentação do adolescente, oportunidade na qual, decidirá, após ouvi-lo, sobre a manutenção da internação provisória, que pode ser determinada pelo prazo máximo de cinco dias.

b) Na audiência, ouvidas as testemunhas arroladas na representação e na defesa prévia, cumpridas as diligências e juntado o relatório da equipe interprofissional, deve ser dada a palavra ao representante do MP e ao defensor público, sucessivamente, pelo tempo de vinte minutos para cada um, prorrogável por mais dez, a critério da autoridade judiciária, que, em seguida, proferirá decisão.

c) Os policiais militares devem encaminhar todos os agentes à delegacia especializada em defesa do patrimônio, ainda que no município exista repartição policial incumbida para o atendimento de adolescente em situação delituosa.

d) Após o comparecimento dos pais de José à delegacia, a autoridade policial deve liberá-lo imediatamente, sob termo de compromisso e responsabilidade de sua apresentação ao representante do MP, no mesmo dia ou, sendo impossível, no primeiro dia útil seguinte, sendo vedada, em qualquer circunstância, a sua internação provisória sem ordem judicial.

e) Após receber vistas do procedimento policial, com informação sobre os antecedentes de José, e ouvi-lo informalmente juntamente com seus pais, o promotor de justiça competente deve conceder remissão e arquivar os autos.

ANOTAÇÕES/COMENTÁRIOS

(a) O prazo máximo da internação provisória é de 45 dias. Artigo 108 do ECA: "A internação, antes da sentença, pode ser determinada pelo prazo máximo de quarenta e cinco dias."

(b) Certa, ante o teor do artigo 186, § 4º do ECA: "Na audiência em continuação, ouvidas as testemunhas arroladas na representação e na defesa prévia, cumpridas as diligências e juntado o relatório da equipe interprofissional, será dada a palavra ao representante do Ministério Público e ao defensor, sucessivamente, pelo tempo de vinte minutos para cada um, prorrogável por mais dez, a critério da autoridade judiciária, que em seguida proferirá decisão."

(c) O adolescente deve ser encaminhado para a delegacia especializada no atendimento de adolescentes e os adultos serão encaminhados para a delegacia de proteção ao patrimônio.

(d) Essa providência não é adequada, já que o ato infracional foi grave. Artigo 174 do ECA: "Comparecendo qualquer dos pais ou responsável, o adolescente será prontamente liberado pela autoridade policial, sob termo de compromisso e responsabilidade de sua apresentação ao representante do Ministério Público, no mesmo dia ou, sendo impossível, no primeiro dia útil imediato, exceto quando, pela gravidade do ato infracional e sua repercussão social, deva o adolescente permanecer sob internação para garantia de sua segurança pessoal ou manutenção da ordem pública."

(e) A remissão não é adequada ao caso, já que o fato foi grave. O artigo 126 do ECA se vale de termos genéricos como "circunstâncias e consequências do fato" e "personalidade" do adolescente. Mesmo com termos abertos, a remissão deve ser destinada a fatos que não tenham maior gravidade, o que não ocorreu no caso.

*Para responder, tem que estudar: lei.*

*Gabarito: B*

**60. (Cespe/TJ/ES/Juiz/2011)** Com referência ao procedimento para apuração de ato infracional cometido por adolescente, assinale a opção correta.

a) O prazo máximo e improrrogável para a conclusão do procedimento, em qualquer caso, é de quarenta e cinco dias.

b) A concessão da remissão pelo curador da infância e da juventude pode ser feita em qualquer fase processual.

c) O adolescente apreendido em flagrante de ato infracional deve ser, desde logo, encaminhado à autoridade judiciária.

d) Justifica-se a representação quando o curador da infância e da juventude entender que o adolescente, pelo ato infracional praticado, deva cumprir uma das medidas socioeducativas elencadas no estatuto, já que, para a representação, é necessária prova pré-constituída da autoria e da materialidade.

e) Considerando-se que o ECA acatou o devido processo legal, todas as regras referentes a nulidades no processo penal devem ser acatadas em processos cuja matéria seja tratada pelo estatuto.



**ANOTAÇÕES/COMENTÁRIOS**

(a) Esse prazo deve ser adotado se o adolescente estiver internado provisoriamente. O erro da assertiva está no trecho "em qualquer caso." Artigo 183 do ECA: "O prazo máximo e improrrogável para a conclusão do procedimento, estando o adolescente internado provisoriamente, será de quarenta e cinco dias."

(b) O "curador da infância" mencionado na questão é o MP. A remissão concedida pelo promotor deve ser feita "antes de iniciado o procedimento" (artigo 126, caput do ECA).

(c) O encaminhamento nesse caso é para a autoridade policial. Art. 172 do ECA: "O adolescente apreendido em flagrante de ato infracional será, desde logo, encaminhado à autoridade policial competente."

(d) Art. 182, § 2º do ECA: "A representação independe de prova pré-constituída da autoria e materialidade."

(e) Certa, pois é uma consequência lógica do devido processo legal. Ademais, o CPP se aplica subsidiariamente nos procedimentos de apuração de ato infracional. Artigo 152 do ECA: "Aos procedimentos regulados nesta lei aplicam-se subsidiariamente as normas gerais previstas na legislação processual pertinente."

*Para responder, tem que estudar: lei.*

*Gabarito: E*

**61. (Cespe/TJ/DFT/Juiz/2014)** Em outubro de 2013, ao chegar à Universidade X, onde estuda, Mariana, de dezessete anos de idade, foi apreendida em flagrante de ato infracional, por transportar arma de fogo de uso proibido. Mariana alegou que transportava a arma a pedido de seu namorado, Bruno, de dezoito anos de idade. Bruno foi autuado em flagrante delito. Considerando essa situação hipotética, assinale a opção correta acerca dos atos processuais e procedimentos para apuração de ato infracional atribuído a adolescente.

a) Mariana deve ser encaminhada à autoridade policial competente, que deverá lavrar auto de apreensão e liberá-la após assinatura, por seus pais ou responsável, de termo de compromisso e responsabilidade de apresentação ao MP quando solicitados a fazê-lo.

b) Tendo sido o ato infracional cometido em coautoria com Bruno, a autoridade policial competente para a autuação será a do local da apreensão do imputável, a qual, após as providências necessárias, terá de encaminhar Mariana à repartição policial especializada no atendimento de adolescentes.

c) Imediatamente após sua apresentação ao MP, Mariana e, se possível, seus pais ou responsável e testemunhas deverão ser ouvidos pelo promotor de justiça, no mesmo dia e à vista do auto de apreensão devidamente autuado pelo cartório judicial e com informação sobre os antecedentes da adolescente.

d) Caso Mariana não seja apresentada ao MP, seus pais deverão ser notificados para apresentá-la posteriormente, ocasião em que o MP deverá representar à autoridade judiciária para aplicação de medida socioeducativa, não podendo conceder remissão.

e) Se o representante do MP optar pela instauração de procedimento para aplicação de medida socioeducativa a Mariana, a representação deverá ser oferecida por petição, com breve resumo dos fatos, classificação do ato infracional e rol de testemunhas, sendo indispensável indicação de prova pré-constituída da autoria e da materialidade do ato.

**ANOTAÇÕES/COMENTÁRIOS**

(a) O ato infracional não foi cometido com violência ou grave ameaça a pessoa. Logo, deve ser lavrado boletim de ocorrência e não auto de apreensão. Artigo 173: "Em caso de flagrante de ato infracional cometido mediante violência ou grave ameaça a pessoa, a autoridade policial, sem prejuízo do disposto nos arts. 106, parágrafo único, e 107, deverá: I – lavrar auto de apreensão, ouvidos as testemunhas e o adolescente; (...). Parágrafo único. Nas demais hipóteses de flagrante, a lavratura do auto poderá ser substituída por boletim de ocorrência circunstanciada."

(b) Não há previsão legal da atribuição do local de apreensão do imputável. A adolescente irá à delegacia especializada para receber menores de idade e o imputável será encaminhado à delegacia responsável pela apuração de seu crime.

(c) Assertiva correta, de acordo com o artigo 179 do ECA: "Apresentado o adolescente, o representante do Ministério Público, no mesmo dia e à vista do auto de apreensão, boletim de ocorrência ou relatório policial, devidamente autuados pelo cartório judicial e com informação sobre os antecedentes do adolescente, procederá imediata e informalmente à sua oitiva e, em sendo possível, de seus pais ou responsável, vítima e testemunhas."

(d) Não há obrigatoriedade de apresentar representação por força da ausência da adolescente à oitiva informal. A remissão também não fica prejudicada em virtude da ausência à oitiva informal.

(e) Artigo 182, § 2º: "A representação independe de prova pré-constituída da autoria e materialidade."

*Para responder, tem que estudar: lei.*

*Gabarito: C*



**62. (Cespe/TJ/PA/Juiz/2012)** Apesar de o ECA conter, expressamente, as regras de apuração, processamento e julgamento de ato infracional atribuído a adolescente, o magistrado não pode trabalhar somente com a análise literal dos artigos do ECA, devendo estar atento, também, ao entendimento dominante dos tribunais superiores a respeito dessas regras. Com base na jurisprudência do STJ relativa a esse assunto, assinale a opção correta.

a) É dispensável a oitiva do menor infrator antes de decretar-se a regressão da medida socioeducativa.
b) A prescrição civil é aplicável às medidas socioeducativas.
c) Compete ao juiz, ao promotor de justiça e ao defensor público a aplicação de medidas socioeducativas ao adolescente pela prática de ato infracional.
d) No procedimento para aplicação de medida socioeducativa, é nula, em face da confissão do adolescente, a desistência de outras provas.
e) A internação provisória de adolescente pode, excepcionalmente, extrapolar o prazo legal de quarenta e cinco dias.

**ANOTAÇÕES/COMENTÁRIOS**

(a) Assertiva incorreta, pois contrária à súmula 265 do STJ: "É necessária a oitiva do menor infrator antes de decretar-se a regressão da medida socioeducativa."

(b) Não é a prescrição civil, mas sim a prescrição penal. Súmula 338 do STJ: "A prescrição penal é aplicável nas medidas socioeducativas."

(c) Trata-se de competência exclusiva do juiz. Súmula 108 do STJ: "A aplicação de medidas socioeducativas ao adolescente, pela prática de ato infracional, é de competência exclusiva do juiz."

(d) Certa, de acordo com a súmula 342 do STJ: "No procedimento para aplicação de medida socioeducativa, é nula a desistência de outras provas em face da confissão do adolescente."

(e) Assertiva incorreta, já que contrária ao artigo 183 do ECA: "O prazo máximo e improrrogável para a conclusão do procedimento, estando o adolescente internado provisoriamente, será de quarenta e cinco dias."

*Para responder, tem que estudar: lei e súmula/OJ.*

*Gabarito: D*

## 8.3. Dos Recursos

**63. (Cespe/TJ/RN/Juiz/2013)** Assinale a opção correta com base nas disposições do ECA.

a) A adoção conferida aos divorciados, aos judicialmente separados e aos ex-companheiros é medida excepcional, somente justificável em caso de os interessados acordarem sobre a guarda e o regime de visitas e desde que o estágio de convivência tenha sido iniciado na constância do período de convivência.

b) Verificada a prática de maus-tratos, opressão ou abuso sexual pelos pais ou responsável contra o menor, a autoridade judiciária poderá determinar, como medida cautelar, o afastamento do agressor da moradia comum, mas não a fixação de alimentos provisórios.

c) Os grupos de irmãos sempre serão colocados sob adoção, tutela ou guarda da mesma família substituta, como forma de se evitar o rompimento definitivo dos vínculos fraternais.

d) Nos procedimentos afetos à justiça da infância e da juventude, inclusive nos relativos às medidas socioeducativas, deve-se adotar, com algumas adaptações, o sistema recursal previsto no CPC.

e) A despeito de os órgãos responsáveis pela administração das contas dos Fundos dos Direitos da Criança e do Adolescente terem algumas obrigações, como a manutenção de conta específica, destinada a gerir os recursos do fundo, a lei apenas legitima o MP a promover a ação judicial cabível em caso de descumprimento das obrigações, se provocado, não podendo agir de ofício.

**ANOTAÇÕES/COMENTÁRIOS**

(a) Essa assertiva não está equivocada, mas ao que parece a banca não a considerou como gabarito por estar incompleta. A adoção conjunta dos divorciados, judicialmente separados e ex-companheiros está prevista no artigo 42, § 4º do ECA: "Os divorciados, os judicialmente separados e os ex-companheiros podem adotar conjuntamente, contanto que acordem sobre a guarda e o regime de visitas e desde que o estágio de convivência tenha sido iniciado na constância do período de convivência e que seja comprovada a existência de vínculos de afinidade e afetividade com aquele não detentor da guarda, que justifiquem a excepcionalidade da concessão." A parte destacada não foi reproduzida na assertiva e por isso a alternativa está errada.

(b) Errada, ante o teor do artigo 130, parágrafo único do ECA (o juiz fixa alimentos provisórios): "Art. 130. Verificada a hipótese de maus-tratos, opressão ou abuso sexual impostos pelos pais ou responsável, a autoridade judiciária poderá determinar, como medida cautelar, o afastamento do agressor da moradia comum. Parágrafo único. Da medida cautelar constará, ainda, a fixação provisória dos alimentos de que necessitem a criança ou o adolescente dependentes do agressor."

(c) Embora o grupo de irmãos, preferencialmente, deva ser colocado na mesma família substituta, há exceção à regra, de acordo com o artigo 28, § 4º do ECA: "Os grupos de irmãos serão colocados sob adoção, tutela ou guarda da mesma família substituta, ressalvada a comprovada existência de risco de abuso ou outra situação que justifique plenamente a excepcionalidade de solução diversa, procurando-se, em qualquer caso, evitar o rompimento definitivo dos vínculos fraternais."

(d) Certa, com base no artigo 198 do ECA: "Nos procedimentos afetos à Justiça da Infância e da Juventude, inclusive os relativos à execução das medidas socioeducativas, adotar-se-á o sistema recursal da Lei 5.869, de 11 de janeiro de 1973 (Código de Processo Civil), com as seguintes adaptações: " Obs: o ECA se refere ao CPC de 1973, mas, por óbvio, atualmente deve-se considerar que se aplica o CPC de 2015.

(e) O MP pode agir de ofício: "Artigo 260-J. O Ministério Público determinará, em cada Comarca, a forma de fiscalização da aplicação dos incentivos fiscais referidos no art. 260 desta Lei. Parágrafo único. O descumprimento do disposto nos arts. 260-G e 260-I sujeitará os infratores a responder por ação judicial proposta pelo Ministério Público, que poderá atuar de ofício, a requerimento ou representação de qualquer cidadão."

*Para responder, tem que estudar: lei.*

*Gabarito: D*

**64. (Cespe/TJ/PA/Juiz/2012)** Contra sentença que julgou procedente o pedido do MP de aplicar a determinado adolescente medida socioeducativa de internação, a Defensoria Pública, em defesa dos interesses do adolescente condenado, interpôs apelação, requerendo, preliminarmente, a intimação do adolescente, a isenção do recolhimento de preparo e a reconsideração da decisão. Quanto ao mérito, aduziu que, malgrado tivessem sido provadas a autoria e a materialidade da infração, a medida imposta seria inexequível, dada a inexistência, no estado, de estabelecimento adequado, conforme as exigências do ECA, para o cumprimento da medida, tendo requerido, então, que a internação fosse substituída por liberdade assistida. Nessa situação, de acordo com o disposto no ECA, o magistrado deverá:

a) abrir prazo para contrarrazões e, após receber de volta os autos, remetê-los para a segunda instância.

b) reformar a sentença, de plano e sem necessidade de ouvir o MP, determinando a substituição da internação por liberdade assistida, diante da constatação da inexistência de estabelecimento adequado no estado.

c) rejeitar todas as preliminares, receber a apelação no efeito devolutivo e abrir prazo para contrarrazões.

d) determinar a intimação pessoal do adolescente, abrir prazo para contrarrazões e, antes de determinar a remessa dos autos à instância superior, proferir despacho fundamentado, mantendo ou reformando a sentença, no prazo de cinco dias.

e) julgar deserta a apelação, em razão da ausência de preparo.

ANOTAÇÕES/COMENTÁRIOS

(a) Assertiva incorreta, vez que antes de remeter os autos à segunda instância, o magistrado deve exercer o juízo de retratação, conforme artigo 198, VII do ECA.

(b) Antes de exercer o juízo de retratação, o magistrado deve abrir vista ao Ministério Público para que apresente contrarrazões.

(c) Não cabe ao juízo "rejeitar as preliminares", já que essa matéria será apreciada pelo órgão de segundo grau.

(d) Essa assertiva está de acordo com o regramento do ECA. Em relação à intimação pessoal, incide o artigo 190, I do Estatuto: "Art. 190. A intimação da sentença que aplicar medida de internação ou regime de semiliberdade será feita: I – ao adolescente e ao seu defensor." Após isso, deve ser aberta vista para contrarrazões e posteriormente será exercido o juízo de retratação, conforme artigo 198, VII – "antes de determinar a remessa dos autos à superior instância, no caso de apelação, ou do instrumento, no caso de agravo, a autoridade judiciária proferirá despacho fundamentado, mantendo ou reformando a decisão, no prazo de cinco dias."

(e) Não há que se falar em preparo nos recursos afetos ao ECA. Artigo 198, I: "os recursos serão interpostos independentemente de preparo."

*Para responder, tem que estudar: lei.*

*Gabarito: D*

## 8.4. Do Ministério Público

**65. (Cespe/TJ/BA/Juiz/2019)** À luz do ECA e da jurisprudência do STJ, assinale a opção correta, quanto à defesa dos interesses individuais, coletivos e difusos, às atribuições do MP, ao instituto da remissão e a garantias e aspectos processuais.

a) Ao exibir quadro que possa criar situações humilhantes a crianças e adolescentes, uma emissora de televisão poderá sofrer penalidades administrativas, mas não será responsabilizada por dano moral coletivo, visto ser inviável a individualização das vítimas da conduta.

b) A legitimidade ativa do MP para ajuizar ação de alimentos em prol de criança ou adolescente tem caráter subsidiário, ou seja, surge somente quando ausente a atuação da DP no local.

c) A competência para processar e julgar ação civil pública ajuizada contra um estado federado na busca da defesa de crianças e adolescentes é, em regra, absoluta das varas da fazenda pública, por previsão constitucional.

d) Na oitiva de apresentação, o representante do MP pode conceder, sem a presença da defesa técnica, a remissão ao ato infracional. Contudo, na audiência ou no procedimento de homologação por sentença da remissão, para evitar nulidade absoluta, é obrigatória a presença de defensor.

e) Antes de iniciado o processo para apuração de ato infracional, o MP poderá conceder a remissão como forma de exclusão do processo, podendo incluir qualquer medida socioeducativa, sendo a única exceção a internação.

## ANOTAÇÕES/COMENTÁRIOS



**Alternativa A:** Assertiva contrária ao REsp 1.517.973-PE – informativo 618 do STJ: "*A conduta de emissora de televisão que exibe quadro que, potencialmente, poderia criar situações discriminatórias, vexatórias, humilhantes às crianças e aos adolescentes configura lesão ao direito transindividual da coletividade e dá ensejo à indenização por dano moral coletivo.*"

**Alternativa B:** assertiva contrária à súmula 594 do STJ: "*O Ministério Público tem legitimidade ativa para ajuizar ação de alimentos em proveito de criança ou adolescente independentemente do exercício do poder familiar dos pais, ou do fato de o menor se encontrar nas situações de risco descritas no art. 98 do Estatuto da Criança e do Adolescente, ou de quaisquer outros questionamentos acerca da existência ou eficiência da Defensoria Pública na comarca.*"

**Alternativa C:** Assertiva contrária à posição do STJ: PROCESSUAL CIVIL. AÇÃO CIVIL PÚBLICA. INTERESSES INDIVIDUAIS, DIFUSOS OU COLETIVOS VINCULADOS À CRIANÇA E AO ADOLESCENTE. VIOLAÇÃO AO ART. 535. ALEGAÇÕES GENÉRICAS. SÚMULA 284. ACÓRDÃO QUE SE FUNDA EM LEI LOCAL. SÚMULA 280 DO STF. JURISPRUDÊNCIA DO STJ QUE RECONHECE A COMPETÊNCIA ABSOLUTA DA VARA DA INFÂNCIA E JUVENTUDE.

1. (...) 5. Ainda que se conhecesse do mérito recursal, melhor sorte não assistiria ao recorrente, pois a competência da Vara da Infância e da Juventude é absoluta e justifica-se pelo relevante interesse social e pela importância do bem jurídico a ser tutelado, nos termos do art. 208, VII do ECA, bem como por se tratar de questão afeta a direitos individuais, difusos ou coletivos do infante, nos termos dos arts. 148, inciso IV, e 209, do Estatuto da Criança e do Adolescente. Precedentes do STJ. 6. O Estatuto da Criança e Adolescente é lex specialis e prevalece sobre a regra geral de competência das Varas de Fazenda Pública, quando o feito envolver Ação Civil Pública em favor da criança ou adolescente, na qual se pleiteia acesso às ações ou serviços e saúde, independentemente de a criança ou o adolescente estar em situação de abandono ou risco (REsp 1251578/SE, Relator Ministro Herman Benjamin, Segunda Turma, DJe 10/10/2012).

7. Recurso Especial não conhecido.

(REsp 1684694/MA, Rel. Ministro HERMAN BENJAMIN, SEGUNDA TURMA, julgado em 21/11/2017)

**Alternativa D:** a assertiva nos parece ambigua, mas é a correta. Quando o enunciado fala em "oitiva de apresentação" está se referindo ao que muitos chamam de "oitiva informal" do adolescente com o MP (artigo 179 do ECA). Nessa oitiva é desnecessária a presença da defesa técnica. É diferente da audiência de apresentação – fase inicial do procedimento de apuração de ato infracional – pois nesse caso é indispensável a presença da defesa técnica, notadamente quando oferecida remissão c/c medida socioeducativa. Nesse sentido, vejamos o entendimento do STJ: *ESTATUTO DA CRIANÇA E DO*

*ADOLESCENTE – ECA. RECURSO EM HABEAS CORPUS. ATO INFRACIONAL EQUIPARADO AO CRIME DE TRÁFICO DE DROGAS.*

*REMISSÃO CUMULADA COM MEDIDA SOCIOEDUCATIVA DE PRESTAÇÃO DE SERVIÇOS À COMUNIDADE. AUSÊNCIA DE DEFESA TÉCNICA. NULIDADE RECONHECIDA.*

*RECURSO EM HABEAS CORPUS PROVIDO. 1. Ainda que a cumulação da remissão com medida socioeducativa não privativa de liberdade tenha caráter consensual e não implique em reconhecimento de culpabilidade, deve ser observada a garantia da defesa técnica por advogado.*

*2. Recurso em habeas corpus provido, para cassar a sentença que homologou a remissão oferecida pelo Ministério Público, determinando a prestação de serviços à comunidade, a fim de que seja realizada nova audiência com o recorrente e seus genitores, garantindo-lhe a assistência jurídica por advogado constituído ou defensor público.*

(RHC 102.132/DF, Rel. Ministro NEFI CORDEIRO, SEXTA TURMA, julgado em 11/12/2018)

**Alternativa E:** assertiva contrária ao artigo 127 do ECA: *"A remissão não implica necessariamente o reconhecimento ou comprovação da responsabilidade, nem prevalece para efeito de antecedentes, podendo incluir eventualmente a aplicação de qualquer das medidas previstas em lei, exceto a colocação em **regime de semiliberdade** e a internação."* A exceção não é apenas da internação – inclui também a semiliberdade.

*Para responder, tem que estudar: lei, jurisprudência e súmula/OJ.*

*Gabarito: D*

**66. (Cespe/TJ/AC/Juiz/2012)** À luz do ECA, assinale a opção correta a respeito da atuação do MP.

a) Nos processos e procedimentos em que não seja parte, o MP deve atuar obrigatoriamente na defesa dos direitos e interesses de que cuida o referido estatuto, hipótese em que terá vista dos autos depois das partes, podendo juntar documentos e requerer diligências mediante a utilização dos recursos cabíveis.

b) O MP possui legitimidade para promover e acompanhar os procedimentos de suspensão e destituição do poder familiar, nomeação e remoção de tutores, curadores e guardiães, tendo perdido, entretanto, após a promulgação da CF, a legitimidade para ajuizar ações de alimentos.

c) Compete ao MP instaurar procedimentos no âmbito administrativo e, para instruí-los, requisitar das empresas telefônicas a quebra de sigilo telefônico dos investigados por crimes sexuais praticados contra crianças e adolescentes.

d) Cabe ao MP impetrar mandado de segurança, de injunção e "habeas corpus", em qualquer juízo, instância ou tribunal, na defesa dos interesses individuais disponíveis, indisponíveis, sociais e difusos afetos à criança e ao adolescente.

e) Compete ao MP, entre outras atribuições, conceder a remissão como forma de exclusão ou de suspensão do processo e promover e acompanhar os procedimentos relativos às infrações atribuídas a adolescentes.

**ANOTAÇÕES/COMENTÁRIOS**

(a) Certa, de acordo com o artigo 202 do ECA: "Nos processos e procedimentos em que não for parte, atuará obrigatoriamente o Ministério Público na defesa dos direitos e interesses de que cuida esta Lei, hipótese em que terá vista dos autos depois das partes, podendo juntar documentos e requerer diligências, usando os recursos cabíveis."

(b) O MP permanece legitimado a ajuizar ação de alimentos. "Artigo 201. Compete ao Ministério Público: (...). III – promover e acompanhar as ações de alimentos e os procedimentos de suspensão e destituição do poder familiar, nomeação e remoção de tutores, curadores e guardiães, bem como oficiar em todos os demais procedimentos da competência da Justiça da Infância e da Juventude."

(c) A quebra de sigilo telefônico é matéria afeta à reserva de jurisdição. O MP não pode fazê-la diretamente.

(d) O MP maneja essas ações para resguardar os direitos indisponíveis. O erro da assertiva está em incluir os direitos disponíveis. Artigo 201, IX do ECA: "impetrar mandado de segurança, de injunção e habeas corpus, em qualquer juízo, instância ou tribunal, na defesa dos interesses sociais e individuais indisponíveis afetos à criança e ao adolescente."

(e) O MP só concede a remissão como forma de exclusão do processo. A remissão como forma de suspensão do processo é concedida pelo magistrado. "Art. 126. Antes de iniciado o procedimento judicial para apuração de ato infracional, o representante do Ministério Público poderá conceder remissão, como forma de exclusão do processo, atendendo às circunstâncias e consequências do fato, ao contexto social, bem como à personalidade do adolescente e sua maior ou menor participação no ato infracional. Parágrafo único. Iniciado o procedimento, a concessão da remissão pela autoridade judiciária importará na suspensão ou extinção do processo."

*Para responder, tem que estudar: lei.*

*Gabarito: A*

**67. (Cespe/TJ/PI/Juiz/2012)** Assinale a opção correta com relação à atuação do MP nos procedimentos afetos à criança a ao adolescente.

a) Na área do direito da criança e do adolescente, a falta de intervenção do MP pode acarretar a nulidade do processo, desde que requerida pelo interessado e se devidamente comprovado prejuízo processual.

b) Cabe ao MP conceder remissão em qualquer fase do procedimento para apuração de ato infracional.

c) No que tange à promoção e ao acompanhamento dos procedimentos relativos às infrações atribuídas a adolescente, a competência do MP é exclusiva.

d) É facultativa a atuação do MP na área do direito da criança e do adolescente.

e) O MP será intimado mediante publicação, sendo o prazo contado em quádruplo para contestar e em dobro para recorrer.

**ANOTAÇÕES/COMENTÁRIOS**

(a) Errada, pois contrária ao artigo 204 do ECA: "A falta de intervenção do Ministério Público acarreta a nulidade do feito, que será declarada de ofício pelo juiz ou a requerimento de qualquer interessado." Como se percebe do teor legal, não há necessidade de comprovar o prejuízo.

(b) A remissão concedida pelo MP deve se dar antes de iniciado o procedimento judicial. Artigo 126 do ECA: "Antes de iniciado o procedimento judicial para apuração de ato infracional, o representante do Ministério Público poderá conceder a remissão, como forma de exclusão do processo, atendendo às circunstâncias e consequências do fato, ao contexto social, bem como à personalidade do adolescente e sua maior ou menor participação no ato infracional."

(c) Certa, com base no artigo 201, II do ECA: "Art. 201. Compete ao Ministério Público: (...). II – promover e acompanhar os procedimentos relativos às infrações atribuídas a adolescentes."

(d) Não se trata de atuação facultativa. Artigo 202 do ECA: "Nos processos e procedimentos em que não for parte, atuará obrigatoriamente o Ministério Público na defesa dos direitos e interesses de que cuida esta Lei, hipótese em que terá vista dos autos depois das partes, podendo juntar documentos e requerer diligências, usando os recursos cabíveis."

(e) Art. 203: "A intimação do Ministério Público, em qualquer caso, será feita pessoalmente." Obs: importante destacar que a Lei 13.509/17 (posterior à aplicação da prova, portanto) incluiu o parágrafo segundo ao artigo 152 do ECA para afastar o prazo em dobro para o Ministério Público.

*Para responder, tem que estudar: lei.*

*Gabarito: C*

**68. (Cespe/TJ/ES/Juiz/2011)** Considerando a atuação do MP em matéria relativa ao ECA, assinale a opção correta.

a) No desempenho de suas atribuições, o MP não pode requisitar a colaboração de serviços médicos ou hospitalares.

b) O representante do MP, no exercício de suas funções, terá livre acesso a todo local onde se encontre criança ou adolescente.

c) A intimação do MP ocorre mediante publicação no diário da justiça.

d) Nos processos e procedimentos em que o MP não seja parte, é prescindível a sua atuação na defesa dos direitos e interesses de que cuida o ECA.

e) A falta de intervenção do MP acarreta a nulidade do feito, que será declarada a requerimento de qualquer interessado, vedado o seu reconhecimento de ofício pelo juiz.

**ANOTAÇÕES/COMENTÁRIOS**

(a) O MP pode requisitar a colaboração de serviços médicos ou hospitalares. "Artigo 201. Compete ao Ministério Público: (...). XII – requisitar força policial, bem como a colaboração dos serviços médicos, hospitalares, educacionais e de assistência social, públicos ou privados, para o desempenho de suas atribuições."

(b) Certa, de acordo com o artigo 201, parágrafo 3º: "O representante do Ministério Público, no exercício de suas funções, terá livre acesso a todo local onde se encontre criança ou adolescente."

(c) Art. 203: "A intimação do Ministério Público, em qualquer caso, será feita pessoalmente."

(d) Nos processos em que não seja parte, a atuação do MP é imprescindível, ou seja, indispensável. Artigo 202: "Nos processos e procedimentos em que não for parte, atuará obrigatoriamente o Ministério Público na defesa dos direitos e interesses de que cuida esta Lei, hipótese em que terá vista dos autos depois das partes, podendo juntar documentos e requerer diligências, usando os recursos cabíveis."

(e) O juiz pode decretar a nulidade de ofício nesses casos. Artigo 204: "A falta de intervenção do Ministério Público acarreta a nulidade do feito, que será declarada de ofício pelo juiz ou a requerimento de qualquer interessado."

*Para responder, tem que estudar: lei.*

*Gabarito: B*

**69. (Cespe/TJ/MA/Juiz/2013)** Com base no que dispõe o ECA acerca da atuação e das competências do MP, assinale a opção correta.

a) Se o Conselho Superior do MP não homologar a promoção de arquivamento de inquérito civil, os autos deverão ser restituídos ao promotor responsável, para fins de ajuizamento da ação civil pública considerada cabível.

b) O MP é competente para promover e acompanhar os procedimentos de nomeação e remoção de tutores, curadores, guardiões e adotantes, bem como oficiar em todos os demais procedimentos de competência da justiça da infância e da juventude.

c) Devido ao princípio da eficiência, não é admitido o litisconsórcio entre o MP da União e os dos estados, em uma mesma ação, para a defesa de interesses difusos.

d) Na função de custos legis, o MP deve zelar para que nenhuma disposição do ECA seja interpretada em prejuízo de crianças e adolescentes.

ANOTAÇÕES/COMENTÁRIOS

(a) Os autos não devem ser restituídos ao promotor que pediu o arquivamento, mas sim a outro órgão do Ministério Público. Disposição diferente afrontaria a independência funcional dos promotores de justiça. Art. 223, parágrafo 5º do ECA: "Deixando o Conselho Superior de homologar a promoção de arquivamento, designará, desde logo, outro órgão do Ministério Público para o ajuizamento da ação."

(b) O artigo 201, III do ECA não se refere a "adotantes", que a rigor ganham a condição de ascendentes com o trânsito em julgado da sentença constitutiva. Por isso, a alternativa está errada. "Art. 201. Compete ao Ministério Público: (...). III – promover e acompanhar as ações de alimentos e os procedimentos de suspensão e destituição do poder familiar, nomeação e remoção de tutores, curadores e guardiães, bem como oficiar em todos os demais procedimentos da competência da Justiça da Infância e da Juventude."

(c) Alternativa contrária ao artigo 210, parágrafo 1º do ECA: "Admitir-se-á litisconsórcio facultativo entre os Ministérios Públicos da União e dos estados na defesa dos interesses e direitos de que cuida esta Lei."

(d) Assertiva correta de acordo com o artigo 201, VIII do ECA: "Art. 201. Compete ao Ministério Público: (...). VIII – zelar pelo efetivo respeito aos direitos e garantias legais assegurados às crianças e adolescentes, promovendo as medidas judiciais e extrajudiciais cabíveis." Obs: entendemos que a assertiva se mostra duvidosa. Com efeito, uma coisa é zelar pelo respeito aos direitos legais. Outra coisa é buscar sempre a interpretação mais favorável à crianças e adolescentes. Exemplo: o artigo 122, II do ECA permite a aplicação de internação, caso haja reiteração no cometimento de outras infrações graves. A jurisprudência controverte sobre a quantidade de atos que devem ser considerados para que haja "reiteração". Alguns julgados entendem que três atos se fazem necessários, ao passo que outros se contentam com apenas dois atos. É claro que o entendimento de que são necessários três atos é mais favorável ao adolescente, pois dificulta a internação. Pergunta-se: deveria o MP lutar sempre por essa interpretação? A resposta é negativa. De toda a forma, feita a crítica, a assertiva em análise foi considerada correta, pois compatível com o dispositivo acima transcrito.

*Para responder, tem que estudar: lei.*

*Gabarito: D*

**70. (Cespe/TJ/DFT/Juiz/2014)** Em relação ao acesso à justiça na defesa dos interesses individuais, coletivos e difusos, à atuação do juiz da infância e da juventude, ao MP e suas atribuições e à ACP, assinale a opção correta consoante as normas do ECA e o entendimento do STJ.

a) Em ACP ajuizada pelo MP com o objetivo de fornecer, gratuitamente, medicamento a uma única criança cujos pais sejam desprovidos de recursos financeiros, o juiz deve, ao despachar a inicial, reconhecer de plano a ilegitimidade do parquet e abrir vista dos autos à DP, para que esta tome as providências que entender cabíveis.

b) O juiz deve nomear a DP para atuar como curadora especial da criança ou do adolescente nas ações ajuizadas pelo MP, nos processos em que o infante não seja parte, como nas ações de destituição de poder familiar.

c) O MP detém legitimidade ativa para ajuizar ação de alimentos em favor de criança e de adolescente, nas seguintes hipóteses, não cumulativas: suspensão ou destituição do poder familiar; situação de violação ou de ameaça de violação a direitos fundamentais do infante; inexistência de atuação regular da DP.

d) O juízo do local onde tenha ocorrido ou possa ocorrer a ação ou omissão lesiva é absolutamente competente para processar e julgar as ações coletivas propostas em defesa dos interesses do público infanto-juvenil, mesmo na hipótese de a União figurar como ré.

e) Após o trânsito em julgado da sentença proferida em ACP ajuizada na defesa dos interesses da criança e do adolescente contra o poder público, o juiz determinará o envio de peças do processo à autoridade competente, para a apuração da responsabilidade civil e administrativa do agente a que se atribua a ação ou omissão lesiva.

## ANOTAÇÕES/COMENTÁRIOS

(a) A jurisprudência admite que o MP se valha da ACP para defesa de uma única criança: “O Ministério Público tem legitimidade para propor ação ordinária com o objetivo de tutelar os direitos individuais indisponíveis de menor, mesmo quando a ação vise à tutela de pessoa individualmente considerada. Inteligência dos art. 127 da Constituição Federal c/c arts. 11, 201, inciso VIII, e 208, incisos VI e VII, do ECA. “ AgRg no REsp 1016847

(b) Trata-se de questão altamente controvertida, mas a jurisprudência se inclinou pela desnecessidade da nomeação da Defensoria nesses casos. “1. Compete ao Ministério Público, a teor do art. 201, III e VIII, da Lei 8.069/1990 (ECA), promover e acompanhar o processo de destituição do poder familiar, zelando pelo efetivo respeito aos direitos e garantias legais assegurados às crianças e adolescentes. 2. Nas ações de destituição do poder familiar, figurando o Ministério Público em um dos polos da demanda, pode ainda atuar como fiscal da lei, razão pela qual se dispensa a nomeação de curador especial. 3. Agravo regimental desprovido.” (AgRg no REsp 1497113). Obs: após a intensa controvérsia que se instaurou na jurisprudência, a Lei 13.509/17 incluiu o § 4º ao artigo 162 do ECA e resolveu afastar a curadoria quando o MP tiver iniciado o procedimento de destituição do poder familiar. Artigo 162, § 4º do ECA: “Quando o procedimento de destituição de poder familiar for iniciado pelo Ministério Público, não haverá necessidade de nomeação de curador especial em favor da criança ou adolescente."

(c) Certa. Essa já era a jurisprudência do STJ que vinha se consolidando à época da prova. Atualmente há verbete sumular sobre o assunto: "O Ministério Público tem legitimidade ativa para ajuizar ação de alimentos em proveito de criança ou adolescente independentemente do exercício do poder familiar dos pais, ou do fato de o menor se encontrar nas situações de risco descritas no art. 98 do Estatuto da Criança e do Adolescente, ou de quaisquer outros questionamentos acerca da existência ou eficiência da Defensoria Pública na comarca" (verbete 594).

(d) Assertiva errada, pois ressalva-se a competência da Justiça Federal. Artigo 209: "As ações previstas neste Capítulo serão propostas no foro do local onde ocorreu ou deva ocorrer a ação ou omissão, cujo juízo terá competência absoluta para processar a causa, ressalvadas a competência da Justiça Federal e a competência originária dos tribunais superiores."

(e) Essa assertiva está incorreta por um detalhe: não é após todo e qualquer trânsito em julgado de sentença, mas somente àquelas que impuserem condenação ao Poder Público. Artigo 216 do ECA: "Transitada em julgado a sentença que impuser condenação ao Poder Público, o juiz determinará a remessa de peças à autoridade competente, para apuração da responsabilidade civil e administrativa do agente a que se atribua a ação ou omissão."

*Para responder, tem que estudar: lei, jurisprudência e súmula/OJ.*

*Gabarito: C*

## 8.5. Da Proteção Judicial dos Interesses Individuais, Difusos e Coletivos

**71. (Cespe/TJ/AC/Juiz/2012)** A respeito da proteção judicial dos interesses individuais, difusos e coletivos das crianças e dos adolescentes, assinale a opção correta conforme disposição do ECA e entendimento do STJ.

a) Ao deferir liminar ou proferir sentença, o juiz poderá impor, independentemente de pedido do autor, multa diária ao réu, suficiente ou compatível com a obrigação. Nesse caso, o pagamento da multa será exigível somente após o trânsito em julgado da sentença favorável ao autor, mas o valor será devido desde o dia em que tiver sido configurado o descumprimento da obrigação.

b) O juiz condenará associação responsável pela propositura da ação a pagar ao réu os honorários advocatícios arbitrados de acordo com o que dispõe o CPC, quando reconhecer que a pretensão é manifestamente infundada, e, em caso de litigância de má-fé, a associação será condenada ao décuplo das custas, e os seus diretores responderão subsidiariamente, sem prejuízo de responsabilidade por perdas e danos.

c) As demandas judiciais previstas no ECA serão propostas no foro do local onde tenha ocorrido ou deva ocorrer a ação ou omissão, tendo o juízo competência absoluta para processar a causa, sem exceções, em atenção ao princípio da proteção integral.

d) O MP carece de legitimidade para propor ação civil pública para obrigar plano de saúde a custear tratamento quimioterápico em qualquer centro urbano a criança dependente de titular conveniado a empresa prestadora do serviço de assistência médica.

e) Não há previsão expressa no ECA a respeito da legitimidade da defensoria pública para a propositura de ação civil pública para a proteção dos direitos metaindividuais das crianças e dos adolescentes, sendo explícita no estatuto, tão somente, a legitimidade para o ajuizamento de ações individuais.

## ANOTAÇÕES/COMENTÁRIOS

(a) Assertiva correta, de acordo com os §§ § 1º, 2º e 3º do artigo 213 do ECA: "§ 1º Sendo relevante o fundamento da demanda e havendo justificado receio de ineficácia do provimento final, é lícito ao juiz conceder a tutela liminarmente ou após justificação prévia, citando o réu. § 2º O juiz poderá, na hipótese do parágrafo anterior ou na sentença, impor multa diária ao réu, independentemente de pedido do autor, se for suficiente ou compatível com a obrigação, fixando prazo razoável para o cumprimento do preceito. § 3º A multa só será exigível do réu após o trânsito em julgado da sentença favorável ao autor, mas será devida desde o dia em que se houver configurado o descumprimento."

(b) A condenação dos diretores não é subsidiária, mas sim solidária. Artigo 218, parágrafo único: "Em caso de litigância de má-fé, a associação autora e os diretores responsáveis pela propositura da ação serão solidariamente condenados ao décuplo das custas, sem prejuízo de responsabilidade por perdas e danos."

(c) Há exceções a essa regra. Artigo 209: "As ações previstas neste Capítulo serão propostas no foro do local onde ocorreu ou deva ocorrer a ação ou omissão, cujo juízo terá competência absoluta para processar a causa, ressalvadas a competência da Justiça Federal e a competência originária dos tribunais superiores."

(d) Errada. A questão teve como base o REsp 976.021-MG, noticiado no informativo 460 do STJ: "A Turma, por maioria, negou provimento ao recurso especial interposto pela cooperativa de trabalho médico e, com isso, manteve o posicionamento do tribunal a quo que declarou a legitimidade do Ministério Público (MP) para propor ação civil pública em prol do interesse de menor (conveniado da recorrente), qual seja, o custeio de tratamento quimioterápico em qualquer centro urbano. In casu, a recorrente não havia autorizado a realização da quimioterapia sob a alegação de que o contrato do plano de saúde firmado não previa a cobertura de tal tratamento, assim como não permitia a sua efetivação em localidade diversa da área de abrangência pactuada. A hipótese dos autos trata do direito individual indisponível à saúde e, consequentemente, à vida, cuja proteção foi assegurada à criança e ao adolescente com absoluta prioridade pelo art.

227 da CF/1988, o que legitima a atuação do Parquet nos termos dos arts. 127, caput, e 129, III e X, ambos da CF/1988, do art. 25, IV, a, da Lei 8.625/1993, do art. 81 da Lei 8.078/1990 e dos arts. 201, V, e 208, VII, da Lei 8.069/1990. Ressaltou, ainda, que esse entendimento beneficia não apenas o menor, mas todos os contratantes do plano de saúde, tendo em vista a relevância social do direito ora tutelado". REsp 976.021)

(e) A legitimidade da Defensoria para ação civil pública realmente não vem prevista expressamente no ECA (artigo 210 do Estatuto). Todavia, a assertiva está errada porque não há previsão expressa da legitimidade da Defensoria para ações individuais.

*Para responder, tem que estudar: lei e jurisprudência.*

*Gabarito: A*

**72. (Cespe/TJ/BA/Juiz/2012)** Mauro, defensor público recém-empossado, ao iniciar seus trabalhos na defensoria pública de comarca carente do interior do estado da Bahia, constatou a inexistência, no município, de conselho tutelar e de conselho dos direitos da criança e do adolescente, em prejuízo ao público infanto-juvenil. Nessa situação hipotética, com base no que dispõe o ECA a respeito da proteção judicial dos interesses individuais, difusos e coletivos das crianças e dos adolescentes, Mauro deve:

a) ajuizar ação de indenização por danos materiais e morais em favor de cada criança ou adolescente prejudicado pela inércia do município.
b) ajuizar ação civil pública, com pedido liminar, contra o município, pedindo a sua condenação na obrigação de criar o conselho dos direitos da criança e do adolescente.
c) instaurar, imediatamente, o processo para a escolha dos membros do conselho tutelar, cuja fiscalização cabe ao promotor de justiça local.
d) requisitar da autoridade policial a instauração de inquérito criminal, para apurar a responsabilidade penal do prefeito por omissão ao atendimento de direitos fundamentais das crianças e dos adolescentes.
e) informar o MP a respeito dos fatos, para a adoção das medidas extrajudiciais e judiciais cabíveis, sob pena de crime de responsabilidade.

**ANOTAÇÕES/COMENTÁRIOS**

(a) Essa providência seria inefetiva do ponto de vista prático, pois os Conselhos permaneceriam ausentes na comarca.

(b) Certa, já que o STF admite o manejo de ACP para esses casos, sendo certo que o Município deve criar os Conselhos: "CRIANÇAS E ADOLESCENTES. DEVER DE PROTEÇÃO INTEGRAL À INFÂNCIA E À JUVENTUDE. OBRIGAÇÃO CONSTITUCIONAL QUE SE IMPÕE AO PODER PÚBLICO. CRIAÇÃO DE DOIS NOVOS CONSELHOS TUTELARES E DISPONIBILIZAÇÃO, PELO MUNICÍPIO DE FLORIANÓPOLIS, DE RECURSOS MATERIAIS E HUMANOS

AOS CONSELHOS JÁ EXISTENTES (SETORES ILHA E CONTINENTE). CONFIGURAÇÃO, NO CASO, DE TÍPICA HIPÓTESE DE OMISSÃO INCONSTITUCIONAL IMPUTÁVEL AO MUNICÍPIO. DESRESPEITO À CONSTITUIÇÃO PROVOCADO POR INÉRCIA ESTATAL (RTJ 183/818-819). COMPORTAMENTO QUE TRANSGRIDE A AUTORIDADE DA LEI FUNDAMENTAL (RTJ 185/794-796). IMPOSSIBILIDADE DE INVOCAÇÃO, PELO PODER PÚBLICO, DA CLÁUSULA DA RESERVA DO POSSÍVEL SEMPRE QUE PUDER RESULTAR, DE SUA APLICAÇÃO, COMPROMETIMENTO DO NÚCLEO BÁSICO QUE QUALIFICA O MÍNIMO EXISTENCIAL" (RTJ 200/191-19) RE 488208 STF – INFO 720

(c) Não cabe ao Defensor Público instaurar o procedimento de escolha dos Conselheiros.

(d) O Defensor Público não pode requisitar a instauração de inquérito policial. Além disso, a medida seria inefetiva, pelos mesmos fundamentos apresentados no item "a".

(e) O Defensor pode comunicar o MP, mas o mais efetivo é tomar diretamente a medida cabível para solucionar a ausência de Conselho na comarca.

*Para responder, tem que estudar: jurisprudência.*

*Gabarito: B*

**73. (Cespe/TJ/DFT/Juiz/2015)** Com referência à evolução histórica da proteção jurídica e social da criança e do adolescente, às doutrinas jurídicas de proteção, à proteção internacional dos direitos da criança e do adolescente, à política de atendimento e à atuação do juiz da infância e da juventude, assinale a opção correta.

a) Para garantir a proteção judicial dos interesses individuais, difusos e coletivos da criança e do adolescente, o ECA estabelece, entre outros mecanismos, a possibilidade de o juiz impor ao réu multa diária por descumprimento da obrigação de fazer, independentemente de pedido do autor.

b) De acordo com a CF e o ECA, a proteção aos direitos da criança e do adolescente inicia-se a partir do nascimento com vida.

c) A Política Nacional do Bem-Estar do Menor, como política de atendimento dos direitos da criança e do adolescente estabelecida pelo ECA, apresenta uma proposta pedagógica assistencial progressista que visa garantir atendimento personalizado e respeito aos direitos da criança e do adolescente.

d) A Convenção dos Direitos da Criança não foi ratificada pelo Brasil, embora tenha servido como documento orientador para a elaboração do ECA.

e) No primeiro Código de Menores do Brasil (Dec. n. 5.083/1926), adotou-se a perspectiva de tutelar os direitos subjetivos da criança e do adolescente por meio da adoção de medidas necessárias à sua proteção integral.

ANOTAÇÕES/COMENTÁRIOS

(a) Alternativa correta de acordo com o § 2º do artigo 213 do ECA: "O juiz poderá, na hipótese do parágrafo anterior ou na sentença, impor multa diária ao réu, independentemente de pedido do autor, se for suficiente ou compatível com a obrigação, fixando prazo razoável para o cumprimento do preceito."

(b) Assertiva incorreta. A própria vedação penal ao aborto já demonstra que a proteção começa antes mesmo do nascimento com vida. O artigo 7º do ECA também trata do nascimento: "A criança e o adolescente têm direito a proteção à vida e à saúde, mediante a efetivação de políticas sociais públicas que permitam o nascimento e o desenvolvimento sadio e harmonioso, em condições dignas de existências." Interessante mencionar que o artigo 8º e seus parágrafos, com redação da Lei 12.257 de 2016, fez diversas previsões relacionadas ao parto que, em última análise, se destinam ao nascituro. Por fim, o artigo 238 do ECA prevê a seguinte conduta criminosa: "Prometer ou efetivar a entrega de filho ou pupilo a terceiro, mediante paga ou recompensa." A doutrina majoritária entende que esse delito protege o nascituro, pois um dos verbos núcleo do tipo é "prometer".

(c) Ao tratar dos princípios básicos do Código de Menores, o professor Anísio Garcia Martin, em obra clássica sobre o assunto, assim se manifesta: "Na aplicação da lei de Menores, também deve o Juiz levar em conta as diretrizes da Política Nacional do Bem Estar do Menor, que devem orientar, em âmbito nacional, os objetivos da Política Social do Governo, buscando uma unidade de ação, para estabelecer diretrizes genéricas, direcionadas em determinados objetivos nacionais, com base nos altos objetivos da comunhão pátria." (O Direito do Menor). Portanto, o equívoco da assertiva está em vincular a política de bem estar do menor com o ECA, quando tal política era adotada no Código de Menores.

(d) A Convenção foi ratificada pelo Brasil – Decreto 99.710 de 1990.

(e) A doutrina não era a da proteção integral, mas sim a da situação irregular.

*Para responder, tem que estudar: lei e teoria/doutrina.*

*Gabarito: A*

# 9. DOS CRIMES E DAS INFRAÇÕES ADMINISTRATIVAS

## 9.1. Dos Crimes

**74. (Cespe/TJ/BA/Juiz/2019)** Com relação aos crimes contra a criança e o adolescente previstos na legislação pertinente, julgue os próximos itens.

I. O crime de corrupção de menores previsto no ECA é um delito material, razão porque, para a sua caracterização, é necessária a efetiva comprovação de que o menor foi corrompido.

II. O processamento e julgamento do crime de publicação de material pedófilo-pornográfico em sítios da Internet será da competência da justiça federal, quando for possível a identificação do atributo da internacionalidade do resultado obtido ou que se pretendia obter.

III. A mera simulação da participação de criança ou adolescente em cena pornográfica por meio da adulteração de fotografia é uma conduta atípica, haja vista a ausência de perigo concreto ao bem jurídico que poderia ser tutelado.

IV. O armazenamento de fotografias ou vídeos que contenham cena de sexo explícito envolvendo criança ou adolescente configura conduta atípica se o possuidor desse conteúdo o tiver recebido de forma involuntária.

Assinale a opção correta.

a) Apenas o item I está certo.

b) Apenas o item II está certo.

c) Apenas o item III está certo.

d) Apenas os itens II e IV estão certos.

e) Apenas os itens I, III e IV estão certos.

## ANOTAÇÕES/COMENTÁRIOS

Para responder à questão devemos analisar cada item.

Item I: assertiva contrária à súmula 500 do STJ: A configuração do crime do art. 244-B do ECA independe da prova da efetiva corrupção do menor, por se tratar de delito formal.

Item II: item correto de acordo com o posicionamento do STF noticiado no informativo 805: *Compete à Justiça Federal processar e julgar os crimes consistentes em disponibilizar ou adquirir material pornográfico envolvendo criança ou adolescente (ECA, artigos 241, 241-A e 241-B), quando praticados por meio da rede mundial de computadores. Com base nessa orientação, o Plenário, por maioria, negou provimento a recurso extraordinário em que se discutia a competência processual para julgamento de tais crimes. O Tribunal entendeu que a competência da Justiça Federal decorreria da incidência do art. 109, V, da CF ("Art. 109. Aos juízes federais compete processar e julgar: ... V – os crimes previstos em tratado ou convenção internacional, quando, iniciada a execução no País, o resultado tenha ou devesse ter ocorrido no estrangeiro, ou reciprocamente"). Ressaltou que, no tocante à matéria objeto do recurso extraordinário, o ECA seria produto de convenção internacional, subscrita pelo Brasil, para proteger as crianças da prática nefasta e abominável de exploração de imagem na internet. O art. 241-A do ECA, com a redação dada pela Lei 11.829/2008, prevê como tipo penal oferecer, trocar, disponibilizar, transmitir, distribuir, publicar ou divulgar por qualquer meio, inclusive por meio de sistema de informática ou telemático, fotografia, vídeo ou outro registro que contenha cena de sexo explícito ou pornográfica envolvendo criança ou adolescente. Esse tipo penal decorreria do art. 3º da Convenção sobre o Direito das Crianças da Assembleia Geral da ONU, texto que teria sido promulgado no Brasil pelo Decreto 5.007/2004. O art. 3º previra que os*

*Estados-Partes assegurariam que atos e atividades fossem integramente cobertos por suas legislações criminal ou penal. Assim, ao considerar a amplitude do acesso ao sítio virtual, no qual as imagens ilícitas teriam sido divulgadas, estaria caracterizada a internacionalidade do dano produzido ou potencial. Vencidos os Ministros Marco Aurélio (relator) e Dias Toffoli, que davam provimento ao recurso e fixavam a competência da Justiça Estadual. Assentavam que o art. 109, V, da CF deveria ser interpretado de forma estrita, ante o risco de se empolgar indevidamente a competência federal. Pontuavam que não existiria tratado, endossado pelo Brasil, que previsse a conduta como criminosa. Realçavam que a citada Convenção gerara o comprometimento do Estado brasileiro de proteger as crianças contra todas as formas de exploração e abuso sexual, mas não tipificara a conduta. Além disso, aduziam que o delito teria sido praticado no Brasil, porquanto o material veio a ser inserido em computador localizado no País, não tendo sido evidenciado o envio ao exterior. A partir dessa publicação se procedera, possivelmente, a vários acessos. Ponderavam não ser possível partir para a capacidade intuitiva, de modo a extrair conclusões em descompasso com a realidade. RE 628624/MG, rel. orig. Min. Marco Aurélio, red. p/ o acórdão Min. Edson Fachin, 28 e 29.10.2015. (RE-628624)*

Item III – está errado porque essa conduta é tipificada no ECA: "*Art. 241-C. Simular a participação de criança ou adolescente em cena de sexo explícito ou pornográfica por meio de adulteração, montagem ou modificação de fotografia, vídeo ou qualquer outra forma de representação visual.*"

Item IV: a questão envolve o seguinte dispositivo: "*Art. 241-B. Adquirir, possuir ou armazenar, por qualquer meio, fotografia, vídeo ou outra forma de registro que contenha cena de sexo explícito ou pornográfica envolvendo criança ou adolescente*". A assertiva é bastante questionável e foi considerada errada. Isso porque o "recebimento" pode ter sido involuntário, mas o armazenamento pode ter sido doloso. O simples fato de armazenar de forma dolosa o material descrito no tipo faz com que o crime se configure. Assim, mesmo que a pessoa tenha recebido o material involuntariamente (em um grupo de Whatsaap, por exemplo) se ele armazenou de forma dolosa, o crime estará configurado.

*Para responder, tem que estudar: lei, jurisprudência e súmula/OJ.*

*Gabarito: B*

**75. (Cespe/TJ/ES/Juiz/2011)** De acordo com o art. 228 do ECA, considera-se crime o fato de o encarregado de serviço ou o dirigente de estabelecimento de atenção à saúde de gestante deixar de manter registro das atividades desenvolvidas, na forma e prazo referidos no art. 10 do estatuto, bem como deixar de fornecer à parturiente ou a seu responsável, por ocasião da alta médica, declaração de nascimento, na qual constem as intercorrências do parto e do desenvolvimento do neonato. A ação penal adequada no caso de cometimento do crime descrito é a:

a) personalíssima.

b) pública incondicionada.

c) pública condicionada à representação da gestante.
d) pública condicionada à requisição da autoridade administrativa competente.
e) privada.

ANOTAÇÕES/COMENTÁRIOS

(a, b, c, d, e) A questão é respondida com a leitura do artigo 227 do ECA: "Os crimes definidos nesta Lei são de ação pública incondicionada."

*Para responder, tem que estudar: lei.*

*Gabarito: B*

**76. (Cespe/TJ/DFT/Juiz/2014)** A respeito dos crimes contra a criança e o adolescente, assinale a opção correta.

a) Suponha que Marcos, maior imputável, subtraia, em coautoria com o adolescente Ricardo, menor com várias condenações por atos infracionais anteriores, o celular de uma mulher, mediante grave ameaça com emprego de arma de fogo. Nessa hipótese, Marcos responderá somente pelo crime de roubo duplamente circunstanciado.
b) É da justiça estadual a competência para processar e julgar o delito de divulgação de pornografia infantil, ainda que o material pornográfico ultrapasse as fronteiras nacionais, visto que não há, nesse caso, interesse da União a atrair a competência da justiça federal.
c) A mera exibição, em fotografia ou vídeo, dos órgãos genitais de uma criança ou adolescente para fins primordialmente sexuais é insuficiente para a configuração dos crimes que, previstos no ECA, estejam relacionados a imagens de pornografia infantil.
d) Considere que se constate, durante inquérito policial, que Alberto, maior imputável, armazenava em seu computador dois vídeos com cenas pornográficas envolvendo criança ou adolescente e que se comprove que o indiciado não tenha comprado nem distribuído os vídeos, mas apenas feito o download na Internet. Nessa situação hipotética, Alberto responderá por crime previsto no ECA, com direito à redução de um a dois terços da pena prevista, em razão da pequena quantidade de material armazenado.
e) Responderá por crime previsto no ECA aquele que venda a criança ou adolescente fogo de estampido, ainda que incapaz de provocar qualquer lesão física em caso de utilização indevida.

ANOTAÇÕES/COMENTÁRIOS

(a) Errada, já que o delito de corrupção de menores (art. 244-B do ECA) é formal. Nesse sentido é a jurisprudência sumulada (enunciado 500) do STJ "A configuração do crime do art. 244-B do ECA independe da prova da efetiva corrupção do menor, por se tratar de delito formal."

(b) Assertiva contrária à posição do STF sobre o assunto:" PROCESSO PENAL. COMPETÊNCIA. CRIME TIPIFICADO NO ESTATUTO DA CRIANÇA E DO ADOLESCENTE. CONSUMAÇÃO E EXAURIMENTO NO EXTERIOR. COMPETÊNCIA DA JUSTIÇA FEDERAL. I – Compete à Justiça Federal processar e julgar os crimes cuja consumação se deu em território estrangeiro (art. 109, V, CF). II – O crime tipificado no art. 241 do Estatuto da Criança e do Adolescente, consubstanciado na divulgação ou publicação, pela internet, de fotografias pornográficas ou de cenas de sexo explícito envolvendo crianças ou adolescentes, cujo acesso se deu além das fronteiras nacionais, atrai a competência da Justiça Federal para o seu processamento e julgamento." (HC 86289)

(c) Alternativa em dissonância com o artigo 241-E do ECA: "Para efeito dos crimes previstos nesta Lei, a expressão "cena de sexo explícito ou pornográfica" compreende qualquer situação que envolva criança ou adolescente em atividades sexuais explícitas, reais ou simuladas, ou exibição dos órgãos genitais de uma criança ou adolescente para fins primordialmente sexuais."

(d) Certa, de acordo com o artigo 241-B e seu § 1º do ECA: "Art. 241-B. Adquirir, possuir ou armazenar, por qualquer meio, fotografia, vídeo ou outra forma de registro que contenha cena de sexo explícito ou pornográfica envolvendo criança ou adolescente: Pena – reclusão, de 1 (um) a 4 (quatro) anos, e multa. § 1º A pena é diminuída de 1 (um) a 2/3 (dois terços) se de pequena quantidade o material a que se refere o caput deste artigo."

(e) Assertiva contrária à parte final do artigo 244 do ECA: "Vender, fornecer ainda que gratuitamente ou entregar, de qualquer forma, a criança ou adolescente fogos de estampido ou de artifício, exceto aqueles que, pelo seu reduzido potencial, sejam incapazes de provocar qualquer dano físico em caso de utilização indevida."

*Para responder, tem que estudar: lei e jurisprudência.*

*Gabarito: D*

**77. (Cespe/TJ/MA/Juiz/2013)** Acerca de crimes e infrações administrativas contra a criança e o adolescente, assinale a opção correta.

a) As penas de multa aplicáveis às infrações administrativas cometidas contra crianças e adolescentes têm a mesma natureza das multas penais, sendo os mesmos os prazos de prescrição.

b) Todos os crimes contra a criança e o adolescente definidos no ECA prescindem, para a propositura da ação penal correspondente, de representação do ofendido ou de seu representante legal.

c) O adulto que pratica infração penal com a participação de adolescente incorre em crime de corrupção de menores, salvo se o menor já tiver sido condenado antes por algum ato infracional.

d) O processo e o julgamento de crimes e infrações administrativas contra a criança e o adolescente competirão ao juízo da infância e da juventude, conforme determinação expressa do ECA.

**ANOTAÇÕES/COMENTÁRIOS**

(a) A natureza é administrativa e, por isso, o prazo prescricional também segue as regras administrativas: "Em se tratando de sanção administrativa, a multa imposta por força do artigo 247 do ECA segue as regras de Direito Administrativo e não Penal, sendo quinquenal o prazo prescricional.". (STJ, REsp 894528)

(b) Certa. Art. 227 do ECA: "Os crimes definidos nesta Lei são de ação pública incondicionada."

(c) Errada, já que o delito de corrupção de menores (art. 244-B do ECA) é formal. Nesse sentido é a jurisprudência sumulada (enunciado 500) do STJ "A configuração do crime do art. 244-B do ECA independe da prova da efetiva corrupção do menor, por se tratar de delito formal."

(d) Os crimes são julgados pela Vara Criminal comum. Importante lembrar que os delitos tipificados no ECA são crimes que maiores de idade cometem em desfavor de crianças e adolescentes.

*Para responder, tem que estudar: lei, jurisprudência e súmula/OJ.*

*Gabarito: B*

**78. (Cespe/TJ/DFT/Juiz/2016)** Acerca da jurisprudência sumulada do STJ em matéria penal, assinale a opção correta.

a) O delito de corromper menor de dezoito anos, com ele praticando infração penal ou induzindo-o a praticá-la, é crime formal, cuja configuração independe da prova de efetiva corrupção do menor.

b) O reconhecimento do privilégio previsto para o furto simples nos casos de crime de furto qualificado é inadmissível, mesmo que o criminoso seja primário, a coisa furtada seja de pequeno valor e a qualificadora seja de ordem objetiva.

c) É admissível a fixação de pena substitutiva prevista no art. 44 do CP, como condição especial ao regime aberto, nos termos da súmula 493.

d) Por adequação social, nos termos da súmula 502, ainda que presentes a materialidade e a autoria, nos termos da súmula 502, a conduta de expor à venda CDs e DVDs piratas, não tipifica o crime em relação ao direito autoral previsto no art. 184, § 2º, do CP.

e) A causa de aumento de pena pelo concurso de agentes, prevista para o crime de roubo, é aplicável para o crime de furto qualificado.

ANOTAÇÕES/COMENTÁRIOS

(a) Certa, de acordo com a súmula 500 do STJ: "A configuração do crime do art. 244-B do ECA independe da prova da efetiva corrupção do menor, por se tratar de delito formal."

(b) Assertiva contrária à súmula 511 do STJ: "É possível o reconhecimento do privilégio previsto no § 2º do art. 155 do CP nos casos de crime de furto qualificado, se presentes a primariedade do agente, o pequeno valor da coisa e a qualificadora for de ordem objetiva."

(c) Súmula 493 do STJ: "É inadmissível a fixação de pena substitutiva (art. 44 do CP) como condição especial ao regime aberto."

(d) Súmula 502 do STJ: "Presentes a materialidade e a autoria, afigura-se típica, em relação ao crime previsto no art. 184, § 2º, do CP, a conduta de expor à venda CDs e DVDs piratas."

(e) Súmula 442 do STJ: "É inadmissível aplicar, no furto qualificado, pelo concurso de agentes, a majorante do roubo."

*Para responder, tem que estudar: súmula/OJ.*

*Gabarito: A*

**79. (Cespe/TJ/DFT/Juiz/2014)** Em cada uma das opções seguintes, é apresentada uma situação hipotética, seguida de uma assertiva a ser julgada de acordo com as disposições incriminadoras contidas no CP e nas leis penais extravagantes. Assinale a opção em que a assertiva está correta.

a) Douglas adquiriu gratuitamente vídeo com cenas de sexo explícito envolvendo menores de idade, para a satisfação de seus próprios desejos sexuais, sem expô-lo a terceiros. Nessa situação, Douglas praticou crime tipificado no ECA.

b) Jeremias foi abordado na via pública portando arma branca na cintura. Nessa situação, dada a ausência de tipificação penal na legislação específica para porte de arma branca, a conduta de Jeremias deve ser considerada atípica, não configurando qualquer fato punível.

c) Felipe, durante período de livramento condicional, foi preso em flagrante por roubo, tendo então se identificado com o nome de seu irmão Ernesto, para evitar que a polícia descobrisse seus antecedentes criminais. Nessa situação, de acordo com a jurisprudência do STF, a conduta de Felipe caracteriza-se como atípica.

d) Abel, em conversa com vários colegas de trabalho, entre eles Emílio, seu desafeto, referiu-se a este dizendo "você é ladrão e hipócrita". Nessa situação, a frase proferida por Abel configura os delitos de calúnia e difamação em concurso formal, com causa de aumento de pena prevista na parte especial do CP.

e) Cláudio, empregado celetista de empresa pública estadual que explora atividades e serviços bancários, desviou, no exercício da função de gerente, da conta de uma cliente de oitenta anos de idade, cerca de R$ 10.000. Nessa situação, a conduta de Cláudio caracteriza-se como estelionato.



## ANOTAÇÕES/COMENTÁRIOS

(a) Certa, já que a conduta se enquadra no artigo 241- B do ECA: "Adquirir, possuir ou armazenar, por qualquer meio, fotografia, vídeo ou outra forma de registro que contenha cena de sexo explícito ou pornográfica envolvendo criança ou adolescente." Importante mencionar que o crime se configura mesmo que a conduta tenha o objetivo de satisfazer os desejos sexuais do próprio autor do delito.

(b) Item bastante interessante, pois ao final é dito que não há "fato punível". Com efeito, não há crime, mas há contravenção; por isso, existe "fato punível". O caso se enquadra na contravenção penal (Decreto-lei 3.688/1941) do artigo 19: "Trazer consigo arma fora de casa ou de dependência desta, sem licença da autoridade." Por isso a assertiva está errada. Todavia, importante transcrever respeitável entendimento doutrinário sobre o assunto: "cuidando-se de armas de fogo, o art. 19 está completamente afastado desde a edição da Lei 9.437/97, agora confirmada sua revogação pela Lei 10.826/2003 (Estatuto do Desarmamento). No mais, ao tratarmos das denominadas armas brancas (por exclusão, as que não são de fogo), sejam próprias (destinadas ao ataque ou defesa, como punhais, lanças, espadas, etc), sejam impróprias (destinadas a outros fins, como machados, martelos, serrotes, etc., mas usadas para ataque ou defesa, eventualmente), entendemos que o artigo 19 é inaplicável. Não há lei regulamentando o porte de arma branca de que tipo for. Logo, é impossível conseguir licença da autoridade para carregar consigo uma espada." (Guilherme Nucci, Leis penais e processuais penais comentadas)

(c) Assertiva contrária ao tema 478 de repercussão geral do STF: "O princípio constitucional da autodefesa (art. 5º, LXIII, da CF) não alcança aquele que atribui falsa identidade perante autoridade policial com o intento de ocultar maus antecedentes, sendo, portanto, típica a conduta praticada pelo agente (art. 307 do CP)."

(d) A diferença entre calúnia, injúria e difamação é recorrente em concursos públicos. Segundo a doutrina "na calúnia, o fato imputado é definido como crime; na injúria, não há atribuição de fato, mas de qualidade; na difamação, há a imputação de fato determinado. A calúnia e a difamação atingem a honra objetiva; a injúria atinge a honra subjetiva. A calúnia e a difamação consumam-se quando terceiros tomam conhecimento da imputação; a injúria consuma-se quando o próprio ofendido toma conhecimento da imputação." (Fernando Capez). Levando em conta a lição acima, verifica-se que não foi atribuído à vítima nenhum fato específico, mas tão-só uma qualidade negativa. Portanto, o tipo penal é o de injúria.

(e) A conduta de Cláudio se amolda ao delito de peculato (artigo 312 do CP): "Apropriar-se o funcionário público de dinheiro, valor ou qualquer outro bem móvel, público ou particular, de que tem a posse em razão do cargo, ou desviá-lo, em proveito próprio ou alheio." Importante destacar que o empregado celetista de empresa pública também se enquadra no conceito de funcionário público. Art. 327 do CP:

"Considera-se funcionário público, para os efeitos penais, quem, embora transitoriamente ou sem remuneração, exerce cargo, emprego ou função pública. § 1º Equipara-se a funcionário público quem exerce cargo, emprego ou função em entidade paraestatal, e quem trabalha para empresa prestadora de serviço contratada ou conveniada para a execução de atividade típica da Administração Pública."

*Para responder, tem que estudar: lei, jurisprudência e teoria/doutrina.*

*Gabarito: A*

## 9.2. Das Infrações Administrativas

**80. (Cespe/TJ/BA/Juiz/2012)** A respeito das infrações administrativas e do respectivo procedimento de apuração, assinale a opção correta.

a) O requerido terá prazo de quinze dias para apresentação de defesa, contado da data da intimação, que será feita, sob pena de nulidade, por mandado expedido pela autoridade judiciária competente, a ser cumprido por oficial de justiça.

b) Apresentada ou não a defesa no prazo legal, a autoridade judiciária dará vista dos autos do MP, por cinco dias, decidindo em igual prazo, sendo vedada a colheita de prova oral.

c) Constitui infração administrativa exibir, total ou parcialmente, fotografia de criança ou adolescente envolvido em infração, ou qualquer ilustração que lhe diga respeito ou se refira a atos delituosos que lhe sejam atribuídos, ainda que tal imagem não permita a sua identificação direta ou indireta.

d) Constitui infração administrativa deixar de apresentar à autoridade judiciária de determinado município, no prazo de cinco dias, com o fim de regularizar a guarda, adolescente trazido de outra comarca para a prestação de serviço doméstico, exceto se houver autorização escrita e com firma reconhecida dos pais ou responsável.

e) O procedimento para imposição de penalidade administrativa por infração às normas de proteção à criança e ao adolescente inicia-se por representação do MP ou do conselho tutelar ou por auto de infração elaborado por servidor efetivo ou voluntário credenciado, e assinado por duas testemunhas, se possível.

**ANOTAÇÕES/COMENTÁRIOS**

(a) Artigo 195 do ECA: "O requerido terá prazo de dez dias para apresentação de defesa, contado da data da intimação, que será feita: (...)"

(b) Artigo 196 do ECA: "Não sendo apresentada a defesa no prazo legal, a autoridade judiciária dará vista dos autos ao Ministério Público, por cinco dias, decidindo em igual prazo." Artigo 197: "Apresentada a defesa, a autoridade judiciária procederá na conformidade do artigo anterior, ou, sendo necessário, designará audiência de instrução e julgamento."

(c) Artigo 247, § 1º: "Incorre na mesma pena quem exibe, total ou parcialmente, fotografia de criança ou adolescente envolvido em ato infracional, ou qualquer ilustração que lhe diga respeito ou se refira a atos que lhe sejam atribuídos, de forma a permitir sua identificação, direta ou indiretamente."

(d) Artigo 248: "Deixar de apresentar à autoridade judiciária de seu domicílio, no prazo de cinco dias, com o fim de regularizar a guarda, adolescente trazido de outra comarca para a prestação de serviço doméstico, mesmo que autorizado pelos pais ou responsável."

(e) Alternativa em conformidade com o artigo 194 do ECA: "O procedimento para imposição de penalidade administrativa por infração às normas de proteção à criança e ao adolescente terá início por representação do Ministério Público, ou do Conselho Tutelar, ou auto de infração elaborado por servidor efetivo ou voluntário credenciado, e assinado por duas testemunhas, se possível."

*Para responder, tem que estudar: lei.*

*Gabarito: E*

**81. (Cespe/TJ/CE/Juiz/2012)** As infrações administrativas previstas no ECA configuram condutas contrárias a preceitos normativos que estabelecem uma ingerência do Estado na vida das pessoas físicas ou jurídicas, com vistas à proteção dos direitos das crianças e dos adolescentes, apregoando sanções de cunho administrativo, ou seja, restritivas de direitos, mas não restritivas de liberdade. No que tange a essas infrações e ao respectivo procedimento de apuração, assinale a opção correta.

a) Colhida a prova oral, devem manifestar-se sucessivamente o MP e o procurador do requerido, pelo prazo de cinco dias e, após dez dias, a autoridade judiciária deve proferir sentença.

b) Constitui infração administrativa a conduta de vender, fornecer, ainda que gratuitamente, ou entregar, de qualquer forma, a criança ou adolescente fogos de estampido ou de artifício, excetuando-se os que, pelo seu reduzido potencial, sejam incapazes de provocar qualquer dano físico em caso de utilização indevida.

c) O procedimento para imposição de penalidade administrativa por infração às normas de proteção à criança e ao adolescente deve iniciar-se por representação do MP ou do conselho tutelar, ou por auto de infração elaborado por servidor efetivo ou voluntário credenciado e assinado, se possível, por duas testemunhas.

d) O requerido terá prazo de quinze dias para apresentação de defesa, contados da data da intimação.

e) Não sendo apresentada a defesa no prazo legal, a autoridade judiciária dará vista dos autos do MP, por cinco dias, e decidirá em dez dias.

ANOTAÇÕES/COMENTÁRIOS

(a) Artigo 197, PU: "Colhida a prova oral, manifestar-se-ão sucessivamente o Ministério Público e o procurador do requerido, pelo tempo de vinte minutos para cada um, prorrogável por mais dez, a critério da autoridade judiciária, que em seguida proferirá sentença."

(b) Não se trata de infração administrativa, mas sim crime, conforme artigo 244 do ECA.

(c) Alternativa em conformidade com o artigo 194 do ECA: "O procedimento para imposição de penalidade administrativa por infração às normas de proteção à criança e ao adolescente terá início por representação do Ministério Público, ou do Conselho Tutelar, ou auto de infração elaborado por servidor efetivo ou voluntário credenciado, e assinado por duas testemunhas, se possível."

(d) Artigo 195 do ECA: "O requerido terá prazo de dez dias para apresentação de defesa, contado da data da intimação, que será feita: (...)"

(e) Artigo 196 do ECA: "Não sendo apresentada a defesa no prazo legal, a autoridade judiciária dará vista dos autos ao Ministério Público, por cinco dias, decidindo em igual prazo."

*Para responder, tem que estudar: lei.*

*Gabarito: C*

**82. (Cespe/TJ/PA/Juiz/2012)** De acordo com o que dispõe o ECA sobre o procedimento para a apuração das infrações administrativas, assinale a opção correta.

a) Ao requerido é concedido prazo de cinco dias, contado da data da intimação, para a apresentação de defesa.

b) Não sendo apresentada a defesa no prazo legal, a autoridade judiciária deve nomear a Defensoria Pública para patrocinar a defesa, no prazo de cinco dias.

c) Apresentada ou não a defesa, a autoridade judiciária designará audiência preliminar.

d) Colhida a prova oral, o juiz abrirá prazo para alegações finais pelo prazo de cinco dias, sucessivamente, ao MP e ao procurador do requerido, e, quarenta e oito horas depois de findo o prazo, proferirá a sentença.

e) A apuração inicia-se por representação do MP ou do conselho tutelar ou por auto de infração assinado por duas testemunhas, se possível, e elaborado por servidor efetivo ou voluntário credenciado.

ANOTAÇÕES/COMENTÁRIOS

(a) Artigo 195 do ECA: "O requerido terá prazo de dez dias para apresentação de defesa, contado da data da intimação, que será feita: (...)"

(b) Artigo 196 do ECA: "Não sendo apresentada a defesa no prazo legal, a autoridade judiciária dará vista dos autos ao Ministério Público, por cinco dias, decidindo em igual prazo."

(c) Artigo 197: "Apresentada a defesa, a autoridade judiciária procederá na conformidade do artigo anterior, ou, sendo necessário, designará audiência de instrução e julgamento."

(d) Artigo 197, PU: "Colhida a prova oral, manifestar-se-ão sucessivamente o Ministério Público e o procurador do requerido, pelo tempo de vinte minutos para cada um, prorrogável por mais dez, a critério da autoridade judiciária, que em seguida proferirá sentença."

(e) Alternativa em conformidade com o artigo 194 do ECA: "O procedimento para imposição de penalidade administrativa por infração às normas de proteção à criança e ao adolescente terá início por representação do Ministério Público, ou do Conselho Tutelar, ou auto de infração elaborado por servidor efetivo ou voluntário credenciado, e assinado por duas testemunhas, se possível."

***Para responder, tem que estudar: lei.***

***Gabarito: E***

## 10. LEIS ESPECIAIS

**83. (Cespe/TJ/AM/Juiz/2016)** Assinale a opção correta acerca das medidas socioeducativas, da alienação parental e das medidas pertinentes aos pais ou responsáveis.

a) A prática de ato de alienação parental fere direito fundamental da criança ou do adolescente de convivência comunitária saudável, além de constituir abuso moral contra a criança ou o adolescente e descumprimento dos deveres inerentes à autoridade parental ou decorrentes de tutela ou guarda.

b) A autoridade judiciária pode aplicar nova medida de internação, por ato infracional praticado anteriormente, a adolescente que já tenha concluído cumprimento de medida socioeducativa dessa natureza, salvo se o adolescente já tiver sido transferido para cumprimento de medida menos rigorosa.

c) Um dos princípios que regem a execução das medidas socioeducativas é a prioridade a práticas restaurativas e que, sempre que possível, atendam às necessidades das vítimas. Por essa razão, a legislação pertinente prevê a participação de socioeducando na composição da comissão de apuração de faltas disciplinares.

d) Considera-se ato de alienação parental a interferência na formação psicológica da criança ou do adolescente promovida ou induzida por um dos genitores, pelos avós ou pelos vizinhos para que repudie genitor, assim como a interferência que cause prejuízo ao estabelecimento ou à manutenção de vínculos com o genitor.

e) Declarado indício de ato de alienação parental, o juiz pode determinar de ofício medidas provisórias necessárias à preservação da integridade psicológica da criança ou do adolescente, inclusive para assegurar convivência com genitor ou viabilizar a efetiva reaproximação entre ambos.

ANOTAÇÕES/COMENTÁRIOS

(a) A assertiva está errada por um pequeno detalhe. A convivência não é comunitária, mas sim familiar. Apenas uma palavra fez com que a alternativa se mostrasse incorreta, o que demonstra que o examinador valorizou a memorização legal. Artigo 3º da Lei 12.318 de 2010: "A prática de ato de alienação parental fere direito fundamental da criança ou do adolescente de convivência familiar saudável, prejudica a realização de afeto nas relações com o genitor e com o grupo familiar, constitui abuso moral contra a criança ou o adolescente e descumprimento dos deveres inerentes à autoridade parental ou decorrentes de tutela ou guarda."

(b) A alternativa é contrária ao artigo 45, § 2º da Lei do SINASE (Lei 12.594/12): "É vedado à autoridade judiciária aplicar nova medida de internação, por atos infracionais praticados anteriormente, a adolescente que já tenha concluído cumprimento de medida socioeducativa dessa natureza, ou que tenha sido transferido para cumprimento de medida menos rigorosa, sendo tais atos absorvidos por aqueles aos quais se impôs a medida socioeducativa extrema."

(c) O socioeducando não pode participar de comissão para apuração de falta disciplinar. Artigo 73 da Lei do SINASE (Lei 12.594/12): "Nenhum socioeducando poderá desempenhar função ou tarefa de apuração disciplinar ou aplicação de sanção nas entidades de atendimento socioeducativo."

(d) O erro da assertiva está em incluir os "vizinhos" como sujeitos ativos dos atos de alienação parental. Artigo 2º da Lei 12.318 de 2010: "Considera-se ato de alienação parental a interferência na formação psicológica da criança ou do adolescente promovida ou induzida por um dos genitores, pelos avós ou pelos que tenham a criança ou adolescente sob a sua autoridade, guarda ou vigilância para que repudie genitor ou que cause prejuízo ao estabelecimento ou à manutenção de vínculos com este."

(e) Certa, de acordo com o artigo 4º da Lei 12.318 de 2010: "Declarado indício de ato de alienação parental, a requerimento ou de ofício, em qualquer momento processual, em ação autônoma ou incidentalmente, o processo terá tramitação prioritária, e o juiz determinará, com urgência, ouvido o Ministério Público, as medidas provisórias necessárias para preservação da integridade psicológica da criança ou do adolescente, inclusive para assegurar sua convivência com genitor ou viabilizar a efetiva reaproximação entre ambos, se for o caso."

*Para responder, tem que estudar: lei.*

*Gabarito: E*

**84. (Cespe/TJ/PR/Juiz/2017)** Assinale a opção correta a respeito do Sistema Nacional de Atendimento Socioeducativo.

a) Comprovação da existência de estabelecimento educacional com instalações adequadas e em conformidade com as normas de referência é um dos requisitos específicos para a inscrição de programas de regime de semiliberdade ou internação.

b) É princípio que rege a execução das medidas socioeducativas a imprescindibilidade da intervenção judicial, favorecendo-se meios de autocomposição de conflitos.

c) Ao adolescente que já tenha cumprido medida socioeducativa de internação pode ser aplicada nova medida dessa natureza em razão de ato infracional por ele praticado anteriormente.

d) Na definição das estratégias para a gestão de conflitos entre adolescentes sob o regime de internação, é lícita a imposição de sanção disciplinar de isolamento cautelar como incentivo ao convencimento do adolescente.

*ANOTAÇÕES/COMENTÁRIOS*

(a) Certa, de acordo com o artigo 15, inciso I da Lei 12.594/2012: "Art. 15. São requisitos específicos para a inscrição de programas de regime de semiliberdade ou internação: I – a comprovação da existência de estabelecimento educacional com instalações adequadas e em conformidade com as normas de referência."

(b) Não há que se falar em imprescindibilidade, mas em excepcionalidade. Artigo 35, II da Lei 12.594/12: "Art. 35. A execução das medidas socioeducativas reger-se-á pelos seguintes princípios: (...). II – excepcionalidade da intervenção judicial e da imposição de medidas, favorecendo-se meios de autocomposição de conflitos."

(c) Art. 45, § 2º da Lei 12.594/12: "É vedado à autoridade judiciária aplicar nova medida de internação, por atos infracionais praticados anteriormente, a adolescente que já tenha concluído cumprimento de medida socioeducativa dessa natureza, ou que tenha sido transferido para cumprimento de medida menos rigorosa, sendo tais atos absorvidos por aqueles aos quais se impôs a medida socioeducativa extrema."

(d) Art. 48, § 2º da Lei 12.594/12: "É vedada a aplicação de sanção disciplinar de isolamento a adolescente interno, exceto seja essa imprescindível para garantia da segurança de outros internos ou do próprio adolescente a quem seja imposta a sanção, sendo necessária ainda comunicação ao defensor, ao Ministério Público e à autoridade judiciária em até 24 (vinte e quatro) horas."

*Para responder, tem que estudar: lei.*

*Gabarito: A*

**85. (Cespe/TJ/DFT/Juiz/2016)** A respeito dos direitos das crianças e dos adolescentes, assinale a opção correta.

a) Os atos de alienação parental descritos na Lei n. 12.318/2010 foram estabelecidos de forma taxativa, "numerus clausus", não admitindo interpretação extensiva.

b) Na mesma linha das diretrizes impostas pelo ECA quanto ao direito à saúde, a Convenção dos Direitos da Criança determina que a criança tem direito de gozar do melhor padrão possível de saúde e dos serviços destinados ao tratamento das doenças e à recuperação da saúde, mediante adoção pelos Estados-Partes dos esforços no sentido de assegurar que nenhuma criança se veja privada de seu direito de usufruir desses serviços sanitários.

c) O ECA relaciona obrigações que devem ser cumpridas pelos hospitais e demais estabelecimentos públicos e particulares de atenção à saúde de gestantes, dentre elas a de manter registro das atividades desenvolvidas, até de prontuários individuais, pelo prazo de cinco anos, sob pena de cometimento de infração administrativa, punida com multa, além de outras sanções administrativas.

d) O regime de capacidade civil gera reflexos no Estatuto, de forma que deve haver ponderação dos direitos positivados pelo ECA em caso de emancipação civil do adolescente.

e) O programa de acolhimento institucional caracteriza-se pela permanência de criança ou de adolescente junto a uma entidade governamental ou não governamental, pelo prazo máximo de três anos, prorrogável por igual período, a critério da autoridade judiciária.

## ANOTAÇÕES/COMENTÁRIOS

(a) O artigo 2º, parágrafo único da Lei 12.318 de 2010 mostra o desacerto da alternativa: "São formas exemplificativas de alienação parental, além dos atos assim declarados pelo juiz ou constatados por perícia, praticados diretamente ou com auxílio de terceiros: "

(b) O Título II, Capítulo I do ECA trata do direito à vida e à saúde (Artigo 7º e seguintes). Na mesma linha é a Convenção dos Direitos das Crianças (Decreto 99.710 de 1990), Artigo 24, 1: "Os Estados Partes reconhecem o direito da criança de gozar do melhor padrão possível de saúde e dos serviços destinados ao tratamento das doenças e à recuperação da saúde. Os Estados Partes envidarão esforços no sentido de assegurar que nenhuma criança se veja privada de seu direito de usufruir desses serviços sanitários." Alternativa correta, portanto.

(c) O prazo é de dezoito anos. Artigo 10, inciso I do ECA: "Art. 10. Os hospitais e demais estabelecimentos de atenção à saúde de gestantes, públicos e particulares, são obrigados a: I – manter registro das atividades desenvolvidas, através de prontuários individuais, pelo prazo de dezoito anos."

(d) O critério para definir criança e adolescente é meramente cronológico. Vejamos o entendimento doutrinário: "Nos termos do art. 2º do Estatuto, será criança a pessoa com até 12 (doze) anos incompletos, e adolescente aquela que tiver entre 12 (doze) e 18 (dezoito) anos. A idade é o fator determinante para a fixação de quem é criança, adolescente ou adulto. Adota-se um critério cronológico absoluto, sem qualquer menção à condição psíquica ou biológica" (Luciano Rossato et al, Estatuto da criança e do adolescente). Justamente por isso, a emancipação em nada altera nos direitos previstos pelo ECA.

(e) À época da prova o prazo era de dois anos. A redação atual do artigo 19, § 2º do ECA diminuiu ainda mais esse prazo: "A permanência da criança e do adolescente em programa de acolhimento institucional não se prolongará por mais de 18 (dezoito) meses, salvo comprovada necessidade que atenda ao seu superior interesse, devidamente fundamentada pela autoridade judiciária."

*Para responder, tem que estudar: lei e teoria/doutrina.*

*Gabarito: B*

**86. (Cespe/TJ/DFT/Juiz/2014)** Com base o disposto na Convenção das Nações Unidas sobre os Direitos da Criança, assinale a opção correta.

a) Ainda que a educação da criança deva prepará-la para uma vida responsável em uma sociedade livre, com espírito de compreensão, paz, tolerância e amizade entre todos os povos, grupos étnicos, nacionais e pessoas de origem indígena, a liberdade de criação de instituições de ensino pode ser restringida, desde que observados os princípios da convenção em apreço e os padrões mínimos fixados pelo Estado.

b) No que se refere às ações relativas às crianças, levadas a efeito por instituições públicas ou privadas de bem-estar social, tribunais, autoridades administrativas ou órgãos legislativos, deve-se considerar, primordialmente, o interesse superior da criança, além dos direitos e deveres dos pais, tutores ou pessoas responsáveis por elas.

c) Os Estados-partes devem indicar autoridades e instituições específicas e estabelecer leis e procedimentos específicos para tratar de crianças acusadas ou declaradas culpadas de terem infringido as leis penais, dando preferência à adoção de procedimentos judiciais na condução desses casos.

d) A criança que estiver capacitada a formular seus próprios juízos terá o direito de expressar suas opiniões livremente sobre todos os assuntos a ela relacionados, devendo ser-lhe dada oportunidade de ser ouvida em todo processo judicial ou administrativo que a afete, independentemente das regras processuais da legislação nacional.

e) A criança tem direito à liberdade de pensamento, de consciência e de crença e à liberdade de expressão sem restrições, o que inclui a liberdade de procurar, receber e divulgar informações e ideias de todo tipo, independentemente de fronteiras, de forma oral, escrita ou impressa, por meio das artes ou por qualquer outro meio por ela escolhido.

## ANOTAÇÕES/COMENTÁRIOS

(a) A assertiva é contrária ao artigo 29, item 2 da Convenção: "2. Nada do disposto no presente artigo ou no Artigo 28 será interpretado de modo a restringir a liberdade dos indivíduos ou das entidades de criar e dirigir instituições de ensino, desde que sejam respeitados os princípios enunciados no parágrafo 1 do presente artigo e que a educação ministrada em tais instituições esteja acorde com os padrões mínimos estabelecidos pelo Estado." Observação: a Convenção dos Direitos das Crianças foi internalizada no Brasil pelo Decreto 99.710 de 1990.

(b) Certa, com base no artigo 3º, itens 1 e 2 da Convenção: "1. Todas as ações relativas às crianças, levadas a efeito por instituições públicas ou privadas de bem-estar social, tribunais, autoridades administrativas ou órgãos legislativos, devem considerar, primordialmente, o interesse maior da criança. 2. Os Estados Partes se comprometem a assegurar à criança a proteção e o cuidado que sejam necessários para seu bem-estar, levando em consideração os direitos e deveres de seus pais, tutores ou outras pessoas responsáveis por ela perante a lei e, com essa finalidade, tomarão todas as medidas legislativas e administrativas adequadas."

(c) Assertiva contrária ao artigo 40, item 3 da Convenção: "3. Os Estados Partes buscarão promover o estabelecimento de leis, procedimentos, autoridades e instituições específicas para as crianças de quem se alegue ter infringido as leis penais ou que sejam acusadas ou declaradas culpadas de tê-las infringido, e em particular: a) o estabelecimento de uma idade mínima antes da qual se presumirá que a criança não tem capacidade para infringir as leis penais; b) a adoção sempre que conveniente e desejável, de medidas para tratar dessas crianças sem recorrer a procedimentos judiciais, contando que sejam respeitados plenamente os direitos humanos e as garantias legais."

(d) Errada, pois contrária ao item 2 do artigo 12 da Convenção: "1. Os Estados Partes assegurarão à criança que estiver capacitada a formular seus próprios juízos o direito de expressar suas opiniões livremente sobre todos os assuntos relacionados com a criança, levando-se devidamente em consideração essas opiniões, em função da idade e maturidade da criança. 2. Com tal propósito, se proporcionará à criança, em particular, a oportunidade de ser ouvida em todo processo judicial ou administrativo que afete a mesma, quer diretamente quer por intermédio de um representante ou órgão apropriado, em conformidade com as regras processuais da legislação nacional."

(e) É possível impor restrições a esse direito, conforme item 2 do artigo 13 da Convenção. Por isso a assertiva está errada. "1. A criança terá direito à liberdade de expressão. Esse direito incluirá a liberdade de procurar, receber e divulgar informações e ideias de todo tipo, independentemente de fronteiras, de forma oral, escrita ou impressa, por meio das artes ou por qualquer outro meio escolhido pela criança. 2. O exercício de tal direito poderá estar sujeito a determinadas restrições, que serão unicamente as previstas pela lei e consideradas necessárias: a) para o respeito dos direitos ou da reputação dos demais, ou b) para a proteção da segurança nacional ou da ordem pública, ou para proteger a saúde e a moral públicas."

*Para responder, tem que estudar: lei.*

*Gabarito: B*

# 3

# DIREITO DO CONSUMIDOR

## 1. DISPOSIÇÕES GERAIS

**1. (Cespe/TJ/BA/Juiz/2012)** A respeito dos integrantes e do objeto da relação de consumo, assinale a opção correta.

a) As normas consumeristas são aplicáveis à relação decorrente do serviço de fornecimento de água e esgoto, aos contratos de previdência privada e à relação estabelecida entre condomínio e condôminos.

b) Considera-se serviço qualquer atividade – salvo as decorrentes das relações de caráter trabalhista – fornecida no mercado de consumo, mediante remuneração, o que inclui as atividades de natureza bancária, financeira, de crédito e securitária.

c) A corrente maximalista ou objetiva considera consumidor o "não profissional", ou seja, de acordo com essa corrente, consumidor é somente aquele que adquire ou utiliza um produto para uso próprio ou de sua família.

d) Segundo a corrente finalista ou subjetiva, o destinatário final é o destinatário fático, não importando a destinação econômica dada ao bem nem se aquele que adquire o produto ou o serviço tem, ou não, finalidade de lucro.

e) Conforme entendimento pacificado pela jurisprudência do STJ, deve-se sempre adotar, considerando-se o disposto no CDC, a teoria finalista, independentemente de restar evidenciada a vulnerabilidade do adquirente do produto ou serviço.

**ANOTAÇÕES/COMENTÁRIOS**

(a) Água e Esgoto: Serviços públicos prestados por concessionárias remunerados por tarifa ou preço público são regidos pelo CDC, vide REsp 1.062.975/RS; Previdência privada: súmula 563 do STJ: "O Código de Defesa do Consumidor é aplicável às entidades abertas de previdência complementar, não incidindo nos contratos previdenciários celebrados com entidades fechadas."; Condômino e Condomínio: "Não é relação de consumo a que se estabelece entre os condôminos, relativamente às despesas para manutenção e conservação do prédio e dos seus serviços" (STJ, REsp 187.502)

(b) Art. 3º, § 2º do CDC.

(c) A proposição diz respeito à corrente finalista ou subjetiva.

(d) A proposição diz respeito à corrente maximalista ou objetiva.

(e) O STJ adota o finalismo mitigado ou aprofundado (STJ, REsp 733.560) em que a vulnerabilidade da pessoa jurídica é avaliada de acordo com o caso concreto.

*Para responder, tem que estudar: lei, jurisprudência, súmula/OJ e teoria/doutrina.*

*Gabarito: B*

**2. (Cespe/TJ/ES/Juiz/2011)** No CDC - Lei n. 8.078/1990 -, consta expressamente o conceito de consumidor e de fornecedor, os denominados elementos subjetivos da relação jurídica de consumo. Entretanto, nem sempre é possível certificar-se da existência de relação de consumo somente pela análise literal dos artigos do CDC, de modo que o julgador deve conhecer o entendimento dominante dos tribunais superiores. Segundo a jurisprudência do STJ, o CDC se aplica a:

a) contrato de cooperação técnica entre empresas de informática, contrato de franquia e envio de produto gratuito como brinde.
b) pagamento de contribuição de melhoria, crédito educativo custeado pelo Estado ao aluno e relação travada entre condomínio e condôminos.
c) contrato de locação, perícia judicial e contrato de trabalho.
d) serviços notariais, contrato de serviços advocatícios e contrato de plano de saúde.
e) serviço de fornecimento de água e esgoto, contrato bancário e contrato de previdência privada.

## ANOTAÇÕES/COMENTÁRIOS

(a) Empresas de informática: Não há vulnerabilidade no caso concreto. Neste sentido, ver REsp 476.428/SC; Contrato de franquia: "A turma decidiu que não se aplica o CDC em contratos de franquia, porquanto, a relação dentre franqueador e franqueado é regida pelo direito comercial." (STJ, REsp 687.322); Produto gratuito e brinde: Se o produto ou serviço gratuito causar danos, será o destinatário consumidor por equiparação, nos termos do art. 17 do Código de Defesa do Consumidor.

(b) Contribuição de melhoria: "O Ministério Público não tem legitimidade para promover ação civil pública na defesa do contribuinte da Contribuição de Melhoria, que não se equipara ao consumidor, na expressão da legislação pertinente, desde que, nem adquire, nem utiliza produto ou serviço como destinatário final e não intervém, por isso mesmo, em qualquer relação de consumo." (STJ, REsp 124.201); Crédito Educativo:

"O crédito educativo (Lei 8.436/1992) não é serviço bancário, mas programa governamental custeado pela União, no qual a CEF figura como espécie de preposta ou delegada, não havendo subsídio de seus cofres. Destarte, não são aplicáveis as regras do CDC, por não haver qualquer relação de consumo." (STJ, REsp 479.863/RS) Condômino e Condomínio: "Não é relação de consumo a que se estabelece entre os condôminos, relativamente às despesas para manutenção e conservação do prédio e dos seus serviços." (STJ, REsp 187.502)

(c) Contrato de locação: "A jurisprudência desta Corte é firme no sentido de que "não se aplica o Código de Defesa do Consumidor ao contrato de locação regido pela Lei 8.245/1991, porquanto, além de fazerem parte de microssistemas distintos do âmbito normativo do direito privado, as relações jurídicas não possuem os traços característicos da relação de consumo, previstos nos arts. 2º e 3º da Lei 8.078/1990." (STJ, AgInt no AREsp 1147805/RS); Perícia Judicial: "A figura do perito mostra-se inerente à prestação jurisdicional, no âmbito da qual não se travam relações de consumo." (STJ, REsp 213799); Contrato de trabalho: Consumidor, nos termos do art. 2º do Código de Defesa do Consumidor, é toda pessoa física ou jurídica que adquire ou utiliza produto ou serviço como destinatário final. Fornecedor é toda pessoa física ou jurídica, pública ou privada, nacional ou estrangeira, bem como os entes despersonalizados, que desenvolvem atividade de produção, montagem, criação, construção, transformação, importação, exportação, distribuição ou comercialização de produtos ou prestação de serviços (CDC, artigo 3º).

(d) Serviços notariais: "Ressaltou-se que, no caso, não se aplica o Código de Defesa do Consumidor, pois não se trata de relação de consumo, mas de uma relação de serviço público. O notário ou tabelião de notas é um profissional do Direito, dotado de fé pública, a quem é delegado pelo poder público o exercício da atividade notaria" (STJ, REsp 625.144); Serviços advocatícios: "As relações contratuais entre clientes e advogados são regidas pelo Estatuto da OAB, aprovado pela Lei 8.906/94, a elas não se aplicando o Código de Defesa do Consumidor" (STJ, REsp 1.228.104/PR); Plano de saúde: Súmula 469 do STJ: "Aplica-se o Código de Defesa do Consumidor aos contratos de planos de saúde."

(e) Água e Esgoto: Serviços públicos prestados por concessionárias remunerados por tarifa ou preço público são regidos pelo CDC, vide REsp 1.062.975/RS; Contrato bancário: Súmula 297 do STJ: "O código de defesa do consumidor é aplicável às instituições financeiras"; Previdência privada: 563 do STJ: "O Código de Defesa do Consumidor é aplicável às entidades abertas de previdência complementar, não incidindo nos contratos previdenciários celebrados com entidades fechadas."

***Para responder, tem que estudar: jurisprudência e súmula/OJ.***

*Gabarito: E*

**3. (Cespe/TJ/DFT/Juiz/2016)** Fortunato, empresário, proprietário de uma rede de supermercados nesta Capital, enquanto auxiliava seus funcionários na reposição de algumas garrafas de cerveja, colocando-as na prateleira de um de seus estabelecimentos comerciais, foi surpreendido pela explosão de um dos vasilhames, vindo a ser atingido pelos estilhaços da garrafa, que provocam graves e irreversíveis lesões em um de seus olhos. Inconformado, propôs ação de reparação de danos, em face do fabricante do produto. De acordo com o CDC e o entendimento atual do STJ, assinale a opção correta.

a) A inversão do ônus da prova, na situação em exame, poderá ser decretada ("ope judicis"), em favor de Fortunato, caso se convença o juiz, em decisão fundamentada, de que existe, no caso em julgamento, verossimilhança nas alegações ou situação de hipossuficiência por parte do autor.

b) Fortunato, no evento em exame, deve ser legalmente equiparado a consumidor, razão pela qual a responsabilidade do fabricante, pelos danos causados ao empresário, será objetiva e apurada segundo os ditames do CDC.

c) A explosão do vasilhame configura vício do produto, a atrair, por força de presunção legal, a responsabilidade do fabricante, obrigado a indenizar Fortunato, ainda que este não possa, à luz do CDC, ser considerado consumidor.

d) Em razão de sua condição econômica de comerciante, caberá a Fortunato, que não se qualifica como hipossuficiente e nem como destinatário final do produto, comprovar a existência do defeito no vasilhame, para que se possa responsabilizar o fabricante do produto pelos danos causados.

e) No caso em julgamento, para que se possa responsabilizar e submeter o fabricante às normas de proteção do CDC, deve ser aplicada, pelo juiz, a teoria finalista mitigada, a exigir a demonstração de vulnerabilidade, por parte de Fortunato.

### ANOTAÇÕES/COMENTÁRIOS

(a) Configurou-se um fato do produto (acidente de consumo) e, neste caso, a inversão é ope legis, na forma do art. 12, § 3º do CDC; "O fabricante, o construtor, o produtor ou importador só não será responsabilizado quando provar: I – que não colocou o produto no mercado; II – que, embora tenha colocado o produto no mercado, o defeito inexiste; III – a culpa exclusiva do consumidor ou de terceiro."

(b) O empresário é consumidor bystander (equiparado-vítima), na forma do Art. 17 do CDC: "Para efeitos desta Seção, equiparam-se aos consumidores todas as vítimas do evento." Neste sentido, ver: STJ, REsp 1.288.008/MG.

(c) Conforme anotação das alíneas anteriores, não se trata de vício (art. 18, CDC), mas fato do produto (art. 12, CDC).

(d) Reporto-me aos comentários da alínea "a".

(e) Não se exige do consumidor bystander (expectador) que tenha o mesmo integrado a relação de consumo, ou praticado ato de consumo, bastando que tenha sofrido danos.

*Para responder, tem que estudar: lei, jurisprudência e teoria/doutrina.*

*Gabarito: B*

**4. (Cespe/TJ/MA/Juiz/2013)** Assinale a opção correspondente a caso em que se identifica objeto de relação de consumo.

a) A direção de um hospital doa móveis usados para um asilo.

b) Determinado médico presta serviço como empregado a um hospital.

c) A administração de um hospital aluga parte de seu prédio com vistas à instalação de uma clínica.

d) Um hospital presta serviço a cliente credenciado por plano de saúde.

ANOTAÇÕES/COMENTÁRIOS

(a, b, e c) Art. 2º do CDC: "Consumidor é toda pessoa física ou jurídica que adquire ou utiliza produto ou serviço como destinatário final". São três elementos necessários para enquadramento no conceito de consumidor standard ou stricto sensu. Um subjetivo (pessoa física ou jurídica); outro objetivo (aquisição ou utilização de produto ou serviço); e, por último, o elemento teleológico (ser destinatário final/não profissional). Em todos os casos assinalados, falta o último requisito.

(d) "A operadora do plano de saúde, na condição de fornecedora de serviço, responde perante o consumidor pelos defeitos em sua prestação, seja quando fornece por meio de hospital próprio e médicos contratados ou por meio de médicos e hospitais credenciados, nos termos dos arts. 2º, 3º, 14 e 34 do Código de Defesa do Consumidor, art. 1.521, III, do Código Civil de 1916 e art. 932, III, do Código Civil de 2002." (STJ, REsp 866.371/RS)

*Para responder, tem que estudar: lei e jurisprudência.*

*Gabarito: D*

**5. (Cespe/TJ/AC/Juiz/2012)** Acerca de relações de consumo, locação, direitos autorais e títulos de crédito, assinale a opção correta.

a) Tratando-se de conta-corrente conjunta em que cada cotitular a movimente livremente, caso haja emissão de cheque sem provisão de fundos, tanto o nome do correntista emissor quanto o do outro estranho ao título poderão ser negativados no cadastro de proteção ao crédito.

b) As concessionárias de serviços rodoviários, nas suas relações com os usuários, estão subordinadas à legislação consumerista, podendo ser qualificadas como fornecedoras.

c) O CDC não é aplicável às instituições bancárias.

d) Nos contratos de locação, é inválida a cláusula de renúncia à indenização das benfeitorias e ao direito de retenção.

e) Consoante pacífica jurisprudência do STJ, é admissível o interdito proibitório para a proteção do direito autoral.

ANOTAÇÕES/COMENTÁRIOS

(a) "A responsabilidade pela emissão de cheque sem provisão de fundos é exclusiva daquele que apôs a sua assinatura no título." (STJ, REsp 981.081/RS)

(b) "O concessionário trava duas espécies de relações jurídicas a saber: (a) uma com o Poder concedente, titular, dentre outros, do ius imperii no atendimento do interesse público, ressalvadas eventuais indenizações legais; (b) outra com os usuários, de natureza consumerista reguladas, ambas, pelo contrato e supervisionadas pela Agência Reguladora correspondente." (STJ, Recurso Repetitivo, REsp 976.836/RS)

(c) Súmula 297 do STJ: "O código de defesa do consumidor é aplicável às instituições financeiras."

(d) CDC, Art. 51, São nulas de pleno direito, entre outras cláusulas contratuais relativas ao fornecimento de produtos e serviços que: "(...) inciso XVI –"possibilitem a renúncia do direito de indenização por benfeitorias necessárias (...)"

(e) STJ, Súmula 228: "É inadmissível o interdito proibitório para proteção de direito autoral."

*Para responder, tem que estudar: lei, jurisprudência e súmula/OJ.*

*Gabarito: B*

**6. (Cespe/TJ/DFT/Juiz/2014)** A respeito dos elementos subjetivos e objetivos da relação de consumo, assinale a opção correta de acordo com o CDC e com a jurisprudência do STJ.

a) O CDC não é aplicável à relação jurídica entre entidade de previdência privada e seus participantes.

b) Considera-se consumidor a pessoa física que adquire máquina de costura de sociedade empresária multinacional para a realização de trabalho em prol de sua subsistência.

c) Sociedade civil sem fins lucrativos não pode ser considerada fornecedora, ainda que preste serviço mediante contraprestação financeira.

d) Existe relação de consumo entre locador e locatário em caso de contrato de locação de imóvel urbano regido pela Lei n. 8.245/1991.

e) A prestação de serviço público, ainda que seja gratuita e não tenha natureza contratual, caracteriza relação de consumo.

BLOCO I

ANOTAÇÕES/COMENTÁRIOS

(a) STJ, Súmula 563: "O Código de Defesa do Consumidor é aplicável às entidades abertas de previdência complementar, não incidindo nos contratos previdenciários celebrados com entidades fechadas."

(b) O STJ adota o finalismo mitigado ou aprofundado (STJ, REsp 733.560).

(c) "O STJ já decidiu ser irrelevante o fato de a recorrida ser uma entidade sem fins lucrativos, de caráter beneficente e filantrópico, se desempenha atividade no mercado mediante remuneração, para que seja considerada prestadora de serviços regida pelo CDC." (STJ, AgRg no Ag 1.215.680/MA)

(d) "A jurisprudência desta Corte é firme no sentido de que não se aplica o Código de Defesa do Consumidor ao contrato de locação regido pela Lei 8.245/1991, porquanto, além de fazerem parte de microssistemas distintos do âmbito normativo do direito privado, as relações jurídicas não possuem os traços característicos da relação de consumo, previstos nos arts. 2º e 3º da Lei 8.078/1990." (STJ, AgInt no AREsp 1147805/RS)

(e) "O concessionário trava duas espécies de relações jurídicas a saber: (a) uma com o Poder concedente, titular, dentre outros, do ius imperii no atendimento do interesse público, ressalvadas eventuais indenizações legais; (b) outra com os usuários, de natureza consumerista reguladas, ambas, pelo contrato e supervisionadas pela Agência Reguladora correspondente." (STJ, Recurso Repetitivo, REsp 976.836/RS)

*Para responder, tem que estudar: jurisprudência e súmula/OJ.*

*Gabarito: B*

**7. (Cespe/TJ/RN/Juiz/2013)** Parado diante do sinal vermelho do semáforo, o veículo que Cássio dirigia foi abalroado na traseira por um táxi conduzido por Tadeu, profissional liberal, que, em alta velocidade, transportava um passageiro a caminho do aeroporto e não conseguiu frear a tempo de evitar a colisão. Considerando essa situação hipotética, assinale a opção correta, com fundamento na legislação em vigor, na doutrina e na jurisprudência do STJ.

a) O ordenamento jurídico brasileiro não contempla proteção à figura do bystander, cujo conceito foi desenvolvido pelo direito norte-americano.

b) A responsabilidade civil pelos danos experimentados por Cássio, terceiro prejudicado, se submete ao regime jurídico do CDC, ainda que Tadeu não estivesse, no momento do acidente, prestando serviços a algum consumidor.

c) Cássio deve ser considerado consumidor por equiparação, incidindo, nesse caso, as normas protetivas do CDC.

d) Não incide, em relação aos danos materiais sofridos pelo veículo dirigido por Cássio, a proteção derivada das relações de consumo, haja vista que Cássio, diferentemente do passageiro do táxi, não figura como destinatário final dos serviços de transporte prestados por Tadeu.

e) Tadeu responderá, independentemente da existência de culpa, pelos danos causados a Cássio, em face da responsabilidade extracontratual derivada do risco da atividade.

**ANOTAÇÕES/COMENTÁRIOS**

(a) A figura do bystander está consagrada no art. 17 do CDC.

(b) O evento danoso deve ser decorrente de uma relação de consumo. Neste sentido, ver: STJ, REsp 1125276/RJ.

(c) Reporto-me aos comentários acima.

(d) Reporto-me aos comentários acima.

(e) A responsabilidade civil do profissional liberal é apurada mediante culpa, vide art. 14, § 4º do CDC.

*Para responder, tem que estudar: lei e jurisprudência.*

*Gabarito: C*

**8. (Cespe/TJ/PA/Juiz/2012)** À luz do CDC, assinale a opção correta.

a) As normas de direito material previstas no CDC refletem em todo o sistema jurídico, incidindo, inclusive, em relações jurídicas que não sejam de consumo.

b) A defesa do consumidor é um princípio fundamental da ordem econômica.

c) A vulnerabilidade do consumidor, prevista no CDC, não guarda relação com a aplicação do princípio da igualdade, expresso na CF.

d) O CDC não possui autonomia como estatuto jurídico regulador das relações de consumo, funcionando apenas como uma lei principiológica.

e) Embora constituído por um conjunto de normas jurídicas de ordem pública e de interesse social, o CDC não prevalece sobre lei especial, ainda que prejudicial ao consumidor.

**ANOTAÇÕES/COMENTÁRIOS**

(a) O Código de Defesa do Consumidor constitui lei especial no que se refere aos sujeitos envolvidos na relação jurídica (consumidor/fornecedor), porém, em relação ao seu objeto (produtos/serviços), constitui lei geral. Porém, para incidir o CDC devem estar presentes os elementos subjetivos (consumidor + fornecedor + produtos e serviços)

(b) Art. 170, inciso V da Constituição Federal.

(c) O reconhecimento da vulnerabilidade de uma das partes foi feito para se buscar estabelecer salvaguardas de molde a se alcançar a igualdade substancial entre os sujeitos envolvidos.

(d) Segundo o art. 1º, trata-se de norma de ordem pública e interesse social.

(e) O CDC é norma de sobredireito ou superestrutura jurídica, se sobrepondo a todas as demais normas jurídicas, sempre que reconhecida uma relação de consumo.

*Para responder, tem que estudar: lei e teoria/doutrina.*

*Gabarito: B*

**9. (Cespe/TJ/PA/Juiz/2012)** Em relação ao consumidor e ao fornecedor, assinale a opção correta.

a) De acordo com o CDC, entes desprovidos de personalidade jurídica não podem ser considerados fornecedores.

b) De acordo com a legislação brasileira, pessoa jurídica estrangeira que pretenda atuar como fornecedora no Brasil deve ter sede instalada no país.

c) O CDC conceitua, de forma taxativa, o consumidor como a pessoa natural destinatária do produto ou serviço.

d) Considera-se consumidor a pessoa que adquire o produto ou o serviço ou, ainda, a que, não o tendo adquirido, o utiliza.

e) O CDC prevê que se considere consumidor quem adquire produto como intermediário do ciclo de produção.

ANOTAÇÕES/COMENTÁRIOS

(a e b) Art. 3º do CDC: "Fornecedor é toda pessoa física ou jurídica, pública ou privada, nacional ou estrangeira, bem como os entes despersonalizados, que desenvolvem atividade de produção, montagem, criação, construção, transformação, importação, exportação, distribuição ou comercialização de produtos ou prestações de serviços."

(c) O art. 2º do CDC também inclui pessoa jurídica.

(d) Adquirir e utilizar produtos ou serviços constitui elemento objetivo do conceito de consumidor, delineado no art. 2º do CDC.

(e) Ser destinatário final dos produtos e da prestação de serviços constitui o elemento teleológico do conceito de consumidor, delineado no art. 2º do CDC.

*Para responder, tem que estudar: lei e teoria/doutrina.*

*Gabarito: D*

**10. (Cespe/TJ/PB/Juiz/2015)** Com relação ao sistema de proteção ao consumidor, assinale a opção correta à luz do entendimento jurisprudencial do STJ.

a) O cabimento de ACP em defesa de direitos individuais homogêneos se restringe àqueles direitos que evolvam relação de consumo, diversamente do que ocorre em relação aos direitos difusos e coletivos.

b) É de consumo a relação nos casos em que os produtos ou serviços destinam-se à implementação da atividade econômica do adquirente.

c) O comerciante, quando concitado pelo consumidor, tem o dever de receber e de encaminhar produto viciado à assistência técnica, mesmo que esta esteja localizada no mesmo município do estabelecimento comercial.

d) A eclosão de vício em revestimento (pisos), quando este está devidamente instalado na residência do consumidor, configura vício do produto, de modo que o prazo decadencial da ação reparatória é de noventa dias, a contar da manifestação do defeito.

e) A teoria da base objetiva ou da base do negócio jurídico tem sua aplicação restrita às relações jurídicas de consumo e não é aplicável às relações contratuais puramente civis.

**ANOTAÇÕES/COMENTÁRIOS**

(a) O STJ posicionava-se no sentido de que o cabimento de ação civil pública em defesa de direitos individuais homogêneos se restringia àqueles direitos que evolvessem relação de consumo. Esse posicionamento, entretanto, encontra-se superado, tendo em vista o entendimento de que o art. 21 da Lei 7.347/1985, com redação dada pela Lei 8.078/1990, ampliou o alcance da ação civil pública também para a defesa de interesses e direitos individuais homogêneos não relacionados a consumidores (REsp 1.322.166/PR).

(b) O STJ adota o finalismo mitigado ou aprofundado (STJ, REsp 733.560) em que a vulnerabilidade da pessoa jurídica tem que ser é avaliada de acordo com o caso concreto.

(c) Houve mudança de entendimento do STJ em relação à época da confecção da questão. Atualmente, conforme noticiado no informativo 619, prevalece o direito de escolha do consumidor, entre o comerciante, a assistência técnica ou o fornecedor, nos termos do REsp 1.634.851/RJ.

(d) "O aparecimento de grave vício em revestimento (pisos e azulejos), quando já se encontrava devidamente instalado na residência do consumidor, configura fato do produto, sendo, portanto, de cinco anos o prazo prescricional da pretensão reparatória (art. 27 do CDC)" (STJ, REsp 1.176.323).

(e) "A teoria da base objetiva ou da base do negócio jurídico tem sua aplicação restrita às relações jurídicas de consumo, não sendo aplicável às contratuais puramente civis." (STJ, REsp 1.321.614)

*Para responder, tem que estudar: jurisprudência.*

*Gabarito: E*

**11. (Cespe/TJ/PB/Juiz/2015)** Em relação ao conceito de consumidor e aos direitos básicos do consumidor, assinale a opção correta.

a) A vulnerabilidade, pressuposto de aplicação do CDC, é presumida para o consumidor pessoa física, ao passo que, para a pessoa jurídica, tal situação deve ser demonstrada e aferida casuisticamente.

b) Para se aplicar o conceito de consumidor equiparado, tem de haver prévio ajuste contratual com o fornecedor do produto ou serviço.

c) A inversão do ônus da prova depende da análise dos requisitos legais pelo juiz no caso concreto e de requerimento expresso da parte nesse sentido.

d) Os requisitos para a inversão do ônus da prova são alternativos, razão pela qual pode o juiz aplicar tal instituto quando presente a hipossuficiência do consumidor, ainda que o fato alegado seja inverossímil.

e) Segundo entendimento do STJ, o CDC incide na relação jurídica estabelecida entre o estudante e a pessoa jurídica responsável pelo gerenciamento do Fundo de Financiamento Estudantil do governo federal.

ANOTAÇÕES/COMENTÁRIOS

(a) O STJ adota o finalismo mitigado ou aprofundado (STJ, REsp 733.560), em que a vulnerabilidade da pessoa jurídica é avaliada de acordo com o caso concreto.

(b) O reconhecimento da figura de equiparação decorre da dicção da lei (arts. 2º, parágrafo único; art. 17 e art. 29, todos do CDC).

(c) A inversão ope legis, prevista nos arts. 12, § 3º, 14, § 3º e 38, todos do CDC, se dá automaticamente.

(d) "A expressão 'a critério do juiz' não põe a seu talante a determinação de inversão do ônus probatório; apenas evidencia que a medida será ou não determinada caso a caso, de acordo com a avaliação do julgador quanto à verossimilhança das alegações ou à hipossuficiência do consumidor." (STJ, REsp 773.171/RN)

(e) STJ, Recurso Repetitivo, REsp 1155684/RN.

*Para responder, tem que estudar: lei e jurisprudência.*

*Gabarito: A*

## 2. DA POLÍTICA NACIONAL DE RELAÇÕES DE CONSUMO

**12. (Cespe/TJ/CE/Juiz/2012)** A respeito das características e princípios do CDC e da Política Nacional das Relações de Consumo, assinale a opção correta.

a) Consoante os princípios da transparência e da informação, o fornecedor responderá tanto pela informação inverídica quanto pela falta de informação a respeito do produto ou serviço e da correta utilização do produto.

b) Para a execução da Política Nacional das Relações de Consumo, contará o poder público com diversos instrumentos, entre os quais se destaca a manutenção de assistência jurídica integral e gratuita para os consumidores lesados, independentemente de sua situação econômico-financeira.

c) O princípio da boa-fé, previsto no CDC, tem caráter subjetivo, pois expressa um comportamento caracterizado pelo erro ou pela ignorância, para o estabelecimento do equilíbrio nas relações de consumo.

d) Os direitos previstos no CDC excluem, em razão da sua especificidade, outros decorrentes de regulamentos expedidos pelas autoridades administrativas competentes, bem como os que derivem dos princípios gerais do direito, da analogia, dos costumes e da equidade.

e) O princípio da vulnerabilidade, ou da hipossuficiência, não previsto expressamente no CDC, divide-se em quatro espécies: técnica, jurídica, fática e informacional.

**ANOTAÇÕES/COMENTÁRIOS**

(a) Art. 37, § 1º, 2º e 3º do CDC.

(b) Art. 5º, inciso I (consumidor carente) do CDC.

(c) A Boa fé objetiva (e não subjetiva) foi erigida como principio orientador.

(d) Art. 7º caput, do CDC.

(e) Vulnerabilidade: Art. 4º, inciso IV do CDC; Hipossuficiência: Art. 6º inciso VIII do CDC.

*Para responder, tem que estudar: lei e teoria/doutrina.*

*Gabarito: A*

**13. (Cespe/TJ/PA/Juiz/2012)** Com base nos princípios relacionados ao direito do consumidor, assinale a opção correta.

a) A prevenção e a reparação dos danos dizem respeito apenas aos direitos dos consumidores individuais, conforme previsão legal.

b) O CDC autoriza a intervenção direta do Estado no domínio econômico, para garantir a proteção efetiva do consumidor.

c) Apesar de não estar expressamente previsto no CDC, o dever de informação é um princípio fundamental nas relações de consumo.

d) Práticas abusivas que, adotadas pelo fornecedor, atinjam exclusivamente direitos subjetivos do consumidor não são consideradas ilícitas pela legislação que regula as relações de consumo.

e) Em razão da natureza jurídica da relação de consumo, a desproporcionalidade entre as prestações enseja rescisão do contrato, não sendo possível a revisão de cláusulas contratuais.

**ANOTAÇÕES/COMENTÁRIOS**

(a) Art. 6º, inciso VI do CDC (danos coletivos e difusos).

(b) Art. 6º, inciso V do CDC (modificação e revisão de cláusulas como formas de dirigismo contratual ou intervencionismo estatal).

(c) O princípio da informação está previsto expressamente no art. 6º, inciso III do CDC.

(d) Art. 39 do CDC.

(e) Art. 6º, inciso V do CDC.

*Para responder, tem que estudar: lei.*

*Gabarito: B*



## 3. DOS DIREITOS BÁSICOS DO CONSUMIDOR

**14. (Cespe/TJ/PB/Juiz/2011)** De acordo com o previsto no CDC, constitui direito básico do consumidor:

a) a modificação de cláusulas contratuais que estabeleçam prestações excessivamente onerosas e que acarretem extrema vantagem para uma das partes no caso de acontecimentos extraordinários e imprevisíveis.

b) a garantia de responsabilidade solidária no que se refere a ofensas cometidas por mais de um autor, caso em que todos os envolvidos deverão responder pela reparação dos danos previstos nas normas de consumo, de acordo com sua culpabilidade.

c) a adequada, eficaz e contínua prestação dos serviços públicos em geral.

d) a facilitação da defesa dos seus direitos de consumidor, inclusive com a inversão do ônus da prova a seu favor, no âmbito civil, quando o juiz julgar procedente a alegação ou quando o consumidor for considerado necessitado, de acordo com as regras ordinárias de experiência.

e) o acesso aos órgãos judiciários e administrativos com vistas à prevenção ou reparação de danos patrimoniais e morais, individuais, coletivos ou difusos, assegurada proteção jurídica, administrativa e técnica aos necessitados.

ANOTAÇÕES/COMENTÁRIOS

(a) O CDC adotou a teoria da quebra da base objetiva da relação contratual (art. 6ºm inciso V, segunda parte) e não a da imprevisão, prevista no art. 478 do Código Civil.

(b) Art. 7º, parágrafo único e art. 25, § 1º, ambos do CDC.

(c) Art. 22 do CDC.

(d) Art. 6º, inciso VIII – "A facilitação da defesa de seus direitos, inclusive com a inversão do ônus da prova, a seu favor, no processo civil, quando, a critério do juiz, for verossímil a alegação ou quando for ele hipossuficiente, segundo as regras ordinárias de experiências;"

(e) A alternativa corresponde aos exatos termos da norma contida no art. 6º, inciso VII, do CDC.

*Para responder, tem que estudar: lei.*

*Gabarito: E*

**15. (Cespe/TJ/DFT/Juiz/2014)** No que concerne à proteção contratual, à desconsideração da personalidade jurídica e à inversão do ônus da prova, assinale a opção correta com base no CDC e na jurisprudência do STJ.

a) O CDC trata tanto da inversão do ônus da prova "ope legis" quanto da inversão do ônus da prova "ope judicis".

b) A desconsideração da personalidade jurídica requerida pelo consumidor somente poderá ser deferida caso seja demonstrado desvio de finalidade ou confusão patrimonial.

c) Segundo entendimento consolidado do STJ, cabe ao consumidor arcar com as despesas postais decorrentes do exercício do direito de arrependimento em caso de realização de compras fora do estabelecimento comercial.

d) Segundo o STJ, é válida cláusula contratual que determine a utilização compulsória da arbitragem em contrato de adesão entre fornecedor e consumidor, desde que assim convencionado em documento anexo ou em negrito, com a assinatura ou visto especialmente para essa cláusula.

e) Nos contratos regidos pelo CDC, as multas de mora decorrentes do inadimplemento de obrigações no seu termo poderão ser fixadas em até 10% do valor da prestação.

ANOTAÇÕES/COMENTÁRIOS

(a) Art. 6ºm inciso VIII: Inversão ope judicis; Arts. 12, § 3º, 14, § 3º e 38: inversão ope legis.

(b) A alínea retrata a teoria maior da desconsideração, porém o CDC consagrou a teoria menor, conforme a norma contida no art. 28, § 5º.

(c) "Exercido o direito de arrependimento, o parágrafo único do art. 49 do CDC especifica que o consumidor terá de volta, imediatamente e monetariamente atualizados, todos os valores eventualmente pagos, a qualquer título, durante o prazo de reflexão, entendendo-se incluídos nestes valores todas as despesas com o serviço postal para a devolução do produto, quantia esta que não pode ser repassada ao consumidor." (STJ, REsp 1.340.604)

(d) Art. 51, inciso VII do CDC.

(e) Art. 52, § 1º (não pode exceder a 2%)

*Para responder, tem que estudar: lei, jurisprudência e teoria/doutrina.*

*Gabarito: A*

**16. (Cespe/TJ/DFT/Juiz/2014)** Acerca dos princípios aplicáveis à relação de consumo, assinale a opção correta.

a) De acordo com a jurisprudência do STJ, a aplicação da inversão do ônus da prova prevista no CDC é regra de instrução, ou seja, ocorre preferencialmente na decisão saneadora proferida pelo juiz.

b) A inversão do ônus da prova obriga a parte contrária a arcar com as despesas decorrentes da produção daquele meio de prova requerido pelo consumidor autor da demanda.

c) A vulnerabilidade difere da hipossuficiência, pois esta é de ordem material e presumida, em regra, para os consumidores, ao passo que aquela é de ordem processual e seu reconhecimento depende da análise do caso concreto.

d) Para o cumprimento do dever de informar imposto ao fornecedor, basta o oferecimento formal das informações, sendo desnecessário, portanto, que o consumidor efetivamente as compreenda.

e) Para a inversão do ônus da prova, prevista como direito básico do consumidor no processo civil, o juiz deve verificar, no caso concreto, a verossimilhança da alegação e a hipossuficiência da parte, o que a torna um critério ope legis.

ANOTAÇÕES/COMENTÁRIOS

(a) "(...) a inversão do ônus da prova a respeito da identidade do responsável pelo produto pode ocorrer com base no art. 6º, VIII, do CDC, regra de instrução, devendo a decisão judicial que a determinar ser proferida 'preferencialmente na fase de saneamento do processo ou, pelo menos, assegurando-se à parte a quem não incumbia inicialmente o encargo, a reabertura de oportunidade'" (STJ, EREsp. 422.778)

(b) "(...) a inversão do mencionado ônus não implica responsabilização da ré pelas custas da perícia solicitada" (STJ, AgRg no REsp 1.098.876).

(c) Os conceitos estão invertidos.

(d) A informação deve ser adequada e clara, conforme preceitua o art. 6º, inciso III do CDC.

(e) A necessidade de exercício cognitivo do juiz para verificação de requisitos é característica da inversão ope judicis.

*Para responder, tem que estudar: lei, jurisprudência e teoria/doutrina.*

*Gabarito: A*

**17. (Cespe/TJ/RN/Juiz/2013)** Acerca da responsabilidade civil fundada na alegação de erro médico, assinale a opção correta, com fundamento na legislação em vigor, na doutrina e na jurisprudência atual do STJ.

a) O juiz pode inverter o ônus da prova, ficando tal providência, no entanto, condicionada à prova da verossimilhança da alegação ou da hipossuficiência, segundo as regras ordinárias de experiência, do lesado pelo suposto erro médico.

b) Os danos causados ao paciente devem ser ressarcidos, desde que sejam provados a culpa do profissional e o nexo de causalidade, não sendo possível, no entanto, a cumulação dos danos materiais e morais, visto que advêm do mesmo fato gerador.

c) As relações do médico com o paciente não se submetem ao regime específico do CDC, porque versam, via de regra, sobre obrigação de meio, e não de resultado.

d) A responsabilidade pessoal do médico é objetiva, regida pelos ditames do CDC, podendo ser afastada apenas quando comprovada a inexistência de defeito na prestação dos serviços ou a culpa exclusiva do paciente ou de terceiro.

e) Por se tratar de responsabilidade subjetiva, o ônus da prova incumbirá sempre ao lesado, que deverá comprovar, em caso de erro médico, a culpa do profissional.

ANOTAÇÕES/COMENTÁRIOS

(a) "Mesmo em caso de relação de consumo, a inversão do ônus da prova não é automática, cabendo ao magistrado a apreciação dos aspectos de verossimilhança da alegação do consumidor ou de sua hipossuficiência, em conformidade com o art. 6º, VIII, do referido diploma legal." (STJ, AgRg no REsp 1.216.562)

(b) É possível cumular danos materiais e morais.

(c) STJ, REsp 819;008/PR.

(d) A alínea destoa da norma contida no art. 14, § 4º do CDC.

(e) "Nas obrigações de resultado, cumpre ao médico demonstrar que os eventos danosos decorreram de fatores externos e alheios à sua atuação durante a cirurgia." (STJ, AgRg no AREsp 764697/ES)

*Para responder, tem que estudar: jurisprudência.*

*Gabarito: A*

**18. (Cespe/TJ/PR/Juiz/2017)** Maria, aposentada, compareceu a uma agência bancária para sacar seu benefício previdenciário. No entanto, ao consultar o extrato, verificou que o numerário fora sacado por terceiro. Inconformada, procurou a defensoria pública, que ajuizou ação de indenização, requerendo, entre outras coisas, a inversão do ônus da prova em favor de Maria. Por sua vez, em sua resposta, a instituição financeira alegou fato exclusivo da vítima, porquanto a operação fora realizada mediante a utilização de cartão e senha pessoal. Acerca dessa situação hipotética, assinale a opção correta à luz da legislação aplicável ao caso e da jurisprudência do STJ.

a) O juiz deverá deferir o pleito de inversão do ônus da prova em favor da autora, pois cabe à instituição financeira demonstrar a regularidade do saque.

b) Maria deverá demonstrar sua vulnerabilidade e a verossimilhança do alegado.

c) O momento processual adequado para a inversão do ônus da prova será quando a sentença for proferida.

d) O fato exclusivo da vítima não afasta a responsabilidade, pois ele sucumbe ao princípio da reparação integral em favor do consumidor.

**ANOTAÇÕES/COMENTÁRIOS**

(a, b, c, d, e) "É plenamente viável a inversão do ônus da prova (art. 333, II do CPC) na ocorrência de saques indevidos de contas-correntes, competindo ao banco (réu da ação de indenização) o ônus de provar os fatos impeditivos, modificativos ou extintivos do direito do autor. Incumbe ao banco demonstrar, por meios idôneos, a inexistência ou impossibilidade de fraude, tendo em vista a notoriedade do reconhecimento da possibilidade de violação do sistema eletrônico de saque por meio de cartão bancário e/ou senha." (STJ, REsp 727843)

***Para responder, tem que estudar: jurisprudência.***

*Gabarito: A*

## 4. DA QUALIDADE DE PRODUTOS E SERVIÇOS, DA PREVENÇÃO E DA REPARAÇÃO DOS DANOS

### 4.1. Da Responsabilidade pelo Fato do Produto e do Serviço

**19. (Cespe/TJ/DFT/Juiz/2015)** Em cada uma das opções seguintes, é apresentada uma situação hipotética, seguida de uma assertiva a ser julgada. Assinale a opção que apresenta a assertiva correta de acordo com a jurisprudência do STJ e o CDC.

a) O banco ZYX, ao oferecer serviço de financiamento para compra de imóvel a Mariana, exigiu que ela contratasse seguro para o financiamento diretamente com o agente financeiro ou com seguradora que indicasse. Nessa situação, por ser a aquisição do seguro fator determinante para a preservação do sistema financeiro habitacional, a conduta do banco foi lícita.

b) O MP de determinado estado da Federação ajuizou ACP com pedido de condenação de uma instituição financeira ao pagamento pelos danos morais coletivos decorrentes de reiterados atos ilícitos no atendimento de consumidores deficientes físicos. Nessa situação, em razão da impossibilidade jurídica do pedido, o juiz deverá extinguir o processo sem resolução de mérito.

c) Conforme contrato de abertura de crédito rotativo celebrado entre Carla e uma instituição financeira, esta disponibilizará àquela dez mil reais para empréstimo mediante pagamento de juros remuneratórios. Nessa situação, se a taxa de juros a ser aplicada não estiver indicada expressamente no contrato, será indevida a cobrança de qualquer valor a título de juros remuneratórios.

d) Raysa, estudante de direito, celebrou com uma instituição financeira integrante da administração pública indireta contrato de concessão de crédito educativo oferecido por intermédio de programa governamental para o ensino superior. Nessa situação, existe relação de consumo entre Raysa e a referida instituição financeira porque é manifesta a vulnerabilidade da destinatária do serviço.

e) Paloma realizou saque de valores em espécie na agência bancária da qual é cliente. Ao retornar a seu veículo, foi vítima de roubo dentro do estacionamento que a instituição financeira oferece a seus clientes. Nessa situação, a instituição financeira em questão deverá responder objetivamente pelos danos sofridos por Paloma, e o roubo não caracteriza causa excludente da relação de causalidade.

**ANOTAÇÕES/COMENTÁRIOS**

(a) Houve operação casada, pratica abusiva vedada pelo art. 39, inciso I do CDC.

(b) "A Turma negou provimento ao apelo especial e manteve a condenação do banco, em ação civil pública ajuizada pelo Ministério Público, ao pagamento de indenização por danos morais coletivos em decorrência do inadequado atendimento dos consumidores prioritários. No caso, o atendimento às pessoas idosas, com deficiência física, bem como àquelas com dificuldade de locomoção era realizado somente no segundo andar da agência bancária, após a locomoção dos consumidores por três lances de escada." (STJ, REsp 1.221.756)

(c) Súmula 530 STJ: "Nos contratos bancários, na impossibilidade de comprovar a taxa de juros efetivamente contratada – por ausência de pactuação ou pela falta de juntada do instrumento aos autos -, aplica-se a taxa média de mercado, divulgada pelo Bacen, praticada nas operações da mesma espécie, salvo se a taxa cobrada for mais vantajosa para o devedor"

(d) "O crédito educativo (Lei 8.436/1992) não é serviço bancário, mas programa governamental custeado pela União, no qual a CEF figura como espécie de preposta ou delegada, não havendo subsídio de seus cofres. Destarte, não são aplicáveis as regras do CDC, por não haver qualquer relação de consumo" (STJ, REsp 479.863/RS)

(e) "A jurisprudência desta Corte é firme no sentido de que a prática do crime de roubo no interior de estacionamento de veículos, pelo qual seja direta ou indiretamente responsável a instituição financeira, não caracteriza caso fortuito ou motivo de força maior capaz de desonerá-la da responsabilidade pelos danos suportados por seu cliente vitimado." (STJ, REsp AgRg no AREsp 613850)

*Para responder, tem que estudar: jurisprudência e súmula/OJ.*

*Gabarito: E*



**20. (Cespe/TJ/PI/Juiz/2012)** Considerando que, em determinada festa, a explosão de uma garrafa de refrigerante cause danos a algumas pessoas, assinale a opção correta.

a) Para acionar judicialmente o fabricante, será necessária a demonstração da ocorrência de conduta culposa.

b) A ausência de comprovação de defeito na fabricação do produto excluirá a responsabilidade do fabricante.

c) Caso se trate de produto importado, o importador será considerado fornecedor presumido e responderá de forma objetiva pelos danos causados.

d) Se for comprovado que o dano decorreu de defeito de informação, a responsabilidade do comerciante será afastada.

e) Será solidária a responsabilidade do comerciante pelos danos causados às pessoas atingidas.

**ANOTAÇÕES/COMENTÁRIOS**

(a, b, c, d, e) Mutatis mutandis aplica-se o entendimento consignado no trecho do acórdão a seguir: "1. Comerciante atingido em seu olho esquerdo pelos estilhaços de uma garrafa de cerveja, que estourou em suas mãos quando a colocava em um freezer, causando graves lesões. 2. Enquadramento do comerciante, que é vítima de um acidente de consumo, no conceito ampliado de consumidor estabelecido pela regra do art. 17 do CDC ("bystander"). 4. Ônus da prova da inexistência de defeito do produto atribuído pelo legislador ao fabricante. 5. Caracterização da violação à regra do inciso II do § 3º do art. 12 do CDC." (STJ, REsp 1288008)

*Para responder, tem que estudar: jurisprudência.*

*Gabarito: C*

**21. (Cespe/TJ/DFT/Juiz/2015)** Um consumidor adquiriu, em agência de turismo, pacote de viagem – passagens aéreas, seguro-viagem, transporte terrestre e hospedagem – para um fim de semana em cidade litorânea do Nordeste brasileiro. No embarque, em razão de problemas técnicos na aeronave, ocorreu atraso de cerca de oito horas na decolagem do avião, o que levou o consumidor a ajuizar ação indenizatória contra a agência de turismo para pleitear reparação pelos danos sofridos. Nessa situação, de acordo com o CDC e a jurisprudência do STJ:

a) a agência de turismo deverá responder solidariamente pelos defeitos na prestação dos serviços que integravam o referido pacote.

b) o prazo prescricional para ajuizamento da ação indenizatória pelo fato do serviço é de três anos, iniciando-se a sua contagem a partir da data do embarque aéreo.

c) caso a agência de turismo tenha inserido no contrato cláusula que lhe isente de responsabilidade por danos decorrentes de falha no transporte aéreo, sua responsabilidade deverá ser excluída.

d) o serviço prestado pode ser considerado seguro, segundo os padrões estabelecidos pelo CDC, porque o atraso na decolagem ocorreu para preservar a integridade física dos passageiros.

e) a falha técnica do avião constituiu evento fortuito que interrompe o nexo de causalidade e, portanto, deverá ser excluída a responsabilidade do fornecedor.

*ANOTAÇÕES/COMENTÁRIOS*

(a, d, e) "A agência de viagens que vende pacote turístico responde pelo dano decorrente da má prestação dos serviços." (STJ, AgRg no REsp 850.768/SC)

(b) A prescrição ocorre em 5 (cinco) anos, conforme preceitua o art. 27 do CDC.

*Para responder, tem que estudar: jurisprudência.*

*Gabarito: A*

**22. (Cespe/TJ/MA/Juiz/2013)** Em ação que trate de matéria consumerista, constitui aspecto irrelevante na análise do defeito do produto:

a) a segurança que razoavelmente se espera de seu uso.

b) a época em que tenha sido colocado em circulação.

c) a apresentação do produto.

d) a existência, no mercado, de outro produto de melhor qualidade.

*ANOTAÇÕES/COMENTÁRIOS*

(a, b, c, d, e) CDC, Art. 12, § 1º: "O produto é defeituoso quando não oferece a segurança que ele legitimamente se espera, levando-se em consideração as circunstâncias relevantes, entre as quais: I – sua apresentação; II – o uso e os riscos que razoavelmente dele se esperam; III – a época em que foi colocado em circulação."

*Para responder, tem que estudar: lei.*

*Gabarito: D*

**23. (Cespe/TJ/PB/Juiz/2011)** Assinale a opção correta de acordo com a jurisprudência do STJ no que tange ao direito do consumidor.

a) Por força de vedação prevista em lei, o MP não possui legitimidade para promover ação civil pública na defesa de direitos dos consumidores de energia elétrica.

b) O critério a ser adotado para determinar a relação de consumo é o maximalista; desse modo, para se caracterizar como consumidora, a parte deve ser destinatária econômica final do bem ou do serviço adquirido.

c) No contrato de fornecimento de energia elétrica, a concessionária não pode repassar às faturas a serem pagas pelo consumidor o valor da contribuição ao Programa de Integração Social e o da contribuição para financiamento da seguridade social por ela devidos.

d) À cobrança de indenização securitária não se aplica a responsabilidade solidária decorrente de danos ao consumidor, pois a pretensão diz respeito à exigência do próprio serviço, e não, a responsabilidade por fato do serviço.

e) Considere que uma sociedade empresária efetue a compra de uma retroescavadeira usada para ser empregada em suas atividades negociais. Nessa situação, são aplicáveis as regras do CDC.

ANOTAÇÕES/COMENTÁRIOS

(a) Súmula 601 do STJ: "O Ministério Público tem legitimidade ativa para atuar na defesa de direitos difusos, coletivos e individuais homogêneos dos consumidores, ainda que decorrentes da prestação de serviço público."

(b) O STJ adota o finalismo mitigado ou aprofundado (STJ, REsp 733.560), onde deve ser avaliada a vulnerabilidade no caso concreto.

(c) É possível a cobrança, segundo o STJ (Recurso Repetitivo, REsp 1141065/SC).

(d) "À cobrança de indenização securitária – vale dizer, cobrança de uma prestação contratual – não se aplicam os arts. 14, caput, 7º, § único, e 25, § 1º, no que concerne à responsabilidade solidária decorrente de causação de danos ao consumidor, pois a pretensão deduzida em juízo diz respeito à exigência do próprio serviço, e não de responsabilidade por fato do serviço." (STJ, REsp 1190772)

(e) "A Turma reiterou que não se considera relação de consumo, mas atividade de consumo intermediária, a aquisição de bens ou a utilização de serviços por pessoa física ou jurídica para implemento ou incremento de sua atividade comercial." (STJ, REsp 541.867/BA)

*Para responder, tem que estudar: jurisprudência e súmula/OJ.*

*Gabarito: D*

**24. (Cespe/TJ/PB/Juiz/2011)** Considerando a jurisprudência do STJ, assinale a opção correta acerca de fornecedor, proteção contratual e responsabilidade.

a) Empresa jornalística não pode ser responsabilizada pelos produtos ou serviços oferecidos por seus anunciantes, sobretudo quando não se infira ilicitude dos anúncios.

b) A composição civil judicial entre consumidor e fornecedor e(ou) prestador de serviços afasta a imposição de multa aplicada por órgão de proteção e defesa do consumidor.

c) Em contrato de arrendamento, considera-se abusiva cláusula contratual que obrigue o arrendatário a contratar seguro em nome do arrendante, cabendo àquele o dever de conservar o bem e, portanto, de arcar com os riscos e encargos inerentes.

d) Se uma revendedora de máquinas e equipamentos firmar contrato com transportadora para o transporte de um gerador de energia, restará configurada relação de consumo.

e) Em caso de rescisão de promessa de compra e venda de imóvel ainda em construção, é legítima cláusula contratual que determine a restituição das parcelas somente ao término da obra.

ANOTAÇÕES/COMENTÁRIOS

(a) "Nos contratos de compra e venda firmados entre consumidores e anunciantes em jornal, as empresas jornalísticas não se enquadram no conceito de fornecedor, nos termos do art. 3º do CDC." (STJ, REsp 1046241/SC)

(b) "A composição civil entre o consumidor e o fornecedor e/ou prestador de serviços, ainda que realizada em juízo, não tem o condão de afastar a imposição de penalidade de multa, aplicada por órgão de proteção e defesa do consumidor, no exercício do poder sancionatório do Estado." (STJ, REsp 1164146)

(c) "A cláusula que obriga o arrendatário a contratar seguro em nome da arrendante não é abusiva, pois aquele possui dever de conservação do bem, usufruindo da coisa como se dono fosse, suportando, em razão disso, riscos e encargos inerentes a sua obrigação. O seguro, nessas circunstâncias, é garantia para o cumprimento da avença, protegendo o patrimônio do arrendante, bem como o indivíduo de infortúnios." (STJ, REsp 1060515)

(d) "A relação de consumo existe apenas no caso em que uma das partes pode ser considerada destinatária final do produto ou serviço. Na hipótese em que produto ou serviço são utilizados na cadeia produtiva, e não há considerável desproporção entre o porte econômico das partes contratantes, o adquirente não pode ser considerado consumidor e não se aplica o CDC, devendo eventuais conflitos serem resolvidos com outras regras do Direito das Obrigações." (STJ, REsp 836.823/PR)

(e) Súmula 543 do STJ: "Na hipótese de resolução de contrato de promessa de compra e venda de imóvel submetido ao Código de Defesa do Consumidor, deve ocorrer a imediata restituição das parcelas pagas pelo promitente comprador – integralmente, em caso de culpa exclusiva do promitente vendedor/construtor, ou parcialmente, caso tenha sido o comprador quem deu causa ao desfazimento."

*Para responder, tem que estudar: jurisprudência e súmula/OJ.*

*Gabarito: A*



**25. (Cespe/TJ/CE/Juiz/2012)** Ao tentar entrar na agência do banco de que é cliente, Ademar foi retido por mais de dez minutos na porta giratória de segurança, que travou em razão do marca-passo implantado em seu coração. Com base na situação hipotética acima apresentada e no entendimento jurisprudencial do STJ acerca de dano moral, assinale a opção correta.

a) O banco é parte ilegítima para figurar no polo passivo de eventual ação por dano moral a ser ajuizada por Ademar, porque a suposta responsabilidade é exclusiva da empresa prestadora de serviços de segurança.

b) O dano moral poderá advir dos desdobramentos que possam suceder ao travamento da porta, assim consideradas as iniciativas que, tomadas pela instituição bancária ou por seus prepostos, possam majorar os efeitos da ocorrência, fazendo com que ela assuma contornos de vergonha e humilhação, esses, sim, passíveis de reparação.

c) No caso de fixação de danos morais pelas instâncias ordinárias, seria vedado ao STJ, em recurso especial, alterar o valor fixado, mesmo quando ínfimo ou exagerado, haja vista o impedimento para o reexame das provas dos autos.

d) O simples travamento da porta giratória já é suficiente para lesar a imagem de Ademar, de modo que cabe ao banco indenizá-lo por danos morais.

e) Caso pretenda ajuizar ação por dano moral contra o banco, Ademar não poderá invocar as regras do CDC, inaplicáveis em relação às instituições financeiras.

ANOTAÇÕES/COMENTÁRIOS

(a, b, c, d, e) "Em regra, o simples travamento de porta giratória de banco constitui mero aborrecimento, de modo que, em sendo a situação adequadamente conduzida pelos vigilantes e prepostos do banco, é inidônea, por si só, para ocasionar efetivo abalo moral, não exsurgindo, por isso, o dever de indenizar." (STJ, REsp 983016)

*Para responder, tem que estudar: jurisprudência.*

*Gabarito: B*

**26. (Cespe/TJ/AM/Juiz/2016)** Acerca do tratamento dispensado pelo CDC à pessoa jurídica e à sua desconsideração e responsabilização penal, aos direitos básicos do consumidor e ao instituto do recall, assinale a opção correta à luz da legislação aplicável e da jurisprudência do STJ.

a) Na desconsideração da personalidade jurídica, o CDC adotou a teoria maior, pois, para tal desconsideração, exige-se o desvio de finalidade e a confusão patrimonial.

b) Ao abordar as infrações penais de consumo, relativamente ao concurso de pessoas, o CDC não tratou da responsabilidade do diretor, do administrador ou do gerente da pessoa jurídica.

c) O CDC, ao tratar da possibilidade de modificação e revisão de cláusulas contratuais que estabeleçam prestações desproporcionais ou fatos supervenientes que as tornem excessivamente onerosas, adotou a teoria da imprevisão.

d) O recall efetuado pelo fornecedor mediante anúncios publicitários não afasta a sua obrigação de reparar o consumidor na hipótese de fato do produto pretérito decorrente desse defeito.

e) A pessoa jurídica tem a vulnerabilidade presumida no mercado de consumo na hipótese de relação jurídica estabelecida com empresa concessionária de serviço público essencial.

ANOTAÇÕES/COMENTÁRIOS

(a) "A teoria menor da desconsideração, acolhida em nosso ordenamento jurídico excepcionalmente no Direito do Consumidor e no Direito Ambiental, incide com a mera prova da insolvência da pessoa jurídica para o pagamento de suas obrigações, independentemente do desvio de finalidade ou de confusão patrimonial." (STJ, REsp 279.273)

(b) Art. 75 do CDC. "Quem, de qualquer forma, concorrer para os crimes referidos neste código, incide as penas a esses cominadas na medida de sua culpabilidade, bem como o diretor, administrador ou gerente da pessoa jurídica que promover, permitir ou por qualquer modo aprovar o fornecimento, oferta, exposição à venda ou manutenção em depósito de produtos ou a oferta e prestação de serviços nas condições por ele proibidas."

(c) "O preceito insculpido no inciso V do art. 6º do CDC dispensa a prova do caráter imprevisível do fato superveniente, bastando a demonstração objetiva da excessiva onerosidade advinda para o consumidor." (STJ, REsp 370.598/RS)

(d) "A circunstância de o adquirente não levar o veículo para conserto, em atenção a RECALL, não isenta o fabricante da obrigação de indenizar". (STJ, REsp 1.010.392)

(e) O STJ adota o finalismo mitigado ou aprofundado (STJ, REsp 733.560), onde deve ser avaliada a vulnerabilidade no caso concreto.

*Para responder, tem que estudar: lei e jurisprudência.*

*Gabarito: D*

## 4.2. Da Responsabilidade por Vício do Produto e do Serviço

**27. (Cespe/TJ/CE/Juiz/2018)** Considerando-se a doutrina consumerista dominante acerca da segurança e da periculosidade de produtos e serviços, assinale a opção correta.

a) Os requisitos de normalidade e previsibilidade devem estar presentes para o reconhecimento da periculosidade inerente ou latente de produtos ou serviços.

b) Periculosidade adquirida é aquela que não deriva de defeito eque tem como característica principal a previsibilidade.

c) A informação adequada serve para mitigar os riscos dos produtos dotados de periculosidade exagerada, permitindo, assim, que eles sejam colocados no mercado.

d) O chamado vício de qualidade por insegurança não seconfunde com defeito do produto ou do serviço.

e) Um produto não será considerado perigoso se estiver em conformidade com a regulamentação em vigor.

ANOTAÇÕES/COMENTÁRIOS

(a) A alternativa está correta. Alguns bens de consumo trazem um risco intrínseco, porém, este risco é normal e previsível para o consumidor, não surpreendendo o consumidor, tal como o exemplo da faca. Tais produtos não podem ser considerados defeituosos. (SCHWARTZ, Fabio. Manual de Direito do Consumidor: Tópicos & Controvérsias. Rio de Janeiro: Editora Processo, 2018, p. 113)

(b) Alternativa incorreta. Na periculosidade adquirida os produtos tornam-se perigosos em decorrência de um "defeito" que se manifesta em momento posterior à sua colocação no mercado de consumo. O risco é imprevisível, logo é impossível qualquer advertência prévia por parte do fornecedor. (idem, Ibidem)

(c) Incorreta. Produto carreado de periculosidade exagerada é considerado defeituoso por ficção, não podendo sequer ser comercializado, já que os riscos não compensam os benefícios. (Idem, Ibidem)

(d) Incorreta. Vício de qualidade por insegurança conceitua-se como sendo a desconformidade do produto ou serviço com as expectativas legítimas do consumidor, com capacidade de provocar acidentes de consumo, sendo apontado pela doutrina como sinônimo de "defeito". (SCHWARTZ, Fabio, op. cit., p. 162/63)

(e) Incorreta. Não será considerado defeituoso se não acarretar risco à saúde ou segurança dos consumidores, salvo os considerados normais e previsíveis, nos termos do art. 8º do CDC.

*Para responder, tem que estudar: lei e teoria/doutrina.*

*Gabarito: A*

**28. (Cespe/TJ/PB/Juiz/2015)** Assinale a opção correta à luz dos dispositivos do CDC e da jurisprudência do STJ.

a) Em um contrato de compra e venda decorrente de relação de consumo, será abusiva eventual cláusula contratual que reduza o prazo legal para que o vício seja sanado pelo fornecedor.

b) É possível indenização por danos morais e materiais causados pela privação do uso do produto durante o conserto, ainda que o vício seja sanado no prazo legal pelo fornecedor.

c) O comerciante que vender produto com vício sem saber do defeito não terá a obrigação de reparar danos ao consumidor, devendo tal obrigação ser assumida pelo fabricante.

d) Na compra de um produto, a garantia contratual de cobertura sobre defeitos do produto pode substituir as garantias previstas em lei.

e) Por expressa previsão no CDC, a responsabilidade do comerciante é subsidiária à do fabricante quanto a vício do produto.

ANOTAÇÕES/COMENTÁRIOS

(a) O art. 18, § 2º do CDC permite a redução do prazo.

(b) "(...) é o raciocínio utilizado pelo STJ no tocante aos danos morais, em que, ainda que o vício do produto ou serviço tenha sido solucionado pelo fornecedor no prazo legal, poderá haver a reparação por danos morais, desde que presentes os elementos caracterizadores do constrangimento à esfera moral do consumidor." (STJ, REsp 1478254)

(c) Conforme defende a doutrina majoritária, embora o Código não mencione expressamente, a responsabilidade é objetiva, independe de culpa, e há solidariedade entre os fornecedores, na forma do art. 18, caput do CDC.

(d) A garantia legal é complementar a legal, nos termos da norma contida no art. 50 do CDC.

(e) É subsidiária quanto a fato do produto, nos termos da norma contida no art. 13 do CDC

*Para responder, tem que estudar: lei e teoria/doutrina.*

*Gabarito: B*

**29. (Cespe/TJ/PB/Juiz/2011)** De acordo com a sistemática adotada no CDC em relação à responsabilidade do fornecedor, assinale a opção correta.

a) O comerciante responde solidariamente pelo fato do produto juntamente com o fabricante, ainda que este possa ser identificado pelo consumidor.

b) O produto será considerado defeituoso, ensejando-se a responsabilidade do fornecedor, pelo fato de produto equivalente, porém de melhor qualidade, ter sido colocado no mercado.

c) No que concerne a vício do produto, a responsabilidade do fornecedor, em regra, não ultrapassa o limite do valor do próprio produto ou serviço, não se impondo tal limitação em caso de responsabilidade pelo fato do produto.

d) Os profissionais liberais equiparam-se aos fornecedores para efeito de responsabilidade pelos serviços prestados.

e) Em razão da responsabilidade objetiva, o fornecedor responde pelo dano causado pelo uso do produto, ainda que a culpa seja de terceiro.



**ANOTAÇÕES/COMENTÁRIOS**

(a) Art. 13 do CDC: "O comerciante é igualmente responsável, nos termos do artigo anterior, quando: I – o fabricante, o construtor, o produtor ou o importador não puderem ser identificados (...);"

(b) Art. 12, § 2º do CDC: "O produto não é considerado defeituoso pelo fato de outro de melhor qualidade ter sido colocado no mercado."

(c) O art. 18 (vício do produto) preconiza o retorno ao status quo ante, com vistas a uma reparação de cunho eminentemente material; ao passo que o art. 12 (fato do produto) visa não só a reparação dos danos concernentes à funcionalidade do bem em si considerado, mas bem como a outros bens que são atingidos, como sua incolumidade físico-psíquica.

(d) Art. 14, § 4º do CDC: "A responsabilidade pessoal dos profissionais liberais será apurada mediante a verificação de culpa."

(e) Na responsabilidade objetiva, não se discute culpa.

*Para responder, tem que estudar: lei.*

*Gabarito: C*

**30. (Cespe/TJ/BA/Juiz/2012)** A respeito das relações de consumo, assinale a opção correta.

a) A concessão do prazo de 30 dias para sanar o vício do produto é um direito assegurado ao fornecedor e que obriga o consumidor.

b) A responsabilidade de uma fábrica pelos ferimentos sofridos por um empregado em decorrência da explosão de um produto nas suas dependências será dirimida pelas regras aplicáveis ao fornecedor de produtos.

c) Para que determinada relação seja considerada de consumo, não é necessária a habitualidade quanto ao fornecedor do produto.

d) Conforme entendimento do STJ, as entidades beneficentes não se enquadram no conceito de fornecimento, porquanto lhes falta a finalidade lucrativa.

e) Por disposição legal, a responsabilidade do comerciante pelo fato do produto é solidária com a do fabricante.

ANOTAÇÕES/COMENTÁRIOS

(a) Art. 18, § 1º do CDC: "Não sendo o vício sanado no prazo máximo de trinta dais, pode o consumidor exigir, alternativamente e à sua escolha: (...)".

(b) Trata-se de acidente de trabalho, conforme dispõe o art. 19 da Lei 8.213/91, "acidente de trabalho é o que ocorre pelo exercício do trabalho a serviço da empresa ou pelo exercício do trabalho dos segurados referidos no inciso VII do art. 11 desta lei, provocando lesão corporal ou perturbação funcional que cause a morte ou a perda ou redução, permanente ou temporária, da capacidade para o trabalho".

(c) Cláudia Lima Marques destaca que "o critério caracterizador é desenvolver atividades tipicamente profissionais, como a comercialização, a produção, a importação, indicando a necessidade de uma certa habitualidade, como a transformação, a distribuição de produtos" (MARQUES, Cláudia Lima. Contratos no Código de Defesa do Consumidor).

(d) "O STJ já decidiu ser irrelevante o fato de a recorrida ser uma entidade sem fins lucrativos, de caráter beneficente e filantrópico, se desempenha atividade no mercado mediante remuneração, para que seja considerada prestadora de serviços regida pelo CDC." (STJ, AgRg no Ag 1.215.680)

(e) Para que o comerciante responda pelo fato do produto é necessário que ocorra uma das condições alinhadas no art. 13 do CDC.

*Para responder, tem que estudar: lei, jurisprudência e teoria/doutrina.*

*Gabarito: A*

**31. (Cespe/TJ/PI/Juiz/2012)** Assinale a opção correta no que se refere ao vício de qualidade por insegurança.

a) Bens de consumo de periculosidade patente apresentam risco intrínseco associado à própria qualidade ou modo de funcionamento do produto.

b) As três modalidades básicas de periculosidade adquirida são os defeitos de fabricação, de concepção e de comercialização.

c) Os produtos ou serviços de periculosidade latente tornam-se perigosos em decorrência de defeito que, por qualquer razão, apresentem.

d) No que se refere aos bens de periculosidade adquirida, considerados defeituosos por ficção, a informação adequada acerca do problema aos consumidores não produz efeito significativo na mitigação dos riscos.

e) A característica principal da periculosidade exagerada de um bem consiste na imprevisibilidade de risco ao consumidor, sendo impossível qualquer modalidade de advertência relacionada ao defeito de comercialização apresentado.

ANOTAÇÕES/COMENTÁRIOS

(a) Na verdade a alínea trata da periculosidade inerente.

(b) defeito de concepção: projeto ou fórmula; defeito de fabricação: fabricação, montagem, manipulação ou acondicionamento; e defeito de comercialização: apresentação do produto e informações inadequadas ou insuficientes.

(c) Produtos com periculosidade inerente são aqueles que carreiam riscos considerados normais e previsíveis, tais como uma faca, por exemplo.

(d) Os produtos com periculosidade adquirida, que são aqueles que se tornam perigosos em razão de defeito que se manifesta somente em momento posterior à sua colocação no mercado de consumo. Tratando-se de risco imprevisível, impossível qualquer advertência prévia. Tais produtos devem ser objeto de recall.

(e) Neste caso há previsibilidade, só que o risco é tão grande que não compensa o benefício, logo, o produto não pode ser comercializado.

*Para responder, tem que estudar: teoria/doutrina.*

*Gabarito: B*

**32. (Cespe/TJ/BA/Juiz/2012)** Considerando que o aparelho celular novo adquirido por determinado consumidor, em um supermercado, pelo valor de R$ 800,00, pago à vista, tenha parado de funcionar após cinquenta dias de uso e que esse consumidor tenha, então, solicitado, nesse mesmo supermercado, a troca imediata do produto ou a devolução do valor pago, assinale a opção correta à luz das normas que regem as relações de consumo.

a) A troca do celular ou a devolução do valor pago pelo supermercado somente pode ser exigido no prazo legal de arrependimento, que é de sete dias, contado da venda.

b) O direito do consumidor de reclamar do defeito no aparelho caducou, pois ele não o exerceu no prazo legal de trinta dias.

c) O consumidor tem direito à substituição imediata do celular, uma vez que, em razão da extensão do vício, houve o comprometimento das características do aparelho.

d) Na hipótese de não sanar o defeito e não ter, em estoque, outro aparelho da mesma marca e modelo, o supermercado poderá, mediante autorização do consumidor, substituir o celular defeituoso por outro de marca ou modelo diverso, com a complementação ou restituição de eventual diferença de preço.

e) O consumidor não poderia acionar judicialmente o supermercado, porque, nesse caso, a responsabilidade é exclusiva do fabricante.

**ANOTAÇÕES/COMENTÁRIOS**

(a) Artigo 49 do CDC: "O consumidor pode desistir do contrato, no prazo de 7 dias a contar de sua assinatura ou do ato de recebimento do produto ou serviço, sempre que a contratação de fornecimento de produtos e serviços ocorrer fora do estabelecimento comercial, especialmente por telefone ou a domicílio."

(b) Art. 26 do CDC: "O direito de reclamar pelos vícios aparentes ou de fácil constatação caduca em: (...). II – noventa dias, tratando-se de fornecimento de serviços e produtos duráveis."

(c) Art. 18, § 3º do CDC: "O consumidor poderá fazer uso imediato das alternativas do § 1º deste artigo sempre que, em razão da extensão do vício, a substituição das partes viciadas puder comprometer a qualidade ou características do produto, diminuir-lhe o valor ou se tratar de produto essencial." O enunciado não deixa claro ter havido proposição de substituição de partes viciadas.

(d) Artigo 18, § 4º do CDC: "Tendo o consumidor optado pela alternativa do inciso I do § 1º deste artigo, e não sendo possível a substituição do bem, poderá haver substituição por outro de espécie, marca ou modelo diversos, mediante complementação ou restituição de eventual diferença de preço, sem prejuízo do disposto nos incisos II e III do § 1º deste artigo."

(e) Artigo 18 do CDC: "Os fornecedores de produtos de consumo duráveis ou não duráveis respondem solidariamente pelos vícios de qualidade ou quantidade que os tornem impróprios ou inadequados ao consumo a que se destinam ou lhes diminuam o valor, assim como por aqueles decorrentes da disparidade, com a indicações constantes do recipiente, da embalagem, rotulagem ou mensagem publicitária, respeitadas as variações decorrentes de sua natureza, podendo o consumidor exigir a substituição das partes viciadas."

*Para responder, tem que estudar: lei.*

*Gabarito: D*

**33. (Cespe/TJ/PA/Juiz/2012)** No que se refere à responsabilidade por vício do produto e do serviço, assinale a opção correta.

a) De acordo com a sistemática adotada pelo CDC, a existência de desacordo entre o produto e as especificações a ele relativas constantes no seu recipiente não configura vício de qualidade.

b) Além de orientar o consumidor, o registro do prazo de validade do produto representa garantia para o fabricante, sendo do consumidor o risco do consumo do produto após esse prazo.

c) Nem todo motivo que faça o produto tornar-se inadequado ao fim a que se destina é considerado vício.

d) Como nem todas as pessoas que participam do ciclo de produção são consideradas responsáveis pelo vício do produto, cabe ao consumidor identificar o responsável pelo vício e acioná-lo diretamente.

e) Os fornecedores de produtos de consumo não duráveis não respondem solidariamente por vícios de qualidade ou quantidade.

ANOTAÇÕES/COMENTÁRIOS

(a, c, d, e) Art. 18 do CDC: "Os fornecedores de produtos de consumo duráveis ou não duráveis respondem solidariamente pelos vícios de qualidade e quantidade que os tornem impróprios ou inadequados ao consumo a que se destinam ou lhes diminuam o valor, assim como por aqueles decorrentes da disparidade, com as indicações constantes do recipiente, da embalagem, rotulagem ou mensagem publicitária, respeitadas as variações decorrentes de sua natureza, podendo o consumidor exigir a substituição das partes viciadas."

(b) "O fabricante ao estabelecer prazo de validade para consumo de seus produtos, atende aos comandos imperativos do próprio Código de Defesa do Consumidor, especificamente, acerca da segurança do produto, bem como a saúde dos consumidores. O prazo de validade é resultado de estudos técnicos, químicos e biológicos, a fim de possibilitar ao mercado consumidor, a segurança de que, naquele prazo, o produto estará em plenas condições de consumo." (STJ, REsp 1252307/PR)

*Para responder, tem que estudar: lei e jurisprudência.*

*Gabarito: B*

**34. (Cespe/TJ/DFT/Juiz/2014)** João adquiriu, na Casa dos Eletroeletrônicos Ltda., um aparelho de televisão fabricado por Televisores S.A. Passados quarenta dias da aquisição, o produto não mais ligava, tendo João, então, contatado a assistência técnica e enviado o produto para reparo. Sem obter resposta acerca do conserto no prazo de trinta dias, João ajuizou ação condenatória contra o fabricante e o comerciante do aparelho de televisão. Em contradita, o comerciante argumentou que, para esse caso, não há, no CDC, previsão de sua responsabilidade. Com base nessa situação hipotética, assinale a opção correta.

a) No caso, a responsabilidade do comerciante é subsidiária.

b) O comerciante e o fornecedor são solidariamente responsáveis, pois se trata de "vício do produto".

c) A responsabilidade do comerciante terá de ser apurada mediante a verificação de culpa.

d) O comerciante não será responsabilizado se provar não ter colocado o produto no mercado ou, ainda que o tenha colocado, a inexistência do defeito, além da culpa exclusiva da vítima ou de terceiro.

e) A hipótese é de "fato do produto" e, de acordo com o CDC, o comerciante, em regra, não pode ser responsabilizado pelo ocorrido.

ANOTAÇÕES/COMENTÁRIOS

(a, b, c, d, e) "A melhor exegese dos arts. 14 e 18 do CDC indica que todos aqueles que participam da introdução do produto ou serviço no mercado devem responder solidariamente por eventual defeito ou vício, isto é, imputa-se a toda a cadeia de fornecimento a responsabilidade pela garantia de qualidade e adequação." (STJ, REsp 1.077.911)

*Para responder, tem que estudar: jurisprudência.*

*Gabarito: B*

**35. (Cespe/TJ/DFT/Juiz/2014)** Assinale a opção correta com base no entendimento doutrinário e nos julgados do STJ acerca do CDC.

a) Dada a necessidade de atendimento ao princípio da continuidade, é ilegítima a interrupção por inadimplemento do serviço público essencial prestado por concessionária, ainda que o consumidor seja previamente notificado por débito atual.

b) A relação estabelecida entre locador não profissional e locatário no contrato de locação urbana é de consumo, da mesma forma que na relação entre condômino e condomínio que envolva a cobrança de encargos condominiais.

c) Nos procedimentos cirúrgicos com fins estéticos, a obrigação assumida pelo médico cirurgião é de resultado; por isso, sua responsabilidade é objetiva.

d) No CDC, assim como no Código Civil, é estabelecida a distinção entre responsabilidade civil contratual e extracontratual.

e) Admite-se a discussão da culpa concorrente pelo fornecedor em ação de responsabilidade objetiva fundada no CDC.

ANOTAÇÕES/COMENTÁRIOS

(a) "Os serviços públicos essenciais, remunerados por tarifa, podem sofrer interrupção quando há inadimplência, como previsto no art. 6º, § 3º, II, da Lei 8.987/95." (STJ, REsp 887.389)

(b) Contrato de locação: "A jurisprudência desta Corte é firme no sentido de que "não se aplica o Código de Defesa do Consumidor ao contrato de locação regido pela Lei 8.245/1991, porquanto, além de fazerem parte de microssistemas distintos do âmbito normativo do direito privado, as relações jurídicas não possuem os traços característicos da relação de consumo, previstos nos arts. 2º e 3º da Lei 8.078/1990." (STJ, AgInt no AREsp 1147805/RS); Condômino e Condomínio: "Não é relação de consumo a que se estabelece entre os condôminos, relativamente às despesas para manutenção e conservação do prédio e dos seus serviços." (STJ, REsp 187.502).

(c) "Em procedimento cirúrgico para fins estéticos, conquanto a obrigação seja de resultado, não se vislumbra a responsabilidade objetiva pelo insucesso da cirurgia, mas mera presunção de culpa médica, o que importa a inversão do ônus da prova, cabendo ao profissional elidi-la de modo a exonerar-se da responsabilidade contratual pelos danos causados ao paciente, em razão do ato cirúrgico." (STJ, REsp 985.888)

(d) A responsabilidade civil no CDC inovou ao romper com o modelo dualista ou binário, adotando o modelo unitário, ou sem seja, sem fazer distinção entre responsabilidade contratual (ou negocial) e extracontratual.

(e) "Consideradas as peculiaridades do processo, caracteriza-se hipótese de culpa concorrente quando a conduta da vítima contribui para a ocorrência do ilícito, devendo, por certo, a indenização atender ao critério da proporcionalidade." (STJ, REsp 712.581/RS)



*Para responder, tem que estudar: jurisprudência e teoria/doutrina.*

*Gabarito: E*

**36. (Cespe/TJ/CE/Juiz/2018)** Após embarcar em um veículo de transporte público coletivo e pagado a passagem, João se desequilibrou, em razão de uma frenagem brusca, e se acidentou no interior do veículo, o que lhe causou diversas fraturas pelo corpo.

Tendo como referência essa situação hipotética, assinale a opção correta, à luz do CDC e da jurisprudência do STJ.

a) A relação estabelecida entre João e a empresa de transporte público coletivo proprietária do veículo não se submete ao regime da legislação consumerista.

b) A ocorrência do acidente que lesionou o passageiro não configura defeito na prestação do serviço.

c) O prazo para o ajuizamento da ação de reparação de danos é decadencial.

d) A responsabilidade da empresa de transporte pelos danos causados no acidente deverá ser condicionada à demonstração da existência de culpa do prestador.

e) O prazo para o ajuizamento da ação de reparação de danos é de cinco anos.

ANOTAÇÕES/COMENTÁRIOS

(a) Alternativa incorreta. O enunciado narra um acidente de consumo na prestação de um serviço. O CDC aborda a responsabilidade civil pelo fato do serviço no seu art. 14 de forma explícita.

(b) Incorreto. Conforme aludido no item anterior, o art. 14 do CDC obriga o prestador de serviço a responder pelas falhas (defeitos ou acidentes de consumo) relativas à prestação de serviço, independentemente de culpa.

(c) Incorreto. Segundo o estatuído no art. 27 do CDC, prescreve em 5 anos a pretensão para reparação pelos danos causados por fato do serviço, iniciando-se a contagem a partir do conhecimento do dano e de sua autoria.

(d) Incorreto. Conforme explicitado na alínea "b", o prestador do serviço responde independentemente de culpa, ou seja, a responsabilidade civil neste caso é objetiva.

(e) Alternativa correta, eis que em consonância com o art. 27 do CDC.

*Para estudar, tem que estudar: lei e teoria/doutrina.*

*Gabarito: E*

## 4.3. Da Decadência e da Prescrição

**37. (Cespe/TJ/AM/Juiz/2016)** Xavier adquiriu, em 20.9.2012, na casa de materiais de construção Materc Ltda., piso em cerâmica fabricado pela empresa Ceramic Ltda. A Materc Ltda. comprometeu-se a instalar na cozinha da residência de Xavier o material comprado e assim o fez, prevendo contratualmente trinta dias de garantia. Posteriormente, em 19.3.2013, o piso passou a apresentar rachaduras. Diante de tal situação, Xavier contatou, em 20.3.2013, os técnicos das empresas envolvidas, que, no mesmo dia, compareceram ao local. O representante da Materc Ltda. não reconheceu a má prestação do serviço; contudo, o preposto da fabricante atestou que os produtos adquiridos apresentavam vícios. Não obstante, este informou que, como já havia transcorrido o prazo da garantia oferecido pelo serviço, bem como o prazo de trinta dias previsto em lei, nada poderia ser feito. Inconformado com os produtos adquiridos, Xavier ingressou com ação de cobrança contra os fornecedores e requereu que estes, solidariamente, restituíssem a quantia paga. Nessa situação hipotética, conforme as disposições do CDC:

a) o defeito descrito caracteriza a existência de fato do produto e, por isso, o prazo prescricional é de cinco anos.
b) ao autor é assegurado o prazo prescricional de três anos previsto legalmente para a reparação civil, razão pela qual ainda não houve a perda da pretensão.
c) a Ceramic Ltda. não pode ser responsabilizada civilmente, pois o autor se insurgiu tão somente contra os produtos adquiridos.
d) a garantia contratual substituiu a garantia legal prevista para o caso em questão e, portanto, está prescrita a pretensão do autor.
e) a relação jurídica estabelecida entre as partes é de consumo e, por se tratar de vício oculto, o direito do autor de reclamar ainda não caducou.

ANOTAÇÕES/COMENTÁRIOS

(a, b, c, d, e) "O aparecimento de grave vício em revestimento (pisos e azulejos), quando já se encontrava devidamente instalado na residência do consumidor, configura fato do produto, sendo, portanto, de cinco anos o prazo prescricional da pretensão reparatória (art. 27 do CDC)" (STJ, REsp 1.176.323).

*Para responder, tem que estudar: jurisprudência.*

*Gabarito: A*

**38. (Cespe/TJ/DFT/Juiz/2016)** A respeito dos institutos jurídicos da prescrição e da decadência, no âmbito das relações de consumo, de acordo com o CDC e o entendimento atual e prevalente do STJ, assinale a opção correta.

a) Pelo princípio da "actio nata", o termo inicial do prazo prescricional para a propositura de ação indenizatória, fundada em inscrição indevida em cadastros restritivos de crédito, é a data em que ocorre, efetivamente, a negativação, em face do caráter público das informações lançadas nos bancos de dados.

b) Para as ações de indenização por danos morais decorrentes de inscrição indevida em cadastro de inadimplentes, promovida por instituição financeira, aplica-se o prazo prescricional de cinco anos, previsto no CDC para as hipóteses de responsabilidade decorrente de fato do serviço.

c) À luz do ordenamento jurídico em vigor, é de cinco anos o prazo para que o consumidor possa reclamar a remoção de vícios aparentes ou de fácil constatação, decorrentes da construção civil, que não estejam ligados à solidez e à segurança do imóvel.

d) A simples reclamação do consumidor, comprovadamente formulada apenas perante o fornecedor de produtos e serviços, não obsta a fluência do prazo decadencial do direito de reclamar, quando se tratar de vício aparente ou de fácil constatação, que será de trinta dias, tratando-se de fornecimento de serviço e de produto não duráveis, e de noventa dias, caso se trate de serviço ou produto durável.

e) O ajuizamento de ação de indenização, fundada em erro médico ocorrido após a entrada em vigor do CDC, deve observar o prazo de prescrição quinquenal, previsto no CDC para os casos de fato do produto ou do serviço, iniciando-se a contagem do prazo a partir do conhecimento do dano e de sua autoria.

**ANOTAÇÕES/COMENTÁRIOS**

(a e b) "(...) Interpretação literal, lógica, sistemática e teleológica do enunciado normativo do § 1º, do art. 43, do CDC, conduzindo à conclusão de que o termo 'a quo' do quinquênio deve tomar por base a data do fato gerador da informação depreciadora. 4. Vencida e não paga a obrigação, inicia-se, no dia seguinte, a contagem do prazo, independentemente da efetivação da inscrição pelo credor. Doutrina acerca do tema." (STJ, REsp 1.316.117/SC)

(c) Vícios aparentes, de fácil constatação, o prazo é decadencial de 90 dias para bens duráveis, conforme art. 26, inciso II do CDC. Neste sentido ver também REsp 1172331/RJ do STJ.

(d) É desnecessária notificação formal. Neste sentido: STJ, REsp.1.634.851/RJ.

(e) "Consoante a jurisprudência consolidada no âmbito do STJ, aplica-se o Código de Defesa do Consumidor aos serviços médicos, inclusive o prazo prescricional previsto no artigo 27 da Lei 8.078/1990." (STJ, AgRg no AREsp 785.171)

*Para responder, tem que estudar: lei e jurisprudência.*

*Gabarito: E*

**39. (Cespe/TJ/PB/Juiz/2015)** A respeito da prescrição e da decadência nas relações de consumo, assinale a opção correta.

a) O juiz não pode reconhecer de ofício a prescrição e a decadência na relação de consumo, pois se trata de uma interpretação desfavorável ao consumidor.

b) Na ação ordinária em que o consumidor almeje a restituição em dobro das tarifas de água e esgoto, a perda da pretensão ocorre em cinco anos.

c) O prazo decadencial conferido ao consumidor para reclamar das inadequações dos produtos e serviços na hipótese de vício aparente ou de fácil constatação diverge daquele previsto para reclamações por vícios ocultos.

d) A reclamação verbal do vício do produto ou do serviço feita pelo consumidor ao fornecedor por telefone não obsta o prazo decadencial, pois o CDC exige que a comunicação seja comprovada por escrito.

e) Na demanda coletiva amparada em direitos difusos dos consumidores, bem como nas de direito coletivo em sentido estrito em que haja indisponibilidade do direito material tutelado, a pretensão é considerada imprescritível.

ANOTAÇÕES/COMENTÁRIOS

(a) O CDC é norma de ordem pública, o que significa dizer que o juiz pode atuar ex officio, em qualquer grau de instrução, não havendo preclusão para o reconhecimento de eventual nulidade. Atenção: A Súmula 381 do STJ excepciona os contratos bancários.

(b) Súmula 412 do STJ: "a ação de repetição de indébito de tarifas de água e esgoto sujeita-se ao prazo prescricional estabelecido no Código Civil."

(c) O que diverge é apenas o início da contagem do prazo. Enquanto que nos casos de vícios aparentes ou de fácil constatação a contagem se inicia a partir da entrega do bem (art. 26, § 1º do CDC), no vício oculto a contagem se inicia somente quando ficar evidenciado o defeito (art. 26, § 3º do CDC).

(d) É desnecessária notificação formal. Neste sentido: STJ, REsp.1.634.851/RJ.

(e) Embora esta seja a resposta correta de acordo com o gabarito, tal entendimento está dissonante da jurisprudência consolidada no STJ: "Consoante entendimento consolidado da 2ª Seção do STJ, a ação civil pública e a ação popular compõem um microssistema de tutela dos direitos difusos, por isso que, não havendo previsão de prazo prescricional para a propositura da ação civil pública, recomenda- se a aplicação, por analogia, do prazo quinquenal previsto no art. 21 da Lei 4.717/65." (REsp 1375906)

*Para responder, tem que estudar: lei, jurisprudência e súmula/OJ.*

*Gabarito: E*

**40. (Cespe/TJ/DFT/Juiz/2014)** Em relação à interpretação dada pelo STJ às normas do CDC acerca da defesa do consumidor em juízo, da legitimidade ativa para a propositura de ações coletivas e para a defesa de interesses individuais homogêneos, bem como da coisa julgada, assinale a opção correta.

a) É quinquenal o prazo prescricional tanto para o ajuizamento da ACP para a defesa de interesses individuais homogêneos quanto para a propositura da execução individual da sentença.

b) O juízo onde se opere trânsito em julgado da sentença condenatória proferida em ACP é absolutamente competente para processar e julgar a liquidação e a execução individual de sentença, não podendo, portanto, o beneficiário individual liquidar ou executar o julgado no juízo do seu domicílio, se este for diverso daquele que sentencie o feito.

c) É ampla a legitimidade da DP para ajuizar ações coletivas em defesa de interesses difusos, coletivos ou individuais homogêneos, independentemente da condição econômico-financeira dos eventuais interessados.

d) É vedado ao juiz inverter o ônus da prova em ACP ajuizada pelo MP na defesa de interesses difusos de consumidores, haja vista que o MP possui o instrumento do inquérito civil público para fins de produção de provas.

e) O MP detém legitimidade para propor a execução de sentença proferida em ACP ajuizada na defesa de interesses individuais homogêneos de consumidores, logo após o trânsito em julgado da decisão.

## ANOTAÇÕES/COMENTÁRIOS

(a) "Para os efeitos do art. 543-C do Código de Processo Civil, foi fixada a seguinte tese: 'No âmbito do Direito Privado, é de cinco anos o prazo prescricional para ajuizamento da execução individual em pedido de cumprimento de sentença proferida em Ação Civil Pública'"'(STJ, Recurso Repetitivo, REsp 1273643/PR)

(b) "Para efeitos do art. 543-C do CPC: 1.1. A liquidação e a execução individual de sentença genérica proferida em ação civil coletiva pode ser ajuizada no foro do domicílio do beneficiário, porquanto os efeitos e a eficácia da sentença não estão circunscritos a lindes geográficos, mas aos limites objetivos e subjetivos do que foi decidido, levando-se em conta, para tanto, sempre a extensão do dano e a qualidade dos interesses metaindividuais postos em juízo (arts. 468, 472 e 474, CPC e 93 e 103, CDC)." (STJ, Recurso Repetitivo, REsp 1243887/PR)

(c) A alternativa também está correta. Neste sentido: "A expressão 'necessitados' (art. 134, caput, da Constituição), que qualifica, orienta e enobrece a atuação da Defensoria Pública, deve ser entendida, no campo da Ação Civil Pública, em sentido amplo, de modo a incluir, ao lado dos estritamente carentes de recursos financeiros – os miseráveis e pobres -, os hipervulneráveis (isto é, os socialmente estigmatizados ou excluídos, as crianças, os idosos, as gerações futuras), enfim todos aqueles que, como indivíduo ou classe, por conta de sua real debilidade perante abusos ou arbítrio dos detentores de poder econômico ou político, 'necessitem' da mão benevolente e solidarista do Estado para sua proteção, mesmo que contra o próprio Estado. Vê-se, então, que a partir da ideia tradicional da instituição forma-se, no Welfare State, um novo e mais abrangente círculo de sujeitos salvaguardados processualmente, isto é, adota-se uma compreensão de minus habentes impregnada de significado social, organizacional e de dignificação da pessoa humana" (REsp 1.264.116)

(d) "Não há óbice a que seja invertido o ônus da prova em ação coletiva – providência que, em realidade, beneficia a coletividade consumidora -, ainda que se cuide de ação civil pública ajuizada pelo Ministério Público. 2. Deveras, "a defesa dos interesses e direitos dos consumidores e das vítimas" – a qual deverá sempre ser facilitada, por exemplo, com a inversão do ônus da prova – "poderá ser exercida em juízo individualmente, ou a título coletivo" (art. 81 do CDC)." (STJ, REsp 951785 RS)

(e) "A legitimidade do Ministério Público para instaurar a execução exsurgirá – se for o caso – após o escoamento do prazo de um ano do trânsito em julgado se não houver a habilitação de interessados em número compatível com a gravidade do dano, nos termos do art. 100 do CDC. É que a hipótese versada nesse dispositivo encerra situação em que, por alguma razão, os consumidores lesados desinteressam-se quanto ao cumprimento individual da sentença, retornando a legitimação dos entes públicos indicados no art. 82 do CDC para requerer ao Juízo a apuração dos danos globalmente causados e a reversão dos valores apurados para o Fundo de Defesa dos Direitos Difusos (art. 13 da LACP), com vistas a que a sentença não se torne inócua, liberando o fornecedor que atuou ilicitamente de arcar com a reparação dos danos causados." (STJ, REsp 869583)

*Para responder, tem que estudar: jurisprudência.*

*Gabarito: A*

**41. (Cespe/TJ/RN/Juiz/2013)** Assinale a opção correta a respeito da prescrição e da decadência no regime do CDC, à luz da doutrina e da jurisprudência atual.

a) Prescreve em cinco anos a pretensão do consumidor à reparação por danos causados em razão de falha na prestação de serviços advocatícios por ele contratados.

b) O prazo de cinco anos para reclamar a reparação de danos causados por fato do produto ou do serviço é decadencial, iniciando-se a partir do conhecimento do dano e de sua autoria.

c) A prescrição pode ser suspensa ou interrompida, ao passo que a decadência, por sua natureza absoluta, não pode ser obstada.

d) Em se tratando de vício aparente ou de fácil constatação, o prazo para reclamar pelos vícios verificados tem início no momento em que ficar evidenciado o defeito, sendo de trinta dias para produtos não duráveis e de noventa dias para produtos duráveis.

e) Não se aplicam à prestação de contas, para fins de obtenção de esclarecimentos sobre a cobrança de taxas, tarifas e encargos bancários, os prazos decadenciais previstos para a reclamação por vícios em serviços prestados ao consumidor.

**ANOTAÇÕES/COMENTÁRIOS**

(a) "Não há relação de consumo nos serviços prestados por advogados, seja por incidência de norma específica, no caso a Lei 8.906/94, seja por não ser atividade fornecida no mercado de consumo, motivo pelo qual não se aplica o prazo prescricional do art. 27 do CDC." (STJ, REsp 914.105/GO)

(b) Segundo a norma contida no art. 27 do CDC, o prazo é prescricional de cinco anos.

(c) Segundo a norma contida no art. 26, § 2º do CDC, a decadência pode ser obstada.

(d) Em se tratando de vício aparente ou de fácil constatação, segundo a norma contida no art. 26, § 1º, inicia-se a contagem do prazo a partir da efetiva entrega do produto ou do término da execução dos serviços.

(e) Súmula 477 do STJ: "A decadência do artigo 26 do CDC não é aplicável à prestação de contas para obter esclarecimentos sobre cobrança de taxas, tarifas e encargos bancários".

*Para responder, tem que estudar: lei, jurisprudência e súmula/OJ.*

*Gabarito: E*

**42. (Cespe/TJ/PA/Juiz/2012)** No que concerne à disciplina aplicável à prescrição e à decadência nas relações de consumo, assinale a opção correta.

a) As causas de interrupção da prescrição previstas no Código Civil não se aplicam às relações de consumo.

b) A instauração de inquérito civil, em regra, não obsta o transcurso do prazo decadencial.

c) Nem toda situação relacionada a dano causado ao consumidor por defeito do produto submete-se aos prazos prescricionais.

d) Nas relações de consumo, a contagem do prazo prescricional inicia-se a partir do conhecimento do dano ou do conhecimento de sua autoria.

e) A garantia contratual, que decorre da autonomia da vontade das partes, complementa a garantia legal, podendo, no contrato, ser estipulado prazo superior aos determinados por lei.

**ANOTAÇÕES/COMENTÁRIOS**

(a) Art. 7º do CDC; "Os direitos previstos neste código não excluem outros decorrentes de tratados ou convenções internacionais de que o Brasil seja signatário, da legislação interna ordinária, de regulamentos expedidos pelas autoridades administrativas competentes, bem como dos que derivem dos princípios gerais do direito, analogia, costumes e equidade."

(b) Art. 26, § 2º do CDC: "Obstam a decadência: (...). II – a instauração de inquérito civil, até seu encerramento."

(c, d) Art. 27 do CDC: "Prescreve em cinco anos a pretensão à reparação pelos danos causados por fato do produto ou do serviço prevista na Seção II deste Capítulo, iniciando-se a contagem do prazo a partir do conhecimento do dano e de sua autoria."

(e) Art. 50 do CDC: "A garantia legal é complementar à legal e será conferida mediante termo escrito."

*Para responder, tem que estudar: lei.*

*Gabarito: E*

## 4.4. Da Desconsideração da Personalidade Jurídica

**43 (Cespe/TJ/AC/Juiz/2012)** Acerca da desconsideração da personalidade jurídica nas relações de consumo, assinale a opção correta.

a) O CDC admite a responsabilização de sociedades que, embora associadas a outras, conservem a respectiva autonomia patrimonial e administrativa, independentemente da demonstração da ocorrência de culpa.

b) Nos termos do CDC, o juiz deverá desconsiderar a personalidade jurídica da sociedade apenas quando estiver diante de hipóteses de fraude ou abuso de direito.

c) De acordo com a jurisprudência do STJ, a teoria menor da desconsideração, acolhida no direito do consumidor, incide com a mera prova de insolvência da pessoa jurídica para o pagamento de suas obrigações, exigindo-se, para isso, apenas a simples demonstração de desvio de finalidade.

d) Nas relações de consumo, as empresas consorciadas não se obrigam apenas em nome próprio, uma vez que possuem vínculo de solidariedade, expressamente previsto no CDC.

e) Ainda que não seja comprovada a insuficiência dos bens que compõem o patrimônio de quaisquer das sociedades integrantes dos grupos societários, o consumidor lesado poderá prosseguir na cobrança contra as demais integrantes, em razão do vínculo de solidariedade expressamente previsto no CDC.

ANOTAÇÕES/COMENTÁRIOS

(a) Art. 28, § 4º do CDC: "As sociedades coligadas só responderão por culpa."

(b) Art. 28, § 5º do CDC: "Também poderá ser desconsiderada a pessoa jurídica sempre que sua personalidade for, de alguma forma, obstáculo ao ressarcimento de prejuízos causados aos consumidores."

(c) "A teoria menor da desconsideração, acolhida em nosso ordenamento jurídico excepcionalmente no Direito do Consumidor e no Direito Ambiental, incide com a mera prova de insolvência da pessoa jurídica para o pagamento de suas obrigações, independentemente da existência de desvio de finalidade ou de confusão patrimonial." (STJ, REsp 279.273)

(d) Art. 28, § 3º do CDC: "As sociedades consorciadas são solidariamente responsáveis pelas obrigações decorrentes deste código."

(e) Art. 28, § 2º do CDC: "As sociedades integrantes dos grupos societários e as sociedades controladas, são subsidiariamente responsáveis pelas obrigações decorrentes deste código."

*Para responder, tem que estudar: lei e jurisprudência.*

*Gabarito: D*



**44. (Cespe/TJ/ES/Juiz/2011)** Proprietário de determinado terreno ajuizou ação de rescisão contratual cumulada com indenização por danos materiais e morais contra a construtora Morar Bem Ltda., alegando que a empresa, tendo sido contratada para edificar a sua casa, no prazo certo e improrrogável de doze meses, deixou de cumprir o prazo e abandonou a obra. Determinada a citação da pessoa jurídica, a carta enviada pelo juízo foi devolvida pelos Correios, sob a justificativa de que, por três vezes, não havia quem a recebesse no endereço especificado. Expedido mandado de citação, o oficial de justiça certificou, nos autos, o seguinte: "o local indicado encontra-se fechado, não havendo qualquer placa com o nome da empresa e nenhuma pessoa para receber a citação, constando apenas, na porta, a informação de que a empresa foi fechada". O autor, então, juntou aos autos certidão da junta comercial atestando que o endereço da sede da empresa coincidia com o do local constante no mandado citatório e que a empresa permanecia formalmente em atividade. O autor requereu, ainda, a desconsideração da personalidade jurídica da sociedade, para que os sócios fossem incluídos no polo passivo da ação. Com base nessa situação hipotética, assinale a opção correta.

a) O pedido de desconsideração da personalidade jurídica da empresa não pode ser deferido, pois o autor não exauriu as possibilidades de citação da sociedade empresária, devendo, antes, ter requerido a citação da empresa por edital.

b) Como o CDC, seguindo o Código Civil de 2002, adota a chamada teoria maior da desconsideração da personalidade jurídica, é possível o deferimento do pedido do autor.

c) O CDC, seguindo o Código Civil de 2002, adota a chamada teoria menor da desconsideração da personalidade jurídica, o que torna inviável o deferimento do pedido do autor.

d) Caso o juiz entenda que a personalidade da empresa é, de alguma forma, obstáculo ao ressarcimento de prejuízos causados ao consumidor, o pedido de desconsideração da personalidade jurídica da empresa poderá ser deferido.

e) O pedido de desconsideração da personalidade jurídica da empresa não pode ser deferido no processo de conhecimento, mas somente na fase de cumprimento de sentença, conforme previsto no CDC.

*ANOTAÇÕES/COMENTÁRIOS*

(a, b, c, d, e) Art. 28, § 5º do CDC: "Também poderá ser desconsiderada a pessoa jurídica sempre que sua personalidade for, de alguma forma, obstáculo ao ressarcimento de prejuízos causados aos consumidores."

*Para responder, tem que estudar: lei.*

*Gabarito: D*

**45. (Cespe/TJ/MA/Juiz/2013)** Caso se comprove, em ação consumerista, que uma empresa tenha agido com abuso de direito em detrimento de certo grupo de consumidores, o juiz poderá desconsiderar a personalidade jurídica da referida empresa e atribuir responsabilidade:

a) solidária a empresas controladas pela empresa ré.
b) solidária a empresas coligadas à empresa ré, independentemente de culpa a elas atribuída.
c) subsidiária a empresas consorciadas com a empresa ré.
d) subsidiária a empresas integrantes do mesmo grupo societário.

*ANOTAÇÕES/COMENTÁRIOS*

(a, b, c, d, e) Art. 28 do CDC (...): § 2º: "As sociedades integrantes dos grupos societários e as sociedades controladas, são subsidiariamente responsáveis pelas obrigações decorrentes deste código. § 3º: As sociedades consorciadas são solidariamente responsáveis pelas obrigações decorrentes deste código. § 4º: As sociedades coligadas só responderão por culpa. § 5º: Também poderá ser desconsiderada a pessoa jurídica sempre que sua personalidade for, de alguma forma, obstáculo ao ressarcimento de prejuízos causados aos consumidores."

*Para responder, tem que estudar: lei.*

*Gabarito: D*

**46. (Cespe/TJ/PI/Juiz/2012)** Conforme disposição expressa no CDC, as sociedades coligadas:

a) são subsidiariamente responsáveis por danos causados aos consumidores.
b) só respondem por dolo, juntamente com as sociedades integrantes de grupos societários.
c) são solidariamente responsáveis com as consorciadas.
d) só respondem por culpa.
e) têm responsabilidade integral e solidária.

ANOTAÇÕES/COMENTÁRIOS

(a, b, c, d, e) Art. 28, § 4º do CDC: "As sociedades coligadas só responderão por culpa. § 5º: Também poderá ser desconsiderada a pessoa jurídica sempre que sua personalidade for, de alguma forma, obstáculo ao ressarcimento de prejuízos causados aos consumidores."

*Para responder, tem que estudar: lei.*

*Gabarito: D*



# 5. DAS PRÁTICAS COMERCIAIS

## 5.1. Das Disposições Gerais

**47. (Cespe/TJ/DFT/Juiz/2015)** Com relação às práticas comerciais reguladas no CDC, assinale a opção correta à luz da legislação aplicável e da jurisprudência do STJ.

a) O estabelecimento comercial que vende veículos automotores de fabricação nacional está obrigado a assegurar ao consumidor a oferta de componentes e peças de reposição enquanto não cessar a fabricação do produto e, uma vez cessada a produção, a oferta deverá ser mantida por tempo razoável, na forma da lei.
b) Os bancos de dados e de cadastros de proteção ao crédito podem manter em seus registros o nome de consumidor inadimplente por, no máximo, dez anos.
c) O consumidor que alegar falsidade nas informações ou nas comunicações em uma relação jurídica de consumo que envolva publicidade deverá assumir o ônus da prova.
d) Todas as pessoas potencialmente expostas às práticas comerciais previstas no CDC são equiparadas a consumidores para fins de aplicação do referido código.
e) Cabe ao consumidor inadimplente, após o pagamento integral da dívida, requerer a exclusão de seu nome dos bancos de dados e de cadastros de consumidores de órgãos de proteção ao crédito.

ANOTAÇÕES/COMENTÁRIOS

(a) Art. 32 do CDC: "Os fabricantes e importadores deverão assegurar a oferta de componentes e peças de reposição enquanto não cessar a fabricação ou importação do produto."

(b) Art. 43, § 1º do CDC: "Os cadastros e dados de consumidores devem ser objetivos, claros, verdadeiros e em linguagem de fácil compreensão, não podendo conter informações negativas referentes a período superior a cinco anos."

(c) Art. 38 do CDC: "O ônus da prova da veracidade e a correção da informação ou comunicação publicitária cabe a quem as patrocina."

(d) Art. 29 do CDC: "Para fins deste Capítulo e do seguinte, equiparam-se aos consumidores todas as pessoas determináveis ou não, expostas às práticas nele previstas."

(e) "É do credor, e não do devedor, o ônus da baixa da indicação do nome do consumidor em cadastro de proteção ao crédito, em virtude do que dispõe o art. 43, § 3º, combinado com o art. 73, ambos do CDC." (STJ, AREsp. 307.336/RS)

*Para responder, tem que estudar: lei e jurisprudência.*

*Gabarito: D*

## 5.2. Da Oferta

**48. (Cespe/TJ/AM/Juiz/2016)** Acerca das práticas comerciais previstas no CDC, assinale a opção correta à luz da jurisprudência do STJ.

a) A cobrança de tarifa de água pela concessionária pode ocorrer por estimativa na hipótese comprovada de falta do hidrômetro ou de seu mau funcionamento.

b) Haverá responsabilidade solidária entre a concessionária de veículos seminovos e a fabricante da marca no caso de oferta veiculada por aquela que ateste, com a anuência desta, a qualidade de veículo usado, caso esse bem venha a apresentar vício.

c) A ciência do consumidor é necessária para que ocorra a reprodução objetiva e atualizada pelos órgãos de proteção ao crédito dos registros existentes nos cartórios de protesto.

d) O denominado escore de crédito, que decorre do cadastro positivo, é uma espécie de banco de dados e necessita do consentimento do consumidor para utilização pelos fornecedores.

e) Não caracteriza prática abusiva a distinção no pagamento em dinheiro, cheque ou cartão de crédito, pois esta última modalidade envolve, além do consumidor e do fornecedor, a administradora do cartão.

### ANOTAÇÕES/COMENTÁRIOS

(a) "Considerando que a tarifa de água deve calculada com base no consumo efetivamente medido no hidrômetro, a tarifa por estimativa de consumo é ilegal, por ensejar enriquecimento ilícito da Concessionária." (STJ, REsp 1513218)

(b) "A responsabilidade civil da fabricante decorre, no caso concreto, de pelo menos duas circunstâncias: a) da premissa fática incontornável adotada pelo acórdão de que os mencionados produtos e serviços ofertados eram avalizados pela montadora através da mensagem publicitária veiculada; b) e, de um modo geral, da percepção de benefícios econômicos com as práticas comerciais da concessionária, sobretudo ao permitir a utilização consentida de sua marca na oferta de veículos usados e revisados com a excelência da GM." (STJ, REsp 1.365.609)

(c) "(...) 1. O entendimento pacífico nesta Corte é no sentido de que ainda que a informação sobre devedores inadimplentes seja buscada em bancos de dados diversos, remanesce a obrigação de notificar o devedor acerca da inclusão de seu nome em cadastros desabonadores. 2. Porém, tal entendimento encontra exceção no caso de coleta de informações em bancos de dados públicos, como os pertencentes a cartórios de protesto de títulos e de distribuição judicial, porquanto, nesse caso, a informação acerca da inadimplência do devedor já era de notoriedade pública, o que afasta o dever de notificação por parte do órgão de proteção ao crédito e, consequentemente, o de indenizar." (EDcl no REsp 1.080.009)

(d) "O sistema 'credit scoring' é um método desenvolvido para avaliação do risco de concessão de crédito, a partir de modelos estatísticos, considerando diversas variáveis, com atribuição de uma pontuação ao consumidor avaliado (nota do risco de crédito)." (STJ, Recurso Repetitivo, REsp 1457199/RS)

(e) "A diferenciação entre o pagamento em dinheiro, cheque ou cartão de crédito caracteriza prática abusiva no mercado de consumo, nociva ao equilíbrio contratual." (REsp 1479039)

*Para responder, tem que estudar: jurisprudência.*

*Gabarito: B*

**49. (Cespe/TJ/AC/Juiz/2012)** No que se refere às práticas comerciais nas relações de consumo, assinale a opção correta.

a) De acordo com o CDC, os bancos de dados e cadastros relativos a consumidores, os serviços de proteção ao crédito e congêneres são entidades de caráter privado, sendo, por isso, assegurados ao consumidor mecanismos para que os registros a ele relativos constantes nessas entidades não lhe sejam negados, quer quanto ao acesso, quer quanto às retificações.

b) De acordo com o CDC, a veiculação e a precisão da informação são os dois requisitos necessários para a incidência do princípio da vinculação aplicado à oferta e à publicidade, podendo o consumidor, se houver a recusa do cumprimento da oferta, acionar o fornecedor que pagou e dirigiu a preparação e a veiculação do anúncio; conforme entendimento do STJ, em nenhuma hipótese, entretanto, poderão ser responsabilizados, no caso de recusa, o fornecedor indireto ou o veículo de comunicação.

c) Em consonância com os princípios da transparência, da boa-fé objetiva e da confiança, o CDC estatui uma obrigação geral de informação, que, no âmbito da proteção à vida e à saúde do consumidor, conforme entendimento do STJ, é manifestação autônoma da obrigação de segurança e exige comportamento positivo do fornecedor. Esse comportamento se concretiza no dever de informar que o seu produto ou serviço pode causar malefícios, ainda que apenas a uma minoria da população.

d) O consumidor cobrado judicialmente em quantia indevida, salvo hipótese de engano justificável, tem direito à repetição do indébito nos termos do CDC, exigindo-se a prova do erro exclusivamente em relação aos contratos bancários, conforme jurisprudência solidificada do STJ.

e) Conforme jurisprudência do STJ, não se admite repetição de indébito de valor pago em virtude de cláusula abusiva constante de contratos de consumo.

**ANOTAÇÕES/COMENTÁRIOS**

(a) Art. 43, § 4º: "Os bancos de dados e cadastros relativos a consumidores, os serviços de proteção ao crédito e congêneres são considerados entidades de caráter público."

(b) "É solidária a responsabilidade entre aqueles que veiculam publicidade enganosa e os que dela se aproveitam, na comercialização de seu produto." (STJ, REsp 327.257)

(c) "A obrigação de informação exige comportamento positivo, pois o CDC rejeita tanto a regra do caveat emptor como a subinformação, o que transmuda o silêncio total ou parcial do fornecedor em patologia repreensível, relevante apenas em desfavor do profissional, inclusive como oferta e publicidade enganosa por omissão." (STJ, REsp 586.316)

(d) Exige-se a prova da má-fé. Neste sentido: STJ, AgRg no REsp 1.177.593/PR.

(e) "É da invalidade, no todo ou em parte, do negócio jurídico, que nasce para o contratante lesado o direito de obter a restituição dos valores pagos a maior, porquanto o reconhecimento do caráter ilegal ou abusivo do contrato tem como consequência lógica a perda da causa que legitimava o pagamento efetuado. A partir daí fica caracterizado o enriquecimento sem causa, derivado de pagamento indevido a gerar o direito à repetição do indébito (arts. 182, 876 e 884 do Código Civil de 2002)." (STJ, Recurso Repetitivo, REsp 1.360.969/RS)

*Para responder, tem que estudar: lei e jurisprudência.*

*Gabarito: C*

**50. (Cespe/TJ/PR/Juiz/2017)** Acerca da responsabilidade pelo vício do produto e do serviço, da oferta e publicidade e da proteção contratual, assinale a opção correta à luz do CDC, do entendimento doutrinário sobre o tema e da jurisprudência do STJ.

a) O direito de arrependimento concedido ao consumidor, dentro do prazo de reflexão obrigatório, deve ser motivado.

b) O serviço de transporte aéreo não é essencial, razão pela qual se admite solução de continuidade na sua prestação.

c) A malha aérea ofertada pela agência reguladora não vincula a concessionária de serviço de transporte aéreo a prestar o serviço concedido.

d) Para a incidência do princípio da vinculação, a oferta deve ser precisa, pois o simples exagero não obriga o fornecedor.

ANOTAÇÕES/COMENTÁRIOS

(a) "O art. 49 do Código de Defesa do Consumidor dispõe que, quando o contrato de consumo for concluído fora do estabelecimento comercial, o consumidor tem o direito de desistir do negócio em 7 dias ("período de reflexão"), sem qualquer motivação. Trata-se do direito de arrependimento, que assegura o consumidor a realização de uma compra consciente, equilibrando as relações de consumo." (STJ, REsp 1340604)

(b) "O transporte aéreo é serviço essencial e, como tal, pressupõe continuidade. Difícil imaginar, atualmente, serviço mais 'essencial' do que o transporte aéreo, sobretudo em regiões remotas do Brasil." (REsp 1469087)

(c) "A malha aérea concedida pela ANAC é oferta que vincula a concessionária a prestar o serviço nos termos dos arts. 30 e 31 do CDC. Independentemente da maior ou menor demanda, a oferta obriga o fornecedor a cumprir o que ofereceu, a agir com transparência e a informar adequadamente o consumidor. Descumprida a oferta, a concessionária viola os direitos não apenas dos consumidores concretamente lesados, mas de toda a coletividade a quem se ofertou o serviço, dando ensejo à reparação de danos materiais e morais (inclusive, coletivos)." (STJ, REsp 1469087/AC)

(d) O art. 30 exige a precisão da informação e sua veiculação para que o fornecedor esteja vinculado. O exagero configura técnica publicitária denominada de puffings, perfeitamente admitida e não vinculativa. Exemplo seria uma publicidade veiculando a seguinte expressão: "A maior queima de estoque do Brasil". (SCHWARTZ, Fabio. Manual de Direito do Consumidor).

*Para responder, tem que estudar: jurisprudência e teoria/doutrina.*

*Gabarito: D*

## 5.3. Da Publicidade

**51. (Cespe/TJ/PB/Juiz/2015)** A respeito da oferta e da publicidade de produtos e serviços, assinale a opção correta.

a) Cabe ao consumidor a prova da ausência da veracidade da informação ou comunicação publicitária veiculada pelo patrocinador.

b) A publicidade enganosa resultante de erro de terceiro não obriga a empresa por ela beneficiada.

c) Cessada a produção ou a importação de determinado produto, sua oferta deverá ser mantida pelo período de cinco anos.

d) Os fornecedores de produtos ou serviços são subsidiariamente responsáveis pelos atos de seus prepostos que não possuam vínculo trabalhista ou de subordinação.

e) Para que ocorra o reconhecimento da publicidade enganosa, exige-se que haja capacidade de indução a erro do consumidor, sem que seja necessária a comprovação de qualquer prejuízo.

*ANOTAÇÕES/COMENTÁRIOS*

(a) Art. 38 do CDC: "O ônus da prova da veracidade e correção da informação ou comunicação publicitária cabe a quem as patrocina."

(b) "A posição jurídica da fornecedora de veículos automotores para revenda – montadora concedente – enquadra-se perfeitamente no que preceitua o art. 34 do CDC, segundo o qual o 'fornecedor do produto ou serviço é solidariamente responsável pelos atos de seus prepostos ou representantes autônomos", norma essa que consagra a responsabilidade de qualquer dos integrantes da cadeia de fornecimento que dela se beneficia, pelo descumprimento dos deveres de boa-fé, transparência, informação e confiança." (STJ, REsp 1.309.981)

(c) Art. 32, parágrafo único do CDC: "Cessadas a produção ou importação, a oferta deverá ser mantida por período razoável de tempo, na forma da Lei." Ver, ainda, art. 13, inciso XXI do Decreto-Lei 2.181/97, o qual estabelece como prazo razoável o tempo de vida útil do bem.

(d) Art. 34 do CDC: "O fornecedor do produto ou serviço é solidariamente responsável pelos atos de seus prepostos ou representantes autônomos."

(e) Art. 37, § 1º: "É enganosa qualquer modalidade de informação ou comunicação de caráter publicitário, inteira ou parcialmente falsa, ou, por qualquer outro modo, mesmo por omissão, capaz de induzir em erro o consumidor a respeito da natureza, características, qualidade, quantidade, propriedades, origem, preço e quaisquer outros dados sobre produtos e serviços."

*Para responder, tem que estudar: lei e jurisprudência.*

*Gabarito: E*

**52. (Cespe/TJ/PI/Juiz/2012)** De acordo com o disposto no CDC acerca da publicidade de bens e serviços de consumo, entende-se por teaser:

a) a publicidade comum e socialmente aceita, a despeito dos exageros nela observados e da não observância do princípio da transparência da fundamentação em sua produção.

b) a propaganda abusiva, que enseja a responsabilização civil e administrativa do fornecedor dos bens ou serviços.

c) a mensagem que visa criar expectativa ou curiosidade no público, prescindindo da identificação do anunciante, do produto ou do serviço.

d) a técnica publicitária utilizada para veicular produtos e serviços de forma camuflada e inseri-los em programas de televisão, rádio ou cinema.

e) a publicidade enganosa por omissão.

ANOTAÇÕES/COMENTÁRIOS

(a, b, c, d, e) Teaser é uma técnica publicitária que visa criar expectativa e curiosidade no público. É o chamado anúncio do anúncio. Desde que ao final o público possa identificar a publicidade como tal, não há abusividade. (SCHWARTZ, Fabio. Manual de Direito do Consumidor)

*Para responder, tem que estudar: teoria/doutrina.*

*Gabarito: C*

## 5.4. Das Práticas Abusivas

**53. (Cespe/TJ/DFT/Juiz/2016)** De acordo com as normas que regulam a proteção contratual do consumidor no CDC e, ainda, conforme entendimento jurisprudencial atual e prevalente do STJ, assinale a opção correta.

a) É considerada abusiva a cláusula contratual que preveja a cobrança de juros compensatórios ("juros no pé"), pela incorporadora (promitente vendedora), em contrato de promessa de compra e venda de imóvel em construção, antes da entrega das chaves.

b) É válida a cláusula inserida em contrato de plano de saúde que limita o tempo de cobertura, quando se tratar, especificamente, de internação psiquiátrica prolongada.

c) A diferenciação de preços praticada por lojista para as hipóteses de pagamento em dinheiro, cheque ou cartão de crédito caracteriza prática abusiva no mercado de consumo, por ser considerada nociva ao equilíbrio contratual.

d) Não se mostra abusiva a cláusula contratual que determina a restituição dos valores devidos de forma parcelada, na hipótese de resolução de contrato de promessa de compra e venda de imóvel, quando o desfazimento tenha sido causado pela desistência do consumidor comprador.

e) Aplicam-se, na relação entre o franqueador e o franqueado, os princípios e as normas protetivas do CDC, sendo, por força da presumida hipossuficiência do consumidor aderente (franqueado), nula a cláusula de eleição de foro, estipulada em favor do franqueador, em contrato de franchising firmado por adesão.

ANOTAÇÕES/COMENTÁRIOS

(a) "(...) 1. Na incorporação imobiliária, o pagamento pela compra de um imóvel em fase de produção, a rigor, deve ser à vista. Nada obstante, pode o incorporador oferecer prazo ao adquirente para pagamento, mediante parcelamento do preço. Afigura-se, nessa hipótese, legítima a cobrança de juros compensatórios. 2. Por isso, não se considera abusiva cláusula contratual que preveja a cobrança de juros antes da entrega das chaves, que, ademais, confere maior transparência ao contrato e vem ao encontro do direito à informação do consumidor (art. 6º, III, do CDC), abrindo a possibilidade de correção de eventuais abusos." (STJ, EREsp 670.117)

(b) "A jurisprudência do STJ firmou-se no sentido de que não é abusiva a cláusula de coparticipação contratada e informada ao consumidor, para a hipótese de internação psiquiátrica superior a 30 (trinta) dias, pois destinada à manutenção do equilíbrio entre as prestações e contraprestações referentes à gestão dos custos dos contratos de planos de saúde." (STJ, AgInt no AREsp 1017280)

(c) "Caracteriza prática abusiva no mercado de consumo a diferenciação do preço do produto em função de o pagamento ocorrer em dinheiro, cheque ou cartão de crédito." (STJ, REsp 1.479.039)

(d) Súmula 543 do STJ: "Na hipótese de resolução de contrato de promessa de compra e venda de imóvel submetido ao Código de Defesa do Consumidor, deve ocorrer a imediata restituição das parcelas pagas pelo promitente comprador – integralmente, em caso de culpa exclusiva do promitente vendedor/construtor, ou parcialmente, caso tenha sido o comprador quem deu causa ao desfazimento."

(e) "A turma decidiu que não se aplica o CDC em contratos de franquia, porquanto, a relação dentre franqueador e franqueado é regida pelo direito comercial." (STJ, REsp 687.322)

*Para responder, tem que estudar: jurisprudência e súmula/OJ.*

*Gabarito: C*

**54. (Cespe/TJ/DFT/Juiz/2015)** De acordo com as regras e os princípios previstos no CDC e com a jurisprudência do STJ, assinale a opção correta.

a) As cláusulas previstas em contratos de adesão que limitem ou restrinjam direitos do consumidor aderente devem ser consideradas nulas de pleno direito.

b) Não se aplica ao fornecedor de serviços a medida administrativa de cassação da concessão de serviço público por violação reiterada das normas de proteção ao consumidor.

c) O envio de cartão de crédito a consumidor, sem a sua prévia e expressa solicitação, é considerado prática comercial abusiva, situação que caracteriza ato ilícito indenizável e sujeito a aplicação de multa administrativa.

d) Nas compras realizadas pela Internet, o exercício do direito de arrependimento é condicionado à indicação do vício de qualidade pelo consumidor no prazo legal.

e) O CDC deve ser compreendido como um microssistema de função social que tem a finalidade de proteger a parte vulnerável de uma relação jurídica e que é integralmente constituído por normas de direito público.

**ANOTAÇÕES/COMENTÁRIOS**

(a) Art. 54, § 4º: "As cláusulas que implicarem limitação do direito do consumidor deverão ser redigidas com destaque permitindo sua imediata e fácil compreensão."

(b) Art. 59, § 1º: "A pena de cassação da concessão será aplicada à concessionária de serviço público, quando violar obrigação legal ou contratual."

(c) Súmula 532 do STJ: "Constitui prática comercial abusiva o envio de cartão de crédito sem prévia e expressa autorização do consumidor, configurando-se ato ilícito indenizável e sujeito à aplicação de multa administrativa."

(d) "O art. 49 do Código de Defesa do Consumidor dispõe que, quando o contrato de consumo for concluído fora do estabelecimento comercial, o consumidor tem o direito de desistir do negócio em 7 dias ("período de reflexão"), sem qualquer motivação. Trata-se do direito de arrependimento, que assegura o consumidor a realização de uma compra consciente, equilibrando as relações de consumo." (STJ, REsp 1.340.604)

(e) Art. 1º do CDC: "O presente código estabelece normas de proteção e defesa do consumidor, de ordem pública e interesse social, nos termos dos arts. 5º, inciso XXXII, 170, inciso V, da Constituição Federal e art. 48 de suas Disposições Transitórias."

***Para responder, tem que estudar: lei, jurisprudência e súmula/OJ.***

*Gabarito: C*

**55. (Cespe/TJ/PR/Juiz/2017)** Determinada empresa que fabrica cervejas divulgou propaganda de sua nova bebida, de cor escura, e estampou uma mulher negra no anúncio, associando seu corpo às características do produto. O MP ajuizou ACP pleiteando a alteração do anúncio, sob o argumento de que ele era racista e sexista e que sua propagação violaria os direitos dos consumidores. Nessa ação, também foi requerido que o magistrado fixasse dano moral coletivo. Nessa situação hipotética, conforme a legislação aplicável ao caso e o entendimento doutrinário sobre o tema:

a) a alegação do MP é compatível com a tipificação de propaganda abusiva, pois, no caso, ocorreu discriminação a determinado segmento social.

b) o ônus da prova da veracidade e correção da informação publicitária incumbirá ao MP.

c) tipificou-se violação de direitos individuais homogêneos pela fabricante de cervejas.

d) o dano moral coletivo só estará configurado se tiver havido abalo à integridade psicofísica das mulheres negras.

ANOTAÇÕES/COMENTÁRIOS

(a) Art. 37, § 2º: "É abusiva, dentre outras a publicidade discriminatória de qualquer natureza, a que incite à violência, explore o medo ou a superstição, se aproveite da deficiência de julgamento e experiência da criança, desrespeita valores ambientais, ou que seja capaz de induzir o consumidor a se comportar de forma prejudicial ou perigosa à sua saúde ou segurança."

(b) Art. 38 do CDC: "O ônus da prova da veracidade e correção da informação ou comunicação publicitária cabe a quem as patrocina."

(c) Art. 81, parágrafo único, inciso I do CDC: "interesses ou direitos difusos, assim entendidos, para efeitos deste código, os transindividuais, de natureza indivisível, de que sejam titulares pessoas indeterminadas e ligadas por circunstâncias de fato."

(d) "O dano extrapatrimonial coletivo prescinde da comprovação de dor, de sofrimento e de abalo psicológico, suscetíveis de apreciação na esfera do indivíduo, mas é inaplicável aos interesses difusos e coletivos". (STJ, REsp 1.057.274/RS)

*Para responder, tem que estudar: lei e jurisprudência.*

*Gabarito: A*

## 5.5. Da Cobrança de Dívidas

**56. (Cespe/TJ/DFT/Juiz/2014)** Assinale a opção correta a respeito dos direitos do consumidor e das práticas comerciais nas relações de consumo.

a) Para ter direito à revisão de cláusulas contratuais em razão de fato superveniente, o consumidor deverá demonstrar a existência de evento extraordinário e imprevisível, que torne o adimplemento contratual excessivamente oneroso a ele.

b) Conforme o CDC, toda propaganda capaz de induzir o consumidor a se comportar de forma prejudicial ou perigosa à sua saúde ou segurança consiste em publicidade enganosa.

c) A execução de serviços pelo fornecedor condiciona-se, em qualquer hipótese, à prévia elaboração de orçamento e à autorização expressa do consumidor.

d) O valor do serviço, constante em orçamento prévio entregue pelo fornecedor ao consumidor, tem validade de dez dias, não podendo esse prazo ser alterado por acordo entre as partes.

e) Salvo hipótese de engano justificável, o consumidor tem direito à repetição em dobro da quantia dele cobrada indevidamente, desde que demonstre o efetivo pagamento do valor cobrado em excesso.

ANOTAÇÕES/COMENTÁRIOS

(a) O CDC adotou a teoria da quebra da base objetiva da relação contratual (art. 6º, inciso V, segunda parte) e não a da imprevisão, prevista no art. 478 do Código Civil.

(b) Art. 37, § 2º: "É abusiva, dentre outras a publicidade discriminatória de qualquer natureza, a que incite à violência, explore o medo ou a superstição, se aproveite da deficiência de julgamento e experiência da criança, desrespeita valores ambientais, ou que seja capaz de induzir o consumidor a se comportar de forma prejudicial ou perigosa à sua saúde ou segurança."

(c) Art. 39, inciso VI do CDC: "executar serviços sem a prévia elaboração de orçamento e autorização expressa do consumidor, ressalvadas as decorrentes de práticas anteriores entre as partes."

(d) Art. 40, § 1º do CDC: "Salvo estipulação em contrário, o valor orçado terá validade pelo prazo de dez dias, contado de seu recebimento pelo consumidor."

(e) Art. 42, parágrafo único: "O consumidor cobrado em quantia indevida tem direito à repetição do indébito, por valor igual ao dobro do que pagou em excesso, acrescido de correção monetária e juros legais, salvo hipótese de engano justificável."

*Para responder, tem que estudar: lei e teoria/doutrina.*

*Gabarito: E*

**57. (Cespe/TJ/PA/Juiz/2012)** Com relação às práticas abusivas e às cobranças de dívidas, assinale a opção correta.

a) A execução de serviços independe de autorização expressa do consumidor ou de prévia elaboração de orçamento.

b) Considere que o gerente de uma loja telefone a um devedor seu e lhe diga que tomará as medidas judiciais cabíveis caso ele não efetue o pagamento total da dívida. Nessa situação, a atitude do credor não constitui ameaça ou prática abusiva visto que a legislação vigente prevê a cobrança de dívida como direito do credor em relação ao devedor.

c) Não configura conduta abusiva a ação de cobrador que, ao telefone, se apresente ao devedor como oficial de justiça sem o ser.

d) Não se considera prática abusiva, à luz do CDC, enviar ou entregar ao consumidor, sem solicitação prévia, qualquer produto ou fornecer qualquer serviço.

e) Atua de acordo com os parâmetros legais o banco que exija, para a concessão de empréstimo, que o cliente adquira apólice de seguro de vida, visto que a lei faculta ao fornecedor a imposição de aquisição conjunta de bens e serviços.

ANOTAÇÕES/COMENTÁRIOS

(a) Art. 39, inciso VI do CDC: "executar serviços sem a prévia elaboração de orçamento e autorização expressa do consumidor, ressalvadas as decorrentes de práticas anteriores entre as partes."

(b e c) Art. 42 do CDC: "Na cobrança de débitos, o consumidor inadimplente não será exposto a ridículo, nem será submetido a qualquer tipo de constrangimento ou ameaça."

(d) Art. 39, inciso III do CDC: "enviar ou entregar ao consumidor, sem solicitação prévia, qualquer produto, ou fornecer qualquer serviço."

(e) Art. 39, inciso I do CDC: "condicionar o fornecimento de produto ou de serviço ao fornecimento de outro produto ou serviço, bem como, sem justa causa, a limites quantitativos."

*Para responder, tem que estudar: lei.*

*Gabarito: B*

## 5.6. Dos Bancos de Dados e Cadastros de Consumidores

**58. (Cespe/TJ/CE/Juiz/2012)** Ao solicitar um empréstimo bancário, Augusto foi informado da impossibilidade de concessão do crédito, em razão de o seu nome estar negativado em cadastro de proteção ao crédito. Após obter o extrato junto ao serviço de proteção ao crédito, Augusto verificou que nele constavam duas inscrições de dívidas não pagas. A primeira dívida, reconhecida por Augusto, refere-se ao débito não quitado de uma conta telefônica de seis anos atrás, comunicado, na época, via Correios, sem aviso de recebimento, pela empresa telefônica. A segunda, não reconhecida por Augusto, refere-se a dívida de cartão de crédito de dois anos atrás, da qual alega não ter recebido qualquer notificação. Considerando essa situação hipotética e o entendimento do STJ, assinale a opção correta.

a) Contra a anotação irregular em cadastro de proteção ao crédito cabe indenização por dano moral, ainda que preexistente legítima inscrição, e o direito ao cancelamento da inscrição.

b) Cabe ao credor da dívida providenciar a notificação do devedor antes de proceder à inscrição em órgão de proteção ao crédito.

c) A inscrição do nome do devedor pode ser mantida nos serviços de proteção ao crédito até o prazo máximo de três anos, independentemente da prescrição da execução.

d) A abstenção da inscrição/manutenção em cadastro de inadimplentes, requerida em antecipação de tutela e(ou) medida cautelar, somente será deferida se, cumulativamente, a ação for fundada em questionamento integral ou parcial do débito, houver demonstração de que a cobrança indevida se funda na aparência do bom direito e em jurisprudência consolidada do STF ou do STJ, e houver depósito da parcela incontroversa ou for prestada a caução fixada conforme o prudente arbítrio do juiz.

e) É indispensável o aviso de recebimento na carta de comunicação ao consumidor acerca da negativação de seu nome em bancos de dados e cadastros.

ANOTAÇÕES/COMENTÁRIOS

(a) Súmula 385 do STJ: "Da anotação irregular em cadastro de proteção ao crédito, não cabe indenização por dano moral, quando preexistente legítima inscrição, ressalvado o direito ao cancelamento".

(b) Súmula 359 do STJ: "Cabe ao órgão mantenedor do Cadastro de Proteção ao Crédito a notificação do devedor antes de proceder à inscrição."

(c) Súmula 323 do STJ: "A inscrição do nome do devedor pode ser mantida nos serviços de proteção ao crédito até o prazo máximo de cinco anos, independentemente da prescrição da execução."

(d) "A abstenção da inscrição/manutenção em cadastro de inadimplentes, requerida em antecipação de tutela e/ou medida cautelar, somente será deferida se, cumulativamente: i) a ação for fundada em questionamento integral ou parcial do débito; ii) houver demonstração de que a cobrança indevida se funda na aparência do bom direito e em jurisprudência consolidada do STF ou STJ; iii) houver depósito da parcela incontroversa ou for prestada a caução fixada conforme o prudente arbítrio do juiz" (STJ, REsp 1.061.530/RS)

(e) Súmula 404 do STJ: "É dispensável o Aviso de Recebimento (AR) na carta de comunicação ao consumidor sobre a negativação de seu nome em bancos de dados e cadastros."

*Para responder, tem que estudar: jurisprudência e súmula/OJ.*

*Gabarito: D*

**59. (Cespe/TJ/BA/Juiz/2012)** Assinale a opção correta a respeito de serviços de proteção ao crédito.

a) É indispensável o aviso de recebimento na carta de comunicação enviada ao consumidor para informá-lo sobre a negativação de seu nome em bancos de dados e cadastros.

b) A retirada do nome de consumidor de cadastro de inadimplentes, requerida em antecipação de tutela e(ou) medida cautelar, somente será deferida se, cumulativamente, a ação for fundada em questionamento integral ou parcial do débito, houver demonstração de que a cobrança indevida se funda na aparência do bom direito e em jurisprudência consolidada do STF ou do STJ e houver depósito da parcela incontroversa ou for prestada a caução fixada conforme o prudente arbítrio do juiz.

c) O consumidor cujo nome é irregularmente anotado em cadastro de proteção ao crédito tem direito a pleitear tanto indenização por dano moral quanto o cancelamento da anotação, ainda que preexista legítima inscrição.

d) Cabe ao credor da dívida providenciar a notificação do devedor antes de proceder à inscrição de seu nome em órgão de proteção ao crédito.

e) O serviço de proteção ao crédito pode manter a inscrição do nome do devedor até o efetivo pagamento da dívida, desde que o credor ajuíze ação de execução.

**ANOTAÇÕES/COMENTÁRIOS**

(a) Súmula 404 do STJ: "É dispensável o Aviso de Recebimento (AR) na carta de comunicação ao consumidor sobre a negativação de seu nome em bancos de dados e cadastros."

(b) "a abstenção da inscrição/manutenção em cadastro de inadimplentes, requerida em antecipação de tutela e/ou medida cautelar, somente será deferida se, cumulativamente: i) a ação for fundada em questionamento integral ou parcial do débito; ii) houver demonstração de que a cobrança indevida se funda na aparência do bom direito e em jurisprudência consolidada do STF ou STJ; iii) houver depósito da parcela incontroversa ou for prestada a caução fixada conforme o prudente arbítrio do juiz" (STJ, REsp 1.061.530/RS)

(c) Súmula 385 do STJ: "Da anotação irregular em cadastro de proteção ao crédito, não cabe indenização por dano moral, quando preexistente legítima inscrição, ressalvado o direito ao cancelamento".

(d) Súmula 359 do STJ: "Cabe ao órgão mantenedor do Cadastro de Proteção ao Crédito a notificação do devedor antes de proceder à inscrição."

(e) Súmula 323 do STJ: "A inscrição do nome do devedor pode ser mantida nos serviços de proteção ao crédito até o prazo máximo de cinco anos, independentemente da prescrição da execução."

*Para responder, tem que estudar: jurisprudência e súmula/OJ.*

*Gabarito: B*

**60. (Cespe/TJ/DFT/Juiz/2016)** De acordo com o entendimento adotado, de forma atual e prevalente, pelo STJ, assinale a opção correta.

a) A utilização dos dados extraídos dos registros do cartório de protesto, por órgão cadastral de proteção ao crédito, desde que se trate de reprodução fiel, atualizada, objetiva e clara, não gera o dever de reparar os danos causados ao consumidor, ainda que não tenha este sido previamente cientificado da inclusão de tais informações na base de dados do órgão de proteção.

b) Cabe ao órgão responsável pelo cadastro de proteção ao crédito, e não ao credor, a notificação do devedor, antes de proceder à inscrição desabonadora, exigindo-se, para o fiel atendimento da exigência legal, a prova de efetiva notificação do devedor, por meio de carta com aviso de recebimento.

c) Para a lícita utilização de escore de crédito, método estatístico de avaliação de risco que não constitui banco de dados, exige-se o consentimento do consumidor, que terá o direito de solicitar esclarecimentos sobre as informações pessoais valoradas e as fontes dos dados considerados no respectivo cálculo.

d) A inclusão do nome do consumidor em base de dados do órgão de proteção ao crédito, quando fundada em informação verdadeira, extraída do cartório de distribuição judicial, não tem o condão de ensejar a obrigação de reparar danos, desde que seja observado o dever de prévia notificação do devedor.

e) Verificada, ao tempo em que fora realizada, a legítima inscrição do nome do devedor em cadastro de proteção ao crédito, e, uma vez operado, em momento ulterior, o integral pagamento da dívida, cabe ao devedor interessado postular a exclusão do registro desabonador, posto que a negativação teve origem em ato realizado no exercício regular de um direito do credor.

**ANOTAÇÕES/COMENTÁRIOS**

(a e d) "1. O entendimento pacífico nesta Corte é no sentido de que ainda que a informação sobre devedores inadimplentes seja buscada em bancos de dados diversos, remanesce a obrigação de notificar o devedor acerca da inclusão de seu nome em cadastros desabonadores. 2. Porém, tal entendimento encontra exceção no caso de coleta de informações em bancos de dados públicos, como os pertencentes a cartórios de protesto de títulos e de distribuição judicial, porquanto, nesse caso, a informação acerca da inadimplência do devedor já era de notoriedade pública, o que afasta o dever de notificação por parte do órgão de proteção ao crédito e, consequentemente, o de indenizar." (STJ, EDcl no REsp 1.080.009)

(b) Súmula 359 do STJ: "Cabe ao órgão mantenedor do Cadastro de Proteção ao Crédito a notificação do devedor antes de proceder à inscrição."

(c) Súmula 550 do STJ: "A utilização de escore de crédito, método estatístico de avaliação de risco que não constitui banco de dados, dispensa o consentimento do consumidor, que terá o direito de solicitar esclarecimentos sobre as informações pessoais valoradas e as fontes dos dados considerados."

(e) Súmula 448 do STJ: "Incumbe ao credor a exclusão do registro da dívida em nome do devedor no cadastro de inadimplentes no prazo de cinco dias úteis, a partir do integral e efetivo pagamento do débito."

*Para responder, tem que estudar: jurisprudência e súmula/OJ.*

*Gabarito: A*

**61. (Cespe/TJ/RN/Juiz/2013)** O nome de César foi incluído, de forma indevida, em cadastro de proteção ao crédito, por iniciativa de instituição financeira com quem jamais César contratou. No momento em que foi inserida a inscrição irregular, César já ostentava, no mesmo cadastro, anotação restritiva legítima, fundada em dívida que realmente contraíra com outra instituição e cuja validade não se contesta. Nessa situação hipotética, conforme entendimento jurisprudencial dominante:

a) os danos morais são devidos e independem de prova, cabendo, ainda, a determinação judicial de cancelamento da inscrição indevida.
b) não cabe indenização por dano moral, tendo, entretanto, César o direito ao cancelamento da inscrição indevida.
c) César terá direito a indenização pelos danos morais experimentados em razão da negativação indevidamente inserida, devendo a instituição financeira responder objetivamente pelo fortuito interno.
d) a condenação da instituição financeira ficará condicionada à comprovação da existência dos danos morais efetivamente causados a César.
e) a reclamação de César deve embasar-se no Código Civil, não se aplicando as disposições do CDC às relações mantidas com instituições financeiras.

**ANOTAÇÕES/COMENTÁRIOS**

(a, b, c, d, e) Súmula 385 do STJ: "**Da anotação irregular em cadastro de proteção ao crédito, não cabe indenização por dano moral, quando preexistente legítima inscrição, ressalvado o direito ao cancelamento**".

*Para responder, tem que estudar: súmula/OJ.*

*Gabarito: B*

**62. (Cespe/TJ/CE/Juiz/2018)** A respeito dos bancos de dados e dos cadastros de consumidores, é correto afirmar que

a) são considerados entidades de caráter público.
b) não há distinção jurídica relevante entre eles, de acordo com adoutrina dominante.
c) incumbe ao próprio devedor requerer a exclusão do seu registro regular em cadastro de órgão de proteção ao crédito após o pagamento da dívida.
d) o direito a retificação ou correção de dados e cadastros do consumidor, embora admitido pela jurisprudência, não encontra previsão legal específica no CDC.
e) é incabível habeas data para se obter informações constantes dessas entidades em caso de o fornecimento dessas informações ter sido negado ao consumidor.

**ANOTAÇÕES/COMENTÁRIOS**

(a) A alternativa está em total consonância com o disposto no §4º do art. 43 do CDC.

(b) Incorreto. São espécies do gênero arquivos de consumo. Os cadastros de consumidores são aqueles nos quais o próprio consumidor que oferece seus dados pessoais ao estabelecimento comercial, objetivando maior comunicação entre ambos, como meio de incremento da atividade comercial; por sua vez, banco de dados a informação advém, em regra, dos fornecedores, sendo o destinatário final da informação o próprio mercado. (SCHWARTZ, Fabio. Manual de Direito do Consumidor: Tópicos & Controvérsias. Rio de Janeiro: Editora Processo, 2018, p. 262)

(c) Incorreto. Súmula 448 do STJ: "*Incumbe ao credor a exclusão do registro da dívida em nome do devedor no cadastro de inadimplentes no prazo de cinco dias úteis, a partir do interal e efetivo pagamento do débito.*"

(d) Incorreto. O §3º do art. 43 do CDC garante expressamente tal direito.

(e) Incorreto. Por ser o banco de dados considerado entidade de caráter público, é perfeitamente manejável o habeas data, na forma no art. 5º, LXXII da CRFB.

*Para responder, tem que estudar: lei, súmula/OJ e teoria/doutrina.*

*Gabarito: A*

## 6. DA PROTEÇÃO CONTRATUAL

### 6.1. Disposições Gerais

**63. (Cespe/TJ/AC/Juiz/2012)** Assinale a opção correta acerca do direito do consumidor e da proteção contratual.

a) O CDC determina explicitamente que a interpretação das cláusulas contratuais seja mais favorável ao consumidor, estando, por isso, em dissonância com o princípio constitucional da isonomia.

b) A consequência direta para o inadimplemento da obrigação de fazer derivada do recibo de sinal, escritos particulares e pré-contratos é a resolução em perdas e danos, uma vez que o CDC deixou de conferir ao juiz poderes para tornar efetiva a tutela do consumidor por meio da execução específica da obrigação de fazer.

c) O legislador, com o fim de proteger a vontade do consumidor das técnicas agressivas de vendas domiciliares, inovou o ordenamento jurídico nacional ao incluir, no CDC, um prazo de reflexão obrigatório e um direito de arrependimento, nos casos dos contratos concluídos fora do estabelecimento comercial, fazendo incidir tal norma, por exemplo, na compra e venda de imóvel celebrada no recinto do cartório de notas, na presença do oficial.

d) Ao contrário da garantia legal, que é sempre obrigatória, a garantia contratual é mera faculdade que pode ser concedida por liberalidade do fornecedor, constituindo um anexo voluntário e podendo, por isso, ser concedida mesmo após a celebração do contrato; o CDC, entretanto, não permite que tal garantia seja dada verbalmente, sendo o termo escrito a substância do ato.

e) De acordo com os adeptos da teoria finalista, a fim de que as normas do CDC sejam aplicadas a um número cada vez maior de relações de mercado, o estatuto consumerista deve ser aplicado a todas as pessoas jurídicas, não importando, pois, se têm ou não objetivo de lucro quando adquirem um produto ou utilizam um serviço.

**ANOTAÇÕES/COMENTÁRIOS**

(a) Tal determinação está explícita no art. 47 do CDC, com vistas ao alcance da igualdade substancial.

(b) Art. 48 do CDC "As declarações de vontade constantes de escritos particulares, recibos e pré-contratos relativos às relações de consumo vinculam o fornecedor, ensejando inclusive execução específica, nos termos do art. 84 e parágrafos."

(c) Art. 49 do CDC: "O consumidor pode desistir do contrato, no prazo de 7 dias a contar de sua assinatura ou do ato de recebimento do produto ou serviço, sempre que a contratação de fornecimento de produtos e serviços ocorrer fora do estabelecimento comercial, especialmente por telefone ou a domicílio."

(d) Art.; 24 do CDC: "A garantia legal de adequação do produto ou serviço independe de termo expresso, vedada a exoneração contratual do fornecedor." Art. 50 do CDC: "A garantia contratual é complementar à legal e será conferida mediante termo escrito."

(e) Esta é a teoria maximalista, para a finalista só é destinatário final quem põe fim a cadeia de consumo.

*Para responder, tem que estudar: lei.*

*Gabarito: D*

**64. (Cespe/TJ/RN/Juiz/2013)** Acerca da proteção contratual do consumidor prevista no CDC, assinale a opção correta à luz da doutrina e da jurisprudência atual do STJ.

a) É valida cláusula contratual que disponha, por convenção das partes, a inversão do ônus da prova em favor do fornecedor.

b) Não se considera abusiva cláusula contratual que determine, em caso de rescisão de promessa de compra e venda de imóvel na planta, a restituição das parcelas pagas somente ao término da obra.

c) O prazo de reflexão legalmente conferido ao consumidor para desistir do contrato, estipulado em sete dias, somente se mostra aplicável quando a contratação do fornecimento de produtos ou serviços ocorrer fora do estabelecimento comercial.

d) Não se considera abusiva cláusula contratual de plano de saúde que estabeleça, com a anuência do consumidor, limites para o tempo de internação hospitalar do segurado.

e) A inserção de cláusula no formulário de contratos de adesão desfigura a natureza do contrato.

**ANOTAÇÕES/COMENTÁRIOS**

(a) O art. 51, inciso VI do CDC inquina de nula de pleno direito as cláusulas que "estabeleçam inversão do ônus da prova em prejuízo do consumidor."

(b) Súmula 543 do STJ: "Na hipótese de resolução de contrato de promessa de compra e venda de imóvel submetido ao Código de Defesa do Consumidor, deve ocorrer a imediata restituição das parcelas pagas pelo promitente comprador – integralmente, em caso de culpa exclusiva do promitente vendedor/construtor, ou parcialmente, caso tenha sido o comprador quem deu causa ao desfazimento."

(c) Art. 49 do CDC: "O consumidor pode desistir do contrato, no prazo de 7 dias a contar de sua assinatura ou do ato de recebimento do produto ou serviço, sempre que a contratação de fornecimento de produtos e serviços ocorrer fora do estabelecimento comercial, especialmente por telefone ou a domicílio."

(d) Súmula 302 do STJ "É abusiva a cláusula contratual de plano de saúde que limita no tempo a internação hospitalar do segurado."

(e) Art. 54, § 1º: "A inserção de cláusula no formulário não desfigura a natureza de adesão do contrato."

*Para responder, tem que estudar: lei e súmula/OJ.*

*Gabarito: C*

**65. (Cespe/TJ/ES/Juiz/2011)** A respeito da proteção contratual do consumidor, assinale a opção correta.

a) Sendo o bem contratado entregue e o preço pago no ato da contratação, não cabe revisão da cláusula-preço.

b) Considera-se nula de pleno direito cláusula que estipule a incidência de correção monetária em contrato de adesão.

c) Consumidor que adquira produto por meio da Internet tem direito ao arrependimento, ainda que tenha acesso prévio ao detalhamento do produto.

d) Ainda que determinada cobrança indevida tenha por base norma posteriormente considerada ilegal pela jurisprudência, cabe a restituição em dobro ao consumidor.

e) De acordo com a jurisprudência do STJ, não se considera venda casada aquela em que o preço global dos serviços oferecidos seja inferior ao da aquisição individual.

**ANOTAÇÕES/COMENTÁRIOS**

(a) O art. 6º do CDC estabelece em seu inciso V, segunda parte, como sendo direito básico do consumidor, a revisão de cláusulas contratuais que, em razão de fatos supervenientes, se tornem excessivamente onerosas.

(b) Não existe esta vedação legal.

(c) Para exercício do direito ao arrependimento, basta que a compra tenha sido realizada fora do estabelecimento comercial, nos termos da norma contida no art. 49 do CDC.

(d) A Segunda Seção do STJ firmou o entendimento de que a devolução em dobro dos valores pagos pelo consumidor somente é possível quando demonstrada a má-fé do credor. Neste sentido, ver AgRg no AgRg no AREsp 731.339/DF.

(e) "(...) 2. O art. 39, I, do CDC, inclui no rol das práticas abusivas a popularmente denominada 'venda casada', ao estabelecer que é vedado ao fornecedor 'condicionar o fornecimento de produto ou de serviço ao fornecimento de outro produto ou serviço, bem como, sem justa causa, a limites quantitativos'. 3. Na primeira situação descrita nesse dispositivo, a ilegalidade se configura pela vinculação de produtos e serviços de natureza distinta e usualmente comercializados em separado, tal como ocorrido na hipótese dos autos." (STJ, REsp 384284/RS)

*Para responder, tem que estudar: lei e jurisprudência.*

*Gabarito: C*

**66. (Cespe/TJ/PR/Juiz/2017)** Ao completar cinquenta e nove anos de idade, Pedro foi informado a respeito do reajuste do seu plano de saúde individual. Entendendo que o novo valor cobrado era abusivo, ele requereu a revisão judicial do negócio jurídico. Acerca dessa situação hipotética, assinale a opção correta à luz da jurisprudência do STJ.

a) A observância das normas expedidas pelas agências reguladoras dispensa a necessidade de previsão contratual.

b) Pedro é considerado consumidor hipervulnerável, pois sua inserção em faixa etária que abrange idosos impossibilita o reajuste da mensalidade de pleno direito.

c) De per si, a fixação de reajuste de valor pago ao plano de saúde autoriza a revisão do contrato pelo juiz.

d) A cláusula de aumento de mensalidade de plano de saúde conforme a mudança de faixa etária tem fundamento no mutualismo e na solidariedade intergeracional.

**ANOTAÇÕES/COMENTÁRIOS**

(a, b, c, d, e) "A cláusula de aumento de mensalidade de plano de saúde conforme a mudança de faixa etária do beneficiário encontra fundamento no mutualismo (regime de repartição simples) e na solidariedade intergeracional, além de ser regra atuarial e asseguradora de riscos." (STJ, Recurso Repetitivo, REsp 1568244)

*Para responder, tem que estudar: jurisprudência.*

*Gabarito: D*



## 6.2. Das Cláusulas Abusivas

**67. (Cespe/TJ/AC/Juiz/2012)** Com o advento do CDC, passou-se a aceitar, no Brasil, a existência de valores jurídicos superiores ao dogma da vontade, como o equilíbrio e a boa-fé nas relações de consumo. Acerca das cláusulas abusivas nos contratos de consumo, assinale a opção correta.

a) A sentença que reconhece a nulidade da cláusula abusiva é declaratória e tem efeito "ex nunc".

b) Nos termos do CDC, prescrevem em cinco anos os prazos referentes à pretensão do consumidor à reparação pelos danos causados por fato do produto ou serviço e os referentes à alegação de nulidade da cláusula abusiva.

c) Com o objetivo de promover lealdade, transparência e equilíbrio nas relações de consumo, o CDC dedica especial atenção à proteção contratual do consumidor e, reconhecendo que a supremacia do fornecedor sobre o consumidor caracteriza-se, sobretudo, nas contratações em massa, restringe as cláusulas abusivas ao contrato de adesão.

d) A abusividade e a consequente declaração de nulidade das cláusulas abusivas, conforme entendimento pacificado na doutrina, podem ser conhecidas por ato de ofício do juiz, independentemente de requerimento da parte ou do interessado.

e) Nos termos da sistemática adotada pelo CDC, para a caracterização da abusividade da cláusula, é necessário que o fornecedor tenha agido de má-fé e que o consumidor não a tenha aceitado conscientemente.

ANOTAÇÕES/COMENTÁRIOS

(a) O efeito é ex tunc (retroativo), eis que se trata de nulidade absoluta, de pleno direito, nos termos do art. 51, caput do CDC.

(b) O art. 27 só trata do prazo prescricional de 5 anos relativo a fato do produto e do serviço. O CDC não prevê prazo específico para declaração de nulidade de cláusula, aplicando-se o prazo de 10 (dez) anos, previsto no art. 205 do Código Civil, em diálogo de fontes.

(c) Não há esta limitação legal.

(d) Súmula 381 do STJ: "Nos contratos bancários, é vedado ao julgador conhecer, de ofício, da abusividade das cláusulas".

(e) Não há esta exigência na lei.

*Para responder, tem que estudar: lei, súmula/OJ e teoria/doutrina.*

*Gabarito: D*

**68. (Cespe/TJ/PB/Juiz/2011)** Assinale a opção correta com base no entendimento sumulado pelo STJ a respeito da aplicação do CDC no que se refere a fornecedor e práticas abusivas.

a) O CDC não é aplicável à relação jurídica entre a entidade de previdência privada e seus participantes.
b) O CDC não se aplica aos contratos de plano de saúde.
c) Nos contratos bancários, é possível ao julgador conhecer de ofício a abusividade das cláusulas.
d) Nos contratos bancários posteriores ao CDC, incide a multa moratória nele prevista.
e) Não é abusiva cláusula contratual de plano de saúde que limite no tempo a internação hospitalar do segurado.

ANOTAÇÕES/COMENTÁRIOS

(a) Súmula 563 do STJ: "O Código de Defesa do Consumidor é aplicável às entidades abertas de previdência complementar, não incidindo nos contratos previdenciários celebrados com entidades fechadas."

(b) Súmula 469 do STJ: "Aplica-se o Código de Defesa do Consumidor aos contratos de planos de saúde."

(c) Súmula 381 do STJ: "Nos contratos bancários, é vedado ao julgador conhecer, de ofício, da abusividade das cláusulas".

(d) Súmula 285 do STJ "Nos contratos bancários posteriores ao Código de Defesa do Consumidor incide a multa moratória nele prevista."

(e) Súmula 302 do STJ "É abusiva a cláusula contratual de plano de saúde que limita no tempo a internação hospitalar do segurado."

*Para responder, tem que estudar: súmula/OJ.*

*Gabarito: D*

# 7. DAS SANÇÕES ADMINISTRATIVAS

**69. (Cespe/TJ/CE/Juiz/2018)** Com relação às sanções administrativas previstas no CDC, assinale a opção correta.

a) A contrapropaganda é prática abusiva que sujeita o seu autor a sanção administrativa.

b) A violação de obrigação contratual por concessionária de serviço público não pode fundamentar a aplicação da pena de cassação da concessão.

c) Essas sanções devem ser aplicadas por autoridade administrativa, no âmbito de sua atribuição, sendo vedada a aplicação cumulativa.

d) A pena de interdição será aplicada, após procedimento administrativo, quando o fornecedor reincidir na prática das infrações de maior gravidade previstas no CDC e na legislação de consumo.

e) A existência de ação judicial pendente, ainda sem trânsito em julgado, em que se discuta a imposição de penalidade administrativa não impede o reconhecimento da reincidência.



ANOTAÇÕES/COMENTÁRIOS

(a) Incorreto. A contrapropaganda é sanção administrativa, prevista no art. 56, inciso XII do CDC.

(b) Incorreto. Tal possibilidade está expressamente prevista no §1º, do art. 59 do CDC.

(c) Incorreto. Segundo o parágrafo único do art. 56 do CDC, as sanções podem ser aplicadas de forma cumulativa.

(d) Correto. A alternativa está em total consonância com o disposto no art. 59 do CDC.

(e) Incorreto. Segundo o §3º, do art. 59 do CDC, pendendo ação judicial, na qual se discuta a imposição de penalidade administrativa, não haverá reincidência até o trânsito em julgado da sentença.

*Para responder, tem que estudar: lei.*

*Gabarito: D*

## 8. DAS INFRAÇÕES PENAIS

**70. (Cespe/TJ/PI/Juiz/2012)** Assinale a opção correta com referência às sanções administrativas e às infrações penais disciplinadas no CDC.

a) Fazer ou promover publicidade que se sabe (ou se deveria saber) enganosa ou abusiva constitui infração meramente administrativa.

b) Compete exclusivamente aos estados e ao DF, nas respectivas áreas de atuação administrativa, baixar normas relativas à produção, à industrialização, à distribuição e ao consumo de produtos e serviços.

c) A aplicação cumulativa das sanções administrativas depende de prévia instauração de procedimento administrativo e reiteração da falta do fornecedor infrator.

d) A sanção de contrapropaganda deve ser divulgada pelo infrator da mesma forma, na mesma frequência e dimensão e, necessariamente, no mesmo veículo, de modo a desfazer o malefício da publicidade enganosa ou abusiva.

e) O crime consistente na omissão de dizeres ou sinais ostensivos a respeito da nocividade ou periculosidade de produtos em recipientes, embalagens, invólucros ou publicidade comporta as modalidades dolosa ou culposa.

*ANOTAÇÕES/COMENTÁRIOS*

(a) Trata-se de publicidade abusiva, nos termos do art. 37, § 2º do CDC.

(b) Art. 55 do CDC: "A União, os Estados e o Distrito Federal, em caráter concorrente e nas suas respectivas áreas de atuação administrativa, baixarão normas relativas à produção, industrialização, distribuição e consumo de produtos e serviços."

(c) Art. 56, parágrafo único do CDC: "As sanções previstas neste artigo serão aplicadas pela autoridade administrativa, no âmbito de sua atribuição, podendo ser aplicadas cumulativamente, inclusive por medida cautelar, antecedente ou incidente de procedimento administrativo."

(d) Art. 60, § 1º do CDC: "A contrapropaganda será divulgada pelo responsável da mesma forma, frequência e dimensão e, preferencialmente no mesmo veículo, local, espaço e horário, de forma capaz de desfazer o malefício da publicidade enganosa ou abusiva."

(e) Art. 63 do CDC: "Omitir dizeres ou sinais ostensivos sobre a nocividade ou periculosidade de produtos, nas embalagens, nos invólucros, recipientes ou publicidade. (...). § 2º Se o crime é culposo: (...)"

*Para responder, tem que estudar: lei.*

*Gabarito: E*

**71. (Cespe/TJ/CE/Juiz/2012)** A propósito das normas de direito penal e processual penal previstas no CDC, assinale a opção correta.

a) O CDC prevê, expressamente, como crime a conduta de não entregar ao consumidor o termo de garantia adequadamente preenchido e com especificação clara de seu conteúdo.

b) Assim como ocorre no direito ambiental, é prevista, no direito do consumidor, a responsabilização criminal da pessoa jurídica cujos representantes legais ou empregados cometam fatos tipicamente previstos na legislação específica como crimes.

c) O CDC não prevê infração penal na modalidade culposa, de modo que, no âmbito do direito do consumidor, o infrator somente responderá criminalmente se agir dolosamente.

d) O sujeito passivo dos crimes contra as relações de consumo é o consumidor pessoa física, considerando-se atípico o crime cometido contra consumidor pessoa jurídica ou consumidor por equiparação, em face do princípio da vedação à responsabilidade objetiva.

e) Constitui crime contra as relações de consumo fazer ou promover publicidade manifestamente fantasiosa.

**ANOTAÇÕES/COMENTÁRIOS**

(a) A alternativa corresponde ao tipo penal expressamente previsto no art. 74 do CDC.

(b) Não há esta previsão.

(c) O art. 63, § 2º do CDC, por exemplo, prevê modalidade culposa.

(d) Não há esta limitação no CDC.

(e) Conforme estatuído no art. 67 do CDC, constitui crime promover publicidade que sabe ou deveria saber ser enganosa ou abusiva.

*Para responder, tem que estudar: lei.*

*Gabarito: A*



**72. (Cespe/TJ/BA/Juiz/2012)** A respeito das normas de direito penal e processo penal previstas no CDC, assinale a opção correta.

a) A pessoa jurídica pode ser responsabilizada criminalmente se os seus representantes legais ou até mesmo empregados cometerem crimes previstos no CDC.

b) O sujeito passivo dos crimes contra as relações de consumo é o consumidor pessoa física, sendo considerado o crime fato atípico se cometido contra consumidor pessoa jurídica ou consumidor por equiparação, em observância ao princípio da vedação à responsabilidade objetiva.

c) Observa-se a ocorrência de agravantes quando os crimes tipificados no CDC são cometidos em época de grave crise econômica ou por ocasião de calamidade ou quando causam grave dano individual ou coletivo.

d) O CDC tipifica como crime a conduta de empregar peças ou componentes de reposição usados na reparação de produtos, mesmo com autorização do consumidor.

e) Todos os legitimados para a defesa coletiva do consumidor podem prestar assistência ao MP e propor ação penal subsidiária.

**ANOTAÇÕES/COMENTÁRIOS**

(a) Não há esta previsão legal.

(b) Não há esta limitação no CDC.

(c) Tais circunstâncias agravantes estão expressas no art. 76, incisos I e II, respectivamente.

(d) O tipo penal previsto no art. 70 exige o emprego de peças ou componentes de reposição usados, sem a autorização do consumidor.

(e) Segundo os termos da norma contida no art. 80, somente os legitimados indicados no art. 82, inciso III e IV do CDC poderão prestar assistência ao Ministério Público e propor a ação penal subsidiária.

*Para responder, tem que estudar: lei.*

*Gabarito: C*

**73. (Cespe/TJ/CE/Juiz/2012)** No CDC, são previstos diversos direitos que devem ser respeitados, na relação de consumo, sendo alguns deles, em razão da importância do bem jurídico tutelado, protegidos também na esfera criminal. A respeito das normas de direito penal e processual penal previstas no CDC, assinale a opção correta.

a) São circunstâncias agravantes dos crimes tipificados no CDC o fato de o delito ser cometido em época de deflação ou de guerra declarada, o de colocar em risco direito individual ou individual homogêneo e o de impingir coerção irresistível à vítima.

b) De acordo com o CDC, a pena privativa de liberdade e a de multa podem ser impostas cumulativamente com a interdição temporária de direitos, a publicação, em órgãos de comunicação de grande circulação ou audiência, às expensas do condenado, de notícia sobre os fatos e a prestação de serviços à comunidade, sendo vedado alterná-las.

c) No processo penal atinente aos crimes cometidos contra as relações de consumo, são vedadas a assistência ao MP e a propositura de ação penal subsidiária.

d) Os crimes contra as relações de consumo, dado o seu caráter especial, estão previstos exclusivamente no CDC, sendo necessária, para a inclusão de novo tipo penal, a alteração de seu texto mediante processo legislativo próprio.

e) Quem, de qualquer forma, concorrer para os crimes referidos no CDC está sujeito às penas a estes cominadas na medida de sua culpabilidade, bem como o diretor, administrador ou gerente da pessoa jurídica que promover, permitir ou por qualquer modo aprovar o fornecimento, oferta, exposição à venda ou manutenção de produtos em depósito ou a oferta e prestação de serviços nas condições por ele proibidas.

**ANOTAÇÕES/COMENTÁRIOS**

(a) Artigo 76 do CDC: "São circunstâncias agravantes dos crimes tipificados neste Código: I – serem cometidos em época de grave crise econômica ou por ocasião de calamidade; II – ocasionarem grave dano individual ou coletivo; III – dissimular-se a natureza ilícita do procedimento; IV – quando cometido: a) por servidor público, ou por pessoa cuja condição econômico-social seja manifestamente superior à da vítima; b) em detrimento de operário ou rurícola; de menor de dezoito ou maior de sessenta anos ou de pessoas portadoras de deficiência mental interditadas ou não; V – serem praticados em operações que envolvam alimentos, medicamentos ou quaisquer outros produtos ou serviços essenciais."

(b) Artigo 78 do CDC: "Além das penas privativas de liberdade e de multa podem ser impostas, cumulativa ou alternadamente, observado o disposto no artigo 44 a 47 do CP: I – interdição temporária de direito; II – publicação em órgãos de comunicação de grande circulação ou audiência, às expensas do condenado, de notícia sobre fatos e a condenação. III – prestação de serviços à comunidade."

(c) Artigo 80 do CDC: "No processo penal atinente aos crimes previstos neste Código, bem como outros crimes e contravenções que envolvam relações de consumo, poderão intervir, como assistentes do Ministério Público, os legitimados indicados no artigo 82, III e IV aos quais também é facultado propor ação penal subsidiária se a denúncia não for oferecida no prazo legal."

(d) Artigo 61 do CDC: "Constituem crimes contra as relações de consumo previstas neste Código, sem prejuízo do disposto no Código Penal e leis especiais, as condutas tipificadas nos artigos antecedentes."

(e) A alternativa corresponde aos exatos termos do art. 75 do CDC.

*Para responder, tem que estudar: lei.*

*Gabarito: E*

**74. (Cespe/TJ/ES/Juiz/2011)** Rodrigo, gerente de uma loja de bicicletas, orientou Marcelo, de quem é chefe, a não entregar aos consumidores o termo de garantia referente aos produtos por ele vendidos. Nessa situação hipotética:

a) Marcelo e Rodrigo poderão ser considerados agentes ativos de crime previsto no CDC.
b) somente Marcelo poderá ser agente ativo de crime previsto no CDC.
c) somente Rodrigo poderá ser agente ativo de crime previsto no CDC.
d) não caberá, em relação à conduta descrita, ação penal subsidiária nem assistência.
e) o CDC não considera crime a conduta apresentada, mas infração administrativa.

*ANOTAÇÕES/COMENTÁRIOS*

(a, b, c, d, e) O tipo penal retratado no enunciado está previsto no art. 74. Por sua vez, o art. 75 prevê: "Quem, de qualquer forma, concorrer para crimes referidos neste código, incide as penas a esses cominadas na medida de sua culpabilidade, bem como o diretor, administrador ou gerente da pessoa jurídica que promover ou por qualquer modo aprovar o fornecimento, oferta, exposição à venda ou manutenção em depósito de produtos ou a oferta e prestação de serviços nas condições por ele proibidas."

*Para responder, tem que estudar: lei.*

*Gabarito: A*

**75. (Cespe/TJ/DFT/Juiz/2014)** No que se refere às normas previstas no CDC acerca das sanções administrativas e penais, assinale a opção correta.

a) No processo penal atinente aos crimes cometidos contra as relações de consumo, previstos no CDC ou em legislação esparsa, é permitida a habilitação, como assistente do MP, do órgão da administração pública, direta ou indireta, ainda que sem personalidade jurídica, especificamente destinado à defesa dos interesses e direitos protegidos pelo CDC.

b) De acordo com o CDC, a pena prevista para o delito cometido contra consumidores de plano de saúde, de ensino privado ou de medicamentos será necessariamente agravada.

c) Em casos urgentes, as penas administrativas de apreensão e de inutilização de produtos podem ser aplicadas independentemente da instauração de procedimento administrativo.

d) Aplicam-se os critérios previstos no CP para a fixação da respectiva pena de multa à sanção administrativa de multa prevista no CDC.

e) A pessoa jurídica responde criminalmente pelas condutas tipicamente previstas no CDC como crimes, independentemente da responsabilização de seus gestores e empregados.

ANOTAÇÕES/COMENTÁRIOS

(a) Art. 80 do CDC: "No processo penal atinente aos crimes previstos neste código, bem como a outros crimes e contravenções que envolvam relações de consumo, poderão intervir, como assistentes do Ministério Público, os legitimados indicados no art. 82, inciso III e IV, aos quais também é facultado propor ação penal subsidiária, se a denúncia não for oferecida no prazo legal."

(b) Art. 76 do CDC: "São circunstâncias agravantes dos crimes tipificados neste código: (...). V – serem praticados em operações que envolvam alimentos, medicamentos ou quaisquer outros produtos ou serviços essenciais."

(c) Art. 56, parágrafo único do CDC: "As sanções previstas neste artigo serão aplicadas pela autoridade administrativa, no âmbito de sua atribuição, podendo ser aplicadas cumulativamente, inclusive por medida cautelar, antecedente ou incidente de procedimento administrativo."

(d) Art. 57 do CDC: "A pena de multa, graduada de acordo com a gravidade da infração, a vantagem auferida e a condição econômica do fornecedor, será aplicada mediante procedimento administrativo, revertendo para o Fundo de que trata a Lei 7.347, de 24 de julho de 1985, os valores cabíveis à União, ou para os Fundos estaduais ou municipais de proteção ao consumidor nos demais casos."

(e) Art. 75 do CDC: "Quem, de qualquer forma, concorrer para crimes referidos neste código, incide as penas a esses cominadas na media de sua culpabilidade, bem como o diretor, administrador ou gerente da pessoa jurídica que promover ou por qualquer modo aprovar o fornecimento, oferta, exposição à venda ou manutenção em depósito de produtos ou a oferta e prestação de serviços nas condições por ele proibidas."

*Para responder, tem que estudar: lei.*

*Gabarito: A*

**76. (Cespe/TJ/DFT/Juiz/2016)** Sobre as condutas penalmente tipificadas no rol dos crimes contra as relações de consumo, conforme previsão do CDC, assinale a opção correta.

a) A conduta consistente em empregar, na reparação de produtos, peças ou componentes de reposição usados, sem autorização do consumidor, configura crime contra as relações de consumo, sancionado com pena de detenção.

b) Constitui circunstância agravante, prevista no CDC, o fato de haver sido o crime praticado por preposto ou administrador de pessoa jurídica em estado falimentar.

c) Não deve ser admitida, sob pena de se configurar "bis in idem", além das penas privativas de liberdade e de multa, a aplicação cumulativa das penas de prestação de serviços à comunidade e de interdição temporária de direitos.

d) Não se admite, no processo dos crimes contra as relações de consumo, a propositura de ação penal subsidiária.

e) A conduta consistente em deixar de entregar ao consumidor o termo de garantia adequadamente preenchido e com especificação clara de seu conteúdo, a despeito de não se encontrar tipificada, de modo a configurar crime autônomo, pode ser considerada como circunstância legal agravante.

**ANOTAÇÕES/COMENTÁRIOS**

(a) Art. 70, CDC. "Empregar na reparação de produtos, peça ou componentes de reposição usados, sem autorização do consumidor: Pena: detenção de três meses a um ano e multa."

(b) Não existe esta agravante, conforme art. 76 do CDC.

(c) Art. 78 do CDC: "Além das penas privativas de liberdade e de multa, podem ser impostas, cumulativa ou alternadamente, observado o disposto nos arts. 44 a 47, do Código Penal: I – a interdição temporária de direitos; II – a publicação em órgãos de comunicação de grande circulação ou audiência, às expensas do condenado, de notícia sobre os fatos e a condenação; III – a prestação de serviços à comunidade."

(d) Art. 80 do CDC: "No processo penal atinente aos crimes previstos neste código, bem como a outros crimes e contravenções que envolvam relações de consumo, poderão intervir, como assistentes do Ministério Público, os legitimados indicados no art. 82, inciso III e IV, aos quais também é facultado propor ação penal subsidiária, se a denúncia não for oferecida no prazo legal."

(e) Art. 74, CDC: "Deixar de entregar ao consumidor o termo de garantia adequadamente preenchido e com especificação clara de seu conteúdo."

*Para responder, tem que estudar: lei.*

*Gabarito: A*

**77. (Cespe/TJ/CE/Juiz/2018)** A respeito das infrações penais tipificadas no CDC, assinale a opção correta.

a) Enviar ou entregar ao consumidor, sem solicitação prévia, qualquer produto, constitui infração penal.

b) Praticar crime tipificado no CDC em detrimento de operário ou rurícola não constitui circunstância agravante.

c) Permitir o ingresso em estabelecimento comercial de clientes em quantidade superior à fixada pela autoridade administrativa como quantidade máxima constitui crime.

d) Deixar de entregar ao consumidor o termo de garantia adequadamente preenchido e com especificação clara de seu conteúdo caracteriza conduta atípica.

e) Empregar na reparação de produtos peça ou componente de reposição usado, ainda que se tenha a autorização prévia e expressa do consumidor, constitui crime.

**ANOTAÇÕES/COMENTÁRIOS**

(a) Incorreto. Trata-se de prática abusiva, nos termos do art. 39, inciso III do CDC.

(b) Incorreto. A alternativa contraria a norma contida no art. 76, inciso IV, alínea 'b' do CDC.

(c) Incorreto. Trata-se de prática abusiva, nos termos do art. 39, inciso XIV do CDC.

(d) Incorreto. Tal conduta está expressamente tipificada no art. 74 do CDC.

(e) Correto. A alternativa está em consonância com a norma contida no art.70 do CDC.

*Para responder, tem que estudar: lei.*

*Gabarito: C*

# 9. DA DEFESA DO CONSUMIDOR EM JUÍZO

## 9.1. Disposições Gerais

**78. (Cespe/TJ/PB/Juiz/2011)** No que se refere à defesa, em juízo, do consumidor, assinale a opção correta.

a) São legitimados para atuar em juízo na defesa coletiva do consumidor o MP, a DP, a União, os estados, os municípios e o DF e qualquer associação legalmente constituída há pelo menos um ano, dispensada, nesse caso, a autorização de assembleia.

b) Nas ações coletivas de que trata o CDC, ainda que não ocorra adiantamento de custas, emolumentos, honorários periciais e quaisquer outras despesas, a associação autora, no caso de improcedência, deve ser condenada ao pagamento de honorários de advogados, custas e despesas processuais.

c) No caso de ação para cumprimento de obrigação de fazer ou não fazer, a conversão da obrigação em perdas e danos somente pode ocorrer se o autor assim tiver optado ou se for impossível a tutela específica ou a obtenção do resultado prático equivalente ao do adimplemento.

d) Os interesses ou direitos difusos são transindividuais, de natureza indivisível, e seus titulares, pessoas indeterminadas e ligadas por circunstâncias de fato; por outro lado, os interesses ou direitos individuais homogêneos, também indivisíveis, decorrem de origem jurídica comum.

e) Para a defesa dos direitos e interesses do consumidor, são admissíveis apenas as espécies de ações previstas no CDC.

**ANOTAÇÕES/COMENTÁRIOS**

(a) Art.. 81, inciso IV do CDC: "as associações legalmente constituídas há pelo menos um ano e que incluam entre seus fins institucionais a defesa dos interesses e direitos protegidos por este código, dispensada a autorização assemblear." A Defensoria tem legitimidade segundo o entendimento do STF (ADI 3943).

(b) Art. 87 do CDC: "Nas ações coletivas de que trata este código não haverá adiantamento de custas, emolumentos, honorários periciais e quaisquer outras despesas, nem condenação da associação autora, salvo comprovada má-fé, em honorários de advogados, custas e despesas processuais. Parágrafo único. Em caso de litigância de má-fé, a associação autora e os diretores responsáveis pela propositura da ação serão solidariamente condenados em honorários advocatícios e ao décuplo das custas, sem prejuízo da responsabilidade por perdas e danos."

(c) Art. 84, § 1º do CDC: "A conversão da obrigação em perdas e danos somente será admissível se por elas optar o autor ou se impossível a tutela específica ou a obtenção do resultado prático correspondente".

(d) Os direitos individuais homogêneos são divisíveis.

(e) Art. 90 do CDC: "Aplicam-se às ações previstas neste título as normas do Código de Processo Civil e da Lei 7.347, de 24 de julho de 1985, inclusive no que respeita ao inquérito civil, naquilo que não contrariar suas disposições."

*Para responder, tem que estudar: lei e jurisprudência.*

*Gabarito: C*

**79. (Cespe/TJ/RN/Juiz/2013)** Com fundamento na legislação em vigor, na doutrina e na jurisprudência do STJ, assinale a opção correta no que se refere à defesa do consumidor em juízo.

a) Nas ações coletivas de que trata o CDC, a sentença, de procedência ou improcedência, fará coisa julgada "erga omnes", obstaculizando a rediscussão da causa em nova demanda individual.

b) Consideram-se interesses ou direitos coletivos, para efeitos do CDC, os transindividuais, de natureza indivisível, cujos titulares sejam pessoas indeterminadas e ligadas por circunstâncias de fato.

c) Nas ações que tenham por objeto o cumprimento de obrigação de fazer ou não fazer, sendo relevante o fundamento e havendo risco de ineficácia do provimento final, pode o juiz conceder a tutela liminarmente e, ainda, em tal hipótese, fixar multa diária ao réu, independentemente de pedido do autor, fixando prazo razoável para o cumprimento da obrigação.

d) Consideram-se interesses ou direitos individuais homogêneos, para efeitos do CDC, os transindividuais, de natureza indivisível, cujo titular seja grupo, categoria ou classe de pessoas ligadas entre si ou com a parte contrária por uma relação jurídica base.

e) Estão legitimadas à propositura de ação coletiva as associações legalmente constituídas há pelo menos cinco anos e que incluam, entre seus fins institucionais, a defesa dos interesses e direitos protegidos pelo CDC, dispensada a autorização assemblear.

ANOTAÇÕES/COMENTÁRIOS

(a) Art. 103 do CDC: "Nas ações coletivas de que trata este código, a sentença fará coisa julgada: I – erga omnes, exceto se o pedido for julgado improcedente por insuficiência de provas, hipótese em que qualquer legitimado poderá intentar outra ação, com idêntico fundamento valendo-se de nova prova, na hipótese do inciso I do parágrafo único do art. 81; II – ultra partes, mas limitadamente ao grupo, categoria ou classe, salvo improcedência por insuficiência de provas, nos termos do inciso anterior, quando se tratar da hipótese prevista no inciso II do parágrafo único do art. 81; III – erga omnes, apenas no caso de procedência do pedido, para beneficiar todas as vítimas e seus sucessores, na hipótese do inciso III do parágrafo único do art. 81."

(b) Art. 81, inciso II do CDC: "interesses ou direitos coletivos, assim entendidos, para efeitos deste código, os transindividuais, de natureza indivisível de que seja titular grupo, categoria ou classe de pessoas ligadas entre si ou com a parte contrária por uma relação jurídica base;"

(c) Art. 84 do CDC: "Na ação que tenha por objeto o cumprimento da obrigação de fazer ou não fazer, o juiz concederá a tutela específica da obrigação ou determinará providências que assegurem o resultado prático equivalente ao do adimplemento. (...). § 3º Sendo relevante o fundamento da demanda e havendo justificado receio de ineficácia do provimento final, é lícito ao juiz conceder a tutela liminarmente ou após justificação prévia, citado o réu."

(d) Art. 81, inciso III do CDC: "interesses ou direitos individuais homogêneos, assim entendidos os decorrentes de origem comum."

(e) Art. 82, inciso IV do CDC: "as associações legalmente constituídas há pelo menos um ano e que incluam entre seus fins institucionais a defesa dos interesses e direitos protegidos por este código, dispensada a autorização assemblear."

*Para responder, tem que estudar: lei.*

*Gabarito: C*

**80. (Cespe/TJ/BA/Juiz/2012)** Determinado defensor público, lotado em comarca do interior, atendeu diversos cidadãos hipossuficientes que se queixavam do fato de que determinada loja local de venda de eletrodomésticos se negava a prestar assistência pós-venda aos consumidores, sob a alegação de que somente os fabricantes dos produtos são responsáveis pelo conserto ou troca dos aparelhos. Após consultar, via ofício, a loja, o defensor público confirmou a veracidade dos fatos, tendo constatado que ela atuava dessa forma com todos os seus clientes. Considerando a situação hipotética acima, assinale a opção correta com base nas normas referentes à defesa do consumidor em juízo.

a) O defensor público deverá remeter ao MP local cópias das ações individuais que ajuizar, para que o promotor de justiça, então, avalie a conveniência de ajuizar a ação coletiva.

b) Como se trata de interesse difuso, que, por isso, abrange direitos de hipossuficientes e de pessoas abastadas, não cabe à defensoria pública atuar no caso.

c) O defensor público, na petição inicial, poderá requerer ao juiz a concessão da tutela específica da obrigação ou a determinação de providências que assegurem o resultado prático equivalente ao do adimplemento.

d) O defensor público deve, antes de ajuizar qualquer demanda, instaurar inquérito civil público, a fim de investigar os fatos.

e) O defensor público só poderá agir, por meio do ajuizamento de ação individual, em nome dos consumidores que se queixaram à defensoria pública.

**ANOTAÇÕES/COMENTÁRIOS**

(a, b, c, d, e) Artigo 84 do CDC: "Na ação que tenha por objeto o cumprimento da obrigação de fazer ou não fazer, o juiz concederá a tutela específica da obrigação ou determinará providências que assegurem o resultado prático equivalente ao do adimplemento."

*Para responder, tem que estudar: lei.*

*Gabarito: C*

**81. (Cespe/TJ/ES/Juiz/2011)** A Associação de Compradores de Imóveis Urbanos do Estado do Espírito Santo (ACIUES) ajuizou ACP contra a maior construtora de prédios residenciais do estado, alegando que o contrato de adesão de compra e venda de unidades imobiliárias usado como modelo pela empresa feria vários direitos básicos dos consumidores. Na ação, a ACIUES requereu a declaração da nulidade das cláusulas abusivas e a condenação da empresa ao pagamento de danos morais coletivos. O juiz de direito competente, ao analisar a inicial, constatou que o estatuto da ACIUES prevê, entre os seus fins institucionais, a defesa do comprador de imóveis e verificou que a associação havia sido legalmente constituída seis meses antes da propositura da ação. Não foi juntada autorização de assembleia da associação para a propositura da ACP. Nessa situação hipotética, de acordo com o disposto no CDC, o magistrado deve:

a) receber prontamente a inicial, intimar o MP para atuar como fiscal da lei e a defensoria pública para ajuizar as ações individuais pertinentes.
b) extinguir o processo sem exame do mérito dada a ausência do requisito de constituição da associação por, pelo menos, um ano antes da propositura da ação, e condenar a autora ao pagamento das custas processuais.
c) abrir prazo para que a autora demonstre manifesto interesse social evidenciado pela dimensão ou característica do dano, ou pela relevância do bem jurídico a ser protegido.
d) extinguir o processo sem exame do mérito em face da ausência de autorização da assembleia para propositura da ação, sem, contudo, condenar a autora ao pagamento das custas processuais.
e) abrir prazo para a autora emendar a exordial, a fim de retirar o pedido de danos morais coletivos, haja vista o fato de que esse pedido somente pode ser feito pelo MP.

## ANOTAÇÕES/COMENTÁRIOS

(a, b, c, d, e) Quanto a falta do requisito temporal: Art. 82, § 1º do CDC: "O requisito da pré-constituição pode ser dispensado pelo juiz, nas ações previstas nos arts. 91 e seguintes, quando haja manifesto interesse social evidenciado pela dimensão ou característica do dano, ou pela relevância do bem jurídico a ser protegido". Quanto a ausência de autorização expressa dos associados: "A jurisprudência do STJ orientava-se no sentido de que as associações de classe e os sindicatos possuem legitimidade ativa ad causam para atuar como substitutos processuais em Ações Coletivas, nas fases de conhecimento, na liquidação e na execução, independentemente de autorização expressa dos substituídos e da juntada da relação nominal dos filiados." (STJ, REsp 1.637.826/PE)

*Para responder, tem que estudar: lei e jurisprudência.*

*Gabarito: C*



**82. (Cespe/TJ/DFT/Juiz/2014)** O MP de determinado estado, por intermédio do promotor de justiça titular da promotoria especializada na defesa dos direitos do consumidor, ajuizou ação civil pública contra instituição de ensino particular, com o intuito de impedir aumento ilegal e abusivo de mensalidades escolares. Com base nessa situação hipotética, assinale a opção correta.

a) Caso seja proferida decisão condenatória, o magistrado deverá conceder a tutela específica da obrigação ou determinar providências que assegurem o resultado prático equivalente ao do adimplemento, podendo, ainda, independentemente de pedido do autor, impor multa diária ao réu.

b) Eventual sentença de improcedência fará coisa julgada "erga omnes".

c) Nesse caso, trata-se de tutela de interesses difusos.

d) De acordo com o entendimento do STF, o magistrado deve extinguir o processo sem resolução de mérito, em razão da ilegitimidade do MP para propor a ação.

e) Conforme a jurisprudência consolidada do STJ, o magistrado poderá, na sentença, inverter o ônus da prova, caso estejam presentes os requisitos previstos no CDC.

ANOTAÇÕES/COMENTÁRIOS

(a) Artigo 84 do CDC: "Na ação que tenha por objeto o cumprimento da obrigação de fazer ou não fazer, o juiz concederá a tutela específica da obrigação ou determinará providências que assegurem o resultado prático equivalente ao do adimplemento."

(b) Art. 103 do CDC: "Nas ações coletivas de que trata este código, a sentença fará coisa julgada: I – erga omnes, exceto se o pedido for julgado improcedente por insuficiência de provas, hipótese em que qualquer legitimado poderá intentar outra ação, com idêntico fundamento valendo-se de nova prova, na hipótese do inciso I do parágrafo único do art. 81; "

(c) Art. 81, inciso II do CDC: "interesses ou direitos coletivos, assim entendidos, para efeitos deste código, os transindividuais, de natureza indivisível de que seja titular grupo, categoria ou classe de pessoas ligadas entre si ou com a parte contrária por uma relação jurídica base;"

(d) Súmula 643 do STF: "O Ministério Público tem legitimidade para promover ação civil pública cujo fundamento seja a ilegalidade de reajuste de mensalidades escolares."

(e) "Destinatário da inversão do ônus da prova por hipossuficiência – juízo perfeitamente compatível com a natureza coletiva ou difusa das vítimas – não é apenas a parte em juízo (ou substituto processual), mas, com maior razão, o sujeito-titular do bem jurídico primário a ser protegido." (STJ, REsp 883.656/RS)

*Para responder, tem que estudar: lei e jurisprudência.*

*Gabarito: A*

## 9.2. Das Ações Coletivas

**83. (Cespe/TJ/BA/Juiz/2012)** A associação estadual de defesa do consumidor (AEDC) de determinado estado da Federação ajuizou ação civil pública contra a única distribuidora de combustíveis do estado, sob a alegação de que o fato de ela ser a única empresa do tipo no mercado constitui monopólio e cartel, o que causa lesão a vários direitos básicos dos consumidores. Na ação, requereu que a empresa fosse condenada a adequar os seus preços à média nacional e a pagar danos morais coletivos. O magistrado competente, ao analisar a inicial, constatou que a associação, cujo estatuto prevê, entre os seus fins institucionais, a defesa ampla dos consumidores, tinha sido legalmente constituída havia seis meses e que não tinha sido juntada autorização assemblear para a propositura da ação. De acordo com as normas do CDC, o juiz, nessa situação, deve:

a) extinguir o processo sem exame do mérito, por não ter sido a autorização assemblear juntada aos autos, sem condenar a autora ao pagamento das custas processuais.

b) abrir prazo para que a autora emende a exordial, a fim de retirar o pedido de danos morais coletivos, visto que somente o MP tem legitimidade para fazer esse pedido.

c) receber a inicial, intimar o MP para atuar como fiscal da lei e intimar a defensoria pública para ajuizar as ações individuais pertinentes.

d) extinguir o processo sem resolução do mérito, já que a AEDC foi constituída há menos de um ano, e condenar a autora ao pagamento das custas processuais.

e) fundamentar, ao receber a exordial, a legitimidade ativa da associação, tendo em vista que, embora constituída há menos de um ano, a extensão dos danos aos consumidores justifica sua atuação na ação coletiva.

**ANOTAÇÕES/COMENTÁRIOS**

(a) Art. 82, IV do CDC: "as associações legalmente constituídas há pelo menos um ano e que incluam entre seus fins institucionais a defesa dos interesses e direitos protegidos por este código, dispensada a autorização assemblear."

(b) Art. 82 do CDC: "Para os fins do art. 81, parágrafo único, são legitimados concorrentemente: (...). IV – as associações legalmente constituídas há pelo menos um ano e que incluam entre seus fins institucionais a defesa dos interesses e direitos protegidos por este código, dispensada a autorização assemblear."

(c) A intimação do MP está correto, conforme os termos da norma contida no art. 92 do CDC. Entretanto, a associação é legitimada, conforme dispositivos acima destacados, razão pela qual não há que se falar em intimação da Defensoria Pública.

(d) Art. 82, § 1º do CDC: "O requisito da pré-constituição pode ser dispensado pelo juiz, nas ações previstas nos arts. 91 e seguintes, quando haja manifesto interesse social evidenciado pela dimensão ou característica do dano, ou pela relevância do bem jurídico a ser protegido."

(e) Art. 82, § 1º do CDC.

*Para responder, tem que estudar: lei.*

*Gabarito: E*



**84. (Cespe/TJ/MA/Juiz/2013)** De acordo com o CDC, a coletividade está protegida, na condição de consumidor, desde que:

a) a matéria se enquadre no conceito de direitos individuais homogêneos, independentemente de a coletividade ter intervindo nas relações de consumo.

b) a coletividade tenha intervindo nas relações de consumo, ainda que não sejam determinadas as pessoas que a compõem.

c) sejam determinadas as pessoas que a compõem, e a matéria se enquadre no conceito de direitos individuais homogêneos.

d) a matéria se enquadre no conceito de direitos difusos, e a coletividade tenha intervindo nas relações de consumo.

ANOTAÇÕES/COMENTÁRIOS

(a, b, c, d, e) Art. 2º do CDC: "Consumidor é toda pessoa física ou jurídica que adquire ou utiliza produto ou serviço como destinatário final. Parágrafo único. Equipara-se a consumidor a coletividade de pessoas, ainda que indetermináveis, que haja intervindo nas relações de consumo."

*Para responder, tem que estudar: lei.*

*Gabarito: B*

**85. (Cespe/TJ/AM/Juiz/2016)** O Procon do estado do Amazonas, por intermédio de seu advogado, ajuizou ação civil pública contra determinada empresa privada de saúde suplementar, pleiteando o reconhecimento judicial da abusividade da cláusula contratual que prevê aumento dos valores cobrados em todo o estado a partir do momento que a pessoa atinge a condição de idoso. Requereu, também, a restituição dos valores pagos por aqueles indivíduos que já haviam atingido a idade de sessenta anos. Com referência a essa situação hipotética, assinale a opção correta de acordo com o tratamento dispensado pelo CDC à defesa do consumidor em juízo.

a) O foro competente para a propositura da ação coletiva em questão é o da sede da empresa requerida.

b) A hipótese retrata a existência de direitos individuais homogêneos, pois os titulares podem ser identificados e se encontram em uma mesma situação fática.

c) Por se tratar de ação coletiva não proposta pelo MP, a atuação deste no processo é desnecessária.

d) A sentença de mérito fará coisa julgada "erga omnes" no caso de procedência do pedido; caso contrário, o consumidor poderá intentar ação individual, ainda que tenha integrado a demanda como litisconsorte.

e) O juiz deverá extinguir o processo sem análise do mérito, pois o Procon não possui legitimidade para o ajuizamento de ação coletiva.

**ANOTAÇÕES/COMENTÁRIOS**

(a) Art. 93 do CDC: "Ressalvada a competência da Justiça Federal, é competente para a causa a justiça local: inciso I – no foro do lugar onde ocorreu ou deva ocorrer o dano, quando de âmbito local; II – no foro da Capital do Estado ou no do Distrito Federal, para os danos de âmbito nacional ou regional, aplicando-se as regras do Código de Processo Civil aos casos de competência concorrente."

(b) art. 81, parágrafo único, III do CDC: "interesses ou direitos individuais homogêneos, assim entendidos os decorrentes de origem comum." Há divergência se o caso seria direito ou interesse coletivo stricto senso ou individual homogêneo, como preferiu a banca. O STJ, em caso idêntico, posicionou-se pelo direito ou interesse individual homogêneo, conforme AgRg no REsp 512.382/DF.

(c) Art. 92 do CDC; "O Ministério Público, se não ajuizar a ação atuará sempre como fiscal da lei."

(d) Art. 103 do CDC: "Nas ações coletivas de que trata este código, a sentença fará coisa julgada: (...). III – erga omnes, apenas no caso de procedência do pedido, para beneficiar todas as vítimas e seus sucessores, na hipótese do inciso III do parágrafo único do art. 81. (...). § 2º Na hipótese prevista no inciso III, em caso de improcedência do pedido, os interessados que não tiverem intervindo no processo como litisconsortes poderão propor ação de indenização a título individual."

(e) Art. 82 do CDC: "Para os fins do art. 81, parágrafo único, são legitimados concorrentemente: (...). III – as entidades e órgãos da Administração Pública, direta ou indireta, ainda que sem personalidade jurídica, especificamente destinados à defesa dos interesses e direitos protegidos por este código;"

***Para responder, tem que estudar: lei e teoria/doutrina.***

*Gabarito: B*

**86. (Cespe/TJ/PI/Juiz/2012)** Supondo a ocorrência de acidente aéreo no qual morram duzentos e oitenta passageiros, assinale a opção correta com base na disciplina legal acerca da defesa, em juízo, do consumidor.

a) A legitimidade de associação criada para a defesa dos interesses do consumidor, com vistas à propositura de ação coletiva para a defesa dos interesses e direitos dos sucessores das vítimas do acidente, dependerá de autorização de assembleia.

b) Só estará legitimada a propor ação coletiva em defesa dos interesses dos sucessores das vítimas do acidente entidade associativa cujo fim institucional seja exclusivamente a defesa dos interesses e direitos do consumidor.

c) Por terem natureza difusa, os direitos e interesses decorrentes desse acidente poderão ser defendidos coletivamente em juízo.

d) Serão legitimados para a propositura de ação coletiva em favor dos sucessores das vítimas as entidades e órgãos da administração pública, direta ou indireta, destinados especificamente à defesa dos interesses e direitos do consumidor, desde que dotados de personalidade jurídica.

e) Evidenciada a dimensão do dano, o juiz da causa poderá dispensar, para a propositura de ação coletiva em defesa dos interesses dos sucessores das vítimas, o requisito de pelo menos um ano de constituição de associação que tenha sido criada para o fim.

**ANOTAÇÕES/COMENTÁRIOS**

(a) Art. 82 do CDC: "Para os fins do art. 81, parágrafo único, são legitimados concorrentemente: (...). IV – as associações legalmente constituídas há pelo menos um ano e que incluam entre seus fins institucionais a defesa dos interesses e direitos protegidos por este código, dispensada a autorização assemblear."

(b e d) Artigo 82 do CDC: "Para os fins do art. 81, parágrafo único, são legitimados concorrentemente: (...). III – as entidades e órgãos da Administração Pública, direta ou indireta, ainda que sem personalidade jurídica, especificamente destinados à defesa dos interesses e direitos protegidos por este código."

(c) A questão se enquadra no art. 81, inciso III do CDC: "interesses ou direitos individuais homogêneos, assim entendidos os decorrentes de origem comum."

(e) Art. 82, § 1º do CDC: "O requisito da pré-constituição pode ser dispensado pelo juiz, nas ações previstas nos arts. 91 e seguintes, quando haja manifesto interesse social evidenciado pela dimensão ou característica do dano, ou pela relevância do bem jurídico a ser protegido."

***Para responder, tem que estudar: lei.***

*Gabarito: E*

**87. (Cespe/TJ/DFT/Juiz/2015)** No que se refere à defesa do consumidor em juízo e às ações individuais e coletivas para tutela do consumidor, assinale a opção correta de acordo com o CDC e a jurisprudência do STJ.

a) É permitido ao consumidor individual ingressar como litisconsorte ativo em ação coletiva em que se tutele direito individual homogêneo, hipótese em que ficará o consumidor vinculado ao resultado do processo, mesmo no caso de sentença de improcedência na ação coletiva.

b) Conforme o CDC, é expressamente proibida a instituição de compromisso arbitral e, consequentemente, a realização de procedimento arbitral entre consumidor e fornecedor, ainda que decorrente da livre manifestação de vontade das partes.

c) Para propor ação de responsabilidade civil do fornecedor, o consumidor autor da ação é obrigado a fazê-lo no foro de seu próprio domicílio, sendo-lhe proibido renunciar ao direito que possui.

d) Em ação judicial proposta pelo consumidor que tenha por objeto o cumprimento de obrigação de fazer, é vedado ao magistrado conceder medida diversa da requerida pelo consumidor, sob pena de se configurar julgamento extra petita.

e) A desconsideração da personalidade jurídica deve ser requerida em ação judicial autônoma, sendo vedado ao consumidor requerer a responsabilização do sócio de forma incidental em ação ajuizada somente contra o fornecedor pessoa jurídica.

## ANOTAÇÕES/COMENTÁRIOS

(a) "Após o trânsito em julgado de decisão que julga improcedente ação coletiva proposta em defesa de direitos individuais homogêneos, independentemente do motivo que tenha fundamentado a rejeição do pedido, não é possível a propositura de nova demanda com o mesmo objeto por outro legitimado coletivo, ainda que em outro Estado da federação." (STJ, REsp 1.302.596-SP)

(b) "O art. 51, VII, do CDC se limita a vedar a adoção prévia e compulsória da arbitragem, no momento da celebração do contrato, mas não impede que, posteriormente, diante de eventual litígio, havendo consenso entre as partes (em especial a aquiescência do consumidor), seja instaurado o procedimento arbitral." (STJ, REsp 1.169.841)

(c) "Se a autoria do feito pertence ao consumidor, contudo, permite-se a escolha do foro de eleição contratual, considerando que a norma protetiva, erigida em seu benefício, não o obriga quando puder deduzir sem prejuízo a defesa dos seus interesses fora do seu domicílio." (STJ, CC 107441)

(d) "Este STJ tem entendimento segundo o qual não constitui julgamento extra petita a decisão do Tribunal de origem que aprecia o pleito inicial interpretado em consonância com a pretensão deduzida na exordial como um todo." (STJ, REsp 1408494/PR)

(e) "Esta Corte Superior tem decidido pela possibilidade da aplicação da teoria da desconsideração da personalidade jurídica nos próprios autos da ação de execução, sendo desnecessária a propositura de ação autônoma". (STJ, REsp 331.478). Ver também art. 134 do NCPC.

*Para responder, tem que estudar: jurisprudência.*

*Gabarito: A*

**88. (Cespe/TJ/ES/Juiz/2011)** Defensor público de determinada comarca do interior do estado do Espírito Santo atendeu dez pessoas que se queixavam de que uma loja local de venda de celulares se negava a prestar assistência pós-venda aos consumidores sob a alegação de que somente os fabricantes dos celulares seriam responsáveis por conserto ou troca dos aparelhos. O defensor público, então, consultou, via ofício, a referida loja, tendo constatado, com isso, a veracidade dos fatos mencionados pelos consumidores. Além disso, constatou que a loja atuava dessa forma com todos os clientes. Considerando a situação hipotética acima, assinale a opção correta relativa às normas de defesa do consumidor, em juízo.

a) O defensor público poderá, a seu critério, ajuizar ações individuais ou ação coletiva.
b) O defensor público deve, antes de ajuizar qualquer demanda, instaurar inquérito civil público, a fim de investigar os fatos narrados pelos consumidores por ele atendidos.
c) Nesse caso, a atuação do defensor público deve restringir-se a ajuizar ação individual para cada consumidor.
d) O defensor público deve remeter ao MP local cópia das ações individuais que ajuizar, para que o promotor de justiça ajuíze a ação coletiva pertinente.
e) Como se trata de interesse difuso, não cabe à defensoria pública atuar nesse caso.

ANOTAÇÕES/COMENTÁRIOS

(a, b, c d, e) "A Defensoria Pública tem legitimidade para a propositura de ação civil pública em ordem a promover a tutela judicial de direitos difusos e coletivos de que sejam titulares, em tese, pessoas necessitadas." (STF, RE 733,433) Ver também ADI 3943.

*Para responder, tem que estudar: jurisprudência.*

*Gabarito: A*

**89. (Cespe/TJ/PA/Juiz/2012)** Assinale a opção correta com base no que dispõe o CDC acerca da legitimidade ativa para a propositura de ação coletiva.

a) As associações civis estão excluídas do rol de entes legitimados a ajuizar ação coletiva em defesa dos interesses de seus associados.

b) O autor deve determinar, de maneira discriminada e individualizada, os titulares dos direitos difusos demandados em juízo, a fim de que esses direitos possam ser tutelados.
c) O fato de algumas entidades possuírem legitimidade subsidiária para propor ações coletivas para a proteção de interesses difusos e coletivos caracteriza o litisconsórcio necessário.
d) Há entidades que, embora sem personalidade jurídica, possuem legitimidade ativa para o ajuizamento de ação coletiva.
e) Não sendo o MP o autor da ação coletiva, a sua atuação no processo, de acordo com a sistemática adotada pelo CDC, é, em regra, dispensável.

ANOTAÇÕES/COMENTÁRIOS

(a) Art. 82 do CDC: "Para os fins do art. 81, parágrafo único, são legitimados concorrentemente: (...). IV – as associações legalmente constituídas há pelo menos um ano e que incluam entre seus fins institucionais a defesa dos interesses e direitos protegidos por este código, dispensada a autorização assemblear."

(b) Os direitos difusos são transindividuais, de natureza indivisível, nos termos do inciso I do parágrafo único do art. 81 do CDC.

(c) O CDC só admite litisconsórcio facultativo, conforme art. 113.

(d) Artigo 82 do CDC: "Para os fins do art. 81, parágrafo único, são legitimados concorrentemente: (...). III – as entidades e órgãos da Administração Pública, direta ou indireta, ainda que sem personalidade jurídica, especificamente destinados à defesa dos interesses e direitos protegidos por este código."

(e) Art. 92 do CDC: "O Ministério Público, se não ajuizar a ação, atuará sempre como fiscal da lei."

*Para responder, tem que estudar: lei.*

*Gabarito: D*

## 9.3. Das Ações de Responsabilidade do Fornecedor

**90. (Cespe/TJ/AC/Juiz/2012)** Em consonância com os preceitos decorrentes das ações de responsabilidade civil do fornecedor de produtos e serviços, assinale a opção correta.

a) A ação de responsabilidade civil do fornecedor de produtos e serviços deve ser proposta, obrigatoriamente, no domicílio do autor.
b) O fornecedor demandado poderá denunciar à lide o seu segurador, o qual passará a assumir a condição de codevedor perante o consumidor.
c) Declarado falido o fornecedor e confirmada, pelo síndico, a existência do seguro de responsabilidade, poderá o consumidor ajuizar ação de indenização diretamente contra o segurador.

d) Por disposição de lei, é vedada a denunciação da lide ao Instituto de Resseguros do Brasil, sendo necessária, entretanto, a sua convocação para a ação, na condição de litisconsorte necessário.

e) Conforme entendimento do STJ e da doutrina, a expressão responsabilidade civil, mencionada no art. 101 do CDC, refere-se, apenas, à responsabilidade extracontratual, não se aplicando, portanto, às ações de responsabilidade contratual.

**ANOTAÇÕES/COMENTÁRIOS**

(a) Artigo 101 do CDC: "Na ação de responsabilidade civil do fornecedor de produtos e serviços, sem prejuízo do disposto nos Capítulos I e II deste título, serão observadas as seguintes normas: I – a ação pode ser proposta no domicílio do autor."

(b, c e d) Artigo 101 do CDC: "Na ação de responsabilidade civil do fornecedor de produtos e serviços, sem prejuízo do disposto nos Capítulos I e II deste título, serão observadas as seguintes normas: (...). II – o réu que houver contratado seguro de responsabilidade poderá chamar ao processo o segurador, vedada a integração do contraditório pelo Instituto de Resseguros do Brasil. Nesta hipótese, a sentença que julgar procedente o pedido condenará o réu nos termos do art. 80 do Código de Processo Civil. Se o réu houver sido declarado falido, o síndico será intimado a informar a existência de seguro de responsabilidade, facultando-se, em caso afirmativo, o ajuizamento de ação de indenização diretamente contra o segurador, vedada a denunciação da lide ao Instituto de Resseguros do Brasil e dispensado o litisconsórcio obrigatório com este."

(e) O CDC adotou o modelo unitário de responsabilidade civil, onde não há diferenciação entre responsabilidade contratual e extracontratual. (SCHWARTZ, Fabio. Manual de Direito do Consumidor)

*Para responder, tem que estudar: lei e teoria/doutrina.*

*Gabarito: C*

**91. (Cespe/TJ/PI/Juiz/2012)** Assinale a opção correta com base no que dispõe a legislação que rege as ações de responsabilidade civil propostas contra fornecedor de produtos e serviços.

a) A proibição de divulgação e venda de produtos por intermédio de ação de prevenção de dano deve ficar restrita aos limites territoriais de competência do órgão julgador.

b) O foro das ações de responsabilidade civil do fornecedor de produtos e serviços deve ser o do domicílio do fornecedor, ressalvada a hipótese de comprovação da hipossuficiência do consumidor, caso em que o autor poderá propor a ação no juízo de seu domicílio.

c) Tendo sido decretada a falência do fornecedor e havendo contrato de seguro de responsabilidade civil, o ajuizamento da ação pertinente poderá ser feito diretamente contra o segurador.

d) No caso de haver o réu contratado seguro de responsabilidade, o Instituto de Resseguros do Brasil deverá integrar a lide como litisconsorte obrigatório.

e) Compete exclusivamente ao MP a propositura de ação contra o poder público para compeli-lo a proibir a produção, divulgação e venda de produtos e serviços que se mostrem incompatíveis com o sistema de defesa do consumidor.

*ANOTAÇÕES/COMENTÁRIOS*

(a, e) Art. 102 do CDC: "Os legitimados a agir na forma deste código poderão propor ação visando compelir o Poder Público competente a proibir, em todo o território nacional, a produção, divulgação distribuição ou venda, ou a determinar a alteração na composição, estrutura, fórmula ou acondicionamento de produto, cujo uso ou consumo regular se revele nocivo ou perigoso à saúde pública e à incolumidade pessoal."

(b) Art. 101 do CDC: "Na ação de responsabilidade civil do fornecedor de produtos e serviços, sem prejuízo do disposto nos Capítulos I e II deste título, serão observadas as seguintes normas: I – a ação pode ser proposta no domicílio do autor."

(c) Art. 101 do CDC: "Na ação de responsabilidade civil do fornecedor de produtos e serviços, sem prejuízo do disposto nos Capítulos I e II deste título, serão observadas as seguintes normas: (...). II – o réu que houver contratado seguro de responsabilidade poderá chamar ao processo o segurador, vedada a integração do contraditório pelo Instituto de Resseguros do Brasil. Nesta hipótese, a sentença que julgar procedente o pedido condenará o réu nos termos do art. 80 do Código de Processo Civil. Se o réu houver sido declarado falido, o síndico será intimado a informar a existência de seguro de responsabilidade, facultando-se, em caso afirmativo, o ajuizamento de ação de indenização diretamente contra o segurador, vedada a denunciação da lide ao Instituto de Resseguros do Brasil e dispensado o litisconsórcio obrigatório com este."

(d) Art. 101 do CDC: "Na ação de responsabilidade civil do fornecedor de produtos e serviços, sem prejuízo do disposto nos Capítulos I e II deste título, serão observadas as seguintes normas: (...). II – o réu que houver contratado seguro de responsabilidade poderá chamar ao processo o segurador, vedada a integração do contraditório pelo Instituto de Resseguros do Brasil. Nesta hipótese, a sentença que julgar procedente o pedido condenará o réu nos termos do art. 80 do Código de Processo Civil. Se o réu houver sido declarado falido, o síndico será intimado a informar a existência de seguro de responsabilidade, facultando-se, em caso afirmativo, o ajuizamento de ação de indenização diretamente contra o segurador, vedada a denunciação da lide ao Instituto de Resseguros do Brasil e dispensado o litisconsórcio obrigatório com este."

***Para responder, tem que estudar: lei.***

***Gabarito: C***

## 10. DO SISTEMA NACIONAL DE DEFESA DO CONSUMIDOR



**92. (Cespe/TJ/BA/Juiz/2012)** A respeito do Sistema Nacional de Defesa do Consumidor (SNDC), do Departamento Nacional de Defesa do Consumidor (DNDC) e da convenção coletiva de consumo, assinale a opção correta.

a) Compete ao DNDC ajuizar ação coletiva contra os infratores das normas consumeristas, a fim de impor-lhes condenações ao pagamento de multas.

b) As entidades civis de consumidores e as associações de fornecedores ou sindicatos de categoria econômica podem regular, por convenção escrita, relações de consumo. As regras constantes nessas convenções passam a ser obrigatórias a partir do registro do instrumento no cartório de títulos e documentos, mesmo para o fornecedor que, posteriormente, se desligue da entidade de classe.

c) Os PROCON's, órgãos oficiais locais subordinados hierarquicamente ao DNDC e criados, na forma da lei, para exercer as atividades contidas no CDC, atuam junto às comunidades prestando atendimento direto aos consumidores.

d) Para a consecução de seus objetivos, o DNDC poderá requisitar o concurso de órgãos e entidades de notória especialização técnico-científica. Se se omitir, o requisitado cometerá crime tipificado no CDC.

e) O SNDC resulta da conjugação de esforços do Estado, nas diversas unidades da Federação, para a implementação efetiva dos direitos do consumidor e para o respeito da pessoa humana na relação de consumo. Para impedir a manipulação ao livre mercado, é vedada a participação de entidades privadas no SNDC.

### ANOTAÇÕES/COMENTÁRIOS

(a) Art. 56 do CDC: "As infrações das normas de defesa do consumidor ficam sujeitas, conforme o caso, às seguintes sanções administrativas, sem prejuízo das de natureza civil, penal e das definidas em normas específicas: I – multa. Parágrafo único: As sanções previstas neste artigo serão aplicadas pela autoridade administrativa, no âmbito de sua atribuição, podendo ser aplicadas cumulativamente, inclusive por medida cautelar, antecedente ou incidente de procedimento administrativo."

(b) Art. 107 do CDC: "As entidades civis de consumidores e as associações de fornecedores ou sindicatos de categoria econômica podem regular, por convenção escrita, relações de consumo que tenham por objeto estabelecer condições relativas ao preço, à qualidade, à quantidade, à garantia e características de produtos e serviços, bem como à reclamação e composição do conflito de consumo.

§ 1º: A convenção tornar-se-á obrigatória a partir do registro do instrumento no cartório de títulos e documentos. § 3º: Não se exime de cumprir a convenção o fornecedor que se desligar da entidade em data posterior ao registro do instrumento."

(c) As atribuições dos PROCONS estão delineadas no art. 3º, incisos II a XII do Decreto 2.181/97, e no art. 4º, incisos I a VI, do mesmo diploma legal, não havendo previsão conforme a alternativa em comento.

(d) Art. 106, parágrafo único do CDC: "Para a consecução de seus objetivos, o Departamento Nacional de Defesa do Consumidor poderá solicitar o concurso de órgãos e entidades de notória especialização técnico-científica. Não há, no CDC, a tipificação no caso de omissão na consulta."

(e) Art. 105 do CDC: "Integram o Sistema Nacional de Defesa do Consumidor (SNDC), os órgãos federais, estaduais, do Distrito Federal e municipais e as entidades privadas de defesa do consumidor."

*Para responder, tem que estudar: lei.*

*Gabarito: B*

**93. (Cespe/TJ/CE/Juiz/2012)** O CDC prevê como instrumentos para a realização da política de consumo a participação de diversos órgãos públicos e entidades privadas, bem como o incremento de vários institutos. Determina o CDC que o esforço seja nacional, com a integração dos mais diversos segmentos que têm contribuído para a evolução da defesa do consumidor no Brasil. Em face dessas informações, assinale a opção correta a respeito do SNDC e dos demais órgãos que o compõem.

a) Compete ao DNDC, entre outras atribuições, instaurar inquérito policial ou civil para apurar crime ou lesão aos consumidores, assim como ajuizar ação cominatória contra os infratores das normas consumeristas.

b) O Sistema Nacional de Informações de Defesa do Consumidor, programa que integra em rede as ações e informações da defesa do consumidor, representa o trabalho do coordenador do SNDC e dos PROCONs integrados, formando um todo harmônico para a proteção estratégica e qualificada dos consumidores brasileiros.

c) Os PROCONs, órgãos oficiais locais criados, na forma da lei, para exercitar as atividades previstas no CDC e no Decreto n. 2.181/1997, atuam junto à comunidade, subordinados hierarquicamente ao DNDC, prestando atendimento direto aos consumidores.

d) Para a consecução de seus objetivos, o DNDC poderá requisitar o concurso de órgãos e entidades de notória especialização técnico-científica, configurando crime tipificado no CDC a omissão do requisitado.

e) O SNDC é a conjugação de esforços do Estado, nas diversas unidades da Federação, para a implementação efetiva dos direitos do consumidor e para o respeito da pessoa humana na relação de consumo, sendo vedada, em face do princípio da livre concorrência, a participação de entidades privadas no referido sistema.

ANOTAÇÕES/COMENTÁRIOS

(a) Artigo 106 do CDC: "(...) V – solicitar à polícia judiciária a instauração de inquérito policial para a apreciação de delito contra os consumidores, nos termos da legislação vigente; VI – representar ao Ministério Público competente para fins de adoção de medidas processuais no âmbito de suas atribuições;"

(b) Art. 105 e 106 do CDC.

(c) As atribuições dos PROCONS estão delineadas no art. 3º, incisos II a XII do Decreto 2.181/97, e no art. 4º, incisos I a VI, do mesmo diploma legal, não havendo previsão conforme a alternativa em comento.

(d) Art. 106 do CDC: "(...) Parágrafo único. Para a consecução de seus objetivos, o Departamento Nacional de Defesa do Consumidor poderá solicitar o concurso de órgãos e entidades de notória especialização técnico-científica."

(e) Art. 105 do CDC: "Integram o Sistema Nacional de Defesa do Consumidor (SNDC), os órgãos federais, estaduais, do Distrito Federal e municipais e as entidades privadas de defesa do consumidor."

*Para responder, tem que estudar: lei.*

*Gabarito: B*

**94. (Cespe/TJ/ES/Juiz/2011)** O Departamento Nacional de Defesa do Consumidor, vinculado à Secretaria Nacional de Direito Econômico, do Ministério da Justiça, ou órgão federal que venha a substituí-lo, é organismo de coordenação da política do Sistema Nacional de Defesa do Consumidor, cabendo-lhe:

a) assessorar o MP e a defensoria pública, para fins de adoção de medidas processuais no âmbito da defesa dos direitos do consumidor.
b) atuar como assistente litisconsorcial nas ações civis públicas ajuizadas por associações de defesa dos direitos do consumidor.
c) incentivar, inclusive com recursos financeiros e outros programas especiais, a formação de entidades de defesa do consumidor pela população e pelos órgãos públicos estaduais e municipais.
d) ajuizar ações individuais e coletivas perante a Justiça Federal do DF, quando o interesse lesado for de âmbito nacional.
e) lavrar auto de infração administrativa e cobrar, judicialmente, as multas aplicadas no âmbito da defesa dos direitos do consumidor.

ANOTAÇÕES/COMENTÁRIOS

(a, b e d) O DPDC (atualmente SENACON – Secretaria Nacional do Consumidor) deve representar aos órgãos competentes para adoção de medidas processuais cabíveis, sendo órgão de coordenação e não execução, vide art. 106 caput e inciso VI do CDC.

(c) A alternativa corresponde aos termos da norma contida no art. 106, inciso IX do CDC.

(e) O DPDC (atualmente SENACON – Secretaria Nacional do Consumidor) deverá levar as infrações de ordem administrativa ao conhecimento dos órgãos competentes, nos termos do art. 106, inciso VII do CDC.

*Para responder, tem que estudar: lei.*

*Gabarito: C*

# 4

# DIREITO PROCESSUAL CIVIL

## 1. DAS NORMAS PROCESSUAIS CIVIS

1. **(Cespe/PGE/SE/Procurador/2017)** Determinada demanda judicial, em que são partes um estrangeiro residente no Brasil e um estado da Federação, prolonga-se por vinte e cinco anos. Nesse caso, à luz da legislação e da doutrina constitucional, o direito à razoável duração do processo

a) é norma programática e não gera efeitos individuais imediatos no caso concreto.

b) é aplicável em favor do estrangeiro na esfera judicial, mas não o seria no âmbito administrativo.

c) pode amparar ambas as partes e ter efeitos imediatos sobre a situação individual cogitada.

d) não ampara o estado da Federação, por se tratar de direito individual oponível contra o Estado.

e) não ampara o estrangeiro, por ausência de previsão no texto constitucional.

**ANOTAÇÕES/COMENTÁRIOS**

(a) O princípio em tela deve ter caráter efetivo, não somente programático.

(b) O direito à duração razoável do processo se efetiva no âmbito judicial e no âmbito administrativo, segundo doutrina e jurisprudência tranquilas.

(c) Certa.

(d) Todos os litigantes têm direito à duração razoável do processo, como esclarece o art. 4º do CPC/15.

(e) É entendimento tranquilo do STF que os direitos fundamentais integram o patrimônio de todos aqueles que estão no território nacional, não apenas os nacionais.

***Para responder, tem que estudar: teoria/doutrina.***

*Gabarito: C*

**2. (Cespe/PGE/AM/Procurador/2016)** O novo CPC aplica-se aos processos que se encontravam em curso na data de início de sua vigência, assim como aos processos iniciados após sua vigência que se referem a fatos pretéritos.

ANOTAÇÕES/COMENTÁRIOS

Alternativa correta, à luz do art. 14 do CPC/15, que alberga a teoria do isolamento dos atos processuais.

*Para responder, tem que estudar: lei.*

*Gabarito: C*

**3. (Cespe/DPU/Defensor/2017)** Para garantir os pressupostos mencionados em sua exposição de motivos, o CPC estabelece, de forma exaustiva, as normas fundamentais do processo civil.

ANOTAÇÕES/COMENTÁRIOS

O elenco das normas fundamentais do processo é eminentemente exemplificativo, o que se deduz a partir do art. 1º do CPC/15, que remete o aplicador do direito também às normas constitucionais. Na mesma linha, o enunciado 369 do FPPC (O rol de normas fundamentais previsto no Capítulo I do Título Único do Livro I da Parte Geral do CPC não é exaustivo).

*Para responder, tem que estudar: lei e teoria/doutrina.*

*Gabarito: E*

**4. (Cespe/DPU/Defensor/2017)** Apesar de o CPC garantir às partes a obtenção, em prazo razoável, da solução integral do mérito, esse direito já existia no ordenamento jurídico brasileiro até mesmo antes da Emenda Constitucional n. 45/2004.

ANOTAÇÕES/COMENTÁRIOS

Segundo a doutrina, a duração razoável do processo já era direito fundamental, sendo certo que a EC 45/04 e o CPC/15 facilitam a compreensão de sua obrigatoriedade. Nesse sentido: "Inerente ao Estado Democrático de Direito, como instituído no art. 1º, caput, da Lei Maior, tal valor já era tutelado em diversos outros dispositivos: – no art. 5º, LIV, ao estabelecer a garantia do devido processo legal; – no art. 5º, XXXIV, "a", inerente ao direito de petição aos Poderes Públicos (o que adianta o direito de requerer sem que se receba resposta ao requerido?); – no art. 5º, XXXV, do qual se extrai o denominado direito de acesso à jurisdição; – no art. 37, caput, por inclusão da Emenda Constitucional no 19/98, da eficiência como princípio geral da Administração Pública, em todos os Poderes e esferas governamentais; – no art. 70, quanto à fiscalização dos Poderes Públicos, ao se referir ao princípio da economicidade, ou seja, da relação custo-benefício, como objeto do controle." (SLAIBI FILHO, Nagib. Direito fundamental à razoável duração do processo judicial e administrativo).

*Para responder, tem que estudar: teoria/doutrina.*

*Gabarito: C*

## 2. DA FUNÇÃO JURISDICIONAL

### 2.1. Da Jurisdição e da Ação

**5. (Cespe/PGE/AM/Procurador/2016)** Segundo as regras contidas no novo CPC, a legitimidade de parte deixou de ser uma condição da ação e passou a ser analisada como questão prejudicial. Sendo assim, tal legitimidade provoca decisão de mérito.

ANOTAÇÕES/COMENTÁRIOS

A legitimidade continua sendo condição para o regular exercício do direito de ação, inclusive estando estampada ao lado do interesse processual no art. 485, VI.

*Para responder, tem que estudar: teoria/doutrina.*

*Gabarito: E*

**6. (Cespe/PGM/Belo_Horizonte/Procurador/2017)** A respeito de ação e preclusão, assinale a opção correta.

a) A consequência processual da inobservância dos prazos impróprios aplica-se a todos os atos processuais, incluído o efeito preclusivo.

b) De acordo com a doutrina, constitui ação cognitiva de natureza constitutiva aquela que, além de apresentar um conteúdo declaratório, também cria, modifica ou extingue um estado ou uma relação jurídica.

c) Em uma relação processual, a legitimidade ativa e a passiva são, exclusiva e respectivamente, daquele que sofre a ameaça ou lesão a um direito e daquele que ameaça ou pratica o ato ofensivo.

d) Sempre que a parte deixar de praticar determinado ato processual dentro do prazo estipulado pelas partes, pelo juízo ou por lei, ficará caracterizada a preclusão consumativa.

ANOTAÇÕES/COMENTÁRIOS

(a) Os prazos impróprios são justamente aqueles cujo descumprimento ou inobservância não opera preclusão temporal, sendo considerados válidos os atos praticados após seu decurso.

(b) Certa.

(c) É viável a legitimidade extraordinária, na forma do art. 18 do CPC (quando o ordenamento a outorgar).

(d) O conceito se refere à preclusão temporal. Ademais, a alternativa peca por ignorar a existência de prazos impróprios.

*Para responder, tem que estudar: teoria/doutrina.*

*Gabarito: B*

7. **(Cespe/TJ/AM/Juiz/2016)** A respeito da ação e dos pressupostos processuais, assinale a opção correta:

a) segundo a teoria da asserção, a análise das condições da ação é feita pelo juiz com base nas alegações apresentadas na petição inicial.
b) na ação de alimentos contra o pai, o menor de dezesseis anos de idade tem legitimidade para o processo, mas não goza de legitimidade para a causa.
c) o direito a determinada prestação jurisdicional se esgota com o simples exercício do direito de ação.
d) conforme a teoria concreta da ação, o direito de agir é autônomo e independe do reconhecimento do direito material supostamente violado.
e) na hipótese de legitimidade extraordinária, a presença e a higidez dos pressupostos processuais serão examinadas em face da parte substituída.

ANOTAÇÕES/COMENTÁRIOS

(a) Conceito adequado da teoria.

(b) O filho de 16 anos é legitimado para a causa, em nome próprio (legitimidade ordinária), ainda que necessite da assistência da mãe, de tutor ou de curador (legitimidade ad processum, art. 71).

(c) O direito de ação pressupõe a análise do mérito processual, se satisfeitas as condições da ação.

(d) Para a teoria concreta, o direito de ação é diverso do direito material, mas a existência daquele depende da deste (não são tidos como valores autônomos).

(e) A análise dos pressupostos processuais se dá em relação aos sujeitos que integram a relação processual, da qual que o sujeito substituído está fora.

*Para responder, tem que estudar: lei e teoria/doutrina.*

*Gabarito: A*

**8. (Cespe/PGM/Belo_Horizonte/Procurador/2017)** No que se refere a pressupostos processuais e condições da ação, assinale a opção correta.

a) Na fase de cumprimento definitivo da sentença, o juiz poderá conhecer de ofício a falta de pressuposto de constituição ocorrido na fase cognitiva e declarar a nulidade da sentença exequenda.

b) A falta de condição da ação, ainda que não tenha sido alegada em preliminar de contestação, poderá ser suscitada pelo réu nas razões ou em contrarrazões recursais.

c) Constatada a carência do direito de ação, o juiz deverá determinar que o autor emende ou complemente a petição inicial e indique, com precisão, o objeto da correção ou da complementação.

d) A inépcia da petição inicial por falta de pedido e a existência de litispendência são exemplos de defeitos processuais insanáveis que provocam o indeferimento in limine da petição inicial.

ANOTAÇÕES/COMENTÁRIOS

(a) A via adequada para desconstituir título executivo judicial é a ação rescisória.

(b) Por se tratarem de matérias de ordem pública, fundamentais para o exercício do direito de ação, não se pode falar em sanatória de tais vícios, cabendo seu reconhecimento de ofício, sem se cogitar de preclusão.

(c) O dever de indicar, com precisão, o erro a ser consertado é do juiz (art. 321), em demonstração de postura cooperativa.

(d) A falta de pedido poderia ser sanada, por meio de emenda, direito do autor, ao ver do STJ.

*Para responder, tem que estudar: lei e teoria/doutrina.*

*Gabarito: B*

## 2.2. Dos Limites da Jurisdição Nacional e da Cooperação Internacional

**9. (Cespe/PGE/AM/Procurador/2016)** O novo CPC reconhece a competência concorrente da jurisdição internacional para processar ação de inventário de bens situados no Brasil, desde que a decisão seja submetida à homologação do STJ.

ANOTAÇÕES/COMENTÁRIOS

Alternativa errada: "Art. 23. Compete à autoridade judiciária brasileira, com exclusão de qualquer outra: I – conhecer de ações relativas a imóveis situados no Brasil.".

*Para responder, tem que estudar: lei.*

*Gabarito: E*

**10. (Cespe/TJ/PR/Juiz/2017)** Assinale a opção correta de acordo com as regras a respeito de jurisdição e de competência previstas no CPC.

a) A nova sistemática de cooperação jurídica internacional prevista no atual CPC dispensa a atuação de autoridade central para a recepção e transmissão dos pedidos de cooperação.

b) A competência do foro da situação do imóvel objeto de uma ação possessória pode ser modificada para o julgamento conjunto com outro processo, caso haja risco de prolação de decisões conflitantes ou contraditórias.

c) A justiça estadual possui competência para julgar mandado de segurança impetrado contra ato de conselho seccional da OAB.

d) Conforme o CPC, permite-se a exclusão de competência da justiça brasileira, quando esta for concorrente, em razão de cláusula contratual de eleição de foro exclusivo estrangeiro previsto em contrato internacional, desde que haja arguição pelo réu em constatação.

ANOTAÇÕES/COMENTÁRIOS

(a) Alternativa incorreta: "Art. 26. A cooperação jurídica internacional será regida por tratado de que o Brasil faz parte e observará: IV – a existência de autoridade central para recepção e transmissão dos pedidos de cooperação.".

(b) Alternativa incorreta: "Art. 47. Para as ações fundadas em direito real sobre imóveis é competente o foro de situação da coisa. § 2º A ação possessória imobiliária será proposta no foro de situação da coisa, cujo juízo tem competência absoluta.".

(c) A competência é da justiça federal, por força da natureza federal da OAB, conforme entendimento do STF. (RE 595332, Informativo 837, Plenário, Repercussão Geral).

(d) Certa, à luz do art. 25 do CPC.

*Para responder, tem que estudar: lei e jurisprudência.*

*Gabarito: D*

**11. (Cespe/TRF/5R/Juiz/2017)** De acordo com as regras do Código de Processo Civil (CPC) que tratam da cooperação jurídica internacional, o denominado auxílio direto passivo

a) depende, para que seja cumprido, da concessão de exequatur, exceto quando tiver por objeto ato de instrução processual.

b) deve ser, caso dependa de medida judicial, pleiteado em juízo pelo Ministério Público, independentemente de quem atue como autoridade central no caso.

c) deve ser encaminhado, pelo Estado estrangeiro interessado, diretamente a órgão do Poder Judiciário brasileiro.

d) pode ser utilizado para qualquer medida judicial ou extrajudicial, desde que não vedada pela lei brasileira e não sujeita a juízo de delibação no Brasil.

e) somente pode ser utilizado nos casos previstos em tratados internacionais ratificados pelo Brasil, dependendo a sua efetivação de homologação no STJ.

ANOTAÇÕES/COMENTÁRIOS

(a) O exequatur diz respeito à eficácia de decisões estrangeiras, não a atos de cooperação.

(b, c) Alternativas incorretas: "Art. 26. A cooperação jurídica internacional será regida por tratado de que o Brasil faz parte e observará: IV – a existência de autoridade central para recepção e transmissão dos pedidos de cooperação.".

(d) Certa, reproduzindo o art. 27, VI.

(e) Alternativa incorreta: "Art. 26. § 1º Na ausência de tratado, a cooperação jurídica internacional poderá realizar-se com base em reciprocidade, manifestada por via diplomática. § 2º Não se exigirá a reciprocidade referida no § 1º para homologação de sentença estrangeira.".

*Para responder, tem que estudar: lei.*

*Gabarito: D*

## 2.3. Da Competência Interna

**12. (Cespe/TRF/5R/Juiz/2017)** De acordo com o STF, eventual ajuizamento de ação judicial proposta em razão da demora na expedição de diploma de conclusão de curso em instituição privada de ensino superior deverá ser processada e julgada pela justiça

a) estadual, se a instituição for mantida por pessoas de direito privado.

b) estadual, porquanto não há interesse da União.

c) federal, ainda que a instituição seja privada.

d) federal, desde que haja repasse de verba federal para a instituição.

e) estadual, se a instituição for administrada por pessoas de direito privado.

ANOTAÇÕES/COMENTÁRIOS

(a, b, c, d, e) "(...) DEMORA NA EXPEDIÇÃO DE DIPLOMA DE CONCLUSÃO DE CURSO SUPERIOR EM INSTITUIÇÃO PRIVADA DE ENSINO. COMPETÊNCIA DA JUSTIÇA FEDERAL (ART. 109, I, DA CF). EXISTÊNCIA DE INTERESSE DA UNIÃO. INSTITUIÇÕES DE ENSINO SUPERIOR, AINDA QUE PRIVADAS, INTEGRAM O SISTEMA FEDERAL DE EDUCAÇÃO. AGRAVO

REGIMENTAL A QUE SE NEGA PROVIMENTO. (...). 2. As instituições de ensino superior, ainda que privadas, integram o Sistema Federal de ensino, nos termos do que determina a Lei de Diretrizes e Bases da Educação (Lei 9.394/96). (...). 4. In casu, tendo em vista que a Faculdade Vizinhança Vale do Iguaçu – VIZIVALI integra o Sistema Federal de Educação, patente é a existência de interesse da União, razão pela qual a competência para julgar e processar o feito é da justiça federal." (STF, 1a Turma, RE 698.440/PR)

*Para responder, tem que estudar: jurisprudência.*

*Gabarito: C*

**13. (Cespe/TJ/PR/Juiz/2017)** Ao receber a petição inicial de processo eletrônico que tramita pelo procedimento comum, o magistrado, postergando o contraditório, deferiu liminarmente a tutela provisória de evidência requerida e intimou o réu para cumprimento no prazo de cinco dias. Considerou o juiz que as alegações do autor foram comprovadas documentalmente e que havia tese firmada em julgamento de casos repetitivos que amparava a medida liminar. Posteriormente, o réu apresentou manifestação alegando a incompetência absoluta do juízo e equívoco do magistrado na concessão da tutela provisória. Acerca dessa situação hipotética, assinale a opção correta.

a) O magistrado cometeu "error in procedendo", porque viola a ampla defesa a concessão de tutela da evidência antes da manifestação do réu.

b) Ainda que venha a ser reconhecida a incompetência absoluta do juízo, os efeitos da decisão serão conservados até que outra seja proferida pelo órgão jurisdicional competente.

c) O magistrado agiu de forma equivocada, porque o CPC não autoriza a concessão de tutela provisória da evidência pelos motivos indicados pelo juiz.

d) Se reconhecer sua incompetência absoluta, o juiz deverá extinguir o processo sem resolução do mérito, justificando a medida na impossibilidade técnica em remeter os autos eletrônicos para o juízo competente.

ANOTAÇÕES/COMENTÁRIOS

(a, b, c, d) CPC/15. Art. 311. A tutela da evidência será concedida, independentemente da demonstração de perigo de dano ou de risco ao resultado útil do processo, quando: (...). II – as alegações de fato puderem ser comprovadas apenas documentalmente e houver tese firmada em julgamento de casos repetitivos ou em súmula vinculante; c/c Art. 64, § 4º Salvo decisão judicial em sentido contrário, conservar-se-ão os efeitos de decisão proferida pelo juízo incompetente até que outra seja proferida, se for o caso, pelo juízo competente.

*Para responder, tem que estudar: lei.*

*Gabarito: B*

**14. (Cespe/DPU/Defensor/2017)** Segundo o entendimento do STJ, ainda que possível o reconhecimento da conexão entre dois processos, será impossível a sua reunião quando isso puder implicar modificação de competência absoluta, devendo-se, nesse caso, reconhecer questão de prejudicialidade entre as demandas e suspender uma delas.

*ANOTAÇÕES/COMENTÁRIOS*

CPC/15. Art. 313. Suspende-se o processo: (...). V – quando a sentença de mérito: a) depender do julgamento de outra causa ou da declaração de existência ou de inexistência de relação jurídica que constitua o objeto principal de outro processo pendente; E "Pode ser reconhecida a conexão e determinada a reunião para julgamento conjunto de um processo executivo com um processo de conhecimento no qual se pretenda a declaração da inexistência da relação jurídica que fundamenta a execução, desde que não implique modificação de competência absoluta." (STJ, REsp 1.221.941)

*Para responder, tem que estudar: lei e jurisprudência.*

*Gabarito: C*

**15. (Cespe/DPU/Defensor/2017)** O CPC permite à parte a propositura de ação de execução de título extrajudicial simultaneamente à ação de conhecimento relativa ao mesmo ato jurídico, desde que haja conexão entre as demandas.

*ANOTAÇÕES/COMENTÁRIOS*

CPC/15. Art. 785. A existência de título executivo extrajudicial não impede a parte de optar pelo processo de conhecimento, a fim de obter título executivo judicial. Ressaltamos que o presente artigo configura superação ao antigo entendimento do STJ. Ademais, urge esclarecer que, não há qualquer óbice ao reconhecimento da conexão entre as demandas, entretanto tal não figura como requisito em nenhuma das hipóteses.

*Para responder, tem que estudar: lei.*

*Gabarito: E*

**16. (Cespe/PGM/Belo_Horizonte/Procurador/2017)** Acerca de atos processuais e distribuição, assinale a opção correta.

a) O recurso interposto antes da publicação da sentença ou do acórdão será considerado intempestivo e não produzirá efeito jurídico, salvo se a parte ratificar as razões recursais dentro do prazo para a sua interposição após a publicação do ato.

b) A citação de município e suas respectivas autarquias pode ser firmada pelo correio, com aviso de recebimento, caso em que a correspondência deverá ser enviada para o órgão da advocacia pública responsável pela representação judicial do referido ente público.

c) Havendo, na localidade, mais de um juízo competente e estando demonstrada a continência entre uma ação em curso e nova ação a ser proposta, pode o demandante distribuir sua nova ação por dependência ao juízo processante da ação em curso.

d) A legislação processual vigente não permite que as partes e o juiz estabeleçam calendário para a realização de determinados atos processuais, tais como prazo para manifestações das partes e data de realização de audiências, assim como a dispensa de intimação das partes para a prática de atos processuais estabelecidos.

**ANOTAÇÕES/COMENTÁRIOS**

(a) CPC/15. Art. 218, § 4º Será considerado tempestivo o ato praticado antes do termo inicial do prazo.

(b) CPC/15. Art. 247. A citação será feita pelo correio para qualquer comarca do país, exceto: (...). III – quando o citando for pessoa de direito público;

(c) CPC/15. Art. 286. Serão distribuídas por dependência as causas de qualquer natureza: I – quando se relacionarem, por conexão ou continência, com outra já ajuizada;

(d) CPC/15. Art. 191. De comum acordo, o juiz e as partes podem fixar calendário para a prática dos atos processuais, quando for o caso. § 1º O calendário vincula as partes e o juiz, e os prazos nele previstos somente serão modificados em casos excepcionais, devidamente justificados. § 2º Dispensa-se a intimação das partes para a prática de ato processual ou a realização de audiência cujas datas tiverem sido designadas no calendário.

*Para responder, tem que estudar: lei.*

*Gabarito: C*

**17. (Cespe/TRF/5R/Juiz/2017)** Após ser demitido de um órgão federal, Afonso ajuizou ação contra a União, pelo procedimento comum, pedindo sua reintegração à administração pública, sob o argumento de que o ato de sua demissão havia sido nulo. Seu processo foi distribuído a uma vara federal comum. Posteriormente, Afonso ajuizou nova demanda, em sede de juizado especial federal, buscando a condenação da União no valor de vinte mil reais, a título de danos morais, em razão dos mesmos fatos que deram ensejo à sua demissão. Nessa situação hipotética, os dois processos

a) deverão ser reunidos na vara federal comum, para que se evitem decisões contraditórias, ainda que não haja conexão pela causa de pedir.
b) poderão ser reunidos apenas se o juiz da vara federal entender que a reunião não comprometerá a razoável duração do primeiro processo.
c) não deverão ser reunidos, e o processo distribuído ao juizado especial federal deverá ser extinto sem resolução do mérito.
d) não poderão ser reunidos para julgamento conjunto, e, por esse motivo, não haverá modificação de competência.
e) deverão ser reunidos, em razão da conexão pela causa de pedir, salvo se um deles já houver sido sentenciado.



ANOTAÇÕES/COMENTÁRIOS

(a, b, c, d, e) Lei 10.259/01. Art. 3º Compete ao Juizado Especial Federal Cível processar, conciliar e julgar causas de competência da Justiça Federal até o valor de sessenta salários mínimos, bem como executar as suas sentenças. (...). § 3º No foro onde estiver instalada Vara do Juizado Especial, a sua competência é absoluta. E CPC/15. Art. 54. A competência relativa poderá modificar-se pela conexão ou pela continência, observado o disposto nesta Seção. (grifo nosso)

*Para responder, tem que estudar: lei.*

*Gabarito: D*

# 3. DOS SUJEITOS DO PROCESSO

## 3.1. Das Partes e dos Procuradores

### *3.1.1. Da Capacidade Processual*

**18. (Cespe/MPE/RR/Promotor/2017)** O espólio de Carlos, representado por inventariante dativo, ajuizou, pelo procedimento comum, demanda para cobrar dívida no valor de R$ 50.000 de um particular. Nessa situação hipotética,

a) o inventariante possui plenos poderes para realizar transação judicial na ação de cobrança, sendo dispensada a manifestação dos sucessores para essa finalidade.
b) será obrigatória a intervenção do MP na ação de cobrança, independentemente da condição dos sucessores ou dos interessados.
c) a lei dispensa a presença de todos os sucessores no polo ativo da ação de cobrança, mas eles deverão ser intimados a respeito da propositura da ação.
d) a ação de cobrança deverá tramitar na mesma comarca em que corra o inventário de Carlos, uma vez que o foro de domicílio do autor da herança é o competente para todas as ações das quais o espólio seja parte.

ANOTAÇÕES/COMENTÁRIOS

(a) CPC/15. Art. 619. Incumbe ainda ao inventariante, ouvidos os interessados e com autorização do juiz: (...). II – transigir em juízo ou fora dele;

(b) CPC/15. Art. 178. O Ministério Público será intimado para, no prazo de 30 (trinta) dias, intervir como fiscal da ordem jurídica nas hipóteses previstas em lei ou na Constituição Federal e nos processos que envolvam: (...). II – interesse de incapaz.

(c) CPC/15. Art. 75, § 1º Quando o inventariante for dativo, os sucessores do falecido serão intimados no processo no qual o espólio seja parte.

(d) CPC/15. Art. 48. O foro de domicílio do autor da herança, no Brasil, é o competente para o inventário, a partilha, a arrecadação, o cumprimento de disposições de última vontade, a impugnação ou anulação de partilha extrajudicial e para todas as ações em que o espólio for réu, ainda que o óbito tenha ocorrido no estrangeiro. (grifo nosso)

*Para responder, tem que estudar: lei.*

*Gabarito: C*

### *3.1.2. Dos Deveres das Partes e de Seus Procuradores*

**19. (Cespe/TRF/5R/Juiz/2017)** No que concerne ao processo de execução contra a fazenda pública, à tutela provisória, ao direito processual intertemporal e aos deveres das partes, assinale a opção correta.

a) Os preceitos sobre direito probatório do atual CPC se aplicam às provas requeridas em data anterior a sua vigência nos casos em que a produção da prova não havia sido concluída no momento em que a Lei n. 13.105/2015 entrou em vigor.

b) Em caso de ação condenatória com pedido único de obrigação de fazer proposta em face da fazenda pública, se o ente público reconhecer a procedência do pedido e cumprir a obrigação, os honorários deverão ser reduzidos pela metade.

c) Cancelamento de precatório, sob qualquer fundamento, em razão de requerimento da administração pública, deverá ser examinado pelo presidente do tribunal responsável pela requisição de pagamento.

d) Caso seja concedida tutela antecipada requerida em caráter antecedente, em sede de ação rescisória, a decisão do magistrado se estabilizará se não for interposto recurso ou impugnação pela parte interessada.

e) Em caso de processo sobrestado no tribunal em razão de afetação de caso paradigma em regime repetitivo, é vedada a apreciação de novo requerimento de tutela provisória de natureza antecipada

ANOTAÇÕES/COMENTÁRIOS

(a) CPC/15. Art. 1.047. As disposições de direito probatório adotadas neste Código aplicam-se apenas às provas requeridas ou determinadas de ofício a partir da data de início de sua vigência.

(b) CPC/15. Art. 90, § 4º Se o réu reconhecer a procedência do pedido e, simultaneamente, cumprir integralmente a prestação reconhecida, os honorários serão reduzidos pela metade.

(c) "(...) É certo que a verificação de irregularidade no precatório obsta a concretização do pagamento, incluindo-se dentro da competência do Presidente do Tribunal obstá-lo. Contudo, o cancelamento da ordem de pagamento (precatório) amparada em nulidade ocorrida na fase de execução, reconhecida e decretada pelo próprio Presidente do Tribunal, extrapola os limites da competência administrativa, porquanto tal decisão é dotada de conteúdo eminentemente jurisdicional. Ressalte-se que a decretação de eventual nulidade (ou a sua superação) pressupõe o sopesamento das peculiaridades do caso concreto, e tal decisão, de caráter jurisdicional, é da competência do juízo da execução" (STJ, 4a Turma, RMS 43.174/MT)

(d) Enunciado 43 da I Jornada de Direito Processual Civil – Não ocorre a estabilização da tutela antecipada requerida em caráter antecedente, quando deferida em ação rescisória.

(e) Enunciado 41 da I Jornada de Direito Processual Civil – Nos processos sobrestados por força do regime repetitivo, é possível a apreciação e a efetivação de tutela provisória de urgência, cuja competência será do órgão jurisdicional onde estiverem os autos.

*Para responder, tem que estudar: lei e jurisprudência.*

*Gabarito: B*

**20. (Cespe/TRF/5R/Juiz/2017)** Um juiz federal determinou que a União implantasse determinado direito do autor de ação judicial. A União, após ser intimada da decisão por meio do advogado da União, não cumpriu a determinação judicial. Nessa situação, o advogado da União, atuando no exercício de suas funções:

a) não poderá ser responsabilizado administrativamente, juntamente com a autoridade pública, pelo descumprimento de determinação judicial, mas poderá ser preso.

b) deverá ser preso pelo descumprimento de determinação judicial.

c) deverá ser responsabilizado judicialmente pelo descumprimento de determinação judicial.

d) deverá ser responsabilizado judicialmente, juntamente com a autoridade pública competente, pelo descumprimento de determinação judicial.

e) não poderá ser responsabilizado judicialmente pelo descumprimento de determinação judicial nem poderá ser preso.

**ANOTAÇÕES/COMENTÁRIOS**

(a, b, c, d, e) Lei 13.327/16. Art. 38. São prerrogativas dos ocupantes dos cargos de que trata este Capítulo, sem prejuízo daquelas previstas em outras normas: (...). III – não ser preso ou responsabilizado pelo descumprimento de determinação judicial no exercício de suas funções; Ademais, recorda-se que a regra possui exceção no artigo 184 do CPC/15.

*Para responder, tem que estudar: lei.*

*Gabarito: E*

**21. (Cespe/PGE/SE/Procurador/2017)** Flávio ajuizou ação contra a fazenda pública, requerendo o pagamento de indenização no valor de cem mil reais. Em sentença, o magistrado condenou a fazenda pública ao pagamento de cinquenta mil reais em favor de Flávio, determinando, ainda, que ambas as partes pagassem cinco mil reais a título de honorários de sucumbência. Autor e réu apelaram integralmente da sentença nos limites de suas respectivas sucumbências. Nessa situação hipotética, o tribunal:

a) se der provimento de forma integral apenas à apelação da fazenda pública, deverá redistribuir os honorários fixados em primeiro grau e arbitrar honorários de sucumbência recursal.
b) para redistribuir o valor da verba honorária fixada pelo juiz, deverá utilizar livremente o critério da equidade, independentemente do resultado do julgamento dos recursos.
c) caso negue provimento a ambos os recursos, não poderá majorar a verba honorária fixada pela sentença.
d) para aumentar a verba honorária, dependerá, necessariamente, de que um dos apelantes tenha pedido a majoração dos honorários em seu recurso.
e) caso negue provimento aos recursos e mantenha a sentença, deverá determinar a compensação da verba honorária devida por cada uma das partes.

**ANOTAÇÕES/COMENTÁRIOS**

(a) Enunciado 243 do Fórum Permanente de Processualistas Civis – No caso de provimento do recurso de apelação, o tribunal redistribuirá os honorários fixados em primeiro grau e arbitrará os honorários de sucumbência recursal.

(b) CPC/15. Art. 85, § 11. O tribunal, ao julgar recurso, majorará os honorários fixados anteriormente levando em conta o trabalho adicional realizado em grau recursal, observando, conforme o caso, o disposto nos §§ 2º a 6º, sendo vedado ao tribunal, no cômputo geral da fixação de honorários devidos ao advogado do vencedor, ultrapassar os respectivos limites estabelecidos nos §§ 2º e 3º para a fase de conhecimento.

(c) "(...) 5. É devida a majoração da verba honorária sucumbencial, na forma do art. 85, § 11, do CPC/2015, quando estiverem presentes os seguintes requisitos, simultaneamente: a) decisão recorrida publicada a partir de 18.3.2016, quando entrou em vigor o novo Código de Processo Civil; b) recurso não conhecido integralmente ou desprovido, monocraticamente ou pelo órgão colegiado competente; e c) condenação em honorários advocatícios desde a origem no feito em que interposto o recurso." (STJ, 2a Seção, EREsp 1.539.725)

(d) Súmula 256 STF – É dispensável pedido expresso para condenação do réu em honorários, com fundamento nos arts. 63 ou 64 do Código de Processo Civil.

(e) CPC/15. Art. 85, § 14. Os honorários constituem direito do advogado e têm natureza alimentar, com os mesmos privilégios dos créditos oriundos da legislação do trabalho, sendo vedada a compensação em caso de sucumbência parcial.

*Para responder, tem que estudar: lei, jurisprudência e súmula/OJ.*

*Gabarito: A*

**22. (Cespe/PGM/Belo_Horizonte/Procurador/2017)** Em relação aos sujeitos do processo, à capacidade processual e aos deveres das partes e dos procuradores, assinale a opção correta.

a) Caso, na sentença, não sejam arbitrados os honorários sucumbenciais, o advogado da parte vencedora poderá, após o trânsito em julgado, ajuizar ação autônoma para obter a fixação e a cobrança do valor.
b) Aquele que, de acordo com a lei civil, é considerado absolutamente incapaz não possui legitimidade para figurar no polo passivo de uma relação processual.
c) O indivíduo com idade entre dezesseis e dezoito anos, ainda que seja voluntariamente emancipado, dependerá da assistência dos seus pais para ingressar com ação no juízo civil.
d) Será julgado deserto o recurso da parte que, no ato de sua interposição, deixar de comprovar o pagamento de multa imposta pela prática de ato atentatório à dignidade da justiça.

## ANOTAÇÕES/COMENTÁRIOS

(a) CPC/15. Art. 85, § 18. Caso a decisão transitada em julgado seja omissa quanto ao direito aos honorários ou ao seu valor, é cabível ação autônoma para sua definição e cobrança.

(b) CPC/15. Art. 71. O incapaz será representado ou assistido por seus pais, por tutor ou por curador, na forma da lei.

(c) CC/02. Art. 5º, § 1º Cessará, para os menores, a incapacidade: I – pela concessão dos pais, ou de um deles na falta do outro, mediante instrumento público, independentemente de homologação judicial, ou por sentença do juiz, ouvido o tutor, se o menor tiver dezesseis anos completos;

(d) CPC/15. Art. 1.007. No ato de interposição do recurso, o recorrente comprovará, quando exigido pela legislação pertinente, o respectivo preparo, inclusive porte de remessa e de retorno, sob pena de deserção.

*Para responder, tem que estudar: lei.*

*Gabarito: A*

## 3.2. Do Litisconsórcio

**23. (Cespe/PGE/AM/Procurador/2016)** Pedro, motorista da Secretaria de Saúde do Estado do Amazonas, conduzia um veículo do referido ente público, quando provocou acidente automobilístico que resultou na incapacidade física e mental de Flávio. Após a interdição de Flávio, seu advogado pretende ajuizar ação de reparação de danos materiais e morais. A ação de reparação de dano exige a formação de litisconsórcio passivo necessário em que deverão figurar como demandados o motorista Pedro e a Secretaria de Saúde do Estado do Amazonas.

ANOTAÇÕES/COMENTÁRIOS

Deve-se ter em mente a adoção da teoria da dupla garantia do STF, ressaltando que até o próprio Supremo já mitiga, permitindo que o particular escolha contra quem oferece a ação. Além disso, o particular goza da facilitação indenizatória pela via objetiva, decorrente do 37, § 6º da CF.

*Para responder, tem que estudar: lei, jurisprudência e teoria/doutrina.*

*Gabarito: E*

**24. (Cespe/TJ/PR/Juiz/2017)** Com referência ao litisconsórcio e à intervenção de terceiros, assinale a opção correta.

a) No incidente de desconsideração da personalidade jurídica, estará sempre presente interesse público que torne obrigatória a intervenção do MP como fiscal da ordem jurídica.

b) O magistrado deve indeferir o requerimento de ingresso de "amicus curiae" em processo que esteja em primeira instância, porque essa hipótese de intervenção de terceiro somente pode ocorrer em causa que tramite no tribunal.

c) Na hipótese de desmembramento do litisconsórcio multitudinário, a interrupção da prescrição deve retroagir à data de propositura da demanda original, inclusive para os autores que forem compor um novo processo.

d) A sentença de mérito, quando proferida sem a integração do contraditório pelo litisconsorte necessário, será nula de pleno direito, não importando que o litisconsórcio seja simples ou unitário.

ANOTAÇÕES/COMENTÁRIOS

(a) Sem correspondência.

(b) CPC/15. Art. 138. O juiz ou o relator, considerando a relevância da matéria, a especificidade do tema objeto da demanda ou a repercussão social da controvérsia, poderá, por decisão irrecorrível, de ofício ou a requerimento das partes ou de quem pretenda manifestar-se, solicitar ou admitir a participação de pessoa natural ou jurídica, órgão ou entidade especializada, com representatividade adequada, no prazo de 15 (quinze) dias de sua intimação; Ademais, cumpre destacar que o "Amicus Curiae" figura como modalidade de intervenção de terceiro, podendo ocorrer em qualquer fase processual.

(c) CPC/15. Art. 113, § 2º O requerimento de limitação interrompe o prazo para manifestação ou resposta, que recomeçará da intimação da decisão que o solucionar.

(d) CPC/15. Art. 115. A sentença de mérito, quando proferida sem a integração do contraditório, será: I – nula, se a decisão deveria ser uniforme em relação a todos que deveriam ter integrado o processo; II – ineficaz, nos outros casos, apenas para os que não foram citados.

*Para responder, tem que estudar: lei e teoria/doutrina.*

*Gabarito: C*

## 3.3. Da Intervenção de Terceiros

**25. (Cespe/TRF/5R/Juiz/2017)** Julgue os itens a seguir, referentes aos atos processuais, à intervenção de terceiros e ao processo de execução e arbitragem.

I. A União goza da prerrogativa de intimação pessoal nos processos que tramitam nos juizados especiais federais.

II. Na hipótese de condenação do réu e do terceiro denunciado à lide, será vedado ao autor, em qualquer caso, requerer o cumprimento da sentença contra o terceiro denunciado.

III. Adquirente de bem móvel ou imóvel penhorado em execução, em caso de arrematação judicial, poderá efetuar o pagamento de forma parcelada, desde que ao menos vinte e cinco por cento do valor do lance seja pago à vista.

IV. A arbitragem poderá ser utilizada em litígio que envolva entes integrantes da administração pública e, nesses casos, eventual decisão que condene a fazenda pública não se submeterá ao reexame necessário.

Estão certos apenas os itens

a) I e IV.
b) II e III.
c) II e IV.
d) I, II e III.
e) I, III e IV.

**ANOTAÇÕES/COMENTÁRIOS**

(I) Lei 10.259/01. Art. 7º As citações e intimações da União serão feitas na forma prevista nos arts. 35 a 38 da Lei Complementar no 73, de 10 de fevereiro de 1993.

(II) CPC/15. Art. 128, parágrafo Único – Procedente o pedido da ação principal, pode o autor, se for o caso, requerer o cumprimento da sentença também contra o denunciado, nos limites da condenação deste na ação regressiva.

(III) CPC/15. Art. 895, § 1º A proposta conterá, em qualquer hipótese, oferta de pagamento de pelo menos vinte e cinco por cento do valor do lance à vista e o restante parcelado em até 30 (trinta) meses, garantido por caução idônea, quando se tratar de móveis, e por hipoteca do próprio bem, quando se tratar de imóveis.

(IV) Lei 9.307/96. Art. 1º, § 1º A administração pública direta e indireta poderá utilizar-se da arbitragem para dirimir conflitos relativos a direitos patrimoniais disponíveis. E Enunciado 164 do Fórum Permanente de Processualistas Civis – A sentença arbitral contra a Fazenda Pública não está sujeita à remessa necessária.

*Para responder, tem que estudar: lei e jurisprudência.*

*Gabarito: E*

## 3.4. Do Ministério Público

**26. (Cespe/MPE/RR/Promotor/2017)** De acordo com a jurisprudência do STJ, ao atuar como exequente em processo judicial, o MP poderá, legitimamente, requerer a penhora

a) de único imóvel pertencente a pessoa solteira, divorciada ou viúva, pois, nessas hipóteses, não existe a proteção familiar dada pela legislação.
b) de quantia existente em caderneta de poupança, ou outra aplicação financeira, seja qual for o valor depositado em instituição bancária.
c) de único imóvel residencial do devedor que esteja locado a terceiros, mesmo que a renda obtida com a locação seja revertida para a moradia da família do executado.

d) de faturamento de sociedade empresária, se for comprovada a inexistência de outros bens passíveis de penhora, desde que o percentual fixado não torne inviável o exercício da atividade empresarial.



**ANOTAÇÕES/COMENTÁRIOS**

(a) Súmula 364 do STJ – O conceito de impenhorabilidade de bem de família abrange o imóvel pertencente a pessoas solteiras, separadas e viúvas.

(b) CPC/15. Art. 833. São impenhoráveis: (...). X – a quantia depositada em caderneta de poupança, até o limite de 40 (quarenta) salários-mínimos;

(c) Súmula 486 do STJ – É impenhorável o único imóvel residencial do devedor que esteja locado a terceiros, desde que a renda obtida com a locação seja revertida para a subsistência ou a moradia da sua família.

(d) CPC/15. Art. 866. Se o executado não tiver outros bens penhoráveis ou se, tendo-os, esses forem de difícil alienação ou insuficientes para saldar o crédito executado, o juiz poderá ordenar a penhora de percentual de faturamento de empresa. § 1º O juiz fixará percentual que propicie a satisfação do crédito exequendo em tempo razoável, mas que não torne inviável o exercício da atividade empresarial.

*Para responder, tem que estudar: lei e súmula/OJ.*

*Gabarito: D*

**27. (Cespe/MPE/RR/Promotor/2017)** Assinale a opção correta acerca da participação do MP no processo civil.

a) O CPC determina que, nos procedimentos das ações de família, a intervenção ministerial como fiscal da ordem jurídica somente seja exigida se houver interesse de incapaz, caso em que o MP será ouvido antes da eventual homologação de acordo.

b) Ao atuar como fiscal da ordem jurídica, o MP fica impedido de arguir incompetência relativa, uma vez que essa matéria é de interesse exclusivo das partes.

c) O MP deverá manifestar-se como fiscal da ordem jurídica em todo conflito de competência que tramite nos tribunais, exceto naqueles conflitos suscitados pelo próprio MP, pois, nestes, ele terá a qualidade de parte no incidente.

d) Perícias requeridas pelo MP, nos casos em que este atue como parte ou fiscal da ordem jurídica, não serão realizadas por entidades públicas e deverão ser pagas de forma adiantada pela fazenda pública a que o MP esteja vinculado.

**ANOTAÇÕES/COMENTÁRIOS**

(a) CPC/15. Art. 698. Nas ações de família, o Ministério Público somente intervirá quando houver interesse de incapaz e deverá ser ouvido previamente à homologação de acordo.

(b) CPC/15. Art. 65, parágrafo Único – A incompetência relativa pode ser alegada pelo Ministério Público nas causas em que atuar.

(c) CPC/15. Art. 951, parágrafo Único – O Ministério Público somente será ouvido nos conflitos de competência relativos aos processos previstos no art. 178, mas terá qualidade de parte nos conflitos que suscitar.

(d) CPC/15. Art. 82, § 1º Incumbe ao autor adiantar as despesas relativas a ato cuja realização o juiz determinar de ofício ou a requerimento do Ministério Público, quando sua intervenção ocorrer como fiscal da ordem jurídica.

*Para responder, tem que estudar: lei.*

*Gabarito: A*

**28. (Cespe/TJ/PR/Juiz/2017)** Em cada uma das próximas opções, é apresentada uma situação hipotética, seguida de uma assertiva a ser julgada. Assinale a opção que, de acordo com a legislação processual, apresenta a assertiva correta.

a) Foi distribuída para determinado juiz ação em que é parte instituição de ensino na qual ele leciona. Nessa situação, o magistrado tem de se declarar suspeito, haja vista que a suspeição independe de arguição do interessado.

b) Em determinada ação de cobrança, o magistrado julgou parcialmente procedente o pedido autoral, condenando o réu a pagar metade do valor pleiteado. Nessa situação, os honorários advocatícios deverão ser compensados em razão da sucumbência recíproca.

c) O MP deixou de apresentar parecer após o prazo legal que possuía para se manifestar como fiscal da ordem jurídica. Nessa situação, o juiz deverá requisitar os autos e dar andamento ao processo mesmo sem a referida manifestação.

d) Pedro ajuizou demanda contra Roberto e, na petição inicial, requereu a concessão de gratuidade de justiça. Nessa situação, caberá agravo de instrumento contra a decisão que denegar ou conceder o pedido de gratuidade.

ANOTAÇÕES/COMENTÁRIOS

(a) CPC/15. Art. 144. Há impedimento do juiz, sendo-lhe vedado exercer suas funções no processo: (...). VII – em que figure como parte instituição de ensino com a qual tenha relação de emprego ou decorrente de contrato de prestação de serviços;

(b) CPC/15. Art. 85, § 14. Os honorários constituem direito do advogado e têm natureza alimentar, com os mesmos privilégios dos créditos oriundos da legislação do trabalho, sendo vedada a compensação em caso de sucumbência parcial.

(c) CPC/15. Art. 180, § 1º Findo o prazo para manifestação do Ministério Público sem o oferecimento de parecer, o juiz requisitará os autos e dará andamento ao processo.

(d) CPC/15. Art. 101. Contra a decisão que indeferir a gratuidade ou a que acolher pedido de sua revogação caberá agravo de instrumento, exceto quando a questão for resolvida na sentença, contra a qual caberá apelação.

*Para responder, tem que estudar: lei.*

*Gabarito: C*

## 4. DOS ATOS PROCESSUAIS

**29. (Cespe/PGE/AM/Procurador/2016)** Pedro, motorista da Secretaria de Saúde do Estado do Amazonas, conduzia um veículo do referido ente público, quando provocou acidente automobilístico que resultou na incapacidade física e mental de Flávio. Após a interdição de Flávio, seu advogado pretende ajuizar ação de reparação de danos materiais e morais. Proposta ação de reparação de dano, a citação deverá ser realizada na Procuradoria do Estado do Amazonas, que terá o prazo em quádruplo para apresentação da sua defesa.

ANOTAÇÕES/COMENTÁRIOS

CPC/15. Art. 183. A União, os Estados, o Distrito Federal, os Municípios e suas respectivas autarquias e fundações de direito público gozarão de prazo em dobro para todas as suas manifestações processuais, cuja contagem terá início a partir da intimação pessoal.

*Para responder, tem que estudar: lei.*

*Gabarito: E*

**30. (Cespe/PGM/Belo_Horizonte/Procurador/2017)** No que tange aos poderes, aos deveres e às responsabilidades do juiz, do MP, da advocacia pública e da defensoria pública, assinale a opção correta.

a) No que se refere ao cumprimento dos prazos, o advogado privado que atuar "pro bono" gozará das mesmas garantias conferidas à defensoria pública e aos escritórios de práticas jurídicas dos cursos superiores de direito que prestem assistência jurídica gratuita.

b) Dado o princípio da inércia da função jurisdicional, é vedado ao juiz condenar a parte sucumbente ao pagamento das custas processuais e dos honorários advocatícios sem que haja provocação da parte vencedora.

c) O MP possui legitimidade ativa e passiva para as relações jurídicas processuais que envolvam interesses de pessoas incapazes.

d) Nas relações processuais em que o município for parte, salvo quando houver prazo próprio previsto em lei, as suas procuradorias gozarão de prazo em dobro para todas as manifestações processuais, cuja contagem terá início a partir da intimação pessoal.

**ANOTAÇÕES/COMENTÁRIOS**

(a) CPC/15. Art. 186. A Defensoria Pública gozará de prazo em dobro para todas as suas manifestações processuais. (...). § 3º O disposto no caput aplica-se aos escritórios de prática jurídica das faculdades de Direito reconhecidas na forma da lei e às entidades que prestam assistência jurídica gratuita em razão de convênios firmados com a Defensoria Pública.

(b) Súmula 256 STF – É dispensável pedido expresso para condenação do réu em honorários, com fundamento nos arts. 63 ou 64 do Código de Processo Civil.

(c) CPC/15. Art. 178. O Ministério Público será intimado para, no prazo de 30 (trinta) dias, intervir como fiscal da ordem jurídica nas hipóteses previstas em lei ou na Constituição Federal e nos processos que envolvam: (...). II – interesse de incapaz.

(d) CPC/15. Art. 183. A União, os Estados, o Distrito Federal, os Municípios e suas respectivas autarquias e fundações de direito público gozarão de prazo em dobro para todas as suas manifestações processuais, cuja contagem terá início a partir da intimação pessoal.

*Para responder, tem que estudar: lei e súmula/OJ.*

*Gabarito: D*

**31. (Cespe/PGE/SE/Procurador/2017)** Caso dois particulares litiguem em demanda que tramite pelo procedimento comum, a intimação do advogado do réu pelo advogado do autor, de acordo com as regras previstas no CPC:

a) embora contenha vício de forma por ausência de previsão legal, poderá ser convalidada, caso ocorra o comparecimento espontâneo e tempestivo do réu nos autos.
b) deverá ser considerada nula de pleno direito, pois somente o cartório do juízo pode ser responsável por realizar atos de intimação às partes.
c) será possível, desde que seja realizada pelo correio, devendo o advogado do autor juntar aos autos cópia do ofício de intimação e do aviso de recebimento.
d) poderá ser feita por meio eletrônico, desde que seja comprovado que o advogado do réu recebeu cópia do pronunciamento que é objeto da intimação.
e) somente poderá ser feita se houver convenção processual realizada entre as partes que autorize a utilização dessa forma de intimação.

**ANOTAÇÕES/COMENTÁRIOS**

(a, b, c, d, e) CPC/15. Art. 269, § 1º É facultado aos advogados promover a intimação do advogado da outra parte por meio do correio, juntando aos autos, a seguir, cópia do ofício de intimação e do aviso de recebimento.

*Para responder, tem que estudar: lei.*

*Gabarito: C*

**32. (Cespe/TJ/CE/Juiz/2018)** A fixação de calendário para a prática de atos processuais

a) vincula as partes, mas não o juiz.

b) torna dispensável intimação para a audiência cuja data esteja designada no calendário.

c) é uma convenção processual e, portanto, não pode ser firmada pela fazenda pública.

d) deve assumir a forma determinada em lei para evitar falha que gere nulidade.

e) é uma convenção processual que, se estipular confidencialidade, permitirá que o processo tramite em segredo de justiça.

ANOTAÇÕES/COMENTÁRIOS

(a) O calendário é negócio jurídico plurilateral, portanto vincula o juiz e depende de seu assentimento (art. 191 e §1º: "§ 1º O calendário vincula as partes e o juiz, e os prazos nele previstos somente serão modificados em casos excepcionais, devidamente justificados.").

(b) Alternativa de acordo com o art. 191, §2º ("§ 2º Dispensa-se a intimação das partes para a prática de ato processual ou a realização de audiência cujas datas tiverem sido designadas no calendário."), mostrando uma das grandes utilidades de tal negócio processual.

(c) Não há vedações apriorísticas aos negócios processuais pela Fazenda Pública, ainda que possuam limites próprios.

(d) A lei não menciona forma determinada para o calendário processual.

(e) O segredo de justiça não guarda relação direta com o calendário processual, sendo objetos distintos.

*Para responder, tem que estudar: lei e teoria/doutrina.*

*Gabarito: B*

**33. (Cespe/TJ/CE/Juiz/2018)** Com base no CPC, é correto afirmar que o valor da causa

a) não servirá de base de cálculo para a fixação de multa por ato atentatório à dignidade da justiça caso seja irrisório ou demasiado elevado.

b) é um requisito legal da petição inicial, mas não da reconvenção.

c) não poderá ser corrigido de ofício pelo juiz, mesmo se verificado que a monta indicada não corresponde ao conteúdo patrimonial em discussão.

d) pode ser corrigido a qualquer tempo se comprovada alteração superveniente de fato ou de direito, oportunidade na qual será complementado o seu pagamento, se necessário.

e) corresponderá, em causa relativa a obrigação por tempo indeterminado, à soma das parcelas vencidas mais o valor de uma prestação anual relativa às parcelas vincendas.

ANOTAÇÕES/COMENTÁRIOS

(a) Na verdade, o valor da causa inestimável altera o critério, não o demasiado elevado (art. 77, §5º:" § 5º Quando o valor da causa for irrisório ou inestimável, a multa prevista no § 2º poderá ser fixada em até 10 (dez) vezes o valor do salário-mínimo").

(b) A reconvenção, enquanto ação incidental, possui os mesmos requisitos da petição inicial.

(c) O juiz pode corrigi-lo de ofício (art. 292, §3º: "O juiz corrigirá, de ofício e por arbitramento, o valor da causa quando verificar que não corresponde ao conteúdo patrimonial em discussão ou ao proveito econômico perseguido pelo autor, caso em que se procederá ao recolhimento das custas correspondentes.").

(d) O momento adequado para a impugnação é o da preliminar de contestação, cabendo a correção em seguida (art. 293: "O réu poderá impugnar, em preliminar da contestação, o valor atribuído à causa pelo autor, sob pena de preclusão, e o juiz decidirá a respeito, impondo, se for o caso, a complementação das custas.").

(e) Alternativa de acordo com o art. 292, §§1º e 2º: "§ 1º Quando se pedirem prestações vencidas e vincendas, considerar-se-á o valor de umas e outras. § 2º O valor das prestações vincendas será igual a uma prestação anual, se a obrigação for por tempo indeterminado ou por tempo superior a 1 (um) ano, e, se por tempo inferior, será igual à soma das prestações.".

*Para responder, tem que estudar: lei.*

*Gabarito: E*

## 5. DA TUTELA PROVISÓRIA

**34. (Cespe/MPE/RR/Promotor/2017)** De acordo com expressa previsão do CPC, o fenômeno processual denominado estabilização da tutela provisória de urgência aplica-se apenas à tutela

a) cautelar, requerida em caráter antecedente.

b) antecipada, incidental ou antecedente.

c) cautelar, incidental ou antecedente.
d) antecipada, requerida em caráter antecedente.

ANOTAÇÕES/COMENTÁRIOS

(a, b, c, d) CPC/15. Art. 303. Nos casos em que a urgência for contemporânea à propositura da ação, a petição inicial pode limitar-se ao requerimento da tutela antecipada e à indicação do pedido de tutela final, com a exposição da lide, do direito que se busca realizar e do perigo de dano ou do risco ao resultado útil do processo. E Art. 304. A tutela antecipada, concedida nos termos do art. 303, torna-se estável se da decisão que a conceder não for interposto o respectivo recurso.

*Para responder, tem que estudar: lei.*

*Gabarito: D*

**35. (Cespe/TJ/PR/Juiz/2017)** No que concerne aos procedimentos especiais previstos no CPC e nas leis extravagantes, assinale a opção correta à luz da legislação e do entendimento dos tribunais superiores.

a) Em se tratando de ação de reintegração de posse, deve-se observar o procedimento comum, se for ajuizada após o prazo de ano e dia do esbulho, caso em que não terá as características inerentes às ações possessórias, como, por exemplo, a fungibilidade.
b) Em observância ao princípio da celeridade, o procedimento dos juizados especiais cíveis é incompatível com qualquer uma das modalidades de intervenção de terceiros previstas no CPC.
c) A utilização do procedimento de arrolamento para o inventário quando o valor dos bens do espólio for igual ou inferior a mil salários mínimos será expressamente proibida se houver interessado incapaz.
d) Tratando-se de tutela provisória que determina a indisponibilidade de bens do réu em ACP por ato de improbidade administrativa, dispensa-se a comprovação de "periculum in mora".

ANOTAÇÕES/COMENTÁRIOS

(a) CPC/15. Art. 558. Regem o procedimento de manutenção e de reintegração de posse as normas da Seção II deste Capítulo quando a ação for proposta dentro de ano e dia da turbação ou do esbulho afirmado na petição inicial. Parágrafo único. Passado o prazo referido no caput, será comum o procedimento, não perdendo, contudo, o caráter possessório.

(b) CPC/15. Art. 1062. O incidente de desconsideração da personalidade jurídica aplica-se ao processo de competência dos juizados especiais. Cabe ressaltar que o CPC/15 prevê em seu artigo 133 o incidente de desconsideração da personalidade jurídica como uma modalidade de intervenção de terceiros.

(c) CPC/15. Art. 665. O inventário processar-se-á também na forma do art. 664, ainda que haja interessado incapaz, desde que concordem todas as partes e o Ministério Público.

(d) "(...) 4. No caso da medida cautelar de indisponibilidade, prevista no art. 7º da LIA, não se vislumbra uma típica tutela de urgência, como descrito acima, mas sim uma tutela de evidência, uma vez que o periculum in mora não é oriundo da intenção do agente dilapidar seu patrimônio e, sim, da gravidade dos fatos e do montante do prejuízo causado ao erário, o que atinge toda a coletividade. O próprio legislador dispensa a demonstração do perigo de dano, em vista da redação imperativa da Constituição Federal (art. 37, § 4º) e da própria Lei de Improbidade (art. 7º). (...)" (STJ, Primeira Seção, REsp 1.319.515/ES)

*Para responder, tem que estudar: lei e jurisprudência.*

*Gabarito: D*

**36. (Cespe/PGM/Belo_Horizonte/Procurador/2017)** A respeito da tutela provisória, assinale a opção correta.

a) Em caso de tutela provisória antecipada requerida em caráter antecedente, as despesas processuais de preparo serão comprovadas quando do aditamento do pedido de tutela definitiva, momento em que a parte deverá indicar o valor atribuído à causa.

b) Estando o processo no tribunal para julgamento de recurso, a competência para analisar pedido de tutela provisória será do juízo que tiver julgado originariamente a causa.

c) O juiz poderá exigir, para a concessão de liminar de tutela provisória de urgência, a prestação de caução a ser garantida pelo requerente, salvo no caso de hipossuficiência econômica, situação em que tal garantia poderá ser dispensada.

d) Concedida a tutela provisória antecipada em caráter antecedente, caso o autor não promova o aditamento da petição inicial com o pedido de confirmação de tutela definitiva dentro do prazo legal, o processo será extinto sem resolução de mérito, e a liminar será revogada.

**ANOTAÇÕES/COMENTÁRIOS**

(a) CPC/15. Art. 303, § 3º O aditamento a que se refere o inciso I do § 1º deste artigo dar-se-á nos mesmos autos, sem incidência de novas custas processuais. § 4º Na petição inicial a que se refere o caput deste artigo, o autor terá de indicar o valor da causa, que deve levar em consideração o pedido de tutela final.

(b) CPC/15. Art. 932. Incumbe ao relator: (...). II – apreciar o pedido de tutela provisória nos recursos e nos processos de competência originária do tribunal;

(c) CPC/15. Art. 300, § 1º Para a concessão da tutela de urgência, o juiz pode, conforme o caso, exigir caução real ou fidejussória idônea para ressarcir os danos que a outra parte possa vir a sofrer, podendo a caução ser dispensada se a parte economicamente hipossuficiente não puder oferecê-la.

(d) CPC/15. Art. 303, § 2º Não realizado o aditamento a que se refere o inciso I do § 1º deste artigo, o processo será extinto sem resolução do mérito. Art. 304. A tutela antecipada, concedida nos termos do art. 303, torna-se estável se da decisão que a conceder não for interposto o respectivo recurso.

*Para responder, tem que estudar: lei.*

*Gabarito: C*

**37. (Cespe/PGE/AM/Procurador/2016)** A tutela provisória antecipada poderá ser concedida em caráter antecedente, liminarmente e incidentalmente a qualquer tempo, ao passo que a tutela provisória cautelar só poderá ser concedida em caráter antecedente.

ANOTAÇÕES/COMENTÁRIOS

CPC/15. Art. 294, parágrafo Único – A tutela provisória de urgência, cautelar ou antecipada, pode ser concedida em caráter antecedente ou incidental.

*Para responder, tem que estudar: lei.*

*Gabarito: E*

# 6. DO PROCESSO DE CONHECIMENTO E DO CUMPRIMENTO DE SENTENÇA

## 6.1. Do Procedimento Comum

**38. (Cespe/TJ/BA/Juiz/2019)** A respeito da petição inicial de ação civil, julgue os itens a seguir.

I. Ainda que, para atender os requisitos da petição inicial, o autor requeira uma diligência excessivamente onerosa, é vedado ao juiz indeferir a inicial sob esse fundamento.

II. Ao contrário da ausência da indicação dos fundamentos jurídicos do pedido, a falta de indicação dos fatos acarreta o indeferimento de plano da inicial.

III. Não lhe sendo possível obter o nome do réu, o autor poderá indicar as características físicas do demandado, o que, se viabilizar a citação deste, não será causa de indeferimento da inicial.

IV. Se a ação tiver por objeto a revisão de obrigação decorrente de empréstimo, o autor deverá, sob pena de inépcia, discriminar na inicial, entre as obrigações contratuais, aquelas que pretende controverter, além de quantificar o valor incontroverso do débito.

Estão certos apenas os itens

a) I e II.
b) I e IV.
c) III e IV.
d) I, II e III.
e) II, III e IV.

*ANOTAÇÕES/COMENTÁRIOS*

(I) Embora o Código não fale expressamente sobre o grau de dificuldade das diligências, o examinador entendeu que o juiz pode as indeferir, se excessivamente onerosas, provavelmente a partir de uma interpretação ampliativa do art. 319, §1º: "§ 1º Caso não disponha das informações previstas no inciso II, poderá o autor, na petição inicial, requerer ao juiz diligências necessárias a sua obtenção.".

(II) Tanto a ausência de fundamentos como de fatos leva ao indeferimento, porque a petição será inepta, já que ambos integram a causa de pedir (art. 330, §1º, I:" § 1º Considera-se inepta a petição inicial quando: I – lhe faltar pedido ou causa de pedir").

(III) Alternativa de acordo com o art. 319, §2º: "§ 2º A petição inicial não será indeferida se, a despeito da falta de informações a que se refere o inciso II, for possível a citação do réu.".

(IV) Alternativa de acordo com o art. 330, §2º: "§ 2º Nas ações que tenham por objeto a revisão de obrigação decorrente de empréstimo, de financiamento ou de alienação de bens, o autor terá de, sob pena de inépcia, discriminar na petição inicial, dentre as obrigações contratuais, aquelas que pretende controverter, além de quantificar o valor incontroverso do débito.".

*Para responder, tem que estudar: lei e teoria/doutrina.*

*Gabarito: C*

**39. (Cespe/TJ/BA/Juiz/2019)** De acordo com o CPC, na ação em que houver pedido subsidiário, o valor da causa corresponderá

a) à soma dos valores dos pedidos principal e subsidiário.
b) ao pedido de maior valor, entre o principal e o subsidiário.
c) à média dos valores dos pedidos principal e subsidiário.
d) ao valor do pedido principal.

e) ao valor de qualquer dos pedidos, principal ou subsidiário, desde que a diferença dos seus valores seja de até 5%.

ANOTAÇÕES/COMENTÁRIOS

(a, b, c, d, e) A questão versava sobre o art. 292, VIII: "VIII – na ação em que houver pedido subsidiário, o valor do pedido principal".

*Para responder, tem que estudar: lei.*

*Gabarito: D*



**40. (Cespe/TJ/PR/Juiz/2017)** Determinado indivíduo ajuizou ação de indenização por danos morais contra empresa de comunicação e apontou como causa de pedir a publicação de reportagem que alega ter violado sua dignidade. Com referência a essa situação hipotética e a aspectos processuais a ela pertinentes, assinale a opção correta.

a) Havendo incorreção na atribuição do valor da causa pelo autor, poderá o réu impugnar tal valor por meio de petição autônoma a ser oferecida no mesmo prazo de contestação.

b) Na petição inicial de ação indenizatória fundada em dano moral, o autor deve sempre apresentar pedido genérico, porque a iliquidez do pedido decorre da natureza do dano sofrido.

c) Caberá ao magistrado corrigir de ofício o valor da causa se entender que o proveito econômico perseguido pelo autor está em desacordo com o valor atribuído na petição inicial.

d) Em ação indenizatória fundada em dano moral, o autor terá sempre interesse recursal para majorar a indenização, seja qual for o valor fixado na sentença.

ANOTAÇÕES/COMENTÁRIOS

(a) CPC/15. Art. 337. Incumbe ao réu, antes de discutir o mérito, alegar: (...). III – incorreção do valor da causa;

(b) CPC/15. Art. 324. O pedido deve ser determinado. Art. 292. O valor da causa constará da petição inicial ou da reconvenção e será: (...). V – na ação indenizatória, inclusive a fundada em dano moral, o valor pretendido;

(c) CPC/15. Art. 292, § 3º O juiz corrigirá, de ofício e por arbitramento, o valor da causa quando verificar que não corresponde ao conteúdo patrimonial em discussão ou ao proveito econômico perseguido pelo autor, caso em que se procederá ao recolhimento das custas correspondentes.

(d) CPC/15. Art. 996. O recurso pode ser interposto pela parte vencida, pelo terceiro prejudicado e pelo Ministério Público, como parte ou como fiscal da ordem jurídica.

*Para responder, tem que estudar: lei.*

*Gabarito: C*

**41. (Cespe/PGE/SE/Procurador/2017)** Um indivíduo ajuizou demanda com pedido de natureza patrimonial que versa sobre questão jurídica referente à aplicação da legislação estadual. Ao receber a petição inicial, o juiz percebeu que o único pedido apresentado contraria enunciado de súmula do tribunal de justiça local sobre interpretação da legislação estadual. Nessa situação hipotética, presentes os requisitos de admissibilidade da demanda, e se a causa dispensar fase instrutória, o magistrado

a) deverá citar o réu para audiência de conciliação, que, nesse caso, deve ser obrigatoriamente realizada.

b) somente poderá decidir liminarmente o mérito caso já tenha proferido sentença de total improcedência em outros casos idênticos, devendo o juiz reproduzir o teor de decisão prolatada anteriormente.

c) poderá dispensar a citação do réu e julgar liminarmente improcedente o pedido, desde que demonstre que a súmula reflete entendimento decorrente de julgamento de incidente de resolução de demandas repetitivas.

d) deverá, obrigatoriamente, antes de tomar decisão, dar ao réu a oportunidade de se manifestar, porque é necessário observar o contraditório ainda que o juiz trate de matéria que possa conhecer de ofício.

e) deverá julgar liminarmente improcedente o pedido, e o autor poderá apelar, sendo admissível a retratação do magistrado após a interposição do referido recurso.

ANOTAÇÕES/COMENTÁRIOS

(a, b, c, d, e) CPC/15. Art. 332. Nas causas que dispensem a fase instrutória, o juiz, independentemente da citação do réu, julgará liminarmente improcedente o pedido que contrariar: (...). IV – enunciado de súmula de tribunal de justiça sobre direito local. E § 3º Interposta a apelação, o juiz poderá retratar-se em 5 (cinco) dias.

*Para responder, tem que estudar: lei.*

*Gabarito: E*

**42. (Cespe/PGE/AM/Procurador/2016)** Se, ao analisar a petição inicial, o juiz constatar que o pedido funda-se em questão exclusivamente de direito e contraria entendimento firmado em incidente de resolução de demandas repetitivas, ele deverá, sem ouvir o réu, julgar liminarmente improcedente o pedido do autor.

ANOTAÇÕES/COMENTÁRIOS

CPC/15. Art. 332. Nas causas que dispensem a fase instrutória, o juiz, independentemente da citação do réu, julgará liminarmente improcedente o pedido que contrariar: (...). III – entendimento firmado em incidente de resolução de demandas repetitivas ou de assunção de competência;

*Para responder, tem que estudar: lei.*

*Gabarito: C*



**43. (Cespe/MPE/RR/Promotor/2017)** Julgue os itens a seguir, a respeito de provas, revelia, sentença e coisa julgada.

I. Nos casos em que a causa possa ser resolvida por autocomposição, as partes, se plenamente capazes, poderão consensualmente escolher o perito, antecipando-se à nomeação deste pelo juiz.

II. No procedimento comum, a ausência do réu, sem justificativa, à audiência de conciliação ou mediação caracteriza a confissão ficta quanto à veracidade dos fatos alegados pelo autor na inicial.

III. É inadmissível ação rescisória diante de decisão transitada em julgado que não seja de mérito.

IV. Nas hipóteses em que a sentença se sujeite à remessa necessária, caso seja interposta apelação total pelo ente público vencido, o juiz estará dispensado de proceder à formalização do duplo grau obrigatório.

Estão certos apenas os itens

a) I e II.

b) I e IV.

c) II e III.

d) III e IV.

ANOTAÇÕES/COMENTÁRIOS

(I) CPC/15. Art. 417. As partes podem, de comum acordo, escolher o perito, indicando-o mediante requerimento, desde que: I – sejam plenamente capazes; II – a causa possa ser resolvida por autocomposição.

(II) CPC/15. Art. 334, § 8º O não comparecimento injustificado do autor ou do réu à audiência de conciliação é considerado ato atentatório à dignidade da justiça e será sancionado com multa de até dois por cento da vantagem econômica pretendida ou do valor da causa, revertida em favor da União ou do Estado.

(III) CPC/15. Art. 966, § 2º Nas hipóteses previstas nos incisos do caput, será rescindível a decisão transitada em julgado que, embora não seja de mérito, impeça: I – nova propositura da demanda; ou II – admissibilidade do recurso correspondente.

(IV) CPC/15. Art. 496, § 1º Nos casos previstos neste artigo, não interposta a apelação no prazo legal, o juiz ordenará a remessa dos autos ao tribunal, e, se não o fizer, o presidente do respectivo tribunal avocá-los-á.

*Para responder, tem que estudar: lei.*

*Gabarito: B*

**44. (Cespe/PGM/Belo_Horizonte/Procurador/2017)** Um procurador municipal ajuizou ação regressiva de indenização contra servidor em razão de acidente de trânsito. Na ação, protestou pela juntada posterior da sentença definitiva que condenou o município a indenizar terceiro, com base em responsabilização objetiva do Estado, e que registrou a culpa do servidor. Ao analisar a peça, o juiz percebeu que havia sido utilizado modelo de petição antigo, de 2014, e despachou, litteris: "Emende-se a inicial, para adequação ao novo CPC". Com referência a essa situação hipotética, assinale a opção correta.

a) Na emenda, o procurador deverá, necessariamente, informar sua opção pela realização ou não de audiência de conciliação ou de mediação.
b) É admissível a juntada posterior da sentença mencionada, sob pena de cerceamento de defesa, já que não se trata de documento indispensável à propositura da ação.
c) O despacho do juiz está de acordo com as regras do novo CPC acerca do despacho que determina a emenda à inicial.
d) Na emenda, deverão ser necessariamente acrescentados o CPF, o endereço eletrônico e o estado civil do réu, sob pena de indeferimento da inicial.

ANOTAÇÕES/COMENTÁRIOS

(a) Alternativa eleita como gabarito, seguindo a literalidade do art. 319, VII. No entanto, o interesse pela audiência de conciliação e mediação é presumido, de acordo com a doutrina (enunciado 28 do ENFAM: "No silêncio da inicial, entende-se que será designada audiência de conciliação ou mediação, sendo desnecessário despacho para emenda.").

(b) A rigor, a prova documental pré-existente deve ser juntada pelo autor na inicial, sendo, no caso em tela, elemento absolutamente essencial ("Art. 320. A petição inicial será instruída com os documentos indispensáveis à propositura da ação.").

(c) A decisão do magistrado determinando a emenda viola o artigo 321 do CPC na sua parte final, uma vez que não indica com precisão o que deve ser emendado.

(d) Tais elementos podem ser complementados pelo réu, após ser citado, bastando a indicação, na inicial, daqueles que possibilitem sua identificação e localização (art. 319, §§ 2º e 3º).

*Para responder, tem que estudar: lei.*

*Gabarito: A*

BLOCO I

**45. (Cespe/TJ/AM/Juiz/2016)** Acerca da jurisdição e dos princípios informativos do processo civil, assinale a opção correta:

a) no âmbito do processo civil, admite-se a renúncia, expressa ou tácita, do direito atribuído à parte de participar do contraditório.

b) a jurisdição voluntária se apresenta predominantemente como ato substitutivo da vontade das partes.

c) a carta precatória constitui exceção ao princípio da indeclinabilidade da jurisdição.

d) a garantia do devido processo legal se limita à observância das formalidades previstas no CPC.

e) o princípio da adstrição atribui à parte o poder de iniciativa para instaurar o processo civil.

ANOTAÇÕES/COMENTÁRIOS

(a) Uma demonstração concreta desse direito é justamente a revelia, mormente quando diante de citação pessoal.

(b) Na jurisdição voluntária, ausente está o elemento substitutivo da jurisdição contenciosa, razão pela qual parcela da doutrina a considera atividade administrativa.

(c) A jurisdição é indelegável, em todos os casos. A precatória, se muito, constitui exceção ao princípio da territorialidade da jurisdição.

(d) Também as normas fundamentais constitucionais integram o sobreprincípio do devido processo legal (art. 1º do CPC/15).

(e) O princípio da inércia está conceituado na alternativa; o da adstrição diz respeito à atividade do juiz.

*Para responder, tem que estudar: teoria/doutrina.*

*Gabarito: A*

**46. (Cespe/PGM/Belo_Horizonte/Procurador/2017)** Em determinada demanda, não chegou a ser designada a audiência preliminar de conciliação ou mediação. O réu, citado pelo correio e patrocinado pela defensoria pública, apresentou sua defesa em 14.3.2017, no décimo sexto dia a partir da juntada aos autos do aviso de recebimento cumprido. Em sua defesa, ele sustentou prescrição e incompetência relativa do juízo e, ao final, requereu a improcedência do pedido. Nessa situação hipotética:

a) o juiz poderia conhecer de ofício tanto a prescrição quanto a incompetência relativa, ainda que não tivessem sido alegadas.

b) a contestação poderia ter sido protocolada em foro diverso daquele em que foi ajuizada a demanda.

c) a exceção de incompetência relativa deveria ter sido arguida em petição apartada da contestação.

d) a contestação foi intempestiva.

ANOTAÇÕES/COMENTÁRIOS

(a) CPC/15. Art. 64, § 1º A incompetência absoluta pode ser alegada em qualquer tempo e grau de jurisdição e deve ser declarada de ofício.

(b) CPC/15. Art. 340. Havendo alegação de incompetência relativa ou absoluta, a contestação poderá ser protocolada no foro de domicílio do réu, fato que será imediatamente comunicado ao juiz da causa, preferencialmente por meio eletrônico.

(c) CPC/15. Art. 337. Incumbe ao réu, antes de discutir o mérito, alegar: (...). II – incompetência absoluta e relativa;

(d) CPC/15. Art. 186. A Defensoria Pública gozará de prazo em dobro para todas as suas manifestações processuais.

*Para responder, tem que estudar: lei.*

*Gabarito: B*

**47. (Cespe/PGE/SE/Procurador/2017)** Ao tratar das hipóteses de julgamento conforme o estado do processo, o CPC determina que o julgamento antecipado do mérito

a) somente deve ser utilizado se o juiz estiver apto a prolatar decisão líquida; caso contrário, este deve prolongar a fase de conhecimento.

b) pode ser realizado de modo parcial, por meio de decisão interlocutória impugnável por agravo de instrumento.

c) depende, para que seja legitimamente procedido, da existência de precedente firmado no julgamento de casos repetitivos.

d) deve ser utilizado sempre que o réu for revel, porque, nesses casos, a instrução probatória é desnecessária.

e) deve ser feito com a utilização da técnica processual denominada tutela provisória, nas modalidades de urgência ou de evidência.

ANOTAÇÕES/COMENTÁRIOS

(a) CPC/15. Art. 356, § 1º A decisão que julgar parcialmente o mérito poderá reconhecer a existência de obrigação líquida ou ilíquida.

(b, c) CPC/15. Art. 356. O juiz decidirá parcialmente o mérito quando um ou mais dos pedidos formulados ou parcela deles: I – mostrar-se incontroverso; II – estiver em condições de imediato julgamento, nos termos do art. 355. § 5º A decisão proferida com base neste artigo é impugnável por agravo de instrumento.

(d) CPC/15. Art. 355. O juiz julgará antecipadamente o pedido, proferindo sentença com resolução de mérito, quando: (...). II – o réu for revel, ocorrer o efeito previsto no art. 344 e não houver requerimento de prova, na forma do art. 349.

(e) Não se trata de tutela de provisória, mas sim de julgamento antecipado do mérito.

*Para responder, tem que estudar: lei e teoria/doutrina.*

*Gabarito: B*



**48. (Cespe/PGM/Belo_Horizonte/Procurador/2017)** Acerca do julgamento conforme o estado do processo, assinale a opção correta.

a) O julgamento parcial de mérito só poderá ocorrer se a obrigação a ser reconhecida for líquida.

b) O julgamento antecipado do mérito feito após providências preliminares de saneamento baseia-se em cognição sumária.

c) A decisão parcial de mérito que se torna definitiva produz coisa julgada e pode ser objeto de ação rescisória.

d) Caberá apelação contra a decisão que julgar antecipadamente parte do mérito.

ANOTAÇÕES/COMENTÁRIOS

(a) CPC/15. Art. 356, § 1º A decisão que julgar parcialmente o mérito poderá reconhecer a existência de obrigação líquida ou ilíquida.

(b) As hipóteses previstas pelos artigos 355 e 356 do CPC/15 não se baseiam em cognição sumária por parte do magistrado, uma vez que não se tratam de tutelas provisórias. Tais seções tratam justamente de hipóteses de julgamento antecipado do mérito, ou seja, quando já tivermos cognição exauriente quanto às matérias que estarão sendo julgadas.

(c) CPC/15. Art. 966. A decisão de mérito, transitada em julgado, pode ser rescindida quando: (o cabimento da ação rescisória nos termos do artigo ora mencionado resta condicionada à existência de decisão de mérito, transitada em julgado, justamente como ocorre nas hipóteses dos artigos 355 e 356 do CPC/15)

(d) CPC/15. Art. 356, § 5º A decisão proferida com base neste artigo é impugnável por agravo de instrumento.

*Para responder, tem que estudar: lei e teoria/doutrina.*

*Gabarito: C*

**49. (Cespe/TJ/PR/Juiz/2017)** Determinada sociedade empresária ajuizou demanda contra pequeno município localizado no interior do Paraná e, indicando como causa de pedir o inadimplemento contratual do município, apresentou dois pedidos de indenização: um por danos emergentes no valor de trezentos mil reais; outro por lucros cessantes no valor de duzentos mil reais. Apresentada a defesa pelo ente público e tomadas as providências preliminares, o magistrado julgou procedente o pedido referente aos danos emergentes em decisão interlocutória. Após a produção de outras provas, o juiz prolatou sentença em que julgou procedente o pedido pertinente aos lucros cessantes, tendo ainda apreciado expressamente questão prejudicial de mérito relativa à validade do contrato. Nenhuma das decisões foi objeto de interposição de recurso pelo município. Nessa situação hipotética:

a) o magistrado não poderia julgar o mérito em decisão interlocutória e, portanto, a decisão interlocutória deverá ser considerada nula quando o tribunal apreciar o processo em sede de remessa necessária.

b) a remessa necessária incidirá apenas em relação à sentença, não podendo recair sobre a decisão interlocutória, mesmo ante o fato de essa decisão ter resolvido o mérito de forma parcial.

c) a decisão interlocutória que versou sobre o mérito da demanda não faz coisa julgada material, porque essa é uma situação jurídica exclusiva das sentenças de mérito, quanto às decisões que são prolatadas em primeiro grau.

d) a coisa julgada sobre a questão prejudicial incidental dependerá de remessa necessária, observados ainda os demais pressupostos para a incidência do duplo grau obrigatório.

*ANOTAÇÕES/COMENTÁRIOS*

(a) CPC/15. Art. 356. O juiz decidirá parcialmente o mérito quando um ou mais dos pedidos formulados ou parcela deles: I – mostrar-se incontroverso; II – estiver em condições de imediato julgamento, nos termos do art. 355.

(b) A alternativa é considerada equivocada, pelo gabarito, em aparente adoção de entendimento nada majoritário no sentido de que, do julgamento antecipado parcial, caberia remessa necessária.

(c) CPC/15. Art. 503. A decisão que julgar total ou parcialmente o mérito tem força de lei nos limites da questão principal expressamente decidida.

(d) Enunciado 439 do Fórum Permanente de Processualistas Civis – "Nas causas contra a Fazenda Pública, além do preenchimento dos pressupostos previstos no artigo 503, §§ 1º e 2º, a coisa julgada sobre a questão prejudicial incidental depende de remessa necessária, quando for o caso".

*Para responder, tem que estudar: lei e teoria/doutrina.*

*Gabarito: D*

**50. (Cespe/TJ/CE/Juiz/2018)** Após as providências preliminares de saneamento, o juiz decidiu parte do mérito da causa antecipadamente, por considerar que alguns pedidos formulados eram incontroversos.

Nessa situação, o juiz exerceu

a) cognição exauriente: a sentença é, necessariamente, líquida e o recurso cabível será a apelação.

b) cognição sumária: a sentença é ilíquida e o recurso cabível será a apelação.

c) cognição exauriente: o recurso cabível será o agravo de instrumento, independentemente de a decisão ter sido líquida ou ilíquida.

d) cognição exauriente: a decisão é, necessariamente, líquida e o recurso cabível será o agravo de instrumento.

e) cognição sumária: a decisão é, necessariamente, líquida e o recurso cabível será o agravo de instrumento.

ANOTAÇÕES/COMENTÁRIOS

(a, b, c, d, e) O julgamento antecipado parcial do mérito é autêntico julgamento proferido com cognição exauriente, como seria a sentença ao final do procedimento comum em primeiro grau. Se trata, porém, de decisão interlocutória, por não colocar fim à atividade de conhecimento (art. 203, § 1º), contra a qual caberá agravo de instrumento (art. 1.015, II), por ser decisão de mérito, a qual pode ser tanto líquida como ilíquida (art. 356, §1º).

*Para responder, tem que estudar: lei.*

*Gabarito: C*

**51. (Cespe/TJ/BA/Juiz/2019)** O juiz proferirá sentença sem resolução de mérito quando

a) acolher a alegação de existência de convenção de arbitragem.

b) homologar a transação.

c) homologar o reconhecimento da procedência do pedido formulado na ação.

d) homologar a renúncia à pretensão formulada na ação.

e) verificar a impossibilidade jurídica do pedido.

ANOTAÇÕES/COMENTÁRIOS

(a) Correta (art. 485, VII).

(b) Hipótese de julgamento com resolução do mérito (art. 487, III, b).

(c) Hipótese de julgamento com resolução do mérito (art. 487, I).

(d) Hipótese de julgamento com resolução do mérito (art. 487, III, c).

(e) Embora o Código de 2015 não mencione expressamente, a maior parte da doutrina entende que, atualmente, a possibilidade jurídica do pedido implica julgamento com resolução do mérito (art. 487, I).

*Para responder, tem que estudar: lei.*

*Gabarito: A*

**52. (Cespe/TJ/BA/Juiz/2019)** Caso o juiz julgue parcialmente o mérito, reconhecendo a existência de obrigação ilíquida, a parte vencedora

a) poderá promover de pronto a liquidação, mediante o depósito de caução.
b) poderá promover de pronto a liquidação, ainda que seja interposto recurso pela parte vencida.
c) deverá aguardar a extinção do processo para promover a liquidação.
d) deverá promover a liquidação nos mesmos autos, em vista do princípio da eficiência.
e) poderá promover a liquidação somente após transcorrido o prazo para interposição de recurso pela parte vencida.

ANOTAÇÕES/COMENTÁRIOS

(a, b, c, d, e) Alternativas apenas destrincham o art. 509 do CPC: "Art. 512. A liquidação poderá ser realizada na pendência de recurso, processando-se em autos apartados no juízo de origem, cumprindo ao liquidante instruir o pedido com cópias das peças processuais pertinentes.".

*Para responder, tem que estudar: lei.*

*Gabarito: B*

## 6.2. Do Cumprimento da Sentença

**53. (Cespe/TRF/5R/Juiz/2017)** Com base na jurisprudência do Superior Tribunal de Justiça (STJ), julgue os seguintes itens, no que concerne à tutela provisória, à competência e ao cumprimento de sentença.

I. Mesmo após o comparecimento espontâneo do réu em juízo, é indispensável sua intimação formal para que se inicie o prazo para a impugnação na fase de cumprimento de sentença.

II. A justiça federal possui competência para julgar demanda proposta por estudante acerca de credenciamento de instituição privada de ensino superior junto ao Ministério da Educação, com vistas à expedição de diploma de ensino a distância ao autor.

III. Em demanda previdenciária, os valores recebidos por força de tutela provisória de urgência antecipada posteriormente revogada serão irrepetíveis, em razão da natureza alimentar e da boa-fé no seu recebimento.

Assinale a opção correta.

a) Nenhum item está certo.
b) Apenas o item I está certo.
c) Apenas o item II está certo.
d) Apenas o item III está certo.
e) Todos os itens estão certos.

ANOTAÇÕES/COMENTÁRIOS

(I) "(...) I – A intimação é ato solene pelo qual é cientificada a parte sobre algum ato processual, sendo desnecessária sua expedição formal quando a parte comparecer espontaneamente ao processo. II – Demonstrada ciência inequívoca do Devedor quanto à penhora "on-line" realizada, não há necessidade de sua intimação formal para o início do prazo para apresentar impugnação à fase de cumprimento de sentença, tendo como termo a quo a data em que comprovada a ciência." (STJ, Corte Especial, EREsp 1.415.522/ES)

(II) STJ. Súmula 570. Compete à Justiça Federal o processo e julgamento de demanda em que se discute a ausência de ou o obstáculo ao credenciamento de instituição particular de ensino superior no Ministério da Educação como condição de expedição de diploma de ensino a distância aos estudantes.

(III) "(...) Os valores de benefícios previdenciários complementares recebidos por força de tutela antecipada posteriormente revogada devem ser devolvidos, ante a reversibilidade da medida antecipatória, a ausência de boa-fé objetiva do beneficiário e a vedação do enriquecimento sem causa." (STJ, Terceira Turma, REsp 1.555.853/RS)

*Para responder, tem que estudar: jurisprudência e súmula/OJ.*

*Gabarito: C*

**54. (Cespe/PGE/SE/Procurador/2017)** O tribunal de justiça de um estado, ao dar provimento à apelação interposta pela companheira de servidor falecido, em ação ajuizada contra a administração pública, condenou o ente público a pagar à autora, retroativamente, valores referentes à pensão por morte desde a data do óbito do servidor, além de determinar a imediata implementação da pensão em folha de pagamento. O ente público interpôs, então, recurso especial apenas em relação ao capítulo da obrigação de fazer, tendo sido o recurso recebido somente com efeito devolutivo. Nessa situação hipotética, de acordo com a legislação processual e com a jurisprudência dos tribunais superiores:

a) será possível o cumprimento provisório de obrigação de fazer contra a fazenda pública, bem como o cumprimento definitivo da decisão que reconheceu obrigação de pagar.

b) o cumprimento provisório da obrigação de pagar poderá ser realizado, mas os atos executórios referentes à obrigação de fazer somente poderão ser efetivados quando ocorrer o trânsito em julgado de todos os capítulos do acórdão.

c) é vedada a execução provisória da obrigação de fazer, mas o adimplemento dessa modalidade obrigacional não se submete ao regime de precatórios.

d) os valores referentes à obrigação de fazer deverão ser pagos por precatório, o qual somente deverá ser expedido após o trânsito em julgado.

e) o cumprimento de sentença pela fazenda, seja em relação à obrigação de pagar, seja em relação à obrigação de fazer, deverá aguardar o trânsito em julgado de todos os capítulos do acórdão.

**ANOTAÇÕES/COMENTÁRIOS**

(a) Certa, uma vez transitada em julgado a decisão referente à obrigação de pagar. Quanto à obrigação de fazer, a ausência de efeito suspensivo autoriza o cumprimento provisório da sentença (art. 520).

(b) Alternativa incorreta (ver alternativa a).

(c) Não há vedação ao cumprimento provisório.

(d) O precatório diz respeito a obrigações de pagar, não de fazer (art. 100 CF).

(e) Errada, à luz do art. 520.

*Para responder, tem que estudar: lei.*

*Gabarito: A*

**55. (Cespe/TJ/CE/Juiz/2018)** O autor da ação poderá alterar o pedido inicial

a) até o saneamento do processo, desde que haja consentimento do réu.

b) até o término da fase postulatória, independentemente do consentimento do réu.

c) a qualquer tempo, sempre subordinado ao consentimento do réu.

d) após a citação do réu e independentemente do seu consentimento, se este for revel.

e) enquanto houver citações pendentes no caso de litisconsórcio passivo, desde que haja o consentimento dos réus já citados.

**ANOTAÇÕES/COMENTÁRIOS**

(a, b, c, d, e) A alteração objetiva da demanda é regrada pelo art. 329 do CPC: "Art. 329. O autor poderá: I – até a citação, aditar ou alterar o pedido ou a causa de pedir, independentemente de consentimento do réu; II – até o saneamento do processo, aditar ou alterar o pedido e a causa de pedir, com consentimento do réu, assegurado o contraditório mediante a possibilidade de manifestação deste no prazo mínimo de 15 (quinze) dias, facultado o requerimento de prova suplementar.".

*Para responder, tem que estudar: lei, jurisprudência e teoria/doutrina.*

*Gabarito: A*

**56. (Cespe/PGE/AM/Procurador/2016)** Caso, em decisão com trânsito em julgado, o réu tenha sido condenado ao pagamento de determinado valor ao autor, a sentença poderá ser objeto de protesto, se, no prazo legal, o réu não realizar o pagamento.

ANOTAÇÕES/COMENTÁRIOS

CPC/15. Art. 517. A decisão judicial transitada em julgado poderá ser levada a protesto, nos termos da lei, depois de transcorrido o prazo para pagamento voluntário previsto no art. 523.

*Para responder, tem que estudar: lei.*

*Gabarito: C*

**57. (Cespe/PGE/AM/Procurador/2016)** Proposta pelo estado do Amazonas ação de rescisão contratual cumulada com perdas e danos contra uma empreiteira, o juízo acolheu o pedido e fixou honorários sucumbenciais. Depois de transitada em julgado a decisão e liquidada a sentença, a requerimento do ente autor, a referida empreiteira foi intimada para o cumprimento voluntário da obrigação, não tendo, contudo, cumprido tal obrigação e tampouco apresentado impugnação à medida. Nesse caso, devem ser fixados novos honorários advocatícios referentes à fase de cumprimento de sentença.

ANOTAÇÕES/COMENTÁRIOS

CPC/15. Art. 523, § 1º Não ocorrendo pagamento voluntário no prazo do caput, o débito será acrescido de multa de dez por cento e, também, de honorários de advogado de dez por cento.

*Para responder, tem que estudar: lei.*

*Gabarito: C*

## 6.3. Dos Procedimentos Especiais

**58. (Cespe/PGE/SE/Procurador/2017)** De acordo com a jurisprudência do STJ e à luz do CPC, assinale a opção correta a respeito dos procedimentos especiais.

a) No procedimento de inventário e partilha que tramita pelo rito tradicional, o juiz possui competência para, no momento de julgamento do cálculo do imposto de transmissão, apreciar eventual pedido de isenção relacionado a esse tributo.

b) O procedimento denominado habilitação deve ser usado para regularizar a sucessão processual, seja em razão de morte da parte ou em decorrência de ato entre vivos, como no caso de alienação de bem litigioso.

c) Nos procedimentos previstos para as ações de família, será sempre obrigatória a participação do MP, como fiscal da ordem jurídica em razão da natureza da matéria que é objeto do litígio.

d) Caso seja ajuizada ação monitória em face da fazenda pública, o magistrado deverá extinguir o processo sem resolução de mérito, pois esse procedimento é incompatível com as prerrogativas fazendárias.

e) Nas ações possessórias, é vedado ao autor cumular pedido de indenização com pedido de reintegração ou de manutenção da posse.

ANOTAÇÕES/COMENTÁRIOS

(a) "(...) 1. O juízo do inventário, na modalidade de arrolamento sumário, não detém competência para apreciar pedido de reconhecimento da isenção do ITCMD(Imposto sobre Transmissão Causa Mortis e Doação de quaisquer Bens ou Direitos), à luz do disposto no caput do artigo 179, do CTN, verbis: "Art. 179. A isenção, quando não concedida em caráter geral, é efetivada, em cada caso, por despacho da autoridade administrativa, em requerimento com o qual o interessado faça prova do preenchimento das condições e do cumprimento dos requisitos previstos em lei ou contrato para concessão. (...)" (STJ, Primeira Seção, REsp 1.150.356)

(b) CPC/15. Art. 687. A habilitação ocorre quando, por falecimento de qualquer das partes, os interessados houverem de suceder-lhe no processo.

(c) CPC/15. Art. 698. Nas ações de família, o Ministério Público somente intervirá quando houver interesse de incapaz e deverá ser ouvido previamente à homologação de acordo.

(d) CPC/15. Art. 700, § 6º É admissível ação monitória em face da Fazenda Pública.

(e) CPC/15. Art. 555. É lícito ao autor cumular ao pedido possessório o de: I – condenação em perdas e danos; II – indenização dos frutos.

*Para responder, tem que estudar: lei e jurisprudência.*

*Gabarito: A*

BLOCO I

**59. (Cespe/PGE/AM/Procurador/2016)** É cabível, segundo o STJ, o ajuizamento de ação monitória contra a fazenda pública, com o objetivo de receber nota promissória prescrita, emitida por ente público e vencida há quatro anos.

ANOTAÇÕES/COMENTÁRIOS

CPC/15. Art. 700, § 6º É admissível ação monitória em face da Fazenda Pública. E "(...) o prazo para o ajuizamento de ação monitória em face do emitente de nota promissória sem força executiva é quinquenal, a contar do dia seguinte ao vencimento do título." (STJ, 2a Seção, REsp 1.262.056)

*Para responder, tem que estudar: lei e jurisprudência.*

*Gabarito: C*

**60. (Cespe/MPE/RR/Promotor/2017)** A respeito dos procedimentos especiais de jurisdição voluntária, assinale a opção correta.

a) Na ação de interdição, o laudo médico de incapacidade deverá ser apresentado após o saneamento do processo e somente no caso de o juiz considerar que a alegação de incapacidade precise de comprovação.

b) O requerente deverá valer-se: da notificação, quando pretender que alguém faça ou deixe de fazer algo que afete seu direito; da interpelação, caso deseje informar uma pessoa que com ele possua relação jurídica acerca de seu propósito sobre assunto juridicamente relevante.

c) No divórcio consensual, não havendo acordo entre os cônjuges sobre a partilha dos bens, esta será realizada apenas após a homologação do divórcio pelo juiz.

d) O terceiro que for mero detentor do testamento particular será considerado parte ilegítima para requerer ao juízo a publicação do testamento, por não possuir a condição de herdeiro, legatário ou testamenteiro.

ANOTAÇÕES/COMENTÁRIOS

(a) CPC/15. Art. 753. Decorrido o prazo previsto no art. 752, o juiz determinará a produção de prova pericial para avaliação da capacidade do interditando para praticar atos da vida civil.

(b) CPC/15. Art. 726. Quem tiver interesse em manifestar formalmente sua vontade a outrem sobre assunto juridicamente relevante poderá notificar pessoas participantes da mesma relação jurídica para dar-lhes ciência de seu propósito. Art. 727. Também poderá o interessado interpelar o requerido, no caso do art. 726, para que faça ou deixe de fazer o que o requerente entenda ser de seu direito.

(c) CPC/15. Art. 731, parágrafo Único – Se os cônjuges não acordarem sobre a partilha dos bens, far-se-á esta depois de homologado o divórcio, na forma estabelecida nos arts. 647 a 658.

(d) CPC/15. Art. 737. A publicação do testamento particular poderá ser requerida, depois da morte do testador, pelo herdeiro, pelo legatário ou pelo testamenteiro, bem como pelo terceiro detentor do testamento, se impossibilitado de entregá-lo a algum dos outros legitimados para requerê-la.

*Para responder, tem que estudar: lei.*

*Gabarito: C*

**61. (Cespe/TJ/PB/Juiz/2015)** A respeito de tópicos de direito processual civil que foram objeto de súmulas editadas pelo STJ, assinale a opção correta.

a) Cabe a aplicação de multa cominatória na ação de exibição de documentos.
b) É vedada a concessão do benefício da assistência judiciária gratuita a pessoa jurídica com fins lucrativos.
c) É sempre deserto o recurso que, no momento de sua interposição, estiver desacompanhado da guia de preparo.
d) É inadmissível ação declaratória que objetive determinar a exata interpretação de cláusula contratual.
e) É admissível propor ação monitória em que a fazenda pública figure como ré.

ANOTAÇÕES/COMENTÁRIOS

(a) STJ. Súmula 372. Na ação de exibição de documentos, não cabe a aplicação de multa cominatória.

(b) STJ. Súmula 481.Faz jus ao benefício da justiça gratuita a pessoa jurídica com ou sem fins lucrativos que demonstrar sua impossibilidade de arcar com os encargos processuais.

(c) STJ. Súmula 484. Admite-se que o preparo seja efetuado no primeiro dia útil subsequente, quando a interposição do recurso ocorrer após o encerramento do expediente bancário.

(d) STJ. Súmula 181.É admissível ação declaratória, visando a obter certeza quanto a exata interpretação de cláusula contratual.

(e) STJ. Súmula 399. É cabível ação monitória contra a Fazenda Pública.

*Para responder, tem que estudar: súmula/OJ.*

*Gabarito: E*

**62. (Cespe/TJ/PR/Juiz/2017)** Assinale a opção correta de acordo com as normas referentes ao cumprimento de sentença, ao procedimento monitório e ao processo de execução.

a) As defesas processuais relativas ao controle da regularidade dos atos executórios no procedimento do cumprimento de sentença somente podem ser arguidas por meio de impugnação ao cumprimento de sentença.

b) A existência de título executivo extrajudicial não é óbice ao ajuizamento de ação condenatória, podendo ainda o credor optar pelo ajuizamento de ação monitória, a despeito da possibilidade de utilização da via executória.

c) É incompatível com o regime de cumprimento provisório da sentença a multa de 10% prevista como sanção ao executado que, devidamente intimado, deixa de adimplir voluntariamente a condenação em quantia certa.

d) O protesto da decisão que determine a prestação de alimentos somente poderá ser feito após o trânsito em julgado da decisão, devendo o autor se valer de outros meios coercitivos para a efetivação de decisão interlocutória que fixe alimentos.



ANOTAÇÕES/COMENTÁRIOS

(a) CPC/15. Art. 518. Todas as questões relativas à validade do procedimento de cumprimento da sentença e dos atos executivos subsequentes poderão ser arguidas pelo executado nos próprios autos e nestes serão decididas pelo juiz.

(b) CPC/15. Art. 785. A existência de título executivo extrajudicial não impede a parte de optar pelo processo de conhecimento, a fim de obter título executivo judicial.

(c) CPC/15. Art. 520, § 2º A multa e os honorários a que se refere o § 1º do art. 523 são devidos no cumprimento provisório de sentença condenatória ao pagamento de quantia certa. § 3º Se o executado comparecer tempestivamente e depositar o valor, com a finalidade de isentar-se da multa, o ato não será havido como incompatível com o recurso por ele interposto.

(d) CPC/15. Art. 528. No cumprimento de sentença que condene ao pagamento de prestação alimentícia ou de decisão interlocutória que fixe alimentos, o juiz, a requerimento do exequente, mandará intimar o executado pessoalmente para, em 3 (três) dias, pagar o débito, provar que o fez ou justificar a impossibilidade de efetuá-lo. § 1º Caso o executado, no prazo referido no caput, não efetue o pagamento, não prove que o efetuou ou não apresente justificativa da impossibilidade de efetuá-lo, o juiz mandará protestar o pronunciamento judicial, aplicando-se, no que couber, o disposto no art. 517.

*Para responder, tem que estudar: lei.*

*Gabarito: B*

**63. (Cespe/TRF/5R/Juiz/2017)** Em um processo administrativo instaurado com a finalidade de separar terras devolutas da União de imóveis particulares, a comissão especial responsável pela instauração do procedimento realizou, na forma da lei, convocação dos interessados para a apresentação de título e documentos. Entretanto, diversos interessados não atenderam nem ao edital de convocação, nem à notificação para celebrar termo com a União. Nessa situação hipotética, de acordo com a legislação vigente, para que ocorra a devida identificação do imóvel da União, com efeito de registro como título de propriedade:

a) deverá ser proposta ação de divisão e demarcação de terras, conforme procedimento previsto no CPC.

b) o Instituto Nacional de Colonização e Reforma Agrária deverá ajuizar ação discriminatória.

c) deverá ser proposta ação reivindicatória de propriedade, porque a lei presume que os imóveis pertencem ao particular convocado.

d) a União deverá propor ação, pelo procedimento comum, com pedido de tutela provisória, já que não há procedimento especial previsto para esse caso.

e) será dispensável o ajuizamento de ação judicial, porque se presume a renúncia em razão da inércia dos interessados.

**ANOTAÇÕES/COMENTÁRIOS**

(a) A via adequada é o procedimento discriminatório, regulado pela Lei 6.383/76. A demarcação é um passo seguinte (art. 22).

(b) Alternativa de acordo com o art. 18 da Lei 6.383/76.

(c) A lei não presume a titularidade das terras, exigindo sua prova por parte dos interessados (art. 5º).

(d) Há procedimento especial, regulado pela Lei 6.383/76.

(e) A lei prevê justamente o procedimento discriminatório judicial contra os que não atenderem o edital de convocação (art. 19, II).

*Para responder, tem que estudar: lei.*

*Gabarito: B*

# 7. DO PROCESSO DE EXECUÇÃO

**64. (Cespe/PGE/AM/Procurador/2016)** O INSS e a fazenda pública do estado do Amazonas ingressaram em juízo com ações executivas contra determinada empresa. Na fase de expropriação de bens, os exequentes indicaram à penhora o único bem imóvel penhorável pertencente à executada. Nesse caso, segundo interpretação do STJ, a fazenda estadual tem preferência quanto aos valores arrecadados com a venda do imóvel penhorado.

**ANOTAÇÕES/COMENTÁRIOS**

De acordo com o art. 29, parágrafo único, da Lei de Execuções Fiscais, a preferência é da autarquia federal.

*Para responder, tem que estudar: lei.*

*Gabarito: E*

**65. (Cespe/DPU/Defensor/2017)** A requerimento do credor, pode ser determinado prazo judicial para que o executado ou terceiro apresente documentos que estejam em seu poder, com o objetivo de acerto nos cálculos dos valores decorrentes da obrigação contida na sentença, para a fase de execução. Havendo descumprimento injustificado do prazo arbitrado, não fluirá o prazo prescricional para a execução ou o cumprimento de sentença.

ANOTAÇÕES/COMENTÁRIOS

Encerrado o prazo, correrá o prazo prescricional, em decorrência da inércia do exequente, pelo prazo da ação de conhecimento (súmula 500 STF).

*Para responder, tem que estudar: teoria/doutrina.*

*Gabarito: E*

**66. (Cespe/DPU/Defensor/2017)** Nos processos coletivos contra a União, o beneficiário de sentença coletiva procedente que for promover, individualmente, a execução da parte a que tiver direito deverá observar prazo prescricional de cinco anos, contado a partir do início da execução coletiva.

ANOTAÇÕES/COMENTÁRIOS

O prazo prescricional para a execução individual da sentença coletiva corre do trânsito em julgado da ação de conhecimento, segundo o STJ (REsp 1.388.000, Recurso Repetitivo).

*Para responder, tem que estudar: jurisprudência.*

*Gabarito: E*

**67. (Cespe/TJ/BA/Juiz/2019)** De acordo com o CPC, se, em processo de execução de contrato inadimplido, ocorrer a penhora judicial de dinheiro depositado em conta bancária do executado, o juiz poderá cancelar o ato de penhora caso acolha o pedido de impenhorabilidade sob o argumento de que a quantia bloqueada

a) pertence a terceiro.

b) decorreu de venda de imóvel.

c) corresponde a salário do executado e não ultrapassa cinquenta salários mínimos.

d) estava vinculada ao pagamento de conta exclusivamente em débito automático.

e) acarretará enriquecimento ilícito.

*ANOTAÇÕES/COMENTÁRIOS*

(a, b, d, e) Sem menção no Código

(b) De acordo com o art. 833, §2º: "§ 2º O disposto nos incisos IV e X do caput não se aplica à hipótese de penhora para pagamento de prestação alimentícia, independentemente de sua origem, bem como às importâncias excedentes a 50 (cinquenta) salários-mínimos mensais, devendo a constrição observar o disposto no art. 528, § 8º , e no art. 529, § 3º .".

*Para responder, tem que estudar: lei.*

*Gabarito: C*

# 8. DOS PROCESSOS NOS TRIBUNAIS E DOS MEIOS DE IMPUGNAÇÃO DAS DECISÕES JUDICIAIS

## 8.1. Da Ordem dos Processos e dos Processos de Competência Originária dos Tribunais

**68. (Cespe/PGM/Belo_Horizonte/Procurador/2017)** Acerca de normas processuais e jurisdição, assinale a opção correta de acordo com as disposições do CPC.

a) Os processos sujeitos a sentença terminativa sem resolução de mérito ficam excluídos da regra que determina a ordem cronológica de conclusão para a sentença.

b) O novo CPC aboliu o processo cautelar como espécie de procedimento autônomo e as ações cognitivas meramente declaratórias.

c) Sentença estrangeira que verse sobre sucessão hereditária e disposição testamentária de bens situados no Brasil poderá ser executada no Poder Judiciário brasileiro após homologação pelo STJ.

d) As limitações e restrições aplicadas aos processos caracterizados como de segredo de justiça não se estendem aos feitos cujo curso se processe nos órgãos jurisdicionados superiores.

*ANOTAÇÕES/COMENTÁRIOS*

(a) Alternativa de acordo com o art. 12, § 2º, IV.

(b) Embora abolido o processo cautelar autônomo, estão mantidas no CPC as ações meramente declaratórias (art. 19).

(c) Trata-se de caso de competência nacional exclusiva (art. 23, II).

(d) A restrição ao princípio da publicidade consistente no segredo de justiça se estende até o fim do processo, inexistindo regra em contrário.

*Para responder, tem que estudar: lei.*

*Gabarito: A*



**69. (Cespe/TJ/PR/Juiz/2017)** Assinale a opção correta no que concerne a ordem dos processos, incidentes e causas de competência originárias dos tribunais.

a) Em razão de seu caráter vinculante, o mérito do incidente de resolução de demandas repetitivas deve ser julgado pelo plenário ou órgão especial do tribunal de justiça em que tramite a causa que der ensejo ao incidente.

b) Na hipótese de estabilização da tutela provisória antecipada em razão da não interposição de recurso, será cabível ação rescisória para rever, reformar ou invalidar a tutela concedida, sendo de dois anos o prazo para tal, contados da decisão que extinguir o processo.

c) O incidente de assunção de competência pode ter por objeto a solução de relevante questão de direito material ou processual em hipótese em que não caiba julgamento de casos repetitivos.

d) Para o preenchimento do requisito do prequestionamento, a matéria suscitada no recurso especial deve ter sido debatida no voto condutor do acórdão recorrido e não apenas no voto vencido, porque este não compõe o acórdão para fins de impugnação.

ANOTAÇÕES/COMENTÁRIOS

(a) A lei apenas atribui a competência ao órgão responsável pela uniformização da jurisprudência, a ser determinado pelo regimento interno (art. 978).

(b) Não há hipótese de ação rescisória, vez que esta se volta ao afastamento de coisa julgada material, que pressupõe cognição exauriente. Na estabilização da tutela antecipada, existe previsão da ação autônoma mencionada.

(c) Certa, na forma do art. 947.

(d) Também a matéria ventilada no voto vencido é considerada para fins de pré-questionamento (art. 941, § 3º).

*Para responder, tem que estudar: lei.*

*Gabarito: C*

**70. (Cespe/PGE/SE/Procurador/2017)** Com relação às normas processuais, ao litisconsórcio, à jurisdição e aos deveres das partes, julgue os seguintes itens, de acordo com o CPC.

I. A boa-fé no direito processual civil exige a verificação da intenção do sujeito processual.

II. A limitação do litisconsórcio facultativo multitudinário, quando realizada pelo juiz em razão de número excessivo de litigantes, pode ocorrer na fase de conhecimento, na liquidação de sentença ou na execução.

III. A pendência de causa que tramita na justiça brasileira impede a homologação de sentença judicial estrangeira quando exigida para produzir efeitos no Brasil.

IV. Os emolumentos devidos a notário ou registrador em decorrência da prática de registro de ato notarial necessário à efetivação de decisão judicial são alcançados pelo benefício da gratuidade de justiça que tenha sido concedido.

Estão certos apenas os itens

a) I e II.

b) I e III.

c) II e III.

d) II e IV.

e) II, III e IV.

**ANOTAÇÕES/COMENTÁRIOS**

(I) A boa-fé processual é aferida objetivamente, a partir de um padrão de comportamento.

(II) Certa.

(III) A pendência não impede a homologação (art. 24, parágrafo único).

(IV) Alternativa correta (art. 98, § 1º, IX, do CPC/15).

*Para responder, tem que estudar: lei e teoria/doutrina.*

*Gabarito: D*

**71. (Cespe/DPU/Defensor/2017)** A ausência de contestação na ação rescisória faz presumir que são verdadeiras as alegações da petição inicial, haja vista que, nesse caso, a regra da revelia supera o princípio da preservação da coisa julgada.

**ANOTAÇÕES/COMENTÁRIOS**

A ação rescisória, por ser via típica de relativização da coisa julgada, demanda a verificação de uma das hipóteses elencadas no art. 966 do CPC/15 para que seja julgada procedente. Assim, a mera falta de resposta do réu não assegura a procedência do pedido. Nesse sentido, súmula 398 do TST: na ação rescisória, o que se ataca é a decisão, ato oficial do Estado, acobertado pelo manto da coisa julgada. Assim, e considerando que a coisa julgada envolve questão de ordem pública, a revelia não produz confissão na ação rescisória.

*Para responder, tem que estudar: súmula/OJ e teoria/doutrina.*

*Gabarito: E*

**72. (Cespe/MPE/RR/Promotor/2017)** Em cada uma das opções a seguir, é apresentada uma situação hipotética acerca dos processos nos tribunais e dos meios de impugnação das decisões judiciais, seguida de uma assertiva a ser julgada. Assinale a opção em que a assertiva está correta de acordo com a legislação processual civil.

a) Ao se manifestar sobre recurso de apelação interposto contra sentença de mérito prolatada após a instrução probatória, o magistrado, em primeiro grau, não conheceu do recurso por considerar ausência de interesse. Nessa situação, caberá reclamação constitucional por usurpação de competência do tribunal.

b) Em outubro de 2016, um cidadão interpôs recurso especial e, no STJ, verificou-se que o recorrente não havia recolhido a importância das despesas de remessa e retorno dos autos. Nessa situação, o STJ não deverá conhecer do recurso pois, não tendo a parte comprovado o pagamento das guias de porte de remessa e retorno, aplica-se automaticamente a pena de deserção.

c) Em convenção processual, as partes acordaram quanto à possibilidade de interposição de recurso contra todos os despachos proferidos no processo. Nessa situação, se a convenção tiver decorrido da livre manifestação das partes, será legítima a criação de nova espécie recursal, porque a legislação processual admite os negócios processuais atípicos.

d) A parte autora interpôs embargos de declaração de sentença de improcedência sob a alegação de obscuridade na fundamentação, e a de que isso dificultará a interposição de futuro recurso para o tribunal. Nessa situação, o juiz deverá intimar o embargado para manifestar-se sobre os embargos opostos porque essa providência decorre de determinação normativa e independe da finalidade do embargante.

ANOTAÇÕES/COMENTÁRIOS

(a) Certa, vez que não cabe mais ao juiz de primeiro grau exercer juízo de admissibilidade da apelação (art. 1.011, § 3º c/c art. 988, I).

(b) De acordo com o art. 1007, § 4º, é possível sanar o vício, com o pagamento do preparo, em dobro.

(c) Segundo a doutrina, a criação de recurso ou de hipótese recursal pela via convencional viola o princípio da taxatividade (art. 994), segundo o qual apenas a lei federal pode fazê-lo.

(d) A intimação obrigatória do embargado está condicionada à possibilidade de seu acolhimento implicar modificação da decisão (art. 1.023, § 2º O juiz intimará o embargado para, querendo, manifestar-se, no prazo de 5 dias, sobre os embargos opostos, caso seu eventual acolhimento implique a modificação da decisão embargada).

*Para responder, tem que estudar: lei.*

*Gabarito: A*

**73. (Cespe/TJ/CE/Juiz/2018)** A reclamação é um instrumento jurídico que

a) busca garantir a autoridade das decisões de tribunais e tem cabimento restrito ao STF e ao STJ.

b) pode ser proposta em até dois anos após o trânsito em julgado da decisão reclamada.

c) cabe para garantir a observância de acórdão de recurso extraordinário com repercussão geral reconhecida, quando não esgotadas as instâncias ordinárias.

d) pode gerar, se julgada procedente, a cassação de ato jurisdicional, mas não a sua revisão.

e) tem natureza recursal, uma vez que poderá reverter a decisão reclamada.

ANOTAÇÕES/COMENTÁRIOS

(a) A reclamação cabe também em tribunais locais, inclusive por descumprimento de seus precedentes.

(b) Não há previsão de prazo para o ajuizamento, além do que não é cabível contra decisão transitada em julgado, quando caberá ação rescisória (art. 988, §5º, I).

(c) Após a Lei 13.256/16, apenas após o esgotamento das instâncias ordinárias caberá reclamação ao STF por conta de tese fixada em RE com repercussão geral ou repetitivo ou ao STJ, no caso dos recursos repetitivos (art. 988, §5º, II).

(d) Alternativa considerada correta, por conta da literalidade do art. 992, ainda que se possa discutir, doutrinariamente: "Art. 992. Julgando procedente a reclamação, o tribunal cassará a decisão exorbitante de seu julgado ou determinará medida adequada à solução da controvérsia.".

(e) Não se trata de recurso, mas de ação judicial, de acordo com a maioria da doutrina.

*Para responder, tem que estudar: lei e teoria/doutrina.*

*Gabarito: D*

## 8.2. Dos Recursos

**74. (Cespe/PGM/Belo_Horizonte/Procurador/2017)** Considerando a atual sistemática processual, assinale a opção correta, em relação a recursos nos processos de conhecimento e de execução.

a) O recurso interposto sem a comprovação do devido preparo, quando for devido, não será de pronto considerado deserto, mas ensejará o pagamento de multa.

b) O papel do revisor no julgamento de apelação foi ampliado com o advento do novo CPC.

c) Tratando-se de processo de execução, o agravo de instrumento só é cabível contra as decisões interlocutórias listadas taxativamente no CPC.

d) Cabem embargos infringentes contra acórdão não unânime, no prazo de quinze dias, para fazer prevalecer o voto vencido.

ANOTAÇÕES/COMENTÁRIOS

(a) Alternativa correta: o preparo pode ser recolhido até mesmo após o momento da interposição, desde que em dobro (art. 1.007, § 4º).

(b) O CPC/15 extinguiu a figura do revisor.

(c) No processo de execução, todas as decisões interlocutórias são agraváveis (art. 1.015, parágrafo único).

(d) O CPC/15 extinguiu os embargos infringentes.

*Para responder, tem que estudar: lei.*

*Gabarito: A*

**75. (Cespe/TRF/5R/Juiz/2017)** Contra pronunciamento de magistrado que, em primeiro grau, decida pela impugnação ao cumprimento de sentença, caberá recurso de

a) apelação, se o processo for extinto, ou de agravo de instrumento, se o processo prosseguir.

b) agravo de instrumento, em qualquer caso.

c) agravo de instrumento, apenas se o recorrente demonstrar urgência.

d) apelação, em qualquer caso.

e) apelação, sempre que o juiz acolher a impugnação do executado.

ANOTAÇÕES/COMENTÁRIOS

Com base no conceito de sentença, que extingue a execução (art. 203, § 1º) e contra a qual cabe apelação (art. 1.009), e de decisão interlocutória (art. 203, § 2º), atacável por agravo de instrumento (art. 1.015, parágrafo único), o recurso depende do impacto global ou parcial no julgamento do conflito.

*Para responder, tem que estudar: lei e teoria/doutrina.*

*Gabarito: A*

**76. (Cespe/PGE/AM/Procurador/2016)** Cabe recurso de apelação contra julgamento antecipado parcial de mérito proferido sobre matéria incontroversa

ANOTAÇÕES/COMENTÁRIOS

Contra o julgamento antecipado parcial, cabe agravo de instrumento (art. 356, § 5º).

*Para responder, tem que estudar: lei.*

*Gabarito: E*

**77. (Cespe/TJ/PR/Juiz/2017)** Júlio ajuizou ação indenizatória contra Manoel, tendo formalizado pedido único de indenização por danos morais no valor de cem mil reais. Na fase de produção de provas, o juiz indeferiu o pedido de prova pericial feito por Júlio. Ao final da fase de conhecimento, o magistrado julgou integralmente procedente o pedido de indenização. Nessa situação hipotética, de acordo com as regras previstas no CPC, eventual pretensão recursal de Júlio com a finalidade de permitir a realização da perícia

a) poderá ser apresentada em contrarrazões, caso Manoel apele da sentença.
b) estará preclusa caso não tenha sido interposto recurso de agravo de instrumento da decisão que indeferiu a prova.
c) deverá ser rejeitada em qualquer hipótese por falta de interesse recursal.
d) poderá ser alcançada mediante a interposição de recurso de apelação, quando o autor for intimado da sentença de procedência.

ANOTAÇÕES/COMENTÁRIOS

(a, b, c, d) Pela lei, a alegação deve vir em contrarrazões de apelação (art. 1.009, §§ 1º e 2º). O interesse recursal existe, precavendo-se contra eventual provimento do recurso (interesse recursal condicionado).

*Para responder, tem que estudar: lei e teoria/doutrina.*

*Gabarito: A*

BLOCO I

**78. (Cespe/PGM/Belo_Horizonte/Procurador/2017)** Um município brasileiro interpôs apelação contra sentença que havia confirmado tutela provisória que determinava a matrícula de criança em determinada creche. No mesmo processo, estava pendente o julgamento de agravo de instrumento interposto pelo autor, referente à gratuidade de justiça. Nessa situação hipotética:

a) diante do advento da sentença, o agravo de instrumento será julgado prejudicado.

b) o juízo de admissibilidade da apelação caberá exclusivamente ao tribunal, e não ao juízo "a quo".

c) para que o agravo referente à gratuidade seja processado, o agravante terá de recolher as custas ou pedir dispensa ao relator do agravo de instrumento.

d) a apelação terá efeito apenas devolutivo e deverá ser interposta no prazo de quinze dias, contados só os dias úteis.

ANOTAÇÕES/COMENTÁRIOS

(a) Em se tratando de matérias diversas, não há qualquer prejuízo.

(b) Alternativa de acordo com o art. 1.010, § 3º.

(c) O agravo e os demais recursos sobre a existência ou não do direito à gratuidade de justiça independem do prévio recolhimento de custas – as quais só serão pagas se o mérito recursal for desprovido (art. 101, §§ 1º e 2º).

(d) Não se trata de exceção ao duplo efeito da apelação (art. 1.012, § 1º).

*Para responder, tem que estudar: lei.*

*Gabarito: B*

**79. (Cespe/PGE/SE/Procurador/2017)** Ao realizar o juízo de admissibilidade de recurso especial, o vice-presidente de um tribunal de justiça, em decisão monocrática, negou seguimento ao recurso por considerar, simultaneamente, que não existiam pressupostos de admissibilidade recursal e que o acórdão impugnado pelo recorrente estava em conformidade com precedente firmado pelo STJ em sede de recurso repetitivo. Nessa situação hipotética, para impugnar integralmente a decisão que obsta o prosseguimento do recurso aviado, a parte interessada deverá

a) interpor novo recurso especial.

b) interpor recurso de agravo em recurso especial.

c) interpor recurso de agravo interno.

d) interpor, simultaneamente, recurso de agravo interno e recurso de agravo em recurso especial.

e) impetrar mandado de segurança, pois não existe recurso previsto em lei para essa situação.

ANOTAÇÕES/COMENTÁRIOS

(a, b, c, d, e) Contra decisão de admissibilidade de recurso especial por vice-presidente de tribunal local (art. 1.030), podem ser cabíveis o agravo interno (contra decisões de negativa de seguimento, inclusive por incompatibilidade entre a decisão e tese fixada em recurso repetitivo) e/ou agravo em recurso especial (juízo de admissibilidade).

*Para responder, tem que estudar: lei.*

*Gabarito: D*

**80. (Cespe/DPU/Defensor/2017)** Sob pena de ser julgado extemporâneo, o recurso especial interposto antes do julgamento de embargos de declaração deve ser ratificado, ainda que o resultado do julgamento anterior não seja alterado.

ANOTAÇÕES/COMENTÁRIOS

Assertiva em descompasso com o art. 1.024, § 5º. A súmula 418 do STJ foi cancelada, em atenção ao referido comando, sendo editada, em seu lugar, a de 579 ("Não é necessário ratificar o recurso especial interposto na pendência do julgamento dos embargos de declaração quando inalterado o julgamento anterior").

*Para responder, tem que estudar: lei e súmula/OJ.*

*Gabarito: E*

**81. (Cespe/TJ/CE/Juiz/2018)** Em sentença, foi julgado procedente o pedido autoral, com base em fundamento suficiente. Em recurso, o réu pediu a apreciação de outros argumentos da defesa que não haviam sido considerados na sentença. O tribunal conheceu do recurso e, ao julgá-lo, verificou uma questão de ordem pública que não havia sido cogitada até então na demanda. Com base nessa questão de ordem pública, prolatou-se acórdão que reformou a sentença.

Com relação aos efeitos recursais no caso hipotético apresentado, são verificados, respectiva e cronologicamente, os efeitos

a) regressivo, translativo e expansivo.
b) regressivo, devolutivo e translativo.
c) devolutivo, expansivo e translativo.
d) devolutivo, translativo e substitutivo.
e) devolutivo, translativo e regressivo.

ANOTAÇÕES/COMENTÁRIOS

(a, b, c, d, e) O efeito devolutivo é o primeiro a aparecer, ao ser mencionado o conteúdo do recurs efetivamente enviado ao tribunal; o efeito translativo diz respeito à apreciação de questões de ordem pública, pelo tribunal; o efeito substitutivo se refere à substituição da decisão guerreada pelo acórdão proferido.

*Para responder, tem que estudar: teoria/doutrina.*

*Gabarito: D*



## 9. LEIS ESPECIAIS

**82. (Cespe/TRF/5R/Juiz/2017)** Caio impetrou mandado de segurança no STJ apresentando dois pedidos cumulados de reconhecimento de nulidade de dois atos praticados por ministro de Estado. O STJ, em decisão colegiada final, concedeu parcialmente a segurança para reconhecer a nulidade apenas de um dos atos praticados pelo ministro. Para impugnar essa decisão, Caio apresentou recurso ordinário, e a União interpôs recurso extraordinário. Considerando as normas jurídicas e a jurisprudência dos tribunais superiores, assinale a opção correta a respeito dessa situação hipotética.

a) Pedido de concessão de efeito suspensivo a qualquer um dos recursos, se feito entre a interposição e a publicação da decisão de admissão de tal recurso, deverá ser dirigido ao presidente ou ao vice-presidente do STJ.

b) Se o Supremo Tribunal Federal negar provimento ao recurso interposto por Caio e der provimento ao recurso da União, deverão ser fixados honorários de sucumbência em grau recursal.

c) A admissibilidade dos recursos apresentados será examinada na origem, sendo ainda possível que o tribunal recorrido determine o sobrestamento dos recursos.

d) Caso o recurso de Caio verse apenas sobre matéria constitucional, o STJ deverá aplicar o princípio da fungibilidade e receber o recurso como extraordinário.

e) Na hipótese de o presidente ou vice-presidente do STJ determinar, erroneamente, sobrestamento do recurso da União, a União deverá interpor recurso de agravo em recurso extraordinário.

**ANOTAÇÕES/COMENTÁRIOS**

(a) Alternativa de acordo com o art. 1.029, § 5º, III, do CPC.

(b) Segundo o STJ, a falta de previsão de condenação em honorários na ação de mandado de segurança compromete a imposição de honorários recursais (RMS 52.024, Recurso repetitivo).

(c) Quanto ao ROC, a admissibilidade é exclusivamente analisada pelo órgão ad quem (art. 1.028).

(d) O STJ não pode receber o recurso como extraordinário, seja porque não tem competência para seu julgamento, seja porque não há previsão de fungibilidade entre o ROC e o RE.

(e) Em tal caso, cabe agravo interno (art. 1.030, § 2º).

*Para responder, tem que estudar: lei e jurisprudência.*

*Gabarito: A*

**83. (Cespe/TJ/BA/Juiz/2019)** De acordo com a Lei n.º 12.016/2009, que dispõe sobre o mandado de segurança, se, depois de deferido o pedido liminar, o impetrante criar obstáculos ao normal andamento do processo, o juiz deverá

a) intimar imediatamente o MP para se manifestar sobre a protelação e notificar, posteriormente, a parte para praticar o ato necessário, sob pena de multa.
b) notificar imediatamente a parte para praticar o ato necessário, sob pena de multa.
c) cassar a medida liminar, desde que assim seja requerido pelo MP.
d) revogar a decisão liminar, desde que assim seja requerido pela autoridade coatora ou pelo MP.
e) decretar a perempção da medida liminar, de ofício ou por requerimento do MP.

ANOTAÇÕES/COMENTÁRIOS

(a, b, c, d, e) A questão versava sobre a peculiar previsão do art. 8º da lei: "Art. 8º Será decretada a perempção ou caducidade da medida liminar ex officio ou a requerimento do Ministério Público quando, concedida a medida, o impetrante criar obstáculo ao normal andamento do processo ou deixar de promover, por mais de 3 (três) dias úteis, os atos e as diligências que lhe cumprirem.".

*Para responder, tem que estudar: lei.*

*Gabarito: E*

**84. (Cespe/TJ/CE/Juiz/2018)** Conforme a jurisprudência do STJ e a legislação pertinente, mandado de segurança pode ser impetrado

a) contra ato de gestão comercial praticado por administrador de empresa pública.
b) por terceiro contra ato judicial, desde que recurso tenha sido previamente interposto.
c) por qualquer pessoa física ou jurídica, excluídos os órgãos públicos despersonalizados e as universalidades legais.
d) contra ato praticado em licitação promovida por sociedade de economia mista.
e) contra ato ilegal omissivo sobre relação jurídica de trato sucessivo, no prazo decadencial de cento e vinte dias, contados a partir da ciência do ato.

ANOTAÇÕES/COMENTÁRIOS

(a) Alternativa em desacordo com o art. 1º, §2º da lei 12.016/09: "Não cabe mandado de segurança contra os atos de gestão comercial praticados pelos administradores de empresas públicas, de sociedade de economia mista e de concessionárias de serviço público.".

(b) Alternativa em desacordo com o art. 5º, II, da lei 12.016/09: "Art. 5º Não se concederá mandado de segurança quando se tratar: II – de decisão judicial da qual caiba recurso com efeito suspensivo;".

(c) A jurisprudência admite a impetração por órgão despersonalizado, desde que na defesa de sua atuação funcional ou de atribuições institucionais (por todos, ver: STF, MS 30.717/DF, julgado em 27/09/2011).

(d) Alternativa reproduz a súmula 333 do STJ: "Cabe mandado de segurança contra ato praticado em licitação promovida por sociedade de economia mista ou empresa pública".

(e) Alternativa em desacordo com a jurisprudência dos tribunais superiores: "MANDADO DE SEGURANÇA. Prazo para ajuizamento. Decadência. Não consumação. Impetração contra ato concernente a vencimentos de servidor público. Prestações de trato sucessivo. Inexistência de indeferimento expresso da pretensão pela autoridade administrativa. Renovação mensal da pretensão. Preclusão afastada. Provimento ao recurso para esse fim. Precedentes. O prazo decadencial para ajuizamento de mandado de segurança renova-se mês a mês, quando o ato impugnado respeite a pagamento de prestações de trato sucessivo, sem que tenha havido indeferimento expresso da pretensão pela autoridade. (RMS nº 24.250, Relator o Min. Cezar Peluso, Segunda Turma, DJe 5/3/2010)".

*Para responder, tem que estudar: lei, jurisprudência e teoria/doutrina.*

*Gabarito: D*

**85. (Cespe/PGE/SE/Procurador/2017)** Duas sociedades empresárias firmaram contrato que contém cláusula compromissária de convenção de arbitragem com a previsão de que eventual litígio de natureza patrimonial, referente ao contrato, deveria ser submetido a tribunal arbitral. Nessa situação hipotética, caso seja instaurado procedimento arbitral:

a) o magistrado poderá, de ofício, reconhecer a existência de convenção de arbitragem e extinguir o processo sem resolução do mérito, se o litígio referente ao contrato também for levado ao Poder Judiciário.

b) em eventual execução judicial de sentença arbitral, será vedado ao réu arguir nulidade da decisão arbitral por meio de impugnação ao cumprimento de sentença, devendo o interessado utilizar ação própria para esse fim.

c) as partes não estarão obrigadas a se submeter a esse procedimento, uma vez que a convenção de arbitragem é nula, por excluir da apreciação jurisdicional ameaça ou lesão a direito.

d) a opção feita pelas partes pela arbitragem deverá ser considerada legítima, e a sentença do árbitro, título executivo extrajudicial, conforme o CPC.
e) eventual cumprimento de carta arbitral no Poder Judiciário, referente ao caso, deverá tramitar em segredo de justiça, se houver comprovação de confidencialidade da arbitragem.

**ANOTAÇÕES/COMENTÁRIOS**

(a) A alegação de convenção de arbitragem é condição fundamental para o reconhecimento pelo juiz (art. 337, § 5º).

(b) Errada, à luz do art. 33, § 3º, da Lei de Arbitragem, inserido pelo CPC: "A decretação da nulidade da sentença arbitral também poderá ser requerida na impugnação ao cumprimento da sentença, nos termos dos arts. 525 e seguintes do Código de Processo Civil, se houver execução judicial.".

(c) Alternativa completamente em desacordo com a ampla utilização da arbitragem, estampada, por exemplo, no art. 3º, § 3º, do CPC.

(d) A sentença arbitral é título executivo judicial (art. 515, VII).

(e) Certa, de acordo com o art. 22-C, parágrafo único, da Lei de Arbitragem.

*Para responder, tem que estudar: lei.*

*Gabarito: E*

**86. (Cespe/TJ/PR/Juiz/2017)** Jorge ajuizou ação no juizado especial cível, com o objetivo de receber indenização no valor de vinte mil reais por dano causado por pessoa jurídica. Considerando essa situação hipotética, assinale a opção correta.

a) Havendo necessidade de expedição de carta precatória, Jorge deverá custear despesa de cumprimento.
b) A competência para julgar o processo será deslocada em caso de necessidade de desconsideração da personalidade jurídica da empresa ré.
c) A extinção do processo por ausência de Jorge em audiência dependerá de sua prévia intimação pessoal.
d) A ausência de contestação, ainda que a empresa ré esteja presente na audiência de conciliação, acarretará a revelia.

**ANOTAÇÕES/COMENTÁRIOS**

(a) A carta precatória é dispensada nos juizados (art. 18, III, e art. 67 da Lei 9.099).

(b) A desconsideração da personalidade jurídica é possível no âmbito dos juizados especiais cíveis (art. 1.062 do CPC).

(c) A extinção do processo independe de prévia intimação das partes (art. 51, I, e § 1º da Lei 9.099).

(d) Alternativa de acordo com o art. 20 da Lei 9.099 ("Não comparecendo o demandado à sessão de conciliação ou à audiência de instrução e julgamento, reputar-se-ão verdadeiros os fatos alegados no pedido inicial, salvo se o contrário resultar da convicção do Juiz.").

*Para responder, tem que estudar: lei.*

*Gabarito: D*

**87. (Cespe/TJ/RN/Juiz/2013)** Acerca do procedimento dos juizados especiais estaduais, assinale a opção correta.

a) A sentença condenatória que, proferida no âmbito dos juizados especiais cíveis, exceder o valor da alçada estabelecida na lei, em razão de atualização monetária e aplicação de juros legais, após o ajuizamento da ação, será ineficaz no que se refere à parte excedente.

b) Compete às turmas recursais o julgamento de ação rescisória contra decisão transitada em julgado proferida nos juizados especiais cíveis.

c) O não comparecimento do demandado à audiência de conciliação ou de instrução e julgamento induz os efeitos da revelia, reputando-se verdadeiras as alegações contidas na petição inicial, de modo que se deve julgar procedente o pedido.

d) No procedimento dos juizados especiais, o magistrado pode determinar a inversão do ônus da prova, em julgamento de equidade e com fundamento nas regras de experiência comum, se configurada a verossimilhança da alegação ou limitação do autor na produção da prova.

e) No que diz respeito à audiência de instrução e julgamento, aplicam-se as normas do CPC relativas ao prazo de apresentação de quesitos e do rol de testemunhas, de modo a viabilizar a intimação pessoal, bem como a oportunizar à parte contrária eventual contradita, e a indicação de assistente técnico à prova pericial.

ANOTAÇÕES/COMENTÁRIOS

(a) O critério para a fixação da competência é o valor da causa, no qual não se computam tais verbas, sendo essa a lógica vigente quanto à eficácia da sentença.

(b) Não há previsão de ação rescisória de título executivo formado nos juizados especiais cíveis.

(c) A revelia, conquanto realmente ocorra nessa hipótese, não implica julgamento de procedência, obrigatoriamente.

(d) Com efeito, se admite a inversão do ônus da prova no âmbito dos juizados, em havendo preenchimento das hipóteses legais.

(e) O procedimento nos juizados especiais guarda peculiaridades em relação ao CPC, dentre as quais a ausência de intimação de testemunhas, como regra (art. 34).

*Para responder, tem que estudar: lei.*

*Gabarito: D*

**88. (Cespe/TJ/PR/Juiz/2017)** A respeito da prova no juizado especial cível, assinale a opção correta de acordo com a Lei n. 9.099/1995.

a) É ônus da parte levar a testemunha à audiência, por não se aplicar a condução coercitiva.

b) A prova pericial poderá ser realizada oralmente, mas o perito deverá entregar o laudo escrito logo após.

c) Será válida prova testemunhal produzida por declaração escrita.

d) Salvo a inspeção judicial, as provas terão de ser produzidas na audiência de instrução e julgamento.

ANOTAÇÕES/COMENTÁRIOS

(a) A testemunha cuja intimação tenha sido requerida poderá ser conduzida coercitivamente (art. 34, § 2º).

(b) A prova pericial, a rigor, não é admitida pela lei dos juizados, sendo admitida tão somente a inquirição de técnico pelo juiz, quase que em caráter informal (art. 35).

(c) Certa, se tratando de prova documental, sob o aspecto formal. Não há restrição a respeito (art. 32).

(d) A inspeção judicial se dará na audiência (arts. 33 e 35, parágrafo único).

*Para responder, tem que estudar: lei.*

*Gabarito: C*

## 10. TEORIA E PRINCÍPIOS

**89. (Cespe/TJ/DFT/Juiz/2015)** Assinale a opção correta com relação a princípios do direito processual.

a) Com base no princípio da estabilidade subjetiva da lide, as partes do processo de execução devem ser as mesmas que atuaram no processo de conhecimento.

b) O princípio da identidade física do juiz é de natureza infraconstitucional e pode ser suprimido do ordenamento jurídico em eventual reforma realizada pelo legislador ordinário.

c) Com base no princípio da territorialidade da jurisdição, é vedada ao oficial de justiça a realização de diligências em foro diverso daquele em que atua.

d) O princípio dispositivo aplica-se às tutelas específicas de adimplemento das obrigações de fazer e não fazer, o que, segundo o STJ, impede o juiz de arbitrar astreintes de ofício nesses casos.

e) De acordo com a doutrina dominante, o princípio da boa-fé objetiva não se aplica ao processo civil, haja vista a ausência de previsão legal.



ANOTAÇÕES/COMENTÁRIOS

(a) No processo de execução, a legitimidade pode não coincidir com a do processo de conhecimento (arts. 778 e 779), nos casos de legitimidade secundária ou sucessiva.

(b) Certa. O princípio não está insculpido na Constituição Federal, tendo sido, inclusive, extinto do CPC/15.

(c) Excepcionalmente, pode o oficial de justiça praticar atos em foro diverso, quando a lei o permitir (exemplo: comarcas contíguas, art. 782, § 1º).

(d) A lei e a jurisprudência admitem a imposição da multa cominatória de ofício (art. 537).

(e) O princípio se aplica ao processo, inclusive estando positivado no art. 5º do CPC/15.

*Para responder, tem que estudar: lei.*

*Gabarito: B*

**90. (Cespe/TJ/MA/Juiz/2013)** No que concerne à lei processual civil superveniente, assinale a opção correta.

a) Encontrando-se o processo em curso, é facultado ao juiz aplicar a lei nova ou a lei anterior que melhor atenda à rápida solução da lide, amparado no princípio constitucional da celeridade processual.

b) Nesse caso, aplica-se a regra do isolamento dos atos processuais, de modo que a lei nova é aplicada aos atos processuais pendentes, tão logo entre em vigor, respeitados os já praticados e seus efeitos.

c) Os efeitos dessa lei atingem os processos ajuizados após a edição da lei, não se aplicando a nova lei processual aos processos em curso.

d) A nova regra processual editada no curso do processo não se aplica no grau de jurisdição em que o processo tramita, repercutindo-se os seus efeitos nos graus de jurisdição subsequentes.

ANOTAÇÕES/COMENTÁRIOS

(a) O juiz deve aplicar a lei vigente no momento da prática do ato processual (art. 14 CPC/15).

(b) Certa.

(c, d) A lei nova se aplica aos processos em curso, para os atos não praticados, imediatamente.

*Para responder, tem que estudar: lei.*

*Gabarito: B*

**91. (Cespe/DPU/Defensor/2017)** Voltado para a concepção democrática atual do processo justo, o CPC promoveu a evolução do contraditório, que passou a ser considerado efetivo apenas quando vai além da simples possibilidade formal de oitiva das partes.

ANOTAÇÕES/COMENTÁRIOS

Com efeito, os arts. 9º e 10 do CPC/15 robusteceram o contraditório, exigindo sua manifestação substancial, e não meramente formal, isto é, a real possibilidade de manifestação das partes previamente à decisão, que deve considerar os argumentos ventilados.

*Para responder, tem que estudar: teoria/doutrina.*

*Gabarito: C*

# BLOCO II

# 5

# DIREITO CONSTITUCIONAL

## 1. DOS DIREITOS E GARANTIAS FUNDAMENTAIS

### 1.1. Dos Direitos e Deveres Individuais e Coletivos

1. **(Cespe/TJ/AC/Juiz/2012)** A respeito dos direitos e garantias fundamentais e das ações constitucionais de tutela desses direitos, assinale a opção correta.

   a) De acordo com decisão do STF, não se admite a prisão civil por infidelidade de depositária na modalidade de depósito voluntário, sendo ela admitida, entretanto, na modalidade de depósito necessário, ou depósito judicial, como obrigação legal que estabeleça relação típica de direito público e de caráter processual.

   b) É unânime, na doutrina e na jurisprudência, a compreensão de que o "habeas data" corresponde a ação de caráter personalíssimo, razão por que não pode ser ajuizada por pessoa jurídica, mas somente por pessoa física, brasileira ou estrangeira, com particular e concreta identificação no mundo social.

   c) As comissões parlamentares de inquérito podem, de modo fundamentado, decretar, por iniciativa própria, a quebra do sigilo bancário ou fiscal das pessoas sob sua investigação.

   d) Segundo entendimento do STF, os sindicatos, as entidades de classe e as associações somente podem impetrar mandado de segurança coletivo se estiverem em funcionamento há pelo menos um ano e se pleitearem direito que, sendo peculiar à categoria como um todo, guarde vínculo com os fins próprios da entidade impetrante.

   e) Nas hipóteses excepcionais de instituição do estado de defesa e do estado de sítio, o direito de reunião poderá ser suspenso, salvo se exercido no seio de associações, quando, então, não poderá ser objeto de restrições.

ANOTAÇÕES/COMENTÁRIOS

(a) Errada. "Na linha do entendimento acima sufragado, o Tribunal, por maioria, concedeu habeas corpus, impetrado em favor de depositário judicial, e averbou expressamente a revogação da Súmula 619 do STF ("A prisão do depositário judicial pode ser decretada no próprio processo em que se constituiu o encargo, independentemente da propositura de ação de depósito"). Vencido o Min. Menezes Direito que denegava a ordem por considerar que o depositário judicial teria outra natureza jurídica, apartada da prisão civil própria do regime dos contratos de depósitos, e que sua prisão não seria decretada com fundamento no descumprimento de uma obrigação civil, mas no desrespeito ao múnus público." (HC 925660. No mesmo sentido, em 2009, foi editada a Súmula Vinculante 25 STF: "É ilícita a prisão civil de depositário infiel, qualquer que seja a modalidade do depósito."

(b) Erada. Pessoa jurídica goza de legitimidade ad causam para ajuizar habeas data. "6. A legitimatio 'ad causam' para interpretação de habeas data estende-se às pessoas físicas e jurídicas, nacionais e estrangeiras, porquanto garantia constitucional aos direitos individuais ou coletivas." (STF, RE 673.707)

(c) Certa. O STF tem jurisprudência pacífica no seguinte sentido: " A quebra do sigilo, por ato de CPI, deve ser necessariamente fundamentada, sob pena de invalidade. A CPI – que dispõe de competência constitucional para ordenar a quebra do sigilo bancário, fiscal e telefônico das pessoas sob investigação do Poder Legislativo – somente poderá praticar tal ato, que se reveste de gravíssimas consequências, se justificar, de modo adequado, e sempre mediante indicação concreta de fatos específicos, a necessidade de adoção dessa medida excepcional. A fundamentação da quebra de sigilo há de ser contemporânea à própria deliberação legislativa que a decreta. A exigência de motivação – que há de ser contemporânea ao ato da CPI que ordena a quebra de sigilo – qualifica-se como pressuposto de validade jurídica da própria deliberação emanada desse órgão de investigação legislativa, não podendo ser por este suprida, em momento ulterior, quando da prestação de informações em sede mandamental. A quebra de sigilo – que se apoia em fundamentos genéricos e que não indica fatos concretos e precisos referentes à pessoa sob investigação – constitui ato eivado de nulidade. Revela-se desvestido de fundamentação o ato de CPI, que, ao ordenar a ruptura do sigilo inerente aos registros fiscais, bancários e telefônicos, apoia-se em motivação genérica, destituída de base empírica idônea e, por isso mesmo, desvinculada de fatos concretos e específicos referentes à pessoa investigada." (MS 23.868)

(d) Errada. Para o STF o direito pleiteado independe de vínculo com os fins da entidade impetrante: "(...). A legitimação das organizações sindicais, entidades de classe ou associações, para a segurança coletiva, é extraordinária, ocorrendo, em tal caso, substituição processual. C.F., art. 5º, LXX. II. Não se exige, tratando-se de segurança coletiva, a autorização expressa aludida no inciso XXI do art. 5º da Constituição, que contempla hipótese de representação. III. O objeto do mandado de segurança coletivo será um direito dos associados, independentemente de guardar vínculo com os fins próprios da entidade impetrante do writ, exigindo-se, entretanto, que o direito esteja compreendido na titularidade dos associados e que exista ele em razão das atividades exercidas pelos associados, mas não se exigindo que o direito seja peculiar, próprio, da classe. (...)." (RE 193382)

(e) Errada. "Art. 136, § 1º, I – restrições aos direitos de: a) reunião, ainda que exercida no seio das associações;"

*Para responder, tem que estudar: lei e jurisprudência.*

*Gabarito: C*

---

**2. (Cespe/TJ/PI/Juiz/2012)** Assinale a opção correta com referência aos direitos e garantias fundamentais e às ações constitucionais.

a) Apesar de não constar do elenco de direitos fundamentais previstos expressamente no art. 5º da CF, o princípio da anterioridade tributária constitui garantia individual fundamental, conforme reconhece a jurisprudência do STF.

b) O mandado de segurança coletivo pode ser impetrado por organização sindical, entidade de classe ou associação legalmente constituída e em funcionamento há pelo menos um ano, em defesa dos interesses de seus membros ou associados, mas não por partido político, que não possui representação para a defesa de direitos de categorias sociais em particular.

c) A legitimidade para impetrar "habeas corpus" pertence apenas à pessoa natural afetada por qualquer medida que restrinja ou ameace restringir a sua liberdade de locomoção.

d) A legitimidade passiva, no mandado de injunção, será sempre do órgão ou entidade estatal encarregada de regulamentação de direitos previstos na CF; nesse sentido, é incabível a impetração de mandado de injunção contra o presidente da República.

e) O "habeas data" é ação de natureza mandamental que se destina a assegurar o conhecimento de informações pessoais constantes de registro de bancos de dados governamentais ou de caráter público, mas que não dá ensejo à retificação de dados errôneos deles constantes.

**ANOTAÇÕES/COMENTÁRIOS**

(a) Certa. "- Direito Constitucional e Tributário. Ação Direta de Inconstitucionalidade de Emenda Constitucional e de Lei Complementar. I.P.M.F. Imposto Provisório sobre a Movimentação ou a Transmissão de Valores e de Créditos e Direitos de Natureza Financeira – I.P.M.F. Artigos 5., par. 2., 60, par. 4., incisos I e IV, 150, incisos III, "b", e VI, "a", "b", "c" e "d", da Constituição Federal." (...)"O princípio da anterioridade da lei tributária, além de constituir limitação ao poder impositivo do Estado, representa um dos direitos fundamentais mais importantes outorgados pela Carta da Republica ao universo dos contribuintes. Não desconheço que se cuida, como qualquer outro direito, de prerrogativa de caráter meramente relativo, posto que as normas constitucionais originárias já contemplam hipóteses que lhe excepcionam a atuação. (...). A ofensa do Estado a esses valores que desempenham, enquanto categorias fundamentais que são, um papel subordinante na própria configuração dos direitos individuais ou coletivos, introduz um perigoso fator de desequilíbrio sistêmico e rompe, por completo, a harmonia que deve presidir as relações sempre tão estruturalmente desiguais entre as pessoas e o Poder." (STF, ADI 939)

(b) Errada. "Art. 5º, inciso LXX – o mandado de segurança coletivo pode ser impetrado por: a) partido político com representação no Congresso Nacional;"

(c) Errada. Qualquer pessoa pode impetrar habeas corpus em favor de alguém, independente de habilitação técnica para tanto. Nesse sentido, artigo 654 CPP: "Art. 654. O habeas corpus poderá ser impetrado por qualquer pessoa, em seu favor ou de outrem, bem como pelo Ministério Público." Observe-se ainda que a doutrina corrobora com o ora afirmado: "Nos termos do Código de Processo Penal (art. 654, caput), o habeas corpus pode ser impetrado, porém, por qualquer pessoa, advogado ou não, em seu favor ou de outrem, bem como pelo Ministério Público. Assim, as condições de titular do direito de habeas corpus (paciente) e impetrante não são necessariamente coincidentes." (Gilmar Ferreira Mendes e Paulo Gustavo Gonet Branco, Curso de Direito Constitucional)

(d) Errada. Artigo 3º da Lei 13300 de 2016: "Art. 3º São legitimados para o mandado de injunção, como impetrantes, as pessoas naturais ou jurídicas que se afirmam titulares dos direitos, das liberdades ou das prerrogativas referidos no art. 2º e, como impetrado, o Poder, o órgão ou a autoridade com atribuição para editar a norma regulamentadora." Observação: A questão foi elaborada antes da edição da Lei 13300 de 2016. Entretanto, o gabarito não seria modificado nos dias atuais. Isso porque, neste aspecto, a mencionada lei apenas positivou o posicionamento que já vinha sendo adotado pelo STF. A corte suprema, a partir do julgamento dos Mis 95 e 685 passou a decidir que o polo passivo do Mandado de Injunção deveria ser integrado unicamente pela autoridade, órgão ou entidade que incorreu na omissão legislativa. Desse modo, à época da aplicação da prova em comento, o fundamento para o erro da alternativa seria encontrado com base em jurisprudência do STF, ao passo que atualmente, existe respaldo no direito positivo.

(e) Errada. "Artigo 5º, LXXII – conceder-se-á habeas data: (...). b) para a retificação de dados, quando não se prefira fazê-lo por processo sigiloso, judicial ou administrativo;"

*Para responder, tem que estudar: lei e jurisprudência.*

*Gabarito: A*

**3. (Cespe/TJ/CE/Juiz/2012)** No que se refere aos direitos fundamentais na ordem jurídica nacional, assinale a opção correta.

a) Segundo o STF, no exercício da função fiscalizadora, as CPIs e o TCU podem determinar a quebra do sigilo bancário de seus investigados.

b) As atividades das associações só poderão ser suspensas mediante decisão judicial transitada em julgado.

c) Segundo o STF, o exercício do direito de reunião nos espaços públicos abertos demanda consentimento prévio do poder público.

d) A proteção conferida pela CF ao direito de associação não incide quando a associação é despersonalizada.

e) Tratando-se de desapropriação para fins de reforma agrária, a indenização das benfeitorias úteis e necessárias será prévia e em dinheiro, ao passo que a das voluptuárias será paga em títulos da dívida agrária.

ANOTAÇÕES/COMENTÁRIOS

(a) Errada. A CPI detém o referido poder. Entretanto, o TCU não. "A quebra do sigilo, por ato de CPI, deve ser necessariamente fundamentada, sob pena de invalidade. A CPI – que dispõe de competência constitucional para ordenar a quebra do sigilo bancário, fiscal e telefônico das pessoas sob investigação do Poder Legislativo – somente poderá praticar tal ato, que se reveste de gravíssimas consequências, se justificar, de modo adequado, e sempre mediante indicação concreta de fatos específicos, a necessidade de adoção dessa medida excepcional. A fundamentação da quebra de sigilo há de ser contemporânea à própria deliberação legislativa que a decreta. A exigência de motivação – que há de ser contemporânea ao ato da CPI que ordena a quebra de sigilo – qualifica-se como pressuposto de validade jurídica da própria deliberação emanada desse órgão de investigação legislativa, não podendo ser por este suprida, em momento ulterior, quando da prestação de informações em sede mandamental. A quebra de sigilo – que se apoia em fundamentos genéricos e que não indica fatos concretos e precisos referentes à pessoa sob investigação – constitui ato eivado de nulidade. Revela-se desvestido de fundamentação o ato de CPI, que, ao ordenar a ruptura do sigilo inerente aos registros fiscais, bancários e telefônicos, apoia-se em motivação genérica, destituída de base empírica idônea e, por isso mesmo, desvinculada de fatos concretos e específicos referentes à pessoa investigada." (MS 23.868). "A LC 105/2001, não conferiu ao TCU poderes para determinar a quebra do sigilo bancário de dados constantes do Banco Central do Brasil. O legislador conferiu esses poderes ao Poder Judiciário (art. 3º), ao Poder Legislativo Federal (art. 4º), bem como às CPIs, após prévia aprovação do pedido pelo plenário da Câmara dos Deputados, do Senado Federal ou do plenário de suas respectivas CPIs (§§ 1º e 2º do art. 4º). Embora as atividades do TCU, por sua natureza, verificação de contas e até mesmo o julgamento das contas das pessoas enumeradas no art. 71, II, da CF, justifiquem a eventual quebra de sigilo, não houve essa determinação na lei específica que tratou do tema, não cabendo a interpretação extensiva, mormente porque há princípio

BLOCO II

constitucional que protege a intimidade e a vida privada, art. 5º, X, da CF, no qual está inserida a garantia ao sigilo bancário." (MS 22.801)

(b) Errada. Embora para a dissolução e para a suspensão das atividades a Constituição exija decisão judicial, o trânsito em julgado da decisão somente é exigido para a hipótese de dissolução. "Art. 5º, XIX – as associações só poderão ser compulsoriamente dissolvidas ou ter suas atividades suspensas por decisão judicial, exigindo-se, no primeiro caso, o trânsito em julgado;"

(c) Errada. A Constituição é expressa ao afirmar que independe de autorização a reunião em locais públicos, determinando apenas a comunicação à autoridade competente. "Artigo 5º, XVI – todos podem reunir-se pacificamente, sem armas, em locais abertos ao público, independentemente de autorização, desde que não frustrem outra reunião anteriormente convocada para o mesmo local, sendo apenas exigido prévio aviso à autoridade competente;" Jurisprudência sobre o tema: "Nenhuma lei, seja ela civil ou penal, pode blindar-se contra a discussão do seu próprio conteúdo. Nem mesmo a Constituição está a salvo da ampla, livre e aberta discussão dos seus defeitos e das suas virtudes, desde que sejam obedecidas as condicionantes ao direito constitucional de reunião, tal como a prévia comunicação às autoridades competentes. Impossibilidade de restrição ao direito fundamental de reunião que não se contenha nas duas situações excepcionais que a própria Constituição prevê: o estado de defesa e o estado de sítio (...). Ação direta julgada procedente para dar ao § 2º do art. 33 da Lei 11.343/2006 "interpretação conforme à Constituição" e dele excluir qualquer significado que enseje a proibição de manifestações e debates públicos acerca da descriminalização ou legalização do uso de drogas ou de qualquer substância que leve o ser humano ao entorpecimento episódico, ou então viciado, das suas faculdades psicofísicas." (ADI 4.274)

(d) Errada. Inexiste a referida limitação. "Art. 5º, XVII – é plena a liberdade de associação para fins lícitos, vedada a de caráter paramilitar;"

(e) Certa. "Art. 184. Compete à União desapropriar por interesse social, para fins de reforma agrária, o imóvel rural que não esteja cumprindo sua função social, mediante prévia e justa indenização em títulos da dívida agrária, com cláusula de preservação do valor real, resgatáveis no prazo de até vinte anos, a partir do segundo ano de sua emissão, e cuja utilização será definida em lei.§ 1º As benfeitorias úteis e necessárias serão indenizadas em dinheiro."

*Para responder, tem que estudar: lei e jurisprudência.*

*Gabarito: E*

**4. (Cespe/TJ/AM/Juiz/2016)** Considerando a jurisprudência do STF, assinale a opção correta acerca do Poder Judiciário, do STF e das justiças federal, do trabalho e eleitoral.

a) Caso o número total da composição dos tribunais estaduais, TREs e TRFs não seja divisível por cinco, arredondar-se-á a fração restante (seja superior ou inferior à metade) para o número inteiro seguinte, a fim de alcançar-se a quantidade de vagas destinadas ao quinto constitucional assegurado a advogados e membros do MP.

b) Se o fundamento da impetração de mandado de segurança for nulidade ocorrida na elaboração da lista tríplice pelos tribunais competentes, o presidente da República não poderá ser considerado autoridade coatora no mandado de segurança impetrado contra ato de sua competência em que ele tenha nomeado magistrado.

c) A falta ou a insuficiência de fundamentação de prisão preventiva podem ser supridas pela fundamentação constante das informações prestadas em "habeas corpus" ou em acórdão que o denegue ou negue provimento a recurso, o que afasta a causa de nulidade da decisão por descumprimento do disposto na CF acerca da publicidade dos julgamentos.

d) Não satisfaz a exigência de fundamentação das decisões o ato judicial que apenas faz remissão expressa a manifestações ou peças processuais existentes nos autos, produzidas pelas partes, pelo MP ou por autoridades públicas, cujo teor indique os fundamentos de fato e(ou) de direito que justifiquem a decisão emanada do Poder Judiciário.

e) A publicidade assegurada constitucionalmente alcança os autos do processo, e não somente as sessões e audiências, razão pela qual padece de inconstitucionalidade disposição normativa que determine abstratamente segredo de justiça em todos os processos em curso perante vara criminal.

## ANOTAÇÕES/COMENTÁRIOS

(a) Errada. Vide jurisprudência remansosa do STF: "CONSTITUCIONAL. PROCESSUAL. MANDADO DE SEGURANÇA. DECADÊNCIA. ATO COMPLEXO. C.F., ART. 94, PARÁGRAFO ÚNICO. LEI 1.533/51, ART. 18. CONSTITUCIONAL. TRIBUNAL: COMPOSIÇÃO: QUINTO CONSTITUCIONAL. TRIBUNAL REGIONAL FEDERAL: SOBRA. NÚMERO TOTAL DA COMPOSIÇÃO QUE NÃO É MÚLTIPLO DE CINCO. ARREDONDAMENTO. C.F., ART. 94, ART. 107, I. (...). II. UM QUINTO DA COMPOSIÇÃO DOS TRIBUNAIS REGIONAIS FEDERAIS SERÁ DE JUÍZES ORIUNDOS DA ADVOCACIA E DO MINISTÉRIO PÚBLICO FEDERAL. ESTÁ É UMA NORMA CONSTITUCIONAL EXPRESSA, QUE HÁ DE PREVALECER SOBRE A NORMA IMPLÍCITA, QUE DECORRE DA NORMA EXPRESSA, NO SENTIDO DE QUE, SE UM QUINTO E DOS ADVOGADOS E MEMBROS DO MINISTÉRIO PÚBLICO FEDERAL, QUATRO QUINTOS SERÃO DOS JUÍZES DE CARREIRA. OBSERVADA A REGRA DE HERMENÊUTICA – A NORMA EXPRESSA PREVALECE SOBRE A NORMA IMPLÍCITA – FORÇA E CONVIR QUE, SE O NÚMERO TOTAL DA COMPOSIÇÃO FOR MÚLTIPLO DE CINCO, ARREDONDA-SE A FRAÇÃO – SUPERIOR OU INFERIOR A MEIO – PARA CIMA, OBTENDO-SE, ENTÃO, O NÚMERO INTEIRO SEGUINTE. E QUE, SE ASSIM NÃO FOR FEITO, O TRIBUNAL NÃO TERÁ NA SUA COMPOSIÇÃO, UM QUINTO DOS JUÍZES ORIUNDOS DA ADVOCACIA E DO MINISTÉRIO PÚBLICO FEDERAL, COM

DESCUMPRIMENTO DA NORMA CONSTITUCIONAL (C.F., ART. 94 E ART. 107, I). III. PRELIMINARES REJEITADAS. MANDADO DE SEGURANÇA DEFERIDO" (MS 22.323).

(b) Errada. Súmula 627 STF: "No mandado de segurança contra a nomeação de magistrado da competência do Presidente da República, este é considerado autoridade coatora, ainda que o fundamento da impetração seja nulidade ocorrida em fase anterior do procedimento."

(c) Errada. Vide jurisprudência do STF sobre o tema: "Ação penal. Prisão preventiva. Decreto fundado na suposta relação do réu com o detentor do 'domínio do fato' sobre crime de formação de quadrilha. Razão que não autoriza a prisão cautelar. Determinação de suprimento pelo tribunal de justiça. Inadmissibilidade. HC não conhecido. Ordem concedida de ofício. Quando a falta ou insuficiência de fundamentação de prisão preventiva constitua causa de nulidade da decisão, não a podem suprir informações prestadas em habeas corpus, nem o acórdão que o denegue ou negue provimento a recurso." (HC 94344)

(d) Errada. Vide jurisprudência do STF sobre o tema: "I – A exigência do art. 93, IX, da Constituição, não impõe seja a decisão exaustivamente fundamentada. O que se busca é que o julgador informe de forma clara e concisa as razões de seu convencimento, sendo certo, ademais, que o acórdão recorrido está suficientemente fundamentado. II – Esta Suprema Corte já pacificou o entendimento de que é constitucional a motivação por remissão, especialmente quando todos os fundamentos do recurso de apelação foram examinados e rebatidos. III – A alegada violação aos postulados constitucionais do devido processo legal, da ampla defesa e do contraditório (art. 5º, LIV e LV, da CF), pode configurar, em regra, situação de ofensa reflexa ao texto constitucional, por demandar a análise de legislação processual ordinária, o que inviabiliza o conhecimento do recurso extraordinário. IV – Agravo regimental improvido. (AI 814.640-AgR). "Revela-se legítima, e plenamente compatível com a exigência imposta pelo art. 93, inciso IX, da Constituição da República, a utilização, por magistrados, da técnica da motivação "per relationem", que se caracteriza pela remissão que o ato judicial expressamente faz a outras manifestações ou peças processuais existentes nos autos, mesmo as produzidas pelas partes, pelo Ministério Público ou por autoridades públicas, cujo teor indique os fundamentos de fato e/ou de direito que justifiquem a decisão emanada do Poder Judiciário. " (MS 25.936-ED)

(e) Certa. "A publicidade assegurada constitucionalmente (art. 5º, LX, e 93, IX, da CF) alcança os autos do processo, e não somente as sessões e audiências, razão pela qual padece de inconstitucionalidade disposição normativa que determine abstratamente segredo de justiça em todos os processos em curso perante Vara Criminal. Doutrina." (STF, ADI 4414)

*Para responder, tem que estudar: jurisprudência.*

*Gabarito: E*

5. **(Cespe/TJ/AM/Juiz/2016)** Assinale a opção correta acerca dos direitos e deveres individuais e coletivos e dos direitos sociais, considerando a jurisprudência do STF.

a) O dispositivo da CF que cuida do direito dos trabalhadores urbanos e rurais à remuneração pelo serviço extraordinário com acréscimo de, no mínimo, 50% não se aplica imediatamente aos servidores públicos, por não constituir norma autoaplicável.

b) A vedação constitucional à dispensa arbitrária ou sem justa causa da empregada gestante, desde a confirmação da gravidez até cinco meses após o parto, não se aplica às militares.

c) Desde que expressamente autorizado pelos sindicalizados, o sindicato tem legitimidade para atuar como substituto processual na defesa de direitos e interesses coletivos ou individuais homogêneos da categoria que representa.

d) Viola os princípios constitucionais da liberdade de associação e da liberdade sindical norma legal que condicione, ainda que indiretamente, o recebimento do benefício do seguro-desemprego à filiação do interessado a colônia de pescadores de sua região.

e) A CF proíbe tão somente o emprego do salário mínimo como indexador, sendo legítima a sua utilização como base de cálculo para o pagamento do adicional de insalubridade.



*ANOTAÇÕES/COMENTÁRIOS*

(a) Errada. "O art. 7º, inciso XVI, da Constituição Federal, que cuida do direito dos trabalhadores urbanos e rurais à remuneração pelo serviço extraordinário com acréscimo de, no mínimo, 50%, aplica-se imediatamente aos servidores públicos, por consistir em norma autoaplicável." (AI 642528 AgR)

(b) Errada. "I. As servidoras públicas e empregadas gestantes, independentemente do regime jurídico de trabalho, têm direito à licença-maternidade de cento e vinte dias e à estabilidade provisória desde a confirmação da gravidez até cinco meses após o parto, conforme o art. 7º, XVIII, da Constituição e o art. 10, II, b, do ADCT. II Demonstrada a proteção constitucional às trabalhadoras em geral, prestigiando-se o princípio da isonomia, não há falar em diferenciação entre servidora pública civil e militar." (RE 597.989-AgR)

(c) Errada. "O STF assentou que é ampla a legitimidade dos sindicatos para defender em juízo os direitos e interesses coletivos ou individuais dos integrantes da categoria que representam. Nesse sentido: "O artigo 8º, III da Constituição Federal estabelece a legitimidade extraordinária dos sindicatos para defender em juízo os direitos e interesses coletivos ou individuais dos integrantes da categoria que representam. Essa legitimidade extraordinária é ampla, abrangendo a liquidação e a execução dos créditos reconhecidos aos trabalhadores. Por se tratar de típica hipótese de substituição processual, é desnecessária qualquer autorização dos substituídos." No mesmo sentido: "Discute-se nestes autos a possibilidade do sindicato atuar como substituto processual da respectiva categoria pleiteando horas extras e vale transporte. 2. O Plenário do Supremo fixou o seguinte entendimento: (...). Dou provimento ao recurso, com esteio no disposto no artigo 557, § 1º-A, do Código de Processo Civil, para reconhecer a legitimidade ativa ad causam do sindicato e determinar que os autos retornem ao Tribunal de origem a fim de que aprecie o mérito da causa, como entender de direito" (RE 616.774)." (AI 850510)

(d) Certa. "Ação direta de inconstitucionalidade. Art. 2º, IV, "a", "b" e "c", da Lei 10.779/03. Filiação à colônia de pescadores para habilitação ao seguro-desemprego. Princípios da liberdade de associação e da liberdade sindical (arts. 5º, XX, e 8º, V, da Constituição Federal). 1. Viola os princípios constitucionais da liberdade de associação (art. 5º, inciso XX) e da liberdade sindical (art. 8º, inciso V), ambos em sua dimensão negativa, a norma legal que condiciona, ainda que indiretamente, o recebimento do benefício do seguro-desemprego à filiação do interessado a colônia de pescadores de sua região. 2. Ação direta julgada procedente." (ADI 3464, Tribunal Pleno, julgado em 29/10/2008)

(e) Errada. "Após a edição do referido verbete por esta Corte Suprema, o Tribunal Superior do Trabalho deu nova redação à Súmula 228 daquela Corte, que passou a conter a seguinte diretriz: 'A partir de 9 de maio de 2008, data da publicação da Súmula Vinculante 4 do STF, o adicional de insalubridade será calculado sobre o salário básico, salvo critério mais vantajoso fixado em instrumento coletivo'. Todavia, no julgamento de pedido liminar deduzido na Reclamação 6266-DF, o então Presidente Ministro Gilmar Mendes, determinou a suspensão da aplicação da Súmula 228 do Tribunal Superior do Trabalho, na parte em que permite a utilização do salário básico para calcular o adicional de insalubridade (...): (...). Note-se que, no presente caso, o Tribunal Superior do Trabalho, em observância à Súmula Vinculante 4, entendeu que 'a utilização do salário mínimo como indexador do adicional de insalubridade, no caso, apesar de incompatível com a ordem judicial atual, deve ser mantida até que se edite lei ou norma coletiva superando tal incompatibilidade'." (Rcl 13860)

*Para responder, tem que estudar: jurisprudência.*

*Gabarito: D*

**6. (Cespe/TJ/DFT/Juiz/2016)** Em atenção aos direitos e garantias fundamentais da Constituição brasileira, assinale a opção correta.

a) A constituição consagra expressamente a teoria absoluta do núcleo essencial de direitos fundamentais.

b) Direitos fundamentais formalmente ilimitados, desprovidos de reserva legal, não podem sofrer restrições de qualquer natureza.

c) O gozo da titularidade de direitos fundamentais pelos brasileiros depende da efetiva residência em território nacional.

d) Há direitos fundamentais cuja titularidade é reservada aos estrangeiros.

e) A reserva legal estabelecida para a inviolabilidade das comunicações telefônicas é classificada como simples, e para a identificação criminal reserva qualificada.

ANOTAÇÕES/COMENTÁRIOS

(a) Errada. Sobre o tema, vide a lição de Gilmar Ferreira Mendes: "A ordem constitucional brasileira não contemplou qualquer disciplina direta e expressa sobre a proteção do núcleo essencial de direitos fundamentais. É inequívoco, porém, que o texto constitucional veda expressamente qualquer proposta de emenda tendente a abolir os direitos e garantias individuais (CF, art. 60, § 4º, IV)." (Gilmar Mendes, Curso de Direito Constitucional)

(b) Errada. Inexistem direitos fundamentais que sejam ilimitados (absolutos). De acordo com a doutrina, estes são relativos e podem ceder espaço diante de um conflito manifestado no caso concreto – Princípio da cedência recíproca ou da relatividade.

(c) Errada. "Art. 5º Todos são iguais perante a lei, sem distinção de qualquer natureza, garantindo-se aos brasileiros e aos estrangeiros residentes no País a inviolabilidade do direito à vida, à liberdade, à igualdade, à segurança e à propriedade, nos termos seguintes:"

(d) Certa. São exemplos de direitos fundamentais titularizados exclusivamente por estrangeiros o direito ao asilo político e a invocação da condição jurídica de refugiado.

(e) Errada. A reserva legal estabelecida para a inviolabilidade das comunicações telefônicas é qualificada, uma vez que o referido sigilo somente pode ser levantado para fins de investigação criminal ou instrução processual penal. "Art. 5º (...). XII – é inviolável o sigilo da correspondência e das comunicações telegráficas, de dados e das comunicações telefônicas, salvo, no último caso, por ordem judicial, nas hipóteses e na forma que a lei estabelecer para fins de investigação criminal ou instrução processual penal;

*Para responder, tem que estudar: lei e teoria/doutrina.*

*Gabarito: D*

BLOCO II

**7. (Cespe/TJ/RN/Juiz/2013)** Considerando o disposto na Emenda Constitucional n. 45/2004, assinale a opção correta.

a) Somente se provocado, poderá o STF, mediante decisão de dois terços dos seus membros, depois de reiteradas decisões acerca de matéria constitucional, aprovar súmula de efeito vinculante em relação aos demais órgãos do Poder Judiciário e à administração pública direta e indireta, nas esferas federal, estadual e municipal, bem como proceder à sua revisão ou cancelamento, na forma estabelecida em lei.

b) Segundo o entendimento do STF, embora detenha competência originária e subsidiária para investigar magistrados, o Conselho Nacional de Justiça não poderá iniciar a investigação.

c) Nas hipóteses de grave violação de direitos humanos, o procurador-geral da República, com a finalidade de assegurar o cumprimento de obrigações decorrentes de tratados internacionais de direitos humanos ratificados pelo Brasil, poderá suscitar, perante o STJ, em qualquer fase do inquérito ou processo, incidente de deslocamento de competência para a justiça federal.

d) Aos juízes é vedado exercer a advocacia em qualquer juízo ou tribunal antes de decorridos três anos de seu afastamento do cargo por aposentadoria ou exoneração.

e) Compete ao STJ processar e julgar originariamente as ações contra o Conselho Nacional de Justiça e contra o Conselho Nacional do Ministério Público.

## ANOTAÇÕES/COMENTÁRIOS

(a) Errada. O STF pode iniciar de ofício ou por provocação o procedimento para a aprovação de súmula vinculante. "Art. 103-A. O STF poderá, de ofício ou por provocação, mediante decisão de dois terços dos seus membros, após reiteradas decisões sobre matéria constitucional, aprovar súmula que, a partir de sua publicação na imprensa oficial, terá efeito vinculante em relação aos demais órgãos do Poder Judiciário e à administração pública direta e indireta, nas esferas federal, estadual e municipal, bem como proceder à sua revisão ou cancelamento, na forma estabelecida em lei." (Incluído pela Emenda Constitucional 45, de 2004)

(b) Errada. O CNJ pode iniciar a investigação, independente da atuação da corregedoria. "Na análise de um dos dispositivos mais polêmicos (artigo 12 da Resolução 135), os ministros decidiram, por maioria de votos, que o CNJ pode iniciar investigação contra magistrados independentemente da atuação da corregedoria do tribunal, sem necessidade de fundamentar a decisão." (...). "Por 6 votos a 5, os ministros mantiveram a competência originária e concorrente do Conselho Nacional de Justiça (CNJ) para investigar magistrados, prevista no artigo 12 da Resolução 135/2011, do CNJ. O dispositivo, que havia sido suspenso na decisão liminar do relator da Ação Direta de Inconstitucionalidade (ADI) 4638, ministro Marco Aurélio, diz que "para os processos administrativos disciplinares e para a aplicação de quaisquer penalidades previstas em lei, é competente o Tribunal a que pertença ou esteja subordinado o magistrado, sem prejuízo da atuação do Conselho Nacional de Justiça"." (ADI 4638)

(c) Certa. "Art. 109, § 5º Nas hipóteses de grave violação de direitos humanos, o Procurador-Geral da República, com a finalidade de assegurar o cumprimento de obrigações decorrentes de tratados internacionais de direitos humanos dos quais o Brasil seja parte, poderá suscitar, perante o STJ, em qualquer fase do inquérito ou processo, incidente de deslocamento de competência para a Justiça Federal." (Incluído pela Emenda Constitucional 45, de 2004)

(d) Errada. "Art. 95, inciso V exercer a advocacia no juízo ou tribunal do qual se afastou, antes de decorridos três anos do afastamento do cargo por aposentadoria ou exoneração." (Incluído pela Emenda Constitucional 45, de 2004)

(e) Errada. "Art. 102. Compete ao STF, precipuamente, a guarda da Constituição, cabendo-lhe: I – processar e julgar, originariamente: r) as ações contra o Conselho Nacional de Justiça e contra o Conselho Nacional do Ministério Público;" (Incluída pela Emenda Constitucional 45, de 2004)

*Para responder, tem que estudar: lei e jurisprudência.*

*Gabarito: C*

**8. (Cespe/TJ/AM/Juiz/2016)** Tendo em vista que o direito à vida – valor central do ordenamento jurídico – desdobra-se em direito à existência física e direito a uma vida digna, assinale a opção correta.

a) O direito à saúde efetiva-se mediante ações distributivas e alocativas relacionadas à promoção, proteção e recuperação da saúde.

b) Os serviços públicos de saúde integram uma rede regionalizada e hierarquizada, que constitui um sistema único, organizado de forma centralizada.

c) O STF afastou a possibilidade de o SUS pagar por tratamento diferenciado oferecido a pessoa que comprove necessitar de medida curativa ainda não incorporada ao sistema público, para evitar o chamado efeito multiplicador que o precedente judicial poderia causar.

d) Constitui direito dos trabalhadores a assistência dos filhos e dependentes desde o nascimento até cinco anos de idade em creches e pré-escolas mediante pagamento de contraprestação fixada em lei.

e) É dever privativo da União desenvolver políticas públicas que visem à redução de doenças e outros agravos.

## ANOTAÇÕES/COMENTÁRIOS

(a) Certa. "Art. 196. A saúde é direito de todos e dever do Estado, garantido mediante políticas sociais e econômicas que visem à redução do risco de doença e de outros agravos e ao acesso universal e igualitário às ações e serviços para sua promoção, proteção e recuperação."

(b) Errada. "Art. 198. As ações e serviços públicos de saúde integram uma rede regionalizada e hierarquizada e constituem um sistema único, organizado de acordo com as seguintes diretrizes: I – descentralização, com direção única em cada esfera de governo;

(c) Errada. "(...) podemos concluir que, em geral, deverá ser privilegiado o tratamento fornecido pelo SUS em detrimento de opção diversa escolhida pelo paciente, sempre que não for comprovada a ineficácia ou a impropriedade da política de saúde existente. Essa conclusão não afasta, contudo, a possibilidade de o Poder Judiciário, ou de a própria Administração, decidir que medida diferente da custeada pelo SUS deve ser fornecida a determinada pessoa que, por razões específicas do seu organismo, comprove que o tratamento fornecido não é eficaz no seu caso. Inclusive, como ressaltado pelo próprio

Ministro da Saúde na Audiência Pública, há necessidade de revisão periódica dos protocolos existentes e de elaboração de novos protocolos. Assim, não se pode afirmar que os Protocolos Clínicos e Diretrizes Terapêuticas do SUS são inquestionáveis, o que permite sua contestação judicial." (STA 175 AgR, j. 17-3-2010)

(d) Errada. "Art. 7º, (...). XXV – assistência gratuita aos filhos e dependentes desde o nascimento até 5 (cinco) anos de idade em creches e pré-escolas;"

(e) Errada. "Art. 196. A saúde é direito de todos e dever do Estado, garantido mediante políticas sociais e econômicas que visem à redução do risco de doença e de outros agravos e ao acesso universal e igualitário às ações e serviços para sua promoção, proteção e recuperação."

*Para responder, tem que estudar: lei e jurisprudência.*

*Gabarito: A*

**9. (Cespe/TJ/DFT/Juiz/2014)** A respeito dos direitos e garantias fundamentais, dos direitos sociais e dos direitos políticos, assinale a opção correta.

a) Caso determinado trabalhador rural ajuíze ação visando obter provimento que lhe assegure o recebimento da remuneração pelo trabalho noturno superior à remuneração do trabalho diurno, o juiz deverá rejeitar o pedido, pois a CF não conferiu ao trabalhador rural o direito postulado.

b) Embora a CF estabeleça a inviolabilidade do sigilo das comunicações telefônicas, o juiz poderá, de ofício, determinar a interceptação de comunicação telefônica na investigação criminal e na instrução processual penal.

c) Caso tenha sido impetrado "habeas corpus" cujo objeto seja o indevido cerceamento pelo poder público do direito de reunião, o juiz deverá admitir a ação, uma vez que se trata de instrumento adequado à proteção do direito de reunião.

d) Se determinada associação impetrar mandado de segurança coletivo para defesa de interesses de seus associados, mas não juntar a autorização destes nos autos, o juiz deverá denegar a segurança, pois a CF exige expressamente a autorização dos filiados.

e) O juiz deverá rejeitar a ação rescisória ajuizada para fins de reaquisição dos direitos políticos se a perda decorrer do cancelamento da naturalização por sentença judicial transitada em julgado, por se tratar de instrumento processual descabido para a finalidade pretendida.

**ANOTAÇÕES/COMENTÁRIOS**

(a) Errada. "Art. 7º São direitos dos trabalhadores urbanos e rurais, além de outros que visem à melhoria de sua condição social: (...). IX – remuneração do trabalho noturno superior à do diurno;"

(b) Certa. "Art. 5º, XII – é inviolável o sigilo da correspondência e das comunicações telegráficas, de dados e das comunicações telefônicas, salvo, no último caso, por ordem judicial, nas hipóteses e na forma que a lei estabelecer para fins de investigação criminal ou instrução processual penal;"

(c) Errada. Habeas corpus é o remédio constitucional voltado à tutela da liberdade ambulatorial.

(d) Errada. Súmula 629 STF: "A impetração de mandado de segurança coletivo por entidade de classe em favor dos associados independe da autorização destes."

(e) Errada. A chamada "perda punição", que é a perda da nacionalidade em razão da prática de ato nocivo ao interesse nacional, ocorre por meio de sentença judicial transitada em julgado. Assim, eventual reaquisição de nacionalidade somente poderá ser intentada pela via da ação rescisória, não havendo possibilidade de ser alcançada por novo procedimento de naturalização.

*Para responder, tem que estudar: lei, súmula/OJ e teoria/doutrina.*

*Gabarito: B*

**10. (Cespe/TJ/RN/Juiz/2013)** Considerando a jurisprudência do STF acerca do direito fundamental consistente na proteção ao direito adquirido, assinale a opção correta.

a) Caso, após a concessão de título de propriedade de imóvel rural a um particular, se descubra que a propriedade se situa em área tradicionalmente ocupada por índios, o particular terá direito de permanecer na propriedade, por ser portador de título de legitimação concedido em favor de não índio.

b) As regras previstas em lei estadual que tenha declarado, em regime de extinção a carteira de previdência dos advogados privados do estado, alterando o regime jurídico previdenciário, não se aplicam àqueles que, na data da publicação da lei, já estavam em gozo de benefício previdenciário ou já tinham cumprido, com base no regime previdenciário instituído pela lei anterior, os requisitos necessários à concessão.

c) O estado que editar lei nova que, por exemplo, altere o regime legal de pensões, poderá evocar o princípio constitucional da irretroatividade da lei, ainda que isso prejudique os destinatários da nova regra.

d) Lei complementar que previr nova hipótese de inelegibilidade não se aplicará a fatos ou atos ocorridos antes de sua edição e que se enquadrem nessa nova hipótese, pois, se se aplicasse, restaria configurada a retroatividade mínima, o que prejudicaria direitos adquiridos.

e) Lei estadual que altere o regime legal de cálculo dos vencimentos dos servidores de determinada carreira pública, reduzindo seu valor não nominal, não se aplicará a servidores empossados antes de sua entrada em vigor, em razão da garantia da irredutibilidade de vencimentos.

ANOTAÇÕES/COMENTÁRIOS

(a) Errada. A área em comento pertence à União e se destina à posse permanente dos índios. Cabe a estes, com exclusividade, o usufruto das riquezas do solo, rios e lagos nelas existentes. Assim, com base no que dispõem os artigos 20, inciso XI e 231, § 2º CF, o título de legitimação concedido em favor de não índio é nulo, inexistindo direito subjetivo a permanecer na propriedade. "Art. 20. São bens da União: (...). XI – as terras tradicionalmente ocupadas pelos índios." "Art. 231, § 2º As terras tradicionalmente ocupadas pelos índios destinam-se a sua posse permanente, cabendo-lhes o usufruto exclusivo das riquezas do solo, dos rios e dos lagos nelas existentes."

(b) Certa. "No julgamento da ADI 3.104, consignei que, embora seja possível a modificação do regime jurídico em âmbito previdenciário, não cabe levar às últimas consequências essa admissão, sob pena de ingressar-se na seara do fascismo, com a supremacia, sem balizas, do próprio Estado. A relação jurídico-previdenciária é tipicamente de longa duração. O participante de um plano de previdência, normalmente, só desfruta do benefício após extenso período de contribuição, tornando-se, à medida que corre o tempo, um cliente cativo da carteira. (...). Contudo, a modificação da realidade, por mais grave, não se pode impor à força normativa da Carta da República. Uma coisa é afirmar a alteração ou a supressão de certo regime jurídico, respeitada a razoabilidade. Algo diverso é colocar em segundo plano direitos adquiridos e, digo mais, situações subjetivas já reconhecidas. Se formos ao inciso IV do § 4º do artigo 60 da Carta Federal, constataremos uma dualidade: a proteção, no tocante a emendas, faz-se presente considerados direitos e garantias. Assim, incumbe ressaltar, desde logo, que as novas regras instituídas pela norma impugnada são inaplicáveis a quem, na data da publicação da Lei estadual 13.549, de 2009, já estava em gozo de benefício ou já tinha cumprido, com base no regime instituído pela Lei 10.394, de 1970, os requisitos necessários à concessão." (ADI 4.291)

(c) Errada. O princípio da irretroatividade, quando analisado em face da atuação estatal, busca exatamente inibir uma restrição gravosa emanada do novo diploma regente. Desse modo, não há que se falar no referido princípio nas hipóteses em que a sua incidência agrave a situação do particular. Nesse sentido, STF: "Na medida em que a retroprojeção normativa da lei "não" gere "nem" produza os gravames referidos, nada impede que o Estado edite e prescreva atos normativos com efeito retroativo. As leis, em face do caráter prospectivo de que se revestem, devem, "ordinariamente", dispor para o futuro. O sistema jurídico-constitucional brasileiro, contudo, "não" assentou, como postulado absoluto, incondicional e inderrogável, o princípio da irretroatividade. A questão da retroatividade das leis interpretativas." (ADI 605 MC)

(d) Errada. Sobre o tema, STF: "julgamento conjunto das ADCs 29 e 30 e ADI 4.578: "1. A elegibilidade é a adequação do indivíduo ao regime jurídico – constitucional e legal complementar – do processo eleitoral, razão pela qual a aplicação da Lei Complementar 135/10 com a consideração de fatos anteriores não pode ser capitulada na retroatividade vedada pelo art. 5º, XXXVI, da Constituição, mercê de incabível a invocação de direito adquirido ou de autoridade da coisa julgada (que opera sob o pálio da cláusula rebus sic stantibus) anteriormente ao pleito em oposição ao diploma legal retromencionado; subjaz a mera adequação ao sistema normativo pretérito (expectativa de direito). 2. A razoabilidade da expectativa de um indivíduo de concorrer a cargo público eletivo, à luz da exigência constitucional de moralidade para o exercício do mandato (art. 14, § 9º), resta afastada em face da condenação prolatada em segunda instância ou por um colegiado no exercício da competência de foro por prerrogativa de função, da rejeição de contas públicas, da perda de cargo público ou do impedimento do exercício de profissão por violação de dever ético-profissional. 3. A presunção de inocência consagrada no art. 5º, LVII, da Constituição Federal deve ser reconhecida como uma regra e interpretada com o recurso da metodologia análoga a uma redução teleológica, que reaproxime o enunciado normativo da sua própria literalidade, de modo a reconduzi-la aos efeitos próprios da condenação criminal (que podem incluir a perda ou a suspensão de direitos políticos, mas não a inelegibilidade), sob pena de frustrar o propósito moralizante do art. 14, § 9º, da Constituição Federal. 4. Não é violado pela Lei Complementar 135/10 o princípio constitucional da vedação de retrocesso, posto não vislumbrado o pressuposto de sua aplicabilidade concernente na existência de consenso básico, que tenha inserido na consciência jurídica geral a extensão da presunção de inocência para o âmbito eleitoral." (RE 1028574)

(e) Erada. A garantia da irredutibilidade dos vencimentos alcança o valor nominal destes, de modo que a hipótese da alternativa não se coaduna com o entendimento do STF. "A garantia constitucional da irredutibilidade do estipêndio funcional traduz conquista jurídico-social outorgada, pela Constituição da República, a todos os servidores públicos (CF, art. 37, XV), em ordem a dispensar-lhes especial proteção de caráter financeiro contra eventuais ações arbitrárias do Estado. Essa qualificada tutela de ordem jurídica impede que o poder público adote medidas que importem, especialmente quando implementadas no plano infraconstitucional, em diminuição do valor nominal concernente ao estipêndio devido aos agentes públicos." (ADI 2075 MC)

*Para responder, tem que estudar: lei e jurisprudência.*

*Gabarito: B*



**11. (Cespe/TJ/RN/Juiz/2013)** No que diz respeito aos direitos individuais, sociais e políticos e aos direitos dos estrangeiros, assinale a opção correta de acordo com a jurisprudência do STF.

a) O direito do trabalhador à jornada reduzida de seis horas para o trabalho realizado em turnos ininterruptos de revezamento é descaracterizado se forem fixados intervalos para descanso e alimentação durante a referida jornada.

b) Considere que determinado órgão estadual edite resolução que preveja, como condição para a interposição de recursos administrativos que questionem as multas por ele aplicadas, a exigência de depósito prévio de 1% do valor da multa questionada. Nessa situação, a resolução é inconstitucional.

c) O depositário que, se exigido, não restituir determinado valor pertencente à fazenda pública estadual poderá ser compelido a fazer a restituição mediante prisão, medida expressamente autorizada pela CF.

d) O presidente da República não está vinculado à decisão do STF proferida em processo de extradição de estrangeiro ao Estado requerente, podendo decidir, de forma discricionária, a respeito da entrega do extraditando.

e) Considere que o ex-cônjuge de determinado governador de estado, após o trânsito em julgado do divórcio, que ocorreu no curso do mandato, deseje concorrer, na próxima eleição prevista, ao cargo de governador desse mesmo estado. Nessa situação, o ex-cônjuge é elegível.

ANOTAÇÕES/COMENTÁRIOS

(a) Errada. Súmula 675: Os intervalos fixados para descanso e alimentação durante a jornada de seis horas não descaracterizam o sistema de turnos ininterruptos de revezamento para o efeito do art. 7º, XIV, da Constituição.

(b) Certa. Súmula Vinculante 21: "É inconstitucional a exigência de depósito ou arrolamento prévios de dinheiro ou bens para admissibilidade de recurso administrativo."

(c) Errada. Súmula Vinculante 25: "É ilícita a prisão civil de depositário infiel, qualquer que seja a modalidade de depósito."

(d) Errada. Em caso de indeferimento pelo STF, a decisão vincula o Presidente da República, o qual não poderá proceder à extradição do requerido. Diversamente, em decidindo a Suprema Corte pelo deferimento da extradição, o Presidente não estará obrigado a levar a efeito a extradição. Neste caso, trata-se de ato de soberania do chefe do Executivo que, uma vez autorizado a partir dos requisitos formais analisados pelo STF, atuará de acordo com as decisões políticas que pretende na esfera internacional. RECLAMAÇÃO. PETIÇÃO AVULSA EM EXTRADIÇÃO. PEDIDO DE RELAXAMENTO DE PRISÃO. NEGATIVA, PELO PRESIDENTE DA REPÚBLICA, DE ENTREGA DO EXTRADITANDO AO PAÍS REQUERENTE. FUNDAMENTO EM CLÁUSULA DO TRATADO QUE PERMITE A RECUSA À EXTRADIÇÃO POR CRIMES POLÍTICOS. DECISÃO PRÉVIA DO STF CONFERINDO AO PRESIDENTE DA REPÚBLICA A PRERROGATIVA DE DECIDIR PELA REMESSA DO EXTRADITANDO, OBSERVADOS OS TERMOS DO TRATADO, MEDIANTE ATO VINCULADO. PRELIMINAR DE NÃO CABIMENTO DA RECLAMAÇÃO ANTE A INSINDICABILIDADE DO ATO DO PRESIDENTE DA REPÚBLICA. PROCEDÊNCIA. ATO DE SOBERANIA NACIONAL, EXERCIDA, NO PLANO INTERNACIONAL, PELO CHEFE DE ESTADO. ARTS. 1º, 4º, I, E 84, VII, DA CONSTITUIÇÃO DA REPÚBLICA. ATO DE ENTREGA DO EXTRADITANDO INSERIDO NA COMPETÊNCIA INDECLINÁVEL DO PRESIDENTE DA REPÚBLICA. LIDE ENTRE ESTADO BRASILEIRO E ESTADO ESTRANGEIRO. INCOMPETÊNCIA DO STF. DESCUMPRIMENTO DO TRATADO, ACASO EXISTENTE, QUE DEVE SER APRECIADO PELO TRIBUNAL INTERNACIONAL

DE HAIA. PAPEL DO PRETÓRIO EXCELSO NO PROCESSO DE EXTRADIÇÃO. SISTEMA "BELGA" OU DA "CONTENCIOSIDADE LIMITADA". LIMITAÇÃO COGNITIVA NO PROCESSO DE EXTRADIÇÃO. ANÁLISE RESTRITA APENAS AOS ELEMENTOS FORMAIS. DECISÃO DO STF QUE SOMENTE VINCULA O PRESIDENTE DA REPÚBLICA EM CASO DE INDEFERIMENTO DA EXTRADIÇÃO. AUSÊNCIA DE EXECUTORIEDADE DE EVENTUAL DECISÃO QUE IMPONHA AO CHEFE DE ESTADO O DEVER DE EXTRADITAR. PRINCÍPIO DA SEPARAÇÃO DOS PODERES (ART. 2º CF). EXTRADIÇÃO COMO ATO DE SOBERANIA. IDENTIFICAÇÃO DO CRIME COMO POLÍTICO TRADUZIDA EM ATO IGUALMENTE POLÍTICO. INTERPRETAÇÃO DA CLÁUSULA DO DIPLOMA INTERNACIONAL QUE PERMITE A NEGATIVA DE EXTRADIÇÃO "SE A PARTE REQUERIDA TIVER RAZÕES PONDERÁVEIS PARA SUPOR QUE A PESSOA RECLAMADA SERÁ SUBMETIDA A ATOS DE PERSEGUIÇÃO". CAPACIDADE INSTITUCIONAL ATRIBUÍDA AO CHEFE DE ESTADO PARA PROCEDER À VALORAÇÃO DA CLÁUSULA PERMISSIVA DO DIPLOMA INTERNACIONAL. VEDAÇÃO À INTERVENÇÃO DO JUDICIÁRIO NA POLÍTICA EXTERNA BRASILEIRA. ART. 84, VII, DA CONSTITUIÇÃO DA REPÚBLICA. ALEGADA VINCULAÇÃO DO PRESIDENTE AO TRATADO. GRAUS DE VINCULAÇÃO À JURIDICIDADE. EXTRADIÇÃO COMO ATO POLÍTICO-ADMINISTRATIVO VINCULADO A CONCEITOS JURÍDICOS INDETERMINADOS. NON-REFOULEMENT. RESPEITO AO DIREITO DOS REFUGIADOS. LIMITAÇÃO HUMANÍSTICA AO CUMPRIMENTO DO TRATADO DE EXTRADIÇÃO (ARTIGO III, 1, f). INDEPENDÊNCIA NACIONAL (ART. 4º, I, CF). RELAÇÃO JURÍDICA DE DIREITO INTERNACIONAL, NÃO INTERNO. CONSEQUÊNCIAS JURÍDICAS DO DESCUMPRIMENTO QUE SE RESTRINGEM AO ÂMBITO INTERNACIONAL. DOUTRINA. RECLAMAÇÃO NÃO CONHECIDA. MANUTENÇÃO DA DECISÃO DO PRESIDENTE DA REPÚBLICA. DEFERIMENTO DO PEDIDO DE SOLTURA DO EXTRADITANDO. 1. Questão de Ordem na Extradição 1.085: "A decisão de deferimento da extradição não vincula o Presidente da República, nos termos dos votos proferidos pelos Senhores Ministros Cármen Lúcia, Joaquim Barbosa, Carlos Britto, Marco Aurélio e Eros Grau". Do voto do Min. Eros Grau extrai-se que "O conceito de ato vinculado que o relator tomou como premissa (...). é, no entanto, excessivamente rigoroso. (...). o conceito que se adotou de ato vinculado, excessivamente rigoroso, exclui qualquer possibilidade de interpretação/aplicação, pelo Poder Executivo, da noção de fundado temor de perseguição". (Rcl 11243, Tribunal Pleno, julgado em 08/06/2011)

(e) Errada. Súmula Vinculante 18: "A dissolução da sociedade ou do vínculo conjugal, no curso do mandato, não afasta a inelegibilidade prevista no § 7º do artigo 14 da constituição Federal."

*Para responder, tem que estudar: jurisprudência e súmula/OJ.*

*Gabarito: B*

BLOCO II

**12. (Cespe/TJ/PA/Juiz/2012)** No que se refere aos direitos e garantias fundamentais, assinale a opção correta.

a) A ação penal pública é privativa do MP, razão pela qual não se admite ação privada nos crimes de ação pública, ainda que de forma subsidiária.

b) O acesso ao Poder Judiciário, nas causas que envolvam matéria administrativa, só será possível após o prévio esgotamento das instâncias no âmbito da própria administração pública.

c) A prática do racismo constitui crime inafiançável e imprescritível, sujeito à pena de reclusão, nos termos da lei.

d) O indivíduo civilmente identificado não será submetido à identificação criminal, exceto quando ela for essencial às investigações policiais, a critério da autoridade policial competente.

e) A assistência religiosa é direito subjetivo dos que se encontram internados em estabelecimentos civis coletivos de natureza pública, mas não em hospitais privados e em estabelecimentos prisionais militares.

ANOTAÇÕES/COMENTÁRIOS

(a) Errada. A Constituição consagra no rol do artigo 5º a ação penal privada subsidiária da "Art. 5º, LIX – será admitida ação privada nos crimes de ação pública, se esta não for intentada no prazo legal;"

(b) Errada. "Art. 5º, XXXV – a lei não excluirá da apreciação do Poder Judiciário lesão ou ameaça a direito". Observação: A única vez em que o constituinte exigiu o prévio esgotamento da instância administrativa foi no artigo 217, § 1º (Justiça Desportiva). "Art. 217, § 1º O Poder Judiciário só admitirá ações relativas à disciplina e às competições desportivas após esgotarem-se as instâncias da justiça desportiva, regulada em lei."

(c) Certa. "Art. 5º, XLII – a prática do racismo constitui crime inafiançável e imprescritível, sujeito à pena de reclusão, nos termos da lei;

(d) Errada. "Art. 5º, LVIII – o civilmente identificado não será submetido a identificação criminal, salvo nas hipóteses previstas em lei;"

(e) Errada. "Art. 5º, VII – é assegurada, nos termos da lei, a prestação de assistência religiosa nas entidades civis e militares de internação coletiva;

*Para responder, tem que estudar: lei.*

*Gabarito: C*

**13. (Cespe/TJ/PR/Juiz/2017)** Com base no texto constitucional e na jurisprudência do STF acerca dos direitos e garantias fundamentais, individuais e coletivos, assinale a opção correta.

a) Ainda que sem autorização judicial, admite-se o ingresso no período noturno de agente policial em escritório de advocacia para a instalação de equipamento de captação de sinal acústico.

b) Dado o dever fundamental de pagar tributos, não é oponível o sigilo de informações bancárias à administração tributária.

c) A criminalização da prática de atos libidinosos e da pederastia em quartéis está contida no CPM, mas não foi acolhida pela CF.

d) É inconstitucional a prisão do depositário infiel, salvo daquele a quem a legislação impuser a responsabilidade de reter tributos.

## ANOTAÇÕES/COMENTÁRIOS

(a) Errada. A hipótese em comento exige autorização judicial. "Afastou-se, de igual modo, a preliminar de ilicitude das provas obtidas mediante instalação de equipamento de captação acústica e acesso a documentos no ambiente de trabalho do último acusado, porque, para tanto, a autoridade, adentrara o local três vezes durante o recesso e de madrugada. Esclareceu-se que o relator, de fato, teria autorizado, com base no art. 2º, IV, da Lei 9.034/95, o ingresso sigiloso da autoridade policial no escritório do acusado, para instalação dos referidos equipamentos de captação de sinais acústicos, e, posteriormente, determinara a realização de exploração do local, para registro e análise de sinais ópticos. Observou-se, de início, que tais medidas não poderiam jamais ser realizadas com publicidade alguma, sob pena de intuitiva frustração, o que ocorreria caso fossem praticadas durante o dia, mediante apresentação de mandado judicial. Afirmou-se que a Constituição, no seu art. 5º, X e XI, garante a inviolabilidade da intimidade e do domicílio dos cidadãos, sendo equiparados a domicílio, para fins dessa inviolabilidade, os escritórios de advocacia, locais não abertos ao público, e onde se exerce profissão (CP, art. 150, § 4º, III), e que o art. 7º, II, da Lei 8.906/94 expressamente assegura ao advogado a inviolabilidade do seu escritório, ou local de trabalho, de seus arquivos e dados, de sua correspondência, e de suas comunicações, inclusive telefônicas ou afins, salvo caso de busca ou apreensão determinada por magistrado e acompanhada de representante da OAB. Considerou-se, entretanto, que tal inviolabilidade cederia lugar à tutela constitucional de raiz, instância e alcance superiores quando o próprio advogado seja suspeito da prática de crime concebido e consumado, sobretudo no âmbito do seu escritório, sob pretexto de exercício da profissão. Aduziu-se que o sigilo do advogado não existe para protegê-lo quando cometa crime, mas proteger seu cliente, que tem direito à ampla defesa, não sendo admissível que a inviolabilidade transforme o escritório no único reduto inexpugnável de criminalidade. Enfatizou-se que os interesses e valores jurídicos, que não têm caráter absoluto, representados pela inviolabilidade do domicílio e pelo poder-dever de punir do Estado, devem ser ponderados e conciliados à luz da proporcionalidade quando em conflito prático segundo os princípios da concordância. Não obstante a equiparação legal da oficina de trabalho com o domicílio, julgou-se ser preciso recompor a ratio constitucional e indagar, para efeito de colisão e aplicação do princípio da concordância prática, qual o direito, interesse ou valor jurídico tutelado por essa previsão. Tendo em vista ser tal previsão tendente à tutela da intimidade, da privatividade e

BLOCO II

da dignidade da pessoa humana, considerou-se ser, no mínimo, duvidosa, a equiparação entre escritório vazio com domicílio stricto sensu, que pressupõe a presença de pessoas que o habitem. De toda forma, concluiu-se que as medidas determinadas foram de todo lícitas por encontrarem suporte normativo explícito e guardarem precisa justificação lógico-jurídico constitucional, já que a restrição consequente não aniquilou o núcleo do direito fundamental e está, segundo os enunciados em que desdobra o princípio da proporcionalidade, amparada na necessidade da promoção de fins legítimos de ordem pública. Vencidos os Ministros Marco Aurélio, Celso de Mello e Eros Grau, que acolhiam a preliminar, ao fundamento de que a invasão do escritório profissional, que é equiparado à casa, no período noturno estaria em confronto com o previsto no art. 5º, XI, da CF." (Inq 2424)

(b) Certa. "Nessa senda, o dever fundamental de pagar tributos estaria alicerçado na ideia de solidariedade social. Assim, dado que o pagamento de tributos, no Brasil, seria um dever fundamental — por representar o contributo de cada cidadão para a manutenção e o desenvolvimento de um Estado que promove direitos fundamentais —, seria preciso que se adotassem mecanismos efetivos de combate à sonegação fiscal. No entanto, a Corte ressaltou que os Estados-Membros e os Municípios somente poderiam obter as informações previstas no art. 6º da LC 105/2001, uma vez regulamentada a matéria de forma análoga ao Decreto 3.724/2001, observados os seguintes parâmetros: a) pertinência temática entre a obtenção das informações bancárias e o tributo objeto de cobrança no procedimento administrativo instaurado; b) prévia notificação do contribuinte quanto à instauração do processo e a todos os demais atos, garantido o mais amplo acesso do contribuinte aos autos, permitindo-lhe tirar cópias, não apenas de documentos, mas também de decisões; c) sujeição do pedido de acesso a um superior hierárquico; d) existência de sistemas eletrônicos de segurança que fossem certificados e com o registro de acesso; e, finalmente, e) estabelecimento de mecanismos efetivos de apuração e correção de desvios. Já quanto à impugnação ao art. 1º da LC 104/2001, no ponto em que insere o § 1º, II, e o § 2º ao art. 198 do CTN, o Tribunal asseverou que os dispositivos seriam referentes ao sigilo imposto à Receita Federal quando essa detivesse informações sobre a situação econômica e financeira do contribuinte. Os preceitos atacados autorizariam o compartilhamento de tais informações com autoridades administrativas, no interesse da Administração Pública, desde que comprovada a instauração de processo administrativo, no órgão ou entidade a que pertencesse a autoridade solicitante, destinado a investigar, pela prática de infração administrativa, o sujeito passivo a que se referisse a informação." (ADI 2390)

(c) Errada. "Por maioria, na sessão desta quarta-feira (28), o Plenário do STF julgou parcialmente procedente a Arguição de Descumprimento de Preceito Fundamental (ADPF) 291, que questionava a constitucionalidade do artigo 235 do Código Penal Militar (CPM). O Código trata como crime sexual a "pederastia ou outro ato de libidinagem" e estabelece pena de detenção de seis meses a um ano ao "militar que praticar ou permitir que com ele se pratique ato libidinoso, homossexual ou não, em lugar sujeito a administração militar". A Corte declarou como não recepcionados pela Constituição

Federal os termos "pederastia ou outro" e "homossexual ou não", expressos no dispositivo do CPM." (Fonte: Notícias STF)

(d) Errada. Súmula Vinculante 25: "É ilícita a prisão civil de depositário infiel, qualquer que seja a modalidade de depósito."

*Para responder, tem que estudar: jurisprudência e súmula/OJ.*

*Gabarito: B*

**14. (Cespe/TJ/PR/Juiz/2017)** Acerca da formação histórica, da classificação e da eficácia dos direitos fundamentais, assinale a opção correta.

a) Por versar sobre o direito à saúde do trabalhador, a Convenção 162 da Organização Internacional do Trabalho tem status de norma constitucional no ordenamento jurídico brasileiro.

b) A eficácia imediata dos direitos fundamentais encontra limites no núcleo irredutível da autonomia pessoal, situação em que se configura a eficácia moderada na relação entre os poderes privados e os indivíduos.

c) A Declaração de Direitos do Bom Povo da Virgínia, de 1776, similarmente à Declaração dos Direitos do Homem e do Cidadão, proclamada na França em 1889, simbolizou o ideal do legislador como representante do interesse geral.

d) Por integrar o rol dos direitos fundamentais de defesa, a liberdade de associação é incompatível com a edição de normas disciplinadoras do seu exercício pelo Estado.

BLOCO II

ANOTAÇÕES/COMENTÁRIOS

(a) Errada. Para que o tratado alcance status equivalente às Emendas Constitucionais, é necessário observar o que dispõe o artigo 5º, § 3º CF. Até o presente momento, o único diploma que foi internalizado nos termos do referido artigo foi a Convenção Internacional sobre os Direitos das Pessoas com Deficiência e seu Protocolo Facultativo, assinados em Nova York, em 30 de março de 2007.

(b) Certa. A doutrina brasileira, no tema eficácia horizontal dos Direitos Fundamentais vem se mostrando mais favorável à teoria da aplicabilidade direta e imediata (em contraposição com a teoria da eficácia indireta). Nesse sentido, Luís Roberto Barroso: "O ponto de vista da aplicabilidade direta e imediata afigura-se mais adequado para a realidade brasileira e tem prevalecido na doutrina. Na ponderação a ser empreendida, como na ponderação em geral, deverão ser levados em conta os elementos do caso concreto." (Luís Roberto BARROSO. Neoconstitucionalismo e constitucionalização do Direito: O triunfo tardio do Direito Constitucional no Brasil. internet). Quando da análise da intensidade da referida eficácia, é possível perceber que, diferente do que ocorre nas relações verticais (entre o Estado e o particular), nas relações horizontais (indivíduo-indivíduo) há de se respeitar a autonomia privada. Assim, deve ser moderada a aplicação dos direitos fundamentais no caso concreto, se comparada à sua incidência nas relações com o maior grau de desigualdade fática – que são as relações entre o poder público e o particular.

(c) Errada. Não se trata de ideal do legislador, mas dos cidadãos em face de seus governantes. Os referidos documentos, em especial a Declaração de Direitos do Bom Povo da Virgínia, têm forte influência iluminista e preconizam a existência de leis naturais essenciais para a liberdade humana. Estes refletem intensa preocupação com a salvaguarda da liberdade individual e com o desenvolvimento de um sistema de limitação de poderes.

(d) Errada. A própria Constituição de 1988, em que pese ter estabelecido a plenitude da liberdade de associação, determinou que os fins devem ser lícitos e vedou associação de caráter paramilitar.

*Para responder, tem que estudar: lei e teoria/doutrina.*

*Gabarito: B*

**15. (Cespe/TJ/BA/Juiz/2019)** A lei estadual X estabeleceu a obrigatoriedade da realização de adaptações nos veículos de transporte coletivo intermunicipal de propriedade das empresas concessionárias do serviço, com a finalidade de facilitar o acesso de pessoas com deficiência física ou com dificuldades de locomoção.

Conforme as disposições do texto constitucional, a legislação, a doutrina e a jurisprudência do STF, a lei estadual X é

a) inconstitucional por ofensa à competência privativa da União para legislar sobre trânsito e transporte.
b) inconstitucional por ofensa à competência concorrente dos entes federados, ainda que inexistente lei geral nacional.
c) inconstitucional por ofensa à livre iniciativa e ao caráter competitivo das licitações públicas para a área de transportes.
d) constitucional, pois está compatível com a CF e com a Convenção Internacional sobre os Direitos das Pessoas com Deficiência, incorporada ao direito nacional como norma de caráter supralegal.
e) constitucional, pois está compatível com a CF e com a Convenção Internacional sobre os Direitos das Pessoas com Deficiência, incorporada ao direito nacional como norma constitucional.

**ANOTAÇÕES/COMENTÁRIOS**

(a) Errada. A questão versa sobre transporte coletivo intermunicipal e concessão estadual, e não propriamente sobre trânsito nem transporte. O transporte intermunicipal é de competência dos Estados-membros. Logo, não há vício de competência que pudesse resultar na inconstitucionalidade da lei.

(b) Errada. A questão versa sobre transporte coletivo intermunicipal e concessão estadual, e não propriamente sobre trânsito nem transporte. O transporte intermunicipal é de competência dos Estados-membros. Logo, não há vício de competência que pudesse resultar na inconstitucionalidade da lei.

(c) Errada. A imposição de ajustes na frota de ônibus com a finalidade de facilitar o acesso de pessoas com deficiência física ou com dificuldades de locomoção não viola a livre iniciativa, tampouco implica restrição ao caráter competitivo das licitações públicas, porque constitui obrigação constitucional (fruto da Convenção Internacional sobre os Direitos das Pessoas com Deficiência, incorporada ao direito nacional como norma constitucional).

(d) Errada. A Convenção Internacional sobre os Direitos das Pessoas com Deficiência foi incorporada ao direito nacional como norma constitucional.

(e) Correta.

*Para responder, tem que estudar: lei e teoria/doutrina.*

*Gabarito: E*

**16. (Cespe/TJ/BA/Juiz/2019)** A respeito da situação conhecida como estado de coisas inconstitucional, assinale a opção correta.

a) Tal situação resulta sempre de má vontade de autoridade pública em modificar uma conjuntura de violação a direitos fundamentais.

b) Constatada a ocorrência dessa situação, verifica-se, em consequência, violação pontual de direito social a prestação material pelo Estado.

c) No plano dos remédios estruturais para saneamento do estado de coisas inconstitucional, estão a superação dos bloqueios institucionais e políticos e o aumento da deliberação de soluções sobre a demanda.

d) Em função do caráter estrutural e complexo do litígio causador do estado de coisas inconstitucional, não é admitido ao Poder Judiciário impor medidas concretas ao Poder Executivo.

e) De modo tácito, o reconhecimento do estado de coisas inconstitucional autoriza o Poder Judiciário a assumir tarefas do Poder Legislativo na coordenação de medidas com o objetivo de assegurar direitos.

**ANOTAÇÕES/COMENTÁRIOS**

(a) Errada. O reconhecimento do estado de coisas inconstitucional depende, além de outros requisitos, da violação massiva e generalizada de direitos fundamentais de um número significativo de pessoas. Esse quadro, nem sempre, decorre de má vontade de autoridade pública em modificar esse tipo de situação. É possível que esse contexto se verifique por incapacidade demonstrada pelo Executivo e Legislativo, por exemplo.

(b) Errada. O reconhecimento do estado de coisas inconstitucional depende, além de outros requisitos, da violação massiva e generalizada de direitos fundamentais de um número significativo de pessoas, e não de uma violação pontual de direito social.

(c) Correta.

(d) Errada. O Judiciário pode, sim, impor medidas concretas ao Executivo. No julgamento da ADPF 347, inclusive, o STF determinou que a União liberasse as verbas do Fundo Penitenciário Nacional – FUNPEN, abstendo-se de realizar novos contingenciamentos.

(e) Errada. No julgamento da ADPF 347, o STF fixou o entendimento de que "caberia à Corte o papel de retirar os demais poderes da inércia, catalisar os debates e novas políticas públicas, coordenar as ações e monitorar os resultados. A intervenção judicial seria reclamada ante a incapacidade demonstrada pelas instituições legislativas e administrativas. Todavia, não se autorizaria o STF a substituir-se ao Legislativo e ao Executivo na consecução de tarefas próprias. O Tribunal deveria superar bloqueios políticos e institucionais sem afastar esses poderes dos processos de formulação e implementação das soluções necessárias. Deveria agir em diálogo com os outros poderes e com a sociedade. Não lhe incumbira, no entanto, definir o conteúdo próprio dessas políticas, os detalhes dos meios a serem empregados. Em vez de desprezar as capacidades institucionais dos outros poderes, deveria coordená-las, a fim de afastar o estado de inércia e deficiência estatal permanente. Não se trataria de substituição aos demais poderes, e sim de oferecimento de incentivos, parâmetros e objetivos indispensáveis à atuação de cada qual, deixando-lhes o estabelecimento das minúcias para se alcançar o equilíbrio entre respostas efetivas às violações de direitos e as limitações institucionais reveladas".

*Para responder, tem que estudar: lei e teoria/doutrina.*

*Gabarito: C*

## 1.2. Dos Direitos Sociais

**17. (Cespe/TJ/AC/Juiz/2012)** Nos termos do que dispõe a CF, assinale a opção correta acerca dos direitos sociais, da nacionalidade e dos direitos políticos.

a) Em decorrência do princípio da unicidade sindical, é vedada a criação de mais de uma organização sindical, em qualquer grau, representativa de categoria profissional ou econômica, na mesma base territorial, que não pode ser inferior à área de um município.

b) O cargo de ministro de Estado das Relações Exteriores e o de ministro da Defesa são privativos de brasileiros natos.

c) O presidente da República, os governadores de estado e do DF, os prefeitos e quem os houver sucedido ou substituído no curso dos mandatos poderão ser reeleitos para um único período subsequente, devendo, para participar das eleições, licenciar-se de seus cargos até seis meses antes do pleito.

d) Os militares com menos de dez anos de serviço são inelegíveis, podendo os com mais de dez anos de serviço ser candidatos a qualquer cargo e, nesse caso, se eleitos, passam automaticamente para a inatividade no ato da diplomação.

e) Os direitos sociais elencados no texto constitucional são integralmente assegurados aos trabalhadores urbanos, rurais e domésticos.

ANOTAÇÕES/COMENTÁRIOS

(a) Certa. "Art. 8º, II – é vedada a criação de mais de uma organização sindical, em qualquer grau, representativa de categoria profissional ou econômica, na mesma base territorial, que será definida pelos trabalhadores ou empregadores interessados, não podendo ser inferior à área de um Município;"

(b) Errada. "Art. 12, § 3º São privativos de brasileiro nato os cargos: I – de Presidente e Vice-Presidente da República; II – de Presidente da Câmara dos Deputados; III – de Presidente do Senado Federal; IV – de Ministro do STF; V – da carreira diplomática; VI – de oficial das Forças Armadas. VII – de Ministro de Estado da Defesa"

(c) Errada. "Art. 14, § 5º O Presidente da República, os Governadores de Estado e do Distrito Federal, os Prefeitos e quem os houver sucedido, ou substituído no curso dos mandatos poderão ser reeleitos para um único período subsequente."

(d) Errada. "Art. 14, § 8º O militar alistável é elegível, atendidas as seguintes condições: I – se contar menos de dez anos de serviço, deverá afastar-se da atividade; II – se contar mais de dez anos de serviço, será agregado pela autoridade superior e, se eleito, passará automaticamente, no ato da diplomação, para a inatividade."

(e) Errada. "Art. 7º São direitos dos trabalhadores urbanos e rurais, além de outros que visem à melhoria de sua condição social: (...). Parágrafo único. São assegurados à categoria dos trabalhadores domésticos os direitos previstos nos incisos IV, VI, VII, VIII, X, XIII, XV, XVI, XVII, XVIII, XIX, XXI, XXII, XXIV, XXVI, XXX, XXXI e XXXIII e, atendidas as condições estabelecidas em lei e observada a simplificação do cumprimento das obrigações tributárias, principais e acessórias, decorrentes da relação de trabalho e suas peculiaridades, os previstos nos incisos I, II, III, IX, XII, XXV e XXVIII, bem como a sua integração à previdência social."

*Para responder, tem que estudar: lei.*

*Gabarito: A*

BLOCO II

## 1.3. Da Nacionalidade

**18. (Cespe/TJ/RN/Juiz/2013)** Considerando as disposições constitucionais sobre nacionalidade e cidadania, assinale a opção correta.

a) É assegurado ao estrangeiro com residência permanente no Brasil o direito de voto nas eleições municipais, desde que casado com pessoa de nacionalidade brasileira.

b) Espanhol naturalizado brasileiro pode ser titular de qualquer ministério, mas não pode eleger-se presidente ou vice-presidente da República.

c) Italiano naturalizado brasileiro pode ser presidente do Senado Federal.

d) Alemão naturalizado brasileiro pode ser deputado federal, mas não presidente da Câmara dos Deputados.

e) Cidadão com dupla nacionalidade não pode ser governador de estado.

**ANOTAÇÕES/COMENTÁRIOS**

(a) Errada. "Art. 14, § 2º Não podem alistar-se como eleitores os estrangeiros e, durante o período do serviço militar obrigatório, os conscritos."

(b) Errada. Juntamente com os cargos de Presidente, Vice-Presidente da república e os demais elencados no rol do artigo 12, § 3º, o cargo de Ministro de Estado da Defesa também privativo de brasileiro nato: "Art. 12, § 3º São privativos de brasileiro nato os cargos: I – de Presidente e Vice-Presidente da República; II – de Presidente da Câmara dos Deputados; III – de Presidente do Senado Federal; IV – de Ministro do STF; V – da carreira diplomática; VI – de oficial das Forças Armadas. VII – de Ministro de Estado da Defesa"

(c) Errada. Vide artigo 12, § 3º CF.

(d) Certa. No caso, a vedação alcança apenas a possibilidade de se ocupar a presidência da Câmara dos Deputados.

(e) Errada. Inexiste a referida vedação no texto constitucional.

*Para responder, tem que estudar: lei.*

*Gabarito: D*

**19. (Cespe/TJ/ES/Juiz/2011)** Acerca das penas, assinale a opção correta.

a) O ordenamento jurídico brasileiro, nas hipóteses em que se delineia a possibilidade de imposição de pena de morte, impede a entrega do extraditando ao Estado requerente, a menos que este, previamente, assuma o compromisso formal de comutar, em pena privativa de liberdade, a pena de morte, ressalvadas, quanto a esta, as situações em que a lei brasileira permitir a sua aplicação, caso em que se tornará dispensável a exigência de comutação.

b) A jurisprudência do STJ consolidou o entendimento de que é necessário o cumprimento mínimo da pena, correspondente a um sexto, para a concessão do benefício do trabalho externo ao condenado a cumprir a reprimenda no regime semiaberto, devendo, ainda, ser verificada a presença dos demais requisitos legais necessários, de natureza subjetiva.

c) Pela necessária verificação da compatibilidade lógica, a substituição da reprimenda corporal por pena restritiva de direito de prestação pecuniária só é admissível se o tipo penal cominar também a pena de multa.

d) Atestado o preenchimento dos requisitos objetivos reconhecidos pelo juízo da execução, é lícito negar a progressão de regime com fundamento na denominada situação processual indefinida do réu que ainda responda a ação penal em curso.

e) A extradição será deferida pelo STF, tratando-se de fatos delituosos puníveis com prisão perpétua, independentemente de o Estado requerente assumir, formalmente, quanto a ela, perante o governo brasileiro, o compromisso de comutá-la em pena não superior à duração máxima admitida na lei penal do Brasil, visto que os pedidos extradicionais não estão necessariamente sujeitos à autoridade hierárquico-normativa da CF.

ANOTAÇÕES/COMENTÁRIOS

(a) Certa. "EXTRADIÇÃO, PENA DE MORTE E COMPROMISSO DE COMUTAÇÃO. O ordenamento jurídico brasileiro, nas hipóteses em que se delineia a possibilidade de imposição de pena de morte, impede a entrega do extraditando ao Estado requerente, a menos que este, previamente, assuma o compromisso formal de comutar, em pena privativa de liberdade, a pena de morte, ressalvadas, quanto a esta, as situações em que a lei brasileira permitir sua aplicação, caso em que se tornará dispensável a exigência de comutação. (...). (Ext. 633, Tribunal Pleno, julgado em 28/08/1996)

(b) Errada. "Admite-se o trabalho externo a condenado ao regime semiaberto, independentemente do cumprimento de 1/6 da pena, em função das condições favoráveis verificadas". (STJ, HC 11.845)

(c) Errada. Inexiste a referida correlação. O rol das penas restritivas de direito vem previsto no artigo 43 CP, sendo que uma de suas espécies é a prestação pecuniária. Ademais, o artigo 44 do Código Penal é expresso ao prever que as penas restritivas de direito são autônomas, indicando ainda as hipóteses em que estas substituirão as penas privativas de liberdade.

(d) Errada. "(...) a existência de ação penal em curso não pode ser considerada para afastar a progressão de regime de cumprimento da pena. Esse o entendimento da 1ª turma ao conceder, em parte, habeas corpus para determinar que o juízo de 1º grau analise se o paciente preenche os requisitos legais para progredir ao regime semiaberto, nos termos do art. 112 da lei de execução penal – LEP ("A pena privativa de liberdade será executada em forma progressiva com a transferência para regime menos rigoroso, a ser determinada pelo juiz, quando o preso tiver cumprido ao menos um sexto da pena no regime anterior e ostentar bom comportamento carcerário, comprovado pelo diretor do estabelecimento, respeitadas as normas que vedam a progressão"). Asseverou-se que tais requisitos seriam cumulativos, razão pela qual, atestado o seu preenchimento pelo juiz da execução, não se revelaria licita a sua negativa com fundamento apenas na situação processual indefinida do réu, porquanto a isso corresponderia antecipar o juízo condenatório. Consignou-se que o ordenamento jurídico pátrio vedaria a possibilidade de alguém ser considerado culpado com respaldo em meras suspeitas, tendo em vista o princípio da presunção de inocência" (HC 99141).

(e) Errada. "A extradição somente será efetivada pelo Brasil, depois de deferida pelo STF, tratando-se de fatos delituosos puníveis com prisão perpétua, se o Estado requerente assumir, formalmente, quanto a ela, perante o Governo brasileiro, o compromisso de comutá-la em pena não superior à duração máxima admitida na lei penal do Brasil (CP, art. 75), eis que os pedidos extradicionais – considerado o que dispõe o art. 5º, XLVII, "b" da Constituição da República, que veda as sanções penais de caráter perpétuo – estão necessariamente sujeitos à autoridade hierárquico- -normativa da Lei Fundamental brasileira. (Ext 1201)

*Para responder, tem que estudar: lei e jurisprudência.*

*Gabarito: A*

## 1.4. Direitos Políticos

**20. (Cespe – Juiz de direito – TJ – BA/2019)** Assinale a opção que indica o instrumento da democracia direta ou participativa que constitui consulta popular ao eleitorado sobre a manutenção ou revogação de um mandato político.

a) Impeachment
b) Referendo
c) Plebiscito
d) Recall
e) Moção de desconfiança

ANOTAÇÕES/COMENTÁRIOS

(a) Errada. Impeachment significa o impedimento do Presidente da República, com a consequente perda do mandato, e não se confunde com nenhum instrumento de democracia direta ou participativa.

(b) Errada. Referendo é instrumento da democracia direta ou participativa, mas não se caracteriza por consulta popular sobre manutenção ou revogação de um mandato político. O referendo é uma consulta popular sobre a ratificação, ou não, de um projeto de lei já aprovado pelo parlamento (art. 2º, § 2º, Lei 9.709/98).

(c) Errada. Plebiscito é instrumento da democracia direta ou participativa, mas não se caracteriza por consulta popular sobre manutenção ou revogação de um mandato político. O plebiscito é uma consulta popular prévia sobre um projeto de lei que ainda será elaborado pelo parlamento (art. 2º, § 1º, Lei 9.709/98).

(d) A assertiva está correta, pois a pergunta descreve exatamente o conceito de recall.

(e) Errada. Moção de desconfiança é um instituto próprio do parlamentarismo. Caracteriza-se por uma proposta apresentada pela oposição para derrotar ou constranger o governo e o primeiro-ministro.

*Para responder, tem que estudar: lei e teoria/doutrina.*

*Gabarito: D*

## 2. DA ORGANIZAÇÃO DO ESTADO

### 2.1. Da Organização Político-Administrativa

**21. (Cespe/TJ/BA/Juiz/2012)** A respeito da organização político-administrativa do Estado federal brasileiro, assinale a opção correta.

a) É permitido à União autorizar, por meio de lei complementar, os estados, o DF e os municípios a legislar sobre questões específicas das matérias que são de sua competência legislativa privativa.

b) A eleição do prefeito e do vice-prefeito realiza-se no primeiro domingo de outubro do ano anterior ao término do mandato daqueles que estão em exercício nesses cargos, devendo haver segundo turno, nos municípios com mais de duzentos mil eleitores, no caso de nenhum candidato alcançar maioria absoluta na primeira votação.

c) Embora Brasília seja a sede político-administrativa dos poderes da República e das representações estrangeiras, a CF define que a capital da República Federativa do Brasil é, formalmente, o DF.

d) Os estados podem, mediante lei complementar, instituir regiões metropolitanas, aglomerações urbanas e microrregiões, com o fim de integrar o planejamento e a execução de funções públicas de interesse comum. Dessas formas de organização administrativa, apenas as regiões metropolitanas, constituídas de um conjunto de municípios que se unem em torno de um município-polo, dispõem de personalidade jurídica.

e) A CF, ao contrário do que dispõe acerca da divisão territorial dos estados-membros, veda a divisão de territórios e do DF em municípios.



**ANOTAÇÕES/COMENTÁRIOS**

(a) Errada. "Art. 22. Compete privativamente à União legislar sobre: (...). Parágrafo único. Lei complementar poderá autorizar os Estados a legislar sobre questões específicas das matérias relacionadas neste artigo."

(b) Certa. "Art. 29, II – eleição do Prefeito e do Vice-Prefeito realizada no primeiro domingo de outubro do ano anterior ao término do mandato dos que devam suceder, aplicadas as regras do art. 77, no caso de Municípios com mais de duzentos mil eleitores;

(c) Errada. "Art. 18, § 1º Brasília é a Capital Federal."

(d) Errada. "Art. 25, § 3º Os Estados poderão, mediante lei complementar, instituir regiões metropolitanas, aglomerações urbanas e microrregiões, constituídas por agrupamentos de municípios limítrofes, para integrar a organização, o planejamento e a execução de funções públicas de interesse comum."

*Para responder, tem que estudar: lei.*

*Gabarito: B*

**22. (Cespe/TJ/CE/Juiz/2012)** Assinale a opção correta acerca da organização político-administrativa do Estado brasileiro, de acordo com o posicionamento do STF.

a) Cabe ao tribunal de justiça, como juiz natural ou constitucional dos magistrados locais, processá-los e julgá-los, mesmo na hipótese de prática de crime de competência da Justiça Federal.

b) A definição de condutas típicas configuradoras da prática de crime de responsabilidade por parte de agentes estaduais e municipais está inserida no âmbito da competência legislativa do estado-membro e do município, respectivamente.

c) Os municípios dispõem de competência para suplementar exclusivamente a legislação estadual.

d) Considera-se inconstitucional lei estadual que fixe a obrigatoriedade da oferta de ensino de língua espanhola nas escolas públicas, com base no exercício da competência concorrente dos estados para legislar sobre educação.

e) Não padece de inconstitucionalidade lei municipal que, no âmbito da competência legislativa concorrente, restrinja ou amplie determinações contidas na lei federal, com fundamento no interesse local.

ANOTAÇÕES/COMENTÁRIOS

(a) Certa. "Art. 22, III – aos Tribunais de Justiça julgar os juízes estaduais e do Distrito Federal e Territórios, bem como os membros do Ministério Público, nos crimes comuns e de responsabilidade, ressalvada a competência da Justiça Eleitoral."

(b) Errada. Súmula Vinculante 46: "A definição dos crimes de responsabilidade e o estabelecimento das respectivas normas de processo e julgamento são de competência legislativa privativa da União."

(c) Errada. "Art. 30. Compete aos Municípios: (...). II – suplementar a legislação federal e a estadual no que couber;"

(d) Errada. "AÇÃO DIRETA DE INCONSTITUCIONALIDADE. LEI DISTRITAL 3.694, DE 8 DE NOVEMBRO DE 2005, QUE REGULAMENTA O § 1º DO ART. 235 DA LEI ORGÂNICA DO DISTRITO FEDERAL QUANTO À OFERTA DE ENSINO DA LÍNGUA ESPANHOLA AOS ALUNOS DA REDE PÚBLICA DO DISTRITO FEDERAL. AUSÊNCIA DE AFRONTA À CONSTITUIÇÃO DA REPÚBLICA. 1. Competência concorrente entre a União, que define as normas gerais e os entes estaduais e Distrito Federal, que fixam as especificidades, os modos e meios de cumprir o quanto estabelecido no art. 24, inc. IX, da Constituição da República, ou seja, para legislar sobre educação. 2. O art. 22, inc. XXIV, da Constituição da República enfatiza a competência privativa do legislador nacional para definir as diretrizes e bases da educação nacional, deixando as singularidades no âmbito de competência dos Estados e do Distrito Federal. 3. Ação direta de inconstitucionalidade julgada improcedente." (ADI 3369/DF, Pleno, Julgado em 8/06/2007)

(e) Errada. "A Lei municipal 8.640/2000, ao proibir a circulação de água mineral com teor de flúor acima de 0,9 mg/l, pretendeu disciplinar sobre a proteção e defesa da saúde pública, competência legislativa concorrente, nos termos do disposto no art. 24, XII, da CB. É inconstitucional lei municipal que, na competência legislativa concorrente, utilize-se do argumento do interesse local para restringir ou ampliar as determinações contidas em texto normativo de âmbito nacional." (RE 596.489 AgR)

*Para responder, tem que estudar: lei, jurisprudência e súmula/OJ.*

*Gabarito: A*

**23. (Cespe/TJ/AC/Juiz/2012)** Com relação à organização político-administrativa do Estado brasileiro, assinale a opção correta.

a) Compete à União, aos estados e ao DF legislar concorrentemente sobre trânsito e transporte, estando na esfera de competência dos estados explorar, diretamente ou mediante autorização, concessão ou permissão, os serviços de transporte rodoviário interestadual de passageiros.

b) As regiões metropolitanas, as aglomerações urbanas e as microrregiões são constituídas por agrupamentos de municípios limítrofes, podendo ser instituídas por lei complementar estadual.

c) Cabe às assembleias legislativas fixar, por meio de decreto legislativo, o subsídio dos deputados dos respectivos estados, o que deve ocorrer a cada legislatura, para a subsequente, observado o limite máximo de noventa por cento do subsídio estabelecido, em espécie, para os deputados federais.

d) Aos vereadores impõem-se, em igual extensão, as regras, aplicáveis aos deputados estaduais, relativas a inviolabilidade, imunidades, remuneração, perda de mandato, licença, impedimentos e incorporação às Forças Armadas.

e) Lei complementar federal pode autorizar os estados e o DF a legislar sobre as normas gerais que, no âmbito da competência legislativa concorrente, são de responsabilidade da União.

*ANOTAÇÕES/COMENTÁRIOS*

(a) Errada. "Art. 22. Compete privativamente à União legislar sobre: (...). XI – trânsito e transporte;"

(b) Certa. "Art. 25, § 3º Os Estados poderão, mediante lei complementar, instituir regiões metropolitanas, aglomerações urbanas e microrregiões, constituídas por



BLOCO II

agrupamentos de municípios limítrofes, para integrar a organização, o planejamento e a execução de funções públicas de interesse comum."

(c) Errada. "Art. 27, § 2º O subsídio dos Deputados Estaduais será fixado por lei de iniciativa da Assembleia Legislativa, na razão de, no máximo, setenta e cinco por cento daquele estabelecido, em espécie, para os Deputados Federais, observado o que dispõem os arts. 39, § 4º, 57, § 7º, 150, II, 153, III, e 153, § 2º, I."

(d) Errada. Os vereadores não gozam de imunidade formal e, no que se refere à imunidade material, devem observar o disposto no art. 29, VIII CF. "Art. 29, VIII – inviolabilidade dos Vereadores por suas opiniões, palavras e votos no exercício do mandato e na circunscrição do Município;"; "Art. 53. Os Deputados e Senadores são invioláveis, civil e penalmente, por quaisquer de suas opiniões, palavras e votos." E "Art. 53, § 2º Desde a expedição do diploma, os membros do Congresso Nacional não poderão ser presos, salvo em flagrante de crime inafiançável. Nesse caso, os autos serão remetidos dentro de vinte e quatro horas à Casa respectiva, para que, pelo voto da maioria de seus membros, resolva sobre a prisão. § 3º Recebida a denúncia contra o Senador ou Deputado, por crime ocorrido após a diplomação, o STF dará ciência à Casa respectiva, que, por iniciativa de partido político nela representado e pelo voto da maioria de seus membros, poderá, até a decisão final, sustar o andamento da ação."

(e) Errada. A hipótese é para a legislação de competência privativa da União. "Art. 22. Compete privativamente à União legislar sobre: (...). Parágrafo único. Lei complementar poderá autorizar os Estados a legislar sobre questões específicas das matérias relacionadas neste artigo."

*Para responder, tem que estudar: lei.*

*Gabarito: B*

## 2.2. Da União

**24. (Cespe/TJ/PB/Juiz/2015)** À luz dos entendimentos jurisprudenciais do STF a respeito da repartição de competências entre os entes federativos, assinale a opção correta.

a) Se a Constituição de determinado estado-membro reconhecer aos estudantes o direito de pagar a metade da tarifa de transporte coletivo municipal, não haverá invasão da competência municipal para legislar sobre o tema, por se tratar de benefício estabelecido em Constituição estadual.

b) Caso determinado estado-membro edite lei que disponha sobre normas de processo e julgamento do governador pela prática de crime de responsabilidade, essa lei estará em consonância com a CF, uma vez que esse estado-membro tem competência para legislar sobre a matéria.

c) Na hipótese de uma lei estadual estabelecer restrições ao ingresso, armazenamento e comercialização de produtos agrícolas importados no âmbito do estado-membro, estará caracterizada invasão da competência privativa da União para legislar sobre comércio exterior.

d) É constitucional lei municipal que fixe o horário de funcionamento das agências bancárias e que disponha sobre o tempo máximo de permanência dos usuários nas filas, por se tratar de matéria de interesse local.

e) Caso um estado-membro inove a ordem jurídica ao editar lei que proíba às empresas de telecomunicação a cobrança de taxa para a instalação do segundo ponto de acesso à Internet, não haverá inconstitucionalidade, pois o estado terá agido no âmbito de sua competência para legislar sobre proteção do consumidor.

### ANOTAÇÕES/COMENTÁRIOS

(a) Errada. "A competência para organizar serviços públicos de interesse local é municipal, entre os quais o de transporte coletivo (...). O preceito da Constituição amapaense que garante o direito a "meia passagem" aos estudantes, nos transportes coletivos municipais, avança sobre a competência legislativa local. A competência para legislar a propósito da prestação de serviços públicos de transporte intermunicipal é dos Estados-membros. Não há inconstitucionalidade no que toca ao benefício, concedido pela Constituição estadual, de "meia passagem" aos estudantes nos transportes coletivos intermunicipais." (ADI 845)

(b) Errada. Súmula Vinculante 46: "A definição dos crimes de responsabilidade e o estabelecimento das respectivas normas de processo e julgamento são de competência legislativa privativa da União."

(c) Certa. "Ação direta de inconstitucionalidade. Lei estadual (RS) 12.427/2006. Restrições ao comércio de produtos agrícolas importados no Estado. Competência privativa da União para legislar sobre comércio exterior e interestadual (CF, art. 22, inciso VIII). 1. É formalmente inconstitucional a lei estadual que cria restrições à comercialização, à estocagem e ao trânsito de produtos agrícolas importados no Estado, ainda que tenha por objetivo a proteção da saúde dos consumidores diante do possível uso indevido de agrotóxicos por outros países. A matéria é predominantemente de comércio exterior e interestadual, sendo, portanto, de competência privativa da União (CF, art. 22, inciso VIII)." (ADI 3812)

(d) Errada. O horário de funcionamento das agências bancárias é de competência da União, não sendo o caso de aplicação da súmula vinculante 38 STF. "(...) a expressão 'peculiar interesse do município', vem da Constituição de 1891, que no seu art. 68 disse que os municípios eram autônomos em tudo quanto dissesse respeito ao seu peculiar interesse. O conceito, quer me parece, não pode ser fixado aprioristicamente. Quando da Assembleia Constituinte estadual rio-grandense, em 1935, o Deputado Maurício Cardoso, uma das grandes expressões do Rio Grande, teve ocasião de mostrar que vinha o conceito se formando consuetudinariamente. Tenho sempre cuidado quando aprecio problema relacionado com o 'peculiar interesse' do município, até porque a evolução da

BLOCO II

ciência e o progresso da técnica podem mudar rapidamente a situação. Um problema que era de 'peculiar interesse' do município, quase subitamente deixa de sê-lo. Pela sua natureza, tenho que a disciplina do serviço bancário transcende o 'peculiar interesse' do município, e sua disciplina há de ser nacional e não local." (RE 118363, Voto do Ministro Paulo Brossard). Já a disposição acerca do tempo máximo de espera em fila nas agências bancárias é assunto de interesse local, cabendo aos municípios a competência. "Definição do tempo máximo de espera de clientes em filas de instituições bancárias. Competência do Município para legislar. Assunto de interesse local. Ratificação da jurisprudência firmada por esta Suprema Corte." (RE 610.221-RG, Tema 272)

(e) Errada. "A Lei distrital 4.116/2008 proíbe as empresas de telecomunicações de cobrarem taxas para a instalação do segundo ponto de acesso à internet. O art. 21, XI, da Constituição da República estabelece que compete à União explorar, diretamente ou mediante autorização, concessão ou permissão, os serviços de telecomunicações, enquanto o art. 22, IV, da Constituição da República dispõe ser da competência privativa da União legislar sobre telecomunicações. Ainda que ao argumento de defesa do consumidor, não pode lei distrital impor a uma concessionária federal novas obrigações não antes previstas no contrato por ela firmado com a União." (ADI 4.083)

*Para responder, tem que estudar: jurisprudência e súmula/OJ.*

*Gabarito: C*

**25. (Cespe/TJ/PR/Juiz/2017)** Considerando a jurisprudência do STF sobre a organização e estrutura dos poderes na CF e o modelo federativo, assinale a opção correta.

a) Não violará a competência privativa da União para legislar sobre propaganda a aprovação, por câmara municipal, de lei que proíba a realização de eventos patrocinados por distribuidoras de bebidas alcoólicas ou cigarros em imóveis do município.

b) Segundo o STF, embora seja da União a competência legislativa pertinente aos serviços de telecomunicações e energia elétrica, não será inconstitucional lei estadual que impeça a cobrança da tarifa de assinatura básica pelas prestadoras do serviço.

c) Tornar-se-á dispensável o parecer do tribunal de contas do estado na apreciação das contas anuais prestadas pelos prefeitos que não for oferecido no prazo de cento e oitenta dias.

d) Por tratar de segurança pública, norma estadual que discipline bloqueadores de sinal para telefones celulares em zonas de presídios não invadirá competência legislativa da União sobre telecomunicações.

ANOTAÇÕES/COMENTÁRIOS

(a) Certa. "ADMINISTRATIVO E CONSTITUCIONAL. RECURSO EXTRAORDINÁRIO. NEGATIVA DE PRESTAÇÃO JURISDICIONAL.

INOCORRÊNCIA. AÇÃO DIRETA DE CONSTITUCIONALIDADE ESTADUAL. LEI 12.643/1998 DO MUNICÍPIO DE SÃO PAULO, DE INICIATIVA PARLAMENTAR. VEDAÇÃO DE REALIZAÇÃO, EM PRÓPRIOS DO MUNICÍPIO, DE EVENTOS PATROCINADOS OU COPATROCINADOS POR EMPRESAS PRODUTORAS, DISTRIBUIDORAS, IMPORTADORAS OU REPRESENTANTES DE BEBIDAS ALCOÓLICAS OU DE CIGARROS, COM A UTILIZAÇÃO DA RESPECTIVA PROPAGANDA. INVASÃO DE ESFERA DE ATRIBUIÇÃO PRÓPRIA DO PREFEITO E DE COMPETÊNCIA LEGISLATIVA PRIVATIVA DA UNIÃO. INOCORRÊNCIA. 1. A Lei Municipal 12.643/1998, ao vedar a realização, em próprios do Município, de eventos patrocinados ou copatrocinados por empresas produtoras, distribuidoras, importadoras ou representantes de bebidas alcoólicas ou de cigarros, com a utilização da respectiva propaganda, não invadiu esfera de atribuição própria do Poder Executivo, porquanto a competência do Prefeito de exercer a administração dos bens imóveis do Município não impede que o Poder Legislativo imponha limitações à realização de eventos nesses locais, até porque tal atuação não se confunde com a administração exercida pelo Prefeito sobre o patrimônio municipal." (EDnoRE 305.470/SP, Segunda Turma, Julgado em 30/06/2017. Info. 844 STF)

(b) Errada. "O sistema federativo instituído pela CF de 1988 torna inequívoco que cabe à União a competência legislativa e administrativa para a disciplina e a prestação dos serviços públicos de telecomunicações e energia elétrica (CF, arts. 21, XI e XII, b, e 22, IV). A Lei 3.449/2004 do Distrito Federal, ao proibir a cobrança da tarifa de assinatura básica "pelas concessionárias prestadoras de serviços de água, luz, gás, TV a cabo e telefonia no Distrito Federal" (art. 1º, caput), incorreu em inconstitucionalidade formal, porquanto necessariamente inserida a fixação da "política tarifária" no âmbito de poderes inerentes à titularidade de determinado serviço público, como prevê o art. 175, parágrafo único, III, da Constituição, elemento indispensável para a preservação do equilíbrio econômico-financeiro do contrato de concessão e, por consequência, da manutenção do próprio sistema de prestação da atividade. Inexiste, in casu, suposto respaldo para o diploma impugnado na competência concorrente dos Estados-membros para dispor sobre direito do consumidor (CF, art. 24, V e VII), cuja interpretação não pode conduzir à frustração da teleologia da referida regra expressa contida no art. 175, parágrafo único, III, da CF, descabendo, ademais, a aproximação entre as figuras do consumidor e do usuário de serviços públicos, já que o regime jurídico deste último, além de informado pela lógica da solidariedade social (CF, art. 3º, I), encontra sede específica na cláusula "direitos dos usuários" prevista no art. 175, parágrafo único, II, da Constituição." (ADI 4.907 MC).

(c) Errada. Trata-se de parecer impositivo, devendo observar rito próprio para que não prevaleça. Nesse sentido: Art. 31, § 2º CF e RE 848.826 STF). "Art. 31, § 2º O parecer prévio, emitido pelo órgão competente sobre as contas que o Prefeito deve anualmente prestar, só deixará de prevalecer por decisão de dois terços dos membros da Câmara Municipal." "Compete à câmara municipal o julgamento das contas do chefe do Poder Executivo municipal, com o auxílio dos tribunais de contas, que emitirão parecer prévio, cuja eficácia impositiva subsiste e somente deixará de prevalecer por decisão de 2/3 dos membros da casa legislativa (CF, art. 31, § 2º). O Constituinte de 1988 optou por atribuir, indistintamente, o julgamento de todas as contas de responsabilidade dos prefeitos municipais aos vereadores, em respeito à relação de equilíbrio que deve existir entre os Poderes da República (checks and balances). A CF revela que o órgão competente para lavrar a decisão irrecorrível a que faz referência o art. 1º, I, g, da LC 64/1990, dada pela LC 135/2010, é a câmara municipal, e não o tribunal de contas. Tese adotada pelo Plenário da Corte: "Para fins do art. 1º, inciso I, alínea g, da Lei Complementar 64, de 18 de maio de 1990, alterado pela Lei Complementar 135, de 4 de junho de 2010, a apreciação das contas de prefeito, tanto as de governo quanto as de gestão, será exercida pelas Câmaras Municipais, com o auxílio dos Tribunais de Contas competentes, cujo parecer prévio somente deixará de prevalecer por decisão de 2/3 dos vereadores." (RE 848.826, j. 10-8-2016, Tema 835)

(d) Errada. "Lei estadual que disponha sobre bloqueadores de sinal de celular em presídio invade a competência da União para legislar sobre telecomunicações." ("ADI 3835/MS, 3.8.2016" (Info. 833 do STF)

*Para responder, tem que estudar: lei e jurisprudência.*

*Gabarito: A*

## 2.3. Dos Estados Federados

**26. (Cespe/TJ/AM/Juiz/2016)** À luz da jurisprudência do STF, assinale a opção correta acerca da CF e da Constituição do Estado do Amazonas, dos estados federados, dos princípios constitucionais e das imunidades parlamentares.

a) Como a regra da CF quanto à iniciativa do chefe do Poder Executivo para projeto a respeito de certas matérias suplanta o tratamento dessas matérias pela assembleia constituinte estadual, é inconstitucional previsão, na Constituição estadual, de escolha do procurador-geral do estado entre integrantes da carreira.

b) O reconhecimento aos deputados estaduais das imunidades dos congressistas não deriva necessariamente da CF, mas decorre de decisão autônoma do constituinte local, de modo que a imunidade concedida a deputados estaduais é restrita à justiça do estado.

c) Compreende-se na esfera de autonomia dos estados a concessão de anistia de infrações disciplinares de seus respectivos servidores, podendo concedê-la a assembleia constituinte estadual, principalmente no que se refere às punições impostas sob o regime da Constituição anterior por motivos políticos, medida concedida pela CF.

d) Os estados organizam-se e regem-se pelas Constituições e leis que adotarem, observados os princípios da CF, sendo, por isso, considerado constitucional o aumento do número de desembargadores pela assembleia constituinte estadual sem prévia proposta do tribunal de justiça.

e) Os princípios constantes da CF sobre processo legislativo não são de observância obrigatória pelos estados-membros em suas Constituições, mas é vedado ao legislador estadual, como ao federal, dispor sobre as matérias de iniciativa privativa do chefe do Poder Executivo.

ANOTAÇÕES/COMENTÁRIOS

(a) Errada. "Mostra-se harmônico com a CF preceito da Carta estadual prevendo a escolha do procurador-geral do Estado entre os integrantes da carreira." (ADI 2.581)

(b) Errada. O tratamento dispensado aos parlamentares do Congresso Nacional (Art. 53 CF) se aplica aos deputados estaduais por força do que dispõe o artigo 27, § 1º CF. "Art. 27, § 1º Será de quatro anos o mandato dos Deputados Estaduais, aplicando- sê--lhes as regras desta Constituição sobre sistema eleitoral, inviolabilidade, imunidades, remuneração, perda de mandato, licença, impedimentos e incorporação às Forças Armadas." "Art. 53. Os Deputados e Senadores são invioláveis, civil e penalmente, por quaisquer de suas opiniões, palavras e votos. § 1º Os Deputados e Senadores, desde a expedição do diploma, serão submetidos a julgamento perante o STF. § 2º Desde a expedição do diploma, os membros do Congresso Nacional não poderão ser presos, salvo em flagrante de crime inafiançável. Nesse caso, os autos serão remetidos dentro de vinte e quatro horas à Casa respectiva, para que, pelo voto da maioria de seus membros, resolva sobre a prisão. § 3º Recebida a denúncia contra o Senador ou Deputado, por crime ocorrido após a diplomação, o STF dará ciência à Casa respectiva, que, por iniciativa de partido político nela representado e pelo voto da maioria de seus membros, poderá, até a decisão final, sustar o andamento da ação."

(c) Certa. "I. Poder Constituinte Estadual: autonomia (ADCT, art. 11): restrições jurisprudenciais inaplicáveis ao caso. 1. É da jurisprudência assente do Supremo Tribunal que afronta o princípio fundamental da separação a independência dos Poderes o trato em constituições estaduais de matéria, sem caráter essencialmente constitucional – assim, por exemplo, a relativa à fixação de vencimentos ou a concessão de vantagens específicas a servidores públicos -, que caracterize fraude à iniciativa reservada ao Poder Executivo de leis ordinárias a respeito 2. A jurisprudência restritiva dos poderes da Assembleia Constituinte do Estado-membro não alcança matérias às quais, delas cuidando, a Constituição da República emprestou alçada constitucional. II – Anistia de infrações disciplinares de servidores estaduais: competência do Estado-membro respectivo. 1. Só quando se cuidar de anistia de crimes – que se caracteriza como abolitio criminis de efeito temporário e só retroativo – a competência exclusiva da União se harmoniza com a competência federal privativa para legislar sobre Direito Penal; ao contrário, conferir à União – e somente a ela – o poder de anistiar infrações administrativas de servidores locais constituiria exceção radical e inexplicável ao dogma fundamental do princípio federativo – qual seja, a autonomia administrativa de Estados e Municípios – que não é de presumir, mas, ao contrário, reclamaria norma inequívoca da Constituição da República. 2. Compreende-se na esfera de autonomia dos Estados a anistia (ou o cancelamento) de infrações disciplinares de seus respectivos servidores, podendo concedê-la a Assembleia Constituinte local, mormente quando circunscrita – a exemplo da concedida pela Constituição da República – às punições impostas no regime decaído por motivos políticos." (ADI 104)

(d) Errada. "Art. 96. Compete privativamente: (...). II – ao STF, aos Tribunais Superiores e aos Tribunais de Justiça propor ao Poder Legislativo respectivo, observado o disposto no art. 169: a) a alteração do número de membros dos tribunais inferiores;"

(e) Errada. "A Constituição do Brasil, ao conferir aos Estados-membros a capacidade de auto-organização e de autogoverno – art. 25, caput –, impõe a obrigatória observância de vários princípios, entre os quais o pertinente ao processo legislativo. O legislador estadual não pode usurpar a iniciativa legislativa do chefe do Executivo, dispondo sobre as matérias reservadas a essa iniciativa privativa." (ADI 1.594)

*Para responder, tem que estudar: lei e jurisprudência.*

*Gabarito: C*

**27. (Cespe/TJ/RN/Juiz/2013)** No que concerne à organização do Estado brasileiro, assinale a opção correta.

a) A capital federal, atualmente o DF, pode ser transferida para outra localidade, mediante lei complementar.

b) Compete à União, aos estados e ao DF legislar concorrentemente a respeito de florestas, caça, pesca, fauna, conservação da natureza, defesa do solo e dos recursos naturais, proteção do meio ambiente e controle da poluição.

c) No âmbito da legislação concorrente, a competência da União limita-se a estabelecer normas gerais, o que exclui a competência suplementar dos estados.

d) É comum a competência da União, dos estados, do DF e dos municípios para legislar a respeito da proteção ao patrimônio histórico, cultural, artístico, turístico e paisagístico.

e) A organização político-administrativa da República Federativa do Brasil compreende a União, os estados, o DF e os municípios, todos soberanos, nos termos da CF.

**ANOTAÇÕES/COMENTÁRIOS**

(a) Errada. "Art. 18, § 1º Brasília é a Capital Federal."

(b) Certa. "Art. 24. Compete à União, aos Estados e ao Distrito Federal legislar concorrentemente sobre: (...). VI – florestas, caça, pesca, fauna, conservação da natureza, defesa do solo e dos recursos naturais, proteção do meio ambiente e controle da poluição;"

(c) Errada. "Art. 24, § 2º A competência da União para legislar sobre normas gerais não exclui a competência suplementar dos Estados."

(d) Errada. Trata-se de competência concorrente. "Art. 24. Compete à União, aos Estados e ao Distrito Federal legislar concorrentemente sobre: (...). VII – proteção ao patrimônio histórico, cultural, artístico, turístico e paisagístico;

(e) Errada. "Art. 18. A organização político-administrativa da República Federativa do Brasil compreende a União, os Estados, o Distrito Federal e os Municípios, todos autônomos, nos termos desta Constituição"

*Para responder, tem que estudar: lei.*

*Gabarito: B*

## 2.4. Dos Municípios

**28. (Cespe/TJ/MA/Juiz/2013)** À luz da legislação e da jurisprudência, assinale a opção correta no que se refere à distribuição de competências entre os entes da Federação brasileira.

a) É constitucional lei estadual que estabeleça, em favor dos portadores de deficiência proprietários de automóveis, a gratuidade nos estacionamentos situados no estado.

b) Insere-se na competência suplementar do município lei municipal que proíbe a contratação, com o ente municipal, de parentes, afins ou consanguíneos do prefeito e do vice-prefeito, até seis meses após o fim do exercício das suas respectivas funções, não configurando o fato invasão da competência da União para legislar sobre normas gerais de licitação.

c) É constitucional lei estadual que proíba a cobrança de tarifa de assinatura básica nos serviços de telefonia fixa e móvel no estado, por tratar de matéria inserida no âmbito da competência concorrente dos estados-membros para dispor sobre direito do consumidor.

d) Os estados-membros têm competência para definir as condutas típicas configuradoras de crimes de responsabilidade do chefe do Poder Executivo estadual.

ANOTAÇÕES/COMENTÁRIOS

(a) Errada. "A Lei estadual 4.049/2002, ao prever a gratuidade de todos os estacionamentos situados no Estado do Rio de Janeiro aos portadores de deficiência e aos maiores de sessenta e cinco anos, proprietários de automóveis, violou o art. 22, I, da Constituição Federal. Verifica-se, no caso, a inconstitucionalidade formal da mencionada lei, pois a competência para legislar sobre direito civil é privativa da União." (AI 742.679-AgR)

(b) Certa. "A Constituição Federal outorga à União a competência para editar normas gerais sobre licitação (art. 22, XXVII) e permite, portanto, que Estados e Municípios legislem para complementar as normas gerais e adaptá-las às suas realidades. O STF firmou orientação no sentido de que as normas locais sobre licitação devem observar o art. 37, XXI da Constituição, assegurando "a igualdade de condições de todos os concorrentes". Dentro da permissão constitucional para legislar sobre normas específicas em matéria de licitação, é de se louvar a iniciativa do Município de Brumadinho-MG de tratar, em sua Lei Orgânica, de tema dos mais relevantes em nossa pólis, que é a moralidade administrativa, princípio-guia de toda a atividade estatal, nos termos do art. 37, caput da Constituição Federal. A proibição de contratação com o Município dos parentes, afins ou consanguíneos, do prefeito, do vice-prefeito, dos vereadores e dos ocupantes de cargo em comissão ou função de confiança, bem como dos servidores e empregados públicos municipais, até seis meses após o fim do exercício das respectivas funções, é norma que evidentemente homenageia os princípios da impessoalidade e da moralidade administrativa, prevenindo eventuais lesões ao interesse público e ao patrimônio do Município, sem restringir a competição entre os licitantes. Inexistência de ofensa ao princípio da legalidade ou de invasão da competência da União para legislar sobre normas gerais de licitação. Recurso extraordinário provido. (RE 423560)

(c) Errada. "O sistema federativo instituído pela CF de 1988 torna inequívoco que cabe à União a competência legislativa e administrativa para a disciplina e a prestação dos serviços públicos de telecomunicações e energia elétrica (CF, arts. 21, XI e XII, b, e 22, IV). A Lei 3.449/2004 do Distrito Federal, ao proibir a cobrança da tarifa de assinatura básica "pelas concessionárias prestadoras de serviços de água, luz, gás, TV a cabo e telefonia no Distrito Federal" (art. 1º, caput), incorreu em inconstitucionalidade formal, porquanto necessariamente inserida a fixação da "política tarifária" no âmbito de poderes inerentes à titularidade de determinado serviço público, como prevê o art. 175, parágrafo único, III, da Constituição, elemento indispensável para a preservação do equilíbrio econômico-financeiro do contrato de concessão e, por consequência, da manutenção do próprio sistema de prestação da atividade. Inexiste, in casu, suposto respaldo para o diploma impugnado na competência concorrente dos Estados-membros para dispor sobre direito do consumidor (CF, art. 24, V e VII), cuja interpretação não pode conduzir à frustração da teleologia da referida regra expressa contida no art. 175, parágrafo único, III, da CF, descabendo, ademais, a aproximação entre as figuras do consumidor e do usuário de serviços públicos, já que o regime jurídico deste último, além de informado pela lógica da solidariedade social (CF, art. 3º, I), encontra sede específica na cláusula "direitos dos usuários" prevista no art. 175, parágrafo único, II, da Constituição." (ADI 4.907 MC)

(d) Errada. Súmula Vinculante 46: "A definição dos crimes de responsabilidade e o estabelecimento das respectivas normas de processo e julgamento são de competência legislativa privativa da União."

*Para responder, tem que estudar: jurisprudência e súmula/OJ.*

*Gabarito: B*

## 2.5. Do Distrito Federal e dos Territórios

**29. (Cespe/TJ/DFT/Juiz/2014)** No que se refere à organização político-administrativa do Estado brasileiro, assinale a opção correta.

a) Embora acumule competências legislativas estaduais e municipais, o DF não acumula fontes de receitas tributárias próprias dos estados com aquelas típicas dos municípios.

b) A Mesa da Câmara Legislativa do DF não se equipara às mesas das assembleias legislativas estaduais no tocante à legitimação para a propositura de ação direta de inconstitucionalidade.

c) O DF tem, assim como os municípios, em plenitude, os três poderes orgânicos estatais.

d) De acordo com a CF, o DF equipara-se, no que se refere à intervenção federal, aos municípios.

e) O DF não custeia seu órgão judiciário nem o ministerial público; tampouco as polícias civil e militar e o corpo de bombeiros.

ANOTAÇÕES/COMENTÁRIOS

(a; b; c; d; e) Alternativa correta: Letra E. "Art. 21. Compete à União: (...). XIV – organizar e manter a polícia civil, a polícia militar e o corpo de bombeiros militar do Distrito Federal, bem como prestar assistência financeira ao Distrito Federal para a execução de serviços públicos, por meio de fundo próprio;"

*Para responder, tem que estudar: lei.*

*Gabarito: E*

**30. (Cespe/TJ/DFT/Juiz/2014)** Assinale a opção correta com base nos dispositivos constitucionais acerca da ordem econômica, da ordem social e da distribuição de competências aos entes federados.

a) Compete ao DF legislar sobre normas suplementares de proteção ao patrimônio histórico, cultural, artístico e paisagístico, sobre normas instituidoras de tributos de sua competência e sobre assuntos de interesse local.

b) Aquele que possuir área urbana de até duzentos e cinquenta metros quadrados como sua, por cinco anos, ininterruptamente e sem oposição, utilizando-a somente para sua moradia, adquirirá o seu domínio, desde que não seja proprietário de outro imóvel urbano.

c) São insuscetíveis de desapropriação para fins de reforma agrária a pequena e a média propriedade rural, ainda que o seu proprietário possua outra, desde que de igual porte.

d) Assegura-se tratamento favorecido para as empresas de pequeno porte constituídas sob as leis brasileiras, ainda sua sede e administração estejam estabelecidas no exterior.

e) Compete ao DF organizar a sua polícia civil, sua polícia militar e seu corpo de bombeiros militar, competindo à União prestar assistência financeira ao DF para a execução de serviços públicos por meio de fundo próprio.

ANOTAÇÕES/COMENTÁRIOS

(a) Certa. "Art. 24. Compete à União, aos Estados e ao Distrito Federal legislar concorrentemente sobre: I – direito tributário, financeiro, penitenciário, econômico e urbanístico; (...). VII – proteção ao patrimônio histórico, cultural, artístico, turístico e paisagístico;"

(b) Errada. "Art. 183. Aquele que possuir como sua área urbana de até duzentos e cinquenta metros quadrados, por cinco anos, ininterruptamente e sem oposição, utilizando-a para sua moradia ou de sua família, adquirir-lhe-á o domínio, desde que não seja proprietário de outro imóvel urbano ou rural."

(c) Errada. "Art. 185. São insuscetíveis de desapropriação para fins de reforma agrária: I – a pequena e média propriedade rural, assim definida em lei, desde que seu proprietário não possua outra;

(d) Errada. "Art. 170, IX – tratamento favorecido para as empresas de pequeno porte constituídas sob as leis brasileiras e que tenham sua sede e administração no País."

(e) Errada. "Art. 21. Compete à União: (...). XIV – organizar e manter a polícia civil, a polícia militar e o corpo de bombeiros militar do Distrito Federal, bem como prestar assistência financeira ao Distrito Federal para a execução de serviços públicos, por meio de fundo próprio;"

*Para responder, tem que estudar: lei.*

*Gabarito: A*

# 3. DA ORGANIZAÇÃO DOS PODERES

## 3.1. Do Poder Legislativo

### *3.1.1. Do Congresso Nacional*

**31. (Cespe/TJ/BA/Juiz/2012)** Com base no que dispõe a CF sobre a estrutura, o funcionamento e as atribuições do Poder Legislativo, assinale a opção correta.

a) É da Câmara dos Deputados a competência para autorizar a instauração de processo contra o presidente, o vice-presidente da República e os ministros de Estado acusados de crime de responsabilidade, e ao Senado Federal se a acusação for de prática de crime comum.

b) Cabe ao Congresso Nacional dispor, por meio de lei, sobre a fixação e modificação do efetivo das Forças Armadas.

c) A condenação do presidente da República por crime de responsabilidade depende da aprovação da medida, em votação secreta, pela maioria absoluta dos membros do Senado Federal.

d) Nas sessões legislativas extraordinárias do Congresso Nacional, os parlamentares só podem deliberar sobre a matéria que motivou a convocação, sendo terminantemente vedado discutir qualquer outra matéria.

e) Compete privativamente ao Senado Federal autorizar operações externas de natureza financeira de interesse dos diversos entes federativos, bem como resolver definitivamente sobre tratados, acordos ou atos internacionais que acarretem encargos ou compromissos gravosos ao patrimônio nacional.

## ANOTAÇÕES/COMENTÁRIOS

(a) Errada. Em ambas as hipóteses, a autorização para a instauração do processo cabe à Câmara dos Deputados. Uma vez admitida, em se tratando de crime comum, o julgamento será realizado pelo STF. De outro modo, versando sobre crime de responsabilidade, será do Senado Federal. "Art. 51. Compete privativamente à Câmara dos Deputados: I – autorizar, por dois terços de seus membros, a instauração de processo contra o Presidente e o Vice-Presidente da República e os Ministros de Estado;"

(b) Certa. "Art. 48. Cabe ao Congresso Nacional, com a sanção do Presidente da República, não exigida esta para o especificado nos arts. 49, 51 e 52, dispor sobre todas as matérias de competência da União, especialmente sobre: (...). III – fixação e modificação do efetivo das Forças Armadas;"

(c) Errada. "Art. 52, parágrafo único. Nos casos previstos nos incisos I e II, funcionará como Presidente o do STF, limitando-se a condenação, que somente será proferida por dois terços dos votos do Senado Federal, à perda do cargo, com inabilitação, por oito anos, para o exercício de função pública, sem prejuízo das demais sanções judiciais cabíveis."

(d) Errada. "Art. 57, § 7º Na sessão legislativa extraordinária, o Congresso Nacional somente deliberará sobre a matéria para a qual foi convocado, ressalvada a hipótese do § 8º deste artigo, vedado o pagamento de parcela indenizatória, em razão da convocação." e "§ 8º Havendo medidas provisórias em vigor na data de convocação extraordinária do Congresso Nacional, serão elas automaticamente incluídas na pauta da convocação."

(e) Errada. "Art. 49. É da competência exclusiva do Congresso Nacional: I – resolver definitivamente sobre tratados, acordos ou atos internacionais que acarretem encargos ou compromissos gravosos ao patrimônio nacional;"

*Para responder, tem que estudar: lei.*

*Gabarito: B*

BLOCO II

**32. (Cespe/TJ/DFT/Juiz/2015)** Acerca dos Poderes Legislativo e Executivo, assinale a opção correta de acordo com a CF e com a jurisprudência do STF.

a) Situação hipotética: Durante entrevista veiculada pela televisão, um senador da República criticou severamente determinada política de governo, a qual, à época, estava em discussão no Senado Federal. Assertiva: Como o parlamentar emitiu sua opinião fora do âmbito do Congresso Nacional, ele poderá ser responsabilizado nas esferas civil e penal, embora tenha havido vinculação entre seus comentários e o desempenho de seu mandato.

b) O TCU e, pelo princípio da simetria, os tribunais de contas estaduais, têm legitimidade para requisitar, diretamente, informações que importem a quebra de sigilo bancário.

c) É competência do Senado Federal sustar ato regulamentar emitido por agência reguladora que crie obrigação não prevista em lei.

d) Uma comissão parlamentar de inquérito (CPI) instalada para apurar denúncias de desvios de verbas em determinada empresa pública não tem competência para ordenar a indisponibilidade dos bens dos envolvidos, ainda que haja fortes indícios da materialidade das condutas.

e) Se determinada comissão da Câmara dos Deputados conseguir a aprovação, no Congresso Nacional, de projeto de lei que seria de iniciativa privativa do presidente da República, então, nesse caso, a sanção presidencial do referido projeto convalidará o vício de iniciativa.

**ANOTAÇÕES/COMENTÁRIOS**

(a) Errada. A jurisprudência pacífica do STF é no sentido de que quando as palavras são proferidas no recinto da casa legislativa, não é necessário verificar a existência de pertinência temática entre as palavras irrogadas e o exercício do mandato parlamentar. Apenas quando a conduta em análise for praticada fora do recinto parlamentar é que deve ser perquirida a pertinência e a correlação delas com o exercício do mandato. Sobre o tema: "(...). (i) A imunidade parlamentar incide quando as palavras tenham sido proferidas do recinto da Câmara dos Deputados: "Despiciendo, nesse caso, perquirir sobre a pertinência entre o teor das afirmações supostamente contumeliosas e o exercício do mandato parlamentar" (Inq 3.814). (ii) Os atos praticados em local distinto escapam à proteção da imunidade, quando as manifestações não guardem pertinência, por um nexo de causalidade, com o desempenho das funções do mandato parlamentar. (...). Ex positis, à luz dos requisitos do art. 41 do CPC, recebo a denúncia pela prática, em tese, de incitação ao crime; e recebo parcialmente a queixa-crime, apenas quanto ao delito de injúria. Rejeito a queixa-crime quanto à imputação do crime de calúnia." (Inq 3.932)

(b) Errada. "A LC 105, de 10-1-2001, não conferiu ao TCU poderes para determinar a quebra do sigilo bancário de dados constantes do Banco Central do Brasil. O legislador conferiu esses poderes ao Poder Judiciário (art. 3º), ao Poder Legislativo Federal (art. 4º), bem como às CPIs, após prévia aprovação do pedido pelo plenário da Câmara dos Deputados, do Senado Federal ou do plenário de suas respectivas CPIs (§§ 1º e 2º do art. 4º). Embora as atividades do TCU, por sua natureza, verificação de contas e até mesmo o julgamento das contas das pessoas enumeradas no art. 71, II, da CF, justifiquem a eventual quebra de sigilo, não houve essa determinação na lei específica que tratou do tema, não cabendo a interpretação extensiva, mormente porque há princípio constitucional que protege a intimidade e a vida privada, art. 5º, X, da CF, no qual está inserida a garantia ao sigilo bancário." (MS 22.934)

(c) Errada. "Art. 49. É da competência exclusiva do Congresso Nacional: (...). V – sustar os atos normativos do Poder Executivo que exorbitem do poder regulamentar ou dos limites de delegação legislativa;"

(d) Certa. "Incompetência da CPI para expedir decreto de indisponibilidade de bens de particular, que não é medida de instrução – a cujo âmbito se restringem os poderes de autoridade judicial a elas conferidos no art. 58, § 3º, mas de provimento cautelar de eventual sentença futura, que só pode caber ao juiz competente para proferi-la. Quebra ou transferência de sigilos bancário, fiscal e de registros telefônicos que, ainda quando se admita, em tese, susceptível de ser objeto de decreto de CPI – porque não coberta pela reserva absoluta de jurisdição que resguarda outras garantias constitucionais –, há de ser adequadamente fundamentada: aplicação no exercício pela CPI dos poderes instrutórios das autoridades judiciárias da exigência de motivação do art. 93, IX, da Constituição da República." (MS 23.480)

(e) Errada. "A sanção do projeto de lei não convalida o vício de inconstitucionalidade resultante da usurpação do poder de iniciativa. A ulterior aquiescência do chefe do Poder Executivo, mediante sanção do projeto de lei, ainda quando dele seja a prerrogativa usurpada, não tem o condão de sanar o vício radical da inconstitucionalidade. Insubsistência da Súmula 5/STF." (ADI 2.867)

*Para responder, tem que estudar: lei e jurisprudência.*

*Gabarito: D*

BLOCO II

**33. (Cespe/TJ/ES/Juiz/2011)** Considerando os dispositivos da CF sobre o funcionamento e as atribuições do Poder Legislativo, o processo legislativo e a fiscalização contábil, financeira e orçamentária, assinale a opção correta.

a) Ao Congresso Nacional cabe fixar os subsídios do presidente, do vice-presidente da República e dos ministros de Estado e julgar anualmente as contas prestadas pelo presidente da República.

b) A CF veda, completamente, a apresentação de emendas parlamentares que representem aumento das despesas a projetos de lei de iniciativa exclusiva do chefe do Poder Executivo.

c) A criação de cargos e funções na administração direta e autárquica, assim como o aumento da sua remuneração, somente pode ocorrer mediante lei de iniciativa do presidente da República ou do Congresso Nacional.

d) Compete ao Tribunal de Contas da União realizar, somente por iniciativa própria ou da comissão mista permanente de deputados e senadores responsável pela apreciação e execução das leis orçamentárias, inspeções e auditorias de natureza contábil, financeira, orçamentária, operacional e patrimonial nas unidades administrativas dos Poderes Legislativo, Executivo e Judiciário.

e) Às comissões permanentes do Congresso Nacional compete discutir e votar, em caráter preliminar, matérias de sua competência, não sendo dispensável, portanto, em qualquer caso, a decisão final, pelo plenário de cada Casa, acerca do conteúdo dos projetos de lei.

ANOTAÇÕES/COMENTÁRIOS

(a) Certa. "Art. 49. É da competência exclusiva do Congresso Nacional: VIII – fixar os subsídios do Presidente e do Vice-Presidente da República e dos Ministros de Estado, observado o que dispõem os arts. 37, XI, 39, § 4º, 150, II, 153, III, e 153, § 2º, I; IX – julgar anualmente as contas prestadas pelo Presidente da República e apreciar os relatórios sobre a execução dos planos de governo;"

(b) Errada. "Art. 63. Não será admitido aumento da despesa prevista: I – nos projetos de iniciativa exclusiva do Presidente da República, ressalvado o disposto no art. 166, § 3º e § 4º;"

(c) Errada. "Art. 61, § 1º São de iniciativa privativa do Presidente da República as leis que: (...). II – disponham sobre: a) criação de cargos, funções ou empregos públicos na administração direta e autárquica ou aumento de sua remuneração;"

(d) Errada. "Art. 71. O controle externo, a cargo do Congresso Nacional, será exercido com o auxílio do Tribunal de Contas da União, ao qual compete: (...). IV – realizar, por iniciativa própria, da Câmara dos Deputados, do Senado Federal, de Comissão técnica ou de inquérito, inspeções e auditorias de natureza contábil, financeira, orçamentária, operacional e patrimonial, nas unidades administrativas dos Poderes Legislativo, Executivo e Judiciário, e demais entidades referidas no inciso II;"

(e) Errada. "Art. 58, § 2º, I – discutir e votar projeto de lei que dispensar, na forma do regimento, a competência do Plenário, salvo se houver recurso de um décimo dos membros da Casa;"

*Para responder, tem que estudar: lei.*

*Gabarito: A*

**34. (Cespe/TJ/DFT/Juiz/2016)** A respeito do Poder Legislativo, assinale a opção correta.

a) A convocação extraordinária do Congresso Nacional realizada pelo presidente do Senado Federal, em caso de relevante interesse público, está na margem de sua discricionariedade política, prescindindo-se, assim, de confirmação.

b) O STF possui entendimento consolidado de que é possível a participação de Assembleia Legislativa na nomeação de dirigentes de autarquias ou fundações públicas.

c) Conforme entendimento consolidado do STF, o direito contra a autoincriminação, facultando-se o silêncio, deve ser observado pelas Comissões Parlamentares de Inquérito, mas os advogados dos depoentes não podem intervir.

d) A rejeição ao veto de LC deve ser realizada pelo Senado Federal no prazo máximo de trinta dias da aposição comunicada ao presidente da Casa.

e) Os trabalhos do Congresso se desenvolvem ao longo da legislatura que compreende período coincidente com o mandato dos senadores.

## ANOTAÇÕES/COMENTÁRIOS

(a) Errada. "Art. 57, § 6º A convocação extraordinária do Congresso Nacional far-se-á: II – pelo Presidente da República, pelos Presidentes da Câmara dos Deputados e do Senado Federal ou a requerimento da maioria dos membros de ambas as Casas, em caso de urgência ou interesse público relevante, em todas as hipóteses deste inciso com a aprovação da maioria absoluta de cada uma das Casas do Congresso Nacional."

(b) Certa. "Ação direta de inconstitucionalidade. Lei 11.288/99 do Estado de Santa Catarina. Estabelecimento de condições e critérios a serem observados para o exercício de cargos de direção da administração indireta do Estado. Necessidade de prévia aprovação da Assembleia Legislativa. Inconstitucionalidade apenas em relação às empresas públicas e às sociedades de economia mista. Artigo 173, § 1º, CF. Fornecimento de informações protegidas por sigilo fiscal como condição para a aprovação prévia pelo Poder Legislativo. Mecanismo de fiscalização permanente após a exoneração dos ocupantes dos referidos cargos. Violação do princípio da separação dos Poderes. 1. A Corte já pacificou o entendimento de que não padece de nenhum vício constitucional a previsão de participação do Poder Legislativo na nomeação de dirigentes de autarquias ou fundações públicas. Tratase de aplicação aos estados-membros do parâmetro de simetria constante do art. 52, III, f, da Constituição Federal, que submete ao crivo do Senado Federal a aprovação prévia dos indicados para ocupar determinados cargos definidos por lei. Nesses termos, são válidas as normas locais que subordinam a nomeação dos dirigentes de autarquias ou fundações públicas à prévia aprovação de Assembleia Legislativa, não havendo, nesse caso, nenhuma interferência indevida do Poder Legislativo em função típica do Poder Executivo, nem violação do princípio da separação dos Poderes. 2. Situação diversa, entretanto, ocorre em relação à intervenção parlamentar no processo de provimento das cargas de direção das empresas públicas e das sociedades de economia mista da administração indireta dos estados, por serem pessoas jurídicas de direito privado, que, nos termos do art. 173, § 1º, da Constituição Federal, estão sujeitas ao regime jurídico próprio das empresas privadas, o que obsta a exigência de manifestação prévia do Poder Legislativo estadual. 3. O art. 2º, IV, e o art. 3º da Lei 11.288/99 extrapolam o sistema de freios e contrapesos autorizado pela Constituição Federal, pois, além de determinarem o fornecimento de informações protegidas por sigilo fiscal como condição para a aprovação prévia pelo Poder

Legislativo dos titulares de determinados cargos, criam mecanismo de fiscalização permanente pela Assembleia Legislativa para após a exoneração dos ocupantes dos referidos cargos. Esses dispositivos instituíram modalidade de controle direto pela Assembleia Legislativa – sem o auxílio do Tribunal de Contas do Estado – que não encontra fundamento de validade em nenhuma norma constitucional, resultando em violação ao princípio da separação dos Poderes (art. 2º, CF). 4. No âmbito do Poder Legislativo, apenas as comissões parlamentares de inquérito, nos termos do art. 58, § 3º, da Lei Maior, pode determinar a apresentação de declaração de bens ou informações sob sigilo fiscal, o que, evidentemente, fica ainda condicionado pela existência de um quadro fático concreto e específico e pela apresentação de pedido com fundamentação individualizada que justifique a invasão da privacidade do investigado. 5. Ação direta julgada parcialmente procedente." (ADI 2225, Tribunal Pleno, julgado em 21/08/2014)

(c) Errada. "É jurisprudência pacífica desta Corte a possibilidade de o investigado, convocado para depor perante CPI, permanecer em silêncio, evitando-se a autoincriminação, além de ter assegurado o direito de ser assistido por advogado e de comunicar-se com este durante a sua inquirição. (...). Considerando a qualidade de investigado convocado por CPI para prestar depoimento, é imperiosa a dispensa do compromisso legal inerente às testemunhas. Direitos e garantias inerentes ao privilégio contra a autoincriminação podem ser previamente assegurados para exercício em eventuais reconvocações." (HC 100.200)

(d) Errada. "Art. 66, § 4º O veto será apreciado em sessão conjunta, dentro de trinta dias a contar de seu recebimento, só podendo ser rejeitado pelo voto da maioria absoluta dos Deputados e Senadores."

(e) Errada. Cada legislatura tem a duração de quatro anos, já o mandato dos Senadores dura oito anos. "Art. 44, parágrafo único. Cada legislatura terá a duração de quatro anos." E "Art. 46, § 1º Cada Estado e o Distrito Federal elegerão três Senadores, com mandato de oito anos."

*Para responder, tem que estudar: lei e jurisprudência.*

*Gabarito: B*

**35. (Cespe/TJ/RN/Juiz/2013)** Com relação à organização dos poderes estabelecida na CF, assinale a opção correta.

a) Compete privativamente à Câmara dos Deputados dispor a respeito de incorporação, da subdivisão ou do desmembramento de áreas de territórios ou estados, ouvidas as respectivas assembleias legislativas.

b) A Câmara dos Deputados e o Senado Federal, ou qualquer de suas comissões, podem convocar ministro de Estado ou quaisquer titulares de órgãos diretamente subordinados à presidência da República para prestarem, pessoalmente, informações acerca de assunto previamente determinado, configurando crime de responsabilidade a ausência sem justificação adequada.

c) Compete privativamente à Câmara dos Deputados processar e julgar os ministros do STF, os membros do Conselho Nacional de Justiça e do Conselho Nacional do Ministério Público, o procurador-geral da República e o advogado-geral da União nos crimes de responsabilidade.

d) A partir da posse, os membros do Congresso Nacional não podem ser presos, salvo em flagrante de crime inafiançável, situação em que os autos devem ser remetidos, dentro de vinte e quatro horas, à casa respectiva, para que, pelo voto da maioria de seus membros, se decida a respeito da prisão.

e) O número total de deputados, bem como a representação de estado e do Distrito Federal, será estabelecido por lei ordinária, proporcionalmente à população, procedendo-se aos ajustes necessários, até seis meses antes das eleições, para que nenhuma daquelas unidades da Federação tenha menos de oito ou mais de setenta deputados.

ANOTAÇÕES/COMENTÁRIOS

(a) Errada. "Art. 48. Cabe ao Congresso Nacional, com a sanção do Presidente da República, não exigida esta para o especificado nos arts. 49, 51 e 52, dispor sobre todas as matérias de competência da União, especialmente sobre: (...) VI – incorporação, subdivisão ou desmembramento de áreas de Territórios ou Estados, ouvidas as respectivas Assembleias Legislativas;"

(b) Certa. "Art. 50. A Câmara dos Deputados e o Senado Federal, ou qualquer de suas Comissões, poderão convocar Ministro de Estado ou quaisquer titulares de órgãos diretamente subordinados à Presidência da República para prestarem, pessoalmente, informações sobre assunto previamente determinado, importando crime de responsabilidade a ausência sem justificação adequada."

(c) Errada. Trata-se de competência do Senado Federal. "Art. 52. Compete privativamente ao Senado Federal: (...). II processar e julgar os Ministros do STF, os membros do Conselho Nacional de Justiça e do Conselho Nacional do Ministério Público, o Procurador-Geral da República e o Advogado-Geral da União nos crimes de responsabilidade;"

(d) Errada. O marco que a Constituição estabeleceu foi a diplomação. "Art. 53, § 2º Desde a expedição do diploma, os membros do Congresso Nacional não poderão ser presos, salvo em flagrante de crime inafiançável. Nesse caso, os autos serão remetidos dentro de vinte e quatro horas à Casa respectiva, para que, pelo voto da maioria de seus membros, resolva sobre a prisão."

(e) Errada. "Art. 45, § 1º O número total de Deputados, bem como a representação por Estado e pelo Distrito Federal, será estabelecido por lei complementar, proporcionalmente à população, procedendo-se aos ajustes necessários, no ano anterior às eleições, para que nenhuma daquelas unidades da Federação tenha menos de oito ou mais de setenta Deputados."

*Para responder, tem que estudar: lei.*

*Gabarito: B*

BLOCO II

**36. (Cespe/TJ/PA/Juiz/2012)** Com relação ao Poder Legislativo e ao TCU, assinale a opção correta.

a) O número de deputados nas assembleias legislativas corresponde ao triplo da representação do estado na Câmara dos Deputados e, atingido o número de trinta e seis, será acrescido de tantos quantos forem os deputados federais acima de doze.

b) O suplente de deputado ou senador será convocado nos casos de vaga, de investidura do titular em cargos no Poder Executivo, de licença por motivo de doença ou para tratar, sem remuneração, de interesse particular, independentemente do período concedido.

c) Ao TCU, órgão inserido na estrutura do Poder Legislativo, são conferidas as garantias de independência reservadas aos tribunais judiciários, e aos membros daquele tribunal se estendem as prerrogativas, os impedimentos, os vencimentos e as vantagens dos ministros do STF.

d) A incorporação de deputados e senadores às Forças Armadas, ainda que em tempo de guerra, depende de prévia licença da Casa respectiva, salvo se os parlamentares forem militares, caso em que a licença é automática, devendo eles se apresentar à força a que pertencem nos termos do que estabelece o regulamento militar.

e) A CF prevê, de forma expressa, a competência das comissões da Câmara dos Deputados e do Senado Federal para deliberarem sobre matérias e projetos de lei que, de acordo com o entendimento da maioria absoluta dos membros dos colégios de líderes, dispensem a apreciação pelo plenário da respectiva Casa.

**ANOTAÇÕES/COMENTÁRIOS**

(a) Certa. "Art. 27. O número de Deputados à Assembleia Legislativa corresponderá ao triplo da representação do Estado na Câmara dos Deputados e, atingido o número de trinta e seis, será acrescido de tantos quantos forem os Deputados Federais acima de doze."

(b) Errada. "Art. 56, § 1º O suplente será convocado nos casos de vaga, de investidura em funções previstas neste artigo ou de licença superior a cento e vinte dias."

(c) Errada. Independente da controvérsia doutrinária acerca de o TCU ser vinculado ao Pode Legislativo ou órgão independente dos Poderes da República, a alternativa está errada em razão da sua parte final. "Art. 73, § 3º Os Ministros do Tribunal de Contas da União terão as mesmas garantias, prerrogativas, impedimentos, vencimentos e vantagens dos Ministros do STJ, aplicando-se-lhes, quanto à aposentadoria e pensão, as normas constantes do art. 40."

(d) Errada. "Art. 53, § 7º A incorporação às Forças Armadas de Deputados e Senadores, embora militares e ainda que em tempo de guerra, dependerá de prévia licença da Casa respectiva."

(e) Errada. Inexiste a referida previsão na Constituição.

*Para responder, tem que estudar: lei.*

*Gabarito: A*

## 3.1.2. *Dos Deputados e Senadores*

**37. (Cespe/TJ/PI/Juiz/2012)** Com relação aos entes que compõem o Estado Federal brasileiro, à intervenção federal e à intervenção dos estados nos municípios, assinale a opção correta.

a) Aplicam-se aos deputados estaduais as mesmas regras aplicadas aos deputados federais no que se refere a sistema eleitoral, inviolabilidade, imunidades, remuneração, perda de mandato, licença, impedimentos e incorporação às Forças Armadas.

b) Ao DF, ente federativo "sui generis", são atribuídas todas as competências legislativas reservadas tanto aos estados quanto aos municípios.

c) Compete às constituições estaduais fixar os subsídios dos prefeitos e dos vice-prefeitos, de maneira a evitar anomalias e discrepâncias remuneratórias entre os municípios de um mesmo estado-membro.

d) Entre os chamados princípios constitucionais sensíveis, que, desrespeitados, dão ensejo a intervenção federal, incluem-se a forma federativa de Estado, a forma republicana de governo e a manutenção da integridade nacional.

e) Na hipótese de inobservância, pelos municípios, dos princípios indicados na constituição estadual, a iniciativa da representação interventiva, ao tribunal de justiça, será do procurador-geral do estado



**ANOTAÇÕES/COMENTÁRIOS**

(a) Certa. "Art. 27, § 1º Será de quatro anos o mandato dos Deputados Estaduais, aplicando- sê-lhes as regras desta Constituição sobre sistema eleitoral, inviolabilidade, imunidades, remuneração, perda de mandato, licença, impedimentos e incorporação às Forças Armadas."

(b) Errada. A questão está errada quando preceitua que são todas as competências legislativas reservadas aos Estados e Municípios que tocariam ao Distrito Federal. Em verdade não são rigorosamente todas, ex vi da disposição constitucional do artigo 21 CF no que se refere ao Poder Judiciário, Ministério Público, Defensoria Pública, Polícias Civil e Militar, bem como o corpo de bombeiro militar do Distrito Federal. "Art. 27, § 1º Ao Distrito Federal são atribuídas as competências legislativas reservadas aos Estados e Municípios."

(c) Errada. "Art. 29. O Município reger-se-á por lei orgânica, votada em dois turnos, com o interstício mínimo de dez dias, e aprovada por dois terços dos membros da Câmara Municipal, que a promulgará, atendidos os princípios estabelecidos nesta Constituição, na Constituição do respectivo Estado e os seguintes preceitos: (...). V – subsídios do Prefeito, do Vice-Prefeito e dos Secretários Municipais fixados por lei de iniciativa da Câmara Municipal, observado o que dispõem os arts. 37, XI, 39, § 4º, 150, II, 153, III, e 153, § 2º, I;"

(d) Errada. De acordo com a doutrina os princípios constitucionais sensíveis são aqueles elencados no artigo 34, inciso VII CF. Forma federativa de Estado e manutenção da integridade nacional não figuram no referido rol. "Art. 34, VII – assegurar a observância dos seguintes princípios constitucionais: a) forma republicana, sistema representativo e regime democrático; b) direitos da pessoa humana; c) autonomia municipal; d) prestação de contas da administração pública, direta e indireta. e) aplicação do mínimo exigido da receita resultante de impostos estaduais, compreendida a proveniente de transferências, na manutenção e desenvolvimento do ensino e nas ações e serviços públicos de saúde.

(e) Errada. Inexiste a referida previsão no texto constitucional. Devendo a hipótese observar apenas o que dispõe o art. 36, § 3º CF. "Art. 36, § 3º Nos casos do art. 34, VI e VII, ou do art. 35, IV, dispensada a apreciação pelo Congresso Nacional ou pela Assembleia Legislativa, o decreto limitar-se-á a suspender a execução do ato impugnado, se essa medida bastar ao restabelecimento da normalidade."

*Para responder, tem que estudar: lei.*

*Gabarito: A*

**38. (Cespe/TJ/AC/Juiz/2012)** À luz do disposto na CF, assinale a opção correta acerca da estrutura, do funcionamento e das atribuições do Poder Legislativo.

a) Os deputados e senadores dispõem de foro privilegiado desde a expedição do diploma, estando, portanto, uma vez diplomados, ainda que ainda não tenham tomado posse, submetidos a julgamento perante o STF.
b) Se o presidente da República não apresentar ao Congresso Nacional as contas relativas ao exercício anterior até sessenta dias após a abertura da sessão legislativa, caberá ao Senado Federal proceder à tomada de contas.
c) O número total de deputados federais deve ser estabelecido por lei complementar, enquanto o número de representantes por estado e pelo DF deve ser estabelecido por lei ordinária, proporcionalmente ao número de eleitores.
d) Cabe ao Congresso Nacional aprovar o estado de defesa e a intervenção federal; entretanto, a suspensão dessas medidas é competência privativa do presidente da República, dispensada a manifestação do Poder Legislativo.
e) Compete privativamente ao Senado Federal escolher dois terços dos membros do TCU.

ANOTAÇÕES/COMENTÁRIOS

(a) Certa. "Art.; 53, § 1º Os Deputados e Senadores, desde a expedição do diploma, serão submetidos a julgamento perante o STF."

(b) Errada. "Art. 51. Compete privativamente à Câmara dos Deputados: (...). II – proceder à tomada de contas do Presidente da República, quando não apresentadas ao Congresso Nacional dentro de sessenta dias após a abertura da sessão legislativa;"

(c) Errada. "Art. 45, § 1º O número total de Deputados, bem como a representação por Estado e pelo Distrito Federal, será estabelecido por lei complementar, proporcionalmente à população, procedendo-se aos ajustes necessários, no ano anterior às eleições, para que nenhuma daquelas unidades da Federação tenha menos de oito ou mais de setenta Deputados."

(d) Errada. "Art. 49. É da competência exclusiva do Congresso Nacional: (...). IV – aprovar o estado de defesa e a intervenção federal, autorizar o estado de sítio, ou suspender qualquer uma dessas medidas;"

(e) Errada. "Art. 49. É da competência exclusiva do Congresso Nacional: (...). XIII – escolher dois terços dos membros do Tribunal de Contas da União;"

*Para responder, tem que estudar: lei.*

*Gabarito: A*

**39. (Cespe/TJ/PI/Juiz/2012)** No tocante à organização dos Poderes Executivo e Legislativo, assinale a opção correta.

a) Compete privativamente ao Senado Federal escolher dois terços dos membros do Tribunal de Contas da União, estando a cargo do Congresso Nacional aprovar a escolha dos ministros indicados pelo presidente da República.

b) O presidente da República goza de irresponsabilidade penal relativa e, nesse sentido, não cabe mandado de segurança contra ato praticado por ele.

c) A perda do mandato de presidente ou de vice-presidente da República, segundo o texto constitucional, somente ocorrerá por decisão do Senado Federal e em razão de crime de responsabilidade, decisão judicial, morte, renúncia, perda ou suspensão dos direitos políticos e perda da nacionalidade.

d) Compete à Câmara dos Deputados atuar como tribunal de pronúncia nos crimes praticados pelo presidente da República, autorizando a instauração de inquérito e o oferecimento de denúncia ou queixa ao STF (no caso de crime comum), bem como admitindo a acusação e a instauração de processo no Senado Federal (no caso de crime de responsabilidade).

e) Os deputados federais e senadores submetem-se, desde a expedição do diploma, a julgamento perante o STF; não é necessário, porém, que esse tribunal tenha autorização da casa respectiva para receber a denúncia ou queixa-crime e iniciar a ação penal contra parlamentar.

*ANOTAÇÕES/COMENTÁRIOS*

(a) Errada. "Art. 49. É da competência exclusiva do Congresso Nacional: (...). XIII – escolher dois terços dos membros do Tribunal de Contas da União;"

(b) Errada. Inexiste a referida correlação entre imunidade do Presidente da República e a possibilidade deste figurar como autoridade coatora em mandado de segurança.



BLOCO II

(c) Errada. O cargo de Presidente da República é privativo de brasileiro nato. Desse modo, não há que se falar em perda da nacionalidade para o caso.

(d) Errada. A Constituição somente se refere à hipótese de autorização para a instauração de processo. "Art. 51. Compete privativamente à Câmara dos Deputados: I – autorizar, por dois terços de seus membros, a instauração de processo contra o Presidente e o Vice-Presidente da República e os Ministros de Estado;"

(e) Certa. A partir da diplomação os Deputados Federais e Senadores serão julgados pelo STF (Art. 53, § 1º). Após a EC 35/2001, não existe mais a necessidade de autorização da respectiva casa para a instauração do processo contra o parlamentar. Hoje, somente após o recebimento da denúncia – com a consequente perfectibilização da relação processual – é que a casa poderá se manifestar no sentido de sustar a ação já em andamento. "Art. 53, § 1º Os Deputados e Senadores, desde a expedição do diploma, serão submetidos a julgamento perante o STF." e "Art. 53, § 3º Recebida a denúncia contra o Senador ou Deputado, por crime ocorrido após a diplomação, o STF dará ciência à Casa respectiva, que, por iniciativa de partido político nela representado e pelo voto da maioria de seus membros, poderá, até a decisão final, sustar o andamento da ação."

*Para responder, tem que estudar: lei.*

*Gabarito: E*

**40. (Cespe/TJ/CE/Juiz/2012)** Com relação às prerrogativas parlamentares e às CPIs, assinale a opção correta.

a) Na hipótese de crime praticado antes da diplomação, o parlamentar não terá a imunidade formal em relação ao processo, mas terá a imunidade formal em relação à prisão.

b) De acordo com entendimento do STF, o parlamentar que assume o cargo de ministro de Estado é imune à perda do mandato por quebra de decoro parlamentar por atos praticados na função de ministro.

c) Tendo a CPI poderes de investigação próprios de autoridade judicial, suas decisões devem obedecer à mesma estrutura de uma decisão judicial, com relatório, fundamentação e parte dispositiva, sob pena de nulidade.

d) Segundo o STF, as comissões parlamentares de inquérito estaduais não têm poderes para quebrar o sigilo bancário de seus investigados, ao contrário do que ocorre no âmbito das CPIs instauradas na esfera federal.

e) Segundo o STF, a perda de mandato do parlamentar por condenação em ação de improbidade administrativa transitada em julgado depende de votação pela respectiva casa legislativa.

## ANOTAÇÕES/COMENTÁRIOS

(a; b; c; d, e) Alternativa correta: Letra A. No que diz respeito à imunidade formal em relação ao processo a Constituição foi expressa ao estabelecer que esta somente alcança os crimes ocorridos pós a diplomação. "Art. 53, § 3º Recebida a denúncia contra o Senador ou Deputado, por crime ocorrido após a diplomação, o STF dará ciência à Casa respectiva, que, por iniciativa de partido político nela representado e pelo voto da maioria de seus membros, poderá, até a decisão final, sustar o andamento da ação." Sobre o tema, vide posicionamento do STF: "O STF, em várias oportunidades, firmou o entendimento de que a EC 35, publicada em 21-12-2001, tem aplicabilidade imediata, por referir-se a imunidade processual, apta a alcançar as situações em curso. Referida emenda "suprimiu, para efeito de prosseguimento da persecutio criminis, a necessidade de licença parlamentar, distinguindo, ainda, entre delitos ocorridos antes e após a diplomação, para admitir, somente quanto a estes últimos, a possibilidade de suspensão do curso da ação penal" (Inq 1.637, min. Celso de Mello). Em face desta orientação, carece de plausibilidade jurídica, para o fim de atribuir-se efeito suspensivo a recurso extraordinário, a tese de que a norma inscrita no atual § 3º do art. 53 da Magna Carta se aplica também a crimes ocorridos após a diplomação de mandatos pretéritos." (AC 700 AgR)

*Para responder, tem que estudar: lei e jurisprudência.*

*Gabarito: A*

**41. (Cespe/TJ/MA/Juiz/2013)** Assinale a opção correta no que se refere aos poderes da República.

a) Embora a CF estabeleça a competência privativa dos tribunais de justiça para a escolha de seus órgãos diretivos, tal circunstância não reveste de inconstitucionalidade lei estadual que admita a participação, na referida escolha, não somente de desembargadores, mas também de juízes vitalícios que atuem em primeiro grau de jurisdição.

b) De acordo com o entendimento do STF, o deputado ou senador que assumir o cargo de ministro de Estado estará sujeito à perda do mandato por quebra de decoro parlamentar caso pratique, na condição de Ministro, ato considerado indecoroso.

c) De acordo com o estabelecido na CF, o Tribunal de Contas da União é órgão de natureza técnica que auxilia o Poder Legislativo na atividade de controle e fiscalização, cujos ministros são detentores das mesmas garantias, impedimentos, vencimentos e vantagens conferidas aos parlamentares.

d) A competência do presidente da República para prover cargos públicos federais não pode ser delegada a ministro de Estado.

**ANOTAÇÕES/COMENTÁRIOS**

(a) Errada. "A escolha dos órgãos diretivos compete privativamente ao próprio tribunal, nos termos do art. 96, I, a, da Carta Magna. Tribunal, na dicção constitucional, é o órgão colegiado, sendo inconstitucional, portanto, a norma estadual possibilitar que juízes vitalícios, que não apenas os desembargadores, participarem da escolha da direção do tribunal (...)." (ADI 2.012)

(b) Certa. "O membro do Congresso Nacional que se licencia do mandato para investir-se no cargo de ministro de Estado não perde os laços que o unem, organicamente, ao Parlamento (CF, art. 56, I). Consequentemente, continua a subsistir em seu favor a garantia constitucional da prerrogativa de foro em matéria penal (Inq 777-3 QO), bem como a faculdade de optar pela remuneração do mandato (CF, art. 56, § 3º). Da mesma forma, ainda que licenciado, cumpre-lhe guardar estrita observância às vedações e incompatibilidades inerentes ao estatuto constitucional do congressista, assim como às exigências ético-jurídicas que a Constituição (CF, art. 55, § 1º) e os regimentos internos das Casas Legislativas estabelecem como elementos caracterizadores do decoro parlamentar. (MS 25.579 MC)

(c) Errada. "Art. 73, § 3º Os Ministros do Tribunal de Contas da União terão as mesmas garantias, prerrogativas, impedimentos, vencimentos e vantagens dos Ministros do STJ, aplicando-se-lhes, quanto à aposentadoria e pensão, as normas constantes do art. 40."

(d) Errada. "Art. 84. Compete privativamente ao Presidente da República: (...). XXV – prover e extinguir os cargos públicos federais, na forma da lei; (...). Parágrafo único. O Presidente da República poderá delegar as atribuições mencionadas nos incisos VI, XII e XXV, primeira parte, aos Ministros de Estado, ao Procurador-Geral da República ou ao Advogado-Geral da União, que observarão os limites traçados nas respectivas delegações.

*Para responder, tem que estudar: lei e jurisprudência.*

*Gabarito: B*

### *3.1.3. Do Processo Legislativo*

**42. (Cespe/TJ/DFT/Juiz/2014)** No que concerne às competências dos entes federativos no ordenamento jurídico pátrio, assinale a opção correta à luz da jurisprudência do STF.

a) Lei municipal de iniciativa parlamentar que estabeleça isenção ou benefício de natureza fiscal não contém vício de iniciativa consistente na invasão da seara privativa do chefe do Poder Executivo, pois a competência para legislar sobre matéria tributária pertence concorrentemente ao Poder Legislativo e ao Poder Executivo, ainda que o diploma legal tenha repercussão na matéria orçamentária.

b) Compete privativamente ao município promover o saneamento básico.

c) O DF tem competência para editar lei que faculte o pagamento parcelado de multas decorrentes de infração de trânsito.

d) Será constitucional lei distrital que defina as condutas típicas configuradoras de crimes de responsabilidade dos agentes políticos distritais e que discipline o correspondente processo.

e) Uma lei distrital que venha a estabelecer penalidades para o motorista flagrado em estado de embriaguez durante a condução do veículo será constitucional, pois disporá acerca de segurança pública, matéria inserida no âmbito da competência legislativa concorrente.

*ANOTAÇÕES/COMENTÁRIOS*

(a) Certa. "I – A iniciativa de leis que versem sobre matéria tributária é concorrente entre o chefe do poder executivo e os membros do legislativo. II – A circunstância de as leis que versem sobre matéria tributária poderem repercutir no orçamento do ente federado não conduz à conclusão de que sua iniciativa é privativa do chefe do executivo." (RE 590.697-ED)

(b) Errada. "Art. 23. É competência comum da União, dos Estados, do Distrito Federal e dos Municípios: (...). IX – promover programas de construção de moradias e a melhoria das condições habitacionais e de saneamento básico;"

(c) Errada. "Segundo a jurisprudência desta Casa, é inconstitucional dispositivo de lei estadual que faculta o pagamento parcelado de multas decorrentes de infrações de trânsito, por invadir a competência privativa da União para legislar sobre a matéria (art. 22, XI, da Constituição da República). (ADI 4734)

(d) Errada. Súmula Vinculante 46: "A definição dos crimes de responsabilidade e o estabelecimento das respectivas normas de processo e julgamento são da competência legislativa privativa da União."

(e) Errada. "É inconstitucional a lei distrital ou estadual que comine penalidades a quem seja flagrado em estado de embriaguez na condução de veículo automotor." (ADI 3.269)

***Para responder, tem que estudar: jurisprudência e súmula/OJ.***

*Gabarito: A*

**43. (Cespe/TJ/PB/Juiz/2011)** Considerando a disciplina constitucional do Congresso Nacional e do processo legislativo, assinale a opção correta.

a) No Poder Judiciário, cabe ao presidente do STF, com exclusividade, a iniciativa das leis complementares e ordinárias sobre matérias afetas a esse poder.

b) O veto que o presidente da República apõe a projeto de lei pode ser total ou parcial, devendo, neste caso, abranger texto integral de artigo, de parágrafo, de inciso ou de alínea.

c) Os estados, o DF e os territórios são representados por três senadores, eleitos, com dois suplentes, para mandatos de oito anos, sendo a representação renovada a cada quatro anos, na proporção de um terço, de acordo com o princípio proporcional e de dois terços, de acordo com o princípio majoritário.

d) Entre as competências exclusivas do Congresso Nacional incluem-se a de processar e julgar os ministros do STF, os membros do CNJ e do Conselho Nacional do Ministério Público, o procurador-geral da República e o AGU nos crimes comuns e nos de responsabilidade.

e) Os parlamentares federais possuem imunidade formal para a prisão e para o processo, não podendo, desde a expedição do diploma, ser presos, salvo em flagrante de crime inafiançável, nem processados criminalmente sem prévia licença da respectiva casa.

ANOTAÇÕES/COMENTÁRIOS

(a) Errada. "Art. 93. Lei complementar, de iniciativa do STF, disporá sobre o Estatuto da Magistratura, observados os seguintes princípios:"

(b) Certa. "Art. 66, § 2º O veto parcial somente abrangerá texto integral de artigo, de parágrafo, de inciso ou de alínea."

(c) Errada. "Art. 46, § 1º Cada Estado e o Distrito Federal elegerão três Senadores, com mandato de oito anos. § 2º A representação de cada Estado e do Distrito Federal será renovada de quatro em quatro anos, alternadamente, por um e dois terços."

(d) Errada. "Art. 52. Compete privativamente ao Senado Federal: (...). II processar e julgar os Ministros do STF, os membros do Conselho Nacional de Justiça e do Conselho Nacional do Ministério Público, o Procurador-Geral da República e o Advogado-Geral da União nos crimes de responsabilidade;"

(e) Errada. A imunidade formal processual do parlamentar somente pode ser observada após o recebimento da denúncia, ocasião em que a respectiva casa poderá deliberar por sustar o andamento da ação. "Art. 53, § 3º Recebida a denúncia contra o Senador ou Deputado, por crime ocorrido após a diplomação, o STF dará ciência à Casa respectiva, que, por iniciativa de partido político nela representado e pelo voto da maioria de seus membros, poderá, até a decisão final, sustar o andamento da ação."

*Para responder, tem que estudar: lei.*

*Gabarito: B*

**44. (Cespe/TJ/AC/Juiz/2012)** À luz das disposições constitucionais sobre o processo legislativo, assinale a opção correta.

a) As leis delegadas serão elaboradas pelo presidente da República após a edição pelo Congresso Nacional de decreto legislativo com a especificação do conteúdo e dos termos de exercício da delegação.

b) Como regra, os projetos de lei, assim como as propostas de emenda à CF, são submetidos a dois turnos de discussão e votação.

c) As medidas provisórias devem ser votadas em sessão conjunta do Congresso Nacional, no prazo de sessenta dias a contar de sua publicação, sob pena de imediata perda da sua eficácia.

d) Não se admite, nos projetos que versam sobre a criação e extinção de ministérios e órgãos da administração pública, emenda parlamentar que gere aumento da despesa prevista.

e) O veto a projeto de lei deverá ser apreciado em cada uma das casas do Congresso Nacional dentro de trinta dias a contar da decisão presidencial, e sua rejeição dependerá do voto de dois terços dos membros de cada uma delas, em votação nominal.

ANOTAÇÕES/COMENTÁRIOS

(a) Errada. O instrumento é Resolução. "Art. 68, § 2º A delegação ao Presidente da República terá a forma de resolução do Congresso Nacional, que especificará seu conteúdo e os termos de seu exercício."

(b) Errada. De acordo com o artigo 60, § 2º, a proposta de Emenda Constitucional será votada 2 vezes em cada casa, perfazendo um total de quatro turnos. "Art. 60, § 2º A proposta será discutida e votada em cada Casa do Congresso Nacional, em dois turnos, considerando-se aprovada se obtiver, em ambos, três quintos dos votos dos respectivos membros."

(c) Errada. "Art. 62, § 8º As medidas provisórias terão sua votação iniciada na Câmara dos Deputados."

(d) Certa. De acordo com o que dispõe o artigo 61, § 1º, inciso I, o tema em comento é de iniciativa privativa do Presidente da República. Em razão disso, ativa-se a previsão do artigo 63 CF: "Art. 63. Não será admitido aumento da despesa prevista: I – nos projetos de iniciativa exclusiva do Presidente da República, ressalvado o disposto no art. 166, § 3º e § 4º;"

(e) Errada. § 4º O veto será apreciado em sessão conjunta, dentro de trinta dias a contar de seu recebimento, só podendo ser rejeitado pelo voto da maioria absoluta dos Deputados e Senadores.

*Para responder, tem que estudar: lei.*

*Gabarito: D*

**45. (Cespe/TJ/CE/Juiz/2012)** Acerca do processo legislativo na ordem jurídica pátria, assinale a opção correta.

a) Celebrado tratado, convenção ou ato internacional pelo presidente da República, cabe ao Congresso Nacional o correspondente referendo ou aprovação, mediante a edição de resolução específica.

b) No processo legislativo da lei ordinária, o veto presidencial parcial pode abranger trecho, palavras ou expressões constantes de artigo, parágrafo ou alínea.

c) O controle exercido pelo Congresso Nacional sobre a lei delegada opera efeitos "ex tunc".



BLOCO II

d) Segundo o STF, uma vez editada a medida provisória, não pode o presidente da República retirá-la da apreciação do Congresso Nacional nem tampouco ab-rogá-la por meio de nova medida provisória.

e) Lei ordinária posterior pode revogar lei formalmente complementar, desde que materialmente ordinária.

**ANOTAÇÕES/COMENTÁRIOS**

(a) Errada. Caberá ao Congresso nacional referendar, aprovando o tratado, ou rejeitá-lo. Em caso de aprovação, o instrumento que será formalizado é o decreto legislativo; já para a hipótese de rejeição basta a simples comunicação, por meio de mensagem ao Presidente da República.

(b) Errada. "Art. 66, § 2º O veto parcial somente abrangerá texto integral de artigo, de parágrafo, de inciso ou de alínea.

(c) Errada. O controle exercido pelo Congresso Nacional somente pode acontecer nos termos do artigo 68, § 3º CF. "Art. 68, § 3º Se a resolução determinar a apreciação do projeto pelo Congresso Nacional, este a fará em votação única, vedada qualquer emenda."

(d) Errada. A medida provisória pode ser ab-rogada por diploma posterior de superior hierarquia. Nesse sentido, STF: "Porque possui força de lei e eficácia imediata a partir de sua publicação, a medida provisória não pode ser "retirada" pelo presidente da República à apreciação do Congresso Nacional. (...). Como qualquer outro ato legislativo, a medida provisória é passível de ab-rogação mediante diploma de igual ou superior hierarquia. (...). A revogação da medida provisória por outra apenas suspende a eficácia da norma ab-rogada, que voltará a vigorar pelo tempo que lhe reste para apreciação, caso caduque ou seja rejeitada a medida provisória ab-rogante. Consequentemente, o ato revocatório não subtrai ao Congresso Nacional o exame da matéria contida na medida provisória revogada." (ADI 2.984 MC)

(e) Certa. "Contribuição Social sobre o Faturamento (Cofins). (CF, art. 195, I). Revogação pelo art. 56 da Lei 9.430/1996 da isenção concedida às sociedades civis de profissão regulamentada pelo art. 6º, II, da LC 70/1991. Legitimidade. Inexistência de relação hierárquica entre lei ordinária e lei complementar. Questão exclusivamente constitucional, relacionada à distribuição material entre as espécies legais. A LC 70/1991 é apenas formalmente complementar, mas materialmente ordinária, com relação aos dispositivos concernentes à contribuição social por ela instituída. (RE 377.457)

***Para responder, tem que estudar: lei, jurisprudência e teoria/doutrina.***

*Gabarito: E*

**46. (Cespe/TJ/PI/Juiz/2012)** Considerando as disposições constitucionais acerca do processo legislativo, assinale a opção correta.

a) As deliberações das comissões permanentes de ambas as casas do Congresso Nacional devem ser tomadas por maioria simples, salvo no que diz respeito à discussão e votação, em caráter conclusivo, de projetos de lei, caso em que se requer maioria absoluta.

b) A promulgação é entendida como o atestado de existência da lei; desse modo, os efeitos da lei somente se produzem depois daquela.

c) A promulgação e a publicação da lei são sempre atos conjuntos e devem ocorrer de forma simultânea.

d) As medidas provisórias, cujo prazo de validade é de sessenta dias, prorrogável por mais sessenta, devem ser votadas em sessão conjunta do Congresso Nacional.

e) As leis delegadas, elaboradas pelo presidente da República em virtude de autorização do Poder Legislativo, devem ser aprovadas por maioria absoluta.

ANOTAÇÕES/COMENTÁRIOS

(a) Errada. "Art. 47. Salvo disposição constitucional em contrário, as deliberações de cada Casa e de suas Comissões serão tomadas por maioria dos votos, presente a maioria absoluta de seus membros."

(b) Certa. "Promulgação não passa de mera comunicação, aos destinatários da lei, de que esta foi criada com determinado conteúdo. Nesse sentido, pode-se dizer que é o meio de constatar a existência da lei; (...). (José Afonso da Silva, Curso de Direito Constitucional Positivo, 40ª Edição, Editora Malheiros)

(c) Errada. Leis delegadas e medidas provisória não possuem a etapa da promulgação. Entretanto, têm sua edição realizada pela publicação autenticada.

(d) Errada. "Art. 62, § 3º As medidas provisórias, ressalvado o disposto nos §§ 11 e 12 perderão eficácia, desde a edição, se não forem convertidas em lei no prazo de sessenta dias, prorrogável, nos termos do § 7º, uma vez por igual período, devendo o Congresso Nacional disciplinar, por decreto legislativo, as relações jurídicas delas decorrentes."

(e) Errada. Como inexiste disposição constitucional versando acerca do quórum de aprovação das leis delegadas, elas seguirão a regra geral do artigo 47 CF.

*Para responder, tem que estudar: lei.*

*Gabarito: B*

**47. (Cespe/TJ/PA/Juiz/2012)** Com relação ao processo legislativo, assinale a opção correta.

a) As medidas provisórias que perderem sua eficácia por decurso de prazo poderão ser reeditadas na mesma sessão legislativa, mas as que forem expressamente rejeitadas, não.

b) Por serem atos normativos "interna corporis" da Câmara dos Deputados e do Senado Federal, as resoluções não são aptas à produção de efeitos externos.

c) Durante os períodos de recesso do Congresso Nacional, os prazos relativos ao processo legislativo ficam suspensos, salvo no que se refere aos projetos de código.

d) Decreto legislativo é a espécie normativa destinada a regular assuntos de competência privativa da Câmara dos Deputados e do Senado Federal, como, por exemplo, a aprovação de seus regimentos internos.

e) Para que o presidente da República edite lei delegada, é necessária autorização do Congresso Nacional, por meio de resolução.

**ANOTAÇÕES/COMENTÁRIOS**

(a) Errada. "Art. 62, § 10. É vedada a reedição, na mesma sessão legislativa, de medida provisória que tenha sido rejeitada ou que tenha perdido sua eficácia por decurso de prazo."

(b) Errada. Embora seja essa a regra, existem exceções no texto constitucional. A resolução é o instrumento pelo qual são regulamentadas as competências privativas da Câmara dos Deputados e do Senado Federal (Arts. 51 e 52 da CF). Além disso, existem outros dispositivos constitucionais que são veiculados pela via da resolução: Art. 62, § 2º; Art. 155, § 1º, IV e Art. 155, § 2º, IV e V, alíneas a e b.

(c) Errada. Inexiste a referida disposição no texto constitucional. Ficando a disciplina a cargo dos respectivos regimentos internos de cada casa. Tomando-se como exemplo o Regimento Interno da Câmara dos Deputados, verifica-se que no artigo 280, § 2º os prazos, em regra, ficarão suspensos durante o período de recesso. Como se vê, inexiste qualquer menção a projetos de códigos estabelecendo uma regra diferenciada para estes. "Art. 58, § 4º Durante o recesso, haverá uma Comissão representativa do Congresso Nacional, eleita por suas Casas na última sessão ordinária do período legislativo, com atribuições definidas no regimento comum, cuja composição reproduzirá, quanto possível, a proporcionalidade da representação partidária."

(d) Errada. Conforme comentários à alternativa "b" a espécie normativa incumbida de tal fim é a resolução.

(e) Certa. "Art. 68, § 2º A delegação ao Presidente da República terá a forma de resolução do Congresso Nacional, que especificará seu conteúdo e os termos de seu exercício."

*Para responder, tem que estudar: lei e teoria/doutrina.*

*Gabarito: E*

**48. (Cespe/TJ/MA/Juiz/2013)** Considerando as disposições constitucionais e a jurisprudência acerca do processo legislativo, assinale a opção correta.

a) A rejeição expressa de medida provisória opera efeitos "ex nunc".
b) Os projetos de lei de iniciativa popular poderão iniciar-se tanto na Câmara dos Deputados quanto no Senado Federal.
c) De acordo com entendimento do STF, a iniciativa de lei que verse sobre matéria tributária é concorrente entre o chefe do Poder Executivo e os membros do Legislativo.
d) De acordo com o regime de tramitação do projeto de lei complementar, é dispensável a submissão de seu conteúdo ao plenário da casa legislativa.

ANOTAÇÕES/COMENTÁRIOS

(a) Errada. Os atos regulamentares de medidas provisórias não convertidas em lei não subsistem autonomamente, eis que nelas reside, de modo direto e imediato, o seu próprio fundamento de validade e de eficácia. A ausência de conversão legislativa opera efeitos extintivos radicais e genéricos, de modo a afetar todos os atos que estejam, de qualquer modo, causalmente vinculados a medida provisória rejeitada ou não transformada em lei, especialmente aqueles que, editados pelo próprio poder público, com ela mantinham, ou deveriam manter, estrita relação de dependência normativa e de acessoriedade jurídica, tais como as instruções normativas." (ADI 365 AgR, j. 7-11-1990)

(b) Errada. Será iniciada na Câmara dos Deputados, funcionando o Senado – como em quase todos os casos – como casa revisora.

(c) Certa. "O tema já foi enfrentado em diversos julgados do STF e a jurisprudência da Corte é uníssona em negar a exigência de reserva de inciativa em matéria tributária, ainda que se cuide de lei que vise à minoração ou revogação de tributo. As leis em matéria tributária enquadram-se na regra de iniciativa geral, que autoriza a qualquer parlamentar – deputado federal ou senador – apresentar projeto de lei cujo conteúdo consista em instituir, modificar ou revogar tributo. (...). Não há, no texto constitucional em vigor, qualquer mandamento que determine a iniciativa exclusiva do chefe do Executivo quanto aos tributos. Não se aplica à matéria nenhuma das alíneas do inciso II do § 1º do art. 61, tampouco a previsão do art. 165. Como já decidiu diversas vezes este Tribunal, a regra do art. 61, § 1º, II, b, concerne tão somente aos Territórios. A norma não reserva à iniciativa privativa do presidente da República toda e qualquer lei que cuide de tributos, senão apenas a matéria tributária dos Territórios. Também não incide, na espécie, o art. 165 da CF, uma vez que a restrição nele prevista limita-se às leis orçamentárias plano plurianual, lei de diretrizes orçamentárias e lei orçamentária anual e não alcança os diplomas que aumentem ou reduzam exações fiscais. Ainda que acarretem diminuição das receitas arrecadadas, as leis que concedem benefícios fiscais tais como isenções, remissões, redução de base de cálculo ou alíquota não podem ser enquadradas entre as leis orçamentárias a que se referem o art. 165 da CF." (ARE 743.480 RG, j. 10-10-2013)

(d) Errada. Inexiste a referida revisão no texto constitucional.

*Para responder, tem que estudar: lei e jurisprudência.*

*Gabarito: C*

### *3.1.4. Da Fiscalização Contábil, Financeira e Orçamentária*

**49. (Cespe/TJ/AM/Juiz/2016)** Sabendo que o controle externo a cargo do Congresso Nacional é exercido com o auxílio do TCU, assinale a opção correta.

a) Deverá o TCU sustar, diretamente, a execução de atos e de contratos impugnados, devendo comunicar a decisão à Câmara dos Deputados e ao Senado Federal e solicitar ao Poder Executivo que adote as medidas cabíveis.

b) O TCU deve encaminhar, mensalmente, ao Congresso Nacional relatório de suas atividades.

c) O TCU é competente para julgar as contas dos administradores e demais responsáveis por valores públicos da administração direta e indireta, tendo eficácia de título executivo as decisões desse tribunal das quais resulte imputação de débito ou multa.

d) Compete ao TCU apreciar, para fins de registro, a legalidade dos atos de admissão de pessoal, a qualquer título, na administração direta e indireta, inclusive nomeações para cargo de provimento em comissão, bem como a das concessões de aposentadorias, reformas e pensões.

e) O TCU fiscalizará as contas nacionais de empresas supranacionais apenas quando houver participação direta da União em seu capital social, nos termos do tratado constitutivo.

ANOTAÇÕES/COMENTÁRIOS

(a) Errada. "Art. 71. O controle externo, a cargo do Congresso Nacional, será exercido com o auxílio do Tribunal de Contas da União, ao qual compete: (...). X – sustar, se não atendido, a execução do ato impugnado, comunicando a decisão à Câmara dos Deputados e ao Senado Federal; (...). § 1º No caso de contrato, o ato de sustação será adotado diretamente pelo Congresso Nacional, que solicitará, de imediato, ao Poder Executivo as medidas cabíveis.

(b) Errada. "Art. 71. § 4º O Tribunal encaminhará ao Congresso Nacional, trimestral e anualmente, relatório de suas atividades."

(c) Certa. "Art. 71, (...). II – julgar as contas dos administradores e demais responsáveis por dinheiros, bens e valores públicos da administração direta e indireta, incluídas as fundações e sociedades instituídas e mantidas pelo Poder Público federal, e as contas daqueles que derem causa a perda, extravio ou outra irregularidade de que resulte prejuízo ao erário público; (...)§ 3º As decisões do Tribunal de que resulte imputação de débito ou multa terão eficácia de título executivo.

(d) Errada. "Art. 71 (...). III – apreciar, para fins de registro, a legalidade dos atos de admissão de pessoal, a qualquer título, na administração direta e indireta, incluídas as fundações instituídas e mantidas pelo Poder Público, excetuadas as nomeações para cargo de provimento em comissão, bem como a das concessões de aposentadorias, reformas e pensões, ressalvadas as melhorias posteriores que não alterem o fundamento legal do ato concessório;"

(e) Errada. "Art. 71(...)III – apreciar, para fins de registro, a legalidade dos atos de admissão de pessoal, a qualquer título, na administração direta e indireta, incluídas as fundações instituídas e mantidas pelo Poder Público, excetuadas as nomeações para cargo de provimento em comissão, bem como a das concessões de aposentadorias, reformas e pensões, ressalvadas as melhorias posteriores que não alterem o fundamento legal do ato concessório;"

*Para responder, tem que estudar: lei.*

*Gabarito: C*

**50. (Cespe/TJ/DFT/Juiz/2016)** No que se refere ao tema controle interno e externo e seus respectivos órgãos estatais, assinale a opção correta.

a) Qualquer cidadão ou sindicato é parte legítima para denunciar irregularidades ou ilicitudes ao tribunal de contas.

b) O controle da atividade administrativa exercido pelo CNJ sujeita todos os órgãos do Poder Judiciário Nacional.

c) O TCU, mediante controle externo que lhe cabe por competência exclusiva, exerce a fiscalização da atividade contábil, financeira, orçamentária, operacional e patrimonial da União.

d) Nos processos perante o TCU, em que há apreciação da legalidade do ato de concessão inicial de aposentadoria, é prescindível assegurar-se o contraditório e a ampla defesa, a despeito do decurso de qualquer lapso temporal.

e) No que tange ao controle interno da administração, é lícito condicionar a admissibilidade de recurso administrativo a prévio depósito.

ANOTAÇÕES/COMENTÁRIOS

(a) Correta; "Art. 74 § 2º Qualquer cidadão, partido político, associação ou sindicato é parte legítima para, na forma da lei, denunciar irregularidades ou ilegalidades perante o Tribunal de Contas da União."

(b) Errada. O STF, por ser o órgão de cúpula do Poder Judiciário – estando acima deste, não se insere no alcance das atividades do CNJ. "Órgão de natureza exclusivamente administrativa. Atribuições de controle da atividade administrativa, financeira e disciplinar da magistratura. Competência relativa apenas aos órgãos e juízes situados, hierarquicamente, abaixo do STF. Preeminência deste, como órgão máximo do Poder Judiciário, sobre o Conselho, cujos atos e decisões estão sujeitos a seu controle jurisdicional. Inteligência dos arts. 102, caput, I, r, e 103-B, § 4º, da CF. O CNJ não tem nenhuma competência sobre o STF e seus ministros, sendo este o órgão máximo do Poder Judiciário nacional, a que aquele está sujeito." (ADI 3.367, j. 13-4-2005)

(c) Errada. "Art. 70. A fiscalização contábil, financeira, orçamentária, operacional e patrimonial da União e das entidades da administração direta e indireta, quanto à legalidade, legitimidade, economicidade, aplicação das subvenções e renúncia de receitas, será exercida pelo Congresso Nacional, mediante controle externo, e pelo sistema de controle interno de cada Poder."

(d) Errada. "Na ação, a União defendia a tese de que o Plenário do Supremo relativizou a parte final da Súmula Vinculante 3, tendo afirmado a necessidade de respeito aos princípios do contraditório e da ampla defesa na apreciação da legalidade do ato de concessão inicial de aposentadoria, reforma e pensão somente nos casos em que ultrapassados cinco anos da autuação do respectivo processo administrativo no TCU, o que não teria ocorrido no presente caso." (Rcl 15405. 1ª Turma)

(e) Errada. Súmula Vinculante 21: "É inconstitucional a exigência de depósito ou arrolamento prévios de dinheiro ou bens para admissibilidade de recurso administrativo."

*Para responder, tem que estudar: lei, jurisprudência e súmula/OJ.*

*Gabarito: A*

**51. (Cespe/TJ/DFT/Juiz/2014)** Acerca do Poder Legislativo e do Tribunal de Contas no âmbito das três esferas da Federação, assinale a opção correta.

a) Após a edição de determinada medida provisória, o presidente da República poderá retirá-la da apreciação do Congresso Nacional.

b) O modelo federal de composição do tribunal de contas previsto na CF é de observância obrigatória pelos estados, inclusive no que se refere à proporção que deve ser observada entre as carreiras de auditor ou de membro do MP na indicação dos conselheiros.

c) As comissões parlamentares de inquérito têm poderes próprios das autoridades judiciais, razão pela qual podem determinar a indisponibilidade de bens da pessoa investigada.

d) Embora a imunidade material dos deputados e senadores exclua a responsabilidade criminal, civil, disciplinar e política por suas opiniões, palavras e votos, tal imunidade é prerrogativa de ordem subjetiva que pode ser objeto de renúncia pelo congressista.

e) No projeto de lei orçamentária anual – de iniciativa exclusiva do presidente da República –, não são admitidas emendas parlamentares que acarretem aumento de despesas.

**ANOTAÇÕES/COMENTÁRIOS**

(a) Errada. "Porque possui força de lei e eficácia imediata a partir de sua publicação, a medida provisória não pode ser "retirada" pelo presidente da República à apreciação do

Congresso Nacional. (...). Como qualquer outro ato legislativo, a medida provisória é passível de ab-rogação mediante diploma de igual ou superior hierarquia. (...). A revogação da medida provisória por outra apenas suspende a eficácia da norma ab-rogada, que voltará a vigorar pelo tempo que lhe reste para apreciação, caso caduque ou seja rejeitada a medida provisória ab-rogante. Consequentemente, o ato revocatório não subtrai ao Congresso Nacional o exame da matéria contida na medida provisória revogada." (ADI 2.984 MC)

(b) Certa. "Não é possível ao Estado-membro extinguir o cargo de auditor na corte de contas estadual, previsto constitucionalmente, e substituí-lo por outro cuja forma de provimento igualmente divirja do modelo definido pela Constituição do Brasil/1988." (ADI 1994)

(c) Errada. "Incompetência da CPI para expedir decreto de indisponibilidade de bens de particular, que não é medida de instrução – a cujo âmbito se restringem os poderes de autoridade judicial a elas conferidos no art. 58, § 3º, mas de provimento cautelar de eventual sentença futura, que só pode caber ao juiz competente para proferi-la. Quebra ou transferência de sigilos bancário, fiscal e de registros telefônicos que, ainda quando se admita, em tese, susceptível de ser objeto de decreto de CPI – porque não coberta pela reserva absoluta de jurisdição que resguarda outras garantias constitucionais –, há de ser adequadamente fundamentada: aplicação no exercício pela CPI dos poderes instrutórios das autoridades judiciárias da exigência de motivação do art. 93, IX, da Constituição da República." (MS 23.480, j. 4-5-2000)

(d) Errada. "O instituto da imunidade parlamentar atua, no contexto normativo delineado por nossa Constituição, como condição e garantia de independência do Poder Legislativo, seu real destinatário, em face dos outros poderes do Estado. Estende-se ao congressista, embora não constitua uma prerrogativa de ordem subjetiva deste. Trata-se de prerrogativa de caráter institucional, inerente ao Poder Legislativo, que só é conferida ao parlamentar ratione muneris, em função do cargo e do mandato que exerce. É por essa razão que não se reconhece ao congressista, em tema de imunidade parlamentar, a faculdade de a ela renunciar. Trata-se de garantia institucional deferida ao Congresso Nacional. O congressista, isoladamente considerado, não tem, sobre ela, qualquer poder de disposição. (...). A imunidade parlamentar material só protege o congressista nos atos, palavras, opiniões e votos proferidos no exercício do ofício congressual. São passíveis dessa tutela jurídico-constitucional apenas os comportamentos parlamentares cuja prática seja imputável ao exercício do mandato legislativo. A garantia da imunidade material estende-se ao desempenho das funções de representante do Poder Legislativo, qualquer que seja o âmbito, parlamentar ou extraparlamentar, dessa atuação, desde que exercida ratione muneris." (Inq 510)

(e) Errada. "Art. 165, § 8º Os recursos que, em decorrência de veto, emenda ou rejeição do projeto de lei orçamentária anual, ficarem sem despesas correspondentes poderão ser utilizados, conforme o caso, mediante créditos especiais ou suplementares, com prévia e específica autorização legislativa."

*Para responder, tem que estudar: lei, jurisprudência e súmula/OJ.*

*Gabarito: B*

BLOCO II

## 3.2. Do Poder Executivo

**52. (Cespe/TJ/AC/Juiz/2012)** A respeito do Poder Executivo e das atribuições, prerrogativas e responsabilidades do presidente da República, assinale a opção correta.

a) A CF dedica um capítulo à caracterização dos atos do presidente da República considerados crimes de responsabilidade e apresenta, de forma exaustiva, as normas sobre processo e julgamento desses crimes pelo Senado Federal.

b) Se, decorridos dez dias da data fixada para a posse, o presidente, salvo motivo de força maior, não tiver assumido o cargo, o vice-presidente da República será chamado a exercer a Presidência, em caráter interino, devendo convocar eleição noventa dias depois da declaração de vacância do cargo presidencial.

c) Instaurado processo, na Câmara dos Deputados, contra o presidente da República, por crime de responsabilidade, ficará o chefe do Poder Executivo imediatamente suspenso de suas funções.

d) O presidente e o vice-presidente da República só poderão ausentar-se do país mediante licença do Senado Federal, sob pena de perda do cargo.

e) Compete ao presidente da República, na condição de chefe de Estado, declarar guerra no caso de agressão estrangeira e celebrar a paz, mediante autorização ou referendo do Congresso Nacional.

ANOTAÇÕES/COMENTÁRIOS

(a) Errada. "Art. 85. São crimes de responsabilidade os atos do Presidente da República que atentem contra a Constituição Federal e, especialmente, contra: (...). Parágrafo único. Esses crimes serão definidos em lei especial, que estabelecerá as normas de processo e julgamento."

(b) Errada. A hipótese somente é vislumbrada se a vacância ocorrer no cargo de Presidente e de Vice Presidente da República, ao mesmo tempo. "Art. 81. Vagando os cargos de Presidente e Vice-Presidente da República, far-se-á eleição noventa dias depois de aberta a última vaga."

(c) Errada. O processo é instaurado no Senado Federal. "Art. 52. Compete privativamente ao Senado Federal: I – processar e julgar o Presidente e o Vice-Presidente da República nos crimes de responsabilidade, bem como os Ministros de Estado e os Comandantes da Marinha, do Exército e da Aeronáutica nos crimes da mesma natureza conexos com aqueles;"

(d) Errada. "Art. 83. O Presidente e o Vice-Presidente da República não poderão, sem licença do Congresso Nacional, ausentar-se do País por período superior a quinze dias, sob pena de perda do cargo."

(e) Certa. "Art. 84, XIX – declarar guerra, no caso de agressão estrangeira, autorizado pelo Congresso Nacional ou referendado por ele, quando ocorrida no intervalo das sessões legislativas, e, nas mesmas condições, decretar, total ou parcialmente, a mobilização nacional; XX – celebrar a paz, autorizado ou com o referendo do Congresso Nacional;"

*Para responder, tem que estudar: lei.*

*Gabarito: E*

**53. (Cespe/TJ/PA/Juiz/2012)** Assinale a opção correta, em relação aos ministros de Estado e às atribuições, prerrogativas e responsabilidades do presidente da República.

a) Ficam suspensos os direitos políticos do presidente da República condenado, por decisão com trânsito em julgado, pela prática de crime comum; a perda do mandato, entretanto, só ocorrerá, pela mesma razão, por decisão de dois terços dos membros do Senado Federal.

b) É meramente exemplificativo o rol de crimes de responsabilidade do presidente da República previstos no texto constitucional.

c) Na vigência de seu mandato, o presidente da República dispõe de imunidade tanto em face de ações judiciais que visem definir-lhe a responsabilidade civil quanto em face de procedimentos destinados a apurar a sua responsabilidade tributária.

d) Os ministros de Estado, escolhidos entre brasileiros com mais de trinta anos de idade que estejam no exercício dos direitos políticos, gozam de foro privilegiado junto ao STJ.

e) A CF autoriza o presidente da República a delegar o exercício de atribuições que lhe sejam privativas somente ao advogado-geral da União e aos ocupantes de cargos cujos titulares tenham status de ministro de Estado.

ANOTAÇÕES/COMENTÁRIOS

(a) Errada. "Art. 52, parágrafo único. Nos casos previstos nos incisos I e II, funcionará como Presidente o do STF, limitando-se a condenação, que somente será proferida por dois terços dos votos do Senado Federal, à perda do cargo, com inabilitação, por oito anos, para o exercício de função pública, sem prejuízo das demais sanções judiciais cabíveis."

(b) Certa. A conclusão pode ser extraída da própria leitura do texto constitucional: "Art. 85. São crimes de responsabilidade os atos do Presidente da República que atentem contra a Constituição Federal e, especialmente, contra: I – a existência da União; II – o livre exercício do Poder Legislativo, do Poder Judiciário, do Ministério Público e dos Poderes constitucionais das unidades da Federação; III – o exercício dos direitos políticos, individuais e sociais; IV – a segurança interna do País; V – a probidade na administração; VI – a lei orçamentária; VII – o cumprimento das leis e das decisões judiciais. Parágrafo único. Esses crimes serão definidos em lei especial, que estabelecerá as normas de processo e julgamento.

(c) Errada. A imunidade do Presidente da República se dá nos termos do art. 86, § 4º CF. “Art. 86, § 4º O Presidente da República, na vigência de seu mandato, não pode ser responsabilizado por atos estranhos ao exercício de suas funções.”

(d) Errada. Ministros de Estado devem ser maiores de vinte e um anos e gozam de foro por prerrogativa da função junto ao STF, na forma do artigo 102, inciso I, alínea b CF. “Art. 87. Os Ministros de Estado serão escolhidos dentre brasileiros maiores de vinte e um anos e no exercício dos direitos políticos.”

(e) Errada. “Art. 84, parágrafo único. O Presidente da República poderá delegar as atribuições mencionadas nos incisos VI, XII e XXV, primeira parte, aos Ministros de Estado, ao Procurador-Geral da República ou ao Advogado-Geral da União, que observarão os limites traçados nas respectivas delegações.”

*Para responder, tem que estudar: lei.*

*Gabarito: B*

**54. (Cespe/TJ/AM/Juiz/2016)** Assinale a opção correta acerca do Poder Executivo, considerando o disposto na CF e a doutrina.

a) Os atos do presidente da República que atentem especialmente contra a probidade na administração, a lei orçamentária e o cumprimento das leis e das decisões judiciais são crimes de responsabilidade classificados como crimes funcionais.

b) Admitida a acusação contra o presidente da República, por dois terços da Câmara dos Deputados, será ele suspenso de suas funções e submetido a julgamento perante o Senado Federal, nos casos de crimes de responsabilidade.

c) No texto constitucional, a afirmação de que o Poder Executivo é exercido pelo presidente da República, auxiliado pelos ministros de Estado, indica que a função é compartilhada, caracterizando-se o Poder Executivo como colegial, dependendo o seu chefe da confiança do Congresso Nacional para permanecer no cargo.

d) Se, decorridos dez dias da data fixada para a posse, o presidente ou o vice-presidente eleitos, salvo motivo de força maior, não tiverem assumido o cargo, este será declarado vago, sendo a declaração de vacância ato político feito pelo TSE.

e) A competência privativa do presidente da República para nomear os ministros do STF e dos tribunais superiores, o procurador-geral da República, o presidente e os diretores do Banco Central do Brasil é classificada como função básica de chefia do Estado.

ANOTAÇÕES/COMENTÁRIOS

(a) Certa. “Art. 85. São crimes de responsabilidade os atos do Presidente da República que atentem contra a Constituição Federal e, especialmente, contra: (...). V – a probidade na administração; VI – a lei orçamentária; VII – o cumprimento das leis e das decisões judiciais."

(b) Errada. Admitida a acusação, serão Presidente da República SUBMETIDO A JULGAMENTO perante o Senado Federal. "Art. 86. Admitida a acusação contra o Presidente da República, por dois terços da Câmara dos Deputados, será ele submetido a julgamento perante o STF, nas infrações penais comuns, ou perante o Senado Federal, nos crimes de responsabilidade."

(c) Errada. A referida confiança apontada pela alternativa violaria o artigo 2º da Constituição (Princípio da Separação dos Poderes).

(d) Errada. "Parágrafo único. Se, decorridos dez dias da data fixada para a posse, o Presidente ou o Vice-Presidente, salvo motivo de força maior, não tiver assumido o cargo, este será declarado vago."

(e) Errada. O referido ato tem natureza de ato de administração, o qual o Presidente da República exerce imbuído da função de Chefe de Governo. Suas funções com natureza de chefe de Estado são aquelas em que o Presidente representa o Brasil nas relações internacionais ou a unidade da República, internamente.

*Para responder, tem que estudar: lei.*

*Gabarito: A*



**55. (Cespe/TJ/DFT/Juiz/2015)** A respeito da organização do Estado e do Poder Executivo, assinale a opção correta considerando a jurisprudência do STF.

a) O poder regulamentar deferido aos ministros de Estado legitima-os a editar atos normativos de caráter primário, tendo em vista a possibilidade constitucional de delegação de algumas competências privativas do presidente da República àquelas autoridades.

b) O salário de agentes públicos de sociedade de economia mista não está limitado ao teto salarial constitucional porque esses agentes estão submetidos ao regime celetista e vinculados a uma pessoa jurídica de direito privado.

c) Caso ônibus de empresa privada concessionária de serviço público de transporte atropele alguém, a responsabilização da empresa será subjetiva pelo fato de a vítima não estar na condição de usuária do serviço público no momento do acidente.

d) É lícita a prisão em flagrante de governador de estado da Federação que cometa tentativa de homicídio, uma vez que os governadores não gozam da prerrogativa extraordinária da imunidade a esse tipo de prisão.

e) Caso o presidente e o vice-presidente da República decidam renunciar a seus cargos ao final do primeiro ano de mandato, deverá haver eleição para ambos os cargos, pelo Congresso Nacional, noventa dias após a abertura das vagas.

ANOTAÇÕES/COMENTÁRIOS

(a) Errada. Poder regulamentar (ou normativo) visa a complementar as leis. Logo, trata-se de edição de atos normativos de caráter secundário.

(b) Errada. "RECURSO EXTRAORDINÁRIO COM AGRAVO. CONSTITUCIONAL. TRABALHISTA. EMPREGADOS DE EMPRESAS PÚBLICAS E DE SOCIEDADES DE ECONOMIA MISTA E SUAS SUBSIDIÁRIAS, QUE RECEBAM RECURSOS DA UNIÃO, DOS ESTADOS, DO DISTRITO FEDERAL OU DOS MUNICÍPIOS PARA PAGAMENTO DE DESPESAS DE PESSOAL OU DE CUSTEIO EM GERAL. OBSERVÂNCIA DO TETO REMUNERATÓRIO CONSTITUCIONAL. POSSIBILIDADE DE INCIDÊNCIA INCLUSIVE NO PERÍODO ANTERIOR AO ADVENTO DA EMENDA CONSTITUCIONAL 19/1998. ARTIGO 37, § 9º, DA CONSTITUIÇÃO DA REPÚBLICA. AGRAVO PROVIDO PARA, DESDE LOGO, PROVER O RECURSO EXTRAORDINÁRIO. (...). DECIDO. O presente recurso merece provimento. Esta Suprema Corte entende que, nos termos do artigo 37, § 9º, da Constituição da República, aplica-se às empresas públicas e sociedades de economia mista e suas subsidiárias, que recebam "recursos da União, dos Estados, do Distrito Federal ou dos Municípios para pagamento de despesas de pessoal ou de custeio em geral", o teto remuneratório previsto no artigo 37, XI, da Constituição, inclusive no período anterior ao advento da Emenda Constitucional 19/1998." (RE 590.252-AgR, Segunda Turma, DJe de 17/4/2009)

(c) Errada. "A responsabilidade civil das pessoas jurídicas de direito privado prestadoras de serviço público é objetiva relativamente a terceiros usuários, e não usuários do serviço, segundo decorre do art. 37, § 6º, da CF. A inequívoca presença do nexo de causalidade entre o ato administrativo e o dano causado ao terceiro não usuário do serviço público é condição suficiente para estabelecer a responsabilidade objetiva da pessoa jurídica de direito privado." (RE 591.874, j. 26-8-2009, P, Tema 130)

(d) Certa. "IMUNIDADE A PRISÃO CAUTELAR – PRERROGATIVA DO PRESIDENTE DA REPUBLICA – IMPOSSIBILIDADE DE SUA EXTENSÃO, MEDIANTE NORMA DA CONSTITUIÇÃO ESTADUAL, AO GOVERNADOR DO ESTADO. O Estado-membro, ainda que em norma constante de sua própria Constituição, não dispõe de competência para outorgar ao Governador a prerrogativa extraordinária da imunidade a prisão em flagrante, a prisão preventiva e a prisão temporária, pois a disciplinação dessas modalidades de prisão cautelar submete-se, com exclusividade, ao poder normativo da União Federal, por efeito de expressa reserva constitucional de competência definida pela Carta da Republica. A norma constante da Constituição estadual – que impede a prisão do Governador de Estado antes de sua condenação penal definitiva – não se reveste de validade jurídica e, consequentemente, não pode subsistir em face de sua evidente incompatibilidade com o texto da Constituição Federal. PRERROGATIVAS INERENTES AO PRESIDENTE DA REPUBLICA ENQUANTO CHEFE DE ESTADO. Os Estados-membros não podem reproduzir em suas próprias Constituições o conteúdo normativo dos preceitos inscritos no art. 86, PAR.3. e 4., da Carta Federal, pois as prerrogativas contempladas nesses preceitos da Lei

Fundamental – por serem unicamente compatíveis com a condição institucional de Chefe de Estado – são apenas extensíveis ao Presidente da República."

(e) Errada. A hipótese de eleição indireta realizada pelo Congresso Nacional, assinalada na alternativa, somente se verifica caso a vacância em comento ocorra nos dois últimos anos do período presidencial. "Art. 81. Vagando os cargos de Presidente e Vice-Presidente da República, far-se-á eleição noventa dias depois de aberta a última vaga. § 1º Ocorrendo a vacância nos últimos dois anos do período presidencial, a eleição para ambos os cargos será feita trinta dias depois da última vaga, pelo Congresso Nacional, na forma da lei."

*Para responder, tem que estudar: jurisprudência e teoria/doutrina.*

*Gabarito: D*

**56. (Cespe/TJ/DFT/Juiz/2014)** A respeito do Poder Executivo nas esferas federal, estadual e municipal, assinale a opção correta.

a) As atribuições do presidente da República estão taxativamente previstas em dispositivo específico da CF.

b) A sentença condenatória do presidente da República pela prática de crime de responsabilidade será materializada mediante resolução do Senado Federal, limitando-se a condenação à perda do cargo com inabilitação, por oito anos, para o exercício de função pública, sem prejuízo das demais sanções judiciais cabíveis.

c) Não pode ser objeto de delegação a ministro de Estado a atribuição conferida pela CF ao presidente da República de demitir servidor público federal.

d) No caso de impedimento do governador e do vice-governador do DF, ou de vacância dos referidos cargos, serão sucessivamente chamados para o exercício da chefia do Poder Executivo desse ente federativo o presidente da CLDF, o vice-presidente da CLDF e o presidente do TJDFT.

e) De acordo com o disposto na CF, enquanto não sobrevier sentença condenatória, o chefe do Poder Executivo, nas três esferas da Federação, não estará sujeito a prisão pelo cometimento de infrações penais comuns.

ANOTAÇÕES/COMENTÁRIOS

(a) Errada. Da simples leitura do dispositivo, verifica-se que o Presidente poderá exercer funções que não estão no rol do artigo 84 CF. Portanto, não vêm as suas atribuições previstas em rol específico da Constituição. "Art. 84. Compete privativamente ao Presidente da República: (...). XXVII – exercer outras atribuições previstas nesta Constituição."

(b) Certa. Artigo 52 CF e Artigo 35 da Lei 1079/50: "Art. 52, parágrafo único. Nos casos previstos nos incisos I e II, funcionará como Presidente o do STF, limitando-se a condenação, que somente será proferida por dois terços dos votos do Senado Federal, à perda do cargo, com inabilitação, por oito anos, para o exercício de função pública, sem prejuízo das demais sanções judiciais cabíveis." e "Art. 35. A resolução do Senado constará de sentença que será lavrada, nos autos do processo, pelo Presidente do STF, assinada pelos senadores que funcionarem como juízes, transcrita na ata da sessão e, dentro desta, publicada no Diário Oficial e no Diário do Congresso Nacional."

(c) Errada. "Ademais, o STF concluiu que o Presidente da República pode delegar aos ministros de Estado competência para aplicação de pena de demissão a servidores públicos federais. E, pelo princípio da simetria, os governadores de Estado podem delegar a mesma competência aos secretários." (RO em MS 25.367)

(d) Errada. "Art. 80. Em caso de impedimento do Presidente e do Vice-Presidente, ou vacância dos respectivos cargos, serão sucessivamente chamados ao exercício da Presidência o Presidente da Câmara dos Deputados, o do Senado Federal e o do STF."

(e) Errada. "Art. 86, § 3º Enquanto não sobrevier sentença condenatória, nas infrações comuns, o Presidente da República não estará sujeito a prisão."

*Para responder, tem que estudar: lei e jurisprudência.*

*Gabarito: B*

## 3.3. Do Poder Judiciário

### *3.3.1. Disposições Gerais*

**57. (Cespe/TJ/BA/Juiz/2012)** Em relação ao Poder Judiciário, assinale a opção correta.

a) O CNJ é presidido pelo presidente do STF e, nas suas ausências e impedimentos, pelo vice-presidente do tribunal, cabendo, ainda, ao STF nomear os demais membros do conselho, depois de aprovada a escolha pela maioria absoluta do Senado Federal.

b) Compete à justiça militar estadual processar e julgar os militares acusados da prática dos crimes militares definidos em lei ou da prática de crimes contra civis, assim como as ações judiciais contra atos disciplinares militares.

c) O ingresso na carreira da magistratura, cujo cargo inicial é o de juiz substituto, depende de aprovação em concurso de provas e títulos organizado e realizado, ao menos em sua fase preliminar, com a participação do conselho seccional da OAB.

d) A CF veda a promoção do juiz que, injustificadamente, retiver autos em seu poder além do prazo legal, não podendo devolvê-los ao cartório sem o devido despacho ou decisão.

e) O ato de remoção do magistrado por interesse público depende de decisão tomada pelo voto de dois terços do respectivo tribunal, conforme procedimento próprio, e desde que lhe seja assegurada a ampla defesa.

ANOTAÇÕES/COMENTÁRIOS

(a) Errada. Fora o Ministro Presidente do STF, os demais membros do CNJ serão nomeados na forma do artigo 103-B, § 2º CF. "Art. 103-B, § 2º Os demais membros do Conselho serão nomeados pelo Presidente da República, depois de aprovada a escolha pela maioria absoluta do Senado Federal."

(b) Errada. "Art. 125, § 4º Compete à Justiça Militar estadual processar e julgar os militares dos Estados, nos crimes militares definidos em lei e as ações judiciais contra atos disciplinares militares, ressalvada a competência do júri quando a vítima for civil, cabendo ao tribunal competente decidir sobre a perda do posto e da patente dos oficiais e da graduação das praças."

(c) Errada. "Art. 93, I – ingresso na carreira, cujo cargo inicial será o de juiz substituto, mediante concurso público de provas e títulos, com a participação da Ordem dos Advogados do Brasil em todas as fases, exigindo-se do bacharel em direito, no mínimo, três anos de atividade jurídica e obedecendo-se, nas nomeações, à ordem de classificação;"

(d) Certa. "Art. 93, VIII o ato de remoção, disponibilidade e aposentadoria do magistrado, por interesse público, fundar-se-á em decisão por voto da maioria absoluta do respectivo tribunal ou do Conselho Nacional de Justiça, assegurada ampla defesa;"

*Para responder, tem que estudar: lei.*

*Gabarito: D*

BLOCO II

**58. (Cespe/TJ/DFT/Juiz/2014)** À luz da jurisprudência prevalecente no STF, assinale a opção correta.

a) Não incidem juros de mora sobre os precatórios que sejam pagos até o final do exercício seguinte ao da apresentação, desde que esta ocorra até o dia 1º de julho do exercício.

b) É inconstitucional a adoção, no cálculo do valor de taxa, de um ou mais elementos da base de cálculo própria de determinado imposto, por violação direta de determinação constitucional, segundo a qual as taxas não poderão ter base de cálculo própria de impostos.

c) A impetração de mandado de segurança coletivo por entidade de classe em favor de seus associados exige a autorização por escrito de número que constitua maioria absoluta dos associados.

d) É possível a fixação de vencimentos dos servidores públicos por meio de convenção coletiva do diretor do órgão público com os representantes da classe, desde que mediante autorização de lei ordinária.

e) É constitucional a exigência de depósito prévio como requisito de admissibilidade de ação judicial para a discussão de exigibilidade de crédito tributário, visto que a inafastabilidade de jurisdição não é princípio absoluto.

**ANOTAÇÕES/COMENTÁRIOS**

(a) Certa. Súmula Vinculante 17: "Durante o período previsto no parágrafo 1º do artigo 100 da Constituição, não incidem juros de mora sobre os precatórios que nele sejam pagos."

(b) Errada. Súmula Vinculante 29: "É constitucional a adoção, no cálculo do valor de taxa, de um ou mais elementos da base de cálculo própria de determinado imposto, desde que não haja integral identidade entre uma base e outra."

(c) Errada. Súmula 629 STF: "A impetração de mandado de segurança coletivo por entidade de classe em favor dos associados independe da autorização destes."

(d) Errada. Súmula 629 STF: "A fixação de vencimentos dos servidores públicos não pode ser objeto de convenção coletiva."

(e) Errada. Súmula Vinculante 28: "É inconstitucional a exigência de depósito prévio como requisito de admissibilidade de ação judicial na qual se pretenda discutir a exigibilidade de crédito tributário."

*Para responder, tem que estudar: súmula/OJ.*

*Gabarito: A*

**59. (Cespe/TJ/PA/Juiz/2012)** Acerca do Poder Judiciário, assinale a opção correta.

a) Em face da exigência constitucional de que o juiz resida na comarca da qual seja titular, é legítimo que os conselhos superiores da magistratura dos estados estabeleçam regra segundo a qual o magistrado somente pode ausentar-se das comarcas e circunscrições judiciárias mediante expressa autorização do tribunal de justiça.

b) Tratando-se de apuração da antiguidade como critério de promoção na magistratura, o requerimento de promoção do juiz mais antigo só poderá ser recusado pelo voto da maioria absoluta dos membros do tribunal de justiça, sendo, entretanto, desnecessária a fundamentação da recusa.

c) As decisões administrativas do tribunal de justiça das quais resulte sanção são tomadas, em sessão sigilosa, por dois terços dos votos dos membros do respectivo tribunal, ao contrário do que ocorre com as demais decisões administrativas, que, em regra, são proferidas em sessão pública, pelo voto da maioria absoluta dos membros do respectivo tribunal.

d) Constitui etapa obrigatória do processo de vitaliciamento do magistrado a sua participação em curso de formação e aperfeiçoamento oficial ou reconhecido por escola nacional.

e) Cabe ao governador de estado a nomeação de um quinto dos membros dos tribunais de justiça, escolhidos entre os nomes de listas sêxtuplas que o Conselho Superior da Magistratura e a seccional da OAB do estado respectivo submetem diretamente à apreciação do chefe do Executivo estadual.

ANOTAÇÕES/COMENTÁRIOS

(a) Errada. "Na sessão plenária desta quinta-feira (30), os ministros do STF (STF) declararam a inconstitucionalidade de dispositivo do Código de Normas do Tribunal de Justiça do Maranhão (TJ-MA) que obrigava os juízes daquele estado a permanecerem na comarca durante todos os dias da semana, e no fórum durante todo o horário do expediente, só podendo se ausentar com autorização do presidente do tribunal." (Fonte: Notícias STF)

(b) Errada. "Art. 93, (...). II, (...). d) na apuração de antiguidade, o tribunal somente poderá recusar o juiz mais antigo pelo voto fundamentado de dois terços de seus membros, conforme procedimento próprio, e assegurada ampla defesa, repetindo-se a votação até fixar-se a indicação;"

(c) Errada. "Art. 93 (...). X as decisões administrativas dos tribunais serão motivadas e em sessão pública, sendo as disciplinares tomadas pelo voto da maioria absoluta de seus membros;"

(d) Errada. "Art. 93 (...). IV previsão de cursos oficiais de preparação, aperfeiçoamento e promoção de magistrados, constituindo etapa obrigatória do processo de vitaliciamento a participação em curso oficial ou reconhecido por escola nacional de formação e aperfeiçoamento de magistrados;"

(e) Errada. "Art. 94. Um quinto dos lugares dos Tribunais Regionais Federais, dos Tribunais dos Estados, e do Distrito Federal e Territórios será composto de membros, do Ministério Público, com mais de dez anos de carreira, e de advogados de notório saber jurídico e de reputação ilibada, com mais de dez anos de efetiva atividade profissional, indicados em lista sêxtupla pelos órgãos de representação das respectivas classes. Parágrafo único. Recebidas as indicações, o tribunal formará lista tríplice, enviando-a ao Poder Executivo, que, nos vinte dias subsequentes, escolherá um de seus integrantes para nomeação."

*Para responder, tem que estudar: lei e jurisprudência.*

*Gabarito: D*

**60. (Cespe/TJ/DFT/Juiz/2014)** No que se refere ao funcionamento do Poder Judiciário, assinale a opção correta.

a) Compete ao CNJ receber e conhecer das reclamações contra os membros do Poder Judiciário, podendo esse conselho avocar processos disciplinares em curso e determinar a remoção, a disponibilidade, a aposentadoria com proventos proporcionais, a perda do cargo ou a cassação de aposentadoria do magistrado.

b) Compete ao juiz de direito do juízo militar processar e julgar, singularmente, as ações judiciais contra atos disciplinares militares, cabendo ao Conselho de Justiça, sob a presidência de juiz de direito, processar e julgar todos os crimes militares.

c) A elaboração das propostas orçamentárias dos tribunais deve ser realizada pelo Poder Executivo da unidade da Federação à qual esteja vinculada a corte judicial.

d) A distribuição de processos deve ser imediata, em todos os graus de jurisdição.

e) As decisões administrativas dos tribunais devem ser motivadas, salvo as tomadas em processo de natureza disciplinar.

## ANOTAÇÕES/COMENTÁRIOS

(a) Errada. "Art. 103-B, III receber e conhecer das reclamações contra membros ou órgãos do Poder Judiciário, inclusive contra seus serviços auxiliares, serventias e órgãos prestadores de serviços notariais e de registro que atuem por delegação do poder público ou oficializados, sem prejuízo da competência disciplinar e correicional dos tribunais, podendo avocar processos disciplinares em curso e determinar a remoção, a disponibilidade ou a aposentadoria com subsídios ou proventos proporcionais ao tempo de serviço e aplicar outras sanções administrativas, assegurada ampla defesa;"

(b) Errada. "Art. 125, § 4º Compete à Justiça Militar estadual processar e julgar os militares dos Estados, nos crimes militares definidos em lei e as ações judiciais contra atos disciplinares militares, ressalvada a competência do júri quando a vítima for civil, cabendo ao tribunal competente decidir sobre a perda do posto e da patente dos oficiais e da graduação das praças."

(c) Errada. "Art. 99, § 1º Os tribunais elaborarão suas propostas orçamentárias dentro dos limites estipulados conjuntamente com os demais Poderes na lei de diretrizes orçamentárias."

(d) Errada. "Art. 93, XV a distribuição de processos será imediata, em todos os graus de jurisdição."

(e) Errada. "Art. 93, X as decisões administrativas dos tribunais serão motivadas e em sessão pública, sendo as disciplinares tomadas pelo voto da maioria absoluta de seus membros;"

*Para responder, tem que estudar: lei.*

*Gabarito: D*

### 3.3.2. *Do Supremo Tribunal Federal*

**61. (Cespe/TJ/DFT/Juiz/2016)** Em atenção à organização dos Poderes, assinale a opção correta.

a) Compete ao governador, recebida a lista tríplice do tribunal, a nomeação de desembargador para o quinto constitucional do Poder Judiciário do DF.

b) Conforme entendimento do STF, sua competência originária contra atos do CNJ deve ser interpretada de forma restrita e se limita às ações tipicamente constitucionais.

c) Se o ato questionado é a lista tríplice do quinto constitucional formada por tribunal estadual, é atribuição do CNJ o controle do procedimento, ainda que ocorra após a nomeação e posse do desembargador.

d) Os ministros de Estado, nos crimes de responsabilidade conexos com os do presidente da República, serão processados e julgados pelo STF.

e) Conferindo a lei prerrogativas, garantias, vantagens e direitos equivalentes aos dos titulares dos ministérios é de se reconhecer ao ocupante do cargo, para as infrações penais, a prerrogativa de foro no STF.

ANOTAÇÕES/COMENTÁRIOS

(a) Errada. "Art. 94. Um quinto dos lugares dos Tribunais Regionais Federais, dos Tribunais dos Estados, e do Distrito Federal e Territórios será composto de membros, do Ministério Público, com mais de dez anos de carreira, e de advogados de notório saber jurídico e de reputação ilibada, com mais de dez anos de efetiva atividade profissional, indicados em lista sêxtupla pelos órgãos de representação das respectivas classes. Parágrafo único. Recebidas as indicações, o tribunal formará lista tríplice, enviando-a ao Poder Executivo, que, nos vinte dias subsequentes, escolherá um de seus integrantes para nomeação."

(b) Certa. "A competência do STF (STF) para processar e julgar ações que questionam atos do Conselho Nacional de Justiça (CNJ) e do Conselho Nacional do Ministério Público (CNMP) limita-se às ações tipicamente constitucionais: mandados de segurança, mandados de injunção, habeas corpus e habeas data. Na sessão desta quarta-feira (24), o Plenário do STF reafirmou esse entendimento no julgamento conjunto da questão de ordem na Ação Originária (AO) 1814 e no agravo regimental na Ação Cível Originária (ACO) 1680, ambas ajuizadas na Corte contra atos do CNJ e que, por unanimidade, foram baixadas à primeira instância da Justiça Federal." (Fonte: Notícias do STF, 24 de setembro de 2014)

(c) Errada. "7). No mérito, sustentou a impossibilidade de controle do art. 55 do Regimento Interno do Tribunal paulista pelo Conselho Nacional de Justiça, sob pena de inobservância do inc. II do § 4º do art. 103-A da Constituição Federal. Afirmou que a autoridade indigitada coatora "não declarou a inconstitucionalidade de um mero ato administrativo praticado por órgão do Poder Judiciário, não exerceu o controle sobre a atividade administrativa do Tribunal, mas declarou a invalidade de ato normativo, com as características da generalidade e abstração, fundado na competência constitucionalmente atribuída com exclusividade aos Tribunais pela alínea 'a' do inciso I do artigo ('elaborar seus regimentos internos')" (grifos no original, fl. 9). Ressaltou, também, que o "o CNJ não desconstituiu (o ato de restituição da lista sêxtupla pelo Tribunal de Justiça], nem o reviu, nem fixou prazo para que o Tribunal de Justiça adotasse providências para que o adequasse ao exato cumprimento da lei, como diz o inciso II do parágrafo 4º do artigo 103-B da CF. Apenas declarou a invalidade do artigo 55 do RITJ/SP, impedindo sua aplicação na formação das próximas listas sêxtuplas". Asseverou que, apesar do reconhecimento do prejuízo do pedido feito pelo Ministério Público estadual pela superveniência de ato de nomeação de um dos integrantes da lista sêxtupla, impedindo a medida postulada pelo Ministério Público estadual, a procedência parcial do processo administrativo para "declarar a invalidade do art. 55 do RITJ/SP" evidencia a realização do controle abstrato de constitucionalidade de normas pelo Conselho Nacional de Justiça, o que teria sido recusado por este Supremo Tribunal no julgamento do Agravo Regimental no Mandado de Segurança 28.872/DF e no Mandado de Segurança 28.141. Afirmou ter o Impetrado "usurpado (...). a competência deste STF para exercer o controle abstrato de constitucionalidade, nos termos do inciso I do artigo 102 da Constituição Federal, combinado com o seu parágrafo 2º, que atribui somente às decisões definitivas de mérito, proferidas pelo STF, eficácia contra todos e efeito vinculante relativamente aos demais órgãos do Poder Judiciário" (MS 31.923). (...)" (MS 32134 MC, julgado em 23/04/2014)

(d) Errada. "Art. 52. Compete privativamente ao Senado Federal: I – processar e julgar o Presidente e o Vice-Presidente da República nos crimes de responsabilidade, bem como os Ministros de estado e os Comandantes da Marinha, do Exército e da Aeronáutica nos crimes da mesma natureza conexos com aqueles;"

(e) Errada. "Art. 102. Compete ao STF, precipuamente, a guarda da Constituição, cabendo-lhe: I – processar e julgar, originariamente: c) nas infrações penais comuns e nos crimes de responsabilidade, os Ministros de Estado e os Comandantes da Marinha, do Exército e da Aeronáutica, ressalvado o disposto no art. 52, I, os membros dos Tribunais Superiores, os do Tribunal de Contas da União e os chefes de missão diplomática de caráter permanente;"

*Para responder, tem que estudar: lei.*

*Gabarito: B*

### 3.3.3. Do Conselho Nacional de Justiça

**62. (Cespe/TJ/DFT/Juiz/2016)** Compete ao CNJ, instituído pela EC n. 45/2004. Reforma do Judiciário:

a) avocar processos disciplinares em curso contra magistrados, e determinar a aplicação das penas de remoção, disponibilidade, aposentadoria compulsória com subsídios proporcionais ao tempo de serviço, ou a demissão a bem do serviço público.

b) receber e conhecer das reclamações em desfavor de órgãos prestadores de serviços notariais e de registro, sem prejuízo da competência disciplinar e correcional dos tribunais de justiça.

c) rever, de ofício ou mediante provocação, processos disciplinares de juízes e membros de tribunais – exceto de integrantes de tribunais superiores – julgados há menos de um ano.

d) processar e julgar ação penal referente a crime contra a administração pública ou de abuso de autoridade praticado por magistrado.

e) apreciar e julgar, em grau de recurso, ato jurisdicional prolatado por órgão judicial em flagrante violação de dever funcional.

ANOTAÇÕES/COMENTÁRIOS

(a) Errada. "Art. 103-B, § 4º, (...). III receber e conhecer das reclamações contra membros ou órgãos do Poder Judiciário, inclusive contra seus serviços auxiliares, serventias e órgãos prestadores de serviços notariais e de registro que atuem por delegação do poder público ou oficializados, sem prejuízo da competência disciplinar e correicional dos tribunais, podendo avocar processos disciplinares em curso e determinar a remoção, a disponibilidade ou a aposentadoria com subsídios ou proventos proporcionais ao tempo de serviço e aplicar outras sanções administrativas, assegurada ampla defesa;"

(b) Certa. "Art. 103-B, § 4º, (...). III receber e conhecer das reclamações contra membros ou órgãos do Poder Judiciário, inclusive contra seus serviços auxiliares, serventias e órgãos prestadores de serviços notariais e de registro que atuem por delegação do poder público ou oficializados, sem prejuízo da competência disciplinar e correicional dos tribunais, podendo avocar processos disciplinares em curso e determinar a remoção, a disponibilidade ou a aposentadoria com subsídios ou proventos proporcionais ao tempo de serviço e aplicar outras sanções administrativas, assegurada ampla defesa;"

(c) Errada. "Art. 103-B, § 4º, V rever, de ofício ou mediante provocação, os processos disciplinares de juízes e membros de tribunais julgados há menos de um ano;"

(d) Errada. "Art. 103-B, § 4º, IV representar ao Ministério Público, no caso de crime contra a administração pública ou de abuso de autoridade;"

(e) Errada. O CNJ não tem competência jurisdicional recursal das decisões prolatadas por órgão judicial. "Art. 103-B, § 4º Compete ao Conselho o controle da atuação administrativa e financeira do Poder Judiciário e do cumprimento dos deveres funcionais dos juízes, cabendo-lhe, além de outras atribuições que lhe forem conferidas pelo Estatuto da Magistratura:"

*Para responder, tem que estudar: lei.*

*Gabarito: B*

**63. (Cespe/TJ/PI/Juiz/2012)** Com relação ao CNJ e às funções essenciais à justiça, assinale a opção correta.

a) A Corregedoria Nacional do CNJ será exercida pelo ministro do STJ que componha o conselho, o qual ficará excluído da distribuição de processos no CNJ, mas não no STJ, estando suas atribuições como corregedor taxativamente previstas no texto constitucional.

b) Compete ao MP, com exclusividade, promover o inquérito civil e a ação civil pública para a proteção do patrimônio público e social e do meio ambiente.

c) A Advocacia-Geral da União representa a União, judicial e extrajudicialmente, em litígios que envolvam todos os poderes da República, razão pela qual a CF a caracteriza como a instituição que presta atividades de consultoria e assessoramento jurídico ao ente federativo federal, e não ao Poder Executivo.

d) No exercício de sua autonomia político-legislativa, os estados-membros dispõem de plena competência para, por lei estadual, prescrever as normas gerais de organização de sua defensoria pública.

e) Embora não disponha de poderes para impor a perda do cargo a magistrado, o CNJ tem competência para determinar a remoção, a disponibilidade e a aposentadoria compulsória de magistrado, com subsídios ou proventos proporcionais ao tempo de serviço, bem como aplicar-lhe outras sanções administrativas.

**ANOTAÇÕES/COMENTÁRIOS**

(a) Errada. “Art. 103-B, § 5º O Ministro do STJ exercerá a função de Ministro-Corregedor e ficará excluído da distribuição de processos no Tribunal, competindo-lhe, além das atribuições que lhe forem conferidas pelo Estatuto da Magistratura, as seguintes:” ⊠(b) Errada. “Art. 129. São funções institucionais do Ministério Público: (...). III – promover o inquérito civil e a ação civil pública, para a proteção do patrimônio público e social, do meio ambiente e de outros interesses difusos e coletivos;”

(c) Errada. “Art. 131. A Advocacia-Geral da União é a instituição que, diretamente ou através de órgão vinculado, representa a União, judicial e extrajudicialmente, cabendo-lhe, nos termos da lei complementar que dispuser sobre sua organização e funcionamento, as atividades de consultoria e assessoramento jurídico do Poder Executivo.”

(d) Errada.” Art. 24. Compete à União, aos Estados e ao Distrito Federal legislar concorrentemente sobre: (...). XIII – assistência jurídica e Defensoria pública;” e “§ 1º No âmbito da legislação concorrente, a competência da União limitar-se-á a estabelecer normas gerais.”

(e) Certa. “Art. 103-B, § 4º, (...). III receber e conhecer das reclamações contra membros ou órgãos do Poder Judiciário, inclusive contra seus serviços auxiliares, serventias e órgãos prestadores de serviços notariais e de registro que atuem por delegação do poder público ou oficializados, sem prejuízo da competência disciplinar e correicional dos tribunais, podendo avocar processos disciplinares em curso e determinar a remoção, a disponibilidade ou a aposentadoria com subsídios ou proventos proporcionais ao tempo de serviço e aplicar outras sanções administrativas, assegurada ampla defesa;"

*Para responder, tem que estudar: lei.*

*Gabarito: E*

**64. (Cespe/TJ/AC/Juiz/2012)** No que concerne à organização e às competências dos órgãos do Poder Judiciário e do CNJ, assinale a opção correta.

a) Em se tratando de crimes comuns, compete aos tribunais de justiça julgar os juízes dos estados e os do DF, bem como os membros do MP estadual; nos casos de crime de responsabilidade, a competência é das assembleias legislativas.

b) Aos tribunais de justiça é assegurada autonomia para elaborar sua proposta orçamentária, respeitados os limites estipulados na lei de diretrizes orçamentárias, que deve ser encaminhada dentro do prazo convencionado com o Poder Executivo; caso contrário, serão considerados, para fins de consolidação da proposta orçamentária anual, os valores médios dos orçamentos do tribunal nos três últimos anos.

c) O procurador-geral da República e o advogado-geral da União deverão ser previamente ouvidos em todos os processos de competência do STF, mas apenas aquele é obrigado a se pronunciar nas ações de inconstitucionalidade de competência do tribunal.

d) O CNJ é presidido pelo presidente do STF e, na ausência ou no impedimento deste, pelo seu vice-presidente; os demais membros do CNJ serão nomeados pelo presidente da República, após aprovação pela maioria absoluta do Senado Federal.

e) A competência dos tribunais de justiça é definida na Lei Orgânica da Magistratura Nacional, mas sua organização e composição são estabelecidas na lei de organização judiciária estadual, cuja propositura cabe aos governadores, ouvido o tribunal de justiça respectivo.

BLOCO II

**ANOTAÇÕES/COMENTÁRIOS**

(a) Errada. "Art. 96, III – aos Tribunais de Justiça julgar os juízes estaduais e do Distrito Federal e Territórios, bem como os membros do Ministério Público, nos crimes comuns e de responsabilidade, ressalvada a competência da Justiça Eleitoral."

(b) "Errada. "Art. 99, § 3º Se os órgãos referidos no § 2º não encaminharem as respectivas propostas orçamentárias dentro do prazo estabelecido na lei de diretrizes orçamentárias, o Poder Executivo considerará, para fins de consolidação da proposta orçamentária anual, os valores aprovados na lei orçamentária vigente, ajustados de acordo com os limites estipulados na forma do § 1º deste artigo. § 4º Se as propostas orçamentárias de que trata este artigo forem encaminhadas em desacordo com os limites estipulados na forma do § 1º, o Poder Executivo procederá aos ajustes necessários para fins de consolidação da proposta orçamentária anual."

(c) Errada. "Art. 103, § 1º O Procurador-Geral da República deverá ser previamente ouvido nas ações de inconstitucionalidade e em todos os processos de competência do STF."

(d) Certa. "Art. 103-B, § 1º O Conselho será presidido pelo Presidente do STF e, nas suas ausências e impedimentos, pelo Vice-Presidente do STF. § 2º Os demais membros do Conselho serão nomeados pelo Presidente da República, depois de aprovada a escolha pela maioria absoluta do Senado Federal."

(e) Errada. "Art. 96. Compete privativamente: I – aos tribunais: a) eleger seus órgãos diretivos e elaborar seus regimentos internos, com observância das normas de processo e das garantias processuais das partes, dispondo sobre a competência e o funcionamento dos respectivos órgãos jurisdicionais e administrativos;"

*Para responder, tem que estudar: lei.*

*Gabarito: D*

**65. (Cespe/TJ/PA/Juiz/2012)** Acerca do controle da administração pública e de improbidade administrativa, assinale a opção correta.

a) O CNJ qualifica-se como instituição de caráter eminentemente administrativo, não dispondo de atribuições funcionais que lhe permitam fiscalizar, reexaminar, interferir e(ou) suspender os efeitos decorrentes de atos de conteúdo jurisdicional emanados de magistrados e tribunais em geral, sob pena de, em tais hipóteses, a atuação administrativa do órgão – por traduzir comportamento "ultra vires" – revelar-se arbitrária e destituída de legitimidade jurídico-constitucional.

b) Os objetivos do controle interno da administração pública são diferentes no âmbito dos estados, municípios e do DF, assim como ocorre com a estrutura administrativa, que varia de acordo com a legislação de cada ente federado.

c) A atuação do TCU no exercício da fiscalização contábil, financeira, orçamentária, operacional e patrimonial das entidades administrativas é geralmente confundida com a atividade de fiscalização realizada pelo próprio órgão administrativo, devido ao tipo de controle característico de ambas as ações.

d) O retardamento ou omissão na prática de ato de ofício pode ser considerado de maneira objetiva para fins de enquadramento do agente público no campo de incidência do artigo 11 da lei que trata da improbidade administrativa.

e) O elemento subjetivo necessário à configuração de improbidade administrativa é o dolo eventual ou genérico de realizar conduta que gere o indevido enriquecimento ou que atente contra os princípios da administração pública, exigindo-se, assim, a presença de intenção específica.

ANOTAÇÕES/COMENTÁRIOS

(a) Certa. "O Conselho Nacional de Justiça, embora integrando a estrutura constitucional do Poder Judiciário como órgão interno de controle administrativo, financeiro e disciplinar da magistratura – excluídos, no entanto, do alcance de referida competência, o próprio STF e os seus Ministros (ADI 3367) -, qualifica-se como instituição de caráter eminentemente administrativo, não dispondo de atribuições funcionais que lhe permitam, quer colegialmente, quer mediante atuação monocrática de seus Conselheiros ou, ainda, do Corregedor Nacional de Justiça, fiscalizar, reexaminar, interferir e/ou suspender os efeitos decorrentes de atos de conteúdo jurisdicional emanados de magistrados e Tribunais em geral, sob pena de, em tais hipóteses, a atuação administrativa de referido órgão estatal – por traduzir comportamento "ultra vires" – revelar-se arbitrária e destituída de legitimidade jurídico-constitucional." (MS 28.598-MC-AgR, v.g)

(b) Errada. Os objetivos do controle interno não podem ser diferentes, uma vez eu toda a Administração Pública deve observar a mesma gama de Princípios Administrativos, que irão nortear a sua atividade.

(c) Errada. Trata-se, respectivamente de controle externo e controle interno – essencialmente diferentes.

(d) Errada. "O retardamento ou omissão na prática de ato de ofício não pode ser considerado de maneira objetiva para fins de enquadramento do agente público no campo de incidência do art. 11 da Lei de Improbidade Administrativa. É preciso que a conduta seja orientada pelo dolo de violar os princípios da administração pública, o que não ficou demonstrado no caso concreto" (AgRg no REsp 1.191.261).

(e) Errada. A alternativa é contraditória ao afirmar dolo geral e, em seguida, apontar que este exigiria intenção específica. Quando há intenção especial do agente, trata-se de dolo específico, verificado nos tipos penais incongruentes (que tem além do dolo genérico, um requisito subjetivo que transcende aquela atuação).

*Para responder, tem que estudar: jurisprudência e teoria/doutrina.*

*Gabarito: A*

**66. (Cespe/TJ/PR/Juiz/2017)** Com referência à organização do Poder Judiciário, ao CNJ e às funções essenciais à justiça, assinale a opção correta.

a) A competência do STF para processar e julgar demanda contra o CNJ restringe-se às ações tipicamente constitucionais.

b) É admitida a intervenção judicial no processo legislativo de elaboração da lei orçamentária anual, desde que a decisão seja relativa à previsão orçamentária destinada ao Poder Judiciário.

c) Segundo o STF, incidirão juros de mora sobre as dívidas da fazenda pública inscritas em precatórios apresentados até primeiro de julho e pagos até o final do exercício seguinte.

BLOCO II

d) Segundo o STF, o MP tem competência para promover investigação criminal, hipótese em que seus atos estarão imunes ao controle jurisdicional.

ANOTAÇÕES/COMENTÁRIOS

(a) Certa. "A competência do STF (STF) para processar e julgar ações que questionam atos do Conselho Nacional de Justiça (CNJ) e do Conselho Nacional do Ministério Público (CNMP) limita-se às ações tipicamente constitucionais: mandados de segurança, mandados de injunção, habeas corpus e habeas data. Na sessão desta quarta-feira (24), o Plenário do STF reafirmou esse entendimento no julgamento conjunto da questão de ordem na Ação Originária (AO) 1814 e no agravo regimental na Ação Cível Originária (ACO) 1680, ambas ajuizadas na Corte contra atos do CNJ e que, por unanimidade, foram baixadas à primeira instância da Justiça Federal." (Fonte: Notícias do STF, 24 de setembro de 2014)

(b) Errada. "O abuso parlamentar não se configura, sob o ângulo da principiologia dos subprincípios da proporcionalidade (necessidade, adequação e proporcionalidade em sentido estrito), quando imposta a redução do orçamento público destinado a órgãos e programas orçamentários, em decorrência de crise econômica e fiscal. (...). A Jurisdição Constitucional, em face da tessitura aberta de conformação legislativa prevista pelo inciso I do § 3º do art. 166 da CF/1988, não detém capacidade institucional automática ou pressuposta e não pode empreender, no âmbito do controle abstrato, a tarefa de coordenação entre o PPA e as respectivas LDOs e LOAs. Consectariamente, diante da ausência de abusividade, deve-se declarar que a função de definir receitas e despesas do aparato estatal é uma das mais tradicionais e relevantes do Poder Legislativo, impondo-se ao Poder Judiciário, no caso, uma postura de deferência institucional em relação ao debate parlamentar, sob pena de indevida e ilegítima tentativa de esvaziamento de típicas funções institucionais do Parlamento." (ADI 5.468)

(c) Errada. Súmula Vinculante 17: "Durante o período previsto no parágrafo 1º do artigo 100 da Constituição, não incidem juros de mora sobre os precatórios que nele sejam pagos."

(d) Errada. "Poderes de investigação do Ministério Público. Os arts. 5º, LIV e LV; 129, III e VIII; e 144, IV, § 4º, da CF não tornam a investigação criminal exclusividade da polícia nem afastam os poderes de investigação do Ministério Público. Fixada, em repercussão geral, tese assim sumulada: "O Ministério Público dispõe de competência para promover, por autoridade própria, e por prazo razoável, investigações de natureza penal, desde que respeitados os direitos e garantias que assistem a qualquer indiciado ou a qualquer pessoa sob investigação do Estado, observadas, sempre, por seus agentes, as hipóteses de reserva constitucional de jurisdição e, também, as prerrogativas profissionais de que se acham investidos, em nosso país, os advogados (Lei 8.906/1994, artigo 7º, notadamente os incisos I, II, III, XI, XIII, XIV e XIX), sem prejuízo da possibilidade – sempre presente no Estado Democrático de Direito – do permanente controle jurisdicional dos atos, necessariamente documentados (Súmula Vinculante 14), praticados pelos membros dessa instituição". (RE 593.727, j. 14-5-2015)

*Para responder, tem que estudar: jurisprudência e súmula/OJ.*

*Gabarito: A*

### *3.3.4. Dos Tribunais*

**67. (Cespe/TJ/PI/Juiz/2012)** À luz da disciplina constitucional pertinente ao Poder Judiciário, assinale a opção correta.

a) Compete ao STJ, como guardião do ordenamento jurídico infraconstitucional, julgar, em recurso especial, as causas decididas, em única ou última instância, pelos tribunais regionais federais ou pelos tribunais dos estados, quando a decisão recorrida julgar válida lei local contestada em face de lei federal.

b) A União, quando for autora, deverá, obrigatoriamente, propor ação na seção judiciária onde tiver ocorrido o ato ou fato que tenha dado origem à demanda.

c) Nos tribunais com número superior a vinte e cinco julgadores, deverá ser constituído órgão especial, com o mínimo de onze e o máximo de vinte e cinco membros, para o exercício das atribuições administrativas e jurisdicionais da competência do tribunal pleno.

d) A CF permite que os tribunais de justiça, os tribunais regionais federais e os tribunais regionais do trabalho instalem a justiça itinerante, visando à realização de audiências e demais funções jurisdicionais, nos limites territoriais da respectiva jurisdição, e autoriza que, para esse fim, sejam utilizados equipamentos públicos e comunitários.

e) A competência dos tribunais de justiça está definida na CF, sendo a lei de organização judiciária de iniciativa do governador, mediante proposta do tribunal de justiça.



ANOTAÇÕES/COMENTÁRIOS

(a) Errada. "Art. 105, (...). III – julgar, em recurso especial, as causas decididas, em única ou última instância, pelos Tribunais Regionais Federais ou pelos tribunais dos Estados, do Distrito Federal e Territórios, quando a decisão recorrida: a) contrariar tratado ou lei federal, ou negar-lhes vigência; b) julgar válido ato de governo local contestado em face de lei federal; c) der a lei federal interpretação divergente da que lhe haja atribuído outro tribunal."

(b) Errada. "Art. 109, § 1º As causas em que a União for autora serão aforadas na seção judiciária onde tiver domicílio a outra parte."

(c) Errada. "Art. 93, XI nos tribunais com número superior a vinte e cinco julgadores, poderá ser constituído órgão especial, com o mínimo de onze e o máximo de vinte e cinco membros, para o exercício das atribuições administrativas e jurisdicionais delegadas da competência do tribunal pleno, provendo-se metade das vagas por antiguidade e a outra metade por eleição pelo tribunal pleno;"

(d) Certa. É o que se extrai da leitura dos artigos 107, § 3º; 115, § 1º e 125, § 7º, todos da Constituição.

(e) Errada. "Art. 96. Compete privativamente: I – aos tribunais: a) eleger seus órgãos diretivos e elaborar seus regimentos internos, com observância das normas de processo e das garantias processuais das partes, dispondo sobre a competência e o funcionamento dos respectivos órgãos jurisdicionais e administrativos;"

*Para responder, tem que estudar: lei.*

*Gabarito: D*

**68. (Cespe/TJ/ES/Juiz/2011)** Assinale a opção correta com referência ao Poder Judiciário.

a) São da competência da justiça comum estadual o processo e o julgamento de todas as contravenções penais, ainda que tenham sido praticadas em detrimento de bens, serviços ou interesse da União.

b) Compete originariamente ao STF o julgamento de habeas corpus contra decisão de turma recursal de juizados especiais criminais.

c) A justiça de paz, composta de cidadãos eleitos pelo voto direto, universal e secreto, com mandato de quatro anos, tem competência somente para o processo de habilitação e celebração de casamento.

d) A CF determina a criação, pela União, de ouvidorias de justiça, com competência para receber de qualquer interessado reclamações e denúncias apenas contra membros ou órgãos da Justiça Federal, ou contra seus serviços auxiliares, a serem encaminhadas ao Conselho da Justiça Federal.

e) O tribunal do júri, que tem competência para o julgamento de crimes dolosos contra a vida, é privativo da esfera estadual.

ANOTAÇÕES/COMENTÁRIOS

(a) Certa. A Constituição excluiu da competência da Justiça Federal o processo e julgamento das contravenções penais. "Art. 109. Aos juízes federais compete processar e julgar: (...). IV – os crimes políticos e as infrações penais praticadas em detrimento de bens, serviços ou interesse da União ou de suas entidades autárquicas ou empresas públicas, excluídas as contravenções e ressalvada a competência da Justiça Militar e da Justiça Eleitoral;"

(b) Errada. Esta era a redação da súmula 690 do STF. Entretanto, a referida súmula foi cancelada em razão da mudança de posicionamento da suprema corte, que passou a decidir no sentido da competência do Tribunal de Justiça: "Habeas corpus: conforme o entendimento firmado a partir do julgamento do HC 86.834 (Pl, 23.6.06, Marco Aurélio, Inf. 437), que implicou o cancelamento da Súmula 690, compete ao Tribunal de Justiça julgar habeas corpus contra ato de Turma Recursal dos Juizados Especiais do Estado." (HC 90905 AgR)

(c) Errada. "Art. 98. A União, no Distrito Federal e nos Territórios, e os Estados criarão: II – justiça de paz, remunerada, composta de cidadãos eleitos pelo voto direto, universal e secreto, com mandato de quatro anos e competência para, na forma da lei, celebrar casamentos, verificar, de ofício ou em face de impugnação apresentada, o processo de habilitação e exercer atribuições conciliatórias, sem caráter jurisdicional, além de outras previstas na legislação."

(d) Errada. "Art. 103-B, § 7º A União, inclusive no Distrito Federal e nos Territórios, criará ouvidorias de justiça, competentes para receber reclamações e denúncias de qualquer interessado contra membros ou órgãos do Poder Judiciário, ou contra seus serviços auxiliares, representando diretamente ao Conselho Nacional de Justiça.'

(e) Errada. Inexiste a referida previsão na Constituição. É reconhecida a instituição do júri seja na Justiça Estadual, seja na Justiça Federal.

*Para responder, tem que estudar: lei.*

*Gabarito: A*

**69. (Cespe/TJ/DFT/Juiz/2014)** Em relação ao Poder Judiciário, seus tribunais e magistrados, assinale a opção correta.

a) Apenas desembargadores de carreira podem concorrer às vagas reservadas no STJ aos integrantes dos tribunais de justiça e TRFs; excluídos, portanto, os desembargadores alçados aos tribunais pelo quinto constitucional.

b) Tribunais de justiça estaduais e TRFs não podem ampliar, por meio de normas regimentais internas, o leque de possíveis concorrentes à eleição para seus respectivos cargos diretivos.

c) O juiz de primeiro grau adquire vitaliciedade após dois anos de exercício no cargo; depois disso, ele só perderá o cargo mediante deliberação da maioria simples do tribunal a que estiver vinculado ou por sentença judicial transitada em julgado.

d) Somente depois de decorridos dois anos do afastamento do cargo por exoneração ou aposentadoria, poderá o juiz exercer a advocacia no juízo ou tribunal do qual se afastou.

e) É possível a remoção de juiz – bem como a decretação de sua disponibilidade ou aposentadoria –, por interesse público, mediante decisão da maioria simples do respectivo tribunal ou do CNJ.

**ANOTAÇÕES/COMENTÁRIOS**

(a) Errada. Inexiste a referida diferença no texto constitucional. Após a nomeação como magistrado oriundo do quinto constitucional, este goza de todas as prerrogativas e proibições inerentes aos magistrados.

(b) Certa. "Art. 96. Compete privativamente: I – aos tribunais: a) eleger seus órgãos diretivos e elaborar seus regimentos internos, com observância das normas de processo e das garantias processuais das partes, dispondo sobre a competência e o funcionamento dos respectivos órgãos jurisdicionais e administrativos;"

(c) Errada. "Art. 95. Os juízes gozam das seguintes garantias: I – vitaliciedade, que, no primeiro grau, só será adquirida após dois anos de exercício, dependendo a perda do cargo, nesse período, de deliberação do tribunal a que o juiz estiver vinculado, e, nos demais casos, de sentença judicial transitada em julgado;"

(d) Errada. "Parágrafo único. Aos juízes é vedado: (...). V exercer a advocacia no juízo ou tribunal do qual se afastou, antes de decorridos três anos do afastamento do cargo por aposentadoria ou exoneração."

(e) Errada. "Art. 93, (...). VIII o ato de remoção, disponibilidade e aposentadoria do magistrado, por interesse público, fundar-se-á em decisão por voto da maioria absoluta do respectivo tribunal ou do Conselho Nacional de Justiça, assegurada ampla defesa;"

*Para responder, tem que estudar: lei.*

*Gabarito: B*

## 3.4. Das Funções Essenciais à Justiça

**70. (Cespe/TJ/CE/Juiz/2012)** Acerca das funções essenciais à justiça, assinale a opção correta.

a) A indispensabilidade da intervenção do advogado no processo não é absoluta, não sendo obrigatória a sua participação em alguns procedimentos judiciais, a exemplo do que ocorre no "habeas corpus" e nas causas cíveis e criminais dos juizados especiais.

b) O MP do Trabalho não dispõe de legitimidade para atuar perante o STF, atribuição privativa do procurador-geral da República.

c) De acordo com o STF, no provimento do cargo de procurador-geral do estado ou de advogado-geral do estado, o estado-membro está obrigado a observar o modelo federal estabelecido para o provimento do cargo de advogado-geral da União.

d) No âmbito do estado-membro, compete à defensoria pública promover a defesa de servidores públicos processados por atos praticados no exercício de suas funções institucionais.

e) No que se refere aos MPs dos estados e do DF e territórios, a destituição do procurador-geral de justiça antes do final do mandato exige a deliberação da maioria absoluta das respectivas assembleias legislativas.

ANOTAÇÕES/COMENTÁRIOS

(a) "Os artigos 68, 72 e 76, § 3º, da Lei 9.099/90 exigem, expressamente, o comparecimento do autor do fato na audiência preliminar, acompanhado de seu advogado ou, na ausência deste, de defensor público. A inobservância desses preceitos traduz nulidade absoluta. Hipótese em que o paciente não foi amparado por defesa técnica nem lhe foi nomeado defensor público na audiência preliminar na qual proposta a transação penal." (HC 88797).

(b) O STF já firmou o entendimento de que o "Ministério Público do Trabalho integra a estrutura do Ministério Público da União (art. 128, I, da CF), sendo o princípio da unicidade do Ministério Público (art. 127, § 1º, CF) importante fundamento conformador de sua atuação institucional", logo "as funções do Ministério Público junto ao STF competem privativamente ao Procurador-Geral da República", de tal modo que o "Ministério Público do Trabalho não possui legitimidade para atuar, em sede processual, perante o STF" (Rcl 7318 AgR).

(c) No julgamento da ADI 2.682, estabeleceu-se que a forma de provimento do cargo de Procurador-Geral do Estado pode ser definida pela Constituição Estadual, por se tratar de competência inserida no âmbito de autonomia de cada Estado-membro, orientação que já havia sido afirmada no julgamento da ADI 2581/SP.

(d) A Defensoria Pública é instituição permanente, essencial à função jurisdicional do Estado, incumbindo-lhe, como expressão e instrumento do regime democrático, fundamentalmente, a orientação jurídica, a promoção dos direitos humanos e a defesa, em todos os graus, judicial e extrajudicial, dos direitos individuais e coletivos, de forma integral e gratuita, aos necessitados, na forma do inciso LXXIV do art. 5º desta Constituição Federal (art. 134, CF).

(e) Os Procuradores-Gerais nos Estados e no Distrito Federal e Territórios poderão ser destituídos por deliberação da maioria absoluta do Poder Legislativo, na forma da lei complementar respectiva (art. 128, § 4º, CF).

*Para responder, tem que estudar: lei e jurisprudência.*

*Gabarito: B*

**71. (Cespe/TJ/PB/Juiz/2011)** Com relação ao tratamento constitucional do Poder Judiciário, da AGU e da representação judicial dos estados e do DF, assinale a opção correta.

a) Compete ao STF resolver os conflitos de competência entre quaisquer tribunais, entre tribunal e juízes a ele não vinculados e entre juízes vinculados a tribunais diversos.

b) A AGU é o órgão que, de modo direto, ou mediante órgão vinculado, representa a União, judicial e extrajudicialmente, cumprindo-lhe realizar a consultoria e o assessoramento jurídico do Poder Executivo.

c) Ao conferir aos procuradores dos estados e do DF a sua representação judicial, a CF veda expressamente que tais entidades federativas confiram mandato ad judicia a outros advogados para causas especiais.

d) Por qualificar-se como um complexo de atribuições jurisdicionais de índole essencialmente constitucional, a competência originária do STF não se restringe às situações fixadas na CF, tendo sentido meramente exemplificativo o rol de atribuições do STF explicitadas no texto constitucional.

e) A Emenda Constitucional n. 45, que implantou a reforma do Poder Judiciário, confirmou o entendimento do CNJ de estabelecer férias coletivas para os juízes e membros dos tribunais de segundo grau.

**ANOTAÇÕES/COMENTÁRIOS**

(a) Compete ao STF resolver os conflitos de competência entre o STJ e quaisquer tribunais, entre Tribunais Superiores, ou entre estes e qualquer outro tribunal (art. 102, I, "o", CF).

(b) A AGU é a instituição que, diretamente ou através de órgão vinculado, representa a União, judicial e extrajudicialmente, cabendo-lhe, nos termos da lei complementar que dispuser sobre sua organização e funcionamento, as atividades de consultoria e assessoramento jurídico do Poder Executivo (art. 131, CF).

(c) Não há vedação expressa no art. 132 da CF. Confira-se: "Os Procuradores dos Estados e do Distrito Federal, organizados em carreira, na qual o ingresso dependerá de concurso público de provas e títulos, com a participação da Ordem dos Advogados do Brasil em todas as suas fases, exercerão a representação judicial e a consultoria jurídica das respectivas unidades federadas."

(d) O rol de competências da Suprema Corte, ao contrário do que se afirmou na assertiva, é taxativo.

(e) O art. 93, XII, CF, na redação conferida pela EC 45/04, passou a dispor, justamente, no sentido contrário ao que constou na assertiva: a atividade jurisdicional será ininterrupta, sendo vedado férias coletivas nos juízos e tribunais de segundo grau, funcionando, nos dias em que não houver expediente forense normal, juízes em plantão permanente.

*Para responder, tem que estudar: lei.*

*Gabarito: B*

**72. (Cespe/TJ/DFT/Juiz/2015)** A respeito do Poder Judiciário, do controle de constitucionalidade e das funções essenciais à justiça, assinale a opção correta considerando a CF e a jurisprudência do STF.

a) Se o resultado de uma eleição para a presidência de um tribunal de justiça estadual for questionado judicialmente, competirá à procuradoria-geral do estado a representação do tribunal de justiça para defender o ato impugnado.

b) O CNJ, além de suas atribuições de natureza administrativa, detém competência para apreciar a constitucionalidade de atos administrativos, por estar incluído entre os órgãos do Poder Judiciário brasileiro.

c) A ADPF é instrumento adequado para pedir interpretação, revisão e cancelamento de súmula vinculante.

d) Os efeitos de súmula vinculante editada pelo STF em razão de pacificação de controvérsia judicial transcendem o Poder Judiciário e alcançam os Poderes Legislativo e Executivo.

e) O MP junto ao TCU integra o MPU e detém os mesmos direitos e prerrogativas concedidos ao MPF.

## ANOTAÇÕES/COMENTÁRIOS

(a) Os Procuradores dos Estados e do Distrito Federal, organizados em carreira, na qual o ingresso dependerá de concurso público de provas e títulos, com a participação da Ordem dos Advogados do Brasil em todas as suas fases, exercerão a representação judicial e a consultoria jurídica das respectivas unidades federadas (art. 132, CF).

(b) O Conselho Nacional de Justiça, no exercício de suas funções constitucionais, possui, tão somente, atribuições de natureza administrativa e, nesse sentido, não lhe é permitido apreciar a constitucionalidade dos atos administrativos, mas somente sua legalidade. (MS 31285).

(c) A revisão e o cancelamento de súmula vinculante possuem procedimento próprio, disciplinado na Lei 11417/06, o que afasta o requisito da subsidiariedade, imprescindível para a ADPF (art. 4º, § 1º, da Lei 9882/99).

(d) O STF poderá, de ofício ou por provocação, mediante decisão de dois terços dos seus membros, após reiteradas decisões sobre matéria constitucional, aprovar súmula que, a partir de sua publicação na imprensa oficial, terá efeito vinculante em relação aos demais órgãos do Poder Judiciário e à administração pública direta e indireta, nas esferas federal, estadual e municipal, bem como proceder à sua revisão ou cancelamento, na forma estabelecida em lei (art. 103-A, CF). Os efeitos da súmula vinculante, portanto, não alcançam o Poder Legislativo.

(e) "O Ministério Público junto ao TCU não dispõe de fisionomia institucional própria e, não obstante as expressivas garantias de ordem subjetiva concedidas aos seus Procuradores pela própria Constituição (art. 130), encontra-se consolidado na "intimidade estrutural" dessa Corte de Contas, que se acha investida – até mesmo em função do poder de autogoverno que lhe confere a Carta Política (art. 73, caput, in fine) – da prerrogativa de fazer instaurar o processo legislativo concernente a sua organização, a sua estruturação interna, a definição do seu quadro de pessoal e a criação dos cargos respectivos. Só cabe lei complementar, no sistema de direito positivo brasileiro, quando formalmente reclamada a sua edição por norma constitucional explicita. A especificidade do Ministério Público que atua perante o TCU, e cuja existência se projeta num domínio institucional absolutamente diverso daquele em que se insere o Ministério Público da União, faz com que a regulação de sua organização, a discriminação de suas atribuições e a definição de seu estatuto sejam passiveis de veiculação mediante simples lei ordinária, eis que a edição de lei complementar e reclamada, no que concerne ao Parquet, tão-somente para a disciplina normativa do Ministério Público comum (CF, art. 128, par. 5). A cláusula de garantia inscrita no art. 130 da Constituição não se reveste de conteúdo orgânico-institucional. Acha-se vocacionada, no âmbito de sua destinação tutelar, a proteger os membros do Ministério Público especial no relevante desempenho de suas funções perante os Tribunais de Contas." (ADI 789).

*Para responder, tem que estudar: lei e jurisprudência.*

*Gabarito: A*

**73. (Cespe/TJ/MA/Juiz/2013)** Consoante ao disposto na legislação e na jurisprudência, assinale a opção correta no que concerne às funções essenciais à justiça.

a) A regra estabelecida na CF a respeito da indispensabilidade da intervenção do advogado não é absoluta, razão pela qual não é obrigatória a participação do advogado nas causas criminais dos juizados especiais.

b) A Defensoria Pública não pode prestar assistência judiciária a servidor público processado, civil ou penalmente, por ato praticado em razão do exercício regular de suas funções.

c) Não se aplica aos membros do MP que ingressaram na instituição após o advento da atual CF a denominada quarentena estabelecida para a magistratura, que consiste na vedação de exercício da advocacia no juízo ou tribunal do qual se afastem antes de decorridos três anos de afastamento do cargo, por aposentadoria ou exoneração.

d) É inconstitucional regra estabelecida na constituição estadual segundo a qual a escolha do chefe da Procuradoria-Geral do estado ou da Advocacia-Geral do estado pelo governador deva recair, necessariamente, sobre membro integrante da carreira, por se contrapor ao modelo federal, de observância obrigatória pelos estados-membros da Federação.

ANOTAÇÕES/COMENTÁRIOS

(a) "Os artigos 68, 72 e 76, § 3º, da Lei 9.099/90 exigem, expressamente, o comparecimento do autor do fato na audiência preliminar, acompanhado de seu advogado ou, na ausência deste, de defensor público. A inobservância desses preceitos traduz nulidade absoluta. Hipótese em que o paciente não foi amparado por defesa técnica nem lhe foi nomeado defensor público na audiência preliminar na qual proposta a transação penal." (HC 88797).

(b) A Defensoria Pública é instituição permanente, essencial à função jurisdicional do Estado, incumbindo-lhe, como expressão e instrumento do regime democrático, fundamentalmente, a orientação jurídica, a promoção dos direitos humanos e a defesa, em todos os graus, judicial e extrajudicial, dos direitos individuais e coletivos, de forma integral e gratuita, aos necessitados, na forma do inciso LXXIV do art. 5º desta Constituição Federal (art. 134, CF).

(c) O art. 128, § 6º, da CF dispõe que se aplica aos membros do Ministério Público o disposto no art. 95, parágrafo único, V, da CF. O referido preceito, por sua vez, proíbe "exercer a advocacia no juízo ou tribunal do qual se afastou, antes de decorridos três anos do afastamento do cargo por aposentadoria ou exoneração".

(d) No julgamento da ADI 2.682, estabeleceu-se que a forma de provimento do cargo de Procurador-Geral do Estado pode ser definida pela Constituição Estadual, por se tratar de competência inserida no âmbito de autonomia de cada Estado-membro, orientação que já havia sido afirmada no julgamento da ADI 2581.

*Para responder, tem que estudar: lei e jurisprudência.*

*Gabarito: B*

## 4. DA DEFESA DO ESTADO E DAS INSTITUIÇÕES DEMOCRÁTICAS

**74. (Cespe/TJ/CE/Juiz/2012)** Assinale a opção correta acerca dos preceitos relativos à defesa do Estado e das instituições democráticas.

a) No estado de defesa e no estado de sítio, as imunidades parlamentares não podem ser suspensas.

b) O estado de sítio não pode ser decretado apenas para determinada área específica, considerando-se sua abrangência nacional.

c) Embora a decretação do estado de defesa submeta-se à aprovação da maioria absoluta do Congresso Nacional, sua prorrogação dispensa tal providência, sendo suficiente ato do chefe do Poder Executivo demonstrando a necessidade de estender a medida por igual período.

d) As especificações da amplitude do estado de sítio podem ser feitas após a sua decretação.

e) Considerada a excepcionalidade da medida, o controle judicial do estado de defesa abrange o juízo de conveniência e oportunidade quanto à prática do ato.

ANOTAÇÕES/COMENTÁRIOS

(a) As imunidades de Deputados ou Senadores subsistirão durante o estado de sítio, só podendo ser suspensas mediante o voto de dois terços dos membros da Casa respectiva, nos casos de atos praticados fora do recinto do Congresso Nacional, que sejam incompatíveis com a execução da medida (art. 53, § 8º, CF).

(b) Uma das hipóteses que autoriza a decretação do estado de sítio é a "ocorrência de fatos que comprovem a ineficácia de medida tomada durante o estado de defesa" (art. 137, I, CF). Ocorre que, para a decretação do estado de defesa, exige-se a necessidade de "preservar ou prontamente restabelecer, em locais restritos e determinados, a ordem pública ou a paz social ameaçadas por grave e iminente instabilidade institucional ou atingidas por calamidades de grandes proporções na natureza" (art. 136, CF). Logo, o estado de sítio decretado em razão da insuficiência das medidas adotadas durante o estado de defesa poderá, sim, ficar restrito à "determinada área específica". Daí porque a assertiva está equivocada.

(c) Decretado o estado de defesa ou sua prorrogação, o Presidente da República, dentro de vinte e quatro horas, submeterá o ato com a respectiva justificação ao Congresso Nacional, que decidirá por maioria absoluta (art. 136, § 4º, CF).

(d) O decreto do estado de sítio indicará sua duração, as normas necessárias a sua execução e as garantias constitucionais que ficarão suspensas, e, depois de publicado, o Presidente da República designará o executor das medidas específicas e as áreas abrangidas (art. 138, CF).

(e) Cessado o estado de defesa ou o estado de sítio, cessarão também seus efeitos, sem prejuízo da responsabilidade pelos ilícitos cometidos por seus executores ou agentes (art. 141, CF). Acrescente-se que, em relação à "análise do mérito discricionário do Poder Executivo (no caso do Estado de Defesa) e desse juntamente com o Poder Legislativo (no caso do Estado de Sítio), a doutrina dominante entende impossível, por parte do Poder Judiciário, a análise da conveniência e oportunidade política para a decretação" (MORAES, Alexandre. Direito constitucional).

*Para responder, tem que estudar: lei e teoria/doutrina.*

*Gabarito: D*

**75. (Cespe/TJ/ES/Juiz/2011)** Considerando as disposições constitucionais acerca da defesa do Estado e das instituições democráticas, da intervenção federal e do CDN, assinale a opção correta.

a) A intervenção federal constitui ato discricionário por meio do qual o presidente da República age sempre de ofício, não sendo, portanto, obrigado a decretá-la se entender que a medida não atende a critérios de oportunidade e conveniência.

b) Por constituir ato de natureza política excepcional, o decreto de intervenção federal não é passível de controle de constitucionalidade.

c) O CDN é órgão de caráter consultivo, cujas manifestações não vinculam as deliberações do presidente da República, salvo no que diz respeito a declaração de guerra e celebração da paz.

d) Por sua abrangência e excepcionalidade, a decretação do estado de sítio configura medida que, nos termos do próprio texto constitucional, implica restrições a direitos fundamentais, ao passo que a do estado de defesa não, visto que este ocorre de forma restrita e abrange locais determinados.

e) O estado de defesa é instituído por decreto do presidente da República, após oitiva do Conselho da República e do CDN, devendo constar, no referido ato presidencial, entre outras determinações, o tempo de sua duração e as áreas a serem abrangidas.

**ANOTAÇÕES/COMENTÁRIOS**

(a) Na decretação da intervenção federal, nem sempre o Presidente da República age de ofício, nem sempre se estará diante de ato discricionário e, casos haverá, em que o Presidente estará obrigado a decretá-la. Confira-se, a propósito, a regra do art. 36 da CF.

(b) O decreto de intervenção federal é, sim, passível de controle de constitucionalidade, especialmente, nos casos em que a sua decretação se der por requisição do Poder Judiciário.

(c) O Conselho de Defesa Nacional é órgão de consulta do Presidente da República nos assuntos relacionados com a soberania nacional e a defesa do Estado democrático (art. 91, CF).

(d) Tanto o estado de defesa, como o estado de sítio são medidas excepcionais que podem implicar restrições a direitos fundamentais (arts. 136, § 1º, I, e 139, CF).

(e) O Presidente da República pode, ouvidos o Conselho da República e o Conselho de Defesa Nacional, decretar estado de defesa para preservar ou prontamente restabelecer, em locais restritos e determinados, a ordem pública ou a paz social ameaçadas por grave e iminente instabilidade institucional ou atingidas por calamidades de grandes proporções na natureza (art. 136, caput, CF). O decreto que instituir o estado de defesa determinará o tempo de sua duração, especificará as áreas a serem abrangidas e indicará, nos termos e limites da lei, as medidas coercitivas a vigorarem (art. 136, § 1º, CF).

*Para responder, tem que estudar: lei.*

*Gabarito: E*

**76. (Cespe/TJ/RN/Juiz/2013)** A respeito da defesa do Estado e das instituições democráticas, assinale a opção correta.

a) No decreto do estado de sítio, devem constar a duração da medida, as normas necessárias a sua execução e as garantias constitucionais que ficarão suspensas, devendo o presidente da República, após a publicação do decreto, designar o executor das medidas específicas e as áreas abrangidas.

b) Conforme o STF, em se tratando de concurso público para acesso à carreira militar, a fixação de limite de idade pode ser feita apenas no edital, não sendo necessária previsão nesse sentido em lei.

c) A consulta ao Conselho da República e ao Conselho de Defesa Nacional é desnecessária em caso de decretação, pelo presidente da República, de

BLOCO II

estado de defesa com vistas à preservação ou ao pronto restabelecimento, em locais restritos e determinados, da ordem pública ou da paz social ameaçada por grave e iminente instabilidade institucional ou atingidas por calamidades de grandes proporções na natureza, haja vista que esse ato é de competência exclusiva do chefe do Poder Executivo.

d) A duração do estado de defesa não pode ser superior a sessenta dias, prazo que pode ser prorrogado uma vez, por igual período, se persistirem as razões que justificaram a sua decretação.

e) O presidente da República pode, ouvidos o Conselho da República e o Conselho de Defesa Nacional, independentemente de autorização do Congresso Nacional, decretar o estado de sítio nos casos de comoção grave de repercussão nacional ou ocorrência de fatos que comprovem a ineficácia de medida tomada durante estado de defesa, declaração de estado de guerra ou resposta a agressão armada estrangeira.

**ANOTAÇÕES/COMENTÁRIOS**

(a) O decreto do estado de sítio indicará sua duração, as normas necessárias a sua execução e as garantias constitucionais que ficarão suspensas, e, depois de publicado, o Presidente da República designará o executor das medidas específicas e as áreas abrangidas (art. 138, CF).

(b) "O STF assentou que é possível a imposição de limite de idade para inscrição em concurso público, desde que haja anterior previsão legal e que a exigência seja razoável diante das atribuições do cargo público" (RE 1.025.819 AgR).

(c) "O Presidente da República pode, ouvidos o Conselho da República e o Conselho de Defesa Nacional, solicitar ao Congresso Nacional autorização para decretar o estado de sítio" (art. 137, CF). "O Presidente da República pode, ouvidos o Conselho da República e o Conselho de Defesa Nacional, decretar estado de defesa para preservar ou prontamente restabelecer, em locais restritos e determinados, a ordem pública ou a paz social ameaçadas por grave e iminente instabilidade institucional ou atingidas por calamidades de grandes proporções na natureza" (art. 136, CF).

(d) O tempo de duração do estado de defesa não será superior a trinta dias, podendo ser prorrogado uma vez, por igual período, se persistirem as razões que justificaram a sua decretação (art. 136, § 2º, CF).

(e) É necessária prévia autorização do Congresso Nacional para a decretação do estado de sítio, na forma do art. 137, caput, CF.

***Para responder, tem que estudar: lei e jurisprudência.***

*Gabarito: A*

## 5. DA TRIBUTAÇÃO E DO ORÇAMENTO

### 5.1. Das Finanças Públicas

**77. (Cespe/TJ/PA/Juiz/2012)** Em relação às finanças públicas e aos princípios gerais da atividade econômica, assinale a opção correta de acordo com a CF.

a) A empresa brasileira de capital nacional goza de vantagens não extensivas às empresas estrangeiras, como, por exemplo, a preferência no fornecimento de bens e serviços ao poder público.

b) Como regra, é vedada a formação de monopólios e oligopólios, restringindo-se a admissão de monopólios públicos e privados às hipóteses taxativamente previstas no texto constitucional.

c) As matérias relacionadas às finanças públicas devem ser regulamentadas por lei complementar.

d) A pesquisa e a lavra de recursos minerais somente podem ser efetuadas mediante autorização ou concessão da União, no interesse nacional, por brasileiros ou por empresa brasileira de capital nacional.

e) Os potenciais de energia hidráulica, que constituem propriedade distinta da do solo para efeito de exploração, pertencem à União ou aos estados, conforme o ente federativo em que se localizem os rios e as correntes de água a serem aproveitados.

**ANOTAÇÕES/COMENTÁRIOS**

(a) Não há previsão constitucional para as vantagens referidas na assertiva às empresas brasileiras de capital nacional.

(b) A assertiva não cuidou dos chamados "monopólios naturais", caracterizados por serem bens exclusivos e com muito pouca ou nenhuma competitividade, e não são taxativamente previstos no texto constitucional.

(c) Lei complementar disporá sobre finanças públicas (art. 163, I, CF).

(d) A pesquisa e a lavra de recursos minerais e o aproveitamento dos potenciais a que se refere o art. 176, CF somente poderão ser efetuados mediante autorização ou concessão da União, no interesse nacional, por brasileiros ou empresa constituída sob as leis brasileiras e que tenha sua sede e administração no País, na forma da lei, que estabelecerá as condições específicas quando essas atividades se desenvolverem em faixa de fronteira ou terras indígenas (art. 176, § 1º, CF).

(e) As jazidas, em lavra ou não, e demais recursos minerais e os potenciais de energia hidráulica constituem propriedade distinta da do solo, para efeito de exploração ou aproveitamento, e pertencem à União, garantida ao concessionário a propriedade do produto da lavra (art. 176, CF).

*Para responder, tem que estudar: lei.*

*Gabarito: C*

BLOCO II

**78. (Cespe/TJ/PB/Juiz/2015)** A respeito da disciplina constitucional sobre finanças públicas e orçamentos, assinale a opção correta.

a) A fim de adequar-se aos limites legais de despesa com pessoal e evitar a suspensão de repasses federais, o Estado deverá reduzir despesas com cargos comissionados e funções de confiança, vedada a exoneração de concursados.

b) É vedada a concessão de empréstimos pelas instituições financeiras públicas para pagamento de despesas com pessoal ativo e inativo dos estados, do DF e dos municípios.

c) O princípio da anualidade tributária proíbe a aplicação de tributo no mesmo exercício financeiro em que ele for criado.

d) Compete às duas Casas do Congresso Nacional fixar, por proposta do presidente, na lei orçamentária anual, os limites globais da dívida consolidada da União, dos estados, do DF e dos municípios.

e) A lei de iniciativa do presidente que instituir o plano plurianual estabelecerá, entre outros temas, as metas da administração federal, incluindo-se as despesas de capital para o exercício seguinte e as orientações para a elaboração da lei orçamentária anual.

**ANOTAÇÕES/COMENTÁRIOS**

(a) A fim de adequar-se aos limites legais de despesa com pessoal e evitar a suspensão de repasses federais, há expressa previsão constitucional de exoneração de servidores públicos concursados, estáveis ou não, no art. 169, § 3º, II, e § 4º, da CF.

(b) O art. 167, X, da CF veda a concessão de empréstimos, inclusive por antecipação de receita, pelos Governos Federal e Estaduais e suas instituições financeiras, para pagamento de despesas com pessoal ativo, inativo e pensionista, dos Estados, do Distrito Federal e dos Municípios.

(c) O princípio da anualidade, aplicável ao direito orçamentário, estabelece, em suma, que as receitas e as despesas, correntes e de capital, devem ser previstas com base em planos e programas com duração de um ano (art. 165, III e § 5º, CF). O princípio da anterioridade no direito tributário está associado ao princípio da "não-surpresa tributária", evitando que os contribuintes sejam surpreendidos com as novas cobranças, sem terem tido tempo suficiente para melhor conhecer a nova legislação (art. 150, III, "a", CF).

(d) Compete privativamente ao Senado Federal fixar, por proposta do Presidente da República, limites globais para o montante da dívida consolidada da União, dos Estados, do Distrito Federal e dos Municípios (art. 52, VI, CF).

(e) A lei que instituir o plano plurianual estabelecerá, de forma regionalizada, as diretrizes, objetivos e metas da administração pública federal para as despesas de capital e outras delas decorrentes e para as relativas aos programas de duração continuada (art. 165, § 1º, CF). De outro lado, a lei de diretrizes orçamentárias é que compreenderá as metas e prioridades da administração pública federal, incluindo as despesas de capital para o exercício financeiro subsequente, orientará a elaboração da lei orçamentária anual, disporá sobre as alterações na legislação tributária e estabelecerá a política de aplicação das agências financeiras oficiais de fomento (art. 165, § 2º, CF).

*Para responder, tem que estudar: lei.*

*Gabarito: B*

**79. (Cespe/TJ/PI/Juiz/2012)** Considerando as disposições constitucionais acerca de finanças públicas e orçamentos, assinale a opção correta.

a) É vedada a transposição, o remanejamento ou a transferência de recursos de uma categoria de programação para outra, ou de um órgão para outro, salvo mediante prévia autorização legislativa.

b) A lei que compreende o orçamento fiscal (receitas e despesas) dos três poderes da União, o orçamento de investimento das empresas em que a União detenha a maioria do capital social com direito a voto e o orçamento da seguridade social da administração direta e indireta é a lei de diretrizes orçamentárias.

c) Sendo a União, como regra, avalista nas operações de crédito externo obtidas pelos estados, pelo DF e pelos municípios em instituições multilaterais, é competência exclusiva do Congresso Nacional autorizar operações externas de interesse desses entes federativos.

d) A CF veda, de forma absoluta, qualquer vinculação da receita de impostos a órgão, fundo ou despesas.

e) O plano plurianual, as diretrizes orçamentárias e o orçamento anual devem ser aprovados mediante projetos de lei, e os créditos adicionais, objeto de decreto do chefe do Poder Executivo, conforme disposto na lei orçamentária.

BLOCO II

ANOTAÇÕES/COMENTÁRIOS

(a) O art. 167, VI, CF veda a transposição, o remanejamento ou a transferência de recursos de uma categoria de programação para outra ou de um órgão para outro, sem prévia autorização legislativa.

(b) A assertiva se refere à Lei Orçamentária Anual (art. 165, § 5º, CF), e não à Lei de Diretrizes Orçamentárias.

(c) Compete privativamente ao Senado Federal autorizar operações externas de natureza financeira, de interesse da União, dos Estados, do Distrito Federal, dos Territórios e dos Municípios (art. 52, V, CF).

(d) A CF veda, como regra, a vinculação de receitas de impostos a órgão, fundo ou despesas, mas admite a vinculação em algumas hipóteses previstas no art. 167, IV, CF, verbis: Art. 167. São vedados: (...). IV – a vinculação de receita de impostos a órgão, fundo ou despesa, ressalvadas a repartição do produto da arrecadação dos impostos a que se referem os arts. 158 e 159, a destinação de recursos para as ações e serviços públicos de saúde, para manutenção e desenvolvimento do ensino e para realização de atividades da administração tributária, como determinado, respectivamente, pelos arts. 198, § 2º, 212 e 37, XXII, e a prestação de garantias às operações de crédito por antecipação de receita, previstas no art. 165, § 8º, bem como o disposto no § 4º deste artigo.

(e) O art. 167, V, da CF veda a abertura de crédito suplementar ou especial (espécies de créditos adicionais) sem prévia autorização legislativa e sem indicação dos recursos correspondentes.

*Para responder, tem que estudar: lei.*

*Gabarito: A*

**80. (Cespe/TJ/AC/Juiz/2012)** Considerando as disposições constitucionais sobre finanças públicas, orçamentos e princípios gerais da atividade econômica, assinale a opção correta.

a) A administração pública está impedida de realizar investimentos cuja execução ultrapasse um exercício financeiro, salvo mediante o remanejamento de recursos oriundos da anulação de despesa.

b) Estão sujeitas ao regime jurídico próprio das empresas privadas, quanto aos direitos e obrigações trabalhistas e tributários, as empresas públicas e as sociedades de economia mista que explorem atividade econômica de produção ou comercialização de bens, mas não as que prestam serviços.

c) A CF estabelece o monopólio da União na pesquisa e lavra das jazidas de petróleo e gás natural, permitindo, entretanto, a contratação de empresas estatais e privadas para a realização dessas atividades, observadas as condições estabelecidas em lei.

d) Cabe a uma comissão mista de deputados e senadores emitir parecer sobre os projetos de lei relativos ao plano plurianual, às diretrizes orçamentárias e ao orçamento anual, sendo competência da Comissão de Fiscalização e Controle do Senado Federal exercer o acompanhamento e a fiscalização orçamentária, bem como emitir parecer sobre as contas apresentadas anualmente pelo presidente da República.

e) O Bacen pode comprar e vender títulos de emissão do Tesouro Nacional e dos estados e pode conceder-lhes empréstimos, com o objetivo de regular a oferta de moeda ou a taxa de juros.

**ANOTAÇÕES/COMENTÁRIOS**

(a) Nenhum investimento cuja execução ultrapasse um exercício financeiro poderá ser iniciado sem prévia inclusão no plano plurianual, ou sem lei que autorize a inclusão, sob pena de crime de responsabilidade (art. 167, § 1º, CF).

(b) A lei estabelecerá o estatuto jurídico da empresa pública, da sociedade de economia mista e de suas subsidiárias que explorem atividade econômica de produção ou comercialização de bens ou de prestação de serviços, dispondo sobre a sujeição ao regime jurídico próprio das empresas privadas, inclusive quanto aos direitos e obrigações civis, comerciais, trabalhistas e tributários (art. 173, § 1º, II, CF).

(c) Art. 177, I e § 1º, CF.

(d) O art. 166, § 1º, I e II, da CF dispõe que cabe a uma Comissão mista permanente de Senadores e Deputados examinar e emitir parecer sobre os projetos de lei relativos ao plano plurianual, às diretrizes orçamentárias, ao orçamento anual e aos créditos adicionais e sobre as contas apresentadas anualmente pelo Presidente da República, bem como exercer o acompanhamento e a fiscalização orçamentária.

(e) O art. 164, § 1º, da CF dispõe que é vedado ao banco central conceder, direta ou indiretamente, empréstimos ao Tesouro Nacional e a qualquer órgão ou entidade que não seja instituição financeira. Já o § 2º do mesmo dispositivo estabelece que o banco central poderá comprar e vender títulos de emissão do Tesouro Nacional, com o objetivo de regular a oferta de moeda ou a taxa de juros.

*Para responder, tem que estudar: lei.*

*Gabarito: C*

## 6. DA ORDEM ECONÔMICA E FINANCEIRA

**81. (Cespe/TJ/DFT/Juiz/2015)** Com base no disposto na CF e na jurisprudência do STF, assinale a opção correta acerca da ordem econômica.

a) É permitido à União celebrar contratos com empresas estatais ou privadas para realizar pesquisa e lavra dos minérios e minerais nucleares e seus derivados, observadas as condições estabelecidas em lei.

b) As sociedades de economia mista e as empresas públicas prestadoras de serviço público e as que exploram atividade econômica em sentido estrito estão sujeitas ao regime jurídico próprio das empresas privadas.

c) É vedada a concessão de privilégios fiscais que não sejam extensivos às empresas do setor privado a sociedade de economia mista ou empresa pública que prestem serviço ou explorem atividade econômica.

d) Com a edição da norma jurídica que instaurou o regime do Simples Nacional, concretizou-se a diretriz do texto constitucional que institui a obrigatoriedade de tratamento favorecido para as microempresas e empresas de pequeno porte.

e) A pesquisa e a lavra de recursos minerais exigem autorização ou concessão da União, todavia a transferência dessas atividades a terceiros, desde que seja parcial, independerá de anuência do poder concedente.

**ANOTAÇÕES/COMENTÁRIOS**

(a) A pesquisa e a lavra de recursos minerais e o aproveitamento dos potenciais a que se refere o "caput" deste artigo somente poderão ser efetuados mediante autorização ou concessão da União, no interesse nacional, por brasileiros ou empresa constituída sob as leis brasileiras e que tenha sua sede e administração no País, na forma da lei, que estabelecerá as condições específicas quando essas atividades se desenvolverem em faixa de fronteira ou terras indígenas (art. 176, § 1º, CF). Observe-se que o art. 177, § 1º, da CF dispõe ainda que a União poderá contratar com empresas estatais ou privadas a realização das atividades previstas nos incisos I a IV do art. 177, observadas as condições estabelecidas em lei. É bem de ver, porém, que a pesquisa e a lavra de minérios e minerais nucleares está prevista no inciso V, logo excluída da previsão do art. 177, § 1º, da CF.

(b) A lei estabelecerá o estatuto jurídico da empresa pública, da sociedade de economia mista e de suas subsidiárias que explorem atividade econômica de produção ou comercialização de bens ou de prestação de serviços, dispondo sobre a sujeição ao regime jurídico próprio das empresas privadas, inclusive quanto aos direitos e obrigações civis, comerciais, trabalhistas e tributários (art. 173, § 1º, II, CF). Não há referência, na norma constitucional, às estatais que prestam serviço público.

(c) As empresas públicas e as sociedades de economia mista não poderão gozar de privilégios fiscais não extensivos às do setor privado (art. 173, § 2º, CF). Observe-se que o preceito constitucional não limita a incidência da restrição apenas às estatais "que prestem serviço ou explorem atividade econômica". O comando constitucional é amplo e alcança todas as empresas públicas e sociedades de economia mista.

(d) A União, os Estados, o Distrito Federal e os Municípios dispensarão às microempresas e às empresas de pequeno porte, assim definidas em lei, tratamento jurídico diferenciado, visando a incentivá-las pela simplificação de suas obrigações administrativas, tributárias, previdenciárias e creditícias, ou pela eliminação ou redução destas por meio de lei (art. 179, CF). De fato, a norma jurídica que instaurou o regime do Simples Nacional concretizou a diretriz prevista no art. 179 da CF.

(e) A pesquisa e a lavra de recursos minerais e o aproveitamento dos potenciais a que se refere o art. 176 somente poderão ser efetuados mediante autorização ou concessão da União, no interesse nacional, por brasileiros ou empresa constituída sob as leis brasileiras e que tenha sua sede e administração no País, na forma da lei, que estabelecerá as condições específicas quando essas atividades se desenvolverem em faixa de fronteira ou terras indígenas (art. 176, § 1º, CF). A autorização de pesquisa será sempre por prazo determinado, e as autorizações e concessões previstas neste artigo não poderão ser cedidas ou transferidas, total ou parcialmente, sem prévia anuência do poder concedente (art. 176, § 3º, CF).

*Para responder, tem que estudar: lei.*

*Gabarito: D*

**82. (Cespe/TJ/DFT/Juiz/2014)** Acerca da intervenção do Estado no domínio econômico, assinale a opção correta de acordo com o entendimento jurisprudencial mais recente do STF e do STJ.

a) Lei municipal que impeça a instalação de estabelecimentos comerciais do mesmo ramo em determinada área ofende o princípio constitucional da livre concorrência.

b) Lei municipal que estabeleça horário de funcionamento de estabelecimento comercial ofende o princípio constitucional da livre concorrência.

c) Lei federal que estabeleça horário de funcionamento bancário ofende o princípio constitucional da livre concorrência.

d) Lei federal que imponha passe livre para deficientes físicos comprovadamente carentes a empresas prestadoras de serviço de transporte interestadual fere o princípio da livre iniciativa.

e) A ocorrência de dano a empresa em virtude de intervenção do Estado na economia, por meio de plano econômico que estabeleça congelamento de preços, não gera direito à indenização, visto que é dever do Estado intervir na economia para garantir a ordem econômica.

**ANOTAÇÕES/COMENTÁRIOS**

(a) A Súmula Vinculante 49/STF dispõe que ofende o princípio da livre concorrência lei municipal que impede a instalação de estabelecimentos comerciais do mesmo ramo em determinada área.

(b) A Súmula Vinculante 38/STF dispõe que é competente o Município para fixar o horário de funcionamento de estabelecimento comercial.

(c) "Horário de funcionamento bancário: matéria que, por sua abrangência, transcende ao peculiar interesse do Município. Competência exclusiva da União para legislar sobre o assunto." (RE 118.363)

(d) "1. A Autora, associação de associação de classe, teve sua legitimidade para ajuizar ação direta de inconstitucionalidade reconhecida a partir do julgamento do Agravo Regimental na ADI 3.153. 2. Pertinência temática entre as finalidades da Autora e a matéria veiculada na lei questionada reconhecida. 3. Em 30.3.2007, o Brasil assinou, na sede das Organizações das Nações Unidas, a Convenção sobre os Direitos das Pessoas com Deficiência, bem como seu Protocolo Facultativo, comprometendo-se a implementar medidas para dar efetividade ao que foi ajustado. 4. A Lei 8.899/94 é parte das políticas públicas para inserir os portadores de necessidades especiais na sociedade e objetiva a igualdade de oportunidades e a humanização das relações sociais, em cumprimento aos fundamentos da República de cidadania e dignidade da pessoa humana, o que se concretiza pela definição de meios para que eles sejam alcançados. (ADI 2649)

(e) "7. Instituição de nova moeda (Cruzado) e implementação, pelo Poder Público, dos planos de combate à inflação denominados 'Plano Funaro' ou 'Plano Cruzado', que congelaram os preços e as tarifas aéreas nos valores prevalecentes em 27.2.1986 (art. 5º do Decreto 91.149/85). 8. Comprovação nos autos de que os reajustes efetivados, no período do controle de preços, foram insuficientes para cobrir a variação dos custos suportados pela concessionária. 9. Indenização que se impõe: teoria da responsabilidade objetiva do Estado com base no risco administrativo. Dano e nexo de causalidade comprovados, nos termos do acórdão recorrido." (RE 571.969).

*Para responder, tem que estudar: jurisprudência e súmula/OJ.*

*Gabarito: A*

**83. (Cespe/TJ/PB/Juiz/2015)** Com base nas disposições constitucionais e na jurisprudência do STF acerca da ordem econômica e financeira, assinale a opção correta.

a) Será materialmente inconstitucional, por ofender o princípio da livre concorrência, lei municipal que, a pretexto de realizar zoneamento urbano, estabeleça distância mínima de quinhentos metros entre uma farmácia e outra.

b) A concessão de serviços públicos de transporte urbano depende de prévia licitação, a qual será dispensável se o serviço for prestado sob o regime de permissão.

c) Será inconstitucional lei que fixe piso salarial regional para determinada categoria por violar o princípio do pleno emprego e da livre iniciativa.

d) As sociedades de economia mista em regime de concorrência não gozam, em regra, dos benefícios deferidos à fazenda pública, salvo o pagamento por precatório.

e) A consagração do princípio da livre iniciativa impõe que a intervenção estatal na economia mediante regulação e fiscalização ocorra excepcionalmente.

**ANOTAÇÕES/COMENTÁRIOS**

(a) "RECURSO EXTRAORDINÁRIO. CONSTITUCIONAL. LEI 10.991/91, DO MUNICÍPIO DE SÃO PAULO. FIXAÇÃO DE DISTÂNCIA PARA A INSTALAÇÃO DE NOVAS FARMÁCIAS OU DROGARIAS. INCONSTITUCIONALIDADE. 1. A Constituição Federal assegura o livre exercício de qualquer atividade econômica, independentemente de autorização do Poder Público, salvo nos casos previstos em lei. 2. Observância de distância mínima da farmácia ou drogaria existente para a instalação de novo estabelecimento no perímetro. Lei Municipal 10.991/91. Limitação geográfica que induz à concentração capitalista, em detrimento do consumidor, e implica cerceamento do exercício do princípio constitucional da livre concorrência, que é uma manifestação da liberdade de iniciativa econômica privada. Recurso extraordinário conhecido e provido." (RE 193749).

(b) "Exploração de transporte urbano, por meio de linha de ônibus. Necessidade de previa licitação para autoriza-la, quer sob a forma de permissão quer sob a de concessão. Recurso extraordinário provido por contrariedade do art. 175 da Constituição Federal." (RE 140989).

(c) "3. A competência legislativa do Estado do Paraná para fixar piso salarial decorre da Lei Complementar federal 103, de 2000, mediante a qual a União, valendo-se do disposto no art. 22, inciso I e parágrafo único, da Carta Maior, delegou aos

Estados e ao Distrito Federal a competência para instituir piso salarial para os empregados que não tenham esse mínimo definido em lei federal, convenção ou acordo coletivo de trabalho. Trata-se de lei estadual que consubstancia um exemplo típico de exercício, pelo legislador federado, da figura da competência privativa delegada. (...). 5. A lei impugnada não ofende o princípio do pleno emprego. Ao contrário, a instituição do piso salarial regional visa, exatamente, reduzir as desigualdades sociais, conferindo proteção aos trabalhadores e assegurando a eles melhores condições salariais. 6. O fato de a lei estadual não ter excluído dos seus efeitos a hipótese de piso salarial determinado em dissídio coletivo não viola o poder normativo da Justiça do Trabalho (art. 114, § 2º, da Lei Maior). A lei atuou nos exatos contornos da autorização conferida pela delegação legislativa. (...). 8. Ação direta de inconstitucionalidade julgada improcedente. (ADI 4432).

(d) "Os privilégios da Fazenda Pública são inextensíveis às sociedades de economia mista que executam atividades em regime de concorrência ou que tenham como objetivo distribuir lucros aos seus acionistas. Portanto, a empresa Centrais Elétricas do Norte do Brasil S.A. Eletronorte não pode se beneficiar do sistema de pagamento por precatório de dívidas decorrentes de decisões judiciais (art. 100 da Constituição). Recurso extraordinário ao qual se nega provimento. (RE 599.628).

(e) "1. A intervenção estatal na economia como instrumento de regulação dos setores econômicos é consagrada pela Carta Magna de 1988. 2. Deveras, a intervenção deve ser exercida com respeito aos princípios e fundamentos da ordem econômica, cuja previsão resta plasmada no art. 170 da Constituição Federal, de modo a não malferir o princípio da livre iniciativa, um dos pilares da república (art. 1º da CF/1988). (...). A intervenção está, substancialmente, consagrada na Constituição Federal nos arts. 173 e 174. Nesse sentido ensina Duciran Van Marsen Farena (RPGE, 32:71) que "O instituto da intervenção, em todas suas modalidades encontra previsão abstrata nos artigos 173 e 174, da Lei Maior. O primeiro desses dispositivos permite ao Estado explorar diretamente a atividade econômica quando necessária aos imperativos da segurança nacional ou a relevante interesse coletivo, conforme definidos em lei. O segundo outorga ao Estado, como agente normativo e regulador da atividade econômica, o poder para exercer, na forma da lei as funções de fiscalização, incentivo e planejamento, sendo esse determinante para o setor público e indicativo para o privado". Pela intervenção o Estado, com o fito de assegurar a todos uma existência digna, de acordo com os ditames da justiça social (art. 170 da CF), pode restringir, condicionar ou mesmo suprimir a iniciativa privada em certa área da atividade econômica. Não obstante, os atos e medidas que consubstanciam a intervenção hão de respeitar os princípios constitucionais que a conformam com o Estado Democrático de Direito, consignado expressamente em nossa Lei Maior, como é o princípio da livre iniciativa. (...)." (RE 632644 AgR).

*Para responder, tem que estudar: jurisprudência.*

*Gabarito: A*

**84. (Cespe/TJ/DFT/Juiz/2016)** Considerando-se as normas contidas na CF acerca da ordem econômica, é correto afirmar que:

a) fundando-se a ordem econômica na valorização do trabalho humano e na livre iniciativa, é vedada a exigência, por lei, de autorizações por órgãos públicos, para o exercício de qualquer atividade econômica.

b) a União, os estados, o DF e os municípios devem incentivar o turismo, como fator de desenvolvimento social e econômico.

c) apenas a livre concorrência e a defesa do consumidor são princípios de observância obrigatória.

d) a refinação do petróleo nacional ou estrangeiro constitui monopólio da União, que pode, para realizá-la, contratar apenas empresas estatais, observadas as condições estabelecidas em lei.

e) a concessão de serviço público deve ser precedida sempre de licitação. A permissão de serviço público, porém, deverá ser feita por contratação direta.

*ANOTAÇÕES/COMENTÁRIOS*

(a) É assegurado a todos o livre exercício de qualquer atividade econômica, independentemente de autorização de órgãos públicos, salvo nos casos previstos em lei (art. 170, pár. ún., CF).

(b) A União, os Estados, o Distrito Federal e os Municípios promoverão e incentivarão o turismo como fator de desenvolvimento social e econômico (art. 180, CF).

(c) Há diversos outros princípios da ordem econômica nacional listados no art. 170, CF.

(d) Segundo o art. 177, § 1º, da CF, a União poderá contratar com empresas estatais ou privadas a refinação do petróleo nacional ou estrangeiro.

(e) Incumbe ao Poder Público, na forma da lei, diretamente ou sob regime de concessão ou permissão, sempre através de licitação, a prestação de serviços públicos (art. 175, caput, CF).

*Para responder, tem que estudar: lei.*

*Gabarito: B*

**85. (Cespe/TJ/PI/Juiz/2012)** Com base nos preceitos constitucionais acerca da política agrícola e fundiária, do desenvolvimento urbano e da ordem social, assinale a opção correta.

a) A seguridade social é financiada, além dos recursos provenientes dos orçamentos da União, dos estados, do DF e dos municípios, pelas contribuições do empregador, do trabalhador e da receita de concursos de prognósticos, vedada a instituição de outras fontes de custeio.

b) A CF proíbe a destinação de recursos públicos para auxílios ou subvenções às instituições de saúde privadas com fins lucrativos, sejam elas nacionais ou estrangeiras, salvo se participantes do Sistema Único de Saúde e desde que mediante contrato de direito público ou convênio.

c) A alienação ou concessão, a qualquer título, de terras públicas rurais, independentemente da dimensão, a pessoa física ou jurídica depende de prévia aprovação do Congresso Nacional.

d) As operações de transferência de imóveis desapropriados para fins de reforma agrária, cuja responsabilidade é da União, são isentas de impostos federais, mas não de impostos estaduais e municipais.

e) A política de desenvolvimento urbano deve ficar a cargo do município, a partir de diretrizes comuns fixadas por lei federal.

*ANOTAÇÕES/COMENTÁRIOS*

(a) A lei poderá instituir outras fontes destinadas a garantir a manutenção ou expansão da seguridade social, obedecido o disposto no art. 154, I, CF (art. 195, § 4º, CF).

(b) É vedada a destinação de recursos públicos para auxílios ou subvenções às instituições privadas com fins lucrativos (art. 199, § 2º, CF).

(c) Compete, exclusivamente, ao Congresso Nacional aprovar, previamente, a alienação ou concessão de terras públicas com área superior a dois mil e quinhentos hectares (art. 49, XVII, CF).

(d) São isentas de impostos federais, estaduais e municipais as operações de transferência de imóveis desapropriados para fins de reforma agrária (art. 184, § 5º, CF).

(e) A política de desenvolvimento urbano, executada pelo Poder Público municipal, conforme diretrizes gerais fixadas em lei, tem por objetivo ordenar o pleno desenvolvimento das funções sociais da cidade e garantir o bem-estar de seus habitantes (art. 182, CF). Registre-se que compete à União instituir diretrizes para o desenvolvimento urbano, inclusive habitação, saneamento básico e transportes urbanos (art. 21, XX, CF).

*Para responder, tem que estudar: lei.*

*Gabarito: E*

**86. (Cespe/TJ/DFT/Juiz/2014)** Acerca do direito de propriedade, assinale a opção correta.

a) No caso de iminente perigo público, a autoridade competente poderá utilizar-se de propriedade particular, assegurada ao proprietário indenização ulterior.

b) A penhora de bem de família pertencente ao fiador de contrato de locação inadimplido viola o direito de propriedade e o direito de moradia estabelecidos na CF.

c) Ao estabelecer que a propriedade deve atender à sua função social, a CF legitima a imposição de quaisquer restrições, previstas em lei, ao direito do particular em prol do interesse público.

d) Só a perda da propriedade no final da ação de desapropriação – e não a imissão provisória na posse do imóvel – está compreendida na garantia da justa e prévia indenização.

e) Nos casos de desapropriação de imóvel rural, não cabe pagamento de indenização pelas matas que integrem cobertura vegetal sujeita a preservação permanente.

## ANOTAÇÕES/COMENTÁRIOS

(a) No caso de iminente perigo público, a autoridade competente poderá usar de propriedade particular, assegurada ao proprietário indenização ulterior, se houver dano (art. 5º, XXV, CF).

(b) "É constitucional a penhora de bem de família pertencente a fiador de contrato de locação, em virtude da compatibilidade da exceção prevista no art. 3º, VII, da Lei 8.009/1990 com o direito à moradia consagrado no art. 6º da Constituição Federal, com redação da EC 26/2000" (RE 612.360 RG).

(c) "O direito de propriedade não se reveste de caráter absoluto, eis que, sobre ele, pesa grave hipoteca social, a significar que, descumprida a função social que lhe é inerente (CF, art. 5º, XXIII), legitimar-se-á a intervenção estatal na esfera dominial privada, observados, contudo, para esse efeito, os limites, as formas e os procedimentos fixados na própria Constituição da República." (ADI 2213 MC).

(d) Súmula 652/STF. Não contraria a Constituição o art. 15, § 1º, do DL 3.365/1941 (Lei da Desapropriação por Utilidade Pública). "O Plenário desta Corte declarou a constitucionalidade do art. 15 e parágrafos do Decreto-lei 3.365/41 e afastou a exigência do pagamento prévio e integral da indenização, para ser deferida a imissão provisória na posse do bem expropriado." (RE 216964).

(e) O art. 12 da Lei 8629/93 dispõe, no art. 12, que se considera justa a indenização que reflita o preço atual de mercado do imóvel em sua totalidade, aí incluídas as terras e acessões naturais, matas e florestas e as benfeitorias indenizáveis. O § 2º do mesmo dispositivo estatui que integram o preço da terra as florestas naturais, matas nativas e qualquer outro tipo de vegetação natural, não podendo o preço apurado superar, em qualquer hipótese, o preço de mercado do imóvel. "O STF firmou o entendimento de que as áreas referentes à cobertura vegetal e à preservação permanente devem ser indenizadas, não obstante a incidência de restrição ao direito de propriedade que possa incidir sobre todo o imóvel que venha a ser incluído em área de proteção ambiental." (AI 653062 AgR).

*Para responder, tem que estudar: lei, jurisprudência e súmula/OJ.*

*Gabarito: D*

**87. (Cespe/TJ/PA/Juiz/2012)** No que diz respeito à política urbana, agrícola e fundiária e à reforma agrária, assinale a opção correta.

a) De acordo com a CF, o poder público está impedido de desapropriar imóveis rurais caracterizados como propriedades produtivas, independentemente da finalidade da desapropriação.

b) O procedimento da desapropriação por interesse social, para fins de reforma agrária, pode ser estabelecido em lei ordinária, à qual cabe estabelecer, além dos procedimentos, os ritos para o processo judicial de desapropriação.

c) Como regra, as desapropriações de imóveis urbanos devem ser feitas mediante pagamento com títulos da dívida pública com prazo de resgate de até vinte anos, assegurados o valor real da indenização e os juros legais.

d) A CF considera absolutamente insuscetíveis de desapropriação, para fins de reforma agrária, as pequenas propriedades rurais.

e) Os imóveis rurais desapropriados para fins de reforma agrária serão distribuídos mediante título de domínio ou de concessão de uso, inegociáveis pelo prazo de dez anos, nos termos e condições previstos em lei.

**ANOTAÇÕES/COMENTÁRIOS**

(a) O art. 185, II, da CF veda apenas a desapropriação da propriedade produtiva para fins de reforma agrária.

(b) O art. 184, que versa sobre desapropriação por interesse social, para fins de reforma agrária, estabelece, no § 3º, que cabe à lei complementar estabelecer procedimento contraditório especial, de rito sumário, para o processo judicial de desapropriação.

(c) Em regra, as desapropriações de imóveis urbanos serão feitas com prévia e justa indenização em dinheiro (art. 182, § 3º, CF). Apenas excepcionalmente – nas hipóteses de solo urbano não edificado, subutilizado ou não utilizado – é que será possível a desapropriação com pagamento mediante títulos da dívida pública de emissão previamente aprovada pelo Senado Federal, com prazo de resgate de até dez anos (e não em vinte anos, como constou na assertiva), em parcelas anuais, iguais e sucessivas, assegurados o valor real da indenização e os juros legais (art. 182, § 4º, III, CF).

(d) A pequena propriedade rural só não será passível de desapropriação, para fins de reforma agrária, se o seu proprietário não possuir outra (art. 185, I, CF).

(e) Art. 189 da CF prevê que os beneficiários da distribuição de imóveis rurais pela reforma agrária receberão títulos de domínio ou de concessão de uso, inegociáveis pelo prazo de dez anos.

*Para responder, tem que estudar: lei.*

*Gabarito: E*

## 7. DA ORDEM SOCIAL

**88. (Cespe/TJ/PR/Juiz/2017)** A respeito da ordem e dos direitos sociais previstos na CF, assinale a opção correta.

a) É constitucional norma que obriga escolas privadas a oferecer atendimento adequado a pessoas com deficiência, vedado o repasse do custo financeiro da adaptação às mensalidades escolares.

b) Segundo o STF, a liberdade de expressão e informação asseguradas na CF é compatível com a criação, pelo Estado, de um conselho de regulação e fiscalização da profissão jornalística.

c) Em virtude da proibição constitucional da comercialização de órgãos e tecidos humanos para fins de transplante, o STF entende ser inconstitucional lei estadual que concede meia-entrada aos doadores regulares de sangue.

d) Em razão do princípio da reserva do possível, não cabe ao Poder Judiciário determinar a construção de creches e pré-escolas pelos municípios.

**ANOTAÇÕES/COMENTÁRIOS**

(a) O art. 28, § 1º, do Estatuto da Pessoa com Deficiência (Lei federal 13.146/15) dispõe que às instituições privadas, de qualquer nível e modalidade de ensino, aplica-se obrigatoriamente o disposto nos incisos I, II, III, V, VII, VIII, IX, X, XI, XII, XIII, XIV, XV, XVI, XVII e XVIII do caput do art. 28, sendo vedada a cobrança de valores adicionais de qualquer natureza em suas mensalidades, anuidades e matrículas no cumprimento dessas determinações. O inciso II do art. 28 prevê, expressamente, a obrigação de aprimoramento dos sistemas educacionais, visando a garantir condições de acesso, permanência, participação e aprendizagem, por meio da oferta de serviços e de recursos de acessibilidade que eliminem as barreiras e promovam a inclusão plena. O STF, no julgamento da ADI 5357, assentou a constitucionalidade do Estatuto da Pessoa com Deficiência.

(b) "No campo da profissão de jornalista, não há espaço para a regulação estatal quanto às qualificações profissionais. O art. 5º, incisos IV, IX, XIV, e o art. 220, não autorizam o controle, por parte do Estado, quanto ao acesso e exercício da profissão de jornalista. Qualquer tipo de controle desse tipo, que interfira na liberdade profissional no momento do próprio acesso à atividade jornalística, configura, ao fim e ao cabo, controle prévio que, em verdade, caracteriza censura prévia das liberdades de expressão e de informação, expressamente vedada pelo art. 5º, inciso IX, da Constituição. A impossibilidade do estabelecimento de controles estatais sobre a profissão jornalística leva à conclusão de que não pode o Estado criar uma ordem ou um conselho profissional (autarquia) para a fiscalização desse tipo de profissão. O exercício do poder de polícia do Estado é vedado nesse campo em que imperam as liberdades de expressão e de informação." (RE 511961).

(c) "A Constituição do Brasil em seu artigo 199, § 4º, veda todo tipo de comercialização de sangue, entretanto estabelece que a lei infraconstitucional disporá sobre as condições e requisitos que facilitem a coleta de sangue. O ato normativo estadual não determina recompensa financeira à doação ou estimula a comercialização de sangue. (...). Ação direta de inconstitucionalidade julgada improcedente." (ADI 3512).

(d) "A cláusula da reserva do possível – que não pode ser invocada, pelo Poder Público, com o propósito de fraudar, de frustrar e de inviabilizar a implementação de políticas públicas definidas na própria Constituição – encontra insuperável limitação na garantia constitucional do mínimo existencial, que representa, no contexto de nosso ordenamento positivo, emanação direta do postulado da essencial dignidade da pessoa humana. Doutrina. A noção de "mínimo existencial", que resulta, por implicitude, de determinados preceitos constitucionais (CF, art. 1º, III, e art. 3º, III), compreende um complexo de prerrogativas cuja concretização revela-se capaz de garantir condições adequadas de existência digna, em ordem a assegurar, à pessoa, acesso efetivo ao direito geral de liberdade e, também, a prestações positivas originárias do Estado, viabilizadoras da plena fruição de direitos sociais básicos, tais como o direito à educação, o direito à proteção integral da criança e do adolescente, o direito à saúde, o direito à assistência social, o direito à moradia, o direito à alimentação e o direito à segurança." (ARE 639337 AgR).

*Para responder, tem que estudar: lei e jurisprudência.*

*Gabarito: A*

**89. (Cespe/TJ/PB/Juiz/2011)** Relativamente à ordem social e aos direitos e garantias fundamentais, assinale a opção correta.

a) O casamento civil pode ser dissolvido pelo divórcio, desde que homologada a separação judicial do casal por mais de um ano nos casos expressos em lei, ou comprovada a separação de fato por mais de dois anos.

b) A CF consagrou o princípio da irremovibilidade dos índios de suas terras, salvo, "ad referendum" do Congresso Nacional, em caso de catástrofe ou epidemia que ponha em risco sua população, ou no interesse da soberania do país, devendo, cessado o risco, os índios retornar, de imediato, às suas terras.

c) A jurisprudência do STF reconhece que os estrangeiros, mesmo os não residentes no país, são destinatários dos direitos fundamentais consagrados pela CF, sem distinção de qualquer espécie em relação aos brasileiros. No mesmo sentido, as pessoas jurídicas são destinatárias dos direitos e garantias elencados na CF, na mesma proporção das pessoas físicas.

d) São legitimados para impetrar mandado de segurança a pessoa física, nacional ou estrangeira, e a pessoa jurídica privada, mas não a pública, visto o mandado de segurança ter como função garantir direito líquido e certo contra ato de autoridade pública.

e) A floresta amazônica brasileira, a mata atlântica, a serra do Mar, o pantanal mato-grossense e a zona costeira são considerados patrimônio nacional pela CF, razão pela qual é vedada a utilização dos recursos naturais existentes nessas áreas, ainda que sujeitas ao domínio privado.

BLOCO II

ANOTAÇÕES/COMENTÁRIOS

(a) O casamento civil pode ser dissolvido pelo divórcio (art. 226, § 6º, CF).

(b) É vedada a remoção dos grupos indígenas de suas terras, salvo, "ad referendum" do Congresso Nacional, em caso de catástrofe ou epidemia que ponha em risco sua população, ou no interesse da soberania do País, após deliberação do Congresso Nacional, garantido, em qualquer hipótese, o retorno imediato logo que cesse o risco (art. 231, § 5º, CF).

(c) "A teor do disposto na cabeça do artigo 5º da Constituição Federal, os estrangeiros residentes no País têm jus aos direitos e garantias fundamentais" (HC 74051). "Não há, em princípio, impedimento insuperável a que pessoas jurídicas venham, também, a ser consideradas titulares de direitos fundamentais, não obstante estes, originalmente, terem por referência a pessoa física. Acha-se superada a doutrina de que os direitos fundamentais se dirigem apenas às pessoas humanas. Os direitos fundamentais suscetíveis, por sua natureza, de serem exercidos por pessoas jurídicas podem tê-las por titular. (...) Garantias, porém, que dizem respeito à prisão (e.g., art. 5º, LXI) têm as pessoas físicas como destinatárias exclusivas." (MENDES, Gilmar. et al. Curso de Direito Constitucional).

(d) "Cabimento do mandado de segurança da União para impugnar ato do Tribunal de Contas da União" (MS 25763).

(e) A Floresta Amazônica brasileira, a Mata Atlântica, a Serra do Mar, o Pantanal Mato-Grossense e a Zona Costeira são patrimônio nacional, e sua utilização far-se-á, na forma da lei, dentro de condições que assegurem a preservação do meio ambiente, inclusive quanto ao uso dos recursos naturais (art. 225, § 4º, da CF).

*Para responder, tem que estudar: lei, jurisprudência e teoria/doutrina.*

*Gabarito: B*

**90. (Cespe/TJ/BA/Juiz/2019)** Considerando a pouca quantidade de defensores públicos indispensáveis ao atendimento adequado dos necessitados na forma da lei, determinado estado da federação aprovou o respectivo projeto e sancionou a lei Y, que criou a obrigatoriedade de estágio curricular no atendimento da assistência jurídica gratuita por núcleo de prática jurídica integrante do departamento de direito de universidade estadual, estabelecendo sua organização, seu funcionamento e seus horários, inclusive determinando sua atuação em regime de plantão, bem como vinculando a certificação da conclusão do curso de bacharelado pelos alunos ao cumprimento do referido estágio.

Conforme a CF, a doutrina e a jurisprudência do STF, a Lei Y é

a) Constitucional por atender ao princípio da indissociabilidade entre ensino, pesquisa e extensão disposto em norma constitucional.

b) Inconstitucional por ferir a autonomia didático-científica e administrativa da universidade.

c) Constitucional, mas não atende a legislação que estabelece os critérios nacionais para a política educacional.

d) Inconstitucional por atribuir função exclusiva de órgão da DP à universidade estadual.

e) Inconstitucional apenas quanto ao condicionamento da certificação da conclusão do curso ao cumprimento do estágio curricular obrigatório.

ANOTAÇÕES/COMENTÁRIOS

No julgamento da ADI 3.792/RN, o pleno do STF assentou que "[a] previsão da autonomia universitária vem consagrada no art. 207 da Carta Política. embora não se revista de caráter de independência, atributo dos poderes da república, revela a impossibilidade de exercício de tutela ou indevida ingerência no âmago próprio das suas funções, assegurando à universidade a discricionariedade de dispor ou propor (legislativamente) sobre sua estrutura e funcionamento administrativo, bem como sobre suas atividades pedagógicas".

Além disso, afirmou-se que a "determinação de que o escritório de prática jurídica preste serviço aos finais de semana, a fim de atender necessitados presos em decorrência de flagrante delito, implica necessariamente a criação ou, ao menos, a modificação de atribuições conferidas ao corpo administrativo que serve ao curso de direito da universidade. Isso sem falar que, como os atendimentos serão realizados pelos acadêmicos do curso de direito cursando o estágio curricular obrigatório, a universidade, obrigatoriamente, teria que alterar as grades curriculares e os horários dos estudantes para que desenvolvessem essas atividades em regime de plantão, ou seja, aos sábados, domingos e feriados. Peca, portanto, o diploma legislativo em sua totalidade, porque fere a autonomia administrativa, a financeira e, até mesmo, a didático-científica da instituição, uma vez que ausente seu assentimento para a criação/modificação do novo serviço a ser prestado". Portanto, a letra "b" é a alternativa correta.

*Para responder, tem que estudar: Jurisprudência.*

*Gabarito: B*

# 8. DIREITO PROCESSUAL CONSTITUCIONAL

## 8.1. Controle Concentrado de Constitucionalidade

**91. (Cespe/TJ/DFT/Juiz/2016)** Em atenção à ADC e à respectiva jurisprudência do STF, assinale a opção correta.

a) A decisão final proferida é irrecorrível, salvo a oposição de embargos de declaração, e eventual propositura de ação rescisória, desde que modificado o entendimento do STF sobre a matéria.

b) A controvérsia judicial relevante diz respeito ao mérito, e não rende ensejo ao indeferimento monocrático da inicial pelo relator.

c) O parâmetro de controle é a Constituição vigente, excluindo-se os tratados e convenções internacionais, ainda que sobre direitos humanos e aprovados por quórum qualificado no Congresso Nacional.

d) Pode ser deferida medida cautelar, suspendendo-se os processos que envolvam a aplicação da lei ou ato normativo questionado, devendo ser julgada a ação em noventa dias, sob pena de perda de eficácia.

e) Decorrido o prazo da rescisória, a imutabilidade da sentença de mérito transitada em julgado é insuperável, ainda que aplicada lei objeto de ulterior ADC improcedente, com a inconstitucionalidade proclamada pelo STF.

**ANOTAÇÕES/COMENTÁRIOS**

(a) A decisão que declara a constitucionalidade ou a inconstitucionalidade da lei ou do ato normativo em ação direta ou em ação declaratória é irrecorrível, ressalvada a interposição de embargos declaratórios, não podendo, igualmente, ser objeto de ação rescisória (art. 26, Lei 9868/99).

(b) O Art. 14, III, da Lei 9868/99 dispõe que a petição inicial indicará a existência de controvérsia judicial relevante sobre a aplicação da disposição objeto da ação declaratória. Já o art. 15 da mesma lei prevê que a inicial inepta, não fundamentada e a manifestamente improcedente serão liminarmente indeferidas pelo relator.

(c) O parâmetro de controle na ADC, de fato, é a Constituição vigente. Ocorre, porém, que tratados e convenções internacionais, que versem sobre direitos humanos, quando aprovados por quórum qualificado pelo Congresso Nacional, têm natureza de norma constitucional e, portanto, podem, sim, ser invocados como parâmetro de controle na ADC (art. 5º, § 3º, CF).

(d) Concedida a medida cautelar, o STF fará publicar em seção especial do Diário Oficial da União a parte dispositiva da decisão, no prazo de dez dias, devendo o Tribunal proceder ao julgamento da ação no prazo de cento e oitenta dias, sob pena de perda de sua eficácia (art. 21, pár. ún., da Lei 9868/99).

(e) Se decisão do STF, que declarar inconstitucional lei ou ato normativo, em controle de constitucionalidade concentrado ou difuso, for proferida após o trânsito em julgado da decisão exequenda, caberá ação rescisória, cujo prazo será contado do trânsito em julgado da decisão proferida pelo STF (art. 525, §§ 12 e 15, do CPC/15. A esse respeito, já decidiu o STF: "Afirma-se, portanto, como tese de repercussão geral que a decisão do STF declarando a constitucionalidade ou a inconstitucionalidade de preceito normativo não produz a automática reforma ou rescisão das sentenças anteriores que tenham adotado entendimento diferente; para que tal ocorra, será indispensável a interposição do recurso próprio ou, se for o caso, a propositura da ação rescisória própria, nos termos do art. 485, V, do CPC, observado o respectivo prazo decadencial (CPC, art. 495). Ressalva-se desse entendimento, quanto à indispensabilidade da ação rescisória, a questão relacionada à execução de efeitos futuros da sentença proferida em caso concreto sobre relações jurídicas de trato continuado. 5. No caso, mais de dois anos se passaram entre o trânsito em julgado da sentença no caso concreto reconhecendo, incidentalmente, a constitucionalidade do artigo 9º da Medida Provisória 2.164-41 (que acrescentou o artigo 29-C na Lei 8.036/90) e a superveniente decisão do STF que, em controle concentrado, declarou a inconstitucionalidade daquele preceito normativo, a significar, portanto, que aquela sentença é insuscetível de rescisão. 6. Recurso extraordinário a que se nega provimento." (RE 730462 RG).

*Para responder, tem que estudar: lei e jurisprudência.*

*Gabarito: E*

**92. (Cespe/TJ/CE/Juiz/2012)** No que se refere ao controle de constitucionalidade no ordenamento jurídico nacional, assinale a opção correta.

a) De acordo com o STF, as resoluções e as respostas às consultas do Tribunal Superior Eleitoral podem ser objeto de ação direta de inconstitucionalidade.

b) Os sindicatos, entidades representativas de determinadas categorias profissionais, detêm legitimidade ativa para o ajuizamento da ação direta de inconstitucionalidade.

c) O CNJ, órgão do Poder Judiciário, tem competência para apreciar a constitucionalidade e a ilegalidade dos atos administrativos praticados pelos juízos e tribunais.

d) Na ação direta de inconstitucionalidade por omissão, admite-se a participação do "amicus curiae", bem como de peritos especializados na realização de audiências públicas.

e) De acordo com a legislação de regência, admite-se, em ação declaratória de constitucionalidade, a concessão de medida cautelar para suspender a eficácia das decisões proferidas nos julgamentos de processos que envolvam a aplicação da lei ou do ato normativo federal objeto da ação.

BLOCO II

## ANOTAÇÕES/COMENTÁRIOS

(a) De acordo com o STF, as resoluções do TSE, que se revistam de autonomia jurídica da deliberação estatal e sejam dotadas de coeficiente de generalidade abstrata, bem assim de impessoalidade, podem ser objeto de ADI (ADI 2321 MC e ADI 5081). No entanto, contra as respostas às consultas do TSE o STF tem entendido que não cabe ADI: "Tendo sido o dispositivo impugnado fruto de resposta à consulta regularmente formulada por parlamentares no objetivo de esclarecer o disciplinamento das coligações tal como previsto pela Lei 9.504/97 em seu art. 6º, o objeto da ação consiste, inegavelmente, em ato de interpretação. Saber se esta interpretação excedeu ou não os limites da norma que visava integrar, exigiria, necessariamente, o seu confronto com esta regra, e a Casa tem rechaçado as tentativas de submeter ao controle concentrado o de legalidade do poder regulamentar." (ADI 2626).

(b) "O Plenário do STF, por meio de diversos julgados, assentou que somente as entidades sindicais de terceiro grau, ou seja, as confederações, possuem legitimidade ativa para ajuizar ações diretas de inconstitucionalidade, o que, por óbvio, exclui os sindicatos e as federações, mesmo que possuam abrangência nacional." (ADI 4184 AgR)

(c) "O Conselho Nacional de Justiça, no exercício de suas funções constitucionais, possui, tão somente, atribuições de natureza administrativa e, nesse sentido, não lhe é permitido apreciar a constitucionalidade dos atos administrativos, mas somente sua legalidade" (MS 31285).

(d) O relator, considerando a relevância da matéria e a representatividade dos postulantes, poderá, por despacho irrecorrível, admitir, observado o prazo fixado no parágrafo anterior, a manifestação de outros órgãos ou entidades (art. 7º, § 2º, Lei 9868/99).

(e) O STF, por decisão da maioria absoluta de seus membros, poderá deferir pedido de medida cautelar na ação declaratória de constitucionalidade, consistente na determinação de que os juízes e os Tribunais suspendam o julgamento dos processos que envolvam a aplicação da lei ou do ato normativo objeto da ação até seu julgamento definitivo (art. 21, Lei 9868/99).

*Para responder, tem que estudar: lei e jurisprudência.*

*Gabarito: D*

---

**93. (Cespe/TJ/DFT/Juiz/2015)** À luz da legislação e da jurisprudência do STF pertinente ao tema, assinale a opção correta acerca do controle de constitucionalidade.

a) Cabe medida cautelar em ADC que determine a suspensão de processos que envolvam a aplicação da norma em análise na ADC até que haja o julgamento definitivo do pedido principal.

b) Se uma lei federal afetar diretamente certa política pública de um município e houver pertinência temática entre a lei federal e a política pública municipal prejudicada, o prefeito desse município poderá propor uma ADI perante o STF.

c) Caso o DF promulgue lei que discipline matéria de competência legislativa exclusiva da União, essa norma deverá ser declarada inconstitucional por ausência de requisito material.

d) Uma ADI por omissão não é instrumento cabível para se exigir do Poder Executivo a adoção de medida de índole administrativa necessária para o cumprimento de preceito constitucional, o que deve ser feito mediante mandado de injunção.

e) O procurador-geral da República pode requerer ao presidente do STF a desistência de ADI por ele ajuizada, desde que o faça de forma fundamentada.

ANOTAÇÕES/COMENTÁRIOS

(a) O STF, por decisão da maioria absoluta de seus membros, poderá deferir pedido de medida cautelar na ação declaratória de constitucionalidade, consistente na determinação de que os juízes e os Tribunais suspendam o julgamento dos processos que envolvam a aplicação da lei ou do ato normativo objeto da ação até seu julgamento definitivo (art. 21, Lei 9868/99).

(b) Prefeito não detém legitimidade para propor ADI perante o STF (art. 103, CF).

(c) Vício de competência, também conhecido como vício orgânico, é vício de natureza formal, e não material.

(d) O art. 12-H, § 1º, da Lei 9868/99 dispõe que, em caso de omissão imputável a órgão administrativo, as providências deverão ser adotadas no prazo de 30 (trinta) dias, ou em prazo razoável a ser estipulado excepcionalmente pelo Tribunal, tendo em vista as circunstâncias específicas do caso e o interesse público envolvido. Como se vê, é possível, sim, o ajuizamento de ADI por omissão imputável ao Executivo.

(e) Proposta a ação direta, não se admitirá desistência (art. 5º, Lei 9868/99).

*Para responder, tem que estudar: lei e teoria/doutrina.*

*Gabarito: A*

BLOCO II

**94. (Cespe/TJ/DFT/Juiz/2015)** Depois de várias derrotas políticas nas votações de projetos de lei na respectiva assembleia legislativa, o governador de determinado estado da Federação editou decreto dissolvendo a referida assembleia e proibindo a entrada dos deputados estaduais no prédio do órgão legislativo. Nessa situação hipotética, o instrumento adequado para questionar a constitucionalidade da lei é a ADI interventiva proposta:

a) pelo procurador-geral de justiça do estado em questão.
b) pelo procurador-geral da República.
c) pelo presidente da República.
d) por partido político com representação no Congresso Nacional.
e) pelo Conselho Federal da Ordem dos Advogados do Brasil.

ANOTAÇÕES/COMENTÁRIOS

A legitimidade para a propositura da ADI interventiva é do Procurador-Geral da República, nos termos do art. 36, III, da CF, dispensada a apreciação pelo Congresso Nacional do decreto de intervenção (art. 36, § 3º, CF).

*Para responder, tem que estudar: lei.*

*Gabarito: B*

**95. (Cespe/TJ/DFT/Juiz/2014)** Assinale a opção correta acerca do controle de constitucionalidade realizado pelo TJDFT.

a) O TJDFT não pode realizar controle concentrado ou difuso de constitucionalidade de lei federal.

b) Não é admitida ação direta de inconstitucionalidade por omissão perante o TJDFT para tornar efetiva norma inserta na LODF.

c) Considere que uma lei distrital tenha sido objeto de ação direta de inconstitucionalidade perante o TJDFT e que do acórdão prolatado tenha sido interposto recurso extraordinário. Nessa situação, para que o recurso extraordinário seja conhecido pelo STF, é indispensável a demonstração de que a lei distrital afrontou dispositivo inserido na LODF que reproduziu norma prevista na CF, a qual é de observância obrigatória pelos demais entes da Federação.

d) O TJDFT, ao realizar o controle abstrato de constitucionalidade, pode declarar a inconstitucionalidade de lei ou ato normativo distrital ao tomar por parâmetro de controle a CF ou a LODF.

e) Se forem ajuizadas simultaneamente ações diretas de inconstitucionalidade contra a mesma lei distrital, uma perante o TJDFT e outra junto ao STF, as quais tenham como parâmetro de controle norma de reprodução obrigatória prevista na CF inserida na LODF, deverá ser primeiramente julgada a ação em trâmite no TJDFT, dada a natureza distrital da norma.

## ANOTAÇÕES/COMENTÁRIOS

(a) O TJDFT pode, sim, realizar controle difuso de constitucionalidade de lei federal, observada a cláusula de reserva de plenário (art. 9, CF e Súm. Vinculante 10/STF). Em relação ao controle concentrado, de fato, o objeto de controle na ADI estadual se limita apenas a leis ou atos normativos estaduais ou municipais (art. 125, § 2º, CF).

(b) A Lei federal 11.697/08, que dispõe sobre a organização judiciária do Distrito Federal e dos Territórios, prevê, no art. 8º, § 4º, II, que se aplicam ao processo e julgamento da ação direta de inconstitucionalidade perante o Tribunal de Justiça do Distrito Federal e dos Territórios a seguinte disposição: declarada a inconstitucionalidade por omissão de medida para tornar efetiva norma da Lei Orgânica do Distrito Federal, a decisão será comunicada ao Poder competente para adoção das providências necessárias e, tratando-se de órgão administrativo, para fazê-lo em 30 (trinta) dias. Portanto, o TJDFT pode, sim, realizar controle concentrado ou difuso de constitucionalidade de lei federal.

(c) "No que guarda pertinência com a possibilidade de recurso extraordinário em sede de ADIN estadual, esta Corte tem precedentes que admitem a interposição, mas apenas nas hipóteses de decisões dos Tribunais locais em que há alegação de ofensa, pela legislação ou ato normativo estadual ou municipal, a preceito da Constituição estadual que reproduza norma constitucional federal de observância obrigatória pelos Estados. " (RE 599633 AgR-AgR).

(d) O TJDFT, ao realizar o controle abstrato de constitucionalidade, pode declarar a inconstitucionalidade de lei ou ato normativo distrital ao tomar por parâmetro de controle apenas a LODF (art. 125, § 2º, CF): "Recurso extraordinário com agravo (Lei 12.322/2010). Fiscalização normativa abstrata. ADI. TJ. Competência originária. Possibilidade (CF, art. 125, § 2º). Parâmetro único de controle: a constituição do próprio estado-membro ou, quando for o caso, a lei orgânica do Distrito Federal. Impossibilidade, contudo, tratando-se de jurisdição constitucional "in abstracto" do estado-membro (ou do distrito federal), de erigir-se a própria constituição da república à condição de paradigma de confronto. Ação direta que impugna, perante tribunal de justiça, diploma normativo local, contestando-o, em tese, em face de normas da constituição federal. Impossibilidade." (ARE 691318 AgR).

(e) "Coexistência de jurisdições constitucionais estaduais e federal. Propositura simultânea de ADI contra lei estadual perante o STF e o Tribunal de Justiça. Suspensão do processo no âmbito da justiça estadual, até a deliberação definitiva desta Corte" (Pet-AgR 2.701).

*Para responder, tem que estudar: lei e jurisprudência.*

*Gabarito: C*

**96. (Cespe/TJ/PR/Juiz/2017)** "O juiz constitucional já não interpreta, no processo constitucional, de forma isolada: muitos são os participantes do processo; as formas de participação se ampliam acentuadamente. Os instrumentos de informação dos juízes constitucionais — não apesar, mas em razão da própria vinculação à lei — devem ser ampliados e aperfeiçoados, especialmente no que se refere às formas gradativas de participação e à própria possibilidade de participação no processo constitucional (especialmente nas audiências e nas 'intervenções'). Devem ser desenvolvidas novas formas de participação das potências públicas pluralistas como intérpretes em sentido amplo da Constituição" (Peter Häberle. Hermenêutica constitucional: a sociedade aberta dos intérpretes da Constituição. Porto Alegre: Sergio Antonio Fabris Editor, 2000, p. 47-8, com adaptações). Tendo o texto precedente como referência inicial, assinale a opção correta acerca dos modelos e dos diversos instrumentos de controle de constitucionalidade do ordenamento jurídico brasileiro.

a) Será constitucional o processo legislativo em que assembleia legislativa aprove lei com idêntico conteúdo de norma declarada inconstitucional pelo STF em sede de controle abstrato.

b) Admite-se o ingresso do "amicus curiae" em mandado de segurança no STF, desde que o litígio verse sobre a constitucionalidade de ato normativo de interesse geral.

c) O STF admite a declaração de inconstitucionalidade em ACP, cuja sentença produz efeitos erga omnes.

d) No procedimento das ações diretas de inconstitucionalidade, o STF tem admitido a interposição de embargos de declaração por terceiros.

ANOTAÇÕES/COMENTÁRIOS

(a) As decisões definitivas de mérito, proferidas pelo STF, nas ações diretas de inconstitucionalidade e nas ações declaratórias de constitucionalidade produzirão eficácia contra todos e efeito vinculante, relativamente aos demais órgãos do Poder Judiciário e à administração pública direta e indireta, nas esferas federal, estadual e municipal (art. 102, § 2º, CF). Veja-se que o efeito vinculante não alcança os Poderes Legislativos federal, estaduais, municipais, nem distrital.

(b) "O rito procedimental do mandado de segurança é incompatível com a intervenção de terceiros, ex vi do art. 24 da Lei 12.016/09, ainda que na modalidade de assistência litisconsorcial, na forma da jurisprudência remansosa do STF" (MS 32074).

(c) "O STF firmou o entendimento no sentido de se admitir o controle difuso de constitucionalidade em ação civil pública desde que a alegação de inconstitucionalidade não se confunda com o pedido principal da causa. " (RE 595213 AgR).

(d) "A jurisprudência deste Supremo Tribunal é assente quanto ao não-cabimento de recursos interpostos por terceiros estranhos à relação processual nos processos objetivos de controle de constitucionalidade. Exceção apenas para impugnar decisão de não-admissibilidade de sua intervenção nos autos." (ADI 3615 ED)

*Para responder, tem que estudar: lei e jurisprudência.*

*Gabarito: A*

**97. (Cespe/TJ/BA/Juiz/2012)** Com relação ao controle de constitucionalidade, assinale a opção correta.

a) No processo objetivo do controle de constitucionalidade, a intervenção do "amicus curiae" equivale à intervenção de terceiros, o que lhe garante a prerrogativa de interpor recurso para discutir a matéria objeto de análise na ação em que atua.

b) Contra lei estadual que desrespeitar princípios sensíveis da CF pode o procurador-geral da República impetrar, no STF, ação direta de inconstitucionalidade interventiva, que, acolhida, implicará a nulificação do ato impugnado e, ao mesmo tempo, determinará que o presidente da República decrete a intervenção no estado respectivo.

c) Todos os tribunais judiciários, com exceção do STF, estão obrigados a seguir a cláusula de reserva de plenário, que prevê que somente pelo voto da maioria absoluta de seus membros, ou dos membros do respectivo órgão especial, poderá ser declarada a inconstitucionalidade de lei ou de ato normativo do poder público.

d) Embora lei municipal que contrarie a CF não possa ser objeto de ação direta de inconstitucionalidade perante o STF, cabe o controle difuso de constitucionalidade, ou mesmo o controle concentrado, dessa lei, por meio de arguição de descumprimento de preceito fundamental.

e) No âmbito do Poder Legislativo – federal e estadual –, são legitimados para propor, no STF, a ação direta de inconstitucionalidade e a ação declaratória de constitucionalidade as mesas do Congresso Nacional, do Senado Federal e da Câmara dos Deputados e as mesas de assembleia legislativa e da Câmara Legislativa do DF.

**ANOTAÇÕES/COMENTÁRIOS**

(a) "A jurisprudência deste Supremo Tribunal é assente quanto ao não-cabimento de recursos interpostos por terceiros estranhos à relação processual nos processos objetivos de controle de constitucionalidade. Exceção apenas para impugnar decisão de não-admissibilidade de sua intervenção nos autos." (ADI 3615 ED).

(b) Nos casos do art. 34, VI e VII (que cuida da violação aos princípios constitucionais sensíveis), ou do art. 35, IV, dispensada a apreciação pelo Congresso Nacional ou pela Assembleia Legislativa, o decreto limitar-se-á a suspender a execução do ato impugnado, se essa medida bastar ao restabelecimento da normalidade.

(c) "O art. 97 da Constituição, ao subordinar o reconhecimento da inconstitucionalidade de preceito normativo a decisão nesse sentido da 'maioria absoluta de seus membros ou dos membros dos respectivos órgãos especiais', está se dirigindo aos tribunais indicados no art. 92 e aos respectivos órgãos especiais de que trata o art. 93, XI. A referência, portanto, não atinge juizados de pequenas causas (art. 24, X) e juizados especiais (art. 98, I), os quais, pela configuração atribuída pelo legislador, não funcionam, na esfera recursal, sob regime de plenário ou de órgão especial." (ARE 792.562 AgR). Além disso, muito embora em relação ao controle difuso, haja precedente do Supremo no sentido de que "o STF exerce, por excelência, o controle difuso de constitucionalidade quando do julgamento do recurso extraordinário, tendo os seus colegiados fracionários competência regimental para fazê-lo sem ofensa ao art. 97 da Constituição Federal" (RE 361829 ED), no controle concentrado de constitucionalidade, o STF também deve observar a cláusula da reserva de plenário, por força dos arts. 10, 12-F, 21 e 23 da Lei 9868/99.

(d) "Cabimento de arguição de descumprimento de preceito fundamental para solver controvérsia sobre legitimidade de lei ou ato normativo federal, estadual ou municipal, inclusive anterior à Constituição (norma pré-constitucional)" (ADPF 33).

(e) Segundo o art. 103, II a IV, da CF têm legitimidade para ajuizar ADI e ADC a Mesa do Senado Federal, a Mesa da Câmara dos Deputados e a Mesa de Assembleia Legislativa ou da Câmara Legislativa do Distrito Federal. Não há referência à mesa do Congresso Nacional.

*Para responder, tem que estudar: lei e jurisprudência.*

*Gabarito: D*

## 8.2. Controle Difuso de Constitucionalidade

**98. (Cespe/TJ/PI/Juiz/2012)** Assinale a opção correta acerca do controle de constitucionalidade.

a) O STF entende que os governadores de estado e as demais autoridades referidas na CF como legitimadas à instauração do controle concentrado de constitucionalidade das leis e atos normativos, mediante ajuizamento de ação direta, não dispõem de capacidade postulatória, devendo estar representados no processo por profissional da advocacia.

b) A inconstitucionalidade formal caracteriza-se quando o conteúdo de leis ou atos normativos está em desconformidade com o conteúdo das normas constitucionais.

c) A inconstitucionalidade de lei federal, estadual, distrital ou municipal, reconhecida em controle concreto, pode ser examinada pelo STF por meio de recurso extraordinário, mas somente a ofensa direta, e não a reflexa, autoriza o recurso.

d) É pacífica, na jurisprudência do STF, a tese da abstrativização do controle difuso, pela qual os efeitos inter partes dessa espécie de controle devem ser excepcionalmente transformados em erga omnes, sem a necessidade de suspensão da execução da lei pelo Senado Federal.

e) Não cabe ação direta de inconstitucionalidade contra decretos legislativos, atos normativos destinados a veicular matérias de competência exclusiva do Congresso Nacional, que não se submetem a sanção ou veto do presidente da República.

ANOTAÇÕES/COMENTÁRIOS

(a) "AÇÃO DIRETA DE INCONSTITUCIONALIDADE. CAPACIDADE POSTULATÓRIA DOS ÓRGÃOS REQUERIDOS. Capacidade que, nas ações da espécie, é diretamente reconhecida aos legitimados ativos arrolados no art. 103 da Constituição Federal e não aos órgãos requeridos, que, apesar de prestarem informações, não podem recorrer sem a regular representação processual." (ADI 2098 ED-AgR)

(b) A assertiva faz referência à inconstitucionalidade material, e não à inconstitucionalidade formal.

(c) "AGRAVO INTERNO. RECURSO EXTRAORDINÁRIO COM AGRAVO. AUSÊNCIA DE PREQUESTIONAMENTO. SÚMULAS 282 E 356 DO STF. OFENSA CONSTITUCIONAL REFLEXA. REAPRECIAÇÃO DE PROVAS. INADMISSIBILIDADE. SÚMULA 279 DO STF. (...). 2. Tendo o acórdão recorrido solucionado as questões a si postas com base em preceitos de ordem infraconstitucional, não há espaço para a admissão do recurso extraordinário, que supõe matéria constitucional prequestionada explicitamente. (...). (ARE 980033 AgR)

(d) A questão relativa à mutação constitucional do art. 52, X, da CF – a teor da qual não haveria necessidade de suspensão da execução da lei pelo Senado Federal para que as decisões proferidas pelo Plenário do STF produzissem efeitos erga omnes – não é pacífica na Suprema Corte. Vejam-se, a propósito, os votos divergentes proferidos na Rcl 4335/AC.

(e) Constatada a natureza de ato normativo primário, é cabível, sim, ação direta de inconstitucionalidade contra decretos legislativos, atos normativos destinados a veicular matérias de competência exclusiva do Congresso Nacional (art. 102, I, "a", CF).

*Para responder, tem que estudar: lei, jurisprudência e súmula/OJ.*

*Gabarito: C*

## 8.3. Ações Constitucionais

### *8.3.1. Ação Civil Pública*

**99. (Cespe/TJ/CE/Juiz/2012)** Considerando que tenha transitado em julgado decisão condenatória proferida em ação civil pública coletiva, assinale a opção correta com relação à execução.

a) Caso a parte executada venha a adquirir bens em local diverso do que tramita o processo, deve-se modificar a competência.

b) Ainda que liquidada a sentença, devem integrar o polo ativo da execução todos os que tiverem integrado o polo ativo da ação.

c) O MP somente poderá dar início à execução quando não houver habilitação dos interessados e já houver liquidação.

d) De acordo com o STJ, não incidirão na execução da sentença despesas ou custas processuais, salvo comprovada má-fé.

e) Havendo concurso de créditos coletivos e individuais, terão privilégio no recebimento os credores dos créditos individuais.

ANOTAÇÕES/COMENTÁRIOS

(a) "A jurisprudência do STJ consolidou entendimento de que a execução individual de sentença condenatória proferida no julgamento de ação coletiva não segue a regra geral dos arts. 475-A e 575, II, do Código de Processo Civil, pois inexiste interesse apto a justificar a prevenção do Juízo que examinou o mérito da ação coletiva para o processamento e julgamento das execuções individuais desse título judicial. Desse modo, o ajuizamento da execução individual derivada de decisão proferida no julgamento de ação coletiva tem como foro o domicílio do exequente, em conformidade com os artigos 98, § 2º, I, 101, I, do Código de Defesa do Consumidor." (REsp 1528807). "A Corte Especial do STJ, no julgamento do REsp 1.243.887, processado sob o regime do art. 543-C do Código de Processo Civil, analisando a questão da competência territorial para julgar a execução individual do título judicial em Ação Civil Pública, decidiu que a liquidação e a execução individual de sentença genérica proferida em Ação Civil Coletiva pode ser ajuizada no foro do domicílio do beneficiário, porquanto os efeitos e a eficácia da sentença não estão circunscritos a lindes geográficos, mas aos limites objetivos e subjetivos do que foi decidido. Cabe aos exequentes escolherem entre o foro em que a ação coletiva foi processada e julgada e o foro dos seus domicílios. Portanto, apesar de ser possível, a promoção da execução individual no foro do domicílio do beneficiário não deve ser imposta, uma vez que tal opção fica a cargo do autor, que veio a optar pelo foro do juízo prolator da sentença coletiva." (REsp 1644535)

(b) A liquidação e a execução de sentença poderão ser promovidas pela vítima e seus sucessores, assim como pelos legitimados de que trata o art. 82 do CDC (arts. 21 da Lei 7347/85 e 97 do CDC).

(c) Decorridos sessenta dias do trânsito em julgado da sentença condenatória, sem que a associação autora lhe promova a execução, deverá fazê-lo o Ministério Público, facultada igual iniciativa aos demais legitimados (art. 15 da Lei 7347/85). A liquidação e a execução de sentença poderão ser promovidas pela vítima e seus sucessores, assim como pelos legitimados de que trata o art. 82 do CDC (arts. 21 da Lei 7347/85 e 97 do CDC). A execução poderá ser coletiva, sendo promovida pelos legitimados de que trata o art. 82 do CDC, abrangendo as vítimas cujas indenizações já tiveram sido fixadas em sentença de liquidação, sem prejuízo do ajuizamento de outras execuções (arts. 21 da Lei 7347/85 e 98 do CDC).

(d) "A isenção de custas previstas no art. 18 da Lei 7.347/85, relativa à ação civil pública, abrange somente o processo de conhecimento, não se estendendo ao cumprimento de sentença individual". (AgInt no AREsp 1152512).

(e) Em caso de concurso de créditos decorrentes de condenação prevista na Lei 7347/85 e de indenizações pelos prejuízos individuais resultantes do mesmo evento danoso, estas terão preferência no pagamento (arts. 21 da Lei 7347/85 e 99 do CDC).

*Para responder, tem que estudar: lei e jurisprudência.*

*Gabarito: E*

**100. (Cespe/TJ/MA/Juiz/2013)** Com relação aos pressupostos processuais, à legitimação "ad causam" e à representação em juízo nas ações coletivas, assinale a opção correta.

a) O ajuizamento da ação coletiva pelas entidades legalmente autorizadas configura legitimação concorrente e disjuntiva, ou seja, qualquer legitimado pode ajuizar a ação, independentemente dos outros, sem prevalência alguma entre eles.

b) A legitimação extraordinária conferida pela CF aos sindicatos, nas ações coletivas em defesa de direitos individuais homogêneos, no interesse da categoria, não se estende à execução do julgado, devendo o sindicato, para tanto, obter a autorização expressa de cada filiado interessado.

c) No mandado de segurança coletivo impetrado na defesa dos interesses da categoria, o sindicato atua como substituto processual, mas, mesmo assim, é indispensável, para o ajuizamento da ação, a autorização expressa dos filiados.

d) Para a configuração da legitimação "ad causam" da entidade de classe no que se refere ao ajuizamento de ação coletiva, é prescindível a pertinência temática.

**ANOTAÇÕES/COMENTÁRIOS**

(a) De fato, a assertiva não merece reparos, já que o ajuizamento da ação coletiva pelas entidades legalmente autorizadas configura legitimação concorrente e disjuntiva, ou seja, qualquer legitimado pode ajuizar a ação, independentemente dos outros, sem prevalência alguma entre eles.

(b) "O artigo 8º, III da Constituição Federal estabelece a legitimidade extraordinária dos sindicatos para defender em juízo os direitos e interesses coletivos ou individuais dos integrantes da categoria que representam. Essa legitimidade extraordinária é ampla, abrangendo a liquidação e a execução dos créditos reconhecidos aos trabalhadores. Por se tratar de típica hipótese de substituição processual, é desnecessária qualquer autorização dos substituídos." (RE 210029).

(c) Na segurança coletiva, o sindicato tem legitimação extraordinária, atuando como substituto processual, sem necessidade de autorização expressa (RE 348973 AgR).

(d) "As associações civis, para ajuizar ações civis públicas ou coletivas, precisam deter representatividade adequada do grupo que pretendam defender em juízo, aferida à vista do preenchimento de dois requisitos: a) pré-constituição há pelo menos um ano nos termos da lei civil – dispensável, quando evidente interesse social; e b) pertinência temática – indispensável e correspondente à finalidade institucional compatível com a defesa judicial do interesse." (REsp 1357618)

*Para responder, tem que estudar: lei e jurisprudência.*

*Gabarito: A*

**101. (Cespe/TJ/CE/Juiz/2012)** O sistema de proteção dos interesses individuais homogêneos, coletivos e difusos integra um conjunto de leis, entre as quais se destacam o CDC (Lei n. 8.078/1990), a lei que dispõe sobre a ação popular (Lei n. 4.717/1965) e a que dispõe sobre a ação civil pública (Lei n. 7.347/1985). Considerando essas normas e o entendimento do STJ, assinale a opção correta.

a) É prescindível analisar a natureza do interesse ou direito individual homogêneo – disponível ou indisponível – para estear a legitimação extraordinária do MP no ajuizamento da ação civil pública.



BLOCO II

b) Por aplicação analógica de norma prevista na Lei da Ação Popular, as sentenças de improcedência de ação civil pública sujeitam-se indistintamente ao reexame necessário.

c) A ação de liquidação e execução individual de sentença genérica proferida em ação civil coletiva não pode ser ajuizada no foro do domicílio do beneficiário.

d) A ausência de intimação do MP em ação civil pública para funcionar como fiscal da lei acarreta nulidade processual insanável, em razão do prejuízo presumido.

e) É vedada a inversão do ônus da prova nas ações civis públicas ajuizadas pelo MP porque o parquet não pode ser considerado ente hipossuficiente.

**ANOTAÇÕES/COMENTÁRIOS**

(a) "A jurisprudência do STJ é pacífica quanto ao reconhecimento da legitimidade ativa do Parquet para a defesa de interesses individuais homogêneos indisponíveis." (REsp 1666237)

(b) "As sentenças de improcedência de pedidos formulados em ação civil pública sujeitam-se indistintamente ao reexame necessário, seja por aplicação subsidiária do Código de Processo Civil (art. 475 do CPC/1973), seja pela aplicação analógica do Lei da Ação Popular (art. 19 da Lei 4.717/65)." (REsp 1605572)

(c) "A Corte Especial do STJ, no julgamento do REsp 1.243.887, repetitivo, analisando a questão da competência territorial para julgar a execução individual do título judicial em Ação Civil Pública, decidiu que a liquidação e a execução individual de sentença genérica proferida em Ação Civil Coletiva pode ser ajuizada no foro do domicílio do beneficiário, porquanto os efeitos e a eficácia da sentença não estão circunscritos a lindes geográficos, mas aos limites objetivos e subjetivos do que foi decidido. Cabe aos exequentes escolherem entre o foro em que a ação coletiva foi processada e julgada e o foro dos seus domicílios. Portanto, apesar de ser possível, a promoção da execução individual no foro do domicílio do beneficiário não deve ser imposta, uma vez que tal opção fica a cargo do autor, que veio a optar pelo foro do juízo prolator da sentença coletiva." (REsp 1644535)

(d) "A jurisprudência desta Corte já assentou entendimento de que a ausência de intimação do Ministério Público, por si só, não enseja a decretação de nulidade do julgado, a não ser que se demonstre o efetivo prejuízo para as partes, o que não ocorreu no caso dos autos." (AgInt no AREsp 969.710)

(e) "Na ação consumerista deflagrada pelo Ministério Público, não se indaga de hipossuficiência do demandante para a inversão do ônus da prova, pois a presença do Parquet como substituto processual da coletividade assim o justifica". (AgInt no AREsp 222.660)

*Para responder, tem que estudar: lei e jurisprudência.*

*Gabarito: B*

**102. (Cespe/TJ/PB/Juiz/2015)** Em relação à ACP de responsabilização por atos de improbidade administrativa, assinale a opção correta.

a) A tipificação de ato de improbidade é ampla e abrange o que for praticado por terceiro, sem participação de agente público.

b) A ACP de responsabilização por ato de improbidade administrativa pode ser extinta mediante acordo devidamente homologado pelo juízo.

c) Em ação dessa espécie ajuizada pelo MP, a participação de pessoa jurídica que tenha interesse na ação está limitada à condição de litisconsorte passivo.

d) Caberá agravo de instrumento contra decisão que receber a petição inicial da ACP de responsabilização por ato de improbidade administrativa.

e) A ACP de responsabilização por ato de improbidade administrativa é instrumento hábil para prevenir ameaças a direitos subjetivos da administração.

ANOTAÇÕES/COMENTÁRIOS

(a) Os atos de improbidade praticados por qualquer agente público, servidor ou não, contra a administração direta, indireta ou fundacional de qualquer dos Poderes da União, dos Estados, do Distrito Federal, dos Municípios, de Território, de empresa incorporada ao patrimônio público ou de entidade para cuja criação ou custeio o erário haja concorrido ou concorra com mais de cinquenta por cento do patrimônio ou da receita anual, serão punidos na forma desta lei (art. 1º, Lei 8429/92). As disposições desta lei são aplicáveis, no que couber, àquele que, mesmo não sendo agente público, induza ou concorra para a prática do ato de improbidade ou dele se beneficie sob qualquer forma direta ou indireta (art. 3º, Lei 8429/92).

(b) O art. 17, § 1º, da Lei 8429/92 veda transação, acordo ou conciliação nas ações civis públicas de responsabilização por ato de improbidade administrativa.

(c) O art. 17, § 3º, da Lei 8429/92 prevê que, no caso de a ação principal ter sido proposta pelo Ministério Público, aplica-se, no que couber, o disposto no art. 6º, § 3º, da Lei 4717/65, que prevê que a pessoas jurídica de direito público ou de direito privado, cujo ato seja objeto de impugnação, poderá abster-se de contestar o pedido, ou poderá atuar ao lado do autor, desde que isso se afigure útil ao interesse público, a juízo do respectivo representante legal ou dirigente.

(d) O art. 17, § 10, da Lei 8429/92, dispõe que, da decisão que receber a petição inicial, caberá agravo de instrumento.

(e) A Fazenda Pública, quando for o caso, promoverá as ações necessárias à complementação do ressarcimento do patrimônio público (art. 17, § 2º, Lei 8429/92).

*Para responder, tem que estudar: lei.*

*Gabarito: D*

BLOCO II

**103. (Cespe/TJ/PA/Juiz/2012)** Acerca da ação civil pública, assinale a opção correta.

a) O MP não pode propor esse tipo de ação para a defesa de direitos individuais homogêneos porque estes são de exclusivo interesse de seus titulares.

b) Entidades da administração pública podem ajuizar esse tipo de ação, desde que possuam personalidade jurídica.

c) É requisito indispensável para a legitimação de associações à propositura de ação a constituição da entidade há pelo menos um ano.

d) O fato de determinada situação legitimar o MP e a Defensoria Pública para a propositura de ação justifica o entendimento favorável à possibilidade de haver entre os dois entes apenas um litisconsórcio facultativo.

e) A Defensoria Pública detém legitimidade para propor a ação em qualquer situação que, em tese, justifique o seu ajuizamento, mesmo que não repercuta em interesse dos necessitados.

ANOTAÇÕES/COMENTÁRIOS

(a) "A jurisprudência do STJ é pacífica quanto ao reconhecimento da legitimidade ativa do Parquet para a defesa de interesses individuais homogêneos indisponíveis." (REsp 1666237)

(b) Apenas os entes públicos listados no art. 5º da Lei 7347/85 é que têm legitimidade para propor ACP.

(c) "Quanto ao requisito temporal, a jurisprudência do STJ é firme quanto à possibilidade de dispensa do requisito de um ano de pré-constituição da associação, nos casos de interesse social evidenciado pela dimensão do dano e pela relevância do bem jurídico a ser protegido" (REsp 1357618).

(d) De fato, o art. 5º da Lei 7347/85 contém um rol de legitimados concorrentes para a propositura da ACP. Assim é que, caso MP e Defensoria Pública venham a propor, em conjunto, uma ACP, a hipótese será de eventual litisconsórcio ativo facultativo.

(e) "O STF, ao julgar a ADI 3.943/DF, declarou a constitucionalidade do art. 5º, II, da Lei 7.347/85, com redação dada pela Lei 11.448/07, consignando ter a Defensoria Pública legitimidade para propor ação civil pública em defesa de direitos difusos, coletivos, e individuais homogêneos. O STJ, ao interpretar os requisitos legais para a atuação coletiva da Defensoria Pública, encampa exegese ampliativa da condição jurídica de 'necessitado', de modo a possibilitar sua atuação em relação aos necessitados jurídicos em geral, não apenas dos hipossuficientes sob o aspecto econômico. Caso concreto que se inclui no conceito apresentado." (AgInt no REsp 1510999).

*Para responder, tem que estudar: lei e jurisprudência.*

*Gabarito: D*

### *8.3.2. Ação Popular*

**104. (Cespe/TJ/AM/Juiz/2016)** Em ação popular ajuizada pretendendo-se a anulação de licença de instalação concedida a determinada empresa para construção de uma represa, foram requeridos, ainda, o desfazimento das obras iniciadas e o retorno da área à situação original. Na ação, apontou-se, entre outros danos, comprometimento de áreas utilizadas para reprodução de aves aquáticas. Na sua defesa, o ente público alegou ilegitimidade ativa, pois o autor era estrangeiro apenas residente no Brasil. Alegou também prescrição da pretensão de anular ato administrativo, pois a licença tinha sido concedida havia mais de seis anos. A empresa que obteve a licença, por sua vez, alegou ilegitimidade passiva e, no mérito, não ocorrência do dano alegado. Com base nessa situação hipotética, assinale a opção correta.

a) O objeto da ação relaciona-se à matéria tratada na Convenção de Ramsar.

b) A defesa do ente público está correta ao alegar prescrição da pretensão de anular ato administrativo, por aplicação do prazo quinquenal para anular atos administrativos.

c) Diante da incerteza científica, o juiz deverá inverter o ônus da prova e determinar que os réus arquem com os custos da perícia, aplicando o princípio do poluidor-pagador.

d) A empresa é parte ilegítima, pois o objeto da ação popular é apenas a anulação de atos ilegais e lesivos ao patrimônio público.

e) A defesa do ente público está correta ao alegar ilegitimidade ativa do estrangeiro, considerando-se o entendimento pacificado da doutrina.

BLOCO II

**ANOTAÇÕES/COMENTÁRIOS**

(a) A Convenção sobre Zonas Úmidas de Importância Internacional, especialmente como Habitat de Aves Aquáticas, conhecida como Convenção de Ramsar, promulgada pelo Decreto 1905/96, de fato, versa sobre a conservação de zonas úmidas e de aves aquáticas, estabelecendo reservas naturais nas zonas úmidas.

(b) A tese da prescrição deve ser rechaçada, porque os efeitos deletérios dos atos lesivos ao meio ambiente se protraem no tempo, de modo que a lesão se renova dia após dia.

(c) A assertiva está equivocada, na parte em que se refere ao princípio "do poluidor-pagador", em vez de aludir ao princípio "da precaução".

(d) A ação será proposta contra as pessoas públicas ou privadas e as entidades referidas no art. 1º, contra as autoridades, funcionários ou administradores que houverem autorizado, aprovado, ratificado ou praticado o ato impugnado, ou que, por omissas, tiverem dado oportunidade à lesão, e contra os beneficiários diretos do mesmo (art. 6º, Lei 4717/65). Como a empresa foi a beneficiária do ato, ela deve figurar no polo passivo da ação popular.

(e) O art. 5º, caput, da CF expressamente estende os direitos e garantias fundamentais aos estrangeiros residentes no país. Logo, equivocada a defesa do ente público, na parte em que suscita a ilegitimidade ativa do estrangeiro residente no país.

*Para responder, tem que estudar: lei e jurisprudência.*

*Gabarito: A*

**105. (Cespe/TJ/PB/Juiz/2015)** Acerca do controle jurisdicional dos atos administrativos, assinale a opção correta.

a) As ações judiciais de controle dos atos da administração pública não podem ser manejadas se a lesão a interesse particular for apenas potencial e não efetiva.

b) Caso um particular a quem a administração pública tenha negado pedido de acesso a informação de interesse coletivo impetre "habeas data" para pedir que a justiça lhe garanta essa informação, o juiz que receber a causa deverá admitir a ação e decidir em favor do autor.

c) Para ser admitida pelo juiz, a ação popular deverá comprovar a ilegalidade e a lesividade do ato administrativo que constitua seu objeto, uma vez que essa comprovação é pressuposto elementar da procedência da ação popular e da consequente condenação dos responsáveis ao ressarcimento ao erário.

d) Deve ser considerada inadmissível uma ACP ajuizada por sociedade de economia mista contra ato administrativo supostamente lesivo ao meio ambiente, uma vez que essa espécie de sociedade carece de legitimidade para a propositura desse tipo de ação.

e) Situação hipotética: Leandro participou de concurso público em que concorreu a vaga destinada a pessoa com deficiência, mas foi eliminado por laudo pericial da administração pública que alegava ausência de deficiência. Inconformado, ele impetrou mandado de segurança contra a decisão, juntando aos autos laudo pericial particular que contradizia o laudo da administração. Assertiva: Nessa situação, foi adequada a impetração do mandado de segurança, e o juiz deverá designar perito para a realização de avaliação judicial definitiva.

ANOTAÇÕES/COMENTÁRIOS

(a) O art. 1º da Lei 12016/09 dispõe que se concederá mandado de segurança para proteger direito líquido e certo, não amparado por habeas corpus ou habeas data, sempre que, ilegalmente ou com abuso de poder, qualquer pessoa física ou jurídica sofrer violação ou houver justo receio de sofrê-la por parte de autoridade, seja de que categoria for e sejam quais forem as funções que exerça.

(b) O art. 5º, LXXII, "a", da CF dispõe que o habeas data é cabível para assegurar o conhecimento de informações relativas à pessoa do impetrante, constantes de registros ou bancos de dados de entidades governamentais ou de caráter público.

(c) "Tem-se, dessa forma, como imprescindível a comprovação do binômio ilegalidade-lesividade, como pressuposto elementar para a procedência da Ação Popular e consequente condenação dos requeridos no ressarcimento ao erário em face dos prejuízos comprovadamente atestados ou nas perdas e danos correspondentes." (REsp 1447237). De mais a mais, o art. 5º, LXXIII, CF prevê que qualquer cidadão é parte legítima para propor ação popular que vise a anular ato lesivo ao patrimônio público ou de entidade de que o Estado participe, à moralidade administrativa, ao meio ambiente e ao patrimônio histórico e cultural, ficando o autor, salvo comprovada má-fé, isento de custas judiciais e do ônus da sucumbência.

(d) O art. 5º, IV, da Lei 7347/85 expressamente confere às sociedades de economia mista legitimidade ativa para a propositura de ACP.

(e) A assertiva está equivocada porque descabe dilação probatória em mandado de segurança, admitindo-se apenas provas pré-constituídas.

*Para responder, tem que estudar: lei e jurisprudência.*

*Gabarito: C*

**106. (Cespe/TJ/CE/Juiz/2012)** A respeito da ação popular, assinale a opção correta.

a) Esse tipo de ação não enseja ressarcimento do patrimônio público lesado.
b) É vedado ao MP defender o ato impugnado.
c) Sentença que extingue o feito sem resolução de mérito não se sujeita ao reexame necessário.
d) É essencial ao cabimento dessa ação o efetivo prejuízo econômico do erário público.
e) A declaração de constitucionalidade de lei não se inclui entre as possibilidades de causa de pedir.



ANOTAÇÕES/COMENTÁRIOS

(a) "A sentença que, julgando procedente a ação popular, decretar a invalidade do ato impugnado, condenará ao pagamento de perdas e danos os responsáveis pela sua prática e os beneficiários dele, ressalvada a ação regressiva contra os funcionários causadores de dano, quando incorrerem em culpa" (art. 11, Lei 4717/65).

(b) "O Ministério Público acompanhará a ação, cabendo-lhe apressar a produção da prova e promover a responsabilidade, civil ou criminal, dos que nela incidirem, sendo-lhe vedado, em qualquer hipótese, assumir a defesa do ato impugnado ou dos seus autores" (art. 6º, § 4º, Lei 4717/65).

(c) A sentença que concluir pela carência ou pela improcedência da ação está sujeita ao duplo grau de jurisdição, não produzindo efeito senão depois de confirmada pelo tribunal; da que julgar a ação procedente caberá apelação, com efeito suspensivo (art. 19, Lei 4717/65).

(d) "O STJ possui firme orientação de que um dos pressupostos da Ação Popular é a lesão ao patrimônio público. Ocorre que a Lei 4.717/1965 deve ser interpretada de forma a possibilitar, por meio de Ação Popular, a mais ampla proteção aos bens e direitos associados ao patrimônio público, em suas várias dimensões (cofres públicos, meio ambiente, moralidade administrativa, patrimônio artístico, estético, histórico e turístico). Para o cabimento da Ação Popular, basta a ilegalidade do ato administrativo por ofensa a normas específicas ou desvios dos princípios da Administração Pública, dispensando-se a demonstração de prejuízo material." (AgInt no AREsp 949.377).

(e) É possível que o controle de constitucionalidade de lei esteja entre as causas de pedir da ação popular. O que não se admite é que haja um pedido principal, voltado à declaração de inconstitucionalidade de lei, porque, nesse caso, haveria usurpação da competência do STF e do Pleno/Órgão Especial, instâncias do Poder Judiciário que detêm competência para exercer o controle de constitucionalidade pela via principal ou direta.

*Para responder, tem que estudar: lei e jurisprudência.*

*Gabarito: B*

**107. (Cespe/TJ/PI/Juiz/2012)** Acerca de ação popular, assinale a opção correta.

a) O ajuizamento da ação popular não gera prevenção para mandado de segurança coletivo.

b) A execução da sentença deverá ser promovida pelo MP.

c) Comprovada a lesão, o juiz poderá condenar o réu à reparação mesmo sem pedido expresso do autor.

d) Sentença que extingue o feito sem exame de mérito não se sujeita ao reexame necessário.

e) O litisconsórcio ativo ulterior somente será admitido antes da resposta da parte ré

ANOTAÇÕES/COMENTÁRIOS

(a) A propositura da ação prevenirá a jurisdição do juízo para todas as ações, que forem posteriormente intentadas contra as mesmas partes e sob os mesmos fundamentos (art. 5º, § 3º, Lei 4717/65).

(b) Caso decorridos 60 (sessenta) dias da publicação da sentença condenatória de segunda instância, sem que o autor ou terceiro promova a respectiva execução, o representante do Ministério Público a promoverá nos 30 (trinta) dias seguintes, sob pena de falta grave (art. 16, Lei 4717/65).

(c) A sentença que, julgando procedente a ação popular, decretar a invalidade do ato impugnado, condenará ao pagamento de perdas e danos os responsáveis pela sua prática e os beneficiários dele, ressalvada a ação regressiva contra os funcionários causadores de dano, quando incorrerem em culpa (art. 11, Lei 4717/65).

(d) A sentença que concluir pela carência ou pela improcedência da ação está sujeita ao duplo grau de jurisdição, não produzindo efeito senão depois de confirmada pelo tribunal; da que julgar a ação procedente caberá apelação, com efeito suspensivo (art. 19, Lei 4717/65).

(e) É facultado a qualquer cidadão habilitar-se como litisconsorte ou assistente do autor da ação popular (art. 6º, § 5º, CF). Atente-se que o dispositivo não fixa marco temporal para a formação do litisconsórcio.

*Para responder, tem que estudar: lei.*

*Gabarito: C*

**108. (Cespe/TJ/PR/Juiz/2017)** Acerca do direito de petição e das ações constitucionais, assinale a opção correta à luz da jurisprudência do STF.

a) Cabe mandado de segurança individual no STF contra veto aposto pelo presidente da República.

b) O prévio requerimento do interessado ao INSS é condição para o ajuizamento de ação que verse sobre benefício previdenciário, pois esse procedimento atende à exigência de esgotamento da via administrativa.

c) É competência do juízo de primeiro grau processar e julgar ação popular ajuizada para declarar a nulidade de ato de conselheiro do CNJ.

d) Violará o princípio da soberania do veredicto do júri decisão judicial proferida em habeas corpus que ordene a extinção de processo penal instaurado por crime contra a vida.



**ANOTAÇÕES/COMENTÁRIOS**

(a) Conceder-se-á mandado de segurança para proteger direito líquido e certo, não amparado por habeas corpus ou habeas data, sempre que, ilegalmente ou com abuso de poder, qualquer pessoa física ou jurídica sofrer violação ou houver justo receio de sofrê-la por parte de autoridade, seja de que categoria for e sejam quais forem as funções que exerça (art. 1º, Lei 12016/09). Veto não pode ser objeto de MS.

(b) "A concessão de benefícios previdenciários depende de requerimento do interessado, não se caracterizando ameaça ou lesão a direito antes de sua apreciação e indeferimento pelo INSS, ou se excedido o prazo legal para sua análise. É bem de ver, no entanto, que a exigência de prévio requerimento não se confunde com o exaurimento das vias administrativas." (RE 631.240 RG).

(c) "Cabe à Justiça Federal processar e julgar ação ajuizada contra a União presente ato do Conselho Nacional de Justiça. A alínea "r" do inciso I do artigo 102 da Carta da República, interpretada de forma sistemática, revela a competência do Supremo apenas para os mandados de segurança. (AO 1814 QO).

(d) "1. A soberania dos veredictos do júri, assegurada em preceito constitucional, não é absoluta, sujeitando-se as decisões do conselho de sentença à instância recursal. 2. Não implica ofensa à norma constitucional que assegura a soberania dos veredictos do júri, o acórdão proferido em grau de apelação para anular a decisão contrária à prova dos autos. 3. O reexame e revaloração de fatos e provas não é compatível com o rito especial e sumário do habeas-corpus. 4. Habeas-corpus indeferido." (HC 73349)

*Para responder, tem que estudar: lei e jurisprudência.*

*Gabarito: C*

### *8.3.3. "Habeas Data"*

**109. (Cespe/TJ/CE/Juiz/2012)** Assinale a opção correta no que diz respeito às denominadas ações de natureza constitucional.

a) Não há o denominado reexame necessário no procedimento do "habeas data".

b) A legitimidade para que o sindicato possa atuar como substituto processual no mandado de segurança coletivo pressupõe sua existência jurídica, mediante registro no cartório próprio e no Ministério do Trabalho.

c) A competência para processar e julgar mandado de segurança contra atos das turmas recursais dos juizados especiais é do STJ.

d) O fato de o "habeas corpus" ser utilizado como substituto de recurso ordinário é, segundo entendimento do STF, fundamento suficiente para o seu não conhecimento.

e) O STF admite a concessão de medida liminar nos mandados de injunção de sua competência.

ANOTAÇÕES/COMENTÁRIOS

(a) Não há previsão legal para reexame necessário no habeas data (Lei 9507/97).

(b) "1. O STF, ao apreciar a questão referente à legitimidade ativa ad causam das entidades sindicais, por ocasião do no julgamento do RE 370.834/MS, relatado pelo eminente Ministro Marco Aurélio, afirmou ser suficiente o registro no Cartório de Registro de Títulos e Documentos e Registro Civil das Pessoas Jurídicas para que seja reconhecida a personalidade jurídica do Sindicato, sendo mera formalidade o registro junto ao Ministério do Trabalho e Emprego. 2. Conforme o entendimento acolhido, o Sindicato adquire sua personalidade jurídica no momento de seu registro no Cartório de Registro de Títulos e Documentos e Registro Civil das Pessoas Jurídicas, não sendo necessário o registro junto ao Ministério do Trabalho para possuir capacidade postulatória." (AgRg nos EDcl no AgRg no REsp 1187419).

(c) Compete a turma recursal processar e julgar o mandado de segurança contra ato de juizado especial (Súmula 376/STJ).

(d) "O fato de o habeas corpus ser substituto de recurso ordinário não é fundamento suficiente para o não conhecimento do writ. Ordem deferida para que o STJ conheça e julgue o habeas lá impetrado." (HC 110270).

(e) "Os pronunciamentos da Corte são reiterados sobre a impossibilidade de se implementar liminar em mandado de injunção. AÇÃO CAUTELAR – LIMINAR. Descabe o ajuizamento de ação cautelar para ter-se, relativamente a mandado de injunção, a concessão de medida acauteladora." (AC 124 AgR).

*Para responder, tem que estudar: lei e jurisprudência.*

*Gabarito: A*

**110. (Cespe/TJ/PB/Juiz/2015)** Em cada uma das opções seguintes é apresentada uma situação hipotética seguida de assertiva a ser julgada. Assinale a opção que apresenta a assertiva correta com base na jurisprudência do STF a respeito da tutela constitucional das liberdades.

a) Pedro impetrou "habeas corpus" para afastar decisão judicial que lhe impusera a pena acessória de perda da função pública. Nessa situação, o magistrado deverá reconhecer o cabimento do "habeas corpus", que constitui instrumento apto a questionar a aplicação de pena acessória.

b) Após a impetração de mandado de injunção, pendente de julgamento, o diploma legal objeto da reclamação foi promulgado. Nessa situação, a ação não estará prejudicada por ser possível, na via processual, discutir pretensão do interessado de sanar a lacuna normativa no período pretérito à edição da lei regulamentadora.

c) Em determinada ação popular, o autor da ação não requereu expressamente o pagamento de perdas e danos. Nessa situação, se a demanda for julgada procedente, o magistrado não poderá determinar a condenação dos responsáveis ao pagamento da referida indenização.

d) Determinada organização sindical impetrou mandado de segurança coletivo para defesa de interesse de parte da categoria de profissionais a ela vinculados. Nessa situação, o magistrado deverá reconhecer a ilegitimidade ativa ad causam, pois além da pertinência temática entre o objeto da impetração e o vínculo associativo, é imprescindível, para o conhecimento do remédio constitucional, que a pretensão veiculada interesse a toda a categoria ligada à organização sindical.

e) Uma empresa impetrou "habeas data" para obter vista dos autos de representação, na qual fora citada, apresentada por terceiro perante a corte de contas do estado. Nessa situação, à luz do entendimento do STF, o magistrado não deverá admitir a ação, já que o "habeas data" não se revela meio idôneo para obter vista de processo administrativo.

ANOTAÇÕES/COMENTÁRIOS

(a) Conceder-se-á habeas corpus sempre que alguém sofrer ou se achar ameaçado de sofrer violência ou coação em sua liberdade de locomoção, por ilegalidade ou abuso de poder (art. 5º, LXVIII, CF). Perda de função pública nada tem a ver com liberdade de locomoção, logo incabível o habeas corpus.

(b) Estará prejudicada a impetração se a norma regulamentadora for editada antes da decisão, caso em que o processo será extinto sem resolução de mérito (art. 11, pár. ún., Lei 13300/16).

(c) A sentença que, julgando procedente a ação popular, decretar a invalidade do ato impugnado, condenará ao pagamento de perdas e danos os responsáveis pela sua prática e os beneficiários dele, ressalvada a ação regressiva contra os funcionários causadores de dano, quando incorrerem em culpa (art. 11, Lei 4717/65).

(d) A entidade de classe tem legitimação para o mandado de segurança ainda quando a pretensão veiculada interesse apenas a uma parte da respectiva categoria (Súmula 630/STF).

(e) "É inidôneo o habeas data para franquear tanto informação a respeito de procedimento administrativo quanto certidão com o fito de afirmar a legalidade de atividade praticada pelo interessado. " (RHD 1).

*Para responder, tem que estudar: lei, jurisprudência e súmula/OJ.*

*Gabarito: E*

**111. (Cespe/TJ/DFT/Juiz/2014)** A respeito dos remédios constitucionais e da ação popular, assinale a opção correta.

a) Em regra, compete ao juiz de primeiro grau de jurisdição processar e julgar a ação popular ajuizada contra ato praticado pelo presidente da República, a qual, se julgada procedente, não admitirá apelação com efeito suspensivo.

b) Contra o ato praticado por juiz na função judicial é admitida a impetração de mandado de segurança, razão pela qual o STF considera cabível o "mandamus" contra decisão interlocutória proferida por magistrado no âmbito dos juizados especiais.

c) De acordo com a jurisprudência, compete ao STF processar e julgar originariamente o "habeas corpus" no qual figure como autoridades coatoras juiz de direito e tribunal de justiça estadual.

d) De acordo com entendimento firmado no STF, o mandado de injunção é remédio destinado a suprir lacuna ou ausência de regulamentação de direito previsto em norma infraconstitucional.

e) Embora o "habeas data" seja destinado a assegurar o conhecimento de informações – relativas à pessoa do impetrante – constantes de registros ou bancos de dados de entidades governamentais, a personalidade jurídica de direito privado de empresa de proteção ao crédito não afasta sua legitimidade passiva para o "habeas data".

**ANOTAÇÕES/COMENTÁRIOS**

(a) Embora, em regra, de fato, seja da competência do juiz de primeiro grau de jurisdição processar e julgar a ação popular ajuizada contra ato praticado pelo presidente da República (Pet 5856 AgR), a apelação interposta contra sentença de procedência terá, sim, efeito suspensivo (art. 19, Lei 4717/65).

(b) "Ademais, o STF, após reconhecer a repercussão geral da matéria, decidiu pelo não cabimento de mandado de segurança das decisões interlocutórias exaradas em processos dos juizados especiais" (ARE 703840 AgR).

(c) "Falece competência originária ao STF para processar e julgar habeas corpus impetrado com o objetivo de desconstituir situação alegadamente configuradora de injusto constrangimento ao status libertatis do paciente, naquelas hipóteses em que o comportamento estatal impugnado é imputável a autoridade judiciária de primeira instância ou a Tribunal de segundo grau, como os Tribunais de Justiça e os Tribunais Regionais Federais". (HC 153341 AgR).

(d) O mandado de injunção é remédio destinado a suprir lacuna ou ausência de regulamentação de direito previsto em norma constitucional (art. 5º, LXXI, CF).

(e) "O texto constitucional não deixa dúvida de que o habeas data protege a pessoa não só em relação aos bancos de dados das entidades governamentais, como também em relação aos bancos de dados de caráter público geridos por pessoas privadas" (MENDES, Gilmar Ferreira; BRANCO, Paulo Gustavo Gonet. Curso de Direito Constitucional).

*Para responder, tem que estudar: lei, jurisprudência e teoria/doutrina.*

*Gabarito: E*

**112. (Cespe/TJ/AM/Juiz/2016)** Assinale a opção correta acerca das garantias constitucionais individuais, do funcionamento e atribuições das CPIs e dos chamados remédios constitucionais, considerando a jurisprudência do STF.

a) Embora as CPIs possuam poderes de investigação próprios das autoridades judiciais, é vedada a CPI criada por assembleia legislativa de estado a quebra de sigilo de dados bancários dos investigados.

b) Em decorrência de norma constitucional acrescentada pela EC n. 45/2004, os tratados e convenções internacionais sobre direitos humanos subscritos pelo Brasil antes da promulgação dessa emenda têm status normativo de emenda constitucional.

c) "Habeas data" serve para assegurar o conhecimento de informações relativas ao impetrante, constantes de registros ou bancos de dados de entidades governamentais ou de caráter público, podendo ser impetrado inclusive por pessoa jurídica nacional ou estrangeira.

d) "Habeas data" não é garantia constitucional adequada para obtenção de dados concernentes ao pagamento de tributos do próprio contribuinte constantes de sistemas informatizados de apoio à arrecadação dos órgãos da administração fazendária dos entes estatais.

e) Não se admite que o impetrante desista da ação de mandado de segurança sem aquiescência da autoridade apontada como coatora ou da entidade estatal interessada, após prolação de sentença de mérito.

## ANOTAÇÕES/COMENTÁRIOS

(a) "Potencial conflito federativo (cf. ACO 730-QO). Federação. Inteligência. Observância obrigatória, pelos estados-membros, de aspectos fundamentais decorrentes do princípio da separação de poderes previsto na Constituição federal de 1988. Função fiscalizadora exercida pelo Poder Legislativo. Mecanismo essencial do sistema de checks-and-counterchecks adotado pela Constituição federal de 1988. Vedação da utilização desse mecanismo de controle pelos órgãos legislativos dos estados-membros. Impossibilidade. Violação do equilíbrio federativo e da separação de Poderes. Poderes de CPI estadual: ainda que seja omissa a Lei Complementar 105/2001, podem essas comissões estaduais requerer quebra de sigilo de dados bancários, com base no art. 58, § 3º, da Constituição. Mandado de segurança conhecido e parcialmente provido." (ACO 730)

(b) "Diferentemente da regra da Constituição da Argentina, que é expressa em afirmar que os tratados anteriores sobre direitos humanos passam a ter, com a Reforma de 1994, hierarquia constitucional, a regra brasileira foi omissa. Entendemos que o Congresso Nacional poderá (e, querendo atribuir natureza constitucional, deverá) confirmar os tratados sobre direitos humanos (anteriores à EC 45/04) pelo quórum qualificado das emendas e, somente se observada essa formalidade, e desde que respeitados os limites do poder de reforma das emendas, é que se poderá falar em tratado internacional de 'natureza constitucional', ampliando os direitos e garantias individuais do art. 5º da Constituição" (LENZA, Pedro. Direito constitucional esquematizado).

(c) As garantias e direitos fundamentais previstos no art. 5º da CF são assegurados a todos os brasileiros e estrangeiros residentes no País, pessoas físicas ou jurídicas. "A legitimatio ad causam para interpretação de Habeas Data estende-se às pessoas físicas e jurídicas, nacionais e estrangeiras, porquanto garantia constitucional aos direitos individuais ou coletivas." (RE 673.707 RG). "A teor do disposto na cabeça do artigo 5º da Constituição Federal, os estrangeiros residentes no País têm jus aos direitos e garantias fundamentais" (HC 74051, 6). "Não há, em princípio, impedimento insuperável a que pessoas jurídicas venham, também, a ser consideradas titulares de direitos fundamentais, não obstante estes, originalmente, terem por referência a pessoa física. Acha-se superada a doutrina de que os direitos fundamentais se dirigem apenas às pessoas humanas." (MENDES, Gilmar. et al. Curso de Direito Constitucional.).

(d) "O Habeas Data é garantia constitucional adequada para a obtenção dos dados concernentes ao pagamento de tributos do próprio contribuinte constantes dos sistemas informatizados de apoio à arrecadação dos órgãos da administração fazendária dos entes estatais." (RE 673.707 RG).

(e) "É lícito ao impetrante desistir da ação de mandado de segurança, independentemente de aquiescência da autoridade apontada como coatora ou da entidade estatal interessada ou, ainda, quando for o caso, dos litisconsortes passivos necessários" (MS 26.890-AgR), "a qualquer momento antes do término do julgamento" (MS 24.584-AgR), "mesmo após eventual sentença concessiva do 'writ' constitucional, (...) não se aplicando, em tal hipótese, a norma inscrita no art. 267, § 4º, do CPC" (RE 255.837-AgR). Jurisprudência desta Suprema Corte reiterada em repercussão geral (Tema 530. Desistência em mandado de segurança, sem aquiescência da parte contrária, após prolação de sentença de mérito, ainda que favorável ao impetrante)." (RE 669367 RG).

*Para responder, tem que estudar: lei, jurisprudência e teoria/doutrina.*

*Gabarito: C*

## 8.3.4. Mandado de Segurança

**113. (Cespe/TJ/ES/Juiz/2011)** Com relação aos direitos e garantias fundamentais e às ações constitucionais previstas em favor da defesa desses direitos, assinale a opção correta.

a) São sujeitos passivos do mandado de segurança, além das autoridades públicas, os agentes de pessoas jurídicas com atribuições de poder público.

b) Compete ao STF conhecer o "habeas data" se a autoridade impetrada for o presidente da República, ministro de Estado ou comandante da Marinha, do Exército ou da Aeronáutica.

c) Os direitos fundamentais, na CF, compreendem apenas os direitos e deveres individuais e coletivos, os direitos sociais e os direitos de nacionalidade, uma vez que os direitos políticos e os partidos políticos, por constituírem dispositivos que asseguram o exercício dos demais direitos e, ao mesmo tempo, limitam os poderes do Estado, não devem ser considerados como tal.

d) O mandado de injunção pode ser impetrado por pessoa física e não por pessoa jurídica, que esteja impossibilitada de exercer direitos e prerrogativas inerentes à nacionalidade, à soberania e à cidadania.

e) Não cabe recurso de ofício em habeas corpus, mas apenas recurso em sentido estrito da sentença que o concedeu ou da que o denegou, o qual pode ser interposto pelo impetrante, pelo próprio paciente e pelo MP.

ANOTAÇÕES/COMENTÁRIOS

(a) Art. 1º Conceder-se-á mandado de segurança para proteger direito líquido e certo, não amparado por habeas corpus ou habeas data, sempre que, ilegalmente ou com abuso de poder, qualquer pessoa física ou jurídica sofrer violação ou houver justo receio de sofrê-la por parte de autoridade, seja de que categoria for e sejam quais forem as funções que exerça. § 1º Equiparam-se às autoridades, para os efeitos desta Lei, os representantes ou órgãos de partidos políticos e os administradores de entidades autárquicas, bem como os dirigentes de pessoas jurídicas ou as pessoas naturais no exercício de atribuições do poder público, somente no que disser respeito a essas atribuições. (Lei 12.016/09).

(b) Cabe ao STF processar e julgar originariamente o habeas data contra atos do Presidente da República, das Mesas da Câmara dos Deputados e do Senado Federal, do Tribunal de Contas da União, do Procurador-Geral da República e do próprio STF (art. 102, I, "d", CF). A competência para processar e julgar originariamente os habeas data contra ato de Ministro de Estado, dos Comandantes da Marinha, do Exército e da Aeronáutica ou do próprio Tribunal é do STJ (art. 5º, I, "b", CF).

(c) "Em síntese, com base na Constituição, podemos classificar os direitos fundamentais em cinco grupos: (1) direitos individuais (art. 5º); (2) direitos à nacionalidade (art. 12); (3) direitos políticos (arts. 14 a 17); (4) direitos sociais (arts. 6º e 193 e ss); (5) direitos coletivos (art. 5º); e (6) direitos solidários (arts. 3º e 225)." (SILVA, José Afonso da. Curso de direito constitucional positivo).

(d) "Não há, em princípio, impedimento insuperável a que pessoas jurídicas venham, também, a ser consideradas titulares de direitos fundamentais, não obstante estes, originalmente, terem por referência a pessoa física. Acha-se superada a doutrina de que os direitos fundamentais se dirigem apenas às pessoas humanas." (MENDES, Gilmar. et al. Curso de Direito Constitucional).

(e) Art. 574, CPP. Os recursos serão voluntários, excetuando-se os seguintes casos, em que deverão ser interpostos, de ofício, pelo juiz: I – da sentença que conceder habeas corpus.

*Para responder, tem que estudar: lei e teoria/doutrina.*

*Gabarito: A*

**114. (Cespe/TJ/PA/Juiz/2012)** No que tange ao "habeas corpus", ao mandado de injunção, ao "habeas data" e ao mandado de segurança, assinale a opção correta.

a) Reconhece-se aos órgãos públicos despersonalizados que tenham prerrogativas de direitos próprios a defender, como, por exemplo, as chefias do Poder Executivo, do MP e do Tribunal de Contas, legitimidade para impetrar mandado de segurança.

b) O "habeas corpus" pode ser impetrado por qualquer pessoa física ou jurídica, nacional ou estrangeira, ainda que analfabeta ou menor de idade, sendo necessária, nesse caso, a representação de advogado.

c) Correspondendo o coator ou o paciente a tribunal, autoridade ou funcionário que tenha praticado atos sujeitos à jurisdição do STF ou estando o crime cometido sujeito à mesma jurisdição em uma única instância, competirá ao STF julgar o "habeas corpus".

d) O mandado de injunção pode ser impetrado, em favor próprio ou de terceiros, no caso de não haver norma regulamentadora para efetivar direitos, liberdades ou prerrogativas ligadas à nacionalidade, à soberania e à cidadania.

e) Na impetração do "habeas data", o interesse de agir está presente ainda que não haja, por parte da entidade governamental ou de entidade de caráter público detentora dos dados, resistência ao fornecimento de informações de interesse do impetrante.

### ANOTAÇÕES/COMENTÁRIOS

(a) "O Ministério Público estadual tem legitimidade ativa autônoma para atuar originariamente neste Supremo Tribunal, no desempenho de suas prerrogativas institucionais relativamente a processos em que seja parte. (...). Mandado de segurança concedido, prejudicados os recursos interpostos contra o deferimento da liminar." (MS 28827). "O Tribunal de Justiça do Estado do Rio de Janeiro, embora destituído de personalidade jurídica própria, detém legitimidade autônoma para ajuizar mandado de segurança em defesa de sua autonomia institucional, estando regularmente representado por advogado externo aos quadros da Procuradoria-Geral do Estado do Rio de Janeiro em razão da natureza do direito vindicado" (MS 34483 MC). Como se vê dos precedentes exemplificativamente selecionados, de fato, a jurisprudência reconhece aos órgãos públicos despersonalizados que tenham prerrogativas de direitos próprios a defender, como, por exemplo, as chefias do Poder Executivo, do MP e do Tribunal de Contas, legitimidade para impetrar mandado de segurança.

(b) "O fato de o agravante não possuir capacidade postulatória não impede o conhecimento do recurso. Segundo a jurisprudência contemporânea da Corte, não é necessário se exigir daquele que impetra a ordem de habeas corpus habilitação legal ou representação para dele recorrer" (HC 141316 AgR).

(c) Compete ao STF, processar e julgar, originariamente, o habeas corpus, quando o coator for Tribunal Superior ou quando o coator ou o paciente for autoridade ou funcionário cujos atos estejam sujeitos diretamente à jurisdição do STF, ou se trate de crime sujeito à mesma jurisdição em uma única instância (art. 102, I, "i", CF.

(d) Conceder-se-á mandado de injunção sempre que a falta de norma regulamentadora torne inviável o exercício dos direitos e liberdades constitucionais e das prerrogativas inerentes à nacionalidade, à soberania e à cidadania (art. 5º, LXXI, CF).

(e) A petição inicial deverá ser instruída com prova: I – da recusa ao acesso às informações ou do decurso de mais de dez dias sem decisão; II – da recusa em fazer-se a retificação ou do decurso de mais de quinze dias, sem decisão; ou III – da recusa em fazer-se a anotação a que se refere o § 2º do art. 4º ou do decurso de mais de quinze dias sem decisão (art. 8º, pár. ún., da Lei 9507/97).

*Para responder, tem que estudar: lei e jurisprudência.*

*Gabarito: A*

BLOCO II

**115. (Cespe/TJ/DFT/Juiz/2015)** À luz da Lei n. 12.016/2009, assinale a opção correta a respeito do mandado de segurança.

a) É cabível mandado de segurança contra ato de gestão comercial praticado por administrador de empresa pública, de sociedade de economia mista e de concessionária de serviço público.

b) É admissível o ingresso de litisconsorte ativo até que sejam prestadas as informações pela autoridade coatora.

c) Em caso de urgência, é permitido impetrar mandado de segurança por telegrama, radiograma, fax ou outro meio eletrônico de autenticidade comprovada, desde que observados os requisitos legais.

d) Findo o prazo de dez dias para que sejam prestadas as informações, é facultado ao juiz, dentro de igual prazo, ouvir o representante do MP.

e) O proferimento de sentença que decida o mérito, denegando o pedido feito em mandado de segurança, não impedirá que o requerente pleiteie seus direitos e respectivos efeitos patrimoniais por ação própria.

**ANOTAÇÕES/COMENTÁRIOS**

(a) Não cabe mandado de segurança contra os atos de gestão comercial praticados pelos administradores de empresas públicas, de sociedade de economia mista e de concessionárias de serviço público (art. 1º, § 2º, Lei 12016/09).

(b) O ingresso de litisconsorte ativo não será admitido após o despacho da petição inicial (art. 10, § 2º, Lei 12016/09).

(c) Em caso de urgência, é permitido, observados os requisitos legais, impetrar mandado de segurança por telegrama, radiograma, fax ou outro meio eletrônico de autenticidade comprovada (art. 4º, Lei 12016/09).

(d) Findo o prazo para apresentação das informações, o juiz ouvirá o representante do Ministério Público, que opinará, dentro do prazo improrrogável de 10 (dez) dias (art. 12, Lei 12016/09).

(e) A sentença ou o acórdão que denegar mandado de segurança, sem decidir o mérito, não impedirá que o requerente, por ação própria, pleiteie os seus direitos e os respectivos efeitos patrimoniais (art. 19, Lei 12016/09).

*Para responder, tem que estudar: lei.*

*Gabarito: C*

**116. (Cespe/TJ/PB/Juiz/2011)** Acerca do controle de constitucionalidade, assinale a opção correta.

a) No controle difuso de constitucionalidade, os efeitos da decisão são, no aspecto temporal, "ex tunc" e, quanto aos atingidos, "inter partes", não se admitindo exceções.

b) O controle judicial preventivo de constitucionalidade, que envolve vício no processo legislativo, deve ser exercido pelo STF via mandado de segurança, caracterizando-se como controle "in concreto" e efetivando-se de modo incidental.

c) Conforme entendimento do STF, não cabe controle de constitucionalidade contra leis ou atos normativos anteriores à CF, seja por via de controle concentrado, seja por controle difuso.

d) A inconstitucionalidade formal relaciona-se, sempre, com a inconstitucionalidade total, visto que o ato editado em desconformidade com as normas previstas constitucionalmente deve todo ele ser declarado inconstitucional.

e) Em atenção ao princípio da adstrição, o ordenamento jurídico brasileiro não admite a inconstitucionalidade por arrastamento, que consistiria na possibilidade de o STF declarar a inconstitucionalidade de uma norma objeto de pedido e de outro ato normativo que não tenha sido objeto do pedido, em virtude de correlação, conexão ou interdependência entre uma e outro.

## ANOTAÇÕES/COMENTÁRIOS

(a) O STF admite a modulação de efeitos no controle difuso de constitucionalidade (veja-se, por exemplo, o AI 627770 AgR). Além disso, mesmo no controle difuso, é possível que a decisão produza efeitos expansivos (e não somente "inter partes"), como nos casos em que o STF julga recurso extraordinário submetido à sistemática da repercussão geral.

(b) Não há, no direito brasileiro, controle judicial preventivo concentrado de inconstitucionalidade. Apenas em hipóteses muito excepcionais, se admite controle judicial preventivo, pela via do MS (portanto não se trata de controle concentrado). "O que a jurisprudência do STF tem admitido, como exceção, é 'a legitimidade do parlamentar – e somente do parlamentar – para impetrar mandado de segurança com a finalidade de coibir atos praticados no processo de aprovação de lei ou emenda constitucional incompatíveis com disposições constitucionais que disciplinam o processo legislativo' (MS 24.667)."

(c) A assertiva está equivocada, porque leis e atos normativos anteriores à CF tanto podem ser objeto de controle difuso, como também podem ser objeto de controle concentrado, pela via da ADPF.

(d) Inconstitucionalidade formal e total são classificações que não se confundem. É perfeitamente possível que um vício formal de inconstitucionalidade (por ex., vício de iniciativa) contamine apenas parte de uma lei ou ato normativo (sobre o qual exista reserva de iniciativa do Chefe do Poder Executivo), sem prejudicar os demais dispositivos.

(e) A jurisprudência do STF admite amplamente a declaração de inconstitucionalidade por arrastamento, como exceção ao princípio da congruência ou adstrição. Veja-se, por exemplo, ADI 4362.

*Para responder, tem que estudar: jurisprudência e teoria/doutrina.*

*Gabarito: B*

BLOCO II

**117. (Cespe/TJ/BA/Juiz/2012)** Com relação a mandado de segurança, assinale a opção correta.

a) Não acarreta os efeitos da revelia a apresentação de informações fora do prazo.

b) Não havendo, no mandado de segurança, citação do impetrado, mas sua notificação, o impetrante pode aditar a inicial após a prestação de informações.

c) A perempção, ou caducidade da liminar deferida, decorrente da inércia do impetrante quanto a seu cumprimento, depende de requerimento do impetrado.

d) Ato praticado por dirigente de sociedade de economia mista não pode, em nenhuma hipótese, ser enfrentado por mandado de segurança.

e) É cabível o mandado de segurança para impugnar ato de empresa pública estadual praticado por delegação da União, sendo competente para o julgamento, nesse caso, a Justiça Estadual.

**ANOTAÇÕES/COMENTÁRIOS**

(a) De fato, não há previsão na Lei 12016/09 de revelia para a hipótese em que a autoridade impetrada deixa de apresentar as informações no prazo legal. De mais a mais, o art. 345, II, do CPC/15 dispõe que a revelia não produz os seus efeitos se o litígio versar sobre direitos indisponíveis.

(b) Não é possível o aditamento do pedido veiculado no mandado de segurança quando realizado após a apresentação das informações pela autoridade impetrada, consoante jurisprudência do STJ (MS 16.425).

(c) Será decretada a perempção ou caducidade da medida liminar "ex officio" ou a requerimento do Ministério Público quando, concedida a medida, o impetrante criar obstáculo ao normal andamento do processo ou deixar de promover, por mais de 3 (três) dias úteis, os atos e as diligências que lhe cumprirem (art. 8º, Lei 12.016/09).

(d) Não cabe mandado de segurança contra os atos de gestão comercial praticados pelos administradores de empresas públicas, de sociedade de economia mista e de concessionárias de serviço público (art. 1º, § 2º, Lei 12016/09).

(e) "COMPETÊNCIA. MANDADO DE SEGURANÇA IMPETRADO CONTRA EMPRESA PÚBLICA ESTADUAL QUE AGE POR DELEGAÇÃO DO PODER PÚBLICO FEDERAL. SENDO A EMPRESA PÚBLICA ESTADUAL PESSOA JURÍDICA DE DIREITO PRIVADO, ELA, NA EXECUÇÃO DE ATOS DE DELEGAÇÃO POR PARTE DA UNIÃO, SE APRESENTA, PARA EFEITOS DE MANDADO DE SEGURANÇA, COMO AUTORIDADE FEDERAL. A SÚMULA 510 DESTA CORTE DIZ RESPEITO APENAS A QUESTÃO DA "LEGITIMATIO AD CAUSAM", E NÃO A DA COMPETÊNCIA JUDICIAL. RECURSO EXTRAORDINÁRIO CONHECIDO E PROVIDO, PARA RECONHECER-SE A COMPETÊNCIA DA JUSTIÇA FEDERAL." (RE 101109).

*Para responder, tem que estudar: lei e jurisprudência.*

*Gabarito: A*

**118. (Cespe/TJ/RN/Juiz/2013)** Acerca do mandado de segurança coletivo, assinale a opção correta.

a) O mandado de segurança coletivo, diversamente do mandado de segurança individual, prescinde de prova pré-constituída do direito, em face da inversão do ônus probatório na defesa dos direitos e interesses de natureza metaindividual.

b) Na hipótese de mandado de segurança individual e mandado de segurança coletivo ajuizados com a mesma causa de pedir e pedidos, o efeito da litispendência determina a extinção do primeiro, por ser o objeto do segundo mais amplo.

c) A legitimidade da associação constituída e em funcionamento, há pelo menos um ano, para a defesa em juízo dos direitos líquidos e certos de seus associados independe de pertinência temática com as suas finalidades, em razão de representatividade conferida nos estatutos da instituição.

d) Não cabe mandado de segurança coletivo contra atos de gestão comercial praticados por administradores de sociedades de economia mista e concessionárias de serviço público.

e) No mandado de segurança coletivo, declarada a procedência da pretensão e deferida a ordem pleiteada, por partido político com representação no Congresso Nacional, os efeitos da coisa julgada alcançam todos os membros da coletividade.

BLOCO II

## ANOTAÇÕES/COMENTÁRIOS

(a) A prova pré-constituída é da essência do próprio direito líquido e certo. Desse modo, trata-se de pressuposto indispensável, seja para a segurança individual, seja para a coletiva. Conceder-se-á mandado de segurança para proteger direito líquido e certo, não amparado por habeas corpus ou habeas data, quando o responsável pela ilegalidade ou abuso de poder for autoridade pública ou agente de pessoa jurídica no exercício de atribuições do Poder Público (art. 5º, LXIX, CF).

(b) O mandado de segurança coletivo não induz litispendência para as ações individuais, mas os efeitos da coisa julgada não beneficiarão o impetrante a título individual se não requerer a desistência de seu mandado de segurança no prazo de 30 (trinta) dias a contar da ciência comprovada da impetração da segurança coletiva (art. 22, § 1º, Lei 12016/09).

(c) "As associações civis, para ajuizar ações civis públicas ou coletivas, precisam deter representatividade adequada do grupo que pretendam defender em juízo, aferida à vista do preenchimento de dois requisitos: a) pré-constituição há pelo menos um ano nos termos da lei civil – dispensável, quando evidente interesse social; e b) pertinência temática – indispensável e correspondente à finalidade institucional compatível com a defesa judicial do interesse." (REsp 1357618).

(d) Não cabe mandado de segurança contra os atos de gestão comercial praticados pelos administradores de empresas públicas, de sociedade de economia mista e de concessionárias de serviço público (art. 1º, § 2º, Lei 12016/09).

(e) No mandado de segurança coletivo, a sentença fará coisa julgada limitadamente aos membros do grupo ou categoria substituídos pelo impetrante (art. 22, Lei 12.016/09).

*Para responder, tem que estudar: lei e jurisprudência.*

*Gabarito: D*

**119. (Cespe/TJ/DFT/Juiz/2014)** No que se refere à impetração de mandado de segurança por vício de inconstitucionalidade e ao ajuizamento de ADI contra PEC em tramitação no Congresso Nacional, assinale a opção correta.

a) Se a PEC for tendente a abolir cláusula pétrea, admitir-se-á o controle jurisdicional de constitucionalidade material ainda durante a tramitação da proposta, mediante impetração de writ por qualquer cidadão.

b) Somente parlamentar tem legitimidade para impetrar "mandamus" contra atos ditos incompatíveis com disposições constitucionais sobre processo legislativo e praticados durante o trâmite de PEC.

c) É insuperável a carência de ADI antes da publicação da norma impugnada, ainda que esta ocorra antes da decisão final da Corte.

d) O controle jurisdicional de constitucionalidade preventivo não é possível quando se tratar de PEC.

e) Se uma PEC for aprovada, parlamentar interessado poderá, individualmente, provocar o controle abstrato repressivo de constitucionalidade perante o Poder Judiciário.

ANOTAÇÕES/COMENTÁRIOS

(a) "O que a jurisprudência do STF tem admitido, como exceção, é 'a legitimidade do parlamentar – e somente do parlamentar – para impetrar mandado de segurança com a finalidade de coibir atos praticados no processo de aprovação de lei ou emenda constitucional incompatíveis com disposições constitucionais que disciplinam o processo legislativo'" (MS 24.667, Pleno, Min. Carlos Velloso, DJ de 23.04.04).

(b) "O que a jurisprudência do STF tem admitido, como exceção, é 'a legitimidade do parlamentar – e somente do parlamentar – para impetrar mandado de segurança com a finalidade de coibir atos praticados no processo de aprovação de lei ou emenda constitucional incompatíveis com disposições constitucionais que disciplinam o processo legislativo'" (MS 24.667, Pleno, Min. Carlos Velloso, DJ de 23.04.04).

(c) "AÇÃO. Condição. Interesse processual, ou de agir. Caracterização. Ação direta de inconstitucionalidade. Propositura antes da publicação oficial da Emenda Constitucional

45/2004. Publicação superveniente, antes do julgamento da causa. Suficiência. Carência da ação não configurada. Preliminar repelida. Inteligência do art. 267, VI, do CPC. Devendo as condições da ação coexistir à data da sentença, considera-se presente o interesse processual, ou de agir, em ação direta de inconstitucionalidade de Emenda Constitucional que só foi publicada, oficialmente, no curso do processo, mas antes da sentença." (ADI 3367).

(d) "O que a jurisprudência do STF tem admitido, como exceção, é 'a legitimidade do parlamentar – e somente do parlamentar – para impetrar mandado de segurança com a finalidade de coibir atos praticados no processo de aprovação de lei ou emenda constitucional incompatíveis com disposições constitucionais que disciplinam o processo legislativo'" (MS 24.667, Pleno, Min. Carlos Velloso, DJ de 23.04.04).

(e) "Parlamentar interessado" não figura, no rol do art. 103 da CF, como legitimado ativo para a propositura de ação direta de inconstitucionalidade.

*Para responder, tem que estudar: lei e jurisprudência.*

*Gabarito: B*

**120. (Cespe/TJ/RN/Juiz/2013)** A respeito do mandado de segurança, assinale a opção correta.

a) A impetração de mandado de segurança coletivo por entidade de classe em favor de seus associados depende de autorização expressa destes.

b) A entidade de classe não tem legitimidade para propor mandado de segurança coletivo se a pretensão veiculada interessar a apenas parte da categoria representativa.

c) Não cabe mandado de segurança contra ato praticado em concurso público promovido por sociedade de economia mista ou empresa pública.

d) O pedido de reconsideração na via administrativa interrompe o prazo decadencial para a propositura do mandado de segurança.

e) A interposição de recurso administrativo com efeito suspensivo não impede que se interponha mandado de segurança contra omissão da autoridade.

**ANOTAÇÕES/COMENTÁRIOS**

(a) Na segurança coletiva, o sindicato tem legitimação extraordinária, atuando como substituto processual, sem necessidade de autorização expressa (RE 348973 AgR).

(b) A entidade de classe tem legitimação para o mandado de segurança ainda quando a pretensão veiculada interesse apenas a uma parte da respectiva categoria (Súmula 630/STF).

(c) "Os atos praticados por dirigente de sociedade de economia mista, em certame público, para ingresso de empregados públicos no quadro da estatal, configuram-se atos de autoridade, impugnáveis por mandado de segurança" (AgRg no Ag 1.113.000).

(d) Pedido de reconsideração na esfera administrativa não interrompe o prazo decadencial (MS 18.521).

(e) A existência de recurso administrativo com efeito suspensivo não impede o uso do mandado de segurança contra omissão da autoridade (Súmula 429/STF).

*Para responder, tem que estudar: lei, jurisprudência e súmula/OJ.*

*Gabarito: E*

## 8.4. Repercussão Geral

**121. (Cespe/TJ/CE/Juiz/2012)** No que concerne aos poderes da República no ordenamento jurídico nacional, assinale a opção correta.

a) Em caso de interesse público relevante, o presidente da República pode convocar extraordinariamente o Congresso Nacional, hipótese em que é dispensada a aprovação pelos parlamentares.

b) De acordo com o STF, é indelegável a competência do chefe do Poder Executivo federal para aplicar pena de demissão a servidores públicos federais.

c) A iniciativa de leis em matéria tributária, por ter repercussão direta no orçamento do ente federado, é privativa do chefe do Poder Executivo.

d) Embora a decisão proferida pelo STF, em recurso extraordinário submetido ao regime de repercussão geral, vincule os demais órgãos do Poder Judiciário, sua aplicação aos demais casos concretos não pode ser buscada, diretamente na Suprema Corte, antes da efetiva apreciação da controvérsia pelas instâncias ordinárias.

e) Compete ao STF processar e julgar os membros do CNJ nos crimes comuns e de responsabilidade.

ANOTAÇÕES/COMENTÁRIOS

(a) A convocação extraordinária do Congresso Nacional far-se-á pelo Presidente da República, pelos Presidentes da Câmara dos Deputados e do Senado Federal ou a requerimento da maioria dos membros de ambas as Casas, em caso de urgência ou interesse público relevante, em todas as hipóteses com a aprovação da maioria absoluta de cada uma das Casas do Congresso Nacional (art. 57, § 6º, II, CF).

(b) "O art. 141, I, da Lei 8.112/1990, em consonância com o art. 84, XXV, da Lei Fundamental, predica que o Presidente da República é a autoridade competente para aplicar a penalidade de demissão a servidor vinculado ao Poder Executivo, sendo constitucional, nos termos do art. 84, parágrafo único, da Constituição, e do art. 1º, I, do Decreto 3.035/1999, a delegação aos Ministros de Estado e ao Advogado-Geral da União." (RMS 32811 AgR).

(c) "Tributário. Processo legislativo. Iniciativa de lei. 2. Reserva de iniciativa em matéria tributária. Inexistência. 3. Lei municipal que revoga tributo. Iniciativa parlamentar. Constitucionalidade. 4. Iniciativa geral. Inexiste, no atual texto constitucional, previsão de iniciativa exclusiva do Chefe do Executivo em matéria tributária. 5. Repercussão geral reconhecida. 6. Recurso provido. Reafirmação de jurisprudência." (ARE 743480 RG).

(d) "1. A tese jurídica definida por esta Suprema Corte é no sentido de que não cabe reclamação constitucional, com a finalidade de preservar autoridade de decisão, por inobservância de súmula da jurisprudência predominante do STF destituída de efeito vinculante ou decisão tomada no âmbito de julgamento de recurso extraordinário com repercussão geral reconhecida, sem o necessário esgotamento das instâncias ordinárias. 2. O acórdão paradigma foi prolatado em processo de índole subjetiva, desprovido de eficácia erga omnes e efeito vinculante, no qual não figurou como parte o reclamante. 3. Para a aplicação de norma jurídica, resultante de processo interpretativo levado a cabo em julgamento de recurso extraordinário com repercussão geral reconhecida, faz-se necessário o percurso, e esgotamento, das instâncias ordinárias, por meio da sistemática recursal, cuja finalidade é assegurar o controle do erro e acerto da aplicação do direito. 4. O manejo de reclamação, ação constitucional de fundamentação vinculada, é restrito às hipóteses expressamente previstas nos arts. 102, I, "l", e 103-A, § 3º, da Constituição da República, de modo que é incabível a sua utilização como sucedâneo de recurso ou atalho processual." (Rcl 20631 AgR).

(e) Compete privativamente ao Senado Federal processar e julgar os membros do Conselho Nacional de Justiça nos crimes de responsabilidade (art. 52, II, CF).

*Para responder, tem que estudar: lei e jurisprudência.*

*Gabarito: D*

BLOCO II

## 9. TEORIA CONSTITUCIONAL

**122. (Cespe/TJ/PR/Juiz/2017)** A ressignificação das Constituições provocou deslocamentos importantes na compreensão da ordem jurídica dos Estados democráticos de direito. Acerca do impacto dessas transformações sobre o conceito de Constituição, assinale a opção correta.

a) Segundo a doutrina pertinente, a Constituição normativa, ou jurídica, é aquela na qual o processo político é regido pelas normas constitucionais, independentemente das contingências históricas.

b) O neoconstitucionalismo importa a ampliação da eficácia irradiante dos direitos fundamentais aos poderes públicos constituídos, porém não aos particulares, cuja autonomia se sobrepõe àqueles direitos.

c) Em sentido sociológico, a Constituição deve ser entendida como a norma que se refere à decisão política estruturante da organização do Estado.

d) De acordo com o conceito de Constituição-moldura, o texto constitucional deve apenas apresentar limites para a atividade legislativa, cabendo ao Poder

Judiciário avaliar se o legislador agiu conforme o modelo configurado pela Constituição.

ANOTAÇÕES/COMENTÁRIOS

(a) Constituição normativa e constituição jurídica não são expressões sinônimas. "Constituição normativa é aquela cujas normas efetivamente dominam o processo político. Trata-se de uma constituição na qual o processo de poder se adapta e se submete às suas normas" (NOVELINO, Marcelo. Curso de direito constitucional). Já "a constituição jurídica é a inscrição dos fatores reais do poder em uma 'folha de papel', fazendo com que adquiram uma expressão escrita" (Ob. cit. p. 101).

(b) O neoconstitucionalismo importa a ampliação da eficácia irradiante dos direitos fundamentais aos poderes públicos constituídos e, inclusive, aos particulares. É a chamada eficácia horizontal dos direitos fundamentais.

(c) Em sentido sociológico, é preciso separar constituição jurídica de constituição real (ou efetiva). "A constituição real de um pais, que é, em essência, 'a soma dos fatores reais do poder que regem o país". "A constituição jurídica é a inscrição dos fatores reais do poder em uma 'folha de papel', fazendo com que adquiram uma expressão escrita" (NOVELINO, Marcelo. Curso de direito constitucional).

(d) "A palavra 'moldura' é aqui utilizada metaforicamente para designar a constituição como mero limite à atuação legislativa. Para esta perspectiva, a Lei Fundamental atua como uma espécie de moldura dentro da qual o legislador pode atuar, preenchendo-a conforme a oportunidade política". (NOVELINO, Marcelo. Curso de direito constitucional).

*Para responder, tem que estudar: teoria/doutrina.*

*Gabarito: D*

**123. (Cespe/TJ/PR/Juiz/2017)** "Nossa Constituição, como a maioria das cartas políticas contemporâneas, contém regras de diversos tipos, funções e naturezas, por postularem finalidades diferentes, mas coordenadas e inter-relacionadas entre si, formando um sistema de normas que se condicionam reciprocamente. Algumas delas são plenamente eficazes e de aplicabilidade imediata; outras são de eficácia reduzida, dependem de legislação que lhes integre o sentido e determine sua incidência; não são de aplicabilidade imediata, mas são aplicáveis até onde possam" (José Afonso da Silva. Aplicabilidade das normas constitucionais). Tendo o fragmento de texto de José Afonso da Silva como referência inicial, assinale a opção correta com relação à eficácia das normas constitucionais e aos princípios e à interpretação da CF.

a) Segundo o STF, o desmembramento de município previsto na CF é norma de eficácia contida.

b) Para o STF, a norma que estabelece o direito à aposentadoria especial dos servidores públicos tem eficácia limitada.

c) De acordo com o princípio da unidade da CF, nenhuma lei ou ato normativo, nacional ou internacional, pode subsistir se for incompatível com o texto constitucional.

d) A norma que prevê o direito dos necessitados à plena orientação jurídica e à integral assistência judiciária não autoriza que o Poder Judiciário determine aos estados a criação de órgãos da defensoria pública.

**ANOTAÇÕES/COMENTÁRIOS**

(a) O STF tem orientação consolidada no sentido da impossibilidade de criação, fusão, incorporação ou desmembramento de novos municípios antes do advento de Lei Complementar Federal, prevista no art. 18, § 4º, da Constituição Federal (ADI 4992). Esse preceito constitucional, portanto, é considerado uma norma constitucional de eficácia limitada, pois, segundo o Professor José Afonso da Silva, normas constitucionais de eficácia limitada são aquelas que "não produzem, com a simples entrada em vigor, todos os seus efeitos essenciais, porque o legislador constituinte, por qualquer motivo, não estabeleceu, sobre a matéria, uma normatividade para isso bastante, deixando essa tarefa ao legislador ordinário ou a outro órgão do Estado" (SILVA, José Afonso da. Aplicabilidade das normas constitucionais).

(b) "A eficácia do direito à aposentadoria especial objeto do art. 40, § 4º, da Constituição Federal, exige regulamentação mediante lei complementar de iniciativa privativa do Presidente da República" (MI 4457 AgR,). Esse preceito constitucional, portanto, é considerado uma norma constitucional de eficácia limitada, pois, segundo o Professor José Afonso da Silva, normas constitucionais de eficácia limitada são aquelas que "não produzem, com a simples entrada em vigor, todos os seus efeitos essenciais, porque o legislador constituinte, por qualquer motivo, não estabeleceu, sobre a matéria, uma normatividade para isso bastante, deixando essa tarefa ao legislador ordinário ou a outro órgão do Estado" (SILVA, José Afonso da. Aplicabilidade das normas constitucionais).

(c) A assertiva se refere ao princípio da Supremacia da Constituição. O princípio da unidade da Constituição "postula que não se considere uma norma da Constituição fora do sistema em que se integra; dessa forma, evitam-se contradições entre as normas constitucionais" (MENDES, Gilmar Ferreira; BRANCO, Paulo Gustavo Gonet. Curso de Direito Constitucional).

(d) "A função constitucional da Defensoria Pública e a essencialidade dessa Instituição da República: a transgressão da ordem constitucional – porque consumada mediante inércia (violação negativa) derivada da inexecução de programa constitucional destinado a viabilizar o acesso dos necessitados à orientação jurídica integral e à assistência judiciária gratuitas (CF, art. 5º, LXXIV, e art. 134) – autoriza o controle jurisdicional de legitimidade da omissão do Estado e permite aos juízes e Tribunais que determinem a implementação, pelo Estado, de políticas públicas previstas na própria Constituição da

República, sem que isso configure ofensa ao postulado da divisão funcional do Poder." (AI 598212 ED).

*Para responder, tem que estudar: jurisprudência e teoria/doutrina.*

*Gabarito: B*

**124. (Cespe/TJ/RN/Juiz/2013)** No que concerne ao poder constituinte, à mutação constitucional, à interpretação constitucional e à eficácia e aplicabilidade das normas constitucionais, assinale a opção correta.

a) O princípio interpretativo da correção funcional, derivado do cânone hermenêutico da unidade da constituição, autoriza o intérprete máximo da constituição, quando necessário, a interpretar seus dispositivos de maneira tal que altere o esquema organizatório-funcional nela estabelecido.

b) As normas de eficácia contida não são consideradas normas autoexecutáveis, em razão da possibilidade de serem restringidas por deliberação do legislador infraconstitucional.

c) A mutação constitucional ocorre quando, em virtude de evolução na situação de fato sobre a qual incide a norma, ou por força do predomínio de nova visão jurídica, altera-se a interpretação dada à constituição, mas não o seu texto.

d) O poder constituinte de reforma da constituição inclui o poder de emenda, mas não abrange o poder de revisão de seu texto.

e) O método hermenêutico-concretizador de interpretação constitucional embasa-se na técnica do pensamento problemático, que consiste em interpretar a norma constitucional a partir do caso concreto.

## ANOTAÇÕES/COMENTÁRIOS

(a) O princípio da conformidade funcional (exatidão funcional, correção funcional ou justeza) "atua no sentido de não permitir que os órgãos encarregados da interpretação constitucional cheguem a um resultado que subverta ou perturbe o esquema organizatório-funcional estabelecido pela Constituição, devendo-se manter no quadro das funções a eles atribuídas" (NOVELINO, Marcelo. Curso de direito constitucional).

(b) Segundo o Professor José Afonso da Silva, normas constitucionais de eficácia contida são aquelas que "incidem imediatamente e produzem (ou podem produzir) todos os efeitos queridos, mas preveem meios ou conceitos que permitem manter sua eficácia contida em certos limites, dadas certas circunstâncias" (SILVA, José Afonso da. Aplicabilidade das normas constitucionais).

(c) Mutação constitucional é "mecanismo que permite a transformação do sentido e do alcance de normas da Constituição, sem que se opere, no entanto, qualquer modificação do seu texto" que "pode decorrer de uma mudança na realidade fática ou de uma nova percepção do Direito, uma releitura do que deve ser considerado ético ou justo" (BARROSO, Luís Roberto. Curso de direito constitucional contemporâneo).

(d) Reforma constitucional é expressão que identifica o fenômeno de modificação formal da Constituição, constitui "gênero de alterações no texto constitucional, compreendendo tanto as mudanças pontuais (emendas), como as mudanças abrangentes (revisão)" (BARROSO, Luís Roberto. Curso de direito constitucional contemporâneo).

(e) "O método hermenêutico-concretizador arranca da ideia de que a leitura de um texto normativo se inicia pela pré-compreensão do seu sentido através do intérprete. A interpretação da constituição também não foge a esse processo: é uma compreensão de sentido, um preenchimento de sentido juridicamente criador, em que o intérprete efetua uma atividade prático normativa, concretizando a norma a partir de uma situação histórica concreta. No fundo esse método vem realçar e iluminar vários pressupostos da atividade interpretativa: (1) os pressupostos subjetivos, dado que o intérprete desempenha um papel criador (pré-compreensão) na tarefa de obtenção de sentido do texto constitucional: (2) os pressupostos objetivos, isto é, o contexto, atuando o intérprete como operador de mediações entre o texto e a situação a que se aplica: (3) relação entre o texto e o contexto com a mediação criadora do intérprete, transformando a interpretação em 'movimento de ir e vir' (círculo hermenêutico). (...) se orienta não por um pensamento axiomático mas para um pensamento problematicamente orientado." (CANOTILHO, J. J. Gomes. Direito constitucional e teoria da Constituição). A assertiva se refere ao método tópico-problemático ou, simplesmente, tópica.

*Para responder, tem que estudar: teoria/doutrina.*

*Gabarito: C*

BLOCO II

**125. (Cespe/TJ/BA/Juiz/2012)** Com relação aos elementos da Constituição, à aplicabilidade e à interpretação das normas constitucionais, assinale a opção correta.

a) Apenas os dispositivos que versam sobre os direitos e deveres individuais e coletivos, por possuírem todos os elementos necessários à sua executoriedade direta e integral, podem ser considerados normas constitucionais de eficácia plena e aplicabilidade imediata.

b) Denomina-se hermenêutico-concretizador o método desenvolvido por Rudolf Smend, para quem o intérprete constitucional não pode separar o programa normativo inserido nas constituições da realidade social.

c) O método hermenêutico clássico de interpretação constitucional concebe a interpretação como uma atividade puramente técnica de conhecimento do texto constitucional e preconiza que o intérprete da Constituição deve se restringir a buscar o sentido da norma e por ele se guiar na sua aplicação, sem formular juízos de valor ou desempenhar atividade criativa.

d) Os elementos de estabilização constitucional consubstanciam-se nas normas que regulam a estrutura do Estado e do poder, a segurança pública e as Forças Armadas.

e) O preâmbulo da CF e as disposições constitucionais transitórias constituem exemplos de elementos limitativos, que restringem a atuação do legislador constituinte derivado e dos titulares do poder estatal.

**ANOTAÇÕES/COMENTÁRIOS**

(a) Não são apenas os dispositivos constitucionais que versem sobre direitos e deveres individuais e coletivos que podem ser considerados normas constitucionais de eficácia plena.

(b) A assertiva se refere ao método científico-espiritual ou integrativo (e não ao método hermenêutico-concretizador).

(c) A assertiva está correta. Não merece reparo algum.

(d) Elementos de estabilização constitucional são aqueles consagrados nas normas destinadas a assegurar a solução de conflitos constitucionais e situações de crise, com vistas à defesa da ordem constitucional, do Estado e das próprias instituições democráticas, como as regras que disciplinam a intervenção federal e estadual (arts. 34 a 36, CF) e os estados de defesa e de sítio (arts. 136 a 139, CF).

(e) "Preâmbulo da Constituição: não constitui norma central. Invocação da proteção de Deus: não se trata de norma de reprodução obrigatória na Constituição estadual, não tendo força normativa." (ADI 2076). Logo, é certo que o preâmbulo não restringe a atuação do legislador constituinte derivado, nem dos titulares do poder estatal.

*Para responder, tem que estudar: jurisprudência e teoria/doutrina.*

*Gabarito: C*

**126. (Cespe/TJ/PB/Juiz/2011)** Acerca dos princípios constitucionais e da classificação e interpretação das normas constitucionais, assinale a opção correta.

a) É prevalecente, na doutrina constitucional brasileira, o entendimento de que as normas que consagram as cláusulas pétreas estão em nível hierárquico superior às demais normas constitucionais.

b) Entre as modalidades de eficácia dos princípios constitucionais inclui-se a eficácia negativa, que implica a paralisação de qualquer norma ou ato jurídico que contrarie um princípio.

c) No que concerne à forma de aplicação, os princípios operam por via do enquadramento do fato no relato normativo, ainda que, tanto quanto as regras, eles comportem a subsunção.

d) As normas constitucionais programáticas cingem-se a estipular princípios ou programas que devem ser perseguidos pelos poderes públicos, não possuindo eficácia vinculante nem sendo capazes de gerar direitos subjetivos na sua versão positiva ou negativa, embora impeçam a produção de normas que contrariem o direito nelas inserido.

e) As normas institutivas, que traçam esquemas gerais de organização e estruturação de órgãos, entidades ou instituições do Estado, são dotadas de eficácia plena e aplicabilidade imediata, visto que possuem todos os elementos necessários à sua executoriedade direta e integral.

ANOTAÇÕES/COMENTÁRIOS

(a) O princípio da unidade da Constituição "postula que não se considere uma norma da Constituição fora do sistema em que se integra; dessa forma, evitam-se contradições entre as normas constitucionais" (MENDES, Gilmar; BRANCO, Paulo Gonet. Curso de Direito Constitucional). "A tese de que há hierarquia entre normas constitucionais originárias dando azo à declaração de inconstitucionalidade de umas em face de outras e incompossível com o sistema de Constituição rígida. (...). Por outro lado, as cláusulas pétreas não podem ser invocadas para sustentação da tese da inconstitucionalidade de normas constitucionais inferiores em face de normas constitucionais superiores, porquanto a Constituição as prevê apenas como limites ao Poder Constituinte derivado ao rever ou ao emendar a Constituição elaborada pelo Poder Constituinte originário, e não como abarcando normas cuja observância se impôs ao próprio Poder Constituinte originário com relação as outras que não sejam consideradas como cláusulas pétreas, e, portanto, possam ser emendadas. Ação não conhecida por impossibilidade jurídica do pedido." (ADI 815).

(b) "A eficácia negativa implica a paralisação da aplicação de qualquer norma ou ato jurídico que esteja em contrariedade com o princípio constitucional em questão". (BARROSO, Luís Roberto. Curso de direito constitucional contemporâneo).

(c) Essa forma de aplicação, a que se refere a alternativa, é própria das regras. "Os princípios não são aplicados na modalidade tudo ou nada, mas de acordo com a dimensão de peso que assumem na situação específica. Caberá ao intérprete proceder à ponderação dos princípios e fatos relevantes, e não a uma subsunção do fato a uma regra determinada" (BARROSO, Luís Roberto. Curso de direito constitucional contemporâneo).

(d) Segundo o Professor José Afonso da Silva, normas constitucionais programáticas são aquelas que "versam sobre matéria eminentemente ético-social, constituindo verdadeiramente programas de ação social (econômica, religiosa, cultural, etc)". (SILVA, José Afonso da. Aplicabilidade das normas constitucionais). Em conclusão, as normas programáticas têm eficácia jurídica imediata, direta e vinculante nos casos seguintes: (I) estabelecem um dever para o legislador ordinário; (II) condicionam a legislação futura, com a consequência de serem inconstitucionais as leis ou atos que as ferirem; (III) informam a concepção do Estado e da sociedade e inspiram sua ordenação jurídica, mediante a atribuição de fins sociais, proteção dos valores da justiça social e revelação dos componentes do bem comum; (IV) constituem sentido teleológico para a interpretação, integração e aplicação das normas jurídicas; (V) condicionam a atividade discricionária da Administração e do Judiciário; (VI) criam situações jurídicas subjetivas, de vantagem ou de desvantagem, o que será visto no capítulo seguinte" (ob. cit. p. 160).

(e) "São, pois, normas constitucionais de princípio institutivo aquelas através das quais o legislador constituinte traça esquemas gerais de estruturação e atribuições de órgãos, entidades ou institutos, para que o legislador ordinário os estruture em definitivo, mediante lei" (SILVA, José Afonso da. Aplicabilidade das normas constitucionais). São, portanto, "de eficácia limitada e de aplicabilidade mediata ou indireta, porque dependentes de legislação" (ob. cit. p. 119).

*Para responder, tem que estudar: jurisprudência e teoria/doutrina.*

*Gabarito: B*

**127. (Cespe/TJ/ES/Juiz/2011)** Acerca da aplicabilidade e da interpretação das normas constitucionais, assinale a opção correta.

a) O dispositivo constitucional que estabelece que lei federal disporá sobre a utilização, pelo governo do DF, das polícias civil e militar e do corpo de bombeiros militar constitui exemplo de norma de eficácia limitada.

b) Inexiste hierarquia entre normas constitucionais, salvo no que diz respeito às cláusulas pétreas e aos direitos fundamentais, que representam o núcleo essencial da CF e envolvem diretamente a noção de dignidade da pessoa humana.

c) As normas constitucionais de eficácia contida são de aplicabilidade indireta, mediata e reduzida, havendo necessidade de lei integrativa infraconstitucional para produzir todos os seus efeitos.

d) As normas de eficácia limitada são desprovidas de normatividade, incapazes de produzir quaisquer efeitos e de servir de parâmetro para a declaração de inconstitucionalidade.

e) De acordo com o princípio da interpretação conforme a Constituição, em face de normas plurissignificativas, o intérprete deve buscar o sentido da norma que mais a compatibilize com a CF, ainda que sua interpretação contrarie o texto literal da norma.

## ANOTAÇÕES/COMENTÁRIOS

(a) Segundo o Professor José Afonso da Silva, normas constitucionais de eficácia limitada são aquelas que "não produzem, com a simples entrada em vigor, todos os seus efeitos essenciais, porque o legislador constituinte, por qualquer motivo, não estabeleceu, sobre a matéria, uma normatividade para isso bastante, deixando essa tarefa ao legislador ordinário ou a outro órgão do Estado" (SILVA, José Afonso da. Aplicabilidade das normas constitucionais).

(b) O princípio da unidade da Constituição "postula que não se considere uma norma da Constituição fora do sistema em que se integra; dessa forma, evitam-se contradições entre as normas constitucionais" (MENDES, Gilmar; BRANCO, Paulo Gonet. Curso de Direito Constitucional). "A tese de que há hierarquia entre normas constitucionais originárias dando azo à declaração de inconstitucionalidade de umas em face de outras e incompossível com o sistema de Constituição rígida. (...). Por outro lado, as cláusulas pétreas não podem ser invocadas para sustentação da tese da inconstitucionalidade de normas constitucionais inferiores em face de normas constitucionais superiores, porquanto a Constituição as prevê apenas como limites ao Poder Constituinte derivado ao rever ou ao emendar a Constituição elaborada pelo Poder Constituinte originário, e não como abarcando normas cuja observância se impôs ao próprio Poder Constituinte originário com relação as outras que não sejam consideradas como cláusulas pétreas, e, portanto, possam ser emendadas. Ação não conhecida por impossibilidade jurídica do pedido." (ADI 815).

(c) A assertiva se refere às normas constitucionais de eficácia limitada (e não às normas de eficácia contida, que já produzem plenamente todos os seus efeitos, desde a origem, mas podem sofrer restrições posteriores pelo legislador).

(d) Segundo o Professor José Afonso da Silva, normas constitucionais de eficácia limitada são aquelas que "não produzem, com a simples entrada em vigor, todos os seus efeitos essenciais, porque o legislador constituinte, por qualquer motivo, não estabeleceu, sobre a matéria, uma normatividade para isso bastante, deixando essa tarefa ao legislador ordinário ou a outro órgão do Estado" (SILVA, José Afonso da. Aplicabilidade das normas constitucionais). Isso não quer dizer, porém, que as normas constitucionais de eficácia limitada sejam absolutamente desprovidas de eficácia.

(e) De acordo com o princípio da interpretação conforme a Constituição, em face de normas plurissignificativas, o intérprete deve buscar o sentido da norma que mais a compatibilize com a CF, desde que nos limites das possibilidades semânticas do texto.

*Para responder, tem que estudar: jurisprudência e teoria/doutrina.*

*Gabarito: A*

BLOCO II

**128. (Cespe/TJ/PB/Juiz/2011)** Com relação ao objeto, aos elementos e aos tipos de constituição, assinale a opção correta.

a) Quanto ao modo de elaboração, a vigente CF pode ser classificada como uma constituição histórica, em oposição à dita dogmática.

b) O objeto da CF é a estrutura fundamental do Estado e da sociedade, razão por que somente as normas relativas aos limites e às atribuições dos poderes estatais, aos direitos políticos e individuais dos cidadãos compõem a Constituição em sentido formal.

c) Por limitarem a atuação dos poderes estatais, as normas que regulam a ação direta de inconstitucionalidade e o processo de intervenção nos estados e municípios integram os elementos ditos limitativos.

d) Os elementos formais de aplicabilidade são exteriorizados nas normas constitucionais que prescrevem as técnicas de aplicação delas próprias, como, por exemplo, as normas inseridas no Ato das Disposições Constitucionais Transitórias.

e) Distintamente da constituição analítica, a constituição dirigente tem caráter sintético e negativo, pois impõe a omissão ou negativa de ação ao Estado e preserva, assim, as liberdades públicas.

**ANOTAÇÕES/COMENTÁRIOS**

(a) A CF não é histórica, nem costumeira, mas sim escrita e dogmática, porque "formada por um conjunto de regras sistematizadas e organizadas em um documento" (LENZA, Pedro. Direito constitucional esquematizado).

(b) O objeto da CF não é apenas a estrutura fundamental do Estado e da sociedade e abrange as normas relativas aos limites e às atribuições dos poderes estatais, aos direitos políticos e individuais dos cidadãos, que compõem (sem prejuízo de outras normas) a Constituição em sentido material.

(c) As normas que regulam a ação direta de inconstitucionalidade e o processo de intervenção nos estados e municípios não integram os elementos ditos limitativos.

(d) A assertiva está correta.

(e) A constituição dirigente "se caracteriza por conter normas definidoras de tarefas e programas de ação a serem concretizados pelos poderes públicos"; já a constituição extensa "contém matérias que, por sua natureza, são alheias ao direito constitucional. Suas normas tratam ora de minúcias de regulamentação, ora de regras pertinentes ao campo da legislação ordinária" (NOVELINO, Marcelo. Curso de direito constitucional).

*Para responder, tem que estudar: teoria/doutrina.*

*Gabarito: D*

**129. (Cespe/TJ/DFT/Juiz/2014)** No que se refere à aplicabilidade e à interpretação das normas constitucionais, assinale a opção correta.

a) Conforme o método de interpretação denominado científico-espiritual, a análise da norma constitucional deve-se fixar na literalidade da norma, de modo a extrair seu sentido sem que se leve em consideração a realidade social.

b) As denominadas normas constitucionais de eficácia plena não necessitam de providência ulterior para sua aplicação, a exemplo do disposto no art. 37, I, da CF, que prevê o acesso a cargos, empregos e funções públicas a brasileiros e estrangeiros.

c) O dispositivo constitucional que assegura a gratuidade nos transportes coletivos urbanos aos maiores de sessenta e cinco anos não configura norma de eficácia plena e aplicabilidade imediata, pois demanda uma lei integrativa infraconstitucional para produzir efeitos.

d) A norma constitucional de eficácia contida é aquela que, embora tenha aplicabilidade direta e imediata, pode ter sua abrangência reduzida pela norma infraconstitucional, como ocorre com o artigo da CF que confere aos estados a competência para a instituição de regiões metropolitanas.

e) Conforme o método jurídico ou hermenêutico clássico, a Constituição deve ser considerada como uma lei e, em decorrência, todos os métodos tradicionais de hermenêutica devem ser utilizados na atividade interpretativa, mediante a utilização de vários elementos de exegese, tais como o filológico, o histórico, o lógico e o teleológico.

ANOTAÇÕES/COMENTÁRIOS

(a) Método científico-espiritual (também conhecido como método integrativo) é método de interpretação constitucional em que se "enxerga a Constituição como um sistema cultural e de valores de um povo, cabendo à interpretação aproximar-se desses valores subjacentes à Constituição. Esses valores, contudo, estão sujeitos a flutuações, tornando a interpretação da Constituição fundamentalmente elástica e flexível, submetendo a força de decisões fundamentais às vicissitudes da realidade cambiante" (MENDES, Gilmar; BRANCO, Paulo Gonet. Curso de Direito Constitucional).

(b) O Professor José Afonso da Silva considera a primeira parte da regra do art. 37, I, CF uma norma constitucional de eficácia contida e a segunda parte (destinada aos estrangeiros), uma norma de eficácia limitada (SILVA, José Afonso da. Aplicabilidade das normas constitucionais).

(c) o STF tem orientação consolidada no sentido da eficácia plena e aplicabilidade imediata do preceito constitucional que assegurou a gratuidade nos transportes coletivos urbanos aos maiores de 65 anos (ADI 3.768).

(d) O comando constitucional do art. 25, § 3º, que confere aos estados a competência para a instituição de regiões metropolitanas, é norma de eficácia limitada. Segundo o Professor José Afonso da Silva, trata-se de "norma constitucional de princípio institutivo facultativa" (SILVA, José Afonso da. Aplicabilidade das normas constitucionais).

(e) A assertiva está correta. Não merece reparo algum.

*Para responder, tem que estudar: teoria/doutrina.*

*Gabarito: E*

**130. (Cespe/TJ/AM/Juiz/2016)** À luz da jurisprudência do STF, assinale a opção correta acerca da supremacia da CF e dos diferentes tipos de inconstitucionalidade.

a) Se o Estado deixar de adotar as medidas necessárias à realização concreta dos preceitos da CF, ou seja, a torná-los efetivos, operantes e exequíveis, abstendo-se, em consequência, de cumprir o dever de prestação que a CF lhe impôs, incidirá em violação negativa do texto constitucional. Desse "non facere" ou "non praestare", resultará a inconstitucionalidade por omissão, que pode ser total ou parcial.

b) Lei estadual que regule a comercialização de artigos de conveniência e prestação de serviços de utilidade pública em farmácias e drogarias do estado, editada no exercício de competência suplementar dos estados para legislar sobre a matéria, embora formalmente constitucional, incidirá em inconstitucionalidade material, embora observado o princípio da proporcionalidade.

c) Lei estadual que imponha proibição ao Poder Executivo estadual de iniciar, renovar ou manter, em regime de exclusividade, em qualquer instituição bancária privada, as disponibilidades de caixa estaduais, com clara intenção de revogar o regime anterior e desconstituir todos os atos e contratos firmados com base em suas normas, violará o princípio da separação dos poderes e da segurança jurídica, padecendo de inconstitucionalidade formal.

d) Somente pelo voto da maioria absoluta de seus membros ou dos membros do respectivo órgão especial poderão os tribunais declarar a inconstitucionalidade de lei ou ato normativo do poder público. Por isso, não viola a cláusula de reserva de plenário a decisão de órgão fracionário de tribunal que, embora não declare expressamente a inconstitucionalidade de lei ou ato normativo do poder público, afasta sua incidência, no todo ou em parte.

e) Lei estadual de iniciativa parlamentar que disponha sobre entidades municipais legitimadas a integrar órgão da administração pública estadual ou firmar convênios com o estado-membro, usurpando competência legislativa exclusiva do chefe do Poder Executivo, incidirá em inconstitucionalidade material, mas não formal.

**ANOTAÇÕES/COMENTÁRIOS**

(a) A assertiva está correta. Não merece reparo algum.

(b) "É constitucional a lei de estado-membro que verse o comércio varejista de artigos de conveniência em farmácias e drogarias. Este posicionamento restou alcançado pelo Plenário desta Corte, à unanimidade, ao julgar questões idênticas, no âmbito da ADI 4954" (ADI 4952 AgR).

(c) "Proibição ao Poder Executivo Estadual de iniciar, renovar, manter, em regime de exclusividade a qualquer instituição bancária privada, as disponibilidades de caixa estaduais. 2. Reserva da Administração. A matéria trazida pela lei impugnada, por referir-se à disciplina e à organização da Administração Pública, é de iniciativa do Chefe do Poder Executivo. O Projeto de Lei 655/2003, que deu origem à Lei 14.235/2003, é de autoria parlamentar. 3. Violação ao § 3º do art. 164 da Constituição Federal. Necessidade de lei nacional para estabelecer exceções ao comando constitucional. Inconstitucionalidade formal. 4. A legislação impugnada teve a clara intenção de revogar o regime anterior e desconstituir todos os atos e contratos firmados com base em suas normas. A Lei 14.235/00, ao afirmar, em seu art. 3º, que 'caberá ao Poder Executivo revogar, imediatamente, todos os atos e contratos firmados nas condições previstas no art. 1º desta lei', viola o princípio da separação dos Poderes e da segurança jurídica. Inconstitucionalidade material." (ADI 3075)

(d) Viola a cláusula de reserva de plenário (CF, artigo 97) a decisão de órgão fracionário de tribunal que, embora não declare expressamente a inconstitucionalidade de lei ou ato normativo do Poder Público, afasta sua incidência, no todo ou em parte (Súmula Vinculante 10/STF).

(e) Os vícios cogitados na assertiva dizem respeito à inconstitucionalidade formal (e não à inconstitucionalidade material).

*Para responder, tem que estudar: jurisprudência e súmula/OJ.*

*Gabarito: A*

**131. (Cespe/TJ/RN/Juiz/2013)** Com relação ao conceito, à classificação e ao conteúdo das constituições e às disposições transitórias da CF, assinale a opção correta.

a) Fruto do neoconstitucionalismo, a constitucionalização do direito consiste na irradiação dos valores abrigados nos princípios e regras da constituição para todo o ordenamento jurídico, notadamente por via da jurisdição constitucional, em seus diferentes níveis.

b) As normas constitucionais, caracterizadas por especificidades no que se refere aos meios de tutela e às sanções jurídicas, denominam-se normas perfeitas, já que, em caso de violação, há sanção jurídica suficiente para repor sua força normativa.

c) As disposições transitórias da CF preveem a possibilidade de concessão de anistia aos que, no período da ditadura militar, foram atingidos, em decorrência de motivação de caráter político ou discricionário, por atos de exceção, institucionais ou complementares.

d) Define-se constituição, no sentido jurídico, como decisão política fundamental.

e) Adotando-se o critério da observância realista das normas constitucionais por governantes e governados, as constituições normativas são definidas como aquelas que logram ser lealmente cumpridas por todos os interessados, limitando, efetivamente, o poder, e as constituições semânticas como aquelas formalmente válidas, mas que contêm preceitos ainda não ativados na prática real.



ANOTAÇÕES/COMENTÁRIOS

(a) A assertiva está correta. Não merece reparo algum.

(b) A assertiva está equivocada porque há diversas normas constitucionais que não preveem meios de tutela, tampouco sanções jurídicas expressas, circunstância que afasta a classificação de norma perfeita às normas constitucionais.

(c) "É concedida anistia aos que, no período de 18 de setembro de 1946 até a data da promulgação da Constituição, foram atingidos, em decorrência de motivação exclusivamente política, por atos de exceção, institucionais ou complementares, aos que foram abrangidos pelo Decreto Legislativo 18, de 15 de dezembro de 1961, e aos atingidos pelo DL 864/69, asseguradas as promoções, na inatividade, ao cargo, emprego, posto ou graduação a que teriam direito se estivessem em serviço ativo, obedecidos os prazos de permanência em atividade previstos nas leis e regulamentos vigentes, respeitadas as características e peculiaridades das carreiras dos servidores públicos civis e militares e observados os respectivos regimes jurídicos." (art. 8º, ADCT).

(d) Define-se constituição, no sentido político, como decisão política fundamental (concepção defendida por Carl Schmitt).

(e) Conquanto esteja correta a definição das chamadas constituições normativas, a parte final da assertiva se refere às constituições nominais, e não as constituições semânticas, que são "utilizadas pelos dominadores de fato, visando sua perpetuação no Poder" e "a ser um instrumento para estabilizar e eternizar a intervenção destes dominadores" (NOVELINO, Marcelo. Curso de direito constitucional).

*Para responder, tem que estudar: teoria/doutrina.*

*Gabarito: A*

**132. (Cespe/TJ/CE/Juiz/2012)** Com relação ao poder constituinte, assinale a opção correta.

a) Embora o STF não admita o controle concentrado de constitucionalidade de normas produzidas pelo poder constituinte originário, reconhece o controle difuso, considerando sua eficácia apenas para o caso concreto.

b) Quando uma nova constituição é criada pelo poder constituinte originário, a jurisprudência reconhece a legitimidade da invocação de direitos adquiridos contrários à constituição em vigor.

c) O poder constituinte derivado pode alterar os procedimentos de reforma da constituição.

d) O poder constituinte derivado reformador submete-se tanto a limitações expressas na CF quanto a limitações implícitas.

e) Segundo o STF, as regras jurídicas produzidas pelo poder constituinte originário não decorrem do exercício de um poder de fato ou suprapositivo, razão pela qual sua eficácia está sujeita a limitação normativa.

ANOTAÇÕES/COMENTÁRIOS

(a) O princípio da unidade da Constituição "postula que não se considere uma norma da Constituição fora do sistema em que se integra; dessa forma, evitam-se contradições entre as normas constitucionais" (MENDES, Gilmar; BRANCO, Paulo Gonet. Curso de Direito Constitucional). "A tese de que há hierarquia entre normas constitucionais originárias dando azo à declaração de inconstitucionalidade de umas em face de outras e incompossível com o sistema de Constituição rígida. (...). Por outro lado, as cláusulas pétreas não podem ser invocadas para sustentação da tese da inconstitucionalidade de normas constitucionais inferiores em face de normas constitucionais superiores, porquanto a Constituição as prevê apenas como limites ao Poder Constituinte derivado ao rever ou ao emendar a Constituição elaborada pelo Poder Constituinte originário, e não como abarcando normas cuja observância se impôs ao próprio Poder Constituinte originário com relação as outras que não sejam consideradas como cláusulas pétreas, e, portanto, possam ser emendadas. Ação não conhecida por impossibilidade jurídica do pedido." (ADI 815).

(b) "Não há direito adquirido contra texto constitucional, resulte ele do Poder Constituinte originário, ou do Poder Constituinte derivado." (RE 94.414).

(c) A resposta está equivocada, porque o procedimento que disciplina o poder de reforma da Constituição é um limite material implícito ao poder constituinte derivado, pois "este, como um poder delegado pelo constituinte originário, não pode alterar as condições da própria delegação" (BARROSO, Luís Roberto. Curso de direito constitucional contemporâneo).

(d) A assertiva está correta. Não merece reparo algum.

(e) "A eficácia das regras jurídicas produzidas pelo poder constituinte (redundantemente chamado de 'originário') não está sujeita a nenhuma limitação normativa, seja de ordem material, seja formal, porque provém do exercício de um poder de fato ou suprapositivo." (ADI 2356 MC).

*Para responder, tem que estudar: jurisprudência e teoria/doutrina.*

*Gabarito: D*

**133. (Cespe/TJ/PB/Juiz/2015)** A respeito dos elementos da CF, assinale a opção correta com relação ao poder constituinte.

a) Conforme entendimento do STF, as normas emanadas do poder constituinte originário não têm, em regra, eficácia retroativa mínima, visto que são incapazes de atingir efeitos futuros de fatos passados.

b) As disposições constitucionais sobre o "habeas data" constituem exemplo de normas de reprodução obrigatória pelos estados-membros no exercício do poder constituinte derivado decorrente.

c) O poder constituinte de reforma está sujeito a limitações materiais que podem estar presentes nas denominadas cláusulas pétreas implícitas.

d) Conforme a definição clássica dos elementos da CF, o Ato das Disposições Constitucionais Transitórias, da CF, é exemplo de elemento de estabilização constitucional.

e) Conforme a teoria positivista do direito, apesar de o poder constituinte originário ser ilimitado do ponto de vista do direito positivo anterior, esse poder é vinculado aos valores do movimento revolucionário que o ensejou.

ANOTAÇÕES/COMENTÁRIOS

(a) "Os dispositivos constitucionais, quando autoaplicáveis, exceto se expressamente determinarem que as suas normas alcançam os fatos consumados no passado (retroatividade máxima), só se aplicam para o futuro, podendo, nesse caso, ter eficácia retroativa mínima, por alcançarem também os efeitos, que se produzem posteriormente à promulgação da Constituição, embora decorrentes de fatos ocorridos anteriormente a ela, mas que persistem como causa produtora desses efeitos." (RE 161320).

(b) "Diversamente da Carta anterior, que as relacionava expressamente (CF/1967-1969, art. 13, I, III e IX), na Constituição de 1988 as normas de observância obrigatória não foram elencadas de forma textual. Adotou-se uma formulação genérica que, embora teoricamente conferira maior liberdade de auto-organização aos Estados-membros, cria o risco de possibilitar interpretações excessivamente amplas na identificação de tais normas. (...). As normas de observância obrigatória são diferenciadas em três espécies. Os princípios constitucionais sensíveis representam a essência da organização constitucional da federação brasileira e estabelecem limites à autonomia organizatória dos Estados-membros (CF, art. 34, VII). Os princípios constitucionais extensíveis consagram normas organizatórias para a União que se estendem aos Estados, por previsão constitucional expressa (CF, arts. 28 e 75) ou implícita (CF, art. 58, § 3º; arts. 59 e ss). Os princípios constitucionais estabelecidos restringem a capacidade organizatória dos Estados federados por meio de limitações expressas (CF, art. 37) ou implícitas (CF, art. 21)." (NOVELINO, Marcelo. Curso de Direito Constitucional). Não há fundamento constitucional para se interpretar a garantia constitucional do habeas data como uma norma constitucional de reprodução obrigatória, até porque essa garantia fundamental já foi assegurada ao brasileiro e ao estrangeiro residente no Brasil pelo constituinte originário.

(c) A assertiva está correta. Não merece reparo algum.

(d) Segundo o Professor José Afonso da Silva, são consideradas normas de aplicabilidade da constituição (e não normas de estabilização constitucional) o preâmbulo, as disposições transitórias, as disposições sobre promulgação, publicação e momento inicial de vigência da constituição (SILVA, José Afonso da. Aplicabilidade das normas constitucionais).

(e) Para a teoria positivista, o poder constituinte é um poder de fato, inicial e ilimitado, de modo que não se admite vinculação a qualquer valor próprio do movimento revolucionário que o ensejou.

*Para responder, tem que estudar: jurisprudência e teoria/doutrina.*

*Gabarito: C*

**134. (Cespe/TJ/BA/Juiz/2019)** A concepção que compreende o texto da Constituição como não acabado nem findo, mas como um conjunto de materiais de construção a partir dos quais a política constitucional viabiliza a realização de princípios e valores da vida comunitária de uma sociedade plural, caracteriza o conceito de Constituição

a) em branco.
b) semântica.
c) simbólica.
d) dúctil.
e) dirigente.

**ANOTAÇÕES/COMENTÁRIOS**

(a) Errada. Constituições em branco são constituições que não possuem limitações expressas, explícitas ao poder constituinte reformador.

(b) Errada. Constituição semântica é aquela que, segundo a classificação ontológica de Karl Loewenstein, representa um modelo constitucional que, em vez de servir como mecanismo de limitação do poder estatal, visa apenas à estabilização e conservação da estrutura de dominação do poder político. É a mera formalização do poder de quem o detém no momento e não pretende limitá-lo, mas apenas mantê-lo. Constituições desse tipo servem de instrumento para legitimar regimes não democráticos. "Não é uma Constituição; é um mero disfarce".

(c) Errada. A expressão "Constituição simbólica" é atribuída a Marcelo Neves, autor da obra a "A constitucionalização simbólica". A Constituição simbólica é definida como aquela em que há predomínio ou hipertrofia da função simbólica (essencialmente político-ideológica) em detrimento da função jurídico-instrumental (de caráter normativo-jurídico).

(d) É a resposta correta. A classificação "Constituição dúctil" é atribuída a Gustavo Zagrebelsky, para quem, a fim de assegurar a sobrevivência de uma sociedade complexa, pluralista e democrática, cabe à Constituição a tarefa básica de assegurar as condições possibilitadoras de uma vida em comum. Não cabe ao Texto Constitucional realizar diretamente um projeto predeterminado da vida comunitária. As Constituições devem ser concebidas como "plataformas de partida" para a realização de políticas constitucionais diferenciadas. A ideia de Constituição dúctil, suave ou maleável está associada à necessidade de que o texto acompanhe a descentralização do Estado e reflita o pluralismo social, político e econômico, viabilizando a coexistência de ideias diferentes.

(e) Errada. Constituição dirigente (programática ou diretiva) se caracteriza por conter normas definidoras de tarefas e programas de ação a serem concretizados pelos poderes públicos.

*Para responder, tem que estudar: teoria/doutrina.*

*Gabarito: D*

BLOCO II

**135.** **(Cespe/TJ/BA/Juiz/2019)** Quando o termo "povo" aparece em textos de normas, sobretudo em documentos constitucionais, deve ser compreendido como parte integrante plenamente vigente da formulação da prescrição jurídica (do tipo legal); deve ser levado a sério como conceito jurídico a ser interpretado lege artis. Friedrich Müller. Quem é o povo? A questão fundamental da democracia. São Paulo: Revista dos Tribunais, 2009, p. 67 (com adaptações).

Tendo o texto anterior como referência inicial, assinale a opção correta, relativamente ao poder constituinte originário, ao poder constituinte derivado e ao poder derivado estadual.

a) O poder constituinte originário é uma categoria pré-constitucional que fundamenta a validade da nova ordem constitucional.
b) Para resguardar os interesses do povo, cabe à jurisdição constitucional fiscalizar a ação do poder constituinte originário com base no direito suprapositivo.
c) Como titular passivo do poder constituinte originário, o povo delega o seu exercício a representantes e, em seguida, exerce a soberania apenas de forma indireta.
d) Os direitos adquiridos são oponíveis ao poder constituinte originário para evitar óbice ao retrocesso social.
e) A limitação material negativa ao poder constituinte dos estados federados se manifesta no dever de concretizar, no nível estadual, os preceitos da CF.

*ANOTAÇÕES/COMENTÁRIOS*

(a) A assertiva está correta. O poder constituinte originário inaugura uma nova ordem constitucional, daí porque está correto se afirmar que é pré-constitucional e fundamenta a validade da nova ordem constitucional.

(b) Errada. A jurisdição constitucional não se presta para controlar a validade de normas constitucionais originárias. No julgamento da ADI 815, o STF firmou o entendimento de que "[n]a atual Carta Magna 'compete ao Supremo Tribunal Federal, precipuamente, a guarda da Constituição' (artigo 102, 'caput'), o que implica dizer que essa jurisdição lhe é atribuída para impedir que se desrespeite a Constituição como um todo, e não para, com relação a ela, exercer o papel de fiscal do Poder Constituinte originário, a fim de verificar se este teria, ou não, violado os princípios de direito suprapositivo que ele próprio havia incluído no texto da mesma Constituição".

(c) Errada. O professor Manoel Gonçalves Ferreira Filho, de fato, descreve o povo como titular passivo do poder constituinte originário, porém afirma que "a edição de uma Constituição provém sempre de um grupo que em lugar do povo propõe uma organização do poder político. Tal grupo se põe como agente do Poder Constituinte e é assim o titular ativo deste poder naquela manifestação". Portanto, o erro estaria em se afirmar que o povo exerceria a soberania de forma indireta. O povo, por essa perspectiva, não exerce a soberania; quem a exerce é o grupo que se colocou no lugar do povo.

(d) A assertiva está incorreta, porque os direitos adquiridos não são oponíveis ao poder constituinte originário (RE 146.331 EDv, Rel. Min. Cezar Peluso, Pleno, j. 23/11/2006).

(e) Errada. A limitação material que impõe ao poder constituinte dos estados federados se manifestar no dever de concretizar, no nível estadual, os preceitos da CF é a limitação material positiva, e não a negativa (que imporia um dever de abstenção, um não fazer).

*Para responder, tem que estudar: teoria/doutrina.*

*Gabarito: A*

**136. (Cespe/TJ/BA/Juiz/2019)** A respeito de hermenêutica constitucional e de métodos empregados na prática dessa hermenêutica, assinale a opção correta.

a) A noção de filtragem constitucional da hermenêutica jurídica contemporânea torna dispensável a distinção entre regras e princípios.

b) De acordo com o método tópico, o texto constitucional é ponto de partida da atividade do intérprete, mas nunca limitador da interpretação.

c) Segundo a metódica jurídica normativo-estruturante, a aplicação de uma norma constitucional deve ser condicionada às estruturas sociais que delimitem o seu alcance normativo.

d) O princípio da unidade da Constituição orienta o intérprete a conferir maior peso aos critérios que beneficiem a integração política e social.

e) Os princípios são mandamentos de otimização, como critério hermenêutico, e implicam o ideal regulativo que deve ser buscado pelas diversas respostas constitucionais possíveis.

ANOTAÇÕES/COMENTÁRIOS

(a) Errada. A filtragem constitucional, que nada mais é do submeter toda a legislação anterior à Constituição à nova ordem constitucional, não esvazia a distinção entre regras e princípios.

(b) Errada. A tópica ou método tópico-problemático parte do problema para a construção da solução do caso concreto. O ponto de partida da atividade do intérprete, portanto, não é o texto, mas os dados de realidade presentes no problema.

(c) Errada. A metódica normativo-estruturante tem na sua essência a distinção entre enunciado normativo e norma jurídica. A norma jurídica é resultado da interação entre o texto normativo e a realidade.

(d) A assertiva está incorreta, porque o princípio da unidade da Constituição impõe ao operador do direito o dever de interpretar o Texto Constitucional de forma a manter a unidade, a coerência e a harmonia da ordem constitucional.

(e) Assertiva correta.

*Para responder, tem que estudar: teoria/doutrina.*

*Gabarito: E*

**137. (Cespe/TJ/BA/Juiz/2019)** O Estado constitucional, para ser um Estado com as qualidades identificadas com o constitucionalismo moderno, deve ser um Estado de direito democrático. Eis aqui as duas grandes qualidades do Estado constitucional: Estado de direito e Estado democrático. Estas duas qualidades surgem muitas vezes separadas. Fala-se em Estado de direito, omitindo-se a dimensão democrática, e alude-se a Estado democrático, silenciando-se a dimensão do Estado de direito. Essa dissociação corresponde, por vezes, à realidade das coisas: existem formas de domínio político em que esse domínio não está domesticado do ponto de vista de Estado de direito, e existem Estados de direito sem qualquer legitimação democrática. O Estado constitucional democrático de direito procura estabelecer uma conexão interna entre democracia e Estado de direito.

J. J. Gomes Canotilho. Direito constitucional e teoria da Constituição. 7 a ed., Coimbra: Almedina, 2003, p. 93 (com adaptações).

Tendo o texto precedente como referência inicial, assinale a opção correta, a respeito do Estado democrático de direito.

a) A domesticação do domínio político pelo Estado de direito referida no texto não implica a sujeição dos atos do Poder Executivo ao Poder Legislativo.
b) A existência do controle judicial de constitucionalidade das leis é garantia inerente ao Estado de direito.
c) Por legitimação democrática entendem-se a eleição dos representantes do povo e a obrigatoriedade de participação deste na deliberação pública das questões políticas.
d) No Brasil, as exceções ao princípio da legalidade no Estado de direito admitidas incluem o estado de defesa, o estado de sítio e a intervenção federal.
e) No Estado constitucional, os direitos políticos implicam limites à maioria parlamentar.

ANOTAÇÕES/COMENTÁRIOS

(a) A assertiva está equivocada, porque é da essência do Estado de Direito a limitação dos poderes do Estado e dos governantes pelo direito. Desse modo, os atos do Poder Executivo estão, sim, constantemente sujeitos a controle do Poder Legislativo. Lembre-se de que o Poder Legislativo possui duas funções típicas: legislar e fiscalizar. Além disso, na nossa ordem constitucional, o art. 49 da CF/88 contém um rol de competências exclusivas do Congresso Nacional que traduzem controle do Legislativo de atos praticados pelo Executivo (v., p. ex., os incisos I, IV, V e X).

(b) A assertiva está equivocada. Não é garantia inerente ao Estado de Direito a existência de controle judicial de constitucionalidade. Na França, p. ex., até a reforma constitucional de 2008, não havia previsão de controle judicial de constitucionalidade. E mais. Durante muitos anos na Europa, houve Estado de Direito, mas não havia sequer o instituto do controle de constitucionalidade, que ganhou importância com o surgimento do Neoconstitucionalismo, sobretudo no 2º Pós-Guerra. O controle de constitucionalidade ganha relevância com o surgimento do Estado Democrático de Direito, mas não há uma exigência de que esse controle necessariamente tenha que tomar a forma judicial.

(c) A assertiva está equivocada porque a obrigatoriedade de participação do povo na deliberação pública das questões políticas não é da essência da legitimidade democrática.

Há amplo consenso de que existe legitimidade democrática nas democracias representativas, onde não há participação direta do povo.

(d) Muito embora o estado de defesa, o estado de sítio e a intervenção federal sejam instrumentos de uso excepcional em defesa do Estado, da ordem pública e das instituições democráticas, não há autorização constitucional para que os agentes públicos atuem à margem da lei. Uma prova disso é que o art. 141, caput, expressamente prevê que "[c]essado o estado de defesa ou o estado de sítio, cessarão também seus efeitos, sem prejuízo da responsabilidade pelos ilícitos cometidos por seus executores ou agentes".

(e) Assertiva correta porque, de fato, no Estado constitucional, os direitos políticos implicam limites à maioria parlamentar. É da essência do Estado Constitucional a necessidade de se garantirem as regras do jogo político democrático. Dessa forma, as maiorias eventuais não estão autorizadas a abusarem dessa condição para restringir direitos políticos das minorias. No Estado Constitucional, que reúne, como dito no texto acima, a fórmula "Estado de Direito + Estado Democrático", tem-se o Governo da Maioria, mas com respeito aos direitos das minorias, inclusive, seus direitos políticos. Por isso, está correta a alternativa no que afirma que os direitos políticos impõem limites à maioria parlamentar. Quanto ao ponto, vale registrar, ainda, que o art. 60, § 4º, II, CF/88 define expressamente como cláusula pétrea "o voto direto, secreto, universal e periódico", direito político que não pode ser afastado nem mesmo por Emenda Constitucional (cuja aprovação exige uma maioria parlamentar qualificada).

*Para responder, tem que estudar: lei e teoria/doutrina.*

*Gabarito: E*

# 6

# DIREITO ELEITORAL

## 1. CÓDIGO ELEITORAL (LEI 4.737/65)

### 1.1. Dos Órgãos da Justiça Eleitoral

**1. (Cespe/TJ/BA/Juiz/2012)** Acerca da estrutura e composição da justiça eleitoral, assinale a opção correta com base no que dispõem a CF e a legislação específica.

a) É legítima a indicação de vereador para ministro do TSE na vaga reservada à categoria, desde que, além de deter reputação ilibada e notório saber, esse vereador não seja filiado a partido político.

b) O ministro-corregedor do TSE deve ser sempre oriundo do STJ.

c) Não há impedimento legal à indicação para o cargo de ministro do TSE de servidor comissionado que atue como assessor de ministro do STF, desde que o servidor seja advogado com notório saber e reputação ilibada.

d) É vedada a acumulação do cargo de ministro do TSE com o de ministro do STF, em razão do princípio da especialização.

e) Um dos integrantes do TSE é indicado pelo MPU, em respeito ao princípio do quinto constitucional.

**ANOTAÇÕES/COMENTÁRIOS**

(a) A alternativa está errada, considerando dois pontos. Primeiramente, porque não existe vaga destinada a vereador e, em segundo lugar, porque as indicações estão previstas no artigo 119, I, da CRFB que não prevê essa possibilidade.

(b) A alternativa está correta, pois a CF/1988, no seu art. 119, parágrafo único, prevê que: "Parágrafo único. O Tribunal Superior Eleitoral elegerá seu Presidente e o Vice-Presidente dentre os Ministros do STF, e o Corregedor Eleitoral dentre os Ministros do STJ." Quanto às atribuições do corregedor, encontramos a resposta no Código Eleitoral, Lei 4.737/1965, no art. 17, §§ 1º e 2º e Res. TSE 7651/1965.

(c) Errada, pois, de acordo com o artigo 16, § 2º do CE/1965, é previsto que: "Art. 16 –... § 2º A nomeação de que trata o inciso II deste artigo não poderá recair em cidadão que ocupe cargo público de que seja demissível ad nutum; que seja diretor, proprietário ou sócio de empresa beneficiada com subvenção, privilégio, isenção ou favor em virtude de contrato com a administração pública; ou que exerça mandato de caráter político, federal, estadual ou municipal." Lembrando que cargos ad nutum são aqueles demissíveis a qualquer momento unilateralmente.

(d) A alternativa está incorreta, pois é possível a acumulação dos cargos, bem como prevê o comando expresso no artigo 119 da CF/1988.

(e) A indicação ao TSE está prevista em comando constitucional no artigo 119: "Art. 119. O Tribunal Superior Eleitoral compor-se-á, no mínimo, de sete membros, escolhidos: I – mediante eleição, pelo voto secreto: a) três juízes dentre os Ministros do STF; b) dois juízes dentre os Ministros do STJ; II – por nomeação do Presidente da República, dois juízes dentre seis advogados de notável saber jurídico e idoneidade moral, indicados pelo STF. Parágrafo único. O Tribunal Superior Eleitoral elegerá seu Presidente e o Vice-Presidente dentre os Ministros do STF, e o Corregedor Eleitoral dentre os Ministros do STJ." O comando é imperativo, e não exemplificativo, por isso não há exceção.

*Para responder, tem que estudar: lei.*

*Gabarito: B*

**2. (Cespe/TJ/PB/Juiz/2011)** Assinale a opção em que é apresentada disposição do Código Eleitoral em consonância com a CF.

a) Compete, privativamente, ao TSE organizar a sua secretaria e a corregedoria-geral e propor ao Congresso Nacional a criação e a extinção dos cargos administrativos e a fixação dos respectivos vencimentos, provendo-os na forma da lei.

b) Os militares são alistáveis, desde que sejam oficiais, aspirantes a oficiais, guardas-marinha, subtenentes ou suboficiais, sargentos ou alunos das escolas militares de ensino superior para formação de oficiais.

c) O eleitor que deixar de votar e não se justificar perante o juiz eleitoral no prazo estabelecido por lei incorrerá em multa imposta pelo juiz eleitoral e calculada sobre o valor do salário mínimo.

d) O presidente e o vice-presidente do TSE são escolhidos, por eleição, entre os ministros do STF, e o corregedor-geral da justiça eleitoral, indicado, pelo presidente, entre os membros do próprio TSE.

e) Compete ao TSE processar e julgar originariamente os crimes eleitorais e os crimes comuns que, sendo-lhes conexos, sejam cometidos por seus próprios juízes e pelos juízes dos TREs.

ANOTAÇÕES/COMENTÁRIOS

(a) Certa, segundo a CF/1988, art. 96, I, b, que prevê o seguinte: "Art. 96. Compete privativamente: I – aos tribunais: b) organizar suas secretarias e serviços auxiliares e os dos juízos que lhes forem vinculados, velando pelo exercício da atividade correicional respectiva;" e, ainda, no Código Eleitoral, Lei. 4.737/1965 no art. 23, II que prevê o seguinte: "Art. 23. Compete, ainda, privativamente, ao Tribunal Superior: II – organizar a sua Secretaria e a Corregedoria-Geral, propondo ao Congresso Nacional a criação ou extinção dos cargos administrativos e a fixação dos respectivos vencimentos, provendo-os na forma da lei;"

(b) A alternativa está errada, pois o artigo 14, § 2º, prevê o seguinte: art. 14 –... § 2º Não podem alistar-se como eleitores os estrangeiros e, durante o período do serviço militar obrigatório, os conscritos." Portanto, não é possível o alistamento do militar.

(c) Errada, pois o artigo diz que a multa é sobre o salário mínimo da região. Dispõe a legislação: "Art. 7º O eleitor que deixar de votar e não se justificar perante o juiz eleitoral até trinta dias após a realização da eleição incorrerá na multa de três a dez por cento sobre o salário mínimo da região, imposta pelo juiz eleitoral e cobrada na forma prevista no art. 367." Porém, V. CF/1988, art. 7º, IV: vedação da vinculação do salário mínimo para qualquer fim; Res. TSE 21538/2003, art. 85: indica a base de cálculo para aplicação das multas previstas por este código e por leis conexas; art. 80, § 4º: estabelece o percentual mínimo de 3% e o máximo de 10% do valor indicado pelo art. 85 para arbitramento da multa pelo não exercício do voto; Lei 10.522/2002, art. 29: extingue a Ufir e adota como seu último valor o do dia 1º de janeiro de 1997, correspondente a R$ 1,0641.

(d) Errada, pois a eleição do presidente, vice e corregedor está prevista no artigo 119, parágrafo único: eleição do presidente e do vice-presidente dentre os ministros do STF, e do corregedor-geral eleitoral, dentre os ministros do STJ.

(e) A alternativa está errada, pois o artigo 22, I, d, do Código Eleitoral, prevê o seguinte: "Art. 22. Compete ao Tribunal Superior: I – processar e julgar originariamente: d) os crimes eleitorais e os comuns que lhes forem conexos cometidos pelos seus próprios juízes e pelos juízes dos tribunais regionais;" Verificamos que a competência é exclusiva de magistrados. Também temos na CF/1988, art. 102, I, c: competência do STF para processar e julgar, nas infrações penais comuns e nos crimes de responsabilidade, os membros dos tribunais superiores; art. 105, I, a: competência do STJ para processar e julgar, nos crimes comuns e nos de responsabilidade, os membros dos tribunais regionais eleitorais.

*Para responder, tem que estudar: lei.*

*Gabarito: A*

**3. (Cespe/TJ/PI/Juiz/2012)** Assinale a opção correta a respeito da organização, da composição e das competências da justiça eleitoral.

a) É vedado ao corregedor geral eleitoral praticar, em correição em zona eleitoral, atos atribuídos pelas instruções pertinentes aos corregedores regionais.

b) É competência dos TREs a divisão das zonas em seções eleitorais.

c) Compõem o TSE dois juízes nomeados pelo presidente da República, escolhidos entre seis advogados de notável saber jurídico e idoneidade moral indicados pelo próprio tribunal.

d) Compõem o TRE/PI dois juízes nomeados pelo presidente da República, escolhidos entre seis advogados de notável saber jurídico e idoneidade moral indicados pelo próprio tribunal.

e) As decisões a respeito de recurso que importe a perda de diploma só podem ser tomadas pelo TSE com a presença de todos os membros; caso ocorra impedimento de algum, deverá ser convocado o substituto ou o respectivo suplente.

**ANOTAÇÕES/COMENTÁRIOS**

(a) Errada, pois as atribuições da Corregedoria Eleitoral estão previstas na Resolução 7.651/1965, expedida pelo TSE, e o art. 2º, IV, prevê o seguinte: "Art. 2º. Ao corregedor-geral incumbe a inspeção e correição dos serviços eleitorais do país e, especialmente: IV – verificar se as corregedorias regionais cumprem o disposto no art. 8º, e, julgando necessário, fazer correição nas zonas eleitorais de qualquer estado".

(b) Errada, pois o art. 23, VIII do Código Eleitoral, estabelece que a competência é exclusiva do TSE.

(c) A alternativa está errada, segundo a parte final do art. 119, II da CF/1988, no qual se dispõe que os nomes serão indicados pelo STF.

(d) A alternativa está errada, segundo o art. 120, § 1º, III, no qual se dispõe que os advogados serão indicados pelo Tribunal de Justiça.

(e) Certa, segundo o CE/1965, art. 28, § 4º; V. art. 17 da Res. TSE 23478/2016, que diz: "Art. 28. Os tribunais regionais deliberam por maioria de votos, em sessão pública, com a presença da maioria de seus membros. § 4º. As decisões dos tribunais regionais sobre quaisquer ações que importem cassação de registro, anulação geral de eleições ou perda de diplomas somente poderão ser tomadas com a presença de todos os seus membros." e Res. TSE 23478/2016 "Art. 17. Não se aplica, nos tribunais eleitorais, o quórum previsto no art. 941, § 2º, do Novo Código de Processo Civil (arts. 19, parágrafo único, e 28, § 4º, do Código Eleitoral)."

*Para responder, tem que estudar: lei.*

*Gabarito: E*

**4. (Cespe/TJ/RN/Juiz/2013)** A respeito da composição e do funcionamento da justiça eleitoral, assinale a opção correta.

a) A perda de diploma pode ser decidida ainda que estejam ausentes integrantes do TSE, desde que as ausências sejam justificadas.

b) Qualquer interessado pode arguir a suspeição de ministro do TSE por parcialidade partidária.

c) Dado o princípio do quinto constitucional, é assegurado ao MP o cargo de ministro corregedor do TSE.

d) As juntas eleitorais são competentes para o registro de candidato a prefeito.

e) Advogado ocupante de cargo comissionado pode ser ministro do TSE, desde que indicado pela Ordem dos Advogados do Brasil.

**ANOTAÇÕES/COMENTÁRIOS**

(a) A alternativa está errada, segundo os arts. 19, parágrafo único e 28, § 4º, no qual se dispõe expressamente que somente poderão ser cassados os diplomas dos candidatos se a composição estiver completa. Ainda, ratificado pela Resolução 23.478/2016 do TSE, no seu art. 17, já em consonância ao NCPC, que prevê: "Art. 17. Não se aplica, nos tribunais eleitorais, o quórum previsto no art. 941, § 2º, do Novo Código de Processo Civil (arts. 19, parágrafo único, e 28, § 4º, do Código Eleitoral)."

(b) Certa, segundo o CE/1965, art. 20, V. art. 14, § 3º e art. 95 da Lei 9.504/1997: impedimento de juiz por parentesco ou que for parte em ação judicial que envolva candidato.

(c) Alternativa errada, segundo previsão expressa da CF/1988 no seu art. 119, parágrafo único.

(d) A expressão está incorreta, pois o correto é o juízo eleitoral, e não as juntas eleitorais, conforme dispõe o art. 89, III, do CE/1965.

(e) Errada, pois, de acordo com o artigo 16, § 2º do CE/1965, é previsto: "Art. 16 –... § 2º. A nomeação de que trata o inciso II deste artigo não poderá recair em cidadão que ocupe cargo público de que seja demissível ad nutum; que seja diretor, proprietário ou sócio de empresa beneficiada com subvenção, privilégio, isenção ou favor em virtude de contrato com a administração pública; ou que exerça mandato de caráter político, federal, estadual ou municipal." Ressaltando que cargos ad nutum são aqueles demissíveis a qualquer momento unilateralmente.

*Para responder, tem que estudar: lei.*

*Gabarito: B*

**5. (Cespe/TJ/MA/Juiz/2013)** Considerando a composição e o funcionamento dos órgãos da justiça eleitoral, assinale a opção correta.

a) Na hipótese de indicação de duas pessoas que tenham parentesco entre si para integrar tribunal regional eleitoral, deve-se proceder à exclusão do primeiro indicado.

BLOCO II

b) É da competência exclusiva do MP arguir a suspeição de membro de tribunal eleitoral.

c) Os membros do TSE devem ser magistrados ou integrantes do MP.

d) Entre os membros de cada tribunal regional eleitoral inclui-se um juiz federal.

ANOTAÇÕES/COMENTÁRIOS

(a) Errada, pois o texto da lei é expresso em determinar a exclusão do último escolhido, conforme o CE/1965 no seu art. 16, § 1º.

(b) Errada, segundo o texto do artigo 20 do CE/1965: "Art. 20. Perante o Tribunal Superior, qualquer interessado poderá arguir a suspeição ou impedimento dos seus membros, do procurador-geral ou de funcionários de sua Secretaria, nos casos previstos na Lei Processual Civil ou Penal e por motivo de parcialidade partidária, mediante o processo previsto em regimento."

(c) Alternativa incorreta, segundo o artigo 119 da CF/1988, que prevê a composição do TSE.

(d) Essa alternativa está correta, segundo o texto do CE/1965, no seu art. 25, II: "Art. 25. Os tribunais regionais eleitorais compor-se-ão: II – do juiz federal e, havendo mais de um, do que for escolhido pelo Tribunal Federal de Recursos; e" a CF/1988, art. 120, § 1º, II: "de um juiz do Tribunal Regional Federal com sede na capital, ou, não havendo, de um juiz federal."

*Para responder, tem que estudar: lei.*

*Gabarito: D*

**6. (Cespe/TJ/PB/Juiz/2011)** Considerando o que dispõe o Código Eleitoral, assinale a opção correta.

a) Compete aos juízes eleitorais autorizar a contagem dos votos pelas mesas receptoras nos estados em que essa providência for solicitada pelo TRE.

b) Compete diretamente aos TREs requisitar força federal necessária ao cumprimento das próprias decisões.

c) A locomoção do corregedor regional para as zonas eleitorais, no desempenho de suas atribuições, ocorrerá: por determinação do TSE ou do TRE; a pedido dos juízes eleitorais; a requerimento de partido político, quando deferido pelo TRE; e sempre que entender necessário.

d) Não compete originalmente aos TREs o julgamento do habeas corpus em matéria eleitoral, antes que o juiz legalmente competente possa prover sobre a impetração, mesmo quando houver perigo de se consumar a violência, para que não ocorra supressão da instância.

e) São da competência dos juízes eleitorais a constituição de juntas eleitorais e a designação da respectiva sede.

ANOTAÇÕES/COMENTÁRIOS

(a) Errada, pois a autorização dos votos compete exclusivamente ao TSE, conforme CE/1965, no seu artigo 23, XIII: "Art. 23. Compete, ainda, privativamente, ao Tribunal Superior: XIII – autorizar a contagem dos votos pelas mesas receptoras nos estados em que essa providência for solicitada pelo Tribunal Regional respectivo;". E, ainda, o art. 30, VI: "Art. 30. Compete, ainda, privativamente, aos tribunais regionais: VI – indicar ao Tribunal Superior as zonas eleitorais ou seções em que a contagem dos votos deva ser feita pela mesa receptora;". E, por fim, o art. 188: "Art. 188. O Tribunal Superior Eleitoral poderá autorizar a contagem de votos pelas mesas receptoras, nos estados em que o Tribunal Regional indicar as zonas ou seções em que esse sistema deva ser adotado." Todos do CE/1965.

(b) Alternativa errada, pois a requisição deve ser feita ao TSE, tribunal competente a requisitar as forças federais, conforme dispõe art. 30, XII: "Art. 30. Compete, ainda, privativamente, aos tribunais regionais: XII – requisitar a força necessária ao cumprimento de suas decisões e solicitar ao Tribunal Superior a requisição de força federal;".

(c) A alternativa está correta segundo o texto do CE/1965, no seu art. 26, § 2º: "Art. 26. O presidente e o vice-presidente do Tribunal Regional serão eleitos por este dentre os três desembargadores do Tribunal de Justiça; o terceiro desembargador será o corregedor regional da Justiça Eleitoral. § 2º. No desempenho de suas atribuições, o corregedor regional se locomoverá para as zonas eleitorais nos seguintes casos: I – por determinação do Tribunal Superior Eleitoral ou do Tribunal Regional Eleitoral; II – a pedido dos juízes eleitorais; III – a requerimento de partido, deferido pelo Tribunal Regional; IV – sempre que entender necessário."

(d) A alternativa está errada, segundo o texto do art. 22, I, e do CE/1965: "Art. 22. Compete ao Tribunal Superior: I – processar e julgar originariamente: e) o habeas corpus ou mandado de segurança, em matéria eleitoral, relativos a atos do presidente da República, dos ministros de estado e dos tribunais regionais; ou, ainda, o habeas corpus, quando houver perigo de se consumar a violência antes que o juiz competente possa prover sobre a impetração;".

(e) Essa alternativa está errada, pois a competência é dos Tribunais regionais, segundo o que prescreve o art. 29, V do CE/1965: "Art. 29. Compete aos tribunais regionais: V – constituir as juntas eleitorais e designar a respectiva sede e jurisdição;".

*Para responder, tem que estudar: lei.*

*Gabarito: C*

**7. (Cespe/TJ/ES/Juiz/2011)** Em relação ao MP eleitoral, assinale a opção correta.

a) Inexistindo membro do MP que oficie perante a zona eleitoral, ou estando este impedido ou, ainda, recusando-se ele, justificadamente, a oficiar, o juiz



BLOCO II

eleitoral local deverá indicar ao procurador regional eleitoral o substituto a ser designado membro do MP estadual ou do DF.

b) O procurador regional eleitoral age por delegação do procurador-geral eleitoral e é designado entre os procuradores regionais da República no estado e no DF, ou, onde não houver procuradores regionais, entre os procuradores da República vitalícios.

c) O procurador regional eleitoral poderá ser destituído, antes do término do mandato de dois anos, por iniciativa do procurador-geral eleitoral, com anuência da maioria absoluta do TSE.

d) Compete ao procurador regional eleitoral exercer as funções do MP nas causas de competência do TRE respectivo, além de dirigir, no estado, as atividades do setor, subordinado ao procurador-geral eleitoral.

e) As funções eleitorais do MPF perante os juízes e as juntas eleitorais serão exercidas pelo promotor eleitoral, função que cabe a procurador da República que oficie junto ao juízo incumbido do serviço eleitoral de cada zona.

## ANOTAÇÕES/COMENTÁRIOS

(a) A resposta está incorreta, com fundamento no art. 77, parágrafo único da Lei Complementar 75/1993 que dispõe sobre a organização do Ministério Público da União: "Art. 77. Compete ao Procurador Regional Eleitoral exercer as funções do Ministério Público nas causas de competência do Tribunal Regional Eleitoral respectivo, além de dirigir, no Estado, as atividades do setor. Parágrafo único. O Procurador-Geral Eleitoral poderá designar, por necessidade de serviço, outros membros do Ministério Público Federal para oficiar, sob a coordenação do Procurador Regional, perante os Tribunais Regionais Eleitorais."

(b) A resposta está errada, com base no artigo 27, § 1º que, expressamente, prevê as delegações do MPE, inclusive no Distrito Federal: "Art. 27. Servirá como procurador regional junto a cada Tribunal Regional Eleitoral o procurador da República no respectivo estado e, onde houver mais de um, aquele que for designado pelo procurador-geral da República. § 1º. No Distrito Federal, serão as funções de procurador regional eleitoral exercidas pelo procurador-geral da Justiça do Distrito Federal." Também há previsão na LC 75/1993 no seu artigo 75, I: Art. 75. Incumbe ao Procurador-Geral Eleitoral: I – designar o Procurador Regional Eleitoral em cada Estado e no Distrito Federal;".

(c) A resposta está errada na parte que afirma que a destituição deverá ser anuída pelo TSE Dispõe o art. 76, § 2º: "Art. 76. O Procurador Regional Eleitoral, juntamente com o seu substituto, será designado pelo Procurador-Geral Eleitoral, dentre os Procuradores Regionais da República no Estado e no Distrito Federal, ou, onde não houver, dentre os Procuradores da República vitalícios, para um mandato de dois anos. § 2º. O Procurador Regional Eleitoral poderá ser destituído, antes do término do mandato, por iniciativa do Procurador-Geral Eleitoral, anuindo a maioria absoluta do Conselho Superior do Ministério Público Federal."

(d) A resposta está correta conforme o CE/1965, no seu art. 27, § 3º que diz: "Art. 27. Servirá como procurador regional junto a cada Tribunal Regional Eleitoral o procurador da República no respectivo estado e, onde houver mais de um, aquele que for designado pelo procurador-geral da República. § 3º. Compete aos procuradores regionais exercer, perante os tribunais junto aos quais servirem, as atribuições do procurador-geral." E, ainda, a LC 75/1993, arts. 78 e 79, a seguir: "Art. 78. As funções eleitorais do Ministério Público Federal perante os Juízes e Juntas Eleitorais serão exercidas pelo Promotor Eleitoral. Art. 79. O Promotor Eleitoral será o membro do Ministério Público local que oficie junto ao Juízo incumbido do serviço eleitoral de cada Zona."

(e) A resposta está incorreta no momento em que afirma "função que cabe a procurador da República". O artigo 79 da LC 79/1993 diz o seguinte: "Art. 79. O Promotor Eleitoral será o membro do Ministério Público local que oficie junto ao Juízo incumbido do serviço eleitoral de cada Zona."

*Para responder, tem que estudar: lei.*

*Gabarito: D*

**8. (Cespe/TJ/DFT/Juiz/2016)** A respeito do direito processual eleitoral, das ações eleitorais e dos respectivos recursos, assinale a opção correta.

a) O ajuizamento de ação eleitoral para punir a doação acima do limite legal deve ocorrer até cento e vinte dias a partir da eleição, sob pena de prescrição.

b) A LC que regulamenta a perda de cargo para os casos de troca de partido sem justa causa não se aplica às eleições majoritárias e a defesa de mérito pode apontar motivos diversos daqueles exemplificativamente estabelecidos na legislação de regência.

c) Dentre as hipóteses de cabimento do recurso inominado, previstas no Código Eleitoral, tendo por destinatário o TRE, não se inserem os atos e as resoluções emanadas dos juízes e das juntas eleitorais em primeiro grau de jurisdição.

d) É cabível recurso extraordinário de decisão do TRE proferida contra disposição expressa da CF.

e) O tribunal formará sua convicção pela livre apreciação dos fatos públicos e notórios, dos indícios e presunções e da prova produzida, atentando para circunstâncias ou fatos, ainda que não indicados ou alegados pelas partes, mas que preservem o interesse público de lisura eleitoral.

## ANOTAÇÕES/COMENTÁRIOS

(a) A resposta está obsoleta, pois, com a inserção do art. 3º pela Lei 12.034/2009, houve inovação na redação do artigo da Lei das Eleições, conforme prevê o art. 30-A: "Art. 30-A. Qualquer partido político ou coligação poderá representar à Justiça Eleitoral, no prazo de 15 (quinze) dias da diplomação, relatando fatos e indicando provas, e pedir a abertura de investigação judicial para apurar condutas em desacordo com as normas desta lei, relativas à arrecadação e gastos de recursos."

(b) A resposta está incorreta, pois a denominada infidelidade partidária se aplica a todos os cargos eletivos.

(c) A resposta está errada, considerando os julgados: Ac.TSE, de 12.2.2015, no RHC 8114: descabimento do recurso inominado em matéria criminal. Ac.TSE, de 17.4.2007, no REsp 25756: descabimento do recurso inominado contra decisão interlocutória.

(d) A resposta está errada, tendo em vista que somente contra decisões do TSE caberá Recurso Extraordinário, cabendo ao TSE a análise dos Recursos oriundos dos TREs.

(e) A reposta está correta, pois a LC 64/1990, no seu art. 23, prevê o seguinte: "Art. 23. O Tribunal formará sua convicção pela livre apreciação dos fatos públicos e notórios, dos indícios e presunções e prova produzida, atentando para circunstâncias ou fatos, ainda que não indicados ou alegados pelas partes, mas que preservem o interesse público de lisura eleitoral." Ressalta-se que esse foi um dos fundamentos avocado na Aije 194358, Aime 761 e RP 846, nas quais emergiram fatos levantados pela operação Lava Jato, através de depoimentos de delatores. Tinha-se como objetivo a cassação do Diploma da Presidente Dilma e Michel Temer que, por decisão apertada de 4 x 3, negou o pedido de cassação do Diploma.

*Para responder, tem que estudar: lei.*

*Gabarito: E*

**9. (Cespe/TJ/DFT/Juiz/2014)** De acordo com o Código Eleitoral, compete aos juízes eleitorais:

a) constituir as juntas eleitorais de sua área de atuação e designar a respectiva sede.

b) fazer as diligências que julgar necessárias à ordem e presteza do serviço eleitoral.

c) apurar, no prazo de dez dias, as eleições realizadas nas zonas eleitorais sob a sua jurisdição.

d) lidar com quaisquer incidentes ocorridos durante os trabalhos de contagem e apuração de votos.

e) expedir diploma aos eleitos para cargos municipais no prazo previsto em lei.

**ANOTAÇÕES/COMENTÁRIOS**

(a) A resposta está errada, pois compete aos Tribunais Regionais e não a juízes eleitorais, conforme dispõe o art. 30, V do CE/1965: "Art. 30. Compete, ainda, privativamente, aos tribunais regionais: V – constituir as juntas eleitorais e designar a respectiva sede e jurisdição;".

(b) A resposta está exata, utilizando-se como fundamento o CE/1965 e seu art. 35, IV: "Art. 35. Compete aos juízes: IV – fazer as diligências que julgar necessárias à ordem e presteza do serviço eleitoral;"

(c) A resposta está errada, pois compete à junta eleitoral, conforme dispõe o art. 40, I, do CE/1965: "Art. 40. Compete à junta eleitoral: I – apurar, no prazo de 10 (dez) dias, as eleições realizadas nas zonas eleitorais sob a sua jurisdição;".

(d) A resposta está errada, pois também compete à junta eleitoral, conforme dispõe o inciso II do CE/1965: "II – resolver as impugnações e demais incidentes verificados durante os trabalhos da contagem e da apuração;".

(e) A resposta está errada, pois também compete à Junta eleitoral essa atribuição, conforme dispõe o inciso IV, do mesmo artigo e diploma legal: "IV – expedir diploma aos eleitos para cargos municipais."

*Para responder, tem que estudar: lei.*

*Gabarito: B*

**10. (Cespe/TJ/AC/Juiz/2012)** Assinale a opção correta a respeito da organização e das competências da justiça eleitoral.

a) Não podem ser nomeados membros das juntas eleitorais os que pertencerem ao serviço eleitoral.
b) Cabe ao juiz eleitoral resolver as impugnações e os demais incidentes verificados durante os trabalhos de contagem e apuração de votos.
c) Compete aos TREs a divisão de zona em seções eleitorais.
d) A designação dos locais das seções é de competência dos TREs.
e) Compete ao juiz eleitoral nomear cidadãos de notória idoneidade para comporem a junta eleitoral por ele presidida.

ANOTAÇÕES/COMENTÁRIOS

(a) A opção está correta, segundo o teor do CE/1965, no seu art. 36, § 3º, IV: "Art. 36. Compor-se-ão as juntas eleitorais de um juiz de direito, que será o presidente, e de 2 (dois) ou 4 (quatro) cidadãos de notória idoneidade. § 3º. Não podem ser nomeados membros das juntas, escrutinadores ou auxiliares: IV – os que pertencerem ao serviço eleitoral."

(b) A alternativa está errada, pois cabe à junta eleitoral resolver tais questões, segundo o art. 40, II, do CE/1965.

(c) A alternativa está errada, pois essa competência é do juiz eleitoral, conforme o descrito no art. 35, X, do CE/1965.

(d) A alternativa é errada, pois também é de competência do Juiz eleitoral a designação dos locais das seções, conforme o art. 40, XIII do CE/1965.

(e) A alternativa está errada, segundo o art. 36, § 1º do CE/1965: "Art. 36. Compor-se-ão as juntas eleitorais de um juiz de direito, que será o presidente, e de 2 (dois) ou 4 (quatro) cidadãos de notória idoneidade. § 1º. Os membros das juntas eleitorais serão nomeados 60 (sessenta) dias antes da eleição, depois de aprovação do Tribunal Regional, pelo presidente deste, a quem cumpre designar-lhes a sede."

*Para responder, tem que estudar: lei.*

*Gabarito: A*

## 1.2. Do Alistamento

**11. (Cespe/TJ/PA/Juiz/2012)** Olavo, médico com vinte e cinco anos de idade, em cumprimento do serviço militar obrigatório no Comando Aéreo Regional de Belém/PA, pretendendo votar nas eleições de 2012, requereu, no prazo fixado para requerimento, inscrição como eleitor. Nessa situação, de acordo com as disposições contidas na CF e na legislação aplicável, o juiz eleitoral deve:

a) deferir o pedido, desde que o requerente apresente documento assinado pelo comandante do referido comando aéreo, referendando o pedido de alistamento eleitoral do oficial médico.

b) deferir o pedido caso o requerente comprove, em documento oficial do comando aéreo, o licenciamento do contingente de médicos até um mês antes da data da eleição.

c) indeferir o pedido, decisão da qual cabe recurso, em razão de o conscrito não poder alistar-se como eleitor durante o período do serviço militar obrigatório.

d) indeferir o pedido caso o requerente, não tendo pleiteado a inscrição até o final do ano subsequente ao ano em que completou dezoito anos de idade, não apresente prova do pagamento da multa pelo atraso do alistamento eleitoral.

e) deferir o pedido, com base no fato de ser a inscrição eleitoral dever legalmente imposto a todo brasileiro com mais de dezoito anos de idade e direito líquido e certo a ele garantido.

**ANOTAÇÕES/COMENTÁRIOS**

(a) A resposta está errada, segundo o previsto no art. 14, § 2º, da CF/1988, que prevê: "Art. 14. A soberania popular será exercida pelo sufrágio universal e pelo voto direto e secreto, com valor igual para todos, e, nos termos da lei, mediante (...). § 2º. Não podem alistar-se como eleitores os estrangeiros e, durante o período do serviço militar obrigatório, os conscritos."

(b) A alternativa está errada, pois, nela, contém o serviço militar obrigatório, vedado pela nossa CF/1988 no seu art. 14, § 2º.

(c) A resposta está correta, segundo a nossa CF/1988, no seu art. 14, § 2º, que diz: "Art. 14. A soberania popular será exercida pelo sufrágio universal e pelo voto direto e secreto, com valor igual para todos, e, nos termos da lei, mediante (...). § 2º. Não podem alistar-se como eleitores os estrangeiros e, durante o período do serviço militar obrigatório, os conscritos.". Alistamento vedado apenas aos conscritos durante o serviço militar obrigatório; e § 8º. Condições de elegibilidade do militar; Res.TSE 15850/1989: a palavra "conscritos" alcança também aqueles matriculados nos órgãos de formação de reserva e médicos, dentistas, farmacêuticos e veterinários que prestam serviço militar inicial obrigatório.

(d) A alternativa está errada, pois não envolve prazo, mas a vedação legal imposta pela CF/1988 no seu art. 14, § 2º.

(e) A alternativa está errada, pois é vedado, pela CF/1988 no seu art. 14, § 2º, esse pedido.

*Para responder, tem que estudar: lei.*

*Gabarito: C*

## 1.3. Das Eleições

**12. (Cespe/TJ/BA/Juiz/2012)** Considerando as características peculiares do sistema eleitoral brasileiro, assinale a opção correta.

a) O candidato a presidente da República será eleito em primeiro turno se obtiver maioria relativa dos votos dos eleitores que efetivamente comparecerem às urnas, excluídos os votos nulos.

b) A eleição dos vereadores é feita pelo sistema majoritário, pelo qual são eleitos, por maioria simples, os mais votados.

c) A eleição para vereador, assim como as demais eleições para cargos legislativos, é realizada pelo sistema proporcional.

d) Nas eleições para prefeito, haverá segundo turno quando um candidato não obtiver a maioria relativa dos votos.

e) Governador e senador são eleitos pelo sistema majoritário; deputado distrital e federal, pelo sistema proporcional.

**ANOTAÇÕES/COMENTÁRIOS**

(a) A reposta está errada, pois o art. 77, § 2º exclui também os votos brancos: "Art. 77. A eleição do Presidente e do Vice-Presidente da República realizar-se-á, simultaneamente, no primeiro domingo de outubro, em primeiro turno, e no último domingo de outubro, em segundo turno, se houver, do ano anterior ao do término do mandato presidencial vigente. § 2º. Será considerado eleito Presidente o candidato que, registrado por partido político, obtiver a maioria absoluta de votos, não computados os em branco e os nulos."

(b) A alternativa está errada, considerando o art. 84 do CE/1965: "Art. 84. A eleição para a Câmara dos Deputados, assembleias legislativas e câmaras municipais, obedecerá ao princípio da representação proporcional na forma desta lei."

(c) A resposta está errada, exceto as eleições para o Senado Federal e o Executivo em qualquer esfera. É utilizado o sistema majoritário e, aos demais cargos, o sistema proporcional.

(d) A resposta está errada, pois só haverá segundo turno nos casos previstos no art. 29, II, da CF/1988: "Art. 29. O Município reger-se-á por lei orgânica, votada em dois turnos, com o interstício mínimo de dez dias, e aprovada por dois terços dos membros da Câmara Municipal, que a promulgará, atendidos os princípios estabelecidos nesta Constituição, na Constituição do respectivo Estado e os seguintes preceitos: II – eleição do Prefeito e do Vice-Prefeito realizada no primeiro domingo de outubro do ano anterior ao término do mandato dos que devam suceder, aplicadas as regras do art. 77, no caso de Municípios com mais de duzentos mil eleitores;".

(e) A resposta está correta, pois o art. 45 da CF determina a forma de eleição dos Deputados na forma proporcional: "Art. 45. A Câmara dos Deputados compõe-se de representantes do povo, eleitos, pelo sistema proporcional, em cada Estado, em cada Território e no Distrito Federal." O art. 46 da CF/1988 determina a forma majoritária de eleição dos Senadores, conforme dispõe o dispositivo legal: "Art. 46. O Senado Federal compõe-se de representantes dos Estados e do Distrito Federal, eleitos segundo o princípio majoritário."

*Para responder, tem que estudar: lei.*

*Gabarito: E*

**13. (Cespe/TJ/MA/Juiz/2013)** Com relação aos tipos de voto e seus efeitos, assinale a opção correta.

a) É nula a eleição para prefeito em que a votação obtida pelos candidatos cujos votos foram anulados pela justiça eleitoral seja igual a mais da metade dos votos do município.

b) Os votos nulos assinalados pelos eleitores podem acarretar a nulidade de uma eleição.

c) Tratando-se de eleições proporcionais, o voto em branco é computado como válido para o cálculo do quociente eleitoral.

d) O candidato cujo registro tenha sido impugnado em razão de compra de votos poderá requerer a anulação do pleito a que concorria.

ANOTAÇÕES/COMENTÁRIOS

(a) A resposta está correta, segundo o dispositivo do CE/1965, art. 224: "Art. 224. Se a nulidade atingir a mais de metade dos votos do país nas eleições presidenciais, do Estado nas eleições federais e estaduais ou do município nas eleições municipais, julgar-se-ão prejudicadas as demais votações e o Tribunal marcará dia para nova eleição dentro do prazo de 20 (vinte) a 40 (quarenta) dias."

(b) A alternativa está errada, pois, no Brasil, não existem mais votos assinalados, aqueles em que havia marcação de mais de um candidato na mesma cédula, gerando, assim, o voto nulo. A prática foi impossibilitada pelo voto eletrônico.

(c) A resposta está errada, pois o voto em branco denota que o eleitor não votou em ninguém, por isso não é considerado um voto válido, conforme art. 5º da Lei 9504/1997: "Art. 5º Nas eleições proporcionais, contam-se como válidos apenas os votos dados a candidatos regularmente inscritos e às legendas partidárias."

(d) A resposta está errada, pois não há previsão legal de causas de anulação da eleição por parte do candidato impugnado.

*Para responder, tem que estudar: lei.*

*Gabarito: A*

**14. (Cespe/TJ/BA/Juiz/2012)** Com relação ao que dispõe o Código Eleitoral acerca das possibilidades de anulação do pleito eleitoral e de convocação de novas eleições, assinale a opção correta.

a) Para uma eleição ser anulada, de modo a ensejar novo pleito, exige-se a anulação, pela justiça eleitoral, de mais da metade dos votos.

b) A convocação de nova eleição pela justiça eleitoral restringe-se ao caso de ser impossível definir um vencedor para o pleito.

c) Não é permitida a anulação de eleição municipal na qual tenha comparecido mais da metade dos eleitores da circunscrição.

d) Deve ser anulada a eleição em que os votos invalidados por fraude ou compra de votos, somados aos votos nulos dos eleitores, superar a metade do número de votantes.

e) Apenas os eleitores podem anular um processo eleitoral, mediante o voto em branco ou nulo, quando estes votos, somados, alcançarem mais da metade do número de eleitores que compareceram ao pleito.

ANOTAÇÕES/COMENTÁRIOS

(a) A resposta está correta, conforme descreve o CE/1965, no art. 224: "Art. 224. Se a nulidade atingir a mais de metade dos votos do país nas eleições presidenciais, do Estado nas eleições federais e estaduais ou do município nas eleições municipais, julgar-se-ão prejudicadas as demais votações e o Tribunal marcará dia para nova eleição dentro do prazo de 20 (vinte) a 40 (quarenta) dias."

(b) A alternativa está errada, pois o caso de novas eleições não se restringe à impossibilidade de definir um vencedor do pleito, mas há, também, outras possibilidades de eleições suplementares, como cassação do diploma, indeferimento do Registro, dentre outros.

(c) A alternativa está errada, pois, mesmo se comparecesse a metade dos eleitores e houver algum caso que enseje novas eleições, esta será realizada.

(d) A alternativa está errada, porque os votos por fraude ou captação ilícita de sufrágio não são contabilizados.

(e) A alternativa está errada, pois os casos de anulação de eleição não se restringem à capacidade ativa dos eleitores.

*Para responder, tem que estudar: lei.*

*Gabarito: A*

**15. (Cespe/TJ/PR/Juiz/2017)** No que diz respeito ao processo eleitoral, assinale a opção correta.

a) Aos eleitores em trânsito que se encontrarem fora de seu domicílio eleitoral, mas na mesma unidade da Federação, será assegurado o direito de votar para presidente da República, governador, senador, deputado federal, deputado estadual e deputado distrital.

b) O princípio da anualidade eleitoral ou da anterioridade tem sido interpretado de maneira estrita e foi sistematicamente observado nas alterações da legislação havidas desde 1993 e na sua interpretação.

c) Em caso de não comparecimento de um dos membros da mesa, o presidente deverá convocar, em tempo hábil, o suplente designado.

d) O eleitor que se encontrar no exterior durante o processo eleitoral de seu país poderá votar para presidente e vice-presidente, senador e deputado federal.

**ANOTAÇÕES/COMENTÁRIOS**

(a) A opção está correta, segundo o CE/1965, no art. 233-A: "Art. 233-A. Aos eleitores em trânsito no território nacional é assegurado o direito de votar para presidente da República, governador, senador, deputado federal, deputado estadual e deputado distrital em urnas especialmente instaladas nas capitais e nos municípios com mais de cem mil eleitores."

(b) Errada, pois o art. 16 da CF/1988 foi modificado pela Emenda Constitucional 4, de 1993, cujo texto passou a ser o seguinte: "a lei que alterar o processo eleitoral entrará em vigor na data de sua publicação, não se aplicando à eleição que ocorra até um ano da data de sua vigência". Assim, diante o novo texto, o dispositivo que vier a modificar o processo eleitoral não precisa mais aguardar para entrar em vigor. Contudo, o texto inserido disciplina que a lei eleitoral modificada não gerará efeitos para as eleições que ocorrerem em até um ano da sua vigência.

(c) Errada, pois não há previsão legal.

(d) Errada, pois o eleitor no exterior não poderá votar para Deputado Federal, conforme dispõe o art. 225, do CE/1965: "Art. 225. Nas eleições para presidente e vice-presidente da República poderá votar o eleitor que se encontrar no exterior."

*Para responder, tem que estudar: lei.*

*Gabarito: A*

**16. (Cespe/TJ/PR/Juiz/2017)** Assinale a opção correta acerca das nulidades da votação.

a) São nulas as votações feitas perante mesa não nomeada pelo juiz eleitoral; em dia, hora ou local diferentes do designado; e em fazendas, sítios ou outras propriedades rurais privadas.

b) Se mediante apuração for constatado que mais da metade dos eleitores votaram nulo nas eleições presidenciais, julgar-se-ão prejudicadas as demais votações e o tribunal terá de marcar dia para nova eleição.

c) A distribuição de material de propaganda no dia e local das eleições não torna a votação anulável, embora sujeite o candidato e o partido às penalidades previstas na lei.

d) Será nula toda votação da qual participe eleitor de outra seção.

ANOTAÇÕES/COMENTÁRIOS

(a) A alternativa está correta segundo dispõe o CE/1965, art. 220, I: "Art. 220. É nula a votação: I – quando feita perante mesa não nomeada pelo juiz eleitoral, ou constituída com ofensa à letra da lei;"

(b) A alternativa está incorreta, pois colide com o disposto no art. 224 do CE/1965: "Art. 224. Se a nulidade atingir a mais de metade dos votos do país nas eleições presidenciais, do Estado nas eleições federais e estaduais ou do município nas eleições municipais, julgar-se-ão prejudicadas as demais votações e o Tribunal marcará dia para nova eleição dentro do prazo de 20 (vinte) a 40 (quarenta) dias."

(c) Errada, segundo o art. 222: "Art. 222. É também anulável a votação, quando viciada de falsidade, fraude, coação, uso de meios de que trata o art. 237, ou emprego de processo de propaganda ou captação de sufrágios vedado por lei."

(d) A alternativa está errada, pois, nesses casos, a eleição poderá ser anulada, e não nula, conforme dispõe o art. 221, III, b: "Art. 221. É anulável a votação: III – quando votar, sem as cautelas do art. 147, § 2º: b) eleitor de outra seção, salvo a hipótese do art. 145;"

BLOCO II

*Para responder, tem que estudar: lei.*

*Gabarito: A*

**17. (Cespe/TJ/CE/Juiz/2018)** O registro de estatuto de partido político junto ao TSE será autorizado.

a) Por ato de natureza jurisdicional da corte sujeito a recurso extraordinário

b) Por ato materialmente administrativo que lhe atribua personalidade jurídica.

c) Se, entre outros requisitos, o requerimento estiver instruído com o inteiro teor do programa e do estatuto partidários, ambos inscritos no registro civil das pessoas jurídicas.

d) Se, entre outros requisitos, o requerimento estiver instruído com certidão de inteiro teor do registro partidário expedida pelo cartório de registro civil das pessoas jurídicas da capital do estado sede do partido.

e) Se preenchidos os requisitos legais, independentemente de comprovação de apoio mínimo de eleitores.

ANOTAÇÕES/COMENTÁRIOS

(a) A questão esta incorreta pois o ato tem natureza administrativa, o que impede que este se qualifique como causa para efeito de impugnação, através de recurso extraordinário.

(b) A questão esta incorreta pois a personalidade jurídica é atribuída através do registro do seu estatuto no Registro Civil de Pessoas Jurídicas, conforme art. 8º, parágrafo 3º, da Lei 9.096/1995.

(c) A questão esta correta pois encontra amparo no art. 9º, I, lei 9.096/1995.

(d) A questão esta incorreta pois o registro deve ser feito no cartório da Capital Federal, onde deve ser também a sede do partido. Art. 8º, Lei dos Partidos Políticos.

(e) A questão esta incorreta pois o apoiamento mínimo é requisito necessário para registro do partido político no TSE, de acordo com o art. 9º da lei 9.096/1995.

*Para responder, tem que estudar: lei.*

*Gabarito: C*

## 1.4. Disposições Várias

**18. (Cespe/TJ/DFT/Juiz/2016)** Com relação a princípios e garantias do direito eleitoral, dos sistemas eleitorais, dos partidos políticos e dos direitos políticos, assinale a opção correta.

a) O princípio da anualidade não é uma cláusula pétrea e pode ser suprimido por EC.
b) A Cidadania e o Pluralismo Político são objetivos fundamentais da República Federativa do Brasil.
c) O pluralismo político é expressão sinônima de diversidade partidária.
d) São garantias que regem a disciplina dos partidos políticos: a liberdade partidária externa, a liberdade partidária interna, a subvenção pública e a intervenção estatal mínima.
e) O sistema majoritário brasileiro é unívoco.

**ANOTAÇÕES/COMENTÁRIOS**

(a) Essas cláusulas estabelecem as garantias fundamentais para a efetividade dos direitos políticos. Essas regras compõem o rol das normas denominadas cláusulas pétreas e, por isso, estão imunes a qualquer reforma. O art. 16 da Constituição, ao submeter a alteração legal do processo eleitoral à regra da anualidade, constitui uma garantia fundamental para o pleno exercício de direitos políticos. Vide ADI 3685.

(b) A resposta está incorreta, pois esses são fundamentos expressos no art. 1º da CF/1988: "Art. 1º A República Federativa do Brasil, formada pela união indissolúvel dos Estados e Municípios e do Distrito Federal, constitui-se em Estado Democrático de Direito e tem como fundamentos: II – a cidadania; V – o pluralismo político."

(c) A resposta está incorreta, pois são expressões distintas.

(d) A alternativa está errada, pois não há previsão legal.

(e) A alternativa é correta, pois transcreve o dispositivo expresso na CF/1988, arts. 46, caput, e 77, § 2º: "Art. 46. O Senado Federal compõe-se de representantes dos Estados e do Distrito Federal, eleitos segundo o princípio majoritário." "Art. 77. A eleição do Presidente e do Vice-Presidente da República realizar-se-á, simultaneamente, no primeiro domingo de outubro, em primeiro turno, e no último domingo de outubro, em segundo turno, se houver, do ano anterior ao do término do mandato presidencial vigente. § 2º. Será considerado eleito Presidente o candidato que, registrado por partido político, obtiver a maioria absoluta de votos, não computados os em branco e os nulos."

*Para responder, tem que estudar: lei.*

*Gabarito: D*

**19. (Cespe/TJ/PI/Juiz/2012)** No que se refere a recursos eleitorais, assinale a opção correta.

a) Recurso contra a expedição de diploma pendente de análise pelo TSE não tem efeito suspensivo.

b) É vedada a juntada de novos documentos a recurso interposto contra decisão de juiz eleitoral.
c) Das decisões das juntas sobre impugnações na apuração dos votos cabe recurso imediato, interposto verbalmente ou por escrito, que deve ser fundamentado no prazo de quarenta e oito horas para que tenha seguimento.
d) O prazo recursal contra decisões sobre reclamações ou representações relativas a descumprimento da lei geral das eleições é de três dias.
e) Em regra, os recursos eleitorais têm efeito suspensivo.

ANOTAÇÕES/COMENTÁRIOS

(a) A alternativa está errada, pois é comando expresso do art. 216 do CE/1965: "Art. 216. Enquanto o Tribunal Superior não decidir o recurso interposto contra a expedição do diploma, poderá o diplomado exercer o mandato em toda a sua plenitude."

(b) A alternativa está errada, segundo jurisprudência do TSE: "Ac.TSE, de 13.8.2015, nos ED-AgR-Resp 44208 e, de 14.11.2013, no AgR-Resp 399403104: permite-se a juntada de documentos na fase recursal perante os tribunais regionais eleitorais nas situações previstas neste dispositivo."

(c) A resposta está correta, pois, no CE/1965, no art. 169, § 2º, é previsto: "Art. 169. À medida que os votos forem sendo apurados, poderão os fiscais e delegados de partido, assim como os candidatos, apresentar impugnações que serão decididas de plano pela junta. § 2º. De suas decisões cabe recurso imediato, interposto verbalmente ou por escrito, que deverá ser fundamentado no prazo de 48 (quarenta e oito) horas para que tenha seguimento." O dispositivo em referência é o art. 270.

(d) Errada, pois a Lei 9.504/1997 prevê no art. 96 o seguinte: "Art. 96. Salvo disposições específicas em contrário desta lei, as reclamações ou representações relativas ao seu descumprimento podem ser feitas por qualquer partido político, coligação ou candidato, e devem dirigir-se: § 5º. Recebida a reclamação ou representação, a Justiça Eleitoral notificará imediatamente o reclamado ou representado para, querendo, apresentar defesa em quarenta e oito horas. § 7º. Transcorrido o prazo previsto no § 5º, apresentada ou não a defesa, o órgão competente da Justiça Eleitoral decidirá e fará publicar a decisão em vinte e quatro horas."

(e) A resposta está incorreta, pois os recursos eleitorais têm efeito devolutivo com exceção de alguns casos específicos, segundo jurisprudência pacifica do TSE.

*Para responder, tem que estudar: lei.*

*Gabarito: C*

**20. (Cespe/TJ/AC/Juiz/2012)** Assinale a opção correta acerca dos crimes eleitorais previstos no Código Eleitoral, na Lei Complementar n. 64/1990, na Lei n. 9.504/1997 e na Lei n. 12.034/2009.

a) Causar, propositadamente, dano físico ao equipamento utilizado na votação ou na totalização de votos ou a suas partes constitui crime punível com detenção.

b) Constitui crime eleitoral punível com reclusão a arguição de inelegibilidade de candidato feita por interferência do poder econômico, deduzida de forma temerária ou de manifesta má-fé.

c) A não observância da ordem em que os eleitores devem ser chamados a votar configura crime eleitoral punível com multa.

d) A não expedição, imediatamente após o encerramento da votação, do boletim de urna pelo juiz de junta eleitoral configura crime, salvo se constatado defeito da urna ou se dispensada a expedição pelos fiscais, delegados e candidatos presentes.

e) De acordo com a Lei n. 12.034/2009, constitui crime a divulgação, no dia da eleição, de qualquer espécie de propaganda de candidato, bem como a manifestação individual e silenciosa do eleitor, mediante o uso de bandeiras, broches ou adesivos, a favor de candidato ou partido político.

**ANOTAÇÕES/COMENTÁRIOS**

(a) A resposta está errada, pois esse tipo de crime é punível com reclusão, conforme a Lei 9.504/1997 no art. 72, III: "Art. 72. Constituem crimes, puníveis com reclusão, de cinco a dez anos: III – causar, propositadamente, dano físico ao equipamento usado na votação ou na totalização de votos ou a suas partes."

(b) Errada, pois não há previsão legal de pena de reclusão para essa tipificação.

(c) A alternativa está correta de acordo com o CE/1965, no art. 306: "Art. 306. Não observar a ordem em que os eleitores devem ser chamados a votar".

(d) Errada, pois não configura crime.

(e) A alternativa está errada, pois o art. 39-A, permite tal manifestação: "Art. 39-A. É permitida, no dia das eleições, a manifestação individual e silenciosa da preferência do eleitor por partido político, coligação ou candidato, revelada exclusivamente pelo uso de bandeiras, broches, dísticos e adesivos."

*Para responder, tem que estudar: lei.*

*Gabarito: C*

**21. (Cespe/TJ/DFT/Juiz/2015)** Em relação aos procedimentos especiais, assinale a opção correta.

a) Nos crimes falimentares, regulamentados pela Lei de Falências, a propositura da ação penal pelo MP independe da sentença que decretar a falência ou conceder a recuperação judicial.

b) Em matéria de direito eleitoral, as ações penais referentes a crimes praticados por meio de propaganda eleitoral, ainda que se trate de crime contra a honra, são sempre públicas e incondicionadas.

c) A competência para processar e julgar crime de abuso de autoridade praticado por militar em serviço será da justiça militar do local em que o ato criminoso for praticado.

d) O homicídio simples, o tráfico ilícito de entorpecentes e os crimes praticados por organizações criminosas são considerados hediondos e insuscetíveis de graça, anistia ou indulto.

e) Nas ações penais que visem reprimir violência doméstica contra a mulher, não se admite a aplicação de medidas de natureza cível, e, se provocado, o juízo deve declinar da competência de ofício.

ANOTAÇÕES/COMENTÁRIOS

(a) A alternativa, por mais que não tenha nexo com o direito eleitoral, está incorreta, pois a ação penal deverá ser proposta após a sentença ou decretação de falência.

(b) Certa, utilizando-se como base o art. 129, I da CF/1988: "Art. 129. São funções institucionais do Ministério Público: I – promover, privativamente, a ação penal pública, na forma da lei;". Bem como o CE/1965, no seu art. 355: "Art. 355. As infrações penais definidas neste código são de ação pública."

(c) A alternativa é incorreta.

(d) A alternativa é incorreta, pois não há previsão legal.

(e) A alternativa também está incorreta, pois não há previsibilidade legal.

*Para responder, tem que estudar: lei.*

*Gabarito: B*

**22. (Cespe/TJ/DFT/Juiz/2014)** Assinale a opção correta no que diz respeito a crimes eleitorais.

a) É da justiça eleitoral a competência para o julgamento de crime comum conexo a crime eleitoral.

b) O foro especial por prerrogativa da função aplica-se a ex-prefeito acusado da prática de crime eleitoral.

c) Aplicam-se aos crimes eleitorais praticados por meio da imprensa, do rádio ou da televisão a disciplina do CP e das leis penais extravagantes.

d) Para a tipificação do crime de corrupção eleitoral, exige-se que o eleitor venda seu voto.

e) Para a tipificação da captação ilícita de sufrágio, nome técnico da compra de voto, exige-se que a oferta do bem ao eleitor seja feita diretamente pelo candidato.

ANOTAÇÕES/COMENTÁRIOS

(a) Certa, pois faz relação com o dispositivo legal expresso no CE/1965, art. 35, II: "Art. 35. Compete aos juízes: II – processar e julgar os crimes eleitorais e os comuns que lhe forem conexos, ressalvada a competência originária do Tribunal Superior e dos tribunais regionais;". Bem como o art. 364 do mesmo diploma legal: "Art. 364. No processo e julgamento dos crimes eleitorais e dos comuns que lhes forem conexos, assim como nos recursos e na execução, que lhes digam respeito, aplicar-se-á, como lei subsidiária ou supletiva, o Código de Processo Penal." E o CPP, art. 78, IV: "Art. 78. Na determinação da competência por conexão ou continência, serão observadas as seguintes regras: IV – no concurso entre a jurisdição comum e a especial, prevalecerá esta."

(b) A alternativa está errada, pois o foro de prerrogativa aplica-se apenas aos detentores do cargo, e não aos que não ocupam mais.

(c) Errada, conforme o disposto no artigo 364 do CE/1965.

(d) Errada, devido a outras tipificações de corrupção eleitoral.

(e) Errada, de acordo com o art. 299 do CE/1965 no qual não é previsto que o agente do crime tenha que ser o candidato, mas que a vantagem seja para ele.

*Para responder, tem que estudar: lei.*

*Gabarito: A*



**23. (Cespe/TJ/RN/Juiz/2013)** Assinale a opção correta acerca do ilícito da captação de sufrágio.

a) A interrupção do processo de captação do sufrágio em curso impede a consumação do delito.
b) Distribuição de recurso por cabo eleitoral ou comitê de campanha isenta o candidato de responsabilidade legal.
c) A captação de sufrágio é consumada com o pedido de voto pelo candidato.
d) É vedado ao candidato empresário realizar contratações excessivas no período eleitoral.
e) Doação não habitual de cestas básicas não caracteriza compra de voto.

ANOTAÇÕES/COMENTÁRIOS

(a) Certa, segundo a jurisprudência: "RECURSOS ESPECIAIS. AÇÃO DE IMPUGNAÇÃO DE MANDATO ELETIVO. ELEIÇÕES 2008. PREFEITO E VICE-PREFEITO. CAPTAÇÃO ILÍCITA DE SUFRÁGIO. ABUSO DO PODER ECONÔMICO. PROVA ROBUSTA. AUSÊNCIA. APREENSÃO DO MATERIAL INDICATIVO DA PRÁTICA ILÍCITA. CONSUMAÇÃO DA CONDUTA. NÃO OCORRÊNCIA. RECURSOS PROVIDOS. 1. A potencialidade lesiva da conduta, necessária em sede de AIME, não foi aferida pelo Tribunal de origem, não obstante a oposição de embargos de declaração. 2. Nos termos do art. 249, § 2º, do CPC, a nulidade não será pronunciada nem o ato processual repetido se possível o julgamento do mérito a favor da parte a quem aproveite a declaração da nulidade. 3. A aplicação da penalidade por captação ilícita de sufrágio, dada sua gravidade, deve assentar-se em provas robustas. 4. Interrompidos os atos preparatórios de uma possível captação de votos, não há falar em efetiva consumação da conduta". (TSE, Resp 958285418)

(b) Errada, segundo o entendimento do TSE: "(...). 2.2 O TSE entende que, para a caracterização da captação de sufrágio, é indispensável a prova de participação direta ou indireta dos representados, permitindo-se até que o seja na forma de explícita anuência da conduta objeto da investigação, não bastando, para a configuração, o proveito eleitoral que com os fatos tenham auferido, ou a presunção de que desses tivessem ciência. (...). (Resp 21.327). (...). 2. A caracterização da captação ilícita de sufrágio pressupõe a ocorrência simultânea dos seguintes requisitos: a) prática de uma das condutas previstas no art. 41-A da Lei 9.504/97; b) fim específico de obter o voto do eleitor; c) participação ou anuência do candidato beneficiário na prática do ato. (...)". (AgR-Resp 815659)

(c) Errada, segundo o disposto no Art. 41-A:" (...). § 1º. Para a caracterização da conduta ilícita, é desnecessário o pedido explícito de votos, bastando a evidência do dolo, consistente no especial fim de agir." (Lei 9.504/97)

(d) Errada, pois não há previsão legal que fundamente tal assertiva.

(e) Errada, pois a doação não habitual de cestas básicas caracteriza compra de voto. "Recurso contra a expedição de diploma. Abuso do poder econômico e político e uso indevido de meio de comunicação social (...). Distribuição de cestas básicas a gestantes e lactantes. Remissão de débitos de IPTU. Programas antigos e regulares. Obras e festejos pagos com dinheiro público. Especificação. Ausência. Não-comprovação. Desvirtuamento de atos da administração. Não-demonstração. (...). 2. A caracterização de abuso do poder político depende da demonstração de que a prática de ato da administração, aparentemente regular, ocorreu de modo a favorecer algum candidato, ou com essa intenção, e não em prol da população. (...)" NE: "(...) houve distribuição de propaganda eleitoral em frente ao ginásio onde foi realizada a distribuição de cestas básicas por conta de programas sociais, que se demonstrou serem regulares e terem ocorrido ao longo de todo o ano. (...). Ou seja, a distribuição de propaganda eleitoral foi feita na rua, e não dentro do prédio em que se realizava o evento. Assim, não posso ver, com segurança, a prática da conduta vedada pelo art. 73, IV, da Lei no 9.504, de 1997, ou abuso do poder político, para o que seria necessário o uso da máquina pública com finalidade eleitoral, o que não restou efetivamente provado. (...)" Quanto à remissão de débitos do IPTU: "(...) Verifico, porém, pela prova dos autos, tratar-se de um programa implantado pela Prefeitura, em cumprimento a promessa de campanha, havendo lei a amparar a remissão. (...). Além disso, não encontrei nenhuma evidência da utilização deste programa em benefício do recorrido nas eleições de 2002. (...)" (Ac 642)

*Para responder, tem que estudar: jurisprudência.*

*Gabarito: A*

**24. (Cespe/TJ/DFT/Juiz/2014)** Acerca do processo e julgamento dos crimes eleitorais, assinale a opção correta segundo a legislação e o entendimento do STF.

a) A representação relativa a propaganda irregular deve ser instruída com prova da autoria ou do prévio conhecimento do beneficiário da propaganda caso este não seja por ela responsável.

b) Os crimes eleitorais são apurados por ação penal pública e ação penal pública condicionada à representação de partido político ou candidato.

c) O Código Eleitoral veiculou disciplina normativa própria acerca da prescrição penal.

d) Se o MP, em vez de apresentar denúncia de crime eleitoral, promover o arquivamento da comunicação da infração, o juiz, ainda que considere improcedentes as razões invocadas, estará obrigado à promoção de arquivamento.

e) Os crimes eleitorais recebem penas específicas, que podem variar entre a prestação de serviço à comunidade e o pagamento de multa, não havendo previsão de pena de privação da liberdade.

ANOTAÇÕES/COMENTÁRIOS

(a) A alternativa está em consonância ao disposto na Lei 9.504/1997, art. 40-B: "Art. 40-B. A representação relativa à propaganda irregular deve ser instruída com prova da autoria ou do prévio conhecimento do beneficiário, caso este não seja por ela responsável."

(b) A alternativa está errada, considerando o art. 355 do CE/1965: "Art. 355. As infrações penais definidas neste código são de ação pública."

(c) A alternativa está errada por não haver previsão legal no diploma referido.

(d) A alternativa está errada, pois o juiz deverá remeter ao Procurador Geral, conforme dispõe o art. 357, § 1º: "Art. 357. Verificada a infração penal, o Ministério Público oferecerá a denúncia dentro do prazo de 10 (dez) dias. § 1º. Se o órgão do Ministério Público, ao invés de apresentar a denúncia, requerer o arquivamento da comunicação, o juiz, no caso de considerar improcedentes as razões invocadas, fará remessa da comunicação ao procurador regional, e este oferecerá a denúncia, designará outro promotor para oferecê-la, ou insistirá no pedido de arquivamento, ao qual só então estará o juiz obrigado a atender."

(e) A alternativa está errada, uma vez que os tipos penais eleitorais também preveem a pena privativa de liberdade.

*Para responder, tem que estudar: lei.*

*Gabarito: A*

**25. (Cespe/TJ/CE/Juiz/2018)** As juntas eleitorais são:

a) Competentes para decidir habeas corpus em matéria eleitoral.
b) Competentes para decidir mandado de segurança em matéria eleitoral.
c) Órgãos de primeiro grau de jurisdição da justiça eleitoral, sendo seu presidente o único membro com garantia de inamovibilidade.
d) Órgãos de primeiro grau de jurisdição da justiça eleitoral, compostos por três ou cinco membros, sendo um deles, o presidente, um juiz de direito.
e) Competentes para expedir diploma aos eleitos para cargos municipais e estaduais.

ANOTAÇÕES/COMENTÁRIOS

(a) A alternativa esta incorreta, pois não compete a junta eleitoral decidir sobre habeas Corpus, pois a competência das juntas eleitorais esta descrita no artigo 40 do Código Eleitoral(Lei 4737/1965)

(b) A alternativa esta incorreta, pois a competência das juntas eleitorais esta descrita expressamente no artigo 40 da Lei 4737/1965 a qual não prevê a competência para julgar mandando de segurança.

(c) A composição das juntas eleitorais esta descrita no artigo 36 da Lei 4737/1965 que expressamente diz que a composição será de um juiz de direito, que será o presidente, e de 2 (dois) ou 4 (quatro) cidadãos de notória idoneidade.

(d) A alternativa esta correta, pois no artigo 12 da Lei 4737/1965 prevê a composição da Justiça Eleitoral no país o qual insere a junta eleitoral nesta composição, bem como no artigo 36 da mesma Lei estipula como deverá ser a sua composição.

(e) Conforme determinado pelo Código Eleitoral(Lei 4737/1965) no seu artigo 30, VII, compete a justiça eleitoral expedir os diplomas aos eleitos.

*Para responder, tem que estudar: lei.*

*Gabarito: D*

## 2. LEI DAS ELEIÇÕES (LEI 9.504/97)

### 2.1. Disposições Gerais, Das Coligações

**26. (Cespe/TJ/ES/Juiz/2011)** Assinale a opção correta com referência às normas legais que regulamentam as eleições.

a) Durante o período compreendido entre a data da convenção e o termo final do prazo para a impugnação do registro de candidatos, o partido político coligado não possui legitimidade para atuar, de forma isolada, em processo eleitoral que questione a validade da própria coligação.

b) Para concorrer às eleições, o candidato deve possuir domicílio eleitoral na respectiva circunscrição pelo período de, no mínimo, dois anos anteriores ao pleito e deve ter tido sua filiação deferida pelo partido pelo menos um ano antes do pleito.

c) A idade mínima constitucionalmente estabelecida como condição de elegibilidade é verificada em referência à data limite para o registro da candidatura, ou seja, até o dia cinco de julho do ano em que se realizarem as eleições.

d) As eleições para prefeito, vice-prefeito, vereador e conselheiro tutelar serão simultâneas e ocorrerão, em todo o país, no primeiro domingo de outubro do ano respectivo.

e) Poderá participar das eleições o partido que, até um ano antes do pleito, houver registrado seu estatuto no TSE, conforme o disposto em lei, e que tenha, até a data da convenção, órgão de direção constituído na circunscrição, de acordo com o respectivo estatuto.

ANOTAÇÕES/COMENTÁRIOS

(a) Errada, considerando o teor do § 4º do art. 6 º da Lei das Eleições: "Art. 6º. É facultado aos partidos políticos, dentro da mesma circunscrição, celebrar coligações para eleição majoritária, proporcional, ou para ambas, podendo, neste último caso, formar-se mais de uma coligação para a eleição proporcional dentre os partidos que integram a coligação para o pleito majoritário. § 4º. O partido político coligado somente possui legitimidade para atuar de forma isolada no processo eleitoral quando questionar a validade da própria coligação, durante o período compreendido entre a data da convenção e o termo final do prazo para a impugnação do registro de candidatos."

(b) A alternativa está errada, pois a legislação exige domicilio de no mínimo um ano.

(c) Segundo o § 2º do art. 11 da Lei 9504/1997, a idade limite é da posse.

(d) A alternativa está errada, pois não há obrigatoriedade das eleições de conselheiro tutelar ocorrerem simultaneamente a eleições de outros cargos.

(e) Segundo a Lei 9.504/1997, no seu art. 4º: "Art. 4º Poderá participar das eleições o partido que, até seis meses antes do pleito, tenha registrado seu estatuto no Tribunal Superior Eleitoral, conforme o disposto em lei, e tenha, até a data da convenção, órgão de direção constituído na circunscrição, de acordo com o respectivo estatuto."

*Para responder, tem que estudar: lei.*

*Gabarito: E*

**27. (Cespe/TJ/AM/Juiz/2016)** Considerando que, em um estado da Federação com direito a eleger vinte deputados federais, um partido político regularmente inscrito participará das eleições sem estar coligado a nenhum outro, assinale a opção que apresenta uma quantidade correta de candidatos que poderão concorrer ao cargo de deputado(a) federal pelo referido partido.

a) vinte homens – vinte mulheres.
b) nove homens – vinte e uma mulheres.
c) vinte homens – duas mulheres.
d) vinte e dois homens – oito mulheres.
e) trinta homens – dez mulheres.

**ANOTAÇÕES/COMENTÁRIOS**

(a) A resposta está errada, conforme o disposto no dispositivo legal que rege o quociente eleitoral.

(b) O quociente eleitoral define, aos partidos e/ou coligações, as vagas que podem ser ocupadas por direito em disputa nas eleições proporcionais. "Determina-se o quociente eleitoral dividindo-se o número de votos válidos apurados pelo de lugares a preencher em cada circunscrição eleitoral, desprezada a fração se igual ou inferior a meio, equivalente a um, se superior" (Código Eleitoral, art. 106). "Nas eleições proporcionais, contam-se como válidos apenas os votos dados a candidatos regularmente inscritos e às legendas partidárias" (Lei 9.504/97, art. 5º)." Fórmula: Quociente eleitoral (QE) = número de votos válidos / número de vagas.

(c) A resposta está errada, conforme o disposto no dispositivo legal que rege o quociente eleitoral.

(d) A resposta está errada, conforme o disposto no dispositivo legal que rege o quociente eleitoral.

(e) A resposta está errada, conforme o disposto no dispositivo legal que rege o quociente eleitoral.

*Para responder, tem que estudar: lei.*

*Gabarito: B*

**28. (Cespe/TJ/BA/Juiz/2019)** A respeito da atuação dos partidos políticos e das estratégias de exercício da democracia, assinale a opção correta.

a) O modelo brasileiro de financiamento de campanha é misto, com participação tanto do poder público quanto do setor privado, sendo possível posterior retificação, na justiça eleitoral, dos limites de gastos de cada campanha.
b) A CF prevê a proteção à fidelidade partidária, de modo que, nos cargos alcançados pelo sistema majoritário, a arbitrária desfiliação partidária implica renúncia tácita do mandato.
c) O sistema eleitoral distrital tem natureza proporcional, o que possibilita o prestígio da representação de minorias e a diminuição do clientelismo político.

d) No Brasil, a discussão acerca da viabilidade de candidaturas avulsas está relacionada com o respeito às condições de elegibilidade previstas na CF e às garantias previstas no Pacto de San José da Costa Rica.

e) Ao eleito por partido que não alcançar a cláusula de desempenho eleitoral exigida pela legislação será assegurado o mandato, desde que ele se filie a outro partido.

ANOTAÇÕES/COMENTÁRIOS

(a) A assertiva está errada. O art. 18 da Lei nº9.504/1997 prevê que "os limites de gastos de campanha serão definidos em lei e divulgados pelo Tribunal Superior Eleitoral", não é possível, portanto, posterior retificação dos limites de gastos de campanha.

(b) A assertiva está errada, uma vez que contraria o verbete de súmula nº 57 do Tribunal Superior Eleitoral: "A perda do mandato em razão da desfiliação partidária não se aplica aos candidatos eleitos pelo sistema majoritário".

(c) A assertiva está errada. Os sistemas eleitorais classificam-se em três grandes grupos, os sistemas majoritários, os proporcionais e os mistos. O sistema eleitoral distrital é um modelo de sistema majoritário, logo, não tem natureza proporcional.

(d) A assertiva está correta. A discussão a respeito da viabilidade de candidaturas avulsas se dá em razão do art. 23.2 do Pacto de San Jose da Costa Rica que dispôs: "A lei pode regular o exercício dos direitos e oportunidades a que se refere o inciso anterior, exclusivamente por motivos de idade, nacionalidade, residência, idioma, instrução, capacidade civil ou mental, ou condenação, por juiz competente, em processo penal", sem mencionar a exigência de partidos políticos. Além disso, o Supremo Tribunal discute a constitucionalidade da candidatura avulsa no Recurso Extraordinário com Agravo nº 1054490.

(e) A assertiva está errada. O partido que não alcançar a cláusula de barreira perde, apenas, a distribuição dos recursos do fundo partidário e o acesso gratuito ao tempo de rádio e de televisão. Todavia, se o eleito permanecer no seu partido de origem, não perderá o seu mandato, somente não será beneficiado pelos recursos do fundo partidário e pelo acesso gratuito ao tempo de rádio e de televisão. É o que se depreende do art. 17, § 3º da Constituição Federal. O § 5º do mesmo dispositivo previu que "ao eleito por partido que não preencher os requisitos previstos no § 3º desde artigo é assegurado o mandato e facultada a filiação, sem perda do mandato, a outro partido que os tenha atingido, não sendo essa filiação considerada para fins de distribuição dos recursos do fundo partidário e de acesso gratuito ao tempo de rádio e de televisão".

*Para responder, tem que estudar: lei.*

*Gabarito: D*

BLOCO II

## 2.2. Das Convenções, Do Registro de Candidatos

**29. (Cespe/TJ/PA/Juiz/2012)** Assinale a opção correta em relação às eleições.

a) A substituição de candidato que seja considerado inelegível, renuncie ou faleça após o término do prazo do registro ou, ainda, do candidato cujo registro seja indeferido ou cancelado deverá ser requerida em até 15 dias após o fato ou após a notificação do partido da decisão judicial que tenha dado origem à substituição.

b) O candidato cujo registro esteja sub judice não pode utilizar o horário eleitoral gratuito no rádio ou na televisão, mas seu nome pode ser mantido na urna eletrônica, estando a validade dos votos eventualmente a ele atribuídos condicionada ao deferimento de seu registro por instância superior.

c) Nas eleições de 2010, aos então detentores de mandato de deputado federal, estadual ou distrital, bem como aos que exerciam esses cargos em qualquer período da legislatura em curso, foi assegurado o registro de candidatura para o mesmo cargo, pelo partido a que estavam filiados.

d) As condições de elegibilidade e as causas de inelegibilidade devem ser aferidas no momento da formalização do pedido de registro da candidatura, ressalvadas as alterações fáticas ou jurídicas supervenientes ao registro que afastem a inelegibilidade.

e) O juiz eleitoral deve indeferir pedido de variação de nome de candidato a vereador coincidente com nome de candidato a eleição a prefeito, ainda que o candidato esteja exercendo mandato eletivo ou que, nos quatro anos anteriores ao pleito, tenha concorrido em eleição com o nome coincidente.

**ANOTAÇÕES/COMENTÁRIOS**

(a) A resposta está incorreta, pois o prazo é de 10(dez) dias, e não 15(quinze), conforme afirmando na alternativa. Lei 9504/1997 "Art. 13. É facultado ao partido ou coligação substituir candidato que for considerado inelegível, renunciar ou falecer após o termo final do prazo do registro ou, ainda, tiver seu registro indeferido ou cancelado. § 1º. A escolha do substituto far-se-á na forma estabelecida no estatuto do partido a que pertencer o substituído, e o registro deverá ser requerido até 10 (dez) dias contados do fato ou da notificação do partido da decisão judicial que deu origem à substituição."

(b) A resposta está incorreta, considerando o disposto no art. 16-A da Lei 9504/1997: "Art. 16-A. O candidato cujo registro esteja sub judice poderá efetuar todos os atos relativos à campanha eleitoral, inclusive utilizar o horário eleitoral gratuito no rádio e na televisão e ter seu nome mantido na urna eletrônica enquanto estiver sob essa condição, ficando a validade dos votos a ele atribuídos condicionada ao deferimento de seu registro por instância superior."

(c) Errada, pois não há previsão legal.

(d) A resposta em correta, pois está de acordo com o disposto na Lei 9.504/1996, art. 11, § 10º: "Art. 11. Os partidos e coligações solicitarão à Justiça Eleitoral o registro de seus candidatos até as dezenove horas do dia 15 de agosto do ano em que se realizarem as eleições. § 10. As condições de elegibilidade e as causas de inelegibilidade devem ser aferidas no momento da formalização do pedido de registro da candidatura, ressalvadas as alterações, fáticas ou jurídicas, supervenientes ao registro que afastem a inelegibilidade." Isso quer dizer que, caso um candidato esteja inelegível no momento do registro, mas, após o seu registro, afaste sua condição de inelegibilidade, é perfeitamente cabível. Contudo, caso o candidato, no momento do registro, esteja elegível, mas, posteriormente, contraia alguma causa de inelegibilidade, essa condição não poderá ser arguida.

(e) Errada, segundo o dispositivo na Lei 9.504/1997: "Art. 12. O candidato às eleições proporcionais indicará, no pedido de registro, além de seu nome completo, as variações nominais com que deseja ser registrado, até o máximo de três opções, que poderão ser o prenome, sobrenome, cognome, nome abreviado, apelido ou nome pelo qual é mais conhecido, desde que não se estabeleça dúvida quanto à sua identidade, não atente contra o pudor e não seja ridículo ou irreverente, mencionando em que ordem de preferência deseja registrar-se. § 3º. A Justiça Eleitoral indeferirá todo pedido de variação de nome coincidente com nome de candidato a eleição majoritária, salvo para candidato que esteja exercendo mandato eletivo ou o tenha exercido nos últimos quatro anos, ou que, nesse mesmo prazo, tenha concorrido em eleição com o nome coincidente."

*Para responder, tem que estudar: lei.*

*Gabarito: D*

**30. (Cespe/TJ/DFT/Juiz/2014)** Considerando o entendimento jurisprudencial do STF e do TSE acerca de crimes eleitorais, ação rescisória em matéria eleitoral, recursos da decisão de registro de candidatura e condutas vedadas aos agentes públicos, assinale a opção correta.

a) O crime de corrupção eleitoral, previsto no Código Eleitoral consuma-se com a mera promessa, doação ou oferecimento de bem, dinheiro ou qualquer outra vantagem, dispensado o dolo específico de obtenção de votos.

b) No âmbito da justiça eleitoral, a ação rescisória deve ser proposta no prazo de cento e oitenta dias da decisão irrecorrível, prestando-se, também, para desconstituir decisão de desaprovação de contas de campanha.

c) De acordo com o STF, o MP Eleitoral tem legitimidade para recorrer de decisão que tenha deferido registro de candidatura, ainda que não apresente prévia impugnação ao pedido inicial a esse registro, por ser matéria de ordem pública.

d) Consoante entendimento do TSE, a tipificação do crime de difamação eleitoral, previsto no Código Eleitoral, apenas ocorrerá se a ofensa for praticada especificamente contra candidatos durante a propaganda eleitoral.

e) Considera-se conduta vedada aos agentes públicos em campanha a utilização gratuita de prédios públicos para a realização das convenções para a escolha de candidatos.

*ANOTAÇÕES/COMENTÁRIOS*

(a) A resposta está errada, segundo o Ac.TSE, de 15.3.2007, no Ag 6014 e, de 8.3.2007, no Resp 25388: necessidade do dolo específico para a configuração deste crime.

(b) A resposta está incorreta, de acordo com o previsto no Código Eleitoral, art. 22: "Art. 22. Compete ao Tribunal Superior: I – processar e julgar originariamente: j) a ação rescisória, nos casos de inelegibilidade, desde que intentada dentro do prazo de cento e vinte dias de decisão irrecorrível, possibilitando-se o exercício do mandato eletivo até o seu trânsito em julgado; Ac.TSE, de 2.10.2013, no AgR-AR 59017 e, de 10.11.2011, na AR 93296: decadência da rescisória proposta fora do prazo de 120 dias do trânsito em julgado da decisão rescindenda."

(c) A resposta está correta, segundo o entendimento expresso no STF, RECURSO EXTRAORDINÁRIO COM AGRAVO 728.188 RIO DE JANEIRO – ARE 728188/RJ.

(d) A resposta está incorreta, considerando Ac.TSE, de 14.12.2010, no HC 187635: desnecessidade de que a ofensa seja praticada contra candidato para a tipificação do crime previsto neste artigo.

(e) A resposta está errada, pois, do texto da lei, emerge, justamente, a exceção do empréstimo para a realização das convenções partidárias, conforme verificamos com o texto extraído da Lei 9.504/1997: "Art. 73. São proibidas aos agentes públicos, servidores ou não, as seguintes condutas tendentes a afetar a igualdade de oportunidades entre candidatos nos pleitos eleitorais: I – ceder ou usar, em benefício de candidato, partido político ou coligação, bens móveis ou imóveis pertencentes à administração direta ou indireta da União, dos estados, do Distrito Federal, dos territórios e dos municípios, ressalvada a realização de convenção partidária;"

*Para responder, tem que estudar: jurisprudência.*

*Gabarito: C*

**31. (Cespe/TJ/AM/Juiz/2016)** Assinale a opção correta acerca dos impedimentos eleitorais previstos na legislação vigente.

a) O pré-candidato que for sobrinho de governador de estado em exercício não poderá se candidatar a governador do mesmo estado no próximo pleito.

b) Não poderá se candidatar a governador pré-candidato condenado em primeira instância por crime contra o patrimônio público e que o recurso por ele interposto não tenha sido apreciado judicialmente até a data da convenção.

c) Pré-candidato a deputado federal filiado ao partido há apenas cinco meses antes da convenção não poderá se candidatar, ainda que tenha domicílio eleitoral no estado há mais de um ano.

d) Não poderá se candidatar a deputado federal pré-candidato que possuir domicílio eleitoral no estado há menos de um ano, ainda que seja filiado ao partido há mais de um ano.

e) Pré-candidato a deputado federal que não tiver completado vinte e um anos de idade até a data da convenção realizada pelo seu partido não poderá se candidatar: ele não atingiu a idade mínima exigida pela CF.

**ANOTAÇÕES/COMENTÁRIOS**

(a) A resposta está incorreta, segundo o que prevê o dispositivo extraído da CF/1988: "Art. 14. A soberania popular será exercida pelo sufrágio universal e pelo voto direto e secreto, com valor igual para todos, e, nos termos da lei, mediante (...) § 7º. São inelegíveis, no território de jurisdição do titular, o cônjuge e os parentes consanguíneos ou afins, até o segundo grau ou por adoção, do Presidente da República, de Governador de Estado ou Território, do Distrito Federal, de Prefeito ou de quem os haja substituído dentro dos seis meses anteriores ao pleito, salvo se já titular de mandato eletivo e candidato à reeleição."

(b) A resposta está incorreta, pois não existe, na legislação vigente, essa causa de inelegibilidade.

(c) Errada, pois o art. 9º da Lei das Eleições estipula o prazo de 06(seis) meses: "Art. 9º Para concorrer às eleições, o candidato deverá possuir domicílio eleitoral na respectiva circunscrição pelo prazo de seis meses e estar com a filiação deferida pelo partido no mesmo prazo. Caput com redação dada pelo art. 1º da Lei 13.488/2017."

(d) A resposta está incorreta, pois a previsão legal é de apenas 06(seis) meses, conforme o art. 9º:"Art. 9º Para concorrer às eleições, o candidato deverá possuir domicílio eleitoral na respectiva circunscrição pelo prazo de seis meses e estar com a filiação deferida pelo partido no mesmo prazo." Caput com redação dada pelo art. 1º da Lei 13.488/2017.

(e) Errada, segundo o texto constitucional do art. 14, § 3º, VI: "Art. 14. A soberania popular será exercida pelo sufrágio universal e pelo voto direto e secreto, com valor igual para todos, e, nos termos da lei, mediante (...). § 3º, VI – a idade mínima de: c) vinte e um anos para Deputado Federal, Deputado Estadual ou Distrital, Prefeito, Vice-Prefeito e juiz de paz;

***Para responder, tem que estudar: lei.***

***Gabarito: D***

BLOCO II

## 2.3. Da Arrecadação e da Aplicação de Recursos

**32. (Cespe/TJ/PA/Juiz/2012)** Com relação à arrecadação e à aplicação de recursos nas campanhas eleitorais, às vedações inerentes e às sanções, bem como à propaganda eleitoral em geral, assinale a opção correta.

a) É proibida a colocação de cavaletes, bonecos, cartazes, mesas para distribuição de material de campanha e bandeiras ao longo das vias públicas, ainda que móveis e não dificultem ou impeçam o trânsito de pessoas e veículos.

b) O candidato a cargo eletivo deve, diretamente ou por intermédio de pessoa por ele designada, administrar a parte financeira de sua campanha, sendo ele, entretanto, o único responsável pela veracidade das informações financeiras e contábeis relativas à campanha.

c) É vedado a partido e a candidato receber, direta ou indiretamente, doação de dinheiro procedente de cooperativas, ainda que os cooperados não sejam concessionários ou permissionários de serviços públicos ou as cooperativas não sejam beneficiadas com recursos públicos.

d) No caso de descumprimento das normas referentes à arrecadação e aplicação de recursos fixadas na legislação, o partido perderá o direito ao recebimento da quota do fundo partidário do ano seguinte, e, se for o caso, os candidatos beneficiados responderão por abuso do poder econômico.

e) É permitida a fixação de placas, estandartes, faixas e assemelhados, utilizados para a veiculação de propaganda eleitoral, em árvores e jardins localizados em áreas públicas, bem como em muros, cercas e tapumes divisórios, desde que não lhes cause dano.

**ANOTAÇÕES/COMENTÁRIOS**

(a) A alternativa está errada, segundo o dispositivo extraído da Lei das Eleições: "Art. 37. Nos bens cujo uso dependa de cessão ou permissão do poder público, ou que a ele pertençam, e nos bens de uso comum, inclusive postes de iluminação pública, sinalização de tráfego, viadutos, passarelas, pontes, paradas de ônibus e outros equipamentos urbanos, é vedada a veiculação de propaganda de qualquer natureza, inclusive pichação, inscrição a tinta e exposição de placas, estandartes, faixas, cavaletes, bonecos e assemelhados."

(b) A alternativa está errada, segundo a Lei 9.504/1997, nos arts. 20 e 21, que preveem a responsabilidade solidária: "Art. 20. O candidato a cargo eletivo fará, diretamente ou por intermédio de pessoa por ele designada, a administração financeira de sua campanha usando recursos repassados pelo partido, inclusive os relativos à cota do Fundo Partidário, recursos próprios ou doações de pessoas físicas, na forma estabelecida nesta lei." "Art. 21. O candidato é solidariamente responsável com a pessoa indicada na forma do art. 20 desta lei pela veracidade das informações financeiras e contábeis de sua campanha, devendo ambos assinar a respectiva prestação de contas."

(c) A resposta está incorreta, segundo o dispositivo legal extraído da Lei das Eleições: "Art. 24. É vedado, a partido e candidato, receber direta ou indiretamente doação em dinheiro ou estimável em dinheiro, inclusive por meio de publicidade de qualquer espécie, procedente de (...). § 1º. Não se incluem nas vedações de que trata este artigo as cooperativas cujos cooperados não sejam concessionários ou permissionários de serviços públicos, desde que não estejam sendo beneficiadas com recursos públicos, observado o disposto no art. 81." O artigo 81 foi revogado pela Lei 13.165/2015.

(d) A reposta está correta, de acordo com a Lei 9.504/1997, em seu art. 25: "Art. 25. O partido que descumprir as normas referentes à arrecadação e aplicação de recursos fixadas nesta lei perderá o direito ao recebimento da quota do Fundo Partidário do ano seguinte, sem prejuízo de responderem os candidatos beneficiados por abuso do poder econômico. LC 64/1990, arts. 19 e 21: apuração das transgressões pertinentes à origem de valores pecuniários e abuso do poder econômico ou político."

(e) A resposta está incorreta, segundo a parte final do art. 37 da Lei 9.504/1997: "Art. 37. Nos bens cujo uso dependa de cessão ou permissão do poder público, ou que a ele pertençam, e nos bens de uso comum, inclusive postes de iluminação pública, sinalização de tráfego, viadutos, passarelas, pontes, paradas de ônibus e outros equipamentos urbanos, é vedada a veiculação de propaganda de qualquer natureza, inclusive pichação, inscrição a tinta e exposição de placas, estandartes, faixas, cavaletes, bonecos e assemelhados."

*Para responder, tem que estudar: lei.*

*Gabarito: D*

BLOCO II

**33. (Cespe/TJ/DFT/Juiz/2015)** Assinale a opção correta no que concerne ao financiamento de campanhas eleitorais.

a) Os gastos espontâneos realizados por eleitor em favor de candidato são equiparados a doações para fins de limitação máxima.
b) A não abertura de conta específica para arrecadação de recursos financeiros para financiamento de campanha eleitoral é fundamento insuficiente para a rejeição das contas do candidato.
c) Pessoa jurídica que for constituída em ano de eleição não poderá realizar doações financeiras a candidatos nas eleições do ano de constituição.
d) É inadmissível a doação a candidato por empresa privada controlada por concessionária de serviço público.
e) Os candidatos podem financiar suas próprias campanhas com recursos próprios, sem restrições de valor.

ANOTAÇÕES/COMENTÁRIOS

(a) A alternativa está errada, pois não há previsão legal.

(b) Errada, segundo a Ac.TSE, de 13.12.2011, no AgR-AI 149794: constitui irregularidade insanável a arrecadação de recursos e a realização de despesas antes da abertura de conta específica.

(c) Gabarito errado, pois com a mudança trazida pela chamada mini reforma eleitoral em 2015 através da Lei 13.165/2015, não é mais possível a doação a campanhas por pessoa jurídica. As doações de campanha estão previstas no art. 23 da Lei 9.504/1997 com as inserções da mini reforma eleitoral. Estabelece o dispositivo: "Art. 23. Pessoas físicas poderão fazer doações em dinheiro ou estimáveis em dinheiro para campanhas eleitorais, obedecido o disposto nesta lei."

(d) A Lei 13.165/2015 vedou a doação para campanha por empresa.

(e) Errada, pois não há previsão legal.

*Para responder, tem que estudar: lei e jurisprudência.*

*Gabarito: C*

**34. (Cespe/TJ/CE/Juiz/2012)** Assinale a opção correta acerca da arrecadação, da aplicação de recursos e da prestação de contas de campanha.

a) As doações de recursos financeiros somente podem ser efetuadas em conta específica por meio de cheques cruzados e nominais.

b) É vedado a candidato o recebimento de doação em dinheiro procedente de quaisquer cooperativas.

c) As prestações de contas dos candidatos às eleições majoritárias são feitas pelo comitê financeiro ou pelo próprio candidato.

d) Tratando-se de coligação, os partidos que a compõem deverão fixar valor máximo único de gastos com as campanhas de seus candidatos, observados os limites legais.

e) Candidatos são obrigados a se inscrever no Cadastro Nacional de Pessoa Jurídica.

ANOTAÇÕES/COMENTÁRIOS

(a) A resposta está incorreta, pois a previsão de doações está prevista no art. 23, § 4º da Lei das Eleições.

(b) A resposta está incorreta, de acordo com art. 24, § 1 º da Lei 9.504/1997: "§ 1º. Não se incluem nas vedações de que trata este artigo as cooperativas cujos cooperados não sejam concessionários ou permissionários de serviços públicos, desde que não estejam sendo beneficiadas com recursos públicos, observado o disposto no art. 81." Contudo, o artigo 81 foi revogado pela Mini Reforma Eleitoral em 2015.

(c) A alternativa está errada, pois não há previsão legal.

(d) A alternativa está errada, pois não há na legislação hipótese emergida da assertiva.

(e) A resposta está correta, segundo o texto da Lei 9.504/1997 no seu art. 22-A: "Art. 22-A. Os candidatos estão obrigados à inscrição no Cadastro Nacional da Pessoa Jurídica (CNPJ)."

*Para responder, tem que estudar: lei.*

*Gabarito: E*

## 2.4. Das Pesquisas e Testes Pré-Eleitorais

**35. (Cespe/TJ/PB/Juiz/2011)** A respeito dos crimes previstos na Lei n. 9.504/1997, que dispõe sobre as eleições, assinale a opção correta.

a) Inexiste, na norma geral das eleições, previsão de responsabilização penal de representantes legais de empresas ou entidades de pesquisa e de órgão veiculador de pesquisa fraudulenta.

b) O uso, na propaganda eleitoral, de símbolos, frases ou imagens associadas ou semelhantes às empregadas por órgão de governo, empresa pública ou sociedade de economia mista constitui crime apenado com detenção e multa, vedada a alternativa de prestação de serviços à comunidade.

c) Qualquer ato que vise retardar, impedir ou dificultar a ação fiscalizadora dos partidos no tocante às pesquisas eleitorais constitui crime punível com detenção, com a alternativa de prestação de serviços à comunidade.

d) Respondem por crime eleitoral os integrantes de mesa receptora que deixarem de entregar, por omissão, cópia de boletim aos partidos e coligações concorrentes ao pleito caso seus representantes a requeiram até uma hora após a expedição.

e) A divulgação de pesquisa fraudulenta constitui crime punível com reclusão e multa.

ANOTAÇÕES/COMENTÁRIOS

(a) A resposta está incorreta, segundo prevê o art. 33, § 4º, Lei das Eleições: "§ 4º. A divulgação de pesquisa fraudulenta constitui crime, punível com detenção de seis meses a um ano e multa no valor de cinquenta mil a cem mil Ufirs.". "Art. 33. As entidades e empresas que realizarem pesquisas de opinião pública relativas às eleições ou aos candidatos, para conhecimento público, são obrigadas, para cada pesquisa, a registrar, junto à Justiça Eleitoral, até cinco dias antes da divulgação, as seguintes informações (...).".

(b) Errada, na parte da sanção, conforme dispõe o Art. 40, Lei das Eleições: "Art. 40. O uso, na propaganda eleitoral, de símbolos, frases ou imagens, associadas ou semelhantes às empregadas por órgão de governo, empresa pública ou sociedade de economia mista constitui crime, punível com detenção, de seis meses a um ano, com a alternativa de prestação de serviços à comunidade pelo mesmo período, e multa no valor de dez mil a vinte mil Ufirs."

(c) Certa, segundo a Lei 9.504/1997, no seu art. 34, § 2º: "§ 2º. O não cumprimento do disposto neste artigo ou qualquer ato que vise a retardar, impedir ou dificultar a ação fiscalizadora dos partidos constitui crime, punível com detenção, de seis meses a um ano, com a alternativa de prestação de serviços à comunidade pelo mesmo prazo, e multa no valor de dez mil a vinte mil Ufirs."

(d) A alternativa está errada, segundo a Lei 9.504/1997 no art. 68, §§ 1º e 2 º: "Art. 68. O boletim de urna, segundo modelo aprovado pelo Tribunal Superior Eleitoral, conterá os nomes e os números dos candidatos nela votados. § 1º. O presidente da mesa receptora é obrigado a entregar cópia do boletim de urna aos partidos e coligações concorrentes ao pleito cujos representantes o requeiram até uma hora após a expedição. § 2º. O descumprimento do disposto no parágrafo anterior constitui crime, punível com detenção, de um a três meses, com a alternativa de prestação de serviço à comunidade pelo mesmo período, e multa no valor de mil a cinco mil Ufirs." Nesse dispositivo, a responsabilidade é do presidente da mesa.

(e) A alternativa está errada, segundo o art. 33, § 4º da Lei das Eleições: "§ 4º A divulgação de pesquisa fraudulenta constitui crime, punível com detenção de seis meses a um ano e multa no valor de cinquenta mil a cem mil Ufirs.".

*Para responder, tem que estudar: lei.*

*Gabarito: C*

## 2.5. Da Propaganda Eleitoral

**36. (Cespe/TJ/ES/Juiz/2011)** Ainda a respeito das normas legais que regulamentam as eleições, assinale a opção correta.

a) É permitida a veiculação de propaganda eleitoral, como, por exemplo, inscrição a tinta e fixação de placas, em bens de uso comum, como postes de iluminação pública e sinalização de tráfego e paradas de ônibus.

b) No dia das eleições, a manifestação individual e silenciosa da preferência do eleitor por partido político, coligação ou candidato, revelada exclusivamente pelo uso de bandeiras, broches, dísticos e adesivos, é permitida, mas a aglomeração de pessoas portando vestuário padronizado, bem como os instrumentos de propaganda referidos anteriormente, de modo a caracterizar manifestação coletiva, com ou sem a utilização de veículos, é proibida, até o término do horário de votação.

c) As despesas com transporte ou deslocamento de candidato e de pessoal a serviço das candidaturas bem como o pagamento de cachê de artistas ou animadores de eventos relacionados a campanha eleitoral são considerados gastos eleitorais, sujeitos a registro e aos limites fixados na Lei das Eleições.

d) Partidos políticos, coligações e candidatos são obrigados, durante a campanha eleitoral, a divulgar, pela Internet, em sítio especificamente criado pela justiça eleitoral, relatório discriminado dos recursos em dinheiro ou estimáveis em dinheiro que tenham recebido para financiamento da campanha eleitoral, com indicação dos nomes dos doadores e dos respectivos valores doados, e dos gastos que realizarem.

e) É vedada a divulgação de pesquisas eleitorais, por qualquer meio de comunicação, no período compreendido entre o décimo quinto dia anterior ao dia das eleições e as dezoito horas do dia do pleito.

**ANOTAÇÕES/COMENTÁRIOS**

(a) Errada, pois o art. 37, da Lei 9.504/1997, veda esse tipo de prática: "Art. 37. Nos bens cujo uso dependa de cessão ou permissão do poder público, ou que a ele pertençam, e nos bens de uso comum, inclusive postes de iluminação pública, sinalização de tráfego, viadutos, passarelas, pontes, paradas de ônibus e outros equipamentos urbanos, é vedada a veiculação de propaganda de qualquer natureza, inclusive pichação, inscrição a tinta e exposição de placas, estandartes, faixas, cavaletes, bonecos e assemelhados."

(b) Certa, segundo o que dispõe a Lei 9.504/1997, no art. 39-A: "Art. 39-A. É permitida, no dia das eleições, a manifestação individual e silenciosa da preferência do eleitor por partido político, coligação ou candidato, revelada exclusivamente pelo uso de bandeiras, broches, dísticos e adesivos."

(c) A alternativa está errada, pois a legislação eleitoral veda esse tipo de conduta.

(d) Errada, pois não há previsão legal para tal obrigação.

(e) A alternativa está errada, considerando o art. 35-A: "Art. 35-A. É vedada a divulgação de pesquisas eleitorais por qualquer meio de comunicação, a partir do décimo quinto dia anterior até as 18 (dezoito) horas do dia do pleito."

***Para responder, tem que estudar: lei.***

*Gabarito: B*

**37. (Cespe/TJ/AC/Juiz/2012)** Assinale a opção correta acerca da propaganda eleitoral.

a) A comprovação do cumprimento das determinações da justiça eleitoral relacionadas a propaganda de candidato a prefeito realizada em desconformidade com o disposto na norma geral das eleições somente pode ser apresentada à comissão designada pelo TRE da respectiva circunscrição.

b) Quando o material impresso veicular propaganda conjunta de diversos candidatos, os gastos relativos a cada um deles deverão constar na respectiva prestação de contas, ou apenas naquela do candidato que houver arcado com os custos.

c) A realização de comícios e a utilização de aparelhagem de sonorização fixa somente são permitidas no horário compreendido entre as oito e as vinte e duas horas.

d) A veiculação da propaganda partidária gratuita prevista em lei somente é permitida após o dia cinco de julho do ano da eleição.

e) É facultativa a inserção dos dados dos candidatos a vice nas propagandas dos candidatos a cargo majoritário.

**ANOTAÇÕES/COMENTÁRIOS**

(a) A alternativa está errada, pois não há previsão legislativa acerca da afirmação.

(b) Certa, segundo a Lei 9.504/1997, no art. 38, § 2º: "Art. 38. Independe da obtenção de licença municipal e de autorização da Justiça Eleitoral a veiculação de propaganda eleitoral pela distribuição de folhetos, adesivos, volantes e outros impressos, os quais devem ser editados sob a responsabilidade do partido, coligação ou candidato. § 2º. Quando o material impresso veicular propaganda conjunta de diversos candidatos, os gastos relativos a cada um deles deverão constar na respectiva prestação de contas, ou apenas naquela relativa ao que houver arcado com os custos."

(c) A alternativa está errada, segundo o art. 38, § 4º, Lei 9.504/1997: "§ 4º. A realização de comícios e a utilização de aparelhagens de sonorização fixas são permitidas no horário compreendido entre as 8 (oito) e as 24 (vinte e quatro) horas, com exceção do comício de encerramento da campanha, que poderá ser prorrogado por mais 2 (duas) horas."

(d) Errada, pois não encontra amparo legal.

(e) A alternativa está errada, segundo o art. 36, § 4º, da Lei das Eleições: "§ 4º Na propaganda dos candidatos a cargo majoritário deverão constar, também, os nomes dos candidatos a vice ou a suplentes de senador, de modo claro e legível, em tamanho não inferior a 30% (trinta por cento) do nome do titular."

*Para responder, tem que estudar: lei.*

*Gabarito: B*

**38. (Cespe/TJ/DFT/Juiz/2015)** A respeito de propaganda eleitoral, assinale a opção correta.

a) Ao candidato que exerça a profissão de cantor é vedada a realização de shows durante o período eleitoral.

b) É vedada às agremiações políticas integrantes de uma mesma coligação a troca entre si de cadastros que contenham endereços de correio eletrônico para fins de propaganda eleitoral.

c) Admite-se a veiculação de propaganda eleitoral em sítio eletrônico de pessoa jurídica caso o propósito seja eminentemente jornalístico.

d) A cominação de pena ao provedor de conteúdo na Internet pela divulgação de propaganda eleitoral irregular realizada por perfil falso independe do prévio conhecimento acerca do material publicado.

e) É vedada a divulgação na Internet de jornal impresso que contenha propaganda eleitoral paga.

ANOTAÇÕES/COMENTÁRIOS

(a) A resposta está errada, pois somente é vedado para a promoção de candidato, conforme o art. 39, § 7º, da Lei 9.504/1997: "§ 7º. É proibida a realização de showmício e de evento assemelhado para promoção de candidatos, bem como a apresentação, remunerada ou não, de artistas com a finalidade de animar comício e reunião eleitoral."

(b) A alternativa está errada, pois não há previsão legal para tal afirmação.

(c) Ac.TSE, de 16.11.2010, no R-Rp 347776: inexistência de irregularidade quando sítios da Internet, ainda que de pessoas jurídicas, divulgam – com propósito informativo e jornalístico – peças de propaganda eleitoral dos candidatos.

(d) A alternativa está errada, segundo o disposto na Lei 9.504/1997 no art. 57-F: "Aplicam-se ao provedor de conteúdo e de serviços multimídia que hospeda a divulgação da propaganda eleitoral de candidato, de partido ou de coligação as penalidades previstas nesta lei, se, no prazo determinado pela Justiça Eleitoral, contado a partir da notificação de decisão sobre a existência de propaganda irregular, não tomar providências para a cessação dessa divulgação. Parágrafo único. O provedor de conteúdo ou de serviços multimídia só será considerado responsável pela divulgação da propaganda se a publicação do material for comprovadamente de seu prévio conhecimento."

(e) A alternativa está errada, considerando que não há previsão legal para afirmação.

*Para responder, tem que estudar: lei e jurisprudência.*

*Gabarito: C*

**39. (Cespe/TJ/DFT/Juiz/2015)** Assinale a opção correta acerca da captação ilícita de sufrágio.

a) Para que determinada conduta seja caracterizada como captação ilícita de sufrágio, é indispensável a demonstração de potencialidade lesiva ao resultado das eleições.

b) Para a caracterização da captação ilícita de sufrágio, exige-se a identificação dos eleitores que receberam dádivas em troca de seus votos.

c) A promessa de dádiva para o eleitor que se comprometer a não votar em candidato adversário caracteriza captação ilícita de sufrágio.

d) O dolo específico para a caracterização de captação ilícita de sufrágio exige pedido expresso de voto.

e) Haverá captação ilícita de sufrágio se o candidato, embora sem conhecimento, for beneficiado por oferta de dádivas realizada por terceiros em seu nome a eleitores.

**ANOTAÇÕES/COMENTÁRIOS**

(a) Errada, pois não é necessária a comprovação da potencialidade no resultado das eleições.

(b) A questão está errada, pois não é necessária a identificação dos agentes passivos da relação.

(c) Certa, segundo a interpretação no sentido de que a compra de voto também pode ser configurada por abstenção. "(...). 4. Se a conduta imputada está tipificada no art. 299 do CE, no qual "obter ou dar voto" e "conseguir ou prometer abstenção" são fins equiparados, que decorrem da ação de "dar, oferecer, prometer, solicitar ou receber, para si ou para outrem, dinheiro, dádiva, ou qualquer outra vantagem", é lícito ao intérprete do art. 41-A da Lei 9.504/97, por analogia, entender que ali, se cogita, também, da dádiva de dinheiro em troca de abstenção. (Resp 26.118)."

(d) Errada, segundo a Lei 9.504/1997, art. 299: "Art. 299. Dar, oferecer, prometer, solicitar ou receber, para si ou para outrem, dinheiro, dádiva, ou qualquer outra vantagem, para obter ou dar voto e para conseguir ou prometer abstenção, ainda que a oferta não seja aceita (...)."

(e) Errada, pois o candidato deverá ter conhecimento do ato praticado.

*Para responder, tem que estudar: lei e jurisprudência.*

*Gabarito: C*

**40. (Cespe/TJ/BA/Juiz/2019)** Em janeiro do ano das eleições municipais, o pai de um possível candidato à prefeitura de determinado município, em entrevista concedida a uma rádio local, exaltou a eventual candidatura do filho, tendo mencionado durante a entrevista diversas qualidades pessoais de seu descendente, mas sem pedir que votassem nele. Por isso, o diretório de um partido formulou representação contra a conduta narrada, tendo alegado a prática de propaganda eleitoral antecipada.

Considerando essa situação hipotética, assinale a opção correta.

a) A situação configura propaganda eleitoral antecipada, pois, mesmo não tendo havido pedido explícito de votos, houve menção expressa à pretensa candidatura e exaltação das qualidades pessoais de pré-candidato.

b) Se o pai do eventual candidato a prefeito não for filiado a partido político, tal fato impedirá sua responsabilização por propaganda antecipada, sendo possível, no entanto, a aplicação de sanção ao beneficiário da propaganda ilegal.

c) A situação narrada não configura propaganda eleitoral antecipada, uma vez que houve a simples menção a eventual candidatura e exaltação de qualidades pessoais de possível pré-candidato, sem pedido explícito de votos.

d) A conduta não se enquadra como propaganda eleitoral antecipada, pois o lapso temporal existente entre a entrevista e as eleições impede a caracterização da ilegalidade da entrevista.

e) Antes do recebimento da representação, o juiz eleitoral da comarca, investido de poder de polícia, poderia ter instaurado, de ofício, procedimento com a finalidade de impor multa pela veiculação de propaganda eleitoral ilícita.

ANOTAÇÕES/COMENTÁRIOS

(a) A assertiva está errada, pois, vai de encontro ao art. 36-A da Lei nº 9.504/1997, que dispõe não configurar propaganda eleitoral antecipada, desde que não envolva pedido explícito de voto, a exaltação das qualidades pessoais dos pré-candidatos.

(b) A assertiva está errada, pois não há configuração de propaganda extemporânea quando não há pedido explicito de votos, e no caso, o pai do candidato apenas ressaltou suas qualidades pessoais e projetos, não havendo pedido expresso de votos em favor do seu filho, não podendo ser este responsabizado.

(c) A assertiva está correta, nos termos do art. 36-A da Lei nº 9.504/1997, que afirma não configurar propaganda eleitoral antecipada a menção à pretensa candidatura e a exaltação das qualidades pessoais dos pré-candidatos.

(d) A assertiva está errada. O enunciado informa que a entrevista foi concedida em janeiro no ano das eleições, todavia, o art. 36 da Lei nº 9.504/1997 afirma somente ser permitida a propaganda eleitoral após o dia 15 de agosto do ano da eleição.

(e) A assertiva está errada, pois, contraria o texto do verbete de súmula nº 18 do Tribunal Superior Eleitoral: "Conquanto investido de poder de polícia, não tem legitimidade o juiz eleitoral para, de ofício, instaurar procedimento com a finalidade de impor multa pela veiculação de propaganda eleitoral em desacordo com a Lei nº 9.504/97".

*Para responder, tem que estudar: lei e jurisprudência.*

*Gabarito: C*

BLOCO II

## 2.6. Das Condutas Vedadas

**41. (Cespe/TJ/PA/Juiz/2012)** No que concerne à representação por captação ilícita de sufrágio, aos crimes eleitorais e ao processo penal eleitoral, assinale a opção correta.

a) As infrações penais definidas no Código Eleitoral são, em regra, de ação pública, com exceção dos denominados crimes eleitorais contra a honra de candidatos, partidos ou coligações, aos quais se aplica subsidiariamente o Código Penal.

b) Admite-se, para o crime consistente na difamação de alguém durante a propaganda eleitoral, por meio da imputação de fato ofensivo à reputação da pessoa, exceção da verdade, se o ofendido for funcionário público e a ofensa não for relativa ao exercício de suas funções.

c) Tratando-se do crime de escrever, assinalar ou fazer pinturas em muros, fachadas ou qualquer bem de uso comum do povo, para fins de propaganda eleitoral, empregando-se qualquer tipo de tinta, piche, cal ou produto semelhante, o juiz poderá reduzir a pena do agente que repare o dano antes da sentença final.

d) Se o juiz se convencer de que o diretório local de determinado partido tenha concorrido para a prática do crime de inutilizar, alterar ou perturbar meio de propaganda devidamente empregado, ou que o partido tenha se beneficiado conscientemente da referida propaganda, ao diretório será imposta pena de multa.

e) Em decorrência da liberdade de escolha do eleitor, na representação pela captação ilícita de sufrágio prevista na Lei n. 9.504/1997, não se afere a potencialidade lesiva da conduta, bastando a prova da captação, ainda que envolva apenas um eleitor.

ANOTAÇÕES/COMENTÁRIOS

(a) A questão está errada, pois não há previsão legal.

(b) A resposta está errada, segundo o dispositivo legal, extraído da Lei 9.504/1997: "Art. 325. Difamar alguém, na propaganda eleitoral, ou visando a fins de propaganda, imputando-lhe fato ofensivo à sua reputação (...). Parágrafo único. A exceção da verdade somente se admite se o ofendido é funcionário público e a ofensa é relativa ao exercício de suas funções."

(c) A questão está errada, considerando que não há dispositivo legal.

(d) A questão está errada, segundo a Lei 9.504/1997, art. 336: "Art. 336. Na sentença que julgar ação penal pela infração de qualquer dos arts. 322, 323, 324, 325, 326, 328, 329, 331, 332, 333, 334 e 335, deve o juiz verificar, de acordo com o seu livre convencimento, se o diretório local do partido, por qualquer dos seus membros, concorreu para a prática de delito, ou dela se beneficiou conscientemente. Parágrafo único. Nesse caso, imporá o juiz ao diretório responsável pena de suspensão de sua atividade eleitoral por prazo de 6 a 12 meses, agravada até o dobro nas reincidências."

(e) A resposta está correta, segundo jurisprudência assentada no Ac.TSE, de 8.10.2009, no RO 2373, de 17.4.2008, no Resp 27104 e, de 1.3.2007, no REsp 26118: para incidência da sanção prevista neste dispositivo, não se exige a aferição da potencialidade do fato para desequilibrar o pleito; Ac.TSE, de 29.4.2014, no AgR-Resp 43040 e, de 28.10.2010, no AgR-REsp 39974: necessidade de se verificar a potencialidade lesiva do ato ilícito, no caso de apuração da captação ilícita de sufrágio – espécie do gênero corrupção – em sede de AIME.

*Para responder, tem que estudar: jurisprudência.*

*Gabarito: E*

## 3. LEI DAS INELEGIBILIDADES (LC 64/90)

### 3.1. Dos Inelegíveis

**42. (Cespe/TJ/MA/Juiz/2013)** Considerando os casos de inelegibilidade previstos em lei, assinale a opção correta.

a) A jurisprudência do TSE veda a candidatura de pai e filho, em uma mesma chapa, para os cargos de prefeito e vice-prefeito, por tal situação configurar nepotismo.

b) Secretário da administração estadual não está obrigado a afastar-se de seu cargo para candidatar-se a cargo eletivo em âmbito federal.

c) Governador de estado pode manter-se no cargo para candidatar-se à reeleição.

d) Considere que Maria mantenha um relacionamento homoafetivo com a atual prefeita do munícipio X. Nessa situação, a companheira da prefeita poderá candidatar-se a cargo eletivo nesse município.

ANOTAÇÕES/COMENTÁRIOS

(a) A resposta está errada, pois a jurisprudência do TSE não prevê o teor dessa assertiva.

(b) A obrigação de afastamento encontra-se prevista no art. 1º, II, "a", itens 12 e 16 da LC 64/90.

(c) A resposta está correta, com base na Emenda Constitucional 16/97 que deu nova redação ao § 5º do art. 14, ao caput do art. 28, ao inciso II do art. 29, ao caput do art. 77 e ao art. 82 da Constituição Federal.

(d) A resposta está errada, considerando o teor do § 3º do art. 1º da Lei Complementar 64/1990: "§ 3º São inelegíveis, no território de jurisdição do titular, o cônjuge e os parentes, consanguíneos ou afins, até o segundo grau ou por adoção, do presidente da República, de governador de estado ou território, do Distrito Federal, de prefeito ou de quem os haja substituído dentro dos 6 (seis) meses anteriores ao pleito, salvo se já titular de mandato eletivo e candidato à reeleição." E, ainda, a jurisprudência no Ac.TSE, de 1.10.2004, no Resp 24564: "Os sujeitos de uma relação estável homossexual, à semelhança do que ocorre com os de relação estável, de concubinato e de casamento, submetem-se à regra de inelegibilidade prevista no art. 14, § 7º, da Constituição Federal".

*Para responder, tem que estudar: jurisprudência.*

*Gabarito: C*

**43. (Cespe/TJ/PI/Juiz/2012)** Com relação às inelegibilidades, assinale a opção correta.

a) O candidato condenado, em decisão transitada em julgado ou proferida por órgão colegiado da justiça eleitoral, por conduta vedada a agente público em campanha eleitoral somente será considerado inelegível se a conduta implicar a cassação do registro ou do diploma.

b) O prefeito que perder o mandato por infringência a dispositivo da lei orgânica municipal ficará inelegível, para qualquer cargo, nas eleições a serem realizadas no período remanescente do mandato para o qual tenha sido eleito e nos três anos subsequentes ao término do mandato, reavendo a sua elegibilidade imediatamente após esse período.

c) O prazo da inelegibilidade do indivíduo condenado por crime contra o meio ambiente por decisão transitada em julgado ou proferida por órgão judicial colegiado perdura enquanto durarem os efeitos da condenação.

d) A inelegibilidade não se aplica a membro de assembleia legislativa que renunciar ao mandato após o oferecimento de representação capaz de autorizar a abertura de processo por infringência a dispositivo da constituição estadual.

e) O indivíduo excluído do exercício da profissão por decisão sancionatória do órgão profissional competente em decorrência de infração ético-profissional ficará inelegível, para qualquer cargo, pelo prazo de quatro anos, salvo se o ato houver sido anulado ou suspenso pelo Poder Judiciário.

ANOTAÇÕES/COMENTÁRIOS

(a) A resposta está correta, segundo a Lei Complementar 64/1990, art. 1, I, J, acrescida pela LC 135/2010, denominada de Lei da Ficha Limpa: “Art. 1º São inelegíveis: I – para qualquer cargo: j) os que forem condenados, em decisão transitada em julgado ou proferida por órgão colegiado da Justiça Eleitoral, por corrupção eleitoral, por captação ilícita de sufrágio, por doação, captação ou gastos ilícitos de recursos de campanha ou por conduta vedada aos agentes públicos em campanhas eleitorais que impliquem cassação do registro ou do diploma, pelo prazo de 8 (oito) anos a contar da eleição;”

(b) A resposta está errada, considerando que o prazo é de 08(oito) anos, e não 03(três), conforme afirma a questão, de acordo com alínea K do art. 1º, I da LC 64/1990: “k) o presidente da República, o governador de estado e do Distrito Federal, o prefeito, os membros do Congresso Nacional, das assembleias legislativas, da Câmara Legislativa, das câmaras municipais, que renunciarem a seus mandatos desde o oferecimento de representação ou petição capaz de autorizar a abertura de processo por infringência a dispositivo da Constituição Federal, da Constituição estadual, da Lei Orgânica do Distrito Federal ou da Lei Orgânica do Município, para as eleições que se realizarem durante o período remanescente do mandato para o qual foram eleitos e nos 8 (oito) anos subsequentes ao término da legislatura;”

(c) A reposta esta errada, conforme dispõe a alínea “E”, 3, da LC 64/1990: “e) os que forem condenados, em decisão transitada em julgado ou proferida por órgão judicial colegiado, desde a condenação até o transcurso do prazo de 8 (oito) anos após o cumprimento da pena, pelos crimes: 3. contra o meio ambiente e a saúde pública;"

(d) A questão está errada por falta de fundamentação legal.

(e) A questão está errada, considerando o descrito na aliena M da LC 64/1990, com relação ao prazo que é de 08(oito) anos: "m) os que forem excluídos do exercício da profissão, por decisão sancionatória do órgão profissional competente, em decorrência de infração ético-profissional, pelo prazo de 8 (oito) anos, salvo se o ato houver sido anulado ou suspenso pelo Poder Judiciário;"

*Para responder, tem que estudar: lei.*

*Gabarito: A*

**44. (Cespe/TJ/PB/Juiz/2011)** Com relação à inelegibilidade, assinale a opção correta.

a) O prazo de inelegibilidade de prefeito que tiver as contas relativas ao exercício do cargo rejeitadas, por decisão irrecorrível do órgão competente, em razão de irregularidade insanável que configure ato doloso de improbidade administrativa, se a decisão não tiver sido suspensa nem anulada pelo Poder Judiciário, deverá ser contado do término do mandato para o qual o prefeito tenha sido eleito.

b) Para candidato que já exerça mandato eletivo, conta-se do término do mandato para o qual tenha sido eleito o prazo de inelegibilidade caso ele venha a ser condenado, por decisão transitada em julgado ou proferida por órgão colegiado da justiça eleitoral, em decorrência de gastos ilícitos de campanha, com a consequente cassação do diploma.

c) Consideram-se inelegíveis para qualquer cargo a pessoa física e(ou) o dirigente de pessoa jurídica responsáveis por doação eleitoral tida por ilegal, se reconhecida contra si inelegibilidade, por prazo contado da decisão que reconheça a ilegalidade.

d) O prazo de inelegibilidade de indivíduo condenado por qualquer crime eleitoral, em decisão transitada em julgado ou proferida por órgão judicial colegiado, perdura por prazo superior aos efeitos da condenação.

e) Enquanto persistirem os efeitos da condenação, perdura o prazo de inelegibilidade de indivíduo condenado por crime contra o patrimônio privado, em decisão transitada em julgado ou proferida por órgão judicial colegiado.

ANOTAÇÕES/COMENTÁRIOS

(a) A resposta está errada, considerando a alínea G do art. 1º, I da LC 64/1990: "g) os que tiverem suas contas relativas ao exercício de cargos ou funções públicas rejeitadas por irregularidade insanável que configure ato doloso de improbidade administrativa, e por decisão irrecorrível do órgão competente, salvo se esta houver sido suspensa ou anulada pelo Poder Judiciário, para as eleições que se realizarem nos 8 (oito) anos seguintes, contados a partir da data da decisão, aplicando-se o disposto no inciso II do art. 71 da Constituição Federal, a todos os ordenadores de despesa, sem exclusão de mandatários que houverem agido nessa condição;"

(b) A questão está errada por não haver previsão legal que fundamente a assertiva.

(c) A resposta está correta, diante de o que diz a Lei Complementar 64/1990, no art. 1 º, I, P: "p) a pessoa física e os dirigentes de pessoas jurídicas responsáveis por doações eleitorais tidas por ilegais por decisão transitada em julgado ou proferida por órgão colegiado da Justiça Eleitoral, pelo prazo de 8 (oito) anos após a decisão, observando-se o procedimento previsto no art. 22;"

(d) A questão está errada por não haver previsão legal.

(e) A questão está errada, segundo a alínea E do art. 1º, I: "e) os que forem condenados, em decisão transitada em julgado ou proferida por órgão judicial colegiado, desde a condenação até o transcurso do prazo de 8 (oito) anos após o cumprimento da pena, pelos crimes: 2. contra o patrimônio privado, o sistema financeiro, o mercado de capitais e os previstos na lei que regula a falência;"

*Para responder, tem que estudar: lei.*

*Gabarito: C*

**45. (Cespe/TJ/PB/Juiz/2015)** Cada uma das próximas opções apresenta uma situação hipotética, seguida de uma assertiva a ser julgada. Conforme a jurisprudência pertinente às hipóteses de elegibilidade e inelegibilidade, assinale a opção que apresenta a assertiva correta.

a) Maurício foi reeleito prefeito no município Y. Ainda no cargo de prefeito desse município, Maurício pretende candidatar-se consecutivamente ao mesmo cargo no município Z. Nessa situação, Maurício deverá atender aos requisitos para o registro da nova candidatura para tornar-se elegível no município Z.

b) Devido a suspeita de que não saberia ler e escrever, José, candidato a cargo de vereador, foi submetido a teste público e solene, a fim de que fosse apurada sua habilidade de escrita e leitura. Nessa situação, a submissão de José a exames coletivos constituiu instrumento legítimo para a comprovação da aludida condição de elegibilidade.

c) Patrícia, candidata a vice-prefeita em uma chapa, foi reeleita para mandato consecutivo. No meio do segundo mandato, o prefeito renunciou ao cargo, de modo que a vice-prefeita sucedeu ao titular. Nessa situação, Patrícia tornou-se inelegível para concorrer ao cargo de prefeita na eleição subsequente.

d) Glauber, militar na ativa, com o intuito de concorrer ao cargo de vereador, mudou de domicílio para o município X, mas alterou seu domicílio eleitoral apenas nove meses antes do pleito eleitoral. Nessa situação, Glauber será elegível para o cargo de vereador, pois aos militares não se aplicam as regras da filiação partidária e do tempo de domicílio na circunscrição eleitoral.

e) Paulo, vice-governador por dois anos, assumiu o governo do estado devido à morte do titular. No entanto, Paulo deseja concorrer novamente ao cargo de vice-governador em uma chapa encabeçada por outro candidato. Nessa situação, para que seja afastada a sua inelegibilidade, Paulo deverá deixar o cargo de governador no prazo legal.

**ANOTAÇÕES/COMENTÁRIOS**

(a) A questão está errada, considerando o disposto na Lei 64/1990: "IV – para prefeito e vice-prefeito: a) no que lhes for aplicável, por identidade de situações, os inelegíveis para os cargos de presidente e vice-presidente da República, governador e vice-governador de estado e do Distrito Federal, observado o prazo de 4 (quatro) meses para a desincompatibilização;"

(b) A questão está errada, segundo jurisprudência consolidada do TSE: "Ac.TSE, de 31.8.2004, no REsp 21920 e, de 17.8.2004, no REsp 21707: o teste de alfabetização será feito individualmente, sem constrangimentos, vedada sua realização em audiência pública; Ac.TSE, de 11.10.2004, no AgR-REsp 24343: ilegitimidade do teste de alfabetização quando, apesar de não ser coletivo, provoca constrangimento no candidato."

(c) A questão está errada por não haver previsão legal.

(d) A questão está errada, segundo o REsp 8963 e Res.TSE 21787/2004: não exigência de prévia filiação partidária do militar da ativa, bastando o pedido de registro de candidatura após escolha em convenção partidária; Ac.TSE, de 23.9.2004, no AgR-REsp 22941: necessidade de tempestiva filiação partidária de militar da reserva não remunerada.

(e) Certa, conforme o previsto na LC 64/1990, no art. 1º, § 2º c/c CF/1988, art. 14, § 5º: "Art. 1º São inelegíveis (...). § 2º O vice-presidente, o vice-governador e o vice-prefeito poderão candidatar-se a outros cargos, preservando os seus mandatos respectivos, desde que, nos últimos 6 (seis) meses anteriores ao pleito, não tenham sucedido ou substituído o titular." "Art. 14. A soberania popular será exercida pelo sufrágio universal e pelo voto direto e secreto, com valor igual para todos, e, nos termos da lei, mediante (...). § 5º O Presidente da República, os Governadores de Estado e do Distrito Federal, os Prefeitos e quem os houver sucedido, ou substituído no curso dos mandatos poderão ser reeleitos para um único período subsequente."

*Para responder, tem que estudar: lei e jurisprudência.*

*Gabarito: E*

**46. (Cespe/TJ/DFT/Juiz/2014)** Considere que Tino, casado com Rita, esteja no exercício de seu segundo mandato consecutivo de prefeito do município Y e que o casal se divorcie durante o segundo mandato. Nessa situação, consoante entendimento jurisprudencial do STF e do TSE acerca das hipóteses de inelegibilidade, caso Rita decida candidatar-se, na eleição imediatamente posterior ao segundo mandato de Tino, ao mesmo cargo no mesmo município, ela será considerada:

a) elegível, desde que comprove que não receberá, em sua campanha, apoio político do ex-marido.

b) inelegível, salvo se Tino se desincompatibilizar no prazo legal.

c) elegível, dado o divórcio ter ocorrido durante o segundo mandato.

d) inelegível, uma vez que o divórcio não afasta a inelegibilidade.

e) elegível, dada a ausência de hipótese de inelegibilidade.

ANOTAÇÕES/COMENTÁRIOS

(a) A questão está errada por não haver previsão legal que ampare a afirmação.

(b) A questão está errada considerando a fundamentação da alternativa correta, qual seja, letra D.

(c) A alternativa está errada de acordo com Súv.STF 18/2009: "A dissolução da sociedade ou do vínculo conjugal, no curso do mandato, não afasta a inelegibilidade prevista no § 7º do art. 14 da Constituição Federal".

(d) Essa assertiva está correta com fundamento no art. 1º da LC 64/1990: "§ 3º São inelegíveis, no território de jurisdição do titular, o cônjuge e os parentes, consanguíneos ou afins, até o segundo grau ou por adoção, do presidente da República, de governador de estado ou território, do Distrito Federal, de prefeito ou de quem os haja substituído dentro dos 6 (seis) meses anteriores ao pleito, salvo se já titular de mandato eletivo e candidato à reeleição." Bem como a Súv.STF 18/2009: "A dissolução da sociedade ou do vínculo conjugal, no curso do mandato, não afasta a inelegibilidade prevista no § 7º do art. 14 da Constituição Federal".

(e) A questão está errada, considerando a fundamentação legal da questão acima.

*Para responder, tem que estudar: lei.*

*Gabarito: D*

**47. (Cespe/TJ/DFT/Juiz/2014)** Jânio, prefeito do município X, foi reeleito para mais quatro anos de mandato, estando à frente do Poder Executivo municipal durante dois mandatos consecutivos. No próximo pleito, Jânio pretende candidatar-se a prefeito de outro município, localizado a poucos quilômetros de X. Nessa situação, de acordo com a jurisprudência do STF acerca da matéria, a participação de Jânio no próximo pleito:

a) é possível, desde que o referido município pertença a outro estado-membro da Federação.

b) é constitucional e requer que Jânio se desincompatibilize no prazo legal.

c) fere o princípio republicano, não sendo, pois, possível, em nenhum município da Federação.
d) é possível, desde que ele se candidate com outra filiação partidária.
e) atende à previsão constitucional de uma única reeleição subsequente.

**ANOTAÇÕES/COMENTÁRIOS**

(a) A resposta está errada, de acordo com a jurisprudência disposta na alternativa C.

(b) Não há fundamentação legal que ampare a afirmação.

(c) A resposta está correta, de acordo com o RE 637485 interposto por Vicente de Paula de Souza Guedes contra acórdão do TSE que confirmou decisão de cassar o diploma dos candidatos eleitos para os cargos de prefeito e vice-prefeita do município de Valença (RJ) no pleito de 2008.

(d) A questão está errada, considerando a jurisprudência dominante.

(e) A questão está errada, pois não há previsão constitucional.

*Para responder, tem que estudar: jurisprudência.*

*Gabarito: C*

**48. (Cespe/TJ/RN/Juiz/2013)** De acordo com a Lei de Inelegibilidade e o disposto na Lei de Ficha Limpa:

a) a condenação por órgão colegiado, na hipótese de crime contra a administração pública, implica inelegibilidade, ainda que o processo não tenha transitado em julgado.
b) não há inelegibilidade caso a condenação, ainda que por órgão colegiado, decorra de mero crime ambiental.
c) qualquer eleitor é parte legítima para impugnar o registro de candidato.
d) advogado excluído dos quadros de sua entidade profissional somente pode candidatar-se nos pleitos municipais.
e) cidadão condenado pela prática de crime contra a honra por órgão colegiado é inelegível para qualquer cargo, ainda que o processo não tenha transitado em julgado.

**ANOTAÇÕES/COMENTÁRIOS**

(a) Certa, segundo o disposto na LC 64/1990, no seu art. 1º, I: "e) os que forem condenados, em decisão transitada em julgado ou proferida por órgão judicial colegiado, desde a condenação até o transcurso do prazo de 8 (oito) anos após o cumprimento da pena, pelos crimes: 1. contra a economia popular, a fé pública, a administração pública e o patrimônio público;"

(b) A questão está errada, segundo o disposto na LC 64/1990, no seu art. 1º, I: "e) os que forem condenados, em decisão transitada em julgado ou proferida por órgão judicial colegiado, desde a condenação até o transcurso do prazo de 8 (oito) anos após o cumprimento da pena, pelos crimes: 3. contra o meio ambiente e a saúde pública;"

(c) A resposta está errada, pois qualquer eleitor não poderá impugnar, mas comunicar causas de inelegibilidade, conforme jurisprudência no Ac.TSE, de 19.12.2016, no AgR-Resp 26234 e, de 16.11.2016, no AgR-Resp 28954: eleitor não possui legitimidade para recorrer de decisão que defere registro de candidatura, mas pode apresentar notícia de inelegibilidade ao juiz competente.

(d) A assertiva está errada, considerando a LC 64/1990, no art. 1º, I: "m) os que forem excluídos do exercício da profissão, por decisão sancionatória do órgão profissional competente, em decorrência de infração ético-profissional, pelo prazo de 8 (oito) anos, salvo se o ato houver sido anulado ou suspenso pelo Poder Judiciário;"

(e) A resposta está errada, pois não há previsão legal.

*Para responder, tem que estudar: lei e jurisprudência.*

*Gabarito: A*

**49. (Cespe/TJ/PA/Juiz/2012)** Assinale a opção correta acerca das condições de elegibilidade e inelegibilidade, à luz da CF e da legislação pertinente.

a) Deve ser indeferido o pedido de registro de candidatura para o cargo de prefeito de município, nas eleições de 2012, de magistrado que tenha se aposentado voluntariamente em 2003 na pendência de processo administrativo disciplinar.

b) Deve ser indeferido o pedido de registro de candidatura, nas eleições municipais de 2012, de vereador contra o qual haja representação julgada procedente, em 2012, pela justiça eleitoral, em decisão de primeira instância, pendente de recurso, relativa a processo de apuração de abuso do poder político.

c) Deve-se indeferir o pedido de registro de candidatura para o cargo de prefeito de município, nas eleições de 2012, de conselheiro tutelar condenado à suspensão dos direitos políticos por ato doloso de improbidade administrativa que tenha importado lesão ao patrimônio público e enriquecimento ilícito, com pena cumprida até 2003.

d) Considere que um senador da República que tenha renunciado ao mandato, em 2003, após ter sido protocolada contra ele petição capaz de autorizar a abertura de processo por infringência a dispositivo da CF, formalize pedido de registro de candidatura a prefeito de município nas eleições de 2012. Nessa situação, o referido pedido deve ser indeferido.

e) Deve-se indeferir a solicitação de registro de candidatura a vereador de município, nas eleições de 2012, de assistente social que tenha sido excluído, em 2009, do exercício da profissão por decisão sancionatória, posteriormente suspensa pelo Poder Judiciário, do respectivo conselho regional de serviço social, em decorrência de infração ético-profissional.

ANOTAÇÕES/COMENTÁRIOS

(a) A questão está errada, pois não há condenação, conforme dispõe a alínea q do art. 1º, I da LC 64/1990: "q) os magistrados e os membros do Ministério Público que forem aposentados compulsoriamente por decisão sancionatória, que tenham perdido o cargo por sentença ou que tenham pedido exoneração ou aposentadoria voluntária na pendência de processo administrativo disciplinar, pelo prazo de 8 (oito) anos;"

(b) A decisão está incorreta, considerando que a decisão é de primeira instancia, com base no art. 1º, I alínea d: "d) os que tenham contra sua pessoa representação julgada procedente pela Justiça Eleitoral, em decisão transitada em julgado ou proferida por órgão colegiado, em processo de apuração de abuso do poder econômico ou político, para a eleição na qual concorrem ou tenham sido diplomados, bem como para as que se realizarem nos 8 (oito) anos seguintes;"

(c) Errada, uma vez que o prazo de inelegibilidade já findou.

(d) Errada, por não haver previsão legal.

(e) A questão está correta com base na LC 64/1990, art. 1º, I, m: "m) os que forem excluídos do exercício da profissão, por decisão sancionatória do órgão profissional competente, em decorrência de infração ético-profissional, pelo prazo de 8 (oito) anos, salvo se o ato houver sido anulado ou suspenso pelo Poder Judiciário;"

*Para responder, tem que estudar: lei.*

*Gabarito: D*

**50. (Cespe/TJ/DFT/Juiz/2016)** Considerando as interpretações doutrinárias e jurisprudenciais conferidas às normas constitucionais referentes aos direitos políticos, assinale a opção correta.

a) Os direitos políticos insculpidos na Constituição possuem eficácia limitada, ante a necessidade da edição de legislação infraconstitucional para concretizá-los.

b) A dissolução da sociedade conjugal no curso do mandato eletivo de governador de Estado implica a inelegibilidade de sua ex-cônjuge para o cargo de deputado estadual na mesma unidade da Federação para o pleito subsequente.

c) O governador do Distrito Federal que pretende se candidatar ao cargo de deputado federal no pleito subsequente não precisa se desincompatibilizar do cargo que atualmente ocupa, uma vez que tal exigência constitucional aplica-se apenas quando o novo cargo almejado é disputado mediante eleição majoritária.

d) O cidadão naturalizado brasileiro poderá ocupar os cargos eletivos de deputado federal e de governador do Distrito Federal, mas não poderá ser eleito senador ou vice-presidente, diante de vedação constitucional.

BLOCO II

e) A capacidade eleitoral passiva limita-se às restrições que estão expressamente veiculadas na CF e a nenhum outro dispositivo legal.

**ANOTAÇÕES/COMENTÁRIOS**

(a) Errada, pois possuem eficácia plena. Os direitos políticos se encontram no Título dos Direitos e Garantias Fundamentais, nos arts. 14, 15 e 16 da CF/1988.

(b) A resposta está correta, segundo a jurisprudência do STF, Súmula Vinculante 18: "A dissolução da sociedade ou do vínculo conjugal, no curso do mandato, não afasta a inelegibilidade prevista no § 7º do artigo 14 da Constituição Federal."

(c) A resposta está incorreta, conforme o art. 14, § 6º, CF/88: "(...). § 6º Para concorrerem a outros cargos, o Presidente da República, os Governadores de Estado e do Distrito Federal e os Prefeitos devem renunciar aos respectivos mandatos até seis meses antes do pleito (...)."

(d) Errada, de acordo com o art. 12, CF/88: "Art. 12 (...). § 3º São privativos de brasileiro nato os cargos: I – de Presidente e Vice-Presidente da República; II – de Presidente da Câmara dos Deputados; III – de Presidente do Senado Federal; IV – de Ministro do STF; V – da carreira diplomática; VI – de oficial das Forças Armadas; VII – de Ministro de Estado da Defesa. (...)."

(e) Errada, segundo o art. 14, § 9º, CF/88: "Art. 14 (...). § 9º Lei complementar estabelecerá outros casos de inelegibilidade e os prazos de sua cessação, a fim de proteger a probidade administrativa, a moralidade para exercício de mandato considerada vida pregressa do candidato, e a normalidade e legitimidade das eleições contra a influência do poder econômico ou o abuso do exercício de função, cargo ou emprego na administração direta ou indireta. (...)."

*Para responder, tem que estudar: súmula/OJ.*

*Gabarito: B*

**51. (Cespe/TJ/DFT/Juiz/2015)** Pedro e Marcos, este último casado com Maria, foram eleitos para os cargos de prefeito e de vice-prefeito, respectivamente, do município X. No mandato imediatamente posterior, foram reeleitos nos mesmos cargos. Nos seis meses anteriores ao próximo pleito, Marcos substituiu Pedro temporariamente. Nessa situação hipotética, para as eleições seguintes:

a) Marcos poderá se candidatar ao cargo de prefeito do município.

b) Maria será inelegível no território da jurisdição de Marcos, sendo essa condição classificada como cominada, isto é, sanção jurídica que se aplica a Maria por força de seu casamento.

c) Maria não poderá se candidatar no território da jurisdição de Marcos; sua inelegibilidade é direta, por decorrer de fato específico relacionado a si própria.

d) Pedro ficará inelegível para um terceiro mandato no cargo de prefeito, o que não o impede de transferir seu domicílio eleitoral para município diverso, onde poderá concorrer validamente para o referido cargo.
e) Marcos poderá concorrer novamente ao cargo de vice-prefeito do município.

ANOTAÇÕES/COMENTÁRIOS

(a) A questão está correta com base na LC 64/1990, art. 1º, § 2º: "§ 2º O vice-presidente, o vice-governador e o vice-prefeito poderão candidatar-se a outros cargos, preservando os seus mandatos respectivos, desde que, nos últimos 6 (seis) meses anteriores ao pleito, não tenham sucedido ou substituído o titular." c/c CF, art. 14, § 5º: "Art. 14. A soberania popular será exercida pelo sufrágio universal e pelo voto direto e secreto, com valor igual para todos, e, nos termos da lei, mediante: § 5º O Presidente da República, os Governadores de Estado e do Distrito Federal, os Prefeitos e quem os houver sucedido, ou substituído no curso dos mandatos poderão ser reeleitos para um único período subsequente."

(b) A questão está errada, pois não há previsão legal.

(c) A questão está errada, considerando a fundamentação legal exposta na alternativa correta.

(d) A questão está errada, conforme exposto acima. Marcos poderá se candidatar.

(e) A questão está errada, considerando a fundamentação legal exposta na alternativa correta.

*Para responder, tem que estudar: lei.*

*Gabarito: A*

BLOCO II

**52. (Cespe/TJ/CE/Juiz/2018)** É correto afirmar que a inelegibilidade:

a) Alcança aqueles que não estejam filiados a partido político há, pelo menos, um ano antes da eleição.
b) De candidato a presidente da República se estende ao candidato a vice-presidente da República.
c) Pode ser reconhecida de ofício pela justiça eleitoral nos processos de registro de candidatura.
d) Obsta temporariamente a capacidade eleitoral ativa dos candidatos.
e) Abrange, por força constitucional, os analfabetos, os semianalfabetos, os conscritos e os estrangeiros.

ANOTAÇÕES/COMENTÁRIOS

(a) Resposta incorreta, conforme art. 9º da Lei de Eleições: o prazo geral mínimo para filiação é de 6 meses.

(b) As condições de elegibilidade são de caráter personalíssimo, por se tratar de restrição de direitos políticos.

(c) Súmula 45 do TSE.

(d) Obsta a capacidade eleitoral PASSIVA, que é a capacidade de ser votado.

(e) Art. 14, parágrafos 1º, II, a e 2º. Os semianalfabetos não estão listados como inelegíveis.

*Para responder, tem que estudar: lei.*

*Gabarito: C*

**53. (Cespe/TJ/BA/Juiz/2019)** Com base na legislação e na jurisprudência do TSE sobre inelegibilidade e alistamento eleitoral, assinale a opção correta.

a) Ante a impossibilidade de interpretação extensiva das regras de inelegibilidade, as relações estáveis homoafetivas não são situações configuradoras de hipóteses de inelegibilidade reflexa.

b) O procedimento de revisão do eleitorado foi inaugurado no Brasil com o recadastramento biométrico promovido pela justiça eleitoral, o qual tem como objetivo conferir maior segurança à identificação do eleitor.

c) Deferido o pedido de registro de candidatura, haverá preclusão quanto à possibilidade de arguir eventual ausência de domicílio eleitoral do candidato na circunscrição.

d) O prazo de inelegibilidade dos que forem condenados por corrupção eleitoral em decisão transitada em julgado tem como termo final o oitavo ano seguinte ao fato ilícito praticado.

e) O encerramento do prazo de inelegibilidade antes do dia da eleição afasta inelegibilidade que for constatada no momento da formalização do pedido de registro de candidatura.

**ANOTAÇÕES/COMENTÁRIOS**

(a) A assertiva está errada, pois, contraria o entendimento do Tribunal Superior Eleitoral – TSE, que entendeu que pessoas do mesmo sexo que mantiverem relação afetiva estável também se encontram submetidas à hipótese constitucional de inelegibilidade reflexa. O Tribunal considerou não haver distinção entre as relações afetivas de natureza homossexual e heterossexual, em virtude da presença, em ambos os casos, de interesses políticos comuns contrários ao dispositivo constitucional que impede a utilização da máquina administrativa e a perpetuação do poder por parte de uma mesma família. Art. 14, §7º, da Constituição Federal e Recurso Especial Eleitoral nº. 24.564/PA.

(b) A assertiva está errada. O procedimento de revisão do eleitorado tem por objetivo manter íntegro e atualizado o cadastro de brasileiros aptos a votar e foi introduzido no Código Eleitoral pela Lei nº 4.961, de 4 de abril de 1966, antes, portanto, de ser possível o recadastramento biométrico. Art. 71, §4º da Lei nº 4.737/1965.

(c) A assertiva está errada. O domicílio eleitoral na circunscrição é condição de elegibilidade, conforme art. 14, §3º, IV, da Constituição Federal. O momento oportuno para a aferição desta condição de elegibilidade é o registro da candidatura. Verificada qualquer das causas de inelegibilidade ou se não houver o cumprimento das condições de elegibilidade, os legitimados podem propor Ação de Impugnação de Registro de Candidatura no prazo decadencial de 5 dias. Todavia, a matéria não estará preclusa, uma vez que será possível atacá-la por meio da Ação de Impugnação da Diplomação – Recurso Contra a Expedição de Diploma -, nos termos do art. 262 do Código Eleitoral.

(d) A assertiva está errada, pois, contraria o texto do artigo 1º, inciso I, alínea "e", da Lei Complementar nº 64/1990, que dispõe serem inelegíveis, para qualquer cargo, os que forem condenados, em decisão transitada em julgado ou proferida por órgãos judicial colegiado, desde a condenação até o transcurso do prazo de 8 (oito) anos após o cumprimento da pena.

(e) A assertiva está correta, nos termos do verbete de súmula nº 70 do Tribunal Superior Eleitoral, a seguir reproduzida: "O encerramento do prazo de inelegibilidade antes do dia da eleição constitui fato superveniente que afasta a inelegibilidade, nos termos do art. 11, §10º, da Lei nº 9.504/1995". Tratam da matéria, ainda, os enunciados nº 19 e 69 da súmula do Tribunal Superior Eleitoral.

*Para responder, tem que estudar: jurisprudência.*

*Gabarito: E*

## 3.2. Das Impugnações ao Registro de Candidatura

**54. (Cespe/TJ/CE/Juiz/2012)** Com relação ao registro de candidatura e sua impugnação, assinale a opção correta.

a) Qualquer cidadão no gozo de seus direitos políticos poderá impugnar registro de candidatura.

b) Em caso de oferecimento anterior de impugnação de registro de candidatura por parte de coligação partidária, cabe ao MP, se tiver interesse em também impugnar o registro, ingressar no feito como assistente.

c) Tratando-se de processo de impugnação de registro de candidatura, as alegações finais devem ser oferecidas primeiramente pelo impugnante e, na sequência, pelo impugnado.

d) O registro de candidatura de competência originária de tribunal regional eleitoral é julgado desde que observada a devida publicação em pauta.

e) A partir da data em que é protocolizada a petição de recurso relativo a decisão sobre pedido de registro de candidatura, passa a correr o prazo para apresentação de contrarrazões recursais, notificado o recorrido em cartório.

ANOTAÇÕES/COMENTÁRIOS

(a) A questão está errada, segundo a jurisprudência contida no REsp 14807: ilegitimidade de eleitor para impugnar registro de candidatura, podendo apresentar notícia de inelegibilidade.

(b) A questão está errada, pois o MP é parte legitima para impugnar o Registro, conforme o art. 97, LC 64/1990: "Art. 97. Protocolado o requerimento de registro, o presidente do Tribunal ou o juiz eleitoral, no caso de eleição municipal ou distrital, fará publicar imediatamente edital para ciência dos interessados.§ 2º Do pedido de registro caberá, no prazo de 2 (dois) dias, a contar da publicação ou afixação do edital, impugnação articulada por parte de candidato ou de partido político." LC 64/1990, art. 3º, caput: prazo de cinco dias para impugnação e legitimidade de candidato, partido, coligação e do Ministério Público.

(c) A questão está errada, considerando que não há previsão legal, apenas o disposto no art. 6º, da Lei 64/1990: "Art. 6º. Encerrado o prazo da dilação probatória, nos termos do artigo anterior, as partes, inclusive o Ministério Público, poderão apresentar alegações no prazo comum de 5 (cinco) dias."

(d) Errada, pois não há fundamentação legal que ampare tal afirmação.

(e) A resposta está correta conforme dispõe a LC 64/1990, art. 8º, § 1º: "Art. 8º. Nos pedidos de registro de candidatos a eleições municipais, o juiz eleitoral apresentará a sentença em cartório 3 (três) dias após a conclusão dos autos, passando a correr deste momento o prazo de 3 (três) dias para a interposição de recurso para o Tribunal Regional Eleitoral. § 1º A partir da data em que for protocolizada a petição de recurso, passará a correr o prazo de 3 (três) dias para a apresentação de contra-razões." E o art. 13 da Res. TSE 23478/2016: "Art. 13. A regra do art. 205, § 3º, do Novo Código de Processo Civil não se aplica aos processos que tramitem durante o período previsto no calendário eleitoral para os quais seja admitida a publicação em cartório, sessão ou a utilização de edital eletrônico (LC 64/1990, arts. 8º, 9º e 11, § 2º; Lei 9.504/1997, art. 94, § 5º)."

*Para responder, tem que estudar: lei e súmula/OJ.*

*Gabarito: E*

**55. (Cespe/TJ/ES/Juiz/2011)** No que se refere a impugnação de registro de candidatura, competência para julgamento, procedimentos, prazos e efeitos recursais no âmbito da Lei Complementar n. 64/1990 e alterações posteriores, assinale a opção correta.

a) Terminado o prazo para impugnação, depois da devida notificação, o candidato, o partido político ou a coligação dispõe do prazo de dez dias para contestá-la, podendo juntar documentos, indicar rol de testemunhas e requerer a produção de provas, inclusive documentais, que se encontrarem em poder de terceiros, de repartições públicas ou em procedimentos judiciais ou administrativos.

b) Na impugnação dos pedidos de registro de candidatos a eleições municipais, o juiz eleitoral formará sua convicção pela livre apreciação da prova – atendendo aos fatos e às circunstâncias constantes dos autos, ainda que não alegados pelas partes, e mencionando na decisão os que motivaram seu convencimento – e apresentará a sentença em cartório três dias após a conclusão dos autos; a partir desse momento, passa a correr o prazo de três dias para a interposição de recurso para o TRE.

c) Tratando-se de registro a ser julgado originariamente por TRE, o pedido de registro, com ou sem impugnação, será julgado em três dias após a publicação da pauta; na sessão do julgamento, que poderá se realizar em até duas reuniões seguidas, feito o relatório, facultada a palavra às partes e ouvido o procurador regional, o relator proferirá o seu voto e serão tomados os dos demais juízes.

d) Transitada em julgado ou publicada a decisão proferida por juiz que declarar a inelegibilidade de candidato, será negado registro a esse candidato, ou o registro será cancelado, se já feito, ou o diploma será declarado nulo, se já expedido; não sendo apresentado recurso, a decisão deverá ser comunicada, de imediato, ao MP eleitoral e ao órgão da justiça eleitoral competente para o registro de candidatura e expedição de diploma do réu.

e) O registro do candidato pode ser impugnado em petição fundamentada, no prazo de cinco dias contados da publicação do seu pedido, por qualquer cidadão, ou, ainda, por partido político, coligação ou pelo MP.



## ANOTAÇÕES/COMENTÁRIOS

(a) A questão está errada, pois o prazo para contestar é de 07(sete) dias, conforme dispõe o art. 4º:"Art. 4º A partir da data em que terminar o prazo para impugnação, passará a correr, após devida notificação, o prazo de 7 (sete) dias para que o candidato, partido político ou coligação possa contestá-la, juntar documentos, indicar rol de testemunhas e requerer a produção de outras provas, inclusive documentais, que se encontrarem em poder de terceiros, de repartições públicas ou em procedimentos judiciais, ou administrativos, salvo os processos em tramitação em segredo de Justiça."

(b) A questão está correta de acordo com a LC 64/1990, em seu art. 7 º, parágrafo único: "Art. 7º. Encerrado o prazo para alegações, os autos serão conclusos ao juiz, ou ao relator, no dia imediato, para sentença ou julgamento pelo Tribunal. Parágrafo único. O juiz, ou o Tribunal, formará sua convicção pela livre apreciação da prova, atendendo aos fatos e às circunstâncias constantes dos autos, ainda que não alegados pelas partes, mencionando, na decisão, os que motivaram seu convencimento." Bem como Ac.STF, de 22.5.2014, na ADI 1082: constitucionalidade da expressão ainda que não alegada pelas partes.

(c) A resposta está errada, pois não há previsão legal.

(d) A resposta está errada, pois não há fundamentação legal que ampare a assertiva.

(e) A questão está errada, considerando o prazo que dispõe a Lei 64/1990 no seu art. 3º: "Art. 3º Caberá a qualquer candidato, a partido político, coligação ou ao Ministério

Público, no prazo de 5 (cinco) dias, contados da publicação do pedido de registro de candidato, impugná-lo em petição fundamentada."

*Para responder, tem que estudar: lei.*

*Gabarito: B*

**56. (Cespe/TJ/PA/Juiz/2012)** Assinale a opção correta a respeito da impugnação de registro de candidatura.

a) Qualquer candidato, partido político ou coligação, bem como o MP possuem legitimidade ativa para impugnar solicitação de registro de candidatura, até cinco dias depois da publicação do pedido.

b) É do juiz eleitoral a competência originária para o julgamento da arguição de inelegibilidade de candidatos aos cargos de prefeito, vice-prefeito, vereador, conselheiro tutelar e juiz de paz.

c) Decorrido o prazo para a contestação, as testemunhas, independentemente de notificação judicial, devem comparecer para inquirição, por iniciativa das partes que as tiverem arrolado.

d) O prazo para que partido político ou coligação ofereça contestação é de quatro dias, contados a partir do primeiro dia após a impugnação da candidatura.

e) É do tribunal regional eleitoral a competência originária para o julgamento da arguição de inelegibilidade de candidatos aos cargos de presidente da República, senador da República, governador de estado e do DF, deputado federal, deputado estadual e deputado distrital.

ANOTAÇÕES/COMENTÁRIOS

(a) A questão está correta conforme dispõe a LC 64/1990, no seu art. 3º: "Art. 3º Caberá a qualquer candidato, a partido político, coligação ou ao Ministério Público, no prazo de 5 (cinco) dias, contados da publicação do pedido de registro de candidato, impugná-lo em petição fundamentada."

(b) A questão está errada, segundo o art. 2º: "Art. 2º Compete à Justiça Eleitoral conhecer e decidir as arguições de inelegibilidade. Parágrafo único. A arguição de inelegibilidade será feita perante: III – os juízes eleitorais, quando se tratar de candidato a prefeito, vice-prefeito e vereador."

(c) A questão está errada conforme dispõe o art. 5º: "Art. 5º Decorrido o prazo para contestação, se não se tratar apenas de matéria de direito e a prova protestada for relevante, serão designados os 4 (quatro) dias seguintes para inquirição das testemunhas do impugnante e do impugnado, as quais comparecerão por iniciativa das partes que as tiverem arrolado, com notificação judicial."

(d) A questão está errada, pois o prazo é de 07(sete) dias, conforme dispõe o art. 4º: "Art. 4º A partir da data em que terminar o prazo para impugnação, passará a correr, após devida notificação, o prazo de 7 (sete) dias para que o candidato, partido político ou coligação possa contestá-la, juntar documentos, indicar rol de testemunhas e requerer a produção de outras provas, inclusive documentais, que se encontrarem em poder de terceiros, de repartições públicas ou em procedimentos judiciais, ou administrativos, salvo os processos em tramitação em segredo de Justiça."

(e) A questão está errada, considerando o art. 2º: "Art. 2º Compete à Justiça Eleitoral conhecer e decidir as arguições de inelegibilidade. Parágrafo único. A arguição de inelegibilidade será feita perante: I – o Tribunal Superior Eleitoral, quando se tratar de candidato a presidente ou vice-presidente da República; II – os tribunais regionais eleitorais, quando se tratar de candidato a senador, governador e vice-governador de estado e do Distrito Federal, deputado federal, deputado estadual e deputado distrital;"

*Para responder, tem que estudar: lei.*

*Gabarito: A*

**57. (Cespe/TJ/CE/Juiz/2018)** No âmbito da justiça eleitoral, ação de impugnação de mandado eletivo de governador de estado obtido mediante corrupção eleitoral.

a) pode ser ajuizada por qualquer eleitor do respectivo estado.
b) deve ser ajuizada dentro do prazo prescricional de quinze dias, contados da diplomação do governador.
c) gera litisconsórcio passivo com o vice-governador, caso tenham sido eleitos por chapa única.
d) tem natureza de ação civil-eleitoral constitucional, devendo, portanto, seguir o procedimento comum ordinário do CPC.
e) deverá tramitar em segredo de justiça e o seu julgamento será sigiloso.

**ANOTAÇÕES/COMENTÁRIOS**

(a) A legitimdidade ativa para propor a Ação de Impugnação de Mandato Eletivo(AIME) é do Partidos, coligações, candidatos e Ministério Público.

(b) O prazo esta estabelecido no artigo 14 § 10 da CRFB/1988 e o prazo tem natureza decadencial e não prescricional.

(c) A questão esta correta, segundo jurisprudência do Tribunal Superior Eleitoral, conforme citamos a seguir: "Ação de impugnação de mandato eletivo. Citação. Vice-prefeito. Obrigatoriedade. Decadência. 1. A jurisprudência do Tribunal consolidou-se no sentido de que, nas ações eleitorais em que é prevista a pena de cassação de registro, diploma ou mandato (investigação judicial eleitoral, representação, recurso contra expedição de diploma e ação de impugnação de mandato eletivo), há litisconsórcio passivo necessário entre o titular e o vice, dada a possibilidade de este ser afetado pela eficácia da decisão. 2. Decorrido o prazo para a propositura de ação de impugnação de mandado eletivo sem inclusão do vice no polo passivo da demanda, não é possível emenda à inicial, o que acarreta a extinção do feito sem resolução de mérito. [...]" (Ac. de 17.5.2011 no AgR-AI nº 254928, rel. Min. Arnaldo Versiani.)

(d) A questão esta incorreta, pois a ação deve seguir subsidiariamente o COC, conforme determina a Resolução do TSE, conforme verificamos a seguir: Art. 170. [...] §1º A ação de impugnação de mandato eletivo observará o procedimento previsto na Lei Complementar nº 64/90 para o registro de candidaturas, com a aplicação subsidiária, conforme o caso, das disposições do Código de Processo Civil, e tramitará em segredo de justiça, respondendo o autor na forma da lei, se temerária ou de manifesta má-fé (Constituição Federal, art. 14, § 11). Resolução nº 23.372/2011/TSE

(e) A questão esta incorreta pois De acordo com a Carta Magna, a Ação de Impugnação de Mandato Eletivo tramitará em segredo de justiça, embora o julgamento seja público.

*Para responder, tem que estudar: lei.*

*Gabarito: C*

## 3.3. Do Procedimento de Investigação Judicial

**58. (Cespe/TJ/PB/Juiz/2015)** Humberto foi escolhido para ser candidato à prefeitura de Alfalândia em convenção municipal realizada pelo partido X. Durante o período que transcorreu entre a convenção e o registro da candidatura, o jornal Alfanotícias, único meio de comunicação escrita da região, o qual é distribuído gratuitamente e tem tiragem expressiva, destacou, em suas várias edições, apenas a candidatura a prefeito do partido X, deixando de mencionar, em suas reportagens, os outros concorrentes à prefeitura. No jornal, foram divulgadas ainda as ideias e os apoios políticos de lideranças estaduais e nacionais à candidatura de Humberto, e a distribuição do periódico foi realizada por filiados ao partido X. Indignado com essa situação, Alisson, que não era filiado a qualquer partido, propôs uma ação de investigação judicial eleitoral contra Humberto e o partido político X, a fim de apurar a utilização indevida de meio de comunicação local. A respeito dessa situação hipotética, assinale a opção correta conforme a disciplina legal da ação de investigação judicial eleitoral e o entendimento pacificado do TSE.

a) Em razão do interesse público e em respeito à garantia constitucional ao cidadão do direito de petição, Alisson tem legitimidade ad causam para propor a referida ação.

b) O juiz deve julgar o pedido improcedente porque o uso indevido de meio de comunicação antes do período eleitoral não configura causa de pedido de ação de investigação judicial eleitoral.

c) Caso Humberto demonstre que não praticou pessoalmente os atos imputados e que não orientou ou solicitou ao jornal a publicação dos fatos abusivos elencados, o juiz eleitoral deverá julgar o pedido da ação improcedente.

d) Alisson tem capacidade postulatória para propor a ação de investigação judicial eleitoral, pois, assim como ocorre com o "habeas corpus", é facultada a propositura dessa espécie de ação por qualquer eleitor sem o patrocínio de advogado.

e) O partido político X não deve figurar no polo passivo, visto que a ação de investigação judicial eleitoral tem por fim declarar a inelegibilidade ou cassação do registro de candidato.

## ANOTAÇÕES/COMENTÁRIOS

(a) A resposta está errada, por falta de legitimidade ativa, conforme dispõe o art.. 22º: "Art. 22. Qualquer partido político, coligação, candidato ou Ministério Público Eleitoral poderá representar à Justiça Eleitoral, diretamente ao corregedor-geral ou regional, relatando fatos e indicando provas, indícios e circunstâncias e pedir abertura de investigação judicial para apurar uso indevido, desvio ou abuso do poder econômico ou do poder de autoridade, ou utilização indevida de veículos ou meios de comunicação social, em benefício de candidato ou de partido político, obedecido o seguinte rito (...)."

(b) A questão está errada, considerando que não há fundamentação legal e, ainda, com base no Ac.TSE, de 16.12.2014, no Resp 68254: o abuso do poder político pode ocorrer mesmo antes do registro de candidatura, competindo à Justiça Eleitoral verificar a conotação eleitoral da conduta.

(c) A questão está errada por não haver fundamentação legal.

(d) A questão está errada, considerando a jurisprudência, legitimidade ativa: Ac.TSE, de 3.11.2016, no AgR-Resp 958 (partido político coligado, isoladamente, após realização do pleito); Ac.TSE, de 11.11.2014, no AgR-Resp 27733: (legitimidade concorrente coligação/partidos, isoladamente, após as eleições); Ac.TSE, de 5.8.2014, no Resp 1429: (legitimidade do partido político para prosseguir, isoladamente, em feito que ajuizou antes de se coligar); Ac.TSE, de 25.11.2008, no RO 1537: (candidato registrado que pertença à circunscrição do réu e os fatos da pretensão se relacionem à mesma eleição); Ac.TSE, de 29.6.2006, no Resp 26012: partido político, ainda que não tenha indicado candidatos para as eleições.

(e) A questão está correta com base no descrito na LC 64/1990, nos arts. 1º, I, d e h, 19 e 22, XIV: "Art. 1º São inelegíveis: I – para qualquer cargo: d) os que tenham contra sua pessoa representação julgada procedente pela Justiça Eleitoral, em decisão transitada em julgado ou proferida por órgão colegiado, em processo de apuração de abuso do poder econômico ou político, para a eleição na qual concorrem ou tenham sido diplomados, bem como para as que se realizarem nos 8 (oito) anos seguintes; h) os detentores de cargo na administração pública direta, indireta ou fundacional, que beneficiarem a si ou a terceiros, pelo abuso do poder econômico ou político, que forem condenados em decisão transitada em julgado ou proferida por órgão judicial colegiado, para a eleição na qual concorrem ou tenham sido diplomados, bem como para as que se realizarem nos 8 (oito) anos seguintes;" "Art. 22. Qualquer partido político, coligação, candidato ou Ministério Público Eleitoral poderá representar à Justiça Eleitoral, diretamente ao corregedor-geral ou regional, relatando fatos e indicando provas, indícios e circunstâncias e pedir abertura de investigação judicial para apurar uso indevido, desvio ou abuso do poder econômico ou do poder de autoridade, ou utilização indevida de veículos ou meios de comunicação social, em benefício de candidato ou de partido político, obedecido o seguinte rito: XIV – julgada procedente a representação, ainda que após a proclamação dos eleitos, o Tribunal declarará a inelegibilidade do representado e de quantos hajam contribuído para a prática do ato, cominando-lhes sanção de inelegibilidade para as eleições a se realizarem nos 8 (oito) anos subsequentes à eleição em que se verificou, além da cassação do registro ou diploma do candidato diretamente beneficiado pela interferência do poder econômico ou pelo desvio ou abuso do poder de autoridade ou dos meios de comunicação, determinando a remessa dos autos ao Ministério Público Eleitoral, para instauração de processo disciplinar, se for o caso, e de ação penal, ordenando quaisquer outras providências que a espécie comportar;"

*Para responder, tem que estudar: lei.*

*Gabarito: E*

## 4. LEI GERAL DOS PARTIDOS POLÍTICOS (LEI 9.096/95)

**59. (Cespe/TJ/PA/Juiz/2012)** No que se refere aos partidos políticos, assinale a opção correta.

a) O direito ao funcionamento parlamentar é vinculado à obtenção do apoio de, no mínimo, 3% dos votos apurados para a Câmara dos Deputados, não computados os brancos e os nulos, distribuídos em, pelo menos, um terço dos estados, com um mínimo de 1% do total dos votos de cada um deles.

b) Observado o disposto na CF e na legislação de regência, o partido é livre para fixar, em seu programa, seus objetivos políticos e para estabelecer, em seu estatuto, sua estrutura interna, organização e funcionamento.

c) O partido político funciona, nas casas legislativas, por intermédio de diretoria, que deve indicar suas lideranças de acordo com o estatuto do partido, as disposições regimentais das respectivas Casas e as normas da legislação pertinente.

d) O requerimento do registro dirigido ao cartório competente do registro civil das pessoas jurídicas, da capital federal, deve ser subscrito pelos fundadores do partido político, em número nunca inferior a 81, os quais devem ter domicílio eleitoral em, no mínimo, um terço dos estados federados.

e) A responsabilidade civil cabe ao órgão partidário municipal, estadual ou nacional que tiver dado causa a qualquer ato ilícito, havendo solidariedade dos órgãos de direção partidária estadual e nacional, em relação, respectivamente, ao órgão municipal e ao estadual.

ANOTAÇÕES/COMENTÁRIOS

(a) Errada, por não encontrar amparo legal.

(b) A questão está correta de acordo com o comando constitucional expresso no art. 17, § 1º: "Art. 17. É livre a criação, fusão, incorporação e extinção de partidos políticos, resguardados a soberania nacional, o regime democrático, o pluripartidarismo, os direitos fundamentais da pessoa humana e observados os seguintes preceitos (...). § 1º É assegurada aos partidos políticos autonomia para definir sua estrutura interna e estabelecer regras sobre escolha, formação e duração de seus órgãos permanentes e provisórios e sobre sua organização e funcionamento e para adotar os critérios de escolha e o regime de suas coligações nas eleições majoritárias, vedada a sua celebração nas eleições proporcionais, sem obrigatoriedade de vinculação entre as candidaturas em âmbito nacional, estadual, distrital ou municipal, devendo seus estatutos estabelecer normas de disciplina e fidelidade partidária."

(c) A questão está errada, com base na Lei 9.096/1997: "Art. 12. O partido político funciona, nas Casas Legislativas, por intermédio de uma bancada, que deve constituir suas lideranças de acordo com o estatuto do partido, as disposições regimentais das respectivas Casas e as normas desta Lei."

(d) A questão está errada com base na Lei dos partidos Políticos, Lei 9.096/1997: "Art. 8º O requerimento do registro de partido político, dirigido ao cartório competente do Registro Civil das Pessoas Jurídicas, da Capital Federal, deve ser subscrito pelos seus fundadores, em número nunca inferior a cento e um, com domicílio eleitoral em, no mínimo, um terço dos Estados, e será acompanhado de (...)."

(e) Errada, de acordo com a Lei 9.096/1997: "Art. 15-A. A responsabilidade, inclusive civil e trabalhista, cabe exclusivamente ao órgão partidário municipal, estadual ou nacional que tiver dado causa ao não cumprimento da obrigação, à violação de direito, a dano a outrem ou a qualquer ato ilícito, excluída a solidariedade de outros órgãos de direção partidária."

*Para responder, tem que estudar: lei.*

*Gabarito: B*

BLOCO II

**60. (Cespe/TJ/PI/Juiz/2012)** A respeito dos partidos políticos, assinale a opção correta.

a) Os órgãos de direção nacional dos partidos políticos têm pleno acesso às informações que, constantes do cadastro eleitoral, digam respeito a seus afiliados.

b) Terá direito a funcionamento parlamentar, em todas as casas legislativas para as quais tenha elegido representante, o partido que, em cada eleição para a Câmara dos Deputados, obtiver o apoio de, no mínimo, 5% dos votos apurados, não computados os brancos e os nulos, distribuídos em, pelo menos, um terço dos estados, com um mínimo de 2% do total de cada um deles.

c) De acordo com a lei que dispõe sobre partidos políticos, a responsabilidade civil e trabalhista é solidária entre o órgão partidário municipal, o estadual e o nacional, ante o caráter nacional das agremiações partidárias.

d) Resolução do TSE considera justa causa, para efeito de desfiliação partidária, afastamento e decretação da perda de cargo eletivo, a mudança substancial ou o desvio do estatuto partidário.

e) Somente o registro do estatuto do partido político no registro civil das pessoas jurídicas da capital federal assegura a exclusividade da denominação, da sigla e dos símbolos da agremiação, sendo vedada a utilização, por outros partidos, de variações que possam suscitar erro ou confusão.

## ANOTAÇÕES/COMENTÁRIOS

(a) Certa, pois a Lei 9.096/1995, Lei dos Partidos Políticos, no seu art. 19, § 3º, afirma: "Art. 19 –.... § 3º Os órgãos de direção nacional dos partidos políticos terão pleno acesso às informações de seus filiados constantes do cadastro eleitoral." Verifica-se que a letra da lei faz referencia à questão correta.

(b) A questão está errada, pois o art. 13º da Lei dos Partidos Políticos prescreve o seguinte: "Art. 13. Tem direito a funcionamento parlamentar, em todas as Casas Legislativas para as quais tenha elegido representante, o partido que, em cada eleição para a Câmara dos Deputados obtenha o apoio de, no mínimo, cinco por cento dos votos apurados, não computados os brancos e os nulos, distribuídos em, pelo menos, um terço dos Estados, com um mínimo de dois por cento do total de cada um deles." (Vide Adins nºs 1.351-3 e 1.354-8)

(c) Segundo o art. 15-A da Lei 9.096/1995, no qual é previsto: "Art. 15-A. A responsabilidade, inclusive civil e trabalhista, cabe exclusivamente ao órgão partidário municipal, estadual ou nacional que tiver dado causa ao não cumprimento da obrigação, à violação de direito, a dano a outrem ou a qualquer ato ilícito, excluída a solidariedade de outros órgãos de direção partidária. (Redação dada pela Lei 12.034, de 2009)" Analisando o texto da lei, é certo afirmar que a responsabilidade é do órgão que der causa ao dano.

(d) A Resolução 22.610, de 25 de outubro de 2007, prevê as causas elencadas da justa causa, dispostas no artigo 1º, § 1º, III: art. 1, § 1º, III – mudança substancial ou desvio reiterado do programa partidário;". Nesse caso, vemos a expressão reiterado. Posteriormente, A Reforma Eleitoral 2015 introduziu o artigo 22-A na Lei dos Partidos Políticos, que previu o seguinte no inciso I: "I – mudança substancial ou desvio reiterado do programa partidário;". Mantém-se, portanto, a expressão reiterado.

(e) A alternativa está incorreta, pois o art. 7º, § 3º, da Lei dos Partidos Políticos, prevê o seguinte: "§ 3º. Somente o registro do estatuto do partido no Tribunal Superior Eleitoral assegura a exclusividade da sua denominação, sigla e símbolos, vedada a utilização, por outros partidos, de variações que venham a induzir a erro ou confusão." Assim, o registro do partido deverá ser feito no TSE, e não no registro civil das pessoas jurídicas da capital.

*Para responder, tem que estudar: lei.*

*Gabarito: A*

**61. (Cespe/TJ/DFT/Juiz/2014)** Com relação aos partidos políticos, assinale a opção correta.

a) Com o fim da verticalização, os estatutos partidários ostentam maior relevo, elencando os critérios de escolha e o regime de suas coligações eleitorais, sem obrigatoriedade de vinculação entre as candidaturas em níveis nacional, estadual, distrital ou municipal, deixando que as regras internas estabeleçam normas de disciplina.

b) O candidato que for eleito para cargo no Poder Legislativo será detentor de parcela da soberania popular que advém do voto e, por isso, a ele pertencerá o mandato que passará a exercer.

c) A justiça eleitoral fiscaliza a escrituração contábil e a prestação de contas das campanhas eleitorais, que devem ser feitas no encerramento da campanha eleitoral pelos partidos que tiverem candidatos eleitos.

d) Um partido político tem direito a atuação parlamentar, nas casas legislativas para as quais tenha elegido representante, se, em cada eleição para a Câmara dos Deputados, obtiver o apoio de, no mínimo, 5% dos votos apurados.

e) Após o registro de seu estatuto no cartório de registro civil das pessoas jurídicas de Brasília, o partido político pode dispor do fundo partidário e fazer uso exclusivo da sigla que o identifica.

ANOTAÇÕES/COMENTÁRIOS

(a) Certa, após a mudança legislativa inserida pela Emenda Constitucional 97, de 2017 que dispôs o seguinte no o art. 17, § 1º, da CF/1988: "Art. 17. É livre a criação, fusão, incorporação e extinção de partidos políticos, resguardados a soberania nacional, o regime democrático, o pluripartidarismo, os direitos fundamentais da pessoa humana e observados os seguintes preceitos (...). § 1º É assegurada aos partidos políticos autonomia para definir sua estrutura interna e estabelecer regras sobre escolha, formação e duração de seus órgãos permanentes e provisórios e sobre sua organização e funcionamento e para adotar os critérios de escolha e o regime de suas coligações nas eleições majoritárias, vedada a sua celebração nas eleições proporcionais, sem obrigatoriedade de vinculação entre as candidaturas em âmbito nacional, estadual, distrital ou municipal, devendo seus estatutos estabelecer normas de disciplina e fidelidade partidária."

(b) A questão está errada, pois não há previsão legal.

(c) A questão está errada, pois a fiscalização é para todos os partidos, e não só para os candidatos eleitos.

(d) A questão está errada, segundo o previsto na Lei dos Partidos Políticos, Lei 9.096/1995, no art. 13: "Art. 13. Tem direito a funcionamento parlamentar, em todas as Casas Legislativas para as quais tenha elegido representante, o partido que, em cada eleição para a Câmara dos Deputados obtenha o apoio de, no mínimo, cinco por cento dos votos apurados, não computados os brancos e os nulos, distribuídos em, pelo menos, um terço dos Estados, com um mínimo de dois por cento do total de cada um deles."

(e) A questão está errada, pois não ha previsão legal. Segundo a reforma legislativa, não se usa a nomenclatura fundo partidário, mas Fundo Especial de Financiamento de Campanha (FEFC). Essa inovação emergiu os critérios para distribuição na Lei das Eleições (Lei 9.504/1997), no art. 16-D: "Art. 16-D. Os recursos do Fundo Especial de Financiamento de Campanha (FEFC), para o primeiro turno das eleições, serão distribuídos entre os partidos políticos, obedecidos os seguintes critérios: I – 2% (dois por cento), divididos igualitariamente entre todos os partidos com estatutos registrados no Tribunal Superior Eleitoral; II – 35% (trinta e cinco por cento), divididos entre os partidos que tenham pelo menos um representante na Câmara dos Deputados, na proporção do percentual de votos por eles obtidos na última eleição geral para a Câmara dos Deputados; III – 48% (quarenta e oito por cento), divididos entre os partidos, na proporção do número de representantes na Câmara dos Deputados, consideradas as legendas dos titulares; V –15% (quinze por cento), divididos entre os partidos, na proporção do número de representantes no Senado Federal, consideradas as legendas dos titulares."

*Para responder, tem que estudar: lei e jurisprudência.*

*Gabarito: A*

**62. (Cespe/TJ/DFT/Juiz/2015)** Com relação à fidelidade partidária, assinale a opção correta.

a) O dever de observância da fidelidade partidária não alcança os detentores de mandato proporcional.

b) Em tese, não incorrerá em infidelidade partidária o parlamentar que, com a aquiescência do partido, se filiar pela segunda vez a agremiação partidária após ter-se desligado dela sem justa causa.

c) Incorrerá em infidelidade partidária e perderá o mandato o parlamentar que se desligar de agremiação partidária em razão de essa ter-se fundido com partido diverso, de ideologia distinta.

d) O mandato deixado vago pelo partidário infiel deverá ser preenchido por suplente da mesma agremiação partidária, independentemente da existência de coligação.

e) Em tese, não incorrerá em infidelidade partidária o parlamentar que trocar o partido pelo qual foi eleito por outro que participou da coligação integrada pelo seu antigo partido na última eleição.

ANOTAÇÕES/COMENTÁRIOS

(a) A questão está errada, pois a infidelidade partidária alcança a todos os detentores de mandato e filiados a partidos políticos de eleições proporcionais, não abrangendo os cargos majoritários (ADI 5081).

(b) Certa, pois só haverá casos de infidelidade partidária ante o previsto na legislação vigente com as modificações trazidas pela Lei 13.165/2015, no art. 22-A: "Art. 22-A. Perderá o mandato o detentor de cargo eletivo que se desfiliar, sem justa causa, do partido pelo qual foi eleito. Parágrafo único. Consideram-se justa causa para a desfiliação partidária somente as seguintes hipóteses: I – mudança substancial ou desvio reiterado do programa partidário; II – grave discriminação política pessoal; e III – mudança de partido efetuada durante o período de trinta dias que antecede o prazo de filiação exigido em lei para concorrer à eleição, majoritária ou proporcional, ao término do mandato vigente."

(c) A questão está errada, segundo previsto na Resolução 22.610/2007 do TSE no seu art. 1º: "Art. 1º O partido político interessado pode pedir, perante a Justiça Eleitoral, a decretação da perda de cargo eletivo em decorrência de desfiliação partidária sem justa causa. § 1º Considera-se justa causa: I – incorporação ou fusão do partido;"

(d) Errada, pois não há previsão legal.

(e) Errada, considerando os casos de justa causa previstos em lei.

*Para responder, tem que estudar: lei.*

*Gabarito: B*

BLOCO II

**63. (Cespe/TJ/AM/Juiz/2016)** De acordo com as normas que regulam o funcionamento dos partidos políticos no Brasil:

a) não há restrições à fusão ou incorporação de partidos políticos que tenham obtido o registro definitivo do TSE.

b) as mudanças de filiação partidária não são consideradas para efeito da distribuição dos recursos do fundo partidário entre os partidos políticos.

c) o desvio reiterado do programa partidário, a grave discriminação política pessoal e a filiação a novo partido são considerados justas causas de desfiliação de detentores de mandato eletivo.

d) o apoiamento de eleitores filiados a determinado partido político pode ser computado para fins de registro do estatuto de um novo partido político.

e) o tempo de propaganda partidária gratuita no rádio e na televisão é distribuído entre os partidos proporcionalmente aos votos obtidos na eleição mais recente para deputado federal.

ANOTAÇÕES/COMENTÁRIOS

(a) A resposta está incorreta, segundo a Lei 9.096/1995, Lei dos Partidos Políticos, no seu art. 29: "Art. 29. Por decisão de seus órgãos nacionais de deliberação, dois ou mais partidos poderão fundir-se num só ou incorporar-se um ao outro. § 9º Somente será admitida a fusão ou incorporação de partidos políticos que hajam obtido o registro definitivo do Tribunal Superior Eleitoral há, pelo menos, 5 (cinco) anos."

(b) A resposta está correta, considerando que a Lei 9.096/1995, art. 41-A: "Art. 41-A. Do total do Fundo Partidário: Parágrafo único. Para efeito do disposto no inciso II, serão desconsideradas as mudanças de filiação partidária em quaisquer hipóteses."

(c) A questão está errada, pois as hipóteses de justa causa estão previstas na Lei 9.096/1995, no art. 22-A: "Art. 22-A. Perderá o mandato o detentor de cargo eletivo que se desfiliar, sem justa causa, do partido pelo qual foi eleito. (Incluído pela Lei 13.165, de 2015) Parágrafo único. Consideram-se justa causa para a desfiliação partidária somente as seguintes hipóteses: (Incluído pela Lei 13.165, de 2015) I – mudança substancial ou desvio reiterado do programa partidário; (Incluído pela Lei 13.165, de 2015) II – grave discriminação política pessoal; e (Incluído pela Lei 13.165, de 2015) III – mudança de partido efetuada durante o período de trinta dias que antecede o prazo de filiação exigido em lei para concorrer à eleição, majoritária ou proporcional, ao término do mandato vigente. (Incluído pela Lei 13.165, de 2015)" E, na Resolução do TSE 22.610/2007, art. 1º: "Art. 1º O partido político interessado pode pedir, perante a Justiça Eleitoral, a decretação da perda de cargo eletivo em decorrência de desfiliação partidária sem justa causa. § 1º Considera-se justa causa: I – incorporação ou fusão do partido; II – criação de novo partido; III – mudança substancial ou desvio reiterado do programa partidário; IV – grave discriminação pessoal."

(d) A questão está errada, segundo a Lei 9.096/1995, no seu art. 7º, § 1º: "§ 1º. Só é admitido o registro do estatuto de partido político que tenha caráter nacional, considerando-se como tal aquele que comprove, no período de dois anos, o apoiamento de eleitores não filiados a partido político, correspondente a, pelo menos, 0,5% (cinco décimos por cento) dos votos dados na última eleição geral para a Câmara dos Deputados, não computados os votos em branco e os nulos, distribuídos por um terço, ou mais, dos Estados, com um mínimo de 0,1% (um décimo por cento) do eleitorado que haja votado em cada um deles."

(e) A questão está errada por não haver previsão legal que fundamente a afirmativa.

*Para responder, tem que estudar: lei.*

*Gabarito: B*

## 5. CONSTITUIÇÃO FEDERAL (CF)

**64. (Cespe/TJ/DFT/Juiz/2014)** Assinale a opção em que é apresentada hipótese passível de perda ou suspensão de direitos políticos, segundo a CF.

a) cancelamento da naturalização por sentença transitada em julgado.
b) aplicação de pena disciplinar de demissão a bem do serviço público ao servidor público estável.
c) incapacidade civil relativa.
d) comprovação de que o cidadão não é alfabetizado.
e) mudança de domicílio para o exterior.

ANOTAÇÕES/COMENTÁRIOS

(a) Certa. Art. 15, I, CF: "Art. 15. É vedada a cassação de direitos políticos, cuja perda ou suspensão só se dará nos casos de: I – cancelamento da naturalização por sentença transitada em julgado;"

(b) Errada. Art. 15, CF: "É vedada a cassação de direitos políticos, cuja perda ou suspensão só se dará nos casos de: I – cancelamento da naturalização por sentença transitada em julgado; II – incapacidade civil absoluta; III – condenação criminal transitada em julgado, enquanto durarem seus efeitos; IV – recusa de cumprir obrigação a todos imposta ou prestação alternativa, nos termos do art. 5º, VIII; V – improbidade administrativa, nos termos do art. 37, § 4º."

(c) Errada. Art. 15, II, CF. Incapacidade civil absoluta.

(d) Errada. Art. 15, CF.

(e) Errada. Art. 15, CF e Art. 14, § 3º, IV, CF: "§ 3º São condições de elegibilidade, na forma da lei: (...). IV – o domicílio eleitoral na circunscrição;"

*Para responder, tem que estudar: lei.*

*Gabarito: A*

**65. (Cespe/TJ/BA/Juiz/2012)** Com relação às disposições constitucionais e legais acerca das condições de elegibilidade, cuja aplicação é disciplinada pela justiça eleitoral, assinale a opção correta.

a) O candidato a senador da República deve ser aprovado em convenção partidária e contar com mais de trinta e cinco anos de idade na data das eleições.
b) Candidato a presidente da República deve contar com mais de trinta anos de idade na data da inscrição da candidatura.
c) Candidato a prefeito deve contar com vinte e um anos de idade na data das eleições.
d) Candidato a vereador deve ter domicílio eleitoral no município e, pelo menos, dezoito anos de idade na data da convenção partidária.
e) Candidato a governador de estado deve ser filiado a partido político e ter, na data da posse, trinta anos de idade.

ANOTAÇÕES/COMENTÁRIOS

(a) Errada. Trinta e cinco anos de idade na data da posse, nos termos do art. 11, § 2º, Lei 9.504/1997.

(b) Errada. Trinta e cinco anos na data da posse, nos termos do art. 11, § 2º, Lei 9.504/1997 e art. 14, VI, da CF: "Art. 14 (...). VI – a idade mínima de: a) trinta e cinco anos para Presidente e Vice-Presidente da República e Senador; b) trinta anos para Governador e Vice-Governador de Estado e do Distrito Federal; c) vinte e um anos para Deputado Federal, Deputado Estadual ou Distrital, Prefeito, Vice-Prefeito e juiz de paz; d) dezoito anos para Vereador."

(c) Errada. Vinte e um anos na data da posse, nos termos do art. 11, § 2º, Lei 9.504/1997.

(d) Incorreta. Dezoito anos na data da posse, nos termos do art. 11, § 2º, Lei 9.504/1997.

(e) Certa. Lei 9.504/1997, art. 11, § 2º: "A idade mínima constitucionalmente estabelecida como condição de elegibilidade é verificada tendo por referência a data da posse".

*Para responder, tem que estudar: lei.*

*Gabarito: E*

**66. (Cespe/TJ/ES/Juiz/2011)** À luz da jurisprudência do STF, assinale a opção correta a respeito de direitos políticos e partidos políticos.

a) O reconhecimento da justa causa para transferência de partido político afasta a perda do mandato eletivo por infidelidade partidária e transfere ao novo partido do detentor do mandato o direito de sucessão à vaga.

b) É válida a dispensa, por lei estadual que discipline os procedimentos necessários à realização das eleições para implementação da justiça de paz, de filiação partidária para os candidatos a juiz de paz.

c) A dissolução da sociedade ou do vínculo conjugal no curso do mandato de determinado prefeito afasta a inelegibilidade prevista na CF para o cônjuge de prefeito.

d) O domicílio eleitoral na respectiva circunscrição e a filiação partidária constituem condições de elegibilidade que podem ser disciplinadas por lei ordinária.

e) Para a aplicação das condições de elegibilidade referentes à eleição indireta para governador e vice-governador de estado – realizada pela assembleia legislativa em caso de dupla vacância desses cargos executivos no último biênio do período de governo – previstas no art. 14 da CF, faz-se necessária expressa previsão em lei estadual.

ANOTAÇÕES/COMENTÁRIOS

(a) Errada. "O reconhecimento da justa causa para transferência de partido político afasta a perda do mandato eletivo por infidelidade partidária. Contudo, ela não transfere ao novo partido o direito de sucessão à vaga." (MS 27.938)

(b) Errada. "A obrigatoriedade de filiação partidária para os candidatos a juiz de paz (art. 14, § 3º, da CB/1988) decorre do sistema eleitoral constitucionalmente definido. (...). A fixação por lei estadual de condições de elegibilidade em relação aos candidatos a juiz de paz, além das constitucionalmente previstas no art. 14, § 3º, invade a competência da União para legislar sobre direito eleitoral, definida no art. 22, I, da CB. (...)." (ADI 2.938)

(c) Errada. "A dissolução da sociedade ou do vínculo conjugal, no curso do mandato, não afasta a inelegibilidade prevista no § 7º do artigo 14 da Constituição Federal." (Súmula Vinculante 18, STF)

(d) Certa. Art. 14, § 3º, IV e V, CF: "Art. 14. A soberania popular será exercida pelo sufrágio universal e pelo voto direto e secreto, com valor igual para todos, e, nos termos da lei, mediante (...). § 3º São condições de elegibilidade, na forma da lei: I – a nacionalidade brasileira; II – o pleno exercício dos direitos políticos; III – o alistamento eleitoral; IV – o domicílio eleitoral na circunscrição; V – a filiação partidária; (...)."

(e) Errada. "As condições de elegibilidade (CF, art. 14, § 4º a § 8º) e as hipóteses de inelegibilidade (CF, art. 14, § 4º a § 8º), inclusive aquelas decorrentes de legislação complementar (CF, art. 14, § 9º), aplicam-se de pleno direito, independentemente de sua expressa previsão na lei local, à eleição indireta para Governador e Vice-Governador do Estado, realizada pela Assembleia Legislativa em caso de dupla vacância desses cargos executivos no último biênio do período de governo." (ADI 1.057-MC)

*Para responder, tem que estudar: lei e jurisprudência.*

*Gabarito: D*

**67. (Cespe/TJ/PB/Juiz/2015)** Acerca da ação de impugnação de mandato eletivo, assinale a opção correta conforme entendimento pacificado do TSE.

a) A reprovação das contas de campanha de um candidato a cargo majoritário implica a sua cassação, cabendo ao MPE propor, dentro do prazo legal, a ação de impugnação de mandato eleitoral.

b) É incabível agravo contra decisões interlocutórias em uma ação de impugnação de mandato eletivo, pois não há previsão desse recurso no Código Eleitoral. Contudo, será cabível a impetração de mandado de segurança caso a parte prejudicada queira revisão da decisão judicial pelo TRE.

c) Julgado procedente o pedido na ação de impugnação de mandato eletivo em uma eleição majoritária cuja nulidade atinja mais da metade dos votos, deve o magistrado, observando o mesmo regime procedimental estabelecido para a ação de investigação judicial eleitoral, convocar os demais candidatos, de acordo com a votação.

d) O provimento judicial na ação de impugnação de mandato eletivo lastreia-se em fatos e provas robustas, fato que impossibilita a aplicação, pelo juízo eleitoral, do instituto do julgamento antecipado da lide.

e) Haverá litisconsórcio passivo necessário entre o prefeito e seu vice na ação de impugnação de mandato eletivo, cabendo ao juiz eleitoral extinguir o processo sem resolução do mérito na hipótese de o vice-prefeito, transcorrido o prazo para a sua propositura, não estar incluso no polo passivo.

## ANOTAÇÕES/COMENTÁRIOS

(a) Errada, com base no Art. 30-A, Lei 9.504/97: "Art. 30-A. Qualquer partido político ou coligação poderá representar à Justiça Eleitoral, no prazo de 15 (quinze) dias da diplomação, relatando fatos e indicando provas, e pedir a abertura de investigação judicial para apurar condutas em desacordo com as normas desta Lei, relativas à arrecadação e gastos de recursos."

(b) Errada. "Ação de impugnação de mandato eletivo. Decisão interlocutória. Impossibilidade de impugnação de imediato. Não sujeição à preclusão. Mandado de segurança contra decisão judicial. Impossibilidade. Inexistência de flagrante ilegalidade ou teratologia. Agravo regimental desprovido. 1. Não são impugnáveis de imediato as decisões interlocutórias proferidas sob o rito da Lei Complementar 64/90, podendo a respectiva matéria ser suscitada no recurso apropriado, não se sujeitando à preclusão. 2. O mandado de segurança é remédio constitucional destinado a prevenir e coibir ilegalidade ou abuso de poder diante de direito líquido e certo. Apenas excepcionalmente, em situações teratológicas ou de manifesta ilegalidade, admite-se a impetração deste para a impugnação de ato judicial (...)." (Ac. de 5.11.2013 no AgR-MS 74554)

(c) Errada, com base no art. 224, Código Eleitoral: "Se a nulidade atingir a mais de metade dos votos do país nas eleições presidenciais, do Estado nas eleições federais e estaduais ou do município nas eleições municipais, julgar-se-ão prejudicadas as demais votações e o Tribunal marcará dia para nova eleição dentro do prazo de 20 (vinte) a 40 (quarenta) dias".

(d) Errada. "Ação de investigação judicial eleitoral. Art. 30-A da Lei 9.504/97. 1. A jurisprudência desta Corte é no sentido de que o art. 515, § 3º, do CPC é aplicável não somente nos casos que digam respeito à matéria exclusivamente de direito, mas também naqueles em que já estiverem nos autos todos os elementos de prova suficientes ao exame do pedido. (...)" (Ac. de 16.6.2014 no AgR-Resp 603)

(e) Certa. "Há litisconsórcio necessário entre o Chefe do Poder Executivo e seu vice nas ações cujas decisões possam acarretar a perda do mandato, devendo o vice nas ações cujas decisões possam acarretar a perda do mandato, devendo o vice necessariamente ser citado para integrá-las" (TSE, REsp no. 35292) e arts. 114 e 115 NCPC.

*Para responder, tem que estudar: lei e jurisprudência.*

*Gabarito: E*

**68. (Cespe/TJ/AM/Juiz/2016)** De acordo com o que está expresso na CF acerca dos partidos políticos, é livre a criação, a fusão, a incorporação e a extinção de partidos políticos, resguardados a soberania nacional, o regime democrático, o pluripartidarismo e os direitos fundamentais da pessoa humana, desde que observado(a):

a) a obrigação de prestar contas à justiça eleitoral.

b) a apreciação da legalidade dos atos de admissão de pessoal para fins de registro.

c) a vinculação entre as candidaturas em âmbito nacional, estadual, distrital ou municipal em caso de coligações eleitorais.

d) o caráter regional do novo partido que se pretenda criar.

e) a ampla publicidade dos orçamentos dos partidos políticos.

ANOTAÇÕES/COMENTÁRIOS

(a) Certa, segundo o art. 17 CF: "Art. 17. É livre a criação, fusão, incorporação e extinção de partidos políticos, resguardados a soberania nacional, o regime democrático, o pluripartidarismo, os direitos fundamentais da pessoa humana e observados os seguintes preceitos: I – caráter nacional; II – proibição de recebimento de recursos financeiros de entidade ou governo estrangeiros ou de subordinação a estes; III – prestação de contas à Justiça Eleitoral; IV – funcionamento parlamentar de acordo com a lei. § 1º. É assegurada aos partidos políticos autonomia para definir sua estrutura interna e estabelecer regras sobre escolha, formação e duração de seus órgãos permanentes e provisórios e sobre sua organização e funcionamento e para adotar os critérios de escolha e o regime de suas coligações nas eleições majoritárias, vedada a sua celebração nas eleições proporcionais, sem obrigatoriedade de vinculação entre as candidaturas em âmbito nacional, estadual, distrital ou municipal, devendo seus estatutos estabelecer normas de disciplina e fidelidade partidária. § 2º. Os partidos políticos, após adquirirem personalidade jurídica, na forma da lei civil, registrarão seus estatutos no Tribunal Superior Eleitoral. § 3º. Somente terão direito a recursos do fundo partidário e acesso gratuito ao rádio e à televisão, na forma da lei, os partidos políticos que alternativamente: I – obtiverem, nas eleições para a Câmara dos Deputados, no mínimo, 3% (três por cento) dos votos válidos, distribuídos em pelo menos um terço das unidades da Federação, com um mínimo de 2% (dois por cento) dos votos válidos em cada uma delas; ou II – tiverem elegido pelo menos quinze Deputados Federais distribuídos em pelo menos um terço das unidades da Federação. § 4º É vedada a utilização pelos partidos políticos de organização paramilitar."

(b) Errada, com base no art. 17, § 1º, CF, transcrito acima.

(c) Errada, com base no art. 17, § 1º, CF.

(d) Errada, com base no art. 17, I, CF.

(e) Errada, com base no art. 40, Lei 9.096/1995.

BLOCO II

*Para responder, tem que estudar: lei.*

*Gabarito: A*

**69. (Cespe/TJ/DFT/Juiz/2014)** Com relação à composição do TSE, determinada pela CF, assinale a opção correta.

a) A vice-presidência do TSE deve ficar a cargo de ministro que tenha sido nomeado a partir de lista sêxtupla de advogados encaminhada ao colegiado.

b) O vice-presidente do TSE pode acumular a função de corregedor eleitoral, eleito pelo voto secreto, durante um único biênio.

c) Os advogados serão nomeados pelo presidente da República, escolhidos entre seis nomes de notável saber jurídico e idoneidade moral, indicados pelo Conselho Federal da OAB.

d) A presidência do TSE deve ser exercida por um dos cinco ministros oriundos dos tribunais superiores, eleito pelo voto secreto e colegiado para um único biênio.

e) O texto constitucional fixou em sete o número mínimo de ministros que devem compor o TSE, mas não estabeleceu um número exato de ministros para esse colegiado.

ANOTAÇÕES/COMENTÁRIOS

(a) Errada, segundo o fundamento no art. 119, parágrafo único, CF, transcrito abaixo.

(b) Errada, conforme disposto no art. 119, parágrafo único, CF.

(c) Errada, com fundamento no art. 119, II, CF.

(d) Errada, com base no art. 119, parágrafo único, CF.

(e) Certa, segundo o art. 119, CF: "Art. 119. O Tribunal Superior Eleitoral compor-se-á, no mínimo, de sete membros, escolhidos: I – mediante eleição, pelo voto secreto: a) três juízes dentre os Ministros do STF; b) dois juízes dentre os Ministros do STJ; II – por nomeação do Presidente da República, dois juízes dentre seis advogados de notável saber jurídico e idoneidade moral, indicados pelo STF. Parágrafo único. O Tribunal Superior Eleitoral elegerá seu Presidente e o Vice-Presidente dentre os Ministros do STF, e o Corregedor Eleitoral dentre os Ministros do STJ".

*Para responder, tem que estudar: lei e jurisprudência.*

*Gabarito: E*

## 6. TEMAS ESPARSOS

**70. (Cespe/TJ/AC/Juiz/2012)** Assinale a opção correta a respeito do Ministério Público Eleitoral.

a) Incumbe ao procurador-geral eleitoral dirimir conflitos de atribuições.

b) O vice-procurador-geral eleitoral é designado pelo Colégio de Procuradores da República.

c) Compete privativamente ao procurador regional eleitoral designar, por necessidade de serviço, outros membros do Ministério Público Federal para oficiar, sob sua coordenação, perante os TREs.

d) O promotor eleitoral incumbido do serviço eleitoral de cada zona deve ser membro do MP local indicado pelo procurador regional eleitoral.

e) Compete ao Colégio de Procuradores da República aprovar a destituição do procurador regional eleitoral.

ANOTAÇÕES/COMENTÁRIOS

(a) Certa, com fundamento no art. 75, inciso III da LC 75/93: "Art. 75. Incumbe ao Procurador-Geral Eleitoral: (...). III – dirimir conflitos de atribuições;"

(b) Errada, com base no art. 74, parágrafo único, LC 75/93: "Art. 74. Parágrafo único. Além do Vice-Procurador-Geral Eleitoral, o Procurador-Geral poderá designar, por necessidade de serviço, membros do Ministério Público Federal para oficiarem, com sua aprovação, perante o Tribunal Superior Eleitoral"

(c) A questão está errada, com base no art. 77. LC 75/93: "Compete ao Procurador Regional Eleitoral exercer as funções do Ministério Público nas causas de competência do Tribunal Regional Eleitoral respectivo, além de dirigir, no Estado, as atividades do setor. Parágrafo único. O Procurador-Geral Eleitoral poderá designar, por necessidade de serviço, outros membros do Ministério Público Federal para oficiar, sob a coordenação do Procurador Regional, perante os Tribunais Regionais Eleitorais".

(d) Errada, considerando o disposto art. 79, LC 75/93: "O Promotor Eleitoral será o membro do Ministério Público local que oficie junto ao Juízo incumbido do serviço eleitoral de cada Zona. Parágrafo único. Na inexistência de Promotor que oficie perante a Zona Eleitoral, ou havendo impedimento ou recusa justificada, o Chefe do Ministério Público local indicará ao Procurador Regional Eleitoral o substituto a ser designado."

(e) Errada, segundo o art. 76, LC 75/93: "§ 2º O Procurador Regional Eleitoral poderá ser destituído, antes do término do mandato, por iniciativa do Procurador-Geral Eleitoral, anuindo a maioria absoluta do Conselho Superior do Ministério Público Federal."

*Para responder, tem que estudar: lei.*

*Gabarito: A*

BLOCO II

**71. (Cespe/TJ/DFT/Juiz/2014)** Assinale a opção correta no que diz respeito aos princípios do direito eleitoral.

a) O termo poliarquia é usado tanto para designar uma democracia representativa moderna como para distinguir esse tipo de regime daqueles não democráticos.

b) A democracia direta é caracterizada pelo voto de igual valor de todos os eleitores e pela provisoriedade da ocupação de mandatos de representação.

c) O sufrágio universal e o voto direto e secreto são as formas de exercício da soberania popular estabelecidas no texto constitucional, mas podem ser abolidos a qualquer tempo por deliberação dos senadores.

d) Considera-se indireto o voto que é dado a uma sigla partidária, possibilidade existente em sistemas eleitorais que contemplam a existência de uma lista preordenada de candidatos.

e) Por força do princípio da anualidade eleitoral, todas as regras eleitorais demandam aprovação com anterioridade de pelo menos um ano para que possam vigorar nas eleições seguintes.

ANOTAÇÕES/COMENTÁRIOS

(a) Certa. Na doutrina, expressa Marcello Baquero, citando Robert Dahl, que o termo poliarquia inclui uma grande variedade de organizações que, se diferenciando entre si, são normalmente chamadas de democracias. Democracia em transformação – SANTOS JUNIOR, Orlando Alves dos; RIBEIRO, Luiz Cesar de Queiroz; AZEVEDO, Sergio de (orgs). Governança democrática e poder local: a experiência dos conselhos municipais no Brasil. Rio de Janeiro: Revan, Fase, 2004.

(b) Errada, pois o mandato de representação é característica da democracia indireta, na qual o cidadão elege um representante que será responsável pelas tomadas de decisão em seu nome.

(c) Errada, nos termos do art. 60, § 4º, da Constituição Federal, dispondo que o sufrágio universal, o voto direto e secreto são cláusulas pétreas.

(d) Errada, pois, no caso, o voto dado a uma sigla partidária é o voto de legenda.

(e) Errada, conforme art. 16 da CF, a lei que alterar o processo eleitoral entrará em vigor na data de sua publicação, não se aplicando à eleição que ocorra até um ano da data de sua vigência.

*Para responder, tem que estudar: lei, jurisprudência e teoria/doutrina.*

*Gabarito: A*

**72. (Cespe/TJ/CE/Juiz/2018)** A apelação criminal eleitoral deverá ser:

a) Recebida exclusivamente no efeito devolutivo.

b) Recebida no efeito suspensivo quando interposta contra sentença condenatória.

c) Recebida no efeito suspensivo quando a sentença for absolutória e o réu estiver preso preventivamente.

d) Interposta no juízo a quo no prazo de três dias, contados da publicação da sentença.

e) Interposta diretamente no TRE, com comunicação ao juízo a quo no prazo de cinco dias, contados da publicação da sentença.

**ANOTAÇÕES/COMENTÁRIOS**

(a) A questão esta incorreta pois o disposto no art. 364 do Código Eleitoral c/c art. 597 do Código de Processo Penal diz que a apelação deve ser recebida com efeito suspensivo.

(b) A questão esta correta pois o art. 364, CE c/c art. 597, CPP, prevê o efeito do recurso.

(c) A questão esta incorreta pois o art. 596, CPP: a apelação de sentença absolutória não impedirá que o réu seja posto imediatamente em liberdade.

(d) A questão esta incorreta pois o Código Eleitoral prevê em seu art. 362 que o prazo para interpor recurso é de 10 dias.

(e) A questão esta incorreta pois a apelação deve ser interposta no juízo a quo, conforme art. 266 do Código Eleitoral. A aplicação do CE, em detrimento do CPP se dá pelo critério da especialidade, e foi corroborada pelo entendimento do TSE no AgR-REsp nº 2352: inaplicabilidade do art. 600, parágrafo 4º, do CPP, devendo ser observados os arts. 266, 268 e 362 do Código Eleitoral.

*Para responder, tem que estudar: lei, jurisprudência e teoria/doutrina.*

*Gabarito: B*

**73. (Cespe/TJ/BA/Juiz/2019)** Com base na legislação e na jurisprudência do TSE sobre inelegibilidade e alistamento eleitoral, assinale a opção correta.

a) Em razão do princípio da inalterabilidade das decisões judiciais, o juízo de retratação realizado pelos juízes eleitorais, quando do recebimento de recursos, exige pedido expresso da parte recorrente.

b) A partir das eleições municipais de 2016, nas ações de investigação judicial eleitoral, é facultativo o litisconsórcio passivo entre o responsável pela prática de abuso de poder político e o candidato beneficiado pelo ato ilegal.

c) Para que uma ação que vise apurar abuso de poder seja julgada procedente, é necessário comprovar que o evento, além de afetar o equilíbrio na disputa eleitoral, pode alterar o resultado das eleições.

d) A União é parte legítima para requerer a execução de multa por descumprimento de ordem judicial no âmbito da justiça eleitoral.

e) Em processo de cassação de mandato de governador e de vice-governador, há interesse jurídico dos respectivos deputados estaduais para ingressar na demanda, autonomamente, como terceiros prejudicados.

ANOTAÇÕES/COMENTÁRIOS

(a) A assertiva está errada, pois, vai de encontro ao disposto no art. 267, §6º, da Lei nº 4.737/1965, que afirma: "Findos os prazos a que se referem os parágrafos anteriores, o juiz eleitoral fará, dentro de 48 (quarenta e oito) horas, subir os autos ao Tribunal Regional com sua a sua resposta e os documentos em que se fundar, sujeito à multa de dez por cento do salário-mínimo regional por dia de retardamento, salvo se entender de reformar a sua decisão". Assim, o juízo de retratação refere-se à faculdade que prescinde de pedido expresso da parte recorrente, pois, constitui medida prevista em lei.

(b) A assertiva está errada. No julgamento do Recurso Especial Eleitora nº 84356/2012, de Jampruca, Minas Gerais, o Plenário do Tribunal Superior Eleitoral reverteram anterior entendimento jurisprudencial para tornar obrigatória a citação do agente público responsável pela prática do ato para que ele possa se defender. Entendeu-se que "se a acusação formulada contra determinado candidato é no sentido de que ele foi beneficiado por omissão incorrida ou ato praticado por terceiro, e havendo – como há – consequências jurídicas previstas na legislação que podem atingir quem praticou o ato, tal terceiro deve ser obrigatoriamente incluído na lide – independentemente do tipo de ação – para que possa se defender e, se for o caso, arcar com as consequências de eventual condenação".

(c) A assertiva está errada, pois, nos termos do artigo 22, inciso XVI, da Lei Complementar nº 64/1990, "para a configuração do ato abusivo, não será considerada a potencialidade de o fato alterar o resultado da eleição, mas apenas a gravidade das circunstâncias que o caracterizam".

(d) A assertiva está correta. É o que se extrai do texto do verbete de súmula nº 68 do Tribunal Superior Eleitoral; "A União é parte legítima para requerer a execução de astreintes", fixada por descumprimento de ordem judicial no âmbito da Justiça Eleitoral".

(e) A assertiva está errada. Somente possuem interesse jurídico: i) qualquer candidato, ii) partido político, iii) coligação, iv) Ministério Público. TSE. RO Ed no RO nº 224661/AM.

*Para responder, tem que estudar: lei, jurisprudência e teoria/doutrina.*

*Gabarito: D*

**74. (Cespe/TJ/BA/Juiz/2019)** A respeito dos crimes eleitorais e do processo penal eleitoral, julgue os itens a seguir.

I. No crime de calúnia eleitoral, a prova da verdade do fato é admitida ainda que, sendo o fato imputado objeto de ação penal privada, o ofendido tenha sido condenado por sentença recorrível.

II. A transação penal e a suspensão condicional do processo não são admitidas no processo penal eleitoral.

III. Constitui crime a contratação, direta ou indireta, de grupo de pessoas com a finalidade de emitir mensagens ou comentários na Internet para ofender a honra de candidato, partido ou coligação.

IV. De acordo com o Código Eleitoral, os TREs e o TSE possuem competência para julgar habeas corpus, quando houver perigo de se consumar a violência antes que o juiz competente possa prover sobre a impetração.

Assinale a opção correta.

a) Estão certos apenas os itens I e II.
b) Estão certos apenas os itens I e IV.
c) Estão certos apenas os itens II e III.
d) Estão certos apenas os itens III e IV.
e) Todos os itens estão certos.

## ANOTAÇÕES/COMENTÁRIOS

(I) A assertiva está errada. O artigo 324, §2º, inciso I, do Código Eleitoral (Lei nº 4.737/1965), dispõe: "A prova da verdade do fato imputado exclui o crime, mas não é admitida se, constituído o fato imputado crime de ação privada, o ofendido, não foi condenado por sentença irrecorrível".

(II) A assertiva está errada. "É possível, para as infrações penais eleitorais, cuja pena não seja superior a dois anos, a adoção da transação e da suspensão condicional do processo, salvo para os crimes que contam com um sistema punitivo especial, entre eles aqueles a cuja pena privativa de liberdade se cumula a cassação do registro se o responsável for candidato, a exemplo do tipificado no art. 334 do Código Eleitoral" – Resolução TSE nº 21.294. (Ac-TSE, de 07.06.2005, no REsp nº 25137; Res. – TSE nº 21294/2002 e Ac. – STJ, de 09.04.2003, no CC nº 37595).

(III) A assertiva está correta, nos termos do art. 57-H, §1º, da Lei nº 9.504/1997, que prevê: "Constitui crime a contratação direta ou indireta de grupo de pessoas com a finalidade específica de emitir mensagens ou comentários na internet para ofender a hora ou denegrir a imagem de candidato, partido ou coligação, punível com detenção de 2 (dois) a 4 (quatro) anos e multa de R$ 15.000,00 (quinze mil reais) a R$ 50.000,00 (cinquenta mil reais).

(IV) A assertiva está correta. O artigo 22, inciso I, alínea "e", do Código Eleitoral (Lei nº 4.737/1965) dispõe competir ao Tribunal Superior processar e julgar, originariamente, "o habeas corpus ou mandado de segurança, em matéria eleitoral, relativos a atos do Presidente da República, dos Ministros de Estado e dos Tribunais Regionais; ou, ainda, o habeas corpus, quando houver perigo de se consumar a violência antes que o juiz competente possa prover sobre a impetração". Quanto aos Tribunais Regionais, há expressa previsão no artigo 29, inciso I, alínea 'e": "Compete aos Tribunais Regionais processar e julgar, originariamente, o habeas corpus ou mandado de segurança, em matéria eleitoral, contra ato de autoridades que responsam perante os Tribunais de Justiça por crime de responsabilidade e, em grau de recurso, os denegados ou concedidos pelos juízes eleitorais, ou, ainda, o habeas corpus quando houver perigo de se consumar a violência antes que o juiz competente possa prover sobre a impetração".

*Para responder, tem que estudar: lei, jurisprudência e teoria/doutrina.*

*Gabarito: D*

# 7

# DIREITO PENAL

## 1. DA APLICAÇÃO DA LEI PENAL

**1. (Cespe/TJ/DFT/Juiz/2014)** A respeito da aplicação da lei penal no espaço, assinale a opção correta.

a) Sujeitar-se-á à jurisdição penal brasileira cidadão chileno que praticar, a bordo de navio estrangeiro em águas marinhas correspondentes à zona econômica exclusiva brasileira, homicídio contra cidadão italiano domiciliado no Brasil.

b) Considera-se lugar do crime, para efeito de fixação da competência territorial da jurisdição penal brasileira, o lugar em que ocorreu a ação ou a omissão, no todo ou em parte, bem como o lugar em que se produziu o resultado.

c) Caso, a bordo de embarcação privada, em alto-mar, de propriedade de uma organização não governamental que ostente bandeira de país onde o aborto seja legalizado, um médico brasileiro provoque aborto em uma gestante brasileira, com seu consentimento, ambos responderão pelo crime de aborto previsto na lei penal brasileira.

d) A expressão "águas jurisdicionais brasileiras", contida na Lei n. 9.605/1998, é sinônima de mar territorial brasileiro, cuja extensão é de duzentas milhas, contadas do baixa-mar do litoral continental e insular.

e) Dado o princípio da extraterritorialidade incondicionada, estará sujeito à jurisdição brasileira aquele que praticar, a bordo de navio a serviço do governo brasileiro em águas territoriais argentinas, crime contra o patrimônio da União.

**ANOTAÇÕES/COMENTÁRIOS**

(a) A zona econômica exclusiva não é abrangida pelo território brasileiro.

(b) Art. 6º do Código Penal: Considera-se praticado o crime no lugar em que ocorreu a ação ou omissão, no todo ou em parte, bem como onde se produziu ou deveria produzir-se o resultado.

(c) Haverá a aplicação da lei da bandeira do navio, considerando ser este privado.

(d) A extensão é de 12 (doze) milhas.

(e) Aplica-se, in casu, o princípio da territorialidade.

*Para responder, tem que estudar: lei.*

*Gabarito: B*

**2. (Cespe/TJ/DFT/Juiz/2014)** No que se refere à teoria do crime e à lei penal, suas fontes, características e eficácia temporal, assinale a opção correta.

a) A lei penal retroage em benefício do agente, respeitada a coisa julgada.

b) A ultra-atividade aplica-se à lei penal somente se ela for excepcional ou temporária.

c) Aquele que, no exterior, falsificar papel-moeda de curso legal no estrangeiro, estará sujeito a responder pelo mesmo crime perante a jurisdição brasileira, independentemente do cumprimento de pena no país onde o crime for praticado.

d) Em se tratando de crime omissivo próprio, a legislação penal não estabelece qualquer qualidade ou condição específica para o sujeito ativo da omissão.

e) O princípio da anterioridade da lei penal é sintetizado pela expressão "não há crime sem lei que o defina".

ANOTAÇÕES/COMENTÁRIOS

(a) A lei penal retroagirá ainda que haja coisa julgada.

(b) A ultratividade se aplica quando a lei posterior for maléfica ao réu.

(c) Art. 7º do Código Penal: Ficam sujeitos à lei brasileira, embora cometidos no estrangeiro: I – os crimes: b) contra o patrimônio ou a fé pública da União, do Distrito Federal, de Estado, de Território, de Município, de empresa pública, sociedade de economia mista, autarquia ou fundação instituída pelo Poder Público; § 1º Nos casos do inciso I, o agente é punido segundo a lei brasileira, ainda que absolvido ou condenado no estrangeiro.

(d) Há alguns tipos penais que exigem condição específica (Art. 269 do Código Penal).

(e) Art. 1º do Código Penal: Não há crime sem lei anterior que o defina. Não há pena sem prévia cominação legal.

*Para responder, tem que estudar: lei e teoria/doutrina.*

*Gabarito: C*

**3. (Cespe/TJ/BA/Juiz/2012)** Assinale a opção correta com base no entendimento dos tribunais superiores acerca de cominações legais.

a) Aplica-se ao crime continuado a lei penal mais grave caso a sua vigência seja anterior à cessação da continuidade.

b) Aplica-se ao furto qualificado, em razão do concurso de agentes, a majorante do roubo.

c) Fixada a pena-base no mínimo legal em face do reconhecimento das circunstâncias judiciais favoráveis ao réu, é possível infligir-lhe regime prisional mais gravoso considerando-se isoladamente a gravidade genérica do delito.

d) A pena do crime de roubo circunstanciado, na terceira fase de aplicação, será exasperada em razão do número de causas de aumento.

e) Aplica-se a continuidade delitiva aos crimes de estelionato, de receptação e de adulteração de sinal identificador de veículo automotor, infrações penais da mesma espécie.

ANOTAÇÕES/COMENTÁRIOS

(a) Súmula 711 do STF.

(b) Súmula 442 STJ: É inadmissível aplicar, no furto qualificado, pelo concurso de agentes, a majorante do roubo.

(c) Súmula 440 STJ: Fixada a pena-base no mínimo legal, é vedado o estabelecimento de regime prisional mais gravoso do que o cabível em razão da sanção imposta, com base apenas na gravidade abstrata do delito.

(d) Súmula 443 STJ: O aumento na terceira fase de aplicação da pena no crime de roubo circunstanciado exige fundamentação concreta, não sendo suficiente para a sua exasperação a mera indicação do número de majorantes.

(e) "Não há como reconhecer a continuidade delitiva entre os crimes de estelionato, receptação e adulteração de sinal identificador de veículo automotor, pois são infrações penais de espécies diferentes, que não estão previstas no mesmo tipo fundamental". (STJ, REsp 738.337/DF, julgado em 17/11/2005).

*Para responder, tem que estudar: jurisprudência e súmula/OJ.*

*Gabarito: A*

**4. (Cespe/TJ/BA/Juiz/2012)** No que se refere à aplicação da lei penal, assinale a opção correta.

a) Considere que Carlos, condenado definitivamente à pena privativa de liberdade de dez anos de reclusão, tenha sido encaminhado à penitenciária, para o cumprimento da pena, às 23 h 45 min do dia 13 de agosto de 2010. Nessa situação, deverá ser excluído do cômputo do cumprimento da pena o referido dia, uma vez que Carlos ficará preso, nesse dia, menos de uma hora.

b) A lei penal mais benéfica retroagirá se favorecer o agente, aplicando-se a fatos anteriores, respeitados os fatos já decididos por sentença condenatória transitada em julgado.

c) Considere que Pedrosa, brasileiro de trinta e quatro anos de idade, juntamente com mexicanos, tenha tentado sequestrar, na cidade uruguaiana de Rivera, o presidente do Brasil, quando este participava de uma convenção internacional, e que, presos ainda no Uruguai, todos tenham sido processados e absolvidos no estrangeiro por insuficiência de provas. Nessa situação, dado o princípio da justiça universal, Pedrosa não poderá ser punido de acordo com a lei brasileira.

d) Suponha que João, brasileiro de vinte e dois anos de idade, sequestre Maria, brasileira de vinte e quatro anos de idade, nas dependências do aeroporto internacional da cidade do Rio de Janeiro – RJ, levando-a, imediatamente, em aeronave alemã, para o Paraguai. A esse caso aplica-se a lei penal brasileira, sendo irrelevante eventual processamento criminal pela justiça paraguaia.

e) De acordo com o princípio da universalidade, a sentença penal estrangeira homologada no Brasil obriga o condenado a reparar o dano, sendo facultativo o pedido da parte interessada.

*ANOTAÇÕES/COMENTÁRIOS*

(a) Art. 10º do CP: O dia do começo inclui-se no cômputo do prazo. Contam-se os dias, os meses e os anos pelo calendário comum. Art. 11º do CP: Desprezam-se, nas penas privativas de liberdade e nas restritivas de direitos, as frações de dia, e, na pena de multa, as frações de cruzeiro

(b) Art. 2º do CP: Ninguém pode ser punido por fato que lei posterior deixa de considerar crime, cessando em virtude dela a execução e os efeitos penais da sentença condenatória. Parágrafo único – A lei posterior, que de qualquer modo favorecer o agente, aplica-se aos fatos anteriores, ainda que decididos por sentença condenatória transitada em julgado.

(c) Art. 7º do CP: Ficam sujeitos à lei brasileira, embora cometidos no estrangeiro: I – os crimes: a) contra a vida ou a liberdade do Presidente da República.

(d) Art. 5º do CP: Aplica-se a lei brasileira, sem prejuízo de convenções, tratados e regras de direito internacional, ao crime cometido no território nacional. § 2º É também aplicável a lei brasileira aos crimes praticados a bordo de aeronaves ou embarcações estrangeiras de propriedade privada, achando-se aquelas em pouso no território nacional ou em voo no espaço aéreo correspondente, e estas em porto ou mar territorial do Brasil.

(e) Art. 9º do CP: A sentença estrangeira, quando a aplicação da lei brasileira produz na espécie as mesmas consequências, pode ser homologada no Brasil para: I. obrigar o condenado à reparação do dano, a restituições e a outros efeitos civis; II. sujeitá-lo a medida de segurança. Parágrafo único. A homologação depende: a) para os efeitos previstos no inciso I, de pedido da parte interessada.

*Para responder, tem que estudar: lei.*

*Gabarito: D*

**5. (Cespe/TJ/PI/Juiz/2012)** No que se refere à aplicação da lei penal, assinale a opção correta.

a) Em relação ao lugar do crime, o legislador adotou, no CP, a teoria do resultado, considerando praticado o crime no lugar onde se produziu ou deveria produzir-se o resultado.

b) Desprezam-se, nas penas privativas de liberdade e nas restritivas de direitos, as frações de dia, mas, nas de multa, não se desconsideram as frações da moeda.

c) A abolitio criminis, que possui natureza jurídica de causa de extinção da punibilidade, conduz à extinção dos efeitos penais e extrapenais da sentença condenatória.

d) Desde que em benefício do réu, a jurisprudência dos tribunais superiores admite a combinação de leis penais, a fim de atender aos princípios da ultratividade e da retroatividade "in mellius".

e) Em relação ao tempo do crime, o legislador adotou, no CP, a teoria da atividade, considerando-o praticado no momento da ação ou omissão

ANOTAÇÕES/COMENTÁRIOS

(a) O Código Penal brasileiro adota a Teoria Mista ou da Ubiquidade.

(b) Art. 11º do CP: Desprezam-se, nas penas privativas de liberdade e nas restritivas de direitos, as frações de dia, e, na pena de multa, as frações de cruzeiro.

(c) Os efeitos extrapenais (civis) permanecem.

(d) Os Tribunais Superiores não admitem a combinação de leis penais. Súmula 501 do STJ: É cabível a aplicação retroativa da Lei 11.343/2006, desde que o resultado da incidência das suas disposições, na íntegra, seja mais favorável ao réu do que o advindo da aplicação da Lei 6.368/1976, sendo vedada a combinação de leis.

(e) Art. 4º do CP: Considera-se praticado o crime no momento da ação ou omissão, ainda que outro seja o momento do resultado.

*Para responder, tem que estudar: lei, jurisprudência e súmula/OJ.*

*Gabarito: E*

**6. (Cespe/TJ/DFT/Juiz/2014)** Com fundamento nas súmulas dos tribunais superiores, assinale a opção correta.

a) O juiz não pode declarar extinta a pena, enquanto não passar em julgado a sentença em processo a que responda o liberado, por crime ou contravenção praticados na vigência do livramento condicional.

b) É possível a aplicação retroativa de lei penal vigente em combinação com a lei penal revogada, desde que o resultado da incidência de leis penais combinadas seja favorável ao acusado.

c) A pena substitutiva de prestação de serviços à comunidade pode figurar como condição especial ao regime aberto.

d) A lei penal mais grave aplicar-se-á ao crime continuado ou ao crime permanente, se a sua vigência for anterior à cessação da continuidade ou da permanência.

e) O ato infracional análogo ao tráfico de drogas conduz obrigatoriamente à imposição de medida socioeducativa de internação do adolescente.

ANOTAÇÕES/COMENTÁRIOS

(a) O Art. 89 do Código Penal fala em apenas crime, não fazendo menção à contravenção penal: O juiz não poderá declarar extinta a pena, enquanto não passar em julgado a sentença em processo a que responde o liberado, por crime cometido na vigência do livramento.

(b) Súmula 501 do STJ: É cabível a aplicação retroativa da Lei 11.343/2006, desde que o resultado da incidência das suas disposições, na íntegra, seja mais favorável ao réu do que o advindo da aplicação da Lei 6.368/1976, sendo vedada a combinação de leis.

(c) Súmula 493 do STJ: É inadmissível a fixação de pena substitutiva (art. 44 do CP) como condição especial ao regime aberto.

(d) Súmula 711 do STF: A lei penal mais grave aplica-se ao crime continuado ou ao crime permanente, se a sua vigência é anterior à cessação da continuidade ou da permanência.

(e) Súmula 492 do STJ: O ato infracional análogo ao tráfico de drogas, por si só, não conduz obrigatoriamente à imposição de medida socioeducativa de internação do adolescente.

*Para responder, tem que estudar: lei e súmula/OJ.*

*Gabarito: D*

**7. (Cespe/TJ/DFT/Juiz/2016)** Com relação à aplicação da lei penal, assinale a opção correta.

a) As frações de dia são computadas como um dia integral de pena nas penas privativas de liberdade e nas restritivas de direitos.

b) O direito penal, quanto ao tempo do crime, considera praticado o crime no momento do seu resultado.

c) A sentença estrangeira, quando a aplicação da lei brasileira produz as mesmas consequências, poderá ser homologada no Brasil para todos os efeitos, exceto para obrigar o condenado à reparação do dano.

d) Ficam sujeitos à lei brasileira os crimes contra o patrimônio ou a fé pública do DF, de estado, de município, de empresa pública, sociedade de economia mista, autarquia ou fundação instituída pelo poder público, embora cometidos no estrangeiro, sendo o agente punido segundo a lei brasileira, ainda que absolvido no estrangeiro.

e) Não é aplicável a lei brasileira aos crimes praticados a bordo de aeronaves ou embarcações estrangeiras de propriedade privada, ainda que achando-se aquelas em pouso no território nacional ou em voo no espaço aéreo correspondente, e estas em porto ou mar territorial do Brasil.

**ANOTAÇÕES/COMENTÁRIOS**

(a) Art. 11º do CP: Desprezam-se, nas penas privativas de liberdade e nas restritivas de direitos, as frações de dia, e, na pena de multa, as frações de cruzeiro.

(b) Adota-se a Teoria da Atividade.

(c) Art. 9º do CP: A sentença estrangeira, quando a aplicação da lei brasileira produz na espécie as mesmas consequências, pode ser homologada no Brasil para: I – obrigar o condenado à reparação do dano, a restituições e a outros efeitos civis.

(d) Art. 7º do CP: Ficam sujeitos à lei brasileira, embora cometidos no estrangeiro: I – os crimes: a) contra a vida ou a liberdade do Presidente da República; b) contra o patrimônio ou a fé pública da União, do Distrito Federal, de Estado, de Território, de Município, de empresa pública, sociedade de economia mista, autarquia ou fundação instituída pelo Poder Público; § 1º Nos casos do inciso I, o agente é punido segundo a lei brasileira, ainda que absolvido ou condenado no estrangeiro.

(e) Art. 5º, § 2º, do CP: É também aplicável a lei brasileira aos crimes praticados a bordo de aeronaves ou embarcações estrangeiras de propriedade privada, achando-se aquelas em pouso no território nacional ou em voo no espaço aéreo correspondente, e estas em porto ou mar territorial do Brasil.

*Para responder, tem que estudar: lei.*

*Gabarito: D*

BLOCO II

**8. (Cespe/TJ/RN/Juiz/2013)** No que se refere à aplicação da lei penal, assinale a opção correta.

a) De acordo com entendimento doutrinário dominante, a lei excepcional ou temporária aplica-se ao fato praticado durante sua vigência, ainda que, no momento da condenação do réu, não mais vija, ou ainda, que tenham cessado as condições que determinaram sua aplicação.

b) Tendo o Código Penal adotado sem exceção o princípio da territorialidade, a lei penal brasileira aplica-se somente aos crimes praticados no território nacional.

c) O prazo prescricional começa a ser contado a partir do dia seguinte ao da prática do delito, não se podendo considerar, em sua contagem, frações de dia.

d) Lei superveniente que abrande a penalidade referente a determinado crime somente beneficiará réu processado na vigência da lei anterior se não houver trânsito em julgado da sentença condenatória quando de sua entrada em vigor.

e) Se, no curso do cumprimento de pena por determinado réu condenado por sentença transitada em julgado, lei nova deixar de considerar crime o ato por ele praticado, cessará a execução da pena, mas não os efeitos da condenação.

ANOTAÇÕES/COMENTÁRIOS

(a) Art. 3º do CP: A lei excepcional ou temporária, embora decorrido o período de sua duração ou cessadas as circunstâncias que a determinaram, aplica-se ao fato praticado durante sua vigência.

(b) O Código Penal adotou a teoria da territorialidade temperada, admitindo-se exceções de extraterritorialidade.

(c) Art. 10º do CP: O dia do começo inclui-se no cômputo do prazo. Contam-se os dias, os meses e os anos pelo calendário comum.

(d) Art. 2º do CP: Ninguém pode ser punido por fato que lei posterior deixa de considerar crime, cessando em virtude dela a execução e os efeitos penais da sentença condenatória. Parágrafo único – A lei posterior, que de qualquer modo favorecer o agente, aplica-se aos fatos anteriores, ainda que decididos por sentença condenatória transitada em julgado.

(e) Art. 2º do CP: Ninguém pode ser punido por fato que lei posterior deixa de considerar crime, cessando em virtude dela a execução e os efeitos penais da sentença condenatória.

*Para responder, tem que estudar: lei.*

*Gabarito: A*

## 2. DO CRIME

### 2.1. Causalidade

9. **(Cespe/TJ/MA/Juiz/2013)** Abel, com intenção de matar, disparou um tiro de revólver contra Bruno, que foi socorrido e, dias depois, faleceu em decorrência do desabamento do prédio do hospital onde convalescia dos ferimentos causados pelo disparo. Carlos foi esfaqueado por Daniel, que pretendia matá-lo, e, embora tenha resistido às feridas, morreu dias depois, em decorrência de septicemia originada por infecção bacteriana contraída em razão dos ferimentos, apesar do rigoroso tratamento médico a que fora submetido. Fátima submeteu-se a uma cirurgia, após haver sido gravemente ferida por Eliana, que pretendia matá-la, e, já bastante debilitada pelos ferimentos sofridos, morreu em razão de hemorragia no curso do procedimento cirúrgico realizado por

médico imperito. Considerando as situações hipotéticas acima apresentadas, assinale a opção correta.

a) O médico imperito e Eliana, autora das lesões, podem responder, em concurso de pessoas, pelo resultado morte.

b) Abel deve responder por homicídio, pois, se não houvesse disparado o tiro contra Bruno, este não teria sido internado no hospital e, portanto, não teria morrido em decorrência do desabamento do prédio.

c) Daniel deve responder por tentativa de homicídio, pois a septicemia não foi, no caso em questão, decorrência natural dos ferimentos produzidos em Carlos.

d) Eliana deve responder por homicídio se for comprovado que a hemorragia poderia ter sido contida, não fosse a gravidade do estado de Fátima, em decorrência da lesão produzida por Eliana.

ANOTAÇÕES/COMENTÁRIOS

**(a, b, c, d) Abel responderá apenas pela tentativa de homicídio diante causa absolutamente independente, enquanto Daniel responderá pelo homicídio consumado. Quanto à Elisa, esta responderá pelo homicídio consumado, diante de uma concausa relativamente independente superveniente.**

*Para responder, tem que estudar: teoria/doutrina.*

*Gabarito: D*



**10. (Cespe/TJ/PB/Juiz/2011)** A respeito da relação de causalidade, assinale a opção correta.

a) Considere que Márcia, com intenção homicida, apunhale as costas de Sueli, a qual, conduzida imediatamente ao hospital, faleça em consequência de infecção hospitalar, durante o tratamento dos ferimentos provocados com o punhal. Nesse caso, Márcia responderá por tentativa de homicídio.

b) O nexo causal consiste em mera constatação acerca da existência de relação entre conduta e resultado, tendendo a sua verificação apenas às leis da física, mais especificamente, da causa e do efeito, razão pela qual a sua aferição independe de qualquer apreciação jurídica, como a verificação da existência de dolo ou culpa por parte do agente.

c) Suponha que Jean, pretendendo matar seu desafeto Rui, tenha-lhe desferido dois tiros, que, apesar de atingirem a vítima, não tenham sido a causa da morte de Rui, que faleceu em decorrência do fato de ter ingerido veneno, de forma voluntária, dez minutos antes dos disparos. Nesse caso, Jean não responderá por nenhuma conduta típica.

d) Considere que a residência de Sara, idosa com setenta e cinco anos de idade, seja invadida por um assaltante, e Sara, assustada, sofra um ataque cardíaco e morra em seguida. Nesse caso, considerando-se o fato de a vítima ser idosa e o de que o agente tivesse conhecimento dessa condição, o ataque cardíaco será uma causa concomitante e relativamente independente à ação do agente, devendo este responder por tentativa de homicídio.

e) Suponha que Mara, com intenção homicida, desfira dois tiros em Fábio e que, por má pontaria, acerte apenas o braço da vítima, a qual, conduzida ao hospital, faleça em consequência de um desabamento. Nesse caso, Mara deverá responder por homicídio doloso consumado.

ANOTAÇÕES/COMENTÁRIOS

**(a) Responderá pelo homicídio consumado, diante de concausa relativamente independente superveniente.**

**(b) Art. 13º do CP: O resultado, de que depende a existência do crime, somente é imputável a quem lhe deu causa. Considera-se causa a ação ou omissão sem a qual o resultado não teria ocorrido.**

**(c) Responderá pelo homicídio na forma tentada.**

**(d) Responderá pelo homicídio consumado.**

**(e) Responderá pelo homicídio tentado, diante de uma causa absolutamente independente.**

*Para responder, tem que estudar: lei e teoria/doutrina.*

*Gabarito: B*

**11. (Cespe/TJ/BA/Juiz/2019)** João, com a intenção de matar José, seu desafeto, efetuou disparos de arma de fogo contra ele. José foi atingido pelos projéteis e faleceu.

Considere que, depois de feitos os exames necessários, se tenha constatado uma das seguintes hipóteses relativamente à causa da morte de José.

I. Apesar dos disparos sofridos pela vítima, a causa determinante da sua morte foi intoxicação devido ao fato de ela ter ingerido veneno minutos antes de ter sido alvejada.

II. A morte decorreu de ferimentos causados por disparos de arma de fogo efetuados por terceiro no mesmo momento em que João agiu e sem o conhecimento deste.

III. A vítima faleceu em razão dos ferimentos sofridos, os quais foram agravados por sua condição de hemofílica.

IV. A morte decorreu de uma infecção hospitalar que acometeu a vítima quando do tratamento dos ferimentos causados pelos tiros.

Nessa situação hipotética, conforme a teoria dos antecedentes causais adotada pelo CP, João responderá pela morte de seu desafeto caso se enquadre em uma das hipóteses previstas nos itens

a) I e II.

b) I e III.
c) III e IV.
d) I, II e IV.
e) II, III e IV.

ANOTAÇÕES/COMENTÁRIOS

(a, b, c , d, e) A assertiva I traz uma hipótese de causa absolutamente independente preexistente, enquanto a assertiva II se refere à causa absolutamente independente concomitante, nas quais o resultado naturalístico acontecerá, independendo da conduta do agente.

*Para responder, tem que estudar: teoria/doutrina.*

*Gabarito: C*

## 2.2. Relevância da Omissão

**12. (Cespe/TJ/ES/Juiz/2011)** Em relação aos crimes impossível, doloso, culposo e preterdoloso, assinale a opção correta.

a) O delito preterdoloso ocorre quando o agente quer praticar um crime e, por excesso, produz culposamente um resultado mais grave que o desejado inicialmente, como ocorre, invariavelmente, no delito de latrocínio.

b) O delito putativo por erro de tipo é espécie de crime impossível, dada a impropriedade absoluta do objeto, e ocorre quando o agente não sabe, devido a um erro de apreciação da realidade, que está cometendo um delito.

c) Se um agente público exigir vantagem econômica indevida de um cidadão, a fim de não lavrar auto de infração de trânsito e as autoridades policiais, previamente alertadas, efetuarem a prisão em flagrante do agente antes da entrega programada da quantia acertada, configurar-se-á crime impossível por ineficácia absoluta do meio empregado.

d) Não há crime comissivo por omissão sem que exista o especial dever jurídico de impedir o dano ou o perigo ao bem jurídico tutelado, sendo, também, indispensável, nos delitos comissivos por omissão dolosa, a vontade de omitir a ação devida.

e) Não é admitida, no ordenamento jurídico brasileiro, a possibilidade do concurso de pessoas em crime culposo, que ocorre mediante a comprovação do vínculo psicológico entre a cooperação consciente de alguém e a conduta culposa de outrem.

ANOTAÇÕES/COMENTÁRIOS

(a) No crime preterdoloso, o agente irá praticar um delito distinto do que havia projetado, advindo resultado mais gravoso, decorrente de negligência, imprudência ou imperícia. Ademais, o delito de latrocínio nem sempre será preterdoloso.

BLOCO II

(b) O delito putativo por erro de tipo ocorre quando o agente erra quanto a um dos elementos do tipo penal.

(c) O crime se configura no momento em que a vantagem econômica indevida é exigida pelo agente.

(d) Certa.

(e) Existe a possibilidade de concurso de pessoas nos crimes culposos.

*Para responder, tem que estudar: teoria/doutrina.*

*Gabarito: D*

## 2.3. Crime Consumado/Tentado

**13. (Cespe/TJ/DFT/Juiz/2014)** Em cada uma das opções seguintes, é apresentada uma situação hipotética, seguida de uma assertiva a ser julgada à luz dos institutos da tentativa e da consumação delitiva. Assinale a opção em que a assertiva está correta.

a) Mateus tinha em seu poder fotos íntimas de sua ex-namorada Lúcia. Após o fim do namoro, ele exigiu de Lúcia o pagamento de determinada quantia em dinheiro para não publicar as fotos na Internet. Mateus não publicou as fotos e, antes de receber o valor exigido, foi preso. Nessa situação, deve ser imputado a Mateus o crime de tentativa de extorsão.

b) Ana atirou, intencionalmente, ácido sulfúrico na direção do rosto de César, seu inimigo, que se desviou a tempo e escapou ileso do ataque. Nessa situação, Ana deve responder por tentativa de lesão corporal gravíssima.

c) Jorge foi detido, em sua residência, pela polícia, na posse de carro cuja numeração do chassi ele havia adulterado para posterior venda. Nessa situação, Jorge deve ser responsabilizado pela prática de tentativa de estelionato, entre outros crimes.

d) Mauro, sabendo que sua vizinha, Maria, apresentava quadro depressivo e considerava pôr fim à própria vida, entregou-lhe uma dose letal de veneno. Maria, no entanto, deixou cair parte da dose, tendo ingerido apenas pequena porção do veneno e, após lavagem estomacal, sobreviveu sem danos físicos. Nessa situação, deve ser imputada a Mauro a prática de auxílio a suicídio.

e) Silas, que cumpre pena por sentença transitada em julgado, foi escoltado para assistir ao enterro da mãe. No cemitério, ele agrediu e feriu o policial que o escoltava e correu em direção ao portão de entrada, tendo sido detido por populares antes de sair do local. Nessa situação, Silas deverá responder por tentativa de evasão, com redução de pena entre um e dois terços.

**ANOTAÇÕES/COMENTÁRIOS**

(a) Responderá pela extorsão consumada, pois é consiste em crime formal ou de consumação antecipada.

(b) Certa.

(c) Responderá pelo crime de adulteração de sinal identificador de veículo automotor, previsto no art. 311 do CP.

(d) Não responderá pelo crime do Art. 122 do CP, haja vista que não houve lesão grave à vítima.

(e) Responderá pelo delito em sua forma consumada. Art. 352º do CP: Evadir-se ou tentar evadir-se o preso ou o indivíduo submetido a medida de segurança detentiva, usando de violência contra a pessoa.

*Para responder, tem que estudar: lei e teoria/doutrina.*

*Gabarito: B*

**14. (Cespe/TJ/AC/Juiz/2012)** Com base no direito penal, assinale a opção correta.

a) Conforme o CP, a desistência voluntária é compatível com a tentativa acabada e incompatível com a tentativa inacabada ou imperfeita.
b) Em se tratando de crimes omissivos impróprios, admite-se a tentativa.
c) Caso a consumação do crime seja impedida por impropriedade relativa do objeto, a tentativa será impunível.
d) De acordo com a teoria unitária, adotada no CP, admite-se, excepcionalmente, o concurso de agentes após a consumação do delito, ainda que não haja vínculo subjetivo entre os agentes.
e) Tanto o arrependimento eficaz quanto o arrependimento posterior constituem causa de diminuição de pena.

BLOCO II

ANOTAÇÕES/COMENTÁRIOS

(a) A desistência voluntária é incompatível com a tentativa acabada.

(b) Certa.

(c) Art. 17º do CP: Não se pune a tentativa quando, por ineficácia absoluta do meio ou por absoluta impropriedade do objeto, é impossível consumar-se o crime.

(d) Há a necessidade de vínculo subjetivo entre os agentes, sendo também chamado de concurso de vontades.

(e) Desistência voluntária e arrependimento eficaz. Art. 15º do CP: O agente que, voluntariamente, desiste de prosseguir na execução ou impede que o resultado se produza, só responde pelos atos já praticados. Arrependimento posterior. Art. 16º do CP: Nos crimes cometidos sem violência ou grave ameaça à pessoa, reparado o dano ou restituída a coisa, até o recebimento da denúncia ou da queixa, por ato voluntário do agente, a pena será reduzida de um a dois terços.

*Para responder, tem que estudar: lei e teoria/doutrina.*

*Gabarito: B*

**15. (Cespe/TJ/ES/Juiz/2011)** A respeito da tentativa, da desistência voluntária e do arrependimento eficaz no direito penal brasileiro, assinale a opção correta.

a) O arrependimento eficaz é instituto a ser aplicado na terceira fase de execução da sanção, como causa de diminuição de pena, podendo, ainda, ser utilizado como fundamento para a rejeição da denúncia por ausência de justa causa.

b) Respondido categoricamente pelos jurados que o crime não se consumou por circunstâncias alheias à vontade do paciente, não resta prejudicada a formulação de quesito acerca da configuração da desistência voluntária, pois, no âmbito do tribunal do júri, tais teses não são excludentes.

c) Configura-se desistência voluntária, e não tentativa de roubo, o fato de, após descoberta a inexistência de fundos no caixa de casa comercial alvo de ação delituosa e verificada a existência de outros objetos no estabelecimento, o agente nada levar deste ou de seus consumidores.

d) Adota-se, em relação à consumação do crime de roubo, a teoria da "apprehensio", também denominada "amotio", segundo a qual é considerado consumado o delito no momento em que o agente obtém a posse da "res furtiva", ainda que não seja de forma mansa e pacífica.

e) Consoante a pacífica jurisprudência do STJ, a alegação de ocorrência de desistência voluntária, com o consequente pedido de absolvição, não esbarra na necessidade de revolvimento do conjunto fático-probatório, podendo, assim, tal tese jurídica ser ventilada por meio de habeas corpus.

ANOTAÇÕES/COMENTÁRIOS

(a) Não se aplica o arrependimento eficaz na fase de aplicação da pena,

(b) "Respondido afirmativamente pelos jurados que o crime não se consumou por circunstâncias alheias à vontade do paciente, revela-se desnecessário formular quesito acerca da configuração da desistência voluntária, pois, inegavelmente, reconhecida a tentativa, descabe cogitar a configuração da referida causa de atipicidade." (STJ, HC 150.854/DF, julgado em 22/03/2010).

(c) Não ocorreu a figura da desistência voluntária, mas sim a figura da tentativa delitiva.

(d) "Esta Corte e o Supremo Tribunal, para balizar o debate sobre a consumação do crime de furto, adotam a teoria da apprehensio, também denominada de amotio, segundo a qual se considera consumado o delito no momento em que o agente obtém a posse da res furtiva, ainda que não seja mansa e pacífica e/ou haja perseguição policial, sendo prescindível que o objeto do crime saia da esfera de vigilância da vítima." (STJ, AgRg no REsp 1300954/RS, julgado em 15/05/2012).

(e) "A alegação de ocorrência de desistência voluntária, com o consequente pedido de absolvição, esbarra na necessidade desenvolvimento do conjunto fático-probatório, providência de todo incompatível com a via estreita do writ, consoante iterativa jurisprudência desta Corte." (STJ, HC 145944 ES, julgado em 01/09/2011).

*Para responder, tem que estudar: jurisprudência.*

*Gabarito: D*

## 2.4. Desistência Voluntária, Arrependimento Eficaz/Posterior

**16. (Cespe/TJ/CE/Juiz/2012)** Acerca da tentativa, do arrependimento eficaz e da desistência voluntária, assinale a opção correta.

a) Ocorrendo o início da execução do crime de estupro mediante o emprego de grave ameaça à vítima e a ação via contato físico só não sendo consumada em virtude de momentânea falha fisiológica, alheia à vontade do agente, resta caracterizada a desistência voluntária e afastada, simultaneamente, a tentativa.

b) Apesar de ser possível a elaboração sucessiva dos quesitos atinentes à tentativa de homicídio e ao arrependimento eficaz, o resultado afirmativo em relação a um deles prejudica a análise do outro, em face de serem esses institutos completamente diversos entre si, sob pena de nulidade absoluta, que não está, pois, sujeita à preclusão.

c) Segundo a jurisprudência do STJ, a resposta positiva dos jurados no que se refere à tentativa de homicídio não implica necessariamente recusa ao quesito da desistência espontânea, uma vez que, conforme o caso concreto, esses institutos podem ser compatibilizados.

d) No delito de roubo circunstanciado, se os agentes dominam as vítimas e chegam a se apoderar dos bens, não deixando o local do crime apenas em razão de ação policial, é inviável o reconhecimento da tentativa, na medida em que esse delito se consuma com a mera inversão da posse do patrimônio alheio.

e) O arrependimento eficaz é instituto a ser aplicado na terceira fase de imposição da pena, como causa de diminuição prevista na parte geral do CP, podendo, ainda, ser utilizado como fundamento para a rejeição da denúncia por ausência de justa causa, pois conduz à atipicidade da conduta por ausência de dolo.

ANOTAÇÕES/COMENTÁRIOS

(a, b, c, d, e) Questão está desatualizada, conforme o novo entendimento do STJ, ao editar a Súmula 582 em 2016, que traz: "Consuma-se o crime de roubo com a inversão da posse do bem mediante emprego de violência ou grave ameaça, ainda que por breve tempo e em seguida à perseguição imediata ao agente e recuperação da coisa roubada, sendo prescindível a posse mansa e pacífica ou desvigiada." (ST – Aprovada em 14/09/2016, (Informativo 590).

*Para responder, tem que estudar: súmula/OJ.*

*Gabarito: B*

**17. (Cespe/TJ/BA/Juiz/2012)** Com relação a arrependimento posterior, medidas de segurança, causas de exclusão, crime e concurso de pessoas, assinale a opção correta.

a) Suponha que João, Pedro e Tonho, todos de vinte e dois anos de idade e portando arma de fogo municiada, decidam praticar um roubo em uma padaria e que, durante o assalto, Pedro alveje e mate o caixa do estabelecimento. Nessa situação, somente Pedro deve responder pelo resultado morte.

b) A natureza jurídica do arrependimento posterior é causa de extinção da punibilidade.

c) Constatando-se que João, de vinte e dois anos de idade, ao matar seus genitores e cinco irmãos a facadas, não possuía plena capacidade de determinar-se de acordo com esse entendimento, em razão de perturbação em sua personalidade, deve ser-lhe aplicada medida de segurança.

d) Considere que Jonas, policial militar, no exercício de sua função, tenha determinado que um indivíduo em fuga parasse e que este tenha sacado uma arma e disparado tiros contra Jonas, que, revidando os disparos, tenha alvejado o indivíduo e o tenha matado. Nessa situação, Jonas agiu no estrito cumprimento de dever legal.

e) Não será punida a conduta de indivíduo maior de idade que, com a intenção de subtrair dinheiro de terceiro desconhecido, lhe tome a bolsa e, ao percebê-la vazia, jogue-a na rua.

ANOTAÇÕES/COMENTÁRIOS

(a) Todos responderão pelo resultado morte, diante da previsibilidade desta e assunção do risco.

(b) Trata-se de causa de diminuição de pena (Art. 16º do CP).

(c) Como João é semi-imputável, não se aplica medida de segurança.

(d) Trata-se de legítima defesa.

(e) Trata-se de crime impossível, diante da absoluta impropriedade do objeto.

*Para responder, tem que estudar: lei e teoria/doutrina.*

*Gabarito: E*

## 2.5. Erro de Tipo/Pessoa/Ilicitude

**18. (Cespe/TJ/MA/Juiz/2013)** Com relação ao que dispõe o Código Penal brasileiro sobre o erro de tipo, assinale a opção correta.

a) se o erro de tipo for evitável, isenta-se de pena o agente.

b) o erro de tipo inevitável exclui o dolo e a culpa.
c) sendo inevitável o erro de tipo, exclui-se a culpabilidade.
d) se o erro de tipo for evitável, diminui-se a pena de 1/6 a 1/3 em relação ao total legalmente estipulado.

**ANOTAÇÕES/COMENTÁRIOS**

(a, b, c, d, e) Art. 20º do CP: O erro sobre elemento constitutivo do tipo legal de crime exclui o dolo, mas permite a punição por crime culposo, se previsto em lei. § 1º: É isento de pena quem, por erro plenamente justificado pelas circunstâncias, supõe situação de fato que, se existisse, tornaria a ação legítima. Não há isenção de pena quando o erro deriva de culpa e o fato é punível como crime culposo.

*Para responder, tem que estudar: lei.*

*Gabarito: B*

**19. (Cespe/TJ/ES/Juiz/2011)** Acerca do erro no direito penal, assinale a opção correta.

a) O erro sobre elemento essencial do tipo, escusável ou inescusável, exclui o dolo, mas permite a punição a título de culpa.
b) Suponha que, em troca de tiros com policiais, certo traficante atinja o soldado A, e o mesmo projétil também atinja o transeunte B, provocando duas mortes. Nesse caso, ainda que não tenha pretendido matar B, nem aceito sua morte, o atirador responderá por dois homicídios dolosos em concurso formal imperfeito.
c) Considere que um indivíduo pretenda assassinar uma criança de doze anos de idade e, para executar seu plano, posicione-se na janela de sua residência e acerte um disparo na cabeça de um adulto inocente. Nesse caso, o referido indivíduo responderá por homicídio doloso em sua forma simples, sem incidência de causa especial de aumento de pena.
d) Considere a seguinte situação hipotética. Braz pretendia furtar um colar extremamente valioso e, para tanto, dirigiu-se a uma joalheria e executou sua ação com sucesso. Em seguida, ao tentar vender o objeto, ele se certificou de haver furtado bijuteria de valor irrisório. Nessa situação, Braz deverá responder pelo delito de furto e, caso seja primário, fará jus à causa especial de diminuição de pena relativa ao furto privilegiado.
e) Caracterizada a ocorrência de erro de proibição indireto inescusável, o agente responderá pelo crime doloso, com pena diminuída de um sexto a um terço.

**ANOTAÇÕES/COMENTÁRIOS**

(a) O erro de tipo escusável exclui o dolo e a culpa.

(b) Não houve dolo por parte do traficante a fim de matar B, não ocorrendo homicídio doloso.

(c) Art. 73º do CP: Quando, por acidente ou erro no uso dos meios de execução, o agente, ao invés de atingir a pessoa que pretendia ofender, atinge pessoa diversa, responde como se tivesse praticado o crime contra aquela, atendendo-se ao disposto no § 3º do art. 20 deste Código. No caso de ser também atingida a pessoa que o agente pretendia ofender, aplica-se a regra do art. 70 deste Código.

(d) Diante do valor irrisório da res furtiva, aplica-se o princípio da insignificância, o qual afasta a figura típica da conduta.

(e) Art. 21º do CP: O desconhecimento da lei é inescusável. O erro sobre a ilicitude do fato, se inevitável, isenta de pena; se evitável, poderá diminuí-la de um sexto a um terço.

*Para responder, tem que estudar: lei e teoria/doutrina.*

*Gabarito: E*

**20. (Cespe/TJ/BA/Juiz/2012)** Considerando os institutos aplicáveis ao direito penal, assinale a opção correta.

a) Nos termos do CP, o desconhecimento da lei, embora inescusável, é circunstância que atenua a pena.

b) Suponha que Vicente, estudante de vinte e quatro anos de idade, com animus necandi, portando arma de fogo municiada com seis projéteis, alveje Pereira com dois disparos e, ao tentar efetuar outros disparos, fuja do local ante a falha da arma. Nessa situação hipotética, aplica-se a Vicente, consoante determinação do CP, o instituto da desistência voluntária.

c) A legislação vigente acerca da execução da sentença penal condenatória a ser cumprida em regime inicial fechado determina que, sobrevindo novas condenações no curso da execução, deve ser formado novo processo de execução penal para cada uma delas.

d) Segundo o entendimento dos tribunais superiores, não se reconhece a continuidade delitiva quando o intervalo de tempo entre os crimes for superior a quinze dias.

e) Na aberratio ictus com unidade complexa, de acordo com o disposto no CP e o entendimento dos tribunais superiores, o agente, agindo com dolo eventual em relação a terceiros, deve responder por concurso formal próprio.

**ANOTAÇÕES/COMENTÁRIOS**

(a) Art. 21º do CP: O desconhecimento da lei é inescusável. O erro sobre a ilicitude do fato, se inevitável, isenta de pena; se evitável, poderá diminuí-la de um sexto a um terço.

(b) Não houve desistência voluntária por parte de Vicente, visto que houve a falha da arma de fogo.

(c) Art. 111 da Lei de Execução Penal: Quando houver condenação por mais de um crime, no mesmo processo ou em processos distintos, a determinação do regime de cumprimento será feita pelo resultado da soma ou unificação das penas, observada, quando for o caso, a detração ou remição. Parágrafo único. Sobrevindo condenação no curso da execução, somar-se-á a pena ao restante da que está sendo cumprida, para determinação do regime.

(d) "Esta Corte Superior de Justiça, em diversos julgados, tem afastado continuidade delitiva entre crimes cometidos em intervalo superiores a trinta dias." (STJ, HC 186.990/RS, julgado em 03/05/2011).

(e) No caso, deve o agente pelo concurso formal impróprio.

*Para responder, tem que estudar: lei, jurisprudência e teoria/doutrina.*

*Gabarito: A*

**21. (Cespe/TJ/AM/Juiz/2016)** Júlio foi denunciado em razão de haver disparado tiros de revólver, dentro da própria casa, contra Laura, sua companheira, porque ela escondera a arma, adquirida dois meses atrás. Ele não tinha licença expedida por autoridade competente para possuir tal arma, e a mulher tratou de escondê-la porque viu Júlio discutindo asperamente com um vizinho e temia que ele pudesse usá-la contra esse desafeto. Raivoso, Júlio adentrou a casa, procurou em vão o revólver e, não o achando, ameaçou Laura, constrangendo-a a devolver-lhe a arma. Uma vez na sua posse, ele disparou vários tiros contra Laura, ferindo-a gravemente e atingindo o filho comum, com nove anos de idade, por erro de pontaria, matando-o instantaneamente. Laura só sobreviveu em razão de pronto e eficaz atendimento médico de urgência. Com referência à situação hipotética descrita, assinale a opção correta de acordo com a jurisprudência do STJ.

a) Júlio cometeu homicídio doloso contra Laura e culposo contra o filho, porque não teve intenção de matá-lo.

b) Júlio deverá responder por dois homicídios dolosos, sendo um consumado e o outro tentado, e as penas serão aplicadas cumulativamente, por concurso material de crimes, já que houve desígnios distintos nos dois resultados danosos.

c) A hipótese configura "aberractio ictus", devendo Júlio responder por duplo homicídio doloso, um consumado e outro tentado, com as penas aplicadas em concurso formal de crimes, sem se levar em conta as condições pessoais da vítima atingida acidentalmente.

d) O fato configura duplo homicídio doloso, consumado contra o filho, e tentado contra Laura, e, em razão de aquele ter menos de quatorze anos, a pena deverá ser aumentada em um terço.

e) Houve, na situação considerada, homicídio privilegiado consumado, considerando que Júlio agiu impelido sob o domínio de violenta emoção depois de ter sido provocado por Laura.

ANOTAÇÕES/COMENTÁRIOS

(a, b, c, d, e) Houve a figura do erro na execução, com previsão no Art. 73 do CP, que traz: Quando, por acidente ou erro no uso dos meios de execução, o agente, ao invés de atingir a pessoa que pretendia ofender, atinge pessoa diversa, responde como se tivesse praticado o crime contra aquela, atendendo-se ao disposto no § 3º do art. 20 deste Código. No caso de ser também atingida a pessoa que o agente pretendia ofender, aplica-se a regra do art. 70 (concurso formal) deste Código.

*Para responder, tem que estudar: lei e teoria/doutrina.*

*Gabarito: C*

**22. (Cespe/TJ/DFT/Juiz/2014)** No que concerne à teoria do domínio do fato, ao conceito de autoria mediata, ao erro e às causas de exclusão da ilicitude, assinale a opção correta.

a) Se, por hipótese, Joaquim furtar bem de Américo, supondo estar praticando um ato de vingança contra Emílio, ocorrerá erro na execução.

b) Supondo que Júlio deseje agredir Camilo, mas, por erro de representação, fira Reinaldo, seu próprio irmão, incidirá, nessa hipótese, em relação ao crime praticado, a agravante de parentesco.

c) O erro determinado por terceiro pode configurar hipótese de autoria mediata, embora a autoria mediata não ocorra somente nos casos em que o executor material do delito atue sem dolo ou sem culpabilidade.

d) Conforme a teoria do domínio do fato, não há nenhuma utilidade no conceito de autoria mediata, porque o domínio da vontade, elemento especial dessa modalidade de autoria, insere-se no elemento geral da figura da autoria – que é o próprio domínio do fato –, podendo-se, por isso, concluir que autor mediato é o mesmo que mandante.

e) No âmbito da dogmática jurídico-penal, não se admite legítima defesa contra legítima defesa putativa.

ANOTAÇÕES/COMENTÁRIOS

(a) Trata-se de Erro sobre a pessoa ("error in persona").

(b) A vítima deste caso será a virtual. Art. 73 do CP: Quando, por acidente ou erro no uso dos meios de execução, o agente, ao invés de atingir a pessoa que pretendia ofender, atinge pessoa diversa, responde como se tivesse praticado o crime contra aquela, atendendo-se ao disposto no § 3º do art. 20 deste Código.

(c) Certa.

(d) A teoria do domínio do fato foi precursora da autoria mediata.

(e) É admissível a legítima defesa real contra legítima defesa putativa.

*Para responder, tem que estudar: teoria/doutrina.*

*Gabarito: C*

**23. (Cespe/TJ/RN/Juiz/2013)** Acerca da culpabilidade, teorias e causas de exclusão, assinale a opção correta.

a) O dolo, conforme a teoria normativa pura, é elemento da culpabilidade e contém a potencial consciência da ilicitude.

b) Conforme a teoria limitada da culpabilidade, o erro de proibição indireto, quando inescusável, é causa de diminuição da pena.

c) Tendo sido adotada a teoria da "actio libera in causa" pelo Código Penal, é permitida a exclusão da imputabilidade do agente se a embriaguez não acidental for completa e culposa.

d) A responsabilidade penal independe da imputabilidade do agente.

e) A inimputabilidade por doença mental que retira do agente toda a capacidade de entendimento do caráter ilícito do fato é causa de diminuição da pena.

ANOTAÇÕES/COMENTÁRIOS

(a, b, c, d, e) Art. 21 do CP: O desconhecimento da lei é inescusável. O erro sobre a ilicitude do fato, se inevitável, isenta de pena; se evitável, poderá diminuí-la de um sexto a um terço. É majoritária a posição doutrinária que o Código Penal adotou a Teoria Limitada da Culpabilidade.

*Para responder, tem que estudar: lei e teoria/doutrina.*

*Gabarito: B*

## 2.6. Exclusão de Ilicitude

**24. (Cespe/TJ/PI/Juiz/2012)** Assinale a opção correta a respeito da ilicitude e das suas causas de exclusão.

a) Considere que Antônio seja agredido por Lucas, de forma injustificável, embora lhe fosse igualmente possível fugir ou permanecer e defender-se. Nessa situação, como o direito é instrumento de salvaguarda da paz social, caso Antônio enfrentasse e ferisse gravemente Lucas, ele deveria ser acusado de agir com excesso doloso.

b) Se a excludente do estrito cumprimento do dever legal for reconhecida em relação a um agente, necessariamente será reconhecida em relação aos demais coautores, ou partícipes do fato, que tenham conhecimento da situação justificadora.

c) Considere que, para proteger sua propriedade, Abel tenha instalado uma cerca elétrica oculta no muro de sua residência e que duas crianças tenham sido eletrocutadas ao tentar pulá-la. Nesse caso, caracteriza-se exercício regular do direito de forma excessiva, devendo Abel responder por homicídio culposo.

d) Em relação ao estado de necessidade, adota-se no CP a teoria diferenciadora, segundo a qual a excludente de ilicitude poderá ser reconhecida como justificativa para a prática do fato típico, quando o bem jurídico sacrificado for de valor menor ou igual ao do bem ameaçado.

e) No que se refere ao terceiro que sofre a ofensa, o estado de necessidade classifica-se em agressivo, quando a ação é dirigida contra o provocador dos fatos, e defensivo, quando o agente destrói bem de terceiro inocente.

**ANOTAÇÕES/COMENTÁRIOS**

(a) Também poderia haver, in casu, excesso culposo.

(b) Certa. Trata-se da Teoria da Acessoriedade Limitada.

(c) Trata-se de legítima defesa, podendo responder por excesso culposo.

(d) O CP adota a teoria monista.

(e) Houve a inversão nos conceitos entre o estado de necessidade agressivo e defensivo.

*Para responder, tem que estudar: teoria/doutrina.*

*Gabarito: B*

**25. (Cespe/TJ/RN/Juiz/2013)** No que se refere ao conceito de antijuridicidade e às hipóteses de sua exclusão, assinale a opção correta.

a) Age no exercício regular de direito o oficial de justiça que, em cumprimento a decisão proferida nos autos do procedimento de medidas protetivas de urgência, adentra no imóvel da ofendida para afastar do lar, coercitivamente, o ofensor.

b) A causa de exclusão da ilicitude decorrente da prática da conduta em estrito cumprimento do dever legal pode estender-se ao coautor se for de seu conhecimento a situação justificadora.

c) Age em legítima defesa aquele que, para combater o fogo que repentinamente tomou conta de seu automóvel, invade carro de terceiro estacionado nas proximidades e dele retira um extintor, sem autorização do proprietário.

d) As causas excludentes de ilicitude são exaustivamente elencadas no Código Penal.

e) De acordo com a teoria adotada pelo Código Penal, o estado de necessidade pode funcionar como causa de exclusão da ilicitude ou da culpabilidade, conforme os valores dos bens em conflito.

ANOTAÇÕES/COMENTÁRIOS

(a) Tem que ser conferido ao oficial o referido mandado judicial, o que não ocorreu no caso.

(b) Certa.

(c) Trata-se de Estado de Necessidade.

(d) Há causas supralegais, tais como o consentimento do ofendido.

(e) Exclui-se apenas a ilicitude.

*Para responder, tem que estudar: teoria/doutrina.*

*Gabarito: B*

**26. (Cespe/TJ/DFT/Juiz/2016)** De acordo com o CP, constituem hipóteses de exclusão da antijuridicidade:

a) o estrito cumprimento do dever legal e o estado de necessidade.
b) a insignificância da lesão e a inexigibilidade de conduta diversa.
c) a legítima defesa putativa e o estrito cumprimento do dever legal.
d) o estado de necessidade e a coação moral irresistível.
e) o exercício regular de direito e a inexigibilidade de conduta diversa.



ANOTAÇÕES/COMENTÁRIOS

(a, b, c, d, e) Art. 23 do CP: Não há crime quando o agente pratica o fato: I – em estado de necessidade; II – em legítima defesa; III – em estrito cumprimento de dever legal ou no exercício regular de direito.

*Para responder, tem que estudar: lei.*

*Gabarito: A*

**27. (Cespe/TJ/DFT/Juiz/2014)** Em cada uma das opções a seguir, é apresentada uma situação hipotética, seguida de uma assertiva a ser julgada conforme o instituto da exclusão de ilicitude. Assinale a opção em que a assertiva está correta.

a) Sérgio, tendo confundido André com um de seus inimigos, efetuou contra ele diversos disparos, sem se certificar da identidade da vítima. Nessa situação, se André tivesse revidado a violência sofrida, não seria aceitável o argumento de legítima defesa real em razão de o ataque de Sérgio ter sido culposo.
b) Durante uma cirurgia eletiva em que a paciente, Laura, estava sob anestesia geral, José, médico-cirurgião, constatou uma malformação que, possivelmente, não acarretaria sérios problemas à saúde da paciente e, embora sem ter solicitado autorização dos familiares de Laura, submeteu-a a um

segundo procedimento cirúrgico. Nessa situação, José agiu no exercício regular de direito.

c) Roberto, para defender-se legitimamente de ataque feito por Saulo, usou arma de propriedade de Joaquim, sem a autorização nem conhecimento deste. Nessa situação, coexistem o estado de necessidade e a legítima defesa.

d) Raul, agredido por Davi, desferiu, para se defender, tiros na direção de seu agressor e, por erro, atingiu Fernando, que passava pelo local. Nessa situação, a existência de erro na execução inviabiliza eventual alegação de legítima defesa por Raul.

e) Joel, provocado por Rui, seu desafeto, aceitou participar de duelo com facas, tendo ferido Rui, que morreu na hora. Nessa situação, Joel agiu em legítima defesa.

**ANOTAÇÕES/COMENTÁRIOS**

(a) André agiria em legítima defesa.

(b) No trecho, não houve consentimento do ofendido, razão pela qual não há causa de exclusão de ilicitude.

(c) Certa. Não há óbice para que coexistam o estado de necessidade e a legítima defesa.

(d) Não há óbice quanto à aplicação da legítima defesa.

(e) Não houve legítima defesa por Joel, pois ocorreu apenas a provocação por parte de Rui, não representando iminente ou atual injusta agressão.

*Para responder, tem que estudar: teoria/doutrina.*

*Gabarito: C*

**28. (Cespe/TJ/RN/Juiz/2013)** Considerando as teorias relativas ao tipo penal e os conceitos de crime doloso e crime culposo, assinale a opção correta.

a) Configura-se crime impossível, que enseja a exclusão da ilicitude, a conduta de tomar remédios para abortar, se, posteriormente, ficar comprovado que a autora nunca esteve grávida.

b) De acordo com a teoria do tipo indiciário, a tipicidade leva à presunção absoluta de ilicitude da conduta.

c) Adotando-se a teoria do tipo avalorado ou acromático, no caso de atropelamento com morte, a comprovação de que a vítima se jogou na frente do veículo para cometer suicídio seria relevante para a verificação da existência do fato típico.

d) Conforme a teoria dos elementos negativos do tipo ou do tipo total de injusto, a legítima defesa configura causa excludente da tipicidade.

e) De acordo com a legislação penal vigente, toda conduta de quem prevê o resultado é considerada dolosa.

ANOTAÇÕES/COMENTÁRIOS

(a) Afasta-se a tipicidade e não a ilicitude.

(b) A presunção é relativa.

(c) O tipo avalorado não guarda nenhuma relação com entre tipicidade e ilicitude.

(d) Certa.

(e) O crime culposo (culposa consciente) também pode prever o resultado.

*Para responder, tem que estudar: teoria/doutrina.*

*Gabarito: D*

## 3. DO CONCURSO DE PESSOAS

**29. (Cespe/TJ/PB/Juiz/2015)** Assinale a opção correta no que se refere ao concurso de pessoas.

a) Inexiste previsão legal referente ao desvio subjetivo de conduta.

b) Segundo a teoria da acessoriedade mínima, uma ação justificada para o autor não constitui crime para o partícipe.

c) Será considerado cúmplice aquele que incutir na mente do autor principal o propósito criminoso.

d) A coautoria pressupõe acordo prévio, o que a doutrina denomina de "pactum sceleris".

e) O crime omissivo admite a participação por meio de comissão.

ANOTAÇÕES/COMENTÁRIOS

(a) Art. 29, § 2º do CP: Se algum dos concorrentes quis participar de crime menos grave, ser-lhe-á aplicada a pena deste; essa pena será aumentada até metade, na hipótese de ter sido previsível o resultado mais grave.

(b) Trata-se da Teoria da Acessoriedade Limitada.

(c) Trata-se de participação moral, quando não há cumplicidade material (atos executórios).

(d) Independe de acordo prévio, basta que as vontades sejam convergentes.

(e) Certa. Art. 13, § 2º, do CP: A omissão é penalmente relevante quando o omitente devia e podia agir para evitar o resultado.

*Para responder, tem que estudar: lei e teoria/doutrina.*

*Gabarito: E*

BLOCO II

**30. (Cespe/TJ/PI/Juiz/2012)** Em relação ao concurso de pessoas, assinale a opção correta.

a) Segundo a jurisprudência do STJ, não se admite, em crime culposo, a possibilidade de concurso de pessoas, que se caracteriza como o vínculo psicológico na cooperação consciente de alguém na conduta culposa de outrem.

b) A lei brasileira não admite a participação por omissão e a participação em crime omissivo, uma vez que, para se distinguir o coautor do partícipe, a conduta principal e a acessória devem ocorrer de forma ativa, o que é incompatível com uma inação.

c) É desnecessária a descrição pormenorizada da conduta de cada um dos envolvidos em crimes de autoria coletiva, bem como do vínculo entre os réus e dos delitos a eles imputados, cabendo à instrução processual o detalhamento da participação de cada um dos agentes na empreitada delituosa.

d) De acordo com a teoria restritiva, autor distingue-se de partícipe e, consoante o critério objetivo-subjetivo, não importa a prática do núcleo do tipo de delito, considerando-se autor aquele que detém o controle final do fato, o que domina toda a realização delituosa.

e) Consoante a teoria da acessoriedade limitada, adotada no CP, o partícipe somente responderá pelo crime se o fato principal for típico, ilícito e culpável, incidindo ainda sobre o partícipe todas as agravantes e atenuantes de caráter pessoal relativas ao autor principal.

ANOTAÇÕES/COMENTÁRIOS

(a) Já há a admissão de coautoria em crimes culposos.

(b) Art. 13, § 2º, do CP: A omissão é penalmente relevante quando o omitente devia e podia agir para evitar o resultado

(c) "Em se tratando de crime de autoria coletiva, é desnecessária a descrição pormenorizada da conduta de cada um dos envolvidos, bastando o vínculo entre os réus e o crime a eles imputados, sendo certo que caberá à instrução processual o detalhamento acerca da participação de cada um dos agentes na empreitada delituosa". (STJ, HC 95450 SP, julgado em 2011).

(d) Certa.

(e) Exige-se que a conduta seja apenas típica e ilícita, independendo da culpabilidade.

*Para responder, tem que estudar: lei, súmula/OJ e teoria/doutrina.*

*Gabarito: D*

**31. (Cespe/TJ/PB/Juiz/2015)** Segundo a doutrina dominante e o CP, o juiz, ao aplicar a pena, deve:

a) aplicar pena inferior ao mínimo legal se houver circunstância atenuante.

b) agravar a sanção a ser aplicada a quem tiver coagido outrem a praticar o crime no caso de concurso de pessoas.

c) valer-se de sua discricionariedade no que diz respeito à fixação do regime prisional em que o condenado começará a cumprir a sanção.

d) indicar, no caso de condenado a pena de reclusão, que o cumprimento da sanção deve ser iniciado em regime fechado.

e) considerar eventuais causas de aumento de pena do condenado na segunda fase da dosimetria.

**ANOTAÇÕES/COMENTÁRIOS**

**(a) Súmula 231 do STJ: A incidência da circunstância atenuante não pode conduzir à redução da pena abaixo do mínimo legal.**

**(b) Art. 62 do CP: A pena será ainda agravada em relação ao agente que: II – coage ou induz outrem à execução material do crime.**

**(c) Deve o juiz aplicar o art. 33 do Código Penal, determinando o seu regime inicial de cumprimento.**

**(d) Art. 33 do CP: A pena de reclusão deve ser cumprida em regime fechado, semi-aberto ou aberto. A de detenção, em regime semi-aberto, ou aberto, salvo necessidade de transferência a regime fechado.**

**(e) Art. 68 o CP: A pena-base será fixada atendendo-se ao critério do art. 59 deste Código; em seguida serão consideradas as circunstâncias atenuantes e agravantes; por último, as causas de diminuição e de aumento.**

***Para responder, tem que estudar: lei.***

*Gabarito: B*

BLOCO II

**32. (Cespe/TJ/DFT/Juiz/2014)** Após praticar latrocínio, tendo matado mãe e filho menor dentro de um supermercado, Júlio foi detido por populares no momento em que tentava evadir-se do local do crime e, em seguida, linchado em praça pública. Considerando essa situação hipotética e os institutos da autoria e da participação delitiva, assinale a opção correta.

a) A participação de cada um dos envolvidos no linchamento de Júlio será objeto de instrução criminal, sendo desnecessária a descrição minuciosa da participação de cada um dos intervenientes, sob pena de inviabilização da aplicação da lei.

b) Denomina-se autoria por convicção a conduta das pessoas que, ao terem saído do supermercado e assistido ao início do linchamento de Júlio, tenham decidido participar das agressões.

c) Os intervenientes no linchamento devem ser considerados partícipes, dada a inviabilidade da individualização das condutas.

d) As penas de todos os que forem acusados e devidamente condenados pelo linchamento de Júlio serão agravadas pelo fato de o crime ter sido praticado sob a influência de multidão em tumulto.

e) Para o julgamento da prática coletiva do crime de linchamento, é insignificante a existência de vínculos psicológicos entre os integrantes da multidão.

*ANOTAÇÕES/COMENTÁRIOS*

(a, b, c, d, e) "Nos crimes de autoria coletiva, a jurisprudência desta Corte admite que a peça acusatória, embora não possa ser totalmente genérica, é válida quando, apesar de não descrever minuciosamente as atuações individuais dos acusados, demonstra um liame entre o agir e a suposta prática delituosa, estabelecendo a plausibilidade da imputação e possibilitando o exercício da ampla defesa." (STJ, RHC 51.564/BA, julgado em 24/02/2015).

*Para responder, tem que estudar: jurisprudência.*

*Gabarito: A*

**33. (Cespe/TJ/RN/Juiz/2013)** Acerca da autoria e do concurso de pessoas, assinale a opção correta.

a) De acordo com a teoria da acessoriedade limitada, para a punibilidade da participação basta que a conduta principal constitua fato típico.

b) Considere que Carlos, Mércia e José, empregados de uma grande empresa em Natal, tenham oferecido bombons envenenados ao seu chefe, Mário, que morreu após ingerir unicamente os bombons oferecidos por Mércia. Considere, ainda, que os três tenham agido de forma independente, sem ter ciência da conduta dos demais. Nessa situação, de acordo com a teoria da causalidade material, resta configurada a autoria colateral, devendo Carlos, Mércia e José responder pela prática de homicídio consumado.

c) Em se tratando de concurso de pessoas, o juiz deve, necessariamente, reduzir a pena do partícipe, em relação à pena do autor, em face do reconhecimento da acessoriedade da participação.

d) A doutrina considera plurissubjetivos os crimes que podem ser praticados por um ou mais agentes.

e) Considere que, em uma noite escura, Mel induza a prima Maria a disparar contra Pedro ao fazê-la acreditar que atirava em um animal feroz que rondava a casa de campo em que estavam. Nessa situação, ficando comprovado que Maria matou Pedro em erro de tipo escusável determinado pela prima, que sabia da realidade dos fatos, Mel responderá como autora mediata do crime de homicídio.

*ANOTAÇÕES/COMENTÁRIOS*

(a) Basta que haja a punição de fato típico e ilícito (antijurídico).

(b) Mércia responderá pelo homicídio consumado, enquanto Carlos e José responderão pelo homicídio tentado.

(c) Só haverá redução na pena se sua participação for de menor importância.

(d) Necessita de pluralidade de agentes.

(e) Certa.

*Para responder, tem que estudar: teoria/doutrina.*

*Gabarito: E*

**34. (Cespe/TJ/CE/Juiz/2018)** Um homem, maior de idade e capaz, conduzia em seu veículo três comparsas armados com revólveres: eles pretendiam praticar um roubo. Avistaram um caminhão de cargas estacionado em um posto de gasolina e, aproveitando-se da distração do motorista, os três comparsas abordaram-no com violência e subtraíram parte da carga de computadores e notebooks. Os quatro foram presos logo em seguida e os bens foram restituídos à vítima.

Em julgamento, o homem que transportava os comparsas confessou a conduta e informou que o seu papel na empreitada criminosa era somente aguardar os comparsas e propiciar a fuga. Foi informado nos autos que o réu respondia a processo por crime de roubo, o que foi considerado como antecedente. Na sentença, ele foi condenado a nove anos e quatro meses de reclusão. Ao analisar a dosimetria da pena, o juiz considerou que a culpabilidade estava comprovada nos autos, tendo afirmado que "a conduta do réu é altamente reprovável, sua personalidade é voltada para o crime; os motivos e as circunstâncias do crime não o favoreceram; as consequências do crime revelaram-se graves e as vítimas em nada contribuíram para o seu cometimento". Como a situação econômica do réu lhe era desfavorável, ele foi assistido pela defensoria pública.

Acerca dos fundamentos da sentença proferida na situação hipotética apresentada, assinale a opção correta, considerando a jurisprudência dos tribunais superiores.

a) O fato de o réu estar respondendo a processo por crime de roubo enseja o agravamento da pena-base.

b) A pena imposta ao réu deve ser reduzida com fundamento na participação de menor importância, dado que ele não estava armado e não participou diretamente da ação de subtração.

c) As razões apresentadas pelo juiz para analisar a dosimetria da pena são todas inidôneas para fundamentar acréscimos na pena-base.

d) A confissão do réu é uma circunstância atenuante que implica a redução da pena para menos do mínimo legal previsto para o caso em tela.

e) Em caso de crime de roubo circunstanciado, a indicação do número de majorantes basta para o aumento da pena na segunda fase da dosimetria.

BLOCO II

**ANOTAÇÕES/COMENTÁRIOS**

(a) Súmula 444 do STJ: É vedada a utilização de inquéritos policiais e ações penais em curso para agravar a pena-base.

(b) Não se aplica ao caso trazido, considerando que a participação de menor importância não se aplica a coautor.

(c) Correto.

(d) Súmula 231 do STJ: A incidência da circunstância atenuante não pode conduzir à redução da pena abaixo do mínimo legal.

(e) Súmula 443 do STJ: O aumento na terceira fase de aplicação da pena no crime de roubo circunstanciado exige fundamentação concreta, não sendo suficiente para a sua exasperação a mera indicação do número de majorantes.

*Para responder, tem que estudar: súmula/OJ e teoria/doutrina.*

*Gabarito: C*

**35. (Cespe/TJ/CE/Juiz/2018)** João e Maria foram casados por cinco anos e, após o divórcio, continuaram a residir no mesmo lote, porém em casas diferentes. Certo dia, João, depois de ingerir bebidas alcoólicas, abordou Maria em um ponto de ônibus e, movido por ciúmes, iniciou uma discussão e a ameaçou de morte. Maria, ao retornar para casa à noite depois do trabalho, encontrou o ex-marido ainda embriagado; ele novamente a ameaçou de morte, acusando-a de traição. Ela foi à delegacia e registrou boletim de ocorrência acerca do acontecido, o que ensejou início de procedimento criminal contra João.

Com referência a essa situação hipotética, assinale a opção correta à luz da jurisprudência dos tribunais superiores.

a) A embriaguez voluntária de João poderá ser considerada excludente de culpabilidade caso ele comprove que estava em estado de plena incapacidade nos momentos das ameaças.

b) A conduta de João configura crime continuado, porque ele praticou dois crimes de ameaça, com idêntica motivação e propósito, em condições semelhantes de tempo, lugar e modo de agir.

c) João não poderá ser submetido à prisão preventiva, dado que a pena máxima para o crime de ameaça é de seis meses de detenção.

d) A ameaça é um crime formal, que não exige resultado naturalístico, por isso é incabível indenização a título de danos morais a Maria.

e) Por ser a ameaça um crime de menor potencial ofensivo, João, se condenado, poderá ser beneficiado com a substituição da pena de detenção por pena restritiva de direitos.

ANOTAÇÕES/COMENTÁRIOS

(a) Art. 28 do CP: Não excluem a imputabilidade penal: II – a embriaguez, voluntária ou culposa, pelo álcool ou substância de efeitos análogos.

(b) Art. 71 do CP: Quando o agente, mediante mais de uma ação ou omissão, pratica dois ou mais crimes da mesma espécie e, pelas condições de tempo, lugar, maneira de execução e outras semelhantes, devem os subseqüentes ser havidos como continuação do primeiro, aplica-se-lhe a pena de um só dos crimes, se idênticas, ou a mais grave, se diversas, aumentada, em qualquer caso, de um sexto a dois terços.

(c) Art. 20 da Lei 11.340/2006: Em qualquer fase do inquérito policial ou da instrução criminal, caberá a prisão preventiva do agressor, decretada pelo juiz, de ofício, a requerimento do Ministério Público ou mediante representação da autoridade policial.

(d) É cabível a indenização por dano moral.

(e) Súmula 588 do STJ: A prática de crime ou contravenção penal contra a mulher com violência ou grave ameaça no ambiente doméstico impossibilita a substituição da pena privativa de liberdade por restritiva de direitos.

*Para responder, tem que estudar: lei e súmula/OJ.*

*Gabarito: B*

BLOCO II

# 4. DAS PENAS

## 4.1. Das Espécies de Pena

**36. (Cespe/TJ/AC/Juiz/2012)** Assinale a opção correta acerca das penas e das medidas de segurança.

a) Exige-se motivação idônea do julgador no caso de ele impor ao condenado à pena de detenção o cumprimento de pena, inicialmente, em regime fechado.

b) No cômputo da pena privativa de liberdade, ou seja, na detração penal, inclui-se o tempo da prisão provisória ou administrativa, mas não o correspondente à internação decorrente de medida de segurança, em face de seu caráter extrapenal.

c) A pena de prestação pecuniária é fixada, a critério do juiz, em dias-multa, de um a trezentos e sessenta, devendo o seu valor ser deduzido do montante de eventual condenação em ação de reparação civil.

d) Fixada a pena-base no mínimo legal, é permitido, considerando-se a gravidade abstrata do delito cometido, o estabelecimento de regime prisional mais gravoso do que o cabível em razão da sanção imposta.

e) Tratando-se de crime culposo, é cabível a substituição da pena privativa de liberdade por pena restritiva de direito, qualquer que seja a pena aplicada ao condenado.

ANOTAÇÕES/COMENTÁRIOS

(a) A detenção não será dada em regime fechado.

(b) A internação também será computada para a detração penal.

(c) A pena é imposta em salários mínimos. Art. 45 do CP: Na aplicação da substituição prevista no artigo anterior, proceder-se-á na forma deste e dos arts. 46, 47 e 48. (Redação dada pela Lei 9.714, de 1998) § 1º A prestação pecuniária consiste no pagamento em dinheiro à vítima, a seus dependentes ou a entidade pública ou privada com destinação social, de importância fixada pelo juiz, não inferior a 1 (um) salário mínimo nem superior a 360 (trezentos e sessenta) salários mínimos. O valor pago será deduzido do montante de eventual condenação em ação de reparação civil, se coincidentes os beneficiários.

(d) Súmula 718 do STF: A opinião do julgador sobre a gravidade em abstrato do crime NÃO constitui motivação idônea para a imposição de regime mais severo do que o permitido segundo a pena aplicada.

(e) Art. 44 do CP: As penas restritivas de direitos são autônomas e substituem as privativas de liberdade, quando: I – aplicada pena privativa de liberdade não superior a quatro anos e o crime não for cometido com violência ou grave ameaça à pessoa ou, qualquer que seja a pena aplicada, se o crime for culposo.

*Para responder, tem que estudar: lei e súmula/OJ.*

*Gabarito: E*

**37. (Cespe/TJ/MA/Juiz/2013)** No tocante às penas substitutivas e à dosimetria da pena privativa de liberdade, assinale a opção correta.

a) Consoante a doutrina majoritária, a circunstância agravante presente no crime praticado contra ascendente, descendente, irmão ou cônjuge pode ser compensada com a atenuante da confissão espontânea, mas não com a da menoridade.

b) Considere que Alberto tenha sido condenado à pena alternativa de prestação de serviços à comunidade pelo período de oito meses e tenha-se recusado a cumprir os últimos cinco dias da referida pena. Nessa situação, a pena a ele aplicada deve ser convertida em privativa de liberdade pelo prazo de trinta dias.

c) É possível a compensação de uma causa especial de aumento por uma causa especial de diminuição de pena, desde que sejam idênticas as frações de aumento e de redução da pena, situação que não configura prejuízo ao condenado.

d) Réu primário condenado a um ano de reclusão pelo crime de furto tem direito à substituição da pena privativa de liberdade por multa e uma pena restritiva de direitos ou por duas penas restritivas de direitos, desde que lhe seja favorável a análise da culpabilidade, dos antecedentes, da conduta social, da personalidade, dos motivos e das circunstâncias.

ANOTAÇÕES/COMENTÁRIOS

(a, b, c, d) Art. 44 do CP: As penas restritivas de direitos são autônomas e substituem as privativas de liberdade, quando: I – aplicada pena privativa de liberdade não superior a quatro anos e o crime não for cometido com violência ou grave ameaça à pessoa ou, qualquer que seja a pena aplicada, se o crime for culposo; II – o réu não for reincidente em crime doloso; III – a culpabilidade, os antecedentes, a conduta social e a personalidade do condenado, bem como os motivos e as circunstâncias indicarem que essa substituição seja suficiente. § 2º Na condenação igual ou inferior a um ano, a substituição pode ser feita por multa ou por uma pena restritiva de direitos; se superior a um ano, a pena privativa de liberdade pode ser substituída por uma pena restritiva de direitos e multa ou por duas restritivas de direitos. § 3º Se o condenado for reincidente, o juiz poderá aplicar a substituição, desde que, em face de condenação anterior, a medida seja socialmente recomendável e a reincidência não se tenha operado em virtude da prática do mesmo crime. § 4º A pena restritiva de direitos converte-se em privativa de liberdade quando ocorrer o descumprimento injustificado da restrição imposta. No cálculo da pena privativa de liberdade a executar será deduzido o tempo cumprido da pena restritiva de direitos, respeitado o saldo mínimo de trinta dias de detenção ou reclusão. § 5º Sobrevindo condenação a pena privativa de liberdade, por outro crime, o juiz da execução penal decidirá sobre a conversão, podendo deixar de aplicá-la se for possível ao condenado cumprir a pena substitutiva anterior.

*Para responder, tem que estudar: lei.*

*Gabarito: B*



**38. (Cespe/TJ/MA/Juiz/2013)** Em relação à pena de multa, assinale a opção correta.

a) A obrigação de pagar a quantia em dinheiro determinada na pena de multa é transmissível aos herdeiros do condenado.

b) A prescrição da pretensão punitiva e da pretensão executória da pena de multa ocorre em dois anos, seja ela cominada de forma isolada, cumulativa ou alternativa.

c) Não é aplicável ao prazo prescricional da multa a redução pelo fator etário, a saber, condenado menor de vinte e um anos de idade ao tempo do crime e maior de setenta anos de idade na data da sentença.

d) A multa destina-se ao fundo penitenciário, ao passo que a prestação pecuniária se destina à vítima, a seus dependentes ou a entidade pública ou privada com destinação social.

ANOTAÇÕES/COMENTÁRIOS

(a) A pena é intransmissível, não podendo passar da pessoa do condenado.

(b) Art. 114 do CP: A multa prescreve em dois anos quando for a única cominada ou aplicada. Não o sendo, prescreverá no mesmo prazo estabelecido para a pena privativa de liberdade.

(c) "Se os fatos objeto da denúncia foram praticados enquanto a Paciente e o co-réu eram menores de vinte e um anos de idade, fato reconhecido na sentença condenatória, o prazo da prescrição, que seria de quatro anos, deve ser reduzido à metade, a dizer, para dois anos (art. 115 do Código Penal), o que ocorre com o prazo prescricional da pena de multa (art. 114, inc. II, do Código Penal)." (STF, HC 92316, julgado em 11/09/2007)

(d) Certa. Arts. 45 e 49 do Código Penal.

*Para responder, tem que estudar: lei e jurisprudência.*

*Gabarito: D*

**39. (Cespe/TJ/DFT/Juiz/2014)** A respeito da substituição da pena privativa de liberdade e do cálculo da pena de multa nos crimes contra o meio ambiente, assinale a opção correta.

a) O CP veda a substituição da pena privativa de liberdade igual ou inferior a seis meses por prestação de serviços.

b) A Lei dos Crimes contra o Meio Ambiente, ao dispor sobre o cálculo da pena de multa para os crimes nela previstos, determina que se considerem a situação financeira do condenado e o prejuízo causado.

c) A substituição da pena privativa de liberdade por pena restritiva de direitos não será cabível caso o condenado seja reincidente na prática de qualquer delito.

d) A execução da pena de multa deverá ser suspensa se sobrevier doença mental ao condenado.

e) Quando a pena substituída for superior a um ano, será facultado ao condenado cumprir a prestação de serviços à comunidade em menor tempo, nunca inferior, entretanto, a um terço da pena privativa de liberdade fixada na sentença.

## ANOTAÇÕES/COMENTÁRIOS

(a) Art. 46 do CP: A prestação de serviços à comunidade ou a entidades públicas é aplicável às condenações superiores a 6 (seis) meses de privação de liberdade.

(b) Art. 18 da Lei 9.605/98: A multa será calculada segundo os critérios do Código Penal; se revelar-se ineficaz, ainda que aplicada no valor máximo, poderá ser aumentada até três vezes, tendo em vista o valor da vantagem econômica auferida.

(c) Art. 44, § 3º do CP: Se o condenado for reincidente, o juiz poderá aplicar a substituição, desde que, em face de condenação anterior, a medida seja socialmente recomendável e a reincidência não se tenha operado em virtude da prática do mesmo crime.

(d) Art. 52 do CP: É suspensa a execução da pena de multa, se sobrevém ao condenado doença mental.

(e) Art. 46, § 4º, do CP: Se a pena substituída for superior a um ano, é facultado ao condenado cumprir a pena substitutiva em menor tempo (art. 55), nunca inferior à metade da pena privativa de liberdade fixada.

*Para responder, tem que estudar: lei.*

*Gabarito: D*

**40. (Cespe/TJ/DFT/Juiz/2014)** Acerca do regime das penas instituído pela legislação penal, assinale a opção correta.

a) Não é possível a suspensão condicional da pena ao condenado por contravenção penal à pena de prisão simples, dada a ausência de previsão legal.
b) Em regra, independe de reparação do dano provocado pelo delito a concessão do benefício do livramento condicional.
c) O réu reincidente condenado por crime de falsa identidade, ainda que a reincidência tenha sido no mesmo delito, poderá ser contemplado com a substituição da pena privativa de liberdade por pena restritiva de direitos, dado o pequeno potencial ofensivo do delito.
d) A suspensão condicional da pena é instituto aplicável somente ao condenado por crime que não tenha sido praticado com violência ou grave ameaça à pessoa.
e) A pena de detenção deverá ser cumprida em regime semiaberto ou aberto, salvo necessidade de transferência ao regime fechado.

ANOTAÇÕES/COMENTÁRIOS

(a) Art. 11 da Lei das Contravenções Penais: Desde que reunidas as condições legais, o juiz pode suspender, por tempo não inferior a 1 (um) ano nem superior a 3 (três) anos, a execução da pena de prisão simples, bem como conceder livramento condicional.

(b) Art. 83 do CP: O juiz poderá conceder livramento condicional ao condenado a pena privativa de liberdade igual ou superior a 2 (dois) anos, desde que: IV – tenha reparado, salvo efetiva impossibilidade de fazê-lo, o dano causado pela infração.

(c) Art. 44 do CP: As penas restritivas de direitos são autônomas e substituem as privativas de liberdade, quando: II – o réu não for reincidente em crime doloso § 3º Se o condenado for reincidente, o juiz poderá aplicar a substituição, desde que, em face de condenação anterior, a medida seja socialmente recomendável e a reincidência não se tenha operado em virtude da prática do mesmo crime.

(d) Não há previsão legal quanto ao crime que não tenha sido praticado com violência ou grave ameaça à pessoa, conforme Art. 77 do CP.

(e) Art. 33 do CP: A pena de reclusão deve ser cumprida em regime fechado, semi-aberto ou aberto. A de detenção, em regime semi-aberto, ou aberto, salvo necessidade de transferência a regime fechado.

*Para responder, tem que estudar: lei.*

*Gabarito: E*

## 4.2. Da Aplicação da Pena

**41. (Cespe/TJ/DFT/Juiz/2016)** Considerando as orientações legais relativas à aplicação de penas, assinale a opção correta.

a) Havendo concurso formal de delitos, em que o agente, mediante uma só ação ou omissão, pratica dois ou mais crimes, idênticos ou não, aplicar-se-á a pena privativa de liberdade mais grave, ou, se as penas forem iguais, aplicar-se-á apenas uma delas, majorada, em qualquer caso, de um sexto até metade, sem prejuízo de eventual cumulação de penas, nas situações em que a ação ou a omissão for dolosa, e os crimes resultarem de desígnios autônomos.

b) As agravantes e as atenuantes previstas no CP são "numerus clausus", ou seja, não é possível invocar circunstância atenuante ou agravante que não tenha sido expressamente prevista no texto legal.

c) No caso de concurso material de delitos, quando os crimes forem praticados, mediante mais de uma ação ou omissão, e resultarem na aplicação cumulativa de penas de reclusão e detenção, o agente deverá cumprir, primeiramente, a pena de detenção.

d) O agente, condenado por sentença transitada em julgado pela prática de crime de motim, será considerado reincidente, em caso de sentença condenatória por crime de furto.

e) Se, no curso do prazo, o agente cometer novo crime doloso ou culposo, a suspensão condicional da pena deverá ser revogada; no entanto, se o beneficiado for condenado, irrecorrivelmente, por contravenção penal à pena privativa de liberdade, a revogação será facultativa.

**ANOTAÇÕES/COMENTÁRIOS**

(a) Art. 70 do CP: Quando o agente, mediante uma só ação ou omissão, pratica dois ou mais crimes, idênticos ou não, aplica-se-lhe a mais grave das penas cabíveis ou, se iguais, somente uma delas, mas aumentada, em qualquer caso, de um sexto até metade. As penas aplicam-se, entretanto, cumulativamente, se a ação ou omissão é dolosa e os crimes concorrentes resultam de desígnios autônomos, consoante o disposto no artigo anterior.

(b) Art. 66 do CP: A pena poderá ser ainda atenuada em razão de circunstância relevante, anterior ou posterior ao crime, embora não prevista expressamente em lei.

(c) Art. 69 do CP: Quando o agente, mediante mais de uma ação ou omissão, pratica dois ou mais crimes, idênticos ou não, aplicam-se cumulativamente as penas privativas de liberdade em que haja incorrido. No caso de aplicação cumulativa de penas de reclusão e de detenção, executa-se primeiro aquela.

(d) Art. 64 do CP: Para efeito de reincidência: II – não se consideram os crimes militares próprios e políticos.

(e) Art. 81 do CP: A suspensão será revogada se, no curso do prazo, o beneficiário: I – é condenado, em sentença irrecorrível, por crime doloso.

*Para responder, tem que estudar: lei.*

*Gabarito: A*

**42. (Cespe/TJ/DFT/Juiz/2016)** À luz da jurisprudência sumulada do STJ, assinale a opção correta referente à aplicação da pena.

a) Em decorrência do princípio da individualização da pena, é possível aplicar a majorante do roubo ao delito de furto qualificado pelo concurso de agentes, desde que essa ação seja fundamentada nas circunstâncias do caso concreto.

b) Ainda que a pena-base tenha sido fixada no mínimo legal, é admissível a fixação de regime prisional mais gravoso que o cabível, em razão da sanção imposta, com fundamento na gravidade concreta ou abstrata do delito.

c) Embora seja vedada a utilização de inquéritos policiais em andamento para aumentar a pena-base, é possível a utilização de ações penais em curso para requerer o aumento da referida pena.

d) É inadmissível a fixação de pena restritiva de direitos substitutiva da pena privativa de liberdade como condição judicial especial ao regime aberto.

e) O número de majorantes referentes ao delito de roubo circunstanciado pode ser utilizado como critério para a exasperação da fração incidente pela causa de aumento da pena.

ANOTAÇÕES/COMENTÁRIOS

(a) Súmula 442: É inadmissível aplicar, no furto qualificado, pelo concurso de agentes, a majorante do roubo.

(b) Súmula 440: Fixada a pena-base no mínimo legal, é vedado o estabelecimento de regime prisional mais gravoso do que o cabível em razão da sanção imposta, com base apenas na gravidade abstrata do delito.

(c) Súmula 444: É vedada a utilização de inquéritos policiais e ações penais em curso para agravar a pena-base.

(d) Súmula 493: É inadmissível a fixação de pena substitutiva (art. 44 do CP) como condição especial ao regime aberto.

(e) Súmula 443: O aumento na terceira fase de aplicação da pena no crime de roubo circunstanciado exige fundamentação concreta, não sendo suficiente para a sua exasperação a mera indicação do número de majorantes.

*Para responder, tem que estudar: súmula/OJ.*

*Gabarito: D*

**43. (Cespe/TJ/CE/Juiz/2012)** No que diz respeito a concursos de crimes, assinale a opção correta.

a) A jurisprudência dos tribunais superiores pacificou-se no sentido de que aos crimes de roubo e de extorsão aplica-se o instituto da continuidade delitiva, pois, a despeito de não serem delitos da mesma espécie, estão intimamente ligados por nexo funcional.

b) A jurisprudência reiterada do STJ orienta-se no sentido de que, para caracterizar a continuidade delitiva, basta o preenchimento dos requisitos de ordem objetiva.

c) A utilização da regra segundo a qual, no concurso de crimes, as penas de multa são aplicadas distinta e integralmente restringe-se aos casos de concursos material e formal, não se inserindo no âmbito de abrangência da continuidade delitiva.

d) Se, no delito de roubo, houver, com uma só ação, lesão ao patrimônio de várias vítimas, estará configurado concurso formal, raciocínio que não se aplica ao crime de cárcere privado nas hipóteses em que, por meio de uma só conduta, haja a restrição da liberdade de mais de uma pessoa, caso que configura um único delito.

e) Segundo a jurisprudência do STJ, o lapso temporal superior a trinta dias entre os crimes de roubo praticados pelo mesmo agente não dá azo à aplicação do concurso material, devendo incidir, nesse caso, a regra da continuidade delitiva.

**ANOTAÇÕES/COMENTÁRIOS**

(a) "Não há continuidade delitiva entre roubo e extorsão porque não são crimes da mesma espécie." (STJ, HC 124.003).

(b)"Para a caracterização da continuidade delitiva, de acordo a jurisprudência do STJ, é imprescindível o preenchimento de requisitos de ordem objetiva (mesmas condições de tempo, lugar e forma de execução) e subjetiva (unidade de desígnios ou vínculo subjetivo entre os eventos), nos termos da Teoria Mista." (STJ, HC 170.190).

(c)"A aplicação da hipótese do art. 72 do Código Penal restringe-se aos casos dos concursos material e formal, não lhe estando no âmbito de abrangência da continuidade delitiva." (STJ, REsp 909.327)".

(d) "A jurisprudência desta Corte tem entendido que, se com uma só ação houve lesão ao patrimônio de várias vítimas, está configurado concurso formal, e não delito único. Raciocínio que é aplicável, por analogia, ao crime de cárcere privado nas hipóteses em que, por meio de uma só conduta, houve a restrição da liberdade de mais de uma pessoa." (STJ, HC 129.894).

(e) "O STJ firmou o entendimento de que não se configura a continuidade delitiva quando o lapso temporal entre um crime e outro ultrapassa 30 (trinta) dias, devendo ser aplicada, na hipótese, a regra do concurso material" (STJ, AgRg no REsp 1244833).

*Para responder, tem que estudar: jurisprudência.*

*Gabarito: C*

**44. (Cespe/TJ/DFT/Juiz/2014)** Assinale a opção correta em relação à segunda fase da dosimetria da pena, com base nos dispositivos legais pertinentes e à jurisprudência dominante dos tribunais superiores.

a) Consoante expressa previsão legal, a embriaguez culposa é circunstância atenuante apta a reduzir a reprimenda nessa fase.

b) A prática de delito sob a influência de multidão em tumulto constitui atenuante da pena, desde que o incidente não tenha sido provocado pelo próprio agente.

c) Em caso de concurso da atenuante da menoridade relativa com a agravante da reincidência, a pena deverá ser aumentada, dada a preponderância da reincidência sobre a atenuante.

d) Em atendimento ao princípio da legalidade, não é possível a aplicação de circunstância atenuante que não esteja expressamente tipificada no CP.

e) Nessa fase, a incidência de diversas circunstâncias agravantes poderá conduzir ao aumento da pena acima do patamar máximo previsto no preceito secundário do tipo penal.

**ANOTAÇÕES/COMENTÁRIOS**

(a) Não há previsão legal.

(b) Art. 65 do CP: São circunstâncias que sempre atenuam a pena: III – ter o agente: e) cometido o crime sob a influência de multidão em tumulto, se não o provocou.

(c) "A atenuante da menoridade relativa prepondera sobre qualquer outra circunstância, inclusive sobre a reincidência, consoante pacífica jurisprudência desta Corte Superior." (STJ, HC 274.758).

(d) Art. 66 do CP: A pena poderá ser ainda atenuada em razão de circunstância relevante, anterior ou posterior ao crime, embora não prevista expressamente em lei.

(e) Súmula 231 do STJ: A incidência de circunstância atenuante não pode conduzir à redução da pena abaixo do mínimo legal.

*Para responder, tem que estudar: lei e jurisprudência.*

*Gabarito: B*

**45. (Cespe/TJ/RN/Juiz/2013)** Acerca da aplicação da pena, dos regimes prisionais, dos tipos de penas e dos efeitos da condenação, assinale a opção correta.

a) Réu reincidente na prática de crime não doloso condenado a pena privativa de liberdade não tem direito à substituição dessa pena por pena restritiva de direitos.

b) A reincidência é circunstância agravante, de modo que influencia a segunda fase de aplicação da pena, mesmo que já tenha sido considerada no momento da fixação da pena.

c) A confissão não pode ser considerada pelo juiz como circunstância atenuante se sua consideração ensejar fixação da pena abaixo do mínimo legal.

d) A perda do cargo, quando aplicada pena privativa de liberdade por período superior a quatro anos, é efeito específico e automático da condenação, aplicável independentemente de constar expressamente na sentença.

e) A comprovação da reincidência, embora possa ensejar o aumento do quantum da pena aplicada, não exerceria influência na fixação do regime inicial para o seu cumprimento.

ANOTAÇÕES/COMENTÁRIOS

(a) Art. 44, § 3º do CP: Se o condenado for reincidente, o juiz poderá aplicar a substituição, desde que, em face de condenação anterior, a medida seja socialmente recomendável e a reincidência não se tenha operado em virtude da prática do mesmo crime.

(b) Não pode ser utilizada nas duas fases, sob pena de bis in idem.

(c) Súmula 231 do STJ – A incidência da circunstância atenuante não pode conduzir à redução da pena abaixo do mínimo legal.

(d) Deve ser expresso na sentença judicial.

(e) Art. 33 do CP, que traz hipóteses de aplicação da reincidência com relação aos regimes de cumprimento de pena.

*Para responder, tem que estudar: lei e súmula/OJ.*

*Gabarito: C*

**46. (Cespe/TJ/BA/Juiz/2019)** À luz da jurisprudência do STJ a respeito das circunstâncias judiciais e legais que devem ser consideradas quando da aplicação da pena, assinale a opção correta.

a) A confissão qualificada, na qual o réu alega em seu favor causa descriminante ou exculpante, não afasta a incidência da atenuante de confissão espontânea.

b) A confissão espontânea em delegacia de polícia pode servir como circunstância atenuante, desde que o réu não se retrate sobre essa declaração em juízo.

c) Uma condenação transitada em julgado de fato posterior ao narrado na denúncia, embora não sirva para fins de reincidência, pode servir para valorar negativamente a personalidade e a conduta social do agente.

d) A reincidência penal pode ser utilizada simultaneamente como circunstância agravante e como circunstância judicial.

e) A múltipla reincidência não afasta a necessidade de integral compensação entre a atenuante da confissão espontânea e a agravante da reincidência, haja vista a igual preponderância entre as referidas circunstâncias legais.

ANOTAÇÕES/COMENTÁRIOS

(a, b, c, d, e) Súmula 545 do STJ: **Quando a confissão for utilizada para a formação do convencimento do julgador, o réu fará jus à atenuante prevista no artigo 65, III, d, do Código Penal.**

*Para responder, tem que estudar: súmula/OJ.*

*Gabarito: A*



**47. (Cespe/TJ/BA/Juiz/2019)** O benefício da suspensão condicional da pena – sursis penal

a) pode ser concedido a condenado a pena privativa de liberdade, desde que esta não seja superior a quatro anos e que aquele não seja reincidente em crime doloso.

b) é cabível nos casos de crimes praticados com violência ou grave ameaça, desde que a pena privativa de liberdade aplicada não seja superior a dois anos.

c) pode estender-se às penas restritivas de direitos e à de multa, casos em que se suspenderá, também, a execução dessas penas.

d) deverá ser, obrigatoriamente, revogado no caso da superveniência de sentença condenatória irrecorrível por crime doloso, culposo ou contravenção contra o beneficiário.

e) impõe que, após o cumprimento das condições impostas ao beneficiário, seja proferida sentença para declarar a extinção da punibilidade do agente.

ANOTAÇÕES/COMENTÁRIOS

(a, b, c, d, e) Art. 77 do CP: **A execução da pena privativa de liberdade, não superior a 2 (dois) anos, poderá ser suspensa, por 2 (dois) a 4 (quatro) anos, desde que: I – o condenado não seja reincidente em crime doloso; II – a culpabilidade, os antecedentes, a conduta social e personalidade do agente, bem como os motivos e as circunstâncias** autorizem a concessão do benefício; III – Não seja indicada ou cabível a substituição prevista no art. 44 deste Código. Art. 44 do CP: As penas restritivas de direitos são autônomas e substituem as privativas de liberdade, quando: I – aplicada pena privativa de liberdade não superior a quatro anos e o crime não for cometido com violência ou grave ameaça à pessoa ou, qualquer que seja a pena aplicada, se o crime for culposo; II – o réu não for reincidente em crime doloso; III – a culpabilidade, os antecedentes, a conduta social e a personalidade do condenado, bem como os motivos e as circunstâncias indicarem que essa substituição seja suficiente.

*Para responder, tem que estudar: lei.*

*Gabarito: B*

## 4.3. Do Livramento Condicional

**48. (Cespe/TJ/CE/Juiz/2012)** A respeito do entendimento dos tribunais superiores acerca dos diversos institutos de direito penal, assinale a opção correta.

a) O benefício da suspensão do processo é aplicável em relação às infrações penais cometidas em concurso material, ainda que a pena mínima cominada, seja pelo somatório, seja pela incidência da majorante, ultrapasse o limite de um ano.

b) É inadmissível a adoção do regime prisional semiaberto aos reincidentes condenados a pena igual ou inferior a quatro anos, ainda que favoráveis as circunstâncias judiciais.

c) Conforme entendimento sumulado do STJ, a falta grave não interrompe o prazo para obtenção de livramento condicional.

d) Tratando-se de furto qualificado, é admissível a aplicação, pelo concurso de agentes, da majorante do roubo, em razão do princípio da razoabilidade, segundo entendimento do STJ.

e) Cominadas cumulativamente, em lei especial, as penas privativa de liberdade e pecuniária, é permitida a substituição da prisão por multa.

**ANOTAÇÕES/COMENTÁRIOS**

(a) Súmula 243 do STJ: O benefício da suspensão do processo não é aplicável em relação às infrações penais cometidas em concurso material, concurso formal ou continuidade delitiva, quando a pena mínima cominada, seja pelo somatório, seja pela incidência da majorante, ultrapassar o limite de um (01) ano.

(b) Súmula 269 do STJ: É admissível a adoção do regime prisional semi-aberto aos reincidentes condenados a pena igual ou inferior a quatro anos se favoráveis as circunstâncias judiciais.

(c) Súmula 441 do STJ: A falta grave não interrompe o prazo para obtenção de livramento condicional.

(d) Súmula 442 do STJ: É inadmissível aplicar, no furto qualificado, pelo concurso de agentes, a majorante do roubo.

(e) Súmula 171 do STJ: Cominadas cumulativamente, em lei especial, penas privativa de liberdade e pecuniária, é defeso a substituição da prisão por multa.

*Para responder, tem que estudar: súmula/OJ.*

*Gabarito: C*

## 4.4. Dos Efeitos da Condenação

**49. (Cespe/TJ/AM/Juiz/2016)** Um policial militar, em dia de folga e vestido com traje civil, se embriagou voluntariamente e saiu à rua armado, decidido a roubar um carro. Empunhando seu revólver particular, ele abordou um motorista e o ameaçou, obrigando-o a descer do automóvel. A vítima obedeceu, mas, ao perceber a embriaguez do assaltante, saiu correndo com as chaves do carro. Deparando-se adiante com uma viatura da polícia militar, relatou o ocorrido aos componentes da guarnição, que foram ao local e prenderam o policial em flagrante. Em decorrência de tais fatos, o policial foi submetido a processo penal que resultou na sua condenação em três anos, dez meses e vinte dias de reclusão pela tentativa de roubo. Com referência a essa situação hipotética, assinale a opção correta de acordo com a jurisprudência do STJ.

a) Estando ausente qualquer relação da ação com o exercício do cargo público, a exoneração do serviço público como efeito da condenação extrapolaria as funções repressivas e preventivas da sanção penal.

b) Na hipótese descrita e em casos semelhantes, sendo a pena privativa de liberdade inferior a quatro anos, a condenação por si só nunca implica a perda do cargo público.

c) O policial militar não praticou crime funcional típico porquanto o delito previsto no art. 157 do CP – Subtrair coisa móvel alheia, para si ou para outrem, mediante grave ameaça ou violência à pessoa – é comum e, por isso, o réu em questão não poderia ser afastado do cargo.

d) O agente não responderia por crime doloso porque estava em estado de embriaguez, sendo incapaz de entender o caráter criminoso de suas ações.

e) O policial militar, mesmo fora do exercício da função, violou dever inerente a ela, porque está vinculado à administração pública no exercício das atividades cotidianas, sendo cabível a perda do cargo como efeito da condenação.

ANOTAÇÕES/COMENTÁRIOS

(a, b, c, d, e) "3. O réu, ora recorrido, é policial militar e, embora não estivesse no exercício de sua função, violou dever inerente a suas funções como policial, bem como para com a administração pública, uma vez que encontra-se vinculado a esta no exercício de suas atividades diárias. 4. O roubo por policial militar deve ser caracterizado como uma infração gravíssima para com a Administração, a uma, em razão da relação de subordinação do policial àquela, a duas, porque é inerente às funções do policial militar coibir o roubo e reprimir a prática de crimes. Assim, correta a decisão de afastar dos quadros da polícia pessoa envolvida no crime de roubo, por ferir dever inerente à função de policial militar, pago pelo Estado justamente para combater o crime e resguardar a população." (STJ, REsp 1561248)

*Para responder, tem que estudar: jurisprudência.*

*Gabarito: E*

## 5. DAS MEDIDAS DE SEGURANÇA

**50. (Cespe/TJ/PB/Juiz/2011)** A respeito das penas e das medidas de segurança, assinale a opção correta.

a) Não se admite a concessão do trabalho externo desde o início do cumprimento da pena a condenado em regime semiaberto, ainda que verificadas condições pessoais favoráveis, no caso concreto, pelo juízo das execuções penais, sendo necessário o cumprimento de percentual mínimo da pena antes da concessão da benesse ao sentenciado.

b) Medida de segurança não constitui espécie do gênero sanção penal, sendo sua finalidade exclusivamente preventiva, ou seja, destina-se a evitar que o agente que demonstre periculosidade volte a delinquir.

c) No CP, adota-se, em relação à aplicação das penas, o chamado sistema duplo binário, sendo indevida a aplicação cumulativa e simultânea de pena tipicamente criminal e medida de segurança ao mesmo réu.

d) Se o réu estiver cumprindo pena no regime semiaberto e este se tornar incompatível em razão da soma de nova pena por outro crime, deverá o magistrado proceder à regressão do acusado ao regime fechado e, ao unificar as penas, deve abater do tempo efetivamente cumprido pelo réu o lapso temporal para a concessão da progressão.

e) Na falta de vagas em estabelecimento compatível ao regime fixado na condenação, não configura constrangimento ilegal a submissão do réu ao cumprimento de pena em regime mais gravoso, devendo ele cumprir a reprimenda sob esse regime até o surgimento de vaga em outro regime compatível com o decreto condenatório.

**ANOTAÇÕES/COMENTÁRIOS**

(a) "A jurisprudência desta Corte consolidou o entendimento de que independentemente do cumprimento do lapso de 1/6 (um sexto), presentes as condições pessoais favoráveis, deve ser concedido, ao condenado em regime semiaberto, a autorização para o trabalho externo." (STJ, HC 118.678/RS, julgado em 16/06/2009).

(b) "Esta Corte Superior, em consonância com o entendimento esposado pelo Pretório Excelso, também considera a medida de segurança como espécie de sanção penal, sujeita à prescrição e suas regras. (...). 1. O prazo de duração da medida de segurança, por possuir um caráter preventivo, curativo e terapêutico e, em razão do artigo 97, § 1º do Código Penal, será por tempo indeterminado, perdurando enquanto não cessar a periculosidade do agente. (STJ, AgRg no REsp 1124698/RS, julgado em 21/06/2011).

(c) O CP adota o sistema vicariante.

(d) ".Assim, se o réu estiver cumprindo pena no regime semiaberto e, com a soma da nova pena por outro crime, o referido regime se torne incompatível, deverá o magistrado proceder a regressão ao regime fechado. Esse fato, entretanto, não tem qualquer relação com a interrupção dos prazos para a concessão de nova progressão. Ao somar (unificar) as penas, o lapso temporal para a concessão da progressão ou de outra benesse deve ser abatido daquele já cumprido pelo réu. O raciocínio, no caso, é o mesmo que é feito para a prática de falta grave que, a teor da jurisprudência da Sexta Turma desta Corte, não interrompe os prazos para a concessão de benefícios da execução." (STJ, HC 141618/MG, julgado em 19/10/2010).

(e) "É pacífica a jurisprudência desta Corte no sentido de que, na falta de vagas em estabelecimento compatível ao regime fixado na condenação, configura constrangimento ilegal a submissão do réu ao cumprimento de pena em regime mais gravoso, devendo o mesmo cumprir a reprimenda em regime aberto, ou em prisão domiciliar, na hipótese de inexistência de Casa de Albergado." (STJ, HC 150.683/MG, julgado em 28/06/2011)

*Para responder, tem que estudar: jurisprudência.*

*Gabarito: D*

**51. (Cespe/TJ/DFT/Juiz/2014)** No que se refere a medida de segurança e medida socioeducativa, assinale a opção correta.

a) A manutenção da medida socioeducativa de internação deve ser reavaliada a cada ano, no máximo, mediante decisão fundamentada do juízo competente.

b) A desinternação ou a liberação de alguém sujeito a medida de segurança será sempre condicional e a situação anterior deverá ser restabelecida se o agente, antes do decurso do prazo de um ano, voltar a praticar fato indicativo da persistência de sua periculosidade.

c) O juiz não está obrigado a fixar na sentença o prazo mínimo de duração da medida de segurança aplicada ao inimputável, uma vez que esse prazo é determinado expressamente no CP como igual a um ano.

d) Entende o STJ que, em razão de sua natureza e de sua finalidade, a medida de segurança não está sujeita ao prazo prescricional e deve prevalecer enquanto perdurar o estado perigoso do agente.

e) A medida socioeducativa de liberdade assistida será adotada sempre que se afigurar mais adequada para o fim de acompanhar, auxiliar e orientar o adolescente, podendo ser fixada no prazo máximo de seis meses.

**ANOTAÇÕES/COMENTÁRIOS**

(a) Art. 121, § 2º do ECA: A medida não comporta prazo determinado, devendo sua manutenção ser reavaliada, mediante decisão fundamentada, no máximo a cada seis meses.

(b) Art. 96, § 3º do CP: A desinternação, ou a liberação, será sempre condicional devendo ser restabelecida a situação anterior se o agente, antes do decurso de 1 (um) ano, pratica fato indicativo de persistência de sua periculosidade.

(c) Art. 97,§ 1º do CP: A internação, ou tratamento ambulatorial, será por tempo indeterminado, perdurando enquanto não for averiguada, mediante perícia médica, a cessação de periculosidade. O prazo mínimo deverá ser de 1 (um) a 3 (três) anos.

(d) "A medida de segurança é espécie do gênero sanção penal e se sujeita, por isso mesmo, às regras contidas no artigo 109 do Código Penal, sendo passível de ser extinta pela prescrição. 2. A prescrição da medida de segurança aplicada a inimputável, é contada pelo máximo da pena abstratamente cominada ao delito. 3. A sentença que aplica medida de segurança, por ser absolutória, não interrompe o curso do prazo prescricional. (...)" (STJ, HC 182.973/DF, QUINTA TURMA, julgado em 12/06/2012)

(e) Ar. 118, § 2º do ECA: A liberdade assistida será fixada pelo prazo mínimo de 6 meses, podendo a qualquer tempo ser prorrogada, revogada ou substituída por outra medida, ouvido o orientador, o Ministério Público e o defensor.

*Para responder, tem que estudar: lei e jurisprudência.*

*Gabarito: B*

**52. (Cespe/TJ/PA/Juiz/2012)** Acerca das medidas de segurança, assinale a opção correta.

a) A semi-imputabilidade não implica a imposição obrigatória de medida de segurança, visto que vigora no ordenamento jurídico brasileiro o sistema vicariante, cabendo ao juiz a aplicação da pena ou da medida de segurança.

b) A cessação da periculosidade do agente atestada por laudo médico não enseja necessariamente a sua imediata desinternação do estabelecimento psiquiátrico, sendo necessária a demonstração, em juízo, de que a recuperação médica também tenha ensejado a recuperação social.

c) Não configura constrangimento ilegal o recolhimento em presídio comum, pelo prazo superior a um ano, de sentenciado submetido a medida de segurança que consista em internação em hospital de custódia e tratamento psiquiátrico, caso seja comprovada a falta de vagas nesse tipo de estabelecimento.

d) Segundo a jurisprudência do STJ, a medida de segurança não configura espécie de sanção penal embora se sujeite aos prazos prescricionais aplicáveis aos delitos cometidos pelos inimputáveis.

e) Constitui "reformatio in pejus" o fato de o tribunal substituir a pena privativa de liberdade fixada no mínimo legal por medida de segurança, com base em laudo psiquiátrico que considere o acusado inimputável, visto que essa medida poderá ter duração igual ao máximo da pena cominada ao delito praticado.

ANOTAÇÕES/COMENTÁRIOS

(a, b, c, d, e) 2. A semi-imputabilidade não implica na imposição obrigatória de medida de segurança, uma vez que vigora atualmente o sistema vicariante, em que o Juiz aplica ou a pena ou a medida de segurança. A conveniência da substituição da pena corporal pela internação ou tratamento ambulatorial também refoge ao âmbito do HC, pois a questão igualmente demanda ampla dilação probatória, devendo ser deixada à prudência do Julgador singular da causa. (STJ, HC 110724 DF, julgado em 18/02/2010).

*Para responder, tem que estudar: jurisprudência.*

*Gabarito: A*

BLOCO II

## 6. DA EXTINÇÃO DA PUNIBILIDADE

**53. (Cespe/TJ/DFT/Juiz/2016)** A respeito da extinção da punibilidade, assinale a opção correta.

a) A superveniência de causa relativamente independente não exclui a imputação, quando, por si só, produziu o resultado, mas os fatos anteriores são imputados a quem os praticou.

b) O erro sobre elemento constitutivo do tipo legal de crime exclui a culpa, mas permite a punição por crime doloso, caso previsto em lei.

c) A conduta será culposa quando o agente der causa ao resultado por imprudência, negligência ou imperícia e só poderá ser considerada crime se houver previsão do tipo penal na modalidade culposa.

d) A extinção da punibilidade de um dos agentes, nos crimes conexos, impede, quanto aos demais agentes, a agravação da pena resultante da conexão.

e) O agente deixa de responder pelos atos praticados caso desista voluntariamente de prosseguir na execução ou impeça que o resultado se produza.

ANOTAÇÕES/COMENTÁRIOS

(a) Art. 13, § 1º, do CP: A superveniência de causa relativamente independente exclui a imputação quando, por si só, produziu o resultado; os fatos anteriores, entretanto, imputam-se a quem os praticou.

(b) Art. 20, caput, do CP: O erro sobre elemento constitutivo do tipo legal de crime exclui o dolo, mas permite a punição por crime culposo, se previsto em Lei.

(c) Art. 18, do CP: Diz-se o crime: II – culposo, quando o agente deu causa ao resultado por imprudência, negligência ou imperícia. Parágrafo único: salvo os casos expressos em lei, ninguém pode ser punido por fato previsto como crime, senão quando praticada dolosamente.

(d) Art. 108, do CP: "A extinção da punibilidade de crime que é pressuposto, elemento constitutivo ou circunstância agravante de outro não se estende a este. Nos crimes conexos, a extinção da punibilidade de um deles não impede, quanto aos outros, a agravação da pena resultante da conexão.

(e) Art. 15 do CP: O agente que, voluntariamente, desiste de prosseguir na execução ou impede que o resultado se produza, só responde pelos atos já praticados.

*Para responder, tem que estudar: lei.*

*Gabarito: C*

**54. (Cespe/TJ/PB/Juiz/2015)** Com base na jurisprudência do STJ e nas disposições legais acerca de causas extintivas da punibilidade, assinale a opção correta.

a) É admissível a extinção da punibilidade em razão da prescrição da pretensão punitiva com fundamento em pena hipotética.

b) A sentença concessiva do perdão judicial obsta o cumprimento de pena privativa de liberdade, mas não extingue a punibilidade do réu.

c) Mantém-se a punibilidade do condenado mesmo que haja indulto, visto que este benefício não alcança eventual pena de multa imposta concomitantemente à pena privativa de liberdade.

d) Conforme o CP, a decadência, a perempção e o livramento condicional são causas de extinção da punibilidade.

e) A reincidência não influi no prazo da prescrição da pretensão punitiva, mas impõe a majoração do lapso prescricional no que se refere à prescrição executória.

ANOTAÇÕES/COMENTÁRIOS

(a, b, c, d, e) Súmula 220 do STJ: A reincidência não influi no prazo da prescrição da pretensão punitiva.

*Para responder, tem que estudar: súmula/OJ.*

*Gabarito: E*

**55. (Cespe/TJ/CE/Juiz/2012)** Assinale a opção correta no que concerne à prescrição.

a) Nos crimes conexos que sejam objeto do mesmo processo, a interrupção da prescrição em relação a um deles não se estende aos demais, uma vez que a análise do prazo prescricional deve recair, de forma isolada, sobre cada conduta delitiva.

b) As hipóteses que impõem a suspensão do processo a pedido da defesa também obrigam a suspensão do prazo prescricional por tempo indeterminado, uma vez que a ninguém é dado o direito de se prevalecer de sua própria torpeza.

c) Caso o apenado seja reincidente, o prazo prescricional deve ser acrescido em um terço, não incidindo esse aumento sobre a pena imposta, mas sobre o prazo prescricional estabelecido conforme os parâmetros previstos abstratamente no CP.

d) A prescrição da pena de multa e das restritivas de direito ocorre em dois anos quando forem as únicas cominadas ou aplicadas.

e) De acordo com a jurisprudência pacífica do STJ, nos casos de falta disciplinar de natureza grave, a prescrição ocorre no prazo de cinco anos, a contar da abertura do procedimento administrativo instaurado por ordem do juízo das execuções penais.

ANOTAÇÕES/COMENTÁRIOS

(a) Art. 117, § 1º, do CP: Excetuados os casos dos incisos V e VI deste artigo, a interrupção da prescrição produz efeitos relativamente a todos os autores do crime. Nos crimes conexos, que sejam objeto do mesmo processo, estende-se aos demais a interrupção relativa a qualquer deles.

(b) "Consoante orientação pacificada nesta Corte, o período máximo de suspensão do prazo prescricional, na hipótese do art. 366 do CPP, não pode ultrapassar aquele previsto no art. 109 do Código Penal, considerada a pena máxima cominada ao delito denunciado, sob pena de ter-se como permanente o sobrestamento, tornando imprescritível a infração penal apurada. Aplicação do enunciado 415 da Súmula deste STJ." (STJ, HC 157212, julgado em 01/02/2011)

(c) "Considerando a reincidência do apenado, o prazo prescricional deve ser acrescido em 1/3, sendo que, ao contrário do alegado pela defesa, o aumento não incide sobre a pena imposta, mas sim sobre o prazo prescricional estabelecido conforme os parâmetros estabelecidos no art. 109 do CP." (STJ, HC 172.897/SP, julgado em 11/10/2011).

(d) O Art. 114 do CP trata apenas da pena de multa, não incluindo as penas restritivas de direito.

(e) "Na linha da jurisprudência pacífica desta Casa, a prescrição, nos casos de falta disciplinar de natureza grave, ocorre no prazo mínimo previsto no art. 109 do Código Penal." (STJ, HC 166.458/SP, JULGADO EM 07/02/2012).

*Para responder, tem que estudar: lei e jurisprudência.*

*Gabarito: C*

**56. (Cespe/TJ/DFT/Juiz/2014)** Acerca de prescrição, classificação jurídica dos crimes e aspectos da teoria do delito, assinale a opção correta.

a) O termo inicial de contagem do prazo da prescrição da pretensão executória é a data em que a sentença condenatória transita em julgado para a acusação.

b) Inimputável o agente, dispensa-se a análise dos demais elementos da culpabilidade, potencial consciência da ilicitude e exigibilidade de comportamento diverso.

c) O furto somente se compatibiliza com a desistência voluntária antes de iniciada a fase de execução.

d) Conforme entendimento sumulado do STJ, a reincidência influi no prazo da prescrição da pretensão punitiva.

e) Delito de resultado cortado e delito mutilado de dois atos são conceitos sinônimos, ambos espécies do gênero delito de tendência interna transcendente.

**ANOTAÇÕES/COMENTÁRIOS**

(a) Art. 112 do CP:- No caso do art. 110 deste Código, a prescrição começa a correr: I – do dia em que transita em julgado a sentença condenatória, para a acusação, ou a que revoga a suspensão condicional da pena ou o livramento condicional.

(b) Art. 26 do CP: É isento de pena o agente que, por doença mental ou desenvolvimento mental incompleto ou retardado, era, ao tempo da ação ou da omissão, inteiramente incapaz de entender o caráter ilícito do fato ou de determinar-se de acordo com esse entendimento.

(c) Art. 15 do CP: O agente que, voluntariamente, desiste de prosseguir na execução ou impede que o resultado se produza, só responde pelos atos já praticados.

(d) Súmula 220 do STJ A reincidência não influi no prazo da prescrição da pretensão punitiva.

(e) Não são conceitos sinônimos.

*Para responder, tem que estudar: lei e súmula/OJ.*

*Gabarito: A*

**57. (Cespe/TJ/MA/Juiz/2013)** Em relação à prescrição, assinale a opção correta.

a) A prescrição da pretensão executória tem início no dia em que a sentença condenatória transita em julgado para a defesa, desde que já tenha passado em julgado também para a acusação.

b) O tempo de internação do condenado a quem sobrevém doença mental é computado para efeito da prescrição da pretensão executória.

c) A agravação da pena pela reincidência não alcança a prescrição da pretensão punitiva nem o prazo de prescrição da pena de multa.

d) No caso de fuga do sentenciado, a prescrição é regulada pelo tempo da pena aplicada na sentença condenatória, considerando-se o dia da fuga como o termo inicial da contagem do prazo prescricional.

ANOTAÇÕES/COMENTÁRIOS

(a) Art. 112 do CP: No caso do art. 110 deste Código, a prescrição começa a correr: I – do dia em que transita em julgado a sentença condenatória, para a acusação, ou a que revoga a suspensão condicional da pena ou o livramento condicional.

(b) Não há prescrição da pretensão executória contra o doente mental.

(c) Súmula 220 do STJ: A reincidência não influi no prazo da prescrição da pretensão punitiva.

(d) Art. 113 do CP: No caso de evadir-se o condenado ou de revogar-se o livramento condicional, a prescrição é regulada pelo tempo que resta da pena.

*Para responder, tem que estudar: lei e súmula/OJ.*

*Gabarito: C*

**58. (Cespe/TJ/DFT/Juiz/2014)** Constitui causa extintiva da punibilidade:

a) a morte da vítima, no crime de induzimento a erro essencial e ocultação de impedimento.

b) a anulação, nos crimes de bigamia, do primeiro casamento.

c) o perdão, nos crimes de ação privada.

d) a perempção, nos crimes de ação pública.

e) a retratação, nos crimes de falso testemunho ou falsa perícia, desde que antes do trânsito em julgado da sentença do processo em que ocorreu o ilícito.

ANOTAÇÕES/COMENTÁRIOS

(a) Art. 236, parágrafo único, do CP: A ação penal depende de queixa do contraente enganado e não pode ser intentada senão depois de transitar em julgado a sentença que, por motivo de erro ou impedimento, anule o casamento.

(b) Art. 235 do CP: Contrair alguém, sendo casado, novo casamento: § 2º Anulado por qualquer motivo o primeiro casamento, ou o outro por motivo que não a bigamia, considera-se inexistente o crime.

(c) Tem que haver aceitação do perdão pelo agente.

(d) Apenas nos crimes de ação pena privada.

(e) Art. 324, § 2º, do CP: O fato deixa de ser punível se, antes da sentença no processo em que ocorreu o ilícito, o agente se retrata ou declara a verdade.

*Para responder, tem que estudar: lei e jurisprudência.*

*Gabarito: A*

**59. (Cespe/TJ/DFT/Juiz/2014)** Com base em súmulas do STF, STJ e TJDFT, assinale a opção correta.

a) Mesmo quando a pena base for fixada no mínimo legal, a gravidade abstrata do delito determinará regime prisional mais gravoso que o cabível em decorrência da pena aplicada.

b) Ao réu que responda por crime continuado é vedada a aplicação do benefício da suspensão condicional do processo.

c) Ainda que apenas a defesa tenha recorrido de sentença condenatória, poderá ser aplicada, em segunda instância, medida de segurança.

d) Ao ser proferida sentença concessiva do perdão judicial, será extinta a punibilidade do agente, mas subsistirão os efeitos condenatórios da sentença.

e) O prazo de prescrição da pretensão punitiva não é afetado pelo fato de o réu em questão ser reincidente.

ANOTAÇÕES/COMENTÁRIOS

(a) Súmula 440 do STJ: Fixada a pena-base no mínimo legal, é vedado o estabelecimento de regime prisional mais gravoso do que o cabível em razão da sanção imposta, com base apenas na gravidade abstrata do delito.

(b) Súmula 723 do STF: Não se admite a suspensão condicional do processo por crime continuado, se a soma da pena mínima da infração mais grave com o aumento mínimo de um sexto for superior a um ano.

(c) Súmula 525 do STF: A medida de segurança não será aplicada em segunda instância, quando só o réu tenha recorrido.

(d) Súmula 18 do STJ: A sentença concessiva do perdão judicial é declaratória de extinção da punibilidade, não subsistindo qualquer efeito condenatório.

(e) Súmula 220 do STJ: A reincidência não influi no prazo da prescrição da pretensão punitiva.

*Para responder, tem que estudar: súmula/OJ.*

*Gabarito: E*

**60. (Cespe/TJ/PA/Juiz/2012)** Acerca da extinção da punibilidade, assinale a opção correta.

a) Não se admite a extensão, para outro crime, dos efeitos da extinção da punibilidade pelo perdão judicial concedido em relação a homicídio culposo, ainda que ambos os crimes tenham sido praticados em concurso formal.

b) De acordo com jurisprudência firmada no STJ, admite-se a extinção da punibilidade pela prescrição da pretensão punitiva, com fundamento em pena hipotética a ser aplicada no processo penal.

c) Nos delitos de estupro, é admissível o reconhecimento da extinção da punibilidade pela perempção em ação penal privada subsidiária de ação penal pública.

d) A sentença concessiva do perdão judicial é declaratória da extinção da punibilidade, não subsistindo, exceto quanto aos efeitos secundários, qualquer outro efeito condenatório.

e) Nos crimes conexos, a extinção da punibilidade de um deles impede, no que diz respeito aos outros, a agravação da pena resultante da conexão.

ANOTAÇÕES/COMENTÁRIOS

(a) "Não é possível a extensão do efeito de extinção da punibilidade pelo perdão judicial, concedido em relação a homicídio culposo que resultou na morte da mãe do autor, para outro crime, tão-somente por terem sido praticados em concurso formal." (STJ, REsp 1009822)

(b) Súmula 438 do STJ – É inadmissível a extinção da punibilidade pela prescrição da pretensão punitiva com fundamento em pena hipotética, independentemente da existência ou sorte do processo penal.

(c) "Impossível reconhecer a extinção da punibilidade pela perempção em ação penal privada subsidiária de ação penal pública. Em que pese a inércia do Ministério Público, o crime de estupro foi praticado com violência real e grave ameaça, exercida com emprego de arma, impossibilitando qualquer reação da vítima. Inteligência do art. 29 do Código de Processo Penal e da Súmula 608 do STF." (STJ, RHC 26.530).

(d) "Dessa forma, concedido perdão judicial à ré, incide, no caso, o enunciado sumular 18 desta Corte, que assim dispõe: "A sentença concessiva do perdão judicial é declaratória da extinção da punibilidade, não subsistindo qualquer efeito condenatório." (STJ, Dcl no AgRg no Ag 748.381).

(e) Art. 108 do CP: A extinção da punibilidade de crime que é pressuposto, elemento constitutivo ou circunstância agravante de outro não se estende a este. Nos crimes conexos, a extinção da punibilidade de um deles não impede, quanto aos outros, a agravação da pena resultante da conexão.

BLOCO II

*Para responder, tem que estudar: lei e jurisprudência.*

*Gabarito: A*

**61. (Cespe/TJ/BA/Juiz/2019)** Com relação a aspectos diversos pertinentes aos prazos prescricionais previstos no CP, assinale a opção correta.

a) Tais prazos serão reduzidos pela metade nas situações em que, ao tempo do crime, o agente fosse menor de vinte e um anos de idade ou, na data do trânsito em julgado da sentença condenatória, fosse maior de setenta anos de idade.

b) Em se tratando de criminoso reincidente, são aumentados em um terço os prazos da prescrição da pretensão punitiva.

c) A prescrição é regulada pela pena total imposta nos casos de crimes continuados, sendo computado o acréscimo decorrente da continuação.

d) A prescrição da pena de multa ocorrerá em dois anos, quando for a única pena cominada, ou no mesmo prazo de prescrição da pena privativa de liberdade, se tiver sido cominada alternativamente.

e) Na hipótese de evasão do condenado, a prescrição da pretensão executória é regulada pelo total da pena privativa de liberdade imposta.

ANOTAÇÕES/COMENTÁRIOS

(a) Art. 115 do CPB: São reduzidos de metade os prazos de prescrição quando o criminoso era, ao tempo do crime, menor de 21 (vinte e um) anos, ou, na data da sentença, maior de 70 (setenta) anos.

(b) Súmula 220 do STJ: A reincidência não influi no prazo da prescrição da pretensão punitiva.

(c) Súmula 497 do STF: Quando se tratar de crime continuado, a prescrição regula-se pela pena imposta na sentença, não se computando o acréscimo decorrente da continuação.

(d) Art. 114 do CP: A prescrição da pena de multa ocorrerá: I – em 2 (dois) anos, quando a multa for a única cominada ou aplicada; II – no mesmo prazo estabelecido para prescrição da pena privativa de liberdade, quando a multa for alternativa ou cumulativamente cominada ou cumulativamente aplicada.

(e) Art. 113 do CP: No caso de evadir-se o condenado ou de revogar-se o livramento condicional, a prescrição é regulada pelo tempo que resta da pena.

*Para responder, tem que estudar: lei.*

*Gabarito: D*

# 7. DOS CRIMES CONTRA A PESSOA

## 7.1. Dos Crimes contra a Vida

**62. (Cespe/TJ/DFT/Juiz/2015)** Constitui homicídio qualificado o crime:

a) cometido contra deficiente físico.

b) praticado com emprego de arma de fogo.

c) concretizado com o concurso de duas ou mais pessoas.

d) praticado com o emprego de asfixia.

e) praticado contra menor de idade.

ANOTAÇÕES/COMENTÁRIOS

(a) Errada. A vulnerabilidade por motivo de deficiência física da vítima não configura homicídio qualificado. Não obstante, tal condição é tida como majorante do feminicídio (este sim um tipo qualificado por excelência). Ver§ 7º, II, in fine do próprio art. 121 do CP.

(b) Assertiva errada. O emprego de arma de fogo não é elemento qualificador do crime de homicídio, podendo majorar outros crimes, a exemplo do roubo e da extorsão.

(c) Errada. O concurso de agentes não é elemento qualificador do crime de homicídio, podendo qualificar outros crimes, a exemplo do FURTO (art. 155, § 4º, IV do CP).

(d) Certa. Realmente o meio da asfixia corresponde a uma das qualificadoras do homicídio (art. 121, § 2º, III do CP).

(e) Errada. O fato de a vítima ser menor de idade pode configurar homicídio doloso majorado (§ 4º do art. 121 do CP), porém JAMAIS homicídio qualificado (§ 2º do art. 121).

*Para responder, tem que estudar: lei.*

*Gabarito: D*

**63. (Cespe/TJ/PI/Juiz/2012)** Assinale a opção correta acerca do homicídio.

a) É pacífico, na jurisprudência do STJ, o entendimento acerca da possibilidade de homicídio privilegiado por violenta emoção ser qualificado pelo emprego de recurso que dificulte ou torne impossível a defesa do ofendido.

b) Na hipótese de homicídio qualificado por duas causas, uma pode ser utilizada para caracterizar a qualificadora e a outra, considerada circunstância judicial desfavorável, vedado que a segunda seja considerada circunstância agravante.



BLOCO II

c) No homicídio mercenário, a qualificadora da paga ou promessa de recompensa é elementar do tipo qualificado, aplicando-se apenas ao executor da ação, não ao mandante, segundo a jurisprudência do STJ.

d) A qualificadora relativa à ação do agente mediante traição, emboscada, dissimulação ou outro recurso que dificulte ou torne impossível a defesa do ofendido, como modo de execução do delito, ocorrerá independentemente de o agente ter agido de forma preordenada.

e) De acordo com a jurisprudência do STJ, não é possível a coexistência, no delito de homicídio, da qualificadora do motivo torpe com a atenuante genérica do cometimento do crime por motivo de relevante valor moral.

**ANOTAÇÕES/COMENTÁRIOS**

(a) Certa. Realmente a jurisprudência do STJ admite o denominado homicídio privilegiado qualificado ou qualificado-privilegiado, desde a qualificadora tenha natureza objetiva. No mesmo sentido é a posição do STF.

(b) Assertiva errada. A primeira qualificadora corresponde ao tipo qualificado, já a segunda deve ser considerada como circunstância agravante pelo juiz na 2ª fase da dosimetria da pena. Nesse sentido REsp 160.1143. julgado em 20 de abril de 2017.

(c) Errada. A jurisprudência do STJ admite a dupla responsabilização: respondem pelo crime, tanto o executor como também o próprio pagador.

(d) Errada. Não há como praticar o crime mediante emboscada sem um mínimo de planejamento. Não obstante, cabe esclarecer que a premeditação não qualifica o crime.

(e) Errada. Não há qualquer incompatibilidade nesse caso, uma vez que o motivo torpe tem natureza jurídica distinta da atenuante genérica, encontrando-se esta no art. 65, III, "a" do CP, ao passo que aquela pertence ao próprio art. 121 do CP. Sendo assim, não há problema quanto ao fato do motivo torpe ter natureza subjetiva.

*Para responder, tem que estudar: jurisprudência e teoria/doutrina.*

*Gabarito: A*

**64. (Cespe/TJ/BA/Juiz/2012)** Considerando o que dispõe o CP sobre os crimes contra a pessoa e os crimes contra o patrimônio, assinale a opção correta.

a) Não responderá por injúria ou difamação aquele que der publicidade à ofensa irrogada em juízo, na discussão da causa, pela parte ou por seu procurador.

b) Suponha que Joaquim, de vinte e oito anos de idade, tenha furtado do quarto de sua própria mãe, de sessenta e um anos de idade, enquanto ela dormia, por volta das 22 horas, uma TV LCD. Nessa situação, Joaquim não está sujeito a punição, dada a incidência de imunidade penal absoluta.

c) Enquanto aberta, a hospedaria, ainda que desocupada, está compreendida, nos termos do CP, na expressão "casa", estando sujeita ao tipo penal violação de domicílio.

d) Suponha que Francoso, de vinte e nove anos de idade, ao agir negligentemente, provoque a morte de um desconhecido e, para evitar a prisão em flagrante, evada-se rapidamente, antes que alguém o veja no local do crime. Nessa situação, sendo Francoso condenado, a pena a ele cominada deve ser aumentada em um terço.

e) Considere que Maria, de vinte e cinco anos de idade, instigue e auxilie Mariana, de vinte e dois anos de idade, a suicidar-se, fornecendo-lhe frasco de veneno, e que Mariana ingira a substância e logo a seguir a vomite espontaneamente, sem sofrer qualquer sequela. Nessa situação, se denunciada, Maria responderá por instigação e auxílio a suicídio e, se condenada, terá direito à diminuição da pena em dois terços.

ANOTAÇÕES/COMENTÁRIOS

(a) Errada. A excludente de tipicidade contida no art. 142, I do CP, não abarca aquele que da publicidade a ofensa, mas apenas aquele que a profere em juízo no calor ou discussão da causa.

(b) Errada. Em tal hipótese não há que se falar na incidência da escusa absolutória (contida no art. 181 do CP), face a idade da vítima (pessoa de idade igual ou maior que 60 anos). Ver art. 183, III do CP.

(c) Errada. Embora a hospedaria até possa ser compreendida no conceito de residência, o erro consiste na expressão: "desocupada". Segundo a doutrina amplamente dominante só há crime de violação de domicílio quando estivermos diante de residência ocupada (ainda que naquele momento esteja vazia).

(d) Certa. Realmente o fato de o agente se evadir do local durante a prática de um homicídio culposo, configura a majorante de 1/3 na pena contida no § 4º do próprio art. 121 do CP.

(e) Errada. Segundo a nossa doutrina, o tipo penal do art. 122 do CP exige RESULTADO naturalístico, não havendo que se falar em tentativa caso a vítima não sofra lesão grave ou nem venha a efetivamente morrer.

*Para responder, tem que estudar: lei e teoria/doutrina.*

*Gabarito: D*

## 7.2. Das Lesões Corporais

**65. (Cespe/TJ/DFT/Juiz/2015)** Francisco, Pedro e Fábio, todos policiais militares, estavam de serviço em uma mesma guarnição comandada por Pedro, até as seis horas da manhã, quando, por volta das quatro horas da manhã, em via pública, se depararam com Abel, de vinte e três anos de idade, capaz, caminhando. Todos os policiais militares desceram da viatura, momento em que Francisco, já com um cassetete na mão, passou a perguntar a Abel o que ele estava fazendo na rua naquele horário, enquanto lhe golpeava os braços com o cassetete. Abel, que estava desarmado e não esboçou nenhuma reação, após a agressão, foi para casa ferido. A ação de Francisco foi presenciada por Pedro e Fábio, que nada fizeram para impedi-lo e não comunicaram o fato ao oficial de dia. Em decorrência das lesões sofridas, Abel ficou quarenta e cinco dias afastado de suas ocupações habituais, conforme laudo pericial juntado aos autos da ação penal ajuizada. A respeito dessa situação hipotética, assinale a opção correta.

a) Pedro, Fábio e Francisco devem responder por lesões corporais graves na forma comissiva, uma vez que todas as circunstâncias do crime, nesse caso, se comunicam.

b) As lesões corporais sofridas por Abel não são de natureza grave, uma vez que não resultaram em incapacidade permanente para o trabalho.

c) Francisco cometeu crime de lesões corporais graves tipificado no CPM, mas Pedro e Fábio não devem responder por referido crime, uma vez que não participaram das agressões.

d) Não se trata de crime militar, uma vez que Abel é civil e não se encontrava em ambiente militar.

e) Pedro e Fábio devem responder por lesões corporais graves por omissão em concurso de agentes com Francisco, que responderá na forma comissiva.

## ANOTAÇÕES/COMENTÁRIOS

(a) Errada. Trata-se de um caso de omissão imprópria (art. 29, § 2º do CPM). Francisco responde por comissão (lesão corporal grave), ao passo que Pedro e Fábio respondem pelo mesmo crime a título de omissão imprópria (são agentes garantidores, mas nada fizeram para impedir o resultado). Logo, praticaram conduta penalmente relevante na modalidade omissiva.

(b) Errada. Isso porque a lesão causada é tida como grave (causou incapacidade para a vítima por período superior a 30 dias). Ver art. 209, § 1º, I do CPM.

(c) Errada. Embora o crime encontre previsão no Código Penal militar (art. 209, § 1º), não se pode afastar a responsabilização de Pedro e Fábio já que atuam na qualidade de agentes garantidores.

(d) Errada. Ainda que não tivesse ocorrido crime militar, o fato de Abel ser civil não é fundamento idôneo a afastar por si só a configuração desse tipo de crime (ver art. 9º, II, "d" do CPM). Da mesma forma o local em que se deu o fato não precisa ser necessariamente militar, para que se possa falar em crime militar, bastando que o militar esteja no exercício de suas funções.

(e) Certa. Temos que considerar que a teoria do crime no direito penal militar é diferente da adotada no direito penal comum. Sendo assim, temos um caso de concurso de agentes (incidência da "conditio sine qua non" no concurso de pessoas. Logo, Francisco responde na modalidade comissiva, ao passo que Pedro e Fábio respondem pela omissão penalmente relevante (art. 29, § 2º, II c/c art. 53 ambos do CPM).

*Para responder, tem que estudar: lei e teoria/doutrina.*

*Gabarito: E*

**66. (Cespe/TJ/DFT/Juiz/2015)** Tendo em vista que cada uma das próximas opções apresenta uma situação hipotética sobre delitos praticados contra a pessoa, assinale a opção que apresenta situação característica de delito de lesão corporal de natureza grave.

a) O médico Rodrigo, sob a justificativa de injetar um analgésico em Luíza, grávida de dois meses, aplicou-lhe anestesia geral e, aproveitando-se da incapacidade de resistência da paciente, realizou, em comum acordo com o namorado da paciente, um procedimento abortivo sem que a gestante tivesse consentido.

b) Pedro, após ter sido preterido em sua expectativa de promoção no emprego, desferiu socos no rosto e no estômago de seu chefe, Elias. Embora a agressão tenha provocado tontura e hematomas na pele de Elias, este não apresentou nenhuma lesão aparente. Em razão da conduta de Pedro, Elias teve de se afastar das suas atividades profissionais durante uma semana, retornando ao trabalho no fim desse período.

c) Cláudio caminhava por uma via pública quando, inesperadamente, um desconhecido desferiu-lhe um soco no rosto. A agressão fez que os óculos da vítima se quebrassem e ferissem o seu rosto, fazendo-a sangrar. Em decorrência da agressão, Cláudio ficou com a vista turva e somente se restabeleceu duas semanas após a agressão.

d) Paulo, após discussão com sua colega de trabalho Regina, que estava grávida, desferiu-lhe um chute com a intenção de apenas machucá-la. Entretanto, em decorrência da conduta de Paulo, Regina entrou antecipadamente em trabalho de parto.

e) Manoel, após provocação, desferiu dois chutes, que não resultaram em lesões, contra seu irmão Isaac. Embora tenha sentido dores durante dois dias, Isaac voltou a exercer normalmente suas atividades habituais no dia seguinte à briga com seu irmão Manoel.

ANOTAÇÕES/COMENTÁRIOS

(a) Errada. Não há que se falar em crime de lesão corporal, uma vez que a intenção do médico e do namorado da vítima visava o crime de aborto. Logo, o dolo era de abortamento e não de lesão.

(b) Errada. Não houve lesão de natureza grave, já que Pedro retomou suas atividades em período de tempo inferior a 30 dias (voltou a exercê-las em apenas uma semana).

(c) Errada. Somente seria lesão grave, caso Cláudio tivesse ficado impedido de realizar suas tarefas habituais por mais de 30 dias.

(d) Certa. Temos aqui uma lesão corporal grave. Crime de lesão corporal grave por força de resultado agravador ou qualificador: trabalho de parto (art. 129, § 1º, IV do CP).

(e) Errada. Não houve lesão corporal grave, já que Isaac voltou a exercer suas atividades rotineiras um dia após o ocorrido.

*Para responder, tem que estudar: lei.*

*Gabarito: D*

**67. (Cespe/TJ/PA/Juiz/2012)** No que se refere ao delito de lesões corporais, assinale a opção correta.

a) Constitui circunstância agravante o fato de o delito ser praticado contra cônjuge ou companheiro, ou, ainda, de prevalecer-se o agente das relações domésticas, de coabitação ou de hospitalidade.

b) Se do delito em questão resultar perigo de vida e caso se constate ter sido incompleto o primeiro exame pericial, realizar-se-á, necessariamente, exame complementar por determinação da autoridade judiciária.

c) Na hipótese de lesão corporal culposa, o juiz poderá deixar de aplicar a pena se as consequências da infração atingirem o próprio agente de forma tão grave que a sanção penal se torne desnecessária.

d) A lesão corporal será considerada de natureza gravíssima se do fato resultar incapacidade da vítima, por mais de trinta dias, para as suas ocupações habituais.

e) Para o referido delito, é irrelevante o fato de o agente cometer o crime impelido por motivo de considerável valor social ou moral.

ANOTAÇÕES/COMENTÁRIOS

(a) Errada. Essas circunstâncias configuram lesão corporal qualificada (§ 9º do art. 129) e não uma figura meramente agravada como fez sugerir o examinador.

(b) Errada. O exame complementar pode ser determinado tanto pela autoridade judiciária como também pela POLICIAL (art. 168 do CPP).

(c) Certa. Realmente vamos ter o perdão judicial, caso as consequências do fato venham a atingir o agente de forma tão grave que a sanção penal torna-se desnecessária (§ 8º do art. 129 do CP).

(d) Errada. Nessas circunstâncias vamos ter lesão grave ao invés de gravíssima.

(e) Errada. Em havendo relevante valor social ou moral impõe uma causa de redução de pena (que pode variar de um sexto até um terço) em favor do agente (§ 4º do art. 129 do CP).

*Para responder, tem que estudar: lei.*

*Gabarito: C*

## 7.3. Da Rixa

**68. (Cespe/TJ/PB/Juiz/2011)** A respeito dos crimes de preconceito racial (Lei n. 7.716/1989) e contra a pessoa, assinale a opção correta.

a) O delito de rixa resta configurado ainda que definida a posição dos contendores, não respondendo pela forma qualificada desse delito o participante que sofra lesão grave, sob pena de caracterização de "bis in idem".

b) Suponha que o diretor de recursos humanos de uma concessionária de serviço público obste, por discriminação religiosa, a promoção funcional de um subordinado seu. Nesse caso, o referido diretor não praticará conduta penalmente típica, mas infração, a ser apurada no âmbito administrativo.

c) No crime de homicídio, é impossível a coexistência da qualificadora do motivo torpe com qualquer atenuante inserida na parte geral do CP, não podendo estas, assim, concorrer no mesmo fato.

d) Por incompatibilidade axiológica e por falta de previsão legal, o homicídio qualificado-privilegiado não integra o rol dos denominados crimes hediondos.

e) Para a configuração penal do delito de injúria, não se exige o elemento subjetivo consistente no dolo de ofender na modalidade de dolo específico, sendo suficiente, para a caracterização da figura típica, a presença do chamado dolo genérico.

BLOCO II

*ANOTAÇÕES/COMENTÁRIOS*

(a) Errada. Não é essa a posição prevalente em nossa doutrina. Logo, ainda que o agente seja a própria vítima, responde o mesmo pelo tipo penal mais grave (rixa qualificada), desde que exista nexo de causalidade entre a briga e o resultado mais grave.

(b) Errada. A conduta descrita pelo examinador configura crime da Lei 7.716/89. Ver artigo 3º, pár. ún.

(c) Errada. Não existe esse tipo de vedação. Logo, nada impede que uma atenuante prevista lá na parte geral do CP incida de forma concomitante ao homicídio qualificado pelo motivo torpe.

(d) Certa. Não há que se falar em hediondez, uma vez que o privilégio prepondera no que tange ao afastamento da natureza hedionda.

(e) Errada. O crime de injúria pressupõe um especial fim de agir. Trata-se do "animus injuriandi", sob pena de o fato se tornar um mero indiferente penal.

***Para responder, tem que estudar: lei e teoria/doutrina.***

*Gabarito: D*

## 7.4. Dos Crimes contra a Liberdade Individual

**70. (Cespe/TJ/AC/Juiz/2012)** Determinada autoridade policial instaurou inquérito para investigar Júlio pela prática de constrangimento ilegal, crime que ele nega ter praticado. Júlio afirma querer demonstrar cabalmente sua inocência. Uma das testemunhas alega ter sido por ele ameaçada. A partir dessa situação hipotética, assinale a opção correta.

a) Na hipótese de Júlio ser denunciado pelo membro do MP, o procedimento a ser seguido será o do rito sumário.

b) Sendo afiançável o crime de constrangimento ilegal, será possível, caso Júlio seja preso, o arbitramento pela autoridade policial de fiança em valores entre um e cem salários mínimos.

c) Ainda que estivessem presentes os requisitos legais de necessidade e adequação, não seria admitida, nesse caso, a decretação de medida cautelar, por falta de requisito objetivo de admissibilidade.

d) Por solicitação do delegado, o juiz poderá determinar a interceptação telefônica do telefone celular de Júlio, desde que haja indícios razoáveis da autoria, e a prova não possa ser feita por outros meios.

e) Em face de requerimento do delegado, havendo fundada suspeita contra Júlio, o juiz poderá determinar a sua prisão temporária, caso seja essa medida imprescindível para as investigações do inquérito policial.

*ANOTAÇÕES/COMENTÁRIOS*

(a) Errada. O delito de constrangimento ilegal seque o rito sumariíssimo da Lei 9.099/95.

(b) Certa. Realmente trata-se de delito afiançável. Logo, se o imputado se recusar a assinar o TCO (termo circunstanciado), pode a autoridade policial arbitrar fiança.

(c) Errada. Perceba que o examinador não aludiu à prisão preventiva. A banca falou sobre qualquer uma das medidas cautelares existentes. Logo, nada impede a decretação de medida cautelar que se mostre adequada a gravidade do crime (art. 282, II do CPP).

(d) Errada. Não cabe falar em interceptação. Isso porque a mesma somente é admitida nos crimes reclusivos. Ademais essa medida se presta apenas para apurar fatos futuros, jamais podendo incidir sobre fatos pretéritos.

(e) Errada. Não cabe falar em prisão temporária, uma vez que o crime de constrangimento ilegal não integra o rol taxativo da Lei 7.960/89.

*Para responder, tem que estudar: lei.*

*Gabarito: B*

## 8. DOS CRIMES CONTRA O PATRIMÔNIO

**71. (Cespe/TJ/BA/Juiz/2019)** Com relação aos crimes contra o patrimônio, julgue os itens que se seguem, com base no entendimento jurisprudencial.

I. A existência de sistema de vigilância por monitoramento, por impossibilitar a consumação do delito de furto, é suficiente para tornar impossível a configuração desse tipo de crime.

II. A presença de circunstância qualificadora de natureza objetiva ou subjetiva no delito de furto não afasta a possibilidade de reconhecimento do privilégio, se estiverem presentes a primariedade do agente e o pequeno valor da res furtiva.

III. Constatada a utilização de arma de fogo desmuniciada na perpetração de delito de roubo, não se aplica a circunstância majorante relacionada ao emprego de arma de fogo.

IV. No delito de estelionato na modalidade fraude mediante o pagamento em cheque, a realização do pagamento do valor relativo ao título até o recebimento da denúncia impede o prosseguimento da ação penal.

Estão certos apenas os itens

a) I e II.

b) I e III.

c) III e IV.

d) I, II e IV.

e) II, III e IV.

ANOTAÇÕES/COMENTÁRIOS

(a, b, c, d, e) I – Súmula 567-STJ: Sistema de vigilância realizado por monitoramento eletrônico ou por existência de segurança no interior de estabelecimento comercial, por si só, não torna impossível a configuração do crime de furto; II – Qualificadora subjetiva afastará o privilégio; III – O emprego de arma de fogo desmuniciada tem o condão de configurar a grave ameaça e tipificar o crime de roubo, no entanto não é suficiente para caracterizar a majorante do emprego de arma, pela ausência de potencialidade lesiva no momento da prática do crime (STJ. 6ª Turma. AgRg no REsp 1536939/SC, Rel. Min. Sebastião Reis Júnior, julgado em 15/10/2015); IV- Súmula 554 do STF: O pagamento de cheque emitido sem provisão de fundos, após o recebimento da denúncia, não obsta ao prosseguimento da ação penal.

*Para responder, tem que estudar: jurisprudência, súmula/OJ e teoria/doutrina*

*Gabarito: C*

BLOCO II

## 8.1. Do Furto

**72. (Cespe/TJ/DFT/Juiz/2015)** No que se refere aos crimes contra o patrimônio, assinale a opção correta à luz da jurisprudência do STJ e do STF.

a) Caso haja concurso de agentes em crime de furto qualificado, deve ser aplicada, por analogia, a causa de aumento de pena referente ao crime de roubo.

b) No crime de roubo, para que seja aplicado o aumento de pena por emprego de arma de fogo, é imprescindível que tenham sido realizadas a apreensão e a perícia no artefato utilizado no crime.

c) Se o agente for primário, a coisa for de valor reduzido e a qualificadora incidente for de ordem objetiva, será permitido o reconhecimento de furto privilegiado nos casos de crime de furto qualificado.

d) O crime de uso de documento falso será absorvido pelo crime de estelionato sempre que ambos forem praticados no mesmo contexto, ainda que o dano provocado ao patrimônio da vítima também alcance outros bens jurídicos.

e) Pode ocorrer o reconhecimento da insignificância da conduta em furto praticado com o rompimento de obstáculo.

ANOTAÇÕES/COMENTÁRIOS

(a) Errada. Nossos tribunais superiores rechaçam essa construção ao argumento de que traduz verdadeira interpretação extensiva "in malam partem". Figura incompatível com a teoria do delito. Ademais raciocínio em contrário se mostraria violador da súmula 442 do STJ.

(b) Errada. Atualmente nossos tribunais superiores dispensam a apreensão e perícia para efeitos de incidência do crime de roubado majorado.

(c) Certa. Trata-se do teor da súmula 511 do STJ (furto privilegiado-qualificado).

(d) Errada. Em tal hipótese vamos ter concurso de crimes, já que incide em tal hipótese a inteligência da súmula 17 do STJ, ou seja: tendo em vista que o falso não se exauriu no estelionato deve o agente responder em concurso pelos demais crimes (correspondentes aos demais bens jurídicos atingidos).

(e) Errada. Nossa jurisprudência não admite a insignificância quando diante do rompimento de obstáculo.

*Para responder, tem que estudar: jurisprudência e súmula/OJ.*

*Gabarito: C*

**73. (Cespe/TJ/ES/Juiz/2011)** Assinale a opção correta acerca dos crimes de furto e roubo.

a) Segundo pacífico entendimento do STJ, excetuadas as hipóteses de furto qualificado, o juiz pode substituir a pena de reclusão pela de detenção, diminuí-la de um a dois terços, ou aplicar somente a pena de multa ao réu primário que tenha furtado bem de pequeno valor.

b) A jurisprudência do STJ tem pontificado que o emprego de gazuas, mixas, ou qualquer outro instrumento sem a forma de chave, ainda que apto a abrir fechadura, não qualifica o delito de furto, na medida em que não se aplica interpretação extensiva para a definição de tipos penais.

c) Consoante a jurisprudência do STJ, é devida a exasperação da pena acima do patamar mínimo com esteio unicamente na alusão ao número de majorantes do delito de roubo.

d) Ao contrário do que ocorre no delito de latrocínio, aplicam-se ao delito de roubo qualificado as causas especiais de aumento de pena previstas no CP, tal como na hipótese de violência ou ameaça exercida com emprego de arma.

e) No delito de furto, é necessária a realização de perícia para a caracterização da qualificadora do rompimento de obstáculo, salvo em caso de ausência de vestígios, quando a prova testemunhal poderá suprir-lhe a falta.

**ANOTAÇÕES/COMENTÁRIOS**

(a) Errada. Essa não corresponde a posição atual do STJ. Nesse sentido súmula 511: o furto qualificado é perfeitamente compatível com o privilégio, desde que a qualificadora tenha natureza objetiva.

(b) Errada. A jurisprudência de nossos tribunais superiores entende exatamente o contrário do que foi dito pelo examinador. Tais instrumentos qualificam o crime de furto, não havendo que se falar em interpretação extensiva "in malam partem", uma vez que esses instrumentos já se encontram contidos dentro da própria lei penal incriminadora.

(c) Errada. Nessa linha súmula 443 do STJ: "a exasperação acima do patamar mínimo no crime de roubo, exige fundamentação concreta, não podendo se pautar exclusivamente no número de majorantes.

(d) Errada. Embora as majorantes do roubo não se apliquem ao latrocínio, é mister esclarecer que o uso de violência integra tanto o tipo penal mais grave descrito no § 3º (latrocínio), como o próprio roubo simples. Logo, aquilo que não integra o latrocínio é somente o emprego de arma. Ademais o examinador chamou o roubo majorado de qualificado.

(e) Certa. Realmente os tribunais exigem a perícia nos casos de arrombamento, salvo se a infração penal não deixar vestígios, hipótese em que a prova testemunhal poderá fazer-lhe das vezes.

*Para responder, tem que estudar: jurisprudência e súmula/OJ.*

*Gabarito: E*

**74. (Cespe/TJ/PB/Juiz/2015)** Com base na jurisprudência do STJ e na do STF, assinale a opção correta a respeito dos crimes contra o patrimônio.

a) No crime de roubo, a intimidação realizada com arma de brinquedo permite que se reconheça causa de aumento de pena.

b) No crime de roubo, a multiplicidade de condutas e o concurso de crimes estarão caracterizados caso o agente utilize violência ou grave ameaça contra mais de um indivíduo, mesmo que a intenção seja direcionada à subtração de bem do patrimônio de uma única pessoa.

c) A conduta de subtrair veículo automotor e transportá-lo para município diverso localizado no mesmo estado da Federação constitui crime de furto simples.

d) A subtração de coisa alheia móvel é conduta tipificada como crime de furto e, caso seja praticado contra descendente, tal fato incidirá como circunstância agravante.

e) A conduta de destruir dolosamente bem pertencente a patrimônio de sociedade de economia mista estadual configura crime de dano simples.

**ANOTAÇÕES/COMENTÁRIOS**

(a) Errada. Não mais vigora a antiga súmula 174 do STJ (já que se encontra revogada desde 24 de outubro de 2001).

(b) Errada. Em tal hipótese vamos ter crime único, uma vez que o crime atinge o patrimônio de uma única vítima.

(c) Certa. Somente o transporte para outro ente da federação ou para o exterior é que qualifica o delito de furto. Nessa linha § 5º do art. 155 do CP.

(d) Errada. Ao contrário do que o examinador diz, o fato do crime ser praticado contra descendente faz incidir a escusa absolutória contida no art. 181 do CP, não havendo que se falar em agravante.

(e) Errada. A conduta descrita pelo examinador configura dano qualificado, haja vista o teor do pár. ún., III, do art. 163 do CP – delito de dano quando praticado em detrimento de sociedade de economia mista.

*Para responder, tem que estudar: lei e súmula/OJ.*

*Gabarito: C*

**75. (Cespe/TJ/DFT/Juiz/2014)** Em cada uma das opções seguintes, é apresentada uma situação hipotética, seguida de uma assertiva a ser julgada à luz da disciplina legal e jurisprudencial relativa aos crimes contra o patrimônio. Assinale a opção em que a assertiva está correta.

a) Cláudia, que trabalha há dois anos como empregada doméstica na residência de Lucrécia e possui cópia das chaves da residência, subtraiu um colar de diamantes pertencente a sua empregadora. Nessa situação, Cláudia responderá pelo delito de furto qualificado.

b) Hélio, em comunhão de esforços e desígnios com Josué, subtraiu, sem usar de violência ou grave ameaça, veículo automotor pertencente a Manuela, genitora de Josué. Nessa situação, a conduta de Hélio é atípica e impunível.

c) Bruno e Abelardo são proprietários em condomínio de um veículo automotor. Bruno, em unidade de desígnios com Célio, seu irmão, subtraiu o referido veículo automotor, tendo-o transportado para outra unidade da Federação. Nessa situação, Bruno deverá responder pelo delito de furto de coisa comum, e Célio, ser processado por furto qualificado.

d) Renato, dolosamente, atirou uma pedra sobre o automóvel de Tales, causando danos consideráveis ao veículo. Nessa situação, Tales não poderá oferecer queixa-crime contra Renato, visto que o crime de dano é de ação penal pública condicionada à representação do ofendido.

e) Daniel, após ter subtraído furtivamente a carteira de Sílvio, ameaçou-o com uma arma de fogo para que ele não o seguisse e não tentasse recuperar o bem subtraído. Nessa situação, Daniel deverá responder por furto qualificado e ameaça em concurso material.

**ANOTAÇÕES/COMENTÁRIOS**

(a) Certa. Realmente a situação descrita pelo examinador configura o abuso de confiança (circunstância qualificadora do crime de furto).

(b) Errada. A escusa absolutória não se estende ao terceiro (coautor ou partícipe), devendo incidir apenas em proveito de Josué.

(c) Errada. Em havendo unidade de desígnios ambos devem responder pelo mesmo crime (no caso por furto de coisa comum). Isso porque o Código Penal adotou a teoria monista do concurso de pessoas. Sendo assim, ambos respondem por furto de coisa comum (art. 156 do CP).

(d) Assertiva errada. Em tal hipótese o crime deve ser regido por ação penal privada e não por ação penal pública condicionada a representação como fez sugerir o examinador. Nesse sentido art. 167 do CP.

(e) Errada. A conduta descrita pelo examinador configura roubo impróprio. Isso porque o agente empregou grave ameaça APÓS a subtração, com a única intenção de tornar seguro o proveito do crime (ou seja: visou garantir a detenção da coisa).

*Para responder, tem que estudar: lei.*

*Gabarito: A*

**76. (Cespe/TJ/PA/Juiz/2012)** Em relação às disposições constitucionais aplicáveis ao direito penal, assinale a opção correta à luz da jurisprudência do STF.

a) O fato de o réu ser viciado em drogas constitui, por si só, critério idôneo para que se lhe eleve a pena-base acima do mínimo, em caso de condenação, porquanto o vício pode ser valorado como conduta social negativa.
b) Por configurar crime de falsa identidade, a utilização de documento falso para ocultar a condição de foragido descaracteriza o delito de uso de documento falso.
c) O conceito de chave falsa abrange, no que se refere ao delito de furto qualificado, a chave mixa e todo e qualquer instrumento ou dispositivo empregado para abertura de fechaduras.
d) Segundo a jurisprudência pacífica da Suprema Corte, o instituto da continuidade delitiva deve ser reconhecido ainda que, entre as várias ações criminosas, tenha transcorrido lapso temporal superior a um ano.
e) Tratando-se do delito de homicídio culposo, é admissível a imputação da causa de aumento de pena por inobservância de regra técnica de profissão ainda que não fundada na descrição de fato diverso do que constitui o núcleo da ação culposa.

ANOTAÇÕES/COMENTÁRIOS

(a) Errada. Não traduz o entendimento do STF. Segundo a corte deve-se entender o contrário: o fato do réu ser viciado em drogas não pode ser tido como o único fundamento a justificar a incidência de pena acima do mínimo legal.

(b) Errada. Ao apresentar documento falso com a intenção de ocultar a condição de foragido o agente deve responder pelo crime mais grave (uso de documento falso) e não pela falsa identidade, até mesmo porque neste não ocorre a utilização de qualquer documento – o agente apenas declara ser pessoa diversa. Nesse sentido é o entendimento do STF. Ver HC 108.138. julgado em 2011.

(c) Certa. Realmente é esse o entendimento do STF. Todos esses instrumentos são aptos a configuração da qualificadora, não havendo que se falar em interpretação extensiva "in malam partem".

(d) Errada. Existem diversos precedentes do STF em que se descaracterizou a continuidade delitiva em relação a fatos diversos praticados em períodos de tempo com interregno superior a 30 dias.

(e) Errada. Porém, cabe esclarecer que a questão foi elaborada no ano de 2012. Atualmente vem prevalecendo entendimento diverso, no sentido de que não há que se falar em bis in idem. Ver ROC 129.946. SP em sede de HC julgado pela 2ª turma do STF, em março de 2016.

*Para responder, tem que estudar: jurisprudência.*

*Gabarito: C*

**77. (Cespe/TJ/DFT/Juiz/2015)** Cada uma das próximas opções apresenta uma situação hipotética, seguida de uma assertiva a ser julgada à luz do CP, da Lei de Juizados Especiais (Lei n. 9.099/1995) e da legislação penal especial. Assinale a opção que apresenta a assertiva correta.

a) O policial civil Cristiano, durante o expediente de trabalho, algemou e conduziu Orlando a uma viatura, mediante ameaça com emprego de arma de fogo, e o manteve detido no veículo por oito horas devido ao fato de, anteriormente, eles terem tido um desentendimento. Nessa situação, a conduta de Cristiano caracterizou crime de constrangimento ilegal.

b) Wesley foi preso em flagrante porque estava pescando em um local que, conforme prévia regulamentação do órgão competente, era interditado para a pesca. Nessa situação, o crime descrito constitui delito de menor potencial ofensivo, razão por que, caso preencha os requisitos subjetivos exigidos, Wesley poderá ser beneficiado pela transação penal.

c) Téo, réu primário e sem quaisquer antecedentes, foi preso em flagrante por ter cometido o delito de furto simples. Nessa situação, como o crime de furto não é de competência do juizado especial criminal, Téo não poderá ser beneficiado pela suspensão condicional do processo.

d) Gabriel estava recolhendo, em via pública, apostas de transeuntes para o jogo de azar conhecido como jogo do bicho e, imediatamente após anotar a aposta realizada por Ângelo, foi abordado por policiais. Nessa situação, a conduta de Gabriel é tipificada como contravenção penal, ao passo que a conduta de Ângelo é caracterizada como atípica.

e) Januário, maior e capaz, burlou, juntamente com José e Ricardo, ambos menores de dezoito anos, todos com unidade de desígnios, a vigilância de uma loja de departamentos e dela subtraíram, em horário comercial, três aparelhos de DVD novos. Os três foram presos em flagrante, na residência de José, duas horas depois de terem cometido o delito. Nessa situação, se ausentes quaisquer excludentes e comprovados os fatos, Januário deverá ser condenado por crime de furto qualificado e dois delitos de corrupção de menores, todos em concurso formal.



## ANOTAÇÕES/COMENTÁRIOS

(a) Errada. A conduta do policial se amolda ao crime de abuso de autoridade (art. 3º, "a" da lei 4.898/65), podendo haver ainda (a depender das circunstancias fáticas do caso em concreto) concurso de crimes perante o delito de sequestro ou cárcere privado sob a modalidade de confinamento, uma vez que o policial reteve Orlando dentro da viatura por lapso de tempo relevante (foram 8 horas). Nesse sentido é o entendimento do STJ (restrições da liberdade por período superior a 2 horas já abre margem a possibilidade de eventual crime de sequestro ou cárcere privado).

(b) Errada. A conduta descrita pelo examinador não é crime de menor potencial, mas sim de médio potencial, nos termos do art. 34 da lei da vida (9.605/98). Isso ocorre porque a pena máxima cominada é de até 3 anos (patamar que excede o limite de 2 anos imposto pela Lei 9.099/95).

(c) Errada. Embora o crime de furto simples não seja realmente da competência do JECRIM, isso não impede a incidência do benefício da suspensão condicional do processo, uma vez que se trata de instituto jurídico genérico podendo ser aplicado ainda que fora do juizado especial criminal.

(d) Errada. O decreto 6.259/44, ao tipificar a contravenção do jogo do bicho em seu art. 58, também pune a conduta do apostador (denominado pela lei de "ponto"). Sendo assim, não há que se falar em atipicidade do fato.

(e) Certa. Januário cometeu furto qualificado pelo concurso de agentes em concurso formal com o delito de corrupção de menores (duas vezes). Sendo assim, responderá pelo furto qualificado em concurso formal com dois crimes de corrupção de menores (244-B do ECA). Isso porque a corrupção de menores não é crime vago, devendo aplicar ainda o princípio da maior proteção e do melhor interesse aos menores (são duas vítimas, pois a formação moral de cada criança ou adolescente é atingida de maneira individualizada). Nesse sentido STJ informativo 613 de novembro de 2017. REsp 1.680.114. GO.

*Para responder, tem que estudar: lei e jurisprudência.*

*Gabarito: E*

**78. (Cespe/TJ/CE/Juiz/2018)** Um homem, maior de idade e capaz, foi preso em flagrante por ter subtraído duas garrafas de uísque de um supermercado. A observação da ação delituosa por meio do sistema de vídeo do estabelecimento permitiu aos seguranças a detenção do homem no estacionamento e a recuperação do produto furtado. O valor do produto subtraído equivalia a pouco mais de um terço do valor do salário mínimo vigente à época. Na fase investigatória, constatou-se que o agente do delito possuía condenação transitada em julgado por fato semelhante e que respondia por outras três ações penais em curso.

Tendo como referência essa situação hipotética, assinale a opção correta, considerando a jurisprudência dos tribunais superiores.

a) O acusado poderá ser absolvido com base no princípio da insignificância, já que o valor dos objetos subtraídos era ínfimo e estes foram integralmente restituídos ao supermercado.

b) Em razão da existência de sistema de monitoramento de vídeo no supermercado, trata-se de crime impossível por ineficácia absoluta do meio empregado.

c) Não houve a consumação do furto, porque o homem foi preso em flagrante logo depois de evadir-se do supermercado.

d) A reincidência do acusado não é motivo suficiente para afastar a aplicação do princípio da insignificância.

e) Não cabe ao caso a compensação integral da atenuante de confissão espontânea e da agravante de reincidência específica.

ANOTAÇÕES/COMENTÁRIOS

(a) O valor ínfimo para aplicação do princípio gira em torno de 10% do salário mínimo vigente à época.

(b) Súmula 567 do STJ: Sistema de vigilância realizado por monitoramento eletrônico ou por existência de segurança no interior de estabelecimento comercial, por si só, não torna impossível a configuração do crime de furto.

(c) Súmula 582 do STJ: Consuma-se o crime de roubo com a inversão da posse do bem mediante emprego de violência ou grave ameaça, ainda que por breve tempo e em seguida à perseguição imediata ao agente e recuperação da coisa roubada, sendo prescindível a posse mansa e pacífica ou desvigiada.

(d) "Por maioria, foram também acolhidas as seguintes teses: (i) a reincidência não impede, por si só, que o juiz da causa reconheça a insignificância penal da conduta, à luz dos elementos do caso concreto; (STF, HC 123108, Relator(a): Min. ROBERTO BARROSO, Tribunal Pleno, julgado em 03/08/2015)"

(e) A jurisprudência do STJ admite a compensação entre confissão espontânea e reincidência.

*Para responder, tem que estudar: jurisprudência e súmula/OJ.*

*Gabarito: D*

BLOCO II

## 8.2. Do Roubo e da Extorsão

**79. (Cespe/TJ/AM/Juiz/2016)** Assinale a opção correta de acordo com a jurisprudência do STJ.

a) Diz-se tentado o latrocínio quando não se realiza plenamente a subtração da coisa, mas ocorre a morte da vítima.

b) Tendo o CP adotado a teoria monista, não há como punir diferentemente todos quantos participem direta ou indiretamente para a produção do resultado danoso.

c) É impossível o concurso de pessoas nos crimes culposos, ante a ausência de vínculo subjetivo entre os agentes na produção do resultado danoso.

d) O crime de latrocínio não admite forma preterdolosa, considerando a exigência do animus necandi na conduta do agente.

e) No crime de roubo praticado com pluralidade de agentes, se apenas um deles usar arma de fogo e os demais tiverem ciência desse fato, todos responderão, em regra, pelo resultado morte, caso este ocorra, pois este se acha dentro do desdobramento normal da conduta.

*ANOTAÇÕES/COMENTÁRIOS*

(a) Errada. Em tal hipótese vamos ter latrocínio CONSUMADO. Nessa linha súmula 610 do STF.

(b) Errada. Embora o CP realmente tenha adotado como regra a teoria monista, existem hipóteses em que deve incidir a teoria dualista (segundo a qual cada um dos participantes do fato responde por crime diverso).

(c) Errada. A doutrina majoritária admite a possibilidade de concurso de pessoas (na modalidade de coautoria), quando em sede de crimes culposos. Não obstante, essa mesma doutrina rechaça a possibilidade de participação em delitos culposos, em que pese exista entendimento minoritário em sentido contrário (corrente defendida por Rogério Greco). Segundo este, até mesmo nos casos de participação torna-se possível falar em concurso de agentes, quando diante dos delitos culposos.

(d) Errada. O latrocínio tanto pode ser preterdoloso, como ainda qualificado a título de dolo + dolo.

(e) Certa. Nesse sentido já teve a oportunidade de se manifestar o STJ (REsp 1417634). Não obstante, tal decisão pode ser criticada à luz da teoria do delito, uma vez que não se pode imputar o resultado mais grave aquele que pretendia somente praticar crime menos grave (roubo). Logo, diante da previsibilidade da ocorrência de resultado mais grave, deve-se aplicar a regra do § 2º do art. 29 (cooperação dolosamente distinta). No entanto, não é esta a posição do STJ.

*Para responder, tem que estudar: súmula/OJ e teoria/doutrina.*

*Gabarito: E*

**80. (Cespe/TJ/DFT/Juiz/2015)** Em cada uma das opções seguintes, é apresentada uma situação hipotética acerca de penas privativas de liberdade e de penas restritivas de direito, seguida de uma assertiva a ser julgada. Assinale a opção que apresenta a assertiva correta.

a) Lana, com vinte e sete anos de idade, capaz, possui condenação definitiva por crime de aborto à pena de três anos de detenção. Decorridos dois anos, Lana foi condenada por crime de receptação à pena privativa de liberdade de dois anos de reclusão. Nessa situação, o juiz não poderá substituir a pena de Lana por pena restritiva de direitos, uma vez que ela é reincidente.

b) Fernando, com trinta anos de idade, capaz, ameaçou de morte sua companheira Tereza, com vinte e nove anos de idade, capaz. Fernando foi processado e condenado, definitivamente, pelo referido crime à pena de cinco meses de detenção. Nessa situação, Fernando tem direito à substituição da pena privativa de liberdade por pena restritiva de direitos.

c) Glauber, com trinta e um anos de idade, capaz, primário, foi condenado, definitivamente, em concurso material, pelo crime de supressão de correspondência comercial, à pena de detenção de dois anos; e, por divulgação de informações sigilosas, à pena de detenção de quatro anos e pena pecuniária. Nessa situação, Glauber tem direito à substituição da pena privativa de liberdade por pena restritiva de direitos.

d) Carla, com vinte e três anos de idade, capaz, primária, devidamente habilitada, fugiu do local para evitar prisão em flagrante, pois, após desviar o veículo que dirigia na velocidade da via de um buraco na pista, o colidiu contra uma mureta que caiu sobre uma criança de três anos de idade, a qual faleceu em decorrência das lesões. Por matar a criança, Carla foi condenada ao crime de homicídio culposo. Nessa situação, Carla tem direito à substituição da pena privativa de liberdade por pena restritiva de direitos.

e) Pedro, com vinte e oito anos de idade, capaz, primário, de corpo avantajado, desarmado, faixa preta em judô, trajando quimono, de forma intimidatória e exalando odor etílico, determinou que Ana, com dezessete anos de idade, capaz, entregasse a ele seu celular, sem que fosse possível a ela impor qualquer resistência. Por tais fatos, Pedro foi condenado, definitivamente, por crime de roubo simples, à pena de quatro anos de reclusão. Nessa situação, há vedação legal para que a pena de Pedro seja substituída por pena restritiva de direitos.

## ANOTAÇÕES/COMENTÁRIOS

(a) Errada. Isso porque mesmo diante da reincidência, pode o juiz entender pela substituição, desde que não se trate de reincidência específica (prática reiterada do mesmo crime anteriormente praticado) e a medida seja tida como socialmente recomendável. Nesse sentido é o teor do § 3º do art. 44 do CP.

(b) Errada. Esse não é o atualmente entendimento reinante em nossa jurisprudência. Nesse sentido temos, inclusive, a recente súmula 588 do STJ (verbete editada no fim de 2017) que veda expressamente a conversão em PRD, nos casos de crime ou contravenção contra a mulher dentro do ambiente doméstico e familiar, em havendo violência ou até mesmo GRAVE AMEAÇA.

(c) Errada. O concurso material obsta a concessão da substituição uma vez que somadas as penas a reprimenda simplesmente supera o limite máximo de 4 anos imposto por lei (art. 44, I do CP). Ver § 1º do art. 69 do CP.

(d) Errada. Em que pese o crime seja culposo, (homicídio culposo no trânsito)o agente não preencheu todos os requisitos exigidos em lei. No caso em concreto, o ato de fugir do local faz com que a aplicação da substituição torne-se insuficiente ou inadequada (art. 44, III do CP).

(e) Certa. Realmente existe nesse caso expressa vedação em lei no sentido de impedir a substituição, já que Pedro se valeu de grave ameaça contra a pessoa (vítima Ana). Nesse sentido art. 44, I do CP. Sendo assim, a vedação se impõe por ausência de um dos requisitos legais.

*Para responder, tem que estudar: lei e súmula/OJ.*

*Gabarito: E*



BLOCO II

**81. (Cespe/TJ/DFT/Juiz/2015)** Com intuito de conseguir dinheiro, João, imputável, ficou escondido nas proximidades de uma parada de ônibus e, armado com uma faca, abordou Maria, de vinte e um anos de idade, grávida de sete meses, assim que ela desceu do ônibus, em via pública, ordenando-lhe que lhe entregasse sua bolsa e seu celular. Maria não o fez e, por isso, João a esfaqueou, conseguindo, então, levar os objetos desejados. Em decorrência dessas lesões, Maria e o bebê morreram cerca de dez horas após o ocorrido. João foi identificado, processado e, depois do trâmite regular do processo, condenado em caráter definitivo. Nessa situação hipotética, João praticou:

a) homicídio doloso contra Maria, qualificado por motivo torpe e por recurso que dificultou a defesa da vítima, bem como homicídio culposo contra o feto.

b) homicídio doloso contra Maria, qualificado por motivo torpe e por recurso que dificultou a defesa da vítima, cuja pena deve ser agravada devido ao fato de o crime ter sido praticado contra mulher grávida.

c) roubo circunstanciado pelo uso de arma, crime punido com pena pecuniária e pena de reclusão agravada pelo fato de ter sido praticado contra mulher grávida e com recurso que dificultou a defesa da vítima.

d) latrocínio consumado, delito punido com pena pecuniária e pena de reclusão que deve ser agravada por ter sido praticado contra mulher grávida mediante recurso que dificultou a defesa da vítima.

e) homicídio doloso contra Maria e contra o feto, qualificado por motivo torpe e por uso de recurso que dificultou a defesa da vítima.

**ANOTAÇÕES/COMENTÁRIOS**

(a) Errada. Não há que se falar em homicídio uma vez que o dolo do agente fora direcionado a prática do crime de roubo (delito contra o patrimônio), e não contra a vida como fez sugerir o examinador.

(b) Errada. Pelo mesmo acima exposto: houve dolo de roubar a intenção não era praticar delito contra vida, embora o resultado morte tenha ocorrido dando ensejo ao roubo qualificado (latrocínio).

(c) Errada. Não há que se falar em roubo majorado pelo emprego de arma, uma vez que o fato praticado se amolda ao crime de latrocínio (roubo qualificado pela morte da vítima). Perceba que o Código Penal não denominou o § 3º do art. 157 de latrocínio, estabelecendo apenas a qualificadora do roubo, já que a referida expressão foi em verdade cunhada pela lei dos crimes hediondos (8.072/90. art. 1º, II).

(d) Certa. Realmente houve crime de latrocínio acompanhado de duas agravantes genéricas contidas na parte especial do CP (art. 61, II, "c" e "h").

(e) Errada. Não houve dolo de matar, logo, não podemos considerar a prática do crime de homicídio (art. 121, § 2º do CP).

*Para responder, tem que estudar: lei e teoria/doutrina.*

*Gabarito: D*

**82. (Cespe/TJ/DFT/Juiz/2016)** De acordo com as súmulas em vigência do STF, assinale a opção correta.

a) Admite-se continuidade delitiva nos crimes contra a vida.

b) Os crimes falimentares, por serem tipificados em lei especial, não se sujeitam às causas interruptivas da prescrição previstas no CP.

c) A definição dos crimes de responsabilidade e o estabelecimento das respectivas normas de processo e julgamento são da competência legislativa concorrente da União e das unidades da Federação.

d) Ainda que o agente não subtraia bens da vítima, configura-se o crime de latrocínio quando o homicídio se consuma.

e) A conduta de reduzir tributo mediante prestação de declaração falsa às autoridades fazendárias, antes do lançamento definitivo do tributo, configura crime contra a ordem tributária.

ANOTAÇÕES/COMENTÁRIOS

(a) Errada. A banca se pautou no enunciado da súmula 605 do STF, que expressamente veda a continuidade delitiva em sede de crimes contra a vida. Não obstante, é possível discordar do gabarito uma vez que a súmula 605 encontra-se atualmente superada, porquanto editada antes da reforma penal de 1984. Naquela época, não exista ainda o pár. ún. do art. 71 (crime continuado ESPECÍFICO), dispositivo que permite a incidência da continuidade delitiva mesmo diante de crimes contra a vida, desde que feita uma análise casuísta (levando-se em conta o respectivo caso em concreto). Cabe esclarecer ainda que a súmula não esta formalmente revogada, mas apenas prejudicada, podendo ser superada a depender do caso em concreto, com exceção feita ao crime de homicídio.

(b) Errada. Ao contrário do que banca disse as causas interruptivas da prescrição contidas na parte do geral do CP (art. 117), aplicam-se aos crimes falimentares. Nesse sentido súmula 592 do STF. Sendo assim, pode-se concluir que a antiga súmula 174 do STF (que previa regra específica para esses crimes) encontra-se atualmente superada.

(c) Errada. A competência para legislar sobre crimes de responsabilidade é privativa UNIÃO. Nesse sentido súmula vinculante 46 (editada em 2015 no sentido de confirmar aquilo que já era o próprio entendimento do STF, ADI 2220).

(d) Certa. Realmente a morte da vítima dá ensejo à consumação do crime de latrocínio, ainda que o roubo não se perfaça. Nesse sentido súmula 610 do STF.

(e) Errada. O examinador inverteu a inteligência da súmula vinculante 24, ou seja: NÃO há que se falar em crime contra a ordem tributária, ANTES da constituição em definitivo do crédito tributário (lançamento).

*Para responder, tem que estudar: jurisprudência e súmula/OJ.*

*Gabarito: D*

BLOCO II

**83. (Cespe/TJ/RN/Juiz/2013)** No que concerne aos crimes em espécie, assinale a opção correta.

a) Tratando-se de crimes contra o patrimônio, o reconhecimento das escusas absolutórias de caráter pessoal afasta a configuração do fato típico.

b) A unificação no mesmo tipo penal, sob a rubrica de estupro, das figuras da conjunção carnal e de outros atos libidinosos, afasta a possibilidade de se admitir a tentativa em relação a esse tipo de crime.

c) Requer-se o exame pericial para a constatação do crime de falsidade ideológica.

d) Considere que Marcos, com o objetivo de matar Pedro, tenha atirado nele e que o projétil, após atingir o braço de Pedro, tenha atingido Lúcio, que faleceu no local em decorrência do ferimento provocado pela bala. Nessa situação, Marcos responderá pelo homicídio consumado e pelo crime de tentativa de homicídio, por também ter atingido Pedro, aplicando-se as regras da continuidade delitiva para o cálculo da pena final.

e) Pratica o crime de latrocínio o agente, pretendendo subtrair coisa alheia móvel, emprega violência contra a pessoa e, em decorrência dessa violência, consuma o homicídio, ainda que não realize a subtração de bens da vítima.

ANOTAÇÕES/COMENTÁRIOS

(a) Errada. A doutrina majoritária diz que as escusas absolutórias afastam apenas a PUNIBILIDADE do fato. Sendo assim, vamos ter fato típico, ilícito e culpável, que, no entanto, torna-se impunível.

(b) Errada. Isso porque não houve nenhum tipo de supressão típica em relação ao crime de atentado violento ao pudor, mas sim uma verdadeira fusão com o delito de estupro (princípio da continuidade normativo – típica).

(c) Errada. Somente a falsidade material é que desafia o exame pericial, uma vez que o crime de falsidade ideológica é praticado por intermédio de uma mera declaração (atinge o conteúdo do documento), e não a sua forma.

(d) Errada. Marcos deve responder pela sua real intenção (matar PEDRO – vítima virtual), embora tenha atingido Lúcio (vítima real que fora efetivamente atingida pelo disparo). Nesse sentido art. 73 do CP. Salientando-se ainda que, por ter atingido o braço de Pedro, o agente responde ainda por lesão corporal culposa em concurso formal com o homicídio consumado (segunda parte do mesmo art. 73 do CP – "aberratio ictus complexa ou em sentido amplo com duplo resultado").

(e) Certa. Realmente temos aqui um latrocínio consumado, pois embora a subtração não tenha ocorrido houve a morte da vítima, desafiando por força disso a incidência da súmula 610 do STF.

*Para responder, tem que estudar: lei e teoria/doutrina.*

*Gabarito: E*

## 8.3. Da Usurpação, Do Dano

**84. (Cespe/TJ/CE/Juiz/2012)** Com relação aos delitos de dano e receptação, assinale a opção correta.

a) Na hipótese de o crime de receptação ser cometido no exercício de atividade comercial, aumenta-se a pena de um sexto até a metade.

b) A receptação é punível, ainda que desconhecido o autor do crime de que proveio a coisa; no entanto, se esse autor for isento de pena, não se pune a prática da receptação.

c) Na hipótese de o crime de dano ser cometido com violência ou grave ameaça à pessoa, aumenta-se a pena de um sexto até a metade.

d) Folhas de cheque em branco e cartões bancários não podem ser objetos materiais do crime de receptação, raciocínio que não se aplica ao crime de furto.

e) A introdução de animais em propriedade alheia, sem o consentimento de quem de direito, caracteriza o delito de dano, caso o fato resulte em prejuízo.

ANOTAÇÕES/COMENTÁRIOS

(a) Errada. A receptação cometida no exercício de atividade comercial qualifica o crime, não havendo que se falar em uma simples majorante de pena. Ver § 1º do art. 180 do CP.

(b) Errada. Segundo a doutrina amplamente majoritária, ainda que o autor do delito anterior seja isento de pena, vamos ter a configuração da receptação (delito parasitário). No mesmo sentido é a literalidade do § 4º do art. 180 do CP.

(c) Errada. Em havendo tal hipótese o crime de dano torna-se qualificado (art. 163, p.ú, I do CP).

(d) Errada. Nada obsta que tais objetos possam ser objeto material do crime de receptação, uma vez que a lei exige apenas que sejam produtos de crime antecedente (art. 180 caput do CP). Não obstante, vamos encontrar precedentes no STJ (HC 118873), em que a 5ª turma vem afastando a possibilidade de receptação quando diante de talão de cheque e cartão de crédito, (ao argumento de que estaria ausente o valor econômico da coisa), porém, não é o que prevalece junto ao STF (ARE 830573), dado o valor econômico intrínseco que essa cártula possui assim como o cartão que pode ser utilizado na aquisição de bens e compras.

(e) Certa. Embora tido como gabarito oficial, entendemos que a banca faltou com técnica uma vez que o mais adequado seria falar em crime de introdução ou abandona de animais em propriedade alheia (art. 164 do CP), ao invés de dano propriamente dito (art. 163 do mesmo diploma). Porém, o examinador acabou aludindo a natureza

BLOCO II

jurídica do art. 164, por se encontrar o mesmo dentro do mesmo capítulo do dano propriamente dito (capítulo IV do título II do CP).

*Para responder, tem que estudar: lei e jurisprudência.*

*Gabarito: E*

## 8.4. Do Estelionato e Outras Fraudes

**85. (Cespe/TJ/CE/Juiz/2012)** Assinale a opção correta acerca do delito de estelionato.

a) É inadmissível a aplicabilidade do princípio da insignificância ao estelionato, pois, diferentemente do que ocorre no delito de furto, ao qual se aplica tal princípio quando se evidencia que o bem jurídico tutelado sofre mínima lesão e a conduta do agente expressa pequena reprovabilidade e irrelevante periculosidade social, a culpabilidade no crime de estelionato sempre será mais reprovável.

b) Configura estelionato, na modalidade emissão de cheque sem suficiente provisão de fundos, a conduta de emissão de cheque dado como garantia de dívida.

c) Na modalidade disposição de coisa alheia como própria, exige-se a demonstração da obtenção, para si ou para outrem, da vantagem ilícita, do prejuízo alheio, do artifício, do ardil ou do meio fraudulento empregado com a venda, a permuta, a dação em pagamento, a locação ou a entrega, em garantia, da coisa de que não se tem a propriedade.

d) Nesse crime, extingue-se a punibilidade diante da reparação do dano, desde que antes do recebimento da denúncia.

e) Segundo pacífica jurisprudência do STJ, o delito de estelionato previdenciário tem natureza de crime permanente, de modo que a sua consumação se protrai no tempo, exceto se praticado pelo próprio beneficiário, o que configura crime instantâneo de efeitos permanentes, consumando-se com o recebimento da primeira prestação do benefício indevido, marco que deve ser considerado para a contagem do lapso da prescrição da pretensão punitiva.

**ANOTAÇÕES/COMENTÁRIOS**

(a) Errada. Dogmaticamente nada obsta que o princípio da insignificância incida diante do crime de estelionato em sua forma básica. Não obstante, os tribunais superiores rechaçam a incidência da bagatela, quando o crime vem a ser praticado contra entidade pública (§ 3º do art. 171), e nos casos em que se verifica a denominada contumácia delitiva, uma vez que esta denota uma maior periculosidade social do comportamento. Nesse sentido HC 123.901 do RS – julgado pelo STF em 2014.

(b) Errada. É assente a jurisprudência de nossos tribunais, no sentido de que cheque dado em garantia da dívida (pré-datado), não configura crime, tendo em vista que o cheque corresponde a uma ordem de pagamento à vista. Nessa linha HC 130.500. GO.

(c) Certa. Realmente na modalidade de disposição de coisa alheia como própria, exige-se a comprovação da obtenção de vantagem indevida em prejuízo alheio. Nesse sentido STJ – REsp 109.4325. SP. Interessante observar ainda, que segundo a jurisprudência do STF exige a venda efetiva da coisa, não havendo crime diante da simples promessa de compra e venda, uma vez que o legislador empregou o verbo vender (respeito ao princípio da legalidade penal estrita). Ver RHC 95.782. MG – julgado pelo STF – 1ª turma no ano de 2011.

(d) Errada. A assertiva foi considerada ERRADA, pois a extinção de punibilidade lastreada na súmula 554 do STF, não se aplica a todas as modalidades de estelionato, mas somente para a figura praticada através da emissão de cheque sem a devida previsão de fundos (§ 2º, VI do art. 171 do CP).

(e) Errada. Segundo nossa jurisprudência o estelionato previdenciário tem dupla natureza jurídica: trata-se de crime INSTANTÂNEO (de efeitos permanentes) em relação ao executor (despachante), ao passo que é tido como crime PERMANENTE em relação ao beneficiário. Nessa linha é o entendimento do STF (HC 113179. julgado em 2012), e do próprio STJ.

*Para responder, tem que estudar: jurisprudência e súmula/OJ.*

*Gabarito: C*

**86. (Cespe/TJ/MA/Juiz/2013)** Ana recebeu de Bete um cheque em pagamento de uma dívida de dez mil reais e, ato contínuo, inseriu o algarismo 1 antes do valor numérico preenchido no documento e as palavras "cento e" antes da palavra "dez", alterando o valor do cheque para cento e dez mil reais. Na sequência, transferiu o cheque, por endosso, a Camila, de quem recebeu a quantia de cem mil reais. Em face dessa situação hipotética, assinale a opção correta de acordo com posicionamento sumulado do STJ.

a) Caso o cheque seja compensado e seja descoberta a fraude, Camila deverá responder por uso de documento falso em concurso com estelionato.
b) Ana deve responder pelo falso material, ainda que tenha recebido o cheque com a assinatura do emitente falsificada.
c) Ana deve responder apenas pelo crime de estelionato.
d) Ana deve responder, cumulativamente, por falsificação de documento e estelionato.

ANOTAÇÕES/COMENTÁRIOS

(a) Errada. Em que pese exista controvérsia, a súmula 17 do STJ também incide diante do uso de documento falso, quando o mesmo se exaure no estelionato sem maior potencialidade lesiva. Logo, não há que se falar em uso de documento falso por parte de Camila.

(b) Errada. Isso porque ainda que o cheque fosse falso (assinatura falsificada), o fato de utilizar o título atrai a incidência da súmula 17 do STJ, tornando o falso um mero "ante factum impunível".

(c) Certa. Isso porque se deve considerar a súmula 17 do STJ, segundo a qual o falso fica absorvido pelo estelionato, quando aquele é praticado sem maior potencialidade lesiva.

(d) Errada. Em que pese exista doutrina nesse sentido, não é essa a posição adotada pelo STJ (verbete de número 17. acima citado).

*Para responder, tem que estudar: súmula/OJ.*

*Gabarito: C*

**87. (Cespe/TJ/PB/Juiz/2015)** Gustavo, funcionário público estadual, com o objetivo de obter vantagem patrimonial ilícita para si, utilizou papel-moeda grosseiramente falsificado para efetuar pagamento de compras de alto valor em um supermercado. Em face dessa situação hipotética, assinale a opção correspondente à figura típica do delito praticado por Gustavo.

a) estelionato.
b) moeda falsa.
c) crime assimilado ao de moeda falsa.
d) fraude no comércio.
e) concussão.

### ANOTAÇÕES/COMENTÁRIOS

(a) Certa. Gustavo deve responder por estelionato uma vez que papel-moeda grosseiramente falsificado não tem potencialidade lesiva para atingir o bem jurídico fé pública, incidindo por força disso a famosa súmula 73 do STJ, que determina inclusive a competência da justiça estadual.

(b) Errada. Isso por força dos mesmos motivos acima expostos.

(c) Errada. Ver os fundamentos apresentados na letra A.

(d) Errada. O crime foi praticado contra comerciante e não por comerciante. O delito de fraude do comércio (art. 175 do CP) ocorre quando comerciante se vale de engodo vendendo mercadoria adulterada, danificada ou falsa, como se verdadeira fosse.

(e) Errada. O crime de concussão (art. 316 do CP) não se confunde com a conduta descrita pelo examinador, uma vez que o mesmo somente ocorre quando o funcionário público EXIGE uma vantagem indevida em proveito próprio ou alheio. Não foi o caso descrito na questão.

*Para responder, tem que estudar: lei, súmula/OJ e teoria/doutrina.*

*Gabarito: A*

## 8.5. Da Receptação

**88. (Cespe/TJ/PA/Juiz/2012)** Assinale a opção correta acerca dos delitos de estelionato e receptação.

a) Folhas de cheque e cartões bancários não podem ser objeto material do crime de receptação, uma vez que são desprovidos de valor econômico.

b) O preceito secundário do delito de receptação qualificada foi declarado inconstitucional pelo STF, por violação aos princípios constitucionais da proporcionalidade e da individualização da pena.

c) Para o reconhecimento do estelionato privilegiado, considera-se apenas o pequeno valor da coisa, e não o prejuízo sofrido pela vítima.

d) O delito de estelionato previdenciário, segundo a pacífica jurisprudência do STJ, tem natureza de crime permanente, cujos efeitos se prolongam.

e) Aplica-se o princípio da insignificância ao crime de estelionato, ainda que cometido em detrimento de entidade de direito público.

BLOCO II

ANOTAÇÕES/COMENTÁRIOS

(a) Certa. A banca considerou a letra A como gabarito oficial, uma vez que a assertiva encontra-se em consonância com a jurisprudência prevalente à época do certame – STJ (HC 154.336). Não obstante, ousamos discordar da posição adotada pelo examinador (tendo em vista que a questão foi proposta no ano de 2012). Sendo assim, podemos apontar, ATUALMENTE, pelo menos dois julgados em sentido diverso: um deles do próprio STJ (CC 112.108. SP do ano de 2014) e outro do STF (ARE 830573, também de 2014).

(b) Errada. Não houve tal declaração por parte do STF, tendo em vista que para a corte o dolo direto também se encontra dentro do § 1º do art. 180 do CP: sendo assim, onde se lê: que deva saber, leia-se que sabe ou que deva saber. Nesse sentido RE 612624.

(c) Errada. CUIDADO, o examinador visou confundir o candidato citando os requisitos do furto privilegiado (§ 2º do art. 155 do CP). No estelionato é diferente, não se pode considerar apenas o valor da coisa de forma isolada, é necessário aferir o prejuízo efetivamente causado a vítima (§ 1º do art. 171 do CP).

(d) Errada. O estelionato previdenciário tem dupla natureza jurídica. É o que a doutrina convencionou chamar de natureza binária: temos crime instantâneo (de efeitos permanentes para o executor), ao passo que o crime é tido como permanente para o beneficiário. Nessa linha REsp 1497147. SP – julgado pelo STJ em 2012.

(e) Errada. A jurisprudência de nossos tribunais superiores é firme no sentido da inaplicabilidade da insignificância em sede de estelionato de rendas (previdenciário).

*Para responder, tem que estudar: lei e jurisprudência.*

*Gabarito: A*

**89. (Cespe/TJ/PR/Juiz/2017)** Considerando a jurisprudência do STJ a respeito dos crimes patrimoniais, assinale a opção correta.

a) Constitui crime impossível a tentativa de furto em loja comercial dotada de sistema de monitoramento por câmeras de vídeo, por impossibilidade de sua consumação.

b) A prisão em flagrante do suspeito de crime de receptação na posse da "res furtiva", com registro de furto ou de roubo, comprova a materialidade do delito.

c) A utilização de arma de fogo desmuniciada para intimidar a vítima caracteriza a elementar "grave ameaça" e acarreta a aplicação da majorante prevista na lei.

d) Os crimes de furto e de roubo só se consumam quando o agente detém a posse tranquila do bem subtraído.

ANOTAÇÕES/COMENTÁRIOS

(a) Errada. Nesse sentido súmula 567 do STJ, publicada em fevereiro de 2016. Logo, o sistema de monitoramento por si só não torna impossível a consumação do crime de furto.

(b) Certa. Realmente em tal hipótese sugere-se não somente a materialidade do delito de receptação, como até mesmo sua autoria, cabendo a defesa provar o contrário. Nesse sentido HC 360.590 do STJ – julgado em 2017, onde a corte expressamente fez tais afirmativas (autoria e materialidade do crime de receptação).

(c) Errada. Aqui o candidato deve ter muito CUIDADO: existe controvérsia entre o STJ e o STF. Para o primeiro a arma desmuniciada constitui a elementar do roubo (grave ameaça), não podendo, entretanto, ser utilizada como majorante no mesmo. Já na visão do STF eventual arma ainda que desmuniciada não somente constitui elementar do roubo como também autoriza a incidência da majorante (RHC 115077. julgado em 2013).

(d) Errada. Atualmente nossos tribunais trabalham com a teoria da "amotio". Nesse sentido súmula 582 do STJ.

*Para responder, tem que estudar: jurisprudência e súmula/OJ.*

*Gabarito: B*

## 9. DOS CRIMES CONTRA A ORGANIZAÇÃO DO TRABALHO

**90. (Cespe/TJ/AC/Juiz/2012)** Assinale a opção correta no que se refere aos crimes em espécie.

a) É atípica, no ordenamento jurídico brasileiro, a conduta daquele que, não sendo casado, contraia casamento com pessoa casada, ainda que esteja ciente dessa circunstância.

b) O comerciante que, tendo recebido, de boa-fé, uma nota falsa de R$ 100,00, resolva, após constatar a falsidade da moeda, restituí-la à circulação comete crime de moeda falsa, punido com a mesma pena aplicável àquele que tiver falsificado a nota.

c) No caso de crime de peculato culposo, a reparação do dano, desde que anterior à denúncia, extingue a punibilidade.

d) O agente que dá causa à instauração de investigação policial contra alguém, imputando-lhe crime de que o sabe inocente, comete o crime de comunicação falsa de crime.

e) O agente que exerce atividade para cujo exercício está impedido por decisão administrativa pratica crime contra a organização do trabalho.

**ANOTAÇÕES/COMENTÁRIOS**

(a) Errada. Aquele que se casa com terceiro conhecendo o impedimento de casamento anterior responde pelo crime de bigamia (§ 2º do art. 235), em que pese a pena seja mais branda do que a prevista para o sujeito efetivamente casado (caput do mesmo artigo).

(b) Errada. Embora o comerciante responda realmente pelo fato, incide em relação ao mesmo aquilo que a doutrina convencionou chamar de figura privilegiada (§ 2º do art. 289 do CP), aplicando assim uma pena mais branda do que a prevista em relação ao crime de moeda falsa propriamente dito (289 do CP), uma vez que na modalidade privilegiada o agente atua de boa-fé.

(c) Errada. A assertiva não corresponde a própria literalidade do 3º do art. 312. No peculato culposo vamos ter a extinção de punibilidade, caso a reparação ocorra até a prolação da sentença irrecorrível.

(d) Errada. Em tal hipótese vamos ter crime de denunciação caluniosa, já que no crime de comunicação falsa de crime, o sujeito ativo não imputa o fato à pessoa certa e determinada.

(e) Certa. Não há que se falar em crime de desobediência, uma vez que o impedimento tem natureza administrativa e não judicial, logo, o agente deve responder pelo art. 205 do CP (crime contra a organização do trabalho), não havendo que se falar na incidência do art. 359 do CP.

*Para responder, tem que estudar: lei e teoria/doutrina.*

*Gabarito: E*

BLOCO II

**91. (Cespe/TJ/AM/Juiz/2016)** Acerca do crime de que trata o art. 198 do CP – atentado contra a liberdade de trabalho e boicotagem violenta –, assinale a opção correta.

a) A competência para o processamento de ação que envolva a prática desse crime é da justiça federal, independentemente de se tratar de interesse individual do trabalhador ou coletivo.

b) A conduta de constranger alguém, mediante violência ou grave ameaça, a adquirir de outrem matéria-prima ou produto industrial agrícola configura o crime previsto no referido artigo.

c) Cometerá o referido crime aquele que constranger alguém, mediante violência ou grave ameaça, a não celebrar contrato de trabalho.

d) Haverá concurso de crimes se o agente praticar mais de uma das condutas previstas no art. 198 do CP.

e) O referido crime classifica-se como crime próprio.

## ANOTAÇÕES/COMENTÁRIOS

(a) Errada. Segundo o STJ só haverá que se falar na competência da justiça federal quando o crime atingir a coletividade, até porque a competência da justiça estadual é residual. Nesse sentido CC 108.867. SP. Na mesma linha é o entendimento do STF: caso o crime atinja apenas uma vítima determinada e individualizada não há que se falar na competência federal (RE 599943).

(b) Errada. A conduta criminosa, ao contrário do que a banca fez sugerir importa em se valer de violência ou grave ameaça para que alguém DEIXE de fornecer matéria prima (art. 198, "in fine" do CP). Sendo assim, o fato narrado pelo examinador corresponde a outra modalidade do crime: constranger alguém a celebrar contrato de trabalho mediante violência ou grave ameaça (art. 198 do CP – primeira parte).

(c) Errada. Novamente o examinador simplesmente inverteu as condutas descritas no tipo penal (art. 198 do CP).

(d) Certa. Realmente vamos ter concurso de crimes, pois em verdade, o art. 198 do CP contém dentro de si duas modalidades distintas: constranger alguém a celebrar contrato de trabalho e de outro lado a conduta de impedir que alguém forneça matéria prima em favor de terceiro (s).

(e) Errada. Trata-se de crime COMUM, podendo ser praticado por qualquer pessoa, uma vez que o tipo penal não exige nenhuma qualidade especial por parte do sujeito ativo.

*Para responder, tem que estudar: lei e jurisprudência.*

*Gabarito: D*

## 10. DOS CRIMES CONTRA O SENTIMENTO RELIGIOSO E CONTRA O RESPEITO AOS MORTOS

**92. (Cespe/TJ/AC/Juiz/2012)** A respeito da classificação dos crimes, assinale a opção correta.

a) Classifica-se como bipróprio o crime cujo agente é simultaneamente sujeito ativo e passivo em relação ao mesmo fato.

b) A denunciação caluniosa e a extorsão mediante sequestro são consideradas crimes complexos em sentido estrito.

c) A conduta de alguém que induza ou instigue outrem a suicidar-se ou preste auxílio para que o faça configura crime multitudinário ou de ação múltipla.

d) O aborto com consentimento da gestante e a violação de sepultura são exemplos de crime vago.

e) A injúria e a ameaça verbais são exemplos de crimes não transeuntes.

**ANOTAÇÕES/COMENTÁRIOS**

(a) Errada. Crime bi-próprio é aquele que exige uma qualidade especial tanto por parte do sujeito ativo como por parte do sujeito passivo, não guardando portanto qualquer relação com o que foi sugerido pela banca.

(b) Errada. A denunciação caluniosa até pode ser tida como crime complexo, porém em sentido amplo. Temos na denunciação a conjugação de um delito de calúnia com o simples comportamento de notificar a existência de fato criminosa junto às autoridades públicas. Já no crime complexo em sentido estrito, exige-se a prática de dois comportamentos que isoladamente considerados já se mostram criminosos. Já o delito de extorsão mediante sequestro é realmente um crime complexo por excelência (ou em sentido estrito), porquanto formado pela ameaça (art. 147 do CP), em conjunto com o crime de extorsão mais o delito de sequestro – art. 148 do CP.

(c) Errada. Embora o crime contido no art. 122 seja realmente de ação múltipla, não se trata de delito multitudinário, pois que este se traduz em crime praticado por multidões (grande número de pessoas reunidas).

(d) Certa. Realmente são crimes vagos, uma vez que o conceito de crime vago se relaciona com a ausência de personalidade jurídica por parte do sujeito passivo. O feto não tem personalidade jurídica, embora a lei civil lhe assegure direitos desde a sua concepção. Já o morto também é desprovido de personalidade jurídica, uma vez que esta se encerra com a morte.

(e) Errada. A injúria e o delito de ameaça ao contrário do que foi dito pela banca são crimes transeuntes, ou seja, pertencem ao grupo de crimes que não deixam vestígios.

Já o delito não transeunte é aquele que DEIXA vestígios, a exemplo do furto qualificado pelo rompimento de obstáculo.

*Para responder, tem que estudar: teoria/doutrina.*

*Gabarito: D*

**93. (Cespe/TJ/PB/Juiz/2015)** Acerca da disciplina legal dos crimes previstos na parte especial do CP, assinale a opção correta.

a) A conduta de subtrair cadáver de sua sepultura configura crime de furto qualificado.

b) O ato de escarnecer de alguém publicamente em razão de sua crença ou de sua função religiosa configura crime de injúria qualificada.

c) Nas figuras qualificadas do crime de direito autoral, é desnecessário que haja o intuito de obter lucro para que seja configurado o referido crime.

d) No crime de impedimento ou perturbação de enterro ou cerimônia funerária, constitui causa de aumento de pena o fato de o agente praticar o referido crime mediante violência.

e) A ação penal para os crimes contra a propriedade intelectual é de iniciativa privada e deverá ser ajuizada mediante queixa do ofendido.

ANOTAÇÕES/COMENTÁRIOS

(a) Errada. A conduta descrita pelo examinador configura o crime previsto no art. 211 do CP, isso porque o cadáver é coisa sem dono e desprovida de valor econômico, não podendo ser tido como bem móvel para efeitos de furto. Nesse sentido é a posição amplamente majoritária em doutrina.

(b) Errada. A conduta descrita se amolda ao art. 208 do CP (escarnecer de alguém publicamente por motivo de crença ou função religiosa).

(c) Errada. Tais figuras delitivas pressupõe a intenção de lucro (seja direto ou indireto). Ver parágrafos 1º e 2º do art. 184 do CP.

(d) Certa. Realmente o emprego de violência constitui causa de aumento de pena corresponde ao acréscimo de um terço sobre a mesma (pár. ún. do art. 209 do CP).

(e) Errada. Embora essa seja a regra, existem diversas hipóteses em que a ação penal pode se tornar pública, a exemplos dos §§ 1º e 2º do art. 184 do CP (violação de direito autoral).

*Para responder, tem que estudar: lei.*

*Gabarito: D*

## 11. DOS CRIMES CONTRA A DIGNIDADE SEXUAL

**94. (Cespe/TJ/PI/Juiz/2012)** Com referência às infrações penais contra a dignidade sexual, assinale a opção correta.

a) O crime de satisfação de lascívia mediante presença de criança ou adolescente consuma-se com dolo genérico, não se exigindo o chamado especial fim de agir.

b) Caso o delito de violação sexual mediante fraude seja cometido com o fim de obtenção de vantagem econômica, o infrator sujeitar-se-á também à pena de multa.

c) Segundo entendimento do STJ, após a Lei n. 12.015/2009, o crime de corrupção de menores passou a ser material, ou seja, é exigida prova do efetivo corrompimento do menor.

d) No estupro, se da conduta resultar lesão corporal de natureza grave ou se a vítima tiver menos de dezoito anos de idade, aplicar-se-á causa especial de aumento de pena.

e) No assédio sexual, o fato de a vítima ter menos de dezoito anos de idade qualifica o crime, razão pela qual as penas desse delito estarão majoradas em seus limites abstratamente cominados.

**ANOTAÇÕES/COMENTÁRIOS**

(a) Errada. Tanto a doutrina majoritária como nossa jurisprudência exigem um especial fim de agir para que o delito em tela venha a se consumar. Trata-se daquilo que se convencionou chamar de dolo de satisfação da lascívia, sem o qual o delito simplesmente não se perfaz.

(b) Certa. Realmente a intenção de lucro econômico gera como consequência a penalidade de multa, em desfavor daquele que pratica o crime de violação sexual mediante fraude (pár. ún. do art. 215 do CP).

(c) Errada. Nesta assertiva o examinador misturou dois crimes completamente distintos mas que possuem o mesmo "nomem iuris". Não podemos confundir o delito de corrupção de menores previsto no art. 218 do CP (delito sexual), com o crime de corrupção de menores contido lá no art. 244-B do ECA (relacionado ao ato de corromper menor a praticar crimes). Na questão a banca citou o antigo entendimento que vigorava sobre o crime do ECA (era tido como delito material). Não obstante, entende-se, atualmente, que o mesmo tem natureza formal (logo, independe do menor já ser ou não corrompido). Ver súmula 500 do STJ.

(d) Errada. O fato de a vítima ter entre 14 e 18 anos ou ainda o fato do estupro acarretar lesão corporal grave QUALIFICAM o crime de estupro (art. 213, § 1º do CP), não havendo que se falar em majorante.

(e) Errada. No delito de assédio sexual (art. 216-A do CP), o fato da vítima ter menos de 18 anos apenas majora a pena do mesmo em até um terço, não havendo que se falar em qualificadora.

*Para responder, tem que estudar: lei e teoria/doutrina.*

*Gabarito: B*

**95. (Cespe/TJ/PR/Juiz/2017)** Considerando a jurisprudência do STF e do STJ sobre os princípios informativos do direito penal e da teoria geral da pena, assinale a opção correta.

a) Se a natureza e a quantidade da droga apreendida repercutirem na fixação da pena, não poderá esse mesmo parâmetro ser usado para definir o regime inicial de cumprimento dessa pena.

b) A irretroatividade da lei penal mais gravosa é sempre aplicável, inclusive nos crimes permanentes e nas hipóteses de continuidade delitiva.

c) Devido ao fato de o crime de lavagem de capitais ser de caráter acessório, a participação do agente no crime antecedente é indispensável à configuração daquele crime.

d) A prática sequenciada de atos libidinosos e conjunção carnal contra a mesma pessoa, dentro do mesmo contexto fático, configura crime único.

ANOTAÇÕES/COMENTÁRIOS

(a) Errada. De acordo com o STF nada obsta que a quantidade e natureza da droga sejam utilizadas tanto para fixar a pena base (aquém do mínimo legal), como também para fins de fixação de regime de cumprimento de pena mais severo (HC 131887. julgado no ano de 2016, pela 2ª turma do STF).

(b) Errada. A assertiva encontra-se errada por conta da súmula 711 do STF: a lei penal mais gravosa aplica-se ao crime permanente e a continuidade delitiva, caso ganhe vigência antes da cessão ou término da prática delitiva.

(c) Errada. Isso porque tanto a lei de lavagem (9.613/98), como nossa jurisprudência não exigem que o autor da lavagem participe do crime antecedente. Tanto é verdade que o legislador disse expressamente no art. 2º, § 1º daquela que o crime de lavagem é punível ainda que desconhecido ou isento de pena, o autor da infração penal antecedente. E da mesma forma o processamento da lavagem independe de existir ou não processo acerca da infração antecedente (art. 2º, III).

(d) Certa. Trata-se de posição já consolidada dentro do STJ, uma vez que se trata de crime de ação múltipla, não havendo que se falar em concurso de crimes.

*Para responder, tem que estudar: lei, súmula/OJ e teoria/doutrina.*

*Gabarito: D*

**96. (Cespe/TJ/PB/Juiz/2015)** Assinale a opção correta a respeito dos crimes contra a dignidade sexual e a família.

a) No crime de subtração de incapazes, a restituição do menor até o momento da prolação da sentença, desde que este não tenha sofrido maus-tratos ou privações, configura arrependimento posterior.

b) A persecução penal do crime de estupro de vulnerável ocorre mediante ação penal pública condicionada à representação do ofendido.

c) O crime de estupro de vulnerável praticado por dois agentes em concurso de pessoas incorre em causa de aumento de pena prevista na parte especial do CP.

d) O agente solteiro que contrai casamento com pessoa casada, ciente do estado civil desta, pratica conduta atípica.

e) O agente que, conscientemente, registra, em cartório, filho de terceira pessoa como se fosse seu próprio filho pratica conduta atípica.

**ANOTAÇÕES/COMENTÁRIOS**

(a) Errada. O instituto do arrependimento posterior somente possui aplicabilidade até o RECEBIMENTO DA DENÚNCIA, jamais podendo ser aplicado em momento posterior (fase de prolação da sentença), como fez sugerir o examinador. Não obstante, em tal hipótese é possível suscitar o perdão judicial (quando o menor não tiver sofrido maus tratos nem privações), haja vista a própria literalidade do § 2º do art. 249 do CP.

(b) Errada. A persecução penal deste crime ocorre mediante ação penal pública INCONDICIONADA (art. 225, pár. ún. do CP).

(c) Certa. Realmente o concurso de agentes em sede de delito de estupro de vulnerável constitui causa de aumento de pena em um quarto (quarta parte nos termos do art. 226, I do CP).

(d) Errada. O agente solteiro que ciente do estado civil do contraente contrai casamento perante o mesmo comete o crime de bigamia em sua forma equipada (§ 1º do art. 235 do CP).

(e) Errada. A conduta descrita pelo examinador constituiu o famoso crime de adoção a brasileira (conduta de registrar filho alheio em nome próprio sem perpassar pelas formalidades exigidas em lei). Nesse sentido art. 242 do CP.

***Para responder, tem que estudar: lei.***

*Gabarito: C*

**97. (Cespe/TJ/AC/Juiz/2012)** No que concerne aos crimes contra a dignidade sexual, assinale a opção correta.

a) Importunar alguém, em lugar público ou acessível ao público, de modo ofensivo ao pudor não constitui crime contra a dignidade sexual.

b) Tratando-se de crime de estupro, a progressão de regime é possível após o cumprimento de um quinto da pena, se o agente for réu primário, ou de dois quintos, se ele for reincidente.

c) A pena para o crime de assédio sexual será aumentada até a metade se a vítima for menor de dezoito anos de idade, e a ação penal será, nesse caso, pública incondicionada.

d) Quem mantiver conjunção carnal com menor de catorze anos de idade estará sujeito à pena de reclusão por período de seis a dez anos, sendo a ação penal, nesse caso, pública incondicionada.

e) O crime de estupro, em todas as modalidades – simples, qualificado, de vulnerável, consumado ou tentado –, é classificado como hediondo, sendo, portanto, insuscetível de anistia, graça, indulto e liberdade provisória.

**ANOTAÇÕES/COMENTÁRIOS**

(a) Certa. Realmente a conduta descrita pelo examinador constitui na verdade a contravenção de importunação ofensiva ao pudor (art. 61 da LCP), não havendo que se falar em crime embora o bem jurídico realmente seja o mesmo (dignidade sexual – antigamente denominada de costumes como ainda consta da LCP, já que ainda não sofreu atualização por parte do legislador).

(b) Errada. Em tal hipótese o imputado terá que obedecer aos patamares de dois quintos (se primário), e três quintos caso seja reincidente (art. 2º, § 2º da Lei 8.072/90).

(c) Errada. Embora seja realmente regido por ação penal pública em tal situação (vítima menor de 18 anos), vamos ter uma causa de aumento de pena em até um terço e não de até metade como fez sugerir a banca examinadora (art. 216-A, § 2º do CP).

(d) Errada. Aquele que mantiver conjunção carnal com menor de 14 anos fica sujeito a uma pena que pode variar de 8 a 15 anos de reclusão (art. 217-A do CP).

(e) Errada. Embora o estupro seja realmente crime hediondo e esteja submetido aos rigores da Lei 8.072/90, não há mais que se falar, atualmente, em vedação a liberdade provisória (ex lege), instituto que já se encontra extinto em nosso ordenamento e na própria Lei 8.072/90, desde o advento da Lei 11.464/07. Cabe esclarecer que, embora tal vedação ainda conste do art. 44 da lei de drogas (figura equiparada a crime hediondo), já foi afastada por força de entendimento jurisprudencial desde o ano de 2012. STF HC 104.339, que foi avalizada recentemente no RE 1.038.925 pelo próprio STF.

*Para responder, tem que estudar: lei.*

*Gabarito: A*

**98. (Cespe/TJ/CE/Juiz/2018)** Considerando a jurisprudência dos tribunais superiores acerca dos crimes contra a dignidade sexual, julgue os seguintes itens.

I. Ato sexual praticado por maior de idade com menor de quatorze anos de idade não configura estupro de vulnerável se tiver havido consentimento da parte menor.

II. Toques e apalpações fugazes nos seios e na genitália da vítima são atitudes insuficientes para configurar o tipo de estupro de vulnerável.

III. O trauma psicológico sofrido pela vítima de estupro de vulnerável é justificativa para a exasperação da pena-base imposta ao agente da conduta delituosa.

Assinale a opção correta.

a) Nenhum item está certo.
b) Apenas o item II está certo.
c) Apenas o item III está certo.
d) Apenas os itens I e II estão certos.
e) Apenas os itens I e III estão certos.

**ANOTAÇÕES/COMENTÁRIOS**

(a, b, c, d, e) I – Súmula 593 do STJ – O crime de estupro de vulnerável se configura com a conjunção carnal ou prática de ato libidinoso com menor de 14 anos, sendo irrelevante eventual consentimento da vítima para a prática do ato, sua experiência sexual anterior ou existência de relacionamento amoroso com o agente.; II – "A Terceira Seção desta Corte Superior, sob a égide dos recursos repetitivos, art. 543-C do CPC, no julgamento do Recurso Especial n. 1.480.881/PI, de Relatoria do Exmo. Ministro ROGERIO SCHIETTI CRUZ, julgado em 26/08/2015, DJe 10/09/2015, firmou o entendimento de que, "para a caracterização do crime de estupro de vulnerável previsto no art. 217-A, caput, do Código Penal, basta que o agente tenha conjunção carnal ou pratique qualquer ato libidinoso com pessoa menor de 14 anos. ( STJ , REsp 1707920/RJ, Rel. Ministro JORGE MUSSI, QUINTA TURMA, julgado em 03/05/2018, DJe 09/05/2018)"; III – Em relação às consequências do crime, que devem ser entendidas como o resultado da ação do agente, a avaliação negativa de tal circunstância judicial mostra-se escorreita se o dano material ou moral causado ao bem jurídico tutelado se revelar superior ao inerente ao tipo penal. Decerto, o trauma causado às ofendidas, menores que contavam com 10 e 11 anos de idade à época dos fatos sob apuração, não pode ser confundido com mero abalo psicológico passageiro, restando justificado, a toda evidência, o incremento da pena-base a título de consequências do crime. (STJ, HC 402.373/RS, Rel. Ministro RIBEIRO DANTAS, QUINTA TURMA, julgado em 10/04/2018).

***Para responder, tem que estudar: jurisprudência e súmula/OJ.***

*Gabarito: C*

## 12. DOS CRIMES CONTRA A INCOLUMIDADE PÚBLICA

**99. (Cespe/TJ/DFT/Juiz/2015)** Em cada uma das opções subsecutivas, é apresentada uma situação hipotética, seguida de uma assertiva a ser julgada. Considerando a ação penal e a tipicidade das condutas elencadas, assinale a opção que apresenta a assertiva correta.

a) Marcos, com vinte anos de idade, capaz, após o falecimento de seus genitores em um acidente, passou a residir com seu tio paterno Sebastião, com cinquenta e cinco anos de idade, capaz. Após estarem residindo juntos havia cerca de dois anos, Marcos pegou o cartão de crédito de seu tio Sebastião, e, sem autorização dele, conseguiu a senha e sacou a importância de vinte mil reais, gastando-a em seu interesse pessoal. Nessa situação, a conduta de Marcos foi típica e a persecução penal que a reprime ocorre mediante ação privada.

b) Ana, com vinte e dois anos de idade, capaz, após discussão com sua vizinha Marina, com vinte e oito anos de idade, capaz, sabendo que não havia pessoa alguma no imóvel residencial desta, despejou um galão de gasolina e atiçou fogo no referido imóvel, vindo a incendiá-lo. Nessa situação, a conduta de Ana foi típica e a persecução penal que a reprime ocorre mediante ação pública incondicionada.

c) Pedro, capaz, é agricultor e possuía contrato com a entidade pública X, que pretendia distribuir os produtos do cultivo de Pedro à população carente. Antônia, com cinquenta anos de idade, capaz, também agricultora, a fim de prejudicar Pedro enquanto este viajava, sem o consentimento dele, soltou gado em sua propriedade, o qual destruiu grande parte dos produtos que estavam na iminência de serem colhidos e entregues à referida entidade pública. Nessa situação, a conduta de Antônia foi típica e a persecução penal que a reprime ocorre mediante ação pública incondicionada.

d) José, com trinta anos de idade, capaz, efetuou ligação clandestina de sinal de TV a cabo em sua residência, desviando o sinal da residência de sua vizinha, Josefina, com quarenta anos de idade, capaz, sem o consentimento dela, equiparando-se o objeto de desvio à energia elétrica. Nessa situação, a conduta de José foi típica e a persecução penal que a reprime ocorre mediante ação privada.

e) Jane, com dezoito anos de idade, capaz, filha adotiva, por ciúmes de sua irmã Carla, com dezenove anos de idade, capaz, filha biológica de seus pais, aproveitando-se que sua irmã estava acamada, retirou da bolsa desta, sem o seu consentimento, a importância de cinco mil reais, gastando-a com roupas e maquiagem. Nessa situação, a conduta de Jane foi típica e a persecução penal que a reprime ocorre mediante ação privada.

ANOTAÇÕES/COMENTÁRIOS

(a) Errada. A circunstância descrita pelo examinador dá ensejo à escusa absolutória parcial, contida no art. 182 do CP, tornado a ação penal sujeito a representação, não havendo que se falar em ação penal privada como sugeriu a banca.

(b) Certa. Isso porque a conduta descrita configura o crime de incêndio doloso regido por ação penal pública incondicionada (art. 250 do CP), já que diante do silêncio da lei aplica-se a regra da ação penal pública incondicionada.

(c) Errada. O crime previsto no art. 164 do CP é regido por ação penal privada e não pública incondicionada como fez sugerir a banca examinadora.

(d) Errada. A conduta descrita pelo examinador é tida na verdade como fato atípico (STF HC 97261 e STJ REsp 1185601, julgado do ano de 2013).

(e) Errada. Ver a fundamentação contida na letra A.

*Para responder, tem que estudar: lei e jurisprudência.*

*Gabarito: B*

**100. (Cespe/TJ/PB/Juiz/2015)** Constitui causa de aumento de pena o fato de o crime de incêndio ser praticado:

a) mediante utilização de explosivos.
b) em situação de violência doméstica ou familiar contra a mulher.
c) em estaleiro, fábrica ou oficina.
d) em canteiro de obras em área de grande densidade demográfica e populacional.
e) por motivo fútil ou torpe.

ANOTAÇÕES/COMENTÁRIOS

(a) Errada. A utilização de explosivos não consta da lei como causa de aumento de pena no delito de incêndio.

(b) Errada. A condução de vulnerabilidade da vítima também não consta no rol de circunstâncias que majoram a pena do crime de incêndio.

(c) Certa. Realmente a prática do crime nos locais descritos pelo examinador constitui causa de aumento de pena no crime de incêndio (art. 250, § 1º, II, "e" do CP).

(d) Errada. Isso por conta dos mesmos motivos elencados na letra A.

(e) Errada. O motivo fútil ou torpe não constituem majorantes do crime de incêndio.

*Para responder, tem que estudar: lei.*

*Gabarito: C*

BLOCO II

## 13. DOS CRIMES CONTRA A PAZ PÚBLICA

**101. (Cespe/TJ/PB/Juiz/2015)** No que se refere aos crimes contra a paz pública, assinale a opção correta.

a) A conduta de custear milícia privada para a prática de homicídios é tipificada como crime de associação criminosa.

b) No crime de associação criminosa, incide causa de aumento de pena o fato de a associação ser armada ou haver participação de criança ou de adolescente.

c) Constitui crime incitar terceira pessoa a praticar conduta punida pela lei como contravenção penal.

d) Funcionário público que fizer apologia de fato criminoso praticará, na forma qualificada, delito de apologia de crime ou criminoso.

e) O crime de associação criminosa caracteriza-se pela união de duas ou mais pessoas com o fim específico de cometer crimes.

**ANOTAÇÕES/COMENTÁRIOS**

(a) Errada. A conduta de custear milícia constitui na verdade a própria elementar típica do crime de milícia privada (art. 288-A), uma vez que o tipo também contém o verbo CUSTEAR.

(b) Certa. Realmente o emprego de arma ou a participação de criança ou adolescente majoram de metade a pena imposta pelo próprio art. 288 do CP.

(c) Errada. Por força do princípio da legalidade penal estrita somente constitui crime de incitação a conduta que visa estimular a prática de crimes, não sendo possível a ampliação do tipo penal no sentido de abarcar também as contravenções (art. 286 do CP).

(d) Errada. Essa suposta qualificadora lastreada na qualidade do sujeito ativo simplesmente não existe em lei (art. 287 do CP).

(e) Errada. O crime de associação criminosa exige pelo menos 3 pessoas, não havendo que se falar no art. 288, quando diante de apenas 2 participantes ou integrantes.

*Para responder, tem que estudar: lei.*

*Gabarito: B*

## 14. DOS CRIMES CONTRA A ADMINISTRAÇÃO PÚBLICA

**102. (Cespe/TJ/DFT/Juiz/2015)** Luiz, policial civil lotado em uma delegacia de polícia, deixou de dar andamento a inquérito no qual Francisco estava sendo investigado. Tal interrupção no andamento do inquérito deveu-se ao fato de Mauro, irmão de Francisco, ter pagado ao policial, voluntariamente, a quantia de dois mil reais. Nessa situação hipotética, Luiz cometeu, em tese, o crime de:

a) advocacia administrativa.
b) prevaricação.
c) corrupção passiva.
d) peculato.
e) concussão.

ANOTAÇÕES/COMENTÁRIOS

(a) Errada. Não há que se falar em crime de advocacia administrativa, pois que neste o funcionário público atua em defesa de direito privado, patrocinando aquele, fato que faz com que o mesmo acabe afastando-se de suas funções. É o crime do desvio de finalidade: o funcionário passa a se portar como se um causídico particular fosse, atuando na defesa de interesse privado e sempre alheio, valendo-se entretanto das facilidades que seu cargo lhe proporciona (art. 321 do CP).

(b) Errada. Isso porque no delito de prevaricação o agente não atua impelido por uma vantagem indevida, mas sim na busca da satisfação de um interesse ou sentimento pessoal (art. 319 do CP).

(c) Certa. Realmente houve crime de corrupção passiva já que o policial recebeu vantagem indevida para deixar de praticar ato de ofício durante o mister de sua função (art. 317 do CP). Cabe ainda esclarecer ainda que no caso em concreto deve incidir ainda uma majorante de pena de um terço, já que o ato funcional deixou de ser efetivamente praticado (§ 1º do próprio art. 317 do CP).

(d) Errada. No peculato o funcionário não precisa pedir nada a ninguém, uma vez que já é dotado de ATRBUIÇÃO para a prática do ato. Essa é a grande diferença entre o peculato e o crime de advocacia administrativa, pois neste o funcionário público não tem atribuição para praticar o ato, fato que o obriga a solicitar ajuda de outro funcionário.

(e) Errada. No crime de concussão (art. 316 do CP) o funcionário EXIGE uma vantagem indevida para praticar ou deixar de praticar ato de ofício, seja "in officio", seja "propterofficium".

*Para responder, tem que estudar: lei e teoria/doutrina.*

*Gabarito: C*

**103. (Cespe/TJ/PB/Juiz/2015)** Em cada uma das opções seguintes é apresentada uma situação hipotética, seguida de uma assertiva a ser julgada com base nas jurisprudências do STJ e do STF acerca dos crimes contra o patrimônio e contra a administração. Assinale a opção que apresenta a assertiva correta.

a) Paulo emitiu cheque pré-datado como garantia de dívida contraída com Renato. Renato descobriu, ao tentar descontar o cheque, antes de exigível a dívida, que o emitente não possuía fundos para honrá-lo. Nessa situação, Paulo praticou delito de estelionato na modalidade específica conhecida como fraude no pagamento por meio de cheque.

b) Marcos, servidor público do estado da Paraíba, dirigiu-se a um órgão da administração pública do referido estado e, sem se identificar, requereu preferência no andamento de processo administrativo em que Rogério, seu amigo, é parte. Nessa situação, a conduta de Marcos não corresponde ao crime de advocacia administrativa.

c) Luís, guarda municipal em serviço, solicitou R$ 500 a Marcelo por este dirigir veículo sem habilitação. Em troca, Luís não apreenderia o bem nem multaria Marcelo pela infração de trânsito. Nessa situação, Luís praticou o crime de concussão.

d) Jorge, estagiário do governo do estado da Paraíba, subtraiu valores aos quais tinha acesso no exercício da sua função, referentes ao programa social gerido pelo órgão público em que trabalhava. Nessa situação, a conduta de Jorge corresponde ao tipo penal do crime de apropriação indébita qualificada.

e) João, chefe do órgão público no qual trabalhava Rodrigo, ao tomar conhecimento de que este subtraiu valores em dinheiro do órgão público, não abriu processo administrativo disciplinar contra Rodrigo, em razão de compaixão pela origem humilde e vida difícil de seu subordinado. Nessa situação, João praticou o crime de prevaricação.

## ANOTAÇÕES/COMENTÁRIOS

(a) Errada. Segundo a jurisprudência não há crime quando o cheque desprovido de fundos é emitido em garantia da dívida (pré-datado), uma vez que o título corresponde a uma ordem de pagamento à vista, nos termos do art. 32 da própria lei do cheque (7.357/85). Logo, o simples descontrole financeiro por parte do emitente não configura crime (súmula 246 do STF). No mesmo sentido STJ RHC 21.210. SP e RHC 26.869. STJ – 2013.

(b) Certa. Não houve crime de advocacia administrativa uma vez que a doutrina amplamente majoritária exige que o funcionário se identifique perante o outro dotado de atribuição para a prática do ato (isso deve acontecer ao mesmo de forma implícita), sob pena da própria descaracterização do delito.

(c) Errada. A conduta descrita corresponde ao crime de corrupção passiva (317 do CP), uma vez que o funcionário público nada exigiu, pois em verdade fez apenas uma solicitação.

(d) Errada. A condição de estagiário corresponde ao conceito de funcionário público por equiparação (exercício de função pública ainda que transitoriamente), fato que dá azo a configuração do crime de peculato, não havendo que se falar em delito contra o patrimônio (art. 168 do CP). Nesse sentido REsp 1.352.035. RS – julgado pelo STJ em 2015.

(e) Errada. Na hipótese descrita pelo examinador houve crime de condescendência criminosa (art. 320 do CP), não havendo porque se falar em crime de prevaricação.

*Para responder, tem que estudar: lei, jurisprudência e teoria/doutrina.*

*Gabarito: B*

**104. (Cespe/TJ/DFT/Juiz/2014)** Servidor público que se apropriar de dinheiro ou qualquer utilidade que tiver recebido, no exercício do cargo, por erro de outrem responderá pela prática do crime de:

a) concussão.

b) corrupção passiva.

c) peculato-estelionato.

d) peculato-apropriação.

e) peculato-próprio.

ANOTAÇÕES/COMENTÁRIOS

(a) Errada. No crime de concussão (art. 316 do CP) o funcionário público EXIGE uma vantagem indevida, fato que não ocorreu na situação descrita pelo examinador.

(b) Errada. Na corrupção passiva (art. 317 do CP) o funcionário solicita vantagem indevida, fato que não ocorreu já que em verdade o funcionário apropriou-se de dinheiro durante o exercício de suas funções.

(c) Certa. Realmente a conduta descrita pelo examinador corresponde ao denominado peculato estelionato (expressão cunhada pela nossa doutrina ao aludir ao crime de peculato mediante ERRO de outrem – art. 313 do CP).

(d) Errada. Trata-se de uma grande pegadinha de prova. O candidato deve ficar atento, já que ao sugerir uma apropriação torna-se necessária distinção perante a figura do peculato próprio (art. 312 caput do CP). Nesta não temos nenhum tipo de erro, o funcionário apenas se apropria de valores ou bens, sem que tenha havido erro de ninguém.

(e) Errada. Novamente o examinador aludiu ao caput do art. 312 do CP (denominado de peculato próprio), ao invés de fazer referência ao art. 313 do CP.

*Para responder, tem que estudar: lei e teoria/doutrina.*

*Gabarito: C*

**105. (Cespe/TJ/ES/Juiz/2011)** Assinale a opção correta com referência aos crimes praticados contra a administração em geral.

a) No delito de resistência, se o ato legal do agente público não for executado em razão da ação criminosa, a pena cominada ao tipo penal será aumentada de um terço até metade.

BLOCO II

b) O delito de desacato pode ser praticado quando a ofensa é dirigida a funcionário público que não se encontre presente, desde que o desacato esteja relacionado às suas funções.

c) Ao contrário do crime de corrupção passiva, o delito de tráfico de influência é material, ou seja, só se consuma com a obtenção efetiva da vantagem indevida.

d) Comete o delito de usurpação de função pública o agente que se arrogue nessa função, independentemente de praticar atos de ofício como se legitimado fosse, com o ânimo de usurpar.

e) O funcionário público pode cometer crime de desobediência, se destinatário de ordem judicial, e, considerando a inexistência de hierarquia, tem o dever de cumpri-la.

*ANOTAÇÕES/COMENTÁRIOS*

(a) Errada. Em tal hipótese vamos ter resistência QUALIFICADA (uma vez que o legislador instituiu pena própria e autônoma de maior grávida), não havendo que se falar em simples majorante (§ 1º do art. 329 do CP).

(b) Errada. Nossa doutrina amplamente majoritária, assim como a jurisprudência dos tribunais superiores exige a presença do funcionário público, sob pena da ofensa constituir somente crime contra a honra, afastando-se com isso o delito de desacato (crime contra a administração pública).

(c) Errada. O delito de tráfico de influência (crime contra a administração da justiça), é classificado por nossa doutrina como FORMAL. Logo, consuma-se independentemente da obtenção de qualquer vantagem.

(d) Errada. Somente haverá crime de usurpação quando o agente se insere no efetivo exercício da função pública, pois o simples ato de se intitular funcionário constitui no máximo contravenção penal (art. 45 da LCP). Nesse sentido é a própria literalidade do art. 328 do CP (exige que o agente entre em EXERCÍCIO).

(e) Certa. Isso porque ordens judiciais são feitas para serem cumpridas, independentemente de qualquer tipo de hierarquia entre o juiz e o destinatário da mesma, sob pena do cometimento do crime de desobediência.

***Para responder, tem que estudar: lei, jurisprudência e teoria/doutrina.***

*Gabarito: E*

**106. (Cespe/TJ/PI/Juiz/2012)** A respeito do peculato, assinale a opção correta.

a) A consumação do peculato-apropriação não ocorre no momento em que o funcionário público, em virtude do cargo, começa a dispor do bem móvel apropriado, como se seu proprietário fosse, exigindo-se que o agente ou terceiro obtenha vantagem com a prática do delito.

b) A incidência da agravante genérica relativa à prática de delito com abuso de poder ou violação de dever inerente a cargo, ofício, ministério ou profissão é incompatível com o peculato, pois este pressupõe abuso de poder ou violação de dever inerente ao cargo.

c) Segundo a jurisprudência do STJ, é aplicável o princípio da insignificância ao peculato, desde que o prejuízo causado ao erário não ultrapasse um salário mínimo e o agente seja primário.

d) Nas hipóteses de peculato-desvio e peculato-apropriação, a reparação do dano pelo agente público, se precedente a sentença irrecorrível, extingue a punibilidade; sendo-lhe posterior, reduz de metade a pena.

e) Não comete peculato, mas o delito de emprego irregular de verbas públicas, em continuidade delitiva, o servidor público que se utiliza ilegalmente de passagens e diárias pagas pelos cofres públicos.

ANOTAÇÕES/COMENTÁRIOS

(a) Errada. A consumação do peculato-apropriação não exige a obtenção de vantagem ou lucro por parte do funcionário público, bastando que ocorra a inversão da posse, hipótese na qual o funcionário passa a se portar como se dono fosse da coisa ("animus rem sibi habendi"). Sendo assim, trata-se de crime FORMAL (tanto para a doutrina como para nossa jurisprudência). Ver STJ REsp 985.368. SP.

(b) Certa. Realmente não se pode aplicar a agravante genérica lastreada na violação de dever inerente ao cargo, sob pena de haver "bis in idem", uma vez que tal circunstância já configura por si mesmo a própria elementar típica do crime.

(c) Errada. Essa assertiva não corresponde ao entendimento do STJ, até mesmo porque a corte tem enorme resistência para aplicar o princípio da insignificância (salvo raríssimas exceções) diante de crimes contra a administração pública. No mesmo sentido é o entendimento do STF. Pelo menos em regra nossos tribunais NÃO admitem a insignificância em sede de tais crimes. Nesse sentido REsp 1308038. SP – julgado em 2015, onde o STJ expressamente afirmou que o bem jurídico tutelado (moralidade pública), impede a aplicação do benefício (princípio da insignificância), tendo posteriormente sedimentado o mesmo entendimento na recente súmula 599.

(d) Errada. Essa possibilidade de extinção de punibilidade relaciona-se EXCLUSIVAMENTE com o peculato culposo (§ 3º do art. 312 do CP).

(e) Errada. O emprego irregular de verbas públicas é crime próprio, que só pode ser praticado pelo próprio gestor público. Geralmente é delito praticado por prefeito (agente político).

*Para responder, tem que estudar: jurisprudência e teoria/doutrina.*

*Gabarito: B*

**107. (Cespe/TJ/BA/Juiz/2012)** Considerando o que dispõe o CP a respeito dos crimes contra a incolumidade, a paz, a fé e a administração públicas, assinale a opção correta.

a) Não integram o tipo penal perigo de desastre ferroviário os veículos de tração mecânica por meio de cabo aéreo.

b) Considere que João, Pedro, Antônio e Joaquim, todos maiores de idade, associem-se com a finalidade de falsificar um único ingresso de evento esportivo. Nessa situação, a conduta dos agentes se amolda ao crime de quadrilha.

c) Suponha que Maria, de dezenove anos de idade, receba, de boa-fé, de um desconhecido passe falso de transporte de empresa administrada pelo governo e o utilize imediatamente após ser alertada, por seu irmão, da falsidade do bilhete. Nessa situação, a conduta de Maria caracteriza-se como atípica.

d) Responde criminalmente o funcionário público que, em razão da função, e mesmo antes de assumi-la, aceita promessa de vantagem indevida, ainda que não venha a recebê-la.

e) Não é prevista a modalidade culposa para o crime de desabamento.

*ANOTAÇÕES/COMENTÁRIOS*

(a) Errada. Veículos motivos a tração mecânica por força de cabo aéreo também podem figurar como meio no crime de desastre ferroviário tendo em vista a própria literalidade do tipo penal (§ 3º do art. 360 do CP).

(b) Errada. Não há que se falar no art. 288 do CP, uma vez que o mesmo pressupõe a intenção de praticar CRIMES. O legislador claramente preocupou-se em citar esse vocábulo no plural, ao contrário do que ocorre lá na lei de drogas (art. 35), onde a simples prática de um único crime já configura o delito associativo.

(c) Errada. Maria deve responder pelo crime contido no § 4º do art. 293 do CP (falsificação de papéis públicos), uma vez que reintroduziu a circulação bilhete falso (tendo ciência de sua natureza fraudulenta).

(d) Certa. Realmente aquele que aceita vantagem indevida responde pelo crime de corrupção passiva, uma vez que o tipo penal do art. 317 do CP, também contêm o verbo aceitar e não apenas os verbos solicitar e receber.

(e) Errada. O delito de desabamento admite a modalidade culposa, por força de expressa previsão legal (256 do CP), hipótese em que o delito se torna de menor potencial ofensivo.

*Para responder, tem que estudar: lei.*

*Gabarito: D*

**108. (Cespe/TJ/MA/Juiz/2013)** Miguel, delegado de polícia, pediu ao advogado de Pedro, conduzido à delegacia em razão de ter sido flagrado em prática ilícita, o pagamento de determinada quantia em dinheiro para não lavrar o auto de prisão em flagrante. O advogado de Pedro realizou o pagamento, e o auto, conforme o acordado, não foi lavrado. Nessa situação hipotética, o delegado deve responder:

a) por concussão, e o advogado, por corrupção ativa sem aumento de pena.

b) por corrupção passiva exaurida, com aumento de pena de 1/3, e o advogado não responde por nenhum delito.

c) por concussão, e o advogado não responde por nenhum delito.

d) por corrupção passiva exaurida, com aumento de pena de 1/3, e o advogado, por corrupção ativa também com aumento de pena.

ANOTAÇÕES/COMENTÁRIOS

(a) Errada. Não houve concussão uma vez que o delegado fez um pedido e não uma exigência. O que houve na verdade foi uma corrupção passiva majorada em um terço (tendo em visto que o ato de ofício acabou não se realizando). Nesse sentido art. 333, pár. ún. do CP.

(b) Certa. Realmente houve crime de corrupção exaurida (o ato de ofício acabou não sendo realizado). Não obstante, o advogado não cometeu crime, pois o delito de corrupção ativa (333 do CP) não possui o verbo pagar. Não obstante, cabe alertar o candidato para os casos de contraproposta (hipótese em que o crime se perfaz em desfavor do particular corruptor). Logo, perceba que não existe uma necessária BILATERALIDADE entre os crimes de corrupção ativa e passiva (STF HC 83.656).

(c) Errada. Não há que se falar em concussão por força dos motivos lá exarados na letra A.

(d) Errada. Isso porque conforme já foi dito prevalece o entendimento de que o advogado nesse caso não cometeu crime, diante do princípio da legalidade penal estrita: o art. 333 do CP não contêm o verbo pagar, nem entregar vantagem indevida.

*Para responder, tem que estudar: lei e jurisprudência.*

*Gabarito: B*

**109. (Cespe/TJ/RN/Juiz/2013)** Considerando a teoria geral do delito, assinale a opção correta.

a) Se determinada pessoa, em decorrência de discussão em fila de hospital onde espera atendimento por ter sido agredida com um soco, acaba agredida por outro paciente e, por isso, perde um dente, deve o autor da primeira agressão responder pela prática do crime de lesão corporal agravado pelo resultado perda do dente, já que a segunda agressão ocorreu apenas porque a vítima já havia sido por ele agredida.



BLOCO II

b) De acordo com a teoria da imputação objetiva, a criação de um risco proibido é suficiente para se atribuir ao agente o tipo incriminador, ainda que o resultado não decorra diretamente desse risco.

c) Classifica-se como crime de mão própria a ação de exigir de outrem vantagem indevida se o agente for funcionário público e, no momento da prática do ato, estiver no exercício de sua função.

d) Para a configuração do crime de desobediência, não é necessário o resultado naturalístico.

e) Aquele que, tendo obrigação de evitar o resultado, não o faz responderá pela prática de crime omissivo próprio.

*ANOTAÇÕES/COMENTÁRIOS*

(a) Errada. Com base na teoria do delito não se pode imputar um segundo resultado ao primeiro agressor que não era por ele desejado. Logo, como não houve liame subjetivo entre os agressores o primeiro somente responde por aqui que praticou (art. 19 do CP).

(b) Errada. A teoria da imputação exige bem mais do que isso. Além da criação de um risco desaprovado pelo direito, exige-se ainda que o resultado causado encontra-se contido dentro do próprio tipo penal (implemento do risco no resultado), sem o qual a conduta deixa de ser típica.

(c) Errada. O crime descrito pelo examinador classifica-se como próprio e não como delito de mão de própria.

(d) Certa. Realmente o delito de desobediência não exige resultado naturalístico pois se trata de crime de mera conduta.

(e) Errada. Aquele que tem o dever de agir mas se omite responde pelo resultado a título de omissão imprópria e não própria como fez sugerir o examinador.

*Para responder, tem que estudar: lei e teoria/doutrina.*

*Gabarito: D*

# 15. LEIS ESPECIAIS

## 15.1. Código de Trânsito Brasileiro (Lei 9.503/97)

**110. (Cespe/TJ/PR/Juiz/2017)** Considerando a jurisprudência do STF e do STJ em relação aos crimes de trânsito, assinale a opção correta.

a) Dirigir automóvel na via pública sem possuir permissão para dirigir ou habilitação é crime de perigo concreto, cuja tipificação exige a prova de geração do perigo de dano.

b) O crime de omissão de socorro à vítima atropelada por imprudência do motorista não se verifica quando se constata que a morte ocorreu instantaneamente.

c) A embriaguez ao volante é crime de perigo concreto, em que a ingestão de bebida alcoólica e a condução perigosa do automóvel geram perigo de dano.

d) O fato de dirigir perigosamente automóvel sem ser habilitado, vindo a causar lesões corporais em transeunte, implica dois crimes praticados em concurso formal.

**ANOTAÇÕES/COMENTÁRIOS**

(a) Certa. Realmente trata-se de crime de PERIGO CONCRETO. Nesse sentido súmula 720 do STF. No mesmo sentido ainda podemos citar a súmula 575 do STJ, que embora faça alusão ao art. 310 do CTB, conferindo a este a mesma natureza jurídica (crime de perigo abstrato), serve para corroborar o mesmo entendimento, uma vez que o delito do art. 310 também contém a conduta de entregar à direção de veículo automotor a pessoa não habilitada.

(b) Errada. Tanto o STF como o STJ entendem atualmente que a morte instantânea da vítima não afasta a incidência do crime de omissão de socorro, uma vez que não cabe ao particular a verificação do óbito da vítima e sim as próprias autoridades públicas, salvo em raras exceções em que qualquer pessoa pode perceber facilmente o óbito. Exemplo: vítima que tem a cabeça separada do corpo em decorrência da colisão. Ver HC 269.038. RJ – julgado pelo STJ em 2014. Não obstante, vamos encontrar entendimento em sentido contrário na doutrina, ao argumento de que seria caso de crime impossível (art. 17 do CP).

(c) Errada. Nossa jurisprudência já firmou o entendimento de que o crime do art. 306 do CTB classifica-se como de perigo abstrato. Nesse sentido REsp 1.582.413. julgado pelo STJ em 2016.

(d) Errada. Em tal hipótese o agente responde somente pelo crime de lesão corporal na condução de veículo automotor (art. 303 do CTB), majorado de um terço à metade pelo fato do mesmo não possuir CNH (§ 1º, I do art. 302 do CTB).

*Para responder, tem que estudar: lei, jurisprudência, súmula/OJ e teoria/doutrina.*

*Gabarito: A*

**111. (Cespe/TJ/BA/Juiz/2019)** Pedro, mesmo sabendo que seu amigo Jaime se encontrava embriagado e com a CNH vencida, entregou-lhe a condução de seu veículo automotor. Jaime, tão logo assumiu a direção do veículo, provocou um acidente de trânsito que causou lesões corporais em Maria.

Nessa situação hipotética, conforme a jurisprudência pertinente e a Lei n.º 9.503/1997,



BLOCO II

a) Jaime responderá pelo delito de lesão corporal culposa na direção de veículo automotor, desde que Maria ofereça representação, exceto se do crime lhe tiver resultado lesão corporal grave ou gravíssima.
b) por Jaime ter conduzido o veículo automotor com a CNH vencida, incidirá causa de aumento de pena no delito de lesão corporal culposa na direção de veículo automotor.
d) Jaime não responderá pelo crime de embriaguez ao volante, o qual será absorvido pelo delito de lesão corporal culposa na direção de veículo automotor, que será, no entanto, aplicado em sua forma majorada por força do princípio da consunção.
d) para que Jaime responda pelo delito de embriaguez ao volante, é imprescindível a aferição de concentração de álcool por litro de sangue superior ao limite permitido pela lei, por se tratar de circunstância objetiva elementar do tipo penal em questão.
e) Pedro responderá pelo crime de entrega da direção de veículo automotor a pessoa sem condições de conduzi-lo com segurança, o qual se teria configurado ainda que não tivesse sido demonstrado o perigo concreto de dano a terceiros.

**ANOTAÇÕES/COMENTÁRIOS**

(a, b, c, d, e) Súmula 575 do STJ: **Constitui crime a conduta de permitir, confiar ou entregar a direção de veículo automotor a pessoa que não seja habilitada, ou que se encontre em qualquer das situações previstas no art. 310 do CTB, independentemente da ocorrência de lesão ou de perigo de dano concreto na condução do veículo.**

***Para responder, tem que estudar: súmula/OJ.***

*Gabarito: E*

**112. (Cespe/TJ/CE/Juiz/2018)** A respeito dos crimes de trânsito, julgue os itens seguintes, à luz da jurisprudência dos tribunais superiores.

I. Confiar a direção de veículo automotor a pessoa não habilitada não configura, por si só, crime de perigo concreto, que exige a demonstração do risco efetivo à segurança viária.
II. Não é possível aplicar o princípio da consunção na hipótese de crime de embriaguez ao volante que tenha resultado em lesão corporal.
III. É admitido o princípio da consunção na hipótese de homicídio culposo no trânsito consequente do crime de embriaguez ao volante.
IV. Ao motorista profissional não se impõe a suspensão da carteira de habilitação em razão do cometimento de delito de trânsito.

Estão certos apenas os itens

a) I e II.

b) I e IV.

c) II e III.

d) I, III e IV.

e) II, III e IV.

ANOTAÇÕES/COMENTÁRIOS

(a, b, c, d, e) I- "É de perigo abstrato o crime previsto no art. 310 do Código de Trânsito Brasileiro. Assim, não é exigível, para o aperfeiçoamento do crime, a ocorrência de lesão ou de perigo de dano concreto na conduta de quem permite, confia ou entrega a direção de veículo automotor a pessoa não habilitada, com habilitação cassada ou com o direito de dirigir suspenso, ou ainda a quem, por seu estado de saúde, física ou mental, ou por embriaguez, não esteja em condições de conduzi-lo com segurança. (STJ – REsp 1.485.830-MG, julgado em 11/3/2015); II- "É inviável o reconhecimento da consunção do delito previsto no art. 306, do CTB (embriaguez ao volante), pelo seu art. 303 (lesão corporal culposa na direção de veículo automotor), quando um não constitui meio para a execução do outro, mas evidentes infrações penais autônomas, que tutelam bens jurídicos distintos. Precedentes. (STJ, REsp 1629107/DF, Rel. Ministro RIBEIRO DANTAS, QUINTA TURMA, julgado em 20/03/2018); III- O crime de embriaguez (art. 306 da Lei n. 9.503/1997) ao volante é antefato impunível do crime de homicídio culposo no trânsito (art. 302 da Lei n. 9.503/1997), porquanto a conduta antecedente está de tal forma vinculada à subsequente que não há como separar sua avaliação (ambos integram o mesmo conteúdo de injusto). Precedentes. (STJ – REsp 1481023/DF,julgado em 07/05/2015); IV- "1. A imposição de pena de suspensão do direito de dirigir veículo automotor, em razão da ausência de previsão legal de sua conversão em pena privativa de liberdade caso descumprida, não tem o condão, por si só, de caracterizar ofensa ou ameaça à liberdade de locomoção do paciente, razão pela qual não é cabível o manejo do habeas corpus. Precedentes do STJ e do STF. 2. Ainda que assim não fosse, é necessário registrar que, embora tenha reconhecido a repercussão geral sobre a aplicação da pena de suspensão da habilitação aos motoristas profissionais no RE 607107 RG/MG, o Supremo Tribunal Federal jamais declarou inconstitucional tal penalidade, que tem sido mantida por este Sodalício em diversos julgados, sob o argumento de que é justamente de tal categoria que se espera maior cuidado e responsabilidade no trânsito. Precedentes. 3. Habeas corpus não conhecido. (STJ – HC: 283505 SP 2013/0394515-0, Relator: Ministro JORGE MUSSI, Data de Julgamento: 21/10/2014)"

*Para responder, tem que estudar: jurisprudência.*

*Gabarito: C*

## 15.2. Estatuto do Desarmamento (Lei 10.826/03)

**113. (Cespe/TJ/AM/Juiz/2016)** Júlio foi denunciado em razão de haver disparado tiros de revólver, dentro da própria casa, contra Laura, sua companheira, porque ela escondera a arma, adquirida dois meses atrás. Ele não tinha licença expedida por autoridade competente para possuir tal arma, e a mulher tratou de escondê-la porque viu Júlio discutindo asperamente com um vizinho e temia que ele pudesse usá-la contra esse desafeto. Raivoso, Júlio adentrou a casa, procurou em vão o revólver e, não o achando, ameaçou Laura, constrangendo-a a devolver-lhe a arma. Uma vez na sua posse, ele disparou vários tiros contra Laura, ferindo-a gravemente e atingindo o filho comum, com nove anos de idade, por erro de pontaria, matando-o instantaneamente. Laura só sobreviveu em razão de pronto e eficaz atendimento médico de urgência. Ainda com referência à situação hipotética descrita e a aspectos legais a ela pertinentes, assinale a opção correta com respaldo na jurisprudência do STJ.

a) Além dos crimes de homicídio, Júlio responderá em concurso material pelo crime de posse irregular de arma de fogo, uma vez que, ao mantê-la guardada em sua residência durante mais de dois meses, já havia consumado esse crime.

b) Opera-se o fenômeno da consunção entre o ato de possuir arma de fogo sem autorização legal e o ato dispará-la com ânimo de matar, uma vez que o crime mais grave sempre absorve o menos grave.

c) O fato de Júlio possuir guardado na sua casa, fora do alcance de crianças, um revólver municiado constitui "ante factum" não punível em relação ao homicídio posteriormente praticado.

d) Laura também deverá responder pelo fato de haver escondido o revólver dentro da residência, sabendo ou devendo saber ser proibido deter sua posse sem licença da autoridade competente.

e) O fato de possuir um revólver guardado em casa e posteriormente utilizá-lo para praticar homicídio pode caracterizar continuidade delitiva.

**ANOTAÇÕES/COMENTÁRIOS**

(a) Certa. Realmente trata-se de concurso envolvendo dois homicídios e o crime de posse de arma de fogo (art. 12 da Lei 10.826/03).

(b) Errada. Somente haveria a absorção sugerida pelo examinador se o porte tivesse se dado dentro do mesmo contexto fático em que ocorreu o crime de homicídio.

(c) Errada. Somente seria possível arguir um "ante factum", impunível se Júlio tivesse adquirido a arma em momento imediatamente anterior ao fato, visando utilizá-la com essa exclusiva destinação (matar a vítima). Nesse sentido HC 120678. PR – julgado pelo STF no ano de 2015.

(d) Errada. Laura não cometeu o crime de posse de arma de fogo, uma vez que este não contém o verbo ocultar. Ademais a conduta de ocultar propriamente dita consiste em prática "extra murus", que deveria ocorrer em outra residência que não o próprio domicílio de Laura, pois caso assim fosse a mesma acabaria respondendo pelo art. 14 da Lei 10.826 (porte ilegal de arma de fogo).

(e) Errada. O crime continuado pressupõe a prática de dois ou mais crimes da mesma ESPÉCIE. O crime de posse de arma de fogo tem natureza jurídica completamente distinta do homicídio (delito contra a vida).

*Para responder, tem que estudar: lei, jurisprudência e teoria/doutrina.*

*Gabarito: A*

**114. (Cespe/TJ/PB/Juiz/2015)** Acerca dos crimes em espécie previstos no CP e na legislação penal especial, assinale a opção correta.

a) O crime de lesão corporal praticado por um indivíduo contra seu irmão, no âmbito doméstico, configura apenas o crime de lesão corporal simples, dada a inaplicabilidade da Lei Maria da Penha em casos em que a vítima seja do sexo masculino.

b) O crime de omissão de cautela, previsto no Estatuto do Desarmamento, é delito omissivo, sendo a culpa na modalidade negligência o elemento subjetivo do tipo.

c) O estupro de vulnerável praticado sem a utilização de violência real ou de grave ameaça não pode ser considerado crime hediondo.

d) Deixar de fornecer, quando obrigatória, nota fiscal relativa à venda de mercadoria ou prestação de serviço efetivamente realizado é crime cuja conduta típica classifica-se como material, visto que somente se consuma quando há o lançamento definitivo do tributo.

e) Nos crimes previstos no Código de Trânsito Brasileiro, a suspensão ou a proibição para se obter permissão ou habilitação para dirigir veículo automotor deve ser imposta cumulativamente com outras penalidades, não como pena autônoma.

ANOTAÇÕES/COMENTÁRIOS

(a) Errada. Houve na verdade uma lesão corporal qualificada (§ 9º do art. 129 do CP), não havendo que se falar em lesão simples.

(b) Certa. Realmente trata-se de delito CULPOSO, no qual a conduta traduz uma omissão na modalidade negligência.

(c) Errada. O crime de estupro de vulnerável dispensa a violência real ou a grave ameaça para sua consumação. Logo, da mesma forma continua sendo hediondo já que tais elementos são dispensáveis a sua formação típica.

(d) Errada. Embora o delito contido no inciso V do art. 1º da Lei 8.137/90 seja realmente material, trata-se de uma exceção a súmula vinculante 24. Logo, não se exige o lançamento definitivo do tribunal como condição objetiva de punibilidade, bastando que o agente deixe de fornecer a nota fiscal em ato contínuo à venda.

(e) Errada. Isso porque a pena que impede a obtenção de CNH pode ser imposta de forma isolada ou autônoma. Nesse sentido é a própria literalidade do art. 292 do CTB.

*Para responder, tem que estudar: lei e teoria/doutrina.*

*Gabarito: B*

**115. (Cespe/TJ/DFT/Juiz/2015)** Cada uma das próximas opções apresenta uma situação hipotética sobre crimes previstos no Estatuto do Desarmamento, seguida de uma assertiva a ser julgada. Assinale a opção que apresenta a assertiva correta.

a) Carlos foi preso em flagrante, durante o período de vigência da Lei n. 10.826/2003. prorrogada pela Lei n. 11.922/2009 –, devido ao fato de a polícia ter encontrado, em um armário de sua residência, uma arma de fogo de uso restrito. Nessa situação, a conduta de Carlos caracterizou-se como atípica em razão da incidência de abolitio criminis temporária.

b) Bruno, militar da Aeronáutica, em um dia de folga, atirou com sua arma de fogo na rua onde residia e assustou moradores e transeuntes que passavam pelo local. Nessa situação, devido ao fato de Bruno ter praticado crime de disparo com arma de fogo, a causa do aumento de pena, prevista no Estatuto do Desarmamento, deverá ser aplicada na sentença durante a terceira fase da dosimetria.

c) André guardou em sua residência, de janeiro de 2015 até sua prisão em flagrante na presente data, uma arma de fogo de uso permitido, devidamente municiada, mas com numeração de série suprimida. Nessa situação, André praticou o crime de posse irregular de arma de fogo de uso permitido e, por isso, deve ser punido com pena de detenção.

d) Ronaldo foi preso em flagrante imediatamente após efetuar – com intenção de matar, mas sem conseguir atingir a vítima – disparos de arma de fogo na direção de José. Nessa situação, Ronaldo cometeu homicídio na forma tentada e disparo de arma de fogo em concurso formal.

e) Júlio, detentor de porte de arma e proprietário de arma de fogo devidamente registrada, vendeu para Tiago, de quatorze anos de idade, uma arma, devidamente municiada, acompanhada do seu documento de registro. Nessa situação, ao permitir que o adolescente se apoderasse da arma de fogo, Júlio praticou o delito de omissão de cautela, previsto no Estatuto do Desarmamento.

**ANOTAÇÕES/COMENTÁRIOS**

(a) Errada. A possibilidade de "abolitio criminis" em relação à POSSE de armas de fogo de calibre RESTRITO vigorou somente até o ano de 2005. Nesse sentido súmula

513 do STJ. Sendo assim, somente seria possível reconhecer o benefício caso o fato tivesse ocorrido naquela data. (A par dessa discussão cabe esclarecer que JAMAIS se admitiu no Brasil a possibilidade de "abolitio criminis"), em relação ao PORTE ilegal de arma de fogo (nem mesmo em período anterior ao ano de 2005).

(b) Certa. Realmente o fato de Bruno ser militar faz incidir a majorante contida no art. 20 da Lei 10.826/03 (logo a pena vai ser acrescida de metade). Nesse sentido art. 6º, I c/c art. 20 ambos da Lei 10.826/03.

(c) Errada. O fato de a arma estar com a numeração raspada faz com que a mesma seja equiparada a arma de calibre restrito. Sendo assim, André, cometeu o crime descrito no art. 16, I da Lei 10.826/03.

(d) Errada. Se houve dolo de matar RONALDO deve responder somente pelo homicídio, não havendo que se cogitar a incidência do crime de disparo ("major absorbet minorem"), logo, o disparo é um mero "ante factum impunível".

(e) Errada. O crime de omissão de cautela (art. 13 da Lei 10.826/03), é um tipo penal CULPOSO. Ora, o examinador descreveu uma conduta dolosa que configuraria em tese o crime do art. 14 ou até o mesmo o art. 16 do mesmo diploma a depender da natureza da arma que fora ilegalmente vendida a menor de idade.

*Para responder, tem que estudar: lei e súmula/OJ.*

*Gabarito: B*

BLOCO II

## 15.3. Lei das Contravenções Penais (DL 3.688/41)

**116. (Cespe/TJ/DFT/Juiz/2016)** No que concerne à legislação penal extraordinária, assinale a opção correta.

a) A organização criminosa pressupõe a prática de infrações penais de caráter transnacional, ou cujas penas máximas sejam superiores a quatro anos, por uma associação de três ou mais pessoas, com divisão formal de tarefas, para o fim de obter vantagem direta do crime cometido.

b) A prescrição dos crimes previstos na Lei das Sociedades Anônimas rege-se pelas disposições do CP e é suspendida pela decretação da falência do devedor cuja contagem tenha iniciado com a concessão da recuperação judicial ou com a homologação do plano de recuperação extrajudicial.

c) Nos crimes contra o meio ambiente, previstos na Lei n. 9.605/1998, a suspensão condicional da pena pode ser aplicada nos casos de condenação a pena privativa de liberdade não superior a quatro anos.

d) A tentativa de contravenção penal não é passível de punição legal.

e) Autoridade, para os efeitos de crimes previstos na Lei de Abuso de Autoridade, é quem exerce cargo, emprego ou função pública permanente, de natureza civil ou militar e apenas de forma remunerada.

*ANOTAÇÕES/COMENTÁRIOS*

(a) Errada. A organização criminosa pressupõe o mínimo de 4 pessoas e não três como fez sugerir a banca (art. 1º, § 1º da Lei 12.850/13).

(b) Errada. Embora a prescrição nos crimes falimentares seja realmente regulada pelo CP, não há que se falar em regras especiais ligadas a concessão da recuperação judicial ou homologação da extrajudicial. Isso porque a antiga súmula 147 do STF encontra-se atualmente superada. Nesse sentido súmula 592 do STJ.

(c) Errada. Nos crimes da Lei 9.605/98, a suspensão condicional da pena pode ser aplicada perante condenações a pena privativa de liberdade que não excedam três anos (art. 16 da referida lei).

(d) Certa. Realmente a tentativa da bagatela é tida como impunível (art. 4º da LCP).

(e) Errada. Autoridade para fins de crime previsto na lei 4.898/65, é quem exerce cargo, emprego ou função pública, ainda que de forma TRANSITÓRIA e de forma remunerada ou NÃO (art. 5º da lei 4.898/65).

*Para responder, tem que estudar: lei e súmula/OJ.*

*Gabarito: D*

## 15.4. Lei do Abuso de Autoridade (Lei 4.898/65)

**117. (Cespe/TJ/AM/Juiz/2016)** Com base no disposto na Lei n. 4.898/1965, que trata do crime de abuso de autoridade, e na jurisprudência do STJ, assinale a opção correta.

a) A pessoa física, mas não a pessoa jurídica, pode ser sujeito passivo do crime de abuso de autoridade.

b) De acordo com o STJ, pode caracterizar abuso de autoridade a negativa infundada do juiz em receber advogado, durante o expediente forense, quando este estiver atuando em defesa do interesse de seu cliente.

c) A representação da vítima, dirigida ao MP, é condição de procedibilidade para a instauração da ação penal referente ao crime de abuso de autoridade.

d) Constitui abuso de autoridade submeter pessoa sob sua guarda ou custódia a vexame ou a constrangimento, ainda que o procedimento adotado pela autoridade policial esteja previsto em lei.

e) Constitui crime de abuso de autoridade qualquer atentado à incolumidade física, psíquica e moral do indivíduo.

**ANOTAÇÕES/COMENTÁRIOS**

(a) Errada. A lei 4.898/65, expressamente prevê o crime de abuso de autoridade nos casos em que a conduta atingir a honra ou o patrimônio das pessoas jurídicas, assim como das pessoas naturais (art. 4º, "h" da referida norma).

(b) Certa. Realmente existe um julgado do STJ no qual o tribunal reconheceu a ilicitude do comportamento de juiz que se nega a atender advogados durante seu expediente de trabalho. No mesmo sentido é o entendimento do CNJ. Ver Recurso ordinário em MS 18296. SC, julgado pelo STJ.

(c) Errada. A representação da vítima é tida como uma mera "notitia criminis", não constituindo, portanto, condição de procedibilidade ao regular exercício do direito de ação. Tanto é verdade que a lei que rege o processo dos crimes de abuso de autoridade expressamente diz que a falta de representação não obsta a persecução penal (art. 1º da lei 5.249/67).

(d) Errada. Não há que se falar em abuso de autoridade quando o procedimento adotado pela autoridade pública contiver previsão em lei.

(e) Errada. Somente constitui crime de abuso de autoridade, eventual atentado contra à incolumidade física do indivíduo (art. 3º, I, da lei 4.898/65), uma vez que a lei não contêm previsão expressa acerca da condição psíquica e moral do indivíduo.

*Para responder, tem que estudar: lei e jurisprudência.*

*Gabarito: B*

BLOCO II

**118. (Cespe/TJ/PB/Juiz/2015)** A condenação por crime previsto na lei de abuso de autoridade (Lei n. 4.898/1965) poderá importar na aplicação de sanção penal de:

a) inabilitação para contratar com a administração pública por prazo determinado.
b) reclusão.
c) inabilitação para o exercício de qualquer função pública por prazo determinado.
d) advertência.
e) prisão simples.

**ANOTAÇÕES/COMENTÁRIOS**

(a) Errada. Não existe esse tipo de sanção na lei de abuso de autoridade. Logo, por ausência de previsão legal, tal assertiva deve ser considerada como falsa.

(b) Errada. Não existe esse tipo de pena ou sanção na lei 4.898/65.

(c) Certa. Realmente a condenação por crime previsto na lei de abuso de autoridade pode importar na aplicação de pena com natureza penal correspondente a inabilitação para o exercício de qualquer função pública pelo prazo de até 3 anos (art. 6º, § 3º, III da lei 4.898/65).

(d) Errada. Isso porque nesta assertiva, o examinador fez alusão a uma sanção administrativa, ao passo que o enunciado da questão versa sobre sanção PENAL.

(e) Errada. Não existe previsão na lei 4.898/65 sobre a pena de prisão simples, já que a única sanção restritiva de liberdade existente constitui DETENÇÃO (art. 6º, § 3º, "b").

*Para responder, tem que estudar: lei.*

*Gabarito: C*

**119. (Cespe/TJ/DFT/Juiz/2016)** A respeito do crime de abuso de autoridade, assinale a opção correta à luz da atual legislação de regência.

a) Em caso de abuso de autoridade cometido por agente de autoridade policial, civil ou militar, poderá ser cominada pena autônoma ou acessória, consistente em não poder o acusado exercer funções de natureza policial pelo prazo de um a cinco anos.

b) O sujeito ativo do crime de abuso de autoridade é toda autoridade pública, considerada como tal o funcionário público que exerça cargo, emprego ou função em caráter efetivo e remunerado.

c) O mesário eleitoral exerce múnus público, motivo pelo qual não pratica o crime de abuso de autoridade, pois o encargo que lhe incumbe não é típico de autoridade pública.

d) O particular não pode ser sujeito ativo do crime de abuso de autoridade, salvo se praticar o fato criminoso em concurso com o funcionário público e se tiver consciência dessa condição elementar.

e) As ações penais relativas aos crimes de abuso de autoridade são públicas, condicionadas à representação da vítima.

ANOTAÇÕES/COMENTÁRIOS

(a) Errada. Isso porque a pena autônoma ou acessória prevista na lei de abuso de autoridade não possui natureza tão ampla como sugeriu o examinador, uma vez que aplicável apenas dentro do município da culpa (ver § 5º do art. 6º da lei 4.898/65).

(b) Errada. O sujeito ativo do crime de abuso de autoridade é toda autoridade pública, que exerça cargo, emprego ou função de natureza remunerada ou NÃO (art. 5º da lei 4.898/65).

(c) Errada. O mesário também se amolda ao conceito de funcionário público, uma vez que exerce função pública. Nesse sentido art. 5º da lei 4.898/65.

(d) Certa. Realmente o crime de abuso de autoridade somente pode ser praticado por funcionário público, uma vez que se trata de crime próprio. Não obstante, essa natureza não afasta a possibilidade de concurso de pessoas (art. 29 do CP), caso a qualidade de funcionário público seja do conhecimento do particular que juntamente com aquele comete o crime (art. 30, "in fine" do CP).

(e) Errada. A ação penal relativa aos crimes de abuso de autoridade tem natureza pública INCONDICIONADA. Isso porque a ausência de representação da vítima, não obsta a persecução penal.

*Para responder, tem que estudar: lei e teoria/doutrina.*

*Gabarito: D*

**120. (Cespe/TJ/DFT/Juiz/2014)** Considerando as leis que tratam das contravenções penais, de abuso de autoridade, da tortura, dos crimes de trânsito e dos crimes contra a ordem tributária, assinale a opção correta.

a) Dirigir veículo automotor, em via pública, sem a devida permissão ou habilitação, gerando perigo de dano, é classificado como delito de perigo abstrato.

b) O prazo prescricional do delito material contra a ordem tributária começa a correr do dia da prática do fato reputado como criminoso.

c) Na lei que trata das contravenções penais, não é previsto o instituto da suspensão condicional da pena.

d) Entre as sanções penais previstas na lei que dispõe sobre abuso de autoridade, incluem-se a perda do cargo público e a inabilitação para o exercício de qualquer outra função pública por prazo de até três anos.

e) O crime de tortura que resulta em lesão corporal de natureza grave ou gravíssima é punível conforme as penas previstas para esse delito, acrescidas das referentes ao delito de lesão corporal grave ou gravíssima.

**ANOTAÇÕES/COMENTÁRIOS**

(a) Errada. O crime previsto no art. 309 do CTB é tido como de perigo concreto. A própria descrição típica exige que o sujeito ativo atue gerando perigo de dano. Ademais nossos tribunais superiores já se manifestaram nesse sentido.

(b) Errada. O prazo prescricional para os delitos materiais contra a ordem tributária somente tem início após o lançamento em definitivo do tributo (súmula vinculante 24).

(c) Errada. O artigo 11 da LCP trata da suspensão condicional da pena, em que pese as regras do Código Penal também se aplicarem quanto às demais exigências (requisitos para a concessão do benefício – art. 1º da LCP).

(d) Certa. Realmente entre as sanções penais contidas na lei 4.898/65 encontra-se a perda do cargo público e inabilitação para o exercício de qualquer outra função pública por prazo de até três anos (art. 6º, § 3º, "c")

(e) Errada. Em tais circunstâncias deve responder o agente por tortura qualificada (art. 1º, § 3º da Lei 9.455/97).

*Para responder, tem que estudar: lei, jurisprudência e súmula/OJ.*

*Gabarito: D*

## 15.5. Lei do Tráfico Ilícito de Drogas (Lei 11.343/06)

**121. (Cespe/TJ/DFT/Juiz/2016)** A respeito do processo e do julgamento previsto na Lei Antidrogas, assinale a opção correta.

a) O magistrado, durante a persecução penal em juízo, poderá, independentemente da oitiva do MP, autorizar a infiltração de investigador em meio a traficantes, para o fim de esclarecer a verdade real, ou poderá, ainda, autorizar que não atue diante de eventual flagrante, com a finalidade de identificar e responsabilizar o maior número de integrantes de operações de tráfico e distribuição.

b) O MP e a defesa poderão arrolar até oito testemunhas na denúncia e na defesa preliminar, respectivamente.

c) O agente que praticar crime de porte de drogas para consumo pessoal será processado e julgado perante uma das Varas de Entorpecentes do DF, sob o rito processual previsto na Lei Antidrogas, tendo em vista que a lei especial prevalece sobre a lei geral.

d) O autor do crime de porte de drogas para uso pessoal será processado e julgado perante o Juizado Especial Criminal, sob o rito da Lei n. 9.099/1995.

e) A lavratura do auto de prisão em flagrante e o estabelecimento da materialidade do delito exigem a elaboração do laudo definitivo em substância, cuja falta obriga o juiz a relaxar imediatamente a prisão, que será considerada ilegal.

ANOTAÇÕES/COMENTÁRIOS

(a) Errada. Tanto a infiltração de agentes como a não atuação policial (ação controlada), carecem não apenas de autorização judicial, como também de prévia oitiva do ministério público (art. 53 da própria lei de drogas – Lei 11.343/06).

(b) Errada. No procedimento especial atinente a lei de drogas são permitidas no máximo 5 testemunhas de acusação e 5 de defesa (artigos 54, III e 55, § 1º ambos da Lei 11.343/06).

(c) Errada. A competência para o processo e julgamento assiste ao JECRIM, não havendo que se falar em competência da vara criminal especializada em drogas do DF.

(d) Certa. Realmente assiste ao JECRIM a competência para processar e julgar o delito contido no art. 28 da Lei 11.343/06.

(e) Errada. A lavratura do auto de prisão em flagrante e o estabelecimento da materialidade do delito exigem somente a elaboração de laudo PRÉVIO (§ 1º do art. 50 da Lei 11.343/06).

*Para responder, tem que estudar: lei.*

*Gabarito: D*

**122. (Cespe/TJ/PB/Juiz/2015)** No que se refere a denúncia ou queixa, assinale a opção correta.

a) Além dos indícios de autoria, para o exercício da ação penal nos crimes de tráfico de drogas, a Lei n. 11.343/2006 considera suficiente o laudo de constatação.
b) O plenário do STF firmou entendimento no sentido de considerar o despacho que recebe denúncia ou queixa como uma espécie de decisão; por isso, tal despacho deve ser fundamentado.
c) No CPP está prevista a apelação como recurso cabível do não recebimento da denúncia ou queixa.
d) Inexiste possibilidade de litisconsórcio ativo entre o MP e o querelante.
e) A queixa, ainda que a ação penal seja privativa do ofendido, não poderá ser aditada pelo MP.

ANOTAÇÕES/COMENTÁRIOS

(a) Certa. Realmente a simples existência do laudo de constatação (laudo prévio), já autoriza o exercício da ação penal nos crimes de tráfico de drogas (art. 50, § 1º da Lei 11.343/06).

(b) Errada. Isso porque ao contrário do que fez sugerir o examinador, o STF já teve a oportunidade de dizer em seus julgados que por ser apenas um despacho, o recebimento da denúncia ou queixa dispensa fundamentação.

(c) Errada. O CPP em verdade prevê o RESE (recurso em sentido estrito), como sendo o mecanismo idôneo aos casos de não recebimento da denúncia ou queixa (art. 581, I do CPP).

(d) Errada. O MP passa a figurar no processo ao aditar a queixa (art. 45 do CPP), havendo ainda quem defenda (no processo penal brasileiro), a possibilidade da propositura de ação penal pública (por parte do MP de forma concomitante a ação penal privada), nos casos de conexão (tese defendida pelo professor, NESTOR TAVORA).

(e) Errada. Ainda que a ação seja exclusivamente privada PODE o MP aditar a queixa e até mesmo intervir nos demais atos subsequentes do processo (art. 45 do CPP).

*Para responder, tem que estudar: lei e teoria/doutrina.*

*Gabarito: A*

**123.** **(Cespe/TJ/DFT/Juiz/2015)** Assinale a opção correta à luz da Lei n. 11.343/2006 (Lei de Drogas), do CP e da jurisprudência do STF.

a) O crime de associação para o tráfico, caracterizado pela associação de duas ou mais pessoas para a prática de alguns dos crimes previstos na Lei de Drogas, é delito equiparado a crime hediondo.

b) O crime de porte de entorpecentes para consumo pessoal, sem autorização ou em desacordo com determinação legal ou regulamentar, está sujeito aos prazos prescricionais do CP.

c) Na dosimetria da pena pela prática do crime de induzir, instigar ou auxiliar alguém ao uso indevido de droga, poderá ser aplicada causa de redução de pena se o agente for primário, tiver bons antecedentes e não se dedicar a atividades criminosas ou integrar organização criminosa.

d) Quanto aos crimes previstos na Lei de Drogas, será isento de pena o agente que, por ser dependente de drogas, for, ao tempo do fato, totalmente incapaz de entender o caráter ilícito da ação praticada.

e) Os crimes previstos na Lei de Drogas são insuscetíveis de anistia, graça e indulto, sendo impossível, àqueles que os praticarem, a concessão de liberdade provisória.

*ANOTAÇÕES/COMENTÁRIOS*

(a) Errada. O STF e o STJ já se manifestaram sobre o tema: o art. 35 (associação para o tráfico), não possui natureza hedionda. Isso ocorre não apenas por ausência de previsão em lei (não consta do rol de crimes hediondos da Lei 8.072/90), como também por força da inteligência do art. 44 da lei de drogas (dispositivo que ao vedar diversos benefícios via equiparação aos crimes hediondos), simplesmente NÃO faz alusão ao art. 35.

(b) Errada. Isso porque o crime do art. 28 da lei de drogas prescreve em 2 anos (art. 30 da própria lei de drogas).

(c) Errada. O § 4º do art. 33 da lei de drogas é expresso no sentido de que o benefício nele contido aplica-se somente ao caput do art. 33 e seu § 1º (figuras tidas como tráfico de drogas propriamente dito). Sendo assim, não se pode ampliar o âmbito de incidência desse benefício no sentido de atingir também o § 2º (induzir, instigar ou auxiliar alguém ao uso de droga).

(d) Certa. Realmente no caso descrito pelo examinador fica o agente isento de pena (art. 45 da Lei 11.343/06).

(e) Errada. A impossibilidade de liberdade provisória "ex lege", foi abolida da Lei 8.072/90, no ano de 2.007 por força do advento da Lei 11.464/07.

*Para responder, tem que estudar: lei e jurisprudência.*

*Gabarito: D*

**124. (Cespe/TJ/BA/Juiz/2019)** À luz do entendimento jurisprudencial do STF, assinale a opção correta, acerca do delito de tráfico privilegiado, previsto na Lei n.º 11.343/2006.

a) Trata-se de crime inafiançável e insuscetível de graça, anistia e indulto.

b) O condenado pela prática de tráfico privilegiado deve iniciar o cumprimento da pena em regime fechado.

c) A progressão de regime prisional do réu condenado pelo crime em apreço somente será admitida mediante a realização de exame criminológico.

d) O condenado pela prática do crime de tráfico privilegiado poderá alcançar a progressão de regime prisional depois de ter cumprido pelo menos um sexto da pena no regime anterior, se ostentar bom comportamento carcerário.

e) O livramento condicional somente será concedido aos condenados pelo crime em apreço que tenham cumprido mais de dois terços da pena, exceto aqueles reincidentes específicos em crimes hediondos ou equiparados.

**ANOTAÇÕES/COMENTÁRIOS**

(a) Tráfico privilegiado não é equiparado à crime hediondo. (Informativo 831 do STF, em 30/06/2016)

(b) Tráfico privilegiado não é equiparado à crime hediondo, além de tal dispositivo legal ter sido declarado inconstitucional.

(c) Não há necessidade da realização de exame criminológico para a progressão de regime.

(d) Art. 112 da LEP: A pena privativa de liberdade será executada em forma progressiva com a transferência para regime menos rigoroso, a ser determinada pelo juiz, quando o preso tiver cumprido ao menos um sexto da pena no regime anterior e ostentar bom comportamento carcerário, comprovado pelo diretor do estabelecimento, respeitadas as normas que vedam a progressão.

(e) Tráfico privilegiado não é equiparado à crime hediondo, logo esta regra não se aplica.

*Para responder, tem que estudar: lei e jurisprudência.*

*Gabarito: D*

**125. (Cespe/TJ/CE/Juiz/2018)** No que tange à configuração de crimes e à dosimetria penal, assinale a opção correta.

a) Situação hipotética: Um homem apossou-se de veículo alheio para passear e, após ter percorrido alguns quilômetros, retornou com o veículo ao local de onde o havia subtraído, sem tê-lo danificado. Assertiva: A referida conduta consiste em furto de uso, não sendo típica por falta do animus furandi.

b) A agravante de reincidência múltipla não pode compensar plenamente a atenuante da confissão espontânea.

c) O descumprimento de medida protetiva de urgência deferida em favor de mulher agredida configura o crime de desobediência.

d) A Lei Antidrogas descriminalizou a conduta de porte de entorpecentes para consumo próprio.

e) A condenação transitada em julgado pelo crime de porte de entorpecentes para consumo próprio não pode ser utilizada para aumento da pena-base por maus antecedentes ou reincidência.

**ANOTAÇÕES/COMENTÁRIOS**

(a) Correto. Furto de uso não é punível, diante da sua atipicidade.

(b) "Tratando-se de réu multirreincidente, deve ser reconhecida a preponderância da agravante prevista no art. 61, I, do Código Penal, sendo admissível a sua compensação proporcional com a atenuante da confissão espontânea, em estrito atendimento aos princípios da individualização da pena e da proporcionalidade." (STJ – HABEAS CORPUS Nº 440.451 – RJ (2018/0056532-7).

(c) Art. 24-A da Lei 11.340/06: Descumprir decisão judicial que defere medidas protetivas de urgência previstas nesta Lei: Pena – detenção, de 3 (três) meses a 2 (dois) anos.

(d) Errado, diante do art. 28 da referida lei.

(e) "A condenação por porte de drogas para consumo próprio (art. 28 da Lei 11.343/2006) transitada em julgado gera reincidência. Isso porque a referida conduta foi apenas despenalizada pela nova Lei de Drogas, mas não descriminalizada (abolitio criminis). STJ. 6ª Turma. HC 275126-SP, Rel. Min. Nefi Cordeiro, julgado em 18/9/2014 (Info 549)."

*Para responder, tem que estudar: lei, jurisprudência e teoria/doutrina.*

*Gabarito: A*

## 15.6. Lei dos Crimes contra a Ordem Tributária/Econômica/Consumo (Lei 8.137/90)

**126. (Cespe/TJ/AM/Juiz/2016)** Com relação ao direito penal econômico, assinale a opção correta.

a) Para a configuração do crime de lavagem de capitais não se exige a existência de delito antecedente.

b) Constitui crime contra as relações de consumo favorecer ou preferir, com ou sem justa causa, comprador ou freguês, ressalvados os sistemas de entrega ao consumo por intermédio de distribuidores ou revendedores.

c) Em se tratando dos crimes previstos na Lei n. 8.137/1990, havendo quadrilha ou coautoria, deve ser reduzida de um sexto a um terço a pena do coautor ou partícipe que, em confissão espontânea, revelar à autoridade policial ou judicial toda a trama delituosa.

d) Ainda que se trate de crimes contra as relações de consumo, o consentimento do ofendido pode ser considerado excludente da tipicidade.

e) Tanto pode ser doloso quanto culposo o crime de aumento de despesa com pessoal no último ano do mandato ou legislatura, prevista a mesma pena para ambos os casos.

ANOTAÇÕES/COMENTÁRIOS

(a) Errada. A Lei 9.613 expressamente exige a existência de infração penal antecedente. Sendo que a doutrina ainda acrescenta o fato de que a mesma deve ter natureza produtiva. Ver artigos 1º e 2º, III "b", ambos da lei de lavagem.

(b) Errada. Somente configura crime contra as relações de consumo o favorecimento ou preferência INJUSTIFACADAS em favor de comprador ou freguês (art. 7º, I da Lei 8.137/90).

(c) Errada. Tal redução atinge na verdade o patamar que varia de um terço a dois terços, e não um sexto a dois terços como fez sugerir a banca.

(d) Certa. O consentimento do ofendido realmente pode excluir a tipicidade da conduta, desde que o vem jurídico seja disponível. Nesse sentido podemos citar entendimento do TJ de MG que excluiu tipicidade beneficiando o represente jurídico de uma PJ que dou certa quantidade de carne com níveis de gordura acima dos indicados pelos órgãos de controle e fiscalização após acordo com o cliente.

(e) Errada. O crime descrito pelo examinador (359-C do CP – delito que atinge as finanças públicas), somente se perfaz na modalidade dolosa, não existindo previsão legal em relação a tipo culposo.

*Para responder, tem que estudar: lei e jurisprudência.*

*Gabarito: D*

## 15.7. Lei dos Crimes Falimentares (Lei 11.101/05)

**127. (Cespe/TJ/DFT/Juiz/2014)** Com relação ao processo e julgamento dos crimes falimentares, assinale a opção correta.

a) Caso o MP não ofereça denúncia no prazo legal, qualquer credor, ainda que não habilitado, poderá oferecer ação penal privada subsidiária da pública, observado o prazo decadencial de seis meses.

b) A construção da teoria da unidade do crime falimentar remonta a Hans Welzel, que sustentava que a pluralidade de atos praticados pelo devedor, anteriores à declaração da falência, seria convertida em unidade, por força da declaração da falência, única condição de punibilidade do crime.

c) Os crimes falimentares são de ação penal pública condicionada à representação dos credores do falido ou de seus sucessores.

d) Em regra, o princípio da unicidade é aplicável ao concurso de crimes falimentares e aos delitos elencados no CP, como, por exemplo, ao estelionato.

e) Segundo o princípio da unicidade, havendo o concurso de diversas condutas voltadas ao cometimento de fraudes aos credores da empresa em processo de falência, considera-se a prática de apenas um único tipo penal, aplicando-se, nesse caso, ao agente a sanção do tipo penal a que se comina a pena mais gravosa.

**ANOTAÇÕES/COMENTÁRIOS**

(a) Errada. Realmente vamos ter a possibilidade de ação penal provada subsidiária da pública, porém tal direito assiste somente a credor devidamente HABILITADO. Nessa linha art. 184, pár. ún. da Lei 11.101/05).

(b) Errada. A construção da teoria da UNIDADE remonta a VON LIST e não a WELZEL como fez sugerir a banca examinadora.

(c) Errada. Os crimes contidos na Lei 11.101/05, são todos de ação penal pública incondicionada por força de expressa previsão legal (contida na própria norma em seu art. 184).

(d) Errada. O princípio ou teoria da UNICIDADE não se aplica aos demais delitos autônomos, a exemplo do estelionato. Nesse sentido STJ, HC 94632.

(e) Certa. Realmente aos crimes falimentares aplica-se o princípio da UNICIDADE, devendo o juiz trabalhar com crime único no qual será aplicada a pena mais gravosa entre todos os crimes praticados. Nessa linha STJ, HC 94632.

*Para responder, tem que estudar: lei, jurisprudência e teoria/doutrina.*

*Gabarito: E*

## 15.8. Lei dos Crimes Hediondos (Lei 8.072/90)

**128. (Cespe/TJ/DFT/Juiz/2016)** Com fundamento na Lei n. 11.464/2007, que modificou a Lei n. 8.072/1990 (Lei dos Crimes Hediondos), assinale a opção correta acerca dos requisitos objetivos para fins de progressão de regime prisional.

a) O regime integral fechado poderá ser aplicado no caso de prática de crime de tráfico internacional de drogas, em que, devido à hediondez da conduta, que atinge população de mais de um país, o réu não poderá ser beneficiado com a progressão de regime prisional.
b) Como exceção à regra prevista na legislação de regência, a progressão de regime prisional é vedada ao condenado, que deve cumprir regime integral fechado, pela prática de crime de epidemia de que resulte morte de vítimas.
c) Os condenados por crimes hediondos ou assemelhados cometidos antes da vigência da Lei n. 11.464/2007 sujeitam-se ao disposto no artigo 112 da Lei de Execução Penal para a progressão de regime, que estabelece o cumprimento de um sexto da pena no regime anterior.
d) A Lei dos Crimes Hediondos é especial e possui regra própria quanto aos requisitos objetivos para a progressão de regime prisional, devendo seus atuais parâmetros ser aplicados, independentemente de o crime ter sido praticado antes ou depois da vigência da Lei n. 11.464/2007, com base no princípio da especialidade.
e) Os requisitos objetivos da Lei n. 11.464/2007 devem ser aplicados para fins de progressão de regime prisional, pelo fato de essa lei ser mais benéfica que a lei anterior, que vedava a progressão de regime.

ANOTAÇÕES/COMENTÁRIOS

(a) Errada. O STF já declarou a inconstitucionalidade do regime integralmente fechado e até mesmo do regime apenas inicialmente fechado, uma vez que a vedação "ex lege", a fixação de regime mais benéfico viola o princípio da individualização da pena (dotado de matiz constitucional). Nesse sentido súmula vinculante 26.

(b) Errada. O STF há muito tempo já declarou a inconstitucionalidade do regime integralmente fechado no Brasil (antigo § 1º do art. 2º da Lei 8.072/90), uma vez que o mesmo viola o princípio da individualização da pena (art. 5º, XLVI da CF), sob o viés da própria dignidade humana.

(c) Certa. Os condenados em virtude da prática de crime hediondo praticado antes da vigência da Lei 11.464/07, submetem-se as regras do art. 112 da LEP (progressão após o cumprimento de um sexto da pena), pois naquela época a progressão já era uma medida permitida (por força da jurisprudência). Logo, permitir a retroatividade da Lei 11.464/07, conduziria em verdade a uma retroatividade "in malam partem", porquanto a mesma possui parâmetros mais rigorosos que a LEP (art. 112).

(d, e) Errada. Ver os fundamentos acima.

*Para responder, tem que estudar: lei e súmula/OJ.*

*Gabarito: C*

BLOCO II

**129. (Cespe/TJ/PB/Juiz/2011)** A respeito dos crimes de preconceito racial (Lei n. 7.716/1989) e contra a pessoa, assinale a opção correta.

a) O delito de rixa resta configurado ainda que definida a posição dos contendores, não respondendo pela forma qualificada desse delito o participante que sofra lesão grave, sob pena de caracterização de "bis in idem".

b) Suponha que o diretor de recursos humanos de uma concessionária de serviço público obste, por discriminação religiosa, a promoção funcional de um subordinado seu. Nesse caso, o referido diretor não praticará conduta penalmente típica, mas infração, a ser apurada no âmbito administrativo.

c) No crime de homicídio, é impossível a coexistência da qualificadora do motivo torpe com qualquer atenuante inserida na parte geral do CP, não podendo estas, assim, concorrer no mesmo fato.

d) Por incompatibilidade axiológica e por falta de previsão legal, o homicídio qualificado-privilegiado não integra o rol dos denominados crimes hediondos.

e) Para a configuração penal do delito de injúria, não se exige o elemento subjetivo consistente no dolo de ofender na modalidade de dolo específico, sendo suficiente, para a caracterização da figura típica, a presença do chamado dolo genérico.

ANOTAÇÕES/COMENTÁRIOS

(a) Errada. Não há que se falar em "bis in idem", já que o participante que sofre lesão grave responde pela figura qualificada, haja vista a posição de nossa doutrina.

(b) Errada. Em tais circunstâncias o diretor deve responder pelo crime contido no art. 3º, pár. ún. da Lei 7.716/89.

(c) Errada. Não existe óbice a incidência concomitante do motivo torpe com eventual circunstância atenuante da parte geral do CP uma vez que possuem natureza jurídica distinta.

(d) Certa. Realmente o homicídio qualificado-privilegiado não possui natureza hedionda.

(e) Errada. O delito de injúria exige um especial fim de agir, denominado pela doutrina de "animus injuriandi", sem que o qual o crime simplesmente não se perfaz.

*Para responder, tem que estudar: lei e teoria/doutrina.*

*Gabarito: D*

**130. (Cespe/TJ/PR/Juiz/2017)** Considerando a jurisprudência do STJ a respeito dos crimes hediondos, do tráfico de entorpecentes, do Estatuto do Desarmamento e do ECA, assinale a opção correta.

a) A arma de fogo desmuniciada e desmontada não serve para configurar o delito de porte ilegal de arma de fogo.

b) Não se configura o crime de corrupção de menor em relação àquele já afeito à prática de atos infracionais.

c) Por ser crime acessório, a associação para o tráfico de drogas não pode existir sem a prova da materialidade do crime principal.

d) Não é hediondo o crime de tráfico de entorpecentes praticado por agente primário, de bons antecedentes e que não se dedique a atividades criminosas nem integre organização criminosa.

**ANOTAÇÕES/COMENTÁRIOS**

(a) Errada. Em que pese exista doutrina no sentido da atipicidade do fato descrito pelo examinador, não é essa a orientação assente no STJ, uma vez que se trata de crime de perigo abstrato, sendo irrelevante o fato de a arma estar ou não municiada ou desmontada. Nesse sentido REsp 1.193.805.

(b) Errada. O fato do menor já ser corrompido não interfere na incidência do tipo penal descrito no art. 244-B do ECA, uma vez que se trata de crime FORMAL. Nesse sentido súmula 500 do STJ.

(c) Errada. A associação para o tráfico (art. 35 da Lei 11.343/06), é delito autônomo que constitui um verdadeiro crime associativo, ou seja, basta que 2 ou mais integrantes se associem de forma estável com a intenção de juntos cometem crime de drogas, não havendo a necessidade de existir crime antecedente.

(d) Certa. Realmente o § 4º do art. 33 da Lei 11.343/06, afasta a hediondez em relação a figura comumente denominada de "tráfico privilegiado", já tendo o STJ inclusive revogado a súmula 512 (publicada em 2014) que continha redação em sentido contrário. A revogação da mesma ocorreu após o julgamento do HC 118533. em junho de 2016. Não obstante, nossos tribunais superiores são bastante exigentes em relação aos requisitos contidos no § 4º da lei de drogas (primariedade, bons antecedentes e não se dedicar a atividades criminosas ou organização criminosa). Tanto é verdade que até mesmo inquéritos e ações penais em ANDAMENTO afastam o benefício ou privilégio (§ 4º). Nesse sentido ver REsp 1.431.091 e STF HC 108.135.

***Para responder, tem que estudar: lei, jurisprudência, súmula/OJ e teoria/doutrina.***

*Gabarito: D*

## 15.9. Lei dos Crimes de Racismo (Lei 7.716/89)

**131. (Cespe/TJ/AM/Juiz/2016)** Assinale a opção correta em relação a tipos penais diversos.

a) Somente o dolo qualifica os crimes contra a incolumidade pública, se estes resultam em lesão corporal ou morte de pessoa.

b) Não constitui crime vilipendiar as cinzas de um cadáver, sendo tal conduta atípica por ausência de previsão legal.

c) Se três indivíduos, mediante grave ameaça contra pessoa e com emprego de arma de fogo, renderem o motorista e os agentes de segurança de um carro-forte e subtraírem todo o dinheiro nele transportado, haverá apenas duas causas especiais de aumento de pena: o concurso de duas ou mais pessoas e o emprego de arma de fogo.

d) Distribuir símbolos ou propaganda que utilizem a cruz suástica ou gamada para fins de divulgação do nazismo é uma conduta típica prevista em lei.

e) Pratica crime previsto no CP aquele que contrai casamento conhecendo a existência de impedimento que lhe cause a nulidade absoluta ou relativa.

**ANOTAÇÕES/COMENTÁRIOS**

(a) Errada. Nos crimes contra a incolumidade pública também temos a culpa como elemento qualificador em sede de crimes contra a incolumidade pública. Exemplo: incêndio culposo com resultado morte culposo (258 do CP, "in fine" do CP).

(b) Errada. Ato de vilipendiar as cinzas do cadáver também configura o crime do art. 211 do CP.

(c) Errada. Em tal hipótese haverá ainda uma terceira majorante: trata-se daquela relacionada ao fato de estar a vítima exercendo transporte de valores (desde que tal fato seja do conhecimento do agente). Nesse sentido § 2º, III do próprio art. 157 do CP).

(d) Certa. Realmente a conduta descrita pelo examinador configura o crime previsto no art. 20, § 1º da Lei 7.716/89.

(e) Errada. O crime do art. 237 do CP somente se configura quando o sujeito ativo se casa ciente da existência de causa de impedimento que produz a nulidade ABSOLUTA do ato.

*Para responder, tem que estudar: lei.*

*Gabarito: D*

**132. (Cespe/TJ/PB/Juiz/2015)** Assinale a opção correta a respeito das penas e efeitos da condenação previstos na Lei n. 7.716/1989, que define os crimes resultantes de preconceitos de raça ou de cor; na Lei n. 9.455/1997, que define o crime de tortura; na Lei n. 9.605/1998, que dispõe sobre as sanções penais derivadas de condutas e atividades lesivas ao meio ambiente; e na Lei n. 11.343/2006, que define normas para repressão ao tráfico ilícito de drogas.

a) A condenação por crime de tortura somente importará na perda do cargo, função ou emprego público em caso de aplicação de regime semiaberto ou fechado para cumprimento de pena.

b) No caso de reincidência de pessoa jurídica na prática de crimes previstos na lei que reprime condutas e atividades lesivas ao meio ambiente, será efeito automático da condenação a dissolução da pessoa jurídica.

c) A perda do cargo ou função pública pelo servidor público está prevista como efeito da condenação por crimes resultantes de preconceito de raça ou de cor, no entanto, para que isso ocorra, deve o juiz declará-lo motivadamente na sentença.

d) O agente reincidente pelo crime de porte de substâncias entorpecentes sem autorização para consumo pessoal deve ser punido com as penas de prestação de serviços à comunidade e medida educativa de comparecimento a programa ou curso educativo que, cujo não cumprimento importará na conversão automática da pena em privativa de liberdade.

e) Haverá incidência de causa especial de aumento de pena sempre que um dos crimes previstos na lei de entorpecentes for praticado com emprego de arma de fogo.

*ANOTAÇÕES/COMENTÁRIOS*

(a) Errada. Não existe tal regra na Lei 9.455/97 (art. 1º, § 5º). Até mesmo porque a perda do cargo, função ou emprego simplesmente independe de motivação por parte do juiz, sendo efeito automático da condenação, logo, independe do tipo de regime de cumprimento de pena a ser adotado.

(b) Errada. Em havendo a condenação da pessoa jurídica o que pode haver é a aplicação de pena de suspensão das suas atividades ou a interdição temporária do estabelecimento comercial (art. 22, I e II da Lei 9.605/98).

(c) Certa. Realmente a perda do cargo ou função pública em decorrência da prática de crime previsto na lei de discriminação racial (7.716/89), não possui efeito automático devendo ser devidamente fundamentada na sentença pelo juiz (art. 18 da própria Lei 7.716/89).

(d) Errada. Em que pese existam realmente as penas de prestação de serviços a comunidade e medida educativa de comparecimento a programa ou curso educativo, o seu descumprimento NÃO acarreta conversão automática da pena em privativa de liberdade.

(e) Errada. A causa especial de aumento de pena contida no art. 40 da lei de drogas não abarca todos os crimes contidos na mesma, uma vez que o legislador limitou a majorante apenas para os crimes contidos entre os artigos 33 a 37.

*Para responder, tem que estudar: lei.*

*Gabarito: C*

## 15.10. Lei Maria da Penha (Lei 11.340/06)

**133. (Cespe/TJ/BA/Juiz/2019)** De acordo com a jurisprudência do STJ acerca da Lei Maria da Penha — Lei n.º 11.340/2006 —, o delito de descumprimento de medida protetiva de urgência constitui crime

a) cujo sujeito ativo deve ser sempre um homem.
b) que não admite a concessão de fiança.
c) cuja caracterização será afastada se tiver sido prevista a aplicação de multa na decisão que tiver determinado a medida protetiva.
d) mesmo que a determinação da medida protetiva tenha partido do juízo cível.
e) cuja caracterização admite a modalidade culposa.

**ANOTAÇÕES/COMENTÁRIOS**

(a) Errado, pois a jurisprudência do STJ admite que a mulher figure como sujeito ativo na lei Maria da Penha: 1. Nos termos do artigo 5º, inciso III, da Lei 11.340/2006, é possível a caracterização de violência doméstica e familiar nas relações entre filhas e mãe, desde que os fatos tenham sido praticados em razão da relação de intimidade e afeto existente. 2. Na hipótese dos autos, tanto o magistrado de origem quanto a autoridade apontada como coatora consignaram a existência da relação de vulnerabilidade a que estava sendo submetida a mãe em relação às filhas agressoras, circunstância que justifica a incidência da Lei Maria da Penha. (STJ HC 277561/AL de 2014).

(b) Lei nº 11.340/2006. Art. 24-A, § 2º. Na hipótese de prisão em flagrante, apenas a autoridade judicial poderá conceder fiança.

(c) Lei nº 11.340/2006. Art. 24-A, § 3º. O disposto neste artigo não exclui a aplicação de outras sanções cabíveis. Portanto, a aplicação do crime é compatível com outras sanções.

(d) Lei nº 11.340/2006. Art. 24-A, § 1º. A configuração do crime independe da competência civil ou criminal do juiz que deferiu as medidas.

(e) A lei não prevê a modalidade culposa para o crime em comento.

*Para responder, tem que estudar: lei e jurisprudência.*

*Gabarito: D*

**134. (Cespe/TJ/DFT/Juiz/2014)** Matias, ao chegar a casa depois de um dia de trabalho, irritou-se com sua esposa, Cleusa, porque o jantar não estava pronto, tendo chegado às vias de fato contra ela. Indignada, Cleusa chamou a polícia, que prendeu seu marido em flagrante. Os autos foram distribuídos ao MP, que ofereceu denúncia contra Matias perante o juizado de violência doméstica e familiar contra a mulher, tendo o parquet requerido a designação de audiência para a oferta de suspensão condicional do processo. Contudo, antes mesmo do oferecimento da exordial acusatória, perante a autoridade policial, a vítima manifestou desinteresse no prosseguimento da ação penal contra o marido e renunciou à representação que ofertara. Acerca da situação hipotética acima apresentada, assinale a opção correta.

a) O juiz deverá receber a denúncia, determinar a citação do acusado e, após o oferecimento de resposta, designar audiência de instrução e julgamento, indeferindo o pleito ministerial de agendamento de audiência para a oferta de suspensão condicional do processo, benefício inaplicável ao caso.

b) O juiz deverá receber a denúncia, determinar a citação do acusado e designar audiência para o oferecimento do benefício de suspensão condicional do processo.

c) Dada a renúncia à representação antes ofertada pela vítima, o juiz deverá rejeitar a denúncia por ausência de condição de procedibilidade.

d) Antes de receber a denúncia, o juiz deverá designar audiência específica, com o objetivo de colher a manifestação da vítima a respeito da renúncia à representação, intimando-se o MP a respeito.

e) O juiz deverá receber a denúncia e designar audiência específica, com o escopo de colher a manifestação da vítima a respeito da renúncia à representação, intimando-se o MP a respeito.

ANOTAÇÕES/COMENTÁRIOS

(a) Certa. Nesse sentido súmula 536 do STJ: "a suspensão condicional do processo não se aplica ao rito da lei Maria da Penha". No mesmo sentido art. 41 da Lei 11.340/06.

(b) Errada. Não há que se falar na incidência do benefício da suspensão condicional do processo em sede de lei Maria da Penha (súmula 536 do STJ).

(c) Errada. Dada a renúncia à representação da vítima (que ocorre sempre antes do recebimento da denúncia – art. 16 da Lei 11.340/06), o MP simplesmente NÃO poderá mais ofertar a inicial acusatória, uma vez que se trata de crime de ameaça (regido por representação). Logo, não há que se falar em rejeição da denúncia, não se pode rejeitar algo que nem mesmo pode ser ofertado.

(d) Errada. Embora o juiz realmente deva designar audiência específica, antes do recebimento da denúncia, com o objetivo de colher a manifestação da vítima sobre eventual renúncia ao direito de representação, NÃO há que se falar em intimação do MP, uma vez que basta em tal hipótese sua prévia oitiva (art. 16 da Lei 11.340/06).

(e) Errada. Eventual manifestação da vítima a respeito da renúncia ao direito de representação somente poderá ocorrer ANTES do recebimento da denúncia, perante o juiz, em audiência especialmente designada (art. 16 da lei Maria da Penha).

*Para responder, tem que estudar: lei e súmula/OJ.*

*Gabarito: A*

**135. (Cespe/TJ/PB/Juiz/2015)** Com relação ao instituto da suspensão condicional do processo, previsto na Lei n. 9.099/1995, assinale a opção correta.

a) De acordo com o STF, no caso de réu que tenha condenação anterior transitada em julgado, é possível a propositura da suspensão condicional do processo se já houver transcorrido mais de cinco anos entre a extinção da punibilidade pelo delito da condenação e a prática do novo fato criminoso.

b) Presentes os demais requisitos para a concessão do sursis processual, o MP poderá propor, ao oferecer a denúncia, a referida suspensão, ainda que o acusado esteja sendo processado por outro crime.

c) Se, durante o período de suspensão do processo, o acusado for processado por outro crime ou contravenção penal, o benefício poderá ser revogado por meio de decisão fundamentada do juízo.

d) A aceitação da suspensão condicional do processo levará à interrupção do prazo prescricional.

e) Dado que, conforme a jurisprudência do STJ, o sursis processual é um direito subjetivo do réu, na ação penal privada, a lei obriga o querelante a formular proposta de suspensão condicional do processo.

**ANOTAÇÕES/COMENTÁRIOS**

(a) Certa. O fato de o réu ter condenação anterior transitada em julgado não impede a suspensão condicional do processo após o lapso temporal de cinco anos (entre a extinção da punibilidade lastreada no cumprimento da pena e o novo crime praticado). Isso porque o examinador aludiu ao benefício da suspensão condicional do processo e não a transação penal (art. 76, 2º da Lei 9.099/95), não obstante entende o STF ser aplicável ao caso o art. 64, I do CP (por analogia) em relação à suspensão condicional do processo, em que pese o mesmo verse somente sobre a suspensão condicional da pena e sobre o livramento condicional. Nesse sentido HC 86646. SP – STF.

(b) Errada. O fato de estar sendo processado por outro crime faz com que o acusado perca o direito ao benefício (suspensão condicional do processo). Logo, não pode o MP propor o benefício.

(c) Errada. Se, durante o período de suspensão do processo, o acusado for processado por outro crime o benefício terá que ser revogado. Mas de outro lado, caso venha a ser processado por uma contravenção penal, essa mesma revogação torna-se agora meramente facultativa (poderá ser o benefício revogado nas palavras do legislador – art. § 4º do art. 89 da Lei 9.099/95.

(d) Errada. A concessão do benefício SUSPENDE a contagem da prescrição (§ 6º do art. 89 da Lei 9.099/95), não havendo que se falar em INTERRUPÇÃO. Ou seja: a prescrição simplesmente não corre.

(e) Errada. A concessão do benefício pela parte acusatória (seja o MP ou o querelante), deve ser entendida como uma faculdade (notadamente na ação penal privada que é regida pelo princípio da disponibilidade). Logo, não se trata de direito subjetivo do imputado (súmula 696 do STF), em que pese até exista entendimento em contrário no sentido de ser realmente um direito público subjetivo. Ademais em nenhum momento a lei impõe essa obrigação em sede de ação penal privada. Nesse sentido APN (ação penal) 934. RJ- julgada pelo STJ em 2012.

***Para responder, tem que estudar: lei, jurisprudência e súmula/OJ.***

*Gabarito: A*

**136. (Cespe/TJ/AM/Juiz/2016)** Com relação às disposições da Lei n. 11.340/2006. Lei Maria da Penha –, assinale a opção correta.

a) Para os efeitos da referida lei, a configuração da violência doméstica e familiar contra a mulher depende da demonstração de coabitação da ofendida e do agressor.

b) Os juizados especiais de violência doméstica e familiar contra a mulher têm competência exclusivamente criminal.

c) É tido como o âmbito da unidade doméstica o espaço de convívio permanente de pessoas, com ou sem vínculo familiar, salvo as esporadicamente agregadas.

d) A ofendida poderá entregar intimação ou notificação ao agressor se não houver outro meio de realizar a comunicação.

e) Considera-se violência sexual a conduta de forçar a mulher ao matrimônio mediante coação, chantagem, suborno ou manipulação, assim como a conduta de limitar ou anular o exercício de seus direitos sexuais e reprodutivos.

ANOTAÇÕES/COMENTÁRIOS

(a) Errada. A configuração de violência doméstica e familiar em desfavor da mulher dispensa a coabitação (art. 5º, III da Lei 11.340/06).

(b) Errada. O JVDFM (juizado da violência doméstica e familiar contra a mulher), possui competência cível e criminal (art. 14 da Lei 11.340/06).

(c) Errada. Isso porque o âmbito da unidade doméstica e familiar engloba inclusive as pessoas esporadicamente agregadas (art. 5º, I da Lei 11.340/06).

(d) Errada. A Lei 11.340/06, expressamente veda tal possibilidade (art. 21, pár. ún. da Lei 11.340/06).

(e) Certa. Realmente tais práticas configuram violência sexual contra a mulher em virtude de expressa previsão legal (art. 7º, III da Lei 11.340/06).

*Para responder, tem que estudar: lei.*

*Gabarito: E*

**137. (Cespe/TJ/DFT/Juiz/2014)** Em relação à Lei Maria da Penha, assinale a opção correta.

a) O escopo da lei em apreço é a proteção da mulher em situação de fragilidade/vulnerabilidade diante do homem, desde que caracterizado o vínculo de relação doméstica, familiar ou de afetividade, não se aplicando os dispositivos dessa lei às relações domésticas e afetivas entre pessoas do mesmo sexo.

b) Para a incidência dessa lei, é necessária a comprovação da coabitação entre o agente e a vítima ao tempo do crime.

c) Consoante entendimento do STF, nos casos de lesão corporal grave, no âmbito doméstico, a ação penal será pública condicionada à representação da vítima.

d) Conforme entendimento do STJ, é possível o recebimento da denúncia com base no depoimento da vítima por crimes de ameaça praticados no ambiente doméstico, pois, ao longo da instrução processual, é que serão colhidos outros elementos de convicção, que irão, ou não, confirmar as alegações da vítima colhidas extrajudicialmente.

e) De acordo com o posicionamento do STF, nos casos de lesão corporal leve, no âmbito doméstico, a ação penal é privada.

**ANOTAÇÕES/COMENTÁRIOS**

(a) Errada. Obstar a incidência da norma nas relações afetivas de cunho homossexual se mostraria desarrazoado e inconstitucional por ofensa ao princípio da igualdade e da dignidade humana. Nesse mesmo sentido pár. ún. do art. 5º da própria lei Maria da Penha: as disposições dessa lei independem da orientação adotada pela vítima.

(b) Errada. A coabitação não é requisito para a incidência da lei Maria da Pena. Nessa linha art. 5º, III da própria Lei 11.340/6.

(c) Errada. Consoante o entendimento do STF em tal hipótese deve-se considerar a adoção de ação penal pública incondicionada.

(d) Certa. Realmente consoante entendimento do STJ, pode o juiz receber a denúncia com base somente no depoimento da vítima de crime de ameaça praticada no seio do ambiente doméstico e familiar, não havendo que se falar em constrangimento ilegal em desfavor do sujeito ativo. Nesse sentido STJ – HC 221.249. julgado no ano de 2013.

(e) Errada. De acordo com o STF, nos casos de lesão corporal leve (no âmbito doméstico), a ação penal deve ser tida como pública incondicionada.

*Para responder, tem que estudar: lei e jurisprudência.*

*Gabarito: D*

**138.** **(Cespe/TJ/PR/Juiz/2017)** Assinale a opção correta com base na jurisprudência do STF sobre crimes ambientais, crimes contra a propriedade intelectual, execução penal e violência doméstica e familiar.

a) A venda de CDs e(ou) DVDs pirateados é uma prática amplamente tolerada pela população, implicando a atipicidade material da conduta com base no princípio da adequação social.

b) Aos crimes praticados com violência doméstica e familiar contra a mulher são inaplicáveis as normas tutelares despenalizadoras da Lei dos Juizados Especiais Cíveis e Criminais.

c) O crime de poluição sonora é material e exige necessariamente a prova pericial para a sua configuração.

d) O juiz da execução penal não pode alterar o regime de cumprimento da pena privativa de liberdade estipulada na sentença alegando o problema da superlotação carcerária.

**ANOTAÇÕES/COMENTÁRIOS**

(a) Errada. O princípio da adequação social não tem o condão de ilidir a incidência da norma penal incriminadora. Nesse sentido súmula 502 do STJ.

(b) Certa. Realmente em sede de violência doméstica e familiar contra a mulher são inaplicáveis os institutos despenalizadores da Lei 9.099/95. Nesse sentido art. 41 da Lei 11.340/06.

(c) Errada. O crime de poluição sonora dispensa resultado naturalístico, sendo dispensada inclusive a confecção de laudo pericial. Nesse sentido STJ – REsp 1564787 de 2017.

(d) Errada. A assertiva proposta pelo examinador contraria a súmula vinculante 56: "a falta de estabelecimento penal adequado não permite manter o condenado em regime prisional mais severo". Sendo assim, pode o juiz da execução alterar o regime de cumprimento de pena para colocar o condenado, por exemplo, em prisão domiciliar.

*Para responder, tem que estudar: jurisprudência e súmula/OJ.*

*Gabarito: B*



## 15.11. Outras Leis Esparsas

**139. (Cespe/TJ/BA/Juiz/2019)** Assinale a opção correta, a respeito do crime de organização criminosa previsto na Lei n.º 12.850/2013.

a) Para que se configure o referido crime, tem de se comprovar a ocorrência de associação estável e permanente de três ou mais pessoas para a prática criminosa.

b) Constitui circunstância elementar desse delito a finalidade de obtenção de vantagem de qualquer natureza mediante a prática de infrações penais cujas penas máximas sejam superiores a quatro anos ou que sejam de caráter transnacional.

c) A estruturação organizada e ordenada de pessoas, com a necessária divisão formal de tarefas entre elas, é circunstância elementar objetiva do crime em apreço.

d) A prática de pelo menos um ato executório das infrações penais para as quais os agentes se tenham organizado constitui condição para a consumação do referido delito.

e) Ao agente que exercer o comando, individual ou coletivo, de organização criminosa, ainda que não pratique pessoalmente atos de execução, será aplicada causa de aumento de pena de um sexto a dois terços.

ANOTAÇÕES/COMENTÁRIOS

(a) Lei nº 12.850/2013. Art. 1º, § 1º. Considera-se organização criminosa a associação de 4 (quatro) ou mais pessoas estruturalmente ordenada e caracterizada pela divisão de tarefas, ainda que informalmente, com objetivo de obter, direta ou indiretamente, vantagem de qualquer natureza, mediante a prática de infrações penais cujas penas máximas sejam superiores a 4 (quatro) anos, ou que sejam de caráter transnacional. O tipo penal exige o mínimo de 4 (quatro) pessoas.

(b) Lei nº 12.850/2013. Art. 1º, § 1º. Considera-se organização criminosa a associação de 4 (quatro) ou mais pessoas estruturalmente ordenada e caracterizada pela divisão de tarefas, ainda que informalmente, com objetivo de obter, direta ou indiretamente, vantagem de qualquer natureza, mediante a prática de infrações penais cujas penas máximas sejam superiores a 4 (quatro) anos, ou que sejam de caráter transnacional.

(c) Nos termos do artigo acima mencionado, o tipo penal prescinde de divisão formal, vide a expressão "ainda que informalmente".

(d) Trata-se de crime formal, consumando-se com a mera associação entre os agentes, independentemente da prática de outras infrações penais.

(e) Lei nº 12.850/2013. Art. 1º, § 3º. A pena é agravada para quem exerce o comando, individual ou coletivo, da organização criminosa, ainda que não pratique pessoalmente atos de execução. Trata-se de agravante e não de causa de aumento de pena.

*Para responder, tem que estudar: lei e teoria/doutrina.*

*Gabarito: B*

**140. (Cespe/TJ/DFT/Juiz/2014)** Em relação a comportamentos subsumíveis a diversos tipos penais previstos no CP e em legislação extravagante, assinale a opção correta.

a) A conduta que causa dano patrimonial não está abrangida no conceito de violência doméstica e familiar contra a mulher.

b) Comete crime contra a propriedade industrial quem acondiciona e vende produto de sua própria indústria em vasilhame que contenha marca legítima de outrem.

c) O crime de deserção, previsto no CPM, admite a figura da coautoria.

d) Em virtude de exceção expressa no Estatuto do Idoso, não incide a escusa absolutória prevista na parte especial do CP em relação ao furto praticado pelo neto contra o avô.

e) Oferecer droga a pessoa estranha ou ceder/entregar droga a pedido de tal pessoa, eventualmente e sem objetivo de lucro, ainda que em pequena quantidade e para consumo partilhado, caracteriza conduta de tráfico, para a qual é prevista a pena de detenção, de seis meses a um ano.

ANOTAÇÕES/COMENTÁRIOS

(a) Errada. Causar dano de natureza PATRIMONIAL também configura violência doméstica contra a mulher (art. 5º caput da lei Maria da Penha).

(b) Certa. Realmente a conduta descrita pelo examinador corresponde ao art. 190, II da Lei 9.279/96 (lei da propriedade industrial – que abarca também marcas e patentes).

(c) Errada. Segundo a doutrina que escreve na seara do direito penal militar, o crime de deserção (art. 187 do CPM) é tido como de mão própria, logo, somente o próprio militar que abandona suas funções por lapso temporal superior a 8 dias é que pode praticá-lo. Ademais se trata de crime propriamente militar.

(d) Errada. Em que pese exista realmente tal escusa absolutória é necessário saber a idade do avô, uma vez que a excludente somente pode ser afastado se o mesmo tiver idade igual ou superior a 60 anos (art. 183, III do CP).

(e) Errada. A conduta descrita pelo examinador, (§ 3º do art. 33 da lei de drogas) não é considerada tráfico de drogas, uma vez que este corresponde apenas ao art. 33 e seu § 1º da Lei 11.343/06.

*Para responder, tem que estudar: lei.*

*Gabarito: B*

BLOCO II

# 16. TEORIA E PRINCÍPIOS

## 16.1. Princípios Penais

**141. (Cespe/TJ/PB/Juiz/2015)** Acerca dos princípios e fontes do direito penal, assinale a opção correta.

a) Segundo a jurisprudência do STJ, o princípio da insignificância deve ser aplicado a casos de furto qualificado em que o prejuízo da vítima tenha sido mínimo.

b) Conforme entendimento do STJ, o princípio da adequação social justificaria o arquivamento de inquérito policial instaurado em razão da venda de CDs e DVDs.

c) Depreende-se do princípio da lesividade que a autolesão, via de regra, não é punível.

d) Depreende-se da aplicação do princípio da insignificância a determinado caso que a conduta em questão é formal e materialmente atípica.

e) As medidas provisórias podem regular matéria penal nas hipóteses de leis temporárias ou excepcionais.

ANOTAÇÕES/COMENTÁRIOS

(a) Errada. O STJ tem enorme resistência para aplicar o princípio da insignificância diante dos casos de furto QUALIFICADO, notadamente aquele praticado com rompimento de obstáculo, fato que conduz a uma maior reprovabilidade do comportamento, afastando-se assim um dos requisitos daquele. Nesse sentido REsp 746.011, STJ.

(b) Assertiva errada. O princípio da adequação social não tem o condão de ilidir a norma pena vigente. Ademais o próprio STJ já se manifestou sobre a questão da venda de CDs e DVDs, chegando a editar inclusive a súmula 502, segundo a qual é típica a conduta de vender CDs e DVDs.

(c) Certa. O princípio da alteridade (que veda a criminalização da autolesão) não deixa de ser um desdobramento lógico da lesividade. Daí podemos considerar a assertiva como correta.

(d) Errada. Com base na aplicação do princípio da insignificância a conduta em questão é formalmente típica, devendo ser apenas MATERIALMENTE atípica.

(e) Errada. A constituição federal expressamente veda a utilização de medidas provisórias em matéria penal. Nesse sentido ver art. 62, § 1º, I, "b" da CF.

*Para responder, tem que estudar: lei, jurisprudência e súmula/OJ.*

*Gabarito: C*

**142. (Cespe/TJ/BA/Juiz/2012)** Assinale a opção correta a respeito dos princípios aplicáveis ao direito penal.

a) Consoante Zaffaroni, o princípio da intranscendência da pena rechaça o estabelecimento de cominações legais e a imposição de penas que careçam de relação valorativa com o fato cometido considerado em seu significado global.

b) A fragmentariedade do direito penal é corolário dos princípios da proporcionalidade e da culpabilidade, pois, como destacou Binding, o direito penal não constitui um sistema exaustivo de proteção de bens jurídicos, de sorte a abranger todos os bens que constituem o universo de bens do indivíduo, mas representa um sistema descontínuo de seleção de ilícitos decorrentes da necessidade de criminalizá-los ante a indispensabilidade da proteção jurídico-penal.

c) Segundo Jescheck, a responsabilização do delinquente pela violação da ordem jurídica não pode ser conseguida sem dano e sem dor, especialmente com relação às penas privativas de liberdade, a não ser que se pretenda subverter a hierarquia dos valores morais e utilizar a prática delituosa como oportunidade para premiar, o que conduziria ao reino da utopia; assim, as relações humanas reguladas pelo direito penal devem ser presididas pelo princípio da humanidade.

d) De acordo com o princípio da ofensividade, também denominado princípio da exclusiva proteção de bens jurídicos, não compete ao direito penal tutelar valores puramente morais, éticos ou religiosos.

e) Segundo Nelson Hungria, aplica-se o princípio da subsidiariedade aos crimes de ação múltipla ou de conteúdo variado, ou seja, aos crimes plurinucleares.

**ANOTAÇÕES/COMENTÁRIOS**

(a) Errada. O princípio da intranscendência da pena diz que a mesma não pode ultrapassar a pessoa do apenado.

(b) Errada. A fragamentariedade é na verdade corolário de um princípio maior (intervenção mínima), decorrendo ainda da própria legalidade penal. Logo, serve para impor um "freio" ao direito penal. Sendo assim, somente são tutelados os bens jurídicos tidos por mais importantes.

(c) Certa. Realmente o texto descrito pelo examinador corresponde as ideias do professor alemão, JESCHECK. Trata-se de um trecho de sua obra traduzida para o português, por diversos autores brasileiros, entre os quais Cézar Roberto Bitencourt e Nilo Batista.

(d) Errada. O examinador aludiu ao princípio da EXCLUSIVA PROTEÇÃO DE BENS JURÍDICOS e não ao princípio da ofensividade. Logo, perceba que princípio da ofensividade não é sinônimo de exclusiva proteção dos bens jurídicos (este sim versa sobre a vedação a criminalização de comportamentos meramente morais, éticos ou religiosos). Exemplo: não se pode criminalizar o homossexualismo.

(e) Errada. Princípio da subsidiariedade e crimes de ação múltipla são conceitos completamente dissociados, isso porque um crime pode ser de ação múltipla sem que seja subsidiário e vice-versa. Logo, o correto seria dizer que os crimes de ação múltipla guarda relação com o princípio da ALTERNATIVIDADE e não com da subsidiariedade.

*Para responder, tem que estudar: teoria/doutrina.*

*Gabarito: C*

**143. (Cespe/TJ/RN/Juiz/2013)** Em relação aos crimes de violência doméstica e aos crimes definidos no Estatuto de Desarmamento, no CDC e no CTB, assinale a opção correta.

a) Se, após trâmite regular da ação penal, o magistrado julgar parcialmente procedente a acusação e condenar o réu como incurso somente nas penas do latrocínio, acolhendo tese defensiva de absorção do crime de porte ilegal de arma pelo de latrocínio, terá ele aplicado o princípio da consunção.

b) Pratica o crime de lesão corporal qualificada pela violência doméstica o agente que agride fisicamente sua esposa, caso em que deve incidir a circunstância agravante decorrente da prática do delito contra o cônjuge.

c) De acordo com o CDC, constitui crime, punido apenas na modalidade dolosa, a omissão de dizeres ou sinais ostensivos sobre a nocividade ou periculosidade do produto na sua embalagem, invólucro, recipiente ou publicidade.

d) Aquele que, ao trafegar com seu veículo em via pública, avista sua ex-namorada e atira o carro na direção dela, com a intenção de lesioná-la, causando-lhe ferimentos leves, pratica crime previsto no CTB.

e) Conforme o entendimento jurisprudencial que considera o porte ilegal de arma de fogo crime de perigo abstrato, para a consumação do delito, é necessária a demonstração do efetivo caráter ofensivo da arma transportada pelo indivíduo.

**ANOTAÇÕES/COMENTÁRIOS**

(a) Certa. Realmente não há que se falar em crime de porte ilegal de arma de fogo, quando estivermos diante de um crime de latrocínio, uma vez que este já compreende a violência empregada com arma de fogo em sua descrição típica.

(b) Errada. Em tal hipótese deve o agente responder tão somente pela lesão corporal qualificada (§ 9º do art. 129 do CP), não havendo que se falar em circunstância agravante genérica decorrente da prática do fato em desfavor de cônjuge (art. 61, II, "e" do CP), sob pena de "bis in idem".

(c) Errada. O crime previsto no art. 63 da Lei 8.078/90 (omitir dizeres ou sinais ostensivos sobre a periculosidade do produto em sua embalagem, invólucro, recipiente ou ainda através de publicidade), também admite a modalidade culposa (§ 2º do mesmo art. 63 do CDC).

(d) Errada. Em tal hipótese deve responder o individuo por crime doloso previsto no CP (art. 129), uma vez que o CTB contém somente crimes culposos.

(e) Errada. Segundo o entendimento jurisprudencial amplamente dominante o crime de porte ilegal de arma de fogo constitui crime de perigo abstrato, sendo dispensada a necessidade de demonstração do efetivo caráter ofensivo da arma transportada pelo indivíduo.

*Para responder, tem que estudar: lei e jurisprudência.*

*Gabarito: A*

**144. (Cespe/TJ/BA/Juiz/2019)** De acordo com a doutrina predominante no Brasil relativamente aos princípios aplicáveis ao direito penal, assinale a opção correta.

a) O princípio da taxatividade, ou do mandado de certeza, preconiza que a lei penal seja concreta e determinada em seu conteúdo, sendo vedados os tipos penais abertos.

b) O princípio da bagatela imprópria implica a atipicidade material de condutas causadoras de danos ou de perigos ínfimos.

c) O princípio da subsidiariedade determina que o direito penal somente tutele uma pequena fração dos bens jurídicos protegidos, operando nas hipóteses em que se verificar lesão ou ameaça de lesão mais intensa aos bens de maior relevância.

d) O princípio da ofensividade, segundo o qual não há crime sem lesão efetiva ou concreta ao bem jurídico tutelado, não permite que o ordenamento jurídico preveja crimes de perigo abstrato.

e) O princípio da adequação social serve de parâmetro ao legislador, que deve buscar afastar a tipificação criminal de condutas consideradas socialmente adequadas.

**ANOTAÇÕES/COMENTÁRIOS**

(a) Admite-se normas penais em branco.

(b) Reconhece a tipicidade material, porém não há a aplicação da pena.

(c) O conceito trazido é do princípio da fragmentariedade.

(d) Admite-se os crimes de perigo de abstrato.

(e) Correto.

*Para responder, tem que estudar: teoria/doutrina.*

*Gabarito: E*

**145. (Cespe/TJ/CE/Juiz/2018)** A respeito dos princípios constitucionais penais e das escolas penais, assinale a opção correta.

a) Legalidade ou reserva legal, anterioridade, retroatividade da lei penal benéfica, humanidade e in dubio pro reo são espécies de princípios constitucionais penais explícitos.

b) O princípio da humanidade assegura o respeito à integridade física e moral do preso na medida em que motiva a vedação constitucional de pena de morte e de prisão perpétua.

c) O princípio da responsabilidade pessoal impede que os familiares do condenado sofram os efeitos da condenação de ressarcimento de dano causado pela prática do crime.

d) A posse de um único projétil de arma de fogo de uso permitido não configura crime se o agente não possuir arma que possa ser municiada, de acordo com o princípio da ofensividade.

e) A Escola Clássica adotava a teoria mista, que entende a pena não apenas como retribuição ao infrator pelo mal causado, mas também como medida com finalidade preventiva.

**ANOTAÇÕES/COMENTÁRIOS**

(a) In dubio pro reo não é princípio constitucional.

(b) Assertiva correta, porém dúbia visto que a CF/88 admite pena de morte em caso de guerra declarada.

(c) Os herdeiros da vítima tem o direito de ajuizar ação civil visando reparação do dano.

(d) "Não é possível vislumbrar, nas circunstâncias, situação que exponha o corpo social a perigo, uma vez que a única munição apreendida, guardada na residência do acusado e desacompanhada de arma de fogo, por si só, é incapaz de provocar qualquer lesão à incolumidade pública" (STJ, no RHC 143.449/MS, j. 26/09/2017).

(e) Adota-se a Teoria Retributiva ou Absoluta.

*Para responder, tem que estudar: jurisprudência e teoria/doutrina.*

*Gabarito: B*

## 16.2. Teoria do Direito Penal

**146. (Cespe/TJ/PI/Juiz/2012)** A respeito da culpabilidade, assinale a opção correta.

a) Para haver exclusão ou diminuição da culpabilidade, a perda ou redução da capacidade de entendimento do caráter ilícito do fato causada pelo uso de entorpecente não deve decorrer necessariamente de caso fortuito ou força maior, visto que a dependência química, por si só, afasta ou reduz a responsabilização penal.

b) Segundo a jurisprudência do STJ, no delito de omissão de recolhimento de contribuição previdenciária, a impossibilidade de repasse das contribuições previdenciárias em decorrência de crise financeira da empresa não constitui, nem sequer em tese, causa supralegal de exclusão da culpabilidade (inexigibilidade de conduta diversa)

c) Conforme a teoria normativa pura, a culpabilidade não se exaure na relação de desconformidade substancial entre ação e ordenamento jurídico, mas fundamenta a reprovação pessoal contra o autor, no sentido de este não ter omitido a ação antijurídica quando ainda podia.

d) De acordo com a teoria limitada da culpabilidade, não se faz distinção entre erro de tipo (o que recai sobre a situação de fato) e erro de proibição (o que recai sobre os limites autorizadores da norma), sendo todas essas situações consideradas erro de proibição.

e) Nas correntes preventivas da culpabilidade, a teoria da motivação normativa tem como característica básica fundar a culpabilidade na liberdade de autodeterminação, excluída a capacidade de motivação normativa do sujeito.

**ANOTAÇÕES/COMENTÁRIOS**

(a) Errada. O candidato não pode confundir o simples USO de entorpecente com a hipótese de DEPENDÊNCIA química. Em havendo apenas o uso (sem que o agente possa ser considerado como dependente), não há que se falar em redução ou exclusão de culpabilidade. Nesse sentido é o teor do art. 45 da Lei 11.343/06.

(b) Errada. Não é esse o entendimento do STJ. Ao contrário disso, entende-se plenamente possível o reconhecimento de causa supra legal de exclusão da culpabilidade quando houver caso de não recolhimento de contribuição previdenciária pautada na questão de crise ou dificuldade financeira. Nesse sentido vamos encontrar diversas decisões do STJ, a exemplo do REsp 881.423/RJ e REsp 1113735/RS.

(c) Certa. Realmente segundo essa teoria a culpabilidade reside em um juízo de reprovação pessoal que recai contra o autor, no sentido de o mesmo praticar conduta antijurídica quando lhe era possível exigir comportamento conforme o direito (exigibilidade de conduta diversa).

(d) Errada. É exatamente o contrário: a teoria limitada da culpabilidade distingue o erro de tipo do erro de proibição. Sendo assim, perceba que o examinador aludiu, em verdade, a teoria EXTREMADA da culpabilidade (essa sim realmente não diferencia erro de tipo do erro de proibição, quando diante das denominadas descriminantes putativas).

(e) Errada. Essa teoria defende exatamente o contrário: segundo ela, (teoria da motivação normativa) o que importa é possibilidade de motivação do sujeito através da própria norma jurídica. Ademais tal teoria foca ainda na necessidade de pena.

*Para responder, tem que estudar: lei, jurisprudência e teoria/doutrina.*

*Gabarito: C*

**147. (Cespe/TJ/CE/Juiz/2012)** Em relação à analogia, assinale a opção correta.

a) A analogia só ocorre na hipótese de aplicação de lei, sendo vedada a utilização de entendimento firmado em súmula de tribunal superior analogicamente a outra situação semelhante.

b) A analogia em direito penal, em regra, só pode ser utilizada em razão da ausência de norma regulamentadora, da presença de lacuna na lei ou da existência de lei desproporcional.

c) A analogia, forma de autointegração da lei, não constitui fonte mediata do direito, podendo ser utilizada em relação a normas permissivas e incriminadoras.

d) A jurisprudência do STJ admite, no âmbito do direito penal, a aplicação de analogia de normas de direito civil ou processual civil, ainda que resulte na condenação do réu.

e) O uso do instituto da analogia pressupõe, necessariamente, uma lacuna involuntária da norma em vigor.

ANOTAÇÕES/COMENTÁRIOS

(a) Errada. Isso porque a analogia vem sendo utilizada até mesmo em relação a entendimentos sumulados, que, acabam sendo aplicados pelos nossos tribunais em relação a casos semelhantes (não contidos expressamente no verbete).

(b) Errada. Isso porque a analogia é uma forma de integração (pressupõe ausência de lei). Ora, se existe lei (ainda que seja desproporcional), não há que se falar em analogia, mas sim em controle de constitucionalidade. Leis desproporcionais devem ser declaradas inconstitucionais.

(c) Errada. A analogia em matéria penal JAMAIS pode ser utilizada em desfavor do réu. Logo, somente pode ser admitida sob o viés permissivo (não cabendo sua utilização em caráter incriminador).

(d) Errada. Pelo mesmo motivo já exposto acima, não cabe falar em analogia quando a mesma for empregada em desfavor do réu. Ela somente pode ser utilizada para favorecer (caráter permissivo).

(e) Certa. Realmente, a possibilidade de utilização da analogia pressupõe lacuna INVOLUNTÁRIA por parte do legislador, sob pena de se tornar inaplicável.

*Para responder, tem que estudar: teoria/doutrina.*

*Gabarito: E*

**148. (Cespe/TJ/AC/Juiz/2012)** A respeito da classificação dos crimes, assinale a opção correta.

a) Classifica-se como bipróprio o crime cujo agente é simultaneamente sujeito ativo e passivo em relação ao mesmo fato.

b) A denunciação caluniosa e a extorsão mediante sequestro são consideradas crimes complexos em sentido estrito.

c) A conduta de alguém que induza ou instigue outrem a suicidar-se ou preste auxílio para que o faça configura crime multitudinário ou de ação múltipla.

d) O aborto com consentimento da gestante e a violação de sepultura são exemplos de crime vago.

e) A injúria e a ameaça verbais são exemplos de crimes não transeuntes.

ANOTAÇÕES/COMENTÁRIOS

(a) Errada. Crime bi-próprio é aquele que exige uma qualidade especial tanto por parte do sujeito ativo como por parte do sujeito passivo, não guardando portanto qualquer relação com o que foi sugerido pela banca. Como exemplo de crime bi-próprio podemos citar o infanticídio (art. 123 do CP). Isso porque o sujeito ativo deve ser SEMPRE a mãe (na qualidade de parturiente), ao passo que o sujeito passivo é sempre o ser nascente.

(b) Errada. A denunciação caluniosa até pode ser tida como crime complexo, porém em sentido amplo. Temos na denunciação a conjugação de um delito de calúnia com o simples comportamento de notificar a existência de fato criminoso junto às autoridades públicas. Já no crime complexo em sentido estrito, exige-se a prática de dois comportamentos que isoladamente considerados já se mostram criminosos. Sendo assim, o delito de extorsão mediante sequestro realmente pode ser tido como crime complexo por excelência (em sentido estrito), porquanto é formado pela ameaça (art. 147 do CP), em conjunto com o crime de extorsão + o delito de sequestro – art. 148 do CP).

(c) Errada. Embora o crime contido no art. 122 seja realmente de ação múltipla, não se trata de delito multitudinário, pois que este se traduz em crime praticado por multidões (grande número de pessoas reunidas). Sendo assim, perceba que delito multitudinário NÃO se confunde com delito de ação múltipla.

(d) Certa. Realmente são crimes vagos, uma vez que o conceito de crime vago se relaciona com a ausência de personalidade jurídica por parte do sujeito passivo. O feto não tem personalidade jurídica, embora a lei civil lhe assegure direitos desde a sua concepção. Já o morto também é desprovido de personalidade jurídica, uma vez que esta se encerra com a morte.

(e) Errada. A injúria e o delito de ameaça ao contrário do que foi dito pela banca são crimes transeuntes, ou seja, pertencem ao grupo de crimes que não deixam vestígios. Já o delito não transeunte é aquele que DEIXA vestígios, a exemplo do furto qualificado pelo rompimento de obstáculo.

*Para responder, tem que estudar: teoria/doutrina.*

*Gabarito: D*



**149. (Cespe/TJ/AM/Juiz/2016)** Determinada sentença justificou a dosimetria da pena em um crime de roubo da forma seguinte. A culpabilidade do réu ficou comprovada, sendo a sua conduta altamente reprovável; não constam informações detalhadas sobre seus antecedentes, mas consta que ele foi anteriormente preso em flagrante acusado de roubo – embora não haja prova do trânsito em julgado da condenação – e que responde a dois inquéritos policiais nos quais é acusado de furtar. A conduta social do réu não é boa e denota personalidade voltada para o crime; os motivos e as circunstâncias do crime não favorecem o réu; e as consequências do fato são muito graves, pois as vítimas, que em nada contribuíram para a deflagração do ato criminoso, tiveram prejuízo expressivo, já que houve desbordamento do caminho usualmente utilizado para a consumação do crime. É relevante observar que, sendo o réu pobre, semianalfabeto, sem profissão e sem emprego, muito provavelmente voltará ao crime, fato que, por si, justifica o aumento da pena-base como forma de prevenção. Tendo em vista os elementos apresentados na justificação hipotética descrita, assinale a opção correta de acordo com a jurisprudência do STJ.

a) Por ser inerente ao crime de roubo, compondo a fase de criminalização primária, a perda material não poderia justificar o aumento da pena-base como consequência negativa do crime.

b) O juiz decidiu corretamente, pois apresentou justificação convincente, baseada no princípio do livre convencimento.

c) Considerando que o réu já tinha sido preso em flagrante por roubo e, mesmo sem o trânsito em julgado da respectiva sentença, ele ainda responde a dois inquéritos policiais por furtos, justifica-se a exacerbação da pena-base.

d) O juiz deveria ter levado em conta o fato de as vítimas em nada terem contribuído para a ocorrência do crime como motivo para exasperação da pena-base do réu, a fim de atender as funções repressivas e preventivas da sanção penal.

e) A exasperação da pena-base por causa da pobreza, ignorância ou desemprego caracteriza a prática do que a doutrina denomina direito penal do inimigo.

**ANOTAÇÕES/COMENTÁRIOS**

(a) Errada. De fato, a subtração da coisa é inerente (elementar) do crime de roubo, não podendo, a princípio, ser valorada negativamente a título de consequências do crime. Não obstante, a hipótese fala em "prejuízo expressivo", vale dizer, prejuízo que transborda o aspecto ordinariamente contumaz ao crime de roubo, constituindo portanto um verdadeiro "plus", que deve ser valorado como aspecto negativo.

(b) Errada. A fundamentação se mostrou péssima, já que baseada em considerações meramente genéricas, sem respaldo em dados concretos, ofendendo inclusive princípios como o da presunção de inocência.

(c) Errada. É da jurisprudência sumulada do STJ (verbete 444) que inquéritos e ações penais em curso (sem o devido trânsito em julgado) não podem justificar a exasperação da pena-base a título de maus antecedentes.

(d) Errada. A circunstância judicial do "comportamento da vítima" só pode ser neutra ou favorável ao réu, mas nunca desfavorável. É dizer, o fato de a vítima em nada contribuir para o crime é o que na verdade, acontece ordinariamente, de modo que só será valorada se ela tiver contribuído ou estimulado a prática do crime. Do contrário, será tida como neutra.

(e) Certa. A rigor, as considerações feitas pelo magistrado hipotético revelam realmente uma pegada peculiar ao denominado direito penal do inimigo (foca no autor e não no fato). Ora, no Brasil adotou-se o direito penal do fato e não do autor (art. 2º do CP).

*Para responder, tem que estudar: súmula/OJ e teoria/doutrina.*

*Gabarito: E*

**150.** **(Cespe/TJ/AC/Juiz/2012)** Em relação às teorias do crime e à legislação especial, assinale a opção correta.

a) Conforme entendimento jurisprudencial, é suficiente, para fundamentar a aplicação do direito penal mínimo, a presença de um dos seguintes elementos: mínima ofensividade da conduta do agente, ínfima periculosidade da ação, ausência total de reprovabilidade do comportamento e mínima expressividade da lesão jurídica ocasionada.

b) A coculpabilidade, expressamente admitida na lei penal como uma das hipóteses de aplicação da atenuante genérica, consiste em reconhecer que o Estado também é responsável pelo cometimento de determinados delitos quando o agente possui menor autodeterminação diante das circunstâncias do caso concreto, especificamente no que se refere às condições sociais e econômicas.

c) A teoria constitucionalista do delito, que integra o direito penal à CF, enfoca o delito como ofensa, concreta ou abstrata, a bem jurídico protegido constitucionalmente, havendo crime com ou sem lesão ou perigo de lesão ao bem jurídico relevante.

d) Idealizado por Gunther Jakobs, o direito penal do inimigo é entendido como um direito penal de terceira velocidade, por utilizar a pena privativa de liberdade, mas permitir a flexibilização de garantias materiais e processuais, podendo ser observado, no direito brasileiro, em alguns institutos da lei que trata dos crimes hediondos e da que trata do crime organizado.

e) O abolicionismo, ou minimalismo penal, prega a eliminação total, do ordenamento jurídico penal, da pena de prisão como meio de controle social formal e a sua substituição por outro mecanismo de controle.

## ANOTAÇÕES/COMENTÁRIOS

(a) Errada. De acordo com nossa jurisprudência o direito penal mínimo (princípio da insignificância), não se contenta apenas com a ínfima periculosidade da ação, ou seja, é preciso mais do que isso: exige-se em verdade NENHUMA periculosidade da ação, podendo por outro lado existir mínima reprovabilidade do comportamento (ao invés da sua total ausência).

(b) Errada. Isso porque a coculpabilidade não é admitida expressamente no ordenamento jurídico brasileiro, decorrendo de construção doutrinária (ver art. 66 do CP – isso fica bem claro com a sua leitura).

(c) Errada. Essa assertiva está errada porque a teoria constitucionalista do delito enfoca o crime como sendo uma ofensa CONCRETA ao bem jurídico tutelado, havendo crime apenas quando diante de lesão efetiva a esse mesmo bem, refutando-se com isso a criminalização do mero perigo.

(d) Certa. Está correta a assertiva. De acordo com o funcionalismo sistêmico (ou radical), defendido por Gunther Jakobs, a função do Direito Penal visa assegurar a vigência da norma, ou seja, serve para resguardar o sistema, mostrando que o direito posto existe e não pode ser violado. Ainda segundo essa vertente: quando o Direito Penal é chamado a atuar, o bem jurídico protegido, já foi devidamente violado, logo, a função primordial dessa ciência não pode ser a segurança dos bens jurídicos, mas sim a garantia da própria validade do sistema que os protege. Nesta linha de raciocínio, para o grande doutrinador, Jakobs, aquele que se desvia da norma não pode ser tratado como pessoa, devendo ser visto como um verdadeiro inimigo da norma. Surge com isso o denominado Direito Penal do Inimigo (proteção do sistema e não dos bens).

(e) Errada. Abolicionismo e minimalismo não são sinônimos, ao contrário possuem propostas bem distintas. O primeiro foca na desnecessidade do direito penal, encarando-o como uma fonte de problemas sociais (ou seja: entende que o mesmo não trás a necessária pacificação social). Já o segundo, embora possua certas críticas semelhantes, não prega a eliminação total da pena criminal, mas apenas sua reserva aos casos em que a mesma se mostre imprescindível.

*Para responder, tem que estudar: lei e teoria/doutrina.*

*Gabarito: D*

**151. (Cespe/TJ/PB/Juiz/2011)** Assinale a opção correta a respeito do dolo.

a) O estudo do tipo subjetivo dos crimes dolosos tem por objeto o dolo, elemento subjetivo geral, excluído nas hipóteses de erro de tipo, sendo as intenções, tendências ou atitudes pessoais elementos subjetivos especiais existentes em conjunto com o dolo em determinados delitos.

b) Considere que, durante a formação de uma tempestade, Lino tenha convencido Jorge a visitar determinada floresta na esperança de que um raio o atingisse de forma letal. Considere, ainda, que, de fato, Jorge tenha sido, na ocasião, atingido por um raio e falecido como consequência. Nesse caso, Lino deve responder pelo delito de homicídio na modalidade dolo eventual.

c) Os elementos normativos do tipo legal doloso, como os conceitos jurídicos empregados pelo legislador, não devem ser apreendidos conforme o seu significado comum, segundo uma valoração paralela ao nível do leigo, e sim, no sentido da definição jurídica respectiva.

d) As teorias do consentimento, da indiferença e da vontade de evitação não comprovada adotam, em relação ao dolo eventual, critérios fundados na representação, sendo o dolo eventual definido na teoria da vontade de evitação não comprovada como a atitude de aprovação do resultado típico previsto como possível, que deve agradar ao autor.

e) Suponha que, com intenção de fraudar o seguro que contratara, Mauro tenha instalado explosivos em embarcação de sua propriedade e detonado o dispositivo de explosão por meio de controle remoto antes de uma viagem programada. Suponha, ainda, que, em decorrência da explosão, a embarcação tenha sido destruída e a tripulação, morta. Nesse caso, com relação à conduta de Mauro, fica caracterizado o dolo de primeiro grau, ainda que as mortes não tenham sido por ele desejadas.

## ANOTAÇÕES/COMENTÁRIOS

(a) Certa. O dolo pode ser conceituado como a vontade consciente e voluntária dirigida a prática de uma conduta que se encontra descrita no tipo penal incriminador.

Entende a doutrina que o dolo é um elemento subjetivo implícito da conduta. Ademais, o erro de tipo SEMPRE exclui o dolo, tornando a assertiva verdadeira.

(b) Errada. No caso descrito pela banca, LINO, não pode ser responsabilizado pelo resultado (homicídio), uma vez que, a queda do raio se deve a um evento da natureza (verdadeira obra do acaso). Ainda que Lino tivesse a intenção de que Jorge morresse em decorrência do raio, não havia por parte do mesmo a possibilidade de manter DOMÍNIO sobre tal evento (fruto de ação da natureza), logo, não pode o mesmo ser responsabilizado.

(c) Errada. Trata-se, no caso, da potencial consciência da ilicitude. Não se exige que o sujeito (autor da conduta) compreenda de forma técnica o sentido ou enquadramento jurídico de sua conduta, devendo o mesmo possuir apenas a percepção de que o seu comportamento não é aprovado pelo direito. Esta percepção, ainda que leiga, (de que a ação praticada é reprovável), denomina-se valoração paralela do injusto na esfera do profano.

(d) Errada. Para a teoria da vontade de evitação não comprovada, o dolo eventual pressupõe que o agente não ative contra fatores que pudessem evitar o resultado. Isso porque, uma vez ativados o agente responde apenas por culpa consciente. Sendo assim, o item está incorreto, pois a descrição feita pela banca corresponde em verdade a teoria do consentimento (resultado agrada ao autor), que aceita sua produção.

(e) Errada. Isso porque em tal hipótese, vamos ter o denominado dolo de 2º grau, consistente na vontade do agente dirigida a determinado resultado, efetivamente desejado, em que a utilização dos meios para alcançá-lo inclui, obrigatoriamente, efeitos colaterais de verificação praticamente certa. O agente não deseja imediatamente aqueles referidos efeitos (tidos como colaterais), porém tem como certa sua posterior ocorrência, caso se concretize o resultado pretendido.

*Para responder, tem que estudar: teoria/doutrina.*

*Gabarito: A*

BLOCO II

**152. (Cespe/TJ/PB/Juiz/2015)** Relativamente à classificação doutrinária de crimes, assinale a opção correta.

a) O crime falho, também chamado de tentativa imperfeita, ocorre quando o agente voluntariamente desiste de prosseguir na execução ou impede que o resultado se produza.

b) Para que se verifique o exaurimento do crime, é necessário que, depois de sua consumação, o delito atinja suas últimas consequências.

c) O crime de cárcere privado é tipicamente instantâneo, haja vista que já se consuma com a efetiva restrição ou privação da liberdade de locomoção por tempo juridicamente relevante.

d) As penas privativas de liberdade aplicáveis a indivíduos condenados por contravenções penais são de detenção, não se admitindo a reclusão.

e) Crime próprio é aquele que só pode ser praticado pelo agente pessoalmente, não podendo este utilizar-se de interposta pessoa (a exemplo do que ocorre no falso testemunho).

**ANOTAÇÕES/COMENTÁRIOS**

(a) Errada. O crime falho é sinônimo de tentativa perfeita ou acabada, que ocorre quando o agente utiliza todos os meios que possui a sua disposição, porém não consegue consumar o crime em decorrência de circunstâncias alheias à sua vontade. Crime falho, portanto, não tem nenhuma relação com a desistência voluntária e com o arrependimento eficaz (institutos que podem ser chamados de tentativa qualificada/abandonada). Já a tentativa imperfeita, por sua vez, é aquela em que o agente não chega a esgotar todos os meios tidos a sua disposição. Exemplo: o agente é preso pela polícia ao efetuar o primeiro disparo, quando ainda pretendia efetuar mais cinco tiros que possuía no revólver a sua pronta disposição.

(b) Certa. No crime exaurido são cometidos atos posteriores à consumação. Isso ocorre, por exemplo, no crime de extorsão mediante sequestro (Art. 159 do CP). Isso porque nele, o recebimento do resgate ocorre após a restrição da liberdade da vítima, ou seja: após o delito já estar devidamente consumado.

(c) Errada. Trata-se de crime PERMANENTE, ou seja, aquele em que a execução se protrai no tempo por força de determinação do próprio sujeito ativo. A relevância prática de se constatar a permanência está diretamente ligada a contagem do prazo prescricional, que só se inicia após a cessação da ofensa ao bem jurídico (artigo 111, inciso III do Código Penal), além da possibilidade, a qualquer momento, de se efetivar a prisão em flagrante.

(d) Errada. Em relação às contravenções penais, a privação de liberdade se dá por meio da prisão simples, reprimenda que não segue os rigores penitenciários próprios da detenção e da reclusão.

(e) Errada. O examinador em verdade aludiu ao crime de "mão própria". Isso porque, neste, além de se exigir uma qualidade especial do agente, ainda é necessário que ele mesmo pratique pessoalmente a conduta, caracterizando com isso uma infração penal de conduta infungível. O crime próprio, por outro lado, é aquele em que o tipo penal simplesmente exige qualidade ou condição especial por parte do agente (exemplo: crime de peculato).

*Para responder, tem que estudar: teoria/doutrina.*

*Gabarito: B*

**153. (Cespe/TJ/BA/Juiz/2019)** A explicação do crime como fenômeno coletivo cuja origem pode ser encontrada nas mais variadas causas sociais, como a pobreza, a educação, a família e o ambiente moral, corresponde à perspectiva criminológica denominada

a) sociologia criminal.

b) criminologia da escola positiva.
c) criminologia socialista.
d) labeling approach, ou etiquetamento.
e) ecologia criminal.

ANOTAÇÕES/COMENTÁRIOS

(a, b, c, d, e) O conceito se refere à sociologia criminal, que explica a correção existente entre o crime e a sociedade.

*Para responder, tem que estudar: teoria/doutrina.*

*Gabarito: A*

**154. (Cespe/TJ/CE/Juiz/2018)** A respeito da política criminal, da criminologia, da aplicação da lei penal e das funções da pena, julgue os itens subsequentes.

I. Criminologia é a ciência que estuda o crime como fenômeno social e o criminoso como agente do ato ilícito, não se restringindo à análise da norma penal e seus efeitos, mas observando principalmente as causas que levam à delinquência, com o fim de possibilitar o aperfeiçoamento dogmático do sistema penal.
II. A política criminal constitui a sistematização de estratégias, táticas e meios de controle social da criminalidade, com o propósito de sugerir e orientar reformas na legislação positivada.
III. O direito penal positivado no ordenamento penal brasileiro corrobora a teoria absoluta, porquanto consagra a ideia do caráter retributivo da sanção penal.
IV. Considera-se o lugar da prática do crime aquele onde tenha ocorrido a ação ou omissão, e não onde se tenha produzido o seu resultado.

Estão certos apenas os itens

a) I e II.
b) I e IV.
c) II e III.
d) I, III e IV.
e) II, III e IV.

ANOTAÇÕES/COMENTÁRIOS

(a, b, c, d, e) I – Correto.; II- Correto.; III- Adotas-se a Teoria Mista.; IV- Art. 6 do Código Penal: Considera-se praticado o crime no lugar em que ocorreu a ação ou omissão, no todo ou em parte, bem como onde se produziu ou deveria produzir-se o resultado.

*Para responder, tem que estudar: lei e teoria/doutrina*

*Gabarito: A*

# 8

# DIREITO PROCESSUAL PENAL

## 1. DISPOSIÇÕES PRELIMINARES

1. **(Cespe/TJ/BA/Juiz/2012)** Assinale a opção correta considerando a aplicação da lei processual penal.

a) O foro por prerrogativa de função estabelecido exclusivamente pela constituição estadual não prevalece sobre a competência constitucional do tribunal do júri.

b) A lei processual aplica-se de imediato, devendo-se respeitar, entretanto, a data em que o crime foi praticado e observar a pretensão punitiva já estabelecida.

c) Aplica-se às normas processuais penais o princípio da extraterritorialidade, visto que são consideradas extensão do território nacional as embarcações e aeronaves públicas a serviço do governo brasileiro, onde quer que se encontrem.

d) Recebida a denúncia em relação a crime praticado por senador, após a diplomação, o processo deve tramitar perante o juiz natural, inexistindo a sustação do processo com a consequente suspensão da prescrição.

e) Os membros do Congresso Nacional, após a expedição do diploma, só podem ser presos por crimes afiançáveis em situação de flagrância e, em se tratando de crimes inafiançáveis, somente em caso de prisão temporária pautada em crime cometido no exercício ou desempenho das funções parlamentares.

**ANOTAÇÕES/COMENTÁRIOS**

(a) Certa. Súmula Vinculante 45 do STF.

(b) Errada. O artigo 2 do CPP estabelece que a lei processual aplica-se imediatamente, sem prejuízo da validade dos atos realizados sob a vigência da lei anterior. Desta forma, a observância da data do crime e correspondente pretensão punitiva estabelecida é dinâmica que se coloca para as normas penais, na forma do artigo 2 do CP, e não para as normas processuais penais.

(c) Errada. O processo penal segue a dinâmica da absoluta territorialidade, como dispõe o artigo 1 do CPP, já que se trata de instrumento da jurisdição brasileira que o aplica para os processos em trâmite em seu território. Neste sentido, os casos de território por ficção, previstos no artigo 6, §§ 1 e 2º CP, e extraterritorialidade, dispostos no artigo 7 do CP, são exclusivos para as normas penais, posto que alcançam fatos ocorridos fora do território físico nacional.

(d) Errada. O artigo 53, § 3º da CF estabelece que recebida a denúncia contra Senador por crime cometido após a diplomação, o STF dará ciência à casa respectiva, que, por iniciativa do partido político nela representada e pelo voto da maioria de seus membros, poderá sustar o andamento da ação penal até a decisão final. A jurisprudência entende que neste caso estará suspenso o prazo prescricional.

(e) Errada. Segundo o artigo 53, § 1º da CF, os membros do Congresso Nacional, desde a expedição do diploma, não podem ser presos, salvo em flagrante por crime inafiançável.

*Para responder, tem que estudar: lei e súmula/OJ.*

*Gabarito: A*

**2. (Cespe/TJ/AC/Juiz/2012)** No que se refere à aplicação da lei penal e da lei processual penal, assinale a opção correta.

a) Em relação à aplicação da lei no espaço, vigora o princípio da absoluta territorialidade da lei processual penal.

b) Cessadas as circunstâncias que determinaram a sua existência, a lei excepcional deixa de ser aplicada ao fato praticado durante a sua vigência.

c) Por expressa previsão legal, a lei penal e a lei processual penal retroagem para beneficiar o réu.

d) De acordo com o princípio da aplicação imediata da lei processual penal, os atos já realizados sob a vigência de determinada lei devem ser convalidados pela lei que a substitua.

e) A lei penal admite a aplicação analógica e a lei processual penal, a interpretação analógica.

ANOTAÇÕES/COMENTÁRIOS

(a) Certa. Artigo 1 do CPP. A lei processual penal, por ser instrumento da jurisdição nacional, aplica-se exclusivamente no território brasileiro, diferentemente da lei penal, que pode alcançar fatos ocorridos fora do território físico.

(b) Errada. Conforme dispõe o artigo 3 do CP, a lei excepcional permanece aplicável ao fato praticado durante a sua vigência mesmo após cessadas as circunstâncias que determinaram a sua existência. Trata-se de hipótese de ultra-atividade da lei penal.

(c) Errada. A lei processual penal tem incidência imediata, sem prejuízo da validade dos atos praticados sob a vigência da lei anterior. Previsão do artigo 2 do CPP.

(d) Errada. Artigo 2 do CPP.

(e) Errada. Segundo o artigo 3 do CPP, a lei processual penal admite a interpretação extensiva e a aplicação analógica.

*Para responder, tem que estudar: lei.*

*Gabarito: A*

## 2. DO INQUÉRITO POLICIAL

**3. (Cespe/TJ/BA/Juiz/2019)** Aldo, delegado de polícia, recebeu em sua unidade policial denúncia anônima que imputava a Mauro a prática do crime de tráfico de drogas em um bairro da cidade. A denúncia veio acompanhada de imagens em que Mauro aparece entregando a terceira pessoa pacotes em plástico transparente com considerável quantidade de substância esbranquiçada e recebendo dessa pessoa quantia em dinheiro. Em diligências realizadas, Aldo confirmou a qualificação de Mauro e, a partir das informações obtidas, instaurou IP para apurar o crime descrito no art. 33, caput, da Lei n.º 11.343/2006 — Lei Antidrogas —, sem indiciamento. Na sequência, ele representou à autoridade judiciária pelo deferimento de medida de busca e apreensão na residência de Mauro, inclusive do telefone celular do investigado.

Acerca dessa situação hipotética, assinale a opção correta.

a) A instauração do IP constituiu medida ilegal, pois se fundou em denúncia anônima.

b) Recebido o IP, verificados a completa qualificação de Mauro e os indícios suficientes de autoria, o juiz poderá determinar o indiciamento do investigado à autoridade policial.

c) Em razão do caráter sigiloso dos autos do IP, nem Mauro nem seu defensor constituído terão o direito de acessá-los.

d) Como não houve prisão, o prazo para a conclusão do IP será de noventa dias.

e) Deferida a busca e apreensão, a realização de exame pericial em dados de telefone celular que eventualmente seja apreendido dependerá de nova decisão judicial.

**ANOTAÇÕES/COMENTÁRIOS**

(a) As notícias anônimas ("denúncias anônimas") não autorizam, por si sós, a propositura de ação penal ou mesmo, na fase de investigação preliminar, o emprego de métodos invasivos de investigação, como interceptação telefônica ou busca e apreensão. Entretanto, elas podem constituir fonte de informação e de provas que não podem ser simplesmente descartadas pelos órgãos do Poder Judiciário. Procedimento a ser adotado pela autoridade policial em caso de "denúncia anônima": 1) Realizar investigações preliminares para confirmar a credibilidade da "denúncia"; 2) Sendo confirmado que a "denúncia anônima" possui aparência mínima de procedência, instaura-se inquérito policial; 3) Instaurado o inquérito, a autoridade policial deverá buscar outros meios de prova que não a interceptação telefônica (esta é a ultima ratio). Se houver indícios concretos contra os investigados, mas a interceptação se revelar imprescindível para provar o crime, poderá ser requerida a quebra do sigilo telefônico ao magistrado. (STF, HC 106152/MS de 2016). A denúncia anônima veio acompanhada de imagens, o que traz aparência mínima de procedência.

(b) Sendo o ato de indiciamento de atribuição exclusiva da autoridade policial, não existe fundamento jurídico que autorize o magistrado, após receber a denúncia, requisitar ao Delegado de Polícia o indiciamento de determinada pessoa. A rigor, requisição dessa natureza é incompatível com o sistema acusatório, que impõe a separação orgânica das funções concernentes à persecução penal, de modo a impedir que o juiz adote qualquer postura inerente à função investigatória. (STF, HC 115.015/SP de 2013)

(c) STF. Súmula Vinculante 14: "É direito do defensor, no interesse do representado, ter acesso amplo aos elementos de prova que, já documentados em procedimento investigatório realizado por órgão com competência de polícia judiciária, digam respeito ao exercício do direito de defesa."

(d) Lei nº 11.343/2006. Art. 51. O inquérito policial será concluído no prazo de 30 (trinta) dias, se o indiciado estiver preso, e de 90 (noventa) dias, quando solto

(e) Assim, se o juiz determinou a busca e apreensão de telefone celular ou smartphone do investigado, é lícito que as autoridades tenham acesso aos dados armazenados no aparelho apreendido, especialmente quando a referida decisão tenha expressamente autorizado o acesso a esse conteúdo. (STJ, HC 75.800/PR de 2016)

*Para responder, tem que estudar: lei, súmula/OJ e jurisprudência.*

*Gabarito: D*

**4. (Cespe/TJ/AM/Juiz/2016)** Carla fez um seguro de vida que previa o pagamento de vultosa indenização a seu marido, José, caso ela viesse a falecer. O contrato previa que o beneficiário não teria direito à indenização se causasse a morte da segurada. Alguns meses depois, Carla foi encontrada morta, tendo o perito oficial que assinou o laudo cadavérico concluído que a causa provável fora envenenamento. Em que pese o delegado não ter indiciado José, o MP concluiu que havia indícios de autoria, razão pela qual ele foi denunciado por homicídio doloso. O juiz recebeu a denúncia e determinou a citação do réu. José negou a autoria do delito, tendo solicitado a admissão de assistente técnico e apresentado defesa em que requereu sua absolvição sumária. O parecer do assistente técnico foi no sentido de que a morte de Carla tivera causas naturais. Acerca dessa situação hipotética, assinale a opção correta.

a) Caso o juiz absolva José por estar provado não ser ele autor do fato, essa decisão não impedirá que os genitores de Carla ingressem com ação civil indenizatória e obtenham o reconhecimento de sua responsabilidade civil.

b) O MP não poderia ter oferecido denúncia sem que o delegado tivesse indiciado José e procedido à sua oitiva na fase extrajudicial, razão pela qual o juiz deveria ter remetido os autos à delegacia para a referida providência.

c) O juiz poderá fundamentar uma sentença absolutória acatando o parecer elaborado pelo assistente técnico contratado por José, rejeitando as conclusões do perito oficial.

d) O laudo de exame cadavérico de Carla é nulo porque a legislação processual penal determina que ele seja elaborado e assinado por dois peritos oficiais.

e) A seguradora poderá intervir no processo criminal como assistente da acusação no intuito de demonstrar que José foi o autor do crime.

**ANOTAÇÕES/COMENTÁRIOS**

(a) Errada. A sentença absolutória que reconhece a inexistência do fato ou de sua autoria faz coisa julgada no cível, impedindo a responsabilização civil (artigo 66 do CPP).

(b) Errada. O indiciamento, assim como todo o inquérito policial, é dispensável para a formação da opinio delicti do autor da ação penal, que poderá promovê-la desde logo entenda presentes os requisitos e elementos necessários.

(c) Certo. Conforme dispõe o artigo 182 do CPP, o juiz não está adstrito ao laudo do perito oficial, podendo rejeita-lo no todo ou em parte. Já o assistente técnico é admitido pelo artigo 159, § 5º, inciso II do CPP, apresentando parecer no prazo fixado pelo juiz, de modo que a conclusão de ambos representam apenas meios de prova segundo os quais juiz irá formar o seu convencimento. Desta forma, é possível que o juiz fundamente a decisão de absolvição sumária no parecer do assistente técnico, rejeitando as conclusões do perito oficial.

(d) Errada. O artigo 159 do CPP, com redação dada pela Lei 11.690/2008, passa a exigir somente um perito oficial.

(e) Errada. O assistente da acusação está previsto no art. 268 do CPP podendo figurar o ofendido ou seu representante legal, ou, na falta destes, as pessoas mencionadas no artigo 31 do CPP (cônjuge, ascendente, descendente ou irmão).

*Para responder, tem que estudar: lei.*

*Gabarito: C*

**5. (Cespe/TJ/BA/Juiz/2012)** Considerando os institutos aplicáveis ao direito processual penal, assinale a opção correta.

a) Segundo o entendimento dos tribunais superiores, em hipótese nenhuma, é admitida a persecução penal iniciada com base em denúncia anônima.

b) De acordo com o entendimento dos tribunais superiores, em face do princípio da ampla defesa, é direito do defensor, no interesse do representado, ainda que em fase inquisitorial, ter acesso a procedimento investigativo referente à medida de busca e apreensão domiciliar a ser executada.

c) Consoante o entendimento dos tribunais superiores, o arquivamento de inquérito policial com base na atipicidade do fato tem eficácia de coisa julgada material, exceto se emanada a decisão de juiz absolutamente incompetente.

d) Segundo entendimento dos tribunais superiores, caso o MP não ofereça a suspensão condicional prevista na Lei n. 9.099/1995, o magistrado deve fazê-lo de ofício.

e) O juiz pode determinar, de ofício, a reconstituição do crime durante a fase inquisitorial.

**ANOTAÇÕES/COMENTÁRIOS**

(a) Errada. A jurisprudência dos tribunais superiores, em nome da publicidade, veda a instauração de inquérito com base em denúncia exclusivamente anônima (também chamada de apócrifa). Todavia, este modalidade de informação pode dar ensejo à verificações preliminares que no futuro indiquem a ocorrência do fato (STF HC 100042-MC/RO de 2009; STJ HC 93421/RO de 2007)

(b) Errada. Segundo dispõe a Súmula Vinculante 14, o direito de acesso do advogado aos autos da investigação se dá para as diligências já findas e documentadas, não abarcando aquelas em curso ou em vias de execução.

(c) Errada. O entendimento do STF é no sentido de que a decisão que determina o arquivamento do inquérito policial com fundamento de não representar o fato crime, produz mais do que preclusão, mas sim coisa julgada material, ainda que emanada decisão de juiz absolutamente incompetente (STF HC 80560/GO de 2001).

(d) Errada. Segundo o entendimento exposto na Súmula 696 do STF, reunidos os elementos para o Sursis processual e não oferecido pelo membro do MP, deverá o juiz adotar a dinâmica do art. 28 CPP, enviando ao Procurador Geral de Justiça.

(e) Certa. O art. 156 do CPP permite ao juiz produzir provas de ofício, mesmo antes de iniciada a ação penal, quando consideradas urgentes e relevantes.

*Para responder, tem que estudar: lei, jurisprudência e súmula/OJ.*

*Gabarito: E*

**6. (Cespe/TJ/AC/Juiz/2012)** Determinada autoridade policial instaurou inquérito para investigar Júlio pela prática de constrangimento ilegal, crime que ele nega ter praticado. Júlio afirma querer demonstrar cabalmente sua inocência.

Uma das testemunhas alega ter sido por ele ameaçada. A partir dessa situação hipotética, assinale a opção correta.

a) Na hipótese de Júlio ser denunciado pelo membro do MP, o procedimento a ser seguido será o do rito sumário.

b) Sendo afiançável o crime de constrangimento ilegal, será possível, caso Júlio seja preso, o arbitramento pela autoridade policial de fiança em valores entre um e cem salários mínimos.

c) Ainda que estivessem presentes os requisitos legais de necessidade e adequação, não seria admitida, nesse caso, a decretação de medida cautelar, por falta de requisito objetivo de admissibilidade.

d) Por solicitação do delegado, o juiz poderá determinar a interceptação telefônica do telefone celular de Júlio, desde que haja indícios razoáveis da autoria, e a prova não possa ser feita por outros meios.

e) Em face de requerimento do delegado, havendo fundada suspeita contra Júlio, o juiz poderá determinar a sua prisão temporária, caso seja essa medida imprescindível para as investigações do inquérito policial.

**ANOTAÇÕES/COMENTÁRIOS**

(a) Errada. No aso de denúncia, o rito a ser seguido seria o sumaríssimo previsto na Lei 9099/95.

(b) Sim. O crime de constrangimento ilegal, previsto no art. 146 do CP, possui pena máxima de 1 ano de detenção, estando dentro dos limites (4 anos) do artigo 322 do CPP que permitem ao Delegado de Polícia arbitrar fiança. Neste caso, a fiança será fixada de 1 (um) a 100 (cem) salários mínimos, conforme artigo 325, inciso I do CPP.

(c) Não. Segundo dispõe o artigo 282 do CPP, as medidas cautelares deverão ser aplicadas observando a necessidade e a adequação, sendo justamente estes os dois requisitos objetivos a ser analisados.

(d) Não. Segundo o artigo 2, inciso III da Lei 9296/96, é inadmissível a decretação de interceptação telefônica quando o crime investigado for punido exclusivamente com pena de detenção, como é o caso do crime de constrangimento ilegal.

(e) Não. O artigo 1, inciso III da Lei 7960/89 traz um rol de crimes nos quais a prisão temporária será cabível, não estando o delito de constrangimento ilegal entre eles.

*Para responder, tem que estudar: lei.*

*Gabarito: B*

**7. (Cespe/TJ/DFT/Juiz/2015)** Em relação ao inquérito policial, assinale a opção correta.

a) Lavrado o auto de prisão em flagrante de crime de adulteração de produto destinado a fins terapêuticos, a autoridade policial poderá conceder ao preso a liberdade provisória mediante o pagamento de fiança.

b) Segundo interpretação do STF, a participação de procurador da República na fase de investigação policial acarreta o seu impedimento para o subsequente oferecimento da denúncia.
c) O superior hierárquico do delegado pode determinar a redistribuição de inquérito policial por motivo de interesse público e mediante despacho fundamentado.
d) A colaboração premiada é admitida na fase policial, quando pode ser concedida pela autoridade policial, e na fase processual, quando é concedida pela autoridade judicial.
e) Havendo indícios de crime praticado por organização criminosa, a autoridade policial poderá autorizar, de ofício, a infiltração de seus agentes de polícia em tarefa de investigação.

ANOTAÇÕES/COMENTÁRIOS

(a) Errada. O crime de adulteração de produto destinado a fins terapêuticos, previsto no artigo 273 do CP, possui pena máxima de 15 anos de reclusão, superando o limite de 4 anos para fixação de fiança pelo Delegado de Polícia previsto no artigo 322 do CPP. Trata-se, inclusive, de crime hediondo (artigo 1, inciso VII-B da Lei 8072/90).

(b) Errada. O entendimento consolidado é no sentido oposto (STF HC 85011/RS de 2-15 e STJ Súmula 234).

(c) Certa. Disposição expressa contida no art. 1, § 4º da Lei 12830/13.

(d) Errada. A colaboração premiada será sempre concedida pelo juízo, podendo, na fase policial, ser representada pelo Delegado de Polícia (artigo 4, § 2º da Lei 12.850/13).

(e) Errada. A infiltração de agentes será precedida de autorização judicial, que estabelecerá os seus limites, na forma do artigo 10 da Lei 12.850/13).

*Para responder, tem que estudar: lei, jurisprudência e súmula/OJ.*

*Gabarito: C*

**8. (Cespe/TJ/PB/Juiz/2011)** No que se refere ao inquérito policial, assinale a opção correta.

a) Não se pode negar o acesso de advogado constituído pelo indiciado aos autos de procedimento investigatório, ainda que nele esteja decretado o sigilo, estendendo-se tal prerrogativa a atos que, por sua própria natureza, não dispensem a mitigação da publicidade.
b) Nas comarcas em que houver mais de uma circunscrição policial, a autoridade com exercício em uma delas poderá, nos inquéritos que conduza, ordenar diligências em circunscrição de outra, desde que por intermédio de carta precatória.
c) Permite-se a utilização de inquéritos policiais em curso para agravar a pena-base do agente reincidente que responda a processo criminal.

d) Consoante a jurisprudência do STF, ainda que não se permita ao MP a condução do inquérito policial propriamente dito, não há vedação legal para que este órgão proceda a investigações e colheita de provas para a formação da opinio delicti.

e) O arquivamento do inquérito por falta de embasamento para a denúncia pode ser ordenado pela autoridade judiciária ou policial; nesse caso, a polícia judiciária, se de outras provas tiver notícia, poderá proceder a novas pesquisas.

ANOTAÇÕES/COMENTÁRIOS

(a) Errada. Segundo a Súmula Vinculante 14, o acesso do advogado se dá em relação aos autos do inquérito já devidamente fundamentados, de modo que tal prerrogativa não se estende aos atos naturalmente sigilosos e que ainda não tenham sido finalizados e documentos. O exemplo dado pela doutrina seria justamente a interceptação telefônica, que, enquanto diligência de natureza essencialmente sigilosa, não será dado acesso ao advogado sob pena de sacramentar a inutilidade da medida. Entretanto, uma vez finalizada e documentada, o acesso deverá ser concedido.

(b) Errada. O artigo 22 do CPP dispensa a necessidade de carta precatória para esses casos.

(c) Errada. Súmula 444 do STJ. É vedada a utilização de inquéritos e ações em curso para agravar a pena-base.

(d) Certa. Uma ressalva inicial deve ser feita: A questão é anterior à fixação da jurisprudência do STF no sentido de que o Ministério Público tem prerrogativa para desempenhar investigação criminal autônoma (RE 593727 de 2015). De todo modo, ainda há utilidade na questão, visto que de fato o MP não tem autorização para conduzir o Inquérito Policial, modalidade de investigação criminal conduzida exclusivamente pela Polícia Judiciária. A questão continua correta.

(e) Errada. O arquivamento do Inquérito Policial é sempre determinado pelo juiz, não podendo a autoridade policial decretar seu arquivamento (artigo 17 do CPP).

*Para responder, tem que estudar: lei, jurisprudência, súmula/OJ e teoria/doutrina.*

*Gabarito: D*

**9. (Cespe/TJ/DFT/Juiz/2014)** Considerando as normas atinentes às investigações criminais presididas pelo MP e o entendimento do STJ e do STF acerca da matéria, assinale a opção correta.

a) A promoção de investigação pelo MP interfere na relação de equilíbrio entre acusação e defesa, na medida em que não há controle judicial dessa atividade ministerial.

b) As investigações conduzidas pelo MP são menos formais que as conduzidas pela polícia, o que fere o princípio da ampla defesa.

c) A investigação pelo MP deve ocorrer de forma subsidiária e em hipóteses específicas, como nos casos em que se verificar uma intencional omissão da polícia na apuração de determinados delitos ou se configurar o deliberado intuito da própria corporação policial de frustrar, em razão da condição do suspeito, a adequada apuração de determinadas infrações penais.

d) Eventuais diligências realizadas pelo MP, em procedimento preparatório por ele instaurado para investigar crimes, confundem-se com o inquérito policial.

e) De acordo com a CF, condiciona-se ao exclusivo impulso da polícia a investigação para a futura propositura das ações penais públicas incondicionadas, como nos delitos de formação de quadrilha, extorsão e lavagem de dinheiro, sendo nulo o inquérito policial em que o MP protagonizar várias das medidas de investigação.

**ANOTAÇÕES/COMENTÁRIOS**

(a) Errada. A investigação pelo MP, assim como toda modalidade de investigação criminal, está sujeita a controle judicial (STF HC 84.965/MG de 2011).

(b) Errada. Há formalidade na investigação conduzida pelo MP, conforme Res. 181 de 2017 do CNMP, que exige a devida documentação, o que assegura a ampla-defesa, já que o advogado terá acesso aos autos de investigação por força da Súmula Vinculante 14.

(c) Certa. Essa atuação subsidiária já foi afirmada pelo STF no RHC 97926/GO de 2013.

(d) Errada. O inquérito policial é modalidade de investigação criminal realizada pela Polícia Judiciária, sob presidência do Delegado de Polícia, e não se confunde com as diligências preparatórias realizadas pelo Ministério Público.

(e) Errada. O STF possui entendimento de que a investigação criminal de qualquer crime não é exclusividade da Polícia Judiciária, possuindo o MP, além de outros órgãos a depender do caso, legitimidade para conduzir investigação autônoma. (STF RE 593727 de 2015).

*Para responder, tem que estudar: jurisprudência.*

*Gabarito: C*

**10. (Cespe/TJ/RN/Juiz/2013)** Acerca do inquérito policial, assinale a opção correta.

a) Decretada a prisão preventiva no curso das investigações, o prazo para conclusão do inquérito policial será de dez dias, contados da data em que a autoridade policial tomar conhecimento do cumprimento da ordem.

b) Para a garantia da preservação das provas produzidas nos crimes de exclusiva ação penal privada, os autos do inquérito policial devem ser remetidos ao juízo competente, onde, não havendo manifestação no prazo decadencial para queixa, devem ser arquivados, vedada, em qualquer caso, a sua entrega ao ofendido.

c) Em se tratando de crime de ação pública condicionada, poderá ser instaurado o inquérito pela autoridade policial sem a representação do ofendido, que deverá ser feita até o oferecimento da denúncia.

d) O delegado de polícia que tomar conhecimento de crime de homicídio ocorrido em via pública deverá dirigir-se ao local dos fatos e, encontrando a arma utilizada no crime, só poderá apreendê-la mediante autorização judicial.

e) Durante o inquérito policial, é assegurado ao defensor amplo acesso aos elementos de prova que, já documentados em procedimento investigatório realizado por órgão com competência de polícia judiciária, digam respeito ao direito de defesa.

**ANOTAÇÕES/COMENTÁRIOS**

(a) Errada. Segundo o artigo 10 do CPP, no caso de réu preso preventivamente, o prazo será de 10 dias contados da execução da ordem.

(b) Errada. O artigo 19 do CPP permite a entrega dos autos ao ofendido, se o pedir, mediante traslado.

(c) Errada. Contraria previsão expressa do artigo 5, § 4º do CPP.

(d) Errada. O artigo 6 do CPP determina a apreensão dos objetos relacionados ao fato logo após a liberação pelos peritos criminais, nada dispondo acerca de decisão judicial.

(e) Certa. Previsão expressa da Súmula Vinculante 14.

*Para responder, tem que estudar: lei.*

*Gabarito: E*

**11. (Cespe/TJ/DFT/Juiz/2014)** Assinale a opção correta a respeito das provas, dos atos de prova e de investigação.

a) Os atos de prova visam fundamentar a adoção de medidas cautelares pelo juiz.

b) Se o juiz determinar, de ofício, a produção de provas, ele deverá submetê-las ao contraditório das partes, para que possam oferecer a contraprova, não se exigindo, contudo, que as partes participem da produção da prova.

c) No exame de corpo de delito, não há contraditório, por se tratar de antecipação ad perpetuam rei memoriam.

d) No CPP, não há distinção entre prova e elemento informativo da investigação.

e) Os atos de investigação visam à obtenção de informações que conduzam a um juízo de probabilidade idôneo para sustentar a "opinio delicti" do órgão da acusação.

ANOTAÇÕES/COMENTÁRIOS

(a) Errada. Os atos de prova servem para formar a convicção do juiz, fundamentando a decisão de mérito.

(b) Errada. Ainda que a prova seja produzida de ofício pelo juiz, a produção deverá se dar em contraditório, possibilitando-se a participação das partes e o oferecimento de contra prova. Artigo 155 do CPP.

(c) Errada. O exame de corpo de delito é considerado prova irrepetível, de modo que seu contraditório será postergado para a fazer processual.

(d) Errada. Prova é produzida no processo, observado o contraditório. Por outro lado, elementos informativos da investigação são produzidos na fase pré-processual, no âmbito da investigação criminal e, portanto, possuem valor e finalidade distintos. Enquanto a prova se destina à formação do convencimento do juiz, os elementos de investigação se destinam à formação da opinio deliciti do autor da ação penal.

(e) Certa. Os atos de investigação se destinam à formação da opinio delicti do órgão da acusação.

*Para responder, tem que estudar: lei e teoria/doutrina.*

*Gabarito: E*

## 3. DA AÇÃO

**12. (Cespe/TJ/BA/Juiz/2019)** Tendo como fundamento a jurisprudência dos tribunais superiores, assinale a opção correta, a respeito de ação penal.

a) Em razão do princípio da indivisibilidade, o não ajuizamento de ação penal contra todos os coautores de crime de roubo implicará o arquivamento implícito em relação àqueles que não forem denunciados.

b) A inexistência de poderes especiais na procuração outorgada pelo querelante não gerará a nulidade da queixa-crime quando o consequente substabelecimento atender às exigências expressas no art. 44 do CPP.

c) Na queixa-crime, a omissão involuntária, pelo querelante, de algum coautor implicará o reconhecimento da renúncia tácita do direito de queixa pelo juiz e resultará na extinção da punibilidade.

d) No caso de ação penal privada, eventual omissão de poderes especiais na procuração outorgada pelo querelante poderá ser sanada a qualquer tempo por iniciativa do querelante.

e) No caso de crime praticado contra a honra de servidor público no exercício de suas funções, a vítima tem legitimação concorrente com o MP para ajuizar ação penal.

ANOTAÇÕES/COMENTÁRIOS

(a) Na ação penal pública, o MP não está obrigado a denunciar todos os envolvidos no fato tido por delituoso, não se podendo falar em arquivamento implícito em relação a quem não foi denunciado. Isso porque, nessas demandas, não vigora o princípio da indivisibilidade. Assim, o *Parquet* é livre para formar sua convicção incluindo na increpação as pessoas que entenda terem praticados ilícitos penais, mediante a constatação de indícios de autoria e materialidade. Ademais, há possibilidade de se aditar a denúncia até a sentença. (STJ, RESP 1.255.224/RJ de 2014).

(b) Se o art. 44 do CPP exige uma procuração com poderes especiais para o oferecimento da queixa-crime, deve ser considerada nula a queixa-crime oferecida por advogado substabelecido com reserva de direitos por procurador que recebera do querelante apenas os poderes da cláusula *ad judicia et extra* – poderes para o foro em geral -, ainda que ao instrumento de substabelecimento tenha sido acrescido, pelo substabelecente, poderes especiais para a propositura de ação penal privada, porquanto este só pode outorgar os poderes que lhe foram originariamente conferidos. (STJ, RHC 33.790/SP de 2014).

(c) Para o reconhecimento da renúncia tácita ao direito de queixa, exige-se a demonstração de que a não inclusão de determinados autores ou partícipes na queixa-crime se deu de forma deliberada pelo querelante. (STJ, RHC 55.142/MG de 2015).

(d) Crime contra a honra – Queixa-Crime – Instrumento de mandato judicial que não preenche os requisitos do art. 44 do CPP – Omissão sobre a necessária referência individualizadora do fato criminoso – Impossibilidade de regularização – Consumação do prazo decadencial (CPP, art. 38) – Reconhecimento da extinção da punibilidade do ora recorrente e consequente trancamento da ação penal (STF, RHC 105.920/RJ de 2012). Atualmente, o entendimento que prevalece limita a possibilidade de correção do instrumento de mandato ao prazo decadencial

(e) STF. Súmula 714: "É concorrente a legitimidade do ofendido, mediante queixa, e do ministério público, condicionada à representação do ofendido, para a ação penal por crime contra a honra de servidor público em razão do exercício de suas funções."

*Para responder, tem que estudar: jurisprudência e súmula/OJ.*

*Gabarito: E*



**13. (Cespe/TJ/RN/Juiz/2013)** No que se refere à ação penal, assinale a opção correta.

a) Suponha que, após o oferecimento de denúncia contra Pedro pela prática do crime de furto, tenham sido realizadas novas diligências pela autoridade policial, com a indicação da participação de Túlio na prática delitiva. Nessa hipótese, em face dos princípios da obrigatoriedade e da indivisibilidade da ação penal, o MP deverá promover nova ação penal contra Túlio, devendo, entretanto, ambas as ações imagem-001.jpg a primeira, em fase de defesa preliminar, e a segunda, contra Túlio imagem-002.jpg ter julgamento conjunto, dada a conexão probatória.

b) Segundo o entendimento do STF em julgamento de ADI, nos crimes de lesão corporal praticados contra a mulher em âmbito doméstico, a ação penal deve ser pública incondicionada, permanecendo, quanto ao crime de ameaça, a necessidade da representação da ofendida ou de seu representante legal.

c) Nas hipóteses de crimes de ação penal exclusivamente privada praticados contra sociedades legalmente constituídas, a queixa deverá ser prestada, necessariamente, pelo representante legal que o contrato ou estatuto designar, agindo em nome próprio, vedado o oferecimento de representação pela própria pessoa jurídica.

d) Na ação penal privada, admite-se a possibilidade de renúncia tácita do querelante em relação a alguns dos autores do crime, contra os quais se considerará arquivado o processo, prosseguindo a ação penal contra os demais, sob a fiscalização do MP.

e) Considere que Joana tenha oferecido representação contra sua vizinha Maria por crime de ameaça. Nessa situação, consoante previsão expressa no CPP, a representação oferecida por Joana deve ser considerada retratável até o recebimento da denúncia pela autoridade judicial.

**ANOTAÇÕES/COMENTÁRIOS**

(a) Errada. A previsão de indivisibilidade se dá exclusivamente para a ação penal privada (art. 48 CPP), não havendo a mesma dinâmica para a ação penal pública. Apesar de críticas da doutrina, este é o entendimento dos tribunais superiores (STJ HC 108341/BA de 2008).

(b) Certa. Segundo entendimento do STF, a Lei 11.340/06, ao excluir a aplicação da Lei 9099/95 em seu artigo 41, teria afastado também a necessidade de representação aos crimes de lesão corporal culposa e de natureza leve prevista no artigo 88. Entretanto, quanto ao crime de ameaça, a necessidade de representação vem expressa no próprio artigo 147, parágrafo Único do CP (STF ADI 4424).

(c) Errada. Artigo 37 do CPP.

(d) Errada. Artigo 49 do CPP.

(e) Errada. Artigo 25 do CPP.

*Para responder, tem que estudar: lei e jurisprudência.*

*Gabarito: B*

**14. (Cespe/TJ/BA/Juiz/2012)** A respeito dos institutos aplicáveis ao direito processual penal, e o entendimento dos tribunais superiores, assinale a opção correta.

a) A ação civil "ex delicto" não poderá ser proposta caso a sentença absolutória tenha decidido que o fato imputado ao réu não constitui crime, ante a eficácia preclusiva de coisa julgada.
b) Caso o agente pratique crime permanente com atos de execução e de consumação em diferentes locais do país, deve ser adotada a regra da competência por distribuição.
c) De acordo com o que determina o CPP, durante a fase inquisitorial, o juiz somente poderá ordenar o sequestro de bens a requerimento do MP ou mediante representação da autoridade policial.
d) Segundo entendimento dos tribunais superiores, não é inepta a vestibular acusatória nos crimes societários que não descreva a conduta individualizada de cada sócio.
e) Consoante o entendimento dos tribunais superiores, por constituir ofensa à coisa julgada, a decisão que julga extinta a punibilidade do réu fundada em certidão de óbito falsa não pode ser revogada.

**ANOTAÇÕES/COMENTÁRIOS**

(a) Errada. O reconhecimento de que o fato imputado não constitui crime por si só não leva à impossibilidade de ação civil indenizatória, posto que o juízo penal se limitou a apontar que o fato não representa crime, entretanto, não fechou questão a respeito de poder ser eventual ilícito civil, apto a gerar prejuízo à vítima. Neste sentido, Guilherme Nucci (Código de processo penal comentado).

(b) Errada. A competência por distribuição se dá na forma do artigo 75 do CPP, quando houver mais de um juízo competente para o fato na circunscrição judiciária. No caso da afirmativa, a competência será fixada por prevenção na forma do artigo 71 do CPP.

(c) Errada. O artigo 127 permite a atuação de ofício pelo juiz.

(d) Certa. Trata-se da chamada denúncia geral, que identifica os fatos permitindo a defesa, entretanto, deixa a individualização para momento posterior (STF HC 98.134 de 2011).

(e) Errada. Uma vez afirmada a falsidade da certidão de óbito, é possível a reabertura do inquérito ou do processo porque não faz coisa julgada material, não caracterizando, ademais, revisão criminal "pro societate" (STF HC 104998 de 2011).

***Para responder, tem que estudar: lei, jurisprudência e teoria/doutrina.***

*Gabarito: D*

**15. (Cespe/TJ/DFT/Juiz/2014)** Fábio outorgou instrumento procuratório com poderes da cláusula "ad judicia et extra" a Lino, advogado de sua confiança. Lino acresceu, no substabelecimento do instrumento do mandato, poderes especiais para a propositura de ação penal privada, substabelecendo-o a Rafael, advogado. Rafael ofereceu e subscreveu, exclusivamente, queixa-crime tendo como querelante Fábio. Nessa situação hipotética:

a) os limites objetivos da cláusula ad judicia foram observados.
b) qualquer irregularidade porventura existente na representação deverá ser sanada até a apresentação da contestação, impreterivelmente.
c) a inclusão, por Lino, dos poderes especiais deve ser considerada inexistente.
d) a queixa-crime padece de irregularidade, ante a natureza jurídica da representação.
e) a queixa-crime poderia ter sido oferecida tanto por Lino quanto por Rafael.

**ANOTAÇÕES/COMENTÁRIOS**

(a) Errada. Os limites da cláusula ad judicia, que confere amplos poderes para litigar em juízo, não foram observados quando houve a inclusão de poderes para propor queixa-crime no substabelecimento.

(b) Errada. O vício respectiva leva à nulidade da queixa-crime.

(c) Certa. Deve ser tida por inexistente a inclusão, ao substabelecer, de poderes especiais para a propositura de ação penal privada se não constavam do mandato originário. Há, portanto, vício de representação, devendo ser reconhecida a nulidade da queixa-crime (STJ RHC 33.790/SP de 2014).

(d) Errada. Há verdadeira nulidade, enquanto que a irregularidade é vício de menor expressão e que, a rigor, sugere a possibilidade de correção.

(e) Errada.

*Para responder, tem que estudar: jurisprudência.*

*Gabarito: C*

**16. (Cespe/TJ/PI/Juiz/2012)** Acerca da ação civil "ex delicto", assinale a opção correta.

a) Violação dos direitos fundamentais da pessoa humana enseja ação de reparação "ex delicto", cujo prazo prescricional se inicia com o trânsito em julgado da sentença penal condenatória.
b) Fixado na sentença penal condenatória valor mínimo para reparação dos danos causados pela infração e considerados os prejuízos sofridos pelo ofendido, a execução civil estará limitada ao mínimo.
c) Na hipótese de a pena privativa de liberdade, na sentença condenatória, ser substituída pela restritiva de prestação pecuniária, será necessária a prévia liquidação da quantia indenizatória devida à vítima.
d) O fato praticado sob alguma excludente de ilicitude não enseja reparação civil, exceto na hipótese de estado de necessidade agressivo e de legítima defesa, no caso de ser atingido, por erro na execução, terceiro inocente.

e) O termo a quo para o ajuizamento da ação civil "ex delicto" começa a fluir, em regra, a partir do ajuizamento da ação penal.

ANOTAÇÕES/COMENTÁRIOS

(a) Errada. Segundo entendimento do STJ, quando a ação civil ex delicto versar sobre direito fundamental, a ação será imprescritível (EREsp 845228/RJ de 2010).

(b) Errada. Uma vez fixado o valor mínimo de indenização, é possível a complementação no juízo cível.

(c) Errada. A prestação pecuniária consiste no pagamento de dinheiro à vítima, seus dependentes ou entidade pública ou privada com destinação social e não se confunde com a reparação ex delicto. Todavia, o artigo 45, § 1º do CP estabelece que o valor a ser pago será deduzido do montante de eventual condenação em ação de reparação civil, se coincidentes os beneficiários. Desta forma, não é necessária a prévia liquidação como apontado na questão.

(d) Certa. O fato de o agente agir com causa excludente de ilicitude torna a sua conduta lícita e o seu reconhecimento no juízo penal faz coisa julgada no cível, conforme artigo 65 do CPP, sendo impossível falar em reparação. Entretanto, nos casos de legitima defesa e estado de necessidade agressivo, onde se atinge bem jurídico de terceiro, é possível falar-se em reparação, posto que atingiu a quem não deu causa ao perigo ou agressão.

(e) A jurisprudência do STJ é assente no sentido de que, "em se tratando de ação civil ex delicto, com o objetivo de reparação de danos, o termo a quo para ajuizamento da ação somente começa a fluir a partir do trânsito em julgado da ação penal" (STJ AgRg no AREsp 242.540/SP de 2013).

*Para responder, tem que estudar: lei, jurisprudência e teoria/doutrina.*

*Gabarito: D*

BLOCO II

**17. (Cespe/TJ/PB/Juiz/2011)** Acerca de ação penal e ação civil "ex delicto", assinale a opção correta.

a) Conforme jurisprudência do STJ, na hipótese de ação indenizatória "ex delicto", o prazo prescricional começa a fluir a partir da data do crime.

b) É concorrente a legitimidade do MP e da DP para a representação de hipossuficiente em ação civil de reparação por dano decorrente de conduta criminosa, inclusive em estado onde haja DP organizada.

c) Segundo a jurisprudência do STJ, não se exige, nos crimes societários, descrição pormenorizada da conduta de cada agente, o que por si só autoriza a instauração de processo criminal contra o administrador de empresa por crime praticado no âmbito da sociedade.

d) É pacífica a jurisprudência do STJ no sentido de dispensar a representação da vítima como condição de procedibilidade da ação penal por crime de lesão corporal leve cometido no âmbito familiar.

e) A ação penal constitucional do "habeas corpus" não é instrumento legal para examinar se é correta a tipificação penal, porque envolve o exame do mérito, direito reservado à instância ordinária.

*ANOTAÇÕES/COMENTÁRIOS*

(a) Errada. O termo a quo para ajuizamento da ação ex delicto somente começa a fluir a partir do trânsito em julgado da ação penal" (STJ AgRg no AREsp 242.540/SP de 2013).

(b) Errada. Segundo o artigo 68 do CPP, o MP tem legitimidade para a representação de hipossuficientes em ação civil de reparação por dano decorrente de conduta criminosa, na forma do artigo 68 do CPP. Entretanto, o STF reconhece a inconstitucionalidade progressiva do dispositivo, dando legitimidade concorrente entre MP e DP nos locais onde a Defensoria Pública ainda não estiver organizada, pois caso esteja, a legitimidade seria exclusivamente desta (STF RE 341717/AgR/SP de 2003).

(c) Errada. O simples fato de ser sócio ou administrador de empresa não autoriza a instauração de processo criminal por crimes praticados no âmbito da sociedade (STJ HC 62330/SP de 2006).

(d) Errada. Ao tempo da questão o STF ainda não havia decidido o tema no âmbito da ADI 4424 de 2012. O STJ possuía jurisprudência conflitante (STJ HC 113.608-MG, de 2009).

(e) Certa. A rigor, o HC deve se reservar à discussões atinentes à eventuais violações ao direito de ir e vir, de modo que eventual discussão a respeito da tipificação penal é mais adequado para as instâncias ordinárias.

*Para responder, tem que estudar: lei e jurisprudência.*

*Gabarito: E*

**18. (Cespe/TJ/PB/Juiz/2015)** Acerca dos procedimentos especiais previstos no CPP e nas leis extravagantes, assinale a opção correta à luz da jurisprudência dos tribunais superiores.

a) No procedimento do júri, admite-se a intimação da decisão de pronúncia por edital, ainda que o processo tenha transcorrido, desde o início, à revelia do réu citado também por edital.

b) A proposta de composição civil de danos em ação penal privada realizada pelo querelante com relação a apenas um dos querelados beneficiará os demais réus.

c) A leitura, pelo MP, da sentença condenatória de corréu, proferida em julgamento anterior, gera nulidade insanável de sessão de julgamento pelo conselho de sentença.

d) Com referência aos crimes previstos na Lei de Entorpecentes, a realização do interrogatório do réu antes da oitiva das testemunhas é causa de nulidade.

e) No procedimento do júri, o assistente de acusação, devido à subsidiariedade de sua atuação, estará impedido de replicar caso o MP concorde com a tese da defesa e não vá à réplica em plenário.

ANOTAÇÕES/COMENTÁRIOS

(a) Errada. No procedimento relativo aos processos de competência do Tribunal do Júri, não é admitido que a intimação da decisão de pronúncia seja realizada por edital quando o processo houver transcorrido desde o início à revelia do réu que fora citado por edital. Efetivamente, o art. 420, parágrafo único, do CPP – cujo teor autoriza a utilização de edital para intimação da pronúncia do acusado solto que não for encontrado – é norma de natureza processual, razão pela qual deve ser aplicado imediatamente aos processos em curso. No entanto, excepciona-se a hipótese de ter havido prosseguimento do feito à revelia do réu, citado por edital, em caso de crime cometido antes da entrada em vigor da Lei 9.271/1996, que alterou a redação do art. 366 do CPP. A referida exceção se dá porque, em se tratando de crime cometido antes da nova redação conferida ao art. 366 do CPP, o curso do feito não foi suspenso em razão da revelia do réu citado por edital. Dessa forma, caso se admitisse a intimação por edital da decisão de pronúncia, haveria a submissão do réu a julgamento pelo Tribunal do Júri sem que houvesse certeza da sua ciência quanto à acusação, o que ofende as garantias do contraditório e do plenitude de defesa. (STJ, HC 226.285)

(b) Certa. O artigo 74, parágrafo único da Lei 9099/95 estabelece que o acordo de composição civil em crimes de ação penal privada importa em renúncia ao direito de queixa. E o artigo 49 do CPP, em atenção à indivisibilidade, estabelece que a renúncia ao direito de queixa em relação a um dos autores se estenderá aos demais.

(c) Errada. A leitura, pelo Ministério Público, da sentença condenatória de corréu proferida em julgamento anterior não gera nulidade de sessão de julgamento pelo conselho de sentença (STF RHC 118006).

(d) Na Lei 11.343/06, o interrogatório é realizado antes da oitiva das testemunhas, sendo lei especial, prevalecendo sobre o CPP (art. 54 a 59). (STF HC 121953/MG, de 2014).

(e) Errada. o assistente de acusação, em casos levados ao plenário do júri, tem direito à réplica mesmo que o Ministério Público tenha anuído com a tese defensiva de legítima defesa e abrido mão de usar-se da réplica. Ainda sim, não é afastado o direito da assistência à acusação de utilizar o tempo previsto na réplica. De acordo com a decisão, isso ocorre "porque o CPP garante ao assistente da acusação esse direito. Efetivamente, de acordo com o art. 271 do CPP, ao assistente da acusação será permitido 'participar do debate oral', e, conforme o art. 473 do CPP, 'o acusador poderá replicar'". (STJ REsp 1343402)

*Para responder, tem que estudar: lei e jurisprudência.*

*Gabarito: B*

## 4. DA COMPETÊNCIA

**19. (Cespe/TJ/DFT/Juiz/2015)** A respeito do Poder Judiciário e considerando o entendimento do STF, assinale a opção correta.

a) Por meio de emenda constitucional, passou-se a admitir o fracionamento da execução para requisição de pequeno valor, a fim de facilitar o pagamento de dívidas pelo poder público.

b) No julgamento de deputado federal por crime doloso contra a vida, prevalece a competência do STF sobre a do tribunal do júri por força de norma constitucional especial.

c) Em local onde não houver vara da justiça do trabalho, os processos de matérias trabalhistas deverão ser julgados pelo juiz federal da respectiva região, com recurso para o respectivo TRF.

d) Caso o governo do DF edite lei, derivada de sua competência legislativa municipal, que afronte determinado dispositivo da CF, caberá, contra tal lei, ADI perante o STF.

e) A garantia de inamovibilidade, prevista na CF, alcança juízes e desembargadores titulares, mas não se estende a juízes substitutos.

*ANOTAÇÕES/COMENTÁRIOS*

(a) Errada. Art. 100, § 8º da CF veda o fracionamento, repartição ou quebra do valor da execução para fins de enquadramento de parcela do total referente à obrigações de pequeno valor.

(b) Certa. O art. 102, inciso I, alínea "b" da CF prevê a competência do STF para processar e julgar os membros do Congresso Nacional, sendo norma especial, prevalecendo sobre a competência geral do Tribunal do Júri para os crimes dolosos contra a vida. Vale ressaltar que a Súmula 721 do STF reforça a competência daquele em relação à normas havidas na constituição estadual, não sendo o caso dos deputados federais, que são tratados pela Constituição Federal.

(c) Errada. Art. 112 da CF prevê a possibilidade de atribuir competência a juízes de direito, com recurso ao TRT.

(d) Errada. Súmula 642 do STF.

(e) Errada. É entendimento do STF de que a inamovibilidade atinge os juízes substitutos (STF MS 27958/MG de 2012).

*Para responder, tem que estudar: lei, jurisprudência e súmula/OJ.*

*Gabarito: B*

**20. (Cespe/TJ/AM/Juiz/2016)** Em relação à competência no processo penal e à jurisprudência dos tribunais superiores, assinale a opção correta.

a) Na hipótese de um crime de latrocínio em que haja conexão com um crime de tentativa de homicídio, deve haver a reunião de processos em um só juízo, e preponderará a competência do juízo ao qual esteja associado o crime cominado com pena mais grave, no caso o de latrocínio.

b) Nos crimes culposos contra a vida em que os atos de execução ocorram em um lugar e a consumação, em outro, excepcionalmente adota-se a teoria da atividade, e a competência para julgar o fato será do juízo do local dos atos executórios.

c) É da competência da justiça estadual o processo dos réus acusados pelo crime de redução à condição análoga à de escravo, porque a conduta criminosa atinge a liberdade individual de homem específico, não caracterizando violação a interesse da União.

d) A competência pela prevenção se dá quando, concorrendo dois ou mais juízes igualmente competentes ou com jurisdição cumulativa, um deles anteceda aos outros ao determinar a citação do réu.

e) Os crimes contra a honra da vítima quando praticados pelas redes sociais da Internet são da competência exclusiva da justiça federal.

BLOCO II

## ANOTAÇÕES/COMENTÁRIOS

(a) Errada. Neste caso, irá prevalecer a competência do Tribunal do Júri, conforme previsão do artigo 78, inciso I do CPP.

(b) Certa. A regra geral estabelecida no artigo 70 do CPP prevê a teoria da consumação ou do resultado, observando-se o local onde se deu a consumação. Entretanto, há entendimento no sentido de que nos crimes dolosos contra a vida (dolosos ou culposos), a competência pode ser fixada pela teoria da atividade, observando-se o local onde a conduta foi realizada (STF RHC 116200/RJ de 2013).

(c) Errada. O STF pacificou o entendimento de que se trata de crime de competência da Justiça Federal (STF RE 541627/PA de 2008).

(d) Errada. O artigo 83 do CPP não exige a "citação" do réu para fixação do juízo prevento, mas sim qualquer ato do processo ou medida a este relativa, ainda que anterior ao oferecimento da denúncia ou queixa.

(e) Errada. Há entendimento do STJ no sentido de que o simples fato de o delito ter sido cometido por meio da internet, ainda que em páginas eletrônicas internacionais, não atrai, por si só, a competência da JUF (STJ CC 121431/SE de 2012).

*Para responder, tem que estudar: lei e jurisprudência.*

*Gabarito: B*

**21. (Cespe/TJ/DFT/Juiz/2016)** Indivíduo que pratique crime a bordo de aeronave estrangeira em espaço aéreo brasileiro, será processado e julgado pela justiça:

a) da comarca correspondente ao espaço aéreo em que a aeronave se encontrava no exato momento do cometimento do crime ou, não sendo possível precisá-la, pela justiça da comarca em cujo território se verificar o pouso.

b) de seu país de origem, pois, somente se estivesse a bordo de aeronave nacional é que a justiça brasileira seria competente.

c) da comarca correspondente ao espaço aéreo em que a aeronave se encontrava no exato momento do cometimento do crime.

d) do estado da Federação onde ele tiver residido por último ou, se ele nunca tiver residido no Brasil, no juízo da capital da República.

e) da comarca em cujo território ocorrer o pouso ou pela comarca de onde houver partido a aeronave.

ANOTAÇÕES/COMENTÁRIOS

(a) Errada. Artigo 90 do CPP. Estabelece a competência da justiça do lugar onde houver o pouso após o crime, ou lugar de onde houver partido a aeronave.

(b, c, d) Erradas.

(e) Certa. Artigo 90 do CPP.

*Para responder, tem que estudar: lei.*

*Gabarito: E*

**22. (Cespe/TJ/DFT/Juiz/2015)** Cada uma das opções a seguir apresenta uma situação hipotética acerca da competência criminal, seguida de uma assertiva a ser julgada. Assinale a opção que apresenta a assertiva correta.

a) Em operação de fiscalização de trânsito realizada no DF, Eliane foi flagrada dirigindo sem a habilitação. Irritada, a condutora do veículo proferiu palavras que ofenderam o decoro dos profissionais que trabalhavam na fiscalização. Nessa situação, competirá ao juiz da vara de delitos de trânsito julgar as infrações cometidas.

b) Roberto importou do exterior, para venda, grande quantidade de equipamentos eletroeletrônicos. Ele não declarou esses bens à aduana brasileira nem recolheu os tributos que seriam devidos. Antes de chegar a Brasília, destino final, seu voo fez escalas em São Paulo e Goiânia. Nessa situação, havendo a apreensão da mercadoria em Brasília, competirá à justiça federal do DF processar e julgar a ação.

c) João, juiz federal, foi acusado de praticar crime de instigação ao suicídio. Nessa situação, a competência para processar e julgar o acusado será do tribunal do júri da comarca em que ele exerça a sua função.

d) Três amigas, de dezessete, dezoito e dezenove anos de idade, foram acusadas de cometer crime doloso contra a vida e crimes continentes com este em concurso de pessoas. Nessa situação, a competência para processar e julgar a ação penal contra as acusadas será do tribunal do júri.

e) Aderbal, juiz estadual, e Pablo, autônomo, foram acusados de cometer o crime de roubo em concurso formal. Nessa situação, a separação dos processos para que sejam processados e julgados em juízos distintos gerará nulidade, pois afrontará o princípio do juiz natural.

**ANOTAÇÕES/COMENTÁRIOS**

(a) Errada. A Lei de Organização Judiciária do DF, no seu artigo 22, expressamente ressalva da competência da Vara dos Delitos de Trânsito a instrução e julgamento de delitos que não lhe sejam afetos, como é o caso dos crimes de competência do Juizado Especial Criminal (TJDF CCR:20150020136310 de 2015).

(b) Certa. A Súmula 151 do STJ estabelece que a competência nos crimes de contrabando ou descaminho se define pela prevenção do juízo federal do lugar da apreensão dos bens.

(c) Errada. A competência será do Tribunal Regional Federal, conforme previsto no art. 108, inciso I da CF. Por estarem ambas as competências previstas na Constituição, aplica-se a norma especial.

(d) Errada. A acusada menor de idade comete ato infracional e será responsabilizada nos termos do ECA, julgada perante à Vara da Infância e da Juventude. Artigo 79, inciso II do CPP.

(e) Errada. A separação ou reunião decorrente de eventual competência por prerrogativa de função não afronta a garantia do juiz natural (Súmula 704 do STF). Inclusive, no presente caso, a separação dos processos, mantendo Pablo perante o juízo de primeiro grau, e Aderbal perante o Tribunal correspondente, somente reforçaria tal garantia, pois tratam-se justamente dos juízos naturais respectivos. Ressalte-se que a reunião também não prejudicaria tal garantia.

***Para responder, tem que estudar: lei, jurisprudência e súmula/OJ.***

*Gabarito: B*

**23. (Cespe/TJ/PB/Juiz/2015)** Em relação às disposições do CPP sobre competência, assinale a opção correta.

a) Em se tratando de crime permanente praticado em território de duas ou mais jurisdições, a competência será firmada pela residência do réu.

b) Não há mais hipótese no CPP de competência por distribuição.

c) Em se tratando de crimes conexos em que existe corréu acometido por doença mental, a unidade processual permanece, embora não seja possível prolatar sentença condenatória em seu desfavor.

d) A justiça federal deverá julgar os casos de contravenção praticada em detrimento de bens, serviços ou interesses da União.

e) Caso não se conheça o local da infração e o réu tenha mais de um domicílio, será aplicada a regra da prevenção para fins de fixação da competência jurisdicional.

ANOTAÇÕES/COMENTÁRIOS

(a) Errada. Artigo 71 do CPP. Neste caso, a competência será fixada pela prevenção.

(b) Errada. Artigo 75 do CPP. Haverá competência por distribuição quando, na mesma circunscrição judiciária, houver mais de um juiz igualmente competente.

(c) Errada. Artigo 75, § 1º do CPP. Cessará, em qualquer caso, a unidade do processo, se, em relação a algum co-réu, sobrevier o caso previsto no art. 152 (Doença mental superveniente).

(d) Errada. Artigo 109, inciso IV da CF. Excepcionada da competência da JUF as contravenções penais.

(e) Alternativa certa. Art. 72, § 1º do CPP. Não sendo conhecido o lugar da infração, a competência regular-se-á pelo domicílio ou residência do réu. Se o réu tiver mais de uma residência, a competência firmar-se-á pela prevenção.

*Para responder, tem que estudar: lei.*

*Gabarito: E*

**24. (Cespe/TJ/CE/Juiz/2012)** Com relação à competência no âmbito do direito processual penal, assinale a opção correta.

a) Competem à assembleia legislativa estadual o processo e o julgamento dos conselheiros do tribunal de contas estadual pela prática de infrações político-administrativas.

b) O STJ, ao negar seguimento a recurso especial com fundamento constitucional, exerce o controle difuso de constitucionalidade, só havendo usurpação de competência do STF se da decisão da corte de origem forem interpostos, simultaneamente, recursos especial e extraordinário.

c) A competência do STF cessa a partir do exaurimento do mandato de parlamentar federal do denunciado, inclusive quanto ao julgamento dos embargos declaratórios contra o acórdão do tribunal pleno mediante o qual seja recebida a denúncia, que caberá à autoridade judiciária de primeiro grau.

d) O STF não possui competência originária para processar pedido de explicações relacionado a referências, alusões ou frases capazes de caracterizar delito contra a honra, quando deduzido contra ministro integrante de tribunal superior da União.

e) As competências originárias e recursais atribuídas ao STJ e ao STF pela CF necessariamente hão de ser exercitadas pelo plenário ou pela corte especial desses tribunais.

## ANOTAÇÕES/COMENTÁRIOS

(a) Errada. O artigo 105, inciso I, alínea "a" da CF prevê competência do STJ para processar e julgar os membros dos Tribunais de Contas dos Estados. Ademais, o STF, na Medida Cautelar em ADI 4190, suspendeu dispositivos da Constituição do Estado do Rio de Janeiro que dava competência à Assembleia Legislativa para processar e julgar os conselheiros do Tribunal de Contas nos chamados "crimes de responsabilidade". Segundo o Tribunal, a competência para legislar sobre tal matéria é privativa da União (art. 22, inciso I CF).

(b) Certa. Entendimento pacífico do STF (STF Rcl 17658 de 2014).

(c) Errada. A competência do STF cessa ante o exaurimento do mandato de parlamentar federal do investigado, mas o julgamento dos embargos declaratórios contra o acórdão do Tribunal Pleno mediante o qual recebida a denúncia compete a esta Corte (Inq.1645ED/SP de 2011).

(d) Errada. A competência originária do STF para processar pedido de explicações em juízo, deduzido com fundamento no CP (artigo 144), somente se concretizará quando o interpelado dispuser de prerrogativa de foro perante o STF nas infrações comuns (Pet. 4444 AgRg/DF de 2008).

(e) Errada. Há entendimento dos Tribunais Superiores no sentido de que nem todas as competências hão de ser exercidas pelo Plenário ou Corte Especial, isto porque a própria Constituição prevê no art. 96, inciso I a competência dos tribunais de elaborarem os seus regimentos internos, não sendo inconstitucional a atribuição de competência originária a órgão fracionário (RMS 22111/DF de 1996).

*Para responder, tem que estudar: jurisprudência.*

*Gabarito: B*

**25. (Cespe/TJ/ES/Juiz/2011)** Acerca da aplicação da lei processual penal e da competência, assinale a opção correta.

a) Em caso de crime doloso contra a vida cometido por duas pessoas, aquele que não ostentar foro por prerrogativa de função não deverá ser julgado perante o júri popular, mas perante o tribunal competente para o julgamento do corréu detentor do foro especial.

b) A cláusula de inviolabilidade constitucional, que impede a responsabilização penal do membro do Congresso Nacional por suas palavras, opiniões e votos, não abrange as entrevistas jornalísticas, visto que tais manifestações, ainda que vinculadas ao desempenho do mandato, não se qualificam como natural projeção do exercício das atividades parlamentares.

c) A prerrogativa de os parlamentares federais poderem ser inquiridos em local, dia e hora previamente ajustados entre eles e o juiz criminal prevalece, ainda que eles figurem, no processo penal, como indiciados ou réus.

d) Desde que haja expressa previsão na constituição estadual, o processo e julgamento dos conselheiros do tribunal de contas estadual nas infrações político-administrativas pode ser inserido na esfera de competência da assembleia legislativa local.

e) Caso o delito de denunciação caluniosa dê origem a procedimento administrativo no âmbito do MPF e a inquérito policial federal, competirá à Justiça Federal processar e julgar a pertinente ação penal, independentemente das características da vítima desse crime.

## ANOTAÇÕES/COMENTÁRIOS

(a) Errada. É entendimento antigo dos Tribunais Superiores de que no presente caso, haverá separação de processos, mantendo-se a competência do tribunal do júri em relação ao co-réu sem foro por prerrogativa de função (STJ HC 69325 de 1992).

(b) Errada. A imunidade parlamentar abrange as manifestações orais e escritas, desde que motivadas pelo desempenho do mandato (prática "in officio")ou externadas em razão deste (prática "propter officium"), qualquer que seja o âmbito especial em que se haja exercido a liberdade de opinião, ainda que fora do recinto da Casa Legislativa, independentemente dos meios de divulgação utilizados, nestes incluídas as entrevistas jornalísticas (STF AI 401600 AgR de 2011).

(c) Errada. Os Senadores e Deputados somente dispõem da prerrogativa processual de serem inquiridos em local, dia e hora previamente ajustados entre eles e a autoridade competente, quando arrolados como testemunhas ou quando ostentarem a condição de ofendidos. Artigo 221 do CPP (STF Inq. 2839/SP de 2014).

(d) Errada. O artigo 105, inciso I, alínea "a" da CF prevê competência do STJ para processar e julgar os membros dos Tribunais de Contas dos Estados. Ademais, o STF, na Medida Cautelar em ADI 4190, suspendeu dispositivos da Constituição do Estado do Rio de Janeiro que dava competência à Assembleia Legislativa para processar e julgar os conselheiros do Tribunal de Contas nos chamados "crimes de responsabilidade". Segundo o Tribunal, a competência para legislar sobre tal matéria é privativa da União (art. 22, inciso I CF).

(e) Certa. O bem jurídico atingido pelo tipo penal de denunciação caluniosa é a Administração da Justiça que foi indevidamente acionada e atingida por eventuais falsas imputações que deram causa a instauração de investigação, inquérito ou processo judicial. Neste caso, tendo a conduta delitiva dado origem a procedimento no âmbito do MPF e inquérito da PF, a competência para processar e julgar será da Justiça Federal (STF HC 101013/RS de 2011).

*Para responder, tem que estudar: lei e jurisprudência.*

*Gabarito: E*

**26. (Cespe/TJ/PB/Juiz/2011)** Acerca da competência no direito processual penal, assinale a opção correta.

a) Compete à Justiça Federal o julgamento dos crimes contra a organização do trabalho, independentemente de lesão a direito dos trabalhadores coletivamente considerados ou à organização geral do trabalho.

b) Crime contra a honra praticado por meio de reportagem veiculada na Internet enseja a competência do juízo do local onde tenha sido concluída a ação delituosa, ou seja, o local onde a mensagem tenha se tornado pública, ainda que em estado-membro distinto daquele em que se encontrava o responsável pela veiculação e divulgação da notícia.

c) Compete à Justiça Federal processar e julgar os crimes praticados contra funcionário público federal aposentado, quando relacionados ao exercício da sua função.

d) Segundo a jurisprudência do STJ, a declinação da competência invalida a interceptação telefônica autorizada por juízo que inicialmente acreditava ser competente.

e) Em caso de conexão entre crimes da competência estadual e federal, a absolvição ou a desclassificação quanto ao delito que atraiu a competência para a Justiça Federal não retira a sua competência para apreciar as demais imputações.



ANOTAÇÕES/COMENTÁRIOS

(a) Errada. Compete à Justiça Federal o julgamento dos crimes contra a organização do trabalho quando tenham por objeto a organização geral do trabalho ou direito dos trabalhadores considerados coletivamente. Era neste sentido o teor da Súmula 115 do extinto Tribunal Federal de Recursos, entendimento que se mantém. Ressalva-se tão somente o crime de redução à condição análoga de escravo, prevalecendo a competência da JUF ainda que contra apenas um trabalhados, visto que atinge a dignidade de todos (STF RE 398041).

(b) Errada. É entendimento dos tribunais superiores de que o crime contra honra praticado pela internet será processado e julgado pelo juízo do local onde foi concluída a ação delituosa, ou seja, onde se encontra o responsável pela veiculação e divulgação das notícias (STJ CC 29886).

(c) Errada. Competência da Justiça Estadual (STJ CC 88262).

(d) Errada. Segundo a jurisprudência do STJ, a declinação de competência não tem o condão de, por si só, invalidar a prova colhida mediante interceptação telefônica (STJ HC 148908).

(e) Certa. Este é o entendimento do STJ, que privilegia o princípio da "perpetuatio jurisdicionis" previsto no artigo 81 do CPP (HC 112990).

*Para responder, tem que estudar: lei e jurisprudência.*

*Gabarito: E*

**27. (Cespe/TJ/ES/Juiz/2011)** Assinale a opção correta com relação à competência no âmbito do direito processual penal.

a) Compete à Justiça Estadual processar e julgar crimes contra a propriedade intelectual quando não praticados em detrimento de bens, serviços ou interesse da União ou de suas entidades autárquicas e empresas públicas, ainda que os produtos tenham sido adquiridos no exterior.

b) Compete à justiça castrense processar e julgar crime de homicídio culposo decorrente de acidente automobilístico em que acusado e vítima sejam militares, ainda que não se encontrem em serviço nem estejam em local sujeito à administração militar ou atuando em razão da função.

c) Tratando-se de delito praticado por policial militar, compete à justiça militar a decretação da perda da função pública, como efeito secundário da condenação, ainda que a ação penal não se refira a crime militar.

d) A Emenda Constitucional n. 45 inovou o ordenamento jurídico brasileiro ao atribuir à justiça do trabalho competência para processar e julgar ações penais.

e) O STJ é competente para apreciar pedido de aplicação de lei nova mais benigna a qualquer momento, e não apenas no exercício de sua competência funcional (originária ou recursal).

ANOTAÇÕES/COMENTÁRIOS

(a) Certa. É entendimento do STJ de que a mera circunstância de o produto ter sido adquirido no exterior não é apta, por si só, a deslocar a competência para a Justiça Federal (STJ, RHC 21791/PR de 2007).

(b) Errada. A competência nesse caso é da Justiça Comum conforme entendimento da Súmula 6 do STJ, exceto se os militares estiverem em atividade.

(c) Errada. Neste caso, a atribuição para a decretação do efeito secundário da condenação da perda da função pública compete à Justiça Comum (STJ AgRg no REsp 1094349/RN de 2008).

(d) Errada. A EC 45/04 que tratou da chamada "Reforma do Judiciário" não dispôs sobre competência da Justiça do Trabalho para ações penais.

(e) Errada. O STJ somente passa a ser competente para apreciar pedido de aplicação de lei nova mais benigna quando no exercício de sua competência funcional – originária ou recursal – e não a qualquer momento (STJ AgRg no HC 208256/SP de 2011).

*Para responder, tem que estudar: jurisprudência e súmula/OJ.*

*Gabarito: A*

**28. (Cespe/TJ/MA/Juiz/2013)** Acerca da competência, assinale a opção correta com base no CPP e na doutrina de referência.

a) A conexão e a continência implicam a reunião dos processos e atingem os processos que estiverem com sentença prolatada, salvo se, em relação a algum corréu, sobrevier doença mental posterior à infração penal ou se houver corréu foragido que não possa ser julgado à revelia.

b) Determina-se a competência pela continência, caso se caracterize, nos termos do CPP, concurso formal de crimes, "aberractio ictus" e "aberractio criminis".

c) Caracteriza-se como conexão intersubjetiva por simultaneidade a prática de diversas infrações penais, perpetradas por diversas pessoas, umas contra as outras.

d) A competência é definida pelo lugar em que ocorreu a infração cominada com a pena mais grave. Caso o limite territorial entre duas ou mais jurisdições seja incerto ou a jurisdição seja incerta, por ter sido o crime consumado ou tentado nas divisas de duas ou mais jurisdições, prevalece o lugar em que ocorreu o maior número de infrações, independentemente da regra de conexão ou continência.

**ANOTAÇÕES/COMENTÁRIOS**

(a) Errada. Segundo entendimento da Súmula 235 do STJ, não haverá reunião dos processos por conexão e continência se um deles já tiver sido julgado.

(b) Certa. Trata-se da hipótese de continência prevista no artigo 77, inciso II do CPP.

(c) Errada. A chamada conexão intersubjetiva por simultaneidade se dá na hipótese de ocorrerem várias infrações praticadas ao mesmo tempo, por várias pessoas reunidas. Diferentemente, a chamada conexão intersubjetiva por reciprocidade é que indica a opção narrada na assertiva, quando se tem a prática de diversas infrações penais, perpetradas por diversas pessoas, umas contra as outras (BADARÓ, Gustavo. Processo Penal).

(d) Errada. Neste caso aplica-se a regra do art. 70, § 3º do CPP, firmando-se a competência pela prevenção.

*Para responder, tem que estudar: lei, súmula/OJ e teoria/doutrina.*

*Gabarito: B*

**29. (Cespe/TJ/DFT/Juiz/2014)** Com base em termo circunstanciado relativo à descrição dos crimes de resistência, desobediência e desacato, o promotor de justiça ofereceu denúncia apenas em relação ao crime de desacato, junto a uma das varas do juizado especial criminal de Brasília, e promoveu o arquivamento em relação aos demais crimes. Ao receber a denúncia, o juiz proferiu decisão pautada no declínio da competência para uma das varas criminais comuns de Brasília, tendo o juízo, ao receber os autos, suscitado conflito negativo de competência. Em face dessa situação hipotética, assinale a opção correta.

a) Dada a tipificação apresentada na peça acusatória, a competência será do juízo suscitado.
b) É competente o juízo suscitante, considerado o somatório das penas dos crimes descritos no termo circunstanciado.
c) Os autos devem tramitar perante a vara criminal comum dada a manifesta discordância do magistrado do juizado especial ao receber a denúncia.
d) O juízo suscitante deveria ter procedido conforme os ditames do disposto no art. 28 do CPP.
e) O juízo suscitado deveria ter determinado o prosseguimento da persecução penal antes de receber a denúncia.

**ANOTAÇÕES/COMENTÁRIOS**

(a) Certa. No presente caso, o juízo suscitante do conflito é o juízo da vara criminal comum, enquanto que o juízo suscitado será o juízo do Juizado Especial Criminal. Como só houve denúncia referente ao crime de desacato, com pena máxima prevista no art. 331 do CP em 2 anos de detenção, aplica-se a regra do artigo 61 da Lei 9099/95, sendo a competência do Juizado Especial Criminal (juízo suscitado).

(b) Errada. O Ministério Público ofereceu denúncia somente em relação ao crime de desacato, não sendo os demais considerados para fins de somatório de pena.

(c) Errada. Não há previsão legal nesse sentido.

(d) Errada. O artigo 28 do CPP é específico para os casos de arquivamento, o que não houve no presente caso.

(e) Errada. O juízo suscitado não poderia dar prosseguimento na ação penal, caso se considere incompetente.

*Para responder, tem que estudar: lei.*

*Gabarito: A*

**30. (Cespe/TJ/RN/Juiz/2013)** Considerando as regras de competência no processo penal, assinale a opção correta.

a) Em caso de conexão probatória entre ações em trâmite perante a vara do juizado especial de violência doméstica e familiar e a vara criminal comum, o concurso entre jurisdições especial e comum impede a reunião dos processos.
b) Compete à justiça federal o processamento e o julgamento de toda ação penal ajuizada contra indígena.

c) Em se tratando de crime tentado, a competência será determinada pelo lugar em que deveria ocorrer o resultado.

d) Suponha que Mário, com domicílio e conta bancária em Natal – RN, tenha emitido cheque para o pagamento de produtos adquiridos em loja localizada em Mossoró – RN e que, no momento da compensação, o cheque tenha sido recusado por ausência de provisão de fundos. Nesse caso, a competência para o processamento e julgamento de eventual ação ajuizada contra Mário, por crime de estelionato mediante cheque sem provisão de fundos, seria do foro do local da emissão do documento, ainda que outro tenha sido o local da recusa.

e) Considere que Helvécio, indiciado por homicídio doloso, tenha foro por prerrogativa de função estabelecido exclusivamente pela constituição estadual. Nesse caso, deve prevalecer, conforme entendimento do STF, a competência do tribunal do júri para o processamento e o julgamento da ação penal ajuizada contra Helvécio.

ANOTAÇÕES/COMENTÁRIOS

(a) Errada. A conexão neste imporá a reunião dos feitos perante a jurisdição especial, na forma do artigo 78, IV do CPP.

(b) Errada. No caso da competência da Justiça Federal do art. 109, XI da CF, somente as crimes envolvendo disputas sobre direitos indígenas é que serão abarcadas na hipótese, e não toda e qualquer ação penal contra indígena. Sendo assim, eventual crime de homicídio praticado por indígena sem qualquer relação com a causa dos direitos indígenas será processado e julgado pela Justiça Estadual.

(c) Errada. Art. 70, parte final do CPP. Lugar em que for praticado o último ato de execução.

(d) Errada. Súmula 244 do STJ. Local da recusa.

(e) Certa. Súmula Vinculante 45.

*Para responder, tem que estudar: lei e súmula/OJ.*

*Gabarito: E*

**31. (Cespe/TJ/PA/Juiz/2012)** Assinale a opção correta acerca da competência no âmbito do direito processual penal.

a) De acordo com a jurisprudência do STJ, o critério eleito para definir a competência dos juizados especiais criminais é o quantum máximo da pena privativa de liberdade abstratamente cominada, a despeito da previsão de pena alternativa de multa.

b) Em matéria penal, compete ao plenário ou ao órgão especial de tribunal de justiça ou de tribunal regional federal a declaração incidental de inconstitucionalidade de norma infraconstitucional, mesmo nos casos em que já haja pronunciamento do STF acerca do tema debatido.

c) Tratando-se de concurso material de crimes, são levadas em consideração, para a determinação da competência, as penas máximas abstratamente cominadas aos delitos, consideradas de forma individualizada.

d) Nos procedimentos do tribunal do júri, compete ao juiz presidente pronunciar-se acerca do pedido de exclusão de qualificadora, matéria que, tecnicamente, não se inclui entre as atribuições do conselho de sentença.

e) Não cabe ao STJ, em sede de recurso especial, o exame de dispositivos da CF, exceto para fins de prequestionamento, sob pena de usurpação da competência do STF.

**ANOTAÇÕES/COMENTÁRIOS**

(a) Certa. STJ HC 125850/SP de 2009.

(b) Errada. É desnecessária a submissão à regra da reserva de plenário quando a decisão judicial estiver fundada em jurisprudência do Plenário ou Súmula do STF (ARE 914045/MG de 2015).

(c) Errada. No caso de concurso material de crimes, pra fins de determinação de competência, será levado em consideração as penas máximas abstratamente cominadas de forma somada. É o entendimento pacífico do STJ para fins de definição da competência do Juizado Especial Criminal (STJ CC 51492/RS de 2007).

(d) Errada. Trata-se de competência do conselho de sentença.

(e) Errada. O STJ pode analisar dispositivo da CF em sede de declaração incidental de inconstitucionalidade, possível a qualquer órgão jurisdicional. O que não é possível é apreciar a violação ao dispositivo constitucional como questão principal.

*Para responder, tem que estudar: jurisprudência.*

*Gabarito: A*

**32. (Cespe/TJ/PR/Juiz/2017)** Acerca da divisão do exercício da jurisdição entre os diversos órgãos jurisdicionais, assinale a opção correta.

a) A competência será determinada pela conexão, quando duas ou mais pessoas forem acusadas pela mesma infração.

b) Caso desclassifique infração que tenha dado causa à conexão, o juiz continuará competente para julgar os delitos remanescentes e os corréus, haja vista a regra da "perpetuatio jurisdicionis".

c) Nos crimes praticados fora do território brasileiro, será competente o juízo da capital da República, independentemente de o acusado ter residido ou não no Brasil.

d) Os domicílios do réu e da vítima são critérios de determinação da competência jurisdicional.

ANOTAÇÕES/COMENTÁRIOS

(a) Errada. Artigo 76 do CPP. A conceito exposto na alternativa refere-se ao instituto da continência.

(b) Certa. Artigo 81 do CPP.

(c) Errada. Artigo 88 do CPP. Será competente o juízo da capital do Estado onde tiver por último residido o acusado. Se nunca tiver residido no Brasil, será competente o juízo da capital da República.

(d) Errada. O domicílio da vítima não está incluído entre os critérios definidores de competência jurisdicional, conforme artigo 69 do CPP.

*Para responder, tem que estudar: lei.*

*Gabarito: B*

**33. (Cespe/TJ/PR/Juiz/2017)** A competência pode ser entendida como delimitação da jurisdição. A respeito dessa matéria, assinale a opção correta.

a) Compete à justiça estadual militar processar e julgar o policial militar pela prática do crime militar e, à comum, pela prática do crime comum simultâneo àquele.

b) Competirá ao juízo do local onde for praticada a contrafação processar e julgar crime de estelionato que for cometido mediante falsificação de cheque.

c) Situação hipotética: João é pedreiro e foi contratado para prestar serviços de alvenaria nas dependências do Comando Geral da Polícia Militar do Paraná. Aproveitando-se da facilidade em transitar livremente pelas instalações do prédio, ele furtou um computador contendo informações sobre os dados cadastrais do alto comando, com o intuito de vendê-las a uma quadrilha de estelionatários. Nessa situação, a competência para o processo e julgamento da ação penal será do juízo da auditoria militar, uma vez que compete a esta processar e julgar o acusado, civil ou militar, que pratique crime contra instituições militares.

d) Compete à justiça federal processar e julgar o crime de falsa anotação na carteira de trabalho e previdência social atribuída a empresa privada.

ANOTAÇÕES/COMENTÁRIOS

(a) Certa. Súmula 90 do STJ.

(b)Errado. A competência no crime de estelionato é do local onde o benefício é recebido (STJ CC 23536/PR de 2011).

(c) Errada. A competência da Justiça Militar dos Estados vem adstrita no artigo 125, § 4º da CF, restrita aos militares estaduais (policiais militares e bombeiros). Desta forma, a Justiça Militar não possui competência penal para processar e julgar civil pela prática de crime contra Polícia Militar do Estado (STF HC 70604/SP de 1994).

(d) Errada. Súmula 62 do STJ.

*Para responder, tem que estudar: lei, jurisprudência e súmula/OJ.*

*Gabarito: A*

**34. (Cespe/TJ/BA/Juiz/2019)** Acerca da competência no processo penal, assinale a opção correta, de acordo com o entendimento dos tribunais superiores.

a) O julgamento de crime de roubo perpetrado contra agência franqueada da Empresa Brasileira de Correios e Telégrafos competirá à justiça federal.

b) O julgamento de crime de uso de documento falso decorrente de apresentação de certificado de registro de veículo falso a policial rodoviário federal competirá à justiça estadual.

c) Compete à justiça federal julgar crime de divulgação e publicação na rede mundial de computadores de imagens com conteúdo pornográfico envolvendo criança ou adolescente.

d) Compete à justiça federal o julgamento de contravenções praticadas em detrimento de interesses da União, quando elas forem conexas aos crimes de sua competência.

e) Compete à justiça estadual o julgamento de crime de redução de trabalhador a condição análoga à de escravo.

ANOTAÇÕES/COMENTÁRIOS

(a) Esta Corte Superior tem posição definida quanto à competêcia para processar e julgar crimes praticados contra agências da Empresa Brasileira de Correios e Telégrafos (EBCT), fundando-se suas decisões na constatação da exploração direta da atividade pelo ente da administração indireta federal – caso em que a competência seria da Justiça Federal, nos termos do artigo 109, inciso IV, da Constituição Federal – ou se objeto de franquia, isto é, a exploração do serviço por particulares – quando então se verificaria a competência da Justiça Estadual (STJ, HC 39.200/SP de 2005).

(b) STJ. Súmula 546: "A competência para processar e julgar o crime de uso de documento falso é firmada em razão da entidade ou órgão ao qual foi apresentado o documento público, não importando a qualificação do órgao expedidor". Como o documento foi apresentado à policial rodoviário federal a competência é da justiça federal.

(c) Compete à Justiça Federal processar e julgar os crimes consistentes em disponibilizar ou adquirir material pornográfico envolvendo criança ou adolescente (arts. 241, 241-A e 241-B do ECA), quando praticados por meio da rede mundial de computadores (internet) (STF, RE 628.624/MG de 2015).

(d) CF. Art. 109, IV. Aos juízes federais compete processar e julgar: IV – os crimes políticos e as infrações penais praticadas em detrimento de bens, serviçoes ou interesse da União ou de suas entidades autárquicas ou empresas públicas, <u>excluídas as</u>

contravenções e ressalvada a competência da Justiça Militar e da Justiça Eleitoral. Logo, deve ocorrer a cisão do processo, com o julgamento da contravenção penal pela Justiça Estadual.

(d) Compete à justiça federal processar e julgar o crime de redução à condição análoga de escravo (art. 149 do CP). O tipo previsto no art. 149 do CP caracteriza-se como crime contra a organização do trabalho e, portanto, atrai a competência da justiça federal. (STF, RE 459.510/MT de 2015).

*Para responder, tem que estudar: lei, jurisprudência e súmula/OJ.*

*Gabarito: C*

# 5. DAS QUESTÕES E PROCESSOS INCIDENTES

## 5.1. Das Exceções

**35. (Cespe/TJ/PI/Juiz/2012)** Assinale a opção correta a respeito de questões e processos incidentes.

a) A decisão que acolhe incidente de falsidade documental faz coisa julgada em prejuízo de ulterior processo penal ou civil.

b) Viola o princípio do juiz natural o julgamento proferido na pendência de exceção de suspeição do magistrado sentenciante.

c) A exceção de incompetência do juízo pode ser oposta, verbalmente ou por escrito, no prazo de defesa.

d) Sendo o inquérito mero procedimento administrativo, não se pode opor suspeição às autoridades policiais nem devem elas declarar-se suspeitas.

e) No CPP, as causas de impedimento e suspeição de magistrado judicial estão dispostas de forma apenas exemplificativa.

ANOTAÇÕES/COMENTÁRIOS

(a) Errada. Artigo 148 do CPP.

(b) Errada. Não violada o princípio do juiz natural o julgamento proferido na pendência de exceção de suspeição de magistrado que, nos termos do CPP, não é causa obrigatória da suspensão do curso do processo penal (STJ HC 117758/MT de 2010).

(c) Certa. Artigo 108 do CPP.

(d) Errada. Artigo 107 do CPP. Apesar de não se poder opor exceção de suspeição em face das autoridades policiais, estas deverão se declarar suspeitas, quando ocorrer motivo legal.

(e) Errada. É majoritária a posição que considera o rol de hipóteses de impedimento e suspeição taxativo (STJ HC131792/SP de 2011).

*Para responder, tem que estudar: lei e jurisprudência.*

*Gabarito: C*

**36. (Cespe/TJ/AM/Juiz/2016)** Assinale a opção correta com referência aos sujeitos da relação processual penal e às questões incidentais.

a) As partes poderão indicar técnicos, quando não houver peritos oficiais, sendo que o profissional nomeado pela autoridade será obrigado a aceitar o encargo público, sob pena de prisão por crime de desobediência.

b) O juiz deve declarar-se impedido e, se não o fizer, poderá ser recusado por qualquer das partes, se ele, seu cônjuge, ou parente, consanguíneo ou afim, até o quarto grau, inclusive, sustentar demanda ou responder a processo que tenha de ser julgado por qualquer das partes.

c) De acordo com o entendimento do STJ, o assistente da acusação não terá direito a réplica, quando o MP tiver anuído à tese de legítima defesa do réu e declinado do direito de replicar.

d) É exigível procuração com poderes especiais para que seja oposta exceção de suspeição por réu representado pela DP, mesmo que o acusado esteja ausente do distrito da culpa.

e) O juiz nomeará advogado ao acusado que não o tiver, podendo o réu, a todo tempo, nomear outro de sua confiança, ou a si mesmo defender-se, caso tenha habilitação. Na hipótese de nomeação de defensor dativo, não será cabível o arbitramento de honorários.

ANOTAÇÕES/COMENTÁRIOS

(a) Errada. Artigo 277 do CPP. Não cominação de crime de desobediência para a hipótese, mas sim pena de multa.

(b) Errada. Art. 252, inciso I do CPP. O impedimento se dá pelo parente consanguíneo ou afim, em linha reta ou colateral até o terceiro grau.

(c) Errada. É entendimento majoritário que reconhece o direito do assistente de acusação à réplica, ainda que o MP tenha anuído à tese de legítima defesa do réu e declinado do direito de replicar (STJ REsp 1343402/SP de 2014).

(d) Certa. O artigo 98 do CPP exige manifestação da vontade da parte interessada na recusa do magistrado por suspeição por meio da subscrição da petição pela própria parte interessada ou, quando representada em juízo, por meio de procuração com poderes especiais. O defensor público atua na qualidade de representante processual e ainda que independa de mandato para o foro em geral (ex vi art. 128, inc. XI, da LC 80/94), deve juntar procuração sempre que a lei exigir poderes especiais (STJ REsp 1431043/MG de 2015).

(e) Errada. Artigo 263, PU do CPP. O acusado, que não for pobre, será obrigado a pagar os honorários do defensor dativo, arbitrados pelo juiz.

*Para responder, tem que estudar: lei e jurisprudência.*

*Gabarito: D*

**37. (Cespe/TJ/AM/Juiz/2016)** De acordo com o CPP, em regra, a exceção cuja arguição precederá a qualquer outra é a exceção de:

a) litispendência.
b) incompetência do juízo.
c) ilegitimidade da parte.
d) coisa julgada.
e) suspeição.

*ANOTAÇÕES/COMENTÁRIOS*

(a) Errada. Artigo 96 do CPP.
(b) Errada. Artigo 96 do CPP.
(c) Errada. Artigo 96 do CPP.
(d) Errada. Artigo 96 do CPP.
(e) Certa. Artigo 96 do CPP.

*Para responder, tem que estudar: lei.*

*Gabarito: E*



**38. (Cespe/TJ/PB/Juiz/2015)** A respeito das exceções previstas no CPP, assinale a opção correta.

a) Da decisão que acolher a suspeição de perito, de intérprete, de serventuário ou de funcionário da justiça cabe recurso em sentido estrito.
b) A processualística penal segue as mesmas hipóteses previstas na legislação processual civil.
c) A suspeição deve ser arguida pela parte antes de qualquer outra alegação, salvo quando sua motivação ocorrer em momento posterior.
d) No juizado especial, em razão do princípio da oralidade, o juiz deve declarar oralmente sua suspeição.
e) Da decisão do magistrado que acolher a arguição de suspeição do órgão do MP cabe recurso em sentido estrito, no prazo de cinco dias.

*ANOTAÇÕES/COMENTÁRIOS*

(a) Errada. Artigo 105 do CPP. Não há possibilidade de recurso.

(b) Errada. Há previsão das hipóteses e do procedimento de arguição de suspeição no CPP, artigos 95 a 111 do referido diploma legal.

(c) Certa. Artigo 96 do CPP.

(d) Errada. Artigo 30 da Lei 9099/95 estabelece a oralidade na contestação, entretanto, em relação à arguição de suspeição e impedimento do juiz, remente à legislação em vigor, ou seja, ao CPP, norma geral de processo penal, que prevê procedimento escrito.

(e) Errada. Artigo 104 do CPP. Não há possibilidade de recurso.

*Para responder, tem que estudar: lei.*

*Gabarito: C*

## 5.2. Das Incompatibilidades e Impedimentos

**39. (Cespe/TJ/CE/Juiz/2012)** No que diz respeito a questões e processos incidentes, assinale a opção correta.

a) Nos tribunais de segundo grau, o juiz que se julgar suspeito deverá declarar o fato nos autos e, se for revisor, passar o feito ao seu substituto na ordem da precedência, ou, se for relator, apresentar os autos em mesa para nova distribuição.

b) Se o reconhecimento da existência da infração penal depender de decisão sobre questão da competência do juízo cível e se neste houver sido proposta ação para resolvê-la, o juiz criminal deverá suspender o curso do processo.

c) Se, no prazo de cento e oitenta dias a contar da data em que transitar em julgado a sentença final, condenatória ou absolutória, os objetos apreendidos em poder do réu não forem reclamados ou não pertencerem a ele, haverá a perda em favor da União.

d) O juiz, de ofício, a requerimento do MP ou do ofendido, ou mediante representação da autoridade policial, poderá ordenar o sequestro de bens, em qualquer fase do processo, desde que já oferecida denúncia ou queixa.

e) A dúvida sobre a integridade mental do acusado serve de motivação para a instauração do incidente de insanidade mental, sendo o respectivo requerimento, por si só, suficiente para obrigar o juiz a determinar a sua caracterização, sob pena de nulidade, uma vez que se trata de prova exclusivamente técnica.

ANOTAÇÕES/COMENTÁRIOS

(a) Certa. Artigo 103 do CPP.

(b) Errada. A regra estabelecida pelo CPP é a independência entre as instâncias, exceto no caso de a decisão sobre a existência de infração penal depender da solução de controvérsia, que o juiz repute séria e fundada, sobre o estado civil das pessoas. Nesse caso, ficará suspensa a ação penal até que a controvérsia seja dirimida no juízo cível. Artigo 92 e 93 do CPP.

(c) Errada. Artigo 123 do CPP. O prazo será de 90 dias e os bens serão leiloados, depositando-se o saldo à disposição do juízo de ausentes.

(d) Errada. Artigo 127 do CPP. É possível o sequestro em qualquer fase do processo ou ainda antes de oferecida a denúncia.

(e) Errada. É pacífica a jurisprudência do STJ no sentido de que não caracteriza cerceamento de defesa o indeferimento de exame de sanidade mental se não há dúvidas sobre a integridade mental do acusado, não bastando o simples requerimento da parte para que o procedimento seja instaurado (STJ HC 95616/PA julgado em 2010).

*Para responder, tem que estudar: lei e jurisprudência.*

*Gabarito: A*

## 5.3. Das Medidas Assecuratórias

**40. (Cespe/TJ/AC/Juiz/2012)** À luz do CPP, assinale a opção correta a respeito de questões e processos incidentes.

a) Para a decretação da medida assecuratória do sequestro, basta a existência de indícios veementes da proveniência ilícita dos bens sequestrados.
b) A exceção por incompetência de juízo precede a qualquer outra.
c) O juiz deve declarar-se suspeito no processo em que parente consanguíneo seu for parte interessada.
d) Em processo penal por crime contra a propriedade imaterial, a declaração da nulidade de registro ou patente é classificada como questão prejudicial homogênea.
e) O terceiro cujos bens imóveis tenham sido transferidos a título oneroso ou gratuito pode embargar o sequestro dos bens, sob o fundamento de tê-los adquirido de boa-fé.

**ANOTAÇÕES/COMENTÁRIOS**

(a) Certa. Artigo 126 do CPP.

(b) Errada. A arguição de suspeição precederá qualquer outra. Artigo 96 do CPP.

(c) Errada. Parentesco é causa de impedimento. Art. 252, inciso I do CPP.

(d) Errada. Trata-se de matéria heterogênea, pois concernente à matéria extrapenal. Por outro lado, as questões prejudiciais homogêneas são aquelas de natureza penal, resolvidas pelo próprio juízo penal (ex.: exceção da verdade no crime de calúnia – artigo 138, § 3º do CP).

(e) Errada. Artigo 130 do CPP. Poderá embargar somente o terceiro que tiver adquirido os bens a título oneroso, sob o fundamento de tê-los adquiridos de boa-fé.

*Para responder, tem que estudar: lei e teoria/doutrina.*

*Gabarito: A*

**41. (Cespe/TJ/BA/Juiz/2019)** A respeito de questões prejudiciais e processos incidentes, assinale a opção correta.

a) Subsistindo questão prejudicial sobre o estado civil do réu, o juiz criminal deverá continuar o trâmite processual e decidir a questão como preliminar de mérito por ocasião da prolação da sentença.

b) As causas de suspeição do juiz serão arguidas em exceção própria, por petição assinada por advogado, independentemente de esse poder especial constar na procuração.

c) No caso de bem imóvel adquirido com o provento de crime, poderá ser determinado o sequestro do bem, ressalvada a hipótese de sua transferência a terceiro de boa-fé.

d) O sequestro é medida cautelar de indisponibilidade de bens em que o exercício do contraditório poderá ser postergado para evitar a dissipação do patrimônio.

e) O exame médico-legal realizado no incidente de insanidade mental é prova constituída em favor da defesa, podendo o juiz, de ofício, determinar a sua realização compulsória quando o réu recusar submeter-se a ele.

### ANOTAÇÕES/COMENTÁRIOS

(a) CP. Art. 92. Se a decisão sobre a existência da infração depender da solução de controvérsia, que o juiz repute séria e fundada, sobre o estado civil das pessoas, o curso da ação penal ficará suspenso até que no juízo cível seja a controvérsia dirimida por sentença passada em julgado, sem prejuízo, entretanto, da inquirição das testemunhas e de outras provas de natureza urgente.

(b) CPP; Art. 98. Quando qualquer das partes pretender recursar o juiz, deverá fazê-lo em petição assinada por ela própria ou por procurador com poderes especiais, aduzindo as suas razões acompanhadas de prova documental ou do rol de testemunhas.

(c) CPP. Art. 125. Caberá o sequestro dos bens imóveis, adquiridos pelo indiciado com os proventos da infração, ainda que já tenham sido transferidos a terceiro.

(d) Sequestro é uma medida cautelar, de natureza patrimonial, cabível no processo penal, por meio da qual o juiz determina a retenção dos bens adquiridos pelo investigado ou acusado com os proventos (lucros) do crime. Não acarreta nulidade o deferimento de medida cautelar patrimonial de sequestro sem anterior intimação da defesa. Na hipótese de sequestro, o contraditório será diferido em prol da integridade do patrimônio e contra sua eventual dissipação. Nesse caso, não se caracteriza qualquer cerceamento à defesa, que tem a oportunidade de impugnar a determinação judicial, utilizando os instrumentos processuais previstos na lei para tanto. (STJ, RMS 30.172/MT de 2012).

(d) O incidente de insanidade mental é prova pericial constituída em favor da defesa. Logo, não é possível determiná-lo compulsoriamente na hipótese em que a defesa se oponha à sua realização. (STF, HC 133.078/RJ de 2016).

*Para responder, tem que estudar: lei e jurisprudência.*

*Gabarito: D*

**42. (Cespe/TJ/PA/Juiz/2012)** Assinale a opção correta acerca de questões e processos incidentes.

a) As exceções de litispendência, ilegitimidade de parte e coisa julgada devem ser processadas em autos apartados, ficando suspenso o andamento da ação penal.

b) O pedido de restituição de coisas apreendidas não pode ser manejado pelo terceiro de boa-fé, a quem compete impetrar mandado de segurança para tal fim.

c) A hipoteca legal sobre os imóveis do indiciado pode ser requerida pelo ofendido em qualquer fase do processo, desde que haja certeza da infração e da autoria.

d) A decisão judicial que resolve questão incidental de restituição de coisa apreendida tem natureza definitiva, o que desafia recurso de apelação.

e) A exceção de suspeição do juiz, quando subscrita pela parte, não dispensa procuração com poderes especiais.

ANOTAÇÕES/COMENTÁRIOS

(a) Errada. Artigo 111 do CPP. Em regra não há suspensão do andamento da ação penal.

(b) Errada. Artigo 119 do CPP. Permite ao lesado e ao terceiro de boa-fé requer a restituição da coisa.

(c) Errada. Artigo 134 do CPP. Exige certeza da infração e indícios da autoria.

(d) Certa. O incidente de restituição de coisas apreendidas está sujeito ao recurso de apelação, nos termos do artigo 593, inciso II, do CPP. (STJ RMS 33274/SP de 2011).

(e) Errada. Artigo 98 do CPP. A petição será assinada pela própria parte ou por procurador com poderes especiais.

*Para responder, tem que estudar: lei.*

*Gabarito: D*

## 5.4. Da Insanidade Mental do Acusado

**43. (Cespe/TJ/MA/Juiz/2013)** Um homem de vinte e um anos de idade responde a processo judicial sumário no qual lhe é imputada a participação na prática de crimes perpetrados havia três anos. O defensor público responsável por sua defesa alegou, em sede de resposta preliminar, que o rapaz era menor de idade à época da ocorrência dos fatos e que apresentava incapacidade mental absoluta superveniente. Considerando a situação hipotética acima, assinale a opção correta acerca de questões prejudiciais, processos incidentes e procedimento sumário, com base no CPP e na interpretação doutrinária sobre esse código.

a) O juiz deverá rejeitar a resposta preliminar ofertada pelo defensor público, uma vez que, conforme disposição do CPP, essa resposta não é prevista expressamente no procedimento sumário, o que não obsta a possibilidade de absolvição sumária.

b) A questão prejudicial alegada pelo defensor, na qual se discute o estado civil da pessoa e o incidente de insanidade mental, arguidos no curso da ação penal, tem como efeito a suspensão do processo, com a suspensão da prescrição no primeiro caso.

c) A demonstração manifesta da incapacidade mental absoluta superveniente do acusado, mediante a apresentação de documentos hábeis, autoriza o juiz, no procedimento sumário, a absolver sumariamente o réu.

d) A arguição da menoridade do agente é questão prejudicial absoluta, devendo ser oferecida por intermédio de exceção própria, no prazo da resposta preliminar, sob pena de preclusão.

**ANOTAÇÕES/COMENTÁRIOS**

(a) Errada. A incapacidade mental absoluta superveniente não causa de absolvição sumária. Neste caso, observa-se o artigo 682 do CPP.

(b) Certa. A menoridade alegada é questão inerente ao estado civil das pessoas, o que determina a suspensão do processo na forma do artigo 92 do CPP. Neste caso, haverá suspensão do prazo prescricional, na forma do artigo 116, inciso I do CP até o trânsito em julgado da decisão no juízo cível.

(c) Errada. Não é caso de absolvição sumária, conforme artigo 397 do CPP. Neste caso, observa-se o artigo 682 do CPP.

(d) Errada. Por se tratar de questão de ordem pública, não haverá preclusão, podendo ser arguida a qualquer tempo.

*Para responder, tem que estudar: lei e teoria/doutrina.*

*Gabarito: B*

## 6. DA PROVA

**44. (Cespe/TJ/BA/Juiz/2019)** Acerca dos meios de prova no processo penal, assinale a opção correta, de acordo com o entendimento dos tribunais superiores.

a) A colaboração premiada é meio de obtenção de prova e, como tal, submete-se ao princípio de reserva de jurisdição, sendo obrigatória a participação do juiz na celebração do ajuste entre os envolvidos.

b) O compartilhamento com o MP de dados bancários obtidos legitimamente pela Receita Federal, pela via administrativa fiscalizatória já esgotada, em caso de constatação de possível crime, não ofende o princípio de reserva de jurisdição.

c) O deferimento de interceptação telefônica para investigação de crime com fundamento somente em denúncia anônima será lícito, desde que essa medida seja necessária para a elucidação da infração penal.

d) Independerá de decisão judicial o acesso a conversas armazenadas em aplicativo de mensagens existente em telefone celular de pessoa investigada apreendido durante a prisão desta em flagrante.

e) O reconhecimento pessoal de acusado realizado sem a observância das formalidades previstas no CPP é nulo.

**ANOTAÇÕES/COMENTÁRIOS**

(a) Lei 12.850/2013. Art. 4º, §6. O juiz não participará das negociações realizadas entre as partes para a formalização do acordo de colaboração, que ocorrerá entre o delegado de polícia, o investigado e o defensor, com a manifestação do Ministério Público, ou, conforme o caso, entre o Ministério Público e o investigado ou acusado e seu defensor.

(b) É lícito o compartilhamento promovido pela Receita Federal, dos dados bancários por ela obtidos a partir de permissivo legal, com a Polícia e com o Ministério Público, ao término do procedimento administrativo fiscal, quando verificada a prática, em tese, de infração penal. (STJ, RESP 1.601.127/SP de 2018). Trata-se de entendimento que prevalece, embora exista julgado recente da 2ª Turma do STF em sentido contrário.

(c) Esta Corte já decidiu que a denúncia anônima pode justificar a necessidade de quebra do sigilo das comunicações como forma de aprofundamento das investigações policiais, desde que acompanhada de outros elementos que confirmem a necessidade da medida excepcional. (STJ, HC 443.331/SP de 2018).

(d) Sem prévia autorização judicial, são nulas as provas obtidas pela polícia por meio da extração de dados e de conversas registradas no whatsapp presentes no celular do suposto autor de fato delituoso, ainda que o aparelho tenha sido apreendido no momento da prisão em flagrante. (STJ, RHC 51.531/RO de 2016)

(e) É pacífico o entendimento do Superior Tribunal de Justiça no sentido de que é legítimo o reconhecimento pessoal ainda quando realizado de modo diverso do previsto no art. 226 do Código de Processo Penal, servindo o paradigma legal como mera recomendação. (STJ, RHC 67.675/SP de 2016)

*Para responder, tem que estudar: lei e jurisprudência.*

*Gabarito: B*

**45. (Cespe/TJ/AM/Juiz/2016)** Acerca dos meios de prova no processo penal, assinale a opção correta.

a) A interceptação telefônica é medida subsidiária e excepcional, só podendo ser determinada quando não houver outro meio para se apurar os fatos tidos por criminosos, sendo ilegal quando for determinada apenas com base em notícia anônima, sem investigação preliminar.

b) A competência para autorizar a interceptação telefônica é exclusiva do juiz criminal, caracterizando prova ilícita o aproveitamento da diligência como prova emprestada a ser utilizada pelo juízo cível ou em processo administrativo.

c) De acordo com o STJ, o prazo de quinze dias é contado a partir da data da decisão judicial que autoriza a interceptação telefônica e pode ser prorrogado sucessivas vezes pelo tempo necessário, especialmente quando o caso for complexo e a prova, indispensável.

d) Em regra, o CPP estabelece que o interrogatório do réu preso será feito pelo sistema de videoconferência ou outro recurso tecnológico de transmissão de sons e imagens em tempo real. Não sendo isso possível por falta de disponibilidade do recurso tecnológico, o preso será apresentado em juízo, mediante escolta.

e) A busca domiciliar poderá ser feita sem autorização do morador, independentemente de dia e horário, no caso de a autoridade judiciária comparecer pessoalmente para efetivar a medida, devendo esta declarar previamente sua qualidade e o objeto da diligência.

## ANOTAÇÕES/COMENTÁRIOS

(a) Certa. A interceptação telefônica é subsidiária e excepcional, só podendo ser determinada quando não houver outro meio para se apurar os fatos tidos por criminosos, nos termos do artigo 2, inc. II, da Lei 9.296/1996. Quando às denúncias anônimas, estas não autorizam na fase de investigação, por si só, o emprego de métodos invasivos de investigação, como a interceptação telefônica. (STF HC 106152/MS de 2016).

(b) Errada. O STJ tem posição pacificada no sentido da possibilidade de a interceptação telefônica pode ser utilizada como prova emprestada em processo cível ou administrativo. (STJ AgRg no AREsp 284582/SC de 2014).

(c) Errada. STJ entende que o prazo de 15 dias, que de fato pode ser prorrogado para além do fixado na lei, desde que comprovada a necessidade, se inicia com a efetivação da medida constritiva, ou seja, do dia em que se iniciou a escuta, e não da decisão. (STJ HC 135.771 de 2011).

(d) Errada. O interrogatório por videoconferência representa exceção, de modo que a presença física do réu constitui a regra. Aquele se dará na forma e nas hipóteses previstas no artigo 185, § 2º do CPP.

(e) Errada. A busca domiciliar só pode ser realizada à noite com autorização do morador Artigo 245 do CPP.

*Para responder, tem que estudar: lei e jurisprudência.*

*Gabarito: A*

**46. (Cespe/TJ/CE/Juiz/2012)** Assinale a opção correta acerca da prova no âmbito do direito processual penal.

a) Nos casos de morte violenta, desde que as lesões externas permitam precisar a causa da morte, basta o simples exame externo do cadáver, ainda que haja infração penal a apurar.

b) Depois de devidamente qualificado e cientificado do inteiro teor da acusação, o réu será informado pelo juiz, antes de iniciar o interrogatório, do seu direito de permanecer calado; o silêncio não importa em confissão, mas poderá ser interpretado em prejuízo da defesa.

c) São proibidas de depor as pessoas que, em razão de função, ministério, ofício ou profissão, devam guardar segredo, salvo se liberadas pela parte interessada, quando serão obrigadas a dar o seu testemunho.

d) A prova da alegação incumbirá a quem a fizer, sendo, porém, facultado ao juiz, de ofício, ordenar, desde que após o início da ação penal, a produção antecipada de provas consideradas urgentes e relevantes, observando a necessidade, adequação e proporcionalidade da medida.

e) São inadmissíveis as provas derivadas das ilícitas, salvo quando não evidenciado o nexo de causalidade entre umas e outras, ou quando as derivadas puderem ser obtidas por uma fonte independente das primeiras.

BLOCO II

**ANOTAÇÕES/COMENTÁRIOS**

(a) Errada. Artigo 162, pár. ún. do CPP. Basta o exame externo do cadáver somente quando não houver infração penal a apurar.

(b) Errada. Artigo 186 do CPP. O silêncio não pode ser interpretado em prejuízo da defesa.

(c) Errada. Artigo 207 do CPP. Se desobrigadas pela parte interessada, poderão dar seu testemunho.

(d) Errada. Artigo 156 do CPP. O juiz poderá ordenar a produção de prova mesmo antes da ação penal.

(e) Certa. Artigo 157, § 1º do CPP. Conceito de prova ilícita por derivação, nexo de causalidade atenuado e fontes independentes declinado no dispositivo.

*Para responder, tem que estudar: lei.*

*Gabarito: E*

**47. (Cespe/TJ/PB/Juiz/2011)** No que concerne à prova no processo penal, assinale a opção correta.

a) Consoante a jurisprudência do STJ, é indispensável que a transcrição do conteúdo das interceptações telefônicas seja feita por peritos oficiais.

b) Consoante jurisprudência do STJ, é inadmissível, como meio de prova, a gravação unilateral feita por um dos interlocutores sem o conhecimento do outro, por afronta ao princípio da proporcionalidade.

c) Em "habeas corpus" e em recurso especial, é vedada a simples apreciação de provas, ou seja, a operação mental de conta, peso e medida dos elementos de convicção.

d) Se o acusado citado por edital não comparece nem constitui advogado, ficam suspensos o processo e o curso do prazo prescricional e, nesse caso, a produção antecipada de provas justifica-se tão somente pelo decurso do tempo.

e) A apuração do crime de lavagem de bens depende do processamento e da condenação do crime antecedente, não sendo suficiente a indicação dos indícios da prática do delito anterior.

*ANOTAÇÕES/COMENTÁRIOS*

(a) Errada. Nos termos da Lei 9.296/996, e consoante diversos precedentes desta Corte Superior, é dispensável que a transcrição do conteúdo das interceptações telefônicas seja feita por peritos oficiais. (STJ HC 111.722/SP de 2010).

(b) Errada. Por não se enquadrar nas hipóteses de proteção constitucional do sigilo das comunicações, tampouco estar disciplinada no campo infraconstitucional, pela Lei 9.296/96, a gravação unilateral feita por um dos interlocutores com o desconhecimento do outro deve ser admitida como prova, em face do princípio da proporcionalidade. (STJ REsp 1113734/SP de 2010).

(c) Certa. O que se veda em habeas corpus, semelhantemente ao que acontece no recurso especial, é a simples apreciação de provas, digamos, a operação mental de conta, peso e medida dos elementos de convicção. (STJ HC 150.608/CE de 2010).

(d) Errada. A jurisprudência desta Corte é pacifica no sentido de que a produção antecipada das provas, a que faz alusão o art. 366 do Código de Processo Penal, exige concreta demonstração da urgência e necessidade da medida, não sendo motivo hábil a justificá-la o decurso do tempo, tampouco a presunção de possível perecimento. (Súmula 455 do STJ).

(e) Errada. A majoritária jurisprudência do STJ é no sentido de que a apuração do crime de lavagem de dinheiro é autônoma e independe do processamento e da condenação em crime antecedente, sendo necessário apenas sejam apontados os indícios suficientes da prática do delito anterior (STJ HC 137.628/RJ de 2010).

***Para responder, tem que estudar: jurisprudência.***

*Gabarito: C*

**48. (Cespe/TJ/PB/Juiz/2015)** A autoridade policial foi informada da descoberta de um cadáver, com perfurações por toda a região abdominal, às margens de uma rodovia. Próximo ao local, havia também uma faca com marcas de sangue e garrafas de bebida alcoólica. Em face dessa situação, e considerando-se o disposto no CPP, a autoridade policial deverá:

a) oficiar ao Poder Judiciário a fim de que se efetue a retirada do corpo do local.

b) dirigir-se ao local e providenciar que o estado e a conservação das coisas não sejam alterados até a chegada de peritos criminais.

c) determinar de imediato a higienização da faca para proceder a reprodução simulada dos fatos.

d) requerer autorização judicial para que a área seja isolada e para o deslocamento de peritos criminais.

e) pedir autorização judicial para abertura do inquérito policial.

ANOTAÇÕES/COMENTÁRIOS

(a) Errada. Artigo 6, inciso I do CPP. Vale lembrar que a remoção do cadáver para exame independe de autorização judicial, sendo feito pela própria autoridade policial.

(b) Certa. Artigo 6, inciso I do CPP.

(c) Errada.

(d) Errada. Tais providências independem de autorização judicial.

(e) Errada. A abertura de inquérito policial será, neste caso, de ofício pela própria autoridade policial. Artigo 5, inciso I do CPP.

*Para responder, tem que estudar: lei.*

*Gabarito: B*

**49. (Cespe/TJ/PB/Juiz/2015)** Assinale a opção correta a respeito de provas no CPP.

a) Em caso de divergência entre os peritos, a controvérsia será resolvida internamente pelo diretor da repartição de lotação dos peritos, que elaborará laudo a fim de apresentar uma versão consensual.

b) No processo penal, a prova do estado de casado deve obedecer às restrições referentes ao estado de pessoas previstas no ordenamento civil.

c) Em respeito ao princípio acusatório, é vedado ao magistrado ordenar de ofício a produção antecipada de provas.

d) Por ser uma peça técnica, o laudo pericial deve ser aceito pelo juiz, sendo-lhe vedado inclusive rejeitá-lo em parte.

e) O assistente técnico atuará no exame de corpo de delito juntamente com o perito oficial.

BLOCO II

ANOTAÇÕES/COMENTÁRIOS

(a) Errada. Artigo 180 do CPP.

(b) Certa. Artigo 155, pár. ún. do CPP.

(c) Errada. Artigo 156, inciso I do CPP.

(d) Errada. Artigo 182 do CPP.

(e) Errada. Artigo 159 § 4º do CPP.

*Para responder, tem que estudar: lei.*

*Gabarito: B*

**50. (Cespe/TJ/DFT/Juiz/2014)** Telmo, surdo, alfabetizado em língua portuguesa, integrante de organização criminosa, preso preventivamente, foi denunciado pela prática dos crimes de associação criminosa, tortura, sequestro e latrocínio, por diversas vezes, tendo todos os crimes por ele praticados ocorrido na região administrativa do Lago Sul/DF. Ao final de cada instrução foi determinado o interrogatório de Telmo pelos juízos competentes. Considerando essa situação hipotética, assinale a opção correta.

a) Por ocasião do interrogatório de Telmo, o juízo deve nomear para intervir no ato pessoa habilitada a entender o interrogado, a qual deve agir, sob compromisso, como intérprete.

b) As perguntas a que Telmo deixar de responder devem ser devidamente consignadas a pedido das partes, bem como as razões que ele invocar para não fazê-lo.

c) Caso Telmo, ao ser interrogado, negue a acusação, no todo, poderá prestar esclarecimentos, mas não indicar provas, já que está encerrada a instrução.

d) O interrogatório de Telmo poderá ser realizado, ordinariamente, por sistema de videoconferência, dadas, por si mesmas, as graves imputações que constam nas denúncias.

e) Encerrada a instrução, o juiz poderá, a qualquer tempo, proceder de ofício a novo interrogatório de Telmo.

ANOTAÇÕES/COMENTÁRIOS

(a) Errada. Aplica-se o art. 192, inciso I do CPP: ao surdo serão apresentadas por escrito as perguntas, que ele responderá oralmente.

(b) Errada. Essa dinâmica correspondia à antiga redação do artigo 191 do CPP.

(c) Errada. Artigo 189 do CPP.

(d)Errado. O interrogatório por videoconferência constitui exceção, realizando-se somente nas hipóteses do artigo 185, § 2º, inciso I a IV do CPP.

(e) Certa. Artigo 196 do CPP.

*Para responder, tem que estudar: lei.*

*Gabarito: E*

**51. (Cespe/TJ/DFT/Juiz/2014)** Tiago foi processado pelos crimes de roubo e corrupção de menores. Citado, indicou advogado para patrocinar sua defesa, não tendo, no entanto, sido apresentada resposta no prazo legal, o que levou o juiz a nomear a DP para apresentar defesa. Na peça processual, foram arroladas oito testemunhas, além da mãe e do pai do acusado, bem como apresentada documentação comprovando que, no dia e hora dos fatos narrados na denúncia, o acusado estava trabalhando em outro país. A resposta foi recebida e designada audiência de instrução e julgamento. Após a colheita do depoimento da vítima e das testemunhas presentes, verificou-se a necessidade de oitiva de testemunhas de acusação residentes em outro estado da Federação. Assim, procedeu-se ao interrogatório do acusado. As partes requereram diligências e, após o cumprimento destas, abriu-se vista a acusação e defesa, para o oferecimento de alegações finais por memoriais. Os autos foram conclusos ao juiz substituto, visto que o titular, que presidira a sessão, estava de férias. A respeito dessa situação hipotética, assinale a opção correta.

a) Convencido de que Tiago não tivesse concorrido para a prática dos crimes narrados na denúncia, o juiz poderia tê-lo absolvido sumariamente quando do recebimento da resposta à acusação.

b) O juiz agiu corretamente ao realizar a oitiva das testemunhas de defesa e, em seguida, interrogar o acusado antes de colhido o depoimento das testemunhas de acusação faltantes.

c) Ao receber a resposta à acusação, o juiz deveria ter determinado que a defesa adequasse seu rol de testemunhas ao número legal.

d) O juiz substituto não poderá proferir a sentença, visto que não presidiu a instrução.

e) O juiz não poderia nomear a DP para patrocinar a defesa de Tiago, já que este possuía advogado particular.

ANOTAÇÕES/COMENTÁRIOS

(a) Errada. As causas de absolvição sumária estão previstas no artigo 397 do CPP, que não contém a hipótese indicada. Estar o juiz convencido de que o acusado não concorreu para a prática do crime é hipótese de absolvição ao final do processo, na forma do artigo 386, inciso IV do CPP.

(b) Certa. Há entendimento do STJ, com base no artigo 222, §§ 1º e 2º do CPP, no sentido de que a expedição de carta precatória não tem o condão de suspender o trâmite da ação penal, de modo que poderia sim ter interrogado o acusado antes de colhido o depoimento das testemunhas de acusação faltantes por carta precatória (STJ RHC 48121).

(c) Errada. O rol apresentado pela defesa está dentro do limite de 8 pessoas previsto no artigo 401 do CPP. Lembrando em que as pessoas que não prestam compromisso (tal como os ascendentes – artigo 206 c/c artigo 208, todos do CPP) não são computadas nesse número, conforme artigo 401, § 1º do CPP.

(d) Errada. STJ tem entendimento no sentido de que entre as exceções aplicadas ao princípio da identidade física do juiz, que vinham previstas no art. 132 do CPC/73, aplicadas por analogia ao CPP (art. 3 CPP), insere-se o afastamento por férias, sendo possível ao substituto proferir sentença, ainda que colhida prova oral pelo juiz originário. (STJ RHC 43403).

(e) Errada. Tendo em vista ser a resposta à acusação obrigatória, necessária a nomeação da Defensoria Pública pelo juiz.

*Para responder, tem que estudar: lei e jurisprudência.*

*Gabarito: B*

**52. (Cespe/TJ/AC/Juiz/2012)** Com base no que dispõe o CPP sobre procedimentos criminais, assinale a opção correta.

a) No processo comum, o acusado pode ser absolvido sumariamente caso haja manifesta causa excludente da culpabilidade, como, por exemplo, a inimputabilidade.

b) A denúncia deve ser rejeitada em caso de manifesta causa excludente da ilicitude do fato, como, por exemplo, legítima defesa própria.

c) O procedimento de instrução preliminar ou de formação de culpa do tribunal do júri deve, estando o réu preso, ser concluído em até cento e vinte dias.

d) Durante os debates, no procedimento do tribunal do júri, as partes podem fazer referência aos fundamentos da decisão de pronúncia, cabendo ao juiz presidente esclarecer aos jurados que eles não estão a ela vinculados.

e) É permitido ao MP, ao assistente, ao querelante e ao defensor, nessa ordem, formular perguntas diretamente ao acusado; os jurados, por sua vez, devem formular perguntas por intermédio do juiz.

*ANOTAÇÕES/COMENTÁRIOS*

(a) Errada. Artigo 397, inciso II do CPP.

(b) Errada. Artigo 397, inciso I do CPP. Nesse caso, deve haver recebimento da denúncia, por não ser causa de rejeição (art. 395 do CPP), com absolvição sumária.

(c) Errada. Artigo 412 do CPP. 90 dias.

(d) Errada. Artigo 478, inciso I do CPP. As partes não podem, sob pena de nulidade, fazer referência à decisão de pronúncia.

(e) Certa. Artigo 474, §§ 1º e 2º do CPP.

*Para responder, tem que estudar: lei.*

*Gabarito: E*

**53. (Cespe/TJ/PR/Juiz/2017)** Considerando os princípios que norteiam o interrogatório do acusado e os requisitos para a realização desse ato, assinale a opção correta.

a) É válido o interrogatório do acusado que dispensa a presença do advogado e permanece em silêncio, pois, se o silêncio não puder ser interpretado contra a defesa, não haverá prejuízo, considerando-se o princípio "pas de nullité sans grief".

b) Se o interrogado não souber escrever, não puder ou não quiser assinar, o juiz nomeará curador e este, após a leitura do interrogatório, assinará o termo.

c) Por não contar com as garantias constitucionais da ampla defesa e do contraditório, a confissão extrajudicial, ainda que indireta, não é admitida como meio de prova.

d) O exercício do direito ao silêncio não gera presunção de culpabilidade para o acusado, tampouco pode ser interpretado em prejuízo da defesa.

**ANOTAÇÕES/COMENTÁRIOS**

(a) Errada. Atualmente, a presença do advogado ou do defensor no interrogatório do acusado é obrigatória sob pena de nulidade absoluta, por ausência de defesa técnica. Art. 185 do CPP e Súmula 523 do STF: no processo penal, a falta da defesa constitui nulidade absoluta, mas a sua deficiência só o anulará se houver prova de prejuízo para o réu. A questão quis induzir o leitor à conclusão de que a presença do advogado serve unicamente para interrogar o acusado, porém isso não é verdade, cabendo-lhe zelar pela regularidade do ato e integridade física e psíquica do réu. Portanto, a ausência de defesa técnica no interrogatório gera prejuízo ao réu, ainda que permaneça em silêncio.

(b) Errada. Artigo 192, pár. ún. do CPP.

(c) Errada. Confissão extrajudicial é aquela feita fora do processo penal, geralmente perante a autoridade policial, sem a observância do contraditório e da ampla defesa. Produzida que é na fase investigatória, sem a presença dialética das partes, conclui-se que uma confissão extrajudicial não pode, de per si, fundamentar um decreto condenatório, sob pena, aliás, de violação ao preceito do art. 155, caput, do CPP. Em duas situações, todavia, a jurisprudência tem admitido a valoração da confissão extrajudicial: a) no plenário do júri, em virtude do sistema da íntima convicção do juiz, que vigora em relação à decisão dos jurados; b) quando a confissão extrajudicial é feita na presença de defensor. (BRASILEIRO, Renato. Manual de processo penal). Valor probante da confissão extrajudicial: A confissão extrajudicial, mesmo negada em juízo, tem valor probante quando em sintonia com a versão dada por outros meios de prova. (STJ REsp 162022).

(d) Certa. Artigo 186, pár. ún. do CPP.

***Para responder, tem que estudar: lei, jurisprudência, súmula/OJ e teoria/doutrina.***

*Gabarito: D*

BLOCO II

## 7. DOS SUJEITOS DO PROCESSO

**54. (Cespe/TJ/DFT/Juiz/2016)** Assinale a opção correta de acordo com o disposto no CPP sobre os assistentes.

a) O ofendido ou seu representante legal ou, na falta de um deles, o cônjuge, os ascendentes, os descendentes ou irmãos, poderão intervir como assistentes do MP em ações penais públicas condicionada ou incondicionada.

b) Na falta do ofendido ou de seu representante legal, apenas o cônjuge poderá atuar como assistente da acusação, seja a ação penal pública condicionada ou incondicionada.

c) O irmão do ofendido, por ser parente colateral, não tem o direito de atuar como assistente da acusação em ação penal pública condicionada ou incondicionada.

d) Tratando-se de ação penal pública condicionada à representação, não poderão intervir como assistentes do MP nem o ofendido nem parente seu, pois seu direito foi exercido por meio da própria representação.

e) Em se tratando de ação penal pública incondicionada, somente o MP poderá sustentar acusação, não sendo permitida a assistência, sob pena de se caracterizar a vingança privada.

**ANOTAÇÕES/COMENTÁRIOS**

(a) Certa. Artigo 268 do CPP. Em todos os termos da ação pública, poderá intervir, como assistente do Ministério Público, o ofendido ou seu representante legal, ou, na falta, qualquer das pessoas mencionadas no Art. 31.

(b) Errada. Artigo 268 do CPP remete ao artigo 31 do mesmo diploma legal (cônjuge, ascendente, descendente e irmão – CADI).

(c) Errada. Artigo 268 do CPP.

(d) Errada. Artigo 268 do CPP não faz restrição, tratando da ação penal pública, o que naturalmente engloba a ação penal pública condicionada à representação.

(e) Errado Artigo 268 do CPP.

*Para responder, tem que estudar: lei.*

*Gabarito: A*

**55. (Cespe/TJ/BA/Juiz/2012)** A respeito das normas aplicadas ao MP, ao acusado e ao defensor e do disposto nas normas procedimentais aplicáveis aos processos que tramitam perante o STJ e o STF, de acordo com o entendimento dos tribunais superiores, assinale a opção correta.

a) Considere que o réu constitua advogado que, devidamente intimado, não compareça à audiência de inquirição das testemunhas arroladas exclusivamente pela defesa nem apresente motivação justificada de sua ausência. Nessa situação, realizada a audiência na presença de advogado ad hoc, ocorrerá nulidade processual ante à ofensa dos interesses do acusado.

b) A lei não permite que as intimações dos processos que tramitam perante o STJ e STF sejam feitas por carta registrada.

c) No processo penal, os prazos são contados a partir da juntada do mandado de intimação aos autos.

d) O oferecimento de contrarrazões a recurso interposto contra a rejeição da denúncia, por meio de defensor dativo, ante a não intimação do denunciado para oferecê-la, não implica ofensa a direito do acusado.

e) Os órgãos do MP sujeitam-se às mesmas prescrições relativas à suspeição dos juízes, no que lhes for aplicável, implicando a sua inobservância nulidade relativa.

**ANOTAÇÕES/COMENTÁRIOS**

(a) Errada. O STJ possui entendimento no sentido de que se o advogado do réu, devidamente intimado, não comparece à audiência de inquirição das testemunhas arroladas pela defesa, não há que se falar em nulidade processual se o ato foi realizado na presença de defensor ad hoc. (STJ RHC 30197/BA de 2011).

(b) Errada. O artigo 9, § 2º da Lei 8038/90, que trata dos procedimentos perante o tribunas superiores, permite que por expressa determinação do relator, as intimações poderão ser feitas por carta registrada com aviso de recebimento.

(c) Errada. Súmula 710 do STF.

(d) Errada. Súmula 707 do STF.

(e) Certa. Artigo 258 do CPP. Os órgãos do Ministério Público não funcionarão nos processos em que o juiz ou qualquer das partes for seu cônjuge, ou parente, consanguíneo ou afim, em linha reta ou colateral, até o terceiro grau, inclusive, e a eles se estendem, no que lhes for aplicável, as prescrições relativas à suspeição e aos impedimentos dos juízes.

*Para responder, tem que estudar: lei, jurisprudência e súmula/OJ.*

*Gabarito: E*

**56. (Cespe/TJ/PR/Juiz/2017)** Acerca das modalidades de exceção previstas no CPP, assinale a opção correta, considerando o entendimento dos tribunais superiores.

a) A arguição de suspeição de jurado poderá ser apresentada a qualquer tempo, preferencialmente antes do início da seção de julgamento.

b) As exceções, em regra, suspendem o andamento da ação penal e os prazos processuais.

c) O juiz decidirá a respeito da arguição de suspeição de membro do MP, após ouvi-lo, sendo admitida a produção de provas.

BLOCO II

d) A arguição de suspeição de magistrado não exige poderes especiais do advogado.

**ANOTAÇÕES/COMENTÁRIOS**

(a) Errada. Segundo entendimento do STF, a arguição de suspeição de jurado deve ser feita em Plenário, sob pena de preclusão. (STF HC 120746/ES de 2014).

(b) Errada. Artigo 111 do CPP. As exceções serão processadas em autos apartados e não suspenderão, em regra, o andamento da ação penal.

(c) Certa. Artigo 104 do CPP. Se for arguida a suspeição do órgão do Ministério Público, o juiz, depois de ouvi-lo, decidirá, sem recurso, podendo antes admitir a produção de provas no prazo de três dias.

(d) Errada. Artigo 98 do CPP. Quando qualquer das partes pretender recusar o juiz, deverá fazê-lo em petição assinada por ela própria ou por procurador com poderes especiais, aduzindo as suas razões acompanhadas de prova documental ou do rol de testemunhas.

*Para responder, tem que estudar: lei e jurisprudência.*

*Gabarito: C*

# 8. DA PRISÃO, DAS MEDIDAS CAUTELARES E DA LIBERDADE PROVISÓRIA

## 8.1. Da Prisão em Flagrante

**57. (Cespe/TJ/DFT/Juiz/2014)** Elias, com dezoito anos de idade, após efetuar roubo de veículo automotor na região administrativa de Brazlândia/DF, mediante utilização de arma de fogo com numeração raspada, evadiu-se do local em direção à região administrativa de Taguatinga/DF, onde foi preso em flagrante após colidir o veículo em um semáforo, tendo sido conduzido à autoridade policial da delegacia situada em frente ao local do acidente, ocasião em que foi lavrado o auto de prisão em flagrante. Considerando essa situação hipotética, assinale a opção correta com base no que dispõe o CPP.

a) Caso não haja escrivão na delegacia para onde Elias foi encaminhado, este será levado para a delegacia mais próxima.

b) Como o roubo ocorreu em Brazlândia/DF, a autoridade dessa localidade é a competente para a lavratura do auto de prisão de Elias, em virtude da competência ratione loci.

c) A prisão de Elias deverá ser comunicada ao magistrado competente, em vinte e quatro horas, contadas a partir do término da lavratura do auto de prisão em flagrante.

d) Em razão da menoridade penal relativa de Elias, a autoridade competente, ao indiciá-lo, deverá nomear curador para ele a fim de atender à regularidade procedimental.

e) Ao receber o auto de prisão em flagrante de Elias, o magistrado competente decidirá, nos termos da lei, sem a prévia manifestação do MP.

*ANOTAÇÕES/COMENTÁRIOS*

(a) Errada. O artigo 305 do CPP diz que na falta ou impedimento do escrivão, qualquer pessoa designada pela autoridade lavrará o auto, depois de prestar compromisso legal. Todavia, Somente no caso de não haver autoridade no lugar, conforme o artigo 308 do CPP, será o caso de o preso ser apresentado à do local mais próximo.

(b) Errada. O artigo 290 do CPP. No caso de o réu, sendo perseguido, passar ao território de outro município ou comarca e ali for preso, será apresentado imediatamente à autoridade local, que será competente para lavrar o auto de prisão em flagrante.

(c) Errada. Artigo 306 do CPP. A prisão de qualquer pessoa e o local onde se encontre serão comunicados imediatamente ao juiz competente.

(d) Errada. O autor é maior de idade, já que possui 18 anos completos na data do fato.

(e) Certa. O artigo 310 do CPP traz as decisões do juiz diante do recebimento do auto de prisão em flagrante, não trazendo exigência de prévia oitiva do membro do Ministério Público.

*Para responder, tem que estudar: lei.*

*Gabarito: E*

## 8.2. Da Prisão Preventiva

**58. (Cespe/TJ/AM/Juiz/2016)** A respeito das medidas cautelares, assinale a opção correta.

a) As medidas cautelares, como o recolhimento domiciliar no período noturno e a prisão preventiva, poderão ser decretadas pelo juiz, de ofício ou a requerimento das partes, no curso do inquérito policial ou durante o processo penal, quando houver necessidade para aplicação da lei penal, para a investigação ou a instrução criminal.

b) Ausentes os requisitos que autorizem a decretação da prisão preventiva, o juiz deverá conceder liberdade provisória, impondo fiança quando se tratar de crimes afiançáveis. Nesse caso, o arbitramento deverá ser precedido da manifestação do MP.

c) O juiz poderá substituir a prisão preventiva pela domiciliar quando o indiciado for pessoa idosa, hipótese em que este ficará recolhido em sua residência, somente podendo ausentar-se com escolta policial.

BLOCO II

d) Em relação ao requisito "periculum libertatis", a fuga do acusado do distrito da culpa é fundamentação suficiente para a manutenção da prisão preventiva ordenada pelo juiz no intuito de garantir a futura aplicação da lei penal.

e) O STF, em caráter liminar, se manifestou pela inconstitucionalidade de provimento de tribunal de justiça que instituiu a obrigatoriedade de audiência de custódia nos casos de prisão em flagrante, devido à ausência de previsão na legislação federal e ao fato de essa obrigatoriedade violar o princípio da separação dos poderes.

**ANOTAÇÕES/COMENTÁRIOS**

(a) Errada. A decretação de prisão preventiva de ofício só é possível se no curso da ação penal, enquanto que, no bojo do inquérito policial, se dará por meio de representação da autoridade policial. Artigo 311 do CPP.

(b) Errada. Artigo 321 do CPP. Ausentes os requisitos da prisão preventiva, deverá o juiz conceder liberdade provisória, impondo, se for o caso, fiança ou outras medidas cautelares diversas da prisão. O artigo 333 do CPP permite a prestação de fiança independentemente de audiência do Ministério Público.

(c) Errada. O juiz poderá substituir a prisão preventiva pela domiciliar nas hipóteses dos artigos 318 e 318-A do CPP (idoso maior de 80 anos é somente uma delas). E conforme artigo 317 do CPP, o indiciado ou acusado será recolhido em sua residência, só podendo se ausentar com autorização judicial.

(d) Certa. Este é o entendimento do STJ (HC 239.269).

(e) Errada. Segundo o STF (ADI 5240), esse provimento seria constitucional porque não inovou na ordem jurídica, mas apenas explicitou conteúdo normativo já existente em diversas normas de direitos humanos, como o art. 7º, item 5, da Convenção Americana de Direitos Humanos, ao dispor que "toda pessoa presa, detida ou retida deve ser conduzida, sem demora, à presença de um juiz". Ademais, não houve violação à separação dos poderes, já que não foi o Provimento Conjunto da Presidência do TJSP e da Corregedoria-Geral de Justiça do TJSP que criou a obrigação da audiência de custódia, mas sim a citada convenção.

*Para responder, tem que estudar: lei e jurisprudência.*

*Gabarito: D*

**59. (Cespe/TJ/MA/Juiz/2013)** No que concerne às prisões, assinale a opção correta à luz do CPP e da doutrina de referência.

a) A prisão preventiva subsidiária decretada para assegurar a execução de medidas cautelares não se submete ao limite imposto no CPP quanto à punição dos crimes dolosos com pena privativa de liberdade máxima superior a quatro anos.

b) A prisão domiciliar pode ser aplicada como alternativa à prisão preventiva exclusivamente se o agente tiver mais de oitenta anos de idade, for detentor de guarda de incapaz ou gestante a partir do sétimo mês de gravidez.

c) Dada sua natureza unicamente cautelar, a imposição da prisão temporária deve atender ao binômio da necessidade e adequação da medida à gravidade do crime doloso punido com pena privativa de liberdade máxima superior a quatro anos.

d) De acordo com a atual sistemática das prisões em flagrante, o flagrante diferido ou controlado é aplicável a todas as espécies de crimes em que haja circunstâncias fáticas autorizadoras da prisão preventiva.

ANOTAÇÕES/COMENTÁRIOS

(a) Certa. A opinião da doutrina majoritária é no sentido de que Relativamente à prisão preventiva que decorre do descumprimento das medidas cautelares diversas da prisão (arts. 282, § 4º, e 312, parágrafo único, do CPP), não se aplicam as limitações do art. 313. Isto porque a impossibilidade de decretação de prisão preventiva nesses casos tornaria inócua a aplicação das medidas diversas (AVENA, Norberto. Processo Penal Esquematizado, 2015).

(b) Errada. As causas estão no artigo 318 e 318-A do CPP, não havendo referência à guarda de incapaz, mas sim ser imprescindível aos cuidados especiais de pessoa menor de 6 (seis) anos de idade ou com deficiência.

(c) Errada. As causas para prisão temporária estão no artigo 1 da Lei 7960/89, que traz, em seu inciso III, um rol de crimes que autorizam a medida.

(d) Errada. O flagrante diferido ou controlado, sendo aquele em que há o retardamento da intervenção policial para lograr êxitos mais expressivos, não se justifica para todas as espécies de crime, mas sim para as infrações praticadas no contexto de organizações criminosas. É esse o teor do artigo 8 da Lei 12850/13.

*Para responder, tem que estudar: lei e teoria/doutrina.*

*Gabarito: A*

**60. (Cespe/TJ/PB/Juiz/2011)** Assinale a opção correta com referência a prisões e liberdade provisória.

a) Conforme a jurisprudência do STJ, mesmo com o advento da Lei n. 11.464/2007, que alterou a lei que trata dos crimes hediondos, não se tornou possível a liberdade provisória nos crimes hediondos ou equiparados, ainda no caso de não estarem presentes os requisitos da prisão preventiva.

b) A prisão temporária, regulada pela Lei n. 7.960/1989, é prevista no caso de ela ser imprescindível para as investigações e de haver fundadas razões, de acordo com prova cabal, de autoria ou participação do investigado nos crimes listados na referida lei, entre os quais não se inclui o crime de quadrilha.

c) Conforme a pacífica jurisprudência dos tribunais superiores, a vedação legal da liberdade provisória ao acusado de tráfico ilícito de entorpecentes não é motivo suficiente para impedir a sua concessão ao réu preso em flagrante pela prática daquele delito.

d) Ainda que o acórdão da apelação interposta contra sentença que tenha imposto medida de segurança transite em julgado, não fica prejudicada a impetração de "habeas corpus" quanto ao pedido de liberdade provisória, pois ambos os institutos baseiam-se em fundamentos distintos.

e) Conforme entendimento do STJ, é imprescindível, mesmo no caso de crimes hediondos, a demonstração, com base em elementos concretos, da necessidade da custódia preventiva do acusado, incluindo-se os de tráfico ilícito de entorpecentes presos em flagrante, não obstante a vedação da Lei n. 11.343/2006. Lei de Drogas.

**ANOTAÇÕES/COMENTÁRIOS**

(a) Errada. A Lei 11.364/07 suprimiu a vedação de liberdade provisória nos crimes hediondos. Diante disso, o STJ alterou sem posicionamento para admitir a concessão de liberdade provisória, devendo o juiz fundamentar pela manutenção da medida. (STJ HC 98620/SC de 2008).

(b) Errada. Previsão do crime de quadrilha ou bando entre os listados para prisão temporária, no artigo 1, inciso III, alínea "l" da Lei 7960/89.

(c) Errada. Antes de 2012 havia jurisprudência nos tribunais superiores no sentido de que a vedação legal à liberdade provisória do artigo 44 da Lei 11.343/06 era motivação idônea (STJ HC 162183/MS de 2010). Entretanto, houve mudança jurisprudencial com julgamento do STF no HC 104339 de 2012, que declarou incidentalmente a inconstitucionalidade do dispositivo, exigindo motivação legal para manutenção da prisão.

(d) Errada. Transitada em julgado a condenação por medida de segurança, haverá prejuízo de eventual habeas corpus que vise liberdade provisória, visto que trata-se de medida aplicável no curso do processo, e não no período de execução penal.

(e) Certa. Entendimento atual dos tribunais superiores. (STJ HC 149042/PR de 2011). (STF HC 104339 de 2012).

*Para responder, tem que estudar: lei e jurisprudência.*

*Gabarito: E*

**61. (Cespe/TJ/BA/Juiz/2019)** Acerca de prisão, de liberdade provisória e de medidas cautelares, assinale a opção correta, com base no entendimento dos tribunais superiores.

a) A gravidade específica do ato infracional e o tempo transcorrido desde a sua prática não devem ser considerados pelo juiz para análise e deferimento de prisão preventiva.

b) A decisão sobre o pedido de prisão preventiva formulado durante audiência dispensa a oitiva da defesa, por se tratar de medida cautelar.
c) A presença do defensor técnico é dispensável por ocasião da formalização do auto de prisão em flagrante, desde que a autoridade policial informe ao preso os seus direitos constitucionalmente garantidos.
d) A decretação de prisão preventiva fundada na garantia da ordem pública dispensa a prévia análise do cabimento das medidas cautelares diversas da prisão previstas no CPP.
e) Quando o MP representar por prisão temporária, não será possível que se decrete a prisão preventiva, uma vez que isso representaria ofensa ao princípio da inércia da jurisdição.

ANOTAÇÕES/COMENTÁRIOS

(a) O STJ admite que atos infracionais sejam considerados como fundamentos idôneos para a decretação da prisão preventiva. (STJ, RHC 47.671/MS de 2014). Contudo, o STJ estabeleceu alguns requisitos para a utilização dos atos infracionais para tal fim: a) a gravidade específica do ato infracional cometido (independentemente de equivaler a crime considerado em abstrato como grave; b) o tempo decorrido entre o ato infracional e o crime em razão do qual é decretada a prisão preventiva; e c) a comprovação efetiva da ocorrência do ato infracional. (STJ, RHC 63.855/MG de 2016). Logo, o enunciado da questão entra em confronto com os critérios a) e b) fixados pelo STJ.

(b) CPP. Art. 282, § 3º. Ressalvados os casos de urgência ou de perigo de ineficácia da medida, o juiz, ao receber o pedido de medida cautelar, determinará a intimação da parte contrária, acompanhada de cópia do requerimento e das peças necessárias, permanecendo os autos em juízo. Logo, o contraditório é a regra nas medidas cautelares.

(c) Eventual nulidade no auto de prisão em flagrante por ausência de assistência por advogado somente se verificaria caso não tivesse sido oportunizado ao conduzido o direito de ser assistido por advogado, não sendo a ausência de causídico por ocasião da condução do flagrado à Delegacia de Polícia para oitiva pela Autoridade Policial, por si só, causa de nulidade do auto de prisão em flagrante. (STJ, RHC 61.959/ES de 2015).

(d) CPP. Art. 282, § 6º. A prisão preventiva será determinada quando não for cabível a sua substituição por outra medida cautelar. CPP. Art. 310, II. Ao receber o auto de prisão em flagrante, o juiz deverá fundamentadamente: converter a prisão em flagrante em preventiva, quando presentes os requisitos constantes do art. 312 deste Código, e se revelarem inadequadas ou insuficientes as medidas cautelares diversas da prisão.

(e) Pode o Magistrado decretar a prisão preventiva, mesmo que a representação da autoridade policial ou do Ministério Público seja pela decretação de prisão temporária, visto que, provocado, cabe ao juiz ofertar o melhor direito aplicável à espécie. (STJ, RHC 362.962/RN de 2016)

*Para responder, tem que estudar: lei e jurisprudência.*

*Gabarito: C*

BLOCO II

## 8.3. Das Outras Medidas Cautelares

**62. (Cespe/TJ/PR/Juiz/2017)** No que se refere a prisão, medidas cautelares e liberdade provisória, assinale a opção correta.

a) A fiança poderá ser definitiva ou provisória.

b) Ninguém poderá ser preso senão em flagrante ou por ordem escrita e fundamentada da autoridade judiciária competente, razão pela qual, havendo ordem legal emanada, a não apresentação do mandado obsta a prisão, que deverá ser relaxada, se executada.

c) Para seu devido cumprimento, o mandado original expedido pela autoridade judiciária deve ser apresentado durante a diligência, sendo vedada a sua reprodução.

d) São medidas cautelares diversas da prisão, entre outras, o comparecimento periódico em juízo, a monitoração eletrônica e a fiança.

*ANOTAÇÕES/COMENTÁRIOS*

(a) Errada. Artigo 330 do CPP. A fiança, que será sempre definitiva, consistirá em depósito de dinheiro, pedras, objetos ou metais preciosos, títulos da dívida pública, federal, estadual ou municipal, ou em hipoteca inscrita em primeiro lugar.

(b) Errada. A redação do artigo 283 expõe o seguinte: Ninguém poderá ser preso senão em flagrante delito ou por ordem escrita e fundamentada da autoridade judiciária competente, em decorrência de sentença condenatória transitada em julgado ou, no curso da investigação ou do processo, em virtude de prisão temporária ou prisão preventiva. Já o artigo 287 propõe o seguinte: Se a infração for inafiançável, a falta de exibição do mandado não obstará à prisão, e o preso, em tal caso, será imediatamente apresentado ao juiz que tiver expedido o mandado. Assim sendo, a não apresentação do mandado nem sempre obstará a prisão.

(c) Errada. Artigo 297 permite a reprodução da ordem contida no mandado. Para o cumprimento de mandado expedido pela autoridade judiciária, a autoridade policial poderá expedir tantos outros quantos necessários às diligências, devendo neles ser fielmente reproduzido o teor do mandado original.

(d) Certa. Artigo 319, incisos VIII e IX do CPP.

*Para responder, tem que estudar: lei.*

*Gabarito: D*

## 8.4. Da Liberdade Provisória com ou sem Fiança

**63. (Cespe/TJ/ES/Juiz/2011)** Acerca das prisões e da liberdade provisória, assinale a opção correta.

a) Consoante a jurisprudência do STJ, as alegações de excesso de prazo e ausência dos requisitos autorizadores da prisão preventiva não ficam superadas com o mero advento da sentença penal condenatória em desfavor do réu na qual haja ratificação da custódia cautelar, pois os requisitos para a manutenção dessa espécie de prisão devem ser verificados constantemente pela autoridade judicial.

b) Segundo a jurisprudência do STJ, ao contrário do que ocorre com as demais modalidades de prisões cautelares, a eventual ilegalidade no decreto de prisão temporária tem o condão de anular os demais atos que dele decorrerem, pois, além de restabelecer a liberdade do indiciado, refletirá nas provas porventura derivadas da segregação, na medida em que essa prisão não atinge apenas a liberdade ambulatorial, sendo decretada em razão das investigações do inquérito policial.

c) A jurisprudência do STJ sedimentou a orientação de que a regra prevista na Lei n. 8.072/1990 em relação ao afastamento da possibilidade de concessão de fiança nos casos de prisão em flagrante de crimes hediondos ou equiparados não constitui por si só fundamento suficiente para impedir a concessão da liberdade provisória, na medida em que só não será oportunizada ao agente a concessão da liberdade mediante fiança caso estejam presentes os requisitos da prisão preventiva.

d) Na hipótese de réu preso preventivamente, os prazos indicados para a conclusão da instrução criminal servem apenas como parâmetro geral, variando conforme as peculiaridades de cada hipótese, razão pela qual somente se cogita da existência de constrangimento ilegal, por eventual excesso de prazo para a formação da culpa, quando o atraso na instrução criminal for motivado por injustificada demora ou desídia do aparelho estatal.

e) Considere que, no curso de determinada ação penal, seja decretada a prisão preventiva do réu e, verificado o excesso de prazo na formação da culpa, a defesa interponha ordem de "habeas corpus" no tribunal competente, demonstrando que o feito principal se encontra, ainda, em fase de oferecimento de alegações finais pelas partes. Nessa situação, caso a demora na tramitação processual não seja atribuída à defesa, o réu deverá ser posto em liberdade.

## ANOTAÇÕES/COMENTÁRIOS

(a) Errada. Súmula 52 do STJ. Encerrada a instrução criminal, fica superada a alegação de constrangimento ilegal por excesso de prazo.

(b) Errada. O entendimento do STJ é que a nulidade da prisão não gera nulidade dos demais atos.

(c) Errada. O STJ possuía entendimento de que vedação legal à liberdade provisória nos crimes hediondos era motivação idônea para vedar a concessão da medida. Entretanto, com o advento da Lei 11.364/07, o STJ alterou seu entendimento, passando exigir fundamentação em concreto (STJ HC 98620/SC de 2008). Na época da elaboração da questão, ainda havia decisões conflitantes.

(d) Certa. Entendimento do STJ expresso no HC 70501 de 2007.

(e) Errada. Somente se o excesso de prazo for atribuído à acusação é que terá direito o réu a ser posto em liberdade, e mesmo nesse caso, sobrevindo julgamento, o excesso estará sanado (S. 52 do STJ).

*Para responder, tem que estudar: lei, jurisprudência e súmula/OJ.*

*Gabarito: D*

**64. (Cespe/TJ/MA/Juiz/2013)** Após uma partida de futebol entre vizinhos, Fábio agrediu fisicamente João com socos e pontapés, tendo sido a agressão presenciada por policial militar que assistia ao jogo. Em razão das lesões sofridas, João ficou incapacitado para desempenhar suas ocupações habituais por dezesseis dias. Nessa situação hipotética:

a) não sendo obtida composição civil na audiência preliminar, será dada imediatamente a João a oportunidade de exercer o direito de representação verbal, que será reduzida a termo, sob pena de decadência.

b) o policial militar que presenciou o fato deve encaminhar Fábio à presença da autoridade policial responsável, que pode arbitrar fiança que deve ser recolhida imediatamente, sob pena de prisão, salvo se Fábio assumir o compromisso de comparecer ao juízo competente.

c) o MP, em audiência preliminar, antes da denúncia, pode oferecer proposta de suspensão condicional do processo, impondo como condição a reparação do dano material suportado por João mediante o pagamento dos custos hospitalares e medicamentos.

d) caracterizado o crime de lesão corporal de natureza grave, que resultou na incapacidade de João para suas ocupações habituais por mais de quinze dias, os autos devem ser encaminhados à vara criminal comum.

**ANOTAÇÕES/COMENTÁRIOS**

(a) Errada. Artigo 75, pár. ún. da Lei 9099/95 dispõe que o não oferecimento da representação em audiência não importa em decadência, que poderá ser exercida no prazo previsto em Lei.

(b) Certa. Em sendo Fábio policial militar, este é obrigado a agir, mesmo de folga, efetuando a prisão captura para apresentação à autoridade policial (artigo 301 do CPP). Em se tratando de infração de menor potencial ofensivo, não cabe prisão em flagrante, nem mesmo imposição de fiança, caso o agente a assine termo de comparecimento na forma do artigo 69, pár. ún. da Lei 9099/95. O candidato deve ter atenção para a qualificadora da lesão corporal de natureza grave, que trata da incapacidade para as funções habituais por mais de 30 dias. No caso, a questão trata de 16 dias.

(c) Errada. A proposta de sursis processual se dá após o oferecimento da denúncia (artigo 89 da Lei 9099/95).

(d) Errada. O crime de lesão corporal de natureza grave exige incapacidade para as funções habituais por mais de 30 dias. (art. 129, § 1º, inciso I do CP).

*Para responder, tem que estudar: lei.*

*Gabarito: B*

**65. (Cespe/TJ/DFT/Juiz/2015)** No que se refere às disposições normativas acerca da liberdade provisória, da prisão e de outras medidas cautelares, assinale a opção correta.

a) Um parlamentar que, em pleno exercício do seu mandato, seja preso preventivamente pelo flagrante da prática de crime de extorsão mediante sequestro terá direito a liberdade provisória mediante fiança.

b) A autoridade policial tem legitimidade para arbitrar fiança e conceder liberdade provisória a pessoa presa em flagrante pela prática de furto simples.

c) A autoridade policial pode instaurar inquérito policial e efetuar, de ofício, a prisão temporária de acusado por crime de estupro contra vulnerável.

d) A substituição da prisão preventiva pela domiciliar é direito subjetivo do custodiado que seja imprescindível no cuidado de pessoa de sua família que tenha deficiência mental.

e) O recurso cabível para pedir a reforma de decisão que decretar prisão preventiva a acusado é o recurso em sentido estrito.

ANOTAÇÕES/COMENTÁRIOS

(a) Errada. Artigo 323, inciso II do CPP. Não admite fiança para os crimes definidos como hediondos. O artigo 1, inciso IV da Lei 8072/90 estabelece a extorsão mediante sequestro e sua forma qualificada como crime hediondo.

(b) Certa. Artigo 322 do CPP. Estabelece a prerrogativa da autoridade policial fixar fiança nos crimes com pena máxima até 4 anos. O crime de furto simples, previsto no artigo 155 do CP, possui pena cominada de reclusão de 1 a 4 anos.

(c) Errada. Artigo 2 da Lei 7960/89 determina que a prisão temporária será decretada pelo juiz, em face da representação da autoridade policial ou requerimento do Ministério Público.

(d) Errada. O artigo 318 do CPP estabelece que o juiz "poderá" substituir a prisão preventiva pela domiciliar, de modo que se trata de faculdade do juiz diante da presença dos elementos autorizativos. Atualmente, a alternativa estaria parcialmente correta, já que, com o novo art. 318-A passamos a ter o direito subjetivo da custodiada, pois a prisão preventiva, segundo a lei, "será substituída por prisão domiciliar", e não apenas poderá ser, desde que o crime não tenha sido cometido com violência ou grave ameaça e nem contra filho ou dependente.

(e) Errada. O artigo 581, inciso V do CPP estabelece que cabe recurso em sentido estrito da decisão que indeferir requerimento de prisão preventiva ou revoga-la.

*Para responder, tem que estudar: lei.*

*Gabarito: B*



BLOCO II

**66. (Cespe/TJ/BA/Juiz/2012)** No que diz respeito a prisão e a liberdade provisória, assinale a opção correta.

a) O juiz poderá determinar a substituição da prisão preventiva pela domiciliar caso o agente tenha mais de sessenta e cinco anos de idade.

b) De acordo com o que dispõe o CPP, ocorrendo o quebramento injustificado da fiança, entende-se perdido, na integralidade, o seu valor.

c) A despeito da relevância da atuação do MP na persecução penal, a concessão de fiança independe de manifestação ministerial.

d) Nos termos da lei, a prisão temporária do agente que adultera produto destinado a fins terapêuticos será de cinco dias, prorrogável por igual período.

e) Presentes os requisitos legais, o juiz decretará, de ofício, a prisão preventiva na fase investigativa ou no curso do processo.

ANOTAÇÕES/COMENTÁRIOS

(a) Errada. Artigo 318, inciso I do CPP. 80 anos.

(b) Errada. Artigo 343 do CPP. Metade do valor.

(c) Certa. Artigo 322 e seu pár. ún. do CPP não exigem manifestação do Ministério Público para concessão de fiança.

(d) Errada. Por se tratar de crime hediondo, na forma do art. 1, VII-B da Lei 8072/90, a prisão temporária terá prazo de 30 dias, prorrogável por igual período, na forma do art. 2, § 4º do mesmo diploma legal.

(e) Errada. Artigo 311 do CPP. O juiz só poderá decretar prisão preventiva de ofício no curso da ação penal.

*Para responder, tem que estudar: lei.*

*Gabarito: C*

**67. (Cespe/TJ/PB/Juiz/2015)** A respeito da disciplina do CPP sobre a fiança, assinale a opção correta.

a) É admitida a concessão de fiança em caso de prisão civil ou militar.

b) A fiança poderá consistir em pedras, objetos ou metais preciosos.

c) O réu afiançado poderá ausentar-se de sua residência sem comunicar a autoridade processante, desde que o faça por período não superior a trinta dias.

d) Não há previsão de reforço da fiança no CPP.

e) Compete de forma exclusiva à autoridade judicial fixar fiança e decidir pela liberdade provisória.

ANOTAÇÕES/COMENTÁRIOS

(a) Errada. Artigo 324, inciso II do CPP. Não será concedida fiança nesses casos.

(b) Certa. Art. 330 do CPP.

(c) Errada. Artigo 328 do CPP. O réu afiançado não poderá ausentar-se por mais de 8 dias de sua residência, sem comunicar à autoridade processante o lugar onde será encontrado.

(d) Errada. Artigo 340 do CPP.

(e) Errada. Artigo 322 do CPP. Compete à autoridade policial fixar fiança nos casos de infração penal cuja pena privativa de liberdade máxima não seja superior a 4 anos.

*Para responder, tem que estudar: lei.*

*Gabarito: B*

**68. (Cespe/TJ/DFT/Juiz/2014)** Francisco, aposentado, com setenta e um anos de idade, primário, foi preso em flagrante pela prática do crime de embriaguez ao volante (art. 306, CTB – pena: detenção, de seis meses a três anos, multa e suspensão ou proibição de obter a permissão ou a habilitação para dirigir veículo automotor). Após proceder à identificação do indiciado e arbitrar fiança no valor de R$ 5.000, a autoridade policial providenciou o envio de cópia integral do auto de prisão em flagrante ao advogado indicado pelo detido, tendo, contudo, deixado de comunicar a prisão à DP. Em seguida, remeteu o auto ao juiz competente para análise. A fiança não foi paga por Francisco em razão do valor fixado pela autoridade policial. Em face dessa situação hipotética, assinale a opção correta.

a) Caso decida aplicar medidas cautelares diversas da prisão, o juiz deverá, necessariamente, cassar a fiança arbitrada pela autoridade policial.

b) O juiz, verificando a situação econômica de Francisco, poderá conceder-lhe liberdade provisória sem fiança, sujeitando-o à obrigação de comparecer perante o juízo todas as vezes que for intimado de atos da instrução criminal, bem como impor-lhe outras medidas cautelares, caso as julgue necessárias.

c) O juiz deverá relaxar a prisão de Francisco, já que não foi enviada cópia do auto de prisão em flagrante à DP.

d) Nessa situação, é possível a conversão da prisão em flagrante em prisão preventiva.

e) Sendo Francisco maior de setenta anos de idade, o juiz poderá substituir a prisão preventiva pela domiciliar.

ANOTAÇÕES/COMENTÁRIOS

(a) Errada. O juiz poderá decidir por conceder liberdade provisória com fiança.

(b) Certa. Artigo 350 do CPP. Nos casos em que couber fiança, o juiz, verificando a situação econômica do preso, poderá conceder-lhe liberdade provisória, sujeitando-o às obrigações constante dos arts. 327 e 328 deste Código e outras medidas cautelares, se for o caso.

(c) Errada. Artigo 306, § 1º do CPP estabelece o envio de cópia integral à Defensoria Pública caso o preso não informe o nome do advogado.

(d) Errada. A questão não traz elementos acerca do cabimento da prisão preventiva, conforme dispostos nos artigos 312 e 313 do CPP.

(e) Errada. Artigo 318, inciso I do CPP. Agente for maior de 80 anos.

*Para responder, tem que estudar: lei.*

*Gabarito: B*

## 9. DAS CITAÇÕES E INTIMAÇÕES

**69. (Cespe/TJ/BA/Juiz/2019)** Davi, servidor público comissionado municipal sem vínculo efetivo com a prefeitura do respectivo município, foi denunciado pelo suposto cometimento do delito de peculato – art. 312 do CP. Durante o IP, Davi foi interrogado na presença de seu advogado. Na fase judicial da persecução penal, ao chefe de sua repartição foi encaminhada notificação, que não foi considerada cumprida em razão da exoneração do servidor; no local, noticiaram que ele continuava residindo no endereço mencionado no inquérito. Após o recebimento da denúncia, considerando-se que o servidor estava em local incerto, foi determinada sua citação por edital. O advogado constituído pelo réu, após tomar conhecimento da tramitação da ação penal, apresentou resposta à acusação, nos termos do art. 396 do CPP. Posteriormente, ainda que não intimado pessoalmente, Davi compareceu à audiência designada.

Com referência a essa situação hipotética, assinale a opção correta.

a) Por se tratar de crime funcional, a desobediência ao procedimento especial – não oportunizar a defesa preliminar, nos termos do art. 514 do CPP – gerou a nulidade do processo.

b) A apresentação de resposta à acusação por advogado constituído por Davi durante o IP supre eventual nulidade da citação.

c) No caso de o réu continuar atuando como servidor público, a notificação encaminhada ao chefe da repartição, nos termos do art. 359 do CPP, dispensaria o mandado de citação.

d) A obrigação de esgotamento dos meios de localização para a validade da citação por edital não alcança as diligências em todos os endereços constantes no IP.

e) Citado por edital, o réu poderá, a qualquer tempo, integrar a relação processual, e o prazo para resposta à acusação começará a fluir a partir do referido ato de ingresso no processo.

ANOTAÇÕES/COMENTÁRIOS

(a) STJ. Súmula 330: Súmula 330 STJ: é desnecessária a resposta preliminar de que trata o artigo 514 do CPP na ação penal instruída por inquérito policial. Observação: Inobstante se tratar de entendimento sumulado do STJ, o STF entende ser necessária a resposta preliminar, ainda que a ação penal seja instruída com inquérito policial. A sua ausência, contudo, gerará nulidade relativa, que depende da demonstração de prejuízo.

(b) A citação é ato essencial à formação da relação processual, sendo certo que a apresentação de defesa por advogado constituído nos autos não supre a necessidade do ato citatório.

(c) CPP. Art. 359. O dia designado para funcionário público comparecer em juízo, como acusado, será notificado assim a ele como ao chefe de sua repartição. Incorreta, pois o Código não dispensa a notificação pessoal

(d) O esgotamento deve abranger todos os endereços constante dos autos, inclusive os constantes do Inquérito Policial. (STJ, RHC 93.509/MG de 2018)

(e) CPP. Art. 363, §4. Comparecendo o acusado citado por edital, em qualquer tempo, o processo observará o disposto nos art. 394 e seguintes deste Código. CPP. Art. 396, parágrafo único. No caso de citação por edital, o prazo para a defesa começará a fluir a partir do comparecimento pessoal do acusado ou do defensor constituído.

*Para responder, tem que estudar: lei, jurisprudência e súmula/OJ.*

*Gabarito: E*

BLOCO II

**70. (Cespe/TJ/AM/Juiz/2016)** Em processo no juizado especial criminal, superada a fase preliminar em razão da ausência do autor do fato, o MP ofereceu denúncia oral pela prática de crime de ameaça. Não tendo o oficial de justiça encontrado o autor para citá-lo nos endereços constantes dos autos, o juiz determinou a sua citação por hora certa. Concluída a citação por hora certa sem que o autor do fato tivesse sido encontrado ou tivesse comparecido à audiência designada, foi-lhe nomeado DP, e sobreveio condenação. Nessa situação hipotética, conforme a legislação penal processual e a jurisprudência dos tribunais superiores, é correto afirmar que a citação realizada foi:

a) válida, e não precisará ser refeita, pois a citação por hora certa é possível quando o acusado não é encontrado nos endereços constantes nos autos.
b) nula, e deverá ser refeita pelo juízo comum, com o devido encaminhamento dos autos pelo juizado especial criminal.
c) válida, e não precisará ser refeita, pois a citação por hora certa sempre precede a citação por edital.
d) válida, e não precisará ser refeita, pois o processo perante os juizados especiais criminais orienta-se pelos princípios da oralidade, simplicidade, economia processual e celeridade.
e) nula, e deverá ser refeita pelo próprio juizado especial criminal, por meio de edital, em atenção aos princípios da celeridade e da economia processual.

ANOTAÇÕES/COMENTÁRIOS

(a) Errada. Artigo 66, pár. ún. da Lei 9099/95. Não sendo encontrado o acusado, o juiz enviará as peças para o juízo comum.

(b) Certa. Artigo 66, pár. ún. da Lei 9099/95.

(c) Errada. Artigo 66, pár. ún. da Lei 9099/95.

(d) Errada. Artigo 66, pár. ún. da Lei 9099/95.

(e) Errada. Artigo 66, pár. ún. da Lei 9099/95.

*Para responder, tem que estudar: lei.*

*Gabarito: B*

## 10. DA SENTENÇA

**71. (Cespe/TJ/DFT/Juiz/2015)** No que diz respeito à nulidade, à sentença e à coisa julgada no processo penal, assinale a opção correta.

a) A homologação de transação penal realizada no âmbito de juizado especial criminal faz coisa julgada material, motivo pelo qual o descumprimento de suas cláusulas impossibilita o oferecimento de denúncia.

b) A sentença penal absolutória que reconhece a extinção da punibilidade em razão da decadência não faz coisa julgada no juízo cível.

c) Proferida sentença determinando a extinção de processo pelo reconhecimento da perempção, é prevista na legislação a possibilidade de intentar nova ação penal pelo mesmo fato no prazo de até seis meses, contados do dia em que o querelante tomar conhecimento de quem seja o autor do crime.

d) Não é possível arguir nulidade de sessão de julgamento do tribunal do júri em que o advogado do acusado abandone o plenário após a sustentação oral firmada pela acusação.

e) Anulado o julgamento do tribunal do júri em razão de a decisão ser manifestamente contrária às provas dos autos, jurados da sessão anterior poderão participar da sessão ulteriormente convocada.

ANOTAÇÕES/COMENTÁRIOS

(a) STF. Súmula vinculante 35: "A homologação da transação penal prevista no artigo 76 da Lei 9.099/1995 não faz coisa julgada material e, descumpridas suas cláusulas, retoma-se a situação anterior, possibilitando-se ao Ministério Público a continuidade da persecução penal mediante oferecimento de denúncia ou requisição de inquérito policial".

(b) CPP. Art. 67, II – Não impedirão igualmente a propositura da ação civil: II – a decisão que julgar extinta a punibilidade.

(c) A perempção extingue a punibilidade, nos termos do artigo 107, IV, do Código Penal, sendo inviável a propositura de nova ação.

(d) STF. Súmula 523: "No processo penal, a falta de defesa constitui nulidade absoluta, mas a sua deficiência só o anulará se houver prova de prejuízo para o réu".

(e) STF. Súmula 206: "É nulo o julgamento ulterior pelo júri com a participação de jurado que funcionou em julgamento anterior do mesmo processo".

*Para responder, tem que estudar: lei e súmula/OJ.*

*Gabarito: B*

**72. (Cespe/TJ/CE/Juiz/2012)** A respeito da sentença e da coisa julgada, assinale a opção correta.

a) É inadmissível ao magistrado processante antecipar o juízo desclassificatório antes da sentença, ainda que da qualificação jurídica do fato imputado dependa a fixação da competência.

b) Segundo a jurisprudência do STJ, é vedada a realização da emendatio libelli no segundo grau de jurisdição, ainda que se trate apenas da incidência de circunstância agravante que venha a ser requerida por ocasião das alegações finais do MP.

c) Na segunda fase do júri (judicium causae), não é permitido alterar as teses balizadas pelas partes na primeira fase (judicium accusationis), não dispondo o conselho de sentença dos amplos poderes da mutatio libelli conferidos ao juiz togado.

d) Tratando-se de delito de roubo qualificado, o juiz poderá proferir sentença condenatória, ainda que o MP tenha opinado pela absolvição do réu, bem como reconhecer agravantes, desde que tenham sido alegadas pela acusação.

e) O acórdão condenatório que reforma sentença penal absolutória não se reveste de eficácia interruptiva da prescrição penal, visto que não se equipara, para tal fim, à sentença condenatória recorrível.

BLOCO II

**ANOTAÇÕES/COMENTÁRIOS**

(a) Errada. Segundo jurisprudência majoritária do STF e STJ, o momento processual correto para a emendatio libelli é a sentença (art. 383 CPP), entretanto, o juiz poderá excepcionalmente antecipar o juízo de desclassificação que eventualmente beneficie o réu ou que implique em alteração de competência. (STJ HC 241.206/SP de 2014).

(b) Errada. O que se veda em segunda instância é a ocorrência da mutatio libelli, prevista no artigo 384 CPP (Súmula 453 STF).

(c) Certa. É o entendimento jurisprudencial majoritário. "O procedimento do Júri, marcado por duas fases distintas e procedimentos específicos, exige a correlação obrigatória entre pronúncia-libelo-quesitação. Correlação, essa, que decorre não só da garantia da ampla defesa e do contraditório do réu -- que não pode ser surpreendido com nova imputação em plenário --, mas também da necessidade de observância à paridade de armas entre acusação e defesa. Daí a impossibilidade de alteração, na segunda fase do Júri (judicium causae), das teses balizadas pelas partes na primeira fase (judicium accusationis), não dispondo o Conselho de Sentença dos amplos poderes da mutatio libelli conferidos ao juiz togado (STF HC 82980 de 2009).

(d) Errada. Artigo 385 do CPP. Nos crimes de ação pública, o juiz poderá proferir sentença condenatória, ainda que o Ministério Público tenha opinado pela absolvição, bem como reconhecer agravantes, embora nenhuma tenha sido alegada.

(e) Errada. "O acórdão condenatório que reforma sentença penal absolutória reveste-se de eficácia interruptiva da prescrição penal, posto que equiparado, para tal fim, à sentença condenatória recorrível". (STF HC 70810/RS de 2006).

*Para responder, tem que estudar: lei, jurisprudência e súmula/OJ.*

*Gabarito: C*

**73. (Cespe/TJ/AC/Juiz/2012)** Acerca de sentença, coisa julgada e recursos, assinale a opção correta.

a) A exceção de coisa julgada pode ser oposta em relação aos fatos, principal ou acessório, que tiverem sido objeto da sentença.

b) A sentença cujo dispositivo não esteja em conformidade com as razões apresentadas na fundamentação é anulável, o que só poderá ser arguido na apelação, sob pena de preclusão.

c) Na hipótese de emendatio libelli, ainda que a infração seja da competência de outro juízo, o juiz permanecerá, por celeridade e economia processual, competente para julgar o feito.

d) O prazo da intimação da sentença por edital será de noventa dias, se tiver sido imposta ao condenado pena privativa de liberdade por tempo igual ou superior a um ano, e de sessenta dias, nos outros casos.

e) O juiz, sem modificar a descrição do fato contida na denúncia, poderá atribuir-lhe definição jurídica diversa, ainda que tenha de aplicar pena mais grave, devendo, nessa situação, ouvir o defensor do acusado no prazo de cinco dias.

*ANOTAÇÕES/COMENTÁRIOS*

(a) Errada. Artigo 110, § 2 do CPP.

(b) Errada. Artigo 571 do CPP. As nulidades deverão ser arguidas: VII – se verificadas após a decisão da primeira instância, nas razões de recurso ou logo depois de anunciado o julgamento do recurso e apregoadas as partes.

(c) Errada. Artigo 383, § 2 do CPP.

(d) Certa. Artigo 392, § 1 do CPP.

(e) Errada. Não há necessidade de envio ao defensor do acusado. Artigo 383 do CPP.

*Para responder, tem que estudar: lei.*

*Gabarito: D*

**74. (Cespe/TJ/PI/Juiz/2012)** Assinale a opção correta a respeito da sentença e da coisa julgada.

a) De acordo com a jurisprudência pacífica do STJ, a sentença prolatada por juiz absolutamente incompetente não pode tornar definitiva a absolvição do acusado, ainda que a anulação ocorra por recurso exclusivo da defesa, mediante a imposição de limites à fixação da pena a ser definida em novo julgamento pela autoridade judiciária competente.

b) Segundo a jurisprudência do STJ, a sentença homologatória da transação penal possui eficácia de coisa julgada formal e material, o que a torna definitiva, motivo pelo qual não é possível posterior instauração da ação penal, não obstante o descumprimento do acordo homologado ou o não preenchimento das condições necessárias à benesse.

c) De acordo com jurisprudência firmada no STJ, somente repercutem na esfera administrativa as sentenças penais absolutórias que atestem a comprovação da inexistência dos fatos, da negativa de autoria, que reconheçam a prescrição ou que o fato tenha sido praticado sob excludente de ilicitude.

d) Encerrada a instrução, se entender cabível nova definição jurídica do fato, em consequência de prova de elemento ou circunstância da infração penal não contida na acusação, o MP deverá aditar a denúncia ou queixa, no prazo de cinco dias. Tal previsão legal refere-se ao instituto da mutatio libelli, aplicável a qualquer espécie de ação penal.

e) Haverá violação da soberania do júri popular, por anulação, pelo tribunal, da decisão absolutória do conselho de sentença alicerçada unicamente na negativa de autoria sustentada pelo réu, ainda que tal argumento não encontre respaldo nos elementos de prova e seja manifestamente contrário ao conjunto fático-probatório.

**ANOTAÇÕES/COMENTÁRIOS**

(a) Errada. A jurisprudência majoritária reconhece aplicação do princípio do non reformatio in pejus, ainda que decorrente de sentença de juiz absolutamente incompetente. "De acordo com a jurisprudência deste STJ, a declaração de incompetência absoluta do Juízo se enquadra nas hipóteses de nulidade absoluta do processo. Todavia, a sentença prolatada por juiz absolutamente incompetente, embora nula, após transitar em julgado, pode acarretar o efeito de tornar definitiva a absolvição do acusado, uma vez que, apesar de eivada de nulidade, tem como consequência a proibição da reformatio in pejus." (STJ HC 146208)

(b) Certa. O STJ possuía firme entendimento no sentido de que a sentença homologatória de transação penal fazia coisa julgada, impedindo propositura de ação penal no caso de descumprimento. Entretanto, o STJ parecer ter alterado seu entendimento em



BLOCO II

razão da decisão do STF em sede de repercussão geral. "No âmbito desta Corte, havia se consolidado o entendimento segundo o qual a sentença homologatória da transação penal possuía eficácia de coisa julgada formal e material, o que a tornaria definitiva, razão pela qual não seria possível a posterior instauração ou prosseguimento de ação penal quando o(a) acusado(a) descumpria o acordo homologado judicialmente. 2. Entretanto, o STF reconheceu a repercussão geral do tema, por ocasião da análise do RE 602.072/RS (DJe de 26/2/2010), tendo o Pleno daquela Corte decidido que é possível a propositura de ação penal em decorrência do não cumprimento das condições estabelecidas em transação penal homologada judicialmente, o que ocasionou também a alteração do entendimento dessa Corte de Justiça." (HC 217.659/MS de 2012).

(c) Errada. "A doutrina e a jurisprudência pátrias, com base numa interpretação consentânea com a previsão do artigo 935 do Código Civil e 66 do Código de Processo Penal, firmaram a tese segundo a qual apenas nos casos de absolvição criminal por inexistência do fato ou negativa de autoria afastar-se-á a responsabilidade administrativa. 2. Em se tratando de absolvição por ausência de provas, não há ilegalidade da pena administrativa de demissão uma vez que, ressalvadas nas mencionadas hipóteses, as esferas criminal e administrativa são independentes. " (STJ RMS 10496).

(d) Errada. Aplicável para a ação penal pública. Artigo 384 do CPP.

(e) Errada. Neste caso, a soberania do Júri estará preservada.

*Para responder, tem que estudar: lei e jurisprudência.*

*Gabarito: B*

**75. (Cespe/TJ/RN/Juiz/2013)** No que diz respeito à sentença penal, fundamentação da pena e seus efeitos, assinale a opção correta.

a) Ao proferir sentença condenatória, o juiz fixará, se cabível, valor mínimo para a reparação dos danos causados, sem prejuízo da liquidação, perante o juízo cível, para a apuração do dano efetivamente sofrido.

b) Encerrada a instrução probatória, se entender cabível nova definição jurídica do fato, em consequência de prova existente nos autos, o juiz deve remeter o feito ao MP e, se o promotor de justiça o devolver sem aditamento, o magistrado deve ater-se à capitulação contida na denúncia.

c) No processo penal, não se admite, por violação à ampla defesa e ao contraditório, que o juiz, ainda que sem modificar a descrição do fato contida na denúncia, atribua definição jurídica diversa que importe em pena mais grave.

d) Na prolação da sentença condenatória, ao juiz não é permitido considerar circunstância agravante não descrita na denúncia.

e) De acordo com o princípio da congruência entre a acusação e a sentença, havendo pedido de absolvição pelo MP nos crimes de ação pública, o julgador não poderá proferir sentença condenatória.

ANOTAÇÕES/COMENTÁRIOS

(a) Certa. Artigo 387, IV do CPP.

(b) Errada. Não há obrigação de remessa ao MP. Artigo 384 do CPP.

(c) Errada. Emendatio libeli. Artigo 383 do CPP.

(d, e) Errada. Artigo 385 do CPP.

*Para responder, tem que estudar: lei.*

*Gabarito: A*

# 11. DOS PROCESSOS EM ESPÉCIE

## 11.1. Do Processo Comum

### *11.1.1. Da Instrução Criminal*

**76. (Cespe/TJ/BA/Juiz/2019)** Acerca dos procedimentos processuais penais no Brasil, julgue os itens a seguir.

I. Nos crimes contra a propriedade imaterial que deixem vestígios, o exame do corpo de delito será condição de procedibilidade para o exercício da ação penal.

II. No procedimento sumário, o prazo para resposta à acusação é de cinco dias.

III. Registro de depoimento tomado na audiência de instrução por meio audiovisual terá de ser encaminhado às partes, sendo obrigatória a transcrição.

IV. No procedimento por crime funcional, em caso de ilícito afiançável, o réu será notificado para apresentar defesa preliminar por escrito no prazo de quinze dias.

Estão certos apenas os itens

a) I e IV.

b) II e III.

c) III e IV.

d) I, II e III.

e) I, II e IV.

ANOTAÇÕES/COMENTÁRIOS

(I) Assertiva correta (capítulo da propriedade imaterial). CPP. Art. 525. No caso de haver o crime deixado vestígio, a queixa ou a denúncia não será recebida se não for instruída com o exame pericial dos objetos que constituam o corpo de delito.

(II) Assertiva incorreta, pois o prazo é de 10 dias. CPP. Art. 396. Nos procedimentos ordinário e sumário, oferecida a denúncia ou queixa, o juiz, se não a rejeitar liminarmente, recebê-la-á e ordenará a citação do acusado para responder à acusação, por escrito, no prazo de 10 (dez) dias.

(III) Assertiva incorreta, pois o CPP não exige a transcrição. CPP. Art. 405, § 2 No caso de registro por meio audiovisual, será encaminhado às partes cópia do registro original, sem necessidade de transcrição.

(IV) Assertiva correta. CPP. Art. 514. Nos crimes afiançáveis, estando a denúncia ou queixa em devida forma, o juiz mandará autuá-la e ordenará a notificação do acusado, para responder por escrito, dentro do prazo de quinze dias.

*Para responder, tem que estudar: lei.*

*Gabarito: A*

**77. (Cespe/TJ/AM/Juiz/2016)** Em se tratando de procedimento comum ordinário, o juiz deverá absolver sumariamente o acusado quando verificar que:

a) a punibilidade está extinta em razão da ocorrência da prescrição da pretensão punitiva em perspectiva.
b) o fato foi cometido em situação de manifesta inexigibilidade de conduta diversa.
c) estão ausentes indícios mínimos de autoria e materialidade do fato supostamente praticado.
d) o acusado é portador de doença mental, atestada por laudo médico oficial, e inteiramente incapaz de entender o caráter ilícito do fato.
e) o fato foi cometido em estrita obediência a ordem manifestamente ilegal.

ANOTAÇÕES/COMENTÁRIOS

(a) STJ. Súmula 438: "É inadmissível a extinção da punibilidade pela prescrição da pretensão punitiva com fundamento em pena hipotética, independentemente da existência ou sorte do processo penal"

(b) CPP. Art. 397, II – Após o cumprimento do disposto no art. 396-A, e parágrafos, deste Código, o juiz deverá absolver sumariamente o acusado quando verificar: II – a existência manifesta de causa excludente da culpabilidade do agente, salvo inimputabilidade. A inexigibilidade de outra conduta é, pois, a primeira e mais importante causa de exclusão da culpabilidade (Princípios básicos de direito penal, Francisco de Assis Toledo)

(c) Tal hipótese não se enquadra no rol do artigo 397, CPP, que prevê as causas de absolvição sumária. Trata-se de caso de rejeição da inicial por ausência de justa causa, nos termos do art. 395, III, CPP.

(d) CPP. Art. 397, II – Após o cumprimento do disposto no art. 396-A, e parágrafos, deste Código, o juiz deverá absolver sumariamente o acusado quando verificar: II – a existência manifesta de causa excludente da culpabilidade do agente, salvo inimputabilidade.

(e) CP. Art. 22: Se o fato é cometido sob coação irresistível ou em estrita obediência a ordem não manifestamente ilegal, de superior hierárquico, só é punível o autor da coação ou da ordem.

*Para responder, tem que estudar: lei, súmula/OJ e teoria/doutrina.*

*Gabarito: B*

**78. (Cespe/TJ/DFT/Juiz/2014)** Eduardo, reincidente e perigoso, foi preso preventivamente denunciado, com outras pessoas, por associação para o tráfico, porque mantinha, em depósito, 252,61 g de cocaína, sem autorização e em desacordo com determinação legal ou regulamentar e, ainda, fornecia a droga a terceiros. Seu defensor pediu a instauração do incidente de insanidade, o que gerou excesso de prazo para a conclusão da instrução criminal. Com base nessa situação hipotética, assinale a opção correta de acordo com o entendimento do STJ acerca da matéria.

a) Pelo princípio da razoabilidade, justifica-se eventual dilação de prazo para a conclusão da instrução processual quando a demora não é provocada pelo juízo ou pelo MP.

b) A conversão do julgamento em diligência, para a instauração do incidente de insanidade mental, pode determinar, ou não, segundo critério do magistrado, a suspensão do processo.

c) Constitui constrangimento ilegal o excesso de prazo na instrução provocado pela defesa.

d) A alegação de excesso de prazo para o término da instrução criminal advém de mera operação matemática.

e) A prisão de Eduardo deverá ser relaxada pelo juiz, dada a morosidade processual, que caracteriza constrangimento ilegal.

BLOCO II

ANOTAÇÕES/COMENTÁRIOS

(a, c, d, e) STJ. Súmula 64: "Não constitui constrangimento ilegal o excesso de prazo na instrução, provocado pela defesa"

(b) CPP. Art. 149, § 2º Quando houver dúvida sobre a integridade mental do acusado, o juiz ordenará, de ofício ou a requerimento do Ministério Público, do defensor, do curador, do ascendente, descendente, irmão ou cônjuge do acusado, seja este submetido a exame médico-legal. § 2º: O juiz nomeará curador ao acusado, quando determinar o exame, ficando suspenso o processo, se já iniciada a ação penal, salvo quanto às diligências que possam ser prejudicadas pelo adiamento.

*Para responder, tem que estudar: lei e súmula/OJ.*

*Gabarito: A*

**79. (Cespe/TJ/CE/Juiz/2012)** Com relação aos processos criminais comuns e especiais, assinale a opção correta.

a) No curso do processo de restauração de autos extraviados ou destruídos, depois de subirem os autos conclusos para sentença, o juiz não poderá mais requisitar de autoridades ou de repartições esclarecimentos para a restauração.

b) No procedimento sumário, as provas devem ser produzidas em uma só audiência, podendo o juiz indeferir as consideradas irrelevantes, impertinentes ou protelatórias, e os esclarecimentos dos peritos sujeitam-se ao prévio requerimento das partes.

c) Se a autoridade policial tomar conhecimento de fato que, não constituindo infração penal, possa determinar a aplicação de medida de segurança, ela deve abster-se de instaurar inquérito e encaminhar os elementos de prova ao MP.

d) A fundamentação da sentença de pronúncia deve limitar-se à indicação da prova da materialidade do fato e da autoria ou participação do acusado, cabendo ao juiz declarar o dispositivo legal em que julgar incurso o acusado e especificar as circunstâncias qualificadoras e as causas de aumento de pena.

e) Nas infrações penais de menor potencial ofensivo, quando o juizado especial criminal encaminhar ao juízo comum as peças existentes para a adoção de outro procedimento, deve-se obedecer ao procedimento ordinário.

## ANOTAÇÕES/COMENTÁRIOS

(a) CPP. Art. 544, parágrafo único. – Realizadas as diligências que, salvo motivo de força maior, deverão concluir-se dentro de vinte dias, serão os autos conclusos para julgamento. Parágrafo único. No curso do processo, e depois de subirem os autos conclusos para sentença, o juiz poderá, dentro de cinco dias, requisitar de autoridades ou de repartições tosos os esclarecimentos para a restauração.

(b) CPP. Art. 533. Aplica-se ao procedimento sumário o disposto nos parágrafos do art. 400 deste Código. CPP. Art. 400, § 1º e § 2º As provas serão produzidas numa só audiência, podendo o juiz indeferir as consideras irrelevantes, impertinentes ou protelatórias. § 2º Os esclarecimentos dos peritos dependerão de prévio requerimento das partes.

(c) CPP. Art. 549. Se a autoridade policial tiver conhecimento de fato que, embora não constituindo infração penal, possa determinar a aplicação de medida de segurança, deverá proceder a inquérito, a fim de apura-lo e averiguar todos os elementos que possam interessar à verificação da periculosidade do agente. Frise-se que o referido artigo foi tacitamente revogado por inexistir aplicação de medida de segurança a fato não delituoso.

(d) CPP. Art. 413, § 1º O juiz, fundamentadamente, pronunciará o acusado, se convencido da materialidade do fato e da existência de indícios suficientes de autoria ou de participação. § 1º A fundamentação da pronúncia limitar-se-á à indicação da materialidade do fato e da existência de indícios suficientes de autoria ou de participação, devendo o juiz declarar o dispositivo legal em que julgar incurso o acusado e especificar as circunstâncias qualificadoras e as causas de aumento de pena.

(e) CPP. Art. 538. Nas infrações penais de menor potencial ofensivo, quando o juizado especial criminal encaminhar ao juízo comum as peças existentes para a adoção de outro procedimento, observar-se-á o procedimento sumário previsto neste Capítulo.

*Para responder, tem que estudar: lei.*

*Gabarito: B*

### 11.1.2. Do Procedimento do Tribunal do Júri

**80. (Cespe/TJ/BA/Juiz/2019)** Acerca dos procedimentos relativos aos processos de competência do tribunal do júri, assinale a opção correta.

a) Em decorrência do princípio do in dubio pro societate, o testemunho por ouvir dizer produzido na fase inquisitorial é suficiente para a decisão de pronúncia.

b) É possível a exclusão, na decisão de pronúncia, de qualificadoras descritas na denúncia, quando elas forem manifestamente incabíveis.

c) Em caso de inimputabilidade do réu, ainda que a tese da defesa seja de negativa da autoria, deve o juiz absolvê-lo sumariamente.

d) É cabível recurso em sentido estrito contra decisão que tenha absolvido sumariamente o réu.

e) Não é cabível excluir da lista geral de jurados o jurado que tiver integrado o conselho de sentença nos doze meses que antecederam a publicação da referida lista.



ANOTAÇÕES/COMENTÁRIOS

(a) Muito embora a análise aprofundada dos elementos probatórios seja feita somente pelo Tribunal Popular, não se pode admitir, em um Estado Democrático de Direito, a pronúncia baseada, exclusivamente, em testemunho indireto (por ouvir dizer) como prova idônea, de per si, para submeter alguém a julgamento pelo Tribunal Popular (STJ, RESP 1.674.198/MG de 2017)

(b) Somente podem ser excluídas da sentençade pronúncia as circunstâncias qualificadoras manifestamente improcedentes ou incabíveis. (STJ, AgRg no ARESP 630.056/MG de 2015).

(c) CPP. Art. 415, parágrafo único. Não se aplica o disposto no inciso IV do caput deste artigo ao caso de inimputabilidade prevista no art. 26 do (...) Código Penal, salvo quando esta for a única tese defensiva.

(d) CPP. Art. 416. Contra a sentença de impronúncia ou de absolvição sumária caberá apelação.

(d) CPP. Art. 426, §4. O jurado que tiver integrado o Conselho de Sentença nos 12 (doze) meses que antecederem à publicação da lista geral fica dela excluído.

*Para responder, tem que estudar: jurisprudência e lei.*

*Gabarito: B*

**81. (Cespe/TJ/MA/Juiz/2013)** No que se refere a procedimento no tribunal do júri, assinale a opção correta.

a) A decisão de pronúncia, etapa que encerra a primeira fase procedimental do júri, submete o réu ao julgamento pelo conselho de sentença e tem eficácia de coisa julgada no que diz respeito à vinculação do conselho de sentença ao crime e à autoria descritos na decisão.

b) Caso, no procedimento escalonado do júri, o delito seja desclassificado pelo conselho de sentença do tribunal do júri, cabe ao juiz presidente proferir a sentença, ainda que a desclassificação implique a modificação da competência de jurisdição ou do juízo natural.

c) Se, ao final da instrução do procedimento escalonado do júri, for demonstrada a autoria e(ou) participação de terceiros não incluídos na peça acusatória, compete ao magistrado remeter os autos ao órgão de acusação para o aditamento da peça acusatória, a fim de renovar todas as diligências do sumário em relação ao réu incluído no aditamento.

d) Admite-se desaforamento, nas hipóteses taxativas do CPP, desde que demonstrados a necessidade e o interesse da ordem pública e havida dúvida sobre a imparcialidade do júri ou a segurança pessoal do acusado, sendo prescindível a oitiva da defesa.

ANOTAÇÕES/COMENTÁRIOS

(a) Como a pronúncia encerra mero juízo de admissibilidade (juízo de prelibação), cuja finalidade é submeter o acusado a julgamento perante o Tribunal do Júri, tem natureza processual, não produzindo coisa julgada, e sim preclusão pro judicato, podendo o Conselho de Sentença decidir contrariamente àquilo que restou assentado na pronúncia (Manual de Processo Penal, Renato Brasileiro).

(b) CPP. Art. 492, § 1º Em seguida, o presidente proferirá sentença que: § 1º Se houver desclassificação da infração para outra, de competência do juiz singular, ao presidente do Tribunal do Júri caberá proferir sentença em seguida, aplicando-se, quando o delito resultante da nova tipificação for considerado pela lei como infração penal de menor potencial ofensivo. Quando, porém, a desclassificação for feita pelo próprio tribunal do Júri, a seu Presidente caberá proferir a sentença, na forma do art. 492, par. 1º, do CPP, se da desclassificação não resultar modificação de jurisdição – juiz natural – como ocorrerá, por exemplo, na desclassificação para crime militar (STF – RHC 80.718/RS, 22.3.2001). Nesse último caso, deverá o juiz presidente encaminhar os autos para a Justiça Militar (Curso de Processo Penal. Eugênio Pacelli de Oliveira).

(c) CPP. Art. 417. Se houver indícios de autoria ou de participação de outras pessoas não incluídas na acusação, o juiz, ao pronunciar ou impronunciar o acusado, determinará o retorno dos autos ao Ministério Público, por 15 (quinze) dias, aplicável, no que couber, o art. 80 deste Código. Se o juiz entender que existem nos autos elementos probatórios que revelam a autoria e/ou participação de outras pessoas não incluídas na denúncia, deverá ele remeter os autos ao Ministério Público para, no prazo de 15 dias, promover o aditamento da peça acusatória (art. 417, CPP). Nesse caso, todas as diligências do sumário deverão ser repetidas para que se concretizem em relação aos novos acusados (e eventualmente para os réus primitivos) o contraditório e a ampla defesa (Curso de Processo Penal. Eugênio Pacelli de Oliveira).

(d) STF. Súmula 712: "É nula a decisão que determina o desaforamento de processo da competência do júri sem audiência da defesa".

*Para responder, tem que estudar: lei, súmula/OJ e teoria/doutrina.*

*Gabarito: C*

**82. (Cespe/TJ/AM/Juiz/2016)** Com base no entendimento pacificado dos tribunais superiores, é correto afirmar que o excesso de linguagem comprovadamente existente na decisão de pronúncia ocasiona:

a) a proibição da entrega de cópia da decisão de pronúncia aos jurados que eventualmente a requisitarem.

b) a nulidade absoluta da decisão de pronúncia e dos atos processuais subsequentes, independentemente de demonstração de prejuízo causado ao réu.

c) a nulidade relativa da decisão de pronúncia e dos atos processuais subsequentes, se demonstrado prejuízo ao réu.

d) a proibição da leitura da decisão de pronúncia pela acusação durante o julgamento no plenário do júri, para evitar que os jurados sejam influenciados.

e) o desentranhamento e envelopamento da decisão de pronúncia, providência adequada e suficiente para cessar a ilegalidade e contemplar o princípio da economia processual.

**ANOTAÇÕES/COMENTÁRIOS**

(a, b, c, d, e) Reconhecido o excesso de linguagem da pronúncia, causa de nulidade absoluta, cumpre anulá-la, determinando-se que outra seja prolatada, não sendo suficiente o desentranhamento e o envelopamento da decisão, em atenção ao parágrafo único do artigo 472 do Código de Processo Penal e à vedação aos pronunciamentos ocultos (STF, RHC 127.522).

*Para responder, tem que estudar: jurisprudência.*

*Gabarito: B*

**83. (Cespe/TJ/DFT/Juiz/2016)** Assinale a opção correta, acerca do procedimento relativo aos processos de competência do tribunal do júri.

a) O cidadão alistado no serviço do júri, que é de natureza facultativa, ao ser intimado, poderá solicitar sua exclusão mediante simples petição dirigida ao juiz presidente do tribunal do júri.

b) O jurado, por não ser magistrado de carreira, não poderá ser responsabilizado criminalmente nos mesmos termos em que são os juízes togados.

c) O alistamento, no serviço obrigatório do júri, compreenderá os cidadãos maiores de vinte e um anos, de notória idoneidade.

d) O alistamento, no serviço obrigatório do júri, compreenderá os cidadãos maiores de vinte cinco anos, de notória idoneidade, porque o jurado é equiparado ao juiz, para todos os efeitos, e essa é a idade exigida para o ingresso na magistratura.

e) O alistamento, no serviço do júri, de caráter obrigatório, compreenderá os cidadãos maiores de dezoito anos, de notória idoneidade.

ANOTAÇÕES/COMENTÁRIOS

(a, c, d, r) CPP. Art. 436. O serviço do júri é obrigatório. O alistamento compreenderá os cidadãos maiores de 18 (dezoito) anos de notória idoneidade.

(b) CPP. Art. 445. O jurado, no exercício da função ou a pretexto de exercê-la, será responsável criminalmente nos mesmos termos em que o são os juízes togados.

*Para responder, tem que estudar: lei.*

*Gabarito: E*

**84. (Cespe/TJ/DFT/Juiz/2016)** A respeito do procedimento no Tribunal do Júri, assinale a opção correta.

a) Em análise de recurso exclusivo da acusação, é defeso à instância recursal reduzir, de ofício, a pena fixada na sentença, sob pena de afronta à proibição da reforma.

b) Anulada a sentença do primeiro júri, em razão de recurso exclusivo da defesa, é defeso ao Conselho de Sentença, por ocasião do novo julgamento, reconhecer qualificadora não reconhecida na decisão anulada, sob pena de violação ao princípio da vedação da "reformatio in pejus" indireta.

c) Se houver recurso da defesa para anulação do julgamento e recurso da acusação somente para a agravação da pena e se for acolhido o recurso defensivo para anular a sentença condenatória, poderá o réu, por ocasião do novo julgamento, ser condenado a pena mais grave, sem que isso configure violação ao princípio da vedação da "reformatio in pejus" indireta.

d) Ao analisar recurso exclusivo da defesa, a instância recursal poderá corrigir, de ofício, evidente erro material contido na sentença, ainda que isso resulte em agravamento da pena.

e) A pena concretamente fixada em sentença anulada por recurso exclusivo da defesa não pode ser utilizada como parâmetro para a análise da prescrição da pretensão punitiva, na modalidade retroativa.

## ANOTAÇÕES/COMENTÁRIOS

(a) (...). quanto ao recurso da acusação, a despeito de não haver consenso na doutrina, prevalece o entendimento de que se aplica o sistema do benefício comum, isto é, do recurso interposto pelo Ministério Público, querelante ou assistente da acusação, pode resultar benefício à parte contrária, leia-se, ao acusado. Isso porque, nesse caso, aplica-se o princípio da reformatio in mellius (Manual de Processo Penal, Renato Brasileiro).

(b) Entende-se que, anulada a decisão do júri por conta de recurso exclusivo da defesa, os jurados que venham a atuar no segundo julgamento são absolutamente soberanos, podendo reconhecer qualificadoras, causas de aumento e de diminuição de pena que não foram reconhecidas no primeiro julgamento. Em outras palavras, não se pode impedir que o júri decida como bem entender, inclusive reconhecendo qualificadoras antes afastadas, sob pena de se negar vigência à soberania dos veredictos (Manual de Processo Penal, Renato Brasileiro).

(c) Recurso do Ministério Público para fins de majoração da reprimenda e recurso da defesa pela anulação do julgado. Anulação do decisum. Designação de novo julgamento. Agravação da reprimenda. Possibilidade. Não ocorrência de reformatio in pejus indireta (STF, HC 120.029).

(d) Ofensa à proibição da reformatio in pejus. (...). Não é lícito ao tribunal, na cognição de recurso da defesa, agravar a pena do réu, sob o fundamento de corrigir ex officio erro material da sentença na somatória dos fatores considerados no processo de individualização (STF, HC 83.545).

(e) Anulados o julgamento pelo tribunal do júri e a correspondente sentença condenatória, transitada em julgado para a acusação, não pode o acusado, na renovação do julgamento, vir a ser condenado a pena maior do que a imposta na sentença anulada, ainda que com base em circunstância não considerada no julgamento anterior. (...). Portanto, em caso de nova condenação do paciente pelo Júri popular, ainda que reconhecida a presença de ambas as qualificadores, a pena aplicada não pode superar a pena anteriormente cominada de 8 (oito) anos de reclusão, sob pena de se configurar a reformatio in pejus indireta, a qual não é admitida pela Corte. Fixada esta premissa, a prescrição, então, deve regular-se, na espécie, pela expressão em concreto da pena privativa de liberdade aplicada, qual seja, 8 (oito) anos de reclusão, cujo lapso prescricional é de 12 (doze) anos, com esteio no art. 109, inciso III, do Código Penal (STF, HC 115.428).

*Para responder, tem que estudar: jurisprudência e teoria/doutrina.*

*Gabarito: C*

**85. (Cespe/TJ/PB/Juiz/2015)** No que se refere ao procedimento do júri, assinale a opção correta à luz da interpretação dos tribunais superiores e dos dispositivos da legislação processual.

a) A decisão de pronúncia que afirme que a autoria e a materialidade do fato são absolutamente inquestionáveis é nula.

b) O recurso de protesto por novo júri é cabível em qualquer sentença condenatória proferida pelo tribunal do júri.

c) O juiz impronunciará o acusado quando ficar provada a incidência de causa que exclua o crime.

d) A decisão que impronuncia o réu caracteriza-se como interlocutória mista e deve ser atacada por meio de recurso em sentido estrito.

e) O juiz deverá absolver sumariamente o acusado se não houver provas suficientes da materialidade do fato ou da existência de indícios suficientes de autoria ou de participação no crime.

ANOTAÇÕES/COMENTÁRIOS

(a) O acórdão que mantém a sentença de pronúncia não pode se exceder de modo a prejulgar o acusado. O excesso de linguagem é evidente se o Tribunal de origem conclui que a autoria é 'absolutamente inquestionável', além de tecer outras considerações conclusivas sobre o mérito da causa. Deveria a Corte estadual limitar-se a verificar a existência de indícios suficientes de autoria, não lhe competindo concluir pela certeza de que o paciente seria o autor do delito (STJ, HC 130. 941)

(b) O protesto por novo júri foi revogado pela Lei 11.689/2008.

(c) CPP. Art. 415, IV – O juiz, fundamentadamente, absolverá desde logo o acusado quando: IV –demonstrada causa de isenção de pena ou de exclusão do crime.

(d) CPP. Art. 416. Contra a sentença de impronúncia ou de absolvição sumária caberá apelação. Apesar de tratada equivocadamente como sentença no art. 416 do CPP, trata-se, a impronúncia, de decisão interlocutória mista terminativa: decisão interlocutória, porque não aprecia o mérito para dizer se o acusado é culpado ou inocente; mista, porque põe fim a uma fase procedimental; e terminativa, porquanto acarreta a extinção do processo antes do final do procedimento (Manual de Processo Penal, Renato Brasileiro).

(e) CPP. Art. 414. Não se convencendo da materialidade do fato ou da existência de indícios suficientes de autoria ou de participação, o juiz, fundamentadamente, impronunciará o acusado.

*Para responder, tem que estudar: lei, jurisprudência e teoria/doutrina.*

*Gabarito: A*

**86. (Cespe/TJ/DFT/Juiz/2014)** De acordo com a doutrina majoritária, a decisão que põe termo à primeira fase do rito do tribunal do júri, submetendo o acusado ao conselho de sentença, tem natureza jurídica de:

a) sentença.
b) decisão interlocutória mista terminativa.
c) decisão interlocutória mista não terminativa.
d) decisão definitiva em sentido amplo.
e) decisão interlocutória simples.

ANOTAÇÕES/COMENTÁRIOS

(a, b, c, d, e) A pronúncia é tratada pela doutrina como uma decisão interlocutória mista não terminativa. Decisão interlocutória porque não julga o mérito, ou seja, não condena nem absolve o acusado; mista porque põe fim a uma fase procedimental; e não terminativa, porque não encerra o processo. Sobre o assunto, a Lei 11.689/08 corrigiu antigo erro técnico do CPP, que se referia à pronúncia como sentença (antiga redação do § 1º do art. 408 do CPP (Manual de Processo Penal, Renato Brasileiro).

*Para responder, tem que estudar: teoria/doutrina.*

*Gabarito: C*

**87. (Cespe/TJ/CE/Juiz/2012)** Assinale a opção correta no que se refere ao procedimento do tribunal do júri.

a) Em caso de crime doloso contra a vida cometido em concurso de agentes, aquele que não ostenta foro por prerrogativa de função deve ser julgado perante o tribunal competente, e não pelo júri popular, em consonância com preceito normativo constitucional.

b) O reconhecimento pelo tribunal do júri de que o réu agiu por motivo torpe e, concomitantemente, das atenuantes genéricas do relevante valor moral ou da violenta emoção importa em contradição processual.

c) Pode ser excluída da sentença de pronúncia qualquer qualificadora, ainda que não seja manifestamente improcedente, não havendo usurpação da competência do tribunal do júri, juiz natural dos crimes dolosos contra a vida.

d) Conforme a jurisprudência do STJ, nos feitos de competência do júri, as nulidades ocorridas na primeira fase do procedimento bifásico devem ser apontadas no momento oportuno, sob pena de preclusão.

e) Aos processos da competência do tribunal do júri se aplica a orientação jurisprudencial segundo a qual é possível, pela via do "habeas corpus", conhecer de matéria não apreciada pelo acórdão proferido em apelação criminal.

BLOCO II

ANOTAÇÕES/COMENTÁRIOS

(a) A jurisprudência desta Corte e do STF tem proclamado que, em caso de crime doloso contra a vida cometido por mais de uma pessoa, aquele que não ostenta foro por prerrogativa de função deve ser julgado perante o Júri Popular, em consonância com o preceito normativo do art. 5º, XXXVIII, d, da Constituição Federal (STJ, HC 52.105,).

(b) Reconhecimento da atenuante genérica do relevante valor moral ou da influência de violenta emoção no delito de homicídio qualificado pelo motivo torpe. Possibilidade (STJ, AgRg no Ag 1.060.113).

(c) As qualificadoras só podem ser excluídas em casos excepcionalíssimos, quando, de forma incontroversa, mostrarem-se absolutamente improcedentes, sem qualquer apoio nos autos (STJ, REsp 612.402,).

(d) No procedimento do júri, as nulidades ocorridas na primeira fase do procedimento escalonado devem ser arguidas até as alegações finais, enquanto aquelas posteriores a pronúncia devem ser suscitadas logo após anunciado o julgamento e apregoadas as partes. Constatando-se que as nulidades apontadas não foram alegadas no momento oportuno, deve-se reconhecer a incidência da preclusão (STJ, HC 180. 603,).

(e) Em sede de habeas-corpus originário, impetrado contra acórdão proferido no julgamento de ação penal ou de apelação criminal, os fundamentos da impetração devem situar-se no campo das questões apreciadas no julgamento impugnado. Se as razões em que se fundam a pretensão deduzida no writ não foram objeto de debate e pronunciamento no acórdão impugnado, o mesmo não reúne condições de conhecimento (STJ, HC 7.296).

*Para responder, tem que estudar: jurisprudência.*

*Gabarito: D*

**88. (Cespe/TJ/PA/Juiz/2012)** A respeito do "habeas corpus", da prisão preventiva, do júri, do agravo de instrumento e das provas urgentes, assinale a opção correta.

a) Se, citado por edital, o acusado não comparecer nem constituir advogado, poderá o juiz, suspenso o processo, determinar produção antecipada de prova testemunhal, ainda que esta não seja urgente, com base no pressuposto de que os fatos desaparecem da memória com o simples passar do tempo.

b) O "habeas corpus" constitui remédio processual inadequado para a análise da prova, para o reexame do material probatório produzido, para a reapreciação da matéria de fato, mas não para a revalorização dos elementos instrutórios coligidos no processo penal de conhecimento.

c) A periculosidade do paciente verificada pela gravidade "in concreto" do crime e pelo modus operandi mediante o qual tenham sido praticados os delitos representa elemento inidôneo para a prisão preventiva.

d) No procedimento do júri, os protestos das partes devem ser consignados na ata de julgamento, uma vez que a falta de protesto em tempo oportuno opera a preclusão da faculdade jurídica que as partes têm de reclamar contra eventuais erros ou defeitos ocorridos ao longo do julgamento.

e) Não é necessário que o agravante impugne, de forma específica, cada um dos fundamentos da decisão questionada, visto que o recurso de agravo de instrumento deve ser conhecido, de forma ampla, pelo tribunal competente.

ANOTAÇÕES/COMENTÁRIOS

(a) CPP. Art. 366. Se o acusado, citado por edital, não comparecer, nem constituir advogado, ficarão suspensos o processo e o curso do prazo prescricional, podendo o juiz determinar a produção antecipada das provas consideradas urgentes e, se for o caso, decretar a prisão preventiva, nos termos do disposto no artigo 312.

(b) O habeas corpus constitui remédio processual inadequado para a análise da prova, para o reexame do material probatório produzido, para a reapreciação da matéria de fato e, também, para a revalorização dos elementos instrutórios coligidos no processo penal de conhecimento (STF, RHC 111.327).

(c) A prisão cautelar mostra-se suficientemente motivada para a preservação da ordem pública, tendo em vista a periculosidade do paciente, verificada pelo modus operandi mediante o qual foi praticado o delito. (STF, HC 115.112).

(d) A ausência de protesto formulado no momento procedimentalmente adequado reveste-se de caráter preclusivo. Os incidentes ocorridos em plenário do Júri, ou verificados no interior da sala secreta, devem constituir objeto de reclamação da parte interessada. O silêncio da ata e julgamento – que deixou de consignar os incidentes eventualmente ocorridos – impede que sejam eles invocados, posteriormente, como causa geradora de nulidade processual (STF, HC 69.072).

(e) STJ. Súmula 182: "É inviável o agravo do art. 545 do CPC que deixa de atacar especificamente os fundamentos da decisão de agravada".

*Para responder, tem que estudar: lei, jurisprudência e súmula/OJ.*

*Gabarito: D*

**89. (Cespe/TJ/PB/Juiz/2011)** A respeito do procedimento relativo aos processos da competência do tribunal do júri, assinale a opção correta.

a) Conforme jurisprudência do STJ, a decisão de pronúncia exige juízo de certeza, não podendo, no entanto, o magistrado proferir manifestação exauriente sobre a prática do delito, sob pena de incorrer em invasão da competência constitucional do júri.

b) No procedimento do júri, pode ser arguida a qualquer tempo irregularidade na formulação de quesitos, desde que antes do trânsito em julgado da sentença condenatória, porque, nesse caso, não se opera preclusão.



BLOCO II

c) No procedimento do júri, as partes são impedidas de fazer referência, em plenário, à pronúncia ou às decisões posteriores que julgaram admissível a acusação, sendo as dúvidas dos jurados esclarecidas pelo juiz presidente, que não lhes deve conceder acesso aos autos e, consequentemente, a tais decisões.

d) O indeferimento do pedido de oitiva de número de testemunhas superior ao máximo previsto em lei, principalmente no procedimento bifásico do tribunal do júri, não acarreta nulidade, pois a inquirição pode ser requerida e, se oportuna, deferida na segunda fase do procedimento.

e) A jurisprudência firmou entendimento de que o efeito devolutivo da apelação contra decisões no procedimento dos crimes dolosos contra a vida não é adstrito ao fundamento da interposição, havendo devolução ampla da matéria debatida no plenário do júri.

### ANOTAÇÕES/COMENTÁRIOS

(a) A decisão de pronúncia encerra simples juízo de admissibilidade da acusação, exigindo o ordenamento jurídico somente o exame da ocorrência do crime e de indícios de sua autoria, não se demandando aqueles requisitos de certeza necessários à prolação de um édito condenatório, sendo que as dúvidas, nessa fase processual, resolvem-se contra o réu e a favor da sociedade (STJ, HC 212.831).

(b) A impugnação à formulação dos quesitos deve ocorrer no julgamento em Plenário, sob pena de preclusão, nos termos do art. 575, inciso VIII, do Código de Processo Penal, ressalvadas as nulidades absolutas, não configuradas na hipótese. (STJ, HC 199.438).

(c) CPP. Art. 478, I – Durantes os debates as partes não poderão, sob pena de nulidade, fazer referências: I – à decisão de pronúncia, às decisões que julgaram admissível a acusação ou à determinação do uso de algemas como argumento de autoridade que beneficiem ou prejudiquem o acusado. CPP. Art. 480, § 3º A acusação, a defesa e os jurados poderão, a qualquer momento e por intermédio do juiz presidente, pedir ao orador que indique a folha dos autos onde se encontra a peça por ele lida ou citada, facultando-se, ainda, aos jurados solicitar-lhe, pelo mesmo meio, o esclarecimento de fato por ele alegado. § 3º Os jurados, nesta fase do procedimento, terão acesso aos autos e aos instrumentos do crime se solicitarem ao juiz presidente.

(d) O indeferimento para que sejam ouvidas testemunhas em número superior ao máximo previsto em lei, mormente no procedimento bifásico do Tribunal do Júri, não acarreta nulidade do feito, porquanto sua oitiva poderá ser requerida e, caso oportuna, deferida na segunda fase do procedimento (STJ, HC 55.702).

(e) STF. Súmula 713: "O efeito devolutivo da apelação contra as decisões do Júri é adstrito aos fundamentos da sua interposição".

*Para responder, tem que estudar: lei, jurisprudência e súmula/OJ.*

*Gabarito: D*

**90. (Cespe/TJ/PA/Juiz/2012)** A respeito das disposições constitucionais aplicáveis ao direito processual penal, assinale a opção correta à luz da jurisprudência do STF.

a) Conforme a jurisprudência do STF, é desnecessária, no atual sistema de votação do júri, a informação do número de votos dados na forma afirmativa ou negativa, em respeito ao sigilo das votações e, consequentemente, à soberania dos veredictos.

b) De acordo com decisão do STF, intérprete maior da CF, é constitucional o uso de prova obtida fortuitamente por meio de interceptação telefônica licitamente conduzida, exceto na hipótese de o crime descoberto, conexo ao que seja objeto da interceptação, ser punido com detenção.

c) É inadmissível, por configurar invasão de domicílio, o ingresso de autoridade policial, no período noturno, para instalação de equipamento de escuta ambiental em escritório de advocacia, ainda que autorizada por decisão judicial.

d) Considere que Abel, servidor público, tenha proposto, em troca de dinheiro, inserir falsa informação de excesso de contingente em certificado de dispensa de incorporação, tendo sido realizada gravação clandestina da proposta pelo alistando, a pedido de uma emissora de televisão, que, logo depois, tenha divulgado as imagens para todo o território nacional. Nesse caso, a prova deve ser considerada ilícita por inviolabilidade das comunicações.

e) De acordo com a CF, sendo a regra a privacidade da correspondência, das comunicações telegráficas, dos dados e das comunicações em geral, a exceção – a quebra do sigilo – deve ser submetida ao crivo do Poder Judiciário, para efeito de investigação criminal ou instrução processual penal, e ao da Receita Federal, para o afastamento do sigilo de dados relativos ao contribuinte.

**ANOTAÇÕES/COMENTÁRIOS**

(a) O veredicto do júri resta imune de vícios acaso não conste o número de votos no Termo de Julgamento no sentido afirmativo ou negativo, não só por força da novatio legis, mas também porque a novel metodologia preserva o sigilo e a soberania da deliberação popular. (...). O art. 487 do CPP foi revogado pela Lei 11.689/2008, aprimorando assim o sistema de votação do júri, já que não se faz mais necessário constar quantos votos foram dados de forma afirmativa ou negativa, respeitando-se, portanto, o sigilo das votações e, consectariamente, a soberania dos veredictos (STF, HC 104.308)

(b) O STF, como intérprete maior da Constituição da República, considerou compatível com o art. 5º, XII e LVI, o uso de prova obtida fortuitamente através de interceptação telefônica licitamente conduzida, ainda que o crime descoberto, conexo ao que foi objeto da interceptação, seja punido com detenção (STF, AgRg no AI 626.214)

(c) Escuta ambiental e exploração de local. Captação de sinais óticos e acústicos. Escritório de advocacia. Ingresso de autoridade policial, no período noturno, para instalação de equipamento. Medidas autorizadas por decisão judicial. Invasão de domicílio.

Não caracterização. Suspeita grave de prática de crime por advogado, no escritório, sob pretexto de exercício da profissão. Situação não acobertada pela inviolabilidade constitucional. Inteligência do art. 5º, X e XI da CF, art. 150, parágrafo 4º, III, do CP, e art. 7º, II, da Lei 8.906/94 (STF, Inq 2.424)

(d) Gravação clandestina realizado pelo alistando, a pedido de emissora de televisão, que levou as imagens ao ar em todo o território nacional por meio de conhecido programa jornalístico. O conteúdo da reportagem representou "notitia criminis", compelindo as autoridades ao exercício do poder-dever de investigar, sob pena de prevaricação. (...). A questão posta não é de inviolabilidade das comunicações e sim da proteção da privacidade e da própria honra, que não constitui direito absoluto, devendo ceder em prol do interesse público (STF, HC 87.341)

(e) Sigilo de dados. Afastamento. Conforme disposto no inciso XII do artigo 5º da Constituição Federal, a regra é a privacidade quanto à correspondência, às comunicações telegráficas, aos dados e às comunicações, ficando a exceção – a quebra do sigilo – submetida ao crivo de órgão equidistante – Judiciário – e, mesmo assim, para efeito de investigação criminal ou instrução processual penal. Sigilo de dados bancários. Receita Federal. Conflita com a Carta de República norma legal atribuindo à Receita Federal – parte na relação jurídico-tributária 0 o afastamento do sigilo de dados relativos ao contribuinte (STF, RE 389.906). A posição do STF se alterou posteriormente: Pondo um fim à controvérsia, o Plenário do Supremo concluiu, recentemente, o julgamento de 4 (quatro) Ações Diretas de Inconstitucionalidade para concluir que o acesso direto – sem prévia autorização judicial – aos dados bancários e financeiros pelos órgãos públicos previsto nos arts. 5º e 6º da Lei Complementar 105/2011 não viola o direito à intimidade (Manual de Processo Penal. Renato Brasileiro).

*Para responder, tem que estudar: jurisprudência.*

*Gabarito: A*

**91. (Cespe/TJ/BA/Juiz/2012)** A respeito dos processos em espécie, assinale a opção correta.

a) No processo de restauração de autos extraviados, o magistrado determina, de ofício, que se reproduza o que houver a respeito desses autos, juntando-se cópias que valerão como originais, não sendo necessária a repetição da citação pessoal.

b) Em se tratando de instrução criminal de procedimento comum ordinário no qual três acusados respondam, igualmente, por concurso material ante a prática de quatro crimes, tendo constituído um único advogado, a defesa poderá arrolar até oito testemunhas para cada réu.

c) O julgamento deve ser adiado caso a testemunha intimada e arrolada – tendo a parte aduzido prescindir do depoimento dessa testemunha – não compareça à sessão e o oficial de justiça certifique que não a encontrou no local indicado quando do cumprimento do mandado de condução coercitiva.

d) É vedado a um mesmo conselho de sentença conhecer mais de um processo no mesmo dia, ante o compromisso prestado para o primeiro julgamento.

e) No rito do tribunal do júri, no sumário da culpa, as dúvidas resolvem-se contra o réu e a favor da sociedade.

### ANOTAÇÕES/COMENTÁRIOS

(a) CPP. Art. 541, § 2º, c) – Os autos originais de processo penal extraviados ou destruídos, em primeira ou segunda instância, serão restaurados. § 2º Na falta de cópia autêntica ou certidão do processo, o juiz mandará, de ofício, ou a requerimento de qualquer das partes, que: c) as partes sejam citadas pessoalmente, ou, se não forem encontradas, por edital, com o prazo de dez dias, para o processo de restauração dos autos.

(b) O número de testemunhas varia de acordo com o procedimento a ser seguido: 1) Procedimento comum ordinário: 8 (oito) testemunhas (CPP, art. 401, caput). (...). Há certa controvérsia na doutrina e jurisprudência acerca desse número quando o processo versa sobre mais de um delito ou quando há mais de um corréu, Prevalece o entendimento de que, para a acusação, o número é estabelecido de acordo com a quantidade de fatos imputados, independentemente do número de acusados. Para a defesa, toma-se em conta não apenas o número de fatos, como também o número de acusados. Exemplificando, se são dois os acusados pela prática de um crime de roubo, cada um deles terá direito a arrolar até 8 (oito) testemunhas, mesmo que possuam o mesmo defensor. Por outro lado, se a um único acusado forem imputados dois fatos delituosos, terá direito a arrolar 8 (oito) testemunhas para cada um deles (Manual de Processo Penal. Renato Brasileiro).

(c) CPP. Art. 461, § 2º O julgamento não será adiado se a testemunha deixar de comparecer, salvo se uma das partes tiver requerido a sua intimação por mandado, na oportunidade de que trata o art. 422 deste Código, declarando não prescindir do depoimento e indicando a sua localização. § 2º O julgamento será realizado mesmo na hipótese de a testemunha não ser encontrada no local indicado, se assim for certificado por oficial de justiça;

(d) CPP. Art. 452. O mesmo Conselho de Sentença poderá conhecer de mais de um processo, no mesmo dia, se as partes o aceitarem, hipótese em que seus integrantes deverão prestar novo compromisso.

(e) A decisão de pronúncia encerra simples juízo de admissibilidade da acusação, exigindo o ordenamento jurídico somente o exame da ocorrência do crime e de indícios de sua autoria, não se demandando aqueles requisitos de certeza necessários à prolação de um édito condenatório, sendo que as dúvidas, nessa fase processual, resolvem-se contra o réu e a favor da sociedade (STJ, HC 212.831).

*Para responder, tem que estudar: lei, jurisprudência e teoria/doutrina.*

*Gabarito: E*

BLOCO II

**92. (Cespe/TJ/PR/Juiz/2017)** Em relação ao procedimento do tribunal do júri, assinale a opção correta.

a) O mesmo conselho de sentença poderá conhecer de mais de um processo, no mesmo dia, se as partes os aceitarem e, neste caso, os jurados deverão prestar um novo compromisso legal.

b) O jurado que participar de um julgamento poderá recusar-se a servir em outro julgamento no mesmo dia.

c) O julgamento será adiado se o acusado, solto, devidamente intimado para a sessão, não comparecer; ser-lhe-á decretada a prisão preventiva a fim de ele ser apresentado coercitivamente.

d) O conselho de sentença, ao ser sorteado, se limitará ao conhecimento do processo para o qual foi inicialmente formado.

*ANOTAÇÕES/COMENTÁRIOS*

(a, d) CPP. Art. 452. O mesmo Conselho de Sentença poderá conhecer de mais de um processo, no mesmo dia, se as partes o aceitarem, hipótese em que seus integrantes deverão prestar novo compromisso.

(b) CPP. Art. 436. O serviço do júri é obrigatório. O alistamento compreenderá os cidadãos maiores de 18 anos de notória idoneidade.

(c) CPP. Art. 457. O julgamento não será adiado pelo não comparecimento do acusado solto, do assistente ou do advogado do querelante, que tiver sido regularmente intimado. Se o direito de presença é um desdobramento da autodefesa, a qual é renunciável, conclui-se que o comparecimento do réu aos atos processuais, em princípio, é um direito, e não um dever (Manual de Processo Penal, Renato Brasileiro).

*Para responder, tem que estudar: lei.*

*Gabarito: A*

## 11.2. Dos Processos Especiais

**93. (Cespe/TJ/AC/Juiz/2012)** Vânia alega que Carlos, servidor público com curso superior, praticou contra ela o crime de extorsão, motivo pelo qual Carlos está sendo processado. Com base nessa situação hipotética, assinale a opção correta.

a) Caso seja preso, Carlos terá direito a prisão especial, que consiste no recolhimento em cela individual e transporte separado do preso comum, durante a prisão provisória e a definitiva.

b) Por expressa disposição legal, tanto Carlos quanto o chefe da repartição em que ele trabalha deverão ser notificados a respeito do dia designado para que Carlos compareça em juízo para a audiência referente ao processo.

c) Caso Carlos não constitua advogado particular, o juiz poderá nomear defensor ad hoc para defendê-lo e poderá arbitrar os honorários desse advogado, os quais Carlos não estará obrigado a pagar se a defesa técnica for deficiente.

d) De acordo com previsão legal, Vânia poderá, após a instauração do inquérito policial, habilitar-se como assistente de acusação, devendo, nessa hipótese, receber a causa no estado em que esta se encontrar, ainda que em fase de execução penal.

e) Sentença absolutória por ausência de prova da existência do fato impediria a propositura de ação civil indenizatória contra Carlos.

ANOTAÇÕES/COMENTÁRIOS

(a) CPP. Art. 295, VIII – Serão recolhidos a quartéis ou a prisão especial, à disposição da autoridade competente, quando sujeitos a prisão antes de condenação definitiva: VII – os diplomados por qualquer das faculdades superiores da República.

(b) CPP. Art. 359. O dia designado para funcionário público comparecer em juízo, como acusado, será notificado assim a ele como ao chefe de sua repartição.

(c) CPP. Art. 263, parágrafo único – Se o acusado não o tiver, ser-lhe-á nomeado defensor pelo juiz, ressalvado o seu direito de, a todo tempo, nomear outro de sua confiança, ou a si mesmo defender-se, caso tenha habilitação. Parágrafo único. O acusado, que não for pobre, será obrigado a pagar os honorários do defensor dativo, arbitrados pelo juiz.

(d) CPP. Art. 269. O assistente será admitido enquanto não passar em julgado a sentença e receberá a causa no estado em que se achar.

(e) CPP. Art. 66. Não obstante a sentença absolutória no juízo criminal, a ação civil poderá ser proposta quando não tiver sido, categoricamente, reconhecida a inexistência material do fato.

*Para responder, tem que estudar: lei.*

*Gabarito: B*

## 12. DAS NULIDADES E DOS RECURSOS EM GERAL

### 12.1. Das Nulidades

**94. (Cespe/TJ/BA/Juiz/2019)** Acerca de nulidades no processo penal, assinale a opção correta, de acordo com o entendimento dos tribunais superiores.

a) A incompetência rationae materiae é causa de nulidade absoluta e, por isso, os atos decisórios praticados por juiz incompetente não poderão ser ratificados.

b) A nulidade do julgamento de processo em órgão colegiado do qual tenha participado magistrado impedido dependerá da possibilidade de mudança no resultado do julgamento, com a subtração do voto desse magistrado.

c) A identificação de causa de suspeição de promotor de justiça implicará nulidade absoluta, razão pela qual a sua consequente alegação não é passível de preclusão.

d) A denúncia apresentada com ofensa ao princípio do promotor natural será nula e não poderá ser ratificada.

e) A formulação de perguntas pelo juiz com a inversão do rito previsto no art. 212 do CPP é causa de nulidade que independe da demonstração de prejuízo.

*ANOTAÇÕES/COMENTÁRIOS*

(a) Segundo variados julgados desta Corte, mesmo em caso de incompetência absoluta, é possível ao juízo que recebe os autos do processo ratificar ou não os atos decisórios e provas colhidas (STJ, RHC 76.745/RJ de 2017)

(b) A Terceira Seção deste Superior Tribunal de Justiça firmou a orientação segundo a qual o julgamento, proferido em órgão colegiado, do qual participou Desembargador impedido, não deve ser considerado nulo se o referido voto não foi determinante para o resultado. (STJ, HC 352.825/RS de 2016).

(c) Os documentos citados pelo impetrante, na exordial, são insuficientes para se afirmar que o Parquer designado, na época, estava impedido de atuar no presente feito, ou mesmo se havia motivos para se arguir a sua suspeição. 7. Ainda que houvesse motivos, a arguição não pode ser agora acolhida, porque formulada a destempo, tendo ocorrido, portanto, a preclusão, a teor do disposto no art. 571, V e VIII, do Código de Processo Penal, (STJ, HC 57.506/PA de 2010).

(d) Embora tenha sido a denúncia confeccionada por outro membro do Ministério Público Federal e protocolada somente cinco meses depois, foi aquela peça ratificada pelo Procurador da República que atualmente atua no processo (...) Inexistência de violação ao princípio do promotor natural, porque não vislumbrado, na espécie, o acusador de exceção. (STJ, RHC 69.801/RJ de 2016).

(d) A não observância da regra do art. 212 do CPP, por se tratar de nulidade relativa, exige a arguição no momento oportuno, sob pena de preclusão, bem assim a comprovação do alegado prejuízo, conforme o princípio do pas de nullité sans grief. (STJ, HC 472.118/SC de 2018).

*Para responder, tem que estudar: jurisprudência.*

*Gabarito: B*

**95. (Cespe/TJ/DFT/Juiz/2015)** Em relação à disciplina normativa e ao entendimento dos tribunais superiores acerca dos sujeitos da relação processual penal, assinale a opção correta.

a) Se ficar comprovado que o defensor agiu com desídia e que essa conduta foi determinante para a condenação do réu, a sentença poderá ser anulada.

b) Na ação penal privada personalíssima, caso o querelado recorra, o MP não terá legitimidade para interpor recurso contra sentença condenatória.

c) Se processos forem reunidos em razão da continência por concurso de pessoas, um corréu poderá atuar como assistente do MP no mesmo processo.

d) Conforme entendimento do STJ, o MP tem competência para aplicar medida socioeducativa a adolescente que tenha praticado ato infracional.

e) Caso não se tenha habilitado como assistente de acusação até a prolação da sentença no tribunal do júri, a vítima ficará impedida de interpor recurso, ainda que o MP não recorra da sentença absolutória.

**ANOTAÇÕES/COMENTÁRIOS**

(a) A desídia do Defensor, a acarretar a perda do prazo recursal, é hipótese de nulidade absoluta por cerceamento de defesa, tratando-se de matéria de ordem pública. Inviável perquirir, na via eleita, se o entorpecente apreendido pela polícia, na posse do paciente, destinava-se a seu uso, quando afirmado pelo Tribunal juízo contrário (STJ, HC 37.368).

(b) Ação penal privada personalíssima: são raras as espécies de crimes subordinados a esta espécie de ação penal privada. Na verdade, subsiste apenas o crime de induzimento a erro essencial e ocultação de impedimento (CP, art. 236, parágrafo único), já que o adultério foi revogado pela Lei 11.106/05. Diferencia-se da hipótese anterior porque a queixa só pode ser oferecida pelo próprio ofendido, sendo incabível a sucessão processual (Manual de Processo Penal. Renato Brasileiro). O MP não pode recorrer no lugar do querelante nas ação privada exclusiva ou personalíssima, pois, nesses casos, a legitimidade é exclusiva do autor da ação. De outro lado, pode o MP recorrer em favor do querelado (Direito Processual Penal Esquematizado. Alexandre Cebrian Araújo Reis e Victor Eduardo Rios Gonçalves).

(c) CPP. Art. 270. O corréu no mesmo processo não poderá intervir como assistente do Ministério Público.

(d) STJ. Súmula 108: "A aplicação de medidas socioeducativas ao adolescente, pela prática de ato infracional, é da competência exclusiva do juiz".

(e) CPP. Art. 598. Nos crimes de competência do Tribunal do Júri, ou do juiz singular, de da sentença não for interposta apelação pelo Ministério Público no prazo legal, o ofendido ou qualquer das pessoas enumeradas no art. 31, ainda que não se tenha habilitado como assistente, poderá interpor apelação, que não terá, porém, efeito suspensivo.

*Para responder, tem que estudar: lei, jurisprudência, súmula/OJ e teoria/doutrina.*

*Gabarito: A*

BLOCO II

**96. (Cespe/TJ/PB/Juiz/2015)** A respeito de nulidades, assinale a opção correta à luz da jurisprudência do STF e do STJ.

a) Haverá nulidade absoluta no caso de ações penais referentes a crimes praticados por funcionários públicos contra a administração pública instruídas por inquérito policial, caso o juízo não permita ao denunciado apresentar resposta preliminar antes do recebimento da peça acusatória.

b) O cerceamento de defesa resultante da rejeição, por parte do juízo, de pedido de réu preso para ser entrevistado por defensor público para subsidiar a elaboração da resposta à acusação acarreta nulidade processual.

c) No processo penal, a falta e a deficiência de defesa constituem nulidade processual absoluta; portanto, o prejuízo é presumido e independe de prova.

d) A ausência de intimação do acusado para apresentar contrarrazões ao recurso interposto da rejeição da denúncia constitui nulidade que não pode ser suprida pelo juízo por meio de nomeação de defensor dativo.

e) A decisão que determina o desaforamento do processo da competência do tribunal do júri sem audiência da defesa caracteriza mera irregularidade.

ANOTAÇÕES/COMENTÁRIOS

(a) STJ. Súmula 330: "É desnecessária a resposta preliminar de que trata o art. 514 do Código de Processo Penal – CPP, na ação instruída por inquérito policial". No âmbito do STF, entende-se que é indispensável a defesa preliminar nas hipóteses do art. 514 do Código de Processo Penal, mesmo quando a denúncia é lastreada em inquérito policial, já que a finalidade precípua dessa defesa é a de evitar a propositura de ações penais temerárias contra funcionários públicos. (.) De todo o modo, cabe ressaltar que ambas as Cortes Superiores – STF e STJ – compreendem que a nulidade eventualmente configurada em razão da falta de notificação para defesa preliminar é relativa, devendo ser arguida tempestivamente (Processo Penal Esquematizado. Norberto Avena).

(b) Não há no Código de Processo Penal qualquer exigência no sentido de que o réu seja intimado para entrevista pessoal com o defensor público ou para preencher formulário disponibilizado pelo órgão de assistência judiciária antes do oferecimento da resposta à acusação, sendo que o artigo 185 do referido diploma legal apenas garante ao acusado preso o direito à prévia entrevista pessoal com o seu defensor antes da realização do interrogatório ou de outros atos processuais que dependam da sua participação (STJ, HC 368.479).

(c) STF. Súmula 532: "No processo penal, a falta de defesa constitui nulidade absoluta, mas a sua deficiência só o anulará se houver prova de prejuízo para o réu"

(d) STF. Súmula 797: "Constitui nulidade a falta de intimação do denunciado para oferecer contrarrazões ao recurso interposto da rejeição da denúncia, não a suprindo a nomeação de defensor dativo"

(e) STF. Súmula 712: "É nula a decisão que determina o desaforamento de processo da competência do júri sem audiência da defesa"

*Para responder, tem que estudar: jurisprudência, súmula/OJ e teoria/doutrina.*

*Gabarito: D*

**97. (Cespe/TJ/PR/Juiz/2017)** Tendo em vista que a nulidade no processo penal pode ser definida como um defeito jurídico que torna inválido ou destituído de valor jurídico um ato ou o processo, assinale a opção correta de acordo com a legislação processual penal brasileira e com o entendimento dos tribunais superiores acerca dos efeitos e extensão dos atos praticados em desconformidade com o modelo legal.

a) O tribunal poderá reconhecer, de ofício, nulidade em prejuízo do réu, ainda que ela não tenha sido arguida no recurso da acusação.

b) O STF e o STJ orientam-se no sentido de que não se conhece de recurso sem a assinatura do advogado, por se tratar de ato juridicamente inexistente.

c) De acordo com entendimento do STF, serão nulas as provas obtidas por meio de interceptação telefônica, quando não for demonstrado o esgotamento de outros meios de investigação.

d) De acordo com o STF, devido ao princípio da não convalidação de atos nulos, irregularidades do inquérito repercutem na ação penal, podendo ser proclamada a nulidade do processo.

ANOTAÇÕES/COMENTÁRIOS

(a) STF. Súmula 160: "É nula a decisão do Tribunal que acolhe, contra o réu, nulidade não arguida no recurso da acusação, ressalvados os casos de recurso de ofício"

(b) STJ. Súmula 115: "Na instância especial é inexistente recurso interposto por advogado sem procuração nos autos". É o entendimento do STJ, sob a égide do CPC/73, no sentido de que, na instância especial, não se conhece de recurso cuja petição não contenha a assinatura do advogado (STJ, AgInt no AREsp 954.469). Tal posição restou superada pelo art. 932, parágrafo único do NCPC – Antes de considerar inadmissível o recurso, o relator concederá o prazo de 5 (cinco) dias ao recorrente para que seja sanado vício ou complementada a documentação exigível.

(c) Não procede a tese de nulidade das interceptações telefônicas levadas a cabo por não ter havido o esgotamento prévio de todas as possibilidades de produção da prova na espécie (STF, HC 128.650).

(d) A suspeição de autoridade policial não é motivo de nulidade do processo, pois o inquérito é mera peça informativa, de que se serve o Ministério Público para o início da ação penal. Assim, é inviável a anulação do processo penal por alegada irregularidade do inquérito, pois, segundo jurisprudência firmada no STF, as nulidades processuais estão relacionadas apenas a defeitos de ordem jurídica pelos quais são afetados os atos praticados ao longo da ação penal condenatória (STF, RHC 131.450).

*Para responder, tem que estudar: jurisprudência e súmula/OJ.*

*Gabarito: B*

## 12.2. Dos Recursos em Geral

### *12.2.1. Disposições Gerais*

**98. (Cespe/TJ/BA/Juiz/2019)** Assinale a opção correta, acerca de recursos no processo penal.

a) Em razão do princípio da voluntariedade, havendo conflito entre a manifestação do acusado e a de seu defensor a respeito da interposição de recurso, deverá prevalecer a vontade do réu.

b) Em caso de inércia do MP, o assistente de acusação não terá legitimidade para interpor recurso de apelação.

c) Em razão do princípio da voluntariedade dos recursos, o defensor dativo regularmente intimado não estará obrigado a recorrer.

d) O termo inicial para a interposição de recurso pelo MP é a data de prolação da sentença em audiência em que haja promotor de justiça presente.

e) Determinado órgão do MP não terá interesse na interposição de apelação contra sentença absolutória quando outro órgão, em alegações finais, tiver se manifestado pela absolvição do réu.

ANOTAÇÕES/COMENTÁRIOS

(a) Havendo discordância sobre a conveniência da interposição de recurso, deve prevalecer a manifestação de vontade de quem optar por sua apresentação, quer provenha da defesa técnica ou da autodefesa (STJ, HC 162.071/SP de 2012).

(b) Embora o assistente de acusação receba o processo no estado em que se encontra, o fato de o órgão ministerial não haver recorrido da decisão que absolveu o recorrente não impede que o ofendido o faça, ainda que não esteja habilitado nos autos. (STJ, RHC 85.526/DF de 2019).

(c) Defensor dativo e o réu intimados pessoalmente da sentença condenatória e não manifestaram a pretensão de recorrer. Aplicação da regra processual da voluntariedade dos recursos, insculpida no art. 574, caput, do Código de Processo Penal, segundo a qual não está obrigado o defensor público ou dativo, devidamente intimado, a recorrer (STJ, HC 121.050/SP de 2013).

(d) O termo inicial da contagem do prazo para impugnar decisão judicial é, para o Ministério Público, a data da entrega dos autos na repartição administrativa do órgão, sendo irrelevante que a intimação pessoal tenha se dado em audiência, em cartório ou por mandado. (STJ, RESP 1.349.935/SE de 2017).

(d) A circunstância de o promotor público, com atuação no processo, na fase das alegações finais, ter formulado pedido de absolvição, o qual foi acolhido na sentença não impede que um outro membro do Parquet interponha recurso pugnando para que se preserve a acusação inicial. (STJ, AgRg no Ag 1.322.990/SE de 2010).

*Para responder, tem que estudar: jurisprudência.*

*Gabarito: C*

**99. (Cespe/TJ/BA/Juiz/2012)** Assinale a opção correta no que se refere aos recursos em geral, ao "habeas corpus" e a seu processo.

a) Tratando-se de decisão que vulnere direito fundamental, é cabível "habeas corpus" em processo em curso por infração penal a que a pena pecuniária seja a única cominada.

b) O magistrado, antes de determinar, no prazo de dois dias, o envio do recurso de apelação, deve realizar juízo de retratação.

c) Em observância ao princípio da ampla defesa, o defensor público, intimado de decisão desfavorável ao réu, deve recorrer dessa decisão no prazo legal.

d) O tribunal, câmara ou turma, no julgamento das apelações, não pode proceder à produção de provas nem a novo interrogatório do réu.

e) O órgão julgador de segunda instância não pode reconhecer, de ofício, nulidade não invocada no recurso da acusação, ainda que de caráter absoluto, em desfavor do réu.

ANOTAÇÕES/COMENTÁRIOS

(a) STF. Súmula 693: "Não cabe habeas corpus contra decisão condenatória a pena de multa, ou relativo a processo em curso por infração penal a que a pena pecuniária seja a única cominada".

(b) A apelação possui efeito devolutivo, pois devolve a matéria já decidida a reexame pelo órgão competente. Quanto ao efeito regressivo (juízo de retratação), a apelação não o possui, jamais permitindo ao juiz voltar atrás na sentença recorrida, ao contrário do que ocorre com o recurso em sentido estrito e com o agravo em execução (Processo Penal Esquematizado. Norberto Avena).

(c) A existência de um recurso está condicionada à manifestação da vontade da parte, que demonstra seu interesse de recorrer com a interposição do recurso. (...). Aliás, mesmo nas hipóteses de atuação de defensor público ou dativo, prevalece o princípio da voluntariedade dos recursos, o que leva à conclusão de que a falta de interposição de apelo em ataque à decisão contrária aos interesses do acusado, por si só, não acarreta nulidade. Cabe, portanto, ao defensor dativo, constituído ou nomeado, julgar sobre a conveniência (ou não) da interposição do recurso (Manual de Processo Penal. Renato Brasileiro).

(d) CPP. Art. 616. No julgamento das apelações poderá o tribunal, câmara ou turma proceder a novo interrogatório do acusado, reinquirir testemunhas ou determinar outras diligências.

(e) STF. Súmula 160: "É nula a decisão do Tribunal que acolhe, contra o réu, nulidade não arguida no recurso da acusação, ressalvados os casos de recurso de ofício".

*Para responder, tem que estudar: lei, súmula/OJ e teoria/doutrina.*

*Gabarito: E*

**100. (Cespe/TJ/PA/Juiz/2012)** Assinale a opção correta acerca do recurso de agravo no âmbito do direito processual penal.

a) É pacífica a jurisprudência do STJ no sentido de que é permitida a inovação em sede de agravo regimental de matéria não suscitada nas razões do recurso especial ou do agravo de instrumento interposto com a finalidade de dar seguimento a esse recurso (recurso especial).

b) No âmbito do STJ, da decisão do presidente do tribunal, de seção, de turma ou da decisão de relator que causar gravame à parte cabe agravo para o órgão especial, no prazo de dez dias.

c) São incabíveis embargos de divergência contra acórdão que, em agravo regimental, decida recurso especial, podendo ser manejado o recurso extraordinário, desde que preenchidos seus requisitos no caso concreto.

d) É aplicável o princípio da fungibilidade no âmbito das execuções penais caso o recurso cabível seja o agravo em execução, e o incidente de desvio de execução seja manejado junto ao tribunal competente.

e) O "habeas corpus" não pode ser utilizado em substituição ao agravo em execução, ainda que a questão controvertida não exija aprofundado exame de material fático-probatório e haja possibilidade de lesão ao direito de locomoção do paciente.

**ANOTAÇÕES/COMENTÁRIOS**

(a) Descabe a análise de suposta contradição ocorrida no acórdão proferido pelo Tribunal de origem, quanto tal contradição não foi apontada no recurso especial interposto (STJ, AgRg no REsp 748.624).

(b) Lei 8.038. Art. 39. Da decisão do Presidente do Tribunal, de Seção, de Turma ou de relator que causar gravame à parte, caberá agravo para o órgão especial, Seção ou Turma, conforme o caso, no prazo de cinco dias.

(c) STJ. Súmula 316: "Cabem embargos de divergência contra acórdão que, em agravo regimental, decide recurso especial".

(d) Evidenciada a ausência de erro grosseiro, torna-se admissível a aplicação do Princípio da Fungibilidade. Embargos de declaração que merecem ser acolhidos, com efeito infringente, para que seja provido o recurso interposto, cassando-se o acórdão recorrido, determinando-se que o Tribunal de Justiça do Distrito Federal e Territórios, aplicando o Princípio da Fungibilidade, conheça do incidente de desvio de execução como agravo em execução e proceda ao devido julgamento da irresignação (STJ, EDcl no REsp 440.315).

(e) Apesar de ser o agravo o recurso próprio cabível contra decisão que resolve incidente em execução, não há óbice ao manejo do habeas corpus quando a análise da legalidade do ato coator prescindir do exame aprofundado de provas, como no caso (STJ, HC 60.082).

*Para responder, tem que estudar: lei, jurisprudência e súmula/OJ.*

*Gabarito: D*

**101. (Cespe/TJ/PR/Juiz/2017)** Pedro e Maria praticaram, em concurso, o crime de lesão corporal seguida de morte. Pedro foi preso em flagrante delito e Maria, por ser a mandante e não estar na cena do crime, e por estarem ausentes os requisitos da prisão preventiva, respondeu o processo em liberdade. Ambos foram condenados na instância "a quo": Pedro, a dez anos de reclusão; Maria, a onze anos e seis meses de reclusão em regime inicial fechado. Apenas Maria recorreu. Nessa situação hipotética, a decisão do recurso interposto por Maria

a) aproveitará a Pedro, desde que, no caso, os motivos fundantes do concurso de agentes não sejam de caráter exclusivamente pessoal.
b) não aproveitará a Pedro, mesmo que seja benéfica, porque a pena deste foi menor que a aplicada a Maria.
c) não será estendida a Pedro em razão do trânsito em julgado da sentença em relação a este.
d) aproveitará a Pedro, desde que, de qualquer forma, seja benéfica à recorrente.

ANOTAÇÕES/COMENTÁRIOS

(a, b, c, d, e) CPP. Art. 580. No caso de concurso de agentes (Código Penal, art. 25), a decisão do recurso interposto por um dos réus, se fundado em motivos que não sejam de caráter exclusivamente pessoal, aproveitará aos outros.

*Para responder, tem que estudar: lei.*

*Gabarito: A*

### *12.2.2. Do Recurso em Sentido Estrito*

**102. (Cespe/TJ/ES/Juiz/2011)** Assinale a opção correta acerca do recurso em sentido estrito.

a) Contra a decisão do juízo monocrático que rejeite a exceção de incompetência cabe recurso em sentido estrito, não podendo, assim, a decisão ser confrontada por meio de "habeas corpus", que não é instrumento substitutivo de recurso.
b) Não se admite interpretação extensiva ou analógica às hipóteses de cabimento de recurso em sentido estrito, ainda que a situação a que se busca enquadrá-la tenha similitude com as hipóteses descritas taxativamente no Código de Processo Penal.
c) Segundo a jurisprudência dos tribunais superiores, ainda que a defesa esteja sendo patrocinada por advogado constituído, a intimação para o julgamento do recurso em sentido estrito deve ser feita pessoalmente.
d) Assim como ocorre no recurso de apelação criminal, o recurso em sentido estrito tem efeito devolutivo amplo, na medida em que sua análise pelo órgão recursal competente não se restringe aos temas debatidos no primeiro grau de jurisdição.
e) A decisão de desclassificação de delito de competência do tribunal do júri é equivalente ao reconhecimento de incompetência do juízo, sendo, dessa forma, impugnável por recurso em sentido estrito.

## ANOTAÇÕES/COMENTÁRIOS

(a) Contra a decisão do juízo monocrático que rejeita a exceção de incompetência, não cabe recurso em sentido estrito, podendo, então, o édito ser confrontado por meio de habeas corpus, se presentes os seus requisitos, ou suscitada a questão nos autos, em preliminar, conforme ocorreu in casu (STJ, HC 162.176).

(b) Parte minoritária da doutrina sustenta que a enumeração das hipóteses de cabimento do recurso em sentido estrito prevista no art. 581 é taxativa, não admitindo ampliação para contemplar outras hipóteses. Prevalece, no entanto, o entendimento no sentido da possibilidade de interpretação extensiva das hipóteses de cabimento do recurso em sentido estrito (Manual de Processo Penal. Renato Brasileiro).

(c) Ocorre nulidade, por cerceamento de defesa, se os advogados constituídos pela recorrente não foram intimados da sessão de julgamento do recurso em sentido estrito, seja pessoalmente, seja via imprensa oficial (STJ, REsp 878.480).

(d) A extensão (ou dimensão horizontal) da devolução é fixada a partir da matéria impugnada pelo recorrente, podendo o recurso ser total ou parcial. O conhecimento do Tribunal encontra-se condicionado, portanto, à matéria impugnada pelo recorrente. Se o recurso for total, todas as questões poderão ser objeto de reexame. Lado outro, se o recurso for parcial, a análise do Tribunal só terá por objeto a matéria impugnada pelo recorrente. (...). Logo, se determinada matéria capaz de prejudicar a situação jurídica do acusado não for expressamente impugnada no recurso da acusação, (...). ao Tribunal não será permitido apreciá-la (Manual de Processo Penal. Renato Brasileiro). Como todo e qualquer recurso, o recurso em sentido estrito é dotado de efeito devolutivo, transferindo o conhecimento da matéria impugnada ao Poder Judiciário, objetivando a reforma, invalidação, a integração ou o esclarecimento da decisão impugnada (Manual de Processo Penal. Renato Brasileiro).

(e) Caso o juiz decline de ofício de sua competência, ambas as partes estão legitimadas a interpor recurso em sentido estrito previsto no art. 581, II, do CPP. Provocado acerca de sua incompetência no curso do processo penal, o recurso cabível contra a decisão que concluir pela incompetência do juízo também será o recurso em sentido estrito (CPP, art. 581, II). Nesse inciso se enquadra o recurso em sentido estrito contra a decisão que desclassifica a infração penal na 1ª fase do procedimento do júri (CPP, art. 419), por exemplo, de tentativa de homicídio para lesão corporal. Afinal, ao desclassificar a imputação para crime que não doloso contra a vida, é evidente que o juiz sumariante está concluindo, de ofício, pela incompetência do Tribunal do Júri, razão pela qual a via impugnativa adequada contra essa decisão será o RESE do art. 581, II (Manual de Processo Penal. Renato Brasileiro).

*Para responder, tem que estudar: jurisprudência e teoria/doutrina.*

*Gabarito: E*

### *12.2.3. Da Apelação*

**103. (Cespe/TJ/DFT/Juiz/2015)** A respeito do processo e do procedimento nos crimes de competência do juiz singular e do tribunal do júri, assinale a opção correta.

a) No caso de citação por hora certa, a contagem do prazo para apresentação de defesa inicia-se na data da juntada do mandado de citação ou na data da carta precatória ou de ordem.

b) Nos crimes de competência do juiz singular, caso a citação seja realizada por edital e o acusado não compareça nem constitua advogado, o juiz deverá nomear defensor dativo para apresentar defesa no prazo de dez dias.

c) Se for provido o recurso de apelação interposto contra sentença do tribunal do júri que aplicou pena excessiva, o tribunal de apelação deverá retificar a pena.

d) A nulidade de sentença do tribunal do júri por falta de quesito obrigatório deve ser suscitada pela defesa no momento de formação dos quesitos; não o fazendo, incidirá a preclusão.

e) Se, em resposta aos quesitos, os jurados reconhecerem, por unanimidade, que o acusado teve a intenção de roubar e não de matar, o juiz presidente deverá desclassificar a conduta, dissolver o júri e remeter os autos ao juízo singular.

**ANOTAÇÕES/COMENTÁRIOS**

(a) STF. Súmula 710: "No processo penal, contam-se os prazos da data da intimação, e não da juntada aos autos do mandado ou da carta precatória ou de ordem"

(b) CPP. Art. 366. Se o acusado, citado por edital, não comparecer, nem constituir advogado, ficarão suspensos o processo e o curso do prazo prescricional, podendo o juiz determinar a produção antecipada das provas consideradas urgentes e, se for o caso, decretar a prisão preventiva, nos termos do disposto no art. 312.

(c) CPP. Art. 593, § 2º Caberá apelação no prazo de 5 (cinco) dias: III – das decisões do Tribunal do Júri, quando: c) houver erro ou injustiça no tocante à aplicação da pena ou da medida de segurança; § 2º Interposta a apelação com fundamento no III, c, deste artigo, o tribunal ad quem, se lhe der provimento retificará a aplicação da pena ou da medida de segurança

(d) STF. Súmula 156: "É absoluta a nulidade do julgamento, pelo Júri, por falta de quesito obrigatório"

(e) CPP. Art. 74, § 3º A competência pela natureza da infração será regulada pelas leis de organização judiciária, salvo a competência privativa do Tribunal do Júri. § 3º Se o juiz da pronúncia desclassificar a infração para outra atribuída à competência de juiz singular, observar-se-á o disposto no art. 410; mas, se a desclassificação for feita pelo próprio Tribunal do Júri, a ser presidente caberá proferir sentença.

*Para responder, tem que estudar: lei e súmula/OJ.*

*Gabarito: C*

**104. (Cespe/TJ/DFT/Juiz/2014)** No que concerne aos modelos de investigação criminal, às provas, ao princípio da identidade física do juiz e à apelação, assinale a opção correta de acordo com o entendimento do STJ.

a) De acordo com o método inquisitório para a produção dos elementos probatórios, a cada uma das partes é permitido apresentar provas contrárias às do adversário, enriquecendo-se o material probatório à disposição do juiz e aumentando-se a base cognitiva para o estabelecimento da verdade sobre os fatos.

b) O reconhecimento fotográfico desacompanhado de outras provas justifica o regular processamento da ação penal e pode servir de elemento de convicção do juiz.

c) O efeito devolutivo da apelação encontra limites nas razões expostas pelo recorrente, em respeito ao princípio da dialeticidade que rege os recursos previstos no âmbito do processo penal pátrio.

d) Em respeito ao princípio da identidade física do juiz, consagrado no sistema processual penal pátrio, deve-se aguardar o retorno do magistrado que esteja gozando férias, para o prosseguimento do julgamento da ação penal, devendo a sentença ser proferida pelo magistrado que tenha participado da produção das provas durante o processo criminal, inadmitindo-se que juiz diverso o faça.

e) O CPP inadmite que elementos informativos da investigação possam servir de fundamento ao juízo sobre os fatos, ainda que existam provas produzidas em contraditório judicial.

ANOTAÇÕES/COMENTÁRIOS

(a) Sobre o sistema inquisitório discorre Renato Brasileiro: Em virtude dessa concentração de poderes nas mãos do juiz, não há falar em contraditório, o qual nem sequer seria concebível em virtude da falta de contraposição entre acusação e defesa (Manual de Processo Penal. Renato Brasileiro).

(b) Para embasar a denúncia oferecida, é possível a utilização do reconhecimento fotográfico realizada na fase policial, desde que este não seja utilizado de forma isolada e esteja em consonância com os demais elementos probatórios constantes dos autos (STJ, HC 238.577).

(c) O efeito devolutivo do recurso de apelação criminal encontra limites nas razões expostas pelo recorrente, em respeito ao princípio da dialeticidade que rege os recursos no âmbito processual penal pátrio, por meio do qual se permite o exercício do contraditório pela parte que defende os interesses adversos, garantindo-se, assim, o respeito à cláusula constitucional do devido processo legal (STJ, HC 213.857). A assertiva tida como correta deve ser lida com cautela, pois é cópia literal de trecho de julgado que vai de encontro à Súmula 713, STF: "O efeito devolutivo da apelação contra decisões do júri é adstrito aos fundamentos da sua interposição".

(d) O princípio da identidade física do juiz coaduna-se com a ideia de concentração de atos processuais. Todavia, as diversas intercorrências que sobrevêm no curso do procedimento, por vezes, fazem com que o deslinde da ação penal não se efetue na audiência uma. Desta forma, a fim de resguardar o sistema, é imperiosa aplicação analógica do artigo 132 do Código de Processo Civil, que autoriza, nos casos de afastamento (por exemplo as férias – artigo 102, I, da Lei 8,112/1990, o que aconteceu no caso concreto (STJ, HC 195.834).

(e) CPP. Art. 155. O juiz formará sua convicção pela livre apreciação da prova produzida em contraditório judicial, não podendo fundamentar sua decisão exclusivamente nos elementos informativos colhidos na investigação, ressalvadas as provas cautelares, não repetíveis e antecipadas.

*Para responder, tem que estudar: lei, jurisprudência e teoria/doutrina.*

*Gabarito: C*

### 12.2.4. Da Revisão

**105. (Cespe/TJ/AM/Juiz/2016)** O tribunal do júri condenou à pena de sete anos de reclusão em regime fechado réu acusado da prática de homicídio simples. Em apelação, o tribunal de justiça negou provimento ao recurso apresentado pela defesa. A condenação transitou em julgado. Ainda inconformado, o condenado pediu o ajuizamento de revisão criminal em seu favor, requerendo sua absolvição, sob o argumento de que a sentença condenatória contrariou a



BLOCO II

evidência dos autos. Com base na lei processual penal e na jurisprudência dominante dos tribunais superiores, assinale a opção correta acerca da situação hipotética apresentada e de aspectos a ela relacionados.

a) Se o acórdão da revisão criminal reconhecer que a sentença condenatória foi contrária à evidência dos autos, deverá ser realizado novo julgamento do condenado pelo tribunal do júri.
b) Nos processos oriundos do tribunal do júri, não é admitida revisão criminal com fundamento na contrariedade da sentença à evidência dos autos, uma vez que os jurados decidem conforme suas consciências.
c) Em respeito ao princípio constitucional da soberania dos veredictos, decisão na referida revisão criminal não poderá absolver o condenado: a absolvição contrariaria a decisão dos jurados.
d) Eventual decisão favorável na referida revisão criminal poderá apenas reduzir a pena aplicada e alterar o regime inicial de seu cumprimento, que são aspectos definidos pelo juiz na sentença.
e) O acórdão na referida revisão criminal poderá alterar a decisão dos jurados e determinar a absolvição do condenado caso a sentença condenatória tenha sido, de fato, contrária à evidência dos autos.

ANOTAÇÕES/COMENTÁRIOS

**(a, b, c, d, e) Há consenso na doutrina acerca do cabimento de revisão criminal contra decisões do júri, porquanto a soberania dos veredictos foi instituída como garantia do acusado (Manual de Processo Penal, Renato Brasileiro). É possível, em sede de revisão criminal, a absolvição, por parte do Tribunal de Justiça, de réu condenado pelo Tribunal do Júri (STJ, REsp 964.978). A posição exemplificada no julgado é prevalente nos Tribunais Superiores, embora exista divergência doutrinária, que sustenta que a soberania dos veredictos impede a realização de juízo rescisório.**

***Para responder, tem que estudar: jurisprudência e teoria/doutrina.***

*Gabarito: E*

**106. (Cespe/TJ/DFT/Juiz/2016)** Acerca de recursos, à luz das previsões legais, assinale a opção correta.

a) A desistência do recurso de apelação requerida pelo MP só será homologada caso haja concordância da parte recorrida, antes do trânsito em julgado do resultado do recurso.
b) O MP, como titular da ação penal pública, tem legitimidade para interpor recurso de apelação no prazo de cinco dias, quando o juiz de primeiro grau julgar a prescrição de determinado crime.
c) A revisão criminal poderá ser requerida a qualquer momento, inclusive depois de extinta a pena em decorrência de seu cumprimento.

d) O prazo do recurso de reclamação é de cinco dias, contado da data de ciência do ato, sendo vedado o pedido de reconsideração.

e) No caso de concurso de agentes, a decisão favorável ao recurso interposto por um dos réus, que vise à redução de prazo prescricional pela metade, a despeito da comprovação, nos autos, de que o recorrente tinha dezoito anos de idade na data do fato, deverá estender seus efeitos ao outro réu, maior de dezoito anos, ainda que ele não tenha recorrido.

ANOTAÇÕES/COMENTÁRIOS

(a) CPP. Art. 576. O Ministério Público não poderá desistir de recurso que haja interposto.

(b) CPP. Art. 581, VIII – Caberá recurso, no sentido estrito, da decisão, despacho ou sentença: VIII – que decretar a prescrição ou julgar, por outro modo, extinta a punibilidade. O recurso em sentido estrito previsto neste inciso tem aplicação residual, sendo utilizável apenas na hipótese em que a extinção da punibilidade não tenha ocorrido no corpo da sentença ou no âmbito da Vara de Execuções Criminais (Processo Penal Esquematizado, Norberto Avena).

(c) CPP. Art. 622. A revisão poderá ser requerida em qualquer tempo, antes da extinção da pena ou após.

(d) A reclamação constitucional é o meio de impugnação destinado a assegurar que decisões desses tribunais sejam acatadas, ou seja, que seus fundamentos sejam considerados pelos órgãos de jurisdição inferior. Súmula 734 do STF reza que 'Não cabe reclamação quando já houver transitado em julgado o ato judicial que se alega tenha desrespeitado decisão do STF'. Ela deve ser interposta por petição, sem prazo expresso em lei para tanto, dirigida ao Presidente do Tribunal

(e) CPP. Art. 580. No caso de concurso de agentes (Código Penal, art. 25), a decisão do recurso interposto por um dos réus, se fundado em motivos que não sejam de caráter exclusivamente pessoal, aproveitará aos outros. A idade é um motivo de caráter exclusivamente pessoal e, portanto, não aproveita ao corréu (Sinopses para Concursos, Processo Penal – Tomo II, Leonardo Barreto Moreira Alves).

*Para responder, tem que estudar: lei e teoria/doutrina.*

*Gabarito: C*



**107. (Cespe/TJ/PB/Juiz/2015)** São ações autônomas de impugnação na esfera criminal:

a) o mandado de segurança e o agravo em execução.

b) a apelação e o mandado de segurança.

c) o recurso em sentido estrito e o "habeas corpus".

d) os embargos de declaração e a carta testemunhável.

e) a revisão criminal e o "habeas corpus".

ANOTAÇÕES/COMENTÁRIOS

(a) Trata-se, o mandado de segurança, de ação autônoma de impugnação de natureza cível, com status constitucional (Manual de Processo Penal, Renato Brasileiro). De acordo com o art. 197 da Lei de Execução Penal (Lei 7.210/84), das decisões proferidas pelo juiz caberá recurso de agravo, sem efeito suspensivo. Portanto, tratando-se de decisão proferida pelo juízo das execuções, o recurso adequado será o agravo em execução (Manual de Processo Penal, Renato Brasileiro).

(b) A apelação é tratada pela doutrina como recurso ordinário por excelência, já que consiste na impugnação de efeito devolutivo mais amplo (Manual de Processo Penal, Renato Brasileiro). Sobre a natureza jurídica do mandado de segurança vide item (a).

(c) Cuida-se de modalidade de recurso (o recurso em sentido estrito) que se dirige, tão somente, contra decisão de juiz singular (Manual de Processo Penal, Renato Brasileiro). O Código de Processo Penal trata o habeas corpus como recurso: o Capítulo X, que cuida do Habeas Corpus e seu processo encontra-se inserido no Título II, que versa sobre os Recursos em geral, o qual faz parte do Livro III do CPP, referente às Nulidades e Recursos em geral. Apesar de sua localização topográfica no CPP, o habeas corpus não tem natureza jurídica de recurso. (...). Se o habeas corpus não é um recurso, no sentido técnico da expressão, qual é, então, sua natureza jurídica? Doutrina e jurisprudência são uníssonas em afirmar que o habeas corpus funciona como verdadeira ação autônoma de impugnação, de natureza constitucional, vocacionada à tutela da liberdade de locomoção (Manual de Processo Penal, Renato Brasileiro).

(d) No tocante aos efeitos em relação aos prazos dos demais recursos, prevalece o entendimento de que, diante do silêncio do CPP acerca do assunto, aplica-se subsidiariamente o Código de Processo Civil, que prevê que a interposição dos embargos de declaração interrompem o prazo para o recurso cabível (Manual de Processo Penal, Renato Brasileiro). Portanto, a carta testemunhável deve ser utilizada de maneira residual, subsidiária. Em outras palavras, a carta testemunhável será cabível apenas na hipótese de ausência de previsão legal de outro recurso adequado contra a decisão de não recebimento ou não seguimento do recurso (Manual de Processo Penal, Renato Brasileiro).

(e) De modo semelhante ao que ocorre com o habeas corpus, a revisão criminal também vem prevista no CPP no capítulo que trata dos recursos em geral. Porém, é firme o entendimento no sentido de que não se trata de um recurso, mas sim de uma ação autônoma de impugnação (Manual de Processo Penal, Renato Brasileiro). Sobre a natureza jurídica do habeas corpus vide item (c).

*Para responder, tem que estudar: teoria/doutrina.*

*Gabarito: E*

**108. (Cespe/TJ/DFT/Juiz/2014)** No que se refere à revisão criminal e à competência do TJDFT em matéria criminal, assinale a opção correta.

a) Considere que a segunda turma criminal do TJDFT confirme a condenação e o regime inicial fechado para o cumprimento da pena de determinado réu, embora tenha reduzido a pena a ele imputada. Nessa hipótese, caso seja impetrado "habeas corpus", o próprio TJDFT deterá a competência para o julgamento do writ.
b) Em geral, o STF e o STJ admitem o uso do "habeas corpus" como substitutivo da revisão criminal.
c) Por meio da revisão criminal, cria-se uma terceira instância de julgamento, com oportunidade de reapreciação de decisão transitada em julgado.
d) A revisão criminal é, por natureza, ação rescisória de competência originária do segundo grau de jurisdição, que visa reexaminar decisão condenatória transitada em julgado em que haja vício de procedimento ou de julgamento.
e) A competência originária do TJDFT comporta a possibilidade de ser estendida a situações que extravasem os limites fixados pela LODF.

ANOTAÇÕES/COMENTÁRIOS

(a, d) Ao contrário do habeas corpus, em que a competência para o processo e julgamento recai sobre o Tribunal imediatamente superior (v.g., habeas corpus contra decisão do TRF/3ª Região deve ser processado e julgado perante o STJ), compete ao próprio Tribunal julgar as revisões criminais de seus julgados, assim como aquelas pertinentes a decisões oriundas de juízes a ele subordinados. (...). Para fins de fixação da competência dos Tribunais Superiores para o processo e julgamento da revisão criminal, é essencial verificar se eventuais recursos extraordinários (RE e REsp) foram conhecidos e se o fundamento da revisão criminal coincide com a questão apreciada no âmbito dos referidos recursos (Manual de Processo Penal. Renato Brasileiro).

(b) Na esteira dos recentes precedentes do STF e desta Corte Superior de Justiça, é incabível o habeas corpus substitutivo de revisão criminal (STJ, HC 235.726).

(c) Não se trata de criar, por meio da revisão, uma terceira instância de julgamento, com nova oportunidade de reapreciação de decisão transitada em julgado (TJDF. Revisão Criminal 20130020301885).

(e) A competência originária do TJDF submete-se a um regime estrito e, portanto, não comporta a possibilidade de ser estendida a situações que extravasem os limites fixados, em "numerus clausus", pela lei orgânica do Distrito Federal (art. 61, parágrafo 1º e art. 107 (TJDF. Inquérito 20130020160072).

*Para responder, tem que estudar: jurisprudência e teoria/doutrina.*

*Gabarito: D*

BLOCO II

### *12.2.5. Da Carta Testemunhável*

**109. (Cespe/TJ/DFT/Juiz/2014)** Jairo foi denunciado pela prática do crime de tortura, e o magistrado de primeira instância, tendo anuído ao pedido do MP, desclassificou as condutas praticadas para os delitos de lesão corporal e abuso de autoridade e remeteu o feito ao juízo criminal competente. Inconformada com a decisão, a vítima, atuando como assistente de acusação, interpôs recurso, que não foi recebido pelo juízo de piso. O MP não recorreu da decisão. Considerando essa situação hipotética, assinale a opção correta.

a) É cabível a interposição de correição parcial contra a decisão que não recebeu o recurso interposto pela assistência de acusação.

b) Contra a decisão que não recebeu o recurso interposto pela assistência de acusação não cabe qualquer recurso, sendo possível a impugnação por meio da impetração de mandado de segurança.

c) Contra a decisão que não recebeu o recurso interposto pela assistência de acusação cabe a interposição de recurso em sentido estrito.

d) A vítima, por meio do assistente de acusação, possui legitimidade para recorrer da decisão que operou a desclassificação dos fatos.

e) Cabe a interposição de carta testemunhável contra a decisão que não recebeu o recurso interposto pela assistência de acusação.

**ANOTAÇÕES/COMENTÁRIOS**

(a, b, c, e) CPP. Art. 639, I – Dar-se-á carta testemunhável: I – da decisão que denegar o recurso.

(d) Este Superior Tribunal tem reiteradamente decidido que a legitimidade do assistente de acusação é restrita às hipóteses previstas no art. 271 do Código de Processo Penal. A função do assistente de acusação seria auxiliar o Ministério Público na ação penal pública, com aptidão para interferir no processo, e não promover a ação penal, de modo que, tendo o Parquet denunciado e insistido na condenação do paciente pelo crime de homicídio culposo na direção de veículo automotor, não teria o assistente legitimidade para pleitear a desclassificação do crime (STJ, HC 287.948).

*Para responder, tem que estudar: lei e jurisprudência.*

*Gabarito: E*

### *12.2.6. Do "Habeas Corpus" e seu Processo*

**110. (Cespe/TJ/DFT/Juiz/2016)** Em atenção aos direitos e garantias fundamentais e às ações constitucionais, assinale a opção correta.

a) É consolidado no STF o entendimento de que, presente a dúvida sobre o real interesse do paciente na impetração do "habeas corpus", deve o juiz intimá-lo para que manifeste sua vontade em prosseguir ou não com a impetração.

b) O direito ao duplo grau de jurisdição é assegurado expressamente na CF, decorre da proteção judiciária efetiva e não admite ressalvas, salvo a preclusão decorrente da própria inação processual.

c) A arbitragem, alheia à jurisdição estatal no que se refere ao compromisso arbitral firmado, tem sua sentença sujeita à revisão judicial, por meio de recurso próprio, em atenção ao princípio da universalidade da jurisdição do Poder Judiciário.

d) Atos ou decisões de natureza política são indenes à jurisdição, ainda que violadoras de direitos individuais, conforme jurisprudência consolidada do STF.

e) O STF possui orientação pacífica segundo a qual a fixação de prazo decadencial para impetração de mandado de segurança ou de "habeas corpus" é compatível com a ordem constitucional.

## ANOTAÇÕES/COMENTÁRIOS

(a) Regimento Interno do STF. Art. 192, parágrafo único – Não se conhecerá do pedido se desautorizado pelo paciente. Não se deve conhecer do pedido de 'habeas corpus' quando este, ajuizado originariamente perante o STF, é desautorizado pelo próprio paciente (RISTF, art. 192, parágrafo único). Conversão do julgamento em diligência, para que o paciente, uma vez pessoalmente intimado, esclareça se está de acordo, ou não, com a impetração do 'writ' (STF, HC 136.067).

(b) Contudo, não obstante o fato de que o princípio do duplo grau de jurisdição previsto na Convenção Americana de Direitos Humanos tenha sido internalizada no direito doméstico brasileiro, isto não significa que esse princípio revista-se de natureza absoluta. A própria Constituição Federal estabelece exceções ao princípio do duplo grau de jurisdição. Não procede, assim, a tese de que a Emenda Constitucional 45/04 introduziu na Constituição uma nova modalidade de recurso inominado, de modo a conferir eficácia ao duplo grau de jurisdição (STF, AI 601.832).

(c) Lei 9.307/96. O árbitro é juiz de fato e de direito, e a sentença que proferir não fica sujeita a recurso ou a homologação pelo Poder Judiciário.

(d) Voto do Ministro Celso de Mello: Sendo assim, impõe-se reconhecer que o postulado da inafastabilidade do controle jurisdicional legitima, de modo amplo, nas hipóteses de lesão a direitos individuais ou ao regime das liberdades públicas, a possibilidade de atuação reparadora do Judiciário, especialmente quando os atos vulneradores de situações jurídicas promanem de órgãos ou agentes integrantes do aparelho do Estado. (...). O princípio da separação de poderes não pode ser invocado para estabelecer, em torno de um dos órgãos da soberania nacional, um indevassável círculo de imunidade, insuscetível de revisão judicial, não obstante a concretização eventual de lesões a direitos e a garantias individuais (STF, MS 21.564).

(e) STF. Súmula 632: "É constitucional lei que fixa o prazo de decadência para a impetração de mandado de segurança". Não há fixação de prazo decadencial para o mandado de segurança.

*Para responder, tem que estudar: lei, jurisprudência e súmula/OJ.*

*Gabarito: A*

**111. (Cespe/TJ/DFT/Juiz/2015)** Em cada uma das próximas opções, é apresentada uma situação hipotética a respeito de ação penal, competência e procedimentos em matéria infracional, seguida de uma assertiva a ser julgada. Assinale a opção que apresenta a assertiva correta.

a) Um adolescente cometeu ato infracional análogo ao tráfico de entorpecente. Nessa situação, conforme entendimento do STJ, esse fato, por si só, é suficiente para justificar a imposição de medida socioeducativa de internação desse adolescente.

b) Em uma ação penal privada subsidiária de ação penal pública, o querelante deixou de promover o andamento do processo por mais de trinta dias. Nessa situação, o juiz criminal deverá determinar a extinção da ação penal devido à extinção da punibilidade pela perempção.

c) O vice-governador de um estado da Federação foi acusado do crime de peculato. Nessa situação, caberá ao procurador-geral do MP do referido estado oferecer denúncia, e a ação penal deverá ser processada e julgada perante uma das câmaras criminais do tribunal de justiça do estado.

d) Clóvis, imputável, levou seus cavalos para pastar na fazenda de Lázaro sem o consentimento deste. Nessa situação, a ação penal deverá ser iniciada mediante representação.

e) O MPDFT propôs ação penal contra Adailton. Nessa situação, se houver prova inconteste da prescrição do crime que ensejou a referida ação penal, será cabível "habeas corpus" perante o TJDFT para trancar a ação penal.

**ANOTAÇÕES/COMENTÁRIOS**

(a) STJ. Súmula 492: "O ato infracional análogo ao tráfico de drogas, por si só, não conduz obrigatoriamente à imposição de medida socioeducativa de internação do adolescente"

(b) CPP. Art. 29. Será admitida ação privada nos crimes de ação pública, se esta não for intentada no prazo legal, cabendo ao Ministério Público aditar a queixa, repudiá-la e oferecer denúncia substitutiva, intervir em todos os termos do processo, fornecer elementos de prova, interpor recurso e, a todo tempo, no caso de negligência do querelante, retomar a ação como parte principal.

(c) LC 75/1993. Art. 48, II – Incumbe ao Procurador Geral da República propor perante o STJ: II – a ação penal, nos casos previstos no art. 105, I, "a", da Constituição

Federal. CF. Art. 105, I, a) – Compete ao STJ: I – processar e julgar, originariamente: a) nos crimes comuns, os Governadores dos Estados e do Distrito Federal, e, nestes e nos de responsabilidade, os desembargadores dos Tribunais de Contas dos Estados e do Distrito Federal, os dos Tribunais Regionais Federais, dos Tribunais Regionais Eleitorais e o Trabalho, os membros dos Conselhos ou Tribunais de Contas dos Municípios e os do Ministério Público da União que oficiem perante tribunais. Portanto, a CF é omissa com relação aos vice-governadores, incumbindo às Constituições Estaduais regularem o tema.

(d) CP. Art. 164. Introduzir ou deixar animais em propriedade alheia, sem consentimento de quem de direito, desde que o fato resulte em prejuízo. CP. Art. 167. Nos casos do art. 163, do inciso IV do seu parágrafo e do art. 164, somente se procede mediante queixa.

(e) O trancamento da ação penal pela via de HC é medida excepcional, que só é admissível quando, de modo flagrante e que não demande o exame aprofundado de provas, ficar evidente a extinção da punibilidade, a atipicidade da conduta ou a inexistência de justa causa (prova da existência do delito e indícios de autoria). (STJ, RHC 43.677).

*Para responder, tem que estudar: lei, jurisprudência e súmula/OJ.*

*Gabarito: E*

## 13. DAS RELAÇÕES JURISDICIONAIS COM AUTORIDADE ESTRANGEIRA

**112. (Cespe/TJ/ES/Juiz/2011)** Assinale a opção correta a respeito das relações jurisdicionais com autoridades estrangeiras.

a) O regular cumprimento, perante o STJ, das cartas rogatórias emanadas de autoridades estrangeiras competentes depende de homologação.

b) Compete ao STJ processar e julgar a execução de carta rogatória, após o exequatur, e de sentença estrangeira, após a homologação.

c) No âmbito do direito processual penal, a homologação de sentença estrangeira classifica-se como ação penal de conhecimento de natureza constitutiva.

d) A sentença estrangeira não pode ser homologada apenas para obrigar o condenado à reparação do dano e a outros efeitos meramente civis.

e) A expedição de carta rogatória suspende a instrução processual e, ainda que findo o prazo marcado, o julgamento não pode ser realizado sem a juntada aos autos da carta devidamente cumprida.

ANOTAÇÕES/COMENTÁRIOS

(a) CPP. 784, – As cartas rogatórias emanadas de autoridades estrangeiras competentes não dependem de homologação e serão atendidas se encaminhadas por via diplomática e desde que o crime, segundo a lei brasileira, não exclua a extradição.

(b) CF. Art. 105, I – Compete ao STJ: I – a homologação de sentenças estrangeiras e a concessão de exequatur às cartas rogatórias. CF. Art. 109, X – Aos juízes federais compete processar e julgar: X – os crimes de ingresso e permanência irregular de estrangeiro, a execução de carta rogatória, após o "exequatur", e de sentença estrangeira, após a homologação, as causas referentes à nacionalidade, inclusive a respectiva opção, e à naturalização.

(c) O ato formal de reconhecimento (homologação) é acontecimento futuro e incerto a que a lei subordina a eficácia, no território brasileiro, da sentença estrangeira. A decisão que acolhe o pedido de homologação de sentença estrangeira, seja qual for a natureza desta, é constitutiva (Homologação de sentença estrangeira: alguns aspectos no direito processual penal brasileiro. Rogério Tadeu Romano).

(d) CP. Art. 9º, I e II – A sentença estrangeira, quando a aplicação da lei brasileira produz na espécie as mesmas consequências, pode ser homologada no Brasil para: I – obrigar o condenado à reparação do dano, a restituições e a outros efeitos civis; II – sujeita-lo a medida de segurança.

(e) CPP. Art. 222-A, parágrafo único – As cartas rogatórias só serão expedidas se demonstrada previamente a sua imprescindibilidade, arcando a parte requerente com os custos de envio. Parágrafo único. Aplica-se às cartas rogatórias o disposto nos §§ 1º e 2º do art. 222 deste Código. CPP. Art. 222, §§ 1º e 2º A testemunha que morar fora da jurisdição do juiz será inquirida pelo juiz do lugar de sua residência, expedindo-se, para esse fim, carta precatória, com prazo razoável, intimadas as partes. § 1º A expedição da precatória não suspenderá a instrução criminal. § 2º Findo o prazo marcado, poderá realizar-se o julgamento, mas, a todo tempo, a precatória, uma vez devolvida, será junta aos autos.

*Para responder, tem que estudar: lei e teoria/doutrina.*

*Gabarito: C*

**113. (Cespe/TJ/AC/Juiz/2012)** Considerando as relações jurisdicionais com autoridade estrangeira e as disposições gerais do CPP, assinale a opção correta.

a) O trânsito, por via diplomática, de documentos relativos a instrução de processo penal não é aceito como prova bastante de autenticidade.

b) Os prazos processuais correm ainda que haja impedimento do juiz ou obstáculo judicial oposto pela parte contrária.

c) Não serão homologadas as sentenças estrangeiras contrárias à ordem pública e aos bons costumes.

d) No caso de a carta rogatória versar sobre crime que, segundo a lei estrangeira, seja de ação privada, o seu andamento, após o exequatur, dependerá do interessado, ainda que a lei brasileira estabeleça outra modalidade de ação para tal crime.

e) O escrivão, sob pena de multa por desobediência e suspensão de até sessenta dias em caso de reincidência, deve executar dentro do prazo de cinco dias os atos determinados em lei ou ordenados pelo juiz.

ANOTAÇÕES/COMENTÁRIOS

(a) CPP. Art. 782. O trânsito, por via diplomática, dos documentos apresentados constituirá prova bastante de sua autenticidade.

(b) CPP. Art. 798, § 4º Todos os prazos correrão em cartório e serão contínuos e peremptórios, não se interrompendo por férias, domingo ou dia feriado. § 4º Não correrão os prazos, se houver impedimento do juiz, força maior, ou obstáculo judicial oposto pela parte contrária.

(c) CPP. Art. 781.As sentenças estrangeiras não serão homologadas, nem as cartas rogatórias cumpridas, se contrárias à ordem pública e aos bons costumes.

(d) CPP. 784, § 3º As cartas rogatórias emanadas de autoridades estrangeiras competentes não dependem de homologação e serão atendidas se encaminhadas por via diplomática e desde que o crime, segundo a lei brasileira, não exclua a extradição. § 3º Versando sobre crime de ação privada, segundo a lei brasileira, o andamento, após o exequatur, dependerá do interessado, a quem incumbirá o pagamento das despesas.

(e) CPP. Art. 799. O escrivão, sob pena de multa de cinquenta a quinhentos mil-réis e, na reincidência, suspensão até 30 (trinta) dias, executará dentro do prazo de dois dias os atos determinados em lei ou ordenados pelo juiz.

*Para responder, tem que estudar: lei.*

*Gabarito: C*

## 14. DISPOSIÇÕES GERAIS

**114. (Cespe/TJ/RN/Juiz/2013)** Em relação às provas e aos atos processuais penais, assinale a opção correta.

a) Considere que, após várias diligências para a tentativa de citação pessoal, seja certificado nos autos que o réu esteja em local incerto e não sabido e que o juiz determine a citação por edital. Nessa situação, estaria configurada a nulidade da citação caso esta fosse efetivada sem a transcrição da denúncia, ainda que presente a indicação do dispositivo da lei penal.

b) A citação por hora certa e a realizada por edital são formas de citação ficta e receberam igual tratamento pelo legislador, que estabeleceu, de forma expressa, no CPP que, nas duas hipóteses, se o réu não comparecer nem constituir advogado para defesa, o processo será suspenso, assim como o prazo prescricional.

c) Considere que, ao analisar pedido do MP de remessa dos autos à delegacia de origem para novas diligências, o magistrado verifique a existência, no inquérito policial, de atestado médico com informação de que a testemunha presencial do crime, embora lúcida, tenha idade avançada e esteja muito doente, com sério risco de morte. Nessa hipótese, dado o princípio da imparcialidade e, na falta de requerimento do órgão da acusação, não é permitido ao magistrado determinar, de ofício, a produção antecipada de provas.

d) A inexistência de laudo de exame de corpo de delito complementar para a comprovação da ocorrência de lesão corporal de natureza grave que gere incapacidade para as ocupações habituais por mais de trinta dias não pode ser suprida pela prova testemunhal.

e) No processo penal, os prazos são contados da data da efetiva intimação, ainda que outra seja a data da juntada do mandado ou da carta precatória aos autos.

**ANOTAÇÕES/COMENTÁRIOS**

(a) STF. Súmula 366: "Não é nula a citação por edital que indica o dispositivo da lei penal, embora não transcreva a denúncia ou queixa, ou não resuma os fatos em que se baseia".

(b) CPP. 362, parágrafo único – Verificando que o réu se oculta para não ser citado, o oficial de justiça certificará a ocorrência e procederá à citação com hora certa, na forma estabelecida nos arts. 227 a 229 da Lei 5.869, de 11 de janeiro de 1973. Código de Processo Civil. Parágrafo único. Completada a citação com hora certa, se o acusado não comparecer, ser-lhe-á nomeado defensor dativo. CPP. Art. 366. Se o acusado, citado por edital, não comparecer, nem constituir advogado, ficarão suspensos o processo e o curso do prazo prescricional, podendo o juiz determinar a produção antecipada das provas consideradas urgentes e, se for o caso, decretar a prisão preventiva, nos termos do disposto no artigo 312.

(c) CPP. Art. 156, I – A prova da alegação incumbirá a quem a fizer, sendo, porém, facultado ao juiz de ofício: I – ordenar, mesmo antes de iniciada a ação penal, a produção antecipada de provas consideradas urgentes e relevantes, observando a necessidade, adequação e proporcionalidade da medida.

(d) O laudo complementar previsto no art. 168, § 2º, do Código de Processo Penal, exigível para o caso de crime de lesão corporal qualificada pela incapacidade para as ocupações habituais por mais de 30 (trinta) dias, pode ser suprido por prova testemunhas (STF, HC 104.457).

(e) STF. Súmula 710: "No processo penal, contam-se os prazos da data da intimação, e não da juntada aos autos do mandado ou da carta precatória ou de ordem"

*Para responder, tem que estudar: lei e súmula/OJ.*

*Gabarito: E*

## 15. LEIS ESPECIAIS

### 15.1. Lei da Interceptação Telefônica (Lei 9.296/96)

**115. (Cespe/TJ/BA/Juiz/2012)** Assinale a opção correta com base nas disposições do CPP e no entendimento dos tribunais superiores acerca da prova e da interceptação telefônica.

a) A inversão da ordem de inquirições que desrespeite o procedimento legal referente à oitiva das testemunhas durante a audiência de instrução e julgamento caracteriza vício sujeito à sanção de nulidade absoluta.

b) O magistrado não pode autorizar pedido de interceptação telefônica formulado verbalmente.

c) O prazo de execução da diligência referente à interceptação telefônica é de quinze dias, podendo ser prorrogado por diversas vezes, sucessivamente.

d) Consoante o sistema de valoração de provas e o princípio da audiência contraditória, não é possível embasar édito condenatório apenas nos depoimentos de policiais responsáveis pela prisão em flagrante do acusado, ainda que colhidos no âmbito do devido processo legal.

e) Ofende o princípio da ampla defesa a inadmissibilidade da oitiva de corréu na condição de testemunha na mesma ação penal.

ANOTAÇÕES/COMENTÁRIOS

(a) Eventual nulidade decorrente da inversão na ordem da oitiva das testemunhas de acusação e de defesa tem caráter relativo. Assim, deve ser alegada oportunamente, bem assim demonstrado o prejuízo por que alega o vício, o que não ocorreu na hipótese (STJ, AgRg no AREsp 10.118).

(b) Lei 9.296/96. Art. 4º, § 1º O pedido de interceptação de comunicação telefônica conterá a demonstração de que a sua realização é necessária à apuração de infração penal, com indicação dos meios a serem empregado. § 1º Excepcionalmente, o juiz poderá admitir que o pedido seja formulado verbalmente, desde que estejam presentes os pressupostos que autorizem a interceptação, caso em que a concessão será condicionada à sua redução a termo.

(c) O prazo previsto para a realização de interceptação telefônica é de 15 dias, nos termos do art. 5º da Lei 9.296/96. A jurisprudência assente e remansosa aponta, contudo, para a possibilidade de esse prazo ser renovado, quantas vezes for necessário, até que se ultimem as investigações, desde que comprovada a necessidade (STJ, HC 169.632).

(d) Conforme entendimento desta Corte, o depoimento de policiais responsáveis pela prisão em flagrante do acusado constitui meio de prova idôneo a embasar o édito condenatório, mormente quando corroborado em Juízo, no âmbito do devido processo legal. (STJ, HC 166.979).

(e) O corréu, por não ter o dever de falar a verdade e por não prestar compromisso, não pode servir como testemunha, o que afasta o constrangimento ilegal de que estaria sendo vítima a recorrente. (STJ, RHC 40.257).

BLOCO II

*Para responder, tem que estudar: lei e jurisprudência.*

*Gabarito: C*

**116. (Cespe/TJ/PA/Juiz/2012)** Assinale a opção correta acerca da prova no âmbito do direito processual penal.

a) É lícita a prova de crime diverso obtida por meio de interceptação de ligações telefônicas de terceiro – este compreendido como o que se comunicou com o investigado ou o que utilizou a linha telefônica monitorada – não mencionado na autorização judicial de escuta, desde que relacionada (existindo conexão ou continência) com o fato criminoso objeto da investigação.

b) Dado o princípio da verdade real, a prova pericial é necessária para a comprovação da materialidade do crime de falsificação de documento, ainda que o próprio réu confesse ter forjado a documentação, segundo a pacífica jurisprudência do STJ.

c) Conforme a jurisprudência do STJ, constitui cerceamento de defesa o indeferimento do pedido de oitiva de testemunhas não arroladas na defesa prévia, visto que a prova testemunhal não se submete a preclusão consumativa.

d) A lei não permite que a testemunha se exima da obrigação de depor, podendo, entretanto, recusar-se a fazê-lo o ascendente ou descendente, o afim em linha reta, o cônjuge, ainda que divorciado, o pai, a mãe, o filho adotivo do acusado e o seu colateral até o terceiro grau, salvo quando não for possível, por outro modo, obter-se ou integrar-se a prova do fato e de suas circunstâncias.

e) Persistindo os pressupostos que conduziram à decretação da interceptação telefônica, não há obstáculos para sucessivas prorrogações, desde que devidamente fundamentadas, vedando-se apenas a utilização das provas derivadas da interceptação prorrogada.

## ANOTAÇÕES/COMENTÁRIOS

(a) O STF, como intérprete maior da Constituição da República, considerou compatível com o art. 5º, XII e LVI, o uso de prova obtida fortuitamente através de interceptação telefônica licitamente conduzida, ainda que o crime descoberto, conexo ao que foi objeto da interceptação, seja punido com detenção (STF, AI 626.214 AgRg).

(b) A condenação, na hipótese, está lastreada na prova documental, testemunhal e na confissão do acusado; dessa forma, nos termos da orientação desta Corte, inexistindo prévia manifestação da defesa no sentido da necessidade de realização de exame pericial na fase instrutória, não se vislumbra qualquer ilegalidade na condenação do paciente pelo delito previsto no artigo 304 do Código Penal fundamentada em documentos e testemunhos constantes do processo (STJ, HC 307.586).

(c) O paciente em momento algum teve violado o seu direito a um processo orientado pelos pilares da ampla defesa e do contraditório. Ao contrário, foi-lhe sempre assegurada a imprescindível defesa técnica, com a presença e participação ativa da defensora em todos os atos processuais, não se vislumbrando nulidade a ser sanada pela ausência de oitiva das testemunhas de defesa, seja pela preclusão na alegação da matéria, seja pela inocorrência de prejuízo demonstrado (STJ, HC 109.103).

(d) CPP. Art. 206. A testemunha não poderá eximir-se da obrigação de depor. Poderão, entretanto, recusar-se a fazê-lo o ascendente ou descendente, o afim em linha reta, o cônjuge, ainda que desquitado, o irmão e o pai, a mãe, ou o filho adotivo do acusado, salvo quando não for possível, por outro modo, obter-se ou integrar-se a prova do fato e de suas circunstâncias.

(e) Persistindo os pressupostos que conduziram à decretação da interceptação telefônica, não há obstáculos para sucessivas prorrogações, desde que devidamente fundamentadas, nem ficam maculadas como ilícitas as provas derivadas da interceptação (STF, RHC 85.575).

*Para responder, tem que estudar: lei e jurisprudência.*

*Gabarito: A*

**117. (Cespe/TJ/DFT/Juiz/2014)** Com referência à interceptação telefônica, assinale a opção correta.

a) O objetivo primordial da interceptação telefônica é reunir o maior número possível de informações, a fim de produzir substrato probatório mínimo hábil a desencadear eventual persecução penal, cabendo aos policiais executores da medida proceder a uma espécie de filtragem das escutas interceptadas, conforme a linha investigatória adotada.

b) A Lei n. 9.296/1996, que trata da interceptação das comunicações telefônicas, estipula o prazo de quinze dias para a interceptação de comunicações telefônicas, renovável uma vez por igual período, vedadas, de acordo com o entendimento jurisprudencial do STF e do STJ, as prorrogações por período superior a esse prazo.

c) A quebra do sigilo telefônico pode ter por base, exclusivamente, denúncia anônima sobre a autoria em determinado delito, ainda que a denúncia apócrifa esteja desacompanhada de investigações preliminares acerca dos fatos noticiados.

d) Segundo entendimento do STJ, é inadmissível a utilização de prova produzida em feito criminal diverso, obtida por meio de interceptação telefônica e relacionada com os fatos do processo-crime, ainda que seja oferecida à defesa oportunidade de proceder ao contraditório.

e) O contraditório das provas obtidas por meio de interceptação telefônica é postergado para os autos da ação penal deflagrada, quando as partes terão acesso ao seu conteúdo e, diante desses elementos, poderão impugnar e contraditar as provas obtidas por meio da medida cautelar.

ANOTAÇÕES/COMENTÁRIOS

(a) Lei 9.296/96. Art. 9º A gravação que não interessar à prova será inutilizada por decisão judicial, durante o inquérito, a instrução processual ou após esta, em virtude de requerimento do Ministério Público ou da parte interessada.

(b) O prazo previsto para a realização de interceptação telefônica é de 15 dias, nos termos do art. 5º da Lei 9.296/96. A jurisprudência assente e remansosa aponta, contudo, para a possibilidade de esse prazo ser renovado, quantas vezes for necessário, até que se ultimem as investigações, desde que comprovada a necessidade (STJ, HC 169.632).

(c) A Lei 9.296/96, em consonância com a Constituição Federal, é precisa ao admitir a interceptação telefônica, por decisão judicial, nas hipóteses em que houver indícios razoáveis de autoria criminosa. Singela delação não pode gerar, só por si, a quebra do sigilo das comunicações. Adoção da medida mais gravosa sem suficiente juízo de necessidade (STJ, HC 204.778).

(d) É lícita a prova de crime diverso, obtida por meio de interceptação de ligações telefônicas de terceiro não mencionado na autorização judicial de escuta, desde que relacionada com o fato criminoso objeto da investigação (STJ, HC 33.553).

(e) Em relação à observância do princípio do contraditório, deve-se compreender que este será diferido. E isso em face da própria natureza da interceptação telefônica como medida cautelar inaudita altera parte. O contraditório e a ampla defesa não são assegurados quando da execução da medida, sob pena de se frustrar qualquer tentativa de colheita de elementos probatórios. Serão observados sim, a posteriori, tão logo concluída a diligência. Este o motivo pelo qual o STF confirmou que a defesa deve ter pleno acesso aos autos de inquérito policial, aí incluídos os dados obtidos em decorrência de interceptações telefônicas (Manual de Processo Penal. Renato Brasileiro).

*Para responder, tem que estudar: lei, jurisprudência e teoria/doutrina.*

*Gabarito: E*

## 15.2. Lei da Prisão Temporária (Lei 7.960/89)

**118. (Cespe/TJ/CE/Juiz/2012)** Assinale a opção correta no que concerne à prisão temporária.

a) Caberá prisão temporária quando houver fundadas razões, com base em qualquer prova admitida na legislação penal, de autoria ou participação do indiciado nos crimes de homicídio doloso ou culposo, entre outros.

b) Está prevista, no procedimento da prisão temporária, a possibilidade de o juiz determinar que o preso lhe seja apresentado e que seja submetido a exame de corpo de delito.

c) A prisão temporária, para a qual está previsto o prazo improrrogável de cinco dias, será decretada pelo juiz em face da representação da autoridade policial ou de requerimento do MP.

d) Os presos sujeitos a esse tipo de prisão não são obrigados a permanecer separados dos demais detentos.

e) Não se aplica à prisão temporária o entendimento jurisprudencial do STJ segundo o qual a mera gravidade do crime imputado à pessoa não é fundamento suficiente para justificar a sua segregação, antes de a decisão condenatória transitar em julgado.

ANOTAÇÕES/COMENTÁRIOS

(a) O homicídio culposo não está no rol das hipóteses taxativas de cabimento da prisão temporária, previsto no art. 1º, III, da Lei 7.960/89.

(b) Lei 7.960/89. Art. 2º, § 3º A prisão temporária será decretada pelo Juiz, em face da representação da autoridade policial ou de requerimento do Ministério Público, e terá o prazo de 5 (cinco) dias, prorrogável por igual período em caso de extrema e comprovada necessidade. § 3º O Juiz poderá, de ofício, ou a requerimento do Ministério Público e do Advogado, determinar que o preso lhe seja apresentado, solicitar informações e esclarecimentos da autoridade policial e submetê-lo a exame de corpo de delito.

(c) Lei 7.960/89. Art. 2º A prisão temporária será decretada pelo Juiz, em face da representação da autoridade policial ou de requerimento do Ministério Público, e terá o prazo de 5 (cinco) dias, prorrogável por igual período em caso de extrema e comprovada necessidade.

(d) Lei 7.960/89. Art. 3º Os presos temporários deverão permanecer, obrigatoriamente, separados dos demais detentos.

(e) A gravidade abstrata do delito atribuída ao agente é insuficiente para a manutenção de sua prisão provisória, sob pena de afronta à garantia constitucional de presunção de não-culpabilidade (STJ, HC 121.633).

*Para responder, tem que estudar: lei e jurisprudência.*

*Gabarito: B*

## 15.3. Lei das Organizações Criminosas (Lei 12.850/13)

**119. (Cespe/TJ/DFT/Juiz/2016)** A respeito da colaboração premiada prevista na Lei n. 12.850/2013, que trata das organizações criminosas, é correto afirmar que:

a) o juiz não participará das negociações realizadas entre as partes para a formalização do acordo de colaboração, mas, se esse for realizado, o respectivo termo, com as declarações do colaborador e a cópia da investigação, será remetido, para homologação, ao magistrado, que poderá recusá-la, em caso de não atendimento dos requisitos legais, ou adequá-la ao caso concreto.

BLOCO II

b) o juiz poderá homologar a proposta de acordo de colaboração premiada, mas não poderá alterá-la por ser essa decorrente de ato negocial entre as partes, devendo, em caso de necessidade de adequação, remetê-la ao procurador-geral do MP, para suprimento dos requisitos legais e ajuste ao caso concreto.

c) as partes não podem mais se retratar da proposta no caso de o acordo de colaboração já ter sido homologado pelo juiz, sob pena de se ferir o princípio da estabilidade das decisões judiciais e as preclusões consumativas e "pro judicato".

d) o juiz não participará das negociações realizadas entre as partes para a formalização do acordo de colaboração, mas, se esse for realizado, o respectivo termo, com as declarações do colaborador e a cópia da investigação, será remetido ao magistrado para homologação, que não poderá recusá-la.

e) o juiz participará da fase das negociações realizadas entre as partes para formalização do acordo de colaboração, dada a previsão constitucional de que a lei não excluirá da apreciação do Poder Judiciário lesão ou ameaça a direito, e, sendo o magistrado imparcial, incumbe-lhe zelar para que o colaborador não seja pressionado.

**ANOTAÇÕES/COMENTÁRIOS**

(a, e) Lei 12.850/2013. Art. 4º, § 6º O juiz poderá, a requerimento das partes, conceder o perdão judicial, reduzir em até 2/3 (dois terços) a pena privativa de liberdade ou substituí-la por restritiva de direitos daquele que tenha colaborado efetiva e voluntariamente com a investigação e com o processo criminal, desde que dessa colaboração advenha um ou mais dos seguintes resultados. § 6º O juiz não participará das negociações realizadas entre as partes para a formalização do acordo de colaboração, que ocorrerá entre o delegado de polícia, o investigado e o defensor, com a manifestação do Ministério Público, ou, conforme o caso, entre o Ministério Público e o investigado.

(b, d) Lei 12.850/2013. Art. 4º, § 8º O juiz poderá, a requerimento das partes, conceder o perdão judicial, reduzir em até 2/3 (dois terços) a pena privativa de liberdade ou substituí-la por restritiva de direitos daquele que tenha colaborado efetiva e voluntariamente com a investigação e com o processo criminal, desde que dessa colaboração advenha um ou mais dos seguintes resultados. § 8º O juiz poderá recusar homologação à proposta que não atender os requisitos legais, ou adequá-la ao caso concreto.

(c) Lei 12.850/2013. Art. 4º, § 10º O juiz poderá, a requerimento das partes, conceder o perdão judicial, reduzir em até 2/3 (dois terços) a pena privativa de liberdade ou substituí-la por restritiva de direitos daquele que tenha colaborado efetiva e voluntariamente com a investigação e com o processo criminal, desde que dessa colaboração advenha um ou mais dos seguintes resultados. § 10º As partes podem retratar-se da proposta, caso em que as provas autoincriminatórias produzidas pelo colaborador não poderão ser utilizadas exclusivamente em seu desfavor.

*Para responder, tem que estudar: lei.*

*Gabarito: A*

**120. (Cespe/TJ/DFT/Juiz/2016)** Em relação ao procedimento nos crimes decorrentes de organização criminosa, nos termos da Lei n. 12.850/2013, assinale a opção correta.

a) A instrução criminal deverá ser encerrada em prazo não superior a noventa dias, quando o réu estiver preso, prorrogáveis por mais trinta dias, por decisão fundamentada e devidamente motivada pela complexidade da causa ou por fato procrastinatório atribuível ao réu.

b) Se estiver preso o réu, a instrução criminal deverá ser encerrada em prazo razoável, que não exceda a noventa dias, prorrogáveis por igual período, por decisão fundamentada em razão da complexidade da causa ou de fato procrastinatório atribuível ao réu.

c) O juiz poderá decretar o sigilo da investigação para a garantia da celeridade e da eficácia das diligências investigatórias, desde que assegure ao defensor amplo acesso aos elementos de prova e às diligências em andamento.

d) O juiz poderá decretar o sigilo da investigação para a garantia da celeridade e da eficácia das diligências investigatórias, desde que assegure ao defensor amplo acesso a todos os elementos de prova até então colhidas, ressalvadas aquelas relativas às diligências em andamento.

e) Os crimes previstos nesta lei têm procedimento próprio, que deve ser aplicado com base no princípio da especialidade.

ANOTAÇÕES/COMENTÁRIOS

(a, b) Lei 12.850/2013. Art. 22, parágrafo único – Os crimes previstos nesta Lei e as infrações penais conexas serão apurados mediante procedimento ordinário previsto no Decreto-Lei 3.689, de 3 de outubro de 1941 (Código de Processo Penal), observado o disposto no parágrafo único deste artigo. Parágrafo único. A instrução criminal deverá ser encerrada em prazo razoável, o qual não poderá exceder a 120 (cento e vinte) dias quando o réu estiver preso, prorrogáveis em até igual período, por decisão fundamentada, devidamente motivada pela complexidade da causa ou por fato procrastinatório atribuível ao réu.

(c, d) Lei 12.850/2013. Art. 23. O sigilo das investigações poderá ser decretado pela autoridade judicial competente, para garantia da celeridade e da eficácia das diligências investigatórias, assegurando-se ao defensor, no interesse do representado, amplo acesso aos elementos de prova que digam respeito ao exercício do direito de defesa, devidamente precedido de autorização judicial, ressalvados os referentes às diligências em andamento.

(e) Lei 12.850/2013. Art. 22. Os crimes previstos nesta Lei e as infrações penais conexas serão apurados mediante procedimento ordinário previsto no Decreto-Lei 3.689, de 3 de outubro de 1941 (Código de Processo Penal), observado o disposto no parágrafo único deste artigo.

*Para responder, tem que estudar: lei.*

*Gabarito: D*

BLOCO II

**121. (Cespe/TJ/AM/Juiz/2016)** Assinale a opção correta com base no disposto na Lei n. 12.850/2013.

a) Se a colaboração for posterior à sentença, a pena poderá ser reduzida até a metade ou poderá ser admitida a progressão de regime, ainda que ausentes os requisitos objetivos e subjetivos.

b) Não se exige do colaborador a renúncia ao direito de silêncio nos depoimentos nem o compromisso legal de dizer a verdade, devendo a renúncia ser espontânea.

c) Em caso de decretação do sigilo da investigação, é assegurado ao defensor, no interesse do representado e mediante prévia autorização judicial, amplo acesso aos elementos de prova relacionados ao exercício do direito de defesa, ressalvados os referentes às diligências em andamento.

d) Pode-se considerar organização criminosa o grupo de pessoas que se estruturem para cometer infrações penais para as quais seja prevista pena máxima de três anos.

e) O consentimento de perdão judicial por colaboração premiada que possibilite um dos resultados previstos em lei depende do requerimento do MP.

ANOTAÇÕES/COMENTÁRIOS

(a) Lei 12.850/2013. Art. 4º, § 5º O juiz poderá, a requerimento das partes, conceder o perdão judicial, reduzir em até 2/3 (dois terços) a pena privativa de liberdade ou substituí-la por restritiva de direitos daquele que tenha colaborado efetiva e voluntariamente com a investigação e com o processo criminal, desde que dessa colaboração advenha um ou mais dos seguintes resultados. § 5º Se a colaboração for posterior à sentença, a pena poderá ser reduzida até a metade ou será admitida a progressão de regime ainda que ausentes os requisitos objetivos.

(b) Lei 12.850/2013. Art. 4º, § 14º O juiz poderá, a requerimento das partes, conceder o perdão judicial, reduzir em até 2/3 (dois terços) a pena privativa de liberdade ou substituí-la por restritiva de direitos daquele que tenha colaborado efetiva e voluntariamente com a investigação e com o processo criminal, desde que dessa colaboração advenha um ou mais dos seguintes resultados. § 14º Nos depoimentos que prestar, o colaborador renunciará, na presença de seu defensor, ao direito ao silêncio e estará sujeito ao compromisso legal de dizer a verdade.

(c) Lei 12.850/2013. Art. 7º, § 2º O pedido de homologação do acordo será sigilosamente distribuído, contendo apenas informações que não possam identificar o colaborador e o seu objeto. § 2º O acesso aos autos será restrito ao juiz, ao Ministério Público e ao delegado de polícia, como forma de garantir o êxito das investigações, assegurando-se ao defensor, no interesse do representado, amplo acesso aos elementos de prova que digam respeito ao exercício de defesa, devidamente precedido de autorização judicial, ressalvados os referentes às diligências em andamento.

(d) Lei 12.850/2013. Art. 1º, § 1º Esta Lei define organização criminosa e dispõe sobre a investigação criminal, os meios de obtenção de prova, infrações penais correlatas e o procedimento criminal a ser aplicado. § 1º Considera-se organização criminosa a associação de 4 (quatro) ou mais pessoas estruturalmente ordenada e caracterizada pela divisão de tarefas, ainda que informalmente, com objetivo de obter, direta ou indiretamente, vantagem de qualquer natureza, mediante a prática de infrações penais cujas penas máximas sejam superiores a 4 (quatro) anos, ou que sejam de caráter transnacional.

(e) Lei 12.850/2013. Art. 4º O juiz poderá, a requerimento das partes, conceder o perdão judicial, reduzir em até 2/3 (dois terços) a pena privativa de liberdade ou substituí-la por restritiva de direitos daquele que tenha colaborado efetiva e voluntariamente com a investigação e com o processo criminal, desde que dessa colaboração advenha um ou mais dos seguintes resultados.

*Para responder, tem que estudar: lei.*

*Gabarito: C*

## 15.4. Lei de Execução Penal

**122. (Cespe/TJ/BA/Juiz/2012)** No que concerne à execução penal, assinale a opção correta.

a) A realização de exame psiquiátrico é obrigatória a todos os condenados por crimes hediondos.

b) Caso o condenado por crime hediondo cometa falta grave, o juiz da execução poderá revogar até três quintos do tempo remido.

c) A monitoração eletrônica não se aplica ao condenado que, cumprindo pena em regime semiaberto, obtenha autorização de saída temporária do estabelecimento para visita à família, sem vigilância direta.

d) Se o condenado fugir ou for flagrado na posse de aparelho telefônico que lhe permita comunicar-se com o ambiente externo, será interrompido o prazo para a obtenção do livramento condicional.

e) Nos termos da lei, está sujeito ao regime disciplinar diferenciado o preso provisório sobre o qual recaiam fundadas suspeitas de participação, a qualquer título, em quadrilha ou bando.

ANOTAÇÕES/COMENTÁRIOS

(a) Não há previsão legal nesse sentido.

(b) LEP. Art. 127. Em caso de falta grave, o juiz poderá revogar até 1/3 (um terço) do tempo remido, observado o disposto no art. 57, recomeçando a contagem a partir da infração disciplinar.

(c) LEP. Art. 122, parágrafo único – Os condenados que cumprem pena em regime semi-aberto poderão obter autorização para saída temporária do estabelecimento, sem vigilância direta, nos seguintes casos: Parágrafo único. A ausência de vigilância direta não impede a utilização de equipamento de monitoração eletrônica pelo condenado, quando assim determinar o juiz da condenação.

(d) LEP. Art. 50, VII – Comete falta grave o condenado à pena privativa de liberdade que: VII – tiver em sua posse, utilizar ou fornecer aparelho telefônico, de rádio ou similar, que permita a comunicação com outros presos ou com o ambiente externo. STJ. Súmula 441: "A falta grave não interrompe o prazo para obtenção de livramento condicional".

(e) LEP. Art. 50, § 2º A prática de fato previsto como crime doloso constitui falta grave e, quando ocasione subversão da ordem ou disciplina internas, sujeita o preso provisório, ou condenado, sem prejuízo da sanção penal, ao regime disciplinar diferenciado, com as seguintes características: § 2º Estará igualmente sujeito ao regime disciplinar diferenciado o preso provisório ou condenado sob o qual recaiam fundadas suspeitas de envolvimento ou participação, a qualquer título, em organizações criminosas, quadrilha ou bando.

*Para responder, tem que estudar: lei.*

*Gabarito: E*

**123. (Cespe/TJ/PI/Juiz/2012)** Assinale a opção correta com referência à execução penal (Lei n. 7.210/1984).

a) O condenado que esteja cumprindo pena em regime fechado, semiaberto ou aberto poderá remir, por trabalho, parte do tempo de execução, à razão de um dia de pena a cada três de trabalho.

b) O condenado ao cumprimento, em regime fechado, de pena privativa de liberdade será submetido a exame criminológico para a obtenção de elementos necessários à adequada classificação, com vistas à individualização da execução.

c) Fora dos estabelecimentos penais, serão implementados núcleos especializados da defensoria pública para a prestação de assistência jurídica integral e gratuita apenas aos réus já sentenciados que se encontrem em liberdade.

d) Permite-se a assistência religiosa aos presos, mas não a participação destes nos serviços organizados no estabelecimento penal nem a posse de livros de instrução religiosa.

e) O liberado definitivo será considerado egresso até o prazo de cinco anos a contar da saída do estabelecimento penal, podendo ser-lhe concedidos, em tal período, alojamento e alimentação em estabelecimento adequado.

**ANOTAÇÕES/COMENTÁRIOS**

(a) Segundo orientação desta Corte, bem assim do STF, o art. 126 da LEP prevê a remição da pena pelo trabalho somente aos apenados que se encontram nos regimes fechado ou semiaberto, situação mantida com a entrada em vigor da Lei 12.433/2011 (STJ, HC 189.914).

(b) LEP. Art. 8º O condenado ao cumprimento de pena privativa de liberdade, em regime fechado, será submetido a exame criminológico para a obtenção dos elementos necessários a uma adequada classificação e com vistas à individualização da execução.

(c) LEP. Art. 16, § 3º As Unidades da Federação deverão ter serviços de assistência jurídica, integral e gratuita, pela Defensoria Pública, dentro e fora dos estabelecimentos penais. § 3º Fora dos estabelecimentos penais, serão implementados Núcleos Especializados da Defensoria Pública para a prestação de assistência jurídica integral e gratuita aos réus, sentenciados em liberdade, egressos e seus familiares, sem recursos financeiros para constituir advogado.

(d) LEP. Art. 24. A assistência religiosa, com liberdade de culto, será prestada aos presos e aos internados, permitindo-se-lhes a participação nos serviços organizados no estabelecimento penal, bem como a posse de livros de instituição religiosa.

(e) LEP. Art. 26, I – Considera-se egresso para os efeitos desta lei: I – o liberado definitivo, pelo prazo de um ano a contar da saída do estabelecimento. LEP. Art. 25, II e parágrafo único – A assistência ao egresso consiste: II – na concessão, se necessário, de alojamento e alimentação, em estabelecimento adequado, pelo prazo de dois meses. Parágrafo único. O prazo estabelecido no inciso II poderá ser prorrogado uma única vez, comprovado, por declaração do assistente social, o emprenho da obtenção de emprego.

*Para responder, tem que estudar: lei e jurisprudência.*

*Gabarito: B*

**124. (Cespe/TJ/DFT/Juiz/2016)** No tocante à jurisprudência sumulada pelo STJ quanto ao direito penal, assinale a opção correta.

a) A extinção da punibilidade pela prescrição da pretensão punitiva, com fundamento em pena hipotética, é admitida, independentemente da existência ou do resultado do processo penal.

b) Fixada a pena-base no mínimo legal, a decisão, fundamentada na gravidade abstrata do delito, poderá estabelecer ao sentenciado regime prisional mais gravoso do que o cabível em razão da sanção imposta.

c) A contagem do prazo para a progressão de regime de cumprimento de pena será interrompida pela prática de falta grave e se reiniciará a partir do cometimento dessa infração.

d) A falta grave interrompe o prazo para a obtenção de livramento condicional.

e) A prática de falta grave interrompe o prazo para o fim de comutação de pena ou indulto.

ANOTAÇÕES/COMENTÁRIOS

(a) STJ. Súmula 438: "É inadmissível a extinção da punibilidade pela prescrição da pretensão punitiva com fundamento em pena hipotética, independentemente da existência ou sorte do processo penal".

(b) STJ. Súmula 440: "Fixada a pena-base no mínimo legal, é vedado o estabelecimento de regime prisional mais gravoso do que o cabível em razão da sanção imposta, com base apenas na gravidade abstrata do delito".

(c) STJ. Súmula 534: "A prática de falta grave interrompe a contagem para a progressão de regime de cumprimento de pena, o qual se reinicia a partir do cometimento dessa infração".

(d) STJ. Súmula 441: "A falta grave não interrompe o prazo para obtenção de livramento condicional".

(e) STJ. Súmula 535: "A prática de falta grave não interrompe o prazo para fim de comutação de pena ou indulto".

*Para responder, tem que estudar: súmula/OJ.*

*Gabarito: C*

**125. (Cespe/TJ/AM/Juiz/2016)** Condenado definitivamente pela justiça federal brasileira por crime de tráfico internacional de drogas e cumprindo pena, no regime fechado, em presídio estadual na cidade de Manaus/AM, Pablo, cidadão boliviano, após cumprir mais de dois terços da pena aplicada, pleiteou progressão ao regime aberto. Ele apresenta bom comportamento na prisão e não possui residência fixa no Brasil. O pedido foi indeferido pelo juiz da Vara de Execuções Penais da comarca de Manaus. Inconformado, Pablo, de próprio punho, impetrou "habeas corpus" no Tribunal de Justiça do Amazonas, pleiteando a reforma da decisão de primeiro grau e a obtenção da progressão ao regime aberto. Nessa situação hipotética, de acordo com a jurisprudência dos tribunais superiores, deve-se A denegar o "habeas corpus", pois não é permitida a concessão de progressão de regime a estrangeiro que não comprovar residência fixa no Brasil.

a) denegar o "habeas corpus", pois não é permitida a concessão de progressão de regime a estrangeiro que não comprovar residência fixa no Brasil.

b) negar seguimento ao "habeas corpus", pois a competência para o seu julgamento é do TRF da respectiva região, por se tratar de condenação por crime de tráfico internacional de drogas.

c) negar seguimento ao "habeas corpus", dada a existência na legislação de recurso próprio contra a decisão de indeferimento de progressão de regime, ou seja, o recurso em sentido estrito.

d) denegar o "habeas corpus", pois não é permitida a progressão "per saltum" no ordenamento jurídico nacional.

e) negar seguimento ao "habeas corpus", que não pode ser impetrado por estrangeiro em situação irregular no Brasil.

ANOTAÇÕES/COMENTÁRIOS

(a, e) Progressão de regime. Admissibilidade. Condenação por tráfico de drogas. Estrangeira sem domicílio no país e objeto de processo de expulsão. Irrelevância. HC concedido. O fato de o condenado por tráfico de drogas ser estrangeiro, estar preso, não ter domicílio no país e ser objeto de processo de expulsão, não constitui óbice à progressão de regime de cumprimento da pena (STF, HC 97.147).

(b) STJ. Súmula 192: "Compete ao Juízo das Execuções Penais do Estado a execução das penas impostas a sentenciados pela Justiça Federal, Militar ou Eleitoral, quando recolhidos a estabelecimentos sujeitos a administração estadual".

(c) Contudo, apesar de ser o agravo o recurso próprio cabível contra decisão que resolve incidente em execução, não há óbice ao manejo do habeas corpus quando a análise da ilegalidade do ato coator prescindir do exame aprofundado de provas, como no caso. Ordem parcialmente concedida para determinar que o Tribunal de Justiça do Estado de São Paulo aprecie o mérito do presente habeas corpus (STJ, HC 51.015).

(d) STJ. Súmula 491: "É inadmissível a chamada progressão 'per saltum' de regime prisional".

*Para responder, tem que estudar: jurisprudência e súmula/OJ.*

*Gabarito: D*



**126. (Cespe/TJ/PB/Juiz/2015)** Com referência à execução das penas privativas de liberdade, assinale a opção correta.

a) O condenado a pena superior a oito anos pode começar a cumpri-la em regime fechado, desde que o juiz fundamente as razões que ensejam regime inicial diferenciado.

b) Situação hipotética: Após uma discussão, Carlos desferiu ameaça contra a vida de Luís. Para ter coragem de executar o que foi dito, Carlos ingeriu bebida alcoólica. Assertiva: Nessa situação, caso seja condenado, a ingestão de bebida alcoólica será irrelevante na dosimetria da pena.

c) Situação hipotética: Mauro, que cumpria pena de reclusão de cinco anos, foi beneficiado com livramento condicional, mas deixou de cumprir algumas das condições especificadas na sentença e o benefício foi revogado. Assertiva: Nessa situação, novo livramento condicional poderá ser concedido depois que Mauro cumprir um sexto do restante de sua pena.

d) O tempo em que o condenado permaneceu preso preventivamente não deve ser computado na execução da pena privativa de liberdade devido à natureza processual da prisão preventiva.

e) Situação hipotética: Carlos cumpre pena de reclusão em estabelecimento prisional e estuda, em estabelecimento certificado pelo MEC, para concluir o ensino médio. Assertiva: Nessa situação, se Carlos terminar o ensino médio enquanto estiver cumprindo pena, o tempo a ser remido em função das horas de estudo será acrescido de um terço.

**ANOTAÇÕES/COMENTÁRIOS**

(a) CP. Art. 33, § 2º, a) – A pena de reclusão deve ser cumprida em regime fechado, semi-aberto ou aberto. A de detenção, em regime semi-aberto, ou aberto, salvo necessidade de transferência a regime fechado. § 2º As penas privativas de liberdade deverão ser executadas em forma progressiva, segundo o mérito do condenado, observados os seguintes critérios e ressalvadas as hipóteses de transferência a regime mais rigoroso: a) o condenado a pena superior a 8 (oito) anos deverá começar a cumpri-la em regime fechado.

(b) CP. Art. 61, II, i) – São circunstâncias que sempre agravam a pena, quando não constituem ou qualificam o crime: II – ter o agente cometido o crime: i) em estado de embriaguez preordenada.

(c) CP. Art. 88. Revogado o livramento, não poderá ser novamente concedido, e, salvo quando a revogação resulta de condenação por outro crime anterior àquele benefício, não se desconta na pena o tempo em que esteve solto o condenado.

(d) CP. Art. 42. Computam-se, na pena privativa de liberdade e na medida de segurança, o tempo de prisão provisória, no Brasil e no estrangeiro, o de prisão administrativa e o de internação em qualquer dos estabelecimentos referidos no artigo anterior.

(e) LEP. Art. 126, § 5º O condenado que cumpre a pena em regime fechado ou semiaberto poderá remir, por trabalho ou por estudo, parte do tempo de execução da pena § 5º O tempo a remir em função das horas de estudo será acrescido de 1/3 (um terço) no caso de conclusão do ensino fundamental, médio ou superior durante o cumprimento da pena, desde que certificada pelo órgão competente do sistema de educação.

*Para responder, tem que estudar: lei.*

*Gabarito: E*

**127. (Cespe/TJ/ES/Juiz/2011)** Assinale a opção correta com referência à execução das penas em espécie.

a) A autorização para a saída temporária deve ser concedida por ato motivado do juízo das execuções, que pode delegar a fiscalização das saídas ao administrador do presídio.

b) Por falta de previsão legal, não configura falta grave o fato de o reeducando não se reapresentar ao estabelecimento penal, no fim do prazo da saída temporária, por quase um mês, sem justificativa idônea.

c) Os condenados que cumpram pena em regime semiaberto podem obter autorização para saída temporária do estabelecimento, sem vigilância direta, para visitar a família.

d) O benefício da permissão de saída não se estende aos presos provisórios, restringindo-se aos condenados que cumpram pena em regime fechado ou semiaberto, mediante a necessária autorização do juízo das execuções penais.

e) O instituto da remição, como prêmio concedido ao apenado em razão do tempo trabalhado, uma vez constatado o efetivo labor do reeducando, constitui direito adquirido do condenado e gera coisa julgada administrativa.

**ANOTAÇÕES/COMENTÁRIOS**

(a) STJ. Súmula 520: "O benefício de saída temporária no âmbito da execução penal é ato jurisdicional insuscetível de delegação à autoridade administrativa do estabelecimento prisional". A questão está desatualizada porque o STF possui entendimento diverso, admitindo que o juízo da execução penal delegue a fiscalização das saídas temporárias ao administrador do presídio, vide HC 130.502/RJ, 1ª Turma, relatado pelo Ministro Marco Aurélio, e HC 128.763, 2ª Turma, relatado pelo Ministro Gilmar Mendes.

(b) Reeducando que não se reapresentar ao estabelecimento penal, no fim do prazo da saída temporária, por quase um mês, sem qualquer justificativa, configura falta grave consistente na fuga, a qual é expressamente tipificada no art. 50, II da LEP como falta disciplinar grave (STJ, AgRg no REsp 1.219.900).

(c) LEP. Art. 122, I e parágrafo único – Os condenados que cumprem pena em regime semiaberto poderão obter autorização para saída temporária do estabelecimento, sem vigilância direta, nos seguintes casos: I – visita à família; (...). Parágrafo único. A ausência de vigilância direta não impede a utilização de equipamento de monitoração eletrônica pelo condenado, quando assim determinar o juiz da execução.

(d) LEP. Art. 120, parágrafo único – Os condenados que cumprem pena em regime fechado ou semiaberto e os presos provisórios poderão obter permissão para sair do estabelecimento, mediante escolta, quando ocorrer um dos seguintes fatos: (...). Parágrafo único. A permissão de saída será concedida pelo diretor do estabelecimento onde se encontra o preso.

(e) LEP. Art. 127. Em caso de falta grave, o juiz poderá revogar até 1/3 (um terço) do tempo remido, observado o disposto no art. 57, recomeçando a contagem a partir da data da infração disciplinar. STF. Súmula Vinculante 9: "O disposto no artigo 127 da Lei 7.210/1984 (Lei de Execução Penal) foi recebido pela ordem constitucional vigente, e não se lhe aplica o limite temporal previsto no caput do artigo 58".

***Para responder, tem que estudar: lei, jurisprudência e súmula/OJ.***

*Gabarito: C*

**128. (Cespe/TJ/RN/Juiz/2013)** Considerando as disposições sobre a execução penal, assinale a opção correta.

a) O juiz pode determinar, de forma fundamentada, a realização de exame criminológico para fins de progressão do regime de cumprimento de pena por crime hediondo.

b) Suponha que João, condenado pela prática de crime de latrocínio, inicie o cumprimento da pena em regime fechado e, transcorrido um ano de execução da pena, seja acometido de doença mental comprovada por laudo psiquiátrico. Nessa hipótese, o juiz da execução deve conceder prisão domiciliar ao condenado.

c) O trabalho externo somente é permitido a presos em regime aberto ou semiaberto, cabendo ao preso em regime fechado a possibilidade exclusiva de trabalho interno.

d) Conforme estabelece a Lei de Execução Penal, a saída temporária poderá ser concedida por decisão exclusiva da autoridade penitenciária ao preso que cumpra pena no regime semiaberto, estando sujeita à fiscalização pelo MP e pelo juiz da execução.

e) A falta grave interrompe o prazo para a obtenção do livramento condicional.

## ANOTAÇÕES/COMENTÁRIOS

(a) STF. Súmula Vinculante 26: "Para efeito de progressão de regime no cumprimento de pena por crime hediondo, ou equiparado, o juízo da execução observará a inconstitucionalidade do art. 2º da Lei 8.072, de 25 de julho de 1990, sem prejuízo de avaliar se o condenado preenche, ou não, os requisitos objetivos e subjetivos do benefício, podendo determinar, para tal fim, de modo fundamentado, a realização de exame criminológico. STJ. Súmula 439: "Admite-se o exame criminológico pelas peculiaridades do caso, desde que em decisão motivada".

(b) LEP. Art. 183. Quando, no curso da execução da pena privativa de liberdade, sobrevier doença mental ou perturbação da saúde mental, o Juiz, de ofício, a requerimento do Ministério Público, da Defensoria Pública ou da autoridade administrativa, poderá determinar a substituição da pena por medida de segurança.

(c) LEP. Art. 36. O trabalho externo será admissível para os presos em regime fechado somente em serviço ou obras públicas realizadas por órgãos da Administração Direta ou Indireta, ou entidades privadas, desde que tomadas as cautelas contra a fuga e em favor da disciplina.

(d) LEP. Art. 66, IV – Compete ao Juiz da execução: IV – autorizar saídas temporárias.

(e) STJ. Súmula 441: "A falta grave não interrompe o prazo para obtenção de livramento condicional".

*Para responder, tem que estudar: lei e súmula/OJ.*

*Gabarito: A*

**129. (Cespe/TJ/AC/Juiz/2012)** Com base na Lei de Execução Penal, assinale a opção correta.

a) O tratamento ambulatorial poderá ser convertido em internação, pelo prazo mínimo de seis meses, se o agente revelar incompatibilidade com a medida de segurança.

b) Em qualquer fase da execução da pena, é permitido ao juiz alterar a forma de cumprimento das penas de prestação de serviços à comunidade e de limitação de fim de semana, sem que haja ofensa à coisa julgada.

c) Admite-se que o condenado maior de setenta anos de idade beneficiário de regime aberto ou semiaberto seja recolhido em residência particular.

d) Condenados que cumpram pena em regime semiaberto podem receber permissão de saída do estabelecimento prisional, sem vigilância direta, para frequentar curso supletivo profissionalizante ou curso superior.

e) A saída temporária pode ser concedida aos condenados que cumpram pena em regime fechado e semiaberto e aos presos provisórios, mediante autorização do diretor do estabelecimento onde se encontram presos.

ANOTAÇÕES/COMENTÁRIOS

(a) LEP. Art. 184, parágrafo único – O tratamento ambulatorial poderá ser convertido em internação se o agente revelar incompatibilidade com a medida. Parágrafo único. Nesta hipótese, o prazo mínimo de internação será de 1 (um) ano.

(b) LEP. Art. 148. Em qualquer fase da execução, poderá o Juiz, motivadamente, alterar, a forma de cumprimento das penas de prestação de serviços à comunidade e de limitação de fim de semana, ajustando-as às condições pessoais do condenado e às características do estabelecimento, da entidade ou do programa comunitário ou estatal.

(c) LEP. Art. 117, I – Somente se admitirá o recolhimento do beneficiário de regime aberto em residência particular quando se tratar de: I – condenado maior de 70 (setenta) anos.

(d) LEP. Art. 122, II – Os condenados que cumprem pena em regime semi-aberto poderão obter autorização para saída temporária do estabelecimento, sem vigilância direta, nos seguintes casos: II – frequência a curso supletivo profissionalizante, bem como de instrução do 2º grau ou superior, na Comarca do Juízo da Execução.

(e) LEP. Art. 122. Os condenados que cumprem pena em regime semi-aberto poderão obter autorização para saída temporária do estabelecimento, sem vigilância direta, nos seguintes casos. LEP. Art. 123. A autorização será concedida por ato motivado do Juiz da execução, ouvidos o Ministério Público e a administração penitenciária e dependerá da satisfação dos seguintes requisitos.

*Para responder, tem que estudar: lei.*

*Gabarito: B*

BLOCO II

**130.** **(Cespe/TJ/PR/Juiz/2017)** A respeito da execução penal e dos crimes hediondos, assinale a opção correta à luz da jurisprudência do STF e do STJ.

a) O crime de associação para o tráfico é hediondo, razão pela qual a progressão de regime para o condenado por esse crime só pode ser concedida depois de cumpridos dois terços da pena.

b) O condenado iniciará o cumprimento da pena obrigatoriamente no regime fechado e a pena privativa de liberdade não poderá em nenhuma hipótese ser substituída por pena restritiva de direito.

c) A progressão de regime será admitida somente mediante a realização de exame criminológico, que é imprescindível para os condenados por crime hediondo.

d) O inadimplemento da pena de multa aplicada cumulativamente ao condenado impede a progressão de regime, salvo quando provada a absoluta incapacidade econômica do condenado.

ANOTAÇÕES/COMENTÁRIOS

(a) A teor da jurisprudência consolidada desta Corte, o delito de associação para o tráfico (art. 35 da Lei 11.343/2006), não é equiparado a hediondo, uma vez que não está expressamente elencado no rol do artigo 2º da Lei 8.072/1990 (STJ, HC 381.202).

(b) Obrigatoriedade de imposição do regime inicial fechado. Declaração incidental de inconstitucionalidade do § 1º do art. 2º da Lei 8.072/90. Ofensa à garantia constitucional da individualização da pena (inciso XLVI do art. 5º da CF). Fundamentação necessária (CP, art. 33, § 3º, c/c o art. 59). Possibilidade de fixação, no caso em exame, do regime semiaberto para o início do cumprimento da pena privativa de liberdade (STF, HC 111.840). Tráfico de drogas. Art. 44 da Lei 11.343/2006: impossibilidade de conversão da pena privativa de liberdade em restritiva de direitos. Declaração incidental de inconstitucionalidade. Ofensa à garantia constitucional da individualização da pena (inciso XLVI do art. 5º da CF). (STF, HC 97.256).

(c) STF. Súmula vinculante 26: "Para efeito de progressão de regime no cumprimento de pena por crime hediondo, ou equiparado, o juízo da execução observará a inconstitucionalidade do art. 2º da Lei 8.072, de 25 de julho de 1990, sem prejuízo de avaliar se o condenado preenche, ou não, os requisitos objetivos e subjetivos do benefício, podendo determinar, para tal fim, de modo fundamentado, a realização de exame criminológico". STJ. Súmula 439: "Admite-se o exame criminológico pelas peculiaridades do caso, desde que em decisão motivada".

(d) O inadimplemento deliberado da pena de multa cumulativamente aplicada ao sentenciado impede a progressão no regime prisional. Tal regra somente é excepcionada pela comprovação da absoluta impossibilidade econômica do apenado em pagar a multa, ainda que parceladamente (STF, EP 12 ProgRegAgR).

*Para responder, tem que estudar: jurisprudência e súmula/OJ.*

*Gabarito: D*

**131. (Cespe/TJ/PR/Juiz/2017)** Com base no entendimento dos tribunais superiores sobre os incidentes e os procedimentos afetos às execuções penais, assinale a opção correta.

a) De acordo com o STF, o exame de cessação da periculosidade poderá ser ordenado, mediante requerimento, desde que o sentenciado tenha cumprido mais da metade do prazo da medida imposta.

b) O juiz poderá definir a monitoração eletrônica quando autorizar a saída temporária do apenado que está no regime fechado ou no semiaberto, ou quando ele determinar a prisão domiciliar.

c) João, reincidente, foi preso preventivamente em 3/2/2012 e, após regular processamento do feito, em 5/2/2014, foi condenado a oito anos de reclusão em regime inicialmente fechado, pela prática de homicídio. A defesa interpôs recurso de apelação e, entre os pleitos, requereu a progressão do regime de cumprimento de pena. Nessa situação, mesmo preenchidos os requisitos para a progressão, o pedido não deverá ser conhecido, sob pena de o tribunal incorrer em supressão de instância.

d) Maria foi processada e condenada pela prática de crime. Após o trânsito em julgado da sentença, ela iniciou o cumprimento da pena de reclusão em regime fechado. Alguns meses depois, sobreveio-lhe nova condenação por outro crime, cuja pena também deveria ser cumprida em regime fechado. Nessa situação, de acordo com o entendimento do STF, em se tratando de unificação de penas, a data base para a concessão da progressão da pena a Maria será a do trânsito em julgado da sua primeira condenação.

BLOCO II

**ANOTAÇÕES/COMENTÁRIOS**

(a) STF. Súmula 520: "Não exige a lei que, para requerer o exame a que se refere o art. 777 do Código de Processo Penal, tenha o sentenciado cumprido mais de metade do prazo da medida de segurança imposta".

(b) LEP. Art. 146-B, II e IV – O juiz poderá definir a fiscalização por meio da monitoração eletrônica quando: II – autorizar a saída temporária no regime semiaberto; IV – determinar a prisão domiciliar.

(c) Hipótese na qual o acórdão determinou a execução provisória da pena, com fulcro no novo entendimento adotado pelo STF, sendo certo que o desconto de mais 5 (cinco) meses de pena após o julgamento do apelo poderá eventualmente ensejar a transferência do paciente para o regime menos gravoso, devendo tal matéria ser analisada pelo Juízo das Execuções, a quem compete avaliar a possibilidade de concessão de benefícios prisionais. Mais: considerando que a progressão de regime de cumprimento de pena não foi objeto de cognição pela Corte de origem, resta vedada a análise da matéria por este STJ, sob pena de indevida supressão de instância (STJ, HC 380.710).

(d) A superveniência de nova condenação definitiva no curso da execução criminal sempre altera a data-base para concessão de benefícios, ainda que o crime tenha sido cometido antes do início de cumprimento da pena. A data do trânsito em julgado da nova condenação é o termo inicial de contagem para concessão de benefícios, que passa a ser calculado a partir do somatório das penas que restam a ser cumpridas (STF, HC 101.023).

*Para responder, tem que estudar: lei, jurisprudência e súmula/OJ.*

*Gabarito: C*

**132. (Cespe/TJ/PR/Juiz/2017)** João, maior de setenta anos de idade ao tempo do fato, foi condenado pelo crime de estelionato à pena privativa de liberdade de quatro anos e três meses de reclusão em regime inicial semiaberto e, ainda, ao pagamento de cinquenta dias-multa, fixado o valor de um vinte avos do salário mínimo vigente. Nessa situação hipotética, conforme o CPP:

a) caso o presidente da República conceda a João graça parcial, o benefício não poderá ser recusado.
b) o juiz poderá, a requerimento do réu, demonstradas as circunstâncias que o justifiquem, permitir que o pagamento da pena de multa se faça em parcelas mensais.
c) João terá direito ao livramento condicional, preenchidos os requisitos, e somente este ou o seu advogado poderá requerê-lo ao juízo da execução penal, tendo em vista a natureza personalíssima da pena.
d) o requisito temporal do livramento condicional será reduzido pela metade, em razão de João contar com mais de setenta anos de idade na data do fato.

*ANOTAÇÕES/COMENTÁRIOS*

(a) CPP. Art. 739. O condenado poderá recusar a comutação da pena.

(b) CP. Art. 50. A multa deve ser paga dentro de 10 (dez) dias depois de transitada em julgado a sentença. A requerimento do condenado e conforme as circunstâncias, o juiz pode permitir que o pagamento se realize em parcelas mensais.

(c) CPP. Art. 712. O livramento condicional poderá ser concedido mediante requerimento do sentenciado, de seu cônjuge ou de parente em linha reta, ou por proposta do diretor do estabelecimento penal, ou por iniciativa do Conselho Penitenciário.

(d) O fato de o apenado ter mais de setenta anos de idade ao tempo do fato afeta o lapso prescricional, nos termos do art. 115, CP, mas não interfere no requisito objetivo do livramento condicional.

*Para responder, tem que estudar: lei.*

*Gabarito: B*

**133. (Cespe/TJ/DFT/Juiz/2016)** Transitada em julgado a sentença penal condenatória, no caso de ser editada lei de natureza penal mais benéfica, competirá ao juiz da vara de execução penal:

a) devolver a carta de guia ao juízo de origem, a fim de que o juiz do processo de conhecimento aplique a pena mais benéfica ou remeta o feito diretamente ao tribunal local ou ao tribunal superior que porventura tenha aplicado, em grau de recurso, a condenação que até então vinha sendo executada.

b) aplicá-la em benefício do condenado, independentemente de a condenação ter sido estabelecida pelo juízo singular, pelo tribunal ou pelos tribunais superiores.

c) aplicá-la em benefício do condenado, salvo se a condenação tiver sido estabelecida pelo STF em ação penal originária, hipótese em que competirá aos ministros modificar seus julgados e ao juiz, remeter carta de guia ao ministro relator.

d) aplicá-la em benefício do condenado, salvo se a condenação tiver sido aplicada pelo STJ, hipótese em que deverá remeter a carta de guia ao ministro relator.

e) intimar o réu e seu defensor para lhes dar conhecimento da lei, a fim de que eles, se desejarem, ajuízem ação de revisão criminal, medida apta a desconstituir o título penal até então executado, dado o princípio da segurança das relações judiciais, conforme o qual a coisa julgada faz lei entre as partes.

ANOTAÇÕES/COMENTÁRIOS

(a, b, c, d, e) LEP. Art. 66, I – Compete ao Juiz da execução: I – aplicar aos casos julgados lei posterior que de qualquer modo favorecer o condenado. STF. Súmula 611: "Transitada em julgado a sentença condenatória, compete ao juízo das execuções a aplicação de lei mais benigna".

*Para responder, tem que estudar: lei.*

*Gabarito: B*

BLOCO II

## 15.5. Lei de Procedimentos Perante o STF e o STJ (Lei 8.038/90)

**134. (Cespe/TJ/ES/Juiz/2011)** Acerca das normas procedimentais para os processos perante o STJ e o STF (Lei n. 8.038/1990), assinale a opção correta.

a) No âmbito do STJ, não é permitida a revisão das sentenças das ações penais originárias, sendo as decisões das turmas tomadas pelo voto da maioria simples de seus membros.

b) Tratando-se de ação penal originária, o relator não poderá delegar a realização do interrogatório do acusado, mas, apenas, de atos da instrução ao juiz ou membro de tribunal com competência territorial no local de cumprimento da carta de ordem.

c) Nos crimes de ação penal pública, é estipulado em quinze dias o prazo para o MP oferecer denúncia ou pedir o arquivamento do inquérito ou das peças informativas, independentemente de o réu estar preso ou solto.

d) É embargável, no prazo de quinze dias, a decisão da turma que, em recurso especial, divergir do julgamento de outra turma, da seção ou do órgão especial.

e) Em "habeas corpus" originário ou recursal, havendo empate, o relator submeterá o feito a novo julgamento na sessão seguinte, independentemente de publicação da pauta.

ANOTAÇÕES/COMENTÁRIOS

(a) Lei 8.038/90. Art. 40, II – Haverá revisão, no STJ, nos seguintes processos: II – ação penal originária.

(b) Lei 8.038/90. Art. 9º, § 1º A instrução obedecerá, no que couber, ao procedimento comum do Código de Processo Penal. § 1º O relator poderá delegar a realização do interrogatório ou de outro ato da instrução ao juiz ou membro de tribunal com competência territorial no local de cumprimento da carta de ordem.

(c) Lei 8.038/90. Art. 1º, § 2º, a) – Nos crimes de ação penal pública, o Ministério Público terá o prazo de quinze dias para oferecer denúncia ou pedir arquivamento do inquérito ou das peças informativas. § 2º Se o indiciado estiver preso: a) o prazo para oferecimento da denúncia será de cinco dias.

(d) Lei 8.038/90. Art. 29. É embargável, no prazo de quinze dias, a decisão da turma que, em recurso especial, divergir do julgamento de outra turma, da seção ou do órgão especial, observando-se o procedimento estabelecido no regimento interno.

(e) Lei 8.038/90. Art. 41-A, parágrafo único – A decisão de Turma, no STJ, será tomada pelo voto da maioria absoluta de seus membros. Parágrafo único – Em habeas corpus originário ou recursal, havendo empate, prevalecerá a decisão mais favorável ao paciente.

*Para responder, tem que estudar: lei.*

*Gabarito: D*

**135. (Cespe/TJ/PI/Juiz/2012)** No que concerne aos recursos e ao "habeas corpus", assinale a opção correta.

a) De acordo com a jurisprudência do STF e do STJ, os embargos infringentes, no processo penal, são cabíveis apenas contra decisões majoritárias proferidas em apelação, recurso em sentido estrito, revisão criminal e decisão denegatória de "habeas corpus", na hipótese de o réu encontrar-se preso para o cumprimento de pena imposta em sentença condenatória.

b) A carta testemunhável tem efeito suspensivo e deve ser requerida ao diretor de secretaria, ou ao secretário do tribunal, conforme o caso, nas quarenta e oito horas seguintes ao despacho que denegar o recurso, indicando o requerente as peças do processo que devem ser trasladadas. Segundo a jurisprudência do STJ, é admissível a substituição do recurso em sentido estrito, contra a decisão que não tenha recebido a apelação, por carta testemunhável.

c) Considere que, monocraticamente, no STJ, tenha sido negado seguimento a agravo interposto contra decisão do presidente do TJ/PI, que negou seguimento a recurso especial do réu. Nesse caso, se a defesa opuser embargos de declaração com caráter infringente contra a decisão do ministro-relator, será admissível a conversão destes em agravo regimental, em virtude do princípio da fungibilidade recursal.

d) De acordo com a jurisprudência do STJ, é admissível a impetração de "habeas corpus" como sucedâneo de agravo de instrumento para atacar decisão que negue seguimento a recurso especial interposto pela defesa.

e) Nos termos da jurisprudência do STJ, a falta de contrarrazões ao recurso em sentido estrito interposto pela acusação, por inércia do réu ou de seu defensor, não enseja nulidade, desde que haja regular intimação da defesa para a prática desse ato.

## ANOTAÇÕES/COMENTÁRIOS

(a) Conforme entendimento sedimentado nesta Corte e no Pretório Excelso e à luz do disposto no parágrafo único do art.609 do CPP, somente são admissíveis os Embargos Infringentes e de Nulidade na Apelação e no Recurso em Sentido Estrito, e não em sede de Habeas Corpus (STJ, HC 92.394).

(b) CPP. Art. 646. A carta testemunhável não terá efeito suspensivo. Não se afigura, portanto, possível a substituição da interposição de recurso em sentido estrito, contra a decisão que não recebeu a apelação, por carta testemunhável, pois, como é sabido, tal recurso, em razão de seu caráter subsidiário, somente é cabível quando não esteja previsto em lei outro recurso apto a impugnar a decisão judicial. (STJ, HC 85.317).

(c) O embargante pretende, na realidade, a reforma da decisão embargada, no tocante à distribuição dos ônus sucumbenciais; no intuito que foge da função dos embargos de declaração. Diante disso e atento aos princípios da fungibilidade recursal e da celeridade e economia processual, estes embargos declaratórios foram recebidos como agravo regimental (STJ, EDcl no REsp 1.291.952).

(d) É firme a jurisprudência deste STJ e do STF, no sentido de que o habeas corpus não é sucedâneo de agravo de instrumento contra decisão de inadmissão de recurso especial, mormente quando bem fundamentado o decisum, não na natureza constitucional das matérias deduzidas, mas também na falta de indicação dos dispositivos legais que teriam sido violados (STJ, HC 21.115).

(e) Recurso em sentido estrito interposto pelo órgão ministerial. Defensor intimado. Ausência de contrarrazões. Falta de defesa do paciente. Irresignação provida. Pronúncia. Ampla defesa e contraditório. Ofensa. Prejuízo evidente. Cerceamento de defesa caracterizado. Ordem concedida. Em respeito às garantias constitucionais ao contraditório e à ampla defesa, esta Corte Superior de Justiça tem decidido que "não havendo a defesa do paciente apresentado contra-razões ao recurso interposto pelo Ministério Público, deve o réu ser intimado para constituir novo patrono, ou, no silêncio, nomear-se defensor para apresentar resposta ao apelo, observando-se os princípios da ampla defesa e do contraditório". (STJ, HC 108.652).

*Para responder, tem que estudar: lei e jurisprudência.*

*Gabarito: C*

**136. (Cespe/TJ/AC/Juiz/2012)** Com referência a prescrição, punibilidade e foro, assinale a opção correta.

a) Tratando-se de processos que envolvam agentes aos quais seja garantida prerrogativa de foro perante o STJ e o STF, o oferecimento da denúncia interromperá o curso da prescrição, conforme previsão legal específica.

b) Se o acusado de crime de instigação ao suicídio tiver prerrogativa de função prevista na constituição estadual, ele deverá ser processado perante foro especial, ou seja, perante o tribunal de justiça do respectivo estado.

c) A denominada prescrição antecipada, ou virtual, que se baseia na possível pena a ser aplicada ao agente em caso de condenação, deve ser reconhecida, conforme previsto no CP, antes da imposição da pena no caso concreto.

d) Compete ao STF processar e julgar originariamente os ministros de Estado nas infrações penais comuns e nos crimes de responsabilidade.

e) Se, em um processo que tramita há anos, for imposta ao acusado condenação pela pena mínima cominada, será possível que a pretensão punitiva dos crimes prescreva; entretanto, a condenação será considerada para efeitos de reincidência, conforme o lapso temporal transcorrido.

**ANOTAÇÕES/COMENTÁRIOS**

(a) Não há previsão legal específica, prevalecendo a regra geral do CP, que prevê o recebimento da denúncia como marco interruptivo (art. 117, I, CP).

(b) STF. Súmula 721: "A competência constitucional do Tribunal do Júri prevalece sobre o foro por prerrogativa de função estabelecido exclusivamente pela Constituição estadual".

(c) STJ. Súmula 438: "É inadmissível a extinção da punibilidade pela prescrição da pretensão punitiva com fundamento em pena hipotética, independentemente da existência ou sorte do processo penal".

(d) CF. Art. 102, I, c) – Compete ao STF, precipuamente, a guarda da Constituição, cabendo-lhe: I – processar e julgar, originariamente: c) nas infrações penais comuns e nos crimes de responsabilidade, os Ministros de Estado e os Comandantes da Marinha, do Exército e da Aeronáutica, ressalvado o disposto no art. 52, I, os membros dos Tribunais Superiores, os do Tribunal de Contas da União e os chefes de missão diplomática de caráter permanente.

(e) Muito embora o recorrente já tenha sido beneficiado pela concessão do indulto, era mesmo de rigor o reconhecimento da prescrição da pretensão punitiva estatal, tendo em vista o afastamento de todos os efeitos penais advindos da condenação, inclusive a reincidência (STJ, AgRg no REsp 510.416). A questão trata da prescrição da pretensão punitiva, que não gera reincidência.

*Para responder, tem que estudar: lei, jurisprudência e súmula/OJ.*

*Gabarito: D*

**137. (Cespe/TJ/PI/Juiz/2012)** Tendo em vista o entendimento do STJ acerca dos institutos de direito processual penal, assinale a opção correta.

a) Consoante jurisprudência do STJ, não se admite, a despeito da inteligibilidade dos fundamentos, que a autoridade judiciária integrante de tribunal de apelação, ao proferir voto, se reporte a sentença ou a parecer ministerial.

b) Os prazos previstos na lei processual penal devem ser somados de forma aritmética para a avaliação de excesso de prazo na custódia do denunciado, impondo-se, caso sejam extrapolados, a sua imediata soltura.

c) Não é permitido ao relator decidir monocraticamente no STJ o mérito do recurso especial criminal, ainda que amparado em súmula ou jurisprudência dominante dessa corte ou do STF.

d) É absolutamente nula, por cerceamento de defesa, a realização de sessão em que se delibere acerca do recebimento da denúncia, na ação penal originária, sem prévia intimação regular do acusado e de seu defensor.

e) Não se admite a ação mandamental de "habeas corpus" para afastar constrangimento ilegal de ordem processual suportado pelo réu na ação penal, ainda que presente a possibilidade de lesão à liberdade de locomoção.

BLOCO II

ANOTAÇÕES/COMENTÁRIOS

(a) Com entendimento semelhante, o STJ já teve a oportunidade de concluir que, no julgamento da apelação pela instância superior, a simples remissão do desembargador relator aos fundamentos da sentença impugnada e ao parecer ministerial, sem sequer transcrever os trechos indicativos da motivação acolhida, não permitindo que as partes possam aferir as razões que teriam sido incorporadas à decisão do juízo ad quem. Logo, deve ser reconhecida a nulidade do acórdão por ausência de motivação. Segundo a Corte, se é verdade que tem sido admitido que, no bojo da fundamentação, o órgão jurisdicional se reporte a outras peças constantes do processo – fundamentação per relationem -, também é verdade que o julgado deve expor, de forma clara, as razões que o motivaram e ensejaram a adoção de determinada decisão, garantindo-se às partes e à sociedade a possibilidade de acessá-las e compreendê-las (Manual de Processo Penal. Renato Brasileiro).

(b) Conforme pacífica jurisprudência de nossos Tribunais Superiores, os prazos previstos na lei processual penal não devem ser somados de forma aritmética a fim de ser reconhecida coação ilegal à liberdade de locomoção do acusado em razão de eventual excesso, permitindo-se ao Juízo, em hipóteses excepcionais, como in casu, a ultrapassagem desses marcos, o que decorre da aplicação do princípio da razoabilidade (STJ, HC 188.758).

(c) Pacificada a possibilidade de o relator decidir monocraticamente o mérito do recurso, amparado em súmula ou jurisprudência dominante deste Tribunal Superior ou do STF (STJ, AgRg no REsp 1.154.821).

(d) É pacífica a jurisprudência desta Corte Superior de Justiça no sentido de ser absolutamente nula, "por cerceamento de defesa, a realização de sessão em que se delibera acerca do recebimento ou rejeição da denúncia, nos casos de ação penal originária, sem a prévia intimação regular do acusado e de seu defensor (STJ, HC 110.311).

(e) Há muito a jurisprudência dos Tribunais Superiores admite a utilização da ação mandamental de habeas corpus para afastar constrangimento ilegal de ordem processual suportado pelo réu no curso da ação penal, desde que presente a possibilidade de lesão à liberdade de locomoção do indivíduo (STJ, AgRg no REsp 160.696).

*Para responder, tem que estudar: jurisprudência e teoria/doutrina.*

*Gabarito: D*

## 15.6. Lei dos Juizados Especiais (Lei 9.099/95)

**138. (Cespe/TJ/BA/Juiz/2019)** Tendo como referência a Lei n.º 9.099/1995 – Lei dos Juizados Especiais Cíveis e Criminais –, assinale a opção correta, acerca da suspensão condicional do processo.

a) A existência de ações penais em curso contra o denunciado não impede a concessão da suspensão condicional do processo.

b) A causa de aumento de pena decorrente de crime continuado será desconsiderada para fins de concessão da suspensão condicional do processo.

c) Presentes os pressupostos legais para a suspensão condicional do processo, havendo recusa do promotor natural em propor o benefício, este poderá ser oferecido pelo juiz, de ofício.

d) Para a suspensão condicional do processo, além das condições legalmente obrigatórias, o juiz não poderá fixar quaisquer outras condições, pois todas estas serão consideradas ilegítimas.

e) Em caso de procedência parcial da pretensão punitiva, será cabível a aplicação da suspensão condicional do processo, cuja proposta será apresentada pelo MP.

*ANOTAÇÕES/COMENTÁRIOS*

(a) Lei nº 9.099/1995. Art. 89. Nos crimes em que a pena mínima cominada for igual ou inferior a um ano, abrangidas ou não por esta Lei, o Ministério Público, ao oferecer a denúncia, poderá propor a suspensão do processo, por dois a quatro anos, desde que o acusado não esteja sendo processado, presentes os demais requisitos que autorizariam a suspensão condicional da pena.

(b) STF. Súmula 723: "Não se admite a suspensão condicional do processo por crime continuado, se a soma da pena mínima da infração mais grave com o aumento mínimo de um sexto for superior a um ano."

(c) STF. Súmula 696: "Reunidos os pressupostos legais permissivos da suspensão condicional do processo, mas se recusando o promotor de justiça a propô-la, o juiz, dissentindo, remeterá a questão ao Procurador-Geral, aplicando-se por analogia o art. 28 do Código de Processo Penal."

(d) Lei nº 9.099/1995. Art. 89, § 2º. O juiz poderá especificar outras condições a que fica subordinada a suspensão, desde que adequadas ao fato e à situação pessoal do acusado.

(e) STJ. Súmula 337: "É cabível a suspensão condicional do processo na desclassificação do crime e na procedência parcial da pretensão punitiva."

*Para responder, tem que estudar: lei e súmula/OJ.*

*Gabarito: E*

**139. (Cespe/TJ/PR/Juiz/2017)** Acerca da transação penal no juizado especial, assinale a opção correta.

a) O descumprimento de transação penal homologada não impede a extinção da punibilidade pela prescrição da pretensão punitiva.

b) Haverá óbice à proposta de transação de pena restritiva de direitos quando o tipo em abstrato só comportar pena de multa.

c) A proposta de transação penal pelo MP exige o comparecimento da vítima à audiência preliminar.

d) A proposta de transação penal por carta precatória fere o princípio da oralidade.

ANOTAÇÕES/COMENTÁRIOS

(a) FONAJE. Enunciado 44: " No caso de transação penal homologada e não cumprida, o decurso do prazo prescricional provoca a declaração de extinção de punibilidade pela prescrição da pretensão punitiva".

(b) FONAJE. Enunciado 20: "A proposta de transação de pena restritiva de direitos é cabível, mesmo quando o tipo em abstrato só comporta pena de multa".

(c) FONAJE. Enunciado 2: "O Ministério Público, oferecida a representação em Juízo, poderá propor diretamente a transação penal, independentemente do comparecimento da vítima à audiência preliminar".

(d) FONAJE. Enunciado 13: "É cabível o encaminhamento de proposta de transação penal por carta precatória".

*Para responder, tem que estudar: súmula/OJ.*

*Gabarito: A*

**140. (Cespe/TJ/PI/Juiz/2012)** Acerca dos juizados especiais criminais, assinale a opção correta.

a) A inexistência de órgão uniformizador no âmbito dos juizados estaduais não faz prevalecer, ainda que em caráter excepcional, a jurisprudência do STJ na interpretação da legislação infraconstitucional.

b) Constatado o descumprimento de condição imposta durante o período de prova do sursis processual, pode haver a revogação do benefício, desde que a decisão venha a ser proferida antes do término do período de prova.

c) É admissível a impetração de mandado de segurança para que o tribunal de justiça exerça o controle da competência dos juizados especiais estaduais, vedada a análise do mérito do processo subjacente.

d) Não há, na Lei n. 9.099/1995, previsão para que a autoridade judicial imponha a prestação de serviço comunitário como condição para a suspensão condicional do processo.

e) A jurisprudência do STJ firmou-se no sentido da aplicabilidade da Lei n. 9.099/1995 aos crimes praticados com violência doméstica ou familiar.

ANOTAÇÕES/COMENTÁRIOS

(a) A partir do julgamento dos EDcl no RE 571.572 o plenário do STF decidiu que, ante a ausência de órgão uniformizados de jurisprudência no âmbito dos juizados estaduais, mostra-se cabível, em caráter excepcional, a reclamação prevista no art. 105, I, f, da Constituição Federal para fazer prevalecer a jurisprudência do STJ na interpretação da legislação infraconstitucional (STJ, AgRg nos EDcl na RCL 6.046).

(b) A jurisprudência desta Egrégia Corte é firme no sentido de que, constatado o descumprimento de condição imposta durante o período de prova do sursis processual, pode haver a revogação do benefício ainda que a decisão venha a ser proferida após o término do período de prova. Isso porque a decisão do Juízo é meramente declaratória (STJ, AgRg no REsp 1.244.420).

(c) Admite-se a impetração de mandado de segurança frente aos Tribunais de Justiça dos Estados para o exercício do controle da competência dos Juizados Especiais, ainda que a decisão a ser anulada já tenha transitado em julgado (STJ, RMS 30.170).

(d) Apesar de não haver consenso na doutrina, prevalece o entendimento de que não é possível a aplicação de penas restritivas de direitos como condições da suspensão condicional do processo. (...). Ademais, é o próprio art. 89, § 2º, da Lei 9.099/95, que estabelece a possibilidade de especificação de outras condições, e não de outras penas. (...).

Na jurisprudência, porém, prevalece o entendimento de que não há qualquer óbice à aplicação de penas restritivas de direitos como condições da suspensão condicional do processo (Manual de Processo Penal. Renato Brasileiro).

(e) STJ. Súmula 536: "A suspensão condicional do processo e a transação penal não se aplicam na hipótese de delitos sujeitos ao rito da Lei Maria da Penha"

*Para responder, tem que estudar: jurisprudência, súmula/OJ e teoria/doutrina.*

*Gabarito: C*

**141. (Cespe/TJ/PB/Juiz/2011)** A respeito do procedimento dos juizados especiais criminais, assinale a opção correta.

a) É do tribunal de justiça a competência para apreciar recurso de decisão que, sendo da competência do juizado especial, não tenha sido exarada em juízo específico por ser a comarca dotada de vara única, embora seguido o procedimento sumaríssimo.

b) Consoante jurisprudência dos tribunais superiores, compete ao STJ o julgamento de pedido de "habeas corpus" caso a autoridade coatora seja turma recursal dos juizados especiais.

c) Realizado pelo MP pedido de arquivamento de processo que tramite no juizado especial criminal, o oferecimento e o recebimento da denúncia pelo juiz da vara criminal, em face da incompetência do juizado, ensejam nulidade e remessa do inquérito policial ao procurador-geral, dada a hipótese de discordância em relação ao pedido de arquivamento.

d) Compete à justiça comum o julgamento de acusado de crime de menor potencial ofensivo em concurso formal com delito de outra natureza, visto que, no concurso de crimes, a pena considerada para a fixação da competência é a resultante da soma das penas previstas, havendo concurso material, ou da exasperação, no caso de concurso formal ou de crime continuado.

e) Conforme a pacífica jurisprudência dos tribunais superiores, é da competência do STF o julgamento de "habeas corpus" contra acórdão de apelação de turma recursal de juizado especial criminal.

ANOTAÇÕES/COMENTÁRIOS

(a) Tratando-se de feito de competência do Juizado Especial, que não foi decidido em juízo específico apenas porque a comarca é dotada de Vara Única, mas que seguiu o procedimento sumaríssimo, a competência para apreciar o recurso é da Turma Recursal, nos termos do art. 82 da Lei 9.099/95, que prevê o prazo recursal de 10 (dez) dias (STJ, HC 168.401).

(b, e) Compete ao Tribunal de Justiça do Estado processar e julgar habeas corpus impetrado contra ato impetrado contra ato emanado de Turma Recursal (STF, HC 89.378).

(c) Realizado pedido de arquivamento pelo Ministério Público quando o processo tramitava perante o juizado especial criminal, o oferecimento e recebimento da denúncia, já pelo juiz da vara criminal, em face da incompetência do juizado, dado que se constatou versar a espécie lesões corporais graves, não rende ensejo a nulidade, tampouco aplicação do art. 28 do Código de Processo Penal, pois a hipótese não é de discordância do pedido de arquivamento, mas, pura e simplesmente, reconhecimento da falta de competência (STJ, HC 105.804).

(d) É pacífica a jurisprudência desta Corte de que, no caso de concurso de crimes, a pena considerada para fins de fixação da competência do Juizado Especial Criminal será o resultado da soma, no caso de concurso material, ou a exasperação, na hipótese de concurso formal ou crime continuado, das penas máximas cominadas aos delitos; destarte, se desse somatório resultar um apenamento superior a 02 (dois) anos, fica a afastada a competência do Juizado Especial (STJ, CC 101.274).

*Para responder, tem que estudar: jurisprudência.*

*Gabarito: D*

**142. (Cespe/TJ/MA/Juiz/2013)** De acordo com as normas que regem os juizados especiais, assinale a opção correta.

a) A competência do juizado especial criminal é determinada pelo lugar em que tenha sido praticada a infração penal, ou pelo lugar em que se tenha produzido seu resultado.

b) Sempre que possível, a citação do autor do fato deverá ser feita pessoalmente no próprio juizado, ou por mandado, e, não sendo ele encontrado para ser citado, o juiz deverá encaminhar as peças existentes ao juízo criminal comum.

c) Os atos processuais praticados nos juizados especiais criminais devem ser públicos, podendo realizar-se em horário noturno, em qualquer dia da semana, ressalvados domingos e feriados.

d) O instituto da transação penal não se aplica no âmbito da justiça militar, salvo nos crimes militares próprios.

ANOTAÇÕES/COMENTÁRIOS

(a) Lei 9.099/1995. Art. 63. A competência do Juizado será determinada pelo lugar em que foi praticada a infração penal.

(b) Lei 9.099/1995. Art. 66. A citação será pessoal e far-se-á no próprio Juizado, sempre que possível, ou por mandado. Parágrafo único. Não encontrado o acusado para ser citado, o Juiz encaminhará as peças existentes ao Juízo comum para adoção do procedimento previsto em lei.

(c) Lei 9.099/1995. Art. 64. Os atos processuais serão públicos e poderão realizar-se em horário noturno e em qualquer dia da semana, conforme dispuserem as normas de organização judiciária.

(d) Lei 9.099/1995. Art. 90-A – As disposições desta Lei não se aplicam no âmbito da Justiça Militar.

*Para responder, tem que estudar: lei.*

*Gabarito: B*

**143. (Cespe/TJ/RN/Juiz/2013)** No que concerne aos procedimentos em espécie, assinale a opção correta.

a) No procedimento relativo a processos da competência do tribunal do júri, caso o juiz não se convença da materialidade do fato ou da existência de indícios suficientes de autoria ou de participação, o acusado deverá ser sumariamente absolvido.

b) No rito do tribunal do júri, os jurados excluídos da formação do conselho de sentença, por impedimento, suspeição ou incompatibilidade, não poderão ser considerados para a constituição do número legal exigível para a realização da sessão de julgamento.

c) Na Lei n. 9.099/1995, é prevista a possibilidade de fase prévia de composição civil entre as partes e, caso obtida a conciliação nos crimes de menor potencial ofensivo de ação penal exclusivamente privada, a sentença homologatória importará na impossibilidade de futuro exercício do direito de queixa, ainda que o descumprimento do acordo seja constatado dentro do prazo decadencial.

d) Deve-se adotar o procedimento sumaríssimo, previsto na Lei n. 9.099/1995, em relação aos crimes de menor potencial ofensivo, ainda que praticados com violência doméstica e familiar contra a mulher.

e) No procedimento ordinário, poderão ser inquiridas, durante a instrução processual, até oito testemunhas arroladas pela acusação e oito testemunhas arroladas pela defesa, incluídas, nesse número, as que não prestem compromisso.

**ANOTAÇÕES/COMENTÁRIOS**

(a) CPP. Art. 414. Não se convencendo da materialidade do fato ou da existência de indícios suficientes de autoria ou de participação, o juiz, fundamentadamente, impronunciará o acusado.

(b) CPP. Art. 451. Os jurados excluídos por impedimento, suspeição ou incompatibilidade serão considerados para a constituição do número legal exigível para a realização da sessão.

(c) Lei 9.099/1995. Art. 74, parágrafo único. A composição dos danos civil será reduzida a escrito e, homologada pelo Juiz mediante sentença irrecorrível, terá eficácia de título a ser executado no juízo civil competente. Parágrafo único. Tratando-se de ação penal de iniciativa privada ou de ação penal pública condicionada à representação, o acordo homologado acarreta renúncia ao direito de queixa ou representação.

(d) Lei 11.340/06. Art. 41. Aos crimes praticados com violência doméstica e familiar contra a mulher, independentemente da pena prevista, não se aplica a Lei 9.099, de 26 de setembro de 1995.

(e) CPP. Art. 401. Na instrução poderão ser inquiridas até 8 (oito) testemunhas arroladas pela acusação e 8 (oito) pela defesa. (Redação dada pela Lei 11.719, de 2008). § 1º Nesse número não se compreendem as que não prestam compromisso e as referidas. (Incluído pela Lei 11.719, de 2008).

*Para responder, tem que estudar: lei.*

*Gabarito: C*

**144. (Cespe/TJ/DFT/Juiz/2016)** Assinale a opção correta, em que o magistrado agiu em consonância com a jurisprudência sumulada do STF ou do STJ.

a) Um réu em processo penal renunciou ao direito de apelação interposta pela defesa técnica, tendo manifestado sua vontade sem a assistência de seu defensor, caso em que o magistrado não conheceu da apelação, fundamentando sua decisão na supremacia da vontade do réu sobre a vontade de seu defensor.

b) O juiz de direito substituto, ao tomar conhecimento da prática de falta disciplinar no âmbito da execução penal, por comunicação do diretor do estabelecimento prisional, reconheceu a falta disciplinar, mesmo sem a instauração de procedimento administrativo pelo diretor, fundamentando sua decisão no fato de se tratar de falta flagrante cometida nas dependências do estabelecimento prisional.

c) O juiz de direito substituto, ao tomar conhecimento da falta de intimação do denunciado para oferecer contrarrazões ao recurso interposto da rejeição da denúncia, proferiu decisão suprindo a falta por meio da nomeação de defensor dativo, fundamentada na facultatividade da intimação.

d) Após a homologação da transação penal prevista no artigo 76 da Lei n. 9.099/1995, sobreveio o descumprimento de suas cláusulas, razão pela qual o magistrado acolheu o pedido da acusação, retomando-se a situação anterior, e possibilitando ao MP a continuidade da persecução penal mediante oferecimento de denúncia ou requisição de inquérito policial, ao fundamento de que a homologação não faz coisa julgada material.

e) O juiz de direito substituto, ao julgar crime sujeito ao rito da Lei Maria da Penha, cometido por João contra Maria, sua esposa, acolheu pedido da defesa de João e aplicou a suspensão condicional do processo, sob o fundamento de que houve pacificação da situação fática entre os envolvidos.

ANOTAÇÕES/COMENTÁRIOS

(a) STF. Súmula 705: "A renúncia do réu ao direito de apelação, manifestada sem a assistência do defensor, não impede o conhecimento da apelação por este interposta".

(b) STJ. Súmula 533: "Para o reconhecimento da prática de falta disciplinar no âmbito da execução penal, é imprescindível a instauração de procedimento administrativo pelo diretor do estabelecimento prisional, assegurado o direito de defesa, a ser realizado por advogado constituído ou defensor público nomeado".

(c) STF. Súmula 707: "Constitui nulidade a falta de intimação do denunciado para oferecer contra-razões ao recurso interposto de rejeição da denúncia, não a suprindo a nomeação de defensor dativo".

(d) STF. Súmula Vinculante 35: "A homologação da transação penal prevista no artigo 76 da Lei 9.099/1995 não faz coisa julgada material e, descumpridas suas cláusulas, retoma-se a situação anterior, possibilitando-se ao Ministério Público a continuidade da persecução penal mediante oferecimento de denúncia ou requisição de inquérito policial".

(e) STJ. Súmula 536: "A suspensão condicional do processo e a transação penal não se aplicam na hipótese de delitos sujeitos ao rito da Lei Maria da Penha".

*Para responder, tem que estudar: súmula/OJ.*

*Gabarito: D*

**145. (Cespe/TJ/MA/Juiz/2013)** Alberto foi abordado em barreira policial quando conduzia regularmente seu veículo automotor em via pública urbana de grande circulação. Maurílio, policial rodoviário, solicitou a Alberto que lhe apresentasse o licenciamento anual do veículo, tendo este lhe informado ter esquecido o documento em sua residência. O policial esclareceu que o veículo seria recolhido ao depósito do Detran caso nenhum familiar ou conhecido de Alberto levasse, de imediato, ao local a referida documentação. Alberto, atrasado para um compromisso de trabalho ao qual não poderia faltar, ficou nervoso com a situação e, alterando a voz, disse a Maurílio, em tom ríspido, que consultasse o sistema de informação do referido departamento de trânsito, no qual o nome de Alberto com certeza constaria como proprietário do veículo, e ainda chamou Maurílio de imbecil. Nessa situação hipotética:

a) ficando comprovado que Alberto ostenta condenação anterior transitada em julgado por crime de ameaça, na qual tenha sido aplicada pena de multa, não poderá ser admitida proposta de transação penal oferecida pelo MP.

b) o MP poderá propor a Alberto pena restritiva de direitos ou multa, que, embora não produza efeito de reincidência, constará do registro de antecedentes criminais para impedimento do mesmo benefício no prazo de cinco anos.

c) Alberto responderá criminalmente em juízo por crime de desacato, podendo ser obtida composição civil entre as partes, reduzida a termo por escrito e homologada pelo juiz mediante sentença irrecorrível, que terá eficácia de título a ser executado no juízo civil competente.

d) caso seja oferecida pelo MP proposta de pena restritiva de direitos consistente em prestação pecuniária em favor de Maurílio e Alberto a aceite,

BLOCO II

será homologado acordo pelo juiz, que o reduzirá a termo por escrito, produzindo-se efeitos no juízo cível competente.

**ANOTAÇÕES/COMENTÁRIOS**

(a) Lei 9.099/95. Art. 76, § 2º, I – Havendo representação ou tratando-se de crime de ação penal pública incondicionada, não sendo o caso de arquivamento, o Ministério Público poderá propor a aplicação imediata de pena restritiva de direitos ou multas, a ser especificada na proposta. § 2º Não se admitirá a proposta se ficar comprovado: I – ter sido o autor da infração condenado, pela prática de crime, à pena privativa de liberdade, por sentença definitiva.

(b) Lei 9.099/95. Art. 76, § 4º Havendo representação ou tratando-se de crime de ação penal pública incondicionada, não sendo o caso de arquivamento, o Ministério Público poderá propor a aplicação imediata de pena restritiva de direitos ou multas, a ser especificada na proposta. § 4º Acolhendo a proposta do Ministério Público aceita pelo autor da infração, o Juiz aplicará a pena restritiva de direitos ou multa, que não importará em reincidência, sendo registrada apenas para impedir novamente o mesmo benefício no prazo de cinco anos.

(c) Lei 9.099/95. Art. 76, § 4º Havendo representação ou tratando-se de crime de ação penal pública incondicionada, não sendo o caso de arquivamento, o Ministério Público poderá propor a aplicação imediata de pena restritiva de direitos ou multas, a ser especificada na proposta. A Banca CESPE considerou que, em se tratando de crime de ação penal pública incondicionada, seria incabível a composição civil. Há abalizada doutrina que entende diversamente: A celebração do acordo não acarretará a extinção da punibilidade, servindo apenas para antecipar a certeza acerca do valor da indenização, o que permite, em tese, imediata execução no juízo civil competente. Portanto, em crimes de ação penal pública incondicionada, a celebração de composição civil não irá produzir a extinção da punibilidade (Manual de Processo Penal. Renato Brasileiro).

(d) Lei 9.099/95. Art. 76, § 6º Havendo representação ou tratando-se de crime de ação penal pública incondicionada, não sendo o caso de arquivamento, o Ministério Público poderá propor a aplicação imediata de pena restritiva de direitos ou multas, a ser especificada na proposta. § 6º A imposição da sanção de que trata o § 4º deste artigo não constará da certidão de antecedentes criminais, salvo para os fins previstos no mesmo dispositivo, e não terá efeitos civis, cabendo aos interessados propor ação cabível no juízo cível.

*Para responder, tem que estudar: lei.*

*Gabarito: B*

**146. (Cespe/TJ/DFT/Juiz/2014)** O MPDFT ofereceu denúncia contra Augusto, tendo-lhe imputado violação ao mandamento proibitivo disposto no art. 307 do CP, porquanto o denunciado teria atribuído a si falsa identidade para obter vantagem em proveito próprio. O juiz de direito do juizado especial cível e criminal rejeitou a denúncia ofertada. O parquet tomou ciência da decisão e dez dias depois interpôs recurso de apelação. O denunciado não foi encontrado para ser intimado, estando em lugar incerto e não sabido. Esgotadas as diligências cabíveis para localizar o recorrido, o MP requereu sua intimação por meio de edital. Nessa situação hipotética, o juiz de direito do juizado especial cível e criminal deve:

a) receber o recurso interposto pelo MP e determinar a intimação do recorrido por edital.

b) receber o recurso interposto pelo MP e encaminhar os autos ao juízo comum para que o acusado seja intimado por edital.

c) receber o apelo, rejeitar o pleito ministerial de intimação por edital, visto que esse ato processual não é admitido no rito dos juizados especiais criminais, e remeter os autos à instância "ad quem" para julgamento do recurso.

d) inadmitir a apelação interposta pelo MP, que é intempestiva, e encaminhar os autos ao juízo comum para que o acusado seja intimado por edital.

e) inadmitir a apelação interposta pelo MP, incabível para atacar decisão de rejeição da denúncia, e determinar a intimação do denunciado por edital.

ANOTAÇÕES/COMENTÁRIOS

(a, b, c) Lei 9.099/95. Art. 67. A intimação far-se-á por correspondência, com aviso de recebimento pessoal ou, tratando-se de pessoa jurídica ou firma individual, mediante entrega ao encarregado da recepção, que será obrigatoriamente identificado, ou, sendo necessário, por oficial de justiça, independentemente de mandado ou carta precatória, ou ainda por qualquer meio idôneo de comunicação. Cuidado: a lei veda a citação por edital, mas não a intimação editalícia.

(d, e) Lei 9.099/95. Art. 82, § 1º Da decisão de rejeição da denúncia ou queixa e da sentença caberá apelação, que poderá ser julgada por turma composta de três Juízes em exercício no primeiro grau de jurisdição, reunidos na sede do Juizado. § 1º A apelação será interposta no prazo de dez dias, contados da ciência da sentença pelo Ministério Público, pelo réu e seu defensor, por petição escrita, da qual constarão as razões e o pedido do recorrente.

*Para responder, tem que estudar: lei.*

*Gabarito: A*

**147. (Cespe/TJ/DFT/Juiz/2014)** No que diz respeito à teoria da pena, à prescrição e ao crime de motim, assinale a opção correta.

a) É de dois terços o limite superior da majorante do concurso de pessoas no furto.

b) O prazo prescricional da pena de multa é de dois anos.

c) A prescrição, nos crimes definidos na Lei de Falência e Recuperação de Empresas, começa a correr do dia da decretação da falência, ainda que o recurso de efeito suspensivo contra tal decisão esteja pendente de apreciação.

d) O benefício da suspensão condicional do processo não será admitido na hipótese de concurso formal de crimes se a pena mínima cominada ao delito mais grave, por incidência do limite mínimo da majorante, ultrapassar o prazo de um ano.

e) A simples reunião de militares ou assemelhados, com a finalidade de organizar ocupação de quartel, para ação militar, em desobediência a ordem superior, é conduta que configura o crime definido no CPM sob o nomen juris de motim, tipo que não admite a figura da tentativa.

ANOTAÇÕES/COMENTÁRIOS

(a) STJ. Súmula 442: "É inadmissível aplicar, no furto qualificado, pelo concurso de agentes, a majorante do roubo".

(b) CP. Art. 114, I e II – A prescrição da pena de multa ocorrerá: I – em dois anos, quando a multa for a única cominada ou aplicada; II – no mesmo prazo estabelecido para prescrição da pena privativa de liberdade quando a multa for alternativa ou cumulativamente cominada ou cumulativamente aplicada.

(c) STF. Súmula 147: "A prescrição de crime falimentar começa a correr da data em que deveria estar encerrada a falência ou do trânsito em julgado da sentença que a encerrar ou que julgar cumprida a concordata".

(d) STJ. Súmula 243: "O benefício da suspensão condicional do processo não é aplicável em relação às infrações penais cometidas em concurso material, concurso formal ou continuidade delitiva, quando a pena mínima cominada, seja pelo somatório, seja pela incidência da majorante, ultrapassar o limite de um (1) ano".

(e) CPM. Art. 149, IV – Motim. Reunirem-se militares ou assemelhados: IV – ocupando quartel, fortaleza, arsenal, fábrica ou estabelecimento militar, ou dependência de qualquer deles, hangar, aeródromo ou aeronave, navio ou viatura militar, ou utilizando-se de qualquer daqueles locais ou meio de transporte, para ação militar, ou prática de violência, em desobediência a ordem superior ou em detrimento da ordem ou da disciplina militar. Entende-se que o crime de motim descrito no referido inciso admite a tentativa.

*Para responder, tem que estudar: lei e súmula/OJ.*

*Gabarito: D*

**148. (Cespe/TJ/CE/Juiz/2012)** No que concerne aos juizados especiais criminais, assinale a opção correta.

a) É incabível a aplicação dos institutos despenalizadores previstos na Lei n. 9.099/1995 caso o magistrado singular, ao proferir a sentença de mérito, desclassifique a conduta atribuída ao acusado na exordial acusatória para outro crime para o qual haja previsão abstrata de pena com a oferta de tais opções.

b) É admissível reclamação para dirimir divergência entre acórdão prolatado por turmas recursais dos juizados especiais criminais estaduais e a jurisprudência do STJ, sendo necessária a demonstração do dissenso pretoriano.

c) Compete ao STJ decidir os conflitos de competência entre juizado especial federal e juízo federal da mesma seção judiciária.

d) É incabível a suspensão condicional do processo na desclassificação do crime e na procedência parcial da pretensão punitiva.

e) É cabível recurso especial e extraordinário contra decisão proferida por órgão de segundo grau dos juizados especiais.

*ANOTAÇÕES/COMENTÁRIOS*

(a e d) STJ. Súmula 337: "É cabível a suspensão condicional do processo na desclassificação do crime e na procedência parcial da pretensão punitiva".

(b) STJ. Resolução 12, de 14 de Dezembro de 2009. Dispõe sobre o processamento, no STJ, das reclamações destinadas a dirimir divergência entre acórdão prolatado por turma recursal estadual e a jurisprudência desta Corte.

(c) STJ. Súmula 428: "Compete ao Tribunal Regional Federal decidir os conflitos de competência entre juizado especial federal e juízo federal da mesma seção judiciária".

(e) STJ. Súmula 203: "Não cabe recurso especial contra decisão proferida por órgão de segundo grau dos Juizados Especiais". STF. Súmula 640: "É cabível recurso extraordinário contra decisão proferida por juiz de primeiro grau nas causas de alçada, ou por turma recursal de juizado especial cível e criminal".

***Para responder, tem que estudar: súmula/OJ.***

*Gabarito: B*

**149. (Cespe/TJ/MA/Juiz/2013)** Assinale a opção correta a respeito do juizado especial criminal.

a) Os institutos da transação penal e da suspensão condicional do processo aplicam-se à queixa-crime, recaindo sobre o querelante a legitimidade para oferecê-los ao querelado.

b) Em se tratando de crime de ameaça, se o condenado não pagar a pena de multa isoladamente aplicada, o juiz a converterá em pena privativa de liberdade ou em pena restritiva de direitos.

c) A suspensão condicional do processo pode ser proposta pelo MP para cada crime isoladamente, desde que a pena mínima cominada para cada delito não ultrapasse um ano.



BLOCO II

d) A transação penal é direito público subjetivo do réu e, por tal razão, preenchidos os requisitos legais e se o MP se recusar a oferecer a respectiva proposta, o juiz, por sentença, deve fixar as condições legais para o seu cumprimento.

**ANOTAÇÕES/COMENTÁRIOS**

(a) Suspensão condicional do processo instaurado mediante ação penal privada: acertada, no caso, a admissibilidade, em tese, da suspensão, a legitimidade para propô-la ou nela assentir é do querelante, não, do Ministério Público. (STF, HC 81. 720)

(b) CP. Art. 51. Transitada em julgado a sentença condenatória, a multa será considerada dívida de valor, aplicando-se-lhes as normas da legislação relativa à dívida ativa da Fazenda Pública, inclusive no que concerne às causas interruptivas e suspensivas da prescrição.

(c) STJ. Súmula 243: "O benefício da suspensão condicional do processo não é aplicável em relação às infrações penais cometidas em concurso material, concurso formal ou continuidade delitiva, quando a pena mínima cominada, seja pelo somatório, seja pela incidência da majorante, ultrapassar o limite de um (1) ano".

(d) STF. Súmula 696: "Reunidos os pressupostos legais permissivos da suspensão condicional do processo, mas se recursando o Promotor de Justiça a propô-la, o Juiz, dissentindo, remeterá a questão ao Procurador-Geral, aplicando-se por analogia o art. 28 do Código de Processo Penal.

*Para responder, tem que estudar: lei, jurisprudência e súmula/OJ.*

*Gabarito: A*

**150. (Cespe/TJ/MA/Juiz/2013)** Com relação aos juizados especiais criminais, assinale a opção correta.

a) Um dos princípios regentes dos juizados especiais criminais é a reparação dos danos sofridos pela vítima, uma exigência legislativa expressa como condição para a suspensão condicional do processo e transação, sempre que possível.

b) É vedada a aplicação da suspensão condicional do processo depois de encerrada a instrução, uma vez que o escopo dessa suspensão é evitar a instrução do feito e o desperdício da atividade judicante, sendo admitida sua aplicação, contudo, em momento posterior, caso a infração penal inicialmente imputada seja desclassificada, na fase de sentença, e o órgão de acusação seja ouvido.

c) No âmbito dos juizados criminais, a citação e a intimação devem ser, sempre que possível, pessoais e efetivadas no próprio juizado ou por quaisquer dos meios previstos na legislação processual penal comum aplicada subsidiariamente.

d) A exigência de comparecimento do autor do fato acompanhado de advogado ou defensor público impõe-se apenas à audiência de instrução e julgamento, não abrangendo a fase de suspensão condicional do processo ou transação.

ANOTAÇÕES/COMENTÁRIOS

(a) Lei 9.099/95. Art. 62. O processo perante o Juizado Especial orientar-se-á pelos critérios da oralidade, simplicidade, informalidade, economia processual e celeridade, objetivando, sempre que possível, a reparação dos danos sofridos pela vítima e a aplicação de pena não privativa de liberdade. A Lei 9.099/95 não prevê a reparação dos danos como exigência para a transação penal, embora preveja para a suspensão condicional do processo (art. 89, § 1º, I).

(b) Não bastasse, a lei não permite a aplicação da suspensão condicional do processo depois de encerrada a instrução (art. 90, Lei 9.099/95). Como se percebe, o objetivo é claramente explicitado: evitar-se o desperdício de atividade judicante (Curso de Processo Penal. Eugênio Pacelli de Oliveira). STJ. Súmula 337: "É cabível a suspensão condicional do processo na desclassificação do crime e na procedência parcial da pretensão punitiva".

(c) Lei 9.099/95. Art. 66. A citação será pessoal e far-se-á no próprio Juizado, sempre que possível, ou por mandado. Lei 9.099/95. Art. 67. A intimação far-se-á por correspondência, com aviso de recebimento pessoal ou, tratando-se de pessoa jurídica ou firma individual, mediante entrega ao encarregado da recepção, que será obrigatoriamente identificado, ou, sendo necessário, por oficial de justiça, independentemente de mandado ou carta precatória, ou ainda por qualquer meio idôneo de comunicação.

(d) Lei 9.099/95. Art. 68. Do ato de intimação do autor do fato e do mandado de citação do acusado, constará a necessidade de seu comparecimento acompanhado de advogado, com a advertência de que, na sua falta, ser-lhe-á designado defensor público. Lei 9.099/95. Art. 76, § 3º Havendo representação ou tratando-se de crime de ação penal pública incondicionada, não sendo caso de arquivamento, o Ministério Público poderá propor a aplicação imediata de pena restritiva de direitos ou multas, a ser especificada na proposta. § 3º Aceita a proposta pelo autor da infração e seu defensor, será submetida à apreciação do Juiz. Lei 9.099/95. Art. 89, § 1º Aceita a proposta pelo acusado e seu defensor, na presença do Juiz, este, recebendo a denúncia, poderá suspender o processo, submetendo o acusado a período de prova, sob as seguintes condições.

*Para responder, tem que estudar: lei, súmula/OJ e teoria/doutrina.*

*Gabarito: B*

**151. (Cespe/TJ/DFT/Juiz/2014)** No que se refere aos juizados especiais criminais, segundo entendimento do STJ, assinale a opção correta.

BLOCO II

a) Não é permitido ao beneficiário da suspensão condicional do processo realizar juízos de valor sobre a conveniência e oportunidade do cumprimento dos termos impostos, ficando ele legalmente vinculado ao adimplemento integral das medidas, sob pena de revogação da benesse.

b) A transação penal proposta pelo MP e aceita pelo acusado serve para gerar reincidência.

c) É cabível a impetração de "habeas corpus" para o reexame das razões de beneficiário de suspensão condicional do processo para justificar o inadimplemento das condições propostas pelo MP.

d) A aceitação de transação penal pode servir de fundamento para a não recomendação de candidato em concurso público na fase de investigação social.

e) É legal o aumento da pena-base, a título de maus antecedentes, com fundamento em registro decorrente da aceitação de transação penal proposta pelo MP.

**ANOTAÇÕES/COMENTÁRIOS**

(a) Uma vez aceitas as condições propostas pelo Ministério Público e pelo Juízo processante, não é dado ao beneficiário da suspensão condicional do processo realizar juízos de valor sobre a conveniência e oportunidade do cumprimento dos termos impostos, ficando legalmente vinculado ao adimplemento integral das medidas, sob pena de revogação obrigatória ou facultativa da benesse, a depender do caso (STJ, RHC 41.053)

(b, e) A sentença homologatória da transação tem, também, caráter condenatório impróprio, pois não gera reincidência, nem pesa como maus antecedentes, no caso de outra superveniente infração (STJ, HC 169.277)

(c) Não se coaduna com os estreitos limites do habeas corpus, ação constitucional de rito célere e cognição sumária, o reexame das razões do Recorrente para inadimplir os termos da suspensão condicional do processo, tampouco os motivos que, em caso parecido, levaram o Juízo processante a não exigir a realização do curso de reciclagem (STJ, RHC 41.053)

(d) Em primeiro lugar, quanto à transação penal, esta não pode servir de fundamento para a não recomendação de candidato em concurso público na fase de investigação social, uma vez que a transação penal prevista no art. 76 da Lei 9099/95 não importa em condenação do autor do fato (STJ, REsp 1.302.206)

*Para responder, tem que estudar: jurisprudência.*

*Gabarito: A*

**152. (Cespe/TJ/PR/Juiz/2017)** No juizado especial criminal, a suspensão do processo

a) proposta antes da resposta do acusado acarreta a nulidade do processo.

b) poderá ocorrer no caso de infração cometida em concurso formal e material, se a pena mínima cominada for igual ou inferior a um ano.

c) é incabível em caso de procedência parcial da pretensão punitiva.

d) aplica-se aos delitos sem violência física sujeitos ao rito da Lei Maria da Penha.

ANOTAÇÕES/COMENTÁRIOS

(a) Diante da formulação de proposta de suspensão condicional do processo pelo Ministério Público, o denunciado tem o direito de aguardar a fase de recebimento da denúncia, para declarar se a aceita ou não. A suspensão condicional do processo, embora traga ínsita a ideia de benefício ao denunciado, que se vê afastado da ação penal mediante o cumprimento de certas condições, não deixa de representar constrangimento, caracterizado pela necessidade de submeter-se a condições que, viesse a ser exonerado da acusação, não lhe seriam impostas. Diante da apresentação da acusação pelo Parquet, interpretação legal que melhor se coaduna com o princípio da presunção de inocência e a garantia da ampla defesa é que permite ao denunciado decidir se aceita a proposta após o eventual decreto de recebimento da denúncia e do consequente reconhecimento, pelo Poder Judiciário, da aptidão da peça acusatória e da existência de justa causa para a ação penal (STF, Pet. 3.898). Assim, nada obsta o oferecimento da proposta antes da resposta, desde que o denunciado possa aguardar a fase de recebimento da denúncia, para declarar se a aceita ou não.

(b) STJ. Súmula 243: "O benefício da suspensão condicional do processo não é aplicável em relação às infrações penais cometidas em concurso material, concurso formal ou continuidade delitiva, quando a pena mínima cominada, seja pelo somatório, seja pela incidência da majorante, ultrapassar o limite de um (1) ano".

(c) STJ. Súmula 337: "É cabível a suspensão condicional do processo na desclassificação do crime e na procedência parcial da pretensão punitiva".

(d) STJ. Súmula 536: "A suspensão condicional do processo e a transação penal não se aplicam na hipótese de delitos sujeitos ao rito da Lei Maria da Penha".

*Para responder, tem que estudar: jurisprudência e súmula/OJ.*

*Gabarito: B*

BLOCO II

## 16. TEORIA E PRINCÍPIOS

**153. (Cespe/TJ/AM/Juiz/2016)** Relativamente aos sistemas e princípios fundamentais do processo penal, assinale a opção correta.

a) A proibição de revisão "pro societate" foi expressamente integrada ao ordenamento jurídico brasileiro pela CF, sendo fruto da necessidade de segurança jurídica a vedação que impede que alguém possa ser julgado mais de uma vez por fato do qual já tenha sido absolvido por decisão passada em julgado, exceto se por juiz absolutamente incompetente.

b) O direito ao silêncio ou garantia contra a autoincriminação derrubou um dos pilares do processo penal tradicional: o dogma da verdade real, permitindo que o acusado permaneça em silêncio durante a investigação ou em juízo, bem como impedindo de forma absoluta que ele seja compelido a produzir ou contribuir com a formação da prova ou identificação pessoal contrária ao seu interesse, revogando as previsões legais nesse sentido.

c) A elaboração tradicional do princípio do contraditório garantia a paridade de armas como forma de igualdade processual. A doutrina moderna propõe a reforma do instituto, priorizando a participação do acusado no processo como meio de permitir a contribuição das partes para a formação do convencimento do juiz, sendo requisito de eficácia do processo.

d) O princípio do juiz natural tem origem no direito anglo-saxão, construído inicialmente com base na ideia da vedação do tribunal de exceção. Posteriormente, por obra do direito norte-americano, acrescentou-se a exigência da regra de competência previamente estabelecida ao fato, fruto, provavelmente, do federalismo adotado por aquele país. O direito brasileiro adota tal princípio nessas duas vertentes fundamentais.

e) A defesa técnica é o corolário do princípio da ampla defesa, exigindo a participação de um advogado em todos os atos da persecução penal. Segundo o STF, atende integralmente a esse princípio o pedido de condenação ao mínimo legal, ainda que seja a única manifestação jurídica da defesa, patrocinada por DP ou dativo.

## ANOTAÇÕES/COMENTÁRIOS

(a) Apesar de alguns ordenamentos jurídicos estrangeiros admitirem a utilização da revisão criminal em favor da sociedade (pro societate), é certo que, no sistema processual penal pátrio, a revisão só pode ser ajuizada em favor do acusado. (...). Entre nós, a revisão criminal pro societate encontra óbice em virtude da adoção do princípio do ne bis in idem processual. Por força desse princípio, previsto expressamente na Convenção Americana sobre Direitos Humanos (Dec. 678/92, art. 8º, parágrafo 4º), ninguém pode ser processado duas vezes pela mesma imputação: (...). Não havendo, no ordenamento jurídico brasileiro, revisão criminal pro societate, impõe-se acatar a autoridade da coisa julgada material, ainda que a decisão tenha sido proferida por juízo absolutamente incompetente, para garantir-se a segurança e a estabilidade que o ordenamento jurídico demanda (Manual de Processo Penal. Renato Brasileiro).

(b) Na verdade, o problema quanto às provas invasivas ou não invasivas diz respeito às hipóteses em que o suspeito se recusa a colaborar. No ordenamento pátrio, não há uma regulamentação sistemática das intervenções corporais. Como vigora no processo penal brasileiro o princípio da liberdade probatória (CPP, art. 155, parágrafo único), segundo o qual quaisquer meios probatórios são admissíveis, mesmo que não expressamente previstos em lei, não se deve concluir por uma absoluta inadmissibilidade da utilização das intervenções corporais. Todavia, sua utilização deve se mostrar compatível com a Constituição Federal e com a Convenção Americana sobre Direitos Humanos. Portanto, caso o agente não concorde com a realização de uma intervenção corporal, deve-se distinguir o tratamento dispensado às provas invasivas e às não invasivas à luz do direito de não produzir prova contra si mesmo. Em se tratando de prova não invasiva (inspeções ou verificações corporais), mesmo que o agente não concorde com a produção da prova, esta poderá ser realizada normalmente, desde que não implique colaboração ativa por parte do acusado (Manual de Processo Penal. Renato Brasileiro).

(c) Por fim, não se pode falar em contraditório sem mencionar o pensamento de FAZZALARI (já abordado, anteriormente, no tópico "natureza jurídica do processo"), para quem "processo é procedimento em contraditório". O núcleo fundante do pensamento de FAZZALARI está na ênfase que ele atribui ao contraditório, com importante papel na democratização do processo penal, na medida em que desloca o núcleo imantador, não mais a jurisdição, mas o efetivo contraditório entre as partes (Direito Processual Penal. Aury Lopes Jr). Logo, o contraditório passou a ser visto como requisito de validade do processo.

(d) O princípio do juiz natural tem origem no Direito anglo-saxão, construído inicialmente com base na ideia da vedação do tribunal de exceção, isto é, a proibição de se instituir ou de se constituir um órgão do Judiciário exclusiva ou casuisticamente para o processo e julgamento de determinada infração penal. (...). Posteriormente, por obra do Direito norte-americano, acrescentou-se, na elaboração do princípio, a exigência da regra de competência previamente estabelecida ao fato, fruto, provavelmente, do federalismo adotado desde a formação política daquele Estado. O Direito Brasileiro, adotando o juiz natural em suas duas vertentes fundamentais, a da vedação do tribunal de exceção e a do juiz cuja competência seja definida anteriormente à prática do fato, reconhece como juiz natural o órgão do Poder Judiciário cuja competência, previamente estabelecida, derive de fontes constitucionais (Curso de Processo Penal. Eugênio Pacelli).

(e) Quando a Constituição Federal assegura aos litigantes, em processo judicial ou administrativo, e aos acusados em geral a ampla defesa, entende-se que a proteção deve abranger o direito à defesa técnica (processual ou específica) e à autodefesa (material ou genérica), havendo entre elas relação de complementariedade. (Manual de Processo Penal. Renato Brasileiro). Cuida-se a investigação preliminar, de mero procedimento de natureza administrativa, com caráter instrumental, e não de processo judicial ou administrativo. Dessa fase pré-processual não resulta a aplicação de uma sanção, destinando-se tão somente a fornecer elementos para que o titular da ação penal possa dar início ao processo penal. Logo, ante a impossibilidade de aplicação de uma sanção como resultado imediato das investigações criminais, como ocorre, por exemplo, em um processo administrativo disciplinar, não se pode exigir a observância do contraditório e da ampla defesa nesse momento inicial da persecução penal (Manual de Processo Penal. Renato Brasileiro). Alegações finais. Pedido de fixação da pena no mínimo legal. Nulidade do processo. Inocorrência. Em sede de alegações finais, a falta de um pedido expresso de absolvição, mas de aplicação da pena no mínimo legal, não acarreta a automática anulação do processo. O STF já decidiu que "a postulação no vazio da absolvição pode configurar temeridade tática da defesa, da qual será lícito ao defensor furtar-se, de modo a resguardar a credibilidade da pretensão de uma penalidade menos rigorosa". (STF, HC 109.189).

*Para responder, tem que estudar: jurisprudência e teoria/doutrina.*

*Gabarito: D*

**154. (Cespe/TJ/CE/Juiz/2012)** A respeito dos diversos institutos de direito processual penal, assinale a opção correta.

a) O princípio constitucional da inviolabilidade das comunicações é absoluto, razão pela qual viola o sigilo de correspondência a mera menção, no julgamento em plenário do júri, ao conteúdo de cartas legalmente interceptadas, ainda que relacionadas ao fato criminoso.

b) Os prazos previstos na lei processual penal devem ser somados de forma aritmética a fim de ser reconhecida a coação ilegal à liberdade de locomoção em razão de eventual excesso.

c) O julgamento da lide cabe ao juiz, titular ou substituto, que concluir a audiência, salvo se convocado, licenciado, afastado por qualquer motivo, promovido ou aposentado, casos em que deverá passar os autos ao seu sucessor.

d) A mera correção, de ofício, de erro material na sentença condenatória, em prejuízo do condenado, quando feito em recurso exclusivo da defesa, não constitui "reformatio in pejus".

e) É necessário que o réu que se livra solto seja pessoalmente intimado da sentença condenatória, não bastando que o seja o seu defensor constituído.

ANOTAÇÕES/COMENTÁRIOS

(a) A Turma, por maioria, entendeu que não é absoluto o princípio constitucional da inviolabilidade das comunicações. In casu, a simples menção, no julgamento plenário, de cartas apreendidas que provaram o relacionamento extraconjugal entre a paciente e o corréu, acusados do homicídio da vítima (marido da paciente), não viola o sigilo de correspondência. Nos termos da jurisprudência do STF, o interesse público, em situações excepcionais, como na hipótese, pode se sobrepor aos direitos individuais a fim de evitar que os direitos e garantias fundamentais sejam utilizados para resguardar conduta criminosa. Também já decidiu a Suprema Corte que a cláusula tutelar da inviolabilidade do sigilo epistolar não pode constituir instrumento de salvaguarda de práticas ilícitas. Além disso, a apreensão das cartas é respaldada pelo art. 240, § 1º, f, do CPP. (...). (STJ, HC 203.371).

(b) Conforme pacífica jurisprudência de nossos Tribunais Superiores, os prazos previstos na lei processual penal não devem ser somados de forma aritmética a fim de ser reconhecida coação ilegal à liberdade de locomoção do acusado em razão de eventual excesso, permitindo-se ao Juízo, em hipóteses excepcionais, como in casu, a ultrapassagem desses marcos, o que decorre da aplicação do princípio da razoabilidade (STJ, HC 188.758).

(c) Segundo o princípio da identidade física do juiz, previsto no art. 399, § 2º, do CPP (modificação trazida pela Lei 11.719/08), o Magistrado que concluir a instrução em audiência deverá sentenciar o feito. No entanto, em razão da ausência de regras específicas, deve-se aplicar por analogia o disposto no art. 132 do CPC, segundo o qual no caso de ausência por convocação, licença, afastamento, promoção ou aposentadoria, deverão os autos passar ao sucessor do Magistrado (STJ, HC 163.425).

(d) Ofensa à proibição da reformatio in pejus. (...). Não é lícito ao tribunal, na cognição de recurso da defesa, agravar a pena do réu, sob o fundamento de corrigir "ex officio" erro material da sentença na somatória dos fatores considerados no processo de individualização (STF, HC 83.545).

(e) CPP. Art. 392. A intimação da sentença será feita: II – ao réu, pessoalmente, ou ao defensor por ele constituído quando se livrar solto, ou, sendo afiançável a infração, tiver prestado a fiança.

*Para responder, tem que estudar: lei e jurisprudência.*

*Gabarito: C*



**155. (Cespe/TJ/RN/Juiz/2013)** Considerando os princípios constitucionais do processo penal e as disposições do CPP acerca da aplicação da lei processual penal, assinale a opção correta.

a) De acordo com o princípio da presunção de inocência, o juiz não deve receber denúncia quando houver, além da prova da materialidade do crime, apenas indícios de autoria.

b) Em razão do princípio da especialidade, a existência de lei especial que verse sobre determinado procedimento impede a aplicação do CPP, ainda que de forma subsidiária.

c) Dado o princípio da territorialidade, o CPP é aplicado em todo território nacional, inclusive no que se refere aos processos da competência da justiça militar.

d) O julgador poderá aplicar por analogia uma lei processual, para a solução de questão pendente no curso da ação penal.

e) Nova lei que altere as regras de intimação no processo penal tem aplicação imediata, tornando automaticamente inválidas, nos processos em curso, todas as intimações já realizadas sob a forma da lei revogada.

**ANOTAÇÕES/COMENTÁRIOS**

(a) Prevista no art. 395, III, do CPP, a justa causa é uma importante condição da ação processual penal. (...). A justa causa identifica-se com a existência de uma causa jurídica e fática que legitime e justifique a acusação (e a própria intervenção penal). Está relacionada, assim, com dois fatores: existência de indícios razoáveis de autoria e materialidade de um lado e, de outro, com o controle processual do caráter fragmentário da intervenção penal (Direito Processual Penal, Aury Lopes Jr). Assim, havendo justa causa, a denúncia deve ser recebida.

(b) CPP. Art. 394, § 5º O procedimento será comum ou especial. § 5º Aplicam-se subsidiariamente aos procedimentos especial, sumário e sumaríssimo as disposições do procedimento ordinário.

(c) CPP. Art. 1º, III – O processo penal reger-se-á, em todo o território brasileiro, por este Código, ressalvados: III – os processos da competência da Justiça Militar.

(d) CPP. Art. 3º A lei processual penal admitirá interpretação extensiva e aplicação analógica, bem como o suplemento dos princípios gerais de direito.

(e) CPP. Art. 2º A lei processual penal aplicar-se-á desde logo, sem prejuízo da validade dos atos realizados sob a vigência da lei anterior.

*Para responder, tem que estudar: lei e teoria/doutrina.*

*Gabarito: D*

**156. (Cespe/TJ/PA/Juiz/2012)** A respeito dos princípios aplicáveis ao direito processual penal, assinale a opção correta.

a) Em regime de repercussão geral, de acordo com orientação do STF, viola o princípio do juiz natural o fato de a turma julgadora ser composta, na sua maioria, por juízes de primeiro grau, uma vez que a materialização ideal de uma prestação jurisdicional célere e efetiva mediante a duração razoável do processo não justifica atribuir jurisdição a autoridade incompetente.

b) A Lei n. 12.403/2011, que alterou o quantum da pena máxima para a concessão de fiança, segue o direito material nesse aspecto, sendo, por isso, aplicado o princípio da retroatividade da lei penal mais benéfica, não o do "tempus regit actum".

c) Considere que determinada lei tenha acrescentado certa conduta criminosa ao rol dos delitos hediondos e que o juízo das execuções, com fundamento nessa norma, tenha indeferido pedido de comutação de pena formulado com base em decreto presidencial posterior que não tenha estendido a benesse aos praticantes de condutas hediondas. Nesse caso, não se caracteriza violação do princípio da irretroatividade da lei penal mais gravosa.

d) Em delito de ação pública incondicionada, o fato de, eventualmente, existirem outros agentes que, não denunciados, teriam participado do crime não induz à anulação do processo já instaurado, porquanto os princípios da indivisibilidade e da obrigatoriedade da ação penal obstam o ajuizamento, em separado, de outra ação pelo MP, mas não o aditamento da denúncia, em momento oportuno, depois de coligidos elementos suficientes para embasar a acusação.

e) Embora o recurso de apelação devolva ao tribunal estadual toda matéria objeto de controvérsia, a defesa não pode encaminhar pedido de "habeas corpus" ao STJ, arguindo, somente nessa corte superior de justiça, qualquer tese, sem antes levar o tema a debate nas instâncias inferiores, pois tal interpretação afronta o princípio do duplo grau de jurisdição.

ANOTAÇÕES/COMENTÁRIOS

(a) Por ocasião do julgamento do RE 597.133, o STF reconheceu a inexistência de violação do postulado constitucional do juiz natural quando o julgamento for efetivado por órgão fracionários de tribunais compostos majoritariamente por juízes convocados (STJ, HC 121.428).

(b) A Lei 12.403/2011, na parte em que alterou o quantum da pena máxima para concessão de fiança, é nitidamente processual e por isso se aplica o princípio do tempus regit actum, não o da retroatividade da lei penal mais benéfica (STF, ED no ARE 644.850).

(c) Não há como indeferir os pleitos de comutação das penas com base na existência de condenação por crimes hediondos praticados antes da edição da Lei 8.072/90. Lei de Crimes Hediondos – e da Lei 8.930/94, que incluiu os referidos delitos no rol de crimes hediondos, sob pena de ofensa aos princípios constitucionais da anterioridade, da irretroatividade da lei penal mais gravosa e da legalidade. (STJ, HC 327.861).

(d) Por se tratar de ação pública incondicionada, o fato de, eventualmente, existirem outros agentes não denunciados, que tenham participado dos crimes em questão, não induz à anulação do processo já instaurado, porquanto os princípios da indivisibilidade e da obrigatoriedade da ação penal não obstam o ajuizamento, em separado, de outra ação pelo Ministério Público, nem mesmo o aditamento da denúncia, em momento oportuno, depois de coligidos elementos suficientes para embasar a acusação (STJ, HC 59.302).

(e) Embora a apelação devolva ao Tribunal estadual toda a matéria objeto de controvérsia, a Defesa não pode formular habeas corpus no STJ arguindo, somente aqui, qualquer tese, sem antes levar o tema a debate das instâncias inferiores. Tal interpretação afronta o princípio do duplo grau de jurisdição (STJ, HC 116.901).

*Para responder, tem que estudar: jurisprudência.*

*Gabarito: E*

**157. (Cespe/TJ/DFT/Juiz/2016)** Acerca do princípio do livre convencimento do juiz, assinale a opção correta.

a) Tendo formado sua convicção pela livre apreciação da prova produzida em contraditório judicial, o juiz poderá proferir decisão baseada exclusivamente nas provas não repetíveis, mas não poderá fazê-lo em caso de provas antecipadas ou cautelares.

b) O juiz deve formar sua convicção pela livre apreciação da prova produzida em contraditório judicial, não podendo proferir decisão baseada exclusivamente nos elementos informativos colhidos na fase de investigação, tampouco nas provas cautelares, não repetíveis e antecipadas.

c) Dada a previsão de que o juiz deve formar sua convicção pela livre apreciação da prova produzida em contraditório, a prova produzida na fase de investigação poderá fundamentar a decisão do magistrado se a sua produção tiver sido acompanhada pelo advogado do réu, ou seja, poderá o juiz fundamentar sua decisão exclusivamente nos elementos informativos produzidos na fase de inquérito.

d) Em decorrência do princípio do livre convencimento adotado pelo CPP, o juiz pode decidir de acordo com sua vivência acerca dos fatos, desde que sua decisão seja devidamente fundamentada.

e) O juiz deve formar sua convicção pela livre apreciação da prova produzida em contraditório judicial, e poderá proferir decisão com base exclusivamente nas provas cautelares, não repetíveis e antecipadas.

**ANOTAÇÕES/COMENTÁRIOS**

(a, b, c, d, e) CPP. Art. 155. **O juiz formará sua convicção pela livre apreciação da prova produzida em contraditório judicial, não podendo fundamentar sua decisão exclusivamente nos elementos informativos colhidos na investigação, ressalvadas as provas cautelares, não repetíveis e antecipadas.**

*Para responder, tem que estudar: lei.*

*Gabarito: E*

**158. (Cespe/TJ/DFT/Juiz/2014)** No que se refere ao juiz criminal e aos princípios processuais penais que fundamentam o CPP, assinale a opção correta.

a) O magistrado que, eventualmente, vislumbrar ausência de tipicidade penal dos fatos investigados deve intimar o MP a se manifestar acerca da situação, pois é ilícita a concessão, de ofício, de ordem de "habeas corpus".

b) É ilícito ao magistrado indeferir, ainda que em decisão devidamente fundamentada, exame de falsidade documental requerido pela defesa, mesmo se reputá-lo impertinente ou desnecessário, sob pena de afronta aos princípios da ampla defesa e do contraditório e às regras do sistema acusatório.

c) No sistema normativo brasileiro, é possível o arquivamento, de ofício, por iniciativa do Poder Judiciário, de peças informativas, em se tratando de delitos perseguíveis mediante ação penal privada e ação penal pública condicionada.

d) O Poder Judiciário caracteriza-se pela estática: dizer o que seja de direito a partir de impulso externo.

e) A atividade desenvolvida pelo presidente do TJDFT no processamento dos precatórios decorre do exercício de parcela do poder jurisdicional.

ANOTAÇÕES/COMENTÁRIOS

(a) CPP. Art. 654, § 2º O habeas corpus poderá ser impetrado por qualquer pessoa, em seu favor ou de outrem, bem como pelo Ministério Público. § 2º Os juízes e os tribunais têm competência para expedir de ofício ordem de habeas corpus, quando no curso do processo verificarem que alguém sofre ou está na iminência de sofrer coação ilegal.

(b) Sendo o pleito de instauração do incidente de falsidade indeferido em razão de ser dispensável diante da inexistência de poder o seu resultado causar qualquer influência no deslinde da questão, não há o que se falar em cerceamento de defesa por ofensa aos princípios constitucionais do contraditório e ampla defesa (STJ, AgRg no Ag 1.068.638).

(c) Como visto anteriormente, a autoridade policial não poderá arquivar autos de inquérito (CPP, art. 17). O arquivamento do inquérito policial também não poderá ser determinado pela autoridade judiciária (Manual de Processo Penal. Renato Brasileiro).

(d) O Poder Judiciário tem por característica central a estática ou o não-agir por impulso próprio ("ne procedat iudex ex officio"). Age por provocação das partes, do que decorre ser próprio do Direito Positivo este ponto de fragilidade: quem diz o que seja "de Direito" não o diz senão a partir de impulso externo (STF, HC 97.969).

(e) STJ. Súmula 311: "Os atos do presidente do tribunal que disponham sobre o processamento e pagamento do precatório não têm caráter jurisdicional"

*Para responder, tem que estudar: lei, jurisprudência e súmula/OJ.*

*Gabarito: D*

# BLOCO III

# 9

# DIREITO ADMINISTRATIVO

## 1. AGENTES PÚBLICOS

### 1.1. Disposições Gerais

1. **(Cespe/TJ/CE/Juiz/2012)** Assinale a opção correta acerca dos conceitos que envolvem a administração pública direta e indireta, os agentes de fato, a avocação e delegação de competência no âmbito federal.

   a) O agente de fato tem direito à percepção de remuneração pelas funções que exerce no âmbito da administração, na presunção de que elas são legítimas, ainda que sua investidura no cargo não tenha obedecido ao procedimento legal exigido.

   b) A avocação, que decorre do sistema hierárquico, independe de justificativa, sendo admitida sempre que a autoridade superior entender que pode substituir-se ao agente subalterno.

   c) Um órgão administrativo e seu titular estão autorizados a delegar parte da sua competência a outros órgãos ou titulares, não se admitindo, porém, que órgãos colegiados deleguem competência a agentes singulares, como, por exemplo, a seus respectivos presidentes.

   d) A administração pública, sob o aspecto orgânico, ou subjetivo, designa a própria função administrativa, que, exercida pelos órgãos e agentes estatais, incumbe, predominantemente, ao Poder Executivo.

   e) As autarquias exercem atividades tipicamente administrativas que requerem, para seu melhor funcionamento, gestão administrativa e financeira sob regime de direito público, razão pela qual se considera que elas integram a administração centralizada.

**ANOTAÇÕES/COMENTÁRIOS**

(a) Certa. Entende-se que ainda que invalidada a investidura do funcionário de fato, não ficará ele obrigado a repor aos cofres públicos aquilo que percebeu até então.

(b) Errada. O art. 15 da Lei 9.784/99 prevê que será admita, em caráter excepcional e por motivos relevantes (devidamente justificados), a avocação temporária de competência atribuída a órgão hierarquicamente inferior.

(c) Errada. O art. 12 da Lei 9.784/99 indica que um órgão administrativo e seu titular poderão, se não houver impedimento legal, delegar parte da sua competência a outros órgãos ou titulares, ainda que estes não lhe sejam hierarquicamente subordinados, quando for conveniente, em razão de circunstâncias de índole técnica, social, econômica, jurídica ou territorial.

(d) Errada. O critério subjetivo ou orgânico do conceito de Administração Pública representa os órgãos, pessoas e entidades que dela fazem parte.

(e) Errada. Nas hipóteses em que ocorrer a transferências das atividades e serviços públicos para terceiros especializados, entende-se que existe atuação da administração pública indireta do Estado, em manifestação do que a doutrina chama de prestação descentralizada dos serviços e atividades. Desse modo, enquanto a descentralização é realizada entre pessoas jurídicas diversas, a desconcentração se apresenta na distribuição interna de competências no âmbito de uma mesma pessoa jurídica, qual seja, o Ente federativo prestador da atividade pública. As autarquias são instituições criadas no âmbito da descentralização da administração pública.

*Para responder, tem que estudar: lei e teoria/doutrina.*

*Gabarito: A*

---

**2. (Cespe/TJ/CE/Juiz/2012)** Considerando as disposições constitucionais, legais e doutrinárias acerca de servidores e cargos públicos, assinale a opção correta.

a) A CF dispõe que os cargos públicos são acessíveis aos brasileiros e aos estrangeiros, na forma da lei; entretanto, os estrangeiros somente podem ser admitidos, em caráter temporário, para funções de natureza técnica especializada.

b) A vitaliciedade somente é possível com relação aos cargos que a CF define como de provimento vitalício, não podendo a legislação ordinária ampliar os cargos dessa natureza.

c) Dada a natureza pública das atividades e atribuições que exercem, os empregados admitidos por concurso público, em empresa pública ou em sociedade de economia mista, não podem ser dispensados sem motivação.

d) A estabilidade dos servidores efetivos assemelha-se à condição de vitaliciedade, sendo comum, em ambos os casos, o fato de sua perda só poder derivar de sentença judicial transitada em julgado.

e) Assim como ocorre na esfera federal, aplica-se aos servidores celetistas estaduais e municipais o regime da legislação trabalhista, podendo, contudo, os estados e municípios derrogar normas da legislação trabalhista, visto que dispõem de competência para, de forma concorrente, legislar sobre direito do trabalho.

ANOTAÇÕES/COMENTÁRIOS

(a) Errada. Art. 37, inc. I da CF.

(b) Certa. Considerando que a vitaliciedade deve ser lida como exceção à estabilidade, deve-se concluir que somente existirá nos casos em que for expressamente referida pela Constituição Federal.

(c) Errada. Quando da elaboração da questão, a doutrina ainda apontava para um entendimento clássico no sentido de que, por serem empregados celetistas, estes funcionários poderiam ser demitidos independentemente de motivação (razão do gabarito). A jurisprudência, todavia, oscilou com o avançar do tempo, sendo também comum a menção em provas do entendimento exarado no Informativo 699 do STF, onde se estabeleceu que os servidores de empresas públicas e sociedades de economia mista, admitidos por concurso público não gozam da estabilidade preconizada no art. 41 da CF, mas sua demissão deve ser sempre motivada (RE 589998/PI).

(d) Errada. Na estabilidade, a perda do cargo pode decorrer de decisão tomada em processo administrativo.

(e) Errada. O enunciado viola o texto do art. 22, I da CF.

*Para responder, tem que estudar: lei, jurisprudência e teoria/doutrina.*

*Gabarito: B*

**3. (Cespe/TJ/PB/Juiz/2011)** No que concerne aos agentes públicos, assinale a opção correta.

a) Os notários e os registradores são titulares de cargo público efetivo, exercem atividade estatal e são, de acordo com entendimento do STF, considerados servidores públicos.

b) De acordo com o STF, o cargo de conselheiro do tribunal de contas, para efeitos da SV n. 13, é de natureza política.

c) É vedada a acumulação remunerada de cargos públicos, exceto em empresas públicas e sociedades de economia mista, que se submetem ao regime celetista de direito privado, no qual predomina a autonomia de vontades.

d) A Lei n. 9.962/2000, que disciplina o regime de emprego público, é aplicável apenas no âmbito da administração federal, não podendo ser utilizada pelos estados ou pelo DF, os quais, ao contratarem por esse regime, deverão obedecer ao disposto na Consolidação das Leis do Trabalho.

e) A vedação imposta pela SV n. 13 do STF é direcionada tanto aos cargos administrativos quanto aos cargos e funções políticas.

ANOTAÇÕES/COMENTÁRIOS

(a) Errada. Os notários e registradores são delegatários de função, subespécie de particulares em colaboração, e não de servidores públicos.

(b) Errada. A Súmula Vinculante 13 informa que a nomeação de cônjuge, companheiro ou parente em linha reta, colateral ou por afinidade, até o terceiro grau, inclusive, da autoridade nomeante ou de servidor da mesma pessoa jurídica investido em cargo de direção, chefia ou assessoramento, para o exercício de cargo em comissão ou de confiança ou, ainda, de função gratificada na administração pública direta e indireta em qualquer dos poderes da União, dos Estados, do Distrito Federal e dos Municípios, compreendido o ajuste mediante designações recíprocas, viola a Constituição Federal. A jurisprudência entende que, para as indicações de cargos políticos, não se aplicará a limitação exposta na súmula. Todavia, para os casos de Conselheiros dos Tribunais de Contas, entende-se que a súmula é aplicável, visto que o cargo tem natureza administrativa.

(c) Errada. Para estar correta, a assertiva deveria dizer que é vedada a acumulação inclusive em empresas públicas e sociedades de economia mista.

(d) Certa.

(e) Errada. Vide comentário da alternativa "b".

*Para responder, tem que estudar: súmula/OJ e teoria/doutrina.*

*Gabarito: D*

---

**4. (Cespe/TJ/PB/Juiz/2015)** Com fundamento na legislação e na jurisprudência do STJ e do STF a respeito dos agentes públicos e do regime jurídico dos servidores públicos civis da União, assinale a opção correta.

a) Os efeitos financeiros de decisão, proferida por magistrado em mandado de segurança, que acate o pedido de reintegração de servidor público no cargo devem incidir a partir da data da impetração do mandado, embora os efeitos funcionais devam retroagir à data do ato de demissão.

b) O servidor público federal que se valer do cargo ocupado para lograr proveito pessoal, em detrimento da dignidade da função pública, poderá receber pena diversa da demissão, de acordo com a discricionariedade do administrador.

c) Será correta a decisão proferida por magistrado que declare a nulidade de processo administrativo disciplinar no âmbito do qual tenha sido promovida a citação por edital de servidor público federal que se encontrava em lugar incerto e não sabido, visto que essa forma de citação é vedada pela Lei n. 8.112/1990.

d) Será ilegítimo o ato da administração pública que desconte os dias não trabalhados da remuneração de servidores públicos participantes de movimento paredista, sendo obrigatório, em tal hipótese, que a administração pública promova a compensação dos dias paralisados.

e) A estabilidade típica do regime estatutário não se estende aos empregados públicos de sociedade de economia mista prestadora de serviço público, razão pela qual a demissão desses trabalhadores pode se dar mesmo que sem motivação ou justificativa.

ANOTAÇÕES/COMENTÁRIOS

(a) Certa. Conforme jurisprudência do STF consubstanciada nas súmulas 269 e 271, o mandado de segurança não se presta aos fins de ação de cobrança, de forma que a concessão da segurança não produz efeitos patrimoniais em relação ao período anterior à impetração. (MS 27565). Súmula 271/STF: "Concessão de mandado de segurança não produz efeitos patrimoniais em relação a período pretérito, os quais devem ser reclamados administrativamente ou pela via judicial própria".

(b) Errada. Arts. 117, inciso IX e 137 da Lei 8.112/90.

(c) Errada. Art. 163 da Lei 8.112/90.

(d) Errada. No corpo do REsp 1.245.056/RJ, o STJ se manifestou no sentido de ser legítimo o desconto dos dias não trabalhados em virtude da suspensão do vínculo funcional, sendo permitida, entretanto, a compensação no caso de acordo. De se ressaltar que, caso fique demonstrado que a greve foi provocada por conduta ilícita do poder público, o entendimento é diverso, sendo considerados incabíveis os descontos.

(e) Errada. Conforme entendimento exposto no RE 589.998/PI, o STF tem manifestado (superando antigo entendimento) que, embora não tenham estabilidade, os empregados públicos de sociedade de economia mista prestadora de serviço público não podem ser demitidos sem motivação ou justificativa.

*Para responder, tem que estudar: lei, jurisprudência e súmula/OJ.*

*Gabarito: A*

**5. (Cespe/TJ/MA/Juiz/2013)** Com relação aos servidores públicos, assinale a opção correta.

a) O servidor que desempenha função diversa da inerente ao cargo em que foi investido faz jus a reenquadramento de função.

b) O termo inicial do prazo prescricional para que servidor público exija direito, reconhecido administrativamente, relativo ao pagamento de valores devidos a ele pela administração pública é de três anos, nos termos do Código Civil.

c) O salário mínimo não pode ser utilizado como indexador de base de cálculo de adicional de insalubridade devido a servidor público.

d) A nomeação de irmão de governador de estado para o cargo de secretário de estado pode ser considerada nepotismo.

ANOTAÇÕES/COMENTÁRIOS

(a) Errada. A jurisprudência dos tribunais superiores nega direito de reenquadramento a servidor que eventualmente desempenha função diversa da inerente ao cargo (AgRg no AREsp 44.344).

(b) Errada. A assertiva confunde termo inicial com o próprio prazo prescricional, objetos de natureza diversa. Ademais, ainda que a redação fosse outra, o prazo correto é de 05 anos, eis que incide no caso a disposição art. 1º do Decreto 20.910/32. O art. 110, inciso I da Lei 8.112/90 também versa sobre o prazo prescricional.

(c) Certa. Súmula Vinculante 04.

(d) Errada. O cargo de secretário de estado tem natureza política, sendo exceção à barreira imposta pelo texto da Súmula Vinculante 13. Aos cargos políticos, como regra, não se aplica a súmula vinculante nº 13, uma vez que a simples nomeação de parente próximo não é suficiente para a caracterização de Nepotismo. Neste sentido: "A jurisprudência do STF preconiza que, ressalvada situação de fraude à lei, a nomeação de parentes para cargos públicos de natureza política não desrespeita o conteúdo normativo do enunciado da Súmula Vinculante 13." (RE 825682 AgR). "1. Os cargos políticos são caracterizados não apenas por serem de livre nomeação ou exoneração, fundadas na fidúcia, mas também por seus titulares serem detentores de um múnus governamental decorrente da Constituição Federal, não estando os seus ocupantes enquadrados na classificação de agentes administrativos. 2. Em hipóteses que atinjam ocupantes de cargos políticos, a configuração do nepotismo deve ser analisado caso a caso, a fim de se verificar eventual 'troca de favores' ou fraude a lei. 3. Decisão judicial que anula ato de nomeação para cargo político apenas com fundamento na relação de parentesco estabelecida entre o nomeado e o chefe do Poder Executivo, em todas as esferas da federação, diverge do entendimento da Suprema Corte consubstanciado na Súmula Vinculante n. 13." (Rcl 7590).

*Para responder, tem que estudar: lei, jurisprudência, súmula/OJ e teoria/doutrina.*

*Gabarito: C*

**6. (Cespe/TJ/CE/Juiz/2018)** José, servidor público do estado do Ceará, por preencher os requisitos legais, requereu a concessão de sua aposentadoria por tempo de serviço, o que foi deferido pelo respectivo órgão público no qual era lotado. Após mais de cinco anos do ato concessivo, o Tribunal de Contas do Estado do Ceará julgou ilegal aquele ato, em procedimento no qual José não havia sido intimado a se manifestar. Considerando o entendimento do STF acerca do ato concessivo de aposentadoria, o tribunal de contas estadual, na situação hipotética apresentada, agiu

a) corretamente, pois se trata de ato administrativo complexo, o qual somente se aperfeiçoa pelo exame de legalidade do tribunal de contas, não havendo necessidade, portanto, de prévia intimação de José.

b) incorretamente, pois, em que pese se tratar de ato administrativo complexo, transcorrido o prazo decadencial de cinco anos sem a apreciação da legalidade do ato pelo tribunal de contas, eventual ilegalidade existente deveria ser convalidada.

c) incorretamente, pois, em que pese se tratar de ato administrativo complexo, transcorrido lapso temporal superior a cinco anos, em nome da segurança jurídica, deveria José ter sido previamente intimado a se manifestar.

d) incorretamente, pois se trata de ato administrativo simples e, salvo comprovação de má-fé, o prazo decadencial de cinco anos para anulação de eventual ilegalidade existente já havia se operado.

e) corretamente, pois se trata de ato administrativo simples e a autotutela administrativa autoriza o tribunal de contas a apreciar a legalidade do ato concessivo de aposentadoria a qualquer tempo.

ANOTAÇÕES/COMENTÁRIOS

(a); (b); (c); (d) De acordo com a Súmula vinculante 3. Nos processos perante o Tribunal de Contas da União asseguram-se o contraditório e a ampla defesa quando da decisão puder resultar anulação ou revogação de ato administrativo que beneficie o interessado, excetuada a apreciação da legalidade do ato de concessão inicial de aposentadoria, reforma e pensão. Entretanto, entende-se que se o Tribunal de Contas demorar tempo desarrazoado para analisar a concessão inicial da aposentadoria (no que se estima, doutrinariamente, em mais de 5 anos), Tribunal de Contas terá que permitir contraditório e ampla defesa ao interessado.

*Para responder, tem que estudar: teoria/doutrina.*

*Gabarito: C*

## 1.2. Concurso Público

**7. (Cespe/TJ/PR/Juiz/2017)** O ingresso na carreira de juiz se dá mediante concurso público de provas e títulos, com a participação da OAB em todas as fases, exigindo-se do candidato que ele seja bacharel em direito com, no mínimo, três anos de atividade jurídica. Nesse sentido, de acordo com o entendimento do STF, a exigência de comprovação do triênio de prática forense, quando houver ausência de especificação de data no edital, deverá ser cumprida

a) no ato de inscrição definitiva no concurso.

b) na data da nomeação.

c) na data da posse.

d) no ato de inscrição inicial no concurso.

ANOTAÇÕES/COMENTÁRIOS

(a); (b); (c); (d) Entendimento que restou consolidado na jurisprudência dos Tribunais Superiores após o julgamento do RE 655265/DF, de relatoria do Min. Luiz Fux, julgado em 13/4/2016 e publicado de forma resumida no Informativo 821 do STF. Entretanto, em 2019 sobreveio o Decreto 9.739, no qual consta, no art. 42, §1º, a seguinte redação: Art. 42 – Deverão constar do edital de abertura de inscrições, no mínimo, as seguintes informações: (...) §1º – A escolaridade mínima e a experiência profissional, quando exigidas, serão comprovadas no ato de posse no cargo público, vedada a exigência de comprovação no ato de inscrição no concurso público ou em qualquer de suas etapas, ressalvado o disposto em legislação específica.

*Para responder, tem que estudar: jurisprudência.*

*Gabarito: A*

## 1.3. Regras Previdenciárias

**8. (Cespe/TJ/DFT/Juiz/2015)** Assinale a opção correta com relação ao regime jurídico constitucional e legal dos servidores públicos.

a) O prazo prescricional da pretensão da administração para aplicação de punição disciplinar a servidor público distrital que tenha cometido fato tipificado na lei penal e como ato de improbidade administrativa é de cinco anos a contar da ciência do fato pela administração.

b) Os servidores públicos abrangidos pelo regime próprio de previdência social da União, dos estados, do DF e dos municípios fazem jus a aposentadoria por invalidez permanente, com proventos proporcionais ao tempo de contribuição, exceto se a invalidez decorrer de acidente em serviço, moléstia profissional ou doença grave, contagiosa ou incurável, na forma da lei.

c) A perda do cargo de magistrado vitalício pode ocorrer em virtude de sentença judicial transitada em julgado ou de condenação em processo administrativo em que lhe seja assegurada ampla defesa, ou, ainda, em razão da extinção, por meio de lei ordinária, do cargo que ocupe.

d) O servidor público federal, bem como o servidor distrital, faz jus a licença remunerada para acompanhar o cônjuge ou o companheiro deslocado para outro ponto do território nacional, para o exterior ou para exercício de mandato eletivo nos Poderes Executivo e Legislativo.

e) Após cada quinquênio ininterrupto de exercício, os servidores públicos federais e distritais farão jus a três meses de licença, a título de prêmio por assiduidade, com a remuneração do cargo efetivo.

ANOTAÇÕES/COMENTÁRIOS

(a) Errada. Na forma do disposto pelo art. 142, § 2º da Lei 8.112/90, tratando-se de infrações administrativas capituladas também como crimes, aplicam-se os prazos de prescrição previstos na lei penal.

(b) Certa. Art. 40, § 1º, inciso I, da CF.

(c) Errada. Não é possível a imposição de tais penalidades mediante processo administrativo, sendo decorrência da vitaliciedade a exigência de deflagração de processo judicial para tanto.

(d) Errada. A referida licença não é remunerada. Art. 84, § 1º da Lei 8.112/90.

(e) Errada. A antiga licença foi revogada e substituída pela chamada "licença para capacitação". Art. 87 da Lei 8.112/90.

*Para responder, tem que estudar: lei.*

*Gabarito: B*

## 1.4. Regras Remuneratórias

**9. (Cespe/TJ/PA/Juiz/2012)** Assinale a opção correta com relação aos agentes públicos e ao regime dos servidores públicos, à luz do que estabelece a Lei n. 8.112/1990.

a) Suponha que um indivíduo portador de deficiência física, aprovado, em todas as fases de um concurso público, entre as vagas asseguradas aos deficientes físicos, seja excluído do certame após o exame médico admissional, em razão de ter sido atestada incompatibilidade entre as funções previstas para o cargo pleiteado e a deficiência apresentada. Nessa situação, é lícita a exclusão do participante, em face do que determina a lei.

b) Suponha que um servidor público que labore sete dias no mês, em regime de escala de 24 horas de trabalho por 72 horas de descanso, recorra à instância judicial pleiteando o recebimento de valor referente a horas extras pelo cumprimento de jornada de trabalho superior a 8 horas diárias e, portanto, a 40 horas semanais. Nessa situação, o pedido deve ser negado com base no que dispõem a Lei n. 8.112/1990 e a jurisprudência do STJ no que se refere ao valor adotado como parâmetro para o cômputo de eventuais horas extras.

c) De acordo com a jurisprudência do STJ, para a exoneração de servidores públicos concursados e nomeados para cargo efetivo, é imprescindível a instauração de processo administrativo disciplinar, ainda que estejam em cumprimento de estágio probatório e não alcancem bom desempenho no cargo, assegurados o devido processo legal, a ampla defesa e o contraditório.

d) Considere que determinado participante de concurso público homologado há quase um ano, ajuíze, por medida cautelar, ação pertinente, contestando o edital do concurso, sob a alegação de terem sido falhos os critérios de correção da prova discursiva, o que lhe permitiria obter revisão da nota que lhe fora atribuída, para possível inclusão de seu nome entre os aprovados. Nessa situação, o juiz deve negar o pleito, para evitar que a coisa julgada atinja outros candidatos não elencados nos autos.

e) O fato de um acórdão determinar a reintegração de servidor, com lastro em sua absolvição na esfera criminal, por ausência de provas suficientes de autoria, não consubstancia erro de fato apto a rescindir o julgado, visto que a sentença criminal vincula a esfera cível e a administrativa, repercutindo também em outras esferas caso declare que o réu não foi o autor do crime ou que o fato não existiu.

ANOTAÇÕES/COMENTÁRIOS

(a) Errada. O exame de compatibilidade da deficiência com as funções exercidas deverá ser realizado no curso do estágio probatório.

(b) Certa. STJ, REsp 1.019.492.

(c) Errada. Entende-se viável a realização de mera sindicância, desde que dotada de contraditório e ampla defesa. Sobre o ponto, veja a decisão do STJ no RMS 22567.

(d) Errada. Os critérios de correção não podem ser objeto de análise judicial. O Poder Judiciário, em provas de concurso público, apenas pode avaliar a legalidade da exigência técnica cobrada na prova, principalmente no que se refere à compatibilidade entre o texto da questão e o programa da disciplina constante no edital do concurso.

(e) Errada. As únicas decisões proferidas na esfera penal que influenciam as esferas administrativa e civil são aquelas que declaram a inexistência do fato ou a comprovação de não autoria pelo agente acusado.

*Para responder, tem que estudar: jurisprudência e teoria/doutrina.*

*Gabarito: B*

**10. (Cespe/TJ/BA/Juiz/2012)** Assinale a opção correta acerca da administração e dos servidores públicos.

a) Segundo a CF, para a fixação dos padrões de vencimento e dos demais componentes do sistema remuneratório dos servidores públicos, devem ser observados, além da natureza, do grau de responsabilidade e da complexidade dos cargos componentes de cada carreira, os requisitos para a investidura e as peculiaridades dos cargos.

b) O regime de previdência assegurado aos servidores titulares de cargos efetivos da administração direta da União, dos estados, do DF e dos municípios tem caráter contributivo e solidário, distinto do regime geral de previdência social aplicável aos servidores das autarquias, fundações e entidades de direito privado que integram a administração pública.

c) A CF prevê que o prazo de validade dos concursos públicos é de até dois anos, prorrogável uma vez por igual período, e determina que a não observância dessa regra constitucional implicará a revogação do ato e a sujeição da autoridade responsável a julgamento por crime de responsabilidade.

d) A remuneração dos servidores públicos só pode ser fixada ou alterada por lei específica, observada a iniciativa privativa em cada caso, enquanto os subsídios dos membros de poder, dos detentores de mandato eletivo, dos ministros de Estado e dos secretários estaduais e municipais só podem ser fixados por decreto legislativo, instrumento por meio do qual se veiculam as competências exclusivas do Congresso Nacional e das casas legislativas.

e) O servidor público da administração direta, autárquica ou fundacional investido no mandato de prefeito municipal tem direito a perceber as vantagens de seu cargo ou função e a remuneração do cargo eletivo, se houver compatibilidade de horários, ou a optar pela remuneração de servidor, se não houver compatibilidade.

ANOTAÇÕES/COMENTÁRIOS

(a) Certa. Art. 39, § 1º, incisos I, II e III, da CF.

(b) Errada. Art. 40 da CF indica a inclusão de autarquias e sociedades de economia mista na redação.

(c) Errada. Art. 37, § 2º da CF indica que a não observância de tais critérios implica em nulidade do ato, e não revogação.

(d) Errada. Art. 37, X da CF estalece que subídios e remuneração serão fixados por meio de lei específica, ainda que se deva atentar à iniciativa privativa em cada caso.

(e) Errada. A questão misturou as características daquele eleito para ocupar o cargo de prefeito com as prerrogativas de quem é eleito para ocupar o cargo de vereador, conforme art. 38, incisos II e III da CF.

*Para responder, tem que estudar: lei.*

*Gabarito: A*

**11. (Cespe/TJ/PB/Juiz/2011)** Considerando as normas constitucionais que regem a administração, os servidores públicos e a fiscalização contábil, financeira e orçamentária exercida pelo Poder Legislativo, assinale a opção correta.

a) Somente mediante lei ordinária pode-se fixar ou alterar a remuneração dos servidores públicos, sendo incabível a edição de decreto do Poder Executivo ou de resoluções do Poder Legislativo ou do Poder Judiciário para esse fim, sob pena de inconstitucionalidade formal.

b) As funções de confiança devem, preferencialmente, ser exercidas por servidores ocupantes de cargo de carreira técnica ou profissional, nos casos e condições previstos em lei.

c) Cabe ao TCU apreciar, para fins de registro, a legalidade dos atos de admissão de pessoal, a qualquer título, na administração direta e indireta, nos quais se incluem as nomeações para cargos de provimento em comissão e para funções de confiança.

d) No auxílio ao controle externo exercido pelo Congresso Nacional, compete ao TCU julgar as contas prestadas anualmente pelo presidente da República, pelos administradores e demais responsáveis por dinheiros, bens e valores públicos da administração direta e indireta.

e) O teto salarial do funcionalismo público, previsto no texto constitucional e cujo parâmetro é o subsídio dos ministros do STF, aplica-se aos servidores da administração direta, autárquica e fundacional, mas não, aos empregados das empresas públicas e sociedades de economia mista, entidades que dispõem de rubrica orçamentária própria para pagamento de despesas de pessoal ou de custeio em geral.

**ANOTAÇÕES/COMENTÁRIOS**

(a) Certa. Art. 37, inc. X da CF.

(b) Errada. As referidas funções são exercidas exclusivamente por tais servidores, conforme preceitua o art. 37, inc. V da CF. Não se trata de uma preferência, mas de uma exigência da norma constitucional.

(c) Errada. O texto do art. 71, inc. III da CF excetua a análise das nomeações de cargo de provimento em comissão.

(d) Errada. O art. 49, IX prevê que a competência de julgamento é do Congresso Nacional, que será apenas auxiliado pelo TCU na tarefa, conforme consta no art. 71, *caput*, da CF/88.

(e) Errada. Art. 37, § 9º da CF.

*Para responder, tem que estudar: lei.*

*Gabarito: A*

**12. (Cespe/TJ/PA/Juiz/2012)** Considerando a disciplina constitucional e jurisprudencial relativa à administração e aos servidores públicos, assinale a opção correta.

a) Não são computadas, para efeito dos limites remuneratórios do teto salarial previsto no texto constitucional, as parcelas de caráter indenizatório previstas em lei.

b) Aos agentes públicos é aplicável a garantia da irredutibilidade de vencimentos, salvo mediante convenção ou acordo coletivo.

c) Para que um servidor público estável seja exonerado do cargo em consequência de avaliação que o considere inapto ao exercício de suas funções, é suficiente a abertura de sindicância na qual lhe sejam assegurados o contraditório e a ampla defesa, não sendo necessário prévio processo administrativo disciplinar.

d) De acordo com a CF, somente lei federal pode disciplinar a aplicação de recursos orçamentários provenientes da economia com despesas correntes no desenvolvimento de programas de qualidade e modernização do serviço público, sendo vedada a concessão de adicionais ou prêmios de produtividade com tais recursos.

e) Sendo a extinção de cargos públicos decorrente de juízo de conveniência e oportunidade da administração, em caso de extinção do cargo ocupado pelo servidor, este, ainda que estável, deve ser exonerado do serviço público, não lhe sendo permitido o aproveitamento em outro cargo.

ANOTAÇÕES/COMENTÁRIOS

(a) Certa. Considerando a natureza indenizatória (de mera reposição de algo que foi gasto ou perdido), não há lógica em se computar tal verba como passível de limitação remuneratória, conforme bem explicado no art. 37, § 11º, da CF/88.

(b) Errada. A exceção final não consta do art. 37, inc. XV da CF.

(c) Errada. Depois de estável, a exoneração do servidor exigirá a realização de processo administrativo.

(d) Errada. Art. 3(9), § 7º da CF.

(e) Errada. Art. 41, § 3º da CF.

*Para responder, tem que estudar: lei e teoria/doutrina.*

*Gabarito: A*

**13. (Cespe/TJ/DFT/Juiz/2016)** São direitos sociais atribuídos pela CF aos servidores públicos estatutários:

a) o fundo de garantia por tempo de serviço.

b) a remuneração do serviço extraordinário superior, no mínimo, em cinquenta por cento do valor normal.

c) a participação, desvinculada da remuneração, nos lucros ou resultados e, excepcionalmente, a participação na gestão da organização pública.

d) a proibição de distinção entre trabalho manual, técnico e intelectual ou entre os profissionais respectivos.

e) o piso salarial proporcional à extensão e à complexidade do trabalho.

ANOTAÇÕES/COMENTÁRIOS

(a); (b); (c); (d); (e) A resolução da questão exige conhecimento do direitos referenciados no art. 39, § 3º da CF.

*Para responder, tem que estudar: lei.*

*Gabarito: B*

## 2. ATOS ADMINISTRATIVOS

### 2.1. Atributos do Ato Administrativo

**14. (Cespe/TJ/ES/Juiz/2011)** Assinale a opção correta com referência à disciplina dos atos administrativos.

BLOCO III

a) No que se refere à exequibilidade, define-se ato administrativo pendente como o que não está apto a produzir efeitos jurídicos, por não ter completado seu ciclo de formação, tal como ocorre quando lhe falta a devida publicação, na hipótese de ser esta exigida por lei.

b) De acordo com a doutrina, embora o impedimento constitua hipótese de incapacidade do sujeito para a prática do ato administrativo, a atuação dele no processo administrativo configura vício passível de convalidação.

c) Segundo a doutrina, o ato administrativo consumado pode ser objeto de plena impugnação na via administrativa e judicial, apesar de já exauridos os seus efeitos.

d) No que diz respeito aos efeitos dos atos administrativos, a homologação configura ato constitutivo por meio do qual a administração cria, modifica ou extingue direito ou situação do administrado.

e) A autoexecutoriedade constitui atributo presente em todos os atos administrativos.

**ANOTAÇÕES/COMENTÁRIOS**

(a) Errada. O ato pendente é aquele que já completou seu ciclo de formação, mas que ainda não produziu eficácia em razão da existência de termo ou condição.

(b) Certa. O Processo administrativo é regido pelo princípio da instrumentalidade das formas, pelo qual se entende que "*a forma é o instrumento para alcance dos objetivos do ato. Por isso, o vício de forma é sanável quando não gerar prejuízo, desde que mantido o interesse público face a aplicação do referido princípio*", sendo passível de convalidação, caso não haja prejuízo para as partes (Matheus Carvalho – Manual de Direito Administrativo, p. 1157).

(c) Errada. O ato administrativo consumado não permite impugnação porque já exauriu seus efeitos. Assim, nenhuma utilidade prática haveria na busca de sua desconstituição.

(d) Errada. A homologação tem efeito meramente declaratório e, portanto, não cria ou constitui o ato administrativo.

(e) Errada. Nem todos os atos administrativos são dotados de autoexecutoriedade. Na verdade, ela apenas estará presente nos casos expressamente previstos em lei ou, ainda, nos casos considerados como situações emergenciais em atuações do poder de polícia.

*Para responder, tem que estudar: teoria/doutrina.*

*Gabarito: B*

**15. (Cespe/TJ/MA/Juiz/2013)** Ainda acerca dos atos administrativos, assinale a opção correta.

a) A imperatividade implica na presunção que os atos administrativos são verdadeiros e estão conformes ao direito, até que se prove o contrário.

b) Ocorre desvio de poder, e, portanto, invalidade do ato administrativo, quando o agente público se vale de um ato para satisfazer finalidade alheia à natureza desse ato.

c) Presunção de legitimidade, imperatividade, exigibilidade e autoexecutoriedade são pressupostos dos atos administrativos.

d) A exigibilidade, qualidade do ato administrativo, autoriza a administração pública a compelir materialmente o administrado, sem necessidade de intervenção do Poder Judiciário, ao cumprimento da obrigação a ele imposta.

**ANOTAÇÕES/COMENTÁRIOS**

(a) Errada. O atributo que implica em tal presunção é a "presunção de legitimidade" do ato administrativo, e não a imperatividade.

(b) Certa. No desvio de poder, o agente atua dentro dos limites de sua competência, mas violando a finalidade do ato, como se depreende da leitura, por exemplo, do art. 2º, parágrafo único, alínea "e", da Lei 4.717/65.

(c) Errada. A alternativa confunde "pressupostos" com "características ou atributos".

(d) Errada. A exigibilidade e a executoriedade são elementos internos da autoexecutoriedade. Entende-se, desse modo, que a qualidade do ato administrativo que autoriza a administração pública a compelir materialmente o administrado, sem necessidade de intervenção do Poder Judiciário, ao cumprimento da obrigação a ele imposta, é a executoriedade. A exigibilidade permite a adoção de meios indiretos de execução para realização do ato (Ex.: imposição de multa).

*Para responder, tem que estudar: teoria/doutrina.*

*Gabarito: B*

**16. (Cespe/TJ/RN/Juiz/2013)** Conforme a doutrina, os atributos do ato administrativo são:

a) discricionariedade e vinculação.

b) presunção de legitimidade, imperatividade e autoexecutoriedade.

c) poder hierárquico, poder disciplinar, poder regulamentar e poder de polícia.

d) sujeito capaz, objeto lícito e possível e forma prescrita ou não defesa em lei.

e) competência, finalidade, forma, motivo e objeto.

**ANOTAÇÕES/COMENTÁRIOS**

(a) Errada. A discricionariedade e a vinculação são formas com que os atos administrativos podem ser realizados (dependendo da existência, ou não, de liberdade de escolha nos elementos conveniência e oportunidade). Alguns autores, ainda, elencam tais aspectos como "espécies de atos administrativos".

(b) Certa.

(c) Errada. Estes são poderes da administração pública.

(d) Errada. Estes são requisitos de validade do ato.

(e) Errada. Estes elementos do ato administrativo.

*Para responder, tem que estudar: teoria/doutrina.*

*Gabarito: B*

**17. (Cespe/TJ/AM/Juiz/2016)** Assinale a opção correta com referência aos atos administrativos.

a) A finalidade reflete o fim mediato dos atos administrativos, enquanto o objeto, o fim imediato, ou seja, o resultado prático que deve ser alcançado.

b) O silêncio administrativo consubstancia ato administrativo, ainda que não expresse uma manifestação formal de vontade.

c) Autorização é o ato pelo qual a administração concorda com um ato jurídico já praticado por particular em interesse próprio.

d) O objeto dos atos administrativos normativos é equivalente ao dos atos administrativos enunciativos.

e) Motivação e motivo são juridicamente equivalentes.

ANOTAÇÕES/COMENTÁRIOS

(a) Certa.

(b) Errada. Em regra, o silêncio administrativo não consubstancia a prática de ato administrativo. Quando admitido para tal finalidade, o silêncio administrativo deve estar previsto em lei. Lembre-se que o silêncio administrativo pode ser conceituado como aquele que, diante de determinada situação, não produz qualquer efeito, ressalvadas as hipóteses em que o próprio texto legal determinar o dever de agir do poder público, definindo que a ausência de conduta ensejará a aceitação tácita de determinado fato.

(c) Errada. A autorização é ato administrativo precário e prévio, que pode ser vista no estudo dos bens ou serviços públicos. Em nenhum dos casos, ela ocorrerá em momento posterior à prática do ato pelo particular.

(d) Errada. Enquanto os atos administrativos normativos são aqueles que estabelecem obrigações de forma geral e abstrata, os atos enunciativos apenas anunciam opiniões e conclusões. A finalidade imediata (objeto) deles, portanto, é significativamente diversa.

(e) Errada. O motivo é elemento do ato administrativo que justifica sua prática. A motivação, por sua vez, é somente a exposição dos motivos do ato, ou seja, a fundamentação do ato administrativo, estabelecendo a correlação lógica entre a situação descrita em lei e os fatos efetivamente ocorridos. Embora José dos Santos Carvalho Filho sustente que a motivação seja necessária em apenas alguns atos, a posição dominante afirma que a motivação deve estar presente na prática de todos os atos, sendo decorrência da cidadania, do direito de informação e da publicidade. Nesse sentido, Di Pietro salienta "entendemos que a motivação é, em regra, necessária, seja para atos vinculados, seja para atos discricionários, pois constitui garantia de legalidade, que tanto diz respeito ao interessado como à própria administração Pública; a motivação é que permite a verificação, a qualquer momento, da legalidade do ato, até mesmo pelos demais poderes do Estado.". (PIETRO, Maria Sylvia Zanella Di. Direito Administrativo. Editora Forense. 2016). Alguns atos, a exemplo da exoneração de cargos comissionados, são dispensados do dever de motivação pela própria lei ou pela Constituição Federal. Nestes casos, diz-se que a exoneração, por exemplo, será ad nutum.

*Para responder, tem que estudar: teoria/doutrina.*

*Gabarito: A*

## 2.2. Controle do Ato Administrativo

**18. (Cespe/TJ/PI/Juiz/2012)** Com relação ao ato administrativo, assinale a opção correta.

a) Considerando a relação entre a validade e a eficácia do ato administrativo, é correto afirmar que um ato pode ser válido e eficaz ou, ainda, inválido e ineficaz, mas não inválido e eficaz, pois não é possível considerar que, tendo sido editado em desconformidade com a lei, um ato esteja apto a produzir efeitos.

b) O ato de convalidação, pelo qual é suprido vício existente em ato ilegal, opera efeitos "ex tunc", retroagindo em seus efeitos ao momento em que foi praticado o ato originário.

c) Atos compostos são aqueles cuja vontade final exige a intervenção de agentes ou órgãos diversos e apresenta conteúdo próprio em cada uma das manifestações.

d) A autorização para exploração de jazida é exemplo de ato declaratório, já que expressa aquiescência da administração para o particular desenvolver determinada atividade.

e) Os atos administrativos que neguem, limitem ou afetem direitos ou interesses devem ser motivados, assim como os que importem anulação, suspensão ou convalidação de ato administrativo, não sendo essencial a motivação para os atos que os revoguem, pois a revogação ocorre por motivo de conveniência e oportunidade da administração.

**ANOTAÇÕES/COMENTÁRIOS**

(a) Errada. É plenamente possível que um ato administrativo inválido produza efeitos, a exemplo do que ocorre com ilegal nomeação de servidor público. Os atos por ele

BLOCO III

praticados, no decorrer da atividade, serão eficazes, embora sua nomeação esteja eivada de invalidade. Ainda, de se considerar que há a possibilidade de um ato viciado permanecer no ordenamento jurídico produzindo os efeitos a que se destinou, pelo que a doutrina chama de "Estabilização dis efeitos dos atos adminsitrativos", que advém do princípio da presunção de legitimidade, nos casos em que "*a retirada do ato comprometa outros princípios da ordem jurídica, causando prejuízos sérios que justifiquem a manutenção da situação*", ou seja, não se está falando em convalidação, pois o ato permanece com as características que poderiam ensejar sua invalidade (Matheus Carvalho – Manual de Direito Administrativo, p. 316) (Vide RMS 24430/AC).

(b) Certa. Considerando que o interesse da convalidação é, justamente, afastar eventuais vícios do ato administrativo anteriormente praticado, entende-se que ela corrige tais atos "desde a origem" do ato, operando efeitos "ex tunc".

(c) Errada. A alternativa confunde atos administrativos compostos e complexos. Veja a diferença: Os atos compostos são atos que apresentam em sua composição mais de uma manifestação de vontade, sendo a primeira delas a principal e as próximas secundárias ou acessórias. Geralmente, ambas decorrem do mesmo órgão público e apresentam patamar de desigualdade. Exs: um ato de autorização sujeito a um outro ato confirmatório, como um visto. Já os atos complexos são aqueles cuja formação depende da soma de vontades de órgãos públicos independentes e diversos, situados em mesmo nível hierárquico, apresentando a mesma força. Assim, não há manifestação principal e acessória. Ex.: aposentadoria de servidor.

(d) Errada. Esta autorização não tem condão de autorizar (declarando) a prática de ato que já existe, mas sim, constituir uma relação jurídica nova, de legalidade da prática de extração e exploração da jazida.

(e) Errada. A regra é que todos os atos administrativos devem ser motivados, exceto aqueles expressamente dispensados de tal dever pela lei (Ex.: nomeação e exoneração de cargos "ad nutum").

*Para responder, tem que estudar: teoria/doutrina.*

*Gabarito: B*

**19. (Cespe/TJ/AC/Juiz/2012)** No que tange aos atos administrativos, assinale a opção correta.

a) É possível a convalidação de ato administrativo praticado por sujeito que não disponha de competência para praticá-lo, desde que não se trate de competência outorgada com exclusividade.

b) A anulação de ato administrativo que afete interesses ou direitos de terceiros depende de provocação da pessoa interessada.

c) A licença é ato administrativo unilateral, discricionário e precário, por meio do qual a administração faculta ao particular o desempenho de uma atividade que, sem esse consentimento, seria legalmente proibida.

d) O motivo, como pressuposto de fato que antecede a prática do ato administrativo, será sempre vinculado, não havendo, quanto a esse aspecto, margem a apreciações subjetivas por parte da administração.

e) Uma declaração de utilidade pública para fins de desapropriação feita por meio de portaria, e não de decreto, constitui vício sanável, que, portanto, não torna o ato inválido.

ANOTAÇÕES/COMENTÁRIOS

(a) Certa. Matheus Carvalho, no livro Manual de Direito Administrativo, esclarece que (p. 267): "*cumpre salientar que a lei expressamente proíbe a delegação de competência (...) nas três situações a seguir descritas: no caso de competência exclusiva, definida em lei; (...)*"

(b) Errada. O poder de autotutela permite a anulação do ato administrativo de ofício, ou seja, independentemente da provocação de terceiros.

(c) Errada. A licença é manifestação decorrente do poder de polícia estatal por meio do qual este manifesta a viabilidade da realização de determinada atividade pelo particular. Trata-se de ato vinculado e que é concedida mediante a demonstração de requisitos objetivos pelo interessado.

(d) Errada. O motivo e o objeto são justamente os elementos do ato administrativo que estão interligados com a conveniência e a oportunidade dos atos administrativos discricionários.

(e) Errada. Considerando que a forma (decreto) de realização da declaração de utilidade está prevista expressamente na lei, exige-se seu cumprimento irrestrito.

*Para responder, tem que estudar: lei e teoria/doutrina.*

*Gabarito: A*

**20. (Cespe/TJ/PB/Juiz/2011)** Acerca do controle jurisdicional de legalidade dos atos administrativos, assinale a opção correta.

a) A evolução no controle judicial dos atos administrativos permite, atualmente, que o magistrado substitua o administrador e reavalie o mérito do ato administrativo, com a finalidade de alterar a conveniência e oportunidade manifestadas pela administração na realização do referido ato.

b) A doutrina majoritária entende não ser possível o controle judicial das omissões administrativas ilícitas, em razão da discricionariedade conferida ao administrador para decidir o momento de agir.

c) O STF decidiu pela legitimidade do controle judicial de ato parlamentar (político), na hipótese de ofensa a direito público subjetivo previsto na CF, razão pela qual tal controle não se caracterizaria como interferência na esfera de outro poder.

d) É ilegítima a verificação, pelo Poder Judiciário, da regularidade do ato discricionário no que se refere às suas causas, motivos e finalidades.

e) O STJ firmou jurisprudência no sentido de que o exame dos atos da banca examinadora e das normas do edital de concurso público pelo Poder Judiciário não se restringe aos princípios da legalidade e da vinculação ao edital.

**ANOTAÇÕES/COMENTÁRIOS**

(a) Errada. A análise judicial do ato administrativo deve se ater a aspectos de "juridicidade" do ato, visualizando se ele atende aos critérios de legalidade, razoabilidade e respeita os demais princípios do ordenamento jurídico. Não pode o magistrado, todavia, ingressar na análise do mérito administrativo.

(b) Errada. O silêncio da Administração Pública não produz qualquer efeito, ressalvadas as hipóteses em que o próprio texto legal determinar o dever de agir do poder público. Nos casos de expressa exceção, constatada a inércia do poder público, é possível o ingresso de ação judicial visando a determinação judicial de ação administrativa, sendo vedado ao Poder Judiciário ingressar na discricionariedade administrativa e, substituindo a atuação do administrador, realizar o ato. Celso Antônio Bandeira de Mello defende que, quando o ato for vinculado, o Poder Judiciário pode, desde já, efetivar o ato.

(c) Certa. Vide teor do julgamento do MS 26.441/DF pelo STF.

(d) Errada. Não existem limitações quanto aos elementos do ato administrativo que podem ser verificados pelo Poder Judiciário, desde que restritos aos aspectos da "juridicidade". A respeito do tema, veja o julgamento do RE 505439 AgR/MA.

(e) Errada. Vide comentário da alternativa "a". Ainda, veja o teor do MS 8311/DF, julgado pela Terceira Seção do STJ.

***Para responder, tem que estudar: jurisprudência e teoria/doutrina.***

*Gabarito: C*

**21. (Cespe/TJ/PB/Juiz/2011)** Com relação ao ato administrativo, assinale a opção correta.

a) O motivo do ato administrativo vinculado confunde-se com a motivação, razão pela qual a ausência de qualquer deles, por si só, não vicia o ato.

b) Há tendência na doutrina e na jurisprudência administrativa no sentido de que a presunção de legitimidade como atributo do ato administrativo deve ser considerada como prerrogativa indevida em favor da administração pública.

c) De acordo com a jurisprudência majoritária dos tribunais superiores, a aposentadoria de servidor público é ato administrativo composto, que somente se perfaz com o exame realizado pelo respectivo tribunal de contas.

d) Os princípios da solenidade e do excesso de formalismo incidem tanto sobre o meio de exteriorização do ato administrativo (forma) quanto sobre o de comprovação do ato (prova).

e) Conforme decisão do STF, a invalidação do ato administrativo não terá necessariamente efeitos retroativos quando incidente sobre ato ampliativo de direitos, caso seja comprovada a boa-fé do administrado beneficiado pela ilegalidade insanável.

**ANOTAÇÕES/COMENTÁRIOS**

(a) Errada. O motivo pode ser definido como a situação de fato ou de direito que gera a prática do ato administrativo pelo agente público. É informado pela doutrina como apto a ser vinculado ou discricionário, representando o elemento "oportunidade" da discricionariedade. Para que haja constatação da regularidade do motivo, é obrigatória a exposição das circunstâncias legais e fáticas que autorizam o exercício do ato (motivação).

(b) Errada. Embora alguns autores sustentem que a presunção de legitimidade não deva ser atributo do ato administrativo, a doutrina majoritária sustenta a aplicação deste atributo, até porque, tal presunção é apenas relativa, podendo ser questionada na esfera administrativa (via recursos, por exemplo) ou judicialmente.

(c) Errada. A aposentadoria é ato administrativo complexo, pois exige a confirmação do ato pelo Tribunal de Contas.

(d) Errada. Não há aplicação do princípio do excesso de formalismo, e sim de formalismo moderado ou temperado no direito administrativo atual.

(e) Certa. Nos atos unilaterais ampliativos da esfera jurídica do administrado, se este não concorreu para o vício do ato, estando de boa-fé, sua extinção só deve produzir efeitos 'ex nunc', ou seja, depois de pronunciada.

*Para responder, tem que estudar: teoria/doutrina.*

*Gabarito: E*

**22. (Cespe/TJ/MA/Juiz/2013)** Acerca dos atos administrativos, assinale a opção correta.

a) A administração pública pode revogar os atos por ela praticados por motivo de conveniência e oportunidade.

b) Os atos praticados por concessionários de serviço público, no exercício da concessão, não podem ser considerados atos administrativos, dado que foram produzidos por entes que não integram a estrutura da administração pública.

c) O silêncio da administração pública importa consentimento tácito.

d) É vedado o controle da legalidade dos atos administrativos pelo Poder Judiciário.

**ANOTAÇÕES/COMENTÁRIOS**

(a) Certa. Conforme súmula 473 do STF.

BLOCO III

(b) Errada. Quando praticados no exercício do serviço público concedido, os atos dos concessionários serão considerados atos administrativos.

(c) Errada. O silêncio da Administração Pública não produz qualquer efeito, ressalvadas as hipóteses em que o próprio texto legal determinar o dever de agir do poder público.

(d) Errada. O Poder Judiciário pode realizar o controle de legalidade dos atos administrativos, sendo viável também a análise de adequação do ato frente aos demais princípios do ordenamento jurídico.

*Para responder, tem que estudar: teoria/doutrina.*

*Gabarito: A*

**23. (Cespe/TJ/PB/Juiz/2015)** A respeito de atos administrativos e institutos correlatos, assinale a opção correta à luz da legislação e da jurisprudência dos tribunais superiores.

a) Situação hipotética: Durante a fase de avaliação psicológica de um concurso público, determinado candidato foi considerado inapto sem que lhe fosse apresentada uma justificativa e, sentindo-se injustiçado, ele ajuizou ação contra a decisão que o reprovou. Assertiva: Nessa situação, o magistrado deverá reconhecer a legitimidade do ato da administração pública porque, segundo a jurisprudência do STF, a avaliação psicológica pode estar pautada em critérios subjetivos que não precisam constar de laudo motivado.

b) Em uma ação judicial, caso considere legítimo ato da administração pública que tenha anulado a revogação de outro ato administrativo, o juiz deverá reconhecer que a anulação do ato administrativo de revogação produz efeitos "ex tunc".

c) Embora o ato administrativo complexo dependa, para a sua formação, da conjugação de vontades de mais de um órgão da administração pública, sua revogação ocorre mediante a vontade de apenas um dos órgãos envolvidos.

d) Situação hipotética: A administração pública promoveu, em ato próprio, servidor público estadual na carreira. Após um ano, a própria administração reviu a decisão, reconhecendo a ilegalidade do ato e determinando a restituição dos valores indevidamente recebidos. O servidor, por sua vez, ajuizou ação para evitar a devolução das quantias recebidas, de boa-fé, por ele. Assertiva: Nessa situação, o juiz deverá reconhecer a legitimidade do ato praticado pela administração pública, que pode rever seus atos quando eivados de ilegalidade e tem o direito de reaver os valores pagos ao servidor em decorrência da promoção.

e) Situação hipotética: Em um estado da Federação, alguns indivíduos, sem vínculo com a administração pública, foram nomeados pelo governador para o exercício de funções de confiança. O MP estadual ajuizou ACP requerendo a anulação das nomeações sob o fundamento de que apenas servidores de carreira poderiam ser nomeados. Assertiva: Nessa situação, o juiz deverá reconhecer a regularidade da atuação da administração pública, já que as funções de confiança não são exercidas exclusivamente por servidores ocupantes de cargos efetivos.

**ANOTAÇÕES/COMENTÁRIOS**

(a) Errada. Nos termos do AI 745942 AgR, julgado pelo STF no ano de 2009, firmou-se a jurisprudência no sentido de que é possível a exigência de exame psicotécnico em concursos públicos, desde que previsto em lei e com a adoção de critérios objetivos para sua realização. Obs: No caso, a assertiva não questionou sobre a possibilidade de haver ou não o exame psicotécnico. Acredito que a questão girava em torno de não haver motivação para o ato. Sugestão de resposta: "Vide MS 30822 DF: (...) IV – É necessário um grau mínimo de objetividade e de publicidade dos critérios que nortearão a avaliação psicotécnica. A ausência desses requisitos torna o ato ilegítimo, por não possibilitar o acesso à tutela jurisdicional para a verificação de lesão de direito individual pelo uso desses critérios".

(b) Certa. A anulação do ato de revogação terá efeitos retroativos para fins de dar continuidade de efeitos ao ato ilegitimamente revogado.

(c) Errada. Por aplicação do princípio do paralelismo das formas, a revogação do ato depende dos mesmos requisitos que são exigidos para sua formação.

(d) Errada. Se recebidas de boa-fé, as verbas não precisarão ser devolvidas pelo servidor. No caso, há aplicação do princípio da legítima confiança.

(e) Errada. As funções de confiança devem ser exercidas exclusivamente por membros da Administração Pública, conforme art. 37, inciso V, da CF/88. Os cargos de livre nomeação e exoneração são chamados de "cargos em comissão".

*Para responder, tem que estudar: jurisprudência e teoria/doutrina.*

*Gabarito: B*

**24. (Cespe/TJ/PR/Juiz/2017)** No que se refere à discricionariedade administrativa e ao controle judicial dos atos administrativos, assinale a opção correta.

a) Não havendo previsão legal sobre o tema, o STF tem admitido que o Poder Judiciário determine a atualização da tabela do imposto de renda.

b) Segundo o entendimento do STF, não havendo flagrante ilegalidade ou inconstitucionalidade, o Poder Judiciário não pode interferir em critérios fixados por banca examinadora de concurso público.

c) Segundo o STF, a determinação judicial para que a administração pública realize obras ou reformas emergenciais em presídios fere a separação dos poderes, mesmo que a melhoria preste-se a garantir a integridade física dos presos.

d) Não se admite o controle judicial dos atos discricionários.

ANOTAÇÕES/COMENTÁRIOS

(a) Errada. A correção monetária, em matéria fiscal, é sempre dependente de lei que a preveja, não sendo facultado ao Poder Judiciário aplicá-la onde a lei não a determine, sob pena de substituir-se ao legislador. Sobre o tema, veja o teor do RE 234.003, julgado pelo STF.

(b) Certa. A análise judicial de questões e critérios de concursos públicos deve ficar restrita à legalidade e observância de outros princípios normativos, sendo inviável a verificação de critérios de correção ou admissão de candidatos. Vide Informativo 782 do STF

(c) Errada. É admitido que o Poder Judiciário determine que a Administração Pública realize obras ou reformas emergenciais em presídios para garantir os direitos fundamentais dos presos, como sua integridade física e moral. Sobre o tema, veja o seguinte julgado: RE 592581. A respeito do tema, lembre-se do chamado Estado de Coisas Inconstitucional (ECI), recentemente adotado pelo STF (na ADPF 347).

(d) Errada. O controle judicial é admitido tanto frente a atos administrativos vinculados como discricionários.

*Para responder, tem que estudar: jurisprudência e teoria/doutrina.*

*Gabarito: B*

**25. (Cespe/TJ/PR/Juiz/2017)** De acordo com o art. 54 da Lei n. 9.784/1999, o direito da administração de anular os atos administrativos de que decorram efeitos favoráveis para os destinatários decai em cinco anos, contados da data em que foram praticados, salvo comprovada má-fé. Trata-se de hipótese em que o legislador, em detrimento da legalidade, prestigiou outros valores. Tais valores têm por fundamento o princípio administrativo da

a) presunção de legitimidade.
b) autotutela.
c) segurança jurídica.
d) continuidade do serviço público.

ANOTAÇÕES/COMENTÁRIOS

(a); (b); (c); (d) Embora o princípio da segurança jurídica encontre apenas de forma implícita no texto constitucional, pode ser visto de forma expressa no artigo 2º, caput, da Lei 9.784/99. No que se refere ao art. 54 da mesma lei, dispositivo objeto do questionamento, entende-se que, uma vez ultrapassado o período decadencial administrativo de cinco anos, os princípios da segurança jurídica e boa-fé administrativa irão sobrepor-se ao princípio da legalidade, impedindo a anulação do ato administrativo.

*Para responder, tem que estudar: teoria/doutrina.*

*Gabarito: C*

**26. (Cespe/TJ/PR/Juiz/2017)** Com base na Lei n. 9.784/1999, assinale a opção correta acerca da revogação e dos elementos dos atos administrativos.

a) A revogação de um ato administrativo deve apresentar os seus motivos devidamente externados, com indicação dos fatos e dos fundamentos jurídicos.

b) O ato de delegação pode ser revogado a qualquer tempo pela autoridade delegante ou pela autoridade delegada.

c) O ato de delegação deve ser publicado no meio oficial, mas não o de sua revogação.

d) Caso um ato administrativo esteja eivado de vício de legalidade, o Poder Judiciário terá de revogá-lo.

ANOTAÇÕES/COMENTÁRIOS

(a) Certa. De acordo com o art. 50 da Lei 9.784/99, os atos administrativos deverão ser motivados, com indicação dos fatos e dos fundamentos jurídicos, quando importem anulação, revogação, suspensão ou convalidação de ato administrativo.

(b) Errada. Segundo o disposto no art. Art. 14 § 2º da Lei 9.784/99, o ato de delegação é revogável a qualquer tempo pela autoridade delegante. Não há menção de revogação pela autoridade delegada, como incorretamente indicou a assertiva.

(c) Errada. O art. 14 da Lei 9.784/99 indica que a revogação também deve ser publicada.

(d) Errada. O vício de legalidade é causa de anulação do ato, e não revogação.

*Para responder, tem que estudar: lei.*

*Gabarito: A*

## 2.3. Prescrição Administrativa

**27. (Cespe/TJ/PI/Juiz/2012)** A respeito do controle da administração e da prescrição na administração pública federal, assinale a opção correta.

a) As normas a respeito de fiscalização contábil, financeira e orçamentária previstas na CF aplicam-se à esfera federal, mas não aos estados, ao DF e aos municípios, pois estes podem, no exercício de sua autonomia político-legislativa, estabelecer normas próprias acerca da organização das suas cortes de contas.

b) A legislação estabelece prazo peremptório de dez anos para a administração pública anular seus próprios atos quando deles decorram efeitos favoráveis para os administrados.

c) A ação punitiva da administração pública, no exercício do poder de polícia, com o propósito de apurar infração à legislação, prescreve em cinco anos.

d) O Poder Legislativo exerce controle político sobre os atos ligados à função administrativa e de organização do Poder Executivo, mas não sobre os atos praticados no âmbito do Poder Judiciário.

e) O controle judicial sobre os atos da administração, além de ser exclusivamente de legalidade, é sempre a posteriori, pois o Poder Judiciário somente pode atuar depois da produção desses atos e de seu ingresso no mundo jurídico.

*ANOTAÇÕES/COMENTÁRIOS*

(a) Errada. O princípio da simetria exige que os demais entes sigam a mesma forma de controle e fiscalização. Ademais o art. 75 da CF esclarece que tais normas são aplicáveis também aos Estados, DF e Municípios.

(b) Errada. De acordo com o art. 54 da Lei 9.784/99, o prazo é de cinco anos.

(c) Certa. De acordo com o art. 1º da Lei 9.873/99, prescreve em cinco anos a ação punitiva da Administração Pública Federal, direta e indireta, no exercício do poder de polícia, objetivando apurar infração à legislação em vigor, contados da data da prática do ato ou, no caso de infração permanente ou continuada, do dia em que tiver cessado.

(d) Errada. Os atos praticados pelo Poder Judiciário na função administrativa também são alvo de controle.

(e) Errada. Nas hipóteses em que visar a evitar lesão ou ameaça de lesão a direitos individuais e coletivos, o controle do Poder Judiciário poderá se dar de forma preventiva.

*Para responder, tem que estudar: lei e teoria/doutrina.*

*Gabarito: C*

## 3. BENS PÚBLICOS

**28. (Cespe/TJ/DFT/Juiz/2015)** A respeito dos bens, assinale a opção correta à luz da jurisprudência pertinente.

a) Os bens naturalmente divisíveis não se podem tornar indivisíveis.

b) É possível a cobrança de retribuição pecuniária pelo uso comum dos bens públicos.

c) Considera-se bem infungível a produção agrícola tanto de pessoa física quanto de pessoa jurídica.

d) Com a abertura da sucessão, a herança incorpora-se ao patrimônio do herdeiro na qualidade de bem imóvel divisível.

e) São considerados bens imóveis os direitos pessoais de caráter patrimonial e as respectivas ações.

ANOTAÇÕES/COMENTÁRIOS

(a) Errada. De acordo com o art. Art. 88 do CC, os bens naturalmente divisíveis podem tornar-se indivisíveis por determinação da lei ou por vontade das partes

(b) Certa. Nos termos do art. Art. 103 do CC, o uso comum dos bens públicos pode ser gratuito ou retribuído, conforme for estabelecido legalmente pela entidade a cuja administração pertencerem

(c) Errada. De acordo com o art. 85 do CC são considerados fungíveis os móveis que podem substituir-se por outros da mesma espécie, qualidade e quantidade.

(d) Errada. A herança incorpora-se ao patrimônio como bem imóvel indivisível, conforme arts. 80, inciso II, e 1.791, parágrafo-único, ambos do Código Civil.

(e) Errada. De acordo com o inciso III do art. 83 do CC, consideram-se móveis para os efeitos legais os direitos pessoais de caráter patrimonial e respectivas ações.

*Para responder, tem que estudar: lei.*

*Gabarito: B*

**29. (Cespe/TJ/DFT/Juiz/2014)** No que se refere aos conceitos e às expressões constantes na doutrina especializada em direito administrativo, assinale a opção correta.

a) O fato do príncipe, incidente nos contratos administrativos, refere-se à preservação da idoneidade isonômica e da igualdade entre as partes.

b) Tredestinação consiste no desvio grave de finalidade, que vicia de forma definitiva o processo de desapropriação, acarretando insanável ilegalidade, passível de revisão apenas jurisdicional.

c) A exoneração tem caráter de sanção, razão por que deve decorrer de processo administrativo em que se garanta o amplo direito de defesa.

d) A afetação e a desafetação dizem respeito ao regime de finalidade dos bens públicos, no sentido da destinação que se lhes possa dar.

e) A modalidade compulsória da adjudicação corresponde, em direito administrativo, à última fase do processo licitatório, consistente na transferência definitiva de determinado bem.

ANOTAÇÕES/COMENTÁRIOS

(a) Errada. O fato do príncipe revela a necessidade de reajuste dos contratos administrativos justamente em razão da prática de ato unilateral da Administração Pública que causou aumento desproporcional e inesperado nas despesas do contratado e que, por isso, justifica o reajuste das cláusulas para manutenção do equilíbrio econômico-financeiro do pacto.

(b) Errada. A tredestinação se verifica nas hipóteses em que há alteração da finalidade da desapropriação. Diferentemente do que indica a alternativa, entende-se que, se for mantida a finalidade pública do ato, não há que se falar em vício causador de invalidade (Ex.: tredestinação representada pela mudança de finalidade de um imóvel que seria desapropriado para a construção de uma escola e que, agora, será utilizado para instalação de um hospital).

(c) Errada. A exoneração não apresenta caráter de sanção. Inclusive, quando o próprio servidor solicita seu desligamento, tem-se exoneração voluntária.

(d) Certa.

(e) Errada. A adjudicação compulsória significa que a Administração Pública tem o dever de contratar o vencedor do processo licitatório na realização do contrato. Não guarda relação com transferência definitiva do bem e não é, em todos os casos, a última fase de um processo licitatório.

*Para responder, tem que estudar: teoria/doutrina.*

*Gabarito: D*

**30. (Cespe/TJ/DFT/Juiz/2014)** Conforme previsão constitucional, são bens da União:

a) as ilhas fluviais, lacustres e marítimas, incluídas aquelas em que existam sedes de municípios ou capitais de estados.

b) as usinas exploradoras de potenciais de energia hidráulica.

c) o mar territorial e os espaços marítimos sobrejacentes à plataforma continental até o limite exterior da zona econômica exclusiva.

d) as terras tradicionalmente ocupadas pelos índios.

e) os rios e lagos que banhem mais de um estado ou município, ou que se estendam a Estados estrangeiros ou que deles provenham.

ANOTAÇÕES/COMENTÁRIOS

(a) Errada. Art. 20, IV da CF.

(b) Errada. Art. 20, VIII da CF.

(c) Errada. Art. 20, VI da CF.

(d) Certa. Art. 20, XI da CF.

(e) Errada. Art. 20, III da CF.

*Para responder, tem que estudar: lei.*

*Gabarito: D*

**31. (Cespe/TJ/PR/Juiz/2017)** Em relação aos bens públicos, assinale a opção correta.

a) O ordenamento jurídico brasileiro permite que pertençam a particulares algumas áreas nas ilhas oceânicas e costeiras.

b) Por serem abertos a uma utilização universal, o mercado municipal e o cemitério público são considerados bens de uso comum do povo.

c) Em face do atributo da inalienabilidade, os bens públicos dominicais não podem ser alienados.

d) Quando o tribunal de justiça consente o uso gratuito de determinada sala do prédio do foro para uso institucional da defensoria pública local, efetiva-se o instituto da permissão de uso de bem público.

*ANOTAÇÕES/COMENTÁRIOS*

(a) Certa. Para a doutrina, o art. 26, II da CF deixa implícita a possibilidade de algumas ilhas pertencerem a particulares.

(b) Errada. A classificação correta desses bens é de uso especial.

(c) Errada. De acordo com o art. 101 do CC os bens públicos dominicais podem ser alienados, observadas as exigências da lei.

(d) Errada. A natureza do ato seria de cessão, e não permissão, que é instituto atribuível a particulares.

*Para responder, tem que estudar: lei e teoria/doutrina.*

*Gabarito: A*

## 4. CONTROLE DA ADMINISTRAÇÃO PÚBLICA

**32. (Cespe/TJ/BA/Juiz/2012)** O prefeito de um pequeno município brasileiro decidiu construir, em praça pública, um monumento para homenagear a própria família, fundadora da cidade. A obra seria construída em bronze e produzida por renomado artista plástico. O promotor de justiça da cidade, contudo, ajuizou ação civil pública para impedir que recursos públicos fossem destinados a tal finalidade, alegando que o dinheiro previsto para a obra seria suficiente para a construção de uma escola de ensino fundamental no município e que o ato administrativo estava em desacordo com os princípios da moralidade, impessoalidade e economicidade. Os advogados do município argumentaram que, embora não houvesse escola de ensino fundamental na cidade, a prefeitura disponibilizava transporte para as crianças frequentarem a escola na cidade vizinha, destacando, também, que a obra teria a finalidade de preservar a memória da cidade e que a alocação de recursos públicos era ato discricionário do Poder Executivo. Em face dessa situação hipotética e com base na moderna doutrina sobre o controle jurisdicional da administração pública, assinale a opção correta.

a) O ato do prefeito, embora discricionário, é passível de sindicância pelo Poder Judiciário, a fim de que este avalie a conformidade desse ato com os princípios que regem a administração pública.

b) O Poder Judiciário, caso vislumbre violação de princípio constitucional, poderá revogar o ato administrativo do prefeito.

c) O ato administrativo discricionário não é passível de controle pelo Poder Judiciário.

d) Ao juiz é atribuída a competência para, por meio de decisão, alterar o projeto e o material a ser utilizado no monumento, de forma que os custos da obra adquiram valor razoável e compatível com o orçamento municipal.

e) O MP não tem legitimidade ativa para ajuizar ação visando discutir as opções do prefeito.

**ANOTAÇÕES/COMENTÁRIOS**

(a) Certa. Embora o termo "sindicância" seja usado em outros âmbitos do Direito Administrativo como forma de investigação processual de faltas, a alternativa o apresentou em seu sentido literal, ou seja, como forma de "análise e verificação" de determinado ato ou ação. Portanto, a alternativa está correta.

(b) Errada. Na eventualidade de se vislumbrar violação a princípio constitucional, o Poder Judiciário poderia anular o referido ato, e não revogar, como incorretamente indica a questão.

(c) Errada. Tanto os atos administrativos vinculados como os discricionários são passíveis de controle pelo Poder Judiciário. Não é admitido, entretanto, que este controle judicial adentre no mérito administrativo, devendo restringir sua análise a aspectos de legalidade e obediência do ato aos princípios de nosso ordenamento jurídico.

(d) Errada. A alternativa indica exatamente o que o Poder Judiciário está impedido de fazer, ou seja, ingressar na análise do mérito do ato administrativo.

(e) Errada. A legitimidade do Ministério Público está prevista no art. 5º, inciso I, da Lei da Ação Civil Pública.

*Para responder, tem que estudar: teoria/doutrina.*

*Gabarito: A*

**33. (Cespe/TJ/AC/Juiz/2012)** Com relação ao controle da administração pública, assinale a opção correta.

a) Compete ao Congresso Nacional fixar, mediante aprovação da maioria absoluta de seus membros, os limites globais para o montante da dívida consolidada da União, dos estados, do DF e dos municípios, bem como dispor sobre condições para as operações de crédito externo e interno desses entes estatais.

b) Cabe aos tribunais de contas, como órgãos auxiliares do Poder Legislativo no controle externo, julgar anualmente as contas prestadas pelos chefes do Poder Executivo e os relatórios sobre a execução dos planos governamentais.

c) Os tribunais de contas não dispõem de competência para exercer o controle das entidades da administração indireta, pois essas entidades, dado o poder de autotutela, submetem-se apenas a um controle finalístico por parte dos órgãos da administração direta aos quais se vinculam.

d) O controle administrativo visa à confirmação, revisão ou alteração de condutas internas, atendidos os aspectos de oportunidade ou conveniência da administração, estando os aspectos de legalidade excluídos do âmbito dessa modalidade de controle.

e) No exercício do controle externo, o Congresso Nacional dispõe de poderes para, sem a manifestação do Poder Judiciário, sustar contratos administrativos eivados de ilegalidade ou atos normativos do Poder Executivo que extravasarem os limites do poder regulamentar ou da delegação legislativa.

ANOTAÇÕES/COMENTÁRIOS

(a) Errada. A competência é do Senado Federal, conforme art. 52, incisos VI e VII da CF.

(b) Errada. Art. 71, incisos I e II da CF.

(c) Errada. Art. 71, inciso II da CF.

(d) Errada. De acordo com o Enunciado 473 da Súmula do STF "A administração pode anular seus próprios atos, quando eivados de vícios que os tornam ilegais, porque deles não se originam direitos; ou revogá-los, por motivo de conveniência ou oportunidade, respeitados os direitos adquiridos, e ressalvada, em todos os casos, a apreciação judicial".

(e) Certa. Art. 71, § 1º da CF.

*Para responder, tem que estudar: lei e súmula/OJ.*

*Gabarito: E*

## 5. ENTES DA ADMINISTRAÇÃO PÚBLICA

### 5.1. Disposições Gerais

**34. (Cespe/TJ/PI/Juiz/2012)** Assinale a opção correta com referência à administração direta e indireta.

a) As autarquias são instituídas por lei, iniciando-se a sua existência legal com a inscrição, no registro próprio, de seu ato constitutivo.

b) As empresas públicas, as autarquias e as fundações instituídas e mantidas pelo poder público são beneficiárias do princípio da imunidade tributária, no que se refere aos impostos sobre a renda, o patrimônio e os serviços federais, estaduais e municipais.

c) As sociedades de economia mista podem revestir-se de qualquer forma admitida em direito, como, por exemplo, a de sociedade unipessoal ou pluripessoal.

d) Caracterizadas pela CF como atividades essenciais ao funcionamento do Estado, as administrações tributárias da União, dos estados, do DF e dos municípios devem atuar de forma integrada, inclusive no que concerne ao compartilhamento de dados cadastrais e de informações fiscais, na forma de lei ou de convênio.

e) O princípio da reserva legal, segundo o qual todas as entidades integrantes da administração indireta, independentemente da esfera federativa a que estejam vinculadas, devem ser instituídas por lei, aplica-se às empresas públicas e às sociedades de economia mista, mas não às suas subsidiárias.

ANOTAÇÕES/COMENTÁRIOS

(a) Errada. As autarquias são criadas por lei e sua constituição independe de registro.

(b) Errada. As empresas públicas que exercem atividades econômicas, portanto, não têm imunidade tributária.

(c) Errada. As sociedades de economia mista sempre serão constituídas na forma empresarial de Sociedades Anônimas.

(d) Certa. Vide art. 37, inc. XXII da CF.

(e) Errada. Nos termos do art. 37, inc. XX da CF, a criação das subsidiárias também depende de lei. Segundo a doutrina, aprofundando o tema, dispensa-se a edição de nova norma legal se a lei que instituiu a empresa pública ou sociedade de economia mista originária previu, em seu teor, a possibilidade de criação de subsidiárias.

*Para responder, tem que estudar: lei e teoria/doutrina.*

*Gabarito: D*

**35. (Cespe/TJ/MA/Juiz/2013)** Com base na interpretação judicial do direito administrativo, assinale a opção correta.

a) Não viola o princípio da igualdade a não realização por órgãos e entidades da administração pública de processo seletivo para contratação de estagiário, por não constituir tal recrutamento uma forma de provimento de cargo público.

b) A circunstância de inexistir previsão específica para a interposição de recurso hierárquico em favor do sujeito passivo afasta o poder-dever da administração de examinar a validade do ato administrativo.

c) Conforme entendimento do STF, há risco de grave lesão à ordem pública, bem como de efeito multiplicador, na decisão judicial que determina remoção de servidor para acompanhar cônjuge transferido a pedido, quando não há interesse público em removê-lo.

d) Cabe recurso extraordinário por contrariedade ao princípio constitucional da legalidade, quando a sua verificação pressuponha rever a interpretação dada a normas infraconstitucionais pela decisão recorrida.

ANOTAÇÕES/COMENTÁRIOS

(a) Errada. Conforme decidido na ADI 3795, o STF entendeu que a contratação de estagiários deve obedecer a critérios equiparáveis ao ingresso de agentes públicos no seio da Administração Pública.

(b) Errada. "A circunstância de inexistir previsão específica para a interposição de recurso hierárquico em favor do sujeito passivo não afasta o poder-dever da administração de examinar a validade do ato administrativo que implica a constituição do crédito tributário, ainda que não provocada, respeitadas a forma e as balizas impostas pelo sistema jurídico", trecho extraído do RE 462.136.

(c) Certa. Vide julgamento do STA 407.

(d) Errada. Súmula 636 do STF.

*Para responder, tem que estudar: jurisprudência, súmula/OJ e teoria/doutrina.*

*Gabarito: C*

**36. (Cespe/TJ/CE/Juiz/2018)** Relativamente às entidades da administração pública indireta, assinale a opção correta.

a) Autarquias e fundações públicas podem receber, por meio de lei específica, a qualificação de agência executiva, para garantir o exercício de suas atividades com maior eficiência e operacionalidade.

b) São traços distintivos do regime jurídico especial das agências reguladoras: a investidura especial de seus dirigentes; o mandato por prazo determinado; e o período de quarentena após o término do mandato diretivo.

c) A instituição de fundação pública de direito público, diferentemente das autarquias, cuja criação se dá por meio de edição de lei, exige, além de previsão legal, a inscrição de seu ato constitutivo junto ao registro civil das pessoas jurídicas.

d) Embora seja reconhecida a natureza autárquica dos conselhos de classe, em razão da natureza privada dos recursos que lhes são destinados, essas entidades não se submetem ao controle externo exercido pelo TCU.

e) As empresas públicas e as sociedades de economia mista poderão ser constituídas sob qualquer forma empresarial admitida em direito, ressalvando-se, em relação às empresas públicas, a obrigatoriedade de que o capital social seja exclusivamente público.

BLOCO III

ANOTAÇÕES/COMENTÁRIOS

(a) Incorreta. O meio correto de garantir tal qualificação é o contrato de gestão.

(b) Correta.

(c) Incorreta. As fundações de direito público também são conhecidas por autarquias fundacionais, ou seja, também são autarquias, por isso sua criação decorre diretamente da lei.

(d) Incorreta. Os Conselhos Profissionais, enquanto autarquias, se submetem a fiscalização do TCU, regra essa somente excepcionada pela OAB

(e) Incorreta. As sociedades de economia mista apenas podem ser constituídas na forma de sociedade anônima.

*Para responder, tem que estudar: teoria/doutrina.*

*Gabarito: B*

## 5.2. Agências Executivas/Reguladoras

**37. (Cespe/TJ/DFT/Juiz/2014)** Assinale a opção correta acerca da administração indireta.

a) As fundações, que consistem em agregação de pessoas públicas, são criadas para atender finalidade específica.

b) A abordagem que defende a não ingerência do Estado na economia manifesta-se a favor da extinção da administração pública indireta.

c) O Estado tem responsabilidade administrativa direta pelos atos praticados pelas autarquias.

d) As ações das empresas estatais de economia mista não podem ser comercializadas em bolsa de valores, ainda que possuam acionistas privados.

e) As agências reguladoras são consideradas autarquias.

ANOTAÇÕES/COMENTÁRIOS

(a) Errada. As fundações não são formadas por agregação de pessoas, mas por afetação de patrimônio.

(b) Errada. A corrente liberal indica a necessidade de afastamento do Estado de algumas atividades em que este, atualmente, apresente ingerência. Esta corrente, todavia, não se manifesta pela extinção da administração pública indireta.

(c) Errada. A responsabilidade civil do Estado, nestes casos, é meramente subsidiária.

(d) Errada. Considerando que são sociedades anônimas, as ações das sociedades de economia mista podem ser comercializadas em bolsa de valores, a exemplo do que ocorre com o Banco do Brasil.

(e) Certa. As agências reguladoras têm natureza jurídica de autarquias, sendo consideradas como manifestação de descentralização.

*Para responder, tem que estudar: teoria/doutrina.*

*Gabarito: E*

**38. (Cespe/TJ/RN/Juiz/2013)** De acordo com a doutrina e jurisprudência, assinale a opção correta acerca das agências reguladoras.

a) As agências reguladoras não possuem poder normativo de natureza técnica.

b) A CF prevê expressamente o funcionamento das agências reguladoras dos setores de energia elétrica e petróleo.

c) No âmbito do setor regulado, as agências reguladoras não podem exercer diretamente poder de polícia, fiscalizatório e sancionatório.

d) As agências reguladoras, entidades de natureza autárquica especial, integram a administração pública direta.

e) Os dirigentes das agências reguladoras não podem ser destituídos antes do final do mandato por decisão do Poder Legislativo.

ANOTAÇÕES/COMENTÁRIOS

(a) Errada. As agências reguladoras possuem poder normativo, atuando mediante regulação e normatização de alguma atividade, embora conforme a lei. Essa norma editada pela agência reguladora atinge apenas o prestador do serviço (concessionário) e nunca o usuário (que apenas se subordina às leis).

(b) Errada. Não há previsão expressa sobre agência reguladora dos serviços de energia elétrica, mas apenas de petróleo (art. 177, § 2º, inc. III da CF) e telecomunicações (art. 21, XI da CF).

(c) Errada. Na verdade, elas podem exercer tais poderes, sendo viável que fiscalizem e apliquem multas aos regulados.

(d) Errada. As agências reguladoras têm natureza jurídica de autarquia e, portanto, integram a administração pública indireta.

(e) Certa. O Dirigente apenas sairá da instituição mediante renúncia ou condenação definitiva administrativa ou judicial.

*Para responder, tem que estudar: lei e teoria/doutrina.*

*Gabarito: E*

## 5.3. Consórcios Públicos

**39. (Cespe/TJ/PA/Juiz/2012)** Com relação aos contratos celebrados pela administração pública, bem como aos convênios e aos consórcios administrativos, assinale a opção correta.

a) Na hipótese de inexecução total do contrato, a legislação de regência estabelece a possibilidade de aplicação cumulativa da penalidade de advertência e de suspensão temporária de participação em licitação.

b) Caso a pessoa jurídica de direito privado receba verba do poder público, com fundamento em convênio celebrado, o valor perde a natureza de dinheiro público e passa a integrar o seu patrimônio.

c) A celebração de consórcio administrativo sem personalidade jurídica independe de autorização legislativa, desde que não envolva repasse de verbas não previstas na lei orçamentária.

d) O denominado termo de contrato é obrigatório nas contratações que decorram de procedimento licitatório nas modalidades concorrência, tomada de preços e convite.

e) O poder público detém a prerrogativa de fiscalizar a execução do contrato administrativo e de determinar a adoção das medidas necessárias à regularização de eventuais faltas ou defeitos observados, ensejando o não atendimento das determinações da autoridade fiscalizadora a aplicação exclusiva de multa.

**ANOTAÇÕES/COMENTÁRIOS**

(a) Errada. De acordo com o art. 87, parágrafo 2º, da Lei 8.666/93, apenas a penalidade de multa pode ser aplicada cumulativamente com outras.

(b) Errada. A verba do poder público, mesmo quando repassada para pessoa jurídica de direito privado que seja parte em convênio, não perde a natureza de dinheiro público.

(c) Certa.

(d) Errada. Conforme estabelecido no art. 62 da Lei 8.666/93, o instrumento de contrato é obrigatório nos casos de concorrência e de tomada de preços, não havendo referência à modalidade convite.

(e) Errada. Nos termos do art. 87, caput e incisos I a IV, da Lei 8.666/93, existem quatro espécies de sanção.

*Para responder, tem que estudar: jurisprudência e teoria/doutrina.*

*Gabarito: C*

## 5.4. Empresas Públicas

**40. (Cespe/TJ/BA/Juiz/2012)** Assinale a opção correta acerca dos entes da administração indireta.

a) Exige-se autorização legislativa para a criação de subsidiárias das empresas públicas e sociedades de economia mista, sendo suficiente, para tanto, a previsão genérica na lei que as instituir, ou seja, não há necessidade de autorização legislativa específica a cada vez que uma nova subsidiária é criada.

b) Nas sociedades de economia mista, o controle acionário e a gestão administrativa podem ser transferidos pelo poder público aos sócios particulares, desde que haja acordo de acionistas nos termos do estatuto da sociedade.

c) É vedada a transformação de uma autarquia em empresa pública por meio de decreto.

d) As causas em que figure como parte sociedade de economia mista cuja sócia majoritária seja a União deverão ser julgadas perante a Justiça Federal.

e) As empresas públicas adquirem personalidade jurídica a partir da vigência da lei que as cria.

ANOTAÇÕES/COMENTÁRIOS

(a) Certa. Como regra, exige-se a edição de lei para criação de empresas subsidiárias. Todavia, a alternativa elenca corretamente a exceção admitida pela doutrina e pela jurisprudência.

(b) Errada. Embora seja possível a comercialização de ações das sociedades de economia mista em bolsa de valores, o controle da empresa sempre será do poder público.

(c) Errada. O paralelismo de formas é exigido apenas entre os atos de criação e extinção. A transformação, portanto, é plenamente possível via decreto, embora a doutrina especializada faça críticas ao ato. Um exemplo prático de admissão desta transformação consta no art. 1º da Lei 7.032/82.

(d) Errada. Enunciado 517 da Súmula do STF.

(e) Errada. A aquisição da personalidade jurídica se dá apenas com a inscrição no registro público competente.

*Para responder, tem que estudar: lei, súmula/OJ e teoria/doutrina.*

*Gabarito: A*

**41. (Cespe/TJ/PB/Juiz/2015)** No que concerne à administração pública direta e indireta e ao regime jurídico dos servidores públicos civis da União, assinale a opção correta.

a) No nível federal, a qualificação de uma autarquia como agência executiva exige edição de lei específica de iniciativa da Presidência da República.

BLOCO III

b) De acordo com a jurisprudência do STJ, regras impostas por uma agência reguladora, mediante a edição de atos normativos secundários, em prol da população, não têm natureza impositiva com relação às demais entidades atuantes no setor regulado.

c) Conforme a jurisprudência do STJ, o tempo de serviço prestado por servidores públicos federais no âmbito das empresas públicas e sociedades de economia mista integrantes da administração pública indireta deve ser computado para fins de promoção e licença capacitação.

d) Para a contratação de serviços relacionados diretamente a sua atividade fim, a empresa pública exploradora de atividade econômica não precisa realizar procedimento licitatório.

e) Na esfera estadual, é vedado a uma mesma agência reguladora atuar na normatização de mais de um serviço público titularizado pelo estado.

ANOTAÇÕES/COMENTÁRIOS

(a) Errada. A qualificação de uma autarquia como especial depende de decreto presidencial ou portaria do ministério competente.

(b) Errada. Os atos das Agências Reguladoras, enquanto não declarados inconstitucionais, ostentam presunção de legitimidade e obrigam as empresas que atuam no setor regulado.

(c) Errada. O tempo de serviço prestado em sociedades de economia mista e empresas públicas, entidades da Administração Pública Indireta, pode ser considerado apenas para efeitos de aposentadoria e disponibilidade, mas não para promoções e licenças.

(d) Certa. A exigência de licitação para realização da atividade-fim acabaria por inviabilizar a própria atividade (finalidade) da empresa pública.

(e) Errada. A vedação exposta na alternativa não existe na lei.

*Para responder, tem que estudar: teoria/doutrina.*

*Gabarito: D*

## 5.5. Fundações Públicas

**42. (Cespe/TJ/DFT/Juiz/2015)** Assinale a opção correta acerca da administração pública direta e indireta.

a) As autarquias são serviços autônomos, criados por lei, com natureza jurídica de direito privado e personalidade jurídica própria.

b) As empresas públicas e as sociedades de economia mista são entidades com natureza jurídica de direito privado e capital exclusivo do ente estatal que as instituir.

c) A administração direta compreende os entes federativos e as fundações instituídas com personalidade jurídica de direito público.
d) Os consórcios públicos integram a administração indireta e, se constituídos como associação, terão personalidade jurídica de direito privado.
e) As fundações públicas e as empresas públicas são entidades da administração indireta.

ANOTAÇÕES/COMENTÁRIOS

(a) Errada. As autarquias têm natureza jurídica de pessoa jurídica de direito público.

(b) Errada. As sociedades de economia mista podem apresentar capital privado, inclusive vendendo ações em bolsa de valores.

(c) Errada. As fundações compõem a administração pública indireta.

(d) Errada. Para integrarem a administração pública indireta, os consórcios constituídos como associação devem ter personalidade jurídica de direito público.

(e) Certa.

*Para responder, tem que estudar: teoria/doutrina.*

*Gabarito: E*

## 5.6. Sociedades de Economia Mista

**43. (Cespe/TJ/ES/Juiz/2011)** Assinale a opção correta acerca da administração pública direta e indireta.

a) Estando a sociedade de economia e a empresa pública sujeitas a controle estatal, o Poder Executivo pode, por ato próprio, editar normas a elas dirigidas, ainda que conflitantes com os seus objetivos.
b) No que se refere à composição dos órgãos públicos, a doutrina destaca ser imprescindível a participação de vários agentes públicos, razão pela qual não há órgão público constituído por um único agente.
c) A regra que estabelece o prazo de cinco anos de prescrição para a ação contra a fazenda pública federal aplica-se, segundo a jurisprudência, às autarquias, fundações, empresas públicas e sociedades de economia mista.
d) O mandado de segurança não é instrumento adequado para a impugnação de ato praticado por dirigente de sociedade de economia mista durante a realização de concurso público para ingresso de empregados no seu quadro de pessoal, por não se tratar de ato de autoridade.
e) No âmbito federal, a sociedade de economia mista, entidade integrante da administração indireta, pode ter participação no capital da empresa pública, desde que a maioria do capital votante desta pertença à União.

ANOTAÇÕES/COMENTÁRIOS

(a) Errada. Considera-se que a relação entre o Poder Executivo e as sociedades de economia mista ou empresas públicas não é de subordinação, mas sim vinculação. Portanto, não há que se falar em criação de normas por aquele que conflitem com os objetivos destas, obrigando-as a determinadas ações.

(b) Errada. Existem órgãos chamados de singulares ou unipessoais, a exemplo da Presidência da República.

(c) Errada. A prescrição quinquenal somente é aplicável às autarquias e fundações de direito público, bem como às Empresas Públicas, desde que estas prestem serviços públicos.

(d) Errada. É pacifico na jurisprudência do STJ que os atos praticados por dirigentes e representantes de sociedade de economia mista, no âmbito de concurso público de seleção de pessoal, são considerados atos de autoridade impugnáveis pela via mandamental.

(e) Certa. Embora a redação esteja confusa, entende-se que, desde que o controle societário seja da pessoa política instituidora, poderá o restante do capital estar nas mãos de outras pessoas políticas, ou de quaisquer entidades da administração indireta de outras esferas da federação, inclusive sociedades de economia mista.

*Para responder, tem que estudar: jurisprudência e teoria/doutrina.*

*Gabarito: E*

**44. (Cespe/TJ/AM/Juiz/2016)** No que se refere às sociedades de economia mista e às empresas públicas, assinale a opção correta.

a) A pessoa federativa a que estejam vinculadas as sociedades de economia mista possui responsabilidade solidária quanto aos atos ilícitos praticados por agentes dessas sociedades.

b) A composição do capital das sociedades de economia mista é o resultado da conjugação de recursos públicos e privados, sendo os recursos privados inadmitidos na composição do capital das empresas públicas.

c) As empresas públicas assumem obrigatoriamente a forma de sociedades anônimas, enquanto as sociedades de economia mista podem-se revestir de qualquer das formas admitidas em direito.

d) O protesto apresentado por empresa pública federal em execução que tramite na justiça estadual desloca a competência para a justiça federal.

e) A legislação relativa ao regime falimentar não se aplica às empresas públicas e às sociedades de economia mista, assim como os regimes de execução e penhora.

ANOTAÇÕES/COMENTÁRIOS

(a) Errada. A responsabilidade é meramente subsidiária.

(b) Certa. Lembre-se, ainda, que a maioria do capital votante (com poder de decisão) nas sociedades de economia mista deve ser de titularidade pública.

(c) Errada. As sociedades de economia mista que apresentam obrigatoriamente a forma de sociedades anônimas.

(d) Errada. Segundo o Enunciado 270 da Súmula do STJ, o protesto pela preferência de crédito, apresentado por ente federal em execução que tramita na Justiça Estadual, não desloca a competência para a Justiça Federal.

(e) Errada. No que se refere à penhora, entende-se que, quando os bens estão diretamente ligados ao serviço público, não estarão sujeitos ao regime de privado de expropriação.

*Para responder, tem que estudar: súmula/OJ e teoria/doutrina.*

*Gabarito: B*

**45. (Cespe/TJ/DFT/Juiz/2016)** No que se refere a características e regime jurídico das entidades da administração indireta, assinale a opção correta.

a) As agências reguladoras são fundações de regime especial, cuja atividade precípua é a regulamentação de serviços e de atividades concedidas, que possuem regime jurídico de direito público, autonomia administrativa e diretores nomeados para o exercício de mandato fixo.

b) As autarquias são pessoas jurídicas de direito público com autonomia administrativa, beneficiadas pela imunidade recíproca de impostos sobre renda, patrimônio e serviços, cujos bens são passíveis de aquisição por usucapião e cujas contratações são submetidas ao dever constitucional de realização de prévia licitação.

c) As sociedades de economia mista, cuja criação e cuja extinção são autorizadas por meio de lei específica, possuem personalidade jurídica de direito privado, são constituídas sob a forma de sociedade anônima e aplica-se ao pessoal contratado o regime de direito privado, com empregados submetidos ao regime instituído pela legislação trabalhista.

d) As empresas públicas, que possuem personalidade jurídica de direito público, são organizadas sob qualquer das formas admitidas em direito, estão sujeitas à exigência constitucional de contratação mediante licitação e têm quadro de pessoal instituído pela legislação trabalhista, cuja contratação condiciona-se a prévia aprovação em concurso público.

e) As agências executivas são compostas por autarquias, fundações, empresas públicas ou sociedades de economia mista que celebram contrato de gestão com órgãos da administração direta a que estão vinculadas, com vistas ao aprimoramento de sua eficiência no exercício das atividades-fim e à diminuição de despesas.

ANOTAÇÕES/COMENTÁRIOS

(a) Errada. As agências reguladoras são autarquias especiais, e não fundações.

(b) Errada. Os bens das autarquias não são passíveis de usucapião.

(c) Certa.

(d) Errada. As empresas públicas têm natureza de direito privado, e não público.

(e) Errada. Apenas autarquias e fundações poderão ser agências executivas.

*Para responder, tem que estudar: teoria/doutrina.*

*Gabarito: C*

**46. (Cespe/TJ/PA/Juiz/2012)** No que diz respeito aos órgãos públicos e às entidades da administração indireta, assinale a opção correta.

a) Quanto à posição estatal, os órgãos dotados de autonomia administrativa, técnica e financeira são classificados como superiores.

b) A sociedade de economia mista não pode explorar empreendimentos e exercer atividades distintas das previstas na lei que tenha autorizado a sua constituição.

c) Na esfera federal, é vedada a participação de pessoas jurídicas de direito privado integrantes da administração indireta na composição do capital da empresa pública.

d) É inexigível a licitação caso a contratação para a aquisição de bens seja realizada por empresa pública ou sociedade de economia mista com suas subsidiárias e controladas, e o preço contratado seja compatível com o praticado no mercado.

e) Para que uma entidade possa ser considerada sociedade de economia mista, é suficiente a participação majoritária do poder público na composição do capital social da empresa.

**ANOTAÇÕES/COMENTÁRIOS**

(a) Errada. Estes órgãos são classificados como autônomos e independentes.

(b) Certa.

(c) Errada. Essa participação é permitida, e não vedada.

(d) Errada. A hipótese é de licitação dispensável.

(e) Errada. Além do referido, a entidade deve ser formada como uma sociedade anônima.

*Para responder, tem que estudar: teoria/doutrina.*

*Gabarito: B*

## 5.7. Entes Paraestatais (Terceiro Setor)

**47. (Cespe/TJ/ES/Juiz/2011)** Assinale a opção correta acerca das OSs e da OSCIPs no âmbito da administração pública federal.

a) As cooperativas que se dedicam à promoção da assistência social são passíveis de qualificação como OSCIP.

b) Entre as cláusulas essenciais do termo de parceria firmado com a OSCIP previstas na legislação de regência, figura a prestação de garantia.

c) Por ter a verba repassada pelo poder público à OSCIP natureza de preço ou remuneração, que passa a integrar seu patrimônio, bem imóvel por ela adquirido com recursos provenientes da celebração do termo de parceria não será gravado com cláusula de inalienabilidade.

d) Os bens móveis públicos destinados às OS podem ser objeto de permuta por outros de igual ou maior valor, desde que os novos bens integrem o patrimônio da União.

e) Sendo OS a qualificação jurídica conferida à pessoa jurídica de direito privado sem fins lucrativos e instituída por iniciativa de particulares, é vedada a participação de representantes do poder público em seu órgão de deliberação superior.

ANOTAÇÕES/COMENTÁRIOS

(a) Errada. De acordo com a redação do art. 2º da Lei 9.790/99, não são passíveis de qualificação como Organizações da Sociedade Civil de Interesse Público, ainda que se dediquem de qualquer forma às atividades descritas no art. 3º da referida lei, as cooperativas.

(b) Errada. Inexiste tal previsão no rol do art. 10, § 2º da Lei 9.790/99.

(c) Errada. Art. 15 da Lei 9.790/99.

(d) Certa. Art. 13 da Lei 9.637/98.

(e) Errada. Art. 4º, parágrafo único da Lei 9.790/99.

*Para responder, tem que estudar: lei.*

*Gabarito: D*

**48. (Cespe/TJ/PR/Juiz/2017)** Acerca das entidades paraestatais e do terceiro setor, assinale a opção correta.

a) Segundo o STF, o procedimento de qualificação pelo poder público de entidades privadas como OS prescinde de licitação.

b) Segundo o STF, as atividades de saúde, ensino e cultura devem ser viabilizadas por intervenção direta do Estado, não podendo a execução desses serviços essenciais ser realizada por meio de convênios com organizações sociais.

c) Cumpridos os requisitos legais, caso uma OS requeira a qualificação como OSCIP, o poder público deverá outorgar-lhe o referido título, pois se trata de decisão vinculada do ministro da Justiça.

d) Caso uma OSCIP ajuíze ação cível comum de rito ordinário, o foro competente para o julgamento da causa será a vara da fazenda pública, se existente na respectiva comarca, já que se trata de uma entidade que integra a administração pública

ANOTAÇÕES/COMENTÁRIOS

(a) Certa. A atribuição de título jurídico de legitimação da entidade através da qualificação configura hipótese de credenciamento, no qual não incide a licitação pela própria natureza jurídica do ato, que não é contrato, e pela inexistência de qualquer competição, já que todos os interessados podem alcançar o mesmo objetivo, de modo includente, e não excludente. (ADI 1923).

(b) Errada. Os setores de saúde (CF, art. 199, caput), educação (CF, art. 209, caput), cultura (CF, art. 215), desporto e lazer (CF, art. 217), ciência e tecnologia (CF, art. 218) e meio ambiente (CF, art. 225) configuram serviços públicos sociais, em relação aos quais a Constituição, ao mencionar que "são deveres do Estado e da Sociedade" e que são "livres à iniciativa privada", permite a atuação, por direito próprio, dos particulares, sem que para tanto seja necessária a delegação pelo poder público, de forma que não incide, in casu, o art. 175, caput, da Constituição. (ADI 1923).

(c) Errada. Art. 2º da Lei 9.790/99.

(d) Errada. As organizações sociais, por integrarem o Terceiro Setor, não fazem parte do conceito constitucional de Administração Pública, razão pela qual não se submetem, em suas contratações com terceiros, ao dever de licitar, o que consistiria em quebra da lógica de flexibilidade do setor privado, finalidade por detrás de todo o marco regulatório instituído pela Lei. (ADI 1923).

*Para responder, tem que estudar: lei, jurisprudência e teoria/doutrina.*

*Gabarito: A*

**49. (Cespe/TJ/DFT/Juiz/2014)** No que diz respeito ao terceiro setor, assinale a opção correta à luz da doutrina, da legislação de regência e da jurisprudência do STF acerca da matéria.

a) Os serviços sociais autônomos, embora não integrem a administração pública, se sujeitam à obrigatoriedade de realização de concurso público para a contratação de pessoal.

b) O DF pode dispensar a realização de licitação para a celebração de contrato de prestação de serviços com organização social, assim qualificada por meio de contrato de gestão celebrado com município de estado da Federação.

c) Os serviços sociais autônomos, tais como Sesi e Senai, ainda que de âmbito nacional, sujeitam-se à jurisdição da justiça estadual.

d) Devido à competência exclusiva da União para legislar sobre normas gerais de contratação, será inválida lei distrital que regulamente, no âmbito do DF, a qualificação de organização social, dado o caráter nacional da Lei n. 9.637/1998.

e) As instituições religiosas podem qualificar-se como OSCIPs, desde que não tenham fins lucrativos e os respectivos objetivos sociais e normas estatutárias atendam aos requisitos instituídos por lei.

ANOTAÇÕES/COMENTÁRIOS

(a) Errada. Os entes do terceiro setor não se sujeitam a exigência de concurso público para a contratação de pessoal em razão de não integrar a Administração Pública.

(b) Errada. Art. 24, inc. XXIV da Lei 8.666/93.

(c) Certa. Súmula 516 do STF.

(d) Errada. Art. 15 da Lei 9.637/98.

(e) Errada. Art. 2º, inc. III da Lei 9.790/99

*Para responder, tem que estudar: lei, súmula/OJ e teoria/doutrina.*

*Gabarito: C*

## 6. IMPROBIDADE ADMINISTRATIVA

**50. (Cespe/TJ/PB/Juiz/2015)** No que concerne ao inquérito civil público, assinale a opção correta à luz da legislação e da jurisprudência dos tribunais superiores.

a) A instauração do inquérito civil interromperá o prazo de prescrição para a ação de indenização a ser ajuizada contra o Estado.

b) O MP estadual não tem legitimidade para a instauração de inquérito civil em face de magistrado de primeiro grau.

c) É vedado ao MP instaurar inquérito civil para apurar a veracidade de ilícitos apontados em denúncia anônima.

d) Embora o ajuizamento de ACP fundada na prática de ato de improbidade administrativa independa da instauração prévia de inquérito civil, as provas regularmente produzidas em inquérito civil instaurado pelo MP podem fundamentar o ajuizamento de ação de improbidade administrativa.

e) Um procedimento investigatório instaurado para apuração de prática de ilícito penal por um servidor público impede a instauração de inquérito civil pelo MP fundado no mesmo fato para fins de apuração de prática de ato de improbidade.

BLOCO III

**ANOTAÇÕES/COMENTÁRIOS**

(a) Errada. De acordo com o decidido no AgRg no REsp 1384087 RS, o pedido de providências ao Ministério Público Federal, ou mesmo a instauração de inquérito civil, não ilidem a ocorrência da prescrição.

(b) Errada. Não há que se falar em foro por prerrogativa de função nesta espécie de ação.

(c) Errada. A formalização de denúncia anônima pode dar azo à instauração de investigação.

(d) Certa.

(e) Errada. A independência das instâncias permite a análise concomitante dos fatos. Art. 12 da Lei 8.429/92.

*Para responder, tem que estudar: lei, jurisprudência e teoria/doutrina.*

*Gabarito: D*

**51. (Cespe/TJ/BA/Juiz/2012)** Assinale a opção correta a respeito da ação civil por improbidade administrativa.

a) Nas ações de improbidade administrativa, é de cinco anos o prazo de prescrição para ressarcimento do dano ao erário.

b) Por ser agente político, o prefeito municipal não está sujeito à sanção de perda do cargo e(ou) de perda dos direitos políticos, submetendo-se, por sua vez, às sanções de ressarcimento ao erário.

c) O dano ao erário é condição indispensável à caracterização dos atos de improbidade administrativa.

d) Pode o juiz condenar os réus em penas diversas das pleiteadas pelo autor, como também pode o magistrado dar ao fato capitulação legal diversa da descrita pelo autor.

e) Após a manifestação prévia do requerido e tendo o juiz dúvidas quanto à prática de ato de improbidade administrativa, deverá ele rejeitar a ação, em decisão fundamentada.

**ANOTAÇÕES/COMENTÁRIOS**

(a) Errada. O ação para ressarcimento é imprescritível.

(b) Errada. Agentes políticos municipais se submetem aos ditames da Lei 8.429/1992, sem prejuízo da responsabilização política e criminal estabelecida no DL 201/1967. (AgInt no REsp 1573264).

(c) Errada. Art. 11 da Lei 8.429/92.

(d) Certa. Não infringe o princípio da congruência a decisão judicial que enquadra o ato de improbidade em dispositivo diverso do indicado na inicial, eis que deve a defesa ater-se aos fatos e não à capitulação legal. STJ, REsp 842.428.

(e) Errada. Art. 17, § 8º da Lei 8.429/92.

*Para responder, tem que estudar: lei e jurisprudência.*

*Gabarito: D*

**52. (Cespe/TJ/CE/Juiz/2012)** Assinale a opção correta, tendo em vista as disposições da Lei n. 8.429/1992, que trata da improbidade administrativa.

a) A lei determina que a autoridade administrativa responsável pelo inquérito apresente ao MP representação para a indisponibilidade dos bens do indiciado, nos casos em que o ato de improbidade ensejar enriquecimento ilícito, providência prescindível caso as condutas causem lesão ao erário ou atentem contra os princípios da administração.

b) Instaurado processo administrativo, a comissão processante deverá dar conhecimento ao MP e ao tribunal de contas da existência de procedimento para apurar a prática de ato de improbidade. A lei admite que apenas o MP designe representante e intervenha no procedimento administrativo, de modo a firmar sua convicção sobre os fatos que estejam sendo apurados.

c) Qualquer pessoa poderá representar à autoridade competente para que seja instaurada investigação destinada a apurar a prática de ato de improbidade, devendo a representação ser escrita ou reduzida a termo e assinada e conter a qualificação do representante, as informações sobre o fato e sua autoria e a indicação das provas de que tenha conhecimento.

d) Entre as medidas de natureza cautelar que podem ser adotadas na esfera administrativa, contra o agente que pratique ato de improbidade, incluem-se o afastamento do exercício do cargo, emprego ou função, e o sequestro e bloqueio de bens.

e) O agente público que cometer ato lesivo ao patrimônio público responderá por ação ou omissão, dolosa ou culposa, assim como o terceiro que, de forma direta ou indireta, dele se beneficiar, desde que aja de forma dolosa.

ANOTAÇÕES/COMENTÁRIOS

(a) Errada. Uma vez que não é requisito prescindível, mas vinculado, conforme art. 16 da Lei 8.429/92.

(b) Errada. Conforme o parágrfo-único do art. 15 da Lei 8.429/92, cabe ao MP ou ao Tribunal ou Conselho de Contas designar representante, não apenas ao MP.

(c) Certa. Art. 14, *caput* e §1º, da Lei 8.429/92.

(d) Errada. O sequestro de bens somente pode ser feito judicialmente, não sendo medida passível de ser adotada na esfera administrativa, conforme art. 16 da Lei 8.429/92.

(e) Errada. O terceiro não responderá apenas por ação dolosa, conforme art. 5º da Lei 8.429/92.

*Para responder, tem que estudar: lei.*

*Gabarito: C*

**53. (Cespe/TJ/BA/Juiz/2012)** O prefeito de determinado município firmou contrato de aluguel de milhares de computadores para as escolas municipais. A contratação foi feita sem licitação, sob o argumento de que a fornecedora dos computadores é uma organização social sem fins lucrativos. Posteriormente, o tribunal de contas do estado detectou que o aluguel anual de cada máquina custava o dobro do valor de um computador novo, tendo o MP estadual, por seu turno, descoberto que os dirigentes da organização social mantêm relação direta com donos de empresa de material de informática à qual pertencem os computadores alugados. A quebra do sigilo bancário da organização social demonstrou que os pagamentos recebidos do município eram repassados à referida empresa. Com base na situação hipotética acima e no disposto na Lei n. 8.429/1992 (lei que trata da improbidade administrativa), assinale a opção correta.

a) O disposto nessa lei não se aplica a prefeitos, agentes políticos que se submetem ao regime do Decreto-Lei n. 201/1967 (crime de responsabilidade).

b) De acordo com a referida lei, na hipótese de o prefeito morrer, seus sucessores hereditários estarão sujeitos às cominações legais até o limite do valor da herança.

c) Embora imoral e antiética, a conduta do prefeito não tem repercussão na esfera administrativa, visto que se restringe à violação de princípios.

d) O prazo prescricional para se processar o prefeito pela prática de ato de improbidade administrativa é de cinco anos, contados da data do fato.

e) O MP poderá ajuizar ação de improbidade contra o prefeito, mas nada poderá fazer em relação aos dirigentes da organização social ou aos donos da empresa de informática, visto que a referida lei alcança apenas os ocupantes de cargos públicos.

ANOTAÇÕES/COMENTÁRIOS

(a) Errada. Agentes políticos municipais se submetem aos ditames da Lei 8.429/1992, sem prejuízo da responsabilização política e criminal estabelecida no DL 201/1967. (AgInt no REsp 1573264).

(b) Certa. A limitação patrimonial para reparação do dano está corretamente disposta na assertiva.

(c) Errada. A conduta viola o art. 11 da Lei 8.429/92.

(d) Errada. Art. 23 da Lei 8.429/92.

(e) Errada. Art. 3º da Lei 8.429/92.

*Para responder, tem que estudar: lei e jurisprudência.*

*Gabarito: B*

**54. (Cespe/TJ/DFT/Juiz/2014)** Conforme entendimento jurisprudencial do STF e do STJ, assinale a opção correta considerando os temas improbidade administrativa e as formas de controle da administração pública.

a) Qualquer pessoa, física ou jurídica, detém legitimidade para a propositura de ação popular.

b) Caso haja apenas indícios de cometimento de atos de improbidade administrativa, a petição inicial da respectiva ação não deve ser recebida pelo Poder Judiciário, em decorrência da aplicação do princípio constitucional da presunção de inocência.

c) É possível a demissão de servidor por improbidade administrativa por meio de PAD, independentemente de ação judicial, caso existam elementos comprobatórios da prática de ato de improbidade.

d) O MP não tem legitimidade para ajuizar ACP referente a ato de improbidade administrativa que envolva questões tributárias em sua causa de pedir.

e) Ação popular que tenha por fundamento improbidade administrativa do presidente da República será de competência originária do STF.

ANOTAÇÕES/COMENTÁRIOS

(a) Errada. Art. 5º, inc. LXXIII da CF e súmula 365 do STF. Apenas cidadão (pessoa física) detém a referida legitimidade.

(b) Errada. Conforme se depreende da leitura do art. 17, §§ 6º, 7º e 8º, da Lei 8.429, a inicial deve ser instruída com documentos ou justificação que demonstrem indícios suficientes sobre o cometimento de atos de improbidade, sendo que a rejeição ocorrerá em caso de haver o convencimento da inexistência do ato de improbidade, da improcedência da ação ou da inadequação da via eleita, havendo má inferência a despeito da aplicação do princípio da presunção de inocência no caso apresentado pela assertiva.

(c) Certa. Decisão do STJ no MS 14.140.

(d) Errada. O tema foi tratado no Informativo 543 do STJ – O Ministério Público tem legitimidade para ajuizar ação civil pública cujo pedido seja a condenação por improbidade administrativa de agente público que tenha cobrado taxa por valor superior ao custo do serviço prestado, ainda que a causa de pedir envolva questões tributárias. REsp 1.387.960.

(e) Errada. A competência para julgamento é de juízo de primeira instância.

*Para responder, tem que estudar: lei, jurisprudência e teoria/doutrina.*

*Gabarito: C*

**55. (Cespe/TJ/DFT/Juiz/2014)** A respeito da improbidade administrativa, assinale a opção correta.

BLOCO III

a) Constitui ato de improbidade exercer atividade de consultoria para pessoa física que tenha interesse que possa ser amparado por ação ou omissão decorrente das atribuições do agente público, durante a atividade.
b) A declaração de bens deve ser apresentada tão somente por ocasião da posse e na data em que o agente público deixar o exercício do mandato, cargo, emprego ou função pública.
c) Para a caraterização de ato de improbidade administrativa, dele deve decorrer lesão ao erário ou vantagem pessoal ao agente.
d) O administrador público que atrasa a entrega das contas públicas pratica ato de improbidade, independentemente da existência de dolo na espécie.
e) O sucessor daquele que causar lesão ao patrimônio público estará sujeito, até o limite da lesão, às cominações da Lei de Improbidade Administrativa.

**ANOTAÇÕES/COMENTÁRIOS**

(a) Certa. Art. 9º, inc. VIII da Lei 8.429/92.

(b) Errada. Art. 13, § 2º da Lei 8.429/92.

(c) Errada. Art. 11 da Lei 8.429/92.

(d) Errada. Art. 11, VI da Lei 8.429/92.

(e) Errada. Art. 8º da Lei 8.429/92.

*Para responder, tem que estudar: lei.*

*Gabarito: A*

**56. (Cespe/TJ/DFT/Juiz/2016)** Considerando a jurisprudência do STJ referente à improbidade administrativa, assinale a opção correta.

a) O reconhecimento da prescrição da ação de improbidade administrativa representa impedimento do ressarcimento de danos causados ao erário.
b) O termo inicial da prescrição de ato de improbidade administrativa de agente político reeleito será o do término do primeiro mandato.
c) O estagiário de órgão público, independentemente do recebimento de remuneração, está sujeito à responsabilização por ato de improbidade administrativa.
d) O dolo é exigível para se demonstrar a improbidade administrativa que importar enriquecimento ilícito do agente público, prejuízo ao erário e violação aos princípios da administração pública.
e) A ausência de notificação do requerido para a apresentação de defesa antes da apreciação da petição inicial pelo juízo é causa de nulidade absoluta da ação de improbidade, em face da violação do princípio do devido processo legal.

**ANOTAÇÕES/COMENTÁRIOS**

(a) Errada. A reparação ao erário deverá ser buscada por ação autônoma, que é imprescritível.

(b) Errada. Em caso de reeleição, a prescrição se inicia com o fim do segundo mandato.

(c) Certa.

(d) Errada. Nos casos de atos de improbidade que causem dano ao erário é possível a constatação de conduta culposa.

(e) Errada. O STJ tem se manifestado pela necessidade de comprovação de efetivo prejuízo à defesa para que repute nula a ausência de notificação (EREsp 1008632).

*Para responder, tem que estudar: lei e jurisprudência.*

*Gabarito: C*

**57. (Cespe/TJ/PR/Juiz/2017)** De acordo com o entendimento jurisprudencial e a Lei n. 8.429/1992, assinale a opção correta a respeito da improbidade administrativa.

a) Conforme o STJ, a tipificação do ato de improbidade administrativa que atenta contra os princípios da administração pública exige a demonstração de dolo específico.

b) A jurisprudência do STJ firmou-se no sentido de que os agentes políticos municipais não se submetem aos ditames da Lei de Improbidade Administrativa, porquanto já estão sujeitos à responsabilização política e criminal prevista no decreto-lei que trata dos crimes de responsabilidade de prefeitos e vereadores.

c) Segundo o STF, compete ao primeiro grau de jurisdição o julgamento das ações de improbidade administrativa contra agentes políticos, ocupantes de cargos públicos ou detentores de mandato eletivo, independentemente de eles estarem, ou não, em atividade.

d) Para o STJ, nos atos de improbidade administrativa que causem lesão ao erário, a responsabilidade entre os agentes ímprobos é subsidiária.

**ANOTAÇÕES/COMENTÁRIOS**

(a) Errada. O ato de improbidade que atenta contra os princípios da Administração Pública exige dolo genérico (AgInt no REsp 1624885).

(b) Errada. Agentes políticos municipais se submetem aos ditames da Lei 8.429/1992, sem prejuízo da responsabilização política e criminal estabelecida no DL 201/1967. (AgInt no REsp 1573264)

(c) Certa.

BLOCO III

(d) Errada. A responsabilidade, nestes casos, é vista como solidária (AgInt no AREsp 869.870).

*Para responder, tem que estudar: jurisprudência.*

*Gabarito: C*

**58. (Cespe/TJ/BA/Juiz/2019)** De acordo com a legislação pertinente e a jurisprudência dos tribunais superiores, na hipótese de o prefeito de determinado município desviar dolosamente recursos públicos obtidos pelo ente municipal mediante convênio com a União,

a) a ação de ressarcimento ao erário será submetida ao prazo prescricional quinquenal.

b) a ação de improbidade administrativa prescreverá em cinco anos, contados a partir da data do fato.

c) ainda que o tribunal de contas local condene o prefeito ao ressarcimento ao erário, o Poder Judiciário também poderá condená-lo em ressarcimento ao erário em ação civil pública por improbidade administrativa.

d) não será possível a configuração do ato de improbidade administrativa se o prefeito tiver agido culposamente.

e) o magistrado, em ação de improbidade administrativa, será obrigado a aplicar todas as penalidades legalmente previstas para a conduta, submetendo-se à discricionariedade regrada somente a dosimetria da pena.

ANOTAÇÕES/COMENTÁRIOS

(a) Incorreta. O STF entende que o ressarcimento ao erário decorrente de ato doloso de improbidade administrativa é imprescritível, com base no art. 36, §5.º, da CR/88.

(b) Incorreta. As sanções da ação de improbidade administrativa (excluído ressarcimento), para o caso do prefeito, prescrevem no prazo de cinco anos contados do término do mandato.

(c) Correta. Não configura bis in idem a coexistência de título executivo extrajudicial (acórdão do TCU) e sentença condenatória em ação civil pública de improbidade administrativa que determinam o ressarcimento ao erário e se referem ao mesmo fato, desde que seja observada a dedução do valor da obrigação que primeiramente foi executada no momento da execução do título remanescente. (REsp 1.413.674-SE).

(d) Incorreta. Art. 10 da Lei 8.429/92.

(e) Incorreta. Art. 12 da Lei 8.429/92.

*Para responder, tem que estudar: lei e jurisprudência.*

*Gabarito: C*

**59. (Cespe/TJ/CE/Juiz/2018)** Com base na legislação de regência e na jurisprudência do STJ, é correto afirmar que a ação de improbidade administrativa

a) pode ser ajuizada tanto em caráter preventivo como em caráter repressivo.

b) exige a formação de litisconsórcio passivo necessário entre o réu agente público e os particulares beneficiados pelo ato ímprobo.

c) pode ser encerrada por meio de acordo firmado entre as partes e devidamente homologado pelo juízo.

d) admite a utilização de prova emprestada colhida na persecução penal, desde que assegurado o direito ao contraditório e à ampla defesa.

e) deve ser ajuizada e processada nas instâncias ordinárias, salvo se a conduta ímproba tiver sido praticada por agente público com foro privilegiado.

ANOTAÇÕES/COMENTÁRIOS

(a) Incorreto. A ação de improbidade administrativa só pode ser proposta quando já praticado o ato ímprobo.

(b) Incorreto. Exige-se a formação de litisconsórcio passivo necessário entre o réu agente público e os particulares beneficiados pelo ato ímprobo. Ademais, não é necessário que haja punição do particular para que o agente público seja responsabilizado (STJ. 2ª Turma. REsp 896.044/PA, rel. Min. Herman Benjamin, j. 16.09.2010).

(c) Incorreto. Art. 17, §1º, da Lei n. 8.429/92.

(d) Correto.

(e) Incorreto. Segundo o entendimento do STF, não há prerrogativa de foro nas ações de improbidade administrativa (STF. Plenário. Pet. 3.240 AgR/DF, rel. Min. Teori Zavascki, red. p/ o ac. Min. Roberto Barroso, j. 10.05.2018).

*Para responder, tem que estudar: lei e jurisprudência.*

*Gabarito: D*

**60. (Cespe/TJ/CE/Juiz/2018)** O prefeito de determinado município contratou diretamente empresa prestadora de serviços à prefeitura, dispensando indevidamente a licitação e causando prejuízos ao erário, razão pela qual respondeu a ação civil por ato de improbidade administrativa. O juízo competente, anteriormente à citação do prefeito e sem sua prévia manifestação, deferiu medida cautelar de bloqueio de bens e, ao término da instrução processual, julgou procedentes os pedidos condenatórios formulados na ação. A respeito dessa situação hipotética, assinale a opção correta, considerando o disposto na Lei n.º 8.429/1992 e o entendimento jurisprudencial.

a) Em razão do cargo que ocupa, o prefeito deveria ter sido submetido à legislação específica referente à prática de crimes de responsabilidade em vez de responder a ação de improbidade administrativa.

b) Dada a comprovação de concreta dilapidação patrimonial, o deferimento da medida cautelar de indisponibilidade de bens deveria ter sido condicionado à prévia citação do prefeito.

c) No curso da instrução processual, a demonstração do dolo enquanto elemento subjetivo é fundamental para a caracterização da conduta imputada ao prefeito como ato de improbidade administrativa.

d) O ressarcimento integral do dano, a perda da função pública e a cassação dos direitos políticos são sanções aplicáveis ao prefeito da situação hipotética, conforme a Lei n.º 8.429/1992.

e) Eventual reconhecimento de prescrição da ação de improbidade administrativa não impedirá o prosseguimento da demanda relativa ao pedido de ressarcimento do prejuízo ao erário.

ANOTAÇÕES/COMENTÁRIOS

(a) Incorreta. A Lei 8.429 se refere aos prefeitos e vereadores, inexistindo incompatibilidade com o Decreto-Lei 201/67.

(b) Incorreta. Entende-se suficiente a presença de "fumus boni iuris".

(c) Incorreta. Nas hipóteses de prejuízo ao erário, tanto dolo ou culpa são elementos que configuram lesão. Vale lembrar: é inadmissível a responsabilidade objetiva na aplicação da lei 8.429/92, exigindo-se a presença de DOLO nos casos dos artigos 9º e 11 (enriquecimento ilícito e atenta contra os princípios da administração pública). E ao menos de CULPA nos termos do artigo 10 (prejuízo ao erário).

(d) Incorreta. Não há cassação de direitos políticos, mas sim suspensão.

(e) Correta.

*Para responder, tem que estudar: lei.*

*Gabarito: E*

# 7. INTERVENÇÃO DO ESTADO NA PROPRIEDADE

## 7.1. Desapropriação

**61. (Cespe/TJ/AC/Juiz/2012)** Assinale a opção correta com relação aos serviços públicos e à desapropriação.

a) Consideram-se serviços públicos indelegáveis os serviços que o Estado, atendendo a necessidades coletivas, assume como seus e executa diretamente, por seus próprios agentes e órgãos da administração centralizada, vedada a transferência de sua execução a particulares ou mesmo a entidades da administração indireta.

b) Como forma de impedir o comprometimento da operacionalização e da continuidade da prestação do serviço, as concessionárias estão proibidas, no financiamento de seus contratos, de oferecer em garantia os direitos emergentes da concessão.

c) A declaração expropriatória, mediante a qual o poder público declara a utilidade pública ou o interesse social do bem de um particular para fins de desapropriação, pode ser feita por decreto do chefe do Poder Executivo e por iniciativa do Poder Legislativo, tanto na esfera da União como na dos estados, do DF, dos municípios e dos territórios.

d) Em decorrência do princípio da igualdade dos usuários, não se admite, no serviço público, o estabelecimento de tarifas diferenciadas em função de custos específicos provenientes do atendimento a distintos segmentos de usuários.

e) As concessionárias de serviços públicos são obrigadas a oferecer ao consumidor e ao usuário, dentro do mês de vencimento dos débitos, várias opções de data para o vencimento de seus débitos, devendo as datas indicadas, quer no âmbito de cada estado, quer no do DF, ser as mesmas para os diferentes tipos de serviço público oferecidos.

**ANOTAÇÕES/COMENTÁRIOS**

(a) Errada. Os serviços públicos indelegáveis não pode ser transferidos para particulares, mas nada impede que a administração pública indireta exerça suas atividades.

(b) Errada. De acordo com o disposto no art. 28 da Lei 8.987/95, nos contratos de financiamento, as concessionárias poderão oferecer em garantia os direitos emergentes da concessão, até o limite que não comprometa a operacionalização e a continuidade da prestação do serviço.

(c) Certa. Vide artigos 2º e 8º do DL 3365/41.

(d) Errada. Art. 13 da Lei 8.987/95.

(e) Errada. Art. 7º-A da Lei 8.987/95.

*Para responder, tem que estudar: lei.*

*Gabarito: C*

**62. (Cespe/TJ/BA/Juiz/2012)** Considerando a disciplina que rege a desapropriação, assinale a opção correta.

a) A União poderá desapropriar bens para atendimento de necessidades coletivas, urgentes e transitórias, decorrentes de situações de perigo iminente, de calamidade pública ou de irrupção de epidemias.

b) Conforme entendimento sumulado pelo STJ, o prazo prescricional da ação de desapropriação indireta é de cinco anos.

c) Caso recaia hipoteca sobre o imóvel a ser desapropriado, o poder público ficará impedido de dar início ao processo expropriatório.

d) O Poder Legislativo pode tomar a iniciativa da desapropriação, cabendo, nesse caso, ao Executivo praticar os atos necessários à sua efetivação.

e) Um município é competente para, presentes os requisitos legais, desapropriar bens de empresa pública federal.

*ANOTAÇÕES/COMENTÁRIOS*

(a) Errada. As situações descritas na alternativa dão margem para eventual requisição administrativa, e não desapropriação.

(b) Errada. De acordo com o entendimento exarado no enunciado 119 da Súmula do STJ, o prazo seria de vinte anos. Após a vigência do Código Civil de 2002, entende-se que tal prazo é de 10 anos.

(c) Errada. A existência de eventuais gravames sobre o imóvel não impedem o início de processo expropriatório. Todavia, serão respeitados eventuais direitos de crédito e garantia quando do pagamento dos valores referentes à desapropriação.

(d) Certa. Art. 8º do DL 3.365/41.

(e) Errada. A redação da alternativa é criticável, visto que, em havendo autorização do Presidente da República (um requisito legal, portanto), o referido ato é juridicamente viável. Sobre o tema, veja a decisão do REsp 214.878/SP.

*Para responder, tem que estudar: lei e teoria/doutrina.*

*Gabarito: D*

**63. (Cespe/TJ/MA/Juiz/2013)** Acerca da intervenção do Estado na propriedade, assinale a opção correta.

a) A caducidade da declaração de utilidade pública refere-se à perda da validade dessa declaração pelo decurso de tempo sem que o poder público promova atos concretos destinados a efetivá-la.

b) Desapropriação é o direito que a administração tem de utilizar propriedade imóvel alheia para possibilitar a execução de obra ou serviço de interesse coletivo.

c) Os municípios são competentes para legislar sobre desapropriação.

d) Pode-se desapropriar dinheiro (moeda corrente do país).

*ANOTAÇÕES/COMENTÁRIOS*

(a) Certa.

(b) Errada. A redação da alternativa descreve a chamada ocupação temporária, que se Consubstancia na intervenção por meio da qual o ente público utiliza um determinado bem privado por prazo determinado, para satisfazer necessidades de interesse público, podendo se dar de forma gratuita ou remunerada.

(c) Errada. A competência é privativa da União, segundo o disposto no art. 22, II, da CF. No entanto, importante ressaltar que o parágrafo único do dispositivo constitucional mencionado determina que a lei complementar poderá autorizar os estados a legislar sobre questões específicas.

(d) Errada. De acordo com a doutrina majoritária, não é possível desapropriar dinheiro ou direitos personalíssimos.

*Para responder, tem que estudar: teoria/doutrina.*

*Gabarito: A*

**64. (Cespe/TJ/RN/Juiz/2013)** Acerca do processo de desapropriação, assinale a opção correta.

a) Não cabe, além dos juros, indenização complementar pela demora no pagamento do preço da desapropriação.

b) Os juros compensatórios, incidentes após a Medida Provisória n. 1.577/1997, devem ser fixados em 12% ao ano até 13 de setembro de 2001, e, a partir de então, em 6% ao ano.

c) A base de cálculo dos honorários de advogado consiste no valor da indenização fixada, corrigida monetariamente.

d) É devida a correção monetária até a data do efetivo pagamento da indenização, sendo a atualização do cálculo devida apenas uma vez, para recompor o valor da indenização.

e) O poder expropriante, imitido na posse de ações de uma sociedade desapropriada, não pode exercer todos os direitos inerentes aos respectivos títulos.

ANOTAÇÕES/COMENTÁRIOS

(a) Certa. Súmula 416 do STF – "Pela demora no pagamento do preço da desapropriação não cabe indenização complementar além dos juros.".

(b) Errada. Súmula 408 do STJ – "Nas ações de desapropriação, os juros compensatórios incidentes após a Medida Provisória 1.577, de 11/06/1997, devem ser fixados em 6% ao ano até 13/09/2001 e, a partir de então, em 12% ao ano, na forma da Súmula 618 do STF.".

(c) Errada. Súmula 617 do STF – "A base de cálculo dos honorários de advogado em desapropriação é a diferença entre a oferta e a indenização, corrigidas ambas monetariamente.".

(d) Errada. Súmula 561 do STF – "Em desapropriação, é devida a correção monetária até a data do efetivo pagamento da indenização, devendo proceder-se à atualização do cálculo, ainda que por mais de uma vez.".

(e) Errada. Súmula 476 do STF – "Desapropriadas as ações de uma sociedade, o Poder desapropriante, imitido na posse, pode exercer, desde logo, todos os direitos inerentes aos respectivos títulos.".

*Para responder, tem que estudar: súmula/OJ.*

*Gabarito: A*

**65. (Cespe/TJ/PR/Juiz/2017)** Assinale a opção correta a respeito da desapropriação indireta.

a) Se a administração conferir destinação pública a determinado bem, o particular prejudicado poderá recorrer a ações possessórias, reivindicatórias e indenizatórias.

b) O juízo competente para processar e julgar a desapropriação indireta é o do foro de situação do bem.

c) A afetação do bem particular a um fim público constitui forma de transferência da propriedade.

d) Por observar o devido processo legal, a desapropriação indireta é instituto amplamente praticado e permitido pela legislação brasileira.

ANOTAÇÕES/COMENTÁRIOS

(a) Errada. Como consequência da desapropriação indireta, e principalmente após a destinação pública do bem, somente será possível ao particular manejar ação indenizatória.

(b) Certa. Considerando que a ação tem natureza real, será competente o juízo do foro da situação do bem para análise e julgamento da ação de desapropriação.

(c) Errada. A afetação é forma de atribuição de destinação a bens públicos, e não meio de desapropriação.

(d) Errada. A desapropriação indireta não observa devido processo legal. Lembre-se que ela ocorre nas situações em que o Estado invade o bem privado sem respeitar os procedimentos administrativos e judiciais inerentes à desapropriação. A desapropriação indireta é também chamada de apossamento administrativo. Nesse sentido, dada a destinação pública ao bem, ao proprietário só resta pleitear o pagamento de justa indenização, através da Ação de Indenização por Desapropriação Indireta.

*Para responder, tem que estudar: teoria/doutrina.*

*Gabarito: B*

**66. (Cespe/TJ/BA/Juiz/2019)** O Estado, no exercício do poder de polícia, pode restringir o uso da propriedade particular por meio de obrigações de caráter geral, com base na segurança, na salubridade, na estética, ou em outro fim público, o que, em regra, não é indenizável. Essa forma de exercício do poder de polícia pelo Estado corresponde a

a) uma servidão administrativa.

b) uma ocupação temporária.

c) uma requisição.
d) uma limitação administrativa.
e) um tombamento.

ANOTAÇÕES/COMENTÁRIOS

(a); (b); (c); (d); (e); Limitação administrativa é uma determinação geral, pela qual o Poder Público impõe a proprietários indeterminados obrigações de fazer ou de não fazer, com o fim de garantir que a propriedade atenda a sua função social. Nesse sentido Carvalho Filho (2014, p. 813): "Sendo imposições de caráter geral, as limitações administrativas não rendem ensejo à indenização em favor dos proprietários. [...] Não há sacrifícios individualizados, mas sacrifícios gerais a que se devem obrigar os membros da coletividade em favor desta". Celso Antônio Bandeira de Mello define Polícia Administrativa como "a atividade da Administração Pública, expressa em atos normativos ou concretos, de condicionar, com fundamento em sua supremacia geral e na forma da lei, a liberdade e a propriedade dos indivíduos, mediante ação, ora fiscalizadora, ora preventiva, ora repressiva, impondo coercitivamente aos particulares um dever de abstenção (non facere) a fim de conformar-lhes os comportamentos aos interesses sociais consagrados no sistema normativo" (Celso Antônio Bandeira de Mello, Elementos de Direto Administrativo, Editora Revista dos Tribunais, São Paulo, 1999, p. 176.).

*Para responder, tem que estudar: teoria/doutrina.*

*Gabarito: D*

**67. (Cespe/TJ/CE/Juiz/2018)** Acerca do instituto da desapropriação, assinale a opção correta.

a) A declaração de utilidade pública de determinada propriedade privada não afasta o direito à indenização por benfeitorias necessárias e úteis realizadas no imóvel posteriormente ao referido ato, mesmo que feitas sem a autorização do expropriante.
b) De acordo com o STF, é condição para a imissão provisória da posse de imóvel objeto de desapropriação por utilidade pública o pagamento prévio e integral da indenização.
c) Declarada a utilidade pública do bem objeto de decreto expropriatório, o poder público deve atender ao prazo de cinco anos para efetivar a desapropriação, o que pode ocorrer mediante acordo ou por via judicial, sob pena de caducidade.
d) Na hipótese de o poder expropriante não dar ao imóvel a destinação prevista no decreto expropriatório, o expropriado tem direito real de reivindicar a propriedade do bem.
e) Na desapropriação indireta, sobre o valor da indenização a ser paga devem incidir juros compensatórios pela perda antecipada da posse do imóvel, salvo em se tratando de propriedade improdutiva.

*ANOTAÇÕES/COMENTÁRIOS*

(a) Incorreta. Art. 26, § 1º, DL 3365/41.

(b) Incorreta. Art. 15, DL 3365/41.

(c) Correta. Art. 10, DL 3365/41.

(d) Incorreta. Art. 35, DL 3365/41.

(e) Incorreta, quando da elaboração da questão. Atualmente, segue-se o entendimento exarado A ADI 2332, julgada em 17/05/2018, que declarou constitucional o art. 15-A que retira o direito de juros compensatórios na desapropriação direta por utilidade pública quando o objeto for improdutivo.

*Para responder, tem que estudar: lei.*

*Gabarito: C*

## 7.2. Outros Tipos de Intervenção

**68. (Cespe/TJ/AM/Juiz/2016)** Acerca da servidão administrativa, assinale a opção correta.

a) A servidão administrativa, de natureza de direito real e de definitividade, incide sobre bem imóvel e dela decorre o direito à indenização prévia e incondicionada ao proprietário do bem.

b) Sendo permanente, a servidão administrativa jamais será extinta, ainda que a propriedade seja incorporada ao patrimônio da pessoa em favor da qual foi instituída.

c) A servidão administrativa, direito real público que autoriza o poder público a usar a propriedade imóvel para a execução de obras e serviços de interesse coletivo, pode incidir tanto sobre bem privado quanto público.

d) Sendo o decreto expedido para constituir a servidão administrativa revestido de publicidade, é desnecessária a inscrição no registro de imóveis para a produção de efeitos "erga omnes".

e) Ainda que não haja dano efetivo ou prejuízos causados ao imóvel serviente, será devida a indenização, uma vez que a limitação do direito decorrente da servidão, por si, gera dano abstrato.

*ANOTAÇÕES/COMENTÁRIOS*

(a) Errada. A indenização, nos casos de servidão administrativa, dependerá da demonstração concreta de prejuízo sofrido pelo particular, não sendo portanto prévia e incondicionada.

(b) Errada. A consolidação das propriedades na mesma pessoa (chamada incorporação) implica na extinção da servidão administrativa.

(c) Certa. De acordo com o entendimento de Maria Sylvia Zanella Di Pietro "servidão administrativa é o direito real de gozo, de natureza pública, instituído sobre imóvel de propriedade alheia, com base em lei, por entidade pública ou por seus delegados, em favor de um serviço público ou de um bem afetado a fim de utilidade pública". (DI PIETRO, 2016).

(d) Errada. Exige-se a inscrição da servidão no Registro Civil de Imóveis.

(e) Errada. Vide comentário à alternativa "a".

*Para responder, tem que estudar: teoria/doutrina.*

*Gabarito: C*

**69. (Cespe/TJ/MA/Juiz/2013)** Ainda acerca da intervenção do Estado na propriedade, assinale a opção correta.

a) Mediante requisição, pode o Estado obrigar o particular a prestar-lhe um serviço.
b) A requisição, por constituir procedimento adotado em situação de perigo público iminente, não é indenizável.
c) A servidão administrativa enseja a perda da propriedade do bem imóvel pelo particular.
d) Tratando-se de servidão administrativa, a indenização paga ao proprietário deve corresponder ao valor total do bem.

ANOTAÇÕES/COMENTÁRIOS

(a) Certa. Assim, admite-se a possibilidade de incidência da medida restritiva sobre bens móveis e imóveis, havendo a possibilidade inclusive de requisição de serviços (art. 15, XIII, da Lei 8.080/90).

(b) Errada. É necessário o pagamento de indenização posterior à execução do ato e desde que tenha sido comprovada a existência de danos ao bem objeto da restrição.

(c) Errada. A servidão administrativa é forma restritiva (e não supressiva) de intervenção pública na propriedade privada.

(d) Errada. A indenização paga nos casos de servidão administrativa será proporcional ao dano causado em razão da imposição do instituto restritivo da propriedade sobre o bem.

*Para responder, tem que estudar: lei e teoria/doutrina.*

*Gabarito: A*

BLOCO III

**70. (Cespe/TJ/PI/Juiz/2012)** Acerca da classificação e da utilização de bens públicos, das limitações administrativas, do tombamento e da faixa de fronteira, assinale a opção correta.

a) As limitações administrativas, como forma de restrição da propriedade privada, impõem ao Estado a obrigação de indenizar o proprietário pelo uso de imóvel particular.

b) A autorização de uso é ato administrativo unilateral e discricionário pelo qual a administração consente, a título precário, que o particular utilize bem público, mas que não pode ser concedida de modo privativo.

c) O tombamento pode ser voluntário ou compulsório, provisório ou definitivo, conforme a manifestação da vontade ou a eficácia do ato.

d) São de domínio público e pertencentes à União as áreas localizadas na faixa de fronteira situada ao longo da linha terrestre demarcatória entre o território nacional e países estrangeiros, considerada fundamental para a defesa do território nacional.

e) Consideram-se bens públicos apenas os que constituem o patrimônio da União, dos estados, do DF ou dos municípios, sendo eles objeto de direito pessoal ou real de cada uma das entidades federativas.

ANOTAÇÕES/COMENTÁRIOS

(a) Errada. A simples existência de limitação administrativa não enseja o dever automático de indenização ao particular.

(b) Errada. A autorização de uso pode ser concedida de modo privativo.

(c) Certa.

(d) Errada. Essa área não é, em sua integralidade, de domínio público.

(e) Errada. Também são considerados bens públicos aqueles que, não pertencendo a qualquer ente federativo, estejam afetados à prestação de serviço público.

*Para responder, tem que estudar: teoria/doutrina.*

*Gabarito: C*

**71. (Cespe/TJ/AM/Juiz/2016)** A CF, em seu artigo 5º, XXII, garante o direito de propriedade; no inciso XXIII do mesmo artigo, condiciona o exercício desse direito ao atendimento da função social. Acerca da intervenção do Estado na propriedade privada, assinale a opção correta.

a) A ocupação temporária é direito real, uma vez que só incide sobre a propriedade imóvel.

b) A limitação administrativa enseja ao pagamento de indenização em favor dos proprietários.

c) As modalidades de intervenção supressiva incluem a desapropriação e a ocupação temporária.

d) A requisição é modalidade de intervenção em que o Estado utiliza propriedade particular no caso de perigo público iminente.

e) É exemplo de servidão administrativa a utilização temporária de terrenos particulares contíguos a estradas em construção ou em reforma, para, por exemplo, a alocação transitória de máquinas de asfalto.

ANOTAÇÕES/COMENTÁRIOS

(a) Errada. A ocupação temporária não é direito real.

(b) Errada. Somente excepcionalmente a limitação administrativa enseja o pagamento de indenização em favor dos proprietários.

(c) Errada. A ocupação temporária é modalidade de intervenção restritiva.

(d) Certa. Trata-se de intervenção restritiva na propriedade privada que visa a solucionar situações de iminente perigo, mediante a utilização de bens privados pelo ente estatal, enquanto durar a situação de risco (art. 5º, XXIII, da CF).

(e) Errada. O exemplo dado é de ocupação temporária.

*Para responder, tem que estudar: lei e teoria/doutrina.*

*Gabarito: D*

**72. (Cespe/TJ/DFT/Juiz/2016)** Assinale a opção correta, segundo a qual a modalidade de intervenção na propriedade privada sujeita o bem, cuja conservação seja de interesse público, por sua importância histórica, artística, arqueológica, bibliográfica ou etnológica, a restrições parciais, mediante procedimento administrativo.

a) tombamento.
b) ocupação temporária.
c) servidão administrativa.
d) limitação administrativa.
e) desapropriação.

ANOTAÇÕES/COMENTÁRIOS

(a); (b); (c); (d); (e) O tombamento pode ser conceituado como a intervenção do Estado na propriedade como forma de proteção ao meio ambiente, no que tange aos aspectos do patrimônio histórico, artístico e cultural. Cumpre esclarecer, que a intervenção atinge o caráter absoluto da propriedade, definindo algumas limitações ao exercício do direito de propriedade, ou seja, definido regras de forma a evitar que a destruição deste bem resulte na perda de informações relevantes à história do país ou cause prejuízo a obras artísticas de valor cultural inestimável para a identidade de um povo.

*Para responder, tem que estudar: lei e teoria/doutrina.*

*Gabarito: A*

**73. (Cespe/TJ/DFT/Juiz/2015)** Assinale a opção correta relativamente às formas de intervenção do Estado na propriedade privada.

a) Em regra, a desapropriação de imóveis urbanos deve ser realizada mediante prévia e justa indenização, a ser adimplida com títulos da dívida pública de emissão previamente aprovada pelo Senado Federal.

b) As limitações administrativas são medidas fundamentadas no poder de polícia do Estado, incidem sobre bens individualizados discriminados em ato administrativo e geram obrigações para o proprietário de cada um desses bens.

c) A extinção da servidão administrativa pode ocorrer em razão da perda da coisa gravada ou da desafetação da coisa dominante.

d) O tombamento somente poderá ter como objeto bens imóveis e pode incidir sobre imóveis públicos ou privados.

e) A ocupação temporária é a utilização transitória pelo Estado de bens imóveis de propriedade particular para fins de interesse público, uso que não suscita direito a indenização ante a efemeridade da limitação do uso do bem.

ANOTAÇÕES/COMENTÁRIOS

(a) Errada. Em regra, a indenização deve ser prévia, justa e em dinheiro.

(b) Errada. As limitações administrativas podem ser delimitadas por lei e apresentar caráter coletivo.

(c) Certa. Não obstante o caráter de perpetuidade, conferida a servidão administrativa, essa poderá ser extinta, se presentes algumas causas extintivas apontadas pela doutrina, dentre elas: quando não há mais interesse público; pelo desaparecimento do bem ou quando ocorre a aquisição do bem pelo Poder Público; com a perda da coisa gravada com ônus real, como pode ocorrer com a demolição de um prédio pelo proprietário; quando a coisa dominante perde a afetação pública.

(d) Errada. O tombamento pode incidir sobre bens móveis, imóveis, materiais ou imateriais, públicos ou privados. Em âmbito Federal, o instituto encontra-se regulado pelo Decreto-Lei 25/37, o qual define o patrimônio histórico e artístico nacional como um conjunto de bens móveis e imóveis existentes no país.

(e) Errada. O direito de indenização pode decorrer da ocupação temporária, desde que demonstrada a ocorrência de dano pelo particular.

*Para responder, tem que estudar: teoria/doutrina.*

*Gabarito: C*

**74. (Cespe/TJ/CE/Juiz/2018)** Conforme entendimento jurisprudencial do STJ, a limitação administrativa sobre determinado bem constitui modalidade de intervenção restritiva na propriedade de caráter

a) exclusivo e pode dar ensejo a indenização de natureza jurídica de direito real em favor do proprietário, ainda que não seja demonstrada a efetiva redução do valor econômico do bem em função da referida limitação.

b) geral e condição inerente ao exercício do direito de propriedade, inexistindo hipóteses de indenização.

c) geral, mas que pode dar ensejo a indenização em favor do proprietário na hipótese de a limitação causar redução do valor econômico do bem, independentemente do momento em que tenha sido instituída a restrição.

d) exclusivo e pode dar ensejo a indenização de natureza jurídica de direito real em favor do proprietário, desde que a aquisição do bem tenha ocorrido anteriormente à instituição da restrição.

e) geral, mas que pode dar ensejo a indenização de natureza jurídica de direito pessoal, se a limitação causar redução do valor econômico do bem e a sua aquisição tiver ocorrido anteriormente à instituição da restrição.

ANOTAÇÕES/COMENTÁRIOS

(a) (b); (c); (d); (e); A limitação administrativa distingue-se da desapropriação, uma vez que nesta há transferência da propriedade individual para o domínio do expropriante, com integral indenização; e naquela há, apenas, restrição ao uso da propriedade imposta genericamente a todos os proprietários, sem qualquer indenização. Porém, nada obsta que, excepcionalmente, certo cidadão seja indenizado caso sofra prejuízo diferenciado em relação aos demais atingidos, em atividade de compensação monetária fundamentada no princípio da igualdade. A jurisprudência do Superior Tribunal de Justiça vem reconhecendo este direito, mormente nos casos em que a aquisição do bem pelo particular se dê antes da existência da restrição.

*Para responder, tem que estudar: jurisprudência*

*Gabarito: E*

# 8. LICITAÇÕES E CONTRATOS

## 8.1. Contratos Administrativos

**75. (Cespe/TJ/AM/Juiz/2016)** Os contratos administrativos regulam-se pelas suas cláusulas e pelos preceitos de direito público, aplicando-lhes, supletivamente, os princípios da teoria geral dos contratos e as disposições de direito privado.

BLOCO III

Com base na legislação de regência dos contratos administrativos, assinale a opção correta.

a) São cláusulas implícitas de todos os contratos administrativos os direitos e as responsabilidades das partes.
b) Não é condição indispensável para a eficácia do contrato a publicação, na imprensa oficial, do instrumento ou de seus aditamentos.
c) É facultado ao contratado manter preposto, no local da obra ou serviço, para representá-lo na execução do contrato, estando a indicação desse preposto condicionada à aceitação da administração.
d) É vedada a subcontratação de partes da obra, de serviço ou fornecimento.
e) A declaração de nulidade do contrato administrativo susta os efeitos jurídicos que ele, ordinariamente, deveria produzir.

ANOTAÇÕES/COMENTÁRIOS

(a) Errada. De acordo com o art. 54, § 1º, da Lei 8666/1993, os contratos devem estabelecer com clareza e precisão as condições para sua execução, expressas em cláusulas que definam os direitos, obrigações e responsabilidades das partes, em conformidade com os termos da licitação e da proposta a que se vinculam.

(b) Errada. Nos termos do disposto no art. 61, parágrafo único da Lei 8666/1993, a publicação resumida do instrumento de contrato ou de seus aditamentos na imprensa oficial é condição indispensável para sua eficácia.

(c) Errada. Conforme o art. Art. 68 da Lei de Licitações, o contratado deverá manter preposto, aceito pela Administração, no local da obra ou serviço, para representá-lo na execução do contrato.

(d) Errada. De acordo com o Art. 72 da Lei de Licitações, o contratado, na execução do contrato, sem prejuízo das responsabilidades contratuais e legais, poderá subcontratar partes da obra, serviço ou fornecimento, até o limite admitido, em cada caso, pela Administração.

(e) Certa. Art. 59 da Lei de Licitações.

*Para responder, tem que estudar: lei.*

*Gabarito: E*

**76. (Cespe/TJ/DFT/Juiz/2016)** Um prefeito, no curso de seu mandato e atendendo a promessa de campanha, realizou e finalizou a construção de uma ponte sobre o rio que corta a cidade, inaugurando-a na metade de seu mandato. Considerando a situação hipotética apresentada, assinale a opção correta.

a) Em consonância com o princípio constitucional da eficiência, o contrato administrativo deveria ser anulado caso fosse ultrapassado o lapso temporal estipulado no instrumento contratual para a execução do objeto.

b) Em atenção ao princípio da impessoalidade, o prefeito não poderá apresentar propaganda em que conste vinculação direta de seu nome à realização da obra, mas nada obsta que sua imagem seja veiculada no outdoor da publicidade da conclusão da ponte.

c) O princípio da autotutela autorizaria o prefeito a anular ou revogar a licitação de ofício caso fosse constatada ilegalidade no procedimento.

d) Caso houvesse descumprimento de cláusulas contratuais pela empresa contratada, o princípio da supremacia do interesse público facultaria a rescisão unilateral do contrato pela administração pública.

e) A decretação, pelo prefeito, do sigilo dos atos referentes à contratação e à execução do contrato, com a finalidade de evitar a pressão de grandes empreiteiras e de prestigiar pequena empresa sediada no município, contratada diretamente para execução da obra, não configura desrespeito ao princípio constitucional da publicidade.

ANOTAÇÕES/COMENTÁRIOS

(a) Errada. O mero atraso na execução de uma obra não é justificativa para anulação do contrato.

(b) Errada. É vedada a utilização de imagem particular em publicidades inaugurais de obras e serviços públicos.

(c) Errada. A ilegalidade no procedimento não autoriza a revogação do ato, mas enseja anulação.

(d) Certa. Art. 78 da Lei de Licitações.

(e) Errada. A Lei de Licitações exige que o procedimento seja público, principalmente para garantir o acesso ao maior número de competidores e interessados no certame.

*Para responder, tem que estudar: lei e teoria/doutrina.*

*Gabarito: D*

**77. (Cespe/TJ/BA/Juiz/2012)** Assinale a opção correta com relação aos contratos administrativos.

a) Caso a administração constate, no cumprimento do contrato, lentidão que impossibilite a conclusão da obra ou prestação nos prazos estipulados, o contrato poderá ser rescindido unilateralmente.

b) Caso haja rescisão unilateral do contrato pela administração, em razão de cumprimento irregular de prazos, especificações ou projetos, a administração deverá devolver a garantia prestada pelo contratado, arcando com os custos de desmobilização.

c) A instauração de insolvência civil do contratado não serve de motivo para a administração rescindir o contrato.

d) A subcontratação total ou parcial do objeto contratado não admitida no edital ou no contrato não autoriza a rescisão unilateral do contrato, desde que este seja cumprido de acordo com o prazo estipulado.

e) É nulo e sem nenhum efeito, em qualquer caso, qualquer contrato verbal com a administração pública.

ANOTAÇÕES/COMENTÁRIOS

(a) Certa. Art. 78, inc. III da Lei 8.666/93.

(b) Errada. Art. 79, inc. I combinado com o art. 79, § 2º da Lei 8.666/93.

(c) Errada. Art. 78, inc. IX da Lei 8.666/93.

(d) Errada. Art. 78, inc. VI da Lei 8.666/93

(e) Errada. Art. 60, parágrafo único da Lei 8.666/93.

*Para responder, tem que estudar: lei.*

*Gabarito: A*

**78. (Cespe/TJ/ES/Juiz/2011)** No que concerne aos contratos administrativos, assinale a opção correta.

a) A cobrança da multa imposta pela administração pública na hipótese de inexecução total ou parcial pode dar-se mediante a retenção da garantia, sendo-lhe vedado, contudo, deduzir o valor da multa das importâncias devidas ao contratado.

b) De acordo com a legislação, a rescisão unilateral do contrato pela administração pública em razão de interesse público confere ao contratado direito ao ressarcimento dos prejuízos, à devolução da garantia e aos pagamentos atrasados, mas não ao pagamento do custo de desmobilização.

c) De acordo com cláusula exorbitante prevista na legislação, a administração pública pode alterar unilateralmente a natureza do contrato no que diz respeito a seu objeto.

d) Nos contratos de parceria público-privada, a garantia constitui cláusula exorbitante, como nos demais contratos administrativos.

e) Segundo entendimento do STJ, o ato administrativo de prorrogação, sem licitação, do contrato de concessão de serviço público protrai seus efeitos, de modo que o termo inicial da prescrição de nulidade do ato ocorre com o encerramento do próprio contrato.

ANOTAÇÕES/COMENTÁRIOS

(a) Errada. O texto do art. 87, § 1º da Lei 8.666/93 indica que se a multa aplicada for superior ao valor da garantia prestada, além da perda desta, responderá o contratado pela sua diferença, que será descontada dos pagamentos eventualmente devidos pela Administração ou cobrada judicialmente.

(b) Errada. O disposto no art. 79, § 2º, inc. II da Lei 8.666/93 inclui o custo de desmobilização nas verbas de ressarcimento necessário.

(c) Errada. O contrato pode ser alterado quantitativamente, mas não em sua natureza.

(d) Errada. As garantias são cláusulas necessárias e indispensáveis nos contratos de Parceria Público-Privada, por força do disposto no art. 5º, inc. VIII da Lei 11.079/04.

(e) Certa. Entendimento proferido pelo STJ no EREsp 1.079.126-RS, de relatoria do Min. Hamilton Carvalhido, julgado em 13/12/2010.

*Para responder, tem que estudar: lei e jurisprudência.*

*Gabarito: E*

**79. (Cespe/TJ/PR/Juiz/2017)** O art. 58 da Lei n. 8.666/1993 prevê que o regime jurídico dos contratos administrativos por ela instituído confere à administração a prerrogativa de prever cláusulas exorbitantes. Ocorre que alguns contratos celebrados pela administração apenas incidem ou podem incidir parcialmente em cláusulas exorbitantes, pois são regidos predominantemente por normas de direito privado. Nesse sentido, assinale a opção que apresenta contrato celebrado pela administração, regido por normas do direito público, e pelas disposições do citado art. 58, independentemente de compatibilidade com as regras contratuais do direito privado.

a) contrato de locação em que o poder público seja locatário
b) contrato de seguro
c) contrato de financiamento
d) contrato de prestação de serviço técnico profissional de fiscalização de obras e serviços

ANOTAÇÕES/COMENTÁRIOS

(a); (b); (c); (d) Art. 62, § 3º, inc. I da Lei 8.666/93.

*Para responder, tem que estudar: lei.*

*Gabarito: D*

**80. (Cespe/TJ/BA/Juiz/2019)** Uma empresa contratada pela administração pública não entregou bens em conformidade com o projeto básico, razão pela qual, após o regular processo administrativo, a contratante rescindiu unilateralmente o contrato e aplicou uma multa à citada empresa. Nessa situação hipotética,

a) a multa deverá ser descontada, preferencialmente, dos pagamentos eventualmente ainda devidos pela administração pública.

b) a multa deverá ser descontada, primordialmente, da garantia do respectivo contrato.
c) a administração agiu equivocadamente, pois multa e rescisão unilateral são inacumuláveis quando motivadas pelo mesmo fato.
d) a administração pública, em regra, não estará autorizada a reter unilateralmente pagamentos devidos à empresa para compensar os prejuízos sofridos.
e) excepcionalmente, caso a multa aplicada seja superior ao saldo a pagar à contratada, a administração pública poderá reter o pagamento até a quitação da multa.

ANOTAÇÕES/COMENTÁRIOS

(a) incorreta. Art. 86, §2º e §3º da Lei 8.666/93.
(c) Incorreta. Art. 87 da Lei 8.666/93.
(d) Incorreta. Art. 80, inc. IV da Lei 8.666/93.
(e) Incorreta. Art. 86 da Lei de Licitações.

*Para responder, tem que estudar: lei.*

*Gabarito: B*

## 8.2. Licitações

### *8.2.1. Disposições Gerais*

**81. (Cespe/TJ/PI/Juiz/2012)** À luz do disposto na Lei n. 8.666/1993, assinale a opção correta com relação a licitação.

a) Os casos de inexigibilidade de licitação, por representarem inviabilidade de competição e exceção ao princípio da licitação, estão exaustivamente arrolados na legislação federal, não podendo, portanto, ser ampliados pela administração pública.
b) Em qualquer caso, os membros das comissões de licitação devem responder solidariamente pelos atos que praticarem.
c) Sob pena de nulidade, a licitação de obras e serviços somente será possível quando, entre outras exigências, houver orçamento que detalhe a composição de seus custos unitários e projeto básico aprovado pela autoridade competente, disponível para exame dos interessados em participar do processo licitatório.
d) É vedada a licitação ou contratação de obra ou serviço que inclua a elaboração de projeto executivo como encargo do licitante ou do contratado.

e) Para o resguardo da lisura e da isonomia entre os concorrentes, todos os atos do procedimento licitatório devem permanecer sigilosos até a fase de abertura das propostas.

ANOTAÇÕES/COMENTÁRIOS

(a) Errada. Os casos de inexigibilidade de licitação são elencados em rol meramente exemplificativo.

(b) Errada. De acordo com o art. 51, § 3º da Lei de Licitações, os membros das Comissões de licitação responderão solidariamente por todos os atos praticados pela Comissão, salvo se posição individual divergente estiver devidamente fundamentada e registrada em ata lavrada na reunião em que tiver sido tomada a decisão.

(c) Certa. Art. 7º, § 2º da Lei de Licitações.

(d) Errada. Art. 9º, §§ 1º e 2º da Lei de Licitações.

(e) Errada. Nos termos do art. 3º, § 3º da Lei de Licitações, a licitação não será sigilosa, sendo públicos e acessíveis ao público os atos de seu procedimento, salvo quanto ao conteúdo das propostas, até a respectiva abertura.

*Para responder, tem que estudar: lei e teoria/doutrina.*

*Gabarito: C*

**82. (Cespe/TJ/AM/Juiz/2016)** Com relação a licitação, assinale a opção correta.

a) A empreitada por preço global refere-se à contratação de um empreendimento em sua integralidade, compreendidas todas as etapas da obra, serviços e instalações necessários, sob inteira responsabilidade da contratada.

b) Para fins de julgamento das propostas de preços, será computada a atualização monetária das obrigações de pagamento como valor da obra ou serviço.

c) O autor do projeto básico não poderá participar, ainda que indiretamente, do fornecimento de bens necessários à execução de obra.

d) As margens de preferência por produto manufaturado e por serviços nacionais que atendam a normas técnicas brasileiras são definidas pelo Congresso Nacional, não podendo seu preço ultrapassar o montante de 50% do preço dos produtos manufaturados e serviços estrangeiros.

e) Os conteúdos das propostas e todos os atos e procedimentos licitatórios são públicos.

ANOTAÇÕES/COMENTÁRIOS

(a) Errada. O enunciado confunde a empreitada por preço global com a empreitada integral.

(b) Errada. Art. 7º, § 7º da Lei de Licitações.

(c) Certa. Art. 9º, § 1º da Lei de Licitações. Atenção! Dispositivo legal com grande frequência de cobrança em provas objetivas!

(d) Errada. Art. 3º, § 8º da Lei de Licitações.

(e) Errada. Art. 3º, § 3º da Lei de Licitações.

*Para responder, tem que estudar: lei.*

*Gabarito: C*

## 8.2.2. Dispensa/Inexigibilidade

**83. (Cespe/TJ/DFT/Juiz/2016)** A licitação é inexigível:

a) para a contratação de fornecimento ou suprimento de energia elétrica e gás natural com concessionário, permissionário ou autorizado.

b) quando a União tiver de intervir no domínio econômico para regular preços ou normalizar o abastecimento.

c) se houver possibilidade de comprometimento da segurança nacional, nos casos estabelecidos em decreto do presidente da República, ouvido o Conselho de Defesa Nacional.

d) para a contratação de profissional de qualquer setor artístico, diretamente ou mediante empresário exclusivo, desde que o profissional seja consagrado pela crítica especializada ou pela opinião pública.

e) para a aquisição ou a restauração de obras de arte e objetos históricos, de autenticidade certificada, compatíveis ou inerentes às finalidades do órgão ou da entidade.

ANOTAÇÕES/COMENTÁRIOS

(a); (b); (c); (d); (e) As hipóteses de inexigibilidade de licitação estão previstas, exemplificativamente, na norma do art. 25 da Lei 8.666/93, que estabelece ser inviável a realização de licitação em determinados casos. Portanto, o procedimento será inexigível tendo em vista a inviabilidade de competição, seja porque o fornecedor é exclusivo, seja porque o objeto é singular (como no exemplo da alternativa "d"). Os casos previstos nas demais alternativas são exemplos de dispensa de licitação.

*Para responder, tem que estudar: lei.*

*Gabarito: D*

**84. (Cespe/TJ/DFT/Juiz/2015)** Com base no que dispõe a Lei n. 8.666/1993, a licitação será inexigível no caso de:

a) fornecimento de bens e serviços, produzidos ou prestados no país, que envolvam, cumulativamente, alta complexidade tecnológica e defesa nacional, mediante parecer de comissão especialmente designada pela autoridade máxima do órgão.

b) compras diretas de hortifrutigranjeiros, pães e outros gêneros perecíveis – no tempo necessário para a realização dos processos licitatórios correspondentes –, desde que tais compras sejam feitas com base no preço do dia.

c) contratação de profissional de qualquer setor artístico, diretamente ou com a intermediação de empresário exclusivo, desde que se trate de profissional consagrado pela crítica especializada ou pela opinião pública.

d) aquisição ou restauração de obras de arte e objetos históricos de autenticidade certificada, desde que sejam compatíveis com as finalidades do órgão ou entidade ou que lhes sejam inerentes.

e) guerra ou grave perturbação da ordem, condicionando-se a opção pela inexigibilidade a prévia autorização do Poder Legislativo.

**ANOTAÇÕES/COMENTÁRIOS**

(a) Errada. Hipótese de licitação dispensável prevista no art. 24, inc. XXVIII da Lei 8.666/93.

(b) Errada. Hipótese de licitação dispensável prevista no art. 24, inc. XII da Lei 8.666/93.

(c) Certa.

(d) Errada. Hipótese de licitação dispensável prevista no art. 24, inc. XV da Lei 8.666/93.

(e) Errada. Hipótese de licitação dispensável prevista no art. 24, inc. III da Lei 8.666/93.

***Para responder, tem que estudar: lei.***

***Gabarito: C***

**85. (Cespe/TJ/CE/Juiz/2012)** À luz do que dispõe a Lei n. 8.666/1993, assinale a opção correta, relativamente aos contratos, convênios e consórcios administrativos.

a) Os consórcios administrativos são firmados entre entidades de natureza diversa, públicas ou privadas, adquirindo, após as respectivas formalidades, personalidade jurídica de direito público ou privado.

b) Os contratos administrativos devem ser publicados, em sua íntegra, na imprensa oficial, no prazo máximo de trinta dias contados da data da assinatura, sob pena de nulidade.

c) Do instrumento de contrato deve, obrigatoriamente, constar a exigência da prestação de garantia nas contratações de obras, serviços e compras, cabendo à administração indicar, já no edital, a modalidade de garantia a ser apresentada.

d) O contratado pela administração pública é responsável pelos encargos trabalhistas, previdenciários, fiscais e comerciais resultantes da execução do contrato, e, em caso de inadimplência, a responsabilidade pelo pagamento dos encargos e consequente regularização é transferida à contratante.

e) Diversamente dos contratos administrativos, os convênios administrativos não se submetem à obrigatoriedade de licitação.

ANOTAÇÕES/COMENTÁRIOS

(a) Errada. O consórcio público constituirá associação pública ou pessoa jurídica de direito privado.

(b) Errada. A publicação resumida do instrumento de contrato ou de seus aditamentos na imprensa oficial, que é condição indispensável para sua eficácia, será providenciada pela Administração até o quinto dia útil do mês seguinte ao de sua assinatura, para ocorrer no prazo de vinte dias daquela data, qualquer que seja o seu valor, ainda que sem ônus, ressalvado o disposto no art. 26 desta Lei.

(c) Errada. A garantia deve ser prestada no ato de realização do contrato.

(d) Errada. De acordo com o art. 71 da Lei 8.666/93, o contratado é responsável pelos encargos trabalhistas, previdenciários, fiscais e comerciais resultantes da execução do contrato. Entretanto, o parágrafo segundo do mesmo dispositivo legal informa que a Administração Pública responde solidariamente com o contratado pelos encargos previdenciários resultantes da execução do contrato, nos termos do art. 31 da Lei 8.212, de 24 de julho de 1991.

(e) Certa.

*Para responder, tem que estudar: teoria/doutrina.*

*Gabarito: E*

### 8.2.3. *Modalidades (Lei 8.666/93)*

**86. (Cespe/TJ/PI/Juiz/2012)** Em relação a serviços públicos, concessão de serviços públicos e desapropriação, assinale a opção correta.

a) É prevista, na CF, para o serviço postal e o correio aéreo nacional, complementaridade entre os sistemas privado, público e estatal, razão pela qual o Estado, embora obrigado a prestar tais serviços, pode oferecê-los em concessão, permissão ou autorização.

b) Por serem prestados a grupos indeterminados de indivíduos, os serviços de energia domiciliar e os de uso de linha telefônica são considerados serviços "uti universi".

c) A modalidade de licitação própria das concessões de serviço público é a concorrência, que deve ser obrigatoriamente observada pela União, pelos estados, pelo DF e pelos municípios.

d) Extinta a concessão, retornam ao poder concedente, de forma gratuita, todos os bens reversíveis utilizados pelo concessionário para a execução do serviço.

e) A União pode desapropriar bens dos estados, do DF e dos municípios, tendo os estados e os municípios, por sua vez, o poder de desapropriar bens entre si, mas não bens da União.

**ANOTAÇÕES/COMENTÁRIOS**

(a) Errada. Art. 21, X da CF.

(b) Errada. Tais serviços são considerados "uti singuli".

(c) Certa. Art. 2º, incisos II e III da Lei 8.987/95.

(d) Errada. De acordo com o art. 35, § 1º da Lei 8.987/95, extinta a concessão, retornam ao poder concedente todos os bens reversíveis, direitos e privilégios transferidos ao concessionário conforme previsto no edital e estabelecido no contrato.

(e) Errada. Art. 2º do Decreto-Lei 3.365/1941.

*Para responder, tem que estudar: lei e teoria/doutrina.*

*Gabarito: C*

**87. (Cespe/TJ/BA/Juiz/2019)** Um município deseja realizar obra de construção de uma ponte. Embora pequena, a obra é complexa, sem especificação usual, dada a peculiaridade do terreno, e está orçada em cerca de R$ 1,6 milhão. Nessa situação hipotética, o gestor poderá escolher, para a contratação, a licitação na modalidade

a) convite.
b) concorrência.
c) pregão.
d) leilão.
e) concurso.

**ANOTAÇÕES/COMENTÁRIOS**

(a); (b); (c); (d); (e); Os valores do art. 23 da lei 8.666/93 foram atualizados pelo Decreto n.º 9.412/2018. No caso, seria possível a utilização da modalidade de tomada de preço (alternativa inexistente), restando ao candidato assinalar a alternativa de concorrência.

*Para responder, tem que estudar: lei.*

*Gabarito: B*

### *8.2.4. Pregão (Lei 10.520/02)*

**88. (Cespe/TJ/AC/Juiz/2012)** No que se refere às disposições das Leis n. 10.520/2002 e n. 8.666/1993, que dispõem sobre licitação, sistema de registro de preços e contratos administrativos, assinale a opção correta.

a) Quando a administração procede à alteração unilateral do contrato administrativo com o propósito de adequá-lo às finalidades de interesse público, não se faz necessária a revisão das suas cláusulas econômico-financeiras.

b) Os contratos para os quais a lei exige licitação são firmados "intuitu personae", ou seja, em razão de condições pessoais do contratado, apuradas no procedimento da licitação, razão pela qual é vedada a cessão ou transferência, total ou parcial, de seu objeto para outrem.

c) Para a licitação na modalidade pregão, consideram-se bens e serviços comuns aqueles cujos padrões de desempenho e qualidade possam ser objetivamente definidos pelo edital, por meio de especificações usuais no mercado.

d) Organizado o sistema de registro de preços para a prestação de serviços e aquisição de bens, a administração fica obrigada a firmar as contratações que dele possam advir, vedada a utilização de outros meios licitatórios que tenham idêntico objeto e finalidade.

e) Conforme previsão legal, a concorrência, a tomada de preços, o convite, o concurso e o leilão devem adotar, obrigatoriamente, um dos seguintes tipos de licitação: menor preço, melhor técnica, técnica e preço e maior lance ou oferta.

ANOTAÇÕES/COMENTÁRIOS

(a) Errada. Art. 58, parágrafos 1º e 2º, da Lei 8.666/93.

(b) Errada. Artigos 72 e 78 da Lei 8.666/93.

(c) Certa. A teor do parágrafo único do art. 1º da Lei 10.520/02.

(d) Errada. Art. 15, § 4º da Lei 8.666/93.

(e) Errada. Art. 45, § 1º da Lei 8.666/93.

*Para responder, tem que estudar: lei.*

*Gabarito: C*

## 9. PROCESSO ADMINISTRATIVO

### 9.1. Disposições Gerais

**89. (Cespe/TJ/AC/Juiz/2012)** A respeito da representação administrativa, do pedido de reconsideração, do recurso e da prescrição no âmbito da administração pública, assinale a opção correta.

a) Tratando-se de ato praticado por dirigente de autarquia, considera-se recurso hierárquico impróprio o recurso interposto perante o ministério a que a entidade se encontre vinculada.

b) A administração pode decretar, a qualquer tempo, a nulidade de atos que contenham vício, não havendo, portanto, prazo para que ela anule os atos administrativos, ainda que deles decorram efeitos favoráveis para os destinatários.

c) Cabe à administração, em face de representação que solicite a aplicação de sanção administrativa contra servidores públicos acusados de cometer abuso de autoridade, aferir a oportunidade de apurar, ou não, a irregularidade denunciada; entretanto, no caso de a denúncia ser feita perante órgãos de controle, como o MP e os tribunais de contas, esses órgãos têm o dever de promover a imediata apuração dos fatos.

d) À luz do que dispõe a Lei n. 8.112/1990, considera-se pedido de reconsideração a solicitação de reexame do ato dirigida à autoridade superior à que proferiu inicialmente o referido ato.

e) Podem interpor recurso administrativo os titulares de direitos e interesses que forem parte no processo, bem como aqueles cujos interesses forem indiretamente afetados pela decisão recorrida, desde que não se trate de direitos ou interesses difusos, para cuja defesa apenas o MP dispõe de legitimidade.

*ANOTAÇÕES/COMENTÁRIOS*

(a) Certa. O recurso hierárquico impróprio ocorre nas hipóteses em que o recurso for direcionado à autoridade pertencente a outro órgão da Administração que não integra aquela relação hierárquica.

(b) Errada. Art. 54 da Lei 9.784/99.

(c) Errada. A apuração de eventual notícia de abuso de autoridade não é ato discricionário da administração. Art. 143 da Lei 8.112/90.

(d) Errada. O pedido de reconsideração é feito para a autoridade que proferiu o ato atacado. Art. 106, da Lei 8.112/90.

(e) Errada. Art. 58, da Lei 9.784/99.

***Para responder, tem que estudar: lei e teoria/doutrina.***

*Gabarito: A*

**90. (Cespe/TJ/CE/Juiz/2018)** Com relação aos princípios que regem os processos administrativos, assinale a opção correta.

a) Conforme o princípio do formalismo moderado, os atos do processo administrativo não dependem de forma determinada, salvo por exigência legal.

b) O princípio da ampla defesa impõe a participação de advogado em todas as fases do procedimento administrativo disciplinar.

c) Por força do princípio da verdade material, admite-se a utilização, em processo administrativo, de provas obtidas por meio ilícito, desde que produzidas de boa-fé.

d) A exigência de depósito de valores como condição de admissibilidade de recurso administrativo não viola o princípio da pluralidade de instâncias.

e) A adoção da chamada fundamentação per relationem em atos administrativos viola o princípio da motivação.

ANOTAÇÕES/COMENTÁRIOS

(a) Correta.

(b) Incorreta. Art. 3º da Lei 9.784/99. Súmula vinculante 05.

(c) Incorreta. Art. 30, da Lei 9.784/99.

(d) Incorreta. Art. 56, §2º da Lei 9.784/99. Súmula Vinculante 21.

(e) Incorreta. Art. 50, §1º da Lei 9.784/99.

*Para responder, tem que estudar: lei*

*Gabarito: A*

## 9.2. Lei do Processo Administrativo (Lei 9.784/99)

**91. (Cespe/TJ/PI/Juiz/2012)** A respeito da disciplina referente ao processo administrativo, assinale a opção correta de acordo com a Lei n. 9.784/1999.

a) Apenas os atos do processo que resultem, para o interessado, em imposição de sanções devem ser objeto de intimação, estando essa formalidade dispensada para os atos de outra natureza, pois se presume o dever do interessado em acompanhar todas as fases do processo.

b) Como regra, a sindicância constitui condição prévia para a instauração do processo administrativo disciplinar.

c) Na instrução do processo, a administração pública pode, quando a matéria envolver assunto de interesse geral, antes da decisão do pedido e desde que não haja prejuízo para a parte interessada, abrir consulta pública para que pessoas físicas ou jurídicas possam examinar os autos e apresentar alegações escritas.

d) No recurso administrativo, o órgão competente pode decidir, confirmar, modificar, anular ou revogar, total ou parcialmente, a decisão recorrida, mas não pode essa análise implicar agravamento da situação do recorrente.

e) A autoridade competente para decidir fica vinculada ao relatório e à capitulação proposta pelo órgão responsável pela instrução, estando, assim, impedida de aplicar penalidade mais severa do que a sugerida pela comissão processante.

ANOTAÇÕES/COMENTÁRIOS

(a) Errada. Art. 28, da Lei 9.784/99.

(b) Errada. A sindicância prévia é dispensável.

(c) Certa. Art. 31, da Lei 9.784/99.

(d) Errada. Não se aplica, no âmbito administrativo, o princípio da "non reformatio in pejus".

(e) Errada. Não há vinculação entre o pedido e a decisão, podendo ser proferida decisão mais gravosa do que aquela sugerida inicialmente.

*Para responder, tem que estudar: lei e teoria/doutrina.*

*Gabarito: C*

**92. (Cespe/TJ/CE/Juiz/2012)** Assinale a opção correta com relação aos atos administrativos, com base na Lei n. 9.784/1999, que regula o processo administrativo no âmbito da administração pública federal.

a) A motivação do ato administrativo deve ser explícita, clara e congruente, não podendo, portanto, consistir em mera declaração de concordância com argumentos e fundamentos constantes de pareceres e decisões anteriores à prática do ato.

b) O impedimento, como hipótese de incapacidade do sujeito de atuar em processo administrativo, gera uma presunção relativa de incapacidade, razão pela qual o vício fica sanado se não for arguido pelo interessado no momento oportuno.

c) Elemento do ato administrativo, a competência se exerce pelos órgãos administrativos a que foi atribuída como própria, sendo, portanto, irrenunciável e indelegável, quer pela vontade da administração, quer por acordo com terceiros.

d) A convalidação do ato administrativo é sempre conduta discricionária, cabendo à administração, diante do caso concreto, verificar o que atende melhor ao interesse público.

e) A revogação é ato discricionário pelo qual a administração extingue um ato válido, por razões de oportunidade e conveniência; entretanto, não podem ser revogados, entre outros, os atos administrativos que gerem direitos adquiridos.



ANOTAÇÕES/COMENTÁRIOS

(a) Errada. Art. 50, § 1º da Lei 9.784/99.

(b) Errada. Art. 19 da Lei 9.784/99.

(c) Errada. Art. 12 da Lei 9.784/99.

(d) Errada. Art. 55 da Lei 9.784/99.

(e) Certa. Art. 53 da Lei 9.784/99.

*Para responder, tem que estudar: lei.*

*Gabarito: E*

**93. (Cespe/TJ/BA/Juiz/2012)** Com base no que dispõe a lei que regula os procedimentos administrativos (Lei n. 9.784/1999), assinale a opção correta.

a) Um órgão administrativo e seu titular podem delegar parte da sua competência a outros órgãos ou titulares, incluindo-se a edição de atos normativos.

b) O não atendimento da intimação feita pelo órgão competente perante o qual tramita processo administrativo implicará reconhecimento da verdade dos fatos por parte do administrado.

c) Cabe ao interessado a prova dos fatos que tenha alegado, ainda que dependam de dados registrados em documentos existentes na própria administração.

d) Acolhida pelo STF a reclamação fundada em violação de enunciado da súmula vinculante, deve-se dar ciência à autoridade prolatora e ao órgão competente para o julgamento do recurso, que deverão adequar as futuras decisões administrativas em casos semelhantes, sob pena de responsabilização pessoal nas esferas civil, administrativa e penal.

e) O direito da administração de anular os atos administrativos de que decorram efeitos favoráveis para os destinatários decai em cinco anos, contados da data em que foram praticados, ainda que comprovada má-fé.

ANOTAÇÕES/COMENTÁRIOS

(a) Errada. Art. 13 da Lei 9.784/99.

(b) Errada. Art. 27 da Lei 9.784/99.

(c) Errada. Artigos 36 e 37 da Lei 9.784/99.

(d) Certa. Art. 64-B da Lei 9.784/99.

(e) Errada. Art. 54 da Lei 9.784/99.

*Para responder, tem que estudar: lei.*

*Gabarito: D*

**94. (Cespe/TJ/DFT/Juiz/2015)** Acerca do processo administrativo, assinale a opção correta conforme a Lei n. 9.784/1999.

a) Se a matéria do processo envolver assunto de interesse geral e não houver prejuízo para a parte interessada, o órgão competente poderá abrir período de consulta pública para a manifestação de terceiros, mediante despacho motivado, antes de decidir o pedido.

b) Em caso de risco iminente, é permitido à administração pública adotar providências acautelatórias, desde que estas sejam motivadas e precedidas de prévia manifestação do interessado.

c) A administração deverá anular seus próprios atos quando estes contiverem vícios de legalidade ou quando houver motivo de conveniência ou oportunidade. Nesses casos, a anulação produzirá efeitos "ex tunc".

d) A decisão de recursos administrativos e a prática de atos ordinatórios do processo não são passíveis de delegação.

e) Os atos do processo administrativo devem tomar a forma escrita, exigindo-se reconhecimento de firma dos signatários desses atos.

**ANOTAÇÕES/COMENTÁRIOS**

(a) Certa. Art. 31 da Lei 9.784/99.

(b) Errada. Art. 45 da Lei 9.784/99.

(c) Errada. Art. 53 da Lei 9.784/99.

(d) Errada. Art. 13, inc. II da Lei 9.784/99.

(e) Errada. Art. 22 da Lei 9.784/99.

***Para responder, tem que estudar: lei.***

***Gabarito: A***

**95. (Cespe/TJ/AM/Juiz/2016)** Conforme a Lei n. 9.784/1999, que trata dos atos administrativos, são indelegáveis:

a) a edição de atos normativos e as matérias de competência exclusiva do órgão.

b) a elaboração de ofícios e a avaliação de recursos administrativos.

c) a decisão de recursos administrativos e as matérias de competência privativa de autoridade.

d) a revisão de atos administrativos e a edição de atos normativos.

e) as matérias de competência exclusiva e a publicação de edital.

**ANOTAÇÕES/COMENTÁRIOS**

(a); (b); (c); (d); (e) De acordo com o Art. 13 da Lei 9.784/99, não podem ser objeto de delegação: I – a edição de atos de caráter normativo; II – a decisão de recursos administrativos; III – as matérias de competência exclusiva do órgão ou autoridade.

***Para responder, tem que estudar: lei.***

***Gabarito: A***

## 9.3. Processo Administrativo Disciplinar

**96. (Cespe/TJ/AM/Juiz/2016)** Assinale a opção correta acerca do recurso administrativo e da sindicância.

a) O recurso terá de ser dirigido à autoridade imediatamente superior à que proferiu a decisão, a qual deverá se pronunciar no prazo de dez dias.

b) Contra omissão ou ato da administração pública admite-se a reclamação, ainda que não se tenham esgotado as vias administrativas.

c) Pode o órgão administrativo instaurar diretamente o processo administrativo disciplinar, sem que se tenha instaurado previamente a sindicância.

d) O instituto da verdade sabida é vedado, salvo se se tratar de sindicância acusatória.

e) É constitucional a exigência de depósito ou arrolamento prévios de dinheiro ou bens para a admissibilidade de recurso administrativo.

ANOTAÇÕES/COMENTÁRIOS

(a) Errada. Art. 56, § 1º da Lei 9.784/99.

(b) Errada. Art. 7º, § 1º da Lei 9.784/99.

(c) Certa. Art. 143 da Lei 8.112/90.

(d) Errada. O processo administrativo é indispensável para aplicação de quaisquer penalidades administrativas. Antes da CF, existia no ordenamento jurídico a figura da "verdade sabida", na qual se aplicavam as penalidades sem processo. Essa forma de processamento não mais é admitida.

(e) Errada. Súmula Vinculante 21.

*Para responder, tem que estudar: lei, súmula/OJ e teoria/doutrina.*

*Gabarito: C*

**97. (Cespe/TJ/CE/Juiz/2012)** Assinale a opção correta com base no que dispõe a Lei n. 8.112/1990 sobre os recursos administrativos, a responsabilidade dos parecerístas e o sistema de correição do Poder Executivo federal.

a) O pedido de reconsideração deve ser encaminhado à autoridade imediatamente superior à que houver expedido o ato ou proferido a primeira decisão.

b) É pacífico, na jurisprudência do STF, o entendimento de que a emissão de simples parecer opinativo, tanto do que aprova quanto do que ratifica termos de convênio e aditivos, possibilita a responsabilização solidária do parecerista no caso de danos causados ao erário.

c) O prazo para a conclusão do processo administrativo disciplinar cuja instauração decorra de ato da Corregedoria-Geral da União não excederá noventa dias, contados da data de instalação da comissão, admitida a sua prorrogação por trinta dias.

d) A Comissão de Coordenação de Correição é o órgão central do sistema de correição do Poder Executivo federal, que compreende as atividades relacionadas à prevenção e apuração de irregularidades, cabendo à Controladoria-Geral da União fomentar e uniformizar procedimentos dos demais órgãos que integram o referido sistema.

e) Na administração pública federal, a abertura de sindicância ou a instauração de processo disciplinar interrompe a prescrição até a decisão final proferida por autoridade competente, e, uma vez interrompido o curso da prescrição, o prazo começará a correr a partir do dia em que cessar a interrupção.

**ANOTAÇÕES/COMENTÁRIOS**

(a) Errada. O pedido de reconsideração é feito para a autoridade que prolatou a decisão atacada, conforme art. 56, §1º, da Lei 9.784/99.

(b) Errada. Nos termos do decidido no MS 24631/DF, de relatoria do Min. Joaquim Barbosa, a aprovação pelo superior hierárquico não desvirtua sua opinião do ato, sendo abusiva a responsabilização do parecerista à luz de uma alargada relação de causalidade entre seu parecer e o ato administrativo do qual tenha resultado dano ao erário.

(c) Errada. Art. 152 da Lei 8.112/90.

(d) Errada. Decreto 5.480/05.

(e) Certa. Art. 142, § 2º da Lei 8.112/90.

*Para responder, tem que estudar: lei.*

*Gabarito: E*

**98. (Cespe/TJ/AC/Juiz/2012)** Em face da disciplina estabelecida nas leis n. 8.112/1990 e n. 9.784/1999, assinale a opção correta a respeito do regime administrativo disciplinar e do processo administrativo.

a) O prazo de conclusão de processo disciplinar, cujas fases são a instauração, o inquérito administrativo e o julgamento, não pode exceder sessenta dias, contados da data de publicação do ato que constituir a comissão, admitida sua prorrogação por igual prazo, quando as circunstâncias o exigirem.

b) As denúncias sobre irregularidades devem ser apuradas mediante a instauração de sindicância, ainda que o fato narrado não configure evidente infração disciplinar, sendo necessários, para a referida instauração, a identificação e o endereço do denunciante e a formulação por escrito das denúncias, confirmada a sua pertinência.

c) A jurisprudência do STF firmou o entendimento de que é obrigatória a presença de advogado em todas as fases do processo administrativo disciplinar.

d) Para o atendimento do interesse público e a proteção dos direitos dos particulares, os atos do processo administrativo estão sujeitos a formas determinadas, e, para a garantia da autenticidade e da segurança dos autos processuais, a legislação exige, como regra, o reconhecimento de firma e a autenticação dos documentos apresentados em cópia.

e) O processo administrativo disciplinar deve ser conduzido por comissão composta de três servidores estáveis designados pela autoridade competente, vedada a apuração por entidade ou órgão diverso daquele em que tenha ocorrido a irregularidade.

*ANOTAÇÕES/COMENTÁRIOS*

(a) Certa. Art. 152 da Lei 8.112/90.

(b) Errada. Art. 144 da Lei 8.112/90.

(c) Errada. Súmula Vinculante n.05.

(d) Errada. Art. 22 da Lei 9.784/99.

(e) Errada. Art. 143, § 3º da Lei 8.112/90.

*Para responder, tem que estudar: lei.*

*Gabarito: A*

**99. (Cespe/TJ/ES/Juiz/2011)** No que diz respeito aos servidores públicos, assinale a opção correta à luz da legislação aplicável e da jurisprudência do STJ.

a) O empregado de sociedade de economia mista não pode ser equiparado a funcionário público para fins penais.

b) A autoridade administrativa não pode instaurar processo administrativo disciplinar para a apuração de falta comedida por servidor público e, simultaneamente, ajuizar ação de improbidade administrativa que tenha por objeto o mesmo fato.

c) Na hipótese de aplicação de pena de demissão a servidor público submetido a processo administrativo disciplinar, o controle jurisdicional é amplo, no sentido de verificar se há motivação para o ato demissório.

d) A legislação estabelece o direito de o servidor público federal afastar-se de suas atribuições, por prazo indeterminado e sem remuneração, para acompanhar cônjuge ou companheiro que tenha sido deslocado para outro ponto do território nacional, desde que este seja também servidor público.

e) O servidor público federal tem direito a licença sem remuneração para desempenho de mandato em associação de classe de âmbito nacional, pelo período correspondente à duração do mandato, vedada prorrogação.

ANOTAÇÕES/COMENTÁRIOS

(a) Errada. O STJ tem posição pacificada no sentido de que o empregado de sociedade de economia mista pode ser equiparado a funcionário público para fins penais.

(b) Errada. Art. 125 da Lei 8.112/90.

(c) Certa. A análise do Poder Judiciário sobre o ato administrativo praticado deve abranger critérios de "juridicidade" do ato, ou seja, analisar tanto a legalidade como a adequação do ato aos demais princípios que regem o ordenamento jurídico, evitando a prática de ato violador da moralidade, devido processo legal ou proporcionalidade, por exemplo.

(d) Errada. Art. 84 da Lei 8.112/90.

(e) Errada. Art. 92, § 2º da Lei 8.112/90.

*Para responder, tem que estudar: lei.*

*Gabarito: C*

**100. (Cespe/TJ/DFT/Juiz/2016)** Considerando o regime jurídico dos servidores públicos e as jurisprudências consolidadas do STF e do STJ, assinale a opção correta.

a) A portaria de instauração de processo administrativo disciplinar dispensa a descrição minuciosa da imputação contra o servidor público, exigida na fase de indiciamento.

b) Não se admite a aposentadoria especial do servidor público com deficiência.

c) Ao profissional médico é permitida a cumulação de dois cargos públicos na área de saúde, sem limitação quanto à duração da jornada total de trabalho, desde que não haja comprometimento do princípio constitucional da eficiência.

d) A falta de intervenção de advogado, em atos do processo administrativo disciplinar, impõe a nulidade absoluta.

e) A fundamentação por referência ("per relationem") no ato decisório que determina a demissão de servidor público é insuficiente para constituir a motivação de ato administrativo.

ANOTAÇÕES/COMENTÁRIOS

(a) Certa. O STJ entende que a portaria que designa a comissão e instaura o PAD não precisa trazer uma descrição minuciosa dos fatos, inclusive como forma de se evitar uma presunção de culpabilidade do servidor (EDcl no REsp 1148632).

(b) Errada. Art. 40, § 4º da CF.

(c) Errada. Art. 37, inc. XVI, "c" da CF. No entanto, havia uma limitação fruto do entendimento jurisprudencial, de que deveria haver um limite de 60 horas semanais na soma das cargas horárias, como se pode perceber da leitura da ementa do AgRg no AREsp 635736 RJ, do STJ, de 2014. Entretanto, conforme se depreende da decisão no Resp 1746784 do STJ, de 2018, o entendimento foi aprimorado no sentido que não consta mais essa limitação, uma vez que a mesma não está expressa no texto constitucional, bastando que haja compatibilidade de horários. Essa mudança de entendimento tornaria a assertiva correta.

(d) Errada. Súmula Vinculante 05.

(e) Errada. A motivação aliunde ou "per relationem" ocorre quando a motivação de um determinado ato remete à motivação de ato anterior que embasa sua edição, sendo aceita no processo administrativo, nos termos do disposto no art.50, § 1º, Lei 9.784/99.

*Para responder, tem que estudar: lei, súmula/OJ e teoria/doutrina.*

*Gabarito: A*

**101. (Cespe/TJ/PB/Juiz/2015)** No que concerne aos bens públicos e ao processo administrativo, assinale a opção correta.

a) O órgão competente para apreciar recurso administrativo em processo disciplinar está autorizado a modificar a decisão recorrida, inclusive para agravar a situação do recorrente.

b) Segundo a jurisprudência do STJ, são impenhoráveis os bens pertencentes à sociedade de economia mista que presta serviço público, independentemente de sua finalidade e do fato de esses bens estarem ou não afetados à prestação de serviço público.

c) Ao contrário do que ocorre no processo judicial, em um processo administrativo para apuração de suposta infração cometida por servidor, a declaração de nulidade do processo independe da comprovação de prejuízos à defesa do servidor.

d) Segundo a jurisprudência do STJ, devido à autonomia legislativa de estados e municípios, é vedada a aplicação a esses entes da Federação das regras que regulam o processo administrativo no âmbito federal.

e) É dotado de efeito suspensivo o recurso cabível contra a decisão que, em processo administrativo federal, indefere a alegação de suspeição de determinado servidor ou autoridade.

**ANOTAÇÕES/COMENTÁRIOS**

(a) Certa. Nos recursos administrativos não se aplica o princípio da "non reformatio in pejus".

(b) Errada. A penhora de bens de sociedade de economia mista que presta serviço público é viável, à exceção dos bens dos que estejam diretamente vinculados à específica prestação do serviço público (REsp 176.078-SP)

(c) Errada. De acordo com o teor do STJ RMS 33421/DF, a declaração de nulidade depende de demonstração de efetivo prejuízo à defesa do servidor.

(d) Errada. De forma pacífica, entende-se pela aplicação subsidiária da Lei 9.784/99 no âmbito dos Estados e Municípios.

(e) Errada. Art. 21 da Lei 9.784/99.

*Para responder, tem que estudar: lei, jurisprudência e teoria/doutrina.*

*Gabarito: A*

**102. (Cespe/TJ/DFT/Juiz/2014)** Acerca dos poderes conferidos à administração pública para a consecução de suas atividades, assinale a opção correta.

a) O contrato de concessão celebrado na modalidade de parceria público-privada deve delimitar a delegação do poder de polícia ao parceiro privado, medida necessária para a prestação do serviço público delegado.

b) O DF pode, no exercício do seu poder de polícia, limitar a instalação de estabelecimentos comerciais do mesmo ramo em determinada área.

c) A aplicação de sanções pela administração pública decorre do poder disciplinar, que confere à administração pública autoridade para conformar atividades particulares, bem como punir condutas desviadas de seus servidores.

d) Consoante o entendimento do STJ, constitui prática abusiva condicionar a liberação de veículo regularmente apreendido ao pagamento das multas vencidas, meio de cobrança considerado coercitivo.

e) Caso servidora pública seja denunciada pela prática de determinado crime, mas seja reconhecida a atipicidade da conduta em sentença penal absolutória transitada em julgado, ainda assim, a administração pública, no uso do poder disciplinar, poderá punir a servidora na esfera administrativa, pelos mesmos fatos, se houver falta residual.

ANOTAÇÕES/COMENTÁRIOS

(a) Errada. O poder de polícia é indelegável, sendo transmissível ao particular apenas o exercício de atos materiais de tal poder.

(b) Errada. Enunciado 646 da Súmula do STF.

(c) Errada. A assertiva descreve poder de polícia e o conceitua como poder disciplinar.

(d) Errada. Enunciado 510 da Súmula do STJ.

(e) Certa. A independência de instâncias permite este julgamento. Todavia, se a decisão absolutória tivesse reconhecido, por exemplo, a inexistência do fato, entende-se que seria inviável a administração, ignorando tal decisão, proferir entendimento diverso, aplicando sanção.

*Para responder, tem que estudar: súmula/OJ e teoria/doutrina.*

*Gabarito: E*

**103. (Cespe/TJ/DFT/Juiz/2015)** Pedro, servidor público distrital estável, sofreu processo administrativo disciplinar em razão da prática de infração funcional assemelhada ao crime de corrupção passiva. Ele foi devidamente intimado do procedimento, durante o qual foram descritas as condutas a ele imputadas e apontado o enquadramento legal pertinente. A Pedro foi concedido prazo para apresentar defesa e indicar as provas que reputasse imprescindíveis a essa defesa. Concluído o processo administrativo com dois meses de atraso, a comissão processante emitiu parecer favorável à condenação de Pedro à pena de demissão a bem do serviço público. Nessa situação hipotética:

a) se Pedro tivesse sido absolvido na esfera criminal sob a fundamentação de que sua conduta constituía infração penal, seria vedada a aplicação de qualquer punição por infração disciplinar a Pedro por este mesmo fato, ainda que a comissão processante verificasse que tal conduta violava dever funcional.

b) o processo administrativo contra Pedro será nulo se a sua defesa não tiver sido subscrita por advogado.

c) ainda que ocorra o trânsito em julgado de sentença absolutória de Pedro em processo criminal por insuficiência de provas, será permitido à autoridade administrativa competente condenar o servidor e aplicar-lhe a pena de demissão pelos mesmos fatos.

d) caso a autoridade administrativa competente demita Pedro nos termos propostos pela comissão processante, o atraso no encerramento do processo administrativo contra Pedro implicará a nulidade do ato demissório.

e) se tivesse havido indeferimento das provas requeridas por Pedro, mesmo se a comissão processante tivesse demonstrado sua desnecessidade para o esclarecimento do feito, seria nulo o processo por violação aos princípios da ampla defesa e do contraditório.

ANOTAÇÕES/COMENTÁRIOS

(a) Errada. Art. 125 da Lei 8.112/90.

(b) Errada. Enunciado 05 da Súmula Vinculante do STF.

(c) Certa. Aplicação do princípio da independência das esferas com aplicação direta do teor do art. 126 da Lei 8.112/90.

(d) Errada. Art. 169, § 1º da Lei 8.112/90.

(e) Errada. Art. 156 da Lei 8.112/90.

*Para responder, tem que estudar: lei e súmula/OJ.*

*Gabarito: C*

**104. (Cespe/TJ/DFT/Juiz/2014)** Miguel, servidor público, recebeu R$ 25, a título de propina, para deixar de realizar atividade inerente a seu cargo. Ao saber do fato, seu chefe imediato, de pronto, instaurou PAD, visando, se fosse o caso, a aplicação da penalidade adequada. Ao final do processo, depois de terem sido garantidas ao servidor a regular informação de todos os atos do procedimento e a possibilidade de se manifestar e influenciar efetivamente o conteúdo decisório, ainda que sem defesa técnica por advogado inscrito na OAB, Miguel foi demitido. Ato contínuo, o servidor ajuizou ação visando à imediata reintegração ao cargo cumulada com indenização por danos materiais e morais. Em face dessa situação hipotética, assinale a opção correta acerca das consequências administrativas da conduta de Miguel, de acordo com a jurisprudência do STF e STJ.

a) O procedimento e a pena aplicada são válidos, visto que não foi demonstrada nenhuma ilicitude na condução do PAD nem desproporcionalidade na aplicação da pena.

b) O procedimento deve ser totalmente invalidado porque, como corolário do princípio da insignificância, também aplicável à esfera administrativa, é desproporcional a demissão de servidor que tenha recebido indevidamente quantia irrisória, mesmo que a título de propina.

c) O procedimento descrito deve ser totalmente invalidado porque, conforme o princípio da presunção de inocência, deve haver instauração prévia de sindicância e, somente após sua conclusão, caso existam elementos justificadores, poderá a autoridade competente instaurar PAD.

d) O procedimento descrito deve ser totalmente invalidado dada a violação do princípio do contraditório e da ampla defesa, visto que não houve defesa técnica por advogado regularmente inscrito na OAB, que é absolutamente necessária em PAD.

e) O procedimento é válido, visto que não foi demonstrado nenhum vício capaz de prejudicar o servidor, todavia a pena a ele aplicada é desproporcional à quantia irrisória recebida, ainda que a título de propina, devendo, portanto, ser anulada pelo Poder Judiciário.

**ANOTAÇÕES/COMENTÁRIOS**

(a) Certa.

(b) Errada. Não se adota o princípio da insignificância na esfera administrativa.

(c) Errada. A instauração prévia de sindicância é dispensável.

(d) Errada. Enunciado 05 da Súmula Vinculante do STF.

(e) Errada. Art. 117, inc. XII da Lei 8.112/90.

***Para responder, tem que estudar: lei, súmula/OJ e teoria/doutrina.***

***Gabarito: A***

BLOCO III

## 10. RESPONSABILIDADE CIVIL DO ESTADO

**105. (Cespe/TJ/DFT/Juiz/2016)** Acerca da responsabilidade do Estado na doutrina pátria e na jurisprudência do STF, assinale a opção correta.

a) A responsabilidade civil do Estado por atos legislativos incide nos mesmos termos da responsabilidade da administração pública, bastando que o ato legislativo produza danos ao lesado para que surja o dever de indenizar.

b) O servidor público responderá por atos dolosos e culposos que causem danos ao administrado, e essa responsabilidade será apurada regressivamente em litígio que envolva o servidor e o ente público ao qual está vinculado, em caso de obrigação do Estado de ressarcir o dano causado ao lesado.

c) O Estado responde, pelos atos jurisdicionais, nos casos de condenação errônea do jurisdicionado em processo criminal, prisão por prazo superior ao previsto no título condenatório, prisão preventiva seguida de posterior absolvição em processo criminal e dolo do magistrado na prática de ato jurisdicional danoso à parte.

d) A responsabilidade objetiva do Estado, pela teoria do risco administrativo, indica ser suficiente a concorrência da conduta do agente público, do dano ao terceiro e do nexo de causalidade, não havendo causas excludentes da responsabilidade estatal.

e) A responsabilidade do Estado pelos danos decorrentes de atos de seus agentes independente de culpa, exceto nos casos de culpa dativa do preposto do ente público.

**ANOTAÇÕES/COMENTÁRIOS**

(a) Errada. Apesar da teoria da responsabilidade estatal ter sido desenvolvida para permitir o ressarcimento de prejuízos decorrentes de atos administrativos, é possível que surja o dever de indenizar em face de atos legislativos. Como atos legislativos indenizáveis podem ser citados as leis de efeitos concretos; os casos de omissão legislativa; e as leis declaradas inconstitucionais em controle concentrado, desde que, em todos os casos, seja comprovado especial e anormal prejuízo decorrente da norma inválida, não bastando, portanto, que simplesmente o ato legislativo produza dano ao lesado para que surja o dever de indenizar.

(b) Certa.

(c) Errada. Não há direito a indenização nos casos de prisão preventiva seguida de posterior absolvição do agente (Sobre o tema, veja o EDcl no REsp 1034818/SP – STJ).

(d) Errada. A responsabilidade objetiva admite a oposição de causas excludentes, a exemplo da culpa exclusiva da vítima, caso fortuito e força maior.

(e) Errada. A perquirição da culpa do agente apenas ocorrerá quando do ingresso de ação regressiva proposta contra ele pelo Estado. Assim, a ausência de culpa não afasta o dever de responsabilidade inicial do ente público.

*Para responder, tem que estudar: teoria/doutrina.*

*Gabarito: B*

**106. (Cespe/TJ/DFT/Juiz/2016)** Uma pessoa absolutamente incapaz foi internada em hospital psiquiátrico integrante da administração pública estadual, para tratamento de grave doença psiquiátrica. Um mês depois da internação, durante o período noturno, foi constatado que essa pessoa faleceu, após cometer suicídio nas dependências do hospital. Com base nessa situação hipotética e nos elementos da responsabilidade civil por danos a terceiros, assinale a opção correta.

a) Caso os servidores do hospital estivessem em greve, sendo mantido o percentual necessário para a continuidade do serviço público, e o servidor responsável pela fiscalização do quarto do paciente tivesse aderido ao movimento paredista, este agente público responderá pelo dano causado aos familiares do interno.

b) O estado poderá ser acionado e condenado a ressarcir os danos morais causados aos genitores do interno, já que tinha o dever de garantir a vida e a saúde do paciente, respondendo objetivamente pelas circunstâncias do óbito.

c) O estado não tem obrigação de indenizar danos causados a terceiros, diante da inexistência de risco da atividade exercida e de nexo de causalidade entre a conduta omissiva estatal e o dano sofrido pelos familiares do interno.

d) Os pais do interno, para ingressar com demanda indenizatória em desfavor do estado, devem provar o dano moral sofrido, demonstrando a existência de sofrimento em decorrência do falecimento do filho.

e) A obrigação do estado de indenizar é afastada se invocada a reserva do possível, caso fique demonstrado que a verba disponível em orçamento somente permitia a manutenção de um terço dos servidores necessários ao funcionamento do hospital.

**ANOTAÇÕES/COMENTÁRIOS**

(a); (b); (c); (e) A responsabilidade civil do estado analisada na questão trata da hipótese conhecida como "dever de guarda ou custódia", ensejadora de responsabilidade civil de cunho objetivo. Em outras palavras, a partir do momento em que o Estado desenvolve atividade que tem como objetivos primordiais o cuidado, a guarda e a custódia de determinado indivíduo, responde pelos danos a ele causados de forma objetiva, ou seja, independentemente da aferição da existência de dolo ou culpa no caso.

(d) Atualmente, os danos morais são conceituados como danos à personalidade, dispensando da demonstração de efetivo sofrimento ou intenso abalo psicológico sofrido em razão do dano.

BLOCO III

*Para responder, tem que estudar: jurisprudência e teoria/doutrina.*

*Gabarito: B*

**107. (Cespe/TJ/AC/Juiz/2012)** Acerca da responsabilidade civil do Estado, assinale a opção correta.

a) A doutrina e a jurisprudência têm reconhecido a obrigatoriedade de o Estado indenizar tanto os danos materiais quanto os danos morais, mas não os danos emergentes e os lucros cessantes.

b) Diferentemente das entidades estatais de direito privado que desempenham serviços públicos, as empresas privadas que prestam serviços públicos por delegação não se submetem ao regime da responsabilidade civil objetiva prevista no texto constitucional.

c) Para que o Estado responda por danos causados por agente seu a particular, é necessário que a pessoa lesada faça prova da culpabilidade direta ou indireta da administração, tanto no caso de ação quanto no de omissão.

d) Em matéria de responsabilidade civil do Estado, é possível a cumulação de indenizações por dano material e dano moral que decorram de um só fato.

e) Como a responsabilidade do poder público só se configura em face de atos lícitos, os atos contrários à lei, à moral ou ao direito podem gerar a responsabilidade penal e civil do agente público, mas não a responsabilidade civil do Estado.

ANOTAÇÕES/COMENTÁRIOS

(a) Errada. Danos emergentes e lucros cessantes nada mais são do que espécies de danos materiais.

(b) Errada. No que se refere à responsabilização por eventuais danos, doutrina e jurisprudência pacificaram entendimento no sentido de que a concessionária responderá civilmente nos termos do art. 37, § 6º da CF, ou seja, de forma objetiva e considerando a teoria do risco administrativo. O Estado concedente, todavia, manterá responsabilidade subsidiária.

(c) Errada. A responsabilidade civil do Estado, nos casos de atos comissivos, é fundamentada na teoria objetiva, dispensando-se prova da culpabilidade direta ou indireta.

(d) Certa. Súmula: 37/STJ: são cumuláveis as indenizações por dano material e dano moral oriundos do mesmo fato.

(e) Errada. A responsabilidade civil do Estado pode ter origem na prática de atos lícitos ou ilícitos.

*Para responder, tem que estudar: lei, súmula/OJ e teoria/doutrina.*

*Gabarito: D*

**108. (Cespe/TJ/PB/Juiz/2011)** Acerca da responsabilidade civil do Estado, assinale a opção correta.

a) Em face da prolação de sentença penal com equívoco do juiz, o ordenamento jurídico não permite a reparação dos eventuais prejuízos em ação contra o Estado, mas tão somente contra o próprio magistrado.

b) A teoria da responsabilidade civil objetiva do Estado deve ser aplicada de modo absoluto, não sendo admitida hipótese de exclusão nem de abrandamento.

c) Mediante expressa determinação legal, o Estado poderá responder civilmente por danos causados a terceiros, ainda que sua atuação tenha ocorrido de modo regular e conforme com o direito.

d) Segundo o STF, os atos jurisdicionais típicos no âmbito cível ensejam a responsabilidade objetiva do Estado.

e) Na hipótese de conduta omissiva do Estado, incide a responsabilidade objetiva, bastando a comprovação do nexo causal entre a omissão e o prejuízo causado ao particular.

ANOTAÇÕES/COMENTÁRIOS

(a) Errada. O erro judicial admite a responsabilidade civil do estado, tendo ela, inclusive, caráter objetivo. Não se pode confundir a referida hipótese com posterior análise da responsabilidade pessoal do magistrado em ação de regresso. Neste caso, há que se demonstrar a atuação com dolo ou fraude.

(b) Errada. A teoria da responsabilidade civil objetiva não se confunde com risco integral. Aquela, diferentemente desta, admite hipóteses excludentes da responsabilidade (caso fortuito, força maior, culpa exclusiva da vítima) e de abrandamento da indenização (culpa concorrente, por exemplo).

(c) Certa. O art. 37, § 6º da CF dispõe a respeito da responsabilidade civil do Estado por atos lícitos e ilícitos. Nas hipóteses de atos lícitos, será cabível eventual responsabilidade com fundamento no princípio da igualdade.

(d) Errada. Na área cível, não há previsão de responsabilidade civil do Estado em razão de danos causados por erros na prestação jurisdicional.

(e) Errada. Nos casos de conduta omissiva, aplica-se a teoria subjetiva, exigindo-se do lesado a demonstração da prática de ato culposo (em sentido amplo) pelo Estado.

*Para responder, tem que estudar: teoria/doutrina.*

*Gabarito: C*

**109. (Cespe/TJ/PB/Juiz/2015)** Cada uma das próximas opções apresenta uma situação hipotética, seguida de uma assertiva a ser julgada com referência à responsabilidade civil do Estado. Assinale a opção correta à luz da legislação e da jurisprudência dos tribunais superiores.

BLOCO III

a) Diante da interrupção do fornecimento de energia elétrica, determinada empresa ajuizou ação de indenização contra o estado da Federação em que estava localizada, postulando a reparação de danos materiais e morais sofridos em decorrência da falha no serviço. Nessa situação, o juiz deverá rejeitar o pedido de indenização quanto aos danos morais, uma vez que pessoa jurídica não tem como sofrer esse tipo de dano.

b) Paulo ingressou na administração pública de um estado da Federação por decisão judicial que lhe reconhecera o direito a nomeação e posse em cargo público. Posteriormente, o servidor ajuizou ação contra o referido estado, pedindo indenização pelo dano material sofrido por não ter recebido as remunerações pelo cargo no período transcorrido entre o ajuizamento da ação e a decisão judicial definitiva. Nessa situação, de acordo com a jurisprudência atual, o juiz deve rejeitar o pedido de Paulo, pois o pagamento de remuneração a servidor público sem efetivo exercício do cargo e o reconhecimento dos correspondentes efeitos funcionais ensejariam enriquecimento sem causa.

c) Tiago ajuizou ação de indenização contra um estado da Federação, alegando a responsabilidade objetiva do Estado por danos decorrentes de acidente de trânsito que havia sofrido em rodovia estadual, provocado pela má conservação da pista e falta de sinalização. O estado requereu a denunciação à lide da empresa que havia contratado para prestar serviços de conservação da rodovia. Nessa situação, o juiz deve acatar o pedido do estado, por ser obrigatória a denunciação à lide da mencionada empresa na ação movida por Tiago, que é fundada na responsabilidade objetiva do Estado.

d) Lucas, que cumpria pena em presídio de um estado da Federação, faleceu em consequência de agressões cometidas por outro detento. O pai da vítima ajuizou ação de indenização contra o referido estado fundada na responsabilidade objetiva. Nessa situação, o juiz deve reconhecer o descabimento do pedido, considerando que a morte de detento sob custódia enseja a responsabilidade civil subjetiva do Estado.

e) Em determinada ação judicial movida por vítima de disparo acidentalmente efetuado por policial militar, figuraram no polo passivo da relação jurídica processual o Estado e o agente responsável pelo disparo. Nessa situação, eventual decisão do juiz que exclua o militar da relação processual extinguirá o direito do Estado de ajuizar ação de regresso contra o servidor.

**ANOTAÇÕES/COMENTÁRIOS**

(a) Errada. Independentemente da discussão acerca da possibilidade da pessoa jurídica sofrer, ou não, danos morais (visto que alguns autores defendem que apenas ser alvo de danos "imateriais"), o Enunciado 227 da Súmula do STJ afirma que "A pessoa jurídica pode sofrer dano moral".

(b) Certa. De acordo com o posicionamento exposto no Ag. Reg. no AI 814.164-MG, o STF entende que o pagamento de remuneração a servidor público, assim como o reconhecimento dos correspondentes efeitos funcionais, pressupõem o efetivo exercício do cargo, sob pena de enriquecimento sem causa. Mas cuidado! No julgamento do RE 724347/DF, o Min. Luís Roberto Barroso proferiu entendimento no sentido de que tal indenização seria cabível na hipótese de prática de arbitrariedade flagrante em desfavor do particular prejudicado.

(c) Errada. De início, vê-se que a fundamentação do pleito de Tiago está incorreta, visto que, considerando a omissão praticada pelo Poder Público (falta de conservação e sinalização), a natureza da responsabilidade civil seria de ordem subjetiva. Ainda, vê-se que a denunciação da lide, no caso, não pode ser vista como obrigatória, uma vez que pode ser ajuizada como ação autônoma (REsp 653.736).

(d) Errada. A morte de detento, em razão de violência cometida por outro apenado, é causa de responsabilidade civil do estado fundamentada na teoria objetiva.

(e) Errada. Vide final do comentário da letra "c".

*Para responder, tem que estudar: jurisprudência e teoria/doutrina.*

*Gabarito: B*

**110. (Cespe/TJ/DFT/Juiz/2015)** Cada uma das opções a seguir apresenta uma situação hipotética, seguida de uma assertiva a ser julgada à luz da jurisprudência dos tribunais superiores acerca da responsabilidade civil do Estado. Assinale a opção que apresenta a assertiva correta.

a) Sérgio faleceu durante procedimento cirúrgico realizado em hospital público distrital. A perícia constatou que um erro grave praticado pela equipe médica do hospital havia sido a causa determinante para o óbito, embora não tenha sido possível a identificação de culpa de qualquer dos servidores. Nessa situação, não é possível imputar responsabilidade civil ao ente público ao qual estiver vinculado o hospital.

b) Ana, aluna de escola pública de educação infantil, começou a arrastar as mesas escolares da sala de aula, desobedecendo aos pedidos feitos por sua professora. Como resultado, machucou a mão gravemente em uma das mesas, em mau estado de conservação. Nessa situação, não é possível imputar responsabilidade civil ao Estado, haja vista a tentativa de intervenção da professora.

c) Carlos, ao parar em sinal de trânsito de via pública, foi vítima de roubo com emprego de arma de fogo e seu veículo foi levado pelo ladrão. Nessa situação, não é possível imputar responsabilidade objetiva ao Estado por deficiência do serviço de segurança pública, já que a conduta danosa, para a qual a omissão estatal não concorreu efetivamente, foi praticada por terceira pessoa sem vínculo com ente público.

d) João, preso em estabelecimento prisional distrital, foi encontrado enforcado com seus próprios lençóis em sua cela, e a perícia concluiu que o detento cometeu suicídio. Nessa situação, o Estado não deve ser responsabilizado pelos danos diante do reconhecimento de culpa exclusiva da vítima.

e) Luís resolveu caminhar ao lado de via férrea operada por concessionária de serviço público, pois a via férrea não era cercada ou murada. Ele acabou por cair nos trilhos e foi atropelado por trem da referida empresa. Nessa situação, diante da manifesta imprudência da vítima, não é possível imputar responsabilidade objetiva à concessionária.

**ANOTAÇÕES/COMENTÁRIOS**

(a) Errada. No caso, aplica-se a teoria da responsabilidade objetiva, respondendo o ente público pelo dano causado.

(b) Errada. Considerando o dever de guarda e zelo do agente público (professora), entende-se que a mera advertência não é suficiente para afastar o dever de indenizar do ente público, eis que fundamentado em responsabilidade objetiva.

(c) Certa. A responsabilidade civil do estado por atos omissivos (como é o caso da ausência de segurança) guarda caráter subjetivo. Assim, entende-se que, para fins de caracterização dos pressupostos da responsabilidade civil e reparação de eventuais danos decorrentes da prática de crimes por terceiros em via pública, a omissão do serviço estatal deve ser específica, concreta, exteriorizada pela inação prévia ou atuação deficiente ou mesmo negligente.

(d) Errada. Cuidado! Entendimento jurisprudencial não consolidado. No AgRg no REsp 1305259/SC, o STJ entendeu que o Estado tem o dever de proteger os detentos, inclusive contra si mesmos. Não se justifica que o detento tenha tido acesso a meios aptos a praticar um atentado contra sua própria vida. Os estabelecimentos carcerários são, de modo geral, feitos para impedir esse tipo de evento. Se o Estado não consegue impedir o evento, ele é o responsável. Portanto, no caso em concreto, inegável a presença do nexo de causalidade a autorizar a responsabilização civil do ente público pela morte do detento em virtude de suicídio.

(e) Errada. No julgamento do REsp 1.210.064-SP, de relatoria do Min. Luis Felipe Salomão, julgado em 8/8/2012, entendeu-se que o atropelamento de pedestre em via férrea, configura-se a concorrência de causas quando: a concessionária do transporte ferroviário descumpre o dever de cercar e fiscalizar os limites da linha férrea, mormente em locais urbanos e populosos, adotando conduta negligente no tocante às necessárias práticas de cuidado e vigilância tendentes a evitar a ocorrência de sinistros; e a vítima adota conduta imprudente, atravessando a composição ferroviária em local inapropriado. Todavia, a responsabilidade da ferrovia é elidida, em qualquer caso, pela comprovação da culpa exclusiva da vítima.

*Para responder, tem que estudar: jurisprudência e teoria/doutrina.*

*Gabarito: C*

**111. (Cespe/TJ/RN/Juiz/2013)** Em razão de ter adquirido imóvel que apresentava vício em sua cadeia dominial, consubstanciado em registro de escritura pública de compra e venda lavrada em cartório de notas na qual constava assinatura falsa do vendedor, Caio ajuizou ação de indenização contra o estado do Rio Grande do Norte. Na fase de instrução processual, ficou comprovado que a assinatura havia sido falsificada no próprio cartório, além do prejuízo de Caio e do nexo de causalidade entre o ato da falsificação da escritura e o dano. Nessa situação hipotética, de acordo com a jurisprudência atual do STJ, a ação deverá ser julgada:

a) extinta sem resolução de mérito, por ilegitimidade da parte demandada, já que a ação deveria ser proposta em face do notário do cartório que lavrou a escritura com assinatura falsificada.

b) procedente, em decorrência do fato de que a responsabilidade civil do estado é objetiva.

c) procedente, por ser a culpa do cartório presumida.

d) improcedente, por não ter sido comprovada a culpa do cartório.

e) extinta sem resolução de mérito, por ilegitimidade da parte demandada, já que a ação deveria ter sido proposta contra o cartório de notas no qual foi lavrada a escritura com assinatura falsificada.

**ANOTAÇÕES/COMENTÁRIOS**

(a); (b); (c); (d); (e) O tema sofreu sensível alteração com a edição da Lei 13.286/16, que passou a prever que os notários e oficiais de registro são civilmente responsáveis por todos os prejuízos que causarem a terceiros, por culpa ou dolo, pessoalmente, pelos substitutos que designarem ou escreventes que autorizarem, assegurado o direito de regresso. De acordo com o posicionamento da jurisprudência, a responsabilidade do Estado seria apenas subsidiária, ou seja, existente apenas após a constatação de impossibilidade da serventia indenizar a vítima. AgRg no REsp 1377074.

*Para responder, tem que estudar: lei, jurisprudência e teoria/doutrina.*

*Gabarito: A*

**112. (Cespe/TJ/PA/Juiz/2012)** Com relação à responsabilidade civil do Estado, assinale a opção correta.

a) Em caso de assalto praticado por policial fardado que empunhe arma da corporação militar, o Estado responde subjetivamente pelos danos causados pelo agente, ainda que o crime seja cometido fora do horário de expediente, dada a função pública exercida pelo policial.

b) Segundo entendimento do STF, a qualificação do tipo de responsabilidade imputável ao Estado – objetiva ou subjetiva – constitui circunstância de menor relevo caso as instâncias ordinárias demonstrem, com base no acervo probatório, que a inoperância estatal injustificada tenha sido condição decisiva para a produção do dano.

c) Segundo a jurisprudência do STF e a doutrina majoritária, para a caracterização da responsabilidade objetiva do poder público, é imprescindível a comprovação, com base na teoria do risco administrativo, da ilicitude da ação administrativa causadora do dano.

d) Na hipótese de um raio matar presidiário em prisão estadual, o Estado responderá objetivamente pelos danos causados ao preso, dada a aplicação, no caso concreto, da teoria da responsabilidade objetiva por danos causados a pessoas sob a guarda estatal.

e) A comprovação do dano e a existência de ação administrativa, independentemente de haver nexo causal entre eles, são os requisitos necessários para a caracterização da responsabilidade objetiva do Estado.

**ANOTAÇÕES/COMENTÁRIOS**

(a) Errada. Neste caso, considerando as peculiaridades do evento (inclusive por ter sido praticado por policial fardado) a responsabilidade civil terá natureza objetiva. Caso semelhante foi apreciado no RE 163203, de relatoria do Min. Ilmar Galvão.

(b) Certa. "A qualificação do tipo de responsabilidade imputável ao Estado, se objetiva ou subjetiva, constitui circunstância de menor relevo quando as instâncias ordinárias demonstram, com base no acervo probatório, que a inoperância estatal injustificada foi condição decisiva para a produção do resultado danoso. RE 283989.

(c) Errada. Com base na teoria do risco administrativo, faz-se necessário que o agente que sofreu o dano comprove a existência de conduta, nexo de causalidade e agente causador do dano.

(d) Errada. Na hipótese, há exclusão da responsabilidade civil por aplicação de excludente de responsabilidade fundamentada na ocorrência de caso fortuito/força maior.

(e) Errada. A comprovação do nexo causal é essencial para a configuração da responsabilidade civil do estado, aferindo-se a partir dele a existência de vínculo jurídico entre a conduta praticada e o dano sofrido.

*Para responder, tem que estudar: jurisprudência e teoria/doutrina.*

*Gabarito: B*

**113. (Cespe/TJ/DFT/Juiz/2014)** Ênio foi condenado a dezessete anos de prisão por meio de sentença penal condenatória transitada em julgado. Sob a custódia do Estado, deparou-se com um sistema prisional inepto para tutelar os direitos fundamentais previstos no texto constitucional: celas superlotadas, falta de preparo dos agentes carcerários, rebeliões, péssimas condições de higiene, doenças, violências das mais diversas. Agregaram-se a isso problemas pessoais: além de ter contraído doenças, sua esposa pediu-lhe o divórcio e seus filhos e amigos não quiseram mais contato algum com ele. Após um ano de prisão, Ênio entrou em depressão e se suicidou dentro da cela, durante a noite. Em razão desse fato, seus herdeiros ajuizaram ação de indenização por danos materiais e morais contra o Estado. Considerando essa situação hipotética, assinale a opção correta acerca da responsabilidade extracontratual, ou aquiliana, do Estado, com base no entendimento jurisprudencial do STF e do STJ.

a) O Estado não pode ser responsabilizado pelo suicídio de Ênio, uma vez que não tem o dever de guardião universal das pessoas sob sua custódia. No caso narrado, não há sequer nexo de causalidade entre omissão e dano, visto que concorreram para o suicídio fatores da vida pessoal de Ênio; afinal, todo o seu sofrimento originou-se de sua conduta criminosa. Assim, com base no princípio da razoabilidade, o Estado não tinha como evitar o evento danoso e não deve indenizar.
b) Trata-se de hipótese de responsabilidade subjetiva do Estado por omissão, cabendo aos autores da demanda demonstrar em juízo a falha estatal e o dano, o nexo causal entre eles, bem como a culpa da administração pública.
c) Não é necessário demonstrar a culpa da administração pública, visto que a responsabilidade civil estatal pela integridade dos presidiários é objetiva em face dos riscos inerentes ao meio em que eles estão inseridos por conduta do próprio Estado.
d) Em que pese não haver, nessa hipótese, nexo de causalidade, visto que concorreram para o suicídio circunstâncias pessoais da vida do preso, subsiste a obrigação do Estado de indenizar, haja vista tratar-se de responsabilidade objetiva.
e) É necessário demonstrar a culpa da administração pública, mas não o nexo de causalidade, uma vez que tal nexo é presumido quando o lesado está sob custódia do Estado.

ANOTAÇÕES/COMENTÁRIOS

(a); (b); (c); (d); (e) Nas hipóteses em que o Estado age na posição de agente garantidor do indivíduo (a exemplo do detento) deve resguardar a integridade física e moral daqueles que estão sob sua custódia sob pena de responsabilização civil objetiva, lastreada na teoria do risco administrativo. O tema foi objeto de análise no Informativo 819 do STF, no julgamento do RE 841526/RS, de relatoria do Min. Luiz Fux.

*Para responder, tem que estudar: jurisprudência.*

*Gabarito: C*

**114. (Cespe/TJ/PR/Juiz/2017)** Em recente decisão, o STF entendeu que, quando o poder público comprovar causa impeditiva da sua atuação protetiva e não for possível ao Estado agir para evitar a morte de detento (que ocorreria mesmo que o preso estivesse em liberdade):

a) haverá responsabilidade civil do Estado, aplicando-se à situação a responsabilidade subjetiva por haver omissão estatal.

b) haverá responsabilidade civil do Estado, aplicando-se ao caso a responsabilidade objetiva por haver omissão estatal.

c) não haverá responsabilidade civil do Estado, pois o nexo causal da sua omissão com o resultado danoso terá sido rompido.

d) haverá responsabilidade civil do Estado, aplicando-se ao caso a teoria do risco integral.

**ANOTAÇÕES/COMENTÁRIOS**

(a); (b); (c); (d); A alternativa C corresponde ao entendimento exarado no julgamento do RE 841526/RS, de relatoria do Min. Luiz Fux, 30.3.2016, no sentido de que "a responsabilidade civil estatal, segundo a CF/1988, em seu art. 37, § 6º, subsume-se à teoria do risco administrativo, tanto para as condutas estatais comissivas quanto paras as omissivas, uma vez rejeitada a teoria do risco integral. Assim, a omissão do Estado reclama nexo de causalidade em relação ao dano sofrido pela vítima nas hipóteses em que o Poder Público ostenta o dever legal e a efetiva possibilidade de agir para impedir o resultado danoso. Além disso, é dever do Estado e direito subjetivo do preso a execução da pena de forma humanizada, garantindo-se-lhe os direitos fundamentais, e o de ter preservada a sua incolumidade física e moral. Esse dever constitucional de proteção ao detento somente se considera violado quando possível a atuação estatal no sentido de garantir os seus direitos fundamentais, pressuposto inafastável para a configuração da responsabilidade civil objetiva estatal. Por essa razão, nas situações em que não seja possível ao Estado agir para evitar a morte do detento (que ocorreria mesmo que o preso estivesse em liberdade), rompe-se o nexo de causalidade. Afasta-se, assim, a responsabilidade do Poder Público, sob pena de adotar-se a teoria do risco integral, ao arrepio do texto constitucional". (Informativo 819 do STF).

*Para responder, tem que estudar: jurisprudência.*

*Gabarito: C*

**115. (Cespe/TJ/BA/Juiz/2019)** Determinado taxista dirigia embriagado quando colidiu contra o prédio de determinada secretaria estadual, que foi danificado com a batida. Nessa situação hipotética, conforme o entendimento do STJ, o estado federado prejudicado deverá propor ação de ressarcimento

a) no prazo prescricional de cinco anos, em razão de previsão expressa no Decreto Federal n.º 20.910/1932.

b) no prazo prescricional de três anos, com base no Código Civil.

c) em prazo indeterminado, ante a imprescritibilidade das ações de ressarcimento ao erário público.

d) no prazo prescricional de cinco anos, com base em aplicação analógica do Decreto Federal n.º 20.910/1932.

e) no prazo prescricional de cinco anos, por aplicação expressa da Lei Federal n.º 9.784/1999, que regula o processo administrativo no âmbito federal.

ANOTAÇÕES/COMENTÁRIOS

(a); (b); (c); (d); (e); A jurisprudência do STJ (solicitada pela questão) firmou-se no sentido de que a prescrição contra a Fazenda Pública é quinquenal, mesmo em ações indenizatórias, uma vez que é regida pelo Decreto 20.910/32, norma especial que prevalece sobre lei geral. O STJ tem entendimento jurisprudencial no sentido de que o prazo prescricional da Fazenda Pública deve ser o mesmo prazo previsto no Decreto 20.910/32, em razão do princípio da isonomia. (STJ. 2ª Turma. AgRg no AREsp 768.400/DF, Rel. Min. Humberto Martins, julgado em 03/11/2015).

*Para responder, tem que estudar: jurisprudência.*

*Gabarito: D*

**116. (Cespe/TJ/BA/Juiz/2019)** A respeito da responsabilidade civil do Estado, julgue os itens a seguir.

I. O Estado é responsável pela morte de detento causada por disparo de arma de fogo portada por visitante do presídio, salvo se comprovada a realização regular de revista no público externo.

II. O Estado necessariamente será responsabilizado em caso de suicídio de pessoa presa, em razão do seu dever de plena vigilância.

III. A responsabilidade do Estado, em regra, será afastada quando se tratar da obrigação de pagamento de encargos trabalhistas de empregados terceirizados que tenham deixado de receber salário da empresa de terceirização.

Assinale a opção correta.

a) Apenas o item I está certo.
b) Apenas o item III está certo.
c) Apenas os itens I e II estão certos.
d) Apenas os itens II e III estão certos.
e) Todos os itens estão certos.

ANOTAÇÕES/COMENTÁRIOS

(I) Incorreta. A responsabilidade civil do Estado pela morte de detento em delegacia, presídio ou cadeia pública é objetiva. A interpretação, todavia, não pode ser ampliada e não há, na jurisprudência do STJ, caso que aborde a situação prevista na questão. Nesse sentido: STJ. 2ª Turma. AgInt no REsp 1305249/SC, Rel. Min. Og Fernandes, julgado em 19/09/2017.

(II) Incorreta. A vinculação inafastável de responsabilidade é o que deixa a assertiva incorreta. Obviamente, se estiver presente qualquer das hipóteses de excludentes de responsabilidade, o Estado não será obrigado a indenizar.

(III) Correta. O inadimplemento dos encargos trabalhistas dos empregados do contratado não transfere automaticamente ao Poder Público contratante a responsabilidade pelo seu pagamento, seja em caráter solidário ou subsidiário, nos termos do art. 71, § 1º, da Lei nº 8.666/93. STF. Plenário. RE 760931/DF.

*Para responder, tem que estudar: jurisprudência.*

*Gabarito: B*

## 11. SERVIÇOS PÚBLICOS

**117. (Cespe/TJ/DFT/Juiz/2016)** Acerca das formas de delegação de serviços públicos, assinale a opção correta.

a) As parcerias público-privadas poderão ser celebradas nas modalidades contratuais de concessão patrocinada, de concessão administrativa e de permissão administrativa, sendo que a concessão patrocinada visa delegar serviço público ou obra pública, ao passo que as demais só poderão delegar serviço público.

b) A concessão de serviço público será realizada mediante contrato administrativo, submetido à licitação pública, na modalidade de concorrência, devendo essa ser precedida de audiência pública, dependendo do valor do certame.

c) A permissão de serviço público é o contrato administrativo para exploração de serviço público, precedido de licitação, para pessoa jurídica que demonstre capacidade para o seu desempenho, por sua própria conta e risco, gerando direitos ao permissionário quanto ao período de exploração.

d) A contraprestação da administração pública nos contratos de parceria público-privada poderá ser realizada por ordem bancária, cessão de créditos tributários e outorga de direitos sobre bens públicos dominiais, entre outros meios previstos em lei.

e) A contratação de parceria público-privada deverá ser precedida de licitação nas modalidades concorrência ou tomada de preços, estando a abertura do processo licitatório condicionada a, entre outros requisitos, autorização da autoridade competente lastreada em estudo técnico acerca da conveniência e da oportunidade da licitação, observância de limites de responsabilidade fiscal e ausência de vulneração às metas de resultados fiscais.

**ANOTAÇÕES/COMENTÁRIOS**

(a) Errada. Inexiste previsão de parceria público-privada na forma de permissão administrativa.

(b) Certa. Art. 39 da Lei 8.666/93.

(c) Errada. Considerando que a permissão é dotada de precariedade, não há como se falar na existência de direitos do permissionário frente ao período de exploração.

(d) Errada. Art. 6º da Lei 11.079/04.

(e) Errada. Art. 10 da Lei 11.079/04.

*Para responder, tem que estudar: lei.*

*Gabarito: B*

**118. (Cespe/TJ/CE/Juiz/2012)** Acerca da concessão, permissão e autorização de serviço público, assinale a opção correta.

a) Diferentemente da concessão, a permissão de serviço público pode ser contratada não apenas com pessoa jurídica e consórcio de empresas, mas também com pessoa física.

b) Tratando-se de concessão patrocinada, o concessionário percebe apenas dos usuários recursos decorrentes do pagamento de tarifas.

c) Para as concessões de serviço público simples, assim como para as precedidas da execução de obra pública, deve-se adotar, obrigatoriamente, como modalidade licitatória, a concorrência.

d) Considera-se concessão de serviço público simples o contrato administrativo pelo qual a administração pública transfere a execução de certa atividade de interesse coletivo a pessoa jurídica ou a consórcio de empresas, sendo a remuneração feita por meio do sistema de tarifas ou taxas.

e) A autorização de uso é ato administrativo unilateral, discricionário e precário, ao passo que a autorização de serviço público se configura como contrato administrativo, ainda que revogável unilateralmente pela administração.

ANOTAÇÕES/COMENTÁRIOS

(a) Errada. Não se permite a contratação de permissão de serviço público por consórcio de empresas.

(b) Errada. Esta concessão de serviço público envolve duas fontes de custeio, sendo a primeira a tarifa cobrada dos usuários e, a segunda, a contraprestação pecuniária do parceiro público ao parceiro privado. A intenção da contraprestação estatal é manter a modicidade das tarifas cobradas dos usuários, dispondo a lei que tal pagamento, salvo disposição legal específica, não poderá ultrapassar 70% do valor total.

(c) Certa. Art. 2º da Lei 8.987/95.

(d) Errada. Apenas o sistema de tarifas é forma de cobrança admissível nas concessões, visto que a taxa é espécie de tributo.

(e) Errada. A autorização de serviço público é delegação realizada via ato unilateral e discricionário pelo qual o Poder Público delega ao particular a exploração de serviço público, a título precário, admitida a cessação a qualquer momento, sem dever de indenizar, sendo remunerada por tarifa paga pelos usuários.

BLOCO III

*Para responder, tem que estudar: lei e teoria/doutrina.*

*Gabarito: C*

**119. (Cespe/TJ/DFT/Juiz/2015)** De acordo com a Lei n. 11.079/2004, a contratação de parceria público-privada deverá ser precedida de licitação na modalidade de:

a) leilão.
b) tomada de preços.
c) concurso.
d) concorrência.
e) pregão.

ANOTAÇÕES/COMENTÁRIOS

(a); (b); (c); (d); (e) De acordo com o disposto no art. 10 da Lei 11.079/04, a contratação de parceria público-privada será precedida de licitação na modalidade de concorrência.

*Para responder, tem que estudar: lei.*

*Gabarito: D*

**120. (Cespe/TJ/DFT/Juiz/2014)** No que se refere às PPPs, assinale a opção correta.

a) A administração pública indireta não pode firmar PPP.
b) As funções estatais de regulação são delegáveis por meio de PPP.
c) O estabelecimento de PPPs entre o Estado e a iniciativa privada é prática recente no Brasil, surgida com a edição da Lei n. 11.079/2004.
d) As PPPs somente podem ser firmadas para a execução de obras essenciais e estratégicas, não havendo limite mínimo contratual.
e) É possível conceder garantias adicionais – como a vinculação de receitas e a contratação de seguro garantia – às obrigações pecuniárias contraídas pela administração pública em contrato de PPP.

ANOTAÇÕES/COMENTÁRIOS

(a) Errada. De acordo com o art. 1º, parágrafo único da Lei 11.079/04, há aplicação da referida Lei aos órgãos da administração pública direta dos Poderes Executivo e Legislativo, aos fundos especiais, às autarquias, às fundações públicas, às empresas públicas, às sociedades de economia mista e às demais entidades controladas direta ou indiretamente pela União, Estados, Distrito Federal e Municípios.

(b) Errada. A indelegabilidade das funções de regulação, jurisdicional, do exercício do poder de polícia e de outras atividades exclusivas do Estado é uma das diretrizes previstas no art. 4º da Lei 11.079/04.

(c) Errada. A Lei 8.630/93, por exemplo, já previa a possibilidade de parcerias em nosso ordenamento jurídico.

(d) Errada. De acordo com o teor do art. 2º da Lei das Parcerias Público-privadas, é vedada a celebração de tais contratos com valor inferior a 10 (dez) milhões de reais.

(e) Certa. Embora exista doutrina que sustente a inconstitucionalidade da previsão de vinculação de receitas, o texto do art. 8º, inc. I da Lei 11.079/04 não sofreu declaração de inconstitucionalidade em nosso ordenamento. A alternativa, portanto, deveria ser assinalada pelo candidato.

*Para responder, tem que estudar: lei e teoria/doutrina.*

*Gabarito: E*

**121. (Cespe/TJ/DFT/Juiz/2014)** No que concerne aos serviços públicos, assinale a opção correta de acordo com a legislação e a jurisprudência dos tribunais superiores.

a) São titulares de serviço público tanto a pessoa jurídica de direito público quanto as pessoas jurídicas de direito privado pertencentes à administração indireta, a exemplo das empresas públicas e das sociedades de economia mista prestadoras de serviços públicos.

b) Assim como ocorre com as concessões e permissões de serviços públicos, o desenvolvimento da atividade afeita às serventias extrajudiciais, delegada pelo Estado, se dá por conta e risco do delegatário.

c) A administração pública pode firmar permissão e concessão de serviços públicos com pessoa física ou jurídica e com consórcio de empresas.

d) Serviços públicos tanto "uti singuli" quanto "uti universi" podem ser objeto de prestação indireta por delegação, após regular licitação, por meio de concessionários e permissionários.

e) Embora os serviços coletivos ("uti universi") sejam prestados de acordo com a conveniência e possibilidade da administração pública, os indivíduos têm direito subjetivo próprio no tocante à prestação, já que tais serviços criam vantagens particularizadas para cada usuário.

*ANOTAÇÕES/COMENTÁRIOS*

(a) Errada. A titularidade do serviço público jamais será transferida para pessoas jurídicas de direito privado. O que ocorre é a mera transferência da execução de determinados serviços.

(b) Certa. A realização da atividade de serventia extrajudicial por conta e risco do delegatário é posição pacificada na jurisprudência, a exemplo do julgado proferido do AREsp 273876. SP.

(c) Errada. A lei não admite a realização de permissão para consórcios de empresas.

(d) Errada. Apenas os serviços "uti singuli" podem ser objeto de prestação indireta por delegação.

(e) Errada. Os serviços públicos "uti universi" não criam vantagens particularizadas, eis que direcionados para toda a coletividade, sendo custeados por meio da cobrança de impostos, a exemplo de segurança e saúde.

*Para responder, tem que estudar: teoria/doutrina.*

*Gabarito: B*

**122. (Cespe/TJ/BA/Juiz/2019)** O fornecimento de água

a) é um serviço de utilidade pública, uti universi e delegável.

b) pode ter a respectiva taxa alterada pelo concessionário, que poderá considerar aspectos mercadológicos para estabelecer o novo patamar a ser cobrado.

c) é um serviço de utilidade pública que não pode ser prestado por pessoa jurídica de direito privado que não integre a administração pública.

d) não poderá gerar cobrança vinculada de tarifa mínima, sendo imperiosa a correspondência com o efetivo consumo.

e) poderá gerar cobrança distinta de acordo com as categorias de usuários e faixas de consumo.possibilidade da administração pública, os indivíduos têm direito subjetivo próprio no tocante à prestação, já que tais serviços criam vantagens particularizadas para cada usuário.

ANOTAÇÕES/COMENTÁRIOS

(a) Incorreta. O serviço, nesse caso, é uti singuli.

(b) Incorreta. Lembre-se que concessionárias não cobram taxas, mas tarifas. E elas não podem alterar os seus valores, pois estes são fixados por contrato.

(c) Incorreta. É possível a delegação da prestação do serviço.

(d) Incorreta. Na falta de hidrômetro ou defeito no seu funcionamento, a cobrança pelo fornecimento de água deve ser realizada pela tarifa mínima, sendo vedada a cobrança por estimativa. Isso porque a tarifa deve ser calculada com base no consumo efetivamente medido no hidrômetro. (STJ. 2ª T. REsp 1.513.218-RJ, Rel. Min. Humberto Martins, j. 10/3/15 – Info 557).

(e) Correta. Súmula n. 407-STJ – É legítima a cobrança da tarifa de água fixada de acordo com as categorias de usuários e as faixas de consumo.

*Para responder, tem que estudar: jurisprudência*

*Gabarito: E*

**123. (Cespe/TJ/BA/Juiz/2019)** O corte de energia elétrica pela administração pública é

a) admissível em razão do inadimplemento contemporâneo do consumidor, desde que haja o aviso prévio de suspensão e que sejam respeitados o contraditório e a ampla defesa.

b) admissível em detrimento do novo morador, por débito pretérito pelo qual este não era responsável, uma vez que a dívida é propter rem.

c) admissível sem prévio aviso na hipótese de detecção de fraude no medidor cometida pelo consumidor.

d) admissível em razão de fraude no medidor pelo consumidor, desde que o débito seja relativo ao período máximo de sessenta dias anteriores à constatação da fraude.

e) inadmissível caso a dívida derivada de fraude no medidor cometida pelo consumidor seja relativa a período anterior a noventa dias precedentes à constatação da fraude.

ANOTAÇÕES/COMENTÁRIOS

(a) Incorreta. Não há necessidade de se respeitar contraditório e ampla defesa nessa situação.

(b) Incorreta. O corte é inadmissível em detrimento de novo morador por dívida pretérita.

(c) Incorreta. A interrupção por suspeita de fraude exige notificação prévia.

(d) Incorreta. Vide comentário abaixo.

(e) Correta. Na hipótese de débito estrito de recuperação de consumo efetivo por fraude no aparelho medidor atribuída ao consumidor, desde que apurado em observância aos princípios do contraditório e da ampla defesa, é possível o corte administrativo do fornecimento do serviço de energia elétrica, mediante prévio aviso ao consumidor, pelo inadimplemento do consumo recuperado correspondente ao período de 90 (noventa) dias anterior à constatação da fraude, contanto que executado o corte em até 90 (noventa) dias após o vencimento do débito, sem prejuízo do direito de a concessionária utilizar os meios judiciais ordinários de cobrança da dívida, inclusive antecedente aos mencionados 90 (noventa) dias de retroação. STJ. 1ª Seção. REsp 1.412.433-RS, Rel. Min. Herman Benjamin, julgado em 25/04/2018 (recurso repetitivo) (Info 634).

*Para responder, tem que estudar: jurisprudência*

*Gabarito: E*

BLOCO III

# 12. TEORIA E PRINCÍPIOS

## 12.1. Poderes Administrativos

**124. (Cespe/TJ/AM/Juiz/2016)** Os poderes administrativos são prerrogativas outorgadas aos agentes públicos para a consecução dos interesses da coletividade. A respeito desses poderes, assinale a opção correta.

a) O pagamento de multa aplicada em decorrência do poder de polícia não pode configurar condição para que a administração pratique outro ato em favor do interessado.

b) O poder restritivo da administração, consubstanciado no poder de polícia, não se limita pelos direitos individuais.

c) O poder vinculado refere-se à faculdade de agir atribuída ao administrador.

d) Entre os poderes administrativos incluem-se o poder disciplinar, o poder regulamentar e o poder jurídico.

e) Poder regulamentar é a prerrogativa concedida à administração pública de editar atos gerais para complementar as leis e permitir a sua efetiva aplicação.

ANOTAÇÕES/COMENTÁRIOS

(a) Errada. Vide teor do art. 131, § 2º, do Código de Trânsito Brasileiro, que condiciona a emissão de certificado de licenciamento de veículo à quitação de multas.

(b) Errada. Não há como se falar que algum dos poderes da administração seja ilimitado, até porque, estão delimitados pela observância de uma série de direitos constitucionais atinentes a particulares, devendo existir observância à lei e respeito a direitos individuais.

(c) Errada. Será vinculado o ato quando a lei estipular de forma objetiva o antecedente e o consequente normativo (a causa e o resultado), não deixando margem de escolha para o administrador. A lei estabelece a única conduta a ser tomada pelo agente, não dando a ele qualquer margem de escolha. Cabe ao administrador, todavia, analisar se o caso concreto enquadra-se na hipótese da norma vinculada (subsunção fato-norma).

(d) Errada. Não há referência a poder jurídico.

(e) Certa. O poder regulamentar é o poder que detém a Administração Pública de expedir atos administrativos gerais e abstratos com efeitos erga omnes, no intento de complementar a legislação infraconstitucional, a fim de garantir sua efetiva aplicabilidade. Assim, é realizado em atividade de complementação à lei, para sua fiel execução, não sendo admitido que inove o ordenamento jurídico, sob pena de violação à legalidade.

*Para responder, tem que estudar: lei e teoria/doutrina.*

*Gabarito: E*

**125. (Cespe/TJ/PB/Juiz/2011)** No que concerne aos poderes da administração, assinale a opção correta.

a) O STF emitiu decisão favorável à delegação do poder de polícia, mediante edição de lei, a pessoa jurídica de direito privado.

b) Forma de conferir liberdade ao administrador público, o poder discricionário permite que a autoridade, mediante os critérios de conveniência e oportunidade, opte pela ação que melhor propicie a consecução do interesse público, atuação que se sobrepõe aos limites da lei.

c) O poder regulamentar permite que o ato normativo derivado inove e aumente os direitos e obrigações previstos no ato de natureza primária que o autoriza, desde que tenha por objetivo o cumprimento das determinações legais.

d) Segundo o STF, é inconstitucional, por ofensa ao princípio da livre concorrência, lei municipal que impeça a instalação de estabelecimentos comerciais do mesmo ramo em determinada área.

e) O poder de polícia no ordenamento jurídico brasileiro é tratado, exclusivamente, no âmbito infraconstitucional.

ANOTAÇÕES/COMENTÁRIOS

(a) Errada. O poder de polícia propriamente dito não pode ser delegado a particulares. O que existe, na verdade, é a viabilidade de delegação apenas dos atos materiais de exteriorização deste poder, especificamente de fiscalização e consentimento, elementos do chamado "ciclo de polícia".

(b) Errada. A manifestação do poder discricionário não importa em atuação alheia à legalidade, mas apenas em margem de atuação e escolha nos estritos limites definidos previamente pela lei.

(c) Errada. O poder regulamentar é o poder que detém a Administração Pública de expedir atos administrativos gerais e abstratos com efeitos erga omnes, no intento de complementar a legislação infraconstitucional, a fim de garantir sua efetiva aplicabilidade. Assim, é realizado em atividade de complementação à lei, para sua fiel execução, não sendo admitido que inove o ordenamento jurídico, sob pena de violação à legalidade.

(d) Certa. Enunciado 646 da Súmula do STF.

(e) Errada. Art. 145, inc. II da CF.

*Para responder, tem que estudar: lei, súmula/OJ e teoria/doutrina.*

*Gabarito: D*

**126. (Cespe/TJ/DFT/Juiz/2016)** André recebeu auto de infração de trânsito, lavrado presencialmente por policial militar, em razão de conduzir o seu veículo sem cinto de segurança. No prazo legal, apresentou defesa prévia,

BLOCO III

alegando que houve equívoco na abordagem policial. Considerando essa situação hipotética, assinale a opção correta.

a) A administração pública deve notificar o policial militar que lavrou o auto de infração para justificar o ato, demonstrando sua condição funcional, seus motivos e aspectos formais, sem os quais a infração será anulada de ofício.

b) O consentimento expresso do condutor autuado não é exigível, mas há impossibilidade da administração pública impor obrigações ao condutor sem a intervenção do Poder Judiciário.

c) A penalidade de trânsito deve ser afastada pela autoridade competente, uma vez que a multa aplicada somente poderia ser exigível após ação judicial de cobrança julgada procedente.

d) Se o condutor não apresentar elementos probatórios convincentes, demonstrando que usava o cinto de segurança na ocasião da abordagem, deve prevalecer o auto de infração lavrado pelo agente público.

e) A aplicação de multa de trânsito dispensa a existência de lei tipificando-a, razão pela qual é possível que o agente público lavre auto de infração para a conduta que considerar nociva ao tráfego ou à segurança da via.

**ANOTAÇÕES/COMENTÁRIOS**

(a); (b); (c); (d); A questão aborda e exemplifica a utilização dos atributos da autoexecutoriedade e da presunção de legitimidade inerentes ao aos atos praticados no contexto do poder de polícia. Pela autoexecutoriedade, entende-se que a administração pode executar suas próprias decisões, sem interferência ou necessidade de prévio acionamento do Poder Judiciário. A presunção de legitimidade indica que caberá ao particular produzir prova da ocorrência de ato diverso daquele narrado pelo agente público no ato administrativo. Assim, se André não apresentar elementos probatórios convincentes, demonstrando que usava o cinto de segurança na ocasião da abordagem, deve prevalecer o auto de infração lavrado pelo agente público.

(e) Errada. A atuação do agente público deve obedecer ao princípio da legalidade, não podendo o particular ser penalizado por infração não prevista em norma geral e abstrata editada mediante lei.

*Para responder, tem que estudar: teoria/doutrina.*

*Gabarito: D*

**127. (Cespe/TJ/PA/Juiz/2012)** Assinale a opção correta acerca dos poderes da administração.

a) O STF admite a delegação do exercício do poder de polícia a pessoas jurídicas de direito privado.

b) A avocação de atribuições, decorrente do poder hierárquico da administração pública, é admitida desde que estas não sejam de competência exclusiva do órgão subordinado.

c) No âmbito federal, a aplicação de sanções relacionadas ao exercício do poder de polícia submete-se a prazo de prescrição de cinco anos, não passível de interrupção ou suspensão.
d) No que se refere ao exercício do denominado poder normativo da administração, é vedado ao ministro de Estado expedir ato de natureza regulamentar, instrumento de uso exclusivo do chefe do Poder Executivo.
e) Segundo a doutrina, o exercício do poder disciplinar pela administração pública deve ficar adstrito à apuração de infrações e à aplicação de penalidades aos servidores públicos.

**ANOTAÇÕES/COMENTÁRIOS**

(a) Errada. Como regra, os atos que manifestam expressão do poder público não podem ser objeto de delegação a particulares, sob pena de se ofender o equilíbrio entre os particulares e colocar em risco a ordem social. No entanto, vem sendo admitida a possibilidade de delegação aos particulares apenas dos aspectos materiais do poder de polícia. Assim, para a maioria da doutrina não há possibilidade de ser delegado o poder de polícia propriamente dito sequer para a Administração Indireta, mas é possível transferir o poder de fiscalizar e de emanar atos de consentimento (Ex.: fiscalização por radares eletrônicos, por exemplo), não sendo admitida a delegação das atividades de legislar ou aplicar sanções a particulares.

(b) Certa. A avocação ocorre quando a autoridade superior chama para si, de forma temporária, a competência para realização de algum ato que, inicialmente, seria desenvolvido por agente subordinado. A avocação não pode ocorrer quando a competência é exclusiva do órgão subalterno.

(c) Errada. É possível a interrupção do prazo prescricional nos termos do disposto nos artigos 2º e 3º da Lei 9.874/99.

(d) Errada. Vide teor do art. 84, inc. VI e parágrafo único da CF.

(e) Errada. O enunciado confunde poder de polícia com poder disciplinar, este sim adstrito às penalizações em âmbito interno. A respeito do poder de polícia, lembre-se que a doutrina especializada tem indicado a existência do chamado "ciclo de polícia", que compreenderia todas as atividades decorrentes do poder de polícia, sendo elas: legislação, consentimento, fiscalização e sanção. Assim, apenas as duas competências intermediárias (fiscalização e consentimento) seriam transferíveis aos particulares via delegação, a exemplo do que ocorre com a fixação de pardais eletrônicos nas estradas e de autorização de Escolas de Motoristas para obtenção da CNH. Outra exceção diz respeito aos capitães de navio, exemplo referido por Celso Antônio Bandeira de Mello.

***Para responder, tem que estudar: lei e teoria/doutrina.***

*Gabarito: B*

**128. (Cespe/TJ/BA/Juiz/2019)** O poder de polícia administrativo

a) limita ou disciplina direito, interesse ou liberdade individual, regulando e fiscalizando atos civis ou penais.

b) inclui, no âmbito das agências reguladoras, a possibilidade de tipificar ineditamente condutas passíveis de sanção, de acordo com o STJ.

c) pode ser delegado a sociedade de economia mista que explore serviço público, a qual poderá praticar atos de fiscalização e aplicar multas.

d) possui autoexecutoriedade, princípio segundo o qual o ato emanado será obrigatório, independentemente da vontade do administrado.

e) deve obedecer ao princípio da proporcionalidade no exercício do mérito administrativo e, por isso mesmo, é impassível de revisão judicial nesse aspecto.

**ANOTAÇÕES/COMENTÁRIOS**

(a) Incorreta. Não há insurgência do poder de polícia no âmbito do direito penal.

(b) Correta. O STJ possui entendimento de que "as sanções administrativas aplicadas pelas agências reguladoras, no exercício do seu poder de polícia, não ofendem o princípio da legalidade, visto que a lei ordinária delega a esses órgãos a competência para editar normas e regulamentos no âmbito de sua atuação, inclusive tipificar as condutas passíveis de punição, principalmente acerca de atividades eminentemente técnicas". (REsp 1.522.520/RN. Rel. Ministro Gurgel de Faria. Julgado em 01/02/2018. DJe em 22/02/2018).

(c) Incorreta. Conforme entendimento do STJ, somente as fases do consentimento e da fiscalização podem ser delegados a pessoas jurídicas de direito privado; jamais as da ordem e da sanção (REsp nº 817.534/MG, j. em 04/08/2009).

(d) Incorreta. O conceito dado é o da "imperatividade" e não "autoexecutoriedade".

(e) incorreta. A revisão judicial, a respeito dos aspectos de juridicidade (legalidade, razoabilidade, proporcionalidade) é sempre possível.

*Para responder, tem que estudar: teoria/doutrina.*

*Gabarito: B*

**129. (Cespe/TJ/CE/Juiz/2018)** À luz da Lei n.º 9.784/1999, assinale a opção correta com relação à competência administrativa e à relação hierárquica existente no âmbito da administração pública.

a) A competência administrativa pode ser renunciada em hipótese de acordo entre os órgãos públicos envolvidos.

b) A relação de subordinação hierárquica entre os órgãos públicos envolvidos é condição imprescindível para a delegação da competência administrativa.

c) A delegação de competência de órgãos colegiados é possível, desde que não se trate de matéria de competência exclusiva, de decisão de recursos administrativos ou de edição de atos de caráter normativo.

d) O ato de delegação retira a competência da autoridade delegante e confere competência exclusiva ao órgão delegado.

e) A avocação temporária de competência é permitida, em caráter excepcional e por motivos justificados, entre órgãos da administração pública, independentemente da relação hierárquica estabelecida entre eles.

**ANOTAÇÕES/COMENTÁRIOS**

(a) Incorreta. Art. 11 da Lei 9.784/99: A competência é irrenunciável e se exerce pelos órgãos administrativos a que foi atribuída como própria, salvo os casos de delegação e avocação legalmente admitidos.

(b) Incorreta. Art. 12, da Lei 9.784/99: Um órgão administrativo e seu titular poderão, se não houver impedimento legal, delegar parte da sua competência a outros órgãos ou titulares, ainda que estes não lhe sejam hierarquicamente subordinados, quando for conveniente, em razão de circunstâncias de índole técnica, social, econômica, jurídica ou territorial.

(c) Correta.

d) Incorreta. Art. 13, da Lei 9.784/99: Não podem ser objeto de delegação: III – as matérias de competência exclusiva do órgão ou autoridade.

(e) Incorreta. Art. 15, da Lei 9.784/99: Será permitida, em caráter excepcional e por motivos relevantes devidamente justificados, a avocação temporária de competência atribuída a órgão hierarquicamente inferior.

*Para responder, tem que estudar: lei.*

*Gabarito: C*

## 12.2. Princípios Administrativos

**130. (Cespe/TJ/CE/Juiz/2018)** Considerando o entendimento doutrinário e jurisprudencial acerca dos princípios constitucionais e infraconstitucionais que regem a atividade administrativa, julgue os itens a seguir.

I. Em obediência ao princípio da legalidade, a vedação à prática do nepotismo no âmbito da administração pública é condicionada à edição de lei formal.

II. A publicidade é condição de eficácia dos atos administrativos, razão pela qual pode caracterizar prática de ato de improbidade administrativa a desobediência ao dever de publicação de atos oficiais.

III. Viola o princípio da isonomia a previsão de critérios discriminatórios de idade em certame de concursos públicos, ressalvados os casos em que a natureza das atribuições do cargo justificar.

IV. O princípio da proteção da confiança legítima não autoriza a manutenção em cargo público de servidor público empossado por força de decisão judicial de caráter provisório posteriormente revista, ainda que decorridos mais de cinco anos da investidura no cargo.

Estão certos apenas os itens:

a) I e II.

b) I e III.

c) III e IV.

d) I, II e IV.

e) II, III e IV.

**ANOTAÇÕES/COMENTÁRIOS**

(I) Incorreta. A vedação do nepotismo não exige a edição de lei formal, entendendo-se que a proibição que decorre diretamente dos princípios contidos no art. 37, caput, da Constituição Federal.

(II) Correta.

(III) Correta.

(IV) Correta.

*Para responder, tem que estudar: jurisprudência*

*Gabarito: E*

**131. (Cespe/TJ/DFT/Juiz/2014)** Considerando a relevância dos princípios do direito administrativo para atividade de administrador público, assinale a opção correta.

a) Estando o administrador diante de ato administrativo viciado, o princípio da segurança jurídica lhe confere a opção, observado o critério de conveniência e oportunidade, de convalidar o ato se o vício for sanável, reconhecer a sua estabilização pelo decurso do tempo, modular os efeitos da anulação ou, ainda, invalidar o ato, com efeitos "ex tunc".

b) O princípio da supremacia do interesse público vem sendo questionado pela doutrina, em especial, após a CF, que estabeleceu o Estado democrático de direito e assegurou direitos e garantias individuais acima dos interesses do Estado, não existindo, por outro lado, norma constitucional que respalde a permanência de tal princípio no ordenamento jurídico.

c) O princípio da eficiência funciona como diretriz a ser seguida pelo administrador, mas não pode ser utilizado como parâmetro de controle externo pelo tribunal de contas para fins de verificação de regularidade dos atos e contratos celebrados pelos administradores públicos.

d) A violação de princípios da administração pública, tais como da moralidade, da impessoalidade e da eficiência, caracteriza ato de improbidade administrativa, desde que comprovado o dolo, ainda que genérico, do agente.

e) Na esfera de atuação do poder de polícia, não pode a administração pública efetuar a demolição de obra irregular de forma sumária, sem observar os princípios do contraditório e da ampla defesa, devendo haver a oitiva prévia do interessado.

ANOTAÇÕES/COMENTÁRIOS

(a) Errada. A anulação do ato administrativo, além de não ser alvo de juízos de conveniência e oportunidade, sempre opera efeitos "ex tunc", ou seja, para o passado, não havendo que se falar em possibilidade de modulação dos efeitos.

(b) Errada. A supremacia do interesse público efetivamente não encontra correspondência expressa no texto constitucional e, por isso, considera-se que sua aplicação decorre da interpretação sistemática do ordenamento jurídico. Em resumo, entende-se ser ele o legitimador de ações que devem visar ao benefício da coletividade, ainda que em detrimento de interesses particulares. Como exemplos de sua aceitação indica-se a presunção de legalidade dos atos administrativos, a autoexecutoriedade e coercibilidade, a autotutela, as cláusulas exorbitantes dos contratos administrativos, privilégios tributários e processuais, a impenhorabilidade de bens públicos, etc.

(c) Errada. De acordo com o disposto no art. 70 CF, a fiscalização contábil, financeira, orçamentária, operacional e patrimonial da União e das entidades da administração direta e indireta, quanto à legalidade, legitimidade, economicidade, aplicação das subvenções e renúncia de receitas, será exercida pelo Congresso Nacional, mediante controle externo, e pelo sistema de controle interno de cada Poder. A economicidade prevista no texto constitucional deve ser lida como representação da análise da eficiência.

(d) Certa. O STJ já se manifestou no sentido de que "para a caracterização dos atos de improbidade administrativa previstos no art. 11 da Lei 8.429/92, é necessário que o agente ímprobo tenha agido ao menos com dolo genérico, prescindindo a análise de qualquer elemento específico para sua tipificação". (AgRg no AREsp 307.583).

(e) Errada. O atributo da autoexecutoriedade dos atos inerentes ao poder de polícia informa ser possível a realização de ato independentemente de prévia oitiva ou contraditório do particular afetado. Um claro exemplo dessa imediatidade de ação pode ser vista nos casos de interdição de estabelecimentos ou, até mesmo, demolição de construções em caso de constatado risco à coletividade.

*Para responder, tem que estudar: lei, jurisprudência e teoria/doutrina.*

*Gabarito: D*

**132. (Cespe/TJ/DFT/Juiz/2015)** "A administração pública não pode atuar com objetivo de prejudicar ou beneficiar pessoas determinadas, nem os seus atos devem ser imputados aos funcionários que os praticam, mas ao órgão da administração pública". "A administração deve agir de modo célere, com o melhor desempenho possível de suas atribuições, visando obter os melhores resultados". No direito administrativo, essas assertivas correspondem, respectivamente, aos princípios da:

a) supremacia do interesse público sobre o individual e da proporcionalidade.
b) legalidade e da eficiência.
c) impessoalidade e da razoabilidade.
d) impessoalidade e da eficiência.
e) moralidade e da isonomia.

**ANOTAÇÕES/COMENTÁRIOS**

(a) Errada. O princípio da supremacia do interesse público sobre o individual refere que os interesses da sociedade devem prevalecer ante as necessidades específicas dos indivíduos, havendo verdadeira sobreposição do interesse coletivo em eventuais conflitos com as necessidades do indivíduo. Já o princípio da proporcionalidade visa a impedir uma atuação desarrazoada ou despropositada do Administrador, sendo um limite à discricionariedade. Busca, em última análise, garantir um equilíbrio entre o ato praticado e os fins a serem alcançados pela Administração Pública.

(b) Errada. O princípio da legalidade infere que enquanto o particular segue os ditames de que é possível atuar de qualquer forma, seguindo a autonomia de sua vontade, desde que não desrespeite a lei, a Administração Pública tem sua atuação estritamente vinculada à autorização legal anterior.

(c) Errada. Vide comentário da alternativa "a".

(d) Certa. O princípio da impessoalidade indica que a atuação do administrador deve pautar-se na busca do interesse público, não visando beneficiar ou prejudicar ninguém em especial, ou seja, sem favoritismos nem perseguições. Decorrem de tal princípio as normas da exigência de concurso público e de licitação. De outro lado, a noção de eficiência está estritamente relacionada com a necessidade de efetivação rápida e econômica das finalidades públicas, impondo-se a execução dos serviços públicos com presteza, perfeição e rendimento funcional.

(e) Errada. O princípio da moralidade estabelece a obrigatoriedade de observância a padrões éticos de conduta para que se assegure o exercício da função pública de forma a atender às necessidades coletivas. Vinculando-se à chamada moralidade jurídica, exige honestidade, boa-fé, lealdade no exercício da função administrativa. Já a isonomia veda qualquer tratamento diferenciado entre pessoas em situação de igualdade e estimula critérios de diferenciação entre pessoas em situação de desigualdade.

*Para responder, tem que estudar: teoria/doutrina.*

*Gabarito: D*

**133. (Cespe/TJ/BA/Juiz/2012)** Após a edição da CF, havia controvérsia sobre a obrigatoriedade de concurso público para o provimento de cargos nas empresas públicas e sociedades de economia mista. A questão foi pacificada pelo STF, no ano de 1993, em decisão que confirmou a obrigatoriedade do concurso público. Posteriormente, avaliando contratações sem concurso público ocorridas no período entre 1988 e 1993, o STF assim decidiu: "(...) A existência de controvérsia, à época das contratações, quanto à exigência de concurso público no âmbito das empresas públicas e sociedades de economia mista, questão dirimida somente após a concretização dos contratos, não tem o condão de afastar a legitimidade dos provimentos, realizados em conformidade com a legislação então vigente." Nessa decisão, fica evidenciada a aplicação do princípio da:

a) juridicidade.
b) recepção.
c) segurança jurídica.
d) continuidade do serviço público.
e) supremacia do interesse público.

ANOTAÇÕES/COMENTÁRIOS

(a); (b); (c); (d); (e) **Inegavelmente, há grande aproximação entre o princípio da segurança jurídica, proteção à confiança e boa-fé, tendo sido eles utilizados como fundamentos para a decisão mencionada no enunciado da questão. No que toca à segurança jurídica, Di Pietro assinala que "Se a Administração adotou determinada interpretação como a correta e a aplicou a casos concretos, não pode depois vir a anular atos anteriores, sob o pretexto de que os mesmos foram praticados com base em errônea interpretação.". (DI PIETRO, Direito Administrativo. Editora Forense. 2017. Pg. 116)**

*Para responder, tem que estudar: teoria/doutrina.*

*Gabarito: C*

**134. (Cespe/TJ/PB/Juiz/2011)** Acerca dos princípios que regem a administração pública, assinale a opção correta.

a) De acordo com precedente histórico do STF, é possível, sem ofensa ao princípio da indisponibilidade do interesse público, a União firmar compromisso arbitral, mesmo em situação excepcional, desde que relativamente a direitos patrimoniais do Estado.

BLOCO III

b) Consoante a jurisprudência do STF, é possível a arguição do princípio da isonomia como fundamento de pedido de servidor público, pretendendo benefício ilegalmente concedido a outros servidores.

c) De acordo com o STF, atende à razoabilidade e aos princípios previstos no art. 37, caput, da CF norma estadual que determine a obrigatoriedade de o custo da publicidade constar dos comunicados oficiais.

d) Conforme decisão do STF, é prescindível a edição de lei que fixe a idade limite para o ingresso nas forças armadas, de modo que não ofende o princípio da legalidade norma, nesse sentido, estipulada somente em edital de concurso da administração pública.

e) Ainda que muito discutido na doutrina brasileira, o princípio da proteção à confiança legítima do administrado não é adotado pelo STF, que privilegia o princípio da legalidade.

ANOTAÇÕES/COMENTÁRIOS

(a) Certa. A possibilidade da União formar compromisso arbitral, mesmo em situação excepcional, desde que relativamente a direitos patrimoniais do Estado foi admitida no precedente originado pelo Agravo de Instrumento 52181, conhecido como "Caso Lage".

(b) Errada. De acordo com o Enunciado 339 da Súmula do STF: "Não cabe ao Poder Judiciário, que não tem função legislativa, aumentar vencimento de servidores públicos sob o fundamento de isonomia.". Ainda de forma mais específica, o STF já se manifestou no seguinte sentido: "A administração pode anular seus próprios atos, quando eivados de ilegalidade (Súmula 473), não podendo ser invocado o princípio da isonomia como pretexto de se obter benefício ilegalmente concedido a outros servidores." (AI 442.918 AgR)

(c) Errada. O tema foi objeto de decisão do STF na ADI-MC 2.472, de relatoria do Min. Maurício Corrêa, em 13.3.2002. No corpo da decisão, entendeu-se que a exposição do valor gasto com a publicidade seria "exigência desproporcional e desarrazoada, sobretudo porque obriga a apenas um dos Poderes, obrigatoriedade essa que implicará mais custos ao erário, ofendendo o princípio da economicidade (CF, art. 37)".

(d) Errada. Nos termos do RE 600885, O STF definiu que, a partir de 2012, as exigências de idade para ingresso no serviço militar deveriam ser delimitadas em lei, e não apenas no corpo do edital de eventual certame de seleção.

(e) Errada. O referido princípio direciona sua finalidade para o futuro, abrangendo aspectos de segurança jurídica e previsibilidade de manutenção de situações jurídicas consolidadas na prática. É, de certa forma, uma vertente do princípio da segurança jurídica e já foi adotado pelo STF como fundamento em pelo menos duas decisões paradigmáticas: MS 24.268 e RE 348.634.

*Para responder, tem que estudar: jurisprudência e súmula/OJ.*

*Gabarito: A*

**135. (Cespe/TJ/PB/Juiz/2015)** No que se refere aos princípios informativos e aos poderes da administração pública, assinale a opção correta.

a) A administração pública deve dar publicidade aos atos administrativos individuais e gerais mediante publicação em diário oficial, sob pena de afronta ao princípio da publicidade.

b) Por força do princípio da motivação, que rege a atuação administrativa, a lei veda a prática de ato administrativo em que essa motivação não esteja mencionada no próprio ato e indicada em parecer.

c) Como a delegação de competência se assenta no poder hierárquico da administração pública, cujo pressuposto é a relação de subordinação entre órgãos e agentes públicos, é inadmissível a delegação de competência fora da linha vertical de subordinação e comando.

d) No exercício do poder disciplinar, a administração pública pode impor sanção administrativa a servidor, sendo vedado ao Poder Judiciário, segundo jurisprudência, perquirir a motivação nesse caso.

e) Normas jurídicas que garantam ao usuário do serviço público o poder de reclamar da deficiência na prestação do serviço expressam um dos princípios aplicáveis à administração pública, como forma de assegurar a participação do usuário na administração pública direta e indireta.

ANOTAÇÕES/COMENTÁRIOS

(a) Errada. O princípio da publicidade é mais amplo do que a mera exigência de publicação em diário oficial dos atos praticados pela Administração Pública. Ademais, alguns atos individuais permitem, nos termos do art. 26, § 3º da Lei 9.784/99, que a intimação do destinatário seja efetuada por ciência no processo, por via postal com aviso de recebimento, por telegrama ou outro meio que assegure a certeza da ciência do interessado.

(b) Errada. Alguns atos praticados pela Administração Pública dispensam motivação, a exemplo da nomeação e exoneração de cargos em comissão. Ainda, a lei admite a chamada fundamentação "per relationem", dispensando-se a repetição de fundamentação na prática do ato se, em parecer anterior, tal exigência (fundamentação) foi realizada satisfatoriamente. A respeito do ponto, recorde-se do teor do art. 50, § 1º da Lei 9.784/99: "A motivação deve ser explícita, clara e congruente, podendo consistir em declaração de concordância com fundamentos de anteriores pareceres, informações, decisões ou propostas, que, neste caso, serão parte integrante do ato."

(c) Errada. De acordo com o disposto no art. 12, Lei 9.784/99, um órgão administrativo e seu titular poderão, se não houver impedimento legal, delegar parte da sua competência a outros órgãos ou titulares, ainda que estes não lhe sejam hierarquicamente subordinados.

(d) Errada. É plenamente possível a análise pelo Poder Judiciário da motivação do ato administrativo praticado. Entretanto, essa análise deve se ater a uma verificação de correção do ato perante os princípios da legalidade, razoabilidade e proporcionalidade.

(e) Certa. A possibilidade de reclamação pelo usuário relaciona-se diretamente com o princípio da eficiência.

*Para responder, tem que estudar: lei e teoria/doutrina.*

*Gabarito: E*

**136. (Cespe/TJ/MA/Juiz/2013)** Consoante aos princípios da administração pública, assinale a opção correta.

a) De acordo com o princípio da publicidade, toda e qualquer atividade administrativa deve ser autorizada por lei.

b) Dado o princípio da legalidade, deve o administrador público pautar sua conduta por preceitos éticos.

c) A obrigação de a administração pública ser impessoal decorre do princípio da moralidade.

d) A eficiência constitui princípio administrativo previsto na CF.

ANOTAÇÕES/COMENTÁRIOS

(a) Errada. O princípio da publicidade está inserido no art. 37 da CF e exige a ampla divulgação dos atos praticados pela Administração Pública, ressalvadas as hipóteses de sigilo previstas em lei.

(b) Errada. O princípio que delimita a exigência de atuação ética do administrador é o da moralidade.

(c) Errada. A obrigação da administração pública ser impessoal decorre do princípio da impessoalidade. Lembre-se que este princípio, para autores como Maria Sylvia Zanella Di Pietro, pode estar relacionado com: (i) a finalidade pública, exigindo que a Administração Pública tenha atuação impessoal, sem prejudicar ou beneficiar particulares ou; (ii) com o fato de que atos e provimentos administrativos não são imputáveis ao funcionário público que os pratica, mas ao órgão ou entidade da Administração Pública da qual ele faz parte.

(d) Certa. O princípio da eficiência foi inserido no art. 37 da Constituição Federal pela Emenda Constitucional 19/98.

*Para responder, tem que estudar: lei e teoria/doutrina.*

*Gabarito: D*

# 10

# DIREITO AMBIENTAL

## 1. CÓDIGO FLORESTAL (LEI 12.651/12)

1. **(Cespe/TJ/BA/Juiz/2019)** Em 2006, um imóvel rural localizado no bioma caatinga e fora da Amazônia Legal foi completamente desmatado por seu proprietário, que, em decorrência disso, foi autuado, no mesmo ano, pelo órgão ambiental federal competente e penalizado com multa. Nessa situação hipotética, para eximir-se do pagamento da multa, basta ao proprietário

   a) aderir ao Programa de Regularização Ambiental e assinar termo de compromisso de reparação integral do dano.

   b) inscrever o imóvel no Cadastro Ambiental Rural, aderir ao Programa de Regularização Ambiental e adquirir cotas de reserva ambiental para reparar 80% do dano.

   c) inscrever o imóvel no Cadastro Ambiental Rural, aderir ao Programa de Regularização Ambiental, assinar termo de compromisso e reparar 50% do dano.

   d) inscrever o imóvel no Cadastro Ambiental Rural, aderir ao Programa de Regularização Ambiental, assinar termo de compromisso e reparar integralmente o dano.

   e) inscrever o imóvel no Cadastro Ambiental Rural, adquirir cotas de reserva ambiental e se comprometer a recuperar 50% da área degradada.

**ANOTAÇÕES/COMENTÁRIOS**

(a) Errada. A assertiva desconsidera a obrigatoriedade de inscrição do imóvel no Cadastro Ambiental Rural, nos termos do art. 59, § 2º, da Lei nº 12.651/2012. Quanto ao ponto, vide comentários à alternativa D.

(b) Errada. Embora a inscrição no Cadastro Ambiental Rural e a adesão ao Programa de Regularização Ambiental sejam efetivamente necessárias, a alternativa traz limite à reparação que não é previsto antecipadamente na legislação. Em tempo, destaca-se que a Cota de Reserva Ambiental é um título nominativo a que fazem jus aqueles que realizam a proteção da vegetação nativa, seja através de uma reserva legal acima do limite mínimo previsto em lei, através de uma servidão ambiental, mediante Reserva Particular do Patrimônio Natural ou através da existência de uma propriedade rural no interior de uma Unidade de Conservação de domínio público que ainda não tenha sido desapropriada.

(c) Errada. Embora a inscrição no Cadastro Ambiental Rural, a adesão ao Programa de Regularização Ambiental e a assinatura de termo de compromisso sejam efetivamente necessárias, a alternativa traz limite à reparação não previsto na legislação.

(d) Certa. O Código Florestal trouxe como inovação alguns programas ambientais, sendo o principal deles o Programa de Regularização Ambiental, previsto em seu art. 59. Tais programas se destinam a oportunizar a adoção de providências por parte de proprietários que estejam em uma situação consolidada irregular em áreas de preservação permanente e em reserva legal, até o dia 22 de julho de 2008.Esses indivíduos terão que regularizar a Reserva Legal e a APP, tendo sido previsto o prazo para adesão aos programas de regularização ambiental de 1 ano após a publicação do Código Florestal, prorrogável uma vez por igual período. Para tanto, deverá ser assinado termo de compromisso, com repercussões na esfera administrativa e criminal, além da civil. Nesse sentido, o art. 59 da Lei nº 12.651/2012, que, em seu parágrafo segundo, exige a inscrição do imóvel no CAR para adesão ao PRA: "Art. 59. A União, os Estados e o Distrito Federal deverão, no prazo de 1 (um) ano, contado a partir da data da publicação desta Lei, prorrogável por uma única vez, por igual período, por ato do Chefe do Poder Executivo, implantar Programas de Regularização Ambiental – PRAs de posses e propriedades rurais, com o objetivo de adequá-las aos termos deste Capítulo.§ 1º Na regulamentação dos PRAs, a União estabelecerá, em até 180 (cento e oitenta) dias a partir da data da publicação desta Lei, sem prejuízo do prazo definido no caput , normas de caráter geral, incumbindo-se aos Estados e ao Distrito Federal o detalhamento por meio da edição de normas de caráter específico, em razão de suas peculiaridades territoriais, climáticas, históricas, culturais, econômicas e sociais, conforme preceitua o art. 24 da Constituição Federal.§ 2º A inscrição do imóvel rural no CAR é condição obrigatória para a adesão ao PRA, devendo essa adesão ser requerida até 31 de dezembro de 2019, permitida a prorrogação por mais um ano por ato do Chefe do Poder Executivo. (Redação dada pela Medida provisória nº 867, de 2018) § 3º Com base no requerimento de adesão ao PRA, o órgão competente integrante do Sisnama convocará o proprietário ou possuidor para assinar o termo de compromisso, que constituirá título executivo extrajudicial. § 4º No período entre a publicação desta Lei e a implantação do PRA em cada Estado e no Distrito Federal, bem como após a adesão do interessado ao PRA e enquanto estiver sendo cumprido o termo de compromisso, o proprietário ou possuidor não poderá ser autuado por infrações cometidas antes de 22 de julho de 2008, relativas à supressão irregular de vegetação em Áreas de Preservação Permanente, de Reserva Legal e de uso restrito. § 5º A partir da assinatura do termo de compromisso, serão suspensas as sanções decorrentes das infrações mencionadas no § 4º deste artigo e, cumpridas as obrigações estabelecidas no PRA ou no termo de compromisso para a regularização ambiental das exigências desta Lei, nos prazos e condições neles estabelecidos, as multas referidas neste artigo serão consideradas como convertidas em serviços de preservação, melhoria e recuperação da qualidade do meio ambiente, regularizando o uso de áreas rurais consolidadas conforme definido no PRA". Quanto aos últimos parágrafos, vale destacar que o STF conferiu interpretação conforme aos dispositivos, de modo a afastar o risco de prescrição ou decadência em razão do programa, nos seguintes termos: "Decisão: O Tribunal julgou parcialmente procedente a ação, para: (...) xxiv) por maioria, dar interpretação conforme a Constituição ao art. 59, §4º, do Código Florestal, de modo a afastar, no decurso da execução dos termos de compromissos subscritos nos programas de regularização ambiental, o risco de decadência ou prescrição, seja dos ilícitos ambientais praticados antes de 22.7.2008, seja das sanções deles decorrentes, aplicando-se extensivamente o disposto no § 1º do art. 60 da Lei 12.651/2012, segundo o qual "a prescrição ficará interrompida durante o período de suspensão da pretensão punitiva", vencidos os Ministros Luiz Fux (Relator), Marco Aurélio, Edson Fachin, Roberto Barroso e Ricardo Lewandowski, e, em parte, o Ministro Gilmar Mendes; xxv) por maioria, dar interpretação conforme a Constituição ao art. 59, § 5º, de modo a afastar, no decurso da execução dos termos de compromissos subscritos nos programas de regularização ambiental, o risco de decadência ou prescrição, seja dos ilícitos ambientais praticados antes de 22.7.2008, seja das sanções deles decorrentes, aplicando-se extensivamente o disposto no § 1º do art. 60 da Lei 12.651/2012, segundo o qual "a prescrição ficará interrompida durante o período de suspensão da pretensão punitiva", vencidos os Ministros Luiz Fux (Relator), Marco Aurélio, Edson Fachin, Roberto Barroso e Ricardo Lewandowski, e, em parte, o Ministro Gilmar Mendes;" (ADC 42).

(e) Errada. Embora a inscrição no Cadastro Ambiental Rural seja necessária, a alternativa traz limite à reparação que não é previsto antecipadamente na legislação.

*Para responder, tem que estudar: lei.*

*Gabarito: D*

**2. (Cespe/TJ/CE/Juiz/2018)** Com base no Código Florestal – Lei n.º 12.651/2012 –, assinale a opção correta.

a) Para que uma área protegida seja considerada área de preservação permanente é necessário que ela seja totalmente coberta de vegetação nativa e que esteja localizada no interior de uma propriedade ou de uma posse rural.

b) A exploração econômica de recursos naturais em área de reserva legal é expressamente proibida.

c) Os projetos de reforma agrária não estão contemplados no conceito de pequena propriedade rural familiar, caracterizada pela exploração da terra mediante o trabalho pessoal do agricultor fami-liar.

d) Todo imóvel rural localizado na Amazônia Legal deve manter área correspondente a 80% da ex-tensão total do imóvel, com cobertura de vegetação nativa, a título de reserva legal.

BLOCO III

e) Uma área coberta de florestas e que exerce a função de proteger várzeas pode ser considerada de preservação permanente se declarada de interesse social por ato do chefe do Poder Executivo.

ANOTAÇÕES/COMENTÁRIOS

(a) Errada. A alternativa se equivoca ao afirmar que a APP deve necessariamente ser coberta por vegetação nativa, na medida em que o art. 3º, II, da Lei no. 12.651/2012 (Código Florestal) traz a seguinte definição: "Art. 3º Para os efeitos desta Lei, entende-se por: (...) II – Área de Preservação Permanente – APP: área protegida, coberta ou não por vegetação nativa, com a função ambiental de preservar os recursos hídricos, a paisagem, a estabilidade geológica e a biodiversidade, facilitar o fluxo gênico de fauna e flora, proteger o solo e assegurar o bem-estar das populações humanas". Além disso, as APPs podem estar localizadas em zonas urbanas ou rurais, conforme se extrai do art. 4º do Código Florestal: "Art. 4º Considera-se Área de Preservação Permanente, em zonas rurais ou urbanas, para os efeitos desta Lei".(b) Errada. Ao contrário do que afirma a assertiva, a exploração ecônomica em reserva legal é expressamente permitida, desde que de modo sustentável, conforme previsão do art. 3º, III, do Código Florestal: "Art. 3º Para os efeitos desta Lei, entende-se por: (...) III – Reserva Legal: área localizada no interior de uma propriedade ou posse rural, delimitada nos termos do art. 12, com a função de assegurar o uso econômico de modo sustentável dos recursos naturais do imóvel rural, auxiliar a conservação e a reabilitação dos processos ecológicos e promover a conservação da biodiversidade, bem como o abrigo e a proteção de fauna silvestre e da flora nativa".

(c) Errada. A assertiva contraria o disposto no art. 3º, V, do Código Florestal, que prevê que os projetos de reforma agrária configuram pequena propriedade ou posse rural familiar: "V – pequena propriedade ou posse rural familiar: aquela explorada mediante o trabalho pessoal do agricultor familiar e empreendedor familiar rural, incluindo os assentamentos e projetos de reforma agrária, e que atenda ao disposto no art. 3º da Lei nº 11.326, de 24 de julho de 2006".

(d) Errada. Via de regra, os imóveis localizados na Amazônia Legal devem destinar 80% de sua área para fins de reserva legal, em áreas de florestas. Contudo, existem hipóteses em que esse percentual pode ser reduzido para até 50%, a depender das peculiaridades locais. Confira-se o disposto no art. 12, I, 'a' e §§ 4º e 5º da Lei 12.651/2012: "Art. 12. Todo imóvel rural deve manter área com cobertura de vegetação nativa, a título de Reserva Legal, sem prejuízo da aplicação das normas sobre as Áreas de Preservação Permanente, observados os seguintes percentuais mínimos em relação à área do imóvel, excetuados os casos previstos no art. 68 desta Lei: I – localizado na Amazônia Legal: a) 80% (oitenta por cento), no imóvel situado em área de florestas; (...) § 4º Nos casos da alínea a do inciso I, o poder público poderá reduzir a Reserva Legal para até 50% (cinquenta por cento), para fins de recomposição, quando o Município tiver mais de 50% (cinquenta por cento) da área ocupada por unidades de conservação da natureza de domínio público e por terras indígenas homologadas. § 5º Nos casos da alínea a do inciso I, o poder público estadual, ouvido o Conselho Estadual de Meio Ambiente, poderá reduzir a Reserva Legal para até 50% (cinquenta por cento), quando o Estado tiver Zoneamento Ecológico-Econômico aprovado e mais de 65% (sessenta e cinco por cento) do seu território ocupado por unidades de conservação da natureza de domínio público, devidamente regularizadas, e por terras indígenas homologadas".

(e) Certa. A assertiva se coaduna ao disposto no art. 6º, III, da Lei 12.651/2012: "Art. 6º Consideram-se, ainda, de preservação permanente, quando declaradas de interesse social por ato do Chefe do Poder Executivo, as áreas cobertas com florestas ou outras formas de vegetação destinadas a uma ou mais das seguintes finalidades: (...) III – proteger várzeas".

*Para responder, tem que estudar: lei.*

*Gabarito: E*

**3. (Cespe/TJ/PR/Juiz/2017)** O MP ajuizou ACP por dano ambiental contra um cidadão, por ter sido constatada edificação em área de preservação permanente dentro de sua propriedade. O órgão pediu a condenação na forma de obrigação de fazer a reparação "in natura" e de pagamento de indenização em pecúnia. Em sua defesa, o réu alegou que a edificação foi feita pelo proprietário anterior, que a área era previamente desmatada e que comprou o imóvel desconhecendo a condição de APP daquele local. Nessa situação hipotética:

a) as obrigações do réu em relação à APP têm natureza "propter rem".
b) não haverá responsabilização se for comprovado que a APP estava desmatada antes da edificação.
c) por se tratar de APP, é correto concluir que o imóvel estava situado em zona rural.
d) eventual condenação terá de abranger ou o pedido de reparação "in natura" ou o de reparação em pecúnia, sob pena de "bis in idem".

ANOTAÇÕES/COMENTÁRIOS

(a) Certa. Nos termos do art. 2º, § 2º, da Lei 12.651/2012, as obrigações previstas no Código Florestal têm natureza real e são transmitidas ao sucessor, de qualquer natureza, no caso de transferência de domínio ou posse do imóvel rural. Desse modo, o indivíduo que adquire um imóvel rural com área de preservação permanente desmatada, mesmo que já o tenha adquirido nessas condições, terá que proceder ao reflorestamento, por ser obrigação propter rem, ou seja, que decorre da coisa, transmitindo-se juntamente com o imóvel. Além da previsão genérica do mencionado art. 2º, o art. 7º, § 2º, da Lei 12.651/2012, tratando especificamente das Áreas de Preservação Permanente, prevê que a obrigação de recomposição da vegetação situada em tais áreas é transmitida ao sucessor no caso de transferência de domínio ou posse do imóvel rural. Por fim, tal entendimento encontra guarida na jurisprudência do STJ: "1. A Caixa Econômica Federal sustenta que "as construções questionadas pelo Ministério Público como causadoras de danos ambientais não foram realizadas pela Caixa Econômica Federal, mas sim por terceiros que ocuparam a área muito antes da área ser transformada em uma APA- Área de Proteção Ambiental". O STJ possui entendimento pacífico de que a responsabilidade civil pela reparação dos danos ambientais adere à propriedade, como obrigação propter rem, sendo possível cobrar também do atual proprietário condutas derivadas de danos provocados pelos proprietários antigos. Incidência Súmula 83/STJ. 2. Já quanto à responsabilização do IBAMA/ICM-BIO, a Corte de origem entendeu que "o art. 1º da Lei 11.516/2007, que dispõe sobre a criação do referido Instituto, expressamente prevê sua atribuição no dever de adotar providências no sentido de coibir a pratica de danos ambientais, bem como de executar ações de conservação e proteção da área: (...). Ainda, a Lei 6.938/1981 consagra em seu art. 2º, ser a recuperação das áreas degradadas um dos princípios da Política Nacional do Meio Ambiente". 3. Dessa maneira, como a fundamentação supra é apta, por si só, para manter o decisum combatido e não houve contraposição recursal sobre a aplicação do art. 2º da Lei 6.938/1981, aplica-se na espécie, por analogia, o óbice da Súmula 283/STF: "É inadmissível o recurso extraordinário, quando a decisão recorrida assenta em mais de um fundamento suficiente e o recurso não abrange todos eles." (REsp 1622512). Tal entendimento foi consolidado na súmula nº 623 do STJ: As obrigações ambientais possuem natureza propter rem, sendo admissível cobrá-las do proprietário ou possuidor atual e/ou dos anteriores, à escolha do credor.STJ. 1ª Seção. Aprovada em 12/12/2018, DJe 17/12/2018.

(b) Errada. Vide comentários da alternativa "a".

(c) Errada. As Áreas de Preservação Permanente podem estar situadas também em áreas urbanas, como se verifica do caput do art. 4º da Lei 12.651/2012.

(d) Errada. A jurisprudência do STJ é firme no sentido de que não se incorre em bis in idem ao condenar o poluidor em pagamento de indenização e em obrigação de fazer (reparação do dano ambiental): "ADMINISTRATIVO. AMBIENTAL. AÇÃO CIVIL PÚBLICA. DESMATAMENTO DE VEGETAÇÃO NATIVA (CERRADO) SEM AUTORIZAÇÃO DA AUTORIDADE AMBIENTAL. DANOS CAUSADOS À BIOTA. INTERPRETAÇÃO DOS ARTS. 4º, VII, E 14, § 1º, DA LEI 6.938/1981, E DO ART. 3º DA LEI 7.347/85. PRINCÍPIOS DA REPARAÇÃO INTEGRAL, DO POLUIDOR-PAGADOR E DO USUÁRIO-PAGADOR. POSSIBILIDADE DE CUMULAÇÃO DE OBRIGAÇÃO DE FAZER (REPARAÇÃO DA ÁREA DEGRADADA) E DE PAGAR QUANTIA CERTA (INDENIZAÇÃO). REDUCTION AD PRISTINUM STATUM. DANO AMBIENTAL INTERMEDIÁRIO, RESIDUAL E MORAL COLETIVO. ART. 5º DA LEI DE INTRODUÇÃO AO CÓDIGO CIVIL. INTERPRETAÇÃO IN DUBIO PRO NATURA DA NORMA AMBIENTAL. (...). 9. A cumulação de obrigação de fazer, não fazer e pagar não configura bis in idem, porquanto a indenização, em vez de considerar lesão específica já ecologicamente restaurada ou a ser restaurada, põe o foco em parcela do dano que, embora causada pelo mesmo comportamento pretérito do agente, apresenta efeitos deletérios de cunho futuro, irreparável ou intangível". (STJ, REsp 1198727). Tal entendimento foi consolidado na Súmula 629 do STJ: Quanto ao dano ambiental, é admitida a condenação do réu à obrigação de fazer ou à de não fazer cumulada com a de indenizar. STJ. 1ª Seção. Aprovada em 12/12/2018, DJe 17/12/2018.

*Para responder, tem que estudar: lei e jurisprudência.*

*Gabarito: A*

## 2. CONSTITUIÇÃO FEDERAL

### 2.1. Do Meio Ambiente

**4. (Cespe/TJ/BA/Juiz/2012)** No que se refere à previsão constitucional da proteção ao meio ambiente, assinale a opção correta.

a) A fim de minimizar os impactos provocados ao meio ambiente pela mineração, a CF impõe àqueles que exploram recursos minerais a elaboração e observância de plano de controle ambiental.

b) Compete a todos os entes da Federação, concorrentemente, a execução das normas destinadas à tutela do patrimônio ambiental, ou seja, é concorrente a competência material.

c) As terras devolutas necessárias à proteção de ecossistemas naturais deixam de ser indisponíveis após sua arrecadação e incorporação, mediante ação discriminatória, ao patrimônio público.

d) Como a CF determina que a fiscalização da pesquisa e da manipulação de material genético deve ser realizada sob a perspectiva ambiental, aplica-se o princípio da precaução a esse tema.

e) A constitucionalização da proteção ambiental, de forma específica e global, ocorreu sob a égide da Constituição de 1967, tendo a CF ampliado o tratamento dado ao tema.

**ANOTAÇÕES/COMENTÁRIOS**

(a) Errada. Embora a Constituição de 1988 tenha estabelecido que aquele que explorar recursos minerais fica obrigado a recuperar o meio ambiente degradado de acordo com solução técnica exigida pelo órgão público competente, nos termos da lei (art. 225, § 2º, da CF), não há a determinação expressa de necessidade de elaboração e observância de plano de controle ambiental. Tal instrumento foi previsto na Resolução CONAMA 009/1990.

(b) Errada. A competência material para a tutela do patrimônio ambiental é comum de todos os entes, conforme art. 23 da Constituição da República. Por sua vez, a competência legislativa é concorrente, nos termos constitucionais (art. 24).

(c) Errada. A CF, em seu art. 225, § 5º, prevê a indisponibilidade das terras devolutas, arrecadadas ou não, para fins de proteção ao meio ambiente: "São indisponíveis as terras devolutas ou arrecadadas pelos Estados, por ações discriminatórias, necessárias à proteção dos ecossistemas naturais."

(d) Certa. Tendo em vista que os danos ambientais podem ser irreparáveis in natura, aplica-se ao Direito Ambiental o princípio da precaução, segundo o qual, diante de uma incerteza científica, deve-se prestigiar o meio ambiente, buscando evitar atividades que possam causar danos ambientais ou mitigar seus efeitos nocivos da forma mais efetiva possível. Segundo Edis Milaré, "a incerteza científica milita em favor do meio ambiente, carregando-se ao interessado o ônus de provar que as intervenções pretendidas não trarão consequências indesejadas ao meio considerado" (MILARÉ, Edis. Direito do ambiente). Cabe observar que o princípio da precaução não se confunde com o princípio da prevenção, aplicável quando se tem uma certeza científica quanto aos riscos ambientais.

(e) Errada. Ao contrário do que consta nessa assertiva, apenas com a Constituição de 1988 é que disposições quanto ao meio ambiente passaram a ser incorporadas ao texto constitucional, inclusive com a previsão de um direito fundamental ao meio ambiente ecologicamente equilibrado (art. 225 da Constituição da República). Antes disso, as previsões constitucionais sobre o meio ambiente eram incipientes. Apenas na década de 1980, com o advento da Lei 6.938/1981, é que o Direito Ambiental começou a ser disciplinado no ordenamento jurídico brasileiro, culminando com a previsão de todo um Capítulo dedicado ao tema na Constituição de 1988.

*Para responder, tem que estudar: lei e teoria/doutrina.*

*Gabarito: D*

5. **(Cespe/TJ/AM/Juiz/2016)** No que se refere à proteção conferida pela CF ao meio ambiente, assinale a opção correta.
   a) Sob o monopólio da União são permitidas atividades nucleares de qualquer natureza, mediante a aprovação do Congresso Nacional, o que gera a responsabilização objetiva por eventuais danos.
   b) É da competência concorrente da União, dos estados e do DF proteger o meio ambiente e combater a poluição em qualquer de suas formas.
   c) Compete aos municípios a promoção do adequado ordenamento territorial, mediante planejamento e controle do uso, do parcelamento e da ocupação do solo urbano.
   d) Com o objetivo de defender o meio ambiente, o poder público pode impor várias restrições e penas aos particulares, salvo a desapropriação de imóveis, pois o direito de propriedade é direito fundamental.
   e) No caso de atividade de extração de minério, advém das conclusões do EPIA a necessidade, ou não, de impor-se ao explorador a obrigação de recuperar o meio ambiente degradado.

*ANOTAÇÕES/COMENTÁRIOS*

(a) Errada. Não são todas as atividades nucleares que se encontram sob o monopólio da União, conforme disposto no art. 21, XXIII, da CF: "Art. 21. Compete à União:

(...). XXIII – explorar os serviços e instalações nucleares de qualquer natureza e exercer monopólio estatal sobre a pesquisa, a lavra, o enriquecimento e reprocessamento, a industrialização e o comércio de minérios nucleares e seus derivados, atendidos os seguintes princípios e condições: (...)". Além disso, o art. 177, V, da CF traz algumas exceções ao monopólio da União quanto à matéria: "Art. 177. Constituem monopólio da União: (...). V – a pesquisa, a lavra, o enriquecimento, o reprocessamento, a industrialização e o comércio de minérios e minerais nucleares e seus derivados, com exceção dos radioisótopos cuja produção, comercialização e utilização poderão ser autorizadas sob regime de permissão, conforme as alíneas b e c do inciso XXIII do caput do art. 21 desta Constituição Federal. (Redação dada pela Emenda Constitucional 49, de 2006)". Além disso, a responsabilidade é objetiva, mas não em função da aprovação do Congresso Nacional, conforme consta da alternativa, e sim, em razão do risco social da atividade poluidora.

(b) Errada. Na realidade, nos termos do art. 23, VI, da CF, "é competência comum da União, dos Estados, do Distrito Federal e dos Municípios: (...). VI – proteger o meio ambiente e combater a poluição em qualquer de suas formas". Reiteradamente são apresentadas questões em que a banca examinadora tenta confundir o candidato em relação às competências comuns do art. 23 da CF (executivas – e, por isso, geralmente previstas em verbos no infinitivo) e às competências concorrentes (legislativas) previstas no art. 24 da CF.

(c) Certa. Trata-se de reprodução do teor do art. 30, VIII, da CF. Vale destacar que o conceito de meio ambiente engloba não só o meio ambiente natural, mas também o meio ambiente artificial (tratado na assertiva), o cultural e o do trabalho.

(d) Errada. A desapropriação é forma drástica de intervenção na propriedade privada, através da qual o Poder Público adquire a propriedade particular mediante o devido processo legal. Ao contrário do que afirma a alternativa, a desapropriação pode ser utilizada até mesmo como sanção aos particulares pelo descumprimento da função social da propriedade, como se verifica do art. 8º, da Lei 10.257/2001 (Estatuto da Cidade): "Decorridos cinco anos de cobrança do IPTU progressivo sem que o proprietário tenha cumprido a obrigação de parcelamento, edificação ou utilização, o Município poderá proceder à desapropriação do imóvel, com pagamento em títulos da dívida pública". Além disso, a desapropriação é cabível até mesmo por utilidade pública (art. 5º, k, do Decreto-Lei 3.365/1941) e para instituição de algumas áreas ambientais protegidas que não admitem a propriedade particular, como certas espécies de Unidades de Conservação (por exemplo, o Parque Nacional, conforme previsão do art. 11, § 1º, da Lei 9.985/2000: "o Parque Nacional é de posse e domínio públicos, sendo que as áreas particulares incluídas em seus limites serão desapropriadas, de acordo com o que dispõe a lei").

(e) Errada. A extração mineral é uma atividade que, em sua essência, já causa impactos ao meio ambiente, razão pela qual a CF previu, em seu art. 225, § 2º, a necessidade de recuperação do meio ambiente, cabendo apenas a definição da forma como isso se dará: "Aquele que explorar recursos minerais fica obrigado a recuperar o meio ambiente degradado, de acordo com solução técnica exigida pelo órgão público competente, na forma da lei".

*Para responder, tem que estudar: lei e teoria/doutrina.*

*Gabarito: C*

**6. (Cespe/TJ/BA/Juiz/2019)** De acordo com a jurisprudência do STF, o conceito de meio ambiente inclui as noções de meio ambiente

a) artificial, histórico, natural e do trabalho.
b) cultural, artificial, natural e do trabalho.
c) natural, histórico e biológico.
d) natural, histórico, artificial e do trabalho.
e) cultural, natural e biológico.

ANOTAÇÕES/COMENTÁRIOS

(a) Errada. Não se fala em meio ambiente histórico. Vide comentários à alternativa B.

(b) Certa. O meio ambiente pode ser natural (formado por elementos da natureza); cultural (bens que integram o patrimônio cultural, sejam materiais ou imateriais – exemplo: patrimônio arqueológico, histórico, acarajé na Bahia); artificial (definido por exclusão, sendo tudo aquilo que foi feito pelo homem e que não se enquadre no meio ambiente cultural e do trabalho); e do trabalho (conjunto de bens que permitem o desenvolvimento da atividade laboral de forma digna e segura). A alternativa apresentou elementos do meio ambiente artificial. O STF já acolheu tal classificação, conforme se verifica da ADI 3540-1/DF: "A incolumidade do meio ambiente não pode ser comprometida por interesses empresariais nem ficar dependente de motivações de índole meramente econômica, ainda mais se se tiver presente que a atividade econômica, considerada a disciplina constitucional que a rege, está subordinada, dentre outros princípios gerais, àquele que privilegia a "defesa do meio ambiente" (CF, art. 170, VI), que traduz conceito amplo e abrangente das noções de meio ambiente natural, de meio ambiente cultural, de meio ambiente artificial (espaço urbano) e de meio ambiente laboral. Doutrina".

(c) Errada. Não se fala em meio ambiente histórico e biológico. Vide comentários à alternativa b.

(d) Errada. Não se fala em meio ambiente histórico. Vide comentários à alternativa b.

(e) Errada. Não se fala em meio ambiente biológico. Vide comentários à alternativa b.

*Para responder, tem que estudar: jurisprudência e teoria/doutrina.*

*Gabarito: B*

**7. (Cespe/TJ/DFT/Juiz/2014)** Em relação ao direito ambiental e à aplicação das normas constitucionais ambientais, assinale a opção correta.

a) A expressão atribuída, no texto da CF, ao meio ambiente como bem de uso comum do povo fundamenta a aplicação imediata das normas constitucionais ambientais nas áreas públicas, ao passo que, para a aplicação de restrições ambientais nas áreas privadas, é imprescindível a edição de lei.

b) A localização das usinas nucleares deve ser objeto de lei federal específica, podendo a lei ambiental estadual ou distrital regular o funcionamento das atividades nucleares.

c) É privativa da União a competência para legislar sobre a defesa do solo, da água, dos recursos minerais e da fauna, admitindo-se, em casos específicos, sua delegação aos estados e ao DF.

d) No Brasil, não há a aplicação imediata nem a existência de um direito-dever fundamental ao ambiente ecologicamente equilibrado, dado o tratamento genérico conferido pela CF ao direito de todos ao meio ambiente ecologicamente equilibrado.

e) O reconhecimento material do direito fundamental ao ambiente justifica-se na medida em que tal direito é extensão do direito à vida, sob os aspectos da saúde e da existência digna com qualidade de vida, ostentando o status de cláusula pétrea, consoante entendimento do STF.

**ANOTAÇÕES/COMENTÁRIOS**

(a) Errada. Pelo fato de o meio ambiente ecologicamente equilibrado se tratar de direito fundamental, configurando um direito e um dever de todos, sua aplicabilidade é imediata, nos termos do art. 5º, § 1º, da CF: "As normas definidoras dos direitos e garantias fundamentais têm aplicação imediata". Desse modo, não procede a distinção feita na assertiva, cabendo a aplicação imediata das normas ambientais tanto para áreas públicas quanto para particulares.

(b) Errada. A CF não exige lei específica para disciplinar a localização das usinas que operem reator nuclear, conforme se verifica do art. 225, § 6º, CF: "As usinas que operem com reator nuclear deverão ter sua localização definida em lei federal, sem o que não poderão ser instaladas". Além disso, a alternativa também se equivoca ao afirmar que leis estaduais e distritais podem regular o funcionamento das atividades nucleares, tendo em vista se tratar de competência privativa da União, nos termos do art. 22, XXVI: "Art. 22. Compete privativamente à União legislar sobre: (...). XXVI – atividades nucleares de qualquer natureza".

(c) Errada. A alternativa mistura matérias cuja competência legislativa é concorrente entre os entes federativos (solo, fauna – conforme art. 24 VI, da CF), e outras que efetivamente são privativas da União (água e recursos minerais – conforme art. 22, IV e XII, da CF). Confira-se: "Art. 22. Compete privativamente à União legislar sobre: (...). IV – águas, energia, informática, telecomunicações e radiodifusão; (...). XII – jazidas, minas, outros recursos minerais e metalurgia"; e "Art. 24. Compete à União, aos Estados e ao Distrito Federal legislar concorrentemente sobre: (...). VI – florestas, caça, pesca, fauna, conservação da natureza, defesa do solo e dos recursos naturais, proteção do meio ambiente e controle da poluição".

BLOCO III

(d) Errada. Ao contrário do que afirma a assertiva, a doutrina e a jurisprudência reconhecem a existência de um direito fundamental ao meio ambiente ecologicamente equilibrado, diante da redação do art. 225 da CF: "Todos têm direito ao meio ambiente ecologicamente equilibrado, bem de uso comum do povo e essencial à sadia qualidade de vida, impondo-se ao Poder Público e à coletividade o dever de defendê-lo e preservá-lo para as presentes e futuras gerações". Além disso, a CF não tratou do tema de modo genérico, estabelecendo incumbências, direitos e deveres de todos, particulares e Poder Público, para assegurar tal direito fundamental. Por fim, a assertiva também erra ao afirmar que não há aplicação imediata do referido direito, tendo em vista a previsão do art. 5º, § 1º, da CF: "As normas definidoras dos direitos e garantias fundamentais têm aplicação imediata".

(e) Certa. O direito ao meio ambiente ecologicamente equilibrado é um direito fundamental, que se fundamenta no direito à vida e na dignidade da pessoa humana, na medida em que as condições ideais de saúde e de existência digna demandam um meio ambiente ideal. Tratando-se de direito fundamental, configura cláusula pétrea. O STF possui diversos julgados reconhecendo tal relevância ao direito ao meio ambiente ecologicamente equilibrado: "RECURSO EXTRAORDINÁRIO – ESTAÇÃO ECOLOGICA – RESERVA FLORESTAL NA SERRA DO MAR – PATRIMÔNIO NACIONAL (CF, ART. 225, PAR.4)- LIMITAÇÃO ADMINISTRATIVA QUE AFETA O CONTEUDO ECONOMICO DO DIREITO DE PROPRIEDADE – DIREITO DO PROPRIETARIO A INDENIZAÇÃO – DEVER ESTATAL DE RESSARCIR OS PREJUIZOS DE ORDEM PATRIMONIAL SOFRIDOS PELO PARTICULAR – RE NÃO CONHECIDO. Incumbe ao Poder Público o dever constitucional de proteger a flora e de adotar as necessárias medidas que visem a coibir praticas lesivas ao equilíbrio ambiental. (...). Direito ao meio ambiente ecologicamente equilibrado: a consagração constitucional de um típico direito de terceira geração (CF, art. 225, caput)". (STF – RE: 134297)

***Para responder, tem que estudar: lei, jurisprudência e teoria/doutrina.***

***Gabarito: E***

## 2.2. Repartição de Competências

**8. (Cespe/TJ/CE/Juiz/2018)** Considerando a disciplina constitucional sobre proteção e repartição de competências em matéria ambiental, assinale a opção correta.

a) A competência para legislar sobre responsabilidade por dano ao meio ambiente pertence, privativamente, à União.

b) A alteração e a supressão de espaços territoriais devem ser feitas por ato administrativo dos órgãos da administração pública responsáveis pela gestão e pelo controle das áreas de preservação permanente e de reserva legal.

c) O combate a qualquer forma de poluição faz parte da competência administrativa comum da União, dos estados, do Distrito Federal e dos municípios.

d) A localização de usina que irá operar com reator nuclear deve ser aprovada pelo Poder Executivo do estado onde será instalada, de acordo com os ditames estabelecidos por lei estadual.

e) A defesa do meio ambiente é princípio que rege a ordem econômica, sendo vedado tratamento diferenciado quanto ao impacto ambiental de produtos e serviços e de seus processos de elaboração e prestação.

## ANOTAÇÕES/COMENTÁRIOS

(a) Errada. A competência para legislar sobre responsabilidade por dano ambiental é concorrente, conforme previsão do art. 24, VIII, da CRFB: "Art. 24. Compete à União, aos Estados e ao Distrito Federal legislar concorrentemente sobre: (...) VIII – responsabilidade por dano ao meio ambiente, ao consumidor, a bens e direitos de valor artístico, estético, histórico, turístico e paisagístico".

(b) Errada. A literalidade da CRFB exige lei para alteração e supressão de espaços territoriais especialmente protegidos, conforme art. 225, § 1º, III: "Art. 225. Todos têm direito ao meio ambiente ecologicamente equilibrado, bem de uso comum do povo e essencial à sadia qualidade de vida, impondo-se ao Poder Público e à coletividade o dever de defendê-lo e preservá- lo para as presentes e futuras gerações. § 1º Para assegurar a efetividade desse direito, incumbe ao Poder Público: (...) III – definir, em todas as unidades da Federação, espaços territoriais e seus componentes a serem especialmente protegidos, sendo a alteração e a supressão permitidas somente através de lei, vedada qualquer utilização que comprometa a integridade dos atributos que justifiquem sua proteção". Vale observar que o STF, recentemente, decidiu que a exigência constitucional de lei em sentido estrito para diminuição de unidades de conservação afasta o cabimento de medida provisória: "As medidas provisórias não podem veicular norma que altere espaços territoriais especialmente protegidos, sob pena de ofensa ao art. 225, inc. III, da Constituição da República. 4. As alterações promovidas pela Lei n. 12.678/2012 importaram diminuição da proteção dos ecossistemas abrangidos pelas unidades de conservação por ela atingidas, acarretando ofensa ao princípio da proibição de retrocesso socioambiental, pois atingiram o núcleo essencial do direito fundamental ao meio ambiente ecologicamente equilibrado previsto no art. 225 da Constituição da República. 5. Ação direta de inconstitucionalidade parcialmente conhecida e, nessa parte, julgada procedente, sem pronúncia de nulidade" (ADI 4717/DF).

(c) Certa. A assertiva está de acordo com o teor do art. 23, VI da CRFB: "Art. 23. É competência comum da União, dos Estados, do Distrito Federal e dos Municípios: (...). VI – proteger o meio ambiente e combater a poluição em qualquer de suas formas".

(d) Errada. A CRFB estabelece que lei federal irá definir a localização das usinas que operem reator nuclear, e não lei estadual, conforme se verifica do art. 225, § 6º, CF: "As usinas que operem com reator nuclear deverão ter sua localização definida em lei federal, sem o que não poderão ser instaladas".

(e) Errada. Embora a defesa do meio ambiente seja efetivamente um princípio que rege a ordem econômica, a assertiva se equivoca ao afirmar justamente o oposto ao disposto no art. 170, VI, da CRFB, no que se refere ao tratamento diferenciado de acordo com o impacto ambiental: "Art. 170. A ordem econômica, fundada na valorização do trabalho humano e na livre iniciativa, tem por fim assegurar a todos existência digna, conforme os ditames da justiça social, observados os seguintes princípios: (...) VI – defesa do meio ambiente, inclusive mediante tratamento diferenciado conforme o impacto ambiental dos produtos e serviços e de seus processos de elaboração e prestação".

*Para responder, tem que estudar: lei.*

*Gabarito: C*

## 3. ESTATUTO DA CIDADE (LEI 10.257/01)

**9. (Cespe/TJ/CE/Juiz/2012)** Assinale a opção correta acerca das diretrizes, competências e instrumentos relacionados ao uso da propriedade urbana, conforme previsto na CF e no Estatuto da Cidade (Lei n. 10.257/2001).

a) Compete à União, entre outras atribuições de interesse da política urbana, promover, por iniciativa própria e em conjunto com os estados, o DF e os municípios, programas de construção de moradias e a melhoria das condições habitacionais e de saneamento básico.

b) São diretrizes da política urbana, entre outras, a oferta de condições para que os agentes públicos promovam, de modo prioritário e com prerrogativas que não se aplicam aos agentes privados, empreendimentos e atividades relativas ao processo de urbanização.

c) Quem possuir, por cinco anos, ininterruptamente e sem oposição, área urbana de até duzentos e cinquenta metros quadrados, como sua, utilizando-a para moradia de sua família, adquirir-lhe-á o domínio, mesmo sendo proprietário de outro imóvel rural, direito não assegurado ao possuidor de imóvel urbano.

d) O Estatuto da Cidade não admite que a concessão de direito real de uso de imóveis públicos, nos casos de programas habitacionais de interesse social desenvolvidos por órgãos da administração pública, seja contratada de forma coletiva, permitindo apenas a contratação em caráter individual ou por casal com união judicialmente reconhecida.

e) De acordo com a CF, a propriedade urbana cumpre sua função social quando atende às exigências de ordenação da cidade previstas no Código de Posturas e nas normas municipais sobre edificação e ocupação do solo.

ANOTAÇÕES/COMENTÁRIOS

(a) Certa. A assertiva se encontra de acordo com o disposto no art. 23, IX, da CF: "Art. 23. É competência comum da União, dos Estados, do Distrito Federal e dos Municípios: IX – promover programas de construção de moradias e a melhoria das condições habitacionais e de saneamento básico".

(b) Errada. O art. 2º, XVI da Lei 10.257/2001, ao contrário do disposto na alternativa em comento, prevê como diretriz da política urbana a igualdade de condições para que agentes públicos e privados promovam empreendimento e atividades relativas ao processo de urbanização: "Art. 2º A política urbana tem por objetivo ordenar o pleno desenvolvimento das funções sociais da cidade e da propriedade urbana, mediante as seguintes diretrizes gerais: (...). XVI – isonomia de condições para os agentes públicos e privados na promoção de empreendimentos e atividades relativos ao processo de urbanização, atendido o interesse social".

(c) Errada. O art. 9º da Lei 10.257/2001 prevê a usucapião especial de imóvel urbano e um dos requisitos é que o possuidor não seja proprietário de outro imóvel, seja rural, seja urbano: "Art. 9º Aquele que possuir como sua área ou edificação urbana de até duzentos e cinquenta metros quadrados, por cinco anos, ininterruptamente e sem oposição, utilizando-a para sua moradia ou de sua família, adquirir-lhe-á o domínio, desde que não seja proprietário de outro imóvel urbano ou rural".

(d) Errada. Ao contrário do que consta na assertiva, o art. 4º, § 2º, do Estatuto da Cidade prevê a concessão de direito real de uso coletiva: "Nos casos de programas e projetos habitacionais de interesse social, desenvolvidos por órgãos ou entidades da Administração Pública com atuação específica nessa área, a concessão de direito real de uso de imóveis públicos poderá ser contratada coletivamente".

(e) Errada. O art. 182, § 2º, da CF prevê que a função social da propriedade urbana é atendida mediante o atendimento do Plano Diretor: "A propriedade urbana cumpre sua função social quando atende às exigências fundamentais de ordenação da cidade expressas no plano diretor". Vale destacar que o Plano Diretor é o instrumento básico da política de desenvolvimento e expansão urbana, instituído mediante lei municipal e que deve ser revisto a cada 10 anos, pelo menos, como forma de manter atualizadas as diretrizes urbanísticas da cidade. Trata-se, portanto, de um instrumento mais amplo que o Código de Posturas, que é outro instrumento de ordenamento urbano dos Municípios, estabelecendo normas de polícia administrativa e sanções aos infratores.

*Para responder, tem que estudar: lei e teoria/doutrina.*

*Gabarito: A*

**10. (Cespe/TJ/BA/Juiz/2012)** Em relação à política urbana, assinale a opção correta.

a) O zoneamento ambiental, instrumento da PNMA para grandes espaços econômico-ecológicos, não se aplica ao âmbito urbano.
b) No âmbito municipal, o estudo ambiental cabível é o estudo de impacto de vizinhança, que substitui a elaboração e a aprovação de estudo de impacto ambiental.
c) O plano diretor é obrigatório para cidades com mais de 20 mil habitantes e para aquelas que integrem áreas de especial interesse turístico, entre outras situações definidas em lei.
d) O Estatuto da Cidade é norma federal que fixa diretrizes gerais para a política de desenvolvimento urbano, cuja execução, conforme repartição constitucional de competências, cabe aos estados.
e) A lei que instituir o plano diretor, instrumento básico da política de desenvolvimento e de expansão urbana, só poderá ser revista depois de decorridos cinco anos da sua promulgação, a fim de evitar pressões de especulação imobiliária.

## ANOTAÇÕES/COMENTÁRIOS

(a) Errada. No capítulo destinado aos instrumentos da política urbana, o Estatuto da Cidade prevê, em seu art. 4º, que "Para os fins desta Lei, serão utilizados, entre outros instrumentos: (...). III – planejamento municipal, em especial: (...). c) zoneamento ambiental".

(b) Errada. O Estudo de Impacto de Vizinhança é voltado a analisar os impactos de determinado empreendimento na vida urbana e no seu entorno (envolvendo questões como a mobilidade urbana, adensamento populacional, capacidade de absorção dos equipamentos urbanos e comunitários, dentre outras previstas no art. 37 do Estatuto da Cidade). Por sua vez, o Estudo de Impacto Ambiental é previsto no art. 225, § 1º, IV, da CF, sendo um estudo prévio, elaborado no começo do processo administrativo de licenciamento ambiental, público, e necessário para os empreendimentos aptos a causar uma significativa degradação do meio ambiente (previstos exemplificativamente no art. 2º da Resolução CONAMA 01/86). Como se depreende de seus conceitos, tais estudos não se confundem, sendo complementares – razão pela qual a redação do art. 38 do Estatuto da Cidade é diametralmente oposta à da alternativa em comento: "Art. 38. A elaboração do EIV não substitui a elaboração e a aprovação de estudo prévio de impacto ambiental (EIA), requeridas nos termos da legislação ambiental".

(c) Certa. O art. 41 do Estatuto da Cidade estabelece as hipóteses em que o Plano Diretor é obrigatório, dentre elas as cidades com mais de 20 mil habitantes (inciso I) e as cidades que integram áreas de especial interesse turístico (inciso IV): "Art. 41. O plano diretor é obrigatório para cidades: I – com mais de vinte mil habitantes; II – integrantes de regiões metropolitanas e aglomerações urbanas; III – onde o Poder Público municipal pretenda utilizar os instrumentos previstos no § 4º do art. 182 da Constituição Federal; IV – integrantes de áreas de especial interesse turístico; V – inseridas na área de influência de empreendimentos ou atividades com significativo impacto ambiental de âmbito regional ou nacional. VI – incluídas no cadastro nacional de Municípios com áreas suscetíveis à ocorrência de deslizamentos de grande impacto, inundações bruscas ou processos geológicos ou hidrológicos correlatos. (Incluído pela Lei 12.608, de 2012)".

(d) Errada. O Estatuto da Cidade é uma norma nacional que fixa diretrizes para os entes federativos promoverem o desenvolvimento urbano, sendo uma regulamentação exigida pelo art. 182 da CF: "A política de desenvolvimento urbano, executada pelo Poder Público municipal, conforme diretrizes gerais fixadas em lei, tem por objetivo ordenar o pleno desenvolvimento das funções sociais da cidade e garantir o bem- estar de seus habitantes". Além disso, o art. 30, VIII, da CF prevê que o ordenamento urbano é competência dos Municípios, e não dos Estados: "Art. 30. Compete aos Municípios: (...). VIII – promover, no que couber, adequado ordenamento territorial, mediante planejamento e controle do uso, do parcelamento e da ocupação do solo urbano".

(e) Errada. O Plano Diretor, por expressa previsão do Estatuto da Cidade, deve ser revisto, pelo menos, a cada 10 anos, e não a cada 5 anos, conforme art. 40, § 3º: "A lei que instituir o plano diretor deverá ser revista, pelo menos, a cada dez anos".

*Para responder, tem que estudar: lei e teoria/doutrina.*

*Gabarito: C*

**11. (Cespe/TJ/PR/Juiz/2017)** No que se refere à incidência do direito ambiental sobre o meio urbano, assinale a opção correta.

a) O zoneamento ambiental não é aplicável no planejamento municipal.

b) As áreas urbanas são regidas pelo Estatuto da Cidade, não se lhes aplicando o Código Florestal.

c) Apenas imóveis incluídos no plano diretor podem sofrer desapropriação-sanção pelo descumprimento de sua função social.

d) A usucapião especial de imóvel urbano poderá ser reconhecida judicialmente em relação a imóvel público.

ANOTAÇÕES/COMENTÁRIOS

(a) Errada. No capítulo destinado aos instrumentos da política urbana, o Estatuto da Cidade prevê, em seu art. 4º, que "Para os fins desta Lei, serão utilizados, entre outros instrumentos: (...). III – planejamento municipal, em especial: (...). c) zoneamento ambiental".

(b) Errada. O âmbito de incidência dos referidos diplomas é diferente. O Estatuto da Cidade trata das diretrizes gerais para a política urbana, ao passo de que o Código Florestal (Lei 12.651/2012) dispõe sobre áreas ambientais protegidas, que podem também estar localizadas na zona urbana (v.g., art. 4º, que prevê que as Áreas de Preservação Permanente podem estar situadas em zonas rurais ou urbanas; o art. 25, que trata das áreas verdes urbanas).

(c) Certa. A CF prevê a possibilidade da desapropriação-sanção aos imóveis urbanos, após a adoção frustrada de outras medidas que objetivam estimular o atendimento da função social da propriedade urbana. Exige-se que a área esteja incluída no plano diretor, como forma de assegurar que houve o devido planejamento urbano por parte do Município, de forma a legitimar a exigência de seu atendimento pelos particulares. Conforme disposto no art. 183, § 4º, da CF: "É facultado ao Poder Público municipal, mediante lei específica para área incluída no plano diretor, exigir, nos termos da lei federal, do proprietário do solo urbano não edificado, subutilizado ou não utilizado, que promova seu adequado aproveitamento, sob pena, sucessivamente, de: I – parcelamento ou edificação compulsórios; II – imposto sobre a propriedade predial e territorial urbana progressivo no tempo; III – desapropriação com pagamento mediante títulos da dívida pública de emissão previamente aprovada pelo Senado Federal, com prazo de resgate de até dez anos, em parcelas anuais, iguais e sucessivas, assegurados o valor real da indenização e os juros legais". No mesmo sentido, o art. 41, III, do Estatuto da Cidade: "Art. 41. O plano diretor é obrigatório para cidades: (...). III – onde o Poder Público municipal pretenda utilizar os instrumentos previstos no § 4º do art. 182 da Constituição Federal".

(d) Errada. Os bens públicos possuem um regime especial, sendo dotados, dentre outras características, de imprescritibilidade, razão pela qual não podem ser usucapidos. Ao dispor acerca da usucapião urbana, a CF é expressa em relação a essa imprescritibilidade, no art. 183, § 3º: "Os imóveis públicos não serão adquiridos por usucapião".

*Para responder, tem que estudar: lei.*

*Gabarito: C*

## 4. LEI DE ATUAÇÃO ADMINISTRATIVA COOPERADA (LC 140/11)

**12. (Cespe/TJ/DFT/Juiz/2014)** No que se refere à repartição de competências em matéria ambiental e ao licenciamento ambiental, segundo as regras introduzidas com o advento da Lei Complementar n. 140/2011, assinale a opção correta.

a) A atuação supletiva ou subsidiária em matéria de competência administrativa ambiental ocorre nos casos de auxílio na execução conjunta de atribuições entre estados ou DF e municípios, desde que haja solicitação pela União.

b) Dada a competência comum de proteção ambiental entre os entes federativos, no caso de atuação por mais de um ente federativo em relação à mesma infração, deve prevalecer a ação de fiscalização do órgão ambiental que primeiramente tenha lavrado o auto de infração ambiental.

c) No âmbito do licenciamento ambiental de determinado empreendimento, o não cumprimento de prazo administrativo, desde que prejudique a emissão da licença ambiental pelo órgão competente, gera a emissão tácita da licença, condicionada ao cumprimento da legislação ambiental.

d) Em se tratando de licenciamento ambiental federal de empreendimento localizado no DF, a respectiva autorização de supressão de vegetação nativa deve ser, em regra, emitida pela entidade ambiental distrital.

e) Nos termos da referida lei, que trata da cooperação entre União, estados, DF e municípios nas ações administrativas ambientais, admite-se a delegação de atribuições e de execução dessas ações, observados os requisitos dessa lei.

## ANOTAÇÕES/COMENTÁRIOS

(a) Errada. A atuação supletiva ocorre nos casos em que o Município não dispõe da estrutura necessária (órgão ambiental capacitado ou Conselho de Meio Ambiente) para o licenciamento ambiental de determinado empreendimento, de modo que o Estado assume; ou, na insuficiência da estrutura do Estado, a União assume. Tal previsão vem no art. 15 da Lei Complementar 140/2011: "Art. 15. Os entes federativos devem atuar em caráter supletivo nas ações administrativas de licenciamento e na autorização ambiental, nas seguintes hipóteses: I – inexistindo órgão ambiental capacitado ou conselho de meio ambiente no Estado ou no Distrito Federal, a União deve desempenhar as ações administrativas estaduais ou distritais até a sua criação; II – inexistindo órgão ambiental capacitado ou conselho de meio ambiente no Município, o Estado deve desempenhar as ações administrativas municipais até a sua criação; e III – inexistindo órgão ambiental capacitado ou conselho de meio ambiente no Estado e no Município, a União deve desempenhar as ações administrativas até a sua criação em um daqueles entes federativos". Por sua vez, a atuação subsidiária ocorre nas hipóteses em que uma entidade federativa colabora com outra, prestando um apoio logístico, técnico, administrativo, na capacitação dos órgãos ambientais. Sua previsão vem no art. 16 da Lei Complementar 140/2011: "Art. 16. A ação administrativa subsidiária dos entes federativos dar-se-á por meio de apoio técnico, científico, administrativo ou financeiro, sem prejuízo de outras formas de cooperação. Parágrafo único. A ação subsidiária deve ser solicitada pelo ente originariamente detentor da atribuição nos termos desta Lei Complementar".

(b) Errada. A competência material para proteger o meio ambiente é comum (art. 23), de modo que todos os entes têm competência para fiscalizar empreendimentos licenciados pelos outros. Contudo, em caso de duplicidade de autuação, prevalece o auto de infração lavrado pela entidade política que tenha competência para exercer o poder de polícia ambiental. Nesse sentido, o art. 17, § 3º da Lei Complementar 140/2011: "Art. 17. Compete ao órgão responsável pelo licenciamento ou autorização, conforme o caso, de um empreendimento ou atividade, lavrar auto de infração ambiental e instaurar processo administrativo para a apuração de infrações à legislação ambiental cometidas pelo empreendimento ou atividade licenciada ou autorizada. (...). § 3º O disposto no caput deste artigo não impede o exercício pelos entes federativos da atribuição comum de fiscalização da conformidade de empreendimentos e atividades efetiva ou potencialmente poluidores ou utilizadores de recursos naturais com a legislação ambiental

BLOCO III

em vigor, prevalecendo o auto de infração ambiental lavrado por órgão que detenha a atribuição de licenciamento ou autorização a que se refere o caput".

(c) Errada. A não observância dos prazos não enseja o licenciamento tácito, e sim, instaura a competência supletiva, conforme art. 14, § 3º, da Lei Complementar 140/2011: "Art. 14. Os órgãos licenciadores devem observar os prazos estabelecidos para tramitação dos processos de licenciamento. (...). § 3º O decurso dos prazos de licenciamento, sem a emissão da licença ambiental, não implica emissão tácita nem autoriza a prática de ato que dela dependa ou decorra, mas instaura a competência supletiva referida no art. 15".

(d) Errada. A competência para licenciar atrai a competência para autorizar a supressão de vegetação nativa, conforme se verifica do art. 13, § 2º, da Lei Complementar 140/2011: "Art. 13. Os empreendimentos e atividades são licenciados ou autorizados, ambientalmente, por um único ente federativo, em conformidade com as atribuições estabelecidas nos termos desta Lei Complementar. (...). § 2º A supressão de vegetação decorrente de licenciamentos ambientais é autorizada pelo ente federativo licenciador".

(e) Certa. O principal intuito da Lei Complementar 140/2011 foi estabelecer competências e, de forma a tornar a atuação pública mais eficiente, foi estabelecida a possibilidade de cooperação entre os entes. A referida previsão vem no art. 4º, V e VI, da Lei Complementar 140/2011: "Art. 4º Os entes federativos podem valer-se, entre outros, dos seguintes instrumentos de cooperação institucional: (...). V – delegação de atribuições de um ente federativo a outro, respeitados os requisitos previstos nesta Lei Complementar; VI – delegação da execução de ações administrativas de um ente federativo a outro, respeitados os requisitos previstos nesta Lei Complementar".

*Para responder, tem que estudar: lei.*

*Gabarito: E*

# 5. LEI DOS CRIMES AMBIENTAIS (LEI 9.605/98)

## 5.1. Dos Crimes Ambientais

**13. (Cespe/TJ/DFT/Juiz/2016)** Acerca da competência constitucional em matéria ambiental e da legalidade dos múltiplos aspectos do direito ambiental, assinale a opção correta.

a) Apenas os funcionários dos órgãos ambientais integrantes do Sisnama designados para as atividades de fiscalização são autoridades competentes para lavrar auto de infração ambiental e instaurar processo administrativo.

b) A realização de pesquisa e lavra de recursos minerais é vedada nas terras, formalmente delimitadas, ocupadas pelas comunidades indígenas, devido ao alto grau de dano ambiental causado por essa atividade, que interfere no equilíbrio do meio ambiente, necessário à subsistência desses povos.

c) A União detém competência privativa para legislar sobre jazidas, minas, caça, pesca e atividades nucleares de qualquer natureza, nos termos da carta constitucional.

d) O uso comercial de tecnologia que envolva manipulação genética visando à desativação de genes relacionados à fertilidade das plantas por indutores químicos externos está sujeito a prévio licenciamento ambiental, nos termos da lei de biossegurança.

e) A comprovação de que a pessoa jurídica foi constituída com a finalidade de viabilizar a prática de crime definido na lei de crimes ambientais possibilita a decretação de sua liquidação forçada e a consideração de seu patrimônio como instrumento de crime.

## ANOTAÇÕES/COMENTÁRIOS

(a) Errada. A Lei 9.605/1998, que dispõe sobre as sanções penais e administrativas derivadas de condutas e atividades lesivas ao meio ambiente, prevê a competência também dos agentes das Capitanias dos Portos, por razões práticas diante da facilidade de constatação de determinadas infrações ambientais. Tal previsão vem no art. 70, § 1º da Lei 9.605/1998: "art. 70. Considera-se infração administrativa ambiental toda ação ou omissão que viole as regras jurídicas de uso, gozo, promoção, proteção e recuperação do meio ambiente. § 1º São autoridades competentes para lavrar auto de infração ambiental e instaurar processo administrativo os funcionários de órgãos ambientais integrantes do Sistema Nacional de Meio Ambiente – SISNAMA, designados para as atividades de fiscalização, bem como os agentes das Capitanias dos Portos, do Ministério da Marinha".

(b) Errada. A pesquisa e a lavra nas terras ocupadas pelos indígenas não é vedada, mas sim, condicionada, conforme se verifica do art. 49, XVI, art. 176, § 1º e art. 231, § 3º, todos da CF: "Art. 49, CF. É da competência exclusiva do Congresso Nacional: (...). XVI – autorizar, em terras indígenas, a exploração e o aproveitamento de recursos hídricos e a pesquisa e lavra de riquezas minerais"; "Art. 176, CF. As jazidas, em lavra ou não, e demais recursos minerais e os potenciais de energia hidráulica constituem propriedade distinta da do solo, para efeito de exploração ou aproveitamento, e pertencem à União, garantida ao concessionário a propriedade do produto da lavra. § 1º. A pesquisa e a lavra de recursos minerais e o aproveitamento dos potenciais a que se refere o "caput" deste artigo somente poderão ser efetuados mediante autorização ou concessão da União, no interesse nacional, por brasileiros ou empresa constituída sob as leis brasileiras e que tenha sua sede e administração no País, na forma da lei, que estabelecerá as condições específicas quando essas atividades se desenvolverem em faixa de fronteira ou terras indígenas"; "Art. 231 (...). § 3º. O aproveitamento dos recursos hídricos, incluídos os potenciais energéticos, a pesquisa e a lavra das riquezas minerais em terras indígenas só podem ser efetivados com autorização do Congresso Nacional, ouvidas as comunidades afetadas, ficando-lhes assegurada participação nos resultados da lavra, na forma da lei".

(c) Errada. Embora a União efetivamente detenha competência para legislar sobre jazidas e minas (art. 22, XII da CF) e sobre atividades nucleares de qualquer natureza (art. 22, XXVI da CF), a competência para legislar sobre caça e pesca é concorrente, conforme art. 24, VI, da CF: "Art. 24. Compete à União, aos Estados e ao Distrito Federal legislar concorrentemente sobre: (...). VI – florestas, caça, pesca, fauna, conservação da natureza, defesa do solo e dos recursos naturais, proteção do meio ambiente e controle da poluição".

(d) Errada. A Lei 11.105/2005 (Lei de Biossegurança) proíbe tal atividade, ao contrário do que afirma a alternativa. Conforme art. 6º, VII, e parágrafo único da referida lei: "Art. 6º Fica proibido: (...). VII – a utilização, a comercialização, o registro, o patenteamento e o licenciamento de tecnologias genéticas de restrição do uso. Parágrafo único. Para os efeitos desta Lei, entende-se por tecnologias genéticas de restrição do uso qualquer processo de intervenção humana para geração ou multiplicação de plantas geneticamente modificadas para produzir estruturas reprodutivas estéreis, bem como qualquer forma de manipulação genética que vise à ativação ou desativação de genes relacionados à fertilidade das plantas por indutores químicos externos".

(e) Certa. Se o juiz perceber que determinava pessoa jurídica foi criada preponderantemente para cometer crimes ambientais, poderá determinar sua liquidação forçada e todo o patrimônio da pessoa jurídica será considerado como instrumento do crime ambiental e reverterá em favor do Fundo Penitenciário Nacional, de acordo com o disposto no art. 24 da Lei 9.605/1998,: "Art. 24. A pessoa jurídica constituída ou utilizada, preponderantemente, com o fim de permitir, facilitar ou ocultar a prática de crime definido nesta Lei terá decretada sua liquidação forçada, seu patrimônio será considerado instrumento do crime e como tal perdido em favor do Fundo Penitenciário Nacional".

*Para responder, tem que estudar: lei.*

*Gabarito: E*

**14. (Cespe/TJ/CE/Juiz/2018)** Com relação às infrações ambientais e às sanções decorrentes de condutas e atividades lesivas ao meio ambiente, assinale a opção correta.

a) Indivíduo que comete, simultaneamente, duas ou mais infrações administrativas ambientais se sujeita às sanções previstas para cada infração, de forma cumulativa.

b) O abate de animal que exerce ação predatória sobre lavouras, pomares e rebanhos é considerado crime, mesmo que a finalidade do abate seja a proteção dessas propriedades.

c) A responsabilidade concernente a infração ambiental cometida em razão de decisão de órgão colegiado de pessoa jurídica recairá sobre a própria pessoa jurídica, com consequente exclusão da responsabilidade de pessoas físicas coautoras ou partícipes do mesmo fato.

d) O pagamento de multa aplicada por determinado estado ou município não exime o condenado da obrigação de pagamento de multa federal relativa à mesma hipótese de incidência.

e) Na aplicação de penalidades, a autoridade competente deverá considerar que as penas privativas de liberdade são insubstituíveis e que as restritivas de direitos são autônomas.

## ANOTAÇÕES/COMENTÁRIOS

(a) Certa. A assertiva está de acordo com o art. 72 da Lei n. 9.605/98: "Art. 72. As infrações administrativas são punidas com as seguintes sanções, observado o disposto no art. 6º: (...) § 1º Se o infrator cometer, simultaneamente, duas ou mais infrações, ser-lhe-ão aplicadas, cumulativamente, as sanções a elas cominadas".

(b) Errada. O art. 37, II, da Lei n. 9.605/98 admite o abate de animais para fins de proteção à produção agrícola e à pecuária, mediante autorização: "Art. 37. Não é crime o abate de animal, quando realizado: (...) II – para proteger lavouras, pomares e rebanhos da ação predatória ou destruidora de animais, desde que legal e expressamente autorizado pela autoridade competente".

(c) Errada. O art. 225, § 3º, da CRFB prevê expressamente a responsabilidade das pessoas físicas e jurídicas por infrações ambientais: "§ 3º As condutas e atividades consideradas lesivas ao meio ambiente sujeitarão os infratores, pessoas físicas ou jurídicas, a sanções penais e administrativas, independentemente da obrigação de reparar os danos causados". A assertiva se equivoca ao afastar a responsabilidade ambiental da pessoa física em razão da responsabilização da pessoa jurídica, contrariando os arts. 2º e 3º da Lei n. 9.605/98: "Art. 2º Quem, de qualquer forma, concorre para a prática dos crimes previstos nesta Lei, incide nas penas a estes cominadas, na medida da sua culpabilidade, bem como o diretor, o administrador, o membro de conselho e de órgão técnico, o auditor, o gerente, o preposto ou mandatário de pessoa jurídica, que, sabendo da conduta criminosa de outrem, deixar de impedir a sua prática, quando podia agir para evitá-la. Art. 3º As pessoas jurídicas serão responsabilizadas administrativa, civil e penalmente conforme o disposto nesta Lei, nos casos em que a infração seja cometida por decisão de seu representante legal ou contratual, ou de seu órgão colegiado, no interesse ou benefício da sua entidade. Parágrafo único. A responsabilidade das pessoas jurídicas não exclui a das pessoas físicas, autoras, co-autoras ou partícipes do mesmo fato". Vale observar que o STJ (Recurso em Mandado de Segurança nº 39.173-BA) e o STF (RE 548181) rejeitaram a teoria da dupla imputação obrigatória, segundo a qual seria possível a responsabilidade penal da pessoa jurídica em crimes ambientais, desde que houvesse a imputação concomitante à pessoa natural que atua em seu nome ou em seu benefício.

(d) Errada. O art. 76 da Lei n. 9.605/1998 expressamente afasta a cumulação de multas aplicadas pela União e pelos Estados, Municípios ou DF: "Art. 76. O pagamento de multa imposta pelos Estados, Municípios, Distrito Federal ou Territórios substitui a multa federal na mesma hipótese de incidência".

(e) Errada. Embora as penas restritivas de direitos sejam autônomas, as privativas de liberdade são passíveis de substituição nas hipóteses do art. 7º da Lei n. 9.605/98: "Art. 7º As penas restritivas de direitos são autônomas e substituem as privativas de liberdade quando: I – tratar-se de crime culposo ou for aplicada a pena privativa de liberdade inferior a quatro anos; II – a culpabilidade, os antecedentes, a conduta social e a personalidade do condenado, bem como os motivos e as circunstâncias do crime indicarem que a substituição seja suficiente para efeitos de reprovação e prevenção do crime. Parágrafo único. As penas restritivas de direitos a que se refere este artigo terão a mesma duração da pena privativa de liberdade substituída."

*Para responder, tem que estudar: lei.*

*Gabarito: A*

**15. (Cespe/TJ/PB/Juiz/2011)** Considerando a disciplina legal dos crimes contra o meio ambiente, assinale a opção correta.

a) Incidem nas penas previstas em lei, na medida de sua culpabilidade, as pessoas que, tendo conhecimento da conduta criminosa de alguém contra o ambiente e podendo agir para evitá-la, deixem de impedir sua prática.

b) As sanções penais aplicáveis às pessoas físicas pela prática de crimes ambientais são as penas restritivas de direitos e multa, mas não, as privativas de liberdade.

c) Por se tratar de ente fictício, a pessoa jurídica não pode ser sujeito ativo dos crimes ambientais.

d) O ato de soltar balões somente se caracteriza como crime contra o meio ambiente se, em consequência da conduta, houver incêndio em floresta ou em outras formas de vegetação, em áreas urbanas ou em qualquer tipo de assentamento humano.

e) A responsabilidade penal por crimes ambientais está integralmente amparada no princípio da culpabilidade; desse modo, os tipos penais previstos na lei que dispõe sobre os crimes ambientais (Lei n. 9.605/1998) só se consumam se os delitos forem praticados dolosamente.

ANOTAÇÕES/COMENTÁRIOS

(a) Certa. Em que pese a redação não coincidir com exatidão à previsão do art. 2º da Lei 9.605/1998, essa alternativa foi considerada correta pela banca do certame. Contudo, tal opção é passível de crítica, tendo em vista que a redação da legislação deixa claro que determinadas pessoas é que possuem o dever de impedir o resultado naturalístico criminoso, atuando como garantidores, sob pena de responder pelo crime ambiental pela sua simples omissão (e não qualquer pessoa, como faz parecer a redação da alternativa em questão). Confira-se: "Art. 2º Quem, de qualquer forma, concorre para a prática dos crimes previstos nesta Lei, incide nas penas a estes cominadas, na medida da sua culpabilidade, bem como o diretor, o administrador, o membro de conselho e de órgão técnico, o auditor, o gerente, o preposto ou mandatário de pessoa jurídica, que, sabendo da conduta criminosa de outrem, deixar de impedir a sua prática, quando podia agir para evitá-la".

(b) Errada. Ao contrário do que consta na alternativa, a Lei 9.605/1998 trata acerca das penas privativas de liberdade para as pessoas físicas. As penas privativas de liberdade não são cabíveis para as pessoas jurídicas, por razões lógicas.

(c) Errada. A Constituição da República de 1988 prevê expressamente a possibilidade de responsabilização penal das pessoas jurídicas pela prática de crimes ambientais, em seu art. 225, § 3º: "As condutas e atividades consideradas lesivas ao meio ambiente sujeitarão os infratores, pessoas físicas ou jurídicas, a sanções penais e administrativas, independentemente da obrigação de reparar os danos causados". Em atenção ao mandamento constitucional, a Lei 9.605/1998 também previu tal possibilidade em seu art. 3º: "Art. 3º As pessoas jurídicas serão responsabilizadas administrativa, civil e penalmente conforme o disposto nesta Lei, nos casos em que a infração seja cometida por decisão de seu representante legal ou contratual, ou de seu órgão colegiado, no interesse ou benefício da sua entidade. Parágrafo único. A responsabilidade das pessoas jurídicas não exclui a das pessoas físicas, autoras, co-autoras ou partícipes do mesmo fato".

(d) Errada. O crime em questão é de perigo abstrato, não dependendo da ocorrência de dano efetivo para sua consumação. O tipo penal em questão é previsto no art. 42 da Lei 9.605/1998: "Art. 42. Fabricar, vender, transportar ou soltar balões que possam provocar incêndios nas florestas e demais formas de vegetação, em áreas urbanas ou qualquer tipo de assentamento humano: Pena – detenção de um a três anos ou multa, ou ambas as penas cumulativamente".

(e) Errada. Ao contrário do que afirma o texto da alternativa em comento, existem tipos penais culposos na Lei 9.605/1998. Um exemplo é o crime de destruir ou danificar floresta considerada de preservação permanente, conforme se verifica do art. 38, parágrafo único: "Art. 38. Destruir ou danificar floresta considerada de preservação permanente, mesmo que em formação, ou utilizá-la com infringência das normas de proteção: Pena – detenção, de um a três anos, ou multa, ou ambas as penas cumulativamente. Parágrafo único. Se o crime for culposo, a pena será reduzida à metade".

*Para responder, tem que estudar: lei.*

*Gabarito: A*

BLOCO III

## 5.2. Da Infração Administrativa

**16. (Cespe/TJ/BA/Juiz/2012)** Acerca da responsabilidade ambiental, assinale a opção correta.

a) As ações penais por crimes ambientais previstos na Lei n. 9.605/1998 são públicas incondicionadas ou condicionadas à representação.

b) Em matéria ambiental, a responsabilidade por ilícitos é sempre objetiva, dispensando-se a comprovação de culpa em sentido amplo.

c) A omissão da autoridade ambiental competente, sendo ela obrigada a agir, poderá configurar infração administrativa ambiental.

d) Os valores arrecadados em decorrência do pagamento de multas por infração ambiental devem ser integralmente revertidos ao Fundo Nacional do Meio Ambiente.

e) Entre os efeitos da condenação por crime ambiental inclui-se a apreensão de produtos dele decorrentes e de instrumentos utilizados para cometê-lo, salvo os instrumentos lícitos.

## ANOTAÇÕES/COMENTÁRIOS

(a) Errada. O art. 26 da Lei 9.605/1998 prevê que a ação penal pública incondicionada para os crimes ambientais nela previstos, tendo em vista o interesse público em sua persecução, já que toda a coletividade acaba sendo atingida: "Art. 26. Nas infrações penais previstas nesta Lei, a ação penal é pública incondicionada".

(b) Errada. A responsabilidade civil em matéria ambiental é objetiva, conforme art. 14, § 1º, Lei 6938/1981 ("§ 1º Sem obstar a aplicação das penalidades previstas neste artigo, é o poluidor obrigado, independentemente da existência de culpa, a indenizar ou reparar os danos causados ao meio ambiente e a terceiros, afetados por sua atividade. O Ministério Público da União e dos Estados terá legitimidade para propor ação de responsabilidade civil e criminal, por danos causados ao meio ambiente"). Tal entendimento é corroborado pela jurisprudência: "Tratando-se de ação indenizatória por dano ambiental, a responsabilidade pelos danos causados é objetiva, pois fundada na teoria do risco integral. Assim, cabível a inversão do ônus da prova." (AgRg no AREsp 533.786). Contudo, a responsabilidade penal é subjetiva – nesse sentido: "(...) a responsabilidade civil por dano ambiental é subjetivamente mais abrangente do que as responsabilidades administrativa e penal, não admitindo estas últimas que terceiros respondam a título objetivo por ofensas ambientais praticadas por outrem. (REsp 1251697). Em que pese não haver consenso quanto ao ponto, a jurisprudência tende no sentido de que, via de regra, a responsabilidade administrativa ambiental seria subjetiva: "PROCESSUAL CIVIL. ADMINISTRATIVO. DANO AMBIENTAL. AUTO DE INFRAÇÃO. RESPONSABILIDADE ADMINISTRATIVA. EXIGÊNCIA DE DOLO OU CULPA. MULTA. CABIMENTO EM TESE. 1. Segundo o acórdão recorrido, "a responsabilidade administrativa ambiental é fundada no risco administrativo, respondendo, portanto, o transgressor das normas de proteção ao meio ambiente independentemente de culpa lato senso, como ocorre no âmbito da responsabilidade civil por danos ambientais". 2. Nos termos da jurisprudência do STJ, como regra a responsabilidade administrativa ambiental apresenta caráter subjetivo, exigindo dolo ou culpa para sua configuração." (REsp 1640243). Vale observar que a 1ª Seção do STJ consolidou o entendimento no sentido da responsabilidade administrativa subjetiva, conforme julgamento nos autos do EREsp 1318051/RJ, em maio de 2019.

(c) Certa. A assertiva está de acordo com o teor do art. 70, § 3º, da Lei 9.605/1998: "A autoridade ambiental que tiver conhecimento de infração ambiental é obrigada a promover a sua apuração imediata, mediante processo administrativo próprio, sob pena de corresponsabilidade".

(d) Errada. O art. 73 da Lei 9.605/1998 prevê outras destinações para os recursos arrecadados através de multas por infrações ambientais, além do Fundo Nacional do Meio Ambiente: "Os valores arrecadados em pagamento de multas por infração ambiental serão revertidos ao Fundo Nacional do Meio Ambiente, criado pela Lei 7.797, de 10 de julho de 1989, Fundo Naval, criado pelo Decreto 20.923, de 8 de janeiro de 1932, fundos estaduais ou municipais de meio ambiente, ou correlatos, conforme dispuser o órgão arrecadador".

(e) Errada. Uma vez consumado um delito ambiental, cabe a apreensão de todos os instrumentos e dos produtos do crime ambiental, não fazendo a Lei 9.605/1998 qualquer distinção entre os instrumentos lícitos e ilícitos: "Art. 25. Verificada a infração, serão apreendidos seus produtos e instrumentos, lavrando-se os respectivos autos".

*Para responder, tem que estudar: lei e jurisprudência.*

*Gabarito: C*

**17. (Cespe/TJ/AM/Juiz/2016)** O fiscal de determinado órgão ambiental constatou que um madeireiro cortava árvores de espécies protegidas. O madeireiro apresentou autorização para cortar exemplares que apresentavam risco de queda, mas, dado o excesso de espécimes cortados, o fiscal considerou que a situação configurava tanto infração administrativa como crime ambiental. Considerou, ainda, após exame da autorização, que o documento estava em desacordo com as normas ambientais aplicáveis, inclusive por vício de competência. Com base nessa situação hipotética, assinale a opção correta acerca de infrações ambientais e poder de polícia.

a) É correto afirmar que o órgão de lotação do fiscal é o Ibama.

b) Cabem ao fiscal a lavratura do auto de infração ambiental e a instauração tanto do processo administrativo quanto do inquérito criminal contra o madeireiro.

c) Para a lavratura do auto de infração, é desnecessária análise do elemento subjetivo do madeireiro, pois a responsabilidade civil por dano ambiental é objetiva.

d) Se deixar de proceder à apuração mediante processo administrativo próprio, o fiscal poderá ser corresponsabilizado pelo corte ilegal das árvores.

e) A concessão de autorização em desacordo com as normas ambientais só configura crime se tiver havido dolo do servidor que a concedeu.



BLOCO III

ANOTAÇÕES/COMENTÁRIOS

(a) Errada. Não é possível afirmar que o fiscal em questão estaria lotado no IBAMA, tendo em vista a pluralidade de órgãos com competência para lavratura de autos de infração. Conforme disposto no art. 70, § 1º, da Lei 9.605/1998: "São autoridades competentes para lavrar auto de infração ambiental e instaurar processo administrativo os funcionários de órgãos ambientais integrantes do Sistema Nacional de Meio Ambiente – SISNAMA, designados para as atividades de fiscalização, bem como os agentes das Capitanias dos Portos, do Ministério da Marinha".

(b) Errada. A competência do fiscal não abrange a instauração do inquérito criminal, que é privativo da autoridade policial.

(c) Errada. A questão mistura a responsabilidade administrativa ambiental (referente à lavratura do auto de infração) com a responsabilidade civil por dano ambiental (que efetivamente é objetiva). Além disso, a jurisprudência se firmou no sentido de que, via de regra, a responsabilidade administrativa ambiental seria subjetiva: "1. Segundo o acórdão recorrido, "a responsabilidade administrativa ambiental é fundada no risco administrativo, respondendo, portanto, o transgressor das normas de proteção ao meio ambiente independentemente de culpa lato senso, como ocorre no âmbito da responsabilidade civil por danos ambientais". 2. Nos termos da jurisprudência do STJ, como regra a responsabilidade administrativa ambiental apresenta caráter subjetivo, exigindo dolo ou culpa para sua configuração." (REsp 1640243). Vale observar que a 1ª Seção do STJ consolidou o entendimento no sentido da responsabilidade administrativa subjetiva, conforme julgamento nos autos do EREsp 1318051/RJ, em maio de 2019.

(d) Certa. A assertiva está de acordo com o teor do art. 70, § 3º, da Lei 9.605/1998: "A autoridade ambiental que tiver conhecimento de infração ambiental é obrigada a promover a sua apuração imediata, mediante processo administrativo próprio, sob pena de corresponsabilidade".

(e) Errada. O crime em questão admite a forma culposa, conforme art. 67, parágrafo único, da Lei 9.605/1998: "Art. 67. Conceder o funcionário público licença, autorização ou permissão em desacordo com as normas ambientais, para as atividades, obras ou serviços cuja realização depende de ato autorizativo do Poder Público: Pena – detenção, de um a três anos, e multa. Parágrafo único. Se o crime é culposo, a pena é de três meses a um ano de detenção, sem prejuízo da multa".

*Para responder, tem que estudar: lei e jurisprudência.*

*Gabarito: D*

**18. (Cespe/TJ/PR/Juiz/2017)** Acerca da tutela administrativa do meio ambiente, assinale a opção correta.

a) As penas restritivas de direito aplicam-se tanto aos crimes ambientais quanto às infrações administrativas ambientais.

b) O IBAMA pode, mediante portaria, vedar a prática de conduta nociva ao meio ambiente e fixar pena de multa para infratores.

c) O prazo de prescrição para a cobrança de multa administrativa por infração ambiental é de cinco anos a partir da violação.

d) É legal a exigência de depósito prévio da multa ambiental como condição para o exercício da defesa administrativa.

ANOTAÇÕES/COMENTÁRIOS

(a) Certa. A assertiva está de acordo com a previsão do art. 7º e do art. 72, XI, ambos da Lei 9.605/1998: "Art. 7º As penas restritivas de direitos são autônomas e substituem as privativas de liberdade quando: I – tratar-se de crime culposo ou for aplicada a pena privativa de liberdade inferior a quatro anos; II – a culpabilidade, os antecedentes, a conduta social e a personalidade do condenado, bem como os motivos e as circunstâncias do crime indicarem que a substituição seja suficiente para efeitos de reprovação e prevenção do crime. Parágrafo único. As penas restritivas de direitos a que se refere este artigo terão a mesma duração da pena privativa de liberdade substituída" e "Art. 72. As infrações administrativas são punidas com as seguintes sanções, observado o disposto no art. 6º: (...). XI – restritiva de direitos".

(b) Errada. Em razão do princípio da tipicidade, as infrações administrativas devem estar previstas em lei. Nesse sentido, a jurisprudência dos Tribunais Superiores: "PROCESSUAL CIVIL E ADMINISTRATIVO – RECURSO ESPECIAL – IBAMA – IMPOSIÇÃO DE MULTA COM BASE EM INFRAÇÃO DESCRITA APENAS EM PORTARIAS – IMPOSSIBILIDADE. 1. Na linha da jurisprudência firmada nesta Corte e no STF, o princípio constitucional da reserva de lei formal traduz limitação ao exercício das atividades administrativas do Estado. 2. Consoante já decidido pelo STF no julgamento da ADI-MC 1823/DF, é vedado ao IBAMA instituir sanções punitivas sem expressa autorização legal. 3. Diante dessas premissas e, ainda, do princípio da tipicidade, tem-se que é vedado à referida autarquia impor sanções por infrações ambientais previstas apenas nas Portarias 44/93-N e 267/88-P. 4. Recurso especial não provido" (STJ, REsp 1075485)

(c) Errada. Conforme entendimento fixado através do enunciado 467 da súmula do STJ, "prescreve em cinco anos, contados do término do processo administrativo, a pretensão da Administração Pública de promover a execução da multa por infração ambiental".

(d) Errada. Tendo em vista que o recurso administrativo é um desdobramento do direito de petição assegurado pelo art. 5º, XXXIV, da CF, pacificou-se o entendimento quanto à impossibilidade de exigência de depósito prévio para seu exercício. Nesse sentido, a Súmula Vinculante 21 do STF: "É inconstitucional a exigência de depósito ou arrolamento prévios de dinheiro ou bens para admissibilidade de recurso administrativo".

*Para responder, tem que estudar: lei, jurisprudência e súmula/OJ.*

*Gabarito: A*

BLOCO III

## 6. LEI DA BIODIVERSIDADE (LEI 13.123/15)

**19. (Cespe/TJ/DFT/Juiz/2015)** De acordo com a legislação vigente e com a jurisprudência do STF e do STJ sobre competência em matéria ambiental, sanções por infrações administrativas e cadastro ambiental rural, assinale a opção correta.

a) Uma infração contra o patrimônio genético sujeitará o agente a sanções administrativas, como o embargo da atividade e a proibição de contratar com a administração pública por até cinco anos, que independem de eventuais sanções judiciais de natureza cível.

b) O registro de sentença declaratória de usucapião de imóvel rural sem matrícula em cartório de registro de imóveis dispensa o prévio registro da reserva legal no cadastro ambiental rural.

c) É inconstitucional a cobrança de taxa pelos entes da Federação em razão de fiscalização ambiental, pois o exercício do poder de polícia, como atividade essencial, não pode ser objeto de cobrança.

d) Lei municipal que proíba a queima de palha de cana-de-açúcar e o uso do fogo em atividades agrícolas em seu território será constitucional mesmo que exista lei estadual versando de forma distinta, pois prevalece a regulamentação municipal no tratamento de temas de interesse local.

e) Será constitucional lei municipal ou estadual que dispense a elaboração de estudo prévio de impacto ambiental para obras de infraestrutura.

**ANOTAÇÕES/COMENTÁRIOS**

(a) Certa. À época da realização do certame, a matéria era tratada na Medida Provisória 2186-16/2001, regulamentada pelo Decreto 5.459/2005, que previam as sanções de embargo da atividade (respectivamente, no art. 30, § 1º, VI; e art. 10, VI) e de proibição de contratar com a administração pública por até cinco anos (respectivamente, no art. 30, § 1º, XIII/e no art. 10, XIII). A Lei 13.123/2015, embora já publicada à época da realização do concurso, estava em vacatio legis. Atualmente, tal assertiva deveria ser considerada incorreta, já que o art. 27 da Lei 13.123/2015 trata das infrações administrativas, listando as sanções que poderão ser cominadas, independentemente das sanções penais e cíveis, mas não prevê a sanção de proibição de contratar com a administração pública por cinco anos: "art. 27. Considera-se infração administrativa contra o patrimônio genético ou contra o conhecimento tradicional associado toda ação ou omissão que viole as normas desta Lei, na forma do regulamento. § 1º Sem prejuízo das sanções penais e cíveis cabíveis, as infrações administrativas serão punidas com as seguintes sanções: I – advertência; II – multa; III – apreensão: a) das amostras que contêm o patrimônio genético acessado; b) dos instrumentos utilizados na obtenção ou no processamento do patrimônio genético ou do conhecimento tradicional associado acessado; c) dos produtos derivados de acesso ao patrimônio genético ou ao conhecimento tradicional associado; ou d) dos produtos obtidos a partir de informação sobre conhecimento tradicional associado; IV – suspensão temporária da fabricação e venda do produto acabado ou do material reprodutivo derivado de acesso ao patrimônio genético ou ao conhecimento tradicional associado até a regularização; V – embargo da atividade específica relacionada à infração; VI – interdição parcial ou total do estabelecimento, atividade ou empreendimento; VII – suspensão de atestado ou autorização de que trata esta Lei; ou VIII – cancelamento de atestado ou autorização de que trata esta Lei". Tal redação foi reproduzida no art. 71 do Decreto 8.772/2016.

(b) Errada. O STJ entende que é exigível o prévio registro da reserva legal no Cadastro Ambiental Rural para posterior registro da sentença declaratória de usucapião em cartório de registro de imóveis, conforme se verifica dos seguintes precedentes: " 1. Controvérsia acerca da possibilidade de se condicionar o registro da sentença de usucapião de imóvel sem matrícula à averbação da reserva legal ambiental. 2. 'É possível extrair do art. 16, § 8º, do Código Florestal que a averbação da reserva florestal é condição para a prática de qualquer ato que implique transmissão, desmembramento ou retificação de área de imóvel sujeito à disciplina da Lei 4.771/65' (REsp 831.212). 3. Extensão desse entendimento para a hipótese de aquisição originária por usucapião, aplicando-se o princípio hermenêutico 'in dubio pro natura'. 4. Substituição da averbação no Cartório de Registro de Imóveis pelo registro no Cadastro Ambiental Rural – CAR, por força do novo Código Florestal. 5. Adaptação do entendimento desta Corte Superior à nova realidade normativa, mantida a eficácia da norma protetiva ambiental. 6. Necessidade de prévio registro da reserva legal no CAR, como condição para o registro da sentença de usucapião no Cartório de Registro de Imóveis." (REsp 1.356.207), e " 1. Tanto no revogado Código Florestal (Lei 4.771/65, art. 16, § 8º) quanto na atual Lei 12.651/2012 (arts. 18 e 29) tem-se a orientação de que a reserva legal florestal é inerente ao direito de propriedade e posse de imóvel rural, fundada no princípio da função social e ambiental da propriedade rural (CF, art. 186, II). 2. 'É possível extrair do art. 16, § 8º, do Código Florestal que a averbação da reserva florestal é condição para a prática de qualquer ato que implique transmissão, desmembramento ou retificação de área de imóvel sujeito à disciplina da Lei 4.771/65." (REsp 843.829).

(c) Errada. Um dos fatos geradores das taxas previstos na CF/1988 é justamente o exercício do poder de polícia: "Art. 145. A União, os Estados, o Distrito Federal e os Municípios poderão instituir os seguintes tributos: (...). II – taxas, em razão do exercício do poder de polícia ou pela utilização, efetiva ou potencial, de serviços públicos específicos e divisíveis, prestados ao contribuinte ou postos a sua disposição".

(d) Errada. A alternativa tratou de um julgamento do STF recente à época da realização do certame, em que a Corte entendeu pela inconstitucionalidade de lei municipal que proibia a queima de palha de cana-de-açúcar e o uso de fogo nas atividades agrícolas, por entender que a existência de lei estadual que tratava do tema sopesando outros interesses envolvidos (como a necessidade de gradual abandono das técnicas em questão) melhor se adequava ao caso. Um dos fundamentos adotados foi a inexistência de um interesse puramente local no assunto, havendo também interesse estadual e federal, ainda que em graus distintos: "1. O Município é competente para legislar sobre meio ambiente com União e Estado, no limite de seu interesse local e desde que tal regramento seja e harmônico com a disciplina estabelecida pelos demais entes federados (art. 24, VI c/c 30, I e II da CF). 2. O Judiciário está inserido na sociedade e, por este motivo, deve estar atento também aos seus anseios, no sentido de ter em mente o objetivo de saciar as necessidades, visto que é um serviço público. 3. In casu, porquanto inegável conteúdo multidisciplinar da matéria de fundo, envolvendo questões sociais, econômicas e políticas, não é permitido a esta Corte se furtar de sua análise para o estabelecimento do alcance de sua decisão. São elas: (i) a relevante diminuição – progressiva e planejada – da utilização da queima de cana-de-açúcar; (ii) a impossibilidade do manejo de máquinas diante da existência de áreas cultiváveis acidentadas; (iii) cultivo de cana em minifúndios; (iv) trabalhadores com baixa escolaridade; (v) e a poluição existente independentemente da opção escolhida. 4. Em que pese a inevitável mecanização total no cultivo da cana, é preciso reduzir ao máximo o seu aspecto negativo. Assim, diante dos valores sopesados, editou-se uma lei estadual que cuida da forma que entende ser devida a execução da necessidade de sua respectiva população. Tal diploma reflete, sem dúvida alguma, uma forma de compatibilização desejável pela sociedade, que, acrescida ao poder concedido diretamente pela Constituição, consolida de sobremaneira seu posicionamento no mundo jurídico estadual como um standard a ser observado e respeitado pelas demais unidades da federação adstritas ao Estado de São Paulo. 5. Sob a perspectiva estritamente jurídica, é interessante observar o ensinamento do eminente doutrinador Hely Lopes Meireles, segundo o qual "se caracteriza pela predominância e não pela exclusividade do interesse para o município, em relação ao do Estado e da União. Isso porque não há assunto municipal que não seja reflexamente de interesse estadual e nacional. A diferença é apenas de grau, e não de substância." (Direito Administrativo Brasileiro) 6. Função precípua do município, que é atender diretamente o cidadão. Destarte, não é permitida uma interpretação pelo STF, na qual não se reconheça o interesse do município em fazer com que sua população goze de um meio ambiente equilibrado. 7. Entretanto, impossível identificar interesse local que fundamente a permanência da vigência da lei municipal, pois ambos os diplomas legislativos têm o fito de resolver a mesma necessidade social, que é a manutenção de um meio ambiente equilibrado no que tange especificamente a queima da cana-de-açúcar. 8. Distinção entre a proibição contida na norma questionada e a eliminação progressiva disciplina na legislação estadual, que gera efeitos totalmente diversos e, caso se opte pela sua constitucionalidade, acarretará esvaziamento do comando normativo de quem é competente para regular o assunto, levando ao completo descumprimento do dever deste STF de guardar a imperatividade da Constituição. 9. Recurso extraordinário conhecido e provido para declarar a inconstitucionalidade da Lei Municipal 1.952, de 20 de dezembro de 1995, do Município de Paulínia". (RE 586.224)

(e) Errada. O STF possui entendimento no sentido de que os Municípios e os Estados não podem dispensar Estudos de Impacto Ambiental, tendo em vista a previsão constitucional de tais estudos, no art. 225, § 1º, IV. "A norma impugnada, ao dispensar a elaboração de estudo prévio de impacto ambiental no caso de áreas de florestamento ou reflorestamento para fins empresariais, cria exceção incompatível com o disposto no mencionado inciso IV do § 1º do artigo 225 da Constituição Federal. Ação julgada procedente, para declarar a inconstitucionalidade do dispositivo constitucional catarinense sob enfoque." (STF, ADI 1086).

*Para responder, tem que estudar: lei e jurisprudência.*

*Gabarito: A*

**20. (Cespe/TJ/DFT/Juiz/2015)** À luz da legislação nacional referente à biodiversidade e da Convenção sobre Diversidade Biológica, assinale a opção correta.

a) Em caso de relevante interesse público, o ingresso em área privada para acesso a amostra de componente do patrimônio genético pode ocorrer sem que os titulares sejam previamente informados.

b) A Convenção sobre Diversidade Biológica consagrou a primazia da conservação ex situ dos componentes da diversidade biológica.

c) Segundo a convenção em apreço, a biodiversidade é patrimônio comum da humanidade, o que restringe os direitos soberanos dos Estados sobre seus recursos naturais, restringindo-lhes, ainda, o poder para legislar sobre o acesso a recursos genéticos.

d) Atividades e projetos que envolvam organismos geneticamente modificados e seus derivados podem ser desenvolvidos por entidades de direito público ou privado ou por pessoas físicas em atuação autônoma, desde que mantenham vínculo empregatício com pessoa jurídica.

e) O Conselho de Gestão do Patrimônio Genético tem competência para estabelecer normas técnicas e diretrizes para a elaboração do contrato de utilização do patrimônio genético e de repartição de benefícios.

ANOTAÇÕES/COMENTÁRIOS

(a) Errada. À época da realização do certame, a matéria era tratada na Medida Provisória 2186-16/2001, que previa a necessidade de informação prévia aos titulares da área privada, conforme art. 17, § 1º: "Art. 17. Em caso de relevante interesse público, assim caracterizado pelo Conselho de Gestão, o ingresso em área pública ou privada para acesso a amostra de componente do patrimônio genético dispensará anuência prévia dos seus titulares, garantido a estes o disposto nos arts. 24 e 25 desta Medida Provisória. § 1º No caso previsto no caput deste artigo, a comunidade indígena, a comunidade local ou o proprietário deverá ser previamente informado".

(b) Errada. A Convenção sobre Diversidade Biológica é um tratado internacional que trata da proteção e do uso da diversidade biológica em cada país signatário. A Convenção foi estabelecida durante a ECO-92. a Conferência das Nações Unidas sobre Meio Ambiente e Desenvolvimento (CNUMAD), realizada no Rio de Janeiro em junho de 1992, tendo seu texto sido aprovado no Brasil mediante o Decreto Legislativo no. 2, de 1994. Seu preâmbulo, ao contrário do teor da alternativa em comento, prevê que a

BLOCO III

prioridade é a conservação in situ: "Observando igualmente que a exigência fundamental para a conservação da diversidade biológica é a conservação in situ dos ecossistemas e dos habitats naturais e a manutenção e recuperação de populações viáveis de espécies no seu meio natural". Nos termos do seu art. 2º: ""Conservação ex situ" significa a conservação de componentes da diversidade biológica fora de seus habitats naturais" e ""Conservação in situ" significa a conservação de ecossistemas e habitats naturais e a manutenção e recuperação de populações viáveis de espécies em meios naturais e, no caso de espécies domesticadas ou cultivadas, nos meios onde tenham desenvolvido suas propriedades características". A conservação ex situ se dá de forma complementar à conservação in situ, conforme arts. 8º e 9º da referida Convenção.

(c) Errada. Ao contrário do texto da alternativa, o preâmbulo da Convenção afirma que os Estados possuem direitos soberanos sobre seus recursos biológicos ("Afirmando que a conservação da diversidade biológica é uma preocupação comum à humanidade; Reafirmando que os Estados têm direitos soberanos sobre os seus próprios recursos biológicos; Reafirmando, igualmente, que os Estados são responsáveis pela conservação de sua diversidade biológica e pela utilização sustentável de seus recursos biológicos"). Tal reconhecimento é corroborado no art. 15.1 da Convenção, que reconhece a competência dos Estados para legislar sobre o tema: "Em reconhecimento dos direitos soberanos dos Estados sobre seus recursos naturais, a autoridade para determinar o acesso a recursos genéticos pertence aos governos nacionais e está sujeita à legislação nacional".

(d) Errada. O Decreto 5.591/2005 reproduz em seu art. 2º, § 2º a previsão do art. 2º, § 2º da Lei 11.105/2005, no sentido de que as referidas atividades são vedadas a pessoas físicas em atuação autônoma e independente, mesmo que mantenham vínculo com pessoas jurídicas: "Art. 2º As atividades e projetos que envolvam OGM e seus derivados, relacionados ao ensino com manipulação de organismos vivos, à pesquisa científica, ao desenvolvimento tecnológico e à produção industrial ficam restritos ao âmbito de entidades de direito público ou privado, que serão responsáveis pela obediência aos preceitos da Lei no 11.105, de 2005, deste Decreto e de normas complementares, bem como pelas eventuais consequências ou efeitos advindos de seu descumprimento. (...). § 2º As atividades e projetos de que trata este artigo são vedados a pessoas físicas em atuação autônoma e independente, ainda que mantenham vínculo empregatício ou qualquer outro com pessoas jurídicas".

(e) Certa. À época da realização do concurso, estava em vigor a Medida Provisória 2186-16/2001, que previa as referidas competências do Conselho de Gestão do Patrimônio Genético em seu art. 11, II, a, c: "Art. 11. Compete ao Conselho de Gestão: (...). II – estabelecer: a) normas técnicas; (...). c) diretrizes para elaboração do Contrato de Utilização do Patrimônio Genético e de Repartição de Benefícios". Atualmente, tais competências continuam previstas, apenas com adequações redacionais, no art. 6º, § 1º, I, a, b, da Lei 12.123/2015: "§ 1º Compete ao CGen: I – estabelecer: a) normas técnicas; b) diretrizes e critérios para elaboração e cumprimento do acordo de repartição de benefícios".

*Para responder, tem que estudar: lei.*

*Gabarito: E*

**21. (Cespe/TJ/AM/Juiz/2016)** Acerca de biodiversidade, patrimônio genético e conhecimento tradicional associado, assinale a opção correta.

a) A gestão do patrimônio genético e o acesso ao conhecimento tradicional associado competem aos municípios, por se tratar de assunto de interesse local.

b) As ações que visem ao acesso ao conhecimento tradicional associado à biodiversidade podem transcorrer mesmo sem o consentimento prévio dos povos indígenas e de outras comunidades locais.

c) O conhecimento tradicional associado ao patrimônio genético decorrente de práticas das comunidades indígenas nacionais integra o patrimônio cultural brasileiro.

d) A divisão dos benefícios decorrentes de exploração econômica de produto desenvolvido a partir de conhecimento tradicional associado ocorrerá sob formas que permitam quantificação de valores, vedadas as contribuições na forma de capacitação de recursos humanos.

e) A diversidade biológica será legalmente protegida se tiver potencial para uso humano.

ANOTAÇÕES/COMENTÁRIOS

(a) Errada. A matéria em questão é de competência da União, conforme art. 7º, XXIII, da Lei Complementar 140/2011 e art. 3º da Lei 13.123/2015: "Art. 7º São ações administrativas da União: (...). XXIII – gerir o patrimônio genético e o acesso ao conhecimento tradicional associado, respeitadas as atribuições setoriais"; e "art. 3º O acesso ao patrimônio genético existente no País ou ao conhecimento tradicional associado para fins de pesquisa ou desenvolvimento tecnológico e a exploração econômica de produto acabado ou material reprodutivo oriundo desse acesso somente serão realizados mediante cadastro, autorização ou notificação, e serão submetidos a fiscalização, restrições e repartição de benefícios nos termos e nas condições estabelecidos nesta Lei e no seu regulamento. Parágrafo único. São de competência da União a gestão, o controle e a fiscalização das atividades descritas no caput, nos termos do disposto no inciso XXIII do caput do art. 7º da Lei Complementar no 140, de 8 de dezembro de 2011".

(b) Errada. Conforme art. 2º, II, da Lei 13.123/2015, "conhecimento tradicional associado – informação ou prática de população indígena, comunidade tradicional ou agricultor tradicional sobre as propriedades ou usos diretos ou indiretos associada ao patrimônio genético". O art. 9º da mesma Lei prevê expressamente que "O acesso ao conhecimento tradicional associado de origem identificável está condicionado à obtenção do consentimento prévio informado".

(c) Certa. A alternativa está de acordo com a previsão do art. 8º, § 2º, da Lei 13.123/2015: "O conhecimento tradicional associado ao patrimônio genético de que trata esta Lei integra o patrimônio cultural brasileiro e poderá ser depositado em banco de dados, conforme dispuser o CGen ou legislação específica".

BLOCO III

(d) Errada. A repartição de benefícios em questão pode se dar de forma monetária ou não monetária, sendo que esta última hipótese admite, dentre outras, a capacitação de recursos humanos, nos termos do art. 19, II, e, da Lei 13.123/2015: "Art. 19. A repartição de benefícios decorrente da exploração econômica de produto acabado ou material reprodutivo oriundo de acesso ao patrimônio genético ou ao conhecimento tradicional associado poderá constituir-se nas seguintes modalidades: I – monetária; ou II – não monetária, incluindo, entre outras: (...). e) capacitação de recursos humanos em temas relacionados à conservação e uso sustentável do patrimônio genético ou do conhecimento tradicional associado".

(e) Errada. A diversidade biológica é protegida independentemente de seu potencial para uso humano, conforme disposição constante do Anexo Único do Decreto 4.339/2002: "2. A Política Nacional da Biodiversidade reger-se-á pelos seguintes princípios: I – a diversidade biológica tem valor intrínseco, merecendo respeito independentemente de seu valor para o homem ou potencial para uso humano".

*Para responder, tem que estudar: lei.*

*Gabarito: C*

## 7. POLÍTICA NACIONAL DE BIOSSEGURANÇA (LEI 11.105/05)

**22. (Cespe/TJ/MA/Juiz/2013)** O governo de determinado estado da Federação proibiu totalmente, por meio de lei, o cultivo, a manipulação e a industrialização de organismos geneticamente modificados no âmbito estadual. Na exposição de motivo que justificava a proposta, mencionou-se o objetivo de se evitarem riscos possíveis ao meio ambiente, devido à incerteza científica quanto a repercussões decorrentes da inserção ambiental de tais organismos. Após a publicação da lei, foi ajuizada, perante o STF, ADI contra a norma, sob o argumento de que a lei federal que dispõe sobre biossegurança permite, com ressalvas, atividades com organismos geneticamente modificados. A respeito dessa situação hipotética, assinale a opção correta.

a) O STF deve julgar procedente a ADI porque a lei estadual contraria o que dispõe a lei federal sobre biossegurança.

b) Ainda que a União permita a utilização de organismos geneticamente modificados, pode o estado-membro proibi-los, visto que, em direito ambiental, cabe à União fixar pisos mínimos de proteção, e aos estados e municípios, para o atendimento de seus interesses regionais e locais, cabe fixar teto de proteção.

c) O princípio ambiental que embasa especificamente a referida lei é o da prevenção, dada a decisão de se postergar a adoção de organismos geneticamente modificados em face da incerteza quanto aos riscos ambientais dela decorrentes.

d) Ao editar a nova lei, o estado exerceu sua competência comum com a União e demais entes federados para a proteção do meio ambiente.

## ANOTAÇÕES/COMENTÁRIOS

(a) Certa. Apesar da interpretação literal da alternativa poder ensejar confusão quanto ao parâmetro da ADI, trata-se da alternativa correta. Isso porque houve violação, dentre outros dispositivos, ao art. 24, VI, da CF, que estabelece a competência concorrente para legislar sobre meio ambiente. Como se sabe, os §§ 1º e 2º da CF estabelecem a competência da União para estabelecer normas gerais sobre as matérias listadas no caput do art. 24 e a competência suplementar dos demais entes. O exercício da competência suplementar não se confunde com a possibilidade de substituição da norma geral, o que teria ocorrido no caso proposto pela questão, já que o Estado editou lei que se sobrepõe à lei da União. A competência suplementar envolve a complementação da legislação geral, não podendo contraria-la frontalmente. Em sentido similar: "Ação Direta de Inconstitucionalidade ajuizada contra a lei estadual paranaense de 14.162, de 27 de outubro de 2003, que estabelece vedação ao cultivo, a manipulação, a importação, a industrialização e a comercialização de organismos geneticamente modificados. 2. Alegada violação aos seguintes dispositivos constitucionais: art. 1º; art. 22, incisos I, VII, X e XI; ao art. 24, I e VI; ao art. 25; e ao artigo 170, caput, inciso IV e parágrafo único. 3. Plausibilidade das alegações de inconstitucionalidade no que toca à potencial ofensa à competência privativa da União e das normas constitucionais relativas às matérias de competência legislativa concorrente". (ADI 3035 MC).

(b) Errada. Conforme comentários da alternativa anterior, o STF adota o critério da competência constitucionalmente definida, e não o da maior proteção do meio ambiente. Em outra oportunidade, no julgamento do caso sobre a comercialização de amianto, o STF decidiu no mesmo sentido: " Não cabe a esta Corte dar a última palavra a respeito das propriedades técnico-científicas do elemento em questão e dos riscos de sua utilização para a saúde da população. Os estudos nesta seara prosseguem e suas conclusões deverão nortear as ações das autoridades sanitárias. Competência do STF circunscrita à verificação da ocorrência de contraste inadmissível entre a lei em exame e o parâmetro constitucional. Sendo possível a este Supremo Tribunal, pelos fatos narrados na inicial, verificar a ocorrência de agressão a outros dispositivos constitucionais que não os indicados na inicial, verifica-se que ao determinar a proibição de fabricação, ingresso, comercialização e estocagem de amianto ou de produtos à base de amianto, destinados à construção civil, o Estado do Mato Grosso do Sul excedeu a margem de competência concorrente que lhe é assegurada para legislar sobre produção e consumo (art. 24, V); proteção do meio ambiente e controle da poluição (art. 24, VI); e proteção e defesa da saúde (art. 24, XII). A Lei 9.055/95 dispôs extensamente sobre todos os aspectos que dizem respeito à produção e aproveitamento industrial, transporte e comercialização do amianto crisotila. A legislação impugnada foge, e muito, do que corresponde à legislação suplementar, da qual se espera que preencha vazios ou lacunas deixados pela legislação federal, não que venha a dispor em diametral objeção a esta. Compreensão que o Supremo Tribunal tem manifestado quando se defronta com hipóteses de competência legislativa concorrente". (STF, ADI 2396)

(c) Errada. Ao contrário do teor da afirmativa em questão, o princípio que embasaria a referida lei seria o da precaução, segundo o qual, diante de uma incerteza científica, deve-se prestigiar o meio ambiente, buscando evitar atividades que possam causar danos ambientais ou mitigar seus efeitos nocivos da forma mais efetiva possível. Segundo Edis Milaré, "a incerteza científica milita em favor do meio ambiente, carregando-se ao interessado o ônus de provar que as intervenções pretendidas não trarão consequências indesejadas ao meio considerado" (MILARÉ, Edis. Direito do ambiente.). Cabe observar que o princípio da precaução não se confunde com o princípio da prevenção, aplicável quando se tem uma certeza científica quanto aos riscos ambientais.

(d) Errada. A alternativa confunde os conceitos de competência comum e concorrente. A competência material para a tutela do patrimônio ambiental é comum de todos os entes, conforme art. 23 da Constituição da República. Por sua vez, a competência legislativa é concorrente, nos termos constitucionais (art. 24). Considerando que o caso narrado envolve a edição de lei, na realidade, o Estado estaria exercendo sua competência concorrente para legislar (tendo incorrido em inconstitucionalidade, justamente por transbordar dos parâmetros constitucionais de tal competência).

*Para responder, tem que estudar: lei, jurisprudência e teoria/doutrina.*

*Gabarito: A*

## 8. POLÍTICA NACIONAL DE RECURSOS HÍDRICOS (LEI 9.433/97)

**23. (Cespe/TJ/CE/Juiz/2012)** Com base na Lei n. 9.433/1997, que instituiu a Política Nacional de Recursos Hídricos e criou o Sistema Nacional de Gerenciamento de Recursos Hídricos, e na Resolução do Conselho Nacional de Recursos Hídricos n. 16/2001, assinale a opção correta.

a) Sendo o consumo humano, em qualquer situação, o uso prioritário dos recursos hídricos, deve a gestão desses recursos evitar, sempre que possível, o uso múltiplo das águas e seu consequente desperdício.

b) A outorga de direito de uso de recursos hídricos é ato administrativo mediante o qual a autoridade outorgante faculta o direito de uso desses recursos, o que não implica, porém, alienação total ou parcial das águas, que são inalienáveis, nos termos da lei.

c) O Sistema Nacional de Gerenciamento de Recursos Hídricos objetiva coordenar a gestão integrada das águas e implementar a Política Nacional de Recursos Hídricos, cabendo diretamente aos entes federativos, por meio de suas agências de águas, arbitrar os conflitos relacionados aos recursos hídricos.

d) A outorga de direito de uso de recursos hídricos não abrange águas subterrâneas, mas apenas águas superficiais.

e) Embora seja competência exclusiva da União registrar e fiscalizar as concessões de direitos de pesquisa e exploração de recursos hídricos, o Sistema

Nacional de Gerenciamento de Recursos Hídricos é composto de órgãos federais, estaduais e do DF.

ANOTAÇÕES/COMENTÁRIOS

(a) Errada. O art. 1º da Lei 9.433/1997 traz os fundamentos da Política Nacional de Recursos Hídricos. Dentre seus fundamentos tem-se que, ao contrário da alternativa, o uso múltiplo deve sempre ser proporcionado, sendo o consumo humano prioritário em situações de escassez, juntamente com a dessedentação de animais: "Art. 1º A Política Nacional de Recursos Hídricos baseia-se nos seguintes fundamentos: I – a água é um bem de domínio público; II – a água é um recurso natural limitado, dotado de valor econômico; III – em situações de escassez, o uso prioritário dos recursos hídricos é o consumo humano e a dessedentação de animais; IV – a gestão dos recursos hídricos deve sempre proporcionar o uso múltiplo das águas; V – a bacia hidrográfica é a unidade territorial para implementação da Política Nacional de Recursos Hídricos e atuação do Sistema Nacional de Gerenciamento de Recursos Hídricos; VI – a gestão dos recursos hídricos deve ser descentralizada e contar com a participação do Poder Público, dos usuários e das comunidades".

(b) Certa. As águas foram tornadas públicas com a CF/1988, de modo que seu uso demanda uma autorização prévia por parte do Poder Público, que é a outorga. Trata-se de um controle prévio estatal com o objetivo de controlar a quantidade, a qualidade e racionalizar a utilização das águas. A outorga é precária, tendo natureza jurídica de ato administrativo (autorização), tendo como prazo máximo de validade 35 anos, admitidas prorrogações, e sendo sempre onerosa. O art. 18 da Lei 9.433/1997 prevê a inalienabilidade das águas: "A outorga não implica a alienação parcial das águas, que são inalienáveis, mas o simples direito de seu uso".

(c) Errada. Ao contrário do que é afirmado na alternativa, compete aos Comitês das Bacias Hidrográficas arbitrar os conflitos em primeira instância, cabendo ao Conselho Nacional de Recursos Hídricos arbitrar em última instância os conflitos entre Conselhos Estaduais de Recursos Hídricos, conforme art. 38, II e art. 35, II, ambos da Lei 9.433/1997: "Art. 38. Compete aos Comitês de Bacia Hidrográfica, no âmbito de sua área de atuação: (...). II – arbitrar, em primeira instância administrativa, os conflitos relacionados aos recursos hídricos"; "Art. 35. Compete ao Conselho Nacional de Recursos Hídricos: (...). II – arbitrar, em última instância administrativa, os conflitos existentes entre Conselhos Estaduais de Recursos Hídricos".

(d) Errada. Ao contrário do afirmado na alternativa, as águas subterrâneas também estão sujeitas a outorga, conforme art. 12, II, da Lei 9.433/1997: "Art. 12. Estão sujeitos a outorga pelo Poder Público os direitos dos seguintes usos de recursos hídricos: (...). II – extração de água de aquífero subterrâneo para consumo final ou insumo de processo produtivo".

(e) Errada. O texto da alternativa contraria a competência comum constitucionalmente atribuída a todos os entes pelo art. 23, XI: "Art. 23. É competência comum da União, dos Estados, do Distrito Federal e dos Municípios: (...). XI – registrar, acompanhar e fiscalizar as concessões de direitos de pesquisa e exploração de recursos hídricos e minerais em seus territórios". Além disso, conforme se verifica do art. 33 da Lei 9.433/1997, todos os entes públicos (inclusive os Municípios, não citados pela alternativa) formam a composição do Sistema Nacional de Gerenciamento de Recursos Hídricos.

*Para responder, tem que estudar: lei.*

*Gabarito: B*

**24. (Cespe/TJ/AC/Juiz/2012)** O sistema de informações sobre recursos hídricos é um dos instrumentos da Política Nacional de Recursos Hídricos. São princípios básicos do funcionamento desse sistema:

a) a descentralização do processo de tomada de decisões, a integração institucional do processo de elaboração de informações e o direito à informação.

b) a publicidade das informações, a coordenação unificada do sistema de coleta dos dados e a descentralização do processo de tomada de decisões.

c) a descentralização da obtenção e produção de dados e informações, a coordenação unificada do sistema e a garantia de acesso da sociedade aos dados e informações.

d) a integração regional na coleta de informações, a centralização administrativa no processo de sistematização de dados e a transparência do processo de tomada de decisões.

e) a centralização do processo de coleta de dados, a interdependência na gestão do conhecimento e a democratização dos veículos de informação.

ANOTAÇÕES/COMENTÁRIOS

(a) Errada. A questão trabalha com a literalidade do art. 26 da Lei 9.433/1997, que lista os princípios básicos do funcionamento do sistema: "Art. 26. São princípios básicos para o funcionamento do Sistema de Informações sobre Recursos Hídricos: I – descentralização da obtenção e produção de dados e informações; II – coordenação unificada do sistema; III – acesso aos dados e informações garantido à toda a sociedade".

(b) Errada. Vide comentários da alternativa A.

(c) Certa. Conforme comentários da alternativa A, a questão se apega à literalidade da redação legal.

(d) Errada. Vide comentários da alternativa A.

(e) Errada. Vide comentários da alternativa A.

*Para responder, tem que estudar: lei.*

*Gabarito: C*

**25. (Cespe/TJ/ES/Juiz/2011)** Acerca dos fundamentos que dão base à PNRH, assinale a opção correta.

a) Sendo a água bem de domínio público e recurso natural limitado, dotado de valor econômico, o uso prioritário dos recursos hídricos, em situações de escassez, consiste no consumo humano e na dessedentação de animais.

b) A gestão dos recursos hídricos deve sempre proporcionar o uso múltiplo das águas, sendo o município a unidade territorial escolhida para a implementação da PNRH e atuação do SNGRH.

c) O comitê de bacias, órgão consultivo e deliberativo do SNGRH, tem como centro administrativo a Secretaria Executiva do Instituto Chico Mendes para a Biodiversidade.

d) A gestão dos recursos hídricos deve proporcionar meios efetivos de prevenção e defesa contra as mudanças climáticas capazes de ocasionar degeneração na qualidade das águas e perda de aquíferos decorrentes do uso inadequado dos recursos naturais.

e) A gestão dos recursos hídricos deve ser centralizada, para melhor gerenciamento, cabendo à União viabilizar a participação dos usuários e das comunidades no processo de tomada de decisões quanto aos usos múltiplos da água.

ANOTAÇÕES/COMENTÁRIOS

(a) Certa. O art. 1º da Lei 9.433/1997 traz os fundamentos da Política Nacional de Recursos Hídricos, prevendo justamente o domínio público das águas, seu caráter limitado e dotado de valor econômico, bem como que o consumo humano prioritário em situações de escassez, juntamente com a dessedentação de animais: "Art. 1º A Política Nacional de Recursos Hídricos baseia-se nos seguintes fundamentos: I – a água é um bem de domínio público; II – a água é um recurso natural limitado, dotado de valor econômico; III – em situações de escassez, o uso prioritário dos recursos hídricos é o consumo humano e a dessedentação de animais; IV – a gestão dos recursos hídricos deve sempre proporcionar o uso múltiplo das águas; V – a bacia hidrográfica é a unidade territorial para implementação da Política Nacional de Recursos Hídricos e atuação do Sistema Nacional de Gerenciamento de Recursos Hídricos; VI – a gestão dos recursos hídricos deve ser descentralizada e contar com a participação do Poder Público, dos usuários e das comunidades".

(b) Errada. Embora a gestão dos recursos hídricos deva efetivamente proporcionar o uso múltiplo das águas (conforme art. 1º, IV, da Lei 9.433/1997), a unidade territorial escolhida para implementação da PNRH e atuação do SNGRH é a bacia hidrográfica (conforme art. 1º, V, da Lei 9.433/1997). A bacia hidrográfica é a área em que ocorre a drenagem das áreas destinadas a um curso de água (normalmente um grande rio).

(c) Errada. O Comitê de Bacias tem suas atribuições previstas no art. 38 da Lei 9.433/1997, podendo-se depreender algumas funções deliberativas. Contudo, não é o Instituto Chico Mendes que exerce a função de secretaria executiva, mas as Agências de Águas, conforme art. 41 da Lei 9.433/1997: "Art. 41. As Agências de Água exercerão a função de secretaria executiva do respectivo ou respectivos Comitês de Bacia Hidrográfica".

(d) Errada. Em que pese ser desejável, não se encontra dentro do escopo da gestão de recursos hídricos, nos termos da legislação correlatada, proporcionar meios efetivos de prevenção e defesa contra mudanças climáticas nos termos da assertiva. A banca examinadora parece tentar confundir o candidato com a redação do art. 2º, III, da Lei 9.433/1997, que prevê: "Art. 2º São objetivos da Política Nacional de Recursos Hídricos: (...). III – a prevenção e a defesa contra eventos hidrológicos críticos de origem natural ou decorrentes do uso inadequado dos recursos naturais".

(e) Errada. Um dos fundamentos da Política Nacional de Recursos Hídricos é justamente a descentralização da gestão, conforme art. 1º, VI, da Lei 9.433/1997: "Art. 1º A Política Nacional de Recursos Hídricos baseia-se nos seguintes fundamentos: (...). VI – a gestão dos recursos hídricos deve ser descentralizada e contar com a participação do Poder Público, dos usuários e das comunidades".

*Para responder, tem que estudar: lei.*

*Gabarito: A*

**26. (Cespe/TJ/AM/Juiz/2016)** Com relação aos recursos hídricos, assinale a opção correta.

a) Compete ao Comitê Nacional de Recursos Hídricos organizar, implantar e gerir o Sistema Nacional de Informações sobre Segurança de Barragens.
b) Além do representante da Funai, os comitês de bacias hidrográficas de rios que abranjam terras indígenas incluirão representante das comunidades indígenas.
c) Conforme a localização dos corpos d'água, seu domínio divide-se entre a União, os estados (e por analogia o DF) e os municípios.
d) As competências dos comitês de bacias hidrográficas incluem o exercício do poder de polícia.
e) Cabe à Agência Nacional de Águas, outorgar, mediante permissão, o direito de uso de recursos hídricos em corpos de água de domínio da União, dos estados e do DF.

ANOTAÇÕES/COMENTÁRIOS

(a) Errada. Ao contrário do que consta na alternativa, compete à Agência Nacional de Águas organizar, implantar e gerir o Sistema Nacional de Informações sobre Segurança de Barragens, conforme art. 4º, XX, da Lei 9.984/2000: "Art. 4º A atuação da ANA obedecerá aos fundamentos, objetivos, diretrizes e instrumentos da Política Nacional de Recursos Hídricos e será desenvolvida em articulação com órgãos e entidades públicas e privadas integrantes do Sistema Nacional de Gerenciamento de Recursos Hídricos, cabendo-lhe: (...). XX – organizar, implantar e gerir o Sistema Nacional de Informações sobre Segurança de Barragens (SNISB); (Incluído pela Lei 12.334, de 2010)".

(b) Certa. Os Comitês das bacias hidrográficas são órgãos exclusivos para a sua gestão, que devem estar atentos às suas peculiaridades. O art. 39 da Lei 9.433/1997 traz a sua composição, prevendo em seu § 3º que: "Nos Comitês de Bacia Hidrográfica de bacias cujos territórios abranjam terras indígenas devem ser incluídos representantes: I – da Fundação Nacional do Índio – FUNAI, como parte da representação da União; II – das comunidades indígenas ali residentes ou com interesses na bacia".

(c) Errada. Com a CF/1988, tivemos um fenômeno denominado de publicização das águas, que alterou o domínio anteriormente previsto no Código de Águas de 1934. Hoje, as águas são públicas, ou da União (art. 20 da CF), ou dos Estados ou do DF (art. 26 da CF). Confira-se: "Art. 20. São bens da União: (...). III – os lagos, rios e quaisquer correntes de água em terrenos de seu domínio, ou que banhem mais de um Estado, sirvam de limites com outros países, ou se estendam a território estrangeiro ou dele provenham, bem como os terrenos marginais e as praias fluviais; IV – as ilhas fluviais e lacustres nas zonas limítrofes com outros países; as praias marítimas; as ilhas oceânicas e as costeiras, excluídas, destas, as que contenham a sede de Municípios, exceto aquelas áreas afetadas ao serviço público e a unidade ambiental federal, e as referidas no art. 26, II; V – os recursos naturais da plataforma continental e da zona econômica exclusiva; VI – o mar territorial; VIII – os potenciais de energia hidráulica". As demais águas são de propriedade dos Estados, conforme o art. 26 da CF: "Art. 26. Incluem-se entre os bens dos Estados: I – as águas superficiais ou subterrâneas, fluentes, emergentes e em depósito, ressalvadas, neste caso, na forma da lei, as decorrentes de obras da União"

(d) Errada. Dentre as competências atribuídas aos comitês de bacias hidrográficas pela Lei 9.433/1997 não consta o poder de polícia, conforme se verifica do art. 38: "Compete aos Comitês de Bacia Hidrográfica, no âmbito de sua área de atuação: I – promover o debate das questões relacionadas a recursos hídricos e articular a atuação das entidades intervenientes; II – arbitrar, em primeira instância administrativa, os conflitos relacionados aos recursos hídricos; III – aprovar o Plano de Recursos Hídricos da bacia; IV – acompanhar a execução do Plano de Recursos Hídricos da bacia e sugerir as providências necessárias ao cumprimento de suas metas; V – propor ao Conselho Nacional e aos Conselhos Estaduais de Recursos Hídricos as acumulações, derivações, captações e lançamentos de pouca expressão, para efeito de isenção da obrigatoriedade de outorga de direitos de uso de recursos hídricos, de acordo com os domínios destes; VI – estabelecer os mecanismos de cobrança pelo uso de recursos hídricos e sugerir os valores a serem cobrados; (...). IX – estabelecer critérios e promover o rateio de custo das obras de uso múltiplo, de interesse comum ou coletivo".

(e) Errada. A Agência Nacional de Águas – ANA é autarquia federal que possui competência para conceder a outorga para uso de recursos hídricos, mas tão somente das águas de domínio da União. As águas sob domínio dos Estados deverão ser objeto de outorga pelas entidades estaduais, não havendo a ingerência da ANA. Além disso, a outorga das águas se dá mediante autorização, e não permissão, conforme art. 4º, IV, da Lei 9.984/00: "Art. 4º A atuação da ANA obedecerá aos fundamentos, objetivos, diretrizes e instrumentos da Política Nacional de Recursos Hídricos e será desenvolvida em articulação com órgãos e entidades públicas e privadas integrantes do Sistema Nacional de Gerenciamento de Recursos Hídricos, cabendo-lhe: (...). IV – outorgar, por intermédio de autorização, o direito de uso de recursos hídricos em corpos de água de domínio da União, observado o disposto nos arts. 5º, 6º, 7º e 8º".

*Para responder, tem que estudar: lei e teoria/doutrina.*

*Gabarito: B*

**27. (Cespe/TJ/PB/Juiz/2015)** A respeito de licenciamento ambiental e de empreendimentos de exploração de potencial hidráulico, assinale a opção correta com base nas normas e na jurisprudência aplicável.

a) Cabe ao órgão ambiental decidir se o licenciamento ambiental para obras de exploração do potencial hidráulico de um rio deverá considerar a totalidade do rio ou partes dele, realizando-se licenciamentos distintos para cada parte.

b) É estadual a competência para licenciar empreendimentos de exploração do potencial hidráulico de rio que passe por terras indígenas localizadas no interior de somente um estado da Federação.

c) Para fomentar a cooperação entre os entes federativos, os empreendimentos de exploração de potencial hidráulico poderão ser licenciados por mais de um ente federativo.

d) A atuação supletiva do órgão federal para realizar um licenciamento de exploração de potencial hidráulico é possível, haja vista que esse é um procedimento de competência constitucional comum, que requer somente a solicitação do ente originalmente competente.

e) Embora a extração de combustíveis fósseis esteja disposta em resolução do Conama como atividade potencialmente causadora de danos ambientais, o que enseja a elaboração de estudo de impacto ambiental, a extração de minérios, como regra, não impõe essa exigência.

**ANOTAÇÕES/COMENTÁRIOS**

(a) Certa. O licenciamento ambiental deve levar em consideração as peculiaridades do empreendimento de acordo com o local de sua implementação e seu entorno. Desse modo, considerando que a exploração do potencial hidráulico do rio, a depender das suas características e dimensões, pode se dar mediante obras em locais distintos (Ex.: transposição do rio e instalação de usina hidrelétrica em outro trecho), pode haver a necessidade de licenciamentos com condicionantes distintas, demandando atos separados.

(b) Errada. A competência em questão é da União, por envolver terras indígenas, conforme art. 7º, XIV, c, da Lei Complementar 140/2011: "Art. 7º São ações administrativas da União: (...). XIV – promover o licenciamento ambiental de empreendimentos e atividades: (...). c) localizados ou desenvolvidos em terras indígenas".

(c) Errada. O licenciamento é feito por um único ente, diante da disposição expressa do art. 13 da Lei Complementar 140/2011:" Art. 13. Os empreendimentos e atividades são licenciados ou autorizados, ambientalmente, por um único ente federativo, em conformidade com as atribuições estabelecidas nos termos desta Lei Complementar". O que o § 1º do referido dispositivo admite é uma participação de outros entes, em caráter não vinculante: "Os demais entes federativos interessados podem manifestar-se ao órgão responsável pela licença ou autorização, de maneira não vinculante, respeitados os prazos e procedimentos do licenciamento ambiental". Cabe observar que a Lei Complementar 140/2011, com tal previsão, acabou com uma polêmica que existia anteriormente à sua edição, tendo em vista que o STJ possuía precedentes admitindo o licenciamento por vários entes públicos.

(d) Errada. Além de haver a divisão legal de competência para licenciar, a atuação supletiva ocorre nos casos em que o ente público originariamente competente não dispõe da estrutura necessária (órgão ambiental capacitado ou Conselho de Meio Ambiente) para o licenciamento ambiental de determinado empreendimento, de modo que outro ente assume. Tal previsão vem no art. 15 da Lei Complementar 140/2011: "Art. 15. Os entes federativos devem atuar em caráter supletivo nas ações administrativas de licenciamento e na autorização ambiental, nas seguintes hipóteses: I – inexistindo órgão ambiental capacitado ou conselho de meio ambiente no Estado ou no Distrito Federal, a União deve desempenhar as ações administrativas estaduais ou distritais até a sua criação; II – inexistindo órgão ambiental capacitado ou conselho de meio ambiente no Município, o Estado deve desempenhar as ações administrativas municipais até a sua criação; e III – inexistindo órgão ambiental capacitado ou conselho de meio ambiente no Estado e no Município, a União deve desempenhar as ações administrativas até a sua criação em um daqueles entes federativos".

(e) Errada. A Resolução no. 237/1997, do CONAMA, em seu Anexo I, lista as atividades e empreendimentos sujeitos ao licenciamento ambiental e inclui a extração e tratamento de minerais.

*Para responder, tem que estudar: lei e teoria/doutrina.*

*Gabarito: A*

**28. (Cespe/TJ/PA/Juiz/2012)** Considerando o Sistema Nacional de Gerenciamento de Recursos Hídricos (SINGREH), a Lei de Política Nacional de Recursos Hídricos (Lei n. 9.433/1997) e a Resolução n. 16/2001 do Conselho Nacional de Recursos Hídricos, assinale a opção correta.

a) Os comitês de bacia hidrográfica são compostos por representantes de usuários e poluidores das águas da área de drenagem de um conjunto de rios.

b) Nos comitês de bacia hidrográfica de bacias cujos territórios abranjam terras indígenas devem ser incluídos representantes das comunidades indígenas residentes nos estados-membros localizados na fronteira da bacia.

c) Os comitês de bacia hidrográfica devem ser dirigidos por um conselho de diretores e um secretário, indicados pelo governador do estado cujo território se situe na área de atuação do comitê.

d) A criação de Agências de Água somente pode ser autorizada pelo Ibama.

e) Compete ao Comitê de Bacia Hidrográfica aprovar o Plano de Recursos Hídricos da bacia.

ANOTAÇÕES/COMENTÁRIOS

(a) Errada. O art. 39 da Lei 9.433/1997 traz a composição dos Comitês das Bacias Hidrográficas: "Art. 39. Os Comitês de Bacia Hidrográfica são compostos por representantes: I – da União; II – dos Estados e do Distrito Federal cujos territórios se situem, ainda que parcialmente, em suas respectivas áreas de atuação; III – dos Municípios situados, no todo ou em parte, em sua área de atuação; IV – dos usuários das águas de sua área de atuação; V – das entidades civis de recursos hídricos com atuação comprovada na bacia".

(b) Errada. As comunidades indígenas com representantes no Comitê são as ali residentes ou com interesse na bacia, nos termos do art. 39, § 3º, da Lei 9.433/1997: "Nos Comitês de Bacia Hidrográfica de bacias cujos territórios abranjam terras indígenas devem ser incluídos representantes: I – da Fundação Nacional do Índio – FUNAI, como parte da representação da União; II – das comunidades indígenas ali residentes ou com interesses na bacia".

(c) Errada. Nos termos do art. 40 da Lei 9.433/1997: "Os Comitês de Bacia Hidrográfica serão dirigidos por um Presidente e um Secretário, eleitos dentre seus membros".

(d) Errada. A competência para autorizar a criação de Agências de Água é do Conselho Nacional de Recursos Hídricos ou dos Conselhos Estaduais, nos termos do art. 42, parágrafo único, da Lei 9.433/1997: "Art. 42. As Agências de Água terão a mesma área de atuação de um ou mais Comitês de Bacia Hidrográfica. Parágrafo único. A criação das Agências de Água será autorizada pelo Conselho Nacional de Recursos Hídricos ou pelos Conselhos Estaduais de Recursos Hídricos mediante solicitação de um ou mais Comitês de Bacia Hidrográfica".

(e) Certa. A referida competência vem listada no art. 38, III, da Lei 9.433/1997: "Art. 38. Compete aos Comitês de Bacia Hidrográfica, no âmbito de sua área de atuação: (...). III – aprovar o Plano de Recursos Hídricos da bacia".

*Para responder, tem que estudar: lei.*

*Gabarito: E*

**29. (Cespe/TJ/DFT/Juiz/2014)** Considerando o processo de poluição de corpo de água, assinale a opção correta com base no disposto na legislação ambiental brasileira.

a) No que se refere ao controle de resíduos hospitalares que possam contaminar curso de água, o MP não poderá exigir a realização do plano de gerenciamento de resíduos de serviços de saúde dos hospitais se o órgão ambiental não o tiver exigido.

b) O lançamento de esgotos e demais resíduos em lagos artificiais, a exemplo do Lago Paranoá, em Brasília - DF, não se inclui entre os itens sujeitos à outorga de direitos de uso de recursos hídricos pelo poder público.

c) No caso de ocorrência de vazamento de óleo em determinado curso de água em que se constate grave degradação ambiental, é prevista, consoante a Política Nacional de Recursos Hídricos, apenas a suspensão parcial, por prazo determinado, da outorga de direito de uso do recurso hídrico.

d) O estabelecimento de mecanismos de cobrança pelo uso de recursos hídricos é competência do comitê de bacia da bacia hidrográfica ao qual o curso de água esteja vinculado.

e) É competência do Instituto Brasileiro do Meio Ambiente e dos Recursos Naturais Renováveis (Ibama), nos termos da Política Nacional do Meio Ambiente, o estabelecimento de padrões de controle de qualidade dos recursos hídricos.

## ANOTAÇÕES/COMENTÁRIOS

(a) Errada. Conforme art. 2º, XI, da Resolução CONAMA no. 358/2005, "Plano de Gerenciamento de Resíduos de Serviços de Saúde-PGRSS: documento integrante do processo de licenciamento ambiental, baseado nos princípios da não geração de resíduos e na minimização da geração de resíduos, que aponta e descreve as ações relativas ao seu manejo, no âmbito dos serviços mencionados no art. 1º desta Resolução, contemplando os aspectos referentes à geração, segregação, acondicionamento, coleta, armazenamento, transporte, reciclagem, tratamento e disposição final, bem como a proteção à saúde pública e ao meio ambiente". Uma vez constatado risco à saúde pública em razão de degradação ambiental decorrente da inobservância de parâmetros adequados para descarte dos materiais em questão, o Ministério Público, enquanto órgão vocacionado à defesa dos direitos envolvidos, poderá adotar as medidas competentes para apresentação do PGRSS. Sobre o tema, ainda que posterior ao certame em questão, vale citar o seguinte julgado do TJ-DFT: "APELAÇÃO CÍVEL. AÇÃO CIVIL PÚBLICA. OBRIGAÇÃO DE FAZER.PLANO DE GERENCIAMENTO DE RESÍDUOS DE SERVIÇOS DE SAÚDE – PGRSS. RESOLUÇÕES (306/04. ANVISA; 358/05. CONAMA). LEGISLAÇÃO FEDERAL E DISTRITAL. PRAZO PARA APROVAÇÃO. MULTA. REDUÇÃO. SENTENÇA PARCIALMENTE REFORMADA. 1. Apelação contra sentença em que foram julgados parcialmente procedentes os pedidos deduzidos em Ação Civil Pública ajuizada pelo Ministério Público, condenando-se o Distrito Federal a elaborar e obter a aprovação do Plano de Gerenciamento de Resíduos de Serviços de Saúde pelo IBRAM, tudo no prazo de 60 (sessenta) dias, contados do trânsito em julgado da sentença, bem como sua implementação no prazo de 90 (noventa) dias contados da aprovação, sob pena de multa de R$ 1.000.000,00 (um milhão de reais) por mês de descumprimento. 2. O Plano de Gerenciamento de Resíduos de Serviços de Saúde (PGRSS) aponta e descreve, dentre outras medidas, as ações relativas ao manejo dos resíduos sólidos, contemplando os aspectos referentes à geração, segregação, acondicionamento, coleta, armazenamento, transporte, tratamento e disposição final, bem como as ações de proteção à saúde pública e ao meio ambiente (Leis Federal e Distrital de números 12.305/2010 e 4.352/2009, respectivamente, bem como das Resoluções números 306/2004, da ANVISA, e 358/2005, do CONAMA). 3. Amera de elaboração de estudos técnicos, que perdura por cerca de 10 (dez) anos, a formação dos servidores e a melhora no acondicionamento dos resíduos com a compra de novos contêineres não substituem o PGRSS. 4. Não deve ser incluída no prazo de 60 (sessenta) dias concedido à parte para elaboração do PGRSS sua aprovação pelo IBRAM, tendo em vista que se trata de ato de terceiro, estranho à lide. 5. A multa cominatória tem a finalidade de constranger o réu ao cumprimento da obrigação ou de se abster de um ato. Entretanto, seu valor não deve ser excessivo, a ponto de inviabilizar o pagamento, caso eventualmente seja descumprida a obrigação. Assim, fixada em valor muito elevado, deve ser reduzida. 6. Apelação Cível parcialmente provida". (TJDFT, Ap 20170110026162).

(b) Errada. Não há diferenciação para a concessão de outorga para o lançamento de esgoto e resíduos em lagos naturais ou artificiais, ao contrário do que consta na assertiva em questão. Conforme art. 12, III, da Lei 9.433/1997: "Estão sujeitos a outorga pelo Poder Público os direitos dos seguintes usos de recursos hídricos: (...). III – lançamento em corpo de água de esgotos e demais resíduos líquidos ou gasosos, tratados ou não, com o fim de sua diluição, transporte ou disposição final".

(c) Errada. A hipótese narrada enseja grave degradação ambiental, de modo que pode ensejar a suspensão da outorga de forma parcial ou total, em definitivo ou temporariamente, conforme o art. 15, IV, da Lei 9.433/1997: "A outorga de direito de uso de recursos hídricos poderá ser suspensa parcial ou totalmente, em definitivo ou por prazo determinado, nas seguintes circunstâncias: (...). IV – necessidade de se prevenir ou reverter grave degradação ambiental".

(d) Certa. Essa é uma das competências dos Comitês de Bacia Hidrográfica, de acordo com o disposto no art. 38, VI, da Lei 9.433/1997: "Art. 38. Compete aos Comitês de Bacia Hidrográfica, no âmbito de sua área de atuação: (...). VI – estabelecer os mecanismos de cobrança pelo uso de recursos hídricos e sugerir os valores a serem cobrados".

(e) Errada. Conforme disposto na Lei 6.938/1981, a competência em questão é do CONAMA: "art. 8º Compete ao CONAMA: (...). VII – estabelecer normas, critérios e padrões relativos ao controle e à manutenção da qualidade do meio ambiente com vistas ao uso racional dos recursos ambientais, principalmente os hídricos".

*Para responder, tem que estudar: lei e jurisprudência.*

*Gabarito: D*

## 9. POLÍTICA NACIONAL DO MEIO AMBIENTE (LEI 6.938/81)

**30. (Cespe/TJ/MA/Juiz/2013)** No que concerne aos instrumentos da Política Nacional do Meio Ambiente (PNMA), assinale a opção correta.

a) O licenciamento ambiental é exigido tanto para atividades efetivamente poluidoras como para aquelas que apenas potencialmente o são, sendo a realização de estado de impacto ambiental (EIA/RIMA) uma de suas etapas obrigatórias.

b) Os espaços territoriais especialmente protegidos, totalmente disciplinados na lei que regulamenta o SNUC, não integram o rol de instrumentos da PNMA.

c) O tombamento, instrumento da PNMA, destina-se especificamente à proteção do meio ambiente cultural.

d) O zoneamento ambiental, que consiste em limitação do uso do solo, atende ao princípio segundo o qual a propriedade deve cumprir sua função social e configura aspecto do exercício do poder de polícia.

**ANOTAÇÕES/COMENTÁRIOS**

(a) Errada. Temos uma série de avaliações de impacto ambiental (estudos ambientais): o estudo de impacto ambiental (EIA), o relatório ambiental, o diagnóstico ambiental, o plano de recuperação de área degradada, o plano de manejo, dentre outros. Desse modo, a alternativa se mostra equivocada ao afirmar que o EIA/RIMA é uma etapa obrigatória para qualquer licenciamento, já que se trata da modalidade de estudo ambiental exigida para atividades potencialmente causadoras de significativa degradação ambiental, nos termos do art. 225, § 1º, IV, da CF. Essa alternativa foi objeto de questionamento à época da realização do certame, tendo a banca indeferido os recursos nos seguintes termos: "Os recorrentes alegam que a questão apresentaria duplicidade de assertivas corretas, pois além daquela que trata do zoneamento ambiental, a alternativa que dispõe acerca do licenciamento ambiental também não traria nenhum equívoco. Outros afirmam que a questão estaria confusa e que inexistiria alternativa correta. A afirmação de que estaria correta a assertiva referente ao licenciamento ambiental não procede. A afirmação está incorreta, na medida em que nem todos os casos de licenciamento ambiental exigem EIA/Rima. Etapa necessária é a "avaliação de impacto ambiental", que pode ser RAP, PRAD, EIA/Rima etc, conforme o tipo do impacto: "As atividades causadoras de significativo impacto ambiental estão sujeitas a uma modalidade de licenciamento ambiental mais rigorosa, pois neste caso a avaliação de impacto ambiental especificamente exigida pela Constituição Federal é o estudo prévio de impacto ambiental." (Guilherme José Purvin de Figueiredo, Curso de Direito Ambiental). A questão tem, portanto, uma alternativa correta, e, ao contrário do alegado, o enunciado e as assertivas foram escritos de modo claro e preciso. O parecer, portando, é pelo indeferimento dos recursos."

(b) Errada. Ao contrário do que consta na alternativa, os espaços territoriais especialmente protegidos integram o rol de instrumentos da PNMA, conforme art. 9º, VI,

BLOCO III

da Lei 6.938/1981: "Art. 9º São instrumentos da Política Nacional do Meio Ambiente: (...). VI – a criação de espaços territoriais especialmente protegidos pelo Poder Público federal, estadual e municipal, tais como áreas de proteção ambiental, de relevante interesse ecológico e reservas extrativistas; (Redação dada pela Lei 7.804, de 1989)".

(c) Errada. O escopo do tombamento é mais amplo que o informado na alternativa. O tombamento é um instrumento de proteção do meio ambiente que objetiva proteger o patrimônio histórico, artístico e cultural do país, permitindo a todos o acesso à cultura. O instituto vem tratado no Decreto-Lei 25/1937, que foi recepcionado pela CF/1988, apesar de demandar interpretação conforme.

(d) Certa. O zoneamento ambiental é previsto como um instrumento da PNMA, no art. 9º, II, da Lei 6.938/1981. Trata-se de instrumento de observância obrigatória na implantação de projetos públicos ou privados, que define os empreendimentos admitidos para cada região de acordo com o planejamento público, sendo um instrumento para concretizar a função social da propriedade de acordo com os parâmetros almejados para o ordenamento territorial. Além disso, uma vez definido um zoneamento ambiental, cabe ao Poder Público observá-lo, seja no licenciamento de novos empreendimentos, seja fiscalizando a implantação (sendo, portanto, uma manifestação do exercício do poder de polícia). Não temos no Brasil uma lei geral tratando do zoneamento ambiental, de modo que o instituto acaba sendo tratado de maneira esparsa (no Código Florestal, no Estatuto da Cidade, no Decreto 4.297/02). O art. 2º do Decreto 4.297/02 traz uma definição do zoneamento ecológico-econômico, que auxilia a compreender o instituto mais amplo do zoneamento ambiental: "o ZEE, instrumento de organização do território a ser obrigatoriamente seguido na implantação de planos, obras e atividades públicas e privadas, estabelece medidas e padrões de proteção ambiental destinados a assegurar a qualidade ambiental, dos recursos hídricos e do solo e a conservação da biodiversidade, garantindo o desenvolvimento sustentável e a melhoria das condições de vida da população".

*Para responder, tem que estudar: lei e teoria/doutrina.*

*Gabarito: D*

**31. (Cespe/TJ/DFT/Juiz/2016)** Com relação à Política Nacional do Meio Ambiente, definida pela Lei n. 6.938/1981, assinale a opção correta.

a) O detentor que tenha recebido a servidão ambiental, de forma gratuita, em razão do caráter personalíssimo dessa, não poderá aliená-la a título oneroso e em caráter definitivo.

b) O estabelecimento de normas e padrões nacionais de controle da poluição por veículos automotores, aeronaves e embarcações, mediante audiência dos ministérios competentes, é atribuição privativa do Ibama.

c) A competência para administrar o Cadastro Técnico Federal de Atividades e Instrumentos de Defesa Ambiental e o Cadastro Técnico Federal de Atividades Potencialmente Poluidoras ou Utilizadoras de Recursos Ambientais é do Conama.

d) O órgão superior do Sisnama é o Conama, que tem a função de assessorar o presidente da República na formulação da política nacional e nas diretrizes governamentais para o meio ambiente e os recursos ambientais.

e) Como forma de recuperar os danos ambientais existentes, o proprietário ou possuidor de imóvel poderá instituir servidão ambiental por instrumento público, particular ou por termo administrativo, exceto em áreas de preservação permanente e exceto em relação à reserva legal mínima exigida.

## ANOTAÇÕES/COMENTÁRIOS

(a) Errada. A servidão ambiental é prevista nos arts. 9º-A, 9º-B e 9º-C da Lei 6.938/81 e é um direito real sobre coisa alheia (e, como tal, deve ser objeto de registro imobiliário), através do qual o proprietário renuncia, de maneira total ou parcial, de maneira definitiva ou temporária, à exploração dos recursos ambientais em sua propriedade. Ao contrário do que afirma a assertiva, a servidão ambiental pode ser onerosa, bem como ser alienada a título oneroso e em caráter definitivo, conforme art. 9º-B § 3º, da PNMA: "Art. 9º-B. A servidão ambiental poderá ser onerosa ou gratuita, temporária ou perpétua. (Incluído pela Lei 12.651, de 2012). (...). § 3º O detentor da servidão ambiental poderá aliená-la, cedê-la ou transferi-la, total ou parcialmente, por prazo determinado ou em caráter definitivo, em favor de outro proprietário ou de entidade pública ou privada que tenha a conservação ambiental como fim social (Incluído pela Lei 12.651, de 2012)".

(b) Errada. A referida competência é, na realidade, do CONAMA, conforme art. 8º, VI, da Lei 6.938/1981: "Art. 8º Compete ao CONAMA: (Redação dada pela Lei 8.028, de 1990). (...). VI – estabelecer, privativamente, normas e padrões nacionais de controle da poluição por veículos automotores, aeronaves e embarcações, mediante audiência dos Ministérios competentes".

(c) Errada. A competência para administrar os cadastros em questão é do Ibama, conforme art. 17 da Lei 6.938/1981: "Fica instituído, sob a administração do Instituto Brasileiro do Meio Ambiente e Recursos Naturais Renováveis – IBAMA: (Redação dada pela Lei 7.804, de 1989) I – Cadastro Técnico Federal de Atividades e Instrumentos de Defesa Ambiental, para registro obrigatório de pessoas físicas ou jurídicas que se dedicam a consultoria técnica sobre problemas ecológicos e ambientais e à indústria e comércio de equipamentos, aparelhos e instrumentos destinados ao controle de atividades efetiva ou potencialmente poluidoras; (Incluído pela Lei 7.804, de 1989) II – Cadastro Técnico Federal de Atividades Potencialmente Poluidoras ou Utilizadoras de Recursos Ambientais, para registro obrigatório de pessoas físicas ou jurídicas que se dedicam a atividades potencialmente poluidoras e/ou à extração, produção, transporte e comercialização de produtos potencialmente perigosos ao meio ambiente, assim como de produtos e subprodutos da fauna e flora. (Incluído pela Lei 7.804, de 1989)".

(d) Errada. Conforme art. 6º, I, da Lei 6.938/1981, o órgão superior, com competência para assessorar o presidente da República nas matérias em questão é o Conselho de Governo: " I – órgão superior: o Conselho de Governo, com a função de assessorar o Presidente da República na formulação da política nacional e nas diretrizes governamentais para o meio ambiente e os recursos ambientais; (Redação dada pela Lei 8.028, de 1990)".

(e) Certa. A assertiva em questão se encontra de acordo com o disposto no art. 9º-A, caput e § 2º, da Lei 6.938/1981: "Art. 9º-A. O proprietário ou possuidor de imóvel, pessoa natural ou jurídica, pode, por instrumento público ou particular ou por termo administrativo firmado perante órgão integrante do Sisnama, limitar o uso de toda a sua propriedade ou de parte dela para preservar, conservar ou recuperar os recursos ambientais existentes, instituindo servidão ambiental. (Redação dada pela Lei 12.651, de 2012). (...). § 2º A servidão ambiental não se aplica às Áreas de Preservação Permanente e à Reserva Legal mínima exigida. (Redação dada pela Lei 12.651, de 2012)".

*Para responder, tem que estudar: lei.*

*Gabarito: E*

**32. (Cespe/TJ/BA/Juiz/2019)** Víctor é doutor em fauna aquática e pretende trabalhar como consultor em estudos para licenciamentos ambientais. Uma empresa pretende extrair minérios e, para isso, solicitou o licenciamento ambiental ao órgão estadual competente. Considerando essas situações hipotéticas, assinale a opção correta, acerca do CTF, previsto na Política Nacional de Meio Ambiente — Lei n.º 6.938/1981.

a) Víctor e a empresa deverão ter CTFs das respectivas atividades para concretizarem suas pretensões.
b) Apenas Víctor deverá ter CTF, pois não se exige esse instrumento de pessoa jurídica.
c) Apenas a empresa deverá ter CTF, pois não se exige esse instrumento de pessoa física.
d) Nem de Víctor nem da empresa é exigido CTF para concretizarem suas pretensões, mas ambos deverão estar inscritos no SINIMA.
e) Apenas a empresa deverá ter CTF; para Víctor, o CTF poderá ser dispensado e substituído pela inscrição da atividade no SINIMA.

ANOTAÇÕES/COMENTÁRIOS

(a) Certa. O art. 9º da Lei nº 6.938/1981 traz os instrumentos da Política Nacional do Meio Ambiente, destacando-se, para o caso, o disposto nos incisos VIII e XII: Art 9º – São instrumentos da Política Nacional do Meio Ambiente: VIII – o Cadastro Técnico Federal de Atividades e Instrumentos de Defesa Ambiental; (...) XII – o Cadastro Técnico Federal de atividades potencialmente poluidoras e/ou utilizadoras dos recursos ambientais". O Cadastro previsto no inciso VIII é um registro federal que as pessoas físicas ou jurídicas que prestam consultoria no IBAMA têm que fazer para trabalhar lá. Sua regulamentação vem no art. 17 da mesma lei 6.938/1981: "Art. 17. Fica instituído, sob a administração do Instituto Brasileiro do Meio Ambiente e Recursos Naturais Renováveis – IBAMA: I – Cadastro Técnico Federal de Atividades e Instrumentos de Defesa Ambiental, para registro obrigatório de pessoas físicas ou jurídicas que se dedicam a consultoria técnica sobre problemas ecológicos e ambientais e à indústria e comércio de equipamentos, aparelhos e instrumentos destinados ao controle de atividades efetiva ou potencialmente poluidoras". Por sua vez, o Cadastro previsto no inciso XII do art. 9º da Lei nº 6.938/1981 se destina às pessoas físicas ou jurídicas que desenvolvam atividade poluidora, e não para os sujeitos que vão prestar a consultoria ambiental. O art. 17, II, da lei 6.938/81 regulamenta esse instrumento: "II – Cadastro Técnico Federal de Atividades Potencialmente Poluidoras ou Utilizadoras de Recursos Ambientais, para registro obrigatório de pessoas físicas ou jurídicas que se dedicam a atividades potencialmente poluidoras e/ou à extração, produção, transporte e comercialização de produtos potencialmente perigosos ao meio ambiente, assim como de produtos e subprodutos da fauna e flora". No caso narrado, tanto o consultor, quanto a empresa devem apresentar os respectivos cadastros.

(b) Errada. Ambos deverão apresentar os cadastros respectivos. Quanto ao ponto, vide comentários à alternativa A.

(c) Errada. Ambos deverão apresentar os cadastros respectivos. Quanto ao ponto, vide comentários à alternativa A.

(d) Errada. O SINIMA é um banco de dados mantido no âmbito do Ministério do Meio Ambiente, sendo abastecido pelos órgãos ambientais de todas as esferas políticas, auxiliando no exercício do poder de polícia e do licenciamento ambiental. Contudo, ambos devem possuir inscrição nos cadastros respectivos.

(e) Errada. Ambos deverão estar inscritos nos respectivos cadastros. Quanto ao ponto, vide comentários à alternativa A.

*Para responder, tem que estudar: lei.*

*Gabarito: A*

**33. (Cespe/TJ/PB/Juiz/2015)** Com relação ao direito ambiental em uma perspectiva econômica, à PNMA e à PNRH, assinale a opção correta.

a) Apesar de a PNRH estabelecer que a água é um recurso dotado de valor econômico, os institutos previstos na lei não são suficientes para se efetivar o uso econômico desse recurso.

b) A lei que instituiu a PNMA é silente em estabelecer instrumentos que regulem a atividade econômica de iniciativa privada que causar dano ao meio ambiente.

c) O princípio do protetor-recebedor, que se refere ao pagamento por serviços ambientais, não é previsto expressamente na lei que instituiu a PNMA.

d) A CF regulamenta a fruição do meio ambiente como bem apropriável e valorável.

e) O pagamento por serviços ambientais é fundamentado no princípio do poluidor-pagador, pois aquele que vier a causar dano ao meio ambiente deverá ser obrigado, primeiramente, a indenizar ou a reparar o dano causado.

BLOCO III

ANOTAÇÕES/COMENTÁRIOS

(a) Errada. O art. 1º, II, da Lei 9.433/1997 estabelece que "a água é um recurso natural limitado, dotado de valor econômico". A mesma lei prevê institutos que permitem a efetivação do uso econômico da água, como, por exemplo, através da disciplina da cobrança: "Art. 19. A cobrança pelo uso de recursos hídricos objetiva: I – reconhecer a água como bem econômico e dar ao usuário uma indicação de seu real valor; II – incentivar a racionalização do uso da água; III – obter recursos financeiros para o financiamento dos programas e intervenções contemplados nos planos de recursos hídricos".

(b) Errada. A Lei 6.938/1981 prevê expressamente instrumentos econômicos para tanto, conforme se depreende do art. 9º XIII: " Art. 9º São instrumentos da Política Nacional do Meio Ambiente: (...). XIII – instrumentos econômicos, como concessão florestal, servidão ambiental, seguro ambiental e outros. (Incluído pela Lei 11.284, de 2006)".

(c) Certa. Realmente, o princípio do protetor-recebedor não foi previsto expressamente na Lei 6.938/1981, vindo a ser positivado no nosso ordenamento jurídico através da lei que aprovou a Política Nacional de Resíduos Sólidos (art. 6º, II, da Lei 12.305/10). Por esse princípio, aqueles sujeitos que trazem algo bom para a coletividade através da proteção ambiental são premiados, através de incentivos, que podem ou não ser pecuniários (v.g., isenção de tributos, créditos diferenciados).

(d) Errada. Ao contrário do que consta na alternativa em questão, o meio ambiente é expressamente classificado pela CF, em seu art. 225, como bem de uso comum do povo, cabendo ao Poder Público e à coletividade defendê-lo e preservá-lo para as presentes e futuras gerações. Desse modo, tratando-se de direito difuso, não se pode afirmar que se trata de bem apropriável e valorável, nos termos da assertiva.

(e) Errada. Como já visto, pelo princípio do protetor-recebedor, aqueles sujeitos que trazem algo bom para a coletividade através da proteção ambiental são premiados, através de incentivos, que podem ser pecuniários. Por outro lado, pelo princípio do poluidor-pagador, aquele que poluiu pagará por sua poluição, como forma de compensar a sociedade pelas externalidades negativas decorrentes da exploração da atividade poluidora. Diante do conceito de tais princípios, verifica-se que o que fundamenta o pagamento por serviços ambientais é o princípio do protetor-recebedor, e não o princípio do poluidor-pagador. O pagamento por serviços ambientais é previsto no art. 41, I, da Lei 12.651/2012 e tem por objetivo conceder incentivos (pecuniários ou não) para estimular a conservação do meio ambiente: "Art. 41. É o Poder Executivo federal autorizado a instituir, sem prejuízo do cumprimento da legislação ambiental, programa de apoio e incentivo à conservação do meio ambiente, bem como para adoção de tecnologias e boas práticas que conciliem a produtividade agropecuária e florestal, com redução dos impactos ambientais, como forma de promoção do desenvolvimento ecologicamente sustentável, observados sempre os critérios de progressividade, abrangendo as seguintes categorias e linhas de ação: I – pagamento ou incentivo a serviços ambientais como retribuição, monetária ou não, às atividades de conservação e melhoria dos ecossistemas e que gerem serviços ambientais, tais como, isolada ou cumulativamente: a) o sequestro, a conservação, a manutenção e o aumento do estoque e a diminuição do fluxo de carbono; b) a conservação da beleza cênica natural; c) a conservação da biodiversidade; d) a conservação das águas e dos serviços hídricos; e) a regulação do clima; f) a valorização cultural e do conhecimento tradicional ecossistêmico; g) a conservação e o melhoramento do solo; h) a manutenção de Áreas de Preservação Permanente, de Reserva Legal e de uso restrito".

*Para responder, tem que estudar: lei e teoria/doutrina.*

*Gabarito: C*

**34. (Cespe/TJ/PR/Juiz/2017)** Com relação à tutela constitucional ao meio ambiente e à PNMA, assinale a opção correta.

a) Compete aos municípios, por intermédio do plano diretor, instituir diretrizes para o desenvolvimento urbano, inclusive habitação, saneamento básico e transportes urbanos.

b) Embora não seja classificada como recurso ambiental devido a sua natureza incompatível com a apropriação, a atmosfera é protegida pelo direito ambiental, assim como a água, o solo e o subsolo.

c) São metas da PNMA o estabelecimento de padrões de qualidade ambiental e o incentivo à criação de tecnologia voltada para a melhoria da qualidade ambiental.

d) A recuperação de áreas degradadas é exigida das mineradoras por previsão constitucional expressa e, sob aspectos gerais, é prevista na lei como um dos princípios da PNMA.

## ANOTAÇÕES/COMENTÁRIOS

(a) Errada. A referida competência é da União, conforme art. 21, XX, da CF: "Art. 21. Compete à União: (...). XX – instituir diretrizes para o desenvolvimento urbano, inclusive habitação, saneamento básico e transportes urbanos".

(b) Errada. Conforme art. 3º, V, da Lei 6.938/1981, a atmosfera é considerada recurso ambiental: "Art. 3º Para os fins previstos nesta Lei, entende-se por: (...). V – recursos ambientais: a atmosfera, as águas interiores, superficiais e subterrâneas, os estuários, o mar territorial, o solo, o subsolo, os elementos da biosfera, a fauna e a flora. (Redação dada pela Lei 7.804, de 1989)".

(c) Errada. O art. 4º, da Lei 6.938/1981 efetivamente prevê como uma das metas da PNMA o estabelecimento de padrões de qualidade ambiental: "Art. 4º A Política Nacional do Meio Ambiente visará: (...). III – ao estabelecimento de critérios e padrões de qualidade ambiental e de normas relativas ao uso e manejo de recursos ambientais". Contudo, o incentivo à criação de tecnologia destinada à melhoria da qualidade ambiental não é uma meta da PNMA, e sim, um instrumento: "Art. 9º São instrumentos da Política Nacional do Meio Ambiente: (...). V – os incentivos à produção e instalação de equipamentos e a criação ou absorção de tecnologia, voltados para a melhoria da qualidade ambiental".

(d) Certa. A CF, em seu art. 225, § 2º, prevê expressamente a necessidade de recuperação das áreas degradadas por parte do explorador de recursos minerais: "Aquele que explorar recursos minerais fica obrigado a recuperar o meio ambiente degradado, de acordo com solução técnica exigida pelo órgão público competente, na forma da lei". Além disso, conforme afirmado na alternativa, a recuperação das áreas degradadas é prevista genericamente como um princípio da PNMA, nos termos do art. 2º, VIII, da Lei 6.938/1981: "Art. 2º A Política Nacional do Meio Ambiente tem por objetivo a preservação, melhoria e recuperação da qualidade ambiental propícia à vida, visando assegurar, no País, condições ao desenvolvimento sócio-econômico, aos interesses da segurança nacional e à proteção da dignidade da vida humana, atendidos os seguintes princípios: (...). VIII – recuperação de áreas degradadas".

*Para responder, tem que estudar: lei.*

*Gabarito: D*

## 10. SISTEMA NACIONAL DE UNIDADES DE CONSERVAÇÃO (LEI 9.985/00)

**35. (Cespe/TJ/CE/Juiz/2012)** Assinale a opção correta acerca das áreas de preservação permanente, da reserva legal e das unidades de conservação previstas na Lei n. 9.985/2000, que instituiu o Sistema Nacional de Unidades de Conservação da Natureza (SNUC).

a) Para efeitos legais, considera-se área de preservação permanente somente a área coberta por vegetação nativa, com a função ambiental de proteger o solo e preservar os recursos hídricos, a estabilidade geológica, a biodiversidade e o fluxo gênico de fauna e flora.

b) São órgãos executores do SNUC o Instituto Chico Mendes e o Instituto Brasileiro do Meio Ambiente e dos Recursos Naturais Renováveis, e, em caráter supletivo, os órgãos estaduais e municipais, os quais devem, entre outras funções, administrar as unidades de conservação federais, estaduais e municipais nas suas respectivas esferas de atuação.

c) As áreas de reserva legal são as localizadas no interior de uma propriedade ou posse rural, incluídas as de preservação permanente, que são necessárias ao uso sustentável dos recursos naturais e à conservação dos processos ecológicos.

d) Constituem o grupo das unidades de uso sustentável, entre outras, as áreas de proteção ambiental, as de relevante interesse ecológico, as florestas nacionais, as reservas biológicas e os monumentos naturais.

e) Unidades de proteção integral, os parques nacionais têm como objetivo básico a preservação de ecossistemas naturais de grande relevância ecológica e beleza cênica, sendo possível a realização, em seu território, de pesquisas científicas, mas não de atividades de recreação ou de turismo ecológico.

ANOTAÇÕES/COMENTÁRIOS

(a) Errada. O conceito de áreas de preservação permanente é mais amplo, não se limitando às áreas cobertas por vegetação nativa, conforme art. 1º, § 2º, II, da Lei 4.771/1965, vigente à época da realização do certame em questão: "Para os efeitos deste Código, entende-se por: II – área de preservação permanente: área protegida nos termos dos arts. 2º e 3º desta Lei, coberta ou não por vegetação nativa, com a função ambiental de preservar os recursos hídricos, a paisagem, a estabilidade geológica, a biodiversidade, o fluxo gênico de fauna e flora, proteger o solo e assegurar o bem-estar das populações humanas". Atualmente, a alternativa continuaria incorreta, de acordo com o teor do art. 3º, II, da Lei 12.651/2012: "Para os efeitos desta Lei, entende-se por: (...). II – Área de Preservação Permanente – APP: área protegida, coberta ou não por vegetação nativa, com a função ambiental de preservar os recursos hídricos, a paisagem, a estabilidade geológica e a biodiversidade, facilitar o fluxo gênico de fauna e flora, proteger o solo e assegurar o bem-estar das populações humanas".

(b) Alternativa inicialmente considerada correta. Contudo, a banca examinadora acabou por anular essa questão, sob o seguinte fundamento: "Segundo o art. 6º, III, da Lei 9.985/2000, o IBAMA exerce, na verdade, uma atuação supletiva na implementação do SNUC, cujo papel prioritário cabe ao Instituto Chico Mendes, ou seja, a competência do ICMBio é uma competência primária, e a do IBAMA é uma competência supletiva. A supletividade deverá ser analisada caso a caso e estará condicionada a que a autarquia federal primariamente competente (ICMBio), por qualquer razão injustificada, deixe de atuar quando deveria, ou que atue em regime de cooperação com o ICMBio, quando solicitada. Por não haver opção correta, opta-se pela anulação da questão".

(c) Errada. À época da realização do certame, estava em vigor a Lei 4.771/1967, que conceituava reserva legal no seu art. 1º, § 2º, III, expressamente excluindo a área de preservação permanente: "Reserva Legal: área localizada no interior de uma propriedade ou posse rural, excetuada a de preservação permanente, necessária ao uso sustentável dos recursos naturais, à conservação e reabilitação dos processos ecológicos, à conservação da biodiversidade e ao abrigo e proteção de fauna e flora nativas". Contudo, deve-se alertar que o tratamento sobre o tema foi modificado pela Lei 12.651/2012 (posterior à realização do concurso), que determina a contabilização das Áreas de Preservação Permanente para fins do cômputo da área de reserva legal, desde que a área esteja ambientalmente recuperada ou em recuperação, e que não haja novos desmatamentos, conforme art. 15: "Art. 15. Será admitido o cômputo das Áreas de Preservação Permanente no cálculo do percentual da Reserva Legal do imóvel, desde que: I – o benefício previsto neste artigo não implique a conversão de novas áreas para o uso alternativo do solo; II – a área a ser computada esteja conservada ou em processo de recuperação, conforme comprovação do proprietário ao órgão estadual integrante do Sisnama; e III – o proprietário ou possuidor tenha requerido inclusão do imóvel no Cadastro Ambiental Rural – CAR, nos termos desta Lei". Portanto, atualmente, admite-se a sobreposição das áreas de preservação permanente e de reserva legal, o que alteraria o gabarito da questão.

(d) Errada. O equívoco se encontra na inclusão das reservas biológicas e dos monumentos naturais no grupo das unidades de uso sustentável, já que estas categorias são pertencentes ao grupo das unidades de proteção integral, conforme se verifica dos arts. 8º e 14 da Lei 9.985/2000: "Art. 8º O grupo das Unidades de Proteção Integral é composto pelas seguintes categorias de unidade de conservação: I – Estação Ecológica; II – Reserva Biológica; III – Parque Nacional; IV – Monumento Natural; V – Refúgio de Vida Silvestre"; Art. 14. Constituem o Grupo das Unidades de Uso Sustentável as seguintes categorias de unidade de conservação: I – Área de Proteção Ambiental; II – Área de Relevante Interesse Ecológico; III – Floresta Nacional; IV – Reserva Extrativista; V – Reserva de Fauna; VI – Reserva de Desenvolvimento Sustentável; e VII – Reserva Particular do Patrimônio Natural".

(e) Errada. O erro da alternativa se encontra na afirmação de que não caberiam atividades de recreação ou de turismo ecológico no Parque Nacional, ao contrário do teor do art. 11 da Lei 9.985/2000: "O Parque Nacional tem como objetivo básico a preservação de ecossistemas naturais de grande relevância ecológica e beleza cênica, possibilitando a realização de pesquisas científicas e o desenvolvimento de atividades de educação e interpretação ambiental, de recreação em contato com a natureza e de turismo ecológico".

*Para responder, tem que estudar: lei.*

*Gabarito: B*

**36. (Cespe/TJ/DFT/Juiz/2016)** De acordo com a Lei n. 9.985/2000, que instituiu o Sistema Nacional de Unidades de Conservação (SNUC), assinale a opção correta.

a) Pode haver área particular localizada em unidade de conservação designada como Monumento Natural; nessas áreas, no entanto, não pode haver criação de animais domésticos nem plantio de qualquer espécie, sendo vedada essa autorização, se houver, no plano de manejo.

b) O parque nacional, a reserva de fauna, a estação ecológica e o refúgio de vida silvestre constituem exemplos, nos termos da lei, de unidades de proteção integral.

c) A presença de habitantes é inadmissível na floresta nacional, área com cobertura florestal de espécies predominantemente nativas e de posse e domínio públicos.

d) As pesquisas científicas, realizadas em estação ecológica, que gerem impacto superior à simples observação ou à coleta controlada de componentes dos ecossistemas devem ocorrer em área correspondente a, no máximo, 3% da extensão total da unidade e até o limite de 1.500 hectares.

e) O subsolo e o espaço aéreo também integram os limites das unidades de conservação, e se consideram incluídos na proteção ambiental conferida à unidade, ainda que não constem no ato de criação ou no plano de manejo.

ANOTAÇÕES/COMENTÁRIOS

(a) Errada. O Monumento Natural é uma categoria de Unidade de Conservação do grupo de proteção integral, que admite expressamente a constituição sobre áreas particulares, desde que haja compatibilidade de uso, nos termos do art. 12 da Lei 9.985/2000: "Art. 12. O Monumento Natural tem como objetivo básico preservar sítios naturais raros, singulares ou de grande beleza cênica. § 1º O Monumento Natural pode ser constituído por áreas particulares, desde que seja possível compatibilizar os objetivos da unidade com a utilização da terra e dos recursos naturais do local pelos proprietários. § 2º Havendo incompatibilidade entre os objetivos da área e as atividades privadas ou não havendo aquiescência do proprietário às condições propostas pelo órgão responsável pela administração da unidade para a coexistência do Monumento Natural com o uso da propriedade, a área deve ser desapropriada, de acordo com o que dispõe a lei". Contudo, ao contrário do afirmado na alternativa, o art. 31, § 2º, da Lei 9.985/2000 admite a criação de animais domésticos e plantio que sejam compatíveis com a área protegida, de acordo com o plano de manejo: "§ 2º Nas áreas particulares localizadas em Refúgios de Vida Silvestre e Monumentos Naturais podem ser criados animais domésticos e cultivadas plantas considerados compatíveis com as finalidades da unidade, de acordo com o que dispuser o seu Plano de Manejo".

(b) Errada. O equívoco se encontra na inclusão das reservas de fauna no grupo das unidades de uso sustentável, já que esta categoria é pertencente ao grupo das unidades de uso sustentável, conforme se verifica dos arts. 8º e 14 da Lei 9.985/2000: "Art. 8º O grupo das Unidades de Proteção Integral é composto pelas seguintes categorias de unidade de conservação: I – Estação Ecológica; II – Reserva Biológica; III – Parque Nacional; IV – Monumento Natural; V – Refúgio de Vida Silvestre"; "Art. 14. Constituem o Grupo das Unidades de Uso Sustentável as seguintes categorias de unidade de conservação: I – Área de Proteção Ambiental; II – Área de Relevante Interesse Ecológico; III – Floresta Nacional; IV – Reserva Extrativista; V – Reserva de Fauna; VI – Reserva de Desenvolvimento Sustentável; e VII – Reserva Particular do Patrimônio Natural".

(c) Errada. Apesar da floresta nacional efetivamente ser caracterizada pela cobertura florestal de espécies predominantemente nativas e ser de posse e domínio públicos, o § 2º do art. 17 admite que populações tradicionais que já habitam a área da unidade de conservação quando de sua criação permaneçam no local: "Art. 17. A Floresta Nacional é uma área com cobertura florestal de espécies predominantemente nativas e tem como objetivo básico o uso múltiplo sustentável dos recursos florestais e a pesquisa científica, com ênfase em métodos para exploração sustentável de florestas nativas. § 1º A Floresta Nacional é de posse e domínio públicos, sendo que as áreas particulares incluídas em seus limites devem ser desapropriadas de acordo com o que dispõe a lei. § 2º Nas Florestas Nacionais é admitida a permanência de populações tradicionais que a habitam quando de sua criação, em conformidade com o disposto em regulamento e no Plano de Manejo da unidade. (...)".

(d) Certa. A redação da alternativa está de acordo com o texto do art. 8, § 4º, da Lei 9.985/2000: "Na Estação Ecológica só podem ser permitidas alterações dos ecossistemas no caso de: (...). IV – pesquisas científicas cujo impacto sobre o ambiente seja maior do que aquele causado pela simples observação ou pela coleta controlada de componentes dos ecossistemas, em uma área correspondente a no máximo três por cento da extensão total da unidade e até o limite de um mil e quinhentos hectares".

(e) Errada. O equívoco da alternativa se encontra na afirmação de que não há necessidade de que constem no ato de criação ou no plano de manejo para que sejam considerados integrantes dos limites das unidades de conservação. O art. 24 da Lei 9.985/2000 prevê: "Art. 24. O subsolo e o espaço aéreo, sempre que influírem na estabilidade do ecossistema, integram os limites das unidades de conservação". Regulamentando tal previsão, o Decreto 4.340/2002 dispõe, em seus arts. 6º e 7º: "Art. 6º Os limites da unidade de conservação, em relação ao subsolo, são estabelecidos: I – no ato de sua criação, no caso de Unidade de Conservação de Proteção Integral; e II – no ato de sua criação ou no Plano de Manejo, no caso de Unidade de Conservação de Uso Sustentável. Art. 7º Os limites da unidade de conservação, em relação ao espaço aéreo, são estabelecidos no Plano de Manejo, embasados em estudos técnicos realizados pelo órgão gestor da unidade de conservação, consultada a autoridade aeronáutica competente e de acordo com a legislação vigente".

*Para responder, tem que estudar: lei.*

*Gabarito: D*

**37. (Cespe/TJ/DFT/Juiz/2015)** Com relação ao SNUC e ao Código Florestal, assinale a opção correta.

a) Não é permitido ao órgão ambiental licenciar empreendimento cujo estudo de impacto ambiental comprove que a atividade causará significativa degradação do meio ambiente.

b) O licenciamento de atividade potencialmente causadora de degradação do meio ambiente prescinde, na esfera federal, de autorização do ICMBio, salvo se se tratar de unidade de conservação de proteção integral.

c) O manejo sustentável para exploração florestal eventual, limitada a vinte metros cúbicos, sem propósito comercial e para consumo no próprio imóvel, independe de autorização dos órgãos competentes.

d) É vedado o cômputo das áreas de preservação permanente no cálculo do percentual da reserva legal do imóvel.

e) A reserva de biosfera não está prevista expressamente na lei que instituiu o SNUC, embora seja um modelo adotado internacionalmente.

ANOTAÇÕES/COMENTÁRIOS

(a) Errada. Não há impedimento para o licenciamento de empreendimentos que comprovadamente causarão significativa degradação ambiental, até mesmo porque tal consequência é inerente a determinados empreendimentos (Ex.: construção de uma hidrelétrica). O que se impõe é a adoção de providências para mitigar os impactos da melhor maneira possível (são as condicionantes do licenciamento) ou a adoção de medidas compensatórias.

(b) Errada. O ICMBio é o principal órgão executor federal do SNUC, responsável por administrar as Unidades de Conservação, conforme art. 6º, III, da Lei 9.985/2000: "III – órgãos executores: o Instituto Chico Mendes e o Ibama, em caráter supletivo, os órgãos estaduais e municipais, com a função de implementar o SNUC, subsidiar as propostas de criação e administrar as unidades de conservação federais, estaduais e municipais, nas respectivas esferas de atuação". Conforme previsão do art. 36, § 3º, da Lei 9.985/2000 exige a autorização do órgão administrador da unidade de conservação em hipóteses como a narrada na alternativa, não distinguindo entre os grupos de proteção integral e de uso sustentável: "Art. 36. Nos casos de licenciamento ambiental de empreendimentos de significativo impacto ambiental, assim considerado pelo órgão ambiental competente, com fundamento em estudo de impacto ambiental e respectivo relatório – EIA/RIMA, o empreendedor é obrigado a apoiar a implantação e manutenção de unidade de conservação do Grupo de Proteção Integral, de acordo com o disposto neste artigo e no regulamento desta Lei. (...). § 3º Quando o empreendimento afetar unidade de conservação específica ou sua zona de amortecimento, o licenciamento a que se refere o caput deste artigo só poderá ser concedido mediante autorização do órgão responsável por sua administração, e a unidade afetada, mesmo que não pertencente ao Grupo de Proteção Integral, deverá ser uma das beneficiárias da compensação definida neste artigo".

(c) Certa. Trata-se da previsão do art. 23 da Lei 12.651/2012: "O manejo sustentável para exploração florestal eventual sem propósito comercial, para consumo no próprio imóvel, independe de autorização dos órgãos competentes, devendo apenas ser declarados previamente ao órgão ambiental a motivação da exploração e o volume explorado, limitada a exploração anual a 20 (vinte) metros cúbicos".

(d) Errada. O tratamento sobre o tema foi modificado pela Lei 12.651/2012, que determina a contabilização das Áreas de Preservação Permanente para fins do cômputo da área de reserva legal, desde que a área esteja ambientalmente recuperada ou em recuperação, e que não haja novos desmatamentos, conforme art. 15: "Art. 15. Será admitido o cômputo das Áreas de Preservação Permanente no cálculo do percentual da Reserva Legal do imóvel, desde que: I – o benefício previsto neste artigo não implique a conversão de novas áreas para o uso alternativo do solo; II – a área a ser computada esteja conservada ou em processo de recuperação, conforme comprovação do proprietário ao órgão estadual integrante do Sisnama; e III – o proprietário ou possuidor tenha requerido inclusão do imóvel no Cadastro Ambiental Rural – CAR, nos termos desta Lei".

(e) Errada. Em que pese não ser uma categoria de Unidade de Conservação, a reserva de biosfera realmente é um modelo adotado internacionalmente e que vem expressamente disciplinado na Lei 9.985/2000, no art. 41: "A Reserva da Biosfera é um modelo, adotado internacionalmente, de gestão integrada, participativa e sustentável dos recursos naturais, com os objetivos básicos de preservação da diversidade biológica, o desenvolvimento de atividades de pesquisa, o monitoramento ambiental, a educação ambiental, o desenvolvimento sustentável e a melhoria da qualidade de vida das populações. § 1º A Reserva da Biosfera é constituída por: I – uma ou várias áreas-núcleo, destinadas à proteção integral da natureza; II – uma ou várias zonas de amortecimento, onde só são admitidas atividades que não resultem em dano para as áreas-núcleo; e III – uma ou várias zonas de transição, sem limites rígidos, onde o processo de ocupação e o manejo dos recursos naturais são planejados e conduzidos de modo participativo e em bases sustentáveis. § 2º A Reserva da Biosfera é constituída por áreas de domínio público ou privado. § 3º A Reserva da Biosfera pode ser integrada por unidades de conservação já criadas pelo Poder Público, respeitadas as normas legais que disciplinam o manejo de cada categoria específica. § 4º A Reserva da Biosfera é gerida por um Conselho Deliberativo, formado por representantes de instituições públicas, de organizações da sociedade civil e da população residente, conforme se dispuser em regulamento e no ato de constituição da unidade. § 5º A Reserva da Biosfera é reconhecida pelo Programa Intergovernamental "O Homem e a Biosfera – MAB", estabelecido pela Unesco, organização da qual o Brasil é membro".

*Para responder, tem que estudar: lei.*

*Gabarito: C*

**38. (Cespe/TJ/CE/Juiz/2018)** Com relação ao SNMA, ao Sistema Nacional de Unidades de Conservação da Natureza e ao zoneamento ambiental, assinale a opção correta.

a) Uma vez que possuem representação no CONAMA, os estados, no âmbito do SNMA, não têm competência para legislar sobre normas relacionadas ao meio ambiente e devem se ater às estabelecidas pelo CONAMA.

b) O IBAMA e o Instituto Chico Mendes de Conservação da Biodiversidade são órgãos que têm por finalidade executar e fazer executar a política e as diretrizes governamentais fixadas para o meio ambiente.

c) As unidades de proteção integral visam à manutenção dos ecossistemas e dos hábitats naturais livres de alterações causadas por interferência humana, sendo vedado o uso direto ou indireto dos seus atributos naturais.

d) O zoneamento ecológico-econômico é o instrumento de organização do espaço urbano, obrigatório na implantação de obras e atividades públicas, por meio do qual a cidade é dividida em áreas sobre as quais incidem diretrizes para uso e ocupação do solo.

e) Um parque nacional pode ser constituído por áreas particulares, caso em que a utilização da terra pelos proprietários deve ser compatibilizada com os recursos naturais da unidade.

*ANOTAÇÕES/COMENTÁRIOS*

(a) Errada. Como cediço, os Estados possuem competência concorrente para legislar sobre proteção ao meio ambiente, conforme previsão do art. 24, VI, da CRFB:

"Art. 24. Compete à União, aos Estados e ao Distrito Federal legislar concorrentemente sobre: (...) VI – florestas, caça, pesca, fauna, conservação da natureza, defesa do solo e dos recursos naturais, proteção do meio ambiente e controle da poluição". Mais especificamente, no âmbito do SNMA, o art. 6º, § 1º, da Lei nº 6.938/1981 prevê que os Estados possuem competência para editar normas supletivas e complementares às elaboradas pelo CONAMA – ao contrário do que afirma a assertiva: "Art 6º – Os órgãos e entidades da União, dos Estados, do Distrito Federal, dos Territórios e dos Municípios, bem como as fundações instituídas pelo Poder Público, responsáveis pela proteção e melhoria da qualidade ambiental, constituirão o Sistema Nacional do Meio Ambiente – SISNAMA, assim estruturado: (...) § 1º – Os Estados, na esfera de suas competências e nas áreas de sua jurisdição, elaborarão normas supletivas e complementares e padrões relacionados com o meio ambiente, observados os que forem estabelecidos pelo CONAMA".

(b) Certa. Conforme afirma a alternativa, o IBAMA e o ICM-Bio são órgãos executivos do Sistema Nacional de Unidades de Conservação, conforme art. 6º, III, da Lei nº 9.985/00: "Art. 6º O SNUC será gerido pelos seguintes órgãos, com as respectivas atribuições: (...) III – órgãos executores: o Instituto Chico Mendes e o Ibama, em caráter supletivo, os órgãos estaduais e municipais, com a função de implementar o SNUC, subsidiar as propostas de criação e administrar as unidades de conservação federais, estaduais e municipais, nas respectivas esferas de atuação".

(c) Errada. O objetivo das unidades de proteção integral é a preservação da natureza, admitindo-se o uso indireto de recursos naturais, conforme previsão do art. 7º, § 1º, da Lei nº 9.985/00: "Art. 7º As unidades de conservação integrantes do SNUC dividem-se em dois grupos, com características específicas: (...) § 1º O objetivo básico das Unidades de Proteção Integral é preservar a natureza, sendo admitido apenas o uso indireto dos seus recursos naturais, com exceção dos casos previstos nesta Lei".

(d) Errada. O art. 2º do Decreto 4.297/02 traz a definição do zoneamento ecológico-econômico, em conceito que é mais abrangente e que não se restringe à divisão de cidades para determinação de parâmetros urbanísticos, tal qual afirmado na alternativa: "o ZEE, instrumento de organização do território a ser obrigatoriamente seguido na implantação de planos, obras e atividades públicas e privadas, estabelece medidas e padrões de proteção ambiental destinados a assegurar a qualidade ambiental, dos recursos hídricos e do solo e a conservação da biodiversidade, garantindo o desenvolvimento sustentável e a melhoria das condições de vida da população".

(e) Errada. O Parque Nacional não admite áreas particulares, que deverão ser desapropriadas, conforme art. 11, § 1º, da Lei 9.985/2000: "O Parque Nacional é de posse e domínio públicos, sendo que as áreas particulares incluídas em seus limites serão desapropriadas, de acordo com o que dispõe a lei".

***Para responder, tem que estudar: lei.***

*Gabarito: B*

BLOCO III

**39. (Cespe/TJ/MA/Juiz/2013)** Em relação ao SNUC, assinale a opção correta.

a) As unidades de conservação integral são fundamentadas no ideário socioambientalista, ao passo que as unidades de uso sustentável se fundamentam no pensamento conservacionista.

b) A lei que regula o SNUC regulamenta o dever do poder público de preservar os processos ecológicos essenciais e prover o manejo ecológico das espécies e ecossistemas, ao passo que a Lei de Biossegurança dispõe sobre a preservação da diversidade e da integralidade do patrimônio genético do país.

c) As unidades de conservação são espécies do gênero definido como espaço territorial especialmente protegido, que comporta, entre outros espaços protegidos, os territórios indígenas.

d) Constitui diretriz do SNUC a busca do apoio de organizações não governamentais e de organizações privadas para a realização de pesquisas, sendo vedada a colaboração de pessoas físicas sem vínculo organizacional.

## ANOTAÇÕES/COMENTÁRIOS

(a) Errada. O ideário socioambientalista atrela o aspecto social à conservação do meio ambiente, buscando harmonizar as necessidades das comunidades locais à preservação ambiental. Para Juliana Santilli, "o conceito de bens socioambientais traz em si a ideia da interação homem-natureza, e de que incluem não só os bens naturais (água, ar, solo, fauna, flora, etc), como também os bens que são fruto de intervenções antrópicas, ou culturais (obras artísticas, monumentos, crenças, saberes, formas de criar, etc). A síntese socioambiental se revela por meio da concretização de dois valores em um único bem jurídico: a biodiversidade e a sociodiversidade" (Socioambientalismo e novos direitos). As unidades de conservação do grupo de proteção integral, ao contrário, ao admitir apenas o uso indireto dos seus recursos naturais (conforme art. 7º, § 1º, da Lei 9.985/2000) são baseadas no ideário preservacionista, que entende que a intervenção humana é essencialmente nociva ao meio ambiente, devendo ser evitada ao máximo. As unidades de conservação do grupo de uso sustentável são efetivamente baseadas no ideário conservacionista, pelo qual o uso humano pode conviver com a preservação ambiental, através de uma utilização de recursos de modo equilibrado (conforme art. 7º, § 2º, da Lei 9.985/2000).

(b) Errada. A questão afirma que a Lei 9.985/2000 (SNUC) regulamentou o dever constitucional do poder público preservar os processos ecológicos essenciais e prover o manejo ecológico das espécies e ecossistemas (constante do art. 225, § 1º, I, da CF). Conforme se verifica da ementa da Lei 9.985/2000, tal diploma "regulamenta o art. 225, § 1º, incisos I, II, III e VII da Constituição Federal, institui o Sistema Nacional de Unidades de Conservação da Natureza e dá outras providências" – estando correta, portanto, a primeira parte da assertiva. Contudo, a assertiva se equivoca ao afastar da Lei 9.985/2000 o tratamento acerca da preservação da diversidade e da integralidade do patrimônio genético do país, já que este dever vem previsto no art. 225, § 1º, inciso II, da CF, estando também regulamentado pela Lei 9.985/2000, juntamente com a Lei 11.105/2000.

(c) Certa. O art. 225, § 1º, III, da CF determina que o Poder Público, através de todas as entidades políticas, crie espaços territoriais especialmente protegidos, os quais só poderão ser reduzidos ou extintos por lei, em áreas ambientais diferenciadas. As unidades de conservação, assim como as áreas de preservação permanente, a reserva legal e as terras indígenas são espaços territoriais especialmente protegidos, com requisitos diferenciados para sua exploração e preservação (v.g., art. 231, § 3º, da CF). Conforme a doutrina especializada: "As Unidades de Conservação são, certamente, importantes espécies do gênero "espaço territorial especialmente protegido", que comporta também outras modalidades. Dentre os diversos tipos de espaços protegidos, podemos destacar: a) os territórios indígenas e os sítios remanescentes de quilombos; (...)". (Guilherme José Purvin de Figueiredo, Curso de Direito Ambiental)

(d) Errada. Ao contrário do que consta na alternativa, admite-se a colaboração de pessoas físicas, conforme art. 5º, IV, da Lei 9.985/2000: "Art. 5º O SNUC será regido por diretrizes que: (...). IV – busquem o apoio e a cooperação de organizações não-governamentais, de organizações privadas e pessoas físicas para o desenvolvimento de estudos, pesquisas científicas, práticas de educação ambiental, atividades de lazer e de turismo ecológico, monitoramento, manutenção e outras atividades de gestão das unidades de conservação".

*Para responder, tem que estudar: lei e teoria/doutrina.*

*Gabarito: C*

**40. (Cespe/TJ/AM/Juiz/2016)** Considerando que se confere especial proteção ambiental a áreas com características ambientais relevantes, assinale a opção correta.

a) Pode haver, indistintamente, APPs e áreas de reserva legal em propriedades urbanas e rurais.

b) A identificação física de determinadas APPs depende da edição de ato normativo, sendo outras APPs identificáveis por sua localização, a partir de mera aplicação do Código Florestal.

c) Nas unidades de conservação situadas em áreas particulares, é de direito privado o regime jurídico especial de proteção que impõe restrições ao uso do solo.

d) A criação de espaços territoriais especialmente protegidos constitui uma das metas da Política Nacional do Meio Ambiente.

e) Segundo o Código Florestal, as APPs são áreas protegidas, cobertas por vegetação nativa, com a função de preservar os recursos hídricos e a biodiversidade.

ANOTAÇÕES/COMENTÁRIOS

(a) Errada. Embora as Áreas de Preservação Permanente possam ser instituídas em áreas rurais e urbanas (conforme art. 4º da Lei 12.651/2012: "Considera-se Área de Preservação

Permanente, em zonas rurais ou urbanas, para os efeitos desta Lei: (...)"), a reserva legal é restrita a imóveis rurais, conforme art. 3º da Lei 12.651/2012: Art. 3º Para os efeitos desta Lei, entende-se por: (...). III – Reserva Legal: área localizada no interior de uma propriedade ou posse rural, delimitada nos termos do art. 12, com a função de assegurar o uso econômico de modo sustentável dos recursos naturais do imóvel rural, auxiliar a conservação e a reabilitação dos processos ecológicos e promover a conservação da biodiversidade, bem como o abrigo e a proteção de fauna silvestre e da flora nativa". Note-se que o art. 19 da mesma lei prevê a possibilidade de reserva legal em imóveis rurais localizados no perímetro urbano – mas isso não muda a natureza de imóvel rural da propriedade, já que a mera inserção de um imóvel no perímetro urbano não retira a sua natureza de imóvel rural, sendo necessário que ele seja previsto como área urbana nas leis de parcelamento do solo municipal. "Art. 19. A inserção do imóvel rural em perímetro urbano definido mediante lei municipal não desobriga o proprietário ou posseiro da manutenção da área de Reserva Legal, que só será extinta concomitantemente ao registro do parcelamento do solo para fins urbanos aprovado segundo a legislação específica e consoante as diretrizes do plano diretor de que trata o § 1º do art. 182 da Constituição Federal".

(b) Certa. O Código Florestal instituiu ex lege Áreas de Preservação Permanente em determinados locais, conforme previsão do art. 4º. Por sua vez, existe a possibilidade de instituição de outras APPs mediante ato do Poder Executivo, observados os parâmetros do art. 6º, do Código Florestal: "Art. 6º Consideram-se, ainda, de preservação permanente, quando declaradas de interesse social por ato do Chefe do Poder Executivo, as áreas cobertas com florestas ou outras formas de vegetação destinadas a uma ou mais das seguintes finalidades: I – conter a erosão do solo e mitigar riscos de enchentes e deslizamentos de terra e de rocha; II – proteger as restingas ou veredas; III – proteger várzeas; IV – abrigar exemplares da fauna ou da flora ameaçados de extinção; V – proteger sítios de excepcional beleza ou de valor científico, cultural ou histórico; VI – formar faixas de proteção ao longo de rodovias e ferrovias; VII – assegurar condições de bem-estar público; VIII – auxiliar a defesa do território nacional, a critério das autoridades militares. IX – proteger áreas úmidas, especialmente as de importância internacional. (Incluído pela Lei 12.727, de 2012)".

(c) Errada. O regime jurídico das Unidades de Conservação é de direito público, em atenção às normas protetivas ao meio ambiente, conforme é possível depreender do art. 2º, I, da Lei 9.985/2000: "Art. 2º Para os fins previstos nesta Lei, entende-se por: I – unidade de conservação: espaço territorial e seus recursos ambientais, incluindo as águas jurisdicionais, com características naturais relevantes, legalmente instituído pelo Poder Público, com objetivos de conservação e limites definidos, sob regime especial de administração, ao qual se aplicam garantias adequadas de proteção". Além disso, são estabelecidas diversas restrições à utilização dos referidos espaços territoriais.

(d) Errada. A questão trabalha com a literalidade da Lei 6.938/1981, já que a criação de espaços territoriais especialmente protegidos é um instrumento da PNMA: "Art. 9º São instrumentos da Política Nacional do Meio Ambiente: (...). VI – a criação de espaços territoriais especialmente protegidos pelo Poder Público federal, estadual e municipal, tais como áreas de proteção ambiental, de relevante interesse ecológico e reservas extrativistas; (Redação dada pela Lei 7.804, de 1989)."

(e) Errada. Conforme art. 3º da Lei 12.651/2012, as APPs podem ou não ser cobertas por vegetação nativa: "Art. 3º Para os efeitos desta Lei, entende-se por: (...). II – Área de Preservação Permanente – APP: área protegida, coberta ou não por vegetação nativa, com a função ambiental de preservar os recursos hídricos, a paisagem, a estabilidade geológica e a biodiversidade, facilitar o fluxo gênico de fauna e flora, proteger o solo e assegurar o bem-estar das populações humanas".

*Para responder, tem que estudar: lei.*

*Gabarito: B*

**41. (Cespe/TJ/PR/Juiz/2017)** Com base na Lei n. 9.985/2000, que instituiu o SNUC, assinale a opção correta, acerca do Parque Nacional do Iguaçu, unidade de conservação localizada no extremo oeste do estado do Paraná.

a) Eventual redução dos limites originais do referido parque só poderá ser feita mediante lei específica.

b) Por ser unidade de conservação já constituída como parque nacional por ato do poder público, o parque em apreço não pode integrar reserva da biosfera.

c) O parque em apreço classifica-se como unidade de uso sustentável.

d) Áreas particulares dentro do perímetro do parque em consideração podem ser exploradas economicamente, desde que se observe o plano de manejo da unidade.

ANOTAÇÕES/COMENTÁRIOS

(a) Certa. Conforme art. 22, § 7º, da Lei 9.985/2000: "A desafetação ou redução dos limites de uma unidade de conservação só pode ser feita mediante lei específica".

(b) Errada. Conforme art. 41, § 3º, da Lei 9.985/2000, "A Reserva da Biosfera pode ser integrada por unidades de conservação já criadas pelo Poder Público, respeitadas as normas legais que disciplinam o manejo de cada categoria específica".

(c) Errada. O Parque Nacional é unidade de conservação do grupo de proteção integral, conforme art. 8º da Lei 9.985/2000: "Art. 8º O grupo das Unidades de Proteção Integral é composto pelas seguintes categorias de unidade de conservação: (...). III – Parque Nacional".

(d) Errada. O Parque Nacional não admite áreas particulares, que deverão ser desapropriadas, conforme art. 11, § 1º, da Lei 9.985/2000: "O Parque Nacional é de posse e domínio públicos, sendo que as áreas particulares incluídas em seus limites serão desapropriadas, de acordo com o que dispõe a lei".

*Para responder, tem que estudar: lei.*

*Gabarito: A*

BLOCO III

# 11. TEORIA E PRINCÍPIOS

## 11.1. Licenciamento Ambiental

**42. (Cespe/TJ/PB/Juiz/2015)** Com base na jurisprudência do STF a respeito da ordem social na CF, assinale a opção correta especificamente em relação à seguridade social, à proteção ao meio ambiente, aos índios e ao adolescente.

a) Ao se condicionar a aprovação de licenciamento ambiental à prévia autorização de assembleia legislativa, viola-se o princípio da separação de poderes.

b) Em "habeas corpus", a invocação da condição de menoridade pelo paciente é suficiente para comprovar sua condição de inimputável.

c) Assegura-se aos índios a propriedade das terras que eles tradicionalmente ocupem e o usufruto exclusivo das riquezas encontradas em seu solo, rios e lagos.

d) A seguridade social tem caráter contributivo e filiação obrigatória.

e) Quanto à proteção ao meio ambiente, compete ao poder público definir espaços territoriais protegidos, em todas as unidades da Federação. Para tal, é necessário fazê-lo por meio de lei em sentido formal.

ANOTAÇÕES/COMENTÁRIOS

(a) Certa. O STF já teve a oportunidade de decidir no sentido da assertiva em questão: ""Lei 1.315/2004, do Estado de Rondônia, que exige autorização prévia da Assembleia Legislativa para o licenciamento de atividades utilizadoras de recursos ambientais consideradas efetivas e potencialmente poluidoras, bem como capazes, sob qualquer forma, de causar degradação ambiental. Condicionar a aprovação de licenciamento ambiental à prévia autorização da Assembleia Legislativa implica indevida interferência do Poder Legislativo na atuação do Poder Executivo, não autorizada pelo art. 2º da Constituição." (ADI 3.252-MC)

(b) Errada. O STF entende que, em habeas corpus, a simples invocação da condição de menoridade pelo paciente não é suficiente para comprovar sua condição de inimputável: "A alegação de menoridade deve ser comprovada, em sede processual penal, mediante prova documental específica e idônea, consistente na certidão extraída do assento de nascimento do indiciado, imputado ou condenado. (...). A mera invocação, pelo paciente, de sua condição de menoridade, desacompanhada de meio probatório idôneo – a certidão de nascimento – é insuficiente para justificar o acolhimento de sua pretensão." (HC 68.466).

(c) Errada. A CF assegura aos índios não a propriedade, mas sim, a posse das terras tradicionalmente ocupadas, conforme art. 231, 2º: "As terras tradicionalmente ocupadas pelos índios destinam-se a sua posse permanente, cabendo-lhes o usufruto exclusivo das riquezas do solo, dos rios e dos lagos nelas existentes".

(d) Errada. A alternativa confunde os conceitos de seguridade social com previdência social – esta última é que possui caráter contributivo e filiação obrigatória, nos termos do art. 201 da CF: "Art. 201. A previdência social será organizada sob a forma de regime geral, de caráter contributivo e de filiação obrigatória, observados critérios que preservem o equilíbrio financeiro e atuarial, e atenderá, nos termos da lei, a: (...)".

(e) Errada. A alternativa se equivoca ao dispor que é necessário lei para definição dos espaços territoriais protegidos, já que esta somente é exigida para supressão ou redução dos referidos espaços. A sua instituição pode se dar por ato do Poder Executivo. Nesse sentido, o art. 225, § 1º, III, da CF: "Para assegurar a efetividade desse direito, incumbe ao Poder Público: (...). III – definir, em todas as unidades da Federação, espaços territoriais e seus componentes a serem especialmente protegidos, sendo a alteração e a supressão permitidas somente através de lei, vedada qualquer utilização que comprometa a integridade dos atributos que justifiquem sua proteção". Ilustrativamente, veja-se o art. 22 da Lei 9.985/2000, que deixa claro que o aumento da proteção pode se dar mediante ato da mesma hierarquia que instituiu a unidade, mas sua redução ou supressão somente mediante lei específica: "Art. 22. As unidades de conservação são criadas por ato do Poder Público. (Regulamento). (...) § 5º As unidades de conservação do grupo de Uso Sustentável podem ser transformadas total ou parcialmente em unidades do grupo de Proteção Integral, por instrumento normativo do mesmo nível hierárquico do que criou a unidade, desde que obedecidos os procedimentos de consulta estabelecidos no § 2º deste artigo. § 6º A ampliação dos limites de uma unidade de conservação, sem modificação dos seus limites originais, exceto pelo acréscimo proposto, pode ser feita por instrumento normativo do mesmo nível hierárquico do que criou a unidade, desde que obedecidos os procedimentos de consulta estabelecidos no § 2º deste artigo. § 7º A desafetação ou redução dos limites de uma unidade de conservação só pode ser feita mediante lei específica". Vale observar que o STF, recentemente, decidiu que a exigência constitucional de lei em sentido estrito para diminuição de unidades de conservação afasta o cabimento de medida provisória: "As medidas provisórias não podem veicular norma que altere espaços territoriais especialmente protegidos, sob pena de ofensa ao art. 225, inc. III, da Constituição da República. 4. As alterações promovidas pela Lei n. 12.678/2012 importaram diminuição da proteção dos ecossistemas abrangidos pelas unidades de conservação por ela atingidas, acarretando ofensa ao princípio da proibição de retrocesso socioambiental, pois atingiram o núcleo essencial do direito fundamental ao meio ambiente ecologicamente equilibrado previsto no art. 225 da Constituição da República. 5. Ação direta de inconstitucionalidade parcialmente conhecida e, nessa parte, julgada procedente, sem pronúncia de nulidade" (ADI 4717/DF)

*Para responder, tem que estudar: lei e jurisprudência.*

*Gabarito: A*

**43. (Cespe/TJ/PA/Juiz/2012)** As obras para a construção de uma usina hidrelétrica na região amazônica, financiadas por entidades governamentais

BLOCO III

brasileiras, afetarão mais três estados-membros da Federação, dado o alagamento de uma área superior a dois mil hectares na Amazônia Legal, onde se localizam imóveis rurais particulares. Considerando a situação hipotética acima e o disposto na Política Nacional de Meio Ambiente e nas Resoluções n. 1, n. 237 e n. 378 do Conselho Nacional do Meio Ambiente (Conama), assinale a opção correta.

a) Conforme determinação do Sistema Nacional de Meio Ambiente (Sisnama) expressa na Lei da Política Nacional do Meio Ambiente, o licenciamento ambiental cabe aos órgãos ambientais competentes dos três estados afetados.

b) O empreendimento não está sujeito a licenciamento ambiental, por serem as hidrelétricas fontes de energia renovável, não incluídas, portanto, entre as atividades utilizadoras de recursos naturais consideradas poluentes.

c) Compete ao Ibama o licenciamento ambiental do empreendimento, já que o impacto ambiental, nesse caso, é regional.

d) O licenciamento ambiental deverá ser feito pelo órgão ambiental competente de apenas um dos estados-membros afetados pelo empreendimento.

e) Poderá ser dispensado o estudo de impacto ambiental da obra se a energia a ser gerada pela usina for indispensável para a economia do país.

## ANOTAÇÕES/COMENTÁRIOS

(a) Errada. Por expressa disposição do art. 13 da Lei Complementar 140/2011, o licenciamento ambiental ocorrerá no âmbito de um único ente federativo: "os empreendimentos e atividades são licenciados ou autorizados, ambientalmente, por um único ente federativo, em conformidade com as atribuições estabelecidas nos termos desta Lei Complementar". Essa previsão está de acordo com o art. 7º da Resolução CONAMA 237/1997: "os empreendimentos e atividades serão licenciados em um único nível de competência, conforme estabelecido nos artigos anteriores".

(b) Errada. Enquanto empreendimento que naturalmente causa grande impacto ambiental e significativa degradação do meio ambiente, a construção de uma usina hidrelétrica demanda licenciamento ambiental. Cabe observar que o art. 2º, da Resolução 01/1986 do CONAMA prevê, inclusive, a necessidade de estudo de impacto ambiental para orientar o licenciamento dos seguintes empreendimentos: "Artigo 2º Dependerá de elaboração de estudo de impacto ambiental e respectivo relatório de impacto ambiental – RIMA, a serem submetidos à aprovação do órgão estadual competente, e do IBAMA em caráter supletivo, o licenciamento de atividades modificadoras do meio ambiente, tais como: (...). VII – Obras hidráulicas para exploração de recursos hídricos, tais como: barragem para fins hidrelétricos, acima de 10MW, de saneamento ou de irrigação, abertura de canais para navegação, drenagem e irrigação, retificação de cursos d'água, abertura de barras e embocaduras, transposição de bacias, diques".

(c) Certa. A competência para o licenciamento em questão é da União, em razão da adoção do critério da extensão do impacto ambiental, conforme art. 7º, XIV, e, da Lei Complementar 140/2011: "art. 7º. São ações administrativas da União: (...). XIV

– promover o licenciamento ambiental de empreendimentos e atividades: (...). e) localizados ou desenvolvidos em 2 (dois) ou mais Estados".

(d) Errada. Vide comentário à alternativa C.

(e) Errada. Não há referida dispensa na legislação que rege o tema, destacando-se que a exigência de estudo de impacto ambiental é uma imposição constitucional para os empreendimentos potencialmente causadores de significativa degradação ambiental, conforme art. 225, § 1º, IV: "Art. 225. Todos têm direito ao meio ambiente ecologicamente equilibrado, bem de uso comum do povo e essencial à sadia qualidade de vida, impondo-se ao Poder Público e à coletividade o dever de defendê-lo e preservá-lo para as presentes e futuras gerações. § 1º Para assegurar a efetividade desse direito, incumbe ao Poder Público: (...). IV – exigir, na forma da lei, para instalação de obra ou atividade potencialmente causadora de significativa degradação do meio ambiente, estudo prévio de impacto ambiental, a que se dará publicidade".

*Para responder, tem que estudar: lei.*

*Gabarito: C*

**44. (Cespe/TJ/CE/Juiz/2018)** Com relação ao estudo de impacto ambiental, à biodiversidade e ao licenciamento ambiental, assinale a opção correta.

a) Apenas empreendimentos com área superior a cinquenta hectares estão obrigados a apresentar estudo prévio de impacto ambiental e relatório de impacto ambiental.

b) No que se refere ao licenciamento ambiental, compete aos municípios aprovar o manejo e a supressão de vegetação e de florestas em imóveis rurais.

c) Atividades que envolvam organismos geneticamente modificados e aquelas relacionadas à manipulação de organismos vivos só podem ser desenvolvidas por entidades de direito público.

d) Depende de prévio licenciamento ambiental a ampliação de estabelecimentos que utilizam recursos ambientais efetiva ou potencialmente poluidores ou capazes de causar degradação ambiental.

e) É permitido a pessoas físicas desenvolver, de forma autônoma e independente, atividade relacionada ao cultivo e à produção de organismo geneticamente modificado, desde que mantenham vínculo empregatício com pessoas jurídicas que manipulem tais organismos.

ANOTAÇÕES/COMENTÁRIOS

(a) Errada. O principal critério para definir a exigência de estudo de impacto ambiental e relatório de impacto ambiental não é a dimensão do empreendimento, e sim, o seu potencial de causar degradação ambiental. Nesse sentido, o art. 225, § 1º, IV, da CRFB: "§ 1º – Para assegurar a efetividade desse direito, incumbe ao Poder Público: (...) IV – exigir, na forma da lei, para instalação de obra ou atividade potencialmente causadora de significativa degradação do meio ambiente, estudo prévio de impacto ambiental, a que se dará publicidade". Além disso, há hipóteses previstas na legislação determinando de antemão a necessidade de EIA/RIMA, tais como a previsão do art. 11-A, § 3º, do Código Florestal (Lei nº 12.651/2012): "§ 3º São sujeitos à apresentação de Estudo Prévio de Impacto Ambiental – EPIA e Relatório de Impacto Ambiental – RIMA os novos empreendimentos: I – com área superior a 50 (cinquenta) hectares, vedada a fragmentação do projeto para ocultar ou camuflar seu porte; II – com área de até 50 (cinquenta) hectares, se potencialmente causadores de significativa degradação do meio ambiente; ou III – localizados em região com adensamento de empreendimentos de carcinicultura ou salinas cujo impacto afete áreas comuns".

(b) Errada. A competência em questão foi atribuída, pela Lei Complementar nº 140/2011, aos Estados: "Art. 8º São ações administrativas dos Estados: (...) XVI – aprovar o manejo e a supressão de vegetação, de florestas e formações sucessoras em: (...) b) imóveis rurais, observadas as atribuições previstas no inciso XV do art. 7º".

(c) Errada. A Lei nº 11.105/05 prevê a possibilidade de realização de tais atividades por entidades de direito público ou privado, conforme art. 2º: "Art. 2º As atividades e projetos que envolvam OGM e seus derivados, relacionados ao ensino com manipulação de organismos vivos, à pesquisa científica, ao desenvolvimento tecnológico e à produção industrial ficam restritos ao âmbito de entidades de direito público ou privado, que serão responsáveis pela obediência aos preceitos desta Lei e de sua regulamentação, bem como pelas eventuais conseqüências ou efeitos advindos de seu descumprimento". Vale esclarecer que o art. 3º do mesmo diploma conceitua organismos geneticamente modificados – OGM: "Art. 3º Para os efeitos desta Lei, considera-se: (...) V – organismo geneticamente modificado – OGM: organismo cujo material genético – ADN/ARN tenha sido modificado por qualquer técnica de engenharia genética".

(d) Certa. A assertiva está de acordo com o disposto no art. 10 da Lei nº 6.938/81: "Art. 10. A construção, instalação, ampliação e funcionamento de estabelecimentos e atividades utilizadores de recursos ambientais, efetiva ou potencialmente poluidores ou capazes, sob qualquer forma, de causar degradação ambiental dependerão de prévio licenciamento ambiental. (Redação dada pela Lei Complementar nº 140, de 2011)".

(e) Errada. A legislação veda expressamente a atuação de pessoas físicas na referida atividade, conforme art. 2º, § 2º, da Lei nº 11.105/05: "Art. 2º As atividades e projetos que envolvam OGM e seus derivados, relacionados ao ensino com manipulação de organismos vivos, à pesquisa científica, ao desenvolvimento tecnológico e à produção industrial ficam restritos ao âmbito de entidades de direito público ou privado, que serão responsáveis pela obediência aos preceitos desta Lei e de sua regulamentação, bem como pelas eventuais conseqüências ou efeitos advindos de seu descumprimento.(...) § 2º As atividades e projetos de que trata este artigo são vedados a pessoas físicas em atuação autônoma e independente, ainda que mantenham vínculo empregatício ou qualquer outro com pessoas jurídicas."

*Para responder, tem que estudar: lei.*

*Gabarito: D*

**45. (Cespe/TJ/MA/Juiz/2013)** Autores populares requereram a anulação de licenças concedidas por ente público estadual para a construção de aterro sanitário em certa área de proteção ambiental (APA). Alegando risco de o chorume produzido pelo aterro atingir manancial subterrâneo, formularam pedido liminar para a suspensão das obras de engenharia já iniciadas e, como provimento final, a recomposição da área ao "status quo ante". Considerando essa situação hipotética, assinale a opção correta.

a) O risco ambiental alegado pelos autores relaciona-se diretamente à licença de operação, ao passo que o pedido de liminar está relacionado ao objeto da licença de instalação.

b) As firmas de engenharia encarregadas da obra são ilegítimas para figurar no polo passivo da ação popular, destinada à anulação de atos administrativos, emanados de entes públicos.

c) Como o licenciamento ambiental está sendo conduzido por ente público estadual, depreende-se que a APA foi instituída pelo estado.

d) Como as águas subterrâneas são bens da União, é imprescindível a intimação desta para manifestar eventual interesse no feito; em caso de resposta positiva, a competência será da Justiça Federal.

ANOTAÇÕES/COMENTÁRIOS

(a) Certa. O risco ambiental se relaciona à Licença de Operação, que é aquela que permite o exercício do empreendimento, nos termos do art. 8º, III, da Resolução 237/1997 do CONAMA: "III – Licença de Operação (LO) – autoriza a operação da atividade ou empreendimento, após a verificação do efetivo cumprimento do que consta das licenças anteriores, com as medidas de controle ambiental e condicionantes determinados para a operação". Por sua vez, o pedido liminar se relaciona com a Licença de Instalação, visto ser o instrumento que autorização a implantação do aterro sanitário no local, nos termos do art. 8º, II, da Resolução 237/1997 do CONAMA: "II – Licença de Instalação (LI) – autoriza a instalação do empreendimento ou atividade de acordo com as especificações constantes dos planos, programas e projetos aprovados, incluindo as medidas de controle ambiental e demais condicionantes, da qual constituem motivo determinante".

(b) Errada. As firmas de engenharia são responsáveis pela prática dos atos impugnados, possuindo legitimidade para figurar no polo passivo da ação popular, conforme art. 6º da Lei 4.717/1965: "Art. 6º A ação será proposta contra as pessoas públicas ou privadas e as entidades referidas no art. 1º, contra as autoridades, funcionários ou administradores que houverem autorizado, aprovado, ratificado ou praticado o ato impugnado, ou que, por omissas, tiverem dado oportunidade à lesão, e contra os beneficiários diretos do mesmo".

(c) Errada. Segundo o art. 12 da Lei Complementar 140/2011, o critério do ente instituidor da unidade de conservação não se aplica especificamente para as APAs, de modo que não é possível afirmar que o Estado instituiu tal espaço ambientalmente protegido: "Art. 12. Para fins de licenciamento ambiental de atividades ou empreendimentos utilizadores de recursos ambientais, efetiva ou potencialmente poluidores ou

BLOCO III

capazes, sob qualquer forma, de causar degradação ambiental, e para autorização de supressão e manejo de vegetação, o critério do ente federativo instituidor da unidade de conservação não será aplicado às Áreas de Proteção Ambiental (APAs). Parágrafo único. A definição do ente federativo responsável pelo licenciamento e autorização a que se refere o caput, no caso das APAs, seguirá os critérios previstos nas alíneas "a", "b", "e", "f" e "h" do inciso XIV do art. 7º, no inciso XIV do art. 8º e na alínea "a" do inciso XIV do art. 9º".

(d) Errada. As águas subterrâneas são bens dos Estados, conforme art. 26, I, da CF: "Art. 26. Incluem-se entre os bens dos Estados: I – as águas superficiais ou subterrâneas, fluentes, emergentes e em depósito, ressalvadas, neste caso, na forma da lei, as decorrentes de obras da União".

*Para responder, tem que estudar: lei.*

*Gabarito: A*

**46. (Cespe/TJ/DFT/Juiz/2014)** Uma empresa concessionária de serviço público de aproveitamento hidráulico de um rio federal, para garantir que seu projeto era ambientalmente móvel, apresentou, ao órgão competente, estudo de impacto ambiental acompanhado de requerimento de licença prévia que, efetivamente, lhe foi concedida com base no referido estudo. Para obter a licença de instalação, a empresa deverá conciliar suas atividades com a existência de cinco comunidades ribeirinhas e uma comunidade indígena que desenvolvem a pesca artesanal na região. A empresa deverá, ainda, recompor ou compensar a supressão de vegetação nativa em razão do alagamento de determinada área, nos termos do Código Florestal. Em face dessa situação hipotética e considerando as normas e a jurisprudência pertinentes, assinale a opção correta.

a) O direito de participação das comunidades ribeirinhas e indígena afetadas pelas atividades da empresa é garantido por meio de instrumentos infraconstitucionais que preveem tanto a participação dessas comunidades nas audiências públicas decorrentes do processo de licitação quanto no processo decisório político da exploração dos potenciais hidráulicos.

b) Mencionado na situação hipotética em apreço, o estudo de impacto ambiental deve contemplar todas as alternativas tecnológicas, tanto para a implantação quanto para a localização do projeto.

c) O princípio do poluidor-pagador permite que, por meio de contrapartida financeira, a empresa possa poluir mediante o pagamento de indenização pelos possíveis danos ambientais causados à região.

d) A competência para fiscalizar a empresa é apenas do órgão ambiental fiscalizador federal, pois o rio é federal.

e) A obrigação de implementação de políticas que estimulem a produção de energia renovável está prevista na Política Nacional do Meio Ambiente e na CF.

ANOTAÇÕES/COMENTÁRIOS

(a) Errada. As audiências públicas ocorrerão no processo de licenciamento da atividade, possuindo caráter persuasivo. Referido direito é assegurado constitucionalmente, conforme art. 231, § 3º: "O aproveitamento dos recursos hídricos, incluídos os potenciais energéticos, a pesquisa e a lavra das riquezas minerais em terras indígenas só podem ser efetivados com autorização do Congresso Nacional, ouvidas as comunidades afetadas, ficando-lhes assegurada participação nos resultados da lavra, na forma da lei".

(b) Certa. Nos termos do art. 5º, I, da Resolução CONAMA no. 01/1986: "Art. 5º O estudo de impacto ambiental, além de atender à legislação, em especial os princípios e objetivos expressos na Lei de Política Nacional do Meio Ambiente, obedecerá às seguintes diretrizes gerais: I – Contemplar todas as alternativas tecnológicas e de localização do projeto, confrontando-as com a hipótese de não execução do projeto".

(c) Errada. Pelo princípio do poluidor-pagador, aquele que poluiu pagará por sua poluição, como forma de compensar a sociedade pelas externalidades negativas decorrentes da exploração da atividade poluidora. Esse pagamento não se dá de forma necessariamente pecuniária, podendo envolver a adoção de medidas em prol do meio ambiente. Contudo, tal princípio não configura uma abertura incondicionada para poluir desde que se pague, e sim, uma orientação com intuito preventivo, orientando a conduta dos empreendedores, através da internalização dos custos sociais da degradação causada (e essa poluição deve respeitar os limites legais).

(d) Errada. Pelo caput art. 17 da Lei Complementar 140/2011, a competência para fiscalização seria do órgão responsável pelo licenciamento ou pela autorização do empreendimento ou da atividade. Contudo, o § 3º do mesmo dispositivo autoriza que os demais entes públicos atuem na fiscalização, estabelecendo que, na duplicidade de autuações, prevalecerá a do órgão com a competência citada no caput. Assim, se um empreendimento foi licenciado pelo IBAMA e o próprio IBAMA multa o empreendedor, se o mesmo empreendimento é multado pelo órgão ambiental estadual em valor distinto, prevalece a autuação do IBAMA. Confira-se a legislação citada: "Art. 17. Compete ao órgão responsável pelo licenciamento ou autorização, conforme o caso, de um empreendimento ou atividade, lavrar auto de infração ambiental e instaurar processo administrativo para a apuração de infrações à legislação ambiental cometidas pelo empreendimento ou atividade licenciada ou autorizada. (...). § 3º O disposto no caput deste artigo não impede o exercício pelos entes federativos da atribuição comum de fiscalização da conformidade de empreendimentos e atividades efetiva ou potencialmente poluidores ou utilizadores de recursos naturais com a legislação ambiental em vigor, prevalecendo o auto de infração ambiental lavrado por órgão que detenha a atribuição de licenciamento ou autorização a que se refere o caput".

(e) Errada. Apesar de o art. 176, § 4º, da CF apresentar disposição que desburocratiza a utilização da energia renovável ('Não dependerá de autorização ou concessão o aproveitamento do potencial de energia renovável de capacidade reduzida"), a Lei 6.938/1981 (Política Nacional do Meio Ambiente) nada dispõe acerca do assunto.

*Para responder, tem que estudar: lei e teoria/doutrina.*

*Gabarito: B*

## 11.2. Princípios de Direito Ambiental

**47. (Cespe/TJ/AC/Juiz/2012)** Com relação aos princípios do direito ambiental, assinale a opção correta.

a) Embora o princípio da prevenção esteja caindo em desuso com a emergência da chamada sociedade de risco, as medidas preventivas que com aquele não se confundem continuam sendo extremamente necessárias à proteção do meio ambiente.

b) O princípio da participação, veiculado, pela primeira vez, em 1972, durante a Conferência de Estocolmo, dispõe sobre a necessidade de se estabelecerem parâmetros que permitam a participação equitativa das populações carentes nos lucros da exploração econômica da biodiversidade.

c) O princípio da precaução é aplicado como garantia contra os potenciais riscos que, de acordo com o estado atual do conhecimento, não podem ser ainda identificados; consoante esse princípio, ausente a certeza científica formal, a existência de risco de um dano sério ou irreversível requer a implementação de medidas que possam prever esse dano.

d) O princípio do poluidor-pagador foi desenvolvido pelo racionalismo alemão, no século XIX, em decorrência do acelerado processo de industrialização da recém-unificada Alemanha, tendo alcançado status constitucional em 1919.

e) O princípio do usuário-pagador, desenvolvido por John Rawls na obra Uma Teoria da Justiça, fundamenta-se na ideia da maximização do mínimo, segundo a qual cabe àqueles que alcançam um maior nível de consumo a responsabilidade sobre os custos socioambientais da produção capitalista.

ANOTAÇÕES/COMENTÁRIOS

(a) Errada. A questão confunde os conceitos de princípio da prevenção (aplicável diante de uma certeza científica) e princípio da precaução (aplicável diante de uma incerteza científica). Diante da chamada sociedade de risco (termo cunhado por Ulrich Beck), ao priorizar a modernização, o ser humano acabou criando novas características para os riscos ambientais, permeando o meio ambiente de externalidades até então desconhecidas. A impossibilidade de se afirmar os efeitos nocivos ao meio ambiente causados por determinado empreendimento impõe limitações à sua implementação, como medida de protetiva, que se mostra necessária no contexto atual – reforçando a relevância do princípio da precaução.

(b) Errada. O princípio da participação democrática se relaciona à legitimidade das decisões do Poder Público em matéria ambiental, através da participação de toda a sociedade e, ao contrário do que afirma a alternativa, não se relaciona com a participação nos lucros da exploração econômica da biodiversidade. Os empreendimentos que impactam o meio ambiente afetam toda a coletividade, em especial quem reside ou passa na região diretamente afetada pelo empreendimento. Assim, se a população sofre com os impactos ambientais, configura exercício da democracia ouvir o povo antes de se liberar ou não a licença de um empreendimento poluidor. Desse modo, o legislador e o Poder Executivo têm que criar instrumentos para ouvir a população antes de tomar a sua decisão político-ambiental (Ex.: consulta pública como condição prévia para criação de unidade de conservação; assentos da comunidade civil organizada nos Conselhos de Meio Ambiente).

(c) Certa. Tendo em vista que os danos ambientais podem ser irreparáveis in natura, aplica-se ao Direito Ambiental o princípio da precaução, segundo o qual, diante de uma incerteza científica, deve-se prestigiar o meio ambiente, buscando evitar atividades que possam causar danos ambientais ou mitigar seus efeitos nocivos da forma mais efetiva possível. Segundo Edis Milaré, "a incerteza científica milita em favor do meio ambiente, carregando-se ao interessado o ônus de provar que as intervenções pretendidas não trarão consequências indesejadas ao meio considerado" (MILARÉ, Edis. Direito do ambiente). Contudo, o princípio da precaução não se confunde com o princípio da prevenção, aplicável quando se tem uma certeza científica quanto aos riscos e danos ambientais decorrentes de uma determinada atividade, permitindo, assim, que o órgão ambiental competente adote as medidas necessárias para eliminar ou mitigar os seus impactos.

(d) Errada. O princípio do poluidor-pagador estabelece que aquele que poluiu pagará por sua poluição, como forma de compensar a sociedade pelas externalidades negativas decorrentes da exploração da atividade poluidora. Note-se que não se trata de uma autorização irrestrita para poluir desde que se pague, e sim, uma forma de equalizar os impactos da poluição entre o poluidor e a sociedade. Ao contrário do que consta na assertiva, esse princípio foi formalmente incorporado ao plano político apenas em 1972, pela Organização de Cooperação e Desenvolvimento Econômico (OCDE), através da Recomendação C(72) 128 de 26.05.1972 (Nesse sentido: BENJAMIN, Antonio Herman de Vasconcellos e. O princípio poluidor-pagador e a reparação do dano ambiental. BDJur, Brasília, DF; e RODRIGUES, Marcelo Abelha. Elementos de direito ambiental).

(e) Errada. Pelo princípio do usuário-pagador, impõe-se a obrigação de pagar ao indivíduo que usufrui dos recursos naturais. Mesmo sem poluição, a utilização dos recursos naturais gera uma diminuição na sua disponibilidade, de modo que esse pagamento se dá pela economicidade, possuindo caráter pedagógico, incentivando o uso racional e adequado. Todavia, não se pode atribuir a autoria do referido princípio a John Rawls, como consta na assertiva.

*Para responder, tem que estudar: teoria/doutrina.*

*Gabarito: C*

BLOCO III

**48. (Cespe/TJ/PI/Juiz/2012)** Considerando os princípios de direito ambiental, assinale a opção correta.

a) Como forma de buscar a responsabilização pessoal do agente da degradação ambiental, considera-se poluidor, consoante o princípio do poluidor-pagador, apenas o autor direto e imediatamente identificável do dano ambiental.

b) Em consonância com o princípio da participação e informação, a CF determina expressamente que o poder público promova a educação ambiental em todos os níveis de ensino.

c) O princípio da precaução aplica-se a impactos ambientais já conhecidos, em face da constatação de evidências de perigo de dano ambiental efetivo que deva ser antecipadamente eliminado.

d) Em decorrência do princípio do poluidor-pagador, segundo a lei que dispõe acerca da PNMA, aquele que agrida o ambiente deve ser responsabilizado pelo prejuízo causado a este e a terceiros, na medida de sua culpa e participação no dano.

e) Sendo o ambiente classificado como bem de uso comum do povo, não se admite que sua utilização tenha caráter oneroso ou que haja necessidade de contraprestação pelo usuário.

**ANOTAÇÕES/COMENTÁRIOS**

(a) Errada. O conceito de poluidor é mais amplo, abrangendo todo aquele que contribuiu, de forma direta ou indireta, para a degradação ambiental. Isso se reflete na aplicação do princípio do poluidor-pagador, através do qual aquele que poluiu pagará por sua poluição, como forma de compensar a sociedade pelas externalidades negativas decorrentes da exploração da atividade poluidora. Esse pagamento não se dá de forma necessariamente pecuniária, podendo envolver a adoção de medidas em prol do meio ambiente. Exemplo de tal concepção é a previsão do art. 6º, § 5º, da Lei 7.802/1989 (lei de agrotóxicos) no sentido de que o produtor ou comerciante de agrotóxicos são obrigados a receber as embalagens vazias de volta, para dar a destinação correta (pois estas guardam resíduos potencialmente prejudiciais ao meio ambiente): "As empresas produtoras e comercializadoras de agrotóxicos, seus componentes e afins, são responsáveis pela destinação das embalagens vazias dos produtos por elas fabricados e comercializados, após a devolução pelos usuários, e pela dos produtos apreendidos pela ação fiscalizatória e dos impróprios para utilização ou em desuso, com vistas à sua reutilização, reciclagem ou inutilização, obedecidas as normas e instruções dos órgãos registrantes e sanitário-ambientais competentes. (Incluído pela Lei 9.974, de 2000)".

(b) Certa. O princípio da participação democrática se relaciona à legitimidade das decisões do Poder Público em matéria ambiental, através da participação de toda a sociedade. Os empreendimentos que impactam o meio ambiente afetam toda a coletividade, em especial quem reside ou passa na região diretamente afetada pelo empreendimento. Assim, se a população sofre com os impactos ambientais, nada mais democrático que ouvir o povo antes de se liberar ou não a licença de um empreendimento poluidor. Desse modo, o legislador e o Poder Executivo têm que criar instrumentos para ouvir a população antes de tomar a sua decisão político-ambiental (Ex.: consulta pública como condição prévia para criação de unidade de conservação; assentos da comunidade civil organizada nos Conselhos de Meio Ambiente). Pelo princípio da informação, busca-se conferir publicidade acerca dos atos relacionados à proteção ambiental. A Lei 10.650/2003 trata do tema, regulando as informações nos órgãos ambientais de todas as entidades políticas. Além disso, qualquer indivíduo, independentemente de interesse específico, tem direito a acessar as informações nos órgãos públicos ambientais (preservado o sigilo industrial e comercial da sociedade empresária, se existir). Estabelecidos tais conceitos, é possível depreender que a educação ambiental, determinada pelo art. 225, § 1º, da CF, se faz necessária para que a participação popular seja efetiva, o que é oportunizado pela publicidade dos atos públicos em matéria ambiental.

(c) Errada. O princípio da prevenção é que se aplica diante de uma certeza científica quanto aos riscos e danos ambientais decorrentes de uma determinada atividade, permitindo, assim, que o órgão ambiental competente adote as medidas necessárias para eliminar ou mitigar os seus impactos. Pelo princípio da precaução, diante de uma incerteza científica, deve-se prestigiar o meio ambiente, buscando evitar atividades que possam causar danos ambientais ou mitigar seus efeitos nocivos da forma mais efetiva possível.

(d) Errada. Pelo princípio do poluidor-pagador, aquele que poluiu pagará por sua poluição, como forma de compensar a sociedade pelas externalidades negativas decorrentes da exploração da atividade poluidora. Um reflexo de tal princípio é a responsabilidade civil objetiva por danos ambientais, conforme art. 14, § 1º, Lei 6938/1981 ("§ 1º Sem obstar a aplicação das penalidades previstas neste artigo, é o poluidor obrigado, independentemente da existência de culpa, a indenizar ou reparar os danos causados ao meio ambiente e a terceiros, afetados por sua atividade"). O erro da alternativa é afirmar que a responsabilidade pelo prejuízo do poluidor se dá na medida de sua culpa e participação no dano.

(e) Errada. Ao contrário do que afirma a alternativa, impõe-se a determinados usuários o pagamento pelos recursos naturais. Trata-se do princípio do usuário-pagador. Mesmo sem poluição, a utilização dos recursos naturais gera uma diminuição na sua disponibilidade. Esse pagamento se dá pela economicidade, possuindo caráter pedagógico, incentivando o uso racional e adequado. Ex.: conta de água – mesmo sem poluição, há uma redução da quantidade de água, de modo que o usuário terá que pagar por sua utilização. Tal princípio pode ser depreendido do art. 4º, VII, da Lei 6.838/1981: "Art. 4º A Política Nacional do Meio Ambiente visará: (...). VII – à imposição, ao poluidor e ao predador, da obrigação de recuperar e/ou indenizar os danos causados e, ao usuário, da contribuição pela utilização de recursos ambientais com fins econômicos".

*Para responder, tem que estudar: lei e teoria/doutrina.*

*Gabarito: B*

**49. (Cespe/TJ/MA/Juiz/2013)** Considerando os princípios fundamentais que regem o direito ambiental, assinale a opção correta.

a) O princípio do poluidor-pagador determina a incidência do regime jurídico da responsabilidade civil objetiva por danos ambientais.

b) Uma aplicação estrita do princípio da prevenção inverte o ônus da prova e impõe ao poluidor provar, com anterioridade, que sua ação não causará degradação ambiental.

c) Segundo o princípio do desenvolvimento sustentável, é proibida a instalação de indústria que, conforme o EIA/RIMA, cause poluição.

d) A ação popular, ao contrário da ação civil pública, é instrumento de efetivação do princípio da participação democrática no direito ambiental.

**ANOTAÇÕES/COMENTÁRIOS**

(a) Certa. Tende-se a identificar o princípio do poluidor-pagador com o princípio da responsabilidade. Por esse princípio, aquele que poluiu pagará por sua poluição, como forma de compensar a sociedade pelas externalidades negativas decorrentes da exploração da atividade poluidora. Trata-se de uma decorrência da lógica de quem aufere os bônus pela exploração da atividade degradadora do meio ambiente deve arcar também com os ônus. Esse pagamento não se dá de forma necessariamente pecuniária, podendo envolver a adoção de medidas em prol do meio ambiente. Um reflexo de tal princípio é a responsabilidade civil objetiva por danos ambientais, conforme art. 14, § 1º, Lei 6938/1981: "§ 1º Sem obstar a aplicação das penalidades previstas neste artigo, é o poluidor obrigado, independentemente da existência de culpa, a indenizar ou reparar os danos causados ao meio ambiente e a terceiros, afetados por sua atividade".

(b) Errada. O princípio que justifica a inversão do ônus da prova no caso é o da precaução, segundo o qual, diante de uma incerteza científica, deve-se prestigiar o meio ambiente, buscando evitar atividades que possam causar danos ambientais ou mitigar seus efeitos nocivos da forma mais efetiva possível. Segundo Edis Milaré, "a incerteza científica milita em favor do meio ambiente, carregando-se ao interessado o ônus de provar que as intervenções pretendidas não trarão consequências indesejadas ao meio considerado" (MILARÉ, Edis. Direito do ambiente). Cabe observar que o princípio da precaução não se confunde com o princípio da prevenção, aplicável quando se tem uma certeza científica quanto aos riscos ambientais. No mesmo sentido, a jurisprudência do STJ: "ADMINISTRATIVO E PROCESSUAL CIVIL. AÇÃO CIVIL PÚBLICA. DANOS AMBIENTAIS. ADIANTAMENTO DE DESPESAS PERICIAIS. ART. 18 DA LEI 7.347/1985. ENCARGO DEVIDO À FAZENDA PÚBLICA. DISPOSITIVOS DO CPC. DESCABIMENTO. PRINCÍPIO DA ESPECIALIDADE. INVERSÃO DO ÔNUS DA PROVA. PRINCÍPIO DA PRECAUÇÃO. (...). 3. Em ação ambiental, impõe-se a inversão do ônus da prova, cabendo ao empreendedor, no caso concreto o próprio Estado, responder pelo potencial perigo que causa ao meio ambiente, em respeito ao princípio da precaução. (REsp 1237893)".

(c) Errada. Pelo princípio do desenvolvimento econômico sustentável, prega-se a utilização razoável e adequada dos recursos da natureza, mantendo os níveis de poluição em nível tolerável para a saúde do homem e do meio ambiente. O desenvolvimento sustentável é aquele que atende às necessidades das presentes gerações sem privar as futuras de sua parcela dos recursos da natureza. Tal concepção decorre da constatação de que as atividades humanas ensejam necessariamente um certo grau de poluição. Assim, o que se busca é minimizar os impactos ambientais da melhor forma possível. Justamente por isso, admite-se a instalação de empreendimentos que causem poluição, mas exigindo-se medidas que reduzam a degradação ambiental.

(d) Errada. Ambas as ações permitem concretizar a participação democrática. O princípio da participação democrática se relaciona à legitimidade das decisões do Poder Público em matéria ambiental, através da participação de toda a sociedade. Os empreendimentos que impactam o meio ambiente afetam toda a coletividade, em especial quem reside ou passa na região diretamente afetada pelo empreendimento. Assim, se a população sofre com os impactos ambientais, nada mais democrático que ouvir o povo antes de se liberar ou não a licença de um empreendimento poluidor. Desse modo, o legislador e o Poder Executivo têm que criar instrumentos para ouvir a população antes de tomar a sua decisão político-ambiental (Ex.: consulta pública como condição prévia para criação de unidade de conservação; assentos da comunidade civil organizada nos Conselhos de Meio Ambiente). Na CF, temos a ação popular em defesa do meio ambiente, que pode ser proposta por qualquer cidadão defendendo os interesses da comunidade. Do mesmo modo, a ação civil pública pode ser proposta, dentre outros legitimados, pelo Ministério Público, que é defende os interesses da sociedade (art. 127 da CF), e por entidades da sociedade civil (art. 5º da Lei 7.347/1985).

*Para responder, tem que estudar: lei, jurisprudência e teoria/doutrina.*

*Gabarito: A*

**50. (Cespe/TJ/RN/Juiz/2013)** O Enunciado 16 da Declaração do Rio de Janeiro de 1992 preceitua o seguinte: "Tendo em vista que o poluidor deve, em princípio, arcar com o custo decorrente da poluição, as autoridades nacionais devem procurar promover a internalização ao empreendimento dos custos ambientais e o uso de instrumentos econômicos, levando na devida conta o interesse público, sem distorcer o comércio e os investimentos internacionais". Esse enunciado encerra o princípio da(o):

a) informação.
b) prevenção.
c) precaução.
d) poluidor-pagador.
e) desenvolvimento sustentável.

ANOTAÇÕES/COMENTÁRIOS

(a) Errada. Pelo princípio da informação, busca-se conferir publicidade acerca dos atos relacionados à proteção ambiental. A lei federal 10.650/2003 trata do tema, regulando as informações nos órgãos ambientais de todas as entidades políticas. Além disso, qualquer indivíduo, independentemente de interesse específico, tem direito a acessar as informações nos órgãos públicos ambientais (preservado o sigilo industrial e comercial da sociedade empresária, se existir).

(b) Errada. O princípio da prevenção é aplicável quando se tem uma certeza científica quanto aos riscos e danos ambientais decorrentes de uma determinada atividade, permitindo, assim, que o órgão ambiental competente adote as medidas necessárias para eliminar ou mitigar os seus impactos

(c) Errada. Pelo princípio da precaução, diante de uma incerteza científica, deve-se prestigiar o meio ambiente, buscando evitar atividades que possam causar danos ambientais ou mitigar seus efeitos nocivos da forma mais efetiva possível.

(d) Certa. Pelo princípio do poluidor-pagador, aquele que poluiu pagará por sua poluição, como forma de compensar a sociedade pelas externalidades negativas decorrentes da exploração da atividade poluidora. Trata-se de uma decorrência da lógica de quem aufere os bônus pela exploração da atividade degradadora do meio ambiente deve arcar também com os ônus. Esse pagamento não se dá de forma necessariamente pecuniária, podendo envolver a adoção de medidas em prol do meio ambiente. A alternativa trata justamente da internalização dos custos ambientais por parte do poluidor.

(e) Errada. Pelo princípio do desenvolvimento econômico sustentável, prega-se a utilização razoável e adequada dos recursos da natureza, mantendo os níveis de poluição em nível tolerável para a saúde do homem e do meio ambiente. O desenvolvimento sustentável é aquele que atende às necessidades das presentes gerações sem privar as futuras de sua parcela dos recursos da natureza. Tal concepção decorre da constatação de que as atividades humanas ensejam necessariamente um certo grau de poluição. Assim, o que se busca é minimizar os impactos ambientais da melhor forma possível. Justamente por isso, admite-se a instalação de empreendimentos que causem poluição, mas exigindo-se medidas que reduzam a degradação ambiental.

*Para responder, tem que estudar: teoria/doutrina.*

*Gabarito: D*

**51. (Cespe/TJ/PR/Juiz/2017)** O MP ajuizou ACP por dano ambiental contra um estado federado que permitiu a uma empresa agrícola reflorestar uma grande área degradada com mudas de árvores transgênicas. O MP alegou que, quando crescessem, tais árvores poderiam ter impacto na hidrologia da região, entre outras repercussões desconhecidas, por serem mudas modificadas. Na defesa, o réu alegou que a empresa agrícola tinha de ser citada em litisconsórcio necessário; que o MP não se desincumbiu do ônus de provar o dano à hidrologia do terreno; que a utilização das mudas transgênicas decorreu de força maior, por terem as nativas sido destruídas em um incêndio pouco antes da época própria para o plantio. Nessa situação hipotética, de acordo com a jurisprudência do STJ:

a) a responsabilidade por dano ambiental é objetiva, mas será afastada se for comprovada a ocorrência da alegada excludente de responsabilidade civil do ente federado por motivo de força maior.

b) o valor a ser arbitrado para a reparação civil dos danos ambientais deverá ser alto o suficiente para caracterizar punição ao infrator.

c) é aplicável o princípio da precaução, impondo-se a inversão do ônus probatório.

d) procede o argumento de que a empresa privada deve ser incluída no polo passivo, por se tratar de litisconsórcio necessário.

**ANOTAÇÕES/COMENTÁRIOS**

(a) Errada. Conforme entendimento do STJ, a teoria do risco integral fundamenta a responsabilidade civil objetiva em matéria ambiental: "1. Para fins do art. 543-C do Código de Processo Civil: a) para demonstração da legitimidade para vindicar indenização por dano ambiental que resultou na redução da pesca na área atingida, o registro de pescador profissional e a habilitação ao benefício do seguro-desemprego, durante o período de defeso, somados a outros elementos de prova que permitam o convencimento do magistrado acerca do exercício dessa atividade, são idôneos à sua comprovação; b) a responsabilidade por dano ambiental é objetiva, informada pela teoria do risco integral, sendo o nexo de causalidade o fator aglutinante que permite que o risco se integre na unidade do ato, sendo descabida a invocação, pela empresa responsável pelo dano ambiental, de excludentes de responsabilidade civil para afastar a sua obrigação de indenizar." (REsp 1354536). Por essa teoria, o caso fortuito, a força maior e o fato de terceiro não têm o condão de romper o nexo causal na reparação do dano.

(b) Errada. O STJ pacificou o entendimento de que a reparação civil decorrente de danos ambientais não possui caráter punitivo, conforme julgado a seguir: "(...) 1. Para fins do art. 543-C do Código de Processo Civil: c) é inadequado pretender conferir à reparação civil dos danos ambientais caráter punitivo imediato, pois a punição é função que incumbe ao direito penal e administrativo" (REsp 1354536)

(c) Certa. O princípio que justifica a inversão do ônus da prova no caso é o da precaução, segundo o qual, diante de uma incerteza científica, deve-se prestigiar o meio ambiente, buscando evitar atividades que possam causar danos ambientais ou mitigar seus efeitos nocivos da forma mais efetiva possível. Segundo Edis Milaré, "a incerteza científica milita em favor do meio ambiente, carregando-se ao interessado o ônus de provar que as intervenções pretendidas não trarão consequências indesejadas ao meio considerado" (MILARÉ, Edis. Direito do ambiente). No mesmo sentido, a jurisprudência do STJ: "ADMINISTRATIVO E PROCESSUAL CIVIL. AÇÃO CIVIL PÚBLICA. DANOS AMBIENTAIS. ADIANTAMENTO DE DESPESAS PERICIAIS. ART. 18 DA LEI 7.347/1985. ENCARGO DEVIDO À FAZENDA PÚBLICA. DISPOSITIVOS DO CPC. DESCABIMENTO. PRINCÍPIO DA ESPECIALIDADE. INVERSÃO DO

ÔNUS DA PROVA. PRINCÍPIO DA PRECAUÇÃO. (...). 3. Em ação ambiental, impõe-se a inversão do ônus da prova, cabendo ao empreendedor, no caso concreto o próprio Estado, responder pelo potencial perigo que causa ao meio ambiente, em respeito ao princípio da precaução. (REsp 1237893)".

(d) Errada. A responsabilidade por danos ambientais é solidária, de forma que o litisconsórcio em questão é facultativo, e não necessário como afirma a assertiva. Nesse sentido: "a tese recursal de litisconsórcio passivo necessário com o cônjuge do agente poluidor não prospera, tendo em vista que a responsabilidade por danos ambientais é solidária entre o poluidor direto e o indireto, o que permite que a ação seja ajuizada contra qualquer um deles, sendo facultativo o litisconsórcio. Tal conclusão decorre da análise do inciso IV do art. 3º da Lei 6.938/1981, que considera "poluidor, a pessoa física ou jurídica, de direito público ou privado, responsável, direta ou indiretamente, por atividade causadora de degradação ambiental". (AgInt no AREsp 839.492)

*Para responder, tem que estudar: jurisprudência e teoria/doutrina.*

*Gabarito: C*

## 11.3. Responsabilidade Ambiental

**52. (Cespe/TJ/DFT/Juiz/2015)** Antônio depositou, a céu aberto, resíduos tóxicos em terreno de sua propriedade. Embora a área fosse cercada e houvesse placas de sinalização informando a presença de material tóxico, o acesso ao terreno era fácil, consentido e costumeiro. Joaquim, um morador que não conhecia bem a vizinhança, passou pelo local e sofreu, por conduta não dolosa, graves queimaduras decorrentes do contato com os resíduos tóxicos, pois, ao ver esse material, ficou curioso, se aproximou e o tocou. Acerca dessa situação hipotética, assinale a opção correta à luz do entendimento do STJ.

a) Aplica-se ao caso a teoria do risco integral, de modo que Antônio deverá responder pelos danos sofridos por Joaquim, a menos que fique comprovada a culpa exclusiva da vítima ou a ocorrência de caso fortuito ou força maior.

b) Não é aplicável ao caso a teoria do risco integral, uma vez que Joaquim era um estranho que não tinha qualquer relação jurídico-contratual com Antônio, a lesão foi cometida a indivíduo e não ao meio ambiente e foram colocadas placas de sinalização indicando a presença de material tóxico.

c) Caso Antônio tivesse depositado os resíduos na condição de agente de entidade estatal e não como particular, sua provável responsabilidade obedeceria ao regime do risco administrativo.

d) A conduta de Antônio enquadra-se no conceito de dano ambiental e a ela devem ser aplicados o princípio do poluidor-pagador e a responsabilidade objetiva por risco integral.

e) Se Antônio tivesse depositado os resíduos na condição de agente de entidade estatal, sua responsabilidade seria de natureza subjetiva, sendo necessário provar culpa lato sensu para que o Estado respondesse por condutas omissivas causadoras de dano ao meio ambiente.

## ANOTAÇÕES/COMENTÁRIOS

(a) Errada. Conforme entendimento do STJ, a teoria do risco integral fundamenta a responsabilidade civil objetiva em matéria ambiental: "1. Para fins do art. 543-C do Código de Processo Civil: a) para demonstração da legitimidade para vindicar indenização por dano ambiental que resultou na redução da pesca na área atingida, o registro de pescador profissional e a habilitação ao benefício do seguro-desemprego, durante o período de defeso, somados a outros elementos de prova que permitam o convencimento do magistrado acerca do exercício dessa atividade, são idôneos à sua comprovação; b) a responsabilidade por dano ambiental é objetiva, informada pela teoria do risco integral, sendo o nexo de causalidade o fator aglutinante que permite que o risco se integre na unidade do ato, sendo descabida a invocação, pela empresa responsável pelo dano ambiental, de excludentes de responsabilidade civil para afastar a sua obrigação de indenizar. (REsp 1354536). Por essa teoria, a culpa exclusiva da vítima, o caso fortuito, a força maior e o fato de terceiro não têm o condão de romper o nexo causal na reparação do dano.

(b) Errada. Aplica-se ao caso a teoria do risco integral, conforme comentários das demais alternativas.

(c) Errada. A responsabilidade civil por dano ambiental é objetiva e fundamentada na teoria do risco integral, mesmo diante de ato praticado por entidade estatal, não havendo diferenciação em relação à responsabilidade dos particulares.

(d) Certa. O princípio do poluidor-pagador fundamenta a responsabilidade objetiva por dano ambiental, tendo em vista que aquele que pratica a degradação ambiental, auferindo benefício de tal conduta, deve arcar com os ônus dos seus atos. A referida questão se baseou ainda no seguinte julgamento, veiculado no informativo 544 do STJ: "O particular que deposite resíduos tóxicos em seu terreno, expondo-os a céu aberto, em local onde, apesar da existência de cerca e de placas de sinalização informando a presença de material orgânico, o acesso de outros particulares seja fácil, consentido e costumeiro, responde objetivamente pelos danos sofridos por pessoa que, por conduta não dolosa, tenha sofrido, ao entrar na propriedade, graves queimaduras decorrentes de contato com os resíduos. A responsabilidade civil por danos ambientais, seja por lesão ao meio ambiente propriamente dito (dano ambiental público), seja por ofensa a direitos individuais (dano ambiental privado), é objetiva, fundada na teoria do risco integral, em face do disposto no art. 14, § 1º, da Lei 6.938/1981, que consagra o princípio do poluidor-pagador. A responsabilidade objetiva fundamenta-se na noção de risco social, que está implícito em determinadas atividades, como a indústria, os meios de transporte de massa, as fontes de energia. Assim, a responsabilidade objetiva, calcada na teoria do risco, é uma imputação atribuída por lei a determinadas pessoas para ressarcirem os danos provocados por atividades exercidas no seu interesse e sob seu controle, sem que se proceda a qualquer indagação sobre o elemento subjetivo da conduta do agente ou de seus

BLOCO III

prepostos, bastando a relação de causalidade entre o dano sofrido pela vítima e a situação de risco criada pelo agente. Imputa-se objetivamente a obrigação de indenizar a quem conhece e domina a fonte de origem do risco, devendo, em face do interesse social, responder pelas consequências lesivas da sua atividade independente de culpa. Nesse sentido, a teoria do risco como cláusula geral de responsabilidade civil restou consagrada no enunciado normativo do parágrafo único do art. 927 do CC, que assim dispôs: 'Haverá obrigação de reparar o dano, independentemente de culpa, nos casos especificados em lei, ou quando a atividade normalmente desenvolvida pelo autor do dano implicar, por sua natureza, risco para os direitos de outrem'. A teoria do risco integral constitui uma modalidade extremada da teoria do risco em que o nexo causal é fortalecido de modo a não ser rompido pelo implemento das causas que normalmente o abalariam (v.g. culpa da vítima; fato de terceiro, força maior). Essa modalidade é excepcional, sendo fundamento para hipóteses legais em que o risco ensejado pela atividade econômica também é extremado, como ocorre com o dano nuclear (art. 21, XXIII, 'c', da CF e Lei 6.453/1977). O mesmo ocorre com o dano ambiental (art. 225, caput e § 3º, da CF e art. 14, § 1º, da Lei 6.938/1981), em face da crescente preocupação com o meio ambiente. Nesse mesmo sentido, extrai-se da doutrina que, na responsabilidade civil pelo dano ambiental, não são aceitas as excludentes de fato de terceiro, de culpa da vítima, de caso fortuito ou de força maior. Nesse contexto, a colocação de placas no local indicando a presença de material orgânico não é suficiente para excluir a responsabilidade civil'. REsp 1.373.788.

(e) Errada. A responsabilidade civil por dano ambiental é objetiva, mesmo diante de ato praticado por entidade estatal, não havendo diferenciação em relação à responsabilidade dos particulares.

*Para responder, tem que estudar: lei e jurisprudência.*

*Gabarito: D*

**53. (Cespe/TJ/BA/Juiz/2019)** Por equívoco de um de seus empregados, uma empresa alimentícia deixou vazar acidentalmente parte de seu insumo em um rio, o que causou a morte de 5 t de peixes. Nessa situação hipotética, relativamente à responsabilidade civil ambiental, a empresa

a) não responderá pelo dano ambiental, por ser uma pessoa jurídica.

b) não responderá pelo dano, visto que não houve dolo na morte dos peixes.

c) responderá pelo dano, uma vez que a responsabilidade civil ambiental é objetiva e pautada na teoria do risco administrativo, não sendo admitida a responsabilização do empregado para responder culposamente pelo dano.

d) responderá pelo dano, porque a responsabilidade civil ambiental é objetiva e pautada na teoria do risco integral.

e) responderá pelo dano, pois a responsabilidade civil ambiental é objetiva e pautada na teoria do risco administrativo, admitindo-se, ainda, a responsabilização do empregado para responder culposamente pelo dano.

ANOTAÇÕES/COMENTÁRIOS

(a) Errada. O art. 225 da CRFB prevê a responsabilidade das pessoas físicas e jurídicas pela reparação de danos causados ao meio ambiente: "§ 3º As condutas e atividades consideradas lesivas ao meio ambiente sujeitarão os infratores, pessoas físicas ou jurídicas, a sanções penais e administrativas, independentemente da obrigação de reparar os danos causados".

(b) Errada. O art. 14, § 1º da Lei n. 6.938/1981 prevê a responsabilidade objetiva por dano ambiental: "§ 1º – Sem obstar a aplicação das penalidades previstas neste artigo, é o poluidor obrigado, independentemente da existência de culpa, a indenizar ou reparar os danos causados ao meio ambiente e a terceiros, afetados por sua atividade. O Ministério Público da União e dos Estados terá legitimidade para propor ação de responsabilidade civil e criminal, por danos causados ao meio ambiente".

(c) Errada. O STJ entende que a responsabilidade civil ambiental é objetiva, com fundamento na teoria do risco integral, e não do risco administrativo. Quanto ao ponto, vide comentários à alternativa D. Além disso, as pessoas físicas e jurídicas causadoras de danos ambientais responderão pela sua reparação, conforme art. 225, § 3º, da CRFB.

(d) Certa. Conforme entendimento do STJ, a teoria do risco integral fundamenta a responsabilidade civil objetiva em matéria ambiental: "1. Para fins do art. 543-C do Código de Processo Civil: a) para demonstração da legitimidade para vindicar indenização por dano ambiental que resultou na redução da pesca na área atingida, o registro de pescador profissional e a habilitação ao benefício do seguro-desemprego, durante o período de defeso, somados a outros elementos de prova que permitam o convencimento do magistrado acerca do exercício dessa atividade, são idôneos à sua comprovação; b) a responsabilidade por dano ambiental é objetiva, informada pela teoria do risco integral, sendo o nexo de causalidade o fator aglutinante que permite que o risco se integre na unidade do ato, sendo descabida a invocação, pela empresa responsável pelo dano ambiental, de excludentes de responsabilidade civil para afastar a sua obrigação de indenizar. (REsp 1354536). Por essa teoria, a culpa exclusiva da vítima, o caso fortuito, a força maior e o fato de terceiro não têm o condão de romper o nexo causal na reparação do dano.

(e) Errada. O STJ entende que a responsabilidade civil ambiental é objetiva, com fundamento na teoria do risco integral, e não do risco administrativo. Quanto ao ponto, vide comentários à alternativa D.

*Para responder, tem que estudar: lei, jurisprudência e teoria/doutrina.*

*Gabarito: D*

**54. (Cespe/TJ/DFT/Juiz/2014)** João instalou, em terreno de sua propriedade, situado na região industrial de Brasília/DF, um depósito de determinado produto químico. Por descuido de um de seus funcionários, um galão do produto foi derramado no solo da propriedade. O funcionário decidiu não relatar o episódio aos seus superiores. Após quatro meses do ocorrido, em razão de dívidas contraídas com o investimento, João decidiu vender a propriedade e contratou uma empresa de auditoria ambiental para analisar se havia algum dano na propriedade. Os auditores afirmaram que havia risco de o produto atingir o lençol freático, o que ainda não ocorrera. O novo comprador, Pedro, por descuido na análise dos documentos referentes ao imóvel, não observou o laudo técnico, que apontava risco de contaminação do lençol freático, e continuou a desenvolver a mesma atividade que João. Após um ano da compra do imóvel, Pedro recebeu a visita de fiscais do órgão ambiental fiscalizador, que analisavam o solo da região. Após análise da qualidade do solo, foi constatado que o lençol freático que abastecia a região havia sido contaminado por derramamento de produto químico no solo. Pedro foi autuado por contaminação do lençol freático, conforme previsão das normas aplicáveis. Em face dessa situação hipotética e considerando as normas e a jurisprudência aplicáveis, assinale a opção correta.

a) Pedro pode ser responsabilizado civilmente, pois a responsabilidade de reparar o dano pode ser atribuída ao novo proprietário, ainda que este não tenha dado diretamente causa ao dano.

b) Pedro é responsável pela infração administrativa, mas não poderá ser responsabilizado a reparar civilmente o dano ambiental.

c) O simples risco da ocorrência de dano ambiental não poderia justificar a aplicação de medidas preventivas pela administração pública.

d) João pode mencionar o princípio da precaução como argumento para livrar-se da responsabilidade administrativa, civil e penal, visto que providenciou a auditoria ambiental antes de vender o imóvel.

e) João não pode ser, ao órgão competente, responsabilizado pela infração administrativa ocorrida, pois não é mais o proprietário do imóvel.

## ANOTAÇÕES/COMENTÁRIOS

(a) Certa. Nos termos do art. 2º, § 2º, da Lei 12.651/2012, as obrigações previstas no Código Florestal têm natureza real e são transmitidas ao sucessor, de qualquer natureza, no caso de transferência de domínio ou posse do imóvel rural. Desse modo, o indivíduo que adquire um imóvel com situação causadora de degradação ambiental, mesmo que já o tenha adquirido nessas condições, terá responsabilidade pelos danos, por ser uma obrigação propter rem, ou seja, que decorre da coisa, transmitindo-se juntamente com o imóvel. Por fim, tal entendimento encontra guarida na jurisprudência do STJ: "AMBIENTAL. DANO AO MEIO AMBIENTE. ÁREAS DE PRESERVAÇÃO PERMANENTE. RESERVA LEGAL. RESPONSABILIDADE OBJETIVA PELO DANO AMBIENTAL. OBRIGAÇÃO PROPTER REM. SÚMULA 83/STJ. FUNDAMENTO AUTÔNOMO NÃO IMPUGNADO. SÚMULA 283/SF. 1. A Caixa Econômica Federal sustenta que "as construções questionadas pelo Ministério Público como causadoras de danos ambientais não foram realizadas pela Caixa Econômica Federal, mas sim por terceiros que ocuparam a área muito antes da área ser transformada em uma APA- Área de Proteção Ambiental". O STJ possui entendimento pacífico de que a responsabilidade civil pela reparação dos danos ambientais adere à propriedade, como obrigação propter rem, sendo possível cobrar também do atual proprietário condutas derivadas de danos provocados pelos proprietários antigos. Incidência Súmula 83/STJ. 2. Já quanto à responsabilização do IBAMA/ICM-BIO, a Corte de origem entendeu que "o art. 1º da Lei 11.516/2007, que dispõe sobre a criação do referido Instituto, expressamente prevê sua atribuição no dever de adotar providências no sentido de coibir a pratica de danos ambientais, bem como de executar ações de conservação e proteção da área: (...). Ainda, a Lei 6.938/1981 consagra em seu art. 2º, ser a recuperação das áreas degradadas um dos princípios da Política Nacional do Meio Ambiente". 3. Dessa maneira, como a fundamentação supra é apta, por si só, para manter o decisum combatido e não houve contraposição recursal sobre a aplicação do art. 2º da Lei 6.938/1981, aplica-se na espécie, por analogia, o óbice da Súmula 283/STF: "É inadmissível o recurso extraordinário, quando a decisão recorrida assenta em mais de um fundamento suficiente e o recurso não abrange todos eles." 4. Recursos Especiais não conhecidos." (REsp 1622512). Tal entendimento foi consolidado na súmula nº 623 do STJ: As obrigações ambientais possuem natureza propter rem, sendo admissível cobrá-las do proprietário ou possuidor atual e/ou dos anteriores, à escolha do credor.STJ. 1ª Seção. Aprovada em 12/12/2018, DJe 17/12/2018.

(b) Errada. Conforme comentários da alternativa A, o novo proprietário será responsável civilmente por reparar o dano ambiental.

(c) Errada. Tendo em vista que os danos ambientais podem ser irreparáveis in natura, aplica-se ao Direito Ambiental o princípio da precaução, segundo o qual, diante de uma incerteza científica, deve-se prestigiar o meio ambiente, buscando evitar atividades que possam causar danos ambientais ou mitigar seus efeitos nocivos da forma mais efetiva possível. Do mesmo modo, uma vez existente a certeza científica acerca da degradação ambiental, por aplicação do princípio da prevenção, a Administração Pública deve adotar medidas para evitar ou minimizar os impactos ambientais.

(d) Errada. O princípio da precaução não se materializa através da simples adoção de tais providências, demandando a efetiva atuação do degradador ambiental para minimizar ou sanar os efeitos negativos no meio ambiente.

(e) Errada. No presente caso, João foi o responsável pela conduta causadora do dano ambiental, podendo ser responsabilizado administrativamente, já que a responsabilidade administrativa por dano ambiental é subjetiva, demandando dolo ou culpa, conforme entendimento do STJ: "1. Segundo o acórdão recorrido, "a responsabilidade administrativa ambiental é fundada no risco administrativo, respondendo, portanto, o transgressor das normas de proteção ao meio ambiente independentemente de culpa lato senso, como ocorre no âmbito da responsabilidade civil por danos ambientais". 2. Nos termos da jurisprudência do STJ, como regra a responsabilidade administrativa ambiental apresenta caráter subjetivo, exigindo dolo ou culpa para sua configuração." (REsp 1640243). Vale observar que a 1ª Seção do STJ consolidou o entendimento no sentido da responsabilidade administrativa subjetiva, conforme julgamento nos autos do EREsp 1318051/RJ, em maio de 2019.

*Para responder, tem que estudar: lei, jurisprudência e teoria/doutrina.*

*Gabarito: A*

## 12. TUTELA PROCESSUAL

**55. (Cespe/TJ/RN/Juiz/2013)** Acerca da tutela processual do meio ambiente, assinale a opção correta.

a) Independentemente de requerimento do autor, o juiz poderá determinar a cessação da atividade nociva ao meio ambiente, além da cominação de multa diária em caso de descumprimento.

b) Conforme o STF, não é possível a realização de desapropriação para fins de reforma agrária em imóveis abrangidos por áreas de proteção ambiental.

c) Os bens particulares tombados somente podem ser alienados à União, aos estados, ao DF e aos municípios, sendo a transferência a terceiros punida com multa de 10% sobre o valor do bem transferido.

d) As autarquias ou fundações encarregadas da defesa e proteção do meio ambiente têm legitimidade para firmar termo de ajustamento de conduta, desde que haja participação do MP.

e) O MP estadual tem legitimidade para instaurar inquérito civil público contra sociedade empresarial, para apurar o descumprimento de normas relativas a higiene e segurança do trabalho.

ANOTAÇÕES/COMENTÁRIOS

(a) Certa. Trata-se de aplicação prática do disposto no art. 11 da Lei 7.347/1985: "art. 11. Na ação que tenha por objeto o cumprimento de obrigação de fazer ou não fazer, o juiz determinará o cumprimento da prestação da atividade devida ou a cessação da atividade nociva, sob pena de execução específica, ou de cominação de multa diária, se esta for suficiente ou compatível, independentemente de requerimento do autor".

(b) Errada. O STF possui entendimento pela possibilidade de desapropriação nos termos em questão: "AGRAVO REGIMENTAL. MANDADO DE SEGURANÇA. DESAPROPRIAÇÃO. REFORMA AGRÁRIA. CONTROVÉRSIA ACERCA DA PRODUTIVIDADE DE IMÓVEL RURAL. NECESSIDADE DE DILAÇÃO PROBATÓRIA. IMPOSSIBILIDADE DE PRODUZIR PROVAS EM MANDADO DE SEGURANÇA. SUPOSTA TURBAÇÃO E ESBULHO OCORRIDA APÓS A REALIZAÇÃO DE VISTORIA DO INCRA. INEXISTÊNCIA DE ÓBICE À DESAPROPRIAÇÃO. ÁREA DE PROTEÇÃO AMBIENTAL. EXISTÊNCIA DE LICENÇA. AGRAVO DESPROVIDO. (...). III – É possível a realização de desapropriação para fins de reforma agrária em imóveis abrangidos por áreas de proteção ambiental, desde que cumprida a legislação pertinente. No caso, foi obtida licença prévia para assentamento de reforma agrária. IV – Agravo regimental a que se nega provimento". (MS-AgR 25.576)

(c) Errada. À época de realização do certame estava em vigor o Decreto-Lei 25/1937, que estabelecia que um dos efeitos do tombamento era o direito de preferência, através do qual o proprietário de um imóvel tombado que pretendesse aliená-lo deveria oferecê-lo para aquisição preferencial à União, posteriormente ao Estado, e, por fim, ao Município; somente depois disso o imóvel poderia ser oferecido aos particulares. Tal previsão vinha no art. 22 do Decreto-Lei 25/1937: "Art. 22. Em face da alienação onerosa de bens tombados, pertencentes a pessoas naturais ou a pessoas jurídicas de direito privado, a União, os Estados e os municípios terão, nesta ordem, o direito de preferência". Ocorre que, ao contrário do que consta na alternativa, os bens tombados podem ser alienados para outros indivíduos, não havendo a multa citada. Atente-se que o novo Código de Processo Civil revogou expressamente o referido dispositivo, de modo que atualmente não mais subsiste o direito de preferência para a alienação de bens tombados. O que temos atualmente é o referido direito tão somente para a hipótese de alienação judicial dos bens em questão, conforme art. 889, VIII, do CPC/2015.

(d) Errada. Conforme art. 5º, IV, e § 6º, da Lei 7.347/1985, as autarquias e fundações possuem legitimidade para firmar termo de ajustamento de conduta, independentemente da participação do MP: "Art. 5º Têm legitimidade para propor a ação principal e a ação cautelar: (...). III – a União, os Estados, o Distrito Federal e os Municípios; (Incluído pela Lei 11.448, de 2007). IV – a autarquia, empresa pública, fundação ou sociedade de economia mista; (Incluído pela Lei 11.448, de 2007). (...). § 6º Os órgãos públicos legitimados poderão tomar dos interessados compromisso de ajustamento de sua conduta às exigências legais, mediante cominações, que terá eficácia de título executivo extrajudicial. (Incluído pela Lei nª 8.078, de 11.9.1990)".

(e) Errada. A competência em questão é do Ministério Público do Trabalho. Nesse sentido: "CONSTITUCIONAL E PROCESSUAL CIVIL. ALEGADO DESCUMPRIMENTO DE NORMAS RELATIVAS A HIGIENE E A SEGURANÇA DO TRABALHO. INQUERITO CIVIL E AÇÃO CIVIL PUBLICA. ILEGITIMIDADE DO MINISTERIO PUBLICO ESTADUAL. O MINISTERIO PUBLICO E UNO E INDIVISIVEL MAS APENAS NA MEDIDA EM QUE OS SEUS MEMBROS ESTÃO SUBMETIDOS A UMA MESMA CHEFIA. ESSA UNIDADE E INDIVISIBILIDADE SO DIZEM RESPEITO A CADA UM DOS VARIOS MINISTERIOS PUBLICOS QUE O SISTEMA JURIDICO BRASILEIRO CONSAGROU. ASSIM, O MINISTERIO PUBLICO ESTADUAL NÃO TEM LEGITIMIDADE PARA INSTAURAR, CONTRA SOCIEDADE EMPRESARIA, PESSOA JURIDICA DE DIREITO PRIVADO, INQUERITO CIVIL PARA APURAR O DESCUMPRIMENTO DE NORMAS RELATIVAS A HIGIENE E A SEGURANÇA DO TRABALHO, NEM PARA AJUIZAR, DECORRENTEMENTE, AÇÃO CIVIL PUBLICA. RECURSO PROVIDO". (STJ, 1ª Turma – RMS 5563/RS – Julgamento: 21/08/1995).

*Para responder, tem que estudar: lei e jurisprudência.*

*Gabarito: A*

**56. (Cespe/TJ/BA/Juiz/2019)** O MP de determinado estado da Federação propôs ação civil pública consistente em pedido liminar para obstar a construção de empreendimento às margens de um rio desse estado. No local escolhido, uma área de preservação permanente, a empresa empreendedora desmatou irregularmente 200 ha para instalar o empreendimento. A liminar incluiu, ainda, pedido para que a empresa fosse obrigada a iniciar imediatamente replantio na área desmatada. Nessa situação hipotética, a ação civil pública proposta deverá discutir

a) apenas a responsabilidade civil da empresa.
b) as responsabilidades civil e criminal da empresa.
c) as responsabilidades civil e administrativa da empresa.
d) apenas a responsabilidade administrativa da empresa.
e) as responsabilidades civil, administrativa e criminal da empresa.

ANOTAÇÕES/COMENTÁRIOS

(a) Certa. A ação civil pública se presta a tutelar o meio ambiente, através da responsabilização civil por danos causados (art. 1º da Lei n. 7.347/1985), buscando-se a reparação e a interrupção do dano em andamento. A responsabilidade civil não se confunde com a administrativa e a criminal, conforme previsão do art. 225, 3º da CRFB: "As condutas e atividades consideradas lesivas ao meio ambiente sujeitarão os infratores, pessoas físicas ou jurídicas, a sanções penais e administrativas, independentemente da obrigação de reparar os danos causados." A responsabilidade administrativa será aferida pelas autoridades com poder de polícia para tanto, no exercício de suas funções de fiscalização e sancionatória. Por sua vez, a responsabilidade criminal será apurada através de ação penal pública incondicionada, nos termos do art. 26 da Lei 9.605/1998: "Art. 26. Nas infrações penais previstas nesta Lei, a ação penal é pública incondicionada".

(b) Errada. A responsabilidade criminal da sociedade empresária será apurada em sede de ação civil pública. Quanto ao ponto, vide comentários à alternativa A.

(c) Errada. A responsabilidade administrativa é de competência dos órgãos públicos com atribuições de fiscalização e com poder sancionador. Sobre o ponto, vide comentários à alternativa A.

(d) Errada. A responsabilidade administrativa é de competência dos órgãos públicos com atribuições de fiscalização e com poder sancionador. Sobre o ponto, vide comentários à alternativa A.

(e) Errada. A responsabilidade criminal da sociedade empresária será apurada em sede de ação civil pública. A responsabilidade administrativa é de competência dos órgãos públicos com atribuições de fiscalização e com poder sancionador. Sobre o ponto, vide comentários à alternativa A.

*Para responder, tem que estudar: lei.*

*Gabarito: A*

## 13. TEMAS ESPARSOS

**57. (Cespe/TJ/DFT/Juiz/2014)** Considerando o direito nacional e internacional ao acesso a recursos genéticos e à repartição de benefícios, assinale a opção correta.

a) A concessão de autorização para a realização de bioprospecção não prevê permissão para a exploração comercial de componentes do patrimônio genético descobertos na pesquisa, sendo, para tanto, necessária uma autorização específica da CTNBio.

b) Para que determinada empresa possa ter acesso a conhecimento relevante, de domínio de apenas um indivíduo de uma comunidade, é necessário firmar contrato de utilização do patrimônio genético e de repartição de benefícios diretamente com o indivíduo detentor do conhecimento, visto que a comunidade não pode ser titular desse patrimônio.

c) Compete à CTNBio, criada após a ratificação do Protocolo de Cartagena pelo Brasil, o estabelecimento dos critérios para as autorizações de acesso e remessa de patrimônio genético.

d) A Convenção sobre Diversidade Biológica, em vigor no âmbito internacional desde 1993, não estabelece regras precisas sobre a repartição justa e equitativa dos benefícios advindos do patrimônio genético e do conhecimento tradicional associado.

e) O conhecimento tradicional das comunidades indígenas associado ao patrimônio genético só é considerado como objeto de tutela jurídica se for real, visto que não há tutela ao conhecimento tradicional com valor potencial.

**ANOTAÇÕES/COMENTÁRIOS**

(a) Errada. A MP 2186-16/2001, vigente à época da realização do concurso, permitia a exploração comercial de componentes do patrimônio genético descobertos na pesquisa, mediante autorização ou permissão da União, nos termos do art. 2º ("art. 2º A exploração do patrimônio genético existente no País somente será feita mediante autorização ou permissão da União e terá o seu uso, comercialização ou aproveitamento para quaisquer fins submetidos à fiscalização, nos termos e nas condições estabelecidos nesta Medida Provisória") – não havendo qualquer previsão de autorização específica da CTNBio para tanto.

(b) Errada. À época da realização do certame estava em vigor a MP 2186-16/2001, que previa a formalização de contrato de utilização do patrimônio genético e de repartição de benefícios, que poderia ser subscrito por representante da comunidade, conforme art. 27: "O Contrato de Utilização do Patrimônio Genético e de Repartição de

Benefícios deverá indicar e qualificar com clareza as partes contratantes, sendo, de um lado, o proprietário da área pública ou privada, ou o representante da comunidade indígena e do órgão indigenista oficial, ou o representante da comunidade local e, de outro, a instituição nacional autorizada a efetuar o acesso e a instituição destinatária".

(c) Errada. Conforme art. 11, II, b, da MP 2186-16/2001, vigente à época da realização do certame, competia ao Conselho de Gestão estabelecer critérios para acesso e remessa do patrimônio genético: "Art. 11. Compete ao Conselho de Gestão: (...). II – estabelecer: (...). b) critérios para as autorizações de acesso e de remessa".

(d) Certa. A Convenção sobre Diversidade Biológica foi assinada durante a Conferência das Nações Unidas sobre Meio Ambiente e Desenvolvimento, realizada na cidade do Rio de Janeiro, no período de 5 a 14 de junho de 1992. O art. 1º da Convenção em questão traz a repartição justa e equitativa dos benefícios derivados da utilização de recursos genéticos, não estabelecendo os mecanismos para tanto: "Os objetivos desta Convenção, a serem cumpridos de acordo com as disposições pertinentes, são a conservação da diversidade biológica, a utilização sustentável de seus componentes e a repartição justa e equitativa dos benefícios derivados da utilização dos recursos genéticos, mediante, inclusive, o acesso adequado aos recursos genéticos e a transferência adequada de tecnologias pertinentes, levando em conta todos os direitos sobre tais recursos e tecnologias, e mediante financiamento adequado". O art. 8º, j, da mesma convenção estabelece que cada Estado deve adotar as medidas adequadas para regulamentar tal repartição, de acordo com sua legislação nacional: "Cada Parte Contratante deve, na medida do possível e conforme o caso: (...). j) Em conformidade com sua legislação nacional, respeitar, preservar e manter o conhecimento, inovações e práticas das comunidades locais e populações indígenas com estilo de vida tradicionais relevantes à conservação e à utilização sustentável da diversidade biológica, e incentivar sua mais ampla aplicação com a aprovação e a participação dos detentores desse conhecimento inovações e práticas; e encorajar a repartição equitativa dos benefícios oriundos da utilização desse conhecimento, inovações e práticas". No Brasil, o assunto foi tratado pela MP 2186-16/2001, revogada pela Lei 13.123/2015 (posterior à época da realização do concurso).

(e) Errada. À época da realização do concurso, estava em vigor a MP 2186-16/2001, que previa em seu art. 7º: "Além dos conceitos e das definições constantes da Convenção sobre Diversidade Biológica, considera-se para os fins desta Medida Provisória: (...). II – conhecimento tradicional associado: informação ou prática individual ou coletiva de comunidade indígena ou de comunidade local, com valor real ou potencial, associada ao patrimônio genético".

*Para responder, tem que estudar: lei.*

*Gabarito: D*

**58. (Cespe/TJ/RN/Juiz/2013)** Em relação à biodiversidade e ao patrimônio genético, assinale a opção correta.

a) Ao Conselho Nacional de Biossegurança, instância colegiada multidisciplinar de caráter consultivo e deliberativo, cabe prestar apoio técnico e de assessoramento ao governo federal na formulação, atualização e implementação da Política Nacional de Biossegurança.

b) As atividades relacionadas à pesquisa científica que envolvam organismos geneticamente modificados são permitidas a pessoas físicas em atuação autônoma e independente, desde que mantenham vínculo empregatício ou qualquer outro com pessoas jurídicas.

c) Conforme a Convenção sobre Diversidade Biológica, considera-se ecossistema a área geograficamente destinada ao alcance de objetivos específicos de conservação.

d) De acordo com a Política Nacional de Biodiversidade, cabe aos países desenvolvidos o aporte de recursos financeiros novos e adicionais e a facilitação do acesso adequado às tecnologias pertinentes para atender às necessidades dos países em desenvolvimento, no que se refere à conservação e à utilização sustentável da biodiversidade.

e) É permitida, para fins de pesquisa e terapia, a utilização de células-tronco embrionárias obtidas de embriões humanos produzidos por fertilização "in vitro", exigindo-se apenas que sejam embriões inviáveis.

## ANOTAÇÕES/COMENTÁRIOS

(a) Errada. A alternativa tenta confundir o candidato com os conceitos dos órgãos CTNBio e CNBS. A assertiva menciona o Conselho Nacional de Biossegurança – CNBS, mas apresenta o conceito da Comissão Técnica Nacional de Biossegurança – CTNBio, conforme art. 10 da Lei 11.105/2005, "Art. 10. A CTNBio, integrante do Ministério da Ciência e Tecnologia, é instância colegiada multidisciplinar de caráter consultivo e deliberativo, para prestar apoio técnico e de assessoramento ao Governo Federal na formulação, atualização e implementação da PNB de OGM e seus derivados, bem como no estabelecimento de normas técnicas de segurança e de pareceres técnicos referentes à autorização para atividades que envolvam pesquisa e uso comercial de OGM e seus derivados, com base na avaliação de seu risco zoofitossanitário, à saúde humana e ao meio ambiente". Por sua vez, o art. 8º da Lei 11.105/2005 dispõe acerca do CNBS: "Art. 8º Fica criado o Conselho Nacional de Biossegurança – CNBS, vinculado à Presidência da República, órgão de assessoramento superior do Presidente da República para a formulação e implementação da Política Nacional de Biossegurança – PNB".

(b) Errada. O Decreto 5.591/2005 reproduz em seu art. 2º, § 2º a previsão do art. 2º, § 2º da Lei 11.105/2005, no sentido de que as referidas atividades são vedadas a pessoas físicas em atuação autônoma e independente, mesmo que mantenham vínculo com pessoas jurídicas: "Art. 2º As atividades e projetos que envolvam OGM e seus derivados, relacionados ao ensino com manipulação de organismos vivos, à pesquisa científica, ao desenvolvimento tecnológico e à produção industrial ficam restritos ao âmbito de entidades de direito público ou privado, que serão responsáveis pela obediência aos preceitos da Lei no 11.105, de 2005, deste Decreto e de normas complementares, bem como

BLOCO III

pelas eventuais consequências ou efeitos advindos de seu descumprimento. (...). § 2º As atividades e projetos de que trata este artigo são vedados a pessoas físicas em atuação autônoma e independente, ainda que mantenham vínculo empregatício ou qualquer outro com pessoas jurídicas".

(c) Errada. Conforme o art. 2º da Convenção sobre Diversidade Biológica, ""Ecossistema" significa um complexo dinâmico de comunidades vegetais, animais e de microorganismos e o seu meio inorgânico que interagem como uma unidade funcional".

(d) Certa. O Decreto 4.339/2002 estabelece princípios e diretrizes para a implementação da Política Nacional de Biodiversidade e prevê no item 2 do seu Anexo Único: "2. A Política Nacional da Biodiversidade reger-se-á pelos seguintes princípios: (...). IV – a conservação e a utilização sustentável da biodiversidade são uma preocupação comum à humanidade, mas com responsabilidades diferenciadas, cabendo aos países desenvolvidos o aporte de recursos financeiros novos e adicionais e a facilitação do acesso adequado às tecnologias pertinentes para atender às necessidades dos países em desenvolvimento".

(e) Errada. A utilização dos embriões em questão demanda ainda consentimento dos genitores. Conforme art. 5º, I, II, e § 1º, da Lei 11.105/2005: " Art. 5º É permitida, para fins de pesquisa e terapia, a utilização de células-tronco embrionárias obtidas de embriões humanos produzidos por fertilização in vitro e não utilizados no respectivo procedimento, atendidas as seguintes condições: I – sejam embriões inviáveis; ou II – sejam embriões congelados há 3 (três) anos ou mais, na data da publicação desta Lei, ou que, já congelados na data da publicação desta Lei, depois de completarem 3 (três) anos, contados a partir da data de congelamento. § 1º Em qualquer caso, é necessário o consentimento dos genitores".

*Para responder, tem que estudar: lei.*

*Gabarito: D*

**59. (Cespe/TJ/PB/Juiz/2015)** Acerca de biossegurança, OGMs e responsabilidade ambiental no âmbito do direito ambiental e dos principais instrumentos de proteção internacional, assinale a opção correta.

a) O princípio da prevenção é aplicado em julgamentos relacionados à incerteza científica dos possíveis danos causados ao meio ambiente pelos OGMs.

b) A legislação que regulamenta as atividades que envolvam OGM prevê hipóteses em que será permitida a comercialização de material biológico.

c) A responsabilidade por danos ambientais causados pela exploração de OGMs possui natureza de responsabilidade compartilhada, que difere da responsabilidade solidária.

d) O Protocolo de Cartagena foi negociado no âmbito da Convenção sobre Diversidade Biológica como um instrumento mais preciso e específico que essa convenção.

e) A CF é silente em relação às atividades de pesquisa e manipulação de material genético.

ANOTAÇÕES/COMENTÁRIOS

(a) Errada. O princípio da prevenção, ao contrário do que consta da assertiva, é aplicável quando se tem uma certeza científica quanto aos riscos ambientais. O princípio que embasaria julgamentos nos termos da alternativa seria o princípio da precaução, pelo qual, diante de uma incerteza científica, deve-se prestigiar o meio ambiente, buscando evitar atividades que possam causar danos ambientais ou mitigar seus efeitos nocivos da forma mais efetiva possível.

(b) Errada. Ao contrário do que dispõe a alternativa, a Lei 11.105/2005 não prevê explicitamente hipóteses em que será permitida a comercialização de material biológico. Ao contrário, traz previsões vedando a comercialização (como no art. 5º, § 3º: "É vedada a comercialização do material biológico a que se refere este artigo e sua prática implica o crime tipificado no art. 15 da Lei no 9.434, de 4 de fevereiro de 1997") ou estabelecendo a regulamentação para a referida possibilidade (conforme art. 16, II, por exemplo: "Art. 16. Caberá aos órgãos e entidades de registro e fiscalização do Ministério da Saúde, do Ministério da Agricultura, Pecuária e Abastecimento e do Ministério do Meio Ambiente, e da Secretaria Especial de Aquicultura e Pesca da Presidência da República entre outras atribuições, no campo de suas competências, observadas a decisão técnica da CTNBio, as deliberações do CNBS e os mecanismos estabelecidos nesta Lei e na sua regulamentação: (...). II – registrar e fiscalizar a liberação comercial de OGM e seus derivados".

(c) Errada. O art. 20 da Lei 11.105/2005 prevê expressamente a responsabilidade solidária para o caso em questão: "Art. 20. Sem prejuízo da aplicação das penas previstas nesta Lei, os responsáveis pelos danos ao meio ambiente e a terceiros responderão, solidariamente, por sua indenização ou reparação integral, independentemente da existência de culpa". A responsabilidade compartilhada mencionada na questão é prevista na Lei 12.305/2010 (Política Nacional de Resíduos Sólidos), no seu art. 3º, XVII, nos seguintes termos: "responsabilidade compartilhada pelo ciclo de vida dos produtos: conjunto de atribuições individualizadas e encadeadas dos fabricantes, importadores, distribuidores e comerciantes, dos consumidores e dos titulares dos serviços públicos de limpeza urbana e de manejo dos resíduos sólidos, para minimizar o volume de resíduos sólidos e rejeitos gerados, bem como para reduzir os impactos causados à saúde humana e à qualidade ambiental decorrentes do ciclo de vida dos produtos, nos termos desta Lei".

(d) Certa. Conforme informações do Ministério do Meio Ambiente, "a Convenção sobre Diversidade Biológica (CDB) é um tratado da Organização das Nações Unidas e um dos mais importantes instrumentos internacionais relacionados ao meio ambiente. A Convenção foi estabelecida durante a notória ECO-92. a Conferência das Nações Unidas sobre Meio Ambiente e Desenvolvimento (CNUMAD), realizada no Rio de Janeiro em junho de 1992. e é hoje o principal fórum mundial para questões relacionadas ao tema.

Mais de 160 países já assinaram o acordo, que entrou em vigor em dezembro de 1993. A Convenção está estruturada sobre três bases principais – a conservação da diversidade biológica, o uso sustentável da biodiversidade e a repartição justa e equitativa dos benefícios provenientes da utilização dos recursos genéticos – e se refere à biodiversidade em três níveis: ecossistemas, espécies e recursos genéticos. A Convenção abarca tudo o que se refere direta ou indiretamente à biodiversidade – e ela funciona, assim, como uma espécie de arcabouço legal e político para diversas outras convenções e acordos ambientais mais específicos, como o Protocolo de Cartagena sobre Biossegurança; (...)". Conforme art. 1º do Protocolo de Cartagena: "De acordo com a abordagem de precaução contida no Princípio 15 da Declaração do Rio sobre Meio Ambiente e Desenvolvimento, o objetivo do presente Protocolo é de contribuir para assegurar um nível adequado de proteção no campo da transferência, da manipulação e do uso seguros dos organismos vivos modificados resultantes da biotecnologia moderna que possam ter efeitos adversos na conservação e no uso sustentável da diversidade biológica, levando em conta os riscos para a saúde humana, e enfocando especificamente os movimentos transfronteiriços".

(e) Errada. A CF/1988 tratou do tema, no art. 225, § 1º, II: "Art. 225. Todos têm direito ao meio ambiente ecologicamente equilibrado, bem de uso comum do povo e essencial à sadia qualidade de vida, impondo-se ao Poder Público e à coletividade o dever de defendê-lo e preservá-lo para as presentes e futuras gerações. § 1º Para assegurar a efetividade desse direito, incumbe ao Poder Público: (...). II – preservar a diversidade e a integridade do patrimônio genético do País e fiscalizar as entidades dedicadas à pesquisa e manipulação de material genético".

*Para responder, tem que estudar: lei e teoria/doutrina.*

*Gabarito: D*

**60. (Cespe/TJ/PB/Juiz/2015)** A componente ambiental da definição de função social da propriedade é um dos elementos fundamentais da sua configuração. No entanto, atualmente, a expressão mais adequada seria função socioambiental da propriedade. A esse respeito, tendo como base as normas jurídicas aplicáveis e a jurisprudência dos tribunais superiores, assinale a opção correta.

a) Para que novo adquirente de propriedade seja responsabilizado por danos causados nessa propriedade pelo antigo proprietário, é necessário que se demonstre o nexo de causalidade entre o causador do dano e o dano em si.

b) A área de propriedade com reserva legal, conservada e inscrita no cadastro ambiental rural, que exceder o mínimo legal exigido deverá constituir servidão ambiental, implementada por meio de cota de reserva ambiental.

c) Conforme disposto no Código Florestal, os proprietários de imóveis rurais e urbanos em que seja instituída uma reserva legal devem conservar o meio ambiente na área determinada pela lei.

d) O STF, ao interpretar a função social da propriedade, garante a preponderância dos critérios sociais e ambientais sobre o critério econômico no que concerne à desapropriação de imóveis rurais para fins de reforma agrária.

e) A função socioambiental da propriedade está prevista no Código Civil como um limite às faculdades do proprietário.

ANOTAÇÕES/COMENTÁRIOS

(a) Errada. Nos termos do art. 2º, § 2º, da Lei 12.651/2012, as obrigações previstas no Código Florestal têm natureza real e são transmitidas ao sucessor, de qualquer natureza, no caso de transferência de domínio ou posse do imóvel rural. Desse modo, o indivíduo que adquire um imóvel com danos ambientais, mesmo que já o tenha adquirido nessas condições, terá responsabilidade pelos danos, por ser obrigação propter rem, ou seja, que decorre da coisa, transmitindo-se juntamente com o imóvel. Por fim, tal entendimento encontra guarida na jurisprudência do STJ: "(...) descabe falar em culpa ou nexo causal, como fatores determinantes do dever de recuperar a vegetação nativa e averbar a Reserva Legal por parte do proprietário ou possuidor, antigo ou novo, mesmo se o imóvel já estava desmatado quando de sua aquisição. Sendo a hipótese de obrigação propter rem, desarrazoado perquirir quem causou o dano ambiental in casu, se o atual proprietário ou os anteriores, ou a culpabilidade de quem o fez ou deixou de fazer." (REsp 948.921). Tal entendimento foi consolidado na súmula nº 623 do STJ: As obrigações ambientais possuem natureza propter rem, sendo admissível cobrá-las do proprietário ou possuidor atual e/ou dos anteriores, à escolha do credor.STJ. 1ª Seção. Aprovada em 12/12/2018, DJe 17/12/2018.

(b) Errada. A constituição de servidão ambiental ou de cota de reserva ambiental são opções fornecidas ao proprietário que instituir área de reserva legal superior ao mínimo legal exigido, que materializam o princípio do protetor-recebedor. A servidão ambiental é prevista nos arts. 9º-A, 9º-B e 9º-C da Lei 6.938/81. A servidão ambiental é um direito real sobre coisa alheia, através do qual o proprietário renuncia de maneira total ou parcial, de forma definitiva ou temporária, à exploração dos recursos ambientais em sua propriedade. A outra possibilidade é a CRA, que é um título criado pela Lei 12.651/2012, que representa a área de vegetação nativa existente ou em processo de recuperação, que pode ser negociado (interessando a quem está em situação irregular, demandando uma compensação de áreas protegidas).

(c) Errada. A reserva legal é restrita a imóveis rurais, conforme art. 3º da Lei 12.651/2012: "Art. 3º Para os efeitos desta Lei, entende-se por: (...). III – Reserva Legal: área localizada no interior de uma propriedade ou posse rural, delimitada nos termos do art. 12, com a função de assegurar o uso econômico de modo sustentável dos recursos naturais do imóvel rural, auxiliar a conservação e a reabilitação dos processos ecológicos e promover a conservação da biodiversidade, bem como o abrigo e a proteção de fauna silvestre e da flora nativa". Note-se que o art. 19 da mesma lei prevê a possibilidade de reserva legal em imóveis rurais localizados no perímetro urbano – mas isso não muda a natureza de imóvel rural da propriedade, já que a mera inserção de um imóvel no perímetro urbano não retira a sua natureza de imóvel rural, sendo necessário que ele seja previsto como área urbana nas leis de parcelamento do solo municipal. "Art. 19. A inserção do imóvel rural em perímetro urbano definido mediante lei municipal não desobriga o proprietário ou posseiro da manutenção da área de Reserva Legal, que só será extinta concomitantemente ao registro do parcelamento do solo para fins urbanos aprovado segundo a legislação específica e consoante as diretrizes do plano diretor de que trata o § 1º do art. 182 da Constituição Federal".

(d) Errada. O art. 186 da CF estabelece diversos critérios que, juntos, formam a função social da propriedade rural: "Art. 186. A função social é cumprida quando a propriedade rural atende, simultaneamente, segundo critérios e graus de exigência estabelecidos em lei, aos seguintes requisitos: I – aproveitamento racional e adequado; II – utilização adequada dos recursos naturais disponíveis e preservação do meio ambiente; III – observância das disposições que regulam as relações de trabalho; IV – exploração que favoreça o bem-estar dos proprietários e dos trabalhadores". Não há preponderância, a priori, dos referidos critérios. Nesse sentido: "O direito de propriedade não se reveste de caráter absoluto, eis que, sobre ele, pesa grave hipoteca social, a significar que, descumprida a função social que lhe é inerente (CF, art. 5º, XXIII), legitimar-se-á a intervenção estatal na esfera dominial privada, observados, contudo, para esse efeito, os limites, as formas e os procedimentos fixados na própria Constituição da República. O acesso à terra, a solução dos conflitos sociais, o aproveitamento racional e adequado do imóvel rural, a utilização apropriada dos recursos naturais disponíveis e a preservação do meio ambiente constituem elementos de realização da função social da propriedade. A desapropriação, nesse contexto -- enquanto sanção constitucional imponível ao descumprimento da função social da propriedade -- reflete importante instrumento destinado a dar consequência aos compromissos assumidos pelo Estado na ordem econômica e social. Incumbe, ao proprietário da terra, o dever jurídico-social de cultivá-la e de explorá-la adequadamente, sob pena de incidir nas disposições constitucionais e legais que sancionam os senhores de imóveis ociosos, não cultivados e/ou improdutivos, pois só se tem por atendida a função social que condiciona o exercício do direito de propriedade, quando o titular do domínio cumprir a obrigação (1) de favorecer o bem-estar dos que na terra labutam; (2) de manter níveis satisfatórios de produtividade; (3) de assegurar a conservação dos recursos naturais; e (4) de observar as disposições legais que regulam as justas relações de trabalho entre os que possuem o domínio e aqueles que cultivam a propriedade." (ADI 2.213-MC)

(e) Certa. A função social da propriedade envolve o aspecto socioambiental, que vem expressamente previsto no art. 1.228, § 1º, do Código Civil: "Art. 1.228. O proprietário tem a faculdade de usar, gozar e dispor da coisa, e o direito de reavê-la do poder de quem quer que injustamente a possua ou detenha. § 1º O direito de propriedade deve ser exercido em consonância com as suas finalidades econômicas e sociais e de modo que sejam preservados, de conformidade com o estabelecido em lei especial, a flora, a fauna, as belezas naturais, o equilíbrio ecológico e o patrimônio histórico e artístico, bem como evitada a poluição do ar e das águas".

*Para responder, tem que estudar: lei, jurisprudência e teoria/doutrina.*

*Gabarito: E*

**61. (Cespe/TJ/PB/Juiz/2015)** A respeito da normatização nacional das atividades de mineração, assinale a opção correta.

a) A pesquisa e a lavra de recursos minerais em terras indígenas dependem, entre outros fatores, de autorização da Presidência da República e da garantia de participação dos indígenas em, no mínimo, 10% dos resultados da lavra.

b) A mineração em terras indígenas dispensa regulamentação específica, já que tal atividade está suficientemente normatizada na CF.

c) A reserva de desenvolvimento sustentável e a reserva extrativista, instituídas pelo SNUC, são as duas unidades de conservação onde é permitida a realização de atividades de mineração.

d) O Código de Minas regulamenta a fiscalização, por parte do governo federal, da pesquisa, da lavra, das atividades da indústria mineral e da mineração em terras indígenas.

e) Conforme está previsto na CF, os recursos minerais existentes em terras indígenas pertencem à União, sendo permitido, na forma da lei, que atividades de mineração sejam exercidas nessas áreas.

## ANOTAÇÕES/COMENTÁRIOS

(a) Errada. Por expressa disposição constitucional, a pesquisa e a lavra de recursos minerais em terras indígenas dependem de autorização do Congresso Nacional, sendo-lhes assegurada participação nos resultados da lavra: "Art. 231. São reconhecidos aos índios sua organização social, costumes, línguas, crenças e tradições, e os direitos originários sobre as terras que tradicionalmente ocupam, competindo à União demarcá-las, proteger e fazer respeitar todos os seus bens. (...). § 3º O aproveitamento dos recursos hídricos, incluídos os potenciais energéticos, a pesquisa e a lavra das riquezas minerais em terras indígenas só podem ser efetivados com autorização do Congresso Nacional, ouvidas as comunidades afetadas, ficando-lhes assegurada participação nos resultados da lavra, na forma da lei".

(b) Errada. Conforme art. 231, § 3º, da CF, a pesquisa e a lavra de riquezas minerais em terras indígenas se dará na forma da lei, demandando regulamentação.

(c) Errada. O art. 18, § 6º, da Lei 9.985/2000 veda expressamente a exploração de recursos minerais nas reservas extrativistas: "Art. 18. A Reserva Extrativista é uma área utilizada por populações extrativistas tradicionais, cuja subsistência baseia-se no extrativismo e, complementarmente, na agricultura de subsistência e na criação de animais de pequeno porte, e tem como objetivos básicos proteger os meios de vida e a cultura dessas populações, e assegurar o uso sustentável dos recursos naturais da unidade. (Regulamento). (...). § 6º São proibidas a exploração de recursos minerais e a caça amadorística ou profissional".

(d) Errada. O Decreto-Lei 1.985/1940, mesmo com a redação conferida pelo Decreto-Lei 227/1967 (Código de Minas) não trata do assunto, até mesmo por ser anterior à CF/1988.

BLOCO III

(e) Certa. Conforme art. 20, IX, da CF, os recursos minerais pertencem à União, que concede os direitos de exploração a particulares, que passam a fazer jus ao produto da lavra, nos termos do art. 176 da CF: "Art. 20. São bens da União: (.) IX – os recursos minerais, inclusive os do subsolo"; "Art. 176. As jazidas, em lavra ou não, e demais recursos minerais e os potenciais de energia hidráulica constituem propriedade distinta da do solo, para efeito de exploração ou aproveitamento, e pertencem à União, garantida ao concessionário a propriedade do produto da lavra". A exploração de tais recursos é possível, ainda quando inseridos em terras indígenas, mas mediante autorização do Congresso Nacional, oitiva das comunidades afetadas e desde que lhes seja assegurada a participação nos resultados da lavra: "Art. 231. São reconhecidos aos índios sua organização social, costumes, línguas, crenças e tradições, e os direitos originários sobre as terras que tradicionalmente ocupam, competindo à União demarcá-las, proteger e fazer respeitar todos os seus bens. (...). § 3º O aproveitamento dos recursos hídricos, incluídos os potenciais energéticos, a pesquisa e a lavra das riquezas minerais em terras indígenas só podem ser efetivados com autorização do Congresso Nacional, ouvidas as comunidades afetadas, ficando-lhes assegurada participação nos resultados da lavra, na forma da lei".

*Para responder, tem que estudar: lei.*

*Gabarito: E*

# 11

# DIREITO EMPRESARIAL

## 1. DO EMPRESÁRIO

### 1.1. Da Caracterização e da Inscrição

1. **(Cespe/TJ/MA/Juiz/2013)** Assinale a opção correta referente ao direito de empresa.

   a) O adquirente de um estabelecimento responde pelo pagamento dos débitos anteriores à transferência do bem, desde que regularmente contabilizados, continuando o devedor primitivo solidariamente obrigado, pelo prazo de seis meses, a pagar os créditos vencidos a partir da publicação, e os demais, a partir da data do vencimento.

   b) De acordo com disposição expressa do novo Código Civil, o incapaz não pode exercer atividade empresarial.

   c) De acordo com o Código Civil, considera-se empresário quem exerce profissionalmente atividade econômica organizada para a produção ou a circulação de bens ou serviços. Segundo a doutrina, organização é entendida como a cumulação necessária de capital, mão de obra, insumos e tecnologia.

   d) O Código Civil reconhece a figura da empresa individual de responsabilidade limitada, constituída por uma única pessoa natural titular da totalidade do capital social subscrito, que deverá ser igual ou superior a cem vezes o maior salário mínimo vigente no país.

**ANOTAÇÕES/COMENTÁRIOS**

(a) Alternativa em desacordo com o art. 1146 do CC.

(b) O incapaz não poderá iniciar a atividade empresarial, mas poderá continua-la quando a receber por herança ou em caso de incapacidade superveniente (art. 974 do CC).

(c) Certa, pois de acordo com o preceituado no art. 966 do CC.

(d) Para a constituição da EIRELI é necessário que o capital mínimo exigido pelo art. 980-A do CC esteja integralizado e não apenas subscrito. Ademais, de acordo com IN 38/2017 do DREI, é possível a constituição de EIRELI por pessoa jurídica.

*Para responder, tem que estudar: lei.*

*Gabarito: C*

**2. (Cespe/TJ/PI/Juiz/2012)** Com relação ao empresário, assinale a opção correta.

a) É considerado empresário individual o comerciante que leve, ele mesmo, a mercadoria comercializada até a residência dos potenciais consumidores.

b) Não é considerada empresária a pessoa que organiza episodicamente a produção de certa mercadoria, ainda que destinada à venda no mercado.

c) Por força de lei, aplicam-se aos sócios da sociedade empresária as regras próprias do empresário individual.

d) O menor com dezesseis anos idade que não seja emancipado somente poderá dar início a empresa mediante autorização de juiz.

e) É considerada empresária a pessoa que, exercendo profissão intelectual de natureza artística, contrate empregados para auxiliá-la no trabalho.

ANOTAÇÕES/COMENTÁRIOS

(a) Alternativa incorreta, pois em desacordo com o que preceitua o art. 966 do CC.

(b) Certa, pois para ser considerada empresária, a pessoa deve exercer atividade econômica de forma profissional, de forma que este requisito é entendido como de forma habitual (art. 966 do CC).

(c) Alternativa incorreta que não encontra nenhum amparo legal.

(d) Alternativa incorreta, pois o emancipado é considerado como capaz para o exercício da atividade empresarial. Portanto, poderá inicia-la sem autorização.

(e) Incorreta, pois de acordo com art. 966, parágrafo único, os exercentes de profissão intelectual não são considerados empresários, salvo quando sua atividade constitui elemento de empresa e não quando contrata funcionários.

*Para responder, tem que estudar: lei.*

*Gabarito: B*

**3. (Cespe/TJ/RN/Juiz/2013)** Acerca do empresário, assinale a opção correta.

a) Faculta-se aos cônjuges contratar sociedade, entre si ou com terceiros, independentemente do regime de bens adotado no casamento.

b) O empresário casado pode, mediante a necessária outorga conjugal, qualquer que seja o regime de bens, alienar os imóveis que integrem o patrimônio da empresa ou gravá-los de ônus real.
c) Não poderá o incapaz, ainda que por meio de representante ou devidamente assistido, continuar a empresa antes exercida por ele enquanto capaz.
d) Em nenhuma hipótese, considera-se empresário quem exerce profissão intelectual, de natureza científica, literária ou artística, ainda que com o concurso de auxiliares ou colaboradores.
e) É obrigatória a inscrição do empresário no Registro Público de Empresas Mercantis da respectiva sede, antes do início de sua atividade.

**ANOTAÇÕES/COMENTÁRIOS**

(a) Alternativa em desacordo com o que determina art. 977 do CC.

(b) Alternativa em desacordo com o que determina art. 978 do CC.

(c) Alternativa em desacordo com o que determina art. 974 do CC, pois a incapacidade superveniente é uma das situações que permitem a continuidade da atividade empresarial pelo incapaz.

(d) Poderão os profissionais intelectuais ser considerados empresários quando sua atividade constituir elemento de empresa (art. 966, parágrafo único do CC).

(e) Certa, pois em acordo com o que determina art. 967 do CC.

***Para responder, tem que estudar: lei.***

*Gabarito: E*

**4. (Cespe/TJ/BA/Juiz/2012)** A respeito do estabelecimento comercial e do empresário, assinale a opção correta.

a) Apenas o empresário inscrito na junta comercial sujeita-se à normas do Código Civil.
b) O contrato de alienação do estabelecimento comercial produzirá efeitos entre as partes somente após seu arquivamento na junta comercial.
c) Os bens do empresário individual respondem pelas dívidas comerciais que esse empresário contrair no exercício de suas atividades.
d) O estabelecimento comercial, na condição de universalidade de direito sui generis, não pode ser objeto de arresto.
e) O menor com dezesseis anos de idade completos poderá iniciar atividade empresarial, desde que seja autorizado judicialmente para tal e assistido pelo seu responsável legal até completar a maioridade.

BLOCO III

**ANOTAÇÕES/COMENTÁRIOS**

(a) Alternativa incorreta, pois o registro é obrigatório para fins de regularizar a atividade do empresário e não constitui-la. Portanto, o empresário que não possui registro, sujeita-se as normas e sanções impostas pelo Código Civil.

(b) Incorreta, pois de acordo com art. 1144 do CC, o arquivamento do contrato de trespasse na Junta Comercial é primordial para produção de efeitos perante terceiros e não entre as partes contratantes.

(c) Certa, pois o empresário, tal como conceituado no art. 966 do CC é a própria pessoa física exercendo a empresa em seu próprio nome, portanto, com responsabilidade ilimitada.

(d) Incorreta, pois de acordo com a Súmula 451 do STJ: "É legítima a penhora da sede do estabelecimento comercial."

(e) O menor com dezesseis anos poderá continuar a atividade empresarial e não inicia-la, de acordo com art. 974 do CC.

*Para responder, tem que estudar: lei e súmula/OJ.*

*Gabarito: C*

**5. (Cespe/TJ/BA/Juiz/2019)** Em relação à eficácia probatória ou força probante dos livros mercantis obrigatórios de um empresário, é correto afirmar que os dados constantes da escrituração mercantil criam

a) uma presunção relativa de veracidade a favor de um litigante quando este fizer prova contra o empresário.
b) uma presunção absoluta de veracidade a favor de um litigante, desde que estejam presentes os requisitos intrínsecos e extrínsecos dos documentos.
c) uma presunção absoluta de veracidade a favor do empresário, desde que estejam presentes os requisitos intrínsecos e extrínsecos dos documentos.
d) uma presunção relativa de veracidade a favor do empresário, independentemente da presença dos requisitos intrínsecos e extrínsecos dos documentos.
e) um desencargo do ***onus probandi***, quando exibido o livro para fazer prova a favor do empresário, independentemente da presença dos requisitos intrínsecos e extrínsecos dos documentos.

**ANOTAÇÕES/COMENTÁRIOS**

(a) correta, pois de acordo com art. 1192 do CC;

(b) incorreta, pois em desacordo com art. 1192 do CC;

(c) incorreta, pois em desacordo com art. 1192 do CC;

(d) incorreta, pois em desacordo com art. 1192 do CC;

(e) incorreta, pois em desacordo com art. 1192 do CC;

*Para responder, tem que estudar: lei.*

*Gabarito: A*

## 1.2. Da Capacidade

6. **(Cespe/TJ/PB/Juiz/2011)** A respeito da disciplina aplicável ao empresário individual, assinale a opção correta.
   a) O empresário individual que venha a se tornar civilmente incapaz poderá obter autorização judicial para continuação de sua atividade; tal autorização, entretanto, deverá ser averbada na junta comercial e servirá para atos singulares, não podendo ser genérica.
   b) O servidor público pode ser empresário individual, desde que a atividade empresarial seja compatível com o cargo público que ele exerça.
   c) Ao empresário individual é permitida a alienação, sem a outorga de seu cônjuge, de bens imóveis destinados à sua atividade empresarial.
   d) O empresário individual assume os riscos da empresa até o limite do capital que houver destinado à atividade, não respondendo com seus bens pessoais por dívidas da empresa.
   e) Em atenção ao princípio da continuidade da empresa, os bens destinados pelo empresário individual à exploração de sua atividade não respondem por suas dívidas pessoais.

ANOTAÇÕES/COMENTÁRIOS

(a) Incorreta, pois em desacordo com o determina art. 974 do CC.

(b) Incorreta, pois os servidores públicos estão impedidos de exercerem atividade empresarial individual (art. 972 do CC).

(c) Certa, pois de acordo com o que determina art. 978 do CC.

(d) Incorreta, pois o empresário, tal como conceituado no art. 966 do CC é a própria pessoa física exercendo a empresa em seu próprio nome, portanto, com responsabilidade ilimitada.

(e) Incorreta, pois o empresário individual, tal como descrito no art. 966 do CC, não possui personalidade jurídica, podendo, portanto, suas dívidas pessoais recaírem no patrimônio destinado à atividade empresarial.

*Para responder, tem que estudar: lei.*

*Gabarito: C*

7. **(Cespe/TJ/PR/Juiz/2017)** Com relação a empresário e atividade de empresa, assinale a opção correta.

a) Para instituir sucursal em lugar sujeito à competência de outro registro público de empresas mercantis, bastará ao empresário averbar a constituição do estabelecimento secundário no registro público de empresas mercantis da respectiva sede.

b) A empresária casada sob o regime de comunhão universal não precisa da outorga conjugal para alienar os imóveis que integrem o patrimônio da empresa.

c) A continuidade do exercício de empresa por quem era capaz e deixou de sê-lo prescinde de autorização judicial.

d) É vedada a transformação de registro de empresário individual em registro de sociedade empresária.

**ANOTAÇÕES/COMENTÁRIOS**

(a) Incorreta, pois o art. 969 do CC determina que: "O empresário que instituir sucursal, filial ou agência, em lugar sujeito à jurisdição de outro Registro Público de Empresas Mercantis, neste deverá também inscrevê-la, com a prova da inscrição originária".

(b) Certa, pois de acordo com o que determina art. 978 do CC.

(c) Incorreta, pois será sempre necessária a autorização judicial, nos termos do art. 974 do CC.

(d) Incorreta, pois o código civil, em seu artigo. 1113 e seguintes, prevê a possibilidade da transformação.

*Para responder, tem que estudar: lei.*

*Gabarito: B*

## 2. DA EMPRESA INDIVIDUAL DE RESPONSABILIDADE LIMITADA

8. **(Cespe/TJ/DFT/Juiz/2016)** A respeito da empresa individual de responsabilidade limitada, assinale a opção correta.

a) A empresa individual de responsabilidade limitada não pode resultar da concentração das quotas de outra modalidade societária em um único sócio.

b) A pessoa natural que constituir empresa individual de responsabilidade limitada pode figurar em outras pessoas dessa espécie.

c) A expressão "EIRELI" deve compor o nome empresarial, devendo constar após a firma ou denominação social da empresa.

d) O capital social desse tipo de empresa não pode ser superior a cem vezes o maior salário mínimo vigente no país.

e) Aplicam-se à empresa individual de responsabilidade limitada, no que couber, as regras previstas para as sociedades simples.

**ANOTAÇÕES/COMENTÁRIOS**

(a) Incorreta, pois o art. 980-A, § 3 do CC prevê essa possibilidade.

(b) Incorreta, pois o art. 980-A, § 2 do CC veda essa possibilidade.

(c) correta, pois de acordo com o que determina art. 980-A, § 1 do CC.

(d) Incorreta, pois de acordo com art. 980-A do CC, o capital social não poderá ser inferior a cem vezes o valor do maior salário mínimo vigente no país.

(e) Incorreta, pois de acordo com art. 980-A, § 6 do CC, aplicam-se a ela, no que couber, as regras da sociedade limitada, que estão previstas nos arts. 1052 a 1087 do CC.

***Para responder, tem que estudar: lei.***

*Gabarito: C*

9. **(Cespe/TJ/RN/Juiz/2013)** Mediante a Lei n. 12.441/2011, introduziu-se no Código Civil o conceito de Empresa Individual de Responsabilidade Limitada (EIRELI). Acerca dessa espécie de empresa, assinale a opção correta.
   a) Por ter regramento específico, não se aplicam à EIRELI as regras previstas para as sociedades limitadas.
   b) A EIRELI deve ter um titular, pessoa física com nacionalidade brasileira, e capital mínimo de cem vezes o maior salário mínimo do país – totalmente integralizado –, sendo a responsabilidade do titular limitada ao valor do capital.
   c) O nome empresarial deverá ser formado pela inclusão da sigla EIRELI após a firma ou a denominação social da empresa individual de responsabilidade limitada.
   d) A empresa individual de responsabilidade limitada não poderá resultar da concentração das quotas de outra modalidade societária em um único sócio, independentemente das razões que motivaram essa concentração.
   e) É permitido à pessoa natural que constituir EIRELI figurar em várias empresas dessa modalidade.

**ANOTAÇÕES/COMENTÁRIOS**

(a) Incorreta, pois em desacordo com o que preceitua art. 980-A, § 6 do CC.

(b) atualmente, após a IN 38/2017 do DREI, a EIRELI poderá ser titularidade de uma pessoa física ou jurídica. Ademais, não é necessário que o titular seja brasileiro. Por isso, alternativa incorreta.

(c) Certa, pois de acordo com art. 980-A, § 1 do CC.

(d) Incorreta, pois em desacordo com o que preceitua o art. 980-A, § 3 do CC.

(e) Incorreta, pois em desacordo com o que preceitua o art. 980-A, § 2 do CC.

*Para responder, tem que estudar: lei.*

*Gabarito: C*

# 3. DA SOCIEDADE

## 3.1. Disposições Gerais

**10. (Cespe/TJ/PB/Juiz/2011)** Os diversos tipos societários contemplados no ordenamento jurídico são configurados com base, entre outros critérios, na natureza da responsabilidade das pessoas dos sócios. Considerando essa responsabilidade em relação às obrigações da sociedade, assinale a opção correta.

a) Nas sociedades limitadas e nas em comandita por ações, todos os sócios, incluindo-se o que exerça a função de diretor, respondem somente pelo valor das respectivas quotas ou ações.

b) Nas sociedades simples, a responsabilidade dos sócios é sempre solidária.

c) Nas sociedades despersonificadas e nas em nome coletivo, a responsabilidade dos sócios é solidária.

d) Nas sociedades em nome coletivo e nas em comandita simples, todos os sócios respondem solidariamente pelas obrigações sociais.

e) No que tange à responsabilidade dos acionistas, o tratamento dispensado pelo direito às sociedades anônimas e às em comandita por ações é exatamente o mesmo.

ANOTAÇÕES/COMENTÁRIOS

(a) Incorreto, pois na sociedade em comandita por ações o sócio que exerça a função de diretor responde de forma ilimitada (art. 1091 do CC).

(b) Incorreta, pois em desacordo com art. 997, VIII do CC.

(c) Certa, pois na sociedade em comum (arts. 986 a 990 do CC) e na sociedade em nome coletivo (arts. 1039 a 1044 do CC), a responsabilidade entre os sócios é solidária. Já na sociedade em conta de participação, a responsabilidade entre eles também será solidária quando o sócio participante tomar parte na relação com terceiros (art. 993, parágrafo único do CC).

(d) Na sociedade em comandita simples (arts. 1045 a 1051 do CC), apenas os sócios comanditados respondem de forma ilimitada e solidária.

(e) Incorreto, pois na sociedade anônima os diretores não necessariamente precisam ser acionista e mesmo que o sejam, não respondem de forma ilimitada, a não ser que tenham praticados atos que infrinjam suas responsabilidades (arts. 153 e seguintes da Lei 6404/76)

*Para responder, tem que estudar: lei.*

*Gabarito: C*

**11. (Cespe/TJ/BA/Juiz/2019)** A resolução de uma sociedade simples pode ocorrer por

a) decurso do prazo de duração ou por decisão majoritária dos sócios, quando a sociedade tiver prazo indeterminado.

b) decisão unânime dos sócios e por perda da autorização legal para o funcionamento da sociedade.

c) morte do sócio, se não houver disposição diferente no contrato social, ou por exclusão judicial do sócio devido a falta grave no cumprimento de obrigações societárias.

d) falta de pluralidade de sócios por mais de cento e oitenta dias e por perda da autorização legal para o funcionamento da sociedade.

e) morte do sócio, se não houver disposição diferente no contrato social, ou por decisão majoritária dos sócios, quando a sociedade tiver prazo indeterminado.

ANOTAÇÕES/COMENTÁRIOS

(a) incorreta, pois se é de prazo indeterminado, não se resolve pelo decurso do prazo;

(b) incorreta, pois nestes casos haverá extinção e não resolução por parte de um sócio;

(c) correta, pois de acordo com arts. 1028 e1030 do CC;

(d) incorreta, pois se trata de causa de extinção (art. 1033 do CC) e não resolução.

(e) incorreta, pois a segunda hipótese trata de extinção de sociedade (art. 1033 do CC) e não sua resolução em relação a um sócio.

*Para responder, tem que estudar: Lei*

*Gabarito: C*

BLOCO III

## 3.2. Da Sociedade não Personificada

### *3.2.1. Da Sociedade em Conta de Participação*

**12. (Cespe/TJ/DFT/Juiz/2016)** Com relação às sociedades em conta de participação, assinale a opção correta à luz do Código Civil.

a) Em caso de falência do sócio participante, ocorrerá a dissolução da sociedade e a liquidação da respectiva conta, cujo saldo constituirá crédito quirografário.
b) O sócio ostensivo tem a faculdade de admitir novo sócio, independentemente de consentimento expresso dos demais.
c) O contrato social produz efeito somente entre os sócios apenas até eventual inscrição de seu instrumento em qualquer registro, momento em que a sociedade passará a possuir personalidade jurídica.
d) A liquidação da sociedade em conta de participação, se rege pelas normas relativas à prestação de contas, na forma da lei processual.
e) Os bens sociais respondem por ato de gestão apenas do sócio ostensivo.

ANOTAÇÕES/COMENTÁRIOS

(a) Incorreta, pois o art. 994, § 3 do CC determina que: "Falindo o sócio participante, o contrato social fica sujeito às normas que regulam os efeitos da falência nos contratos bilaterais do falido".

(b) Incorreto, pois o art. 995 do CC aduz no sentido de que: "Salvo estipulação em contrário, o sócio ostensivo não pode admitir novo sócio sem o consentimento expresso dos demais".

(c) Mesmo com o registro de seu contrato no órgão competente, a sociedade em conta de participação não ganha personalidade jurídica (art. 993 do CC).

(d) Certa, pois de acordo com art. 996 do CC.

(e) Incorreto, pois tanto a contribuição do sócio ostensivo quanto da do participante constituem o patrimônio especial (art. 994 do CC) e se o sócio participante participar das relações com terceiros, responderá como o ostensivo, inclusive podendo a cobrança recair no patrimônio especial da sociedade.

*Para responder, tem que estudar: lei.*

*Gabarito: D*

## 3.3. Da Sociedade Personificada

### *3.3.1. Da Sociedade Limitada*

**13. (Cespe/TJ/PB/Juiz/2015)** Maria adquiriu de Alice, por tempo indeterminado, 40% das cotas de determinada sociedade empresária de responsabilidade limitada que atua na área de eventos. Com isso, o quadro societário ficou composto por Maria e Joana – sócia fundadora, detentora de 60% do capital social –, com o capital social integralizado. Dois anos depois, houve desentendimentos entre as sócias em relação à forma da realização dos eventos, com consequente quebra da "affectio societatis". Joana, que tencionava permanecer com as atividades empresariais, notificou Maria no sentido de que esta não seria mais sócia e que lhe seriam imediatamente devolvidos, com correção monetária, os valores que pagara para aquisição das cotas de Alice. Após a notificação, Maria não aceitou a proposta e resolveu prosseguir com o exercício de suas atividades societárias sem esboçar qualquer vontade de se retirar. O contrato social nada dispôs a respeito do montante a ser pago à retirante no caso da resolução da sociedade. Com relação a essa situação hipotética, assinale a opção correta.

a) Na dissolução parcial da sociedade, são observadas regras diversas da dissolução total, a fim de garantir ao sócio retirante a justa e igualitária percepção de haveres.

b) Caso seja formalizada a retirada de uma das sócias, a sociedade passará a ser unipessoal, situação em que a sociedade empresária deverá ser dissolvida de pleno direito mesmo que a sócia remanescente venha requerer, em tempo hábil, a transformação do registro da sociedade para empresária individual no registro público de empresas mercantis.

c) Joana, por ser sócia fundadora e deter o maior número de cotas, tem o direito de permanecer na sociedade. No entanto, ela está equivocada quanto ao valor que pretende restituir a Maria.

d) Joana e a sociedade empresária podem ingressar com ação judicial para liquidar a sociedade, no âmbito da qual o juiz deverá considerar o dia do efetivo recebimento da notificação extrajudicial como sendo a data-base para eventual apuração dos haveres, mediante balanço de determinação.

e) Caso Maria ajuíze ação judicial para exercer seu suposto direito de recesso da sociedade, a sentença prolatada que o reconhecer terá efeitos "ex tunc".

**ANOTAÇÕES/COMENTÁRIOS**

(a) Incorreta, pois na dissolução total e na parcial haverá a correspondente apuração dos haveres para se chegar ao montante devido aos sócios.

(b) Incorreta, pois o sócio remanescente terá prazo de 180 dias para recomposição do quadro social (art. 1033, IV do CC).

(c) O fato de ser sócio fundadora ou deter a maior parte do capital, não lhe dá essa prerrogativa, pois o sócio majoritário poderá se retirar ou ser excluído de forma judicial caso pratique falta grave (art. 1030 do CC).

(d) Incorreta, pois em desacordo com art. 1031 do CC).

(e) Correta, pois de acordo com entendimento do STJ (STJ, REsp 646221 PR)

***Para responder, tem que estudar: lei e jurisprudência.***

***Gabarito: E***

BLOCO III

**14. (Cespe/TJ/BA/Juiz/2012)** Acerca da sociedade limitada, assinale a opção correta.

a) Em se tratando de sociedade cujo contrato social estabeleça a intransferibilidade das quotas sem o consentimento dos demais sócios, não cabem caução ou penhora, sendo obrigatória à sociedade a admissão do credor como sócio.

b) A diminuição do capital social somente ocorrerá se, depois de integralizado, for considerado excessivo para a realização do objeto social ou se houver perdas irreparáveis, e, nesse caso, cabe a diminuição proporcional das quotas sociais por deliberação dos sócios em assembleia, não se exigindo que a ata seja arquivada no registro público de empresas mercantis.

c) A destituição de administrador sócio deve ser deliberada pela metade dos titulares do capital social, caso não seja estipulado quórum diferente em contrato social, enquanto a destituição de administrador não sócio nomeado em contrato social deve ser deliberada por sócios que detenham dois terços do capital social; em ato apartado, a destituição deve ser deliberada pela maioria dos presentes.

d) Cabe ao conselho fiscal acompanhar e fiscalizar a administração da sociedade, verificando a sua atuação e opinando sobre os procedimentos e práticas adotados, conforme determinado no contrato social; como forma de proteção dos interesses da minoria, é, ainda, assegurado ao grupo de sócios que detenha no mínimo um quinto do capital social eleger, em separado, um dos membros do conselho fiscal e seu respectivo suplente.

e) Segundo a teoria ultra vires, vigente no ordenamento jurídico brasileiro mesmo antes do advento do atual Código Civil, a sociedade somente se vincula aos atos praticados por seus administradores caso tenham pertinência com o seu objeto social, ou seja, se o ato praticado extrapolar os limites contratuais, a sociedade não será obrigada a observá-lo.

**ANOTAÇÕES/COMENTÁRIOS**

(a) Nesta situação, será considera sociedade limitada de pessoas, ou seja, aquela em que as características pessoais de cada sócio importam para se pertencer aos quadros sociais. Por isso, o credor não ingressará como sócio. (art. 1026 do CC).

(b) Incorreta, pois em desacordo com art. 1082 e 1083 do CC.

(c) Incorreta, pois em desacordo com art. 1063 e parágrafos do CC.

(d) Correta, pois de acordo com o que determina art. 1066 a 1070 do CC.

(e) A teoria "ultra vires", prevista no art. 1015, III, do CC, ganha previsão com o atual CC.

*Para responder, tem que estudar: lei e teoria/doutrina.*

*Gabarito: D*

**15. (Cespe/TJ/PB/Juiz/2011)** A respeito da disciplina aplicável às sociedades limitadas, assinale a opção correta.

a) Em razão da natureza jurídica da sociedade limitada, não é permitida a nomeação de administradores estranhos ao quadro social.

b) A quebra da affectio societatis não é razão suficiente para excluir o sócio da sociedade limitada, haja vista a natureza desse tipo de sociedade.

c) A penhora de quotas da sociedade limitada não é permitida pelo ordenamento jurídico, pois isso implicaria admitir, sem autorização dos sócios, o ingresso de pessoas estranhas na sociedade.

d) Em razão do caráter intuitu personae da sociedade limitada, as quotas não podem ser cedidas, salvo se houver previsão contratual e autorização de todos os sócios.

e) Na sociedade limitada, a responsabilidade dos sócios pela integralização do capital é solidária.

ANOTAÇÕES/COMENTÁRIOS

(a) Incorreta, pois o art. 1061 do CC permite que o administrador seja sócio ou terceiro que não faça parte dos quadros sociais.

(b) A quebra da affectio societatis poderá ensejar a dissolução da sociedade em algumas situações.

(c) O art. 835, IX do CPC admite que a penhora recaia sobre as quotas, todavia, em se tratando de sociedade tipicamente de pessoas, a mesma deverá ser liquidada e não necessariamente haverá ingresso do credor como sócio.

(d) Incorreta, pois na omissão do contrato social, o sócio poderá alienar sua parte a quem não seja sócio desde que não haja discordância de mais de ¼ do capital social (art. 1057 do CC).

(e) Correta, pois de acordo com o que determina art. 1052 do CC.

*Para responder, tem que estudar: lei e teoria/doutrina.*

*Gabarito: E*

**16. (Cespe/TJ/MA/Juiz/2013)** Acerca das sociedades limitadas, assinale a opção correta.

a) As deliberações societárias sobre as modificações no contrato social devem ocorrer em reunião ou em assembleia nos casos em que o número de sócios seja superior a dez.

b) É vedada a propriedade de uma quota societária sob a forma de condomínio entre pessoas físicas e jurídicas.

c) O conselho fiscal, caso esteja previsto no contrato social, deverá ser composto de três ou mais membros e respectivos suplentes, sócios ou não, residentes no Brasil e eleitos em assembleia anual.

BLOCO III

d) A administração da sociedade, caso atribuída, no contrato social, a todos os sócios, deverá estender-se automaticamente aos que posteriormente adquirirem essa qualidade.

**ANOTAÇÕES/COMENTÁRIOS**

(a) Incorreta, pois a reunião só poderá ocorrer nas limitadas em que o número de sócios não seja superior a 10 (1072, § 1 do CC).

(b) Incorreta, pois é permitido o condomínio de quotas, independente de quem sejam os titulares (art. 1056, § 1 do CC).

(c) Correta, pois de acordo com art. 1066 do CC.

(d) Incorreta, pois é o contrário do que diz o art. 106, parágrafo único do CC.

*Para responder, tem que estudar: lei.*

*Gabarito: C*

**17. (Cespe/TJ/PA/Juiz/2012)** Com relação ao empresário e às sociedades empresárias, assinale a opção correta.

a) O contrato social, instrumento assinado pelos sócios para ajustamento de seus interesses recíprocos, é o ato celebrado entre os sócios da sociedade limitada.

b) Na sociedade anônima, a participação do sócio, uma contrapartida à contribuição que ele dá ao capital social, é denominada cota.

c) Como a participação societária integra o patrimônio de cada sócio, este não pode aliená-la ou onerá-la livremente e sem qualquer restrição.

d) Para ser administrador de sociedade limitada ou anônima, é necessário ser sócio.

e) Sendo a empresa explorada por pessoa jurídica uma sociedade empresária, é correto denominar empresário o sócio da sociedade empresária.

**ANOTAÇÕES/COMENTÁRIOS**

(a) Certa, pois a sociedade limitada é classificada como contratual, devendo, dessa maneira, ser constituída por meio de contrato social, cujas cláusulas essenciais vem descritas no art. 997 do CC.

(b) Alternativa incorreta, pois o capital social da sociedade anônima é dividido por ações, conforme determina arts. 7 e 11 e seguintes da Lei 6404/76.

(c) Alternativa incorreta, pois a participação societária integra o patrimônio da sociedade. Ademais, caso haja autorização expressa no contrato, os sócios poderão alienar livremente suas quotas. Apenas na omissão do contrato social é que não poderão fazê-lo de forma livre.

(d) Alternativa incorreta, pois o administrador da limitada (art. 1061 do CC) e da anônima (138 e seguintes da Lei 6404/76) poderá ser sócio ou terceira pessoa que não faça parte dos quadros sociais.

(e) Incorreta, pois sócio de sociedade empresária não é titulado de empresário. Empresário é quem exerce a empresa de forma individual, em seu próprio nome e responsabilidade (art. 966 do CC).

*Para responder, tem que estudar: lei.*

*Gabarito: A*

**18. (Cespe/TJ/DFT/Juiz/2014)** A respeito da sociedade limitada, assinale a opção correta.

a) O capital, depois de integralizado, só poderá ser reduzido, com a correspondente modificação do contrato, na hipótese de mostrar-se excessivo em relação ao objeto da sociedade.

b) Os administradores – diretores – da sociedade limitada podem ser sócios ou não, mas devem ser, sempre, designados no contrato social.

c) Um credor, individualmente, não pode exigir de um dos sócios da sociedade limitada o dever de integralizar o capital social antes da decretação da falência.

d) A expulsão de sócio minoritário, ainda que cumpridor de seus deveres, pode ser imposta discricionariamente pela maioria societária.

e) As deliberações dos sócios quanto à estratégia geral dos negócios da sociedade devem ser tomadas em reunião ou assembleia regularmente convocada e reduzidas a termo.

ANOTAÇÕES/COMENTÁRIOS

(a) Alternativa incorreta, pois o capital social poderá ser reduzido, também, quando houver perdas irreparáveis (art. 1082 do CC).

(b) Alternativa incorreta, pois os administradores podem ser designados no contrato social ou em ato separado (art. 1062 do CC).

(c) A nosso ver essa questão deve ser anulada, pois a alternativa C também está incorreta. A inteligência do art. 1052 do CC determina que enquanto o capital social não estiver integralizado, todos os sócios respondem de forma solidária pela integralização. Portanto, não há exigência legal que apenas depois da decretação da falência que essa responsabilidade se dá. Em que pese o gabarito oficial da banca constar a letra C, a nosso ver, esta alternativa também está incorreta.

(d) Alternativa incorreta, pois o sócio minoritário só poderá ser excluído nos moldes do art. 1085 do CC, desde que dê justo motivo para tanto. A exclusão, portanto, sempre será motivada e fundamentada.

(e) Alternativa incorreta, pois o art. 1072, §§ 2 e 3 do CC, dispensam as formalidades de convocação quando todos os sócios comparecem ou se declaram cientes por escrito, podendo a assembleia e reunião também ser dispensada quando todos os sócios já tiverem decidido por escrito.

*Para responder, tem que estudar: lei.*

*Gabarito: C*

**19. (Cespe/TJ/RN/Juiz/2013)** Em relação à sociedade limitada, assinale a opção correta.

a) O contrato social, por possuir regramento próprio, não poderá prever a regência supletiva da sociedade limitada pelas normas da sociedade anônima.

b) Somente se autorizado expressamente no contrato, o sócio pode ceder sua quota, total ou parcialmente, a quem seja sócio, independentemente de audiência dos outros, ou a estranho, sendo que, nessa situação, não poderá haver oposição de titulares de mais de um quarto do capital social.

c) A administração da empresa atribuída no contrato a todos os sócios se estende de pleno direito aos que posteriormente adquiram essa qualidade.

d) Não é assegurado aos sócios minoritários o direito de eleger, separadamente, membro do conselho fiscal e respectivo suplente, independentemente do capital social que representam.

e) Em uma sociedade limitada, a responsabilidade de cada sócio é restrita ao valor de suas quotas, mas todos respondem solidariamente pela integralização do capital social.

ANOTAÇÕES/COMENTÁRIOS

(a) Alternativa incorreta, pois o art. 1053 do CC permite a regência supletiva pela Lei 6404/76 quando houver previsão no contrato social.

(b) Alternativa incorreta, pois isso poderá ocorrer mesmo na omissão do contrato social, conforme determina art. 1057 do CC.

(c) Alternativa incorreta, pois o art. 1060, parágrafo único do CC leciona em sentido oposto.

(d) Alternativa incorreta, pois o art. 1066, § 2 do CC leciona em sentido oposto.

(e) Alternativa correta que transcreve a inteligência do art. 1052 do CC.

*Para responder, tem que estudar: lei.*

*Gabarito: E*

**20. (Cespe/TJ/RN/Juiz/2013)** A respeito das sociedades, assinale a opção correta.

a) A partir do Código Civil de 2002, o direito brasileiro, no que concerne às sociedades limitadas, adotou expressamente a "ultra vires doctrine".

b) A sociedade estrangeira, qualquer que seja o seu objeto, pode, sem autorização do Poder Executivo, funcionar no país, por estabelecimentos subordinados, não podendo, todavia, ressalvados os casos expressos em lei, ser acionista de sociedade anônima brasileira.

c) Diz-se coligada ou filiada a sociedade cujo capital outra sociedade participa de qualquer forma, podendo controlá-la.

d) Na sociedade não personificada, os sócios, nas relações entre si ou com terceiros, podem provar a existência da sociedade por qualquer modo.

e) A caracterização de microempresa e empresa de pequeno porte não depende de quanto aufiram como receita bruta, em cada ano-calendário.

ANOTAÇÕES/COMENTÁRIOS

(a) Certa, pois de acordo com art. 1015, III do CC.

(b) Incorreta, pois em desacordo com art. 1134 do CC.

(c) Incorreta, pois em desacordo com art. 1099 do CC, que exige a participação de 10% ou mais no capital social da outra sem, no entanto, controlá-la.

(d) Incorreta, pois em desacordo com art. 987 do CC, que exige a prova por escrito na relação com terceiros.

(e) Incorreta, pois dependerá dos limites de receita bruta fixados no art. 3 da LC 123/06.

*Para responder, tem que estudar: lei.*

*Gabarito: A*

### 3.3.2. *Da Sociedade Anônima*

**21. (Cespe/TJ/DFT/Juiz/2015)** Assinale a opção correta a respeito dos acionistas nas sociedades por ações conforme dispõe a Lei n. 6.404/1976.

a) Os acionistas que totalizem um mínimo de 5% do capital social da empresa detêm legitimidade subsidiária à da companhia para propor ação de responsabilidade civil contra os administradores.

b) Por meio do estatuto da sociedade, é permitido limitar os direitos dos acionistas preferenciais, incluído o direito de participação nos lucros sociais.

c) Para que a conduta do sócio controlador de uma sociedade seja caracterizada como exercício abusivo de poder, é preciso que ela se enquadre nas modalidades típicas previstas na referida lei.

d) É proibida a acumulação da função de sócio controlador com a de conselheiro fiscal.

e) Na composição do conselho fiscal de uma sociedade por ações, é obrigatória a presença de um acionista e é permitida a reeleição de seus membros.

ANOTAÇÕES/COMENTÁRIOS

(a) Correta, pois de acordo com art. 159, § 4 da Lei 6404/76.

(b) Incorreta, pois este é um direito essencial do acionista (art. 109 da Lei 6404/76).9

(c) Incorreta, pois o rol do art. 117 da LSA é exemplificativo.

(d) Incorreta, pois em desacordo com art. 117, § 3 da LSA.

(e) Incorreta, pois não se exige a presença de acionista (art. 161 e parágrafos da LSA).

*Para responder, tem que estudar: lei.*

*Gabarito: A*

**22. (Cespe/TJ/BA/Juiz/2012)** Assinale a opção correta a respeito das sociedades anônimas.

a) O valor de emissão da ação não pode coincidir com o valor do capital dividido pelo número de ações, e não há impedimento, em se tratando de ações com ou sem valor nominal, a que lhes seja aplicado deságio ou acrescido ágio.

b) Conversão é a operação pela qual as ações de determinada classe ou espécie são transformadas em ações de outra classe ou espécie mediante previsão estatutária, podendo as ações preferenciais ser transformadas em ações ordinárias, assim como as ordinárias em preferenciais, desde que se obedeça à limitação legal de três quartos das ações emitidas.

c) O capital social da companhia é intangível, ou seja, os acionistas não podem receber, a título de restituição ou dividendos, os recursos aportados à sociedade sob a rubrica de capitalização, não prevendo a Lei das Sociedades por Ações capital social mínimo para a constituição da sociedade anônima, fato que a torna compatível com os pequenos negócios.

d) As debêntures subordinadas gozam de garantia e contêm cláusula de subordinação aos credores da companhia, o que implica, no caso de liquidação da companhia, preferência dos debenturistas em relação aos demais credores para o ressarcimento do valor aplicado.

e) Pode ser objeto da sociedade anônima qualquer empresa de fim lucrativo não contrário à lei, à ordem pública e aos bons costumes; contudo, caso venha a explorar atividade tipicamente de natureza civil, como é o caso da comercialização de bens imóveis, não será a sociedade anônima considerada sociedade empresarial.

ANOTAÇÕES/COMENTÁRIOS

(a) Incorreta, pois em desacordo com art. 11 e 13 da LSA.

(b) Incorreta, pois o art. 19 da LSA não fixa limites.

(c) Correta, pois de acordo com arts. 5 a 8 da LSA. Realmente o capital social é um patrimônio intangível, de forma que não há na LSA previsão de aporte mínimo.

(d) Incorreta, as debentures subordinadas, ao contrato do alegado pela alternativa, não gozam de garantia, mas sim de subordinação com relação as demais (art. 58 da LSA).

(e) Incorreta, pois toda sociedade anônima será classificada como empresarial (art. 982, parágrafo único do CC e art. 1 da LSA).

*Para responder, tem que estudar: lei.*

*Gabarito: C*

**23. (Cespe/TJ/AC/Juiz/2012)** De acordo com a legislação das sociedades anônimas, assinale a opção correta acerca da administração e dos administradores da companhia.

a) De acordo com a jurisprudência do STJ, o acionista minoritário tem legitimidade para propor ação indenizatória contra administradores da sociedade, por danos advindos de desvio de receitas.

b) Em regra, os administradores da companhia são pessoalmente responsáveis pelas obrigações contraídas em nome da sociedade.

c) A propositura de ação de responsabilidade civil contra administrador cujas contas sejam aprovadas sem reservas pela assembleia geral depende de prévia ação de anulação da decisão da assembleia de aprovação de contas da sociedade no prazo bienal.

d) O juiz deverá reconhecer a exclusão da responsabilidade do administrador que pratique ato de liberalidade em detrimento dos interesses da companhia.

e) O administrador da sociedade anônima responde objetivamente pelos prejuízos associados a suas atribuições ou poderes.

ANOTAÇÕES/COMENTÁRIOS

(a) Incorreta, pois os precedentes do STJ aduzem em sentido contrário, de que não possuem legitimidade (REsp 1014496/SC).

(b) Incorreta, pois em desacordo com art. 158 da LSA.

(c) Correta, com precedente no julgamento do REsp 1.313.725-SP, publicado no informativo 500 do STJ.

(d) Incorreta, pois ao contrário do que preceitua art. 154, § 2, alínea "a" da LSA.

(e) Incorreta, pois responde de forma subjetiva, pois apenas responderá quando agir com culpa ou dolo (art. 158, § 1 da LSA).

*Para responder, tem que estudar: lei e jurisprudência.*

*Gabarito: C*

BLOCO III

**24. (Cespe/TJ/CE/Juiz/2012)** Embora os estudiosos divirjam a respeito da origem da sociedade anônima, todos fazem menção ao surgimento de dois empreendimentos precursores: o Banco de São Jorge, criado em Gênova no ano de 1407, e a Companhia Holandesa das Índias Orientais, criada em 1604. Considerando esse tipo de sociedade, assinale a opção correta.

a) A constituição de companhia por subscrição pública depende de prévio registro na Comissão de Valores Mobiliários, sendo a subscrição facultativamente efetuada com a intermediação de instituição financeira, que receberá comissão pelo serviço prestado, contrato denominado "underwriting", típica operação financeira, cuja função especial é servir como elemento de aproximação entre a empresa que emite publicamente os valores imobiliários e o público investidor.

b) Com relação aos direitos outorgados aos seus titulares, as ações podem ser ordinárias ou comuns, preferenciais e de fruição; esta última decorrente da substituição de ações integralmente amortizadas, podendo ser a amortização total ou parcial e abranger todas as classes de ações ou só uma delas e, se a amortização não abranger a totalidade das ações de uma mesma classe, a operação deve ser realizada mediante sorteio.

c) Além das ações, existe a possibilidade de a companhia criar outras espécies de valores imobiliários, entre os quais se incluem as partes beneficiárias, títulos emitidos pelas companhias abertas e fechadas, sem valor nominal e estranho ao capital social, que garantem a seu titular direito de crédito eventual, consistente nos lucros anuais; aos titulares de partes beneficiárias não pode ser atribuído qualquer direito privativo de acionista, salvo o de fiscalizar a administração da companhia.

d) Consoante a legislação, o capital de uma sociedade anônima pode ser aumentado ou diminuído: o aumento pode efetuar-se mediante a capitalização dos lucros ou de reservas e pela subscrição pública ou privada de novas ações, que somente poderá ser feita depois de realizados três quartos, no mínimo, do capital social; a diminuição do capital social somente poderá ocorrer pela caducidade das ações do acionista remisso.

e) As sociedades anônimas de economia mista formam uma espécie de sociedade na qual se aliam recursos formados pelo capital privado e recursos advindos do poder público. Na hipótese de a aquisição do controle de sociedade anônima ocorrer por desapropriação, os acionistas terão direito de pedir, no prazo de sessenta dias, o reembolso de suas ações, independentemente do fato de a companhia ter estado sob o controle, direto ou indireto, de outra pessoa jurídica de direito público.

**ANOTAÇÕES/COMENTÁRIOS**

(a) Incorreta, pois apenas a S.A. aberta dependerá de prévio registro na CVM, de forma que a intermediação de ações por meio de instituição financeira é uma obrigação (arts. 80 e seguintes da LSA).

(b) Correta, pois em devido acordo com as espécies e direitos conferidos por cada ação (arts. 11 e seguintes, da LSA).

(c) Incorreta, pois apenas a S.A fechada poderá emitir partes beneficiárias (art. 74, parágrafo único da LSA).

(d) Incorreta, pois em desacordo com art. 166 da LSA.

(e) Incorreta, pois não há essa previsão na LSA (arts. 233 e seguintes), tampouco na Lei 13.303/2016.

*Para responder, tem que estudar: lei.*

*Gabarito: B*

**25. (Cespe/TJ/PI/Juiz/2012)** Relativamente à disciplina jurídica da sociedade anônima, assinale a opção correta.

a) Nos certificados das ações devem constar a denominação da companhia, sua sede e prazo de duração, e a omissão dessas declarações confere ao acionista direito a indenização por perdas e danos contra a companhia e contra os diretores na gestão dos quais os certificados hajam sido emitidos.

b) Para a constituição da sociedade anônima, são necessárias a subscrição, por pelo menos três pessoas, de todas as ações em que se divide o capital social e a realização, como entrada, de 30%, no mínimo, do preço de emissão das ações subscritas em dinheiro.

c) O capital social das sociedades anônimas pode ser formado por dinheiro ou bens imóveis, e estes últimos serão avaliados por dois peritos nomeados em assembleia geral dos subscritores, convocada por meio da imprensa e presidida por um dos fundadores, instalando-se em primeira convocação com a presença de subscritores que representem dois terços do capital social.

d) Compete à sociedade anônima emitir partes beneficiárias que confiram aos titulares direito de crédito determinado contra ela, nas condições constantes da escritura de emissão e, se houver, do certificado.

e) A garantia flutuante conferida à debênture assegura privilégio geral sobre o ativo da companhia e impede a negociação dos bens que compõem esse ativo, diversamente do que ocorre com a garantia real.

**ANOTAÇÕES/COMENTÁRIOS**

(a) Correta, pois de acordo com o exigido pelo art. 24 da LSA.

(b) Incorreta, pois é necessária a subscrição das ações por pelo menos duas pessoas e desde que haja a integralização de 10% do capital (art. 80 da LSA).

(c) Incorreta, pois os bens serão avaliados por 3 peritos ou pessoa jurídica especializada (art. 8 da LSA).

(d) Incorreta, pois as partes beneficiárias conferem direitos de crédito eventuais, consistentes na participação dos lucros (arts. 46 e seguintes da LSA).

(e) Incorreta, pois a garantia flutuante não impede a negociação dos bens (Art. 58 da LSA).

*Para responder, tem que estudar: lei.*

*Gabarito: A*

**26. (Cespe/TJ/PB/Juiz/2011)** Com relação à disciplina aplicável à formação e à personalidade jurídica da sociedade empresária, assinale a opção correta.

a) A personalidade jurídica da sociedade empresária tem início com a formalização do contrato entre os sócios, independentemente da integralização do capital social.

b) O sócio que for admitido em sociedade já constituída não responderá pelas dívidas anteriores à data de sua admissão, independentemente do tipo de sociedade.

c) Em atenção ao princípio da continuidade da empresa, a sociedade empresarial, uma vez regularmente constituída, não se dissolve pela superveniência da falta de pluralidade de sócios e pode continuar operando por prazo indeterminado.

d) A sociedade por ações é considerada sociedade empresária, independentemente do objeto.

e) A desconsideração da personalidade jurídica implica o rompimento do vínculo contratual entre os sócios, desconstituindo a pessoa jurídica.

ANOTAÇÕES/COMENTÁRIOS

(a) Incorreta, pois a personalidade jurídica começa com o registro do contrato ou estatuto social na junta comercial (arts 967 e seguintes do CC e Lei 8934/94).

(b) Incorreto, assumirá pelas dívidas existentes (arts. 1001 e seguintes do CC).

(c) Incorreta, pois em desacordo com art., 1033 do CC.

(d) Correta, pois de acordo com art. 982., parágrafo único do CC e art. 2 da LSA.

(e) Incorreta, pois a desconsideração não interrompe a sociedade, tampouco o vínculo entre os sócios, mas tão somente gera um afastamento momentâneo da Personalidade Jurídica para se atacar o patrimônio pessoal (art. 50 do CC e arts. 133 a 137 do CPC).

*Para responder, tem que estudar: lei.*

*Gabarito: D*

**27. (Cespe/TJ/AM/Juiz/2016)** Com a finalidade de reduzir o montante de impostos devidos, o administrador de determinada sociedade anônima simulou a ocorrência de prejuízos à companhia. Após alguns anos de êxito, sua conduta foi descoberta e, devido ao recolhimento a menor, foi necessário complementar os impostos pagos, tendo incidido multa e havido outras despesas decorrentes de honorários de advogados, contadores e outros profissionais requeridos para a correção do equívoco. Ao final, os valores pagos para corrigir a falha superaram em muito o valor que deveria ter sido pago inicialmente, conforme a lei. Com base nessa situação hipotética, assinale a opção correta.

a) O administrador não poderá ser responsabilizado pessoalmente por eventuais prejuízos causados a terceiros, pois agiu em nome da sociedade.

b) Os acionistas individualmente prejudicados não poderão propor ação contra o administrador, devendo-se subordinar à deliberação da assembleia geral.

c) É necessária a aplicação da teoria da desconsideração da personalidade jurídica da empresa para que se obtenha a responsabilização pessoal do administrador.

d) Se a referida simulação decorrer de exercício abusivo do poder de controle, o controlador poderá ser responsabilizado pelos prejuízos, desde que comprovado dolo na atuação.

e) Caberá à assembleia geral da companhia deliberar pelo ajuizamento, ou não, da ação de responsabilidade civil contra o administrador pelos prejuízos causados.

ANOTAÇÕES/COMENTÁRIOS

**(a) Incorreta, pois o art. 158 da LSA aduz que ele poderá responder com agir com culpa ou dolo e causar prejuízos à sociedade.**

**(b) Incorreto, pois caso a assembleia geral aprove o ajuizamento da ação e a S.A não ajuíze a medida em três meses, qualquer acionista poderá fazê-lo (Art. 159 da LSA).**

**(c) Incorreta, pois poderá o administrador responder por meio da ação de responsabilidade (Art. 159 da LSA).**

**(d) Incorreta, pois desde que comprovado o dolo ou a culpa.**

**(e) Correta, pois de acordo com os ditames do art. 159 da LSA.**

*Para responder, tem que estudar: lei.*

*Gabarito: E*

**28. (Cespe/TJ/MA/Juiz/2013)** Com relação às sociedades anônimas, assinale a opção correta.

a) É lícita a constituição de uma companhia, por escritura pública, cujo único acionista seja uma sociedade brasileira.

b) A sociedade por subscrição pública do capital deve ser constituída por deliberação dos subscritores em assembleia geral ou por escritura pública.

c) As ações escriturais, cuja propriedade presume-se pela declaração do nome do acionista, podem ser transferidas mediante termo lavrado no livro de registro de ações escriturais e emissão de certificado.
d) Conforme a forma de constituição e o objeto social, as sociedades anônimas podem ser simples ou empresárias.

ANOTAÇÕES/COMENTÁRIOS

(a) Correta, será considerada como subsidiária integral, prevista no art. 251 da LSA.

(b) Incorreta, pois em desacordo com arts. 82 e seguintes da LSA.

(c) Incorreta, pois em desacordo com art. 35 da LSA.

(d) Incorreta, pois a sociedade anônima sempre será empresarial (art. 982, parágrafo único do CC e art. 2 da LSA).

*Para responder, tem que estudar: lei.*

*Gabarito: A*

**29. (Cespe/TJ/DFT/Juiz/2015)** A respeito das sociedades anônimas, assinale a opção correta.

a) Na ação de exibição da certidão de assentamentos constantes nos livros da companhia, é dispensável a comprovação do pagamento do "custo de serviço" referente ao fornecimento desse documento.
b) O acionista de uma sociedade anônima que votar de forma abusiva com o fim de causar dano deverá responder pelos danos que vierem a ser causados, ainda que seu voto não tenha prevalecido.
c) Para que se aperfeiçoe a constituição de garantia real sobre ação nominal, é bastante a averbação da garantia nos livros da instituição financeira custodiante das ações.
d) Apesar de ser inadmissível a constituição de sociedade anônima unipessoal, considera-se uma exceção a essa regra a constituição de sociedade subsidiária integral por uma só pessoa natural.
e) Em obediência ao princípio da efetividade, uma sociedade anônima deve ter capital social determinado, invariável e único.

ANOTAÇÕES/COMENTÁRIOS

(a) Incorreta, pois em desacordo com a súmula 389 do STJ: Súmula 389. A comprovação do pagamento do "custo do serviço" referente ao fornecimento de certidão de assentamentos constantes dos livros da companhia é requisito de procedibilidade da ação de exibição de documentos ajuizada em face da sociedade anônima.

(b) Correta, pois de acordo com art. 115, § 3 da LSA.

(c) Incorreta, pois em desacordo com arts. 40 e 100 da LSA.

(d) Incorreta, pois a subsidiaria integral deverá ser constituída por outra pessoa jurídica (art. 251 da LSA).

(e) Incorreta, pois em desacordo com arts. 7 e ss da LSA.

*Para responder, tem que estudar: lei e súmula/OJ.*

*Gabarito: B*

**30. (Cespe/TJ/PB/Juiz/2015)** Com relação às sociedades anônimas, assinale a opção correta.

a) Os acionistas minoritários, desde que representem pelo menos 5% do capital social, poderão, mediante ordem judicial, ter acesso a instrumentos de contratos imobiliários de vendas de ativos que, em tese, lhes tenham causado prejuízo.

b) Situação hipotética: José, na ocasião do divórcio com Jeane, omitiu da partilha uma fração de suas ações da companhia Gama. Posteriormente, ele foi condenado a dar a Jeane parte dessas ações. Assertiva: Nessa situação, é cabível, em regra, o bloqueio de créditos da própria sociedade anônima em processo por ela ajuizado em face de seus devedores particulares.

c) A companhia poderá efetuar emissão de debêntures, que terão valores nominais expressos em moeda nacional, sendo-lhe defesa a estipulação de pagamentos em moeda estrangeira.

d) Em caso de danos ao patrimônio da sociedade, se a assembleia geral for contrária à propositura de ação judicial contra os administradores ou se recusar a deliberar acerca dessa proposta, os acionistas poderão ajuizar a demanda, como representantes da companhia, desde que reúnam percentual mínimo legal do capital social.

e) Caso uma companhia promova ação de execução contra acionista remisso para cobrar importâncias que lhe sejam devidas, essa companhia não poderá, após a citação, vender as respectivas ações em bolsa de valores.

**ANOTAÇÕES/COMENTÁRIOS**

(a) Incorreta, pois em desacordo com art. 105 da LSA.

(b) Incorreta, pois há precedentes do STJ em sentido contrário, aduzindo que o cônjuge apenas terá direito de crédito (REsp 1.179.342-GO).

(c) Incorreta, pois em desacordo com art. 54 da LSA).

(d) Correta, pois de acordo com o que determina art. 159 da LSA.

(e) Incorreta, pois em desacordo com art. 107 da LSA.

*Para responder, tem que estudar: lei e jurisprudência.*

*Gabarito: D*

### *3.3.3. Dos Outros Tipos Societários*

**31. (Cespe/TJ/PB/Juiz/2011)** No que se refere a sociedades, assinale a opção correta.

a) Segundo a jurisprudência, caso o administrador de uma sociedade simples aliene bens dessa sociedade, exorbitando, ao praticar esse ato, de seu mandato, o ato será anulado e o adquirente terá o direito de exigir perdas e danos desse administrador, mas não da sociedade.

b) Se, em determinada sociedade simples, um dos sócios associar estranho ao seu quinhão social sem o concurso dos demais sócios, restará configurada subsociedade, o que é vedado pelo ordenamento jurídico nacional.

c) O ato de renúncia do administrador de sociedade limitada torna-se eficaz em relação à sociedade e a terceiros a partir de sua averbação e publicação.

d) Se, diante de omissão do contrato social, sócio de sociedade limitada ceder sua quota a outro sócio sem a autorização dos demais, esse ato de cessão será nulo, visto que a subscrição dos demais sócios é condição de validade e eficácia da cessão, mesmo na hipótese de omissão do contrato.

e) A pretensão de cooperativa de ser sócia de determinado tipo societário não encontra amparo na ordem jurídica nacional, já que a natureza de sociedade simples da cooperativa a impede de ser sócia de qualquer tipo societário.

ANOTAÇÕES/COMENTÁRIOS

(a) Correta, pois neste caso será aplicada a teoria ultra vires, prevista no art. 105, III do CC, segundo a qual o administrador quando agir com excesso de poderes, apenas ele responderá, eximindo-se a sociedade de qualquer responsabilidade. Trata-se de exceção à teoria da aparência.

(b) Incorreta, pois na omissão do contrato social, o ingresso de outro sócio dependerá da concordância dos demais.

(c) Incorreta, pois em desacordo com art. 1063, § 3 do CC.

(d) Incorreta, pois na omissão do contrato, a cessão entre sócios é livre (Art. 1057 do CC).

(e) Incorreta, não há vedação para que a cooperativa se torne sócia de outras sociedades.

*Para responder, tem que estudar: lei.*

*Gabarito: A*

**32. (Cespe/TJ/DFT/Juiz/2016)** Assinale a opção correta acerca das sociedades personificadas, de acordo com o Código Civil.

a) Na sociedade em nome coletivo, o uso da firma é privativo, nos limites do contrato, dos que tenham os necessários poderes para usá-la; na sociedade em comandita simples, não pode o nome do sócio comanditário constar na firma social, sob pena de ficar sujeito às mesmas responsabilidades de sócio comanditado.

b) Assim como o sócio comanditário na sociedade em comandita simples, o sócio pessoa física da sociedade em nome coletivo, como regra geral, responde solidária e ilimitadamente pelas obrigações sociais.

c) Na sociedade simples, não constitui causa de dissolução de pleno direito da sociedade a não reconstituição, no prazo de cento e oitenta dias, da pluralidade de sócios, ao contrário do que acontece no regime da sociedade limitada.

d) A sociedade simples constitui-se mediante contrato escrito, na forma pública ou particular. A sociedade limitada, porém, constitui-se apenas com observância de forma pública.

e) É obrigatório constar a firma social nos contratos da sociedade simples.

ANOTAÇÕES/COMENTÁRIOS

(a) Está correta, pois de acordo com arts. 1042 e 1047 do CC.

(b) Incorreta, pois o sócio comanditário na sociedade em comandita simples possui responsabilidade limitada (art. 1045 do CC).

(c) Incorreta, pois essa é uma das hipóteses de dissolução prevista no art. 1033, IV do CC.

(d) Incorreta, pois a sociedade limitada também poderá ser constituída de forma particular (art. 1053 do CC).

(e) Poderá constar a firma ou denominação (art. 997, I do CC).

*Para responder, tem que estudar: lei.*

*Gabarito: A*

**33. (Cespe/TJ/ES/Juiz/2011)** Assinale a opção correta no que concerne às sociedades.

a) A sociedade em comandita simples é composta por sócios comanditários e comanditados, estes, necessariamente, pessoas físicas com responsabilidade solidária e ilimitada pelas obrigações sociais.

b) Na sociedade em comandita por ações, o acionista exercerá a função de diretor ou administrador, se assim o desejar; caso contrário, a função poderá ser exercida por qualquer pessoa estranha à sociedade.

c) Na conta de participação, o empreendedor associa-se a investidores para explorar atividade filantrópica; por isso, o sócio participante não se torna solidariamente responsável pelas obrigações contraídas.

d) Podem fazer parte da sociedade em nome coletivo tanto a pessoa física quanto a pessoa jurídica.

e) Não sendo empresárias as sociedades simples, suas normas não se aplicam aos tipos societários menores, como, por exemplo, às sociedades em nome coletivo.

**ANOTAÇÕES/COMENTÁRIOS**

(a) Certa, pois de acordo com art. 1045 do CC.

(b) Alternativa incorreta, pois o diretor da sociedade em comandita por ações necessariamente deverá ser acionista (art. 1091 do CC).

(c) O sócio participante poderá se tornar responsável caso apareça perante terceiros (art. 993, parágrafo único do CC).

(d) Alternativa incorreta, pois apenas pessoas físicas podem dela fazer parte (art. 1039 do CC).

(e) Alternativa incorreta, pois a sociedade em nome coletivo, a sociedade em comandita simples e a sociedade limitada poderão ser simples.

*Para responder, tem que estudar: lei.*

*Gabarito: A*

**34. (Cespe/TJ/CE/Juiz/2012)** De acordo com a classificação das sociedades empresárias, do regime jurídico dos sócios, da sociedade limitada, da sociedade em comandita por ações e da sociedade subsidiária integral, assinale a opção correta.

a) A sociedade em comandita por ações, ao contrário das sociedades anônimas, não conta com conselho de administração, não pode ter capital autorizado, por meio de autorização estatutária, para aumento do capital social, e não pode emitir bônus de subscrição.

b) A sociedade subsidiária integral representa exceção à regra segundo a qual as sociedades deverão contar com pelo menos dois sócios, pois se caracteriza como sociedade unipessoal, não sendo obrigatória que a sua constituição seja sob a forma de sociedade anônima.

c) Admite-se a possibilidade de o contrato social da sociedade limitada contemplar a existência de um conselho fiscal, o que a doutrina denomina direito de recesso, devendo os membros do conselho fiscal, segundo a legislação, exercer a função de fiscalização dos atos da administração da sociedade de forma isenta e imparcial.

d) De acordo com posicionamento pacífico dos tribunais, o menor somente pode ingressar na sociedade limitada se não lhe forem atribuídos quaisquer poderes de gerência ou administração, não sendo necessário que o capital da sociedade esteja totalmente integralizado.

e) Entre as várias classificações das sociedades empresárias, incluem-se as contratuais e de responsabilidade mista, sendo contratuais a sociedade em nome coletivo, a em comandita simples e a limitada, e de responsabilidade mista apenas a sociedade simples e a em comandita simples.

ANOTAÇÕES/COMENTÁRIOS

(a) Correta, pois de acordo com o que determina art. 284 da LSA.

(b) Incorreta, pois ela será composta por apenas um sócio (art. 251 da LSA).

(c) Incorreta, pois o conselho fiscal não dá ao sócio o direito de retirada.

(d) Incorreto, pois é necessário que além de não praticar atos de gestão, que o capital esteja integralizado (Art. 974, § 3 do CC).

(e) Incorreta, pois a sociedade simples não é de responsabilidade mista.

*Para responder, tem que estudar: lei.*

*Gabarito: A*

### *3.3.4. Da Liquidação, Transformação, da Incorporação, da Fusão e da Cisão*

**35. (Cespe/TJ/PA/Juiz/2012)** Considerando a disciplina aplicável às sociedades empresárias, assinale a opção correta.

a) À luz do Código Civil brasileiro, a sociedade de capital e indústria é um tipo de sociedade empresária.

b) A sociedade em nome coletivo é sociedade de capital, pois a contribuição material é mais importante que as características subjetivas dos sócios.

c) Na sociedade empresária, o sócio não pode, em nenhuma circunstância, desligar-se por declaração unilateral imotivada, estando condicionado à estabilidade do vínculo societário.

d) A personalidade jurídica da sociedade empresária termina com o procedimento dissolutório, que compreende obrigatoriamente a dissolução, a liquidação e a partilha.

e) O princípio da autonomia patrimonial tem aplicação ilimitada, devendo o juiz observá-lo estritamente.

ANOTAÇÕES/COMENTÁRIOS

(a) Incorreta, pois o código civil não previu a sociedade de indústria.

(b) Incorreta, pois a sociedade em nome coletivo é de pessoas (Arts. 1039 a 1044 do CC).

(c) Incorreta, pois há previsão para tanto no art. 1029 do CC.

(d) Certa, pois de acordo com os arts. 1102 e ss do CC.

(e) Incorreta, pois há casos em que a autonomia patrimonial poderá ser mitigada como, por exemplo, na desconsideração da personalidade jurídica e na desconsideração inversa da personalidade jurídica (arts. 133 a 137 do CPC).

*Para responder, tem que estudar: lei.*

*Gabarito: D*

**36. (Cespe/TJ/PR/Juiz/2017)** No que se refere a direito societário, assinale a opção correta.

a) O Código Civil regula a fusão e a incorporação de sociedades, mas não se aplica às sociedades anônimas nesse particular.

b) O CDC aplica-se às relações entre acionistas e a sociedade anônima.

c) Perdas comerciais, ainda que irreparáveis, não autorizam a redução do capital social depois que ele já esteja integralizado.

d) Desde que haja previsão no contrato social da sociedade limitada, poderão ser-lhe aplicáveis supletivamente as regras da sociedade simples.

*ANOTAÇÕES/COMENTÁRIOS*

(a) Correta, pois a sociedade anônima tem previsão específica nos arts. 220 e ss da LSA.

(b) Incorreta, pois a relação entre os acionista e a sociedade anônima é empresarial e não consumerista.

(c) Incorreta, pois o art. 1082, I do CC autoriza a redução.

(d) Incorreta, pois a previsão expressa no contrato social é necessária para ela ser regida de forma supletiva pela Lei 6404/76 (LSA) e não pelas regras da sociedade simples (Art. 1053 do CC).

*Para responder, tem que estudar: lei.*

*Gabarito: A*

# 4. DO ESTABELECIMENTO

**37. (Cespe/TJ/AM/Juiz/2016)** Acerca da teoria do estabelecimento comercial, assinale a opção correta.

a) Se não houver vedação expressa no contrato de trespasse, o alienante poderá constituir nova sociedade para explorar o mesmo ramo de atividade imediatamente após a alienação do estabelecimento.

b) A ação renovatória de locação é uma proteção especial ao estabelecimento comercial e será julgada procedente mesmo que o locador não queira a renovação, desde que o locatário tenha no máximo um mês de inadimplência no contrato cuja renovação deseja.

c) O estabelecimento empresarial, por ser o local onde o empresário exerce sua atividade empresarial, é impenhorável.

d) É condição de eficácia perante terceiros o registro do contrato de trespasse na junta comercial e sua posterior publicação.

e) O adquirente do estabelecimento comercial é responsável pelos débitos anteriores à transferência que não estejam contabilizados, pois estes seguem a coisa (in "propter rem").

**ANOTAÇÕES/COMENTÁRIOS**

(a) Alternativa incorreta, pois o art. 1147 do CC aduz no sentido de que na omissão do contrato de trespasse o alienante não poderá fazer concorrência ao adquirente pelo prazo de 05 anos.

(b) Alternativa incorreta, pois o art. 71, II, da Lei 8245/91 exige a juntada do comprovante de pagamentos dos alugueres em dia para a renovação.

(c) Alternativa incorreta, pois a Súmula 451 do STJ aduz que: É legítima a penhora da sede do estabelecimento comercial.

(d) Certa, pois de acordo com o que determina art. 1144 do CC.

(e) Alternativa incorreta, pois o art. 1146 do CC determina que ele assumirá os débitos devidamente contabilizados.

*Para responder, tem que estudar: lei e súmula/OJ.*

*Gabarito: D*

**38. (Cespe/TJ/PA/Juiz/2012)** Acerca da escrituração e do estabelecimento empresarial, assinale a opção correta.

a) Ocorrendo o extravio de livros ou fichas já autenticados pela junta comercial, impõe-se ao empresário, em razão do extravio, o pagamento de multa em favor da junta comercial.

b) A moderna teoria do direito empresarial equipara o estabelecimento empresarial à sociedade empresária, ambos considerados sujeitos de direito.

c) A empresa, mas não o estabelecimento empresarial, pode ser alienada, onerada, arrestada ou penhorada.

d) Define-se estabelecimento empresarial como o conjunto de bens considerados indispensáveis ou úteis ao desenvolvimento da empresa.

e) De acordo com a sistemática adotada pelo direito empresarial brasileiro, considera-se regular o livro mercantil cuja escrituração seja feita em língua estrangeira, dada a prioridade conferida à técnica utilizada na sua elaboração.

ANOTAÇÕES/COMENTÁRIOS

(a) Alternativa incorreta, pois a IN 111/2013 do DREI não prevê a penalidade de multa em caso de extravio.

(b) Alternativa incorreta, pois a Teoria Poliédrica da Empresa, amplamente difundida no Brasil não permite a comparação como sinônimos do estabelecimento e sociedade, haja vista que o estabelecimento é uma somatória de bens de propriedade do empresário ou da sociedade, que são os exercentes da atividade empresarial.

(c) Alternativa incorreta, pois a Súmula 451 do STJ permite a penhora do estabelecimento empresarial.

(d) Alternativa incorreta, pois de acordo com o que preceitua art. 1142 do CC.

(e) Alternativa incorreta, pois os livros tem de ser escriturados em linguagem nacional (art. 1183 do CC)

*Para responder, tem que estudar: lei, súmula/OJ e teoria/doutrina.*

*Gabarito: D*

## 5. DOS INSTITUTOS COMPLEMENTARES

**39. (Cespe/TJ/AC/Juiz/2012)** Assinale a opção correta com relação ao registro de empresa e às obrigações jurídicas que o empresário deve cumprir para o exercício regular de sua atividade econômica.

a) O arquivamento dos atos relativos à transformação, incorporação, fusão e cisão de empresas mercantis é objeto de decisão singular do presidente da junta comercial.

b) O empresário que se tornar incapaz poderá continuar a empresa, por meio de representante ou devidamente assistido, cabendo ao registro público de empresas mercantis a cargo das juntas comerciais registrar contratos ou alterações contratuais de sociedade que envolva sócio incapaz.

c) Para dar início a atividade econômica, mercantil ou rural, o empresário deve formalizar a sua inscrição junto ao registro público de empresas mercantis.

d) As modificações contratuais e ou estatutárias da empresa devem ser efetivadas exclusivamente por escritura pública, independentemente da forma adotada no ato constitutivo.

e) O Departamento Nacional de Registro do Comércio, órgão central do Sistema Nacional de Registro Mercantil, desempenha funções de execução e administração dos serviços de registro.

ANOTAÇÕES/COMENTÁRIOS

(a) Alternativa incorreta, pois em desacordo com art. 41 da Lei 8934/94.

(b) Certa, pois de acordo com o que determina art. 974 do CC e parágrafos.

(c) Alternativa incorreta, pois o empresário rural tem a faculdade de se registrar ou não, conforme determina art. 971 do CC.

(d) Alternativa incorreta, pois em desacordo com art. 53 da Lei 8934/94.

(e) Alternativa incorreta, pois em desacordo com art. 3, I da Lei 8934/94.

*Para responder, tem que estudar: lei.*

*Gabarito: B*

**40. (Cespe/TJ/PI/Juiz/2012)** Assinale a opção correta no que se refere à lei que disciplina o registro público de empresas mercantis e atividades afins:

a) O registro compreende exclusivamente a matrícula (e a possibilidade de seu cancelamento) dos instrumentos de escrituração das empresas mercantis registradas e dos agentes auxiliares do comércio, na forma de lei própria.

b) Os pedidos de arquivamento devem ser instruídos com cópia do instrumento de constituição da sociedade empresária assinado pelos sócios, bem como pela declaração do administrador de não estar impedido de exercer atividade empresarial.

c) Sujeita-se ao regime de decisão singular das juntas comerciais o arquivamento dos atos referentes a transformação, incorporação, fusão e cisão de sociedades empresárias, bem como das atas de assembleias gerais das sociedades anônimas.

d) Serão arquivados os documentos que desobedecerem às prescrições legais ou regulamentares e os que colidirem com o respectivo estatuto ou contrato não modificado anteriormente.

e) É vedado o arquivamento dos documentos de constituição ou alteração de sociedades empresárias de qualquer espécie ou modalidade em que figure como titular ou administrador pessoa condenada por crime para o qual esteja prevista pena que vede o acesso à atividade empresarial.

ANOTAÇÕES/COMENTÁRIOS

(a) Alternativa incorreta, pois em desacordo com art. 32 da Lei 8934/94.

(b) Alternativa incorreta, pois em desacordo com art. 37, I da Lei 8934/94.

(c) Alternativa incorreta, pois em desacordo com art. 41 da Lei 8934/94.

(d) Alternativa incorreta, pois em desacordo com art. 35, I da Lei 8934/94.

(e) Certa, pois de acordo com o que determina art. 35, II da Lei 8934/94.

*Para responder, tem que estudar: lei.*

*Gabarito: E*

**41. (Cespe/TJ/CE/Juiz/2012)** Considerando o sistema de registro público do empresário, assinale a opção correta à luz da legislação pertinente.

a) Não incumbe às juntas comerciais expedir carteiras de exercício profissional de pessoas legalmente inscritas no Registro Público de Empresas Mercantis e Atividades Afins.

b) Os recursos de que trata a lei do Registro Público de Empresas Mercantis e Atividades Afins têm efeito suspensivo, sendo indeferidos liminarmente pelo presidente da junta os interpostos fora do prazo ou antes da decisão definitiva, os quais devem ser, em qualquer caso, anexados ao processo.

c) O Departamento Nacional de Registro do Comércio é um dos órgãos do Sistema Nacional de Registro de Empresas Mercantis, com funções executoras e administradoras no plano técnico, e supletiva, no plano administrativo.

d) A junta comercial não está autorizada a dar andamento a qualquer documento de alteração de firmas individuais ou sociedades sem que dos respectivos requerimentos e instrumentos conste o número de identificação de registro de empresas.

e) O registro público do empresário compreende a matrícula (e respectivo cancelamento) dos atos concernentes às empresas mercantis estrangeiras autorizadas a funcionar no Brasil.

ANOTAÇÕES/COMENTÁRIOS

(a) Alternativa incorreta, pois em desacordo com art. 8, V da Lei 8934/94.

(b) Alternativa incorreta, pois em desacordo com art. 49 da Lei 8934/94.

(c) Alternativa incorreta, pois em desacordo com art. 3 e incisos da Lei 8934/94.

(d) Certa, pois de acordo com art. 35, parágrafo único da Lei 8934/94.

(e) Alternativa incorreta, pois em desacordo com art. 1, III da Lei 8934/94.

*Para responder, tem que estudar: lei.*

*Gabarito: D*

**42. (Cespe/TJ/DFT/Juiz/2014)** Assinale a opção correta em relação ao empresário e à sociedade empresária, à luz da legislação de regência, da doutrina e da jurisprudência do STJ.

a) As sociedades de advogado que movimentam expressiva receita, contam com expressiva carta de clientes, atendem clientela em massa e contratam diversos profissionais para a prestação de serviços específicos são sociedades empresárias para todos os efeitos legais.

b) Promotor de justiça que seja sucessor de empresário regularmente estabelecido pode registrar-se como empresário.

c) Para que o pequeno produtor rural seja registrado no registro público de empresas mercantis, basta-lhe formular requerimento nesse sentido e atender as formalidades legais, passando a constituir-se como empresário individual.

d) A vedação de se qualificar sociedade cooperativa como empresária por força dos atos praticados traduz, segundo a doutrina, um resquício da teoria dos atos de comércio no atual Código Civil.

e) Considere que Cícero, juiz de direito, seja representante legal de Jonas, empresário de vinte e oito anos de idade recentemente interditado judicialmente. Nessa situação hipotética, admite-se a continuidade da atividade empresarial pelo interditado, desde que Cícero seja nomeado para gerenciar a empresa.

ANOTAÇÕES/COMENTÁRIOS

(a) Alternativa incorreta, pois de acordo com arts. 15 a 17 da Lei 8906/94, a sociedade de advogados nunca será empresária, mas sempre simples.

(b) Alternativa incorreta, pois para exercer para ser empresário individual é preciso que o exercente não esteja impedido (art. 972 do CC), de forma que o art. 95 da Constituição da República traz este impedimento aos membros da magistratura, que por consequência se estendem aos membros do Ministério Público. Consigna-se que juiz e promotor poderão ser sócios de sociedade, desde que não participem da administração, mas não poderão ser empresários individuais.

(c) Certa, pois de acordo com o que determina art. 971 do CC.

(d) Alternativa incorreta, pois não há menção na doutrina neste sentido.

(e) Alternativa incorreta, pois como Cícero está impedido de exercer a atividade empresarial individual, para continuidade da empresa, em nome do incapaz, será nomeado um ou mais gerentes (art. 975 do CC).

*Para responder, tem que estudar: lei e teoria/doutrina.*

*Gabarito: C*

**43. (Cespe/TJ/AM/Juiz/2016)** No que se refere às espécies de empresário, seus auxiliares e colaboradores e aos nomes e livros empresariais, assinale a opção correta.

a) É suficiente autorização verbal do empresário para que seu preposto possa fazer-se substituir no desempenho da preposição.

b) Caso crie o chamado caixa dois, falsificando a escrituração do empresário preponente, o contabilista responderá subsidiariamente ao empresário pelas consequências de tal conduta.

c) São livros empresariais todos os exigidos do empresário por força das legislações empresarial, trabalhista, fiscal e previdenciária.

d) A empresa individual de responsabilidade limitada será constituída por uma única pessoa e seu nome empresarial será necessariamente a firma seguida da sigla EIRELI.

e) Em observância ao princípio da veracidade, o nome do sócio que falecer não pode ser conservado na firma social.

**ANOTAÇÕES/COMENTÁRIOS**

(a) Alternativa incorreta, pois é necessária autorização escrita (art. 1169 do CC).

(b) Alternativa incorreta, pois a responsabilidade é solidária (art. 1177, parágrafo único do CC).

(c) Alternativa incorreta, pois só são considerados empresariais os livros escriturados por força de leis empresariais.

(d) Alternativa incorreta, pois a EIRELI poderá ser registrada com firma ou denominação (art. 980-A, parágrafo 1 do CC).

(e) Certa, pois de acordo com art.1165 do CC.

*Para responder, tem que estudar: lei e teoria/doutrina.*

*Gabarito: E*

**44. (Cespe/TJ/PI/Juiz/2012)** Assinale opção correta acerca do nome empresarial.

a) Por expressa disposição legal, a sociedade em conta de participação deve operar sob firma ou denominação.

b) É vedado ao adquirente de estabelecimento usar o nome do alienante precedido do seu próprio, com a qualificação de sucessor, mediante ato entre vivos e autorização contratual, visto que o nome empresarial não pode ser objeto de alienação.

c) O Código Civil determina que se aplique às pessoas jurídicas, no que couber, a proteção dos direitos da personalidade, sendo entendimento pacífico da doutrina brasileira que o nome empresarial deve ser compreendido como direito da personalidade do empresário.

d) A firma deve ser composta com o nome de um ou mais sócios, desde que sejam pessoas físicas, de modo indicativo da relação social, podendo ser adotada nas sociedades limitadas, nas sociedades em comandita por ações e nas sociedades anônimas.

e) A inscrição do nome empresarial deve ser cancelada, a requerimento de qualquer interessado, quando cessar o exercício da atividade para a qual tenha sido adotado o nome, ou quando se ultimar a liquidação da sociedade que o tenha inscrito.

ANOTAÇÕES/COMENTÁRIOS

(a) Alternativa incorreta, pois a sociedade em conta de participação operará sob o nome individual do sócio ostensivo (art. 991 do CC).

(b) Alternativa incorreta, pois há permissão no art. 1164, parágrafo único do CC.

(c) Alternativa incorreta, pois o empresário individual, de acordo com art. 966 do CC, não possui personalidade jurídica.

(d) As sociedades anônimas não podem adotar a modalidade firma, devendo ser registrada com denominação (art. 3 da Lei 6404/76).

(e) Certa, pois de acordo com art. 1168 do CC.

*Para responder, tem que estudar: lei.*

*Gabarito: E*

## 6. DOS TÍTULOS DE CRÉDITO

### 6.1. Disposições Gerais

**45. (Cespe/TJ/DFT/Juiz/2014)** Com base no direito material civil, assinale a opção correta acerca dos títulos de crédito.

a) O pagamento de título de crédito que contenha obrigação de pagar soma determinada pode ser garantido por aval, ainda que parcial.

b) O possuidor de título ao portador, mediante sua simples apresentação ao devedor, tem direito à prestação nele indicada, ainda que o título tenha entrado em circulação contra a vontade do emitente.

c) O endosso posterior ao vencimento produz os mesmos efeitos do anterior, ao contrário do aval, que só é válido se for anterior.

d) O título de crédito deve estar completo ao tempo da emissão, sendo inválido preenchimento posterior.

e) No título de crédito, devem constar a data de seu vencimento, a indicação precisa dos direitos que ele confere e a assinatura do seu emitente.

ANOTAÇÕES/COMENTÁRIOS

(a) Incorreta, pois de acordo com artigo 897, parágrafo único do CC é vedado o aval parcial

(b) correta, pois de acordo com art. 905, parágrafo único do CC.

(c) Incorreta, pois em desacordo com art. 900 do CC.

(d) Incorreta, pois em desacordo com art. 891 do CC.

(e) Incorreta, pois em desacordo com art. 889 do CC.

*Para responder, tem que estudar: lei.*

*Gabarito: B*

**46. (Cespe/TJ/PI/Juiz/2012)** De acordo com o Código Civil, o título de crédito, documento necessário ao exercício do direito literal e autônomo nele contido, somente produz efeito quando preenchidos os requisitos legais. Com base nessa informação e na teoria geral dos títulos de crédito, assinale a opção correta.

a) De acordo com a teoria da emissão, embasada nos estudos de Kuntze, os títulos de crédito representam obrigações abstratas, porquanto a causa não é essencial à formação do título.

b) Reputam-se abstratos ou perfeitos os chamados títulos representativos, cuja circulação importa a transferência da mercadoria a que se referem, como o conhecimento de transporte ferroviário ou marítimo e a duplicata.

c) Consoante o princípio da autonomia, o título de crédito desvincula-se do negócio jurídico que lhe deu origem, ou seja, questões relativas a esse negócio jurídico subjacente não afetam o cumprimento da obrigação do título.

d) Enquanto estiver em circulação, só o título de crédito poderá ser dado em garantia, ou ser objeto de medidas judiciais, e não separadamente os direitos ou mercadorias que ele represente.

e) O conceito mais clássico de título de crédito, praticamente reproduzido no artigo 887 do Código Civil, foi elaborado por Tullio Ascarelli.

ANOTAÇÕES/COMENTÁRIOS

(a) Incorreta, pois Kuntze fundamenta a emissão dos títulos de crédito com base na teoria da criação.

(b) Incorreta, pois os títulos mencionados são impróprios, ou seja, não conferem efetivamente um direito de crédito.

(c) Incorreta, pois o subprincípio da abstração só aparece no momento em que o título de crédito circular, ou seja, ele irá se desvincular de sua origem quando circular.

(d) Correta, pois de acordo com art. 895 do CC.

(e) Incorreta, pois o conceito previsto no art. 887 do CC foi elaborado por Cesare Vivante.

*Para responder, tem que estudar: lei e teoria/doutrina.*

*Gabarito: D*

**47. (Cespe/TJ/PB/Juiz/2011)** Considerando a aplicabilidade, no direito cambiário, dos princípios da cartularidade, literalidade e autonomia, bem como de outros deles decorrentes, assinale a opção correta.

a) O princípio da literalidade é relativizado pelo direito brasileiro, de sorte que o aval tanto pode ser prestado mediante assinatura do avalista no próprio título quanto em documento apartado.

b) Consoante o princípio da inoponibilidade, o devedor de dívida representada por título de crédito só pode opor ao terceiro de boa-fé as exceções que tiver contra este e as fundadas nos aspectos formais do título.

c) De acordo com o princípio da literalidade, o título de crédito deve satisfazer seus requisitos formais no momento da emissão, sendo, em regra, nulo o título que, emitido em branco ou incompleto, venha depois a ser preenchido ou complementado pelo beneficiário.

d) De acordo com o princípio da abstração, o emitente de título cambial não pode opor ao beneficiário as exceções fundadas no negócio jurídico subjacente, ainda que o título não tenha entrado em circulação.

e) Em razão do princípio da cartularidade, a duplicata mercantil só pode ser protestada se o credor estiver na posse do título.

ANOTAÇÕES/COMENTÁRIOS

(a) Incorreta, pois em desacordo com art. 898 do CC.

(b) Correta, pois de acordo de acordo com o subprincípio da inoponibilidade das exceções pessoais aos terceiros de boa-fé.

(c) Incorreta, pois em desacordo com art. 891 do CC.

(d) Incorreta, pois na relação jurídica original não vigora o subprincípio da abstração, podendo sim ser alegados vícios no negócio jurídico que ensejaram a emissão do título de crédito.

(e) Incorreta, pois poderá ser feito o protesto por indicações (art. 13 e seguintes da Lei 5474/68).

*Para responder, tem que estudar: lei e teoria/doutrina.*

*Gabarito: B*

**48. (Cespe/TJ/ES/Juiz/2011)** A respeito dos títulos de crédito, assinale a opção correta.

a) Por expressa disposição legal, os devedores de um título de crédito são solidários, sendo cada um deles obrigado pelo montante integral da dívida.

b) Os títulos nominativos não à ordem identificam o titular do crédito e se transferem por endosso.

c) Às matérias relativas aos títulos de crédito aplica-se o Código Civil, mesmo quando este contiver comando diverso do que dispõe a lei especial.

d) Quanto ao conteúdo da obrigação que representa, o título de crédito não se distingue dos demais documentos representativos de direitos e obrigações, sendo possível, portanto, documentar, em um título de crédito, obrigações de dar, fazer ou não fazer.

e) De acordo com a doutrina, o princípio da literalidade tem consequências favoráveis e contrárias tanto para o credor quanto para o devedor, o qual não será obrigado a mais do que estiver mencionado no documento.

**ANOTAÇÕES/COMENTÁRIOS**

(a) Para o código civil não haverá essa responsabilidade (art. 914 do CC).

(b) Os títulos nominativos realmente identificam o credor, mas quando possuem a cláusula não à ordem são transferidos por meio de cessão civil de crédito (art. 919 do CC).

(c) Incorreta, pois o CC só se aplica aos títulos de crédito em caráter subsidiário (Art. 903 do CC).

(d) Incorreta, pois nos títulos de crédito próprios, materializam-se obrigações de crédito, ou seja, confere ao titular um direito creditório.

(e) Correto, pois o principio da literalidade, extraído a partir da redação do art. 887 do CC, aduz no sentido de que apenas serão devidas as quantias constantes na cártula e as pessoas que nela se obrigaram.

*Para responder, tem que estudar: lei e teoria/doutrina.*

*Gabarito: E*

**49. (Cespe/TJ/AC/Juiz/2012)** Com base no que dispõem o Código Civil e a jurisprudência, assinale a opção correta acerca de títulos de crédito, bens e nome.

a) Considere que Cristóvão tenha passado a Dimas, em negociação com ele firmada, cheque de R$ 2.500,00 e que, no mês seguinte, seja surpreendido por cobrança informal de José, sob a alegação de ser portador de boa-fé e credor do mencionado título de crédito. Nessa situação, Cristóvão não poderá recusar-se ao adimplemento do cheque sob o argumento de não ter negociado com José.

b) Se o proprietário de fazenda de plantação de árvores de corte for um menor impúbere, então será obrigatória a prévia autorização judicial para que os pais do menor vendam o produto do corte das árvores.

c) A fundação, patrimônio ao qual a lei atribui personalidade jurídica, pode ter fins religiosos, culturais, morais ou de assistência e, eventualmente, fim lucrativo, devendo o lucro ser repartido entre os sócios.

d) Em ação de divórcio, em que o cônjuge feminino seja citado por edital e, revel, seja representado por curador especial, pode o juiz, de ofício, ao julgar procedente o pedido, determinar, no caso de ele haver adotado o nome do cônjuge masculino, que ele volte a usar o nome que usava antes do casamento.

e) O aval é, de acordo com o Código Civil, garantia cambiária típica, sendo permitido total ou parcialmente.

ANOTAÇÕES/COMENTÁRIOS

(a) Correta, pois em virtude do subprincípio da abstração (que decorre do princípio da autonomia), no momento em que os títulos circularem eles são desvinculados de sua origem, ou seja, são validos independentemente da obrigação que lhe deu causa.

(b) Incorreta, pois em desacordo com art. 1747 do CC.

(c) Incorreta, pois em desacordo com art. 62 do CC.

(d) Incorreta, pois inexiste previsão legal neste sentido.

(e) Incorreta, pois para o Código Civil, o aval parcial é proibido (art. 897, parágrafo único do CC).

*Para responder, tem que estudar: lei.*

*Gabarito: A*

**50. (Cespe/TJ/MA/Juiz/2013)** No que se refere a títulos de crédito, assinale a opção correta.

a) A nota promissória vinculada a um contrato de abertura de crédito apresenta características como literalidade, autonomia e cartularidade.

b) O cheque em que o próprio banco sacado declara a suficiência de fundos, durante o prazo de apresentação, é considerado cheque garantido ou especial.

c) É vedada a inserção nos títulos de crédito de cláusula de juros, de proibitiva de endosso e de excludente de responsabilidade pelo pagamento ou por despesas.

d) Os títulos de crédito causais ou impróprios como a duplicata, a nota promissória e a letra de câmbio estão vinculados à sua origem.

ANOTAÇÕES/COMENTÁRIOS

(a) Incorreta, pois ela estará vinculada ao contrato que lhe deu origem (Súmulas 233 e 247 do STJ).

(b) Incorreta, pois será considerado visado (art. 7, parágrafo primeira da Lei 7357/85).

(c) Correta, pois de acordo com art. 890 do CC.

(d) Incorreta, pois os títulos mencionados são próprios.

*Para responder, tem que estudar: lei e súmula/OJ.*

*Gabarito: C*

**51. (Cespe/TJ/PA/Juiz/2012)** Considerando que determinado título de crédito à ordem tenha sido endossado de acordo com o que estabelece o Código Civil, assinale a opção correta.

a) Sem a tradição do título, não se completará a transferência por endosso.
b) É nula cláusula que desonere o endossante do cumprimento da prestação constante do título.
c) O endosso que tiver sido dado no anverso do título será considerado não escrito.
d) O pagador do título deverá verificar a autenticidade das assinaturas dele constantes.
e) Se o endosso for em branco, será nula a alteração para endosso em preto pelo endossatário.

ANOTAÇÕES/COMENTÁRIOS

(a) Correta, pois de acordo com art. 910, parágrafo segundo do CC;

(b) Incorreta, pois em desacordo com art. 914 do CC.

(c) Incorreta, pois em desacordo com art. 910 do CC.

(d) Incorreta, pois em desacordo com art. 911, parágrafo único do CC.

(e) Incorreta, pois em desacordo com art. 913 do CC.

*Para responder, tem que estudar: lei.*

*Gabarito: A*

**52. (Cespe/TJ/DFT/Juiz/2016)** Assinale a opção correta, no que diz respeito a aval.

a) Se o título de crédito avalizado for vinculado a contrato de mútuo, o avalista deverá responder pelas obrigações nele contidas, ainda que ali não figure como devedor solidário.
b) No caso do cheque, se houver dois avais superpostos e em branco, considera-se que houve aval de aval.
c) Os avais simultâneos estabelecem entre os coavalistas uma relação fundada na solidariedade de direito comum, e não cambiária. Assim, se um deles pagar a dívida, terá o direito de exigir do outro apenas a quota parte que caberia a este.
d) O avalista de cheque prescrito deverá responder pelo pagamento deste em ação monitória, independentemente da prova de ter-se beneficiado da dívida.

e) O avalista citado para pagar o valor constante do título poderá invocar em seu favor benefício de ordem, de forma que, primeiro, sejam excutidos bens do avalizado.

ANOTAÇÕES/COMENTÁRIOS

(a) Incorreta, pois em desacordo com Súmula 26 do STJ.

(b) Incorreta, pois em desacordo com súmula 189 do STF.

(c) Certa, pois em caso de aval simultâneo (dois ou mais avalistas garantindo o mesmo avalizado ao mesmo tempo), haverá entre eles os avalistas relação de solidariedade.

(d) Incorreta, pois neste caso deverá se ter provas de que se beneficiou pelo não pagamento.

(e) Incorreta, pois o aval geral responsabilidade solidária (art. 32 do Decreto Lei 57663/66)

*Para responder, tem que estudar: lei, súmula/OJ e teoria/doutrina.*

*Gabarito: C*

**53. (Cespe/TJ/PR/Juiz/2017)** O ato cambiário pelo qual o credor transmite a outrem seus direitos sobre título nominal à ordem é denominado

a) aceite.

b) aval.

c) endosso.

d) cessão civil de crédito.

ANOTAÇÕES/COMENTÁRIOS

(a) Incorreta, pois aceite é o ato por meio do qual quem recebe a ordem de pagamento (sacado), segundo suas convicções, a aceita ou não (arts. 21 e ss do Decreto Lei 57663/66).

(b) Aval é ato cambiário de garantia e não de transferência de propriedade de título de crédito (arts. 30 e ss do Decreto Lei 57663/66).

(c) Certa, pois nos títulos nominativos à ordem, haverá transmissão por meio de endosso (arts. 910 e ss do CC e arts. 11 e ss do Decreto Lei 57663/66)

(d) Cessão civil de crédito é a forma de transferência dos títulos não à ordem.

*Para responder, tem que estudar: lei.*

*Gabarito: C*

## 6.2. Protesto

**54. (Cespe/TJ/BA/Juiz/2012)** De acordo com o que dispõe a legislação que regulamenta os serviços concernentes ao protesto de títulos e outros documentos de dívida, assinale a opção correta.

a) Havendo ou não prazo assinado, a data do registro do protesto é o termo inicial da incidência de juros, taxas e atualizações monetárias sobre o valor da obrigação contida no título ou documento de dívida.

b) É de cinco anos o prazo estipulado para o arquivamento de livros de protocolo e de dez anos para o arquivamento dos livros de registros de protesto e respectivos títulos.

c) Os cartórios devem fornecer às entidades representativas da indústria e do comércio ou àquelas vinculadas à proteção do crédito, quando solicitada, certidão diária, em forma de relação, dos protestos retirados e dos cancelamentos efetuados, com a nota de se cuidar de informação reservada, da qual somente se poderá dar publicidade, pela imprensa, de forma parcial.

d) Os tabeliães de protesto de títulos serão civilmente responsáveis pelos prejuízos que causarem a terceiros somente quando houver dolo, sendo também responsáveis pelos prejuízos causados pelos substitutos que designarem ou escreventes que autorizarem, assegurado o direito de regresso.

e) Revogada a ordem de sustação, não se exige nova intimação do devedor, devendo a lavratura e o registro do protesto ser efetivados até o primeiro dia útil subsequente ao do recebimento da revogação, salvo se a materialização do ato depender de consulta a ser formulada ao apresentante, caso em que o mesmo prazo deverá ser contado da data da resposta dada.

ANOTAÇÕES/COMENTÁRIOS

(a) Incorreta, pois em desacordo com art. 40 da Lei 9492/97.

(b) Incorreta, pois em desacordo com art. 36 da Lei 9492/97.

(c) Incorreta, pois em desacordo com art. 29 da Lei 9492/97.

(d) Incorreta, pois em desacordo com art. 38 da Lei 9492/97.

(e) Correta, pois de acordo com art. 17, parágrafo segundo da Lei 9492/97.

*Para responder, tem que estudar: lei.*

*Gabarito: E*

**55. (Cespe/TJ/CE/Juiz/2012)** Desde o seu surgimento até os dias de hoje, o protesto tem como função a prova necessária da recusa do pagamento ou aceite de uma letra, o que possibilita que o credor venha a insurgir-se contra os obrigados de regresso. A respeito do protesto de títulos e outros documentos de dívidas, assinale a opção correta.

a) Conforme estabelece a legislação pertinente, todos os títulos e documentos de dívida protocolizados devem ser examinados em seus caracteres formais e ter curso se não apresentarem vícios, cabendo ao tabelião de protesto investigar a ocorrência de prescrição ou caducidade.
b) O protesto facultativo ocorrerá somente quando o título não tiver coobrigados, mas apenas devedor principal, como, por exemplo, ocorre com a nota promissória sem endosso e sem aval.
c) Quando o sacador retiver a letra de câmbio ou a duplicata enviada para aceite e não proceder à devolução dentro do prazo legal, o protesto poderá ser baseado na segunda via da letra de câmbio ou nas indicações da duplicata.
d) O protesto por falta de aceite deve ser providenciado antes do vencimento da obrigação e após o decurso do prazo legal para o aceite ou a devolução.
e) De acordo com a lei substantiva civil, o protesto cambiário tem por objeto título de crédito, não correspondendo a ato judicial, e, por isso, não interrompe o prazo prescricional da ação cambiária.

**ANOTAÇÕES/COMENTÁRIOS**

(a) Incorreta, pois em desacordo com art. 9 da Lei 9492/97.

(b) Incorreta, pois o protesto também será facultativo para se cobrar avalistas do devedor principal.

(c) Incorreta, pois não há esse previsão legal no que diz respeito à letra de câmbio.

(d) Correta, pois de acordo com art. 44 do Decreto Lei 57663/66.

(e) Incorreta, pois em desacordo com art. 202, III do CC.

*Para responder, tem que estudar: lei.*

*Gabarito: D*

**56. (Cespe/TJ/AC/Juiz/2012)** Em relação ao protesto, ato formal e solene por meio do qual se provam a inadimplência e o descumprimento da obrigação, assinale a opção correta.

a) O tabelião de protesto de títulos exerce competência exclusiva para a protocolização, a intimação, o acolhimento da devolução ou do aceite e o recibo de pagamento do título de outros documentos de dívida, na tutela dos interesses públicos e privados.
b) Em caso de risco de prejuízo de difícil reparação para o credor, o juiz deve condicionar obrigatoriamente o deferimento da sustação ou cancelamento cautelar do protesto à prestação de caução.
c) O título do documento de dívida cujo protesto tiver sido sustado judicialmente só poderá ser pago, protestado ou retirado mediante autorização judicial.

d) Sendo o devedor microempresário ou empresa de pequeno porte, o cancelamento do registro de protesto, em decorrência do pagamento do título, dependerá de declaração de anuência do credor.

e) Dispensa-se a exigência de identificação da pessoa que tenha recebido a notificação do protesto para requerer a falência do devedor.

**ANOTAÇÕES/COMENTÁRIOS**

(a) Incorreta, pois em desacordo com art. 3 da Lei 9492/97.

(b) Incorreta, pois sem previsão legal para tanto.

(c) Correta, pois de acordo com art. 17, parágrafo primeiro da Lei 9492/97.

(d) Incorreta, pois em desacordo com art. 25 e 26 da Lei 9492/97.

(e) Incorreta, pois em desacordo com a Súmula 361 do STJ.

*Para responder, tem que estudar: lei e súmula/OJ.*

*Gabarito: C*

**57. (Cespe/TJ/BA/Juiz/2019)** João era o sacado de uma letra de câmbio no valor de mil reais, com vencimento previsto para 31/12/2018. Em 17/11/2018, ao receber o título para aceite, ele discordou do valor e declarou no anverso que aceitaria pagar somente quinhentos reais.

Nessa situação hipotética, o aceite foi parcial e

a) modificativo, tendo desvinculado João dos termos da letra de câmbio.

b) limitativo, tendo desvinculado João dos termos da letra de câmbio.

c) limitativo, com a possibilidade de execução do título após a recusa parcial, com vencimento antecipado do título.

d) modificativo, tendo ficado João vinculado ao pagamento do valor aceito, que não poderia ser executado antes do vencimento do título.

e) limitativo, com a possibilidade de execução do título somente após o seu vencimento original, datado de 31/12/2018.

**ANOTAÇÕES/COMENTÁRIOS**

(a) incorreta, pois em desacordo com art. 21 a 29 do Decreto Lei n. 57663/66.

(b) incorreta, pois em desacordo com art. 21 a 29 do Decreto Lei n. 57663/66.

(c) Correta, pois de acordo com art. 26 do Decreto Lei n. 57663/66.

(d) incorreta, pois em desacordo com art. 21 a 29 do Decreto Lei n. 57663/66.

(e) incorreta, pois em desacordo com art. 21 a 29 do Decreto Lei n. 57663/66.

*Para responder, tem que estudar: lei.*

*Gabarito: C*

## 6.3. Títulos de Crédito em Espécie

**58. (Cespe/TJ/PB/Juiz/2015)** Guilherme sustou o pagamento de três cheques pós-datados, emitidos no dia 30.1.2015, para adimplir obrigação decorrente de negócio jurídico celebrado com a sociedade empresária Alfa. O motivo da sustação foi que ele não recebeu os produtos do referido negócio jurídico. Cada um dos três cheques teve suas especificidades. No primeiro cheque, pós-datado para o dia 28.2.2015, o campo da data da emissão ficou em branco. O segundo cheque, pós-datado para o dia 30.3.2015, foi nominado a Maria, sócia da sociedade empresária Alfa, que o endossou a Pedro. Este, por sua vez, apresentou o segundo cheque ao banco sacado para compensação no dia 2.2.2015. Em relação ao terceiro cheque, Maria o levou a protesto depois de seis meses do prazo concebido para o ajuizamento da ação de execução de título extrajudicial. Com referência a essa situação hipotética, assinale a opção correta, sabendo que os cheques foram emitidos na praça em que deveriam ser apresentados e pagos.

a) O protesto do terceiro cheque foi pertinente, porque, a despeito de lhe faltar certeza e exigibilidade para aparelhar ação de execução, esse cheque não perdeu a característica de documento de dívida suficiente para a prática de tal ato.

b) O segundo cheque não comporta ação de execução ajuizada no dia 10.10.2015, uma vez que a pretensão ao crédito decorrente da cártula se encontra prescrita.

c) No eventual processamento da execução do terceiro cheque, os juros (simples) de mora incidirão a partir da citação do devedor e a correção monetária, desde a data da apresentação.

d) A falta de indicação da data implica nulidade do primeiro cheque para fins de execução.

e) Pedro, mesmo dentro do prazo legal, não pode ajuizar ação de execução contra Maria porque, com a circulação do título, prevalecem, na situação posta, os princípios da autonomia, abstração e não oponibilidade das exceções pessoais derivadas do negócio jurídico subjacente.

**ANOTAÇÕES/COMENTÁRIOS**

(a) Incorreta, pois o protesto foi feito nitidamente após o prazo prescricional, sendo que o protesto correto é o feito até o final do prazo de apresentação (Art. 48 da Lei 7357/85)

(b) Correta, pois o prazo de execução do cheque, neste caso, é de 30 dias mais 6 seis, pois é um cheque de mesma praça (art. 59 c/c 33 da Lei 7357/85).

(c) Incorreta, pois em desacordo com art. 52, II da Lei 7357/85.

(d) Incorreta, pois poderá ser completado posteriormente.

(e) Incorreta, poderá sim, pois esses princípios são previstos justamente para se proteger o credor, ou seja, Pedro poderá cobrar o titulo, em virtude do subprincípio da abstração, pois quando ele circula, se desvincula de sua origem.

BLOCO III

*Para responder, tem que estudar: lei.*

*Gabarito: B*

**59. (Cespe/TJ/RN/Juiz/2013)** Com relação ao cheque, assinale a opção correta.

a) O cheque estipulado pagável a favor de pessoa nomeada, com ou sem cláusula expressa à ordem, é transmissível por via de endosso.

b) Assim como os demais títulos de crédito, o cheque deve ser apresentado para aceite, sob pena de não ser executável.

c) Quem for demandado por obrigação resultante de cheque não pode opor ao portador, em nenhuma hipótese, exceções fundadas em relações pessoais com o emitente.

d) O avalista que paga o cheque adquire todos os direitos dele resultantes contra o avalizado, ficando desonerados os obrigados para com este em virtude do cheque.

e) Após emitido o cheque, caso o seu emitente venha a falecer ou ser declarado incapaz, os efeitos do cheque serão invalidados.

ANOTAÇÕES/COMENTÁRIOS

(a) Correto, pois de acordo com art. 17 da Lei 7357/85.

(b) Incorreto, pois não há aceite no cheque, haja vista que a instituição financeira, quando recebe essa ordem de pagamento, não a aceita ou recusa, tão somente compensa ou não dependendo se o emitente possui dinheiro em conta.

(c) Incorreta, pois em desacordo com art. 25 da Lei 7357/85.

(d) Incorreta, pois em desacordo com parágrafo único do art. 31 da Lei 7357/85.

(e) Incorreta, pois em desacordo com art. 37 da Lei 7357/85.

*Para responder, tem que estudar: lei.*

*Gabarito: A*

**60. (Cespe/TJ/DFT/Juiz/2014)** Assinale a opção correta de acordo com o entendimento predominante no TJDFT acerca de obrigações solidárias, contratos bancários e títulos de crédito.

a) O credor pode renunciar à solidariedade em favor de um, de alguns ou de todos os devedores; nesse caso, se houver rateio, entre os codevedores, da parte que, na obrigação, incumba a algum devedor insolvente, os exonerados da solidariedade pelo credor ficam de fora do rateio.

b) A solidariedade decorrente do contrato de abertura de conta conjunta é ativa e passiva, visto que cada titular está autorizado a movimentar livremente a conta.

c) A emissão de cheque sem suficiente provisão de fundos por um dos titulares de conta-corrente legitima a inscrição do nome de todos os cotitulares da conta nos cadastros de proteção ao crédito.

d) Os cotitulares não são devedores passivos solidários perante o portador do cheque sem suficiente provisão de fundos, pois a dívida se vincula à cártula, e não ao contrato bancário firmado com a instituição financeira.

e) Há solidariedade presumida, caso, na mesma obrigação, concorra mais de um credor, com direito à dívida toda, ou mais de um devedor, obrigado à dívida toda.

ANOTAÇÕES/COMENTÁRIOS

(a) Incorreta, pois em desacordo com art. 284 do CC e enunciado 350 do CJF.

(b) Incorreta, pois em desacordo com Acórdão 697815/DF (informativo 264TJDF).

(c) Incorreta, pois em desacordo com Acórdão 697815/DF (informativo 264TJDF).

(d) Correta, pois de acordo com Acórdão 697815/DF (informativo 264TJDF).

(e) Incorreta, pois a solidariedade não se presume (Art. 265 do CC).

*Para responder, tem que estudar: lei e jurisprudência.*

*Gabarito: D*

**61. (Cespe/TJ/DFT/Juiz/2014)** No que diz respeito aos títulos de crédito, mais especificamente, aos cheques, assinale a opção correta.

a) A cláusula "não à ordem" impede a circulação do cheque.

b) Por ser o cheque ordem de pagamento à vista, a apresentação antecipada do cheque pré-datado não caracteriza dano moral.

c) O protesto do cheque devolvido por ausência de fundos é condição necessária para o ajuizamento da ação cambiária.

d) Se o cheque for apresentado ao sacado fora do prazo legal de apresentação, torna-se incabível a ação executiva contra o emitente e seus avalistas, mesmo que não prescrita ainda a ação cambiária.

e) Ao cheque aplicam-se institutos como o protesto, o aval e o endosso; mas não o aceite.

ANOTAÇÕES/COMENTÁRIOS

(a) Incorreta, pois a cláusula não à ordem fará que o cheque circula por meio de cessão de crédito (art. 17, parágrafo 1 da Lei 7357/85).

(b) Incorreta, pois em desacordo com a súmula 370 do STJ.

(c) Incorreta, pois o protesto no cheque é facultativo por já existir declaração do banco sacado (art. 47, parágrafo 1 da Lei 7357/85).

(d) Incorreta, pois em desacordo com art. 47, parágrafo 3 da Lei 7357/85.

(e) Correta, pois totalmente de acordo com as disposições da Lei 7357/85.

*Para responder, tem que estudar: lei.*

*Gabarito: E*

**62. (Cespe/TJ/DFT/Juiz/2015)** Para pagar uma dívida que tinha com cooperativa de crédito, Agenor repassou a essa instituição cédula de crédito emitida em dólares estadunidenses por banco com o qual celebrou contrato de crédito bancário em conta-corrente. Na própria cédula, foi dada garantia real da dívida, que recaiu sobre imóvel não residencial de propriedade exclusiva de Agenor. No entanto, essa garantia não foi registrada nem averbada no ofício de imóveis competente. Posteriormente, a cooperativa, mediante ação judicial, promoveu a cobrança de valor maior que o expresso na cédula de crédito bancário. Nessa situação hipotética:

a) a cédula de crédito bancário em questão não é título executivo extrajudicial, pois, de acordo com entendimento consolidado do STJ, contratos de abertura de crédito não constituem títulos executivos, ainda que acompanhados de extratos de conta-corrente.

b) a cédula de crédito bancário somente poderia ser emitida em favor de instituição financeira ou entidade a esta equiparada. Por tal razão, a cooperativa de crédito não estaria autorizada a figurar como credora do título.

c) a garantia real prestada por Agenor carece de validade e eficácia, uma vez que não houve seu registro nem averbação no ofício de imóveis competente, requisito exigido por lei para que a garantia produza efeitos em relação tanto ao emitente quanto a terceiros.

d) por ter cobrado valor diferente do expresso na cédula de crédito bancário, a cooperativa ficou obrigada a pagar a Agenor o dobro do que cobrou a maior, que pode ser compensado na própria ação de cobrança.

e) o fato de a cédula de crédito bancário ter sido emitida em dólares causou-lhe a nulidade, pois é vedada a emissão desse tipo de título em moeda estrangeira.

ANOTAÇÕES/COMENTÁRIOS

(a) Incorreto, pois o art. 28 da Lei 10931/04 confere executoriedade à CCB.

(b) as cooperativas de crédito são equiparadas às instituições financeiras, de acordo com Lei 4595/64.

(c) Incorreta, pois não há essa obrigatoriedade prevista na Lei 10931/04.

(d) Correta, pois de acordo com art. 18, parágrafo terceiro da Lei 10931/04.

(e) Incorreta, pois o art. 26, parágrafo 2 da Lei 10931/04 autoriza a emissão em moeda estrangeira, quando a instituição credora for domiciliado no estrangeiro.

*Para responder, tem que estudar: lei.*

*Gabarito: D*

**63. (Cespe/TJ/PA/Juiz/2012)** Acerca dos títulos de crédito, assinale a opção correta.

a) Os títulos ao portador ostentam o nome do credor, ou seja, circulam por mera tradição.

b) Aos títulos de crédito aplica-se o Código Civil, mesmo havendo dispositivo com comando diverso em lei especial que lhe seja anterior.

c) Em razão do princípio da abstração, o título de crédito, qualquer que seja a sua natureza, quando posto em circulação, continua vinculado à relação fundamental que lhe deu origem.

d) O sacador e o aceitante não são solidariamente responsáveis pelo pagamento da letra de câmbio, contudo o endossante ou avalista o serão.

e) A duplicata é um título de crédito vinculado ao modelo, ou seja, somente produz efeitos cambiais se observado o padrão exigido para a constituição do título.

ANOTAÇÕES/COMENTÁRIOS

(a) Incorreta, pois os títulos ao portador são aqueles que não identificam o credor. (arts 904 a 909 do CC).

(b) Incorreto, pois o código civil só se aplica aos títulos de crédito em caráter subsidiário (art. 903 do CC).

(c) Incorreto, pois o subprincípio da abstração, que decorre da autonomia (Art. 887 do CC), aduz em sentido contrário, pois quando o título de crédito circular, se desvinculará de sua origem.

(d) Incorreta, pois o art. 9 do Decreto Lei 57663/66 aduz que o sacador garante tanto a aceitação quanto o pagamento do título.

(e) Correto, pois de acordo com art. 1 seguintes da Lei 5474/68.

*Para responder, tem que estudar: lei.*

*Gabarito: E*

**64. (Cespe/TJ/BA/Juiz/2012)** Assinale a opção correta com relação aos títulos de crédito.

a) Dispensa-se o aceite desde a emissão da nota promissória, não se aplicando a esse título a modalidade de vencimento a certo termo da vista, na medida em que, nessa modalidade, a data para pagamento é estabelecida a partir do momento do aceite.

BLOCO III

b) Ordinariamente, a letra de câmbio propicia ao sacador a opção de, em vez de efetuar o pagamento de determinada dívida diretamente ao tomador, em vista de ter crédito perante o sacado, emitir uma letra de câmbio, por meio da qual será satisfeito o seu crédito perante o sacado, bem como o crédito do tomador perante o próprio sacador.

c) A perda ou extravio da duplicata são as únicas hipóteses que, de acordo com a lei, obrigam o vendedor a extrair a triplicata, cujos efeitos são os mesmos daquela.

d) A letra de câmbio e a duplicata são exemplos de títulos livres, cujo formato não segue um rigor absoluto, podendo ser confeccionados da maneira que melhor atenda aos interesses das partes.

e) O aval somente pode ser dado após a constituição formal da obrigação assumida pelo avalizado, determinando o Código Civil brasileiro que o vencimento do aval póstumo produz os mesmos efeitos do anteriormente dado.

**ANOTAÇÕES/COMENTÁRIOS**

(a) Incorreta, pois não existe aceite na nota promissória (arts 75 e seguintes do Decreto Lei 57663/66).

(b) Correto, pois de acordo com a essência do que determina a lei sobre a letra de câmbio.

(c) De fato o art. 23 da Lei 5474/68 apenas autoriza a emissão de duplicata nestas duas situações, o que tornaria válida esta alternativa o que, por consequência, anularia a questão. Todavia, insta salientar que, embora não previsto em lei, a doutrina também leciona no sentido de que a triplicata poderá ser emitida quando a duplicata for retida pelo comprador ou tomador. Todavia, em minha opinião, esta alternativa também está correta.

(d) Incorreto, pois a duplicata mercantil é titulo de crédito de modelo vinculado.

(e) A primeira parte da alternativa está incorreta.

*Para responder, tem que estudar: lei e teoria/doutrina.*

*Gabarito: B*

**65. (Cespe/TJ/ES/Juiz/2011)** Com referência a letra de câmbio e direito cambiário, assinale a opção correta.

a) Para que a letra de câmbio produza os efeitos pretendidos, basta a identificação do sacador, do sacado e do tomador, não havendo requisito de natureza formal.

b) Entre os requisitos, estabelecidos em lei, essenciais à produção de efeitos da letra de câmbio inclui-se a obrigatória identificação do tipo de título de crédito que se pretende gerar.

c) Tratando-se de letra de câmbio, são inadmissíveis cláusula de correção monetária ou, em letra de câmbio a vista, fluência de juros entre as datas do saque e da apresentação.
d) Não é necessário que a letra de câmbio mencione o lugar do pagamento e o lugar do saque.
e) Para a emissão de letra de câmbio, que corresponde a ordem de pagamento, não é permitido que a mesma pessoa ocupe simultaneamente mais de uma situação.

ANOTAÇÕES/COMENTÁRIOS

(a) Incorreta, pois os requisitos formais estão previstos no art. 1 do Decreto Lei 57663/66.

(b) Correto, pois de acordo com art. 1 do Decreto Lei 57663/66.

(c) Incorreta, pois em desacordo com art. 5 do Decreto Lei 57663/66.

(d) Incorreto, pois em desacordo com art. 1 do Decreto Lei 5763/66.

(e) Incorreta, pois o art. 3 do Decreto Lei 57663/66 permite esta prerrogativa.

*Para responder, tem que estudar: lei.*

*Gabarito: B*

**66. (Cespe/TJ/ES/Juiz/2011)** Em relação a nota promissória e cheque, assinale a opção correta.

a) Cheque é ordem de pagamento a vista; em razão disso, não se considera essencial constar a palavra cheque escrita no texto do título, para a sua identificação como tal.
b) Como regra geral, a cláusula não à ordem, implícita em todo cheque, significa que esse tipo de título se transmite, normalmente, mediante endosso.
c) Quem concorda em se obrigar por uma nota promissória aceita a circulação do crédito correspondente, uma vez que a nota promissória corresponde a promessa de pagamento.
d) A nota promissória pode ser transferida e cobrada sob o regime do direito cambiário mesmo que não esteja revestida das formalidades legais.
e) A nota promissória e a letra de câmbio, diversas quanto à constituição e exigibilidade do crédito, são disciplinadas por regimes jurídicos diversos.

ANOTAÇÕES/COMENTÁRIOS

(a) Incorreta, pois em desacordo com art. 1, I da Lei 7357/85.

(b) Incorreta, pois a cláusula não à ordem não é implícita, devendo vir expressa, de modo que, caso inserida, os títulos passarão a circular por meio de cessão e não endosso.

(c) Certa, por estar de acordo com as disposições jurídicas da nota promissória (arts. 75 e seguintes do Decreto Lei 57663/66).

(d) Incorreto, pois em desacordo com art. 76 do Decreto Lei 57663/66.

(e) Incorreta, pois são disciplinadas pelo mesmo Decreto Lei 57663/66.

*Para responder, tem que estudar: lei.*

*Gabarito: C*

# 7. CONTRATOS EMPRESARIAIS

## 7.1. Contratos Bancários

**67. (Cespe/TJ/AC/Juiz/2012)** A respeito das transações realizadas com cartão de crédito, assinale a opção correta.

a) O banco não tem legitimidade para figurar no polo passivo em ação de prestação de contas em que o titular de cartão de crédito pleiteie rever cláusulas de contrato firmado com a administradora do cartão em face da cobrança de encargos excessivos, ainda que evidenciada a existência de conglomerado de empresas.

b) As empresas administradoras de cartão de crédito são consideradas instituições financeiras e, por essa razão, os juros remuneratórios que cobram são limitados pela Lei de Usura.

c) Aplica-se a Lei de Usura às operações efetuadas pelos componentes do sistema financeiro nacional.

d) Caso o titular de cartão de crédito receba mensalmente as respectivas faturas, a lei considera improcedente o ajuizamento de ação com a finalidade de cobrar da administradora do cartão a prestação de contas dos encargos cobrados.

e) Será infrutífera a ação de cobrança que vise ao recebimento de despesas efetuadas com cartão de crédito, caso o devedor comprove ter o débito se originado de fato fraudulento que, perpetrado por terceiro, caracterize a existência de fato impeditivo ao direito do credor.

ANOTAÇÕES/COMENTÁRIOS

(a) Incorreta, pois há precedentes jurisprudenciais em sentido contrário (AgRg no Ag 700558/RS).

(b) Incorreta, pois em desacordo com súmula 283 do STJ.

(c) Incorreta, pois em desacordo com a súmula 596 do STF.

(d) Incorreta, pois em desacordo com precedente jurisprudencial (AgRg no REsp 1.111.745).

(e) Correta, pois de acordo com posicionamento jurisprudencial (REsp 1058221/PR).

*Para responder, tem que estudar: jurisprudência e súmula/OJ.*

*Gabarito: E*

**68. (Cespe/TJ/AM/Juiz/2016)** Em relação aos contratos bancários, assinale a opção correta.

a) No contrato de abertura de crédito, é abusivo cobrar do cliente comissão pela simples disponibilização do montante, ainda que este não venha a ser utilizado.
b) O contrato de alienação fiduciária em garantia não pode ter por objeto bem que já integrava o patrimônio do devedor.
c) Denomina-se leasing o contrato de fomento mercantil.
d) O depósito bancário é contrato real.
e) O mútuo bancário é uma operação passiva dos bancos.

ANOTAÇÕES/COMENTÁRIOS

(a) Incorreto, pois não há proibição na lei ou jurisprudência para tal prática. Não é comum, mas poderão cobrá-la.

(b) Incorreta, pois em desacordo com a súmula 28 do STJ.

(c) Incorreta, pois o Leasing, tal como definido na Res. Bacen 2309/96 é uma modalidade de locação que, em regra, permite ao arrendatário exercer o direito de compra; Já o fomento mercantil (factoring) é um contrato atípico no Direito Brasileiro, por meio do qual se administra crédito, fazendo ou não antecipação.

(d) Correto, pois o depósito só se opera com a efetiva tradição.

(e) Incorreto, pois no mútuo bancário o banco assume o polo ativo, pois figura como credor, ou seja, ele quem empresta.

*Para responder, tem que estudar: súmula/OJ e teoria/doutrina.*

*Gabarito: D*

**69. (Cespe/TJ/DFT/Juiz/2016)** Acerca da teoria jurídica da atividade bancária e do sistema em que essa atividade esta está inserida, assinale a opção correta.

a) Importante para a determinação das taxas de juros nos contratos bancários, o spread bancário é formado não só pelo lucro a ser obtido pelo banco, mas também por custos administrativos, tributários e financeiros.

BLOCO III

b) As operações típicas dos bancos são tradicionalmente classificadas pela doutrina em ativas e passivas. As primeiras são aquelas pelas quais o banco se torna devedor, por receber recursos do cliente, ficando obrigado a lhe devolver quando solicitado; as segundas, quando o banco se torna credor, por fornecer recurso a seu cliente, ficando este obrigado a lhe devolver na forma contratada.

c) União e estados têm competência concorrente para fiscalização das operações de natureza financeira, limitada a destes aos Bancos Estaduais, quando houver.

d) O Sistema Financeiro Nacional deve ser regulamentado por uma única LC, devendo conter, segundo a jurisprudência do STF, a regulamentação de toda atividade bancária, inclusive a respeito das taxas de juros.

e) O Banco Central do Brasil tem competência para o estabelecimento, à vista da conjuntura econômica, das taxas máximas de juros a serem praticadas no mercado financeiro.

**ANOTAÇÕES/COMENTÁRIOS**

(a) Correta, pois o spread bancário é a diferença calculada entre o que os bancos cobram pelo dinheiro que emprestam (em várias modalidades) e aquilo que eles pagam para as pessoas que nele investem. Para seu calculo também são incluídos fatores administrativos, trabalhistas, tributários e outros.

(b) Incorreta, pois é o contrário, nas ativas o banco é o credor e na passiva, o devedor.

(c) Incorreta, pois em desacordo com art. 21, VIII da Constituição da República.

(d) Incorreta, pois tanto o STF, quanto a doutrina entendem de forma diversa, sendo descabível lei única para essa regulamentação.

(e) Incorreta, pois essa é uma atribuição do Conselho Monetário Nacional (art. 4 da Lei 4594/64).

*Para responder, tem que estudar: lei, jurisprudência e teoria/doutrina.*

*Gabarito: A*

**70. (Cespe/TJ/DFT/Juiz/2016)** Assinale a opção correta relativa a juros, encargos moratórios e taxas dos contratos bancários.

a) A cobrança de taxa de cadastro só é permitida no primeiro contrato celebrado pelo consumidor com a instituição financeira, não podendo ser cobrada nos posteriores.

b) É abusiva a previsão de cobrança dos juros contratuais incidentes sobre o valor do Imposto Sobre Operações Financeiras (IOF), cujo pagamento tenha sido diluído nas parcelas do contrato bancário.

c) A capitalização de juros simples é proibida no caso da cédula de crédito bancário.

d) A comissão de permanência pode ser cobrada no período de adimplência do mutuante, desde que se limite à taxa de juros prevista no contrato ou à cobrada no momento do pagamento.

e) Em contrato bancário, é permitida a capitalização de juros, desde que nele conste, expressamente, cláusula que mencione tal possibilidade, sendo vedada, por violação ao dever de informação, a menção apenas matemática do fenômeno.

ANOTAÇÕES/COMENTÁRIOS

(a) Correta, pois de acordo com súmula 566 do STJ.

(b) Incorreta, pois toda a jurisprudência já se sedimentou em sentido contrário.

(c) Incorreta, pois em desacordo com as disposições da Lei 10931/04, que autoriza tal cobrança.

(d) Incorreta, pois em desacordo com a súmula 472 do STJ.

(e) Incorreta, pois em desacordo com a súmula 539 do STJ.

*Para responder, tem que estudar: jurisprudência e súmula/OJ.*

*Gabarito: A*

**71. (Cespe/TJ/DFT/Juiz/2015)** Maria adquiriu um carro em determinada concessionária, por meio de contrato de mútuo bancário com instituição financeira. Conforme estabelecido no contrato, o carro foi dado em garantia por alienação fiduciária. Após sucessivos atrasos no pagamento das prestações, o banco ajuizou ação para a retomada do automóvel, com pedido liminar de busca e apreensão do bem que, no entanto, não foi localizado. Em face dessa situação hipotética, assinale a opção correta.

a) Maria passou a ser considerada proprietária fiduciária do carro no momento da assinatura do contrato, independentemente do registro desse instrumento na repartição competente para o licenciamento.

b) Por ter ingressado judicialmente com ação cautelar de busca e apreensão do bem alienado fiduciariamente, o banco deverá ajuizar ação principal no prazo máximo de trinta dias.

c) Maria poderá se valer do instrumento da purga da mora, efetivando o depósito das parcelas em aberto, mais juros moratórios, correção monetária e honorários advocatícios, o que ensejará a revogação da liminar.

d) Como o bem não foi localizado, o credor poderá postular judicialmente a conversão do pedido de busca e apreensão em ação de depósito.

e) Na situação em apreço, o contrato de alienação fiduciária configura um contrato meio de garantia de cumprimento do contrato de mútuo bancário.

ANOTAÇÕES/COMENTÁRIOS

(a) Incorreta, pois em desacordo com art. 1361, parágrafo primeiro do CC e súmula 92 do STJ.

(b) Incorreta, pois em desacordo com os preceitos do Decreto Lei 911/69.

(c) Incorreto, pois na alienação fiduciária de bens móveis não é direito do devedor purgar a mora (art. 3, parágrafo primeiro do Decreto Lei 911/69).

(d) Incorreto, pois de acordo com art. 4 do Decreto Lei 911/69, poderá requerer a conversão em ação de execução.

(e) Correto, pois neste caso a alienação fiduciária esta servindo de garantia ao contrato de mútuo.

*Para responder, tem que estudar: lei, súmula/OJ e teoria/doutrina.*

*Gabarito: E*

**72. (Cespe/TJ/DFT/Juiz/2014)** Acerca da publicidade e do estabelecimento empresarial, do contrato de mútuo bancário e de consórcio, assinale a opção correta com base no disposto na legislação de regência e na jurisprudência do STJ.

a) Fica descaracterizada a mora do mutuário em favor do agente financeiro caso este exija daquele, durante o período de normalidade do contrato, na fase de amortização do mútuo bancário, encargos considerados abusivos, como os juros remuneratórios.

b) Os consorciados que tenham celebrado contrato de seguro antes da vigência da Lei n. 11.795/2008 não têm direito subjetivo à devolução imediata dos valores aplicados no consórcio, com incidência de correção monetária e juros de mora legais sobre as prestações pagas, em razão da retirada ou exclusão do plano de consórcio.

c) Para o contrato de alienação, usufruto ou arrendamento de estabelecimento empresarial, também conhecido como trespasse, ter eficácia contra terceiros, basta averbá-lo no registro público de empresas mercantis, à margem da inscrição do empresário.

d) São efeitos do trespasse: impossibilidade de o alienante do estabelecimento empresarial concorrer com o adquirente por cinco anos, contados da transferência; responsabilidade do alienante pelos débitos vencidos e não contabilizados, anteriores à transferência; sub-rogação do adquirente em todos os contratos estipulados para a exploração do estabelecimento.

e) Embora ainda utilizada por alguns fabricantes de veículos automotores, a prática de antecipar o lançamento de um modelo de veículo meses antes da virada do ano constitui prática comercial abusiva e propaganda enganosa, conhecida como reestilização ilícita.

ANOTAÇÕES/COMENTÁRIOS

(a) Certa, pois de acordo com entendimento do STJ (Ag no Resp 1071958/SC).

(b) Incorreta, pois o enunciado fala em contrato de seguro e não consórcio. Por isso, enunciado saiu equivocado.

(c) Incorreta, pois de acordo com art. 1144 do CC, não basta o registro, mas também a publicação do ato.

(d) Incorreta, pois de acordo com art. 1147 do CC, o alienante não poderá fazer concorrência ao adquirente pelo prazo de cinco anos (cláusula de não restabelecimento).

(e) A lei nem a jurisprudência coíbe a reestilização. Portanto, é lícita.

*Para responder, tem que estudar: lei e jurisprudência.*

*Gabarito: A*

**73. (Cespe/TJ/DFT/Juiz/2014)** Acerca da teoria jurídica da atividade bancária e de contratos bancários, assinale a opção correta.

a) Qualquer pretensão do segurado contra o segurador, ou deste contra aquele, prescreve em um ano; mas o resseguro, por não ter a lei fixado prazo específico, fica abrangido pela regra geral dos dez anos.

b) Nos contratos de cartão de crédito, os juros moratórios poderão ser convencionados até o limite de 1% ao mês, sendo imprescindível a pactuação expressa.

c) A cédula de crédito bancário é título de crédito dotado de força executiva, salvo quando representativa de dívida oriunda de contrato de abertura de crédito bancário.

d) O juiz pode conhecer de ofício da nulidade de cláusulas de contrato bancário, por abusividade.

e) Na execução contra instituição financeira, são penhoráveis o numerário disponível em caixa e, ainda, as reservas bancárias depositadas no Banco Central do Brasil.

ANOTAÇÕES/COMENTÁRIOS

(a) Incorreta, pois o resseguro nada mais é do que um novo contrato de seguro, aplicando-lhe as regras de desta relação contratual.

(b) Correta, pois de acordo com súmula 379 do STJ.

(c) Incorreta, pois em discordância com Enunciado 41 da I Jornada de Direito Comercial do CJF, o qual aduz que cédula de crédito bancário, mesmo que oriunda de contrato de abertura de crédito é sim titulo executivo, não se aplicando, neste caso a súmula 233 do STJ.

(d) Incorreta, pois em sentido oposto à súmula 381 do STJ.

(e) Incorreta, pois em desacordo com a súmula 328 do STJ.

*Para responder, tem que estudar: jurisprudência e súmula/OJ.*

*Gabarito: B*

## 7.2. Outros Contratos Empresariais

**74. (Cespe/TJ/RN/Juiz/2013)** Acerca dos contratos comerciais, assinale a opção correta.

a) De acordo com o entendimento do STJ, não pode o fiduciante pleitear judicialmente saldo remanescente oriundo de venda extrajudicial de bem alienado fiduciariamente em garantia.

b) De acordo com o entendimento do STJ, o contrato de alienação fiduciária em garantia não pode ter por objeto bem que já integrava o patrimônio do devedor.

c) A alienação fiduciária em garantia transfere ao devedor o domínio resolúvel e a posse indireta da coisa móvel alienada, independentemente da tradição efetiva do bem.

d) É nula a cláusula que autoriza o proprietário fiduciário a permanecer com a coisa alienada em garantia, se a dívida não for paga no seu vencimento.

e) De acordo com o entendimento do STJ, a comprovação da mora não é necessária à busca e à apreensão do bem alienado fiduciariamente.

ANOTAÇÕES/COMENTÁRIOS

(a) Incorreta, pois poderá sim, por meio de ação monitória (Súmula 384 do STJ).

(b) Incorreta, pois a súmula 28 do STJ permite essa possibilidade.

(c) Incorreta, pois o devedor fica com a posse direta e ele transfere a propriedade resolúvel ao credor.

(d) Correto, pois de acordo com art. 1365 do CC.

(e) Incorreta, pois em desacordo com a súmula 72 do STJ.

*Para responder, tem que estudar: lei e súmula/OJ.*

*Gabarito: D*

**75. (Cespe/TJ/PB/Juiz/2015)** A respeito de contratos mercantis, assinale a opção correta.

a) A denúncia imotivada, por parte do representado, do contrato de representação comercial por prazo indeterminado celebrado há mais de três anos confere ao representante o direito de aviso prévio e do recebimento de indenização prevista em lei, com a ressalva do decote por compensação de quantias decorrentes da cláusula "del credere", desde que previamente ajustada entre os contratantes.

b) O contrato de franquia, regularmente celebrado, tem sua validade entre partes diferida para o momento do seu registro no INPI.

c) As disposições da chamada Lei Ferrari, que rege a concessão comercial entre produtores e distribuidores de veículos automotores de via terrestre, aplicam-se, por analogia, aos demais contratos de concessão mercantil.

d) No contrato de factoring, o faturizado transfere ao faturizador, em regra geral, créditos pro solvendo.

e) O contrato de distribuição comercial, classificado como pacto de colaboração e que transborda da mera intermediação, não implica na hipossuficiência do distribuidor em relação ao fabricante. Todavia, nesse contrato, que se celebra por adesão, o fornecedor realiza controle e padronização da atividade desenvolvida pelo distribuidor.

ANOTAÇÕES/COMENTÁRIOS

(a) Incorreta, pois em desacordo com art. 34 da Lei 4886/64.

(b) Incorreta, pois entre as partes os efeitos da franquia independem de registro no INPI (art. 6 da Lei 8955/94).

(c) Incorreta, pois o entendimento do STJ é que a lei Ferrari não se aplica de forma analógica aos demais contratos de concessão (REsp 680.329/RS).

(d) Incorreta, pois no factoring o cedente não responde pela solvência do credito.

(e) Correto, pois de acordo com arts. 710 a 721 do CC.

*Para responder, tem que estudar: lei e jurisprudência.*

*Gabarito: E*

**76. (Cespe/TJ/DFT/Juiz/2014)** A respeito dos contratos mercantis e da teoria geral dos contratos mercantis, assinale a opção correta.

a) Na comissão mercantil, o comissário poderá responder solidariamente com as pessoas com quem tratar em nome do comitente, se do contrato constar a cláusula "del credere".

b) Para que se caracterize uma compra e venda mercantil, é bastante que estejam presentes os seguintes elementos básicos: a coisa móvel ou semovente (res) e o consenso que aperfeiçoa a avença ("consensum").

c) O grupo C dos Incoterms refere-se a condições de venda na partida com transporte principal não pago.

d) Se o instrumento de mandato mercantil for silente em relação à autorização para substabelecer, serão ineficazes perante o mandante os atos praticados por delegação do mandatário.

e) Por não haver vínculo de dependência entre as partes, não pode o proponente impor ao agente mercantil que se abstenha de assumir perante outros proponentes o encargo de tratar de negócios do mesmo gênero, na mesma zona.

ANOTAÇÕES/COMENTÁRIOS

(a) Certa, pois transcreve a determinação do art. 698 do CC.

(b) Incorreta, pois as partes para que seja uma compra e venda mercantil precisam ser atividades empresariais ou exploradoras de atividade econômica. Ademais, ainda, de acordo com o enunciado, falta o elemento preço, elementar para qualquer compra e venda.

(c) Incorreta, pois o grupo C geralmente é pago pelo vendedor, na partida.

(d) Incorreta, pois em desacordo com art. 667, parágrafo 4 do CC.

(e) Incorreta, pois em desacordo com a redação do art. 711 do CC.

*Para responder, tem que estudar: lei e teoria/doutrina.*

*Gabarito: A*

**77. (Cespe/TJ/DFT/Juiz/2014)** No que se refere a contratos mercantis específicos, assinale a opção correta.

a) O agente, assim como o corretor, não realiza o negócio, mas apenas aproxima as partes contratantes, para que elas o concluam em seu próprio nome.

b) Salvo expressa previsão contratual em contrário e desde que atendidas as condições legais, o locatário de contrato de locação mercantil goza da prerrogativa legal de possibilidade de sua renovação, independentemente da vontade do locador.

c) Em contrato de compra e venda mercantil, a fixação do preço não pode ser deixada ao arbítrio exclusivo de uma das partes nem de terceiro, sob pena de nulidade.

d) Ainda que conste do contrato de comissão mercantil a cláusula del credere, correm por conta do comitente riscos como os de vício na coisa vendida ou de evicção.

e) O transportador responde pelos danos causados às pessoas transportadas, salvo por motivo de força maior ou por culpa exclusiva de terceiro.

ANOTAÇÕES/COMENTÁRIOS

(a) Incorreto, pois o art. 710 do CC permite expressamente que o agente possa atuar na conclusão do negócio.

(b) Incorreta, pois o direito à ação renovatória (art. 51 e 71 da Lei 8245/91) é um direito indisponível do locatário.

(c) Incorreto, poderá sim, por expressa previsão legal do Código Civil nos artigos 481 e seguintes.

(d) Correto, pois de acordo com art. 698 do CC.

(e) Incorreta, pois o art. 734 do CC apenas trata como excludente a força maior.

*Para responder, tem que estudar: lei.*

*Gabarito: D*

**78. (Cespe/TJ/BA/Juiz/2019)** O pacto de retrovenda é uma das modalidades de compra e venda mercantis previstas no Código Civil e tem como principal característica a reserva ao vendedor do direito de, em determinado prazo, recobrar o imóvel que tenha vendido.

A respeito dessa modalidade contratual, a legislação vigente dispõe que

a) não existe a possibilidade de cessão do direito de retrovenda.
b) a cláusula somente será válida, sendo dois ou mais os beneficiários da retrovenda, se todos exercerem conjuntamente o pedido de retrato.
c) somente as benfeitorias necessárias serão restituídas, além do valor integral recebido pela venda.
d) o vendedor, em caso de recusa do comprador em receber a quantia a que faz jus, depositará o valor judicialmente para exercer o direito de resgate.
e) o prazo máximo para o exercício do direito da retrovenda é de cinco anos.

ANOTAÇÕES/COMENTÁRIOS

(a) incorreta, pois em desacordo com art. 507 do CC;

(b) incorreta, pois em desacordo com art. 508 do CC;

(c) incorreta, pois em desacordo com 505 do CC;

(d) correta, pois de acordo com art. 505 do CC;

(e) incorreta, pois em desacordo com art. 505 do CC.

*Para responder, tem que estudar: lei.*

*Gabarito: D*

# 8. ESTATUTO NACIONAL DA MICROEMPRESA E DA EMPRESA DE PEQUENO PORTE (LC 123/06)

**79. (Cespe/TJ/CE/Juiz/2012)** Com base na Lei Complementar n. 123/2006, que institui o Estatuto Nacional da Microempresa e da Empresa de Pequeno Porte, assinale a opção correta.

a) O cadastro fiscal estadual ou municipal do microempreendedor individual poderá ser simplificado ou sua exigência poderá ser postergada, sem prejuízo da possibilidade de emissão de documentos fiscais de compra, venda ou prestação de serviços, vedada a imposição de custos pela autorização para emissão, com exceção da modalidade avulsa.

b) Considerando-se o tratamento privilegiado dado à microempresa ou à empresa de pequeno porte em matéria de licitações públicas, essas empresas poderão emitir um tipo especial de título de crédito quando a administração pública não pagar, em até trinta dias contados da data de liquidação, valores referentes a empenhos liquidados de titularidade.

c) Incumbe ao comitê gestor do SIMPLES Nacional dispor sobre a exigência da certificação digital para o cumprimento de obrigações principais e acessórias por parte da microempresa ou empresa de pequeno porte optante pelo SIMPLES Nacional, não se incluindo o microempreendedor individual.

d) Os créditos apurados no SIMPLES Nacional não poderão ser utilizados para extinção de outros débitos com as fazendas públicas, mesmo após a exclusão da empresa do SIMPLES Nacional.

e) No caso de existência de obrigações tributárias, previdenciárias ou trabalhistas, principais ou acessórias, o microempreendedor individual que se encontre sem movimento há mais de doze meses poderá solicitar a baixa nos registros, independentemente do pagamento de débitos tributários, taxas ou multas.

**ANOTAÇÕES/COMENTÁRIOS**

(a) Incorreta, pois o art. 4, II da LC 123/06 foi revogado pela LC 147/2014;

(b) Correta, pois de acordo com art. 46 da LC 123/06.

(c) Incorreta, pois em desacordo com art. 26, parágrafo 7 da LC 123/06, pois essa prerrogativa também se estende ao Microempreendedor individual.

(d) Incorreta, pois em desacordo com art. 21, parágrafo 10 da LC 123/06.

(e) Incorreta, pois o art. 9, parágrafo 3 da LC 123/06 foi revogado pela LC 147/2014.

*Para responder, tem que estudar: lei.*

*Gabarito: B*

**80. (Cespe/TJ/PI/Juiz/2012)** Com base no que dispõe o Estatuto Nacional da Microempresa e da Empresa de Pequeno Porte, assinale a opção correta.

a) Compete às entidades de âmbito municipal envolvidas na abertura e fechamento de empresas a exigência de documento de propriedade ou contrato de locação do imóvel onde será instalada a sede, filial ou outro estabelecimento, e de comprovação de regularidade de prepostos dos empresários ou pessoas jurídicas com seus órgãos de classe, como requisito para deferimento de ato de inscrição de empresa.

b) É considerada microempresa a sociedade empresária que, devidamente inscrita no registro de empresas mercantis, aufira, em cada ano-calendário, receita bruta superior a R$ 240.000,00 e igual ou inferior a R$ 2.400.000,00.

c) A microempresa que, no decurso do ano-calendário de início de atividade, ultrapassar o limite de R$ 50.000,00 multiplicados pelo número de meses de funcionamento estará excluída do regime do estatuto das microempresas, com efeitos a partir do ano seguinte.

d) A alteração dos atos constitutivos referentes a empresários e pessoas jurídicas em qualquer órgão envolvido no registro empresarial e na abertura da empresa somente ocorrerá mediante a regularidade de obrigações tributárias, previdenciárias ou trabalhistas, principais ou acessórias, do empresário ou da sociedade empresária.

e) A pessoa jurídica que exerça atividade de corretora ou de distribuidora de títulos, valores mobiliários e câmbio, de empresa de arrendamento mercantil, de seguros privados e de capitalização ou de previdência complementar não poderá beneficiar-se do tratamento jurídico previsto no estatuto em apreço.

ANOTAÇÕES/COMENTÁRIOS

(a) Incorreta, pois em desacordo com art. 4 da LC 123/06.

(b) Incorreta, pois de acordo com o art. 3 da LC 123/06, os limites atuais são: ME: até R$ 360.000,00; E.P.P. (até R$ 4.800.000,00).

(c) Incorreta, pois em desacordo com art. 3, parágrafo 10 da LC 123/06.

(d) Incorreta, pois o art. 9 da LC 123/06 aduz no sentido de que independerá das regularidades indicadas pela alternativa.

(e) Correta, pois de acordo com o que determina art. 3, parágrafo 4 da LC 123/06.

*Para responder, tem que estudar: lei.*

*Gabarito: E*

**81. (Cespe/TJ/BA/Juiz/2012)** De acordo com as legislações que instituíram o Estatuto Nacional da Microempresa e da Empresa de Pequeno Porte e o

BLOCO III

Registro Público de Empresas Mercantis e Atividades Afins, assinale a opção correta.

a) As microempresas e as empresas de pequeno porte que optarem pelo SIMPLES Nacional farão jus à apropriação e à transferência dos créditos relativos a impostos ou contribuições abrangidos pelo SIMPLES Nacional.

b) Para os efeitos legais, nenhuma pessoa jurídica constituída sob a forma de cooperativa pode beneficiar-se do tratamento jurídico diferenciado previsto no estatuto em epígrafe.

c) A certidão dos atos de constituição e de alteração de sociedades mercantis emitida pelas juntas comerciais em que foram arquivados constitui o documento hábil para a transferência, por transcrição no registro público competente, dos bens com que o subscritor tenha contribuído para a formação ou aumento do capital social.

d) A lei impede que o município conceda alvará de funcionamento provisório para o microempreendedor individual, para microempresas e para empresas de pequeno porte, nos casos em que o grau de risco da atividade seja considerado alto, ou, ainda, estejam os estabelecimentos instalados em áreas desprovidas de regulação fundiária legal ou com regulamentação precária.

e) Podem ser arquivados os atos constitutivos de empresas mercantis que não designem o respectivo capital ou a declaração precisa de seu objeto, cuja indicação, no nome empresarial, é facultativa.

ANOTAÇÕES/COMENTÁRIOS

(a) Incorreta, pois em desacordo com o que determina art. 23 da LC 123/06.

(b) Incorreta, pois o art. 3, parágrafo 4, inciso VI da LC 123/06 permite que as cooperativas de consumo possam estar enquadradas nesta lei.

(c) Correta, pois de acordo com art. 64 da Lei 8934/94.

(d) Incorreta, pois o art. 7, inciso I da LC 123/06 traz essa possibilidade.

(e) Incorreta, pois em desacordo com art. 35, III da Lei 8934/94.

*Para responder, tem que estudar: lei.*

*Gabarito: C*

## 9. LEI DE PROPRIEDADE INDUSTRIAL (LEI 9.279/96)

**82. (Cespe/TJ/PI/Juiz/2012)** Com referência aos direitos e obrigações relativos à propriedade industrial, assinale a opção correta.

a) O prazo de vigência da patente de invenção é de dezoito anos, e o relativo à patente de modelo de utilidade, doze anos, sendo admissível prorrogação de ambos os prazos, mediante requerimento do interessado e decisão fundamentada do Instituto Nacional da Propriedade Industrial.

b) Caso duas pessoas realizem o mesmo modelo de utilidade de forma independente, o direito de obter a patente será assegurado àquela que provar o depósito do pedido mais antigo, independentemente da data da criação.

c) Denomina-se invenção o objeto de uso prático, suscetível de aplicação industrial e que apresente nova forma ou disposição, envolvendo ato inventivo e que ainda resulte em melhoria funcional no seu uso ou em sua fabricação.

d) A divulgação de invenção promovida pelo inventor será considerada como estado da técnica, caso ocorra durante os doze meses que precederem a data de depósito ou a da prioridade do pedido de patente.

e) O pedido de patente deve ser mantido em sigilo durante trinta e seis meses, contados da data de depósito ou da prioridade mais antiga, quando houver, antes de ser publicado na imprensa oficial.

**ANOTAÇÕES/COMENTÁRIOS**

(a) Incorreto, pois o prazo de vigência da patente de invenção é de 20 anos, contados do pedido de depósito (art. 40 da Lei 9279/96).

(b) Correto, pois de acordo com art. 7 da Lei 9279/96.

(c) Incorreto, pois este é o conceito de modelo de utilidade e não invenção (art. 9 da Lei 9279/96).

(d) Incorreta, pois não perderá o requisito da novidade por estar no período de graça (art. 12 da Lei 9279/96).

(e) Incorreto, pois será mantido em sigilo por 18 meses (art. 30 da Lei 9279/96).

*Para responder, tem que estudar: lei.*

*Gabarito: B*

**83. (Cespe/TJ/BA/Juiz/2012)** Segundo a doutrina, os primeiros casos de proteção de direitos datam da segunda metade do século XV, época em que surgiram os processos mecânicos de impressão. Com relação ao direito de propriedade industrial, assinale a opção correta.

a) Para que o desenho industrial possa ser registrado e para que o seu criador, por consequência, faça jus à exclusividade sobre ele, deve estar presente, entre outros requisitos, a novidade, caracterizada como a configuração visual distintiva em relação a outros objetos.

b) Modelo de utilidade é o instrumento, utensílio ou objeto destinado ao aperfeiçoamento ou melhoria de invenção preexistente; há certa semelhança entre a invenção propriamente dita e o modelo de utilidade, sendo este dependente daquela, ou seja, o modelo de utilidade tem, como ponto de partida, um objeto já inventado.

c) No início da discussão a respeito da natureza jurídica da propriedade industrial, alguns doutrinadores qualificaram os direitos do autor e do inventor como simples privilégio concedido pelas leis ao criador da obra ou da invenção; hoje, entretanto, predomina a corrente doutrinária segundo a qual a natureza jurídica é um direito obrigacional, que cria vínculo entre a sociedade e o autor ou inventor.

d) O registro de uma marca decorre da obediência ao princípio da especialidade, através da proteção do uso em produtos ou serviços similares; quanto à apresentação ou forma da marca, define-se como tridimensional aquela apresentada através de um desenho, colorido ou não, ou até mesmo através de letras ou números, desde que escritos de maneira diferenciada e original.

e) Compreende-se no estado de técnica a divulgação da invenção, seja pelo inventor, pelo Instituto Nacional de Propriedade Industrial ou por terceiros mediante informações obtidas do inventor, se isso ocorrer nos seis meses que antecederem a data do depósito, denominado, pela doutrina, de período de graça.

ANOTAÇÕES/COMENTÁRIOS

(a) Incorreto, pois novo é aquilo que não esta compreendido no estado da técnica, de forma que o requisito descrito pela alternativa foi o da originalidade (art. 97 da Lei 9279/96).

(b) Correto, pois o modelo de utilidade é uma melhoria funcional da invenção (art. 9 da Lei 9279/96).

(c) A natureza jurídica não é obrigacional, mas sim um direito de propriedade.

(d) Incorreto, pois a marca tridimensional é aquela que se exterioriza em três dimensões, de forma que a marca que é apenas composta por letras com escritas diferentes é denominada de mista.

(e) Incorreto, pois o art. 12 da Lei 9279/96 prevê o diverso.

*Para responder, tem que estudar: lei e teoria/doutrina.*

*Gabarito: B*

**84. (Cespe/TJ/AC/Juiz/2012)** A empresa A ajuizou, contra a empresa B, ação ordinária indenizatória por perdas e danos, com o propósito de abstenção do uso da marca comercial Y, alegando ocorrência de prática de concorrência desleal. Com relação à situação hipotética acima apresentada e ao uso da marca em geral, assinale a opção correta.

a) Nos termos da interpretação jurisprudencial, a ação para reparação de danos causados pelo uso indevido de marca prescreve em vinte anos.

b) A declaração de nulidade da marca tem efeitos “ex nunc” no caso de registro deferido em desacordo com a lei.

c) A reprodução da marca registrada sem autorização do titular é crime de concorrência desleal, podendo o prejudicado ajuizar ação civil indenizatória somente após a decisão criminal condenatória.

d) De acordo com a jurisprudência, caracteriza-se violação à marca quando a imitação reflete na formação cognitiva do consumidor, que é induzido, por erro, a perceber identidade em dois produtos de fabricações diferentes, presumindo-se sempre prejudicial a quem a lei confere a titularidade o uso indevido de marca alheia.

e) Em termos legais, o juiz deve determinar a sustação da violação de todas as mercadorias que contenham imitação flagrante da marca registrada.

ANOTAÇÕES/COMENTÁRIOS

(a) Incorreta, pois o prazo entendido pela jurisprudência e de cinco anos e o início da contagem é do momento em que se cessou a utilização indevida (REsp 1.320.842).

(b) Incorreta, pois em desacordo com o que determina art. 167 da Lei 9279/96.

(c) Incorreta, pois em desacordo 207 da Lei 9279/96.

(d) Correta, de acordo com entendimento jurisprudencial (REsp 1.320.842)

(e) Incorreta, pois o art. 209, parágrafo 2 da Lei 9279/96 traz a possibilidade e não o dever do magistrado.

*Para responder, tem que estudar: lei e jurisprudência.*

*Gabarito: D*

**85. (Cespe/TJ/DFT/Juiz/2015)** Com referência à propriedade industrial da marca, assinale a opção correta.

a) A proteção especial prevista para marca de notoriedade reconhecida em seu respectivo ramo de atividade depende de registro ou depósito dessa marca no INPI.

b) Embora o reconhecimento de marca como de alto renome se dê por declaração do INPI, uma sentença judicial dada em ação movida pelo interessado nesse reconhecimento poderá substituir essa declaração e desencadear por si só a proteção legal devida a essa espécie de marca.

c) Ao ceder o uso de marca mediante contrato que não estabeleça condições nem efeitos limitadores, o titular do registro renuncia ao controle sobre essa marca, inclusive no que se refere à natureza e à qualidade dos serviços e produtos a ela vinculados.

d) De acordo com a jurisprudência do STJ e com a doutrina nacional majoritária, apesar de ser prática comum no exterior, a veiculação de propaganda em que sejam comparados produtos ou serviços concorrentes é condenável por ser considerada violação dos direitos de proteção às marcas envolvidas.

e) Caso uma marca registrada constitua expressão que passe a ser de uso comum no segmento mercadológico do produto, a regra da exclusividade decorrente do registro poderá ser mitigada, como forma de proteger a concorrência e o mercado em geral.

ANOTAÇÕES/COMENTÁRIOS

(a) Incorreto, pois independe de registro (art. 126 da Lei 9279/96).

(b) Incorreto, pois a jurisprudência entende de forma contrária (AgRg no REsp 1165653).

(c) Incorreta, pois em desacordo com art. 139 da LPI.

(d) Incorreta, pois entende a jurisprudência que quando a utilização é comparativa para melhor informar o consumidor, será licito. (REsp 1.377.911).

(e) Certa, com precedente no julgamento do REsp 1315621).

*Para responder, tem que estudar: jurisprudência.*

*Gabarito: E*

**86. (Cespe/TJ/PB/Juiz/2015)** No que se refere a nome empresarial, marca e propriedade industrial, assinale a opção correta com base na jurisprudência do STJ.

a) De acordo com o princípio "first come, first served", com base no qual se concede o domínio eletrônico ao primeiro requerente que satisfizer as exigências para o registro de nomes comerciais na rede mundial de computadores, é incabível contestação do titular de signo distintivo similar ou idêntico que anteriormente tenha registrado o nome ou a marca na junta comercial e no INPI.

b) Para que a reprodução ou imitação de elemento característico ou diferenciado de nome empresarial de terceiros constitua óbice ao registro de marca – que possui proteção nacional –, é necessário que a reprodução ou imitação seja suscetível de causar confusão ou associação com esses sinais distintivos e que a proteção ao nome empresarial não goze somente de tutela restrita a alguns estados, mas detenha a exclusividade sobre o uso do nome em todo o território nacional.

c) As formas de proteção ao uso das marcas e do nome de empresa têm como único propósito resguardar a marca ou o nome da empresa contra usurpação.

d) No caso de colidência entre denominações e marcas de sociedades empresárias diversas, o conflito deve ser dirimido com base no princípio da anterioridade, que prepondera em princípio da especificidade.

e) O pedido de arquivamento dos atos constitutivos da empresa nas juntas comerciais das demais unidades da Federação, de forma complementar ao registro inicialmente realizado, não induz à possibilidade de proteção nacional ao seu nome comercial.

ANOTAÇÕES/COMENTÁRIOS

(a) Alternativa incorreta, pois o entendimento jurisprudencial é no sentido oposto. (REsp 594404).

(b) Certa, com respaldo no entendimento jurisprudencial neste sentido. (REsp 1.204.488/RS).

(c) Incorreta, pois a finalidade principal da marca diferenciar produtos ou serviços dos da concorrência (art. 122 da Lei 9279/96).

(d) Incorreta, pois leva-se em conta, também, a especificidade (REsp 119.998).

(e) Incorreta, pois caso o registro seja feito em todas as unidades da federação, obterá proteção nacional. (arts. 967 a 970 do CC).

*Para responder, tem que estudar: lei e jurisprudência.*

*Gabarito: B*

**87. (Cespe/TJ/DFT/Juiz/2014)** A respeito da propriedade industrial, assinale a opção correta.

a) Em caso de criação independente, se duas ou mais pessoas reclamarem o direito à patente de determinado invento, terá prioridade a pessoa que provar a primazia da criação.
b) No processo de caducidade de patente instaurado a requerimento de parte interessada, o INPI poderá prosseguir se houver desistência do requerente.
c) Embora autorize a administração pública a condicionar atendimento a pedido de fiscalização ao prévio recolhimento do valor inadimplido, a falta de pagamento da retribuição anual por si só não causa extinção da patente.
d) A propriedade do desenho industrial é adquirida pela patente validamente concedida.
e) É patenteável a invenção que atenda aos requisitos de novidade, atividade inventiva e aplicação industrial, como, por exemplo, um novo programa de computador ou um novo método cirúrgico.

ANOTAÇÕES/COMENTÁRIOS

(a) Incorreta, pois em desacordo com art. 7 da Lei 9279/96, que preza pela data do primeiro depósito e não da criação.

(b) Certa, pois de acordo com art. 78, parágrafo segundo da Lei 9279/96.

(c) Incorreta, pois o art. 78, IV da Lei 9279/96 aduz em sentido oposto.

BLOCO III

(d) O desenho industrial é registrável e não modalidade de patente. Apenas duas modalidades de patentes existem: invenção e modelo de utilidade.

(e) Programas de computador não podem ser patenteados (art. 10, V da Lei 9279/96). Os programas de computador são protegidos pela Lei 9609/98.

*Para responder, tem que estudar: lei.*

*Gabarito: B*

**88. (Cespe/TJ/PA/Juiz/2012)** A respeito da propriedade industrial e suas peculiaridades, assinale a opção correta.

a) Se um indivíduo provar, por meio de documentos confiáveis, ter sido ele o primeiro inventor do produto, ele poderá impedir que o titular da patente exerça o direito de exclusividade.
b) Ao desenho industrial é concedida a patente – documentada pela carta patente –, que corresponde ao direito de exploração com exclusividade.
c) Modelo de utilidade constitui espécie de aperfeiçoamento da invenção, suscetível de aplicação industrial.
d) No Brasil, os sinais sonoros originais e exclusivos, por individualizarem produtos e serviços, são, conforme a legislação vigente, suscetíveis de registro como marca.
e) A publicação da invenção pelo órgão oficial do Instituto Nacional da Propriedade Industrial não constitui condição necessária para a concessão da patente.

ANOTAÇÕES/COMENTÁRIOS

(a) Incorreta, pois os a patente possui natureza constitutiva. Assim, o que importa é quem efetivamente depositou o pedido em primeiro lugar (art. 7 da Lei 9279/96).

(b) O desenho industrial é registrável e não modalidade de patente. Apenas duas modalidades de patentes existem: invenção e modelo de utilidade.

(c) Correto, pois de acordo com o conceito legal de modelo de utilidade, previsto no art. 9 da Lei 9279/96.

(d) Incorreto, pois o Brasil apenas permite o registro como marca de sinais visualmente perceptíveis (art. 122 da Lei 9279/96).

(e) Deverá haver a publicação (art. 30 da Lei 9279/96)

*Para responder, tem que estudar: lei.*

*Gabarito: C*

**89. (Cespe/TJ/PR/Juiz/2017)** Caso dois autores tenham realizado a mesma invenção de forma independente:

a) qualquer um deles poderá requerer a patente, mediante nomeação e qualificação do outro.
b) aquele que comprovar a data de invenção mais antiga terá direito ao privilégio temporário para a utilização.
c) aquele que primeiro obtiver o registro usufruirá do privilégio temporário para a utilização da invenção.
d) aquele que provar o depósito mais antigo terá direito a obter a patente.

ANOTAÇÕES/COMENTÁRIOS

(a) Incorreta, pois não encontra respaldo legal, estando em dissonância com arts. 6 e 7 da Lei 9279/96.

(b) Incorreta por inexistir previsão legal neste sentido.

(c) Incorreta por inexistir previsão legal neste sentido.

(d) Correta, pois de acordo com art. 7 da Lei 9279/96.

*Para responder, tem que estudar: lei.*

*Gabarito: D*

**90. (Cespe/TJ/BA/Juiz/2019)** Nos termos da lei especial que dispõe sobre a proteção da propriedade intelectual e comercialização de programas de computador no Brasil, as derivações autorizadas pelo titular dos direitos de programa de computador pertencerão à pessoa autorizada que as fizer, salvo estipulação contratual em contrário.

Com relação a esse assunto, é correto afirmar que constitui ofensa aos direitos do titular de programa de computador a

a) reprodução em um só exemplar que se destine à cópia de salvaguarda.
b) ocorrência de semelhança de programa a outro preexistente, quando se der por força das características funcionais de sua aplicação ou da observância de preceitos normativos e técnicos.
c) integração de um programa, mantendo-se suas características essenciais, a um sistema aplicativo, tecnicamente indispensável às necessidades do usuário, desde que para o uso exclusivo de quem tenha promovido tal integração.
d) exploração econômica não pactuada e derivada do programa de computador.
e) citação parcial do programa para fins didáticos, mesmo que com a identificação do programa e do titular dos direitos.

ANOTAÇÕES/COMENTÁRIOS

(a) incorreta, pois em desacordo com art. 6, I da Lei n. 9609/98;

(b) incorreta, pois em desacordo com art. 6, III da Lei n. 9609/98;

(c) incorreta, pois em desacordo com art. 6, IV da Lei n. 9609/98

(d) correta, pois de acordo com art. 5 da Lei n. 9609/98;

(e) incorreta, pois em desacordo com art. 6, II da Lei n. 9609/98

*Para responder, tem que estudar: lei.*

*Gabarito: D*

# 10. LEI DE RECUPERAÇÃO JUDICIAL, EXTRAJUDICIAL E FALÊNCIA (LEI 11.101/05)

## 10.1. Falência

**91. (Cespe/TJ/DFT/Juiz/2016)** Acerca de falência, assinale a opção correta.

a) Segundo a jurisprudência do STJ, os honorários advocatícios, na falência, são créditos quirografários qualquer que seja o seu valor.

b) O encerramento da falência tem por efeito a extinção de todas as obrigações do falido não satisfeitas no processo.

c) De acordo com a legislação brasileira, a situação falimentar do empresário se revela quando as dívidas excedem a importância de seu patrimônio.

d) Um empresário deverá comprovar a regularidade do exercício da atividade empresarial, mediante a apresentação de certidão da junta comercial, para requerer a falência de outro empresário.

e) O MP terá legitimidade para propor ação para anular atos praticados pelo falido em fraude a credores caso, no prazo de três anos da decretação da falência, os credores ou o administrador não a proponham.

ANOTAÇÕES/COMENTÁRIOS

(a) Incorreta, pois o STJ considera que os créditos decorrentes de honorários advocatícios no processo falimentar devem ser equiparados aos de natureza trabalhista (REsp 1.152.218/RS).

(b) Incorreta, pois a extinção da falência (processo) não necessariamente acarreta a extinção das obrigações, que ainda subsistem, e só serão extintas na ocorrência das hipóteses do art. 158 da Lei 11.101/05.

(c) Incorreta, pois a falência é presumida, podendo requerê-la os legitimados no art. 97 da LFRE, desde que presentes uma das situações previstas no art. 94 da LFRE.

(d) Correta, pois de acordo com a exigência do art. 97, parágrafo primeiro da LFRE.

(e) Incorreta, pois a competência do MP para ajuizar ação revocatória (arts. 130 a 132 do LFRE) não é residual, mas sim, concorrente com os demais legitimados.

*Para responder, tem que estudar: lei e jurisprudência.*

*Gabarito: D*

**92. (Cespe/TJ/AC/Juiz/2012)** No que se refere ao direito falimentar, assinale a opção correta.

a) A aplicação da técnica da desconsideração da personalidade jurídica com a finalidade de atingir o patrimônio de todos os envolvidos é permitida somente nas hipóteses de fraude cometida com o objetivo de desviar patrimônio de sociedade falida, em prejuízo da massa de credores, por meio de complexas formas societárias e de simulação de solvência da sociedade.

b) Não será decretada a falência de sociedade anônima depois de liquidado e partilhado seu ativo nem do espólio após um ano da morte do devedor.

c) A comprovação, por documento hábil do registro público de empresas, de que as atividades empresariais tenham cessado mais de dois anos antes do pedido de falência não impede a sua decretação, prevalecendo contraprova de exercício posterior ao ato registrado.

d) Em processo falimentar, a desconsideração da personalidade jurídica atinge somente as obrigações contraídas pela sociedade antes da saída dos sócios, ainda que os atos fraudulentos tenham sido a causa do estado de insolvência e esvaziamento patrimonial da falida.

e) É imprescindível a inscrição do distrato social no registro público de empresas mercantis, ainda que a inatividade da empresa pelo período de um ano, contado do requerimento da falência, seja comprovada por outros meios.

ANOTAÇÕES/COMENTÁRIOS

(a) Incorreta, pois a desconsideração na falência poderá ocorrer quando presentes quaisquer das situações do art. 50 do CC.

(b) Correta, pois de acordo com art. 96, parágrafo primeiro da Lei 11.101/05.

(c) Incorreta, pois em desacordo com art. 96, VIII da LFRE.

(d) Incorreta, pois há precedente jurisprudencial em sentido contrário (REsp 1180714).

(e) Incorreta, pois em desacordo com art. 96, VIII, da Lei 11101/05.

*Para responder, tem que estudar: lei e jurisprudência.*

*Gabarito: B*

**93. (Cespe/TJ/ES/Juiz/2011)** Com base na teoria geral do processo falimentar, assinale a opção correta.

BLOCO III

a) O empresário excluído absoluta ou relativamente do processo falimentar pode submeter-se à insolvência civil.

b) As companhias de seguro e as instituições financeiras submetem-se à disciplina do direito falimentar.

c) A impontualidade injustificada e a execução frustrada, por si sós, não são essenciais para a decretação da falência de uma sociedade empresária.

d) Deve ser feita por meio da falência a execução concursal do devedor que explore atividade econômica, mesmo sem empresarialidade, e que se encontre desprovido de recursos para pagar as dívidas.

e) Para que se instaure o processo de execução concursal denominado falência, é imprescindível a sentença declaratória de falência.

ANOTAÇÕES/COMENTÁRIOS

(a) Incorreta, pois será submetido a liquidações extrajudiciais previstas em leis especiais.

(b) Incorreta, pois estão excluídas da Lei n.11.101/05, de acordo com art.2, II.

(c) Incorreta, pois serão causas para o requerimento de falência, de acordo com art. 94, I e II da LFRE.

(d) Incorreta, pois o devedor não empresário não se sujeita as normas da falência, de acordo com art. 1 da LFRE.

(e) Correta, uma vez requerida, o juiz abrirá prazo de 10 dias para a empresa se defender (art. 98), para só após decretar a falência.

*Para responder, tem que estudar: lei.*

*Gabarito: E*

**94. (Cespe/TJ/PA/Juiz/2012)** A respeito de falência e processo falimentar, assinale a opção correta.

a) Para a instauração do processo de execução concursal denominado falência, prescinde-se de sentença declaratória de falência.

b) O empresário excluído do processo falimentar pode submeter-se à insolvência civil.

c) As companhias de seguro estão relativamente excluídas do direito falimentar.

d) O protesto de título por falta de pagamento não é considerado, por si só, prova de impontualidade.

e) Ao empresário sem meios de honrar a totalidade de suas obrigações a lei destina um processo diferente de execução concursal: o da insolvência civil.

ANOTAÇÕES/COMENTÁRIOS

(a) Incorreta, pois será necessária a sentença de decretação (art. 99 da LFRE).

(b) Incorreta, pois o empresário excluído do regime falimentar, quando insolvente, será regido por liquidações extrajudiciais previstas em leis especiais.

(c) Correta, elas sofrem exclusão parcial (art. 2, II da LFRE), de modo que antes de sua decretação haverá intervenção da SUSEP, regulada pelo Dec. Lei 73/66. art. 26.

(d) Incorreta, pois o protesto serve para comprovar a impontualidade (art. 94, parágrafo terceiro da LFRE).

(e) Incorreta, pois ao empresário em tais situações, é aplicável a falência (art. 1 da LFRE).

*Para responder, tem que estudar: lei.*

*Gabarito: C*

---

**95. (Cespe/TJ/PR/Juiz/2017)** Acerca de ligações societárias, assinale a opção correta.

a) A subsidiária integral é uma sociedade limitada ou anônima unipessoal.

b) Devido à sua natureza legal, as cooperativas não podem ser sócias de qualquer tipo societário.

c) Restringem-se às companhias os conceitos de sociedade controladora e controlada.

d) No consórcio para a execução de determinado empreendimento, a falência de uma consorciada não se estende às demais, subsistindo o consórcio com as demais contratantes.

ANOTAÇÕES/COMENTÁRIOS

(a) Incorreta, pois a subsidiária é integral necessariamente será anônima (art. 251 da Lei 6404/76).

(b) Incorreta, pois não há vedação legal para que se tornem sócios de outras sociedades.

(c) Incorreta, pois tais conceitos também estão previstos no Código Civil (arts. 1097 a 1101), aplicando-se, portanto, para outros tipos societários.

(d) Correta, pois de acordo com art. 278, parágrafo segundo da Lei 6404/76.

*Para responder, tem que estudar: lei.*

*Gabarito: D*

**96. (Cespe/TJ/PR/Juiz/2017)** Uma sociedade limitada, cujo único sócio administrador era João Rios, sofreu algumas condenações judiciais ao pagamento de dívidas e, em uma execução, não pagou, não depositou e não nomeou bens à penhora. A pedido de um credor, foi decretada a falência da sociedade. Nessa situação hipotética:

a) com a decretação da falência, João Rios perdeu o direito de administrar e dispor de seus bens e não poderá viajar sem prévia comunicação ao juiz.

b) a decretação da falência fundamentou-se no fato de que o passivo da sociedade era maior que seu ativo.

c) são quirografários os créditos decorrentes das condenações judiciais, tanto os principais quanto os de honorários advocatícios.

d) como efeito da decretação da falência, haverá a inabilitação empresarial de todos os sócios.

*ANOTAÇÕES/COMENTÁRIOS*

(a) Correto, pois de acordo com arts. 103 e 104, III, da Lei 11.101/05, bem como com o enunciado 49 da I Jornada de Direito Comercial do Conselho da Justiça Federal.

(b) Incorreta, pois fundamentou-se no caso de execução frustrada (art. 94, II, da Lei 11101/05).

(c) Incorreta, pois serão consideradas extraconcursais (Art. 84 da Lei 11.101/05) e os honorários advocatícios são equiparados aos créditos trabalhistas (REsp 1.152.218/RS).

(d) Incorreta, pois em desacordo com art. 81 da Lei 11.101/05.

*Para responder, tem que estudar: lei e jurisprudência.*

*Gabarito: A*

## 10.2. Recuperação Judicial/Extrajudicial

**97. (Cespe/TJ/BA/Juiz/2012)** De acordo com a legislação que regula a recuperação judicial, a extrajudicial e a falência do empresário e da sociedade empresária, assinale a opção correta.

a) São estendidos os efeitos da recuperação judicial a todos os créditos existentes na data do pedido, ainda que não vencidos, assim como os do proprietário com contrato de compra e venda com reserva de domínio, para que os bens permaneçam na posse e uso do empresário, a fim de se propiciar a continuidade da atividade empresarial.

b) Os contratos bilaterais se resolvem pela falência, devendo ser cumpridos pelo administrador judicial para evitar redução ou aumento do passivo da massa falida, ou caso seja necessário à manutenção e à preservação de seus ativos.

c) Os efeitos do plano de recuperação extrajudicial podem ser estendidos a todos os credores, além dos signatários, desde que seja firmado por mais de três quintos de todos os créditos de cada espécie por ele abrangidos.

d) Na hipótese da recuperação judicial, exaurido o prazo de cento e oitenta dias, contado da protocolização da ação, os prazos prescricionais são retomados, assim como a possibilidade de prosseguimento ou ajuizamento de medidas individuais por parte dos credores não atingidos pelo plano de recuperação, inclusive com a possibilidade de pleitearem a decretação de falência do empresário.

e) É admitida a participação na assembleia de credores, para créditos trabalhistas, dos sindicatos de trabalhadores, que deverão apresentar, até quinze dias antes da assembleia, a relação dos associados que pretende representar, devendo o trabalhador que esteja cadastrado em mais de um sindicato esclarecer, com vinte e quatro horas de antecedência, o sindicato que irá representá-lo.

**ANOTAÇÕES/COMENTÁRIOS**

(a) Incorreta, pois em desacordo com art. 49 e parágrafos da Lei 11.101/05.

(b) Incorreta, pois em desacordo com o art. 117 da Lei 11.101/05.

(c) Correta, pois de acordo com art. 163 da Lei 11.101/05.

(d) Incorreta, pois em desacordo com art. 6, parágrafo oitavo da Lei 11.101/05.

(e) Incorreta, pois em desacordo com art. 37, parágrafo sexto, inciso I da Lei 11101/05.

*Para responder, tem que estudar: lei.*

*Gabarito: C*

**98. (Cespe/TJ/AM/Juiz/2016)** Considerando que determinado juiz tenha concedido a recuperação judicial a um devedor, após a aprovação do plano de recuperação em assembleia geral de credores, assinale a opção correta.

a) O juiz é competente para decidir sobre a constrição de bens do devedor, mesmo que não tenham sido abrangidos pelo plano de recuperação da empresa.

b) As execuções individuais ajuizadas contra o próprio devedor devem ser extintas, diante da novação resultante da concessão da recuperação judicial.

c) Um dos efeitos da referida decisão judicial é interromper a prescrição de todas as ações e execuções em face do devedor.

d) Se, decorridos mais de dois anos da referida decisão judicial, o devedor inadimplir obrigação prevista no plano, o juiz deverá convolar a recuperação em falência.

e) É correto afirmar que o devedor beneficiado pela decisão nunca faliu antes.

ANOTAÇÕES/COMENTÁRIOS

(a) Incorreta, pois em desacordo com teor da súmula 480 do STJ, que diz exatamente o oposto.

(b) Correta, pois de acordo com art. 59 da Lei n.11101/05.

(c) Incorreta, pois haverá suspensa ou não interrupção (art. 6 da Lei 11.101/05).

(d) Incorreta, pois em desacordo com arts. 61 e 62 da Lei 11.101/05.

(e) Incorreta, pois pode ter sido falido, desde que já estejam extintas suas obrigações (art. 48 da Lei 11.101/05).

*Para responder, tem que estudar: lei e súmula/OJ.*

*Gabarito: B*

**99. (Cespe/TJ/AC/Juiz/2012)** Assinale a opção correta com referência à recuperação judicial.

a) Cumpridas as exigências legais, prossegue-se no procedimento de recuperação, e, caso não seja apresentada objeção, o juiz concederá a recuperação judicial.

b) Em sede de recuperação judicial, o juiz deverá deferir o parcelamento dos créditos das fazendas públicas e do INSS, determinando ao registro público de empresas a anotação da recuperação judicial.

c) As microempresas e as empresas de pequeno porte deverão apresentar plano especial de recuperação judicial abrangendo os créditos quirografários e fiscais e o arrendador mercantil.

d) O credor que se oponha a plano de recuperação judicial de uma empresa deve, antes de manifestar ao juiz sua objeção, sujeitar sua proposta à aprovação da assembleia geral de credores.

e) A decisão que conceder a recuperação judicial ao devedor cujo plano não tenha sofrido objeção de credor constituirá título executivo extrajudicial.

ANOTAÇÕES/COMENTÁRIOS

(a) Correta, pois de acordo com procedimento previsto no art. 55 a 58 da Lei 11.101/05.

(b) Incorreta, pois em desacordo com o que determina art. 68 da Lei 11.101/05.

(c) O plano especial de recuperação (arts. 70 a 72 da Lei 11.101/05) é uma opção e não um dever. Assim, as micro empresas e empresas de pequeno porte que optarem por ele, deverão indicar na petição inicial de recuperação sua intenção.

(d) Incorreta, pois em desacordo com art. 55 da Lei 11.101/05.

(e) Incorreta, pois constituirá titulo executivo judicial (art. 59, parágrafo primeiro da Lei 11.101/05).

*Para responder, tem que estudar: lei.*

*Gabarito: A*

**100. (Cespe/TJ/ES/Juiz/2011)** No que diz respeito à recuperação judicial, assinale a opção correta.

a) Somente os credores têm legitimidade para convocar a assembleia dos credores, sempre que considerarem conveniente fazê-lo.

b) Por disposição legal, a assembleia dos credores não é competente para aprovar o plano de recuperação apresentado pela devedora.

c) Em razão da função social que desempenha, qualquer empresa pode beneficiar-se do processo de recuperação.

d) Prevê a legislação que a dilação do prazo ou a revisão das condições de pagamento são meios de recuperação da atividade econômica.

e) A renegociação das obrigações ou do passivo trabalhista, por contrato coletivo do trabalho, em nenhuma hipótese pode resultar em redução de salários dos empregados da sociedade empresaria em crise.

ANOTAÇÕES/COMENTÁRIOS

(a) Incorreta, pois em desacordo com art. 36 da Lei 11.101/05;

(b) Incorreta, pois esta é uma das competências da assembleia de credores (art. 35, I, a da Lei 11.101/05.

(c) Incorreta, pois apenas poderão requerer a recuperação as empresas que cumprem os requisitos cumulativos do art. 48 da Lei 11.101/05.

(d) Correta, pois de acordo com as medidas que podem ser tomadas, previstas no art. 50 da Lei 11.101/05.

(e) Incorreta, pois em desacordo com art. 50, VIII da Lei 11.101/05.

*Para responder, tem que estudar: lei.*

*Gabarito: D*

**101. (Cespe/TJ/DFT/Juiz/2016)** Acerca da recuperação judicial, assinale a opção correta.

a) O juiz, mesmo tendo ultrapassado o prazo de dois anos da homologação do plano de recuperação judicial, deve, de ofício, decretar a falência do devedor, caso ele não o cumpra.

b) A ação de despejo proposta contra empresário que tem deferido o processamento da recuperação judicial deve ser suspensa pelo prazo de cento e oitenta dias.

c) A execução fiscal, deferido o processamento da recuperação judicial, não se suspende, mas serão da competência do juízo da recuperação os atos de alienação do patrimônio da sociedade.

d) O MP assumirá a legitimidade para impugnar o plano de recuperação judicial, caso nenhum credor o faça.

e) Se a assembleia geral de credores rejeitar o plano de recuperação judicial, o juiz devera determinar o arquivamento do processo, ficando vedado ao devedor fazer novo requerimento pelo prazo de dois anos.

**ANOTAÇÕES/COMENTÁRIOS**

(a) Incorreta, pois em desacordo com arts. 61 e 62 da Lei 11.101/05.

(b) Incorreta, pois em desacordo com art. 6, parágrafo primeiro da Lei 11.101/05.

(c) Correta, pois de acordo com art. 6, parágrafo sétimo da Lei 11.101/05.

(d) Incorreta, pois não há essa previsão de legitimidade para o MP na Lei 11.101/05.

(e) Incorreta, pois será decretada a falência, nos moldes do art. 73, III da Lei 11.101/05.

*Para responder, tem que estudar: lei.*

*Gabarito: C*

**102. (Cespe/TJ/MA/Juiz/2013)** Em 2012, duas pessoas físicas e uma pessoa jurídica decidiram constituir uma sociedade, a Alfa Serviços Gerais Ltda., para atuar no ramo de prestação de serviços de limpeza e conservação. Adquiriram um imóvel para instalação da sede da empresa e compraram automóveis para o transporte de empregados e de materiais. Em reunião, os sócios deliberaram sobre a elaboração do contrato social, que, aprovado por unanimidade e assinado por todos, não foi registrado perante a junta comercial competente. Em face dessa situação hipotética, e considerando as normas que regem o direito societário, assinale a opção correta.

a) A sociedade constituída tem capacidade processual para requerer a falência de eventual devedor, desde que seja devidamente representada.

b) A sociedade constituída não preenche os requisitos legais para requerer sua recuperação judicial, ainda que demonstre situação de crise econômico-financeira.

c) Os sócios da Alfa Serviços Gerais, nas relações entre si ou com terceiros, podem provar a existência da sociedade de qualquer modo.

d) A denominação Alfa Serviços Gerais goza de proteção conferida pela lei.

ANOTAÇÕES/COMENTÁRIOS

(a) Incorreta, pois o credor empresa só tem legitimidade para requerer a falência de outra desde que esteja devidamente registrado (Art. 97, parágrafo primeiro da Lei 11.101/05).

(b) Correta, pois para se requerer a recuperação judicial é preciso, dentre outros requisitos, que a empresa esteja registrada há pelo menos dois anos (art. 48 da Lei 11.101/05).

(c) Incorreta, pois na relação com terceiros só poderão comprovar a existência da sociedade por escrito (art. 987 do CC).

(d) Não goza por não possuir registro.

*Para responder, tem que estudar: lei.*

*Gabarito: B*

**103. (Cespe/TJ/BA/Juiz/2019)** De acordo com a legislação pertinente, trabalhador que possua crédito remuneratório trabalhista com uma empresa em falência deverá recebê-lo

a) logo após o pagamento de créditos com garantia real, sem nenhum limite quanto ao valor do bem gravado.
b) logo após o pagamento de créditos com garantia real, até o limite do valor do bem gravado.
c) logo após o crédito tributário, sem nenhum limite de valor.
d) primeiramente, antes dos demais créditos, no limite de até cento e cinquenta salários-mínimos.
e) primeiramente, sem nenhum limite de valor.

ANOTAÇÕES/COMENTÁRIOS

(a) a alternativa A está incorreta, pois o trabalhador, até o limite de 150 salários mínimos, recebe com preferência aos com garantia real (art. 83 da Lei n. 11.101/05);

(b) a alternativa A está incorreta, pois o trabalhador, até o limite de 150 salários mínimos, recebe com preferência aos com garantia real (art. 83 da Lei n. 11.101/05);

(c) está correta, pois de acordo com art. 83, I da Lei n. 11.101/05.

(d) Incorreta, pois o trabalhador recebe nesta classe até o limite de 150 salários mínimos para cada (art. 83, I da Lei n. 11.101/05).

(e) Incorreta, pois em desacordo com art. 83, I da Lei n. 11.101/05.

*Para responder, tem que estudar: lei.*

*Gabarito: D*

BLOCO III

**104. (Cespe/TJ/PB/Juiz/2015)** No que se refere a recuperação judicial e falência, assinale a opção correta.

a) Transcorridos cento e oitenta dias contados do deferimento do processamento da recuperação judicial, é restabelecido o direito dos credores de iniciar ou continuar suas ações e execuções, independentemente de pronunciamento judicial e do motivo do atraso no cumprimento do plano de recuperação judicial.

b) Caso tenham ocorrido, nos dias 10.10.2014 e 16.4.2015, respectivamente, a penhora e a adjudicação de bem imóvel em execução trabalhista, com superveniente deferimento da recuperação judicial do devedor no dia 17.4.2015, a posterior expedição do auto de adjudicação será de competência do juízo falimentar, devido à força atrativa deste.

c) Em se tratando de execução fiscal, não são decididos pelo juízo universal os atos que importem em constrição do patrimônio de sociedade empresarial em recuperação judicial.

d) A assembleia de credores é soberana em suas decisões sobre a aprovação ou desaprovação do plano de recuperação judicial, razão por que as suas deliberações estão infensas ao controle judicial, salvo no que se refere aos requisitos de validade dos atos jurídicos em geral.

e) Deve ser suspensa a ação de execução em que o autor seja portador de nota promissória firmada por empresário em recuperação e o réu seja o garante desse título executivo extrajudicial, uma vez que a recuperação judicial do devedor principal induz suspensão de ações contra seus coobrigados.

**ANOTAÇÕES/COMENTÁRIOS**

(a) Incorreta, pois o enunciado 42 da I jornada de Direito Comercial do CJF aduz que: Enunciado 42. O prazo de suspensão previsto no art. 6º, § 4º, da Lei 11.101/2005 pode excepcionalmente ser prorrogado, se o retardamento do feito não puder ser imputado ao devedor.

(b) Incorreta, pois o entendimento do STJ é de forma contrária: STJ – CC: 34220 GO 2002/0002942-5.

(c) Incorreta, pois em desacordo com entendimento do STJ: STJ – REsp: 766426 SP.

(d) Correta, pois a recuperação judicial, salvo se requerida com base no plano especial (arts 70 a 72 da LFRE), deverá ser aprovada pelos credores (arts. 55 e seguintes da Lei 11.101/05).

(e) Incorreta, pois em desacordo com o que preceitua a súmula 581 do STJ.

*Para responder, tem que estudar: jurisprudência e súmula/OJ.*

*Gabarito: D*

# 12

# DIREITO TRIBUTÁRIO

1. **(Cespe/TJ/PR/Juiz/2017)** A empresa ABC declarou regularmente débito de ICMS no valor de R$ 6.000, referente ao mês de junho de 2012, e não o pagou. Posteriormente, a empresa ABC recebeu notícia de que haveria fiscalização em seu setor e, por isso, realizou denúncia espontânea de seu débito ao fisco para eximir-se do pagamento da multa moratória. Acerca dessa situação hipotética e de aspectos legais a ela pertinentes, assinale a opção correta.

   a) O contribuinte pode, por declaração, constituir o crédito tributário, confessando-o, mas isso não o impede de realizar denúncia espontânea.

   b) No caso de tributo por homologação e com declaração regular, não cabe a denúncia espontânea, não sendo, portanto, válido o ato praticado pelo contribuinte.

   c) Apenas o lançamento constitui o crédito tributário, podendo sempre o contribuinte, antes do início de ação de cobrança, realizar a denúncia espontânea, o que, no caso, leva à exclusão da multa de mora.

   d) Na hipótese considerada, a mera notícia de fiscalização não é início de ação fiscal, de modo que a empresa ABC poderia proceder à denúncia espontânea, que, no entanto, não excluiria a multa moratória.

ANOTAÇÕES/COMENTÁRIOS

(a, b, c, d) Alternativa "b" está correta. Embora a declaração do crédito constitua o crédito tributário (Súmula 436/STJ), o STJ entende que o benefício da denúncia espontânea não se aplica aos tributos lançados por homologação e pagos de forma extemporânea (Súmula 360/STJ e REsp 886.462, repetitivo). Sobre o tema, importante registrar também que, se fosse cabível, a denúncia espontânea excluiria tanto as multas de caráter punitivo como as de caráter moratório (REsp 1.149.022, repetitivo).

*Para responder, tem que estudar: jurisprudência e súmula/OJ.*

*Gabarito: B*

**2. (Cespe/TJ/PR/Juiz/2017)** Uma sociedade limitada, tendo declarado regularmente seus tributos, deixou de pagá-los, sem que houvesse qualquer fraude ou comportamento análogo. No momento da inscrição em dívida ativa, apenas com base no inadimplemento, o sócio-gerente foi incluído como responsável pelo crédito tributário. A respeito dessa situação hipotética e de aspectos diversos a ela pertinentes, assinale a opção correta.

a) O sócio-gerente não responde por simples inadimplemento, devendo-lhe ser imputado, para que haja a sua responsabilização, excesso de poderes ou infração de lei, contrato social ou estatutos, sendo incabível a sua responsabilização no caso em questão.

b) Os sócios, administradores ou não, só respondem solidariamente no caso de liquidação irregular de pessoa jurídica, sendo incabível a sua responsabilização na situação em apreço.

c) O sócio-gerente será responsável pelo crédito tributário apenas nos casos em que praticar ilícitos penais ou agir com dolo específico.

d) No caso de impossibilidade de exigência do cumprimento da obrigação principal pelo contribuinte, os sócios, apenas com base nessa condição, respondem solidariamente pelo crédito tributário da pessoa jurídica, estando correta a responsabilização do sócio-gerente no caso em questão.

ANOTAÇÕES/COMENTÁRIOS

(a, b, c, d) Alternativa "a" está correta. A regra é a irresponsabilidade dos sócios pelas dívidas tributárias da sociedade. Em algumas hipóteses, entretanto, o CTN autoriza essa responsabilização. O artigo 135, III, do CTN, por exemplo, permite que os sócios que gerenciem a sociedade (sócios administradores) possam responder por suas dívidas: "quando atuarem com excesso de poderes ou infração de lei, contrato social ou estatutos". O mero inadimplemento do tributo, entretanto, não possui carga ilícita suficiente para autorizar a responsabilização permitida no art. 135, III, do CTN. É o que reza a Súmula 430/STJ: "O inadimplemento da obrigação tributária pela sociedade não gera, por si só, a responsabilidade solidária do sócio-gerente". De se dizer ainda que não se mostra necessário para responsabilização dos sócios administradores, que se trate de ilícito penal ou que haja dolo específico. Aliás, uma das hipóteses mais comuns de responsabilização do sócio administrador ocorre quando há a dissolução irregular da sociedade (Súmula n. 435/STJ), situação onde inexiste ilícito penal ou necessidade de demonstração de dolo (REsp 1705507).

*Para responder, tem que estudar: lei, jurisprudência e súmula/OJ.*

*Gabarito: A*

# 1. CRÉDITO TRIBUTÁRIO

## 1.1. Constituição de Crédito Tributário

**3. (Cespe/TJ/PB/Juiz/2011)** De acordo com o que dispõe o CTN a respeito do crédito tributário, assinale a opção correta.

a) O lançamento tributário rege-se pela lei vigente na data da ocorrência do fato gerador, ainda que ao tempo da constituição do crédito tal lei haja sido revogada.

b) Em regra, caso o valor tributário esteja expresso em moeda estrangeira, a conversão em moeda nacional deverá ser feita ao câmbio do dia do efetivo pagamento do tributo.

c) O crédito tributário surge com a ocorrência do fato gerador do tributo.

d) O lançamento é o procedimento administrativo por meio do qual se apura a certeza e a liquidez do crédito tributário, que constitui o devedor em mora.

e) Notificado regularmente o lançamento ao sujeito passivo tributário, a autoridade administrativa não pode mais alterá-lo de ofício.

ANOTAÇÕES/COMENTÁRIOS

(a) Certa. É o que determina o art. 144 do CTN: "O lançamento reporta-se à data da ocorrência do fato gerador da obrigação e rege-se pela lei então vigente, ainda que posteriormente modificada ou revogada".

(b) Errada. O art. 143 do CTN afirma que: "Salvo disposição de lei em contrário, quando o valor tributário esteja expresso em moeda estrangeira, no lançamento far-se-á sua conversão em moeda nacional ao câmbio do dia da ocorrência do fato gerador da obrigação".

(c) Errada. O fato gerador dá origem à obrigação tributária, que, com o lançamento, dá origem ao crédito tributário. Portanto, o crédito tributário, embora vinculado ao fato gerador, surge após procedimento de formalização (lançamento). Nesse sentido os artigos 139 e 142 do CTN.

(d) Errada. O lançamento é o instrumento que confere exigibilidade ao crédito tributário. Ele não constitui o devedor em mora.

(e) Errada. Embora a regra seja a imutabilidade do lançamento, o art. 145 do CTN traz hipóteses em que poderá ocorrer sua alteração.

*Para responder, tem que estudar: lei.*

*Gabarito: A*

BLOCO III

4. **(Cespe/TJ/DFT/Juiz/2014)** A administração tributária do DF procedeu à análise dos livros fiscais e registros contábeis da sociedade empresária WYZ Ltda., em diligência de fiscalização realizada entre os dias 1º.5.2014 e 10.5.2014, com notificação à contribuinte, em 1º.5.2014, acerca do início da ação fiscal, tendo verificado o que se segue. Durante os meses de janeiro a junho de 2010, a contribuinte declarou em guia específica as operações de circulação de mercadoria, mas não recolhera ao DF qualquer valor referente ao ICMS. Durante os meses de julho a dezembro de 2010, a contribuinte declarou, em guia específica, as operações de circulação de mercadoria, mas recolhera parcialmente o montante devido de ICMS ao DF. Durante os meses de janeiro a dezembro de 2011, a contribuinte não declarou nem recolheu o ICMS devido pela realização das operações de circulação de mercadorias. Durante o período de fiscalização que se iniciou em 1º.5.2014, a administração tributária do DF verificou que não fora declarada nem recolhida nenhuma obrigação tributária de ICMS no ano de 2014, razão por que notificou a contribuinte, solicitando esclarecimentos adicionais. Considerando os dados acima apresentados, assinale a opção correta com base no CTN e na jurisprudência do STJ.

a) As diversas obrigações em apreço têm, em comum, o início e o fim do prazo decadencial: início em 1º.5.2014 e término em 30.4.2019.

b) Para evitar a decadência dos diretos referentes às obrigações tributárias geradas entre os meses de janeiro a junho de 2010, o fisco do DF deve lançar o tributo até 31.12.2014, data após a qual começará a correr o prazo de prescrição.

c) Com relação às obrigações tributárias referentes aos meses de julho a dezembro de 2010, o lançamento tributário de ofício é prescindível porque o crédito já foi constituído pelo contribuinte.

d) No que se refere às obrigações tributárias referentes aos meses de janeiro a dezembro de 2011, o fisco deve efetuar o lançamento dentro do prazo decadencial de cinco anos, que se iniciou no dia da ocorrência de cada fato gerador de obrigação fiscal não recolhida.

e) No caso das obrigações tributárias de ICMS referentes aos meses de janeiro a maio de 2014, o fisco do DF deve efetuar o lançamento tributário de todas as obrigações em aberto até 31.12.2019, para evitar a decadência do direito.

**ANOTAÇÕES/COMENTÁRIOS**

(a) Errada. Nos termos da Súmula 555/STJ: "Quando não houver declaração do débito, o prazo decadencial quinquenal para o Fisco constituir o crédito tributário conta-se exclusivamente na forma do art. 173, I, do CTN, nos casos em que a legislação atribui ao sujeito passivo o dever de antecipar o pagamento sem prévio exame da autoridade administrativa". No mesmo sentido: REsp 973.733, repetitivo. Já quando há antecipação de pagamento (a menor), o início do prazo decadencial para lançamento da diferença ocorre a partir do fato gerador (art. 150, § 4º, do CTN). Por fim, nos termos da Súmula n. 436/STJ: "A entrega de declaração pelo contribuinte reconhecendo débito fiscal constitui o crédito tributário, dispensada qualquer outra providência por parte do fisco". Assim, a questão versou sobre prazos distintos (decadencial e prescricional), com contagens distintas.

(b) Errada. Não há que se falar em decadência, pois o crédito já foi constituído pelo contribuinte com a declaração, conforme disciplina a Súmula 436/STJ: "A entrega de declaração pelo contribuinte reconhecendo débito fiscal constitui o crédito tributário, dispensada qualquer outra providência por parte do fisco".

(c) Certa. Como houve a correta declaração do débitos, eles foram corretamente constituídos, nos termos Súmula 436/STJ: "A entrega de declaração pelo contribuinte reconhecendo débito fiscal constitui o crédito tributário, dispensada qualquer outra providência por parte do fisco".

(d) Errada. Como não houve nem declaração, nem pagamento, o prazo decadencial se inicia no primeiro dia do exercício seguinte (art. 173, I, do CTN), nos termos da Súmula 555/STJ: "Quando não houver declaração do débito, o prazo decadencial quinquenal para o Fisco constituir o crédito tributário conta-se exclusivamente na forma do art. 173, I, do CTN, nos casos em que a legislação atribui ao sujeito passivo o dever de antecipar o pagamento sem prévio exame da autoridade administrativa". No mesmo sentido: REsp 973.733, repetitivo.

(e) Errada. Na hipótese, o prazo decadencial de cinco anos se inicia da notificação do início da fiscalização (art. 173, parágrafo único, do CTN), e não do primeiro dia do exercício seguinte, como constou na questão.

*Para responder, tem que estudar: lei, jurisprudência, súmula/OJ e teoria/doutrina.*

*Gabarito: C*

---

**5. (Cespe/TJ/RN/Juiz/2013)** No que concerne à suspensão, extinção, exclusão, garantias e privilégios do crédito tributário, assinale a opção correta.

a) Em razão da máxima "o acessório segue o principal", a exclusão do crédito tributário dispensa o cumprimento das obrigações acessórias, dependentes da obrigação principal cujo crédito seja excluído, ou dela, consequente.

b) Exceto os bens gravados por ônus real ou cláusula de inalienabilidade, a totalidade de bens e das rendas, de qualquer origem ou natureza, pertencente ao sujeito passivo responde pelo pagamento do crédito tributário.

c) Embora a União goze de preferência entre as pessoas jurídicas de direito público, o STJ consagrou o entendimento de que os créditos tributários das autarquias federais não têm primazia sobre os créditos fiscais dos estados e municípios.

d) A autoridade administrativa está impedida de conceder, ainda que mediante autorização legal, moratória de caráter individual, pois a legislação tributária somente admite a moratória em caráter geral, que deve ser concedida pela pessoa jurídica de direito público competente para instituir o tributo a que se refira.

e) O direito de a fazenda pública constituir o crédito tributário extingue-se após cinco anos contados do primeiro dia do exercício seguinte àquele em que o lançamento poderia ter sido efetuado ou da data em que se tornar definitiva a decisão que houver anulado, por vício formal, o lançamento anteriormente efetuado.

**ANOTAÇÕES/COMENTÁRIOS**

(a) Errada. O art. 175, parágrafo único, do CTN nos diz que: "A exclusão do crédito tributário não dispensa o cumprimento das obrigações acessórias dependentes da obrigação principal cujo crédito seja excluído, ou dela consequente".

(b) Errada. O art. 184 do CTN não excepciona os bens gravados por ônus real ou cláusula de inalienabilidade. Vejam: "(...) responde pelo pagamento do crédito tributário a totalidade dos bens e das rendas, de qualquer origem ou natureza, do sujeito passivo, seu espólio ou sua massa falida, inclusive os gravados por ônus real ou cláusula de inalienabilidade ou impenhorabilidade, seja qual for a data da constituição do ônus ou da cláusula, excetuados unicamente os bens e rendas que a lei declare absolutamente impenhoráveis". No mesmo sentido: art. 30, da LEF.

(c) Errada. O art. 187, parágrafo único, do CTN c/c o art. 29, da LEF equiparam os créditos tributários das autarquias aos dos respectivos entes instituidores. O STJ entende válida essa equiparação. A Súmula 497/STJ disciplina: "Os créditos das autarquias federais preferem aos créditos da Fazenda estadual desde que coexistam penhoras sobre o mesmo bem". No mesmo sentido, REsp 957.836, repetitivo: "O crédito tributário de autarquia federal goza do direito de preferência em relação àquele de que seja titular a Fazenda Estadual, desde que coexistentes execuções e penhoras".

(d) Errada. O CTN autoriza a concessão de moratória em caráter geral ou individual (art. 152, I e II, do CTN).

(e) Certa. É a literalidade do art. 173, I e II, do CTN.

*Para responder, tem que estudar: lei, jurisprudência e súmula/OJ.*

*Gabarito: E*

6. **(Cespe/TJ/PA/Juiz/2012)** Assinale a opção correta no que se refere às obrigações e ao lançamento tributário.

a) A iniciativa do lançamento por declaração é da autoridade administrativa e independe de qualquer colaboração do sujeito passivo.

b) O lançamento não pode ser objeto de revisão.

c) A entrega de declaração pelo contribuinte reconhecendo débito fiscal constitui o crédito tributário, dispensada qualquer outra providência por parte do fisco.

d) O inadimplemento da obrigação tributária pela sociedade gera, por si só, a responsabilidade solidária do sócio-gerente.

e) Aplica-se o benefício da denúncia espontânea aos tributos sujeitos a lançamento por homologação regularmente declarados, mas pagos a destempo.

ANOTAÇÕES/COMENTÁRIOS

(a) Errada. Há atuação tanto da administração tributária como do sujeito passivo/terceiro na realização do procedimento (art. 147 do CTN).

(b) Errada. Embora a regra seja a imutabilidade do lançamento, o art. 145 do CTN traz hipóteses em que poderá ocorrer sua alteração.

(c) Certa. É o texto da Súmula 436/STJ: "A entrega de declaração pelo contribuinte reconhecendo débito fiscal constitui o crédito tributário, dispensada qualquer outra providência por parte do fisco".

(d) Errada. A Súmula 430/STJ informa que: "O inadimplemento da obrigação tributária pela sociedade não gera, por si só, a responsabilidade solidária do sócio-gerente".

(e) Errada. A Súmula 360/STJ assim disciplina a questão "O benefício da denúncia espontânea não se aplica aos tributos sujeitos a lançamento por homologação regularmente declarados, mas pagos a destempo".

*Para responder, tem que estudar: lei, súmula/OJ e teoria/doutrina.*

*Gabarito: C*

**7. (Cespe/TJ/BA/Juiz/2019)** Por expressa previsão legal do CTN, entende-se como responsável tributário a pessoa que

a) figure como sujeito ativo de uma obrigação tributária acessória em razão da solidariedade, substituição tributária ou sucessão.
b) figure como sujeito ativo de uma obrigação tributária sem que tenha a obrigação de efetuar o pagamento do crédito tributário.
c) tenha relação pessoal direta com a situação que constitua o respectivo fato gerador e seja obrigada ao pagamento de uma penalidade pecuniária.
d) esteja obrigada ao pagamento de tributo ou penalidade pecuniária sem ter relação pessoal e direta com a situação que constitua o respectivo fato gerador.
e) esteja obrigada a prestações que constituam o objeto de uma obrigação acessória.

ANOTAÇÕES/COMENTÁRIOS

(a, b, c, d, e) Correta alternativa "d". O tema é tratado pelo artigo 121, parágrafo único, II, do CTN: "O sujeito passivo da obrigação principal diz-se: "*responsável, quando, sem revestir a condição de contribuinte, sua obrigação decorra de disposição expressa de lei*". De acordo com o inciso I do mesmo dispositivo, somente o contribuinte possui "*relação pessoal e direta com a situação que constitua o respectivo fato gerador*".

*Para responder, tem que estudar: lei e jurisprudência.*

*Gabarito: D*

## 1.2. Suspensão do Crédito Tributário

**8. (Cespe/TJ/AM/Juiz/2016)** A empresa J Ltda. impetrou, em 20.7.2014, mandado de segurança para obter certidão negativa de débitos tributários na Fazenda do Estado do Amazonas. Ao seu nome estavam vinculados três débitos: um primeiro, já com decisão de primeira instância, pendente de intimação, mantendo o lançamento; um segundo, de ICMS, em relação ao qual o contribuinte alegou decadência, tendo o fato gerador ocorrido em 20.6.2009, com declaração e pagamento parcial do tributo à época, sem que tivesse ocorrido até a data da impetração qualquer lançamento; e um terceiro, em fase de execução judicial, com penhora determinada, e não realizada, sobre o faturamento. Nessa situação hipotética:

a) ocorrida a penhora sobre o faturamento, seria possível a expedição da certidão negativa, de acordo com o CTN.
b) não havia possibilidade de expedição de certidão negativa, mas apenas de certidão positiva com efeitos de negativa.
c) a expedição da certidão cabível estava condicionada ao depósito integral do terceiro débito discutido.
d) não havia ocorrido a decadência do segundo débito, pois o início da contagem do prazo de decadência era 1º.1.2010, por força de dispositivo do CTN.
e) a prolação de decisão pela Secretaria de Fazenda do Estado do Amazonas cessou a suspensão da exigibilidade do crédito tributário que permitiria a expedição da certidão cabível.

ANOTAÇÕES/COMENTÁRIOS

(a) Errada. "A penhora sobre faturamento, não sendo integral, não garante suficientemente a execução. Não há falar, no caso, em expedição de certidão positiva com efeitos de negativa nem em suspensão da exigibilidade do crédito" (AgRg no REsp 1468687/CE, julgado em 14.04.2015). No caso, não seria possível a certidão negativa nem a certidão positiva com efeitos de negativa.

(b) Errada. Não era possível a emissão de certidão negativa ou positiva com efeitos de negativa uma vez que havia débito exigível não garantido ou com exigibilidade suspensa (art. 206 do CTN).

(c) Certa. O primeiro débito estava com exigibilidade suspensa em razão da impugnação administrativa. Em relação ao segundo débito, houve homologação tácita e a decadência da possibilidade de lançamento suplementar uma vez que o prazo decadencial (na hipótese de declaração e pagamento parcial) se iniciou do fato gerador do tributo (art. 150, § 4º, do CTN). Assim, suspendendo-se a exigibilidade do terceiro débito em razão do depósito integral, seria possível a expedição de certidão positiva com efeitos de negativa (art. 206 do CTN).

(d) Errada. Nos casos de declaração parcial e pagamento parcial, o prazo decadencial para lançamento da diferença tem início a partir do fato gerador (art. 150, § 4º, do CTN).

(e) Errada. No caso, sequer havia intimação acerca da decisão, o que poderia ensejar, inclusive, a interposição de recurso administrativo.

*Para responder, tem que estudar: lei, jurisprudência e súmula/OJ.*

*Gabarito: C*

**9. (Cespe/TJ/DFT/Juiz/2015)** Determinado programa de parcelamento de débitos tributários, que possibilita aos contribuintes parcelarem suas dívidas em até cento e vinte meses, foi instituído por lei pelo DF. A empresa Z, que praticou sonegação com emissão de notas fiscais fraudadas, realizou denúncia espontânea e requereu ingresso em tal programa, com o parcelamento da dívida confessada. A respeito dessa situação hipotética, assinale a opção correta.

a) No caso de dolo, fraude ou simulação por parte do contribuinte, não é possível a concessão de parcelamento, razão por que o requerimento da empresa Z deve ser indeferido.

b) Nessa situação, o parcelamento poderá ser concedido, sendo, no entanto, modalidade de suspensão do crédito tributário, de modo que somente após seu integral cumprimento é que estará excluída a responsabilidade da empresa Z.

c) A comunicação espontânea da empresa à autoridade tributária é suficiente para que seja excluída a sua reponsabilidade pela infração.

d) O parcelamento é modalidade de extinção do crédito tributário, de modo que sua concessão equivale ao pagamento do tributo, o que, aliado à denúncia espontânea, exclui a responsabilidade da empresa Z.

e) Para ser válida, a denúncia espontânea deve ser acompanhada do pagamento do tributo, sendo suficiente para que ela produza efeitos que a empresa Z quite o principal, excluídos os juros e as penalidades.

BLOCO III

ANOTAÇÕES/COMENTÁRIOS

(a, b) Correta alternativa "a". Não é possível o parcelamento nas hipóteses de dolo, fraude ou simulação do sujeito passivo ou do terceiro em benefício daquele. A vedação específica da moratória (art. 154, parágrafo único, do CTN) é aplicada ao caso por força do art. 155-A, § 2º, do CTN.

(c) Errada. A denúncia espontânea, para ser eficaz, deve sempre vir acompanhada do pagamento ou do depósito do valor arbitrado (art. 138 do CTN). De toda sorte, o instituto não é aplicável à hipótese enunciada.

(d) Errada. O parcelamento é modalidade de suspensão (não de extinção) da exigibilidade do crédito tributário (art. 151, VI, do CTN). Noutro ponto, o STJ entende que, "o instituto da denúncia espontânea (art. 138 do CTN) não se aplica nos casos de parcelamento de débito tributário" (REsp 1102577, repetitivo).

(e) Errada. O artigo 138, do CTN afirma ser indispensável o pagamento dos juros de mora: "A responsabilidade é excluída pela denúncia espontânea da infração, acompanhada, se for o caso, do pagamento do tributo devido e dos juros de mora, ou do depósito da importância arbitrada pela autoridade administrativa, quando o montante do tributo dependa de apuração".

*Para responder, tem que estudar: lei e jurisprudência.*

*Gabarito: A*

**10. (Cespe/TJ/DFT/Juiz/2015)** Determinada unidade da Federação criou norma de processo administrativo tributário que torna obrigatório o depósito de 30% do valor do crédito tributário discutido como condição para recorrer para o tribunal administrativo de recursos fiscais. Após tal modificação, determinado contribuinte recebeu intimação sobre a decisão de primeira instância que lhe foi desfavorável, tendo apresentado recurso desacompanhado de depósito. Antes de intimar o contribuinte, o tribunal administrativo inscreveu o crédito em dívida ativa para interromper a prescrição e declarou a suspensão da exigibilidade do crédito tributário diante da interposição do recurso. A respeito dessa situação hipotética, assinale a opção correta.

a) Como é inconstitucional a exigência de depósito recursal na esfera administrativa, a autoridade agiu corretamente ao suspender a exigibilidade do crédito tributário.

b) Devido ao fato de a ausência de depósito impossibilitar a admissibilidade do recurso, a inscrição do crédito em dívida ativa é válida, pois se refere a crédito líquido e certo.

c) A lei promulgada pelo ente federativo é inválida, pois está em desacordo com o Código Tributário Nacional (CTN), o qual exige que o montante a ser depositado para interpor recurso corresponda ao valor integral do crédito discutido.

d) A ausência de depósito impossibilitou a admissão do recurso administrativo, de modo que não é obrigatória a suspensão da exigibilidade do crédito tributário.

e) A inscrição em dívida ativa interrompeu a prescrição.

ANOTAÇÕES/COMENTÁRIOS

(a, c, d) Correta alternativa "a". A Súmula Vinculante 21 afirma que "é inconstitucional a exigência de depósito ou arrolamento prévios de dinheiro ou bens para admissibilidade de recurso administrativo". Assim, nos termos do art. 151, III, do CTN, a interposição de recurso suspendeu a exigibilidade do crédito.

(b) Errada. A exigência de depósito é inconstitucional (SV 21) e a inscrição do crédito em dívida ativa se mostrou prematura, uma vez que ele ainda não está definitivamente constituído.

(e) Errada. O STJ entende que a suspensão prevista no artigo art. 2º, § 3º, da LEF não se aplica às dívidas de natureza tributária.

*Para responder, tem que estudar: lei, súmula/OJ e teoria/doutrina.*

*Gabarito: A*

## 1.3. Extinção do Crédito Tributário

**11. (Cespe/TJ/DFT/Juiz/2015)** Em 31.12.2009, o fisco de determinada unidade da Federação, por meio dos seus auditores, efetuou lançamento de ofício relativo ao tributo de ICMS e verificou inexatidão por parte da empresa Y no recolhimento e na declaração do referido imposto. O fisco intimou a contribuinte para que, no prazo de vinte dias, pagasse o crédito tributário, cujo fato gerador ocorreu em 9/9/2009. No entanto, por inadvertência, foi omitido, na intimação, o prazo para a impugnação do lançamento. Após quatro anos e sete meses da data do lançamento, houve a inscrição em dívida ativa do débito da empresa Y. Posteriormente, o fisco propôs a ação de execução fiscal do crédito, tendo o despacho que determinou a citação ocorrido oito meses depois da inscrição do débito em dívida ativa. Acerca dessa situação hipotética, assinale a opção correta.

a) A pretensão do fisco com relação à empresa Y encontra-se prescrita, pois a inscrição em dívida ativa não interrompe a prescrição.
b) O fisco praticou ato inválido ao realizar o lançamento de ofício, porque o ICMS é tributo sujeito a lançamento por homologação.
c) Embora não tenha sido especificado o prazo de defesa, a intimação do lançamento em questão foi válida porque a duração do prazo de impugnação está prevista em lei.
d) Como os prazos decadenciais não são interrompidos, ocorreu a decadência da exigibilidade da obrigação tributária.
e) Na data do despacho que determinou a citação, o crédito tributário encontrava-se exigível pois a inscrição em dívida ativa suspendeu a prescrição.

BLOCO III

ANOTAÇÕES/COMENTÁRIOS

(a) Certa. Tendo em vista que o enunciado da questão não trouxe a data da propositura da ação (o que poderia afastar a prescrição, se a ação tivesse sido proposta dentro do prazo do art. 174 do CTN), vê-se que o examinador apenas exigiu conhecimento da hipótese de interrupção do prazo prescricional trazida no art. 174, parágrafo único, I, do CTN. Assim, uma vez que o despacho que determinou a citação ocorreu após o transcurso do prazo prescricional de cinco anos contados da constituição do crédito, é de se reconhecer a prescrição. Não houve, importa dizer, qualquer causa suspensiva ou interruptiva, tendo em conta que inscrição em dívida ativa não suspende ou interrompe a prescrição da dívida tributária, consoante entendimento do STJ acerca do art. 2º, § 3º da LEF.

(b) Errada. Embora seja tributo sujeito a lançamento por homologação, o lançamento da diferença é realizado de ofício pela autoridade administrativa, nos termos do art.149, V, do CTN: "O lançamento é efetuado e revisto de ofício pela autoridade administrativa nos seguintes casos: V – quando se comprove omissão ou inexatidão, por parte da pessoa legalmente obrigada, no exercício da atividade a que se refere o artigo seguinte".

(c) Errada. "É nula a notificação fiscal que não indica o prazo para impugnação, acarretando a nulidade do lançamento do crédito tributário." (REsp 1387623).

(d) Errada. Não há que se falar em decadência na espécie. O Fisco lançou tempestivamente os créditos tributários, dentro do prazo decadencial iniciado com o fato gerador, uma vez que houve inexatidão na declaração e no pagamento do tributo (art. 150, § 4º, do CTN).

(e) Errada. O STJ entende que a suspensão prevista no artigo art. 2º, § 3º, da LEF não se aplica às dívidas de natureza tributária.

*Para responder, tem que estudar: lei e jurisprudência.*

*Gabarito: A*

**12. (Cespe/TJ/PB/Juiz/2015)** Em 20.7.2007, ocorreu fato gerador de ICMS que resultou em obrigação tributária no valor de dez mil reais. O contribuinte realizou pagamento parcial de cinco mil reais, mas a declaração respectiva foi encaminhada de forma incorreta. Em 26.10.2012, um auditor fiscal efetuou lançamento referente ao valor do tributo não pago. O contribuinte impugnou o ato administrativo, em 6.11.2013, mas, posteriormente, preferiu confessar o débito e aderir a programa de parcelamento do crédito tributário, o que resultou na desistência da impugnação realizada. Nessa situação hipotética:

a) ocorreu decadência do direito ao lançamento do crédito tributário, o que permite ao contribuinte pedir restituição ou ajuizar repetição do indébito em relação aos valores do parcelamento já pagos, haja vista que a confissão de débito não é suficiente para reavivar o débito.

b) não ocorreu a prescrição do tributo, pois, no caso, trata-se de tributo com lançamento por homologação, o que faz que o prazo para o lançamento seja contado a partir do primeiro dia do exercício seguinte àquele em que o lançamento poderia ter sido efetuado, mesmo nos casos em que haja pagamento.

c) embora tenha ocorrido prescrição com referência ao tributo em 21.7.2012, o que invalida o lançamento, a confissão de débito legitimou os pagamentos feitos pelo contribuinte durante o parcelamento.

d) não ocorreu a decadência do direito ao lançamento, pois, no caso, o lançamento do tributo se dá por declaração, o que faz que o prazo para o lançamento seja contado a partir do primeiro dia do exercício seguinte àquele em que o lançamento poderia ter sido efetuado.

e) não houve decadência do direito ao lançamento, pois, tratando-se de tributo com lançamento por homologação, o prazo decadencial deve ser contado a partir do primeiro dia do exercício seguinte àquele em que o lançamento poderia ter sido efetuado, mesmo nos casos em que tenha ocorrido pagamento parcial.

**ANOTAÇÕES/COMENTÁRIOS**

(a, e) Correta alternativa "a". Houve a decadência na hipótese. Tendo ocorrido a declaração incorreta e o pagamento parcial, o início do prazo decadencial para o Fisco lançar de ofício a diferença se inicia da data do fato gerador do tributo (art. 150, § 4º, do CTN). Nesse caso, como a decadência é causa de extinção do crédito tributário (art. 156, V, do CTN), não seria possível o contribuinte confessar um tributo que já não mais existe, razão pela qual se mostra devida a restituição do valor erroneamente pago no parcelamento.

(b) Errada. Tendo em vista que não houve a constituição do crédito (relativo à diferença), não há que se falar em prescrição. O prazo que corre em desfavor do Fisco é o decadencial.

(c) Errada. A confissão do débito não tem o condão de reavivar crédito que já decaiu (extinguiu). De outro modo, como visto, não há que se falar em prescrição, mas em decadência para o lançamento suplementar da diferença.

(d) Nos casos de tributo com lançamento por homologação, como o ICMS, em que há pagamento a menor do tributo, o prazo decadencial se inicia do fato gerador do tributo (art. 150, § 4º, do CTN), e não do primeiro dia do exercício seguinte àquele em que o lançamento poderia ter sido efetuado.

*Para responder, tem que estudar: lei e teoria/doutrina.*

*Gabarito: A*

BLOCO III

**13. (Cespe/TJ/DFT/Juiz/2014)** Determinado empresário foi intimado validamente de um lançamento efetuado pela Subsecretaria da Receita da Secretaria de Fazenda do DF em 5.5.2006, referente a créditos tributários oriundos do ICMS, vencidos em 5.3.2001 e que não foram objeto de qualquer pagamento ou declaração de débito do contribuinte, sem que este, no entanto, tenha incorrido em dolo, fraude ou simulação. Embora o contribuinte não tenha apresentado impugnação no prazo legal de trinta dias após a intimação do lançamento, o crédito tributário só foi inscrito em dívida ativa em 4.5.2011, e, posteriormente, em 1º.10.2011, foi proposta a execução fiscal, tendo ocorrido a citação válida do devedor em 1º.11.2011. Nessa situação hipotética:

a) houve prescrição do crédito tributário, visto que, tendo o vencimento do tributo ocorrido em 5.3.2001, o lançamento foi efetivado apenas em 5.5.2006, ou seja, após o prazo previsto no art. 150, § 4º, do CTN, contado a partir do fato gerador.

b) ocorreu a decadência do tributo, levando-se em conta que a execução fiscal foi proposta tão somente em 1º.10.2011, ou seja, muito após o prazo de cinco anos previsto no art. 174 do CTN, contado a partir da constituição definitiva do crédito tributário.

c) não houve nem decadência nem prescrição.

d) houve decadência do crédito tributário, visto que, tendo o vencimento do tributo ocorrido em 5.3.2001, o lançamento foi efetivado apenas em 5.5.2006, portanto, após o prazo de cinco anos previsto no art. 150, § 4º, do CTN, contado a partir do fato gerador.

e) ocorreu a prescrição do tributo, levando-se em conta que a execução fiscal foi proposta tão somente em 1º.10.2011, ou seja, muito após o prazo de cinco anos previsto no art. 174 do CTN, contado a partir da constituição definitiva do crédito tributário.

## ANOTAÇÕES/COMENTÁRIOS

(a, b, d) Erradas. Na hipótese, o prazo para constituição de ofício do crédito pelo Fisco é decadencial e não prescricional. Nos termos da Súmula 555/STJ: "Quando não houver declaração do débito, o prazo decadencial quinquenal para o Fisco constituir o crédito tributário conta-se exclusivamente na forma do art. 173, I, do CTN, nos casos em que a legislação atribui ao sujeito passivo o dever de antecipar o pagamento sem prévio exame da autoridade administrativa". No mesmo sentido: REsp 973.733, repetitivo. Assim, o prazo decadencial de cinco anos (contado na forma do art. 173, I, do CTN) somente teve início em 01.01.2002, não havendo que se falar em decadência.

(c, e) Correta a alternativa "e". Embora não se possa falar em decadência, o caso é de prescrição. Nos termos do art. 174 do CTN a Fazenda Pública possui o prazo prescricional de cinco anos para cobrar o crédito tributário regularmente constituído. Logo, tendo em vista que a propositura da ação ocorreu após o quinquênio legal, que se iniciou após o esgotamento do prazo para impugnação do lançamento (constituição definitiva do crédito) realizado em 05.06.2006, é de se reconhecer a prescrição. Finalmente, importa dizer que o STJ entende que a suspensão prevista no artigo art. 2º, § 3º, da LEF não se aplica às dívidas de natureza tributária.

*Para responder, tem que estudar: lei, jurisprudência e súmula/OJ.*

*Gabarito: E*

**14. (Cespe/TJ/AM/Juiz/2016)** A indústria de armamentos A, considerando-se detentora de créditos fiscais do ICMS originados do uso de projéteis balísticos em testes de qualidade de seus produtos, visando obter a convalidação de compensação tributária realizada em sua contabilidade e declarada nos formulários próprios às autoridades tributárias, impetrou mandado de segurança preventivo contra possível ato do secretário executivo da Receita da Secretaria de Fazenda do Estado do Amazonas. Acerca do cabimento, da adequação e dos efeitos de tal ação em relação às autoridades administrativas, assinale a opção correta.

a) A pretensão de obter créditos fiscais de ICMS pela utilização de projéteis balísticos em testes é incabível, já que, para que um produto intermediário gere créditos, é indispensável que ele integre o produto final.

b) Embora o mandado de segurança em matéria de compensação tributária tenha efeitos condenatórios, é admissível sua utilização para convalidar compensação efetivada pelo contribuinte.

c) É possível a convalidação de compensação efetivada pelo contribuinte, uma vez que é cabível a dilação probatória em mandado de segurança.

d) O mandado de segurança preventivo em matéria de compensação tributária tem efeitos meramente declaratórios, de modo que é compatível com a convalidação de compensação efetivada pelo contribuinte.

e) É cabível a declaração de compensação via mandamental, não podendo, todavia, o Poder Judiciário impor entraves para que a administração tributária apure a liquidez e certeza dos créditos apontados pelo contribuinte nas suas declarações e contabilidade.

ANOTAÇÕES/COMENTÁRIOS

(a) Errada. Não se mostra necessário que o produto integre o produto final para gerar crédito de ICMS. É possível o aproveitamento de ICMS referente "à aquisição de quaisquer produtos intermediários, ainda que consumidos ou desgastados gradativamente, desde que comprovada a necessidade de utilização dos mesmos para a realização do objeto social do estabelecimento empresarial". (AgInt no REsp 1486991).

(b, c, d, e) Correta alternativa "e". Nesta questão, o examinador exigiu o conhecimento das seguintes Súmulas do STJ: Súmula 212: "A compensação de créditos tributários não pode ser deferida em ação cautelar ou por medida liminar cautelar ou antecipatória"; Súmula 213: "O mandado de segurança constitui ação adequada para a declaração do direito à compensação tributária e Súmula 460: "É incabível o mandado de segurança para convalidar a compensação tributária realizada pelo contribuinte". Em adição, cumpre dizer também que, sendo declarado o direito à compensação, cabe à administração, no caso, apurar a liquidez e certeza dos créditos que o contribuinte pretende compensar.

*Para responder, tem que estudar: jurisprudência, súmula/OJ e teoria/doutrina.*

*Gabarito: E*

**15. (Cespe/TJ/PR/Juiz/2017)** Em 3/6/2009, determinado contribuinte sofreu lançamento referente a fatos geradores de ICMS que teriam ocorrido em 1º/3/2004, sem que tivesse havido declaração de débito nem qualquer pagamento de tributo. Nessa situação hipotética:

a) houve prescrição, que se conta a partir do fato gerador, de modo que o lançamento não poderia ter sido realizado.

b) houve decadência, que se conta, nesse caso, a partir do fato gerador, de modo que o lançamento não poderia ter sido realizado.

c) não houve decadência nem prescrição.

d) houve prescrição, contada do primeiro dia do exercício seguinte ao que o lançamento poderia ter sido realizado, de maneira que o crédito não poderia ter sido constituído.

ANOTAÇÕES/COMENTÁRIOS

(a, b, d) Erradas. Como o contribuinte não declarou, nem realizou o pagamento, não há que se falar em constituição do crédito, e, consequentemente, não se pode falar em prescrição. Nessa direção, a Súmula 555/STJ: "Quando não houver declaração do débito, o prazo decadencial quinquenal para o Fisco constituir o crédito tributário conta-se exclusivamente na forma do art. 173, I, do CTN, nos casos em que a legislação atribui ao sujeito passivo o dever de antecipar o pagamento sem prévio exame da autoridade administrativa". No mesmo sentido: REsp 973.733, repetitivo. No caso, o prazo decadencial para constituição do crédito se conta a partir do primeiro dia do exercício seguinte (01.01.2005), nos termos do art. 173, I, do CTN.

(c) Certa. A decadência somente estaria consumada em 01.01.2010. A prescrição, por sua vez, somente se iniciaria após a constituição definitiva do crédito tributário. Assim, inocorrente a decadência e a prescrição.

*Para responder, tem que estudar: lei, jurisprudência e súmula/OJ.*

*Gabarito: C*

**16. (Cespe/TJ/PR/Juiz/2017)** A empresa XY, considerando-se detentora de créditos de ICMS resultantes de tributos pagos indevidamente, propôs mandado de segurança para convalidar compensação efetivada por ela, requerendo que o Poder Judiciário declarasse extintos os créditos tributários discriminados em sua contabilidade. Acerca dessa situação hipotética, assinale a opção correta.

a) O mandado de segurança não é cabível para convalidar a compensação realizada pela empresa XY.

b) O mandado de segurança não é ação adequada para a declaração do direito à compensação, o que obsta a pretensão da empresa XY.

c) A declaração de extinção dos créditos tributários discriminados em contabilidade pretendida pela empresa XY é possível, por ser o mandado de segurança ação adequada para declaração do direito à compensação.

d) A pretensão da empresa XY pode ser deferida em tutela liminar, desde que esteja amparada exclusivamente em provas documentais.

*ANOTAÇÕES/COMENTÁRIOS*

(a, b, c, d) Correta alternativa "a". Nessa questão o examinador exigiu o conhecimento das Súmulas n.s 212, 213 e 460 do STJ: Súmula 460: "É incabível o mandado de segurança para convalidar a compensação tributária realizada pelo contribuinte". Súmula 212 "A compensação de créditos tributários não pode ser deferida em ação cautelar ou por medida liminar cautelar ou antecipatória". Súmula 213: "O mandado de segurança constitui ação adequada para a declaração do direito à compensação tributária". Repara-se que, o conteúdo da Súmula 212 revela que o pronunciamento judicial limita-se à declaração do direito à compensação, não havendo que se falar em declaração da extinção dos créditos.

*Para responder, tem que estudar: súmula/OJ.*

*Gabarito: A*

## 1.4. Exclusão de Crédito Tributário

**17. (Cespe/TJ/TO/Juiz/2007)** No que se refere ao crédito tributário, assinale a opção correta.

a) A exclusão do crédito tributário dispensa o cumprimento das obrigações acessórias dependentes da obrigação principal cujo crédito seja excluído, ou dela consequente.

b) Presume-se fraudulenta a alienação ou oneração de bens ou rendas, ou seu começo, por sujeito passivo em débito com a fazenda pública, por crédito tributário regularmente inscrito como dívida ativa, mesmo que ele tenha reservado bens ou rendas suficientes para o total pagamento da dívida inscrita.

c) A anistia e a isenção excluem o crédito tributário.

d) Conforme a legislação em vigor, o prazo prescricional de 5 anos da ação de repetição do indébito, na hipótese de lançamento por homologação, conta-se da data da extinção do crédito tributário, ou seja, do momento em que ocorre a homologação, tácita ou expressa, do lançamento.

*ANOTAÇÕES/COMENTÁRIOS*

(a) Errada. O art. 175, parágrafo único, do CTN informa que: "A exclusão do crédito tributário não dispensa o cumprimento das obrigações acessórias dependentes da obrigação principal cujo crédito seja excluído, ou dela consequente".

(b) Errada. Tendo sido reservados bens pelo devedor, não é o caso de presunção de fraude. É o que determina o art. 185, parágrafo único, do CTN: "o disposto neste artigo não se aplica na hipótese de terem sido reservados, pelo devedor, bens ou rendas suficientes ao total pagamento da dívida inscrita".

(c) Certa. É a literalidade do art. 175, I e II, do CTN.

(d) Errada. Para ações ajuizadas a partir de 09.06.2005 (art. 3º da LC 118/2005), o prazo prescricional do pedido de repetição é contado a partir do pagamento indevido, e não da homologação tácita. Nesse sentido o RE 566.621, repercussão geral.

*Para responder, tem que estudar: lei e jurisprudência.*

*Gabarito: C*

## 1.5. Garantias e Privilégios do Crédito Tributário

**18. (Cespe/TJ/PB/Juiz/2011)** As garantias e privilégios do crédito tributário, instituídas pela lei em favor do poder público, visam assegurar o recebimento da prestação tributária. Acerca de tais garantias e privilégios, assinale a opção correta.

a) O bem de família, instituído por lei, pode ser penhorado em execução fiscal, independentemente da natureza do tributo cobrado em juízo.

b) A fraude à execução fiscal ocorre com a alienação de bens pelo sujeito passivo em débito tributário para com a fazenda pública, após a regular inscrição do crédito tributário na dívida ativa, tornando-o insolvente.

c) Os créditos tributários gozam de preferência em relação a quaisquer outros, incluindo-se os decorrentes da legislação trabalhista.

d) O concurso de preferência para recebimento do crédito tributário entre as pessoas jurídicas de direito público obedece à seguinte ordem: municípios, estados e DF e, por fim, a União.

e) Respondem pelo pagamento do crédito tributário todos os bens, presentes e futuros, do sujeito passivo, salvo os gravados por ônus real ou cláusula de inalienabilidade ou impenhorabilidade.

ANOTAÇÕES/COMENTÁRIOS

(a) Errada. A impenhorabilidade do bem de família não é oponível em face das dívidas tributárias do próprio imóvel descritas no art. 3º, IV da Lei 8.009/1990: "A impenhorabilidade é oponível em qualquer processo de execução civil, fiscal, previdenciária, trabalhista ou de outra natureza, salvo se movido: IV – para cobrança de impostos, predial ou territorial, taxas e contribuições devidas em função do imóvel familiar". Sobre o tema ver ainda: arts. 10 e 30 da LEF.

(b) Certa. O artigo 185 do CTN assim proclama: "Presume-se fraudulenta a alienação ou oneração de bens ou rendas, ou seu começo, por sujeito passivo em débito para com a Fazenda Pública, por crédito tributário regularmente inscrito como dívida ativa".

(c) Errada. O art. 186 do CTN expressamente ressalva: "O crédito tributário prefere a qualquer outro, seja qual for sua natureza ou o tempo de sua constituição, ressalvados os créditos decorrentes da legislação do trabalho ou do acidente de trabalho".

(d) Errada. O art. 187 do CTN e art. 29, parágrafo único, da LEF, ordenam o concurso de maneira inversa ao enunciado pela questão.

(e) Errada. O art. 184 do CTN não traz a ressalva. Veja: "Sem prejuízo dos privilégios especiais sobre determinados bens, que sejam previstos em lei, responde pelo pagamento do crédito tributário a totalidade dos bens e das rendas, de qualquer origem ou natureza, do sujeito passivo, seu espólio ou sua massa falida, inclusive os gravados por ônus real ou cláusula de inalienabilidade ou impenhorabilidade, seja qual for a data da constituição do ônus ou da cláusula, excetuados unicamente os bens e rendas que a lei declare absolutamente impenhoráveis. " No mesmo sentido: art. 30, da LEF.

*Para responder, tem que estudar: lei.*

*Gabarito: B*

## 2. ADMINISTRAÇÃO TRIBUTÁRIA

**19. (Cespe/TJ/MA/Juiz/2013)** Assinale a opção correta a respeito de receitas públicas, responsabilidade tributária, fiscalização tributária e preços públicos.

a) O regime contábil adotado para a receita pública no Brasil é o de competência.

b) O inadimplemento da obrigação tributária pela sociedade gera, de forma automática, a responsabilidade solidária do sócio gerente.

c) Sob o ponto de vista tributário e financeiro, é correto afirmar que vigora, no Brasil, o federalismo simétrico, visto que o pacto federativo reconhece as diferenças econômicas entre os vários entes da Federação em virtude da arrecadação de receita, e, por esse motivo, tenta superar tais distorções com os sistemas de compartilhamento de competência e repartição de competência tributária.

d) O procedimento de fiscalização tributária é informado pelo princípio documental.

ANOTAÇÕES/COMENTÁRIOS

(a) Errada. O Brasil adota o regime de caixa para as receitas (art. 35, I da Lei 4.320/64).

BLOCO III

(b) Errada. Súmula 430/STJ: "O inadimplemento da obrigação tributária pela sociedade não gera, por si só, a responsabilidade solidária do sócio-gerente".

(c) Errada. Há, no ponto, vários aspectos do federalismo assimétrico, que possui como pressuposto as diferenças existentes entre os entes políticos.

(d) Certa. O art. 196 do CTN determina a formalização dos diversos atos de fiscalização tributária, em homenagem ao princípio documental, que informa a atividade de fiscalização.

*Para responder, tem que estudar: lei, súmula/OJ e teoria/doutrina.*

*Gabarito: D*

---

**20. (Cespe/TJ/AM/Juiz/2016)** Considerando que a fazenda pública deve observar os princípios constitucionais para a legítima cobrança de tributos, assinale a opção correta com base na jurisprudência do STF.

a) Para o STF, é constitucional a apreensão de mercadorias como forma de obrigar o devedor a pagar os tributos devidos.

b) A exigência, pela fazenda pública, de prestação de fiança para a impressão de notas fiscais de contribuintes em débito com o fisco viola as garantias do livre exercício do trabalho, ofício ou profissão, da atividade econômica e do devido processo legal.

c) É constitucional a exigência de depósito prévio como requisito de admissibilidade de ação judicial na qual se pretenda discutir a exigibilidade de crédito tributário.

d) A imunidade tributária dos impostos sobre a renda não alcança as empresas públicas prestadoras de serviços públicos.

e) Norma local que condicione a concessão de regime especial de tributação à apresentação de certidão negativa de débitos tributários não constitui meio indireto de cobrança de tributo.

**ANOTAÇÕES/COMENTÁRIOS**

(a) Errada. Súmula 323/STF: "É inadmissível a apreensão de mercadorias como meio coercitivo para pagamento de tributos". Para o STF, tal ato constitui indevida sanção política.

(b) Certa. É inconstitucional o uso de meio indireto coercitivo para pagamento de tributo – "sanção política" –, tal qual ocorre com a exigência, pela Administração Tributária, de fiança, garantia real ou fidejussória como condição para impressão de notas fiscais de contribuintes com débitos tributários". (RE 565048, repercussão geral).

(c) Errada. Súmula Vinculante 28: "É inconstitucional a exigência de depósito prévio como requisito de admissibilidade de ação judicial na qual se pretenda discutir a exigibilidade de crédito tributário".

(d) Errada. Embora a regra do art. 150, § 2º, da CF não contemple empresas públicas, o STF possui entendimento de que a imunidade é extensível a determinadas empresas públicas e sociedade de economia mista, nos casos onde há prestação de serviço público obrigatório por esses entes. Ex.: Correios, Infraero.

(e) Errada. Entende-se por sanção política a restrição desarrazoada ao exercício da atividade econômica ou profissional decorrente do não pagamento do tributo Trata-se de ilegítimo meio indireto de coerção ao pagamento do tributo. Exemplo disso é a exigência de certidão negativa para fazer parte de determinado regime especial. Nesse sentido: AI 798210 AgR e ARE 914045, repercussão geral.

*Para responder, tem que estudar: jurisprudência e súmula/OJ.*

*Gabarito: B*

**21. (Cespe/TJ/PB/Juiz/2011)** Tendo em vista que a inscrição do crédito tributário na dívida ativa faz-se depois de esgotado o prazo fixado para pagamento e levando em consideração a disciplina aplicável a essa matéria, assinale a opção correta.

a) A dívida regularmente inscrita goza de presunção absoluta de certeza e liquidez.

b) O lançamento substitui a inscrição na dívida ativa tributária, para todos os efeitos legais.

c) A inscrição do crédito tributário na dívida ativa e a consequente expedição da certidão é pressuposto para a cobrança por meio de execução fiscal.

d) É requisito da certidão da dívida ativa que dela constem os nomes do sujeito passivo da obrigação tributária e dos responsáveis, sob pena de ficar afastada a responsabilidade daqueles cujo nome não figure expressamente nela.

e) O princípio da segurança jurídica impede a emenda ou substituição da certidão da dívida ativa em caso de omissão ou erro quanto aos requisitos formais, caso em que o vício da certidão acarreta a extinção do crédito tributário.

ANOTAÇÕES/COMENTÁRIOS

(a) Errada. A presunção é relativa. É o que nos demonstram o art. 204, parágrafo único, do CTN e o art. 3º, parágrafo único, da LEF: "A presunção a que se refere este artigo é relativa e pode ser ilidida por prova inequívoca, a cargo do executado ou de terceiro, a quem aproveite".

(b) Errada. O lançamento (art. 142 do CTN), ato que constitui o crédito tributário, precede a inscrição em dívida ativa.

(c) Certa. A inscrição do crédito em dívida ativa (art. 202 do CTN) antecede a expedição da CDA (art. 202, parágrafo único, do CTN; art. 2º, § 6º, da LEF) que aparelha a execução fiscal (art. 6º, § 1º, da LEF).

(d) Errada. Não há problema se o responsável for incluído somente após a efetivação do ato de inscrição, por ordem judicial. Aliás, muitas hipóteses de responsabilidade tributária ocorrem no curso da execução fiscal.

(e) Errada. O examinador exigiu o conhecimento do art. 203 do CTN; do art. 2º, § 8º, da LEF, bem como da Súmula 392/STJ.

*Para responder, tem que estudar: lei, súmula/OJ e teoria/doutrina.*

*Gabarito: C*

**22. (Cespe/TJ/TO/Juiz/2007)** Com base em lei complementar editada pelo Congresso Nacional em 2001, o fisco do estado do Tocantins requereu, de forma adequada, de uma instituição integrante do sistema financeiro, informações sobre a movimentação bancária da sociedade mercantil Alfa Ltda., domiciliada naquele estado. Com base nessas informações, procedeu ao lançamento tributário e notificou, em dezembro de 2005, o sujeito passivo para pagar a quantia relativa ao ICMS dos anos de 1998 a 2002. O sujeito passivo não contestou administrativamente o referido débito, o qual foi posteriormente inscrito em dívida ativa e ensejou o ajuizamento da ação executiva fiscal. A sociedade mercantil ingressou, então, com ação anulatória de débito fiscal com pedido de tutela antecipada visando a suspensão da exigibilidade do crédito tributário. Acerca da situação hipotética descrita no texto e da responsabilidade tributária, das garantias e privilégios do crédito tributário e da administração tributária, assinale a opção correta.

a) Considere que tenha ocorrido a penhora de bem pertencente à sociedade Alfa Ltda. por meio de execução fiscal e que, depois, tenha havido a decretação da sua falência. Nesse caso, tem-se que o resultado da alienação do bem penhorado não estará subordinado à concorrência preferencial dos créditos.

b) Como há discussão judicial da exigibilidade do crédito, a sociedade Alfa Ltda. fará jus a certidão positiva com efeitos de negativa de débito.

c) A prescrição da ação executiva fiscal interrompe-se com o despacho do juiz que ordenar a citação.

d) Mesmo tratando-se de uma sociedade com responsabilidade limitada, uma vez decretada a falência, os sócios serão solidariamente responsáveis pela dívida tributária da sociedade.

**ANOTAÇÕES/COMENTÁRIOS**

(a) Errada. Embora o bem fique subordinado ao juízo da execução (mantendo-se a penhora), após sua venda, o produto da arrematação é destinado ao juízo falimentar. Nesse sentido é a Súmula 44 do extinto TFR.

(b) Errada. Não há possibilidade de emissão da certidão uma vez que há débito exigível não garantido (art. 206 do CTN). A mera discussão judicial não é suficiente para obtenção da certidão.

(c) Certa. É a literalidade do art. 174, parágrafo único, I, do CTN.

(d) Errada. A mera decretação da falência não enseja a responsabilização dos sócios pelos tributos da sociedade. Aliás, no curso do processo falimentar poderá ocorrer a quitação da dívida tributária.

*Para responder, tem que estudar: lei e súmula/OJ.*

*Gabarito: C*

## 3. LEI COMPLEMENTAR TRIBUTÁRIA

**23. (Cespe/TJ/ES/Juiz/2011)** Assinale a opção correta com referência aos princípios do direito tributário.

a) Para a dispensa ou redução de penalidades, não é necessário disposição em lei, uma vez que a própria administração pública pode, de ofício, atuar nesses casos.

b) É permitido que lei tributária disponha, de modo genérico, sobre alíquota e base de cálculo de tributo.

c) As obrigações tributárias acessórias, embora não estejam inseridas na obrigação principal, devem, necessariamente, ser instituídas por lei.

d) Em respeito ao princípio da legalidade tributária, garantia assegurada ao contribuinte, a União não pode exigir um tributo que a lei não estabeleça, mas pode aumentá-lo sem tal exigência.

e) No sistema brasileiro, é juridicamente possível a instituição de determinados tributos por meio de leis complementares.

ANOTAÇÕES/COMENTÁRIOS

(a) Errada. O art. 97, VI, do CTN afirma que: "Somente a lei pode estabelecer as hipóteses de exclusão, suspensão e extinção de créditos tributários, ou de dispensa ou redução de penalidades".

(b) Errada. Em matéria tributária (estrita legalidade), a lei deve dispor de forma específica e clara sobre alíquota e base de cálculo. Em relação às alíquotas, é possível, contudo, que sejam alteradas pelo Poder Executivo, em determinadas condições.

(c) Errada. Nos termos do art. 113, § 2º, do CTN, a obrigação tributária acessória pode ser veiculada pela legislação tributária, que abrange uma série de espécies normativas, na esteira do que prescreve o art. 96 do CTN: "A expressão "legislação tributária" compreende as leis, os tratados e as convenções internacionais, os decretos e as normas complementares que versem, no todo ou em parte, sobre tributos e relações jurídicas a eles pertinentes".

(d) Errada. A União não pode exigir nem aumentar (art. 150, I, da CF).

(e) Certa. Por exemplo: arts. 148; 153, VII e 154, I, todos da CF.

*Para responder, tem que estudar: lei.*

*Gabarito: E*

**24. (Cespe/TJ/MA/Juiz/2013)** Em relação a fato gerador de imposto, orçamento, restos a pagar e limitações do poder de tributar, assinale a opção correta.

a) O exercício financeiro não coincide com o ano civil.

b) Consideram-se restos a pagar não processados as despesas empenhadas e liquidadas, mas não pagas até trinta e um de dezembro.

c) Segundo expressa determinação constitucional, é necessária lei complementar para implementar os seguintes tributos: empréstimo compulsório; imposto sobre grandes fortunas; imposto residual da União e novas contribuições sociais.

d) Segundo entendimento do STF, a alienação de salvados não integra a própria operação de seguro, constituindo, por conseguinte, fato gerador autônomo do ICMS.

ANOTAÇÕES/COMENTÁRIOS

(a) Errada. O art. 34 da Lei 4.320/64 afirma que: "O exercício financeiro coincidirá com o ano civil".

(b) Incorreta: A questão trouxe o conceito de restos a pagar processados, hipótese onde há liquidação (art. 36 da Lei 4.320/64 e art. 67, § 1º, Decreto 93.872/1982).

(c) Certa. A CF traz hipóteses em que se mostra necessária a edição de lei complementar: empréstimos compulsórios (art. 148, I e II, CF); IGF (art. 153, VII, da CF); impostos residuais (art. 154, I, da CF); novas contribuição sociais (art. 195, § 4º, c/c art. 154, I, todos da CF).

(d) Errada. Súmula Vinculante 32: "O ICMS não incide sobre alienação de salvados de sinistro pelas seguradoras".

*Para responder, tem que estudar: lei e súmula/OJ.*

*Gabarito: C*

**25. (Cespe/TJ/DFT/Juiz/2014)** O DF promulgou lei ordinária, na qual se estabelecia que não estariam abrangidos pela imunidade tributária os serviços prestados, no DF, por instituição de educação ou de assistência social sem fins lucrativos a tomadores de serviços sediados fora do território nacional. O Hospital Beneficente X, sem fins lucrativos, celebrou contrato de R$ 1.000.000 para prestar assistência médica e hospitalar a funcionários credenciados pela FIFA, tendo sido autuado por não recolher o tributo. Em relação a essa situação hipotética, assinale a opção correta.

a) A definição dos limites da regra constitucional de imunidade é matéria reservada a lei complementar, sendo, portanto, inconstitucional a lei ordinária em questão.
b) Consoante o disposto no art. 14 do CTN, que, recepcionado pela atual ordem constitucional, regula validamente a hipótese descrita, entidades de educação e assistência social sem fins lucrativos estão proibidas de distribuir qualquer parcela de seu patrimônio, renda ou serviços a qualquer título, o que impede que o hospital em questão preste assistência médica e hospitalar a funcionários credenciados pela FIFA.
c) A referida lei ordinária, ao restringir os tomadores possíveis do serviço, limitou-se a estipular regras para o funcionamento das instituições como entidades imunes, não tendo extravasado os limites de sua competência.
d) O art. 14, II, do CTN estabelece, como um dos requisitos para a fruição da imunidade, a integral origem dos recursos da entidade imune em território nacional, estando, portanto, a referida lei ordinária em consonância com a norma tributária.
e) A imunidade é uma não incidência de origem constitucional, não comportando regulamentação, seja por lei complementar, seja por lei ordinária.

**ANOTAÇÕES/COMENTÁRIOS**

(a, e) Correta alternativa "a". É o que expressamente afirma o art. 146, II, da CF. Importante dizer que, em 2017, no julgamento do RE 566.622 com repercussão geral reconhecida, o STF concluiu que "os requisitos para o gozo de imunidade hão de estar previstos em lei complementar".

(b) Errada. Conforme prescreve o art. 14, I, do CTN: "não distribuírem qualquer parcela de seu patrimônio ou de suas rendas, a qualquer título". Note, então, que a lei não menciona "serviços", razão pela qual a questão está errada.

(c) Errada. A lei, efetivamente, adentrou em matéria reservada à lei complementar, nos termos do art. 146, II, da CF.

(d) Errada. O art. 14, II, do CTN regula nos seguintes termos: "aplicarem integralmente, no País, os seus recursos na manutenção dos seus objetivos institucionais".

*Para responder, tem que estudar: lei e jurisprudência.*

*Gabarito: A*

## 4. LIMITAÇÕES DO PODER DE TRIBUTAR

### 4.1. Princípios do Direito Tributário

**26. (Cespe/TJ/ES/Juiz/2011)** Em conformidade com a legislação tributária em vigor e com a CF, assinale a opção correta.

a) Se, de algum modo, a lei beneficiar o contribuinte, ela não deverá produzir efeitos imediatos, dada a obrigatoriedade da observância do princípio da anterioridade.

b) A forma de concretização do postulado da capacidade contributiva de certos tributos indiretos é a seletividade, de natureza obrigatória para o imposto sobre produtos industrializados.

c) Quando a lei for expressamente interpretativa, ela será aplicada, em determinados casos, a ato ou fato pretérito, excluída a aplicação de penalidade a infração de dispositivos interpretativos.

d) De acordo com a CF, é livre a locomoção no território nacional em tempo de paz, podendo qualquer pessoa nele entrar, permanecer ou dele sair, entretanto, sobre o trânsito dos bens dessa pessoa incidirão impostos.

e) É possível que um tributo federal contenha alíquotas diferenciadas em algumas áreas do país, não se observando uma alíquota una para toda a extensão do território nacional.

**ANOTAÇÕES/COMENTÁRIOS**

(a) Errada. A lei em questão não se sujeita ao princípio da anterioridade, que tem como escopo a proteção do contribuinte.

(b) Certa. Em regra, é por meio da seletividade que se implementa o princípio da capacidade contributiva em certos tributos indiretos. No IPI, ela é obrigatória por força do que determina o art. 153, § 3º, I, da CF.

(c) Errada. O art. 106, I, do CTN nos informa que: "a lei aplica-se a ato ou fato pretérito: I – em qualquer caso, quando seja expressamente interpretativa, excluída a aplicação de penalidade à infração dos dispositivos interpretados".

(d) Errada. Os artigos 5º, XV, e 150, V, da CF têm como objetivo vedar a tributação que busque atingir a liberdade de locomoção das pessoas e seus bens.

(e) O art. 151, I, da CF afirma ser vedado à União: "instituir tributo que não seja uniforme em todo o território nacional ou que implique distinção ou preferência em relação a Estado, ao Distrito Federal ou a Município, em detrimento de outro, admitida a concessão de incentivos fiscais destinados a promover o equilíbrio do desenvolvimento sócio-econômico entre as diferentes regiões do País". Trata-se do princípio da uniformidade geográfica da tributação. Verifica-se que a questão considerou que a expressão "alíquotas diferenciadas" não se amolda ao conceito de "incentivo fiscal" permitido pelo texto constitucional. Contudo, é imperioso advertir que respeitável doutrina entende em sentido contrário, ou seja, que o estabelecimento de alíquota diferenciada é admitido em razão da parte final do artigo em comento. Aliás, alguns autores chegam a denominar esse princípio de "Postulado da defesa da identidade de alíquotas".

*Para responder, tem que estudar: lei e teoria/doutrina.*

*Gabarito: B*

**27. (Cespe/TJ/DFT/Juiz/2016)** A respeito das normas do Código Tributário Nacional (CTN), assinale a opção correta.

a) A conversão de depósito em renda é causa de suspensão do crédito tributário.

b) Os dispositivos de lei relativos à instituição de imposto sobre o patrimônio ou a renda passam a vigorar noventa dias após a publicação da lei.

c) O estabelecimento de diferença tributária entre bens de qualquer natureza, em razão de sua procedência ou de seu destino, é proibido aos estados, ao DF e aos municípios.

d) A capacidade tributária passiva depende da capacidade civil das pessoas naturais.

e) A contribuição de melhoria apresenta, como limite total, a despesa realizada e, como limite individual, o dobro do acréscimo de valor que resultar da obra pública para cada imóvel beneficiado.

*ANOTAÇÕES/COMENTÁRIOS*

(a) Errada. Trata-se de causa de extinção do crédito tributário (art. 156, VI, do CTN).

(b) Errada. O imposto de renda é exceção ao princípio da anterioridade nonagesimal (art. 150, § 1º, da CF).

(c) Certa. O art. 152 da CF diz ser: "vedado aos Estados, ao Distrito Federal e aos Municípios estabelecer diferença tributária entre bens e serviços, de qualquer natureza, em razão de sua procedência ou destino".

(d) Errada. O art. 126, I, do CTN assevera que "a capacidade tributária passiva independe da capacidade civil das pessoas naturais".

(e) Errada. O art. 81 do CTN disciplina os limites da seguinte forma: "(...) tendo como limite total a despesa realizada e como limite individual o acréscimo de valor que da obra resultar para cada imóvel beneficiado".

*Para responder, tem que estudar: lei.*

*Gabarito: C*

**28. (Cespe/TJ/ES/Juiz/2011)** Considerando as fontes do direito tributário, assinale a opção correta.

a) O princípio da anualidade confunde-se com o princípio da anterioridade tributária, ambos com o mesmo fundamento jurídico.

b) De acordo com o princípio da anterioridade anual, previsto constitucionalmente, é vedado à União, sem prejuízo de outras garantias asseguradas ao contribuinte, cobrar tributos no mesmo exercício financeiro em que haja sido publicada a lei que os instituiu ou aumentou.

c) Não se aplicam as regras gerais da "vacatio legis" à lei tributária, ainda que não haja disposição sobre a data de sua entrada em vigor.

d) A característica principal do imposto de renda é o fato de esse tributo não ser progressivo, sendo suas alíquotas fixadas taxativamente em lei.

e) De acordo com a sistemática traçada pela CF, cabe à lei ordinária dispor sobre conflitos de competência entre a União, os estados, o DF e os municípios, em matéria tributária.

ANOTAÇÕES/COMENTÁRIOS

(a) Errada. Os princípios não se confundem. Pelo princípio da anualidade, que não possui previsão expressa na CF, somente seria possível a cobrança de tributo no exercício, se houvesse autorização no orçamento anual. Já o princípio da anterioridade possui base Constitucional (art. 150, III, "b" e "c", da CF) e determina um período de tempo mínimo entre a publicação da lei e a data da cobrança tributária, ou seja, busca proteger o contribuinte contra a imediata incidência das normas que aumentem a carga tributária.

(b) Certa. É o texto do art. 150, III, "b", da CF.

(c) Errada. O art. 101 do CTN afirma que: "a vigência, no espaço e no tempo, da legislação tributária rege-se pelas disposições legais aplicáveis às normas jurídicas em geral, ressalvado o previsto neste Capítulo". Ou seja, as regras gerais sobre vigência das normas se aplicam às normas tributárias, salvo se houver regra específica.

(d) Errada. O art. 153, § 2º, I, da CF determina que: "O imposto previsto no inciso III: será informado pelos critérios da generalidade, da universalidade e da progressividade, na forma da lei.

(e) Errada. Trata-se de matéria reservada à Lei Complementar (art. 146, I, CF).

*Para responder, tem que estudar: lei e teoria/doutrina.*

*Gabarito: B*

**29. (Cespe/TJ/PB/Juiz/2011)** Considerando os princípios constitucionais tributários, que estruturam o sistema tributário e servem de orientação para a interpretação e a aplicação das regras específicas do direito tributário, assinale a opção correta.

a) A relação tributária configura-se como relação de império do Estado para com o contribuinte, o qual, por seu lado, está sujeito ao poder estatal pela via da compulsoriedade.

b) Em virtude da natureza da relação entre o Estado e o contribuinte, o poder de tributar é absoluto.

c) Um dos vetores na relação entre fisco e contribuinte, o princípio da legalidade não limita os governantes na atividade de tributação.

d) O poder de instituir tributos é ato unilateral e discricionário do Estado e impõe ao destinatário do tributo que aceite a invasão patrimonial.

e) Os princípios constitucionais tributários são expressão da soberania estatal e traduzem-se em limitações ao poder de tributar, o que não impede que o Estado exija dos indivíduos, por atividade vinculada, parcela do seu patrimônio.

ANOTAÇÕES/COMENTÁRIOS

(a, b, c, d, e) Correta alternativa "e". A relação tributária não é apenas uma relação de poder, trata-se de relação jurídica entre Estado e contribuinte, que se submete, consequentemente, ao ordenamento jurídico vigente. A manifestação do poder de tributar é sempre veiculada por lei (ou MP). Colhe-se, sendo assim, que são os eleitos pelo povo que instituem a exação, legitimando dessa forma a cobrança (*no taxation without representation*). O sujeito passivo, por sua vez, pode se insurgir contra essa manifestação, utilizando-se dos meios legais postos a sua disposição pelo ordenamento jurídico. Vê-se, assim, que o poder de tributar não é absoluto, encontrando inúmeras limitações na ordem jurídica.

*Para responder, tem que estudar: teoria/doutrina.*

*Gabarito: E*

**30. (Cespe/TJ/RN/Juiz/2013)** No que concerne aos princípios e limitações constitucionais do poder de tributar, assinale a opção correta.

a) O princípio da legalidade é o pilar estruturante do sistema tributário, motivo pelo qual, segundo o entendimento do STF, não cabe edição de medida provisória com o objetivo de instituir ou aumentar impostos.

b) A União, os estados, o DF e os municípios não podem estabelecer limitações ao tráfego de pessoas ou bens por meio de tributos interestaduais ou intermunicipais, incluindo-se o pedágio pela utilização de vias conservadas pelo poder público.

c) É vedado à União, aos estados, ao DF e aos municípios estabelecer diferença tributária entre bens e serviços, de qualquer natureza, em razão de sua procedência ou destino.

d) Dado o princípio da anterioridade, é vedada a cobrança do tributo no mesmo exercício financeiro em que haja sido publicada a lei que os tenha instituído ou aumentado, aplicando-se tal princípio, inclusive, em relação à regra legislativa que altera o prazo de recolhimento da obrigação tributária.

e) O princípio do não confisco deve ser observado em relação à totalidade da carga tributária, levando-se em consideração a capacidade de que dispõe o contribuinte para suportar e sofrer a incidência de todos os tributos instituídos pelo mesmo ente político.

ANOTAÇÕES/COMENTÁRIOS

(a) Errada. É possível a edição de MP para instituir e majorar imposto (art. 62, § 2º, da CF).

(b) Errada. O art. 150, V, da CF afirma que: "Sem prejuízo de outras garantias asseguradas ao contribuinte, é vedado à União, aos Estados, ao Distrito Federal e aos Municípios: V: estabelecer limitações ao tráfego de pessoas ou bens, por meio de tributos interestaduais ou intermunicipais, ressalvada a cobrança de pedágio pela utilização de vias conservadas pelo Poder Público".

(c) Errada. Essa vedação não se aplica à União (art. 152 da CF).

(d) Errada. Súmula Vinculante 50: "Norma legal que altera o prazo de recolhimento da obrigação tributária não se sujeita ao princípio da anterioridade".

(e) Certa. "A identificação do efeito confiscatório deve ser feita em função da totalidade da carga tributária, mediante verificação da capacidade de que dispõe o contribuinte – considerado o montante de sua riqueza (renda e capital) – para suportar e sofrer a incidência de todos os tributos que ele deverá pagar, dentro de determinado período, à mesma pessoa política que os houver instituído (...)" (ADI 2010 MC)

*Para responder, tem que estudar: lei, jurisprudência e súmula/OJ.*

*Gabarito: E*

**31. (Cespe/TJ/MA/Juiz/2013)** Considerando aspectos relacionados à incidência de imposto, às contribuições sociais, ao princípio da igualdade tributária e às normas gerais do direito tributário, assinale a opção correta.

a) Segundo o STF, não haverá ofensa ao princípio da isonomia tributária se a lei complementar, por motivos extrafiscais, imprimir tratamento desigual a microempresas e empresas de pequeno porte de capacidade contributiva distinta, afastando do regime diferenciado aquelas cujos sócios tenham condição de disputar o mercado de trabalho sem assistência do Estado.

b) A contribuição previdenciária não incide sobre o 13º salário.

c) O CTN admite expressamente a compensação mediante o aproveitamento de tributo, objeto de contestação judicial pelo sujeito passivo, antes do trânsito em julgado da respectiva decisão judicial.

d) Não incide ICMS sobre o valor da tarifa de energia elétrica correspondente à demanda de potência efetivamente utilizada.

ANOTAÇÕES/COMENTÁRIOS

(a) Certa. "Não há ofensa ao princípio da isonomia tributária se a lei, por motivos extrafiscais, imprime tratamento desigual a microempresas e empresas de pequeno porte de capacidade contributiva distinta, afastando do regime do SIMPLES aquelas cujos sócios têm condição de disputar o mercado de trabalho sem assistência do Estado" (ADI 1643).

(b) Errada. Súmula 688/STF: "É legítima a incidência da contribuição previdenciária sobre o 13º salário". No mesmo sentido foi o julgamento do RE 565160, repercussão geral.

(c) Errada. O art. 170-A do CTN é expresso em afirmar que: "É vedada a compensação mediante o aproveitamento de tributo, objeto de contestação judicial pelo sujeito passivo, antes do trânsito em julgado da respectiva decisão judicial".

(d) Errada. Súmula 391/STJ: "O ICMS incide sobre o valor da tarifa de energia elétrica correspondente à demanda de potência efetivamente utilizada". No mesmo sentido o REsp 960.476, repetitivo.

*Para responder, tem que estudar: lei, jurisprudência e súmula/OJ.*

*Gabarito: A*

**32. (Cespe/TJ/AM/Juiz/2016)** Acerca da competência tributária no âmbito constitucional, assinale a opção correta.

a) Aos estados e aos municípios compete regular a maneira como isenções, incentivos e benefícios fiscais serão concedidos e revogados.
b) Lei estadual poderá prever a possibilidade de concessão de incentivos fiscais a empreendimentos, afastada a necessidade de prévio acordo conjunto entre os estados e o DF.
c) Além dos tributos previstos expressamente na CF, a União detém competência residual para instituir, por lei complementar, outros impostos, ainda que cumulativos.
d) É vedada qualquer distinção em razão de ocupação profissional ou função exercida pelos contribuintes, independentemente da denominação jurídica dos rendimentos, títulos ou direitos.
e) A CF estabelece o limite de 47% do produto da arrecadação do imposto sobre a renda e proventos de qualquer natureza e do imposto sobre produtos industrializados para estados e municípios, por meio dos respectivos fundos de participação.

ANOTAÇÕES/COMENTÁRIOS

(a, b) Erradas. O art. 155, § 2º, XII, "g", da CF diz que: "cabe à lei complementar: g) regular a forma como, mediante deliberação dos Estados e do Distrito Federal, isenções, incentivos e benefícios fiscais serão concedidos e revogados". Nos termos do art. 1º da Lei Complementar n. 24/1975: "As isenções do imposto sobre operações relativas à circulação de mercadorias serão concedidas ou revogadas nos termos de convênios celebrados e ratificados pelos Estados e pelo Distrito Federal, segundo esta Lei".

(c) Errada. O art. 154, I, da CF afirma que: "A União poderá instituir: I – mediante lei complementar, impostos não previstos no artigo anterior, desde que sejam

BLOCO III

não-cumulativos e não tenham fato gerador ou base de cálculo próprios dos discriminados nesta Constituição".

(d) Certa. O art. 150, II, da CF determina "Sem prejuízo de outras garantias asseguradas ao contribuinte, é vedado à União, aos Estados, ao Distrito Federal e aos Municípios: II – instituir tratamento desigual entre contribuintes que se encontrem em situação equivalente, proibida qualquer distinção em razão de ocupação profissional ou função por eles exercida, independentemente da denominação jurídica dos rendimentos, títulos ou direitos".

(e) Errada. O art. 159 da CF regula a matéria da seguinte forma: "A União entregará: I – do produto da arrecadação dos impostos sobre renda e proventos de qualquer natureza e sobre produtos industrializados, 49% (quarenta e nove por cento), na seguinte forma: (...).

*Para responder, tem que estudar: lei.*

*Gabarito: D*

**33. (Cespe/TJ/PA/Juiz/2012)** Considerando a majoração, para o patamar de 25%, da contribuição previdenciária dos servidores públicos de determinado ente federado, associada à incidência do imposto de renda de 27,5%, assinale a opção correta a respeito do efeito confiscatório e da contribuição previdenciária.

a) O aumento da referida contribuição previdenciária pode ser exigido na data de publicação da respectiva norma.
b) A referida majoração não caracteriza efeito confiscatório, uma vez que, na verificação da onerosidade, o aumento não se soma à alíquota do imposto de renda.
c) A vedação do efeito confiscatório aplica-se tanto aos tributos propriamente ditos quanto às multas pelo descumprimento da legislação tributária.
d) A finalidade extrafiscal justifica a tributação confiscatória.
e) A referida contribuição previdenciária não incide sobre o décimo terceiro salário dos servidores.

**ANOTAÇÕES/COMENTÁRIOS**

(a) Errada. A contribuição previdenciária se sujeita ao princípio da anterioridade nonagesimal (noventena): art. 195, § 6º, da CF: "As contribuições sociais de que trata este artigo só poderão ser exigidas após decorridos noventa dias da data da publicação da lei que as houver instituído ou modificado, não se lhes aplicando o disposto no art. 150, III, "b".

(b) Errada. Em julgamento de caso semelhante ao proposto, o STF assentou que "A identificação do efeito confiscatório deve ser feita em função da totalidade da carga tributária, mediante verificação da capacidade de que dispõe o contribuinte – considerado o montante de sua riqueza (renda e capital) – para suportar e sofrer a incidência de todos os tributos que ele deverá pagar, dentro de determinado período, à mesma pessoa política que os houver instituído (...)" (ADI 2010 MC,). É importante registrar que, a questão está sendo objeto de análise nos autos do ARE 875.958/GO, com repercussão geral reconhecida, mas ainda pendente de julgamento de mérito.

(c) Certa. O art. 150, IV, da CF, apesar de enunciar expressamente sua aplicação aos tributos, é igualmente aplicado às multas. Nesse sentido: ADI 551.

(d) Errada. É expressamente vedado pela Constituição a utilização de tributo com efeitos confiscatórios (art. 150, IV, da CF).

(e) Errada. Súmula 688/STF: "É legítima a incidência da contribuição previdenciária sobre o 13º salário". No mesmo sentido foi o julgamento do RE 565160-RG, repercussão geral.

*Para responder, tem que estudar: lei, jurisprudência e súmula/OJ.*

*Gabarito: C*

**34. (Cespe/TJ/PA/Juiz/2012)** A respeito das disposições constitucionais relativas aos princípios gerais do sistema tributário, às limitações do poder de tributar e aos impostos, assinale a opção correta.

a) O princípio da imunidade recíproca, que veda à União, aos estados, ao DF e aos municípios instituir impostos sobre patrimônio, renda ou serviços uns dos outros, não se aplica aos entes que compõem a administração indireta, como autarquias e fundações públicas.

b) As contribuições sociais são instituídas por lei federal, sendo exclusiva da União a competência para instituí-las e cobrá-las.

c) A CF, além de vedar a possibilidade de a União reter, a qualquer título, os valores dos impostos que deve transferir aos estados, ao DF e aos municípios, proíbe que se condicione a entrega de recursos ao pagamento dos eventuais créditos das entidades e órgãos federais.

d) Dados os princípios da personalização e da capacidade contributiva, os impostos devem, sempre que possível, ter caráter pessoal e ser graduados de acordo com a capacidade econômica do contribuinte, sendo facultado à administração, respeitados os direitos individuais e os termos da lei, identificar os rendimentos do contribuinte, seu patrimônio e suas atividades econômicas.

e) Em razão da imunidade constitucional conferida aos templos de qualquer culto, os entes federativos são impedidos de cobrar ou instituir taxas e impostos sobre o patrimônio e os serviços relacionados com as finalidades essenciais dos templos, mas não sobre as rendas decorrentes das contribuições dos fiéis.

BLOCO III

ANOTAÇÕES/COMENTÁRIOS

(a) Errada. O princípio é plenamente aplicável às autarquias e fundações por força da regra constante no art. 150, § 2º, da CF: "A vedação do inciso VI, "a", é extensiva às autarquias e às fundações instituídas e mantidas pelo Poder Público, no que se refere ao patrimônio, à renda e aos serviços, vinculados a suas finalidades essenciais ou às delas decorrentes". Ademais, o STF possui entendimento de que a imunidade é igualmente extensível a determinadas empresas públicas e sociedade de economia mista, nos casos onde há prestação de serviço público obrigatório por esses entes. Exemplos: Correios, Infraero.

(b) Errada. O art. 149, parágrafo único, da CF afirma que "os Estados, o Distrito Federal e os Municípios instituirão contribuição, cobrada de seus servidores, para o custeio, em benefício destes, do regime previdenciário de que trata o art. 40, cuja alíquota não será inferior à da contribuição dos servidores titulares de cargos efetivos da União".

(c) Errada. O art. 160, parágrafo único, da CF informa que: "A vedação prevista neste artigo não impede a União e os Estados de condicionarem a entrega de recursos: I – ao pagamento de seus créditos, inclusive de suas autarquias; II – ao cumprimento do disposto no art. 198, § 2º, incisos II e III".

(d) Certa. É o que determina o art. 145, § 1º da CF: "§ 1º Sempre que possível, os impostos terão caráter pessoal e serão graduados segundo a capacidade econômica do contribuinte, facultado à administração tributária, especialmente para conferir efetividade a esses objetivos, identificar, respeitados os direitos individuais e nos termos da lei, o patrimônio, os rendimentos e as atividades econômicas do contribuinte".

(e) Errada. A vedação constitucional recai apenas sobre os impostos. Ademais, o art. 150, § 4º da CF, expressamente prevê a imunidade sobre a renda: "As vedações expressas no inciso VI, alíneas "b" e "c", compreendem somente o patrimônio, a renda e os serviços, relacionados com as finalidades essenciais das entidades nelas mencionadas".

*Para responder, tem que estudar: lei e jurisprudência.*

*Gabarito: D*

## 4.2. Imunidades

**35. (Cespe/TJ/DFT/Juiz/2014)** Acerca das disposições constitucionais referentes ao Sistema Tributário Nacional e das limitações do poder de tributar, assinale a opção correta.

a) É vedada a cobrança, pelo DF, de taxa de serviço sobre empresa pública federal exploradora de serviço público.
b) É vedado ao DF cobrar imposto de renda de pessoa jurídica de fundação vinculada a partido político regularmente constituído.
c) É constitucional lei distrital que estabeleça isenção de ICMS em favor de bens produzidos no estado de Goiás e destinados ao DF.
d) É permitida ao DF a cobrança de alíquota maior de IPVA instituída por lei distrital de janeiro de 2014, no mesmo exercício de sua publicação.

e) O DF poderá instituir IPTU sobre imóvel de propriedade de instituição religiosa destinado à realização de cultos.

ANOTAÇÕES/COMENTÁRIOS

(a) Errada. Embora a regra do art. 150, § 2º, da CF não contemple empresas públicas, o STF possui entendimento de que a imunidade é extensível a determinadas empresas públicas e sociedade de economia mista, nos casos onde há prestação de serviço público obrigatório por esses entes. Exemplos: Correios, Infraero. Entretanto, a imunidade em tela é relativa apenas aos impostos.

(b) Certa. O DF não pode cobrar imposto de renda da pessoa jurídica (fundação), tributo que é da competência da União.

(c) Errada. O art. 155, § 2º, XII, "g", da CF diz que: "cabe à lei complementar: g) regular a forma como, mediante deliberação dos Estados e do Distrito Federal, isenções, incentivos e benefícios fiscais serão concedidos e revogados". Nos termos do art. 1º da Lei Complementar n. 24/1975: "As isenções do imposto sobre operações relativas à circulação de mercadorias serão concedidas ou revogadas nos termos de convênios celebrados e ratificados pelos Estados e pelo Distrito Federal, segundo esta Lei".

(d) Errada. A lei instituidora se submete ao princípio da anterioridade (anual e nonagesimal). Somente a fixação da base de cálculo do IPVA não se submete ao princípio da anterioridade nonagesimal (Art. 150, § 1º, da CF).

(e) Errada. A hipótese está abarcada pela imunidade prevista no art. 150, VI, "b", da CF.

*Para responder, tem que estudar: lei e jurisprudência.*

*Gabarito: B*

**36. (Cespe/TJ/RN/Juiz/2013)** No que tange a imunidades tributárias, isenção, não incidência e benefícios fiscais, assinale a opção correta.

a) Segundo entendimento do STF, todas as empresas públicas gozam de imunidade tributária recíproca, razão por que não devem pagar impostos sobre seus patrimônios, rendas e serviços.

b) A imunidade tributária conferida a instituições de assistência social sem fins lucrativos não alcança as entidades fechadas de previdência social privada, mesmo que não haja contribuição dos beneficiários.

c) É devido imposto de renda no pagamento de licença-prêmio não gozada por necessidade do serviço e nas indenizações de férias proporcionais e o respectivo adicional.

d) A doutrina majoritária estabelece a distinção entre imunidade tributária e isenção nos seguintes termos: enquanto aquela é disciplinada por lei, esta é matéria tratada em sede constitucional.

e) O imóvel pertencente a entidades sindicais dos trabalhadores, ainda que alugados a terceiros, permanece imune ao IPTU, desde que o valor dos aluguéis seja aplicado nas atividades essenciais de tais entidades.

ANOTAÇÕES/COMENTÁRIOS

(a) Errada. Embora a regra do art. 150, § 2º, da CF não contemple empresas públicas, o STF possui entendimento de que a imunidade é extensível a determinadas empresas públicas e sociedade de economia mista, nos casos onde há prestação de serviço público obrigatório por esses entes. Exemplos: Correios, Infraero. Ver: ARE 638315, repercussão geral.

(b) Errada. Súmula 730/STF: "A imunidade tributária conferida a instituições de assistência social sem fins lucrativos pelo art. 150, VI, "c", da Constituição, somente alcança as entidades fechadas de previdência social privada se não houver contribuição dos beneficiários".

(c) Errada. Súmulas 136 e 386 do STJ: "O pagamento de licença-prêmio não gozada por necessidade do serviço não está sujeito ao imposto de renda" e "São isentas de imposto de renda as indenizações de férias proporcionais e o respectivo adicional". No mesmo sentido; REsp 1.111.223, repetitivo.

(d) Errada. É justamente o contrário. A imunidade possui sede constitucional e, a isenção, assento legal.

(e) Certa. Súmula Vinculante 52: "Ainda quando alugado a terceiros, permanece imune ao IPTU o imóvel pertencente a qualquer das entidades referidas pelo art. 150, VI, "c", da Constituição Federal, desde que o valor dos aluguéis seja aplicado nas atividades para as quais tais entidades foram constituídas".

*Para responder, tem que estudar: jurisprudência e súmula/OJ.*

*Gabarito: E*

**37. (Cespe/TJ/ES/Juiz/2011)** Com base na disciplina aplicável à imunidade tributária, assinale a opção correta.

a) A instituição de imposto extraordinário de guerra, por lei complementar, é da competência da União.

b) A CF confere benefício de isenção tributária aos templos religiosos, ou seja, sobre eles é conferida, pela ordem constitucional, exoneração de obrigação de pagar tributos.

c) A obtenção do registro no TSE é condição para a fruição da imunidade pelos partidos políticos.

d) Manuais técnicos no formato de apostilas virtuais não gozam da imunidade tributária conferida aos livros, visto que só é considerado livro, para efeitos fiscais, o que pode ser impresso e identificado como tal.

e) O tributo é prestação pecuniária obrigatória, podendo o seu pagamento ser efetuado, em determinadas circunstâncias, em moeda estrangeira, conforme preceitua o CTN.

ANOTAÇÕES/COMENTÁRIOS

(a) Errada. O imposto extraordinário de guerra não reclama lei complementar (art. 154, II, da CF).

(b) Errada. A imunidade contemplada no texto constitucional restringe-se aos impostos (art. 150, VI, "b", da CF).

(c) Certa. Art. 17, § 2º, da CF. Somente com o registro no TSE (duplo registro) o partido político adquire sua plena capacidade jurídico-eleitoral.

(d) Errada. Os manuais técnicos e as apostilas gozam da imunidade objetiva em razão do amplo conceito de livro empregado pelo STF (RE 183.403). Sobre o tema, é importante registrar o julgamento em 08.03.2017, sob o regime da repercussão geral, do RE 330.817/RJ, que fixou a seguinte tese: "A imunidade tributária constante do art. 150, VI, "d", da Constituição Federal (CF), aplica-se ao livro eletrônico ("e-book"), inclusive aos suportes exclusivamente utilizados para fixá-lo".

(e) Errada. O art. 162, I, do CTN afirma que: "o pagamento é efetuado em moeda corrente, cheque ou vale postal".

*Para responder, tem que estudar: lei e jurisprudência.*

*Gabarito: C*

**38. (Cespe/TJ/MA/Juiz/2013)** Assinale a opção correta no que se refere ao sistema tributário nacional.

a) No que se refere às limitações ao poder de tributar, a CF estabelece a necessidade de prévia autorização orçamentária para a exigibilidade de tributos.

b) A CF não admite o estabelecimento de imposto de caráter real, definido sem que se levem em consideração as condições pessoais do contribuinte, aspecto tido por imprescindível na ordem tributária nacional para a fixação do referido tributo.

c) Segundo entendimento do STF, o valor cobrado dos usuários pelos serviços de água e esgoto tem natureza jurídica de taxa.

d) O princípio da imunidade tributária recíproca não pode, à luz do posicionamento firmado pelo STF, ser invocado na hipótese de contribuições previdenciárias.

ANOTAÇÕES/COMENTÁRIOS

(a) Errada. O princípio da anualidade não foi contemplado pela CF.

(b) Errada. Embora haja determinação constitucional para que os impostos tenham caráter pessoal – sempre que possível – (art. 145, § 1º, da CF), não há vedação constitucional para que, não sendo possível essa pessoalidade, eles assumam feição real. Ex.: IPVA, IPTU, ITR, ICMS, IPI.

(c) Errada. O STF possui pacificado entendimento de que se trata de preço público (RE 600237 AgR-AgR).

(d) Certa. "A imunidade recíproca do art. 150, VI, "a", da Constituição alcança tão somente a espécie tributária imposto. Na ADI 2.024, quando decidiu sobre a incidência da contribuição previdenciária sobre a remuneração paga pelos entes da Federação aos exercentes de cargo em comissão, a Corte assentou, mais uma vez, que a imunidade encerrada no art. 150, VI, "a", da Constituição não pode ser invocada na hipótese de contribuição previdenciária" (RE 626837).

*Para responder, tem que estudar: jurisprudência e teoria/doutrina.*

*Gabarito: D*

**39. (Cespe/TJ/PA/Juiz/2012)** Acerca das limitações ao poder de tributar, assinale a opção correta.

a) O imóvel pertencente a partido político permanece imune ao IPTU, ainda quando alugado a terceiros, desde que o valor dos aluguéis seja aplicado nas atividades essenciais dessa entidade.

b) Nas ações acidentárias propostas na justiça estadual, o INSS goza de isenção de pagamento de custas e emolumentos.

c) A imunidade tributária conferida pela CF a instituições de assistência social sem fins lucrativos somente alcança as entidades fechadas de previdência social privada se houver contribuição dos beneficiários.

d) A imunidade conferida ao livro, prevista na CF, não abrange todo o material necessário à sua confecção.

e) As indenizações de férias proporcionais e o respectivo adicional não estão isentos de imposto de renda.

ANOTAÇÕES/COMENTÁRIOS

(a) Certa. É o que diz a Súmula Vinculante 52: "Ainda quando alugado a terceiros, permanece imune ao IPTU o imóvel pertencente a qualquer das entidades referidas pelo art. 150, VI, "c", da Constituição Federal, desde que o valor dos aluguéis seja aplicado nas atividades para as quais tais entidades foram constituídas".

(b) Errada. Súmula 178/STJ: "O INSS não goza de isenção do pagamento de custas e emolumentos, nas ações acidentárias e de benefícios propostas na Justiça Estadual.".

(c) Errada. Súmula 730/STF: "A imunidade tributária conferida a instituições de assistência social sem fins lucrativos pelo art. 150, VI, "c", da Constituição, somente alcança as entidades fechadas de previdência social privada se não houver contribuição dos beneficiários".

(d) Errada. A questão cobrou conhecimento de recente julgado do STF à época: "A imunidade tributária relativa a livros, jornais e periódicos é ampla, total, apanhando produto, maquinário e insumos. A referência, no preceito, a papel é exemplificativa e não exaustiva." (RE 202149). Entretanto, é de se pontuar que se entende prevalecente hoje o entendimento de que: "a imunidade em questão é objetiva e tem alcance restrito, limitando-se apenas aos livros, aos jornais, aos periódicos, bem como ao papel e assimilados destinados à impressão daqueles" (ARE 1062946 AgR).

(e) Errada. Súmula 386/STJ: "São isentas de imposto de renda as indenizações de férias proporcionais e o respectivo adicional." No mesmo sentido: REsp 1.111.223, repetitivo.

*Para responder, tem que estudar: jurisprudência e súmula/OJ.*

*Gabarito: A*

## 4.3. Temas Esparsos

**40. (Cespe/TJ/CE/Juiz/2018)** Considerando as disposições da Lei n.º 8.397/1992 acerca de medida cautelar fiscal, assinale a opção correta.

a) Na hipótese de o devedor ser pessoa jurídica, a indisponibilidade de bens não recairá sobre bens do ativo permanente.

b) A petição inicial deverá vir acompanhada de prova pré-constituída, sendo inadmissível a dilação probatória.

c) Havendo a suspensão do crédito tributário, a medida cautelar será igualmente suspensa.

d) No procedimento cautelar fiscal, é vedado ao réu discutir o pagamento ou a remissão do tributo, devendo essas questões ser apresentadas nos embargos à execução fiscal.

e) A decretação de medida cautelar fiscal acarretará a indisponibilidade dos bens do requerido até o limite da satisfação da obrigação tributária.

*ANOTAÇÕES/COMENTÁRIOS*

(a) Errada. Art. 4º, § 1º, da Lei n.º 8.397/1992.

(b) Errada. Art. 9º da Lei n.º 8.397/1992.

(c) Errada. Art. 12, parágrafo único, da Lei n.º 8.397/1992.

(d) Errada. Não há essa vedação, como se conclui da leitura do artigo 15 da Lei n.º 8.397/1992.

(e) Correta. Art. 4º da Lei n.º 8.397/1992.

BLOCO III

*Para responder, tem que estudar: lei.*

*Gabarito: E*

**41. (Cespe/TJ/BA/Juiz/2019)** De acordo com a LRF, a concessão ou ampliação de incentivo ou benefício de natureza tributária da qual decorra renúncia de receita deverá, entre outras condições, estar acompanhada de estimativa do impacto orçamentário-financeiro no exercício em que deva se iniciar sua vigência e nos dois seguintes. Para os efeitos dessa regra, são exemplos de renúncia de receita

a) o crédito presumido, a concessão de isenção em caráter geral e a modificação de base de cálculo, ainda que esta última não implique redução discriminada de tributos.

b) a anistia, a remissão e a modificação de base de cálculo, ainda que não impliquem redução discriminada de tributos.

c) o crédito presumido, o subsídio e o aumento de alíquotas para a majoração discriminada de tributos.

d) a remissão, a concessão de isenção em caráter geral e o crédito presumido.

e) a anistia, a remissão e a concessão de isenção em caráter não geral.

ANOTAÇÕES/COMENTÁRIOS

(a, b, c, d, e) Correta alternativa "e". A resposta da questão está no artigo 14, § 1º-A, da LRF, que dispõe: "A renúncia compreende anistia, remissão, subsídio, crédito presumido, concessão de isenção em caráter não geral, alteração de alíquota ou modificação de base de cálculo que implique redução discriminada de tributos ou contribuições, e outros benefícios que correspondam a tratamento diferenciado".

*Para responder, tem que estudar: lei.*

*Gabarito: E*

**42. (Cespe/TJ/BA/Juiz/2019)** Observados os requisitos legais, o SIMPLES Nacional permite o recolhimento mensal, mediante documento único de arrecadação, entre outros,

a) do imposto de importação, do ISSQN e do IOF.

b) do IOF, da COFINS e do ITR.

c) da CSLL, do ISSQN e do IRPJ.

d) da COFINS, da CSLL e da contribuição para o FGTS.

e) do ITR, da contribuição para o PIS/PASEP e da contribuição para o FGTS.

ANOTAÇÕES/COMENTÁRIOS

(a, b, c, d, e) Correta alternativa "c". A questão cobrou conhecimento do artigo 13, incisos I a VIII, da LC 123, que elenca os tributos que podem ser recolhidos por documento único de arrecadação (SIMPLES).

*Para responder, tem que estudar: lei.*

*Gabarito: C*

**43. (Cespe/TJ/ES/Juiz/2011)** Considerando as atribuições do Poder Legislativo e as do Executivo no que se refere ao STN, as limitações ao poder de tributar e a repartição das receitas tributárias, conforme o disposto na CF, assinale a opção correta.

a) É terminantemente vedada a retenção, a qualquer título, dos valores que devam ser transferidos, por previsão constitucional, aos estados, ao DF e aos municípios na repartição das receitas tributárias.

b) Compete privativamente ao Senado Federal avaliar periodicamente a funcionalidade do STN, em sua estrutura e seus componentes, assim como o desempenho das administrações tributárias da União, dos estados, do DF e dos municípios.

c) É atribuição privativa do presidente da República dispor, mediante decreto, sobre sistema tributário, arrecadação e distribuição de rendas, resguardada a competência do Congresso Nacional para aprovar a instituição e majoração de impostos, taxas e contribuições de melhoria.

d) Em razão do princípio da anterioridade comum, que não se confunde com o da anterioridade nonagesimal, a CF veda, de forma absoluta, a cobrança de tributos no mesmo exercício financeiro em que tenha sido publicada a lei que os instituiu ou aumentou.

e) Os conflitos de competência em matéria tributária entre a União, os estados, o DF e os municípios são disciplinados por lei complementar, cabendo à lei ordinária regular as limitações constitucionais ao poder de tributar.

ANOTAÇÕES/COMENTÁRIOS

(a) Errada. O parágrafo único, do artigo 160 da CF determina que: "a vedação prevista neste artigo não impede a União e os Estados de condicionarem a entrega de recursos: I – ao pagamento de seus créditos, inclusive de suas autarquias; II – ao cumprimento do disposto no art. 198, § 2º, incisos II e III".

(b) Certa. É o que diz o art. 52, XV, da CF: "Compete privativamente ao Senado Federal: avaliar periodicamente a funcionalidade do Sistema Tributário Nacional, em sua estrutura e seus componentes, e o desempenho das administrações tributárias da União, dos Estados e do Distrito Federal e dos Municípios."

(c) Errada. Nos termos do art. 48, I, da CF: "Cabe ao Congresso Nacional, com a sanção do Presidente da República, não exigida esta para o especificado nos arts. 49, 51 e 52, dispor sobre todas as matérias de competência da União, especialmente sobre: sistema tributário, arrecadação e distribuição de rendas".

(d) Errada. Há exceções ao princípio da anterioridade: art. 150, § 1º, primeira parte, da CF.

(e) Errada. Art. 146, II, da CF: "Cabe à lei complementar: II – regular as limitações constitucionais ao poder de tributar".

*Para responder, tem que estudar: lei.*

*Gabarito: B*

**44. (Cespe/TJ/ES/Juiz/2011)** Com relação à vigência e aplicação da legislação tributária, bem como à disciplina aplicável aos pedágios, assinale a opção correta.

a) É possível que, em razão de relevantes interesses, a União institua um tributo implicando distinção de um estado em detrimento de outro, admitida, ainda, a concessão de incentivos fiscais, buscando-se o fomento econômico das regiões mais pobres do país.

b) Aplica-se a lei vigente à data da ocorrência do fato gerador da obrigação, ainda que posteriormente modificada ou revogada, salvo se houver lei superveniente mais benéfica.

c) Conforme o caso concreto, é facultado à União, aos estados, ao DF e aos municípios, sem prejuízo de outras garantias asseguradas ao contribuinte, utilizar tributo com efeito de confisco.

d) O pedágio somente será arrecadado e fiscalizado por entidades privadas sem fins lucrativos, que assumam a condição de sujeitos ativos.

e) A cobrança do pedágio justifica-se constitucionalmente pelo fato de ser gravame exigido pela utilização das rodovias conservadas pelo poder público, e não pela mera transposição de município ou de estado.

ANOTAÇÕES/COMENTÁRIOS

(a) Errada. O art. 151, I, da CF afirma ser vedado à União "instituir tributo que não seja uniforme em todo o território nacional ou que implique distinção ou preferência em relação a Estado, ao Distrito Federal ou a Município, em detrimento de outro, admitida a concessão de incentivos fiscais destinados a promover o equilíbrio do desenvolvimento sócio-econômico entre as diferentes regiões do País".

(b) Errada. A regra é a irretroatividade da lei tributária (art. 105 do CTN; art. 150, III "a", da CF), admitindo o CTN, entretanto, algumas exceções específicas previstas no art. 106, I e II. Essas exceções, contudo, não tratam da instituição ou majoração de tributos. Assim, a lei que trata especificamente do tributo não retroagirá, sendo melhor ou pior.

(c) Errada. O art. 150, IV, da CF, firma que: "Sem prejuízo de outras garantias asseguradas ao contribuinte, é vedado à União, aos Estados, ao Distrito Federal e aos Municípios utilizar tributo com efeito de confisco".

(d) Errada. O pedágio pode ser arrecadado tanto pelo Poder Público (órgão ou entidade) como por terceiros (particulares), que, obviamente, visam o lucro.

(e) Certa. É a parte final do art. 150, V, da CF afirma ser vedado à União, aos Estados, ao Distrito Federal e aos Municípios "estabelecer limitações ao tráfego de pessoas ou bens, por meio de tributos interestaduais ou intermunicipais, ressalvada a cobrança de pedágio pela utilização de vias conservadas pelo Poder Público "

*Para responder, tem que estudar: lei.*

*Gabarito: E*

## 5. IMPOSTOS FEDERAIS

**45. (Cespe/TJ/PA/Juiz/2012)** A respeito dos impostos da União, assinale a opção correta.

a) O ato de concessão de isenção fiscal não é discricionário.

b) O aumento do IPI pode entrar em vigor no dia da sua publicação, caso seja determinado em medida provisória.

c) Medida provisória que determine a majoração do IPI só poderá produzir efeitos no exercício financeiro seguinte se for convertida em lei até o último dia do exercício em que seja editada.

d) O comprador que goza de imunidade tributária, ao adquirir veículo automotor importado, estende sua imunidade ao produtor.

e) Está de acordo com a CF norma infraconstitucional que atribua a órgão integrante do Poder Executivo da União a faculdade de estabelecer as alíquotas do imposto de exportação.

ANOTAÇÕES/COMENTÁRIOS

(a) Errada. O STF possui pacificado entendimento no sentido de que "a concessão de isenção tributária configura ato discricionário. Por meio dela, o Poder Público, embasado no juízo de conveniência e oportunidade – o que inclui a verificação do momento adequado para a concretização da benesse –, busca efetivar políticas fiscais e econômicas (...)" MS 34342 AgR.

(b) Errada. Art. 150, § 1º, da CF: o IPI deve obediência ao princípio da anterioridade nonagesimal (noventena).

(c) Errada. O art. 62, § 2º, da CF expressamente excepciona o IPI: "Medida provisória que implique instituição ou majoração de impostos, exceto os previstos nos arts. 153, I, II, IV, V, e 154, II, só produzirá efeitos no exercício financeiro seguinte se houver sido convertida em lei até o último dia daquele em que foi editada".

(d) Errada. Súmula 591/STF: "A imunidade ou a isenção tributária do comprador não se estende ao produtor, contribuinte do imposto sobre produtos industrializados".

(e) Certa. "É compatível com a Carta Magna a norma infraconstitucional que atribui a órgão integrante do Poder Executivo da União a faculdade de estabelecer as alíquotas do Imposto de Exportação" (RE 570.680, repercussão geral).

*Para responder, tem que estudar: lei, jurisprudência e súmula/OJ.*

*Gabarito: E*

**46. (Cespe/TJ/MA/Juiz/2013)** Assinale a opção correta de acordo com a CF, o CTN e a jurisprudência dos Tribunais superiores.

a) Para a caracterização da capacidade tributária passiva, exige-se que a pessoa jurídica esteja regularmente constituída.

b) São isentos de imposto de renda as indenizações de férias proporcionais e o respectivo adicional.

c) Segundo o STF, a previsão constitucional de adequado tratamento tributário ao ato cooperativo praticado pelas sociedades cooperativas equivale a privilégio ou favorecimento em relação a qualquer tributo.

d) Segundo o CTN, interpreta-se literalmente a legislação tributária que disponha sobre suspensão ou exclusão do crédito tributário e outorga de isenção, sendo expressamente admitida, no entanto, a interpretação extensiva para a dispensa do cumprimento de obrigações tributárias acessórias.

*ANOTAÇÕES/COMENTÁRIOS*

(a) Errada. O art. 126 do CTN, afirma que "a capacidade tributária passiva independe: de estar a pessoa jurídica regularmente constituída, bastando que configure uma unidade econômica ou profissional".

(b) Certa. É o texto da Súmula 386/STJ: "São isentas de imposto de renda as indenizações de férias proporcionais e o respectivo adicional". No mesmo sentido: REsp 1.111.223, recurso repetitivo.

(c) Errada. No RE 599.362, repercussão geral, o STF assentou que. "O adequado tratamento tributário referido no art. 146, III, c, CF é dirigido ao ato cooperativo. A norma constitucional concerne à tributação do ato cooperativo, e não aos tributos dos quais as cooperativas possam vir a ser contribuintes".

(d) Errada. O art. 111, III, do CTN é expresso em afirmar que "Interpreta-se literalmente a legislação tributária que disponha sobre dispensa do cumprimento de obrigações tributárias acessórias".

*Para responder, tem que estudar: lei, jurisprudência e súmula/OJ.*

*Gabarito: B*

**47. (Cespe/TJ/PB/Juiz/2011)** Com relação aos impostos estaduais e federais, assinale a opção correta.

a) O IPVA, cobrado anualmente, submete-se, no que tange à alteração de sua base de cálculo, ao princípio da anterioridade, inclusive a nonagesimal.

b) O ITR tem como base de cálculo o valor da terra nua.

c) O IPI é seletivo, em razão da essencialidade do produto, de maneira que, em determinadas circunstâncias, pode ter alíquota zero, caso em que ocorre a isenção, ou imunidade tributária.

d) O ICMS tem como fato gerador o deslocamento de mercadorias, inclusive de um estabelecimento para outro do mesmo contribuinte.

e) Os estados e o DF, nos limites da sua esfera de competência e de acordo com a sistemática constitucional, têm plena liberdade para estabelecer as alíquotas do ICMS.

ANOTAÇÕES/COMENTÁRIOS

(a) Errada. A fixação da base de cálculo do IPVA não se submete ao princípio da anterioridade nonagesimal (art. 150, § 1º, CF).

(b) Certa. A base de cálculo é o valor fundiário (que se limita ao valor da terra nua, excluídas construções, benfeitorias, etc), conforme determina o artigo 30 do CTN.

(c) Errada. O IPI é um imposto seletivo. Contudo, a questão errou ao dizer que isenção e imunidade são espécies do gênero alíquota zero. Alíquota zero: o ente tributante tem competência para criar o tributo. Ele cria, o fato gerador ocorre, mas a obrigação tributária dele decorrente é nula, por uma questão de cálculo. Isenção: dispensa legal do pagamento do tributo. Assim, o ente político tem competência para instituir o tributo e, ao fazê-lo, opta por dispensar o pagamento em determinadas situações. Imunidade: norma constitucional retira a competência do ente para criar o tributo em determinadas situações.

(d) Errada. As operações de circulação de mercadorias de um mesmo titular são denominadas transferências. Nesses casos, majoritariamente, entende-se que não há negócio jurídico nem mudança da titularidade da mercadoria, sendo indevida a tributação. Entende-se que há mero deslocamento físico que não autoriza a tributação. É o entendimento do STJ (Súmula 166 e REsp repetitivo 1.125.133) e do STF (ARE 764196 AgR). É importante ressaltar que, a Lei Kandir, em seu artigo 12, I, expressamente admite a tributação nesses casos, mas não é o entendimento que prevalece. Por essa razão foi proposta perante o STF, em setembro de 2017, a ADC 49, que busca defender a constitucionalidade das normas que autorizam a tributação nesses casos. A ação, contudo, ainda não foi julgada.

(e) Errada. Os estados e o DF não têm plena liberdade para estabelecer as alíquotas do ICMS. Há casos em que as alíquotas serão fixadas por resolução do Senado Federal (art. 155, § 2º, IV, da CF) ou pelo CONFAZ (art. 155, § 2º, VI, da CF), por exemplo.

*Para responder, tem que estudar: lei, jurisprudência, súmula/OJ e teoria/doutrina.*

*Gabarito: B*

**48. (Cespe/TJ/BA/Juiz/2019)** Conforme a CF, as contribuições de intervenção no domínio econômico

a) são de competência exclusiva da União.

b) podem incidir sobre as receitas decorrentes de exportação.

c) não podem incidir sobre a importação de serviços.

d) devem ter alíquota somente ad valorem.

e) podem instituir tratamento desigual entre contribuintes exclusivamente em razão de ocupação profissional.

ANOTAÇÕES/COMENTÁRIOS

(a) Correta. É competência exclusiva da União a instituição de Contribuição de Intervenção no Domínio Econômico – CIDE, conforme se depreende da leitura do artigo 149, *caput*, da CF.

(b) Errada. Art. 149, § 2º, I, CF: "*não incidirão sobre as receitas decorrentes de exportação*"

(c) Errada. Art. 149, § 2º, II, CF: "*incidirão também sobre a importação de produtos estrangeiros ou serviços*".

(d) Errada. Art. 149, § 2º, III, a e b, CF. Ela poderá ter alíquota específica ou *ad valorem.*

(e) Errada. Art. 150, II, da CF. Trata-se de regra geral que visa garantir a isonomia tributária, vedando-se o tratamento diferenciado em razão de ocupação profissional.

*Para responder, tem que estudar: lei.*

*Gabarito: A*

## 6. IMPOSTOS ESTADUAIS

**49. (Cespe/TJ/AC/Juiz/2012)** No que concerne às disposições constitucionais sobre o Sistema Tributário Nacional, assinale a opção correta.

a) É vedado à União cobrar tributo que implique distinção de estado ou município em detrimento de outro, ou instituir incentivos fiscais que não sejam concedidos, de modo uniforme, às diferentes regiões do país.

b) Os estados e o DF podem instituir, por decreto do Poder Executivo, contribuição para o custeio do serviço de iluminação pública, cuja cobrança pode ocorrer na fatura de consumo de energia elétrica.

c) A CF veda a instituição de tratamento desigual entre contribuintes que se encontrem em situação equivalente, mas admite, em caráter excepcional, distinções em razão da ocupação profissional ou função por eles exercida.
d) As alíquotas de ICMS aplicáveis às operações interestaduais e de exportação de mercadorias e sobre prestação de serviços são estabelecidas por resolução do Senado Federal.
e) Pertence integralmente aos municípios, relativamente aos imóveis neles situados, o produto da arrecadação do imposto sobre a propriedade territorial rural.

ANOTAÇÕES/COMENTÁRIOS

(a) Errada. O art. 151, I, da CF, veda à União: "instituir tributo que não seja uniforme em todo o território nacional ou que implique distinção ou preferência em relação a Estado, ao Distrito Federal ou a Município, em detrimento de outro, admitida a concessão de incentivos fiscais destinados a promover o equilíbrio do desenvolvimento sócio-econômico entre as diferentes regiões do País".

(b) Errada. A instituição da contribuição depende de lei e não é da competência dos estados federados, é o que expressamente informa o art. 149-A, da CF: "Os Municípios e o Distrito Federal poderão instituir contribuição, na forma das respectivas leis, para o custeio do serviço de iluminação pública, observado o disposto no art. 150, I e III".

(c) Errada. O art. 150, II, da CF afirma que: "Sem prejuízo de outras garantias asseguradas ao contribuinte, é vedado à União, aos Estados, ao Distrito Federal e aos Municípios: II- instituir tratamento desigual entre contribuintes que se encontrem em situação equivalente, proibida qualquer distinção em razão de ocupação profissional ou função por eles exercida, independentemente da denominação jurídica dos rendimentos, títulos ou direitos"

(d) Certa. Art. 155, § 2º, IV, da CF. "resolução do Senado Federal, de iniciativa do Presidente da República ou de um terço dos Senadores, aprovada pela maioria absoluta de seus membros, estabelecerá as alíquotas aplicáveis às operações e prestações, interestaduais e de exportação". Registra-se que, a parte final do dispositivo é atualmente inócua em razão da imunidade das exportações ao ICMS, promovida pela E.C 43/2002 (art. 155, § 2º, X, "a", da CF).

(e) Errada. Art. 158, II, da CF afirma que "Pertencem aos Municípios: II- cinquenta por cento do produto da arrecadação do imposto da União sobre a propriedade territorial rural, relativamente aos imóveis neles situados, cabendo a totalidade na hipótese da opção a que se refere o art. 153, § 4º, III". Assim, somente quando houver a transferência na arrecadação do imposto (fiscalização e cobrança) para o município competirá ao ente subnacional a totalidade do produto da arrecadação. Sobre o tema ver a Lei 11.250/2005.

*Para responder, tem que estudar: lei.*

*Gabarito: D*

BLOCO III

**50. (Cespe/TJ/DFT/Juiz/2015)** Determinada associação de defesa de comerciantes, consumidores e contribuintes, que está constituída há sete meses e tem por finalidade a defesa de seus associados no que diz respeito a relações de consumo, tributárias e econômicas, entre outros direitos difusos, coletivos e individuais homogêneos, propôs ACP para questionar a incidência de ICMS "por dentro", ou seja, que na base de cálculo desse imposto, ele próprio esteja incluído, fazendo o ICMS incidir sobre ele mesmo. Considerando essa situação hipotética, assinale a opção correta.

a) O MP teria legitimidade para propor ACP contestando a incidência do ICMS "por dentro" que já foi declarado inconstitucional pelo STF, pois lhe incumbe a defesa de direitos individuais homogêneos referentes a matéria tributária.

b) A incidência do ICMS "por dentro" já foi declarada inconstitucional pelo STF por ofensa aos princípios da não cumulatividade e do "ne bis in idem", no entanto; a ACP não é cabível por envolver matéria tributária.

c) A ação não é cabível, mas, se houvesse julgamento do mérito, o pedido da ação deveria ser julgado improcedente, pois o valor referente ao ICMS faz parte da importância paga pelo comprador e recebida pelo vendedor na operação.

d) Exceto pela ilegitimidade da associação, a ACP seria cabível. No mérito, o pedido da ação deveria ser julgado procedente, pois a incidência do ICMS "por dentro" ofende os princípios da não cumulatividade e do "ne bis in idem".

e) Uma vez que a referida associação foi constituída há mais de seis meses e tem como finalidade estatutária a defesa dos direitos em questão, estão cumpridos os requisitos de legitimidade para propor a ACP, que é cabível nessa situação.

ANOTAÇÕES/COMENTÁRIOS

(a) Errada. "O Ministério Público não tem legitimidade processual para requerer, por meio de ação civil pública, pretensão de natureza tributária em defesa dos contribuintes, visando questionar a constitucionalidade de tributo". (ARE 694294 RG). No mesmo sentido é o artigo 1º, parágrafo único, da LACP (Lei 7.347/85).

(b) Errada. O STF e o STJ, por diversas ocasiões, já declararam a constitucionalidade da técnica do cálculo do ICMS "por dentro". Nesse sentido: RE 212.209/RS, Plenário; RE 582.461, Plenário.

(c) Certa. A partir da Emenda Constitucional 33/2001, restou expressamente admitida a possibilidade de cobrança do ICMS "por dentro' nos casos de ICMS sobre importações (art. 155, § 2º, XII, "i", da CF).

(d) Errada. O artigo 1º, parágrafo único, da LACP (Lei 7.347/85) veda o manejo de ACP para discutir tributos. O STF reiteradamente afirma que: "a jurisprudência da Corte tem se orientado no sentido de que não se pode, em ação civil pública, deduzir pretensão relativa à matéria tributária" (ARE 794899 AgR).

(e) Errada. A ação é incabível na hipótese. Ademais, a LACP em seu artigo 5º, V, "a", determina que a associação deve ter sido constituída há pelo menos 1 (um) ano.

*Para responder, tem que estudar: lei e jurisprudência.*

*Gabarito: C*

**51. (Cespe/TJ/MA/Juiz/2013)** Considerando o princípio da anterioridade e a interpretação das leis tributárias, e outros aspectos relacionados ao direito tributário, assinale a opção correta.

a) Em regra, o ICMS é considerado um imposto plurifásico, mas a própria CF prevê hipótese excepcional de incidência monofásica do ICMS.

b) Segundo o STF, o prazo da anterioridade nonagesimal começa a ser contado a partir da promulgação da lei que resulte da conversão de medida provisória editada, e não da publicação da medida provisória que institua ou modifique contribuição.

c) Consoante entendimento consolidado no STF, os convênios celebrados pelo Poder Executivo exigem a ratificação do Poder Legislativo.

d) Na atual legislação tributária, não se admitem interpretações "in dubio contra fiscum" e "pro lege", sendo atualmente aplicável a interpretação "in dubio pro fisco".

## ANOTAÇÕES/COMENTÁRIOS

(a) Certa. Trata-se do ICMS monofásico incidente em operações com combustíveis, previsto no art. 155, § 2º, XII, "h", da CF. Essa Lei Complementar, entretanto, ainda não foi editada.

(b) Errada. Tratando-se de contribuição (art. 195, § 6º, da CF), a contagem do prazo se inicia a partir da publicação da Medida Provisória. Ademais, somente ocorrerá o início do prazo a partir da publicação da lei de conversão, se ela efetuar modificação substancial no texto da MP.

(c) Errada. Os convênios fiscais buscam atuação colaborativa entre os entes públicos em matéria tributária na busca de objetivos comuns (v.g. art. 100, 199 do CTN). Nesse quadro, "a jurisprudência do STF é firme no sentido de que a regra que subordina a celebração de acordos ou convênios firmados por órgãos do Poder Executivo à autorização prévia ou ratificação da Assembleia Legislativa, fere o princípio da independência e harmonia dos poderes (art. 2º, da CF)". (ADI 342/PR). Importa observar que, os convênios em tela diferem dos convênios de ICMS, que inovam no ordenamento jurídico e podem ser, inclusive, objeto de controle concentrado de constitucionalidade.

(d) Errada. Art. 112 do CTN: "A lei tributária que define infrações, ou lhe comina penalidades, interpreta-se da maneira mais favorável ao acusado, em caso de dúvida quanto". Trata-se de aplicação do benefício da dúvida em favor do contribuinte.

*Para responder, tem que estudar: lei e jurisprudência.*

*Gabarito: A*

**52. (Cespe/TJ/CE/Juiz/2018)** Segundo a CF, a isenção do ICMS, salvo previsão legal específica,

a) implicará crédito, que será compensado em operações posteriores nas situações em que o imposto seja cumulativo.
b) acarretará a anulação do crédito relativo às operações anteriores e não implicará crédito para compensação com o montante devido nas operações seguintes.
c) não implicará crédito a ser compensado nas operações anteriores nem nas posteriores, salvo se o contribuinte optar pelo sistema de não cumulatividade.
d) será aplicada apenas nas situações em que o imposto for cumulativo, mas será vedada a compensação em relação ao imposto cobrado nas operações anteriores.
e) acarretará crédito a ser compensado nas operações seguintes, desde que o contribuinte recolha o tributo com base no lucro real.

ANOTAÇÕES/COMENTÁRIOS

(a, b, c, d, e) Correta alternativa "b". É o exato texto do artigo 155, § 2º, II, "a" e "b" da CF: *"a isenção ou não-incidência, salvo determinação em contrário da legislação: a) não implicará crédito para compensação com o montante devido nas operações ou prestações seguintes; b) acarretará a anulação do crédito relativo às operações anteriores"*.

*Para responder, tem que estudar: lei.*

*Gabarito: B*

## 7. IMPOSTOS MUNICIPAIS

**53. (Cespe/TJ/PB/Juiz/2015)** Conforme o CTN, os contribuintes da obrigação tributária relativa ao IPTU são o proprietário do imóvel, o titular do domínio útil e o possuidor. Nesse contexto, considerando suposta lei complementar que amplie o rol de contribuintes e inclua também o detentor como sujeito passivo, assinale a opção correta.

a) A tributação fundamentada na detenção do imóvel, como definido na hipotética lei, ofenderia o princípio da capacidade contributiva, uma vez que a detenção é exercida em nome de outrem e não configura situação abarcável pelo direito de propriedade.

b) Não seria necessária lei complementar para incluir a detenção como hipótese de incidência do IPTU, já que, por força do princípio da legalidade, cabe à lei ordinária estabelecer o fato gerador e o contribuinte do tributo.
c) Embora não seja contribuinte, o detentor tem interesse comum na situação que constitui a hipótese de incidência da obrigação principal, de maneira que ele pode ser considerado responsável tributário, por força de dispositivo legal.
d) O detentor é titular de direito real e pode ser incluído como contribuinte na hipótese de incidência do IPTU, assim como o possuidor e o titular do domínio útil.
e) A alteração no CTN para incluir o detentor deve dar-se por meio de lei complementar, embora esse código não pertença a essa espécie normativa em sentido material.

ANOTAÇÕES/COMENTÁRIOS

(a) Certa. Art. 156, I, da CF e art. 32 do CTN. O IPTU tributa a propriedade ou a posse – desde que exercida com *animus domini*. (AgRg no AREsp 544.086). A mera detenção não se amolda a nenhuma das hipóteses de incidência do tributo (AgRg no REsp 1534170), ofendendo, se assim o fosse, o princípio da capacidade contributiva.

(b) Errada. Em relação aos impostos (como o IPTU), cabe à lei complementar de caráter nacional definir os contribuintes. (art. 146, III, "a", da CF).

(c) Errada. Como visto, o detentor não tem posse com *animus domini*. Não detém qualquer disponibilidade econômica sobre o bem objeto da tributação. Não está, portanto, vinculado ao fato gerador da obrigação de forma que possa vir a ser responsabilizado (art. 128 do CTN).

(d) Errada. O detentor não é titular de direito real. Ele não pode ser incluído como contribuinte da exação pois não possui intenção de ser dono, detendo a posse a título precário.

(e) Errada. O CTN, embora formalmente lei ordinária, foi recepcionado pela Constituição Federal como lei complementar (art. 146, III, da CF).

*Para responder, tem que estudar: lei, jurisprudência e teoria/doutrina.*

*Gabarito: A*

BLOCO III

# 8. DIREITO PROCESSUAL TRIBUTÁRIO

## 8.1. Ações Tributárias

**54. (Cespe/TJ/MA/Juiz/2013)** Considerando a cobrança de impostos e contribuições sociais, as normas gerais de direito tributário e matéria tributária em juízo, assinale a opção correta.

a) O STF considera ilegítima a cobrança de Cofins, PIS e Finsocial sobre as operações relativas a energia elétrica, serviços de telecomunicações, derivados de petróleo, combustíveis e minerais do país.
b) O ajuizamento de ação judicial importa em renúncia ao poder de recorrer na esfera administrativa e desistência do recurso acaso interposto.
c) Segundo entendimento do STJ, o simples envio de carnê ao endereço do contribuinte não caracteriza notificação do lançamento tributário.
d) Considera-se norma tributária em sentido amplo aquela que apresenta os elementos do fato gerador integral ou regra matriz de incidência fiscal; as demais normas que tratam de matéria tributária são consideradas normas tributárias em sentido estrito.

*ANOTAÇÕES/COMENTÁRIOS*

(a) Errada. É o texto da Súmula 659/STF: "É legítima a cobrança da Cofins, do PIS e do Finsocial sobre as operações relativas a energia elétrica, serviços de telecomunicações, derivados de petróleo, combustíveis e minerais do país."

(b) Certa. É o exato texto do artigo 38, parágrafo único, da LEF: "A propositura, pelo contribuinte, da ação prevista neste artigo importa em renúncia ao poder de recorrer na esfera administrativa e desistência do recurso acaso interposto." Ressalta-se que o STF já analisou a constitucionalidade desse dispositivo (RE 233.582).

(c) Errada. A Súmula 397/STJ assim disciplina: "O contribuinte do IPTU é notificado do lançamento pelo envio do carnê ao seu endereço". A matéria também já foi julgada sob a sistemática dos recursos repetitivos: REsp 1.111.124.

(d) Errada. O examinador trocou as definições. Segundo a doutrina, a norma tributária em sentido estrito apresenta os elementos do fato gerador integral ou regra matriz de incidência tributária; as demais normas que tratam de matéria tributária são consideradas normas tributárias em sentido amplo.

*Para responder, tem que estudar: lei, jurisprudência, súmula/OJ e teoria/doutrina.*

*Gabarito: B*

**55. (Cespe/TJ/ES/Juiz/2011)** Acerca do processo judicial tributário, assinale a opção correta.

a) Na ação de consignação em pagamento, ao fazer o depósito, o contribuinte livra-se dos efeitos da mora e pode discutir toda e qualquer questão sobre a dívida tributária.
b) A ação de consignação em pagamento é via adequada para discussão de pagamentos feitos a maior ou a menor, o que se fundamenta na ideia de que é defeso o enriquecimento sem causa.
c) Na ação anulatória de débito fiscal, cujo fundamento é a revisão do ato declarativo da dívida, é cabível o pedido de tutela antecipada, sendo o polo passivo identificado a partir do tributo que for objeto da lide.

d) Por ter status de remédio constitucional, o mandado de segurança em matéria tributária é cabível, em razão dos princípios norteadores do direito tributário, ainda que não tenham sido preenchidos os requisitos formais mínimos para a sua impetração.

e) Dispensa-se a prova do erro, quando for pago um tributo maior que o devido, bastando ao sujeito passivo provar o pagamento sem causa jurídica, caso em que o fisco não pode impor qualquer empecilho à restituição da diferença entre o valor devido e o efetivamente pago.

ANOTAÇÕES/COMENTÁRIOS

(a) Errada. O artigo 164, § 1º, do CTN delimita o objeto da ação: "A consignação só pode versar sobre o crédito que o consignante se propõe pagar" nas hipótese previstas nos incisos I, II e III do artigo 164 do CTN. Vê-se então que a ação tem objeto limitado. Ademais, o contribuinte somente se livrará dos efeitos da mora se a ação for julgada procedente (art. 164, § 2º, do CTN).

(b) A ação de consignação em pagamento busca a extinção do crédito tributário pelo pagamento (art. 156, VIII, do CTN), caso seja julgada procedente.

(c) Errada. A ação anulatória do ato declarativo da dívida tem como pressuposto a constituição definitiva do crédito. O polo passivo não é, necessariamente, identificado a partir do tributo que for objeto da lide. Vejam, por exemplo, a Súmula 447/STJ: "Os Estados e o Distrito Federal são partes legítimas na ação de restituição de imposto de renda retido na fonte proposta por seus servidores".

(d) Errada. O mandado de segurança é ação de rito especial, que exige prova pré-constituída do direito líquido e certo contra ato ilegal ou abusivo da autoridade pública. Não há dispensa dos requisitos formais mínimos para a impetração, como incorretamente constou da questão.

(e) Certa. Não se mostra necessária a prova do erro. O art. 165 do CTN afirma que: "O sujeito passivo tem direito, independentemente de prévio protesto, à restituição total ou parcial do tributo, seja qual for a modalidade do seu pagamento (...)". A doutrina (Sabbag, Ricardo Alexandre, entre outros) bem leciona sobre a desnecessidade da prova do erro, apontando que qualquer óbice ao pagamento indevido traduzirá enriquecimento sem causa do Fisco.

*Para responder, tem que estudar: lei e teoria/doutrina.*

*Gabarito: E*

BLOCO III

## 8.2. Execução Fiscal

**56. (Cespe/TJ/DFT/Juiz/2014)** Com referência à tributação, ao orçamento e à ordem social, assinale a opção correta.

a) O IPVA tem como hipótese de incidência a propriedade de veículo automotor, expressão na qual estão compreendidos os veículos de circulação de natureza terrestre, aérea e hídrica.
b) De acordo com a jurisprudência, para que ocorra a outorga de subsídio, isenção, crédito presumido ou remissão em matéria tributária, não se exige a edição de lei específica.
c) É legítima a incidência do IPTU sobre imóvel de propriedade de entidade religiosa que esteja locado a terceiro, ainda que o valor dos aluguéis seja revertido para as atividades essenciais da entidade.
d) Na execução fiscal, a petição inicial deverá ser instruída com a certidão da dívida ativa, documento que poderá ser substituído ou emendado até a decisão de primeira instância.
e) Conforme o princípio da anterioridade, as entidades dotadas de capacidade tributária ativa não poderão cobrar tributos em relação a fatos geradores ocorridos antes da vigência da lei que os instituir ou aumentar.

ANOTAÇÕES/COMENTÁRIOS

(a) Errada. O STF possui antigo e pacificado entendimento sobre a impossibilidade de a lei incluir embarcações e aeronaves como hipótese de incidência tributária do IPVA (RE 134.509, Tribunal Pleno, julgado em 29/05/2002).

(b) Errada. "A outorga de qualquer subsídio, isenção ou crédito presumido, a redução de base de cálculo e a concessão de anistia ou remissão em matéria tributária só podem ser deferidas mediante lei específica, sendo vedado ao Poder Legislativo conferir ao Chefe do Executivo a prerrogativa extraordinária de dispor, normativamente, sobre tais categorias temáticas, sob pena de ofensa ao postulado nuclear da separação de poderes e de transgressão ao princípio da reserva constitucional de competência legislativa" (ADI 1.247).

(c) Errada. A Súmula Vinculante 52 afirma que: "Ainda quando alugado a terceiros, permanece imune ao IPTU o imóvel pertencente a qualquer das entidades referidas pelo art. 150, VI, "c", da Constituição Federal, desde que o valor dos aluguéis seja aplicado nas atividades para as quais tais entidades foram constituídas".

(d) Certa. Aqui o examinador exigiu o conhecimento dos arts. 6º, §§ 1º, 2º e 8º, da LEF; art. 203 do CTN, bem como da Súmula 392/STJ.

(e) Errada. A questão tratou sobre o princípio da irretroatividade tributária.

*Para responder, tem que estudar: lei, jurisprudência, súmula/OJ e teoria/doutrina.*

*Gabarito: D*

**57. (Cespe/TJ/RN/Juiz/2013)** Assinale a opção correta no que se refere ao processo judicial tributário.

a) Tanto o contribuinte quanto o responsável tributário têm direito à restituição total ou parcial do tributo pago a maior, tendo recentemente o STJ conferido legitimidade ativa ao locatário para manejar a ação de repetição de indébito de IPTU, desde que seja destinatário do carnê.

b) É possível a conexão entre ação anulatória e execução fiscal, em virtude da relação de prejudicialidade existente entre tais demandas, recomendando-se a reunião dos feitos, mesmo que o reconhecimento da conexão afaste a competência de uma vara especializada em razão da matéria.

c) Não sendo localizados bens nas ações de execuções fiscais, suspende-se o processo por um ano, iniciando-se ao final deste o prazo de prescrição quinquenal intercorrente, e podendo o juiz pronunciá-la de ofício, independentemente da oitiva da fazenda pública.

d) A competência para processar e julgar a execução da dívida ativa não se desloca para o juízo universal da sucessão em caso de morte do executado no curso da execução fiscal, sujeitando-se, contudo, a cobrança judicial do crédito tributário a concurso de credores nas hipóteses de falência e recuperação judicial.

e) O prazo para oposição de embargos no processo de execução fiscal é de trinta dias e se inicia a partir da intimação da penhora, e não da juntada do mandado, devendo o oficial de justiça, sob pena de nulidade, advertir o devedor, de modo expresso, de que o prazo deve ser contado daquele ato.

## ANOTAÇÕES/COMENTÁRIOS

(a) Errada. Consolidando seu entendimento sobre a matéria, em 2018 o STJ editou a Súmula n.º 614/STJ: "O locatário não possui legitimidade ativa para discutir a relação jurídico-tributária de IPTU e de taxas referentes ao imóvel alugado nem para repetir indébito desses tributos".

(b) Errada. Existindo vara especializada (competência absoluta) não será possível a reunião das ações (AgRg no Ag 1385227).

(c) Errada. Para pronunciar a prescrição, o magistrado deve, antes, ouvir a Fazenda Pública. É o que diz o art. 40, § 4º, da LEF: "Se da decisão que ordenar o arquivamento tiver decorrido o prazo prescricional, o juiz, depois de ouvida a Fazenda Pública, poderá, de ofício, reconhecer a prescrição intercorrente e decretá-la de imediato". Recentemente, o STJ julgou recurso repetitivo sobre o tema (Resp 1340553, repetitivo), de indispensável leitura. Nesse julgado, consignou-se que mesmo que a fazenda pública não seja intimada para se pronunciar sobre a prescrição, a declaração de nulidade dependerá da demonstração de efetivo prejuízo.

(d) Errada. A competência da execução da dívida, em caso de morte do executado, não se desloca (art. 4º, III, da LEF). Entretanto, em caso de falência ou recuperação judicial, não há que se falar em concurso de credores, conforme preconiza o art. 187 do CTN (e o art. 29 da LEF): "A cobrança judicial do crédito tributário não é sujeita a concurso de credores ou habilitação em falência, recuperação judicial, concordata, inventário ou arrolamento". Trata-se de efetivo privilégio dos créditos públicos em relação aos demais.

BLOCO III

(e) Certa. Nos casos em que a penhora é realizada por oficial de justiça (art. 7º da LEF), cumpre ao oficial expressamente informar o executado acerca da constrição e do início do prazo para oposição de embargos (AgRg no REsp 1085967). Esse prazo se inicia com a intimação do devedor da penhora realizada (art. 16, III, LEF), e não da juntada aos autos do mandado de penhora. Nesse sentido: REsp 1112416, repetitivo.

*Para responder, tem que estudar: lei e jurisprudência.*

*Gabarito: E*

**58. (Cespe/TJ/PA/Juiz/2012)** Com relação ao processo tributário, assinale a opção correta.

a) Os juros moratórios, na repetição do indébito tributário, são devidos a partir da data da citação do processo de execução.

b) A discussão judicial do crédito tributário, por si só, é causa suspensiva da sua exigibilidade.

c) A fazenda pública pode substituir certidão de dívida ativa, até a prolação da sentença de embargos, quando se tratar de correção de erro material ou formal, vedada a modificação do sujeito passivo da execução.

d) É legítima a exigência de depósito prévio para a admissibilidade de recurso administrativo.

e) Na repetição de indébito tributário, a correção monetária incide a partir da data da prolação da sentença.

ANOTAÇÕES/COMENTÁRIOS

(a) Errada. Assim disciplina a Súmula 188/STJ: "Os juros moratórios, na repetição do indébito, são devidos a partir do trânsito em julgado da sentença".

(b) Errada. A mera discussão judicial não é causa de suspensão da exigibilidade do crédito. Mostra-se imprescindível decisão expressa nesse sentido. art. 151, IV e V, do CTN.

(c) Certa. O examinador exigiu o conhecimento do art. 203 do CTN; art. 2º, § 8º, da LEF, bem como da Súmula 392/STJ: "A Fazenda Pública pode substituir a certidão de dívida ativa (CDA) até a prolação da sentença de embargos, quando se tratar de correção de erro material ou formal, vedada a modificação do sujeito passivo da execução".

(d) Errada. A Súmula Vinculante 21 diz ser inconstitucional a exigência de depósito ou arrolamento prévios de dinheiro ou bens para admissibilidade de recurso administrativo.

(e) Errada. Nos casos de ação de repetição de indébito tributário, a correção monetária incide a partir do pagamento indevido. É o texto da Súmula 162/STJ.

*Para responder, tem que estudar: lei e súmula/OJ.*

*Gabarito: C*

# ANOTAÇÕES

# ANOTAÇÕES

# ANOTAÇÕES

# ANOTAÇÕES

## ANOTAÇÕES

## ANOTAÇÕES

## ANOTAÇÕES

# ANOTAÇÕES

# ANOTAÇÕES

# ANOTAÇÕES

## ANOTAÇÕES

EDITORA
JusPODIVM
www.editorajuspodivm.com.br

Impressão e acabamento: BMF Gráfica e Editora